Albert Sleumer · *Kirchenlateinisches Wörterbuch*

Albert Sleumer

Kirchenlateinisches Wörterbuch

Unter umfassendster Mitarbeit von
Joseph Schmid

1996

Georg Olms Verlag
Hildesheim · Zürich · New York

Dem Nachdruck liegt das Exemplar
der Universitätsbibliothek Würzburg zugrunde.

Die Deutsche Bibliothek - CIP-Einheitsaufnahme

Sleumer, Albert:
Kirchenlateinisches Wörterbuch / Albert Sleumer.
Unter umfassendster Mitarbeit von Joseph Schmid.
- 2. Nachdr. der Ausg. Limburg a. d. Lahn, Steffen,
1926. - Hildesheim ; Zürich ; New York : Olms, 1996
ISBN 3-487-09374-X Gewebe
NE: HST

2. Nachdruck der Ausgabe Limburg a. d. Lahn 1926
Printed in Germany
Gedruckt auf säurefreiem und alterungsbeständigem Papier
Herstellung: Strauß Offset GmbH, Mörlenbach
ISBN 3-487-09374-X

Albert Sleumer

Kirchenlateinisches Wörterbuch

Unter umfassendster Mitarbeit von
Joseph Schmid

1996

Georg Olms Verlag
Hildesheim · Zürich · New York

Dem Nachdruck liegt das Exemplar
der Universitätsbibliothek Würzburg zugrunde.

Signatur: Hbh II 160

Die Deutsche Bibliothek - CIP-Einheitsaufnahme

Sleumer, Albert:
Kirchenlateinisches Wörterbuch / Albert Sleumer.
Unter umfassendster Mitarbeit von Joseph Schmid.
- 2. Nachdr. der Ausg. Limburg a. d. Lahn, Steffen,
1926. - Hildesheim ; Zürich ; New York : Olms, 1996
ISBN 3-487-09374-X Gewebe
NE: HST

2. Nachdruck der Ausgabe Limburg a. d. Lahn 1926
Printed in Germany
Gedruckt auf säurefreiem und alterungsbeständigem Papier
Herstellung: Strauß Offset GmbH, Mörlenbach
ISBN 3-487-09374-X

Albert Sleumer

Kirchenlateinisches Wörterbuch

Unter umfassendster Mitarbeit von
Joseph Schmid

1996

Georg Olms Verlag
Hildesheim · Zürich · New York

Die Deutsche Bibliothek - CIP-Einheitsaufnahme

Sleumer, Albert:
Kirchenlateinisches Wörterbuch / Albert Sleumer.
Unter umfassendster Mitarbeit von Joseph Schmid.
- 2. Nachdr. der Ausg. Limburg a. d. Lahn, Steffen,
1926. - Hildesheim ; Zürich ; New York : Olms, 1996
ISBN 3-487-09374-X Gewebe
NE: HST

2. Nachdruck der Ausgabe Limburg a. d. Lahn 1926
Printed in Germany
Gedruckt auf säurefreiem und alterungsbeständigem Papier
Herstellung: Strauß Offset GmbH, Mörlenbach
ISBN 3-487-09374-X

Les travaux lexicographiques
n'ont point de fin
Littré

Kirchenlateinisches Wörterbuch

von

Dr. theol. et phil. **Albert Sleumer**

»Nova et vetera«

KIRCHENLATEINISCHES WÖRTERBUCH

Ausführliches Wörterverzeichnis zum Römischen Missale, Breviarium, Rituale, Graduale, Pontificale, Caeremoniale, Martyrologium, sowie zur Vulgata und zum Codex juris canonici; desgleichen zu den **Proprien** der Bistümer Deutschlands, Österreichs, Ungarns, Luxemburgs, der Schweiz und zahlreicher kirchlicher Orden und Kongregationen

Zweite, sehr vermehrte Auflage des „Liturgischen Lexikons“ unter umfassendster Mitarbeit

von

Benefiziat Joseph Schmid

herausgegeben

von

Prof. Dr. theol. et phil. **Albert Sleumer**
Studiendirektor i. R.

Mit kirchlicher Druckerlaubnis

1 9 2 6

VERLAG VON GEBRÜDER STEFFEN
LIMBURG a. d. Lahn

Beato Alberto Magno

Doctori universali

ac

Dioecesis Ratisbonensis

olim gloriosissimo Praesuli

hunc librum

venerabundus amansque

ex voto offert

Auctor

Vorrede zur zweiten Auflage.

Wäre nicht der Weltkrieg mit seinen Folgen hemmend dazwischen getreten, würde diese zweite Auflage gewiß schon einige Jahre früher erschienen sein; mußte doch, um die zahlreichen Käufer der ersten im Jahre 1916 erschienenen Auflage zu befriedigen, gegen 1920 ein anastatischer Neudruck von 1000 Exemplaren schnellstens hergestellt werden! Gewiß wird es freilich dieser neuen Auflage nicht zum Schaden sein, daß Horazens Wort „nonum prematur in annum" auf sie Anwendung findet. Immer mehr hat sich unter dem spähenden Auge der Kreis der lexikographisch einzubeziehenden Werke vergrößert, so daß nunmehr wohl alle im amtlichen Dienste der Kirche stehenden lateinischen Bücher berücksichtigt sein dürften. Dazu kommen die Proprien von den Ländern Europas, in denen zahlreiche Deutsche leben, die als solche an dem lateinisch-deutschen Wörterbuche ein Interesse haben. Von den großen Orden und Kongregationen der Kirche konnten sowohl die Proprien wie auch die Sondermeßformulare auf seltene lateinische Wörter und eigenartige Satzausdrücke hin durchgesehen werden.

Außer diesen mehr oder minder amtlichen Schriftwerken der Kirche wurden noch verschiedene lateinisch geschriebene Dogmatik-, Moral- und Kirchenrechtslehrbücher zwecks Erfassung der sonst nicht schon verzeichneten Wörter und Wortverbindungen in einer langwierigen Arbeit durchgesehen, der sich zugleich mit der Durchsicht des 3000 Seiten umfassenden Manuskriptes zu einem großen Teile der Altphilologe Professor Pries (Bochum) in liebenswürdiger Weise unterzog, wie schon vorher der Studienrat Hans Hilz in Hof i. B. (Oberfranken) einen Teil schwierig zu bestimmender Wörter ermittelt hatte. Beiden Herren sei auch an dieser Stelle der verbindlichste Dank ausgesprochen!

Weil nun der Umfang der durchgearbeiteten Schriften weit über den Kreis der sogenannten liturgischen Bücher hinausging, hat die vorliegende Arbeit bei dieser zweiten Auflage einen anderen Titel erhalten. Wenn sich das Buch aber auch „Kirchenlateinisches Wörterbuch" nennt, soll damit doch nicht gesagt sein, daß es sich um ein vollständiges Verzeichnis aller jemals in der kirchenamtlichen Schriftstellerei verwendeten Wörter und Satzgebilde handelt. Wer könnte auch wohl die gesamte christliche oder auch nur die gesamte kirchliche Literatur (man denke an die ungezählten Bullen und Breven der Päpste!) während eines Jahrzehntes angestrengtester Arbeit lexikographisch ausschöpfen?

Trotz aller aufgewandten Mühe werden sicher bei den vielen Tausend durchgesehenen Seiten eine Reihe von Wörtern der Aufmerksamkeit entgangen sein. Bei häufiger vorkommenden Wörtern mag ein solch ungewolltes Übersehen darauf zurückgehen, daß der Verfasser meinte, das betreffende Wort schon früher niedergeschrieben zu haben, bei seltenen Wörtern kann ihm der fragliche Ausdruck zufällig entgangen sein. So muß er denn bei der Beurteilung dieser Arbeit um Nachsicht bitten, zumal da er sich selbst der Schwächen, die jedem derartigen zeitraubenden Unternehmen anhaften, vollbewußt ist. Auch hinsichtlich stehengebliebener Druckfehler erhofft er einige Rücksichtnahme, denn jede Seite des Buches ist mindestens sechsmal durchgesehen worden, verschiedene Bogen haben sogar eine achtmalige Prüfung erfahren. Eine Zusammenstellung von Fehlern, die ihm trotz allem nach vollendetem Reindrucke zu Gesichte kam, findet sich am Schlusse des Werkes.

Noch immer, wie ich schon in der Vorrede zur ersten Auflage betonen konnte, ist diese Arbeit der erste Versuch, den Wortschatz der kirchlichen Schriften zu erfassen. Das Interesse an einem derartigen Buche scheint in dem letzten Jahrzehnt noch erheblich gestiegen zu sein; denn mehr und mehr sieht selbst der Altphilologe ein, daß er nicht (wie es früher jedenfalls in Deutschland beliebt wurde, da man dem katholischen Mittelalter nicht wohlwollte!) die Weiterentwickelung des sogenannten klassischen Lateins unberücksichtigt lassen darf. Nachdem vor zehn Jahren Wilhelm Hartke und Emil Niepmann durch ihr lateinisches Unterrichtswerk, dessen erste drei Teile von 1913 bis 1915 bei Teubner in Leipzig erschienen, den mehrhundertjährigen Bann durchbrochen hatten, haben unlängst die „Richtlinien“ der neuen preußischen Schulreform für den Lateinunterricht die Lesung auch christlicher Schriftsteller wie Minucius Felix und Augustinus empfohlen und sie in Verbindung mit sonstigen „Proben der Sprache der katholischen Kirche“ vor allem für die zu bildenden freien Arbeitsgemeinschaften als wertvoll erklärt [1]).

Schon im Jahre 1923 hatte die treffliche Sammlung „Vox latina“, lateinisches Lehrbuch für die oberen Klassen ... von Stange und Dittrich (Leipzig, Dieterichscher Verlag) Proben lateinischen Schrifttums aus der Zeit von 200 n. Chr. bis auf unsere Tage gebracht. Ähnlich arbeiten die „lateinischen Quellen des deutschen Mittelalters für den Schulgebrauch“ (Frankfurt a. M. bei Moritz Diesterweg), die religiöse Lyrik, Stücke aus dem Missale Romanum und der Karwochenliturgie in den weiteren Bändchen bringen wollen. Friedrich Gündels „Lateinisches Lesebuch“ desselben Verlages bietet verschiedene christliche Hymnen, ja sogar einige der prachtvollen Gedichte des großen Neulateiners Leo XIII. — Auf katholischer Seite liegt bisher nur ein Buch vor, das in etwa sakrale lateinische Texte aufweist, es ist von E. Leitl verfaßt und unter der Aufschrift „Lateinisch für Erwachsene“ bei Kösel-Pustet in München 1924 erschienen. Es ist, wie man sieht, kein eigentliches Schulbuch. — Warum mußten übrigens auch hier, auf dem ureigensten Gebiete des kirchentreuen katholischen Gebildeten, insbesondere des Philologen, erst Andersgläubige die Wegweiser zu den Perlen des katholischen Gottesdienstes nicht etwa nur für ihre Glaubensgenossen, sondern ebenso sehr für Tausende katholischer Schüler und Schülerinnen höherer Lehranstalten werden!? Meines Wissens sind bisher alle derartigen Schulbücher von Protestanten in protestantischen Verlagen herausgegeben worden. Freuen wir uns immerhin, daß endlich die gebildete deutsche Welt einzusehen beginnt, daß die lateinische Sprache nicht und niemals so „tot“ war wie etwa die Sprache der Sumerer, Hettiter oder auch der Sanskritschriftsteller [2]).

Wie lebendig zur Zeit das Interesse weiter Gelehrtenkreise am mittelalterlichen Latein ist, beweist eine Nachricht, dergemäß die „Union académique internationale“ das weltberühmte „Glossarium ad Scriptores mediae et infimae Latinitatis“ von Du Cange (zuerst erschienen 1678) aufs neue unter Zugrundelegung seiner Erweiterungen (zuletzt durch L. Favre in 10 Bänden von 1883/1888) neu herausgeben wollte. Leider wurde diese Mitteilung bald schon dahin eingeschränkt, daß der zur Behandlung der Sache eingesetzte Ausschuß vorgeschlagen habe, vorläufig nur die Herausgabe eines lateinischen Wörterbuches aus der Zeit der Merowinger und Karolinger in Angriff zu nehmen, denn die Neubearbeitung des gewaltigen Du Cange-Werkes (das zwischen 1733 und 1736 nicht zum wenigsten durch die französischen Benediktiner von Saint-Maur gefördert war) erschien den Ausschußmitgliedern für die heutige Zeit zu kostspielig. Selbst die lateinischen Eigennamen jenes Zeitabschnittes will man ausscheiden, um die Arbeit zu vereinfachen! Was das bedeutet, sieht man erst ein, wenn man bedenkt, daß gerade die Bestimmung der erdkundlichen Namen trotz mancher trefflicher Vorarbeiten gewaltige Schwierigkeiten bietet. Sind doch viele hundert Städte und Dörfer, die in den mittelalterlichen Schriften eine Rolle spielen, im Laufe der Zeit spurlos vom Erdboden verschwunden. Anfangspunkt der in Betracht kommenden Zeit soll das Jahr 500 sein, Endpunkt ein ums Jahr 1000 liegendes Datum. Man sollte meinen, eine solch große Körperschaft, wie die „Union académique internationale“ würde auch das ganze Werk auf Grund der neuesten Forschung

---

[1]) Ein Bahnbrecher für das sakrale Latein des Mittelalters war im Jahre 1916 auch der protestantische Universitätsprofessor Dr. Conrad Burdach, der in seinem Buche „Deutsche Renaissance“ u. a schrieb „So frage ich, warum wird vom Lateinischen wie vom Religionsunterricht in unseren Schulen die Lektüre und die Erklärung der katholischen Messe und ausgewählter anderer Stücke der Liturgie, einzelner Hymnen, warum die Vulgata ausgeschlossen? Ein unermeßlicher Schatz schöpferischer Sprachkunst und Poesie geht unserer Jugend damit verloren. Ist es ein erträglicher Zustand, daß Deutschlands protestantische Jugend die Schule durchläuft, ohne eine Ahnung mindestens, ohne jede Anschauung von den Quellen, daraus die Millionen ihrer katholischen Kameraden und Mitbürger ihre religiöse Nahrung empfangen?“ (Vgl. den noch weitere Beispiele bringenden schönen Artikel von Dr. J. Gerhards (Bonn) in der Literarischem Beilage der Köln. Volkszeitung vom 9. Juli 1925 über „Neue Wege und Ziele des Lateinunterrichtes“.)

[2]) In dem Quintabuche von Hartke und Niepmann heißt es u. a.: „Das Latein ist keine tote Sprache. Es lebt noch heute in mehreren lebenden Sprachen. Daher steht jedem, der Latein kennt, zu diesen der Zugang offen. Aber auch Latein selbst sprechen noch heute ungezählte Menschen beim Gottesdienste. Noch heute lesen diese die lateinisch geschriebenen hl. Bücher. Noch heute werden Bücher, Gesetze und Verordnungen in dieser Sprache verfaßt.“

herausgeben können! Da hat sich doch der Thesaurus linguae latinae gewaltigere Ziele gestellt!

Als ein weiteres Werk aus dem mittelalterlichen Lateingebiete nenne ich das im Jahre 1923 erschienene Büchlein von Dr. K. Bojunga (Oberstudiendirektor in Frankfurt a. M.): „Lateinische Lieder fahrender Schüler aus der Stauferzeit“ für Gymnasiasten mit einem Verzeichnisse mittelalterlicher Lateinwörter. Von demselben Verfasser stammt Ekkehards Waltharilied als zweites Heft der „deutschkundlichen Lateintexte“. Studienrat Dr. F. Kasch betont in einem Aufsatze (in „Für Schule und Leben“, Leipzig 1923, Heft 2, Seite 6f.): „Der unermeßliche Einfluß der großen Kirchenlehrer — man denke an Augustin — auf die gesamte abendländische Christenheit sollte es zur Pflicht machen, die Jugend auch an diese tiefen Geister heranzuführen; denn sie haben ihr wahrscheinlich nicht weniger zu sagen als Cicero und Seneca.“ — In Belgiens höheren katholischen Schulen wurden schon vor mehr als dreißig Jahren den Schülern der Oberklassen nicht nur lateinische, sondern auch griechische Vätertexte als Schullesung in die Hand gegeben. In dieser Hinsicht kann man wirklich nicht sagen: ‚Germania docet!‘

Eine Pflege des mittelalterlichen Lateins läßt sich zurzeit auch die „Kaiser Karls des Großen-Akademie deutscher Nation“ in Aachen angelegen sein. Diese Vereinigung will vor allem das Lateinische zur wahren Welthilfssprache machen[1]). Sehr stark haben insbesondere die maßgebenden kirchlichen Kreise betont, daß sich die jungen Theologen mehr, als das heutige Gymnasium es veranlasse, mit dem Studium des Lateinischen beschäftigen müßten. Soll es doch sogar schon deutsche Bistümer geben, in denen von den Theologen, die das deutsche Gymnasialabitur haben, verlangt wird, daß sie zur gründlichen Ausbildung im Lateinischen zwei bis vier Semester Vorlesungen hören und dann in einer Prüfung nachweisen, daß sie genügend Latein verstehen! Doch selbst in Rom ist man mit dem heutigen Stande der Dinge nicht zufrieden; darum hat Papst Pius XI. selbst am 20. Oktober 1924 zur Belebung der lateinischen Studien die Errichtung eines besonderen Lehrstuhles für die lateinische Sprache an der gregorianischen Universität veranlaßt.

Schon vordem hatte Papst Benedikt XV. mit aller Kraft darauf gedrungen, daß in den Priesterseminarien der einzelnen Länder die Aussprache des Lateins nach römischer Art gelehrt werde. Alsbald wurde dieser Forderung besonders in Belgien, England und Frankreich entsprochen. Der Erzbischof von Algier erhielt damals vom Kardinalstaatssekretär im Auftrage des Papstes ein Belobigungsschreiben, weil er die ihm unterstellten Bischöfe veranlaßt hatte, sofort den päpstlichen Wunsch zu erfüllen. Dieses Schreiben betont, daß „in Latium, zu Rom, wo die lateinische Sprache entstanden ist und geblüht hat, die echte Aussprache dieser Sprache sich im Laufe der Jahrhunderte fortgepflanzt und erhalten hat. Wenn schon verlangt wird, daß diese Aussprache überall im Unterrichte angewendet werde, um wie viel wünschenswerter ist es dann, daß sie in der heiligen Liturgie gebraucht werde, um auch in diesem Stücke die empfohlene Einheitlichkeit und Einheit zu erreichen.“ — Zweifellos hat die einheitliche Aussprache für alle jene Besucher Roms eine überragende Bedeutung, die sich zu ihrer Verständigung mit dem Papste oder den Kurialbehörden des Lateins bedienen müssen. Wie sollte ein mit der römischen Aussprache vertrautes Ohr etwa einen lateinsprechenden Engländer verstehen können, der da gewohnt ist, die lateinischen Vokale nach Art der englischen Selbstlauter wiederzugeben? Viele erinnern sich noch des scherzhaften Zwischenfalles, der auf dem Berliner Kongreß (1878) hervorgerufen wurde, als der Vertreter Englands, Lord Beaconsfield, plötzlich in seiner Rede von der Möglichkeit eines „ke-isäs bellai“ sprach und den „casus belli“ meinte, was anfangs nur ganz wenige begriffen.

In Deutschland lag bis vor kurzem die Aussprache des Lateins an den Gymnasien sehr im argen; weniger deshalb, weil man belehrt wurde, ti wie zi und c vor ae, oe, eu, e, i, y wie z zu sprechen, als vielmehr darum, weil von den weitaus meisten Lateinlehrern nicht der geringste Wert auf die richtige Aussprache

---

[1]) Mehr als ein Dutzend Versuche sind in den letzten 50 Jahren unternommen worden, auf der Grundlage des Lateinischen eine leicht erlernbare Welthilfssprache zu bilden. Ich nenne nur die Systeme des Turiner Mathematikprofessors Giuseppe Peano („Interlingua“), des österreichischen Weihbischofs Hartl („Lingua perfekt“), des Studienrats Beermann („Novilatin“), des Sprachforschers Pirchner, des Studienrats Ernst („La nove latine“) und die Bestrebungen des Luxemburger Pfarrers Johannes Baptista Pinth, der im Jahre 1917 ein „Deutsch-neulateinisches Wörterbuch“, d. h. eine Übersetzung von mehr als 4000 vielgebrauchten Wörtern in latinisierter Form in Mondorf (Luxemburg) herausgab; in Italien entstand kürzlich: „Latino flexione“ als neueste „Weltsprache“.

der langen und kurzen Selbstlauter gelegt wurde. In dieser Hinsicht kann man in fast allen Domkirchen beim lautgebeteten Offizium und nahezu in jeder Kirche, wo ein Hochamt gesungen wird, nach wie vor die gröbsten Aussprache-schnitzer hören. Gewiß wird es damit nach Durchführung der Forderungen des Ministers für Wissenschaft, Kunst und Volksbildung in seinen jüngsten „Richtlinien“ für Preußen besser werden. Die demnächst aus den preußischen Lateinlehranstalten hervorgehenden Abiturienten werden aber nicht nur Längen und Kürzen gebührend beachten, sie werden auch unbekümmert um die geschichtlich gewordene, seit fast anderthalbtausend Jahren bestehende Umbildung des k-Lautes vor ae, oe, eu, e, i, y zu z und des ti-Lautes vor nachfolgendem Vokale zu zi, die Konsonanten c und t stets wie k und t sprechen lernen. Gegen diese Folge der ergangenen Anweisung des Ministers haben sich naturgemäß, da in die kirchliche und bürgerliche Aussprache des Lateins eine Verwirrung kommen muß, schon Stimmen erhoben, zu deren Wortführer sich kürzlich der Geheimrat Dr. Widmann (Münster) in einem Artikel der Kölnischen Volkszeitung vom 21. August 1925 machte[1]).

Dank der willkommenen Mitarbeit des Steyler Paters Dr. phil. Rötter kann ich dem vorliegenden Wörterbuche eine gediegene Arbeit über die genaue Aussprache des Lateinischen während der klassischen Zeit mit auf den Weg geben. Der aufmerksame Benutzer des Buches wird die Längen- und die Kürzenbezeichnung Rötters durchgeführt finden; freilich gab es eine sehr große Anzahl von Eigennamen und unlateinischen Wörtern, die sich nicht den lateinischen Aussprachgesetzen fügten und deshalb ohne Quantitätsbezeichnung bleiben mußten. Dahin gehören vor allem die zahlreichen hebräischen, aramäischen, assyrischen, persischen . . . Wortgebilde, die aus dem Sprachschatze der Vulgata übernommen werden mußten, wenn diese amtliche Ausgabe der hl. Schrift, die in ihrer bisherigen Gestalt voraussichtlich noch viele Jahre verbleiben wird, lexikographisch völlig erfaßt werden sollte[2]). Pater Rötter hat übrigens kürzlich seine Arbeit, in erweiterter Form erscheinen lassen, worauf ich mit dem gebührenden Danke für seine tatkräftige Mitarbeit eigens hinweisen möchte[3]).

Selbst wenn die aus den Gymnasien der früheren Zeit hervorgegangenen Geistlichen sich nicht entschließen können, die Aussprache des ‚c‘ und des ‚ti‘ im Sinne der Rötterschen Darlegungen anzunehmen, werden sie es doch gewiß nicht unterlassen wollen, ihre durchaus fehlerhafte Aussprache der Selbstlauter in zahlreichen lateinischen Wörtern aufzugeben und so wenigstens eine gewisse Brücke, zu der sich nun langsam einbürgernden richtigen Aussprache des Lateins zu schlagen. Diese älteren Herren werden also nicht mehr mŏs, hōmo, cāro, dōminus, sālus, bōnus, dōlor, mēus, Dēus . . . sagen, sondern mōs, hŏmo, căro, dŏminus, sălus, bŏnus, dŏlor, mĕus, Dĕus . . .

Seltsam mutet es übrigens an, daß nicht einmal das Brevier in seinen verschiedenen Ausgaben folgerichtig im Akzente vorgeht; da las man bis etwa 1912 in den Brevierausgaben altérius, dann hieß es zwischen 1913 und 1915 alteríus, von da ab fehlte in gewissen Ausgaben bei diesem Worte jeglicher Akzent und jeder mochte lesen, wie es ihm paßte. Die Aussprache fortúito (statt: fortuīto) findet sich dagegen nach wie vor vermerkt und ein Wort wie heroem steht bald so: héroem, bald so: heróem da. Das in Rom gedruckte Brevier machte zur selben Zeit hinsichtlich der Bezeichnung von Doppellautern (die der Italiener ja nicht kennt) eine merkwürdige Wandlung durch. Bis 1912 hieß es aúferas, aúribus usw.; dann druckte man: áuferas, áuribus (also lag für den Italiener der Ton auf der viertletzten Silbe!). —

---

[1]) Dr. Widmann sagt nicht ohne Berechtigung: „Mag es auch anfangs leichter erscheinen den Sextaner neko, nekas, nekat, nekem, nekes, neket flektieren zu lassen, später stellen sich Schwierigkeiten ein, wenn er den Widerspruch zwischen der lateinischen Aussprache und der üblichen in den entlehnten Wörtern bemerkt. Er rechnet mit Dezimalbrüchen, Prozenten, Dezi- und Zentimetern, redet von Partizipien, Zensuren, Konzilien, Konzerten, Prozessen, Prozessionen, sagt Kruzifix, holt den Zirkel, geht in den Zirkus, kennt seine Heimatprovinz, weiß, was zivil ist, vielleicht auch schon etwas von Sozialismus, Zentrum, national et cetera, und soll nun im Lateinischen überall das k mit c vertauschen . . . Es ist zu bezweifeln, daß in der Kirche sacerdos, celebrare, caeremonia, caelum, lucem, ascendit, descendit, in principio, ciborium usw. um der neuen Richtlinien willen sich wieder in die originale Aussprache einzwingen lassen wird. Für die Schule fällt durch die Reform ein gutes Hilfsmittel zum Erlernen von lateinischen Vokabeln, das Heranziehen der lateinischen Lehnwörter, zu einem großen Teile fort.“

[2]) Jeder hebräische Eigenname ist gemäß dem Texte der Vulgata als Stichwort aufgeführt worden der Akzent auf manchen hebräischen Wörtern geht auf die römische Brevierausgabe zurück. Eigenartig ist es, wie in der Vulgata Wörter aus dem Griechischen umgeändert worden sind, so liest man für *κυνόμυια* coenomyia (vielleicht in Anlehnung an das lateinische Wort coenum = Schmutz ?).

[3]) Die Aussprache des Lateinischen von Dr. phil. Bernard Rötter. Limburg a. d. Lahn. Verlag von Gebrüder Steffen, 87 Seiten; geh. 4.50 M.

Die Abfassung des vorliegenden Werkes wurde von dem Gedanken beherrscht, allen Benutzern möglichst dienlich zu werden; daher sind auch viele Wörter aufgenommen worden, die bei Lateinkundigen alten Schlages als allbekannt gelten, die aber infolge der seit 1892 andauernden Umgestalterei des Gymnasiums bei einem großen Teile der Abiturienten nicht mehr als bekannt gelten können. Der Verfasser hat bei seiner Arbeit übrigens auch an jene weiblichen kirchlichen Genossenschaften als Benutzerinnen gedacht, die ihren Satzungen entsprechend das Brevier oder doch Teile desselben beten oder wenigstens sonst lateinische Gebete zu verrichten haben und die dem lateinischen Gottesdienste genauer folgen möchten, ohne eine Lateinschule besucht zu haben. Für diese schrieb schon 1911 B. Bauer sein „Handbuch zum Erlernen der lateinischen Kirchensprache" (Radolfzell 1899) und der Spiritual Johannes Zwior (Freiwaldau) seine „Einführung in die lateinische Kirchensprache" (4. Auflage, Herder, Freiburg). Unter demselben Titel ließ Johann Ries 1913 bei Pustet in Regensburg sein Werkchen erscheinen und im Jahre 1923 erblickte eine kurze „Anleitung zum Verständnis der lateinischen Kirchensprache" im Verlage von Joseph Becker in Kevelaer das Tageslicht. Geschätzt wird die zur Zeit vergriffene Grammatik der lateinischen Kirchensprache von Domkapitular L. M. E. Stoff; erwähnt sei noch Felders: „Geschichtliche Entwicklung der lateinischen Kirchensprache" (Feldkirch 1905).

Doch nicht nur die religiösen Genossenschaften sondern auch viele Laien dürften in der heutigen Zeit der liturgischen Bewegung zu dem vorliegenden Buche greifen. Ist es doch nicht etwas gar so Seltenes, daß auch von Laien das Brevier gebetet wird; ich selbst kannte Schüler, die es schon auf dem Gymnasium taten, und bekannt ist es, daß die getreue Helferin des hl. Pfarrers Vianney, Fräulein von Ars, keinen Tag ohne andächtiges Beten des Officium divinum hingeben ließ[1]).

Selbst gläubige Protestanten (ich erinnere an Krogh-Tonnings eigenes Geständnis in seiner Lebensbeschreibung) haben oft jahrelang das kirchliche Stundengebet geliebt und gepflegt, ehe sie ihre Schritte zur Mutterkirche zurücklenkten. Alle jene nicht eigentlich mit der katholischen Liturgie vertrauten Personen werden sicher auch manche, zu einzelnen Wörtern gegebenen kurzen Erklärungen begrüßen, die dem Fachmanne freilich als überflüssig erscheinen könnten. Der Lateinschwachen wegen sind insbesondere auch verschiedene häufig vorkommende unregelmäßige Verbformen mit Verweisung auf das Stammwort angegeben worden, wie dies auch in anderen Wörterbüchern (insbesondere für das Hebräische) geschieht, z. B. Partizipien wie contactus, cretus, enixus, stratus oder Perfekte wie contuli, trivi . . .

Bei den seltenen Wörtern oder bei Begriffen, die im lateinischen Zusammenhange (z. B. in den Psalmen) eine ganz eigenartige Bedeutung haben, ist die Fundstelle möglichst angegeben worden.

Über ein Viertel des vorliegenden Wortschatzes dürfte bisher noch nicht lexikographisch in eine leicht zugängliche und preiswerte Ausgabe aufgenommen sein. Die trefflichen Werke von Ducange-Forcelini-Favre und von Maigne d'Arnis sind teuer und enthalten zahlreiche Ausdrücke, die in keinem kirchlichen Buche anzutreffen sind, während wirklich vorkommende in vielen Fällen nicht berücksichtigt werden.

Wenngleich zahlreiche vereinfachte und neubearbeitete Proprien sorgsamer als früher im Neudrucke erschienen sind, finden sich doch immer noch seltsame Fehler, wie z. B. die Schreibung „Nemroth" aus Mich. 5, 6, wo es aber in der Vulgata „Nemrod" heißt oder „tursit" statt torsit (von torqueo). Auch die Namensbezeichnung der Heiligen ist keineswegs einheitlich, das eine Proprium schreibt Nothburga, Adelhaidis, Magarita, Odilia, das andere Notburga, Adelaidis (Adelais), Margarita, Ottilia; das eine bezeichnet einen Heiligen als Bischof (z. B. St. Severin, Bischof von Köln, † im 4. Jhdt.), das andere nur als Bekenner. Seltsamerweise wird in vielen Fällen jemand „Martyrer" genannt (trotz der heutigen festen Umschreibung dieses Begriffes!), der nicht im entferntesten für den Glauben starb oder auch nur litt! Selbstredend habe ich mich in der Bezeichnung stets an die amtliche Vorlage gehalten und so als Martyrer bezeichnen müssen den hl. Desiderius, Bischof von Rennes (Fkr.), den hl. Evergislus, Bischof von Köln, den hl. Engelbert, Erzbischof von Köln, den hl. Landelin, Einsiedler bei Tongern (Belgien), den hl. Proiektus, Bischof von Clermont, welche alle von Meuchel-

---

[1]) Vgl. Vianey, Leben des hl. Pfarrers von Ars. Deutsche Übersetzung von Dr. Albert Sleumer. 3. Aufl. Limburg 1922, S. 41.

mördern niedergestoßen wurden. Desgleichen starb nicht für den Glauben der hl. „Martyrer" Emmeram, Bischof von Regensburg, der infolge einer Verleumdung verstümmelt wurde und so zu Tode kam, der hl. Evermarus, der von einem Raufbolde erschlagen wurde, der hl. Bischof Marinus († im 7. Jhdt.), den eine Räuberbande tötete, weil er kein Lösegeld zahlte, was auch mit dem seligen Hróznata geschah, der in Prag als Martyrer gefeiert wurde. Selbst der hl. Gangulph wird als Blutzeuge verehrt, obwohl er durch den Buhlen seiner ehebrecherischen Frau ermordet ward, und der Bischof Heinrich von Upsala (1151) gilt als „Martyrer", wenngleich er von einem Bösewichte, den er gebannt hatte, niedergestoßen wurde. Der „Martyrer" Dagobert II. ferner, König von Austrasien, hat den Tod keineswegs für den Glauben erlitten, sondern fiel in einer Schlacht, die er einem christlichen Verwandten lieferte, der sein Erbrecht angetastet hatte. In der Schweiz feiert man den Ammann Plazidus als Martyrer, obwohl er im siebenten Jahrhundert von einem Statthalter durch gedungene Mörder beseitigt wurde, weil er die Rechte des St. Sigibertklosters verteidigt hatte. Auch die „Martyrerin" Verena starb nicht als Blutzeugin, ebenso der hl. Columban († 615) und der hl. Eusebius von Vercelli. Der hl. Bischof Zeno von Verona wurde sogar von Papst Gregor dem Großen als Martyrer in den Heiligenkalender aufgenommen, wiewohl ihn nur die Verleumdungen der Arianer getroffen hatten. Ebenso starben weder der hl. Trudbert noch der hl. Gaudentius um des Glaubens willen; letzterer wurde wegen angeblichen Landesverrates um 418, allerdings von Kirchenfeinden, getötet. Auch der „Martyrer" Gosbert, Bischof von Osnabrück, starb nicht für den Glauben; andererseits wird der hl. Germanus, Bischof von Besançon († im 4. Jhdt.), nur als „Bekenner" hingestellt, obwohl er nach der Lebensbeschreibung tatsächlich um des Glaubens willen getötet wurde.

Was nun die dem Namen der Proprienheiligen beigefügten Lebensbeschreibungen angeht, so haben sie schon bei der ersten Auflage des Buches geteilte Stimmen veranlaßt. Einige wenige wünschten sie ganz gestrichen, viele andere freuten sich darüber, da sie so erstmals die Lebensläufe von Heiligen und besonders Seligen in maßgebender Form fanden, die sie sonst nur mit großem Aufwande an Zeit und Geld irgendwo ermittelt haben würden; verschiedene Leser schrieben an mich, ich möchte die Lebensbeschreibungen seltener erwähnter Personen noch ausführlicher geben, ja dabei noch andere Quellen heranziehen, da verschiedene Angaben in den Lebensgängen geschichtlich nicht zu halten seien. Was dies letztere angeht, so fällt selbstredend die ganze Verantwortung auf die Verfasser und Herausgeber der amtlichen Proprienbücher. Meine Aufgabe war es nur, einen getreuen Auszug der oft recht langatmigen Legenden dem Benutzer dieses Buches zu bieten. Um aber auch denen, die längere Auszüge aus der amtlichen Vorlage wünschten, entgegenzukommen, habe ich bei einer Reihe (besonders neuzeitlicher) Lebensgänge die Tatsachen ausführlicher sprechen lassen.

Leider waren noch nicht alle Proprien der in Frage kommenden Länder bei der Entstehung dieser zweiten Auflage neu erschienen, so daß auch noch verschiedene nicht von den Ordinariaten neubearbeitete Lebensgänge aufgenommen werden mußten Bei solchen fehlt daher (wie in der ersten Auflage allgemein) die Angabe der Sprengel, in denen der Heilige oder Selige verehrt wird.

Es sei noch hervorgehoben, daß nur solche Heilige oder Selige einen Lebenslauf beigefügt erhielten, die nicht schon im Brevier geschichtliche Lesungen aufwiesen. Nur bei den wenigen Persönlichkeiten, die aus der Bibel hinreichend bekannt sind (z. B. der „hl." Job, der „hl." Joseph von Arimathäa usw.), wurde keine Wiedergabe des Proprientextes gebracht. Natürlich durfte auf die Beigabe einer Lebensbeschreibung auch (in den seltenen Fällen) verzichtet werden, wenn der Proprientext nichts anders als die erweiterte Darbietung des Breviertextes war. Hin und wieder kommt es auch vor, daß zwar im Meßbuche, aber nicht im Brevier ein Heiliger erwähnt wird; in diesem Falle ist natürlich die Lebensbeschreibung aus dem Proprientexte dem Namen des Heiligen beigegeben worden.

Da die Schreibart der gleichen lateinischen Wörter in den Proprien (übrigens in Nachahmung ähnlicher Fälle im klassischen Latein) sowie im Brevier und Missale (wo z. B. caelum neben coelum steht!) oft verschieden ist, mußten im vorliegenden Buche zahlreiche Verweisungen vorgenommen werden. Für die deutsche Schreibung war durchweg: „Duden", Rechtschreibung der deutschen Sprache und der Fremdwörter (Leipzig und Wien, neunte Auflage, 1923) maßgebend; daher liest man: Altarsakrament (mit einem s), Massora, Loreto, Mesner, Kämmerer (nicht Kammerer, wie es mundartlich in bayrischen Sprengeln heißt), Levkoie usw.

Zur Vereinfachung des Aufschlagens wurde im Stichworte jedes Jot als I gedruckt, also auch bei den hebräischen Wörtern. Bei den vieldeutigen Ausdrücken wurde die Grundbedeutung jeweils vorgestellt; hiermit wird nicht behauptet, daß diese immer auch selbst in den Vorlagen vorkommt. Hin und wieder gilt ein gleiches auch für einzelne sonstige Bedeutungsformen, die als Ergänzung, Erklärung oder Überleitung zu ferner liegenden Begriffen dienen sollen. Abgesehen von den Eigennamen wurden durchweg die etwa vorhandenen griechischen Stammformen in Klammern beigesetzt, da deren Kenntnis nicht selten auch für die Betonung von Wert war. Mit Staunen wird übrigens der aufmerksame Leser bemerken, wieviele Fremdwörter, besonders aus dem Griechischen, das sakrale Latein aufweist und wie es darin kaum der deutschen Sprache, die ungeachtet des Weltkriegs nach wie vor von Fremdwörtern überschwemmt ist, nachsteht.

Die Konstruktion der Zeitwörter ist im großen ganzen nur dann angegeben, wenn sie von der in den Schulgrammatiken mitgeteilten abweicht, was beispielsweise in den Psalmen nicht selten der Fall ist. Ähnliches gilt auch von der Phraseologie. Eigenarten mit schwer erkennbarer Bedeutung sind kurz aufgeführt; doch mag hier noch viel zu ergänzen sein, da bei der Sonderart der zahllosen Verfasser, die in Betracht kommen, von einem einheitlichen Stile nicht die Rede sein kann; erstreckt sich doch die Herstellung der durchgesehenen lateinischen Stücke über fast zwei Jahrtausende! Um die Phraseologie dieser teils hochberühmten, teils kaum bekannten, teils namenlosen Männer und Frauen[1]) vollständig erfassen und festhalten zu können, bedürfte es großer Vorarbeiten, die nicht einmal für alle der Bibel entnommenen Teile gemacht worden sind! — Von Stammerklärungen der Wörter ist bis auf verschwindende Ausnahmen abgesehen worden; fast alles Wünschenswerte darüber wird der Leser in dem Werke von Professor Dr. Walde „Lateinisch-etymologisches Wörterbuch“ (Heidelberg 1910, 2. Auflage) vorfinden.

Schwierig war es in vielen Fällen, Wörter, die als indeklinabel bezeichnet sind, dem Geschlechte nach zu bestimmen. Hier galt ebensowenig die bekannte Sextaregel wie bei der Geschlechtsbestimmung der zahlreichen Flüsse, der Städte, ja der Länder! Werden doch nicht einmal bei den lateinischen Klassikern alle Flußnamen — um nur dies zu erwähnen — gleichmäßig behandelt! Ferner mag es vorkommen, daß ein hier als indeklinabel bezeichnetes Wort bei irgendeinem weltlichen Schriftsteller dekliniert wird, wie ja auch das Umgekehrte denkbar ist. Man wolle demgegenüber beachten, daß eben nur der Wortschatz kirchenamtlicher Schriften geboten werden soll.

Die Geschichtszahlen bei Ereignissen und Persönlichkeiten sind hinsichtlich der jüdischen Zeit auf den Standpunkt der heutigen Forschung gebracht, im übrigen den Vorlagen (Brevier, Proprium u. a.), soweit sie da waren, entnommen; sie mögen in manchen Fällen von der Forschung überholt sein. Seltsam mutet die Feststellung an, daß oft auf keine Weise — auch nicht aus anderen Büchern — selbst nur ungefähr das Jahrhundert, in dem der Propriumheilige gelebt hatte, zu ermitteln war! Ein Fragezeichen beim Stichworte deutet darauf hin. Jeder Benutzer des Buches, der etwa in der Lage ist, Auskunft in dieser Hinsicht zu geben und der auch sonst zur Verbesserung und Erweiterung des Buches für eine dritte Auflage tätig zu sein gewillt ist, wird mich zu ebenso lebhaftem Danke verpflichten, wie jener Leser der ersten Auflage, der die Angabe sämtlicher Bischofssitze an der Hand der kurialen Redeweise, die bei den meisten Städtenamen nur die Adjektivform verwendet, für angezeigt fand. Dieser Wunsch ist in der vorliegenden Ausgabe gern verwirklicht worden. —

Es bleibt mir noch eine ebenso wichtige wie angenehme Pflicht zu erfüllen, indem ich allen denen, die mir nach dem Erscheinen der ersten Auflage durch briefliche Ratschläge behilflich waren, Fehler auszuscheiden und neue Gesichtspunkte für diese Auflage zu gewinnen, herzlich danke. Es ist mir nicht möglich, alle solche Gönner des Werkes hier im einzelnen zu erwähnen. Ich muß mich auf wenige Namen beschränken.

In erster Linie gebührt der innigste Dank Herrn Benefiziaten Joseph Schmid in Angerbach, der sich in ebenso selbstloser wie glänzender Weise in den Dienst der Sache gestellt hat. Zu einer Zeit, wo mir das Amt des Leiters einer großen Schule kaum Muße ließ, um, wie ich es nach dem Erscheinen der ersten Auflage begonnen hatte, die Bausteine für eine zweite größer angelegte Auflage weiter-

---

[1]) So rührt beispielsweise der herrliche Hymnus „Jesu, dulcis memoria“ von einer Virgo Cisterciensis her (vgl. Schulte, Hymnen des Breviers, S. 220).

zusammeln, hat mein Freund Joseph Schmid sich an die Neubearbeitung des Manuskriptes für die neue Auflage gemacht und zu diesem Zwecke einen sehr großen Teil der neuerschienenen Proprien sowie verschiedener der auf dem Titelblatte verzeichneten Bücher durchforscht, um neue Vokabeln und seltene Redeweisen zu finden. Doch das war ihm nicht genug! Als ich mich entschloß, auch die Vulgata mit ihren zahllosen Eigennamen im Alten Testamente in den Kreis der Arbeit hineinzuziehen, hat Herr Joseph Schmid in unermüdlicher Tätigkeit nicht nur alle lateinischen Formen der morgenländischen Eigennamen zusammengestellt, sondern auch selbst und unter gütiger Beihilfe von Herrn Universitätsprofessor Dr. Nivard Schlögl, Ord. Cist. (Wien), dem ich auch an dieser Stelle innigst danke, eine möglichst gesicherte Übersetzung der morgenländischen Wörter zustande gebracht. Darum gebührt ihm, der auch die zeitraubende Korrekturlast der Druckbogen mit übernahm, ohne Zweifel das größte Verdienst an dem Zustandekommen dieser zweiten Auflage, die das Doppelte an Umfang aufweist. Mein tiefgefühlter Dank wird dem treuen Mithelfer an der schwierigen Arbeit stets sicher sein!

Auch den Ordensgeistlichen, wie den Benediktinerpatres Hilarius Walter in Tettenweis (Niederbayern) und Wolfgang Schnell in Gerleve (Westfalen), dem Kapuzinerpater Gotthard in Scheibbs (Niederösterreich), dem Augustinerpater Engelbert Eberhard in Würzburg, den Cistercienserpatres Elred Laur in Marienstatt und Adolf Dietrich in Birnau bei Überlingen, dem Dominikanerpater Meinolfus Stiens in Warburg und dem Franziskanerpater Maurus Witzel in Fulda sage ich innigen Dank für die Mitteilung der Proprienheiligen ihrer Orden.

In erdkundlicher Hinsicht haben sich für die Zwecke des Buches bemüht Herr Universitätsprofessor Dr. Tomek (Wien) und Herr Prälat D . Leitner (Passau), welch letzterer in liebenswürdigster Weise auch jene Abschnitte des Buches durchsah, die sich auf kirchenrechtliche Dinge bezogen. Beiden Herren sage ich von ganzem Herzen Dank. Endlich darf ich nicht vergessen, Herrn Regens Professor Dr. Joseph Hild in Limburg, der mannigfache wertvolle Anregungen zur Vervollständigung des Textes gab und die Druckbogen mitprüfte, wärmsten Dank auch an dieser Stelle auszusprechen.

Wenn es auch heißt: „Lexikographische Werke, mögen sie noch so großartig angelegt sein, haben das Vorrecht, Lücken und Irrtümer aufweisen zu dürfen" (H. v. Meltzl), so liegt mir naturgemäß doch sehr daran, bei einer weiteren Auflage solche Mängel möglichst zu beseitigen, und da viele hundert Augen mehr sehen als ein halbes Dutzend, bitte ich nochmals alle Benutzer des Buches, mir zu helfen, dieses Ergebnis ungezählter Arbeitsstunden immer vollkommener zu gestalten.

Bad Godesberg am Rhein, Auguste Viktoriastraße 32;
am Feste des sel. Albert des Großen 1925.

Studiendirektor i. R. Prof. Dr. Sleumer.

Benutzte Bücher

Gerhard Scheller: Ausführliches und möglichst vollständiges lateinisch-deutsches Lexikon oder Vokabular zum Behufe der Erklärung der Alten und Übung in der lateinischen Sprache. 2. ganz umgearbeitete Auflage in drei Bänden. Leipzig 1789.

Reinhold Klotz: Handwörterbuch der lateinischen Sprache in vier Bänden. Braunschweig 1853.

W. H. Maigne d'Arnis: Lexicon manuale ad Scriptores mediae et infimae latinitatis ex Glossariis Caroli Dusfresne, D. Ducangii, D. P. Carpentarii, Adelungii et aliorum accuratissime redactum, ou Recueil de Mots de la Basse Latinité, dressé pour servir à l'intelligence des auteurs, soit sacrés, soit profanes du Moyen-Age. Publié par M. l'Abbé Migne. Tome unique. Parisiis 1890.

Karl Ernst Georges: Ausführliches lateinisch-deutsches Handwörterbuch aus den Quellen zusammengetragen und mit besonderer Bezugnahme auf Synonymik und Antiquitäten. Achte Auflage von Professor Dr. Heinrich Georges. Leipzig 1914.

Hermann Menge: Lateinisch-deutsches Schulwörterbuch mit besonderer Berücksichtigung der Etymologie. Dritte Auflage. Berlin-Schöneberg 1916.

I. M. Stowasser: Lateinisch-deutsches Schul- und Handwörterbuch. Große Ausgabe. Leipzig 1914.

S. Nagel: Französisch-englisches etymologisches Wörterbuch innerhalb des Lateins. Berlin 1869.

Gustav Körting: Lateinisch-romanisches Wörterbuch. Zweite Auflage. Paderborn 1901.

Adolf Hemme: Das lateinische Sprachmaterial im Wortschatze der deutschen, französischen und englischen Sprache. Leipzig 1903.

Hermann Menge: Griechisch-deutsches Wörterbuch mit besonderer Berücksichtigung der Etymologie. Zweite Auflage. Berlin-Schöneberg 1913.

Adalbert Schulte: Griechisch-deutsches Wörterbuch zum Neuen Testamente. Limburg 1918.

Joseph Barták: Vocabula breviarii Romani in classicis aut non aut raro aut aliter occurrentia, Pragae 1876 (sumptibus auctoris et Anselmi Steinhauser) (in 12^{0}, 137 Seiten).

Adalbert Schulte: Die Hymnen des Breviers nebst den Sequenzen des Missale. Paderborn 1898.

Karl Kastner: Praktischer Brevier-Kommentar. Zwei Bände. Breslau 1923/24.

B. Kothe: Musikalisch-liturgisches Wörterbuch. Breslau 1890.

Julius Fürst: Hebräisches und chaldäisches Handwörterbuch über das Alte Testament. Zwei Bände. Zweite Auflage. Leipzig 1863.

David Cassel: Hebräisch-deutsches Wörterbuch. Breslau 1909.

Martinus Hagen: Realia biblica, geographica, naturalia. Editio secunda. Parisiis 1914.

Martinus Hagen: Atlas biblicus, continens duas et viginti tabulas, quibus accedit Index topographicus in universam geographiam biblicam. Parisiis 1907.

Hermann Guthe: Bibelatlas in 20 Haupt- und 28 Nebenkarten. Mit einem Verzeichnis der alten und neuen Ortsnamen. Leipzig 1911.

Schuster-Holzammer-Selbst: Handbuch zur Biblischen Geschichte. Zwei Bände. Siebte Auflage. Freiburg 1910.

S. Killermann: Die Blumen des hl. Landes. Leipzig 1915.

R. Cornely-J. Knabenbauer-Fr. de Hummellauer aliique Societatis Jesu presbyteri . .: Cursus Scripturae Sacrae. Parisiis 1886/1924.

Bernhard Schäfer: Wissenschaftlicher Kommentar zum Alten Testament. Wien 1903 ff.

Johannes Nikel: Exegetisches Handbuch zum Alten Testament. Münster 1911/1923.

R. von Riess-L. Heidet: Atlas Scripturae Sacrae. Editio tertia. Friburgi Brisgoviae 1924.

Franz Xaver Kugler: Von Moses bis Paulus, Forschungen zur Geschichte Israels. Münster 1922.

E. P. Dutripon: Vulgatae editionis bibliorum sacrorum Concordantiae. Editio octava. Parisiis 1880.

Peultier, Étienne, Gantois aliique Presbyteri Societatis Jesu: Concordantiarum universae Scripturae Sacrae Thesaurus. Parisiis 1897.

Franz Kaulen: Handbuch zur Vulgata. Zweite Auflage. Freiburg 1904.

Jakob Ecker: Porta Sion. Lexikon zum lateinischen Psalter. Trier 1903.

Joseph Niglutsch: Brevis explicatio Psalmorum. Editio quarta. Tridenti 1910.

Nivard Schlögl: Die Psalmen, hebräisch und deutsch mit einem kurzen wissenschaftlichen Kommentar. Graz und Wien 1911.

Franz Jetzinger: Die Psalmen und Cantica des Breviers. Regensburg und Rom 1917.

Athanasius Miller: Die Psalmen. Einführung in deren Geschichte, Geist und liturgische Verwendung. Freiburg 1920.

Stephan: Psalmenschlüssel. Marklissa (1923).

Fr. H. Th. Bischoff u. **I. H. Möller:** Vergleichendes Wörterbuch der alten, mittleren und neuen Geographie. Gotha 1829.

Pierre Paul Deschamps: Dictionnaire de géographie ancienne et moderne, à l'usage du libraire et de l'amateur de livres . . . Paris 1870.

Hermann Oesterley: Historisch-geographisches Wörterbuch des deutschen Mittelalters. Gotha 1883.

Johann Georg Theodor Graesse: Orbis latinus oder Verzeichnis der wichtigsten lateinischen Orts- und Ländernamen. Zweite Auflage. Berlin 1909.

J. J. Egli: Nomina geographica. Sprach- und Sacherklärung von 42000 geographischen Namen aller Erdräume. Zweite Auflage. Leipzig 1893.

Heinrich Nissen: Italische Landeskunde. Erster Band 1883; zweiter Band 1902. Berlin.

Ulysse Chevalier: Répertoire des sources historiques du moyen-âge. Topobibliographie. Paris 1894—1903.

Franz Cramer: Rheinische Ortsnamen aus vorrömischer und römischer Zeit. Düsseldorf 1901.

Franz Cramer: Römisch-germanische Studien. Breslau 1914.

Carolus Streit: Atlas hierarchicus. Paderbornae 1913.

Adalbert Müller: Allgemeines Martyrologium oder vollständiger Heiligenkalender der katholischen Kirche . . . Mit einem mehr als 18000 Namen enthaltenden Register versehen. Regensburg 1860.

Ludwig Rieß: Georg Webers Allgemeine Weltgeschichte. Dritte Auflage. Vier Bände. Leipzig 1919—1922.

Christian Th. Reichard-Albert Forbiger: Orbis terrarum antiquus. Editio sexta. Norimbergae.

Martin Leitner: Handbuch des Kirchenrechtes. Regensburg 1922.

Anton Perathoner: Das kirchliche Gesetzbuch, sinngemäß wiedeigegeben und mit Anmerkungen versehen. Zweite Auflage. Brixen 1922.

Eduard Eichmann: Lehrbuch des Kirchenrechts auf Grund des Codex juris canonici. Paderborn 1924.

Des weiteren wurden benutzt das Kirchenlexikon, kirchliches Handlexikon, die Konversationslexika der Verleger Herder und Habbel; die Heiligenlegenden von Strunck-Giefers (1854/55), Stadler (1858/76), Stabell (1865), Heitemeyer (1889), Samson (1892), Stolz (1904), Beer (1913) u. a.

Anleitung zur richtigen Aussprache des Lateins.

Von Dr. phil. **Bernhard Rötter.**

Einleitung.

Die Notwendigkeit der richtigen Aussprache.

Die rechte Wiedergabe einer in sich abgerundeten fertigen Sprache kann für den, welcher sich dieselbe durch Studium aus Büchern zu eigen macht, nur in der gewissenhaften Anlehnung an ihre Blüte zu suchen sein; denn die Zeiten der anfänglichen Entwicklung und die Tage ihres Niederganges können nicht ausschlaggebend werden, wenn man nach dem Besten sucht. Dies gilt in hervorragender Weise für das Lateinische, die Kultsprache der röm.-kath. Kirche, die im Verein mit der altgriechischen nicht mehr gesprochen wird und zu den sog. toten Sprachen zählt; denn sie kann man nicht mehr aus dem lebendigen Worte heraus vernehmen, sondern nur noch aus den Aufzeichnungen und Schriftwerken der Vorzeit annähernd ergründen. Glücklicherweise sind dieselben aus der sog. goldenen Latinität (106 vor bis 14 nach Chr.) derart, daß man auf ihre Angaben und Gepflogenheiten bauen kann, da in jenen Tagen der Blüte die berufenen Vertreter der lateinischen Sprache ganz besonders auf Genauigkeit und Reinheit im sprachlichen Ausdruck bedacht waren.

So eiferte der gefeierte Redner Mārcŭs Tŭllĭŭs Cĭcĕrō (103—43 vor Chr.,) „der Meister der Prosa" (Eduard Norden, Einleitung in die Altertumswissenschaft, Leipzig 1912, Bd. 1, 354), dessen Verdienste um die Sprache selbst Caesar, der nie heuchelte, anerkannte (Cic. Brutus 253, Norden loc. cit. 361), gegen das einsetzende und nach seinem Tode „innerhalb weniger Jahrzehnte beispiellos jäh" (vgl. Norden, ebenda 363) vollendete Sprachverderbnis mit der ganzen, ihm eigenen Entschiedenheit, die eine unerbittliche Reinigung, ja selbst die Feuerprobe des Goldes in bezug auf die lateinische Sprache verlangte (Cic. Brut. 74, 258), damit durch das aus allen Richtungen der Windrose erfolgte Herbeiströmen der Menschen nach Rom nicht ein ähnliches Sprachengemenge erzeugt werde, wie es vordem in Athen geschah (vgl. Xenophon, de re publ. 2, 8). Der Zeitgeist konnte daher keine sonderlichen Eroberungen machen, oder wenn es ihm dennoch in Einzelfällen gelang, wie in dem früher nicht üblichen Anhauch von c und t zu ch und th (vgl. Cic. orator 48, 160), und der Verlängerung der Selbstlaute vor ns und nf (Cic. orator 48, 189), so erhielten eben diese Neuerungen durch die Annahme der hervorragenden Geister jener Zeit bindende Rechtskraft. Jedoch dies waren, wie gesagt, nur Einzelfälle. Im übrigen herrschte die gereinigte lateinische Aussprache (Cic. Brutus 74, 258), welche die Sprache rein von jedem Fehler hielt, mochten dies Soloezismen, Verstöße gegen den Satzbau, oder Barbarismen, Fehler bei der Aussprache in bezug auf Längen und Kürzen, sein (Cic. ad Herennium IV. 12, 17).

Die Dichter der Blütezeit ferner (Catullus 80—50, Horatius 65—8, Vergilius 70—19 vor Chr.) sind in bezug auf Feinheit von Einzelheiten noch höher einzuwerten, „da sie der Zwang des Versmaßes und der Tonverhältnisse nötigte, die Worte so in den Vers einzufügen, daß nichts, auch nicht um den geringsten Hauch kürzer oder länger ist, als es die Notwendigkeit verlangt“ (Cic. de orat. III. 48, 184). Man kann sich daher bei der Messung der Silben in vorzüglicher Weise auf sie stützen, so daß, wenn in strittigen Fällen auch nur ein Dichter als Beleg angeführt werden kann, die Unsicherheit beseitigt ist (Locuto poëta, causa finita!). Offenkundige Abweichungen oder sog. dichterische Freiheiten sind selten.

Dieselbe Genauigkeit herrschte in der Schule und in der Sprache der gebildeten Römer.

In der Schule herrschte die altüberkommene Strenge (vgl. Plautus, Bacchides III. 3, 27 ss und 431 ss), von der Horaz in seinem zweiten Buche der Episteln 1, 70 s. spricht, indem er seinen „schlagfertigen“ (plāgōsus) Lehrer Ŏrbĭlius erwähnt, der kein Versehen seiner Schüler ungeahndet ließ (vgl. Suetōnius, de illūstr. grammat. 9).

Das gebildete römische Volk aber hatte „in jenen Tagen eine so genaue und richtige Aussprache, daß man sagen konnte, sie sei eine so allgemeine und ohne bewußte Anstrengung erworbene Eigenschaft gewesen, wie die Unschuld im Kindesalter“ (Cic. Brut. 74, 258).

Deswegen finden wir es auch glaubwürdig, daß, wie Cicero erzählt, „das ganze Theater aus rein natürlichem Gefühle und ohne Kenntnis von Versfuß und Versmaß laut aufschrie, wenn in dem (vorgetragenen) Vers ein Fuß zu lang oder zu kurz war“ (Cic. orat. 51, 173). Nicht anders war es bei gesanglichen Darbietungen. Auch hier war das Volk bei der Sache, und der einzelne Sänger sowie ganze Sängerchöre konnten bei sprachlichen Verstößen eine arge Abfuhr erfahren (Cic. de orat. III. 176).

So hatte jene Zeit der lateinischen Blüte in der Tat eine strenge und genaue Aussprache, über welche die Volksgenossen aller Schattierungen, wie von hoher Warte aus, das Aufsichtsrecht ausübten, damit in keiner Weise gegen den üblichen Ton gefehlt werde; Grund genug, daß die Folgezeit und besonders die Sprachlehrer in strittigen Fällen auf sie zurückgriffen und das als echt lateinisches Sprachgut ansahen, was in jenen Tagen zu Recht bestand. Für uns aber gilt dies noch mehr, weil uns keine mündliche Überlieferung zur Verfügung steht, die uns über manche Schwierigkeiten hinweghelfen könnte, sondern, wie eingangs erwähnt, nur das geschriebene Wort, sofern dies überhaupt die Feinheit des lateinischen Sprachgebildes erschließen kann. Maßgebend aber für unsere Zwecke sei die hochlateinische Blüte unter tunlichster Würdigung der sprachlichen Festlegungen der spätern Zeiten inbezug auf die Beachtung des jeweiligen Silbenwertes der Selbstlaute und die lautliche Wiedergabe des geschriebenen Wortes, besonders der Mitlaute und der Betonung, soweit sich dies im engen Rahmen einer Anleitung verwirklichen läßt.

I. Abschnitt.

Die Silbenwerte.

Die deutsche Sprache ist (nach der Feststellung von Martin Opitz von Boberfeld [1597—1639] „Von der deutschen Poeterey“, zweiter Teil 1624) auf Hebung und Senkung bzw. auf stark betonte und weniger stark betonte Silben angewiesen. Sie zählt daher zu den betonenden Sprachen, wenngleich ihr lange und kurze Silben als solche nicht fremd sind. Die altklassischen Sprachen des Griechischen und Lateinischen hingegen sind silbenmessend, ohne indes ihrerseits auf Wort-, Satz- und Versakzent zu verzichten. Doch dies ist eine Sache für sich. Für uns ist gegenwärtig nur die silbenmessende Eigenschaft der lateinischen Sprache von Belang, die nur lange und kurze Silben kennt. Ein drittes ist gänzlich ausgeschlossen, da auch die dehnbaren Silben für das Sprechen stets kurz bleiben.

1. Kapitel.

Die kurzen Silben.

A. Im allgemeinen.

1. Der Begriff der kurzen Silbe.

Unter einer kurzen Silbe versteht man den Laut oder die Lautverbindung, welcher beim Sprechen die kleinste, unzerlegbare Zeiteinheit zukommt und daher die Dauer einer Zeitweile (mŏra, *μόρα*) besitzt. Musikalisch entspricht sie etwa einer Achtelnote.

[NB. Es sei indes im voraus bemerkt, daß beim Sprechen der kurzen wie der langen Silben lediglich die Schnelligkeit und Ergriffenheit, d. h. die jeweilige Eigenart des Redenden maßgebend ist, der, um Barbarismen zu vermeiden, darauf zu achten hat, daß in seinem Redestrom keine Silbe zu lang und keine zu kurz dahinfließe (vgl. Consentius, de barbarismis et metaplasmis S. 392 K) und das Ebenmaß der Rede störe.]

2. Einteilung der kurzen Silben in einfache und dehnbare.

a) Die einfachen kurzen Silben

besitzen in ihrem Gesamtumfange nur eine einzige, unveränderliche Zeiteinheit und decken sich mit der soeben gegebenen begrifflichen Festlegung in jeder Hinsicht.

b) Die dehnbaren kurzen Silben,

die, wie oben gesagt, stets und ständig kurz sind und kurz bleiben, die aber durch Übereinkunft (pŏsitū = pŏsitiōne) unter gewissen Bedingungen in Dichtung und Prosa als Ersatz einer Länge dienen können, weswegen man sie auch mit dem Namen positionslange Silbe bedachte.

Da diese Bezeichnung jedoch, wegen der in pōnere liegenden Nebenbedeutung von „Stellen“, häufig zu der irrtümlichen Annahme ihrer tatsächlichen Länge geführt hat, dürfte der Wahrheit eher gedient werden, wenn man die Bezeichnung „dehnbar“, welche in ähnlicher Weise in der mittelhochdeutschen Metrik eingeführt ist (vgl. Hauptgrundsätze der mhd. Metrik von Geheimrat Prof. Dr. Roethe 6), auch für die lateinische Sprache zur Geltung kommen liesse; denn mit dehnbar ist hinreichend angezeigt, daß die fragliche Silbe an sich kurz ist und nur die reine Möglichkeit besitzt, nach dem Willen des sich ihrer Bedienenden oder nach festgelegten Grundsätzen zuweilen als Ersatz einer Länge zu dienen. Ersatz aber ist, wie uns die Kriegsjahre sattsam gezeigt haben dürften, nie die Sache selbst, d. h. in unserm Falle, die als Länge gebrauchte kurze Silbe ist nie als Länge, sondern nur als Kürze auszusprechen; denn sonst wäre sie nicht mehr Ersatz geblieben, sondern wäre zur Sache selbst geworden, was nicht angängig ist.

NB. Aus diesem Grunde ist die Verschiedenheit der Zeichen für die einfach kurzen und für die dehnbaren = kurzen Silben, wie es Herm. Menge in seinem lat. Schulwörterbuch, Langenscheidt, Berlin, Vorwort XII, wohl zuerst getan hat, kaum zu empfehlen, damit jeder Gedanke einer andern Wesenseigentümlichkeit als die der Kürze ferngehalten werde. — Gleiche Brüder, gleiche Kappen!

Das geübte Auge aber wird eine Gruppe von zwei Mitlauten, die nicht mūta cum lĭquĭdā sind und erst recht mehrere in beliebiger Reihenfolge — sowie die beiden Mischlaute x und z, die ihrerseits eine Mehrheit von Mitlauten in sich einschließen, — leicht als die Gefolgschaft einer dehnbaren = kurzen Silbe erkennen können, ohne ein anderes als das althergebrachte, wenngleich auch nicht überlieferte Zeichen der Kürze, den Bogenstrich (◡) zu benötigen. Ausnahmen sind natürlich zu beachten.

Der innere Grund der Dehnbarkeit einer kurzen Silbe, die eine hohe Bedeutung für den Vers und die Wortbetonung hat, liegt in der Silbentrennung beim Sprechenden, oder besser noch, in dem Zeitaufwand, der durch die Mehrheit der Mitlaute bedingt ist. Dies letztere ist wenigstens die Ansicht des lateinischen Sprachlehrers Pompēius (5. Jahrh. n. Chr.), welcher einen Mitlaut als die Hälfte einer Zeitweile wertet, woraus sich dann von selbst ergibt, daß sich diese durch das Hinzukommen eines weitern Mitlautes zu einer ganzen erweitert. Somit sind zwei Zeitweilen gegeben, die eine von dem kurzen Selbst- und Mitlaute, die andere von dem 2. Mitlaute. Zwei Zeitweilen aber ergänzen sich zu einer Länge. (Vgl. Pompēius 112, 26 K).

Trotzdem darf diese „Länge“, um es nochmals zu betonen, nicht gedehnt gesprochen werden, denn es ist gewissermaßen die Silbe im ganzen lang geworden, nicht aber der Selbstlaut, auf den es beim Sprechen allein ankommt. Es ist jedoch noch ein letztes zu beachten, nämlich:

Die Aufeinanderfolge gewisser Mitlaute.

Zur Klarstellung sei gesagt, daß man die Mitlaute in flüssige und stumme Laute einteilt. Die flüssigen oder hellen Mitlaute, lĭtterae lĭquĭdae, nennt man auch Halbselbstlaute (sēmivōcālēs). Es sind dies die Laute l, m, n, r und der Zischlaut s, welch letzterer allerdings nicht allseitig anerkannt wird. So weiß z. B. Mărius Victŏrīnus im 4. Jahrhundert nur von den erstgenannten vier Mitlauten als flüssigen zu berichten (Măr. Vict. K 6, 32,10—11) und glaubt den Grund der Bezeichnung in dem Umstand zu erkennen, daß sie in der Mitte zwischen Selbst- und Mitlauten stehend, keinen harten Laut bei der Aussprache bedingen (loc. cit. 6, 6, 20ss), wie die stummen. Es gibt nun eine Anzahl von Fällen, in denen beide Arten nebeneinander stehen, sei es innerhalb desselben Wortes, oder sei es, wie in der Dichtung, bei der Aufeinanderfolge von zwei Worten. Trifft es sich, daß auf einen kurzen Selbstlaut ein stummer Mitlaut, d. h. auf der ersten Stelle von links nach rechts, folgt, dem sich dann ein, aber auch nur ein flüssiger anschließt, so daß das Wortbild eine mūta cum lĭquĭdā zeigt, so gilt diese Silbe in der ungebundenen, freien Rede (prōsa) als kurz, weil der Halbselbstlaut so ein schnelleres Aussprechen zuläßt. Daher ist diese Gruppe für die Betonung von hoher Bedeutung, insbesondere wenn sie sich im Rahmen der vorletzten Silbe befindet. Für den Dichter jedoch ist eine derartige Silbe zweizeitig (ancĕps), so daß er sie nach freiem Belieben als Länge oder Kürze ansprechen kann. Dies gilt wie vorhin gesagt, auch für den Fall, daß sie durch die Aufeinanderfolge von zwei Worten gebildet wird; denn „die mūta cum lĭquĭdā kommt eben dann, so oft sie zur Anwendung gelangt, nur dem Versmaß, nicht aber der Betonung zugute“ (Servius ad Aen. I. 384 und Quintil IX. 4, 86).

Wenn hingegen der erste Mitlaut eine lĭttera lĭquĭdă und der zweite eine mūta ist oder zwei lĭquĭdae neben einander stehen oder gar eine Gruppe von Mitlauten dem ersten Mitlaute angegliedert ist, selbst wenn die ersten zwei muta cum liquidā wären, so ist die Silbe als eine dehnbare = positionslange zu betrachten.

Sprachgeschichtlich geht die lateinische Silbenmessung in die Zeit des Ennius (239—169 v. Chr.), des Begründers der kunstgemäßen lateinischen Dichtung zurück. Von ihm behauptet auch der nachchristliche Sprachlehrer Fēstus (p. 412 Th.), daß er die Doppelschreibung von Mitlauten derselben Art (z. B. mĭttit, statt des ursprünglichen mĭtit) nach griechischem Vorbilde eingeführt habe, um so Positionslängen zu erzielen. Auf die Aussprache dieser so veränderten Worte übte indes diese Neuerung, die nachweislich in dem Dekret des L. Aemilius Paulus, 189 v. Chr. (vgl. Corpus inscriptionum Latinarum = CIL II. 5041) zum ersten Male zur Anwendung kam und seit der Zeit der Gracchen (133—121 v. Chr.) zur ständigen und allseitigen Anwendung gelangte, eiuen Einfluß in keiner Weise aus. Wir sprechen deswegen mĭttit so aus, als werde es in der Mitte nur mit einem t geschrieben.

Anmerkung.

Nach dem hl. Isidor, Bischof von Sevilla † 636, (orig. I. 26) wandte man zur Schärfung der Mitlaute den Sīcīlĭcus an, ein Zeichen, das unserm Auslassungszeichen beim Ausfall eines Selbstlautes, dem Apostroph ('), ähnlich sieht. | Man schrieb daher z. B. Sabel'io (CIL 5, 1361), Os'. (CIL 10, 3743), statt: Sabellio und Ossa. Diese Schreibweise hat sich indes nicht lange behauptet.

B. Die Kürzen im besonderen.

Hierbei unterscheiden wir Naturkürzen und Stellungskürzen im eigentlichen Sinn des Wortes, da eine an sich lange Silbe durch die ihr vorgeschriebene Stelle zu einer /kurzen werden kann.

I. Naturkürzen.

Bei der Besprechung derselben sollen uns allgemeine und besondere Rücksichten leiten.

1. Allgemeine Rücksichten auf:

a) Innensilben.

Eine wichtige Regel für die lateinische Silbenmessung lautet: „Vōcālis ante vōcālem brĕvis (est)", „ein Selbstlaut vor einem andern Selbstlaut ist kurz", ganz abgesehen davon, ob dieser verkürzte Selbstlaut betont oder unbetont ist. Voraussetzung ist nur, daß er einesteils von dem folgenden Selbstlaut verschieden sei, und andernteils ein weiterer Selbstlaut nicht vorausgehe, z. B. saturēia, eōūsque, diēī.

Die Anfänge dieser Erscheinung gehören der vorgeschichtlichen Zeit an, wie dies die langen Wurzelsilben einzelner Worte beweisen, z. B. dĕus aus deịos oder dejevos = der leuchtende Gott, skr. devás. Vgl. Ζεύς = djēus, skr. dyāus, lichter Himmel, lateinisch dĭes (Diespiter [dies u. piter = patar pers. πατήρ, pater, Vater] = Vater des lichten Himmels) ahd. Zio; pĭus, wohl aus pivījos zu $\sqrt{\text{pēu}}$ pū reinigen usw. Solche Naturlängen sind vor einem andern Selbstlaut gekürzt worden, während andere Verbindungen, die derselben Wurzel entstammen, die ursprüngliche Länge aufweisen (vgl. dīvus und pūrus!).

Der allseitige Abschluß vollzog sich in der literarischen Zeit nach Ennius (aus Rŭdiä in Kalabrien, 239—169), wenigstens so weit die Dichter in Frage kommen; denn während Ennius, der Begründer der lateinischen Kunstdichtung, in einem Hexameter das i in pīus noch als Länge auffaßt, wie Pectora pīa tenet dēsīdĕrium etc., werten die klassischen Dichter selbst ein in der ungebundenen Rede noch jetzt als Länge geltendes ī, z. B. in den Worten: illĭus, ipsĭus, ūnĭus, altĕrĭus, bei strenger Durchführung des Gesetzes: „vōcālis ante vōcālem brĕvis" stets als eine Kürze ein, z. B. Vergil. Aen. I. 16 Hīc illĭus arma. Für die Richtigkeit dieser Erscheinung bürgt unter anderm auch das Wort Quintilians (īnst. orat. I. 5, 18) inbezug auf ūnĭus, von dem er sagt: „ūnĭus dürfte man außerhalb der Dichtung nicht antreffen". Also ward in der Prosa ūnīus gesagt. „Die Kürzung aber wurde durch die in der Schrift meist nicht angedeuteten (parasitischen) Übergangslaute j und v, die sich in der Aussprache zwischen i + Selbstlaut und u + Selbstlaut eingeschoben, nicht gehemmt, woraus auf eine sehr schwache Aussprache der Laute geschlossen werden darf." (Niedermann, Historische Lautlehre 36 u. 65), z. B. pijus, vĭja, dŭvo, plŭvit, statt: pĭus, vĭa, dŭo, plŭit (vgl. conflovont CIL I. 199).

Der eigentliche Grund der Kürzung liegt jedoch in dem „Geöffnetbleiben", dem Klaffen (hiātus, ūs, m) des Mundes bei der Aussprache zweier aufeinander folgender Selbstlaute, denn man kann so einesteils den ersten Selbstlaut schneller aussprechen, als wenn man noch einen Mitlaut bilden und somit den Mund schließen müßte, andernteils auf diese Weise der Bequemlichkeit dienen, die wohl an jeder Wortkürzung beteiligt ist, da ein kurzer Laut einen nicht so großen Kraftaufwand des Lufthauches benötigt als ein langer.

Abweichungen von dieser Regel sind:

1. Die Hauptwörter der 5. Deklination, welche im nom. sing. -ĭēs haben, erhalten im gen. und dat. sing. ein langes ē, wie: diēs, diēi; răbiēs răbiēi.
2. īus als gen. sing. ist bei den bekannten neun Adjektiven ūnus, sōlus, tōtus, ūllus, ŭter, alter, neuter, nūllus, ălius in der ungebundenen Rede gedehnt. Also ūnīus, sōlīus, tōtīus etc. (Vgl. oben Quintilian, inst. orat. I. 5, 18.)
3. Die Eigennamen auf -āius und ēius haben im Vocativ āī und ēī, z. B. Gāīus, Pompēius heißen im Vocativ: Gāī, Pompēī.
4. Fīo hat in allen mehrsilbigen Formen, in denen kein „er" vorkommt, ein langes ī. (Vgl. fīet, CIL X 1781, desgleichen den Vers „Omnia iam fīent, fĭeri quae posse negabam.)
5. Die griechischen Wörter behalten im allgemeinen ihren Silbenwert: āēr *ἀήρ*, Amphīōn *Ἀμφίων*; Iphigĕnīa *Ἰφιγένεια*; Menelāos *Μενέλᾱος*; Alexandrīa *Ἀλεξάνδρεια*.

b) Endsilben.

Hierbei ist zu achten auf:

1. Die silbenkürzende Tätigkeit der brĕvēs brĕviantēs in der Iambenkürzung (correptio iambica) im nom. voc. sing. der 1. Deklin. und im nom. acc. voc. plur. der Neutra auf a in der 2. Deklination. S. 34.
2. Den gedeckten Ausgang auf m. S. 34.
3. -t und -m als Silbenschluß, welcher stets Kürzung im Gefolge hat.
4. Die zwei- und mehrsilbigen Passivformen auf -ār und -ēr, die, wie auch die Nominativ-Ausgänge -tōr, -sōr, -ōr, -āl, -ār der zwei- und mehrsilbigen Hauptwörter regelmäßig gekürzt werden.

   „Auch hier hat die Kürzung wahrscheinlich bei jambischen Wörtern ihren Anfang genommen und ist dann durch die Ähnlichkeit auch bei Wörtern mit anderm als jambischem Ausgang eingeführt worden, um endlich als allgemeine Regel zu gelten." (Iwan v. Müller II² 92.)
5. Die auf s endenden Wörter. Diese sind kurz: im nom. sing. der Wörter der dritten Deklination, die im Genitiv eine Silbe mit kurzem Selbstlaut hinzubekommen (z. B. mīlĕs, mīlĭtis), vorausgesetzt, daß keine Ersatzdehnung anzunehmen ist, wie in ăriēs, aus ariets, gen. arĭĕtis, pēs aus pĕds, pĕdis. Wohl aber pĕnĕs (Jambenkürzung) und ĕs, du bist. S. 24.

   Ferner die auf:

   ĕs als griechische Endung für -ες, z. B. Trōĕs = *Τρῶες* (Verg. Aen. I. 172); delphīnĕs *δελφῖνες* (Ovid. metam I. 302.)

   ĭs z. B. patrĭs, lĕgĭs, mit Ausnahme des Dativs und Ablativs plur. auf -īs, und der zweiten Person des Singulars des Zeitwortes, überall da, wo die zweite Person Plural -ītis hat, z. B. audīs, audītis.

   ŏs nur compŏs, ŏtis, und als griech. Endung für -ος wie Dēlŏs *Δῆλος*.

   ŭs ist allgemeinhin kurz, jedoch lang ist es im nom. sing. der dritten Deklination, wenn im Genitiv ein langes ū bleibt, z. B. pălūs, pălūdis, f, weil hier der Stammvokal lang ist, sowie in der vierten Deklination im gen. sing., nom. acc. voc. plūrālis, z. B. sĕnātūs, gen. sing. usw. sĕnātūs.
6. e, welches als Endselbstlaut im allgemeinen kurz ist, wie patrĕ, currĕ, nempĕ usw.

   Ausnahmen indes sind:

   a) Der abl. sing. der 5. Deklination, z. B. dĭē.
   b) Die Adverbien auf ē, von Wörtern der 2. Konjugation, wie: rēctē, pulchrē, amantissimē, creberrimē, jedoch bĕnĕ, mălĕ (Jambenkürzung!)
   c) Die Imperative der 2. Konjugation, wie dŏcē, mŏnē, jedoch căvē̆, vĭdē̆, valē̆ sind zweiseitig.

Der Grund, weswegen Schluß-e meist kurz ist, ist darin zu suchen, daß der Selbstlaut e der bequemste und schlaffste von allen ist. Deshalb findet er sich gerade dort gerne, wo sich die Sprachwerkzeuge aus der Bewegung, in die sie bei der Aussprache versetzt wurden, zur Ruhe begeben, d. h. am Schlusse der Wörter.

So behauptet er auf Grund der Trägheit und Bequemlichkeit, die das muntere Leben und vielfarbene Spiel der Selbstaute in der Endsilbe verbleichen läßt, seine Herrschaft in den bescheidensten Grenzen und gibt sich mit dem geringsten Zeitmaß zufrieden.

Anmerkung.

Es wäre hier wohl angebracht, Konjugationsbeispiele einzuflechten, allein wegen Raummangels müssen wir auf die Benutzung guter lat. Sprachlehren hinweisen.

2. Besondere Rücksichten auf die einsilbigen:

a) Hauptwörter, die:

1. auf einen Mitlaut enden. Es sind: cŏr, fĕl, lăc, mĕl, vĭr, ŏs, văs.
   cŏr, cŏrdis, n. aus cord, ohne Dehnung.
   fĕl, fĕllis, n. √ghel, grünlich, gelb (Farbe der Galle χόλος = χολή),
   lăc, lăctis, n. aus glăkt, lăct. Die romanischen Sprachen haben gleichfalls eine Kürze, cf. latte ital.
   mĕl, mĕllis, n. μέλι, ιτος, τό, Honig (vgl. Meltau = Honigtau),
   vĭr, vĭrī, m. aus viros, virs, o s schwanden, ohne daß r silbenbildend wurde.
   ŏs, ŏssis, n. aus ots ohne Dehnung (ὀστέον = ὀστοῦν, τό) Knochen.
   văs, vădis m. der Bürge. √wedh. got. wadi, ahd. wetti, nhd. Wette.
2. Die meisten einsilbigen Hauptwörter, welche auf zwei Mitlaute oder auf den Doppelmitlaut -x ausgehen und im Genitiv den kurzen Stamm aufweisen, wie ărs, dăps, fŏrs, mŏrs, ŏps, părs, pŭls, sŏrs, stĭps, stĭrps, trăbs, ŭrbs; ărx, călx (Ferse, Kalk), crŭx, dŭx, făx, grĕx, lănx, lўnx, mĕrx, nĕx, nĭx, nŏx, nŭx, pĭx, strĭx, Stўx.

NB. Angliedern könnte man die beiden Verbalformen făc (aus face) und fĕr (aus fere), bei denen die Ersatzdehnung nicht eingetreten ist.

b) Partikel und Pronomen,

welche im nom. sing. auf einen Mitlaut ausgehen.

1. Partikel:
   ăb, vor Selbstlauten und Mitlauten, jedoch selten vor: b, f, g, m, p, q, v; häufig vor: d, j, l, n, r, s; zuweilen vor: c. u. t.
   ăd und ŏb räumlich.
   ĕt, bei rein räumlichen Begriffen.
   pĕr, selten nachgestellt.
2. Pronomen im nom. sing.:
   ĭs, ĭd, quĭd, quŏt, tŏt, quĭs, jedoch quīs aus quĭbus (alĭ — quĭbus)

II. Stellungskürzen,

insofern diese Eigenschaft der Silben durch die eingenommene Stellung hervorgerufen oder durch letztere zu erkennen ist. Hierzu zählen:

1. Selbstlautkürzen.

a) Vorwörter (mit an sich langem Selbstlaut).

Vor einem Selbstlaut oder h werden die mit einem langen Vokal schließenden Vorwörter (Präpositionen) kurz, wie: dē, sē, prō, prae, nach dem Grundsatz: vōcālis ante vōcālem corripitur (= wird verkürzt). Hiatus. S. 11.

Daher: dĕambulō, dĕhīsco, praeacūtus. (Vgl. Ovid. met. 7,131); praeĕūnte (Verg. Aen. 5, 186), praeūstus (Verg. Aen. 7, 524).

Außerdem wird pro häufig kurz vor f, wie in: prŏfānus, prŏfectō, prŏfĭteor, prŏfessio, prŏficīscor, prŏfŭgiō, prŏfŭgus, prŏfŭndō, prŏfŭndus, prŏfūsus.

b) Einsilbige **Vorwörter** (mit kurzem Selbstlaut) wie:
ăb, ăd, cŏn, ĕx, ĭn, ŏb, pĕr, sŭb usw. sofern sie selbständig sind.

c) Mitlautgruppen (bei vorausgehendem Selbstlaut).

Kurz sind die Selbstlaute vor den Verschlußlauten nt, nd und den Endungen des Zeitwortes vor nt, nd, ss, st, soweit bei letztern keine Innenkürzung (Synkŏpe und Kontraktion) des Wortes eingetreten ist.

nt.

Für die Kürze des Selbstlautes vor nt sprechen die Formen des Partizips Präsens Aktiv auf -ns, welche, trotz etwaigen langen Stammes, den Selbstlaut vor nt in der Beugung kürzen, z. B. ămāns von ămāre, hat im gen. ămăntis; dēlēns, dēlēre, dēlĕntis. Ferner frōns, frŏntis, cliēns, cliĕntis, părēns, părĕntis usw. Ebenso erscheint dies in lĭnteum, von līnum, bei welchem Worte nur die Gefolgschaft von nt die Kürzung des vorausgehenden i hervorgerufen hat.

Diese Kürzung hat schon im Uritalischen stattgefunden.

Ausnahmen auf nt sind:

cōntiō (cŏvĕntiō zu cŏnvĕnīre); nūntiō (aus noventius = nŏvi ventius zu nŏvus und vĕnio); iēntăculum (aus iēntō = iāntō, aus iāiūntō, also eigentlich iāiēntaculum); quīntus (quīnctus = pīnctus aus quīnque [= penque = skr. pañca]).

Desgleichen die griech. Namen auf: ūs, ūntis und ōn, ōntis (Seite 30), wie Trapezūs, Trapezūntis *(Τραπέζοῦς, οῦντος, ἡ)*, Xenophōn, ōntis *(Ξενοφῶν, ῶντος)*, jedoch Acherōn Acherŏntis, weil *Ἀχέρων, Ἀχέροντος*, und eine Kontraktion wie bei jenen nicht vorliegt.

nd.

Die Kürze des Selbstlautes vor nd ergibt sich:

1. Aus der Ähnlichkeit von nt, zumal da Handschriften und Inschriften häufig Vertauschungen der mĕdia d und der tĕnuĭs t, besonders im Auslaut, aufweisen.
2. Durch die Bemerkung des Sergius über ămăndus. (Serg. de acc. p. 527 K.)
3. Durch den Wechsel von e und u im Part. Fut. Pass. z. B. rĕpĕtundae, pŏtiundus, statt rĕpĕtĕndae und pŏtiendus (mit e an zweiter Stelle wie in merenda im Romanischen).
4. Die Inschrift *Τούενδος* (= tŭĕndus CIG 5600) in vollständig griechischer Betonung und Schreibweise, da hier für den lat. Laut u nur *ου*, selbst bei Kürzen, wie hier, zur Verfügung steht.

Ausnahmen.

1. Griechische Eigennamen wie: Charōndās *(Χαρώνδας)*, Epaminōndās *(Ἐπαμεινώνδας)*.
2. Lateinische Wörter, die durch Zusammenziehung mehrerer entstanden sind, wie:

nūndinae (nŏvem, nōnus u. dĭēs) sc. fēriae = der neunte Tag, der Markttag; nōndum (nōn + dum); prēndō (prehendō) quīndĕcim (quincque, quīnque + dĕcem); vēndō (vēnumdō); vīndēmia (vīnum + dēmō); ūndĕcim (ūnŭs + dĕcem).

Anmerkung.

In den zusammengesetzten Wörtern ist der Bindevokal i jedoch kurz, so: nāvĭfragus, săcrĭlĕgus, lectĭsternium etc.

Die **Verbalendung vor: nt, nd, ss, st** (ohne Innenkürzung des Wortes) wie:

sŭnt, sĭnt, ĕrănt, ĕssĕnt etc.
ămănt, ămăndus etc.
ĕst, ĕstis, fŭĭstī etc.
ĕssĕm, fuĭssĕm, ĕsse etc.

Für diese Eigenschaft spricht:

a) Die Herkunft der Verbalform, z. B. ĕst von *ἐστίν*.

b) Die Aphäresis *(ἀφαίρεσις, ἡ)*, der Ausfall eines Selbstlautes am Anfange eines Wortes nach vorhergehendem Vokal oder nach einer mit m auslautenden Endsilbe, z. B. ĭtast = ita est, mŭltŭmst = multum est.

c) Das Romanische, in welchem z. B. sunt mit kurzem Selbstlaut weiter entwickelt wurde.

Ausnahmen sind alle verkürzten Formen von ĕdĕre:

ēs = ĕdis	ēstis = ĕditis	ēsses = ĕderes	ēstur = ĕditur
ēst = ĕdit	ēssem = ĕderem	ēsse = ĕdere	ēssētur = ĕderētur

d) Die Anlehnung der Silben, in bezug auf:

α) Vorsilben von denen als Kürze gelten:

1. rĕ- und rĕd- wie:
   rĕbĕllō, rĕcălēscō, rĕcēdo, rĕcēssus, rĕcĭdō, rĕcĭtō, rĕcrĕō etc.
   rĕddō, rĕdēmptor, rĕdĕō, rĕdĭgō, rĕdĭtus, rĕfĕrō, rĕfert etc.
   Jedoch rēfert, es kommt darauf an, hat ein langes ē, weil es von rēs abgeleitet ist.
2. nĕ- ist kurz in:
   nĕque, nĕquo, nĕfās, nĕfandus, nĕfārius.
3. ĕt und seine Verbindung mit: ĕnim, iăm, sī.
   Also ĕtĕnĭm, ĕtĭăm, ĕtsī.
4. Alle Vorwörter mit kurzer Silbe, die durch ihre Zusammensetzung mit Hauptwörtern, Zeitwörtern usw. weder Einbuße an Mitlauten erleiden, noch durch ihre Stellung (z. B. vor ns, nf) eine Dehnung erfahren, behalten ihren kurzen Laut. S. 38β^2.

Sprachgeschichtlich erscheinen die Vorwörter in Verbindung mit andern Wörtern zuerst im Repetundengesetz der Gracchenzeit (133—121 v. Chr.). In den Staatsurkunden jener Zeit, bis in die des Sulla, Cicero, Pompeius hinein, finden sich die Vorwörter mit der folgenden Kasusform vereint, wie: inmontem, exfōrmulā, ēlēge, adĕum, ădĕăm etc. Die Gebildeten der klassischen Zeit, wie Cicero, Caesar, Vergil, Horaz usw. wandten die getrennte Schreibung an, in Anlehnung an den Senatsbeschluß de Bacchanālibus (CIL I. 196) aus dem Jahre 186 und an das Stadtgesetz von Bantia (tabula Bantina um 120 v. Chr. CIL I. 45).

Hierdurch aber kam es, daß die Vorwörter sich nach und nach mit dem entsprechenden Kasus verbanden. Die Tonverbindung endlich, der Tonanschluß, ließ das Vorwort beim Verbum zum Kompŏsitum = zum verbum iūnctum, wie es Cicero nennt, verwachsen.

β) Nachsilben, bzw. Anhängesilben:

1. einsilbige, wie:

— cĕ

Die wichtigste Verbindung mit -cĕ ist ĕccĕ. Über die Entstehung derselben ist man geteilter Ansicht. Man sagt:

a) ecce bestehe aus ēn + ce und ēn sei durch Angleichung zu ēc geworden, womit sich -ce zu ēcce verbunden hätte. Allein n und c konnten sich im Altlateinischen, das einzig in Frage kommt, nicht zu cc angleichen (assimilieren), deswegen sei es
b) durch Konsonantenschärfung aus ĕ + ce entstanden. Ähnliche Bildungen sind in der Tat bei sŭccŭs, rĕccĕptŭs rĕccĭdere zu beobachten, wenngleich diese das angenommene c im Laufe der Zeit wieder abgestoßen haben.

Gestützt wird jedoch diese Ansicht noch weiter durch die kurze Messung von ĕccĕ durch die Szeniker (Plautus, Cist. 655, Capt. 994, Terentius), die auch ĕccŭm, ĕccăm, ĕccōs, ĕccās als Kürze anführen, so daß ĕccĕ von einem altlateinischen Worte ĕccŭs (ĕcŭs), nicht aber von einem Imperativ ĕccĕ = ĕcĕ von *ΕΚΚΩ*, latinisiert ἔχε, abstamme. Also müßte man die erste Silbe von ĕccĕ unbedingt kurz sprechen, wie dies auch im Romanischen, z. B. ital. ĕcco, der Fall sei. Soviel über die erste Silbe. (Stolz, Lat. Gr. 4. Aufl. erklärt ecce aus ed-ce.)

Bezüglich der zweiten aber, über cĕ, herrscht Einigkeit, daß sie zweifelsohne kurz sei.

— quĕ: úndĭque útĭque; plērúsquĕ, plērắquĕ, utrắque (Prīscian V. 63, 64) Enklitische Betonung. Bei daktylischem Ausgang kann der Ton sonst auf der drittletzten Silbe stehen.

— nĕ: nōnnĕ bei Konjunktionen, Pronomen, Nominal-Verbalformen. Bei quīn, sīn, tūn, hĭc ist ĕ ausgefallen.

— tĕ: tūtĕ für tū.

— ptĕ, ein verstärkendes Adverbium, meistens beim Ablativ, wie: mēptĕ, meōptĕ, sŭōptĕ, sŭāptĕ etc.
psĕ, rĕāpsĕ.

— vĕ, bei Zahlwörtern dŭābus trībŭsvĕ; plūs mĭnŭsvĕ, Hauptwörter in hĭlaritatem risumvĕ.
— ŭt, sīcŭt.
2. Zweisilbige:
— sĕcus aus sĕqvos zu sĕquŏr, wie bei: ĕxtrīnsĕcŭs, ĭntrīnsĕcŭs, fŏrīnsĕcus etc.
— cŭmquĕ, wie quīcŭmquĕ, quōcŭmquĕ, ŭtcŭmquĕ, ŭbĭcŭmquĕ etc.
— mŏdŏ, quōmŏdŏ.

2. Kapitel.

Die langen Silben.

A. Im allgemeinen.

1. Begriff der langen Silbe.

Unter einer langen Silbe verstehen wir eine solche, die auf Grund ihrer natürlichen Beschaffenheit einer doppelten Zeiteinheit oder zwei Zeitweilen gleichkommt, also gerade noch einmal so lang ist als die kurze Silbe (S. 19). Dies letztere ersehen wir aus gewissen Versarten, bei denen zwei Kürzen eine Länge ausmachen, oder eine Länge zwei Kürzen ersetzt. Musikalisch entspricht sie daher einer Viertelnote.

NB. Beim Sprechen ist auch hier die vorhin (S. 19) erwähnte Vortragsweise zu beachten, damit einesteils die Dehnung des Lautes im Unterschiede zu den kurzen zur Geltung komme und anderenteils das Zuviel und Zuwenig vermieden werde.

Dem Wesen des damals die Welt beherrschenden Römervolkes (Hor. carm. I. 1. 6) mögen die langen Silben besonders zugesagt haben; denn gerade sie geben der Sprache etwas Gebieterisches (vgl. Stolz, Gesch. d. lat. Sprache 137f.).

2. Das Längezeichen (—).

Das einzig überlieferte Zeichen der Silbenmessung ist das Längezeichen, von welchem der hl. Isidor, Bischof von Sevilla (Etymologiarum lib. I. 4, 18) sagt, daß es ein wagerecht über der Silbe liegender Strich sei. „Est enim (sc. apex) linea iacens super litteram aequaliter ducta" l. c. (S. 41).

Es läßt sich nicht ermitteln, ob man gerade dieses Zeichen als das der Minderheit der Silben gewählt hat, oder ob man sich von dem Gedanken tragen ließ, daß es (bei den zwei Arten der kurzen und langen Silben) allein ausreichend sei; denn was nicht als Länge gezeichnet ist, ist eben kurz. Um der menschlichen Schwäche aufzuhelfen, hat man später das Kürzezeichen, den Bogen (◡) eingeführt, so daß man sich, allgemein gesprochen, die Wörter aus guten Verzeichnissen richtig einprägen kann. Gleichwohl sollen hier gewisse Richtlinien als Schlüssel des Verständnisses einer großen Zahl von Silben geboten werden, insofern dieselben nach sprachlichen Vorgängen oder schriftlichen Festlegungen in ihrer Eigenart dargetan sind. Nach diesen aber erscheint eine gewisse Anzahl von Silbengruppen schon äußerlich als mehr oder weniger leicht erkennbare Naturlängen, wohingegen andere das Gepräge der Dehnbarkeit (Positionslängen!) an sich tragen, ohne indes diese Eigenschaft zu besitzen.

B. Im besonderen.

I. Äußerlich leicht erkennbare Naturlängen, die sowohl in einzelnen Silben als auch in Wortgruppen (an vorletzter Stelle) vorkommen.

a) Einzelne Silben (innerhalb der Worte, wie auch Einsilbler und Endsilben). Es sind:

1. Die Zusammenziehung, d. h. Silben, die sich aus zwei an sich getrennten Zeiteinheiten zu einer Laut- und gleichwertigen Zeiteinheit verbinden.

Hierhin gehören die ursprünglichen Doppellaute auf: ae, au; eu = ou = ū; oi = oe = ū, sowie ou = ū, und ei = ī, z. B.

ae = ē in: Mēsius, hēdus, (vgl. Varro de ling. lat. 7, 96).

„Die Bauern sagen: ‚Der alte Mēsius, statt Maesius' und ‚Auf dem platten Lande von Latium sagt man ēdus, in Rom hingegen und an vielen andern Orten fügt man ein a hinzu und sagt aedus'." (l. c. 5, 97.)

In der Kaiserzeit und später fand diese Aussprache allgemeine Annahme.

au = ō und ū

In: plōdo, inclūdo usw. Hierzu die kleine Erzählung, die Sueton berichtet: „Als Vespasian von dem Konsular Mĕstrĭŭs Flōrŭs darauf aufmerksam gemacht worden war, die Aussprache plaustra sei besser als plōstra, nannte er ihn am folgenden Tage bei der Begrüßung Flaurus." (Suet. Vespas. 3, 22.)

eu = ou = ū.

Der Übergang von eu zu ou ist vorgeschichtlich, läßt aber diesen Schluß auf Grund verwandter Sprachen zu. Die Zwischenstufe ou ist z. B. in der Grabschrift des Luc. Cornel. Scīpio Bărbātŭs, des Consuls vom Jahre 298 v. Chr., in abdoucit (CIL I. 30) bezeugt. Nach dem Umlautgesetz aber geht accaus(s)o auf adceus(s)o zurück, das seinerseits aus adcaus(s)o, einer Ableitung von caus(s)a „Rechtssache" entstand.

oi = oe = ū.

Der Wandel fand anfangs des zweiten Jahrhunderts v. Chr. statt. So ist in der Grabschrift des L. Corn. Scīpio, Consuls des Jahres 259 v. Chr., oino = ūnum zu lesen (CIL I. 32), das aus oinos = ūnus entstand, wie ūllus aus ūnulus, nūllus aus nē ūllus, und nōn aus nē ūnum (oinom). Desgleichen bei Plautus, (Truculentus 104); oenus, communis aus commoinis. (Senat. Consult. de Bacchan. 186 v. Chr.).

Ebenso ūsus aus oisos. „Es heißt auch oisus; denn so sprachen die Alten ūsus aus." (Mārt. Căpĕllă III. 236.)

ou = ū.

Gegen Ende des dritten Jahrhunderts v. Chr. ward ou zu ū, wie in loucus = lūcus, Hain, „Lichtung in einem Gehölz". (Spoletium CIL XI. 4766); noutrix = nūtrix auf einer Weiheinschrift aus Nemi. oius od. ieoos = iūs; plous = plūs usw.

ei = ī (wie tatsächlich gesprochen wurde. Vgl. Gesch. der lat. Sprache, Fr. Stolz, 117). Diphthongische Aussprache.

Die Verschmelzung des ei in ī fand seit dem zweiten Jahrhundert v. Chr. statt. So wurde aus deico dīco (deicerent Sen. cons. de Bacch. CIL I. 196); diffeido = diffīdo (difeidens CIL I. 1175); seic = sīc (CIL I. 818), sīcut.

Hierher gehören auch die Zusammenziehungen der Selbstlaute, um deren Häufung zu vermeiden, wie cōpia aus cŏ-ŏpia (hingegen inŏpia, weil keine Zusammenziehung vorhanden ist); cōgo aus co-ĭgo; nīl aus nĭhĭl usw.

In all diesen Neugestaltungen bleibt der Zeitwert gewahrt, wenngleich eine gewisse Lauteinbuße stattfindet.

2. Die Silbenausschaltung in der Mitte des Wortes, mögen dies nun mehrere Silben, oder mag es nur eine Silbe sein *(συγκοπή)*. Den Zuwachs des Zeitwertes erfährt die vorhergehende Silbe, mit einziger Ausnahme des Genitivs im Plural der ersten und zweiten Deklination, bei dem die folgende, bzw. die letzte Silbe berücksichtigt wird, um so eine Unterscheidung des gen. plur. und des acc. sing. in der zweiten Deklination und der griech. Worte zu haben, z. B. caelĭcŏlūm = caelicolārŭm; sēstertiūm = sēstertiōrum; vĭrūm = vĭrōrŭm, dúmviratum (CIL X. 1081) mit dem Apex ('), dem Längezeichen der Blütezeit! Ebenso die griech. Worte amphŏrūm = amphŏrārŭm; drachmūm = drachmārŭm. In allen übrigen Fällen wird dort allemal, wo durch den Ausfall der Silbe eine Dehnung eintritt, die vorhergehende Silbe verlängert. Wir sehen dies an einem Beispiel, welches Cicero in seinem Orator 45, 153 anführt, indem er zeigt, „wie der Wohlklang und die feine Art, Latein zu sprechen," aus vexillum: vēlum mache. Nicht minder aber wird auch der gemütliche und vertraute Brauch der Alltagsrede, die knappe Ausdrücke bevorzugt, das ihrige dazu beigetragen haben.

Hierhin gehören wohl vorwiegend die Abkürzungen in den verschiedenen Formen des Perfekts, so daß man sagen kann, daß, wenn in diesen Fällen der Selbstlaut vor ss und st, bei Ausschaltung eines sonst folgenden vi, oder durch Zusammenziehung von ii, vor ss oder st zu stehen kommt, dieser Selbstlaut lang werde, falls er es nicht schon als Konjugationscharakter ist. Daher ist zu sprechen: creāstī, creāstis, creāssem, creāsse (Vĕlĭŭs Lŏngŭs p. 2237) usw. Ebenso dēlēstī, cupīssem, petīssem, crēssem, nōssem, nōsse, suēssem, audīssem, redīstī (rediistī), redīstī, redīssem, redīsse u. ä. Unterscheide jedoch vēnīsse, verkauft worden sein, von vĕnīsse, gekommen sein. Belege hierfür sind Schreibungen mit der litt. I longa, die zur Zeit Sullas (138—78 v. Chr.) im Gebrauch war z. B. desIsset (CIL I. 1401), adIt (monumentum Ancyrae 5, 16 und Vĕlius Lōng. p. 80 K).

3. Die Ersatzdehnung = prōdŭctĭō sŭpplētōrĭă beim Ausfall eines Mitlautes. Der Wohlklang, welcher im Vorhergehenden durch Ausmerzung unbequemer Selbstlaute eine Angleichung (ăssĭmĭlātĭō) herbeigeführt, hat bezüglich der Mitlaute in ähnlicher Weise gewirkt, indem er solche beseitigte, welche eine schöne, abgerundete Aussprache behinderten. Für den Ausfall derselben hat er jedoch vielfach einen Ersatz geschaffen, indem er den vorhergehenden kurzen Selbstlaut verlängerte. Dieser Vorgang der Ersatzdehnung ist der lateinischen Sprache ebenso bekannt wie der griechischen, wird jedoch für die richtige Aussprache, die Auffindung und Vergleichung verwandter Wörter überaus wichtig.

Hier einige Beispiele. Es entstanden Längen durch Ausfall eines:

b, p in: āmentum Schwungriemen, von apmentum; āfui von abfui.

k in: rāna = racna Schreier, racco; quīntus = quinctus (CIL III. 778); mālle = măgis velle; sēmēstris = sex mēnsēs; ē, aus ex, ēdŏceo usw.

d, t: in den Wörtern mit ns: glāns = glănds; ēsca = ĕtsca; ēsus von ĕdo; die Endung ās und īs aus ătis und ĭtis, wie primās.

h in: nēmo = nē = hĕmo von hŏmo, hŭmŭs; dēbeo = dehibeo; nīl = nĭhĭl = ne hilŏm nicht eine Faser.

n in: cūnctus = coniūnctus = co-iunctus; nūdius = nunc djeus = dies.

r in: pēiero = periero, periūro.

s besonders vor stimmhaftem Konsonanten, in: īdem (is + dem), dīnōscō (dĭsnōscō); ōmen = osmen = ovismen; pōno = pŏsino = pŏsno.

v mit Zusammenziehung der Selbstlaute in: cōntio = co-ventio, convenire; nūntius = noventius = novi-ventius zu nŏvus und vĕnio; nūndĭnus aus nŏvem und dies, nūndinae sc. fēriae, der neunte Tag, der Markttag; nūper aus nŏvo-per zu nŏvus od. nŏvu(m)per.

Adverbien, die mit vĕrsus und vŏrsus zusammengesetzt sind, zeigen gleichfalls die Dehnung, z. B. quōrsum = quō vĕrsum; dĕxtrōrsum, prōrsum, retrōrsum etc.; sūrsum = subs — vŏrsum etc.

So häufig diese Ersatzdehnung auch eintritt, — denn die angeführten Beispiele bilden nur einen kleinen Bruchteil von der großen Anzahl —, so ist sie doch nicht immer erfolgt, z. B. hŏdie, aus hōc die entstanden, müßte folgerichtig hōdie heißen, allein die Dichter messen es kurz (Verg. Aen. 2, 270, Hor. sat. 2, 7, 21), so daß man nur hŏdie sprechen darf.

Im übrigen aber ist als selbstverständlich festzuhalten, daß in den Wortformen, bei denen keine Ausschaltung von Mitlauten erfolgt, auch keine Ersatzdehnung eintreten kann, z. B. in pōno, pŏsŭī, pŏsĭtum, pōnĕre.

Anmerkung:

Nicht unerwähnt sei die Ausscheidung eines Selbstlautes ohne Silbenverlust in Innen- und Schlußsilben, indem Nasale und Liquidä das Mitklingen der ausgestoßenen Laute übernehmen. Diese Eigenart wird Samprasāraṇa (indisch!) oder auch Aufsaugung des Selbstlautes (Vokalabsorption) genannt. (Vgl. im Deutschen: Ritt'r, Jungf'r usw.) Dies gesetzmäßige Auftreten des Silbenschwundes ist für die Wortbildung in den frühesten Zeiten überaus wichtig gewesen, z. B. acerbus entstand aus acr(i)-bos, acr̥bos (akri—bhos); săcer aus sakros, sacr̥s, sacers, sacerr; ăcer aus ăcris, ăcr̥s, ăcers usw.

Die Schlußsilben auf -os lassen die Verwandtschaft dieser Urformen mit dem Griechischen noch deutlich erkennen, so daß Horazens Worte (ars poet. 60ss):

„Gleichwie die Blätter im Walde sich ändern im Laufe des Jahres —
Fällt doch das Frühlaub zu Boden — gerade so ist's mit den Worten
Alte vergehen und neue erstehen in üppiger Jugend,"

auf diese ganze Erscheinung angewandt werden kann. (Vgl. Varro, ling. lat. 9 § 20.)

4. Die Wörter auf **scō** und **scor** haben einen langen Selbstlaut vor der Inchoativendung, z. B. labāscō, crēscō.

Die Gründe hierfür sind folgende:

a) Auch das verwandte Griechische hatte bei vokalischen Stämmen meist langen Selbstlaut vor der Endung -σκω (Curtius I, S. 265).

b) Die Ableger des Lateinischen, die romanischen Sprachen, haben durchweg lange Inchoativendung.

c) Schreibungen wie: créscéns (CIL XII. 4030); *Κρήσκης* (CI G(raec) 7206); hercīsco (erbschaftlich teilen) erceisco (CIL I. 205; II. 55); notēsco (CIL VI. 1527, e 18) nótésceret; senēscō consenésceret (CIL X. 3903.)

d) Selbst für quiēscere, das von Gellius (150 n. Chr.) angefochten wurde (7, 15 H), finden sich die Schreibungen: quiéscere (CIL VI. 6250, 25531), requiaescit (CIL XII. 5399), wie ja auch die Grundbedeutung dafür spricht. Idg. qu eiē (quejē), qu i(į)ē (quijē) „behaglich ruhen", gotisch hweila, ahd. (h)wīla, Weile; got. hweilan, ahd. wīlēn, weilen). Die lange ē-Silbe ist hier überall unverkennbar.

Somit ist der Schluß berechtigt, „alle Inchoative auf sco und scor mit Einschluß von quiēscere und seinen Nebenformen, haben vor dieser Inchoativendung einen langen Selbstlaut," (so: requiēscat!).

Vergleiche das treffliche „Hilfsbüchlein für die Aussprache der lateinischen Vokale" v. Anton Marx, Berlin 1901, S. 9. Vgl. auch Corssen Lat. Sprache 1868. Lindsay, Lat. Sprache, Leipzig 1897 und Seelmann, Aussprache des Lat. 1885.

5. Die einsilbigen Wörter.

a) alle selbständigen Wörter, die auf einen Selbstlaut enden, wie: dā, dē, mē, tū, sē, nē, ā, ē, prō, tū, quī, quō, quā, cuī (kī). Bezüglich cuī sei noch gesagt, daß man bei der Aussprache das u besser unberücksichtigt lasse und kī sage, denn einmal ist ui keine eigentliche diphthongische Verbindung, und dann sagt Terentianus Scaurus (28 I. K), daß der Dativ von quį, also cuī, nur zum Unterschied vom Nominativ mit c geschrieben werde. Die Aussprache muß sich also ungefähr mit quī decken. Die hochlateinische Zeit hat überdies cuī nur einsilbig gewertet und erst Seneca (2—65 n. Chr.) hat cuī zweisilbig behandelt, wie Stătĭŭs (45—69 n. Chr.) huic, den Dativ von hic. Mit der Aussprache ki stimmt auch die Schreibung qi = cui (CIL V. 1634) und die Gewohnheit der Spanier überein, die bis auf den heutigen Tag kī = cuī sprechen. Lang sind endlich solche Wörter, die durch Zusammenziehung einsilbig geworden sind und auf einen Selbstlaut ausgehen, wie mī aus mihi, und die Komposita auf: dī-, ē- und sē- z. B. dīmitto, ē-dūco, sēdūco usw.

b) Die einsilbigen Hauptwörter im Nominativus singularis, welche:
1. auf nur einen Mitlaut enden, wie ās, bōs, grūs, iūs, tūs, mās, mūs, ōs (ōris) der Mund usw.
   Einzige Ausnahmen von dieser Regel sind: cŏr, fĕl, lăc, mĕl, vĭr ŏs, ŏssis (der Knochen) und văs, vădĭs der Bürge. (S. 23.)
2. mit dem Doppelmitlaut x schließen, jedoch nur: faex, faux, frūx, lēx, lūx, pāx, rēx, Thrāx, vōx, welche auch die lange Stammsilbe im Genetiv zeigen, (ein sicheres Zeichen für die Eigenschaft des Nominativs!).
3. auf zwei Mitlaute ausgehen, so:
   alle auf ns, wie: dēns, fōns, frōns, glāns, lēns, mōns, mēns, pōns, sōns, mōns. (Prīscian p. 573 P. N. B. Ähnlich so die Partizipien auf ns.) Der Genetiv hat jedoch bei diesen Wörtern die kurze Stammsilbe, da die Länge des Nominativs auf Grund einer Ersatzdehnung (wahrscheinlich aus nts) entstand.
   Außerdem noch folgende: plēbs, plēbis; sēps, sēpis c. (kleine Eidechse); Sphīnx, Sphīngis; Lārs, Lārtis (Fürst bei den Etruskern); Mārs Mārtis (aus Māvors, Māmers *μαρνάομαι* kämpfen) und die Zusammensetzungen mit-Mārs z. B. Mārcus (aus Martcos zu Mārs) usw. Der Grund hierfür ist die lange Stammsilbe der angeführten Worte.

c) Einsilbige Partikel und Fürwörter:
1. Partikel wie:
   crās (vgl. St. Ang. serm. 82, 14, crās, crās, cŏrvī vōx!); cūr; ēn (*ἤν*); nōn (nē oinom = ūnum S. 27); quīn (quī-nĕ), sīc altlat. sōc und seic. (Inschrift auf einem uralten Bleitäfelchen des Museo Kircheriano in Rom).
2. Fürwörter:
   hīc aus hice oder hōce hōd-ce, als Nominativ auch zweizeitig = mittelzeitig. Horaz wertet es als Länge ein, und ebenso hōc. (Vgl. ars poet. 258; ep. I. 15, 42; sat. II. 6, 1.) Dann die Formen: hī, hae, haec, hīs, hōs, hās. Ebenso quī, quae, cuī (kī), quōs, quās, quīs (= quibus). Außerdem nōs (plural. modestiae von ĕgŏ, ursprünglich *νῶ(ι)* = *ἡμᾶς*; vōs, pälignisch uus, griechisch-lesbisch *ὔμμε* = *ὑμᾶς*.

Das Kirchenlatein scheint cuī als zweisilbig zu betrachten z. B. unicúique (Ps. 61, 11); cúipiam (Lect. II. in Vigil. Assumpt BM. Virg.)

3. Pronominalendungen:

hāc (sc. parte, viā); hōc = hūc (hoi-ce); hīc (hei-ce).

4. Schließt ein einsilbiges Wort mit einer Deklinations- oder Konjugationsendung, so richtet sich der Silbenwert nach den Regeln über mehrsilbige Wörter; also: die vorhin (2) erwähnten, wie auch dās, dēs, dā (von dăre); flēs (flĕō); scīs (scio).

Die beiden Imperative dīc, dūc, sind, obwohl sie auf c enden, stets lang zu sprechen, weil sie einen langen Stammlaut haben und zudem noch aus dīce und dūce entstanden sind. (Vgl. Plautus, Capt. 960: dice, quid fero; Quintil. I. 6, 21 s.)

6. Ableitungssilben.

Lang sind im allgemeinen alle jene Silben, die beim Vorgang der Abwandlung (Kompŏsita!) sich ihre ursprüngliche, langeZeitdauer der Stammsilbe auch in der neuen Fassung unversehrt bewahrt haben; denn da diese unangetastet geblieben ist, kann auch die jetzt auf sie folgende Mitlautgruppe keinen zeit- und silbenverkürzenden Einfluß auf sie haben. S. 27. (Vgl. laudā-visti und laudāsti.)

Ableitungen dieser Art gehören dem Lateinischen und Griechischen an, z. B.

1. Aus dem Lateinischen:

ātrium (āter); crāstinus (crās); diēspiter (diēs-pitar, Djewspiter) fāstus 3 u. fāsti, orum, m (fās, fāri); līctor (līgo); mūsculus (mūs) pāstor (pāsco); pūblicus (aus pūbesco, pūbes und pŏplicus von pŏplus = pŏpulus) stīlla (stīllo); tēstis (terstis = qui tertius stat sc. iudex, accusatus, tēstis) ūndecim (unus u. dĕcem); vāllum (vāllo) etc. etc.

Diese Auslese zeigt die Wichtigkeit der richtigen Ableitung der Wörter und deren Kenntnis zur Genüge.

2. Aus dem Griechischen:

Bezüglich der Aussprache griech. Wörter gilt die Ansicht der lat. Sprachlehrer, von denen z. B. Diomedes (4. Jahrh.) sagt: „Die griech. Wörter geben wir mit der griech. Betonung wieder, wenn wir sie mit denselben Buchstaben aussprechen.“ (Diomed. II. p. 433 K.) Ebenso lehrt auch M. Servius Honoratus (Ende des 4. Jahrh.) nach VarrosAkzentlehre § 5: „Die griech. nomina (d. h. alle beugungsfähigen Wörter, wie Haupt-, Eigenschafts- und Fürwörter) haben, wenn sie mit demselben Buchstaben ausgesprochen werden, die griech. Betonung.“

Hieraus folgt gleichfalls, daß griech. Wörter, sobald ihrem Wortkörper durch irgendeine Lautveränderung der sonstige Eigentümlichkeit der Stempel der neuen lat. Sprachheimat aufgedrückt ist, auch (als Lehnwörter) nach lat. Art und Weise betont werden müssen. Es ist daher selbstverständlich, daß in drei- und mehrsilbigen Wörtern griech. Abstammung der Zeitwert der vorletzten Silbe nicht übersehen werden darf, weil von ihm die lat. Betonung des jeweiligen Wortes abhängt und daher auch für die der griech. Sprache entlehnten on Belang ist. Ist daher die vorletzte Silbe des griech. Wortes lang, so erhält sie den Wortakzent (Iphigenīa = *Ἰφιγενεῖα*), ist sie aber kurz, so tritt der Akzent in drei- und mehrsilbigen Wörtern auf die drittletzte zurück z. B. philosóphīa *(φιλοσοφία)*. Man unterscheidet aber wörtlich wiedergegebene und nur auf Ableitungen fußende Sprachgüter.

a) Zu den wörtlichen zählen:

α') Eigennamen, wie:

Personennamen auf: *-ους* und *-ας*, gen. *ου*, z. B. Jēsūs Chrīstus *Ἰησοῦς Χρῖστός* (v. *χρΐω*), abgekürzt und mit großen Buchstaben geschrieben IHS.

Ἐπαμεινώνδας, ου Epamīnōndās etc.

Ferner die auf: *-ῶν, ῶντος* z. B. *Ξενοφῶν, ῶντος* Xenophōn, ōntis.

Städtenamen auf: *-οῦς, -οῦντος* z. B. *Σελινοῦς, οῦντος,* Selīnus, ūntis.

Außerdem noch viele andere mit freiem Nominativausgang z. B. Sēstus *(Σηστός*; Bēssus *(Βησσός)*; Sōcrātēs *(Σωκράτης)* etc.

β') Sonstige Wortanleihen wie:

Paraclētus *(Παράκλητος)*; diācŏnus *(διάκονος)*; dioecēsis *(διοίκησις)*; mūsica *(μουσική)*; antiphōna *(ἀντιφωνή)*; thrŏnus, *(θρόνος)* etc. Besonders sei das so oft wiederkehrende Kўrie elēīson, der Imperativ Aorist von *ἐλεέω = ἐλέησον*, erwähnt, welches nach Ausweis der liturgischen Bücher — durch den Wortakzent und den i-Laut (ĕlĕīson) — in neugriechischer Weise auszusprechen ist. Die Neugriechen sprechen aber υ und η = ī; also: Kĭrie ĕlĕīsŏn.

N. B. Die Kirche hat sich daher für den von Reuchlin († 1522) mit gutem Recht verteidigten Iotazismus erklärt, der, sich auf die Neugriechen stützend, wohl in der Hauptsache das Richtige trifft, wohingegen die Anhänger des von Erasmus von Rotterdam († 1536) vertretenen Etazismus sich auf das Kratīnos' fragm. 43 *Ὁ δ'ἠλίθιος ὥσπερ πρόβατον βῆ βῆ βαδίζει*, das Aristophănes' fragm. 642 K, *θύειν με μέλλει καὶ κελεύει βῆ λέγειν.* sowie auf die Tatsache berufen, daß ε + α u. η + ε u. ε + η in η kontrahieren, d. h. daß so der lange, in der Mitte liegende ē-Laut entsteht, nicht aber der nach i liegende Mischlaut ĕ. Beide Richtungen haben jetzt noch ihre Vertreter. Man denkt an Hor. ars poët. 78: „Sprachengelehrte sind uneins; bis jetzt ist ihr Streit noch beim Richter," die Überlieferung ist eben abgerissen.

β) Abgeleitete Wörter, wie:

aethēr *(αἰθήρ)*; aēr *(ἀήρ)*; brūtus *(βριθύς)*; clāssis aus glad-tis *(κλῆσις)*, Aufgebot *καλέω*. „Iam sit clāssis a calando" (Quintilian I, 6, 34); cūstōs *(κεύδω)*; nosocomīum *(νοσοκομεῖον)*; pānnus, i *m.* dor.: *πᾶνος*, attisch.: *πῆνος*; plēbs *(πλῆθος)*; scēptrum *(σκῆπτρον)*; trēs *(τρεῖς)*; trīstis *(δριμύς)*; ūlna *(ὠλένη)*; ūnus *(οἰνός)* etc.

Hieraus geht hervor, daß die langen einfachen ᾱ, ῑ, η und ω-Laute, sowie die Doppellaute αι, ει, οι der griech. Wörter im Lateinischen in bezug auf ihren Silbenwert erhalten bleiben, sofern sich nicht sprachliche Einflüsse z. B. Verkürzung des langen Schlußlautes im nom. sing. (fāmă = φήμη, Iambenkürzung! S. 34) geltend machen.

Die Ersatzdehnung endlich bewirkt (durch Ausfall von Buchstaben) die Verlängerung eines an sich kurzen Selbstlautes, z. B. *λᾱνα* aus *λᾰχνη*. S. 28.

Die Kenntnis des Griechischen stützt somit das Lateinische.

b) Naturlängen der Endsilben.

1. Die Hauptwörter.

Die Wortausgänge sind im Lateinischen überaus wichtig; denn da ihm — im Gegensatz zum Griechischen und Deutschen — das Geschlechtswort abgeht, sind die jeweiligen Endungen, welche durch die Beugung der einzelnen Wortarten (= nomina, Haupt-, Eigenschafts-, Für- und Zahlwörter) hervorgerufen werden, für die Erschließung des Sinnes geradezu notwendig. Es ist daher eine genaue Kenntnis des Silbenwertes der Wortausgänge unbedingt erforderlich, besonders wenn es sich um äußerlich gleiche Ausgänge handelt.

Der nom. sing. ist natürlich stets eigens in bezug auf seine Eigentümlichkeit zu beachten, z. B. die regelmäßige Länge des Ausgangs auf -ōs, wie in: cūstōs, ōdis; sacĕrdōs, ōtis; arbōs dichterisch für arbŏr, wie auch hŏnōs für hŏnŏr etc.

In Betracht kommen daher Merkmale:

a) allgemeiner Art, als da sind:

Die Unterscheidung und das Auffinden der einzelnen Stämme, des Wurzelwertes, aus dem die verschiedenen Abzweigungen gleichsam herauswachsen.

Die Stämme der beugungsfähigen Worte (nōmina) werden nun nach ihrem Ausgang unterschieden in vokalische und konsonantische. Aufgefunden aber wird der Stamm am sichersten durch die Abstreichung der Endung des Genitivs Plural, z. B. rŏsā-rum; rīvō-rum; nūb-ium; frūct-uum; di-ērum, so daß sich einesteils die a, o, i (nebst den konsonantischen), u und e Stämme der fünf Deklinationen ergeben, die in den einzelnen Fällen mit den entsprechenden Endungen verbunden werden, und wodurch andernteils die Verwandtschaft mit den drei griechischen Deklinationen augenscheinlich ist; denn die vierte und fünfte lateinische Deklination ist eigentlich nur eine Einzelerscheinung einiger weniger Worte, die man so in den Bannkreis von eigenen Deklinationen gebracht hat.

b) besonderer Art, welche die einzelnen Deklinationen betreffen. Um jedoch nicht weitläufig zu werden, soll eine kurze Übersicht der Kasusendungen die Darstellung der Entwicklung der Kasus-Ausgänge, (und damit auch den Silbenwert der einzelnen) zur Anschauung bringen, wobei die notwendigen Einzelerklärungen als Fußnoten erscheinen.

Kurze Übersicht der Kasusendungen.

Einzahl.

Kasus	I = a Deklination	II = o-Deklination	III = i-Deklination u. kons. Stämme	IV = u-Deklination	V = e-Deklination
Nom.	ă aus ā. Das Suffix-Kasuszeichen s fehlt; Jambenkürzung[1]).	ŭs aus ōs ĕr aus ros, rs, rr, r r ist meist silbenbildend. um aus ōm (neut).	unbestimmt, s oder endungsloser reiner Stamm. S. 25, 2 c.	ŭs aus s mit Stammvokal ū reiner Stamm	ēs aus s mit Stammvokal
Gen.	ae aus (as) ā + i	ī aus ī und ĕi	ĭs aus s (oder es bei kons. Stämmen)	ūs aus u und s (uos und uis ist ungewiß)	ĕī aus ēs, ēī = ĕī
Dat.	ae aus ā + i	ō aus oi (= o + ai = oi)	i aus ei, ē, ī.	ui aus ī (eī) oder ū als Nebenform	ĕī aus ēs, ēī = ĕī (ē höchst selten).
Accus.	ăm aus ām Jambenkürzung wegen des durch m gedeckten Ausgangs[2]).	ŭm aus ōm, ŭm Jambenkürzung[2])	ĕm aus m mit dem Stamm. Die ei-Stämme haben im, bei den kons. Stämmen ist m silbenbildend, wie: pēs, pĕd, pĕdm, pĕdem[4]) Gedeckt. Ausgang[2]),	um aus dem Kasuszeichen m + Stammvokal. Gedeckter Ausgang	ĕm aus m und dem Stammvokal ēm ist durch den gedeckten Ausgang gekürzt.
Voc.	ă wie nom.	ĕ aus e, ī ĕr aus r neutrum wie im nom.	wie nom.	wie nom.	wie nom.
Ablat.	ā aus ād	ō aus ōd	ĕ, ī aus {ēd kons. Stämme, īd vokal. Stämme}	ū aus ūd	ē aus ēd

Mehrzahl.

Nom.	ae aus ā ī	ī aus oi, ei, i ă neutr. Jambenkürzung[1])	ēs aus eies = ees, ie und es ă neutr. aus (a) und ia (i, ia)'	ūs aus s mit langem Stammvokal. ŭă neutr. aus ū + ă	ēs aus s mit langem Stammvokal.
Gen.	ārum aus sōm rōm Rhotazismus[3]) rŏm (gedeckt. Ausgang[2]) rŭm Schwächung[2])	orum aus sōm, vgl. I. rōm Rhotazismus[3]) rŏm (gedeckt. Ausgang[2]) rŭm Schwächung[2])	um aus ōm, ŏm (gedeckt. Ausgang[2]) um Schwächung[2])	ŭŭm aus ōm, ŏm (gedeckt. Ausgang[2]) um Schwächung[2]) oder { eu—om / ou—om	(ē)rum aus sōm rōm Rhotazismus[3]) rŭm Schwächung[2])
Dat.	īs aus ā-īs u. ē-īs	īs aus oīs, eīs (ēs)	bŭs aus bhŏs, bŏs, bŭs ĭbus bei Konsonantenstämmen.	ĭbus aus ŭbos, ŭbus ĭbus hellere Aussprache des Mittellautes, Wirkung des Akzentes. ŭbus in einigen Wörtern zur Unterscheidung ähnlicher der III. Deklination (artus, artubus; ars, artibus)	bŭs aus bhos, bŏs, bŭs
Accus.	ās aus ans Ersatzdehnung. S. 28.	ōs aus ons Ersatzdehnung. S. 28.	ēs aus ens Ersatzdehnung bei konson. Stämmen wird n silbenbildend und ns über ens zu ēs die ei̯ Stämme īs, eis, ēs	ūs aus s mit dem langen Stammvokal	ēs aus ens Ersatzdehnung. S. 28.
Voc.	ae wie nom.	ī und ă wie nom.	ēs wie nom.	ūs, ŭă wie nom.	ēs wie nom.
Ablat.	īs aus ā-īs	īs aus ōīs	ĭbus wie dativ.	ĭbus, ŭbus wie Dativ.	bus wie dativ.

1. Iambenkürzung (correptio iambica, auch brĕves breviantes sc. syllabae genannt). Wie die deutsche Sprache nach den Beobachtungen von Opitz, („Deutsche Poeterey“ Dichtungsarten) sich im Alltagsleben je nach dem Ansatz, in Iamben ⏑–́ und Trochäen –́⏑ ergeht, ähnlich so die griechische (vgl. Aristoteles 384—322 ars poët. 4, 1449a und 22, 1459a), wie auch die lateinische. (Vgl. Cic. de oratore III,) 47, 182 u. orator 56, 189.

Allein dem Griechen sagten die Iamben, die der Sprache des Alltags entstammten, nicht zu (Arist. rhet. III. 8, Cic. orat. 57, 192) und der Lateiner lehnte die auffallenden Taktschläge der Iamben und Trochäen mit ihren kleinen Füßen (Cic. de oratore III. 47, 182) für die Dichtung entschieden ab (Cic. orator 57, 194).

Dieser Voreingenommenheit gegen den Iambus und Trochäus redete die Gepflogenheit der Dichter noch das Wort, die jeden langen Auslaut zweisilbiger Wörter, bei denen also die erste Silbe betont war, als Kürze verwenden konnten, so daß aus ⏑́— nunmehr ⏑́⏑ (pyrrhichisch) wurde. Die eine Kürze hatte die zweite lange Silbe, gleichfalls zur Kürze umgestaltet. (Brĕvēs brĕviantes!)

Dieser Vorgang griff dann in der Folge auch auf Silben über, deren erste selbst eine Länge war, wie in griech. Lehnworten z. B. fāmă (aus *φήμη*) und ähnlichen. Höchst wahrscheinlich hat die Jambenkürzung auch die Endung des nom. sing. der zweiten Deklination auf us (statt ōs) beeinflußt. Das s- Suffix = Kasuszeichen der ersten Deklination im nom. sing. war verloren gegangen, wie auch sonst oft. (Cic. Orator. 48, 161.)

Der Vorgang selbst, der um das Jahr 350 v. Chr. eingesetzt hatte (denn Plautus 254—184 v. Chr. hat noch des öfteren die lange Silbe im nom. sing. der ersten Deklination: terrā), und zur Zeit des Terentius (185—159 v. Chr.) schon zur vollen Anerkennung gelangt war, machte sich zuerst im acc. sing. der ersten Deklination geltend, griff dann auf den nom. acc. voc. neut. plur. der zweiten Deklination über, um sich dann, wie dargetan, auf alle Endungen genannter Fälle auszudehnen.

Wir verstehen daher die Schreibung: rŏsă *(ῥόδον)*, lŏcă, bĕnĕ, mălĕ, ĕgŏ, statt rŏsā, lŏcā, bĕnē, mălē, ĕgō *(ἐγώ)* usw.

2. Der gedeckte Ausgang durch den Buchstaben m, wie soeben gesagt, hat, weil m im Auslaut stets schwach gesprochen wird, die Kürzung (d. h. schwächeres Aussprechen) des vorhergehenden Selbstlautes veranlaßt.

3. Rhotazismus (abgeleitet von rhō = *ῥῶ*, dem griechischen Namen für den Laut und Buchstaben r), bezeichnet eine sprachliche Entwicklung, die auf Grund eines sich einstellenden Wandels oder eines Aussprachefehlers nach und nach feste, rechtsgültige Form annahm und den stimmlosen Zischlaut s im Inlaut zwischen zwei Selbstlauten zuerst stimmhaft machte, worauf er in r überging. Dieser „s-Ersatz durch r zwischen zwei Selbstlauten im Inlaut“ ist von Cicero verbürgt, indem er sagt: „daß L. Papirius Crassus, der im Jahre 339 vor Chr. Diktator war zuerst aufhörte sich Papisius zu nennen“. (Cic. ad familiares [ad Paetum] IX. 21, 2.)

Die endgültige Einführung der Schreibweise r (statt s) scheint, nach Pomponius (200—250) in den Digesten (I. 2, 2, 36) Appius Claudius Caecus, Konsul des Jahres 307 und 296 v. Chr. und Verbesserer des lat. Alphabetes, vollzogen zu haben, um so das begreifliche Schwanken von s und r in der Schrift zu beseitigen. Die Anfänge dieser Neuerung dürften (wie die Jambenkürzung) in das Jahr 350 v. Chr. zu verlegen sein.

Anmerkung.

Eine Ausschaltung des s kennt gleichfalls die griechische Sprache z. B. *γένος* (St. *γενες*), *γένεσος, γένεος, γένους; ϑεάσων, ϑεάων, ϑεῶν.*

Das Deutsche hat in dem sog. grammatischen Wechsel verwandter Konsonanten in wurzelverwandten Wörtern (d. sog. Vernersche Gesetz, weil K. Verner in d. Zeitschr. f. vergleichende Sprachforschung 23 [1877]. 97—130 zuerst darauf aufmerksam machte) — in unserm Fall der Wechsel der Mitlaute von s und r — einen ähnlichen Vorgang. Vergl. ich erkiese — erkoren, bes. im Mittelhochdeutschen bei der i-, u- und e-Reihe der ablautenden Verben, z. B. rise — reis, risen und rirn — gerirn; kiuse — kôs — kŭrn — gekorn; im Praet. Plur. lâsen — lâren; genâsen, genâren etc.

4. Silbenbildendes r und m nach Art der Samprasāraṇa S. 28.

1. Deklinationsbeispiele (in bezug auf den Silbenwert) sind in jeder guten Grammatik einzusehen und können daher hier übergangen werden.

2. Lange Ausgänge haben sonstige Wörter:

a) Die Zahlwörter auf:

— gintā, wie trigintā, quadrāgintā usw.
— gentī, wie quadringentī, quingentī usw.
— quiēs aus -ēns, wie quīnquiēs, sexiēs, tŏtiēs, quŏtiēs usw.

b) Fürwörter (abgesehen von den früher erwähnten):

persönliche: tuī, suī, nostrī, vestrī, nōbīs (aus no-bibus), vōbīs aus vo-bibus
hinweisende: illī, illīs, illōs; ipsī, ipsā, abl. u. ipsō, ipsīs, ipsās, ipsōs, iīs, eōs, eās.

c) Zeitwörter:

Das Hilfsverbum esse in den Formen: ĕrās, fuī, fuerās; sīs, ĕssēs, ĕstō, suntō.

Das Verbum mit seinen Formen wie:

laudō, laudās, laudābās, laudāvī usw. kann man am besten in der Grammatik einsehen.

Bemerkt sei nur noch, daß der o-Ausgang des Präsens, (ebenso wie der eines Nominativs auf o, z. B. ōrdō) zweizeitig ist, = ŏ̄, meistenteils jedoch als Länge gebraucht wird.

Das ī des Perfekts (dēlēvĭstī, lēgistī etc.) ist durch das Monumentum Ancyranum und durch Vĕlius Longus (p. 22, 37) als Länge erwiesen.

d) Umstandswörter (Adverbien), bei denen größtenteils alte Ablative des Singulars u. Plurals fēm. zugrunde liegen. So die Adverbien:

Der Zeit:

anteā, posteā, praetereā usw.; denuō (de novō), īlicō (īllicō multō) etc.; hŏdiē hĕrī, jedoch hēstĕrnus nach Marius Victorinus (VI. 15, 15 K, der ausdrücklich sagt, daß das e der ersten Silbe lang zu sprechen sei.) diū, interdiū, noctū etc.

Des Ortes:

illīc (aus illice, ähnlich so die folgenden): istīc, istūc; alibī, fŏrās, fŏrīs, aliō, aliquō, porrō, retrō.

Der Art u. Weise:

frūstrā (von frūs, Nebenform zu fraus), grātī s(grātĭīs), ideō, adeō, propter-eā usw.

Dann die von Adjektiven und Partizipien der zweiten Deklination abgeleiteten Adverbien au ē und ō, wie:

pulchrē, ōrnātē, doctē, fĕrē, jedoch bĕnĕ, mălĕ (Jambenkürzung!), certō, perpĕtuō, mūtŭō, mĕritō etc.

e) Die Superlative auf ē: doctissimē, nūperrimē (nŏvum per), māximē (aus magsimē) etc.

f) Die Verhältniswörter (Präpositionen) auf ā, welche wie die Umstandswörter alte Ablative des Singulars im Femininum sind, wie: contrā, (contrād), circā, ergā, extrā, īnfrā, intrā, jūxtā (Superlativ von jūgis zusammengespannt) ultrā, citrā. Das „d" schwand um die Wende des 3. Jahrhunderts vor Chr.

g) Die Hauptwörter auf: -īx, -ōs, -tās, unter Beibehaltung der langen Silbe im gen. etc. gĕnitrīx, (*γένεσις*), adjūtrīx, cūstōs, săcĕrdōs, hŏnĕstās, hūmānitās etc.

h) Die Eigenschaftswörter auf -āx und -ōx, mit vorletzter langer Silbe im gen. etc.: răpāx, ĕdāx, mĕndāx, tĕnāx, vērāx; vēlōx, ătrōx etc.

3. Wortgruppen mit vorletzter langer Silbe. Dieselben sind an der Hand der Dichter der goldenen Latinität festgelegt.

a) Haupt- und Eigenschaftswörter.

Lang ist der Selbstlaut vor der Endung:

— dō: capēdō = capūdō, (Opferschale), formīdō, libīdō, cōnsuetūdō, tēstūdō etc.
— go ist: a, i, u lang:
imāgō, indāgō (Kesseltreiben), vŏrāgō, calīgō, rōbīgō = rūbīgō (Rost), scaturīgō (Quellwasser), lanūgō (Wolle, Flaum), ferrūgō, jedoch harpăgō *ἁρπάζω*.
— men: forāmen, levāmen, medicāmen, strāmen, abdōmen, cōgnōmen usw., jedoch culmen, cŏlŭmen, tegĭmen.

— cus, ca, cum:
meräcus, opäcus, cadūcus, erūca, fēstūca, lactūca usw.

— īcus (einige wenige): amīcus, pudīcus, antīcus, postīcus, mendīcus. Personen- und Völkernamen haben meistens ĭcus: Āfrĭcus, Brĭtănĭcus.

— lis, sind a, e, u lang, wie:
aequālis, canālis, crudēlis, curūlis usw.

Die Endung -ālis, entspricht jener von -aris, wenn in einer der zwei vorhergehenden Silben ein l vorkommt, wie: singulāris, populāris, lūnāris, lapidāris.

— īlis hat ein langes i in den von Hauptwörtern abgeleiteten Eigenschaftswörtern, so: anīlis, aedīlis, civīlis, virīlis. Ausnahmen sind: hŭmĭlis, sĭmĭlis (sĭmul), părĭlis (pār).

— īle, sofern es Hauptwörter sind, wie bŏvīle, equīle, ovīle etc.

— -mus, -ma, -mum: rāmus, racēmus, postrēmus etc.; poëma (ποίημα), acroāma etc.

Von den Superlativen nur: prīmus (pri-imus) und īmus.

— nus, -na, -num, -sus ist a, e, o, u lang.
īnsānus, cotidiānus, urbānus, Romānus, Diāna, membrāna, egēnus, serēnus, vērnus, hōrnus, patrōnus, colōnus, annōna, corōna, verbēna, cantilēna, animōsus, bellicōsus etc.

Ebenso die Verkleinerungen, wenn auch das Stammwort den langen Selbstlaut hat, z. B. ōlla (aula) Topf, corōlla (corōna), persōlla (persōna).

— nus, -na, -num ist i lang in Adjektiven, welche herrühren von:
Personen: mĕdicīna (mĕdĭcus), regīna (rēx) cte.
Tiernamen: asinīnus, camelīnus, canīnus, vitulīnus, gallīna, ferīnus etc.
Ortsnamen: Clusīnus, Capitolīnus, Florentīnus, Latīnus.
Zeitbestimmungen: mātūtīnus, vespertīnus etc., jedoch prīstĭnus (prīscus).

— īnus:
bīnus, trīnus, clandestīnus, fēminīnus, māsculīnus, inquilīnus, peregrīnus, marīnus, repentīnus, supīnus, vicīnus, inopīnus, intestīnus (intus) etc.

— ārus, -ūris, die Adjektive auf -ōrus mit unmittelbar voraufgehendem Stamm:
- avārus, īgnārus, secūris, decōrus, canōrus, odōrus.

— sus in allen echt lateinischen Wörtern, da bei diesen ein n in Wegfall gekommen ist, welches vor s stehend, die vorhergehende Silbe (weil „ns“) gedehnt haben würde. (Ersatzdehnung. S. 28.) animōsus, fāmōsus, dolōsus, aquōsus, mōn strōsus, religiōsus, formōsus.

— ētum, -ēta, wie: arborētum (Baumpflanzung), aesculētum, dumētum, vinētum, morētum etc.

— āvus, -īvus, -īva:
octāvus, aestīvus, salīva, captīvus, gradīvus, gengīva, jedoch căvus, concăvus.

— ābrum, -ācrum, -ātrum, die von der I. Deklination abgeleitet sind: flābrum (Wehen des Windes), lavācrum, (Bad, Badezimmer), arātrum.

— ēus, -ās bei Ableitungen von Eigennamen: Pythagorēus, Glyconēus, Arpīnas.

— ātrīx, wenn diese weibliche Endung einer männlichen auf -ātor und ein Verb auf āre entspricht.

b) Wortgruppen von Zeit- und Umstandswörtern. Zeitwörter, die abgeleitet sind von:

Adjektiven auf: -īcus, -nus, na, num wie: mendīcō, aprīcor, explānō, condōnō, corōnō.

Hauptwörter auf: -ix, gen. īcis: ērādīcō (rādīx), cornīcor (cornix), nūtrīcor (nūtrīx), rūbrīco (rubrīca Rötel, Rotschrift, Rubrīk).

Umstandswörter auf:

— ātim: catervātim, nominātim, gradātim, paulātim, privātim, jedoch stătim, affātim (genug, hinlänglich).

— ītim, nur virītim.

— īte, rīte (rītus, us, m) wahrscheinlich isol. abl. einer Nebenform rītis = rītus.

— ūrsum: sūrsum, (sub — versum = subs — vorsum).

4. **Äußerlich nicht leicht erkennbare Naturlängen,** indem die Silben dem Anscheine nach nur dehnbar d. h. Positionslängen sind. Derartige naturlangen Silben kommen in Einzelfällen wie auch in Zeitwörtern vor:

a) Die Einzelfälle mit langen Silben nehmen Rücksicht auf: Innen- und Vorsilben.

α) Innensilben mit einer Naturlänge vor den Mitlauten: **gn, gm, nf, ns, nx, nct.**

gn.

Die Länge des Selbstlautes vor gn wird bewiesen durch:

1. Prīscian (anfangs des 6. Jahrh., Prof. in Konstantinopel, schrieb 18 Bücher instit. grammat.); denn er sagt: „Die Wörter, welche auf -gnus, gna, -gnum endigen, haben einen langen, vorletzten Selbstlaut, wie rēgnum, stāgnum, benīgnus, abiēgnus, privīgnus, Paelīgnus. (Prīscian II. 63, S 82 H.)

2. Plautus, Tit. Măccius Komödiendichter (254—184 v. Chr.), braucht den Selbstlaut vor gn stets als Länge (vgl. Miles gloriosus, Menaechmi).

3. Inschriften: dIgne (dīgne) CIL VI. 6314, régna CIL V. 7578 (120 n. Chr.) sIgnum (sīgnum) CIL VI. 10 234. Eine sorgfältig geschriebene Inschrift aus dem Jahre 153 n. Chr. hat sIgnificabo (sīgnificabo CIL VI. 16 664).

4. Die Ersatzdehnung für: ad, con, in bei: āgnātus, āgnōsco, āgnōmen, cōgnōsco, cōgnōmen, īgnōscō, īgnāvus etc.

gm.

1. Plautus, welcher die Silbe vor gm stets als Länge verwendet.

2. Inschrift, die sonst nicht gerechtfertigte Länge des Selbstlautes in pIhmentum (pīgmentum) CIL VIII. 1344. Nach Isidor, (origines XX. 16. 5), scheint gm wie u gesprochen worden zu sein, sagma = sauma.

3. Die romanischen Sprachen.

4. Die griechische Schreibung von sēgmentum *σηγμεντα* oder *σημεντα.* Lyd. de mag. 2, 4 und 13. Ähnlich so pēgmen, ătis *(πῆγμα).*

nf, ns.

1. Die ältern Dramatiker (Plautus!), welche sich an die Sprache der Alten anlehnen, vermeiden die Jambenkürzung bei den Präpositionen con und in, wenn das Wort, mit welchem sie verbunden sind, mit f oder s beginnt. Sie sehen daher die Silbe als Länge an.

2. Cicero, (orator 48, 189) sagt: „Gibt es etwas Geschmackvolleres als folgendes, was nicht auf einem Naturgesetz, sondern auf einer bestimmten Vereinbarung beruht? Wir sprechen indoctus mit kurzem i im Anlaut, dagegen īnsānus mit langem i, inhumānus wieder mit kurzem, aber īnfēlix mit langem i, kurz sobald ein Wort gleich anlautet wie săpiens oder fēlix, wird die Vorsilbe (Präfix) „in" lang ausgesprochen, in allen anderen Fällen aber kurz. Genau so verhält es sich mit cōnpŏsuit, cōnsuēvit, cŏncrĕpuit, cōnfēcit. Untersucht man dies auf die Sprachrichtigkeit, so wird man es tadeln, nimmt man jedoch Rücksicht auf das Gehör, so muß man es billigen." Hierbei handelt es sich aller Wahrscheinlichkeit nach um eine Ersatzdehnung ns = nts, denn Quintilian (35—118) sagt, daß in dem Worte cōnsŭlēs der Buchstabe „n" nicht ausgesprochen wurde, (Quintil. inst. orat. I. 7, 29) wie ja auch Cicero selbst, nach dem Zeugnis des Sprachlehrers Vĕlius Longus, die Worte fŏrēnsia, Megalēnsia, hortēnsia ohne „n" auszusprechen pflegte. (Vĕlius Longus p. 79 K 1.) Es wäre demnach n, als dumpfer Nachklang zu einem Mittellaut erschlafft.

Diese Gewohnheit darf, auf die unten angegebenen Inschriften aus den verschiedensten Gegenden des römischen Reiches gestützt, als allgemein angesehen werden. Auch könnte man dieselbe als die Vorstufe der Nasalierung im Französischen halten, wenngleich das Italienische, die Tochtersprache des Lateinischen, die Nasalierung nicht kennt. (Vgl. die Tilde [spanisch, von titulus], das Zeichen ~ über ñ, gesprochen nj, oder Vokalzeichen ã, õ.) Vgl. unten 6.

3. Pompeius, Gram., welcher bezüglich des Partizips sagt: „Jedes Partizip hat eine lange Silbe, wie dŏcēns, scrībēns . . . dieses „e" ist von Natur lang. Dann aber folgt auch n und s, welche das Zeitmaß dehnen." (Pomp. K V 113, 23.)

4. Andere Schriftsteller halten daran fest, so:
Gellius Aulus (um 150) Noctes Atticae 2, 17;
Prŏbus cathŏlicus aus Berytos, Syrien, 1. Jahrh. n. Chr., p. 6.
Mărius Victorīnus, Rhetor und Metriker, um 350 n. Chr., p. 204.
Diomēdēs, 4. Jahrh. p. 431, 433, cōnfiteor I. p. 470 K.
Prīscian aus Caesarea in Mauretanien, um 500, institut. gram. p. 319.
Beda Venerābilis † Girvy 735, p. 230 K.

5. Zahlreiche Inschriften (meist archaischen Ursprungs, von Hadrian 117 bis zu den Antoninen 180).

ns: Cosol, tit, Scīp. CIL, I. 31, cosoleretur sen. cons. de Bacch. CIL I. 196, cosensu CIL I. 552, costitutio I. R(egni) N(eap.) 5237, 3157. Insaliare Mon. Ancyr. CIL II. 21, Cos = consul CIL V. 26, Castresis I. R. N. 254, clémēns CIL II. 4550, procédéns CIL VI. 1527d 28.

nf: Inferet CIL VI. 29920, in iferos Or. Henz. 7341 und I. R. N. 3571, Infantis CIL XII. 2467, cónficiunt CIL XI. 118. dii iferi CIL. X. 8349.

6. Umgekehrte Schreibungen oder Schriftbilder, in welche der Schreiber infolge eines trügerischen Rückschlusses ein durch die Wortbildung (Etymologie) nicht berechtigtes Zeichen hineingetragen hat, z. B. weil „n" vor „s" in der Aussprache verstummt war, in der Schrift aber gewöhnlich ausgedrückt wurde, Steinmetzen und Abschreiben in Inschriften und Handschriften ab und zu auch vor einem „s", vor welchem in der Aussprache nie ein „n" gestanden hatte, dennoch ein solches einfügen, also bei: occasio, thēsaurus *(ϑησαυρός)* und ähnlichen, occansio, thensaurus etc. schreiben. Solche finden sich in den sog. Vulgärtexten.

7. Verwandte Sprachen. So finden sich Schreibungen:

Im Umbrischen aanfehtaf = īnfectas, und Oskischen keenzstur = cēnsor.

In den romanischen Sprachen:

Französisch: épouse, mois, toise = sposa aus spōnsa, mēsem aus mēnsem, tēsa aus tēnsa, tēnsio.

Italienisch: spōsa, mēse = spōnsa, mēnsis.

8. Griechische Umschreibungen = lat. Wörter mit griech. Buchstaben): *Κηνσωρῖνος* = Cēnsōrīnus BCH (= Bulletin de correspondance hellénique) XI. p. 225. *κήνσωρ (κῆνσορ)*, cēnsor Lyd. de mag. I. 39, 43, *Κρήσκης* = Crēscēns CIG 6012, c. *Κωνστάντιος* = Cōnstantius CIGG (Corp. īnscrīpt. Graecarum Graeciae superioris) I. 1848 etc. Offenbar hörten jene Schreiber die fraglichen Laute als Längen aussprechen, weswegen sie sich der langen Lautzeichen bedienten.

nx, nct.

Für die Länge des Selbstlautes vor nx, nct sprechen:

1. Gellius, Aul. in noctes Atticae 9, 6 ,wo er für die Länge des u in ūnctus (ūnctio) eintritt, wohingegen ungō den kurzen u-Laut hat.

2. Inschriften wie:

coniúnx CIL VI. 6592, coniúnxit CIL XII. 4333 (aus der Zeit der Antonine 138—180), iúnxi CIL X. 1888, fúncto CIL XII. 3176, XIII. 1686, extínctos CIL VI. 25617 (10 n. Chr.), seiúnctum CIL VI. 1527.

Zu beachten ist hierbei, daß der Apex, das Längezeichen der hochlateinischen Blütezeit, der bis 150 n. Chr. richtig gehandhabt wurde, hier zur Anwendung gelangt ist.

β) Vorsilben (eigentliche Vorsilben und Vorwörter). Die Vorsilben und Vorwörter behalten auch in der Zusammensetzung mit Wörtern und Zeitwörtern ihren ursprünglichen Zeitwert, wenn sie unverändert bleiben, oder der End-Mitlaut des einsilbigen Vorwortes sich dem folgenden Mitlaut des mit ihm verbundenen Wortes angleicht (= assimiliert). Verlieren jedoch die Vorsilben oder die Vorwörter ihren Mitlaut, so tritt Ersatzdehnung ein.

1. Vorsilben z. B.

vē,

entstanden aus *ὀά* und *οὐαί*. Sie behält die Länge in allen Zusammensetzungen wie: vēcors (wahnsinnig), vēcordia, vēsānus, Vēiŏvis (= Jupiter als altrömischer Rachegott). Der Grund ist augenscheinlich die Unveränderlichkeit der Vorsilbe.

dī-, sē-.

Diese beiden von den entsprechenden Wörtern untrennbaren Partikel behalten ihre Länge aus demselben Grunde (wie vē) bei.

2. Vorwörter, welche einsilbig auf einen Selbstlaut oder einen Mitlaut endigen, der entweder unter Ersatzdehnung verloren geht oder ein n ist, welches in dem neuen Wortbilde vor s oder f erscheint.

Einsilbige Vorwörter sind schon an sich lang und bleiben lang, sofern kein sog. Hiātus aus ihrer Verbindung mit einem andern Worte entsteht, d. h. so lange keiner dieser Selbstlaute vor einen andern ungleichen Selbstlaut zu stehen kommt; denn in einem solchen Falle würde er unweigerlich gekürzt. (Vgl. hierzu prăĕăcūtus, prăĕūstus und prĭor, aus dem altlat. Stammwort prīs, prī = prae und prīscus, welches dieselbe Wurzel, aber keinen Hiātus hat, wie prĭor.)

Solche Vorwörter sind nun:

ā (ab), dē, ē (ex), sē, prae, und prō.

Von prō gibt es jedoch einige Ausnahmen wie: prŏtĕrvus, prŏfārī, prŏfŭgus, prŏfundus, prŏcella, prŏpāgō, prŏpĕllō.

Vorwörter, welche unter Umständen ihren Mitlaut (vor stimmhaften Konsonanten) einbüßen, aber dafür die Ersatzdehnung erhalten, wie: ā (ad), cō (con), dī (dis), i (in), sū (sub) z. B. āscēnsio, cōgnĭtio, dīstĭnctio, īgnōscō, sūspicio etc.

Vorwörter, deren Mitlaut „n" vor s oder f erscheint. Diese werden auf Grund der Angaben auf Seite 37 allemal verlängert, da n mit s und f zu einer Worteinheit verschmilzt, wie in cōnstāns, cōnfĭteor usw.

b) Zeitwörter (einfache u. zusammengesetzte) in bezug auf:

α) Das Perfekt im Aktiv.

1. Wenn das Präsens einen langen Stammvokal hat, bleibt dieser, sofern nicht ein anderer Grund entgegensteht, in allen Formen des Zeitwortes, also auch im Perfekt stets unverändert, z. B. scrībō, scrīpsi, scrīptum, scrībere; nūbo, nūpsi, nūptum, nūbere; cēdo, cēssi (ce-(s)d-si), cēssum etc.

2. Die zweisilbigen Perfekte (ausgenommen: bĭbī, dĕdī, fĭdī, stĕtī, tŭlī, scĭdī, fŭī) haben — ebenso auch ihre Kompŏsita — in der ersten Silbe eine Länge, selbst wenn der Stammvokal kurz ist. Daher sind lang zu sprechen:

α') alle Selbstlaute vor: -nx, -nct (S. 19) und -xi, (bes. -ēxī, von den Prīscian (8, 28 H) sagt, daß sie in der 2., 3. und 4. Konjugation eine naturlange vorletzte Silbe haben) wie:
cingo, cīnxī; distinguo, distīnxī etc.; fūngŏr, fūnctus sum etc.; trăhō, trāxī; flŭō, flūxī etc.; rēgō, rēxī; dīlĭgō, dīlēxī etc.

β') die Perfekte, welche -sī an den kurzen Stamm hängen, mit einziger Ausnahme von contĕmpsī (vgl. Prīscian de acc. 41, p. 527, 25 H.), wie:
cārpsī, clēpsī, scālpsī, scūlpsī, sērpsi, nūpsī etc.
Anmerk. Für gĕrō, gēssī (mit ss) spricht nur Wilmanns Inscript. Africae Latinae 1121, wird aber sonst angefochten.

3. Zweisilbige mit langem Stammvokal, und solche, die ein einfaches „i" anhängen, (jedoch nicht die auf -ndi u. die reduplizierten Perfekte) wie: haesi, vīsī, frēgī, ēmī, ēgī, cēpī, fēcī, fūgī, psāllī etc.

4. Drei- und mehrsilbige (mit vorletzter langer Silbe) auf:
— ēxī, wie adspēxī, allēxi etc. (Siehe oben 2α.)
— āvī und -īvī der 1. 3. und 4. Konjugation, wie laudāvī, capessīvī, audīvī.

β) Das Supīnum und das Partizip Perf. Passiv haben eine lange vorletzte Silbe bei den Verben:

1. Der ersten Konjugation (verba pūra: ămao = ămō), der frequentativa, die ja alle nach der 1. Konjugation gehen (Gellius N. A. 9, 6) mit dem Perf. Aktiv auf -āvī, dem auf -īvī (3. u 4. Konjugation) und jenen auf -gō.

a) Die Perfekte auf:
-āvī, wie: ămāvī etc., ămātum, laudātum, sowie sämtliche frequentativa, dictitātum, scriptitātum etc.
-īvī, wie: cupīvī etc. cupītum, petītum, quaesītum etc.

b) Die Verben auf -go, selbst wenn der der Endung vorausgehende Selbstlaut im Präsens kurz ist, wie:
ăgō, ēgī, āctum; lĕgo, lēgī, lēctum etc. (Vgl. Gellius 12, 3 u. 9, 6.)

2. Die zweisilbigen Supine haben meistens eine lange vorletzte Silbe, auch wenn das Präsens einen kurzen Selbstlaut aufweist, (besonders bei Wurzeln auf stimmhaftem Kehlverschlußlaut) wie: āctum, flētum, vōtum, rīsum, rēctum, lēctum, tēctum, tāctum etc.

Ausnahmen sind folgende: dătum, rătum, sătum, stătum, ĭtum, jăctum, făctum, lĭtum, missum, quĭtum, sĭtum, rŭtum, trăctum, vĕntum, vĕctum.

3. Die Supine auf: ns und nct (S. 37, 38).
ns;
tendō, tēnsum; prandō, prānsum; pendō, pēnsum, accēnsum etc.
nct:
cingō, cīnctum; iungō, iūnctum; ungō, ūnctum, sānctum etc.

II. Abschnitt.

Die lautliche Wiedergabe des geschriebenen Wortes in bezug auf Aussprache und Betonung.

1. Kapitel.

A. Die Aussprache.

Vorbemerkung.

Wenn es an sich schon schwer ist, die Urform des Besten darzustellen, „weil jeder etwas anderes für das Beste hält — „wenngleich es auch in allen Dingen ein Bestes gibt“ (Cic. orator 11, 36), so ist es hier noch besonders schwer, da durch den sprachlichen Ausdruck des einzelnen die Färbung des Lautes durch die Muttersprache beeinflußt ist und somit nur eine bedingte Genauigkeit erzielt werden kann. Nichtsdestoweniger sollen, soweit es angängig ist, einige Angaben über Selbst- und Mitlaute folgen.

a) Selbstlaute.

N. B. Die Selbstlaute stammen aus dem Semitischen und zwar: a, e, i, o aus den Hauchzeichen: 'aleph, he, jod, ʻain, wohingegen u ein aus dem Vau (Vav) differenziertes neues Zeichen ist. Vgl. E. Meyer, (Gesch. des Altertums II 382, Stuttgart 1893).

In Iwan von Müllers Handbuch der klassischen Altertumswissenschaft II[2], 35f., nennt Friedr. Stolz (nach der althergebrachten Ansicht)

die kurzen Selbstlaute ĕ, ĭ, ŏ, ŭ offene,

denen an sich das kurze ă der älteren Zeit beizugesellen ist, wenn es nicht — von der Dauer des Lautes abgesehen — mit dem langen (ā) zusammengefallen wäre. Hingegen seien

die langen ē, ī, ō, ū geschlossene.

Demnach lautete im Lateinischen:

1. ă, wie das Hochdeutsche — a in: Lachen, man (ital. pădre),
   ā, wie in: Vater, Gabe (engl. father).
   N. B. a ist der vollste, lauteste, edelste Selbstlaut, wie er auch die littera sălūtāris heißt, indem er auf den Gerichtsstimmtäfelchen absolvo bedeutet (Cic. pro Milone 6, 15).
2. ĕ, wie das offene e in: Vater, lieber (ital. bello, franz. è in mère, ai in aime),
   ē, wie in: See, Tee (franz. é in été, fée, bonté).
3. ĭ wie in: Wissen, Tisch (ital. si, finito, franz. fini),
   ī wie in: Igel, Tiegel (ital. nido, franz. pie).
4. ŏ wie in: Gott, grŏb (ital. cosa, franz. encore),
   ō wie in: Rose, Sohn (ital. padrone, franz. au in faute).
5. ŭ wie in: Butter, dunkel (engl. u in full),
   ū wie in: Mut, Ruder.
6. ae (altlat. ai Corssen I 28) hatte den Laut wie engl. man, mit rasch nachfolgendem e (Schleifen „e“ also wie caᵉlum = caelum). Nach Lindsay (short hist. gramm. 13) ist ae zur Zeit des Augustus einem einfachen ä gleichgekommen, wie dies in der nachaugusteischen Zeit anzunehmen ist.
7. au, wie im Hochdeutschen au (Haus, Maus). Daß es wie av, z. B. statt aurum-avrum, gesprochen worden sein soll, ist nicht zu beweisen.
8. oe, wie hochdeutsch ö, in: Götter, jedoch mit rasch folgendem e, jünger ē.
9. ui, Lautwert u + i, nur in dem Ausruf hui! In huic und cui ist es einsilbig.
10. eu, Lautwert e + u in dem Aufsruf heu! In ceu, „wie“ (Adverb und Konj.), neu (= nēve) und seu (sīve) ist eu auf eine spätere Zusammenziehung von e + u zurückzuführen, wie dies insbesondere von neuter behauptet wird, das, aus nē und ŭter entstanden, auch në-ŭter zu sprechen sei. (Vgl. Niedermann, Hist. Lautlehre des Lateinischen, Heidelberg 1911, S. 32). Also nicht neutrum, sondern nëutrum.

y (nebst z) der griech. Worte wegen aus dem Griechischen herübergenommen (Mar. Victorin. K VI 196, 3) u. zwar zur Zeit Ciceros, (orat. 48, 160, CIL I. 393). Dieser überaus liebliche Laut (Quintil. XII 10, 17) wurde für u und i gebraucht.

Anmerkung.

1. Es hat den Anschein, als sei auch ein Mittellaut ü (vor p, b, f) vorhanden gewesen, da Quintilian von einem solchen spricht, der die Mitte zwischen u und i (französisch u!) halte, (Quint. inst. orat. I 4, 8) und daß u die archaische und i die klassische Schreibweise für diesen Zwitterlaut gewesen sei (loc. cit. I 7, 21), daher dissupo und dissipo, aurufex und aurifex. Dies u und i hat schließlich den Laut verdrängt, so daß er aus der Gruppe der Selbstlaute ausscheidet.

2. Zur Bezeichnung der Länge hatte man zeitweilig verschiedene Mittel. So die Doppelschreibung der Selbstlaute, wie paastores CIL I 551 um 130 v. Chr., Maarcus CIL I 1006 seedes CIL I. 1166 um 200 ?, Muucius CIL I. 199, um 132 v. Chr. (Die Verdoppelung der Vokale aa, ee, uu zur Bezeichnung ihrer Länge und die Schreibung ei für ī führte L. Accius = Attius 170—86 v. Chr. ein.)

Die Hochschreibung des i, seit Sulla (136—78) wie: FelIcI, CIL I. 548; stlItibus = lītibus CIL VI. 37161.

Im Altlatein schrieb man ei für ī, wie exdeicendum (CIL I. 196), ibei (loc. cit.), seic. Man sprach aber ei wie ī (S. 27).

Endlich der Apex zur Bezeichnung der langen Selbstlaute in der Zeit der goldenen Latinität. Die älteste Form war ⊐, ⊐, ⊐, die gewöhnlichste ´, wie perdúxit CIL XII. 2346, dIléctus CIL VI. 6319, pástóris CIL X. 827. Selten hatte er die Gestalt ´, ausnahmsweise ∞. In der Bücherschrift späterer Zeit hatte der Apex die Gestalt eines wagerechten Striches ‾ über dem langen Selbstlaut (St. Isidor, etymologiarum lib. I. 4, 18, S. 8), der zwar in Inschriften zur Unterscheidung der Ziffern, nicht angewandt wurde, hat sich aber in gewissem Sinne bis in unsere Zeit behauptet.

Wäre die akzentuierende Schreibung streng beibehalten worden, so wäre der richtigen Aussprache des Lateins ein großer Dienst geleistet worden, allein sie scheiterte an der Tatsache, daß man unter dem Einflusse des Akzentes seit dem dritten Jahrhundert das Bewußtsein von der Länge und Kürze der Selbstlaute in der Volkssprache verlor.

b) Mitlaute wurden im Altertum mit Stützvokalen (z. B. e, a, i) verbunden ausgesprochen.

1. Die Halbvokale (sēmivōcālēs), die flüssigen Laute (liquidae) l, m, n, r, außerdem der Zischlaut s.

l wird

schwach in der Verdoppelung (ille, Metellus), mittelstark im Anlaut (lēctus līctor), stark im In- und Auslaut (silva, sōl) gesprochen, (Priscian I. 38). Verstöße gegen die richtige Aussprache heißen Labdacismen (= Lambdacismen). Häufige Verwechslung mit d lacrima: dacrima; n luscitio: nuscitio; r λείριον līlium.

m klingt

im Auslaut der Wörter undeutlich (templum), im Anlaut deutlich (māgnus), im Inlaut halbwegs deutlich (umbra).“ (Prīscian II. p. 29, 15 K.) Wir verstehen daher, daß auslautendes m in altlateinischen Schriften (z. B. Grabinschrift des L. Cornel. L. f. Scīpio, Konsul 259) oft ausgelassen ist, wie oino = oinom = unum, aide = aedem, und daß in der Dichtung Elision eintritt, wenn das folgende Wort mit einem Selbstlaut oder h beginnt, „est“ ausgenommen.

n

hat einen dreifachen Laut. „Scharf und fest im An- und Auslaut (nōmen, stāmen, Gewebe, Faden), matt und dumpf im Inlaut, wie in Amnis, damnum.“ (Prīscian I, 39 H). Aus dem häufigen Ausfall vor h, j, v, s zu schließen, muß es einen matten, dumpfen Ton haben.

n in Verbindung mit gn wird vor Selbstlauten wie ngw gesprochen: lingwa: lingua, angwis: anguis usw.

r („littera canīna“ Persius I. 109)

wird durch das Erzittern der Zungenspitze oder des weichen Gaumens erzeugt und hat denselben Laut wie im Deutschen. Appius Claudius Caecus, Censor 312, soll ihn erfunden haben. (Digesten I. 2, 2, 36). Ursprünglich war er ohne Hauch. Deshalb schrieb Ennius nur Burrus, statt Pyrrhus (Cic. orat. 48, 160). Später erhielt r in griech. Wörtern ein h, z. B. rhētor.

s hat eine dreifache Aussprache; denn es ist:

scharf im Anlaut und ebenso vor und nach Mitlauten im Inlaut, nur nicht nach n (sc. ns!), wie in den romanischen Sprachen, z. B. spargere, stāre,

weich im Inlaut zwischen zwei Selbstlauten und nach n. Zwischen zwei Selbstlauten ward s häufig stimmhaft, um dann in r überzugehen (Rhotazismus!) vgl. aes, aeris; iūs, iūris, mōs, mōris; ŏpus, ŏpĕris usw. (Vgl. Varro de lingua Latina VII. 26, Quintil. inst. orat. I. 4, 13, Paul. Diācŏnus p. 359, 1. T. Später eingeführte Lehnwörter, wie cīsium (leichter zweiräderiger Wagen), gaesum (schwerer eiserner Wurfspieß, gallisch), băsis, nausea, pausa, die griech. Ursprungs sind, wie auch ăsĭnus, das durch Vermittelung thrakischer Stämme aus Kleinasien gekommen zu sein scheint, sind dem Rhotazismus entgangen,

matt und dumpf im Auslaut, so daß es das alte Latein häufig vor Mitlauten ausließ, wie Ancu(s) reliquit (Ennius), Aeserninu(s) fuit (Lucilius) und es vor Selbstlauten zu dem folgenden, wie im Französischen, herüber zog z. B. optimu-s omnium, franz. mauvai-sesprit (vgl. Cic. orat 48, 161).

NB. 1. Das Schwinden des auslautenden s, m, t hat die Verstümmelung und teilweise Zerstörung der lat. Konjugation und Deklination zur Folge gehabt.

2. **su** vor Selbstlauten lautet wie **sw**, z. B. swādeo: suādeo; swāvis: suāvis; mānswēscō: mānsuēscō, mānswētus: mānsuētus; cōnswētudo: cōnsuētūdo. (Vgl. Ovid. met. I. 391 Hor. ep. I. 6, 38.) Jedoch suus, sues, cēnsu-it.

3. **s** wird vor p und t stets getrennt gesprochen. s-pīrĭtŭs, s-tătŭă.

Zu den Halbvokalen zählen auch die Übergangslaute j und v, ohne indes zu den liquidae zu zählen.

j, das i cōnsonāns (Quintil. I. 4, 11), aber stets wie i geschrieben, wird im Anlaut einfacher Wörter und im Anlaut des zweiten Gliedes der zusammengesetzten (Kompŏsita) wie im Deutschen ausgesprochen, gilt mit dem folgenden Selbstlaut als eine einzige Silbe (Jūnō, Jūppiter) und bewirkt Position.

Im Inlaut ist es voller und wird verdoppelt gesprochen, wenn es zwischen zwei Selbstlauten steht und mit dem folgenden die zweite Silbe beginnt z. B. ēius = ējjus; pēius, pējjus, (vgl. Probus I. 43 L).

In der Wort- und Formbildung geht er zuweilen in den Selbstlaut i über, (wie bei Gāius, Gāi; iam, ĕtiam) bei den Dichtern hingegen aus Versbedürfnis i in j (wie pariete, parjete usw.).

v, u-cōnsonāns = littera Aeolica sc. Ϝ (Quintil I. 7, 26), ein Lippenlaut. Die Aussprache ist wie das deutsche „w", das Griech. Digamma Ϝ vgl. ἦρ = vēr, ἴς = vīs, iŭvo. Zwischen zwei Selbstlauten im Innern des Wortes hat es einen weichern breiten, vokalähnlichen Klang, wie das engl. w (double w). Es bleibt jedoch in stetem Wechsel mit dem Selbstlaut u, wie silvae oder siluae. (Horaz epod. 13, 2, gĕnva = gĕnua; solvo, sŏlūtŭm; nāuem, nāvem). Es ist verwandt mit b, z. B. arbilla = arvilla Körperfett, vgl. Arweit und Arbeit. Niemals jedoch darf es wie f gesprochen werden z. B. fultus, statt vultus, ăfe: ăve. Kaiser Claudius wollte das umgekehrte Ϝ für v. einführen. Daher Schreibungen: ⅃IR = vir CIL X. 5686. Miner⅃a CIL VI. 204. Vgl. den Merowinger Chilperich † 584, der drei griech. Buchst. in d. lat. Alphabet einzuführen befahl. (Norden, D. Kultur d. Gegenwart I. 401.)

2. Die stummen Mitlaute (litterae mūtae).

Die Lippenlaute b, p, f (v).

b Aussprache wie die eines deutschen b.

Es fällt lautlich zuweilen mit v, p, f u. du zusammen, z. B. iuvente = (iubente) (CIL XI. 137), vene mĕriti (CIL VI. 12210). Ferner subra = supra, urps = urbs, sibilus = sifilus, bis = duis, bellum = duellum, duenos = bonus (in d. Duenos-Inschrift). Um der Verwirrung in der Rechtschreibung beim Abschreiben der Handschriften zu steuern, verfaßte Cassiodor (468—562) ein Handbuch unter dem Titel „de b muta et v vocali". (Vgl. franz. avoir, ital. avere = habere; prouver, provare = probare.)

p Aussprache wie im Deutschen.

Dieser tonlose, harte Verschlußlaut entstand aus k (lupus λύκος) über die Mittelstufe qu (cŏquīna = pŏpīna) und b (ab ἀπό).

Er gleicht sich p, t, s an, wie apsolvere, absolvere, supstituta = substituta usw. Das Ohr vernimmt in diesen Fällen mehr p, als b. (Quint. I. 7, 7, Aspiration) ph Seite 44, 45 In Verbindung mit s wird s und p stets getrennt gesprochen (spīrĭtŭs).

f Aussprache wie im Deutschen. Es hat in der Kapitalschrift die Form des äolischen Digamma Ϝ.

Im Inlaut findet es sich nur in Rückbildungen, (wie: fĕfĕllī, dēfĕrō, dēfĭcio) und mundartlichen Lehnwörtern, (wie: rūfus, scrōfa, văfer). Die Gebildeten sprachen sonst im Inlaut b, das Volk f, wie in sībĭlare. (Nōnius p. 531, 2 M.) Es wechselte des öfteren mit h (hăba = făba, hīlum = fīlum in nĭhĭl = nĕ-hīlom nicht eine Faser = Faden, nichts) und wurde ebenso gern verwandt, wenn der Anhauch hinzukam, ward aber, wie ph, stets wie f gesprochen.

Die sog. Kehl- bezugsweise Gaumenlaute: k, c, q, g, h (ch).

a) Allgemeines.

Die Verwandtschaft der Hauptwörter dieser Gruppe ist wohl eine größere und einheitlichere als dies bei andern der Fall ist, wenigstens war es so in den besten Zeiten der latein. Sprache bis in die röm. Kaiserzeit hinein; denn wenn auch eine Lautschattierung unter den einzelnen obwaltete, so war doch der Haupt- und Grundton bei allen ein k-Laut, so daß auch c vor e, i (y, ae, oe, eu) damals ein k-Verschlußlaut gewesen sein muß. Für diese Tatsache treten ein:

α) lat. Sprachlehrer, so sagt:

1. Marius Victorinus um 350 nach Chr.: „Es mache nichts aus, ob im Worte ein c, g oder k-Laut vorangehe, da ein jeder von ihnen in der Kehle gebildet werde.“ (Mar. Vict. K VI. 3320 n.) außerdem: „c und g, die sich lautlich sehr nahe stehen, unterscheiden sich nur durch den Grad des aufgewandten Druckes und der Spannung.“ (Mar. Vict. K VII. 3320.)
2. Terentianus Maurus, aus Afrika 3. Jahrh. n. Chr.: „Der Buchstabe c ist entbehrlich, und ebenso g, denn beide haben dieselbe Bedeutung, wie k.“ (Terent. Maur. K VI. 34, 1.)
3. Diomedes, 4. Jahrh. n. Chr.: „g ist ein neuer Mitlaut, an dessen Stelle c gesetzt zu werden pflegt, wie wir gegenwärtig, wenn wir Gajus Caesar meinen, C. C. schreiben.“ (Diomed. K I. 423, 20ss. vgl. cum: quum, sĕquor: secuor).
4. Vĕlius Longus (unter Hadrian 117—138) hält: „qu als eine Zusammensetzung von c und u.“ (Vel. Long. p. 2218. Ähnlich so Ter. Maur. p. 2399, Diomedes p. 420.)

Somit wissen diese lateinischen Sprachlehrer des 2., 3. und 4. Jahrhunderts noch nichts von der Verschiedenheit der Aussprache irgendeines Vertreters dieser k-Gruppe vor gewissen Lauten, z. B. des c-Lautes vor e, i, y, ae, oe, eu. Da sie aber eine Lautschattierung, schon der verschiedenen Schreibweise des k-Lautes wegen, angenommen haben müssen, kann man kaum fehl gehen mit Niedermann (Historische Lautlehre des Lateinischen, 9), zu sagen, „daß die Bildungsstelle des Kehl-Verschlußlautes nicht fest war. Die Zunge berührte den Gaumen,“ gestützt auf obige Angaben u. die des Terent. Maurus (K VI. 331, 194 bis 203), „weiter vorn oder weiter hinten, je nach der Klangfarbe des folgenden Selbstlautes“ So wird man bis in die Zeit des 5. Jahrh. hinein nach der mehr vordern Zungenstellung bei der Aussprache eines e, i, y, ae, oe und eu, den in der späteren Zeit als z aufgefaßten k-Laut, d. i. den c-Laut, jedoch nicht wie z sondern wie ein sanftes k ausgesprochen haben. Den g-Laut hat man etwas mehr „abgestumpfter“ (loc. cit) als c, gemäß der zurückgezogenen Zungenstellung vor o und u, und endlich k vor a gesprochen. Der zuletzt angeführte Buchstabe k aber verschwand bei dem verallgemeinerten Gebrauch des c und blieb nur in einigen Abkürzungen (Siglen) wie K = Kaeso, K oder KA = capitalis, KAL = calendae, KK = castrōrum etc.

Q hingegen wurde nur in der Verbindung qu in Wörtern wie quī, quae, quod beibehalten, bei denen es sich jedoch nicht um den Halbvokal v, oder den labialen Spiranten Lippen-Hauchlaut wie im Deutschen, (z. B. Qual), sondern um einen stimmlosen Kehl-Verschlußlaut mit einem Lippen-Nachklang handelt, der viel schwächer geartet ist, als der Halb-Selbstlaut v.

Ähnlich so zu werten ist der reine stimmhafte Kehllaut g, der im übrigen keine Veränderung erfahren hat.

β) Inschriften und Handschriften aus den ältesten Zeiten der römischen Republik bis in das 6. Jahrhundert n. Chr. zeigen durch die Vertauschung des c für g, des g für c, des q für c und c für q, durch die Schreibung eines k = c und die griechische Umschreibung lateinischer Worte mit k vor den Lauten e, i usw., daß auch c als ein Kehl-Verschlußlaut angesehen worden ist. Die Belege einzeln anzuführen, wäre zu weitläufig.

γ) Dasselbe bezeugen jene Sprachen, die lateinische Worte zeitig entlehnt haben, mögen diese nun der nächsten Nachbarschaft angehören, wie das Oskische, Faliskische, oder mögen sie Völkern eigentümlich sein, die im weiten Umkreise von Rom wohnten, wie das Kymrische

(Bretonische), die germanischen Sprachen des Gotischen und Deutschen, oder mögen es selbst Anleihen sein, welche das Lateinische beim Griechischen, und umgekehrt das Griechische beim Lateinischen gemacht hat, sie alle zeigen, daß damals auch c vor ei usw. ein Kehl-Verschlußlaut gewesen, d. h., wie k gesprochen worden ist. So gehören z. B. die Worte: Kaiser, Kerker, Kerbel, Kichererbse, mager, Kirsche, Keller, Kellner, Kiste, Kelch, Becher, Pech der Zeit der römischen Ansiedlung an der Mosel und am Rhein an, da beispielsweise die letzten sechs Lehnworte mit dem einsetzenden Weinbau in Deutschland zusammenhängen. Hingegen sind die Worte: Zins, Zither, Zirkel, Zelle, (cella hat denselben Stamm wie cellarium = Keller), Anleihen, die erst nach der Umlautung des c zu z gemacht worden sind.

Einzige Ausnahme macht das Umbrische; denn dieses hatte vor e und i einen Zischlaut, der aus einem ursprünglichen k hervorgegangen war; dieser wurde durch š ausgedrückt und deckte sich in der Aussprache ungefähr mit der franz. cedille, dem Häkchen unter ç, wenn es vor a, o, u wie ss lauten soll.

b) Besonderes.

k

gehört nach Priscian (I. 16 H) zu dem ältesten lateinischen Alphabet, wie es sich auch auf den ältesten Sprachdenkmälern vorfindet, (so auf der 1899 gefundenen Foruminschrift aus der Zeit um 600 vor Chr. in sakros = sacer und der pränestinischen Heftnadel aus derselben Zeit, in Manios med fhefhaked Numasioi = Manius me fecit Numerio. Allein es kam um die Zeit der Dezemvire 451 vor Chr. in der Schrift außer Anwendung, weil die Aussprache von k und c sich im Laufe der Zeit so einander ähnlich geworden war, daß sie sich nicht mehr scharf voneinander schieden, d. h. c wurde wie k gesprochen, und nahm vorwiegend dessen Stelle ein. K blieb nur noch in einigen Abkürzungen (S. 43), behauptet sich jedoch lautlich noch vor a, o, u.

c, die littera trīstis, statt condemno auf den Stimmtäfelchen der Richter. (Cic. pro Milone 6, 15.)

Sein Lautumfang ist ungewöhnlich groß und umfaßt, nach der obigen Darlegung, c, g, k sowie den stellvertretenden Anhauch ch, bis zu dessen Einführung zur Zeit Ciceros, und geht in Accius = Attius selbst mit t eine Verbindung ein, (jedoch nie mit z), so daß er zum wechselreichsten Buchstaben des ganzen Alphabets wurde. Dazu kommt noch die Verbindung mit h in ch und die Aussprache des c mit einem Zischlaut vor e, i, y, ae, oe, eu (= Assibilation) daher zuerst:

h

hatte, der dorisch-kumanischen Schriftreihe entnommen, ursprünglich den Lautwert eines deutschen ch (in Bach, Fach, Loch, Buch). Die Aspiration indes hat es schon zeitig eingebüßt und war zu einem bloßen Hauchzeichen geworden (Quintil. I. 4, 9). Da es sehr schwach im Anlaut war und fast unhörbar im Inlaut, verlor sich dieser Hauch in der einen oder andern Stellung frühzeitig ganz, so daß er im Anlaut teilweise nicht geschrieben ward (īrcus = hīrcus) oder als vokalisch angesehen wurde und im Inlaut weder den Rhotazismus des s (in dĭshĭbeo = dĭrĭbeo, ich sondere) noch die Zusammenziehung (nĕ-hĕmo = nēmo) verhindern konnte wie ja auch die Schreibung, z. B. in ăhēnus nur den Hiatus anzeigt. Jedoch ist das Sprachbewußtsein des ursprünglichen Kehl-Verschlußlautes nicht gänzlich geschwunden, denn es verwandelt sich h vor s zu x (trăhō, trāxī aus trahsī), und vor t zu c (trăho-trăhitum-trăhtum = trăctum. Als Hauchzeichen bzw. als Anhauch = Aspiration, ist h nachmals endgültig zu: c, p, r, t um das Jahr 103 v. Chr. gekommen, während die ältesten Schreibungen bis in das Jahr 145 zurückgreifen.

ch = **c** + **h** (ein *γράμμα δασύ* mit dem Hauchzeichen versehen = Aspiration).

Denn es ist kein Ineinander, sondern vielmehr ein Neben- und Nacheinander, da die Römer, wie die Westgriechen, welche die (nichtphönikischen) Buchstaben *φχ* nicht besaßen, einfachhin das Hauchzeichen h zu den hauchlosen (tĕnues) hinzufügten, um beispielsweise ihrem Namen nach dem damaligen Geschmacke der Zeit ein griechisches Gepräge zu geben, wie es Sempronius Graccus tat, welcher, um Graccus mit Bachus reimen zu können, kurzerhand Gracchus schrieb. Das war nun freilich eine Gleichheit, aber nur für das Auge; „der Lateiner nämlich aspirierte anders als der Grieche", (Quintil. I. 4, 14), denn Q. Terentius Scaurus, (ein Zeitgenosse des Suētōnius 70—140 n. Chr.) sagt bezüglich des Wortes pulchrum: „Wenngleich es auch Brauch ist pulcrum mit dem Anhauch zu versehen

(Cic. orat. 48, 160), so empfiehlt es sich gleichwohl, dies in Wort und Schrift nur leichthin zu tun, damit nicht eine mittelstarke Aspiration Platz greife, die dem Wesen der lateinischen Sprache durchaus fremd ist, mag auch Santra der Ansicht sein, daß das Wort von den Griechen herübergekommen, so viel wie polichrum (πολύχρους vielfarbig, bunt, schön), sei. (Terentius Scaurus K VII. 204—8. Vgl. Vĕlius Longus K VII 69, 13—17.)

Hieraus ergibt sich, daß die griechische Aspiration scharf war, während die lateinische ihrem innersten Wesen nach nicht einmal mittelstark, sondern nur leichthin sein durfte. Somit hat die lateinische Aspiration dem K-Laut seinen Klang und seine Färbung nicht genommen, sondern ihn nur begleitet, indem der Anhauch dem mit dem Einsetzen der Stimme gebildeten k-Laut (leicht) nachstürzt, so daß man nicht pulcher in der herkömmlichen Weise, sondern pulk^{h}er sprechen muß, wie man es bereits bei dem Worte chŏrus = k^{h}ŏrus tat und auch jetzt noch allgemein tut.

NB. Dasselbe gilt natürlich für alle aspirierten Laute, für: ch, ph, th, deren Lautwert genau derselbe war, wie der von den deutschen k, p, t vor Selbstlauten. Man muß also auch sprechen: lўmp^{h}a, t^{h}eātrum usw.

Die Aspiration setzte um die Zeit der Cimbernkriege (113—101) bei griechischen Lehnwörtern ein, wurde aber erst zur Zeit Ciceros (Orator 48, 160) in bezug auf lateinische Wörter durchgeführt.

Die Aussprache des c mit einem Zischlaut vor e, i, y, ae, oe, eu. Nach den vorausgehenden Darlegungen kann der so gefärbte und veränderte k-Laut nur zeitgeschichtliche Bedeutung haben und müßte, wenn man wirklich das Richtige anstrebt, unbedingt abgelehnt werden, ganz einerlei in welcher Form dieser Zisch- und Quetschlaut auftritt, zumal ja auch die Dichter niemals eine Positionslänge haben eintreten lassen.

Die Anfänge der sog. Assibilation finden sich zudem erst in einzelnen Inschriften des dritten Jahrhunderts n. Chr., während gleichzeitige Sprachlehrer noch gar nichts von dieser Neuerung wissen. So in der datierten Inschrift von Medjana in Afrika, aus der Zeit des Kaisers Alexander Severus 222 bis 235 n. Chr., in: terminac(iones) und definicionis, statt terminationes und definitionis. (Rev. arch. Paris nouv. Ser. 10, 218, womit indes noch gar nicht gesagt ist, daß diese Worte wegen ihrer Schreibweise auch gleich mit einem Zischlaut ausgesprochen wurden).

Nach und nach überwucherte dieser echte Provinzialismus die alte, richtige, bodenständige Aussprache des lat. k-Lautes — wie das Unkraut den Weizen — so daß auch Sprachlehrer wie Pompeius und Consentius im 5. Jahrhundert als die ersten auf diese Neuerung hinweisen und sie endlich der hl. Isidor † 636 (orig. I. 26, 28, 31) als zu Recht bestehend anerkennt. Die Unrichtigkeit dieser Ansicht beweist treffend die spätere Zerklüftung dieses (anfänglich) einen Zischlautes in: **z, s, tsch,** weil man — nach der Abweichung von der Wahrheit — keinen Halt mehr hatte.

Außerdem schrieb und sprach man auch noch den ursprünglichen k-Laut, wie dies Urkunden aus dem 6. und 7. Jahrhundert dartun.

qu (griech. κόππα Ϙ, hebr. Koph ק).

Daß dieser stimmlose Kehl-Verschlußlaut nicht eine Vereinigung von q + u, oder c + u ist, wie Vĕlius Longus (p. 228) meint, oder gar eine Konsonantengruppe verkörpert, beweisen zahlreiche Inschriften wie: qinta IRN 4480, qa IRN 1745, qe IRN 5275 und die Tatsache, daß niemals eine Verlängerung einer kurzen Silbe durch Dehnung eintritt.

Die Aussprache kann infolgedessen nur k mit einem u-ähnlichen, halbvokalischen aber schwachen Lippenbeiklang gewesen sein.

g, gu

Der reine stimmhafte Kehllaut g hat keine Veränderung erlitten. S. 43 Der labialisierte stimmhafte Kehllaut gu hingegen hat einen ähnlichen Lautwert wie qu, z. B. ninguit (es schneit) pinguis usw.

Nach Martianus Capella, † vor 439 (de nuptiis Philologiae et Mercurii), soll Appius Claudius Censor 310 vor Chr. den Buchstaben g erfunden haben, um die gutturale mĕdia von der tenuis k, c zu unterscheiden. Zuerst ward c etwas nach oben gebogen c, dann aber in die alte Gestalt zurückversetzt, mit einem Strich nach unten versehen ꞔ. Für die Verbreitung sorgte Spŭrius Carvĭlius Rūga in seiner 231 gegründeten ersten römischen Schreibstube.

Die Zahnlaute d und t.

d

Anlautendes d hat den festen, bestimmt ausgeprägten Laut des tönenden Zahnverschlußlautes, wenigstens soweit Selbstlaute mit in Frage kommen. Dies war aber in rein lateinischen Wörtern fast immer der Fall. In der Verbindung mit u fiel d aus und u wurde zu v oder b, z. B. duiginti = viginti; duellum = bellum. Ebenso fiel d aus vor j, das ursprünglich ein i war, aus z. B. Diovis = Jŏvis, Dianus = Jānus (Quint. I. 4, 17.) Es verwandelte sich vorübergehend im 4. Jahrh. vor i in einen Zischlaut, worauf i schwand, diabŏlus: zăbŏlus. Die einzige Mitlautverbindung d und r findet sich nur in entlehnten oder in Naturlaute bezeichnenden Worten, z. B. drāma, drēnsāre (v. d. Schwänen).

Inlautendes d hat dieselbe Aussprache wie das anlautende. Es hat häufig Angleichung vor c, f, g, n, p und Zusammenziehungen, wie acclāmō, afflīgo, aggrĕgō, Agenna: agenda (IRN 5638), applico, pellŭviae, aus pedilŭviae.

Vor qu wird d oft zu c, z. B. quicquam, geht häufig in s über, wenn noch ein Mitlaut folgt, ascendo, und kommt in Haupt- und Zeitwörtern, sofern eine Abwandlung stattfindet, ganz in Wegfall, statt peds, pēs und statt ludsi, lūsī. Assibilation wie oben, z. B. mĕdia, mĕzja = mĕdsa. (Serv. Honoratus ad Verg. Georg. II. 216.)

Beim Zusammentreffen zweier Selbstlaute wird, um den hiātus zu verhindern, ein d eingeschoben, z. B. prodesse, oder noch ein i beigegeben, wie in rĕdĭvīvus, antĭdeā (anteā).

Auslautendes d ist matt und dumpf und hat sich nach kurzem Selbstlaut im Neutrum erhalten (id, istud, ăliud, quid, quod) sowie in ad und sed, wohingegen es im Ablativ Singular der ältesten Zeiten, als d ἐφελκυστικόν = părăgōgĭcum, παραγωγή Wortverlängerung, der Buchstabenansatz) zeitig in Wegfall kam.

Nach langem Selbstlaut ist es nur in „haud“ geblieben, das des engen proklitischen Anschlusses wegen, eine Lauteinheit mit dem folgenden Worte ausmacht, so daß es hier eigentlich nicht im Auslaut steht.

t

Im Anlaut ist die Aussprache vor Selbstlauten und r, (denn das sind die beiden möglichen Fälle in rein lateinischen Worten), eine scharfe, da es sich hier den ursprünglichen bestimmten Laut des tonlosen Zahn-Verschlußlautes fest und unversehrt gewahrt hat, so in: tālis, tōtus, trăhō, trīstis (δριμύς).

Bei ursprünglich griechischen Wörtern kommt es auch vor l und m vor: Tlēptolemus, tmēsis.

Im Inlaut ist t gleichfalls fest und scharf ausgeprägt, wie dies die häufige Schreibung mit tt anzeigen, die ihrer Eigenart entsprechend, nur das einfache t beanspruchen können, wie quattuor (CIL I. 202), cottidie (CIL I. 206). (Quintil. I. 7. 6 fordert quotidie, nicht cotidie. Vor s wird t entweder in s umgewandelt, (z. B. missus aus mitsus) oder ausgestoßen, z. B. ūsus aus ūtsus, virtūs aus virtuts.

Im Auslaut ist t sehr haltlos, sowohl nach Selbst- als nach Mitlauten. Daher sein häufiger Ausfall, wie pos tempus CIL I. 1454 usw. und die abgestumpfte Form des Perfekts t. 3. Pers. Mehrzahl z. B. censuēre, die Cic. (orat. 47, 157) zwar billigt, jedoch die unverkürzte vorzieht.

Somit ergibt sich, daß t am Ende der tieftonigen Silbe des Wortes im Auslaut einen mattern und dumpfern Ton gehabt haben muß als im An- und Inlaut vor Selbstlauten. Es unterscheiden sich also d und t im Auslaut nicht sonderlich. Vgl. auch im Deutschen: Pferd, Schwert; Pfad, Saat; Kleid, Zeit.

Die Aspiration th, siehe 44, 45.

Die Assibilatio der Zahnlaute d und t vor i mit folgendem Selbstlaut. Die enge Verwandtschaft beider Laute hatte auch die gleiche Behandlung vor i mit nachfolgendem Selbstlaut, in der sog. Assibilation, zur Folge, von der sich allerdings d wieder frei gemacht hat und die für t gradezu vorbildlich geworden ist.

Der Vorgang selbst tritt erst im vierten Jahrhundert auf; denn die vereinzelten Inschriften wie Crescentsian(us), Gruter p. 127, VII. 1 (140 n. Chr.) und Aziabenico = Adiabenico CIL VIII. 20262, (Inschrift zu Ehren des Septimius Severus 193—211, des Besiegers der Assyrer, Zâb-Fluß), sind nicht derart, daß man damals schon auf den allgemeinen Brauch schließen könnte.

Der erste, welcher ihn tadelnd erwähnt, ist M. Servius gegen Ende des vierten Jahrhunderts, indem er den Zischlaut bei ti oder di mit folgendem Selbstlaut im Inlaut einen Aussprachefehler des i (= Jotazismus) nennt. (Servius in Donatum K IV. 445, 8—10.)

Der nächste Sprachlehrer Păpīrius, der den Lautwandel bespricht, tut dies nur in rein anführender Weise, wenn er sagt, die dritte Silbe in iūstĭtia werde gesprochen, als würde sie mit tzi geschrieben. (Păpīrius bei Cassiodor X VII. 216, 813.)

Die späteren Schriftsteller wie Pompeius, (zweite Hälfte des 5. Jahrh.), Cōnsentius (5. Jahrh.), Prīscian (6. Jahrh.), Mārius Victorīnus, Vĕlius Longus, Anonymus, St. Isidor, erklären entweder die ursprüngliche Form für fehlerhaft, oder fordern den Zischlaut in ihrer Weise unter Angabe von Ausnahmen; denn der neue Laut soll nach di oder ti mit folgendem Selbstlaut bestehen aus:

1. einem einfachen Zischlaut, ohne nähere Bestimmung. (Pompeius K V. 286, 7 ss. V. 104, 6.)
2. **d** + **s** Măr. Victorinus (K VII. 6, 6—7, oder **s** + **d** idem K VI. 196 3 ss.)
3. **z**, It. Isidōr, (orig. I. 26, 28, X. 9, 4, jedoch z ist kein Doppellaut; Vĕlius Longus K VII. 50, 42—49).

   NB. Vielleicht ein hebr. ז säin, oder z mit franz. Aussprache.
4. **di** Audacis exc. (K VII. 326, s.)

Hierzu kommt, daß der Zischlaut eintreten soll:

1. zwischen **t** und **i**, also:
   tzi, Papīrius loc. cit.
   dsi, Marius Victorinus loc. cit.
2. vor **di**, Măr. Vict. (K VI. 196, 3 ss.)
3. bei **i**, welches hierauf schwindet. (Pompeius K V. 104, 6, Consentius K V. 395, 3 ss.)
4. bei **t** oder **d** und **i** wird beibehalten. (Isidor loc. cit, Audax loc. cit.)
5. bei e ohne i, z. B. Mezentius, statt Medentius. (Prīscian p. 561 = I. p. 23 bis 24, z. H.)

Zu beachten ist, daß der Zischlaut anfänglich nur im Inlaut zur Geltung kam, worauf nach Durchbrechung der klassischen Sprechweise auch der Anlaut in Mitleidenschaft gezogen wurde, wie dies Inschriften aller Art beweisen, wie oze (hodie) CIL VIII. 8424, Terensus (Terentius) CIL VIII. 9927, zebus (diebus) Muratori 15711, zi (es) dies Rossi 400, z (zes, dses = diēs) CIL V. 1667 usw.

Ausnahmen von der Umwandlung in den Zischlaut sind:

1. Eigennamen ausländischer Herkunft, z. B. Mēdia, Miltĭădēs. (Vgl. Servius in Verg. Georg. II. 216. Papīrius bei Cassiodor. K VII. 216, 813.)

   Inschriften indes beweisen, daß man auch dies nicht beachtet; denn man schrieb: Zegenes (Diŏgĕnēs) CIL VI. 2638, Zonysius (Dionȳsius) CIL VI. 2464 usw.; wie auch lateinschreibende Griechen selbst optimus assibilierten, indem sie in irriger Weise hinter t ein z erklingen ließen. (Consentius K V. 395, 5.)
2. Wörter, in welchen der Silbe ti unmittelbar ein s-Laut vorausgeht, mag dies nun s oder x sein, wie căstius, ōstium, mīxtio. (Pompēius K V. 286. Păpīrius loc. cit.)
3. Wörter auf ti, denen noch ein weiteres t vorangeht, wie Attius, Vattius, Bruttius. (Măr. Victorīnus p. 2457.)

Folgerung.

Es herrscht nach dieser Darlegung keine Einheit der Sprachkundigen vor, so daß man allgemeinhin sagen kann, das Ganze ist ein Suchen nach etwas, das, wenn es gefunden zu sein scheint, die bisherige Ansicht aufhebt, um dann selbst von der nachfolgenden ersetzt zu werden. So ergeht es der ersten wie der letzten Lehrmeinung, da diese von den einsetzenden romanischen Sprachen abgelöst wurde, welche aber eben dadurch nicht den Anspruch des Ursprünglichen für sich erheben können, wenngleich sie ja auch die Weiterentwicklung der lateinischen Sprache darstellen.

Es empfiehlt sich daher die Rückkehr zu dem bewährten Alten der klassischen Vorzeit, welches mit seiner ständigen Unwandelbarkeit des tĭ mit nachfolgendem Selbstlaut in getrennter Aussprache der einzelnen Laute, ohne Zischlaut, (also nicht bloß bei tī wie in totīus), durchaus vorzuziehen ist, zumal dĭ mit nachfolgendem Selbstlaut bereits diesen Weg (Seite 46) gegangen ist.

NB. Es hat indes den Anschein, als hätte das Etrurische wie auch das Marsische und Oskische die Assibilierung des tĭ mit nachfolgendem Selbstlaut gekannt; denn M rtius z. B., heißt etrurisch Marsus und Martiis abl. plur., ist auf der in dem ausgetrockneten Fuziner See bei Celāno in den Abruzzen gefundenen, bustrophedōnisch (βουστροφηδόν Adv. von links nach rechts und sich wieder zurück wendend, wie der Ochs beim Pflügen!) beschriebenen Bronze mit Martses, („in legionibus Martses“), wiedergegeben. Im Oskischen endlich finden sich auf der

Tafel von Bantia die Worte: Bansa für Bantia und zicolo für diēcula, (eine Verkleinerungsform von dies, kleine Tagesfrist).

Die Mischlaute x und z.

x

ist ein Doppellaut, denn vor seiner Erfindung schrieb man g und s, oder c und s (Diomēdēs K I. 422, 30f.) sowie auch ks, gs, hs. Seit dem Jahre 186, (senatusconsult. de Bacchan.) bis in die Zeit des Augustus schrieb man des öfteren, wenn auch nicht immer, x + s, wie exstrad (extrā), dīxserit, wodurch x nach und nach zu s oder ss erweicht wurde und nur der Zischlaut s übrig blieb, wie in sēscenti (sexcenti). (Vgl. ital. massimo = māximus.) Die Aussprache ist wie im Deutschen.

z

ein Doppellaut, da es mit y dem Griechischen entlehnt wurde, (Cic. or. 48, 160), um die griechischen nōmina schreiben zu können. (Chărīsius 360 nach Chr. p. 8, 20 K.) Der Buchstabe war zwar im ältesten lateinischen Alphabet vorhanden, so im carmen saliare „cozevlodoizeso" wie Varro (LL VII. 26) u. Velius Longus (K VII. 51, 5) berichten und eine Inschrift (Cozano CIL. I. 14) es beweist, allein im Zeitalter der ersten punischen Kriege 264—202 ging es verloren, indem es, wie Vĕlius (Longus VII. 51, 5) meint, vom Cēnsor Appius Claudius (312 v. Chr.) aus dem Alphabet gestrichen wurde. Den Grund hierfür gibt Mārtiānus Căpĕlla (III. 261) an, wenn er sagt: „Appius Claudius hatte deswegen eine Abneigung gegen z, weil bei seiner Bildung die Zähne an einen Totenkopf erinnern." (Vgl. Anonymus K Spl. 308.)

Als Ersatz wurde:

s im Anlaut mit dem Lautwert von ß = sz gebraucht z. B. zaguntum *Ζάκυνθος*.

ss im Inlaut geschrieben z. B. māssa (*μᾶζα*, Masse, Teig, Matze!); die Aussprache des z war scharf.

2. Kapitel.

B. Die Betonung.

Vorbemerkung.

1. Der Satz: „Der Ton macht die Musik", kann auch auf die Sprache übertragen werden; denn er macht die Sprache insofern aus, als der richtige Tonfall in den Wort- und Satzgebilden den Sprachkundigen das leichte Verständnis des Gesprochenen und das Bewußtsein übermittelt, daß der Redende auch in der Gesamtheit seiner Darlegungen das sprachlich Richtige treffen werde. Geschieht dies nicht, dann wird auch der Wert der einzelnen Silben umgestoßen und ein Latein erzeugt, daß sich in dem bekannten Satze eines Unverbesserlichen „Nŏn cūrămŭs quăntĭtātĕm sўllăbārŭm (statt: Nōn cūrāmŭs quāntĭtātĕm sўllăbārŭm) in seiner ganzen Lächerlichkeit zeigt, um selbst von dem Nichtverstandenwerden zu schweigen. Der Ton macht somit auch die Sprache!

2. Man unterscheidet aber einen zweifachen Ton oder Akzent, den musikalischen und den exspiratorischen.

Der musikalische Akzent ist dann vorhanden, wenn eine Silbe durch mehr oder weniger deutliches Heben der Stimme vor andern hervorgehoben wird, so daß ein Übergang zu einer höhern musikalischen Note gegeben ist, wie im Griechischen. (Vgl. das singende Sprechen!)

Der exspiratorische oder Intensitätsakzent, der auch Akzent oder Ton einfachhin genannt wird, ist dann vorhanden, wenn die Hervorhebung der Silbe durch Verstärkung der Stimme erfolgt, so daß „diejenige Silbe im ganzen Worte am stärksten klingt, welche den Akzent trägt". (Pompeius V. p. 126, 27 K.)

Im ältesten Latein sind beide Akzente vertreten gewesen. In der späteren Zeit jedoch herrschte infolge des indogermanischen Einschlages des Oskischen, Umbrischen und Gallischen nur noch der exspiratorische vor, wenngleich auch die Franzosen selbst jetzt noch an dem Vorhandensein beider festhalten. Dieser (letzten) Ansicht jedoch treten Cicero, (orator 18, 56—59, de oratore III. 57, 216) und Quintilian (inst. I. 5, 22, XII. 10, 33) entgegen.

a) Die Betonung in der ungebundenen, freien Rede.

1. Die Anfangsbetonung oder das ältere Betonungsgesetz. Im vorliterarischen Latein ruhte der Ton auf der Anfangssilbe eines jeden Wortes, eine Eigentümlichkeit, die auf den Einfluß des Etruskischen zurückzuführen ist — man denke nur an die Siedlung der tuskischen (= etrurischen) Rūma, eines Patriziergeschlechtes, das Rom den Namen gab. (Vgl. Fr. Stolz, Göschen, Gesch. d. lat. Spr. 28.) Dies wird bewiesen aus dem Wandel von Wortbestandteilen infolge Schwächung oder Schwund nachtoniger Silben u. aus dem Nebenton der Anfangssilben im ältesten lateinischen Versmaß, dem Saturnius. (Vgl. die Doppelformen: nihil nīl, vehemēns vēmēns, fericulum ferculum; die Grabinschrift der beiden Szipionen mit Haupt- und Nebenton: Cornēlius und témpestátebus CIL I. 32.) Ebenso viersilbige Wörter mit drei anlautenden Kürzen, wie fácilius, cápitibus, réficerent, die sich in ihrer Anfangsbetonung bis auf Plautus und Terentius, ja bis auf Cicero gehalten haben.

2. Das Dreisilbengesetz, die jüngere Betonungsweise. Hierzu sagt Cicero: „Die Natur selbst (sc. nach stoischer Ansicht!) hat, wie um die Rede des Menschen wohltuend zu gestalten, in jedes Wort einen scharfen Ton (Akzent) gelegt, und zwar nicht mehr als einen und nicht über die drittletzte Silbe hinaus.“ (Cic. orat. 18, 58.) Hierin stimmt die lateinische Sprache mit der griechischen überein. Durchaus abweichend von dieser ist jedoch die überlieferte Hervorhebung der zweitletzten Silbe, der paenultima, welche für die lateinische Betonung eine geradezu entscheidende Stellung einnimmt, denn diese hat, (wie früher dargetan, Seite 20), allemal den Ton, wenn sie naturā oder durch Dehnung lang ist. Die Dehnung einer kurzen Silbe tritt in der Dichtung auch dann noch ein, wenn eine kurze Wortsilbe mit einem Mitlaut schließt und das folgende Wort mit einem Konsonanten beginnt, wobei Silben mit mūta cum lĭquĭdā, je nach Belieben als Längen oder Kürzen betrachtet werden können, wie „Et primo similis vŏlŭcri, mox vera vŏlŭcris,“ (Ovid. Metam. 13, 607). Ist jedoch die vorletzte Silbe in keiner Weise als Länge zu betrachten, dann geht der Ton in drei- und mehrsilbigen Wörtern auf die drittletzte Silbe zurück.

Die Endsilbe scheidet (bei mehrsilbigen Wörtern) im Lateinischen für die Betonung ganz aus, es sei denn, daß es sich um solche Worte handelt, deren Endsilbe (vorzüglich e) in Wegfall gekommen ist. (Priscian IV. 22 H. Quintil. I. 5, 29—31.)

Derartige Wörter sind die (apokopierten) durch Abfall des Auslautes verkürzten sekundären Endsilben, wie die:

a) deiktischen Pronominalformen auf -cĕ, bei denen e ausgefallen ist: illíc, illínc, illúc, illăc, istīc, istīnc, istúc, istắc, antehắc, posthắc. (Prisc. VII. 19, XII. 17 Pomp. V. p. 248. Servius ad Aen. 3, 3.)

b) Nominal und Verbalformen mit enklitisch angefügtem -ne, unter Ausscheidung des ĕ:

credṓn, certḗn, dixín, bonắn, illān usw. (Servius ad Aen. XII. 503.)

Imperative von dūcĕre und dīcĕre, sowie deren Kompŏsita:

dīc(e), dūc(e), prōdúc, addúc, addīc. (Servius ad Aen. III. 3.)

c) Nominativformen auf ās, für -ātis, īs, zur Bezeichnung der Herkunft (Ort, Familie):

Arpinás, Capenás, Laenás, Maecenás. (Prisc. partit. p. 511 H.)

nostrás, vestrás, cuiás, primās. (Pompeius K V. 205, 7—10 spricht hier dagegen.)

Samnīs, Quirīs neben Quirītis.

d) Adjektive von Personen-, Städte- und Völkernamen:

Campắns (Campānus), Herculắns, Agellīns (I. N. 5503), Jūstīns (CIRh. 2026).

Partizip. Perf. Passiv auf -ātus, ētus:

damnās (damnātus), sanás, mānsués, locuplḗs (locupletus).

e) Einige Perfekte auf -vi, nach Ausfall der ganzen Silbe:

laudắt (laudavit), cupít, audít. (Prisc. XII. 17, IV. 22 H., CIL VI. 1391, 2048.)

Anmerkung.

1. Von der Darlegung der Unterscheidung des Akzentes in Zirkumflex, Grăvis und Akut, für welche Auffassung Anhaltspunkte bei den Sprachlehrern zu finden sind (vgl. Priscian de acc. 6 und 7, Servius ad Aen I. 192, -k, Diomedes 2, 429, auch Cicero de oratore 3, 216), sei hier Abstand genommen, da es für uns ein

Ding der Unmöglichkeit ist, diese feinen Schattierungen bei der lateinischen Sprache, welche sich uns nicht mehr als lebendes Gebilde darstellt, allseits richtig zur Anwendung zu bringen. Auch würde man so Gefahr laufen, die Zahl der Aussprachefehler, die schon auf Grund des einen Akzentes lĕgiō ist, — da viele betonte Silben nach und nach eine unrichtige Wertung erfahren haben —, um zwei weitere Lĕgiōnen zu vermehren!

2. Da die zweitletzte Silbe für die Aussprache so wichtig ist, achte man schon gleich bei der Erlernung der einzelnen Worte auf sie und zwar in allen Wandlungen des Wortes.

3. Bei Anlehnung (Enclisis) von Partikeln, wie: -quĕ, -vĕ, -nĕ wird die letzte Silbe des Grundwortes unter Beibehaltung des jeweiligen Silbenwertes betont, z. B. omnḗsque, alterắve, omniắne usw. Bei selbständigen Worten mit der Endung -quĕ tritt das Dreisilbengesetz ein, z. B. plērū́sque, plērắque, plērū́mque.

Bei daktylischem Wortausgang ist die Betonung der drittletzten Silbe gestattet, ja sogar beliebt. plērăque, ármăque.

4. Ausrufe (Interjektionen) sind ohne feststehenden Akzent.

b) Die Betonung in der gebundenen Rede.

1. Für die Dichtung gelten die jeweiligen Versmaße, bei denen nur in den seltensten Fällen Wort- und Versakzent (Hebung!) übereinstimmen. (Vgl. Einzelfälle bei Plautus, Terentius, Horatius carm. I. 9, 9 ss.) Es ist im Gegenteil ein stetes Ringen zwischen beiden. In der späteren Zeit, besonders in den Dichtungen, welche dem volkstümlichen Latein (Vulgär = Kirchenlatein) angehören, die also zur Zeit des Niederganges entstanden oder als das Latein schon eine sog. tote Sprache war, wurden auch frei Rhythmen gebildet, die auf dem Wortakzent, oft mit Hinzunahme des Endreimes, aufgebaut sind; denn ebenso wie die Unterscheidung des Silbenwertes gegen Ende der Kaiserzeit aufgegeben wurde, ebenso „geriet auch die antike Metrik mehr und mehr in Vergessenheit". (Norden, Kunstprosa 842f. Vgl. St. Augustins' „Psalmus contra partem Donati", welcher für den Versbau belanglos ist.) Da aber die gebräuchlichsten Versmaße in jeder guten Grammatik eingesehen werden können, sei von einer diesbezüglichen Darstellung Abstand genommen.

2. Das vulgäre oder volkstümliche Latein und dessen Betonung. Das volkstümliche Latein, welches neben der Schrift- und Umgangssprache der Gebildeten schon zeitig auftrat, (vgl. Vitrūvius Pollio, der Baumeister Caesars und des Augustus; Petrōnius Arbiter, aus Massilia († 66) gestattete sich naturgemäß manche Abweichungen in Wort und Betonung. Die hauptsächlichsten Eigentümlichkeiten in bezug auf letztere sind:

α) Die griechischen Wörter mit betonter drittletzter Silbe behalten diesen Ton unverändert bei, (= Verkürzen dieser Silbe) einerlei, ob die zweitletzte Silbe im Griech. lang ist oder nicht, z. B. acṓnĭtum *ἀκόνιτον*; ắzymus *ἄζυμος*, Allóphylus *ἀλλόφυλος*. Diese Eigenart kannte das alte Latein nur in Einzelfällen, wie in áncŏra (*ἄγκυρα*) wobei das lange *ῡ* durch o ersetzt und gekürzt erscheint. (Vgl. Appendix Prōbi.)

β) Die schriftlateinischen drittletzten Silben mit der Lautfolge -íĕ-, -ío-, -éo zeigen übereinstimmend Vorrückung des Tones auf den Selbstlaut der vorletzten Silbe, wobei i konsonantisch wird, wie parḭétem, mŭlḭéres = parjḗtem, mŭljḗrēs.

γ) Ebenso die Vorrückung des Tones auf die vorletzte Silbe, wenn eine mūta cum lĭquĭda ihren Abschluß bilden, also tĕnḗbrae intḗgrum, pĕnḗtro.

δ) Die Verlegung des Tones auf die Stammsilbe zusammengesetzter Zeitwörter, z. B. rĕnḗgat, ēdṓce. (Vgl. Gesch. d. lat. Sprache, Stolz 126.)

Da nun diese Abweichungen, die sich selbstverständlich nur im Bedarfsfalle einstellten, sich seit dem Ausgang des zweiten nachchristlichen Jahrhunderts auch in den Kreisen der Gebildeten und in den schriftlichen Erzeugnissen jener Tage festsetzten, ist es begreiflich, daß sich dies die Tonkunst der christlichen Kirche gleichfalls zu eigen machte; denn auch die Kunst trägt den Stempel ihrer Zeit an sich. Die *εὐχαριστία* der Christen war aber (schon nach der Weisung des hl. Paulus (Ephes. 5, 19): „Redet zueinander in Psalmen, Hymnen und geistlichen Lobliedern," kein reines Gebet, sondern enthielt auch lehrhafte Darlegung der göttl. Dinge. Die Sprache war dann erhaben, die Form rhythmisch. Sie wurde im Redegesang, einer rezitativen Gesangesweise, vorgetragen, so daß sie Justin der Märtyrer, (Apol. I. 13) einen ὕμνος nennt und Piōnius mit seinen Gefährten „Psalmen und Lobgesänge" (Ācta Piōnii c. 18) verrichtet. So greift die Rede in den Gesang über und das Bestreben, die althergebrachten Weisen getreu zu überliefern, (soweit dies damals anging,) führte zur Festlegung des Tonsatzes. Dieser aber ist tatsächlich das Abbild jener Zeit, ja noch mehr, er ist sogar die Weiterentwicklung derselben; denn wenn auch der kirchliche Gesang den Wortakzent im allgemeinen festhält, wie dies durch längere Notengruppen, höhere Töne oder durch beides klar hervortritt, so zeigt er gleichwohl nicht nur das Gepräge des vorhin angeführten Vulgärlateins, sondern er fügt auch noch das Seinige hinzu, indem er stehende melodische Formeln dem Wortlaut von verschiedenartigem Rhythmus anpaßt, wie

1. in Schlußformeln des verzierten Gesanges bei dreisilbigen Worten (z. B. dŏmĭnus), bei dem die beiden Gruppen auf die letzten Silben gelegt und für die Akzentsilbe eine Einzelnote eingeschoben wird, so daß dŏmínus zu hören ist.

2. in Kursuskadenzen der Introitus-Psalmodie, die regelmäßig den letzten fünf Silben zugeteilt werden (z. B. dŏmíni ibimus).

3. Bei Wörtern, die auf der drittletzten Silbe den Ton haben, wird zuweilen eine Note eingeschoben, damit die betonte Silbe auf die betonte Note falle (omnĭpótens, plaudíte).

4. Einsilbige Wörter: Hauptwörter, Anhängsilben -quĕ, -vĕ, -mĕt. Vorwörter in Verbindung mit einsilbigen Fürwörtern, geben ihren Akzent oft an das vorhergehende Wort ab, so daß sie mit diesem in gewissem Sinne eine Einheit bilden, und ihre rhythmische Selbständigkeit einbüßen.

Hierbei kommt es vor, daß ein enklitisches Wort den Akzent auf die letzte Silbe des Paroxytonon (= Wort mit betonter zweitletzter Silbe, wie ítă) zieht, so daß ităque gesprochen wird, oder daß ein einsilbiges Wort seinen Akzent auf die Schlußsilbe des vorhergehenden Wortes wirft, wie gĕnŭí tē, oder gar, daß das vorhergehende Wort einen Haupt- und Nebenton erhält, z. B. concùpivít rēx, circùmdăbít tē. (Vgl. Cäzilienvereinsorgan Jahrgang 1914, Seite 124ff.)

Aus dem Gesagten könnte man vielleicht folgern, daß man den Wortakzent nicht so sehr als ein körperliches, sondern vielmehr als ein geistiges Etwas betrachtete und unter der Vorherrschaft des letztern mit Berücksichtigung der Musik, die als freie Kunst nicht die Sklavin der Grammatik ist und in bescheidenen Grenzen ihre eigene Wege gehen darf, das erstere weniger zur Geltung kommen ließ. Glücklicherweise sind diese Einzelfälle nicht so häufig. Dort aber, wo sie vorhanden sind, könnte man bei einer Notengruppe über einer kurzen Silbe durch ein schnelleres Abstoßen des Tones der letzten Note den natürlichen kurzen Silbenwert behaupten, während die an sich langen Silben durch ein gedehntes Anhalten der Stimme ausgezeichnet würden.

NB. Die Silbentrennung.

Jedes Wort zerfällt in so viele Teilstücke als es selbständige Selbstlaute aufzuweisen hat, z. B. me-us, qui-es, quo-ad, pau-per haben je zwei Teilstücke oder Silben, da jedes ein in sich abgeschlossenes Ganze bildet. Die Grenzscheide liegt hierbei gleich nach dem Selbstlaut oder Doppellaut, dem ein anderer Selbstlaut folgt, der mit einem neuen Stimmenansatz zu sprechen ist, wodurch er von seinem Vorgänger geschieden wird.

In den Bannkreis einer Silbe treten aber auch Mitlaute. In solchen Fällen ist zu unterscheiden:

Alle Mitlaute in einsilbigen Wörtern und jene die am Anfange von mehrsilbigen stehen, gehören zu diesem Worte bzw. zur ersten Silbe des Wortes.

Ein einziger Mitlaut jedoch und jene Gruppen von Mitlauten, die von einem „Verschlußlaut mit folgendem r oder l" gebildet sind und als eine Einheit betrachtet werden, gehören, wenn ihnen ein Selbstlaut vorausgeht, zur folgenden Silbe: că-do, rŏ-sa, sī-nus, ă-trōx, locu-plēs.

Zwei Mitlaute oder ein Mischlaut und ein Selbstlaut werden unter die vorhergehende und nachfolgende Silbe verteilt, jedoch bloß „geschärfte"

(Seite 20) werden wohl verdoppelt geschrieben, aber nur einfach gesprochen ag-ger, gib-ber, mit-to, dex-ter, sex-tus.

Von drei Mitlauten gehören der erste und der zweite zur Vorausgehenden Silbe, während der dritte der folgenden Silbe anheimfällt, wie īns-tar, iūnc-tum, prōmp-tum, sūmp-sī, pūnc-tum.

Sind jedoch die beiden letzten Mitlaute Verschlußlaute mit folgendem r oder l, so gelten auch diese als eine Einheit und werden zur folgenden Silbe geschlagen, gleich als wenn nur zwei Mitlaute vorhanden wären, wie: spec-trum, plaus-trum, af-flīgit, tem-plum.

Nachtrag.

Die Eigennamen.

Eigennamen, welche gelegentlich in lateinischen Ausführungen vorkommen und stets mit großen Anfangsbuchstaben zu schreiben sind, können sich in ihrem heimischen, wie auch im lateinischen Gewande zeigen.

Behält das Wort die Eigenart seiner fremden Herkunft bei, so gilt es als indeklinabel. Dem einzelnen bleibt es daher auch überlassen sich je nach dem Stande, seines Wissens mit ihm abzufinden.

Zeigt jedoch das Wort durch die Endung oder durch die ganze Aufmachung, daß es Anlehnung an das Lateinische sucht, dann muß es auch mit lateinischem Maße gemessen werden und die Regeln über die Quantität, die Aussprache und Betonung kommen zur Anwendung.

Außerdem seien für einzelne Sprachen noch besondere Richtlinien angegeben, für

A. Die silbenmessenden Sprachen des

a) Griechischen.

1. Regel.

Alle echt griechischen Wörter, die das Lateinische in den Eigennamen ganz oder teilweise übernommen, desgleichen alle nichtgriechischen, welche der lateinischen Sprache durch Vermittlung der griechischen zugeführt sind oder in Urkunden u. dgl. eine griechische Schreibweise gefunden haben, werden bezüglich des Silbenwertes von der lateinischen Sprache anerkannt, sofern nicht eigene Wertgrundsätze entgegen stehen.

Die äußere Erscheinungsform, des Wortbildes und die Betonung ist, die lateinische (S. 22, 30). Beispiele: Eleuthĕrius *(ἐλευθέριος)*, Nīnus *(Νῖνος)*, Carmēlus, (sem. *Κάρμηλος*), Gōthi *Γοῦθοι*; Hŭs *Οὖς* und *Οὖς* (die Silbe *ου* kann kurz oder lang sein. Trägt sie den Akzent, so ist nach ihm der Silbenwert zu bemessen). Endlich Ottō *Ὄττων* usw.

2. Ausnahmen (S. 30).

a) Im Vulgär- oder Kirchenlatein kommen durch die Einwirkungen des Wortakzentes oder Angleichung ähnlicher Fälle Abweichungen vor, die sich erst im Vokativ zeigen, um sich dann auch in den übrigen Fällen dem Worte mitzuteilen. Es findet sich dies beispielsweise in der Antiphōna ad Māgn.: bĕātĕ Ambrṓsī, Basílī (Vgl. *ἀμβρόσιος*, *βασίλειος*), Athanā́sī, Hilā́rī (Angleichung an den im Voc. bleibenden Wortakzent! *ἀθᾰνᾰσία*, *ἱλᾰρός*).

NB. In dem vierten Vers der ersten Strophe des Vesperhymnus zu Ehren der hl. Theresia: Terris Terēsa barbaris scheint Ersatzdehnung und Wortakzent, im Gegensatz zu der Schreibung *Θηρεσία* vorzuliegen. Die sog. dichterische Freiheit ist nicht ausgeschlossen.

β) Eigennamen, die voll und ganz als solche aus dem Griechischen übernommen werden, richten sich nicht nach der Regel „vocalis ante vocalem corripitur“: Iphigĕnia Ἰφιγένεια, wohl aber solche Wörter, die z. B. aus Hauptwörtern in angleichender Weise erst zur Ehre der Eigennamen erhoben worden sind, z. B. Eusĕbĭă εὐσέβεια.

b) Lateinischen.

Regeln für die

α) lateinische Behandlung der Eigennamen.

α') Einfache echt lateinische Wörter, die als Eigennamen dienen, einerlei ob sie von Haupt- oder Eigenschaftswörtern usw. stammen, werden mit einziger Ausnahme der Großschrift in unveränderter Form wiedergegeben z. B. Fēlīcĭtās, Lĕō; Jūstus, Pĭus.

β') Zusammengesetzte und angepaßte = abgeleitete echt lateinische Wörter, richten sich, unter Wahrung der für einzelne Lautgruppen geltenden Regeln, auch in ihrer Neubildung nach ihren Stammworten. Der Ausfall einzelner Silben hat jedoch keine Ersatzdehnung zur Folge, z. B. Bŏnfīlius (bŏnus u. fīlius); Mărīnus (mărĕ) ein substantivum denominativum, wie auch Cōnstăntius (cōnstāns) und Cŏlōnĭēnsis (cŏlōnia) usw.

NB. Scheinbare lat. Zusammensetzungen jedoch richten sich nur äußerlich inbezug auf Endung, Gestaltung der Lautgruppen und Betonung nach den für das Lateinische geltenden Regeln, ihr inneres Wesen aber bleibt der Grundsprache treu. Vgl. Lĕŏdĕgārius, ein scheinbar aus lĕō und ger zusammen gesetztes Wort. In Wirklichkeit ist es der deutschen Sprache (aus dem mhd. liute = liude (spr. lű̄te) und, ger = Lütegēr = Leutespeer) entlehnt, weswegen die Neubildung Lĕŏdĕgārĭus der deutschen Grundsprache verbleibt, und der Zeitwert der langen Silbe ű von lű̄te, auf die beiden in Lĕŏ verteilt wird, die dadurch verkürzt erscheinen.

β) Deutsch-lateinische Behandlung der Eigennamen.

Zuweilen erscheinen mehrsilbige lat. Eigennamen im Deutschen als einsilbige. Dies kann daher gekommen sein, daß das deutsche Lautsegetz der Stamm- oder Anlautsilbe zur Geltung kam, wodurch die unbetonten = tieftonigen Silben stumm wurden und dann ausfielen (z. B. Cöln aus cŏlōnia).

Es ist aber auch denkbar, daß die lateinische Aussprache den Hochton einer Silbe besonders hervorgehoben, so daß die tieftonigen Silben der lateinischen Bezeichnung dadurch weniger beachtet wurden und gleichfalls im Laufe der Zeit ausfielen. Solche Silben können daher ebensowenig lang, wie betont gewesen sein; denn sonst müßte eine von beiden Hervorhebungen ihren Ausfall verhindert haben. Möglich auch, daß sich nach Nachwirkungen der altlateinischen Betonung der ersten Wortsilbe (ähnlich dem Deutschen) geltend machten.

Auf diese Weise können Wörter wie Gĕnăvă (Genf) ihre Erklärung finden.

B. Die betonenden Sprachen, besonders die deutsche.

a) Latinisierende Behandlung deutscher Eigennamen.

Die lateinische Sprache kennt die Zusammenziehung oder Verschmelzung von Silben, bei welchem Vorgang die neue Silbe den Zeitwert der andern in sich aufgenommen hat (cōpĭa aus con oder cŏ-ŏpĭa). Würde man nun ein derartiges Gebilde wieder in seine Grundbestandteile zurückführen, so kämen selbstverständlich auch die ursprünglichen Formen zum Vorschein, aus cōpia würde wieder cŏ-ŏpĭa.

Gradeso sind Wörter auf -au behandelt worden, als seien sie im Deutschen nach lat. Vorbilde durch Verschmelzung von Lauten entstanden und lang geworden. Ihre Zurückführung und Auflösung in die Urform wäre dann die Grundform für die lateinische Fassung wie für Breisgau Brīsgŏvĭă, Rheingau Rhĕĭngăvĭă, Passau Pătăvĭŭm usw., wohingegen solche, die slawischen Ursprungs sind, wie Breslau Wrătĭslāvĭă = Vrătĭslāvĭă, von Wrătĭslāŭs usw., sich nach ihrer Herkunft richten. Dieser letzte Gedanke leitet

b) Die Eigenart der jeweiligen Sprache

ein, welche gleichfalls zu beachten ist; denn da die latinisierte Form gleichzeitig die ursprüngliche Bezeichnung getreu wiedergeben soll und muß, um verstanden zu werden, (denn sonst könnte man wie Hannibal nach Căsĭlīnŭm, statt nach Căsīnum kommen [Livius lib. 22, cap. 15, 13]), so ist die Genauigkeit eine Forderung, an der man nach Möglichkeit festhalten muß. Aus diesem Grunde sind beispielsweise deutsche Wörter mit den Silben au, ei, ie, eu, ah, eh und Doppellauten (Diphthongen) mit besonderer Aufmerksamkeit zu betrachten; denn sie sind im allgemeinen dem Zeitwert einer lateinischen Länge gleich zu halten, vorausgesetzt, daß die lateinische Sprache eine derartige Lautverbindung kennt. Ist letzteres nicht der Fall, so muß man bezüglich der Schreibweise entweder eine Ausschaltung vornehmen oder die zwei Selbstlaute als je eine Kürze ansehen.

Somit wären Wörter mit ei (denn solche auf au sind dem Lateinischen gleichfalls eigentümlich, wenngleich auch das Brevier die Auslassung eines Lautes, z. B. des a in Nordhūsium, Fischhūsium, und eine abweichende Akzentuierung, wie áuferas, áuferant, áurum, páuperem, Isáuricus, etc. kennt, entweder mit e und Ausschaltung des i (Hochhēmium, Bischofshēmium) oder mit i und Nichtbeachtung des e (Mīsnia, Rankivīl, Nīthardus, Vīstŭlă, Wībŏrādă) oder endlich mit ei zu schreiben. Diese letzte Schreibung aber bedingt in genauer Anlehnung an das klassische Latein, welches kein „ei“ als Doppellaut mehr kennt, die Wiedergabe mit ĕĭ (Ĕĭnbĕttă, Ĕĭbĭngĭŭm) oder die Verzichtleistung auf die lateinische Färbung des Grundwortes, was schließlich noch vorzuziehen ist, da die getrennte Aussprache von ĕ-ĭ, die doch nur einigen deutschen Gauen bekannt ist, der Mehrheit des Volkes gleichfalls nicht zusagt. S. 27. — Die Silbe eu hat eine ähnliche Behandlung wie ei, so in Ūrĭă (= Euren) und jene auf ric = rich = franz. riche = reich (mächtig), sind lang, wie in Henrīcus usw.

Bei den Wörtern mit ie ist e nur der Dehnung wegen da, weshalb es ohne jede Störung weggelassen (Sīgfrīdus, Frīdĕrīcus) oder als stummes e beibehalten wird, wie in Siegburgum. In beiden Fällen ist i mit einer Länge zu versehen.

Dasselbe gilt vom Dehnungs-h in Silben auf ah und eh, so in Nāva = Nahe und Ōbĕrēhnhēmĭum. Hinzuzuzählen sind noch jene Worte, die im Deutschen schon das h oder o, u usw. eingebüßt haben, aber doch ursprünglich mit h oder o geschrieben wurden oder auf eine derartige Schreibart zurückzuführen sind, wie Cōnrădŭs, Cūnibĕrtŭs, Cūnĕgŭndĭs, Ērĕntrūdĭs, Ērīcus.

Einen deutlichen Fingerzeig für die Bewertung einer Silbe gibt uns auch die landesübliche Aussprache, da die Leute der betreffenden Gegend doch am ehesten wissen müssen, wie dieser oder jener Name auszusprechen ist.

Dies gilt z. B. von Glācēnsĭs cŏmĭtātŭs, Grafschaft Glātz in Schlesien, da die Ortseingesessenen nie Glătz mit kurzem ă, sondern nur Glātz mit langem ā sprechen. Ebenso muß es Clīvĭă heißen, da man Clēve und nicht Clĕve sagen hört. Selbst Silben wie -ăch (althochdeutsch aha = acha = lateinisch ăquă) und -bach, welches Wort auf denselben Stamm zurückzuführen ist, sind in Wörtern, die durchweg kurz gesprochen werden, nach Maßgabe der örtlichen Aussprache gedehnt wiederzugeben. Als Beispiel diene Bĭllĕrbēcă; denn die Leute jener Gegend sprechen das Wort im Plattdeutschen, als würde es mit ie oder ee (Billerbiek oder Billerbeek) geschrieben. So ähnlich sind Wörter mit slavischem Ursprung zu bewerten, wie Trēbnĭcēnsĕ mŏnăstĕrĭŭm (Trēbnitz in Schlesien) und Tēplĭcĭă (Tēplitz in Böhmen) usw. Ferner Wörter mit keltischem Einschlag auf -ācum, haben eine lange paenultĭma: z. B Maguntiācum (Mainz), Tolpiācum (Zülpich).

Wortbildungen, aus denen die Heimatsbezeichnung **nicht** herausklingt, z. B. Săngōnă = Sărăvus (Saar) richten sich nach den entsprechenden lateinischen Formen für Eigennamen.

Eigennamen endlich, die in ihrer Stammform einen Doppellaut besitzen, allerdings ohne Schärfung des folgenden Mitlautes, — denn diese würde die vorausgehende Silbe kürzen, wie in Ĕĭchstaĕttēnsĭs — sind lang zu sprechen, so Tūbera (Tauber), Vābrae (Vaivre) usw.

Trotz all dieser Festlegungen ist es unmöglich, eine allseits befriedigende Lösung zu finden, da bei der deutschen Sprache, die doch vorwiegend beteiligt ist, die tonische Eigenart zum eisernen Bestande gehört, welche allgemeinhin Längen und Kürzen ebensowenig den lateinischen Begriffen anpassen kann, wie die sogenannten deutschen Hexameter und übrigen Sangesweisen sich mit den antiken Maßen vergleichen lassen, wenngleich sie auch durch die genaue Anzahl der Hebungn und Senkungen die Längen und Kürzen der silbenmessenden alten Sprachen vortäuschen.

Literatur.

Bouterwek u. Tegge, Die altsprachliche Orthoepie u. d. Praxis, Berlin 1878.
Corssen, W., Aussprache, Vokalismus u. Betonung der lat. Sprache, Leipzig 1868.
Lindsay-Nohl, Die lat. Sprache, Leipzig 1897.
Marx, Anton, Hilfsbüchlein für die Aussprache der lateinischen Vokale in positionslangen Silben, Berlin 1901.
Niedermann, Max, Historische Lautlehre des Lateinischen, Heidelberg 1911.
Schanz u. Stolz, Lat. Laut- u. Formenlehre, Litteratur usw. Iwan v. Müller, Handbuch der lat. Altertumswissenschaft, München 1905, 1911.
Seelmann, Die Aussprache des Lateins nach physiologisch-historischen Grundsätzen, Heilbronn 1885.
Stolz, Friedr., Geschichte der lat. Sprache, Leipzig 1910.
Wörterbücher, Konkordanz- u. Sprachlehre von:
Heinichen, Klotz, Menge.
Walde, Lat. etymolog. Wörterbuch, Heidelberg 1910.
Körting, Lat.-Romanisches Wörterbuch, Paderborn 1901.
Lübker, Reallexikon, Leipzig-Berlin 1914.
Hatch and Redpath, Concordance to the Septuagint, Oxford 1906.
Schultz, Ferd., Sprachlehre, Paderborn 1893.

I. Abkürzungen im Wörterbuche.

Die Abkürzungen der einzelnen Bücher der hl. Schrift mit Kapitel und Versangabe beziehen sich stets auf die lateinische Vulgataausgabe.

Abd. = Abdias (Buch des Propheten Abdias).
abl. = ablativus casus (Ablativ).
abs. = absolute (absolut; ohne Beziehung auf anderes).
abstr. = abstracte (nur begrifflich).
acc. = accusativus casus (4. Fall).
Act. = Actus Apostolorum, siehe: Apg.
act. = activum genus (Tätigkeitsform).
adj. = adjectivum (Eigenschaftswort).
adv. = adverbium (Umstandswort).
ägypt. = ägyptisch.
Agg. = Aggäus (Buch des Propheten Aggäus).
altäg. = altägyptisch.
Apg. = Apostelgeschichte (vom hl. Lukas).
arab. = arabisch.
aram. = aramäisch.
assyr. = assyrisch.
Aug. = Augustiner.
Aug.-O. = Augustinerorden.

B. = beatus, beata (seliger, selige).
B. M. V. = beata Maria Virgo (die allerseligste Jungfrau Maria).
babyl. = babylonisch.
Bar. = Baruch (Buch des Propheten Baruch).
Bek. = Bekenner (im kirchlichen Sinne).
belg. = belgisch.
Ben. = Benediktiner.
Ben.-O. = Benediktinerorden.
bes. = besonders.
Bew. = Bewohner (eines Landes).
Bisch. = Bischof.

c. = cum (mit).
C. R. Curia Romana (steht bei jener Bezeichnung der Bistümer, wie sie in den Dekreten der päpstlichen Kurie in Rom üblich ist; gew. ist es die gekürzte Adjektivform auf -ensis [= en.] oder anus [= an.], bisweilen der Genitiv des Substantivs).
Caer. Ep. = Caeremoniale Episcoporum.
Cant. = Canticum canticorum (das Hohelied).
cf. = confer (vergleiche).
Cist. = Cistercienser.
Cist. O. = Cistercienserorden.
C. j. c. = Codex juris canonici (kirchliches Gesetzbuch vom Jahre 1918); die beigefügte Zahl gibt den „canon" an (nebst Unterabteilung, z. B. 13, 2).
Col. = Kolosserbrief des hl. Paulus.
coll. = collective (zusammenfassend).
Comm. = Commemoratio (beiläufige Erwähnung eines Heiligen im Brevier oder im Meßbuche).
compar. = comparativus gradus (erste Steigerungsform).
concr. = concrete (greifbar, bestimmt).
conj. = conjunctivus modus (Möglichkeitsform.)
conjct. = conjunctio (Bindewort).
Cor. = Korintherbriefe des hl. Paulus.

D. = Dorf.
d. h. = das heißt.
d. i. = das ist.
dah. = daher.
Dan. = Daniel (Buch des Propheten Daniel).
dat. = dativus casus (3. Fall).
dav. = davon.
Deut. = Deuteronomium (5. Buch Mosis).
distr. = distributive (verteilend).
Diöz. = Diözese (Bistum).
Dom. = Dominikaner.
Dom.-O. = Dominikanerorden.

Eccles. = Ecclesiastes (Buch des Predigers).
Ecclus. = Ecclesiasticus (Buch Jesus Sirach).
ehem. = ehemalig.
eig. = eigentlich.
Einw. = Einwohner (einer Stadt).
engl. = englisch.
Eph. = Epheserbrief (des hl. Paulus).
Erzb. = Erzbischof.

Esdr. = Esdras (1. Esdrasbuch; 2. Esdras-Nehemias).
Est. = Esther (Buch Esther).
etc. = et cetera (und so weiter).
etw. = etwas.
Ex. = Exodus (2. Buch Mosis).
Ez. = Ezechiel (Buch des Propheten Ezechiel).

f. = feminini generis (weiblich).
fer., Fer. = Feria.
Fkr. = Frankreich.
franz. = französisch.
Franz. = Franziskaner.
Franz.-O. = Franziskanerorden.

Gal. = Galaterbrief des hl. Paulus.
Geh. Offb. = Geheime Offenbarung des hl. Johannes.
gen. = genetivus casus (2. Fall).
Gen. = Genesis (1. Buch Mosis).
Ges. Jes. = Gesellschaft Jesu.
gew. = gewöhnlich.
griech. = griechisch.

Hab. = Habakuk (Buch des Propheten Habakuk).
Hafenst. = Hafenstadt.
Hebr. = Hebräerbrief des hl. Paulus.
hebr. = hebräisch.
hl. = heilig.
Hohel. = das Hohelied Salomons.

j. = jetzt.
i. J. = im Jahre.
Jac. = Brief des hl. Apostels Jakobus.
jem. = jemand.
Jer. = Jeremias (Buch des Propheten).
Jes. = Jesuit(en).
Jgfr. = Jungfrau.
Jhdt. = Jahrhundert.
imp. = imperativus modus (Befehlsform).
indecl. = indeclinabile (nicht beugungsfähig).
interj. = interjectio (Ausrufswort).
intr. = intransitivum verbum (Zeitwort, das sich nicht mit dem 4. Fall verbindet).
Jo. oder *Joh.* = Evangelium nach Johannes oder Brief des hl. Johannes.
Jon. = Jonas (Buch des Propheten Jonas).
Jos. = Buch Josue.
Is. = Isaias (Buch des Propheten Isaias).
It. = Italien.
ital. = italienisch.
Jud. = Buch Judith.
Judic. = liber Judicum, Buch d. Richter.

Kap. = Kapuziner.
Kap.-O. = Kapuzinerorden.

klass. = klassisch.
l. = links.
Lc. = *s. Luc.*
Lev. = Levitikus (3. Buch Mosis).
lib. = liber (Buch).
Luc. = Lukas (Evangelium).

m. = masculini generis (männlich).
Mach. = Makkabäerbücher.
Mal. = Malachias (Buch des Propheten Malachias).
Marc. = Evangelium nach Markus.
Matth. = Evangelium nach Matthäus.
Mc. = Evangelium nach Markus.
Mlog. = Martyrologium.
Mich. = Michäas (Buch des Propheten Michäas).
mon. = monasterium (Kloster).
Mt. = Evangelium nach Matthäus.

n. = neutrius generis (sächlich).
Nah. = Nahum (Buch des Propheten Nahum).
Num. = Numeri (4. Buch Mosis).
od. = oder.
Os. = Oseas (Buch des Propheten Oseas).

P. = Papst.
Pal. = Palästina.
Par. = Paralipomenon oder Chronikbücher.
pass. = passivum genus (Leideform).
pers. = persisch.
Pet. = Briefe des hl. Petrus.
pf. = perfectum tempus (zweite Vergangenheit).
Phil. = Brief des hl. Paulus an Philemon.
Philip. = Philipperbrief (des hl. Paulus).
phön. = phönizisch.
pl. = pluralis numerus (Mehrzahl).
praep. c. gen. (*dat.*, *acc.*) praepositio cum genetivo (dativo, accusativo) casu (Vorwort, das den 2., 3., 4. Fall verlangt).
pron. = pronomen (Fürwort).
Prov. = liber Proverbiorum (Buch der Sprichwörter).
Ps. = psalmus (Psalm).
ptc. = participium (Mittelwort).

r. = rechts.
Red. = Redemptorist(en).
refl. = reflexivum verbum (rückbezügliches Zeitwort).
Reg. = liber Regum (Bücher der Könige).
reg. = regiert.
Rom. = Römerbrief des hl. Paulus.

S. = sanctus, sancta (heiliger, heilige).
s. = siehe!
s. dens. = s. denselben; s. dies. = siehe dieselbe.

Sap. = Liber Sapientiae (Buch der Weisheit von Salomon).
sc. u. *scil.* = scilicet (nämlich, ergänze!).
sel. = selig.
sg. = singularis numerus (Einzahl).
Soph. = Sophonias (Buch des Propheten Sophonias).
Ss. = sacrosanctus (hochheilig) oder sanctissimus (heiligst) oder sancti bzw. sanctae (mehrere Heilige).
St. = Stadt.
subst. = substantivum nomen (Hauptwort).
Suffr. = Suffraganbistum (das einer Erzdiözese untergeordnet ist).
superl. = superlativus gradus (höchste Steigerungsform).

Thren. = Threni (Klagelieder des Propheten Jeremias); Lamentationen.
Tim. = Brief des hl. Paulus an Timotheus.
Tit. = Briefe des hl. Paulus an Titus.
Tob. = Buch Tobias.
trans. = transitivum verbum (Zeitwort, das den 4. Fall verlangt).

u. = und.
u. a. = und anderes, und andere.
u. s. w. = und so weiter.
übtr. = in übertragener (bildlicher) Bedeutung.
unpers. = unpersönlich (beim Zeitwort).

v. = von, vom.
vgl. = vergleiche!

z. B. = zum Beispiel.
z. Z. oder z. Zt. = zur Zeit.
Zach. = Zacharias (Buch des Propheten Zacharias).

Die Zahl 3 bedeutet beim Eigenschaftsworte, daß es die Endungen -us, -a, -um hat.
Die Zahlen 1, 2, 3, 4 bedeuten beim Zeitworte, daß es zur 1., 2., 3., 4. Konjugation gehört.
Das Datum am Ende der Lebensgeschichte von Heiligen und Seligen bezeichnet deren Festtag im Kirchenjahre.

II. Abkürzungen in den Direktorien der Bistümer und kirchlichen Orden.

a. A. = color albus (weiße Farbe).
A (am Rande) = officium solemne.
a. l. = aliquibus locis (an einigen Orten).
A cts. = Oration: A cunctis.
A. V. = Additiones et Variationes (Neuerungen in Missale u. Brevier gegenüber den älteren Ausgaben).
Abb. = Abbas (Abt).
ad lib. = ad libitum (nach Belieben).
add. = additur; adduntur (z. B. 2 Alleluja) es wird hinzugefügt; es werden hinzugefügt.
Adv. = Adventus.
al. = alias (sonst).
Annivers. = anniversarium (Jahrestag, jährliches Gedächtnis).
Ant. = Antiphona (Antiphon, Gegengesang).
Ap. u. **App.** = apostolus, apostoli.
Appl. pro Par. = Applicatio pro Parochianis (Pflicht des Pfarrers, für die Pfarrgemeinde die hl. Messe zu lesen).
Arch. = Archangelus (Erzengel).
Ath. = symbolum Athanasianum zur Prim an den niederen Sonntagen (Quicumque . . .).
Aug. = Augustus (Monat August).

B (am Rande) = officium ordinarium.
B. M. V. = Beata Maria Virgo (allerseligste Jungfrau Maria).
Bened. = 1. Benedictio (Segnung). 2. Benedictus (Lobgesang des Zacharias in den Laudes).
br. = brevis (kurz), brevior, brevissimus.
Brev. = Breviarium (Brevier).

c. = cum (mit).
C. = Confessor (Bekenner).
C. D. = Completorium Dominicae.
C. J. = Cordis Jesu.
C. M. = conventualis Missa.
cant. = cantatur wird gesungen.
Cant. = Canticum (Lobgesang).
cap. (Cap.) seq. = capitulum de sequenti festo (von der Lesung, d. h. dem Kapitel, in der Vesper ab wird die Vesper vom folgenden Tage genommen: a capitulo de sequenti).
cf. = confer (vergleiche).
Chr. = Christus.
Cist. Rit. = Cisterciensis Ritus (Cistercienser Brauch).
cl. = classis (Rang: I. u. II. cl.).
col. = color (Farbe der Kirchengewänder).
com. (comm.) = commemoratio (Gedächtnis eines Heiligen . . .); **com. praec.** = commemoratio praecedentis = Erwähnung des vorausgehenden Festes durch Beten von Antiphon, Versikel u. Oration; **com. seq.** = Erwähnung des Festes vom folgenden Tage.
Comm. = Commune (sanctorum).
Com. ppr. = Communicantes propria (eigenes Formular für den Teil „Communicantes" vor der hl. Wandlung).
Com. sol. def. = Commemoratio solemnis defunctorum (feierliches Gedächtnis der Verstorbenen).
compl. = completorium (Schlußgebet; letzter Teil des Tagesoffiziums).
conj. = conjungitur (wird verbunden).
Cr. = Credo (das nizänisch-konstantinopolitanische Glaubensbekenntnis in der hl. Messe nach dem Evangelium).
curr. = currens, z. B. officium currens = das für den Tag fällige Offizium.

d. = duplex (festum: feierliches Fest).
D. (**D. E.**) = doctor ecclesiae = Kirchenlehrer.
d. f. = dies fixus (immer gleichbleibender Tag für ein bestimmtes Fest).
d. maj. = duplex majus (festum, feierlicheres Fest).
D. N. J. Chr. = Dominus Noster Jesus Christus.

d. 1. cl. (2. **cl.**) = duplex primae (secundae) classis (Fest ersten oder zweiten Ranges).
d. 5. h. = dies quintus huius mensis (vom 5. dieses Monats).
Dedic. = dedicatio Einweihung.
De ea = Ferialtagsoffizium- und Messe.
Def. = defunctus, defuncta (Verstorbener oder Verstorbene).
De oct. = de Octava (von der Oktav).
dic. = dicitur, dicuntur (wird, werden gesprochen = gebetet).
Dir. = directorium (Kirchenkalender).
Dnus, Dni = Dominus, Domini.
Dom. = Dominica (Sonntag).
dupl. *s.* **d.**

E(p). = Episcopus (Bischof).
ea = de ea von demselben (Tage), d. h. das Offizium (Breviergebet, Messe) ist vom betreffenden Tage (Feria) zu nehmen.
eccl. = ecclesia (Kirche, Kapelle).
Eccl. = pro Ecclesia, Oration (Kollekte Sekret, Postkommunio).
eo = de eo (sabbato) vom Samstage, (vgl. ea).
Ep. = Epistola (Epistel, Lesung nach den ersten Gebeten, Teil der hl. Messe).
Epiph. = Epiphania Domini (Erscheinung des Herrn).
Epist. = s. Ep.
Ev. = Evangelium (Teil der hl. Messe) oder = Evangelista.
excl. = exclusive (ausschließlich).

f. = fuit (war).
fer., Fer. = Feria, Feriae (Wochentag); Fer. 2., 3., 4., 5., 6. = feria secunda, tertia, quarta, quinta, sexta (Montag, Dienstag, Mittwoch, Donnerstag und Freitag).
fer. cur. = feria currens (fällige Wochentag).
fol. = folium (Blatt).

Gl. = Gloria (Teil der hl. Messe).
Grad. = Graduale (*wörtlich* Stufengebet) 1. Buch mit Noten für Kirchengesänge. 2. Gesang des Chores nach der Epistel.

hebd. = hebdomas (Woche).
hest. = hesterna die (am gestrigen Tage).
Hora = Hora (Hore, Stundengebet, Teil des Breviergebetes).
Hymn. = Hymnus.

J. T. = Jesu tibi sit gloria, qui natus es de Virgine usw. (Schlußvers der Hymnen an Marienfesten, Weihnachten, Fronleichnam usw.).
Jan. = Januarius (Monat Januar).
jej. = jejunium (Abbruchsfasten).
Immac. = Immaculata (die Unbefleckte).
in calce = am Ende! siehe unten!
incl. = inclusive (mit eingeschlossen).
Indulg. plen. = Indulgentiae plenariae (vollkommener Ablaß).
in fine = am Schlusse.
inf. = infra (innerhalb).
init. = initium (Anfang, Beginn, z. B. eines neuen Buches aus der Bibel bei der Lesung in der 1. Nokturn).
Innoc. = Innocentes (unschuldige Kinder).
Intr. = Introitus (Eingang, Einleitungsgebet in der hl. Messe, nach dem Stufengebet).
Invit. = Invitatorium (Einladungsgebet, Psalm 91, Beginn des täglichen Breviergebetes in der Matutin).
Jul. = Julius (Monat Juli).
Jun. = Junius (Monat Juni).

Kal. = Kalendae (erster Monatstag).

l., L.; ll., Ll. = lectio (Lesung); lectiones (Lesungen); dav.: 3 LM u. 12 LM = festum trium (duodecim) lectionum et missae.
L. = Laudes (Lobgesang, ein Teil des Breviergebetes).
L def. = Laudes defunctorum (Totenlaudes).
lib. = ad libitum (nach Belieben).
lib., Lib. = liber (Buch).
Lit. = Litánia, Litaniae (Litanei[en]).

M. = Martyr (Martyrer, Martyrin).
M. = Missa (Messe); M. priv. (Privatmesse, Gegensatz Pfarrmesse, die für die Pfarrkinder; Konventmesse, die für die Klosterangehörigen aufgeopfert wird; feierliche Messe, Hochamt); M. sol. Hochamt.
M. C. = Missa conventualis (Konventmesse in Klöstern, Kapiteln); auch = missa commendata (anbefohlene Messe).
MMmai. = festum duarum missarum majus (höheres Fest von zwei Messen).
MMmin. = festum duarum missarum minus (niederes Fest von zwei Messen).
M. F. = Missa de Feria (es ist erlaubt, die Tagesmesse des Wochentages zu lesen).
M. S. (m. t. v.) = meruit supremos (Änderung im Hymnus „Iste Confessor", wenn das Heiligenfest nicht am Sterbetage des Heiligen begangen wird).
m. t. v. = mutatur tertius versus = der dritte Vers ändert sich; vgl. M. S.
M. V. = Missa de Vigilia (es ist erlaubt eine Privatmesse von der einfallenden Vigil [dem Vortage eines Festes] zu lesen).

Magn. = Magnificat (Lobgesang der Mutter Gottes).
Mat. = Matutinum (Matutin, Frühgebet, Teil des täglichen Breviergebetes).
M. mat. = Missa matutinalis (Matutinalmesse, Mette).
Mm. = Martyres (mehrere Martyrer[innen]).
mob. = mobilia festa (bewegliche Feste).
mut. = mutatur (wird geändert).
Mut. = mutationes (Änderungen im Brevier gegenüber älteren Ausgaben.)

N. Def. = Nocturnum defunctorum (Totennokturn).
n., N. = niger color (schwarze Farbe)
N. (s. Noct.) = nocturnum, ein Teil des Matutingebetes.
Nat. = Nativitas (Geburt).
Noct. (*auch nur* N.) = Nocturnae (*scil.*: preces) (Nachtgebete, Teil der Matutin, die aus drei Nokturnen besteht), *auch:* Nocturna *n.*
non. = nona hora (Non, kurzes Stundengebet, das dem Namen nach um 3 Uhr nachm. (9. Stunde!), jetzt gewöhnlich im Anschluß an die anderen kurzen Stundengebete [kleine Horen] am Vormittage gebetet wird).
not. = notatur (ist angegeben).
nupt. = nuptiae (Hochzeit).

O. C. = omittitur collecta.
O. Cist. = Ordo Cisterciensis (Cistercienserorden).
Oct., oct. = Octava = Feier der Oktav.
Oct. privil. = Octava privilegiata privilegierte Oktav 1. Ordnung, die kein Fest zuläßt, sondern nur dessen Erwähnung u. für jeden Oktavtag ein eigenes Meßformular hat: Ostern, Pfingsten. — 2. Ordnung, die ebenfalls kein Fest zuläßt, aber nur das Meßformular vom Fests selbst für alle Tage innerhalb der Oktav hat: Fest der Erscheinung des Herrn u. Fronleichnamsfest. — 3. Ordnung: wo während der Oktav alle Feste vom semiduplex aufwärts gefeiert werden u. dabei die Oktav nur kommemoriert wird: Weihnachten, Christi Himmelfahrt.
Off. = Officium (d. h. alle beim hl. Meßopfer u. Breviergebete vorgeschriebenen Gesänge u. Gebete).
Off. def. = Officium defunctorum (Totenoffizium).
Off. m. = Officium mensis (monatliches Totenoffizium und Messe).
Off. vot. = Officium votivum (Votivoffizium).
omitt. = omittitur, omittuntur (fällt aus, bleiben weg).
omn. = omnis, omnes, omnia (jeder, alle, alles).
O. N. = Ordinis nostri (aus unserem Orden, z. B. bei den Cisterciensern).
or. = oratio (Gebet).
org. = orgănum (Orgel).
Ordin. = Ordinarium (der ständig gleichbleibende Teil des kirchlichen Offiziums).

p. = 1. post (nach). 2. pagina (Seite).
P. = Proprium (Eigene Gebetsformulare für die einzelnen Bistümer).
P. = Pontifex (Bischof, Papst).
pag. = pagina (Seite).
Pasch. = pascha (Ostern).
Pass. = passio (Leiden, Leidensgeschichte Jesu).
Patroc. = Patrocinium (Fest des Kirchenpatrons).
Pent., Pentec. = Pentecoste (Pfingsten).
Poen. = Poenitens (Büßer, Büßerin).
Pont. Rom. = Pontificale Romanum (Bischofsbuch).
Pp. = Papa (Papst).
ppr. = propriae preces oder lectiones (besondere Gebete oder Lesungen).
ppr. loc. = proprio loco (an eigener Stelle).
praec. = praecēdens, ntis (des vorhergehenden Festes).
Praef. = Praefatio (Präfation, Teil der hl. Messe).
praes. = praesens (gegenwärtig).
Prec. = prĕces (Gebete besonderer Art im Brevier).
priv. = privata (*scil.*: missa) Stillmesse.
privil. = privilegiata, *scil.* Octava.
Pro d. a. = pro defunctis applicanda (die Messe ist für die Verstorbenen zu lesen).
prop. = proprium (eigen).
Pro p. a. = pro pace applicanda (die Messe ist zur Erhaltung des Friedens zu lesen).
proph. = prophetiae (Prophezien, Lesungen).
Ps. = psalmus (Psalm).
Psalt. = Psalterium (Psalter; Buch, das die Psalmen enthält).
Pss. = psalmi (Psalmen).
publ. = publicus (öffentlich).

Quadr. = Quadragesima (40 tägige Fastenzeit).

r., R. = ruber color (rote Farbe).
R. (am Rande) = Requiem (Requiemsmesse erlaubt).
Rs., Rss. = Responsorium, Responsoria (Responsorien, Wechselgebete; Antworten auf den vom Vorsänger vorgetragenen Vers).

Reg. = (liber) Regum (Buch der Könige).
rel. = reliqua (das übrige).
rep. = repetītur (wird wiederholt).
Requ. = Requiem (Totenmesse).
rit. = ritus (Feierlichkeit).
Rit. Rom. = Rituale Romanum.

S. O. = Scriptura occurrens (die für den Tag fällige Brevierlektion aus der hl. Schrift).
S. R. C. = Sacrorum Rituum Congregatio (hl. Ritenkongregation in Rom).
Sabb. = Sabbatum (Samstag).
Scr. = Scriptura (hl. Schrift).
sem., semid. = semiduplex (*scil.*: festum halbfeierlich).
seq. = sequens = folgend oder sequitur = folgt.
Seq. = Sequentia (Sequenz, ein Hymnus in der hl. Messe, der nach der Epistel u. dem Graduale folgt an den vier Festen: Ostern, Pfingsten, Fronleichnam, Sieben Schmerzen Mariae u. in den Totenmessen).
simpl. = simplex festum (einfaches Fest).
simplif. = simplificatum festum (ein vereinfachtes Fest, das wegen Zusammenfallens mit einem höheren Feste minder feierlich begangen wird als sonst).
Sm. = Sermo major (höheres Sermo-Fest).
Sm. = Sermo minor (niederes Sermo-Fest).
soc., Soc. = Sŏcius, Sŏcii (Gefährte).
sol. = solemnis (feierlich).
Ss. = sancti, sanctorum.
Ssma. = Sanctissima.
Suffr. = suffragium (ein besonderes Bittgebet im Brevier).
Suppl. = supplementum (Anhang, Ergänzung).

Symb. = Symbolum Athanasianum (Glaubensbekenntnis „Quicumque" in der Prim).

t. p. = tempore paschali (zur Osterzeit).
tant. = tantum (nur, allein).
term. = terminatur (endigt, schließt).
Tert. = Tertia (Terz, kleine Hore).
tot. = totus, totum, totius (ganz, vollständig).
Tr. = Tractus (Traktus, Gebete nach der Epistel, mit dem Graduale verbunden)
Transl. = translatio (Übertragung).
Trin. = Trinitas (hl. Dreifaltigkeit).

U. s. vl.
ult. = ultimus (letzter).

V. Def. sol. = Vesperae defunctorum solemnes (feierliche Totenvesper).
v., V. auch **Vr.** = viridis color (grüne Farbe).
V. s. vl.
V. = virgo (Jungfrau), *bisweilen* = Vidua (Witwe).
V. s. Vesp.
Vs = versus, versiculus (Versikel, Verschen).
vac. = vacat (fällt aus, bleibt weg).
var. = variatur (ändert sich, wechselt).
Var. = variationes (Änderungen gegenüber früheren Brevier- oder Missaleausgaben).
Ven. = Venerabilis (der Ehrwürdige).
Vesp., auch **V.** = Vesperae („Abendgebet", Teil der Breviergebets).
Vid. auch **V.** = Vidua (Witwe).
Vig. = Vigilia (Vigil, Vortag vor einem Feste).
vl. auch **U., V.** = violacĕus color (violett).
Vr. s. v.

A.

A. A. = Augustĭānī ab Assumptĭōnĕ B. M. V. Assumptionistenkongregation, gegründet 1845.

ā (āh) *interj.* ah! ach! zur Bezeichnung der Freude, des Schmerzes, des Unwillens usw.

ā, ăb, abs, *praep. c. abl.* Grundform ap- (ap-erio), ἀπό; abs von aps (ἄψ); ā von abs mit Ersatzdehnung; ā steht vor Mitlauten, ăb vor Selbstlauten u. Mitlauten, abs in Kompositis vor c, t und q und selten in der Verbindung abs te (meist a te). A. *räumlich*: von, vonher, von = aus, von = herab. 1. zur Bezeichnung der örtlichen Herkunft: von, aus a summo coelo (*Ps.* 18, 7). 2. bei Angabe des Beweggrundes: von, wegen: a templo tuo = wegen deines Tempels (*Ps.* 67, 30); aus, vor: rugiebam a gemitu cordis mei (*Ps.* 37, 9). 3. zur Bezeichnung der Seite, von wo aus etwas betrachtet wird oder ausgeht: von = aus, an, in, bei, neben: cadent a latere tuo (*Ps.* 90, 7); a dextris zur Rechten. 4. zur Bezeichnung der Entfernung, der Trennung, des Abstandes: von = weg, fern von: qui fornicantur abs te; occultatum a te vorborgen vor dir (*Ps.* 138, 15). B. zeitlich: 1. von = an, seit, 2. unmittelbar nach. C. von anderen Verhältnissen. 1. zur Bezeichnung des Urhebers: von, durch: cuius auxilium est abs te (*Ps.* 83, 6). 2. zur näheren Bestimmung: hinsichtlich; als Hebraismus beim compar. = quam als: non minus fui ab iis (*Luc.*); mehr als: a te quid volui super terram (*Ps.* 72,25); inbezug auf, gemäß: magnus a virtute; entgegen: a desiderio meo. 3. zur Bezeichnung der besonderen Art der Tätigkeit: ab epistulis Geheimschreiber, Sekretär; consiliarius ab intimis Geheimrat; a sacris confessionibus esse alicui jemandes Beichtvater sein. 4. *übertr.* vom Abstande in Reihenfolge und Rang.

Aarhūsĭŭm, ī *n.* (Arusium) Aarhus, St., Dänemark (Jütland).

Aarhūsŭm, ī *n.* Ahaus, St., Preußen (Westfalen).

1. **Aaron,** *indecl. m.* (*hebr.*: Netzmacher ?) Aaron 1. der ältere Bruder des Moses, der ihm die Würde des Hohenpriesters übertrug, die sich in seiner Familie forterbte. 2. Aronītae, arum *m.* dessen Nachkommen.

2. **Aaron,** ōnĭs *m.* Aaron, Abt im Kloster St. Martin in Köln (11. Jhdt.).

Aronītae arum *m.* s. 1. Aaron.

Aasbai *indecl. m.* (*hebr.*: [mein] Anteil ist Jahwe ?) Aasbai, Vater des Eliphelet, eines Offiziers Davids.

S. **Abachum,** *indecl. m.* hl. Abachum, ein Perser, Mart. 19. Jan. (1. Jhdt.).

ăbāctĭō, ōnĭs *f.* das Wegtreiben.

ăbāctŏr, ōrĭs *m.* Dieb.

ăbāctŭs 3 (von abigo) weggetrieben, fortgetrieben.

ăbăcŭs, ī *m.* (ἄβαξ) Tafel, Brett, Tisch; Spielbrett, Spieltisch; Kredenztisch zum Aufstellen der Meßkännchen.

Abaddon, *indecl. m.* (*hebr.*: Untergang, Vernichtung, Verderben; *griech.*: Ἀπολλύων Verderber) ein Engel des Abgrundes, der Vertreter der gottfeindlichen Weltmacht (*Apoc.* 9, 11).

ăbāgmentŭm, ī *n.* Abführmittel.

ăbălĭēnātŭs 3 abtrünnig, abgefallen.

ăbălĭēnō 1. entfremden, wegschaffen. 2. berauben, abwendig machen, zum Abfall verleiten. 3. *pass.* sich entfernen, abweichen, abfallen.

ăbălĭŭd von der anderen Seite.

ăbaltĕrŭtrŭm von einander.

Aballō, ōnĭs *f.* (Aballum) Avallon, St. am Cousin (zur Yonne), Fkr. (Yonne), *ca.* 6200 Einw.

Aballŭm, ī *n.* s. Aballo.

Abana *indecl.* (*hebr.*: der Steinige ?) (Amana) Abana, ein Fluß Syriens, der durch Damaskus fließt.

ăbantĕ *praep. c. acc.* vorweg.

Abarim *indecl. n.* (*hebr.* die jenseitigen Gegenden?) Gebirge östlich vom Südlauf des Jordans und vom Toten Meere.

Abaron *indecl. m.* angeblich Beiname des vierten Sohnes des Mathathias.

ăbăvŭs, i *m.* Ahnherr, *pl.* Vorfahren.

abbā *indecl.*, (*aram.*) pater, Vater.

Abbācillă, ae *f.* s. Abbatiscella.

Abba Helvia ae *f. s.* Helvia.

abbās ātĭs *m.* Abt; a. de regimine regierender Abt (ohne Gebiet), a. nullius Abt mit eigenem Gebiet (keinem Bischof untergeben); a. commendatārĭus Kommendaturabt, Laienabt; a. exemptus ein unmittelbar unter dem Papste stehender Abt; a. primarius Primärabt, erster Abt einer Ordensprovinz; a. regularis Ordensabt.

abbātĭă, ae *f.* 1. Abtei; Abtswürde; a. nullius, scil.: dioecesis, Abtei, die keiner Diöcese angehört. 2. Name von Orten in Frankreich u. in der Schweiz.

abbātĭālĭs, ĕ äbtlich.

Abbātĭsburgŭs, ī *m.* Bourg d' Abbé, D., Fkr. (Loiret).

Abbātĭscĕllă, ae *f.* (Appencellense od. Appolitanense monasterium, Abbacilla) Appenzell, St. und 13. Kanton, Schweiz.

Abbātĭscūrĭă, ae *f.* Abbecourt (Fkr.).

Abbātĭsvillă, ae *f.* (Abbavilla) 1. Abbéville, St., Fkr. (Somme). 2. Abbans D., Fkr. (Doubs).

abbātissă, ae *f.* Äbtissin.

Abbāvillă, ae *f.* s. Abbatisvilla.

Abbenhūlis, is *f.* Appelhülsen, D., Preußen (Westfalen).

Abbentōnĭă, ae *f.* Abingdon, St. Engl. (Berks).

abbrĕvĭātĭō, ōnĭs *f.* Verkürzung, Zerstückelung, Vernichtung, Zerstörung.

abbrĕvĭō 1. verkürzen, abkürzen, schwächen; dagegen Dan. 9, 24 abreißen als Teil von der Fülle der Zeiten = bestimmen, festsetzen.

Abda *indecl. m.* (*hebr.* Knecht, Diener) Abda, 1. Vater des Adoniram, eines Schatzmeisters Davids. 2. ein Levit.

Abdaranēnŭs, ī *m.* Abderrahman, arabischer Kalif in Spanien.

Abdeel *indecl. m.* (*hebr.*: Knecht Gottes) Abdeel, Vater des Selemias, eines königlichen Beamten z. Z. des Propheten Jeremias.

Abdemelech *indecl. m.* (*hebr.*: Königsdiener) Abdemelech, ein Äthiopier am Hofe des israelitischen Königs Sedekias (597—587).

Abdenăgō *indecl., m.* (*hebr.*: Diener des Nebo, eines babylonischen Gottes) der babylonische Name für Azarias, den Gefährten Daniels.

Abdēră, ae *f.* u. ōrŭm *n.* (τὰ Ἄβδηρα) Abdera, Küstenst. in Griechenland (Thrazien); dav.: Abderītae, arum *m.* die Abderiten, Einw. von Abdera.

Abdi *indecl. m.* (*hebr.*: Diener Jahwes) 1. ein Nachkomme des Levi u. Vater des Cusi. 2. ein Nachkomme des Levi u. Vater des Cis. 3. Nachkomme des Aelam, der seine fremde Frau entließ.

Abdīās, ae *m.* (*hebr.*: Diener Jahwes) Abdias 1. Vater des Jesmaias, eines Fürsten im Stamme Zabulon z. Z. Davids. 2. Hausverwalter des israelitischen Königs Achab (873—854). 3. Aufseher über die Arbeiter, welche z. Z. des jüdischen Königs Josias (638—608) den Tempel wieder instandsetzten. 4. der vierte der sog. kleinen Propheten.

abdĭcātĭō, ōnĭs *f.* 1. Lossagung von etwas, Niederlegung eines Amtes. 2. Verstoßung, Enterbung.

abdĭcātrīx, īcĭs *f.* Verleugnerin.

1. **abdĭcō** 1 1. sich von etwas lossagen, ein Amt niederlegen. 2. nicht erkennen, verleugnen, verstoßen, enterben.

2. **abdīcō,** dīxī, dictŭm 3 absagen, verwerfen.

Abdiel *indecl. m.* (*hebr.*: Diener Gottes) Abdiel, Vater des Achi, eines Fürsten im Stamme Gad.

abdĭtŭm, ī *n.* Verborgenheit, Tiefe, Geheimnis.

abdĭtŭs 3 verborgen, versteckt, abgelegen, entfernt.

abdō, dĭdī, dĭtŭm 3 1. wegtun, entfernen, den Blicken entziehen; *refl.* **se abdere** sich zurückziehen. 2. verbergen, verstecken; *refl.* sich verbergen, sich vergraben.

abdōmĕn, ĭnĭs *n.* Schmerbauch, Wanst, Unterleib als Sitz der Sinnlichkeit; die Eingeweide.

abdōmĭnālĭs, ĕ den Bauch betreffend, Bauch =.

S. **Abdon** *indecl. m.* (Diener) hl. Abdon, ein Perser, Mart., 30. Juli, † zu Rom um 250.

1. **Abdon** *indecl. m.* (*hebr.*: Dienstbarer) Abdon, Israeliten: 1. Sohn des Micha, auch Achobor genannt; 2. Sohn des Sesak; 3. Sohn des Jehiel, des Gründers von Gabaon.

2. **Abdon** *indecl. m.* (*hebr.*: die Dienstbare) Abdon, St., Pal. (Aser).

abdūcō, dūxī, ductŭm 3 1. ab-, weg-, fortführen; entführen, rauben; zurücknehmen, zurückziehen. 2. übtr.: abwendig machen, zum Abfall verleiten, abbringen von einem Vorhaben, einem Zustande.

abductĭō, ōnĭs *f.* 1. das gewaltsame Wegführen, Entführung, Raub. 2. Einsamkeit.

Abed *indecl. m.* (*hebr.*: Diener) Abed, ein Jude, dessen Nachkommen mit Esdras aus der babyl. Gefangenschaft zurückkehrten.

abecedārĭŭm, ī *n.* Alphabet, Abc.

1. **Abel, ēlĭs** (auch *indecl.*) *u.* **Abēlŭs,** ī *m.* (*hebr.*: [Hebel] Hauch, Dunst, Vergänglichkeit, Nichtigkeit; bessere Ableitung: vom assyr. aplu oder sumerisch. ibila = Sohn) Abel, zweiter Sohn des ersten Menschenpaares; dav.: **Abēlĭcŭs** 3 den Abel betreffend.

2. **Abel** *indecl. f.* (*hebr.*: traurig, Trauer[?] Au [?]) 1. Abel St. Palästina, nordwestl. vom Meromsee, südl. vom Libanon; auch Abel-Beth-Maacha genannt; *j.* Abil oder Ibil, christl. Dorf. 2. Abel = Abel Keramim (*hebr.*: Weinbergsau) St. in Palästina (Stamm Issachar) in der Nähe von Philadelphia.

Abela, ae *f.* (*hebr.*: Au) Abela St. s. 2. Abel 1.

Abeldomus *indecl. f.* (*hebr.*: die große Trauer, die große Klage) Ort Palästinas, wo die Philister die Bundeslade mit ihren Weihegeschenken niederstellten (1. *Kön.* 6, 18).

Abēlĭcŭs 3 s. 1. Abel.

Abellă, ae *f.* (Avella) Avella vecchia, St. Italien (Avellino); dav.: **Abellānī,** ōrŭm *m.* Einw.

Abellīnēn. (*C. R.*) s. Abellinum.

Abellīnŭm, ī *n.* Avellino, St. am Fuße des Monte Vergine, It. (Avellino), ca. 14000 Einw.; Benediktinerabtei (gegr. 1119); Bischofssitz (seit 969), Suffr. v. Benevent; *dav.* **Abbellinensis,** e.

Abelmaim *indecl. f.* (*hebr.*: Gewässerau[?] (auch: Bethmaacha) Abelmaim *s.* 2. Abel 1.

Abel-Mehula *indecl. f.* (*hebr.*: Reigentanzau) Abelmehula, Ort Palästinas (Stamm Issachar) lag in der Jordanebene, südl. vom j. Skythopolis; Heimat des Propheten Elisäus.

Abel-Mizraim *indecl. f.* (*hebr.*: Ägypterau [?]) Abelmizraim, Ort in Palästina, wahrscheinlich zwischen Jericho u. Jordan.

Abelsatim (Abel-Settim) *indecl. f.* (*hebr.*: Akazienau) Abelsettim, St. Palästina, östl. vom Jordan gegenüber Jericho, *j.*: Tell-el-Kefren.

Abenboën *indecl.* (*hebr.*: Stein des Boen, eines Nachkommens von Ruben; Boen = Däumling) Abenboën, Ort südöstl. von Jerusalem, Grenzstein zwischen dem Stamme Juda u. Benjamin.

Abenner *indecl. m.* Abenner, König von Vorderindien.

ăbĕō, ĭī, ĭtŭm, īrĕ 1. ab-, weg-, fortgehen. 2. davon kommen, wegkommen. 3. abgehen = abschweifen. 4. vergehen, verschwinden, verstreichen. 5. draufgehen, verbraucht werden.

Aberdō, ōnĭs u. **Aberdōnă** ae *f.* Aberdeen, 1. Grafschaft Englands (nördl. Schottland). 2. St. an der Mündung des Dee, England (Schottland) ca. 160000 Einw., Bischofssitz (11. Jhdt. bis 1577; 1878 erneuert) Suffr. v. Edinburg; *dav.* **Aberdonensis,** e.

Aberdōnēn, (*C. R.*) s. Aberdo.

ăberrātĭō, ōnĭs *f.* 1. Entfernung. 2. *übtr.*: Verfehlung, Sünde.

ăberrō 1. 1. von etwas abirren, sich verirren. 2. abweichen, abkommen, abschweifen. 3. sich verfehlen, sündigen.

Abes *indecl.* (*hebr.*: Werkblei, Zinn [?]) Abes, St. Pal. (Issachar).

Abesalom (Abessalom) *indecl. m.* (*hebr.*: der Friedliche) Abessalom. 1. Vater oder Großvater der Maacha, der Mutter des Königs Abiam v. Juda. 2. Gesandter des Makkabäers Judas an den syrischen Reichsminister Lysias.

Abesan *indecl. m.* (*hebr.*: Schneller, Flinker) Abesan, Richter in Israel aus Bethlehem am Karmelgebirge.

Abessīnī, ōrŭm *m.* Abessinier, Bewohner von Abessinien, *auch:* Abissini, orum *m.*

Abessīnĭă (Habesinia) ae *f.* Abessinien, Kaiserreich in Afrika, südöstl. von Ägypten, *auch:* Abissinia, ae *f.*

Abgatha *indecl. m.* (*pers.*: Schöngestaltiger) Abgatha, Kämmerer am Hofe des Perserkönigs Xerxes, des Gemahls der Esther.

abgrĕgō 1 absondern, scheiden.

ăbhinc *adv.* 1. jetzt vor, vor nun. 2. seit nun.

ăbhorrĕō, rŭī 2 1. vor etwas zurückschaudern, zurückschrecken, einer Sache abhold sein. 2. übtr.: mit etwas unverträglich sein, gegen etwas verstoßen, zu etwas nicht passen.

ăbhorrēscō, hŏrrŭī 3 Abscheu bekommen

Abi *indecl. f.* Abi, Mutter des Königs Ezechias von Juda (721—693).

1. **Abia** *indecl. m.* u. *f.* (*hebr.*: Vater ist Jahwe) Abia; 1. Frau des Hebron, Mutter des Aschur. 2. der 2. Sohn Samuels. 3. König v. Juda (912—910). 4. ein Nachkomme des Ithamar. 5. ein Besiegler des unter Esdras erneuerten Bundes. 6. Israelit, von dem die 8. der 24 Priesterklassen ihren Namen hatte, aus welcher der hl. Joh. d. Täufer stammte.

2. **Ăbĭă,** ae *f.* (Ăbŭsīnă) Abens, rechter Nebenfluß der Donau, Mündung unweit Neustadt a. D. (Niederbayern).

Abialbon *indecl. m.* (*hebr.*: Vater der Beschämung, Bescheidener) Abialbon, ein Held Davids; auch Abiel genannt.

Abiam *indecl. m.* (*hebr.*: Vater ist Jahwe = Abia) Abiam, König von Juda = 1. Abia 3.

Abias, ae. *m.* (*hebr.*: Vater ist Jahwe) Abias König v. Juda, Ahnherr des Heilandes = Abiam; siehe auch: 1. Abia 3.

Abiasaph *indecl. m.* (*hebr.*: Sammler) Abiasaph 1. Levite aus der Sängerfamilie der Nachkommen Kaats. 2. Levite, Vater des Kore.

Abiathar *indecl. m.* (*hebr.*: Edler, Vorzüglicher) Abjathar, der letzte Hohepriester aus der Ithamaridenlinie (1031–972).

S. **Ăbībōn,** ōnĭs *m.* hl. Abibon, Mart. † im 1. Jhdt., 3. Aug.

abĭcĭō, ĭēcī, iĕctŭm 3 1. ab-, weg-, von sich werfen. 2. verschleudern, aufgeben, auf etwas verzichten; bei kleinen Kindern: aussetzen, nicht anerkennen. 3. nieder-, herabwerfen. 4. niederschmettern, entmutigen, erniedrigen, verkleinern. 5. senken: caput in terram.

Abida *indecl. m.* (*hebr.*: Kenner) Abida, Nachkomme Abrahams, Sohn des Madian.

Abidan *indecl. m.* (*hebr.*: Richter) Abidan, Sohn Gedeons, Familienhaupt und Heerführer im Stamme Benjamin.

abiectĭō, ōnĭs *f.* Entmutigung, animi Kleinmut, sŭī Selbstverleugnung, Unterwürfigkeit; Schmach, Auswurf.

abiectŭs 3 1. verworfen, verachtet, niedrig (*hebr.*: an der Schwelle stehend *Ps.* 83, 11), gemein. 2. kleinmütig, mutlos.

ăbĭēgĭnĕŭs 3 tannen, aus Tannenholz.

ăbĭēgnŭs 3 tannen, aus Tannenholz.

Abiel *indecl. m.* (*hebr.*: Gott ist Vater) Abiel 1. Großvater des Königs Saul. 2. Offizier Davids, auch Ner genannt.

ăbĭēs, ĕtĭs *f.* Tanne.

ăbĭĕtārĭŭs 3 mit Tannenholzarbeiten beschäftigt. — *subst.*: Schreiner, Holzschnitzer (*Ex.* 35, 35).

Abiezer *indecl. m.* (*hebr.*: Helfer) Abiezer, 1. Nachkomme des Manasse. 2. Held und Anführer im Heere Davids.

Abigabon *indecl. m.* (*hebr.*: Stammvater der Gaboniter) Beiname des Jehiel, eines Heerführers Sauls.

Abigail *indecl. f.* (*hebr.*: Der Vater ist froh [?]) Abigail, 1. eine der Frauen Davids, zuvor Gattin des Nabal vom Karmel. 2. eine Schwester Davids.

abĭgĕātŏr, ōrĭs *m.* Viehdieb.

abĭgō, ēgi, ăctŭm 3. 1. weg-, forttreiben, = jagen. 2. vertreiben, verscheuchen. 3. abtreiben (partum).

Abihaiel *indecl. m.* (*hebr.*: tapferer Held) Abihaiel, Vater des Suriel, eines Oberen der Leviten.

1. **Abihail** *indecl. m.* (*hebr.*: Starkmütiger) Abihail 1. ein Nachkomme des Gad. 2. Vater der Königin Esther.

2. **Abihail** *indecl. f.* (*hebr.*: die Starkmütige) Abihail 1. Gattin des Abisur. 2. Nichte Davids u. Frau des Königs Roboam.

Ăbīlēnă, ae *f.* (Abilenē, ēs Ἀβιληνή) Abilene, Landschaft an der Ostseite des Antilibanons, nordwestlich von Damaskus, Gebiet der Stadt Abel oder Abila.

Ăbīlēnē, ēs *f.* s. Abilena.

Abimael *indecl. m.* (*hebr.*: Ist der Vater nicht Gott ?) Abimael 1. Nachkomme Hebers u. Jektans, von dem das semitische Volk Mael in Südarabien abstammt (*Gen.* 10, 28).

Abimelech *indecl. m.* (*hebr.*: mein Vater [Gott] ist König) Abimelech, 1. wahrscheinlich Königstitel der Philisterfürsten z. Z. Abrahams u. Isaaks. 2. Richter in Israel, Sohn des Gedeon, ließ 70 Verwandte ermorden.

Abinadab *indecl. m.* (*hebr.*: der Vater [Gott] ist edel) Abinadab, 1. Bruder Davids. 2. ein Levit, Vater des Eleazar. 3. ein Sohn König Sauls.

Abinoëm (Abinoam) *indecl. m.* (*hebr.*: huldreich) Abinoam, Vater des Barak, des Heerführers der Israeliten z. Z. der Richterin Debbora.

Abiram *indecl. m.* (*hebr.*: erhabener Vater) Abiram, der erstgeborene Sohn Hiels, der sein Leben verlor, weil sein Vater Jericho wieder befestigte (*Jos* 6, 26).

Abiron *indecl. m.* (*hebr.*: erhabener Vater) Abiron, Sohn Eliabs aus dem Stamme Ruben, empörte sich mit Kore u. Dathan gegen Moses u. wurde von der Erde verschlungen (*Num.* 16, 1 ff.).

Abisag *indecl. f.* (*hebr.*: ?) Israelitin, dem Könige David zur Pflege beigegeben.

Abisai *indecl. m.* (*hebr.*: der Vater [Gott] ist) Feldherr Davids, Sohn seiner Schwester Sarvia.

Abissīnī, ōrŭm *m.* s. Abessini.

Abissīnĭă, ae *f.* s. Abessinia.

Abisue *indecl. m.* (*hebr.*: Glücklicher). 1. ein Nachkomme Aarons, Sohn Phinees, der 4. Hohepriester nach Aaron. 2. ein Sohn Bales.

Abisur *indecl. m.* (*hebr.*: Sänger) Abisur, Israelit, Sohn des Semei.

Abital *indecl. f.* (*hebr.*: die Lebensfrische) Abital, eine der Frauen Davids u. Mutter des Saphatia.
ăbĭtĭō, ōnĭs *f.* Weggang, Aufbruch.
Abitob *indecl. m.* (*hebr.*: Gütiger) Abitob, ein Nachkomme Benjamins im Lande Moab, Sohn des Saharaim u. der Husim.
ăbĭtŭs, ūs *m.* Weggang, Rückzug, Abzug, Tod.
Abiu (Abihu) *indecl. m.* (*hebr.*: er [Gott] ist mein Vater) Abihu, ein Sohn Aarons, der von Gott zur Strafe getötet wurde.
Abiud *indecl. m.* (*hebr.*: der Ruhmvolle) Abiud, 1. ein Nachkomme Benjamins u. Sohn des Bale, 2. ein Sohn des Zorobabel aus dem Stamme Juda, Ahnherr Christi.
abiūdĭcō 1. aberkennen, absprechen.
abiungō, iūnxī, iūnctŭm 3 trennen, entfernen.
abiūrātĭō, ōnĭs *f.* Abschwörung, Verleugnung.
abiūrātŏr, ōrĭs *m.* Verleugner.
abiūrō 1 abschwören, ab-, verleugnen.
ablactātĭō, ōnĭs *f.* Entwöhnung.
ablactō 1 entwöhnen.
ablātĭō, ōnĭs *f.* Wegnahme, Raub.
ablātŏr, ōrĭs *m.* Wegnehmer; Räuber.
ablēgātĭō, ōnĭs *f.* Entsendung, Verbannung.
ablēgō 1 wegsenden.
ablepsĭă, ae *f.* (βλέπτω = sehe) Blindheit, übtr.: Geistesschwäche.
ablĕvō 1 abnehmen, erleichtern.
ablĭgurrĭō (ablĭgūrĭō) 4 verprassen.
ablĭgurrĭtĭō, ōnĭs *f.* das Verprassen.
ablŏcō 1 vermieten.
ablŭō, lŭī, lūtŭm 3 1. abwaschen, reinigen. 2. beseitigen, tilgen. 3. taufen.
ablūtĭō, ōnĭs *f.* 1. Abwaschung, Reinigung. Im Meßbuch die Reinigung der Finger nach der Kommunion des Priesters, auch der dazu verwendete Wein mit Wasser: „sumit ablutionem". 2. Taufe.
ablūtŏr, ōrĭs *m.* Abwascher, Reiniger.
abmātertĕră, ae *f.* (= avi matertera) die Schwester der Urgroßmutter *oder* des Urgroßvaters, Urgroßtante.
abnātō 1 davon schwimmen.
abnĕgātĭō, ōnĭs *f.* das Ableugnen.
abnĕgātŏr, ōrĭs *m.* Ableugner.
abnĕgō 1 1. verweigern, versagen, entsagen; se ipsum sich selbst verleugnen, abtöten. 2. ableugnen.
abnĕpōs, pōtĭs *m.* (= avi nepos) Ururenkel, *pl.* Nachkommen.
abneptis, ĭs *f.* (avi neptis) Ururenkelin.
Abner *indecl.* (*hebr.*: der Lichte) Abner, Heerführer Sauls.
Abnŏbă, ae *m.* (Ἄβνοβα) der Schwarzwald, dort, wo die Donau entspringt, sowie die rauhe Alp.
Abnŏbĭŭs, ī *m.* s. Danubius.
abnoctō 1 auswärts übernachten.
abnormĭs, ĕ ungewöhnlich, regellos.
abnormĭtās, ātĭs *f.* das Ungewöhnliche, Ausnahme.
abnŭmĕrō 1 ganz durchzählen.
abnŭō, nŭī, nŭĭtūrŭs 3 1. abwinken, ablehnen. 2. abschlagen, verweigern, bestreiten.
Ăbōbŭs, ī. *m.* Verwandter des Simon Machabäus.
ăbŏlĕfăcĭō, fēcī, făctŭm 3 vernichten, aufheben.
ăbŏlĕō, lēvī, lĭtŭm 2 vernichten, zerstören, tilgen, beseitigen, abschaffen.
ăbŏlēscō, lēvī 3 vergehen.
ăbŏlĭtĭō, ōnĭs *f.* Vernichtung, Aufhebung, Amnestie.
ăbōmĭnābĭlĭs, ĕ verabscheuungswürdig, abscheulich.
ăbōmĭnāmentŭm, ī. *n.* Greuel, Scheusal, Götzenbild.
ăbōmĭnātĭō, ĭōns *f.* Greuel.
ăbōmĭnō 1 und **ăbōmĭnŏr** 1 von sich wegwünschen, verabscheuen, verwünschen.
ăbōmĭnōsŭs 3 verhängnisvoll.
ăbŏrĭŏr, ŏrtus, ŏrīrī vergehen, untergehen; von der Leibesfrucht: abgehen.
ăbortīvŭs 3 zu früh geboren, als Fehlgeburt zur Welt gekommen (Selbstbezeichnung des hl. Paulus).
ăbortŭs, ūs *m.* und **ăbŏrtŭm,** ī *n.* Fehlgeburt (als Handlung), Abtreibung der Leibesfrucht.
Abotrīti, ōrŭm *m.* s. Obotriti.
ăbră, ae *f.* (*aram.*: hăbrā; ἅβρα) Magd.
abrādō, rāsī, rāsŭm 3 abkratzen, abschaben; abscheren, verstümmeln.
1. **Abraham** *indecl.* (u. *gen.* Abrahae) u. **Abrahamus,** ī *m.* (*hebr.*: der Furchtsame [?]) Abraham, Patriarch, Stamvater des Judenvolkes (um 2000 v. Ch.)
2. **Abraham** *indecl. m.* Gefährte des hl. Romedius, s. dort.
Abrahamītae, ārŭm *m.* die Abrahamiten. 1. eine Sekte in Konstantinopel, welche die Gottheit Christi leugnete (9. *Jh.*). 2. eine deistische Sekte in Böhmen, unterdrückt durch Kaiser Joseph II. (1783).
Abram *indecl. m.* (*hebr.*: erhabener Vater) früherer Name des Patriarchen Abraham.
Abran *indecl.* (*hebr.*: Übergang) St. Pal. (Aser).
Abrantĭŭm, ī *n.* Abrantes, St. am Tejo, Portugal (Santarem), ca. 8000 Einw.
abrāsĭō, ōnĭs *f.* das Abschaben, das Abgeschabte.

abrāsŭs 3 abgekratzt, abgeschabt, radiert.

abrĕnūntĭātĭō, ōnĭs *f.* Entsagung.

abrĕnūntĭō 1 verzichten auf, absagen, entsagen: mundo, diabolo.

Abrinca, ae *f.* und **Abricum,** i *n.* u. **Abrincae,** arum *f.* Avranches, St. Fkr. (Manche) ca. 8000 Einw. ehem. Bischofsitz (1801) dav.: **Abricensis,** e.

abrĭpĭō, rĭpŭī, reptŭm 3 fortreißen, fortschleppen, entführen, rauben.

abrŏgātĭō, ōnĭs *f.* Aufhebung.

abrŏgō 1 aufheben, entziehen, abschaffen; ganz außer Kraft setzen.

abrumpō, rūpī, rūptŭm 3. 1. Abbrechen, trennen. 2. zerreißen, verletzen.

S. **Abrŭncŭlŭs,** ī *m.* Bischof von Trier († ca. 527); Nachfolger des sel. Fibitius. Von seinem Leben und Tun ist nichts Näheres bekannt.

Erzbischof Eberhard v. Trier brachte den Körper aus der Kirche des hl. Symphorian in die des hl. Paulinus (ca. 1150); hundert Jahre später schenkte Erzbischof Albero den größten Teil der Gebeine an das Kloster Springiersbach (22. April).

abruptŭs 3 jäh, abschüssig; übtr. von der Rede: schroff, abgerissen; **abrupte** *adv.* 1. geradezu, jählings, übereilt. 2. rücksichtslos, unaufhaltsam.

Abrūtĭŭm, ī *n.* Abruzzo, Ldsch. Italien (Abruzzen, Molise).

abs s. a.

Absalom *indecl. m.* (*hebr.*: der Friedliche) Absalom, 1. der 3. Sohn Davids, der sich gegen seinen Vater erhob († ca. 980 v. Chr.). 2. Vater des Mathathias, eines siegreichen jüdischen Heerführers z. Z. der Makkabäer. 3. Vater des Jonathas, vielleicht gleich Nr. 2. 4. Abesalom, Gesandter der Juden unter Judas Makk. an den syrischen Reichsminister Lysias.

abscēdō, cēssī, cēssŭm 3 1. weg-, fortgehen. 2. sich trennen, abfallen, verloren gehen, schwinden.

abscessŭs, ūs *m.* das Niedersteigen.

abscīdō cīdī, cīsŭm 3 1. abschneiden, abhauen. 2. beschneiden, entmannen, kastrieren.

abscĭndō, scĭdī, scissŭm 3 abreißen, trennen, scheiden.

abscīsĭō, ōnĭs *f.* und **abscĭssĭō,** ōnĭs *f.* Enthauptung.

abscondĭtŏr, ōrĭs *m.* Verberger, Hehler.

abscondĭtŭm, ī *n.* Verborgenheit, Versteck; absconditum tempestatis = finstere Wolke; *pl.*: Schätze (*Ps.* 16, 14).

abscondĭtŭs 3 1. versteckt, geheim, verborgen, 2. tiefsinnig, schwer zu verstehen.

abscondō, condĭdī, u. condī, condĭtŭm 3 verbergen, verstecken, verheimlichen.

abscōnsă, ae *f.* (Lichtverbergerin =) Blendlaterne (Cist. Rit.).

abscōnsĭō, ōnĭs *f.* das Verbergen, Versteck.

abscōnsŭs 3 verborgen, heimlich.

absdō, dĕdī, dătŭm 1 weggeben.

absens, ntĭs abwesend, entfernt.

absentĭă, ae *f.* Abwesenheit, Mangel.

absĭdātŭs 3 gewölbt.

absĭdĭŏlă, ae *f.* kleine Chorkapelle.

absĭmĭlĭs, ĕ unähnlich.

absinthĭŭm, ī *n.* (absynthium, ἀψίνθιον) Wermut; bitteres Kraut.

absĭs, īdĭs, *acc.* īdă *f.* (apsĭs, ἀψίς, ῗδος von ἅπτειν haften, anknüpfen). 1. Bogen, Wölbung, Rundung. 2. Apsis oder Apside, d. h. große Nische zum Abschluß des Chors, auch das Chor selbst; *übtr.*: Querschiff. 3. runde Schale, Schüssel.

absistō, stĭtī 3 1. ab-, zurücktreten, sich entfernen. 2. von etwas abstehen, etwas unterlassen.

absĭtŭs 3 abgelegen, entfernt.

absŏlūbĭlĭs, ĕ verzeihbar.

absŏlūtē *adv.* vollständig, schlechthin unbedingt; ohne weiteres (vgl. absolutus).

absŏlūtĭō, ōnĭs *f.* 1. Los-, Freisprechung, besonders in der Beichte: abs. sacramentalis; abs. ad tumbam Bittgebet um Schuld- und Straferlaß für den Verstorbenen; abs. generalis Generalabsolution, d. h. Erteilung eines vollkommenen Ablasses. 2. Schlußteil des Offiziums. 3. Vollendung, Vollkommenheit. 4. ein im Ordenskapitel verrichtetes Gebet um Sünden- u. Straferlaß für die Verstorbenen (Cist. Rit.).

absŏlūtōrĭŭm, ī *n.* Befreiungsmittel.

absŏlūtōrĭŭs 3 zur Freisprechung gehörig.

absŏlūtŭm, ī *n.* das Aufgelöstsein; das Aufhören, die Beendigung.

absŏlūtŭs 3. 1. vollständig, vollkommen, in sich abgeschlossen. 2. unbedingt, ohne Einschränkung (vgl. absolute). 3. entscheidend, unanfechtbar.

absolvŏ, solvī, sŏlūtŭm 3. 1. ablösen, befreien. 2. lossprechen, freisprechen in der Beichte, vor Gericht. 3. beendigen, fertigmachen, vollenden: sacellum; 4. *auch*: vernichten, zerstören; aufhören, zugrunde gehen.

absŏnŭs 3 abgeschmackt, unpassend, mißtönend, mißklingend; *übtr.*: unverträglich.

absŏrbĕō, sŏrbŭī (*auch*: sorpsī), sorptum (*ptc. auch*: absorbtus 3) 2. 1. verschlucken, verschlingen, hinunterschlürfen. 2. aufsaugen, ganz in Anspruch nehmen.

absquĕ *praep. c. abl.* ohne, sonder, ausgenommen, außer (nur in der Umgangssprache gebräuchlich).

Absquĕ Mīsĕrĭcordĭă Ohne Erbarmen, Name der Tochter des Propheten Osee.
abstēmĭŭs 3 (tēmētŭm = altlateinisch und dichterisch Wein) enthaltsam, mäßig, nüchtern; weinfeindlich.
abstentĭō, ōnĭs *f.* Enthaltung, das Fasten.
abstergĕō, tersī, tĕrsŭm 2. (auch: abstergo 3). 1. abwischen, abtrocknen. 2. wegnehmen.
absterrĕō, tĕrrŭī 2 1. fortscheuchen. 2. abschrecken, abhalten.
abstersĭō, ōnĭs *f.* das Abwischen, Abtrocknen: manuum.
abstĭnāx, ācĭs enthaltsam.
abstĭnēns, ntĭs 1. enthaltsam, uneigennützig, 2. keusch, züchtig.
abstĭnentĭă, ae *f.* Enthaltsamkeit, Genügsamkeit, bes.: Enthaltung von Fleischspeisen.
abstĭnĕō, tĭnŭī, tentŭm 2 1. *trans.* abhalten, zurückhalten, abwehren. 2. *refl.* se **ābstĭnēre** sich enthalten. 3. *intr.* sich enthalten, fernbleiben, verschonen, fasten.
abstractĭō, ōnĭs *f.* Entführung.
abstractŭm, ī. *n.* das Abstraktum.
abstrăhō, trāxī, tractŭm 3 1. wegziehen, fortschleppen. 2. trennen, entfernen, abhalten. 3. verleiten, verlocken, verführen.
abstrūdō, trūsī, trūsŭm 3 wegstoßen, verbergen.
abstrūsĭō, ōnĭs *f.* das Verbergen.
abstrūsŭs 3 1. verborgen, heimlich, versteckt, verschlossen. 2. dunkel, unklar, verwirrt.
absŭm, āfŭī, āfŭtūrŭs, ăbĕssĕ (āfŏrĕ = āfŭtūrŭm essĕ, aforem = abessem). 1. abwesend, fern sein. 2. nicht beistehen. 3. sich nicht beteiligen, fehlen. 4. räumlich und zeitlich getrennt sein. 5. unpersönlich: haud multum, non longe oder paulum abest, quin es fehlt nicht viel, daß = beinahe; tantum abest, ut weit entfernt, daß oder: anstatt daß = vielmehr. 6. nicht passen zu, verschieden sein, abweichen.
absūmō, sūmpsī, sūmptŭm 3 1. wegnehmen. 2. verbrauchen, verzehren. 3. vernichten.
absūmptĭō, ōnĭs *f.* das Verbrauchen, Vernichten.
absurdŭs 3 (mit sardare = intelligere verwandt; Lautwechsel a zu u kurz bei Plautus cap. 69). 1. mißtönend. 3. abgeschmackt, ungereimt, ungeschickt.
absȳnthĭŭm s. absinthĭŭm.
Abulēn. (*C. R.*) s. Abula.
Ābŭlă, ae *f.* Avila, St. (*r.* am Adaja zum Duero) Spanien, ca. 12000 E. Bischofssitz, Suffr. von Valladolid; *dav.* **Abŭlēnsĭs,** ĕ.

ăbundāns, antis 1. überflutend, übervoll. 2. reich, im Überfluß vorhanden. abundantes, ium die Begüterten, Reichen; Ps. 122, 4: Vulg.: Hohn (soll werden) den (wohllebenden) Reichen u. Verachtung den Stolzen! [*hebr.*: erfüllt ist unsere Seele vom Hohne der Reichen, u. von der Verachtung der Stolzen: opprobrio abundantium et despectione superborum.]
ăbundantĕr *adv.* vollauf, in Fülle, reichlich; wortreich.
ăbundantĭă, ae *f.* 1. Überfluß, Überfüllung, Reichtum; 2. Überladung der Rede, Wortgepränge. 3. Wohlergehen, Heil (*Ps.* 121, 7).
Ăbundantĭă, ae *f.* christliche Matrone, die den Leichnam des hl. Gregor v. Spoleto loskaufte.
S. **Ăbundantĭŭs,** ī *m.* s. S. Abundius, Bek. u. Bischof von Como.
ăbundătĭō, ōnĭs *f.* das Überströmen, die Überschwemmung.
ăbundē *adv.* im Überflusse, genug.
S. **Ăbundĭŭs,** ī *m.* Mart.
Er wurde unter Kaiser Valerian (reg. 253—260) in einer römischen Kloake ertränkt, weil er den Leichnam der Martyrerin Concordia, der Amme des Mart. Hippolytus, aus der Kloake gezogen und dem Priester Justinus zur Beerdigung übergeben hatte. Beigesetzt wurde er von demselben Priester unweit der Kirche des hl. Laurentius auf dem Ager Veranus bei Rom. (26. August).
S. **Ăbundĭŭs,** ī *m.* Bek. (vgl. Lib. Dialog. S. Greg. P. lib. 3. c. 25).
Er war Türhüter an der Kirche St. Peter (in Rom?); der hl. Apostel Petrus, den er sehr verehrte, schickte ihm einst durch ein Traumgesicht ein gelähmtes Mädchen zu, das den Apostel schon lange um Heilung angefleht hatte. Abundius wirkte das erbetene Wunder. (15. April.)
S. **Ăbundĭŭs,** ī *m.* Bek. u. Bischof von Como (Italien).
Er wurde auch Abundantius genannt und Nachfolger des Bischofs Amantius von Como. Seine Vaterstadt war Thessalonich in Griechenland. Von Papst Leo I. ward er mit dem Bischofe Asterius sowie den Priestern Basilius und Senator zur Beilegung der Wirren des Irrlehrers Nestorius als Gesandter zum Kaiser Theodosius beordert. Ueber Abundius berichtet in rühmenswerter Weise ein Brief des Bischofs Theodoret, der am Konzil von Chalcedon (451) teilnahm. Abundius leitete einen Kirchenrat in Mailand und unterschrieb damals auch für den verhinderten Bischof Asimon von Chur (Schweiz). Es gelang ihm, die heidnischen Einwohner Comos zu bekehren. Nur ein Fürst daselbst widerstand allen Bitten. Als aber Abundius dessen früh verstorbenen Sohn zum Leben erweckte, nahm auch dieser den Glauben an. Der Bischof starb in Como und wurde in der Apostelkirche, wo das Wunder geschehen war, beigesetzt. Später erhielt diese Kirche den Namen des Heiligen (3., auch 6. oder 15. April).
Ăbundĭŭs, ī *m.* Abundius, christl. Sohn eines Stadtpräfekten v. Rom (um 290).
ăbundō 1 1. überströmen; austreten. 2. Überfluß haben, in Fülle vorhanden sein; in aliquo reichlich zu teil werden (gratia), reichliche Frucht tragen,

vollkommen sein oder werden; a. in suo sensu von seiner Meinung vollkommen überzeugt sein. abundo, ut zur Umschreibung von saepe oft; er wandte oftmals seinen Zorn (*Ps.* 77,38).

Ăbŭsīnă, ae *f.* 1. s. Abia. 2. römische Niederlassung unweit der Mündung der Abens in die Donau beim j. Dorfe Eining (Niederbayern).

ăbūsĭō, ōnĭs *f.* 1. Mißbrauch. 2. Entwertung, Herabsetzung, Verachtung, Verhöhnung.

ăbūsquĕ *praep. c. abl.* von = her. (Dichterische Umstellung statt usque ab bis von — her erscheint zuerst bei Vergil, in Prosa bei Tacitus.)

ăbūsŭs, ūs *m.* Verbrauch, Mißbrauch.

ăbūtŏr, ūsŭs sŭm 3 1. aufbrauchen, gänzlich verbrauchen, sorgfältig benutzen. 2. mißbrauchen, vergewaltigen (auch in geschlechtl. Sinne).

Abyssinĭă, ae *f.* s. Abessinia.

Ăbyssŭs, ī *f.* (βυϑός u. βυσσός m. = Tiefe, Meerestiefe, Abgrund; ἄ-βυσσος grundlos, unermeßlich; subst. ἡ ἄβυσσος [N. Test.] Abgrund). 1. Abgrund, Hölle. 2. Unermeßlichkeit, Weltenraum. 3. a. multa = Weltmeer.

ăc *s.* atque.

Acă, ae *f. s.* Acco.

ăcădēmīă, ae *f.* (acadēmĭa, ἀκαδήμεια eig. Hain des Heros Akademos bei Athen mit öffentl. Anlagen, wo Plato lehrte; das i ist auch kurz unter Einwirkung des griech. Akzents.) 1. Hochschule, Akademie, Universität. 2. gelehrte Gesellschaft.

ăcădēmĭcŭs 3 (ἀκαδημικός, ἀκαδημαϊκός), 1. zu einer Hochschule gehörig, akademisch; academici gradus: Baccalaureat, Licentiat, Doktorwürde. 2. *subst.*: *m.* der Akademiker, Hochschüler.

Acan *indecl. m.* (*hebr.*: ?) Akan, Nachkomme des Höhlenbewohners Seïr.

Acanthēnsĭs, ĕ s. Acanthus.

ăcanthĭnŭs 3 akanthusartig (*s.* acanthus).

ăcanthĭs, ĭdĭs *f.* (ἀκανϑίς) Distelfink, Goldfink (Fringilla carduelis L.) (auch acalanthis).

Acanthŏpŏlĭs, ĭs *f.* Dornstetten, St. Württemberg (Schwarzwaldkreis).

ăcanthŭs, ī *m.* u. *f.* (ἄκανϑος) 1. Bärenklau, eine Pflanze mit gezackten Blättern, in Südeuropa heimisch, die als Vorbild zu Verzierungen am Säulenknauf dient (Acanthus mollis L.). 2. Schottendorn, ein stacheliger Baum in Ägypten (Mimosa nilotica L.); dav.: acanthĭnus 3 akanthusartig.

Acanthŭs, ī *f.* (Ἄκανϑος) Akanthus, Seestadt auf der östlichen Spitze der Halbinsel Chalkidike, Makedonien, j. Hierisso. dav.: **Acanthēnsĭs,** ĕ.

Acarnān, ānis (*acc. sg.* āna *pl.* ānas) *m.* (Ἀκαρνάν) Akarnaner.

Acarnānĭă, ae *f.* (Ἀκαρνανία) Arkarnanien, die westlichste Landschaft Mittelgriechenlands zwischen Ätolien u. Epirus.

ăcathŏlĭcŭs 3 (ἀκαϑολικός) nichtkatholisch; *subst.*: *m.* u. *f.* Nichtkatholik, Nichtkatholikin.

Acaunum, ī *n. s.* Agaunum.

acaustŭs 3 (ἄκαυστος) unverbrennlich.

Ăccă *indecl.* Akka, ein Bischof in England (um 400).

Accain *indecl.* (*hebr.*: der Besitz) St. Pal. (Juda).

Accānă, ae *f.* (Aecae) *j.*: Troja, St. nördlich v. Bovino, It. (Foggia) ca. 7000 Einw.; Bischofssitz (seit 1028) exempt.

Accaron *indecl.* (*hebr.*: Unfruchtbarkeit) St. der Philister, südl. v. Jaffa, Palästina (Dan zugeteilt, auch Ekron od. Hakir genannt).

Ăccărōnītă, ae *m.* Bewohner der Stadt Accaron.

accēdō, cēssī, cēssŭm 3 1. herzu-, herantreten, sich nähern; — mulierem ehelich beiwohnen. 2. bittend nahen, sich an jemand wenden. 3. feindlich angreifen. 4. beitreten, beipflichten. 5. hinzugefügt werden (als neuer Grund oder neue Tatsache), sich hinzugesellen. 6. sich mit etwas abgeben, befassen. 7. Accedit homo ad cor altum (*Ps.* 63, 7 ist ohne Sinn) [*hebr.*: während das Innere eines jeden verschlagen u. sein Herz unergründlich ist].

accĕlĕrātĭō, ōnĭs *f.* Beschleunigung.

accĕlĕrō 1 1. beschleunigen. 2. sich eilen, herbeieilen; oft als *adv.* gebraucht = schleunigst (*Ps.* 30, 3).

accendĭŭm, ī *n.* das Anzünden, der Brand

accendō, cĕndi, cēnsŭm 3 1. anzünden, anstecken. 2. entzünden, anfeuern, erregen. 3. vermehren, steigern.

accēnsĕō, accēnsŭm 2 hinzurechnen, beigesellen.

accēnsĭbĭlĭs, ĕ entzündlich, lodernd, entflammend.

accēnsŏr, ōrĭs *m.* Anzünder, Brandstifter.

accēnsŭs 3 (*ptc. pf.* von ăccĕndō) brennend.

accentŭō 1 betonen.

acceptābĭlĭs, ĕ annehmbar, wohlgefällig.

acceptātĭo, ōnis *f.* Annahme.

acceptātŏr, ōrĭs *m.* Annehmer, Empfänger.

acceptĭō, ōnĭs *f.* 1. Annahme, Aufnahme, Empfang, 2. Anerkennung, Würdigung, persōnarum Rücksichtnahme, Parteilichkeit; Ansehen der Person.

acceptō 1 (Frequentativ von accipio) regelmäßig annehmen, einnehmen; — sacrificium wohlgefällig annehmen, sich gefallen lassen, zulassen.
acceptŏr, ōrĭs *m.* 1. Rücksichtnehmer (Apg. 10, 34). 2. Empfänger. 3. Billiger.
acceptrīx, īcĭs *f.* Empfängerin.
acceptŭm, ī *n.* Einnahme; accepti et expensi liber Einnahme- u. Ausgabetagebuch.
acceptŭs 3 1. angenommen; 2. angenehm, willkommen; tempus acceptum gnadenreiche Zeit; acceptum referre verdanken; *adj.*: aus dem part. perf. pass. von accipere, freundlich aufgenommen, willkommen.
accĕrsō 3 s. ărcēssō.
Acces *indecl. m.* (*hebr.*: Verkehrter, Falscher) Akkes, Vater des Ira, eines Helden Davids.
ăccēssĭbĭlĭs, e zugänglich.
ăccēssĭō, ōnĭs *f.* 1. das Hinzu-, Herantreten, Annäherung. 2. Beistimmung. 3. Zuwachs, Wachstum, Erweiterung, Zulage, Zusatz.
accēssĭtō 1 hinzukommen.
accessōrĭŭs 3 hinzutretend, dazugehörig; nebensächlich, untergeordnet; abhängig, sekundär; forma accessoria Nebenform; *adv.* accessorie 1. in abhängiger Weise. 2. nebensächlich, beiläufig.
accessōrĭŭm, ī *n.* Anhängsel.
accēssŭs, ūs *m.* 1. Annäherung, Besuch: episcopi; Zutritt. 2. Anlauf, Inangriffnahme. 3. Zugang, Zugangsstelle, Landungsstelle. 4. Abgabe der Stimmen bei Wahlen an den, der die meisten Stimmen hat.
Accho *indecl.* (*hebr.* ?) s. Acco.
accĭdēns, entĭs zufällig, unwesentlich, äußerlich; *subst. pl.*: accidēntĭă, ium *n.* 1. alles, was nicht wesentlich zu einem Begriff gehört. 2. das zufällige Erlebnis; *adv.* **accĭdēntālĭtĕr** zufällig, unabsichtlich.
accidentālĭs, e zufällig.
1. **accĭdō,** cĭdi 3 1. hinfallen. 2. gelangen, hindringen. 3. eintreten, sich zutragen, bes. unpers.: es trifft sich, geschieht. 4. ausfallen, ablaufen.
2. **accīdō,** cīdī, cīsŭm 3 anschneiden, schwächen, zerrütten, entkräften.
ăccĭĕō 2 herbeirufen, herbeiholen.
ăccingŏ, cīnxī, cīnctŭm 3 1. angürten, umgürten. 2. rüsten. 3. **sē accingĕrĕ** u. **accingī** sich rüsten, sich bereitmachen, anschicken.
accĭō 4 herbeirufen, kommen lassen.
accĭpĭō, cēpī, cĕptŭm 3 1. empfangen, bekommen, erhalten; erleiden. 2. vernehmen, hören, erfahren, erlernen. 3. annehmen, in Empfang nehmen, aufnehmen, billigen, gutheißen. acc. in vano animam suam seine Seele zu Eitlem gebrauchen *Ps.* 23, 4. 4. mitnehmen (1. *Mach.* 3, 12 u. *Matth.* 16, 5). 5. wegnehmen (*Marc.* 3, 12); acc. animam das Leben rauben *Ps.* 30, 14.
accĭpĭtĕr, trĭs *m.* Habicht, Raubvogel, Sperber.
Accĭpĭtrŭm insŭlae, arum *f.* Azoren, Inselgruppe im atlantischen Ozean.
accītŭs s. accĭō.
acclāmātĭō, ōnĭs *f.* 1. beifälliger oder tadelnder Zuruf, Geschrei, das Zujauchzen. 2. erlaubter Wahlvorgang bei der Papstwahl; früher bei allen Wahlen.
acclāmō 1 zurufen, zujubeln.
acclīnātĭō, ōnĭs *f.* das Anlehnen, Sichlagern, Lager.
acclīnātōrĭŭm, ī *n.* Rückenlehne.
acclīnĭs, ĕ 1. sich anlehnend, vertrauensvoll. 2. gebeugt, demütig, zerknirscht.
acclīnō 1 anlehnen, hinneigen zu.
acclīvĭs, ĕ bergan, schräg aufsteigend.
acclīvĭtās, ātĭs *f.* Abdachung, Steigung.
Accō, ōnĭs *f.* (Accho, Acca, Ace, Ptolemais) Akka (Saint-Jean d' Acre), Küstenstadt nördlich vom Karmelgebirge, Türkei (Syrien, Beirut), ca. 10 000 Einw.; ehem. Bischofssitz (2. Jhdt.) u. Erzbischofssitz z. Z. der Kreuzzüge. (Bistum 1856 griech.-melchit. Ritus).
accōgnōscō, nōvī, ĭtŭm 3 anerkennen.
accŏlō, cŏlŭī, (cultŭm) 3 in der Nähe wohnen; accolentes, ium *m.* u. *f.* Anwohner.
accommŏdātĭō, ōnĭs *f.* 1. Anpassung. 2. Willfährigkeit, Gehorsam.
accommŏdātŭs 3 1. angepaßt, geeignet, *adv.*: **accomŏdātē** angemessen, schicklich. 2. passend, gewachsen.
accommŏdātŭs, ūs *m.* Anpassung: vulgaris (der Volksmenge).
accommŏdō 1 1. anpassen, anfügen. 2. einrichten, anbequemen. 3. **sē a.** sich fügen, sich richten nach. 4. zukommen lassen, verwenden für.
accommŏdŭs 3 schicklich, passend.
accorpŏrō 1 einverleiben.
Accos *indecl. m.* (*hebr.*: Dorn) Akkos, jüdischer Priester, der nach dem babyl. Exil aus der Priesterschaft ausgeschlossen wurde.
accrēdō, dĭdī, dĭtŭm 3 zu glauben bereit sein.
accrēscō, crēvī, crētŭm 3 hinzuwachsen, hinzukommen, zunehmen.
accrētĭō, ōnĭs *f.* Zunahme.
Accub *indecl. m.* (*hebr.*: Nachfolger, Nachsteller) Akkub 1. jüdischer Levit, der dem Volke nach dem Exil das

Gesetzbuch vorlas. 2. ein Tempeltürhüter. 3. ein nachexilischer Nathinäer.

accŭbĭtĭō, ōnĭs *f.* 1. das Sich zu Tisch legen, das zu Tische Liegen, 2. der Platz bei Tische.

accŭbĭtōrĭŭm, ī *n.* 1. Speisesaal. 2. Grabmal.

accŭbĭtus, ūs *m.* 1. das zu Tische Liegen, derPlatz bei Tische. 2. dasRuhelager, Sitzpolster.

accŭbō, bŭī, bĭtŭm 1 1. liegen, gelagert sein, ruhen. 2. bei Tische liegen. 3. (ehelich) beischlafen.

Accŭm, ī *n.* Cadix, St. Südspanien (Andalusien) ca. 70 000 Einw. Bischofssitz (seit 1267), Suffr. v. Sevilla.

accumbō, cŭbŭī, cŭbĭtŭm 3 1. sich hinlagern, sich niederlassen. 2. sich zu Tische legen.

accŭmŭlātĭō, ōnĭs *f.* Aufhäufung, Anhäufung.

accŭmŭlō 1 1. hoch aufhäufen, erhöhen. 2. reichlich verleihen, überhäufen mit.

ăccūrātĭō, ōnĭs *f.* Sorgfalt, Genauigkeit.

ăccūrātŭs 3 sorgfältig, ausführlich, genau.

ăccŭrrō, cŭrrī, cŭrsŭm 3 herbeilaufen.

Accursĭus, ī *m.* ein Martyrer, s. S. Berardus.

ăccŭrsŭs, ūs *m.* 1. das Herzulaufen. 2. Hilfe.

Accus *indecl. m.* (*hebr.*: Dorn) Akkus, Vorfahre des Marimuth, eines nachexilichen Erbauers der Stadtmauern Jerusalems.

accūsābĭlĭs, ĕ anklagenswert, strafbar.

accūsātĭō, ōnĭs *f.* Anklage, Anschuldigung, Beschwerde, Klage.

accūsātŏr, ōrĭs *m.* Ankläger, Angeber.

accūsātōrĭŭs 3 zum Ankläger gehörig, anklägerisch; actio accusatoria Strafklage (*C. j. c.* 1934).

accūsātrīx, īcĭs *f.* Anklägerin.

ăccūsō 1 1. gerichtlich anklagen, belangen; die Person auch durch adversus ausgedrückt: accusabit adversus electos; die Sache auch im *abl.*: accusant eos multis criminibus (*Marc.* 7, 25). 2. über jemand oder etwas sich beklagen, beschweren, Vorwürfe machen.

Acē, ēs *f.* (Ἄκη) s. Acco.

ăcēdĭă, ae *f.* (ἀκήδεια u. ἀκηδία) 1. Sorglosigkeit, Trägheit. 2. mürrisches Wesen, üble Laune.

ăcēdĭŏr 1 unwillig sein, sich ärgern.

Ăcĕphălī, ōrŭm *m.* (Ἀκέφαλοι) Die Kopflosen, Spottname für die strenge Partei der Sekte der Monophysiten, die ohne Oberhaupt sind.

1. **ăcĕr,** ĕrĭs *n.* der Ahornbaum.

2. **ācĕr,** ācrĭs, ācrĕ 1. spitz, scharf, schneidend. 2. scharfsinnig, tatkräftig leidenschaftlich, rüstig, streng. 3. sauer, bitter. **acriter** *adv.* scharf, genau, eindringlich, nachdrücklich, heftig, empfindlich.

ăcĕrātŭs 3 mit Spreu vermischt.

ăcerbĭtās, ātĭs *f.* (acerbitudo) 1. Herbheit, Bitterkeit, abstoßendes Wesen. 2. Drangsal, Elend.

ăcerbĭtūdō, ĭnĭs *f.* *s.* acerbitas.

ăcerbō 1 erbittern, verschlimmern.

ăcerbŭs 3 1. herb, bitter, sauer, unreif. 2. von Personen rauh, hart, abstoßend, unfreundlich; von Sachen und Ereignissen herb, schmerzlich. **ăcerbē** *adv.* streng, grausam.

Acernēn. (*C. R.*) s. Acernŭm.

Acernŭm, ī *n.* Acerno, St. It. (Salerno), *ca.* 2600 Einw., Bistum (seit 1818 verwaltet vom Erzb. von Salerno).

ăcerră, ae *f.* (vielleicht von acer Ahorn oder auch semitischen Ursprungs) Weihrauchgefäß, Rauchpfanne.

Acerrae, arum *f.* (Cerenthia). 1. Acerra, St. nördlich vom Vesuv, It. (Caserta), *ca.* 15 000 Einw. Bischofssitz, Suffr. v. Neapel. 2. Gera, D. It. (Como).

Acerrarum (*C. R.*) s. Acerrae 1.

ăcervātĭm *adv.* 1. haufenweise. 2. kurz und bündig.

ăvervō 1 aufhäufen.

ăcervŭs, ī *m.* Haufe, Masse, Menge.

ăcēscō, ăcŭī (ăcīscō) 3 sauer werden (zu acēre sauer sein).

ăcētābŭlŭm, ī *n.* 1. Essigbecher. 2. jedes becherartige Gefäß, Becher.

ăcētārĭŭm, ī *n.* (meist im Plural) Salat.

ăcētōsŭs 3 essighaltig, Essig.

ăcētŭm, ī *n.* Essig, Weinessig.

Achab *indecl. m.* (*hebr.*: Vaters Bruder, Oheim) Achab, 1. verbrecherischer König von Israel (*ca.* 876—854) z. Z. des Propheten Elias. 2. ein falscher Prophet, der zur Strafe verbrannt wurde z. Z. des Propheten Jeremias.

Achabor *indecl. m.* (*hebr.*: ?) Achabor, Israelit am Hofe des Königs Josias von Juda (638—608).

Achad *indecl.* (*hebr.*: Festung) Akkad, St. nordwestlich von Babylon, von Nimrod erbaut.

Achada, ae *f.* Achonry, D., Irland (Grafschaft Sligo, Prov. Connaught) Bistum, Suffr. v. Tuam; bisch. Residenz im Marktflecken Ballaghadereen (Mayo); *dav.*: **Achadensis,** ĕ.

Achadēn. (*C. R.*) s. Achada.

Achāĭă, ae *f.* (Ἀχαΐα = Ἀχαία Angst, Traurigkeit) 1. Landschaft Achaja, das nördliche Küstenland des Peloponnes. 2. Name Griechenlands als römischer Provinz. Bewohner **Achaeī,** ōrŭm *m.* die Achäer.

Achāĭcŭs, ī *m.* (Ἀχαικός) Achaicus, Schüler des hl. Apostels Paulus.

Achaimŭm, ī *n.* Aschheim, Pfarrdorf bei Feldkirchen, Bayern (Oberbayern, Bezirksamt München).

Achan *indecl. n.* (*hebr.*: Unglückbringer, Achan, Dieb aus dem Stamme Juda) der mit der ganzen Familie z. Z. Josues gesteinigt wurde. Sein Name wurde in Achar abgeändert.

Achar *indecl. m.* (*hebr.*: Unglückbringer) s. Achan.

ăchărĭs, ĭtĭs (ἄχαρις) undankbar.

ăchātēs, ae *m.* (ἀχάτης) der Achatstein.

S. Achătĭŭs, ī *m.* Offizier u. Mart. unter Kaiser Hadrian (117—138).

Auf den Rat eines Engels nahm er das Christentum mit seiner Truppe an und siegte über die Armenier. Hadrian ließ ihn mit 10000 Soldaten auf dem Berge Ararath töten; die Mehrzahl wurde mit Dornen gekrönt und gekreuzigt. (23. Juni.)

Achaz *indecl. m.* (*hebr.*: Kürzung von Joachan: Jahwe erwählt) Achaz, König von Juda (*ca.* 736—721) z. Z. des Propheten Isaias, Ahnherr Christi.

Achazib *indecl.* (*hebr.*: Täuschung, Lüge) Achazib 1. St. im Gebirge Juda, Pal. (Juda). 2. St. am Meere, Pal. (Galiläa) auch Zib oder Ekdippa (Ἔκδιππα) genannt.

Achĕra, ae *f.* Achern, St. an der Acher, Baden (Baden) *ca.* 4000 Einw.

Ăchĕrōn, ŏntĭs *m.* (Achĕrūns, Ἀχέρων) Acheron 1. Fluß im alten Epeiros jetzt Mavros oder Phanariotikos in Unteralbanien, durchfließt mit seinem Nebenfluß Kokytus den acherusischen See (Ἀχερουσία λίμνη), der ungesunde Dünste aushaucht, und mündet ins jonische Meer. Wegen seines teilweise unterirdischen Laufes wurde er zum sagenhaften Fluß der Unterwelt. 2. *übtr.*: die Unterwelt, die Hölle.

Ăchĕrontĭă, ae *f.* (Agerentia) Acerenza, St., It. (Potenza), *ca.* 6000 Einw., Erzbistum Acerenza und Matera, Sitz in Matera.

Ăchĕrontin. (*C. R.*) *s.* Acherontia.

Ăcherūns, ntis *m. s.* Acheron.

Achĕrūsĭŭs 3 (Ἀχερούσιος) 1. s. Acheron 2. *übtr.*: unterirdisch.

Achia, ae *m.* (*hebr.*: Jahwe ist Bruder [Freund]) Achia (Achias) 1. israel. Priester z. Z. König Sauls. 2. ein Tempelschatzmeister. 3. (Achias) Israelit aus dem Stamme Juda, Sohn des Jerameel. 4. (Ahia) Israelit aus dem Stamme Benjamin, Sohn des Naaman.

Achias, ae *m.* s. Achia 1. u. 3.

Ăchillēs, ĭs *m.* Priester in Alexandrien zu Anfang des 4. Jahrhdts.

S. Ăchillēŭs, ī *m.* Mart., 12. Mai, † im 1. Jahrhundert.

Achim *indecl. m.* (*hebr.*: ?) Achim, einer der Ahnherren Jesu.

Achimaas, ae *m.* (*hebr.*: der Zornige) Achimaas; 1. Vater der Achinoam, einer Frau des Königs Saul. 2. Sohn des israelitischen Priesters Sadok, eröffnet dem König David den verbrecherischen Anschlag Absaloms. 3. Amtmann König Salomons zu Nephthali.

Achiman *indecl. m.* (*hebr.*: Freund der Schicksalsgöttin) Achiman, ein Riese in Hebron.

Achimelech *indecl. m.* (*hebr.*: Mein Bruder [Gott] ist König) Achimelech. 1. Ein Hethiter, bei dem David längere Zeit weilte. 2. Hoherpriester zu Nobe (Stadt im Stamme Benjamin), der David auf seiner Flucht unterstützte.

Achimoth *indecl. m.* (*hebr.* ?) Achimoth, ein Israelit, Sohn des Elkana.

Achinoam *indecl. f.* (*hebr.*: Holdselige) Achinoam, 1. eine der Frauen Königs Sauls. 2. eine der Frauen König Davids, Mutter des Amon.

Achior *indecl. m.* (*hebr.*: der Lichte, Glückliche) Achior, 1. Vetter des Tobias, soll Mundschenk u. Siegelbewahrer des assyrischen Königs Asserhaddon gewesen sein; *griech.*: Achiacharos genannt. 2. Heerführer der Ammoniter im Lager des Holofernes, bei Bethulia, der sich zum Judentum bekehrte.

Achiram *indecl. m.* (*hebr.*: erhabener Bruder) Achiram, Familienhaupt im Stamme Benjamin z. Z. des Moses.

Achis *indecl. m.* (Akusch, *assyr.*: Ikausu) Achis, König zu Geth im Philisterland, der David die Stadt Sikeleg schenkte, als er bei ihm weilte (ca. 1013—1011).

Achisamech *indecl. m.* (*hebr.*: Stützender) Achisamech, Vater des Ooliab, eines Miterbauers des Bundeszeltes.

Achitob *indecl. m.* (*hebr.*: Guter) Achitob, 1. Nachkomme des Heli. 2. israelitischer Priester z. Z. König Davids. 3. Israelit, Ahnherr der Judith. 4. Vater des Hohenpriesters Achimelech in Nobe.

Achitophel *indecl. m.* (*hebr.*: Gleißner) Achitophel, Ratgeber König Davids, der zu Absalom überging u. sich schließlich erhängte.

Achlērŭs, ī *m.* Achler, Name der Familie der sel. Elisabeth Bona, *s.* dort.

Achobor *indecl. m.* (*hebr.*: Maus [?]) Achobor, 1. Vater des 7. Edomiterkönigs Balanan (vor Moses). 2. Israelit, Sohn Michas. 3. Abgesandter des

Königs Joakim von Juda (608—597) nach Ägypten.
ăchōr, ōrĭs *m.* (ἀχώρ) *s.* acora.
Achor *indecl.* (*hebr.*: Betrübnis) ein Tal nördl. von Jericho, wo Achan (Achar) gesteinigt wurde.
Achsa *indecl. f.* (*hebr.*: Fußspange) Achsa Tochter des Kaleb.
Achsaph *indecl.* (*hebr.* ?) Achsaph, St., Palästina.
Achzib (Achziba) *indecl. s.* Achaziba.
ăcĭcŭlă, ae *f.* kleine Nadel.
ăcĭdŭs 3 scharf, sauer, widerlich, lästig, unfreundlich.
ăcĭēs, ēī *f.* 1. Schärfe, Schneide. 2. Blick. 3. Scharfsinn. 4. Schlachtreihe, Schlachtordnung. 5. Schlacht.
Acĭlĭō, ōnĭs *f.* Aiguillon, St. am Lot, Fkr. (Lot-et-Garonne), *ca.* 3200 Einw.
ăcĭnă, ae *f. s.* acinus.
ăcīnăcēs, ĭs *m.* (ἀκινάκης) Krummsäbel der Türken, Perser u. a.
ăcĭnăcĭŭm, ī *n.* Tresterwein.
ăcĭnātĭcŭs 3 aus Weinbeeren bereitet.
ăcĭnŭs, ī *m.* (acina u. acinum) kleine Beere, Traubenbeere, Weinbeere.
ăcīscō, ăcŭī 3 *s.* acesco.
Aclĕă, ae *f.* Acle, D., England (Norfolk).
ăcŏlūthŭs, ī *m.* (acŏlŷthos, ἀκόλουθος) Akolyth, d. h. der am Altare dienende Kleriker, welcher die vierte der niederen Weihen empfangen hat; *übtr.*: Meßgehilfe, Ministrant, Meßner.
ăcŏlŷthŏs, ī *m. s.* acoluthus (= acŏlūthos).
S. Acŏnĭă, ae *f.* hl. Akonia, Jgfr. u. Mart.
Acŏnīnă, ae *f.* Akonina, Jgfr. u. Mart., Genossin der hl. Ursula (5. Jhdt.).
acŏnītŭm, ī *n.* 1. Eisenhut, Wolfswurz. 2. Gift (ἀκόνιτον).
ăcŏr, ōrĭs *m.* scharfer Geschmack.
ăcōră, ae *f.* (achora, achor, ἀχώρ) Grind, Schorf.
acquĭēscō, quĭēvī, quĭētŭm 3 1. zur Ruhe kommen, ausruhen. 2. Ruhe haben, sich beruhigen, zufrieden sein. 3. zustimmen, beipflichten. 4. willfährig sein, gehorchen.
acquīrō, quīsīvī, quīsītŭm 3 dazu gewinnen, erwerben, verschaffen.
acquīsītĭō, ōnĭs *f.* Erwerb, Gewinn, Besitz.
acquīsītŏr, ōrĭs *m.* Erwerber.
Acra, ae *f.* (nicht: Akra) Akra, Bistum mit chaldäischem Ritus seit 24. Febr. 1810 von Amadia getrennt (Kurdistan) *dav.*: Acrensis, e.
Acrăbătēnă (toparchia), ae *f. s.* Acrabathāne.
Acrăbăthānē, ēs *f.* (Acrabatena: Skorpionengegend) gebirgige Gegend am Südende des Toten Meeres.
Acren. (*C. R.*) *s.* Acra, ae *f.* (nicht: Akren.!).
ăcrĭcŭlŭs 3 reizbar.
ăcrĭfŏlĭŭm, ī *n.* Stechpalme.
ăcrĭmōnĭă, ae *f.* Schärfe, Tatkraft.
ăcrĭtĕr *adv.* zu acer.
ăcrĭtūdō, ĭnĭs *f.* Schärfe, Energie.
Acrium, i *n.* Stadt in Calabrien (Italien).
ăcrŏāsĭs, ĭs *f.* (ἀκρόᾱσις) das Zuhören, der Vortrag.
Acron *indecl.* (*hebr.*: Akkaron: Einbürgerung ?) Akron, St., Pal. (Dan).
Acrōnĭŭs lăcus *m.* ein Teil des Bodensees (lacus Brigantīnus) wahrscheinlich der Untersee von Konstanz bis zum Rheinausfluß (auch: Potamĭcus lacus).
acrŏtĕleutĭă, orum *n.* (ἀκροτελεύτια) Responsorien, Antworten des Volkes auf den Vorgesang des Klerus.
acrŏtērĭŭm, i *n.* Landspitze.
1. **actă,** ae *f.* (ἀκτή) Seegestade, Meeresstrand.
2. **āctă,** orum *n. s.* actum.
actaeŭs 3 (ἀκταῖος) 1. am Meere gelegen. 2. attisch, Attica, Ἀκτή et Acta dicta est (Gellius).
actīnōsŭs 3 (ἀκτινόεις) strahlenreich, glorreich: ecclesia.
actĭō, ōnĭs *f.* 1. Ausführung, das Handeln, Tat, Handlung. 2. Verhandlung, Amtshandlung, Darlegung. 3. Handlung beim Meßopfer, Meßkanon; Darstellung, Feier, Vorstellung. 4. gratiarum actio Dankabstattung, Danksagung, Dankgebet; devota actione mit frommer Hingebung. 5. Klage, Anklage (bei Gericht); Prozeßführung actio damno infecto Klage wegen zugefügten Schadens; actio possessoria Klage über den Besitz des Klageobjektes; actio rescissoria Rückgängigkeitsklage.
āctĭōsŭs 3 viel bewegt, tätig.
āctĭtō 1 betreiben.
actīvŭs 3 tätig.
āctŏr, ōrĭs *m.* 1. Treiber. 2. Vollzieher, Besorger. 3. Verwalter, Geschäftsführer. 4. Sachwalter, Beschirmer, Beschützer. 5. Redner, Schauspieler. 6. Kläger (bei Gericht).
āctrīx, īcĭs *f.* Klägerin.
actuālĭtas, ātis *f.* Tätigkeit; Wirklichkeit.
āctŭālĭs, e tatsächlich, wirklich.
1. **āctŭārĭŭs** 3 leicht in Bewegung zu setzen, schnell.
2. **āctŭārĭŭs,** ī *m.* Schnellschreiber, Sekretär, Aktenführer; Rechnungsführer, Buchhalter; *beim Heere*: Proviantmeister.
actum, i *n.*, meistens *pl.* **acta,** orum *n.* 1. Taten, Werke. 2. öffentliche Verhandlungen: ab actis concilii esse Konzilssekretär sein. 3. Bericht, Chronik: acta Martyrum Berichte

über die Martyrer, a. Sanctorum Heiligengeschichte (*vgl.* ago).

actŭō, 1. verwirklichen, beenden, sich üben.

actŭōsŭs 3 voll Bewegung und Leidenschaft.

actus, ūs *m.* 1. das Treiben, Bewegung. 2. Handlung, Abmachung = actus inter vivos, Abmachungen zwischen Lebenden; Vorgang, Feier, Akt. 3. Handhabung, Gebrauch. 4. Wandel, Lebenslauf; actus (pl.) Apostolorum Apostelgeschichte; *aber*: Acta Sanctorum = Heiligengeschichte, *s.* actum unter ago. 5. Gerichtsakten. 6. einmalige Tätigkeit: per modum actūs nach Art einer einzelnen, vorübergehenden, augenblicklichen Handlung oder Anordnung (*C. j. c.* 1244, § 2); Angelegenheit (*C. j. c.* 101); actus legitimi ecclesiastici kirchliche Handlungen (vgl. *C. j. c.* 2256, § 2). 7. actu (adverbial) tatsächlich, in Wirklichkeit (*C. j. c.* 13, 2).

Acŭlă, ae *f.* Acquapendente, St. nördlich vom Bolsener See, It. (Rom), *ca.* 5000 Einwohner, Bischofssitz, exempt.

ăcŭlĕātŭs 3 1. spitzig, scharf. 2. spitzfindig.

ăcŭlĕŭs, i *m.* 1. Stachel, Spitze, Sporn. 2. Sorge.

ăcūmĕn, ĭnĭs *n.* Spitze, Scharfsinn, Spitzfindigkeit, Verstandesschärfe.

ăcūmĭnō 1 zuspitzen, schärfen.

ăcŭō, ŭī, ūtŭm 3 1. schärfen, spitzen, wetzen. 2. üben. 3. anspornen, anreizen. 4. steigen.

acupictrix, īcis *f.* Stickerin.

ăcŭpictūră, ae *f.* Stickerei.

1. **ăcŭs,** ūs *f.* Nadel; ăcū pĭngĕrĕ sticken; acupungere mit der Nadel stechen (als Heilverfahren).

2. **ăcŭs,** ĕrĭs *n.* Getreidehülse, Spreu.

Acus, uum *f.* Aiguilles, D., Fkr. (Hautes-Alpes).

S. Acūtĭus, i *m.* Mart., einer der Genossen des hl. Januarius (4. Jhdt.).

ăcūtŭs 3 1. scharf, spitz, spitzig. 2. scharfsinnig, durchdringend, hell, bestimmt und klar.

Acūtŭs mons, Acuti montis *m.* Montaigu, St. Fkr. (Vendée).

ăd, *praep. c. acc.* I. *räumlich* 1. Richtung wohin = zu, an, nach, hin, auf, in die Gegend von, gegen, bis = zu, bis = an; übtr. bei Zahlen: nahezu, gegen, ungefähr. 2. auf die Frage wo: bei, an, zu; auch bei Personalbezeichnung „bei": ad me ipsum (*Ps.* 41, 7). II. *zeitlich* 1. gegen, um. 2. zu, an, auf. 3. auf, für ad multos annos. III. *von anderen Verhältnissen* 1. Zweck: zu, für. 2. in bezug auf, gemäß, quid ad te was berührt das dich? 3. im Vergleich: mit, neben. 4. zu, außer, ad haec außerdem.

Adă, ae *f.* (*hebr.*: Schmuck, Schönheit) erste Gattin des Samech, eines Nachkommen Kains. 2. Gattin Esaus, *auch*: Basemath genannt.

ădactŭs 3 (adigo) gezwungen.

Adad *indecl.* (Hadad, Name einer syrischen Gottheit) Hadad, 1. König von Edom, Sieger über die Madianiten. 2. ein Idumäer u. Gegner des Königs Salomon.

Adada, ae *f.* (*hebr.*) Adada, Grenzstadt gegen Edom. Pal. (Juda).

Adadremnon *indecl.*, (Hadad ist Ramman) Ort in der Gegend des alten Mageddon, Palästina.

Adae insula, ae *f.* s. Adami insula.

ădaequātĭō, ōnĭs *f.* das Gleichmachen.

ădaequē *adv.* auf gleiche Weise, ebenso.

ădaequō 1 1. gleichmachen, gleichstellen. 2. vergleichen. 3. gleichkommen, erreichen.

ădăggĕrō 1 anhäufen.

ădăgĭō, ōnĭs *f.* u. **ădăgĭŭm,** ī *n.* Sprichwort.

Adaia, ae *m.* (*hebr.*: Schmuck ist Jahwe) Adaja. 1. Israelit aus dem Stamme Levi. 2. Israelit aus dem Stamme Benjamin. 3. ein jüdischer Priester.

Adaias *indecl. m.* (*hebr.*: Schmuck ist Jahwe) Adajas, Israelit, der in der babylonischen Gefangenschaft fremde Frauen nahm.

S. Ădalbĕrō, ōnĭs *m.* hl. Adalbero. Bek. u. Bischof von Augsburg (887—909).

Aus dem Geschlechte der oberösterreichischen Grafen von Lambach, studierte in Würzburg; als Nachfolger des hl. Bruno, seines Verwandten, Bischofs von Würzburg, erbaute er die Basilika vom hl. Kilian. Sein Schloß wandelte er als letzter seines Stammes in ein Benediktinerkloster um; verteidigte die kirchlichen Rechte gegen Heinrich IV. (1056—1106), wurde von letzterem verbannt; starb 1090 auf Schloß Lambach, wo er auch begraben und als Wundertäter verehrt wurde (3. u. 6. Oktober).

S. Adalbertŭs, ī *m.* hl. Adalbert, Mart. u. Bischof von Prag, Apostel der Preußen, zweiter Patron des Polenreiches, (983—997).

Aus böhmischem Grafengeschlechte, hieß anfangs Vojtech, studierte in Magdeburg unter Bischof Adalbert, dessen Namen er annahm; wurde später Nachfolger des Bischofs Dietmar von Prag, machte Pilgerfahrten nach Jerusalem und Rom, um die Bekehrung seiner Untertanen von Gott zu erflehen; wurde in Rom Benediktinermönch, kehrte nach drei Jahren auf Befehl des Papstes nach Prag zurück, fand die Zustände traurig (seine Brüder waren ermordet); der Papst läßt ihn schließlich als Missionar nach Preußen ziehen, dort wird er von den Heiden niedergestoßen. Der Körper wird um Goldesgewicht von Herzog Boleslaus von Polen erkauft und erst nach Gnesen, dann nach Prag gebracht. (23. April: Prag.)

— Fest der Uebertragung. Als der Böhmenherzog Bretislaus um 1038 Polen erobert und Gnesen genommen hatte, zog das Heer in die Marienkirche, um die Reliquien des hl. Adalbert durch Zerstören seines Grabes zu erlangen. Während die Krieger von höherer Gewalt davon abgehalten wurden, kam der Herzog mit dem Prager Bischof Severus, der dem ganzen Heere drei Tage Fasten und Gebete auferlegte. In der dritten Nacht erschien dem Bischof der hl. Adalbert und sprach: „Sage dem Herzog und seinen Führern, der Vater im Himmel wird Euch geben, was Ihr verlangt, wenn Ihr das Böse nicht wieder tut, dessen Ihr bei der Taufe entsagt habt." Sie warfen sich flehentlich bittend vor dem Grabe nieder, während der Herzog selbst die Leute fragte: „Wollt Ihr den Uebertretungen entsagen, welche dem hl. Adalbert immer mißfielen?" Unter Tränen antworteten sie: „Wir sind bereit, alles, was unsere Väter und wir gegen den hl. Gott gesündigt haben, zu bessern." Darauf erbrach nach Anrufung der allerheiligsten Dreifaltigkeit unter Psalmengesang und Gebeten des Klerus der Bischof das Grab bis zum Sarkophag. Nach Oeffnung empfanden alle einen solch' wunderbaren Wohlgeruch, als ob sie drei Tage hindurch Tafelgenüssen zu huldigen schienen. Sehr viele Kranke wurden geheilt. Das Antlitz war noch so frisch, als wenn er diesen Morgen erst die hl. Geheimnisse gefeiert hätte. Der Herzog betete: „Möge er es nicht ungnädig aufnehmen, an den Sitz der Prager Kirche zu kommen." Und siehe! Der Herzog und der Bischof konnten den Leib leicht erheben und auf den Altar stellen, so daß die Leute ihre Gebete davor verrichten konnten. Auch der Leib des Gnesener Erzbischofs Gaudentius, des Bruders und unzertrennlichen Begleiters des hl. Adalbert und die hl. Leiber von fünf Martyrbrüdern, welche den hl. Adalbert einst von Rom nach Polen begleiteten, wurden zugleich übergeführt. Bis zum Flüßchen Rókytnice in der Nähe von Prag war eine ungeheuere Menge Volk aus der Stadt entgegengekommen, so daß die hl. Leiber in feierlicher Prozession in die Stadt geleitet wurden. — 25. August. Prag. (Auch Gnesen, Kulm und Ermland feiert das Fest, doch mit gewöhnl. Lektion vom Feste.)

Adalbertŭs, ī *m.* Adalbert, Herzog vom Elsaß, Vater der hl. Jungfrau Attăla (8. Jahrh.).

Adalgīsŭs, ī *m.* Adalgisus, Frankenherzog, Vormund des Frankenkönigs Sigebert, (7. Jhdt.).

S. Ădalgōt(t)ŭs, ī *m.* (Algōtŭs u. Analgotus) Bek. u. Cist. Bischof, † um 1160, mit dem Beinamen Berber.

Er trat in Clairvaux unter dem hl. Bernhard als Mönch ein. Der Ruf seiner Frömmigkeit veranlaßte die Einwohner von Chur, ihn als Bischof zu begehren; dort nahm er sich der Armen und Waisen an, errichtete Benediktinerklöster und erbaute eine Basilika zu Ehren des hl. Lucius, des Patrons der Diözese. 15. März (Cist. Ord.) oder 3. Okt. (Chur).

Adali *indecl. m.* (*hebr.*: Müßiggänger, Feiernder) Adali, Israelit aus dem Stamme Ephraim, Vater des Amara.

Adalia, ae *m.* (pers ?) Adalia, angeblich der 5. Sohn des Aman, des Ministers des persischen Königs Xerxes.

Ad Almonam monasterium, ī *n.* s. Alemanni monasterium.

S. Adalprētŭs, ī *m.* hl. Adalpret, Mart. Bischof v. Trient.

Ohne Lebensangaben, Trient 27. März.

Adam, Adae u. Adami u. *indecl. m.* (*hebr.*: Erdmann, der Irdische), der erste Mensch, dann überhaupt für Mensch, funiculis Adam mit menschlichen Banden.

Adama, ae *f.* (*hebr.*: Fruchtland) Adama. 1. alte kanaanitische Stadt westlich vom Toten Meer, Pal. 2. St. Pal. (Nephthali).

ădămantēŭs 3 stählern, stahlhart, unzerbrechlich.

ădămantĭnŭs 3 stählern, stahlhart, unzerbrechlich.

Adamantin. (*C. R.*) s. Adamantinum.

Adămantĭnŭm, ī *n.* Diamantina (früher Tejūco) St. an einem l. Nebenfluß des Belmonte, Brasilien (Minas Geraes) *ca.* 40 000 Einw. Bischofssitz (seit 1854), Suffr. v. Rio de Janeiro.

ădămās, antĭs (*acc.*: adamanta) *m.* 1. Eisen, Stahl, 2. Diamant, Demant. 3. Magnet. 4. *übtr.*: unbeugsamer Sinn.

Adamī *indecl.* (*hebr.*: hanneqeb) St. Pal. (Nephthali).

Adāmī insŭlă, ae *f.* (Adae insula) L' Isle-Adam, St., Fkr. (Seine-et-Oise).

Adămĭānī, ōrŭm *m.* Adamianer, eine Sekte, vielleicht gleich den Adamiten.

Adămītae, ārŭm *m.* (Adamiti) 1. Adamiten, gnostische Sekten im zweiten Jahrhundert, die ihren Gottesdienst nackt abhielten. 2. manichäische Sekte im 14. u. 15. Jahrhundert, besonders in Böhmen, auch Pikarden genannt.

Adămītī, ōrŭm *m.* s. Adamitae.

ădămō 1 lieb gewinnen.

ădamplĭō 1 erweitern.

ădămussĭm *adv.* regelrecht; nach der Schnur; vollkommen, genau, pünktlich (*s.* amussis).

Adan *indecl. s.* Addon.

Adana, ae *f.* (Bathnae) Adana, St. am Seihun, nördlich vom Golf von Alexandriette, Kleinasien, *ca.* 45 000 Einw. Bischofssitz (armenisch-uniert); *dav.* **Adanensis,** ĕ.

Adanen. (*C. R.*) *s.* Adana.

ădăpĕrĭō, ăpĕrŭī, ăpĕrtŭm 4 1. öffnen. 2. aufdecken, entblößen; *pass.*: sich öffnen.

ădăpĕrtĭō, ōnĭs *f.* das Öffnen, die Darlegung, Erklärung.

adaptātĭo, ōnĭs *f.* Anpassung.

adaptō 1 anpassen.

ădăquō 1 tränken, benetzen, anfeuchten; *pass.*: zur Tränke gehen, Wasser holen.

Adar *indecl.* 1. Adar, Name des letzten Monats im jüdischen Kirchenjahr (März). 2. Adar, schlechte Lesart für Hadad, der 8. Edomiterkönig. 3. Adar-Haser-Addar (*hebr.*: Prachthof), D. an der Südgrenze Palästinas.

ădărēscō, ărŭī 3 völlig eintrocknen.

Adarezer *indecl. m.* (*hebr.*: Hadad [höchste syrische Gottheit] ist Hilfe) Adarezer (Hadadeser), König von Soba in Syrien nordwestlich von Damaskus z. Z. des Königs David.

Adarnă, ae *m.* (Aderna) Eder, Nebenfluß der Fulda, Zufluß der Weser.

Adarsa, ae *f.* (*hebr.*: Hadascha, Neustadt, auch: Adazer) Adarsa, St., Pal. (Ephraim).

ădauctŏr, ōrĭs *m.* Vermehrer, Erhöher, Beförderer.

S. **Adauctŭs**, ī *m.* hl. Adaukt, Mart. † 30. Aug. 303.

(Name für den unbekannten Martyriumsgenossen des hl. Felix.)

ădaugĕō, auxī, auctum 2 noch dazu vergrößern, vermehren.

ădăvuncŭlŭs, ī *m.* Sohn des Urgroßoheims.

Adazer *indecl. s.* Adarsa.

Adbeel *indecl. m.* (*arab.* Gottes Gerechtigkeit) Adbeel, dritter Sohn des Ismael und Enkel Abrahams.

1. **Addar** *indecl.* (*hebr.*: Pracht) Addar, St., Pal. (Juda).

2. **Addar** *indecl.* (*hebr.*: der Prächtige) Addar, ein Israelit, Sohn des Bale.

addĕcĕt 2 es schickt, es gebührt sich.

addĕcĭmō 1 zehnten, mit dem Zehnten belegen.

addextrō 1 1. mit der Rechten (Hand) versprechen, feierlich versprechen, Treue versprechen. 2. zur Rechten erscheinen, Glück und Heil bringen.

Addi *indecl. m.* (*hebr.*: Hiddajs) ein Israelit, Sohn des Kosan, Ahnherr Christi.

addīcō, dīxī, dictŭm 3 1. zuerkennen, zusprechen. 2. zur Zahlung, zum Tode verurteilen. 3. zuschlagen, überlassen. 4. (se) widmen, weihen, hingeben. 5. preisgeben.

addictus 3 zugetan, ergeben.

Addĭgă, ae *m. s.* Athesis.

addīscō, dĭdĭcī 3 dazulernen, lernen.

addĭtāmentŭm, ī *n.* Hinzufügung, Zugabe; Anhang, Zusatz.

addĭtĭō, ōnĭs *f.* Zutat, Zugabe, Hinzufügung, Ergänzung.

addĭtĭōnālĭs, ĕ hinzufügbar, hinzurechenbar, hinzuzählbar; hinzugefügt (*C. j. c.* 2109).

addō, dĭdī, dĭtŭm 3 1. beigeben, beifügen, einfügen. 2. einflößen. 3. verleihen, hinzutun, addieren. 4. in Gedanken hinzufügen.

Addo *indecl.* (*hebr.*: ?) Addo 1. Israelit, Sohn des Joah. 2. Vater des Propheten Zacharias. 3. Vater des Ahinadab. 4. ein jüdischer Prophet und Seher. 5. ein jüdischer Priester.

Addon *indecl.* (*hebr.*: Adan) Addon, nicht bestimmbarer Ort in Palästina.

addormīscō 3 etwas einschlafen, ein Schläfchen machen.

Addŭă, ae *m.* u. *f.* Adda, linker Nebenfluß des Po; Oberitalien.

addŭbĭtātĭō, ōnĭs *f.* Verlegenheit.

addŭbĭtō 1 etwas, ein wenig zweifeln.

addūcō, dūxī, ductŭm 3 1. an sich ziehen, herzuführen, herbeiführen. 2. in einen Zustand versetzen, veranlassen, verführen. 3. hinfahren lassen, vertilgen (*Ps.* 124, 5).

Addus *indecl.* (*hebr.*: scharf, schnell) (Adiada) Addus, St. östlich von Joppe Pal. (Juda), wichtig für die Verteidigung der Ebene Juda.

ădĕdō, ēdī, ēsŭm 3 1. auffressen. 2. aufzehren, verbrauchen.

Adelaïdēn. (*C. R.*) s. Adelaïdopolis.

Adĕlaïdŏpŏlĭs, ĭs *f.* Adelaide, St. am Torrens, Südaustralien, ca. 150 000 Einw., Erzbischofssitz (seit 1887); *dav.*: **Adelaïdensis**, e.

S. **Ădĕlāïs**, āïdĭs *f.* s. S. Adel(h)aidis.

S. **Ădĕlārĭŭs**, ī *m.* hl. Adelar, Bisch. u. Mart. von Erfurt, *s.* S. Eobanus.

Adĕlārĭŭs, ī *m.* Adelar, Bisch., Gefährte des hl. Bonifatius (8. Jhdt.)

S. **Ădelbertŭs**, ī *m.* hl. Adelbert, Priester, Bek. († ca. 750), aus England.

In Irland von dem Mönche Egbert erzogen, mit dem hl. Willibrord und zehn anderen Priestern zur Bekehrung der Friesen abgesandt; später in Süddeutschland und Holland tätig, wo er schließlich in Egmond (Diözese Haarlem) von dem friesischen Fürsten Radbod beigesetzt wurde. Durch seine Fürbitte wurden Graf Egbert, damals Subdiakon, später Erzbischof von Trier, und dessen Schwester Erlinda von schwerer Krankheit befreit. (27. Juni.)

S. **Adĕlgōtŭs**, ī *m.* s. S. Adalgotus.

S. **Adelgundis**, is, *f.* hl. Adelgund, Äbtissin.

Aus dem königl. Geschlechte der Merowinger von Waldebert und Bertilia um 630 geboren, schlug sie mehrere Heiratsanträge aus, nahm den Schleier und gründete das Kloster Maubeuge (Fkr.), wo sie Äbtissin wurde. Mit ihrer Schwester, der hl. Waldetrudis, war sie der Schutzengel der Armen, Kranken und Gefangenen. Sie starb am 30. Januar 685. 30. Januar. (Ppr. Ben.)

S. **Ādelhăĭdĭs**, ĭs *f.* (Adelais, Adelaidis, Adelheidis) hl. Adelheid, Witwe, Kaiserin († 999 od. 1000).

Tochter des Königs Rudolf des Kriegerischen von Burgund und der Herzogin Berta von Schwaben, vermählt mit dem Königssohn Lothar in Italien; nach dessen Tode von Berengar verfolgt, der die ihr gehörige Herrschaft Pavia an sich reißen wollte. Sie vermählte sich aufs neue mit Kaiser Otto I., d. Gr., von Deutschland. Sie errichtete als Witwe viele Klöster und Kirchen. Ihr Sohn ist Otto II., Kaiser von Deutschland, † 16. Dez. 999 oder 1000.

S. **Ādelphŭs**, ī *m.* hl. Adelph, Bisch. von Metz, Bekenner.

Als Nachfolger des hl. Rufus wirkte er 17 Jahre, wie Paulus Diakonus berichtet, sehr erfolgreich als Wundertäter. Näheres aus seinem Leben fehlt. Sein Leib wurde ins Kloster Neuweiler bei Straßberg (Elsaß) übertragen. — 29. Aug. oder 1. Sept.

Ademarī, ōrŭm *m.* Montélimar, St. am Rubion (zur Rhone), Fkr. (Drôme), ca. 14000 Einw.

ădēmptĭō, ōnĭs *f.* Wegnahme.

ădēmptŏr, ōrĭs *m.* Räuber.

1. **ăděō,** ĭī, ĭtŭm, īrĕ 1. hinzugehen, bereisen, besuchen (aliquem). 2. losgehen auf, sich wenden an; adire tribunal einen Gerichtshof angehen, das Gericht anrufen. 3. an ein Werk gehen, sich unterziehen.

2. **ăděō** *adv.* 1. bis zu dem Punkte, soweit. 2. solange. 3. noch dazu, und sogar; adeo non geschweige denn. 4. so sehr, in dem Grade; adeo non so wenig.

1. **Ăděōdătŭs,** ī *m.* (*hebr.*: Elchanan: Gott ist gütig) Adeodat, Zeugweber aus Bethlehem, der den Bruder des Gethäers Goliath in Gob erschlug z. Z. Davids (2. Reg. 21, 19.)

2. **Ăděōdătŭs,** ī *m.* Adeodat, Sohn des hl. Augustinus.

ădeps, ĭpĭs *m.* u. *f.* (adips) 1. Schmalz, Fett, Mark; adeps frumenti bester Weizen (*Ps.* 80, 17 u. 147, 14). 2. Schwulst, Bombast der Rede. 3. Schmerbauch, Dickhäuter = gefühlloser Mensch; gefühlloses Herz; adipem conclūdĕre sein Herz, sein Mitleid verschließen.

ădeptĭō, ōnĭs *f.* Erlangung.

ădĕquĭtō 1 heranreiten.

Adernă, ae *f.* *s.* Adarna.

ăderrō 1 irrend gelangen zu.

Adeslă, ae *f.* Oldesloe (Ottoswald) St. an der Trave, Preußen (Schleswig-Holstein), *ca.* 6000 Einw.

Adestŭm, ī *n.* *s.* Ateste.

ădēsŭrĭō, īvī 4 Hunger bekommen.

ădēsŭs 3 *partc.* zu adedo.

adfectus, ūs *m.* *s.* affectus.

adfui = affui, *s.* assum.

adfutūrŭs 3 zukünftig.

adhaerĕō, haesī, haesŭm 2 1. festhangen nicht weichen von, nicht weggehen von: diacŏno (= Der Subdiakon stellt sich dicht neben den Diakon, *Caer. Episc. lib.* 1. *cap. X*, 3.); parieti sich an die Wand stellen. 2. anhangen, ergeben sein; die Person auch durch post ausgedrückt (Hebraismus): adhaesit anima mea post te (*Ps.* 62, 8).

ădhaerēscō, haesī, haesŭm 3 1. hängen bleiben, haften. 2. stecken bleiben, stocken in der Rede.

ădhaesĭō, ōnĭs *f.* 1. anhängen, anhaften. 2. das Verharren, Ausharren.

adhaesīvŭs 3 anhaftend, klebend.

ădhĭbĕō, hĭbŭī, hĭbĭtŭm 2 1. anwenden, verwenden. 2. heran-, zuziehen. 3. behandeln.

ădhĭnnĭō 4 zuwiehern.

ădhŏrtămēntŭm, ī *n.* Aufmunterung.

ădhŏrtātĭō, ōnĭs *f.* Ermahnung.

ădhŏrtātŏr, ōrĭs *m.* Aufmunterer, Ermahner.

ădhŏrtŏr 1 ermuntern, anfeuern.

ădhūc *adv.* 1. zeitlich: bis jetzt, bisher, auch jetzt noch, immer noch. 2. noch weiter, noch außerdem.

Ădĭăbēnă, ae *f.* *s.* Adiabene.

Ădĭăbēnē, ēs *f.* (Adiabena) Adiabene, eine Provinz Assyriens, *j.*: Kurdistan.

Adiacen. (*C. R.*) *s.* Adiacium.

ădĭăcĕō 2 1. bei etwas liegen. 2. anliegen, angrenzen, benachbart sein.

Adiacĭŭm, i *n.* (Urcinĭum) Ajaccio, Hauptst. der Insel Korsika, Fkr., *ca.* 18000 Einw., Bischofssitz (seit 7. Jhdt.), *dav.*: **Adiacensis,** e.

Adiada, ae *f.* *s.* Addus.

ădĭcĭō, iēcī, iectūm 3 1. hinwerfen, richten auf. 2. hinzufügen, hinzutun, vermehren, vergrößern, addieren. 3. fortfahren, zur Umschreibung des Adverbs = fernerhin.

ădiectĭō, ōnĭs *f.* Hinzufügung.

Adiel *indecl. m.* (*hebr.*: Schmuck Gottes) Adiel 1. Israelit aus dem Stamme Simeon. 2. Israelit, Sohn des Jezra. 3. Vater des Azmoth, eines Schatzmeisters des Königs David.

ădĭgō, ēgī, āctŭm 3 1. herantreiben. 2. zu etwas treiben, drängen. 3. zu etwas anhalten, verpflichten.

ădĭmō, ēmī, ēmptŭm 3 wegnehmen, entziehen, entreißen, rauben.

ădimplēmentŭm, ī *n.* Erfüllung, ganze Erfüllung (*C. j. c.* 1312, § 2).

ădimplĕō, plēvī, plētŭm 2 völlig anfüllen, erfüllen, sättigen.

ădimplētĭō, ōnĭs *f.* Vollendung, Erfüllung.

Adin *indecl. m.* (*hebr.*: Verzärtelter, Weichling) Adin, Israelit, dessen Nachkommen mit Zorobabel aus dem babylonischen Exil zurückkehrten.

Adina, ae *m.* (*hebr.*: Weichling, Wolllüstiger) Adina, Fürst aus dem Stamme Ruben, Kriegsoberster Davids.

ădincrēscō, crēvī 3 anwachsen (*Ecclus* 23, 3).

ădīnflō 1 aufblasen.

ădĭngrĕdĭŏr, ingressŭs sŭm 3 betreten.

ădĭnquīrō 3 sorgfältiger untersuchen.

ădīnstăr s. īnstăr.

ădinvĕnĭō, vēnī, ventŭm 4 erfinden, ausfindig machen.

ădinvĕntĭō, ōnĭs *f.* 1. Erfindung. 2. Vorhaben, Anschlag, Ausflucht, Finte, *pl.* Ränke. 3. Plan (*Ps.* 80, 13). 4. Beschäftigung.

ădinventŭm, ī *n.* Erfindung.

ădinvĭcēm *adv.* zueinander (1. *Mach.* 10, 54).

ădĭpātŭs 3 überladen, schwülstig.

ădĭpīscŏr, ădeptŭs sŭm 3 erreichen, einholen, erringen.

ădips, ădīpĭs *m.* u. *f.* *s.* adeps.
Adithaim *indecl.* (*hebr.*) Adithaim, St. Pal. (Juda).
ădĭtĭō, ōnĭs *f.* das Hinzugehen.
ădĭtŭs, ūs *m.* das Herangehen, der Zugang, Eingang, Zutritt, Audienz.
ădiūbĭlō 1 zujubeln.
ădiūdĭcō 1 gerichtlich zuerkennen, zusprechen; verurteilen: cruci zum Kreuze.
ădiūmentŭm, ī *n.* Hilfsmittel, Hilfe; Förderungsmittel, Beisteuer; Beleg.
ădiūnctă, ōrŭm *n.* *s.* adiunctus 1.
ădiūnctĭō, ōnĭs *f.* 1. das Anknüpfen, der Anschluß, das Anfügen. 2. Zusatz, Beschränkung.
ădiūnctiuncŭlă, ae *f.* Beifügung.
ădiūnctŏr, ōris *m.* der Hinzufüger.
ădiūnctŭm, ī *n.* *s.* adiunctus 1.
1. **ădiūnctŭs** 3 1. eng verbunden, angrenzend. 2. *subst.* *n.*: das Eigentümliche, *n.* *pl.*: **adiuncta,** orum Umstände, Nebenumstände, pro rerum temporumque adiunctis mit Rücksicht auf die Umstände und Zeitverhältnisse.
2. **ădiūnctŭs,** ī *m.* Adjunkt, Hilfs- (Notar, Sekretär, Geistlicher).
ădiungō, iūnxī, iūnctŭm 3 1. anfügen, verbinden, anreihen, hinzufügen. 2. einverleiben, zugesellen. 3. *refl.* **ădiungĕrĕ** u. **ădiungī** sich anschließen.
ădiūrāmĕntŭm, ī *n.* Beschwörung; Drängen (*Tob.* 9, 5).
ădiūrātĭō, ōnĭs *f.* Beschwörung, *c.* *gen.*: wobei.
ădiūrō 1 1. dazu schwören, beschwören, eidlich versprechen. 2. jemanden beschwören, eidlich verpflichten. 3. flehentlich bitten (*Cant.* 2, 7).
ădiūtō 1 helfen, unterstützen.
ădiūtŏr, ōrĭs *m.* Gehilfe, Helfer, Helfershelfer, Mitarbeiter.
ădiūtōrĭŭm, ī *n.* Hilfe, Zuflucht, Stütze.
1. **ădiūtrīx,** īcĭs *adj.* helfend (*C.* *j.* *c.* 415 § 5).
2. **ădiūtrīx,** īcĭs *f.* Helferin, Beförderin.
S. Adjūtŭs, ī *m.* Mart. *s.* S. Berardus, i *m.*
ădiŭvāmĕn, ĭnĭs *n.* Unterstützung, Hilfe.
ădiŭvāmentŭm, i *n.* Hilfe.
ădiŭvō, iūvī, iūtŭm 1 1. unterstützen, helfen, beistehen. 2. fördern, zustatten kommen. 3. förderlich sein, frommen.
ădl . . . etc. s. ăll . . . etc.
Adli *indecl.* *m.* (*arab.*: Gerechter) Adli, Vater des Saphat, eines Aufsehers über die Rinderhirten Davids.
Admatha *indecl.* *m.* (*pers.* ?) Admatha, oberster Geheimrat des Perserkönigs Xerxes I. (485—465).
admātūrō 1 beschleunigen, helfen.
admētĭŏr, mēnsŭs sŭm 4 zumessen.
admĭnĭcŭlŭm, i *n.* 1. Pfahl, Stütze. 2. Hilfsmittel, Werkzeug. 3. Beistand.
admĭnĭcŭlātīvŭs 3 Stütze bewirkend, stützend, helfend (*C.* *j.* *c.* 1790; 2020, § 2).
ădmĭnistĕr, trī *m.* Mitarbeiter, Gehilfe, Helfershelfer, Verwalter.
ădmĭnistră, ae *f.* Dienerin, Gehilfin.
ădmĭnistrātĭō, ōnĭs *f.* 1. Hilfeleistung. 2. Leitung, Verwaltung, Regierung. 3. Besorgung, Amtsführung, Geschäftsführung; administrationis ratio Rechenschaftsablegung über Geschäftsführung (*C.* *j.* *c.* 535). 4. Aufgabe.
admĭnistrātīvus 3 1. zum Ausführen geeignet, praktisch. 2. zur Verwaltung gehörig, Verwaltungs- (*C.* *j.* *c.* 1520, § 3).
admĭnistrātŏr, ōrĭs *m.* Leiter, Verwalter, Verweser, bes. Reichsverweser und der Verwalter eines Bistums, der Bischof und sein Vertreter.
Administrātor Apostŏlĭcus päpstlicher Bistumsverwalter, der vom päpstlichen Stuhle wegen außerordentlicher und wichtiger Ursachen zur Verwaltung einer Diözese zeitweise oder dauernd bestimmte Verwalter anstelle des eigenen Diözesanbischofs oder zur Zeit der Nichtbesetzung des bischöflichen Stuhles (*C.* *j.* *c.* 313).
admĭnistrātōrĭŭs 3 1. helfend, beistehend. 2. dienstbar (*Hebr.* 1, 14).
ădmĭnistrō 1 spenden: sacramentum.
admīrābĭlĭs, ĕ 1. bewunderungswürdig, wunderbar. 2. wunderlich, seltsam.
admīrābĭlĭtās, ātĭs *f.* Wunderbarkeit, Seltsamkeit.
admīrantĕr, *adv.* zu ădmīrābĭlĭs.
admīrātĭō, ōnĭs 1. Bewunderung. 2. Verwunderung, Staunen.
admīrātŏr, ōrĭs *m.* Bewunderer.
admīrŏr 1 1. bewundern, anstaunen. 2. sich verwundern, mit Befremden wahrnehmen. 3. auch *pass.* bewundert werden (*Eccles* 24, 3); die Ursache des Wunderns oft durch sŭper ausgedrückt super (*c.* *acc.* oder *abl.*) sermones tuos admirabitur.
admĭscĕō, mĭscŭī, mīxtŭm u. mīstŭm 2 1. beimischen, beifügen. 2. vermischen, verwickeln, verbinden.
admissĭō, ōnĭs *f.* Zulassung, Audienz.
admissŭm, ī *n.* Vergehen, Fehler.
admīstŭs s. admisceo.
admittō, mīsī, missŭm 3 1. loslassen. 2. zulassen, vorlassen, — preces annehmen, erhören. 3. begehen, verschulden. 4. gestatten.
admīxtĭō, ōnĭs *f.* Beimischung.
admŏdĕrātŭs 3 angemessen.

admŏdĕrŏr 1 in rechtem Verhältnisse halten.
admŏdŭm *adv.* 1. in hohem Grade, sehr, ganz und gar. 2. allzu sehr. 3. mindestens, wenigstens.
admŏnĕō, mŏnŭī, mŏnĭtŭm 2 1. mahnen, erinnern. 2. belehren, warnen. 3. anfeuern, antreiben. 4. zurechtweisen.
admŏnĭtĭō, ōnĭs *f.* 1. Erinnerung. 2. Ermahnung, Belehrung, Zurechtweisung.
admŏnĭtŏr, ōrĭs *m.* Mahner.
admŏnĭtōrĭŭm, ī *n.* Erinnerungszeichen, Denkmal.
admŏnĭtrīx, īcĭs *f.* Mahnerin.
admŏnĭtŭm, ī *n.* Warnung.
admōtĭō, ōnĭs *f.* das Heranbewegen, Anlegen.
admŏvĕō, mōvī, mōtŭm 2 1. heranbewegen, nahebringen, — auditum Gehör schenken, sein Ohr neigen. 2. heranführen. 3. befördern.
admūgĭō 4 zubrüllen.
admulcĕō, mŭlsī, mulsŭm 2 streicheln.
admurmŭrātĭō, ōnĭs *f.* das Murren.
admurmŭrō 1 murren.
adnāscŏr, adnātŭs s. agnascor.
adnătō 1 heranschwimmen.
adnāvĭgō 1 heranschiffen.
adnectō, nexŭī, nĕxŭm 3 (annecto) 1. anknüpfen, anfügen, 2. verbinden, verknüpfen, vereinigen. 3. adnectere poenam eine Strafe verhängen.
adnexŭs 3 verbunden, verknüpft mit (*cum dativo*).
adnexŭs, ūs *m.* Verbindung.
adnītŏr, nīxŭs u. nīsŭs sŭm 3 1. sich anstemmen, anlehnen. 2. sich anstrengen, Mühe geben.
adnōscō s. agnosco.
adnŏtātĭō, ōnĭs *f.* 1. Anmerkung. 2. Aufzeichnung, Eintragung (ins Taufbuch usw.).
adnŏtō 1 1. schriftlich anmerken. 2. vermerken, Bemerkungen machen.
adnŭmĕrō 1 1. zuzählen. 2. hinzuzählen, -rechnen.
adnūntĭātĭō, ōnĭs *f.* Verkündigung.
adnūntĭō 1 ankündigen, verkündigen.
adnŭō, ŭī 3 1. zunicken, zustimmen, bejahen. 2. zusagen, gewähren, versprechen.
Adō, ōnĭs *m.* Ado, Bischof von Trier Verfasser eines Martyrologiums (11. Jhdt.).
ădŏlĕfactŭs 3 in Brand versetzt.
ădŏlĕō, ŏlŭī 2 als Opfer verbrennen, incenso beräuchern, nzensieren.
ădŏlēscēns, entĭs *adj.* (adulescens) *comp.*: adolescentior. 1. heranwachsend, jung. 2. aufkeimend. 3. *subst.* s. adulescens.
ădŏlēscentĭă, ădŏlēscentŭlŭs, ădŏlēscentŭlă s. adulescentia usw.
ădŏlēscō, ŏlēvī, ultŭm 3 heranwachsen, nachwachsen, erstarken.
B. Adolphŭs, ī *m.* sel. Adolf, Bek. u. Cist. Bischof von Osnabrück.

Er war der Sohn des Grafen Simon I. von Tecklenburg, trat in das Kloster Altenkamp unweit Cleve ein, wurde im Jahre 1216 der 28. Bischof von Osnabrück, nahm sich der Pestkranken und Aussätzigen an, † 1224, in der Kathedrale begraben. Kardinal Franz Wilhelm, Bischof von Osnabrück, erhob im Jahre 1650 die Gebeine des Verstorbenen und ließ sie in einen Schrein einschließen. — 11. Februar (Cist. Ord.) u. 17. Juni.

Adom *indecl.* (*hebr.*: Fruchtland) Adom, wahrscheinlich ein Ort am östlichen Jordanufer Pal. (Issachar) vielleicht die heutige Furt Damieh.
Adommim *indecl.* (*hebr.*: ?) Adommim, wahrscheinlich eine Anhöhe an der Grenze des Stammgebietes Juda, Pal.
Adon *indecl.* (*hebr.*: ?) Adon, nicht bestimmbarer Ort in Palästina (1. *Esr.* 2, 59).
Adonai *indecl. hebr.*: Abhängigkeitsform der Mehrzahl von Adon = Herr. 1. = Herren, irdische Herrscher. 2. Name für Gott (Verstärkung von Adon: großer Herr) sowohl selbständig gebraucht als besonders an Stelle des heiligsten Gottesnamens: Jahwe: Septuaginta: κύριος; Vulgata Dominus.
Adonias, ae *m.* (*hebr.*: Herr [Gott] ist Jahwe) Adonias 1. der 4. Sohn König Davids, der sich gegen ihn empörte. 2. ein Levit *z. Z.* Josaphats.
Adonibezec *indecl. m.* (*hebr.* Herr von Besek [?]) Adonibezec, ein grausamer König von Besek in Kanaan (Palästina), der 70 besiegten Königen die Fingerspitzen abhacken ließ, nach seiner Besiegung ebenso bestraft wurde u. in Jerusalem starb (12. Jhdt. v. Chr.).
Adonicam *indecl. m.* (*hebr.*: der Herr steht auf) Adonicam, ein Jude, dessen Nachkommen aus der babyl. Gefangenschaft zurückkehrten.
Adoniram *indecl. m.* (*hebr.*: der Herr ist Gebieter) Adoniram, Tributeinnehmer u. Kriegsoberster des Königs Salomon.
Adōnĭs, ĭdĭs *m. acc.*: Adōna (Adōn, ōnis, Ἄδων und Adōnis Ἄδωνις) Adonis, eine assyrisch-phönizische Gottheit welche in die griechische u. römische Göttersage überging. Nach der griech. Mythologie Sohn des Königs von Cypern, von der Göttin Venus geliebt; ihm war ein besonderer Kult gewidmet. Sein Fest wurde zur Zeit der Sommersonnenwende gefeiert, dabei wurde ein Bild, das seinen Leichnam darstellte, begraben. — Tags darauf wurde seine Auferstehung in wilder Freude und Ausschweifung begangen.

– Sein Tod wurde nur von Weibern beklagt. (*Ezech.* 8, 14.)
Adonisedec *indecl. m.* (*hebr.*: gerechter Herr) Adonisedec, König von Jerusalem, streitet wider Josua, wird besiegt und erhängt (12. Jahrhundert v. Chr.).
ădŏpĕrĭō, ŏpĕrŭī, ŏpertŭm 4 1. bedecken, verhüllen. 2. zumachen, schließen.
ădŏpertĭō, ōnĭs *f.* Verhüllung.
ădoptābĭlĭs, ĕ wünschenswert.
ădoptātĭō, ōnĭs *f.* s. adoptio.
adoptianismus, i *m.* Die Irrlehre des Elipandus von Toledo u. Felix von Urgel (8. Jhdt.), nach welcher Christus zwar seiner göttlichen Natur nach der Sohn Gottes, aber seiner menschlichen Natur nach nur von Gott angenommen, adoptiert sei.
ădoptĭō, ōnĭs *f.* (ădoptātĭō) Annahme an Kindes Statt, Adoption.
ădoptīvŭs 3 angenommen, adoptiert.
ădoptō 1 erwählen, an Kindes Statt annehmen.
Ador *indecl.* (Adura, Dura) Ador, Ort in Jdumäa, südöstlich von Judäa.
Adoram *indecl. m.* (*babyl.*: Addurammu) 1. die Atramiten, eine arabische Völkerschaft, die von Adoram, dem Sohne Jektans, abstammen soll. 2. Bote des Königs Thou von Hemath an König David.
ădōrābĭlĭs, ĕ anbetungswürdig.
ădōrātĭō, ōnĭs *f.* Anbetung.
ădōrātŏr, ōrĭs *m.* Verehrer, Anbeter.
ădōrātŭs, ūs *m.* Anbetung.
ădōrdĭnātĭō, ōnĭs *f.* Anordnung.
ădōrdĭŏr, orsus sŭm 4 beginnen, unternehmen: bellum adorsus.
ădŏrĭō, īrĕ = adorior.
ădŏrĭŏr, ŏrtŭs sŭm 4 (adorio) angreifen, an jemand oder etwas herangehen, etwas unternehmen.
adornātio, ōnĭs, *f.* Bearbeitung.
ădōrnō 1 herrichten; ausrüsten, schmücken.
Adornŭs, ī *m.* Joannes Augustinus Adorno, Neapolitaner im 16. Jahrhundert, Genosse des heiligen Franziskus Caracciolo.
ădōrō 1 1. niederfallen, adorare scabellum vor dem Schemel niederfallen; durch Küssen (ore) der Erde verehren. 2. anbeten, anflehen.
Adorta, ae *f.* Arteux, Ort in Flandern.
ădōscŭlŏr 1 küssen.
adplĭcĭtŭs *s.* applicitus.
adpo ... *s.* appo.
adprĕcŏr 1 1. anflehen. 2. anwünschen: pacem, felicia festa.
adprŏbo 1 = approbo 1.
adq ... s. acq.
adquō, bis wie weit.

Adramelech *indecl. m.* (*hebr.*: Hadad ist König) Adramelech 1. eine Gottheit der aus Assyrien nach Samaria versetzten Kolonisten (4. *Kön.* 17, 31). 2. Sohn und Mörder des Königs Sennacharib von Assyrien (4. *Kön.* 19, 37: vielleicht Assur-malik zu lesen; *Is.* 37, 38).
Adrană, ae *m.* Eder, Nebenfluß der Fulda (Hessen).
adr ... *s.* arr ...
adrēmĭgō 1 heranrudern.
1. **Adrĭă,** ae *f.* (Hadria, Ἀδρια) das adriatische Meer, nach der Geographie des Altertums der Meeresteil zwischen Griechenland u. Sizilien, das Zentrum des mittelländischen Meeres.
2. **Adrĭă,** ae *f.* (Hadria, Atria) Adria, St. im Delta des Po, It. (Rovigo), *ca.* 7000 Einw., Bischofssitz, Suffr. v. Venedig; *dav.*: **Adriensis,** e.
Ădrĭānŏpŏlĭs, ĭs *f.* (Ἀδριανόπολις) Adrianopel, St., Kleinasien (Pisidien); *dav.*: **Adrianopolitanus** 3.
S. **Adrĭānŭs,** ī *m.* (Hadrianus) hl. Adrian, Mart. † 306, 8. Sept.
Adriel *indecl. m.* s. Hadriel.
Adrien. (*C. R.*) s. 2. Adria.
1. **Adrūmētŭm,** ī *n.* (Adrămyttēum, Adramyttion, Ἀδραμύττ(ε)ιον) Adrumet, Küstenstadt gegenüber der Insel Lesbos, Kleinasien (Mysien); *dav.*: **Adrūmētīnŭs** 3 (Ἀδραμύττηνος) (*Act.* 27, 2).
2. **Adrūmētŭm,** ī *n.* (Hadrumetum, Ἀδρούμητος) Adrumet, Küstenstadt südlich von Karthago, Nordafrika, ehem. Hauptst. der Landschaft Byzacium, *j.*: Hamamet oder Susa in Tunis.
adscriptĭō, ōnĭs *f.* Zuteilung (z. B. zu einer Diözese).
ads ... **adsc** ... **adsp** ... **adst** ... **adt** ... *s.* ass ... asc ... asp ... ast ... att ..
Ădŭlă, ae *f.* Adula 1. Äbtissin im Kloster Pfalzel bei Trier z. Z. des hl. Bonifatius (8. Jhdt.). 2. Großmutter des hl. Gregor von Thüringen.
ădūlantĕr *adv.* höfisch, schmeichelnd.
ădūlātĭō, ōnĭs *f.* Schmeichelei, knechtische Verehrung.
ădūlātŏr, ōrĭs *m.* Schmeichler.
ădūlātōrĭŭs 3 schmeichlerisch.
ădūlātrīx, īcĭs *f.* Schmeichlerin.
1. **ădŭlēscēns,** entĭs *adj. s.* adolescens.
2. **ădŭlēscēns,** entĭs *m.* u. *f.* Jüngling, Jungfrau.
ădŭlēscentĭă, ae *f.* Jünglingsalter, Jugend.
ădŭlēscentŭlă, ae *f.* Mägdelein, Jungfrau.
1. **ădŭlēscentŭlŭs** 3 1. sehr jugendlich. 2. klein, gering (*Ps.* 118, 141).
2. **ădŭlēscentŭlŭs,** ī *m.* sehr junger Mensch.

1. **Adullam** *indecl.* (*hebr.*: ?) Adullam, St. nordwestlich von Hebron, Pal. (Juda) *j.*: Id el Mije.
2. **Adullam** *indecl.* eine Höhle, *s.* Odullam.

Adullĭă, ae *f.* Douriez, D. Fkr. (Pas-de-Calais).
ădūlŏr 1 sich anschmiegen, schmeicheln.
ădultĕr, ĕrī *m.* und ădultĕră, ae *f.* 1. Ehebrecher, Ehebrecherin; Buhle, Buhlerin. 2. *adj.* ehebrecherisch, buhlerisch.
ădŭltĕrātĭō, ōnĭs *f.* Verfälschung.
ădŭltĕrātŏr, ōrĭs *m.* Ehebrecher.
ădŭltĕrīnŭs 3 verfälscht, unecht, nachgemacht; unterschoben; im Ehebruch erzeugt.
ădŭltĕrĭŭm, ī *m.* Ehebruch, Buhlerei.
ădŭltĕrō 1 1. die Ehe brechen, buhlen, verführen. 2. fälschen, verfälschen: verbum; sincerum affectum a. ehrliche Zuneigung abschwächen.
ădŭltŭs 3 erwachsen, erstarkt.
ădŭmbrātīm *adv.* nur im Umriß, dunkel.
ădŭmbrātĭō, ōnĭs *f.* Schatten, Umriß.
ădumbrātŭs 3 s. adumbro.
ădumbrō 1 kurz darstellen, andeuten, erläutern; *ptc.* ădumbrātŭs 3 undeutlich, unvollständig, falsch.
ădŭncĭtās, ātis *f.* Krümmung.
ădŭncŭs 3 gekrümmt.
ădūnctŭs 3 angesalbt, aufgeklebt.
adunītus 3 mit etwas verbunden, dazu gehörend; das einem Dinge Zukommende.
ădūnō 1 1. vereinigen, verbinden. 2. einigen, versammeln.
Adura, ae *f.* s. Ador.

1. **Aduram** *indecl. m.* (*hebr.*: ?) 1. *s.* Adoram. 2. Schatzmeister Davids. 3. Schatzmeister des Königs Roboam, der gesteinigt wurde.
2. **Aduram** *indecl.* (Adoraim, *hebr.*: ?) Aduram, St. 2 ½ Stunden westlich von Hebron, Pal. (Juda); *j.*: Dorf Dûra.

ădurgĕō, ursī 2 herandrängen; verfolgen.
Adurnŭs Julianus, ī *m.* (Adorno) Julian Adorno, genuesischer Patrizier, Gemahl der hl. Katharina von Genua (15. Jhdt.).
ădūrō, ūssī, ūstŭm 3 anbrennen, sengen, entflammen.
ădūstĭō, ōnĭs *f.* das Anbrennen, Verbrennen.
ădūsquĕ *praep. c. acc. s.* usque ad.
advectīcĭŭs 3 aus der Fremde eingeführt.
advĕhō, vēxī, vĕctŭm 3 1. herbeibringen, -tragen, -fahren. 2. *pass.* heranfahren, -segeln.
advĕnă, ae *m.* 1. Ankömmling, Fremdling, Neuling. 2. Einwohner (*C. j. c.* 91).
advĕnĭō, vēnī, vĕntŭm 4 1. hinzukommen, ankommen. 2. erscheinen, ausbrechen. 3. zufallen, zu teil werden.
adventīcĭŭs 3 ausländisch, fremd.
adventō 1 herannahen, -rücken.
adventūră, ae *f.* Abenteuer.
adventŭs, ūs *m.* 1. Ankunft. 2. Ankunftszeit, die Zeit vor Weihnachten. 3. Anbruch, Ausbruch.
advergō 3 sich hinkehren, hinneigen.
adversābĭlĭs, ĕ widerspenstig.

1. **adversārĭŭs** 3 *adj.* entgegen, feindlich.
2. **adversārĭŭs**, ī *m.* Gegner, Widersacher, Feind.
1. **adversātrīx**, īcĭs *adj.* gegnerisch z. B. potestas.
2. **adversātrīx**, īcĭs *f.* Gegnerin.

adversĭtās, ātĭs *f.* Widerwärtigkeit, Mißgeschick.
adversŏr 1 sich widersetzen, widerstreben, feindlich sein.
adversŭm, ī *n.* s. 1. adversus, 2. *subst.*

1. **adversŭs** 3 1. *adj.* zugekehrt, gegenüberliegend, entgegen, feindlich, ungünstig, widrig. 2. *subst. n.* a) die entgegengesetzte Richtung, ex adversō stare gegenüber stehen, feindlich gesinnt sein; b) das Übel, Widerwärtigkeit, Mißgeschick.
2. **adversŭs** oder **adversŭm** *adv.* (auch *praep. c. accus.* advorsŭm) entgegen, gegen, gegenüber, in Hinsicht auf, im Vergleich mit.

advertenter *adv.* aufmerksam, anhaltend.
advertentĭă ae *f.* 1. das Hineinreden, 2. Aufmerksamkeit, 3. Ankündigung.
advertō, vertī, versŭm 3 1. hinwenden, -richten. 2. Aufmerksamkeit, Gedanken auf etwas richten. 3. wahrnehmen, erkennen, begreifen. 4. die Aufmerksamkeit auf sich lenken, auf sich ziehen.
advespĕrāscĭt, vespĕrāvĭt 3 es wird Abend, es dämmert.
advĭgĭlō 1 wachen, aufpassen.
advīvō, vīxī 3 noch leben (*Jos.* 4, 14); am Leben bleiben.
advocāta, ae *f.* Fürsprecherin.
advŏcātĭō, ōnĭs *f.* 1. Berufung. 2. Beratung.
advŏcātŏr, ōrĭs *m.* Herbeirufer, Helfer.

1. **advŏcātŭs**, ī *m.* Rechtsbeistand, Verteidiger, Fürsprecher, Rechtsanwalt, Sachwalter; advocatus diaboli sog. Teufelsachwalter, der bei Seligsprechungsprozessen alles der in Frage stehenden heiligmäßigen Person Nachteilige amtlich vorzubringen hat; nach dem Codex juris canonici nun offiziell promotor fidei benannt (*C. j. c.* 2010).
2. **advŏcātŭs**, ūs *m.* Vormundschaft.

advŏcō 1 herbeirufen, berufen, anrufen, zu Hilfe nehmen; a. ad se an sich ziehen.
advŏlō 1 herbeifliegen, herbeieilen.
advolvō, vŏlvī, vŏlūtŭm 3 hinwälzen.

advorsŭm s. 2 adversus.
ădȳtŭm, i *n.* (adytus) (*ἄδυτον*) das Innerste, Allerheiligste des Tempels.
ădȳtŭs, ūs *m.* s. adytum.
aedēs u. aedĭs, ĭs *f. urspr.*: Feuerstätte, 1. Gotteshaus, Tempel, Kirche. 2. Wohnraum, Gemach. 3. *pl.* Haus, Wohnhaus.
aedĭcŭlă, ae *f.* 1. kleine Wohnung. 2. Tempelchen, Privatkapelle.
aedĭfĭcātĭō, ōnĭs *f.* 1. das Bauen. 2. Gebäude, Bauwerk. 3. geistl. Erbauung, Erhebung.
aedĭfĭcātŏr, ōrĭs *m.* Erbauer, Baumeister; mundi Schöpfer.
aedĭfĭcĭŭm, ī *n.* Gebäude.
aedĭfĭcō 1 1. bauen, Gebäude errichten, erbauen. 2. erbauen = erheben, zur Andacht erwecken (1. *Kor.* 14, 4).
aedĭs, ĭs *f.* s. aedes.
Aedĭsŭs, ī *m.* Ädisus, Vater der hl. Margareta (3. Jhdt.).
aedĭtŭmŭs, ī *m.* (aedituus) 1. Tempelaufseher, Tempelhüter, Tempeldiener. 2. Meßner.
aedĭtŭŭs, ī *m. s.* aeditumus (= a tuendo sacras aedes).
Aedŭi, ōrŭm *m.* (Haedui) die Äduer, eine gallische Völkerschaft zwischen dem Arar (*j.*: Saône) und Liger (*j.*: Loire), deren vornehmste Stadt Bibracte hieß und auf dem jetzigen Mons Beauvay westlich von Autun lag; *dav.*: **Aedŭēnsĭs,** ĕ.
Aedŭōrŭm civitas, ātĭs *f.* s. Augustodunum.
Aegae, ārŭm *f. s.* Aegaea.
Aegaeă, ae *f.* (Aegae, Aegea, Aegēae, Aegiae, *Αἰγειαί*) Ägäa, 1. Stadt in Makedonien, Begräbnisort der makedon. Könige (Edessa). 2. Hafenstadt, Kleinasien (Kilikien); *j.*: Ajas Kala. 3. Stadt in Kleinasien (40 km von Smyrna).
Aegaeŭs 3 (*Αἰγαῖος*) ägäisch; Aegaeum mare das Ägäische Meer zwischen Griechenland u. Kleinasien.
Aegēă, ae *f. s.* Aegaea.
Aegēae, ārŭm *f. s.* Aegaea.
Aegēās, ae *m.* Prokonsul der röm. Provinz Achaja in apostolischer Zeit.
aegĕr, gră, grŭm 1. krank, leidend. 2. traurig, bekümmert, schmerzlich.
S. Aegĭdĭŭs, ī *m.* hl. Ägid (Saint Gilles), Abt, † 700, 1. Sept.
Aegĭdĭŭs, ī *m.* 1. Ägid, Bisch. von Rheims (Fkr.) (6. Jhdt.). 2. Bisch. von Modĕna (Ital.) 12. Jhdt.
Aegĭdĭŭs Romanus, ī *m.* (Aegidius de Columna) Ägid de Colonna (1247 bis 1316) Augustiner-Eremit, Ordensgeneral u. Erzbischof von Bourges. Er war der Begründer der sog. älteren Augustinerschule u. schrieb zahlreiche theologisch-philosophische Werke.
Aegidora, ae *m.* Eider, Fluß in Schleswig-Holstein, der in die Nordsee mündet.
Aegilus, ī *m.* Ägil, ein Mönch, der dem hl. Abte Sturmius zur Seite stand (9. Jhdt.).
Aegīnă, ae *f.* (*Αἴγῖνα*) Ägina, *j.* Eghina, Insel südwestlich von Athen, Griechenland.
Aegitanien. (*C. R.*) *s.* Lancia Oppidana.
aegrē *adv.* 1. schmerzlich, empfindlich, unangenehm, ärgerlich. 2. kaum, mit Mühe.
aegrĕō 2 krank sein, leiden.
aegrēscō 3 krank werden, erkranken.
aegrĭmōnĭă, ae *f.* Kummer, Schwermut.
aegrĭtūdō, ĭnĭs *f.* Kummer, Gram, Besorgnis.
aegrĭtās, ātĭs *f.* Krankheit.
aegrōtātĭō, ōnĭs *f.* das Kranksein, Siechtum.
aegrōtō 1 1. krank sein, leiden. 2. daniederliegen.
aegrōtŭs 3 krank, siech.
Aegȳdĭŭs, ī *m.* s. Aegidius.
Aegyptĭăcŭs 3 ägyptisch.
1. **Aegyptĭŭs** 3 ägyptisch.
2. **Aegyptius,** ī *m.* der Ägypter.
Aegyptŭs, ī *f.* (*Αἴγυπτος*; *hebr.*: Misraim: die Bewohner von Massr [= Ägypten]) Ägypten; Land in Afrika.
1. **Aelam** *indecl. m.* (*hebr.*: ?) Aelam 1. Sohn des Sem. 2. Sohn des Sesak. 3. Israelit, Nachkomme Kores, Türhüter des Tempels. 4. Jude, dessen Nachkommen aus dem babylonischen Exil zurückkehrten.
2. **Aelam** *indecl. m.* (*hebr.*: Hochland; *assyr.*: Elamtu) Elam, Name eines Volkes u. des von ihm bewohnten Landes in Vorderasien nördlich vom persischen Meerbusen mit der Hauptstadt Susa, Hochland von Persien; *dav.*: Aelamītă, ae Elamiter.
Aelamītă, ae *m.* s. 2. Aelam.
Aelath *indecl.* (*hebr.*: ?) Älath, Hafenort am arabischen Meerbusen, den Edomitern gehörig.
Aelĭānŭs, ī *m.* Älian, Rebellenführer in Gallien z. Z. Diokletians.
B. Aelredus, i *m.* Elred, Cist. Abt von Rivale († 1166).
Aus einem der edelsten englischen Geschlechter gebürtig, kam der jugendliche Elred zur Erziehung an den schottischen Königshof. Obwohl von König David I. mit hohen Ehrenstellen bekleidet, entsagte er der Welt und bat im Cist. Kloster Rivale um das Ordenskleid. Da sich hier bald die Tugendfülle des jungen Mönches, die schon am königlichen Hofe zutage getreten war, in vollendetem Maße zeigte, wurde er Novizenmeister, dann Abt des Tochterklosters Revesby und endlich Abt seines

Profeßklosters. Friede und Eintracht unter seinen Mönchen, 600 an der Zahl, zu wahren und zu festigen war sein Ziel, und Streben. Von diesen Gesinnungen zeugen seine gelehrten Schriften, u. a. Speculum caritatis u. de spirituali amicitia, infolge deren er mit dem hl. Bernhard verglichen wird und den Beinamen alter doctor mellifluus hat. Er arbeitete zum Wohle der Kirche, indem er für den rechtmäßigen Papst Alexander III. in Wort und Schrift eintrat. In den letzten Lebensjahren litt er an schwerer Krankheit, während welcher er die größten Schmerzen mit wunderbarer Geduld ertrug, gestärkt durch himmlische Visionen. Am 12. Januar, den er als Todestag vorausgesagt hatte, starb er, tiefbetrauert von seinen vielen Mönchen (3. Feb. Cist. Ord.).

Aemĭlĭă, ae *f.* Emilia, Landschaft in der Poebene, It.

Aemĭlĭānī *indecl.* eine venetianische Senatorenfamilie.

Aemĭlĭānŭs, ī *m.* Ämilian, Vater des hl. Papstes Kletus (1. Jhdt.).

Aeminium, ī *n.* (Conimbrica, Conimbricensis ecclesia) Coïmbra, St. am Mondego, Portugal (Beïra), *ca.* 20 000 Einw., Bischofssitz (seit 6. Jhdt.), Suffr. v. Braga.

Aemōnă, ae *f. s.* Emona.

aemŭlātĭō, ōnĭs *f.* (aemulatus) 1. Streben, Nacheiferung, Wetteifer. 2. Eifersucht, Mißgunst.

aemŭlātŏr, ōrĭs *m.* Nacheiferer.

aemŭlātrīx, īcĭs *f.* 1. Nachahmerin. 2. Eifererin für (*gen.*) z. B. *Ex.* 34, 14; 1. *Cor.* 14, 12.

aemŭlātŭs, ūs *m. s.* aemulatio.

aemŭlō 1 *s.* aemulor.

aemŭlŏr 1 (aemulo) 1. nacheifern, wetteifern. 2. eifersüchtig sein. 3. eifern, sich erzürnen; worüber: durch in *c. abl.*: noli aemulari in eo. 4. *c. acc.*: sich um etwas bemühen.

aemŭlŭs 3 nacheifernd.

aemŭlŭs, ī *m.* Nacheiferer, Nebenbuhler.

Aen *indecl.* (*hebr.*: Quelle, Brunnen) Aen, St., Pal. (Juda).

Aenārĭă, ae *f.* Ischia, vulkanische Insel im Golf von Neapel, It.

ăēnĕŭs 3 (ăhēnĕŭs, ăhēnŭs) 1. kupfern, ehern, bronzen. 2. bronzefarbig, rotgelb. 3. ehern, felsenfest.

Aengannim *indecl.* (*hebr.*: Gartenbrunnen) Ängannim, St., Pal. (Juda).

ăēnŭm, ī *n.* (ăhēnŭm) eherner Kessel.

aenigmă, ătĭs *n.* (*αἴνιγμα*) das Rätsel, das Dunkle, Rätselhafte, rätselhafte Anspielung, dunkle Andeutung; per aenigma andeutungsweise.

aenigmătĭcŭs 3 rätselhaft.

Aenīpons inferior *m.* (Oenipons) Neuötting, St. am Inn, Bayern (Oberbayern), ca. 4000 Einw.

ăēnŏbarbŭs, ī *m.* (ăhēnŏbarbŭs) Rotbart.

Aenon *indecl. s.* Aennon.

Aennon *indecl.* (Aenon, *hebr.*: Brunnen, Quellgebiet) Ännon, wasserreiche Gegend bei Salem in Judäa, Taufort des hl. Johannes des Täufers, vielleicht das heutige Beit Ainun.

aēnŭlŭm, ī *n.* ehernes Kesselchen.

Aenŭs, ī *m.* s. Oenus.

aequābĭlĭs, ĕ 1. gleichmäßig, gleichförmig. 2. sanft, leutselig.

aequābĭlĭtās, ātĭs *f.* 1. Gleichförmigkeit. 2. Gleichmut. 3. Unparteilichkeit.

aequaevŭs 3 gleichalterig.

aequālĭs, ĕ 1. gleich, eben, gleichartig, gleichalterig, gleichzeitig. 2. *subst.* Alters-, Zeitgenosse.

aequālĭtās, ātĭs *f.* Gleichförmigkeit, Gleichheit, Rechtsgleichheit, Gerechtigkeit.

aequănĭmĭs, ĕ nachsichtig; *adv.* **aequănĭmĭtĕr** gleichmütig, mit ruhigem Gemüte.

aequănĭmĭtās, ātĭs *f.* 1. Billigkeit. 2. Geduld.

aequănĭmŭs 3 gleichmütig, geduldig.

aequātĭō, ōnĭs *f.* das Gleichmachen, Gleichstellung.

Aequātŏrĭānă Respublĭcă, ae *f.* Republik Ekuador, Südamerika.

aequē *adv.* 1. gleich, gleichmäßig, in gerechter Weise. 2. ebenso.

Aequī, ōrŭm *m.* Äquer, alter italischer Volksstamm östlich von Rom im Latinergebirge.

Aequīcŏlae, ārŭm *m.* und **Aequīcŏlī,** ōrŭm *m.* italisches Volk, das den Aequi benachbart war.

aequĭfōrmĭs, ĕ gleichförmig, von gleicher Gestalt.

aequĭnoctĭālĭs, ĕ zur Tag- und Nachtgleiche gehörig.

aequĭnŏctĭŭm, ī *n.* Tag- und Nachtgleiche.

aequĭpărō 1 (aequipero) gleich machen, vergleichen; *pass.* gleichkommen.

aequĭpărātĭō, ōnĭs *f.* Gleichstellung, Vergleichung.

aequĭpĕrō 1 *s.* aequiparo.

aequĭpollens, tis gleichwertig, gleichbedeutend; *adv.* aequipollenter.

aequipollentia, ae *f.* Gleichwertigkeit.

aequĭpollĕō, ŭī 2 gleich stark sein, gleichwertig sein.

aequĭtās, ātĭs *f.* 1. Gleichheit. 2. Gleichmut, Gelassenheit, Geduld. 3. Billigkeit, Gerechtigkeit; *pl.* Beweise der Unschuld (*Ps.* 16, 2).

aequĭternŭs 3 gleich lange dauernd, ewig.

aequĭvălentĕr *adv.* 1. gleichviel vermögend. 2. gleichwertig, gleichbedeutend, gleichartig.

aequĭvălĕō 2 gleich viel vermögen.

aequĭvŏcātĭō, ōnĭs, *f.* Zweideutigkeit.

aequĭvŏcŭs 3 doppelsinnig.

aequō 1 1. eben, gleichmachen. 2. gleichstellen, vergleichen, ausgleichen. 3. gleichkommen, erreichen.

Aequōlēsĭmă, ae *f.* (Engolisma, Ecolisima) Angoulême, St. l. an der Charente, Fkr. (Charente), *ca.* 30 000 Einw.; Bischofssitz (seit 4. Jhdt.) Suffr. v. Bordeaux, dav. **Ecōlēsĭmŭs** 3 und **Engŏlĭsmēnsĭs** ĕ.

aequŏr, ŏrĭs *n.* 1. Ebene, Feld, Gefilde. 2. Meeresfläche, Meer, Meerwasser.

aequŭm, ī *n.* 1. das ebene Gelände. 2. Recht, Billigkeit.

aequŭs 3 1. gleich, eben. 2. gleichmütig. 3. günstig, wohlwollend, billig, gerecht. 4. gleichgroß, gleichweit.

āēr, **aĕrĭs** *acc.*: āër *n.* u. āëra *m.* (ἀήρ) 1. Luft, Atmosphäre. 2. Nebel, Gewölk.

aeră, ae *f.* 1. die gegebene Zahl, nach welcher eine Rechnung angestellt werden soll. 2. der Posten einer Rechnung; 3. Epoche, Zeitrechnung.

aerāmēntŭm, ī *n.* Erz, Gebilde aus Erz.

1. **aerārĭŭs** 3 zum Kupfer, Erz gehörig.

2. **aerārĭŭs**, ī *m.* Erzarbeiter.

aerārĭŭm, ī *n.* Staatskasse, Schatzkammer, Staatsarchiv.

aerātŭs 3 mit Erz beschlagen.

Aeresburgŭm, ī *n.* s. Eresburgum.

aerĕŭs 3 ehern, erzbeschlagen.

āërĕŭs 3 (aërius) 1. zur Luft gehörig, in der Luft befindlich; potestates aëreae die bösen Geister in der Luft; luftig. 2. himmelblau: vestes aëriae (*Est.* 8, 15).

āërĭŭs 3 (ἀέριος) s. aëreus.

aerūgĭnō 1 rosten.

aerūgŏ, ĭnĭs *f.* 1. Rost, Grünspan; Meltau, Kornbrand. 2. Mißgunst, Habgier.

aerumnă, ae *f.* Plackerei, Mühseligkeit, Elend, Trübsal.

aerumnābĭlĭs, ĕ mühselig, trübselig.

aerumnōsŭs 3 mühselig, kummervoll.

Aerwilra, ae *f.* Ahrweiler, St. an der Ahr, Preußen (Rheinprovinz, Koblenz) *ca.* 5200 Einw.

aes, aerĭs *n.* 1. Erz, Kupfer. 2. jeder kupferne Gegenstand. 3. Geld; **aes alienum** Schulden.

S. **Aeschĭlŭs**, ī *m.* hl. Äschilus, Mart., Bisch. v. Nordhánscog († im 11. Jhdt.).
Er kam aus England und war Verwandter des sel. Siegfried, ging nach Schweden als Nachfolger Siegfrieds, bekehrte den König Ingo und andere Fürsten, wird vom sel. Siegfried zum Bischof geweiht. Nach Ingos Tode wird der blutdürstige Suéno König, dem Aeschilus entgegentritt. Trotz Wunderzeichen wird er erschlagen. (12. Juni.)

Aescŭlāpĭŭs, ī *m.* (dorisch: Ἀισκλάπιος; attisch: Ἀσκλήπιος). Äskulap, heidnischer Gott der Heilkunde.

aesculētŭm, ī *n.* Eichenwald.

aescŭlĕŭs 3 eichen.

aescŭlŭs, ī *f.* Wintereiche.

Aesernĭă, ae *f.* Isernia, St., It. (Campobasso) ca. 7500 Einw.; Bischofssitz (seit 5. Jhdt.) Suffr. v. Capua; dav. **Aesernĭēnsĭs**, ĕ.

Aesernĭēn. (*C. R.*) *s.* Aesernia.

Aesin. (*C. R.*) *s.* Aesis.

1. **Aesĭs**, ĭs *f.* Jesi, St. l. am Esino, It. (Ancona) ca. 28 000 Einw.; Bischofssitz (seit 4. Jhdt.) exempt.

2. **Aesis**, ĭs *m.* Fluß bei Ancona, jetzt Fiumesino, d. h.: flumen Aesinum.

aestās, ātĭs *f.* Sommer, Sommerhitze.

aestĭfĕr, fĕră, fĕrŭm hitzebringend.

aestĭmābĭlĭs, ĕ schätzenswert, schätzbar.

aestĭmātĭō, ōnĭs *f.* 1. Abschätzung, Bewertung, Preis. 2. Bezahlung, Wertschätzung, Würdigung.

aestĭmātŏr, ōrĭs *m.* Abschätzer, Beurteiler.

aestĭmātōrĭŭs 3 Schätzung betreffend, Schätzungs-, iuramentum aestimatorium Schätzungseid (*C. j. c.* 1832).

aestĭmō 1 1. abschätzen, bewerten, würdigen, abwägen, dafür halten; wofür? oder wie hoch? ausgedrückt durch ŭt, sīcŭt, tamquam, cum. 2. hochschätzen. 3. meinen, denken,

aestīvă, ōrŭm *n.* 1. scil.: tempora = Sommerzeit. 2. scil. castra = Feldlager.

aestīvālĭs, ĕ sommerlich.

aestīvŭs 3 sommerlich.

aestŭō 1 1. auflodern, kochen, heiß sein, glühen, erglühen. 2. wogen, schäumen. 3. heftig erregt sein.

aestŭŏr 1 erglühen, entbrennen (*Eccles.* 51, 6).

aestŭōsŭs 3 brennend heiß, glühend, brandend.

aestŭs, ūs *m.* 1. Hitze, Glut. 2. Brandung Strömung. 3. Ungestüm, Leidenschaft.

aetās, ātĭs *f.* 1. Lebenszeit, Leben, Menschenalter. 2. Zeitalter, Zeit. 3. Lebensalter, Altersstufe.

aetātŭla, ae *f.* (zu aetas) das zarte Alter.

aetĕrnābĭlĭs, ĕ ewig, unvergänglich.

aetĕrnālĭs, ĕ ewig (*Ps.* 23, 7 u. 9).

aeternālĭtĕr *adv.* ewiglich.

aeternĭtās, ātĭs *f.* 1. Ewigkeit. 2. Unvergänglichkeit. 3. ewige Wohlfahrt, das ewige Leben.

aetĕrnō 1 verewigen.

aeternŭs 3 (aus aeviternus) ewig, unvergänglich, unsterblich.

aethēr, ĕrĭs *acc.* aethĕră *m.* (αἰθήρ) 1. Äther, reine Luft. 2. Himmel.

aethĕrĕŭs 3 (aetherius) 1. ätherisch, luftig. 2. himmlisch.

Aethĕrĕŭs, ī *m.* (Aetherius) Ätherius, Bräutigam der hl. Ursula, Führer der Britten im Heere des römischen Feldherrn Flavius Maximus. (Auch Connanus genannt, 5. Jhdt.)

aethĕrĭŭs 3 s. aethereus.

Aethĕrĭŭs, ī *m.* 1. Ätherius, Bischof v. Auxerre (27. Juli). 2. s. Aethereus.
Aethĭcŭs, ī *m.* s. Aeticho.
Aethĭŏpēs, ŏpŭm *m.* s. Aethiops.
Aethĭŏpĭă, ae *f.* (*hebr.* Kusch Schwärze, *Αἰθιόπη, Αἰθιοπία*) Äthiopien, Mohrenland, das im Süden von Ägypten u. südwestlich von Arabien gelegene Land, welches das heutige Nubien, Abessinien u. deren Umgegend (Sudan) umfaßte.
Aethĭŏpĭcus 3 äthiopisch (*Αἰθιοπικός*).
Aethĭŏpissă, ae *f.* (*scil.* femina od. mulier) Äthiopierin; eine Frau des Moses, vielleicht eine Madianitin (*Num.* 12, 1).
Aethĭops, ŏpĭs *m.* (*Αἰθίοψ*) 1. Äthiopier. 2. Mohr, Schwarzer, Neger.
aethră, ae *f.* (*αἴθρη*) 1. helle, reine Luft. 2. Himmel, Himmelsglanz.
Aetĭchō, ōnĭs *m.* (Aethicus, Atticus, Othico) Äticho, Herzog im Elsaß, Vater der hl. Odilia (7. Jhdt.).
Aetĭŭs, ī *m.* Ätius 1. römischer Statthalter in Pamphylien unter Kaiser Aurelianus. 2. arianischer Diakon, Stifter der Sekte der Anomöer; er hatte den Beinamen *ἄθεος* (um 350).
Aetna, ae *f.* (Aetne, *Αἴτνη*) Ätna, feuerspeiender Berg auf Sizilien.
Aetnē, ēs *f.* *s.* Aetna.
Aetōlī, ōrŭm *m.* die Ätolier.
Aetōlĭă, ae *f.* (*Αἰτωλία*) Ätolien, Landschaft in Mittelgriechenland.
Aetinŏă, ae *f.* Eton, St. an der Themse gegenüber Windsor, England (Buckingham) *ca.* 4000 Einw.
aevĭtās, ātĭs *f.* Lebenszeit, Lebensalter.
aevŭm, ī *n.* 1. längere, ewige Zeit, Ewigkeit. 2. Lebensdauer, Leben, Dasein. 3. Lebensalter, Zeitalter.
S. Afĕr, frī *m.* hl. Afer, Martyrer zu Augsburg zur Zeit Diokletians († 4. Jhdt.). Er war Oheim der hl. Afra (s. dieselbe), von Bischof Narcissus bekehrt, mit Hilaria und anderen um des Glaubens willen ermordet (9. August).
affābĭlĭs, ĕ leutselig, freundlich, herablassend.
affābĭlĭtās, ātĭs *f.* Leutseligkeit, Freundlichkeit.
affăbrē *adv.* kunstgemäß, kunstgerecht, kunstvoll (*C. j. c.* 1269 § 1).
affănĭae, ārŭm *f.* Ausflüchte, Widerworte.
affătim *adv.* hinlänglich, reichlich, inständig.
1. **affātŭs** s. ăffŏr.
2. **affātŭs,** ūs *m.* 1. Anrede, Ansprache. 2. Sprache, Sprachfähigkeit.
affectātĭō, ōnĭs *f.* 1. das Streben, Sucht. 2. Künstelei, Ziererei.
affectātŏr, ōrĭs *m.* der eifrig nach etwas trachtet, Nachahmer.
affectātrīx, īcĭs *f.* eifrige Nachahmerin.
affectātŭs 3 1. erstrebt, gesucht. 2. gekünstelt. 3. beabsichtigt: ignorantia.
affectĭō, ōnĭs *f.* Einwirkung, Beschaffenheit, Stimmung, Neigung.
affectō 1 nach etwas greifen, eifrig nach etwas trachten, streben.
affectŭōsŭs 3 1. leidenschaftlich, leicht erregbar. 2. liebevoll, zärtlich.
1. **ăffectŭs** 3 1. versehen, ausgestattet. 2. beschaffen, gestimmt. 3. angegriffen, geschwächt.
2. **ăffectŭs,** ūs *m.* 1. Zustand, Gemütsstimmung. 2. Neigung, Wohlwollen, Zuneigung: affectus maritalis eheliche Zuneigung, eheliche Liebe (*C. j. c.* 1129). 3. Wirkung, Empfindung, Herz. 4. Leidenschaft, Frömmigkeit, Inbrunst.
affĕrō, attŭlī, allātŭm, afferrĕ 1. herbeibringen, -führen, -tragen, -schaffen. 2. Nachricht überbringen, melden, erzählen, angeben. 3. bewirken, verursachen. 4. beitragen, nützen, helfen.
affēstīnō 1 beschleunigen.
affĭcĭō, fēcī, fectŭm 3 1. antun, einwirken, in einen Zustand versetzen, behandeln. 2. in eine Stimmung versetzen, stimmen, anregen, ergreifen. 3. schwächen, hart angreifen, hart mitnehmen.
affictīcĭŭs 3 (auch ăffĕctĭtĭŭs) beigefügt.
affīgō, fīxī, fīxŭm 3 1. anheften, befestigen, öffentlich anschlagen. 2. anketten, anschmieden, fesseln.
affīlĭātĭo, ōnĭs *f.* Angliederung an eine Bruderschaft, Aufnahme.
affingō, fīnxī, fictum 3 hinzubilden, hinzudenken, -dichten.
affīnĭs, ĕ 1. angrenzend, benachbart. 2. verschwägert.
affīnĭtās, ātĭs *f.* Verschwägerung, Schwägerschaft, Verwandtschaft.
affīrmantĕr *adv.* mit Zuverlässigkeit, sicherlich.
affīrmātĭō, ōnĭs *f.* Versicherung, Beteuerung.
affīrmātīvŭs 3 bejahend.
affīrmātŏr, ōrĭs *m.* Versicherer, Bejaher.
affīrmō 1 bekräftigen, versichern, bestätigen, behaupten, beteuern.
affīxĭō, ōnĭs *f.* Anheftung.
afflagrāns, antĭs, auflodernd.
afflātŏr, ōrĭs *m.* Anhaucher.
afflātŭs, ūs *m.* das Anwehen, Anhauchen.
afflĕō 2 anweinen.
afflīctātĭō, ōnĭs *f.* Qual, Pein.
afflīctātŏr, ōrĭs *m.* Peiniger.
afflīctĭō, ōnĭs *f.* Betrübnis, Schmerz.
afflīctīvŭs 3 beunruhigend; schmerzlich.
afflīctō 1 1. heftig anschlagen, beschädigen, heimsuchen, plagen. 2. se u. *pass.* sich härmen, abängstigen.

afflīgō, flīxī, flīctŭm 3 1. niederschlagen, stürzen, beugen, peinigen; *pass.* leiden. 3. betrübt, mutlos machen.
afflō 1 1. hinwehen, anwehen, anhauchen, lumine bestrahlen. 2. entgegenwehen.
afflŭēns, ĕntĭs 1. reichlich zuströmend, im Überfluß vorhanden, reich versehen mit.
afflŭentĕr *adv.* verschwenderisch.
afflŭentĭă, ae *f.* Überfluß, Fülle, Reichtum.
afflŭō, flūxī, xŭm 3 1. heranfließen, reichlich zuströmen. 2. überströmen, reichlich versehen sein.
afflŭŭs 3 reichlich fließend.
affŏr 1 anreden, ansprechen.
affŏrĕ s. assŭm.
affrĭcātĭō, ōnĭs *f.* das Anreiben.
affrĭcō, frĭcŭī, frĭctum 1 anreiben.
affŭī s. assŭm.
affulgĕō, fŭlsī 2 entgegenstrahlen, -leuchten, erscheinen.
affundō, fūdī, fūsŭm 3 hinzugießen; *pass* sich ergießen.
āflŭō 3 wegfließen.
S. Afră, ae *f.* Büßerin u. Mart., Patronin von Augsburg, † um 290.
Sie wurde bekehrt durch Bischof Narcissus, der in der Verfolgung Diokletians nach Augsburg kam und, ohne ihr schändliches Gewerbe zu kennen, bei ihr, der Heidin, eingekehrt war. Von Cajus, dem kaiserlichen Präfekten, zum Abfall aufgefordert, weigerte sie sich und wurde langsam durch Feuer getötet. Der Leichnam wurde in der Kirche des hl. Ulrich beigesetzt (7. August und an anderen Augusttagen).
Afrī, ōrŭm *m.* Bewohner von Afrika, Afrikaner.
Afrĭcă, ae *f.* 1. Afrika als Erdteil. 2. Nordafrika als römische Provinz.
Ss. Afrĭcānae Virgines et Martyres s. Ss. Virgines et Martyres Africanae.
Afrĭcānŭs 3 afrikanisch, mit Afrika zufällig zusammenhängend.
1. **Afrĭcŭs** 3 aus Afrika stammend, zu Afrika gehörig; von Afrika her, vom Süden her.
2. **Afrĭcŭs**, ī *m.* (*scil.* ventus) Südwind, Südwestwind (*Ps.* 77, 26).
Agabus, ī *m.* (*hebr.*: Heuschrecke) Agab, ein christlicher Prophet in Antiochia, der die Hungersnot unter Kaiser Klaudius (41—54) sowie die Gefangennahme des hl. Paulus vorhersagte (*Act.* 11, 28; 21, 10).
Agadboa, ae *f.* Aghadoe, D. am See von Killarney, Irland (Kerry), ehem. Abtei, Bistum mit Kerry vereinigt.
Agag *indecl.* (*hebr.*: ?) Agag, Königstitel bei den Amalekitern (*Ex.* 24, 7; 1. *Reg.* 15, 32).
Agagītēs, ae *m.* Agagite, Nachkomme des amalekitischen Königsgeschlechtes (vgl. Agag).
Agălĭēnsĕ monasterium Kloster zu Agli in Südspanien.
ăgămŭs 3 (ἄγαμος) unverheiratet.
ăgăpē, ēs *f.* (ἀγάπη) 1. Nächstenliebe. 2. das altchristliche Liebesmahl.
S. Agăpē, ēs *f.* hl. Agape 1. Mart. u. Jgfr.; ohne Lebensangaben (Gurk 5. März). 2. Martyrerin zu Augsburg, † 290, *s.* S. Hilaria.
S. Agăpītus, i *m.* (ἀγαπητός geliebt) hl. Agapit. 1. Mart. † 258, 6. August. 2. Mart. † um 274, 18. August. 3. Papst u. Bek. Agapet, (535—36), 20. Sept. 4. ein Sohn des hl. Eustachius, Mart.
Agar *oder* **Hagar** *indecl.* Magd u. Nebenfrau Abrahams, aus Ägypten stammend, von Abraham mit ihrem Sohne Ismael in die Wüste verstoßen.
Agără, ae *m.* (Agĭră, Agrĭă) die Eger, Nebenfluß der Elbe, Böhmen.
Agaraei, ōrŭm *m.* (Agareni) Agaräer oder Agarener, Hirtenvölker im nördlichen Arabien, Nachkommen der Hagar.
Agarai *indecl.* (*hebr.*: Hagriter) Israelit, Vater Mihabars, eines Helden Davids.
Agarēni, ōrŭm *m.* Beduinen in der Nähe v. Damaskus, s. Agaraei.
S. Agăthă, ae *f.* Jgfr. u. Mart. zu Catanea, Sizilien. 5. Februar.
Agăthă, ae *f.* Mutter der Margareta von Schottland.
Agăthă, ae *f.* Agde, Ort am Canal-du-midi, 4 km nördl. vom mittelländischen Meere bei Narbonne, Fkr.; *dav.*: **Agathensis**, ĕ.
B. Agăthangĕlŭs et Cassĭānŭs, ī *m.* sel. Agathangelus u. Kassian, Mart., Priester aus dem Kap. O. † 1638, 7. Aug.
Der sel. Agathangelus hieß vorher Franz Noury und war zu Vendôme in Frankreich am 31. Juli 1598 geboren. Sein zukünftiger Gefährte im Apostolat und im Martyrium Consalvus Vaz Lopez Netto, später Cassianus genannt, erblickte am 15. Januar 1607 zu Nantes das Licht der Welt. Früh traten beide in den Kapuzinerorden ein und bereiteten sich durch Gebet, Kasteiungen und andere Tugendwerke auf ihren Kampf für den Glauben vor. Priester geworden, brannten sie voll Eifer, den Glauben zu verbreiten und den Martertod zu erleiden. In die Missionen gesandt, eilte Agathangelus nach Syrien, Kassian nach Aegypten, trafen aber in Memphis wieder zusammen und arbeiteten nun gemeinsam im Weinberg des Herrn. Sie gingen nach Aleppo und durchwanderten andere Gegenden des Orients, um besonders bei den Kopten die Rückkehr zur kath. Einheit zu erreichen. Die Erfolge waren groß; selbst der koptische Patriarch gab ihnen Empfehlungsschreiben, so daß sie überall gut aufgenommen wurden. Als sie aber nach Abessinien vordrangen, wurden sie gefangen genommen und in den Kerker geworfen und dann mit Stricken an den Schwanz von Tieren gebunden und so in der brennenden Sonnenhitze zum Kaiser gebracht, der sie wegen ihres standhaften Glaubens erdrosseln ließ. — 7. Aug. Kap. O. u. Franz. O.
S. Agăthae fānŭm *n.* s. S. Agatha Gothorum.

S. **Agathae Goth.** (*C. R.*) s. S. Agatha Gothorum.

S. **Agăthă Gŏthŏrum** *f.* (S. Agathae fanum, Agathopolis) St. Agata dei Goti, Italien (Benevent). Bischofssitz, *ca.* 3500 Einw.

Agăthŏpŏlĭs, ĭs *f.* s. S. Agatha Gothorum.

S. **Agăthō,** ōnĭs *m.* hl. Agatho, Papst u. Bek. (678—681).

Agaunŭm, ī *n.* St. Moritz, D. Schweiz (Wallis); *dav.*: **Agaunensĭs,** ĕ.

Agĕdincŭm, ī *n.* (Civitas Senŏnum) Sens, St. r. an der Yonne in der Champagne, Fkr. (Yonne), ca. 15000 Einw. Erzbischofssitz (seit 4.—5. Jh.).

ăgellŭs, ī *m.* Äckerchen, Gütchen.

Agennapium, ī *n.* Genappes, D. l. an der Dyle, Belgien (Brabant), ca. 2000 Einw.

Agennen. (*C. R.*) *s.* Agen(n)um.

Agĕn(n)ŭm, ī *n.* (Agin(n)um) Agen, St. an der Garonne, Fkr. (Lot-et-Garonne) ca. 20000 Einw., Bischofssitz (seit 4. Jhdt.), Suffr. v. Bordeaux; dav. **Aginensis,** e; Aginenses, ium m. Bewohner.

Agĕrentĭă, ae *f.* s. Acherontia.

ăgĕr, grī *m.* Feld, Acker; Land; *pl.* Gebiet.

Ager Clavium, Schlüsselau, Cist.innen, Kloster in Bayern, Diöz. Bamberg.

Agĕruchĭă, ae *f.* Ageruchia, eine christliche Frau, an die der hl. Hieronymus einen Brief schrieb (4. Jhdt.).

Aggaeŭs, ī *m.* (*hebr.*: der Feierliche, Festpilger?) Aggäus, einer der sog. kleinen Propheten z. Zt. des Darius Hystaspes um 520 v. Chr.

aggĕnĕrŏ 1 hinzu-, ferner noch erzeugen.

aggĕr, ĕris *m.* 1. Damm, Dammerde, Erhöhung. 2. Uferdamm, Ufer. 3. Haufen.

aggĕrātĭm *adv.* haufenweise.

aggĕrātĭō, ōnĭs *f.* Aufhäufung.

1. **aggĕrō** 1 aufschütten, erhöhen.

2. **aggĕrō,** gessī, gestŭm 3 herbeitragen.

aggestŭs 3 (von aggero 2) herbeigetragen.

Aggi *indecl. m.* (*hebr.*: der Festliche) Aggi, Familienhaupt aus dem Stamme Gad z. Z. Moses'; dav. Aggitae, arum *m.* Mitglieder u. Nachkommen dieser Familie.

Aggith *indecl. f.* (*hebr.*: die Festliche) Aggith, Frau Davids, Mutter des Adonias.

agglŏmĕrō 1 fest anschließen; se aggl. sich zusammenrotten.

agglūtĭnō 1 anleimen, anheften.

aggrăvātĭō, ōnĭs *f.* Erschwerung, Beschwerung.

aggrăvēscō 3 sich verschlimmern.

aggrăvō 1 schwerer machen, vergrößern, belästigen, aures verstopfen, corda verhärten.

aggrĕdĭŏr, grĕssŭs sum 3 1. hinzugehen, sich an jemand machen, angreifen. 2. etwas unternehmen, beginnen; aggredi denuntiationes das „Aufgebot" ergehen lassen.

aggrĕgātĭō, ōnĭs *f.* 1. das Zusammenhäufen, Zusammenrottung. 2. Angliederung.

aggrĕgō 1 beigesellen, sich anschließen, angliedern.

aggressĭō, ōnĭs *f.* Angriff.

aggressīvŭs 3 angreifend.

aggressŏr, ōrĭs *m.* Angreifer, Missetäter.

aggressŭm, ī *n.* Raubanfall.

Aghaboënse monasterium *n.* ehem. Abtei Aghadoe, Irland (Kerry).

Aghadonen. (*C. R.*) s. Agadboa.

ăgĭlĭs, ĕ behend, beweglich, geschäftig.

S. **Agĭlolfŭs,** ī *m.* s. S. Agilolphus.

S. **Agĭlolphŭs,** ī *m.* (Agilolfus) hl. Agilolf, Bisch. u. Mart. (8. Jhdt.).

Aus edlem Geschlechte, erzogen von einem Abte des Klosters Malmedy in der Westeifel, später Bischof von Köln, soll Mitarbeiter des hl. Bonifatius gewesen sein; er suchte zwischen den fränkischen Fürsten zu vermitteln, die in den Ardennen ihre Heere versammelten, doch die an der Amblève, einem Nebenfluß der Maas, befindlichen Soldaten ermordeten ihn. Der Leib des Heiligen wurde erst nach Malmedy, dann unter dem hl. Anno nach Köln gebracht, wo er jetzt im Dome beigesetzt ist. — (7. oder 11. Juli).

Agĭlulfŭs, ī *m.* s. Agilulphus.

Agĭlulphŭs, ī *m.* (Agilulfus) Agilulf, König der Langobarden (7. Jhdt.).

Agĭnŭm (Aginnum), ī *n.* s. Agen(n)um.

ăgĭŏs, ă, ŏn (ἅγιος) heilig.

Agĭră, ae *m.* s. Agara.

ăgĭtābĭlĭs, ĕ leicht beweglich.

ăgĭtātĭō, ōnĭs *f.* 1. Bewegung, Tätigkeit, Regsamkeit. 2. Aufwiegelung.

ăgĭtātŏr, ōrĭs *m.* Aufwiegler.

ăgĭtō 1 1. treiben, anreizen, aufregen. 2. verfolgen, beunruhigen. 3. verspotten, geißeln. 4. besprechen, verhandeln. 5. betreiben, ausüben. 6. sich aufhalten, verweilen.

Aglăē, ēs *f.* vornehme Römerin im 3. Jahrh.

Agliardi Antonius *m.* Kardinalbisch. von Albano, Mitglied der ersten Kodifikationskommission des kanonischen Rechts, geb. 4. Sept. 1832 zu Cologno am Serio (It.), 1893 Nuntius in Wien, 1896 Kardinal, † 1915 in Rom.

āgmĕn, ĭnis *n.* 1. Zug, Marsch, Heereszug. 2. Schar, Trupp, Haufe, Schwarm.

āgnă, ae *f.* weibliches Lamm.

Agnanĭă, ae *f.* Agnania, Landschaft in Kampanien (Italien); vielleicht die Gegend des seit 1870 ausgetrockneten Sees Agnano, 4 km westlich von Neapel.

āgnāscŏr, nātŭs sŭm 3 nachgeboren werden.

ăgnātĭō, ōnĭs *f.* Verwandtschaft, Blutsverwandtschaft von Vaterseite.
ăgnātŭs, ī *m.* 1. nachgeborener Sohn. 2. der Verwandte von väterlicher Seite.
ăgnellŭs, ī *m.* Lämmchen.
Agnes, ētĭs *f.* Agnes, Mutter der hl. Hedwig.
S. Agnēs, ētĭs *f.* hl. Jgfr. u. Mart., † zu Rom 304, 21. Jan.
S. Agnes Assisiensis *f.* hl. Agnes v. Assisi, Klarissin. † 1253, 16. Nov.

Sie war die Schwester der hl. Klara und verließ 16 Jahre nach Klaras Klostereintritt auch heimlich das elterliche Haus und eilte zu ihrer Schwester ins Kloster. Als sie ihre Verwandten mit Gewalt wieder zurücktreiben wollten, blieb sie aufs Gebet ihrer Schwester wie festgewurzelt auf dem Platze stehen und konnte nicht weiter gebracht werden, und als ein Onkel voll Zorn die Hand ausstreckte, um sie zu schlagen, wurde er an der Hand plötzlich von heftigen Schmerzen befallen, so daß die Verwandten durch das Wunder gezwungen ihr Vorhaben aufgaben, während Agnes voll Freude wieder zu ihrer Schwester eilte und vom hl. Franziskus selbst das Ordenskleid empfing. Sie führte ein äußerst strenges Leben, trug immer ein rauhes Bußkleid, genoß fast täglich nur Brot und Wasser und verbrachte die Zeit, die ihr von der Arbeit übrig blieb, mit Gebet und Betrachtung. Dabei geriet sie öfters in Verzückung, und sah einmal ihre Schwester mit dreifacher Krone geschmückt, einmal Jesum selbst in Gestalt eines Knaben. Vom hl. Franziskus selbst zur Leitung eines neuen Klosters nach Florenz berufen, führte sie die dortigen Jungfrauen, darunter mehrere adelige, durch ihr Beispiel bald in den Geist der hl. Regel und ins fromme Ordensleben ein. Dann kehrte sie wieder ins Kloster ihrer Schwester zurück und starb noch in demselben Jahre wie die hl. Klara. 16. Nov. (Kapuziner u. Franziskaner).

S. Agnes de Montepulciano, Jungfrau, Dominikanerin. † 1317.

Zu Montepulciano in Toscana (Italien) um das Jahr 1268 geboren, legte sie bald außerordentliche Zeichen der Frömmigkeit an den Tag; sie verkündeten im voraus die zukünftige Heiligkeit dieses Kindes. Sie wurde mit besonderer Bewilligung des heiligen Stuhles im jugendlichen Alter von 15 Jahren Äbtissin des Dominikanerinnenklosters ihrer Vaterstadt. Blumen von nie gesehener Schönheit entsproßten an den Stätten ihres Gebetes. Sie hatte häufige Erscheinungen und empfing zehnmal die hl. Kommunion aus der Hand eines Engels. Sie starb am 20. April 1317. Ihre letzten Worte waren: „Ich gehe zu Ihm, der meine einzige Hoffnung ist." — 20. April (Dom. Ord.).

B. Agnēs dē Bŏhēmĭă, sel. Agnes von Böhmen, Jgfr. aus dem Klarissenorden, † um 1280.

Sie war als Tochter König Ottokars I. von Böhmen zu Prag geboren; wurde dem schlesischen Herzogssohne Bolelaus als Gattin versprochen und im Trebnitzer Cistercienserinnenkloster (unweit Breslau) erzogen. Als ihr Verlobter jung gestorben war, begab sich Agnes zu den Prämonstratenserinnen, unter denen sie sich alsbald durch ihre Frömmigkeit auszeichnete. Selbst die ihr angetragene Kaiserinnenwürde schlug sie aus. Trotzdem man sie nötigte, am Hofe zu verweilen, lebte sie sehr abgetötet und nahm sich aller Notleidenden an. Endlich wurde ihr auf Verwendung Papst Gregors IX. hin von ihrem königlichen Bruder gestattet, bei den Klarissen einzutreten. Ihre Güter verwandte sie zur Errichtung eines Fremdenheimes in Prag und übergab dessen Leitung dem eben gestifteten Kreuzherrnorden. In dem gleichfalls von ihr zu Prag errichteten Klarissenkloster, das später ihren Namen trug, wurde sie von Gregor IX. (reg. 1227 bis 1241) zur Aebtissin erhoben; diese Würde legte sie aber schon bald aus Demut nieder. Dort starb sie reich an Verdiensten als Achtzigjährige. Ihre Verehrung erlaubte ausdrücklich Papst Pius IX. (2. März: Prag).

ăgnĭtĭō, ōnĭs *f.* Erkenntnis, das Erkennen.
ăgnĭtŏr, ōrĭs *m.* Kenner: cordis (*Eccles.* 7, 5).
agnĭtŭs 3 erkannt.
Agnŏïtae, ārŭm *m.* Agnoëten, Häretiker im 6. Jhdt.
ăgnōmĕn, ĭnĭs *n.* Beiname, Ehrenname, Spitzname.
Agnontŭm, ī *n.* Lienz, St. an der Drau in Tirol.
Agnōnŭm, ī *n.* Agnona, St. in den Abruzzen, It.
ăgnōscĭbĭlĭs, ĕ erkennbar.
ăgnōscō, nōvī, nĭtŭm 3 1. anerkennen, gelten lassen, zugestehen. 2. wiedererkennen.
ăgnŭs, ī *m.* männliches Lamm.
ăgō, ēgī, āctŭm 3 I. 1. treiben, führen. 2. jagen, verfolgen. 3. ziehen, vorrücken. 4. wegtreiben, rauben. 5. zwingen, veranlassen. 6. **sē ăgĕrĕ** sich benehmen. 7. erregen; pass. sich erregen. II. 1. Zeit zubringen, verleben. 2. leben, weilen, sich aufhalten. 3. animam agere die Seele aushauchen (*Caer. Episc. lib.* 2. *cap.* 38, 7). III. 1. besorgen: agere vestimenta Kleider beschaffen. 2. verrichten, vornehmen, feiern. 3. ausrichten, ausführen; *pass.* vorgehen, geschehen, recte agitur es geht gut. 4. darstellen, die Rolle jemands spielen: personam Evangelistae, villicum agens als Gärtner verkleidet. 5. vertragen, verhandeln. 6. agitur de es handelt sich um, es steht auf dem Spiele; actum est es ist vorbei, aus. 7. klagen: in iudicio bei Gericht klagen (*C. j. c.* 1534 § 2); in causis ecclesiasticis in kirchlichen Streitsachen klagen (*C. j. c.* 1646); ad agendum zum Klagen. IV. *imper.* age, agite! wohlan! nun denn! sprich! V. **āctŭm**, ī *n.* meistens *pl.* **āctă**, orum *n.* 1. Taten, Werke, 2. öffentliche Verhandlungen. 3. Bericht, Chronik; acta Martyrum Berichte über Martyrer, acta Sanctorum Heiligengeschichte.
ăgōn, ōnĭs *m.* (ἀγών) 1. Kampfspiel, Kampf, Wettkampf. 2. Schicksal; agon vitae Todeskampf, agonem Deo commendare sich im Todeskampf Gott empfehlen.
ăgōnĭă, ae *f.* (ἀγωνία, daher auch agonía betont) Todesangst, Todeskampf.
ăgōnĭstă, ae *m.* Wettkämpfer, Kämpfer (bes. gegen die Sünde, Titel der Heiligen).

ăgōnĭzŏr 1 im Todeskampf liegen; -streiten.

ăgŏrānŏmŭs, ī *m.* (ἀγορανόμος) Marktaufseher, Polizist.

Agră, ae *f.* Agra, St. an der Dschamna im Nordwesten von Britisch-Ost-Indien, *ca.* 200 000 Einw. Erzbischofssitz (seit 1886); dav. **Agraĕnsis,** ĕ.

Agraēn. (*C. R.*) *s.* Agra.

ăgrămmătŭs 3 (ἀγράμματος) ungelehrt.

ăgrārĭŭs 3 zu den Feldern gehörig, Acker-.

ăgrĕstīnŭs 3 *s.* agrestis.

ăgrĕstĭs, ĕ 1. wild, wildwachsend; lactuca (Lattich). 2. ländlich, bäurisch. 3. ungebildet; *auch*: ăgrestīnŭs.

1. **Agrĭă,** ae *m.* s. Agara (Fluß).

2. **Agrĭă,** ae *f.* Erlau, St. an der Erlau (zur Theiß), Ungarn (Heves), *ca.* 25 000 Einw.; Erzbischofssitz (seit 1804); dav. **Agrĭēnsĭs,** ĕ.

ăgrĭcŏlă, ae *m.* Landmann.

S. Agrĭcŏlă, ae *m.* Mart., 4. Nov.

Agrĭcŏlāŭs, āī *m.* legendenhafter Statthalter Armeniens unter Diokletian.

ăgrĭcultĭō, -cultŏr, -cultūră s. cultĭō usw.

Agrien. (*C. R.*) s. 2. Agria.

Agrigentin. (*C. R.*) s. Agrigentum.

Agrĭgentŭm, ī *n.* Girgenti, St. im Südwesten der Insel Sizilien, ca. 21 000 Einw.; Bischofssitz (seit 5. Jhdt.).

Agrippa, ae *m.* (Ἀγρίππας) 1. Agrippa I. Herodes (37—50 n. Chr.). 2. dessen Sohn Agrippa II. (50—100 n. Chr.), zuerst Nachfolger seines Vaterbruders Herodes II. als Fürst in Chalcis am Libanon zugleich mit dem Königstitel von Judäa ohne Herscherrechte, aber mit dem Aufsichtsrecht über den Tempel zu Jerusalem und dem Ernennungsrecht der Hohenpriester. Im J. 53 wurde er gegen Rückgabe von Chalcis Vierfürst von Ituräa, Trachonitis u. Abilene und erhielt vom Kaiser Nero noch Tiberias, Tarichäa, Julias und vierzehn kleinere Orte der Umgebung.

Agrippīnă, ae *f.* Agrippina, weibl. Name aus der Familie Agrippa, unter anderen der Tochter des Germanicus, Mutter Neros. Ihr Geburtsort wurde genannt: **Cŏlōnĭă Agrippīnēnsĭs,** auch nur **Agrippīnă,** Köln a. Rhein; dav. **Agrippīnēnsis,** ĕ, Agrĭppīnēnsēs, ĭŭm Bewohner.

S. Agrĭppīnŭs, ī *m.* Bischof von Neapel, 9. Nov.

S. Agrītĭŭs, ī *m.* Bischof von Trier, Bek. † 332.

Er stammte aus Antiochien (Syrien), von der hl. Helena dem Papste Silvester als Bischof von Trier vorgeschlagen, wird er vom Papste selbst geweiht. Aus seiner Schule gingen die späteren Trierer Bischöfe Maxentius und Paulinus hervor. Er nahm an der Synode in Arles gegen die Donatisten teil; den großen Trierer Kaiserpalast wandelte er in eine Kirche zu Ehren des hl. Johannes Evang. um; er übergab die Gebeine des Apostels Matthias, die er von der hl. Helena erhielt, der Kirche des hl. Eucharius; den hl. Rock sowie einen hl. Nagel und ein kleines Messer, welches der Herr beim letzten Abendmahle gebrauchte, überließ er der Kathedrale. Nach 18jähriger Tätigkeit ernannte er den hl. Maximus zu seinem Nachfolger. Er wurde in der Kirche, die später nach diesem Heiligen genannt wurde, beigesetzt (19. Januar).

Aguas Calientes (de) (*C. R.*) s. Aguas Calientes.

Aguas Calientes *indecl.* (*span.*: Warmwasser) Aguas Cailentes, St. am Rio Verde, Mexiko, ca. 32 000 Einw., Bischofssitz (seit 1900); Suffr. v. Guadalajara; *dav.* **Calientenēnsĭs,** ĕ.

Agur *indecl.* Verfasser des 30. Kapitels der Sprichwörter (Vulgata: Congregans = Sammler).

ah!, *interj.* ah!, ach!

Ahalab *indecl.* (*hebr.*: fruchtbare Gegend ?) Ahalab St., Palästina (Aser).

Ahara, ae *m.* (*hebr.*:) Ahara, dritter Sohn des Benjamin (gleich Ahiram).

Aharehel *indecl. m.* (*hebr.* ?) Aharehel, Familienhaupt im Stamme Juda, Sohn des Arum.

Ahasthari *indecl. m.* (*hebr.*: herrschaftlich) Ahasthari, ein Irsaelit aus dem Stamme Juda, Sohn des Assur u. der Naara.

Ahava, ae *f.* (*hebr.*: ?) Ahava, Nebenfluß oder Kanal des Euphrat bei Babylon, an dem Esdras die heimkehrenden Juden sammelte.

Ahaz *indecl. m.* (*hebr.*: gekürzt aus Joachaz: Jahwe erwählt) Ahaz, Israelit, Nachkomme Sauls, Sohn des Micha.

Ahazi *indecl.* · (*hebr.*: Jahwe erwählt) Ahazi, Ahnherr des jüdischen Priesters Amassai.

ăhēnĕŭs 3 s. aëneus.

ăhēnŭm, i *n.* Kessel.

Aher *indecl. m.* (*hebr.*: der andere) Aher, Israelit aus dem Stamme Benjamin.

Ahi (Achi) *indecl. m.* Israelit, Sohn des Somer.

Ahia (Ahiam) *indecl. m.* (*hebr.*: Freund Jahwes) Ahia 1. ein Offizier (Held) Davids (1. *Par.* 11, 34 u. 36 wohl identisch). 2. ein Nachkomme Benjamins. 3. ein Schreiber Salomons.

Ahialon *indecl.* (*hebr.* Eichenwuchs) Ahialon oder Elon, israelitischer Richter im Ostjordanland, ca. 1079—1069 v. Chr.

Ahiam *indecl.* (*hebr.*: Freund Jahwes) s. Ahia 1.

Ahias, ae *m.* (Ahia) (*hebr.*: Freund Jahwes) Ahias. 1. Prophet aus Silo, der die Teilung des salomonischen Reiches voraussagt (3. *Kön.* 11, 29f.).

2. Vater des gottlosen Königs Baasa von Israel (908—885).

Ahicam *indecl.* (*hebr.*: mein Bruder steht auf [Gott steht auf]) Achikam, Beamter des Königs Josias von Juda (7. Jhdt. v. Chr.).

Ahiezer *indecl.* (*hebr.*: mein Bruder [Gott] ist Helfer) Achiezer, israelitischer Fürst u. Führer des Stammes Dan durch die Wüste (15. Jhdt. v. Chr.).

Ahilud *indecl. m.* (*hebr.*: ?) Achilud 1. Vater des davidischen Kanzlers Josaphat (um 1000 v. Chr.). 2. Vater des Bana, eines Amtmannes Salomons (10. Jhdt. v. Chr.).

Ahimam *indecl. m.* (*hebr.*: ?) Achiman, jüdischer Türhüter am Königstor des Tempels in Jerusalem (5. Jhdt. v. Chr.)

Ahiman *indecl.* (*hebr.*: ?) Achiman, semitischer Ureinwohner in Hebron (Palästina), die von den Israeliten ausgerottet wurden (15. Jhdt. v. Chr.).

Ahimelech s. Achimelech (Priester).

Ahin *indecl. m.* (*hebr.*: der Brüderliche) Achin, Israelit aus dem Stamme Manasse.

Ahinadab *indecl. m.* (*hebr.*: der Bruder [Gott] ist freigebig, edel) Achinadab, Amtmann des Königs Salomon über das Stadtgebiet Manaim im Stamme Gad.

Ahio = Achio (*hebr.*:) zu übersetzen „et fratres eorum: und ihre Brüder" (kein Eigenname 1. *Par.* 8, 14).

Ahion (Aion) *indecl. n.* (*hebr.*: Trümmer, Steinhaufen) Ajon, St. in der Nähe des Sees Genesareth. Pal. (Nephthali).

Ahira *indecl. m.* (*hebr.*: der Bruder [Gott] ist hehr) Achira, Israelit, Führer des Stammes Nephthali durch die Wüste (15. *Jhdt. v. Chr.*).

Ahiram *indecl. m.* (*hebr.*: der Bruder [Gott] ist hehr) Achiram, Israelit, Familienoberhaupt im Stamme Benjamin; dessen Nachkommen **Ahiramitae,** arum *m.* (4. *Mos.* 26, 38).

Ahisahar *indecl. m.* (*hebr.*: Genosse des Frührots, der Schöne) Achisahar, Israelit aus dem Stamme Benjamin.

Ahisar *indecl. m.* (*hebr.*: der Bruder [Gott] ist erhaben) Achisar, Hofbeamter des Königs Salomon (10. *Jhdt v. Chr.*).

Ahiud *indecl. m.* (*hebr.*: der Majestätische) Achiud 1. Fürst von Gabaa aus dem Stamme Benjamin. 2. Israelit aus dem Stamme Aser, zur Verteilung des Landes Kanaan aufgestellt (4. *Mos.* 34, 27).

Ahobban *indecl. m.* (*hebr.*: ?) Achobban, Israelit aus dem Stamme Juda.

Ahod *indecl. m.* (*hebr.*: ?) Achod, 1. Israelit, Sohn des Simeon. 2. Israelit, Fürst von Gabaa.

Ahoe *indecl. m.* (*hebr.*: ?) Israelit, Nachkomme Benjamins (wahrscheinlich gleich Ahara u. Ahiram); **Ahohītēs,** um *pl. m.* dessen Nachkommen.

Ahmai (**Ahumai**) *indecl. m.* (*babyl.*: Achuma) Achmai, ein Nachkomme des Juda.

Ahusa, ae *f.* (Ahusia) Ahaus (Aahaus), St. an der Aa, Preußen (Westfalen), *ca.* 4000 Einw.

ai, *interj.* ach!

Aia *indecl. m.* (*hebr.*: Habicht) Aja 1. Enkel des Höhlenbewohners Seïr, Ureinwohners in Palästina. 2. Vater der Respha, einer Nebenfrau König Sauls (11. Jhdt. v. Chr.).

Aialon *indecl. n.* (*hebr.*: ?) Ajalon 1. ein Tal, wo Josue das „Stillstehen" der Sonne erflehte. 2. eine feste von Josue erbaute Stadt, *j.*: Jalô 3 km von ʿAmwâs, Palästina.

Aiam *indecl. s.* Ahiam oder Ahia.

Aiath *indecl.* (*hebr.*: Trümmerhaufen, Steinhaufen) Ajath, St. östl. von Bethel, Pal. (Benjamin).

S. **Aichărĭūs,** ī *m.* Aichar, Bischof von Noyon.

Aichstadium, i *n.* (Aichstetensis, Eichstetensis eccl., Eustadium, Eisteta, Eichstadium, Dyropolis) Eichstätt, St. l. a. d. Altmühl, Bayern (Mittelfranken) Bischofssitz, *ca.* 8000 Einw.

S. **Aidāmŭs,** i *m.* (Aidānŭs) Aidan, irischer Mönch u. Bischof in England (Schottland), Gründer des Klosters Lindisfarne. † 651.

S. **Aidanus,** i *m.* s. S. Aidamus.

Aila u. **Ailath** *indecl.* (*hebr.*: ?) Aelath, edomitische Hafenstadt am roten Meere.

B. **Aimo Taparelli,** Bekenner, O. Pr., † 1495.

Er wurde im Jahre 1395 zu Savigliano in Piemont geboren. Er versah das Amt eines Großinquisitors in der oberen Lombardei und in Ligurien. Der Spruch: „Gott dienen ist herrschen" war unablässig auf seinen Lippen. Er starb im Jahre 1495. — 21. Februar (Dom. Ord.).

Ain *indecl.* (*hebr.*: Brunnen, Quelle) En, unbekannte Levitenstadt in Palästina.

āĭō (meist nur ăĭt u. ăĭūnt) ja sagen, versichern, sagen.

Aion *indecl.* (*hebr.*: Trümmerhaufen) s. Ahion.

ālă, ae *f.* 1. Achsel, Achselhöhle. 2. Flügel, Reiterabteilung, Geschwader.

ălăbastĕr, strī *m.* u. **ălăbăstrŭm,** ī *n.* (ἀλάβαστρον) Salbenfläschchen aus einer Licht durchlassenden Marmorart, Alabaster.

ălăcĕr, crĭs, ĕ freudig, munter, eifrig.

Alăcŏque, altadelige Familie in der Bourgogne (Frankreich) *s.* S. Margarita.

ălăcrĭtās, ātĭs *f.* Munterkeit, Eifer.

Alagoas *indecl.* (port. Sümpfe) (de Alagoas, *C. R.*) Alagoas, St., Brasilien (Alagoas) *ca.* 10000 Einw.; Bischofssitz (seit 1900), Suffr. v. Santa Fé de Bogotá.

Alam *indecl.* (*hebr.*: der Mannhafte?) 1. Israelit aus dem Stamme Benjamin. 2. eine Judenfamilie, die aus dem babyl. Exil zurückkehrte.

Alamath *indecl.* (*hebr.*: die Mannhafte) Alamath, Nachkomme Sauls.

Alămannī, ōrŭm *m.* Alamannen, Name eines germanischen Völkerbundes am Oberrhein; dav. **Alamannus** 3; **Alamannicus** 3.

Alămannĭcŭs 3 alamannisch.

Alămannŭs 3 alamannisch.

Alămōnă, ae *f.* s. Alemana.

Alamundārĭŭs, ī *m.* (*arab.*: Allah mundar „Gott ist reichlich ausgestattet") Alamundar, Sarazenenfürst.

ălăpă, ae *f.* Ohrfeige, Backenstreich.

ălăpō 1 ohrfeigen, beohrfeigen.

Alără, ae *m.* Aller, Nebenfluß der Weser (Nordsee).

ālārĭs, ĕ (alarius) zum Flügel des Heeres gehörig, Flügel.

ālārĭŭs 3 s. alaris.

Alata castra, ōrŭm *n.* Edinburgh, Hauptstadt von Schottland, *ca.* 330000 Einw., Erzbischofssitz.

Alatrĭă, ae *f.* (Aletria) Alatri, St. in den Sabinerbergen, It. (Rom) *ca.* 6000 Einw.; Bischofssitz (seit 6. Jhdt.) exempt; dav. **Alatrinēnsĭs,** ĕ.

ālātŭs 3 geflügelt, mit Flügeln versehen.

albă, ae f. (scil. tunica od. vestis) 1. Albe, ein langes, weißes Linnengewand bei gottesdienstlichen Verrichtungen. 2. Taufkleid. 3. Dominica in Albis Weißer Sonntag; Sabbatum in Albis Samstag vor dem weißen Sonntag, da die am Karsamstag Getauften ihre weißen Kleider bis zu diesem Tage trugen.

1. **Albă,** ae *m.* 1. s. Albis. 2. Aube, Nebenfluß der Seine (Fkr.).

2. **Albă,** ae *f.* (Alba Longa) Alba, älteste St. Latiums, wahrscheinlich am Westufer des Albanersees gelegen, It. (Rom); dav. **Albanus** 3, **Albanus mons** das Albanergebirge südlich von Rom, *j.* Monte Cavo.

3. **Albă,** ae *f.* (Alba Sebusiana) Weißenburg (Kronweißenburg), St. an der Lauter, Unterelsaß; *ca.* 7000 Einw.

Albă Bulgārĭcă, ae *f.* s. Alba Graeca.

Albă Cărŏlīnă, ae *f.* Karlsburg (*ungar.* Gyula Fehérvár), St. r. an der Maros (zur Theiß), ca. 12000 Einw. Rumänien (Siebenbürgen).

Albă Dŏmĭnārŭm *f.* Frauenalb, D. Baden (Karlsruhe).

Albă Dŏmĭnōrŭm *f.* Herrenalb, St. an der Alb, Württemberg (Neuenbürg), ehem. Cistercienserabtei.

Albă Fŭcentĭă, ae *f.* (Alba Fucentis, A. Marsorum) Alba der Marser am ehem. Fucinersee, *j.* Alba (Albi) D. It. (Aquila) *ca.* 310 Einw., römisches Staatsgefängnis; *dav.* **Albēnsĭs,** ĕ.

Albă Graecă, ae *f.* (Alba Bulgarica) Belgrad, St. an der Donau, Jugoslavien (Serbien) *ca.* 70000 Einw.; Bistum (seit 9. Jhdt.), Suffr., von Skutari.

Albă Jūlĭă, ae *f.* Fógaras, St. l. an der Aluta, Rumänien (Siebenbürgen), *ca.* 6000 Einw.; griechisch-uniertes Erzbistum, Sitz in Blasendorf.

Albă Longă, ae *f.* s. 2. Alba.

Albă mălă, ae *f.* Aumale, St. an der Bresle, Fkr. (Seine-Inférieure) *ca.* 2300 Einw.

Albă mārĭs *f.* (Alba maritima) Zaravecchia, D., Jugoslavien (Dalmatien).

Alba Pompēiă, ae *f.* Alba Pompea, St. am Tanaro, It. (Cuneo), *ca.* 10000 Einw., Bischofssitz, Suffr. von Turin.

Albă Rēgālĭs *f.* (Alba regia, A. in Pannonia) Stuhlweißenburg (*ungar.* Székes Fehérvár) St. Ungarn, *ca.* 30000 Einw.; Bischofssitz, Suffr. von Gran; dav. **Albēnsĭs** ĕ.

Albă Sĕbŭsĭānă, ae *f.* s. 3. Alba.

Alba de Tormes *indecl.* Alba de Tormes, St. am Tormes, Spanien (Salamanca), *ca.* 3300 Einw.; Reliquien der hl. Theresia.

Albae Julien. (*C. R.*) *s.* Alba Julia.

Albae Pompeiae (*C. R.*) *s.* Alba Pompeia.

Albae Petrae, Aube Pierres, Cist. Kloster i. Frankreich (Dep. Creuse).

Albae Regalen. (*C. R.*) *s.* Alba Regalis.

albămĕn, ĭnĭs *n.* (albamentum) das Weiße.

albāmentŭm, ī *n.* s. albamen.

Albānă, ae *f.* (Albanopolis, Albanum in Armenia) Albana, St. in Albanien am kaspischen Meer, (vielleicht *j.* Derbent) ehem. Bischofssitz (6. Jhdt.).

Albanēn. (*C. R.*) *s.* 1. Albanum.

Albanen. Americ. (*C. R.*) *s.* Albanum Americae.

Albānī villă, ae *f.* St. Albans, St. England (Hartford).

1. **Albānĭă,** ae *f.* Albanien, Landschaft nordwestlich von Griechenland.

2. **Albānĭă,** ae *f.* Albanien an der mittleren Westküste des kaspischen Meers; ehemaliges kath. Bistum mit dem

Sitz in Albana, *j.* Daghestan, Landschaft Rußlands (Kaukasien).

Albānŏpŏlĭs, ĭs *f. s.* Albana.

1. **Albānŭm,** ī *n.* Albano, St. südl. vom Albanersee an der Appischen Straße, It., *ca.* 8000 Einw., suburbikarischer Bischofssitz; *dav.*: **Albanensis,** e; **Albanenses,** ium Bew.

2. **Albānŭm,** ī *n.* s. Albana.

3. **Albānŭm Amĕrĭcae,** Albany, St. am Hudson, Ver. Staaten v. Nordamerika (New-York), ca. 100 000 Einw. Bischofssitz (seit 1847), Suffr. von New-York.

S. **Albānŭs,** ī *m.* 1. erster Apostel Englands, † 133, 22. Juni. 2. Priester und Mart., † 406.

Letzterer stammte aus Philippi (in Griechenland) und floh vor dem Vandalen Hunnerich nach Rom; von dort kam er über Gallien nach Mainz, wo er von wütenden Arianern enthauptet wurde. 21. Juni (Mainz).

1. **Albānŭs mōns,** tĭs *m.* Albanergebirge, *bes.* dessen höchster Berg (*j.*: Monte Cavo), südöstl. von Rom.

2. **Albānŭs mōns,** tĭs *m.* Montauban St. am Tarn, Fkr. (Tarn-et-Garonne), *ca.* 18 000 Einw., Bischofssitz (seit 14. Jhdt.), Suffr. von Toulouse.

ălbātŭs 3 weißgekleidet, im Festkleid.

Albēnsĭs plaga, ae *f.* Komitat von Also-Feher, Ungarn (Unterweißenburg).

albĕō 2 weiß sein.

S. **Alberīcus,** ī *m.* Cist. Abt von Cîteaux († 1109).

Als es sich um die Gründung von Citeaux handelte, war der Prior Alberich von Molesme einer der ersten, der die Regel des hl. Benedikt in ihrer ganzen Strenge durchgeführt wissen wollte. Nach der Rückkehr Roberts von Citeaux nach Molesme wurde A. zum Abt gewählt. Er war für den Bestand von Citeaux und damit des ganzen Ordens von größter Bedeutung, denn einerseits erwirkte er im Jahre 1100 vom Papst Paschalis II. das sog. Privilegium Romanum, durch das Citeaux, dessen Bewohner und deren Nachfolger unmittelbar dem Apostolischen Stuhl unterstellt wurden, anderseits gab er seinen Mönchen Satzungen, die grundlegend für den Orden wurden. Auch wird berichtet, er habe das weiße Ordenskleid mit dem schwarzen Skapulier von der seligsten Jungfrau Maria erhalten, wie sich die Mönche von nun an kleideten. Nachdem er durch 10 Jahre Citeaux vorgestanden, starb er 1109 eines seligen Todes. — 26. Jan. (Cist. Ord.).

Albĕrīcŭs, i *m.* Bischof v. Utrecht, Ende des 8. Jahrhunderts.

Albĕrō, ōnĭs *m.* Erzbischof v. Trier (1131—1152).

S. **Ălberti** (*C. R.*) *s.* S. Albertus 1.

1. **S. Albertus,** i *m.* Saint Albert, D. in Kanada bei Edmonton, *ca.* 1000 Einw. Bischofsstadt seit 1871, Suffr. v. S. Boniface.

2. **B. Albertus de Bergamo,** Bekenner, O. Pr., sel. Albert von Bergamo, † 1279.

Er wurde von armen, aber tugendhaften Eltern in dem kleinen Landstädtchen Villa d' Ogna bei Bergamo in Oberitalien geboren. Seine Kindheit und Jugend verbrachte er in großer Unschuld, aber er ließ dennoch nicht nach, schwere Bußwerke zu verrichten. Engel in Menschengestalt halfen ihm manchmal auf dem Felde. Er begnügte sich nicht damit, den Armen alles das, was er erübrigen konnte, zu spenden, er ging auch noch umher und bettelte für dieselben. Seine Wohnung befand sich neben dem Dominikanerkloster, und er stellte sich unter die Leitung eines der Mönche und nahm das Kleid des dritten Ordens. Er starb am 7. Mai 1279. — 13. Mai (Dominikanerorden).

3. **B. Albertus Māgnŭs,** i *m.* sel. Albert der Große, Bisch. Bek. † 1280.

In Lauingen an der Donau (bay. Schwaben) geboren, studierte er in Paris und Köln Philosophie. Anfangs von geringem Auffassungsvermögen soll er durch die Fürbitte der Gottesmutter, der er sich weihte, so große Fortschritte in der Wissenschaft gemacht haben, daß er die Bewunderung nicht bloß seiner Zeitgenossen, sondern aller folgenden Zeiten erlangte. Um bei seinen Studien nicht durch Trugschlüsse der weltlichen Weisheit im Glauben wankend zu werden, bat er inständig und beharrlich die Gottesmutter um Glaubensstärke. Seine Bitte wurde erhört. In Paris lehrte er Philosophie unter solchem Zulaufe, daß die Lehrsäle seine Zuhörer nicht fassen konnten. Trotz seiner überragenden Kenntnisse war sein Grundsatz: Lieber in manchen Dingen als unwissend gelten, als gewagte Entscheidungen in schwierigen und unnötigen Fragen zu fällen. Von Paris nach Köln zurückgekehrt, zählte er den hl. Thomas v. Aquin zu seinem Schüler, dessen außerordentliche Wissenschaft er in prophetischem Geiste vorhersagte. Wegen seiner großen Kenntnisse und Tugenden nach Rom berufen, wurde er vom Papst Alex. IV. zum Bischofe von Regensburg erhoben. Als solcher blieb er der gleiche demütige und einfache Gelehrte. Auf seinem Landgute Thumstauf (Donaustauf, 2 Std. östl. v. Regensburg) verfaßte er seine Erklärung zum Lukasevangelium. Nach drei Jahren entsagte er der bischöflichen Würde und kehrte auf seinen Lehrstuhl nach Köln zurück, den er bis zu seinem 83. Lebensjahre einnahm und erst infolge plötzlichen Verlustes des Gedächtnisses bei öffentlicher Vorlesung aufgab. Vier Jahre darauf im 87. Lebensjahre schied er selig aus dieser Welt 1280. — 15. Nov. (Köln, Regensburg, Augsburg, Rottenburg). — *Über* Aqua S. Alberti *s.* aqua.

4. **Albertŭs,** ī *m.* Kaiser Albrecht II. (1438—1439).

5. **Albertus,** ī *m.* Albert, Bischof von Cashel (in der irischen Provinz Munster).

6. **Albertŭs,** ī *m.* Albert, Schüler des hl. Einsiedlers Wilhelm aus dem Augustinerorden.

albēscō 3 weiß werden.

1. **Albĭă,** ae *f.* (Stadt) *s.* Albigensis urbs.

2. **Albĭă,** ae *m.* (Fluß) *s.* Albis.

albĭcŏlŏr, ōrĭs weißfarbig.

Albĭēn. (*C. R.*) *s.* Albigensis urbs.

Albĭgă, ae *f. s.* Albigensis urbs.

Albĭgēnsēs, ĭŭm *m.* Albigenser, Sammelname für die während des 12. u. 13. Jhdts. in Südfrankreich lebenden Ketzer, bisweilen auch für die Katharer.

Albĭgēnsĭs urbs, bĭs *f.* (Albia, Albiga) Albi, St. am Tarn, Fkr. (Tarn) *ca.* 15 000 Einw. Erzbischofssitz (seit 3. bzw. 17. Jhdt.).

Albĭgēnsĭŭm castra, ōrŭm *n.* Castres, St. am Agout, Fkr. (Tarn), *ca.* 20 000 Einw., ehem. Bistum (1317—1801).

Albinganen. (*C. R.*) *s.* Albingaunum.
Albingaunŭm, ī *n.* 1. Albenga, St. an der Riviera, It. (Genua), *ca.* 4000 Einw.; Bischofssitz (seit 5. Jhdt.) Suffr. v. Genua; *dav.* **Albiganēnsīs,** ĕ. 2. im Kanton Wallis St. Maurice-Tarnayas. 3. St. Moritz in Graubünden. 4. Bourg, St. in Savoyen.
Albĭnĭăcŭm, ī *n.* Aubigny-sur-Nère, St. Fkr. (Cher), *ca.* 4550 Einw.
S. Albīnī fānŭm, ī *n.* Saint-Aubin-du-Cormier, Fkr. (Ille-et-Vilaine), *ca.* 1900 Einw.
S. Albini monasterium, ī *n.* Saint-Aubin-des Bois, D., Fkr. (Calvados).
Albintĭmēlĭŭm, ī *n.* (Albium Intimelium) Ventimiglia, St. an der Riviera in Ligurien It. (Porto Maurizio), *ca.* 6000 Einw., Bischofssitz, (seit 7. Jhdt.), Suffr. von Genua.
1. **S. Albīnŭs,** ī *m.* hl. Albin, Mart. (nach den Bollandisten), verehrt in der Erzdiözese Köln.

Auf Wunsch eines Mainzer Erzbischofs soll der Name des Heiligen aus Albanus in Albinus verwandelt worden sein, um eine Verwechslung mit dem hl. Albanus (s. dens.) zu verhüten. Die Gebeine des hl. Albinus (Kopf und oberer Teil des Rumpfes) wurden von der Mutter Ottos III. aus Rom mitgebracht (i. J. 989) und in der St. Pantaleonskirche zu Köln beigesetzt. Sie waren noch mit Haut und Haar umkleidet, man bemerkte auf dem abgeschnittenen Haupte die Adern und Nervenstränge. Als im Jahre 1820 die genannte Kirche den Katholiken genommen wurde (sie ist jetzt protestantische Militärkirche), übertrug man die Gebeine in die Pfarrkirche zur hl. Maria, Königin des Friedens, an der Schnurgasse (22. Juni) (Köln).

2. **S. Ălbīnŭs,** ī *m.* hl. Albin, Bek. u. Bischof von Angers, († 550).

Er stammte aus einem edlen Geschlechte der Bretagne, trat ins Monasterium Cincillacense, dessen Abt er mit 25 Jahren wurde. Als Bischof von Angers beteiligte er sich an der dritten Synode von Orleans; er besuchte mit dem hl. Leobinus, der damals Abt war und später Bischof von Chartres wurde, den berühmten Caesarius von Arles. Er wurde auch in den Nachbardiözesen als Heiliger verehrt (1. März).

Albĭōn, ōnĭs *f.* alter Name für Britannien.
Albĭōrĭŭm, ī *n.* Wittenberg, St. r. an der Elbe, Preußen (Sachsen, Merseburg), *ca.* 20 000 Einw.
Albĭs, ĭs *m.* (Alba, Albia) die Elbe, Fluß, Deutschland (Nordsee).
albĭtūdō, ĭnĭs *f.* das Weiße.
Albium Intimelium, ī *n.* *s.* Albintimelium.
Albizescă familia altadelige Familie der Albizeschi in Genua.
Alboīnŭs, ī *m.* Alboin, Bisch. von Buriburg (im Harzgebiete).
albŏr, ōrĭs *m.* die oder das Weiße.
albūgō, ĭnĭs *f.* das Weiße (3. *Mos.* 21, 20), ein weißer Fleck; albugo oculi eine Augenkrankheit.
S. Albŭīnŭs, ī *m.* hl. Albuin, Bisch. v. Seben (Tirol), Bek., Patron der Diözese Brixen, † um 1004.

Er wurde um das Jahr 974 Bischof des ehemaligen Sprengels Seben, nördlich von Brixen. Er entstammte dem Geschlechte der Markgrafen von Kärnten. Kaiser Heinrich der Heilige schätzte ihn besonders hoch. Er übertrug den Bischofssitz von Seben nach Brixen, das einst von Ludwig dem Kinde der Sebener Kirche geschenkt worden war. Auch setzte er die Gebeine seines Vorgängers, des hl. Ingenuinus, in der neuen Kathedrale bei. Albuin starb um das Jahr 1004; sein Leib wurde durch seinen Nachfolger, den sel. Hartmann, neben dem des hl. Ingenuin beigesetzt. Noch jetzt werden beide im Brixener Sprengel hochverehrt 13. Febr. (Gurk).

albŭlŭs 3 weißlich.
albŭm, ī *n.* 1. das Weiße, weiße Farbe. 2. weiße Tafel, Namenverzeichnis, Liste; albo Sanctorum oder Beatorum recensēre unter die Heiligen aufnehmen, als heilig erklären.
albŭs 3 1. weiß, weißgekleidet, hell, licht. 2. heiter, günstig.
Alcantără, ae *f.* Alcantarilla, St., l. am Tajo, Spanien (Cáceres), *ca.* 3300 Einw. *dav.*: **Alcantriensis,** e.
Alcējă, ae *f.* (Alzeja) Alzey, St. an der Selz, Hessen (Rheinhessen), *ca.* 7000 Einw.
alchȳmĭă, ae *f.* Goldmacherkunst, Alchymie.
Alcĭmŭs, ī *m.* (*hebr.*: Eliakim od. Joachim: der Starke) Alkimus, syrisch gesinnter Hoherpriester z. Z. des Judas Machabäus.
Alcmană, ae *m.* (Alamona, Alcmonia, Alemannus, Almonus) die Altmühl, linker Nebenfluß der Donau (Bayern).
Alcobalia, ae *f.* Cist. Kloster in Portugal, Diöz. Lissabon.
Alcmonĭă, ae ī. *m.* *s.* Alcmana.
Alcŭīnŭs, ī *m.* Alkuin, berühmter Mönch u. Geschichtsschreiber z. Z. Karls des Großen († 804).
Aldebertŭs, ī *m.* Aldebert (Adelbert), Graf von Osterbant (belgisch Hennegau), Vater der hl. Regenfledis (8. Jhdt.)
S. Ăldĕgundĭs, ĭs *f.* hl. Aldegund, Jungfrau († 648).

Sie entstammte dem fränkischen Königsgeschlechte und erblickte im Hennegau das Licht der Welt. Sie gelobte früh die Jungfräulichkeit und hatte harte Kämpfe mit ihrer Mutter deshalb zu bestehen. Als nach dem Tode derselben der von der Mutter erwählte Bräutigam auf Vermählung drang, entfloh Aldegundis nach Maubeuge (in Frankreich), wo sie als Aebtissin des von ihr errichteten Klosters von 671—684 wirkte. Der sel. Gislenus (Gislain) teilte ihr den bevorstehenden Tod mit. — 30. Januar (Münster).

Aldĕgundĭs, ĭs *f.* Aldegund, Mutter des hl. Rabanus Maurus.
Aldĕnardă, ae *f.* Oudenaarde (Audenarde), St. an der Schelde, Belgien (Ostflandern), *ca.* 6300 Einw.
Aldenbergŭm, ī *n.* (Aldenburgum) Altenberg, Prämonstratenserinnenkloster, Diözese Trier (sel. Gertrud).

Aldenburgēnsĕ mŏnastērĭūm *n. s.* Aldenburgum.

Aldenburgŭm, ī *n.* 1. *s.* Aldenbergum. 2. (Aldenburgense monasterium) Oudenburg, St., Belgien (Westflandern).

Aldŭăbĭs, ĭs *m.* (Alduadubis) Doubs, Nebenfluß der Saône (zur Rhone) Fkr.

Aldŭădŭbĭs, ĭs *m. s.* Alduabis.

Aldrīcŭs, ī *m.* Aldrich, Bisch. v. Le Mans (Fkr.) (9. Jhdt.).

ālĕă, ae *f.* 1. Würfel. 2. Würfel- oder Glücksspiel. 3. Wagnis, Zufall.

ālĕārĭŭs 3 zum Würfelspiel gehörig.

ālĕātŏr, ōrĭs *m.* Würfelspieler, Spieler.

ālĕātōrĭŭs 3 zum Würfelspieler gehörig; ludus aleatorius Würfelspiel, Glücksspiel, Hasardspiel.

Ălĕmannī, ōrŭm *m. s.* Alamanni (auch: Teutonici).

Ălĕmannĭă, ae *f.* (Alamannia) *s.* Suevia.

Ălĕmannĭcŭs 3 (Alamannicus) *s.* Teutonicus.

Alenconium, ī *n.* (Alentio) Alençon, St. an der Sarthe, Fkr. (Orne), *ca.* 15 000 Einw.

Alentĭō, ōnĭs *f. s.* Alenconium.

aleph *indecl.* der erste Buchstabe des hebr. Alphabets = a.

Alēpŭm, ī *n.* Aleppo, St., l. am Kuweik, Nordsyrien, *ca.* 130 000 Einw.; apostolisches Vikariat, Sitz in Beirut; *dav.*: **Aleppēnsĭs,** ĕ.

Aleppen. (*C. R.*) *s.* Alepum.

Ălĕră, ae *m.* (Alara) die Aller, Nebenfluß der Weser, Norddeutschland (Nordsee).

Ălĕrĭă, ae *f.* Aleria, St. östlich von Corte auf Korsika, *dav.*: **Alĕrĭēnsĭs,** ĕ.

1\. **ālĕs,** ĭtĭs geflügelt, schnell.

2\. **ālĕs,** ĭtĭs *m.* u. *f.* Vogel.

ălēscō 3 heranwachsen, gedeihen.

1\. **Ălĕsĭă,** ae *f.* (Alexia, Alisa, Alisia) Alise-Sainte-Reine, Marktflecken am Fuße des Mont-Auxois, Fkr. (Côte d'Or), *ca.* 640 Einw.; an der Stelle von Alesia Mandubiorum.

2\. **Ălĕsĭă,** ae *f.* Alais, St. am Gardon d'Alais, Fkr. (Gard), *ca.* 20 000 Einw.; ehemals Bistum (von 1694—1801).

3\. **Ălĕsĭă,** ae *f.* (Alesium, Alessium, Uxellensis ecclesia) Alessio, (Ljesch, Lesch, Eschenderasi) St., l. an der Drin, Albanien, *ca.* 3000 Einw.; Bistum (6. Jhdt.), seit 1385 Sitz in Kalmeti, nördlich von Alessio, Suffr. v. Skutari.

Ălĕsĭēnsĭs ager, ri *m.* Auxois, ehem. Lansdchaft in Fkr. (Bourgogne).

Ălĕsĭŭm, ī *n. s.* 3. Alesia.

Alessĭŭm, ī *n. s.* 3. Alesia.

Aletae, ārŭm *f.* Saint-Malo, St. an der Rance, Fkr. (Ille-et-Vilaine) *ca.* 13 000 Einw.

Ălĕtĭŭm, ī *n.* (Lupiae, Lyciensis ecclesia) Lecce, St., It. (Lecce), *ca.* 33 000 Einw.; Bischofssitz (seit 11. Jhdt.), Suffr. v. Otranto.

Aletrĭŭm, ī *n. s.* Alatria.

Alexander, dri *m.* (Ἀλέξανδρος: Männerabwehrend oder schützend) Alexander, Personenname:

I. *Heilige*: 1. **S. Alexander I.** dri *m.* Papst, Mart. † um 115.

Römer von Geburt wurde er schon in jungen Jahren Papst. Nebst vielen anderen vornehmen Römern taufte er auch den Stadtkommandanten Hermes und dessen Familie. Durch einen Engel aus dem Kerker, in welchem auch die Priester Eventius und Theodulus gefangen lagen, mit Hermes in das Haus des Tribunen Quirinus geführt, bekehrte er auch diesen, nachdem er dessen kranke Tochter Balbina (Jgfr. u. Mart.) durch ein Wunder geheilt hatte. Vom Richter Aurelian aufgefordert die Geheimnisse der christlichen Religion zu enthüllen, gab er die Antwort: „Es ist von Christus nicht erlaubt, das Heilige den Hunden zu überliefern." Bei der grausamsten Marter ließ er nicht den geringsten Laut des Schmerzes vernehmen, sondern betete nur still. Von Aurelian gefragt, warum er schweige, sagte er: „Weil der Christ zur Zeit des Gebetes mit Gott redet." Schließlich wurde er mit Eventius, Rücken an Rücken zusammengebunden, ins Feuer geworfen, während Theodulus freiwillig in die Flammen sprang und mit den beiden Lobgesänge anstimmte. Schließlich ließ der grausame Richter Alexander an allen Gliedern mit zahlreichen Stichen durchbohren, so daß er seinen Geist aufgab. — Papst Alexander fügte das Gebet Qui pridie bis zu den Einsetzungsworten in den Kanon ein und ordnete die Weihe des Salzes und Wassers zur Besprengung des Gotteshauses und der Wohnungen und zur Vertreibung des bösen Feindes an. — Die selige Severa begrub ihn zugleich mit Eventius, der enthauptet wurde, in der Kirche der hl. Sabina in Rom (11. Mai: Triest, 13. Mai, Freising.)

2\. **S. Alexander,** Mart. unter Mark Aurel (161—180), Sohn der hl. Felicitas, 10. Juli.

3\. **S. Alexander,** Mart. † 286 in Trier, *s.* S. Palmatius.

4\. **S. Alexander Ostiarius,** Mart. † 397, *s.* S. Sisinnius.

5\. **S. Alexander,** i *m.* Mart. (? Jhdt.).

Alexander erlitt in Rom den Martertod und wurde in unterirdischen Grabgemächern beigesetzt. Von seinem Leben ist nichts weiter bekannt. Im Jahre 1650 wurde sein hl. Leib nach Freiburg i. B. überführt, wo er als Hauptpatron mit dem hl. Lambertus verehrt wird. (17. Sept. Freiburg i. Br.)

6\. **S. Alexander Sauli,** Bisch., Apostel von Korsika. † 11. Okt. 1592. 23. April.

II. *Päpste.* 1. **S. Al. I.** † *ca.* 115 *s.* unter I. 1. 2. **Al. II.** (1061—73). 3. **Al. III.** (1159—81). 4. **Al. IV.** (1254—51). 5. **Al. VI.** (1492—1503). 6. **Al. VII.** (1655—67). 7. **Al. VIII.** (1689—91).

III. *Fürsten*: 1. **Alexander Magnus,** Sohn Philipps v. Makedonien, König von Griechenland, Eroberer Vorderasiens, † 323 v. Chr.

2\. **Alexander Balas,** Sohn des Antiochus des Erlauchten v. Syrien, Gegenkönig gegen Demetrius, König von Syrien (154—148 v. Chr.).

3. **Alexander Severus,** röm. Kaiser (193 bis 211).

IV. *Andere Personen:* 1. **Al.,** Sohn des Kreuzträgers Simon v. Cyrene, Bruder des Rufus, *Marc.* 15, 21. 2. ein jüdischer Priester u. Ratsherr, der dem hl. Petrus u. Joannes zu predigen verbot (*Act.* 4, 6). 3. ein Judenchrist in Ephesus, der den gegen den hl. Paulus erregten Aufruhr stillen wollte (*Act.* 19, 33). 4. ein abgefallener Christ (1. *Tim.* 1, 20). 5. ein Schmied, ein Feind des hl. Paulus, vielleicht identisch mit 4. (2. *Tim.* 4, 14). 6. ein Presbyter in Alexandrien (4. Jhdt.). 7. Bischof v. Alexandrien, der den hl. Anastasius weihte. 8. Al. de Ales, Alexander von Hales, gelehrter Franziskaner zu Paris (13. Jahdt.). 9. Alex. Farnesius, Kardinal. 10. Alexander Briant, *s.* B. Edmundus Campion.

1. **Ălexandrĭă,** ae *f.* (Ἀλεξάνδρεια) Alexandrien, St. am Nildelta u. mittelländ. Meer, Unterägypten, *ca.* 320000 E., ehemal. Patriarchat, seit 1850 armenisch-uniertes Bistum, Sitz in Kairo; Sitz der Apostol. Delegation für Ägypten u. Arabien sowie des Apostol. Vikariats Ägypten. In vorchristl. Zeit starke Judengemeinde mit Synagoge in Jerusalem; *dav.*: **Alĕxăndrīnŭs** 3; **Alexandrini,** orum *m.* Bewohner v. A.

2. **Ălexandrĭă,** ae *f.* (Alexandria Statiellorum) Alessándria della Paglia, St. r. am Tanaro, It. (Piemont), *ca* 70000 Einw.; Bistum (seit 1175), Suffr. v. Vercelli.

3. **Ălexandrĭă,** ae *f.* (Alexandria in America) Alexandria, St. zwischen dem St. Lorenzstrom u. Ottawafluß, Nordamerika, Kanada (Ontario), *ca.* 1800 Einw.; Bischofssitz (seit 1890), Suffr. von Kingston.

Ălexandrĭēnă, ae *f.* (Bosra, Bosrensis ecclesia) Bosra, D. am Südwestfuß des Hauran, Syrien, *ca.* 1500 Einw.; Erzbistum.

Alexandrin. (*C. R.*) *s.* 1. Alexandria.

Alexandrin. Canaden. (*C. R.*) *s.* 3. Alexandria.

Alexandrin. Pedemon. (*C. R.*) *s.* 2. Alexandria.

Ălexandrīnī, ōrŭm *m. s.* Alexandria.

Ălexandrīnī cĭvĭtās, ātĭs *f.* Alessano, St., It. (Lecce).

Ălexandrīnŭs 3 aus Alexandria, alexandrinisch.

Ălexandrīnŭs Cardĭnālĭs, der Kardinal Alexandrini, Legat Pius' V. (1566—72) in Spanien u. Frankreich.

Ălexĭă, ae *f.* s. 1. Alesia.

Ălexĭă Mandubiorum *s.* 1. Alesia.

Ălexĭēn. (*C. R.*) *s.* Lissus.

S. **Ălexĭŭs,** ī *m.* hl. Alex, Bek. u. Bettler zu Rom, † 17. Juli 417.

S. **Ălexĭŭs Falcŏnērĭŭs,** ī *m.* hl. Alex Falconieri, vornehmer Florentiner, einer der sieben Gründer des Servitenordens (13. Jhdt.).

Ălexŏdūnŭm, ī *n.* Hexham, St. r. am Tyne, England (Northumberland), *ca.* 7500 Einw., ehem. Benediktinerabtei (678—1578), Bistum Hexham u. Newcastle, Sitz in Durham, Suffr. v. Westminster.

S. **Aleydis,** is *f.* Cist. Jungfrau († 1250).

Mit sieben Jahren in das Cistercienserinnenkloster Cambre bei Scarbecke (Scharembeck) in Brabant gebracht und von ihren Eltern Gott geweiht, ward sie fast ihr ganzes Leben von schweren Krankheiten heimgesucht. Dennoch war sie überglücklich und das noch mehr, da ihr von Gott geoffenbart wurde, daß sie durch Aufopferung ihrer Leiden den armen Seelen Befreiung aus dem Fegfeuer verdiene. Gott verherrlichte sie durch viele Wunder an Pestkranken, die durch bloße Handauflegung gesund wurden. Als sie am Feste des hl. Barnabas 1249 dem Tode nahe war, offenbarte ihr Gott, daß sie noch ein ganzes Jahr schwere Leiden zu ertragen habe. Sie erblindete, ihre Hände wurden gelähmt, sie bekam am ganzen Leibe schreckliche Geschwüre. Alles dies ertrug sie mit unbesiegbarer und wahrhaft himmlischer Geduld, um noch mehr für die armen Seelen tun zu können. Am 11. Juni 1250 starb sie. (12. Juni, Cist. Ord.)

alfa *indecl. s.* alpha.

Alfonsŭs, ī *m. s.* Alphonsus.

Alfrēdŭs magnus, ī *m.* Alfred der Große, König von England, † 901.

Algă, ae *f.* Alga, kleine Insel bei Venedig mit dem St. Georgskloster.

Algārēn. (*C. R.*) *s.* Algarium.

Algarĭă, ae *f.* Algier, Landschaft in Nordafrika.

Algārĭŭm, ī *n.* Alghero, St. auf Sardinien (Sassari), *ca.* 10000 Einw., Bischofssitz (seit 16. Jhdt.). Suffr. v. Sassari; *dav.*: **Algārēnsĭs,** ĕ.

algĕō, alsī 2 frieren, Kälte empfinden.

Algĕrĭēn. (*C. R.*) *s.* Icosium.

algēscō, alsī 3 sich erkälten.

algĭdŭs 3 eiskalt.

algĭfĭcŭs 3 Kälte erzeugend; erkaltend (tenor).

algŏr, ōrĭs *m.* Frost (*als empfundene Kälte*).

algŭs, ūs *m.* Frost.

S. **Alheidĭs,** ĭs *f.* hl. Alheid, Jgf. u. Mart., soll als Gefährtin der hl. Ursula mit 12 Jahren den Martertod erlitten haben (5. Jhdt.).

ălĭā (*scil.*: viā) auf anderem Wege.

Alian (Aloa, Aloan) *indecl.* (*hebr.*: Ungerechter?) Alian, Nachkomme des Höhlenbewohners Seïr, Stammfürst der Idumäer.

ălĭās *adv.* zu anderer Zeit, sonst, bei anderer Gelegenheit.

ălĭbī *adv.* anderswo, anderwärts, in anderer Beziehung.

Alĭcarnāssŭs, ī *f. s.* Halicarnassus.
ălĭcŭbī *adv.* irgendwo.
ălĭcŭlă, ae *f.* kurzer Mantel, Zipfelmantel.
ălĭcundĕ *adv.* irgendwoher.
ălĭēnātĭō, ōnĭs *f.* 1. Entfremdung, Entäußerung; Veräußerung. 2. Abfall, Abneigung. 3. Geistesabwesenheit, Bewußtlosigkeit.
ălĭēnĭgĕnă, ae *m.* 1. Ausländer, Fremder. 2. Philister (*Ps.* 82, 8).
ălĭēnō 1 1. entäußern, abtreten; veräußern, verkaufen; verstoßen. 2. abspenstig, abtrünnig machen. 3. wahnsinnig machen; *pass.*: wahnsinnig werden, außer sich geraten.
ălĭēnŭm, ī *n.* fremdes Gut, fremdes Eigentum.
1. **ălĭēnŭs** 3 fremd, fernstehend, fremdartig; unpassend, ungehörig.
2. **ălĭēnŭs,** ī *m.* 1. ein Fremder. 2. ein Feind.
Alimae, arum *f.* Alim, ein nicht weiter bekannter Ort im Ostjordanlande.
ălĭmĕntārĭs, e 3 zur Nahrung, zum Unterhalt gehörig, Nahrungs-.
ălĭmĕntŭm, ī *n.* Nahrung, Nahrungsmittel.
ălĭmōnĭă, ae *f.* Nahrung, Unterhalt.
ălĭō *adv.* anderswohin.
ălĭōquī oder **ălĭōquīn** 1. in anderer Hinsicht, im übrigen, sonst. 2. überhaupt, im ganzen. 3. andern-, widrigenfalls.
ālĭpēs, ĕdĭs mit geflügelten Füßen, schnellaufend.
S. **Alĭpĭŭs,** ī *m.* Bek. u. Bischof v. Tagaste († um 450).

Er stammte aus einer guten Familie zu Tagaste in Nordafrika und war Busenfreund des hl. Augustin. Von diesem erhielt er Unterricht in Grammatik und Rhetorik. Leidenschaftlich liebte er das Zirkusspiel. Augustinus brachte ihn davon ab. Aber in Rom, wo er das Recht studierte, verfiel er in die alte Torheit. Mit seinem Lehrer hing er der manichäischen Irrlehre an, fiel aber nie so tief in das Laster wie dieser. Er bekehrte sich durch die Reden des hl. Ambrosius und das Beispiel seines Freundes Augustin. Mit ihm wurde er Ostern 387 getauft. Einige Zeit brachten sie in Rom in stiller Zurückgezogenheit zu, kehrten dann nach Tagaste zurück und führten dort mit anderen Freunden ein klösterliches Leben. Alipius machte eine Reise nach Palästina und schloß dort zwischen Hieronymus und Augustinus enge Freundschaft. Nach seiner Rückkehr wurde er Bischof von Tagaste. Er unterstützte den hl Augustin kräftig in seinem Kampfe gegen die Donatisten und Pelagianer. Ueber 40 Jahre verwaltete er das Hirtenamt und starb als Primas von ganz Numidien unter Theodosius dem Jüngeren am 15. August. — 18. August. (Augustinerorden.)

Aliphan. (*C. R.*) *s.* Allifae.
ălĭquā *adv.* irgendwo, irgendwie.
ălĭquālĭs, ĕ irgendwie beschaffen.
ălĭquamdĭū *adv.* eine Zeitlang, ziemlich lange.
ălĭquandō *adv.* 1. einmal, einst. 2. bisweilen, manchmal.
ălĭquantillŭm, ī *n.* ein wenig.
ălĭquantĭsper *adv.* eine Weile.
ălĭquantŭlŭs 3 klein, wenig; meist *subst.* **ălĭquantŭlŭm,** ī *n.* ein bißchen.
ălĭquantŭs 3 ziemlich bedeutend; *subst.* **ălĭquantŭm,** ī *n.* ein gut Teil, nicht wenig.
ălĭquātĕnŭs *adv.* bis zu irgendeinem Punkte.
1. **ălĭquī,** ălĭquă, ălĭquŏd, *pron. indef.* meist *adj.* irgendein, irgendwer; *subst.* jemand.
2. **ălĭquī** irgendwie.
ălĭquĭs, ălĭquĭd, *pron. indef.*, *subst.* u. *adj.* 1. irgend jemand, irgend etwas 2. mancher, etwas Bedeutendes, Wichtiges.
ălĭquō *adv.* irgendwohin.
ălĭquŏt *adj.*, *indecl.*, einige, ein paar.
ălĭquŏtĭēs *adv.* *Zahlwort*: einige Male, mehrmals.
Alisa, ae *f. s.* 1. Alesia.
Alisătĭă, ae *f. s.* Alsatia.
Alĭsĭă, ae *f. s.* 1. Alesia.
Alisō, ōnĭs *m. s.* Almana.
ălĭtĕr *adv.* 1. anders, auf andere Weise. 2. anders, umgekehrt. 3. andernfalls.
ălĭtūră, ae *f.* Ernährung.
ălĭŭndĕ *adv.* anderswoher.
ălĭŭs, ă, ŭd 1. ein anderer. 2. ălĭŭs-ălĭŭs der eine — der andere. 3. ălĭŭs ălĭŭd der eine dies — der andere jenes. 4. verschieden, unähnlich.
ălĭŭsmŏdī *indecl.*, von anderer Art.
ăllābŏr, lāpsŭs sŭm 3 herangleiten, -schlüpfen.
ăllăbōrō 1 mit Mühe anstreben.
ăllăcrĭmāns, antĭs dabei weinend.
Alladen. (*C. R.*) *s.* Allala.
Allahabaden. (*C. R.*) *s.* Allahabadium.
Allahabadium, ī *n.* Allahabad (*arab.*: Gottesstadt), St., Indien (Nordwestprovinz), *ca.* 180 000 Einw.; Bischofssitz (seit 1896), Suffr. v. Agra; *dav.*: **Allahabadēnsĭs,** ĕ.
Allala, ae *f.* Killala, Hafenst., Irland (Mayo), *ca.* 600 Einw.; Bistum (seit 6. Jhdt.), Sitz in Vallina, Suffr. v. Tuam; *dav.*: **Alladēnsĭs,** ĕ.
ăllămbō 3 belecken.
ăllātrō 1 (allătrō) 1 anbellen, heftig anfahren.
ăllaudābĭlĭs, ĕ sehr rühmenswert.
ăllaudō 1 sehr loben.
allēctātĭō, ōnĭs *f.* Verlockung, Verführung.
allēctŭs, ī *m.* der Neugewählte.
allēgātĭō, ōnĭs *f.* (von allēgo) 1. Absendung einer Person an jem. (als Unterhändler etc.). 2. das Geltendmachen einer Ursache zur Entschuldigung oder zum Beweise (bei Gericht); Einwendung, Rechtfertigung (*C. j. c.* 1671, 1862). 3. Anführung fremder Worte oder Schriftstellen.
Alleghenen. (*C. R.*) *s.* Alleghenum.

Alleghenum, ī *n.* Alleghany, St., Nordamerika (Pennsylvania), *ca.* 130000 Einw.; Bistum (seit 1876) unter Verwaltung von Pittsburg.

1. **allēgō** 1 1. absenden, anstellen, anstiften. 2. vorbringen, sich berufen auf.

2. **allĕgō,** lēgī, lēctŭm 3 dazu wählen.

ăllēgŏrĭă, ae *f.* (ἀλληγορία) Allegorie, Gleichnis, sinnbildliche Bedeutung; per allegŏrĭam gleichnisweise, bildlich.

ăllēgŏrĭcŭs 3 bildlich.

ăllēgŏrĭzō 1 in Bildern, Gleichnissen reden.

alleluja *indecl.* (aus dem hebr. Hallelujah) lobet Jahwe, preiset Gott, Gott sei Dank! allelujah! hallelújah!

ăllĕvāmĕntŭm, ī *n.* Erleichterungsmittel.

ăllĕvātĭō, ōnĭs *f.* Erleichterung, Erhebung.

ăllĕvātŏr, ōrĭs *m.* Erhöher.

ăllĕvĭō 1 = ăllĕvo 1.

ăllĕvō 1 1. emporheben, aufrichten; *pass.*: sich stolz erheben (*Ps.* 72, 18). 2. erleichtern, mildern. 3. erniedrigen geringschätzen, verachten (*Is.* 9, 1).

ăllĭcĭō, lēxī, lectŭm 3 1. ködern, anlocken, gewinnen. 2. an sich ziehen, verführen.

ăllīdō, līsī, līsŭm 3 anstoßen, schlagen, niederwerfen, zu Boden schleudern, züchtigen.

allĭgāmĕn, ĭnĭs *n.* (alligamentum, alligatura) Band, Bindemittel.

allĭgāmentŭm, ī *n.* s. alligamen.

allĭgātūră, ae *f.* s. alligamen.

allĭgātŭs 3 verheiratet.

allĭgō 1 1. anbinden, festbinden, umbinden, verbinden. 2. fesseln, hemmen. 3. verpflichten, verbindlich machen.

allĭnō, lēvī, lĭtŭm 3 an-, bestreichen, ankleben.

Allioliānus 3 von Allioli (Bibelübersetzer) herausgegeben.

allīsĭō, ōnĭs *f.* das Zusammenschlagen, Zerschmettern.

allĭŭm, ī *n.* (alĭum) Knoblauch.

Allŏbrox, ŏgĭs *m.* der Allobroger, *pl.* Allŏbrŏgēs, gallische Völkerschaft zwischen Isère u. Rhône (Fkr.).

allŏcūtĭō, ōnĭs *f.* Ansprache, Anrede, tröstender Zuspruch; Beschwichtigung.

Allon *indecl.* (*hebr.*: Starker?) Allon, Israelit aus dem Stamme Simeon.

allŏphȳlī, ōrŭm *m.* (ἀλλόφυλοι) die Ausländer, *bes.*: die Philister (*Ps.* 55, 1).

allŏquĭŭm, ī *n.* Anrede, Zuspruch.

allŏquŏr, lŏcūtŭs sŭm 3 anreden.

S. **Allovīnŭs,** ī *m. s.* S. Bavo.

alluctŏr 1 anringen, ankämpfen.

allūdō, lūsī, lūsŭm 3 spielen, scherzen.

allŭō, lŭī 3 bespülen.

allūsĭō, ōnĭs *f.* Scherzerei.

allŭvĭālĭs, ĕ angeschwemmt.

allŭvĭēs, ēi *f.* (alluvio) Anschwemmung, Schutt, Überschwemmung.

allŭvĭō, ōnĭs *f. s.* alluvies.

Almăchĭŭs, ī *m.* Almachius, Präfekt von Rom unter Diokletian.

Almănă, ae *m.* (Aliso) Alme, Nebenfluß der Lippe (zum Rhein), Preußen (Westfalen).

Almanzorius, i *m.* Almanzor, Statthalter v. Carlete in Spanien.

1. **Almath** *indecl.* (*hebr.*: Verborgener?) Almath, ein Enkel Benjamins.

2. **Almath** *indecl.* (*hebr.*: Versteck) (Almon) Almath, Zufluchtsstadt, Pal. (Benjamin).

Almerien. (*C. R.*) *s.* Murgis.

almĭfĭcŭs 3 segensprechend, segenspendend.

almĭtās, ātĭs *f.* Gütigkeit, Freundlichkeit; *bes.*: als Titel für höhere Geistliche: Almitas Vestra = Euer Liebden.

Almon *indecl.* (*hebr.*: Versteck) *s.* 2. Almath.

Almōnŭs, ī *m. s.* Alcmona.

almŭs 2 1. nährend, fruchtbar. 2. segenspendend, hold, gütig; *bes.*: Beiname Roms als der Haupstadt der Christenheit.

Alna, ae *f.* Aulne, Cist. Kloster in Belgien, Diöz. Lüttich.

Alnĭăcŭm, ī *n.* Aulnoy, St., Fkr. (Nord).

alnŭs, ī *f.* 1. Erle. 2. Schiff (aus Erlenholz).

ălō, ŭī, ăltŭm u. ălĭtŭm 3 1. ernähren, unterhalten, erhalten. 2. pflegen, befördern.

ălŏē, ēs *f.* (ἀλόη) Aloe, bittere Spezerei zum Einbalsamieren.

ălŏgĭă, ae *f.* (ἀλογία) Unvernunft, Unverstand.

ălŏgŭs 3 (ἄλογος) unvernünftig.

Alohes *indecl.* (*hebr.*: der Beschwörer) Alohes, vornehmer Jude, der nach dem babyl. Exil den Bund mit Gott erneuerte.

Aloisiānus 3 vom hl. Aloisius, aloisisch.

S. **Alŏĭsĭŭs,** ī *m.* hl. Aloisius von Gonzaga, Bek. aus der Gesellschaft Jesu, † 1591, 21. Juni, *ital.*: Luigi.

Aloisius Maquin, Mart., *s.* B. Thomas Tzugi.

Alonien. (*C. R.*) *s.* Lucentum.

Alostum, i *n.* Aelst (Aalst; Alost). 1. St. an der Dender, Belgien (Ostflandern), *ca.* 30 000 Einw. 2. D., Belgien (Limburg).

Alpăĭs, ĭdĭs *f.* Alpais, Gattin des Frankenkönigs Pipin, Mutter Karl Martells (8. Jhdt.).

Alpēnsĕ mŏnastērĭŭm *s.* Sancti Joannis ab Alpibus.

1. **Alpēs,** ĭŭm *f.* Alpen; *dav.*: **Alpĭcī,** ōrŭm *m.* die Alpenbewohner, Alpīnŭs 3.

2. **Alpēs,** ĭŭm *f.* 1. Aups, St. Fkr. (Var). 2. St. Jean d'Aulps, Cist. Kloster in Savoyen, Diöz. Annecy.

alphă *indecl.* erster Buchstabe des griechischen Alphabets; alpha et omega (*A* u. *Ω*) Anfang u. Ende.

alphăbētĭcŭs 3 alphabetisch.

Alphaeŭs, ī *m.* (*aram.*: der Wechsler?) Alphäus 1. Vater des Apostels Jakobus des Jüngern. 2. Vater des Apostels Matthäus (Levi).

alphĭtă, ōrŭm *n.* geschrotenes Mehl.

B. **Alphonsus de Orozco,** Bek. († 1591).

Er wurde am 17. Oktober 1500 zu Oropésa, Diözese Avila in Spanien, geboren, trat in den Augustinerorden und legte 1523 in die Hände des hl. Thomas von Villanova Profeß ab. Wegen seiner Frömmigkeit und seines Wissens wurde er zum Prediger bestimmt. 1554 wurde er Hofprediger König Philipps II. Die Sehnsucht nach der Marterkrone trieb ihn nach Mexiko. Aber auf der Reise befiel ihn die Gicht. Deshalb mußte er umkehren. Im Alter von 42 Jahren begann er, durch eine Erscheinung Marias dazu aufgefordert, seine schriftstellerische Tätigkeit. Sie bezieht sich hauptsächlich auf das Lob der Gottesmutter. Mit 80 Jahren verfaßte er noch das „Buch seiner Bekenntnisse". Ueber 20 Jahre war er von schweren Versuchungen und Gewissensängsten geplagt. Er starb am 19. September 1591. Seine Schriften wurden von der königlich spanischen Akademie der Wissenschaften in den Catalogo de Autoridades aufgenommen. — 19. September. (Augustinerorden.)

S. **Alphonsus Rodriguez** *m.* hl. Alfons Rodriguez, Bek. Laienbruder aus der Ges. Jes. († 1617).

Sein Vater Didakus R. war Kaufmann in Segovia in Spanien. Nach dem frühen Tode des Vaters mußte Alfons auf Befehl der Mutter die Universität Complutum (Alcala de Henarez) verlassen, des Vaters Beruf ergreifen und heiraten. Er aber fühlte sich zu Höherem berufen, und als er Frau und Kinder durch den Tod verloren hatte, entsagte er den Geschäften und irdischen Dingen und bat demütig um Aufnahme bei den Jesuiten als Laienbruder. Im Kloster legte er alsbald hervorragende Tugenden an den Tag: Demut, Gehorsam, Weltverachtung, Gebetseifer und Liebe zur Armut. Mehr als 40 Jahre lang ertrug er schwere Krankheiten mit größter Geduld. Seine Seele erhob sich zu den höchsten Stufen der Betrachtung und zur beständigen Vereinigung mit Gott. Er war ausgestattet mit prophetischem Geiste, mit der Gnadengabe der Krankenheilungen und anderen Charismen. Bei der hl. Messe zu dienen oder zu Ehren der unbefleckten Gottesmutter den Rosenkranz zu beten, war ihm das Liebste. Seine Gottesliebe drängte ihn auch, für das ewige Heil der Mitmenschen zu wirken, besonders durch Gebet, gute Mahnungen und Ratschläge, die er dreißig Jahre lang als Klosterpförtner den Klosterbesuchern erteilte. Mit dem Namen Jesus auf den Lippen und unter dem Kusse des Kreuzes starb er im 87. Lebensjahre am 31. Okt. 1617. — 30. Okt.: Ges. Jes.

B. **Alphonsus Navarete,** sel. Alphons Navarete, Mart. aus dem Dominikanerorden in Japan † 1617.

B. **Alphonsus Pachéco** *s.* B. Rudolphus Aequaviva et soc.

S. **Alphōnsŭs Maria de Ligorio** hl. Alphons von Liguori, Bisch. u. Kirchenlehrer, Stifter der Redemptoristenkongregation, † 25. Juli 1787; *Fest*: 2. August.

Alphōnsŭs, ī *m.* Alphons, häufiger Name spanischer Könige, z. B. Alphons IX. König von Leon, Vater des hl. Königs Ferdinand III.

Alphōnsŭs Ratisbonne *s.* Ratisbonne.

Alpĭcă, ae *f.* (Alpicensis portus) Le Pecq, St. Fkr. (Seine-et-Oise).

Alpĭcēnsĭs portŭs *s.* Alpica.

Alpĭcŭs, ī *m.* der Alpenbewohner, *s.* 1. Alpes.

Alpīnŭs 3. *s.* 1. Alpes.

Alpĭŭm urbs *s.* 2. Alpes.

Alsătă, ae *m.* der Elsässer.

Alsătĭă, ae *f.* (Alisatia) Elsaß.

Alsgaugēnsĭs pāgus, ī *m.* ehem. Landschaft Fkr. (Doubs).

alsŭs 3 erfrischend, kühlend: vortex.

Altă cristă, ae *f.* ehem. Kloster bei Rue, St., Schweiz (Freiburg).

Altă rīpă, ae *f.* 1. Altripps, D., Bayern (Pfalz). 2. Hauterive, D., Fkr. (Orne). 3. Haute-Rive Cist. Kloster in d. Schweiz, Diöz. Fribourg (Freiburg).

Altă villă, ae *f.* Eltville, St. r. am Rhein (Hessen-Nassau), (Rheingaukreis) *ca.* 3700 Einw.

Altach inferius *indecl. s.* Altaha.

Altăchĭēnsĭs, ĕ *s.* Altaha.

Altăchĭŭm, ī *n. s.* Altaha.

Altăcumbă, ae *f.* Cistercienserkloster am Lac de Bourget, Fkr. (Savoie), später Abtei Hautecombe, gehörte früher zur Diözese Genf, jetzt zur Diözese Chambéry.

Altăhă, ae *f.* (**Altha, Altach, Altachium, Altense monasterium**) Altaich a. d. Donau (zwischen Straubing u. Plattling, Niederbayern). A. inferior Niederaltaich Benediktinerkloster (seit 1920 wieder errichtet); A. superior. Oberaltaich, D., *dav.*: **Altachensis, Altachiensis, Altaensis, Altahensis, Altensis, Althaensis,** ĕ.

altārĕ, ĭs *n.* (**altaria,** ium *n. pl.*) Brandaltar, Opferherd, Altar; altare maius: Hochaltar; altare secundarium: Neben(Seiten)altar; altare privilegiatum: privilegierter Altar (an dem durch Feier des hl. Meßopfers ein vollkommener Ablaß für die Seele des Verstorbenen zu gewinnen ist, dem die Früchte der hl. Messe zugewendet werden).

altārĭă, ĭŭm *n. s.* altare.

Altdorf *indedl.* (Altdorff) 1. Altdorf, D., Unterelsaß, *ca.* 700 Einw.; ehem. Benediktinerabtei, von Voreltern Papst Leos IX. gegründet, seit der franz. Revolution zerstört. 2. Ort in Württemberg, auch Altorfium, *j.*:

Weingarten (Benediktinerkloster, wieder errichtet seit 1921).
altegrădĭŭs 3 aufrechtgehend.
Alteiă, ae *f.* (Aetilia) Authie, Fluß u. Kanal, Fkr. (Pas-de-Calais).
1. **Altĕnă,** ae *f.* (Altonavia) Altona, St. an der Elbe nahe bei Hamburg, Preußen (Schleswig-Holstein), *ca.* 160000 Einw.
2. **Altĕnă,** ae *f.* Altena, St. an der Mündung der Nette in die Lenne, Preußen (Westfalen), *ca.* 12000 Einw.
Altenburg *indecl.* = Aldenburgum.
Altenburgŭm, ī *n.* Altenburg, Kloster auf einer Anhöhe an der Lahn bei Wetzlar.
Altēnsĕ mŏnastĕrĭŭm, ī *n.* *s.* Altaha.
altĕr, ĕră, ĕrŭm, *gen.*: altĕrīŭs (auch altĕrĭŭs), *dat.*: altĕrī 1. der eine von beiden, der andere, der zweite; alter ego = das zweite Ich. 2. verschieden, verändert. 3. *subst.*: der Nächste, der Mitmensch. 4. in altero — in altero einerseits — andrerseits. 5. alter uter *s.* alteruter.
altĕrātŭs 3 verändert; characteribus alteratis mit veränderten Schriftzügen.
altercābĭlĭs, ĕ streitsüchtig.
altercātĭō, ōnĭs *f.* Wortwechsel, Streit.
altercŏr 1 streiten, zanken.
alternans, tis, abwechselnd.
alternātim *adv.* abwechselnd.
alternĭtās, ātĭs *f.* Abwechslung.
alternŭs 3 abwechselnd; alternis (*scil.* verbis) abwechselnd (*C. j. c.* 934, § 3).
altĕrŭtĕr, altĕrŭtră, altĕrŭtrŭm (alter uter, altera utra, alterum utrum) einer von beiden; **in alterutrum** gegeneinander; alterutrum *adv.* gegenseitig (= invicem).
altĕrŭterquĕ, altĕrŭtrăquĕ, altĕrŭtrumquĕ jeder von beiden.
altĕrŭtrŭm *adv.* gegenseitig.
Althă, ae *f.* *s.* Altaha.
Althăēnsĕ mŏnastĕrĭŭm, ī *n.* *s.* Altaha.
Altfrīdŭs, ī *m.* Altfrid, Bisch. von Hildesheim, † 874.
altĭfĭcō 1 erhöhen.
altĭlēs, ĭŭm *f.* (altilia) Mastgeflügel,
altĭlĭă, ĭŭm *n.* *s.* altiles.
altĭlĭs, ĕ gemästet.
altĭlŏquĭŭm, ī *n.* erhabene Rede, hohe Sprache.
Altimŭs, ī *m.* Altim, Bisch. von Eichstätt (9. Jhdt.).
Altīnŭm, ī *n.* Altino, Ort am adriatischen Meere, südlich von Aquileja, unweit Padua, It.
altissĭmă, ōrŭm *n.* (von altus) die Höhe = der Himmel.
altithrŏnŭs 3 hochthronend.
altĭtūdō, ĭnĭs *f.* 1. Höhe, Herrlichkeit, Erhabenheit: ab altitudine diei: am hellen Tage (wann immer ich mich fürchten muß, ich vertraue auf dich: *Ps.* 55, 4; im Hebräischen wahrscheinlich Glosse). 2. Dicke, Tiefe. 3. Verschlossenheit.
Altkirch *indecl.* St. an der Ill, Oberelsaß, *ca.* 3300 Einw. *dav.*: **Altkirchensis,** e.
S. **Altmannŭs,** ī *m.* hl. Altmann Bek. u. Bischof von Passau. † 1091.
Aus Westfalen stammend, wurde er Kanonikus in Paderborn, Propst in Aachen, Hauskaplan Kaiser Heinrichs III. Er pilgerte nach Jerusalem, wurde Bischof von Passau, als solcher geweiht vom sel. Gebhard, Erzbischof von Salzburg. Er gründete mehrere Klöster, verteidigte die Kirche gegen Heinrich IV., wurde verbannt, ging nach Rom zum hl. Papste Gregor, wurde Apostolischer Gesandter für Deutschland. Nach 26 Bischofsjahren starb er im Jahre 1091 (8. August; Passau, Linz, St. Pölten).
S. **Altō,** ōnĭs *m.* hl. Alto, Abt, im 8. Jhdt.
Stammte aus Schottland, war Missionar in Bayern zur Zeit des Frankenkönigs Pipin; gründete mit Hilfe desselben das Kloster Altomünster, dessen Kirche der hl. Bonifatius weihte (9. Februar: München-Freising).
Altoetting *indecl.* (Hodinga, Oetinga, Ottinga) Altötting, St. am Möhrenbach (Oberbayern), *ca.* 4300 Einw., besuchtester Muttergotteswallfahrtsort Bayerns.
Altomünster *indecl.* Altomünster, Marktflecken bei Aichach, Bayern (Oberbayern), *ca.* 1200 Einw., ehem. Benediktinerkloster (bis 1047).
Altŏnă, ae *f.* Altenau, St. an der Ocker, Preußen (Hannover), *ca.* 2000 Einw.
Altŏnāvĭă, ae *f.* *s.* 1. Altena.
Altonēn. (*C. R.*) *s.* Altonum.
Altonŭm, ī *n.* Alton, St. l. am Mississippi, Nordamerika (Illinois), 15000 Einw., Bischofssitz s. 1857, Suffr. v. Chicago.
1. **Altorf** *indecl.* (Altdorf, Altorfium) Altdorf, D. 3 km südlich vom Vierwaldstädtersee, Schweiz (Uri); *dav.*: **Altorffēnsĭs,** ĕ.
2. **Altorfium,** ii *n.* (*s.* Altdorf 2) *j.*: Weingarten, Stadt in Württemberg, Heimat des hl. Konrad.
3. **Altorfĭŭm,** i *n.* *s.* Altorf.
Altozollerāna, ae *f.* Hohenzollern.
altŭm, ī *n.* *s.* altus.
Altŭm castrŭm, ī *n.* *s.* Vissegradum.
Altunēn. (*C. R.*) *s.* Altunia.
Altūnĭă, ae *f.* Altoona, St. Nordamerika (Pennsylvania) *ca.* 40000 Einw. Bistum; *dav.* Altunēnsĭs, ĕ.
altŭs 3 I. 1. hoch; *subst.* **altŭm,** ī *n.* die Höhe, Höhe des Himmels, Himmel, die hohe See. 2. laut, hell; missam altā voce celebrare Hochamt halten. 3. hoch, erhaben. II. 1. tief. 2. versteckt, geheim, tiefsinnig. *subst.* **altŭm,** ī *n.* die Tiefe.
1. **Altŭs mōns,** tis *m.* (Altomontium, Balbia) Montalto-Uffugo oder Altomonte, St., It. (Cosenza).

2. **Altŭs mōns,** tis *m.* Montalto di Castro, Marktflecken It. (Rom).
ălūcĭnātĭō, ōnis *f.* Träumerei, Faselei.
ălūcĭnŏr 1 faseln, träumen.
ălŭmnă, ae *f.* Pflegetochter.
ălŭmnō 1 ernähren, erziehen.
ălumnŭs, ī *m.* Pflegesohn, Zögling, Schüler, Jünger; Angehöriger (religionis = eines Klosters), Alumnus (des Priesterseminars).
Alus *indecl.* (*hebr.*: ?) Alusch, Ort auf der Sinaihalbinsel östlich der Wüste Sin, Lagerplatz der Israëliten bei ihrem Wüstenzuge.
ălūtă, ae *f.* 1. Alaunleder, 2. Beutel, Sack.
Alva *indecl. m.* (Alian, Alvan) Alva, Idumäerfürst.
Alvan *indecl. s.* Alva.
alvārium, i *n. s.* alvearium.
Alvastrum, ī *n.* Alvastra Cist. Kloster in Schweden, Diözese Jönköpping.
B. Alvarez de Cordova, Bekenner, O. Pr., † 1420. Zeitgenosse des hl. Vincenz Ferrer, Beichtvater des jungen Königs Johann II. von Castilien, gestorben am 19. Februar 1420. — 19. Februar (Dominikanerorden).
alvĕārĕ, is *n. s.* alvearium.
alvĕārĭŭm, ī *n.* (alvarium, alveare) 1. Aufbewahrungsort der Bienenstöcke, Bienenstand, Bienenhaus. 2. Korb, Bienenkorb, Bienenstock.
alvĕātŭs 3 muldenförmig, vertieft.
alvĕŏlŭs, ī *m.* kleine Mulde, Wanne, Schüssel.
Alvernĭă, ae *f.* Auvergne, Ldsch., Fkr. (Cantal u. Puy-de-Dôme).
Alvernĭae mōns, La Verna, Berg, Italien (Toskana) 1350 m hoch, weltberühmtes Franziskanerkloster (1116 m).
Alvernus 3 aus der Auvergne in Frankreich.
Alveshēmĭēnsĭs ăgĕr Gegend im Elsaß.
ălvĕŭs, ī *m.* Höhlung, Schiff, Wasserbecken.
ălvŭs, ī *f.* 1. Unterleib, Mutterleib, Schoß. 2. Magen, Darm.
S. Alwīnŭs, ī *m. s.* S. Bavo.
Alzeijă, ae *f. s.* Alceja.
Alzira, ae *f.* Stadt in Spanien in der Provinz Valencia.
Amaad *indecl.* (*hebr.*: ?) St. Pal. (Aser).
ămābĭlĭs, ĕ liebenswürdig.
ămābĭlĭtās, ātĭs *f.* Liebenswürdigkeit.
Amădāthī *indecl.*, angebl. Vater des persischen Großkanzlers Aman (5. Jhdt. v. Chr.).
Amădĕus, i *m. s.* Amedeus.
Amadia, ae *f.* Amadia (Amadije) St. Kurdistan (Mosul), *ca.* 5000 Einw. Bistum Amadia u. Akra (seit 1862) chaldäischen Ritus, Sitz in Mangesche.
Amadien. (*C. R.*) *s.* Amadia.
Amal *indecl.* (*hebr.*: Arbeiter) Amal, Israelit, Sohn des Helem (Hotham).
Amalec *indecl.* Volk und Land der Amaletiker, arabischer Volksstamm, südlich von Palästina.
1. **Amalech** *indecl.* (*hebr.*: Volksmann) Amalech, Enkel des Esau, Stammfürst der Idumäer.
2. **Amalech** *indecl.* Berg im Stamme Ephraim, Palästina, Begräbnisplatz des Richters Abdon.
Amălēcītēs, ĭs und **Amălēcītă,** ae *m.* ein Amalekiter.
S. Amālĭă, ae *f.* hl. Amalie, Jgfr. *s.* S. Amelberga.
Amălphī, *acc.* ĭm *f.* (Amalphia) Amalfi, St. am Golf v. Salerno in Unteritalien *ca.* 5000 Einw., Erzbischofssitz; *dav.*: **Amalphitanus** 3.
Amalphia, ae *f. s.* Amalphi.
Amalphitan. (*C. R.*) *s.* Amalphi.
Amăm *indecl.* (*hebr.*: Sammlung) Amam, St. Pal. (Juda).
Aman *indecl.* (medischer Eigenname) Aman, höchster Staatsbeamter des Perserkönigs Xerxes (485—465), Erzfeind der Juden.
1. **Amana** *indecl.* (*hebr.*: Treue, Wahrheit) Amana, ein Gebirgszug, Ausläufer des Antilibanon u. Teil des Hermon im Stamme Manasse.
2. **Amana** *indecl. s.* Abana.
āmandātĭō, ōnĭs *f.* Verbannung.
āmandō 1 fortschicken, verbannen.
Amandŭlă, ae *f.* Mandola, Ort in der Mark Ancona, Italien.
ămandŭs 3 liebenswürdig.
1. **S. Amandŭs,** ī *m.* hl. Amand, Bek. u. Bischof von Straßburg († 350) u. erster Bischof von Mainz.

Zur Zeit des hl. Maternus nach Straßburg gekommen, trat er gegen die Arianer auf und verteidigte gegen Euphratas, den arianisch gesinnten Kölner Bischof, auf einer Synode in Köln mit 13 anderen Bischöfen die Gottheit Christi, auch nahm er am Konzil von Sárdica teil (26. Oktober).

2. **S. Amandŭs,** ī *m.* hl. Amand, Bek. u. Bischof von Utrecht († 684).

Kam aus Aquitanien, wurde in Tours Priester, ging nach Bourges zum hl. Bischof Austregisilus, wo er 15 Jahre weilte, pilgerte nach Rom, wurde als Bischof Missionar in Belgien und Holland, besuchte auch die slavischen Stämme, wurde nach seiner Rückkehr von König Dagobert, weil er gegen dessen schlechten Lebenswandel auftrat, verbannt; zurückgerufen von dem Reuigen, taufte er dessen Sohn Sigisbert und erhielt das Bistum Utrecht, nahm am Kampfe gegen die Monotheleten teil, legte sein Amt nieder, um sich der Bekehrung der Heiden zu widmen, trat ins Kloster Elnon und starb dort als 50jähriger. 6. Februar (Münster, Osnabrück, Salzburg).

3. **S. Amandŭs,** ī *m.* hl. Amand Bek. u. Bischof von Worms (im 7. Jhdt.).

Sohn des Herzogs Serenus von Aquitanien und seiner Gattin Amantia, trat in das Benediktinerkloster Mehrerau bei Bregenz ein, bannte einst durch das Kreuzzeichen eine große Schlange, lebte beim hl. Austregisilius und beim hl. Sulpitius in

Bourges (Frankreich), besuchte Rom, wurde nach der Rückkehr vom hl. Aicharius, Bischof von Noyon (Frankreich), zum Bischofe auf Wunsch des Königs Dagobert geweiht, dessen Ehebruch Amandus dennoch streng verurteilte. Auf Veranlassung Pipins rief Dagobert den schon Verbannten zurück. Amandus durchwanderte Flandern und bekehrte die Elbumwohner, die Dagobert bekriegte; dann übernahm er den Wormser Bischofssitz, zu dessen Dotierung Dagobert beitrug. 26. Oktober (Mainz, Straßburg). — Vgl. übrigens den Lebenslauf des an zweiter Stelle erwähnten hl. Amandus, der wohl mit dem Bischof von Worms identisch ist.

Amandŭs, ī *m.* Amandus, Rebellenführer in Gallien z. Z. Diokletians.

ămāns, antĭs liebevoll, wohlwollend, freundlich.

Amantĭă, ae *f.* Amantia, Mutter des hl. Amandus, Bisch. von Utrecht u. Worms (6. u. 7. Jhdt.).

S. **Amăntĭŭs,** ī *m.* hl. Amantius, Mart. zu Nevedunum (Nyon) unweit des heutigen Lausanne (Schweiz); seine Leidensgefährten waren der hl. Lucius und der hl. Alexander. Näheres ist nicht bekannt. (9. Juni.)

āmănŭēnsĭs, ĭs *m.* Sekretär, Geheimschreiber, Schreiber.

ămārēscō 3 bitter werden, sich erbittern.

Amaria *indecl. m.* (*hebr.*: Wort Jahwes) Amaria, 1. Jude, der im babyl. Exil fremde Weiber genommen. 2. Jude, Sohn des Saphatias. 3. jüdischer Priester z. Z. des Nehemias.

Amarias, ae *m.* u. *indecl.* (Amaria = Wort Jahwes) Amarias 1. Nachkomme Aarons, Vater des Achitob. 2. Israelit, Sohn des Azarias. 3. Levit, Sohn Hebrons. 4. Israelit, Sohn des Jahat. 5. israelitischer Priester z. Z. des Königs Josaphat. 6. israelitischer Priester z. Z. des Königs Ezechias. 7. Urgroßvater des Propheten Sophonias.

ămārĭcātĭō, ōnĭs *f.* Erbitterung.

ămārĭcō 1 bitter machen, erbittern, reizen.

ămārĭtūdō, ĭnĭs *f.* Bitterkeit; *pl.*: ernste Erwägungen; Verleumdung (*Ps.* 9, 28).

ămārŭlentus 3 bitter, voll Bitterkeit (in der Rede).

ămārŭs 3 1. bitter, scharf, beißend. 2. herb, widerwärtig, unangenehm. 3. reizbar, heftig. 4. kränkend, verletzend.

Amasa *indecl. m.* (*hebr.*: ?) Amasa, Neffe u. Heerführer Davids.

Amasai *indecl. m.* (*hebr.*: stark ist Jahwe) Amasai 1. Levit, Sohn des Elkana. 2. Levit, Sohn des Boni. 3. ein israelitischer Fürst u. Anhänger Davids. 4. israelitischer Priester z. Z. Davids. 5. Jude, Vater der Mahat.

Amăsēă, ae *f.* (Ἀμάσεια, Amasīa) St. am schwarzen Meere, nordöstl. Kleinasien (Siwas), *ca.* 20 000 Einw. ehemal. Residenz der pontischen Könige.

Amasia Chattōrŭm *s.* Marburgum.

Amasias, ae *m.* (*hebr.*: Jahwe ist stark). 1. König von Juda (*ca.* 797—792). 2. Nachkomme Simeons. 3. Levit, Sohn des Helkias. 4. ein israelitischer Kriegsoberst. 5. ein israelitischer Priester in Bethel, Gegner des Propheten Amos.

Amăsĭs, ĭs *m.* Ems, Fluß (Norddeutschland).

ămāsĭă, ae *f.* Liebhaberin, Geliebte, Buhle.

ămāsĭŭs, i *m.* Liebhaber, Geliebter.

Amassai *indecl.* (*hebr.* ?) Amassai, jüdischer Priester z. Z. des Nehemias.

Amastrĭs, ĭdĭs *f.* (Ἄμαστρις) Amastris, St. auf einer Landzunge im schwarzen Meer (Paphlagonien) *j.*: Amasserah.

Amathaeus, i *m.* Hamathiter, Bewohner von Hamath in Palästina, Nachkommen des Kanaan u. Cham (1. *Mos.* 10, 18).

Amathi *indecl.* (*hebr.*: der Getreue). Amathi, Vater des Propheten Jonas.

Amathĭs, ĭs *f.* die in Syrien gelegene Provinz u. Stadt Emath (Hamath), nördlich von Palästina am Flusse Orontes, von den Griechen Epiphania, *j.*: Hebrath genannt, *dav.*: **Amathītēs,** ĭŭm *m.* Bew.

Ămăthūs, thuntĭs (*acc.* -thunta) *f.* (Ἀμαθοῦς) Amathunt, uralte St. an der Südküste von Cypern, *j.*: Alt-Limasol.

Ămātĭă, ae *f.* Matsch, Ort im oberen Vintschgau (Tirol).

ămātĭō, ōnĭs *f.* Liebe.

ămātŏr, ōrĭs *m.* 1. Liebhaber, Freund, Verehrer. 2. Buhle, Lüstling.

S. **Ămātŏr,** ōrĭs *m.* hl. Amator, Bischof von Auxerre im 6. Jahrhundert.

S. **Amātōrĭs fānŭm,** ī *n.* Saint-Amour, St. Fkr. (Jura).

ămātōrĭŭm, i *n.* Liebesmittel.

ămātōrĭŭs, 3 liebevoll, die Liebe betreffend, verliebt.

Amatrīci, ōrŭm *m.* Amatrice, St. im Sabinergebirge, Italien (Perugia).

ămātrīx, īcis *f.* Liebhaberin, Buhlerin.

ămātŭrĭō 4 zu lieben verlangen.

Amaŭs, ī *f.* *s.* Emmaus.

Amazonēn. (*C. R.*) *s.* Amazonum.

Amazonŭm, ī *n.* Manaos, St. am Rio Negro, Brasilien (Amazonas), *ca.* 40 000 Einw., Bischofssitz (seit 1893), Suffr. v. São Salvador de Bahia.

ambactŭs, ī *m.* (keltisches Wort) Dienstmann, Vasall, Hofhöriger.

ambāgēs, ŭm *f.* 1. Um-, Irrwege. 2. Umschweif, Weitläufigkeit, Ausflüchte, rätselhafte Worte, Winkelzüge.

ambāgĭōsŭs 3 zweideutig.

ambărăvālĕ, ĭs *n.* meist *pl.* *s.* ambaravalia.

ambărăvālĭă, ĭūm *n.* Fest der Flurweihe, heidnische Festlichkeiten des Flurumgangs, wobei im Frühjahr das Opfertier, das man für das Gedeihen der Feldfrüchte darbrachte, in Prozession um die Fluren geführt wurde u. diese dadurch geweiht wurden.
ambĕdō, ēdī, ēsum *m.* 3 ringsum anfressen, ausnagen.
Ambĕră, ae *m. s.* Ambra.
Ambertŭs, ī *m.* Herzog Ambert, Vater des hl. Sympert (8. Jhdt.).
Ambĭānēn. (*C. R.*) *s.* Ambianum.
Ambĭānŭm, ī *n.* Amiens, St. l. an der Somme, Fkr. (Somme), *ca.* 90000 Einw., Bischofssitz, Suffr. v. Reims; *dav.*: **Ambĭānēnsĭs** (ĕ) und Ambĭēnŭs (3), beides *adj.* u. *subst.*
ambiēntĕr *adv.* angelegentlich, eifrig.
Ambĭēnŭs 3 *s.* Ambianum.
Ambĭēnŭs, ī *m. s.* Ambianum.
ambĭfărĭăm *adv.* auf doppelte Art.
ambĭgō 3 1. bezweifeln, bestreiten. 2. streiten, schwanken, unschlüssig sein.
ambĭgŭĭtās, ātĭs *f.* das Schwanken, Zweifeln, Unsicherheit.
ambĭgŭŭs 3 1. nach beiden Seiten neigend, schwankend. 2. zweifelhaft, ungewiß, 3. zweideutig, dunkel; *adv.* ambigue doppelsinnig.
ambĭō 4 1. herumgehen um, zu erreichen suchen, sich bewerben. 2. umgeben: humĕros.
ambĭtĭō, ōnĭs *f.* 1. Bewerbung, Parteilichkeit. 2. Ehrsucht, Eitelkeit. 3. Prunksucht, Gepränge. 4. Begleitung, Gefolge (1. *Mach.* 9, 31).
ambĭtĭōsŭs 3 ehrgeizig, eitel.
ambĭtŏr, ōrĭs *m.* Bittsteller, Bewerber.
ambĭtŭs, ūs *m.* 1. Umlauf, Umgang, Kreuzgang im Kloster, Windung. 2. Umkreis, Umfang.
ambĭvĭŭm, ī *n.* Doppelweg, Kreuzweg.
Amblāvă, ae *m.* Amblève, Nebenfluß der Ourthe (Maas), Belgien.
ambŏ, ae, ŏ beide zusammen, beide.
ambō, ōnĭs *m.* (ἄμβων) Lesepult (in der Kirche); Sängerpult, Bühne, Kanzel an erhöhtem Orte im Unterchor zur Ablesung von Epistel u. Evangelium.
ambōnă, ae *f.* Predigtstuhl, Kanzel; Pult.
Ambră, ae *m.* (Ambera) 1. Ammer, Nebenfluß der Isar (zur Donau), Bayern. 2. Ammer, Nebenfluß des Neckars (zum Rhein), Württemberg.
ambrŏsĭă, ae *f.* (ἀμβροσία) Götterspeise, Leckerei.
Ambrŏsĭānŭs 3 *s.* S. Ambrosius 1.
S. Ambrŏsĭŭs, ī *m.* (ἀμβρόσιος = unsterblich, göttlich) hl. Ambrosius. 1. Kirchenlehrer, Erzbischof von Mailand, † 397, 7. Dezember; *dav.*: **Ambrŏsĭānŭs** 3: hymnus = Te Deum. 2. Abt in Sitten, 2. Dezember, ohne nähere Angaben.
Ambrŏsĭŭs, ī *m.* Ambrosius, Vater des hl. Ambrosius v. Mailand (4. Jhdt.).
B. Ambrosius Sansedonius, ī *m.* O. Pr., sel. Ambrosius Sansedonius, Bekenner, † 1286.

Er war geboren am 16. April 1220 zu Siena in Toscana. Ueberaus groß war seine Liebe zu den Armen, und mit Erlaubnis seines Vaters brachte er an jedem Samstage fünf notleidende Pilger mit nach Hause, welche er dann speiste und beherbergte. Mit 17 Jahren trat er in den Dominikanerorden ein und küßte allen Brüdern demütig die Füße, ehe er in ihre Mitte trat. Er starb im Jahre 1286. — 22. März (Dominikanerorden)

B. Ambrosius Fernandez s. B. Carolus Spinola.
ambŭlātĭō, ōnĭs *f.* Spaziergang, Wandel, Lebenswandel.
ămbŭlō 1 1. spazierengehen, wandeln. 2. einen Lebenswandel führen, sich herumtreiben.
ămbūrō, ūssī, ūstŭm 3 1. verbrennen. 2. schädigen.
ămbūstĭō, ōnĭs *f.* Verbrennung.
S. Amĕdĕŭs, ī *m.* hl. Amedeus, Bek. u. Cist. Bisch. von Lausanne († 1159).

Auf dem Schlosse Chaste bei Vienne (Südfkr.) geboren und von königlicher Abkunft, trat er mit seinem Vater als Knabe in das Cistercienserkloster Bonnevaux ein. Man schickte ihn später nach Clugny. Von dort wurde er an den Hof des deutschen Kaisers Heinrich V. beordert. Einige Zeit später finden wir den Jüngling in Clairvaux als Mönch. Der hl. Bernhard ernannte ihn zum Abte des Klosters Hautecombe (in Savoyen); er wird alsdann zum Bischofe von Lausanne erkoren; als solcher erhielt er viele Vorrechte von Papst Eugen III. und Kaiser Friedrich, der ihn auch zu seinem Kanzler bestimmte. Der Heilige schrieb acht herrliche Homilien zu Ehren der Himmelskönigin. — 28. Januar (Cist. Ord.).

1. **S. Amelbergă,** ae *f.* hl. Amelberga, Jungfrau (= volkstümlich **Amalia**), † 750.

Aus dem Ardennengau gebürtig, königl. Abkunft, läßt sie sich auf Anraten des hl. Willibrord, der gerade damals das Kloster Echternach baute, von der hl. Landráda auf den Weg der Tugend führen, verschmäht alle Heiratsanträge und flieht schließlich zur Bewahrung ihrer Jungfräulichkeit auf ihr Landgut bei Oudenarde (Belgien). Die von ihrem erzürnten Nachsteller Verletzte heilt Christus wunderbar, sie flieht dann an die Schelde, wo sie in Tempseca eine Kirche erbaut. Ihre Gebeine wurden nach Gent gebracht. (10. Juli.)

2. **Amelbergă,** ae *f.* Amelberga, Mutter der hl. Gudula (7. Jhdt.).
Amelech *indecl.* (*hebr.*: „der König"), nicht Eigenname. 3. *Kön.* 22, 26: „Joas, Sohn des Königs Achab".
Amellānă, ae *f.* Waterford, St. Irland.
amen *indecl.*, (*hebr.*: Bekräftigungspartikel = so sei es, wahrlich) Amen.
āmēns, ĕntĭs sinnlos, außer sich, geistesabwesend.
āmentĭă, ae *f.* Sinnlosigkeit, Tollheit, Wahnsinn.
āmentŭm, ī *n.* Schwungriemen an einer Lanze, Geschoß an einem Riemen.

Amerbăcēnsĕ mŏnastērĭŭm, ī *n.* Amorbach, St. Bayern (Unterfranken, Bezirksamt Miltenberg) *ca.* 2300 Einw., ehem. Benediktinerabtei (bis 1803).
Amĕrĭă, ae *f.* Amelia, St. bei Spoleto, It. (Perugia), *ca.* 1500 Einw., Bischofssitz (seit 5. Jhdt.) exempt; *dav.*: Amĕrīnŭs 3.
Amĕrĭcă, ae *f.* Amerika; A. meridionalis Südamerika; A. septentrionalis Nordamerika.
Americānus 3 amerikanisch; *subst.*: der Amerikaner.
Amersfordia, ae *f.* (Amorfortia) Amersfoort, St. an der Eem, Niederlande (Utrecht), *ca.* 20000 Einw., Priesterseminar der Jansenisten.
ămĕthystĭnŭs 3 amethystfarben.
ămĕthystŭs, ī *f.* (ἀμέθυστος) der Amethyst, ein Edelstein.
Amettes *indecl.* Amettes, Wallfahrtsort, Fkr. (Pas-de-Calais) *ca.* 580 Einw.
Ametus *s.* S. Bernardus.
Ami *indecl.* (*hebr.* ?) Ami, Diener des Königs Salomon.
ămīcă, ămīcĭtĕr s. ămīcŭs.
ămīcābĭlĭs, e freundschaftlich.
ămĭcĭō, ĭcŭī oder ĭxī, ĭctŭm 4 umwerfen, einhüllen; *pass.* sich umhüllen.
ămīcĭtĭă, ae *f.* Freundschaft.
ămĭctŏr 1 sich anziehen.
1. **ămĭctŭs,** ūs *m.* Oberkleid, Mantel; Gewand; als gottesdienstliches Gewand ein den Hals und die Schulter bedeckendes Linnentuch, welches vom Priester, der zelebrieren will, zuerst angelegt wird, das Schultertuch, das Humerale.
2. **ămĭctŭs,** *ptc. pf.* von amicio, eingehüllt, bekleidet.
1. **ămīcŭs** 3 1. befreundet, freundlich lieb; amica (orum *n. pl.*) mortis das was mit dem Tode zusammenhängt (Hymnus Mat. Virg.). 2. freundlich gesinnt, günstig; *adv.* auch **ămīcĭtĕr.**
2. **ămīcŭs,** ī *m.* Freund; **ămīcă,** ae *f.* Freundin, Geliebte.
Amĭdă, ae *f.* Diarbek(i)r, St. l. am oberen Tigris, Mesopotamien; *ca.* 35000 Einw., Bischofssitz; *dav.*: Amidensis, e.
Amĭdēn. (*C. R.*) *s.* Amida.
S. Ămĭdĕŭs dē Ămĭdĕīs, ein vornehmer Florentiner im 13. Jahrhundert, Bartolomeo degli Amidei, einer der sieben Gründer des Servitenordens.
āmĭgrō 1 fortziehen, wegwandern.
Aminadab *indecl.*, (*hebr.*: der Oheim [Gott] ist freigebig) Aminadab 1. Sohn Arams aus dem Stamme Juda, Vater von Aarons Gattin Elisabeth, Ahnherr Christi. 2. ein Levit, Sohn Kaaths.
Ămīsēnī, ōrŭm *s.* Amisus.
Ămīsĭă, ae *m.* u. *f.* (Amisius) Ems, Fluß in Norddeutschland, (Westfalen u. Hannover), der in die Nordsee mündet.
Ămīsĭŭs, ī *m. s.* Amisia.
āmissĭō, ōnĭs *f.* Verlust.
āmissŭs, ūs *m.* Verlust.
Amīsŭs (Amisos), ī *f.* (Ἀμισος) Amisus, Küstenstadt in Pontus, *j.*: Samsun am schwarzen Meer; *dav.*: **Amīsēnī,** ōrŭm Einw.
ămĭtă, ae *f.* des Vaters Schwester, Tante.
Amital *indecl.* (*hebr.*: ?) Amital, Mutter der Könige Joachaz u. Sedekias von Juda (5. Jhdt. v. Chr.).
Ămĭternŭm, ī *n.* (Ἀμίτερνον) Amiternum, uralte St. im Sabinergebiet, *jetzt:* Amatrice (neapolitanische Provinz Abruzzo oltra); *dav.*: **Amĭternīnŭs** 3.
Ămĭternŭs 3: **urbs Amĭternă,** ae *f.* Aquila, St. Italien (Abruzzen), *ca.* 21000 Einw. Erzbischofssitz (vgl. Amiternum).
āmittō, mīsī, missum 3 1. fortschicken. 2. verlieren.
Amizabad *indecl.* (*hebr.*: der Oheim [Gott] hat geschenkt) Amizabad, Heerführer Davids.
Amma, *indecl.* (*hebr.*: Gemeinschaft) Amma, St. Pal. (Aser).
Ammanīta, ae *f. s.* Ammon, Ammonita.
Ammanītes, *s.* Ammon, Ammonitis.
Ammaus (Ammaum) *s.* Emmaus.
Ammiel *indecl.* (*hebr.*: mein Oheim ist Gott) Ammiel 1. Israelit, einer der 12 Kundschafter, die Moses ins gelobte Land sandte, aus dem Stamme Dan. 2. Israelit, Vater der Bethsabee (2. *Kön.* 9, 4). 3. ein Tempeltürhüter unter Salomon.
Aminihel *indecl. s.* Ammiel 2.
Ammisaddai *indecl.* (*hebr.*: mein Oheim [Gott] ist allmächtig) Ammisaddai, Israelit, Vater des Ahiezer, des Führers des Stammes Dan durch die Wüste.
Ammiud *indecl. m.* (*hebr.*: mein Oheim [Gott] ist glanzvoll) Ammiud: 1. Israelit, Vater des Elisama, eines Heerführers im Stamme Ephraim. 2. u. 3. Israeliten aus dem Stamme Simeon u. Nephthali. 4. Israelit, Vater des Amri. 5. Vater des Tholomai, des Königs von Gessur z. Z. Davids.
Ammon *indecl.* (*hebr.*: ? ein Volksname) Ammon, Sohn Lots u. seiner jüngeren Tochter, Stammvater der Ammoniter.
Ammonīta, ae *m.* der Ammoniter.
Ammonītes, um *m.* die Ammoniter, Volk im Ostjordanland, Nachkommen des Ammon, Feinde der Israeliten, über die sie *ca.* 1110—1092 die Übermacht gewannen. Erst im 3. Jhdt. n. Chr. gehen sie unter den Arabern auf.

Ammonītis, ĭdĭs *f.* (Ammonitĭda) die Ammoniterin.
Ammonitĭdă, ae *f. s.* Ammonitis.
amnēstĭă, ae *f. s.* amnestio.
amnēstĭō, ōnĭs *f.* (amnestia, ae *f.*); (ἀμνηστία) Vergebung, Strafnachlaß, Amnestie.
amnĭs, ĭs *m.* 1. Strom, Strömung, Waldstrom.
Amnon *indecl.* (*hebr.*: treu, wahrhaft) Amnon 1. ältester Sohn Davids, Schänder seiner Halbschwester Thamar, deshalb von deren Bruder Absalom ermordet. 2. Israelit aus dem Stamme Juda.
ămō 1 1. lieben, gern haben. 2. zu tun lieben, pflegen. 3. verliebt sein.
āmōbĭlĭs, ĕ versetzbar, absetzbar, entfernbar.
āmōbĭlĭtās, ātĭs *f.* Absetzbarkeit, Entfernbarkeit.
Amoc *indecl.* (*hebr.*: Weiser, Mächtiger ?) Amok 1. jüdischer Priester, der mit Zorobabel aus dem babyl. Exil zurückkehrte. 2. eine nach ihm benannte jüdische Priesterklasse.
āmŏdŏ *adv.* von jetzt ab, von nun an.
ămoenĭtās, ātĭs *f.* 1. anmutige Lage. 2. Lieblichkeit, Üppigkeit.
ămoenŭs 3 1. lieblich gelegen. 2. angenehm, lieblich, üppig.
āmōlĭŏr 4 fortschaffen, beseitigen.
āmōlĭtĭō, ōnĭs *f.* das Wegschaffen.
ămōmŭm, ī *n.* (ἄμωμον) eine Gewürzstaude, das Amomum, und der daraus bereitete Balsam.
1. **Amon** *indecl.* (*hebr.*: Werkmeister) Amon 1. König von Juda (*ca.* 639 bis 638), Ahnherr des Heilandes. 2. Fürst der Stadt Samaria z. Z. König Achabs. 3. Nathinäer, dessen Nachkommen aus dem babyl. Exil zurückkehrten.
2. **Amon** *indecl.* (*ägypt.*: Amun „der Verborgene") zuerst Stadtgott des ägypt. Theben, dann als Amon-Ra zum höchsten Gott u. Urheber alles Lebens erhoben; dargestellt in Greisengestalt oder mit Widderkopf u. Widderhörnern.
Amona, ae *f.* falsche Lesart für hamono „sein Heer"; *Ez.* 39, 16 ist Einschub u. lautet richtig: „Auch sein ganzes Heer begrabe man dort."
ămŏr, ōrĭs *m.* Liebe, Liebesglut, Gelüste.
Amorfortĭă, ae *f. s.* Amersfordia.
Amorĭŭm, ī *n.* Amorium, St., Kleinasien (Phrygien).
Amŏrrhaeŭs, ī *m.* Angehöriger des Volkes der Amorrhiter oder Amoriter oder Emoriter, eines der mächtigsten kanaanitischen Stämme Palästinas, der als besonders verdorben und gottlos galt.
amortĭzātĭō, ōnĭs *f.* allmählige Schuldentilgung, planmäßige Zurückzahlung einer Geldanleihe (*C. j. c.* 536, 5).
1. **Amos** *indecl. m.* (*hebr.*: Lastträger) Amos, der dritte der sog. kleinen Propheten.
2. **Amos** *indecl. m.* (*hebr.*: der Mutige) Amos 1. Vater des Propheten Isaias. 2. Vater des Mattathias, Ahnherr Christi.
Amosa, ae *f.* (*hebr.*: ?) Amosa (richtig Mosa), St., Pal. (Benjamin).
āmōtĭō, ōnĭs *f.* Entfernung, Absetzung.
āmōtŭs 3 abgesetzt, entfernt.
āmŏvĕō, mōvī, mōtŭm 2 1. fortschaffen, entfernen. 2. beseitigen, verwerfen: deprecationem. 3. *refl.*: sich entfernen.
āmōvĭbĭlĭs, ĕ 1. beweglich, veräußerlich. 2. entfernbar, amovibel.
ampĕlŏs, ī *f.* (ἡ ἄμπελος) Weinstock.
amphĭbŏlĭă, ae *f.* (ἀμφιβολία) Zweideutigkeit.
amphĭbŏlŭs 3 doppelsinnig.
Amphĭpŏlĭs, ĭs (*acc.* ĭm) *f.* (Ἀμφίπολις) Amphipolis, uralte Stadt zwischen zwei Mündungsarmen des Strymon, westlich von Philippi in Makedonien *j.*: Ruinen von Neochori an der Struma.
amphĭthĕātrālĭs, ĕ zum Amphitheater gehörig.
amphĭthĕātrŭm, ī *n.* (ἀμφιθέατρον = Rundschauplatz) Amphitheater, länglichrundes Theater für Kampfspiele mit terrassenförmig aufsteigenden Sitzen für die Zuschauer.
amphŏră, ae *f.* (ἀμφορεύς) zweihenkeliges Tongefäß, großer Krug, Amphora.
amplectŏr, amplexŭs sŭm 3 1. umarmen, umfassen; annehmen: fidem (*C. j. c.* 1351). 2. mit Liebe umfassen, sich widmen.
amplexātĭō, ōnĭs *f.* das Umfassen, Umschlingen.
amplĕxŏr 1 1. eifrig umfassen, sich viel beschäftigen. 2. umarmen.
amplĕxŭs, ūs *m.* das Umfassen, Umarmung.
amplĭātŏr, ōrĭs *m.* Vermehrer.
Amplĭātŭs, ī *m.* (Ἀμπλίας) Amplias, ein frommer Christ, den der hl. Apostel Paulus besonders liebte.
amplĭfĭcātĭō, ōnĭs *f.* Erweiterung, Vergrößerung, Förderung.
amplĭfĭcātŏr, ōrĭs *m.* Vermehrer, Förderer.
amplĭfĭcātrĭx, īcĭs *f.* Vermehrerin.
amplĭfĭcō 1 1. erweitern, vergrößern, verstärken. 2. heben, erhöhen.
amplĭfĭcŭs 3 prächtig, herrlich.
amplĭō 1 vergrößern, vermehren.
amplĭtūdō, ĭnĭs *f.* 1. Weite, Größe, Großartigkeit. 2. Erhabenheit, Würde, Hoheit.

amplŭs 3 1. umfangreich, geräumig. 2. viel, groß, ansehnlich, reichlich. 3. prächtig, herrlich. 4. angesehen, geehrt; als Titel: erlaucht (bes. im Superlativ), *comp.* **amplĭŭs,** *adv.* weiter ferner, in Zukunft, überdies, dazu, sehr (*Ps.* 61, 3); amplius eorum (*Ps.* 85, 10) = ihr Stolz.

ămpŭllă, ae *f.* Fläschchen, *bes.*: Salbenfläschchen; Ölgefäß, Meßkännchen.

ampullŭlă, ae *f.* kleines Fläschchen, Krüglein.

Ampurĭēn. (*C. R.*) *s.* Emporiae.

ampŭtātĭō, ōnĭs *f.* das Abschneiden.

ampŭtātrīx, īcĭs *f.* Beschneiderin.

ampŭtō 1 abschneiden, behauen.

Amram *indecl. m.* (*hebr.*: der Oheim [Gott] ist erhaben) Amram 1. Sohn des Kaath aus dem Stamme Levi, Vater des Moses u. Aaron u. der Miriam; *dav.*: **Amramītēs,** ium, Nachkommen des Amram durch Moses u. Aaron. 2. Jude, der nach dem babyl. Exil seine fremden Frauen entließ.

Amraphel *indecl.* (Hammu-rapi: der Oheim [Gott] ist groß) Amraphel, König von Senaar oder Babylonien (1. *Mos.* 14, 1, 2), wahrscheinlich identisch mit Hammurapi, König von „Sumer u. Akkad" „König der vier Weltgegenden" (*ca.* 2123—2081), berühmt durch sein Gesetzbuch.

Amri *indecl.* (*hebr.*: Wort Jahwes) Amri 1. (Omri), Soldatenkönig v. Israel, Vater des Achab u. der Athalia, einer der gottlosesten Könige Israels (*ca.* 887—877). 2. Israelit, Sohn des Bechor. 3. Israelit, Sohn des Omrai. 4. Fürst im Stamme Issachar. 5. Jude z. Z. Esdras'.

Amsi *indecl.* (*hebr.*: stark ist Jahwe) Amsi, jüdischer Priester, dessen Nachkommen aus dem babyl. Exil zurückkehrten.

Amstelo, ōnĭs *f.* (Amstelodanum, i *n.*, Amstelredanum) Amsterdam, Hafenst. an der Mündung des Amstel, Niederlande (Nordholland), *ca.* 500 000 E.

Amstelodanensĭs, ĕ, von Amsterdam.

Amthar *ind.* (*hebr.* ?) keine Stadt; falsche Lesart für „Rimmonah wethaar" nach Rimmon und bog ab (*Jos.* 19, 13).

amussis, is (*acc.*: im) *f.* Lineal der Zimmerleute; ad amussim (adamussim) nach der Schnur genau, pünktlich.

ămygdălă, ae *f.* (ἀμυγδαλῆ) Mandelbaum.

ămygdălŭm, ī *n.* (ἀμύγδαλον) Mandel, Mandelkern.

Amyzonen. (*C. R.*) *s.* Amyzonium.

Amyzōnĭŭm, ī *n.* Mezo, Titularbistum im südwestl. Kleinasien, Suffr. von Stauropolis; *dav.*: **Amyzonĕnsĭs** u. **Amyzonĭēnsĭs,** ĕ.

ăn *Fragepartikel* 1. etwa, oder etwa. 2. ob nicht vielleicht, **ăn nōn** schwerlich.

Amyzonien. (*C. R.*) *s.* Amyzōnĭŭm.

1. **Ana,** ae *m.* (*hebr.*: ?) Ana 1. ein Sohn, 2. ein Enkel des Höhlenbewohners Seïr (1. *Mos.* 36, 20, 1. *Par.* 1, 38).

2. **Ana,** ae Ana, Mutter oder Vater der Olibama, einer Gattin Esaus (1. *Mos.* 36, 2 u. 24).

3. **Ana,** (*hebr.*: Hena) Name einer assyrischen Stadt (oder eines Landes?) vielleicht Ânat (An-at), das oberhalb Sûr auf einer Euphratinsel lag (4. *Kön.* 19, 13). Die Einwohner der Stadt wurden nach Untergang des Reiches Israel als Kolonisten nach Samaria übergeführt.

4. **Ana,** Name einer assyrischen Gottheit, wahrscheinlich: Stadtgott von 3. Ana.

1. **Anab** *indecl.* (*hebr.*: Hügel) Israelit aus dem Stamme Benjamin.

2. **Anab** *indecl.* (*hebr.*: Hügel) Anab, St. südwestl. von Hebron Pal. (Juda).

ănăbaptismus, i *m.* (ἀναβαπτισμός) Wiedertaufe.

ănăbaptistă, ae *m.* (ἀναβαπτίστης) Wiedertäufer.

ănăbăthră, ōrum *n.* (ἀνάβαθρον) Empore, Kanzel.

ănăchōrētă, ae *m.* (anachorīta; ἀναχωρητής) Einsiedler.

ănăchōrētĭcŭs 3 (anachoriticus) einsiedlerisch; Einsiedler =.

ănăchōrītă, ae *m. s.* anachoreta.

ănăchōrītĭcŭs 3 *s.* anachoreticus.

S. **Ănaclētŭs,** i *m.* (Ἀνακλητός) hl. Anaklet, Papst (78—79) u. Mart., 13. Juli.

ănădēmă, ătĭs *n.* (ἀνάδημα) Haarband, Kopfband.

1. **Ănāgnĭă,** ae *f.* Anagni, St. südl. v. Rom am Südabhange der Sabinerberge, Italien (Rom); *ca.* 7000 Einw., exempter Bischofssitz (Recht des Palliums); *dav.*: Anagnīnus 3.

2. **Ănāgnĭă,** *ae f. s.* Anaunia.

Anagnin. (*C. R.*) *s.* 1. Anagnia.

ănaglyptă, ōrŭm *n.* ziselierte Arbeiten, erhabene Arbeiten; Reliefs.

ănaglyptŭs 3 (ἀνάγλυπτος), ziseliert, mit Reliefs versehen.

Anaharath *indecl.* (*hebr.* ?) Anaharath, St. in Pal. (Issachar).

Anaia, ae *m.* (*hebr.*: Jahwe hat erhört) Anaja, Jude, der nach dem babyl. Exil den neuen Bund mit Gott schloß.

1. **ănălectă,** ae *m.* (ἀναλέκτης) Brosamensammler.

2. **analecta,** orum, *n.* (ἀνάλεκτα) Sammlung.

ănălĕgō, lēgī, lēctŭm 3 aufsammeln.

ănălŏgĭă, ae *f.* (ἀναλογία) Analogie, gleiches Verhältnis,

ănălŏgĭcus 3 ähnlich, entsprechend, *adv.* analogice.

ănălŏgus 3 ähnlich, entsprechend.

ănălŏgĭŭm, ī *n.* Lesepult im Chor, auf dem das Lektionar aufliegt.

anălȳsĭs, ĭs *f.* (ἀνάλυσις) Erklärung, Erläuterung.

ănălȳtĭcŭs 3 in Teile aufgelöst, zergliedert.

Anam *indecl. s.* Anani 2.

Anamelech *indecl.* (= Anu ist König; wohl richtiger Anath), phönikische Göttin in Seberaim (östl. von Homs) verehrt (4. *Kön.* 17, 31).

Anan *indecl.* (*hebr.*: Wolke?) Anan, Jude, der nach dem babyl. Exil den neuen Bund mit Gott schloß.

Anani *indecl.* (*hebr.*: Wolke Jahwes?) 1. Anani, Ahnherr Christi (*Luc.* 3, 25). 2. Anam, Ananja „Jahwe ist schützende Wolke", wohl Bezeichnung des Zorobabel (1. *Par.* 3, 24).

Anania, ae *f.* (*hebr.*: Jahwe ist schützende Wolke?) Anania, St., Pal. (Benjamin).

Ananias, ae *m.* (Anania) Ananias: 1. angeblicher Vater des Azarias, als den sich Erzengel Raphael bezeichnete. 2. Gefährte Daniels am babylonischen Hofe. 3. Jude aus dem Stamme Benjamin, der einen Teil der Mauer in Jerusalem nach dem babyl. Exil baute. 4. Christ zu Jerusalem, der Mann der Saphira, wegen Lügens mit plötzlichem Tode bestraft. 5. Christ zu Damaskus, durch welchen der hl. Paulus das Augenlicht wieder erhielt. 6. jüdischer Hoherpriester, Feind des hl. Paulus.

Anapĭŭm, ī *n.* Annapes, D. östl. v. Lille, Fkr. (Nord) *ca.* 3000 Einw.

Anas, ae *m.* Guadiana, Fluß in Spanien.

Anassianum, ī *n.* (Anassum) Enns, St. a. d. Donau, Oberösterreich.

Anasŭs, ī *m.* (Anassum flumen, Anesus, Anisum) Enns, r. Nebenfluß der Donau, Niederösterreich.

Anassŭm, ī *n.* (*sc.*: flumen) *s.* Anasus.

S. **Anastasĭă,** ae *f.* hl. Anastasia, Witwe, Mart. † 304, 25. Dez.

S. **Anastasĭŭs,** ī *m.* hl. Anastasius: 1. Papst (399—401), 27. April. 2. Mönch u. Mart., 22. Jan. 3. erst heidnischer Gerichtsbeamter z. Z. des Kaisers Decius (249—51), später Christ u. Mart.

Anastasĭŭs, ī *m.* Anastasius I., oströmischer Kaiser (491—518), Begünstiger der Monophysiten.

Anastasĭŏpŏlĭs, ĭs *f.* Anastasiopolis, St. Kleinasien (Galatien) *j.*: Ruinen bei Beibesar.

Anath *indecl. m.* (*hebr.*?) Anath, Vater des israelitischen Richters Samgar.

1. **ănăthēmă,** ătĭs *n.* (ἀνάθημα) Weihegeschenk.

2. **ănăthĕmă.** ătĭs *n.* 1. Fluch, Verfluchung, Kirchenbann. 2. Ablösung, Ausscheidung aus der Kirche, *bes.*: die in feierlicher Weise unter kirchlichen Zeremonien verhängte Exkommunikation (*C. j. c.* 2257 § 2). 3. das Verfluchte, Gebannte; a. dicere aliquem jem. verfluchen, bannen; a. oblivionis Fluchgelöbnis der Vergessenheit (*Judith* 16, 23); *a.* sit = er sei im Banne (am Schlusse von Glaubenssätzen).

ănăthĕmătĭzō 1. fluchen, verfluchen. 2. mit dem Banne belegen.

1. **Anathoth** *indecl.* (*hebr.*: ?) Anathoth: 1. Israelite, Sohn des Bechor. 2. jüdisches Volkshaupt nach dem babyl. Exil.

2. **Anathoth** *indecl.* (*hebr.*: ?) Anathoth, Ort, Pal. (Benjamin) *j.*: 'Anâta.

Anathothia, ae *m.* (*hebr.*: Erhörungen Jahwes?) israelitischer Fürst zu Jerusalem aus dem Stamme Benjamin.

Anathothites, ĭŭm *m.* Amathothiter, Leute aus Anathot.

Ănaunĭă, ae *f.* (Anagnia, Anania, Anonium) Nonsberger Tal bei Trient (Tirol).

Anazarbus, ī *f.* Anazarbus, St. bei Adana, Kleinasien (Kilikien).

anceps, cĭpĭtĭs 1. doppelköpfig, schwankend, unentschieden. 2. zweideutig, doppelsinnig; gefährlich.

anchŏră, ae *f. s.* ancora.

ancillă, ae *f.* Magd, Sklavin.

ancillŏr 1 1. als Magd aufwarten. 2. jem. zu Willen sein.

ancillŭlă, ae *f.* junge Magd.

Ancōn, ōnĭs *f. s.* Ancona.

Ancōnă, ae *f.* (Ancon) Ancona, St. am adriatischen Meere, It. (Ancona), *ca.* 58000 Einw., Bischofssitz (seit 462) exempt; *dav.*: **Ancōnĭtānŭs** 3.

Ancōnĭtān. (*C. R.*) *s.* Ancona.

ancŏră, ae *f.* (anchora, ἄγκυρα) Anker.

ancŭs 3 gekrümmt.

Ancȳră, ae *f.* (Ἄγκυρα) Angora (*türk.*: Engüri) am Engürisee im mittleren Kleinasien, *ca.* 30000 Einw.; Bistum (seit 1850) armenischen Ritus; *dav.*: **Ancȳrānŭs** 3.

Ancȳrān. (*C. R.*) *s.* Ancyra.

1. **Andanĭă,** ae *f.* (Ἀνδανία) Andania, St. Griechenland (Peloponnes Messenien), *j.*: Andorossa u. Ruinen bei Krano.

2. **Andanĭă,** ae *f. s.* Andennae.

Andagĭnēnsĭs, ĕ von Andain, *s.* Andavium.

Andāvĭŭm, ī *n.* (Andaginense [sc. monasterium]) Abtei Andain in den Ardennen (Fkr.).

Andalūsĭa, ae *f.* Andalusien (Spanien).

Andĕgāvēn. (*C. R.*) *s.* Andegavum.

Andĕgāvēnsĭs ăgĕr, rī *m.* (Andegavia) Landschaft Anjou am Unterlaufe der Loire (Fkr.).

Andĕgāvĭă, ae *f. s.* Andegavensis ager.

Andĕgāvŭm, ī *n.* Angers, St. a. der Maine, Fkr. (Maine-et-Loire) *ca.* 80000 Einw. Bischofssitz (seit 4. Jhdt.), Suffragan von Tours; *dav.*: **Andĕgāvēnsĭs,** ĕ.

Andĕlă, ae *f.* (Andlavium) Andlau, St. a. Andlaubach (zur Ill), Unterelsaß (Schlettstadt), *ca.* 1700 Einw.

Andennae, ārŭm *f.* (Andania) Andenne, St. r. a. der Maas, Belgien (Namur), *ca.* 8000 Einw.

Andeolĭī burgus, ī *m.* (Andeolii **fanum**) Bourg-Saint-Andéol St., Fkr. (Ardèche).

Andeolĭī fānŭm, ī *n. s.* Andeolii burgus.

Anderlăcŭm, ī *n.* Anderlecht, St., westl. von Brüssel, Belgien (Brabant), *ca.* 50000 Einw.

Andernăchă, ae *f. s.* Andernacum.

Andernăcŭm, ī *n.* (Anternacum, Andernacha). Andernach, St. l. a. Rhein, am Fuße des Krahnenbergs, Preußen (Rheinprovinz), *ca.* 8000 Einw.

Andlāvĭŭm, ī *m. s.* Andela.

S. Andŏlētŭs, ī *m.* hl. Andolet, Mart., Gefährte des hl. Lambertus.

S. Andreae, (*C. R.*) *s.* Andreae Fanum.

S. Andreae burgŭs, ī *m.* Andreasberg, St., Preußen (Hannover).

S. Andreae coenŏbĭŭm, ī *n. s.* Andreopolis.

1. **S. Andrēae fānŭm,** ī *n. s.* Andreopolis.

2. **S. Andrēae fānŭm, mŏnastērĭum** od. **vicus** Saint-André, zahlreiche Ortschaften in Fkr. u. Belgien, z. B. S.-A.-de Cub, St. Fkr. (Gironde) *ca.* 4000 Einw.; S.-A.-de l'Eure, St. Fkr. (Eure) *ca.* 1700 Einw.; S.-A.-de-Meouilles, D. (Basses Alpes), *ca.* 650 Einw.; S.-A. de Valborgne, St. Fkr. (Gard), *ca.* 1600 Einw.

1. **S. Andrēās,** ae *m.* hl. Andreas, Apostel, gemartert zu Patras i. J. 62, 30. Nov.

2. **S. Andrēās Șvirardus** (Zoerardus), Eremit u. Mart., († im 8. Jahrh.).
Er stammte aus Polen und lebte im Kloster Zobor bei Neutra unter dem Abte Philipp, suchte die Mähren zu bekehren. Er fastete so streng, daß er während der 40tägigen Fastenzeit nur 40 Nüsse aß; beim Schlafen lehnte er Kopf und Rücken gegen eine stachelige Hecke. Auch er wird als „Martyrer" mit seinem hl. Genossen Benediktus, der seinerseits von Räubern ermordet wurde, gefeiert. Beide sind die Hauptpatrone der Diözese Neutra in Ungarn. (16. Juli.)

3. **S. Andrēās Cŏrsīnī,** hl. Bischof von Fiesole, aus dem Karmeliter-Orden, † 1373, 4. Febr.

4. **S. Andrēās Avellīnus,** hl. Priester aus dem Theatiner-Orden, † 1608, 10. Nov.

1. **B. Andrēās Rinnēnsĭs,** Unschuldiges Kind u. Mart., († 1462).
Andreas wurde in Rinn, Diözese Brixen (Tirol), von frommen Eltern geboren. Er verlor schon früh seinen Vater. Noch hatte der Knabe nicht das dritte Lebensjahr vollendet, als er von den Juden aus Haß gegen Christus aufs grausamste zu Tode gemartert wurde. In einem Walde, wohin sie das geraubte Kind schleppten, legten sie es auf einen großen Stein und stachen abwechselnd mit Messern auf Andreas los, bis er starb. Dann hingen sie den Leichnam an einem Baume auf, wo er gefunden wurde. In Begleitung des gläubigen Volkes setzte man ihn im Heiligtum des hl. Apostels Andreas bei. Ueber dem Orte des Martertums wurde eine Kapelle errichtet, und besonders am Jahrestage der Ermordung strömten dorthin viele Pilger zusammen. Benedikt XIV. gestattete ein eigenes Offizium und Meßformular zu Ehren des kleinen Martyrers. (12. Juli.)

2. **B. Andreas a Monte Regali,** Bek. († 1479).
Er war geboren zu Mansonium in der Nähe des Mons Regalis in der Diözese Rieti (Italien). Als er einst Vieh weidete, bat er einen vorübergehenden Augustinermönch, ihn mit sich in den Orden zu nehmen. 50 Jahre lang war er Prediger in Italien und Frankreich. Nach Abbeten der 7 Bußpsalmen starb er 1479. 30 Tage blieb sein Grab der großen Verehrung des Volkes geöffnet. — 12. April. (Augustinerorden.)

3. **B. Andreas de Peschiera,** Bek., O. Pr. † 1485.
Geboren am Anfange des 15. Jahrhunderts zu Peschiera im Kirchensprengel von Verona (Italien). Er hegte eine außerordentlich innige Andacht zum bitteren Leiden Christi. In der ihm geweihten Kapelle zu Peschiera ist er neben einem Kreuze stehend abgebildet, und ein von demselben ausgehender Lichtstrahl durchbohrt ihm das Herz. Seine Lieblingstugend war der Gehorsam. — „Gehorsam sein und heilig sein ist ein und dasselbe" — ist ein Wort von ihm. Er starb im Jahre 1485. Seine sterblichen Ueberreste sind zweimal übertragen worden. Papst Pius VII. sprach ihn im Jahre 1820 selig. — 19. Januar. (Dominikanerorden.)

4. **B. Andrēās Bŏbŏlă,** Priester u. Mart., († 1657). Apostel von Litauen.
Im Palatinat Sandomir geboren, trat er als Jüngling in die Gesellschaft Jesu ein; nach Empfang der hl. Priesterweihe zog er als Missionar nach Litauen, dessen Apostel er genannt wurde. Kosaken, die der schismatischen griechischen Kirche angehörten, peinigen ihn auf gräßliche Weise zu Tode, weil er nicht den Glauben verleugnen will: es wird dem sel. Dulder die Haut von Kopf, Händen und Brust gerissen und das Fleisch dann angebrannt; Nase, Lippen und Ohren werden ihm abgeschnitten, ein Auge wird ihm nebst der Zunge ausgerissen; schließlich gibt ihm ein Soldat den Gnadenstoß. Sein Leichnam wurde nach längerer Zeit unverwest und Wohlgeruch ausströmend in der Gruft aufgefunden. Er selbst wurde von Pius IX. selig gesprochen. — 16. Mai: Lemberg, Przemysl Polen; 21. Mai: Tarnow, Gesellschaft Jesu.

Andrēās, ae *m.* 1. Andreas II., König von Ungarn (1205—1235), Vater der hl. Elisabeth von Thüringen. 2. Andreas, Vorsteher des Klosters zu Trabaka in Numidien (5. Jhdt.).

Andrejovia, ae *f.* Jedrzejáv, Cist. Kloster in Polen, Diöz. Krakau.

Andrēn. (*C. R.*) *s.* Andrum.
Andrĕŏpŏlis, ĭs *f.* (S. Andreae coenobium, Fanum Andreae) St. Andrews, St. Schottland, Erzbistum.
Andrĕŏvĭēnsĕ coenobĭŭm, ī *n.* Andreaskloster, Cistercienserkloster bei Krakau, Polen (Galizien).
Andrĭēn. (*C. R.*) *s.* Netium.
Andrŭm, ī *n.* Andros, St. auf d. nördlichsten Kykladeninsel Andros, Griechenland, *ca.* 1900 Einw.; Bistum (seit 13. Jhdt.) unter Verwaltung des Bischofs v. Tenos u. Mykeni; *dav.*: **Andrēnsis,** ĕ.
Andurnŭm, ī *n.* Andorno, Ort, Italien (Novara).
Anecĭŭm, ī *n. s.* Annecium.
Anem *indecl.* (*hebr.*: ?) (Engannim) Anem, St. Palästina (Issachar).
ănēmĭă, ae *f.* (ἀναιμία) Blutarmut.
ănēmĭcŭs 3 blutarm.
S. Anĕmundī castrŭm, i *n.* Saint-Chamond, St. Fkr. (Loire) *ca.* 15 000 Einw.
1. **Aner** *indecl.* (*hebr.*: ?), Aner, Amorriter z. Z. Abrahams (1. *Mos.* 14, 24).
2. **Aner** *indecl.* (*hebr.* ?) Aner, St. Pal. (Manasse).
Anēsŭs, ī *m. s.* Anasus.
ănēthŭm, ī *n.* (ἄνηθον) Dill (Pflanze); Anis.
Anētŭm (palatium), ī *n.* Anet, St. Fkr. (Eure-et-Loire), *ca.* 1500 Einw.
ānfrāctŭs, ūs *m.* 1. Biegung. 2. Weitschweifigkeit.
1. **Angărĭă,** ae *f.* Göttin, die besonders bei Askulum in Italien verehrt wurde.
2. **Angărĭă,** ae *f.* Enger, St., Preußen (Westfalen).
Angārĭī, ōrŭm *m.* Engern, Zweig der Sachsen (Hannover).
angărĭō 1 (ἀγγαρεύειν) 1. Frondienste leisten (als Träger, Bote usw.). 2. nötigen, zwingen, *bes.*: zu Frondiensten zwingen.
Ange *indecl.* Ange, Gebirge in Kleinasien (*Judith* 2, 12), *identisch mit*: Argaeus mons, *s.* dens.
S. Angela de Foligno hl. Witwe, † 1309.
S. Angĕlă Mērĭcĭă, ae *f.* hl. Angela Merici, Jgf., Stifterin der Genossenschaft der Ursulinen, † 1540, 31. Mai.
Angĕlī, ōrum *m. s.* 3. Angelopolis.
Angĕlī castellŭm, ī *n.* (Angelicum castrum) Engelsburg in Rom.
S. Angĕlī cĭvĭtās, tīs *f.* (Angelopolis) Santo Angelo, St. auf dem Monte di S. Angelo, It. (Foggia) Bischofssitz.
S. Angĕlī Custōdēs hl. Schutzengel, Fest am 2. Sept. bzw. 2. Okt.
S. Angĕlī dĕ Lombardīs (*C. R.*) *s.* Angelopolis Lombardorum.
S. Angĕlī ĭn Vado (*C. R.*) *s.* Tifernum Metaurense.
S. Angĕlī oppĭdŭm, ī *n.* Santo Angelo, St., It. (Ancona).
Angĕlĭcŭm castrŭm, ī *n.* s. Angeli castellum.
angĕlĭcŭs 3 engelgleich, Engels-; panis a. Engelsbrot, doctor a. engelgleicher Lehrer (hl. Thomas von Aquin † 1274).
angĕlĭfĭcātŭs 3 in einen Engel umgewandelt.
1. **Angĕlŏpŏlis,** is *f.* S. Angelo, St., It. (Benevent).
2. **Angĕlŏpŏlĭs,** ĭs *f. s.* Angeli civitas.
3. **Angĕlŏpŏlĭs,** ĭs *f.* (Tlascalensis ecclesia) Tlascala (Tlaxcála), St. l. am Rio Atoyac, Mexiko (Tlaxcala), *ca.* 2800 Einw.; Erzbistum T., Sitz in Puebla de Zaragaza (*ca.* 100 000 Einw., 1525 Bistum, 1903 Erzbistum).
4. **Angĕlŏpŏlĭs,** ĭs *f.* (Angeli) Los Angeles (*span.*: die Engel), St. am Los Angeles, Nordamerika (Kalifornien), *ca.* 110000 Einw.; Bischofssitz (Bistum Monterey u. Los Angeles seit 1850), Suffr. v. S. Francisco.
Angĕlŏpŏlĭs Lombardōrŭm S. Angelo dei Lombardi, St. l. am Ofanto, It. (Avellino), *ca.* 2300 Einw.; Suffr. von Conza.
Angĕlōrŭm (*C. R.*) *s.* 4. Angelopolis.
Angĕlōrŭm mōns, tis *m.* Engelsberg, D., Schweiz (Unterwalden).
angĕlŭs, ī *m.* (ἄγγελος) 1. Bote. 2. Engel (guter oder böser). 3. Angelus Domini „der Engel des Herrn" ... das Früh-, Mittags- und Abendgebetläuten zum dreimaligen Avegebet, das von Papst Kalixt (1455—1458) eingebürgert wurde. 4. angelus in der Bedeutung Deus (*Ps.* 86).
B. Angelus ab Acrio *m.* sel. Angelus von Acri, Bek., Priester aus dem Kap. O. † 1739.

Angelus wurde zu Acri, einer Stadt in Kalabrien (Süditalien) im Jahre 1669 geboren. Als Fünfjährigen fand ihn seine Mutter betend vor einem Muttergottesbilde auf Steinchen knien und von einem wunderbaren Scheine umflossen. In den Kapuzinerorden eingetreten, trat er zweimal infolge der trügerischen Künste des Teufels wieder aus, bis er den Trug durchschaute und zum dritten Male aufgenommen wurde, bereit zu siegen oder zu sterben. Während er die Profeß ablegte, fühlte er seine Lenden kräftig zusammengezogen und das Haupt wie Flammen brennen zum Zeichen, daß der Geist der Stärke ihm gegeben sei. Priester geworden, war er ein eifriger Ausspender der Geheimnisse Christi. Gegen seinen Willen von den Vorgesetzten zum Klosteroberen und später zur Leitung der ganzen Provinz berufen, erwies er sich als einen starken, klugen und für die Bedürfnisse der Brüder besorgten Oberen, so daß er „Friedensengel" benannt wurde. Als Missionar erreichte er unglaubliche Erfolge, weder Krankheiten noch Alter hielten ihn vom Predigen ab. Als er sich ein Bein gebrochen hatte, hielt er unter großen Schmerzen die Missionspredigten gerade so, wie wenn er heil und gesund gewesen wäre. Wunder und Zeichen bestätigten seine Worte. Als er am

Schlusse einer Mission von einer großen Menge umringt ein Kreuz errichtete, erschienen drei glänzende Kreuze in der Luft. Im 70. Lebensjahr starb er mit den Worten: „Komm, o gütigster Jesu, komm!" — 30. Okt. (Kap. O.).

B. Angelus a Fulginio, Bek. († 1312).
Er wurde 1226 geboren und stammte aus dem vornehmen Geschlechte der Grafen von Turris und Vignola. Mit 20 Jahren schloß er sich dem sel. Augustinereremiten Johannes Bonus an, mit dem er in der Nähe von Cesena bei Rimini ein sehr strenges Bußleben führte. Er gründete das Kloster St. Augustin zu Foligno, dem er als Oberer vorstand. Ferner gründete er das Kloster zu Gualdo Tadino bei Perugia und zu Falcodunum. — 6. September (Augustinerorden).

B. Angelus a Furcio, Bek. († 1327).
Er wurde geboren zu Furchi in den Abruzzen und war eine Frucht des Gebetes seiner frommen Eltern zum hl. Erzengel Michael. Mit 18 Jahren trat er zu Guasto d' Amone in den Abruzzen in den Augustinerorden. Nach seinem philosophischen Studium wurde er vom sel. Clemens von Osimo nach Paris geschickt. Dort erwarb er sich den Grad eines Lizentiaten der Theologie. Der berühmte Augustiner Aegidius Romanus war sein Lehrer. Angelus gab eine Erklärung des Matthäusevangeliums heraus. Nach Vollendung seiner Studien wurde er Professor der Theologie zu Neapel. Mehrere ihm angetragene Bistümer schlug er aus Demut aus. Er starb 1327 zu Neapel und wurde dort beigesetzt. Seit 1808 ruhen seine Gebeine in seiner Vaterstadt Furchi. — 6. Februar (Aug. Ord.).

angīnă, ae *f.* Halsentzündung, Halsbräune.

angĭportŭm, ī *n.* (angĭportŭs, ūs *m.*) enges Gäßchen, Nebengäßchen.

angĭportŭs, ūs *m. s.* angiportum.

Anglī, ōrŭm *m. s.* Anglii.

Anglĭă, ae *f.* England.

Anglĭcānŭs 3 anglikanisch, zur englischen Staatskirche gehörig.

Anglĭcŭs 3 englisch; pellis anglica = englisches Leder.

Anglĭī, ōrŭm *m.* (Angli) 1. deutscher Stamm der Angeln, welcher England eroberte. 2. die Engländer; *sg.*: Anglus u. Anglius.

Anglīnŭs, ī *m.* Anglin, Abt von Malmedy, u. Stavelot, später Erzbischof von Köln.

Anglonēn. (*C. R.*) *s.* Pandosia.

Anglō-Sachsŏnēs (Saxones), ŏnŭm *m.* Angelsachsen, germanischer Stamm.

angō, anxī 3 beengen a) *körperlich:* zusammenschnüren, zusammendrücken; würgen: guttur; beklemmen, Beklemmungen verursachen. b) *seelisch:* beklommen machen, bange machen, beunruhigen, ängstigen, quälen; *pass.*: sich ängstigen, sich beklommen fühlen; schwermütig sein (*mit folgendem* quod *oder Acc. c. inf.*).

Angōlă, ae *f.* (Angole) Angola, seit 1848 portugiesische Kolonie in Westafrika, zwischen Kongo u. Kunene; Bistum Angola (seit 1596) u. Kongo (seit 1716), Sitz in S. Paolo de Loanda, Suffr. v. Lissabon; *dav.*: **Angōlēnsĭs,** e.

Angōlēn. (*C. R.*) *s.* Angola.

Angŏlismă, ae *f. s.* Engolisma.

angŏr, ōrĭs *m.* Angst, Unruhe.

Angovīnōrŭm comitatŭs, ūs *m. s.* Andegavensis ager.

Angră, ae *f.* Angra de Heroismo, St. u. Festung auf der portugiesischen Azoreninsel Terceira, *ca.* 12000 Einw.; Bischofssitz (seit 1534), Suffr. v. Lisabon; *dav.* **Angrēnsĭs,** e.

Angrēn. (*C. R.*) *s.* Angra.

anguīnĕŭs 3 u. **anguīnŭs** aus Schlangen bestehend, Schlangen-.

anguĭs, ĭs *m.* u. *f.* Schlange.

angŭlārĭs, ĕ winklig, eckig, eine Ecke bildend; lapis angularis Eckstein.

angŭlārĭŭs 3 in der Ecke befindlich.

angŭlŭs, ī *m.* Ecke, Winkel; caput anguli Eckstein; *pl.* Eckstützen, Ecksäulen; *übertr.*: Fürst, Führer (*Is.* 19, 13).

angustĭae, arum *f.* 1. Enge, enge Räumlichkeit. 2. a. temporis Kürze der Zeit. 3. Verlegenheit, Schwierigkeit. 4. a. abstinentiae strenges Fasten. 5. *sg. auch*: Angst.

angustĭō 1 bedrängen, quälen; *pass.* in Not sein, hilfsbedürftig sein.

angustŭs 3 1. schmal, eng. 2. kurz, beschränkt. 3. kleinlich, spitzfindig. 4. knapp, spärlich.

Anhaltīnum, i *n.* (Ascania, Anhaltīnus principatus) Anhalt (ehemaliges Herzogtum) Freistaat, Deutschland.

ănhēlĭtŭs, ūs *m.* das Ausatmen, der Atem.

ănhēlō 1 1. keuchen, schnauben, atmen. 2. lechzen, verlangen nach.

ănhēlōsŭs 3 keuchend.

Ani *indecl. m.* (*hebr.*: Gebeugter ?) 1. Sänger u. Harfenspieler z. Z. Davids. 2. Türhüter z. Z. Davids.

Ania, ae *m.* (*hebr.*: Jahwe hat erhört) Levit z. Z. des Esdras.

Aniăcŭm, ī *n.* Agny, Ort, Fkr. (Pas-de-Calais).

Aniam *indecl.* (*hebr.* ?) Israelit aus dem Stamme Manasse.

Anĭānēnsĭs, ĕ *s.* Anianum.

Anĭānī ecclesĭă Aureliania *s.* Anianum.

Anĭānī fanŭm, ī *n.* Saint-Aignan, mehrere Ortschaften in Fkr. (Loir-et-Cher, Charente-inférieure, Hérault u. a.).

Aniānŭm, ī *n.* (Aniani ecclesia Aureliania) Aniane, St. westl. von Montpellier, Fkr. (Hérault), ca. 2500 Einw. *dav.*: **Anĭānēnsĭs,** ĕ.

1. **S. Anĭānŭs,** ī *m.* hl. Anian, als Martyrer bezeichnet, obwohl an einer Krankheit gestorben, *s.* S. Marinus.

2. **Anĭānŭs,** ī *m.* Anian, Nachfolger des hl. Evang. Markus als Bischof von Alexandrien.

Anĭānŭs lăcŭs, ūs *m.* Agnano, ehem. See bei Neapel (Italien).

ănīcētŭs 3 (ἀνίκητος) unbesiegbar.
S. **Anīcētŭs,** ī *m.* hl. Papst u. Mart., (154—165), 17. April.
Anĭcĭī, ōrŭm *m.* Anizier, vornehmes röm. Geschlecht in Aquileja z. Z. Diokletians (3. Jhdt.).
Anicien. (*C. R.*) *s.* Anicium.
Anĭcĭŭm, ī *n.* Le Puy-en-Velay St. in den Cevennen, Fkr. (Haute-Loire), Bischofssitz; *dav.*: Aniciensis, e.
Anĭcĭŭs, ī *m. s.* S. Paulinus v. Nola.
ănĭcŭlă, ae *f.* altes Mütterchen.
Anĭēn, ēnis *m. s.* Anio.
Anĭēnsĭs, ĕ *s.* Anio.
ănīlĭs, ĕ altweibermäßig, greisenhaft.
ănīlĭtās, ātĭs *f.* hohes Frauenalter.
Anim *indecl.* (Aennon, *hebr.*: Brunnen) Anim, St. südlich von Hebron, Pal. (Juda), *j.*: el Foka oder Beit Ainun.
ănĭmă, ae *f.* 1. Lufthauch, Luft, Wind. 2. Atem, Seele, Leben (animam quaerere = nach dem Leben trachten) Lebenskraft; pro anima res est = es gilt das Leben. 3. *übtr.*: Wille, Begierde (*Ps.* 40, 3). 4. dient oft zur Umschreibung des persönlichen und des Reflexivpronomens, anima mea = ego. 5. Seele der Verstorbenen.
ănĭmadversĭō, ōnĭs *f.* 1. Aufmerksamkeit, Bemerkung, Beobachtung. 2. Tadel, Strafe.
ănĭmadvertō, tī, sŭm 3 1. achtgeben, beobachten. 2. bemerken, wahrnehmen. 3. ahnden, rügen, strafen: animadverti gladio hingerichtet werden.
ănĭmaequĭtās, ātĭs *f.* Gleichmut.
ănĭmaequŭs 3 gleichmütig, ruhig, getrost.
ănĭmăl, ālĭs *n.* Lebewesen, Geschöpf, Tier.
ănĭmālĭs, ĕ 1. lebendig, belebt. 2. irdisch, irdisch gesinnt (Gegens. spiritalis); animaliter tierisch.
ănĭmāns, antĭs 1. atmend, lebendig. 2. *subst. m.* u. *f.* lebendes Geschöpf (Mensch oder Tier).
ănĭmātĭō, ōnĭs *f.* 1. belebende Kraft, Aufregung, Unwille. 2. Geschöpf.
ănĭmō 1 beleben, beseelen.
ănĭmōsĭtās, ātĭs *f.* 1. Unwille, Zorn. 2. Kühnheit (*Eccles.* 1, 28).
ănĭmōsŭs 3 1. beherzt, mutig, 2. stolz. 3. fest, stark; *adv.* leidenschaftlich.
ănĭmŭs, ī *m.* 1. Seele, Geist, Aufmerksamkeit, Bewußtsein, Besinnung. 2. Neigung, Trieb, Lust. 3. Sinnesart, Absicht. 4. Gefühl, Gemüt, Herz. 5. Mut, Stolz, Hochmut.
Anĭō, ēnĭs oder ōnĭs *m.* (Anien) Teverone, Nebenfluß des Tiber, bildet bei Tibur (Tivoli) berühmte Wasserfälle; *dav.*: **Anĭēnsĭs,** e.
Anĭsŭm, ī *n.* (*scil.*: flumen) *s.* Anăsus.

S. **Annă,** ae u. *indecl. f.* (*hebr.*: Huldreiche, Gnadenreiche, Anmutsvolle) Anna, Mutter der allerseligsten Jungfrau Maria, 26. Juli.
Annă, ae *f.* (*hebr.*: *s.* S. Anna) Anna 1. Mutter Samuels. 2. Gattin des alten Tobias. 3. Gattin des Raguel, des Vetters des Tobias. 4. Prophetin, Tochter Phanuels, die bei der Darstellung Jesu zugegen war. 5. Mutter des hl. Johannes Cantius.
Anna Achlerus, Anna Achler, Mutter der hl. Elisabeth Bona.
Annă Austrĭăcă, ae *f.* Anna v. Österreich, Gemahlin Ludwigs XIII. von Frankreich, nach dessen Tode Regentin.
Annā *abl.* zu Annas.
annālēs, ĭŭm *m.* 1. Jahrbücher, Annalen. 2. Geschichte, Erzählung.
annālĭs, ĕ das Jahr betreffend.
Annănĭă, ae *f. s.* Anaunia.
Annās, ae *m.* Hoherpriester zur Zeit Christi, Schwiegervater des Kaiphas.
annāscŏr *s.* agnascor.
annātă, ae *f.* Jahreseinkommen, Jahresgehalt; Jahresgelder, Annaten; media annata die Hälfte des (ersten) Jahresbezuges (als Gebühren nach Verleihung einer Pfründe oder eines Bischofssitzes von seiten des Papstes) (*C. j. c.* 1482).
Annĕcĭēn. (*C. R.*) *s.* Annecium.
Annĕcĭŭm, ī *n.* (Annesium, Annessium) Annecy, St., Fkr. (Haute-Savoie), *ca.* 10 000 Einw.; Bischofssitz (seit 1822), Suffr. v. Chambéry; *dav.*: **Annĕcĭēnsĭs,** ĕ.
Annĕsĭŭm, ī *n. s.* Annecium.
Annessĭŭm, ī *n. s.* Annecium.
annectō, nexŭī, nexŭm 3 *s.* adnecto.
1. **annexŭs,** ūs *m. s.* adnexus.
2. **annexŭs** 3 *s.* adnexus.
annĭcŭlŭs 3 ein Jahr alt.
annĭhĭlātĭo, ōnĭs, *f.* Vernichtung.
annĭhĭlō 1 1 geringschätzen. 2. vernichten.
annĭversārĭŭm, ī *n.* Jahresgedächtnis; anniversarium Dedicationis Ecclesiae Cathedralis (vel propriae ecclesiae) jährliches Kirchweihfest der Domkirche (der eigenen Kirche); für alle Kirchen am dritten Sonntage im Oktober.
annĭversārĭŭs 3 jährlich wiederkehrend.
S. **Annō,** ōnĭs *m.* Bek. u. Erzbischof von Köln, † 1075.

Er stammte aus Schwaben, widmete sich anfangs dem Militärdienste, studierte dann in Bamberg, wurde von Heinrich III. wegen seiner Kenntnisse und Tugenden hoch geehrt; als Nachfolger Hermanns II. von Köln im Jahre 1055 wurde er Vormund Heinrichs IV., den er ernstlich auf den Weg der Tugend zu bringen strebte, so daß dieser den unwillkommenen Mahner voll Wut zurückwies. Anno brachte viele Nächte im Gebet zu, war sehr freigebig gegen die Notleidenden, errichtete mehrere

Klöster. Nach Dortmund schenkte er den Leib des hl. Martyrers Reinhold. Er wurde von seinen Zeitgenossen als die Leuchte und Blume Deutschlands bezeichnet. – 4. Dezember (Köln, Paderborn, Bamberg).

ānnōnă, ae *f.* 1. Marktpreis des Getreides. 2. Teuerung. 3. Getreideversorgung. 4. Getreide. 5. Jahresgehalt, Jahresbezug. 6. Maß für Getreide oder Speise.

Annonăcŭm, ī *n.* (Annoniăcum) Annonay, St. an der Cance (zur Rhône), Fkr. (Ardêche), *ca.* 15000 Einw.

Annonĭăcŭm, ī *n. s.* Annonacum.

annōsŭs 3 hoch betagt, hochbejahrt; *auch im comp.* u. *superl.* mit der gleichen Bedeutung.

annŏtămĕntŭm, ī *n.* Anmerkung.

annŏtātĭō, ōnĭs, *f.* Anmerkung, Fußnote; annotatio fontium Angabe der (Kirchenrechts-) Quellen.

annŏtō 1 *s.* adnoto.

annŭālĭs, ĕ jährig, ein Jahr dauernd; auf ein Jahr gewählt.

annu . . . *s.* adnu . . .

annŭātĭm *adv.* jährlich, von Jahr zu Jahr.

annŭlātŭs 3 ringförmig; gekettet; traditio annulata Kettentradition, ununterbrochene Überlieferung.

annullātĭō, ōnĭs *f.* Ungültigkeitserklärung.

annŭllō 1 (adnihilo) zu nichte machen.

ānnŭlŭs, i *m. s.* ānŭlŭs.

annūntĭātĭō, ōnĭs *f.* Botschaft, Verkündigung; Annuntiatio B. M. V. Fest Mariä-Verkündigung, 25. März.

annūntĭātŏr, ōrĭs *m.* Verkündiger, Prediger.

annūntĭātrīx, īcĭs *f.* Verkündigerin.

annūntĭō 1 ankündigen; a. aliquem über jem. viel reden (*Ps.* 58, 14); a. peccata Sünden offenbaren (*Is.* 58, 1).

annŭō, ŭī, ūtŭm 3 1. zunicken, beistimmen, genehmigen. 2. a. oculis mit den Augen blinzeln, höhnen (*Ps.* 34, 19; *Prov.* 10, 10).

annŭs, ī *m.* Jahr, Lebensjahr; annus gratiae Gnadenjahr (*d. h.* Vergünstigung der Erben eines Pfründeinhabers, noch längere Zeit nach dem Tode desselben Einkünfte aus der Pfründe zu beziehen).

annŭŭs 3 1. ein Jahr dauernd, jährig. 2. alle Jahre wiederkehrend, jährlich.

Anŏlīnŭs, ī *m.* Anolinus 1. Präfekt in Mailand z. Z. Neros. 2. Prokonsul in Afrika z. Z. Diokletians u. Maximinians.

Anomaei, ōrŭm *m.* Eunomianer oder Anomöer, Partei der strengen Arianer, benannt nach dem arianischen Bischof Eunomius von Cyzikus (Mysien) um 350 n. Chr. Sie behaupteten, der Sohn sei dem Vater unähnlich (ἀνόμοιος).

Anōnĭŭm, ī *n. s.* Anaunia (Nonsbergertal).

ănōnȳmŭs 3 (ἀνώνυμος) 1. ungenannt, unbekannt. 2. namenlos. 3. ohne Unterschrift, unterschriftslos.

ănorgănĭcŭs 3 leblos, unbelebt.

ānsă, ae *f.* 1. Griff, Handhabe. 2. Anhalt, Gelegenheit.

S. Anschărĭŭs, ī *m. s.* S. Ansgarius.

S. Anselmŭs, ī *m.* hl. Anselm, Benediktiner u. Erzbisch. v. Canterbury (England), Kirchenlehrer, † 1109, 21. April.

Ansĕgisŭs, ī *m.* Ansegis, Herzog, Vater Pipins von Austrasien.

ānsĕr, ĕrĭs *m.* Gans.

Ansĕrĭă, ae *f.* Oye, St., Fkr. (Pas-de-Calais).

S. Ansgārĭŭs, ī *m.* (Anscharius), Bek. u. Bischof von Hamburg und Bremen, Apostel der Dänen und Schweden, Hauptpatron für die Nordischen Missionen Deutschlands († 865).

Trat jung ins Kloster Korvey bei Höxter ein, wurde von dem Dänenfürsten Harald als Missionar erwünscht; bei einer Verfolgung kehrt er indessen aus Dänemark nach Korvey zurück, wird kurz darauf nach Schweden geholt; dort bekehrt er den Statthalter Hermigar. Auf der Rückreise gelingt ihm die Bekehrung des dänischen Tyrannen Erich. Papst Gregor IV., den er in Rom besucht, ernennt ihn zum Bischof von Hamburg sowie zum Legaten des ganzen Nordens; er wird vom Bischof Drago von Metz geweiht. Da Hamburg, wo er mehrere Kirchen und Klöster erbaut hatte, von Seeräubern geplündert wird, verwaltet er kraft apostolischer Vollmacht fernerhin das Erzbistum Bremen. Den Bischof Gosbert weiht er zum Bischof für die Schweden, doch wird derselbe später Bischof von Osnabrück. Ansgar hatte die Macht der Wunder, viele heilte er in den 30 Jahren seiner Regierung. Er starb am 3. Februar 865. — (3. Februar: Osnabrück, nordische Missionen.)

Ansgĭsŭs, ī *m.* Ansgisus, Bisch. von Troyes (10. Jhdt.).

ānsŭlă, ae *f.* kleiner Griff, Henkelchen; kleine Klammer, Öse.

antăgōnĭstă, ae *m.* (ἀνταγωνιστής) Wettkämpfer, Streiter.

antĕ I. *adv.* 1. vorn, vorwärts; in ante nach vorne (räumlich), nach vorne in der Zeit, in Zukunft (zeitlich). 2. vorher, früher. II. *praep. c. acc.*: vor (*räuml.* u. *zeitl.*), a. conspectum: angesichts.

antĕā *adv.* vorher, früher, vordem; in antea fürderhin (nach vorne der Zeit nach, vgl. in ante bei ante I. 1.).

antĕăctŭs 3 vergangen; vorgängig: vita.

Antebrĕmăcŭm, ī *n.* (Antebrimacum) Ambernac, Ort, Fkr. (Charente).

Antebrīmăcŭm, ī *n. s.* Antebremacum.

antĕcăpĭō, cēpī, ceptŭm voraus besetzen, besorgen.

antĕcēdēns, entĭs *subst. n.* das Vorausgehende, die Ursache; *auch adj.*: vorhergehend; *adv.* antecedenter, im voraus.

antĕcēdō, cēssī, cēssŭm 3 1. vorausgehen. 2. überholen, übertreffen.

antĕcellō 3 hervorragen, sich auszeichnen.

antĕcēssiō, ōnĭs *f.* das Vorausgehen, der Vorsprung.

antĕcēssŏr, ōrĭs *m.* Vorgänger (in der Regierung, im Amte); Lehrer.

antĕcursŏr, ōrĭs *m.* Vorläufer.

antĕdīcō, dixī, dictŭm 3 vorhersagen.

antĕĕō, īvī, īrĕ 1. vorangehen, vorausgehen. 2. übertreffen.

antĕfĕrō, tŭlī, lātŭm, ferre vorziehen, höherstellen.

antĕfīxŭs 3 vorn befestigt.

antĕgĕnĭtālĭs, ĕ vor der Geburt schon.

antĕgrĕdĭŏr, grĕssŭs sŭm 3 vorausgehen.

antĕhăbĕō 2 vorziehen.

antĕhāc *adv.* früher. (Zwei Umstandswörter ante u. hac; der Ton liegt auf der letzten Silbe.)

antĕlŏquĭŭm, ī *n.* Vorwort.

antĕlūcānŭm, ī *n.* (*scil.*: lumen) Frühlicht, Morgenrot.

antĕlūcānŭs 3 vor Tagesanbruch.

antĕlūcĭō *adv.* vor Tagesanbruch.

antĕlūdĭŭm, ī *n.* Vorspiel.

antĕmĕrīdĭālĭs, ĕ und **antĕmĕrīdĭānŭs** 3 vormittägig.

antĕmĕrīdĭēm *adv.* vormittags.

antĕmūrālĕ, ĭs *n.* Bastei, Außenwerk, Brustwehr.

Antenacŭm, ī *n.* Antenay, Ort, Fkr. (Marne).

antennă, ae *f.* Querbalken (z. B. des Kreuzes), Segelstange.

antĕpaenultĭmŭs 3 (antepenultimus) drittletzte.

antĕpendĭŭm, ī *n.* (antipendium) Antependium, Altarvorhang oder Tapete an der Vorderseite des Altars, je nach Festen u. Festzeiten in der entsprechenden Kirchenfarbe; gewebtes oder gesticktes Ziergehänge.

antĕpēnultĭmŭs 3 *s.* antepaenultimus.

antĕpōnō, pŏsŭī, pŏsĭtŭm 3 vorsetzen, voransetzen, vorziehen.

antĕpraepărātōrĭŭs 3 erstvorbereitend; congregatio antepraeparatoria die Kongregation, welche die Vorfragen bei einer Heiligsprechung zu erledigen hat.

antĕquăm *conj.* ehe, eher als, bevor.

Antequera (de A.: *C. R.*) *s.* Oaxaca.

antĕrĭŏr, ĭŭs *gen.* ōrĭs der vordere, höhere; animum ad anteriōra extendere den Geist in das Höhere (Göttliche) versenken.

Anternăcŭm, ī *n. s.* Andernacum.

Antĕrŭs, ī *m. s.* Antherus.

antescrutinĭŭm, ī *n.* Wahlvorbereitung.

antĕsīgnānŭs 3 1. als erster, an erster Stelle; *auch subst.*: der Erste. 2. *pl.* Fahnenwache.

antēstŏr 1 zum Zeugen anrufen.

antĕvĕnĭō, vēnī, vĕntŭm 4 zuvorkommen, vereiteln.

antĕvertō, vertī, versŭm 3 vereiteln.

S. **Anthelmŭs,** ī *m.* hl. Anthelm, Bek. und Bischof von Belley (Frankreich), († 1170).

Stammt aus dem Castellum Cinianum, wurde Kanonikus von Belley, später Propst der Genfer Kathedrale, wandte sich zu den Kartäusern und war schon als Novize ein Vorbild für alle. Erst 32 Jahre alt, wurde er als Nachfolger des ehrwürdigen Hugo zum Generalprior des Ordens erwählt, dem er zwölf Jahre vorstand. Um Gott in der Stille dienen zu können, legte er sein Amt nieder, doch wurde er bald als Abt in ein anderes Kloster gewählt, wo er den vorhandenen Geld- und Getreidebestand sofort an die Armen verteilte Nachdem er sich endlich die Erlaubnis erwirkt hatte, sich in der Großen Kartause auf eine stille Zelle zurückzuziehen, wurde er von Bischöfen und Ordenspersonen unaufhörlich um Rat gefragt. Er stellte sich entschieden auf die Seite Alexanders III. gegenüber den damaligen Gegenpäpsten und wußte ihm viele treue Anhänger zu gewinnen. Schließlich wurde er zum Bischofe von Belley gewählt und nahm diese Würde auf Befehl des Papstes an, der ihn selbst in Avignon 1163 weihte. Als Bischof hatte er gegen den Grafen Humbert die Rechte der Kirche zu verteidigen; dieser sah reuig sein schweres Unrecht ein. Noch heutigentags wird er in seiner Bischofsstadt verehrt (26. Juni: Lausanne-Genf).

S. **Anthērŭs,** ī *m.* (Anterus) hl. Anther, Papst u. Mart. (235—236); er ließ mit besonderer Sorgfalt die Martyrerakten sammeln, prüfen und aufbewahren; 11. Februar.

Anthĭmŭs, ī *m.* (Ἄνθυμος) Anthimus, Patriarch von Konstantinopel im 6. Jhdt., Anhänger des Eutyches.

anthrăcĭnŭs 3 (ἀνθράκινος) kohlschwarz.

anthrōpŏmorphītă, ae *m.* Ketzer, der sich Gott als Menschen vorstellte.

Antĭbărēn. (*C. R.*) *s.* Antĭbărŭm.

Antĭbărŭm, ī *n.* Antivari, St., 5 km vom Adriatischen Meere, Montenegro, *ca.* 2000 Einw.; Erzb.; *dav.:* **Antĭbărēnsis,** ĕ.

antibrăchĭŭm, ī *n.* (ἀντιβραχίων) Vorderarm.

antichrīstŭs, ī *m.* Widersacher Christi, Antichrist (nach der Offenbarung erscheint er persönlich und nicht etwa nur als „Prinzip").

antĭcĭpātĭō, ōnĭs *f.* Vorwegnahme; Vorbegriff, Vorgenuß, Vorfreude.

antĭcĭpō 1 1. vorausnehmen, zuvorkommen; anticipaverunt vigilias oculi mei meine Augen sind schlaflos (*Ps.* 76, 5). 2. einnehmen, gewinnen.

antĭdŏtŭm, ī *n.* (ἀντίδοτον) Gegengabe, Gegenmittel, Gegengift.

antilŏgĭa, ae *f.* Gegenrede, Widerspruch.

antĭmensĭŭm, ī *n.* (ἀντί u. mensa) ein bei den Griechen übliches vom Bischof geweihtes Tuch mit eingenähten Heiligenreliquien, mit dem in den griechischen Kirchen der nichtgeweihte Altar bedeckt wird, um darauf das hl. Meßopfer darzubringen (entspricht unserem Tragaltare).

antĭnŏmismŭs, ī *m.* (ἀντινομίσμος) Widergesetzlichkeitslehre (*d. h.* Verwerfung einer Verbindlichkeit des Sittengesetzes).

Antĭnŏŏpŏlĭs, ĭs *f.* (Antinoum, Ἀντινοόπολις) Antinoë, St. auf dem östlichen Ufer des Nils, Mittelägypten (Nomos Antinoites), *j.*: Ensene, Ensineh mit vielen Ruinen.

Antĭnŏŭm, ī *n. s.* Antinoopolis.

Antĭŏchēn. (*C. R.*) *s.* Antiochia.

Antĭŏchēnī, ōrŭm *m.* (Antiochini) Antiochener, Bewohner v. Antiochien.

Antĭŏchīă, ae *f.* (Ἀντιόχεια) Antiochien 1. Hauptstadt von Syrien am Orontes, *j.*: Antakije, ehem. lat. Patriarchat (1100—1268), seitdem Titularpatriarchat mit dem Sitze in Rom. (Außerdem griech.-schismatisches, griech.-melchitisches, syr.-maronitisches u. syrisches Erzbistum). 2. St., Kleinasien (Pisidien) *j.* Akschehr, nordwestlich von Konia (früher Iconium). 3. St. am Mäander, Kleinasien (Karien); *dav.*: **Antĭŏchēnsĭs,** ĕ; **Antĭŏchēnŭs** u. **Antĭŏchīnŭs** 3.

Antĭŏchĭs, ĭs *f.* Antiochis, Nebenfrau des syrischen Königs Antiochus Epiphanes.

Antĭŏchŭm, ī *n.* ehemaliger Ort im Braunschweigischen Gebiet.

1. **Antĭŏchŭs,** ī *m.* Antiochus, Name mehrerer syrischer Könige: 1. A. I. Soter, Sohn des Seleukus (280—261). 2. A. II. Theos (261—246). 3. A. Magnus Antiochus III., der Große (223 bis 187). 4. A. Illustris oder Nobilis Antiochus IV. Epiphanes, der Erlauchte (175—163). 5. A. Eupator Antiochus V. (164—162). 6. Antiochus VI., Sohn des Alexander Balas (145—142). 7. A. Sidetes, Antiochus VII., Bruder des Demetrius II. Nikator (138—129). 8. A. Grypos Antiochus VIII. (121—96).

2. **Antĭŏchŭs,** ī *m.* Antiochus 1. Vater des Numenius, eines Gesandten der Juden an die Spartaner (1. *Mach.* 12, 16). 2. Präfekt von Camerino unter Kaiser Decius (249—251).

Antĭŏquĭă, ae *f.* Antioquia, St. am Tonuzco (zum Cauca), Colombia, *ca.* 2000 Einw.; Bischofssitz (seit 1804); Suffr. v. Santa Fé de Bogotá; *dav.*: **Antĭŏquĭēnsĭs,** ĕ.

Antĭŏquĭēn. (*C. R.*) *s.* Antioquia.

Antĭpās, ătĭs *m.* (Ἀντίπας) Antipas, Schüler des hl. Apostels Johannes.

Antĭpătĕr, trī *m.* (Ἀντίπατρος) Antipater, Gesandter Simons des Makkabäers nach Sparta.

antĭpăthīă, ae *f.* (ἀντιπάθεια) Abneigung.

antĭpendĭŭm, i *n. s.* antependium (altaris).

antĭphōnă, ae *f.* (ἀντίφωνη) Antiphon 1. abwechselnd gesprochenes Gebet. 2. Einleitungsvers für die Brevierpsalmen. 3. Antiphonae majores: die sieben großen Magnifikat „O"-Antiphonen in den sieben Tagen vor Weihnachten. 4. Antiphonae finales, die vier marianischen Schlußantiphonen: Alma Redemptoris mater, Ave Regina coelorum, Regina coeli u. Salve Regina.

antĭphōnālĕ, is, *n.* Antiphonale, liturgisches Buch, das die Antiphonen enthält.

antĭphōnārĭŭm, ī *n.* Antiphonar, ein Buch, das die Melodien der Antiphonen enthält, Antiphonensammlung.

antĭphōnŭs 3 (ἀντίφωνος) im Wechselgesang vorgetragen.

antĭpŏdes, um *m.* (ἀντίποδες) Gegenfüßler.

Antīquă terra, ae *f. s.* Vetus terra.

antīquārĭŭs 3 altertümelnd; altertümlich.

antīquārĭŭs, ī *m.* der Altertümler, alter Schriftsteller, Geschichtsschreiber (*L. IX. S. Monicae*); Abschreiber; Schönschreiber.

Antīquĭpŏlĭs, ĭs *f.* (Oldenburgum) Oldenburg, Hauptstadt des Freistaates Oldenburg, Norddeutschland.

antīquĭtās, ātis *f.* 1. Altertum, hohes Alter. 2. Geschichte des Altertums.

antīquĭtŭs *adv.* vor alters, von alten Zeiten her.

antīquŭs 3 1. vordere; *comp.* u. *sup.* wichtiger, wichtigst; vorig, früher. 2. alt, uralt, ehrwürdig, antiquus dierum hochbetagt, ab antiquo seit alters; numerus antiquus römische Ziffer; ăntīquī, ōrum *m.* Altvordern.

Antissĭŏdōrēn. (*C. R.*) *s.* Antissiodorum.

Antissĭŏdōrŭm, i *n.* (Antisiodorum, Audissiodorum, Autessiodurum, Autissiodorum, Altissiodorum) Auxerre, St. l. an der Yonne Fkr. (Yonne), *ca.* 15000 Einw.; Bistum (seit 3. Jhdt.) jetzt vereinigt mit dem Erzbistum Sens; *dav.*: **Antissĭŏdōrēnsĭs,** ĕ; Antissiodorenses, ĭŭm Bew.

antistĕs, ĭtĭs *m.* Vorsteher, bes. einer größeren Gemeinde = Bischof, Oberhirte; auch einfach = Priester.

antistĭtă, ae *f.* Vorsteherin, Oberin, Äbtissin.

Antitrīnĭtārĭī, ōrŭm *m.* Antitrinitarier, Leugner der hl. Dreifaltigkeit, Irrlehrer: in der alten Kirche die ebionitischen u. patripassianischen Monarchianer u. Subordinatianer, in der Reformationszeit: die Socinianer und

Unitarier, in der Neuzeit: die meisten der protestantischen rationalistischen Theologen.

Antōniāni, ōrūm *m.* Antonianer, unierte Armeniermönche, gegründet im 18. Jhdt. zum Zwecke, den kath. Armeniern als Missionäre zu dienen.

S. Antōnii (*C. R.*) *s.* S. Antonius.

Antōnii mōns, tis *m.* Tönisberg, D., Preußen (Rheinprovinz).

S. Antōnīnŭs, ī *m.* hl. Antonin, Erzbisch. v. Florenz, † 1459, 10. Mai.

B. Antōnīnŭs Neyrot, Mart. O.Pr. † 1460.

Geboren zu Rivoli in Piemont, starb er ebenda für seinen Glauben. — 10. April (Dom. Ord.)

Antōnīnŭs, ī *m.* Name mehrerer römischer Kaiser. 1. A. Pius, reg. 138 bis 161. 2. A. Heliogabalus, reg. 218 bis 222.

1. **S. Antōnĭŭs,** ī *m.* S. Anton, Bistum (seit 1784) in Texas, Nordamerika, *ca.* 55000 Einw., Suffr. von New Orleans.
2. **S. Antōnĭŭs,** ī *m.* hl. Antonius der Große, Abt, Gründer des ersten Klosters in der Thebais (Ägypten) † 356, 17. Januar.
3. **S. Antōnĭŭs de Padua** hl. Anton von Padua, Priester aus dem Franziskanerorden, † 1231, 13. Juni.
4. **S. Antōnĭŭs Gorcŭmēnsĭs** hl. Anton, einer der Mart. von Gorkum, † 1572, 16. Juli.
5. **S. Antōnĭŭs Jăpōnēnsĭs** hl. Anton, einer der 26 japanischen Martyrer.
6. **S. Antōnĭŭs Lĭrīnēnsĭs,** Bek., † 488.

An den Ufern der Donau stand seine Wiege, sein Vater hieß Secundinus. Der frühverwaiste Knabe wurde dem hl. Severin, dem Apostel der Noriker, zur Erziehung übergeben, kam nach dem Tode des letzteren zu seinem geistlichen Oheim nach Lorch, begab sich dann, vor feindlichen Heerscharen fliehend, zu einem Priester Marius, der als Exorzist berühmt war. Nach kurzer Zeit besuchte er das Grab des hl. Mart. Fidelis und lebte in der Nähe als Einsiedler. Als jedoch der Ruf seiner Heiligkeit viele heranzog, brach er wiederum auf und verlebte den Rest seiner Tage im Kloster Lerin (23. oder 28. Dezember).

7. **S. Antōnĭŭs Maria Zaccharia** † 1539, 5. Juli.
8. **S. Antōnĭŭs Mărtўr,** ein Gallier, von dem Reliquien nach Fulda kamen. Nichts Näheres überliefert (2. Sept.), doch s. S. Eōnĭŭs.
9. **B. Antōnĭŭs de Patritiis,** Bek. († 1311).

Er war geboren von vornehmen Eltern zu Siena (Italien), trat in das Augustinerkloster zu Illyceto bei Siena, wurde dann von den Oberen nach Monticiano geschickt, wo er allen ein vollendetes Muster der christlichen Vollkommenheit war. Zum Zeichen seiner unversehrten Reinheit sollen an seinem Grabe von selbst Lilien hervorgesproßt sein. — 27. April (Augustinerorden).

10. **B. Antōnĭŭs ab Amandŭla,** Bek. († 1350).

1260 zu Mandola in der Mark Ankona geboren, wurde er von einem Augustinermönch unterrichtet. Er trat in diesen Orden zur Zeit, als der hl. Nikolaus v. Tolentino lebte. Der Selige war ein treuer Nachahmer der Tugenden dieses großen Dieners Gottes und ergab sich nach seinem Beispiele den strengsten Bußübungen. Er starb im Alter von 90 Jahren. — 28. Januar (Augustinerorden.)

11. **B. Antonius Parrui,** Martyrer, O. Pr., † 1374.

Zu Savigliano in Piemont 1326 geboren, nahm er mit 15 Jahren das Ordenskleid, zeichnete sich aus durch sein außerordentliches Wissen, seine Beredsamkeit und durch seine hervorragende Begabung in der Leitung anderer. Am 9. April 1374 erlitt er den Martertod. Wie sein Namensgefährte, der hl. Antonius von Padua, wird auch er zur Wiederfindung verlorener Sachen angerufen. — 9. April (Dominikanerorden).

12. **B. Antōnĭŭs Turrianus,** Bek. († 1494).

Er wurde zu Mailand aus dem berühmten Geschlechte der Torres geboren und von frühester Kindheit an in der Tugend und Wissenschaft unterrichtet. In Padua erlangte er den medizinischen Doktorgrad. In seiner ärztlichen Praxis war ihm vor allem daran gelegen, zum Heile der Seelen beizutragen. Aus Liebe zur jungfräulichen Reinheit legte er sich schwere Bußwerke auf. Er bewahrte sie dafür sein ganzes Leben lang unversehrt. Zu Mailand trat er in den Augustinerorden, begab sich dann nach Foligno, wo ein strengeres Leben geführt wurde, und machte eine Wallfahrt nach Compostella. Unterwegs heilte er arme Kranke durch das hl. Kreuzzeichen. Nach seiner Rückkehr wurde er zur Beilegung von Streitigkeiten nach Aquila in Umbrien geschickt. Hier bewies er sich bei Ausbruch einer Pest als Engel der Barmherzigkeit. — 24. Juli (Augustinerorden).

13. **B. Antonius Ixida et soc.** *m.* hl. Anton Ixida u. seine Gefährten, Mart., Priester der Ges. Jes. † 1632.

Anton wurde zu Ximbara in Japan geboren, war Zögling im Seminar zu Arima und trat mit 19 Jahren in die Gesellschaft Jesu ein. Er kannte alle Religionssysteme Japans, verwarf sie aber alle und trug in Religionsgesprächen über alle Bonzen und selbst die gefeiertsten Philosophen Japans den Sieg davon. Er durchwanderte fast alle Teile des japanischen Reiches und führte viele zum wahren Glauben und zur echten Frömmigkeit. So wurde er die Leuchte und schönste Zierde der japanischen Kirche und verdiente, mit anderen Ordensmännern als Blutzeuge sein Leben zu opfern. Die sechs Ordensleute wurden im Jahre 1631 gefangen genommen und nach harter Kerkerhaft in die schaurigen Schluchten des Ungeniberges (bei Nagasaki) geschleppt. Gefragt, ob sie sich durch Verleugnung des Glaubens von den grausamen Qualen befreien wollten, verneinten sie alle einstimmig. Da begann sogleich die Marter. Um die nackten Körper der Glaubenszeugen wurde ein Zuber siedenden Wassers herumgefahren, so daß aus einem Loch im Zuber der heiße Strahl die Körper treffen konnte. Zuerst wurde die Haut blutrot, dann schwoll sie an, dann riß sie auf und zeigte das offene Fleisch. Dreimal ging der Wagen im Kreise herum, dann wurde die Qual eine Zeitlang unterbrochen, um so sechsmal im Tage auf gleiche Weise wiederholt zu werden. Monatelang dauerten diese furchtbaren Martern, so daß nach dem Fleische auch die Knochen vom siedenden Wasser gekocht wurden. Und doch ertrugen sie Antonius und seine Genossen mit solchem Mute, daß manche Augenzeugen mehr durch das Wunder der Geduld als durch Worte zum wahren Glauben gelangten. Deshalb ließ sie der Statthalter im Januar 1632 nach Nagasaki zurückbringen und dort im Kerker verwahren, bis er nach seiner Rückkehr vom Kaiser neue Qualen ersonnen hätte. Als er nach acht Monaten zurückkam, fand er an den halb verzehrten Körpern nichts mehr für seine Grausamkeit und ließ die letzten schwachen Lebensfunken langsam am 3. Sept. 1632 durch Feuerflammen zum Erlöschen bringen. — 3. Sept. (Ges. Jes.).

14. **B. Antonius Baldinucci** *m.* Bek., Priester aus der Ges. Jes. († 17. Jhdt.).
Ein Florentiner von Geburt nahm er sich schon von Jugend an den hl. Aloisius zum Vorbild und schrieb sich dessen Tugenden in einem Heftchen zusammen, um sie öfters betrachten und leichter üben zu können. Zuerst wollte er, wie sein Bruder, in den Dominikanerorden eintreten, fand aber dann zu Rom Aufnahme in die Gesellschaft Jesu, was seinem Vater um so lieber war, als der hl. Ignatius von dem damals noch zweijährigen Knaben vorausgesagt haben soll, daß er ein Heiliger der Gesellschaft Jesu würde. Gleich nach seinem Eintritte war er das leuchtende Beispiel seiner Mitnovizen; Priester geworden, wünschte er sehnlichst, in die heidnischen Missionen zu gehen; aber wegen seiner schwächlichen Gesundheit wurde sein Wunsch nicht erfüllt. Dagegen wurde er als Missionar für seine Heimat Italien ausersehen. Trotz seines kränklichen Körpers wanderte er 20 Jahre lang von Stadt zu Stadt und von Dorf zu Dorf; in ungefähr 30 Bistümern predigend, spendete er die hl. Sakramente, errichtete Bruderschaften und wendete seine besondere Sorgfalt dem Klerus zu. Oft waren es 30 000 Zuhörer, denen er unter freiem Himmel das Wort Gottes verkündete. Als er seine Missionsreisen aufgeben mußte, wählte er im Kloster zu Tusculum das engste und der Kirche nächste Zimmer, um rasch vorm Tabernakel und im Beichtstuhle zu sein. Sein Durst nach Seelen war unstillbar. Mitten in der apostolischen Tätigkeit wurde er zu Pofium in der Diözese Verula von einer schweren Krankheit ergriffen. Den Tod voraussehend, ließ er sich mit den hl. Sterbesakramenten versehen; das Marienbild vor Augen, das er auf seinen Missionen bei sich führte, und die Namen Jesus und Maria auf den Lippen hauchte er im 53. Lebensjahre seine Seele aus. — 7. Nov.: Ges. Jes.

Antonius Franciscus *s.* B. Rudolfus Acquaviva.

Antonius de Mariscottis *s.* Marcus Ant. de Mariscottis.

antrum, ī *n.* Grotte, Höhle.

Antrŭm, ī *n.* (insula Ligeris) Aindie, Insel der Loire, Fkr.

Antuĕrpĭă, ae *f.* *s.* Antverpia.

Antvĕrpĭă, ae *f.* (Antuerpia, Antwerpium) Antwerpen, Hafenstadt an der Schelde, Belgien, *ca.* 340 000 Einw.; *dav.*: **Antvĕrpĭēnsĭs,** ĕ.

Antwĕrpĭŭm, ī *n.* *s.* Antverpia.

ānŭlārĭs, ĕ (annularis) zum Siegelring gehörig.

ānŭlārĭŭs 3 zum Siegelring gehörig.

ānŭlātŭs 3 (annulatus) beringt; ringförmig.

ānŭlŭs, ī *m.* (annulus) Fingerring, Siegelring; a. piscatoris der päpstliche Siegelring, Fischerring; a. pastoralis Bischofsring, Abtring.

1. **ānŭs,** ī *m.* (annus) eigentlich Kreis, euphemistisch für podex, After, Gesäß (1. *Kön.* 6, 17).

2. **ănŭs,** ūs *f.* Greisin, alte Frau.

3. **ănŭs** 3 bejahrt.

Anxanŭm, ī *n.* (Lancianensis ecclesia) Lanciano, St. r. vom Foltrino, It. (Chieti), *ca.* 8000 Einw.; Erzbischofssitz (1515, 1562).

anxĭĕtās, ātis *f.* 1. Ängstlichkeit, Kummer. 2. Beklemmung, Schwäche.

anxĭōsŭs 3 ängstlich.

anxĭō 1 ängstigen.

anxĭŭs 3 1. ängstlich, unruhig, besorgt. 2. nach etwas trachtend (*Eccles.* 5, 10).

Anxur, ŭrĭs *f.* *s.* Terracina.

Aod *indecl. m.* (*hebr.* ?) Aod 1. Richter in Juda, der den König Eglon von Moab tötete. 2. Israelit aus dem Stamme Benjamin.

Apadno *hebr. Wort, aus dem persischen* apadana: „sein Palast, seine Burg“ (nicht Eigenname, *Dan.* 11, 45).

ăpăgĕ! *interj.* (ἄπαγε von ἀπάγω) fort mit! weg mit!

ăpăgĕsīs! *interj.* (ăpăgĕ sīs oder ăpăgĕ mē sīs [bei Plautus]; sis = si vis bitte!) bitte, fort mit dir! nicht doch! pack dich, bitte! (Krakau L. V. Fer II. infr. Oct. Ssmae Trinitatis).

Apămēă, ae *f.* (Apamia, Ἀπάμεια) Apamēa 1. Hauptstadt der syrischen Landschaft Apamēne, im Tale des Orontes, Syrien; das uralte Bistum ist mit dem syr.-melchitischen Erzbistum Homs (Edessa) vereinigt. 2. St. am Mäander, Kleinasien (Phrygien); *dav.*: **Apămēnsĭs,** ĕ.

Apămēn. (*C. R.*) *s.* Apamea 1.

Apămĭēn. (*C. R.*) *s.* Appamiae.

Apellēs, ĭs *m.* Apelles, 1. ein Christ zur Apostelzeit. 2. ein Sektenstifter in Rom.

Apellĭānŭs, ī *m.* Apellian, heidnischer, römischer Statthalter in Thrazien.

ăpellō, pŭlī, pulsum 3 hinaustreiben.

Apennin, von a Jove Pennino, a Pennino Jove, ein Flügelgötze aus Stein auf d. Berge.

ăpĕr, prī *m.* Eber.

Apĕr, prī *m.* Aper, Vater des hl. Bischofs Lambert von Utrecht.

ăpĕrĭō, ŭī (auch īvī), ăpertŭm 4 1. aufdecken, entblößen, enthüllen, offenbaren; *pass.* sichtbar werden. 2. öffnen, erbrechen, aufgraben, erschließen.

ăpertĭō, ōnĭs *f.* das Öffnen.

ăpertūră, ae *f.* Öffnung, Loch.

ăpertŭs 3 1. unbedeckt, unbeschützt, offen, unverschlossen. 2. offenbar, ersichtlich, deutlich, offen = unverstellt.

ăpex, ĭcĭs *m.* 1. Spitze, Punkt. 2. Buchstabe; *pl.* Schriftzüge. 3. Würde, Zierde, höchste Ehre; ad apicem juris nach dem strengen Rechte.

Aphara, ae *f.* (*hebr.*: Ortsname Para mit Artikel) Aphara, St., Pal. (Benjamin).

Apharsai *indecl.* (Variante zu Apharsathachai).

Apharsathachai *indecl.* = *Περσικοί* „Perser“ (1. *Esdr.* 4, 9).

Aphec *indecl.* (*hebr.*: Bach) Aphek, drei Städte in Palästina: 1. (Apheca) nordwestlich von Jerusalem (Juda) vielleicht jetzt Merdsch Fikijch bei Bab el Wad. 2. St. in Aser. 3. St. in Issachar.

Apheca *indecl. s.* Aphec 1.

Aphia *indecl.* (*hebr.*: ?) Aphia, Ahnherr des Königs Saul.

Aphonitēs, ĭs *m.* der Aphonite (1. *Par.* 27, 27) (*hebr.*: der Schephemite) aus Schephem (Schiphmoth, Siphmoth), einer St. in Juda.

S. **Aphră,** ae *f. s.* S. Afra.

Aphrŏdīsiă, ae *f.* Aphrodisia, Buhlerin in Catanea.

Aphrŏdīsiăs, ădĭs *f.* Aphrodisias, Venusstadt. 1. St. an der Grenze von Phrygien u. Karien, Kleinasien, *j.*: Dscheira. 2. Hafenstadt, Kleinasien (Kilikien), *j.*: Porto Kavaliere.

Aphses *indecl. m.* (*hebr.*: Happisses = der Zerschmetterer) Aphses, jüdischer Priester, nach welchem eine Priesterklasse benannt wurde.

Aphutei *indecl.* (*hebr.*: der Putite) Israelit, Nachkomme des Kaleb.

ăpĭcŭlă, ae *f.* Bienchen.

ăpĭs, ĭs *f.* Biene.

ăpīscŏr, aptŭs sŭm, ăpīscī erreichen, erlangen, erfassen.

ăpĭŭm, ī *n.* Eppich, eine doldentragende Pflanze.

ăplūdă, ae *f.* Spreu.

ăpŏcălypsĭs, ĭs (acc.-in) *f.* (ἀποκάλυψις) 1. Enthüllung, Offenbarung. 2. Geheime Offenbarung des hl. Johannes, Apokalypse.

ăpŏcătastăsĭs, ĭs *f.* Wiederkehr (der Sterne), übertr.: endliche Beseligung aller Menschen (ἀποκατάστασις πάντων).

ăpocrĭsĭārĭŭs, ī *m.* 1. Abgeordneter oder Vertreter eines Kirchenfürsten. 2. früher: Nuntius in Konstantinopel.

ăpocrȳphŭs 3 (ἀπόκρυφος) einem falschen (unbekannten) Verfasser unterschoben, unecht.

ăpŏdīctĭcŭs 3 (ἀποδεικτικός) sehr beweiskräftig.

ăpŏdīxĭs, ĭs (*acc.*: ĭn) *f.* (ἀπόδειξις) sichere Beweisführung.

ăpogrăphŏn, ī *n.* (ἀπόγραφον) Abschrift, Kopie; *auch*: **ăpogrăphŭm,** i *n.*

1. S. **Apollĭnārĭs,** ĭs *m.* Mart., † um 150.
Er war zur Zeit des Kaisers Antoninus Pius (138—161) Subdiakon an der Kirche zu Triest. Während der Christenverfolgung lebte er in einer Höhle des nahen Gebirges verborgen und brachte dem gleichfalls verborgenen Priester Martius den notwendigen Unterhalt. Infolge von Wundern, die er durch das bloße Kreuzzeichen wirkte, drang sein Ruf auch bis zum Statthalter Licinus, welcher ihn zum Abfall vom Glauben und zu Weihrauchopfern für die Götter aufforderte. Doch konnten weder Keulenschläge noch das Braten auf dem Roste seine Standhaftigkeit erschüttern, vielmehr erlosch auf das Kreuzzeichen seiner rechten Hand hin das Feuer, so daß er unversehrt blieb. Darob erzürnt, ließ ihm Licinus die rechte Hand abschlagen und ihn schließlich enthaupten. — 6. Dez. (Triest).

2. S. **Apollĭnārĭs,** ĭs *m.* Apollinaris, Bisch. von Ravenna u. Mart. † 23. Juli 78 (oder 75 ?).

Apollĭnărista, ae *m.* Anhänger des Apollinaris, Bischofs zu Laodicea, der lehrte, das Menschliche an Jesus bestehe nur aus Leib u. Seele, entbehre dagegen des Geistes; an dessen Stelle trete das Göttliche, der Logos.

1. **Apollō,** ĭnĭs *m.* (Ἀπόλλων) Apollo, heidnischer Gott bei den Griechen u. Römern.

2. **Apollō,** ĭnĭs *m.* (Ἀπόλλως) Apollos (Kürzung für Apollonias), Judenchrist aus Alexandria, voll tiefer Schriftkenntnis (*Apg.* 18, 24).

S. **Apollōnĭă,** ae *f.* hl. Apollonia, Jgfr. u. Mart. zu Alexandrien, † 248, 9. Februar.

Apollōnĭă, ae *f.* (Ἀπολλωνία) Apollonia 1. St. in Illyrien (Neuepirus), *j.*: Ruinen v. Polina bei Valona in Albanien. 2. St. zwischen Amphipolis u. Thessalonike, Makedonien (Mygdonia) *j.*: Paleóchri. 3. Feste bei Naupactos. 4. Sizeboli am Pontus. 5. Stadt an der Nordküste Siziliens. 6. St. auf Kreta.

Apollōnĭŭs, ī *m.* Apollonius, Sohn eines syrischen Statthalters von Phönizien z. Z. des Seleukus IV. Philopater (187—176). 2. Befehlshaber der Syrer z. Z. Judas', des Makkabäers u. des syrischen Königs Antiochus Epiphanes (174—161). 3. Feldherr des syrischen Königs Demetrius I. Soter (162—150) u. Statthalter von Cölesyrien. 4. Sohn des Mnestheus, Gesandter nach Ägypten. 5. Schüler des Philosophen u. Martyrers Krato (3. Jhdt. n. Chr.).

Ăpŏlŏgēta, ae *m.* (ἀπολογήτης) Verteidiger.

ăpŏlŏgētica, ae *f.* Verteidigungslehre, Verteidigungsschrift, Apologetik. Anweisung über dasjenige, was über die übernatürliche oder geoffenbarte Ordnung zur Ausbildung der Theologen zu wissen nötig ist.

apŏlŏgētĭcŭs, ī *m.* (*sc.*: liber) Verteidigungsschrift (ἀπολογητικός).

apŏlŏgētĭcŭs 3 (ἀπολογητικός) zur Verteidigung dienlich.

ăpŏlŏgĭă, ae *f.* (ἀπολογία) Verteidigung, Schutzschrift.

ăpoplēctĭcŭs 3 (ἀπόπληκτος) vom Schlagfluß getroffen, Schlagfluß.

ăpoplēxĭă, ae *f.* (ἀποπληξία) Schlagfluß.

ăpoplēxĭs, ĭs *f.* (ἀπόπληξις) Schlagfluß.

ăpŏrĭă, ae *f.* (ἀπορία) Unvermögen, Verlegenheit; Mangel.

ăpŏrĭŏr 1 1. in Not, Verlegenheit sein. 2. zagen, unschlüssig sein.

ăpostăsĭă, ae *f.* (ἀποστασία) Abfall vom Glauben, *d. h.* das hartnäckige, trotz besserer Belehrung mit schuldbarem Eigensinn verbundene Leugnen oder Bezweifeln einer Glaubenswahrheit mit oder ohne Übertritt zu einer nichtchristlichen Religionsgenossenschaft (*C. j. c.* 1325 § 2); ap. a religione Ordensabtrünnigkeit, *d. i.* das eigenmächtige Verlassen des Ordens mit dem Willen, nicht mehr zurückzukehren (*C. j. c.* 644 § 1).

ăpostătă, ae *m.* (ἀποστάτης) Abtrünniger; *auch adj.*: **a. angelus** Teufel.

ăpostătĭcŭs 3 abtrünnig, vom Glauben abgefallen.

ăpostătō 1 (ἀποστατέω) abfallen.

ăpostătrīx, īcĭs *f.* Abtrünnige.

ăpostēmă, ătĭs *n.* (ἀπόστημα) Geschwür.

ăpostŏlātŭs, ūs *m.* Apostelamt, bischöfliche Amtswürde.

ăpostŏlĭcŭs 3 (ἀποστολικός) 1. apostolisch: z. B. patres. 2. päpstlich.

ăpostŏlŭs, ī *m.* (ἀπόστολος) 1. Gesandter. 2. Apostel; Apostolorum limina adire das Grab der Apostelfürsten und den Papst in Rom besuchen.

ăpŏthēcă, ae *f.* (ἀποθήκη) 1. Vorratskammer. 2. Weinlager. 3. Apotheke, Heilmittelsammlung.

ăpŏthĕōsis, is *f.* (ἀποθέωσις) Vergötterung.

Appamĭae, ārŭm *f.* Palmiers, St. an der Ariège, Fkr. (Ariège), *ca.* 8000 Einw.; Bischofssitz (seit 1295), Suffr. v. Toulouse; *dav.*: **Ap(p)amĭēnsĭs,** ĕ.

appărātĭō, ōnĭs *f.* Zurüstung, Vorbereitung.

appărātŭs, ūs *m.* 1. Zubereitung. 2. Werkzeug, Gerät. 3. Hab u. Gut. 4. Pracht, Prunk.

appārentĭă, ae *f.* das Erscheinen, Erscheinung, das Sichtbarwerden.

appārĕō, ŭī 2 1. erscheinen, sichtbar sein, gesehen werden; non apparuit er verschwand. 2. einleuchten, offenkundig sein.

appārĭtĭō, ōnĭs *f.* Erscheinung. 1. App. B. M. V. Erscheinung der allers. Jungfrau Maria in Lourdes, 11. Februar. 2. App. S. Michaelis Archangeli, Erscheinung des hl. Erzengels Michael auf dem Berge Gargano in Unteritalien (Foggia) im 5. Jhdt. 8. Mai. 3. App. Reliquiarum Ss. Ursi, Victoris et Soc. Mart. Thebaeorum, 5. März, Basel.

appārĭtŏr, ōrĭs *m.* 1. der Unterbeamte, der Vollstreckungsbeamte (von Befehlen der Amtspersonen u. von Gerichtsentscheidungen), der öffentliche Diener; Gerichtsbote; Liktor, Henker. 2. Diener, Aufwärter (lect. V. S. Hermenegildi).

appărō 1 zubereiten, anordnen.

appectŏrō 1 an die Brust drücken.

appellātĭō, ōnĭs *f.* 1. Anrede, Benennung, Name. 2. Berufung, Appellation an die höhere Instanz; jus appellationis Berufungsrecht bei einem ungünstigen Urteil eines niederen Gerichts an das nächst höhere Gericht zur abermaligen Verhandlung der Rechtssache (*C. j. c.* 1569); a. in devolutivo eine Berufung an d. höheren Richter gegen ein Urteil der unteren Distanz, die das Urteil nicht aufhebt (*C. j. c.* 2243); a. in suspensivo eine Berufung, wodurch sowohl das Urteil als auch die Wirkung des Urteils aufgehoben wird.

1. **appellō** 1 1. anreden, auffordern, mahnen, appellieren, Berufung einlegen (*c. acc.* oder *ad*). 2. nennen, ernennen.

2. **appellō,** pŭlī, pulsŭm 3 1. hinzutreiben, hinrichten auf, veranlassen zu. 2. hinsteuern, landen.

Appĕncellēnsĕ mŏnastērĭŭm, ī *n. s.* Abbatis cella.

appendĭcŭla, ae *f.* kleiner Anhang.

appendix, ĭcĭs *f.* Zugabe, Anhang.

appendō, pendī, pēnsŭm 3 1. aufhängen, anbringen: lampades. 2. zuwägen, auszahlen, in panibus für Brot. 3. vorzählen. 4. appendi in stătērā gewogen werden.

appēnsĭō, ōnĭs *f.* 1. Zuwägung. 2. Beurteilung.

appēnsŭs 3 1. *partc. pf.* von appendo. 2. verhüllt: panniculo mit einem Stück Tuch. 3. aufgespannt, (auf die Folter) gespannt.

appertĭnĕō 2 *c. dat.* dazu gehören.

appĕtēns, ĕntĭs begierig, begehrlich.

ăppĕtĕntĭă, ae *f.* das Verlangen, Trachten.

appĕtĭbĭlĭs, ĕ begehrbar, begehrenswert.

ăppĕtītĭō, ōnĭs *f.* Gier, Begierde; das Streben.

appĕtītīvŭs 3 begehrend.

appĕtītŏr, ōrĭs *m.* der, welcher begehrt, verlangt, Anstreber.

appĕtītŭs, ūs *m.* 1. das Verlangen, Begier. 2. Trieb, Sinnlichkeit.

appĕtō, pĕtīvī, pĕtītŭm 3 1. aufsuchen. 2. angreifen, bedrohen. 3. herankommen, sich nähern. 4. verlangen, streben.

Apphaim *indecl.* (*hebr.*: Gesicht) Israelit, Sohn des Nadab.

Apphus *indecl.* (*hebr.*: Ortsname) Beiname des Machabäers Jonathan.

Appĭă, ae *f.* (*scil.*: via) die v. A. Claudius Caecus 312 v. Chr. begonnene Heerstraße, welche von der portă Căpenă Roms aus nach Kapua, seit Kaiser Trajan bis Brundisium führte, und von den Christen als Gräberstraße benutzt wurde.

Appĭŭs 3 appisch; Forum Appii, Ort an der appischen Straße zwischen Rom u. Neapel.

applaudō, plausī, plausŭm 3 Beifall klatschen.

applausŭs, ūs *m.* das Beifallklatschen.

applĕx, ĭcĭs festanliegend, lästig.

applĭcābĭlĭs, ĕ 1. anwendbar, 2. zuwendbar. 3. möglich sich anzuschließen, verbindlich.

applĭcātĭō, ōnĭs *f.* 1. Anschluß. 2. Anwendung, Nutzanwendung. 3. Zuwendung des hl. Meßopfers (*C. j. c.* 466 u. 825). 4. das Sichanschließen an etwas, Hinneigung, Zuneigung.

applĭcātīvŭs 3 über etwas liegend, ausübend.

applĭcātŭs 3 1. angefügt. 2. zugewendet.

applĭcō 1 und plĭcŭī, plĭcĭtŭm 1. anlehnen, hinrichten auf. 2. sich nähern, landen; über die Grenze feindlich einfallen (1. *Mach.* 3, 24); Sturm laufen (1. *Mach.* 5, 5); sich lagern (1. *Mach.* 13, 13). 3. hinzufügen, vereinigen, herbeirufen. 4. bezahlen. 5. vorhalten (*Ez.* 8, 17). 6. applicare ad usum zum Gebrauche verwenden. 7. zuwenden: indulgentias (Ablässe), fructus Missae (Früchte der hl. Messe). 8. anbringen: pallium (Vorhang). 9. zufügen, zuteilen, verhängen: poenam (*C. j. c.* 2222 u. 2398).

applōrō 1 dabei klagen, jammern.

applumbātŭs 3 angelötet, verlötet.

Appŏlĭtānēnsĕ mŏnastērĭŭm, ī *n. s.* Abbatis cella.

appōnō, pŏsŭī, pŏsĭtŭm 3 1. zu etwas setzen, stellen, legen. 2. hinzutun, hinzufügen; in diesem Sinne oft adverbiell für wieder, ferner, fürder (Hebraismus): apposuerunt adhuc peccare sie sündigten weiter (*Ps.* 77, 17); apposuit, ut apprehenderet eum (*Act.* 12, 3). 3. vergelten (*Ps.* 68, 28 *u.* 119, 3). 4. bringen: pacem (*Prov.* 3, 2). 5. *pass.*: sterben (1. *Mach.* 2, 69).

apportātĭō, ōnĭs *f.* das Herbeischaffen.

apportō 1 hinzutragen.

appŏsĭtĭō, ōnĭs *f.* das Hinzusetzen, Aufstellung.

appŏsĭtŭs 3 bequem, geeignet, richtig.

apprĕcŏr 1 anflehen.

apprĕhendō, prĕhendī, prĕhēnsŭm 3 1. anfassen, ergreifen, umarmen: parentes. 2. besetzen, in Besitz nehmen, erhalten. 3. reichen an, dauern bis, miteinbegreifen: vindemiam.

apprĕhēnsĭbĭlĭs, ĕ leicht begreifbar.

apprĕhēnsĭō, ōnĭs *f.* das Begreifen.

apprēnsō 1 begierig nach etwas haschen.

apprĕtĭātĭō, ōnĭs *f.* Abschätzung.

apprĕtĭātīvŭs 3 schätzend, anschlagend.

apprĕtĭō 1 abschätzen, kaufen.

apprīmē *adv.* vorzüglich, gar sehr.

apprĭmō, pressī, pressŭm 3 andrücken.

apprŏbābĭlĭs, ĕ billigenswert.

apprŏbātĭō, ōnĭs *f.* 1. Billigung, Zustimmung, Druckerlaubnis. 2. Beweis. 3. Tauglichkeitserklärung zu einer kirchlichen Funktion, *bes.* zum Beichthören.

apprŏbātŏr, ōrĭs *m.* Billiger, Lobspender.

apprŏbē *adv.* ganz gut.

apprŏbō 1 1. gut heißen, billigen, anerkennen. 2. dartun, nachweisen.

appropĕro 1 herbeieilen.

apprŏpinquātĭō, ōnĭs *f.* Annäherung.

apprŏpinquō 1 1. sich nähern, herannahen. 2. bevorstehen.

apprŏpĭō 1 sich nähern.

apprōpĭō 1 (sich) zu eigen machen, aneignen, einverleiben.

approxĭmātĭō, ōnĭs *f.* Annäherung.

approxĭmātīvŭs 3 annähernd.

approxĭmō 1 herankommen.

appŭlsŭs, ūs *m.* Annäherung, Landung.

Aprĭcĭŭs, ī *m.* Statthalter in Kappadokien (4. Jhdt.).

ăprīcō 1 warm halten, erquicken.

ăprīcŏr 1 sich sonnen, warm sein.

ăprīcŭm, ī *n.* Sonnenlicht.

ăprīcŭs 3 sonnig.

Aprīlĭs, ĭs *m.* Monat April; auch *adj.* **Aprilis,** e zum April gehörig.

Aprīmŏnăstērĭŭm, ī *n.* (Novientium) Ebersmünster bei Schlettstadt (Elsaß).

Aprĭmōns, ntĭs *m. s.* Ebersberga.

aprĭōristicus 3 vernunftgemäß, apriorisch.

Aprōnĭānŭs, ī *m.* Prätor in Rom z. Zt. Julians d. Abtrünnigen.

Apruntīn. (*C. R.*) *s.* Interamnae.

Aprūtĭŭm, ī *n.* Abruzzen, Bergland in Mittelitalien, der mittlere u. höchste Teil des Apennin.

Apsĭăcŭm, ī *n.* Epsich, Ort, Elsaß (Schlettstadt).

aptātŏr, ōrĭs *m.* Anpasser, Einrichter: operis metalli.

aptō 1 1. anpassen, ordnen; versehen mit etwas. 2. fertig machen, in den Stand setzen, vorbereiten. 3. fähig machen zu. 4. erschaffen: saecula Verbo (Dei) aptata sunt.

aptŭs 3 1. zusammengefügt, verknüpft. 2. geeignet, geschickt, passend, angemessen.

Apŭă, ae *f.* Pontremoli, St. am Küstenfluß Magra, It. (Massa e Carrara), *ca.* 3500 Einw.; Bischofssitz (seit 1797), Suffr. v. Pisa; *dav.*: **Apuānus** 3.

Apŭān. (*C. R.*) *s.* Apua.
ăpŭd *praep. c. acc.* I. *räumlich* 1. bei, in der Nähe von. 2. in Gegenwart vor, vor. 3. apud te laus mea: über dich erschallt mein Lob (*Ps.* 21, 26). II. *zeitlich*: bei.
S. Apūlēĭŭs, ī *m.* hl. Apulejus, Mart., † 336, 7. Oktober.
Apūlĭă, ae *f.* Landschaft in Unteritalien, *dav.*: **Apūlĭcus** 3 und **Apŭlus** 3, Apuli, orum *m.* Bewohner.
ăquă, ae *f.* 1. Wasser, Gewässer, Fluß; Aqua S. Alberti St. Albertswasser (Weiheformel im Rituale der Unbeschuhten Karmeliter). 2. Regen; *plur.* Quellen, Heilquelle. **Aqua Carnotensis** Aix-les-Chartres, Cist.innen Kloster in Frankreich, Diöz. Chartres. **Aquae,** arum röm. Bezeichnung von Städten mit Heilquellen u. Bädern; so u. a.:
Aquae, ārŭm *f. s.* Aquae Sextiae.
Aquae Apōnī *s.* A. Patavinae.
Aquae Augustae *f. s.* A. Tarbellicae.
Aquae Augustān. (*C. R.*) *s.* A. Tarbellicae.
Aquae Biggeronum Bagnères de Bigorre, Frankreich, (Hautes-Pyrénées); *s. auch*: Aquae Convenarum.
Aquae Bormonis *f.* Bourbonne les Bains, St. an der Apance, Fkr. (Haute-Marne) *ca.* 4000 Einw.
Aquae Calĭdae *f.* Vichy, St. r. am Allier, Fkr. (Allier), *ca.* 15000 Einw.
Aquae Cĕlīnae *f.* Caldas de Reyes, St. am Umia, Spanien (Pontevedra), *ca.* 8000 Einw.
Aquae Convĕnārŭm *f.* Bagnères de Bigorre, St. l. am Adour, Fkr. (Hautes-Pyrénées), *ca.* 7000 Einw.
Aquae Flāvĭae *f.* Choves, St. am Tamega, Portugal (Villa Real) *ca.* 7000 Einw.
Aquae Grānī *f. s.* Aquisgranum.
Aquae Grădātae *f.* Grado, St. auf einer Insel im Hafen von Triest, *ca.* 4000 Einw., ehem. Patriarchat, *s.* Aquileia.
Aquae Grātĭānae *f.* (Aquae Sabaudicae) Aix-les-Bains, St., Fkr. (Savoie), *ca.* 5000 Einw.
Aquae Mattĭăcae *f.* (Wisibada) Wiesbaden, St., Preußen, Hessen-Nassau, *ca.* 110000 Einw.
Aquae Orīgĭnĭs *f.* Orense, St. l. am Minho, Spanien (Galizien), *ca.* 16000 Einw.; Bischofssitz (seit 571), Suffr. v. Santiago de Compostella.
Aquae Pannŏnĭae *f.* (Thermae Pannonicae) Baden, St. bei Wien am Ostfuß des Wiener Waldes, Niederösterreich; *ca.* 15000 Einw.
Aquae Patăvīnae *f.* (Aquae Aponi, Fons Aponi) Abano, Badeort bei Padua, It.
Aquae Pīsānae *f.* Bagni di S. Giuliano, St. (Badeort) am Fuße der Monti Pisani, It. (Pisa), *ca.* 20000 Einw. (als Gemeinde).
Apuae Rĕgĭae *f.* Hammam Truzza, Ägypten.
Aquae Săbaudĭcae *s.* A. Gratianae.
Aquae Salvĭae Tre Fontane, Kloster bei Rom.
Aquae Saxōnĭcae Acken, St. an der Elbe bei Magdeburg.
Aquae Segeste Fontainebleau, St. Fkr. (Seine-et-Marne), *ca.* 12000 Einw.
Aquae Sextĭae (*auch bloß*: Aquae) Aix-en-Provence, St. Südfkr. (Bouches-du-Rhône), *ca.* 19000 Einw., Erzbischofssitz (seit 1. bzw. 9. Jhdt.); *dav.*: **Aquēnsĭs,** ĕ.
Aquae Solis (Aquae Calidae, Aquae Sulis) Bath, St. am Avon, England (Somerset), *ca.* 50000 Einw.
Aquae Statiellae Acqui, St. an der Bormida, It. (Alessandria), *ca.* 9000 Einw.; Bischofssitz (seit 4. Jhdt.), Suffr. v. Turin; *dav.* **Aquēnsĭs,** ĕ.
Aquae Sŭēvĭae Baden-Baden, St. im nördlichen Schwarzwald, Baden, *ca.* 15000 Einw.
Aquae Sullānae *s.* Scyllacium.
Aquae Tărbellĭcae (A. Augustae, A. Terbellae) Dax, St. l. am Adour in der Gascogne, Fkr. (Landes), *ca.* 8500 Einw. Bistum (seit 3. Jhdt.), seit 1802 mit Aire vereinigt.
Aquae Taurīnae Badeort an der Dora Riparia, westlich von Turin, It.
Aquae Terbellĭcae *s.* Aquae Tarbellicae.
Aquae Tĭbĭlĭtānae Tiblis bei Hippo in Nordafrika.
ăquaeductŭs, ūs *m.* Wasserleitung, Wassergraben.
Aquaependen. (*C. R.*) *s.* Acula.
ăquămănīlĕ, ĭs *n.* Waschgefäß (für die Hände).
Aquārĭă vĭă, ae *f.* Aquarische Straße, die von Rom über Capua nach Süden führt.
ăquārĭŭs 3 das Wasser betreffend.
aquātĭcus 3 im *oder* am Wasser lebend, befindlich.
ăquātĭlĭs, ĕ in Wasser lebend; *subst.* **ăquātĭlĭă,** ĭŭm *n.* Wassertiere.
ăquātĭō, ōnĭs *f.* das Wasserholen, Bewässerung.
Aquēn. (*C. R.*) *s.* 1. Aquae Sextiae. 2. Aquae Statiellae.
Aquēnsĭs insŭlă, ae *f.* Isle d' Aix, Ort, Fkr. (Charente-inférieure).
Aquēnsĭs urbs, ĭs *f. s.* Aquisgranum.
Aquĭānŭm, ī *n.* Evian am Genfer See, Fkr.
ăquĭlă, ae *f.* Adler, Aar.
S. Aquĭlă, ae *m.* (Ἀκύλας) Aquila, aus Pontus gebürtiger Judenchrist, der den hl. Paulus bei der Missionsarbeit unterstützte (8. Juli).

Aquĭlă, ae *f.* (A. in Vestinis) Aquila degli Abruzzi, St. am Fuße des Gran Sasso d'Italia, Mittelitalien, *ca.* 21 000 Einw.; Erzbischofssitz. *dav.*: **Aquĭlānŭs** 3.

Aquĭlān. (*C. R.*) *s.* Aquila.

Aquĭlārŭm mōns, tis *m.* Arlberg, ein Gebirgszug der Rhätischen Alpen.

Aquĭlēĭă, ae *f.* (Ἀκυληΐα) Aquileja (Aglar), St. im Isonzodelta, Oberitalien (vorher zu Österreich), *ca.* 2200 Einw., ehem. Bistum (46 gegr. vom hl. Markus ?, 568 nach Grado verlegt; das Patriarchat Aquileja-Grado 1451 nach Venedig); *dav.*: **Aquĭlĕĭēnsĭs,** 'ĕ.

1. **S. Aquĭlīnŭs,** ī *m.* hl. Aquilin, Martyrer († *ca.* 400 ?).

Stammte aus einem vornehmen Geschlechte Würzburgs; als Jüngling unter die Kanoniker Kölns aufgenommen, teilte er sein ganzes Erbteil den Armen aus. In Köln wird er zum Bischofe gewählt, doch flieht er vor dieser Würde und Bürde nach Paris, wo er durch sein Gebet die Pest beseitigt. In Mailand wird er auf seinem Wege zur St. Ambrosiusbasilika von den Arianern, die er stets bekämpft hatte, niedergestochen. Sein Körper wurde in der Mailänder Laurentiuskirche wie der eines Martyrers beigesetzt. (29. Januar. Köln, Würzburg.)

2. **S. Aquĭlīnŭs,** i *m.* hl. Aquilin, Martyrer.

Unter Diokletian mit den Gefährten Heradius (= Heraclius), Paulus, Minerius und Victor in Nyon (unweit Lausanne) gemartert. (22. Mai.)

Aquĭlīnŭs, ī *m.* Aquilin 1. ein Statthalter unter Kaiser Decius (249—251). 2. ein Statthalter in Noricum unter Diokletian (284—305).

ăquĭlīnŭs 3 adlerartig.

ăquĭlō, ōnĭs *m.* 1. Nordostwind. 2. Nord, Mitternacht; **silva Aquilōnis** der bayerisch-böhmische Wald.

ăquĭlōnālĭs, ĕ nördlich, Nord-.

ăquĭlōnārĭs, ĕ nördlich.

Aquĭlōnārĭŭs 3 nordisch; **Aquilonaria regna** = die nordischen Reiche, *d. i.* Schweden, Norwegen, Dänemark.

Aquĭlōnĭă, ae *f.* (Laquedoniensis ecclesia) Lacedonia, St. im neapolitanischen Apennin, It. (Avellino), *ca.* 6500 Einw. Bischofssitz (seit 11. Jhdt.), Suffr. v. Conza.

ăquĭlōnĭŭs 3 nördlich.

Aquīnās, ātĭs *s.* Aquinum.

Aquīnātēn. (*C. R.*) *s.* Aquinum.

Aquincŭm, i *n.* Buda oder Ofen, Teil der Stadt Budapest.

Aquīnŭm, ī *n.* Aquino, St., It. (Caserta), *ca.* 1200 Einw.; Bistum (seit 5. Jhdt.), 1818 vereinigt mit Sora u. Pontecorve, exempt; *dav.*: **Aquīnās,** ātĭs *adj.* u. *subst.*; besonders gebraucht als Beiname des hl. Thomas.

Aquiria, ae *f.* Aurièves, Cist.-innen Kloster in Belgien, Erzdiözese Mecheln.

Aquiscinctŭm, ī *n.* Achim, ehem. Abtei in Belgien (Hennegau).

Aquīsgrānŭm, ī *n.* (Aquae Grani, Aquensis urbs) Aachen, St., Preußen (Rheinprovinz), *ca.* 135 000 Einw., *dav.*: **Aquīsgrānēnsĭs,** ĕ.

Aquīsrĕgĭŭm, ī *n.* Aquisregium, St., Nordafrika (wahrscheinlich bei Karthago), *dav.*: **Aquīsrĕgĭēnsĭs, ĕ.**

Aquĭtānĭă, ae *f.* Aquitanien, Landschaft im südwestlichen Frankreich; *dav.*: Aquĭtānŭs *adj.* u. *subst.*

ăquŏr 1 Wasser holen.

ăquōsŭs 3 wasserreich, voll Wasser.

Ar *indecl.* (*hebr.*: Stadt) Ar, Hauptstadt der Moabiter, Pal.

āră, ae *f.* Opfertisch, Altar; ara lapidea Altarstein; ara portatilis Tragaltar; *übertr.*: Zuflucht, Schutz.

1. **Ara,** ae *f.* (*hebr.*: ?) Ara, Israelit, Sohn des Jethran (Jether) aus dem Stamme Aser.

2. **Ara,** ae *f.* Ara, St. in Assyrien, wahrscheinlich gleich Haran (1. *Par.* 5, 26).

3. **Ara,** ae *f.* die Ahr, l. Nebenfluß des Rheins, Preußen (Rheinprovinz).

4. **Ara** (Ubiorum) Godesberg, St. bei Bonn (Rhein).

5. **Ară lăpĭdĕă,** ae *f.* Pöchlarn, St. Niederösterreich.

Arab, *indecl.* (*hebr.*: ?) Arab, St. Pal. (Juda).

Araba, ae *f.* (*hebr.*: Wüste) Araba, St. Pal. (Benjamin).

Ărăbĭă, ae *f.* (*hebr.*: Wüstenland) Arabien, südwestlichste Halbinsel Asiens.

Ărăbĭcŭs 3 arabisch.

Ărăbĭŭs 3 arabisch.

Ărăbs, ăbĭs, *pl.*: Ărăbēs, bŭm *m.* (Ărăbŭs) Araber, semitischer Volksstamm im Südwesten Asiens.

1. **Ărăbŭs** 3 arabisch.

2. **Ărăbŭs,** ī *m.* *s.* Arabs.

Arabō, ōnis *m.* *s.* Raba; Flüßchen westl. der Indusmündung, *j.* Purally, an diesem wohnen die Arabītae, ārŭm, *m.*

Arabraci, ōrŭm *m.* Arabraci St., Kleinasien, *j.*: Arab-Kir.

Aracaeus, ī *m.* Arakiter *s.* Araci.

1. **Arach** *indecl.* (*keilinschriftlich*: Uruk) Erech, St. r. am Euphrat, südlich v. Babylon, *j.*: Warka.

2. **Arach** *indecl.* (*hebr.*: ?) Erek, St., Pal. (Ephraim), *j.*: Ain Arik, nordöstlich von Beit-Ur (Beth-Horon).

Arachītēs, ĭs *m.* Arakiter *s.* Araci.

Araci *indecl.* (*assyr.*: Arka; Amarnabriefe: Irkata) Araki, St. am Nahr Arkâ, 2 Stunden vom mittelländischen Meer entfernt im nördlichen Phönizien; *j.*: Tell Arkâ; *dav.*: **Arachītes** u. **Aracaeus** 3.

1. **Arad** *indecl.* (*hebr.*: ?) Arad, ein kanaanitischer König, gefährlicher Gegner der Israeliten (*Judic.* 1, 16).

2. **Arad** *indecl.* (*keilinschriftlich*: Araadia) Arad, Insel an der phönizischen Küste mit gleichnamiger Stadt; *j.*: Ruâd, gegenüber Tartûs; *dav.*: **Aradius,** ī *m.* Bew. von Arad, Araditer.

Arada, ae *f.* (Harada) Arada, Lagerplatz der Israeliten auf dem Wüstenzuge.

Aradius, ī *m.* Araditer, *s.* 2. Arad.

Aradon *indecl.* (*hebr.*: ?) Aradon, Insel an der phönizischen Küste.

Ărăgōnĭă, ae *f.* Aragonien, Provinz in Spanien, früher selbständiges Königreich.

Araia, ae *m.* (*hebr.*: ?) Araja, Jude, der Jerusalem nach dem babyl. Exil wieder aufbauen half.

Araki Mancius *s.* B. Franciscus Pacheco.

Araki Matthias *s.* B. Franciscus Pacheco.

1. **Aram** *indecl.* (*hebr.*: ?) Aram 1. Sohn des Sem, Stammvater der Aramäer oder Syrer. 2. Sohn des Thares, Bruder Abrahams u. Vater Lots (*auch* Aran genannt). 3. Israelit, Sohn Somers aus dem Stamme Aser. 4. Israelit, Sohn Esrons, Ahnherr Christi (*richtig*: Ram). 5. Sohn des Disan, Nachkomme Seïrs, *s.* Aran 1.

2. **Aram** *indecl.* (*hebr.*:) Hochland u. Volk von Armenien.

Arama, ae *f.* (Horma, *hebr. richtig*: ha Rama die Höhe) Rama, St. nordwestlich vom See Genesareth, Pal. (Nephtali), *j.*: er Râme.

Aran *indecl.* (*hebr.*: ?) Aran 1. Nachkomme Seïrs, *s.* 1. Aram 5. 2. Bruder Abrahams *s.* 1. Aram 2. 3. Israelit, Enkel Hesrons. 4. Fürst im Stamme Levi.

Arana *indecl. s.* Ornan.

ărānĕă, ae *f.* Spinne.

ărānĕŏlă, ae *f.* Spinnchen.

ărānĕōsŭs 3 voll Spinngewebe.

Aranha, Franciscus *s.* B. Rudolfus Aquaviva.

Arapha *indecl.* (= Raphaim) der Rephaite; die Rephaiten waren ein Riesengeschlecht in Palästina z. Z. Davids (2. *Kön.* 21, 16).

Ărăr, rĭs *m.* (Araris) (*acc.* Ararim, *abl.* Arare) Saône, Nebenfluß der Rhone, Fkr.

Ărărăt(h) *indecl. m.* Ararath, Berg in Armenien.

Arari *indecl.* der Harariter (1. *Par.* 11, 33).

Ărărĭs, is *m. s.* Arar.

Ararītēs, ĭs *m.* der Harariter, *vgl.* Arari.

ărătĭō, ōnĭs *f.* 1. das Pflügen, der Ackerbau. 2. Ackerland, Pflanzung.

ărātĭŭncŭlă, ae *f.* Äckerchen, Hufe Landes (3. *Kön.* 18, 32); Furche.

ărātŏr, ōrĭs *m.* Ackersmann, Landmann, Pächter.

ărātrŭm, i *n.* Pflug.

Araucānĭă, ae *f.* Araukanien, Südchile (Südamerika).

Araugĭă, ae *f.* Aarau, St. r. an der Aare, Schweiz (Aargau), *ca.* 8000 Einw.

Araucĭo, ōnis *f.* Orange, Fkr., (Vaucluse).

Arbatae, verderbt aus ἀρπακτός „in der Fremde“ (Diaspora) lebender Jude, gole, gola (1. *Mach.* 5, 23).

Arbathītes, ĭs *m.* der Arbathite, Beiname eines Offiziers Davids nach seinem Geburtsorte.

Arbee *indecl.* (*hebr.*: vier) Arbee, früherer Name der Stadt Hebron, Pal.

1. **Arbēla** arum *n.* (in Persia) (τὰ Ἄρβηλα) *j.*: Arbil, St. im nordöstlichen Assyrien.

2. **Arbēlă,** ōrŭm *n.* (Arbella) Arbel, Festung in Galiläa in der Ebene Esdrelon, Pal.

Arbēllă, ae *f. s.* Arbela.

Arbi *indecl.* der Arbite (2. *Kön.* 23, 35).

arbĭtĕr, trī *m.* 1. Augenzeuge, Schiedsrichter, Richter. 2. Herr, Gebieter.

arbĭtră, ae *f.* 1. Mitwisserin, Richterin, Schiedsrichterin. 2. Herrin; arbitra sui weibliche Person, die freie Verfügung über sich hat, die mündig ist.

arbĭtrālĭs, ĕ schiedsrichterlich.

arbĭtrārĭŭs 3 willkürlich.

arbĭtrātŏr, ōrĭs *m.* Schiedsgutachter.

arbĭtrātŭs, ūs *m.* Willkür, Belieben.

arbitrium, ī *n.* 1. Richterspruch, Urteil. 2. freies Ermessen, Willkür: pro arbitrio.

arbĭtrīx, īcĭs *f.* Schiedsrichterin.

arbĭtrŏr 1 abschätzen, dafür halten, meinen, annehmen.

S. **Arbŏgāstŭs,** ī *m.* Bek. u. Bischof von Straßburg († um 678).

Er stammte aus Aquitanien, ließ sich bei Hagenau im Elsaß als Missionar nieder. Sein Ruf erreichte König Dagobert II. von Austrasien, der ihn um 673 zur Übernahme des Bischofsamtes in Straßburg bestimmte. An der Ill, einem Nebenflusse des Rheins, errichtete er eine Kapelle, wohin er jeden Abend zum Gebete eilte. Den zu Tode verwundeten Sohn Dagoberts heilte er plötzlich, der ihm dafür ein Schloß schenkte. Seine Gebeine wurden zum Teil in dem von ihm erbauten Kirchlein beigesetzt. (21. Juli: Straßburg.)

Arbŏnă, ae *f.* (Arbor Felix) Arbon, Ort am Bodensee, Schweiz (Thurgau), *ca.* 5000 Einw.

Arbŏnēnsĕ tĕrrĭtōrĭŭm, ī *n.* Gegend zwischen Bodensee u. rhätischen Alpen.

arbŏr, ŏrĭs *f.* (Nebenform arbōs) Baum.

Arbŏrĕă, ae *f.* Oristano, St. l. am Tirso, Sardinien (Cagliari), *ca.* 7500 Einw.; Erzbischofssitz (seit 11. Jhdt.); *dav.*: **Arbŏrēnsĭs,** ĕ.

Arbŏrēn. (*C. R.*) *s.* Arborea.
arbŏrĕŭs 3 vom Baume.
arbŏs, arbŏrĭs *f. s.* arbor.
arbustŭm, ī *n.* 1. Baumpflanzung. 2. Weinstock (*Ps.* 79, 11).
arbustŭs 3 mit Bäumen bepflanzt.
arcă, ae *f.* 1. Kiste, Lade, *bes.* Arche; arca publica öffentliche Kasse. 2. Sarg.
Arcădĭă, ae *f.* Tochter des Kaisers Arcadius.
Arcădĭŭs, ī *m.* (Ἀρκάδιος) röm. Kaiser Ende des 4. Jhdts., Vater der hl. Pulcheria.
arcānō (und ărcānē) *adv.* im geheimen.
arcānŭm, ī *n.* Geheimnis; disciplina arcani Geheimverfahren (*d. i.* die Übung der ersten Christen, ihre hl. Geheimnisse vor Ungläubigen u. bloßen Katechumenen zu schützen).
Arcānŭm, ī *n.* Arce, St., Mittelitalien (Caserta).
arcānŭs verschwiegen, geheim, heimlich.
arcārĭŭs, ī *m.* Kassenverwalter, Schatzmeister.
arcellă, ae *f.* Kästchen.
arcĕō, cŭī 2 abhalten, fernhalten, verhindern, verhüten.
arcēssītĭō, ōnĭs *f.* Abberufung, Heimberufung zu Gott = Tod.
arcēssītŏr, oris *m.* Herbeirufer, Ankläger.
arcēssō (*auch*: accerso 3) īvī, ītŭm 3 1. herbeirufen, holen. 2. anklagen, belangen. 3. auch *intr.*: herbeikommen.
arceuthĭnŭs 3 (ἀρκεύθινος von ἡ ἄρκευθος) vom Wachholderstrauch, von der Zypresse.
Archadŭs, ī *m.* Archad, Mönch *s.* S. Schetzelo.
archangĕlĭcŭs 3 Erzengel, erzengelgleich.
archangĕlŭs, ī *m.* (ἀρχάγγελος) Erzengel.
Archĕlāŭs, ī *m.* (Ἀρχέλαος: Fürst des Volkes) Archelaus, Sohn Herodes des Großen, Ethnarch von Judäa, Samaria u. Idumäa (4 v. *Chr. bis* 6. *n. Chr.*).
1. **archĕtўpŭs** 3 als Muster, Vorbild dienend, *bes.* zuerst gedruckt u. für die späteren Drucke als Vorbild dienend.
2. **archĕtўpŭs,** ī *m.* (ἀρχέτυπος) Original, Urbild.
Archi *indecl. m.* (*hebr.*: ?) der Arkiter.
archiābbās, ātis, *m.* Erzabt.
archiābbātĭă, ae *f.* Erzabtei.
Archĭăcēnsĭs pāgŭs, ī *m.* Gegend von Arcis-sur-Aube, Fkr. (Aube).
archĭātĕr, trī *m.* (archiatros) Leibarzt.
archĭātrŏs, trī *m.* (ἀρχίατρος) *s.* archiater.
archĭbăsĭlĭcă, ae *f.* (von ἀρχή u. βασιλικός) Hauptkirche, Dom.
archĭcăpĕllānŭs, ī *m.* Erzkaplan, Titel des Hofkaplans der römisch-deutschen Kaiser.
archĭcōnfrāternĭtās, ātĭs *f.* Erzbruderschaft.
archĭdĭācŏn, ŏnĭs *m.* (archidiaconus, ἀρχιδιάκονος) Erzdiakon, ehedem Stellvertreter des Bischofs in rechtlichen Angelegenheiten (Generalvikar). Später nur mehr Ehrentitel.
archĭdĭācŏnātŭs, ūs *m.* Archidiakonat, Amt eines Erzdiakons.
archĭdĭācŏnŭs, ī *n. s.* archidiacon.
archĭdĭoecēsĭs, ĭs oder ĕōs *f.* (ἀρχιδιοίκησις) Erzdiözese.
archiducissa, ae *f.* Erzherzogin.
archĭdux, dŭcĭs *m.* Erzherzog.
archĭĕpiscŏpātŭs, ūs *m.* erzbischöfliche Würde.
archĭĕpiscŏpŭs, ī *m.* (ἀρχιεπίσκοπος) Erzbischof.
archiepiscŏpālĭs, ĕ erzbischöflich.
archĭmandrītă, ae *m.* (ἀρχιμανδρίτης) Archimandrit, Vorsteher einer großen Klostergemeinde oder auch mehrerer Klöster, Generalabt, Oberabt.
archĭmandrītissă, ae *f.* Oberäbtissin.
archĭmartўr, ĭs *m.* (ἀρχιμάρτυς) Erzmartyrer.
archĭmīmŭs, ī *m.* (ἀρχιμῖμος) der Obermime, Hofschauspieler.
Archĭpĕlăgŭs, ī *m.* (Ἀρχιπέλαγος) 1. das ägäische Meer. 2. Inselgruppe im ägäischen Meere.
Archippŭs, ī *m.* (Ἄρχιππος) Archipp, Gefährte des hl. Paulus aus Kolossä.
archĭpraesŭl, ĭs *m.* Erzbischof.
archĭpresbўtĕr, tĕrī *m.* (ἀρχιπρεσβύτερος) Erzpriester, früher Vertreter des Ordinarius loci (Diözesanbischofs) bei liturgischen Funktionen, Weihbischof; jetzt insbesondere noch Titel u. Amt eines Erzpriesters an den drei päpstlichen Kirchen: Lateran, St. Peter u. Maria Maggiore; dieses Amt wird nur Kardinälen verliehen mit dem Rechte, gewisse liturgische Funktionen (z. B. Vesper an Peter u. Paul bei St. Peter) als Vertreter des Papstes vorzunehmen.
archĭpresbўtĕrātŭs, ūs *m.* 1. Archipresbyterat, Amt eines Erzpriesters, *s.* archipresbyter. 2. Dekanat, d. h. ein mehrere Pfareien umfassendes Gebiet, dem ein Pfarrer (oder anderer Priester) mit dem Titel Erzpriester oder Dechant (Dekan) vorsteht (*C. j. c.* 217).
archĭsăcerdōs, ōtĭs *m.* Erzpriester.
archĭsŏdālĭtĭŭm, ī *n.* Erzbruderschaft.
archĭsўnăgōgŭs, ī *m.* (ἀρχισυναγωγός) Synagogenvorsteher.
archĭtectŏn, ŏnĭs *m.* (ἀρχιτέκτων) Baumeister.
archĭtectūră, ae *f.* Baukunst.
archĭtectŭs, ī *m.* (ἀρχιτέκτων) 1. Baumeister. 2. Schöpfer, Erfinder, Künstler.

archĭtriclīnŭs, ī *m.* (τρικλινιάρχης) 1. Speisemeister. 2. Tischältester. 3. Hofmarschall.
archīŭm, ī *n. s.* archivum.
archīvŭm, ī *n.* (archīum, ἀρχεῖον) Archiv, Urkundenraum.
arctĭcŭs 3 (von ἄρκτος Bär, Bärin) nördlich, im Norden.
arctō 1 (arto) einengen, straff anziehen, einzwängen, einschränken.
arctŭs 3 1. eng, schmal, nicht ausreichend. 2. streng, heftig. 3. in arcto pōnĕrĕ in Gefahr bringen.
arcŭātŭs 3 (arquatus) gekrümmt, bogenförmig.
Arcŭĕnsĭs pagus, ī *m.* Gau Arco am Gardasee, Italien.
arcŭlă, ae *f.* Kästchen.
arcŭs, ūs *m.* Bogen, Regenbogen, Schwibbogen an einem Gebäude.
Ardăchă, ae *f.* (Ardăchĭă, Ardăhă, Ardăgănēnsĭs ecclesia) Ardagh, D. Irland (Longford), *ca.* 2000 Einw.; Bistum (seit 5. Jhdt.), Sitz in Longford; *dav.*: **Ardăchănēnsĭs,** ĕ.
Ardăgănēn. (*C. R.*) *s.* Ardacha.
S. **Ardălĭō,** ōnĭs *m.* hl. Ardalio, Mart., Patron der Schauspieler, 14. April.
Ardĕă, ae *f.* Ardea, St. nordöstlich von Rom; *dav.*: **Ardĕātēs,** . . . ĭŭm *m.* Einw. **Ardĕātīnŭs** 3; via Ardeatina Straße von Rom nach Ardea.
Ardennă, ae *f. s.* Arduenna.
Ardennēnsĭs silvă, ae *f. s.* Arduenna.
ārdēns, entĭs brennend, heiß, funkelnd, feurig; amor stark.
ārdĕō, ārsī, ārsŭm (ārsūrŭs) 1. brennen, glühen, funkeln; sagittas suas ardentibus effecit (*Hebraismus*!), *richtig*: ardentes effecit seine Pfeile macht er glühend (*Ps.* 7, 14). 2. in Liebe entbrannt sein.
ārdēscō, ārsī 3 in Brand geraten, auflodern.
Ard(i)macha, ae *f. s.* Armacha.
Ardon *indecl. m.* (*hebr.*: ?) Ardon, Israelit, Nachkomme des Kaleb.
ārdŏr, ōrĭs *m.* 1. Brand, Glut. 2. Leidenschaft, Begierde, glühende Liebe; ardor mentis das sehnsüchtige Verlangen der Seele.
Ardŭennă, ae *f.* (*sc.*: silva, Ardenna, Ardennensis silva) Ardennenwald, Fkr., *dav.*: **Ardŭēnsĭs,** e u. **Ardennēnsĭs,** e.
ardŭĭtās, ātĭs *f.* Steilheit, Schwierigkeit.
ardŭŭm, ī *n.* steile Anhöhe.
ardŭŭs 3 1. steil, hochragend. 2. schwierig, mühevoll.
ārĕă, ae *f.* 1. ebener Platz. 2. Dreschtenne; Scheuer: cordis. 3. Gottesacker.
Area, ae *m.* (*hebr.*: Wanderung ?) Area, Jude, dessen Nachkommen aus dem babyl. Exil zurückkehrten.
Arebba, ae *f.* (*hebr.*: Steppe) Arebba, St., Pal. (Juda).
Areburgĭŭm, ī *n.* Arenberg, D., Preußen (Rheinprovinz), *ca.* 560 Einw.
Arecānum, ī *n.* (Arnhemium) Arnheim, St. Holland (Geldern), *ca.* 56 000 Einw.
Arecon *indecl. m.* (*hebr.*: ?)Arekon (Rakkon), St. Pal. (Dan).
Ared *indecl.* (*hebr.*: ?) Ared, jüngster Sohn Benjamins.
S. **Arēdĭŭs,** ī *m.* hl. Ared, Abt, († 591).
Aus Aquitanien eilte er zum hl. Bischof Nicetius von Trier und ließ sich von ihm unterrichten; er errichtete nach seiner Rückkehr in Aquitanien mit Erlaubnis seiner Mutter Pelagia ein Kloster, dessen erster Abt er wurde. (25. August: Trier.)
Aree *indecl.* (*hebr.*: ?) Aree, Israelit aus dem Stamme Aser.
ārĕfăcĭō, fēcī 3 austrocknen, dörren.
ārĕfactĭō, ōnĭs *f.* Verdorrung.
ārĕfīō, factŭs sŭm, fĭĕrī trocken werden, verdorren.
Arĕlās, ātĭs *f. s.* Arelata.
Arĕlātă, ae *f.* Arelat, ehem. Königreich, Südfrankreich.
Arĕlātĕ, ĭs (*acc. auch*: Arelatem) *n.* (Arelatensis u. Arletensis colonia) Arles, St. l. am Hauptmündungsarm der Rhône, Fkr. (Bouches-du-Rhône), *ca.* 12 000 Einw.; Erzbistum mit Aix u. Embrun vereinigt; *dav.*: **Arĕlātēnsĭs,** ĕ; Arĕlātēnsēs, ĭŭm *m.* Bew.
Arĕlātēn. (*C. R.*) *s.* Arelate.
Arĕlātēnsĕ regnum, ī *n.* das ehem. Königreich Burgund zu beiden Seiten der Saône u. Rhône, Fkr.
Areli *indecl. m.* (Arili, *hebr.* ?) Areli, jüngster Sohn Gads.
Arem *indecl. m.* (Harem, *hebr.* ?) Arem, jüdischer Priester, dessen Familie aus dem babyl. Exil zurückkehrte.
Arĕmēnŭs, ī *m.* (Armĕnus) der Armenier, Beiname des oströmischen Kaisers Leos V. (813—820), der die Bilderstürmer begünstigte.
Arēmŏrĭcă, ae *f.* ehem. römische Provinz in Gallien, *j.*: Bretagne.
ărēnă, ae *f.* (hărēna) Sand, arenam fodere in einer Sandgrube Zwangsarbeiten verrichten; *pl.*: Sandwüste.
Arĕnăcŭm, ī *n.* 1. ein Kastell der Bataver. 2. Arnheim, St. Holland.
Arēnae, ārŭm *f.* Las Arenas, St. Nordspanien (Vizcaya).
ărēnārĭă, ae *f.* (*scil.*: fodīna; harenaria) Sandgrube.
ărēnĭfŏdīnă, ae *f.* Sandgrube.
ărēnōsŭs 3 (hărēnōsus) sandig.
ārēns, entĭs trocken, vertrocknet, vor Durst lechzend.

Arensperg *indecl.* Arensberg, St. Preußen (Westfalen).

ārĕō, ŭī 2 dürr sein.

ārĕŏlă, ae *f.* 1. kleiner freier Platz. 2. Gartenbeet (*Cant.* 6, 1).

Arēŏpăgītă, ae *m.* Areopagite, Mitglied des Areopags, *s.* Areopăgus.

Arēŏpăgŭs, ī *m.* (Ἄρειος πάγος) Areopag: 1. ein dem Ares (Mars) geheiligter Hügel in Athen. 2. der dort tagende oberste Gerichtshof; *dav.*: Areopagita = Mitglied dieses Gerichtshofs.

Arequipa, ae *f.* („de A." *C. R.*) Arequipa, St. am Fuße des Vulkans Misti, Peru, Südamerika, *ca.* 35000 Einw., Bischofssitz (seit 1577), Suffr. v. Lima.

ārēscō, ārŭī 3 trocknen, vertrocknen, auszehren.

Arĕtās, ae *m.* (*arab.*: der Treffliche ?) Aretas, gemeinsamer Name für die Könige eines arabischen Geschlechtes, welches zu Petra seinen Sitz hatte. Einer dieser Herrscher war Schwiegervater des Herodes Antipas.

Arētīnŭs 3 *s.* Arretinus.

Arētĭŭm, ī *n.* *s.* Arretium.

Arĕthūsă, ae *f.* 1. Arethusa, St. am Orontes, südlich von Epiphania, Syrien; *dav.*: **Arĕthūsĭŭs** 3. 2. Arethusa: Quelle auf Ithaka, bei Chalkis u. Syrakus. 3. St. in Makedonien, später Reutina.

Areuna *indecl.* *m.* *s.* Ornan.

Argadĭa, ae *f.* Argyle, Grafschaft in Schottland.

Argaeŭs mōns, tis *m.* (*auch*: Ange genannt) der argäische Berg zwischen dem Antitaurus u. dem südlichsten Punkte des Halys, Kleinasien (Armenien).

Argantĕă, ae *f.* (Argentea) La Plata, St. r. vom Platastrom, Südamerika, Argentinien (Buenos Aires), *ca.* 100000 Einw.; Bischofssitz (seit 1817), Suffr. v. Buenos Aires.

Argathelĭa, ae *f.* Argyll, 1. Grafschaft im Westen Schottlands. 2. (Ergadiensis ecclesia) Bistum Argyll (seit 5. Jhdt.), 1878 wieder hergestellt, Sitz in Oban, Suffr. v. St. Andrews (Schottland).

Argentānŭm, ī *n.* Argentano, St. It. (Grassato); *dav.*: **Argentārĭŭs** 3; A. **mons** Berg bei Argentano.

Argentārĭŭs mōns, tis *m.* *s.* Argentanum.

argentārĭŭs, ī *m.* Wechsler; Bankmann.

argentātŭs 3 1. mit Silber beschlagen. 2. mit Geld versehen.

argentĕŏlŭs 3 in Silber gearbeitet.

1. **argentĕŭs** 3 silbern.

2. **argentĕŭs,** ī *m.* Silberling, Silberdenar (= 0,65 M.).

argentĭfex, ĭcĭs *m.* Silberarbeiter.

argentĭfŏdīnă, ae *f.* Silbergrube.

Argentīnă, ae *f.* *s.* Argentoratum.

Argentīnēn. (*C. R.*) *s.* Argentoratum.

Argentīnēnsĭs, ĕ aus Straßburg *s.* Argentoratum.

Argentŏlĭŭm, ī *n.* Argenteuil, D., Fkr. (Yonne).

Argentŏmăchŭm castrum, ī *n.* Argenton, St. an der Creuse, Fkr. (Indre), *ca.* 5000 Einw.

Argentŏrātŭm, ī *n.* (Argentina, Argentum) Straßburg, St. an der Ill, Elsaß, *ca.* 180000 Einw.; Bischofssitz (seit 6. Jhdt.) exempt.

Argentŭm, ī *n.* *s.* Argentoratum.

argentŭm, ī *n.* 1. Silber. 2. Silbergerät, Silbergeld, Geld.

argīllă, ae *f.* (von ἄργῖλος) weißer Ton, Töpfererde, Mergel.

argīllōsŭs 3 voll von Ton, voller Mergel, tonreich.

argītĭs, ĭs u. ĭdĭs *f.* weiße Rebe.

1. **Argob** *indecl.* *m.* (*hebr.*: ?) Argob (Arje), Beamter des Königs Phakeja von Israel (*ca.* 737—736).

2. **Argob** *indecl.* (*hebr.* ?) Argob, eine Landschaft, östlich vom Jordan am Jarmuk in Basan.

Argōna ae, *f.* Argonne, St. Fkr. (Ardennes).

Argonna — **in Argonna monasterium,** ehem. Kloster bei Donmartin, St. Fkr. (Haute-Marne).

Argŏvĭă, ae *f.* Aargau, St., Schweiz.

argūmentātĭō, ōnĭs *f.* Beweisführung, Darlegung.

argūmentŏr 1 beweisen.

argūmentōsŭs 3 reich an Stoff; inhaltsreich; fleißig, eifrig: apis.

argūmentŭm, ī *n.* 1. Stoff, Inhalt. 2. Beweis, Beweismittel. 3. Rätsel (*Sap.* 8, 8).

argŭō, ŭī 3 1. deutlich kundgeben, erweisen. 2. zeigen, darlegen, überzeugen. 3. beschuldigen, anklagen. 4. richten, zurechtweisen, strafen, rügen, Recht sprechen (*Is.* 11, 4).

argūtiae, ārŭm *f.* Scharfsinn, Spitzfindigkeit; *pl.* scharfsinnige Reden.

argūtŏr 1 schwätzen.

argūtŭs 3 scharfsinnig, schlau, listig.

Argȳrŏpŏlĭs, ĕos (ĭs) *f.* (Ἀργυρόπολις Silberstadt) Argyropolis, St., Kleinasien (Bithynien).

Arĭānēn. (*C. R.*) *s.* Arianum.

Arĭānismus, i *m.* 1 Irrlehre des Arius, Arianismus (verurteilt auf dem 1. Konzil von Nicäa 325).

Arĭānŭm, ī *n.* Ariano di Puglia im Apennin, It., (Avellino), *ca.* 10000 Einw.; Bischofssitz (11. Jhdt.), Suffr. v. Benevent.

1. **Arĭānŭs** 3 arianisch: doctrina.

2. **Arĭānŭs,** ī *m.* Arianer, Anhänger des Irrlehrers Arius († 325).

Ariarăthēs, ĭs *m.* Ariarathes, Name eines Herrschergeschlechtes von Kappadokien (zehn Könige 358—41 v. Chr.) z. B. A. I. (358—337); A. IV. Eusebes (220—163); A.V. Mithridates Philopater (163—130).

Arĭbō, ōnĭs *m.* Aribo, Bisch. von Freising in Bayern (8. Jhdt.).

Arĭchātēn. (*C. R.*) *s.* Arichātum.

Arĭchātŭm, ī *n.* Arichat, Bischofssitz seit 1886, Suffr. v. Halifax (Neuschottland, Kanada); *dav.*: **Arĭchātēnsĭs,** ĕ.

Arīcĭŭs lăcŭs, ūs *m.* Nemisee, Italien.

ārĭdă, ae *f.* (*scil.*: terra) festes, trockenes Land.

Aridai *indecl.* (erdichteter pers. Name) angebl. Sohn des pers. Ministers Aman unter König Xerxes I. (485—465), von den Juden getötet.

Aridatha *indecl.* (erdichteter pers. Name) wie Aridai.

ārĭdĭtās, ātĭs *f.* Trockenheit.

ārĭdŭs 3 1. dürr, trocken. 2. ausgetrocknet, abgezehrt. 3. mager, dürftig.

Arie *indecl.* (*hebr.*: Löwe) Arie, Ort in Samaria, in dessen Nähe König Phakeja von Israel eine Villa besaß.

Ariel *indecl.* (*hebr.*: je nach der Schreibung a. Löwe Gottes, b. Feuerherd Gottes) 1. Sohn des Gad, Stammvater der Arieliten. 2. ein Israelit (1. *Par.* 11, 22). 3. jüdischer Fürst, der aus dem babyl. Exil zurückkehrte. 4. Beiname der Stadt Jerusalem (*Is.* 29, 1f.). 5. der Herd auf dem Brandopferaltar in Jerusalem (*Ez.* 43, 15 u. 16).

Arĭēlītae, ārŭm *m.* Israelitenfamilie im Stamme Gad.

ărĭēs, ĕtĭs *m.* Widder.

ārĭfĭcŭs 3 trocknend.

Arili *indecl. s.* Areli.

Arimathaea, ae *f.* (*entstanden aus den hebräischen Varianten* Haramata u. Haramatajim, richtig: Rama „Höhe") Rama, Ort in Judäa, vielleicht das jetzige Dorf Bet Rima nordöstlich von Ludd (Lydda); *dav.*: **Arimathaeēnsĭs,** ĕ von Arimathäa.

Arīmĕnēn. (*C. R.*) *s.* Ariminum.

Arīmĭnēnsĭs, ĕ *s.* Ariminum.

Arīmĭnŭm, ī *n.* Rimini, St., It. (Forli), *ca.* 20 000 Einw.; Bischofssitz (seit 3. Jhdt.), Suffr. v. Ravenna; *dav.*: **Arīmĭnēnsĭs,** ĕ; Arīmĭnēnsēs, ium *m.* Bew.; *auch*: Arīmĕnēnsĭs, ĕ.

Arioch *indecl. m.* Arioch, König von Pontus z. Z. Abrahams (1947—05 vor Christus).

ărĭŏlātĭō, ōnĭs *f.* (hariolatio) Wahrsagung.

ărĭŏlŭs, ī *m.* (hariŏlus) Wahrsager.

Arisai *indecl.* (erdichteter pers. Name) wie Aridai, *s. dens.*

ărīstă, ae *f.* Granne, Ähre; *übertr.*: Kräuter.

Aristarchŭs, ī *m.* (Ἀρίσταρχος bester Herrscher) Aristarch. 1. ein Makedonier aus Thessalonike, Gefährte u. Mitgefangener des hl. Paulus. 2. Aristarch von Samothrake, berühmter Grammatiker u. Kritiker.

Aristŏbūlŭs, ī *m.* (Ἀριστόβουλος) bester Ratgeber) Aristobul: 1. Lehrer des Königs Ptolomäus (2 *Mach.* 1, 10). 2. Christ in Rom z. Z. des hl. Paulus.

aristocrătĭă, ae *f.* (ἀριστοκρατία) Herrschaft der Vornehmsten, Aristokratie.

aristocrătĭcŭs 3 aristokratisch, der aristokratischen Verfassung geneigt.

ărīthmētĭcē, ēs *f.* (ἀριθμητική) Rechenkunst.

ārĭtūdō, ĭnĭs *f.* Trockenheit.

Arīŭs, ī *m.* (Ἄρειος) 1. Arius, Irrlehrer in Alexandrien in Ägypten (4. Jhdt.). 2. Arius I., König von Sparta (309 bis 265 v. Chr.), *auch*: Δαρεῖος genannt.

Arizzafa, ae *f. s.* Arrizafa.

Arlaunŭm, ī *n.* (Arlunum) Arlon, ehem. Grafschaft u. *j.* St., Belgien (Luxemburg).

Arlĕātēnsĭs colonia, ae *f. s.* Arelate.

Arlētēnsĭs, ĕ *s.* Arelate.

Arlūnŭm, ī *n. s.* Arlaunum.

armă, ōrŭm *n.* 1. Rüstzeug, Kriegsgerät, Waffen, Spieße. 2. Krieg, Kampf. 3. Krieger, Bewaffnete.

Armă D. N. J. Chr., Fest der Kreuzwerkzeuge Christi am Freitage nach dem weißen Sonntage (Mainz).

Armacān. (*C. R.*) *s.* Armacha.

Armāchă, ae *f.* (Ard(i)macha, Armachāna Sedes) Armagh, Grafschaft und St. r. am Callan, Irland, *ca.* 7000 Einw., Erzbischofssitz (seit 1552).

Armagedon *indecl.* (*hebr.*: Höhe von Mageddo) Armagedon, berühmtes Schlachtfeld; symbolischer Ort, an welchem Gott über die Bösen Gericht halten wird (*Apoc.* 16, 16).

armāmentārĭŭm, ī *n.* Rüstkammer, Arsenal, Zeughaus.

ărmārĭŭm, i *n.* Schrank.

ărmātĭō ōnĭs, *f.* Bewaffnung.

ărmātūră, ae *f.* 1. Bewaffnung, Waffe, Schutzwehr. 2. Übung im Gebrauch der Waffen.

ărmātŭs 3 bewaffnet, gerüstet.

Armĕnī, ōrŭm, *m.* (Armenii) *s.* Armenia.

Armĕnĭă, ae *f.* Armenien, der mittlere und höchste Teil des vorderasiatischen Hochlandes, vom oberen Euphrat bis zum Kaspischen Meere. **Armenia minor** Kleinarmenien, der westlichste Teil von Armenien, der nördöstlichste von Kleinasien; *dav.*: **Armĕnĭŭs** 3; **Armĕnī,** ōrŭm *m.* Bewohner.

Armĕnŭs, i *m.* der Armenier; Beiname des oströmischen Kaisers Leo V. (813—820).

Armenŏpŏlĭs, is *f.* Szamos-Ujvar (Armenierstadt) St. Siebenbürgen (Szolnok-Doboka) *ca.* 7000 Einwohner; Bischofssitz (seit 1853), Suffr. v. Fogoras; *dav.*: Armenopolitānus 3.

Armenopolitan. (*C. R.*) *s.* Armenopolis.

armĕntālĭs, ĕ Herden weidend, zur Herde gehörig.

Armentārĭa, ae *f.* (Armentēra) Cistercienserkloster in Spanien (Compostella).

ărmĕntārĭŭs, i *m.* Rinderhirt.

Armĕntārĭŭs, i *m.* Name des für die hl. Rufina bestimmten Bräutigams.

ărmĕntŭm, i *n.* Großvieh.

Armidalēn. (*C. R.*) *s.* Armidales.

Armidales, is *f.* Armidale, St. im Nordosten von Neusüdwales, Australien, *ca.* 4000 Einwohner, Bischofssitz (seit 1869), Suffr. v. Sydney; *dav.* **Armidalĕnsĭs,** ĕ.

ărmĭfĕr, fĕră, fĕrŭm waffentragend, bewaffnet.

ărmĭgĕr, gĕra, gĕrŭm waffentragend; *dav.*: ărmĭgĕr, gĕri *m.* Waffenträger, Leibwächter, Schildknappe.

ărmīllă, ae *f.* Armband, Armspange.

ărmĭsŏnŭs 3 von Waffen tönend.

ărmō 1 bewaffnen, ausrüsten, versehen mit.

Armon (*indecl.*) = „Palast" (*Amos* 4, 3).

Armoni *m. indecl.* (*hebr.* ?) Armoni, Sohn des Königs Saul, von den Gaboniten gekreuzigt.

Armŏrĭcă, ae *f.* (Britannia minor) Bretagne, Landschaft im Nordwesten Frankreichs.

Armŏrĭcŭs 3 am Meere der Bretagne liegend.

armŭs, ī *m.* (ἁρμός) 1. *bei Menschen*: oberster Teil des Oberarms: Schulter, Schulterblatt; Oberarm, Arm. 2. *bei Tieren*: oberster Teil des Vorderschenkels, Vorderbug; *bes.*: Schulterstück, Vorderbug eines Bratens u. Schinkens (1. *Kön.* 9, 24).

Arnaldŭs, i *m.* Arnald Amauri, Cist. Erzbischof von Narbonne, Inquisitor gegen d. Albigenser († 1225).

Arnan *indecl.* (*hebr.*: ?) Arnan 1. Sohn des Raphaja, Ahnherr Christi. 2. Arnan (1. *Par.* 3, 21), *richtiger* Adonijja.

Arnhemium, i *n s.* Arecanum.

Arnĭēnsĭs, ĕ *adj.* zu Arnus (Fluß Arno).

Arnŏbĭŭs, ī *m.* Arnŏbius, Lehrer der Rhetorik u. Kirchenschriftsteller in Sicca Veneria, Numidien (4. Jhdt.).

Arnold von Brescia, Priester, Demagog, Gegner der päpstlichen u. kaiserlichen Oberherrschaft in Rom, als Volksaufwiegler durch den Strang hingerichtet 1155.

Arnon *indecl.* (*hebr.*: Freudenspender, der Rauschende), Fluß in Palästina, der durch das Land Moab ins Tote Meer fließt.

S. Arnulphī oppidum, ī *n.* Saint-Arnault-des Bois, D. Fkr. (Eure-et-Loir).

S. Arnulphŭs, ī *m.* hl. Arnulf, Bek. u. Bischof von Metz († 640).

Er entstammte einem vornehmen Frankengeschlechte; sein Enkel im 5. Grade war Karl der Große. Als Knabe wurde er unter die Pagen Theodeberts aufgenommen, später Präfekt in Austrasien; auf Drängen der Seinen vermählte er sich mit der schönen Doda, die ihm zwei Söhne schenkte, deren einer, Chlodulph, später Bischof von Metz wurde, während der zweite Ansigisus der Großvater Pipins von Heristal ward. Doda ging mit Zustimmung des Gatten in ein Trierer Kloster, während er sich mit dem hl. Grafen Romaricus gerade in ein Männerkloster begeben wollte, als ihn Klerus und Volk von Metz plötzlich zum Bischof wünschten. König Chlotar machte ihn zum Vizekönig über Austrasien, das er seinem Sohne Dagobert als Reich zugewiesen hatte. Im Jahre 625 leitete Arnulph das Konzil von Reims; er erhielt dann die Erlaubnis, sein Amt niederzulegen und zog sich zu seinem Freunde Romaricus in ein Vogesenkloster zurück. Wie im Bischofsamt lebte er jetzt auch fünfzehn Jahre in der Klosterstille. Sein Nachfolger in Metz, Goericus, brachte die Gebeine des Verstorbenen nach Metz in die Apostelkirche, die alsdann St. Arnulfskirche genannt wurde. Als diese im Jahre 1552 wegen der Verteidigung der Stadt niedergerissen wurde, übertrug man die Gebeine des Heiligen in eine andere auch jetzt nach dem Toten benannte Kirche. In der französischen Revolution wurden die Gebeine zerstreut. (18. Juli, 16. August, 4. September: Metz.)

Arnŭs, ī *m.* Arno, Fluß, Mittelitalien.

ărō 1 1. pflügen, ackern, durchfurchen. 2. aussäen, ausstreuen: mendacium (*Eccles.* 7, 13).

Arod *indecl.* (*hebr.*) 1. Arod (Arodi), Sohn des Gad, Stammvater der Aroditer. 2. Israelit, Sohn des Barias.

Arodi *indecl.* (*hebr.*) Aroditer, *s.* Arod 1.

Arodītae, ārŭm *m.* die Aroditer, *s.* Arod 1.

Aroër *indecl.* (*arabischer* Plural von ʿarʿar Bergzypresse, juniperus) Aroer, St. r. am Arnon, Pal., *j.*: Ruinen von ʿArâir.

Arŏlă, ae *m.* Aare, (Aar) Nebenfluß des Rheins, Schweiz.

ărōmă, ătĭs *n.* (ἄρωμα) Gewürz, Spezerei, Wohlgeruch.

ărōmătārĭŭs, ī *m.* Gewürzhändler, Apotheker.

ărōmătĭzō 1 wohlduften, würzhaft riechen.

Aroŭca, ae *f.* Cist.innen Kloster in Portugal, Diöz. Porto.

Aroritēs, ĭs *m.* der Arorite, Beiname eines Offiziers Davids nach dem Geburtsorte.
Arothĭă, ae *f.* Arolsen, St., Waldeck.
Arphad *indecl.* (*syr.* ?) Arphad, St. u. Gegend in der Nähe von Epiphania am Orontes, Syrien, *j.*: Ruinenhügel Tell-Erfâd, 3 Stunden nördlich von Aleppo.
Arpharsachaei *indecl.* (*pers.* ?) = *Περσικοὶ* „die Perser" (1. *Esdr.* 5, 6).
Arphaxad *indecl.* (*babyl.*: arbakišade) die vier Weltgegenden = Weltreich (Babylonien) (nach Delitzsch). (Nach der Vulgata 1. Sohn Sems, Enkel Noes. 2. Name für den medischen König Dejokes [708—655] v. Chr.).
arră, ae *f.* (arrha, arrabo, arrhabo) Kaufgeld, Mahlschatz bei Verlobungen, Brautunterpfand; Angeld, Draufgeld; Pfand.
arrăbō, ōnĭs *m.* *s.* arra.
Ar(r)abō, ōnĭs *m.* *s.* Raba.
Arrăgōnĭă, ae *f.* *s.* Aragonia.
arrēctŭs 3 jäh, steil.
Arreka, ae *f.* (Arrenakum) *s.* Arnhemium (Arnhem, Prov. Geldern, Holland).
Arrentillēnsĭs rīvŭlŭs, ī *m.* Arroux, Flüßchen, das unterhalb Digoin in die Loire mündet, Fkr. (Côte-d'Or).
arrēpō, rēpsī, rēptŭm 3 heranzkriechen.
arrēptītĭŭs 3 im Geiste entrückt, verzückt.
Arrētīn. (*C. R.*) *s.* Arretium.
Arrētĭŭm, ī *n.* (Aretium, Ἀῤῥήτιον) Arezzo, St. in Toscana, It. (Arezzo), *ca.* 45000 Einw.; Bischofssitz (seit 4. Jhdt.) exempt., *dav.*: Arretīnus 3.
arrhă, ae *f.* *s.* arra.
arrhăbō, ōnĭs *m.* *s.* arra.
Arricus, ī *m.* Arrikus, Bischof von Lausanne.
arrīdĕō, rīsī, rīsŭm 2 1. mitlachen, zulächeln. 2. jedermann zusagen, jedermanns Beifall finden.
arrĭgō, rēxī rēctŭm 3 aufrichten, erheben, anfeuern.
arrĭpĭō, rĭpŭī, reptŭm 3 ergreifen, überfallen, verhaften; arr. ĭtĕr: verreisen.
arrīsĭō, ōnĭs *f.* das Zulächeln.
Arrizāfa, ae *f.* (Arizzafa) conventus de Arrĭzāfă Franziskanerkloster von A. bei Cordova in Spanien.
arrŏgāns, antĭs anmaßend, übermütig, rücksichtslos.
arrŏgāntĭă, ae *f.* Anmaßung.
arrŏgātĭō, ōnĭs *f.* Adoption.
arrŏgō 1 sich anmaßen.
arrōsō 1 (von rōs) betauen, benetzen.
ars, artĭs *f.* 1. Geschicklichkeit, Kunstfertigkeit. 2. Handwerk, Gewerbe. 3. *pl.* Kunst u. Wissenschaft. 4. Kunstwert, Kunstwerk. 5. Ränke, Betrug.
Arsa, ae *m.* Arsa, Vorsteher der Stadt Thersa, in dessen Haus König Ela von Israel (*ca.* 888—887) ermordet wurde.
Arsacēs, ĭs *m.* Arsakes, Gründer der Dynastie der Arsakiden, Könige der Parther von 250 v. Chr. bis 40 n. Chr. (16 Herrscher); Arsakes V. Mithridates I. (174—136) (1. *Mach.* 14, 3 u. 15, 22).
S. **Arsĕnĭŭs,** Bek. († im 4. Jhdt.).
Er zeichnete sich zur Zeit Theodosius' des Großen so sehr durch seinen frommen Lebenswandel und seine Gelehrsamkeit aus, daß dieser ihn zum Erzieher der kaiserlichen Prinzen Arkadius und Honorius machte. Arsenius bat indessen Gott, er möge ihn von dieser Bürde befreien. Als der Hauslehrer eines Tages den Arkadius bestrafen mußte, bedrohte ihn der Jüngling mit dem Tode; deshalb entwich Arsenius heimlich, zumal da ihn eine Stimme vom Himmel dazu aufforderte. Als Arkadius zur Herrschaft gelangt war, besuchte er den inzwischen wegen seines heiligmäßigen Lebens berühmt gewordenen Einsiedler und bat ihn um Verzeihung. Beständig wies Arsenius alle angebotenen Güter von sich; mit weiblichen Personen zu sprechen, lehnte er ab. Er besaß die Gabe der Tränen, schlief sehr wenig, sprach kaum und stellte sich aus Demut ungebildet. Im Alter von 120 Jahren verließ er diese Erde. (19. Juli.)
Arsĕnĭŭs, i *m.* Patriarch von Konstantinopel im 13. Jahrhundert.
ārsūră, ae *f.* das Brennen.
artăbă, ae *f.* (ἀρτάβη) Scheffel, ein ägyptisches u. persisches Maß trockner Dinge, gleich einem attischen Scheffel (Dan. 14, 2).
Artaxerxes, is *m.* (*pers.*: Artakschatra) Artaxerxes 1. A. Longimanus (μακρόχειρ), König v. Persien (465—424) steht irrtümlich *Esth.* 11, 2 für Xerxes I. (485—465). 2. A. Mnemon, (μνήμων) (405—362). 3. A. Ochos, (Ὦχος) (362 bis 339).
Artĕmās, ae *m.* Artemas, ein Schüler des hl. Paulus.
Artĕmĭsĭŭs, i *m.* Kerkermeister in Rom zur Zeit Diokletians.
artĕmōn, ōnĭs *m.* (ἀρτεμών) Marssegel, Vordersegel (*Apg.* 27, 40).
artērĭăsĭs, is *f.* (ἀρτηρίασις) Heiserkeit.
Artĕsĭă, ae *f.* Landschaft Artois (Frankreich).
Arthĕmīsĭă, ae *f.* angebl. Tochter Diokletians.
S. **Arthĕmĭŭs,** ī *m.* hl. Arthemius, Mart. in Nyon, Schweiz, unter Diokletian, 22. Mai (3. Jhdt.).
arthrītĭcŭs 3 von der Gicht geplagt.
arthrītĭs, ĭdĭs *f.* (ἀρθρῖτις) Gicht.
artĭcŭlāmentŭm, ī *n.* Gelenk.
artĭcŭlārĭs, ĕ das Gelenk betreffend.
artĭcŭlārĭŭs 3 Gelenk-, Glieder-; morbus Gliederkrankheit.
artĭcŭlātĭm *adv.* Glied für Glied.

artĭcŭlātŭs 3 gegliedert; deutlich, deutlich ausgesprochen.

artĭcŭlōsŭs 3 voller Knoten.

artĭcŭlŭs, ī *m.* 1. Gelenk, Knöchel. 2. Knoten, Glied, Teil, Abschnitt. 3. Zeitpunkt, Augenblick, Moment; Zwischenzeit; a. mortis Todesstunde, Todesgefahr; a. diei Anbruch des Tages (1. *Mos.* 7, 13); a. causae entscheidender Augenblick (L. VII. 2. diei infr. Oct. S. Laurent.). 4. der Artikel = Geschlechtswort.

artĭfex, ĭcĭs *m. f.* 1. Künstler, Schöpfer, Urheber. 2. Betrüger, Ränkeschmied; auch *adj.*: geschickt, kunstfertig.

artĭfĭcĭālĭs, ĕ zur Kunst gehörend, künstlich.

artĭfĭcĭōsŭs 3 kunstfertig, kunstvoll, künstlich.

artĭfĭcĭŭm, ī *n.* 1. Gewerbe, Kunst. 2. Kunstfertigkeit, Geschicklichkeit. 3. Kunstgriff, Kunststück.

Artoclēs, ĭs *m.* Artokles, Statthalter in Kolossä (Phrygien) unter Kaiser Nero (54—68).

artŭātĭm *adv.* gliederweise.

artŭātŭs 3 zergliedert.

Artŭīnēn. (*C. R.*) *s.* Artŭīnŭm.

Artŭīnŭm, ī *n.* Artwin, St. l. am Tschoroch, Transkaukasien (Kutais); *ca.* 7000 Einw.; armenisch-kath. Bischofssitz (seit 1850); *dav.*: **Artŭīnēnsĭs,** ĕ.

1. **artŭs,** ūs *m.* nur *pl.* artūs, artŭŭm, artubus, die Gelenke, Glieder.

2. **artŭs** 3 1. eng, dicht, gedrängt. 2. beengt, knapp, mißlich.

Aruboth *indecl.* (*hebr.*: die Gitter, Fenster, Taubenschläge ?) Aruboth, St. Palästina (Juda).

ārŭlă, ae *f.* kleiner Altar.

1. **Arŭla,** ae *m.* (Arŏla) Aar (Aare), r. Nebenfluß des Rheins, Schweiz.

2. **Arŭla,** ae *f.* 1. Aarau, St. r. an der Aar, Schweiz (Aargau), *ca.* 8000 Einw. 2. Aargau, Kanton der Nordschweiz.

Arum *indecl.* (*hebr.*: ?) Arum, Familienhaupt im Stamme Juda.

Aruma, ae *f.* (*hebr.* ?) Aruma, St. bei Sichem, Palästina.

ărŭndĭnētŭm, ī *n.* Röhricht, Rohrbruch.

ărŭndō, ĭnĭs *f.* (harundo) Schilfrohr, Rohr; liturgisch: der hohe Schaft für die drei zusammengeflochtenen und in drei Zweige ausmündenden Kerzen, die am Karsamstag zur Feuerweihe u. zum Einzug in die Kirche sowie zur Osterkerzenweihe verwendet werden.

ărūră, ae *f.* (ἄρουρα) das Ackern; Feld, Saatfeld.

Arurēnsĭs rĕgĭō, ōnĭs *f.* Aaregegend, Schweiz (Aargau).

1. **Arūsĭŭm,** ī *n.* *s.* Aarhusium.

2. **Arūsĭŭm,** ī *n.* Aarhus, St. am Kattegat in Jütland, Dänemark, *ca.* 50 000 Einw.

ărūspex, ĭcĭs *m.* *s.* haruspex.

ărvālĭs, ĕ zum Feld gehörig, ländlich.

Arvernī, ōrŭm *m.* Bewohner der Auvergne, Fkr., *dav.*: **Arvenensis,** e.

Arvernĭă, ae *f.* Auvergne, Landschaft, Fkr.

arvīnă, ae *f.* Schmer, Fett, Speck, als Spitzname „Schmerbauch".

arvīnŭlă, ae *f.* Fetteilchen, Speckstückchen.

arvŭm, ī *n.* Ackerland, Saatfeld.

arvŭs 3 bebaut.

arx, arcĭs *f.* 1. Anhöhe, Feste, Burg. 2. Schutzwehr, Zuflucht.

Arx Gallĭcă, *f.* (*C. R.*) Fort-de-France (früher Fort Royal) auf Martinique, franz. Antillen, *ca.* 25 000 Einw., Bistum St. Pierre u. Fort-de-France (1850), Sitz in St. Pierre.

Arx Romanorum *f.* Erzerum (Erserum), St. an der kaukasischen Grenze im armenischen Hochland, Kleinasien, *ca.* 40 000 Einw., armenisch-kath. Bistum (seit 1850), untersteht dem armenischen Patriarchen in Konstantinopel.

ās, assĭs *m.* 1. die Einheit. 2. als Münze ursprünglich ein Pfund Kupfer, ungefähr 1,50 M., später aber nur $^1/_{36}$ Pfund, etwa 4 Pfennige; asse venire = sehr billig sein.

1. **Asa** *indecl. m.* 1. Sohn des Abias, frommer König von Juda (910—870), Ahnherr des Heilandes. 2. Levit, Sohn des Elkana.

2. **Asa,** ae *m.* Fluß *s.* Hasa.

Asaa *indecl. s.* Asaia.

Asael *indecl.* (Asahel) (*hebr.*: Gott hat geschaffen) Asael, 1. Sohn des Sarvias, der Schwester Davids u. Held in dessen Heere. 2. Bruder Joabs, Held Davids. 3. Levit z. Z. des Königs Josaphat von Juda (872—849). 4. Levit z. Z. des Königs Ezechias von Juda (721 bis 693). 5. Jude, Vater des Jonathan.

Asahel *indecl. s.* Asael 1. u. 2.

Asaia, ae *m.* (Asaa, Asajas) (*hebr.*: Jahwe hat geschaffen) Asaja 1. Diener des Königs Josias von Juda (638 bis 608). 2. Israelit aus dem Stamme Simeon. 3. Sänger, z. Z. Davids. 4. Israelit, Sohn Siloms.

Asalelphuni *indecl. f.* (*hebr.*: „Schütze mich [o Gott]!") Asalelphuni, Tochter oder Schwester Etams aus dem Stamme Juda.

Asan *indecl.* (*hebr.*: Rauch) Asan 1. See oder Brunnen. 2. (Korasan) Ort im südlichsten Teil von Juda, den Simeoniten zugeteilt, *vielleicht*: Chirbet Horma.

Asana, ae *m.* (*hebr.*: *wörtlich*: die Verhaßte, *dann* die [bekehrte] Heidin) Israelit aus dem Stamme Benjamin.

Asaph *indecl.* (*hebr.*: Sammler). 1. Vater des Johahe. 2. Sohn des Barachias u. Dichter mehrerer Psalmen. 3. Levit aus dem Stamme Kore. 4. Vater des Zechri, aus der Familie Merari.

S. Asaphī fānŭm, ī *n.* St. Asaph, St., England (Wales).

Asaramel (*falsche Lesart*) *statt des hebr.*: Weschar-am-Jahwe: und des Fürsten des Volkes Jahwes, 1. *Mach.* 14, 27.

Asarela, ae *m.* (*hebr.*: ?) Asarela, Sohn des Asaph, Sänger beim Gottesdienst z. Z. Davids.

Asarhaddon *indecl.* (*assyr.*: Ašur-ache-iddin [der Gott] Aschur hat Brüder geschenkt) Asarhaddon I., König von Assyrien (680—669).

Asarmoth *indecl.* Asarmoth, angeblich Stammvater der Araber in Yemen an der Südküste Arabiens (*Gen.* 10, 26); südarabische Stadt Hadramut.

Asasonthamar *indecl.* (*hebr.*: Palmenreihe?) ältester Name für Enggadi (Engedi), St., Palästina (Juda), *j.*: ʿAin Dschidî.

Asbai *indecl.* (*hebr.*: der Glanzgestaltige) Asbai, Vater des Naari, eines Helden Davids.

Asbel *indecl.* (*hebr.*: der Herr [Gott] existiert) Asbel, zweiter Sohn Benjamins.

Asbelītae, ārŭm *m.* Asbeliten, Israelitenfamilie im Stamme Benjamin, Nachkommen des Asbel.

Ascalon *indecl.* Askalon, eine der fünf Hauptstädte der Philister am mittelländischen Meer, Pal.; in der ältesten christlichen Zeit auch Bischofssitz, Suffr. v. Cäsarea; *dav.*: **Ascalonēnsĭs,** ĕ u. **Ascalonītae,** ārŭm *m.* Bew.

Ascalonēnsĭs, ĕ *s.* Ascalon.

Ascalonītae, ārŭm *m. s.* Ascalon.

1. **Ascanĭa,** ae *f.* (Ascharia) Aschersleben, St. an der Eine, Preußen (Sachsen), *ca.* 28000 Einw.

2. **Ascanĭa,** ae *f. s.* Anhaltinum.

Ascānĭŭs, ī *m.* ursprünglicher Name des hl. Franziskus Caracciolo.

ascĕllă, ae *f.* Achsel, Flügel.

āscĕndĭbĭlĭs, e besteigbar.

āscĕndō, scĕndī, scēnsŭm 3 1. emporsteigen. 2. sich erheben, emporkommen, großwerden, aufwachsen. 3. a. vehiculum, currum fahren.

Ascenez, *indecl. m.* (*hebr.*: Aschkuz = Skythe?) nach der Vulgata: Sohn Gomers, Enkel Japhets.

āscēnsă, ōrŭm *n.* Stufen.

āscēnsĭō, ōnĭs *f.* das Hinaufsteigen, Weg in die Höhe; bes. die Himmelfahrt des Heilandes.

āscēnsŏr, ōrĭs *m.* der auf einem Tiere oder einem Wagen sitzt, Reiter, (*Cant. Mos.*); *auch* Bergsteiger.

āscēnsŭs, ūs *m.* 1. das Besteigen, Emporkommen, Aufgang. 2. Wagen (*Ps.* 103, 3).

ascēsĭs, ĭs *f.* (ἄσκησις) Aszese, Abtötung, Kasteiung.

ascētă, ae *m.* (ἀσκητής) Aszet, Büßer, Enthaltsamer.

ascētērĭŭm, ī *n.* (ἀσκητήριον) 1. klösterliche Zucht. 2. Kloster, Klosterschule; Frauen-(Nonnen)kloster.

ascētĭcŭs 3 (von ἄσκησις) 1. aszetisch, zur Anleitung u. zum Streben nach christlicher Vollkommenheit dienend. 2. büßend, enthaltsam. 3. beschaulich, erbaulich.

Aschārĭă, ae *f. s.* 1. Ascania.

Aschhur *indecl. m.* Aschhur, assyr. Gott, (*unrichtig*: Assur).

ascĭă, ae *f.* Zimmeraxt, Beil; Kelle.

Ascĭburgĭŭm, ī *n.* Asburg bei Mörs (Niederrhein).

Ascĭburgŭm, ī *n.* Aschaffenburg, St. r. am Main, Bayern (Unterfranken), *ca.* 20000 Einw.

ascīscō, scīvī, scītŭm 3 1. an-, aufnehmen, zugesellen. 2. sich aneignen, anmaßen.

Asclēpĭăs, ădĭs *m.* Asklepias, heidnischer Statthalter in Gallien (Frankreich) unter Kaiser Antonīnus Pius (138 bis 161).

ascŏpēră, ae *f.* (ἀσκοπήρα) Schlauch, lederne Tasche, Ränzel; Bettelsack.

āscrībō, scrīpsī, scrīptŭm 3 1. dazuschreiben, in eine Liste aufnehmen. 2. zählen, rechnen zu. 3. widmen. 4. anrechnen, beimessen.

āscrīptŏr, ōrĭs *m.* Mitunterzeichner.

1. **āscrīptŭs** 3 1. gewidmet. 2. eingeschrieben, zugeschrieben.

2. **āscrīptŭs,** ī *m.* ein Adskribierter, ein (in eine Bruderschaft)Aufgenommener.

Āscŭlān. Āpŭlĭae (*C. R.*) *s.* Asculum Apulum.

Āscŭlān. Picēnī (*C. R.*) *s.* Asculum Picenum.

Āscŭlānŭs 3 aus Ascoli.

Āscŭlŭm, ī *n.* Ascoli, Ort bei Rom, It.

Āscŭlŭm Apŭlŭm, ī *n.* (Ausculum) Ascoli Satirano, St. It. (Foggia), *ca.* 8000 Einw.; Bistum mit Titel von Cerignola vereinigt, Suffr. v. Benevent.

Āscŭlŭm Pīcēnŭm, ī *n.* Ascoli Piceno, St. r. am Tronto, It. (Ascoli Piceno), *ca.* 20000 Einw.; Bischofssitz (seit 4. Jh.).

Asebaim *indecl.* (*hebr.*: Pokeret-hassebajim, ein Familienname) Asebaim, ein Diener des Königs Salomon.

Asedoth *indecl. s.* Azot.

ăsēĭtās, ātĭs *f.* das Vonsichselbstsein, das Aussichbestehen; Selbstgenügsamkeit Gottes.

Asel, *indecl.* (*hebr.*: der Faule) Asel, Israelit, Sohn des Elasa.

ăsellŭs, ī *m.* kleiner Esel, Eselein.

Asem *indecl.* (*hebr.*: Stärke, Gebein) Asem, St. Pal. (Simeon).

Asemona *indecl.* (*hebr.*: Stärke) Asmon, St. im Süden v. Palästina.

1. **Asena** *indecl.* (*hebr.*: ?) Asena, ein Nathinäer, dessen Nachkommen aus dem babyl. Exil zurückkehrten.

2. **Asena,** ae *f.* (*hebr.* ?) Asena, St., Pal. (Juda).

Asenaphar *indecl.* (verderbt aus Tuklatpalussur = Tiglatpileser) Asenapher, ein assyr. König (1 *Esdr.* 4, 10).

Asenbruggēnsĭs, ĕ *s.* Osnabruga.

Aseneth *indecl. f.* (*ägypt.*: tes-en-Neit = die der (Göttin) Neit Geweihte) Aseneth, Gemahlin des ägyptischen Joseph (18. Jhdt. v. Chr.).

Asēr *indecl. m.* (*hebr.*: Seligkeit, Glücksgott). 1. Sohn des Patriarchen Jakob. 2. der nach ihm benannte Stamm der Israeliten und dessen Gebiet.

Asergadda *indecl.* (*hebr.*: Glückshof) Asergadda, St., Pal. (Juda).

Ashur *indecl.* (*hebr.*: ?) Aschur, Sohn des Hesron u. der Abjah, Erbauer der Stadt Tecuah.

Ăsĭă, ae *f.* 1. Asien als Erdteil. 2. Kleinasien, besonders dessen westliche Hälfte, die ehemalige röm. Provinz Asien.

Ăsĭānŭs 3 asiatisch, aus Asien stammend u. zu Asien gehörig.

Ăsĭānŭs, ī *m.* Asiate.

Asĭarchās, ae *m.* (Ἀσιάρχης) Asiarch, Titel der obersten der Gemeindebeamten in der römischen Provinz Asien, welche die religiösen Opfer, Feste u. Spiele auf eigene Kosten veranstalten mußten; sie fungierten auch als Abgeordnete des asiatischen Provinziallandtages (Apg. 19, 31).

Ăsĭātĭcŭs 3 asiatisch (zufällig mit Asien zusammenhängend).

Asidaei, ōrūm *m. s.* Assidaei.

Asiel *indecl. m.* (*hebr.*: Gott hat geschaffen) Asiel, Israelit aus dem Stamme Benjamin.

ăsīlŭs, ī *m.* Bremse, Viehbremse.

Asima *indecl.* Göttin Aschima, verehrt von den babyl. Kolonisten in Samaria (4 *Kön.* 17, 3).

S. Ăsĭmō, ōnĭs *m.* Bischof v. Chur (Schweiz), † 480. Er war in Oberrhaetien tätig, als die Hunnen das Land verwüsteten; später nahm er an der Synode von Mailand, die 452 stattfand, durch seinen Weihbischof und Beauftragten Abundantius teil. Vor einem Tode empfahl Asimo seine Kirche seinem Schüler Pruritius, der sein Nachfolger wurde. — 10. Januar (Chur).

ăsĭnă, ae *f.* Eselin.

ăsĭnārĭŭs, ī *m.* Eseltreiber, *auch adj.*, zum Esel gehörig, vom Esel stammend.

ăsĭnŭs, ī *m.* Esel.

Asiongaber *indecl. f.* Asiongaber, Hafenstadt in Idumäa am östlichen Arm des arabischen Meerbusens, einst Lagerplatz der Israeliten.

Asir *indecl. m.* (*hebr.*: Gefangener) Asir 1. Nachkomme des Aser. 2. Sohn des Kore. 3. *in* 1. *Par.* 3, 17 *ist zu lesen*: Jechonias des „Gefangenen" Sohn ist Salathiel.

Aslia *indecl. m.* (*hebr.*: mit Jahwe verbunden ?) Vater des Saphan, *s. dens.*

Asmodaeus, i *m.* (*hebr.*: der Verderber) ein Dämon, welcher die 7 ersten Verlobten der Sara, der Tochter Raguels u. späteren Frau Tobias' des Jüngeren, tötete (*Tob.* 3, 8).

Asmonaeī, ōrūm *m.* (*aram.*) Asmonäer, Hasmonäer, Beiname der Machabäer aus dem Geschlechte des Mathathias, Bewohner von Haschmon (*Jos.* 15, 27), woher die Familie stammte.

Asnaa *indecl. m.* (*hebr.*: ?) Israelit, dessen Nachkommen nach dem babyl. Exil das Fischtor in Jersualem erbauten.

1. **Asom** *indecl. m.* (*hebr.*: Kraft, Gebein) Asom, Sohn des Isai u. Bruder Davids.

2. **Asom** *indecl.* (*hebr.*: Kraft, Gebein) Asom, St. Pal. (Simeon).

ăsōmătŏs, on *n.* (ἀσώματος) unkörperlich.

1. **Asor** *indecl.* (*hebr.*: Dorf) 1. Asor, alte Königsstadt, westl. vom Meromsee, dem Stamme Nephthali zugeteilt. 2. Asor, St. im Süden von Juda gegen Edom. 3. Asor nova, (Hasorhadatha, Neudorf), St. Juda. 4. Asor, Ort in Palästina (Benjamin).

Asor Haddon *indecl. m.* (*assyr.*: Ašurache-iddin [der Gott] Aschur hat Brüder geschenkt) *s.* Asarhaddon.

ăsōtŭs, ī *m.* (ἄσωτος) Wüstling.

Asoth *indecl. m.* (*hebr.*: ?) Asoth, Nachkomme des Aser.

aspărăgŭs, ī *m.* (ἀσπάραγος) Spargel.

āspectābĭlĭs, ĕ sichtbar, was gesehen werden kann.

āspectō 1 anschauen, anblicken.

āspectŭs, ūs *m.* 1. der Hinblick, Blick. 2. das Aussehen, Anblick.

aspĕr, ĕră, ĕrŭm 1. rauh, holperig. 2. hart.

aspĕrātĭō, ōnĭs *f.* Verschlimmerung.

aspergillŭm, ī *n.* Weihwedel, Aspergill; *s.* aspersorium,

aspergō, spersī, spersŭm 3 1. hinstreuen. 2. bespritzen, besprengen (mit Weihwasser).

aspĕrĭtās, ātĭs *f.* 1. Rauheit, Kälte. 2. Härte, Strenge. 3. Widerspenstigkeit. 4. Bedrängnis.

Aspermons, ntis *m. s.* Asprimontium.

aspernābĭlĭs, ĕ verächtlich.

aspernātĭō, ōnĭs *f.* Verschmähung.

aspernātŏr, ōrĭs *m.* Verächter.

aspernŏr 1 verschmähen, verachten, verwerfen.

aspĕrō 1 1. rauh, uneben machen. 2. reizen, aufreizen; *pass.* sich erzürnen.

āspersĭō, ōnĭs *f.* das Hinspritzen, Bestreuen, die Besprengung; *liturgisch:* a. aquae benedictae Austeilung des Weihwassers.

āspersōrĭŭm, ī *n.* (aspergillum) liturgisches Gerät zum Aussprengen des Weihwassers, der Weihwedel.

Asphar *indecl.* Asphar, Zisterne in der Wüste Thecuah.

Asphenez *indecl.* (*babyl.*: verderbt aus Schamasch-ibni-zer [Gott] Schamasch hat Nachkommenschaft geschaffen) Obereunuche am Hofe Nabuchodonosors II. von Babylon (604—562).

āspĭcĭālĭs, ĕ sichtbar.

āspĭcĭō, spēxī, spĕctŭm 3 1. anblicken, erblicken. 2. betrachten, erwägen, untersuchen. 3. gnädig ansehen, das Obj. auch ausgedrückt durch *in c. acc.*: aspiciemus in terram (*Is.* 5, 30), sowie durch contra: audebat aspicere contra Deum (2. *Mos.* 3, 6).

āspīrātĭō, ōnĭs *f.* das Anhauchen, Anwehen.

āspīrō 1 1. hinwehen zu. 2. günstig, geneigt sein, unterstützen. 3. einflößen, erregen.

aspĭs, ĭdĭs (*acc. pl.*: -ĭdăs) *f.* (ἀσπίς) Viper, Otter, Schildnatter.

asportātĭō, ōnĭs *f.* das Wegführen.

asportō 1 wegführen, -schaffen.

asprēdō, ĭnĭs *f.* Rauheit.

Asprimōntĭŭm, ī *n.* (Aspermons) Aspremont, D. in Savoyen, Fkr. (Hautes-Alpes).

Asrael *indecl. m.* (*arab.*: Band Gottes ?) Asrael, Israelit aus dem Stamme Juda.

Asriel *indecl. m.* (*arab.*: Band Gottes ?) Asriel, Israelit aus dem Stamme Manasse.

Asrielitae, ārŭm *m.* Asrieliten, Familie im Stamme Manasse, Nachkommen des Asriel.

Assă, ae *m. s.* Hasa.

Assasīnās, ātĭs *m. s.* Assisium.

assassīnĭŭm, ī *n.* Lohnmord, Meuchelmord.

assātūră, ae *f.* Bratenstück.

assĕclă, ae *m.* (assecula). 1. Parteigänger, Anhänger. 2. Schmarotzer.

assectātĭō, ōnĭs *f.* das ständige Begleiten, Nachfolge.

assĕctŏr 1 immer begleiten.

assĕcŭlă, ae *m. s.* assecla.

assēcūrātĭō, ōnĭs *f.* Sicherstellung, Versicherung: vitae.

assecūtĭō, ōnĭs *f.* Erlangung (*C. j. c.* 50): beneficii ecclesiastici.

Assedim *indecl.* (*hebr.*: die Seiten ?) Assedim, St. Pal. (Nephthali).

Assem *indecl.* (*hebr.*: verderbt aus Jaschem „der Schlafende") Assem, Israelit, dessen Söhne Offiziere Davids waren.

assĕnēscō 3 alt werden.

assēnsĭō, ōnĭs *f.* Zustimmung, Billigung; Beifall.

assēnsŏr, ōrĭs *m.* der Beipflichter, Lobspender.

assēnsŭs, ūs *m.* Zustimmung.

assentātĭō, ōnĭs *f.* Schmeichelei.

assentātŏr, ōrĭs *m.* Schmeichler.

assentĭŏr, assēnsŭs sŭm 4 zustimmen, beipflichten.

assentŏr 1 stets beipflichten, schmeicheln.

assĕquŏr, sĕcūtŭs sŭm 3 1. einholen, erreichen, erlangen. 2. einsehen, begreifen.

assĕr, ĕrĭs *m.* 1. Stange, Latte; in asserem corpus propendĕre auf dem Holz den Körper ausstrecken. 2. Holz, Holzarbeit.

assĕrō, sĕrŭī, sertŭm 3 behaupten, als wahr oder als berechtigt erklären, beanspruchen; verteidigen.

assertĭō, ōnĭs *f.* Behauptung, Bejahung.

assertīvŭs 3 bestimmt behauptend.

assertŏr, ōrĭs *m.* Befreier, Beschützer, Verteidiger.

assertōrĭŭs 3 1. zur Freisprechung gehörend. 2. behauptend, bejahend.

assertŭm, ī *n.* Behauptung.

asservō 1 bewahren, aufbewahren; bewachen.

assessŏr, ōrĭs *m.* Beisitzer, Gehilfe im Amte.

assessūră, ae *f.* Amt eines Beisitzers, Assessorstelle.

assestrīx, īcĭs *f.* Beisitzerin, Gehilfin.

assĕvōrāntĕr *adv.* beharrlich, nachdrücklich, ernstlich.

assĕvērō 1 behaupten, versichern, beweisen.

assībĭlō 1 zuflüstern, zischeln.

assĭcātŭs 3 (assiccatus) ausgetrocknet.

Assĭdaeī, ōrŭm *m.* (Asidaei) (*hebr.*: Hassidim die Frommen) Assidäer, jene Juden, die sich schon vor Judas Machabäus zu unbewaffnetem Widerstande gegen das syrische Heidentum aneinander geschlossen hatten.

assĭdĕō, sēdī, sessŭm 2 1. bei jemand sitzen. 2. trösten, zur Seite stehen. 3. lagern, Wache halten.
assīdō, sēdī, sessŭm 3 sich niederlassen.
assĭdŭĭtās, ātĭs *f.* 1. beständige Gegenwart. 2. Ausdauer, Beharrlichkeit. 3. oftmalige oder ununterbrochene Wiederkehr. 4. Gewohnheit.
assĭdŭō 1 beständig fortsetzen, wiederholen.
assĭdŭŭs 3 1. beharrlich, unermüdlich. 2. ununterbrochen, beständig, fortwährend.
assīgnātĭō, ōnĭs *f.* Anweisung.
assīgnātŏr, ōrĭs *m.* Anweiser, Vermittler.
assīgnō 1 1. anweisen, zuteilen; Platz zuweisen: in choro. 2. beimessen, zuschreiben.
assĭlĭō, sĭlŭī, sultŭm 4 hinzuspringen.
assĭmĭlĭs, ĕ ziemlich ähnlich.
assĭmĭlō 1 1. gleich machen, vergleichen. 2. *pass.*: gleich werden. 3. zum Vorbild machen (*Is.* 45, 6).
assĭmŭlātĭō, ōnĭs *f.* 1. das Ähnlichmachen. 2. Erdichtung, Heuchelei.
assĭmŭlātŏr, ōrĭs *m.* Heuchler.
assĭmŭlō 1 1. ähnlich machen, vergleichen. 2. heucheln, verstellen.
assĭs, ĭs *m.* u. *f.* (das ungehobelte) Brett.
Assīsiēn. (*C. R.*) *s.* Assisium.
Assīsĭŭm, ī *n.* Assisi, St. It. (Perugia), *ca.* 4000 Einw.; Bischofssitz; *dav.*: **Assāsīnās,** ātĭs *adj.* u. *subst.*; *auch*: Assisiensis, e.
assistēns, entis *m.* Assistent, Gehilfe (presbyter assistens bei feierlichen Aemtern).
assistēntĭă, ae *f.* 1. Beihilfe; Assistenz (am Altare). 2. Anwohnung; a. pontificalis feierliche Teilnahme eines Bischofes oder Prälaten auf dem Throne an dem Hochamte eines anderen Zelebranten.
assistō, stĭtī 3 1. hinzutreten, antreten. 2. dabeistehen, gegenwärtig sein, behilflich sein (dem zelebrierenden Priester bei der heiligen Messe), dienen.
assistrīx, īcĭs *f.* (aus assestrix) Beisitzerin (*Sap.* 9, 4).
assō 1 braten: prunis auf Kohlen.
assŏcĭātĭō, ōnĭs *f.* (kirchliche) Vereinigung, Verein; allgemeiner Name für kirchliche Vereine, Bruderschaften usw.; Gemeinschaft.
assŏcĭō 1 1. verbinden. 2. begleiten.
assŏcĭŭs 3 zugesellt.
assŏlĕō 2 pflegen; assolet = es ist Brauch.
assŏlō 1 zu Boden werfen, zu Grunde richten.
Asson *indecl.* (Assus) Asson, Seestadt südlich von Troas gegenüber der Insel Lesbos, Kleinasien (*auch*: Apollonia genannt).
assŏnō 1 zusammentönen, mit einstimmen; beistimmen.
assūdō 1 in Schweiß geraten.
assŭēfăcĭō, fēcī, factŭm 3 an etwas gewöhnen.
Assuērŭs, ī *m.* Ἀσσουῆρος (*pers.*: Kschejarscha = Xerxes), Königsname; im Buche Esther für den persischen König Xerxes I. (485—465 v. Chr.) gebraucht; dagegen *Dan.* 9, 1 für den medischen König Astyages verwandt.
assŭēscō, ēvī, ētŭm 3 sich gewöhnen, gewohnt werden.
assŭētūdō, ĭnĭs *f.* Angewöhnung.
assŭētŭs 3 gewohnt, gewöhnlich, bekannt.
assŭlă, ae *f.* Span, Splitter.
assultō 1 bestürmen, berennen.
assultŭs, ūs *m.* das Ansprengen, Ansprung.
assŭm, affŭī, ădessĕ, affŏrĕ = affŭtūrŭm essĕ, affŏrĕm = affŭtūrŭs essĕm 1. zugegen sein, da sein. 2. vorhanden sein, zu Gebote stehen. 3. bevorstehen, sich einstellen. 4. erscheinen, teilnehmen. 5. beistehen, helfen, sich annehmen.
assūmĕntŭm, ī *n.* Flicklappen, Flickstück.
assūmō, sūmpsī, sūmptŭm 3 1. zu sich nehmen, annehmen. 2. in den Himmel aufnehmen. 3. assūmĕre testamentum per os das Gesetz stets im Munde führen (*Ps.* 49, 16). 4. schützen (*Eccles.* 13, 5).
assūmptĭō, ōnĭs *f.* 1. Annahme, Aufnahme. 2. B. Mariae Virg. Fest der Himmelfahrt der allersel. Jgfr. Maria, 15. August. 3. das Aufheben, das Schützen, der Schutz (*Thren.* 2 *Nun*; *Ps.* 88, 19).
assūmptīvŭs 3 unvollständig (Gegensatz: absolūtus).
assŭō, ŭī, ūtŭm 3 annähen, anflicken.
1. **Assur** *indecl.* (*hebr.* ?) Assur, Enkel des Juda.
2. **Assur** *indecl. richtiger*: Aschhur (assyrische Gottheit).
assurgō, surrēxī, surrēctŭm 3 sich aufrichten, sich erheben, aufstehen; alicui vor jem.
Assurim *indecl. m.* (*hebr.*: die Aschuriter) Nachkommen Abrahams (*Gen.* 25, 3).
assŭs 3 gebraten, geschmort.
Assus *s.* Asson.
Assȳrĭă, ae *f.* Assyrien 1. Provinz in Mesopotamien. 2. im weiteren Sinne das assyrische Reich.
Assȳrĭŭs 3 assyrisch.
Assȳrĭŭs, ī *m.* der Assyrer.
ast *s.* at.
Astă, ae *f.* (Asta Pompeia, Asti) Asti, St. It. (Alessandria), *ca.* 20 000 Einw.

Bischofssitz (seit 3. Jhdt.), Suffr. v. Turin; *dav.*: **Astēnsĭs,** ĕ.

Astaroth *indecl. f.* (*hebr.*: Göttinnen) *pl.*: zu Asteret, Göttin Astarte.

Astaroth-Carnaim *indecl.* (Ascherot u. Carnion zwei Namen derselben Stadt) Asteroth oder Karnaim, St., Pal. (Manasse); *früher* Residenz des Königs Og.

Astarothītēs, ĭs *m.* Asterothiter, Einw. von Asteroth oder Karnaim.

Astartē, ēs *f.* (Astharte) phönizisch-syrische Mondgöttin, vielfach der Venus gleichgestellt.

Astăsĭŭs, ī *m.* Astasius, Präfekt in Mailand im 1. Jhdt.

astātŏr, ōrĭs *m.* Beschützer.

Astēn. (*C. R.*) *s.* Asta (Pompeia).

Astēnsĭs, ĕ *s.* Asta.

astĕriscŭs, ī *m.* (ἀστερίσκος) 1. Sternchen, Merkzeichen, Lesezeichen. 2. ein Gerät, das beim griech. Meßritus gebraucht wird.

Asthartē, ēs *f. s.* Astarte.

āsthmă, ătĭs *n.* (ἆσθμα) Engbrüstigkeit.

āsthmătĭcŭs 3 (ἀσθματικός) engbrüstig.

Asti *indecl. s.* Asta.

āstĭpŭlātĭō, ōnĭs *f.* Beistimmung.

āstĭpŭlātŏr, ōrĭs *m.* Beipflichter, Nachbeter, Anhänger.

āstĭpŭlŏr 1 beistimmen, übereinstimmen mit.

āstō, (adstō) stĭtī 1 dabeistehen, helfend zur Seite stehen.

āstrĕpō, strĕpŭī, strĕpĭtŭm 3 Beifall zurufen.

āstrĭctŭs 3 1. straff. 2. knapp, sparsam. 3. gedrängt, bündig. 4. gebunden an, unterworfen: morti.

Astricŭs, ī *m.* Astrik, erster Bischof von Kolocsa, Ungarn.

astrĭfĕr, fĕră, fĕrŭm gestirnt.

āstringō, strīnxī, strictŭm 3 1. festbinden. 2. verpflichten, einschränken.

astrŏlāpsŭs, ūs *m.* Sternschnuppe.

astrŏlŏgĭă, ae *f.* (ἀστρολογία) 1. Sternkunde. 2. Sterndeutung.

astrŏlŏgŭs, ī *m.* (ἀστρολόγος) 1. Sternkundiger. 2. Sterndeuter.

astrŏnŏmĭă, ae *f.* (ἀστρονομία) Sternkunde.

āstrūctĭō, ōnĭs *f.* 1. das Aufbauen. 2. Behauptung, Beweisführung.

astrŭm, ī *n.* (ἄστρον) Himmelsgestirn; *pl.*: der Himmel.

āstrŭō, strūxī, strūctŭm 3 1. hinzubauen, vorrichten, anbauen. 2. noch hinzufügen, verstärken, astr. fidem: Glauben erwecken.

astŭpĕō 2 anstaunen.

Asturĭă, ae *f. s.* Asturiga.

Asturĭcēn. (*C. R.*) *s.* Asturiga.

Astūrĭgă, ae *f.* (Asturiga Augusta, Asturia, Asturgia, Asturigia) Astorga, St. r. am Tuerto, Spanien (León), *ca.* 6000 Einw., Bischofssitz (seit 3. Jhdt.), Suffr. v. Valladolid; *dav.*: **Astūrĭcēnsĭs,** ĕ.

Asturiga Augusta, ae *f. s.* Asturiga.

Asturigia, ae *f. s.* Asturiga.

Asturgia, ae *f. s.* Asturiga.

āstŭs, ūs *m.* List, Anschlag, Schalkheit; schlauer Plan.

āstūtĭă, ae *f.* Schlauheit, Arglist, Verschlagenheit.

āstūtŭs 3 listig, verschlagen.

Astȳăgēs, ĭs *m.* 1. König von Medien (593—558); 558 von Kyrus entthront. 2. Bruder des Königs Polymius von Armenien (1. Jhdt. n. Chr.).

Asyliăcum, ī *n.* Asuel (?), Schweiz (Bern).

Ăsȳlŭm, ī *n.* Asola (?), Ort bei Padua, Oberitalien.

ăsȳlŭm, ī *n.* (ἄσυλον) Freistätte, Zufluchtsort; unverletzliche Stätte; jus asyli Schutzrecht gegen gewaltsame Wegführung von der Zufluchtsstätte.

Asyncrĭtŭs, ī *m.* (Ἀσύγκριτος: Unvergleichbarer) Asynkrit, Christ, den der hl. Apostel Paulus grüßen läßt.

ăsyndĕtŭs 3 (ἀσύνδετος) unverbunden.

āt (ăt) *conj.* (ast) dagegen aber, aber freilich, doch, wenigstens, allein.

Atăcīnŭs vīcŭs, ī *m.* (*vgl.*: Atax) Aussière, D., Fkr. (Aude).

Atad *indecl.* (*hebr.*: Stechdorn) Atad, Ort, östl. des Jordan, Pal.

Atăgĭs, ĭs *m.* Eisack, Nebenfluß der Etsch, Tirol.

Atănēnsĕ mŏnastĕrĭŭm, ī *n.* Saint-Yrieux-de-la-Perche, Benediktinerkloster vom hl. Aredius, Fkr. (Haute-Vienne).

Atara, ae *f.* (*hebr.*: Kranz, Krone) Atara, Frau des Jerameel u. Mutter des Onam.

Ataroth *indecl.* (*hebr.*: Kränze, Kronen) Ataroth 1. St. Pal. (Ephraim). 2. St., Pal. (Gad), *j.*: Attarus.

Ataroth Addar *indecl.* (*hebr.*: Prachtkronen ?) Ataroth Addar, St. Pal. (Ephraim).

ătăvŭs, ī *m.* Vater des Urgroßvaters oder der Urgroßmutter, Ahnherr; *pl.* die Vorfahren.

Ătax, ăcĭs *m.* Aude (Fkr.), Küstenfluß, der nordöstl. von Narbonne ins Mittelmeer mündet, *dav.*; **Ătăcīnus** 3.

Atella, ae *f.* Aversa, St. Süditalien (Caserta), *ca.* 23 000 Einw.; Bischofssitz; *vgl.*: Aversa.

ātĕr, ātră, ātrŭm 1. dunkelfarbig, schwarz. 2. finster, traurig, grauenvoll. 3. boshaft, giftig.

Ater *indecl. m.* (Ather) (*hebr.*: ?) Ater 1. Jude, dessen Nachkommen nach der babyl. Gefangenschaft Türhüter waren. 2. Jude, der den Bund mit Jahwe nach der babylonischen Gefangenschaft erneuerte.

Aternŭs, ī *m.* Aterno, Flüßchen, Oberlauf der Pescara, Italien (Abruzzen).

Atestĕ, ĭs *n.* Este, St. Italien (Padua).

Atha *indecl. s.* Maran Atha.

1. **Athach** *indecl.* Athach, Eunuch des Perserkönigs Xerxes I. u. Kämmerer der Königin Esther.

2. **Athach** *indecl.* (*hebr.*: ?) Athach, St., Pal. (Juda); *wahrscheinlich*: Chirbet-el-Atr bei Beit-Dschibrîn (Eleutheropolis) im südwestlichen Teile von Juda.

Athaias, ae *m.* (*hebr.*: ?) Athajas, Jude, der nach dem babyl. Exil in Jerusalem wohnte.

Athalai *indecl.* (*hebr.*: Jahwe hat fortgeschleppt ?) Athalai, Jude, der nach dem babyl. Exil seine gesetzwidrigen Weiber entließ.

Athalia, ae *f.* (*hebr.*: Jahwe hat fortgeschleppt ?) Athalia, Mutter des Königs Ochozias von Juda u. dessen Nachfolgerin in der Regierung (842 bis 836).

Athalias, ae *m.* (*hebr.*: Jahwe hat fortgeschleppt ?) Athalias, Jude, Vater des Isaias, der mit Alams Nachkommen aus dem babyl. Exil zurückkehrte.

Athanai *indecl.* (*hebr.*: ?) Athanai, Levit aus der Linie Gersom.

Athanarīcŭs, ī *m.* Athanarich, Westgothenkönig, Christenverfolger z. Z. des Kaisers Valens (366—381).

S. Ăthănăsĭŭs, ī *m.* hl. Athanasius, Kirchenvater u. Erzbischof von Alexandrien, † 373, 2. Mai; *dav.*: **Ăthănăsĭānŭs** 3: symbolum.

ăthănătŏs, ŏn (ἀθάνατος) unsterblich.

Athar *indecl.* (*hebr.*: Duft ?) Athar, St., Pal. (Simeon).

ăthĕismŭs, ī *m.* (ἀθεϊσμός) Gottesleugung, Weltanschauung ohne Gott.

Ăthēnae, ārŭm *f.* (Ἀθῆναι) Athen, Hauptstadt von Griechenland, *ca.* 150 000 Einw.; Bistum vom hl. Apostel Paulus gegründet; 6. Jhdt. Erzbistum; 9. Jhdt. Primatialsitz (ab 11. Jhdt. schismatisch); 1205 lateinisches Erzbistum; seit 1875 wieder erneuert; Sitz eines Erzbischofs, der zugleich Apostolischer Delegat für Griechenland ist, *dav.*: **Athēnĭēnsĭs,** ĕ *subst. u. adj.*

Ăthēnaeŭm, ī *n.* (Ἀθήναιον: Heiligtum der Athene) Athenäum 1. eine höhere Schule in Rom, wo die freien Künste gelehrt wurden (von *ca.* 133 n. Chr. bis zum 5. Jhdt. bestehend). 2. wissenschaftliche Anstalten, *bes.* in Italien, Belgien, unserem Gymnasium entsprechend. 3. Zeitung, Zeitschrift. 4. Universität.

Athēnārŭm (*C. R.*) *s.* Athenae.

Athēnĭēnsēs, ĭŭm *m.* Bew. von Athen.

Athēnĭēnsĭs, ĕ *s.* Athenae.

Athēnŏbĭŭs, ī *m.* (Ἀθηνόβιος) Athenobius, Freund des syrischen Königs Antiochus Sidetes (139—129) u. dessen Gesandter an den Machabäer Simon.

ăthĕŏs 3 *s.* atheus.

Ather *indecl. s. Ater.*

Athersatha *indecl.* (*pers.*: der Verschnittene [Eunuch] als Schimpfname des Nehemias [eingeschobene Stelle, *Esr.* 2, 63; *Neh.* 7, 65]).

1. **ăthĕŭs** 3 (atheos, ἄθεος) gottlos.

2. **ăthĕŭs,** ī *m.* Gottesleugner, Atheist.

Ăthĕsĭs, ĭs *m.* Etsch (Addiga), Fluß in Oberitalien, der ins adriatische Meer mündet.

Ăthĭcŭs, ī *m.* (Cathicus) Athico, Herzog im Elsaß u. feindlicher Klostervogt über mehrere elsässische Klöster (7. Jhdt.).

āthlētă, ae *m.* (ἀθλητής) Wettkämpfer, Glaubensstreiter, Held.

āthlētĭcŭs 3 heldenhaft, wie ein Held.

āthlŏn, i *n.* (ἄθλον) Kampf, Ringen, Glaubenskampf.

Athmatha, ae *f.* (*hebr.*: Eidechse ?) Athmatha, St., Pal. (Juda).

Athurnŭs, ī *m.* Volturno, Fluß, Italien (Kampanien).

Ātīnă, ae *f.* Atina, St. in Latium, Mittelitalien.

atlās, antis, *m.* (Ἄτλας) Altas, Kartensammlung.

ătŏmŭs, ī *f.* (ἡ ἄτομος) unteilbares Körperchen, Atom.

ātquĕ, verkürzt **ac,** 1. und, und dazu, und sogar, und noch mehr. 2. und auch, und ebenso. 3. wie, als. 4. nun, ferner. 5 und so, daher. 6. und doch, sondern, gleichwohl.

atquī *conj.* 1. aber doch, freilich, allerdings. 2. *im Syllogismus*: nun aber.

ātrāmentārĭŭm, ī *n.* Schreibzeug (*Ez.* 9, 2).

ātrāmentŭm, ī *n.* Tinte; Tintenzeug.

ātrātŭs 3 schwarz gekleidet.

Atrĕbās, ātĭs u. ătis *m. s.* Atrebatum.

Atrĕbătēn. (*C. R.*) *s.* Atrebatum.

Atrebătēnsĭs, ĕ *s.* Atrebatum.

Atrĕbătŭm, ī *n.* (Nemetăcum, Nemotocenna, Ἀτρέβατον [Strabo], Ἀτρεβάτιον [Ptolemaeus]) Arras, St. in der Landschaft Artois, an der Scarpe, Fkr. (Pas-de-Calais), *ca.* 20 000 Einw.; Bistum (seit 4. Jhdt.), vereinigt mit

St. Omer u. Boulogne, Suffr. v. Cambrai; *dav.*: **Atrĕbătēnsĭs,** ĕ, Atrĕbătēnsēs, ĭŭm *m.* Bew.; *auch*: Atrĕbās. ātĭs u. ătĭs.

ātrĭcŏlŏr, ōrĭs schwarzfarbig.

Atrien. (*C. R.*) *s.* Adria.

ātrĭēnsĭs, ĭs *m.* Aufseher des Atriums, Haushofmeister, Kastellan.

ātrĭŏlŭm, ī *n.* kleiner Vorsaal, enger Vorraum.

ātrĭtās, ātĭs *f.* die Schwärze.

ātrĭŭm, ī *n.* 1. Vorsaal, Vorhalle, Vorhof des Tempels. 2. Haus, Wohnung.

ătrōcĭtās. ātĭs *f.* 1. Gräßlichkeit. 2. Härte, Strenge.

ătrŏphĭă, ae *f.* (ἀτροφία)) Abzehrung, Abmagerung; Unterernährung.

ătrŏphŭs 3 an der Abzehrung leidend.

ătrōx, ōcĭs 1. gräßlich, furchtbar, schrecklich. 2. hart, streng, grausam. 3. trotzig, finster.

attāctŭs, ūs *m.* Berührung.

attăcŭs, ī *m.* (ἀττακός) Heuschrecke (mit kurzen Flügeln).

S. Attălă, ae *f.* hl. Attala, Jgfr. († 741).

Tochter des elsässischen Herzogs Adalbert und seiner Gemahlin Gerlinde, ward von ihrer Tante Odilia erzogen; trat später in das St. Stephanskloster ein, welches ihr Vater in Straßburg gestiftet hatte; sie starb daselbst reich an Tugenden in ihrem 54. Lebensjahre. Ihre rechte Hand blieb unverwest. Das Kolleg St. Stephan geriet später in die Hände der Protestanten, wurde aber von Ludwig XIV. den Katholiken zurückgegeben. In der französischen Revolutionszeit wurde es entweiht. Seit 1860 dient das neu hergerichtete Gebäude als Knabenseminar bzw. Gymnasium. (5. Dezember: Straßburg)

Attalēnsĕ coenŏbĭŭm, ī *n.* Ettal, D. mit Benediktinerkloster in den bayerischen Voralpen (Oberbayern).

Attalia, ae *f.* (Olbia) St. am Mittelländischen Meere, Kleinasien (Pamphylien) *j.*: Antali.

S. Attălŭs, ī *m.* hl. Attalus, Mart. (Lausanne, 22. Mai) ohne nähere Lebensangaben.

Attălŭs, ī *m.* (Ἄτταλος) Attalus 1. Könige von Pergamon (Kleinasien): Attalus I. (241—197), A. II. Philadelphus (159—138), A. III. Philomētor (138—133). 2. Herold unter Kaiser Decius (ca. 250 n. Chr.), *s.* S. Eutychius. 3. Feldherr Alexanders des Großen. 4. Oheim der Kleopatra.

attămĕn, *conj.* doch, aber, allein.

attempĕrō, 1 anpassen.

attemptō 1 (attento) 1. versuchen, probieren; att. matrimonium: eine Eheschließung trotz gesetzlichen Hindernisses versuchen (*C. j. c.* 2357). 2. antasten, angreifen, anfechten; durch Bestechung beizukommen suchen (*C. j. c.* 1854).

attendō, dī, tŭm 3 aufmerken, Obacht geben, achten; attendere sibi a sich hüten vor; ferner: attendite vobis super hominibus istis (*Apg.* 5, 35).

Attendōrĭēnsĭs, ĕ aus Attendorn, St. l. an der Bigge, Westfalen (Arnsberg, Olpe), *ca.* 3500 Einw., ehemals Erzdiözese Köln, *j.*: Diözese Paderborn.

attentātŭm, ī *n.* (attento) 1. unberechtigter Angriff; unerlaubter Versuch: matrimonii. 2. Anfechtung eines gerichtlichen Urteils.

attentĭō, ōnĭs *f.* Aufmerksamkeit.

attentō 1 *s.* attempto.

attentŭs 3 gespannt, aufmerksam.

attĕnŭātĭō, ōnĭs *f.* Schwächung, Verminderung.

attĕnŭō 1 verdünnen, schwächen, verkleinern; *pass.*: sich verlaufen: z. B. aquae.

attĕrō, trīvī, trītŭm 3 abreiben, schwächen, erschöpfen, zerstampfen, zertreten, zerschlagen.

attēstātĭō, ōnĭs *f.* Bezeugung, Zeugnis, Bekräftigung.

attēstŏr 1 bezeugen, bestätigen.

attexō, texŭī, textŭm 3 1. anflechten, anfügen. 2. zuletzt noch erwähnen.

1. **Attĭcŭs** 3 (Ἀττικός) attisch, rein griechisch; *subst.*: Attiker, Athener: T. Pomponius Atticus.

2. **Attĭcŭs,** ī *m.* 1. Statthalter von Syrien unter Trajan. 2. (Aethicus) Herzog Ethico vom Elsaß, Vater der hl. Odilia (7. Jhdt.; *vielleicht*: identisch mit Athicus).

Attĭlă, ae *m.* Attila, König der Hunnen (433—453).

attĭnentĭă, ae *f.* Angehörigkeit, Verwandtschaft.

attĭnĕō, tĭnŭī tentŭm 2 1. *trans.*: a) hinhalten. b) festhalten, bewahren. c) hindern. 2. *intr.*: sich erstrecken, reichen; *unpers.*: betrifft, berührt, langt an.

1. **attingō,** tĭgī, tāctŭm 3 1. berühren, anrühren, feindlich berühren. 2. einen Ort betreten, erreichen. 3. grenzen stoßen an, 4. angehen, betreffen. 5. a. lavacrum puri gurgitis: das Bad der reinen Flut empfangen (*d. h.* die Johannistaufe!).

2. **attingō,** tīnxī, tīnctŭm (attingŭō) 3 benetzen.

attingŭō *s.* 2. attingo.

Attĭnĭăcŭs, ī *f.* Attigny. D., l. an der Aisne, Fkr. (Ardennes), *ca.* 1800 Einw.

attĭtŭlō 1 betiteln.

attollō 3 emporheben, erhöhen (Ps. 23, 7, 9), aufheben, aufrichten.

attondĕō, tondī, tōnsŭm 2 beschneiden, vermindern.

attŏnĭtŭs 3 1. betäubt, bestürzt, erstaunt. 2. besinnungslos. 3. verzückt.

attŏnō, ŭī, ĭtŭm 1 betäuben, niederschmettern.
attractō 1 *s.* attrecto.
attrăhō, trāxi, trăctum 3 an sich ziehen; straff ziehen, herbeischleppen, schleifen.
attrectātĭō, ōnĭs *f.* Berührung.
attrectō 1 (attracto) berühren, betasten, tastend nach etwas suchen.
atrĕpĭdō 1 herbeitrippeln.
attrĭbŭō, bŭī, būtŭm 3 1. z teilen, anweisen. 2. unter jmds. Befehl stellen, zuweisen. 3. zuschreiben, beimessen.
attrĭbūtĭō, ōnĭs *f.* 1. Nebenumstand. 2. Anweisung.
attrĭbūtŏr, ōrĭs *m.* Zuteiler, Schenker.
attrĭbūtŭm, ī *n.* Beifügung, Attribut.
attrītĭō, ōnĭs *f.* unvollkommene Reue.
attrītŭs 3 1. zertreten, zerschlagen, reuig. 2. frech, schamlos (*Ezech.* 3, 7).
Aturen. (*C. R.*) *s.* Aturum.
Aturŭm, ī *n.* Aire sur l'Adour, St., Fkr. (Landes), *ca.* 2500 Einw., Bischofssitz (seit 5. Jhdt.), vereinigt mit d. Titel von Dax, Suffr. v. Auch.
Aubīgnĭŭm, ī *n.* *s.* Albiniăcum.
aucă, ae *f.* Gans.
auceps, aucŭpĭs *m.* 1. Vogelfänger. 2. Silbenstecher: syllăbārŭm.
Auchă, ae *m.* die Waag, Nebenfluß der Donau.
Aucŏpŏlĭs, ĭs *f.* Auckland, St. an d. Ostküste d. Nordinsel von Neuseeland, *ca.* 70000 Einw., Bischofssitz (seit 1848), Suffr. von Wellington auf Neuseeland; *dav.*: Aucŏpŏlītānŭs 3.
Aucŏpŏlĭtān. (*C. R.*) *s.* Aucopolis.
auctĭfĭcō 1 vermehren.
auctĭō, ōnĭs *f.* Versteigerung, Auktion.
auctō 1 vermehren.
auctŏr, ōrĭs *m.* u. *f.* 1. Gewährsmann. 2. Urheber, Anstifter. 3. Gründer, Schöpfer, Stifter. 4. Verfasser(in).
S. **Auctŏr,** ōrĭs *m.* hl. Auktor, Bek. Bisch. von Trier, † um 238.
Er wirkte zur Zeit der Verfolgungen von Alexander Severus (222—235) und Maximinus Thrax (235 -237). Seine Gebeine kamen später nach Braunschweig. (20. August: Trier.)
auctōrĭtās, ātĭs *f.* 1. Urheberschaft. 2. Beispiel, Vorbild. 3. Gewicht, Ansehen, Einfluß. 4. Glaubwürdigkeit. 5. Empfehlung, Rat. 6. Wille, Auftrag, Befehl. 7. Gutachten. 8. Vollmacht, Machtvollkommenheit; auctōrĭtātĕ ăpŏstŏlĭcā kraft der apostolischen Machtbefugnis; auctoritate: amtlich (*C. j. c.* 53).
auctōrō 1 verpflichten, verbindlich machen; sich verbürgen.
auctrīx, īcĭs *f.* Urheberin.
1. **auctŭs** 3. nur im *compar.*: auctĭŏr, vergrößerter, reichlicher.
2. **auctŭs,** ūs *m.* Zunahme, Wachstum.
aucŭpēs, ŭm *pl.* v. auceps, *s. dass.*
aucŭpĭŭm, ī *n.* 1. Vogelfang. 2. das Haschen, Jagen, die Bemühung.
aucŭpŏr 1 nach etw. jagen, lauern.
audācĭă, ae *f.* Kühnheit, Verwegenheit, Dreistigkeit.
audāx, ācĭs kühn, mutig, unerschrocken, verwegen, vermessen; *adv.* audacter.
Audĕmārŭs, ī *m.* *s.* Othmarus.
audēns, entĭs kühn, dreist.
audentĭă, ae *f.* Kühnheit, Wagemut.
audĕō, ausŭs sŭm 2 wagen, sich erdreisten.
audĭēns, entĭs *m.* u. *f.* Zuhörer(in).
audĭentĭă, ae *f.* 1. Aufmerksamkeit, Gehör. 2. Audienz.
S. **Audĭfāx,** fācĭs *m.* hl. Audifax, Martyrer, 19. Januar.
audĭō 4 1. hören, vernehmen, erfahren. 2. anhören, zuhören. 3. erhören, billigen, zugestehen. 4. gehorchen, folgen. 5. sich nennen hören = gelten, einen Ruf haben. 6. audire in insurgentibus (*Ps.* 91, 12) = gern hören von den sich erhebenden Übeltätern (weil sie nicht schaden können).
Audissĭŏdŏrŭm, ī *n.* *s.* Antissiodorum.
audītĭō, ōnĭs *f.* Gerede, Gerücht; auditio tua das Gerücht über dich (*Hab.* 3, 2).
audītō 1 oft *oder* ständig hören.
audītŏr, ōrĭs *m.* 1. Hörer = Schüler, Jünger. 2. a. causarum Untersuchungsrichter, Verhörsrichter (*bes.*: an d. röm. Rota), Verhörsbeamter; Uditore (bei Nuntiaturen und kirchlichen Oberbehörden in Rom).
audītōrālĭs, ĕ zur Schule gehörig.
audītōrĭŭm. ī *n.* 1. Zuhörerschaft. 2. Schule, Hörsaal. 3. Verhör.
audītŭs, ūs *m.* 1. Gehör, Gehörsinn, Hörfähigkeit. 2. das Gehörte, Kunde, auditū auditūs vom Hörensagen.
S. **Audoenī fānum,** ī *n.* (villa, domus) Saint-Ouen-sur-Seine, St. Fkr. (Seine).
S. **Audoēnŭs,** ī *m.* hl. Audoen, Bischof von Rouen (7. Jhdt.).
Audŏmārĕn. (*C. R.*) *s.* Audomarus.
Audŏmārī fānŭm, ī *n.* *s.* Audomarus.
Audŏmārŭs, ī *m.* (Audamari fanum) Saint-Omer, St. Fkr. (Pas-de-Calais), Bischofssitz; *dav.*: **Audŏmārēnsĭs,** ĕ.
Audūră, ae *m.* Eure, Nebenfluß d. Seine (Fkr.).
aufĕrō, abstŭlī, ablātŭm, auferrĕ 1. weg-, forttragen. 2. ablenken, fortreißen. 3. aufheben, beseitigen. 4. entreißen, rauben. 5. gewinnen, bekommen.
aufŭgĭō, fūgī 3 entfliehen.
augĕō, xī, ctŭm 3 1. vermehren, verstärken, erhöhen. 2. bereichern, heben, fördern.
augēscō, auxī 3 größer werden, zunehmen.

Augĭă, ae *f.* Au; *in Verbindung mit Adjektiven zur Bildung von Ortsnamen verwendet.*
Augĭă albă, ae *f.* Weißenau, Ort, Württemberg, ehem. Praemonstratenserabtei (bis 1802).
Augĭă dīvĕs, Augiae divitis *f.* (Auguium) Kloster Reichenau auf der gleichnamigen Insel im Bodensee, Baden; *dav.*: Augĭēnsĭs, ĕ und Auguĭēnsĭs, ĕ.
Augĭă īnsŭlă, ae *f.* (Augiae monasterium, Augense mon.) Kloster Ufenau auf einer Insel im Zürichersee, Schweiz.
Augĭă māiŏr Kloster Mehrerau, *s.* Rhenaugia.
Augĭă Rhēnī *s.* Rhenaugia.
Augĭae mŏnastērĭŭm, ī *n. s.* Augia insula.
Augĭās, ae *m.* (*Αὐγείας*) Augias, Sohn des Helios u. der Naupidame, sagenhafter König der Epeier in Elis, ein Argonaut, dessen 30 Jahre lang nicht ausgemisteten Rinderstall Herkules durch Einleiten des Eurotas in einem Tage reinigte.
Augĭēnsĭs, ĕ *s.* Augia dives.
augmentātĭō, ōnĭs *f.* Vermehrung, Steigerung.
augmentō 1 vermehren.
augmentŭm, ī *n.* Zuwachs, Vergrößerung.
Augūbĭŭm, ī *n.* Gubbio, St., It. (Perugia).
Auguĭēnsĭs, ĕ aus Kloster Reichenau, *s.* Augĭa dives.
Auguĭŭm, ī *n. s.* Augia dives.
augŭr, ŭrĭs *m.* u. *f.* Vogeldeuter, Weissager, Seher, Seherin.
augŭrātĭō, ōnĭs *f.* Weissagung.
augŭrātrīx, īcĭs *f.* Seherin, Wahrsagerin.
augŭrĭŭm, ī *n.* Weissagekunst; Vorzeichen, Weissagung.
augŭrō 1 u. **augŭrŏr** 1 1. vorhersagen, prophezeien. 2. ahnen, vermuten.
1. **Augustă,** ae *f.* Ehrentitel einer Frau des kaiserlichen Hauses, insbesondere Kaiserin.
2. **Augustă,** ae *f. s.* Augusta Vindelicorum.
Augustă Ausc(i)ōrŭm *f.* (Auscium, Eliumberrum, Climberrum) Auch, St. l. am Gers, Fkr. (Gers), *ca.* 10 000 Einw.; Bist. seit 3. Jhdt., Erzbistum seit 9. Jhdt.; *dav.*: **Auxĭtānŭs** 3.
Augustă Braccārŭm *f.* (Bragarensis ecclesia) Braga, St. Nordportugal, *ca.* 25 000 Einw.; Bist. seit 4. Jhdt., Erzbistum seit 6. Jhdt.
Augustă (in **Britannia**) London, Hauptstadt Englands.
Augustă Emerĭtă, ae *f.* Merida, St., r. am Guardiana, Spanien (Badajoz), *ca.* 12 000 Einw.
Augustă Nĕmĕtŭm *f. s.* Spira.
Augustă Praetōrĭă, ae *f.* Aosta, St. l. an der Dora Baltea, It. (Turin), *ca.* 6000 Einw.; Bischofssitz (seit 4. Jhdt.), Suffr. v. Turin.
Augustă Raurăcōrŭm *f.* 1. Augst, Ort bei Basel, Schweiz (Aargau). 2. (Basileensis ecclesia) Basel, St. am Rhein, Schweiz (Basel), *ca.* 110 000 Einw.; Bistum (seit 7. Jhdt.) Basel-Lugano; im Teil des Bezirkes Basel übt der Papst die Jurisdiktion durch einen Weihbischof als Administrator aus, der in Basel wohnt.
Augustă in Rhaetĭā *f. s.* Augusta Vindelicorum.
Augustă Suessĭōnŭm *f.* (Noviodūnum) Soissons, St. an der Aisne, Fkr. (Aisne), *ca.* 12 000 Einw., Bischofssitz (seit 3. Jhdt.), vereinigt mit Bistumtitel v. Laon, Suffr. v. Reims.
Augusta Taurīnōrŭm *f.* Turin, St. l. am Po, Oberitalien, *ca.* 300 000 Einw.; Erzbischofssitz (seit 1515; Bist. seit 5. Jhdt.).
Augustă Trĕvĭrōrŭm (Treverorum) *f.* Trier, St. an der Mosel, Preußen (Rheinprovinz), *ca.* 50 000 Einw.; Bischofssitz (seit 3. Jhdt.; 8.—18. Jhdt Erzb.); seit 1821 Suffr. v. Köln.
Augustă Tŭrŏnŭm *f. s.* Turoni.
Augustă Vangĭŏnŭm *f.* Worms, St. am Rhein; *vgl.*: Wormatia.
Augustă Vĕromandōrŭm *f.* (A. Verumandorum) Vermand, Frankreich, (Aisne); *vgl.*: Quintiniăcum.
Augustă Vindĕlĭcōrum *f.* (A. Vindĕlĭcūm, Aelia Augusta) Augsburg, St. am Lech, Bayern (Schwaben), *ca.* 100 000 Einw.; Bischofssitz (seit 4. Jhdt.), Suffr. v. München-Freising; *dav.*: **Augustānŭs** 3, **Augustīnēnsĭs,** ĕ.
Augustă Viromandŭōrŭm (Samarobriva) St. Quentin, St., Nordfkr.
1. **Augustālĭs,** ĕ kaiserlich, den Kaiser Augustus betreffend.
2. **augustālĭs,** ĭs *m.* Götzenpriester.
Augustān. (*C. R.*) *s.* Augusta Praetoria.
Augustān. Vindĕlĭcōrŭm (*C. R.*) *s.* Augusta Vindelicorum.
Augustānă ecclēsĭă, ae *f.* eine Kirche, zum ehemaligen Hochstift Augsburg gehörig.
Augustānŭs 3 (Augustīnēnsĭs, ĕ) augsburgisch.
Augustāvĭă, ae *f.* Augustow, St. am Kanal zwischen Niemen und Weichsel, Polen (Suwalki), *ca.* 13 000 Einw.; Bistum, Sitz in Sejny; *dav.*: **Augustŏvĭēnsĭs,** ĕ.
S. **Augustini** (*C. R.*) *s.* 2. S. Augustīnus.
Augustīnĭānī Erēmītae *m.* Augustinereremiten, entstanden durch Verschmelzung verschiedener Genossenschaften unter Papst Alexander IV.

(1256). Sie lebten nach der Augustinerregel.

Augustiniānŭs 3 augustinisch: doctrina.

1. **S. Augustīnŭs,** ī *m.* hl. Augustin, 1. Kirchenlehrer und Bischof von Hippo, † 430, 28. August. 2. Erzbischof von Canterbury, Apostel Englands, † 607, 28. Mai.

2. **S. Augustīnŭs,** ī *f.* Saint Augustine, Hafenstadt an der Mantazasbai, Nordamerika (Florida), *ca.* 5000 Einw.

1. **B. Augustīnŭs Gazotti,** Bischof von Zagrab († 1323).

In der dalmatischen Erzdiözese Spalato geboren, wurde er Dominikaner und hatte in Paris den hl. Thomas von Aquin zum Lehrer; war ein Muster von Ordensmann, brachte ganze Nächte im Gebete zu. Benedikt XI. machte ihn zum Bischofe. Sein Ruf nahm so zu, daß König Robert v. Neapel Papst Johannes XXII. bat, ihn zum Bischofe von Lucera in Apulien zu machen, damit er dort die eingedrungenen Sarazenen bekehre. Er weihte diese Stadt der Gottesmutter und nannte sie fortan „Santa Maria“. Wenige Jahre nach dem Tode des eifrigen Mannes erwirkte der Herzog Karl von Kalabrien von Johannes XXII. die Seligsprechung desselben, während Klemens XI. sein Offizium auf den ganzen Dominikanerorden ausdehnte. — 3. August (Dom. O.)

2. **B. Augustinus Novellus,** Bek. († 1309).

Er hieß früher Matthäus und wurde zu Toranum (Mittelitalien) von vornehmen Eltern geboren. Zu Bologna holte er sich den Doktor beider Rechte und wurde geheimer Rat und Oberrichter am Hofe des Königs Manfred von Sizilien. In einer Krankheit machte er ein Gelübde und trat deshalb nach seiner Genesung als einfacher Laienbruder in den Augustinerorden ein. Da wurde sein Kloster zu Siena in einen Prozeß verwickelt. Novellus verfaßte für dessen Rechte eine Denkschrift, an deren Gründlichkeit der Führer der Gegenpartei seinen früheren Studienfreund erkannte. Der Ordensgeneral Clemens von Osimo schickte ihn nun nach Rom. Dort war er mehrere Jahre Beichtvater Nikolaus' IV. Mit Clemens gab er die Konstitutionen des Augustinerordens heraus. 1298 wurde er zu Mailand zum Ordensgeneral gewählt. Schon nach zwei Jahren trat er von seinem Amte zurück. Im Kloster St. Leonhard bei Siena erwartete er in stiller Zurückgezogenheit den Tod. — 19. Mai. (Augustinerorden.)

3. **B. Augustīnŭs Schoeffle,** Mart., Leidensgefährte des sel. Joannes Gabriel Dufresse, *s.* dens.

Augustīnŭs Adornŭs, ī *m. s.* Adornus.

Augustŏdūnēn. (*C. R.*) *s.* Augustodunum.

Augustŏdūnŭm, ī *n.* (Aeduorum civitas) Autun, St. l. am Arroux, Fkr. (Saône-et-Loire), *ca.* 12000 Einw., Bischofssitz (seit 3. Jhdt.), Suffr. v. Lyon. *dav.*: **Augustŏdūnēnsĭs,** ĕ.

Augustŏdūrŭm, i *n.* Bayeux, St. an der Aure, Fkr. (Calvados), *ca.* 7000 Einw. Bischofssitz (seit 4. Jhdt.), Suffr. v. Rouen.

Augustŏnĕmētŭm, ī *n.* (Averna) Clermont-Ferrand, St., Fkr. (Puy-de-Dôme), *ca.* 40000 Einw., Bischofssitz (seit 3. Jhdt.), Suffr. v. Bourges.

Augustŏrētŭm, ī *n.* (Augustŏrĭtŭm, Lĕmŏvīcŭm) Limoges, St., Südfr. (Haute-Vienne).

Augustŏvīēn. (*C. R.*) *s.* Augustavia.

Augustŭm, ī *n.* Aoste, Marktflecken, Fkr. (Isère).

augustŭs 3 geheiligt, ehrwürdig, erhaben.

Augustŭs, ī *m.* 1. Beiname des Octavius Caesar seit 27 v. Chr., nach ihm Titel aller römischen Kaiser, z. B. Julianus Octavianus Augustus (31. v. bis 14 n. Chr.) (*Luc.* 2, 1); Nero Augustus (54—68) (*Apg.* 25, 21 u. 25). 2. der Monat August.

aulă, ae *f.* 1. Vorhof. 2. großer Raum, Saal: aula capitularis Kapitelsaal. 3. Schloß, Palast, Fürstenhof. 4. Hofleute, Höflinge. 5. das für die Laien bestimmte Kirchenschiff (Gegensatz: Chor), aula transversa Querschiff. 6. Gotteshaus, Tempel.

Aulă B. M. V., Schlierbach, Cist. Kloster in Österreich, Diöz. Linz.

Aulă rēgĭă, Königssaal, Cist. Kloster in Böhmen, Diöz. Prag.

aulaeŭm, ī *n.* Decke, Teppich, Baldachin.

Aulercī, ōrŭm *m. s.* Aulici.

aulĭcī, ōrŭm *m.* Hofleute, Hofgesinde.

Aulĭcī, ōrŭm *m.* (Aulerci) Auliker, Völkerschaft im keltischen Gallien: 1 A. Eburones, deren Hauptstadt Mediolanum war, im jetzigen Département de l'Eure, Normandie. 2 A. Cenomani im jetzigen Départ. de la Sarthe. 3 A. Brannovīcēs, *j.*: le Briennais.

aulĭcŭs 3 zum Hofe gehörig, Hof-; *vgl.* aulici.

Aulōnă, ae *f.* Valona, St., Albanien.

aură, ae *f.* 1. Luft, Luftzug, Säuseln (*Ps.* 106, 29); aurae spiritūs Hauch der Luft, Lebensatem. 2. Schimmer, Duft, Glanz.

aurābĭlĭs, ĕ goldfarbig.

aurāmentŭm, ī *n.* Goldarbeit, Goldgeschirr.

Auran *indecl.* Hauran, Gegend im Ostjordanland im Gebiete von Basan.

Aurānēn. (*C. R.*) *s.* Auranum.

Aurānŭm, ī *n.* Oran, St. Algier, *ca.* 90000 Einw., Bischofssitz (seit 1866), Suffr. von Algier; *dav.*: **Aurānēnsĭs,** ĕ.

aurārĭŭs 3 zum Gold gehörig.

aurātūră, ae *f.* Vergoldung.

aurātŭs 3 mit Gold geschmückt, vergoldet.

S. Aurĕă, ae *f.* hl. Aurea 1. Jungfr. u. Mart. in Cordoba, 19. Juli. 2. Jgfr. u. Mart. in Ostia, 24. Aug. 3. Jgfr. in Paris, 4. Okt.

Aurĕātŭm, ī *n.* (Aurĭpŏlĭs, Angelostădĭŭm, Ingolstădĭŭm) Ingolstadt, St. an der Donau, Bayern (Oberbayern), *ca.* 20000 Einw.

S. Aurēlĭă, ae *f.* Jgfr. († im 4. Jahrh.).
Über sie ist nichts Näheres an geschichtlichen Tatsachen zu ermitteln; sie stand immer in Straßburg in Ehren, bis 1524 bei der kirchlichen Umwälzung ihre Gebeine verbrannt wurden, doch mit Ausnahme jener, die in einem Kartäuserkloster bei Straßburg aufbewahrt wurden; später gelangten die Reliquien nach Bischofsheim im Unterelsaß. 16. Oktober (Straßburg); s. auch S. Einbetta.

Aurēlĭă, ae *f.* (Aurelianum, Aurelium) Orléans, St. r. an d. Loire, Fkr. (Loiret), *ca.* 60 000 Einw., Bischofssitz, Suffr. v. Paris. *dav.*: **Aurēlĭānēnsĭs,** ĕ u. **Aurēlĭānŭs** 3; **Aurēlĭānēnsēs,** ĭŭm *m.* Bewohner.

Aurēlĭă vĭă, Aurelische Straße, die von Rom aus zuerst westlich, dann nordwestlich bis Pisa führte.

Aurēlĭăcŭm, ī *n.* Aurillac, St. r. an d. Jordanne (zur Chère), Fkr. (Cantal), mit einer vom hl. Gerald i. J. 898 gegründeten Abtei, *ca.* 13 000 Einw.

Aurelian. (*C. R.*) *s.* Aurelia.

Aurēlĭānēnsĭs ăgĕr, grī *m.* Orléannais, Landschaft, Fkr.

Aurēlĭānŭm, ī *n. s.* Aurelia.

Aurēlĭānŭs, ī *m.* Aurelian 1. römischer Kaiser (270—275). 2. Bräutigam d. hl. Domitilla.

S. Aurēlĭī mŏnastērĭŭm, ī *n. s.* Hirsaugia.

Aurēlĭŭm, ī *n. s.* Aurelia.

Aurēlĭŭs, ī *m.* Aurel, 1. Konsul unter Domitian. 2. Stadtpräfekt von Rom unter Diokletian.

aurĕŏlă, ae *f.* Strahlenkrone, Heiligenschein.

aurĕŏlŭs 3 1. aus Gold gemacht. 2. schön, herrlich, allerliebst.

1. **aurĕŭs** 3 aus Gold, golden. 2. prächtig, herrlich. 3. **aureus numerus,** Zahl, welche anzeigt, das wievielte von den 19 Jahren des Mondzyklus irgend ein Jahr ist.

2. **aurĕŭs,** ī *m.* (*sc.*: nummus) Goldmünze, Goldstück, Dukat.

S. Aurĕŭs, ī *m.* hl. Aureus, Mart. u. Bischof v. Mainz († um 400).
Lebte zur Zeit der Hunneneinfälle in Deutschland, als die Arianer noch mächtig waren, durch die er aus der Bischofsstadt vertrieben wurde. Seine Schwester Justina begleitete ihn mit anderen Getreuen. Nach der Rückkehr wurde er von den Arianern mit seiner Schwester am Altare niedergemetzelt und sein Leichnam in einen Brunnen gestürzt. Der Erzbischof Richulph holte die Gebeine zur Zeit Karls des Großen heraus und setzte sie im Kloster des hl. Albanus bei. Sie gerieten in Vergessenheit und wurden später gelegentlich unter dem Pflaster des Klosters wiedergefunden. 16. Juni. (Mainz.)

Aurĭă, ae *f.* Orense, St. l. am Minho in Galizien, Spanien (Orense), *ca.* 16000 Einw., Bischofssitz (seit 571), Suffr. v. Santiago de Compostela; *dav.*: Aurĭēnsĭs, ĕ.

aurĭchălcŭm, ī *n.* (orichalcum) Messing.

aurĭcŭlă, ae *f.* Ohrläppchen, Ohr.

aurĭcŭlārĭŭs, ī *m.* (a secreto) geheimer Ratgeber, Geheimrat (2. *Kön.* 23, 23).

Aurĭēn. (*C. R.*) *s.* Auria.

aurĭfĕr, fĕră, fĕrŭm Gold mit sich führend, Gold hervorbringend.

aurĭfex, fĭcĭs *m.* Goldschmied.

aurĭflŭŭs 3 von Gold fließend.

aurĭfrĭgĭātŭs 3 *s.* auriphrygiatus.

aurĭfrĭsĭŭm, ī *n.* (auriphrygium) Goldzierat, womit kirchliche Gewänder besetzt wurden (*er bestand aus Seide mit Gold durchwebt oder bestickt, bisweilen auch mit Perlen versehen*).

aurīga, ae *m.* Wagenlenker.

aurĭphrўg(i)ātus 3 mit Gold besetzt, goldverbrämt: mitra; *vgl.* aurifrisium.

aurĭphrўgĭŭm, ī *n. s.* aurifrisium.

aurĭs, ĭs *f.* Ohr, Gehör; auribus percĭpĕrĕ: vernehmen: verbă (*Ps.* 5, 1).

aurōclāvātŭs 3 mit goldenen Streifen besetzt.

aurōră, ae *f.* Morgenrot, Morgengrauen.

aurūgĭnō 1 an der Gelbsucht leiden.

aurūgō, ĭnĭs *f.* 1. Gelbsucht. 2. Getreidebrand, Rost.

aurŭm, ī *n.* 1. Gold. 2. goldenes Gerät.

Auscĭŭm, ī *n. s.* Augusta Auscorum.

auscŭlŏr 1 *s.* osculor.

auscultātŏr, ōrĭs *m.* Zuhörer.

auscultō 1 1. zuhören, anhören, lauschen; per ostium: an der Türe. 2. Glauben schenken, gehorchen.

Ausītĭs, ĭdĭs *f.* (*hebr.*: Hus) Hus, Landstrich, südöstlich von Judäa zwischen der Ostgrenze von Idumäa u. dem wüsten Arabien (*Jer.* 26, 20).

Ausŏnĭă, ae *f.* Land der Ausoner (Völkerschaften des umbrischen Stammes in Mittel- u. Süditalien), Ausonien.

1. **Ausŏnĭŭs** 3 ausonisch (*dichterisch* = italisch oder römisch).

2. **Ausŏnĭŭs,** ī *m.* Decimus Magnus Ausonius, Dichter, Rhetor u. Grammatiker d. 4. christl. Jahrhunderts.

auspex, ĭcĭs *m.* 1. Vogelschauer. 2. *übtr.*: Leiter, Führer, Anführer.

auspĭcātŭs 3 1. feierlich eröffnet. 2. von guter Vorbedeutung, glücklich, günstig.

auspĭcĭŭm, ī *n.* 1. Vogelschau, Wahrzeichen, Vorbedeutung; heidnischer Götterdienst. 2. Oberbefehl, Herrschaft. 3. Gewalt, Wille, Geheiß.

S. Auspĭcĭŭs, ī *m.* hl. Auspiz, Bisch. u. Mart. (ohne nähere Lebensangaben), Trier (8. Juli).

Auspĭcĭŭs, ī *m.* Auspicius, Erzieher der hl. Domitilla.

auspĭcō 1 u. **auspĭcŏr** 1 anfangen, beginnen; Auspizien veranlassen.

Aussōnă, ae *f.* Auxonne, St., l. an der Saône, Fkr. (Côte-d'Or), *ca.* 4500 Einw.

austĕr, strī *m.* 1. Südwind. 2. Süden, Mittag; Südland (dürres Land *Ps.* 125, 4); regina Austri Königin von Saba; ad austrum Emaum südlich von Emaus.

Austerbātiŭm, ī *n. s.* Austrobantum.

austērĭtās, ātĭs *f.* Herbheit, Strenge.

austērŭs 3 (αὐστηρός) 1. herb, scharf. 2. ernst, streng. 3. finster, mürrisch.

Austrālĭă, ae *f.* Australien (Erdteil); *dav.*: **Austrālĭānŭs** 3.

austrālĭs, ĕ südlich.

Austrāsĭă, ae *f.* Austrasien, Austrien, ein Teil des alten Frankenreiches, östlich der Maas; *dav.*: **Austrāsĭānŭs** 3 u. **Austrāsĭānī,** ōrŭm *m.* Bew.

Austrāsĭī, ōrŭm *m. s.* Ostfali.

Austrātēs, ĭs *m.* der Austrasier, *s.* Austrasia.

Austrĕbantēnsis pāgŭs, ī *m. s.* Austrobantum.

S. **Austrēgisilŭs,** ī *m.* hl. Austregisil, Bisch. v. Bourges, Fkr. (Cher).

Austrĭă, ae *f.* Österreich; *dav.*: **Austrĭăcŭs** 3.

Austrĭă-Hungārĭă, ae *f.* Österreich-Ungarn.

Austrĭăcŭs 3 österreichisch.

Austrĭdēs (-um) gentēs, ĭŭm *f.* Österreichs Völker.

Austrŏbantĭă, ae *f. s.* Austrobantum.

Austrŏbantŭm, ī *n.* (Austrobantia, Austrebantensis pagus, Austerbatium) Osterbant (Ostrevand), ehem. Landschaft zwischen Schelde und Scarpe, Belgien (Hennegau).

ausŭm, ī *n.* Wagnis, Unternehmen: nefarium.

ausŭs, ūs *m.* das Wagen, der Wagemut, Wagnis, Unternehmen.

aut *conj.* 1. oder, oder vielmehr, oder sogar, oder wenigstens, oder überhaupt, widrigenfalls. 2. **aut-aut** entweder — oder.

autĕm *conj.* hingegen, aber, andrerseits, ferner, nun.

authentĭă, ae *f.* die Übereinstimmung mit der Urschrift, Originalität.

authentĭcĭtās, ātĭs *f.* 1. Original, Urschrift. 2. Echtheit, amtliche Bestätigung. 3. Glaubwürdigkeit.

authentĭcō 1 für echt erklären.

authentĭcŭs 3 (αὐθεντικός) ursprünglich, urschriftlich, mit dem Ursprung übereinstimmend, authentisch, offiziell, zuverlässig, echt, eigenhändig; authentica interpretatio gesetzliche Erklärung.

authŏr, ōrĭs *m. s.* autor.

Autŏmārŭs, ī *m. s.* Othmarus.

autŏbĭŏgrăphĭă, ae *f.* (αὐτοβιογραφία), selbstverfaßte Lebensbeschreibung, eigene Lebensbeschreibung.

autŏcrătă, ae *m.* (αὐτοκρατής) Autokrat, unumschränkter Herrscher.

autŏcrătĭa, ae *f.* Autokratie (Staatsform ohne verfassungsmäßige Kontrolle für die Regierungshandlungen des unverantwortlichen Herrschers).

autŏgraphŏn, ī *n. s.* autographum.

autŏgrăphŭm, ī *n.* (αὐτόγραφον) Originalhandschrift, Urschrift.

autŏgrăphŭs 3 (αὐτόγραφος) eigenhändig unterschrieben oder geschrieben.

autŏnŏmĭa, ae, *f.* (αὐτονομία) Selbständigkeit.

autŏnŏmus 3 frei, unabhängig, selbständig.

autŏr, ōrĭs *m.* (author) Urheber; Schriftsteller.

S. **Autŏr,** ōrĭs *m.* hl. Autor, Bek. u. Bisch. von Metz († 4. Jhdt.).

Er war der 13. Bischof von Metz, als Nachfolger des ehrwürdigen Leguntius kurz nach dem Tode Konstantins des Großen, als die Barbaren in Gallien einfielen. Infolge der Warnung des hl. Servatius, Bischofs von Tongres, ließ er alle Katechumenen taufen, ehe die Barbaren eintrafen. Diese brannten die Stadt bis auf das Kirchlein des hl. Stephanus nieder. Autor selbst wurde fortgeschleppt, aber unterwegs freigelassen. Er säuberte während seiner 49jährigen Regierungszeit die Diözese von der arianischen Irrlehre. Seine Gebeine wurden in der französischen Revolutionszeit bis auf einen Knochen, der in der Pfarrkirche zu Mandy verehrt wird, zerstreut. 9. August. — (Metz.)

autōritātīvŭs 3 aus eigener Machtvollkommenheit.

Autrīcŭm, ī *n. s.* Karnotena urbs.

autumnālĭs, ĕ herbstlich.

autumnŭs, ī *m.* Herbst.

Auvă, ae *f.* der Chiemsee, Bayern (Oberbayern).

Auxentĭŭs, ī *m.* Auxentius, arianischer Bischof von Mailand, † 374.

auxĭlĭārĭă, ĭŭm *n.* Hilfstruppen.

auxĭlĭārĭs, ĕ zur Hilfe dienend, helfend.

auxĭlĭārĭŭs 3 Helfer-, Hilfs-; episcopus auxiliarius Weihbischof; sacerdos auxiliarius Hilfspriester, Aushilfspriester.

auxĭlĭātŏr, ōrĭs *m.* Helfer; quatuordecim Auxiliatores 14 Nothelfer.

auxĭlĭātrīx, īcĭs *f.* Helferin; *auch adj.*: helfend: manus.

auxĭlĭŏr 1 helfen, unterstützen; das Objekt steht auch im *gen.*: auxiliatus sum tui.

auxĭlĭŭm, ī *n.* Hilfe, Beistand; *pl.*: 1. Hilfsmittel, Rettungsmittel. 2. Hilfstruppen, Streitkräfte.

Auxĭmān. (*C. R.*) *s.* Auximum.

Auxĭmŭm, ī *n.* Osimo, St. It. (Acona), *ca.* 7000 Einw.; Bischofssitz (seit 7. Jhdt.), seit 1725 mit Cingola vereinigt, exempt; *dav.*: **Auxĭmānŭs** 3.

Auxĭtān. (*C. R.*) *s.* Augusta Auscorum.

1. **Ava,** ae *f.* Ava, eine Jungfrau, die am Grabe der hl. Regenfledis das Augen-

licht erhielt u. im Kloster Dononium an der Schelde im Rufe der Heiligkeit starb (9. Jhdt.).

2. **Ava** *indecl. s.* Avah.

Avah *indecl.* (Ava) Ava, Ort in Assyrien, dessen Bewohner in Samaria angesiedelt wurden (4. *Kön.* 17, 24); die Lage des Ortes ist unsicher, *wahrscheinlich*: das heutige Dorf Imm in Syrien (Immae bei Kiepert, Atlas antiquus).

Ăvallēnsĕ terrĭtōrĭŭm, ī *n.* (*adj.* von Aballo, *s. dort*) Artois, ehem. Landschaft, Fkr. (Yonne).

Avānā, de A. (*C. R.*) *s.* Havana.

Ăvārī, ōrŭm *m.* die Avaren, ein mongolisches Räubervolk.

Ăvārĭcŭm, ī *n.* Bourges, St., Fkr. (Cher), *ca.* 35 000 Einw., Erzbischofssitz.

ăvārĭtĕr (*vorklassische Form*) *adv.* zu avarus; *klass. Form*: avare.

ăvārĭtĭă, ae *f.* 1. Habsucht, Geiz, Knauserei. 2. Besitz (*Hab.* 2, 9). 3. in avaritiam (*adverbial*) unersättlich.

1. **ăvārŭs** 3 1. habsüchtig, geldgierig, geizig. 2. gierig, gefräßig, unersättlich.

2. **ăvārŭs,** ī *m.* Geizhals.

ăvē! *s.* aveo.

āvĕhō, vēxī, vectŭm 3 1. *trans.* wegführen, wegschaffen. 2. *intrans.* wegfahren, wegreiten.

Avellă, ae *f.* 1. *s.* Abella. 2. Villabon, St., Spanien (León).

Ăvellānŭm, ī *n.* Fonte Avellano, Ort in Mittelitalien; *dav.*: **Avellānēnsĭs,** ĕ u. **Avellānītă,** ae *m.* Einw.

āvellō, vellī u. vulsī, vulsŭm 3 losreißen, gewaltsam trennen, entfernen; *pass.*: sich losreißen, entfernen.

Avelshēmĭēnsĭs ăgĕr, grī *m.* eine Gegend in der Nähe von Straßburg, Elsaß.

ăvēnă, ae *f.* 1. Hafer, 2. Halm des Hafers.

Avenācŭm, ī *n.* (Aveniacum) Avenay, St., Fkr. (Marne).

Avenĭācŭm, ī *n. s.* Avenacum.

Ăvĕnĭō, ōnĭs *f.* Avignon, St., l. an der Rhône, Fkr. (Vaucluse), *ca.* 40 000 Einw.; Erzbischofssitz; *dav.* **Ăvĕnĭōnēnsĭs,** ĕ.

Ăvĕnĭōnēn. (*C. R,*) *s.* Avenio.

Aventĭcēnsĭs lăcŭs, ūs *m.* der Murtenersee, Schweiz (Freiburg).

Aventĭcŭm, ī *n.* Avenches oder Wiflisburg, St., Schweiz (Waadt); *dav.*: **Aventicēnsĭs,** ĕ; dioecesis Aventicensis der ehem. Bischofssitz wurde nach der Zerstörung von Aventicum (616) nach Lausanne verlegt.

Aventīnŭs, ī *m.* (*scil.*: mons; ὁ Ἀβεντῖνος λόφος; τὸ Ἀβεντῖνον), der Aventin, einer der sieben Hügel Roms.

ăvĕō 2 (haveo); *nur imperat.* gebräuchlich: ăvē (hăvē)! als Grußformel: sei gegrüßt! Guten Tag! Lebe wohl! *bes.*: als Abschiedsgruß an Sterbende u. Tote. Have anima christiana (pia)!

Avernă, ae *f.* Clermont-Ferrand, *s.* Augustonemetum.

ăvernālĭs, ĕ, schaurig; höllisch; *subst. pl.*: avernalĭa, ĭum *n.* schaurige Schluchten.

Ăvernŭs, ī *m.* (*scil.*: lăcŭs) (*auch*: avernus) ein See in Kampanien bei Cumä, wo sich der Sage nach der Eingang zur Unterwelt befand; daher *subst.* Unterwelt, Hölle; *adj.* unterirdisch, höllisch.

āverrō, verrī 3 wegfegen, reinigen.

Aversă, ae *f.* Aversa, St. nördlich von Neapel, It. (Caserta), *ca.* 22000 Einw.; Bischofssitz von Atella; *dav.*: Aversānŭs 3.

Aversān. (*C. R.*) *s.* Aversa (Atella).

āversātrīx, īcĭs *f.* Verabscheuerin; Abtrünnige.

āversĭō, ōnĭs *f.* das Abwenden, Abfall.

āversŏr 1 sich ab, auf die Seite wenden, verabscheuen, verschmähen, zurückweisen.

āversŭs 3 1. abgewandt, rückwärts gewandt. 2. abgeneigt, feindlich.

āvertō, vertī, versŭm 3 I. *trans*: 1. abwenden, ablenken, abbringen, abhalten; zurückweichen lassen: vor den Feinden retrorsum post inimicos (*Ps.* 43, 11). 2. entziehen, sich wegwenden (z. B. *Ps.* 88, 47). 3. wenden: averte mala inimicis meis wende die Übel von mir und wende sie auf meine Feinde (*Ps.* 53, 5); ne avertas = ne reverti facias [*hebr.*: du machst den Menschen wieder zu Staub u. sprichst: kehret zurück (zu Staub), ihr Menschenkinder] (*Ps.* 89, 3). II. *intrans.*: ablassen (*Ps.* 84, 4).

ăvĭă, ae *f.* Großmutter, Ahne.

āvĭă, ōrŭm *n. s.* āvĭŭs 3.

ăvĭcŭlă, ae *f.* kleiner Vogel, Vögelchen.

Ăvĭcŭlă mōns, tĭs *m.* der Vogelberg in den Rhätischen Alpen.

ăvĭdĭtās, ātĭs *f.* 1. Begier, Verlangen. 2. Habsucht, Geldgier.

ăvĭdŭs 3 gierig, verlangend, habsüchtig, unersättlich.

Ăvĭēnsĭs, ĕ *s.* Avium.

Avim *indecl.* (*hebr.*: Awwiter) Avim, St., Pal. (Benjamin).

ăvĭs, ĭs *f.* Vogel.

Avith *indecl.* (*hebr.*: Ungerechtigkeit?) Avith, Hauptstadt der Edomiter südlich von Judäa.

S. **Ăvītŭs,** ī *m.* hl. Avit, Bischof zu Vienne (Fkr.), † um 525, 14. Februar.

ăvītŭs 3 angeerbt, angestammt.

Ăvĭŭm, ī *n.* Avio, D. bei Aquila, It. (Abruzzen), *dav.*: **Avĭēnsĭs,** ĕ.
āvĭŭs 3 (zu vĭă Weg) abgelegen, einsam; *subst. n. pl.* abgelegener Ort, Wildnis.
āvŏcātĭō, ōnĭs *f.* Ablenkung, Zerstreuung.
āvŏcō 1 1. abberufen, abbringen. 2. sich zerstreuen, erheitern.
āvŏlō 1 wegfliegen, davoneilen.
Avoth-jair *indecl.* (*hebr.*: Dörfer Jairs), Landschaft Basan, Palästina, (*Richt.* 10, 4 u. 3 *Kön.* 4, 13).
āvulsĭō, ōnĭs *f.* Losreißung, Trennung.
ăvuncŭlŭs, ī *m.* Oheim, Mutterbruder.
ăvŭs, ī *m.* Großvater, Vorfahre.
Axa, ae *f.* (*hebr.*: ?) Axa, Israelitin, Tochter des Kaleb u. Frau des Othoniel.
Axaph *indecl.* (*hebr.*: Zauberer ?) Axaph, St., Pal. (Aser).
Axĕlŏdūnŭm, ī *n.* (Haquistaldensis ecclesia) Hexham, St. r. am Tyne, England (Northumberland), *ca.* 10000 Einw.; ehemalige Benediktinerabtei (676—1578); Bistum seit 680, 1850 neuerrichtet als Bistum Hexham u. Newcastle, Sitz in Durham, Suffr. v. Westminster.
āxillă, ae *f.* Achselhöhle, Achsel.
axĭōmă, ătĭs *n.* (ἀξίωμα Wertachtung, Geltung, Würde) das Axiom, ein feststehender Grundsatz, der wegen seiner Klarheit und Selbstverständlichkeit nicht bewiesen zu werden braucht.
ăxĭs, ĭs *m.* 1. Achse, Wagen. 2. Erdachse, Himmelsgegend.
Axŏnă, ae *m.* Aisne, Nebenfluß der Oise, Nordfrankreich.
Ayacuqua, ae *f.* Ayacucho, St., Peru, Südamerika, *ca.* 20000 Einw.; Bistum (seit 1837) mit Huamanga vereinigt, Suffr. v. Lima; *dav.*: **Ayacuquēnsĭs,** ĕ.
Ayacuquēn. (*C. R.*) *s.* Ayacuqua.
Ayălă, ae *f.* (de A.) de Ayála, vornehmes Geschlecht zu Ballestero in der Erzdiözese Toledo in Spanien im 16. u. 17. Jhdt.
Ayennŭm, ī *n.* Ayen, St., Fkr. (Corrèze).
Aystethēnsĭs urbs Eichstätt, Bayern *s.* Eichstadium.
1. **Aza,** ae *m.* (*hebr.*: Uza, Stärke) Uza, ein Nathinäer, dessen Nachkommen aus dem babyl. Exil zurückkehrten.
2. **Aza,** ae *f.* (*hebr.*: Gasa) Aza, 1. St., Pal. (Ephraim). 2. anderer Name für die Philisterstädte Gaza u. Azot.
1. **Azael** *indecl.* (*hebr.*: Gott hat ausersehen) Azael (Hasael), König von Damaskus (844—804 v. Chr.), Vater des Benadad.
2. **Azael** *indecl.* Burg von Damaskus.
Azahel *indecl.* (*hebr.*: Gott hat geschaffen) Azahel, Vater des jüdischen Fürsten Jonathan z. Z. des Esdras.
Azania (Azanias) *indecl.* (*hebr.*: Erhörung Jahwes ?) Azania, Levit z. Z. des Esdras.
Azanot-thabor *indecl.* (*hebr.*: ?) Azanotthabor, St., Pal. (Nephthali).
Azareel *indecl.* (*hebr.*: Gott hat geholfen) Azareel 1. Held Davids. 2. Sänger z. Z. Davids. 3. (Azreel) Levit z. Z. des Esdras.
Azarias, ae *m.* (Azaria) (*hebr.*: Jahwe hat geholfen) Azarias, häufiger Personenname bei den Juden. 1. Sohn Ethans. 2. Sohn Jehus. 3. Sohn Achimaas. 4. Sohn Helkias'. 5. Sohn Sophonias'. 6. Sohn Obeds. 7. Sohn des Hohenpriesters Sadok und Fürst in Israel unter König Salomon. 8. Sohn Nathans, Hofbeamter des Königs Salomon. 9. Sohn des Königs Josaphat, von seinem Bruder Joram getötet. 10. ein Sohn Jeroboams, Oberst über hundert Krieger Israels (1. *Par.* 23, 1). 11. (*auch* Ozias *genannt*) Sohn des Königs Amasias, König von Juda (789—738), seit *ca.* 750 bis zu seinem Tode aussätzig (4 *Kön.* 15, 5). 12. Sohn des Hohenpriesters Johanan (1 *Par.* 6, 10), Gegner des Königs Ozias. 13. Der oberste Priester unter König Ezechias, welcher zur Ausrottung der Abgötterei eifrig mithalf (2 *Par.* 31, 10). 14. Sohn des Osaia, nannte den Propheten Jeremias einen Lügner. 15. angenommener Name des Erzengels Raphael (*Tob.* 5, 18). 16. Gefährte Daniels = Abdénago (*Dan.* 1, 6). 17. ein Heerführer z. Z. der Machabäer, wurde vom feindl. Heerführer Gorgias geschlagen (1 *Mach.* 5, 56).
Azaricam *indecl.* (*hebr.*: Hilfe ist erstanden) Azarikam, Vorfahre des jüdischen Leviten Semaia.
Azau *indecl.* (*hebr.*: Schauender) Azau, Sohn des Nachor, Neffe des Abraham.
Azaz *indecl.* (*hebr.*: Mächtiger) Azaz, Vater des Bala, eines reichen Israeliten aus dem Stamme Ruben.
Azboc *indecl.* (hebr.: ?) Azbok, Jude, Vater des Nehemias und Vorsteher von Halb-Bethsur.
Azeca, ae *f.* (Azecha) (*hebr.*: Neubruch) Azeka, Grenzstadt der Israeliten gegen die Philister, Pal. (Juda).
Azer *indecl.* (*hebr.*: Hilfe) Jude, der Jerusalem nach dem babyl. Exil wiedererbauen half.
Azgad *indecl.* (*hebr.*: stark ist Gad) Jude, dessen Nachkommen aus dem babyl. Exil zurückkehrten.
Aziam *indecl.* (*hebr.*: Kraft Jahwes) Jude, dessen Sohn Athaias aus dem

Stamme Juda nach dem Exil in Jerusalem wohnte.

Aziel *indecl.* (*hebr.*: Kraft Gottes) Israelit aus dem Stamme Simeon.

Aziza *indecl.* (*hebr.*: der Starke) Aziza, Jude der nach dem babyl. Exil seine fremde Frau entließ.

1. **Azmaveth** *indecl.* (*hebr.*: ?) Azmaveth, Held Davids, dessen Nachkommen aus dem babyl. Exil zurückkehrten.

2. **Azmaveth** *indecl.* (*hebr.*: ?) Azmaveth, St. oder Landschaft bei Gaba (1 *Esd.* 12, 19).

Azmoth *indecl.* (Azmaveth) (*hebr.*: ?) Azmoth 1. Israelit, Sohn des Joada oder Jara. 2. Schatzmeister Davids.

1. **Azor** *indecl.* (*hebr.*: Helfer) Azor, Ahnherr Christi.

2. **Azor** = Asor (Stadt).

Azot *indecl.* (Azotus) (*hebr.*: Aschdod) Azod, eine der fünf Hauptstädte der Philister, nördl. von Askalon, *j.*: Esdud; *dav.* **Azotĭcŭs** 3.

Azotĭcē *adv.* zu Azotĭcŭs.

Azotĭdae, ārŭm *m.* Bewohner von Azot.

Azotŭs, ī *m.* *s.* Azot.

Azreel *indecl.* (Azareel) (*hebr.*: Gott hat geholfen) Azreel, Vater des jüdischen Priesters Amassai nach dem babyl. Exil.

Azuba, ae *f.* (*hebr.*: die Verlassene, Verödung) Azuba 1. Mutter des Königs Josaphat von Juda (872—849). 2. Frau des Kaleb.

Azur *indecl.* (*hebr.*: Helfer, Beisteher ?) Azur 1. Israelit, Vater des Hananan, des Propheten von Gabaa. 2. Israelit, Vater des Jezonias. 3. Jude, Mitbesiegler des nach dem babyl. Exil erneuerten Bundes.

ăzȳmă, ōrŭm *n.* 1. die ungesäuerten Brote. 2. das Fest der ungesäuerten Brote, welches die Juden vor Ostern feiern; **in ăzȳmŏ** (*C. j. c.* 851) = mit ungesäuertem Brote.

ăzȳmŭs 3 (ἄζυμος) ungesäuert.

Azzi *indecl.* (*hebr.*: Stärke Jahwes) Azzi, Oberhaupt der Leviten, der die richtige Ordnung im Tempeldienste nach dem babyl. Exil wiedereinführte (*ca.* 420 v. Chr.); Haupt der 2. jüdischen Priesterklasse.

B.

1. **Baal** *indecl. m.* (*hebr.*: Herr, *auch*: Beel, Bel, Belus). Name eines von den Völkern zwischen Tigris u. Mittelmeer verehrten Götzen, vielleicht dem Zeus der Griechen zu vergleichen; bei den Babyloniern Beel (Sonnengott) genannt. — Bei den Israeliten anfänglich Name für den einen wahren Gott (Jahwe); später nur mehr für den Götzen Baal gebraucht.

2. **Baal** *indecl. m.* (*hebr.*: Herr) Baal, Israelit, Sohn des Ichiel, des Gründers von Gabaon.

3. **Baal** *indecl.* (*hebr.*: Herr) Baal, Grenzort Pal. (Manasse).

Baala *indecl.* (*hebr.*: Herrin) Baala 1. St., Pal. (Juda-Benjamin), identisch mit Kirjath Jearim; *j.*: Querjet-el-Enab. 2. Berg im Stamme Juda.

Baalam *indecl.* (*hebr.*: Bileam: Er [Gott] vernichtet das Volk ?) Baalam, St., Pal. (Manasse) *j.*: Belame.

Baalath *indecl.* (*hebr.*: Herrin) Baalath (Baal-Gad) St. am Libanon, Palästina (Dan).

Baalath Beer Ramath *indecl.* (*hebr.*: ?) St., Palästina (Simeon).

Baalberit *indecl.* (*hebr.*: Herr des Bundes) Baalberit, ein Götze, der bei Berythus und Sichem verehrt wurde.

Baalgad *indecl.* (*hebr.*: Glücksherr) *s.* Baalath.

Baal Hamon *indecl.* (*hebr.*: Herr der Volksmenge, Heeresoberst [?]).

Baal-Hasor *indecl.* (*hebr.*: Herr des Dorfes) Baalhasor, Ortschaft bei der Stadt Ephraïm, Palästina, *j.*: Tell Asur, 1 Stunde nordöstl. von et-Taijibe (dem alten Ophra oder Ephraim).

Baal-Hermon *indecl.* (*hebr.*: ?) ein Ort in Palästina, *vielleicht* identisch mit Paneas (Caesarea Philippi).

Baali *indecl.* (*hebr.*: Herr ist Jahwe) kein Eigenname! (*Osee* 2, 16).

Baalia *indecl.* (*hebr.*: Jahwe ist Herr) Baalia, Offizier Davids.

Baaliada *indecl.* (*hebr.*: der Herr weiß es) Baaliada, Sohn Davids.

Baalim *indecl.* (*hebr.*: *pl.* von Baal) die nach den verschiedenen Verehrungsorten verschieden zubenannten Götzen.

Baalis *indecl.* (*hebr.*: ?) Baalis, König der Ammoniter z. Z. der Wegführung der Juden in das babyl. Exil.

Baalmaon *indecl.* (Baalmeon, Beelmeon) (*hebr.*: der Herr von Maon) Baalmeon, St. Pal. (Ruben).

Baalpharasim *indecl.* (*hebr.*: Herr von Perassim) Baalpharasim, Ort nicht weit von Jerusalem (2 *Reg.* 5, 20).

Baalsalisa *indecl.* (*hebr.*: Herr von Schalischa) Baalsalisa, Ort in der Nähe des Gebirges Ephraim, Palästina.

Baal-Sebub *indecl.* (*hebr.*: Herr der Fliegen) *s.* Beelzebub.

Baal-Sephon *indecl. s.* Beelsephon.

Baaltis *indecl.* (gräzisiertes Baalath „Herrin") Name für Astarte (*Jer.* 7, 18).

Baalthamar *indecl.* (*hebr.*: Palmenherr) Baalthamar, Ortschaft an der Südgrenze Palästinas.

Baana *indecl.* (*hebr.*: ?) Baana 1. Bandenführer (Räuberhauptmann), der den Isboseth, den Sohn König Sauls ermordete. 2. Vater des Heled, eines Offiziers Davids. 3. Sohn des Husi, eines Amtmanns des Königs Salomon im Stamme Aser. 4. Jude, der aus dem babyl. Exil zurückkehrte.

Baasa *indecl.* (*hebr.*: ?) Baasa, Feldherr, Mörder und Nachfolger des Königs Nadab von Israel (908—885).

Babel *indecl.* u. -ēlĭs *f.* (*assyr.*: Pforte Gottes) Babel, der assyr. Name für Babylon, ist in der Vulgata nur 1. *Mos.* 11, 9 beibehalten.

Babenberg *indecl.* (Babenburg) 1. Burg Babenberg, einst an Stelle des jetzigen Domes in Bamberg (Bayern, Oberfranken) u. darnach benanntes fränkisches Adelsgeschlecht. 2. österreichisches Grafengeschlecht, Nachkommen Luitpolds v. Babenberg, der 976 die Ostmark vom deutschen König Otto II. erhielt.

Băbĭlăs, ae *m.* Babilas, heiligmäßiger Bischof in Antiochien (3. Jhdt.).

Băbinchŏvă, ae *f.* Ort beim Kloster Reichenau (Bodensee), wo Erlebald eine Schule unterhielt.

Băbūcŭm, ī *n.* Babuco, Ort, Mittelitalien (Frosinone).

Băbȳlōn, ōnĭs *f.* (Babylonĭa; *Βαβυλών* gräzisierte Form von Babel) Babylon 1. Hauptstadt Babyloniens am Unterlauf des Euphrats; Ruinen beim Dorfe Hille zu beiden Seiten des Euphrat; das chaldäische Patriarchat Babylon (seit 18. Jhdt.), Sitz in Mossul mit drei Missionsstationen: Bagdad, Basra u. Amara; das lateinische Erzbistum Babylon oder Badgad mit dem Sitz in Bagdad am Tigris (*türk.*: Dar-es-Selam, Haus des Friedens, *ca.* 150 000 Einw.) mit drei Missionsstationen: B., Mardin und Mossul (Bistum seit 1638, Erzb. 1848), exempt; das syr. Erzbistum, Sitz in Bagdad. — 2. das Reich Babylonien. 3. *übtr.* das heidnische Rom (1. *Petr.* 5, 13); *dav.*: **Băbȳlōnēnsĭs**, ĕ.

Băbȳlōnĕn. (*C. R.*) *s.* Babylon 1.

Băbȳlōnĭă, ae *f.* 1. das Land oder Reich Babylonien. 2. die Stadt Babylon. 3. die Babylonierin.

Băbȳlōnĭcŭs 3 babylonisch.

Băbȳlōnĭŭs, ī *m.* der Babylonier; *auch adj.*: babylonisch.

bācă, ae *f.* (bacca) 1. Beere. 2. Baumfrucht, *bes.* Olive. 3. *übtr.*: Perle.

Băcărăcŭm, ī *n.* (Bacharacum, Bacheracum) Bacharach, St. l. am Rhein, Preußen (Rheinprov.), *ca.* 4000 Einw. *dav.*: **Băc(h)ărēnsĭs**, ĕ.

Bacbacar *indecl.* (*hebr.*: ? auch Bacbacer, wahrscheinlich entstellt aus Bacbucja) Bakbakar, Levit z. Z. Davids.

Bacbuc *indecl.* (*hebr.*: ?) Bakbuk, jüdischer Fürst, der aus dem babyl. Exil zurückkehrte.

bāccă, ae *f. s.* baca.

bacchātĭō, ōnĭs *f.* Schwelgerei, wüstes Gelage.

Bacchĭdēs, ĭs *m.* (*Βακχίδης* der Rasende ?) Bakchides, syrischer Statthalter der Euphratprovinzen z. Z. des Machabäers Judas.

bacchŏr 1 1. toben, lärmen, schwärmen, rasen. 2. das Fest des Bacchus begehen.

S. **Bacchŭs**, ī *m.* (*Βάκχος*) hl. Bakchus, Mart. († 306).

Er war Tribun, erlitt unter Kaiser Maximin den Martertod, erschien dem Tribun Sergius (s. dens.) und stärkte ihn, so daß er die grausamen Qualen für Christus siegreich bis zum Martertod ertrug. — 11. Oktober (Triest).

baccīlĕ, ĭs *n.* (băcīlĕ) Schale, Waschbecken.

Bacenor, ōrĭs *m.* Bakenor, ein Heerführer des syr. Feldherrn Gorgias (2. Jhdt. v. Chr.).

Bacēnsĭs silvă *s.* Buchonia.

Bāchărăcŭm, ī *n. s.* Bacaracum.

Bāchĕrăcŭm, ī *n. s.* Bacaracum.

Bachĭă, ae *f.* Bacs, St. in Südungarn, *ca.* 4700 Einw., Bistum (seit 530), 1150 mit Kolocsa vereinigt, Suffr. v. Kolocsa; *dav.*: **Bacsĭēnsĭs**, ĕ.

băcīlĕ, ĭs *n.* (*ital.*) *s.* baccile.

băcillŭm, ī *n.* kleiner Stock, Stab; *bes.* Liktorenstab.

Baconēnsĭs silvă, ae *f.* Bakonyer Wald in Ungarn.

Bacsĭēn. (*C. R.*) *s.* Bachia.

Bactră, ōrŭm *n.* (*τὰ Βάκτρα*) Baktra, Hauptstadt der Baktrer in der Nähe des Oxus, *j.*: Balk oder Balch; *dav.*: **Bactrĭŭs**, ī *m.* Bew. u. **Bactrīnŭs** 3; *auch*: **Bactriānus** 3 baktrisch.

băcŭlŭm, ī *n.* Stock, *bes.*: Bischofs- oder Abtstab.

băcŭlŭs, ī *m.* Stock, Stab; baculus pastoralis der Hirtenstab der Bischöfe u. Äbte.

Badacer *indecl. m.* (*hebr.*: Lanzenführer ?) Badaker, Feldherr des Königs Jehu von Israel (842—815).

Badad *indecl. m.* (*hebr.*: Einsamkeit, Trennung ?) Badad, Vater des vierten Edomiterkönigs Adad.

Badajas, ae *m.* (*hebr.*: ?) Badajas, Jude, der nach dem babyl. Exil seine gesetzwidrige Ehe trennte.

Badaiocĭŭm, ī *n.* (Pax Augustă, Pacēnsĭs ecclesia) Badajoz, St. l. am Guadiana, Spanien (Estremadura), *ca.* 30 000 Einw.; Bischofssitz (seit 1230), Suffr. v. Sevilla.

1. **Badan** *indecl.* (*hebr.*: ? Bedan) Badan, Sohn Ulams aus dem Stamme Manasse.

2. **Badan** *indecl. schlechte Lesart für* Barac (1. *Kön.* 12, 11).

Bādĕnă, ae *f.* (Balnei, Calidae Aquae) Baden-Baden, St., Baden, *ca.* 15 000 Einw.

Bādĕnĭă, ae *f.* Baden; *dav.*: **Bādēnsĭs,** ĕ.

Badenvillă, ae *f.* (Badonis villa) Badenweiler, Badeort, Baden, *ca.* 600 Einw.

Badōnĭs mŏnastērĭŭm, ī *n.* Bonmoutiers, ehem. Kloster, Belgien (Hennegau).

Badōnĭsvillă, ae *f. s.* Badenvilla.

Badurādŭs, ī *m.* Badurad, der 2. Bischof von Paderborn (9. Jhdt.).

Baeterrae, ārŭm *f. s.* Biterrae.

Baetĭcă (Hispania), ae *f. s.* Baetis.

Baetĭcŭs 3 *s.* Baetis.

Baetĭs, ĭs (*acc.* īm u. īn, *abl.* ī, selten ĕ) *m.* Guadalquivir, Fluß im südlichen Spanien; *dav.*: **Baetĭcŭs** 3 u. **Baetĭcă,** ae *f.* die römische Provinz Bätika, *j.*: Andalusien u. ein Teil v. Granada.

Bagacum, ī *n. s.* Bobacum.

Băgae, ārŭm *f.* Bagä, St. in Nordafrika; *dav.*: **Băgaiēnsĭs,** ĕ.

Bagatha(n) *indecl. m.* (*pers.*: ?) Bagatha, Eunuch am Hof des Perserkönigs Xerxes I. (485—465).

bahĕm *acc.* von bahis.

bahĭs, ĭs *f.* (βαΐς; βαΐον) Palmzweig (1 *Mach.* 13, 37).

Bahurim *indecl.* (*hebr.*: Auserlesene) Bahurim, Ort, östlich von Jerusalem, auf dem Wege nach Jericho, Pal.

Bāiae, ārŭm *f.* Bajä, St. an der Bucht von Neapel, It.; *dav.*: **Bāiānŭs** 3.

Bājŏārĭă, ae *f. s.* Bavaria.

Bāiōcae, ārŭm *f.* Bayeux, St. an der Aure, Fkr. (Calvados), *ca.* 8000 Einw.; Bistum (seit dem 4. Jhdt.), 1802 mit Lisieux vereinigt, Suffr. v. Rouen.

Baiōcēn. (*C. R.*) *s.* Baiocae.

Bāiōnă, ae *f.* (Lapurdum) Bayonne, St., Fkr. (Basses-Pyrénées), *ca.* 22 000 Einw.; Bischofssitz, Suffr. v. Auch; *dav.*: **Bāiōnēnsĭs,** ĕ.

Baionēn. (*C. R.*) *s.* Baiona.

bāiŭlātŏr, ōrĭs *m.* Lastträger.

bāiŭlō 1 eine Last tragen, schleppen.

bāiŭlŭs, ī *m.* 1. Lastträger, Tagelöhner. 2. Überbringer, Briefträger.

Bāiŭvārĭă, ae *f. s.* Bavaria.

Bāiŭvārĭī, ōrŭm *m. s.* Bavari u. Boi.

1. **Bala,** ae *f.* (*hebr.*: Herrin, Gebieterin) Bala 1. Nebenfrau Jakobs, Mutter des Dan u. Nephthali. 2. Familienhaupt aus dem Stamme Ruben z. Z. der Abführung in die assyrische Gefangenschaft.

2. **Bala,** ae *f.* (*hebr.*: Verschlucker ?) Bala 1. St., Pal. (Simeon). 2. Ort der Pentapolis, der auch Segor hieß.

1. **Balaam** *indecl.* (*hebr.*: Verderber ?) Prophet (oder Zauberer) aus der Stadt Pethar am Euphrat, der Israel verfluchen sollte, aber es wider Willen segnete.

2. **Balaam** *indecl.* (*hebr.*: Verderber ?) Balaam, St. Palästina (Manasse).

Balaan *indecl.* (*hebr.*: der Schreckliche) Balaan, Nachkomme des Höhlenbewohners Seïr.

Balaath *indecl.* (*hebr.*: Besitzerin, Gebieterin, Herrin) *s.* Baalath.

Balac *indecl.* (*hebr.*: Verwüster ?) Balak, König der Moabiter, der durch Balaam dem Volke Israel fluchen ließ (*vergl. Geh. Offb.* 2, 14).

Baladan *indecl.* (*hebr.*: Baal ist Herr ?) s. Merodach-Baladan (4 *Kön.* 20, 12).

Balan *indecl.* (*hebr.*: ?) Balan, Israelit aus dem Stamme Benjamin.

Balanan *indecl.* (*hebr.*: der Herr ist gnädig) Balanan 1. der siebente Edomiterkönig. 2. Aufseher über die Ölgärten Davids.

bălătrō, ōnĭs *m.* Schreier, Possenreißer.

S. Balbīnă, ae *f.* hl. Balbina, Jgfr., Tochter des hl. Quirinus, im 2. Jhdt., 31. März.

balbŭs 3 stammelnd, stotternd; *adv.* balbē.

balbūtĭō 4 stammeln, lallen.

Baldad *indecl.*, (*hebr.*: ?) Baldad, einer der drei Freunde Jobs.

baldăchīnŭs, ī *m.* Traghimmel, Baldachin (von der Stadt Baldak = Bagdad, woher man im Mittelalter kostbare Stoffe bezog).

Bald(ĕ)rĭcŭs, ī *m.* Balderich, Bischof von Maastricht (Holland) (10. Jhdt.).

B. **Baldŭīnŭs,** ī *m.* sel. Balduin, Cist. Abt von S. Pastore († c. 1140).

Balduin war der Sohn Bernhards, des zehnten Grafen der Marsen in den Abruzzen, und Bruder Rainalds, des Abtes von Monte Cassino und Kardinals der hl. Kirche. In Clairvaux schloß er sich der Reform von Citeaux an und erlangte hier dank seiner hohen Geistesgaben die besondere Zuneigung des hl. Bernhard. Dies geht aus einem Briefe hervor, den der große Kirchenlehrer an Balduin schrieb, als er ihn zum ersten Abt des Cistercienserklosters S. Pastore bei Rieti in Italien eingesetzt hatte: „Wie eine Mutter ihren einzigen Sohn liebt, so habe ich dich geliebt, der mir anhing und meinem Herzen teuer war. Auch den Abwesenden will ich lieben, auf daß es nicht scheine, als ob ich nur deine Dienste, aber nicht dich geliebt habe; du warst mir sehr von Nutzen“. — Fromm wie er gelebt, starb B. am 21. August um 1140. Die Stadt Rieti verehrt den Seligen als ihren besonderen Schutzpatron; sein Leib ruht im dortigen Dome. 24. Juli (Cist. Ord.).

Bale *indecl.* (*hebr.*: Verderben), erster Sohn Benjamins.

Bălĕārēs, ĭŭm *m. s.* Balearis.

Bălĕārĭcŭs 3 *s.* Balearis.

Bălĕārĭs, ĕ balearisch; Balearis insula maior Mallorca (Majorka), Balearis insula minor Menorca (Minorka), Baleares insulae die (beiden) balearischen Inseln (Mallorca mit berühmten Jesuitenkolleg u. Menorca) im Mittelmeer östl. von Spanien; *dav.*: **Bălĕārēs,** ĭŭm *m.* Bew. der balearischen Inseln, **Bălĕārĭcŭs** 3 balearisch.

Balernă, ae *f.* Balerne, Cist.-Kloster, Fkr. Diözese St. Claude.

Balgentĭăcŭm, ī *n.* Beaugency, St. r. an der Loire, Fkr. (Loiret), *ca.* 4000 Einw.

Bălĭŏlŭm, ī *n.* Bailleul, St. am Becque (zur Lys), Fkr. (Nord), *ca.* 7000 Einw.

bălĭŏlŭs 3 gefleckt, scheckig.

bălistă, ae *f.* (ballista) Kriegsmaschine, Schleudermaschine, Wurfmaschine.

Ballărātēn. (*C. R.*) *s.* Ballaratum.

Ballărātŭm, ī *n.* Ballarat, St. im Staate Viktoria in Australien, *ca.* 50 000 Einw.; Bischofssitz, Suffr. von Melbourne; *dav.*: **Ballărātēnsĭs,** ĕ.

ballistă, ae *f. s.* balista.

Balmă, ae *f.* 1. Baume-les-Dames, St., r. am Doubs und Rhône-Rheinkanal, Fkr. (Doubs), *ca.* 3300 Einw.; *dav.*: **Balmēnsĭs,** ĕ. 2. Bapaume, St., Fkr. (Pas-de-Calais), *ca.* 3000 Einw.

Balmēnsĕ mŏnastērĭŭm, ī *n.* ehemaliges Benediktinerkloster in Baume-les-Dames, *s.* Balma 1.

balnĕārĭs, ĕ zum Bade gehörig.

balnĕārĭŭs 3 zum Bade gehörig.

balnĕātŏr, ōrĭs *m.* Bademeister.

Balnĕŏrēgĭēn. (*C. R.*) *s.* Balneoregium.

Balnĕŏrēgĭŭm, ī *n.* Bagnorea, St. in Toskana, It. (Rom), *ca.* 4500 Einw.; Bischofssitz, exempt.; *dav.*: **Balnĕŏrēgĭēnsĭs,** ĕ.

balnĕŭm, ī *n.* Badezimmer, Bad; *pl.*: balnĕă, ōrŭm *n.* Badehaus; *auch*: **balnĕae,** ārŭm *f.* Badehäuser, Badeanstalt.

bālō 1 blöcken: sine voce.

Baloth *indecl.* (*hebr.*: Herrinnen ?) Baloth 1. Grenzstadt gegen Edom, Pal. (Juda). 2. St., Pal. (Aser).

balsămĭcŭs 3 balsamisch, wohlriechend.

balsămĭnŭs 3 aus Balsam bestehend.

balsămŭm, ī *n.* (*βάλσαμον*) 1. Balsamstaude. 2. *das Harz derselben*: Balsam.

Baltasar *indecl. m.* (*Βαλτάσαρ*) *s.* 1. u. 2. Baltassar.

S. Baltássar *indecl. m.* hl. Baltassar, einer der drei Weisen, welche dem Jesukinde in Bethlehem huldigten.

1. **Baltassar** *indecl. m.* (*babyl.*: Bel-scharussur = O Bel [Gott] schütze den König!; *hebr.*: Belscha'zzar; *Septuaginta*: *Βαλτάσαρ*) Baltassar (Belsazar), Sohn des letzten babylonischen Königs Nabonid (Nabunid) (555—538) und dessen Mitregent (*Fer. V. infr. hebd. III. Nov.*; *Dan.* 5, 1).

2. **Baltassar** *indecl. m.* (*babyl.*: Balâtšuussur = Gott schütze sein Leben!; *hebr.*: Beltscha'zzar; *Βαλτάσαρ*) Baltassar, ein Name, welchen Daniel am Hofe des babylonischen Königs Nabuchodonosor erhielt (*Dan.* 1, 7).

baltĕŭm, ī *n. s.* balteus.

baltĕŭs, ī *m.* (balteum) 1. Wehrgehenk (als Zeichen u. Lohn besonderen Heldenmutes). 2. Gürtel (2. *Kön.* 18, 11). 3. *übtr.*: **baltĕă,** ōrŭm *n.* Schläge mit dem Riemen.

Balthasar *indecl. m. s.* 1. u. 2. Baltássar.

Balthĭcŭm mărĕ, rĭs *n.* (Balticum mare) Ostsee.

Balthildĭs, ĭs *f. s.* Bathildis.

Baltĭmōră, ae *f.* Baltimore, St., Nordamerika, *ca.* 600 000 Einw.; Erzbischofssitz; *dav.*: **Baltĭmōrēnsĭs,** ĕ.

Baltĭmōrēn. (*C. R.*) *s.* Baltimora.

balzămŭm, ī *n. s.* balsamum.

Bambergă, ae *f.* Bamberg, St. an der Regnitz, Bayern (Oberfranken), *ca.* 45 000 Einw.; Erzbischofssitz (Bistum seit 1007); *dav.*: **Bambergēnsĭs,** ĕ u. **Bambergŭs** 3.

Bamoth *indecl.* (*hebr.*: Höhen) *s.* Bamothbaal.

Bamothbaal *indecl.* (Bamoth) (Baalshöhen) St. Palästina (Ruben).

Banaa *indecl.* (Bana) (*hebr.* ?) Bana, Amtmann des Königs Salomon.

Banaia *indecl. s.* Banaias.

Banajas, ae *m.* (Banaia) (*hebr.*: Jahwe hat gebaut, geschaffen) Banaja. 1. Hauptmann der Leibwache Davids, Sohn des Jojara. 2. der Pharatoniter, ein Held Davids. 3. ein Priester und Sänger bei der Bundeslade. 4. Sohn des Pheltias, Fürst des Volkes. 5. Jude, der seine gesetzwidrige Ehe nach dem babyl. Exil trennte.

Bandigomacŭs, ī *f.* (Casalensis ecclesia) Casale, St. am Po, It. (Alessandria), *ca.* 32 000 Einw.; Bischofssitz, Suffr. v. Vercelli.

Bane *indecl.* (*hebr.*: Bene-Barach = Blitzsöhne) Bane, St. Palästina (Dan).

Baneas *indecl.* (*hebr.*: Bani [1. *Esdr.* 10, 34]; Banaja [1. *Esdr.* 10, 43]). Name von Juden, die im babyl. Exil gesetzwidrige Ehen eingegangen hatten.

Bangertīūm, ī *n.* Bangor, St. am Menaikanal, westl. von Chester, England (Wales), *ca.* 12 000 Einw.; ehemal. Kloster und ältestes Bistum von Wales (bis 1558).

Bani *indecl.* (*hebr.*: Jahwe hat geschaffen) 1. jüdisches Familienhaupt, dessen Nachkommen aus dem babyl. Exil zurückkehrten. 2. Levit, der vor der 1. Gesetzesverlesung nach dem babyl. Exil dem Volke Stillschweigen gebot u. Besiegler des erneuerten Bundes war.

Banialucēn. (*C. R.*) *s.* Banialucus.

Banialucus, ī *f.* Banjaluka, St. Bosnien, *ca.* 15 000 Einw.; Bischofssitz (seit 1881), Suffr. v. Vrhbosna.

Baninu *indecl.* (*hebr.*: Bunni ?) Levit, Besiegler des nach dem babyl. Exil erneuerten Bundes.

bannă, ae *f.* (vom italienischen bannire oder bandire: durch öffentlichen Anschlag bekannt machen) 1. öffentlicher Anschlag, Aufgebot. 2. Eheverkündigung, Proklamation durch öffentliches Aushängen.

S. Banthūs, ī *m.* hl. Banthus, Bekenner aus Trier († 640).

Führte mit seinem Bruder, dem hl. Beatus, ein Einsiedlerleben in den Vogesen zur Zeit des hl. Bischofs Modoald. Sein Leib wurde in der Trierer Kathedrale beigesetzt. — 19. August (Trier.)

baptismă, ătĭs *n.* (βάπτισμα) *s.* baptismus.

baptismālĭs, ĕ zur Taufe gehörig; fons b. Taufbrunnen, Taufbecken, Taufstein.

baptismŭs, ī *m.* (baptisma) 1. Waschung, Bad. 2. Taufe.

baptistă, ae *m.* (βαπτιστής) Täufer.

S. Baptistae mŏnastērĭūm in Silvā Holtz, ehem. Kloster, Bayern (Schwaben).

baptistērĭūm, ī *n.* (βαπτιστήριον) 1. Badeplatz. 2. Taufkapelle, Taufkirche, Taufstein. 3. = sacrarium (*vgl. de Ordinatione Subdiaconi*).

baptīzātĭō, ōnĭs *f.* Taufe.

baptīzātŏr, ōrĭs *m.* Täufer.

baptīzō 1 (βαπτίζω) 1. beträufeln, baden. 2. taufen.

baptīzŏr 1 sich reinigen; *bes.*: ante prandium b. sich vor der Mahlzeit die Hände waschen.

bar *indecl.* (*aram.*) Sohn.

Bara *indecl.* (*hebr.*: Feuer ?) Bara 1. König von Sodom, der sich gegen König Chodorlahomor empörte z. Z. Abrahams (*ca.* 1950 v. Chr.). 2. (Baara) Sohn des Secharja aus dem Stamme Benjamin (nicht Frau des Saharim: 1. *Par.* 8, 8).

Barábbas, ae *m.* (*aram.* Sohn des Abbas [Vaters]), Barabbas, Raubmörder, dessen Freilassung die Juden der des Heilandes vorzogen.

Barac *indecl.* (*hebr.*: Blitz) Barak, israelitischer Heerführer, welcher den Sisara, den Heerführer des Königs Jabin *ca.* 1245 v. Chr. besiegte. (1. *Kön.* 12, 11 *unrichtig*: Badan genannt).

Barach *indecl.* (*hebr.*: Blitz) *s.* Bane.

1. **Baracha** *indecl.* (*hebr.*: Segen) Baracha, Offizier Davids.

2. **Baracha** *indecl.* (*hebr.*: Segen) Baracha, Name eines Tales bei Tekuah.

Barachel *indecl.* (*hebr.*: Gott hat gesegnet) Barachel, Vater des Eliu, eines Freundes des Job.

Barachia *indecl.* (*hebr.*: Jahwe hat gesegnet) *s.* Barachias.

Barachias, ae *m.* (Barachia) Barachias: Israeliten. 1. Sohn des Zorobabel, 1. *Par.* 3, 20. 2. Vater des Sängers Asaph. 3. Sohn des Leviten Asa. 4. Vater des Mosallam, eines Miterbauers Jerusalems nach dem babyl. Exil. 5. Vater des Propheten Zacharias, den die Juden zwischen Tempel u. Altar ermordet haben.

Barachian *indecl.* (*hebr.*: Jahwe hat gesegnet) Barachia, angeblicher Sohn des Zorobabel.

Barad *indecl.* (*hebr.*: Hagel ?) Barad, Ort unweit Kades, Palästina.

Baraia *indecl.* (*hebr.*: Jahwe hat geschaffen) Baraja, Israelit aus dem Stamme Benjamin.

Barasa *indecl.* Bosra, moabitische St. in Galaad, später dem Stamme Ruben zugeteilt (1 *Mach.* 5, 26).

bărăthrŭm, ī *n.* (βάραθρον, βέρεθρον) Abgrund.

barbă, ae *f.* Bart.

S. Barbără, ae *f.* hl. Barbara, Jgf. u. Mart. († um 233).

Sie stammte aus Nikomedien in Bithynien. Ihr Vater war Heide und grausamer Christenfeind. Ihrer außerordentlichen Schönheit wegen ließ er ihr als Wohnung einen starken Turm erbauen und mit zwei Fenstern und einem Bade versehen. Während der Abwesenheit des Vaters ließ nun Barbara noch ein drittes Fenster und das Zeichen des hl. Kreuzes am Boden anbringen. Als der Vater nach seiner Rückkehr seine Tochter über die Bedeutung dieser Änderung befragte, belehrte ihn Barbara über das Geheimnis der allerheiligsten Dreifaltigkeit und über den heilbringenden Glauben an Christus den Gekreuzigten. Ganz außer sich vor Zorn versuchte der gottlose Vater zuerst selbst die Tochter zum Götzendienste zu bewegen; dann aber, da er nichts erreichte, übergab er sie dem Statthalter Marcian, der die grausamsten Martern an ihrem jungfräulichen Leibe vollziehen ließ, bis sie schließlich der ruchlose Vater selbst enthauptete, wofür er auf der Stelle zur Strafe vom Blitz erschlagen wurde. Ihr Haupt ruht in der Kathedrale zu Trier. Sie wird als Patronin der Sterbenden verehrt, die durch ihre Fürbitte die Gnade eines rechtzeitigen und guten Empfanges der hl. Sterbesakramente erhoffen. Der hl. Stanislaus Kostka erhielt nämlich auf ihre Anrufung hin von ihr wunderbarerweise die hl. Kommunion gespendet. (4. Dezember: Breslau, Gnesen und Posen, Krakau, Kulm, München-Freising, Münster, Passau, Trier; 5. Dezember: Köln, Salzburg.)

barbăriă, ae *f.* (barbaries) 1. Barbarenland, Ausland, Fremde. 2. Roheit, Wildheit, Barbarei, Grausamkeit.

barbăricŭs 3 barbarisch, roh, grausam, ausländisch, fremd.

barbăriēs, ĕī *f. s.* barbaria.

1. **barbărŭs** 3 (βάρβαρος) 1. ausländisch, fremd. 2. ungebildet, roh, wild.

2. **barbărŭs,** ī *m.* 1. Fremder, Ausländer. 2. Barbar, grausamer Mensch.

Barbastrēn. (*C. R.*) *s.* Borgidum.

S. **Barbātĭānŭs,** ī *m.* hl. Barbatian, Priester aus Ravenna (5. Jhdt.).

barbātŭs, ī *m.* bärtiger Mann, mittelalterlicher Name für Laienbruder (frater conversus).

Barbellŭm, ī *n.* Barbeaux, Cist. Kloster, Fkr., Diözese Meaux.

barbĭtōnsŏr, ōrĭs, *m.* Barbier.

barcă, ae *f.* Barke.

Barcĭnō, ōnĭs *f.* Barcelona, St. Spanien (Katalonien), *ca.* 1 050 000 Einw.; Bischofssitz (seit 343), Suffr. v. Tarragona; *dav.*: **Barcĭnōnēnsĭs,** ĕ.

Barcĭnōnēn. (*C. R.*) *s.* Barcino.

S. **Bardō,** ōnĭs *m.* hl. Bardo, Bek. u. Bisch. v. Mainz († 1051).

Entstammte der Familie der Edlen von Wetterau von Oppershoven. Nach Vollendung seiner Studien in Fulda wurde er Abt von Hersfeld, später Bischof von Mainz; eine vom hl. Willigis begonnene Kirche vollendete er und weihte sie in Gegenwart des Kaisers Konrad zu Ehren des hl. Martin ein. Er nahm am Konzil zu Mainz, welches der hl. Leo IX. zur Erörterung französischer Kirchenangelegenheiten berufen hatte, teil. Wegen seiner Rednergabe wurde er als „Chrysostomus" bezeichnet. Seinen im kaiserlichen Lager zu Paderborn erfolgenden Tod hatte er vorausgesagt. Er starb am 10. Juni 1051. In Gegenwart des hl. Anno von Köln wurde am Grabe Bardos in der Domkirche zu Mainz ein völlig Gelähmter plötzlich geheilt. — 15. Juni (Mainz.)

Bared *indecl. m.* (*hebr.*: Hagel ?) Bared, Sohn Ephraims.

Bārēn. (*C. R.*) *s.* Barium 2.

Bārēnsĭs, ĕ *s.* Barium 2.

Baria *indecl. m.* (*hebr.*: Unglücklicher) Baria 1. Sohn Asers. 2. Nachkomme Benjamins, Fürst von Ajalon. 3. Levit aus der Linie Gerson.

Bariesu *indecl. m.* (*aram.* Sohn des Jesus) Barjesus, Zauberer u. falscher Prophet auf Cypern z. Z. der Apostel.

Bar-Jona *indecl. m.* (*aram.* Sohn des Jonas [Johannes]) Beiname des Simon Petrus nach seinem Vater Johannes.

bărīlĕ, ĭs *n.* (barilium) Fäßchen; b. vini Weinfäßchen.

bărīlĭŭm, ī *n. s.* barile.

Bărĭŏlŭm, ī *n.* Barletta, St. It. (Bari), *ca.* 45 000 Einw.; Bischofssitz (1828 mit Trani vereinigt).

1. **Bărĭŭm,** ī *n.* Bar-le-Duc (Bar-sur-Ornain), St., Fkr. (Meuse), *ca.* 18 000 Einw.

2. **Bārĭŭm,** ī *n.* Bari, Hafenst. am adriatischen Meer, Süditalien (Apulien), *ca.* 80 000 Einw.; Erzbischofssitz; *dav.*: **Bārēnsĭs,** ĕ.

Bărĭŭm ad Sēquănăm Bar-sur-Seine, St. l. an der Seine, Fkr. (Aube), *ca.* 3000 Einw.

S. **Barnabas,** ae *m.* (*aram.*) hl. Barnabas, Apost., Mart. in Salamis, † 70, 11. Juni.

Barnabas, ae *m.* Barnabas, Gefährte der fünf hl. polnischen Brüder, *s.* S. Benedictus.

1. **bārō,** ōnĭs *m.* 1. tapferer Soldat. 2. Baron als Adelstitel: Liber Baro Freiherr.

2. **bārō,** ōnis *m.* Klotz, einfältiger Mensch.

Bārōlēn. (*C. R.*) *s.* Bariolum.

bārōnissă, ae *f.* Baronin, Freifrau.

Bārōnĭŭs, ī *m.* (Caesar) Baronius, berühmter Oratorianer und Schriftsteller, † 1607.

Barpanther *indecl.* (*aram.*: Sohn des Panther), Vater Joachims, Großvater der allersel. Jgfr. Maria.

Barquisimeto *indecl.* (de Barq. *C. R.*) Barquisimeto, St. in Amerika, Venezuela im Staate Lara, *ca.* 31 000 Einw.; Bischofssitz (seit 1847), Suffr. v. Santiago de Venezuela.

Barsabas, ae *m.* (*aram.*: Sohn des Saba) 1. Joseph Bar Sabas mit dem Beinamen Justus (der Gerechte), ein Jünger Jesu, der später neben Matthias zur Apostelwahl vorgeschlagen wurde. 2. Barsabas, Beiname des Judas, welcher mit dem hl. Paulus in Antiochien das Evangelium predigte.

Barsaith *indecl.* (*aram.*: Sohn des Ölbaums) Barsaith, *wahrscheinlich* Ortsname (1 *Par.* 7, 31), *vielleicht*: Bîr-ez-zêt bei Dschifua.

Barsimaeus, ī *m.* Barsimäus, Mart. u. Bischof v. Edessa in Mesopotamien, gemartert unter Trajan.

S. **Bartholomaeus,** ī *m.* (*aram.* Sohn des Tolmai [Tolmaj der Finstere, der Tyrann ?]) hl. Bartholomäus, Apost., Mart., † 71, 24. Aug.

1. B. **Bartholomaeŭs a Cerverio,** Martyr, O. Pr. († 1466).

Er wurde von adeligen Eltern zu Savigliano geboren und trat in früher Jugend in das Dominikanerkloster seiner Vaterstadt ein. Nachdem er den Doktorgrad erlangt und einige Zeit an der Hochschule zu Turin gelehrt hatte, wurde er zum Prior erwählt. Er bekleidete dieses Amt zu wiederholten Malen und zeichnete sich sowohl durch große Geschäftskenntnis als auch durch regen Eifer für den Dienst Gottes aus. Der schwierigen und mühevollen Befugnisse eines Inquisitors des Glaubens entledigte er sich mit großer Umsicht, Geduld und Unerschrockenheit. Er starb den Martertod für seinen Glauben am 21. April 1466. — 21. April. (Dominikanerorden.)

2. B. **Bartholomaeus Gutiérrez,** Mart., Priester des Augustinerordens († 1632).

Stammend aus Mexiko, trat er sehr früh in den Augustinerorden. Als Missionar wirkte er 18 Jahre segensreich zuerst auf den Philippinen, dann in Japan. Während einer grausamen Christenverfolgung wagte er sich aus seinem Verstecke, um seine Christen zu trösten, wurde aber ergriffen und erlitt zu Nagasaki mit seinen Ordensbrüdern Vinzenz v. hl. Antonius und Franziskus von Jesu den Martertod. — 3. September. (Augustinerorden.)

3. B. **Bartholomaeus Ferarĭŭs,** ī *m.* sel. Bartholomaeus Ferari (18. Jhdt.).

Bartholomäus Ferari stiftete mit dem hl. Antonius Maria Zaccaria die Sodalität der Regularkleriker. — 5. Juli.

Bartimaeus, ī *m.* (*aram.*: Sohn des Timäus) Bartimäus, blindgeborener Jude, den Jesus bei Jericho heilte.

Baruch *indecl. m.* (*hebr.*: der Gesegnete) Baruch 1. Freund und Gehilfe des Propheten Jeremias; von ihm stammt das kleine Buch Baruch als Anhang zum Buche des Propheten Jeremias. 2. jüdischer Priester und Besiegler des erneuerten Bundes nach dem babylonischen Exil. 3. Jude, der Jerusalem nach dem babyl. Exil wieder auferbauen half.

Barūthŭm, ī *n.* Bayreuth, St. am roten Main, Bayern (Oberfranken), *ca.* 28000 Einw.

Basaia *indecl.* (Besaia) (*hebr.*: *richtig* Maaseja = Werk Jahwes) Basaia, Levit aus der Linie Kaath.

Basan *indecl.*, (*hebr.* fruchtbares Land), Name der nördlichen, fruchtbaren Hälfte des Ostjordanlandes.

Bascaman *indecl.* (*hebr.*: entstanden aus Be-Sichamah „[er nahte] Sichem“ 1. *Mach.* 13, 23).

Bascath *indecl.* (*hebr.*: ?) Basskath, St. Palästina (Juda).

Basemath *indecl.* (*hebr.*: Balsamduftende ?) Basemath. 1. Name, bzw. Beiname zweier Frauen des Esau; der Ada und der Maheleth. 2. Tochter des Königs Salomon.

bāsĭātĭō, ōnĭs *f.* das Küssen.

Bāsĭlēă, ae *f.* (Bāsĭlĭa, Augusta Rauracorum) Basel, St. am Rhein, Schweiz, *ca.* 100000 Einw., Bischofssitz, *s.* Augusta Rauracorum; *dav.*: **Basĭlēēnsĭs,** e u. **Basiliensis,** e.

Bāsĭlēēn. (*C. R.*) *s.* Augusta Rauracorum.

Bāsĭlēēnsĭs, ĕ *s.* Basilea (*auch*: Basiliensis).

Bāsĭlĭă, ae *f. s.* Basilea.

Băsĭlĭānī, ōrŭm *m.* Basilianermönche, die dem beschaulichen Orden nach der Regel des hl. Basilius des Großen angehören.

băsĭlĭcă, ae *f.* (*βασιλική scil.*: *στοά*) 1. Halle des Königspalastes. 2. Gerichtshalle. 3. altchristliche Basilika, älteste Form des christlichen Gotteshauses mit erhöhtem Mittelschiff und 2 (4) niedrigen Seitenschiffen (St. Apollinariskirche in Classe bei Ravenna, S. Paolo fuori le Mura [Rom] u. andere). 4. Ehrentitel verschiedener besonders hervorragender Kirchen und zwar basilicae maiores nur 4 in Rom: St. Johann im Lateran, St. Maria Maggiore, St. Peter u. St. Paul; basilicae minores: 9 in Rom und viele außerhalb Roms.

băsĭlĭcŭs 3 (*βασιλικός*) 1. königlich. 2. herrlich, prächtig.

S. **Băsĭlĭdēs,** ĭs *m.* hl. Basilides, Mart., † *ca.* 300, 12. Juni.

băsĭlĭscŭs, ī *m.* Basilisk, eine Eidechsenart.

S. **Băsĭlĭscŭs,** ī *m.* hl. Basilisk, ein im Orient verehrter Martyrer.

S. **Băsĭlĭŭs,** ī *m.* (*Βασίλειος*) Basilius, Erzbischof von Caesarea u. Kirchenvater mit dem Beinamen der Große, † 379, 14. Juni.

S. **Băsīnŭs,** ī *m.* hl. Basin, Bek. u. Bisch. v. Trier (671—695), aus dem Geschlechte der Herzöge von Austrasien.

Trat in das Kloster des hl. Maximin zu Trier ein, wo er schon als Jüngling einstimmig zum Abte gewählt wurde. Sobald Bischof Numerian starb, wurde er Bischof von Trier. Als solcher erhielt er von König Childebert von Austrasien reiche Mittel für sein Bistum. Er förderte die Arbeiten des hl. Willibrord und der sel. Irmina. Als Greis wählte er sich seinen Neffen Ludwin zum Nachfolger, legte selbst das hl. Amt nieder und trat wieder in das Kloster vom hl. Maximin ein, wo er starb. — 4. März: Trier.

bāsĭō 1 küssen.

băsĭs, ĭs *f.* (*βάσις*) 1. Fußgestell, Fußschemel; Sockel, Postament; Schenkel des Beines. 2. Grundmauer.

bāsĭŭm, ī *n.* Kuß.

Bassānēnsĭs, ĕ *s.* Bassanum.

Bassānŭm, ī *n.* Bassano, St. l. an der Brenta, Oberitalien (Vicenza), *ca.* 7000 Einw.; *dav.*: **Bassānēnsĭs,** ĕ.

Bassŭs, ī *m.* Bassus, heidnischer Statthalter in der römischen Provinz Mysien.

Bāsŭgĭŭm, ī *n.* Ort in der Schweiz bei Morsee im Kanton Waadt; *vielleicht*: Wiefflens.

Bătāvă (u. Bătāvă), ae *f.* (Bătāvă, ōrŭm Bătāvĭŭm, Passāvĭa, Păssāvĭŭm) Passau, St. an der Donau bei der Mündung des Inn, Bayern (Niederbayern), *ca.* 18000 Einw., Bischofssitz, Suffr. von München-Freising; *dav.*: **Bătāvī,** ōrŭm *m.* Einw. **Bătāvŭs** 3.

Bătāvī, ōrŭm *m.* 1. (Passavienses) die Passauer *s.* Batava. 2. Holländer *s.* Batavia.
Bătāvĭă, ae *f.* Holland, *dav.*: **Bătāvŭs** 3 und **Bătāvī**, ōrŭm *m.* Bew.
Bătāvĭŭm, ī *m s.* Batava.
1. **Bătāvŭs** 3 1. (Passaviensis) *s.* Batava. 2. holländisch *s.* Batavia.
2. **Bătāvŭs**, ī *m.* 1. Passauer *s.* Batava. 2. Holländer *s.* Batavia.
S. **Bāthildĭs**, ĭs *f.* (Balthildis) Bathilde, heiligmäßige Gemahlin des fränkischen Königs Chlodwig II. und Mutter Chlotars III., † am 30. Jan. 680 in dem von ihr gegründeten Kloster Chelles bei Paris.
Bathnae, ārŭm *f. s.* Adana.
S. **Bāthō**, ōnĭs *m.* Batho, Bek. u. Priester, 31. Juli.
1. **Bathuel** *indecl.* (*hebr.*: ?) Bathuel, Vater der Rebekka.
2. **Bathuel** *indecl.* (*hebr.*: ?) Bathuel, St., Pal. (Simeon).
Bathurstēn. (*C. R.*) *s.* Bathurstum.
Bathurstŭm, ī *n.* Bathurst, St. l. am oberen Macquarie, Neusüdwales in Australien, *ca.* 10 000 Einw.; Bischofssitz (seit 1865), Suffr. v. Sydney; *dav.*: **Bathurstēnsĭs**, e.
bătillŭm, ĭ *n.* Räucherpfanne.
Batnae, ārŭm *f.* (Bathnae) *s.* Adana.
battŭō, ŭī 3 schlagen, klopfen.
batŭs, ī *m.* Bath, hebräisches Hohlmaß von etwa 40 Liter Inhalt.
Baudeloa, ae *f.* Baudelo, Cist. Kloster in Flandern (Diöz. Gent).
Bauramītēs, ĭs *m.* (*hebr.* Bahurim die Auserlesenen) der Bahuramite.
Bauzanŭm, ī *n. s.* Bolsanum.
Bavacŭm, ī *n. s.* Bobacum.
Bavai *indecl.* (*hebr.*: Binnuj Familienschaft ?) Bavaj, Sohn Enadads, Vorsteher des halben Bezirkes Keïla nach dem babyl. Exil.
Bavārī, ōrŭm *m.* (Boiarii, Boji, Baiuvarii) die Bayern; *s.* Boi.
Bavārĭă, ae *f.* (Bajoārĭa, Bojana, Baiuvaria) Bayern.
1. **Bavārŭs** 3, bayerisch.
2. **Bavārŭs**, ī *m.* der Bayer.
S. **Băvō**, ōnĭs *m.*, *auch*: **Alwīnŭs**, ī *m.* Allŏwīnŭs) genannt, Alwin († 563).
Im Haspengau zwischen Lüttich und Löwen geboren, lebte er als Jüngling ausgelassen. Nach dem Tode seiner Gattin beichtete er unter großer Reue beim hl. Bischof Amandus, teilte sein Vermögen an die Armen aus und führte in enger Zelle bei Gent ein Einsiedlerleben unter Leitung des Abtes Floribert. Einen Feind, der plötzlich starb, erweckte Bavo durch sein Gebet zum Leben. Er selbst segnete im Jahre 653 das Zeitliche und erschien verklärt der hl. Gertrud von Nivelles, die einige als seine Base bezeichnen. — 1. Oktober.
S. **Bavōnĭs mŏnastērĭŭm**, ī *n.* ehem. Kloster bei Gent, Belgien (Ostflandern).
băxĕă, ae *f.* Sandale.
Bazatha *indecl.* (ein erdichteter pers. Name) Bazatha, Kämmerer am Hofe des Perserkönigs Xerxes (485—465).
Baziothia, ae *f.* (*hebr.*: ubenothejah „und seine Tochterstädte") *Jos.* 15, 28.
bdellĭŭm, ī *n.* Weinpalme (in Arabien), auch Harz des genannten Baumes.
Bean *indecl.* (verderbt aus beni-Moab) Moabiter (1. *Mach.* 5, 4).
Bearnĭă, ae *f.* Béarn, Landschaft, Fkr. (Basses-Pyrénées).
Bĕātă, ae *f.* Beata, Gräfin von Hohenwart, Mutter des hl. Konrad (10. Jhdt).
S. **Bĕātī fānŭm**, ī *n.* Saint-Béat, Ort, Fkr. (Haute-Garonne, Kreis Saint-Gaudens), *ca.* 940 Einw.
S. **Bĕātī mōns**, tis *m.* St. Beatenberg, D., Schweiz (Bern).
bĕātĭfĭcātĭō, ōnĭs *f.* 1. Beseligung. 2. Seligsprechung: die nach einem genauen kirchlichen Prozeß über die heldenhafte Tugendübung eines verstorbenen Dieners (oder einer Dienerin) Gottes auf Grund von mindestens zwei auf Anrufung dieses Verstorbenen bewirkten Wundern erfolgte feierliche Erklärung der Kirche, daß der Verstorbene der Seligkeit teilhaftig geworden und als Seliger (beatus) um seine Fürbitte öffentlich angerufen werden dürfe, sowie daß in bestimmten einzelnen Kirchen oder der einen und anderen Diözese zu seiner Ehre das hl. Meßopfer gefeiert werden könne.
bĕātĭfĭcātŭs 3 selig gesprochen.
bĕātĭfĭcō 1 beseligen, glücklich machen glücklich preisen; selig sprechen.
bĕātĭfĭcŭs 3 beglückend, selig sprechend.
bĕātĭtās, ātĭs *f.* u. **bĕātĭtūdō**, dĭnĭs *f.* Glückseligkeit, Seligkeit, Seligpreisung.
S. **Bĕātrīx**, īcĭs *f.* hl. Beatrix, Jgfr. u. Mart., † 304, 29. Juli.
bĕātŭs 3 1. reich, begütert, gesegnet, fruchtbar. 2. beglückt, glückselig; *subst.* **bĕātī**, ōrŭm *m.* die Seligen im Himmel.
1. S. **Bĕātŭs**, ī *m.* hl. Beatus, Bek.
Wurde von einem Papste als Missionar nach Frankreich und in die Schweiz gesandt, lebte später als Einsiedler; sein hl. Leib wurde in einer Höhle zwischen den Schweizerseen beigesetzt. — 11. Mai: (Basel).
2. S. **Bĕātŭs**, ī *m.* Bek. aus Trier († 640).
Bruder des hl. Banthus, lebte als Einsiedler mit demselben in den Vogesen zur Zeit des hl. Bischofs Modoald. Seine Gebeine kamen später durch Erzbischof Poppo in das Kloster auf den nach ihm benannten Beatenberg bei Coblenz. — 19. August: (Trier).
Bebai *indecl.* (*hebr.*: ?) Bebai, Jude. dessen Nachkommen aus dem babyl. Exil zurückkehrten.

Bebenhusa, ae *f.* (Bebiana castra) Bebenhausen, D. bei Tübingen, Württemberg, *ca.* 300 Einw., ehem. Prämonstratenser- dann (1190) Cistercienserabtei, *j.* Jagdschloß.

1. **Bebiāna castră,** ōrŭm *n. s.* Bebenhusa.

2. **Bebiāna castră,** ōrŭm, *n.* Babenhausen, Marktflecken r. an der Günz, Bayern (Schwaben), *ca.* 2000 Einw.

Becbecia *indecl.* (*hebr.*: ?) Bekbezia, Levit u. Tempelhüter in Jerusalem nach dem babyl. Exil.

Beccēnsĕ mŏnastērĭŭm, ī *n.* Benediktinerabtei Bec, in der Normandie südwest. von Rouen; *j.*: Le-Bec-Hellouin, D., *ca.* 580 Einw.

Becher *indecl. m.* (*hebr.*: Erstgeborner) Becher, erster Sohn Ephraims, dessen Nachkommen die Becheritae, arum *m.* Becheriten waren.

Bechor *indecl.* (*hebr.*: Erstgeborner) Bechor, Sohn Benjamins.

Bechorath *indecl. m.* (*hebr.*: Erstgeburt) Bechorath, Ahnherr des Königs Saul.

S. **Bēdă,** ae *m.* hl. Beda mit dem Beinamen Venerabilis, angelsächsischer christlicher Gelehrter, Priester und Mönch im Kloster Yarrow in Northumberland (England). † 735.

Bedfordia, ae *f.* (Bedfordium) Bedford, St. an der Ause, England, *ca.* 35000 Einw.

1. **Beel** *indecl. s.* Baal.

2. **Béel** *indecl.* 1. eine einsame Gegend im Bakonyerwald in Ungarn, wo der hl. Bischof u. Martyrer Gerard sowie der hl. Günther sieben Jahre weilte. 2. ein Ort im Komitat Bihar in Ungarn.

Beelmeon *indecl. s.* Baalmaon.

Beelphegor *indecl.* (der Baal [Herr] von Pegor) Beelphegor, Baal, zu dessen Ehre Jungfrauen ihre Unschuld preisgaben, Götze der Moabiter und Madianiter.

Beelsephon *indecl.* (der Baal [Herr] von Sephon) Beelsephon, Lagerplatz der Israeliten in der Wüste, in der Nähe des roten Meeres.

Beelteem *indecl. m.* (*aram.*: Befehlshaber) Beelteem, judenfeindlicher Samaritaner, auf dessen Bericht der Perserkönig Artaxerxes den Wiederaufbau Jerusalems u. des Tempels zeitweise einstellen ließ.

Beelzebub *indecl. m.* (Beelzebul) (Fliegenbaal ?) Name des höchsten Gottes bei den semitischen Völkern; von den Juden im Sinne von „oberster Teufel“ gebraucht.

Beelzebul, būlĭs *m. s.* Beelzebub.

Beer *indecl.* (*hebr.*: Brunnen) Beer, Ort Pal. (Juda).

Beera *indecl. m.* (*hebr.*: ?) Beera 1. Nachkomme Rubens. 2. Familienhaupt im Stamme Aser.

Beeri *indecl. m.* (*hebr.*: Brunnen Jahwes ?) Beeri 1. Vater der Judith, der Frau Esaus. 2. Vater des Propheten Osee.

Beeroth *indecl.* (*hebr.*: Brunnen) *j.*: El-Bire, D. *ca.* 4 Stunden nördl. v. Jerusalem, Palästina, *ca.* 700 Einw., erster Halteplatz der Pilgerzüge von Jerusalem nach Nablus, Sichem, Nazareth. Hier wurde Jesus nach wohlbegründeter Annahme als 12jähriger Knabe von Maria u. Joseph vermißt.

Begabar *indecl.*: Begabar, Begräbnisstadt des Propheten Nahum.

S. **Beggă,** ae *f.* hl. Begga 1. Mutter Pipins, Herrschers von Austrasien († um 690) 17. Dez. 2. Mutter des hl. Evermarius.

begīna, ae *m.* Heuchler, Betbruder.

Begoai *indecl.* (Bigevai, Beguai, Begui, *hebr.*: *richtig*: Bagoi, Bagoas). 1. Jude, dessen Nachkommen aus dem babyl. Exil zurückkehrten. 2. Jude, Besiegler des erneuerten Bundes.

Beguai *indecl. s.* Begoai.

Begui *indecl. s.* Begoai.

behemoth *indecl.* (kopt: p-ehe-môout) *eig.*: Wassertier, *wahrscheinlich*: Nilpferd, Flußpferd, Nashorn (*Job.* 40, 10).

Behemī, ōrŭm *m. s.* Bohemia.

Beiēn. (*C. R.*) *s.* Pax Julia.

Bel *indecl. m.* (*babyl.* = Baal) Herr (Belus) *s.* Baal.

1. **Bela** *indecl. m.* (*hebr.*: das Verderben, der Verderber, Verschlinger) Bela. 1. König der Edomiter, Sohn Beors (vor Moses). 2. ältester Sohn Benjamins, dessen Nachkommen die Belaītae, ārŭm *m.* Belaiten waren.

2. **Bela,** ae *m.* Bela IV. König von Ungarn, Vater der hl. Jfgr. Margareta von Ungarn (13. Jhdt.).

Belăcŭm, ī *n.* Bellac, St., Fkr. (Haute-Vienne), *ca.* 3000 Einw.

Belaītae, arum *m. s.* 1. Bela 2.

Belemen. (de Para) (*C. R.*) *s.* Belemum.

Belemum, ī *n.* de Para, Belém de Parà, St. r. am Paraästuar, Brasilien, Staat Para (São Para), *ca.* 100000 Einw., Bischofssitz (seit 1719), Suffr. v. São Salvador de Bahia.

Belga *indecl. m.* (*hebr.*: Verderben) Belga 1. Nachkomme des jüdischen Priesters Eleazar. 2. jüdischer Priester nach dem babyl. Exil u. darnach benannte 15. Priesterklasse.

Belgae, ārŭm *m.* die Belgier.

Belgaï *indecl. m.* (*hebr.*: Verderben) Belgai, jüdischer Priester, der den erneuerten Bund nach dem babyl. Exil unterzeichnete.

Belgĭcŭs 3 belgisch.
Belgĭŭm, ī *n.* Belgien.
Belial *indecl.* (*hebr.*: verkürzt aus Baljo'yl „der nichts nützt", Nichtsnutz, Teufel) filius (vir) Belial: Sohn (Mann) der Nichtsnützigkeit = Nichtsnutziger, Nichtswürdiger. Später konkret als Bezeichnung für den Nichtswürdigen κατ' ἐξοχήν für den „Satan" gebraucht.
Bĕlĭardī, ōrum *m.* (Belligardus mons) Montbéliard (Mömpelgard) St., Fkr. (Doubs).
Bēlĭcă, ae *f.* *s.* Bellicium.
Belĭsārĭŭs, ī *m.* (Bellisarius) Belisar, Feldherr Justinians I.; † 565 in Konstantinopel.
Bĕlĭsĭă, ae *f.* *s.* Belysĭa.
Bĕlistae mŏnastērĭŭm, ī *n.* Münsterbilsen, D. 14 km westl. v. Maastricht, Belgien (Limburg), *ca.* 1100 Einw.
Bellă-Brancă, ae *f.* Belle-Branche, Cistercienserkloster, Fkr., Diöz. Le Mans.
1. **Bellă Vallĭs** *f.* Beauval, Ort, Fkr. (Somme).
2. **Bellă Vallĭs** *f.* Bellevaux, Cistercienserkloster, Fkr., Diöz. Besançon.
Bellă villă, ae *f.* Belleville-sur-Saône, St. Fkr. (Rhône), *ca.* 3000 Einw.
Bellălandă, ae *f.* Byland, Cistercienserkloster, England, Diöz. York.
bellārĭă, ōrŭm *n.* (von bellus) Nachtisch, Dessert (wie Obst, Nüsse, Zuckerwerk, süßer Wein u. dgl.).
B. Bellarmīnus Robertus, ī *m.* sel. Robert Bellarmin, Jesuit u. Kardinal, vorzüglicher Glaubensverteidiger im 16. Jhdt. († 1603); selig gesprochen 1923 von Papst Pius XI.
Bellăquĕŭs fōns, tis *m.* *s.* Bellofontanum.
bellātŏr, ōrĭs *m.* Krieger; auch *adj.* streitbar, mutig.
bellātrix, īcĭs *f.* Kämpferin, Streiterin; auch *adj.*
Bellă insŭlă, ae *f.* Belle-Ile-en-Mer, Insel gegenüber der Loiremündung, Fkr. (Morbihan).
Bellelāgĭŭm, ī *n.* Bellelay, ehem. Abtei, Schweiz (Bern).
Bellĕsīnŭs Stephanus *s.* S. Stephanus Bellesinus.
Bellĕvillĕn. (*C. R.*) *s.* Bellevillium.
Bellĕvillĭŭm, ī *n.* Belleville, St. Vereinigte Staaten von Nordamerika (Illinois), *ca.* 18 000 Einw.; Bischofssitz (seit 1887), Suffr. v. Chicago; *dav.*: **Bellĕvillēnsĭs,** ē.
Bellĭcĕn. (*C. R.*) *s.* Bellicium.
Bellĭcĭŭm, ī *n.* (Belĭca, Bellĭcum) Belley, St. l. am Furan (zur Rhône), Fkr. (Ain), *ca.* 4000 Einw.; Bischofssitz (seit 5. Jhdt.), Suffr. v. Besançon; *dav.*: **Bellĭcēnsĭs,** e.

bellĭcōsŭs 3 kriegerisch, streitbar, tapfer.
bellĭcŭs 3 zum Kriege gehörig.
Bellĭcŭm, ī *n.* *s.* Bellicium.
Belligardŭs mōns, tis *m.* *s.* Beliardi.
bellĭgĕrātĭō, ōnĭs *f.* Kriegsführung.
bellĭgĕrātŏr, ōrĭs *m.* Krieger; *adj.*: streitbar.
bellĭgĕrō 1 Krieg führen.
Bellĭiocēnsĭs ăgĕr, grī *m.* Beaujolais, ehem. Landschaft, Fkr., (Rhône-et-Loire).
S. **Bellīnī fānŭm,** ī *n.* Bellino, St. It. (Cuneo).
Bellĭsārĭŭs, ī *m.* *s.* Belisarius.
bellĭsŏnŭs 3 kriegsdröhnend.
Bellĭŭm-Prātŭm, ī *n.* Beaupré 1. Cistercienserkloster, Fkr., Diözese Beauvais. 2. Diözese Nancy. 3. Cistercienserinnenkloster Belgien, Diözese Gent.
bellō 1 kämpfen, streiten.
Bellŏfontānŭm, ī *n.* (Bellăquĕŭs) Fontainebleau, St. 57 km südöstl. von Paris, Fkr. (Seine-et-Marne), *ca.* 15 000 Einw.
Bellogrădĕn. (*C. R.*) *s.* Singidunum.
Bellogrădŭm, ī *n.* *s.* Singidunum.
Bellŏmontĭŭm, ī *n.* (Bellŭs mōns) Beaumont (Schönberg), zahlreiche Orte in Fkr. u. Belgien.
Bellŏmontĭŭm in Argona Beaumont-en-Argonnes, St. l. an der Maas, 26 km südöstl. von Sedan, Fkr. (Ardennes), *ca.* 855 Einw.
Bellŏmontĭŭm Rogerii, Beaumont-le-Roger, St., l. an der Rille, Fkr. (Eure), *ca.* 1920 Einw.
Bellŏmontĭŭm Vicecomitis, Beaumont-le-Vicomte (B.-sur-Sarthe), Fkr. (Sarthe), *ca.* 2100 Einw.
Bellŏvăcĕn. (*C. R.*) *s.* Bellovacum.
Bellŏvăcēnsĭs, ĕ *s.* Bellovacum.
Bellŏvăcŭm, ī *n.* (Belvăcum) Beauvais, St., Fkr. (Oise), *ca.* 16 000 Einw., Bischofssitz (seit 3. Jhdt., *j.* vereinigt mit Noyon u. Senlis), Suffr. von Reims, *dav.*: **Bellŏvăcī,** ōrŭm *m.* Bew.; **Bĕllŏvăcēnsĭs,** ĕ und **Belvăcēnsĭs,** ĕ.
bēllŭă, ae *f.* *s.* bēlŭa.
bēllŭīnŭs 3. *s.* beluīnus.
bellŭm, ī *n.* 1. Krieg, Kampf. 2. Feindseligkeiten, Streit.
Bellŭm vădŭm, ī *n.* *s.* Bilbaum.
Bellūnĕn. (*C. R.*) *s.* Bellunum.
Bellūnŭm, ī *n.* Belluno, St., It. (Venetia), *ca.* 19 000 Einw.; Bischofssitz (seit 2. Jhdt.), Suffr. v. Aquileja; *dav.*: **Bellūnēnsĭs,** ē.
bellŭs 3 hübsch, artig, köstlich; *adv.*: belle u. bellissime, belle se habere sich wohlbefinden.
Bellŭs-Becŭs, ī *m.* Beaubec, Cistercienserkloster, Fkr., Diözese Rouen.

Bellŭs mōns, tĭs *m. s.* Bellomontium.

Belma *indecl.* (*hebr.*: Bilam) Belma, Ort im Tale Esdrelon (*Judith* 7, 3), *j.*: Belame.

Belsam *indecl. s.* Belsan.

Belsan *indecl. m.* (*unrichtig*: Belsam) (hebr.: ?) Belsan, Jude, der aus dem babyl. Exil zurückkehrte.

Belsĭă, ae *f.* Beauce, ehem. Landschaft, Fkr. (Orléannais).

Belsĭŭm, ī *n.* (Beltiensis ecclesia) Belz, St. l. am Solokija (zum Bug), Galizien (Sokal), *ca.* 5000 Einw. (bis 1462 Hauptort eines Herzogtums); russisch-polnischer Bistumstitel, jetzt griechisch-ruthenisches Bistum Chelm-Belz; *dav.*: **Beltĭēnsĭs,** ĕ.

Beltĭēn. (*C. R.*) *s.* Belsium.

bēlŭă, ae *f.* (bellŭa) Ungeheuer, Untier, Bestie.

bēlŭālĭs, ĕ tierisch.

bēlŭīnŭs 3 (belluinus) tierisch: pellis.

Belŭs, ī *m. s.* Baal.

Belvăcŭm, ī *n. s.* Bellovacum.

Belysĭă, ae *f.* (Belisia, Bilisium) Bilsen, D. 12 km westl. von Maastricht, Belgien (Limburg), *ca* 3000 Einw.

Belz *indecl. s.* Belsium.

Ben *indecl.* (*hebr.*:) Sohn, Nachkomme.

Benabinadab *indecl. m.* (*hebr.*: Sohn Abinadabs) Benabinadab, Amtmann u. Schwiegersohn des Königs Salomon

Bēnācŭs, ī *m.* (Benacus lacus) Gardasee, Oberitalien.

Benadad *indecl. m.* (*hebr.*: Sohn Hadads, des höchsten Gottes der Syrer), Name mehrerer syrischer Herrscher in Damaskus: Benadad I. (*ca.* 900—880). II. (*ca.* 880—844). III. (*ca.* 790—774).

Benchor *indecl.* Bangor, Hafenst. nordöstl. v. Belfast, Irland (Down), *ca.* 6000 Einw. ehem. Kloster; *dav.*: **Benechorēnsĭs,** ĕ.

Bendecar *indecl. m.* (*hebr.*: Sohn Dekars; Durchbohrer ?) Bendekar, Amtmann des Königs Salomon.

bĕnĕ *adv.*, *comp.* mĕlĭŭs, *sup.* optĭmē.

I. mit Verben: wohl, gut, gehörig, richtig. 1. bene agere gut handeln, richtig verfahren, bene agitur es geht gut, cum alquo jem. freundlich behandeln. 2. bene audire in gutem Rufe stehen. 3. bene dicere *s.* benedico. 4. bene emere wohlfeil, billig einkaufen. 5. bene est es steht gut, alicui mit jem., (mihi) ich bin zufrieden; es ist sinnvoll, ansprechend. 6. bene facere *s.* benefacio. 7. bene te! bene tibi! wohl dir! auf dein Wohl! 8. bene vendere teuer verkaufen.

II. vor *adj.* oder *adv.* tüchtig, überaus, sehr; bene magnus sehr groß.

Benechorēnsĭs, ĕ *s.* Benchor.

bĕnĕdīcĭbĭlĭs, ĕ segnend.

bĕnĕdīcĭtĕ! Segnet!, eine Bittformel in der Liturgie.

bĕnĕdīcō, dīxī, dictŭm 3 (bene dico)

Für die alten Lateiner (Römer) bedeutete benedicere nur gut (schön) reden und rühmen oder loben, genau so wie das griechische *εὐλογεῖν* für die klassischen Griechen. Um 150 vor Chr. erhielt zuerst das griechische *εὐλογεῖν* als Übersetzung des hebräischen barak durch die Septuaginta dessen Bedeutung „segnen“ im liturgischen Sinne. Erst um 150 nach Chr. erhielt auch benedicere literarisch dieselbe Bedeutung durch die christliche Itala als Übersetzung des (hebraisierenden u.) christlich-liturgischen *εὐχαριστεῖν*. In der Zeit vom Eingang des Christentums bei den Römern bis zur Mitte des 2. christlichen Jhdts. hatten die lateinischen Christen die griechischen Worte *εὐχαριστεῖν* u. *εὐλογεῖν* in der liturgischen Bedeutung „verwandeln“ [*εὐχαριστία* = Eucharistie, das in den Leib des Herrn verwandelte Brot!] wörtlich durch benedicere übersetzt und in die Liturgie aufgenommen (vgl. die Kanonworte: per quem haec omnia, Domine, semper bona creas, sanctificas, vivificas, benedicis, et praestas nobis, welche nur in der folgenden Übersetzung einen klaren Sinn geben: durch den du, o Herr, immer alle diese Gaben (Güter) schaffst, weihst, durch die Wesensverwandlung belebst und an uns austeilst).

Später wurde *εὐλογεῖν* nur mehr in der Bedeutung „segnen“ gebräuchlich, wie es auch bei der Segnung der Kinder durch Jesus gebraucht ist; *εὐχαριστεῖν* dagegen nur in der Bedeutung „verwandeln“, wo es sich um das hl. Meßopfer handelte. Auch benedicere wird später in der Liturgie nur in der Bedeutung „segnen“ gebräuchlich, während consecrare später auch im christlichen liturgischen Sinne „weihen“ und dann auch „verwandeln“ bedeutet. Als Fachausdruck für den heidnischen Kultus war consecrare in der ersten christlichen Zeit bei den lateinischen Christen verpönt, wie auch die Arkandisziplin die Christen der ältesten Zeit zwang, weniger deutliche Ausdrücke für ihre hl. Geheimnisse zu wählen, um sie wirklich geheim zu halten. Daher ergeben sich für benedicere als Bedeutungen:

I. (*klassisch* nur mit *dat.*, nie mit *acc.*) gut, schön, richtig, passend reden; beredt sein; benedicere alicui jem. günstig sein, von jem. gut reden, jem. loben, rühmen.

II. (in der christlichen Latinität mit *dat.* und häufig auch mit *acc.* in allen Bedeutungen) Worte von guter Bedeutung, von guter Wirkung gebrauchen. 1. loben, preisen: a) vom Lobpreis Gottes: Domino (*Ps.* 102, 20ff., 120, 1 *u. a.*), nomini Domini (*Eccles.* 51, 17); benedicite Deum (*Ps.* 65, 8), Dominum (*Ps.* 133, 1, 2); *pass.*: benedictus gelobt, gepriesen (*Ps.* 30, 22; 40, 14). b) von Menschen, Geschöpfen: glücklich preisen (*Luc.* 1, 28); quia anima eius in vita ipsius benedicetur wenn er auch in seinem Leben sich glücklich preist (glücklich gepriesen wird, *Ps.* 48, 19); Glück wünschen: benediximus vobis in nomine Domini (*Ps* 128, 8). 2. a) jem. oder etwas segnen: benedic hereditati tuae (*Ps.* 27, 9), benedixit nobis, domui Israel, omnibus (*Ps.* 113, 12, 13), benedixit filiis tuis in te (*Ps.* 147, 13); benedicat nos Deus (*Ps.* 66, 7, 8), viduam eius benedicens benedicam (*Ps.* 131, 15); *pass.*: generatio rectorum benedicetur (*Ps.* 111, 2) benedicti vos a Domino (*Ps.* 113, 15); aqua benedicta: Weihwasser. b) etwas segnen, begnadigen benedixisti, Domine, terram tuam (*Ps.* 84, 2). c) in Anbetracht der Wirkung des Segens: α) vermehren (*εὐχαριστεῖν cum acc.*) aspiciens in coelum benedixit (panes) indem er zum Himmel blickte, vermehrte er die Brote (*Matth.* 14, 19, *Marc.* 6, 41 *u. Luc.* 9, 16). β) verwandeln (*εὐλογεῖν, εὐχαριστεῖν*): Brot (Wein) in den heiligsten Leib (hl. Blut) Christi (Matth. 26, 26; *Marc.* 14, 22, 23; *Luc.* 22, 19).

III. (Bei Hebraismen als euphemistische Redeweise: berek statt qilel) fluchen, lästern, schmähen: benedicere in faciem alicui jem. lästern, schmähen (*Job.* 2, 5); ne forte benedixerint Deo in cordibus suis damit sie (die Kinder Jobs) nicht etwa Gott in ihrem Herzen lästern (*Job.* 1, 5); benedic Deo et mŏrĕre! fluche Gott und stirb! (*Job.* 2, 9); benedixit Naboth Deum et regem = Naboth hat Gott und dem Könige geflucht (3. *Kön.* 21, 10 u. 13).

Bĕnĕdictă vallĭs, ĭs *m.* Valbenoît, ehem. Kloster, Fkr. (Loire).

S. Bĕnĕdictī fānŭm, ī *n.* Szent Benedek, D., Ungarn (Alsó-Fehér).

Bĕnĕdictīnī Silvestrīnī, ōrŭm *m.* Silvestriner.

Bĕnĕdictīnī Olivētānī, ōrŭm. *m.* Olivetaner.

Bĕnĕdictīnī (ōrŭm) **Camaldŏlēnsēs,** ĭŭm *m.* Kamaldulenser.

Bĕnĕdictīnŭs 3 benediktinisch, zum hl. Benedikt oder zu seinem Orden gehörig.

Bĕnĕdictīnŭs, ī *m.* Benediktiner, Angehöriger des Benediktinerordens.

bĕnĕdictĭō, ōnĭs *f.* 1. Weihespruch, Segensspruch, Segen, Segnung, die Formel für die Segensprechung am Schlusse der hl. Messe. 2. Seligpreisung. 3. das Gesegnete.

bĕnĕdictĭōnālĕ, ĭs *n.* Segnungsbuch, Sammlung der Segnungsformeln.

bĕnĕdictĭōnēs, ŭm *f.* die Lobpreisungen, Gesang der drei Jünglinge im Feuerofen, so genannt wegen des oftmaligen „benedicite"

Bĕnĕdictĭōnĭs vallĭs *m.* Vlotho, St., Preußen (Westfalen).

S. Bĕnĕdictŭs, ī *m.* 1. hl. Papst Benedikt II. (684—685). 7. Mai. 2. hl. Abt Benedikt von Nursia, Stifter des Benediktinerordens, Patriarch der Mönche des Abendlandes, † 543, 21. März; im Benediktinerorden 2. Hauptfest am 11. Juli. Nach dem Namen des hl. Ordensstifters wurden folgende Klöster benannt: a) St. Benoît-en-Voivre, Cist. Kloster in Lothringen. b) St. Benedictus in Menterna = Termunten, Cist. Kloster in Groeningen (Holland). c) ein Cist.innen Klöster in Portugal, Diöz. Evora. d) ein Cist.innenkloster in Spanien, Diöz. Burgos.

S. Benedictus Anianensis, is *m.* hl. Benedikt von Aniane, Abt † 821.

Seine Heimat ist die Languedoc in Frankreich. Erzogen wurde er mit den königl. Prinzen am Hofe Pipins. Als er seinen Bruder, der in einem Flusse ertrank, retten wollte, geriet er selbst in Lebensgefahr. Daraufhin verließ er den königl. Hof und begab sich nach Burgund, wo er seit 774 im Kloster des hl. Sequanus (j: St. Seine) in Burgund das Amt eines Ökonomen (Verwalters der weltl. Angelegenh.) versah. Nach dem Tode des Abtes zum Nachfolger erwählt, entfloh er in seine Heimat und gründete im Jahre 779 an dem Flüßchen Aniane selbst ein Kloster. König Ludwig der Fromme übertrug ihm das Amt eines Almosenverteilers und setzte ihn dem Kloster St. Maurus in Elsaß als Abt vor. In vielen Angelegenheiten holte er seinen Rat ein. Benedikt gründete mehrere neue Klöster und stellte die ursprüngliche Regel des hl. Benedikt in vielen Klöstern Deutschlands und Frankreichs wieder her. Er nahm am Konzil zu Aachen teil. Unter seinen Schriften ist die Concordia Regularum die bedeutendste. Er starb im Kloster des hl. Cornelius (jetzt: Kornelimünster) bei Aachen, 70 Jahre alt. (12. Mai: Straßburg und 11. Februar: Ben. O.)

S. Benedictus a S. Philadelpho *m.* hl. Benedikt von St. Philadelpho, Bek. u. Guardian aus d. Kap. O. † 1589.

Wegen seiner dunklen Hautfarbe gewöhnlich der „schwarze Heilige" genannt, wurde B. in einem Dorfe bei St. Philadelpho in der Diözese Messina auf Sizilien von maurischen aber katholischen Eltern geboren. Von Kindheit an beobachtete er genau die Gebote Gottes, als Jüngling verteilte er sein Hab und Gut unter die Armen und lebte als Einsiedler nach der Regel des hl. Franziskus v. Assisi bis zu seinem 40. Lebensjahr. Als aber Pius IV. befahl, daß diese Einsiedler einem der Orden des hl. Franziskus beitreten sollten, wählte er auf göttliche Eingebung das Kloster der Observanten in Palermo, wo er sein strenges Leben als einfacher demütiger Laienbruder fortsetzte und die beschwerlichsten Arbeiten freudig ausführte. Die siebenmalige jährliche vierzigtägige Fastenzeit der Ordensregel und dazu die fast immerwährende Abstinenz hielt er getreu und unverletzt. Mit übernatürlichen Gnadengaben geschmückt, wurde er für würdig gehalten, obwohl Laienbruder u. ohne Bildung, die Leitung des Klosters in Palermo zu übernehmen. Als Vorsteher führte er durch sein Beispiel und seine Klugheit die damals angeordnete Reform durch und brachte seine kleine Herde zu einem großen Eifer für Armut und strenger Lebensweise. Im 63. Lebensjahre von einer tödlichen Krankheit ergriffen und mit den hl. Sterbesakramenten gestärkt, starb er, wie er vorhergesagt hatte, am 4. April 1589. Sein Leib, der unversehrt bleibt, strömt einen lieblichen Wohlgeruch aus. Benedikt X. sprach ihn selig und Pius VII. heilig. — 4. April (Kap. O. und Franz. O.).

B. Benedictus ab Urbino *m.* sel. Benedikt von Urbino, Bek., Priester aus dem Kap. O., † 1625.
Er stammte aus dem Adelsgeschlecht der Passionei und war blutsverwandt mit den Päpsten Innozenz VIII., Alexander VII. und Klemens XI. Geboren war er am 15. September 1560. Seine Studien machte er in Perugia und Padua, wo er, noch nicht 22jährig zum Doktor beider Rechte promoviert wurde. Er aber verachtete die irdischen Reichtümer und Ehren, und nach Überwindung aller Schwierigkeiten gegenüber den Verwandten, die ihn in hohen Ehrenstellen sehen wollten, trat er in den Kapuzinerorden ein. Ungeachtet seiner schwächlichen Gesundheit beobachtete er die Regeln aufs genaueste, übte strenge Bußwerke und geißelte sich oft trotz seiner Unschuld. Glühende Liebe zu Maria und zum allerheiligsten Sakramente zeichneten ihn aus. Um die Wende des 16. Jahrhunderts wurde er mit dem hl. Laurentius von Brindisi zur Befestigung des kath. Glaubens nach Böhmen geschickt, wo er unzählige Gefahren, Verfolgungen, Beleidigungen und Schmähungen von seiten der Irrgläubigen geduldig ertrug. In die Heimat zurückgekehrt, widmete er sich ganz der Predigt des Wortes Gottes, besonders unter der Landbevölkerung, mit reichem Gewinn. Er starb im Kloster seines Ordens zu Fossombrone bei Urbino und wurde 1867 selig gesprochen. — 30. April: (Kap. O. und Franzisk. O.)

S. Benedictus Josephus Labre *m.* hl. Benedikt Joseph Labre, Bek. † 1783.
Zu Amettes in der Diözese Boulogne (Fkr.) geboren, wurde er mit 12 Jahren seinem Onkel, einem Pfarrer dieser Diözese zum weiteren Unterricht übergeben. Da gerade in dieser Gegend die Pest herrschte, wurde er der Begleiter seines Onkels bei den Krankenbesuchen und der hilfreiche Engel, der das Elend der armen Pestkranken soviel wie möglich erleichterte. Tag für Tag ertrug er voll Geduld das mürrische Wesen seines Onkels und übte noch dazu strengste Abtötung. Trockenes hartes Brot war oft seine einzige Nahrung, kurzer Schlaf auf bloßem Holz seine Ruhe, dazu fügte er noch Geißelung für den Leib. Täglich pflegte er mehrere Stunden vor dem Tabernakel zu beten. In der Meinung, er sei von Gott für ein strenges Ordensleben berufen, begab er sich zuerst zu den Trappisten, dann zu den Kartäusern, schließlich zu den Cisterciensern, aber überall wurde er wegen seines schwächlichen Körpers und seiner Kränklichkeit abgewiesen; dagegen sagte ihm eine innere Stimme deutlich, er solle das Leben des hl. Alexius nachahmen. So begann er denn im 22. Lebensjahre ein Bettlerleben und zog in schlechter Kleidung und zerrissenem Schuhwerk in vielen Gegenden Europas herum, von dem lebend, was er sich erbettelte. Gewöhnlich zog er abseits der Straßen, um in der Betrachtung göttlicher Dinge nicht gestört zu werden. Sieben Jahre vor seinem Tode kehrte er nach Rom zurück und blieb dort, wenn er auch jährlich Loretto und andere Wallfahrtsorte besuchte. Meist ohne Obdach, angetan mit dem gleichen zerrissenen Gewande, lebte er von Gemüsen und Kräutern, die auf die Straße geworfen wurden, und stillte seinen Durst mit Wasser, wenn er ihn nicht gerade durch Essig noch vermehrte. Oft verbrachte er die ganze Nacht im Gebete im Flavischen Amphitheater zu, das durch das Blut unzähliger Martyrer geweiht ist. Tagsüber besuchte er die Kirchen, besonders gerne weilte er vor dem Allerheiligsten, das öffentlich zur Anbetung ausgesetzt war, in Betrachtung unbeweglich die Augen auf die hl. Hostie gerichtet. Zur freiwilligen Buße von Läusen und Flöhen zerbissen, mit Schmutz bedeckt ertrug er standhaft alle Verhöhnungen und Beleidigungen des gemeinen Volkes. Am 16. April 1783 wurde er in der Marienkirche „am Berg“ von einer Ohnmacht befallen und starb noch am gleichen Tage im Hause eines wohltätigen Mannes im 53. Lebensjahr. Pius IX. sprach ihn selig und Leo XIII. heilig. — 16. April (Kap. O. u. Franz. O.).

S. Benedictus Ĕrēmītă, Mart.
Schüler des Einsiedlers u. Mart. Andreas, beide polnischer Abkunft; von Räubern niedergemetzelt und in einen Fluß geworfen, ruhte er ein Jahr auf dem Grunde desselben; durch Adler, die täglich jene Stelle umschwebten, wurde der unversehrte Leichnam kenntlich gemacht und feierlich in der Kirche des hl. Emmeram neben dem hl. Andreas beigesetzt. — 16. Juli: Ungarn, Gnesen-Posen, Przemysl, Polen.

S. Benedictus et soc. 5 Fratres 12. Nov. Prag, Gnesen, Posen, Przemysl *s.* S. Christianus.

B. Bĕnĕdictŭs XI. Papst (1303—1304), 7. Juli.

Bĕnĕdictŭs X. Gegenpapst im 11. Jhdt.; — B. XIII. (1724—30); B. XIV. (1740 bis 1758); B. XV. 1914 — 22. Jan. 1922.

Bĕnĕdictŭs Biscŏpĭŭs, ī *m. s.* Biscopius.

bĕnĕfactĭō, ōnĭs *f.* das Wohltun.

bĕnĕfăctŏr, ōrĭs *m.* Wohltäter, Stifter (missae).

bĕnĕfactŭm, ī *n.* Wohltat.

bĕnĕfĭcentĭă, ae *f.* Wohltätigkeit.

bĕnĕfĭcĭālĭs, ĕ zu einer kirchlichen Pfründe (einem Beneficium) gehörig; officium beneficiale ein Amt, das mit einer kirchlichen Pfründe verbunden ist.

bĕnĕfĭcĭārĭŭs 3 1. zur Wohltat gehörig, als Wohltat anzusehen. 2. eine kirchliche Pfründe betreffend, zu einem Beneficium gehörig (*C. j. c.* 1927).

bĕnĕfĭcĭārĭŭs, ī *m.* Inhaber einer kirchlichen Pfründe, Benefiziat, Pfarrer (*C. j. c.* 1472, 3; 1653).

bĕnĕfĭcĭātŭs, ī *m.* Pfründebesitzer, Benefiziat.

bĕnĕfĭcĭŭm, ī *n.* 1. Wohltat, Gunstbezeigung, Vergünstigung. 2. Auszeichnung, Amtsverleihung, Beförderung. 3. Vorrecht, Genuß eines Gutes. 4. geistliche Pfründe; beneficium ecclesiasticum: ein von der rechtmäßigen kirchlichen Oberbehörde errichtetes, mit gesichertem Einkommen u. bestimmten Pflichten verbundenes Kirchenamt, oft mit dem Rechte einer juristischen Person (*C. j. c.* 1409); beneficium juris patronatus eine kirchliche Pfründe, die von einem Patron verliehen wird; b. manuale ist eine Pfründe, über welche der rechtmäßige Verleiher freie Hand behält, so daß er sie jederzeit dem damit Beliehenen wieder nehmen u. einem andern übertragen kann.

bĕnĕfĭcŭs 3 wohltätig, gnädig.

Bĕnĕharnĭă, ae *f. s.* Bearnia.

Benejaacan *indecl.* (*hebr.*: ?) Benejaakan, eine Lagerstätte der Israeliten in der Wüste.

Benennom *indecl.* (*hebr.*: Tal Hinnom) ein Tal südöstl. bei Jerusalem, *auch*:

Gehenna *oder* Tophet genannt; *s.* gehenna.

bĕnĕŏlentĭă, ae *f.* Wohlgeruch.

bĕnĕplăcēns, entĭs wohlgefällig, angenehm.

bĕnĕplăcĕō, ŭī 2 wohlgefallen.

bĕnĕplăcĭtŭm, ī *n.* das Wohlgefallen; ad beneplacitum nostrum nach unserem Belieben; benepl. Apŏstŏlĭcŭm: päpstliche Genehmigung (*C. j. c.* 497).

bĕnĕplăcĭtŭs 3 wohlgefällig, angenehm.

bĕnĕsŏnāns, antĭs gut klingend, hell schallend.

Bĕnĕventān. (*C. R.*) *s.* Beneventum.

Bĕnĕventŭm, ī *n.* Benevent, 1. St. Unteritalien (Benevent), *ca.* 20000 Einw., Erzbischofssitz seit 969. 2. Landschaft Benevent; *dav.*: **Bĕnĕventānŭs** 3.

bĕnĕvŏlēns, tĭs wohlwollend, gnädig.

bĕnĕvŏlentĭă, ae *f.* das Wohlwollen, Geneigtheit.

bĕnĕvŏlŭs 3 wohlwollend, gewogen, gütig.

Bengaber *indecl.* (*hebr.*: Held) Bengaber, Amtmann des Königs Salomon in Galaad.

Bengala centrale = Krishnâgar(en), Kisnaghur (Bistum seit 1886), Suffr. von Kalkutta.

Bengala orientale = Dacchen, Dacca (Bistum seit 1886), Suffr. von Kalkutta.

Bengālēn. (*C. R.*) *s.* Kalkutta.

Bengālŭm, ī *n.* Bengalen, Landschaft in Indien mit der Hauptstadt Kalkutta; *dav.*: **Bengālēnsĭs,** ĕ.

Benhail *indecl.* (*hebr.*: der Tapfere) Benhail, ein gottesfürchtiger Israelit z. Z. König Josaphats (*ca.* 873—849), welcher das Volk im Gesetze Gottes unterrichtete.

Benhanan *indecl.* (*hebr.*: der Gütige) Benhanan, ein Nachkomme Judas.

Benhesed *indecl.* (*hebr.*: der Barmherzige) Benhesed, Amtmann des Königs Salomon (971—929) in Ephraim.

Benhur *indecl.* (*hebr.*: Sohn Hurs) Benhur (3 *Kön.* 4, 8 unrichtig), angebl. Amtmann Salomons.

Benjamin *indecl.* (*hebr.*: Sohn der Rechten, Glückskind) 1. jüngster Sohn des Patriarchen Jakob, von seiner Mutter Rachel: Benoni genannt. 2. der von ihm abgeleitete Stamm der Israeliten u. sein Land. 3. ein Enkel Benjamins, Sohn Jadiels. 4. Aufseher über die freiwilligen Opfergaben z. Z. des Königs Ezechias (721—693). 5. Jude, der nach dem babyl. Exil seine gesetzwidrige Ehe trennte.

Beniganim *indecl.* Städtchen bei Valencia in Spanien.

Bĕnīgnă, ae *f.* Benigna, Mutter des sel. Vinzenz Kadlbeck.

bĕnīgnĭtās, ātĭs *f.* Güte, Freundlichkeit; das Gute (*Ps.* 51, 5).

bĕnīgnŏr 1 zufrieden sein.

S. Bĕnīgnŭs, ī *m.* hl. Benignus, Priester u. Mart. (2. Jhdt.).

Wurde vom hl. Polykarp nach Frankreich als Missionar gesandt, wo er den Heiden das Christentum verkündigte. Unter Mark Aurel zu Dijon gemartert und dort begraben, wurde er im 6. Jahrh. vom hl. Gregor, Bischof von Langres, aufgefunden und an einem andern Orte in einer Gruft beigesetzt, über die Gregor eine Basilika erbauen ließ. Später ins Vituskloster gebracht, erhielt Erzbischof Anno von Köln den hl. Leib von Abt Reniger zum Geschenke und überführte ihn ins Kloster Siegburg auf dem Siegberge (an der Sieg). — 17. Febr. (Köln).

Bb. Bĕnīgnŭs et Cārŭs, die sel. Benignus u. Carus, Bek. u. Einsiedler († 9. Jhdt.).

Sie stammten aus Verona und traten in frühester Jugend bei den Augustiner-Eremiten ein. Dann zogen sie sich zum Gebet und Fasten in die Felsenhöhle zu Malsesina bei Verona am Gardasee zurück. Um keinen Augenblick unbenützt zu lassen, verfertigten sie ein Muttergottesbild, das durch Wunder verherrlicht wurde. Als der Leib des hl. Zeno von Verona auf Befehl des Bischofs Rothaldus 865 in die von König Pipin erbaute Kirche übertragen werden sollte, konnte der Sarg nicht von der Stelle bewegt werden. Man rief Benignus und Carus. Sie brachten die Bahre mit leichter Mühe in die Kirche. In ihrer Einsamkeit schieden sie aus diesem Leben. Ihre Leiber wurden in der dortigen Kapelle bestattet. — 21. Juli (Augustinerorden)

Bĕnīgnŭs, ī *m.* Benignus, Mönch, Gefährte des hl. Hidulph; *s. dens.*

bĕnīgnŭs 3 1. freundlich, liebevoll, gütig, gefällig. 2. freigebig, reichlich.

Benken *indecl.* Kloster u. Klosterschule in der Schweiz, wo der hl. Meinrad (9. Jhdt.) lehrte.

Benni *indecl.* (*hebr.*: Benui Familienschaft?) Levit, Vater des Rebum, der die Stadtmauer Jerusalems miterbaute.

Benno *indecl.* (*hebr.*: sein Sohn) Levit, Sohn des Ozia.

S. Bennō, ōnĭs *m.* hl. Benno, Bek. u. Bischof v. Meißen u. Patron v. Sachsen u. München († 1106).

Geboren in Hildesheim, erzogen von Wiger, dem Propst des St. Michaelklosters daselbst. Er nahm selbst das Benediktinerkleid, wurde Abt des Klosters für nur drei Monate, da er inständig bat, ihm diese Bürde wieder abzunehmen. Doch Kaiser Heinrich III. stellte ihn an die Spitze der Kanoniker von Goslar mit Genehmigung Leos IX. Nach 17 Jahren wurde er auf Vorschlag des Kölner Erzbischofs Anno zum Bischof von Meißen ernannt. Nur nach langem Zögern Bischof geworden, verteidigte er sich gegen Heinrich IV. der ihn gefangen nahm und seine Domkirche beraubte; nach seiner Freilassung eilte er zu Papst Gregor VII. und nahm fast als einziger deutscher Bischof am römischen Konzil teil, welches die Übergriffe Heinrichs verurteilte. Es gelang ihm, für den Rest seiner Tage nach Meißen zurückzukehren und viele noch zu bekehren. Er starb dort und wurde von Hadrian VI. heilig gesprochen. — 16. Juni (Augsburg, Bamberg, Breslau, Eichstätt, Meißen, München-Freising, Passau, Regensburg, Speier).

Bennoi *indecl.* (*hebr.*: Familienschaft?) Bennoi, Vater des Leviten Noadaia.

Bennui *indecl.* (*hebr.*: Familienschaft?) Bennui 1. Nachkommen von Phahat-Moab, die ihre gesetzwidrige Ehe trennten. 2. Jude, Sohn des Henadad, baute nach dem Exil an der Stadtmauer Jerusalems. 3. Tempelsänger nach dem babyl. Exil.

Benoni *indecl.* (*hebr.*: mein Schmerzenskind) *s.* Benjamin 1.

Benthēmĭa, ae *f.* (Benthemium, ī *n.*, Binethum) Bentheim, St. u. Grafschaft, Preußen (Hannover), *ca.* 2500 Einw.

Benvĕnūtă, ae *f.* Benvenuta, Mutter der hl. Katharina von Bologna?

S. **Benvĕnūtŭs,** ī *m.* hl Benvenutus, Bek., Bisch. aus dem Kap. O., † 1282.

Zu Ankona (Italien) aus dem Adelsgeschlecht der Scotivoli geboren, studierte er in Bologna Theologie und beide Rechte. Dort verband ihn besondere Freundschaft mit dem hl. Silvester Guzolino, dem späteren Stifter der Silvestriner. In seiner Heimat wurde er zum Erzdiakon erwählt, bald aber unter die päpstlichen Kapläne aufgenommen. In diesen Ämtern suchte er nichts anderes als Gott zu gefallen, alles Irdische zu verachten und sein und seiner Mitmenschen Seelenheil mit allen Kräften zu erreichen. Als die Bürger von Osimo infolge ghibellinischen Aufruhrs des bischöflichen Stuhles verlustig gingen, betraute Papst Urban IV. Benvenuto mit der Verwaltung jener Kirche, später wurde er vom gleichen Papste zum Bischof von Osimo geweiht. Vor und nach dem Tode durch Wunder ausgezeichnet, starb er am Palmsonntag 1282. Martin IV. sprach ihn schon im Jahre 1285 heilig. — 22. März (Kap. O. u. Franz. O.).

Benzoheth *indecl.* (*hebr.*: Sohn Sochets) Benzoheth, Israelit aus dem Stamme Juda.

bĕō 1 beglücken, erfreuen, beschenken.

Beon *indecl.* (*hebr.*: ?) Beon, St. der Amorrhiter, *vielleicht* identisch mit Baalmeon.

Beor *indecl.* (*hebr.*: Brand?) Beor 1. Vater des Bela des ersten Königs der Edomiter. 2. Vater des Propheten Balaam.

1. **Bera** *indecl.* (*hebr.*: Beer = Brunnen) Bera, Israelit, Sohn Suphas.

2. **Bera** *indecl.* (*hebr.*: Beer = Brunnen) Bera, St. Palästina.

Ss. **Berardus et soc.** *m.* hl. Berard u. seine Gefährten, Mart., Priester aus d. Franziskanerorden († 13. Jhdt.).

Im 11. Jahre seiner Bekehrung sandte der hl. Franziskus v. Assisi zur Bekehrung der Mohamedaner fünf Brüder, nämlich Berardus, Petrus, Accursius, Adjutus und Otho ins Reich des Sultans Miramolin von Marokko. Als Oberen gab er ihnen den Bruder Vitalis mit, der aber wegen Krankheit in Aragonien zurückbleiben mußte. Die fünf anderen kamen nach Sevilla und dann ins Gebiet der Mohamedaner, wo sie gleich den christlichen Glauben verkündigten. Selbst durch heftige Schläge ließen sie sich nicht abhalten, bis zum mohamedanischen Fürsten zu kommen, vor dem sie ebenfalls den hl. Glauben predigten. Der aber befahl voll Zorn, sie zu enthaupten. Aber der Fürstensohn legte in natürlichem Mitleide Fürsprache ein, deshalb wurden sie nach Marokko übergeführt. Dort angekommen, predigten sie überall, wo sie Sarazenen versammelt fanden, das Christentum. Einmal hörte sie auch der Sultan Miramolin und befahl, sie aus dem Lande zu treiben. Sie aber kehrten voll Verlangen nach dem Martyrium wieder zurück. Nun wurden sie in den Kerker geworfen, wo sie durch Hunger und Durst zugrunde gehen sollten. Als sie aber in übermenschlicher Weise alles erduldeten und als wunderbarerweise infolge großer Hitze und Unbill der Witterung viele Sarazenen krank wurden, entließ sie der Sultan aus Furcht abermals. Sie aber kehrten wieder zurück und wurden einem Fürsten übergeben, der sie zuerst so schlagen ließ, daß Gedärme und Knochen sichtbar wurden, dann aber heißes Öl und Essig in die Wunden gießen und die ganze Nacht auf Scherben herumwälzen ließ, bis sie glücklich das Martyrium vollendeten. — 16. Jan. (Kap. O.).

Berchemĭŭm, ī *n.* Bergheim, St. l. an der Erft, Preußen (Köln); *dav.* **Berchemēnsĭs,** ĕ.

Bercos *indecl.* (*hebr.*: Blitzender, Glänzender) Berkos, Nathinäer, dessen Söhne aus dem babyl. Exil zurückkehrten.

Berea, ae *f.* (*hebr.*: richtig Bethsajit: Ölhaus Βηϑζεϑ), Bethzeth, unbekannter Ort, Pal., *wahrscheinlich* südwestl. von Jerusalem.

Bĕrengārĭă, ae *f.* Königin von Kastilien, Mutter des hl. Ferdinand III.

Bĕrengārĭŭs, ī *m.* 1. Bisch. v. Barcelona im 13. Jhdt. 2. Herzog von Ivrea, dann König v. Norditalien im 10. Jhdt.

Bĕrengārĭŭs Tūrōnēnsĭs *m.* Berengar, Priester zu Tours, Irrlehrer († 1088).

Bĕrengārĭŭs, ī *m.* Berengar, Bisch. v. Passau (11. Jhdt.).

Bĕrĕnīcē, ēs *f.* *s.* Bernīce.

Bĕrĕsindă, ae *f.* Berswinda, Herzogin in Elsaß, Mutter der hl. Odilia.

Bergae, ārŭm *f.* 1. Bergen, St. Norwegen, *ca.* 72 000 Einw. 2. Mons (Bergen), St. Belgien (Hennegau). 3. (Vinocibergae) Vinoxbergen, Nordafrika.

Bergămŭm, ī *n.* *s.* Bergomum.

Bergŏmēn. (*C. R.*) *s.* Bergomum.

Bergŏmŭm, ī *n.* (Bergămum) Bergamo, St. It. (Lombardei), *ca.* 25 000 Einw.; Bischofssitz (seit 300), Suffr. v. Mailand; *dav.*: **Bergŏmēnsĭs,** ĕ; **Bergomenses,** ium *m.* Einw.

Beri *indecl. m.* (*hebr.*: mein Brunnen) Beri, Israelit aus dem Stamme Aser.

Beria *indecl. m.* (*hebr.*: ?) Beria 1. Sohn Asers. 2. Sohn Ephraims.

Berith *indecl.* (*hebr.*: Schreibfehler für Beth-Baal-Berith: Tempel des Baal-Berith [Bundesherrn]) *s.* Bethel Berith.

Bernācŭm, ī *n.* Bernay, St., Fkr. (Eure), *ca.* 6000 Einw.

Bernădette Maria Soubirous, frommes Mädchen in Lourdes, dem im Alter von 14 Jahren, in der Felsengrotte

Massabielle bei Lourdes die Mutter Gottes 18 mal erschien, zum ersten Male am 11. Febr. 1858. Am 29. Juli 1866 empfing sie in Nevers als Marie-Bernarda den Ordensschleier u. wurde barmherzige Schwester. Am 16. April 1879 starb sie dort und wurde in der St. Josephskapelle im Klostergarten zu Nevers begraben.

S. Bernardīnŭs Sēnĕnsĭs (*auch* Bernhardīnus) hl. Bernhard von Siena, Priester aus dem Franziskanerorden, † 1404, 20. Mai.

B. Bernardinus Realini *m.* sel. Bernhard Realini, Priester des Ges. Jes. († 1616).

B. stammte aus Capo bei Modena in Italien und verbrachte unter Leitung seiner frommen Mutter seine Jugend in Unschuld und Reinheit. Zu Bologna machte er voll Auszeichnung seine juristischen Studien und bekleidete dann öffentliche Ämter im Pokreis und im Königreich Neapel. Auf göttliche Eingebung hin entsagte er allen weltlichen Ehren und trat zu Neapel in die Gesellschaft Jesu ein. In kurzer Zeit erlangte er eine solche vollendete Vollkommenheit, daß er zwei Jahre Beichtvater der Patres und Novizenmeister war. Die nächsten Jahre war er zu Neapel eifrigst in allen Arten der Seelsorge tätig, unter anderem bereitete er auch die zum Tode verurteilten Verbrecher auf die Ewigkeit vor und führte viele im Kriege gefangene Türken zur Erkenntnis des wahren Glaubens. Seine Lebensweise war äußerst streng, Gott verlieh ihm die Gabe der Herzenskunde und die Kenntnis zukünftiger Dinge. Die Mutter Gottes mit dem göttlichen Kinde durfte er öfters zu seiner geistigen Erquickung in sichtbarer Gestalt schauen. Vor und nach dem Tode mit vielen Wundern ausgezeichnet, starb er am 2. Juli 1616. — 3. Juli: Ges. Jes.

1. **S. Bernardŭs** (*auch:* Bernhardus) Claravallensis, Abt u. Kirchenlehrer, Bern. von Clairvaux, † 1153, 20. August.

2. **S. Bernardus ā Menthōne,** hl. Bernhard von Menthone, Bek. († 1008).

In der ehem. Grafschaft Genf geboren, studierte er mit Eifer; sollte heiraten, verließ aber aus Liebe zur Jungfräulichkeit am Tage vor seiner Hochzeit heimlich das väterliche Schloß und begab sich zum Archidiakon Petrus in Aosta (Italien), als dessen Gehilfe er sich auf das Priestertum vorbereitete; er wurde später sein Nachfolger. 42 Jahre lang predigte er den Alpenbewohnern vom Reiche Gottes und errichtete dort zwei Klöster. Auf der Rückkehr von einer Romfahrt starb er i. J. 1008 in Novara. — 15. Juni: Basel.

3. **S. Bernardŭs Calvonĭŭs,** ī *m.* hl. Bernhard Calvó, Cist. Bischof († 1243).

Bernhard, nach seinem väterlichen Gut bei Tarragona Calvó zubenannt, besaß außerordentliche Geistesgaben, die er neben der Theologie besonders in der Rechtswissenschaft betätigte. Um den weltlichen Ehren zu entfliehen, ging er in das Cistercienserkloster Santas Creus in Katalonien. Zehn Jahre später wurde er Abt seines Klosters. Doch der Ruf seiner Tugenden drang über die Klostermauern hinaus, und so geschah es, daß er zum Bischof von Vich in Spanien gewählt wurde. Papst Gregor IX. bestellte ihn zum Legaten gegen die Albigenser, auch gegen den Unglauben der Mohamedaner kämpfte er. Reich an Verdiensten um Kirche und Vaterland starb er am 25. Oktober 1243, nach seinem Tode von Gott durch viele Wunder verherrlicht. — 25. Oktober (Cist. Ord.).

1. **B. Bernardus Ametŭs,** ī *m.* sel. Bernhard Ahmet, Cist. Märtyrer († 1180).

Bernhard Ahmet war der Sohn des mohamedanischen Statthalters Almanzor von Carlete und genoß wegen seiner diplomatischen Geschicklichkeit das besondere Vertrauen des Königs Zain von Valencia. Er sollte 1156 als Gesandter nach Barcelona gehen, kam aber auf der Reise vom rechten Wege ab und wurde in der Nähe des Cistercienserklosters Poblet mit seiner Begleitung von der Nacht überrascht. Der von der Kirche herüberschallende Chorgesang lockte ihn an, er suchte und fand Eingang ins Kloster und alles, was er da sah und hörte, machte auf den Mohamedaner einen solchen Eindruck, daß er blieb, den Islam abschwur und sich unter dem Namen Bernhard taufen ließ. Nachdem er noch mehr im wahren Glauben bestärkt war, nahm er das Ordenskleid und verwaltete durch viele Jahre die zeitlichen Güter des Klosters. 1178 erhielt er von seinem Abte die Erlaubnis, seine Verwandten aufzusuchen, um sie zu bekehren. Zwei Schwestern wurden Christinnen, sein Bruder aber schwur ihm Rache und ließ ihn mit dem Kopf an einem Baum annageln. — 1. Juni (Cist. Ord.).

2. **B. Bernardŭs Tolomaeŭs,** ī, *m.* sel. Bernhard Tolomei, Abt († 1384).

Aus dem adeligen Geschlechte der Tolomei zu Siena 1272 geboren, war er daselbst Lehrer der Philosophie und Rechtswissenschaft. Von einer plötzlichen Erblindung auf ein Gelübde hin geheilt, entsagte er der Welt, zog sich in die Einsamkeit des Berges Monte Oliveto bei Accona in Toskana zurück und gründete dort nach der Regel des hl. Benedikt ein Kloster und später die Kongregation der Olivetaner. Pestkranke pflegend, fiel er in Siena am 20. August 1348 der Seuche selbst zum Opfer. — 21. August (Ben. Ord.).

3. **B. Bernardŭs Bădēnsĭs,** sel. Bernhard von Baden, Bek. u. Markgraf († 1458).

Hatte zum Vater den Markgrafen Jakob I. und zur Mutter Katharina, Tochter Karls von Lothringen. Er selbst übernahm die Regierung nach dem Tode seines Vaters; aus Liebe zur Jungfräulichkeit schlug er die angebotene Vermählung mit Magdalena, der Tochter des französischen Königs Karl VII. aus; ja, er legte die Herrschaft in die Hände seines jüngeren Bruders Karl und gab sich den Übungen der Abtötung und des Gebets hin; er wurde ein Vater der Armen. Doch stellte er sich alsbald Kaiser Friedrich III. zur Verkündigung des Kreuzzuges zur Verfügung. Er reiste nach Rom zu Calixt III., doch da er durch innere Einsprechung seinen nahen Tod voraussah, zog er sich in das Franziskanerkloster zu Moncalieri (Piemont) zurück und starb dort am 15. Juli 1458. — Papst Clemens XIV. billigte die Verehrung des Seligen. — 24. Juli (Freiburg).

4. **B. Bernardus Scammacca,** sel. Bernhard Scammacca, Bekenner O. Pr. († 1486).

Er wurde geboren zu Catania auf Sizilien und verlebte seine Jugend in sündhaften Ausschweifungen, bis eine schwere Verwundung das Mittel zu seiner Bekehrung wurde. Nach erfolgter Heilung erbat und erhielt er das Ordenskleid im Dominikanerkloster zu Catania und widmete sich nun vollständig einem Leben des Eifers, der Buße und des Gebetes. Er galt als ein Muster des Gehorsams und der Demut und starb im Jahre 1486. — 9. Februar (Dom. O.).

5. **B. Bernardus a Corleōne** *m.* sel. Bernhard von Corleone, Bek. († 1669).

Seine Eltern waren Leonhard und Franziska de Latinis; am 6. Februar 1607 kam er in Corleone (Sizilien) zur Welt und wurde Philipp getauft. Vom Vater lernte er das Schuhmacherhandwerk und übte es auch längere Zeit aus. Nach dem Tode des Vaters aber erlernte er das Waffenhandwerk und ging dem Kampf und Streit und anderen weltlichen Dingen nach. Doch bewahrte er auch da noch ein Zeichen guten religiösen Sinnes. Täglich sah man ihn abends beim Dunkelwerden das

Haus verlassen, um mit seinen Waffen Greise, Frauen und Kinder, welche spät abends in die Stadt zurückkehrten, vor nachstellenden Soldaten zu schützen, damit sie keinen Schaden erlitten. Oft besuchte er auch ein viel geschätztes Christusbild und hegte zum hl. Franziskus von Assisi große Verehrung. Als er zum Zweikampf herausgefordert nach mehrmaliger Zurückweisung den Gegner schwer verwundet hatte, floh er von Haus und entschloß sich, bei dem Gedanken, in welch großer Gefahr für Leib und Seele er schwebte, ein anderes Leben zu führen. Er fand Aufnahme bei den Kapuzinern in Caltanixecta und erhielt den Namen Bernhard. Hier übte er strengste Buße, fastete außer den vorgeschriebenen Fasttagen noch öfters bei Wasser und Brot, an vielen Vigilien aß und trank er gar nichts. Als er einmal im Gehorsam Mehlbrei essen mußte, vermengte er ihn mit viel Asche, damit er unangenehm schmeckte. Zuckerwerk, Nachtisch, Kuchen aß er selbst nicht in kranken Tagen. Zwei bis drei Stunden Schlafes waren ihm genug. Ein schmales Brett war sein Bett, ein Baumstumpf sein Kopfkissen. Immer trug er das Bußgewand und geißelte sich siebenmal am Tage. Auch im Alter ließ er nicht ab, alles wie früher zu leisten, trotzdem er davon entbunden war. Weissagungen, Krankenheilungen und Wunder wurden durch ihn vollbracht. Die Mutter Gottes brachte ihm vier Monate vorher die Nachricht von seinem Tode. Er starb 62 Jahre alt. — 19. Jan. (Kap. Ord.).

6. **B. Bernardus ab Ophyda** *m.* sel. Bernhard von Ophyda, Bek. aus dem Kap. O. († 1694).

In einem Bauerndorfe bei Ophyda in der Diözese Ascoli (Italien) geboren, hütete er in seiner Jugend die Viehherde seiner Eltern. Dabei oblag er dem Gebete oder suchte seine Kameraden im christlichen Glauben und der Tugendlehre zu unterrichten. Seine Herde schien ganz von ihm abzuhängen. Kein Tier ging über die Grenze hinaus, die er festgesetzt hatte. Zwei wilde Jungrinder machte er gefügig und zwang sie unters Joch. Ehrfurcht gegen die Eltern und Liebe zu den Geschwistern zeichneten ihn aus. Wenn er die Kirchen und das hl. Meßopfer in Ophyda besuchte, ging er allein, um seine Unschuld um so sicherer zu bewahren; deshalb wurde er der hl. Einsiedler genannt. Im Kapuzinerorden erlangte er durch des sel. Felix von Cantalicio Führung bald einen hohen Grad der Tugenden. Oft wurde er beim Gebete seufzend vom Boden erhoben und in Verzückung, mit tief gerötetem Gesichte oder von Glanz umleuchtet angetroffen. Gegen sich selbst grausam, war er voll Mitleid gegen Notleidende und Kranke. Er hatte die Gabe der Krankenheilung in solch hohem Grade, daß ihm kaum eine Art von Krankheit widerstand, die er heilen wollte. Trotzdem er nicht tiefer gebildet war, löste er die schwierigsten Fragen mit wunderbarer Weisheit, Gelehrsamkeit und Leichtigkeit, so daß auch hochgestellte Männer seinen Rat einholten. Als 90jähriger Greis starb er unter Anrufung der süßen Namen Jesus und Maria mit den Worten: „Ziehe hin, christliche Seele." — 1. Sept. (Kap. Ord.).

1. **Bernardŭs,** ī *m.* Bernhard 1. Sohn Karl Martells, Onkel Kaiser Karls des Großen, Vater der sel. Witwe Ida (8. Jhdt.). 2. Bischof von Paderborn (12. Jhdt.).

2. **Bernardŭs Papĭēnsĭs,** *m.* Bernhard von Pavia, früher Professor des kanonischen Rechts zu Bologna, dann bis 1190 Propst zu Pavia, 1191 Bisch. von Faënza u. 1198 Bisch. von Pavia; Verfasser der Compilatio prima oder des Breviarium Extravagantium.

Bernhardŭs, ī *m. s.* Bernardus.

Bernīcē, ēs *f.* (*Βερονίκη auch*: *Βερενίκη* Berenice) Berenike oder Veronika.

1. Gemahlin des Königs Ptolemäus III. Euergetes († 221 v. Chr.) von Ägypten. Nach ihr ist das Sternbild des nördlichen Himmels „das Haar der Berenike" benannt, weil sie ihr Haupthaar für das Wohlergehen ihres Gemahls den Göttern opferte. 2. Tochter des jüdischen Königs Agrippa I., älteste Schwester Agrippas II., mit dem sie in blutschänderischem Umgang gelebt haben soll; zuerst Gemahlin des Markus, des Sohnes von Alexander Lysimachus, dann Gemahlin ihres Onkels, Herodes des Fürsten von Chalkis, und nachher kurze Zeit Gemahlin Polemons († 63 n. Chr.), des Königs von Pontus. Nach der Zerstörung Jerusalems zog sie als Geliebte des Titus mit nach Rom. Ihr Ziel, Kaiserin zu werden, erreichte sie nicht, da sich das römische Volk gegen eine solche Kaiserin empört hätte.

B. Bernō, ōnĭs, *m.* sel. Abt von Gigny u. Baume, dann von Cluny, wo er 927 starb (Ben. O.).

Berno Petrus *m.* Mart., Priester der Gesellschaft Jesu, *s.* B. Rudolfus Acquaviva.

Bernoldŭs, ī *m.* Bernold, Vater des hl. Mönchs Ulrich von Regensburg (11. Jhdt.).

Bernŭm, ī *n. s.* Verona.

S. Bernwardŭs, ī *m.* hl. Bernward, Bek. u. Bisch. v. Hildesheim (993—1022).

Aus sächsischem Grafengeschlechte, wurde er unter Thankmar in der Hildesheimer Domschule ausgebildet u. geweiht vom Erzbischof Willegis von Mainz; es wurde ihm die Erziehung Ottos III. von Deutschland anvertraut. Nach Gerdags Tode wurde Bernward Bischof von Hildesheim und zu Beginn des Jahres 993 von Erzbischof Willegis als solcher geweiht. Täglich widmete er frühmorgens mehrere Stunden dem Gebete, der Betrachtung und der Lesung der hl. Schrift und war nach der Darbringung des hl. Opfers unermüdlich im Dienste seines Sprengels tätig. Fast 100 Arme speiste er täglich in seinem Hause; alle Künste fanden an ihm einen begeisterten Förderer. Er selbst verfertigte u. a. eine eherne Säule mit Hochbildern sowie kirchliche Gegenstände. Seine Bischofsstadt umgab er mit festen Mauern; das Benediktinerkloster, welches er in Hildesheim gründete, weihte er mit seiner prachtvollen Kirche dem hl. Michael. In Rom wurde er von Papst Silvester II. und Kaiser Otto herzlich empfangen. Viel Gutes für die Kirche ging von seinen Diözesansynoden aus. Er starb in höchstem Ansehen im Jahre 1022, nachdem er sich noch kurz zuvor als Benediktiner hatte aufnehmen lassen. In dem von ihm selbst mit Darstellungen verzierten Steinsarge wurde er in der Gruft der Michaeliskirche beigesetzt. Coelestin III. reihte ihn zufolge der Wunder, die an seinem Grabe geschahen, im Jahre 1192 in die Zahl der Heiligen ein. Seine Gebeine ruhen jetzt in der Magdalenenkirche zu Hildesheim, nur sein Haupt ist in der Domkirche. — Fest des Heiligen am vorletzten Sonntage nach Pfingsten oder am 21. November (Hildesheim).

Bero, ōnĭs *m.* Bero, König von Schweden (9. Jhdt.).

Beroa, ae *f.* Beuron, D., Preußen (Hohenzollern); Benediktinerabtei.

Berodach *indecl. m. richtig*: Merodach-Baladan, *s.* dort (*babyl.* Mar-duk-pal-iddin = [Gott] Marduk hat einen Sohn geschenkt).

Bĕroeă, ae *f.* (*Βέῤῥοια*) 1. Beröa, älteste Stadt Makedoniens, *j.*: Veria (Voria), *türk.*: Karaferga; *dav.*: **Beroeēnsĭs,** ĕ.

2. Beröa in Syrien, *j.*: Aleppo, südöstl. von Antiochien.

Bĕroeēnsĭs, ĕ *s.* Beroea 1.

Berolīnŭm, ī *n.* Berlin, Hauptstadt des deutschen Reiches; *dav.*: **Berolīnĕnsĭs,** ĕ.

Beromi *indecl. m.* (*hebr.*) der Bahurimite, aus Bahurim.

Berōnă, ae *f.* 1. *s.* Verona. 2. Beromünster, D., Schweiz (Luzern).

Berōnă silvă, ae *f. s.* Beronia silva.

Berōnĭă silvă, ae *f.* (Berona silva) Waldgegend in Tirol, östlich vom Gardasee.

Beroth *indecl.* (*hebr.*: Brunnen) 1. Lagerstätte der Israeliten in der Wüste (Beroth Elim Heldenbrunnen). 2. St. Palästina (Benjamin); *dav.*: Berothītes, ae *m.* Einw. 3. Berothai, St. im Reiche Königs Adarezer von Saba (2. *Kön.* 8, 8), nordwestl. von Damaskus.

Berotha, ae *f.* (*hebr.*: Berothi) aus Berot (Beerot) (*Ezech.* 47, 16).

Berothītes, ae *m. s.* Beroth 2.

Bersa, ae *m.* (*hebr.*: Ben-rescha' Sohn des Verderbens, erdichteter [Schimpf-] Name) Bersa, König von Gomorrha (*ca.* 2000 v. Chr.).

Bersabee *indecl.* (*hebr.*: Eidbrunnen [?], Siebenbrunnen) Bersabee, St. an der südlichen Grenze von Pal. (Simeon); *j.*: Ruinen Bir-es-Seba, *ca.* 50 km südlich von Hebron.

Bertă, ae *f. s.* Bertha.

Bertgerŭs, ī *m.* Bertger, Priester, dem die hl. Ida die neuerbaute Kirche in Herzfeld (Rheinpreußen) anvertraute (9. Jhdt.).

B. Berthă, ae *f.* (Berta) sel. Bertha, Fürstentochter aus Lothringen, Mutter des hl. Bekenners Rupert (9. Jhdt.).

Berthă, ae *f.* Bertha, Gemahlin des Königs Ethelbert von Kent.

S. Bertholdŭs, ī *m.* hl. Berthold, Apostel der Lieven († 1198).

B. Bertholdŭs, ī *m.* sel. Berthold, Bek. u. Abt († 1142).

Einer edlen Familie aus Süddeutschland entstammend, trat er in das Benediktinerkloster St. Blasien im Schwarzwald ein; wurde später Präses des Klosters Garsten bei Steyr, welches der Markgraf Ottokar von Steiermark errichtet hatte. Die Schätze des Klosters, die unter seinem Vorgänger aufgehäuft waren, ließ er als der hl. Armut zuwider zumeist in die Enns werfen, da sie von der Habsucht befleckt seien. Auf wunderbare Weise vermehrte sich ein Fischgericht in seiner Hand; er selbst lebte fast nur von Brot und Brei. Zahllose Nächte durchwachte er im Gebete; vielen wurde er Ratgeber. Er war Beichtvater Kaiser Konrads III. von Deutschland; den vor dem Banne Heinrichs IV. fliehenden Erzbischof Konrad von Salzburg nahm er in ein Klosterasyl auf. Der Tod ereilte ihn beim Singen einer Litanei am Feste des hl. Pantaleon. — 27. Juli (Linz).

Bertholdŭs, ī *m.* Berthold 1. Bischof von Toul, Erzieher Papst Leos IX. (um 1000). 2. Herzog von Kärnten u. Istrien, Vater der hl. Hedwig. 3. Graf aus Schwaben, Vater des hl. Otto (12. Jhdt.).

S. Bertīnī abbātĭă, ae *f.* Bertincourt, D., Fkr. (Pas-de-Calais).

S. Bertrandus, ī *m.* hl. Bertrand, Bek. u. Bischof von Aquileja († 1350).

Unweit Cahors in Frankreich geboren, wurde er frühzeitig unter die Kanoniker von Augoulême aufgenommen, später als Dr. theol. et jur. can. Professor in Toulouse. Als Auditor Sacri Palatii wurde er nach Avignon berufen, wo er 17 Jahre weilte. Johannes XXII. machte ihn zum Patriarchen von Aquileja. Jährlich hielt er je eine Synode in Udine und in Aquileja ab. In einer Hungersnot soll er täglich gegen 2000 Personen gespeist haben; überhaupt nahm er selbst keine Mahlzeit ein, bevor er zu Ehren der Apostel 12 arme Personen gespeist hatte. Klöstern und Kirchen war er Helfer; als Ablegat des hl. Stuhles wurde er bei den Fürsten gern gesehen. Als damals ein Schisma ausbrach, hatte er besonders auf einem Konzil in Padua viel zu leiden. Auf der Rückkehr wurde er am 6. Juni des Jahres 1350 von seinen Feinden schwer verwundet und starb. Clemens VIII., Benedikt XIV. und Clemens XIII. billigten die Verehrung Bertrands, der im Dom zu Udine beigesetzt wurde. — 9. Juni.

beryllŭs, ī *m.* u. *f.* (βήρυλλος) grüner Edelstein, Beryll.

Bērȳtēn. (*C. R.*) *s.* Berytus.

Bērȳtŭm, ī *n. s.* Berytus.

Bērȳtŭs, ī *f.* (Βηρυτός; Berytum) Beirut, Hafenst. an der phönizischen Küste, Syrien; *ca.* 120 000 Einw.; *dav.* **Berytēnsĭs,** ĕ.

Berzellai *indecl. m.* (*hebr.*: der Eiserne, der Strenge) Berzellai 1. reicher Grundbesitzer in Galaad, der David gegen Absalom unterstützte. 2. Molathiter, Vater Hadriels. 3. der Galaaditer Berzellai, der sich nach dem babyl. Exil als jüdischer Priester ausgab, aber seine Priesterschaft nicht nachweisen konnte.

Besai *indecl. m.* (*hebr.*: ?) Besai, Name einer Nathinäerfamilie, die aus dem babyl. Exil zurückkehrte.

Besaja *indecl. m.* (*hebr.*) Besaja, Levit aus der Linie Gersom.

Besecath *indecl.* (*hebr.*: Boskath ?) Besekath, St., Pal. (Juda).

Besee *indecl. m. s.* Besai.

Beselam *indecl. m.* (*hebr.*: ?) Beselam, ein judenfeindlicher Beamter des Perserkönigs Artaxerxes, der den Tempelbau hindern wollte.

Beseleel *indecl. m.* (*hebr.*: im Schutze [des wahren] Gottes) Beseleel 1. ein Künstler, der die Bundeslade, den Brandopferaltar u. die hl. Gewänder fertigte (2. *Mos.* 31, 2). 2. Jude, der seine gesetzwidrige Ehe auflöste.

Besenburg *indecl.* Besenburg, fester Ort an der Donau in Pannonien.

Besidiae, ārŭm *f.* (Bisinianensis ecclesia) Bisignano, St. It. (Cosenza), *ca.* 5000 Einw., Bistum (seit 813), 1818 mit dem Bistum S. Marco vereinigt.
Besloth (Besluth) *indecl.* (*hebr.*: ?) Name einer Nathinäerfamilie, die aus dem babyl. Exil zurückkehrte.
Besodia *indecl. m.* (*hebr.*: im vertraulichen Verkehr mit Jahwe) Besodia, Jude, Vater des Mosolla, der das alte Tor in Jerusalem erbaute.
Bespremĭēnsĭs urbs, ĭs *f.* Veszprim, St., Ungarn, *s.* Vespremia.
Besor *indecl.* (Bezer) (*hebr.*: ?) Besor, Wildbach in Palästina, *j.*: el-Scheria.
Bessur *indecl.* (*hebr.*: Bethsur: Steinhausen, Felsenheim) Bessur, St. nördl. von Hebron, Pal. (Juda).
bestĭă, ae *f.* wildes Tier.
bestĭālĭtās, ātĭs *f.* 1. ein abscheuliches, tierisches Verbrechen. 2. Unzucht mit Tieren, Bestialität.
Bete *indecl.* (*hebr.*: Sicherheit, Vertrauen) Betach, St. nordwestl. von Damaskus, Syrien.
Beten *indecl.* (*hebr.*: Leib, Körper) Beten, St. Pal. (Aser).
Beterrae, ārŭm *f. s.* Biterrae.
beth (*hebr.*: Haus) zweiter Buchstabe des hebr. Alphabets; als Zahlzeichen: zwei, zweitens.
Bethacarem *indecl.* (Bethhacharam) (*hebr.*: Weinberghausen) Bethakarem, St. Pal. (Juda).
Bethacharam *indecl. s.* Bethacarem.
Bethanan *indecl.* (*hebr.*: Gnadenhaus) Bethanan, St. Pal. (Juda).
Bethanath *indecl.* (*hebr.*: Haus Anaths) Bethanat, St. Pal. (Juda).
Bethanĭă, ae *f.* (*hebr.*: Armenhausen) Bethanien 1. Flecken am Ostabhange des Ölberges, eine Stunde von Jerusalem. 2. Ort im Ostjordanlande.
Bethanītae, ārŭm *m.* Bewohner von Bethanien.
Bethanoth *indecl.* (*hebr.*: ?) Bethanoth, St. Pal. (Nephthali).
Betharaba *indecl.* (*hebr.*: Steppenhausen) Betharaba, Grenzst. zwischen Juda und Benjamin, Pal.
Betharan *indecl.* (*hebr.*: Pyramidenhausen) Betharan, St. Pal. (Gad), später Julias, dann Livias, *j.*: Ruinen Rameh am Jordan.
Bethaven *indecl.* (*hebr.*: Götzenheim) Bethaven, St. u. Wüste bei Hai, Pal. (Benjamin), der spätere Schimpfname für Bethel (Gotteshaus).
Bethazmoth *indecl.* (*hebr.*: Haus des Schicksals [derFügung Gottes, *arab.*?]) Bethazmoth. Ort, Pal, (Juda).
Bethbera *indecl.* (*hebr.*: Furthausen) Bethbera, St. am Jordan, Pal. (Ephraim).
Bethberai *indecl.* (*hebr.*: verderbt aus Bethmarchaboth: Wagenhausen) *s.* Betmarchaboth.
Bethbessen *indecl.* (*hebr.* ?) Bethbessen, St. *wahrscheinlich*: am Jordan in der Nähe von Jericho (Palästina).
Bethchar *indecl.* (*hebr.*: Wiesenhausen) Bethchar, Ort im Grenzgebiet der Philister und des Stammes Juda, Palästina; *vielleicht*: Ain Karim (Sankt Johann im Gebirge), 1 ½ Stunden südwestl. von Jerusalem?
Bethdagon *indecl.* (*hebr.*: Dagonheim) Bethdagon 1. St. in Juda. 2. St. in Aser.
Betheden *indecl.* (*hebr.*: Genußhausen) Betheden, syrischer Königssitz auf dem Libanon.
Bethel *indecl.* (*hebr.*: Gotteshaus) Bethel, St. auf einem Berge, 17 km nördl. von Jerusalem gegen Sichem, Pal. (Ephraim), früher Luza genannt; *j.*: Ruinen von Beitîn; Bethel 1. *Kön.* 30, 27 ist identisch mit Bethul (*Jos.* 19, 4).
Bethel-Luza *indecl. s.* Bethel.
Bethemec *indecl.* (*hebr.*: Talhausen) Bethemek, St. nordöstl. von Akko, Pal. (Aser).
Bether *indecl.* (*hebr.*: Schreibfehler für Harej-Bosem Balsamberge) (*Cant.* 2, 17).
Bethesda *indecl.* (*aram.*: Beth-tasda' Haus der Barmherzigkeit) *s.* Bethsaida.
Bethgader *indecl.* (*hebr.*: Mauerhausen) *wahrscheinlich*: Gedor im Gebirge Juda, Pal.
Bethgamul *indecl.* (*hebr.*: Haus des Entwöhnten) Bethgamul, St. in Moab.
Beth-Haggan *indecl.* (*hebr.*: Hausgarten) vielleicht En-Gannim, Levitenst. Pal. (Issachar), *j.*: Dschenîn.
Bethhagla (Beth-Hagla) *indecl.* (*hebr.*: ?) St. in der Ebene zwischen Jericho u. Jordanmündung, Pal. (Benjamin).
Bethhammerhac *indecl.* (*hebr.*: ?) Bethhammerhak, Gehöft bei Jerusalem im Kidrontale.
Bethhoron (Beth-Horon) *indecl.* (*hebr.*: ?) Ober- u. Unterbethhoron, zwei Städte 5 Stunden nordwestl. von Jerusalem, Pal. (Ephraim), *j.*: Bêt-Ur (die obere 617 m, die untere 399 m hoch gelegen) westl. von Michmas, am Abhang des Gebirges gegen die Philisterebene.
Bethia, ae *f.* (*hebr.*: „Tochter Jahwes ?") Bethja, Tochter eines Hyksoskönigs in Ägypten aus der zweiten Dynastie, Frau des Israeliten Mered aus dem Stamme Juda.

Bethjesimoth *indecl.* (Bethsimoth, *hebr.*: Wüstenhaus) Bethjesimoth, St. Pal. (Ruben), früher im Lande Moab.

Bethlebaoth *indecl.* (*hebr.*: Löwenhausen) Bethlebaoth, St., Pal. (Simeon).

Bethlaphira *indecl.* (*hebr.*: Staubhausen).

Bethlehem *indecl.* (in Versen: Bethlem (*hebraisiert*: Brothausen; *babyl.* „Haus der Göttin Lachama"; *heute arabisiert*: Betlacham = „Fleischhausen") Bethlehem 1. St. Pal. (Juda), Geburtsort des Heilandes, auch Ephrata geheißen. 2. St. nordöstl. vom Berge Karmel, 15 km westl. von Nazareth, Pal. (Zabulon).

Bethlehemītă, ae (*acc.*-tem) *m.* 1. Bewohner von Bethlehem. 2. „Bethlehemiter", kirchliche Genossenschaft, gestiftet von Peter von Betencour († 1667) in Amerika.

Bethlehemītĭcŭs 3 bethlehemitisch, von Bethlehem.

Bethlem *indecl. s.* Bethlehem 1.

Bethmaacha *indecl.* (*hebr.*: ?) Bethmaacha, St., am Fuße des Hermon, *s.* Abelmain.

Bethmaon *indecl.* (*hebr.*: Wohnhaus) Bethmaon, St. in Moab.

Bethmarchaboth *indecl.* (*hebr.*: Wagenhausen) Bethmarchaboth, St. Pal. (Simeon).

Bethmillo *indecl.* (*hebr.*: Wallhausen) Name eines Kastells in Sichem, Pal.

Bethnemra *indecl.* (Nemra) (*hebr.*: Pardelhausen) Bethnemra St. im Jordantale, Pal. (Gad), früher zu Moab gehörig, *j.*: Ruinen von Nimrein.

Bethoron *indecl. s.* Bethhoron.

Bethphage *indecl.* (*aram.*: Betpagge, Feigenhausen) Bethphage, Ort bei Jerusalem am Fuße des Ölbergs.

Bethphaleth (Bethphelet) *indecl.* (*hebr.*: Rettungshausen) Bethphaleth, St. Pal. (Juda).

Bethpheses *indecl.* (*hebr.*: Zerstörungshausen) Bethpheses, St. Pal. (Issachar).

Bethphogor *indecl.* (*hebr.*: Baalpheor: Herr v. Peor) Bethphogor, St., Pal. (Ruben), vorher in Moab gelegen.

Bethrapha *indecl.* (*hebr.*: ?) *s.* Rapha (Rekab).

Beth-Rechab *indecl.* (Beth-Rohob) (*hebr.* Straßenhausen) Bethrohob, St., nördl. von der Jordanquelle (Syrien).

Bethsabee *indecl. f.* (Bathseba, *hebr.*: ?) Bethsabee, Mutter des Königs Salomon.

Bethsaida, ae *f.* (*hebr.*: Jagdhausen) 1. (*Joh.* 5, 2) Schreibfehler für Bethesda, Name für den Schafsteich bei Jerusalem. 2. Ort in Galiläa, Geburtsort der Apostel Andreas, Petrus u. Philippus, am westl. Ufer des Sees Genesareth. 3. St. in der Landschaft Gaulanitis (Ostjordanland); *dav.* **Bethsaidēnsĭs**, ĕ.

Bethsames *indecl.* (*hebr.*: Sonnenhausen) Bethsames 1. eine Priesterst. an der Grenze Juda-Dan-Philisterland, 8—9 Stunden westl. von Jerusalem; *j.*: 'Ain Schems (Sonnenquellen). Pal. 2. Grenzstadt im Stamme Nephthali gegen Issachar, Palästina. 3. St. in Aegypten, *auch* On oder Heliopolis genannt.

Bethsamītă, ae *m.* (Bethsamītēs, ĭs *m.*) Bethsamiter; *s.* Bethsames.

Bethsan *indecl.* (*hebr.*: Friedenshausen) Bethsan, St. zwei Stunden westl. vom Jordan, am Ausgang der Ebene Esdrelon, Pal. (Manasse), später Nyssa, *auch*: Scythopolis genannt, *j.*: Beisân, Dorf, 500 Einw.

Bethsemes, *indecl. s.* Bethsames 1.

Bethsetta *indecl.* (*hebr.*: Akazienheim) St. am Jordan bei Tebbath, Pal.

Bethsimoth *indecl.* verkürzt aus Bethjesimoth, *s. dass.*

Bethsur *indecl.* (Bethsura) (*hebr.*: Felsenheim) Bethsur, feste St. im Gebirge Juda, fünf Stadien von Jerusalem entfernt; von Maon (1. Par. 2, 45) gegründet, *j.*: Bêt Sûr.

Bethsura, ae *f. s.* Bethsur.

Beththaphna, ae *f.* (*hebr.*: Apfelhausen) Beththaphna, St., Pal. (Juda).

Bethul *indecl.* (falsche Lesart für Kesalon), St. Pal. (Simeon), *wahrscheinlich*: nordwestl. von Bethsur im heutigen Beit Aula gelegen; *Jos.* 15, 30 auch Chesil, 1. Kön. 30, 27 fälschlich Bethel genannt.

Bethulĭă, ae *f.* (*hebr.*: Berghausen, im Gegensatz zu Beth-Omek, Βηθόμη, Talhausen) Bethulia, St. auf einem Berge in der Ebene Esdrelon, belagert i. J. 647 v. Chr. unter Großkönig Assurbanipal von Assyrien (668 bis 626).

Bethunĭă, ae *f.* Bethune, St. an der Brette, Fkr. (Pas-de-Calais) *ca.* 11 000 Einw.

Bethzacharam *indecl.* (*hebr.*: Weinberghausen) Bethzacharam, St. in einem Engpasse zwischen Jerusalem und Bethsur, Pal.

Bethzecha *indecl.* (Betzecha) (*hebr.*. Bet-Sajit Ölhausen, Βηζέθ) Ort bei Jerusalem.

Betonim *indecl.* (*hebr.*: Pistazien ?) Betonim, St. Pal. (Gad).

Betorĭcă, ae *f. s.* Avaricum.

Betrādă, ae *f.* Betrada, Mutter Kaiser Karls des Großen (8. Jhdt.).

Betzecha (Betzeth) *indecl. s.* Bethzecha.

Beuronă, ae *f.* Beuron; *dav.*: **Beuronēnsĭs,** ĕ.

Beviācŭm, ī *n.* 1. Bevensen, Ort links an der Ilmenau, Preußen (Hannover, Kreis Ülzen), *ca.* 1800 Einw.; 2 km D. Medingen mit ehem. 1237 gegründeten Cistercienserinnenkloster. 2. Bivio oder Stalla. D., Schweiz (Graubünden, Bez. Albula), *ca.* 140 Einw.; *dav.*: **Beviacēnsĭs,** ĕ.

Bezec *indecl.* (*hebr.*: ?) Bezek, St. Pal. *wahrscheinlich*: das heutige Cjirbet Ibzik auf der Straße von Nablus nach Besan.

Bibăcŭm, ī *n.* (Lage unsicher) *wahrscheinlich*: Schwabach, St. Bayern (Mittelfranken), *ca.* 12000 Einw.

Bibĕrācŭm, ī *n.* (Bibracum, Bragdunum?) Biberach, St. l. an der Riß, Württemberg (Donaukreis), *ca.* 8000 Einw.

bĭbĕrēs, ŭm *f.* Trunk außer der Mahlzeit.

S. **Bĭbĭānă,** ae *f.* hl. Bibiana, Jgfr. u. Mart. († 363), 2. Dez.

biblĭă, ae *f.* (βιβλία) u. biblĭă, ōrŭm *n.*, (biblia sacra) Bibel, hl. Schrift; biblia pauperum Armenbibel (für solche, die nicht lesen konnten, deshalb bildliche Darstellungen in etwa 40—50 Bildern mit kurzer Erklärung).

biblĭcŭs 3 biblisch, aus der Schrift, schriftgemäß.

biblĭŏgraphĭcŭs 3 zur Bücherkunde gehörig, bibliographisch.

biblĭŏlātrīă ae, *f.* Bibeldienst, Bibelverehrung.

biblĭŏpēgă, ae *m.* Buchbinder.

biblĭŏpōlă, ae *m.* (βιβλιοπώλης) Buchhändler, Verleger.

biblĭŏthēcă, ae *f.* u. biblĭŏthēcē, ēs *f.* (βιβλιοθήκη) 1. Bücherschrank. 2. Büchersammlung, Schriftensammlung, Urkundensammlung.

biblĭŏthēcārĭŭs, ī *m.* Bibliothekar, Bücherwart.

biblĭŏthēcē, ēs *f.* (βιβλιοθήκη) *s.* bibliotheca.

bĭbō, bĭbī, bĭbĭtūrŭs 3 1. trinken (*Matth.* 20, 22). 2. in sich aufnehmen, lernen: litteras.

bĭbōsŭs 3 trunksüchtig.

bĭcŏlŏr, ōrĭs zweifarbig.

bĭcornĭs, ĕ zweihörnig.

bĭcors, ordĭs verschlagen, schlau.

1. **bĭdēns,** entĭs *adj.* zweizähnig.

2. **bĭdēns,** entĭs *m.* Doppelhacke (mit zwei Spitzen), Karst.

3. **bĭdēns,** entĭs *f.* Schaf, Opfertier (das schon die zwei Reihen Zähne hat).

Bidgostĭă, ae *f.* Bromberg, St. an der Brahe (zur Weichsel), Polen (Posen), *ca.* 50000 Einw.

bĭdŭŭm, ī *n.* Zeitraum von zwei Tagen; biduum facere zweitägigen Aufenthalt nehmen.

Bĭelă, ae *f.* Biel, St. Holland.

Bĭellă, ae *f.* (Bienna) Biel, St. Schweiz (Bern), *ca.* 22000 Einw.; *dav.*: **Bĭellēnsĭs,** ĕ (lăcus B. Bieler See), *auch*: Bĭpennēnsĭs, ĕ u. Bĭennēnsĭs, ĕ.

Bĭennă, ae *f. s.* Biella.

Bĭennēnsĭs, ĕ *s.* Biella.

bĭennĭŭm, ī *n.* Zeitraum von zwei Jahren.

bĭfārĭăm *adv.* zweifach, doppelt.

bĭfārĭŭs 3 zweifach.

bĭfōrmātŭs 3 doppelgestaltig.

bĭfōrmĭs, ĕ doppelgestaltig.

bĭfrōns, ontĭs doppelstirnig; mit zwei Gesichtern.

bīgă, ae *f. s.* bigae.

bīgae, ārŭm *f.* (biga) das Zweigespann.

bĭgămĭă, ae *f.* Doppelehe.

bĭgămŭs, ī *m.* Bigamist, d. h. ein Mann, der entweder zwei Frauen zu gleicher Zeit hat, oder erlaubter Weise eine zweite Frau nach dem Tode der ersten heiratet.

Bĭgardae, ārŭm *f.* Bigard, Ort bei Brüssel, Belgien.

Bĭgardĭă, ae *f.* (Begardun) Bégard, St. Fkr. (Côtes-du-Nord).

Bĭgorrĭă, ae *f.* Bigorre, ehem. Grafschaft, Fkr. (Gascogne).

Bĭgŭă, ae *f.* Bigua, Kloster zu Karthago (5. Jhdt.).

1. **bĭlătĕrālĭs,** ĕ zweiseitig, doppelseitig, beiderseitig; gegenseitig, z. B. Vertrag, Kontrakt.

2. **Bilbāŭm,** ī *n.* (Bellum vadum) Bilbao, St. am Nervión, Spanien (baskische Prov.), *ca.* 75000 Einw.

S. **Bilhildĭs,** ĭs *f.* hl. Bilhild, Witwe aus d. Ben. O. (7. Jhdt.).

Sie stammte aus Hochheim (= Veitshöchheim bei Würzburg) in Franken, wurde als Kind unter die Katechumenen aufgenommen und öfters nach Würzburg gebracht, ohne jedoch getauft zu werden. Mit Leib und Seele hing sie dem christlichen Glauben an und wollte auch ihre Jungfräulichkeit für immer Christus weihen. In Gehorsam gegen ihre Eltern aber heiratete sie den heidnischen Herzog Hetan von Thüringen, während sie ihren christlichen Übungen auch in der Ehe treu blieb. Nachdem Hetan im Kriege gefallen war, siedelte sie nach Mainz über. Auf Anraten des Bischofs Rigebert, ihres Onkels, erbaute sie mit ihrem Vermögen ein Frauenkloster nebst Kirche und stattete es aus. Dort wurde den Klosterfrauen geoffenbart, daß Bilhildis nur Katechumene sei und der Taufgnade entbehre. Als auch ihr Onkel durch göttliche Eingebung sichere Kenntnis erhalten, empfing sie die hl. Taufe. Nun weihte sie sich noch mehr den Werken der christlichen Nächstenliebe und Frömmigkeit. Für die Armen von Mainz kaufte sie Weideland. Für ihr Frauenkloster und ihren Onkel erwarb sie das Schweißtuch des Herrn, das im Grabe das Antlitz des Erlösers bedeckte. Nach ihrem Tode wurde sie in der von ihr erbauten Kirche beigesetzt. Haupt und Arme ruhen jetzt in der Emmeramspfarrkirche in Mainz. — 27. November (Mainz).

Bilerebeke *indecl. s.* Billerbēca.

bĭlinguĭs, ĕ 1. zweizüngig a) zwei Zungen habend, b) zwei Sprachen redend (δίγλωσσος). 2. falsch, heuchlerisch.
Billerbēcă, ae *f.* (Bilerebeke, Billarbeki, Billerbecke, Billurbeki, Billurbike, Byllerbeke) Billerbeck, St. bei Coesfeld, Preußen (Westfalen), *ca.* 1500 Einw.
bĭlībrĭs, ĭs, *f.* ein zwei Pfund fassendes Maß.
bīlĭs, ĭs *f.* 1. Galle. 2. Schwermut, Zorn, Unwille (atra bilis).
Billurbēkī *indecl. s.* Billerbeca.
bĭlŏcātĭō, ōnĭs *f.* Bilokation (Doppelgängigkeit), d. i. die Fähigkeit einiger Heiligen, wunderbarer Weise an zwei verschiedenen Orten zugleich zu sein und zu wirken (vgl. Surbled-Sleumer: Die Moral in ihren Beziehungen zur Medizin u. Hygiene, Band II, S. 190f., 3. Aufl. Hildesheim 1923, Borgmeyer).
bĭlūstrĭs, ĕ zehnjährig.
bĭmātŭs, ūs *m.* Alter von zwei Jahren.
bĭmestrĕ, ĭs *n.* Zeitraum von zwei Monaten.
bĭmestrĭs, ĕ zweimonatlich.
bīmŭlŭs 3 erst zweijährig.
bīmŭs, zweijährig.
bĭnārĭŭs 3 zwei enthaltend: nŭmĕrŭs.
Binascŭm, ī *n.* Binasco, Dorf in der Nähe von Mailand, It.
bĭnātĭō, ōnĭs *f.* Bination, *d. i.* zweimalige Feier der hl. Messe am gleichen Tage durch den nämlichen Priester.
Bĭnēthŭm, ī *n. s.* Benthemia.
Bingĭă, ae *f.* (Bingium) Bingen am Rhein, Hessen (Rheinhessen), *ca.* 9700 Einw., *dav.*: **Bingĭōnŭs** 3 aus Bingen, Bingiōnŭs, ī *m.* Einw.
1. **Bingĭōnŭs** 3 aus Bingen, *s.* Bingia.
2. **Bingĭōnŭs,** ī *m.* der Bingener, *s.* Bingia.
Bingĭŭm, ī *n. s.* Bingia.
bīnī, ae, ă 1. je zwei. 2. ein Paar, doppelt.
bīnō 1 binieren, d. h. zwei hl. Messen am gleichen Tage lesen.
nōmĭnĭs, ĕ zweinamig.
bĭnoctĭŭm, ī *n.* Zeit von zwei Nächten.
Bintēnsĭs abbātĭă, ae *f.* Baindt, ehem. Abtei, Württemberg (Donaukreis).
bĭnūbŭs, ī *m.* ein doppelt Verheirateter.
bĭŏgrăphĭă ae, *f.* Lebensbeschreibung.
bĭpartītŭs 3 (bipertītus) zwiefach, dopplt; *adv.* bĭpartītō.
bĭpĕdālĭs, ĕ zwei Fuß lang.
Bĭpennēnsĭs, ĕ *s.* Biella.
bĭpennĭs, ĕ zweischneidig.
bĭpennĭs, ĭs *f.* Doppelaxt.
bĭpertītŭs 3 *s.* bipartitus.
bĭpēs, pĕdĭs zweifüßig.
1. **Bircă,** ae *f.* Insel u. St. Björkö, Schweden.
2. **Bircă,** ae *f.* (Birkaha, Birkha) Birkach, D., Württemberg (Neckarkreis).
Bircofeldă, ae *f.* Birkenfeld, Land u. St., zum oldenburgischen Freistaate gehöriges Enklave in der preußischen Rheinprovinz; St. *ca.* 2300 Einw.
Bĭrēnsĭs păgŭs, ī *m.* ein am Jura in der Schweiz gelegener Gau mit den Orten Birz u. Birzfeld, südlich von Basel und den Juraflüssen Birs u. Birsig, die bei Basel in den Rhein münden.
bĭrētŭm, ī *n.* (birretum) das Biret oder Barett, liturgische Kopfbedeckung der kath. Geistlichen; biretum rubrum rotes Biret (Auszeichnung der Kardinäle und einiger Domdignitäre, z. B. in Osnabrück).
S. Birgittă, ae *f.* hl. Birgitta (Brigitta), Witwe, Stifterin des Erlöserordens, Patronin Schwedens, † 1373, 8. Oktober.
Birkăhă, ae *f. s.* 2. Birca.
Birkenstein *indecl.* Birkenstein am Fuß vom Wendelstein, D. u. Wallfahrtsort, Bayern, (Oberbayern: Bez.-Amt Miesbach); *dav.*: **Birkensteinēnsĭs,** ĕ.
Birkhă, ae *f. s.* 2. Birca.
Birmingamĭă, ae *f.* Birmingham, St., England, *ca.* 700 000 Einw.; Bischofssitz (seit 1850), Suffr. v. Westminster; *dav.*: **Birmingamĭēnsĭs,** ĕ.
Birmingamĭēn. (*C. R.*) *s.* Birmingamia.
birrētŭm, ī *n. s.* biretum.
bĭs *adv.* zweimal, auf zweierlei Weise.
Bisacĭēn. (*C. R.*) *s.* Romulae.
Bisarchĭēn. (*C. R.*) *s.* Gisava.
Bischofshēmĭŭm, ī *n.* 1. Bischofsheim bei Straßburg. 2. Kloster Bischofsheim a. d. Tauber bei Würzburg, Bayern (Unterfranken).
Biscŏpĭŭs Bĕnĕdictŭs Gründer des Doppelklosters Weremouth-Yarrow in Nordengland, † 690.
bĭsextĭlĭs, ĕ *s.* bissextilis.
bĭsextŭs, ī *m. s.* bissextus.
Bisinĭānēn. (*C. R.*) *s.* Besidiae.
Bisleti Caietanus, Kardinal Protodiakon in Rom, geb. 1856, seit 1911 Kardinal.
Bisontĭō, ōnĭs *f.* (Bisontium) Bischofshofen (?), Marktflecken an der Salzach im Pongau, ca. 2000 Einw.; (Maximilianszelle; S. Vitalis, lect. 5. Propr. Salisburgense).
Bisontĭŭm, ī *n.* 1. *s.* Bisontio. 2. *s.* Vesontio.
bissextĭlĭs, ĕ (bisextilis) einen Schalttag enthaltend: annus.
bissextŭs, ī *m.* (sc. dies) Schalttag.
Bĭsuntĭn. (*C. R.*) *s.* Vesontio.
Bĭsuntīnŭs 3 aus Besançon, *s.* Vesontio.
Bithervĭŭm, ī *n. s.* Viterbium.
Bīthȳnī, ōrŭm *m.* Bithynier, Bew. von Bithynien.

Bīthȳnĭă, ae *f.* (*Βιθυνία*) Bithynien, Landschaft u. Provinz in Kleinasien zwischen der Propontis und dem Schwarzen Meere.
Bīthȳnĭcŭs 3 bithynisch, aus Bithynien.
Bitĕrae, ārŭm *f.* (Bitterae, Baeterrae) Béziers, St. am Canal du Midi, Fkr. (Hérault), *ca.* 52 000 Einw., ehem. Bischofssitz (seit 3. Jhdt.), 1801 aufgehoben, *dav.*: **Bitterēnsĭs,** ĕ.
Bĭtĭrĭcēnsĭs, ĕ *s.* Bituricae.
Bitorīnŭs pāgŭs, ī *m.* Berry, ehem. Herzogtum Aquitanien, Fkr. (Cher, Indre, Creuse).
Bittĕrae, ārŭm *f. s.* Biterae.
Bittĕrēnsĭs, ĕ 1. aus Béziers s. Biterae. 2. vielleicht auch gleich Viterbensis, *s.* Viterbium.
Bittĕrĭcēnsēs, ĭŭm *m.* (Bitterenses) Einwohner von Béziers, *s.* Biterae.
bĭtūmĕn, ĭnĭs *n.* Erdharz, Asphalt, Judenpech.
Bĭtuntīn. (*C. R.*) *s.* Budruntum.
Biturgĭă, ae *f.* Borgo Sansepolcro (*oder nur*: Sansepolcro), St. l. am Tiber, It. (Arezzo), *ca.* 4000 Einw.; Bischofssitz (seit 1515), Suffr. v. Florenz.
Bĭtŭrĭcae, ārŭm *f.* (Bituricum, Biturigum) Bourges, St., Fkr. (Cher), *ca.* 35 000 Einw.; Erzbischofssitz (seit 3. Jhdt.); *dav.*: **Bĭtŭrĭcēnsĭs,** ĕ u. Bitiricensis; **Bĭtŭrĭgēs,** ŭm *m.* und **Bĭtŭrĭcī,** ōrŭm *m.* Einw. von Bourges.
Bĭtŭrĭcēn. (*C. R.*) *s.* Bituricae.
Bĭtŭrĭcēnsĭs dŭcātŭs (Bitorinus pagus) Berry, ehem. Herzogtum Aquitanien, Fkr. (Cher, Indre, Creuse).
Bĭtŭrĭcēnsĭs, ĕ *s.* Bituricae.
Bĭtŭrĭcī, ōrŭm *m. s.* Bituricae.
Bĭtŭrĭcŭm, ī *n. s.* Bituricae.
Bĭtŭrĭgēs, ŭm *m. s.* Bituricae.
bĭvĭŭm, ī *n.* Doppelweg, Scheideweg.
bĭvĭŭs 3 doppelwegig.
Bĭzăcēnă, ae *f. scil.* provincia *s.* Byzacium.
Blabīra, ae *f.* (Blauburanum, i *n.*) Blaubeuren, St. Württemberg (Donaukreis), *ca.* 3000 Einw., alte Benediktinerabtei.
blaesŭs 3 lispelnd.
Blanchă, ae *f.* Blanka, Mutter des hl. Königs Ludwig von Frankreich († 1. Dez. 1252).
S. Blandă, ae *f.* hl. Blanda, Mart. zu Rom (Anf. des 3. Jhdts.).
blandĭdĭcŭs 3 schmeichlerisch redend.
blandĭfĭcŭs 3 schmeichelnd.
blandĭlŏquĭŭm, ī *n.* Schmeichelrede.
blandīmentŭm, ī *n.* Schmeichelei, Liebkosung, Reiz, Lockung, Annehmlichkeit.
Blandĭnĭŭm, ī *n.* Saint-Pierre-au-mont-Blandin, Kloster, Belgien (Ostflandern).
Blandīnŭm mŏnastērĭŭm, ī *n.* Biondino, Oberitalien.
blandĭŏr, ītŭs sŭm 4 1. schmeicheln, liebkosen, wohlgesinnt sein. 2. anlocken, zu verführen suchen; blandītŭs 3 reizend.
blandĭtĭă, ae *f.* Schmeichelei, Reiz, Annehmlichkeit.
blandŭlŭs 3 schmeichelnd.
blandŭs 3 1. einschmeichelnd, liebkosend, sanft. 2. lockend, reizend.
S. Blăsĭī cellă, ae *f.* Zella St. Blasii, D., Sachsen-Koburg.
S. Blăsĭī mŏnastērĭŭm, ī *n.* St. Blasien, Marktflecken, Baden (Waldshut).
S. Blăsĭŭs, ī *m.* hl. Blasius, Bischof v. Sebaste, Mart., † 316, 3. Februar.
blasphēmātĭō, ōnĭs *f.* Schmähung, Lästerung.
blasphēmātōrĭŭs 3. gotteslästerisch.
blasphēmĭă, ae *f.* (*βλασφημία*) Gotteslästerung, Fluch, Schmähung.
1. **blasphēmĭŭs** 3 gotteslästerisch.
2. **blasphēmĭŭs,** ī *m.* der Lästerer.
blasphēmō 1 Gotteslästerung aussprechen; gegen: Deum u. in Deum.
blasphēmŭs 3 (*βλάσφημος*) gotteslästerlich; *s. auch* blasphēmius 3.
blătĕrō 3 schwätzen, quaken.
Blāvĭŭm castrŭm, ī *n.* Blaye, Ort nördl. v. Bordeaux, Fkr. (Gironde).
Bleidenstadĭŭm, ī *n.* (Blidenstat) Bleidenstadt, Ort, nördlich von Wiesbaden im Rheingau.
Blemmĭī, ōrŭm *m.* Blemmier, Volksstamm am untern Nil, Ägypten.
Blēsae, ārŭm *f.* (Blesium, Blesum) Blois, St. r. der Loire, Fkr. (Loire-et-Cher), *ca.* 18000 Einw.; Bischofssitz, Suffr. v. Paris; *dav.*: **Blēsēnsĭs,** ĕ; Blesensis pagus Grafschaft Blois.
1. **Blēsēn.** (*C. R.*) *s.* Blesae.
2. **Blēsĕn** *indecl.* (Blexen) Blesen, Ort an der untern Weser.
Blēsēnsĭs, ĕ *s.* Blesae.
Blēsĭŭm, ī *n. s.* Blesae.
Blēsŭm, ī *n. s.* Blesae.
Blexĕn *indecl. s.* 2. Blesen.
Blidenstat *indecl. s.* Bleidenstadium.
blĭtĕŭs 3 geschmacklos, albern.
Boanerges *indecl.* (*hebr.*: Bene-regis „die Ungestümen") Beiname, den die Apostel Jakobus u. Johannes von Christus selbst erhielten.
bŏārĭŭs 3 zum Rinde gehörig.
bŏātŭs, ūs *m.* das Brüllen.
Bobacŭm, ī *n.* (Bagacum, Bavacum) Bavay, St. am Hongneau (zur Schelde), westl. v. Maubeuge, Fkr. (Nord), *ca.* 2000 Einw.; (Kloster Bovons), *dav.*: **Bobacēnsĭs,** ĕ.
Bŏbānĭŭm, ī *n.* (Bobiānum, Bovianum, Bovinianum, Boianensis ecclesia) Bo-

jano, St. r. vom Biferno, It. (Campobasso), *ca.* 3600 Einw.; Bischofssitz, Suffr. v. Benevent; *dav.*: **Bōianēnsĭs,** ĕ.
Bobbĭūm, ī *n.* (Bobium) Bobbio, St. an der Trebbia, It. (Pavia), *ca.* 48000 Einw.; Bischofssitz (seit 7. Jhdt.), Suffr. v. Genua; *dav.*: **Bob(b)ĭēnsĭs,** ĕ.
Bobĭēn. (*C. R.*) *s.* Bobbium.
1. **Bobĭūm,** ī *n.* *s.* Bobbium.
2. **Bobĭūm,** ī *n.* Sarsina, St. It. (Forli).
B. Bŏbŏlă, ae *m.* *s.* B. Andreas B., Mart.
Bocci *indecl.* (Buci) (*hebr.*: ?) Bokki. 1. Fürst im Stamme Dan. 2. Nachkomme Aarons.
Boccian *indecl.* (Boccian = Bucja) (*hebr.*: ?) Bokkian, Levit u. Tempelsänger.
Bocēnsĭs pāgŭs, ī *m.* Bückeburg, St., Freistaat Lippe.
Bochim *indecl.* (*hebr.*: die Weinenden, das Weinen?) Bochim, Ort in Galgala, Pal.; *vielleicht* identisch mit Silo.
Bocholdĭă, ae *f.* (Bocholta) Bocholt, St., Preußen (Westfalen), *ca.* 22000 Einw.
Bocholtă, ae *f.* *s.* Bocholdia.
Bochri *indecl.* (*hebr.*: Bekrite, Nachkomme Bekers) Bochri, Vater des Seba, der sich gegen David empörte.
Bochru *indecl.* *s.* Bocru.
Bocru *indecl.* *m.* Bochru (*hebr. richtig*: Bechoro „sein Erstgeborner") Nachkomme König Sauls.
Bodabricūm, ī *n.* *s.* Boppardia.
Bodāmĭcŭs lăcŭs, ūs *m.* Bodensee, *bes.*: der Teil zwischen Konstanz und Bregenz.
Bodanŭm, ī *n.* Beuvons, Ort, Fkr. (Bouches-du-Rhône).
Bodmă, ae *f.* Bodman, D., Baden (Konstanz).
Bodobrigă, ae *f.* *s.* Boppardia.
Boeckelheimĭūm, ī *n.* Böckelheim, Burg an der Nahe, 2 Stunden von Kreuznach, Preußen.
Boeddĕcēnsĕ mŏnastērĭūm, ī *n.* *s.* Boedecense *m.*
Boedĕcēnsĕ mŏnastērĭūm, ī *n.* (Boeddecense monasterium) Niembudeken (Holland).
Bŏēmundŭs, ī *m.* Boëmund, Erzbisch. v. Trier (1289—1299).
Boën *indecl.* (*hebr.*: Bohan, Däumling?) Boën 1. Sohn des Ruben. 2. gleich Abenboën (*richtig*: Eben-Bohan „Bohansstein"), Ort (Denkmal) an der Grenze Judas, Pal.
Boeōtĭă, ae *f.* (*Βοιωτία*) Böotien, Landschaft in Mittelgriechenland.
Boeōtĭŭs 3 (*Βοιωτικός*) 1. böotisch *s.* Boeōtia. 2. einfältig, dumm, blöd, weil die Böotier in Griechenland als dumm galten.
Boetĭcă, ae *f.* *s.* Baetica.
Boetĭs, ĭs *f.* *s.* Baetis.
Bognă, ae *f.* Bogna, Mutter des hl. Bisch. u. Mart. Stanislaus.
Bogohēnsĭs urbs *f.* *s.* Bogotá in Columbia.
Bogota (ae *f.*) **in Columbia** (urbs Sanctae Fidei, Bogohensis urbs) Bogotá (Santa Fé de Bogotá) St. in Südamerika, Columbia, *ca.* 110000 Einw.; Erzbischofssitz (Bist. seit 1562).
Bogotēn. (*C. R.*) *s.* Bogota.
Bogulāŭs, ī *m.* (de Rosis) Bogulaus, Vater des sel. Vinzenz Kadlubek.
Bōhēmī, ōrūm *m.* die Böhmen, Bewohner Böhmens (*auch* Behemi), *s. auch* Boi.
Bōhēmĭă, ae *f.* (Boi[o]haemum) Böhmen.
Bōhēmĭcŭs 3 böhmisch.
Bōhēmŭs 3 böhmisch.
Bōī, ōrūm *m.* (Boii, Boji) Bojer, die ältesten geschichtlich bezeugten, keltischen Bewohner des heutigen Böhmens vor dem Jahre 60 v. Chr. Nach Auflösung des Bojerreiches (Boi(o)-haemum) durch Völkerverschiebungen in Südostdeutschland, nahmen die Markomannen um 9 v. Chr. Besitz vom Böhmenlande. Nach dem Untergange des weströmischen Reiches um 500 n. Chr. wanderten die suebischen Stämme der Markomannen u. Quaden aus Böhmen ins heutige Bayern ein (dessen älteste geschichtliche Bewohner die keltischen Vindeliker waren) unter dem Namen ihres bisherigen Wohnsitzes Baiuvarii u. gaben dem neuen Wohnsitz den jetzigen Namen: Boivaria, Baiuvaria, Bavaria, Bayern.
Bōiă, ae *f.* Landstrich in Südbayern u. Südböhmen, *s.* Boi.
Bōianēn. (*C. R.*) *s.* Bobanium.
Bōiārĭă, ae *f.* Bayern *s.* Bavaria.
Bōiārĭī, ōrūm *m.* die Bayern *s.* Bavari u. Boi.
bōĭcă dĭtĭō, ōnĭs *f.* bayerischer Landstrich.
bōĭcŭs 3 bayerisch.
Bōivārĭă, ae *f.* *s.* Bavaria.
Bojocī, ōrūm *m.* Bayeux, St. an der Aure, Fkr. (Calvados), *ca.* 7000 Einw. Bischofssitz (mit Lisieux vereinigt), Suffr. v. Rouen.
Bōjŏdūrūm, i *n.* (Boitrum) Innstadt, Vorstadt von Passau, Bayern (Niederbayern).
Boitrūm, ī *n.* *s.* Boiodurum.
Bolbonă, ae *f.* Bolbone, Cistercienserkloster, Fkr. Diözese Toulouse.
Boldĕvīnŭs, ī *m.* Balduin, Bisch. von Osnabrück.
Bōleslāī fānūm, ī *n.* *s.* Boleslavia.

Bŏlesläŭs, ăī *m.* Boleslaw, Name polnischer (I.) und bömischer (II). Fürsten:
I. 1. **B. I.** Ch(r)abry oder Chrobry, der Gewaltige, Herzog (1024 König) von Polen (992—1025), Gründer des Erzbistums Gnesen, kaufte den Martyrerleib des hl. Adalbert (Vojtech) von den preußischen Mördern um das Gewicht desselben in Gold. 2. **B. II.** Smialy, der Dreiste, König von Polen (1058—1080), Mörder des hl. Stanislaus. 3. B. **III.**, König von Polen (1102—1138), unterstützte Bischof Otto von Bamberg bei der Bekehrung der Pommern. 4. **B. V.** Wstydliwy, der „Keusche" (Pudīcus), König v. Polen (1238—1279), zuerst Herzog von Krakau u. Sandomir, Gemahl der sel. Kunigunde von Polen, der Tochter des Ungarkönigs Bela.
II. **B. I.**, der Grausame, Herzog von Böhmen (935—967), Bruder u. Mörder des hl. Wenzeslaus. – **B. II.**, der Fromme, Herzog von Böhmen (967—999).

Bŏleslăŭs Chabrŭs, ī *m. s.* I. 1 Boleslaus I.

Bŏleslăŭs Pŭdīcŭs, ī *m. s.* I. 4 Boleslaus V.

Bŏleslăvĭă, ae *f.* Alt-Bunzlau, St. bei Prag, Böhmen, berühmter Wallfahrtsort.

bŏlĭs, ĭdĭs *f.* (βόλις) 1. Wurfgeschoß. 2. Senkblei (*Apg.* 27, 28).

Bŏlĭvārēn. (*C. R.*) *s.* Bolivarum.

Bŏlĭvārŭm, ī *n.* Riobamba, St. in Mittelamerika, Ecuador (Chimborazo), *ca.* 20000 Einw., Bischofssitz (seit 1863), Suffr. v. Quito; *dav.*: **Bŏlĭvārēnsĭs,** ĕ.

Bollandĭānī, ōrŭm *m.* Bollandisten, gelehrte Verfasser umfangreicher kritischer Heiligenbeschreibungen, benannt nach dem Begründer des Werkes Joh. von Bolland, S. J., † 1665.

Bollandĭānŭs 3 von den Bollandisten.

Bollschew(c)īlēnsĭs pāgŭs, ī *m.* Bollschweil, Dorf bei Freiburg in Baden.

Bŏlōnĭă, ae *f.* (Gessoriăcum) Boulogne-sur-Mer, St. Fkr. (Pas-de-Calais), *ca.* 50000 Einw.; Bistum vereinigt mit Saint-Omer (St. Audomarus); *dav.*: **Bŏlōnĭēnsĭs,** ĕ; Bŏlōnĭēnsēs, ĭŭm *m.* Bew.

Bŏlōnĭēn. (*C. R.*) *s.* Bolonia.

Bolsanŭm, ī *n.* (Bauzanum, Bauxăre, Bolzanum, Bulsanum) Bozen, St. am Eisack, Tirol, *ca.* 13000 Einw.

1. **bŏlŭs,** ī *m.* 1. (βόλος) Wurf mit den Würfeln. 2. Gewinn, Vorteil.

2. **bōlŭs,** ī *m.* (βῶλος) Erdscholle; Bissen.

Bolzanŭm, ī *n. s.* Bolsanum.

bombăcĭō, ōnĭs *f.* (*ital.*: bombagio) Baumwolle.

bombăcĭŭm, ī *n.* geköpertes Seidenzeug (aus Seide u. Baumwolle erzeugtes Köpergewebe), Baumwolle, Watte.

bombăcĭŭs 3 aus Baumwolle, baumwollen.

Bombayă, ae *f.* Bombay, St. in Britisch Indien, *ca.* 800000 Einw.; Erzbischofssitz (seit 1866); *dav.*: **Bombayēnsĭs,** ĕ.

Bombayēn. (*C. R.*) *s.* Bombaya.

bombĭtō 1 summen (von Bienen).

bombȳcĭnŭs 3 aus Seide.

bombȳx, ȳcĭs *m.* u. *f.* (βόμβυξ, υκος ὁ) 1. *m.* Seidenwurm, Seidenraupe. 2. *m.* u. *f.* Seide.

Bŏnae ăquae, ārŭm *f.* 1. Bonn, Badeort, Schweiz (Freiburg). 2. Aigues-Bonnes, Ort, Fkr. (Landes).

Bŏnāĕrēn. (*C. R.*) *s.* Bonus Aër.

Bŏnaevallĭs mŏnastērĭŭm, ī *n.* ehem. Cistercienserkloster im heutigen D. Schöntal an der Jagst, Württemberg (Jagstkreis), *ca.* 280 Einw.

Bŏnăiūnctă Mānettŭs, ī *m.* Johann von Bonagiunta, vornehmer Florentiner, Mitbegründer des Servitenordens (13. Jhdt.).

Bŏnăvallēnsĕ mŏnăstērĭŭm, ī *n. s.* Bonavallis.

Bŏnă vallĭs (Bonna vallis) *f.* 1. Bonneval, St. l. am Loir, Fkr. (Eure-et-Loir), *ca.* 2300 Einw., ehem. Cistercienserabtei. 2. Bonnevaux, D., Fkr. (Haute-Savoie). 3. Bonneval, ehem. Cistercienserkloster bei Espalion, Fkr. (Aveyron). 4. Weitere Cistercienserklöster in den Diözesen Poitiers, Vienne, Rodez (Fkr.) und Toledo (Spanien).

Bŏnă villă, ae *f. s.* Bonnopolis.

S. Bŏnăventūră, ae *m.* hl. Bonaventura, Kirchenlehrer aus dem Franziskaner-Orden, Kardinalbischof von Albano, † 1274, 14. Juli.

Boneffĭă, ae *f.* Boneffe, Cistercienserkloster in Belgien, Diözese Namur.

Bonfīlĭŭs Monaldŭs, ī *m.* Bonfilius di Monaldi, vornehmer Florentiner, Mitbegründer des Servitenordens (13. Jhdt.).

Boni *indecl.* (*hebr.*: *Neh.* 11, 22 u. 1. *Par.* 6, 46 = Bani; *Neh.* 11, 15 = „von den Meraritern" [Nachkommen des Merari]) nach der *Vulg.*: Boni 1. Levit aus der Linie Merari. 2. Offizier Davids aus Gadi. 3. Ahnherr des nachexilischen Leviten Semeia in Jerusalem.

S. Bŏnĭfăcī (*C. R.*) *s.* S. Bonifacius.

Bŏnĭfăcĭānŭs 3 vom hl. Bonifatius.

S. Bŏnĭfăcĭī mŏnastērĭŭm, ī *n. s.* Fuldense coenobium.

1. **S. Bŏnĭfăcĭŭs,** ī *f.* Saint Boniface, südl. Vorort von Winnipeg, St. r. am Red

River of the North in Nordamerika, Kanadien (Manitoba), *ca.* 2100 Einw.; Erzbischofssitz (seit 1871; Bistum seit 1847).

2. **S. Bŏnĭfăcĭŭs,** ī *m.* hl. Bonifaz, Martyriumsgenosse des hl. Thyrsus, *s. dens.*

1. **S. Bŏnĭfātĭŭs,** ī *m.* (Bonifacius) hl. Bonifatius I. Papst (418—422) 25. Okt.

2. **S. Bŏnĭfātĭŭs IV.** ī *m.* hl. Bonifatius IV., Papst (608 bis 615), 29. Mai.

3. **S. Bŏnĭfātĭŭs,** ī *m.* hl. Bonifatius, ein Anführer der Thebaischen Legion, Martyrer, † 216.

4. **S. Bŏnĭfātĭŭs,** ī *m.* hl. Bonifatius, Mart. († 307).

Er war römischer Bürger und sühnte seine sündhaften Vergehen mit der Römerin Aglaë durch die grausamsten Qualen, die er zu Tarsus in Cilicien für den christlichen Glauben ertrug, nachdem er, um Buße zu tun und den Martertod zu erlangen, Rom verlassen hatte. In Tarsus ermunterte er bei der Christenverfolgung unter Diokletian zuerst die übrigen Christen zum standhaften Ertragen der Marter, dann hielt er selbst die ausgesuchtesten Qualen mit den Worten aus: „Ich sage Dir Dank, Herr Jesus Christus.“ Schließlich beendete das Schwert seine Leiden. Sein Leib wurde von seinen Reisegefährten losgekauft, nach Rom gebracht und von Aglaë, die inzwischen selbst Buße getan hatte, in einer ihm zu Ehren erbauten Kirche beigesetzt. — 14. Mai (St. Gallen).

5. **S. Bŏnĭfātĭŭs,** ī *m.* hl. Bonifatius, Erzbischof u. Mart., Apostel der Deutschen (680 bis 755), 5. Juni.

6. **S. Bŏnĭfātĭŭs,** ī *m.* hl. Bonifatius, Erzbischof der baltischen Ruthenen, Mart. († 1009).

Er stammte aus königl. Geschlechte und zog mit Kaiser Otto III, mit dem er verwandt war, nach Italien, verließ ihn aber dort, entsagte nach einer Unterredung mit dem hl. Romuald der Welt und zog sich mit ihm in die Einsamkeit bei Ravenna zurück. Dort führte er ein Leben der größten Entsagung. Oft genoß er nur am Sonntage und Donnerstage Speise. Aus Verlangen nach dem Martertode erwirkte er vom Papste die Gnade, mit der erzbischöfl. Würde ausgezeichnet in die russischen Grenzgebiete zum Predigen des Evangeliums geschickt zu werden. Die weite Reise machte er zu Fuß mit bloßen Füßen ungeachtet der Kälte. An den baltischen Gestaden predigte er vor dem Könige der Ruthenen das Evangelium und ging zur Bekräftigung der Glaubenswahrheit unversehrt durch Feuerflammen. Daraufhin bekehrten sich eine unermeßliche Anzahl Ruthenen mit dem Könige selbst, die er im baltischen Meer taufte. Voll Haß über die große Bekehrung ließ ihn der heidnische Bruder des Königs enthaupten. Zur Strafe dafür wurde derselbe durch ein göttliches Wunder mit Blindheit geschlagen, seine Helfershelfer aber wurden starr wie Stein. Auf Bitten des Königs und der Neubekehrten vor dem hl. Leichnam erhielten der königl. Bruder und die übrigen ihre beweglichen Glieder wieder, nahmen das Christentum an und erbauten zu Ehren des hl. Martyrers eine Kirche. — 20. Juni (Kulm). — *Vgl.* **2. S. Bruno de Querfurt,** mit dem dieser Heilige wohl identisch ist.

7. **S. Bŏnĭfātĭŭs,** ī *m.* hl. Bonifatius, Bisch. von Lausanne, Bek. († 1260).

Er war in Brüssel geboren, studierte in Paris Philosophie und Theologie und führte schon damals ein Leben der Abtötung und des Gebetes und zeichnete sich in allen Tugenden, besonders in der Keuschheit aus. Priester geworden, lehrte er in Paris und Köln neun Jahre lang Theologie. Zum Bischof von Lausanne berufen, leuchtete er allen durch seine Tugenden vor. Als er sich einige Priester, die er von ihrem schlechten Lebenswandel durch Mahnungen und Strafen abschrecken wollte, zu lebensgefährlichen Feinden gemacht hatte, erbat er sich vom hl. Vater unter Tränen die Erlaubnis zur Abdankung, schlug noch zwei angebotene Bischofssitze aus, begab sich nach Brüssel zurück, trat in den Cisterzienserorden ein und lebte nur mehr für Gott, durch Wunder vor und nach dem Tode, den er vorhersagte, verherrlicht. Als am 22. Juni 1600 sein Grab in Notre-Dame de la Chapelle zu Brüssel geöffnet wurde, hauchte sein Leib einen angenehmen Geruch aus. — 19. Februar (Lausanne-Genf und Cist. Ord.).

Bŏnĭfātĭŭs, ī *m.* Bonifatius I. Päpste: 1. hl. B. I. (418—422). 2. B. II. (530 bis 532). 3. B. III. (Febr. bis Nov. 607). 4. hl. B. IV. (608—615). 5. B. V. (619—625). 6. B. VIII. (1294—1303). 7. B. IX. (1389—1404). II. ein vom hl. Apollinaris geheilter vornehmer Ravennate.

Bŏnī-Hŏmĭnēs, *m.* Bŏnōrŭm-Hŏmĭnŭm, Gute Leute (Bons hommes), Beiname mehrerer religiösen Genossenschaften im Mittelalter.

Bŏnī Hŏmĭnĭs Dŏmŭs = Dĕōdātī dŏmŭs Saint Dié, St. Fkr. (Vosges).

bŏnĭlŏquĭŭm, ī *n.* schmeichlerische Rede.

bŏnĭlŏquŭs 3 schmeichlerisch.

Bŏnĭportŭs, ūs *m.* (Glückshafen), ein Hafen bei Lasaia auf Kreta (*Act.* 27, 8).

bŏnĭtās, ātĭs *f.* 1. gute Beschaffenheit, ĭngĕnĭī hervorragende Begabung. 2. Güte, Gütigkeit, Herzengüte. 3. das Gute (in den Psalmen häufig, z. B. quŏnĭăm sĕquēbăr bŏnĭtātĕm, Ps. 37, 21).

Bonnă, ae *f.* Bonn, St., l. am Rhein, Preußen (Rheinprovinz), *ca.* 50 000 Einw.; *dav.*: **Bonnēnsĭs,** ĕ.

1. **Bonnă vallĭs,** ĭs *f. s.* Bona vallis.

2. **Bonnă vallĭs,** ĭs *f.* Valbonnais, St., Fkr. (Isère).

Bonni *indecl.* 1. s. Boni 2. u. 3. 2. Israelit, Vater des Omrai. 3. Jude, der bei öffentl. Buße unter Esdras laut zu Gott flehte.

Bonnŏpŏlĭs, ĭs *f.* Bonneville, St. r. an der Arve, Fkr. (Haute-Savoie), *ca.* 1 300 Einw.

B. Bonomo Joannă Marĭă *s.* B. Joanna Maria.

Bŏnōnĭă, ae *f.* 1. (Felsĭna) Bologna, St. am Fuß des Apennins, Italien (Emilia), *ca.* 133 000 Einw., Erzbischofssitz. 2. (*auch*: Belonia) Boulogne-sur-Mer, *dav.*: **Bŏnōnĭēnsĭs,** ĕ.

S. Bŏnōsŭs, ī *m.* hl. Bonosus, Bek. u. Bischof von Trier († 373).

War Nachfolger des verbannten Bischofs Paulinus zur Zeit des Kaisers Constantius, der auf dem Konzil von Rimini viele Bischöfe zum Arianismus drängte. Unter der Herrschaft Julians des Abtrünnigen gelang es Bonosus, im Verein mit Bischof Hilarius von Poitiers den wahren Glauben zu festigen. Den Kaiser Valentinian, der sich in Trier niederließ, veranlaßte Bonosus zu günstigen Erlassen für die kirchliche Freiheit. Unter B. kam der hl. Hieronymus aus Studiengründen nach Trier; B. sandte Glaubensboten in das Gebiet der Burgunder. Die Gebeine des Heiligen wurden von Erzbischof Eberhard um die Mitte des 11. Jahrhunderts in die Basilika des hl. Paulinus übertragen; vorher hatten sie in der Kirche des hl. Symphorian geruht. — 17. Februar (Trier).

bŏnŭm, ī *n.* 1. Gut, Vorzug, Tugend. 2. *pl.*: Güter, Vermögen, Reichtum; bŏnis interdicti: die der Vermögensverwaltung beraubten, unter Kuratel stehenden Personen. 3. Vorteil, Wohl, Glück; in bŏnum alicuius zugunsten jemands.

bŏnŭs 3 *comp.* **mĕlĭŏr**, ĭŭs u. *sup.* **optĭmŭs** 3 gut 1. tauglich, zweckmäßig. 2. vornehm, edel, brav, tüchtig, tapfer. 3. beträchtlich, ansehnlich; bona senectute in hohem Alter. 4. gütig, wohlwollend. 5. sittlich gut, tugendhaft.

Bŏnŭs Aër, Bŏnī Aërĭs *m.* Buenos Aïres, Hauptst. von Argentinien, Südamerika, *ca.* 670 000 Einw.; Erzbischofssitz (1582 gegr.).

Bŏnŭs-Fōns, tĭs *m.* Bonnefont, Cistercienserkloster, Fkr., Diözese Toulouse.

Bŏnŭs Lătrō, ōnĭs *m.* der reuige Schächer am Kreuze, 14. April (*auch*: 25. u. 29. März).

Bŏnŭs Lŏcŭs, ī *m.* Bonlieu, Cistercienserklöster, Fkr., in den Diözesen: Bordeaux und Limoges.

Bŏnŭs Portŭs, ūs *m.* Bonport, Cistercienserkloster, Fkr., Diözese Évreux.

Bonzĭŭs, ī *m.* (bonzius) der Bonze.

bŏō 1 laut ertönen; laut schreien.

1. **Booz** *indecl. m.* (*hebr.*: ihm [Jahwe] ist Macht) Booz, Sohn Salmons aus Bethlehem (Juda), Gatte der Ruth, Ahnherr Davids u. Christi.

2. **Booz** *indecl.* (*hebr.*:) Name der linken Säule des salomonischen Tempels zu Jerusalem, der mit dem Namen der rechten Säule (Jakin) den Satz gibt: „er (Jahwe) hat ihn (den Tempel) fest gebaut" oder „er festigt (Israel) mit Macht".

Boppardĭă, ae *f.* (Baudobrīca, Bodabricum, Bodobriga) Boppard, St. l. am Rhein, Preußen (Rheinprovinz), *ca.* 6000 Einw.

Borathră, ae *f.* ein mittelalterlicher Gau im Gebiete der Brukterer, an Lippe u. Ruhr (Westfalen).

bŏrĕālĭs, ĕ nördlich.

bŏrĕās, ae *m.* (βορέας) 1. Nordwind. 2. der Norden.

bŏrēŭs 3 (βόρειος) nördlich.

Bórgĭă *indecl.*, Name eines alten spanischen Adelsgeschlechtes.

Borgĭdŭm, ī *n.* (Barbastrensis ecclesia) Barbastro, St. r. am Vero (zum Cinca), Spanien (Huesca), *ca.* 8000 Einw.; Bistum (1100 errichtet, seit 1851 mit Huesca vereinigt) unter apostolischer Verwaltung, Suffr. v. Saragossa.

bŏrĭth *indecl.* (*hebr.*: ?) 1. Seifenkraut, Kraut, aus dem Pottasche gewonnen wurde. 2. Pottasche, Lauge, Pottaschenseife (Pflanzenkali mit Öl versetzt).

Borivojŭs, ī *m.* Borivoj (Borzivoj), Herzog von Böhmen, Gemahl der hl. Witwe Ludmilla (um 900).

Bornă flŭvĭŭs *vielleicht*: der Fluß Sauer (Friesland).

Borrŏmaeī, ōrŭm *m.* Borromäer, alte mailändische Adelsfamilie.

Bŏructĕrī, ōrŭm *m. s.* Boructuarii.

Bŏructŭārĭī, ōrŭm *m.* (Bructeri, Bructuarii) die Brukterer, Völkerschaft im nordwestlichen Deutschland an der Lippe u. dem Teutoburgerwald, südlich von Friesland; *dav.*: **Bŏructŭārĭŭs** 3.

Bŏrussĭă, ae *f.* Preußen; *s.* Prussia.

Bŏrussĭcŭs 3 preußisch.

bōs, bŏvĭs *m.* Ochse; *f.* Kuh, Rind.

Bosă, ae *f.* Bosa, Hafenst. r. am Temo, It., Sardinien (Cagliari), *ca.* 7000 Einw.; Bischofssitz (seit 5. Jhdt.), Suffr. v. Sassari; *dav.*: **Bosēnsĭs**, ĕ.

Bosĕn. (*C. R.*) *s.* Bosa.

Boschŭm, ī *n.* Bosco, St. It.

Boscŏdŭcŭm, ī *n.* (Buscoduca, ae *f.*) 's Hertogenbosch, St., Niederlande; *dav.*: **Buscŏdŭcēnsĭs**, ĕ; *vgl.* Silva ducis.

Boses *indecl.* (*hebr.*: *richtiger*: Mosses: Backenzahn [nach seiner Gestalt]) Felsen beim Paß von Michmas, Pal. (1. *Kön.* 14, 4).

Bosnĕn. (*C. R.*) *s.* Bosnia.

Bosnĭă, ae *f.* (Bossena), Diakovar, Bosnien, Bischofssitz seit dem 13. Jhdt., 1773 mit Srijém (Sirmium) vereinigt, Suffr. v. Agram (Jugoslavien); *dav.*: **Bosnēnsĭs**, ĕ.

1. **Bosor** *indecl. m.* (*hebr.*: Besser?) Bosor, Nachkomme Asers.

2. **Bosor** *indecl.* (*hebr.*: Besser?) Bosor, Leviten- u. Zufluchtsstadt östl. von Jericho u. vom Jordan, Pal. (Ruben).

Bosphŏrŭs, ī *m.* s. Bosporus.

Bospŏrŭs, ī *m.* (Βόσπορος, Bosphorus) Rinderfurt; Straße v. Konstantinopel

Bosră, ae *f.* (Bostra, [Alexandriena?]), Bosra 1. Hauptstadt der Landschaft Idumäa, Pal., *auch*: Bostra; Erzbistum Bostra oder Bosra oder Hauran (Syrien); *dav.*: **Bosrēnsĭs**, ĕ. 2. St. im Lande Moab. 3. Leviten- u. Zufluchtsst., Pal. (Manasse).

Bosrēn. (*C. R.*) *s.* Bosra 1.
Bossenă, ae *f.* *s.* Bosnia.
Bostonĭă, ae *f.* Boston, St., Nordamerika, *ca.* 600000 Einw.; Erzbischofssitz (seit 1875, seit 1808 Bist.); *dav.*: **Bostonĭēnsĭs,** ĕ.
Bostonĭēn. (*C. R.*) *s.* Bostonia.
bŏtrŭs, ī *m.* (βότρυς) Traube; b. Cypri stark duftende, traubenähnliche Blütenbüschel.
Botryēn. (*C. R.*) *s.* Botrys.
Botrys, is *f.* Botri, Titel eines syrisch-maronitischen Bistums mit Dschebeit vereinigt; *dav.*: **Botryēnsĭs,** ĕ.
S. Botvīdŭs, ī *m.* hl. Botwid, Mart.
Aus Schweden von heidnischen Eltern stammend, kam er auf einer Geschäftsreise nach England, wo er von einem frommen Priester bekehrt wurde. Nach seiner Rückkehr in die Heimat wirkte er segensreich als Missionar. Als er einst von dem habgierigen Bovinus am Fischfange behindert wurde, begab er sich mit den Seinigen auf seine eigene Insel, und auf sein Gebet hin fing er so viel Fische, daß die heidnischen Untergebenen des Bovinus sich darauf hin leicht bekehren ließen. Als er selbst einen Neubekehrten, namens Sklavus, durch Gothland in die Heimat geleitete, wurde er von dem Undankbaren im Schlafe durch Beilhiebe getötet. Ein weißer Vogel lenkte die Aufmerksamkeit seiner Verwandten auf die Todesstelle. — 28. Juli.
Bŏvă, ae *f.* Bova, St. Unteritalien (Reggis di Calabria), *ca.* 1500 Einw.; Bischofssitz (seit 7. Jhdt.), Suffr. v. Reggio; *dav*:. **Bŏvēnsĭs,** ĕ.
Bŏvēn. (*C. R.*) *s.* Bova.
Bŏvĭānŭm, ī *n.* *s.* Bobanium.
Bŏvĭēn. (*C. R.*) *s.* Bovinum.
Bŏvĭnĭānŭm, ī *n.* *s.* Bobanium.
Bŏvīnŭm, ī *n.* Bovino, St., Unteritalien (Foggia), *ca.* 8000 Einw.; Bischofssitz (seit 6. Jhdt.), Suffr. v. Benevent; *dav.*: **Bŏvĭēnsĭs,** ĕ.
bŏvīlĕ, ĭs *n.* Rinderstall.
bŏvillŭs 3 von Rindern.
Boziothĭă, ae *f.* identisch mit Baziothia, *s. dort.*
Brabantĭă, ae *f.* (Bragobantus) Brabant, ehem. Herzogtum, *j.*: Provinz in Belgien.
brăbēŭm, ī *n.* *s.* bravium.
brăbĭŭm, ī *n.* *s.* bravium.
brācae, ārŭm *f.* *s.* braccae.
Brăcārēnsĭs, ĕ = Bracharensis, *s.* Augusta Braccarum.
Brăcārŭm, ī *n.* *s.* Augusta Braccarum.
brācātŭs 3 mit Hosen bekleidet; *übtr.*: verweichlicht.
braccae, ārŭm *f.* Beinkleider.
bracchĭŭm, ī *n.* *s.* brachium.
Bracharaugustă, ae *f.* *s.* Augusta Braccarum.
Bracharēn. (*C. R.*) *s.* Augusta Braccarum.
brăchĭālĕ, ĭs *n.* (*sc.*: ornamentum) Armspange, Armband.
brăchĭālĭs, ĕ zum Arm gehörig.
brăchĭŭm, ī *n.* (βραχίων, bracchium) Unterarm, Arm; Schenkel von Tieren.
brachmānēs, ĭŭm *m.* Brachmanen, Brahmanen.
Brăcĭăcŭm, ī *n.* *s.* Braiacum.
brăcīlĕ, ĭs *n.* Gürtel am Mönchshabit.
bractĕă, ae *f.* dünnes Metallblech; *übtr.*: Schimmer.
bractĕŏlŭs, ī *m.* Metallblättchen, Goldblättchen; Emblem.
Bragă, ae *f.* *s.* Praga.
Bragantĭă, ae *f.* *s.* Brigantia.
Brăgĭŭm, ī *n.* *s.* Augusta Braccarum.
Brăgŏbantŭs, ī *f.* *s.* Brabantia.
Bragodūnŭm, ī *n.* *s.* Biberācum.
Braïcŭm, ī *n.* (Brahic), Brahic, D. Fkr. (Ardèche).
Brahic *indecl.* *s.* Braïcum.
Brăĭăcŭm, ī *n.* (Braciacum) Bray-sur-Seine, Ort, Fkr. (Seine-et-Marne).
Brană allŏdĭēnsĭs *f.* Braine-l'Alleud, St., Belgien (Brabant), *ca.* 9000 Einw.
branchĭă, ae *f.* Kiemen (Kiefer) der Fische.
Brandenburgēnsĭs, ĕ von Brandenburg.
Brandenburgĭă, ae *f.* Brandenburg (St. in der Mark Brandenburg).
Brasilĭă, ae *f.* Brasilien, Bundesrepublik auf der östl. Hälfte von Südamerika; *dav.*: **Brasilĭēnsĭs,** ĕ.
brassĭcă, ae *f.* Kohl, Gemüse.
Brassovĭă, ae *f.* Kronstadt, St. Siebenbürgen-Rumänien, *ca.* 36000 Einw.
Braulĭō, ōnĭs, *m.* Braulio, Bisch. von Saragossa, † 651.
Brăvĭāvŭm, ī *n.* Bray-sur-Somme, St. Fkr. (Somme), *ca.* 1250 Einw.
brăvĭŭm, ī *n.* (brabēum, brabīum; βραβεῖον) Belohnung, Preis; Kampfpreis.
Brechĭŭm, ī *n.* Brechin, Ort in Schottland.
Bredă, ae *f.* Breda, St. Holland (Nordbrabant), *ca.* 28000 Einw.; Bischofssitz (seit 1853), Suffr. v. Utrecht; *dav.*: **Bredānŭs** 3.
Bredān. (*C. R.*) *s.* Breda.
Bredanaiă, ae *f.* Bredenei, D., Preußen (Rheinprov.), zur Großstadt Essen gehörig.
Brēgă, ae *f.* (Briga) Brieg, St. l. an der Oder, Preußen (Schlesien), *ca.* 24000 Einw.
Bregālĭă, ae *f.* Brig, D. an der Rhône, Schweiz (Wallis), *ca.* 2000 Einw.
Brēmă, ae *f.* (Bremĭa) Bremen, freie Hansast. an der Nordsee, früher Erzbistum; *dav.*: **Brēmēnsĭs,** ĕ.
Bremenĭŭm, ī *n.* Newcastle upon Tyne, St., England (Northumberland), *ca.* 215000 Einw., Bistum N. mit Hexham vereinigt.
Brēmĭă, ae *f.* *s.* Brema.

Brennĭă allōdĭēnsĭs (Brennia comitis) *f.* 1. Brenne-le-Compte, St., Belgien (Hennegau), *ca.* 9000 Einw. 2. *s.* Brana allodiensis: Braine l'Alleud, St. Belgien (Brabant).

Brennĭă cŏmĭtĭs *s.* Brennia allodiensis 1.

Brentēsĭă, ae *m.* Brenta, Fluß, Oberitalien.

Bresacŭm, ī *n.* (Brisacum) Breisach oder Altbreisach, St. r. am Rhein, Baden (Freiburg), *ca.* 3500 Einw.

Bretislāŭs, ī *m.* Bretislaw I., Herzog von Böhmen (1034—1055), regelte die Thronfolge in Böhmen.

brĕvĕ, ĭs *n.* 1. päpstliches Schreiben, Breve. 2. Totenzettel, Todesnachricht.

brĕvī (*sc.*: tempore) *adv.* *in* kurzem, bald.

brĕvĭārĭŭm, ī *n.* 1. kurzes Verzeichnis. 2. das Brevier als liturgisches Buch der kath. Geistlichen für die vorgeschriebenen Stundengebete.

Brĕvĭārĭŭm Extrāvăgantĭŭm (compilatio prima), die um 1190 von Bernard von Pavia verfaßte Gesetzessammlung (die erste seit Gratian), eine Ergänzung des gratianischen Dekrets. Dieses Werk wurde durch Einteilung u. Ordnung des Stoffes die Grundlage für die fernere wissenschaftliche u. gesetzgeberische Behandlung des Kirchenrechts (5 Bücher in Titel u. Kapitel eingeteilt).

brĕvĭātĭm *adv.*, in abgekürzter Weise.

brĕvĭātĭō, ōnĭs *f.* Abkürzung.

brĕvĭcŭlŭs 3 etwas klein.

brĕvĭcŭlŭm, ī *n.* Zusammenfassung; kleines Brevier.

brĕvĭlŏquēns, ēntĭs wenig redend, sich kurz fassend.

brĕvĭō 1 kurz machen, verkürzen.

brĕvĭs, ĕ 1. kurz, klein, schmal. 2. niedrig, flach. 3. gering, knapp. 4. kurz dauernd, vergänglich.

brĕvĭs, ĭs *m.* kurzes Register, Verzeichnis.

brĕvĭtās, ātĭs *f.* Kürze.

Brevnōvĭēnsĕ mŏnastērĭŭm, ī *n.* (Brzenoviense mon.) Kloster Brevnow, Ort bei Prag, erstes (noch bestehendes) Männerkloster Böhmens, gegründet 993 von hl. Adalbert, Bisch. v. Prag, mit Hilfe des Herzogs Boleslaus II. v. Böhmen, später vereinigt mit Braunau (gegr. 1332) an der böhm. Grenze.

Brictĭnōrĭēn. (*C. R.*) *s.* Brictinorium.

Brictĭnōrĭŭm, ī *n.* Bertinoro, St. It. (Forli), *ca.* 8000 Einw.; Bischofssitz (seit 14. Jhdt.), Suffr. v. Ravenna; *dav.*: **Brictĭnōrĭēnsĭs,** ĕ.

1. **S. Brictĭŭs,** ī *m.* hl. Briktius, Bisch. u. Bek. († zu Anfang des 3. Jhdt.).

Er wurde von dem heidnischen Richter Marcianus gemartert und in den Kerker geworfen, wo er von einem Engel und dem hl. Petrus besucht wurde. Von letzterem soll er die Bischofswürde empfangen und von dem Engel wieder in Freiheit gesetzt worden sein. Nun begann er sein Werk der Glaubensbekehrung. Er weihte Johannes von Spoleto, Vinzentius von Menania, Stripodatus von Viktonika und seinen Neffen Herkulanus von Perugia zu Bischöfen genannter Städte. Mit seinem Schutzengel genoß er vertrauten Umgang. Viele heilte er von körperlicher Krankheit und von Besessenheit. Von einem Engel auf den Berg bei Martula geführt, erhielt er den Auftrag, dort zu bleiben, bis er von Christus aus dem Leben abgerufen würde. Nun widmete er seine Tätigkeit der Bekehrung der Umwohner und erbaute dort eine Kirche, die er die „Salustianische" (Heilskirche von salus das Heil) nannte. Nachdem er eine große Menge Heiden dem Christentume zugeführt hatte, starb er in hohem Alter am 11. Juli. — 11. Juli (Sachsen-Meißen).

2. **S. Brictĭŭs,** ī *m.* hl. Briktius, Bek. und Bischof von Tours († 5. Jhdt.).

War Schüler des hl. Martin von Tours, doch mußte er seinem Lehrer, der ihn oft mahnen mußte, viele Schwierigkeiten. Erst als er selbst bitteres Unrecht seitens der Einwohner von Tours erfuhr, von dem ihn auch nicht die sog. Gottesprobe (er mußte glühende Kohlen in unverbranntem Gewande zum Grabe des inzwischen verstorbenen Bischofs Martin tragen, was ihm glückte) befreite, erkannte er Gottes strafende Hand und beichtete öffentlich das dem Verstorbenen, den er u. a. einen Narren gescholten hatte, erwiesene Unrecht. In siebenjähriger Buße sühnte er zu Rom die Freveltaten seiner Jugend. Alsdann kehrte er als Bischof nach Tours zurück und starb dort im 40. Jahre seiner Amtsführung um die Mitte des 5. Jahrhunderts. — 13. November (Münster).

Brie *indecl. m.* (*hebr.* ?) Brie, Sohn des Aser.

Briētae, ārŭm *m.* Brieten, Familie im Stamme Aser, Nachkommen des Brie.

Brielă, ae *f.* (Brila) Briel oder Brielle, St. auf der Insel Voorne vor der Maasmündung.

1. **Brĭgantĭă,** ae *f.* (Bragantia) Braganza, St. Portugal (Fraz os Montes), *ca.* 6000 Einw.; Bischofssitz (seit 1545), Suffr. v. Braga; *dav.*: **Brĭgantĭēnsĭs,** ĕ.

2. **Brĭgantĭă,** ae *f.* (Brigantium, Brigatia) Bregenz, St. am Bodensee, Vorarlberg, *ca.* 7500 Einw.; *dav.*: **Brĭgantīnŭs** 3.

Brĭgantĭēn. (*C. R.*) *s.* 1. Brigantia.

Brĭgantīnă silvă, ae *f.* Bregenzerwald, der nordwestliche Teil der Allgäuer Alpen.

Brĭgantīnŭs cŏmĭtātŭs, ūs *m.* ehem. Grafschaft Bregenz, Vorarlberg.

Brĭgantīnŭs lăcŭs, ūs *m.* Bodensee.

Brĭgātĭă, ae *f. s.* 2. Brigantia.

Brĭgēnsĕ mŏnastērĭŭm, ī *n. s.* Farae monasterium.

Brĭgă, ae *f. s.* Brega.

Brĭgĭānŭs conventŭs, ūs *m.* Bezirk von Brig, Schweiz (Wallis).

1. **S. Brĭgĭdă,** ae *f.* hl. Brigida, Jgfr. u. Äbtissin, Patronin v. Irland († 523).

Sie kam aus Schottland; es zeigte sich in ihrer Jugend bisweilen eine wunderbare Feuersäule über ihrem Haupte. Sie zeichnete sich stets durch große

Frömmigkeit aus. Als sie jemand wegen ihrer Schönheit zur Gattin begehrte, bat sie Gott, eines ihrer Augen krank zu machen, um den Bewerber abzuschrecken. Ihre Bitte wurde erfüllt. Sobald sie aber den Schleier genommen hatte, wurde das Auge wieder gesund. Um sie für ihre unversehrte Jungfräulichkeit zu belohnen, ließ Gott es zu, daß ein hölzerner Altarfuß bei der Berührung ihrer Hand zu grünen begann. — 1. Februar (Köln).

2. **Brĭgīdă,** ae *f.* Brigida, bayerische Herzogstochter, Äbtissin des Klosters St. Paul in Regensburg im 10. Jhdt.

Brīlă, ae *f. s.* Briela.

Brincŏlă, ae *f.* (Brinolĭa, Brinonĭa) Brignoles, St. u. Schloß in der Provence, Fkr. (Voc), *ca.* 4000 Einw.

Brinolĭă, ae *f. s.* Brincola.

Brinonĭa, ae *f. s.* Brincola.

Brĭŏcēn. (*C. R.*) *s.* Briocum.

Brĭŏcēnsĭs civitas, ātĭs *f. s.* Briocum.

Brĭŏcŭm, ī *n.* (Briocensis civitas) S. Brieuc, St. r. am Gouet in der Bretagne, Fkr. (Côtes-du-Nord), *ca.* 15 000 Einw.; Bischofssitz (1801 mit Tréguier vereinigt), Suffr. v. Rennes; *dav.*: **Briocēnsĭs,** ĕ.

Brīsăcŭm, ī *n. s.* Bresacum.

Brīsăcŭm nŏvŭm, ī *n.* Neubreisach, St. am Rhein-Rhônekanal, Elsaß (Kolmar), *ca.* 3300 Einw.

Brisbānēn. (*C. R.*) *s.* Brisbanum.

Brisbānŭm, ī *n.* Brisbane, St. in Nordamerika (Queensland), *ca.* 120 000 Einw.; Erzbischofssitz (seit 1887, Bistum seit 1859).

Brisgantīnă silvă, ae *f. s.* Brigantina silva.

Brīsgŏjă, ae *f. s.* Brisgovia.

Brīsgŏvĭă, ae *f.* (Brisgoja, Brisgya) der Breisgau, Landschaft am Oberrhein in Baden.

Brĭtannĭă maior oder **magna,** ae *f.* Großbritannien.

Brĭtannĭă minor *f.* (Armorica) die Bretagne, Landschaft in Fkr.

Brĭtannĭcŭs 3 britisch.

1. **Brĭtannŭs,** ī *m.* 1. Britannier, Brite (Bew. von England oder Schottland). 2. Bretagner, Bew. der Halbinsel Bretagne in Fkr.

2. **Brĭtannŭs,** ī *m.* Britannus, Vater des hl. Florinus (9. Jhdt.).

Brĭthŭaldŭs, ī *m.* Brithuald, frommer Engländer z. Z. des hl. Königs Eduard des Bekenners.

Brĭtŏnēs, ŭm *m.* 1. Britonen (Briten), die von den Angelsachsen unterworfenen älteren Bew. Englands. 2. *auch*: Bretagner.

Brittannĭă, minor *s.* Britannia minor.

S. Brittō, ōnĭs *m. s.* S. Brittonius.

B. Brittō, ōnĭs *m. s.* B. Joannes de Britto, Mart.

S. Brittōnĭŭs, ī *m.* (S. Britto) hl. Britto, Bek. u. Bischof von Trier (373—386).

War Nachfolger des hl. Bonosus im Jahre 373. Als Primas von Gallien unterschrieb er gleich nach Papst Damasus und dem hl. Ambrosius die römischen Konzilsakten. In Trier machte er mit Hilfe des Kaisers Gratian dem luziferianischen Schisma ein Ende; auch verteidigte er seinen Sprengel gegen die Irrtümer des Priscillian; doch war er entschieden gegen die Tötung der Irrlehrer, welche Kaiser Maximus auf Anklage anderer Bischöfe hin angeordnet hatte. Sowohl der hl. Ambrosius als auch der hl. Martinus, die er in Trier empfing, pflichteten ihm bei. Gegen die unsittlichen Vorstellungen im Theater und Zirkus erhob er in den 13 Jahren seiner Regierung nachdrücklichst seine Stimme. Er starb am 5. Mai 386. In der Marienkirche, die später Paulinuskirche hieß, wurde er beigesetzt. — 5. Mai (Trier).

Brivatĕ, ĭs *n.* Brioude, St., Fkr. (Haute-Loire), *ca.* 4800 Einw.

1. **Brixĭă,** ae *f.* Brescia, St. It. (Lombardei), *ca.* 45 000 Einw.; Bischofssitz, Suffr. v. Mailand; *dav.*: **Brixiēnsĭs,** ĕ.

2. **Brixĭă,** ae *f. s.* Brixinium.

Brixĭēn. (*C. R.*) *s.* 1. Brixia.

Brixĭnă, ae *f. s.* Brixinium.

Brixĭnēn. (*C. R.*) *s.* Brixinium.

Brixĭnĭŭm, ī *n.* (Brixia, Brixinum, Brixina, Brixnia Norĭca) Brixen, St. am Eisack, Tirol; *ca.* 6000 Einw.; Bischofssitz (früher in Säben); *dav.*: **Brixĭnēnsĭs,** ĕ.

Brixĭnŭm, ī *n. s.* Brixinium.

Brixnĭă Nōrĭcă, ae *f. s.* Brixinium.

Brolĭŭs, ī *m.* (fluvius), Broye, Flüßchen Schweiz (Waadt).

B. Brōnislāvă, ae *f.* sel. Bronislawa, (Bronislavia), Prämonstratensernonne.

Wurde zu Kámien in der Diözese Breslau aus vornehmem Geschlechte geboren, trat mit 16 Jahren in ein Krakauer Kloster ein, in dem sie das Beispiel ihres hl. Vetters Hyacinth nachahmte. Aus Demut bat sie oft, am Boden liegend, ihre Mitschwestern, sie, die „nur Staub und Asche sei", mit Füßen zu treten. Durch Nachtwachen, Geißelstreiche und Bußgürtel kreuzigte sie den niederen Menschen in sich. Da die Nonnen jener Zeit noch nicht der Klausur unterworfen waren, besuchte Bronislawa oft die Einsamkeit des Berges Sikórnik, unweit des Klosters; nach 40jährigem, abgetötetem Leben gab sie aber ihre Seele in die Hände ihres Schöpfers zurück. Ihr Leichnam, der neben dem Hochaltar beigesetzt wurde, blieb viele Jahre unbekannt, bis er im Jahre 1608 auf wunderbare Weise wieder entdeckt und dem Volke zur Verehrung gezeigt wurde. Letztere genehmigten ausdrücklich die Päpste Gregor XVI. und Pius IX. — 1. September (Breslau, Gnesen u. Posen, Krakau, Lemberg, Polen [Prov. Warschau], Przemysl, Tarnow).

B. Brōnislāvĭă, ae *f. s.* B. Bronislava.

Brooklynĭēn. (*C. R.*) *s.* Brooklinium.

Brooklynĭŭm, ī *n.* Brooklyn, St. in Nordamerika (New York), *ca.* 1 200 000 Einw.; Bischofssitz, Suffr. v. New York; *dav.*: **Brooklynĭēnsĭs,** ĕ.

Brovoniacum, ī *n.* (Carleolum, Carleolae, Luguvallum) Carlisle, St. am Eden, England (Cumberland), *ca.* 45 000 Einw.

brūchŭs, ī *m.* (βροῦχος) eine ungeflügelte Heuschreckenart.

Bructŭārĭī, ōrŭm *m. s.* Boructuarii.
Brŭērĭae, ārŭm *f.* Bruyères, 3 Orte Fkr. (Vosges, Aisne, Seine-et-Oise).
Brugae, ārŭm *f.* Brügge, St. Belgien (Westflandern), *ca.* 50 000 Einw.; Bischofssitz, Suffr. v. Mecheln; *dav.*: **Brugēnsĭs,** ĕ.
Brugēn. (*C. R.*) *s.* Brugae.
Brugnātēn. (*C. R.*) *s.* Bruniacum.
brūmă, ae *f.* (brevuma, *sc.*: dies) 1. der kürzeste Tag im Jahre. 2. die Winterzeit, 3. das Jahr (pars pro toto).
brūmālĭs, ĕ winterlich.
Brună, ae *f.* (Brunna) Brünn, St. Mähren, *ca.* 110 000 Einw.; Bischofssitz (seit 1777), Suffr. v. Olmütz; *dav.*: **Brunēnsĭs,** ĕ.
Brundĭsĭŭm, ī *n. s.* Brundusium.
Brundŭsĭă, ae *f.* (Pruntrutum, Pruntutum) Pruntrut (Porrentruy), St., Schweiz (Bern), *ca.* 7000 Einw.; **Bruntrūtānŭs** 3.
Brundŭsīn. (*C. R.*) *s.* Brundusium.
Brundŭsīnŭs 3 *s.* Brundusium.
Brundŭsĭŭm, ī *n.* (Brundisĭum) Brindisi, St. am adriatischen Meere, It. (Lecce), *ca.* 26 000 Einw.; Erzbischofssitz; *dav.*: **Brundĭsīnŭs** 3 u. **Brundŭsīnŭs** 3.
Brunechildĭs, ĭs *f.* (Brunichildis) Brunhilde, sittenlose Großmutter (auch Regentschaftsverweserin) des sittenlosen Burgunderkönigs Theodorich II. (596—613), der den hl. Kolumban aus seinem Reiche verbannte.
Brunēn. (*C. R.*) *s.* Bruna.
Brunichildĭs, ĭs *f. s.* Brunechildes.
Brunĭăcŭm, ī *n.* (Brugnatensis ecclesia) Brugnato, St., Italien, Bistum seit 1133, 1820 mit Luni-Sarzama vereinigt; *dav.*: **Brunĭăcēnsĭs,** ĕ und **Brugnatēnsĭs,** ĕ.
Brun(n)ă, ae *f. s.* Bruna.
1. **S. Brūnō,** ōnĭs *m.* hl. Bruno der Große, Erzbisch. von Köln, Bek. († um 980).
Als Sohn des römischen deutschen Königs Heinrichs I. und der Königin Mathilde erhielt er eine ausgezeichnete Erziehung. Nach dem Tode des Vaters wurde er von seinem Bruder, dem römischen Kaiser Otto I., dazu berufen, das gelockerte Klosterleben in den Klöstern Deutschlands wiederherzustellen. An der Synode von Reims 947 nahm er als Abt teil. Nach dem Tode des Erzbischofs Winfried von Köln wurde er von Klerus und Volk als Erzbischof erwählt und vom Papst Agapit bestätigt, der ihm das Recht verlieh, das Pallium nach Belieben zu tragen. Nicht nur als Oberhirte suchte er in den damaligen Wirren die Herde gut zu leiten, auch als Reichsverweser für den in Italien weilenden Bruder wußte er das Recht mit starker Hand zu schützen. Er stiftete Frieden unter den uneinigen Fürsten, setzte den unrechtmäßig vertriebenen Erzbischof von Mainz wieder ein, und stellte die kirchliche Ordnung wieder her. Er brachte mehrere hl. Reliquien, darunter den Stab und die Kette des hl. Apostelfürsten Petrus nach Köln. Als er auf einer Reise Frieden zwischen seinen Neffen stiften wollte, erkrankte er schwer, setzte in seinem Testamente die Armen als Erben ein und entschlief nach Empfang der hl. Kommunion unter Gebeten im Herrn. Sein Leib wurde im Kloster des hl. Pantaleon beigesetzt, das er errichtet und ausgestattet hatte. — 11. Oktober (Köln).
2. **S. Brūnō,** ōnĭs *m* de Querfurt, Bisch. u. Mart., Apostel der Preußen u. Russen († 1009).
Brun oder Bruno, mit dem Beinamen Bonifatius, war um das Jahr 974 zu Querfurt in der Diözese Merseburg geboren Von seiner Mutter Ida zum Studium der Philosophie dem Geddo von Magdeburg übergeben, erlangte er tiefe Kenntnis in allen freien Künsten besonders in der Musik. Zuerst Kanonikus an der Mauritiuskirche in Magdeburg, wurde er von seinem Vetter Kaiser Otto III. als königl. Hofkaplan aufgenommen. Er reiste mit ihm nach Italien, faßte aber in der Kirche des hl. Bonifatius des älteren Martyrers den Entschluß, sich auch die Martyrkrone zu verdienen. Er nahm in Ravenna das Ordenskleid des hl. Romuald und führte zuerst ein strenges Mönchsleben. Dann erbat er sich vom Papst Silvester die Erlaubnis, in die Heimat zurückzukehren. Dort wurde er vom Erzbischof Tangio von Merseburg in Anwesenheit Kaiser Heinrichs II. zum Erzbischof der Heidenvölker geweiht. Nach Empfang des Palliums wendete er sich auf Einladung der schwarzen Ungarn zu den Petschenegi, einem äußerst wilden Volke am Flusse Borysthenes und am schwarzen Meere, wo er mit Lebensgefahr das Evangelium zu predigen anfing. Dann wendete er sich den Preußen und den benachbarten Gegenden Rußlands zu, wo er den Martertod durch Enthaupten erlitt. 14. Febr.: Paderborn († 1009); 16. Okt. Ermeland († 1008); (*vgl.* **6. S. Bonifatius** Kulm 20. Juni).
3. **S. Brūnō,** ōnĭs *m.* hl. Bruno, Bisch. von Würzburg, Bek. († 1045).
Er stammte aus dem Herzogsgeschlechte von Kärnten, war der Onkel Kaiser Konrads II. und blutsverwandt mit dem Martyrer Bruno von Querfurt. Von Jugend an in Tugend und Wissenschaft erzogen, schrieb er später Erklärungen über die Psalmen, die Gesänge des alten und neuen Testamentes, das Gebet des Herrn und das apost. Glaubensbekenntnis. Als Bischof von Würzburg sah er einmal während der hl. Messe unter einem gewaltigen Sturme den hl. Ambrosius dem Kaiser Konrad, der eben Mailand belagerte, großes Unglück androhen. Daraufhin bewog er den Kaiser von der Belagerung abzustehen. Sein Vermögen verwendete er zur Wiederherstellung der Kirchen. Besonders schön restaurierte er die Kirche des hl. Burchard und weihte sie unter Assistenz von sechs Nachbarbischöfen ein. Auf einem Zug mit Kaiser Heinrich, den er mit dem König Peter von Pannonien und Ungarn versöhnen wollte, stürzte er zu Besenburg an der Donau von einem einfallenden Söller und verschied tags darauf. Viele Wunder verherrlichten ihn nach seinem Tode. 17. Mai (Würzburg).
4. **S. Brūnō,** ōnĭs *m.* hl. Bruno, Stifter des Kartäuserordens, † 1101, 6. Okt.
Brūnō, ōnĭs *m.* Bruno, Bischof von Trier (1102—1124).
Brūnōnĭs mōns, tis *m. s.* Brunsberga.
Brūnŏpŏlĭs, ĭs *f.* (Brunsvig(i)a, Brunswicum) Braunschweig, St. an der Oder, *ca.* 128 000 Einw.; *dav.*: **Brūnswĭcēnsĭs,** ĕ.
Brunsberga, ae *f.* (Brunonis mons) Braunsberg, St. Preußen (Ostpreußen), *ca.* 12 000 Einw.
Brūnsvīgă, ae *f. s.* Brunopolis.
Brūnsvīgĭă, ae *f. s.* Brunopolis.
Brūnswĭcēnsĭs, ĕ *s.* Brunopolis.
Brūnswĭcŭm, ī *n. s.* Brunopolis.
Brŭntrūtānŭs 3 *s.* Brundusia.

Brŭntrūtĭm, ī *n.* *s.* Brundusia.
Brŭntūtŭm, ī *n.* *s.* Brundusia.
Brūnvīllārĭŭm, ī *n.* Braunsweiler, Kloster in der Nähe von Köln a. Rh., Preußen (Rheinprovinz).
Brusēn. (*C. R.*) *s* Prusa.
brūtă, ōrŭm *n.* die vernunftlosen Wesen, Tierwelt; *s. auch*: brutus.
brūtālĭs, ĕ unvernünftig, tierisch, grausam.
brūtēscō 3 gefühllos, unvernünftig werden.
brūtŭs 3 schwerfällig, vernunftlos, dumm; *dav.*: *subst.* **brūtă,** ōrŭm *n.* die vernunftlosen Wesen, Tierwelt.
Bruxellă, ae *f.* *s.* Bruxellae.
Bruxellae, ārŭm *f.* (Bruxella) Brüssel, Hauptst. von Belgien *ca.* 540 000 Einw.; *dav.*: **Bruxellēnsĭs,** ĕ.
Brzenovĭēnsĕ mŏnastērĭŭm *s.* Brevnoviense monasterium.
būbălŭs, ī *m.* Büffel, Ur; Hirschantilope?
Bubastus, ī *f.* (*ägypt.*: Pi-Baset „der der [Göttin] Bast Geweihte") Bubastus, St. südl. vom alten Pelusium an einem Nilkanale, Unterägypten, *j.*: Tell-Basta.
būbō, ōnĭs *m.* Uhu.
bŭbulcŭs, ī *m.* Rinderknecht.
būbŭlŭs 3 Ochsen-; corii bubuli die Ochsenriemen.
Bucarestĭŭm, ī *n.* (Bucharestum) Bukarest, Hauptst. von Rumänien, *ca.* 285 000 Einw.; Erzbischofssitz (seit 1896); *dav.*: **Bucharestĭēnsĭs,** ĕ.
buccă, ae *f.* Backe, Wange; *übtr.*: Maul, Mund.
buccālĕ, ĭs *n.* (*ital.*: buccia Schale) Schale, flache Platte, Teller (zum Darreichen des Handtuchs bei liturgischen Verrichtungen eines Prälaten).
buccellă, ae *f.* *s.* bucella.
Bucchānĭcŭm, ī *n.* *s.* Bucelanicum.
buccĭnă, ae *f.* *s.* bucina.
Bŭcĕlānĭcŭm, ī *n.* (Bucchanicum) Bucchianico, Ort in den Abruzzen, Mittelitalien.
bŭcellă, ae *f.* (buccella) kleiner Bissen, Brocken.
Buchānĭă, ae *f.* Buchan, Landschaft, Schottland,
Bucharestĭēn. (*C. R.*) *s.* Bucarestium.
Bucharestŭm, ī *n.* *s.* Bucarestium.
Buchōnĭcŭs 3 *s.* Buchonia.
Buchōnĭă, ae (Bacensis silva, Buconia, Buchovia) Bucha, ehem. Landschaft in Thüringen, westlicher Teil des Thüringerwaldes (mit vielen Buchenwäldern); *dav.*: **Buchōnĭus** u. **Buchōnĭcus** 3.
Buchōnĭī, ōrŭm *m.* Buchonier, Bew. des westlichen Teils des Thüringerwaldes.

Buchōnĭŭs 3 *s.* Buchonia.
Buchŏvĭă, ae *f.* *s.* Buchonia.
būcĭnă, ae *f.* Signalhorn, Posaune.
būcĭnātŏr, ōrĭs *m.* Posaunenbläser.
būcĭnō 1 blasen, ein Zeichen geben.
būcŏlĭcŭs 3 ländlich.
Bucōnĭă, ae *f.* *s.* Buchonia.
Bucovētĭă, ae *f.* Ukraine (Kleinrußland).
Būdă, ae *f.* Ofen, Stadtteil von Budapest, früher selbständige Stadt, *dav.*: **Būdēnsĭs,** ĕ.
Būdēnsĭs, ĕ *s.* Buda.
Būdissă, ae *f.* (Budissina) Bautzen, St. r. an der Spree, Sachsen (Oberlausitz), *ca.* 25 000 Einw.
Būdissīnă, ae *f.* *s.* Budissa.
Būdŏvēcĭŭm, ī *n.* (Budovicium, Budvicum) Budweis St. an der Moldau, Südböhmen; *ca.* 40 000 Einw.; Bischofssitz, Suffr. von Prag; *dav.*: **Būdŏvīcēnsĭs,** ĕ.
Būdŏvīcēn. (*C. R.*) *s.* Budovecium.
Būdŏvīcĭŭm, ī *n.* *s.* Budovecium.
Budruntŭm, ī *n.* (Bituntina ecclesia) Bitonto, St. It. (Bari), *ca.* 30 000 Einw.; Bistum (seit 750), 1848 vereinigt mit Ruvo.
Būdŭă, ae *f.* (Butua) Budoa, Hafenst., südl. von Cattaro, Dalmatien, *ca.* 2800 Einw.; ehem. Bischofssitz.
Būdvīcēnsĭs, ĕ *s.* Budovecium.
Būdvīcŭm, ī *n.* *s.* Budovecium.
Buellĭŭm, ī *n.* Boyle, Cistercienserkloster in Irland, Diözese Elfin.
Bufalārī, ōrŭm *m.* vornehme Familie in Castro Porciano.
Buffălēn. (*C. R.*) *s.* Buffalum.
Buffălŭm, ī *n.* Buffalo, St. Nordamerika, *ca.* 353 000 Einw.; Bischofssitz (1847 von Neuyork abgezweigt), Suffr. v. Neuyork; *dav.*: **Buffălēnsĭs,** ĕ.
Bŭgella, ae *f.* Biella, St., It. (Novara), *ca.* 20 000 Einw.; Bischofssitz (seit 1772), Suffr. v. Vercelli; *dav.*: **Bugellēnsĭs,** ĕ.
Bŭgellēn. (*C. R.*) *s.* Bugella.
bugĭă, ae *f.* (*ital.*) Leuchter, Handleuchter (Auszeichnung der Prälaten beim feierlichen Gottesdienst).
Bul *indecl.* (*hebr.*: Regenmonat; *jetzt*: *babyl.* Marcheschwon „8. Monat"), alter Name für den achten Monat im jüdischen Kalender (Mitte Okt. bis Mitte Nov.).
Bulgārī, ōrŭm *m.* Bulgaren.
Bulgārĭă, ae *f.* Bulgarien (Königreich).
būleutērĭŭm, ī *n.* (βουλευτήριον) Beratungs-, Sitzungsraum, Rathaus.
bullă, ae *f.* Kapsel, in der wichtige Schriften aufbewahrt wurden; dann diese Schriften selbst; bes. hochwichtige päpstliche Erlasse; Bulle.

bullārĭŭm, ī *n.* Urkundensammlung, Bullensammlung, Sammlung der wichtigsten päpstlichen Erlasse.
Bullentŭrĭă, ae *f.* Boulancourt, Cistercienserkloster, Fkr., Diözese Troyes.
bullĭō 4 (bullo 1) aufwallen, kochen.
bullō 1 *s.* bullio.
Bulsanŭm, ī *n. s.* Bolsanum.
Buna *indecl.* (*hebr.*?) Buna, Nachkomme des Jerameel (1. *Par.* 2, 25).
Bungĭăcēnsĭs silvă, ae *f.* Wald von Bondy, Fkr. (Seine).
Bunzlau *indecl. s.* Bunzlavia.
Bunzlāvĭă, ae *f.* (Bunzlau) Altbunzlau, St. r. an der Elbe, Böhmen, *ca.* 3000 Einw.; Wallfahrtort.
Buochaugĭă, ae *f.* Buchau, St. südl. vom Federsee, Württemberg (Donaukreis), *ca.* 2300 Einw.; *dav.*: **Buochaugĭēnsĭs,** ĕ.
Būrānŭs 3 von Benediktbeuren (Württemberg).
Burbonnēnsĭs provincĭa, ae *f.* Bourbonnais, Landschaft, Fkr. (Allier, Puy-de-Dôme, Creuse, Cher).
S. Burchardŭs, ī *m.* hl. Burkard, Bek. u. Bischof von Würzburg (8. Jhdt.).
Aus England und Gehilfe des hl. Bonifatius, des Apostels der Deutschen, war er als Nachfolger des hl. Kilian besonders bei den Franken tätig und wurde vom Papste Zacharias im Jahre 741 zum Bischof von Würzburg geweiht. Zweimal reiste er als Abgesandter nach Rom; er nahm an mehreren Provinzialversammlungen eifrigen Anteil. Die Gebeine des hl. Kilian und seiner Genossen setzte er feierlich bei; auch errichtete er zwei Klöster. Schon betagt verzichtete er, dem Beispiele des hl. Bonifatius folgend, auf sein Bistum und zog sich auf sein Gut Hohenburg zurück, wo er gottergeben im Jahre 754 starb. Seine Gebeine wurden anfangs neben denen des hl. Kilian beigesetzt, später in die unter Bischof Hugo erbaute Burkarduskirche übertragen. — 14. Oktober (Würzburg, Bamberg).
B. Burchardŭs, ī *m.* sel. Burkard, Bek. u. Priester aus dem Schweizer Orte Muri in der Diözese Basel (11. Jhdt.).
Burchardus lebte gegen Anfang des 11. Jahrhunderts und wurde Pfarrer von Beinwyl bei Muri, wo er als Wundertäter berühmt ward. Bei der kirchlichen Umwälzung des 16. Jahrhunderts gingen fast alle schriftlichen Nachrichten über sein Leben zugrunde. Doch die von den vormals konstanzischen Bischöfen gebilligte Verehrung des Seligen verschwand nicht aus dem Volke. Es bildete sich sogar in Beinwyl mit Genehmigung des hl. Papstes Pius V. eine Bruderschaft zu Ehren des Verstorbenen, die auch von Pius VI. gefördert wurde. Deshalb bat Bischof Eugenius von Basel in Rom um die Einsetzung des Seligen in das Proprium der Diözese Basel-Lugano. Diesem Ansuchen wurde von der Ritenkongregation gern entsprochen. — 20. August (Basel).
1. **Burchardŭs,** ī *m.* Burkard, Bischof von Worms, 1000—1025.
2. **Burchardŭs,** ī *m.* Burkard, Herzog von Schwaben, Großvater des hl. Ulrich (9. Jhdt.).
Burdĭgălă, ae *f.* Bordeaux, St. an der Garonne, Fkr. (Gironde), *ca.* 300000 Einw.; Erzbischofssitz (seit 314 Bistum); *dav.*: **Burdĭgălēnsĭs,** ĕ.
Burdĭgălēn. (*C. R.*) *s.* Burdigala.
burdō, ōnĭs *m.* Maulesel (von Hengst u. Eselin).
Burgēn. (*C. R.*) *s.* Burgi.
Burgēnsĭs, ĕ *s.* Burgi.
burggravĭŭs, ī *m.* Burggraf.
Burgī, ōrŭm *m.* (Burgum de Oca) Burgos, St. r. am Arlanzón, Spanien (Altkastilien), *ca.* 30000 Einw.; Erzbischofssitz (seit 1574, Bistum seit 980); *dav.*: **Burgēnsĭs,** ĕ u. **Burgĭtānŭs** 3.
Burgi S. Domnini (*C. R.*) *s.* Fidentia.
Burgi S. Sepulcri (*C. R.*) *s.* Biturgia.
Burgīdōlĭŭm, ī *n. s.* Dolensisburgus.
Burgĭtānŭs 3 *s.* Burgi.
Burgōdĭōnēs, ŭm *m. s.* Burgundii.
Burgum (ī *n.*) **de Oca** *s.* Burgi.
Burgundĭă, ae *f.* Burgund, Landschaft westl. vom Jura, Fkr. (Bourgogne), ehem. Königreich.
Burgundĭă Trānsiūrānă, ae *f.* der nördlich vom Jura gelegene Teil des alten Burgund.
Burgundĭae cŏmĭtātŭs, ūs *m.* Freigrafschaft Burgund (Franche-Comté), Fkr. (Doubs, Haute-Saône, Jura).
Burgundĭī, ōrŭm *m.* (Burgodiōnes, Burgundiōnes) Burgunder, ostgermanischer Stamm, der in der heutigen Bourgogne in Fkr. sich niederließ und das Burgunderreich gründete.
Burgundĭō, ōnĭs *m.* der Burgunder, *s. auch*: Burgundii u. Burgundia.
burgŭs, ī *m.* Burg, Kastell.
Būrĭburgēnsĭs, ĕ *s.* Buriburgum.
Būrĭburgŭm, ī *n.* Büraburg, ehem. Ort bei Fritzlar in Hessen-Nassau, von den Hessen zerstört; ehem. Bischofssitz, *dav.*: **Būrĭburgēnsĭs,** ĕ.
Būrĭŭm, ī *n.* Bouro, Cistercienserkloster in Portugal, Diözese Braga.
Burlingtōnēn. (*C. R.*) *s.* Burlingtonia.
Burlingtōnĭă, ae *f.* Burlington, St. am Winooski (Champlainsee) in Nordamerika, *ca.* 20000 Einw.; Bischofssitz (seit 1853); *dav.*: **Burlingtōnēnsĭs,** ĕ.
bursă, ae *f.* Tasche, Burse, ein viereckiges Behältnis, welches zur Aufbewahrung des Corporale dient.
burtŭlă, ae *f.* die kleine Büchse.
Burvenicŭm, ī *n.* Bürvenich, Cistercienserinnenkloster in Preußen, Diözese Köln.
Buscoduca, ae *f. s.* Silva ducis.
Buscoducēn. (*C. R.*) *s.* Silva ducis.
Buscoducŭm, ī *n. s.* Silva ducis.
būstĭō, ōnĭs *f* das Brennen, Verbrennen.
Bustorfĭānă ecclesia, ae *f.* Bussdorfer Kirche, eine alte Pfarrei in Paderborn, Preußen (Westfalen).

būstŭm, ī *n.* Grabhügel, Grabmal, Grab.
Bustŭm Arsĭtĭŭm, ī *n.* Busto Arsizio, St. nördlich von Mailand, Italien.
Buswīlārĕ, ĭs *n.* (Buxwilare) Buchsweiler, St. am Fuße des Bastberges, Elsaß (Zabern), *ca.* 3000 Einw.
būtȳrŭm, ī *n.* (βούτυρον) Butter.
Buvindŭm, ī *n.* Carlingsford, Hafenst. am Carlingsford-Lough, Irland.
Buxŏvillă, ae *f.* Buschweiler, Ort bei Pfirt (Ferrette), Elsaß (Altkirch), *dav.*: **Buxŏvillēnsĭs,** ĕ.
buxŭm, ī *n. s.* buxus.
buxŭs, ī *m.* (buxum, πύξος) 1. Buchs, Buchsbaum. 2. Buchsbaumholz. 3. Gegenstände aus Buchsbaumholz (Schreibtafel, Kreisel, Flöte, Kämme).
Buxwīlārĕ, ĭs *n. s.* Buswilare.
Buz *indecl. m.* (*hebr.*?) Buz 1. Neffe Abrahams, Sohn des Nachor. 2 Israelit aus dem Stamme Gad. 3. Volksstamm in Arabien, gegen den Jeremias weissagte, vielleicht die Heimat des Buziten Eliu, des Freundes Jobs.
Buzi *indecl. m.* (*hebr.*?) Buzi, Vater des Propheten Ezechiel (7. Jhdt. v. Chr.).
Buzītēs, ĭs *m.* der Buzite Beiname des Eliu, eines Freundes Jobs.
Byblŭs, ī *f.* Byblos, St. in Syrien, *j.*: Dschebel bei Beirut.
Bypŏlĭs, ĭs *f.* (Ottawiensis ecclesia) Ottawa, Hauptst. von Kanada (Ontario), am Flusse Ottawa (l. Nebenfluß des Lorenzostroms), *ca.* 60 000 Einw.; Erzbischofssitz (seit 1886, Bistum seit 1847).
byssĭnŭm, ī *n.* 1. das (feine) Linnengewand: splendens (*Apoc.* 19, 8). 2. *auch*: Baumwollengewand.
byssĭnŭs 3 (βύσσινος) aus Byssus, aus feinstem Leinen gemacht, kattunen.
byssŭs, ī *f.* 1. feine Leinwand. 2. Baumwolle.
Bȳtēnĭŭm, ī *n.* Bythien, Ort östlich von der Stadt Posen, Polen.
Bȳtŭm, ī *n.* Beuthen a. O., St. l. an der Oder, Preußen (Schlesien), *ca.* 3100 Einw.
Bȳzăcĭŭm, ī *n.* Landschaft in Nordafrika (Tunis); *dav.*: **Bȳzăcēnŭs** 3 (Bĭzăcēnŭs); Bĭzăcēnă prōvincĭă: ehemalige Kirchenprovinz mit ca. 150 Bistümern.
Bȳzantĭŭm, ī *n.* (Βυζάντιον) Byzanz, *j.*: Konstantinopel, Hauptst. der (europäischen) Türkei, *ca.*: 1 000 000 Einw.; *dav.*: **Bȳzantĭŭs** 3 u. **Bȳzantīnŭs** 3; *s. auch*: Constantinopolis.

C.

C *als Abkürzung*: das Zahlzeichen für 100.
Caath *indecl.* (*hebr.*?) Kaath, Sohn des Levi u. Enkel des Jakob, Großvater des Moses u. Aaron; *dav.*: **Caathītae,** ārŭm *m.* dessen Nachkommen.
Caathītae, ārŭm *m.* Kaathiten *s.* Caath.
cab *indecl.* (*hebr.*) *s.* cabus.
Căbălaunŭm, ī *n. s.* Cabillonum.
căbāllĭcō 1 reiten.
Căballīnŭm, ī *n. s.* Cabillōnum.
căbāllŭs, ī *m.* (καβάλλης) gewöhnliches Pferd, Gaul.
Căbillĭō, ōnĭs *f. s.* Cabillonum.
Căbillō, ōnĭs *f. s.* Cabillonum.
Căbillōnēn. (*C. R.*) *s.* Cabillonum.
Căbillōnēnsĭs pāgŭs, ī *m.* (Gabilonensis ager) le Châlonnais, ehem. Landschaft, Fkr.
Căbillōnŭm, ī *n.* (Καβυλλῖνον, Stadt der Haeduer) (Cabalaunum, Caballinum, Cabillio, Cabillo) 1. ehem. burgundische Lehensgrafschaft Le Châlonnais. 2. Châlon-sur-Saône, St., Fkr. (Saône-et-Loire), *ca.* 26 000 Einw., ehem. Bischofssitz (seit 4. Jhdt.), seit 1801 Bistum mit Autun vereinigt, Suffr. v. Lyon; *dav.*: **Căbillōnēnsĭs,** ĕ (Cabillionensis).
Cabseel *indecl. m.* (*hebr.*: Gott hat gesammelt) Kabseel, St. in Palästina (Juda).
Cabul *indecl.* (*hebr.*: Grenzgebiet) Cabul, St. östlich von Akko zwischen Mittelmeer und See Genesareth, Palästina (Aser).
cabŭs, ī *m.* (cab) ein Kab, Hohlmaß von 1,1 Liter (den Inhalt von 24 Eiern fassend).
căcăbŭs, ī *m.* (*auch*: căccăbŭs) Tiegel, Pfanne, irdener Topf, Kochtopf.
caccăbŭs, ī *m. s.* cacabus.
Caceres, de Caceres (*C. R.*) *s.* Neo Caceres.
căchexĭă, ae *f.* (καχεξία) Schwindsucht.
căchinnātĭō, ōnĭs *f.* das Lachen.
căchinnō 1 laut lachen.
căcūmĕn, ĭnĭs *n.* Spitze, Gipfel.
căcūmĭnō 1 zuspitzen.
Cădălōŭs, ī *m.* Bisch. von Parma, hieß als Gegenpapst (1061) Honorius II.
cădāvĕr, ĕrĭs *n.* toter Körper, Leichnam, Aas.

cădāvĕrīnŭs 3 vom gefallenen Vieh, Aas-.
cădāvĕrōsŭs 3 leichenhaft, leichenähnlich.
Cademoth *indecl.* *s.* Cedimoth.
1. **Cades** *indecl.* (*hebr.*: Heiligkeit) Kades (Kedes), frühere kanaanitische Königsstadt bei Meggiddo, dann Leviten- und Zufluchtsstadt in Galiläa, Palästina (Nephthali).
2. **Cades** *indecl.* (*hebr.*: Heiligkeit) *s.* Cadesbarne.
Cadesbarne *indecl.* (*hebr.*: ?) (auch Cades) Kadesbarne, Ort im Süden Palästinas (Juda). Hier schlug Abraham die Amalekiter, erschien der Hagar ein Engel und war ein langdauernder Lagerplatz der Israeliten.
cădō, cĕcĭdī, cāsŭm (cāsūrŭs) 3 fallen; 1. herabfallen, -stürzen, -sinken. 2. zu Boden fallen, niederfallen, einstürzen. 3. getötet werden, umkommen. 4. sich ereignen widerfahren. 5. abnehmen, sinken.
Cadomŭm, ī *n.* (Cadomus) Caen, St. an der Orne, Fkr. (Calvados), *ca.* 36 000 Einw.
Cadomŭs, ī *f.* *s.* Cadomum.
cādūcĕŭm, ī *n.* *s.* caduceus.
cādūcĕŭs, ī *m.* (cādūcĕŭm, i *n.*) Heroldsstab.
cădūcŭs 3. 1. fallend, gefallen. 2. zum Fallen geneigt, hinfällig. 3. kommend, hereinbrechend.
Cadŭinŭm, ī *n.* Cadouin, Cist.-Kloster in Frankreich, Diöz. Périgueux.
Cadumim *indecl.* (*hebr.*: Ureinwohner) falsche Lesart für Ciddemem „tritt ihnen feindlich entgegen!" (*Judic.* 5, 21).
Cădurcēn. (*C. R.*) *s.* Cadurcum.
Cădurcŭm, ī *n.* (Caturcum, Divōna) Cahors, St. r. am Lot, Fkr. (Lot), *ca.* 10 000 Einw.; Bischofssitz (seit 3. Jhdt.), Suffr. v. Albi; *dav.*: **Cădurcēnsĭs,** ĕ u. **Căturcēnsĭs,** ĕ.
cădŭs, ī *m.* (κάδος) irdener Krug, Faß, Tonne als Hohlmaß.
Caeă, ae *m.* Cea, Fluß, Spanien (Galizien).
Caebŭă, ae *f.* Cebù, Hauptstadt der gleichnamigen Philippineninsel, *ca.* 36 000 Einw.; Bischofssitz (seit 1595), *auch*: Nominis Jesu genannt, Suffr. v. Manila; *dav.*: **Caebŭānēnsĭs,** ĕ.
Caebŭānēn. (*C. R.*) *s.* Caebua.
caecĭgĕnŭs 3 blindgeboren.
S. **Caecĭlĭă,** ae *f.* (Καικιλία) Cäcilia, Jgfr. u. Mart., Patronin der Kirchenmusik, † 230, 22. Nov.
Caecĭlĭŭs, ī *m.* (Καικίλιος) Cäcilius, Priester in Karthago zu Anf. des 3. Jhdts.
caecĭtās, ātĭs *f.* Blindheit.
caecĭtūdō, ĭnĭs *f.* Blindheit.
caecō 1 blind machen, blenden, verblenden, verdunkeln.
caecŭs 3 1. blind, verblendet; ungewiß, ziellos. 2. verborgen, unsichtbar, dunkel, finster. 3. unergründlich.
caecūtĭō 4 schlecht sehen, blinzeln, blind werden.
caedēs, ĭs *f.* 1. Gemetzel, Blutbad, Mord. 2. Blut. 3. die Erschlagenen.
caedō, cĕcīdī, caesum 3 1. schlagen, fällen, niederhauen. 2. zerschlagen, zerbrechen, zertrümmern, besiegen. 3. töten, schlachten, opfern.
Caelānŭm, ī *n.* (Coelanum) Celano, St., Italien (Aquila degli Abruzzi), *ca.* 7 500 Einw.
caelātŏr, ōrĭs *m.* Künstler in getriebener Arbeit, Metallstecher. Ziseleur.
caelātūră, ae *f.* getriebene Arbeit.
caelĕbs, ĭbĭs (coelĕbs) unverheiratet.
caelĕs, ĭtis (coeles) himmlisch.
caelestēs, ĭŭm *m.* *s.* caelestis.
caelestĭă, ĭŭm *n.* *s.* caelestis.
caelestīnŭs 3 himmlisch; als Vorname *vgl.*: Coelestīnŭs.
caelestĭs, ĕ (coelestĭs) himmlisch, herrlich, ausgezeichnet; göttlich, *subst.*: a) **Caelestĭs,** is *m.* Gott. b) **caelestēs,** ĭŭm *m.* die Himmelsbewohner, Heiligen; c) **caelestĭă,** ĭŭm *n.* (*scil.*: rēgnă) die himmlischen, überirdischen Dinge; *auch*: der Himmel.
caelĭbātŭs, ūs *m.* der ehelose Stand, die Ehelosigkeit, der u. das Zölibat.
caelĭbālĭs, ĕ zur Ehelosigkeit gehörig.
caelĭcŏlă, ae *m.* 1. Himmelsbewohner, der Heilige, Engel. 2. der Gottesfürchtige.
caelĭcŭs 3 himmlisch.
caelĭflŭŭs 3 vom Himmel fließend.
caelĭgĕnŭs 3 himmlisch.
caelĭtēs, ŭm *m.* die Himmlischen, die Heiligen.
caelĭtŭs, *adv.* vom Himmel her.
Caelĭŭs mōns, tis *m.* (Coelĭŭs mons) 1. der cälische Hügel im Südwesten Roms, südlich vom palatinischen u. östl. vom aventinischen Hügel gelegen; *j.*: der lateranische Berg. 2. Berg in Florenz mit Klarissenkloster.
caelō 1 in getriebener Arbeit darstellen, ziselieren; schnitzen.
caelŭm, ī *n.* (*pl.*: caeli, orum, *m.*) Himmel. 1. als Wohnsitz Gottes u. der Heiligen. 2. Witterung, Klima. 3. Unsterblichkeit, höchster Ruhm, größtes Glück.
1. **caementārĭŭs** 3 (coementarius) zum Mauern nötig, beim Mauern beschäftigt.
2. **caementārĭŭs,** ī *m.* Maurer.

caementŭm, ī *n.* 1. Bruchstein, Mauerstein; Marmorstückchen, die unter Mörtel gemischt wurden. 2. Zement.
caenŏdŏxĭă, ae *f. s.* cenodoxĭa.
caenōsŭs 3 (coenosus) kotig, schmutzig.
caenŭm, ī *n.* (coenum, cenum) Kot, Schmutz, Unreinigkeit, Unrat.
caepă, ae *f s.* cepa.
caepĕ, ĭs *n. s.* cepa.
caerĕmōnĭă, ae *f.* (caerimonia, ceremonia) 1. Ehrwürdigkeit, Heiligkeit. 2. Verehrung, Ehrfurcht. 3. heilige Handlung, religiöser Brauch, Zeremonie.
caerĕmōnĭālĕ, ĭs *n.* (coerimoniale, ceremoniale) Zeremonienbuch, welches die bei kirchlichen Handlungen vorgeschriebenen Bräuche enthält.
caerĕmōnĭālĭs, ĕ heilige, religiöse Bräuche betreffend; **Congregatio caeremonialis** Zeremonienkongregation, eine Behörde am päpstlichen Hofe, welcher die Anordnung u. Überwachung der vorgeschriebenen Bräuche in der päpstlichen Hauskapelle u. am päpstlichen Hofe übertragen ist u. welche die Bestimmungen über den Vorrang u. Rang der Kardinäle u. päpstlichen Legaten bei den verschiedenen Nationen trifft (*C. j. c.* 254).
caerĕmōnĭārĭŭs, ī *m.* Zeremoniar, Zeremonienmeister; ein Kleriker (Priester), welcher die würdige Vollziehung der feierlichen kirchlichen (liturgischen) Handlungen leitet.
caerĭmōnĭă, ae *f. s.* caeremonia.
caerĭmōnĭālĕ, ĭs *n. s.* caeremoniale.
caerŭlĕŭs 3 (caerŭlus 3) dunkelfarbig, dunkelblau, schwärzlich.
Caesăr, ărĭs *m.* (caesar *Καῖσαρ*) Kaiser, Fürst, Herrscher; *dav.* **Caesărĭānŭs** 3 des Kaisers, Fürsten; **Caesărĕŭs** 3 kaiserlich.
Caesăraugustă, ae *f.* Saragossa, St. r. am Ebro in Aragonien, Spanien (Saragossa), *ca.* 100 000 Einw.; Erzbischofssitz (seit 1318, Bistum seit 3. Jhdt.); *dav.*: Caesăraugustānŭs 3.
Caesăraugustān. (*C. R.*) *s.* Caesaraugusta.
1. **Caesărēă,** ae *f.* (*Καισάρεια*) 1. Cäsarea, Hauptst. von Kappadokien am nördlichen Abhang des Argäusberges (ursprünglich Mazaka oder Eusebeia), Ruinen bei Eskischehr; oder Eskikaisarje, südwestl. vom heutigen Kaisarije im östlichen Kleinasien; ehem. Erzbistum, *j.*: armenisch-unierter Bischofssitz. 2. kleine Hafenst. am Mittelmeer, Pal.; *j.*: Kaisarieh. 3. St. im östlichen Mauretanien, Nordafrika (dem jetzigen Algerien); *dav.*: **Caesărēnsĭs,** ĕ.
2. **Caesărēă,** ae *f.* (Caesarinsula) Jersey, Insel im Ärmelkanal, England (Normannische Inseln).
3. **Caesărēă,** ae *f.* (Caesaropolis) *s.* Caesarlutra.
4. **Caesărēă,** ae *f.* Kaisheim, Pfarrdorf, Bayern (Schwaben), *ca.* 1000 Einw. mit ehem. Cistercienserkloster, *jetzt*: Zuchthaus.
Caesărēă (ae *f.*) **Philippi** (Paneas) Cäsarea Philippi, Stadt an der Quelle des Jordan, vordem Paneas genannt, von Philippus, dem Sohne Herodes' d. Großen, zu Ehren des Kaisers Tiberius Caesarea genannt; *j.*: das Dorf Banijas; im 4. Jhdt. Bischofssitz (Paneas); seit 1886 griech.-melch. Bistum Caesarea oder Paneas mit dem Sitze in Dschedede (Merdsch-Ajun); *dav.*: **Caesărĭēnsĭs,** ĕ.
Caesărēn. (*C. R.*) *s.* 1. Caesarea 1.
Caesărĕŭs 3 Caesar betreffend, kaiserlich, *s. auch*: Caesar; **sectio caesarea** = Kaiserschnitt.
Caesarĭānŭs 3 *s.* Caesar.
Caesărĭēn. Paneas (*C. R.*) *s.* Caesarea Philippi.
caesărĭēs, ēī *f.* buschiges Haupthaar.
Caesărinsŭlă, ae *f. s.* 2. Caesarea.
Caesărĭs burgŭs, ī *m.* Cherbourg, Hafenst. Fkr. (La Manche), *ca.* 35 000 Einw.
Caesărĭs insŭlă, ae *f.* (Werdina, S. Suitberti insula) Kaiserswerth, St. r. am Rhein, Preußen (Rheinprov.), *ca.* 2500 Einw.
Caesărĭs mōns, tis *m.* Kaisersberg, St. in den Vogesen an der Weiß, Elsaß (Rappoltsweiler), *ca.* 2600 Einw.
B. Caesărĭŭs, ī *m.* sel. Cäsarius, Bisch. von Arles † 542.
Caesarlutră, ae *f.* (Caesarea, Caesaropolis) Kaiserslautern, St. an der Lauter, Bayern (Rheinpfalz), *ca.* 48 000 Einw.
Caesărŏdūnŭm, ī *n.* (Turonensis ecclesia) Tours, St. Fkr. (Indre-et-Loire), *ca.* 60 000 Einw.; Erzbischofssitz (seit 11. Jhdt. Bistum seit 3. Jhdt.).
Caesărŏpăpīă, ae *f.* Papstkaisertum (*d. h.* höchste Kirchengewalt weltlicher Fürsten).
Caesărŏpŏlĭs, is *f. s.* Caesarlutra.
Caesēnă, ae *f.* Cesena, St. r. am Savio, Oberitalien (Forli), *ca.* 8000 Einw.; Bischofssitz (seit 4. Jhdt.), Suffr. v. Ravenna; *dav.*; **Caesēnātēnsĭs,** ĕ.
Caesēnātēn. (*C. R.*) *s.* Caesena.
caesĭm *adv.* hiebweise, mit Hieben.
caesŏr, ōrĭs *m.* Hauer, Fäller; caesor lignorum Holzfäller, Holzhauer, caesor lapidum Steinmetz.
caespĕs, ĭtĭs *m.* (cespes) Rasen, Rasenplatz.

caetĕrō, dē caetĕrō (dē cētĕrō) im übrigen.

caffētŭm, ī *n.* Kaffee.

Căiăcēn. (*C. R.*) *s.* Calatia.

Caidōcŭs, ī *m. s.* S. Richarius.

Căiēsă, ae *f.* Les Cayes, St. auf Haiti, *ca.* 25 000 Einw.; Bischofssitz (seit 1861), Suffr. v. Port-au-Prince; *dav.*: **Caiēsēnsĭs**, ĕ.

Căiēsēn. (*C. R.*) *s.* Caiesa.

Căiētă, ae *f.* (Caleta) Gaëta, St. am Golf v. Gaëta im Tyrrhenischen Meer, Mittelitalien (Caserta), *ca.* 6000 Einw.; Erzbischofssitz (seit 1848, Bistum seit 790); *dav.*: **Căiētānŭs** 3.

Căiētān. (*C. R.*) *s.* Caieta.

S. Căjētānŭs, ī *m.* hl. Kajetan, Stifter des Theatinerordens, † 1547, 7. Aug.

Cain *indecl. m.* (Cáinus) Kain, der erste Sohn Adams u. Evas.

Cainan *indecl. m.* (*hebr.* ?) Kainan, Sohn des Enos, Urenkel Adams.

Cainō, ōnĭs *f.* Chinon, St. r. an der Vienne, Fkr. (Indre-et-Loire), *ca.* 4000 Einw.

Cáĭnŭs, ī *m. s.* Cain.

Căĭphās, ae *m.* (*aram.*: Kajapha „der Steinharte" ?) Hoherpriester d. Juden z. Zt. der öffentlichen Wirksamkeit Jesu, Schwiegersohn des Annas.

S. Căiŭs, ī *m.* (*Κάϊος*) Papst u. Mart., † 296, 22. April.

Căiŭs, ī *m.* 1. ein vom hl. Paulus getaufter Christ aus Corinth, in dessen Haus der Apostel sich aufhielt. 2. der sonst unbekannte Adressat des dritten Briefes des hl. Johannes. 3. heidnischer Richter in Augsburg z. Z. Diokletians.

B. Căiŭs Corĕānŭs, ī *m.* Cajus aus Korea, Katechist aus der Gesellschaft Jesu, Mart., *s.* B. Michael Carvalho.

Cală, ae *f.* (Cellae ad Matronam) Chelles, St. r. an der Marne, Fkr. (Seine-et-Marne), *ca.* 4000 Einw.

Călăbĕr, brī *m.* Kalabrier, Bew. von Kalabrien.

Calabozo *indecl.* (de Calabozo *C. R.*), Calabozo, St. in Venezuela in Südamerika, *ca.* 6000 Einw.; Bischofssitz (seit 1863), Suffr. v. Caracas.

Călăbrĭă, ae *f.* Kalabrien, südöstliche Halbinsel von Italien.

Călăgurĭtān. (*C. R.*) *s.* Calagurris.

Călăgurrĭs, ĭs *f.* (C. Nassica) Calahorra, St. l. am Cidacos (zum Ebro), Spanien (Alkastilien), *ca.* 10 000 Einw.; Bistum (seit 3. Jhdt.), mit Calzada vereinigt, Sitz in Logroño; *dav.*: **Calaguritānŭs** 3.

Călămă, ae *f.* Kalama, St. in Numidien, nördlich von Hippo, Nordafrika (Algier), ehem. Bischofssitz; *dav.*: **Calamēnsĭs**, ĕ.

Călămīnă, ae *f.* Mailapur [?], *j.*: Vorstadt von Madras in Ost-Indien, in welcher der hl. Apostel Thomas gemartert und gestorben sein soll.

călămistĕr, trī *m.* (calamistrum) Brenneisen.

călămistrŭm, ī *n. s.* calamister.

călămĭtās, ātĭs *f.* Schaden, Unheil, Unglück; Kriegsunglück, Niederlage.

călămĭtōsŭs 3 1. verderblich, unheilbringend. 2. unglücklich, elend.

călămŭs, ī *m.* Rohr. 1. Schreibrohr, Schreibstift, Griffel. 2. **c. mensurae** Meßrute.

Calano *indecl.* (= Calne, *keilschriftl.* Kullani(a) ?) das alte Kalne Nimrods ?

Călărĭs, *auch*: Cărălĭs (*Κάραλις* und *Κάλαρις*) is *f.* Cagliari, St. auf Sardinien, *ca.* 54 000 Einw., Erzbischofssitz (seit 11 Jhdt.), Bistum seit 4. Jhdt.; *dav.*: **Calarĭtānŭs** 3.

Călărĭtān. (*C. R.*) *s.* Calaris.

Călărōgă, ae *f.* Dörfchen in Spanien (Altkastilien).

Călăsānctĭŭs 3, *adj.*, zu oder von Calasanza, einem Bergschlosse bei Petralta de la Sal, Spanien (Aragonien).

Calatanisiaden. (*C. R.*) *s.* Calathanisium.

Calataycronen. (*C. R.*) *s.* Calataycronium.

Calataycronium, ī *n.* Caltagirone, St. Sizilien (Catania), *ca.* 45 000 Einw; Bischofssitz (seit 1818), Suffr. v. Syrakus; *dav.* **Calataycronēnsĭs**, ĕ.

Calathanisĭum, ī *n.* Caltanissetta, St. Sizilien, *ca.* 43 000 Einw.; Bischofssitz (seit 1844), Suffr. v. Monreale; *dav.*: **Calathanisĭădēnsĭs**, ĕ.

călăthŭs, ī *m.* (*κάλαθος*) Korb, Napf, Weinschale.

Calatĭă, ae *f.* (*Καλατία*) Guajazzo und Caiazzo, St. It. (Caserta), *ca.* 2 500 Einw.; Bischofssitz (seit 8. Jhdt.), Suffr. v. Capua; *dav.*: **Căiăcēnsĭs**, ĕ.

călātŏr, ōrĭs *m.* Diener, Aufwärter.

Calatrava, ae *f.* (*scil.*: eques de C.) Ritter von Kalatrava.

calcābĭlĭs, ĕ betretbar, festen Grund bietend.

Calcal *indecl. m. s.* Chalcol.

calcānĕŭm, ī *n. s.* calcaneus.

calcānĕŭs, ī *m.* (calcaneum) Ferse; *übtr.*: Fersentreter, Widersacher, Verräter (*Ps.* 48, 6).

calcăr, ārĭs *n.* 1. Sporn. 2. Antrieb, Anregung.

1. **calcārĭŭs** 3 zum Kalke gehörig, zur Kalkherstellung dienend: fornax calcaria Kalkofen (*Rit. Rom.*).

2. **calcārĭŭs**, ī *m.* Kalkbrenner.

calcātĭŭs *adv.* etwas gedrängter, kürzer.

calcātŏr, ōrĭs *m.* Treter, Kelterer.
calcātrīx, īcĭs *f.* Verächterin.
calce: in calce *s.* 2. calx.
calcĕāmentārĭŭs, ī *m.* Schuhmacher.
calcĕāmentŭm, ī *n.* Fußbekleidung, Schuhwerk, Sandalen.
Calcĕātă, ae *f.* Calzada, St. in Neukastilien, Spanien, Toledo; ehem. Bistum (*s.* Calagurris); *dav.* **Calciatensis,** e u. **Calceatensis,** e.
Calcĕātēn. (*C. R.*) *s.* Calceata.
calceātŏr, ōrĭs *m.* Schuhmacher.
calcĕātŭs, ūs *m.* Fußbekleidung.
calcĕō 1 beschuhen, Schuhe anziehen.
calcĕŏlārĭŭs 3 zum Schuhmacherhandwerk gehörig; c. opifex Schuhmacher, Schuster.
calcēs, ĭŭm *f.* (*pl.*: von 2. calx) Fußtritte.
calcĕŭs, ī *m.* Schuh.
calcĭāmentŭm, ī *n. s.* calceamentum.
Calcĭātēnsĭs cīvĭtās, ātĭs *f. s.* Calceata.
calcĭtrō 1 hinten ausschlagen (*auch*: 2. *Kön.* 6, 6, *nicht*: ausgleiten); *übtr.*: widerspenstig sein.
calcō 1 1. treten, festtreten. 2. niedertreten, unterdrücken. 3. höhnen, verspotten, verachten.
S. Calcōrŭs, ī *m.* hl. Kalkor, Mart. unter Diokletian, 22. Mai (Lausanne).
calcŭlābĭlĭs, ĕ berechenbar.
calcŭlātŏr, ōrĭs *m.* Rechner, Prüfer.
calcŭlō 1 berechnen, rechnen.
calcŭlōsŭs 3 steinig.
calcŭlŭs, ī *m.* 1. kleiner Stein, Kiesel. 2. Stein auf dem Rechenbrette, Rechnung, Berechnung. 3. Stimmstein, Stimme, Rat. 4. kleines Gewichtsstück. 5. morbus calculi ungünstige Abstimmung. 6. Glühstein (*Js.* 6, 6).
Calcutta, ae *f.* Kalkutta, Hauptst. des Kaiserreichs Indien u. Bengalen, l. am Hugli, *ca.* 1300000 Einw.; Erzbischofssitz (seit 1886, seit 1834 Apostol. Vikariat); *dav.*: **Calcuttēnsis,** ĕ.
Calcutten. (*C. R.*) *s.* Calcutta.
caldārĭă, ae *f.* Kochkessel, Kochtopf.
caldārĭŭm, ī *n.* Warmbadezimmer.
caldārĭŭs 3 zur Wärme gehörig.
caldŭs 3 *s.* calidus.
Calĕ, ĭs *n. s.* Portus Calensius.
1. **Caleb** *indecl. m.* (*hebr.*?) Kaleb 1. Kundschafter aus dem Stamme Juda. 2. Israelit, Sohn des Hesron. 3. Israelit, Vater des Machir.
2. **Caleb** = Negeb Caleb, Südland von Kaleb, *richtig*: Südland „vom Karmel" (1. *Kön.* 30, 14).
Călēdŏnĭă, ae *f.* (*Καληδονία* = Schottland, schottisches Hochland) (Dunkeldensis ecclesia) Dunkeld, St. l. am Tay, Schottland (Perth), *ca.* 700 Einw.; Bistum (seit *ca.* 1100), Sitz in Dundee (*ca.* 160000 Einw.), Suffr. v. S. Andrews u. Edinburg.
călĕfăcĭō, fēcī, factŭm 3 (calfacio) 1. erwärmen. 2. anfeuern. 3. *pass.* călĕfīo warm werden.
călĕfactōrĭŭm, ī *n.* Wärmestube.
călendae, ārŭm *f.* der erste Tag in jedem Monat, die Kalenden.
călendārĭŭm, ī *n.* 1. Kalender. 2. Register. 3. Schuldbuch.
călĕō, ŭī 2 1. warm, heiß sein. 2. glühen, eifern; calente inventute im Jugendeifer.
B. Călĕpŏdĭŭs, ī *m.* sel. Kalepodius, Priester u. Mart., Anf. des 3. Jhdts.
Calĕs, ĭs *f. s.* Calvum.
călēscō, călŭī 3 heiß werden, erglühen.
Calētă, ae *f. s.* Cajeta.
Calētŭm, ī *n.* Calais, Hafenst. Fkr. (Pas-de-Calais), *ca.* 53000 Einw.
calfăcĭō *s.* calefacio.
călĭdŭs 3 (caldus) 1. warm, heiß. 2. feurig, leidenschaftlich, unbesonnen.
călĭgă, ae *f.* 1. Halbstiefel, Bischofsschuhe. 2. Pontifikalstrümpfe.
călĭgārĭŭs, ī *m.* Schuhmacher.
călĭgātŭs 3 beschuht.
cālīgĭnōsŭs 3 (caligōsus) umnebelt, verdüstert.
1. **cālīgō,** ĭnĭs *f.* 1. Dunst, Nebel, Rauch. 2. Dunkelheit, Finsternis. 3. Trübsal, Elend.
2. **cālīgō** 1 1. in Dunkel gehüllt sein. 2. dunkel werden, oculi: erblinden.
cālīgōsŭs 3 *s.* caliginosus.
calīphă, ae *m.* Kalif, arab. Herrschertitel.
Calita *indecl. m.* (*hebr.*: Zwerg, Knirps) (Celaia) Kalita, Jude, der nach dem babyl. Exil seine gesetzwidrige Ehe trennte.
călix, ĭcĭs *m.* (*κύλιξ*) 1. Kelch, Meßkelch; Becher. 2. *übtr.*: Geschick, Anteil (*Ps.* 10, 7).
Callĕ, ĭs *n. s.* Portus Calensius.
callēns, entĭs kundig, gescheit.
Callēnsĭs portus, ūs *m. s.* Portus Calensius.
callĕō 2 1. Schwielen haben. 2. sich auf etwas verstehen; *dav.*: callens, *s. dort.*
callĭdĭtās, ātĭs *f.* Klugheit, Verschlagenheit, Schlauheit.
callĭdŭs 3 1. gewitzigt, weltklug. 2. geschickt, schlau, verschmitzt.
Callĭēn. (*C. R.*) *s.* Callium.
callĭs, ĭs *m.* Berg-, Waldpfad, Fußsteig; *übtr.*: Fuß.
Callistă, ae *f.* Kallista, abgefallene Christin, die von der hl. Mart. Dorothea wieder bekehrt wurde (4. Jhdt.).
Callisthĕnēs, ĭs *m.* (*Καλλισθένης*, *das heißt*: der Schönkräftige, mit Kraft Geschmückte) Kallisthenes, Offizier

im Heere des syrischen Feldherrn Timotheus z. Z. der Machabäerkämpfe (2. Jhdt. v. Chr.).

S. **Callistŭs,** ī *m.* (Κάλλιστος) hl. Kallistus I., Papst u. Mart. (219—223), 14. Okt.

Callistŭs, ī *n.* Papst Kallistus II. (1119 bis 1124); Kallistus III. (1455—1458).

Callĭŭm, ī *m.* Cagli, St. am Burano, It. (Pesaro e Urbino), *ca.* 3300 Einw.; Bischfossitz (seit 4. Jhdt.), mit Pergola vereinigt, Suffr. v. Urbino; *dav.*: **Callĭēnsĭs,** ĕ.

callŭm, ī *n.* 1. dicke Haut, Schwiele. 2. Gefühllosigkeit, Stumpfsinn.

Calmarĭă, ae *f.* Kalmar, St. auf der Insel Ovarnholm Schweden (Gotland), *ca.* 13000 Einw.

Calmŏcĭăcēnsĭs abbātĭă, ae *f.* *s.* Calmosiacum.

Calmontĭŭm, ī *n.* *s.* Calvimontium.

Calmŏsĭăcŭm, ī *n.* Chaumouzey, Ort Fkr. (Vosges), *dav.*: **Calmŏsĭăcēnsĭs,** ĕ u. **Calmociacensis** (abbatia).

cālō, ōnĭs *m.* Knecht, Troßknecht.

Calonĭae vīcŭs, ī *s.* Calumpnia.

călŏr, ōrĭs *m.* 1. Wärme, Hitze, Glut; calor verbi (Calor Verbi) Glut des Wortes, der vom Sohne ausgehende hl. Geist (Hymn. Mat. Dom. Pentec. vers. 4). 2. Aufregung, Leidenschaft, Eifer.

călŏrātŭs 3 erhitzt, heiß.

călŏrĭfĭcŭs 3 erwärmend.

Călōtĭŭm, ī *n.* 1. Ort Calozza Ital., Diözese Pavia. 2. Calossa, Ital., Diözese Asti.

Calphi *indecl. m.* (Alphaeus, Klopas, *hebr.*: der Wechsler) Kalphi, Vater eines nicht weiter bekannten Judas, Heerführer des Machabäers Jonathas.

Calphurnĭŭs, ī *m.* Kalphurnius, Vater des hl. Patrizius.

Caltanixecta, ae *f.* Ort in Sizilien mit Kapuzinerkloster.

Calubi *indecl. m.* (*hebr.* ?) Kalubi oder Kaleb, Sohn des Hesron (1. *Par.* 2, 9).

călŭmnĭă, ae *f.* falsche Anklage, Verleumdung, Verdrehung; *pl.*: Nachstellungen.

călŭmnĭātŏr, ōrĭs *m.* falscher Ankläger, Verleumder; Verfolger.

călŭmnĭŏr 1 fälschlich anklagen, verleumden; tadeln, bedrücken; ärgern.

călŭmnĭōsŭs 3 ränkevoll, verleumderisch.

Calumpnĭă, ae *f.* (Calonĭae vicus, Calumpina [villa], Colonĭa vicus) Coulmiers, D., 20 km nordwestl. v. Orléans, Fkr. (Loiret), *ca.* 370 Einw.; Sterbeort des hl. Königs Sigismund.

calvă, ae *f.* Schädel.

calvārĭă, ae *f.* Schädel (4. *Kön.* 9, 34).

Calvārĭă, ae *f.* Schädel, schädelförmiger Berg, *s.* Golgotha.

Calvēn. (*C. R.*) *s.* Calvum.

calvēscō 3 kahl werden.

Calvīnistă, ae *f. m.* Kalvinist, Anhänger Kalvins.

Calvīnŭs, ī *m.* Kalvin Johann, Irrlehrer † 1564 zu Genf; er lehrte absoluten Prädestinatianismus (Vorherbestimmung für den Himmel oder für die Hölle).

Calvīnĭānŭs 3 kalvinisch.

Calvĭmontĭŭm, ī *n.* (Calmontium, Calvomontium) Chaumont, St. Fkr. (Haute-Marne), *ca.* 11000 Einw.

calvĭtĭēs, ēī *f.* Kahlheit.

calvĭtĭŭm, ī *n.* Kahlheit, kahle Stelle des Kopfes, Kahlköpfigkeit, Glatze.

Calvō, ōnĭs *m.*, Calvonĭus *s.* S. Bernardus.

Calvŭm, ī *n.* (Cales) Calvi Risorta, Gemeinde (*ca.* 3300 Einw.) mit dem Hauptorte Zuni, *ca.* 690 Einw., It. (Caserta); Bistum (seit 5. Jhdt.), 1818 Calvi u. Teano, Suffr. v. Capua.

1. **calvŭs,** ī *m.* Kahlkopf.

2. **calvŭs** 3 kahl, haarlos.

1. **calx,** calcĭs *f.* (selten: *m.*) Kalkstein, Kalk; c. acetus ätzender Kalk.

2. **calx,** calcĭs *f.* Ferse, Huf; prĭōrēs calces Vorderhufe; in calce am Fuße, unten, (auf einer Buchseite:) Fußnote; am Schlusse (eines Buches, Schriftstückes).

cămă, ae *f.* niedriges Bett, Pritsche.

Cămăldŭlēnsēs, ium *m.* Ordensgenossenschaft der Kamaldulenser (nach dem ital. Orte Camaldoli benannt), bestätigt 1072; Stifter: hl. Romuald; *s. dens.*

Camaracēnsĭs, ĕ *s.* Cameracum.

Camarăcŭm, ī *n.* *s.* Cameracum.

Camars, artĭs *f.* *s.* Camerīnum.

Camberiăcum, ī *n.* *s.* Camberium.

Camberiānum, ī *n.* *s.* Camberium.

Camberĭēn. (*C. R.*) *s.* Camberium.

Cambērĭŭm, ī *n.* (Camberiăcum, Camberiānum, Cameriăcum, Cameriānum, Camērĭum Lemniorum) Chambéry, St. an der Leisse, Fkr. (Savoie), *ca.* 15000 Einw.; Erzbischofssitz (seit 1817, Bistum seit 1779); *dav.*: **Cambērĭēnsĭs,** ĕ etc. . .

Camberōna, ae *f.* Cambro, Cistercienserkloster in Belgien, Diözese Tournay.

cambĭŭm, ī *n.* Wechselgeschäft, Tausch.

Camborĭcŭm, ī *n.* *s.* Cantabrig(i)a.

cambŏtă, ae *f.* (cambuta) bischöflicher Hirtenstab.

cambŭta, ae *f.* *s.* cambota.

camelaucum, ī *n.* (*ital.*) der Camauro, mützenartige Kopfbedeckung der Päpste bis zum 19. Jhdt. aus rotem mit Pelz verbrämten Samt.

Camelodūnum, ī *n.* (Northantionensis ecclesia) Northampton, St. am Nen, England (Nordshire), *ca.* 90000 Einw.; Bischofssitz (seit 1850), Suffr. v. Westminster.

camellottūs, ī *m.* (*ital.*: cambellotto) Kamelot, wollener Stoff (meist aus Kamelhaaren).

cămēlŏpardălĭs, ĭs *f.* Giraffe.

cămēlŏpardălŭs, ī *m.* Giraffe.

cămēlŏpărdŭs, ī *m.* Kamelparder, Giraffe.

cămēlottŭs, ī *m.* *s.* camellottus.

cămēlŭs, ī *m.* Kamel; camelum devorare sich über eine wichtige Sache leicht hinwegsetzen.

Camenecĭēn. (*C. R.*) *s.* Camenecium.

Camenecĭum, ī *n.* Kamenez-Podolsk, St. am Smotritsch (zum Dnjestr) (Podolien), *ca.* 35000 Einw.; Bistum (seit 14. Jhdt.), seit 1866 verwaltet vom Bisch. von Luzk. Suffr. v. Mohilew; *dav.*: **Camenecĭēnsĭs,** ĕ.

cămĕră, ae *f.* 1. Wölbung, gewölbte Decke. 2. Gewölbe, Schatzkammer. 3. Raum, Saal.

Cămĕră Apostŏlĭcă, ae *f.* „Apostolische Kammer", ein päpstliches Amt, welchem die Verwaltung der zeitlichen Güter u. Rechte des päpstlichen Stuhles anvertraut ist (*C. j. c.* 262).

Cămĕră B. Marīae *f.* Pennebeck, Cistercienserkloster bei Brüssel (Erzdiöz. Mecheln) Belgien.

Cămĕrăcēn. (*C. R.*) *s.* Cameracum.

Cămĕrăcēnsĕ castrŭm, ī *n.* Château-Cambrésis, St. Fkr. (Nord).

Cămĕrăcēnsĭs ăgĕr, grī *m.* le Cambrésis, ehem. Grafschaft, Fkr. (Nord).

Cămĕrăcŭm, ī *n.* (Camărăcum, Camerācus) Cambrai, St. an der Schelde, Fkr. (Nord), *ca.* 15000 Einw., Erzbischofssitz (seit 1559); *dav.*: **Cămĕrăcēnsĭs,** ĕ.

Cămĕrăcŭs, ī *f.* *s.* Cameracum.

cămĕrālĭs sēdēs, ĭs *f.* kirchlicher Ehrensitz für höhere Beamte, Abgeordnete usw. bei kirchlichen Feiern.

cămĕrārĭŭs, ī *m.* Kämmerer, Definitor, zweiter Vorsteher eines Landkapitels.

Cămĕrĭăcŭm, ī *n.* *s.* Camberium.

Cămĕrīnēn. (*C. R.*) *s.* Camerinum.

Cămĕrīnŭm, ī *n.* Camerino, St. im Apennin, It. (Macerata), *ca.* 4500 Einw.; Erzbischofssitz (seit 1787, Bistum seit 3. Jhdt.); *dav.*: Cămers, tĭs (Camars) *adj.* u. *subst.* *und* **Cămĕrīnēnsĭs,** ĕ.

Cămĕrĭŭm Lemnĭŏrum *s.* Camberium.

1. **Cămers,** tĭs (*abl.*: ī) *s.* Camerinum.

2. **Cămers,** tĭs *f.* *s.* Clusium.

Cămĭēnsĭs vīllă, Schloß Kamin in Schlesien.

Cămĭlĭānŭm, ī *n.* Flecken bei Siena (Italien).

S. Cămillŭs dē Lellĭs, Stifter des Ordens der regulierten Kleriker für den Krankendienst, † 1614, 14. Juli.

B. Camillus Costanzo, Augustinus Ota et soc. *m.* sel. Kamillus Costanzo, Mart., Priester der Ges. Jes. († 1622), sel. Augustin Ota, Mart. Novize der Ges. Jes. († 1622) und Gefährten.

Kamillus war in Kalabrien (Unteritalien) geboren und wählte zuerst in Ostende in Belgien den Militärdienst, trat aber später in Neapel der Ges. Jesu bei. Sein Wunsch war, nach China in die Missionen zu gehen, doch wurde er nach Japan gesandt, aber bald von dort ausgewiesen. Die Zeit dieser Verbannung benützte er zum Verfassen von Büchern, in denen er die Irrtümer der Sekten Japans widerlegte. Als er zum zweitenmal Japan betreten durfte, durchwanderte er verschiedene Städte und Inseln, um die Christen im Glauben zu stärken. Nahe bei Firandum gefangen genommen, wurde er vom Kaiser zum Feuertode verurteilt. Vor Vollzug des Urteils predigte er zu Tabira vor einer gedrängten Menge von Japanern, Engländern und Holländern über die Schriftworte: „Fürchtet nicht die, welche den Leib töten". Dann blieb er mitten in den Flammen unbeweglich wie aller Schmerzen bar, und, das dreimal Heilig immer wiederholend, hauchte er seine siegreiche Seele aus im 50. Lebensjahr am 15. Sept. 1622. — 15. Sept. — Am 10. Aug. ging ihm im Tode voraus Augustinus Ota aus Ogica, einem Städtchen des damaligen Königreichs Firandum. Vom Kerker aus bat er den Provinzial der Jesuiten um Aufnahme in die Gesellschaft Jesu. Dieser stellte in einem Briefe die Aufnahme dem freien Ermessen des Kamillus Costanzo anheim. Während nun die übrigen Briefe entweder verloren gingen oder aufgefangen wurden, gelangte dieser eine Brief in Kamillus' Hände und zwar gerade am Vorabende des Tages, der für die Hinrichtung des Augustinus Ota bestimmt war. So wurde er am Tage, bevor er sein Haupt dem Henker darbot, in die Gesellschaft Jesu aufgenommen, legte seine Gelübde in Kamillus' Hände ab und besiegelte sie als Novize am nächsten Tage mit seinem Tode. Vor Costanzo wurde ein Katechist der Gesellschaft Jesu von königlicher Abkunft verhaftet, namens Kaspar Cotenda, der ihm bei der Verkündung des Evangeliums behilflich war, er wurde gemartert mit zwei Knaben, dem 12jährigen Franz Taquea und dem 7jährigen Petrus Heki. — 25. Sept. (Ges. Jes.)

cămīnō 1 kaminförmig aufbauen.

cămīnŭs, ī *m.* (ἡ κάμινος) 1. Ofen, Schmelzofen. 2. Kamin.

camisĭă, ae *f.* 1. Nachthemd. 2. Albe, Chorrock.

Camon *indecl.* (*hebr.* ?) Kamon, Ort in Galaad, Pal. (Ostjordanland).

campānă, ae *f.* (campanum, i *n.*) Glocke.

campānārĭŭm, ī *n.* (campanīle) Glockenturm.

campānārĭŭs, ī *m.* 1. Glockengießer. 2. Glöckner, der die Glocke läutet.

1. **Campānĭă,** ae *f.* Campagna, Landschaft in Mittelitalien, südlich von Rom; *dav.*: Campānŭs 3 u. Campānĭcŭs 3; Campānī, ōrŭm *m.* Bew.

2. **Campānĭă,** ae *f.* (C. Franciae) Champagne, Landschaft, Fkr. (Ardennes, Aube, Marne, Haute-Marne); *dav.*: Campānĭcŭs 3.

3. **Campānĭa,** ae *f.* Campagna, St., It. (Salerno), *ca.* 9000 Einw.; Bistum (seit 1525), seit 1793 unter Verwaltung v. Conza; *dav.*: Campānĭēnsĭs, ĕ.
Campānĭēn. (*C. R.*) *s.* 3. Campania.
campānīlĕ, ĭs *n.* s. campanarium.
campānŭlă, ae *f.* Glocke, Schelle, Meßglöckchen.
campānŭm, ī *n. s.* campāna.
Campānŭs 3 *s.* 1. Campanĭa.
Campēcŏrēn. (*C. R.*) *s.* Campecorum.
Campēcŏrŭm, ī *n.* Campeche, Hauptst. des gleichnamigen Staates in Mexiko, *ca.* 18000 Einw.; Bischofssitz (seit 1895), Suffr. v. Antequerra.
campestĕr, strĭs, strĕ eben, flach; campestrĭă, ōrŭm *n.* das flache Land, Gefilde.
Campĭdōnă, ae *f.* (Campita, Campodūnun) Kempen, St. Preußen (Rheinprov.), *ca.* 6300 Einw.; *dav.*: Campĭdōnēnsĭs, ĕ.
campīductŏr, ōrĭs *m.* (campi doctor) der Lehrmeister der Soldaten in der Kunst der Schwenkungen u. in der Übung der Waffen in Reih u. Glied, Exerziermeister.
Campĭdūnŭm, ī *n.* (Cambodūnum, Campodūnum) Kempten, St. im Allgäu an der Iller, Bayern (Schwaben), *ca.* 18000 Einw., *dav.*: Campĭdūnēnsĭs, ĕ.
Campīfōns, tĭs *m.* Springfield, St. l. am Connecticut, Nordamerika (Massachusetts), *ca.* 65000 Einw.; Bischofssitz (seit 1870), Suffr. von Boston.
Campīfontĭs (*C. R.*) *s.* Campifons.
B. Campion, Mart. *s.* Edmundus Campion.
Campĭtă, ae *f. s.* Campidōna.
Campīvallēn. (*C. R.*) *s.* Campivallis.
Campīvallĭs, ĭs *m.* Valleyfield (*amtlich*: Salaberry de Valleyfield), St. r. am S. Lorenzostrom, Kanada (Quebec), *ca.* 12000 Einw.; Bischofssitz (seit 1892), Suffr. von Montreal.
Campŏdūnŭm, ī *n. s.* 1. Campidona. 2. Campidunum.
Campostēllă, ae *f. s.* Compostella.
campsŏr, ōrĭs *m.* Wechsler.
campŭs, ī *m.* Feld, Ebene, Land.
Campus S. Mariae *m.* Marienfeld, altes Cistercienserkloster, Preußen (Westfalen), Diözese Münster.
Camuel *indecl. m.* (*hebr.*: Beistand Gottes) Kamuel 1. Neffe des Abraham. 2. Israelit aus dem Stamme Ephraim. 3. Stammfürst der Leviten.
cămŭm, ī *n.* eine Art Bier.
cămŭrŭs 3 einwärts gekrümmt, gewölbt.
cāmŭs, ī *m.* (κημός) Beißkorb, Maulkorb.
Cana, ae *f.* 1. (*hebr.*: Rohr, Schilfrohrplatz), St. südöstl. v. Tyrus, Pal. (Aser). 2. (*hebr.*: Nest, Wohnung?) Städtchen in Galiläa, 2 Stunden nordöstlich von Nazareth.
Cánaan *indecl.*, (Chanaan) 1. der jüngste von Chams Söhnen. 2. die von diesem abstammende Völkerschaft. 3. das von diesem Volke bewohnte Land, anfänglich nur zwischen dem Jordan und dem Mittelmeer; später ganz Palästina; *dav.*: Canaanaei, orum *m.* Bewohner Palästinas vor Abrahams Einwanderung, die Kanaaniter.
cānăbă, ae *f.* Hütte.
cānăbăcēŭs 3 aus Hanf verfertigt.
Canădă, ae *f.* Kanada, britische Besitzung (Dominion), der nördliche Teil von Nordamerika.
cănālĭs, ĭs *m.* (*seltener*: *f.*) 1. Röhre, Rinne, Kanal. 2. auch Locke, Falte: canalibus vincta purpura das in Falten (Locken) gewundene Purpurkleid.
1. **Cananaeus** 3 kananäisch, kananitisch, aus Kanaan.
2. **Cananaeus,** ī *m.* Kananiter.
Canāră, ae *f.* (C. Meridionalis) Mangalore (Mangalur), Hauptst. von Südkanara an der Malabarküste, Indien (Madras), *ca.* 50000 Einw.; Bischofssitz (seit 1886, apost. Vikariat seit 1850), Suffr. v. Bombay; *dav.*: **Canarēnsĭs,** ĕ.
Canārēn. (*C. R.*) *s.* Canara.
Canārĭae insulae, ārŭm *f.* (Fortunatae insulae) die kanarischen Inseln im atlantischen Ozean, gegenüber der Westküste Nordafrikas (zu Spanien gehörig); Bistum K. Inseln (seit 1404), Residenz (seit 1435) Las Palmas, Suffr. v. Sevilla; *dav.*: **Canārĭensĭs,** ĕ.
Canārĭēn. (*C. R.*) *s.* Canariae insulae.
Canath *indecl.* (*hebr.*: Besitztum?) Kanath, St. Pal. (Ostjordanland, Hauran).
Can. Aug. = Canonici de S. Augustino Augustinerchorherren: 1. Schweizer Kongregation; 2. Kongregation v. St. Bernhard, 3. österreichische Kongregation.
cancellārĭă, ae *f.* Kanzlei, Staatskanzlei.
Cancellārĭă Apostŏlĭcă, ae *f.* Apostolische Kanzlei, eine päpstliche Behörde, der die Ausfertiung u. Absendung der päpstlichen Schreiben u. Bullen obliegt, durch welche die Konsistorialpfründen u. Ämter verliehen werden, ebenso die Besorgung der Schreiben über Neuerrichtung u. Teilung von Diözesen usw. (*C. j. c.* 260).
cancellārĭŭs, ī *m.* Kanzler.

Cancellārĭŭs Cardĭnālĭs *m.* Kardinal-Kanzler, Leiter der Apostolischen Kanzlei.
cancellātĭm *adv.* gitterförmig.
cancellī, ōrŭm *m.* Gitter, Fenstergitter, Schranken, Chorschranken.
cancellō 1 verschränken, kreuzen: brachia.
cancellŭs, ī *m.* Schranke, Gitter.
cancĕr, crī (*auch*: cancĕris) *m.* 1. Krebs. 2. bösartiges Geschwür.
Candācē, ĭs *f.* Königin von Äthiopien oder Meroe z. Z. Christi; vielleicht auch gemeinschaftlicher Name der Königinnen dieses Landes.
Candācēnsĭs vīcŭs ī *m.* (Candinensis vicus) Dorf Candes in der Diözese Tours, Frankreich.
Candavos *indecl.* Candavos, Spanien (Neukastilien).
Candĕă, ae *f.* (Candĕŭm) Candé, Ort, Fkr. (Maine-et-Loire); *dav.*. **Candīnēnsĭs,** ĕ.
candĕfăcĭō, fēcī 3 weiß (oder blank) machen; *pass* : candĕfīō glühend werden.
candēlă, ae *f.* Wachs- oder Talglicht, Kerze.
candēlābrŭm, ī *n.* Kerzenleuchter Kandelaber.
candĕō, ŭī 2 weiß sein, glänzen, schimmern.
candēscō, dŭī 3 weiß werden.
Candĕŭm, ī *n. s.* Candea.
Candĭă, ae *f.* Kandia (Kreta), Insel im Mittelmeere; lateinisches Bistum (seit 1874), Sitz in Kanea (von 1213—1669 Erzbistum), Suffr. v. Smyrna; *dav.*: **Candĭēnsĭs,** ĕ.
Candĭdă Căsă, ae *f.* Galloway, südwestl. Landschaft Schottlands; Bistum G. (seit 397), Sitz in Dumfries, Suffr. von Edinburg.
Candĭdae Căsae (*C. R.*) *s.* Candida Casa.
candĭdātĭō, ōnĭs *f.* das Weiße (als Übersetzung von „Libanon").
1. **candĭdātŭs** 3 weißgekleidet.
2. **candĭdātŭs,** ī *m.* Amtsbewerber, Kandidat (weil solche in Rom eine weiße Toga tragen).
candĭdŭs 3 1. weiß, schneeweiß. 2. strahlend, glänzend. 3. rein, klar, durchsichtig. 4. lauter, aufrichtig.
S. Candĭdŭs, ī *m.* hl Kandidus, Mart. Befehlshaber der thebaischen Legion.
Candĭēn. (*C. R.*) *s.* Candia.
candĭfĭcō 1 glänzend, weiß machen.
Candĭnēnsĭs, ĕ *s.* Candacensis.
candŏr, ōrĭs *m.* 1. weiße Farbe, Glanz, Schimmer. 2. Schönheit. 3. Redlichkeit, Aufrichtigkeit, Unschuld.
cānĕō 2 grau sein.
cānēscō 3 grau werden, altern.
cănĭātŭs, ūs *m.* Zerfleischung, Zerreißung.
Can. J. C. = Canonici de Immaculata Conceptione Chorherren von der unbefleckten Empfängnis.
S. Canicī fānŭm, ī *n.* Kilkenny, 1. Grafschaft, 2. St., Irland (Leinster), *ca.* 10000 Einw.
cănīcŭlă, ae *f.* 1. Hündchen. 2. = Sirius, Hundsstern, zur Bezeichnung der Hundstage: infectum caniculae signum.
cănīnŭs 3 vom Hunde, Hunds-.
cănĭs, ĭs *m.* u. *f.* Hund.
B. Canisĭŭs, ī *m. s.* B. Petrus Canisius.
cănistră, ae *f.* (canistrum) Körbchen aus Rohr.
cănistrŭm, ī *n. s.* canistra.
Canitĭas castrŭm, ī *n.* ehem. Schloß bei Remüs, Schweiz (Graubünden), früher Diözese Chur.
cānĭtĭēs, ēī *f.* 1. weißgraue Farbe. 2. graue Haare.
Can. Lat. = Canonici Lateranenses de Sanctissimo Salvatore Lateranische Chorherren.
cannă, ae *f.* (cannula) Rohr, Schilf, c. gutturis Luftröhre.
cannăbĭnŭs 3 hanfen.
cannăbĭs, ĭs *f.* (κάνναβις) Hanf.
cannētŭm, ī *n.* Schilfgebüsch, Rohr.
cannŭlă, ae *f. s.* canna.
cănō, cĕcĭnī, cantātŭm *oder* cantŭm 3 singen, besingen.
cănōn, ŏnĭs (*acc.* ona) *m.* (κανών) 1. Regel, Richtschnur, Staffel. 2. Verzeichnis. 3. Abschnitt (Paragraph). 4. canon missae Stillmesse vom Sanctus bis zum Pater noster. 5. Kirchengesetz. 6. Kanon; die vom Erbpächter (emphyteuta) eines kirchlichen Grundstückes jährlich zu leistende geringe Summe an den Pfründebesitzer oder die Kirche, zur Anerkennung der Oberhoheit über das Grundstück; Anerkennungszahlung.
Canōnĭa, ae *f.* (Canōnĭŭm) Kelvedon, Ort nordöstlich v. Witham, England.
cănŏnĭcālĭs, ĕ zu einem Kanonikat, zu einer mit einer Domherrnstelle verbundenen Pfründe gehörig, Kanonikats-, Domherrn-: sedes.
cănŏnĭcātŭs, ūs *m.* Domherrenstelle, -würde, Kanonikat.
Canŏnĭcī de St. Augustīnō Augustinerchorherren.
Canŏnĭcī Lătĕrānēnsēs dē Ss. Salvātōrē Lateranensische Chorherren.
Canŏnĭcī Rēgŭlārēs Regularkanoniker.
cănŏnĭcŭs, ī *m.* Domherr; Stiftsherr; c. hŏnŏrārĭŭs Ehrendomherr, c. nŭmĕrārĭŭs wirklicher Domherr.

cănŏnĭcŭs 3 (κανονικός) 1. den Kanones, den kirchenrechtlichen Bestimmungen entsprechend, gesetzmäßig, rechtmäßig; hōrae canŏnĭcae kirchliches Stundengebet, Breviergebet; jus canŏnĭcum das Kirchenrecht.

cănŏnĭsātĭō, ōnĭs *f. s.* canonizātĭo.

cănŏnissă, ae *f.* Chanoinesse, Stiftsdame; căn. rēgŭlārēs Sanctī Augustīnī Mitglieder einer vom hl. Petrus Forerius gestifteten weiblichen Genossenschaft.

cănŏnistă, ae *m.* Kenner des Kirchenrechts, Kirchenrechtslehrer, Kanonist.

cănŏnīzātĭō, ōnĭs *f.* (canonisātio) Heiligsprechung, Kanonisation (Aufnahme in das „Verzeichnis" der Heiligen).

cănŏnīzō 1 heiligsprechen.

cănŏr, ōrĭs *m.* Gesang, Lied.

cănōrŭs 3 wohlklingend, melodisch.

Cantăbĕr, brī *m.* ein Kantabrer.

cantābĭlĭs, ĕ preiswürdig.

Cantăbrĭă, ae *f.* röm. Provinz in Spanien, *j.*: Kantabrien, Gebiet zwischen Asturien u. Navarra, Biscaya; **Cantăbrĭcŭs** 3.

Cantabrĭcŭs 3 *s.* Cantabria.

Cantabrig(i)ă, *f.* ae *f.* (Camboricum) Cambridge, St. England, *ca.* 38000 Einw.; *dav.*: **Cantabrigiensis**, e.

cantăbrŭm, ī *n.* 1. Kleie. 2. Fahne bei feierlichen Aufzügen.

Cantălĭcĭŭm, ī *n.* Cantalice, Flecken bei Citta Ducale in Mittelitalien.

cantāmĕn, ĭnĭs *n.* Zauberspruch.

cantātĭŏ, ōnĭs *f.* Gesang, Lobgesang.

cantātŏr, ōrĭs *m.* Sänger.

cantātrīx, īcĭs *f.* Sängerin.

canthŭs, ī *m.* (cantus, κανθός) Radschiene, Felge (3. *Kön.* 7, 33).

S. Cantianillă, ae *f.* Mart. *s.* S. Cantianus.

S. Cantianus, Mart., nebst den Leidensgefährten Cantius, Cantianilla u. Protus.

Cantianus stammte aus der römischen Adelsfamilie der Anicier. Er wurde vom hl. Protus fromm erzogen. Unter der Verfolgung des Diokletian und Maximilian verkaufte Cantianus seine reichen Güter und gab den Erlös an die Armen; alsdann suchte er das Evangelium auszubreiten, wobei ihm seine Leidensgefährten halfen. In Aquileja erfuhr er von dem heldenhaften Martyrium des Chrysogonus. Von Eifer beseelt, predigte er öffentlich den hl. Glauben, wobei er zahlreiche Wunder mit göttlicher Hilfe verrichtete. Die Präfekten Dulcidius und Sisinius forderten ihn vor Gericht und ließen ihn mit den anderen auf eingeholten Befehl des Kaisers hin in Grado hinrichten, und der Priester Zeno begrub sie neben dem Grabe des Martyrers Chrysogonus. — 31. Mai (Breslau, Triest).

cantĭcŭm, ī *n.* Gesang; Lied, *auch als Teil des Offiziums.* — Cantĭcŭm cantĭcōrŭm das Hohelied der Bibel.

Cantĭī, ōrŭm *m.* Kenter, Bew. von Kent, Grafschaft zwischen Themse, Nordsee u. Kanal, England.

cantĭlēnă, ae *f.* 1. Litanei. 2. Singerei, bekannter, abgedroschener Gesang, Singsang, alte Leier.

cantĭlēnōsŭs 3 liederreich.

cantĭō, ōnĭs *f.* Zauberlied, -formel.

cantĭtō 1 oft, eifrig singen.

Cantĭŭm, ī *n.* Kent, südöstliche Landschaft von England, ehem. Königreich.

S. Cantĭŭs, Mart. s. S. Cantianus.

Cantĭŭs, ī *m.* Bewohner von Kenty, einem Städtchen der Diözese Krakau, Galizien; *s.* S. Joannes Cantius.

cantō 1 1. singen, ertönen lassen, spielen; missa cantāta Singmesse, Amt. 2. dichten, dichtend verherrlichen, besingen; 3. voraussagen, verkünden. 4. von Tieren: krähen: gallus.

cantŏr, ōrĭs *m.* Sänger, Vorsänger in der Kirche, Organist.

cantrīx, īcĭs *f.* Sängerin.

cantŭālĭs ĕ, gesanglich, Gesang-.

Cantŭārĭă, ae *f.* (Durovernum) Canterbury, St. am Stour, England, (Kent), *ca.* 25000 Einw.; ehem. Erzbischofssitz; *dav.*: **Cantŭārĭēnsĭs**, ĕ.

cantŭcŭm, i *n. s.* cantĭcum.

cantŭrĭō 4 singen.

cantŭs, ūs *m.* Lied, Ton, Melodie; galli (pullorum) cantus: Hahnenschrei.

cānŭs 3 grau.

Cănŭsĭŭm, ī *n.* Canōsa di Puglia, St. in Apulien, Ital. (Bari), *ca.* 24000 Einw., ehem. Bischofssitz (jetzt in Bari).

S. Cănūtĭŭs, ī *n. s.* Canutus.

S. Cănūtŭs, ī *m.* (Cănūtĭŭs) König Kanut (Knut) IV. von Dänemark, Mart. in Odense, † 1186, 19. Juni.

căpācĭtās, ātĭs *f.* Raum, Umfang, Fassungskraft.

căpāx, ācĭs 1. geräumig, weit. 2. fähig, empfänglich, verständig; bes. *adv.* **căpācĭtĕr.**

1. **căpellă**, ae *f.* kleine Ziege.

2. **căpellă**, ae *f.* (cappella) 1. ein vom Papste gehaltener, feierlicher Gottesdienst. 2. die beim päpstlichen feierlichen Gottesdienst Mitwirkenden. 3. eine kleinere Kirche, Kapelle (Gegensatz: Pfarrkirche).

căpellānĭă, ae *f.* (cappellania). 1. Kaplanei, ein an einer kleineren Kirche oder in einem Kloster errichtete Seelsorgsstelle; Hilfsseelsorgsstelle; c. laicālis von Laien ohne die zuständige kirchliche Obrigkeit errichtete Kaplanstelle (*C. j. c.* 1412). 2. Amt u. Vorrecht eines Kaplans.

căpellānŭs, ī *m.* (cappellanus) Kaplan 1. ein an einer kleinen Kirche oder in einem Kloster angestellter Seelsorger mit bestimmten Rechten u. Pflichten; c. milītum Militärkaplan zur Seelsorge der Soldaten (*C. j. c.* 451, § 3); cap. māiŏr: Feldpropst, Militärbischof. 2. Hilfspriester des Pfarrers (oder Bischofs). 3. Bezeichnung für die beim Pontifikalamt dienenden vier Kleriker, welche Stab, Mitra, Buch u. Licht zu halten haben.

căpĕr, prī *m.* Ziegenbock.

căpessō, īvī, ītum 3 ergreifen, etw. auszuführen suchen.

caph, der 11. Buchstabe im hebr. Alphabet; elf u. elftens.

Caphara, ae *f.* (*hebr.*: Dorfschaft) (Caphira) Kaphira, St. nordwestl. von Jerusalem, Pal. (Benjamin), *j.*: Kefire.

Capharnaūm, ī *n.*; *auch*: *f.* u. *indecl.* (*hebr.*: Nahumsdorf) Kapharnaum, St. am nordwestl. Ufer des Sees Genesareth.

Capharsalama *indecl.* (*hebr.*: *richtig*: Kerach-Jeruschalem) „Festung von Jerusalem" (1. *Mach.* 7, 31).

Caphenatha *indecl.* (*unrichtig*: Caphetetha, *hebr.*: Kephenah die „felsige [Schlucht]) „Felsenschlucht" (1. *Mach* 12, 37).

Chaphetetha *indecl. unrichtig statt*: Caphenatha, *s. dort.*

Caphira, ae *f. s.* Caphara.

Caphtorim *indecl.* (*altägypt.*: Kftjw, *spätägypt.*: Kptar) 1. Kreta, Insel im Mittelmeer. 2. Kreter, Bew. von Kreta. 3. *auch*: Philister, weil aus Kreta in Pal. eingewandert.

căpillācĕŭs 3 aus Haaren.

căpillārĭs, ĕ zum Haar gehörig.

căpillātūră, ae *f.* (cappillatūra) Haarwuchs; falsches Haar.

căpillātŭs 3 behaart.

căpillĭtĭŭm, ī *n.* Haarwerk (auch: das Haar).

căpillŭs, ī *m.* Haar.

căpĭō, cēpī, captŭm 3 1. fassen, erfassen. 2. einnehmen, erobern, gefangen nehmen. 3. bestricken, verlocken. 4. befallen, anwandeln. 5. fassen, enthalten. 6. (ein-) begreifen. 7. capi *mit abl.* geschwächt werden an: ŏcŭlīs. 8. capit *unpers.*: es ist möglich (*Luc.* 13, 33).

căpistērĭŭm, ī *n.* Gefäß, Wanne, Sieb.

Căpistrānŭm, ī *n.* Capistrano, Städtchen in Unteritalien (*vgl.*: S. Joannes a Capistrano.)

căpistrŭm, ī *n.* Halfter, Band.

căpĭtālĕ, ĭs *n.* Kopfkissen.

căpĭtālĭs, ĕ das Leben betreffend; hauptsächlich; periculum capitale Lebensgefahr; poena, supplicium Todesstrafe, sententia cap.: Todesurteil; capitaliter *adv.* auf Leben und Tod: odisse.

căpĭtellŭm, ī *n.* Säulenknauf, Kapitell.

Căpĭtĭs Haïtĭānī (*C. R.*) *s.* Caput Haïtiānum.

căpĭtĭŭm, ī *n.* 1. Kragen, Kapuze. 2. Mieder (*Job.* 30, 18).

căpĭtō, ōnĭs *m.* Großkopf, Dickkopf.

căpĭtōlīnŭs clīvus, ī *m.* der kapitolische Hügel in Rom.

căpĭtŭlārĕ, ĭs *n.* Reichsbeschluß, Verordnung.

1. **căpĭtŭlārĭs,** e zu einem (Dom-, Stifts-) Kapitel gehörig.

2. **căpĭtŭlārĭs,** is *m.* Kapitular, Mitglied eines Dom- oder Stiftskapitels; Domherr, Stiftsherr.

căpĭtŭlārĭs vĭcārĭŭs, ī *m.* Kapitularvikar, der vom Domkapitel gewählt wird u. während der Erledigung des bischöflichen Stuhles die Diözese leitet.

căpĭtŭlātĭō, ōnis, *f.* Vertrag, Reichsgesetz.

căpĭtŭlātĭm *adv.* dem Hauptinhalte nach, kurz zusammengefaßt.

căpĭtŭlŭm, ī *n.* 1. Hauptinhalt, Summa. 2. Abschnitt, Hauptstück, Kapitel einer Schrift. 3. Teil des Offiziums. 4. Ordens- oder Klerikerkapitel, Domkapitel, Kollegiatkapitel. 5. der Kapitelsaal, der Raum eines Klosters, in welchen sich die Kommunität versammelt zu Besprechungen, Abstimmungen, Aufnahmen, Feierlichkeiten. 6. **capitulum generale** Generalkapitel für den ganzen Orden; **c. provinciale** Provinzialkapitel für eine Ordensprovinz.

căpĭtŭlŭm culpae *n.* Schuldkapitel, öffentliche Selbstanklage der Ordensmitglieder über äußere Verfehlungen, *bes.* gegen die Ordensregel.

Căpŏdistrĭă, ae *f.* (Aegida ?) Capodistria, Hafenstadt am Golf von Triest (Istrien), *ca.* 8500 Einw.; Bistum (seit 6. Jhdt.) wurde 1830 mit Triest vereinigt.

cappa, ae *f.* 1. Chormantel; cappa magna Mozzetta mit langer Schleppe als Auszeichnung gewisser Prälaten. 2. Pluviale oder Rauchmantel. 3. ärmelloser Mantel der Profeßlaienbrüder im Benediktinerorden.

Cappădŏcĭă, ae *f.* Kappadokien, Landschaft in Kleinasien; *dav.*: Cappădŏcĭŭs 3 u. Cappădŏcŭs 3.

Cappădŏx, ŏcĭs *m.* ein Kappadokier, Bew. von Kappadokien.

cappărĭs, ĭs *f.* (κάππαρις) Kapernstaude, Kapernstrauch (capparis spinōsa). Wächst in Palästina an Felsen u. Mauern mit rankenden Zweigen, rundlichen Blättern u. großen, schönen Blumen. Die vor dem Aufblühen gepflückten u. getrockneten Blütenknospen dienten schon im Altertum als Gewürz (Eccles. 12, 5).

căppellă ae *f. s.* capella.
cappellānĭă, ae *f. s.* capellānĭă.
cappellānŭs, ī *m. s.* capellānŭs.
Cappenbergēnsĕ mŏnastērĭŭm, ī *n.* ehem. Kloster Kappenberg, Preußen (Westfalen).
cappillătūră, ae *f. s.* capillatura.
Cappŭcīnī, ōrŭm *m. s.* Capuccīni.
căpră, ae *f.* Ziege, Geiß.
Căprămōns, ntĭs *m. s.* Capraemons.
Căpraemōns, tis *m.* (Caprămōns) Chèvremont, Ort bei Belfort, Fkr.
Căprasĭŭs, ī *m.* Caprasius, Mart., *s.* S. Fides.
căprĕă, ae *f.* 1. wilde Ziege. 2. Reh.
căprĭcĭŭm, ī *n.* Eigensinn, Laune.
căprĭcornŭs, ī *m.* Steinbock.
căprĭfīcŭs, ī *f.* wilder Feigenbaum.
căprīnus 3 von der Ziege stammend, Ziegen-, caprinus pellis: Ziegenfell.
capsă, ae *f.* 1. Behälter, Kapsel (für Reliquien). 2. Kasse.
Capsă, ae *f.* (*Κάψα*) Kapsa, St., südwestl. v. Karthago in der Landschaft u. Kirchenprovinz Byzakus (Tunis), *j.*: Kafsa, *dav.*: Capsēnsĭs, ĕ.
capsaces, ae *m.* (*καψάκης*) Ölkrug.
capsellă, ae *f. s.* capsula.
Capsēnsĭs, ĕ *s.* Capsa.
capsŭlă, ae *f.* (capsella) kleine Kapsel, Kästchen, Kistchen.
Capsur *indecl. m.* Kapsur, mauretanischer Häuptling im 5. Jhdt.
captātŏr, ōrĭs *m.* 1. Häscher, Jäger. 2. Wucherer, Erbschleicher.
captĭō, ōnĭs *f.* 1. das Fangen. 2. Betrug, Schaden, Nachteil. 3. Fallstrick, Schlinge, Beute (*Ps.* 34, 8; 123, 6).
captĭōsă, ōrŭm *n.* Trugschlüsse.
captĭōsŭs 3 1. betrügerisch, täuschend. 2. verfänglich.
captĭtō 1 erhaschen.
captīvă, ae *f.* die Gefangene.
captīvātĭō, ōnĭs *f.* Gefangennahme.
captīvĭtās, ātĭs *f.* Gefangenschaft, Knechtschaft; *coll.*: die Gefangenen.
captīvĭtō 1 gefangen halten.
captīvō 1 gefangen nehmen.
1. **captīvŭs** 3 gefangen, erobert, erbeutet.
2. **captīvŭs,** ī *m.* der Gefangene.
captō 1 eifrig nach etwas greifen, trachten, zu gewinnen suchen; etw. ablauern; *obj. durch in c. acc.*: captabunt in animan justi sie begehrten tückisch das Leben des Gerechten.
captūră, ae *f.* 1. Fang. 2. Tagelohn, Sündenlohn.
captŭs, ūs *m.* 1. Begriffsvermögen, Fassungsvermögen. 2. Vorurteil.
Căpŭă, ae *f.* Capua, St. in Kampanien, It. (Caserta), *ca.* 12 000 Einw.; Erzbischofssitz (seit 966, Bistum seit 2. Jhdt. ?); *dav.*: **Căpŭānŭs** 3.
Căpŭān. (*C. R.*) *s.* Capua.
Căpuccīnī, ōrŭm *m.* (Cappucīni, Capucīnī) Kapuziner, Mitglieder des Ordo fratrum minorum S. Francisci Capuccinorum (O. Cap.), des Kapuzinerordens eines Zweiges des Franziskanerordens, von diesem durch Matthäus Bassi abgetrennt und im J. 1528 bestätigt.
Capucīnŭs, ī *m.* Kapuziner *s.* Capuccini.
Căpŭlātōrŭm Mĭnōrŭm fămĭlĭă Ordensfamilie der Kapuziner.
căpŭlātŭs 3 mit einer Kapuze versehen.
căpŭlŭs, ī *m.* 1. Griff, Handhabe: pugionem capulo tenere. 2. Gefäß, Sarg: z. B. ire ad capulum (Lucret. 2, 1175); capuli decus einer der den Sarg verdient.
căpŭt, ĭtĭs *n.* 1. Kopf, Haupt. 2. Spitze, das Oberste, Äußerste: capĭta stŏlae der oberste, äußerste Teil des Kleides. 3. Ursprung, Quelle, Grund: ălĭō ex căpĭte aus einem anderen Grunde, aus einer anderen Quelle. 4. Anfang, caput jejunii Beginn der Fastenzeit (Aschermittwoch). 5. Urheber, Stifter 6. Mensch, Person. 7. Leben. 8. Haupt (Hauptperson): cardinales ordinis capita die Kardinal-Vorsteher (= Häupter, Spitzen) der drei Rangabteilungen (der Kardinäle). 9. Hauptsache, Hauptpunkt. Hauptstadt. 10. Hauptabschnitt, Kapitel. 11. Flußarm (*Gen.* 2, 14). 12. caput libri: a) Köpfchen am Stabe, um welchen das Buch der Juden gerollt war. b) das ganze Buch (Synekdoche), die Buchrolle (Gesetzbuch) (*Ps.* 39, 8).
Căpŭt Aquĕŭm, Capĭtis Aquĕi *n.* Capaccio, St. It. (Salerno), *ca.* 2800 Einw.; Bistum (seit 12. Jhdt.) an Stelle von Paestum, 1850 mit Vallo zum Bistum Capaccio-Vallo vereinigt; *dav.*: **Căpŭtăquēnsĭs,** ĕ.
Căpŭt Haitĭānŭm, Capitis Haitiani, Cap Haïti (*auch*: Cap Français), St. an der Nordküste v. Haïti, *ca.* 30 000 Einw.; Bischofssitz (seit 1861), Suffr. von Port-au-Prince.
Căpŭt Taurī *n.* (Stierhaupten), eine Regio (Stadtteil) im alten Rom, Geburtsort Papst Alexanders I.
Căpŭtăquēn. (*C. R.*) *s.* Caput Aqueum.
căpŭtĭŭm, ī *n.* 1. Kapuze. 2. kleine Kopfbedeckung des Bischofs.
Caracciolo *indecl.* Caracciolo, Name eines neapolitanischen, weitverzweigten Adelsgeschlechtes.
Cărădūnŭm, ī *n.* (Cardona) Karden, Ort an der Mosel, Preußen (Rheinprov.).
Caraffa *indecl.* Caraffa, römisches Adelsgeschlecht; Joannes Petrus C., später Papst Paul IV.
Cărălēs, ĭs *f. s.* Calaris.

Cărantānĭă, ae *f.* (Carinthia, Carnutum, Carnotensis ager) Kärnten, Landschaft, Österreich; *dav.*: **Cărantānŭs** 3.
Carausĭŭs, ī *m.* Carausius, Nebenkaiser in Belgien z. Z. Diokletians u. Maximinians (um 300 n. Chr.).
carbăsĕŭs 3 (carbasĭnus) aus Batist, batisten; aus feiner Leinwand.
carbăsĭnŭs 3 *s.* carbaseus.
carbăsŭs, ī *m.* u. *f.* (ἡ κάρπασος); *pl.*: carbăsa, orum *n.*, feine Leinwand, Batist; feiner Flachs.
carbō, ōnĭs *m.* Kohle.
1. **carbōnārĭŭs** 3 die Kohle betreffend.
2. **carbōnārĭŭs,** ī *m.* Köhler.
carbuncŭlŭs, ī *m.* 1. kleine Kohle. 2. ein Edelstein: Karfunkel, Rubin. 3. Karbunkelgeschwür.
Carcaa *indecl.* (*hebr.*: Grund, Boden) Karkaa, Ort, Pal. (Juda).
Carcăsō, ōnĭs *f. s.* Carcasona.
Carcăsōnă, ae *f.* (Carcaso, Carcassum) Carcassonne, St. an der Aude u. am Canal-du-Midi, Südfkr. (Aude), *ca.* 25 000 Einw.; Bischofssitz (seit 6. Jhdt.), Suffr. v. Toulouse; *dav.*: **Carcassōnēnsĭs,** ĕ.
Carcassōnēn. (*C. R.*) *s.* Carcasona.
Carcassŭm, ī *n. s.* Carcasŏna.
carcĕr, ĕrĭs *m.* Gefängnis, Kerker.
carcĕrālĭs, ĕ (carcerarius, carcereus) zum Kerker gehörig, Kerker-.
1. **carcĕrārĭŭs** 3 *s.* carceralis.
2. **carcĕrārĭŭs,** ī *m.* Kerkermeister.
carcĕrĕŭs 3 *s.* carceralis.
carcĕrō 1 einkerkern.
Carcĕrŭm coenŏbĭŭm, ī *n.* Franziskanerkloster bei Assisi in Italien.
Carchemich *indecl.* Karchemich, St. am Euphrat, *j.*: Dschirbas.
carcĭnōmă, ătĭs *n.* (καρκίνωμα) Krebsleiden.
carcĭnōmĭă, ae *f.* Krebsgeschwür.
cardĭnālātŭs, ūs *m.* Kardinalswürde.
1. **cardĭnālĭs,** ĕ vorzüglich; Haupt-, virtūtēs cardinăles Grundtugenden.
2. **cardĭnālĭs,** ĭs *m.* (*scil.*: clērĭcŭs) Kardinal.
cardĭnālĭtĭŭs 3 zum Kardinal gehörig, Kardinal-.
cardĭognōsĭă, ae, *f.* (καρδιογνῶσις) Herzenskenntnis.
cardīs *abl. pl. s.* carduus.
cardō, ĭnĭs *m.* 1. Türzapfen, Türangel. 2. Pol, Himmelspol, Weltachse, Wendepunkt. 3. Beginn, Anfang.
1. **Cardōnă,** ae *f.* Cardona, St. Spanien (Barcelona), *ca.* 3800 Einw.
2. **Cardōnă,** ae *f. s.* Caradunum.
cardŭētŭm, ī *n.* Distelgestrüpp.
cardŭŭs, ī *m.* Distel, im Plural Nom. u. Akk. synkopiert in cardūs, wohl auch im Ablativ cardis: cardis ferreis in genis percuti mit stacheligen Bleikugeln (eisernen Disteln) ins Gesicht (gegen die Wangen) geschlagen werden.
cārectŭm, ī *n.* (*aus*: caricetum *von* carex) ein Ort voll Riedgras.
Caree *indecl.* (*hebr.*: der Kahle) Karee, Vater des Johanan, eines jüdischen Heerführers zu Beginn des babyl. Exils.
Carehim *indecl.* (*hebr.*: *richtig* die Haruphiter) Haruphiter (1. *Par.* 12, 5).
cărēnă, ae *f.* vierzigtägige Bußzeit.
cărentĭă, ae *f.* das Nichthaben, Entbehren, Mangel, Fasten.
cărĕō, ŭī 2 1. nicht haben, sich enthalten sich versagen. 2. Mangel fühlen, vermissen, entbehren.
cārex, ĭcĭs *f.* Riedgras (*s. auch*: carectum, i *n.*).
Carha, ae *f. s.* Haran.
Cārĭă, ae *f.* (Καρία) Karien, Landschaft im Südwesten Kleinasiens; 1. *Mach.* 15, 15—29 ist gemäß Flavius Josephus Antiquit. 14, 145—148 eingeschoben.
Cariatēn. (*C. R.*) *s.* Paternum.
Cariath *indecl.* (*hebr.*: Qerijot, Städte) Kariath, St. Pal. (Juda).
Cariathaim *indecl.* (*hebr.*: Zweistadt, Doppelstadt) Cariathaim, St. Pal. (Ruben); *j.*: *wahrscheinlich*: Ruinenstätte El Teym.
Cariath Arbe *indecl.* (*hebr.*: Vierstadt) Cariath-Arbe, St. Pal. (Juda), später Hebron genannt.
Cariathbaal *indecl.* (*hebr.*: Baalstadt) *s.* Cariathjarim.
Cariathjarim *indecl.* (*hebr.*: Wälderstadt, Cariathbaal, Baala) Kariathjarim, St. westl. von Jerusalem, Pal. (Benjamin); *vielleicht* das heutige Karjet-el-Enab (Traubenstadt).
Cariathsenna *indecl.* (*hebr.*: schlechte Lesart für Cariathsepher) s. Cariathsepher.
Cariath Sepher *indecl.* (*hebr. richtig* Quarjat-Sapher, Schreiber-, Gelehrtenstadt, Cariathsenna) Dabir; Debir St. südwestlich von Hebron, Pal. (Juda).
Carĭcĭăcŭm, ī *n.* Quierzy, D. Fkr. (Aisne).
cărĭēs, cărĭēm, cărĭē *f.* Fäulnis.
cărīnă, ae *f.* Schiffskiel, Schiff.
Cărinthĭă, ae *f. s.* Carantania.
Cărinthĭī, ōrŭm *m.* Bew. v. Kärnten.
Carioth *indecl.* (*hebr.*: Städte) Karioth 1. St. Pal. (Juda). 2. St. in Moab, Pal.
cārĭtās, ātĭs *f.* 1. Werthaltung, Hochschätzung, Liebe; als Anrede: caritas vestra „Euer Lieb", „Euer Liebden", geliebte Brüder. 2. werktätige Übung der Nächstenliebe. 3. Teuerung, Not.

cārĭtās annōnae, Teuerung in den Nahrungsmitteln, Teuerung.
cārĭtātīvŭs 3 Nächstenliebe bewirkend; Nächstenliebe übend, karitativ, wohltätig.
Carith *indecl* (*hebr.*: Kerit?) Karith, ein Tal, in dem Elias lebte, *wahrscheinlich*: das Tal des oberen Wady Jabis, Palästina; vor dem 12. Jhdt. n. Chr. „Eliastal" genannt.
S. Carĭtō, ōnĭs *m.* hl. Karito, Mart. zu Augsburg, † um 290 n. Chr., *s.* S. Hilaria.
Carlĕŏlŭm, ī *n. s.* Brovoniacum.
Carlĭŏlae, ārŭm *f. s.* Brovoniacum.
Carlovĭvĭēnsĭs, ĕ von Karlowitz in Schlesien.
Carman(i)ŏlă, ae *f.* Carmagnola, St., Italien (Turin), *ca.* 3400 Einw.
Carmel *indecl.* (*hebr.*: Garten) Karmel, St. südlich von Hebron auf einem Berge, Palästina (Juda), *j.*: El-Karmul; *dav.*: **Carmēlītĭs,** is *m.* u. *f.*; *pl.* tēs, ŭm Bew.
Carmēlītă, ae *m.* u. *f.* der Karmeliter, die Karmeliterin.
Carmēlītae, ārŭm *m.* Karmeliten, Mitglieder des religiösen Ordens der Karmeliter, dessen Stifter der Kreuzfahrer Berthold war (1158—1209); benannt ist der Orden nach dem Berge Karmel (Carmelus), weil dort die erste Einsiedlergenossenschaft Bertholds, die späteren Karmeliter, lebte; 1224 wurde sie bestätigt. Berühmt wurde der Orden durch das Skapulier. Seit der Zeit der hl. Theresia gibt es eine strengere Richtung: Ordo Carmelitarum discalceatorum (O. C. D.) = die unbeschuhten Karmeliter u. eine leichtere: Ordo Carmelitarum calceatorum (O. C. C.), = die beschuhten Karmeliter, beide von einander unabhängig; *dav.*: Carmēlītīnŭs 3 den Karmeliterorden betreffend.
Carmēlītēs, ŭm *m. pl. s.* Carmel.
Carmēlītīnŭs 3 *s.* Carmelitae.
Carmēlītĭs, ĭs *m.* u. *f.* s. Carmel.
Carmēlŭs, ī *m.* (*hebr.*: Garten, Κάρμηλος), Karmel, Gebirge in Galiläa, Pal., das sich als Vorgebirge bis zum Meerbusen v. Akka erstreckt mit 552 m Höhe.
carmĕn, ĭnĭs *n.* 1. Gesang, Gedicht. 2. Weissagung, Prophezeiung. 3. Gebet. 4. jedes in feierlicher Sprache gehaltene Schriftwerk.
Carnaim *indecl.* (*hebr.*: *richtig*: Asch-teret-Carnaim die gehörnte Astarte?) *s.* Astaroth-Carnaim.
carnālĭs, ĕ (carnārĭŭs) 1. fleischlich, im Fleische lebend; vergänglich. 2. sündhaft.
carnālĭtās, ātĭs *f.* Fleischlichkeit; Sündhaftigkeit.
carnārĭŭm, ī *n.* Fleischkammer, Beinhaus.
carnārĭŭs 3 *s.* carnalis.
carnĕfĭcĭŭm, ī *n. s.* carnificium.
carnĕŭs 3 aus Fleisch; *übtr.*: gefühlvoll, empfindsam: cor.
Carnĭă, ae *f.* (Carniola, Carniolensis ager) Krain, ehem. Herzogtum.
carnĭfex, ĭcĭs *m.* Henker, Peiniger, Folterer, Würger.
carnĭfĭcīnă, ae *f.* Folter, Marter, Gemetzel, Folterkammer; Henkeramt.
carnĭfĭcĭŭm, ī *n.* (carneficium) Niedermetzelung, Schlächterei.
Carnĭŏlă, ae *f. s.* Carnia.
Carnĭŏlēnsĭs ăgĕr, grī *m. s.* Carnia.
Carnion *indecl.* (*graezisiert aus*: Carnaim) *s.* Carnaim u. Astaroth-Carnaim.
Carnōtēnă urbs, ĭs *f. s.* Carnutum.
Carnōtēnsĭs, ĕ *s.* 1. Carnutum. 2. Carantania.
Carnōtēnsĭs ăgĕr, grī *m. s.* Carantania.
Carnōtŭm, ī *n. s.* 1. Carnutum.
Carnuntŭm, ī *n.* (Carnutum) Carnuntum, ehem. St. r. an der Donau im früheren Oberpannonien, östlich von Wien, *j.*: Haimburg mit bedeutenden Resten von Carnunt zwischen Petronell u. Deutsch-Altenburg.
Carnūtēn. (*C. R.*) *s.* 1. Carnutum.
1. **Carnūtŭm,** ī *n.* (Carnotum, Carnotena urbs, Autricum) Chartres, St. an der Eure, Fkr. (Eure-et-Loir), *ca.* 20 000 Einw.; Bischofssitz (seit 4. Jhdt.), Suffr. v. Paris; *dav.*: **Carnōtēnsĭs,** ĕ u. **Carnūtēnsĭs,** ĕ.
2. **Carnūtŭm,** ī *n. s.* Carantania (Kärnten).
3. **Carnūtŭm,** ī *n. s.* Carnuntum.
cărō, carnĭs *f.* 1. Fleisch, *pl.*: carnes Fleischstücke. 2. Mensch: Caro Dei Gott-Mensch (*Mat. Ascens. Dom. str.* 4), Verbum caro factum est der Sohn (Gottes) ist Mensch geworden; carnes alicuius edere jem. verleumden, gegen jem. wüten (*Ps.* 26, 2). 3. Wollust; abire post carnem alteram unnatürlicher Wollust nachgehen.
Cărŏlēsĭŭm, ī *n. s.* Quadrigellensis pagus.
S. Cărŏlī (*C. R.*) *s.* S. Carolus Ancudiae.
Cărŏlī Lŏcŭs, ī *m.* Châlis, Cistercienserkloster, Fkr., Diözese Beauvais.
Cărŏlingī, ōrŭm *m.* Karolinger, Vorfahren u. Nachkommen Karls des Großen. Sie regierten von Pipin I., Karls des Großen Vater, von 751—911 (Ludwig das Kind) in Deutschland u. bis 987 (Ludwig V. u. Karl. v. Niederlothringen) in Frankreich.
Cărŏlīnŭs 3 von Karl.
Cărŏlīnŏpŏlĭs, ĭs *f.* Charlottetown, St. Kanada in Nordamerika (Prinz Edu-

ards-Inseln), *ca.* 13 000 Einw.; Bischofsitz (seit 1829), Suffr. v. Halifax; *dav.*: Cărŏlīnŏpŏlītānŭs 3.

Cărŏlīnŏpŏlītān. (*C. R*). *s.* Carolinopolis.

S. Cărŏlŏmannŭs, ī *m.* hl. Karlomann, Bek. u. Stifter der Fuldaer Kirche.

Sohn Karl Martells und Oheim Karls des Großen, König von Austrasien, erbaute zahlreiche Benediktinerklöster, auch eines in Fulda auf Bitten des hl. Bonifatius. Er pilgerte nach Rom, besuchte Papst Zacharias und zog sich in das Benediktinerkloster auf dem Berge Sorakte zurück. Als ihn hier zu viel Landsleute aufsuchten, eilte er in Begleitung seines ehemaligen Dieners, jetzigen Mitbruders, heimlich nach Montecassino, wo er, allen unbekannt, in der Küche beschäftigt wurde, während ihn der Koch sehr grob behandelte. Als sich herausstellte, wer er war, bat er, um auch weiter unerkannt Gott dienen zu können, um eine Pfarrstelle. Doch Papst Zacharias erkor ihn zu seinem Gesandten an König Pipin, den Bruder Karlomanns. Als er glücklich seinen Auftrag ausgeführt hatte, starb er im Jahre 754. Sein königlicher Bruder sandte den Leib des Heiligen nach Montecassino. — 18. August.

Cărŏlŏpŏlĭs, is *f.* Charleston, St. Nordamerika, (Süd-Karolina), *ca.* 56 000 Einw.; Bischofssitz (seit 1820), Suffr. v. Baltimore; *dav.*: **Cărŏlŏpŏlĭtānŭs** 3.

Cărŏlŏpŏlĭtān. (*C. R.*) *s.* Carolopolis.

S. Cărŏlŭs (ī) **Ancudĭae** *f.* (San Cárlos d' Ancud) Ancud, St. Chile in Südamerika (Chiloe), *ca.* 4000 Einw.; Bischofssitz San Cárlos (seit 1840), Suffr. v. Santiago de Chile.

S. Cărŏlŭs Borrŏmaeŭs, ī *m.* hl. Karl Borromäus, Bek. u. Erzb. v. Mailand, † 1584, 4. Nov.

B. Cărŏlŭs Bŏnŭs, i *m.* Mart. († um 1250).

Sein Vater war der Martyrkönig Knut von Dänemark (†.1186), seine Mutter Adela stammte aus einem flandrischen Grafengeschlechte. Nach dem Martertode seines Vaters mußte das kaum zweijährige Kind mit seiner Mutter nach Flandern flüchten. Als Jüngling kämpfte Karl als Kreuzritter, um Jerusalem zu erobern. Nach Flandern zurückgekehrt, vermählte er sich mit Margareta, der Grafentochter Raynalds von Clairmont und wurde zum Grafen von Flandern gewählt. Als solcher übte er alle Fürstentugenden in hohem Maße, was ihm den Titel „Zierde und ausgezeichneter Schutz Flanderns“ eintrug. Die römische Kaiserwürde sowie die Königswürde von Jerusalem schlug er in Bescheidenheit aus. Als bei einer Hungersnot einige mächtige Reiche alles Getreide aufkauften und nur gegen hohen Preis abgeben wollten, hinderte Karl diese abscheuliche Tat und schützte die Armen durch eigene Freigebigkeit wie durch staatliche Verordnungen vor dem Hungertode, während er die ruchlosen Menschen, die nicht vor Brand und vor Blutvergießen zurückschreckten, mit Gewalt den Gesetzen unterwarf. Diese aber legten aus Furcht vor strengen Strafen Hand an den Grafen selbst und brachten ihn in der Kirche des hl. Donatus ums Leben. Infolge von Wundern war seine Verehrung im Volke immer vorhanden. Leo XIII. genehmigte sie. — 2. März (Dänemark u. Island).

B. Cărŏlŭs Māgnŭs, ī *m.* sel. Karl der Große, Bek. u. Kaiser (reg. 768—814).

Sohn Pipins und Betrádas, wurde von Paulus Diaconus und dem Priester Alkuin erzogen. Mit 15 Jahren trat er ins Heer ein; fast 40 Jahre führte er Krieg, ohne jemals in einer Schlacht besiegt zu werden; dabei war es sein ständiger Plan, das Reich Christi zu verbreiten. Von Leo III. wurde er am Weihnachtsfeste des Jahres 800 zum Kaiser gesalbt. Er führte die römische Liturgie überall im Reiche ein und gab ein Vorbild in der treuen Anhänglichkeit an den Apostolischen Stuhl. Hadrian sandte dem Kaiser auf dessen Bitten hin Sänger aus Rom, durch die der gregorianische Gesang alsbald im Frankenreich eingeführt wurde. Viermal erschien Karl in Rom zur Hilfe und Ehrung des Papstes. Er errichtete in Norddeutschland mehrere Bistümer, von denen jetzt noch Osnabrück, Münster, Paderborn und Hildesheim bestehen. Er schenkte dem Osnabrücker Dome die Gebeine der in Frankreich gemarterten römischen Heiligen Crispinus und Crispinianus u. hielt in Aachen mehrere kirchliche Versammlungen ab. Streng beobachtete er die kirchlichen Fasttage, fügte andere hinzu und trug viele Jahre einen Bußgürtel unter der Kleidung. Den notleidenden Christen im Morgenlande kam er durch Almosen zu Hilfe. Am 28. Januar 814 starb er in Aachen, nachdem er aus der Hand des Kölner Erzbischofs Hildebald die hl. Wegzehrung empfangen hatte. — 28. Januar (Osnabrück).

B. Cărŏlŭs Spinula et soc., Priester der Ges. Jesu, Mart. († 1622).

Einer berühmten Familie Genuas entsprossen, trug Karl, seitdem er die Nachricht vom Martertode des sel. Rudolph Acquaviva erhalten hatte, ein großes Verlangen, auch Martyrer zu werden. In die Gesellschaft Jesu eingetreten, führte er vom ersten Tage an ein des Martyrkandidaten würdiges Leben. Nachdem er Priester geworden war, wollte er nach Indien reisen, wurde aber zuerst nach Brasilien verschlagen, dann von Seeräubern nach England verschleppt, bis er schließlich nach unzähligen Gefahren in Japan landete. Dort wirkte er 20 Jahre, zuerst im Seminar zu Arima, dann im Kolleg zu Tokio, schließlich als Prokurator der ganzen Provinz und als Generalvikar der Diözesen Japans. Um seines Glaubens willen von den Heiden ergriffen, schmachtete er 4 Jahre im Kerker zu Omura, bis an einem bestimmten Tage 22 Ordensmänner aus verschiedenen Orden zum Feuertode und 30 Christen aus dem Laienstande jeden Alters und Geschlechtes zum Tode durch das Schwert verurteilt wurden. In Nagasaki wurde das Urteil vollstreckt. Als die Todesopfer aus Omura ankamen, waren die 30 Laienchristen aus den Gefängnissen zu Nagasaki bereits auf dem Richtplatz anwesend. Voll feurigen Eifers ermahnte Karl Spinula in einer zündenden Rede alle, für den Martertod Bestimmten zum Festhalten am hl. Glauben. Als er dann unter den letzten Elisabeth Fernandez erblickte, fragte er sie nach ihrem Sohne Ignatiolus, den er einst getauft hatte; ein dazwischen stehender Scheiterhaufen entzog ihn nämlich seinen Blicken. Sogleich hob die Mutter den festlich gekleideten vierjährigen Knaben empor mit den Worten: „Hier ist er, mein Vater, er freut sich schon, mit mir zu sterben. Ich selbst aber opfere gerne meinem Gotte, was mir beides am teuersten ist: mein Leben und meinen Sohn.“ Dann das Kind anblickend rief sie: „Siehe dort denjenigen, der dich zum Kinde Gottes gemacht hat und der dir ein viel besseres Leben gegeben hat, als das gegenwärtige, mit dem es bald vorbei sein wird. Ihm empfiehl dich, Kind, und bitte ihn um seinen Segen.“ Da kniete der Kleine nieder und bat mit gefalteten Händen um den priesterlichen Segen, wie es die Mutter verlangte. Bei diesem Schauspiel erhob sich unter der Menge ein Klagen und Murren, das einen Aufruhr anzudrohen schien. Deshalb begannen die Henker ohne Verzug ihr blutiges Werk. Drei und vier Häupter fielen vor die Füße des Knaben, ohne daß er im geringsten zitterte; selbst das Haupt seiner teueren Mutter sah er unbeweglich, ohne Tränen vor sich hinrollen, und gleichsam in der Erkenntnis, daß er an der Reihe sei, bot er mit entblößtem Halse seinen Nacken zum grausamen Schwertstreich hin. Die Häupter der 30 Martyrer wurden vor den Augen der anderen auf einem Tisch aufgestellt. Dann wurden die Scheiterhaufen angezündet. Der ganze Platz ringsum hallte wider vom lauten Klagen und

Jammern — es waren ja fast 30 000 Christen zusammengeströmt —, nur die Martyrer selbst boten still und unbeweglich mit zum Himmel gerichteten Augen Menschen und Engeln ein erhabenes Schauspiel. Als erster fiel Karl Sp. dem Feuer zum Opfer, dann kamen die übrigen 21, als letzter Karls Mitpriester Sebastian Kimura, nachdem er drei Stunden lang das langsame und deshalb desto grausamere Wüten des Feuers erduldet hatte. Unter den 22 Martyrern aus dem Ordensstande gehörten 12 der Gesellschaft Jesu an, darunter 2 Priester, 7 Kleriker und 2 Katechisten, während der Laienbruder Ambrosius Fernández schon den Kerkerleiden erlegen war. — 10. September (Ges. Jes.).

Cărŏlŭs Martellŭs, ī *m.* Karl Martell, Beherrscher d. Frankenreiches (reg. 714 bis 741).

Cărŏlŭs Crassŭs, ī *m.* Kaiser Karl der Dicke (reg. 876—887).

Cărŏlŭs II., König von Neapel († 1309).

Cărŏlŭs IV., Pulcher, Karl IV., der Schöne, König v. Frankr. (1322—28).

Cărŏlŭs VII., Karl VII., König von Frankreich (reg. 1422—1461).

Cărŏlŭs V., Karl V., Kaiser v. Deustchland (reg. 1519—1556).

Cărŏlŭs VI., Karl VI., Kaiser v. Deutschland (reg. 1711—1740).

Cărŏlŭs Caspārŭs, Karl Kaspar, Erzbischof von Trier (1652—1676).

Cărŏlŭs, ī *m.* Karl, Markgraf von Baden, Bruder des sel. Bernhard v. Baden (15. Jhdt.).

Caronēnsĭs, ĕ *s.* Haran.

Carpēn. (*C. R.*) *s.* Carpum.

Carpēnă, ae *f.* Kerpen, Marktflecken an der Erft, Preußen (Rheinprov.), *ca.* 3200 Einw., ehem. Kollegiatstift.

1. **carpentārĭŭs** 3 zum Wagen gehörig: opus carpentarium Wagnerarbeit, Wagnerhandwerk; Drechslerarbeit, Schnitzwerk (*Ex.* 35, 33).

2. **carpentārĭŭs,** ī *m.* 1. Wagner. 2. Drechsler.

carpentŭm, ī *n.* Reisewagen.

carpō, psī, ptŭm 3 1. pflücken, abrupfen, abfressen. 2. sich aussuchen, auswählen. 3. mit Ruhe genießen. 4. zerfleischen, entkräften, verzehren. 5. beunruhigen. 6. vĭăm carpĕrĕ: vorangehen.

S. Carpŏphŏrŭs, ī *m.* (*Καρποφόρος*) hl. Karpophorus, einer der vier gekrönten Mart. z. Z. Diokletians, 8. Nov.

carptĭm *adv.* stückweise, nur hin u. wieder.

Carpŭm, ī *n.* Carpi, St. It. (Modĕna), *ca.* 8000 Einw.; Bischofssitz (seit 1779), Suffr. v. Modena; *dav.*: **Carpēnsĭs,** ĕ.

Carrae, ārŭm *f. s.* Haran.

Carrhae, ārŭm *f. s.* Haran.

Carron *indecl. s.* Haran.

carrŭcă, ae *f.* (*καρούχα*; keltisch ?) vierräderiger Reisewagen, Karosse (*Is.* 66, 20)

carrŭlŭs, ī *m.* kleiner Wagen.

carrŭs, ī *m.* Lastwagen.

Carsaccia, ae *f.* Carsaccia, Ort im Bergelt, einem Tale an der Grenze von Graubünden u. Italien.

cartallŭs, ī *m.* (*κάρταλλος*) Körbchen.

cartă vĭsĭtātĭōnĭs Visitationsausweis.

Carteiă, ae *f.* 1. Algeciras, St. bei Gibraltar, Südspitze v. Spanien. 2. Hauptstadt der Oecades, *j.*: Orgaz, unweit Toledo.

Carterĭŭs, ī *m.* Carterius, ein Bischof in Spanien z. Z. des Papstes Siricius (384—398). Er war vor seiner Taufe schon verheiratet u. heiratete nachher nochmals.

Cartha, ae *f.* (*aram.* Stadt) Kartha, St. Pal. (Zabulon).

Carthāgēnă in Indiis, de C. i. J. (*C. R.*) *s.* Carthago Neogranatensis.

Carthāgĭnēn. (*C. R.*) *s.* 1. Carthago. 2. Carthago Nova.

Carthāgō, ĭnĭs *f.* (Karthāgō [*phöniz.*: Karth hadascht, Neustadt] *dorisch*: *Καρχαδών*) Karthago, ehem. St. an der Nordküste Afrikas (Landschaft Zeugitana); das Erzbistum Karthago 1884 wieder errichtet, umfaßt die Regentschaft Tunis, an der Stelle des alten Karth. ist die Primitialkirche St. Louis erbaut; *dav.*: **Carthāgĭnĭēnsĭs,** ĕ u. **Carthāgĭnēnsĭs,** ĕ.

Carthāgō Nŏvă, *f.* Cartagēna, Hafenst. Spanien (Murcia), *ca.* 100 000 Einw.; Bistum (seit 4. Jhdt.), Sitz in Murcia, Suffr. v. Granada; *dav.*: **Carthāgĭnēnsĭs,** ĕ.

Carthāgō Neogranatēnsĭs *f.* (Carthago ad oram maris Atlantici, Carthago nova, Carthagena in Indiis) Cartagena (de las Indias), Hafenst. am karibischen Meere, Colombia in Mittelamerika (Bolivar), *ca.* 12 000 Einw.; Erzbischofssitz; Wirkungsort des hl. Petrus Claver.

Carthan *indecl.* (*aram.*: Doppelstadt) (Cariathaim) Karthan, St. Palästina (Nephthali).

Carthŭsĭă grandĭs *f.* (Carthusia magna) La Grande Chartreuse, Kartäuserkloster, Fkr. (Isère).

Carthŭsĭă māgnă, ae *f. s.* Carthusia grandis.

Carthŭsĭānī, ōrŭm *m.* Mitglieder des Kartäuserordens, Kartäuser.

Carthŭsĭānī montēs wilde Berggegend im Bistum Grenoble, Fkr. (Isère).

Carthŭsĭānŭs 3 (Cartusianus) Kartäuser.

cartĭlāgō, ĭnĭs *f.* Knorpel (am tierischen u. pflanzlichen Körper).

cărunculă, ae *f.* Stückchen Fleisch.

cārŭs 3 teuer, lieb, wert.

Cārŭs Lŏcŭs, ī *m.* Cherlieu, Cistercienserkloster, Fkr., Diözese Besançon.

B. Carvalho *indecl. s.* 1. B. Didacus Carvalho. 2. B. Michaelis Carvalho.

căryŏtă, ae *f.* (καρυῶτις) eine nußgestaltete Dattelart.

căsă, ae *f.* Hütte.

Căsă Dĕī Clārŏmontānă, ae *f.* „Haus Gottes", 1. Clermont-Ferrand, St., Fkr. (Puy-de-Dôme). 2. Clermont-en-Beauvaisis, St., Fkr. (Oise).

Căsă Mariae *f.* Casamario, Cistercienserkloster, Italien, Diözese Veroli.

Casaia *indecl.* (*hebr.*: Quschaja ?) Casaia, Israelit, Vater des Leviten Ethan.

Căsālēn. (*C. R.*) *s.* Condigomacus.

Căsālēnsĭs, ĕ aus Casale Monferrato *s.* Condigomacus.

căsālĭs, ĕ hüttenähnlich.

Casaloth *indecl.* (*hebr.*: ? Kesulot) Casaloth, St. westlich vom Tabor, Pal. (Issachar); *j.*: Iksal.

Căsămărĭēnsĭs villă, Ort 10 Meilen von Ravenna entfernt, It.

Casbon *indecl.* (*gr.*: Χασφώθ, Casphin, Casphor) Casbon, *angeblich*: St. u. Festung, Pal., Galaad; 1. *Mach.* 5, 36: verderbter, eingeschobener Name.

Caschiova, ae *f. s.* Cassovia.

Cased *indecl.* (*hebr.*: Kesed ?) Kased, Neffe (Brudersohn) Abrahams, *vielleicht*: Stammvater der Chaldäer.

Casellă, ae *f. s.* Cassella.

Căsertă, ae *f.*, Caserta (früher Terra di Lavoro), St. in Kampanien, It., *ca.* 20000 Einw.; Bischofssitz (seit 12. Jhdt.), Suffr. v. Capua; *dav.*: **Căsertānŭs** 3.

Căsertān. (*C. R.*) *s.* Caserta.

cāsĕŭs, ī *m.* Käse.

căsĭă, ae *f.* (cassĭă) Kasia, Kassia 1. wilder oder Mutterzimmt (Cinnamomum Cassia, Laurus Cassia L.). 2. wohlriechender Seidelbast, eine aromatische Pflanze (Daphne Casorum); *übtr.*: das daraus bereitete Parfüm.

Casia, ae *f. s.* Cassia.

Casimirca, ae *f. s.* Casimiria.

Casimiria, ae *f.* (Casimirca) Kazimierz, St., Rußland (Kalisch).

S. Căsĭmīrŭs, ī *m.* hl. Kasimir, Sohn des Königs Kasimir IV. von Polen, Patron von Polen, † 1484, 4. März.

1. **Casimirus IV.,** König von Polen u. Litauen aus dem litauischen Stamme der Jagellonen (1447—1492).

2. **Casimīrus,** i *m.* Kasimir, protestantischer Markgraf in Franken (16. Jhdt.).

Căsīnŭm, i *n.* (Cassinum) Cassino *j.*: S. Germano, St. am Rapido, Italien (Caserta), *ca.* 6000 Einw., westlich über der Stadt die Erzabtei Monte Cassino.

Casis *indecl.* (*hebr.* „Der Abgeschnittene" (?), *Jos.* 18, 21 *richtig*: Beth-Cases „Schlägelhausen" (?) statt Emek-Cesis „Verstümmeltental" [?]) Kasis, St. im Tale bei Jericho, Pal. (Benjamin).

Casleu *indecl.* (*babyl.*) Kislew, babylonischer Name des neunten Monats der Juden.

Caslum *indecl.* (Chaluim) Kasluhim = Mons Cassius, Ausgangsort der Philister.

Casphin *indecl.* falsche Lesart für Bossra (Βοσσοράν, *vgl.* 1. *Mach.* 5, 26).

Casphor *indecl. s.* Casbon.

Caspĭŭm, ī *n.* (*scil.*: mare, Κάσπια θάλασσα, τὸ Κάσπιον πέλαγος) das kaspische Meer.

Cassalĭēn. (*C. R.*) *s.* Cassilia.

Cassanēn. (*C. R.*) *s.* Cassanum.

Cassanŭm, ī *n.* Cassano all' Jonio, St. It. (Cosenza), *ca.* 7000 Einw.; Bistum (seit 11. Jhdt. vorübergehend auch 5. Jhdt.), Suffr. v. Reggio; *dav.*; **Cassanēnsĭs,** ĕ.

Cassellă, ae *f.* (Casella, Cassellae) Kassel, St. an der Fulda, Hessen-Nassau, *ca.* 110000 Einw.

Cassellae, ārŭm *f. s.* Cassella.

Cassĕlēnsĭs, ĕ *s.* Cassilia.

cassēs, ĭŭm *m. s.* 2. cassis.

Cassetta, Franciscus a Paula, Kardinal (bischof), Mitglied der ersten Kodifikationskommission für Kirchenrecht, geb. zu Rom 12. 8. 1841; Bischof von Sabina, Kardinal in Rom 19. 6. 1899, † 23. 3. 1919.

cassĭă, ae *f. s.* casia.

1. **Cassia,** ae *f.* (Casia, *hebr.*: Zimmetrinde) Kassia, Name einer der Töchter Jobs.

2. **Cassĭă,** ae *f.* Cascia, St. l. am Arno, in Umbrien, It. (Pisa), *ca.* 2500 Einw.

1. **S. Cassĭānŭs,** ī *m.* hl. Kassian, Mart. u. Bisch. u. Patron von Brixen.

Unbekannter Herkunft, war anfangs Missionär in Seben, nördlich von Brixen in Tirol, darauf in der späteren Bischofsstadt Brixen selbst. Er wurde vom Patriarchen von Aquileja zum ersten Bischof von Brixen geweiht. Von den Heiden vertrieben, pilgerte er nach Rom. In Imola aber sah er das Volk ganz heidnisch und beschloß, dort zunächst als Lehrer die Jugend mit christlichen Gedanken zu erfüllen. Der Stadtpräfekt erfuhr dies und ließ ihn verhaften; als C. sich weigerte, die Götzen zu verehren, wurde er seinen eigenen Schülern, „denen er infolge seiner Lehrtätigkeit verhaßt geworden war," zur langsamen Tötung überantwortet. Man band ihn an eine Säule, und die Knaben stachen mit ihren eisernen Griffeln, mit denen sie sonst auf ihren Wachstafeln zu schreiben pflegten, auf ihn ein, bis der Blutzeuge sein Leben aushauchte. Die Gebeine ruhen (vielleicht) in Imola; ein Teil eines Armes kam im Jahre 1704 in die Domkirche von Brixen. — 13. August (Trient).

2. **S. Cassĭānŭs,** ī *m.* hl. Kassian Mart., † 368.

cassĭdă, ae *f.* (cassĭs, ĭdĭs) Helm aus Metall, Sturmhaube, Panzerhelm.
cassĭdĭlĕ, ĭs *n.* Reisetasche.
Cassĭlĭă, ae *f.* Cashel, St. Irland (Tipperary), *ca.* 3000 Einw., ehemalige Hauptstadt des Königsreich Munster; Erzbistum (seit 1152, Bistum seit 4. Jhdt.), Sitz in Thurles, durch Personalunion vereinigt mit dem Bistum Emly; *dav.*: **Cassălĭēnsĭs,** ĕ und **Cassĕl(ĭ)ēnsĭs,** ĕ.
Cassīnālĭs, ĕ *s.* Cassīnus mons.
Cassīnēnsĕ mŏnastērĭūm, ī *n. s.* Cassinus mons.
Cassīnŭs mōns, *m.* (Casinus mons, Cassinense monasterium) Monte Cassino, Berg 5 km westlich von Cassino, südlich von Rom mit dem berühmten Kloster Monte Cassino; *dav.*: **Cassīnēnsĭs,** ĕ u. **Cassīnālĭs,** ĕ (*s. auch*: Casīnum).
Cassiodōrŭs, ī *m.* (C. Senātor), Kassiodor, römischer Staatsmann u. Gelehrter, Geheimsekretär Kaiser Theodorichs, Geschichtsschreiber, Verfasser theologischer u. grammatikalischer Schriften; † nach 580 (als Abt ?).
Cassĭŏpē, ēs *f.* (*Κασσιόπη*) Cassopo, St. auf der Insel Korfu (Korcyra), westlich von Griechenland.
Cassĭŏvă, ae *f. s.* Cassovia.
1. **cassĭs,** ĭdĭs *f. s.* cassida.
2. **cassĭs,** ĭs *m.* Jägergarn, Falle, Netz, Nachstellung (meist *pl.* casses, ium).
1. **S. Cassĭŭs,** ī *m.* hl. Kassius, dessen Reliquien in Lucca mit den Reliquien des hl. Richard beigesetzt sind. — 7. Febr. (Eichstätt).
2. **S. Cassĭŭs,** ī *m.* hl. Kassius, Mart. († 286).

Wurde mit seinen Gefährten Gereon, Victor, Florentius u. a. ein Opfer des heidnischen Kaisers Maximian. Alle gehörten der thebaischen Legion an, die zuvor bei Martigny, im Schweizer Kanton Wallis, stand. Sie selbst waren aber mit einer Kohorte von 18 Mann zur Beschützung der Grenze an den Rhein entsandt worden. Dort erreichten sie die Häscher, hieben alle nieder und warfen die Leichen in tiefe Brunnen. Victor wurde mit 330 Getreuen in Xanten am Niederrhein ermordet; ihre Leichen versenkte man in die dortigen Sümpfe. Als Kaiser Konstantin der Kirche den Frieden brachte, sammelte man in der Umgegend Kölns nach Möglichkeit die Gebeine des hl. Gereon und seiner Begleiter und setzte sie feierlich bei. Die zu ihrer Ehre in Köln erbaute Kirche war so reich an Goldschmuck, daß man sie als Kirche zu den goldenen Heiligen bezeichnete. Die Kaiserin Helena war ihrerseits darauf bedacht, die Gebeine der in Bonn gefallenen Martyrer Cassius und Florentius sowie jene des hl. Victor in Xanten in schönen Kirchen beizusetzen. — 10. Oktober (Köln).

cassō 1 für ungültig erklären.
Cassŏvĭă, ae *f.* (Cassiova, Caschiva, Cassovia, Caschovia) Kaschau (Kassa), St. r. am Hernád, Ungarn (Abanj-Torna), *ca.* 40 000 Einw., Bischofssitz, Suffr. v. Erlau; *dav.* **Cassŏvĭēnsĭs,** ĕ.
Cassŏvĭēn. (*C. R.*) *s.* Cassovia.
Bb. Cassŏvĭēnsēs martўrēs, ŭm *m.* die sel. Martyrer zu Kaschau, *s.* B. Marcus Crisinus, Stephanus Pangraczius u. Melchior Grodeczius.
cassŭs 3 1. hohl, leer. 2. ermangelnd, nichtig, unnütz, vergeblich; casso vulnere ohne Wunde, *d. h.* ohne verwundet zu haben u. unverwundet (1. *Kön.* 19, 10). 3. *adv.* in cassum erfolglos, nutzlos.
Castălĭă, ae *f.* Castellon de la Plana, St., Spanien, in der Nähe der Ostküste bei Grao de C., *ca.* 30 000 Einw.; Bistum Segorbe (Segorbica) oder Castallon de la Plana (seit 6. Jhdt.), Suffr. v. Valencia; *dav.*: **Castil(l)iōnēnsĭs,** ĕ.
castănētŭm, ī *n.* Kastanienwald.
Castanĭă, ae *f.* Castellaneta, St. It. (Lecce), *ca.* 11 000 Einw.; Bischofssitz (seit 11. Jhdt.), Suffr. v. Tarent; *dav.*: **Castellănētēnsĭs,** ĕ.
Castellă, ae *f.* (Castilĭa, Celtiberia) Kastilien, Landschaft in Spanien, früher Königreich; dessen südlicher Teil **Castellă nŏvă** (Castilia nova) Neukastilien, dessen nördlicher Teil **Castellă vĕtŭs** (Castilia vetus) Altkastilien heißt.
Castellănētēn. (*C. R.*) *s.* Castania.
castellānŭs, ī *m.* Burgherr.
Castellātĭŭm, ī *n.* Castellazzio, Ort bei Alessandria in Norditalien.
Castellĭō, ōnĭs *f.* 1. Grafschaft Castiglione in der Lombardei, Italien. 2. Châtillon-les-Dombes, Ort, Fkr.
Castellĭō ăd Mātrŏnăm, Châtillon-sur-Marne, Marktflecken, Fkr. (Marne).
Castellĭō Pĕdĕmontĭī, Châtillon, St., Italien (Turin).
Castellĭō ăd Sēquănăm, Châtillon-sur-Seine, St. r. an der oberen Seine, Fkr. (Côte-d'Or), *ca.* 5000 Einw.
Castellodūnŭm, ī *n.* (Castrodūnum, Dūnum) Châteaudun, St. l. am Loir, Fkr. (Eure-et-Loir), *ca.* 5500 Einw.
castellŭm, ī *n.* 1. kleine Festung, Kastell. 2. Gebirgsdorf, kleiner Ort, Flecken.
castĭfĭcātĭō, ōnĭs *f.* Reinigung.
castĭfĭcō 1 reinigen, heiligen.
castīgābĭlĭs, ĕ züchtigungswert.
castīgātĭō, ōnĭs *f.* Tadel, Züchtigung, Strafe.
castīgātŏr, ōrĭs *m.* Züchtiger, Zuchtmeister, Tadler.
castīgātōrĭŭs 3 zurechtweisend.
castīgō 1 1. züchtigen, tadeln, strafen. 2. verbessern, korrigieren.
Castĭlĭă nŏvă, ae *f. s.* Castella.
Castĭlĭă vĕtŭs, Castiliae veteris *f. s.* Castella.

Castīliōnēn. (*C. R.*) *s.* Castalia.
castīmōnĭă, ae *f.* 1. körperliche Reinheit, Enthalten von sinnlichen Genüssen, das Fasten. 2. Ertötung der (bösen) Triebe, Sittenreinheit.
1. **castīmōnĭālĭs,** ĕ zum Fasten gehörig, Fasten-.
2. **castīmōnĭālĭs,** ĭs *f.* Nonne, Ordensfrau.
castĭtās, ātĭs *f.* Keuschheit.
S. Castŏr, ŏrĭs *m.* hl. Kastor, Bek. († 379).
War Schüler des hl. Trierer Bischofs Maximianus. Zum Priester geweiht, begab er sich in die Einsamkeit unfern Karden a. d. Mosel. Als er sich eines Tages von einem Salzfrachtschiffe etwas Salz erbat und ihm dies höhnisch abgeschlagen wurde, entstand ein plötzliches Unwetter; die Schiffer riefen ihn jetzt um seine Gebetshilfe an; er leistete sie bereitwillig, und die Mannschaft wurde gerettet. Die Gebeine des in Gott Entschlafenen wurden von Erzbischof Weomad später aufgefunden und nach Karden in die Paulinuskirche gebracht. Erzbischof Hetto erhob sie aber in der Folge und führte den hl. Leib in festlichem Geleite im Jahre 836 nach Koblenz; nur ein Armstück blieb in Karden. Dort verehrte in der damals erbauten Kastorkirche auch Ludwig der Fromme die Reliquien. — 13. Februar (Trier).
castŏr, ŏris *m.* (κάστωρ) Biber.
Castŏr, ŏrĭs *m.* Kastor, Name des Schiffes, auf welchem der hl. Apostel Paulus von Malta nach Rom fuhr; *richtiger*: Dioskuren, Kastor u. Polydeukes (Pollux), Söhne des Zeus u. der Leda.
Castră, ōrŭm *n. s.* castrum.
castră, ōrŭm *n.* (Castrensium pagus) Castres, St., Fkr. (Tarn), *ca.* 20000 Einw.; *dav.*: **Castrēnsĭs,** ĕ.
Castră Claudĭă, ōrŭm *n. s.* Clanum.
castrămētŏr 1 ein Lager abmessen, aufschlagen, sich lagern.
castrātĭō, ōnĭs *f.* Entmannung, Verschneiden (der Tiere).
castrātŭs, ī *m.* Eunuch, Verschnittener, Entmannter.
Castrēnsĭŭm pāgŭs, ī *m. s.* Castra.
Castrī Mărĭs (*C. R.*) *s.* Stabiae.
castrō 1 1. kastrieren, entmannen. 2. schwächen, entkräften.
Castrŏdūnŭm, ī *n. s.* Castellodunum.
Castrŏnŏvŭm, ī *n.* Castelnau bei Montpellier, Fkr. (Hérault).
castrŭm, ī *n.* I. 1. fester Platz, Kastell. 2. Schloß, Burg, Flecken. 3. Lager, castrum dolōris: a) Totenbahre, Paradebett. b) Tumba, Katafalk beim Leichengottesdienste. II. *pl.*: **castră,** ōrŭm *n.* 1. Lager, Kriegslager. 2. Heer, Heerscharen. 3. Krieg, Kriegsdienst.
Castrŭm Aquĭlae n. Arnsburg, Cisterzienserkloster Hessen, Diözese Mainz.
Castrŭm Florentīnŭm, ī *n.* Castel Fiorentino, St., Italien (Arerro).
Castrŭm S. Joannis, St. Johann, Schloß bei Aquino, Italien.
Castrŭm Nantonĭēnsĕ, Nantun, St., Fkr. (Ain).
Castrŭm Nŏvŭm, ī *n.* 1. Castro-Nuovo bei Treviso in Süditalien. 2. Corneto Tarquinia, St. unweit Rom. 3. Castel nuovo, St. unweit Alessandria in Norditalien.
Castrŭm Porchĭānŭm, ī *n.* Castro Porciano, St. It. (Perugia).
Castrŭm Tavoni *n.* 1. Schloß Tueno im Nonsberger Tal bei Trient (1525 im Bauernaufstand zerstört). 2. Dorf Tavon bei der St. Romediusschlucht. 3. Schloß Thaur bei Innsbruck.
Castrŭm Waine *n.* Fort Wayne (Waine), St. Nordamerika (Indiana), *ca.* 50000 Einw., Bischofssitz (seit 1857), Suffr. v. Cincinnati; *dav.*: **Waine Castrēnsĭs,** ĕ.
Castrŭs, ī *f.* Stadt Chartres im Bistum Paris.
S. Castŭlŭs, ī *m.* hl. Kastulus, Mart. († 3./4. Jhdt.).
Lebte unter Papst Cajus in Rom und half, obwohl kaiserlicher Palastbeamter, den Christen, indem er sie in sein Haus aufnahm und dort in der Verfolgung Gottesdienst abhalten ließ. Er selbst verkündigte das Wort Gottes und heilte wunderbar die Kranken, bis der Stadtpräfekt Fabian davon hörte. Auf Befehl Diokletians wurden alle gemartert, die von den Häschern im Hause des Castulus entdeckt wurden. — 26. März.
castŭs 3 1. rein, lauter. 2. keusch, züchtig. 3. fromm, gottesfürchtig, heilig.
Castŭs, ī *m.* Kastus, Diakon in Mailand z. Z. des hl. Ambrosius, der über die richtige Aufzeichnung der Martyrerurkunden zu wachen hatte.
cāsŭālĭs, ĕ zufällig.
căsŭlă, ae *f.* 1. kleines Zelt, Hütte. 2. Meßgewand.
cāsŭs, ūs *m.* 1. Fall, Sturz. 2. Untergang. 3. Fehltritt, Sünde. 4. Zufall, bes. ungünstiger Zufall, Unfall; quo casu in diesem Falle; casus asperi harte Lage (*Laudes Fer. II. Hymn. v.* 4).
cata *praep.* (entsprechend dem griechischen κατά *c. acc.*: καθ' ἡμέραν jeden Tag, täglich) cata mane mane jeden Morgen in der Frühe; Morgen für Morgen in der Frühe (*Ezech.* 46, 14 und 15).
cătăbŭlŭm, ī *n.* (κατάβολον) 1. Stall für Haustiere. 2. Zwinger für wilde Tiere.
Catacēn. (*C. R.*) *s.* Catacium.
Catacĭŭm, ī *n.* Catanzaro, St. It. (Catanzaro), *ca.* 23000 Einw.; Bischofssitz (seit 1121), Suffr. v. Reggio; *dav.*: **Catacēnsĭs,** ĕ.
cătăclysmŏs, ī *m.* (κατακλυσμός) Sündflut.
cătăcumbă, ae *f.* (κατακύμβη) (*meist pl.*) 1. Unterhöhlung. 2. Katakomben,

unterirdische Begräbnisstätten der Christen bei Rom, Palermo, Paris usw.

Cătălaunēn. (*C. R.*) *s.* Catalaunum.

Cătălaunēnsĭs, ĕ *s.* Catalaunum.

Cătălaunĭă, ae *f.* Katalonien, Landschaft in Nordspanien, ehem. Fürstentum.

Cătălaunŭm, ī *n.* (Cathalaunum) Châlons-sur-Marne, St. an der Marne, Fkr. (Marne), *ca.* 25 000; auf den katalaunischen Feldern Sieg des Aëtius über Attila; Bischofssitz (seit 4. Jhdt.), Suffr. v. Reims; *dav.*: **Cătălaunĭcŭs** 3 u. **Cătălaunēnsĭs,** ĕ.

cătălŏgŭs, ī *m.* (κατάλογος) Verzeichnis, Tabelle.

Cātănă, ae *f.* (Catina) Catania (Catanea), St. an der Ostküste Siziliens, *ca.* 150 000 Einw.; Erzbischofssitz seit 1844, Bistum seit 1. oder 2. christl. Jhdt.; *dav.*: Cātănēnsĭs, ĕ und Cātănĭēnsĭs, ĕ.

Cātănĭēn. (*C. R.*) *s.* Catana.

Cătăphrygae, ārŭm *m.* Kataphrygier, Irrlehrer des zweiten Jhdt., gewöhnlich Montanisten genannt.

cătăplasmō 1 (καταπλάσσω) Umschläge machen, auflegen.

cătăractă, ae *f.* (καταράκτης) cataractes, ĭs *f.* (καταῤῥάκτης) 1. Wasserfall. 2. Schleuse. 3. Fallgatter.

Cătărēn. (*C. R.*) *s.* Catharum.

Cătărŭm, ī *n. s.* Catharum.

cătastă, ae *f.* (κατάστασις) 1. Schaugerüst zur Ausstellung verkäuflicher Sklaven u. Waren. 2. Folter, Schafott.

cătastrŏphē, ēs *f.* (καταστροφή) 1. Wendung zum Schlimmeren, Unglück, Untergang. 2. Wendung wider Erwarten zum Guten, Wunder.

cătēchēsĭs, ĭs *f.* (κατήχησις) Unterricht in der Glaubenslehre, Katechese.

cătēchētĭcŭs 3 zur Katechese gehörig, den Religionsunterricht betreffend; instructio catechetica Religionsunterricht.

cătēchismŭs, ī *m.* (κατηχισμός) Katechismus, systematisches Lehrbuch der Religionslehre

cătēchissō 1 *s.* catechizo.

cătēchistă, ae *m.* (κατηχιστής) Katechet, Lehrer des Glaubens, Religionslehrer.

cătechīzō 1 (κατηχίζω) Unterricht in der Glaubenslehre (im Katechismus) erteilen, prüfen; *pass.*: Religionsunterricht erhalten.

cătēchūmĕnă, ae *f. s.* catechumenus.

cătēchūmĕnŭs, ī *m.* u. **cătēchūmĕnă,** ae *f.* jemand, der im Glauben unterrichtet und auf die Taufe vorbereitet wird, Katechumen(e).

catĕgŏrĭă, ae *f.* (κατηγορία) Kategorie.

1\. **cătellă,** ae *f.* Kettchen.

2\. **cătellă,** ae *f.* kleine Hündin.

cătellŭs, i *m.* Hündchen.

cătēnă, ae *f.* Kette, Fessel, Schranke.

cătēnātŭs 3 gefesselt, angekettet.

cătēnŭlă, ae *f.* Kettchen.

cătervă, ae *f.* 1. Schar, Trupp, Haufe. 2. Gemeinde.

cătervātĭm, *adv.* scharenweise.

Cateth *indecl.* (*hebr.*: verderbt aus Qitron; *Jos.* 19, 15 eingeschoben) *s.* Cetron.

1\. **S. Căthărīnă,** ae *f.* hl. Katharina, Jgfr. u. Mart., † 307 in Alexandrien, Patronin der Hochschulen, 25. Nov.

2\. **S. Căthărīnă Bonōnĭēnsĭs** *f.* hl. Katharina v. Bologna, Klarissin († 1463).

Ihr Vater war Johann Vigrii aus Ferrara, ihre Mutter Benvenuta aus Bologna, wo sie geboren wurde. Mit 20 Jahren trat sie zu Ferrara ins Corporis-Christikloster ein und nahm das Kleid der hl. Klara. Demut und Nächstenliebe waren ihre Haupttugenden. Sie trug das schlechteste Kleid und verrichtete die niedrigsten Arbeiten. Den mit eiternden Wunden bedeckten Kopf einer Nonne reinigte sie nicht bloß mit der Hand, sondern leckte ihn auch mit der Zunge ab. Mit Sündern hatte sie solches Mitleid, daß sie ihre eigene Seele hätte den Höllenqualen preisgeben wollen, wenn es hätte sein können, um die Sünder zu retten. Himmlische Erscheinungen wurden ihr zuteil. Durch ihre Heiligkeit angeregt, wurde auch in ihrer Heimat ein „Fronleichnamskloster" gegründet, das sie mit 15 Nonnen von Ferrara aus besiedelte. Unter ihrer Leitung nahm nicht bloß die Zahl der Klosterfrauen, sondern auch die strenge Klosterzucht zu. Nach ihrem Tode strömte ihr Leib lieblichen Wohlgeruch aus, wodurch sogar Kranke geheilt wurden. Nach 18 Tagen fand man den Leib im Grabe ganz unversehrt und übertrug ihn in die Kirche. Der noch jetzt wunderbar erhaltene Leib wird in sitzender Stellung der Verehrung der Gläubigen ausgestellt. — 9. März (Kap. O. u. Franz. O.).

3\. **S. Căthărīnă Fliscă,** ae *f.* hl. Katharina Flisca, geb. 1447 als Tochter des Grafen Jakob Fieschi de Flisco von Lavagna u. seiner Gattin Franziska de Negri von Genua, 1463 verheiratet an den Patrizier Julian Adorno; † 1510, 22. März.

4\. **S. Căthărīnă de Riccĭīs,** *f.* hl. Katharina von Ricci, Jgfr., Dominikanerin († 1590).

Geboren im Jahre 1522 im Palaste Ricci zu Florenz (Toscana), trat sie im Alter von neun Jahren zu Prato bei Florenz in den Dominikanerorden ein. Sie verwirklichte in vollkommener Weise die Verschmelzung der äußeren Tätigkeit mit der inneren Beschaulichkeit, welche den Geist des Dominikanerordens ausmacht. Die Armen und Dürftigen waren der Gegenstand ihrer besonderen Zärtlichkeit, und sie verlangte, daß sie stets freundlich an der Klosterpforte aufgenommen würden, wie lästig und unbescheiden sie auch immer sein möchten. Mit den hl. Wundmalen geschmückt, starb sie am Feste Mariä Lichtmeß. — 13. Februar (Dom. O.).

5\. **S. Căthărīnă Senēnsĭs,** *f.* hl. Katharina von Siena, Jgfr., Dominikanerin, († 1380).

Im Jahre 1347 zu Siena (Toscana) geboren, floh sie schon als Kind in die Einsamkeit und nahm mit sechzehn Jahren das Kleid des dritten Ordens des hl. Dominikus. Ein himmlisches Dasein begann nun für Katharina. Ihre Zelle war ein Paradies. Der göttliche Heiland besuchte sie sehr häufig, und oft begleiteten ihn seine heiligste Mutter, der hl. Dominikus, der hl. Thomas v. Aquin, die hl. Maria Magdalena, die hl. Katharina von Alexandrien und viele Engel. Sie erhielt wunderbaren Unterricht im Lesen und Schreiben, der ihr bis dahin gefehlt hatte. Der Heiland schmückte sie mit den hl. Wundmalen. Die Heilige eiferte ungemein für die Aufrechterhaltung des Ansehens des heiligen Stuhles während der unseligen Spaltung, welche nach dem Tode Papst Gregors XI. entstanden war. Sein Nachfolger Urban VI. berief sie nach Rom, um sich ihres weisen Rates zu bedienen. Sie starb am 29. April 1380. Sie wurde im Jahre 1461 von Pius II., welcher selbst aus Siena gebürtig war, heilig gesprochen; dieser Papst schrieb auch eigenhändig ihre Tagzeiten. Pius IX. erhob sie zur Schutzpatronin der Stadt Rom. — 30. April (Dom. O.).

B. Căthărīnă, Vastanēnsĭs, *f.* Jgfr. († 1380).
Sie war die Tochter der hl. Brigitta. Wiewohl verheiratet, bewahrte sie mit Zustimmung ihres Mannes die Jungfräulichkeit. Sie übte größte Abtötung des Leibes, größte Einfachheit in Kleidung und fand durch ihr Beispiel viele Nachahmerinnen unter den Frauen. Ihre hl. Mutter begleitete sie nach Rom, mit ihr besuchte sie auch die hl. Orte in Palästina und stand ihr 25 Jahre lang überall zur Seite. Durch die Hilfe des hl. Sebastian wurde sie öfters von Gefahren gegen die hl. Keuschheit befreit. Nach dem Tode ihrer Mutter kehrte sie nach Schweden in das Kloster zu Vadstena (Diözese Linköpping) zurück, reiste aber wieder auf Drängen des schwedischen Königs und seines Adels nach Rom, um die Seligsprechung ihrer Mutter zu betreiben, die sie in fünf Jahren erreichte. Wieder in ihr Kloster zurückgekehrt, geschahen durch sie viele Wunder. — 23. März (nordische Missionen).

B. Căthărīnă ā Pallantĭā, Jgfr. aus dem Augustinerorden († 1478).
Sie war die Tochter adeliger Eltern zu Pallanza am Westufer des Lago Maggiore. Nach dem Tode ihrer Eltern ward sie zu Mailand erzogen. Auf göttlichen Antrieb begab sie sich auf den Berg bei Varese, östlich des Lago Maggiore, wo sie die dort wohnenden Einsiedlerinnen, die von der Pest befallen waren, pflegte, bis sie, selbst von der Pest ergriffen, nach Pallanza zurückkehrte. Gesund geworden, führte sie wieder in der Einöde ein strenges Bußleben. Es schlossen sich ihr bald zahlreiche Jungfrauen an, unter ihnen auch die sel. Juliana von Busto Arsizio. Sie gründete deshalb ein Kloster mit der Regel des hl. Augustin, dem sie als Oberin vorstand. — 6. April (Augustinerorden).

Căthărīnă, ae *f.* Katharina, Gattin des Markgrafen Jakob von Baden, Mutter des hl. Bernhard von Baden, *s.* B. Bernardus Badensis.

Căthărŭm, ī *n.* (Catarum) Cattaro, Hafenst. am adriatischen Meere, Dalmatien, *ca.* 3000 Einw.; Bischofssitz (seit 10. Jhdt.), das Bistum Cattaro umfaßt die Bistümer Risano u. Budua, Suffr. v. Zara; *dav.*: **Cătărēnsĭs,** ĕ.

căthĕdră, ae *f.* (καθέδρα) 1. Armsessel. 2. Lehrstuhl, Bischofsstuhl, Thronsessel. 3. Lehramt; ex cathĕdra lŏqui (definīre) eine unfehlbare, die ganze Kirche zur Annahme verpflichtende Entscheidung in Sachen des Glaubens oder der Sitten verkünden.

Căthĕdră S. Petrī 1. Romae, Fest der Stuhlfeier des hl. Petrus zu Rom, 18. Jan. 2. Antiochiae zu Antiochien, 22. Febr.

1. **căthĕdrālĭs,** ĕ zum Bischofssitz gehörig; zur Kathedralkirche gehörig; capitulum cathedrale Domkapitel; Dom-.

2. **căthĕdrālĭs,** ĭs *f.* (*scil.*: ecclesia) Kirche eines Bischofs, Dom, Kathedrale.

căthĕdratĭcŭm, ī *n.* Kathedralsteuer, eine jährliche mäßige Abgabe der Kirchen, Pfründen u. Bruderschaften einer Diözese an die Kathedralkirche (*C. j. c.* 1504).

căthēnă, ae *f.* Kranz.

Căthĭcŭs, ī *m. s.* Athicus.

1. **căthŏlĭcŭs** 3 (καθολικός) allgemein, katholisch.

2. **căthŏlĭcŭs,** ī *m.* Katholik.

cătillātĭō, ōnĭs *f.* Leckerei, Gefräßigkeit.

Cătĭnă, ae *f. s.* Catana.

cătĭnŭm, ī *n. s.* catinus.

cătĭnŭs, ī *m.* (catinum) Schüssel, Schale.

cattă, ae *f.* Katze; Wiesel (*Bar.* 6, 21).

Cattī, ōrŭm *m. s.* Chatti.

cătŭlŭs, ī *m.* das Junge eines Tieres.

Căturcēnsĭs, ĕ *s.* Cadurcum.

Căturcŭm, ī *n. s.* Cadurcum.

cătŭs 3 gewitzigt schlau, kundig.

Caucăsĭī, ōrŭm *m.* Kaukasier, Bew. des Kaukasus.

Caucăsŭs, ī *m.* Kaukasus, eine Gebirgskette zwischen dem Schwarzen u. Kaspischen Meere an der Grenze von Asien u. Europa.

Caucolibĕrī, ōrŭm *m.* Collioure, Hafenst. am Mittelmeer, Fkr. (Pyrénées Orientales), *ca.* 3000 Einw.

caudă, ae *f.* 1. Schwanz. 2. Schleppe; cauda cappae die lange Schleppe der Cappa magna gewisser Prälaten. 3. das Äußerste (*Is.* 7, 4).

Caudă, ae *f.* (Gaudos, Κλαύδη) Gozzo, eine kleine Insel im Mittelmeer in der Nähe von Kreta.

caudātārĭŭs, ī *m.* Schleppträger.

caulă, ae *f.* (caulae) Schafstall.

caulae, ārŭm *f. s.* caula.

Caulĭŭm vallĭs, ĭs *f.* ehem. Kloster bei Châtillon-sur-Seine, Fkr. (Côte-d'Or).

B. Caum Vincentius *s.* B. Franciscus Pacheco.

caumă, ătĭs *n.* (καῦμα) Hitze, Glut.

caupō, ōnĭs *m.* Wirt.

caupōnă, ae *f.* Schenke, Wirtshaus.

caupōnŏr 1 schachern; verschachern.

Caurĭēn. (*C. R.*) *s.* Caurium.

Caurĭŭm, ī *n.* Coria, St. Spanien (Cáceres), *ca.* 4000 Einw.; Bischofssitz (seit 589, neu errichtet 1142), Suffr. v. Toledo; *dav.*: **Caurĭēnsĭs,** ĕ.

caurŭs, ī *m.* Nordwestwind.

causă, ae *f.* 1. Grund, Ursache, Veranlassung; *abl.*: causa wegen, um — willen. 2. Vorwand, Ausrede. 3. Sache, Angelegenheit. 4. Rechtssache, Prozeß; causam făcere die Rechtssache führen (*Ps.* 9, 5); causā cognitā nach Untersuchung, c. incognitā ohne Untersuchung einer Sache; causae cognitio Sachprüfung, Untersuchung des Falls. 5. Rechtsgrund (einer Leistung). 6. Interesse, Geschäft, Nutzen, Gewinn (*Ps.* 72, 13). 7. Schuld. 8. causa pĭa fromme Stiftung, milde Stiftung. 9. causa finālis Endzweck. 10. Lebenskraft (*Lect. V. Pret. Sang. D. N. J. Chr.*).

causālĭs, ĕ ursächlich, zur Ursache gehörend.

causālĭtās, ātĭs, *f.* Ursächlichkeit, Kausalnexus.

causātĭō, ōnĭs *f.* Entschuldigung.

causĭdĭcŭs, ī *m.* Sachwalter, Rechtsanwalt.

causō 1 verursachen.

causŏr 1 1. als Vorwand angeben. 2. vorwerfen. 3. vorschlagen (*S. Emmeranus, IV. L.*).

caussa, ae *f. s.* causa.

caustĭcŭs 3 (καυστικός) brennend, ätzend.

cautēlă, ae *f.* Sicherstellung, Vorsichtsmaßregel, Schutzmaßregel, Vorsicht.

cautērĭō 1 brennen, brandmarken.

cautērĭŭm, ī *n.* (καυτήριον) Brenneisen.

cautēs, ĭs *f.* spitziger Fels, Riff: asperae.

cautĭm, *adv.* vorsichtig, behutsam.

cautĭō, ōnĭs *f.* 1. Vorsicht, Behutsamkeit. 2. Sicherheit, Gewährleistung. 3. Verschreibung, Schuldbrief.

cautĭōnālĭs, ĕ zum Schuldbrief gehörig.

cautŭs 3 gesichert, vorsichtig, behutsam; *partic.*: vorgesehen, Vorsorge getroffen.

Cavă, ae *f.* Cava (dei Tirreni), St. It. (Salerno), *ca.* 5500 Einw.; südwestl. die Benediktinerabtei S. S. Trinità della Cava; Bistum (seit 1394), 1818 mit Sarno vereinigt, exempt; *dav.*: **Cavēnsĭs,** ĕ.

Cavagnis Felix, Kardinal, Mitglied der engeren Kodifikationskommission des Kirchenrechts, † 1906.

cavāmĕn, ĭnĭs *n.* Höhlung, Höhle.

cavĕă, ae *f.* Käfig, Stall, Gehege = Schauplatz, Versammlung.

Cavēn. (*C. R.*) *s.* Cava.

căvĕō, cāvī, cautŭm 2 1. sich hüten, in acht nehmen, vorsehen. 2. Fürsorge tragen, sicher stellen. 3. sich Sicherheit geben lassen. 4. feststellen, verordnen, verfügen.

căvernă, ae *f.* Höhlung, Höhle.

Caverna, ae *f.* Kobern, Ort, Preußen (Rheinprovinz).

căvernō 1 aushöhlen.

căvernōsŭs 3 höhlenreich.

Cavicchioni Benjamin, Kardinal, Mitglied der engeren Kodifikationskommission des Kirchenrechts, † 1911.

căvillātĭō, ōnĭs *f.* Stichelei, Hohn, Ironie.

căvillātŏr, ōrĭs *m.* Verhöhner, Spötter.

căvillŏr 1 höhnen, sticheln, spotten.

căvō 1 aushöhlen.

căvŭs 3 hohl, gewölbt.

Cazĭēnsĕ (*scil.*: mŏnastērĭŭm) Kazis, Frauenkloster, Schweiz, Diözese Chur.

C. Barn. = Clerici Regulares S. Pauli (Barnabiti) Barnabiten, gegr. 1533.

C. Cam. = Clerici Regulares ministrantes infirmis Kamillianer, gegr. 1582 v. hl. Camillus.

C. D. C. = Clerici Saeculares de Doctrina Christiana Doktrinarier, gegr. 1593.

Cebennă, ae *m.* (sc. mons; Cevenna, Gebenna) die Cevennen, Gebirge r. vom Unterlauf der Rhône, Fkr.

Cēă, ae *f.* Zia, St. auf Keos (Zea, Tzia), der westlichsten der griechischen Kykladeninseln, *ca.* 4600 Einw.

Cedaeŭs, ī *m.* Cedäus, gichtkranker Graf in Lucca (Italien), den der hl. König Richard bei seinem Erscheinen nach dem Tode heilte.

Cedar *indecl. m.* (*hebr.*: der Schmutzige ?) Kedar, der zweite Sohn Ismaels u. das von diesem abstammende arabische Nomadenvolk.

Cedes *indecl.* (*hebr.*: Geweihtes, Heiliges) Kedes 1. *s.* Cades (Nephthali). 2. St. Pal. (Juda). 3. St. Pal. (Issachar), *s.* Cesion.

Cedimoth *indecl.* (*hebr.*: alter Platz) Kedimoth, St. u. Wüste, Pal. (Ruben).

Cedma *indecl. m.* (*hebr.*: Osten) Kedma, jüngster Sohn des Ismael u. Enkel Abrahams.

Cedmihel *indecl. m.* (*sabäisch*: „Gott kommt ihm entgegen [zuvor])“ Kedmihel, Levit, der aus dem babyl. Exil zurückkehrte u. den neuen Bund besiegelte.

Cedmonaei, ōrŭm *m.* (Ureinwohner) uraltes Volk z. Z. Abrahams zwischen Euphrat u. Palästina, Kedmonäer.

cēdō, cēssī, cēssŭm 3 1. einher gehen. 2. Fortgang haben, von statten gehen, ablaufen. 3. sich zurückziehen, weichen. 4. abtreten, überlassen; paternis bonis cedere aufs väterliche Erbe verzichten. 5. nachgeben, sich fügen. 6. an Würde nachstehen. 7. zu etwas gereichen, z. B. in gravamen zum Schaden gereichen.

cēdrĭnŭs 3 (κέδρινος) aus Zedernholz.

Cedro *falsche Lesart* für Herdea „Mauer“ 1. *Mach.* 16, 9.

Cedron *indecl.* (*hebr.*: der Trübe) Bach zwischen Jerusalem u. dem Ölberg (= Schwarzbach, wegen seines trüben Wassers); *griech.*: *Κεδρών, ῶνος, m.*

cĕdrŭs, ī *f.* (*κέδρος*) 1. die Zeder. 2. Zedernholz.
Ceelatha *indecl.* (*hebr.*: Versammlung) Keelatha, Lagerplatz der Israeliten in der Wüste.
Cefaloniĕn. (*C. R.*) *s.* Cephallonia.
Ceila *indecl.* (*hebr.* ?) Keïla, St. Pal. (Juda).
Celai *indecl.* (zweifelhafter Name) Kelai, angeblich Haupt einer jüdischen Priesterklasse (*Neh.* 12, 20).
Celaia *indecl.* (*hebr. richtig*: Qolajoi) Kelaia, *s.* Calita.
cēlātĭm, *adv.* heimlich.
cēlātĭō, ōnĭs *f.* Verheimlichung.
cĕlĕbĕr, brĭs, brĕ u. **cĕlĕbrĭs,** ĕ 1. besucht, belebt, volkreich. 2. festlich, feierlich. 3. gefeiert, in Ehren stehend, anerkannt, bekannt.
cĕlĕbrābĭlĭs, ĕ rühmlich.
cĕlĕbrāns, tĭs *m.* Messeleser.
cĕlĕbrātĭō, ōnĭs *f.* 1. glänzende Feier eines Festes. 2. Lesen der hl. Messe, Zelebration.
cĕlĕbrātŭs 3 gefeiert, berühmt, gepriesen.
cĕlĕbrĭs, ĕ *s.* cĕlĕbĕr.
cĕlĕbrĭtās, ātĭs *f.* 1. zahlreicher Besuch, Andrang, große Menge. 2. Feierlichkeit, Feier, Festtag. 3. Berühmtheit.
cĕlĕbrō 1 1. oft besuchen, betreten. 2. oft tun, sagen, gebrauchen, wiederholen. 3. festlich begehen, feiern: mātrĭmōnĭŭm (nicht immer von der kirchlich vorgeschriebenen Eheschließungsform gebraucht, *vgl. C. j. c.* 1015 § 3). 4. öffentlich verbreiten, allgemein bekannt machen. 5. rühmend bekannt machen, preisen, verherrlichen, verehren.
Cĕleiă, ae *f.* (Cilia) 1. (Celena) Cilli, St. 1. an der Sann, Österreich (Steiermark), *ca.* 6700 Einw. 2. Kirchheim, Ort, Elsaß. 3. Petronele, Ort, Östr. (Niederösterreich).
Cĕlēnă, ae *f. s.* Celeia 1.
cĕlĕr, ĕrĭs, ĕrĕ 1. schnell, rasch, gewandt. 2. zu rasch, übereilt.
cĕlĕrātĭm, *adv.* eilig.
Cĕlĕrīnŭs, ī *m.* Statthalter von Rom im 3. Jhdt.
cĕlĕrĭtās, ātis *f.* Schnelligkeit.
cĕlĕrĭtūdō, ĭnĭs *f.* Schnelligkeit.
cĕlĕrō 1 beschleunigen.
cĕleumă, ătĭs *n.* (*κέλευμα, auch*: celeusma = *κέλευσμα*) 1. das Kommando des Vorgesetzten der Ruderknechte, der den Takt mit dem Hammer gab. 2. der Gesang der Ruderknechte; der Jauchzer, Jodler der Weinkelterer; fröhliches Liedchen. 3. Schifferlied (*Festum B. M. V., Patronae Bavariae*).
Celita *indecl. m.* (*hebr.*: Knirps) Kelita, Levit bei der ersten Gesetzesverlesung nach dem babyl. Exil, Besiegler des erneuerten Bundes.
cellă, ae *f.* 1. Kammer, Zelle. 2. Vorratskammer; cella vinaria: Weinkeller. 3. Gemach.
Cellă, ae *f.* 1. Celle, St. an der Aller, Pr. (Hannover), *ca.* 19000 Einw. 2. Zell, Marktflecken 1. am Main (Unterfranken), *ca.* 1600 Einw.; Unterzell, ehem. Prämonstratenserinnenkloster, Oberzell, ehem. Prämonstratenserabtei. 3. Mariazell, D., Wtt. (Schwarzwaldkreis). 4. Ulrichszell, ehem. Kloster im Schwarzwald, Bd.; *dav.*: **Cellēnsĭs,** ĕ. 5. Zell, D., Schweiz (Luzern), *ca.* 590 Einw. 6. Kloster Zell a. d. Donau.
Cellă Sōlae, *f.* Solenhofen bei Fulda.
Cellae, ārŭm *f.* Zell bei Melun, Fkr. (Seine-et-Marne).
Cellae ăd Mātrŏnăm *s.* Cala.
Cellăquercus (Kildariensis ecclesia) Kildare, St. Irland (Leinster), *ca.* 1600 Einw.; Bistum seit 1640, vereinigt mit Leighlin, Sitz des Weihbischofs von Kildare u. Leighlin in Carlow, St. am Burren u. Barrow, *ca.* 7000 Einw., Suffr. von Dublin.
cellărārĭŭs, ī *m.* (cellerarius) Küchenmeister, Kellermeister; Ökonom.
cellārĭă, ōrŭm *n.* (cellarium) 1. Kammer, Gemach, Zelle, 2. Vorratskammer, Keller.
cellārĭŏlŭm, ī *n.* Kämmerchen.
cellārĭŭm, ī *n. s.* cellaria.
cellārĭŭs 3 zur Kammer gehörig.
Cellensis *s.* Cella u. Vetus cella.
cellĕrārius, ī *m. s.* cellararius.
Cellon *indecl.* (*hebr.*) Land der Ismaëliten, wüste Gegenden am Euphrat.
cellŭlă, ae *f.* kleine Zelle, Kämmerchen.
cēlō 1 verheimlichen, verstecken, verborgen halten, verhehlen.
celsĭtās, ātĭs *f.* Höhe.
celsĭtūdō, ĭnĭs *f.* 1. Höhe. 2. Erhabenheit, Herrlichkeit, Stolz.
Celsōnĕn. (*C. R.*) *s.* Sulsona.
celsŭs 3 1. aufgerichtet, hoch, erhaben. 2. hochherzig, hochmütig.
S. Celsŭs, ī *m.* hl. Celsus, Mart., † 68, 28. Juni.
Celtĭbērĭă, ae *f.* (*Κελτιβηρία*) Keltiberien, Land im mittleren Spanien, von einem Mischvolk aus Kelten u. einheimischen Hiberern bewohnt, entspricht jetzt Teilen von Kastilien u. Aragonien.
celtĭs, ĭs *f.* Meißel des Steinmetzen.
cēmentŭm, ī *n.* Zement, Bindestoff, hydraulischer Kalk.
cēnă, ae *f.* (**coenă**) Hauptmahlzeit bei den Römern um 3 oder 4 Uhr nachmittags, Mahlzeit, Essen; **Cēnă (coena) Dŏmĭnī** (letztes) Abendmahl, Gründonnerstag.

cēnācŭlŭm, ī *n.* (**coenācŭlŭm**) 1. Speisezimmer, Speisesaal. 2. Obergemach, das 2. Stockwerk (z. B. der Arche).
cēnātŭs 3 einer, der gespeist hat.
Cenchrĕae, ārŭm *f.* (Cenchrae, Κεγχρέαι, Κεγχρειαί) Kenchrä, Hafenstadt Korinths am saronischen Meerbusen, Griechenland, *j.*: Kenkri.
Cendebaeŭs, ī *m.* Kendebäus, Feldherr des Königs Antiochus VII. Sidetes von Syrien (138—129).
Cenereth *indecl.* (*hebr.*?) Genesareth, feste St. Pal. (Nephthali).
Cenoreth *indecl.* 1. See Genesareth (*Jos.* 11, 2). 2. verstümmelt aus den hebr. Worten: „Gehöfte (Dörfer) Galiläas“ (3 *Kön.* 15, 20).
Cĕnĕtă, ae *f.* Ceneda, ehem. selbständige St., nun südl. Stadtteil von Vittorio, St., Oberitalien (Treviso), *ca.* 8300 Einw.; Ceneda, Bischofssitz (seit 6. Jhdt.), Suffr. v. Venedig; *dav.*: **Cĕnĕtēnsĭs,** ĕ.
Cĕnĕtēn. (*C. R.*) *s.* Ceneta.
Cenez *indecl. m.* (*hebr.*: ?) Kenez, 1. Stammfürst der Idumäer. 2. Israelit, Bruder Kalebs aus dem Stamme Juda.
Cenezaeŭs, ī *m.* Keneziter, 1. Name eines Volkes in Kanaan. 2. Beiname des Kaleb (*Jos.* 14, 6).
Ceni *indecl.* (*hebr.*: ?) Keniter, ein Stamm der Madianiter, der vorher am Sinai ansässig mit dem Volke Israel zog u. teils im Süden von Juda (Neget Juda) teils in der Nähe von Kades (Nephthali) sich niederließ.
cēnĭtō 1 zu speisen pflegen.
Cennŏmannēnsĭs ăgĕr, grī *m.* Maine, ehem. Herzogtum u. später Provinz, Fkr. (Sarthe u. Mayenne).
cēnō 1 1. zu Mittag speisen. 2. essen, verzehren. 3. *ptc.* **cēnātŭs** 3 der gespeist hat.
Cĕnŏmānēn. (*C. R.*) *s.* Cenomanum.
Cĕnŏmānēnsēs, ĭŭm *m.* Bewohner von Le Mans u. vom ehem. Herzogtum Maine, Fkr. (Sarthe u. Mayenne).
Cĕnŏmānī, ōrŭm *m.* Cenomānum.
Cĕnŏmānĭă cīvĭtās *s.* Cenomānum.
Cĕnŏmānĭŭm, ī *n. s.* Cenomānum.
Cĕnŏmānŭm, ī *n.* (Cenomani, Cenomanium, Cenomania civitas) Le Mans, St. an der Sarthe, Fkr. (Sarthe), *ca.* 52000 Einw., Bischofssitz, Suffr. von Tours; *dav.*: **Cĕnŏmānĭcŭs** 3 u. **Cĕnŏmānēnsĭs,** ĕ.
cĕnŏdoxĭă, ae *f.* (caenodoxia, κενοδοξία) 1. Einbildung, eitle Ruhmsucht. 2. Starrsinn, Eigensinn.
cĕnŏtăphĭŭm, ī *n.* (κενοτάφιον) Ehrendenkmal (in Gestalt eines leeren Grabmals), Kenotaph.
cēnsĕō, ŭī, ŭm 2 1. zählen, abschätzen, sein Vermögen angeben. 2. dafür halten, der Meinung sein, für etwas stimmen. 3. bestimmen, beschließen, verordnen. 4. anempfehlen, raten.
cēnsĭtĭō, ōnĭs *f.* Abgabe, Steuer.
cēnsŏr, ōrĭs *m.* Abschätzer, Begutachter, Prüfer, Richter, Kritiker; bes. Zensor, der im Auftrage einer kirchlichen oder staatlichen Behörde die fraglichen Druckschriften vor ihrer Vervielfältigung zu prüfen hat.
cēnsōrĭŭs 3 streng prüfend, richtend.
cēnsūră, ae *f.* 1. Zensoramt, Zensur: censūra vivendi Sittenzeugnis; 2. strenge Prüfung, Untersuchung; Überlegung (S. Petronillae 31. Mai). 3. Tadel, Bestrafung; Zensur, eine wegen hartnäckiger Widerspenstigkeit gegen die kirchlichen Oberen verhängte kirchliche Strafe zum Zwecke der Besserung des Betroffenen, welche nach Unterwerfung unter die kirchliche Obrigkeit sofort zurückgenommen wird. Die drei Zensuren sind Suspension, Interdikt u. Exkommunikation.
1. **cēnsūrātŭs** 3 mit einer kirchlichen Strafe (Zensur) behaftet.
2. **cēnsūrātŭs,** ī *m.* der Zensurierte, der kirchlich Bestrafte.
cēnsŭs, ūs *m.* 1. Zählung, Schätzung, Volkszählung. 2. Steuer, Zins; numisma censūs Zinsmünze. 3. Vermögen, Besitz, Reichtum.
centēnus 3 hundertfältig.
centēnī, ae, ă je hundert.
centēnārĭŭs 3 aus hundert bestehend.
centēsĭmŭs 3 der hundertste.
centĭēs *adv.* hundertmal, oftmals.
centĭmănŭs 3 hunderthändig.
centrālĭs, ĕ im Mittelpunkt gelegen, zentral.
Centrōnŭm cīvĭtās, tĭs *f.* (Monasterium, Monasterium in Tarantasia, Claudii forum) Moûtiers (M.-en-Tarentaise), St. an der Isère, Fkr. (Savoie), *ca.* 2000 Einw., Bischofssitz vom Bistum Tarentaise.
centrŭm, ī *n.* (κέντρον) Mittelpunkt, Zentrum, Kern.
Centŭlă, ae *f.* (Centulŭm, S. Richarii monasterium, S. Richerii monast.) Saint-Riquier, Ort Fkr. (Somme), *ca.* 1200 Einw.; ehem. Kloster.
Centŭlŭm, ī *n. s.* Centula.
centŭm *indecl.* 1. hundert. 2. sehr viele.
Centumcellae, ārŭm *f.* (Centum Cellae) Civitavecchia (Cività Vecchia), Hafenst. am Tyrrhenischen Meere, It. (Rom), *ca.* 12000 Einw.; Bistum mit Corneto vereinigt, *s.* Cornetum.
Centumcellārŭm (*C. R.*) *s.* Centumcellae.

centŭplĭcō 1 verhundertfachen.
centŭplex, plĭcĭs hundertfältig.
centŭplŭs 3 hundertfach.
centŭrĭă, ae *f.* Hundertschaft, Zenturie, der 6. Teil der Kohorte, etwa 60 Mann.
Centŭrĭātōrēs Magdeburgensēs die Verfasser der Magdeburger Zenturien, eines zu Magdeburg erschienenen Werkes über die Geschichte der christlichen Kirche, welches nach Jahrhunderten eingeteilt u. kirchenfeindl. war.
centŭrĭō, ōnĭs *m.* Anführer einer Zenturie, Hauptmann.
cēnŭlă, ae *f.* kleine Mahlzeit.
cēpă, ae *f.* (caepa, caepe, cepe, *τὰ κάπια*) Zwiebel.
cēpĕ, ĭs *n. s.* cepa.
Cephas, ae *m.* (*aram.*: Kepha, *πέτρα* Fels) Kephas oder Petrus, Name, den Christus selbst dem Simon, dem späteren Oberhaupte der Kirche, beilegte.
Cĕphallēnĭă, ae *f.* (*Κεφαλληνία*) *s.* Cephallonia.
Cĕphallōnĭă, ae *f.* (Cephallenia) Kephalonia, größte Insel im jonischen Meere, westlich vom Peloponnes, Griechenland; Bistum (seit 13. Jhdt.) mit Zakynthos (Zante) vereinigt; Suffr. v. Corfú, unter dessen Verwaltung sie stehen; *dav.*: **Cĕphallōnĭēnsĭs** u. **Cĕfălōnĭēnsĭs,** ĕ.
Cephaludēn. (*C. R.*) *s.* Cephaludium.
Cephaludĭŭm, ī *n. j.*: Céfali, Cefalù, St. Sizilien (Palermo), *ca.* 14000 Einw.; Bischofssitz (seit 9. Jhdt.), Suffr. v. Palermo; *dav.*: **Cephaludēnsĭs,** ĕ.
Cephira, ae *f.* (*hebr.* Dorf) Kephira, ein nicht weiter bekannter Ort, Pal.
Cĕră, ae *f.* (Agylla) Cerveteri (Caere), D., It. (Roma), *ca.* 870 Einw.
cēră, ae *f.* 1. Wachs. 2. Wachs-, Schreibtafel.
1. **cērārĭŭs** 3 aus Wachs, wächsern.
2. **cērārĭŭs,** ī *m.* Kerzenhändler.
Cĕrastae, ārŭm *m.* Volksstamm auf Cypern, der nach der Sage gehörnt war, weil er in Rinder verwandelt wurde.
cĕrastēs, ae *m.* (*κεράστης*) Hornschlange (Coluber Cerastes *L.*).
cĕrātĭnŭs 3 (*κέρας* Horn) aus Horn.
cērātŭs 3 mit Wachs überzogen.
cerdō, ōnĭs *m.* (*κέρδος* = Verdienst) Handwerker, ungelehrter Mann.
cĕrĕbrōsŭs 3 verrückt, wahnsinnig.
cĕrĕbrŭm, ī *n.* 1. Gehirn, Verstand. 2. Zorn, Wut.
cērĕmōnĭă, ae *f. s.* caeremonia.
cērĕmōnĭālĕ, ĭs *n. s.* caeremoniale.
1. **Cerenthĭă,** ae *f.* Acerra, St. nördlich vom Vesuv, It. (Caserta), *ca.* 16000 Einw.; Bistum, Suffr. v. Neapel.
2. **Cerenthĭă,** ae *f.* (Geruntia) Cerencia, D., It. (Catanzaro).
Cĕrēs, ĕris *f.* Ceres, heidnische Göttin des Feldbaues u. pflanzlichen Wachstums.
Cerethaeŭs, ī *m.* Kreter, Philister.
Cerethi *indecl.* (*hebr.*: Kreter, d. h. Philister aus Kreta) 1. Bezeichnung für das Philisterland u. dessen Bewohner, weil letztere aus Kreta einwanderten (um 1200 v. Chr.). 2. Name der Leibwächter der israelitischen Könige.
1. **cērĕŭs** 3 wächsern, aus Wachs.
2. **cērĕŭs,** ī *m.* Wachslicht, Kerze; c. paschālis Osterkerze.
cĕrĕvīsĭă, ae *f.* (cervisia) Bier.
Cērĭmōn, ōnĭs *m.* Kerimon, Sohn des Philosophen u. Martyrers Kraton, vom hl. Valentin geheilt (3. Jhdt.).
cērĭmōnĭă, ae *f.* s. caeremonia.
Cerinĭōlă, ae *f.* Cerignola, St. It. (Foggia), *ca.* 35000 Einw.; Bischofssitz (seit 1818) mit Ascoli Satriano vereinigt; *dav.*: **Cerinĭōlēnsĭs,** ĕ.
Cerinĭōlēn. (*C. R.*) *s.* Ceriniola.
Cērinthŭs, ī *m.* der erste namhafte Irrlehrer, Zeitgenosse des hl. Apostels Johannes, Stifter der nach ihm benannten gnostischen Sekte der Cerinthianer in Kleinasien; (*κήρινθος* = Bienenbrot).
cērĭnŭs 3 wachsfarbig.
cernō, crēvī, crētŭm 3 1. scheiden, sondern, durchsieben. 2. sehen, wahrnehmen, erkennen. 3. entscheiden, beschließen.
cernŭō 1 u. cernŭŏr 1 kopfüber stürzen.
cernŭŭs 3 1. kopfüberstürzend: equus. 2. vornübergeneigt, zur Erde gebeugt, tief gebeugt.
cērō 1 mit Wachs bestreichen.
cērŏfĕrārĭŭs, ī *m.* Leuchterträger, Lichtträger, Kerzenträger (beim liturgischen Gottesdienste).
Ceros *indecl.* (*hebr.*: Gebeugter, Gekrümmter) Keros, Nathinäer, dessen Sohn aus dem babyl. Exil zurückkehrte.
cērōsŭs 3 wachshaltig.
Cerretān. (*C. R.*) *s.* Cerretum.
Cerretŭm, ī *n.* Cerreto Sannita, St. It. (Benevent), *ca.* 5400 Einw.; Bistum (auch Telese seit 5. Jhdt.), Suffr. v. Benevent; *dav.*: **Cerretānŭs** 3.
cerrītŭs 3 hirnverbrannt, wahnwitzig.
certăbundŭs 3 hin- u. herstreitend, hadernd.
certāmĕn, ĭnĭs *n.* 1. Kampf, Wettkampf. 2. Lebenskampf, Glaubenskampf. 3. Gefecht, Streit.
Certaldŭm, ī *n.* Certaldo, St. nördl. von Siena, It., *dav.*: **Certaldēnsĭs,** ĕ.
certātĭm *adv.* wetteifernd.

certātĭō, ōnĭs *f.* Kampf, Wettkampf.
certātŏr, ōrĭs *m.* 1. Wettkämpfer, Glaubenskämpfer. 2. Wortfechter.
certē *adv. s.* certus.
certĭfĭcō 1 vergewissern.
certĭōrĕm ălĭquĕm făcĕrĕ jem. benachrichtigen.
certĭōrō 1 benachrichtigen.
certō *adv.* sicherlich.
certō 1 u. **certŏr** 1 kämpfen, streiten.
certŭs 3 1. entschieden, entschlossen, bestimmt. 2. zuverlässig, sicher, unzweifelhaft. 3. sicher benachrichtigt, einer Sache gewiß; *adv.* **certē** jedenfalls, gewiß, doch sicherlich, doch wenigstens.
cervă, ae *f.* Hirschkuh, Hirsch.
Cervellĭōnĕ *indecl.*, Name einer adeligen Familie aus Barcelona.
Cervī frĭgĭdī coenobĭŭm, ī *n. s.* Cervus frigidus.
cervīcăl, ālĭs *n.* Kopfkissen.
cervīcātŭs 3 hartnäckig.
Cervĭēn. (*C. R.*) *s.* Phicocle.
cervīnŭs 3 vom Hirsch, Hirsch-.
cervīsĭă, ae *f. s.* cĕrĕvīsĭă.
cervīx, īcĭs *f.* 1. Nacken, Genick. 2. Stärke, Festigkeit, Hartnäckigkeit; dūrae cervīcis esse: hartnäckig sein.
cervŭs, ī *m.* Hirsch.
Cervŭs frĭgĭdŭs, ī *m.* Cerffroid oder Cerfroy, Ort bei La Ferté-Milon, Fkr. (Aisne) mit dem Mutterkloster des ehem. Ordens der Trinitarier (hl. Johann von Matha).
Ceseleththabor *indecl.* (*hebr.*: Kislot-Tabor = Seiten [Lenden] des Tabor), St., Palästina (Zabulon).
Cesil *indecl.* (*hebr.*: fettes Gebiet) Kesil, St. Palästina (Juda).
Cesion *indecl.* (Cession, Cedes) (*hebr.*: Härte des Bodens?) Kesion, Levitenstadt, Palästina (Issachar).
B. Ceslăŭs, ī *m.* sel. Ceslaus, Bek., Dominikaner († 1242).
Leiblicher Bruder des hl. Hyacinth, wurde aus adliger Familie im Kreise Oppeln (Breslauer Diözese) geboren. Zur Fortsetzung seiner Studien wurde er vom Bischof Ivo von Krakau nach Italien gesandt, wo er sich dem Studium der Theologie und Rechtskunde widmete. Nach seiner Rückkehr ernannte ihn Ivo zum Kanonikus in Sandomir. Ivo reiste mit ihm später nach Rom, wo Ceslaus vom hl. Dominikus hörte und, auf dessen Predigt hin, Ordensgeistlicher wurde. Er ward gleichsam der geistliche Sohn des hl. Ordensstifters. Nach 3 Jahren entsandte ihn dieser nach Prag und Schlesien, wo er als Missionsprediger viel Erfolg hatte. Man nahm damals an, daß Ceslaus durch sein Gebet Breslau vor den tatarischen Horden beschützt habe. Er starb ebenda im Dominikanerkloster im Jahre 1242. Clemens XI. erlaubte dem Dominikanerorden, das Offizium von dem Seligen zu beten; Clemens XII. dehnte dieses Vorrecht auf Polen und die umliegenden Landesteile aus. — 20. Juli (Breslau, Gnesen u. Posen, Krakau, Lemberg, Polen [Kirchenprov. Warschau], Przemysl, Tarnow).

cēspĕs, pĭtĭs *m. s.* caespes.
cēssātĭō, ōnĭs *f.* 1. das Zögern, Saumseligkeit. 2. das Aufhören, Unterbrechung. 3. Untätigkeit, Müßiggang.
cēssātŏr, ōrĭs *m.* Zauderer.
cēssātrīx, īcĭs *f.* die Saumselige.
cēssĭō, ōnĭs *f.* Abtretung, Übergabe.
Cession *indecl.* (*hebr.*: Härte des Bodens?) *s.* Cesion.
cēssō 1 1. zögern, säumen. 2. nachlassen, aufhören, aquae cessabant traten zurück. 3. müßig sein, feiern.
cessūră, ae *f.* Verzug.
Cestrĭă, ae *f.* (Deva) Chester, Grafschaft u. St. am Dee, England, ehem. Benediktinerabtei.
1. **cestŭs** 3 (κεστός) gestickt.
2. **cestŭs,** ī *m.* Riemen, Gurt.
cētē, ōrŭm *n. s.* cētŭs.
Cetei, ōrŭm *m. s.* Cethim.
cētĕrōquī *adv.* (cetĕrōquīn) übrigens, im übrigen, abgesehen davon.
cētĕrōquīn *adv. s.* ceteroqui.
cētĕrŭs 3 der übrige, der andere.
cētĕrŭm *adv.* übrigens, im übrigen, gleichwohl, doch.
Cethaeă, ae *f.* eine Kethitin, *s.* Cethim; *übtr.*: ein Schimpfwort, da die Frauen der Kethiter durch Schamlosigkeit berüchtigt waren (*Ez.* 16, 3 u. 45).
Cethim *indecl.* (Cetei, Cethaeus, Cetthim) (*hebr.*: Cyprer, Küstenbewohner) Kethiter, Kittier. 1. Bewohner von Kitton auf Cypern. 2. Bewohner der Küsten (u. Inseln) Kleinasiens. 3. Makedonier oder Makedonien (Cetei 1. *Mach.* 1,1, 8; 8,5).
Cethlis *indecl.* (*hebr.* ?) Kethlis, St. Pal. (Juda).
Cetĭī mūrŭs, ī *m.* Zeiselmauer, D., bei Tulln an der Donau, Niederösterreich.
Cetĭŭs mōns, *m.* Kahlenberg bei Wien, Niederösterreich.
Cetron *indecl.* (*hebr.*: Qitron = Räucherort, Opferstätte?) Ketron, St. Pal. (Zabulon).
Cetthim *indecl.* Ketthim, Sohn Javans *s.* Cethim.
Cĕtūră, ae *f.* (*hebr.*: die Duftende?) Ketura, Nebenfrau Abrahams.
cētŭs, ī *m.* (κῆτος, τὸ; *pl.* cētē, ōrŭm *n.* = τὰ κήτη und κήτεα) Walfisch, Haifisch, Thunfisch, Delphin; Ungeheuer des Meeres.
ceu *adv. od. conj.*, sowie, ganz wie, gleich wie.
Cĕvennă, ae *m. s.* Cebenna.
Chăballĭcēnsēs, ĭŭm *m.* Bewohner der Landschaft Chablais am Genfersee, Schweiz.
Chabri *indecl.* (*hebr.* ?) Chabri, ein Ältester von Bethulia z. Z. Judiths.

Chabrus, ī *m.* (Chrabrus, Chrobrus) Chrabry (= der Tapfere, Kühne), Beiname des Polenkönigs Boleslaws I., *s.* Boleslaus 1.

Chabul *indecl.* (*hebr.* ?) Chabul, zweifelhafter Name, Stadt und Landschaft im nördlichen Palästina, die Salomon an Hiram, den König von Tyrus, zur Vergütung für die zum Tempelbau gelieferten Stoffe abtreten wollte (3. *Kön.* 9, 11ff.).

Chachapoyas *ind.* (de Chachapoias *C. R.*) Chachapoyas, St. Peru (Amazonas), *ca.* 4300 Einw., Bischofssitz, Suffr. v. Lima.

Chaerĕās, ae *m.* (χαιρείας) Chäreas, Bruder des syrischen Feldherrn Timotheus, die beide bei der Belagerung von Gazara umkamen (2. *Mach.* 10, 32).

Chalal *indecl.* (*hebr.*: Vollkommenheit ?) Chalal, zweifelhafter Name, angeblich Jude, der aus dem babyl. Exil zurückkehrte.

Chalan(n)ē, ēs *f.* *s.* Calano.

Chalcēdōn, ŏnĭs *f.* (Χαλκηδών) Chalkedon, ehem. St. gegenüber Konstantinopel, Kleinasien (Bithynien); *j.* D. Kadikjo.

1. **Chalcēdŏnēnsĭs,** ĕ aus Chalkedon, chalkedonisch.

2. **Chalcēdŏnēnsĭs,** ĭs *m.* Chalkedonier.

1. **Chalcēdŏnĭŭs** 3 chalkedonisch.

2. **Chalcēdŏnĭŭs,** ī *m.* Chalkedonier.

3. **chalcēdŏnĭŭs,** ī *m.* (χαλκηδόνιος) der Chalzedon, ein Edelstein.

Chalchal *indecl.* (*hebr.*: Halhul ?) Chalchal, St. Pal. (Juda).

Chalchĭs, ĭdĭs *f.* (Χαλκίς) Chalkis, St. am Euripus auf der Insel Euböa, Griechenland; *j.*: Egripo *od.* Negroponte.

Chalcol *indecl.* (*hebr.* ?) Chalkol, weiser Sänger am Hofe Davids (3. *Kön.* 4, 31).

Chaldaeă, ae *f.* Chaldäa, Land am Unterlaufe des Euphrat, der südwestliche Teil von Babylonien.

Chaldaeī, ōrŭm *m.* (Kasddim, Kaldi „Eroberer, Eindringlinge") 1. Bewohner v. Chaldäa, auch allgemein die Babylonier. 2. Sterndeuter, Wahrsager; *dav.*: **Chaldăĭcŭs** 3.

Chaldaeŭs, ī *m.* der Chaldäer, der Babylonier.

Chaldăĭcŭs 3 *s.* Chaldaei.

Chale *indecl.* (*hebr.*: Kelach ? *assyr.*: Kalchu) Chalach, ehem. uralte St. am Tigris; Ruinen beim heutigen Nimrud.

Chali *indecl.* (*hebr.*: ?) Chali, St. Pal. (Aser).

Chalub *indecl.* (Chalubai, *hebr.*: *richtig*: Kaleb) Chalub, Urenkel des Juda.

Cham *indecl.* (*hebr.*: der Schwarze ?, *ägypt.* Kemel, *koptisch*: Kemephemi Schwarzland) der zweite Sohn des Noe, der von seinem Vater verflucht wurde; Stammvater der Chamiten.

Chamaal *indecl.* (*hebr.*: Bimhal ?) Sohn Jephtats, Nachkomme des Aser.

1. **Chamaam** *indecl.* (*hebr.* ?) Chamaam, Ort in der Nähe von Bethlehem, Pal. (Juda) (*Jer.* 42, 17).

2. **Chamaam** *indecl.* (*hebr.* ?) Chamaam, Sohn des Galeaditers Berzellai.

chămaelĕōn, ōnĭs u. ontĭs, *acc.* ōnem, ontem u. onta *m.* (χαμαιλέων) das Chamäleon, die farbenwechselnde Eidechsenart.

chămeunĭă, ae *f.* (χαμευνία) das Schlafen auf bloßer Erde (*lat.* humicubatio).

Chămōs *indecl.* (*hebr.*: Kemesol) Chamos, ein Götze der Moabiter.

Chanaan, Chanaanaeŭs *s.* Canaan.

Chanaana *indecl.* (*hebr.*: Handelschaft) Chanaana 1. *s.* Chanana. 2. Vater des Sedekias, eines falschen Propheten.

Chanaanītĭs, ĭs *f.* (*hebr.*: Hausierer, Handelsmann) *s.* Chananitis.

Chanadĭēnsĭs, ĕ *s.* Chanadium.

Chanana *indecl.* (*hebr.*: ?) Chanana, vierter Sohn Balans, Nachkomme Benjamins.

Chananaeă, ae *f.* Kananiterin.

Chananaeŭs, ī *m.* Kananiter.

Chanani *indecl.* (*hebr.*: Variante zu Bani) Chanani (Bani), Jude, der aus dem babylonischen Exil zurückkehrte.

Chananītĭs, is *f.* (Chanaanitis) Kananiterin.

Chanath *indecl.* 1. *s.* Canath. 2. St. Pal., *später*: Nobe genannt.

S. Chanemundī fānŭm, ī *n.* *s.* S. Anemundi castrum.

Chantal *indecl.* de Chantal, ein südfranzösisches Adelsgeschlecht.

chăŏs (*acc.* chaos u. *abl.* chaō) *n.* (τὸ χάος) 1. der leere grenzenlose Raum. 2. Abgrund, Kluft. 3. Unterwelt.

B. Chapdelaine Augustŭs, Mart., Leidensgefährte des sel. Joannes Gabriel Dufresse, *s. denselben.*

Chapharsalama *indecl.* *s.* Capharsalama.

Chappuis *indecl.* Johannes Chappuis, Lizentiat des Rechtes an der Universität Paris, besorgte um 1500 eine Ausgabe des Corpus juris canonici, worin er außer dem Dekret Gratians, dem liber sextus, den Clementinen u. älteren Extravaganten auch die Extravaganten Johannes' XXII. u. die Extravaganten der Päpste seit Bonifaz VIII. als eigene Sammlung aufnahm.

Characa *indecl.* (*hebr.*: Kerak, χάραξ „Feste") angebl. St. Pal. (Gad) von den Tubianäern bewohnt (2. *Mach.* 12, 17).
chăractēr, ērĭs *m.* (χαρακτήρ) Eigenschaft, Charakter, besonderes Merkmal; Schriftzeichen, Buchstabe (bes. im Plural).
chăradrĭŏs u. **chăradrĭŭs,** ī (*acc.* -on u. -um) *m.* (χαραδριός) ein gelblicher, dem Brachvogel ähnlicher, in Erdspalten u. Klüften wohnender Vogel; *vielleicht* der Regenpfeifer (4. *Mos.* 11, 19).
1. **Charan** *indecl.* (*hebr.*: Keran) Charan, Enkel des Höhlenbewohners Seïr.
2. **Charan** *indecl.* *s.* Haran; Charan, *angeblich*: Ort in Medien zwischen Ekbatana u. Ninive (*In der Vulgata*: *Tob.* 11, 1 u. *Judith* 5, 9 eingeschobener Name).
Charcamis *indecl.* (*hebr*: ?) Charcamis 1. ehem. St. am Euphrat in Mesopotamien. 2. steht für Assyrien u. Babylonien (*Is.* 10, 9; *Jer.* 46, 12).
Charcas *indecl.* (*hebr.*: Kerak, χάραξ „Festung", 2. *Mach.* 10, 32); *vgl.* Characa.
Charchas *indecl.* (*pers.*: erdichteter Name) Charchas, angeblich Kämmerer am Hofe des Perserkönigs Xerxes I. (485—464).
chărismă, ătis *n.* (χάρισμα) Gnadengabe, Gnade; übernatürliche Geistesgabe.
chărismătĭcŭs 3 die Gnadengabe betreffend, mit der Gnadengabe versehen.
chārĭtās, ātĭs *f.* *s.* caritas.
Charmel *indecl.* *s.* Carmelus.
Charmi *indecl.* *m.* (Weinberg Jahwes ?) Charmi 1. Sohn Rubens. 2. Vater Achans, welch letzterer wegen Diebstahls gesteinigt wurde. 3. ein Ältester in der Festung Bethulia z. Z. Judiths; auch Gothoniel genannt (*Jud.* 6, 11). 4. angeblich ein Sohn Judas (1. *Par.* 4, 1), der richtig Kalubai hieß.
Charmītae, ārŭm *m.* Charmiter, Familie im Stamme Ruben, Nachkommen des Charmit.
Charran *indecl.* *s.* Haran.
Charsena *indecl.* *m.* (erdichteter persischer Name) Charsena, angeblich oberster Geheimrat des Perserkönigs Xerxes I. (485—464).
chartă, ae *f.* Papier, Schrift, Buch, Urkunde.
Chartă cārĭtātĭs *f.* Liebesakte, Verfassungsurkunde des Cistercienserordens.
chartŭlă, ae *f.* Papierchen, Briefchen.
chartŭlārĭŭm, ī *n.* Geschichtsurkunde, Chronik, Urkundensammlung.
chartŭlārĭŭs ī *m.* Hofarchivar.
Chaselon *indecl.* (*hebr.*: Zuversicht) Chaselon, Israelit aus dem Stamme Benjamin.
chārŭs 3 *s.* carus.
Chasluim *indecl.* *s.* Caslum.
Chasphia *indecl.* (babylonischer Ortsname) Chasphia, nicht weiter bekannter Ort auf dem Wege von Babylon nach Palästina.
Chasseral *indecl.* Chasseral oder Gestler, Bergkette des Jura bis 1600 m hoch, Schweiz (Bern-Neuenburg).
Chatanēn. (*C. R.*) *s.* Chattanum.
Chattanŭm, ī *n.* Chatham, St. Kanada (Neubraunschweig) in Nordamerika, *ca.* 5000 Einw., Bistum (seit 1860), Suffr. von Halifax; *dav.*: **Chat(t)anēnsĭs,** ĕ.
Chattī, ōrŭm *m.* (Catti) germanische Völkerschaft in Hessen u. Thüringen.
Chăzărī, ōrŭm *m.* Chazaren, Völkerschaft nördlich vom Schwarzen Meere.
Chebbon *indecl.* (*hebr.*: ?) Chebbon, St. Pal. (Juda).
Chebron *indecl.* *s.* Hebron.
Cheitumārŭs, ī *m.* Cheitumar, Herzog der Südslaven in Kärnten (8. Jhdt.).
Chelab *indecl.* (*hebr.*) angebl. Sohn Davids u. Abigails, richtig Dodiel oder Dodija (2. *Kön.* 3, 3), *s.* Cheleab.
Chelal *indecl.* *s.* Chalal.
Chelian *indecl.* (Chelui) (*hebr.* richtig Hakalja ?) Chelian, Jude, der aus dem babylonischen Exil zurückkehrte.
Chelion *indecl.* (*hebr.*: Verderben) Chelion, Sohn des Elimelech u. der Noëmi.
Chellon *indecl.* (richtig: χόλλης = Hölle) Chellon, Gebiet in der Nähe von Kades.
Chelma, ae *f.* Chelm (*polnischer Name*) oder Cholm (*russischer Name*); das griech. ruthenische Bistum Chelm (1592 errichtet) u. Betz wurde 1875 unterdrückt; *dav.*: **Chelmēnsĭs,** ĕ.
Chelmad *indecl.* *hebr.* verderbt aus Kol-Madai „ ganz Medien", „alle Meder" (*Ez.* 27, 13).
Chelmēn. (*C. R.*) *s.* Chelma.
Chelmēnsĭs cŏmĭtātŭs, Woiwodschaft Chelm (Cholm) im ehem. Königreiche Polen.
Chelmon *indecl.* (*hebr.*: verderbt aus Qijamon) Chelmon, ein nicht mehr zu bestimmender Ort in der Ebene Esdrelon, Pal. (*Jud.* 7, 3).
Chelub *indecl.* (*hebr.*: Korb, Käfig ?) Chelub, Vater des Ezri, eines Beamten Davids.
Chene *indecl.* (*hebr.*: verschrieben für Bene-Eden = Bit-Adini der Keilschriften) ein Ort in Mesopotamien.
Cherchēn. (*C. R.*) *s.* Corcura.

Cherēmōn, ōnĭs *m.* (Chiremon) Cheremon, Bischof in der Thebais in Ägypten (3. Jhdt.).

Cher(ĭ)sōna, ae *f.* Cherson 1. südrussischer Kreis am unteren Dnjepr, Dnjestr u. schwarzen Meere. 2. Hauptstadt des Kreises am Dnjepr, *ca.* 70 000 *Einw.*

Cherrŏnēsŭs u. **-ŏs,** ī *f.* (*Χεῤῥόνησος*) *s.* Chersonesus.

Chersonēn. (*C. R.*) *s.* Chersonum.

Chersŏnēsŭs u. -ŏs, ī *f.* (*Χερσόνησος*) (Cherronesus) „die landfeste Insel", Halbinsel. 1. **Ch. Taurica** (Crimaea, Tartarica) Krim, Halbinsel im schwarzen Meere, Rußland (Taurion). 2. **Ch. Thracia** *oder nur* Chersonesus die thrakische Halbinsel am Hellespont, Gallipoli (Dardanellen). 3. **Ch. Cimbrica** (Cimbria, Jutia) Jütland, Halbinsel, Dänemark.

Chersōnŭm, ī *n.* Cherson (Kherson) rusissches Gouvernement mit der Hauptstadt Tiraspol, St. l. am Dnjstr, *ca.* 30 000 Einw.; Bistum Tiraspol (Tiraspolis errichtet 1848) an Stelle des früheren Cherson, Sitz in Saratow, Suffr. v. Mohilew; *dav.*: **Chersonēnsĭs,** ĕ.

1. **Cherub** *indecl.* (*hebr.*?) Cherub, St. in Babylonien (1. *Esdr.* 2, 29, 2. *Esdr.* 7, 61).

2. **Cherub,** *pl.*: Cherubim, *indecl.* (*hebr.* Greif) Cherub, Engel höherer Ordnung im Alten Testamente, *bes.* Figuren der Bundeslade.

Cherubīnī, ōrŭm *m.* (*lateinische Pluralbildung vom hebr. Plural:*) Cherubim (*Propium von Krakau u. Polen Fer. II. infr. Oct. Ssmae Trinitatis Lect. IV*).

B. Cherubīnŭs ăb Avĭlĭānā, der sel. Cherubin von Aviliana, Bek., Priester des Augustinerordens († 1479).

Er stammte aus dem adeligen Geschlechte der Testa zu Aviliana in Piemont. Als Jüngling trat er in das Augustinerkloster seiner Vaterstadt ein und war hier ein leuchtendes Vorbild des Gehorsams und der Selbstverachtung. Vor allem aber zeichnete ihn eine engelgleiche Reinheit aus. Kaum 30jährig starb er als Priester 1479. Bei seinem Tode läuteten die Glocken von selbst. Aus seinem keuschen Herzen sproßte eine schneeweiße Lilie hervor. — 17. Dezember (Augustinerorden).

Chesil *indecl.* (*hebr.*?) *s.* Bethul.

Chesiriacŭm, ī *n.* Chésery, Cistercienserkloster, Fkr. Savoyen, Diöz. Belley.

Cheslon *indecl.* (*hebr.*: Zuversicht) Cheslon, St. Pal. (Juda).

Cheyennēn. (*C. R.*) *s.* Cheyennum.

Cheyennŭm, ī *n.* Cheyenne, Hauptst. des nordamerikanischen Staates Wyoming im äußersten Südosten Nordamerikas, *ca.* 14 000 Einw.; Bischofssitz (seit 1887), Suffr. v. Dubuque; *dav.*: **Cheyennēnsĭs,** ĕ.

Chiapa, ae *f.* (de Chiapa *C. R.*) Chiapa, St. am Chiapasfluß, Mexiko; Bistum, Sitz in San Christobal de las Casas, Suffr. v. Antiquera.

Chicagia, ae *f.* Chicago, St. am Michigansee, Nordamerika, *ca.* 1 700 000 Einw.; Erzbischofssitz; *dav.*: **Chicagĭēnsĭs,** ĕ.

Chicagĭēn. (*C. R.*) *s.* Chicagia.

Chicoutimĭānēn. (*C. R.*) *s.* Chicoutinum.

Chicoutinŭm, ī *n.* Chicoutimi, St. am Saguinay Kanadia (Quebec), *ca.* 2000 Einw.; Bischofssitz (seit 1878), Suffr. v. Quebec; *dav.*: **Chicoutimĭānēnsĭs,** ĕ.

Chidon *indecl.* (*hebr.*, verderbt aus Abinadab[s], 1. *Par.* 13, 9; ebenso wie Nachon: 2. *Kön.* 6, 6).

Chielcŭm, ī *n.* Kielce (*poln.*) und Kjelzy (*russ.*), St. am Fuße des Lysa Góra, Polen, *ca.* 25 000 Einw.; Bistum (errichtet 1807; 1818 unterdrückt; 1882 wieder hergestellt), Suffr. v. Warschau *dav.*: **Chielcēnsĭs** u. **Kielcēnsĭs,** ĕ.

Chiemsĕcēnsĭs, ĕ (Chiemseensis) vom Chiemsee in Oberbayern.

Chiemsĕēnsĭs, ĕ *s.* Chiemsecensis.

Chiēn. (*C. R.*) *s.* Chius.

Chilāpă, ae *f.* (de Chilapa *C. R.*) Chilapa, St. Mexiko (Staat Guerrero), *ca.* 8300 Einw.; Bischofssitz (seit 1863), Suffr. v. Mexiko.

Childebertus, ī *m.* Childebert, Name von drei fränkischen Königen aus dem Herrscherhause der Merowinger: **Childebert I.,** König von Aquitanien (511—558), Sohn Chlodwigs I. u. der Chlotilde; **Childebert II.,** König von Austrasien (575—596) u. Burgund (592—596), Sohn Sigiberts I. u. der Brunhilde; **Childebert III.** (695—711).

Childerĭcŭs, ī *m.* Childerich, Name dreier Frankenkönige aus dem Geschlechte der Merowinger: **Childerich I.** († 481, regierte in Tournay), Vater Chlodwigs I; **Childerich II.,** König von Austrasien (663—675) u. von Neustrien u. Burgund (673—675); **Childerich III.,** der letzte Merowinger, 751 abgesetzt, gestorben im Kloster Sithin.

Chĭlĭānŭs (Kĭlĭānŭs), ī *m.* Bischof von Würzburg († 689).

Wurde mit den Begleitern Colonat und Totnan gemartert; alle drei sind die Landespatrone Frankens. — Kilian stammte aus Schottland; er trat jung ins Kloster ein, dessen Leitung er alsbald wider Willen übernehmen mußte. Mit verschiedenen Gefährten eilte er nach Franken und kam nach Würzburg. Nachdem er sich in Rom Vollmachten geholt hatte, gelang es ihm, den Würzburger Herzog Gosbert fürs Evangelium zu gewinnen. Als dieser seine Schwägerin widerrechtlich zur Gattin nehmen wollte, zog sich Kilian durch sein mutiges Entgegentreten den Haß jener Frau, namens Geylana, zu. Diese ließ ihn während des Gottesdienstes mit Colonat und Totnan, seinen Gehilfen, im Jahre 689 niederstechen. Die hl. Leiber wurden in der Kirche selbst beerdigt. Geylana und ihre Schergen aber hatten einen schlimmen Tod. — 8. Juni (Bamberg, München-Freising, Würzburg).

chĭlĭasmŭs, ī *m.* der Chiliasmus, Lehre vom 1000jährigen Reiche.

Chĭlonĭŭm, ī *n.* (Kilia, Kilonium) Kiel, St. Preußen (Schleswig-Holstein), *ca.* 150000 Einw.

chĭmaerĭcŭs 3 eingebildet, phantastisch.

chīmĭă, ae *f.* (χημεία) Chemie.

Chilpĕrīcŭs, ī *m.* König Chilperich von Burgund, Vater der hl. Chlotilde.

Chīnă, ae *f.* (Sina) China, *dav.*: Chinēnsĭs, ĕ chinesisch.

Chĭŏs, ī *f.* *s.* Chius.

Chiremon, ōnĭs *m.* *s.* Cheremon.

chīrŏgraphŭm, ī *n.* (χειρόγραφον) 1. Handschrift, Aufzeichnung. 2. Verschreibung, Schuldbrief.

chīrŏthēcă, ae *f.* (χειροθήκη) Handschuh (des Bischofs oder Abtes).

chīrurgĭă, ae *f.* (χειρουργία) Wundarzneikunst, Wundheilkunde.

chīrurgŭs, ī *m.* (χειρουργός) Wundarzt.

chīrurgĭcŭs 3 (χειρουργικός) chirurgisch.

Chiun *indecl. richtig*: Kewan „Saturn“, Götzenname; „Sakkut (= Mars), eurem König und Kewan (Saturn)“, *vgl.*: Amos 5, 26 u. Apg. 7, 43, beide Stellen sind Einschub.

Chĭŭs, ī *f.* (Chios, Χίος) Chios, Insel im ägäischen Meere gegenüber der Westküste Kleinasiens, Hauptst. Chios, *ca.* 14000 Einw., Bischofssitz, Suffr. v. Naxos, *dav.* **Chĭēnsĭs,** ĕ.

Chl . . . vgl. auch **Cl** . . .

chlămÿdātŭs 3 mit einem Mantel bekleidet.

chlămÿs, ÿdĭs *f.* (χλαμύς) Oberkleid (der Männer, *bisweilen auch* der Frauen); Kriegsmantel, Mantel.

Chlaromont(i)ŭm, ī *n.* Clermont-Ferrand St. Fkr. (Puy-de-Dôme.)

Chlŏē, ēs *f.* (*griech.*: Χλοή grüner Zweig) Chloe, christliche Frau aus der Gemeinde zu Korinth, welche den hl. Paulus unterstützte; qui sunt Chloes = die Angehörigen der Chloe.

Chobar *indecl.* (der große Kanal) Kanal in Babylonien.

Chocĭmŭm, ī *n.* Ort in Polen, entscheidender Sieg der Polen über die Türken am 10. Okt. 1621; *dav.*: **Chocimēnsĭs,** ĕ.

chocolātŭm, ī *n.* Schokolade.

chodchod *indecl.* (χόρχος) Name eines Edelsteins (*vielleicht*: Karfunkel oder Jaspis, *Ez.* 27, 16).

Chodorlahomor *indecl. m.* (*elamitisch*: Kudur-Lagamar: „Grenze, Gebiet des Gottes Lagamar“), Kudur-Lagamar, König von Elam z. Z. Abrahams, um 1950 v. Chr.

choerŏgryllus, ī *m.* (χοιρόγρυλλος) Stachelschwein, Schweinigel; Klippdachs (Hyrax Syriacus) (4. *Mos.* 11, 5; 5. *Mos.* 14, 7).

chŏlĕră, ae *f.* (χολέρα) 1. die Galle. 2. Gallensteinleiden.

Cholhoza *indecl. m.* (*hebr.* ?) Cholhoza, Jude, 1. Vater des Sellum, der das Brunnentor in Jerusalem baute. 2. Vater des Baruel.

chomer *indecl.* Scheffel, die größte Maßeinheit bei den Juden, *ca.* 200 l fassend.

Chonadĭŭm, ī *n.* (Chanadiensis oder Csanadiensis ecclesia) Csanad, St. Ungarn, *ca.* 3000 Einw.; Bistum, Sitz in Temesvar, Suffr. v. Calocsa.

Chonenias *indecl. m.* (*hebr.*: Jahwe hat befestigt) Konenias, 1. ein Fürst der Leviten. 2. Vorgesetzter bei den Israeliten, der sie das Gesetz zu lehren hatte. 3. ein Levit u. Oberaufseher über die Erstlinge u. Zehnten z. Z. des Königs Ezechias.

chŏrālĭs, ĕ zum Chor gehörig; vestis choralis Chorgewand; distributio choralis die Verteilung der Gaben zum Unterhalte an die beim Chordienste oder Chorgebete beteiligten Kleriker.

chordă, ae *f.* (χορδή) 1. Darm. 2. Saite, Strick (Sti Francisci Ass.), Kordel. 3. Saiteninstrument.

chordĭgĕr, ĕrī *m.* Strickträger.

chordŭlă, ae *f.* Strick, Kordel.

chŏrēă, ae *f.* (χορεία) Chortanz, Reigen; Tanzbelustigung, Ball, Ballett.

chōrĕpiscŏpŭs, ī *m.* (χωρεπίσκοπος) Landbischof.

chŏristă, ae *m.* Chorsänger.

Chorraeī, ōrŭm *m.* Chorriter oder Horriter, d. i. Höhlenbewohner, eine Völkerschaft, welche von Hord, dem Sohne Lotans, abstammte u. auf dem Gebirge Seïr, im Südosten Palästinas wohnte. Die Chorriter wurden entweder von Esaus Nachkommen, den Edomitern, vertrieben oder verschmolzen mit ihnen.

chŏrŭs, i *m.* (χορός) 1. Tanz, Reigen. 2. singende Schar, der Chor. 3. jede Menge, Schar, Rotte. 4. Teil des Kirchengebäudes, in welchem der Hochaltar steht und die Plätze für den Klerus sind, das Chor.

Chosrŏās, ae *m.* Chosroes, Name mehrerer Könige des neupersischen Reiches, Ch. I., reg. 531—578; Ch. II., reg. 590—628.

Chŏtessŏvīcēnsĭs, ĕ aus (der Abtei) Göttweig in Niederösterreich.

Chotūnă, ae *f.* Chotun, Ort in Böhmen, Geburtsort des hl. Prokop.

Chotvĭcēnsĭs, ĕ (Chotwicensis) zum Prämonstratenser Frauenkloster Chotieschau in Böhmen gehörig.

Chotwĭcēnsĭs, ĕ *s.* Chotvicensis.

Chrabrŭs, ī *m. s.* Chabrus.

chremătismŭs, ī *m.* (χρηματισμός) Erteilung eines Orakels oder göttlicher Aussprüche.

Chramnelēnŭs, ī *m.* Chramnelen, Edelmann in Burgund, Stifter der Klöster Baulmes u. Romainmoutier (7. Jhdt.).

chrīsmă, tĭs *n.* (χρῖσμα) Chrisam, *d. i.* Salbungsmittel aus Olivenöl u. Balsam (für heilige Salbungen bei Taufe, Firmung u. anderen Anlässen; das Chrisam wird alle Jahre vom Bischofe am Gründonnerstag feierlich geweiht).

chrīsmālĕ, ĭs *n.* (χρῖσμα) 1. das Chrismale, ein weißes Leinentuch, das auf das Haupt des erwachsenen Täuflings nach der Salbung mit Chrisam gelegt wurde. 2. das unterste, mit Wachs getränkte Leinentuch, welches über der Mensa des Altares ausgebreitet liegt. Auf ihm liegen die eigentlichen drei Altartücher.

chrīstĭăs, ădĭs *f.* christliche Gemeinde; *pl.*: **Chrīstĭădēs,** um *m.* u. *f.* die Christen.

S. Chrīstĭānă, ae *f.* hl. Christiana, Jgfr. († 4. Jhdt.).

Wurde als junges Mädchen von Iberern am Schwarzen Meere geraubt; da sie im Christentum gefestigt war, setzte sie zum Staunen der Iberer ihre Andachtsübungen fort. Sie nahm die Gelegenheit wahr, den Heiden von der Erlösung zu erzählen; auch heilte sie auf wunderbare Weise ein krankes Kind. Demzufolge bekehrten sich viele. Ihr Ruf wuchs so, daß der todkranke König selbst von ihr Hilfe erbat, die sie mit Erfolg gewährte, nachdem er Christ geworden war. Er schloß mit Konstantin dem Großen ein Bündnis ab und erbat sich einen katholischen Bischof, der mit seinen Gehilfen das Werk Christianas fortsetzte. — 17. Dezember.

B. Chrīstĭānă a. S. Crŭcĕ, sel. Christiana vom hl. Kreuze, Jgfr., Augustinerin († 1310).

Sie war gebürtig aus Castello Santa Croce. Früher hieß sie Oringa, welcher Name später in Christiana verwandelt wurde. Da sie nicht heiraten wollte, floh sie nach Lucca, wo sie als Magd bei einem Bürger diente. Sie machte Wallfahrten nach Loretto, Rom und zum Monte Gargano. Durch Almosen unterstützt, gründete sie das Kloster St. Maria Novella in Florenz, mit der Regel des hl. Augustin. Nach einer dreijährigen Krankheit starb sie 1310. — 4. Januar: Augustinerorden.

Chrīstĭānī, ōrŭm *m.* die Christen.

Chrīstĭānĭtās, ātĭs *f.* Christentum, christliche Lehre, Bekenntnis; Christenheit als Gesamtheit der Christen.

1. **Chrīstĭānŭs** 3 christlich.
2. **S. Chrīstĭānŭs,** ī *m.* hl. Christian, Apostel u. Bischof der Preußen († um 1245).
3. **Chrīstĭānŭs,** ī *m.* Christian, Mönch aus Prag, *s.* S. Adalbertus.

Chrīstĭcŏlă, ae *m.* u. *f.* Verehrer Christi, Christ, Christin.

Chrīstĭfĕrŭs, ī *m.* Christusträger.

Chrīstĭfĭdēlĭs, ĭs *m.* Christgläubiger.

S. Chrīstīnă, ae *f.* hl. Christina, Mart. u. Jgfr. († 303).

Stammte aus einer vornehmen Familie Tusciens, machte die goldenen und silbernen Götzenstatuen ihres Vaters zu Geld, das sie den Armen gab. Dieserhalb ließ sie der erzürnte Vater aufs grausamste peinigen, so daß ihm Christiana Fleischstücke ihres zerrissenen Körpers vor die Füße werfen konnte. Im Kerker wurde ihr wunder Leib von einem Engel geheilt. Der Vater wollte sie in einem See ertränken lassen, doch auch hier war der Engel ihr Schutz. Durch ihr Gebet ward ein Apollobild plötzlich in Trümmer gelegt, worauf sich 3000 Menschen bekehrten. Auch die Martern, welche sie fernerhin erduldete — so blieb sie fünf Tage unversehrt in einem glühenden Ofen eingeschlossen — brachten sie nicht zum Wanken. Schließlich wurde sie mit Pfeilschüssen durchbohrt. Ihr Haupt wird in Brixen verehrt. — 24. Juli.

B. Chrīstīnă ăb Aquĭlā, sel. Christina von Aquila, Jgfr., Augustinerin († 1543).

Christina, früher Mathia genannt, wurde zu Lucoli geboren. Mit 25 Jahren wurde sie zu Aquila (Mittelitalien) Augustinerin, wo sie wegen ihrer vortrefflichen Tugenden bald zur Oberin gewählt wurde. Als solche war sie ein leuchtendes Vorbild besonders durch ihre Demut und Armut. Nach schwerer Krankheit starb sie 1543. — 3. Oktober: Augustinerorden.

B. Chrīstīnă ā Spolētō, sel. Christina von Spoleto, Jgfr. u. Büßerin († 1458).

Sie war die Tochter eines Arztes in Porlezza am Luganersee in der Diözese Como. Nach einem sehr bewegten Weltleben trat sie in den dritten Orden des hl. Augustinus zu Verona ein und sühnte nun ihr früheres Leben durch außerordentliche Bußstrenge. Sie starb zu Spoleto 1458. — 13. Februar: Augustinerorden.

Chrīstīnă, ae *f.* Christina, 1. Schwester der hl. Margareta von Schottland (11. Jhdt.). 2. Gemahlin des hl. Königs Erich (12. Jhdt.).

S. Chrīstīnŭs, ī *m.* Mart., er hatte als Leidensgefährten Benediktus, Matthaeus, Johannes u. Isaak († 10. Jhdt.).

Diese fünf Brüder erlitten zur Zeit des deutschen Kaisers Heinrich, des Nachfolgers Otto III., in Polen den Martertod. Sie waren Begleiter des hl. Adalbert, dem sie von Rom nach Prag gefolgt waren. Hier lebten sie anfangs im St. Johannisklöster, gelangten dann in die Einöde bei Kazimer in Polen, wo sie sich in einzelnen Hütten niederließen. Einige von ihnen nahmen zweimal wöchentlich Nahrung zu sich, andere nur einmal. Ihr Ruhelager war der Boden, ihr Kopfpfühl ein Stein; auch geißelten sie sich täglich nach dem Beten der Prim. Der Polenherzog Bolelaus der Tapfere (Chrabry), der Sohn des Miecislaus, bat sie um ihr Gebet und sandte ihnen Geld, da er ihre Bedürftigkeit kannte. Doch die Brüder schickten die erhaltene Summe durch ihren sechsten Gefährten, namens Barnabas, ohne Säumen zurück, weil sie arm bleiben wollten. Inzwischen hatten Räuber von der Geldsendung des Herzogs erfahren, sie überfielen die unschuldigen Brüder und quälten sie aus Wut, kein Geld zu finden, zu Tode. — 12. November (Brünn).

Chrīstolĭŭs vīcŭs, ī *m.* Créteil, Ort südöstlich von Paris, Fkr. (Seine).

chrīstŏlŏgĭă, ae *f.* Lehre von Christus.

S. Chrīstŏphŏrī de Habana (*C. R.*) *s.* S. Christophorus de Habana.

S. Chrīstŏphŏrī de Laguna (*C. R.*) *s.* S. Christophorus de Laguna.

S. Chrīstŏphŏrŭs, ī *m.* hl. Christophorus, Mart. (u. Bischof), († 250).

Wurde von heidnischen Eltern im Lande Chanaan geboren; als Mann ergriff er mit Eifer das Christentum und begab sich als Glaubensbote nach Lycien. In Samos wurde er von dem Vorsteher Dagnus ergriffen und enthauptet. Es war in der Verfolgung des Kaisers Decius. — 25. Juli (Münster).

B. Chrīstŏphŏrŭs dē Mīlānō, sel. Christophorus von Mailand, Bek., O. Pr., († 1484).

Er empfing seine Ausbildung in dem großen Kloster zum hl. Eustorgius in Mailand und machte sich durch seinen Gebetseifer, seine Bußstrenge und seine Gabe der Weissagung, deren sein Lebenslauf viele Beispiele bietet, bemerkbar. Pius IX. sprach ihn selig. — 1. März: (Dominikanerorden).

S. Chrīstŏphŏrŭs de Habana *f.* S. Christóbal de la Habana (Dom), Bischofssitz auf der Insel Habana (seit 1787), Suffr. v. Santiago de Cuba.

S. Chrīstŏphŏrŭs de Laguna *f.* (Nivariensis ecclesia) S. Cristóbal de Laguna (Tenerife, kanarische Insel), Bistum (seit 1813), Sitz in S. Cruz, Suffr. v. Sevilla.

Chrīstŏpŏlĭs, ĭs *f.* Christchurch, St. auf Neuseeland, *ca.* 57 000 Einw.; Bischofssitz (seit 1887), Suffr. v. Wellington; *dav.*: **Chrīstŏpŏlĭtānŭs** 3.

Chrīstŏpŏlĭtān. (*C. R.*) *s.* Christopolis.

Chrīstŭs, ī *m.* (Χριστός) der Gesalbte, Christus; dieses Wort wird im Alten Testament auch auf andere (z. B. auf David) bezogen.

S. Chrōdĕgangŭs, ī *m.* hl. Chrodegang, Bek. u. Bisch. v. Metz. († 766).

Stammte aus königlich austrasischem Geschlechte; sein Vater hieß Sigram, seine Mutter Landráda; er war im Haspengau geboren und in der Schule des Klosters vom hl. Trudo erzogen. Dem Jünglinge wurde schon ein Teil der Regierungsgewalt in Frankreich übertragen, doch war der Ruf seiner Tugend so groß, daß man ihn als Bischof nach Metz rief. Als Papst Stephan von den Langobarden bedrängt wurde und den König Pipin um Hilfe bat, wurde Chrodegang als Vermittler nach Rom entsandt. Er veranlaßte den Papst, nach Frankreich zu kommen und umgürtete dann selbst Pipin mit dem Schwerte, das er gegen den Bedrücker Aistolph, der das Erbgut des hl. Petrus zum Teil beschlagnahmt hatte, ergreifen sollte. Dieser Hilfeleistung halber erhielt Chr. das erzbischöfliche Pallium, Papst Paul I. aber schenkte ihm viele Martyrerreliquien. Bei seinen Kanonikern führte er die gemeinsame Lebensweise ein. Diese Regel des hl. Bischofs lobten nicht nur die Väter des Konzils von Aachen zur Zeit Ludwigs des Frommen, sondern auch Bischöfe späterer Zeiten nahmen sich dieselbe für ihren Klerus zum Vorbilde. Die Metzer Kathedrale erbaute er von Grund aus, dazu errichtete er mehrere Klöster, vor allen Görz im Elsaß. Nach 23jähriger Regierung starb er und wurde in Görz beigesetzt. — 20. März (Metz).

S. Chrōmātĭŭs, ī *m.* hl. Chromatius, Bek. u. Bischof v. Aquileja († um 500 ?).

War Mitglied der Geistlichkeit von Aquileja. Nach dem Berichte des hl. Hieronymus war es ihm zu danken, daß der Arianismus in Aquileja keinen Boden fand. Der hl. Valerian soll ihn zum Priester geweiht und der hl. Ambrosius ihm die Bischofsweihe erteilt haben. Die Irrtümer des Origenes wies er im Verein mit Papst Anastasius II. (496—498) zurück. Besonderen Dank stattete ihm der hl. Johannes Chrysostomus dafür ab, daß Chromatius sich für ihn, den Verbannten, beim Kaiser Honorius aufs eindringlichste verwendet hatte. Chromatius veranlaßte den hl. Hieronymus, hebräische Werke ins Lateinische zu übertragen und eine Erläuterungsschrift zu den Büchern der alttestamentlichen Propheten herauszugeben. Er selbst schrieb über das Matthäusevangelium. Nach 18jähriger bischöflicher Amtsführung segnete er das Zeitliche. — 2. Dezember.

chrŏnĭcă, ae *f.* Chronik.

chrŏnĭcŭm, ī *n.* (χρονικόν) Chronik.

chrŏnŏlŏgĭă, ae *f.* (χρονολόγια) Chronologie, Zeitrechnung.

chrŏnŏlŏgĭcŭs 3 in zeitlicher Reihenfolge, zeitlich geordnet.

chrŏnĭstă, ae *m.* Chronist, Zeitberichter.

S. Chrȳsantĭānŭs, ī *m.* hl. Chrysantian, Mart. 17. Febr. (Gurk; ohne nähere Angaben).

S. Chrȳsanthŭs, ī *m.* hl. Chrysanth, Mart. († 284).

Kam aus Alexandrien mit seinem Vater, dem Senator Polemius nach Rom, wo er seine Braut Daria zum Christentum bekehrte. Der Vater war darüber sehr erbittert. Als Chrysanthus viele zum Glauben führte, wurde er verhaftet, und der Tribun Claudius ließ ihn foltern. Daria aber wurde in eine Lasterhöhle geschafft, wo sie wunderbar durch einen aus seinem Käfige entsprungenen Löwen bewacht wurde. Schließlich wurden beide in eine Grube an der Via Salaria geworfen und mit Steinen überschüttet. — 25. Oktober (Köln).

chrȳsĕŭs 3 (χρύσεος) golden.

Chrysiponēnsĭs, ĕ aus Quimber, *s.* auch Corisopitum.

Chrȳsĭŭs, ī *m.* Fluß Körös in Ungarn; mündet in die Theiß.

S. Chrȳsŏgŏnŭs, ī *m.* hl. Chrysogonus, Mart. gegen Ende des 3. Jhdts. 24. Nov.

chrȳsŏlĭthŭs, ī *m.* (χρυσόλιϑος) Goldtopas (Edelstein).

chrȳsŏlŏgŭs 3 (χρυσόλογος) der goldene Worte redet, redegewandt, vgl. Petrus Chrysologus.

Chrȳsŏpŏlĭs, ĭs *f.* Besançon, *s.* auch Vesontio.

chrȳsŏprăsŭs, ī *m.* (χρυσόπρασος) Chrysopras (Edelstein).

chrȳsŏrhoās, ae *m.* Beiname des hl. Joh. Damascenus, goldfließend.

S. Chrȳsŏstŏmŭs, ī *m.* (Χρυσόστομος „Goldmund") hl. Johannes Chrysostomus, Kirchenlehrer, Bisch. v. Konstantinopel, † 407, 27. Januar.

Chrȳstă, ae *f.* Chrysta, eine abgefallene Christin, die von der hl. Dorothea wieder bekehrt wurde (3. Jhdt.).

Chub *indecl.* (*hebr. richtig*: Lub) Lybien in Nordafrika (*Ez.* 30, 5).

Chun *indecl.* (*hebr.* ?) Kun, eine erzreiche Stadt in Syrien.

S. Chunĕgundĭs, ĭs *f. s.* Cunegundis.
S. Chunĭaldŭs et S. Gislārĭŭs, ī *m.* hl. Chuniald u. hl. Gislar, Priester und Bek. († um 750).
Beide waren Schüler des hl. Bischofs Rupertus, des Apostels von Bayern und seine eifrigsten Mitarbeiter in der Ausbreitung des Glaubens; durch ihr Zeugnis wurde später auch ein Streit über das Eigentum der vom hl. Rupertus erbauten Maximilianskirche (Pongau) beigelegt. Sie starben zur Zeit des hl. Bonifatius, des Apostels der Deutschen. Ihre Leiber wurden vom Bischof Virgilius zugleich mit den Reliquien des hl. Rupertus und der seligen Mönche Idwin und Gabin in die neue Rupertsbasilika zu Salzburg im Jahre 774 übertragen. — 3. Oktober (Salzburg).
Chus *indecl. m.* (*hebr.*: Schwarzer) Kusch (angeblich Sohn Chams, Enkel Noes, Stammvater der Äthiopier), *richtig*: Habesch, Abessinien.
Chusa *indecl. m.* (*hebr.* ?) Chusa, Ahnherr Christi.
Chusai *indecl. m.* (*hebr.* ?) Chusai, Ìsraelit aus Arach, treuer Freund u. Ratgeber Davids.
Chusan *indecl. m.* (*hebr.*: Kuscha ?), Chusan-Rasathaim (*hebr.*: „der Doppelschlechte ?" ist Einschub) Chusan, König von Mesopotamien (?).
Chusi *indecl. m.* (*hebr.*: der Kuschite) Chusi 1. ein Benjaminit am Hofe Sauls, Feind Davids. 2. Vater des Propheten Sophonias. 3. Vater des Selemias (*Jer.* 36, 14). 4. Chusi 2. *Kön.* 18, 21 ist nicht Eigenname, sondern bedeutet: Mohr, Sklave.
Chutaeī, ōrŭm *m.* (*babyl.*) Kuthäer, Bewohner von Kutha (*s.* Cutha), einer Landschaft, aus der der assyrische König Salmanassar (Asarhaddon) Ansiedler nach Samaria schickte (4. *Kön.* 17, 24 u. 30).
chytrŏpūs, pŏdis *m.* (χυτρόπους) Kohlengefäß, das auf Füßen steht, Kohlenpfanne, Feuerherd (3. *Mos.* 11, 35).
cĭbārĭă, ōrŭm *n.* Nahrungsmittel.
cĭbātĭō, ōnĭs, *f.* Speisung.
cĭbō 1 jemandem zu essen geben, speisen, Tiere füttern.
cĭbōrĭŭm, ī *n.* (κιβώριον) 1. der nach dem Fruchtgehäuse der ägyptischen Bohne geformte Trinkbecher. 2. kirchliches Gefäß: Speisekelch. 3. der baldachinartige, den Altar überwölbende Aufbau aus Stein oder Holz, meistens auf vier Säulen sich erhebend, Ciborienaltar.
Cibsaim *indecl.* (*hebr.*: Versammlung ?) Kibsaim, St., Pal. (Benjamin).
cĭbŭs, ī *m.* Speise, Kost, Nahrung; cibos dulces căpere cum aliquo süße Vertraulichkeit pflegen (*Hebraismus*: *Ps.* 54, 15).
cĭcātrīcō 1 (cicatricor) vernarben.
cĭcātrīcōsŭs 3 voller Narben, narbig.
cĭcātrīcŏr 1 *s.* cicatrico.
cĭcātrīx, īcĭs *f.* Narbe; Strieme.
C. i. C. M. = Congregatio Immaculati Cordis B. M. V. (Scheutveld), Kongregation vom unbefleckten Herzen Mariä, gegr. 1863.
C. J. M. = Congregatio a Jesu et Maria, Eudisten, gegr. 1643.
Cicēnsĭs, ĕ *s.* Siza.
Cicestrŭm, ī *n.* 1. Cirencester (Cicester), St. am Churn, dem Quellfluß der Themse, England (Gloucester), *ca.* 8000 Einw. 2. Chichester, St. am Lavant, England (Sussex), *ca.* 12000 Einw.; *dav.*: **Cicestrēnsĭs,** ĕ.
cĭcōnĭă, ae *f.* Storch.
cĭcŭr, ŭrĭs zahm; mild.
cĭcūtă, ae *f.* Wasserschierling.
cĭdărĭs, ĭs *f.* (*acc.*: -im) (κίδαρις) (*persisch*) Mütze von hoher, steifer, gerader Form, Kopfschmuck persischer Könige u. des jüdischen Hohenpriesters; Tiara, Turban.
cĭĕō, cīvī, cĭtŭm 2 in Bewegung setzen; herbeirufen, aufbieten, erregen, veranlassen; ciente vi mit aufregender Gewalt, stark, mächtig (*Vesp. Fer. VI. Hymn. v.* 3).
Cĭlĭcēs, ŭm *m.* die Kilikier, Bewohner v. Kilikien.
Cĭlĭcĭă, ae *f.* (Κιλικία) Kilikien, südöstliche Küstenlandschaft Kleinasiens.
cĭlĭcīnŭs 3 hären (*eigentlich*: aus kilikischen Haardecken bestehend).
cĭlĭcĭŭm, ī *n.* 1. Teppich. 2. Sack, Bußkleid.
Cĭlĭx, ĭcĭs *m.* u. *f.* (Κίλιξ, -κος) Kilikier(in).
cĭlĭcĭŭs 3 (κιλίκιος) kilikisch.
Cimbrĭă, ae *f. s.* Chersonesus Cimbrica.
cīmēlĭŭm, ī *n.* (κειμήλιον) Schatz, Schatzkästlein.
Cin *indecl.* (*hebr.*) Kin (Qeni), Stammvater der Kiniter, Schwager des Moses.
Cina *indecl.* (*hebr.* Qina ?) Kina, St. Pal. (Juda).
cĭnaedĭcŭs 3 (κιναιδικός) wollüstig.
cĭnaedŭs, ī *m.* (κίναιδος) Wollüstling; *auch als adj. gebraucht.*
Cĭnaeī, ōrŭm *m.* die Kiniter, ein Stamm, der sich den Israeliten in der Wüste angeschlossen hatte u. später im Lande Juda wohnte (vgl. Cin).
Cĭnaeŭs, ī *m.* der Kiniter (vgl. Cin u. Cinaei).
Cincillānēnsĕ mŏnastērĭŭm s. S. Albinus.
Cincinnātēn. (*C. R.*) *s.* Cincinnatus.
Cincinnātī *indecl. s.* Cincinnatus.
Cincinnātŭs, ī *f.* (**Cincinnati**) Cincinnati, Stadt in Ohio in der nordamerikanischen Union, *ca.* 350000 Einw.; Erzbischofssitz; *dav.*: **Cincinnātēnsĭs,** ĕ.
cincinnŭs, ī *m.* (κίκιννος) Haarlocke, gekräuseltes Haar.
cīnctĭō, ōnĭs *f.* Gürtung.

cīnctōrĭŭm, ī *n.* Gurt, Gürtel.
cīnctūră, ae *f.* Gürtung.
1. **cīnctūrātŭs,** ūs *m.* Umgürtung.
2. **cīnctūrātŭs,** ī *m.* Gegürteter; Cincturati B. M. V. die Gürtelträger der allersel. Jungfrau, eine religiöse Genossenschaft.
cīnctŭs, ūs *m.* Gürtung.
cĭnĕrĭcĭŭs 3 aschenähnlich; panis cinericius: in der Asche gebackenes Brot.
cingō, cīnxī, cīnctŭm 3 1. gürten, umgürten, bekränzen: fulgidis laureis mit strahlendem Lorbeer (*Vesp. pl. Mart. Hym. v.* 5); *pass.* sich umgürten, in Bereitschaft setzen, rüsten. 2. umgeben, einschließen, umzingeln. 3. schützend umgeben.
Cingŭlān. (*C. R.*) *s.* Cingulum.
cingŭlŭm, ī *n.* 1. Gürtel, Gurt; Teil der priesterlichen Gewänder: das Cingulum. 2. Degengurt, Degengehenk; cingulum ēxŭĕre, cingulum militiae depōnĕre (abicĕre) dem Kriegsdienste entsagen, den Heeresdienst aufgeben; cingulo militari privari aus dem Heere ausgestoßen werden.
Cingŭlŭm, ī *n.* Cingoli, St. It. (Maserata), *ca.* 1800 Einw., *ehem.* Bistum mit Osimo (1725) vereinigt; *dav.*: **Cingŭlānŭs** 3.
Cinĭānŭm castellŭm, ī *n.* fester Ort Belley, Fkr. (Ain).
cĭnĭphēs, ŭm *f. s.* cinips.
cĭnips, cĭnĭfĭs *f.* (scinips, sciniphis, scinifis, scynips, scinyps, σκνίψ, κνίψ *pl.*: σκνῖφες u. σκνῖπες) Stechmückenart, die die Trauben angreift; *auch*: eine Art Borkenkäfer.
cĭnĭs, ĕrĭs *m.* (*zuweilen auch*: *f.*) 1. Asche. 2. Aschenhaufen, Trümmer. 3. Feria quarta Cinerum: Aschermittwoch.
Cīnĭŭm, ī *n.* Sineu oder Calalonga, St. auf der Insel Majorka, Spanien (Balearen).
cinnămōmŭm, ī *n.* (κιννάμωμον) *s.* cinnamum.
cinnămŭm, ī *n.* (cinnamomum, κίνναμον) Zimt.
Cinthĭī, ōrŭm *m.* Familie in Cerqueto in It. (14. Jhdt.).
cĭnўră, ae *f.* (κινύρα) zehnsaitiges Musikinstrument, Harfe.
cĭppŭs, ī *m.* Spitzsäule, Grenzpfahl; Leichenstein.
circā 1. *adv.* ringsum, umher, in der Umgebung. 2. *praep. c. acc.*, um, in der Nähe von, nahe bei, neben, ungefähr, beiläufig, in Betreff, hinsichtlich.
circēnsĭs, ĕ zum Zirkus gehörig.
Circĭnă, ae *f.* Circina, kleine Insel an der Küste von Tunis, Nordafrika.
circĭnō 1 rund biegen.
circĭnŭs, ī *m.* Zirkel.
circĭtĕr *adv.* 1. ringsumher. 2. um, ungefähr.
circĭtŏr, ōrĭs *m.* Wächter, *pl.* die militärische Runde.
circŭĕō *s.* circŭmĕō.
circŭĭtĭō, ōnĭs *f.* 1. Umgang, Gang. 2. Umschweif, Umweg.
circŭĭtŭs, ūs *m.* 1. das Herumgehen, Umkreisen, Umtriebe, Nachstellungen. 2. Umfang, Umkreis, Umgebung: caput circuitus der erste der Gruppe (*Ps.* 139, 10). 3. der tägliche Wandel, das irdische Leben. 4. dient zur Umschreibung von Praepositionen: in circuitu ringsum; per circuitum ringsumher.
circŭĭvī *pf.* zu circumeo.
circŭlārĭs, ĕ kreisförmig.
circŭlātŏr, ōrĭs *m.* Umherläufer, Hausierer, Trödler.
circŭlō 1 kreisförmig machen, runden; *pass.* Gruppen bilden.
circŭlŭs, ī *m.* 1. Kreis, Ring. 2. Kreisbahn, Kreislauf anni, Umdrehung. 3. Gruppe, Versammlung.
circŭm 1. *adv.* ringsumher, ringsum, auf beiden Seiten. 2. *praep. c. acc.* um, ringsum, in der Nähe von, bei.
circŭmaedĭfĭcō 1 ringsum bauen.
circŭmāctŭs 3 gekrümmt; ringsherumgeflossen, verlaufen: aqua.
circŭmăgō, ēgī, āctŭm 1. herumführen, umwenden, umkehren. 2. *pass.* sich herumdrehen, ablaufen, verlaufen.
circŭmambŭlō 1 umhergehen.
circŭmămictŭs 3 rings umhüllt, angetan mit, bekleidet.
circŭmărō 1 umpflügen.
circumcellĭō, ōnĭs *m.* 1. Wandermönch. 2. bes. *pl.* Ketzer.
circumcīdō, cīdī, cīsŭm 3 abschneiden, beschneiden (bes. in rituellem Sinne).
circumcingō, cīnxī, cīnctŭm 3 umgürten.
circumcircā *adv.* um und um, ringsum, ringsherum.
circumcīsĭō, ōnĭs *f.* Beschneidung; C. Domini Fest der Beschneidung d. Herrn (Neujahrstag). 2. als Kollektiv: die Beschnittenen, Juden, das Judenvolk.
circumcīsŭs 3 beschnitten, abgekürzt.
circumclūdō, clūsī, clūsŭm 3 völlig einschließen.
circumcŏlō 1 rings umher wohnen.
circumcursō 1 nach allen Seiten durcheilen, umschwärmen, immer wieder angreifen.
circumdătĭō, ōnĭs *f.* Behang, Schmuck.
circumdō, dĕdī, dătŭm, dărĕ 1. umgeben, umringen. 2. ausschmücken.
circumdŏlō 1 ringsumbehauen.
circumdūcō, dūxī, ductŭm 3 1. herumführen. 2. betrügen.

circŭmĕō u. **circŭĕō,** ĭī *oder* īvī, ĭtŭm, īrĕ 1. herumgehen, Umweg machen. 2. umzingeln, überflügeln. 3. rings umhergehen, besichtigen.
circŭmĕquĭtō 1 um etwas herumreiten.
circŭmerrō 1 umherirren.
circumfĕrō, tŭlī, lātŭm, ferrĕ 1. herumtragen. 2. ausbreiten, unter die Leute bringen.
circumflectō, flēxī, flexŭm 3 umbeugen, umstimmen.
circumflexĭō, ōnĭs *f.* Umbeugung, Umstimmung.
circumflŭō, flūxī, flūxum 3 1. rings umströmen. 2. überströmen, überreich sein an.
circumflŭŭs 3 umflossen, umströmt.
circumfŏdĭō, fōdī, fossum 3 ringsum graben.
circumfulcĭō 4 ringsum stützen.
circumfulgĕō, fulsī 2 umleuchten, umstrahlen.
circumfundō, fūdī, fūsŭm 3 1. um-, übergießen. 2. *pass.* u. **sē circumfundĕrĕ** sich verbreiten. 3. *pass.* umringt, umzingelt werden.
circumgestō 1 herumtragen.
circumgrĕdĭŏr, gressus sŭm 3 feindlich umringen.
circumgressŭs, ūs *m.* 1. Herumgehen. 2. Umfang.
circŭmĭcĭō, iēcī, iectŭm, ĭcĕrĕ umherwerfen, umgeben; *dav.*: **circumiectus** 3 umliegend, benachbart.
circumlĕgō, lēgī, lēctŭm 3 um die Küste herumfahren (*Apg.* 28, 13).
circumlĭgō 1 umbinden; umschlingen.
circumlĭtĭō, ōnĭs *f.* Bemalung.
circumlŏcŭtĭō, ōnĭs *f.* Umschreibung eines Wortes oderBegriffes, Ausdruck.
circumlūcēns, entĭs ringsum schimmernd.
circummūnĭō 4 rings befestigen, umschanzen.
circŭmōrnō 1 ringsum schmücken.
circumplectŏr, plexŭs sŭm 3 umfassen, umschlingen.
circumpōnō, pŏsŭī, pŏsĭtŭm 3 rings aufstellen, herumlegen.
circumquāquĕ *adv.* ringsumher.
circumrētĭō 4 umgarnen, umstricken.
circumsaepĭō, saepsī, saeptŭm 4 umzäunen; abgrenzen.
circumscrībō, scrīpsī, scrīptŭm 3 1. abgrenzen, begrenzen, einchränken. 2. umgarnen, umstricken.
circumscrīptĭō, ōnĭs *f.* Begrenzung, Umfang.
circumscrīptīvŭs 3 umgrenzend.
circumscrīptŭs 3 scharf begrenzt.
circumsĕcō, sectŭm 1 rings beschneiden.
circumsĕdĕō, sēdī, sessŭm 2 umzingeln, belagern.
circumsēpĭō 4 *s.* circumsaepio.
circumsessĭō, ōnĭs *f.* Belagerung.
circumsīdō, sēdī 3 umstellen, umzingeln.
circumsistō, stĕtī 3 umstellen, rings bedrängen.
circumsĭtŭs 3 ringsum gelegen.
circumsŏnŭs 3 ringsum ertönend.
circumspĕctĭō, ōnĭs *f.* Umsicht, Vorsicht.
circumspectō 1 umherspähen, auflauern.
circumspectŏr, ōrĭs *m.* 1. Zuschauer, Wächter (*Eccles.* 7, 12), Beobachter. 2. Pächter, Verwalter.
circumspectŭs 3 1. umsichtig, überlegt. 2. ansehnlich.
circumspergō, sī 3 ringsum besprengen.
circumspĭcĭō, spēxī, spectŭm 3 1. *intr.* sich rings umherschauen. 2. *trans.* ringsum betrachten, etwas verlangen, suchen.
circumstantĭă, ae *f.* Umgebung; Umstand; ostium circumstantiae geschlossenes Tor der Lippen (*Ps.* 140, 3); urbs circumstantiae befestigte Stadt.
circumstō, stĕtī 1 1. *intr.* umherstehen. 2. *trans.* umgeben, umlagern.
circumstrĕpō, pŭī, pĭtŭm 3 umrauschen, umlärmen, laut erschallen lassen.
circumstrŭō, ūxī, ūctŭm 3 ringsum errichten, bebauen.
circumsūtŭs 3 ringsum zusammengenäht.
circumtēgō, tēxī, tēctŭm 3 ringsum bedecken.
circumtermĭnō 1 rings begrenzen.
circumtextŭs 3 ringsum verbrämt.
circumtŏnō 1 umdonnern, umrauschen.
circumvăgŭs 3 umherschweifend.
circumvāllō 1 mit einem Walle umgeben.
circumvectō 1 herumführen, herumfahren.
circumvēlō 1 umhüllen.
circumvĕnĭō, vēnī, ventŭm 4 1. umringen, umgeben, einschließen. 2. umgarnen, hintergehen, überlisten, übertölpeln, überwältigen.
circumventĭō, ōnĭs *f.* 1. Umzingelung, Verführung, erroris zum Irrtum. 2. Umweg, Abweg. 3. Übervorteilung.
circumvertō, vertī, versŭm 3 umdrehen, umwenden, stürzen.
circumvŏlĭtō 1 umflattern.
circumvŏlō 1 umfliegen.
circumvŏlūtō 1 umherwälzen.
circumvolvō, volvī, vŏlūtŭm 3 umherwälzen; *pass.* alicui umarmen, umfangen.
circŭs, ī *m.* (κίρκος) 1. Kreislinie. 2. Rennbahn, Zirkus.
cirrŭs, ī *m.* Haarlocke.
Cirtă, ae *f.* (Κίρτα) Kirta, St. u. Zitadelle in Numidien, *j.*: Konstantine in Algerien, Nordafrika.

cĭs *praep. c. acc.* diesseits.

Cis *indecl. m.* (*hebr.* Kisch ?) Kis 1. Vater des Königs Saul. 2. ein Israelit, *auch*: Jehiel genannt. 3. Israelit aus dem Stamme Levi, Sohn des Moholi. 4. Levit z. Z. des Königs Ezechias. 5. Israelit aus dem Stamme Benjamin, Urgroßvater des Mardochäus.

cĭsalpīnŭs 3 diesseits der Alpen, d. h. in Italien gelegen, wohnend.

Cisarŭlă, ae *f.* Vorarlberg.

Cison *indecl.* (*hebr.* ?) Kison, Fluß in der Ebene von Esdrelon, (Pal.), der in den Meerbusen von Akka (Mittelmeer) mündet; *j.*: Nahr-el-Mukatta (Würgfluß).

cīsōrĭŭm, ī *n.* Schneidewerkzeug.

cissos, ī *f* (κισσός) Epheu.

cistă, ae *f.* (κίστη) Kiste, Kasten.

cistellă, ae *f.* Kistchen, Kästchen.

Cistercĭēnsēs Rĕformātī Trappisten.

Cistercĭēnsĭs, ĕ 1. aus Cîteaux (Cistercium) im ehem. Burgund, wo der Orden der Cistercienser i. J. 1098 v. hl. Robert gestiftet wurde. 2. zu diesem Orden gehörig.

Cistercĭēnsĭs, ĭs *m.* u. *f.* Cisterciensermönch; = nonne.

Cistercĭŭm, ī *n.* (Cistertium) Cîteaux, Ort u. ehem. Cisterzienserabtei, Fkr. (Côte-d'Or).

cisternă, ae *f.* Zisterne, unterirdischer Wasserbehälter.

Cistertĭŭm, ī *n. s.* Cistercium.

cĭtātĭō, ōnĭs *f.* 1. das Anführen, Zitieren; Belegstelle, Aufzählung von Stellen. 2. Vorladung (vor Gericht), Forderung.

cĭtātōrĭŭm, ī *n.* die Vorladung vor Gericht.

cĭtātōrĭŭs 3 herbeirufend, vorladend, aufrufend; scheda citatōrĭa Vorladungsschreiben, die Vorladung.

cĭtātŭs 3 1. beschleunigt, schnell. 2. bereits erwähnt. 3. heftig (*Eccles.* 4, 34).

cĭtĕr, citră, citrŭm diesseitig.

cĭtĕrĭŏr, ŭs (*comp.* zu citer, a, um) diesseitig, näher gelegen.

cĭthără, ae *f.* (κιθάρα) Zither, Zitherspiel.

cĭthăristrĭă, ae *f.* Zitherspielerin.

cĭthărizō 1 die Zither spielen.

cĭthăroedŭs, ī *m.* Zithersänger.

cĭtĭmŭs 3 (citumus) *superl.* v. citer; sehr nahe, zunächst befindlich, nächst.

1. **cĭtō** 1 1. herbeirufen, vorladen. 2. namentlich anführen, nennen.

2. **cĭtō** *adv.* schnell.

Citōrĭŭs mōns, tĭs *m.* ehem. Sitz der päpstl. Gerichts- u. Polizeibehörde in Rom (*jetzt*: Camera dei deputati); dort wurden die päpstlichen Erlasse angeschlagen (= in acie campi Florae [campo dei fiori]).

cĭtrā 1. *adv.* diesseits. 2. *praep. c. acc.* a) vor, innerhalb. b) ohne, außer, ausgenommen, abgesehen von.

cĭtrĭnŭm mālŭm, ī *n.* Zitrone.

cĭtrŭs, ī *f.* Zitronenbaum oder auch Lebensbaum.

cĭtŭs 3 schnell, rasch.

cīvĭcŭs 3 bürgerlich, Bürger-.

cīvīlĭs, ĕ 1. bürgerlich, Bürger-. 2. öffentlich, staatlich, politisch.

cīvīlĭtās, ātĭs *f.* Freundlichkeit, Herablassung.

cīvĭs, ĭs *m.* u. *f.* Bürger, Bürgerin; Landsmann.

cīvĭtās, ātĭs *f.* Bürgerrecht, Bürgerschaft, Gemeinde, Stadt, Staat.

Cīvĭtās Castellī *f. s.* Tifernum Tiberinum.

Cīvĭtās Jūlĭă Equēstrĭs *f. s.* Noviodunum.

Cīvĭtās Plēbĭs *f.* Civitá (Cittá) della Pieve, St. It. (Perugia), *ca.* 2400Einw., Bischofssitz (seit 1600), exempt.

Cīvĭtās Victōrĭae *f.* Ciudad Victoria (früher Nuevo Santander), Hauptst. des Staates Tamaulipas in Mexiko, *ca.* 12000 Einw.; Bistum Tamaulipas oder C. Victoriae (seit 1870), Sitz in Victoria, Suffr. v. Linares.

Cīvĭtātēn. (*C. R.*) *s.* Rodericopolis.

Cīvĭtātĭs Castellānae (*C. R.*) *s.* Falisca.

Cīvĭtātĭs Castellī (*C. R.*) *s.* Tifernum Tiberinum.

Cīvĭtātĭs Plēbĭs (*C. R.*) *s.* Civitas Plebis.

Cīvĭtātĭs Victōrĭae (*C. R.*) *s.* Civitas Victoriae.

Cīză, ae *f. s.* Siza.

clādēs, ĭs *f.* Verlust, Unglück, Verderben, Niederlage.

clăm *adv.* heimlich, insgeheim.

clāmĭtātĭō, ōnĭs *f.* das heftige Schreien.

clāmĭtō 1 laut schreien, rufen.

clāmō 1 1. schreien, rufen. 2. ausrufen, verkündigen.

clāmŏr, ōrĭs *m.* Geschrei, Jammergeschrei; das Beifallrufen; Kriegsgeschrei, Lärm.

clāmōrōsŭs 3 mit Geschrei verbunden; geräuschvoll; lärmend; venatio clamorosa: Treibjagd, Hetzjagd.

clāmōsŭs 3 laut schreiend.

clancŭlō *adv.* u. **clancŭlŭm** *adv.* heimlich, im geheimen.

clandēstīnĭtās, ātĭs *f.* Heimlichkeit, seit dem Tridentinum technischer Ausdruck für Eheabschluß ohne die vorgeschriebene kirchliche Form vor dem zuständigen Pfarrer und zwei Zeugen.

clandēstīnŭs 3 heimlich, geheim.

clangō 3 1. schallen. 2. schmettern lassen, blasen; tubā oder bucīnā (Horn).

clangŏr, ōrĭs *m.* Klang, Geräusch, das Schreien.

Clānŭm, ī *n.* (Glevum, Castra Claudia) Gloucester, St. am Severn, England (Gloucestershire), *ca.* 50000 Einw.

S. Clāră, ae *f.* hl. Klara, Jgfr. und Stifterin der Klarissen, des II. Ordens v. hl. Franziskus, † 1253, 12. Aug.

S. Clără ā Crŭcĕ dē Montĕfalcō, hl. Klara vom Kreuze aus Montefalcone, Jgfr., († 1308).

Sie wurde 1268 zu Montefalcone in Umbrien geboren und fing schon mit vier Jahren an, Gott eifrig mit Gebet und Abtötungen zu dienen. Im Alter von sechs Jahren ging sie zu ihrer Schwester Johanna in ein einsam gelegenes Kloster. Bei ihrem Eintritt schien sie eine vollendete Meisterin in Beobachtung der Armut und in der Uebung des Gebetes zu sein. Besonders übte sie das Stillschweigen. Unablässig war sie in Betrachtung des Leidens Christi versunken. Nach dem Tode ihrer Schwester wurde sie, obwohl noch sehr jung, zur Oberin gewählt. Der Geist der Weissagung und der Herzenskenntnis und andere Gaben des hl. Geistes befähigten sie zur sicheren Leitung der ihr untergebenen Seelen. Mit himmlischer Weisheit widerlegte sie die falschen Sätze verschiedener Irrlehrer. Eifrig war sie bemüht, Feindschaften zu beseitigen. Von dem Almosen, das sie erhielt, verteilte sie reichlich an die Armen. Einst erschien ihr Christus mit dem Kreuze und sprach zu ihr: „Dieses Kreuz will ich dir geben, das nirgends besser aufgepflanzt sein kann als in deinem Herzen." Nach ihrem Tode fand man in ihrem Herzen die Leidenswerkzeuge Christi abgebildet. In der Gallenblase fanden sich als Symbol der Dreifaltigkeit drei Kügelchen, die an Größe, Gestalt, Farbe und Schwere vollkommen gleich waren. Aber jedes war zugleich so schwer wie die beiden andern und alle drei zusammen. Klara starb am 17. August 1308. — 17. August: Aug. O. und 18. August: Cap. O.

B. Clără Gambacorti, die sel. Klara Gambäorti, Witwe, O. Pr., † 1419.

1362 von adeligen Eltern in Nord-Italien geboren. Trat in ein Klarissenkloster ein, wo sie ihren Taufnamen Thora gegen den Namen Klara vertauschte. Ihr Bruder drang mit einer bewaffneten Macht in die hl. Stätte, entführte sie mit Gewalt und brachte sie in ihr elterliches Haus zurück. Durch eine himmlische Erscheinung offenbarte ihr Gott, daß er sie bestimmt habe, nicht im Franziskaner-, sondern im Dominikanerorden ihm zu dienen. Nach einem Leben voll Buße und Entsagung starb sie im Jahre 1419 im Alter von 57 Jahren. — 17. April (Dominikanerorden).

Clără Vallis *f.* 1. Clairvaux, Marktflecken u. ehem. Cistercienserabtei in der Gemeinde Villesous-la-Ferté, Diözese Troyes, Fkr. (Aube); Klostergebäude *j.*: Gefängnis; *dav.*: **Clārăvallĕnsĭs,** ĕ. 2. Chiaravalle, Cistercienserkloster, Oberitalien, Diözese Mailand. 3. Zwettl, Cistercienserkloster in Nieder-Österreich, Diözese St. Pölten.

Clārăvallĕnsĭs, ĕ *s.* Clara Vallis.

clārĕō 2 berühmt sein, glänzen.

clārēscō, ŭī 3 erglänzen, berühmt werden.

clārĭfĭcātĭō, ōnĭs *f.* Verherrlichung.

clārĭfĭcō 1 verherrlichen, preisen.

Clarissae, ārŭm *f.* Klarissen, Ordensfrauen vom 2. Orden des hl. Franz v. Assisi.

Clārĭŭm, ī *n.* Chiari, St. It. (Brescia), *ca.* 4000 *Einw.*

Clarĭus, ī *m.* (Κλάριος) Apollo (von der Stadt Klaros).

clārĭsŏnŭs 3 helltönend.

clārĭtās, ātĭs *f.* Berühmtheit, Glanz, Herrlichkeit.

clārĭtūdō, ĭnĭs *f.* Berühmtheit.

clārō 1 berühmt machen, verherrlichen.

Clārŏmōns, ontis *m.* (Augustonemĕtŭm) Clermont-Ferrand, St. Fkr. (Puy-de-Dôme), *ca.* 55000 Einw., Bischofssitz (seit 3. Jhdt.), Suffr. v. Bourges; *dav.*: **Clāromontĕnsĭs,** ĕ.

Clārŏmontānus 3 aus Clermont.

Clārŏmontēn. (*C. R.*) *s.* Claromons.

Clārŏmontĕnsĭs pāgŭs, ī *m.* le Clermontois, ehem. Grafschaft, Fkr., (Meuse).

Clārŏnă, ae *f.* Clarens, Ort nordöstlich vom Genfersee zu Montreux gehörig, Schweiz (Waadt); *dav.*: **Clārŏnĕnsĭs,** ĕ.

Clārŏnĕnsĭs, ĕ 1. aus Clarens *s.* Clarona. 2. aus Glarus, St. an der Linth, Schweiz (Glarus), *ca.* 5000 Einw.; **Clārŏnĕnsĭs pāgŭs** = Kanton Glarus.

clārŭm, ī *n.* Helligkeit, Licht.

clārŭs 3 1. hell, leuchtend, glänzend. 2. deutlich, verständlich, offenbar. 3. berühmt, hervorleuchtend.

Clārŭs Campŭs, ī *m.* Klaarkamp, Cistercienserkloster, Niederlande, Diözese Leeuwarden.

Clārŭs Fōns, tis *m.* 1. Clairfontaine (Claire-Fontaine), D. u. Cistercienserkloster, Diözese Besançon, Fkr. (Seine-et-Oise). 2. Claire-Fontaine, Cistercienserkloster in Luxemburg.

Clārŭs Mariscŭs, ī *m.* Clairmarais, Cistercienserkloster, Fkr., Diözese Arras.

Clārŭs mōns, tĭs *m.* Berg bei Czenstochau mit Muttergotteswallfahrt, Polen; *s.* Czenstochovia.

Clāssĕnsĭs, ĕ *s.* Classis.

clāssicŭm, ī *n.* Geläute mit allen Glocken.

clāssis, ĭs *f.* 1. Abteilung, Klasse, Rangstufe, z. B. festum duplex primae classis: Fest ersten Ranges. 2. Flotte, Kriegsflotte, Geschwader.

Clāssĭs, ĭs *f.* Classis, ehem. Hafenstadt bei Ravenna, It., von Kaiser Augustus angelegt u. i. J. 750 n. Chr. zerstört. Jetzt gibt es dort nur noch die im 6. Jhdt. erbaute Kirche Sant' Apollinare in Classe; *dav.*: **Clāssĕnsĭs,** ĕ.

clathrī, ōrŭm *m.* (clatri, clatra; *dorisch:* κλᾷϑρον) das Gitter.

clatră, ōrŭm *n. s.* clathri.

clatrī, ōrŭm *m. s.* clathri.

Claudĭă, ae *f.* Klaudia, eine vom hl. Apostel Paulus bekehrte Römerin.

Claudĭă Castră, *n. s.* Clanum.

S. Claudĭānŭs, Bek., Bruder des hl. Vigilius, Bischofs von Trient, *s.* S. Vigilius.

claudĭcāns, ntĭs hinkend, lahm.

claudĭcō 1 1. lahm sein, hinken. 2. schwanken, unentschieden sein. 3. ab aliqua re mit Schande etwas aufgeben: a semitis suis (*Ps.* 17, 46).

S. Claudĭī (*C. R.*) *s.* 3. S. Claudius.

Claudĭī fŏrŭm, ī *n. s.* Centronum civitas.

Claudĭŏpŏlĭs, ĭs *f. s.* S. Augendi.

1\. **S. Claudĭŭs,** ī *m.* hl. Klaudius, Bek. u. Bisch. v. Besançon (im 7. Jhdt.).

Aus berühmtem Grafengeschlechte stammend, wurde Cl. als frommer Jüngling im Alter von 20 Jahren unter die Kanoniker von Besançon aufgenommen; er fastete sehr streng und durchwachte einen Teil der Nacht im Gebete. Im Verlaufe der Zeit wählte man ihn gegen seinen Willen zum Erzbischof von Besançon. Nachdem er sieben Jahre dieses Amt verwaltet hatte, zog er sich in ein Kloster im Jura zurück, wo er nach dem Hinscheiden des Abtes zu dessen Nachfolger erkoren ward. Ungefähr 50 Jahre war er als solcher tätig; er starb gegen Ende des 7. Jahrhunderts. An seinem Grabe wurde ein blinder Priester sehend. Im Jahre 1243 fand man seinen Leichnam unverwest; daher nannte man das Kloster jetzt nach dem hl. Claudius, während es früher nach dem hl. Eugendus benannt war; ja, Benedikt X. errichtete mit dem Kloster als Mittelpunkt die Diözese St. Cloud. Am 19. Juni 1794 wurde der noch unversehrt vorhandene Körper des Heiligen durch die Revolutionsmänner verbrannt. Die Stadt aber wurde ebenfalls am 19. Juni fünf Jahre darauf eine Beute der Feuersbrunst, was von vielen als göttliches Strafgericht angesehen wurde. — 6. Juni oder 8. Juni.

2\. **S. Claudĭŭs,** ī *m.* Martyrergenosse des hl. Marcellinus.

3\. **S. Claudĭŭs,** ī *f.* S. Claude, St. an der Brienne Fkr. (Jura), *ca.* 10 000 Einw.; Bischofssitz (seit 1742), Suffr. v. Lyon.

Claudĭŭs, ī *m.* Klaudius 1. römischer Kaiser (41—54). 2. Tribun in Rom im 3. Jahrhundert. 3. Vater des hl. Bischofs Fulgentius.

Claudĭŭs Lysĭăs, ae *m.* Klaudius Lysias, römischer Oberst, der den hl. Apostel Paulus nach Caesarea bringen ließ (*Apg.* 23, 26).

claudō, sī, sŭm 3 (clūdō) 1. schließen, verschließen, sperren. 2. beschließen, beendigen, supremum diem c. sterben. 3. absperren, einsperren. 4. umzingeln, umgeben.

claudŭs 3 lahm, hinkend.

clausĭbĭlĭs, ĕ verschließbar.

claustră, ōrŭm *n. s.* claustrum.

claustrālĭs, ĕ klösterlich.

Claustrēnsĭs abbātĭă, ae *f. s.* Claustrum.

Claustrŏnĕŏburgēnsĕ mŏnastērĭŭm, ī *n. s.* Claustroneoburgum.

Claustrŏnĕŏburgŭm, ī *n.* (Claustroneoburgense monasterium) Klosterneuburg, St. r. a. d. Donau, 9 km oberhalb Wiens, Österreich (Niederösterreich), *ca.* 12000 Einw., Augustinerchorherrenstift; *dav.*: **Claustrŏnĕŏburgēnsĭs,** ĕ.

claustrŭm, ī *n.* (claustră) 1. Schloß, Verschluß. 2. das Verschlossene, Abgesperrte: c. corporis Geheim-, Schamteile; Mutterschoß, Jungfräulichkeit. 3. Kloster. 4. der zu ebener Erde liegende Hauptgang des Klosters, *gewöhnlich* Kreuzgang genannt.

Claustrŭm, ī *n.* (Claustrensis abbatia) Himmerich, D. Preußen (Rheinprovinz).

clausŭlă, ae *f.* 1. Verschluß; Schluß (z. B. der Gebete, Orationen), Ende, Endung; Schlußsatz. 2. einschränkende Schlußbemerkung (die Bedingungen enthält), Vorbehalt, Klausel (*C. j. c.* 27, 1515 § 3).

clausūră, ae *f.* 1. Verschluß, Schluß. 2. der in Klöstern für die Insassen abgesonderte Teil des Hauses (oder Gartens): Klausur.

clāvă, ae *f.* Knittel, Keule, Stab: clava cardinalitia.

Clāvārēn. (*C. R.*) *s.* Clavarium.

Clāvārĭŭm, ī *n.* Chiavari, St. It. (Genua), *ca.* 10 000 Einw., Bischofssitz (seit 1893), Suffr. v. Genua; *dav.*: **Clāvārēnsĭs,** ĕ.

S. Claver Petrus *s.* S. Petrus Claver.

clāvĭcŭlŭs, ī *m.* Schlüsselträger, Pförtner.

1\. **clāvĭgĕr,** ĕră, ĕrŭm schlüsseltragend, Beiname des hl. Petrus.

2\. **clāvĭgĕr,** gĕrī *m.* Keulenträger, Stabträger.

claviger-mazzerius, ī *m.* Keulenträger, Stabträger, Liktor (*Tautologie*: mazzerius, *ital.* mazziere Keulenträger, Stabträger bedeutet das gleiche wie claviger).

clāvĭs, ĭs *f.* Schlüssel.

clāvŭlŭs, ī *m. s.* claviculus.

clāvŭs, ī *m.* 1. Nagel. 2. Steuerruder (*Prov.* 23, 34). 3. Purpurstreifen am Gewande, Verbrämung.

clēmēns, **ntĭs** mild, schonend, gnädig, sanft.

S. Clēmēns, tis *m.* hl. Klemens I., Papst (91—100), Schüler des hl. Petrus, 23. Nov.

S. Clēmēns Maria Hofbauer, hl. Klemens Maria Hofbauer, Bek. u. Ordenspriester († 1820).

Wurde in Tassowitz (Mähren) geboren. Als Jüngling erlernte er das Bäckerhandwerk, bereitete sich aber nebenbei auf das Priestertum vor. Dreimal machte er eine Fußreise nach Rom, zweimal zog er sich zur Betrachtung in eine Einöde zurück. Auf der Romfahrt fand er Aufnahme bei den Redemptoristen. Als Priester wurde er nach Warschau entsandt, wo er eine Niederlassung gründete und mehr als 26 Jahre tätig war. Er nahm sich der Ketzer und der Juden mit rührender Liebe an. Nachdem er noch andere Häuser seiner Kongregation eingerichtet hatte, traf ihn die Verbannung aus Polen; er zog nach Wien, wo er die zwölf letzten Lebensjahre zubrachte und reich an Verdiensten als wahrer Apostel der Großstadt am 15. März 1820 starb. Leo XIII. nahm ihn unter die Seligen, Pius X. unter die Heiligen der katholischen Kirche auf. — 15. März: (Augsburg, Bamberg, Breslau, Brünn, Chur, Freiburg, Gnesen-Posen, Krakau, Kulm, Lemberg Linz, Mainz,

München-Freising, Münster, Olmütz, Paderborn, Passau, St. Pölten, Regensburg, Rottenburg, Sachsen-Meißen, Salzburg, Seckau, Speyer, Wien, Kirchenprovinz Warschau [ausgenommen Sejny]).

S. Clēmēns in Tolētō San Clemente, Cist.-innenkloster in Spanien, Diöz. Toledo.

B. Clēmēns, tĭs *m.* sel. Klemens, Japaner, Mart., *s.* B. Paulus Navarro.

B. Clēmēns ā S. Elpĭdĭō, sel. Klemens von Osimo, Bek. u. Priester († 1291).

Er wurde auch Klemens von Osimo genannt und trat als Jüngling in den Augustinerorden ein. Mit dem sel. Augustinus Novellus gab er als Ordensgeneral die Konstitutionen heraus, so daß er als zweiter Stifter des Ordens angesehen wurde. Er war Beichtvater Bonifaz' VIII. Von einer Visitationsreise nach Deutschland zurückgekehrt, starb er zu Orvieto (Mittelitalien). — 8. April. (Aug.-O.)

Clēmēns, tis *m.* Klemens I. *Päpste*: 1. Cl. I. s. S. Clemens. 2. Cl. II. (1046—47). 3. Cl. III. (1187—1191). 4. Cl. IV. (1265—68). 5. Cl. V. (1305—14) in Avignon. 6. Cl. VI. (1342—52) in Avignon. 7. Cl. VII. (1523—34). 8. Cl. VIII. (1592—1605). 9. Cl. IX. (1667—69). 10. Cl. X. (1670—76). 11. Cl. XI. (1700—21). 12. Cl. XII. (1730—40). 13. Cl. XIII. (1758—69). 14. Cl. XIV. (1769—74). — II. ein Christ in Philippi, Mitarbeiter des hl. Apostels Paulus.

Clēmēns Alexandrīnŭs, Klemens von Alexandrien (Ägypten), Vorsteher der Katechetenschule, philosophischer Schriftsteller; von vielen als „heilig" bezeichnet († 217).

Clēmēns Augustŭs, Klemens August, Erzbischof v. Köln (1836—1842), † 1845.

clēmentĭă, ae *f.* Milde, Gelindheit; Schonung, Gnade, Huld.

S. Clēmentĭă, ae *f.* hl. Klementia, Jgfr. u. Mart., Genossin der hl. Ursula (5. Jhdt.).

Clēmentĭă, ae *f.* Klementia, Mutter des hl. Mart. Servulus aus Triest (3. Jhdt.).

Clēmentĭānŭs, ī *m.* Richter in Rom unter Julian dem Abtrünnigen (um 360).

Clēmentīnae (*scil.*: constitutiones) Klementinen, die von Papst Klemens V. (1305—1314) erlassene u. gesammelte und von Papst Johannes XXII. herausgegebene offizielle Gesetzessammlung. (Durch den neuen Codex juris canonici außer Kraft gesetzt.)

clēnōdĭă, ae *f.* und **clēnōdĭŭm,** ī *n.* Kleinod.

Clĕŏpātră, ae *f.* (*Κλεοπάτρα*) Kleopatra, Tochter des Ptolemäus Philometor, Königs von Ägypten u. Gemahlin Alexanders, Königs von Syrien (1. *Mach.* 10, 57).

Clĕŏphās, ae *m.* (*hebr.* = Clopas = Alphaeus „Wechsler") 1. einer der beiden Jünger, die mit Jesus nach Emmaus gingen. 2. Gemahl der Maria, einer Verwandten der Gottesmutter, Vater des hl. Simeon.

clērĭcālĭs, ĕ geistlich; clericalis militia: geistlicher Stand.

1. **clērĭcŭs** 3 geistlich.

2. **clērĭcŭs,** ī *m.* 1. Geistlicher, Kleriker. 2. Gehilfe eines Priesters.

clērŭs, ī *m.* (ὁ κλῆρος Los) 1. Losanteil (*Ps.* 67, 14: Vulgata gänzlich sinnloser Text [*auch* in der *hebr.* Massorah verderbt: Schlögl übersetzt: „Und ihr lungert zwischen den Hürden, als spähet ihr nach der Taube, in Silber gehüllt, und nach ihren Schwingen goldig grün!" P. P. Szczygiel, M. S. C. übersetzt: „Fürwahr nicht werdet ihr zwischen Ödhügeln wohnen, der Taube gleich, deren Flügel mit Silber bedeckt sind und deren Schwingen mit schillerndem Golde."] 2. die Geistlichkeit, der Klerus.

S. Clētŭs, ī *m.* hl. Kletus, Papst (*ca.* 77—91), Mart., 26. April.

B. Clet *s.* B. Franciscus Clet.

Clevelanden. (*C. R.*) *s.* Clevelandia.

Clevelandĭă, ae *f.* Cleveland, St. am Eriesee, Nordamerika (Ohio), *ca.* 381 000 Einw.; Bischofssitz (seit 1847), Suffr. v. Cincinnati; *dav.*: **Clevelandēnsĭs,** ĕ.

Clēvēnsĭs urbs, bis *f.* *s.* Clivis.

clībănus, ī *m.* (κλίβανος) 1. tönernes Gefäß. 2. Backform, Backpfanne. 3. Ofen (*Ps.* 20, 10).

clĭēns, ntĭs *m.* 1. Klient, Höriger, Leibeigener. 2. Lehensmann, Vasall. 3. Schützling, Schutzbefohlener.

clĭentŭlŭs, ī *m.* Untertan, Diener.

Cliftonia, ae *f.* Clifton, Vorstadt von Bristol, Irland (Gloucester); Bistum Clifton (seit 1850), Sitz in Bristol, *ca.* 350 000 Einw., *dav.*: **Cliftoniensis,** e.

Cliftonien. (*C. R.*) *s.* Cliftonia.

clīmă, ătĭs *n.* Witterung, Klima, Gegend.

Climberrŭm, ī *n.* *s.* Augusta Auscorum.

Clīnĭăcŭm, ī *n.* (Cluniacum) Cluny, St. Fkr. (Saône et-Loire), *ca.* 3100 Einw., ehem. berühmte Benediktinerabtei, von der eine (seit 709 eine zweite) Reform des Benediktinerordens ausging; *dav.*: **Clīnĭăcēnsĭs** u. **Clūnĭăcēnsĭs,** ĕ.

clĭpĕātŭs, ī *m.* Schildträger.

clĭpĕō 1 mit einem Schilde ausrüsten.

clĭpĕŭs, ī *m.* Schild.

Clippiăcŭm, ī *n.* Ort Clichy bei Paris.

clītellae, ārŭm *f.* Saumsattel, Packsattel.

clītellārĭŭs 3 mit einem Saumsattel beladen, einen Saumsattel tragend; equus clitellarius Saumpferd, Sattelpferd.

clitŏrĭs, ĭdĭs *f.* der Kitzler, Wollustorgan des Weibes (Pastoralmedizin).
Clivĭēnsĭs dŭcātŭs, ūs *m.* ehem. Herzogtum Kleve, *s.* Clivis.
Clivĭs, ĭs *f.* (Clivia, Clevensis urbs) Kleve, St. am Niederrhein, Preußen (Rheinprovinz), *ca.* 15 000 Einw.; Hauptstadt des ehem. Herzogtums Kleve; *dav.*: **Clēvēnsĭs** u. **Clivĭēnsĭs,** ĕ.
clīvōsŭs 3 abschüssig, steil.
clīvŭs, ī *m.* Abhang, Hügel, Berg; clivus olivarum Ölberg (bei Jerusalem); Clivus Cucumeris, clivo del Cucumero „Gurkenhügel" in Rom an der alten Via Salaria.
clŏācă, ae *f.* Kloake, Kanal.
cloccă, ae *f.* Glocke.
Clocerĭă, ae *f.* Clogher, Ort in Irland, *ca.* 200 Einw., Bistum (seit 454), Sitz in Monghan, Suffr. v. Armagh; *dav.*: **Clogharĭēnsĭs,** ĕ.
Clodĭă Fossă, ae *f.* Chioggia, St. It. (Venedig), *ca.* 21 000 Einw.; Bischofssitz (seit 7. Jhdt.), Suffr. v. Venedig; *dav.*: **Clodĭēnsĭs,** ĕ.
Clodĭēn. (*C. R.*) *s.* Clodia Fossa.
S. Clodoaldi (*C. R.*) *s.* S. Clodoaldus.
S. Clodoaldŭs, ī *f.* Saint-Cloud, St. am Mississippi, Nordamerika (Minnesota), *ca.* 10 000 Einw.; Bischofssitz (seit 1889), Suffr. v. St. Paul.
Clōdŏmīrŭs, ī *m.* Chlodomer, König der Franken (511—524), Sohn Chlodwigs I. u. der hl. Chlotilde; regierte in Orléans.
Clōdŏvaeŭs, ī *m.* (Clōdŏvēŭs) *m.* Chlodwig (Chlodovech), Name mehrerer Frankenkönige aus dem Hause der Merowinger: Chlodwig I. (481—511), Begründer des Frankenreiches; Gemahl der hl. Chlotilde; 496 vom hl. Bischof Remigius getauft. — Chlodwig II. (639—657), Sohn Dagoberts I., König von Neustrien u. Burgund (656 auch von Austrasien). — Chlodwig III. (691—695), Sohn Teuderichs III., König von Austrasien († als Kind).
S. Clōdulphŭs, ī *m.* hl. Klodulph, Bek. u. Bischof v. Metz, Sohn des hl. Arnulph u. der Doda († 690).
Wurde als Nachfolger Godos Bischof von Metz. Er ließ den Lebenslauf des hl. Arnulph, seines Vaters, aufzeichnen und darin auch ein Begebnis aufnehmen, das für ihn selbst demütigend war: er hatte nämlich dem alles den Armen schenkenden Vater einstmals wenig Unterstützung zuteil werden lassen. Als Neunzigjähriger starb er im Jahre 690. Seine Gebeine wurden später unter Adalbert I. in ein Priorat bei Nancy gebracht. — 8. Juni (Metz).
Clōtārĭŭs, ī *m.* Chlotar. Name mehrerer Frankenkönige aus dem Hause der Merowinger: Chlotar I. (511—561), Sohn Chlodwigs I. u. der hl. Chlotilde; regierte in Soissons. — Chlotar II. (584—629), Sohn Chilperichs I. u. dessen Nebenfrau Fredegunde, König von Neustrien in Soissons. — Chlotar III. (657—673), Sohn Chlodwigs II. u. der Bathildis; zuerst König des ganzen Frankenreiches, seit 663 nur von Neustrien u. Burgund. — Chlotar IV., von Karl Martell 717 als Gegenkönig gegen Chilperich II. eingesetzt, † 719.
Clogherĭēn. (*C. R.*) *s.* Cloceria.
Clonfertēn. (*C. R.*) *s.* Connocia.
S. Clōtildĭs, is *f.* hl. Chlotilde, Witwe u. Königin († 548).
Tochter des Königs Chilperich von Burgund. Ihre Eltern wurden von ihrem Oheim König Gundobald ermordet, sie selbst dem heidnischen Fürsten Chlodwig zur Gemahlin gegeben. Sie ließ ihren Erstgeborenen, namens Ingomer, taufen; doch als das Kind bald darauf starb, machte ihr der heidnische Vater heftige Vorwürfe, da er in seinem Aberglauben meinte, eben diese Taufe sei am Tode des Knaben schuld. Als sie auch ihren zweiten Sohn mit Namen Chlodomer hatte taufen lassen und dieser ebenfalls schwer erkrankte, bat sie Gott, dem Kinde das Leben zu lassen. Gott erfüllte ihre Bitte. Chlodwig aber rief, der Mahnung seiner Gattin eingedenk, in einem Treffen gegen die Alamannen Christus als Helfer an und siegte. Er ließ sich deshalb bald darauf vom hl. Remigius in Reims taufen. Nach dem Tode ihres Gatten siedelte Chlotilde nach Tours über, wo sie am Grabe des hl. Martin wachte und betete, sowie ihre Enkel, die Söhne des im Kampfe mit den Burgundern getöteten Chlodomer, erzog. Sie starb in Tours und wurde in der Kirche vom hl. Petrus, der späteren Genovevakirche, beigesetzt. In der Revolutionszeit verbrannte man diese und andere Reliquien, um sie vor den wilden Horden zu schützen. Die Aschenteile wurden sorgsam gesammelt und in der Kirche St. Gilles in Paris beigesetzt. — 3. Juni (Lausanne-Genf).
Cloynēn. (*C. R.*) *s.* Momona.
clūdō, sī, sŭm *s.* claudo.
clūnācŭlŭm, ī *n.* kleines Schwert.
Clūnĭă, ae *f.* (Colonia Clunia, Cluniense municipium) Coruña (Corugna) de Conde, St. Spanien (Altkastilien).
Clūnĭăcŭm, ī *n. s.* Ciniacum.
Clūnĭēn. (*C. R.*) *s.* Philippopolis (Dindad Real).
Clūsīn. (*C. R.*) *s.* Clusium.
Clūsĭŭm, ī *n.* (früher Camars oder Camers genannt, eine der zwölf Republiken Etruriens) *j.* Chiusi, St. r. an der Chiana, It. (Siena), *ca.* 6000 Einw.; Bistum vereinigt mit Pienza, Suffr. v. Siena; *dav.*: **Clūsīnŭs** 3 u. **Clūsīnēnsĭs,** ĕ.
clūsŏr, ōrĭs *m.* 1. Einschließer. 2. Schmied, Schlosser.
clŷpĕŭs, ī *m. s.* clipeus.
C. M. = Congregatio Missionis: Lazaristen, gegr. 1625.
C. M. F. = Cordis Mariae Filii oder Missionarii Filii Immaculatae Cordis Mariae Söhne des heiligsten Herzens Mariä, gegr. 1849.
Coa *indecl.* (*hebr.* Qowe) Kue, wahrscheinlich das heutige Kilikien; statt

Ägypten (Misraim) wäre dann 3 *Kön.* 10, 28 u. 29 Musri zu lesen, worunter das Hinterland von Kilikien zu verstehen wäre. (In einer Keilschrift von Salmanassar II. findet sich Musri u. Kue nebeneinander genannt.)

cŏăcervō 1 aufhäufen; sibi magistros c. sich Lehrer über Lehrer nehmen.

cŏăctē *adv.* mit Zwang.

cŏăctim *adv.* gedrängt, kurz.

cŏăctĭō, ōnĭs *f.* 1. Zwang. 2. Einkassieren (von Steuern). 3. das kurze Zusammenfassen.

cŏăctīvŭs 3 Zwang bewirkend, zwingend, strafend, Zwangs-; potestas coactiva Zwangsgewalt, Exekutivgewalt, ausführende Gewalt (*C. j. c.* 335 u. 2220).

cŏăctō 1 mit aller Gewalt zwingen, streng einengen.

cŏăctŏr, ōrĭs *m.* Steuereinnehmer, Zöllner.

cŏăctŭs 3 *s.* cogo.

cŏădiūtŏr, ōris *m.* 1. Mitarbeiter, Helfer; 2. episcopus Coadiūtor Weihbischof, Koadjutor eines Bischofs mit dem Rechte der Nachfolge (auxiliaris Weihbischof ohne Nachfolgerecht) (*C. j. c.* 248 u. 350).

Cŏădiūtōrĭă, ae *f.* Koadjutorie, Amt eines Koadjutors (Weihbischofs) (*C. j. c.* 1412).

Cŏădiūtŭs, ī *m.* der von einem Koadjutor (Weihbischof) unterstützte Diözesanbischof (*C. j. c.* 351).

cŏădiŭvō 1 zugleich mithelfen, mitunterstützen.

cŏădūnātĭō, ōnĭs *f.* Vereinigung, das Zusammenfassen.

cŏădūnō 1 vereinigen, zusammenbringen, versammeln.

cŏaedĭfĭcō 1 bebauen, zu gleicher Zeit erbauen.

cŏaequālēs, ĭŭm *m.* Altersgenossen.

cŏaequālĭs, ĕ gleichalterig, gleichartig.

cŏaequō 1 eben-, gleichmachen; an Würde gleichstellen.

cŏaetānĕŭs, ī *m.* Altersgenosse.

cŏaeternŭs 3 gleich ewig.

cŏaevŭs 3 gleichalterig.

cŏaggĕrō 1 zusammenhäufen, zudecken.

cŏăgĭtō 1 zusammenrütteln.

cŏăgmentātĭō, ōnĭs *f.* Verbindung.

cŏăgmentō 1 zusammenfügen.

cŏăgŭlātĭō, ōnĭs *f.* das Zusammenlaufen, Gerinnen.

cŏăgŭlātŭs 3 zusammengeronnen; mons coagulatus vielgipfliger Berg (*Ps.* 67, 17); cor sicut lac coagulatum ein im Bösen verstocktes Herz, ein gefühlloses Herz (*Ps.* 118, 70).

cŏăgŭlō 1 1. gerinnen machen. 2. *pass.*: gerinnen, fest werden.

cŏăgŭlŭm, ī *n.* 1. Mittel, das gerinnen macht. 2. geronnene Milch.

cŏălēscō, ălŭī 3 1. sich vereinigen, sich fest verbinden. 2. zusammenwachsen. 3. Wurzel fassen, sich befestigen.

cŏambŭlō 1 mithegen; herumwandeln.

cŏangustō 1 von allen Seiten bedrängen, ängstigen.

cŏăpostŏlŭs, ī *m.* Mitapostel.

cŏaptātĭō, ōnĭs *f.* das Zusammenfügen, das Verbinden.

cŏaptō 1 zusammenhalten, verbinden.

cŏarctō 1 1. zusammendrängen, verkürzen, abkürzen. 2. einengen, zügeln, beschränken.

cŏargŭō, ŭī, ūtŭm 3 1. beweisen, zeigen. 2. anklagen, überführen.

cŏartō 1 zusammendrängen, verkürzen.

cŏassistō 1 zugleich assistieren, am liturgischen Gottesdienst mitteilnehmen.

Cobbō, ōnĭs *m.* Kobbo, der erste Graf von Tecklenburg (Bezirk Münster); beraubte den verwaisten Bischofssitz von Osnabrück vieler Rechte (z. B. des Zehntrechts) (9. Jhdt.).

Coccinēn. (*C. R.*) *s.* Cochinum.

coccĭnĕŭs 3 scharlachfarben, purpurn.

coccĭnŭm, ī *n.* (coccum) scharlachfarbenes Tuch, Scharlach-, Purpurgewand.

coccŭm, ī *n.* (κόκκος) 1. die Scharlachbeere, der Kermes (Insektenart der Schildläuse), womit scharlachrot gefärbt wurde. 2. die Scharlachfarbe. 3. Scharlach, scharlachfarbenes Zeug, Tuch (*vgl.* coccinum).

Cochambamba, ae *f.* Cochambamba, Hauptstadt von Bolivien in Südamerika, *ca.* 30 000 Einw.; Bischofssitz (seit 1874), Suffr. v. Charças (la Plata); *dav.*: **Cochambambēnsĭs, ĕ.**

Cochambambēn. (*C. R.*) *s.* Cochambamba.

Cochinŭm, ī *n.* Kotschin (engl. Cochin), Hauptstadt des indisch-britischen Vasallenstaates Kotschi an der Malabarküste, Ostindien, *ca.* 20 000 Einw.; Bistum (seit 1557, reorganisiert 1886), Suffr. v. Goa; *dav.*: **Coccinēnsĭs, ĕ.**

cochlĕă, ae *f.* (coclea, κοχλίας, ὁ) 1. Schnecke; per cochleam (cocleam) schneckenförmig. 2. Schneckenhaus, Schraube. 3. Turm mit einer Wendeltreppe, Schneckenturm, Wendeltreppe (*Ez.* 41, 7).

cochlĕăr, ārĭs *n.* (*auch:* cōchleārĕ, ĭs n.) Löffel, Löffelchen.

coclĕă, ae *f. s.* cochlea.

Cŏcincīnă, ae *f.* Cochinchina in Ostasien; *dav.*: **Cocincīnēnsĭs,** ĕ.

coctĭlĭs, ĕ gebrannt, gekocht.

coctĭō, ōnĭs *f.* 1. das Kochen. 2. das Gekochte.

coctŏr, ōrĭs *m.* Koch.

coctōrĭŭs, 3 zum Kochen oder Schmelzen dienend: fornax.

cŏcŭs, ī *m.* *s.* coquus.

Cōcȳtŭs, ī *m.* (*Κώκυτος*) Kokytus 1. der Klage- oder Tränenstrom (von *κωκύω* heulen, weinen), ein sagenhafter Fluß der Unterwelt, ein Arm des Styx, der in den Acheron fließt. 2. (allgemein) Gewässer der Unterwelt (*Job.* 21, 33).

Codacius Petrus, ī *m.* Peter Codaz, Priester und Vorsteher der Marienkirche de Strata in Rom, der die Kirche mit dem Gnadenbilde an den hl. Ignatius und dessen Orden abtrat.

cōdex, ĭcĭs *m.* 1. Baumstamm. 2. Buch, Schrift, Dokument, *besonders*: Gesetzbuch, Codex juris canonici das Gesetzbuch des Kirchenrechts; *auch*: die Bibel.

cōdĭcillŭs, ī *m.* kleineres Schreiben, Handschreiben, Bittschrift.

cōdĭfĭcātĭō, ōnĭs *f.* Kodifikation, Kodifizierung, die Sichtung und Ausscheidung der bisher erlassenen Gesetze, sowie die Sammlung und Ordnung aller noch geltenden Gesetze in einem Gesetzbuche (codex).

coecŭs 3 *s.* caecus.

Coelānŭm, ī *n.* *s.* Caelanum.

cŏēlēctŭs 3 1. miterwählt. 2. versammelt (*ptc.* zu coēlĭgo).

Coelestīnī, ōrŭm *m.* Cölestiner, die Mitglieder der vom hl. Petrus Coelestinus gestifteten Genossenschaft.

S. Coelestīnŭs, ī *m.* hl. Cölestin 1. Papst Cölestin I. (422—432), 7. April. 2. hl. Petrus Cölestin V., Papst 1294 † 1296, er hatte als Peter von Murone die nachher Coelestiner benannte kirchliche Genossenschaft gestiftet.

S. Coelestīnŭs, ī *m.* Bek. u. Bisch. v. Metz.
Begründete mit dem sel. Clemens die Metzer Kirchengemeinde; er war dessen Nachfolger im Bischofsamte. Näheres aus seinem Leben und Wirken fehlt. Die Reliquien des hl. Coelestinus wurden im 9. Jahrhundert von Erzbischof Drogo nach dem Kloster Marmoutier gebracht. Als dasselbe von den Revolutionsmännern zu Ende des 18. Jhdts. verwüstet wurde, gingen des Heiligen Gebeine verloren, abgesehen von einem Knochenstücke, das seit langem in der Ortschaft Many aufbewahrt wurde. — 14. Oktober.

Coelestīnŭs, ī *m.* Cölestin 1. Papst C. I. *s.* S. Coel. 1. 2. Cölestin II. (1143—44). 3. Cölestin III. (1191—98). 4. Cölestin IV. 1241. 5. Cölestin V. s. S. Coelestinus 2.

Coelēsȳrĭă, ae *f.* (Coele Syria *Κοίλη Συρία*) Cölesyrien, das „hohle Syrien“, eine Landschaft zwischen dem Libanon u. Antilibanon, Nordsyrien.

coelĭbātŭs, coelĭcŭs, coelŭm und ähnliche Wörter s. **caelĭbātŭs, caelĭcŭs** usw.

coelĭcŏlă, ae *m.* *s.* caelicola.

cŏēlĭgō, lēgī, lēctŭm 3 versammeln.

Coelĭŭs mōns, tĭs *m.* *s.* Caelius mons.

cŏēmendātŭs 3 zugleich verbessert.

coementārĭŭs, ī *m.* *s.* caementarius.

coemētĕrĭālĭs, e zum Friedhof gehörig, Friedhofs-.

coemētĕrĭŭm, ī *n.* (*κοιμητήριον*) Ruhestätte, Begräbnisplatz, Friedhof.

cŏĕmō, ēmī, ēmptum (cŏēmptō 1) 3 zusammenkaufen.

cŏēmptĭō, ōnĭs *f.* Zusammenkauf, Aufkauf.

cŏēmptō 1 *s.* coemo.

cŏēmptŏr, ōrĭs *m.* Aufkäufer.

coenă, ae *f.*, **coenācŭlŭm,** ī *n.* *s.* cena, cenaculum *usw.*

coenō 1 *s.* ceno.

coenŏbĭālĭs, ĕ klösterlich.

coenŏbĭarchēs, ae *m.* (*κοινοβιάρχης*) Klostervorsteher.

coenŏbĭŏlŭm, ī *n.* kleines Kloster.

coenŏbītă, ae *m.* 1. Zönobit, erste Mönchsklasse, die der hl. Abt Pachomius ins Leben rief. 2. Klosterbruder, Mönch.

coenŏbītĭcŭs 3 klösterlich.

coenŏbĭŭm, ī *n.* (*κοινόβιον*) Kloster.

coenŏdŏxĭă, ae *f.* (*κενοδοξία*) eitle Ruhmsucht.

coenŏmȳĭă, ae *f.* (*κυνόμυια*) gemeine Fliege, Hundsfliege (eine Bremsenart).

coenōsŭs 3 schmutzig.

coenŭlă, ae *f.* kleine Mahlzeit.

coenŭm, ī *n.* *s.* caenum.

cŏĕō, ĭī, ĭtŭm 4 1. sich versammeln, vereinigen, zusammenschließen, verbinden. 2. sich paaren, begatten.

coepī, coeptŭm, coepissĕ (*pf.* zu incipio) angefangen haben; *dav.*: *ptc.* **coeptŭs** 3 begonnen; *subst.* **coeptŭm,** ī *n.* Unternehmen, Werk.

cŏĕpiscŏpŭs, ī *m.* (*κοεπίσκοπος*) Mitbischof.

coeptŭm, ī *n.* *s.* coepi.

coeptŭs, ūs *m.* Beginnen, Unternehmen.

cŏēpŭlŏr 1 mitschmausen.

cŏercĕō, cŭī, cĭtŭm 2 1. zusammenhalten, einschränken. 2. zügeln, bändigen, beherrschen, zwingen.

cŏercĭtĭō, ōnĭs *f.* Züchtigung.

cŏĕrrō 1 zusammen umherirren.

Cŏēsfeldĭă, ae *f.* Koesfeld, St. an der Berkel, Preußen (Westfalen), *ca.* 8000 Einw.

coēssentĭālĭs, ĕ (coessentialis) mitwesentlich, gleichwesentlich.

coetŭs, ūs *m.* Zusammenkunft, Versammlung, Verein; coetus deputatorum Seminarrat, Diözesanrat (*C. j. c.* 13, 59).

cōgĭtāmĕn, ĭnĭs, *n.* (cogitamentum) Gedanke.

cōgĭtāmentŭm, ī *n.* *s.* cogitamen.

cōgĭtātē *adv.* absichtlich.

cōgĭtātĭō, ōnĭs *f.* 1. das Denken, Erwägung, Überlegung. 2. Gedanke, Meinung, Ansicht, Denkart. 3. Sorge (*Sap.* 8, 9). 4. schwarzer Plan, Grimm (*Ps.* 75, 11).
cōgĭtātŭm, ī *n.* das Gedachte, Gedanke, Einfall.
cōgĭtō 1 1. denken, bedenken, überlegen, vorhaben. 2. beabsichtigen, auszuführen suchen, bedacht sein auf. 3. gesinnt sein. 4. cogitare solitudinem: sich nach der Einsamkeit sehnen.
cōgnātĭō, ōnĭs *f.* 1. *abstr.*: Verwandtschaft, Übereinstimmung, Ähnlichkeit. 2. *concr.* Verwandtschaft = die Verwandten.
cōgnātŭs 3 verwandt, ähnlich, gleichdenkend; *subst.* der Verwandte, *pl.* die Stammesgenossen, Sippschaft.
cōgnĭbĭlĭs, ĕ erkennbar, verständlich.
cōgnĭtĭō, ōnĭs *f.* 1. das Kennenlernen, Wahrnehmung. 2. Bekanntschaft. 3. Wiedererkennung, Untersuchung. 4. richterliches Erkenntnis; Entscheidung, Urteil.
cōgnĭtŏr, ōrĭs *m.* Kenner, Richter.
cōgnĭtŭs 3 *s.* cognosco.
cōgnōmĕn, ĭnĭs *n.* (cognomentum) Zuname, Familienname, Name.
cōgnōmentŭm, ī *n. s.* cognōmen.
cōgnōmĭnātĭm *adv.* in gleicher Bedeutung.
cōgnōmĭnĭs, ĕ gleichen Namens, gleichnamig.
cōgnōmĭnō 1 einen Zunamen geben; *pass.*: zubenannt werden.
cōgnōscĭbĭlĭs, ĕ erkennbar.
cōgnōscĭbĭlĭtās, ātĭs *f.* Erkennbarkeit.
cōgnōscō, nōvī, nĭtŭm 3 1. kennen lernen, erkennen. 2. wahrnehmen, erfahren. 3. untersuchen, prüfen, auskundschaften. 4. lesen, studieren. 5. zur Einsicht kommen (*Ps.* 13, 4). 6. richterlich (rechtlich) erkennen, entscheiden; *ptc.*: **cōgnĭtŭs** bekannt, erprobt.
cōgō, cŏēgī, cŏāctŭm 3 1. zusammentreiben, versammeln. 2. hineintreiben, einzwängen, beengen. 3. nötigen, dringend bitten, zwingen.
cŏhăbĭtātĭō, ōnĭs *f.* 1. das Zusammenwohnen. 2. das Beiwohnen, der eheliche Verkehr.
cŏhăbĭtō 1. zusammenwohnen, zusammenleben mit (*c. dat.*).
cŏhaerentĭă, ae *f.* Zusammenhang.
cŏhaerĕō, haesī 2 1. zusammenhangen, alicui jem. anhangen. 2. Bestand haben, bestehen.
cŏhaerēs, ēdĭs *m.* u. *f. s.* coheres.
cŏhērēdĭtās, ātĭs *f.* Miterbschaft.
cŏhērēs, ēdĭs *m.* u. *f.* (cohaeres) Miterbe, Miterbin.
cŏhĭbĕō, bŭī, bĭtŭm 2 1. zusammenhalten, in sich enthalten. 2. fernhalten, abwehren. 3. im Zaume halten, bezähmen.
cŏhĭbĭlĭtĕr *adv.* kurz u. bündig.
cŏhŏnestō 1 mit verehren, verherrlichen.
cŏhorrēscō, horrŭī 3 zusammenschaudern.
cŏhors, hortĭs *f.* 1. Kohorte, der 10. Teil der röm. Legion. 2. Gefolge eines Statthalters, Fürsten. 3. Schar, Rotte.
cŏhortālĭs, ĕ zum fürstlichen Gefolge, zum Hofe gehörig.
cŏhortātĭō, ōnĭs *f.* Ermahnung, Zuspruch.
cŏhortātŭs 3 *auch pass.* gebraucht: ermahnt (z. B. lect. VI. am 8. Febr. im Brevier).
cŏhortŏr 1 ermahnen.
Coïmbatūrēn. (*C. R.*) *s.* Coimbatūrĭum.
Coïmbatūrĭum, ī *n.* Koïmbatia (Kojambatur, *engl.*: Coimbature), St. l. am Nojil (zum Kaweri), im britischen Ostindien (Madras), *ca.* 55000 Einw.; Bischofssitz (seit 1856, 1850 apost. Vikariat), Suffr. v. Pondichéry; *dav.*: **Coïmbatūrēnsĭs,** ĕ.
cŏincĭdō, cĭdī, dĕre 3 zusammenfallen; zusammentreffen mit.
cŏinquĭnātĭō, ōnĭs *f.* Befleckung, Verunreinigung, Sünde.
cŏinquĭnō 1 beflecken, verunreinigen.
cŏĭtĭō, ōnĭs *f.* 1. Zusammenkunft, Verabredung. 2. Begattung.
cŏĭtŭs, ūs *m.* 1. Zusammenkunft, Verkehr. 2. Begattung.
Colaia *indecl.* (*hebr.* ?) Kolaja, Jude aus dem Stamme Benjamin, Ahnherr des Sellum, wohnte nach dem Exil in Jerusalem.
cŏlăphīzō 1 (κολαφίζω) mit Fäusten schlagen.
cŏlăphŭs, i *m.* (κόλαφος) Faustschlag, Backenstreich.
S. Cōlētă, ae *f.* Jungfrau, Klarissin, († 1447).

Geboren zu Corby in der Pikardie, Diözese Ambécy, als einziges Kind ihrer 60jährigen Mutter. Von früher Jugend auf lebte sie sehr abgetötet, so daß sie auffallend klein blieb. Im Alter von 14 Jahren bat sie Gott den Herrn, ihr eine normale Leibesgröße zu schenken; ihre Bitte ward plötzlich erfüllt; ihr Angesicht aber erhielt eine abstoßende Farbe, was sie ebenfalls erfleht hatte, damit ihr Anblick niemanden zur Sünde reize. Häufig hatte sie Anstürme des Satans, der sie bis aufs Blut peinigte, zu bestehen; desgl. traf man sie oft in Verzückung und im Gespräche mit den hl. Engeln. Sie ließ sich nach Abgabe ihres Vermögens an die Armen in den dritten Orden des hl. Franziskus aufnehmen; selbst im Winter ging sie barfuß. Die Ordenszucht der Klarissen stellte sie mit Gutheißung des hl. Stuhles in mehreren Klöstern wieder her. Mit Hilfe des Fürsten Amedeus des Friedreichen errichtete sie in Vevey bei Lausanne ein Kloster, zu dessen Gründung Martin V. ihr am 13. November 1420 seinen Segen sandte, dasselbe geschah bei Errichtung eines anderen Klosters im Kanton Vaud. Beide Klöster fielen der kirchl. Umwälzung des 16. Jhdts. zum Opfer. Ihren Tod sagte sie zwei Jahre voraus; sie starb in Gent, wo sie auch ein Kloster erbaut hatte, im Jahre 1447. Pius VII. nahm sie im Jahre 1807 unter die Heiligen der kathol. Kirche auf. — 6. März (Lausanne-Genf und Kap. O.).

colĭandrŭm, ī *n.* (κολίανδρον) *s.* coriandrum.

cŏlĭās, ae *m.* (κολίας) eine Art Thunfisch.

Colimă, ae *f.* Colima, St. in Mexiko (Colima), *ca.* 21 000 Einw.; Bischofssitz (seit 1881), Suffr. v. Quadalajara; *dav.*: **Colimēnsĭs,** ĕ.

Colimēn. (*C. R.*) *s.* Colima.

collăbĕfactō 1 völlig ins Wanken bringen.

collăbĕfīō, factŭs sŭm, fĭĕrī zusammenbrechen.

collābŏr, lāpsŭs sŭm 3 einstürzen, verfallen.

collăbōrātŏr, ōrĭs *m.* Mitarbeiter.

collăbōrō 1 mitarbeiten.

collăcrĭmō 1 in Tränen ausbrechen; mitweinen.

collactānĕă, ae *f.* Milchschwester.

collactānĕŭs, ī *m.* Milchbruder.

collaetŏr 1 sich mit jemand freuen: alicui.

collapsŭs 3 verfallen.

collārĕ, ĭs *n.* Halsfessel.

collārĭŭm, ī *n.* Halskragen.

collătĕrālĭs, ĕ von der Seite her, seitlich; linea collateralis Seitenlinie (bei der Verwandtschaft).

collātĭō, ōnĭs *f.* (collatium, i *n.*) 1. das Zusammentragen. 2. Geldsammlung, Beitrag, Beisteuer. 3. Sammlung von Schriftstellen, Vergleichung derselben, Zusammenstellung. 4. Erwägung, Überlegung. 5. Besprechung, Konferenz. 6. Vergleich, Ausgleich. 7. Verleihung, Übertragung von kirchlichen Ämtern; Übergabe. 8. Erteilung, Spendung (von Sakramenten). 9. Imbiß, halbe Sättigung an Fasttagen. 10. Lesung aus Cassians Collationen.

collātĭŭm, ī *n.* *s.* collatio.

collātŏr, ōrĭs *m.* Verleiher; Spender (munerum).

collātūră, ae *f.* Verleihung (einer Pfarrei).

collātŭs 3 (*pt.* zu confĕro) 1. verglichen. 2. erteilt.

collaudābĭlĭs, ĕ rühmenswert.

collaudātĭō, ōnĭs *f.* Belobigung, Preis, Verherrlichung, Lobgesang.

collaudātŏr, ōrĭs *m.* Lobredner.

collaudō 1 sehr loben, preisen.

collēctă, ae *f.* 1. Beisteuer; Sammlung von Liebesgaben. 2. Versammlung von Menschen, Zusammenkunft. 3. **collectae,** arum *f.* die der Epistel vorausgehenden bei der hl. Messe (im Namen des versammelten Volkes) verrichteten Gebete, Sammelgebet.

collēctānĕŭm, ī *n.* 1. Kollektenbuch (Zusammenstellung der kirchlichen Gebete für den liturgischen Gottesdienst). 2. kurzgefaßtes Lehrbuch.

collēctānĕŭs 3 angesammelt.

collēctīcĭŭs 3 zusammengerafft, gesammelt; opus collecticium Sammelwerk.

collēctĭm *adv.* kurzerhand.

collēctĭō, ōnĭs *f.* das Zusammenlesen, die Sammlung.

collēctīvŭs 3 gemeinsam.

collēctŏr, ōrĭs *m.* Sammler, Einsammler (der Almosen bei Bettlerorden; früher auch der päpstlichen Abgaben); collector generālis der Obersammler, der Leiter u. Aufseher der Einzelsammler.

collēctŭs, ūs *m.* Sammlung.

collēgă, ae *m.* Amtsgenosse, Mitgenosse einer Bruderschaft.

collēgĭālĭs, e zu mehreren beisammen wohnend; zu einem Kollegium (einer Gemeinschaft) gehörig, gemeinschaftlich.

collēgĭālĭtĕr *adv.* in Gemeinschaft.

Collēgĭātă Equestris, Ritterorden.

collēgĭātŭs 3 zu einem Stifte gehörig; **ecclēsĭă collēgĭātă**; Stiftskirche, Kapitelskirche.

collēgĭŭm, ī *n.* 1. Amtsgemeinschaft, Gemeinschaft, Genossenschaft. 2. höhere Unterrichts-, Lehr-, Erziehungsanstalt.

Collēn. (*C. R.*) *s.* Collis Hetruscus.

collĭbertus, ī *m.* 1. Freigelassener. 2. Höriger (Halbsklave im Mittelalter.)

collĭcŭlŭs, ī *m.* kleiner Hügel, Hügelchen.

collīdō, sī, sūm 3 zusammenstoßen, zerschmettern.

collĭgātĭō, ōnĭs *f.* Zusammenfügung, Zusammenhang; Verband (von Wunden).

1. **collĭgō** 1 1. verknüpfen, verbinden, vereinigen. 2. festbinden: fascias; fesseln.

2. **collĭgō,** lēgī, lēctŭm 3 1. sammeln, zusammenscharen, = raffen. 2. beherbergen (Matth. 25, 35). 3. manum coll.: Hand schließen, eine Faust machen. se *oder* animum c. sich sammeln, Mut fassen. 4. gewinnen, erlangen. 5. berechnen, schließen, folgern.

collīmĭtō 1 angrenzen.

collīmō 1 1. (*von* līmă die Feile), feilen, polieren. 2. (*von* līmŭs der Schlamm) mit Kot bespritzen. 3. (*von* līmŭs 3 schief) mit scheelen Augen ansehen.

collīnĕō 1 glatt machen, in gerader Linie richten: lapides.

collĭnō, lēvī, lĭtŭm 3 bestreichen, beschmieren.

collīnŭs 3 zum Hügel gehörig.

collĭquĕfăcĭō, fēcī, factŭm 3 zum Schmelzen bringen, auflösen; **collĭquĕfīō,**

factus sum zerschmelzen, flüssig werden.
collĭquēscō, lĭcŭī 3 zerfließen, zerschmelzen, vergehen.
collĭs, ĭs *m.* Hügel, Anhöhe.
Collis Hetruscus *m.* Colle di Val d'Elsa, St. an der Elsa, It. (Siena), *ca.* 5000 Einw.; Bischofssitz (seit 1592), Suffr. v. Florenz; *dav.*: **Collēnsĭs,** ĕ.
collīsĭō, ōnĭs *f.* Zusammenstoß, Erschütterung.
collīsŭs 3 (*pt.* v. collīdo) der, welcher gefallen ist, gesündigt hat.
collŏcātĭō, ōnĭs *f.* 1. Stellung. 2. Anweisung eines bestimmten Platzes (*C. j. c.* 533). 3. Anlage: collocatio pecuniae Geldanlage (*C. j. c.* 2302).
collŏcō 1 1. hinstellen, aufstellen. 2. anordnen, einrichten. 3. navem c. landen. 4. anlegen, verzinslich anlegen (Geld: *C. j. c.* 1415, 1531 § 3).
collŏcuplētō 1 sehr bereichern.
collŏcūtĭō, ōnĭs *f.* Unterredung.
collŏcūtōrĭŭm, ī *n.* Sprechzimmer (*C. j. c.* 597).
collŏquĭŭm, ī *n.* Unterredung.
collŏquŏr, lŏcūtŭs sŭm, lŏquī sich unterreden, besprechen.
collūcĕō 2 leuchten, glänzen.
colluctātĭō, ōnĭs *f.* Ringkampf, Kampf, Streit.
colluctŏr 1 ringen, kämpfen.
collūgĕō 2 zusammen trauern.
collŭm, ī *n.* Hals.
collūmĭnō 1 hell erleuchten.
collūsĭō, ōnĭs *f.* trügerisches Einverständnis, Betrug.
collūsŏr, ōrĭs *m.* Mitspieler, Truggenosse.
collūsōrĭē *adv.* in abgekarteter Weise.
collustrō 1 von allen Seiten erleuchten; genau prüfen, betrachten.
collŭvĭēs, ēī *f.* 1. Gemisch, Wirrwarr, Chaos. 2. Schmutz, Unrat.
collȳră, ae *f. s.* collyrida.
collȳrĭdă, ae *f.* (collyris, κολλυρίς, collyra) Brötchen, Kuchen, Backwerk (*Lev.* 7, 12).
collȳrĭs, ĭdĭs *f. s.* collyrida.
collȳrĭŭm, ī *n.* (κολλύριον) Augensalbe.
cŏlō, cŏlŭī, cultŭm 3 1. bebauen, bearbeiten, bestellen. 2. bewohnen, wohnen. 3. sorgfältig betreiben, pflegen, besorgen. 4. verehren, Achtung zeigen; colere obsequium: Gehorsam erweisen.
cōlō 1 durchseihen, läutern, bearbeiten.
Colmārĭă, ae *f.* Colmar, St. Elsaß (Oberelsaß), *ca.* 37 000 Einw.
cŏlŏbĭŭm, ī *n.* Leibrock; ärmellose Tunika.
Colocēn. (*C. R.*) *s.* Colocia.
Colocēnsĭs, ĕ *s.* Colocia.
Colocĭă, ae *f.* Kalocsa, St. (Großgemeinde) Ungarn (Pest), *ca.* 12 000 Einw., Erzbischofssitz (seit 1100, früher Bistum Baccs); *dav.*: **Colocēnsĭs,** ĕ.
cŏlŏcynthĭs, ĭdĭs (*acc.*: -thĭdă) *f.* (κολοκυνθίς) Koloquinte, Bittergurke, eine Art Kürbis, die zum Erbrechen reizt u. bitter schmeckt (4. *Kön.* 4, 39).
S. Cŏl(o)mān(n)ŭs, ī *m.*, hl. Kolomann, Mart. († 1012).
Er entstammte einem schottischen Königsgeschlechte. Er pilgerte nach Jerusalem und wurde auf dem Rückwege in Pannonien gefangen genommen und grausam ermordet. Ein Markgraf Heinrich ließ den Körper, der nicht verwest war, obwohl er ein ganzes Jahr am Marterpfahle gehangen und dann ein zweites Jahr in der Erde geruht hatte, im Kloster Melk an der Donau beisetzen. Sogar durch Berührung des Pfahles, an dem Kolomann gestorben war, geschahen Heilungswunder. — 13. Oktober (St. Pölten und Wien).
Cŏlōmān(n)ŭs, ī *m.* Kolomann, Prinz von Polen u. König von Galizien, Gemahl der sel. Jgfr. Salomea.
S. Cŏlōnātŭs, ī *m.*, hl. Kolonat, Mart., Gefährte des hl. Kilian, *s.* S. Chilianus.
cŏlōnĭă, ae *f.* Besiedelung, Tochterstadt.
Cŏlōnĭă, ae *f.* (Colonia Agrippina, Colonia Agrippinensis, Colonia Claudia, Augusta Agrippinensis). Köln am Rhein, St. Preußen (Rheinprovinz), *ca.* 650 000 Einw., Erzbischofssitz; *dav.*: **Cŏlōnĭēnsĭs,** e.
Cŏlōnĭă Bergensis *s.* Vetus mons.
Cŏlōnĭă Claudĭă, ae *f. s.* Colonia.
Cŏlōnĭă Julĭă Equestris *s.* Noviodunum.
Cŏlōnĭă Suffetulāna, ae *f.* Afrikanische Kolonie, *j.*: Sbeitla im südlichen Tunis, Nordafrika.
Cŏlōnĭă Trăiānă, ae *f.* Xanten, St., l. am Niederrhein, Preußen (Rheinprovinz), *ca.* 4200 Einw.
Cŏlōnĭă vicus *s.* Calumpnia.
Cŏlōnĭēn. (*C. R.*) *s.* Colonia (Colonia Agrippina).
Cŏlōnĭēnsēs, ĭŭm *m.* Bewohner von Köln.
cŏlōnŭs, ī *m.* 1. Landwirt, Bauer. 2. Bewohner, Einwohner.
cŏlŏr, ōrĭs *m.* 1. Farbe, Gesichtsfarbe. 2. Schönheit, Schmuck. 3. der äußere Anstrich; Vorwand, Schein.
cŏlōrātŭs 3 1. farbig, bunt. 2. geschminkt auf den Schein berechnet, scheinbar: titulus coloratus Scheintitel.
cŏlōrō 1 färben, *bes.*: schwärzlich färben.
Cŏlossae, ārum *f.* (Κολοσσαί) Stadt in der kleinasiatischen Provinz Großphrygien, *j.* Khonas; *dav.*: **Cŏlossēnsĭs,** ĕ u. Colossenses, ium *m.* Bew.
cŏlossēŭs 3 (collosicus) (κολοσσιαῖος) riesenhaft.
collŏsicŭs 3 (κολοσσικός) *s.* colosseus.
cŏlŭbĕr, brī *m.* Schlange, Natter.
cŏlŭbrĭfĕr 3 schlangentragend.

cŏlŭbrīnŭs 3 schlangenartig.
cŏlumbă, ae *f.* Taube.
S. Cŏlumbă, ae *f.* Jgfr. 31. Dez. (Köln, ohne näh. Angaben) († um 272).
S. Cŏlumbānī coenŏbĭŭm, ī *n. s.* Bobium 1.
S. Cŏlumbānŭs, ī *m.* hl. Kolumban, Abt u. Mart. († 615).

Gab schon als Jüngling eine Psalmenerklärung heraus und trat in das irische Kloster Benchor ein. Mit zwölf Gefährten eilte er als Glaubensbote nach England und dann nach Frankreich. In den Vogesen errichtete er für sich und seine Genossen schlichte Hütten; mehr als einmal sorgte die göttliche Vorsehung für den Unterhalt der Mönche. Als der Ruf seiner Heiligkeit weiterdrang, kamen viele Ratsuchende und Reuige zu ihm. Schließlich errichtete er das Kloster Luxeuil, nördlich von Besançon. Ein Feind erstand dem Heiligen in König Theoderich von Burgund, dessen unsittlichen Lebenswandel er gerügt hatte; auch Brunhilde, die Mutter des Herrschers, war ihm abgeneigt. Columban wurde als Gefangener nach Besançon, dann nach Nantes geschleppt, wo er nach Irland eingeschifft werden sollte. Da aber der Wind ungünstig blies, begab er sich zu Clothar II., dem Herrscher von Neustrien, und sagte diesem voraus, er werde ganz Gallien erobern, was auch eintrat. Alsdann suchte er Theodebert, den König von Austrasien und Bruder Theoderichs auf, und ließ sich am Bodensee nieder und legte den Grund zum heutigen Kloster Mehrerau. Doch schon bald eilte er von dort nach Norditalien, wo er durch Predigt und Schriftstellerei die Arianer bekämpfte und das Kloster Bobbio gründete. Er wird als Martyrer gefeiert, obwohl er nicht als solcher starb. — 27. November (Chur und St. Gallen).

cŏlumbārĭŭm, ī *n.* 1. Taubenschlag. 2. Totenkammer.
cŏlumbātĭm *adv.* nach Art der Tauben.
Cŏlumbēn. (*C. R.*) *s.* 1. Columbus.
Cŏlumbēn. Ceylān. *s.* 2. Columbus.
cŏlumbīnŭs 3 taubenartig, Tauben-: oculus columbinus Taubenauge.
1. **Cŏlumbŭs,** ī *f.* Columbus, St. am Scioto, Nordamerika (Ohio), *ca.* 125000 Einw.; Bischofssitz (seit 1868), Suffr. v. Cincinnati; *dav.*: **Cŏlumbēnsĭs,** ĕ.
2. **Cŏlumbŭs,** ī *f.* Colombo, Hauptstadt der Insel Ceylon, *ca.* 180000 Einw.; Erzbischofssitz (seit 1886); *dav.*: **Cŏlumbēnsĭs Ceylānŭs.**
cŏlŭmellă, ae *f.* kleine Säule, Pfeiler.
cŏlŭmĕn, ĭnĭs *n.* 1. Gipfel, Höhe. 2. Giebel. 3. Pfeiler, Stütze, Säule, Grundpfeiler.
cŏlumnă, ae *f.* 1. Säule, Pfeiler, Stütze. 2. Feuersäule, in der Gott den Israeliten durch die Wüste voranzog.
S. Cŏlumnă Flagellationis D. N. J. C., Fest zur Verehrung der (jetzt in der St. Praxediskirche zu Rom befindlichen) Geißelsäule des Heilandes, Dienstag nach Quinquagesima.
cŏlumnārĭs, ĕ säulenförmig.
cŏlūrŭs 3 verstümmelt.
cŏlŭs, ūs, (*auch*: i) *f.* (*abl. sg.*: colo u. colu, *acc. pl.*: colos) der Rocken, der Spinnrocken.
cŏmă, ae *f.* (κόμη) 1. Haar, Haupthaar; nutrire comam das Haar pflegen. 2. Laub, Gras (*Job.* 14, 9). 3. Wolle, Schafwolle. 4. Lichtstrahlen.
Comaca Pontica, ae *f.* (Tokatensis ecclesia) Tokat, Hauptstadt des Sandschak, Armenien (Siwas), *ca.* 30000 Einw.; armenisches Bistum Tokat u. Siwas, Sitz in Siwas.
Comaclēn. (*C. R.*) *s.* Comaclum.
Comaclŭm, ī *n.* Comacchio, St., It. (Ferrara), *ca.* 9000 Einw.; Bischofssitz (seit 6. Jhdt.), Suffr. v. Ravenna; *dav.*: **Comaclēnsĭs,** ĕ.
Cōmără, ae *f.* (Cimarnum, Comaronium) Komarom (Komorn), St. an der Donau, Ungarn, *ca.* 20000 Einw.; *dav.*: **Cōmărōm(ĭ)ēnsĭs,** e.
Cōmarnŭm, ī *n. s.* Comara.
Cōmărōm(ĭ)ēnsĭs, ĕ *s.* Comara.
Cōmăronĭŭm, ī *n. s.* Comara.
cŏmātŭs 3 langhaarig, sehr behaart.
Comayagŭa, ae *f.* (de Comayagua *C. R.*). Comayagua, St. am Rio Humaya, Honduras in Mittelamerika, *ca.* 10000 Einw.; Bischofssitz (seit 1561), Suffr. v. Guatemala.
combăiŭlō 1 tragen helfen.
combĭbō, bĭbī 3 einsaugen, verschlucken.
combĭbō, ōnis, *m.* Trinkgenosse.
combīnō 1 vereinigen, zusammenstellen.
combīnātĭō, ōnĭs *f.* Vereinigung.
cōmbūrō, ūssī, ūstŭm 3 völlig verbrennen.
cōmbūstĭō, ōnĭs *f.* 1. das Verbrennen, Verbrennung. 2. das Verbrannte (*Is.* 10, 16).
cōmbūstĭbĭlĭs, ĕ völlig verbrennbar.
cōmbūstūră, ae *f.* Brand, Brandwunde.
cŏmĕdō, ēdī, ēsŭm 3 1. verzehren; c. carnes suas vor Mangel umkommen (*Ecclus.* 4, 5); c. sal regĭum in königlichen Diensten stehen (1. *Esd.* 4, 14). 2. verprassen, durchbringen.
Cōmēn. (*C. R.*) *s.* Comum.
Cōmēnsēs, ĭŭm *m.* Einwohner von Como, *s.* Comum.
Cōmēnsĭs lăcus, ūs *m.* Comer See (Lago di Como), Oberitalien.
cŏmĕs, ĭtĭs *m.* u. *f.* 1. Begleiter, Gefährte, Genosse. 2. *pl.* das Gefolge, Hofstaat eines Fürsten. 3. als Titel: Graf; comes stabuli: Oberstallmeister. 4. Verzeichnis der einfallenden Schriftlesungen, eine Art „Direktorium".
cŏmēsŏr, ōrĭs *m.* (comestor) Verzehrer.
cŏmessātĭō, ōnĭs *f.* Schwelgerei.
cŏmestībĭlĕ, is *n.* Eßware.
cŏmestībĭlĭs, ĕ eßbar, verzehrbar.
cŏmestĭō, ōnĭs *f.* 1. Mahlzeit. 2. Schwelgerei, Fresserei.
cŏmestŏr, ōrĭs *m. s.* comēsor.
cŏmētēs, ae *m.* (cŏmētă, κομήτης) Komet, Haarstern, Schweifstern.
cōmĭcŭs 3 (κωμικός) zum Lustspiel gehörig, komisch.

cōmĭnŭs *adv.* *s.* comminus.
cōmĭs, ĕ leutselig, freundlich, herablassend, willig.
comisĭă, ae *f.* wertvolle Decke (zum Aufbewahren der liturgischen Bücher im christlichen Altertum).
cōmissātĭō, ōnĭs *f.* Trinkgelage; Umzug.
cōmissātŏr, ōrĭs *m.* Zecher, Trinker.
cōmĭtās, ātĭs *f.* Leutseligkeit, Freundlichkeit, Herablassung.
cŏmĭtātŭs, ūs *m.* 1. Begleitung, Reisegesellschaft, Gefolge, Hofstaat eines Fürsten. 2. Kanton.
cōmĭtĕr *adv.* s. comis.
cŏmĭtissă, ae *f.* Gräfin.
cŏmĭtĭŭm, ī *n.* Ort der Volksversammlung, auf dem römischen Forum; *pl.* **cŏmĭtĭă,** ōrŭm *n.* 1. gesetzgeberische Versammlung des römischen Volkes. 2. *übtr.*: Versammlung; comitia celebrare Versammlungen abhalten.
cŏmĭtīvă, ae *f.* Begleitung, Gefolge.
cŏmĭtŏr 1 begleiten, sich zugesellen, das Geleit geben; meist mit cum verbunden; angelus eius comitabitur vobiscum; auch alicui: comitabitur ei.
commă, ătĭs, *n.* (*κόμμα*) 1. das Komma. 2. Bibelstelle, Abschnitt.
commăcĕrō 1 völlig zerweichen.
commăcŭlō 1 1. beflecken, besudeln. 2. durchsäuern fermento.
Commăgēnē, ēs *f.* (*Κομμαγηνή*) nordöstlicher Teil von Syrien, *j.*: Camash.
commandō 3 kauen.
commandūcō 1 verzehren.
commărītŭs, ī *m.* Mitehemann, Gatte.
commartўr, ўrĭs *m.* u. *f.* Mitblutzeuge.
commĕābĭlĭs, ĕ durchgehbar, passierbar.
commĕātŏr, ōrĭs *m.* Bote.
commĕātŭs, ūs *m.* Verkehr, Zufuhr, Proviant.
commĕmĭnī, issĕ sich erinnern.
commĕmŏrābĭlĭs, ĕ denkwürdig.
commĕmŏrātĭō, ōnĭs *f.* Erwähnung, Erinnerung, Gedächtnis, Gedächtnisfeier, omnium vivorum et defunctorum fidelium, Teile der hl. Messe; Fürbitte.
Commĕmŏrātĭō Omnĭŭm Dēfunctōrŭm Seraphĭcī Ordĭnĭs: Gedächtnisfeier aller Verstorbenen des seraphischen Ordens. (Allerseelen im Franziskanerorden am 2. Dezember).
Commĕmŏrātĭō Passĭōnĭs D. N. J. C. Gedächtnisfeier des Leidens unseres Heilandes, am Dienstag nach Sexagesima.
Commĕmŏrātĭō Sollemnĭs Dēfunctōrŭm Allerseelen (2. Nov.).
commĕmŏrō 1 1. sich an etwas erinnern, jmd. an etwas erinnern. 2. erwähnen, besprechen.
commĕmŏrŏr 1 eingedenk sein, mit acc. der Person.
commendă, ae *f.* Pfründegenuß (Bezug des Einkommens einer Pfründe von einer Person, welche selbst die Obliegenheit der Pfründe nicht erfüllen kann); in commendam dare zum Pfründegenusse geben (*C. j. c.* 1298, 1412, 5, 1435, 4⁰).
commendă, ōrŭm *n.* Geliehenes.
commendābĭlĭs, ĕ empfehlenswert.
commendātārĭŭs, ī *m.* Pfründeinhaber (von höheren Pfründen), z. B. Kommendatarabt, der das Einkommen des Klosters bezog, ohne eigentlicher Abt zu sein.
commendātĭcĭŭs 3 (commendātĭŭs) empfehlend, Empfehlungs-.
commendātĭō, ōnĭs *f.* Empfehlung, Fürbitte; animae Sterbegebet.
commendātĭŭs 3 *s.* commendaticius.
commendātŏr, ōrĭs *m.* Empfehler, Vermittler.
commendātrīx, īcĭs *f.* Vermittlerin.
commendō 1 1. anvertrauen, empfehlen. 2. besonders betonen, hervorheben.
commēnsālĭs, ĕ der mit Anteil hat am Tische, *subst.* Tischgenosse.
commēnsūrābĭlĭs, ĕ gleich zu bemessen, gleichförmig.
commensūrō 1 mit demselben Maße messen.
commentārĭēnsĭs, ĭs *m.* 1. Gefängniswärter, Aufseher über ein Gefängnis. 2. Sekretär.
Commentārĭŭm offĭcĭālĕ S. Sēdĭs das Amtsblatt des hl. Stuhles.
commentārĭŭs 3 ergänzend.
commentātĭō, ōnĭs *f.* Betrachtung, Überlegung.
commentārĭŭs, ī *m.* (*scil.*: lĭbĕr) u. **-ŭm,** ī *n.* (*scil.*: volumen) Tagebuch, Denkbuch, Erläuterungsschrift, Notizbuch.
commentārĭŏlŭs, ī *m.* kleiner Kommentar.
commentĭcĭŭs 3 (commentitius) 1. erfunden, neu. 2. erdichtet, erlogen, ausgedacht, ersonnen.
commentō 1 u. **commentŏr** 1 reiflich überlegen, genau überdenken.
commentŭm, ī *n.* 1. Erklärung, Kommentar. 2. Erdichtung, Lüge. 3. Plan.
commĕō 1 ein- und ausgehen, kommen.
commercĭālĭs, ĕ wechselseitig.
commercĭŭm, ī *n.* 1. Handel, Handelsverkehr. 2. Verbindung, Gemeinschaft. 3. Wechselverkehr, Austausch, Tausch (1. Ant. Vesp. Circumcis. D. N. J. Ch.)
commessātĭō, ōnĭs *f.* Schmauserei.
commĭgrō 1 wandern, ziehen.
commīlĭtĭŭm, ī *n.* Kameradschaft, Gemeinschaft.

commīlĭtō, ōnĭs *m.* Kampfgenosse, Kamerad, Mitkämpfer.
commĭnātĭō, ōnĭs *f.* Bedrohung.
commĭnīscŏr, mentus sŭm 3 aussinnen, erdichten, erfinden.
commĭnistĕr, trī *m.* Mithelfer, Gehilfe; Mitdiener, Mitministrant.
commĭnŏr 1 androhen.
commĭnŭō, ŭī, ūtŭm 3 1. vermindern, kleiner machen. 2. zerbrechen, zertrümmern, zermalmen. 3. comminuit usw. (*Ps.* 28, 6) unverständlich; nach *hebr.*: et saltare facit eas tamquam vitulum — Libanum et Sirjon (= Hermon) quasi filios bubalorum: er läßt sie (die Zedern) hüpfen wie ein Kalb, den Libanon u. Hermon gleich Wisentkälbern.
commĭnŭs (cōmĭnŭs) *adv.* in der Nähe, nahe bei; handgemein.
commīscĕō, mīscŭī, mīxtŭm, (mistum) 2 1. vermischen, vermengen. 2. *pass.*: verkehren, Gemeinschaft haben mit, alicui; von der Frau = dem Manne zu Gefallen sein.
commĭsĕrātĭō, ōnĭs *f.* das Bemitleiden, Erbarmung, Mitleid.
commĭsĕrŏr 1 bedauern, beklagen.
commissārĭātŭs, ūs *m.* Amtsbezirk: Haarensis.
commissārĭŭs, ī *m.* der Beauftragte, Vertreter, Kommissar (als Beamtentitel).
commissĭō, ōnĭs *f.* 1. Übertragung, Auftrag, Vollmacht: consecrandi. 2. Vereinigung, Verbindung. 3. Vereinigung von bestimmten Personen zur Ausführung eines Auftrages, die Kommission. 4. Wettkampf, Wettstreit u. die dabei gehaltene Prunkrede. 5. Preisgabe. 6. Vergehen, Schuld (= commissum).
commissŭm ī *n.* 1. das Unternehmen. 2. Vergehen, Schuld, Sühne.
commissūră, ae *f.* 1. Zusammenfügung, Verbindung, Gefüge, Verband. 2. Flickstück (*Matth.* 9, 16). 3. Verbindungsstelle, Naht. 4. Fuge, Band, Klammer.
commistĭō, ōnĭs *f.* *s.* commixtio.
commītigō 1 erweichen, mürbe klopfen.
committō, mīsī, missŭm 3 1. vereinigen, verbinden. 2. zur Ausführung bringen, begehen, verüben. 3. verschulden, sündigen. 4. überlassen, anvertrauen; beauftragen. 5. *absol.* a) kämpfen, b) Vertrauen schenken.
commīxtĭm *adv.* durcheinander, vermischt.
commīxtĭō, ōnĭs *f.* Mischung, das Gemischte.
commŏdātŏr, ōrĭs *m.* Darleiher.
commŏdātŭm, ī *n.* Darlehen; Leihvertrag.
commŏdĭtās, ātĭs *f.* Zweckmäßigkeit, Bequemlichkeit, Vorteil, Gefälligkeit.
commŏdĭdātŭs 3 bequem, passend.
commŏdō 1 sich gefällig erweisen, leihen, zum Gebrauch überlassen; ad usuram: auf Wucher ausleihen.
commŏdŭlātĭō, ōnĭs *f.* Ebenmaß.
commŏdŭm, ī *n.* 1. Bequemlichkeit, Nutzen, Vorteil, Privileg. 2. *pl.* Wohl, Glück.
commŏdŭs 3 1. angemessen, zweckmäßig, bequem. 2. zuvorkommend, verbindlich, höflich. 3. gewandt, gefällig.
Commŏdŭs, ī *m.* römischer Kaiser (180 bis 193).
commŏlō, ŭī, ĭtŭm 3 zermalmen, zerstampfen.
commŏnĕfăcĭō, fēcī, factŭm 3 (commoneo) 1. nachdrücklich erinnern. 2. benachrichtigen.
commŏnĕō, ŭī, ĭtŭm 2 *s.* commonefacio 1.
commŏnĭtĭō, ōnĭs *f.* Ermahnung, Erinnerung.
commŏrātĭō, ōnĭs *f.* das Verweilen.
commŏnĭtōrĭŭm, ī *n.* Erinnerungsschreiben.
commŏrĭŏr, mortŭŭs sŭm, mŏrī mit jemand zusammen sterben.
commŏrŏr 1 1. *trans.* aufhalten. 2. *intrans.* sich aufhalten, verweilen.
commortālĭs, ĕ sterblich.
commōtĭō, ōnĭs *f.* Erregung, Aufregung, das Wanken; dare in commotionem wanken lassen; Empfindung, Zorn; commotio capitis Schütteln des Kopfes.
1. **commōtŭs** 3 schwankend, unsicher.
2. **commōtŭs**, ūs *m.* Bewegung.
commŏvĕō, mōvī, mōtŭm 2 1. in Bewegung setzen, erregen, erschüttern; *pass.*: beben, wanken. 2. antreiben, veranlassen. 3. Eindruck machen, beunruhigen.
commulcĕō, mulsī, mulsŭm 2 streicheln, schmeicheln, liebkosen.
commulcō 1 verprügeln.
commultĭplĭcō 1 vervielfältigen.
commūnĭcābĭlĭs, ĕ mitteilbar.
commūnĭcātĭō, ōnĭs *f.* Mitteilung, Gemeinschaft; Anteilnahme (z. B. an Privilegien); Ausdehnung.
commūnĭcātŏr, ōrĭs *m.* Mitgenosse, Teilhaber.
commūnĭcātōrĭŭs 3 Gemeinschaft betreffend: litterae communicatoriae Wiederaufnahmeurkunde in die Kirchengemeinschaft.
commūnĭcātŭs, ūs *m.* Gemeinschaft.
commūnĭcō 1 1. vereinigen, teilnehmen lassen, mitgeben, Anteil geben an: alicui in omnibus bonis; jemand die hl. Kommunion reichen. 2. *obj. im*

acc. umgehen mit, etwas verunreinigen (*Marc.* 7. 15). 3. *absol.*: kommunizieren, die hl. Kommunion empfangen.
1. **commūnĭō** 4 bestärken, bekräftigen; bestätigen.
2. **commūnĭō,** ōnĭs *f.* 1. Gemeinschaft, Vereinigung; communio laïca Laienstand. 2. hl. Kommunion.
commūnĭs, ĕ 1. gemeinschaftlich, gemeinsam, allgemein; annus communis das gemeine, gewöhnliche Jahr (Gegensatz bissextilis Schaltjahr) 2. umgänglich, herablassend, leutselig.
commūnĕ, ĭs *n.* 1. Gemeingut. 2. Gemeinde, Gemeinwesen; in commune fürs allgemeine Wohl. 3. Gemeinschaftliches Formular: c. Sanctorum.
commūnĭtās, ātĭs *f.* Gemeinschaft, Gemeinsinn; Körperschaft.
commūnĭtābĭlĭs, ĕ gemeinschaftlich, gemeinsam.
commūtābĭlĭs, ĕ wandelbar, veränderlich.
commūtātĭō, ōnĭs *f.* 1. Veränderung, Wechsel. 2. Verkauf (*Ps.* 43, 13), Kauf, Kaufmittel, Geld. 3. konkret: Stellvertreter, Nachfolger (*Ps.* 88, 52). 4. Umwandlung, Besserung (*Ps.* 54, 20). 5. Unglück (*Ps.* 88, 52).
commūtō 1 1. verändern, tauschen, austauschen; *pass.* sich verändern. 2. aufregen (*Ps.* 72, 21).
cōmō, cōmpsī, cōmptŭm 3 das Haar ordnen, kämmen; (Geräte) putzen.
cōmoedĭă, ae *f.* (κωμῳδία) Komödie.
compăcīscŏr, pactŭs sŭm 3 Vertrag schließen.
compactīcĭŭs 3 verabredet.
compāctĭlĭs, ĕ zusammengefügt u. zusammenfügbar.
compactŭm, ī *n.* Vertrag, Übereinkunft.
compāctŭs 3 dicht zusammengefügt.
compāgānŭs, ī *m.* Volksgenosse, Landsmann.
compāgĭnō 1 aneinander fügen.
compāgēs, ĭs *f.* (*auch*: compago) 1. Zusammenfügung, Verbindung, Gefüge. 2. Bau, Organismus: corporis.
compāgō, ĭnĭs *f.* 1. Bindemittel. 2. *s.* compages.
1. **compār,** părĭs gleich.
2. **compār,** ărĭs *m.* u. *f.* Gefährte, Genosse, Gefährtin; Ehegatte, Gattin.
compărābĭlĭs, ĕ vergleichbar.
compărātĭō, ōnĭs *f.* 1. Zusammenstellung, Vergleichung. 2. Vergleich, Gleichnis: **comparatione et merito sui** im Vergleiche seines Wertes (Commune Abb., L. IX, 1. loco). 3. Beschaffung, Ausrüstung.
compărĭlĭs, ĕ völlig gleich.
compārĕō, pārŭī 2 erscheinen, sichtbar werden.
1. **compărō** 1 gegenüberstellen, vergleichen.
2. **compărō** 1 1. bereiten, beschaffen, zurüsten. 2. einrichten, verordnen. 3. anschaffen, verschaffen. 4. erwerben, gewinnen.
compartĭceps, cĭpĭs mitteilhaftig.
compartĭŏr 4 Anteil geben, mitteilen.
compassĭbĭlĭs, ĕ mitleidend.
compassĭō, ōnĭs *f.* Mitempfindung, Mitleid.
compassīvŭs 3 mitfühlend, mitleidend.
compătĕr, trĭs *m.* Gevatter, Pate (bei der hl. Taufe u. Firmung).
compătĭbĭlĭs, ĕ vereinbar; erträglich.
compătĭēns, entĭs mitleidig.
compătĭŏr, passŭs sŭm, pătī 1. mit jemand leiden: alicui; Mitleid haben mit.
compătrōnŭs, ī *m.* Mitpatron, Mitschutzherr.
compĕdĭō 4 fesseln.
compēgī *pf.* zu compingo.
compellātĭō, ōnĭs *f.* das Ausschelten, Vorwurf.
1. **compellō** 1 1. anreden, ansprechen. 2. schelten, schmähen, beschimpfen.
2. **compellō,** pŭlī, pulsŭm 3 1. zusammentreiben. 2. antreiben, bewegen, zu etwas drängen.
compendĭārĭŭs 3 kurz zusammengefaßt.
compendĭō 1 abkürzen, alicui töten.
compendĭōsē *adv.* zusammenfassend, kurz ausgedrückt.
compendĭōsŭs 3 1. abgekürzt. 2. vorteilhaft (L. IV. Oct. Nat. Ioan. Bapt. u. L. VI. Visit. B. M. V., 2. Juli).
compendĭŭm, ī *n.* 1. Kürze, Abkürzung; kürzerer Weg, Richtweg. 2. Auszug (decreti, libri). 3. Ersparnis, Gewinn, Vorteil, Profit (*Hymnus Matut. plur. Mart. temp. paschali, vers.* 2).
Compendĭŭm, ī *n.* Compiègne, St. l. an der Oise, Fkr. (Oise), *ca.* 14000 Einw.
compĕnĕtrātĭō, ōnĭs *f.* das Zusammeneindringen.
compēnsātĭō, ōnĭs *f.* 1. Ausgleichung. 2. Entschädigung, Vergütung. 3. Gewinn, Vorteil (*Hymn. pl. M. M. t. p.*).
compēnsō 1 ausgleichen, ersetzen.
compĕrendĭnō 1 die Parteien in einer bereits klaren Sache auf den drittnächsten Gerichtstag verbescheiden u. vorladen zur endgültigen Fällung des Urteils; vertagen.
compĕrĭō, pĕrī, pertŭm 4 u. **compĕrĭŏr** 4 genau erfahren, Nachricht erhalten.
compertŭs 3 1. überführt, ertappt. 2. erfahren; in comperto esse allgemein bekannt sein.
compēs, pĕdĭs *f.* (auch *m.*) 1. Fußfessel, 2. Fessel.
compēscō, scŭī 3 1. in Schranken, im Zaume halten, bezähmen. 2. unter-

drücken, zurückhalten. 3. *pass.*: mild werden (*Ps.* 82, 2).
compĕtēns, ntĭs zuständig; *subst.*: Taufbewerber(in).
compĕtentĕr *adv.* schicklich, passend, würdig.
compĕtentĭă, ae *f.* Zuständigkeit, Vollmacht, Geschäftskreis, Berechtigung, Kompetenz; Schicklichkeit.
mpĕtĭt (compĕtunt) es kommt zu (sie kommen zu).
compĕtītŏr, ōrĭs *m.* Mitbewerber.
compĕtō, pĕtīvī, pĕtītŭm 3 1. zusammentreffen. 2. sich schicken, passen.
compīlātĭō, ōnĭs *f.* 1. Plünderung. 2. Sammlung von Aktenstücken oder Gesetzen.
compīlātŏr, ōrĭs *m.* 1. Plünderer. 2. Abschreiber.
compīlō 1 plündern, ausbeuten.
compingō, pēgī, pāctŭm 3 zusammenfügen.
compĭtŭm, ī *n.* Scheideweg, Kreuzweg.
complăcĕō, plăcŭī u. plăcĭtŭs sum 2 1. gefallen, angenehm sein. 2. Gefallen haben, wohlwollend, gnädig sein; sowohl persönlich wie unpersönlich gebraucht, meist mit Dativ d. Person verbunden, die Sache auch durch in *c. abl.*: in quo mihi bene complacui, in ore suo complacebunt; dagegen 1. *Mach.* 10, 47: complacuit eis in Alexandrum. 3. complaceo (*c. acc.*: griech. Konstrucktion) sich gefällig, wohlwollend zeigen gegen jem.: wie gegen unseren Nächsten u. Bruder war ich wohlwollend (*Ps.* 34, 14).
complăcentĭă, ae *f.* Willfährigkeit, Gefälligkeit, Wohlgefallen, Zustimmung, Folgsamkeit.
complăcĭtŭs 3 gnädig, gefällig, angenehm.
complānātĭō, ōnĭs *f.* Abebnung, das Gleichmachen.
complānō 1 1. ebenmachen, ebnen, pflastern. 2. gleichmäßig handeln.
complantō 1 zusammenpflanzen.
complaudō, sī, sŭm 3 gemeinschaftlich zujubeln.
complectŏr, plexŭs sŭm 3 1. umschlingen, umfassen, umarmen. 2. einbegreifen, in sich fassen. 3. begreifen, verstehen. 4. erlangen, in Besitz nehmen. 5. umkreisen (*Ps.* 47, 13).
complēmentŭm, ī *n.* Ergänzungsmittel, Ergänzung; c. benedictionis der vollständige Segen.
complĕō, ēvī, ētŭm 2 1. ausfüllen, anfüllen. 2. erfüllen, vollenden. 3. *pass.*: vollzählig werden, eintreten.
complētĭō, ōnĭs *f.* 1. Erfüllung, Vollendung. 2. Vollzahl.
complētŏr, ōrĭs *m.* Ausfüller, Vollender.
complētōrĭŭm, ī *n.* Schlußandacht im liturgischen Gottesdienst, Komplet des Breviers.
complex, ĭcĭs *m.* u. *f.* Teilnehmer(in), Mitschuldiger: peccati; Verbündeter, Mittäter(in), Genosse.
complexĭbĭlĭs, ĕ 1. mit jemand eng verbunden. 2. begreiflich.
complexĭō, ōnĭs *f.* Verknüpfung, Schlußfolgerung.
complexŏr 1 umarmen.
1. **complexŭs,** ūs *m.* Umarmung.
2. **complexŭs,** *pt.* zu complector.
complĭcātĭō, ōnĭs *f.* das Zusammenfalten.
complĭcĭtās, ātĭs *f.* Teilnehmerschaft, Mitschuld.
complĭcō, 1 (*auch* cŭī *und* ĭtŭm) zusammenfalten, zusammenlegen; genua complicare knien.
complōrātĭō, ōnĭs *f.* Beweinung, das Wehklagen.
complōrō 1 laut beweinen.
complŭō, ūtŭm 3 1. regnend zusammen fließen. 2. beregnen (*Ez.* 22, 24; *Amos* 4, 7).
complūrēs, ă u. ĭă, *gen.* ĭŭm, mehrere, einige, viele.
complūrĭēs *adv.* mehrmals.
Complūtŭm, ī *n.* Alcalá de Henares, St. r. am Henares, Sp. (Madrid), *ca.* 11 000 Einw.; bis 1807 Universität; Bistum mit Madrid vereinigt; *dav.*: **Complūtēnsĭs,** ĕ.
compondĕrō 1 abwägen.
compōnō, pŏsŭī, pŏsĭtŭm 3 1. zusammenstellen, vereinen. 2. alicui gleich hoch schätzen, gleichstellen. 3. bilden, bereiten, stiften. 4. verfassen, schreiben. 5. verabreden, abkarten. 6. erdichten. 7. ordnen, einrichten; animi motus im Zaume halten. 8. beilegen, schlichten. 9. gegenüberstellen, vergleichen.
comportō 1 zusammentragen, sammeln.
compŏs, ŏtĭs teilhaftig, einer Sache mächtig; compos sui seiner mächtig, im Besitze des Vernunftgebrauchs; compos non sui geschäftsunfähig; compos voti der seinen Wunsch erreicht hat.
compŏsĭtĭō, ōnĭs *f.* 1. Zusammensetzung, Einrichtung. 2. Anordnung, Schmuck, Putz. 3. Ausgleich, Vergleich, Streitbeilegung, Aussöhnung (*C. j. c.* 1928). 4. Ordnung, Abfindung, Schenkung (bei Zahlungsunfähigkeit), Schulderlaß (*C. j. c.* 1480).
compŏsĭtŏr, ōrĭs *m.* Ordner, Verfertiger, mundi Schöpfer, Bildner; luti Töpfer.
compŏsĭtŭm, ī *n.* Abmachung, Vertrag; ex composito nach Verabredung.
compŏsĭtŭs 3 1. geordnet, geregelt. 2. ruhig, gelassen, wohlberechnet. 3. wohlgeordnet, zierlich geformt

(*Ps.* 143, 12). 4. zusammengestellt, gegenübergestellt, verglichen (Deo mit Gott: *Job.* 9, 2).
compossessŏr, ōrĭs *m.* Mitbesitzer.
Compostēllă, ae *f.* Santiago de Compostela (*auch* Santiago de Galicia, San Jago de Comp.), St. am Küstenfluß Ulla in Nordwestspanien (Galicien, Coruña), *ca.* 25000 Einw., Erzbischofssitz; Krypta mit Grab des hl. Apostels Jakobus d. Ält. Im Mittelalter neben Jerusalem u. Rom derberühmteste Wallfahrtsort der Welt; *dav.*: **Compostēllānŭs** 3.
Compostēllān. (*C. R.*) *s.* Compostella.
compōtātĭō, ōnĭs *f.* Zechgelage.
comprĕcātĭō, ōnĭs *f.* Anrufung.
comprĕcŏr 1 flehen, beten.
comprĕhendō, dī, sŭm 3 1. zusammenfassen, ergreifen. 2. ertappen, überraschen. 3. festnehmen, einfangen. 4. sich verbinden, sich anreihen an. 5. begreifen, verstehen, erkennen.
comprĕhēnsĭbĭlĭs, ĕ begreiflich.
comprĕhēnsĭō, ōnĭs *f.* Ergreifung, Gefangennahme.
comprĕhēnsīvŭs 3 umfassend, verstehend, zusammenfassend.
comprĕhēnsŏr, ōrĭs, *m.* der Erkennende, Seliger (im Himmel).
compresbȳtĕr, tĕrī *m.* Mitpriester.
comprīmĭs *adv.* überaus, gar sehr.
comprĭmō, pressī, pressŭm 3 1. unterdrücken, hemmen. 2. beruhigen, beschwichtigen.
comprŏbātĭō, ōnĭs *f.* Anerkennung, Belobigung.
comprŏbō 1 1. billigen, anerkennen. 2. beweisen, bestätigen.
comprōmissārĭŭs, ī *m.* der durch eine Vereinbarung mehrerer zur Ausführung des bestimmten Auftrages oder zur endgültigen Wahl Beauftragte, der Schiedswähler (*C. j. c.* 172, 1932).
comprōmissŭm, ī *n.* das gegenseitige Versprechen, die Vereinbarung, die Übereinkunft (bei Wahlen: Wahlübereinkunft), Kompromiß (*C. j. c.* 172, 1932).
comprōmittō, mīsī, missŭm 3 (Begriff in Rechtsstreitigkeiten), *bes.*: comprommittere in arbitros sich gegenseitig versprechen, die Entscheidung auf den Richterspruch eines Schiedsrichters (arbiter) ankommen zu lassen u. sich dabei zu beruhigen; ein Übereinkommen treffen (*C. j. c.* 173, 1662).
comprōvincĭālĭs, ĕ zur selben Provinz (Kirchenprovinz) gehörig: episcopus.
Compsă, ae *f.* Conza (della Campagnia), St. It. (Avellino), *ca.* 1600 Einw., Erzbischofssitz (seit 1050, seit 763 Bistum) mit ständiger Verwaltung des Bistums Campagna (seit 1818); *dav.*: **Compsānŭs** 3.
Compsān. (*C. R.*) *s.* Compsa.
comptŭs 3 *s.* comtus.
compūgnō 1 handgemein sein.
compūnctĭō, ōnĭs *f.* 1. Betäubung, Gefühllosigkeit. 2. Reue, Zerknirschung. 3. Schmerz.
compūnctŭs 3 zerknirscht; servilibus notis compunctus mit dem Merkzeichen (Kennzeichen) der Sklaven versehen: gebrandmarkt mit dem Sklavenmal (IV. lectio, S. Bibiana, 2. Dez.).
compungō, pūnxī, pūnctŭm zerstechen, kränken, erschüttern, betäuben; *pass.* Reue, Gewissensbisse empfinden.
compurgō 1 völlig reinigen.
compŭtātĭō, ōnĭs *f.* Anrechnung.
compŭtistă, ae, *m.* Berechner (kirchl. Feste).
compŭtō 1 berechnen, anrechnen.
compŭtrēscō 3 gänzlich verfaulen.
compŭtŭs, ī *m.* Berechnung: festorum; Rechnung.
comtŭs 3 (comptus) sauber, nett.
Cōmŭm, ī *n.* (Novocomum, Novum Comum) Como, St. am Comersee, Oberitalien, *ca.* 11000 Einw.; Bischofssitz, Suffr. v. Mailand; *dav.*: **Cōmēnsĭs,** ĕ u. Cōmēnsēs, ĭŭm *m.* Einw.
Conactĭă, ae *f. s.* Connacia.
cōnāmĕn, ĭnĭs *n.* Anstrengung.
Conanŭs, ī *m.* Konan, Fürst von der Bretagne (Fkr.).
cōnātŭm, ī *n.* Versuch, Wagnis, Unterfangen; Unternehmen.
cōnātŭs, ūs *m.* Versuch, Bemühung, Anstrengung.
Concă in Indĭīs *f.* Cuenca, St. am Rio Paute, Ecuador (Azuay), *ca.* 30000 Einw.; Bischofssitz (seit 1786), Suffr. v. Quito; *dav.*: **Conchēnsĭs in Indiis.**
concălēscō, călŭī 3 sich erhitzen, erglühen, sich ereifern.
concalfactōrĭŭs 3 erwärmend.
concaptīvă, ae *f.* die Mitgefangene.
1. **concaptīvŭs** 3 mitgefangen.
2. **concaptīvŭs,** ī *m.* der Mitgefangene.
concastīgō 1 heftig züchtigen.
concătēnātŭs 3 zusammengekettet.
Concă Vălĕrĭă, ae *f.* s. Concha.
concăvŭs 3 hohl, gewölbt; **concăvă** (ōrŭm *n.*) montĭŭm Berghöhlen.
concēdō, cēssī, cēssŭm 3 1. fortgehen, sich entfernen. 2. weichen, das Feld räumen. 3. nachstehen, nachgeben, willfahren, gehorchen. 4. beipflichten, erlauben, gewähren. 5. einräumen, zugestehen. 6. verzeihen, freigeben, begnadigen.
concĕlĕbrō 1 festlich begehen, feiern.
concentĭō, ōnĭs *f.* Einklang, Eintracht.

concentŏr, ōrĭs *m.* Mitsänger.
concentŭs, ūs *m.* 1. Gesang. 2. Übereinstimmung, Eintracht.
conceptācŭlŭm, ī *n.* Behältnis.
conceptĭō, ōnĭs *f.* 1. Empfängnis. 2. Gedanke, Einfall, Laune; conceptiones agere tun, was einem beliebt.
S. S. Conceptio de C(h)ile *f.* S. S. Concepcion, St. am Bio-Bio, Chile, *ca.* 50000 Einw.; Bischofssitz (seit 1563), Suffr. v. Santiago de Chile.
S. S. mae Conceptĭōnĭs de Chile (*C. R.*) *s.* S. S. Conceptio de C(h)ile.
Conceptĭō Immăcŭlātă B. M. V. Fest der unbefleckten Empfängnis Mariä, 8. Dez.
conceptĭōnālĭs, ĕ zur Empfängnis gehörig, dienend.
conceptŭm, ī *n.* 1. Entwurf einer schriftl. Arbeit, Konzept. 2. Vorstellung, Begriff.
1. **conceptŭs,** ūs *m.* 1. Empfängnis, Schwangerschaft. 2. Zusammenfassen, Begriff, Vorstellung.
2. **conceptŭs** 3 (*pt.*: v. concipiō) in Gedanken angenommen, vorausgesetzt.
concerpō, cerpsī, cerptŭm 3 durchhecheln, heruntermachen.
concertātĭō, ōnĭs *f.* Wortkampf.
concertō 1 u. **concertŏr** 1 streiten, kämpfen, wetteifern.
concēssĭō, ōnĭs *f.* Zugeständnis, Einräumung, Vergünstigung, Bewilligung, Verleihung.
concēssŭs, ūs *m.* Erlaubnis.
conchă, ae *f.* 1. Muschel, Perle. 2. Apsis (der Kirche).
Conchă, ae *f.* (Conca Valeria) Cuenca, St. zwischen Jucar u. Huescar im Südosten von Neukastilien, Spanien (Cuenca), *ca.* 11000 Einw., Bischofssitz (seit 1183 neu errichtet), Suffr. von Toledo; *dav.*: **Conchēnsĭs,** ĕ.
Conchae, ārŭm *f.* Conches, St. am Iton, Fkr. (Eure), *ca.* 2300 Einw.; *dav.*: **Conchēnsĭs,** ĕ.
Conchēn. (*C. R.*) *s.* Concha.
Conchēn. ĭn Indĭīs (*C. R.*) *s.* Conca in Indiis.
Conchessă, ae *f.* Conchessa, Mutter des hl. Patricius, *s. dens.*
1. **concĭdō,** cĭdī 3 1. einstürzen, fallen, getötet werden. 2. zugrunde gehen, unterliegen.
2. **concīdō,** cīdī, cīsŭm 3 niederhauen, zugrunde richten, vernichten; schmieden (*Mich.* 4, 3).
concĭĕō, cīvī, cĭtŭm 2 (concĭō) 1. zusammenbringen, sammeln. 2. aufregen, aufreizen. 3. erregen, veranlassen.
concĭlĭābŭlŭm, ī *n.* verächtlich gesagt von einem kleinen, nicht rechtmäßigen Konzil, das Konzilchen.
concĭlĭārĭs, ĕ zum Konzil gehörig, *dav.*: **concĭlĭārĭtĕr** *adv.*: nach Art eines Konzils.
concĭlĭātĭō, ōnĭs *f.* Vereinigung, Versöhnung.
concĭlĭātŏr, ōrĭs *m.* 1. Stifter, Vermittler. 2. Kuppler.
concĭlĭātrīx, īcĭs *f.* Vermittlerin, Versöhnerin.
concĭlĭātŭs, ūs *m.* Vereinigung.
concĭlĭō 1 1. befreunden, geneigt, genehm machen, günstig stimmen. 2. in Einklang bringen.
concĭlĭŭm, ī *n.* 1. Vereinigung, Zusammenkunft. 2. Versammlung, Ratsversammlung, bes. der Hohe Rat der Juden als oberste Gerichtsbehörde. 3. Versammlung der Abgeordneten: Landtag, Reichstag, Nationalversammlung. 4. Versammlung der Bischöfe, Kirchenversammlung, Konzil; concilium oecumēnĭcum allgemeines Konzil, Versammlung der Bischöfe des ganzen Erdkreises unter dem Vorsitze des Papstes oder seines Stellvertreters; concilium plenarium Versammlung der Bischöfe von mehreren Kirchenprovinzen unter Vorsitz eines päpstlichen Delegaten; concilium provinciale die Versammlung aller Bischöfe einer Kirchenprovinz (*C. j. c.* 281).
concĭnĕrātŭs 3 mit Asche bestreut.
concin(n)entĕr *adv.* einstimmig.
concinnō 1 1. gehörig zurecht legen, die rechte Fassung geben, zusammenfügen. 2. concinnare librum ein Buch schreiben. 3. unterhalten, nähren: luminaria.
concinnŭs 3 hübsch, gefällig, zierlich, kunstgerecht.
concĭnō, cĭnŭī, centŭm 3 1. anstimmen, ertönen lassen. 2. preisen, besingen.
concĭō, īvī, ītŭm 4 s. concĭĕō.
concĭō, ōnĭs *f.* (contio) 1. Rede, Vortrag, Predigt. 2. Versammlung.
concĭōnātŏr, ōrĭs *m.* (contionator) Prediger, Redner, Volksredner.
concĭōnātōrĭŭm, ī *n.* Volksrede, Predigt.
concĭōnŏr 1 (contionor) 1. öffentlich reden, predigen. 2. eine Versammlung bilden.
concĭpĭō, cēpī, ceptŭm 3 1. auffassen, in sich aufnehmen. 2. empfangen, schwanger werden. 3. sich etwas vorstellen, in Gedanken haben, ahnen. 4. sich zu schulden kommen lassen, begehen.
concisĭō, ōnĭs *f.* Zerstückelung, Zerschneidung; vallis concisionis Tal der Zerstückelung (*Joel.* 3, 14).
concisŭs 3 1. abgebrochen, kurz gefaßt. 2. schneidend, scharf.

concĭtāmentŭm, ī *n.* Aufregungsmittel, Anregung.
concĭtātĭō, ōnĭs *f.* 1. Aufregung, Leidenschaftlichkeit. 2. Tumult, Auflauf.
concĭtātŏr, ōrĭs *m.* Aufwiegler.
concĭtō 1 aufreizen, aufwiegeln.
concĭtŏr, ōrĭs *m.* Aufwiegler, Anstifter.
concĭtŭs 3 hastig, eilig.
concĭuncŭlă, ae *f.* 1. eine kurze Predigt. 2. eine unbedeutende Volksversammlung.
concīvĭs, ĭs *m.* Mitbürger.
conclāmātĭō, ōnĭs *f.* lauter Zuruf.
conclāmō 1 1. laut rufen. 2. beklagen, bejammern. 3. zustimmen, genehmigen.
conclāvĕ, ĭs *n.* verschließbares Gemach, Zimmer; *bes.* Konklave (der Kardinäle bei der Papstwahl).
conclāvīstă, ae *m.* der Konklavist (Name für diejenigen, welche außer den Kardinälen auch im Konklave mit eingeschlossen sind, z. B. Diener der Kardinäle, Ärzte, Apotheker).
conclērĭcŭs, ī *m.* Mitgeistlicher.
conclūdō, ūsī, ūsŭm 3 1. verschließen, einschließen, abschließen; pisces c. Fische fangen. 2. einen Schluß ziehen, beweisen.
conclūsĭō, ōnĭs *f.* 1. Einschließung, Blockade. 2. Haft, Gefängnis. 3. Schlußfolgerung. 4. Schlußsatz, Schlußformel eines Gebetes. 5. Abschluß, Beendigung (einer Rechtssache), Entschließung, Entscheidung; ad conclusionem in causa Abschluß der Beweisführung (*C. j. c.* 1860).
concoctĭō, ōnĭs *f.* Verdauung.
concŏlŏr, ōrĭs gleichfarbig.
concŏmĭtantĕr *adv.* begleitend, mitwirkend, begleitweise.
concŏmĭtantĭă, ae *f.* Begleitung, Mitwirkung.
concŏmĭtŏr 1 begleiten.
concordantĕr *adv.* einstimmig.
concordantĭă, ae *f.* 1. Übereinstimmung. 2. Konferenz.
concordantĭae, ārŭm *f.* Konkordanz, *d. i.*: alphabetisch geordnete Zusammenstellung von Stellen eines oder mehrerer Bücher (*bes.* der hl. Schrift) nach Worten (Verbal-K.) oder nach Begriffen und Materien (Real-K.).
concordātĭō, ōnĭs *f.* Aussöhnung, Eintracht.
concordātŭm, ī *n.* Konkordat, Vereinbarung, Vertrag (*bes.* zwischen dem päpstlichen Stuhle u. den Regierungen oder Fürsten einzelner Länder zur Regelung der kirchlichen Angelegenheiten) (*C. j. c.* 4171).
concordĭă, ae *f.* 1. Eintracht, Einigkeit, Einklang, Harmonie. 2. Zusammenstellung: concordia regularum. 3. (gerichtlicher) Ausgleich, Vergleich.
1. **Concordĭă,** ae *f.* Amme des hl. Hippolytus.
2. **Concordĭă,** ae *f.* Concordia 1. St. r. am Uruguay, Argentinien (Entre Rios), *ca.* 13000 Einw. 2. St. r. am Republican River, Nordamerika, Kansas; *ca.* 3500 Einw., Bischofssitz (seit 1887), Suffr. von St. Louis.
3. **Concordĭă,** ae *f.* (Concordia Julia, Concordia Sagittaria, Colonia Julia) Concordia Sagittaria, Dorf, 2 km südlich von Portogruaro, It. (Venetia), *ca.* 3000 Einw.; Bistum (seit 6. Jhdt.), seit 1586 Sitz in Portogruaro, Suffr. v. Venedig; *dav.*: **Concordĭēnsĭs,** ĕ.
Concordĭĕn. (*C. R.*) *s.* 3. Concordia (Concordia Julia).
concordismŭs, ī *m.* Lehre von der Übereinstimmung.
concordistĭcŭs 3 übereinstimmend, einträchtig, harmonierend.
S. Concordĭŭs, ī *m.* hl. Konkordius, Priester u. Mart., hingerichtet zu Spoleto (Italien) um 178; 1. Januar.
concordō 1 einig sein, übereinstimmen.
concorpŏrālĭs, ĕ einverleibt.
concorpŏrātĭō, ōnĭs *f.* Einverleibung.
concorpŏrĕŭs 3 alicuius eines Leibes sein mit jemand.
concors, cordĭs einig, einträchtig.
concrēdō, ĭdī, ĭtŭm 3 anvertrauen, übergeben.
concrĕmātĭō, ōnĭs *f.* Verbrennung.
concrĕmō 1 völlig verbrennen.
concrĕō 1 zugleich erschaffen.
concrĕpō, ŭī 1 1. stark tönen, erdröhnen. 2. ertönen lassen; mĕlŏs Lied singen.
concrēscō, crēvī, crētŭm 3 sich verdichten, gerinnen.
concrētĭō, ōnĭs *f.* (concretus) Verdichtung.
1. **concrētŭs** 3 geronnen, hart.
2. **concrētŭs,** ūs *m. s.* concretio.
concrŭcĭō 1 überall martern.
concŭbīnă, ae *f.* Buhlerin.
concŭbīnārĭŭs, ī *m.* der in wilder Ehe Lebende; Beischläfer, Buhle, (*vgl.*: concubitus).
concŭbīnātŭs, ūs *m.* wilde Ehe, Konkubinat, d. i. dauernder Geschlechtsverkehr zwischen ledigen Personen in oder außer dem Hause.
concŭbĭtŏr, ōrĭs *f.* Buhle; c. masculorum Knabenschänder.
concŭbĭtŭs, ūs *m.* (concubium) das ungesetzliche, kirchlich strafbare Verhältnis; Beischlaf, Begattung.
concŭbĭŭm, ī *n. s.* concubitus.
concŭbĭŭs 3 zum Schlafen gehörig; nocte concubia zur Zeit des ersten tiefen Schlafes.

conculcātĭō, ōnĭs *f.* das Niedertreten; Zertretung, Vernichtung.
conculcō 1 1. zertreten, mißhandeln, zu Boden treten. 2. verbergen: tenebrae (*Ps.* 138, 11).
concumbō, cŭbŭī, cŭbĭtŭm 3 1. sich niederlegen. 2. jmd. beschlafen, begatten.
concŭmŭlātŭs 3 zusammengehäuft.
concŭpīscentĭă, ae *f.* Begehrlichkeit, Begierde, böse Lust.
concŭpīscĭbĭlĭs, ĕ kostbar, begehrenswert.
concŭpīscō, cŭpīvī, cŭpītŭm 3 eifrig wünschen, begehren; in aliquid sich nach etwas sehnen.
concŭpītŏr, ōrĭs *m.* der Eiferer, Nachsteller.
concūrātŏr, ōrĭs *m.* Mitbeauftragter.
concurrentĭă, ae *f.* das Zusammentreffen, -stoßen; bes. das Zusammenfallen zweier Feste auf einen Tag.
concurrō, currī, cursŭm 3 1. zusammenlaufen. 2. seine Zuflucht nehmen. 3. zusammenstoßen, zugleich stattfinden, eintreten. 4. aufeinanderstoßen, aneinander geraten, kämpfen. 5. zusammenwirken.
concursātĭō, ōnĭs *f.* das Hin- und Herlaufen, das Plänkeln vor der Schlacht.
concursĭō, ōnĭs *f.* Zusammenstoß.
concursō 1 bereisen, besuchen.
concursŭs, ūs *m.* 1. das Zusammentreffen, Zusammenstoß; bes. das Zusammenfallen zweier Feste und deren Offizien. 2. Konkurs, gemeinsame Prüfung zur Erlangung des Befähigungsnachweises für eine Pfründe oder ein Kirchenamt, Pfarrkonkurs (c. parochialis); gemeinsame Bewerbung (um ein Kirchenamt) (*C. j. c.* 459 § 4).
concussĭbĭlĭs, ĕ erschütterlich.
concussĭō, ōnĭs *f.* Erschütterung.
concŭtĭō, cussī, cussŭm 3 1. schütteln, erschüttern, zerrütten. 2. brandschatzen (*Luc.* 3, 13). 3. erschrecken, ängstigen.
Condadiscōnĕ, is *n. s.* Condatiscense.
Condātĕ, ĭs *n.* ehem. Ort an der Rhône, südlich von Genf.
Condātiscēnsĕ mŏnastērĭŭm, ī *n.* (Condadiscone, später Sancti Eugendi oder S. Oyand u. noch später Sancti Claudii mon.) St. Claude, St. an der Brienne (zur Ain), Fkr. (Jura), *ca.* 10 000 Einw., Bischofssitz (seit 1742), Suffr. v. Lyon; *s. auch* S. Claudius.
condĕcēns, tĭs entsprechend, geziemend.
condĕcĕt, es ziemt sich (*Ecclus.* 33, 30).
condĕcŏrō 1 ausschmücken, verherrlichen.
condēlectŏr 1 alicui rei Lust, Gefallen an etwas haben (*Röm.* 7, 21).
condemnābĭlĭs, ĕ verdammenswert.
condemnātōrĭŭs 3 die Verurteilung herbeiführend; sententia condemnatoria verurteilender, verhängter Richterspruch.
condemnō 1 1. verurteilen, schuldig finden, sprechen. 2. bannen = aus der Kirchengemeinschaft ausschließen.
condēnsă, ōrŭm *n. s.* condensus.
condēnsō 1 dicht zusammendrängen.
condēnsŭs 3 sehr dicht; *subst.*: **condēnsă,** ōrŭm *n.* Dickicht, dichtbelaubte Zweige (*Ps.* 117, 27); mons condensus bewaldeter Berg.
condēscendō, dī, sŭm 3 mitherniedersteigen, sich zu jemand herablassen.
condēscēnsĭō, ōnĭs *f.* das Mitherniedersteigen, Mitherabkunft; Herablassung.
condĭcĭō, ōnĭs *f.* (conditio) 1. Verabredung, Vertrag, Bedingung. 2. Zustand, Lage, Verhältnis, Stand, Beruf. 3. Los, Geschick; humana condicio Menschengeschlecht; c. interrogationis Inhalt der Frage.
condĭcĭōnātŭs 3 *s.* conditionatus.
condīcō, dīxī, dictŭm 3 1. alicui sich mit jem. verabreden, festsetzen. 2. c. in locum an einer Stelle zusammenkommen lassen.
condictŭm, ī *n.* Übereinkunft, Abmachung.
condīgnŭs 3 3 würdig, schicklich; ad vergleichbar mit.
Condigomacŭs, ī *f.* (Casalensis ecclesia) Casale Monferrato, St. r. am Po, It. (Alessandria), *ca.* 17 000 Einw.; Bischofssitz (seit 1474), Suffr. v. Vercelli.
condīmentŭm, ī *n.* Gewürz, Würze; condimenta ex adipe animalium ausgebratener Speck, Schrieven, Grieben; *überhaupt*: Fett.
condĭō 4 1. würzen, schmackhaft machen. 2. einbalsamieren.
condīscĭpŭlă, ae *f.* Mitschülerin.
condīscĭpŭlŭs, ī *m.* Mitschüler, Mitjünger.
condīscō, dĭdĭcī 3 gründlich lernen.
1. **condĭtĭō,** ōnĭs *f. s.* condicio.
2. **condĭtĭō,** ōnĭs *f.* Gründung, Schöpfung.
3. **condītĭō,** ōnĭs *f.* (condītus) 1. das Einmachen der Früchte. 2. das Schmackhaftmachen, das Würzen.
condĭtĭōnābĭlĭs, ĕ mit einer Bedingung verknüpft.
condĭtĭōnālĭtĕr *adv.* bedingungsweise.
condĭtĭōnātŭs 3 (condicionatus) bedingt.
condĭtŏr, ōrĭs *m.* Gründer, Urheber, Stifter; c. coeli terraeque Gott.

condĭtōrĭŭm, ī *n.* Sarg, Grabmal, Begräbnisstätte.
1. **condĭtŭs** 3 verborgen, geborgen.
2. **condĭtŭs,** ūs *m.* 1. Stiftung. 2. Verheimlichung.
condītŭs, ūs *m.* s. 3. condītio.
condō, dĭdī, dĭtŭm 3 1. erbauen, gründen, erschaffen, stiften. 2. abfassen, verfassen: condĕre leges Gesetze erlassen, c. testamentum ein Testament machen, eine letztwillige Verfügung treffen; besingen. 3. verwahren, verbergen, verstecken. 4. beisetzen, begraben.
condŏcĕō, cŭī, ctŭm 2 lehren.
condoctŏr, ōrĭs *m.* Mitlehrer.
condŏlentĭă, ae *f.* Beileidsbezeugung.
condŏlĕō, ŭī 2 Schmerz empfinden; alicui Mitleid empfinden mit jemand, jem. sein Beileid bezeugen.
condōnātĭō, ōnĭs *f.* Verschenkung, Vergebung, Erlassung, Erlaß, Nachlaß.
condōnō 1 1. verschenken, überlassen. 2. zum Opfer bringen. 3. verzeihen, vergeben, erlassen (Schuld).
condormĭō 4 einschlafen.
condūcĭbĭlĭs, ĕ zuträglich, zweckdienlich.
condūcō, dūxī, ductŭm 3 1. zusammenführen, vereinigen, verbinden. 2. mieten, in Sold nehmen. 3. unpers.: beitragen, nützen.
1. **conductīcĭŭs** 3 (conductitius) gemietet.
2. **conductīcĭŭs,** ī *m.* Mietling.
conductĭō, ōnĭs *f.* Pachtung, Miete.
conductītĭŭs 3 s. conducticius.
conductŭm, ī *n.* 1. gemietete Wohnung, ĭn suo conducto (*Apg.* 28, 30). 2. gemeinsame Überführung.
condulcĕō 2 versüßen.
condulcō 1 süß machen.
conduplĭcō 1 1. verdoppeln. 2. in doppelten Reihen aufstellen: sedilia.
cōnectō, nexŭī, nexŭm (connecto) 3 verknüpfen, verbinden.
cōnexĭō, ōnĭs *f.* (connexio) Verbindung.
cōnfābŭlŏr 1 plaudern.
cōnfămŭlāns, antĭs mitdienend.
cōnfectĭō, ōnĭs *f.* 1. Anfertigung; amaritudinum confectiones Bereitung von Bitterkeiten; Vollendung. 2. Vernichtung, Zerstörung.
cōnfectŏr, ōrĭs *m.* 1. Anfertiger, Vollender. 2. Vernichter, Zerstörer.
cōnfectŭs 3 bereitet, hergestellt.
cōnfercĭō, fersī, fertŭm 4 zusammendrängen.
cōnfĕrentĭă, ae *f.* Zusammenkunft, Versammlung, Vereinigung, Konferenz.
cōnfermentō 1 gären lassen, säuern.
cōnfĕrō, contŭlī, collātŭm, cōnferre 1. zusammentragen, zusammenziehen, vereinigen; *pass.* sich vereinigen. 2. nahe zusammenbringen, vergleichen; verba conferre überlegen. 3. beisteuern, beitragen, förderlich sein. 4. wohin tragen, schaffen, se sich begeben, ad aliquem sich jemand anschließen. 5. verleihen, mitteilen, munera zu teil werden lassen. 6. zuwenden, verwenden auf. 7. erteilen, spenden ordinem (*C. j. c.* 239 § 1, 220).
cōnfertĭm *adv.* zu confertus.
cōnfertŭs 3 dicht, gefüllt, voll.
cōnfessārĭŭs, ī *m.* Beichtvater.
cōnfessĭō, ōnĭs *f.* 1. Geständnis: confessio judicialis Geständnis bei Gericht, gerichtliche Aussage, Bekenntnis; Glaubensbekenntnis. 2. Sündenbekenntnis, Beichte; esse a sacris confessionibus alicui jemands Beichtvater sein. 3. Lobpreis (*Ps.* 146, 7); Herrlichkeit, Hoheit (*Ps.* 103, 1). 4. confessio generalis allgemeines Schuldbekenntnis, Generalbeichte.
cōnfessĭōnālĕ, ĭs *n.* 1. Beichtbrief (im Mittelalter). 2. Beichtstuhl.
cōnfessĭōnālĭs, ĕ die Beichte betreffend, zur Beichte gehörig: sedes confessionalis Beichtstuhl.
cōnfessŏr, ōrĭs *m.* Bekenner.
cōnfēstĭm *adv.* eiligst, schleunigst, sogleich.
cōnfĭcĭēns, entĭs bewirkend, zustande bringend.
cōnfĭcĭō, fēcī, fectŭm, fĭcĕrĕ 3 1. fertig machen, anfertigen, erledigen, vollenden. 2. verursachen, wirken. 3. zusammenhauen, besiegen, unterwerfen, vernichten. 4. weihen: chrisma. 5. sacramentum c. Meßopfer darbringen; benedictionem c. Segnung (oder Weihe) vornehmen.
cōnfictĭō, ōnĭs *f.* Erdichtung.
cōnfictĭtō 1 eifrig erdichten.
cōnfīdēns, entĭs vertrauend, mutig, zuversichtlich.
cōnfīdentĕr *adv.* 1. sicher. 2. dreist, verwegen.
cōnfīdentĭă, ae *f.* Vertrauen, Selbstvertrauen.
cōnfīdentĭālĭs, ĕ 1. zum Selbstvertrauen gehörig. 2. vertraulich.
cōnfīdō, fīsŭs sŭm 3 vertrauen, zuversichtlich hoffen; *obj.* meist durch in *c. abl.* in Domino confido; aber auch confisi **super** sanctum Israel und **ex** nulla nostra actione confidimus.
cōnfīgō, fīxī, fīxŭm 3 1. zusammenheften mit; Christo cruci confixus mit Chr. ans Kreuz geschlagen. 2. durchbohren.
cōnfĭgūrātŭs 3 gleich gestaltet.
cōnfĭgūrō 1 gleich gestalten; *pass.*: gleich werden.
cōnfindō, ĭdī, issŭm 3 zerspalten.
cōnfingō, fīnxī, fictŭm 3 erdichten.

cōnfīnĭs, ĕ angrenzend, benachbart.
cōnfīnĭŭm, ī *n.* Grenze, Grenzgebiet.
cōnfīō, fĭĕrī 1. zusammengebracht werden. 2. aufgebraucht, verzehrt werden.
cōnfīrmātĭō, ōnĭs *f.* 1. Befestigung, Stärkung, Ermutigung, Tröstung. 2. Bestätigung (in einem Amte). 3. Firmung.
cōnfīrmātŏr, ōrĭs *m.* 1. Stärker. 2. Bestätiger.
cōnfīrmātrīx, īcĭs *f.* 1. Stärkerin. 2. Bestätigerin.
cōnfīrmātŭs 3 ermutigt, beherzt.
cōnfīrmō 1 1. befestigen, stärken, bekräftigen. 2. verstärken, sichern, bestätigen; promissum erfüllen. 3. bestärken, befestigen; *pass.*: wachsen (*Ps.* 116, 2). 4. versichern, beteuern, beweisen. 5. großziehen (*Ps.* 79, 16). 6. firmen.
cōnfīscātĭō, ōnĭs *f.* Einziehung des Vermögens.
cōnfīscō 1 einziehen, in Beschlag nehmen.
cōnfīsĭō, ōnĭs *f.* das Vertrauen.
cōnfĭtĕŏr, fessŭs 2 1. eingestehen, zugestehen. 2. bekennen, seine Sünden bekennen. 3. preisen, danken: Domino. 4. „Confiteor" das Konfiteor, die kirchliche Schuldbekenntnisformel.
cōnflăgrātĭō, ōnĭs *f.* das Verbrennen.
cōnflăgrō 1 verbrennen, in Flammen aufgehen.
cōnflātĭlĕ, ĭs *n.* Götzenbild, Bildwerk.
cōnflātĭlĭs, ĕ gegossen, geschmolzen.
cōnflātĭō, ōnĭs *f.* gegossene Arbeit, Gebilde, Bildwerk.
cōnflātŏr, ōrĭs *m.* Erzgießer, Schmelzer.
cōnflātōrĭŭm, ī *n.* Schmelztiegel.
cōnflātūră, ae *f.* das Schmelzen.
cōnflexŭs 3 gekrümmt.
cōnflīctĭō ōnĭs *f.* Zusammenstoß, Streit.
cōnflīctō 1 zerrütten; *pass.* heimgesucht werden, ins Gedränge kommen.
cōnflīctŭs, ūs *m.* Zusammenstoß Kampf, Streit.
cōnflīgō, flīxī, flīctŭm 3 zusammenstoßen, streiten, kämpfen.
cōnflō 1 1. anfachen, schüren: invidiam. 2. einschmelzen, umschmelzen; c. aere campanam eine Glocke gießen; conflare urnam eine Urne gießen. 3. schmieden, anstiften, zusammentun, zusammenwürfeln.
Cōnflŭentēs, ĭŭm *f.* *s.* Confluentia.
Cōnflŭentĭă, ae *f.* (Confluentes) Koblenz a. Rhein, St. Preußen (Rheinprovinz), *ca.* 60 000 Einw.; *dav.*: **Confluentīnŭs** 3.
cōnflŭō, flūxī 3 zusammenfließen, sich vereinigen.
cōnflŭŭs 3 zusammenfließend.
cōnfŏdĭō, fōdī, fossŭm 3 durchbohren, durchstechen.
cōnfoedĕrātĭō, ōnĭs *f.* Vereinigung, Verbindung, Bündnis, Bund.
cōnfoedĕrō 1 vereinigen, verbinden.
cōnfōrmālĭs, ĕ gleichförmig, ähnlich.
cōnfōrmātĭō, ōnĭs *f.* Bildung, Gestaltung; Gestalt.
cōnfōrmĭs, ĕ gleichförmig, übereinstimmend.
cōnfōrmĭtās, ātĭs *f.* Gleichförmigkeit, Übereinstimmung.
cōnfōrmō 1 1. bilden, gestalten. 2. gleichförmig machen; se conformare sich anpassen; *pass.* gleichförmig werden.
cōnfortō 1 1. stärken, aufrichten; *pass.* getrost, mutig sein. 2. stark werden; überwältigen; super aliquem sich erheben über; scientia tua . . . confortata est (*Ps.* 138, 6) deine Wissenschaft ist sehr groß (u. schwierig zu erfassen). 3. sich ermannen (*Is.* 35, 4).
cōnfŏvĕō, fōvī 2 begünstigen, fördern, pflegen.
cōnfrāctĭō, ōnĭs *f.* das Brechen, Bruch, Bruchstelle, Bresche, das Zuschandenmachen.
cōnfrāctōrĭŭm, ī *n.* Antiphon im ambrosianischen Ritus, die bei der Brotbrechung vor dem Pater noster gebetet wird.
cōnfrāctŭs 3 niedergedrückt, elend.
cōnfrāgŭs 3 holperig, uneben.
cōnfrātĕr, trĭs *m.* Mitbruder.
cōnfrāternĭtās, ātĭs *f.* Bruderschaft, besondere Art der sodalitia (*C. j. c.* 707); Verhältnis zwischen Amtsbrüdern (Geistlichen).
cōnfrĕmō, frĕmŭī 3 sehr murren.
cōnfrĭcō, ŭī 1 1. einreiben, abreiben. 2. aufkratzen.
cōnfringō, frēgī, frāctŭm 3 1. zerbrechen; c. glebas vallium eggen (Joël 39, 10). 2. zuschanden machen, verderben.
cōnfrōntō 1 gegenüberstellen, konfrontieren (*C. j. c.* 1772, 2).
cōnfŭgă, ae *m.* Flüchtling.
Cōnfŭgĭēnsĕ coenŏbĭŭm, ĭī *n.* *s.* Confugium.
cōnfŭgĭō, fūgī 3 seine Zuflucht nehmen, flüchten.
cōnfŭgĭŭm, ī *n.* Zuflucht, Zufluchtsort.
Cōnfŭgĭŭm, ī *n.* (Confugiense coenobium) Oberkaufungen, Dorf an der Losse, Hessen-Nassau (Kassel), *ca.* 2300 Einw.; ehemaliges Benediktinerinnenkloster.
cōnfulgĕō, fulsī 2 überaus glänzen.
cōnfundō, fūdī, fūsŭm 3 1. zusammengießen, vermischen, vermengen. 2. in Unordnung bringen, verwirren. 3. aus der Fassung bringen, beschämen; lächerlich machen; *pass.* sich schämen, zu Schaden kommen.

cōnfūsă, ōrŭm *n.* Wirrnisse; confusa mundi et turbida das, was die Welt verwirrt u. in Schrecken setzt (*Hym. Laud. fer. IV. v.* 1).
cōnfūsĭō, ōnĭs *f.* 1. Vermischung. 2. Verwirrung, Beschämung, Schmach; confusionem inducere mit Schmach bedeckt werden.
cōnfūsŭs 3 verwirrt, verstört, beschämt.
cōnfūtātĭō, ōnĭs *f.* Widerlegung.
cōnfūtō 1 1. niederhalten, vernichten, verderben. 2. widerlegen.
congaudĕō, gāvīsŭs sŭm 2 sich mit jemand freuen: alicui.
congĕlō 1 verdichten, zum Gefrieren bringen; *pass.* zufrieren, sich verhärten.
congĕmĭnātĭō, ōnĭs *f.* Verdoppelung.
congĕmĭnō 1 verdoppeln.
congĕmīscō, gĕmŭī 3 laut aufseufzen.
congĕnĭtŭs 3 zugleich geboren.
congentīlĭs, ĕ stammverwandt.
congĕrĭēs, ēī *f.* Haufen, Masse; c. sepulcri Totenacker; cong. mortuorum Totendenkmal, Monument (das über dem Toten zusammengehäuft ist) (*Job* 21, 32).
congermānŭs 3 innig verwachsen, vereinigt.
congĕrō, gessī, gestŭm 3 1. zusammentragen. 2. errichten, bauen. 3. aufhäufen.
congestĭō, ōnĭs *f.* Aufhäufung; Blutandrang.
congestĭm *adv.* aufgehäuft.
congestŭs 3 zusammengedrängt.
congestŭs, ūs *m.* Masse, Haufen.
conglŏbātĭō, ōnĭs *f.* Zusammenrottung.
conglŏbō 1 zusammenscharen.
conglŏmĕrō 1 zusammendrängen.
conglōrĭfĭcō 1 mit *oder* sehr verherrlichen, hoch verherrlichen, hoch verehren.
conglōrĭŏr 1 stark rühmen.
conglūtĭnō 1 zusammenleimen, zusammenkleben; verschmelzen (1. *Reg.* 18, 1); *pass.*: ankleben: conglutinatus est in terra venter noster = es klebt am Boden unser Leib (*Ps.* 43, 25).
congrātŭlŏr 1 vereinigt *oder* sehr beglückwünschen; sich mit jem. freuen.
congrĕdĭŏr, gressŭs sŭm 3 1. zusammenkommen. 2. kämpfen.
congrĕgātĭm *adv.* vereinigt.
congrĕgātĭō, ōnĭs *f.* 1. Vereinigung, Gemeinschaft; Horde: taurorum (*Ps.* 67, 3); congregatio in aliquem (*statt* cum aliquo) Vereinigung mit jem. 2. Sammlung, das Gesammelte. 3. Gemeinde. 4. Ordensgemeinschaft: a) C. Clericorum Regularium Ss. Crŭcis et Passionis D. N. J. C. b) C. S. Cordis Jesu Gesellschaft vom heiligsten Herzen Jesu. c) C. Missionariorum Pretiosissimi Sanguinis. d) C. Missionum Lazaristenorden. e) C. Ss. Redemptoris Redemptoristen. 5. Ausschuß von Kardinälen in Rom zur Erledigung kirchlicher Angelegenheiten, *s.* Congregationes sacrae.
Congrĕgātĭōnēs săcrae: die hl. Kongregationen, die vom Papste zur Führung der Kurialgeschäfte eingesetzten Kommissionen, an deren Spitze der Papst selbst oder ein Kardinal steht. Im ganzen sind es elf: 1. **Sancti Officii** zum Schutze des Glaubens u. der Sitten (*C. j. c.* 247). 2. **Consistorialis** für die eigentliche Verwaltung u. Regierung der Kirche (*C. j. c.* 248). 3. **de disciplīna Sacramentorum** zur Überwachung der richtigen Sakramentenspendung. (*C. j. c.* 249). 4. **Concilii** zur Überwachung der Lebensführung des Klerus u. christlichen Volkes u. für Anordnungen darüber (*C. j. c.* 250). 5. **de negotiis Religiosorum** für Ordensangelegenheiten (*C. j. c.* 251). 6. **de Propaganda Fide** zur Förderung der Ausbreitung des Glaubens u. Überwachung der ausländischen Missionen (*C. j. c.* 252). 7. **Sacrorum Rituum** zur Aufsicht u. zum Erlaß von Vorschriften über die Bräuche u. Zeremonien in der latein. Kirche (*C. j. c.* 253). 8. **Caeremonialis** *s.* Caeremonialis congr. (*C. j. c.* 254). 9. **de negotiis ecclesiasticis extraordinariis** für Verhandlungen mit weltlichen Regierungen (*C. j. c.* 255). 10. **de Seminariis et Universitatibus studiorum** zur Überwachung der Schulen für die Ausbildung der Priester (*C. j. c.* 256). 11. **pro Ecclesia Orientali** für Angelegenheiten der mit Rom vereinigten morgenländischen Kirchen (*C. j. c.* 257).
congrĕgō 1 1. zusammenscharen, vereinigen. 2. einfangen, dahinraffen (*Os.* 4, 3). 3. Congregantis (verba) „des Sammlers", wahrscheinlich Übersetzung des Eigennamens Agur (*Prov.* 30, 1).
congrĕgātŏr, ōrĭs *m.* Vereiniger.
congressĭō, ōnĭs *f.* Zusammenkunft, Begegnung.
congressŭs, ūs *m.* Zusammentreffen, Angriff.
congrŭă, ōrŭm *n.* das (feste) Pfründeeinkommen.
congrŭēns, entĭs 1. passend, übereinstimmend. 2. hinreichend: pluvia.
congrŭentĭă, ae *f.* Übereinstimmung, Harmonie.
congrŭō, ŭī 3 1. zusammenstoßen. 2. zueinanderstimmen, entsprechen, passen.
congrŭŭs 3 entsprechend, gebührend.

congÿrō 1 sich scharen (*Judith*, 13, 16).
conĭcĭō, iēcī, iectŭm 3 1. zusammenwerfen. 2. mutmaßen, schließen, erraten. 3. hinwerfen, stoßen. 4. richten, wenden.
coniectātĭō, ōnĭs *f*. Vermutung.
coniectō 1 mutmaßen, schließen.
coniectūră, ae *f*. Annahme, Vermutung, Wahrsagung.
coniectūrālĭs, ĕ mutmaßlich.
Cŏnimbrĭă, ae *f*. (Conimbrica, Conimbriga, Aeminium) Coïmbra, St. r. am Mondego, Portugal (Beira), *ca*. 20000 *Einw*., Universität, Bischofssitz, Suffr. von Braga; *dav*.: **Conimbrĭcēnsĭs,** ĕ.
Cŏnimbrĭcă, ae *f*. *s*. Conimbria.
Cŏnimbrĭcēn. (*C*. *R*.) *s*. Conimbria.
Cŏnimbrĭgă, ae *f*. *s*. Conimbria.
cōnītŏr, nīsŭs u. nīxŭs sŭm 3 sich anstrengen, sehr bemühen.
coniŭcundŏr 1 sich mitfreuen.
coniŭgă, ae *f*. Gattin.
coniŭgālĭs, ĕ (coniugialis) ehelich.
coniŭgātŏr, ōrĭs *m*. Vereiniger.
coniŭgātŭs, ī *m*. der Verheiratete.
coniŭgĭālĭs, ĕ *s*. coniugalis.
coniŭgĭcīdĭŭm, ī *n*. Gattenmord.
coniŭgĭŭm, ī *n*. 1. eheliche Verbindung, Ehe. 2. Gatte, Gattin.
coniŭgō 1 1. zusammenjochen, verknüpfen. 2. heiraten.
coniūnctĭm *adv*. gemeinsam.
coniūnctĭō, ōnĭs *f*. 1. Verbindung, Vereinigung. 2. Verwandtschaft; sermo coniunctionis die Konjunktion, das Bindewort.
coniūnctrīx, īcĭs *f*. Vereinigerin.
coniūnctūră, ae *f*. 1. Verbindung. 2. Schließe (zum Befestigen u. Zusammenhalten).
coniūnctŭs 3 1. verbunden, zusammenhängend, angrenzend. 2. befreundet, verwandt. 3. übereinstimmend.
coniungō, iūnxī, iūnctŭm 3 1. verbinden, vereinigen. 2. knüpfen, schließen, die Ehe *oder* Freundschaft eingehen.
coniūnx, iŭgĭs *m*. u. *f*. Gemahl, Gemahlin, Braut; *auch* Dienstgefährte.
coniūrātĭō, ōnĭs *f*. 1. Eid. 2. Verschwörung.
coniūrātī, ōrŭm *m*. die Verschworenen.
coniūrō 1 sich verschwören.
cōnīvĕō, nīvī oder nīxī 2 1. sich zusammenneigen, sich schließen. 2. die Augen schließen; Nachsicht haben (*mit* in *c*. *abl*.).
conl . . . . *s*. coll.
Connacĭă, ae *f*. (Conactia) Connaught, nordwestlichste Provinz in Irland.
connāscŏr, nātŭs sŭm 3 zugleich geboren werden.
connātūră, ae *f*. die gleiche Natur.
connātūrālĭs, ĕ, gleichnatürlich, naturgemäß.
Connecĭă, ae *f*. (Clonferiensis ecclesia) Clonfert, St. Irland, *ca*. 2300 Einw., Bischofssitz, Suffr. v. Tuam.
connectō 3 *s*. conecto.
Connerthēnsĭs, ĕ *s*. Connoria.
connexĭō, ōnĭs *f*. *s*. conexio.
connexŭs 3 verbunden.
connīventĭă, ae *f*. (coniventia) Nachsicht, Begünstigung.
connīvĕō *s*. coniveo.
Connorēn. (*C*. *R*.) *s*. Connoria.
Connorĭă, ae *f*. Connor, D. südlich von Ballymena, Irland (Antrim); Bistum Down u. Connor, Sitz in Belfast, Suffr. v. Armagh; *dav*. **Connorēnsĭs,** ĕ u. **Connerthēnsĭs,** ĕ.
connūbĭālĭs, ĕ ehelich.
connūbĭŭm, ī *n*. Vermählung.
connŭmĕrō 1 zählen unter.
Conō, ōnĭs *m*. Kono, Einsiedler, Genosse des hl. Mönches Ulrich (12. Jhdt.).
cōnōpaeŭm, ī *n*. *s*. conopeum.
cōnōpēŭm, i *n*. (conopaeum, conopium) (κωνωπεῖον) 1. Mückennetz. 2. Lagerstätte; Gezelt, äußere Hülle um das Tabernakel aus Webstoff. Der Vorhang muß entweder von weißer oder der entsprechenden Tagesfarbe sein, darf aber niemals schwarz sein.
cōnōpĭŭm, ī *n*. *s*. conopeum.
cōnŏr 1 versuchen, unternehmen.
conquădrō 1 viereckig zuhauen.
conquaestŏr, ōrĭs *m*. s. conquisitor.
conquassātĭō, ōnĭs *f*. Erschütterung, Zerrüttung.
conquassō 1 zerrütten, vernichten.
conquĕrŏr, questŭs sŭm 3 1. wehklagen. 2. sich beschweren.
conquĭēscō, quĭēvī, quĭētŭm 3 sich ausruhen, rasten.
conquīrō, sīvī, sītŭm 3 1. zusammensuchen. 2. eifrig aufsuchen, ausheben, werben. 3. zu gewinnen *oder* zu fangen suchen.
conquīsītĭō, ōnĭs *f*. 1. Beitreibung. 2. Versammlung (*Act*. 15, 7).
conquīsītŏr, ōrĭs *m*. 1. Sucher, Forscher. 2. Auflaurer, Häscher.
conquīsītŭs 3 ausgesucht, kostbar.
1. **S. Conrădŭs,** ī *m*. hl. Konrad, Bek. u. Bisch. von Konstanz, Patron der Diözese Freiburg i. Breisgau († 975).
Er war ein Sohn des Grafen Heinrich von Altdorff und Beatas, Gräfin von Hohenwart (in Bayern); er wurde als Siebenjähriger dem Konstanzer Bischof Nothing zur Erziehung übergeben. Später ward er Propst der Domkirche, alsdann Bischof auf Veranlassung des hl. Ulrich von Augsburg. Dreimal machte er eine Wallfahrt nach Jerusalem. In Konstanz baute er Kirchen, Klöster und ein Armenhaus. Eine Spinne, die ihm nach der Konsekration des Weines in den Kelch gefallen war, schluckte er mit dem hl. Blute im Vertrauen auf Gottes Schutz hinunter, obwohl sie als giftig galt.

Das Tier kam zum Staunen der Zuschauer später, als sich Konrad ausruhte, aus dem Munde desselben unversehrt hervor. Er sagte voraus, daß der junge Gebhard, den er erzog, dereinst sein Nachfolger sein werde. Nach 42-jähriger Wirksamkeit starb Konrad. Er wurde in der St. Mauritzkirche in Konstanz beigesetzt und von Kalixt II. unter die Schar der Heiligen aufgenommen. — 26. November (Augsburg, Basel, Freiburg i. B., St. Gallen, Rottenburg).

2. **S. Conrădŭs Placentīnŭs,** ī *m.* hl. Konrad von Piacenza, Bek. aus dem dritten Ord. des hl. Franziskus († 1351).

Er ist zu Piacenza in der Lombardei geboren. Auf seine Veranlassung hin, doch gegen seinen Willen, entstand einst ein Waldbrand. Während er sich den Folgen entziehen wollte, wurde ein armer Mann des Vergehens angeklagt, gefoltert und verurteilt. Von Gewissensbissen gequält, gab er sich als Schuldigen an, befreite den Unschuldigen und machte den Schaden aus seinem Besitztum gut. Als seine Frau in Piacenza den Schleier genommen, ging er aus der Heimat, trat in den 3. Orden des hl. Franziskus und zog sich unweit von Noto bei Syrakus in Sizilien in die Einsamkeit zurück, wo er ein strenges Bußleben führte. Feine Speisen, die er geschenkt erhielt, aß er erst, wenn sie rochen und Würmer daran waren. Um das Fleisch abzutöten, wälzte er sich nackt im Dorngestrüppe, so daß das Blut hervorquoll. Als ihn gottlose Menschen an einem Freitag zu Tische luden und ihm statt der Fische Schweinefleisch vorsetzten, sagte er, er wolle nichts anderes als Fische essen, und sieh, als man das Tuch, das die Schüssel bedeckte, wegnahm, zeigten sich Gräten und Schuppen. Als ihn der Bischof von Syrakus besuchte, setzte er ihm vier noch warme Kuchen vor, die auf wunderbare Weise in der Zelle gebacken waren. Beim Gegenbesuche umflogen ihn beim bischöflichen Palais eine Menge Vögelein, die ihn begrüßten. Auf diese und andere Weise wurde seine Heiligkeit offenbar. Sein Leib ruht in der Nikolauskirche zu Noto. Urban VIII. sprach ihn 1625 heilig. — 19. Februar (Kap. O. u. Franz. O.).

B. Conrădŭs, ī *m.* sel. Konrad, Cist., Einsiedler u. Bekenner († 1154).

Zu Regensburg geboren, erhielt Konrad von seinen Eltern Heinrich dem Schwarzen aus dem Welfengeschlechte und Wulfhildis aus dem Billungergeschlechte seine Erziehung auf der Ravensburg, dem väterlichen Stammsitze. Würde und Erbe der Welfen wären K. als dem Erstgeborenen zugefallen; doch er fand keine Freude daran, sondern oblag an der Domschule zu Köln den theologischen Studien und gelangte daselbst zu kirchlichen Würden. Bei der Kreuzzugspredigt des hl. Bernhard im Jahre 1147 folgte er diesem nach Clairvaux, um dort Mönch zu werden. Arm pilgerte er später nach Palästina und blieb dort einige Jahre als Einsiedler. Ins Abendland zurückgekehrt, verlebte er seine letzten Jahre bei einer Gnadenkapelle unweit Bari nahe bei Modugno in Italien, wo er im Rufe der Heiligkeit starb. — 14. Februar (Cist. Ord.).

Conrădŭs Portuēnsĭs, Konrad, Kardinal u. Bisch. von Porto am Tiber (Italien), bestattete feierlich den Martyrer-erzbischof Engelbert (1225).

conrēctŏr, ōrĭs *m.* (corrector) stellvertretender Rektor, Mitleiter.

conrēgnō 1 mitregieren.

conrĕsuscĭtō 1 mit auferwecken.

cōnsaepĭō, psī, ptŭm *s.* consepio.

cōnsălūtātĭō, ōnĭs *f.* herzliche, feierliche Begrüßung

1. **cōnsanguĭnĕŭs** 3 eines Blutes mit jemand, blutsverwandt.

2. **cōnsanguĭnĕŭs,** ī *m.* der Blutsverwandte.

cōnsanguĭnĭtās, ātĭs *f.* Blutsverwandtschaft, Verwandtschaft; consanguinitatem ducere ab aliquo mit jemand blutsverwandt sein.

cōnsarcĭō, sarsī, sartŭm 4 zusammenflicken.

cōnsarcĭnō 1 zusammenflicken.

cōnscĕlĕrātŭs 3 frevelhaft, verrucht.

cōnscĕlĕrō 1 mit Verbrechen beflecken.

cōnscendō, endī, ēnsŭm 3 besteigen.

cōnscĭentĭă, ae *f.* 1. das Mitwissen. 2. Bewußtsein, Gefühl. 3. Überzeugung. 4. Gewissen: conscientiae manifestatio Gewissensrechenschaft, Gewissenseröffnung (*C. j. c.* 530 § 1).

cōnscindō, scĭdī, scissŭm 3 zerreißen.

cōnscissĭō, ōnĭs *f.* Zerreißung.

cōnscĭō 4 sich bewußt sein.

1. **cōnscĭŭs** 3 1. mitwissend, 2. schuldbewußt.

2. **cōnscĭŭs,** ī *m.* Mitwisser, Vertrauter.

cōnscrībō, scrīpsī, scrīptŭm 3 1. in eine Liste eintragen, ausheben. 2. verfassen, schreiben; *pt.* conscriptus 3 aufgezeichnet; *übtr.*: gesetzmäßig (*Ps.* 149, 9).

cōnscrīptĭō, ōnĭs *f.* 1. Abfassung, Darstellung. 2. Vertrag: conscriptio coniugii Ehevertrag (*Tob.* 7, 16).

cōnscrīptŭs 3 *s.* conscribo.

cōnsĕcō 1 zerschneiden.

cōnsĕcrātĭō, ōnĭs *f.* 1. Weihe, Heiligung. 2. Verfluchung. 3. hl. Wandlung. 4. Priesterweihe.

cōnsĕcrātŏr, ōrĭs *m.* der, welcher weiht, heiligt, konsekriert, Konsekrator.

cōnsĕcrō 1 1. weihen, heilig machen; er weihte dem Andenken dieses (Sieges)tages für immer die Feier der Verklärung Christi (L. VI. Joan. Cap. 28. März). 2. Brot und Wein in den Leib Christi verwandeln.

cōnsectārĭŭs 3 was logisch folgt, folgerecht.

cōnsectārĭŭm, ī *n.* Schlußfolge, Folgerung.

cōnsectātĭō, ōnĭs *f.* 1. Trachten, Verlangen. 2. eifrige Nachfolge.

cōnsectātŏr, ōris *m.* eifriger Anhänger.

cōnsectŏr 1 1. verfolgen, nachsetzen. 2. nachfolgen, nachstreben.

cōnsĕcūtīvŭs 3 aufeinanderfolgend.

cōnsĕnēscō, sĕnŭī 3 1. alt werden, altern. 2. hinfällig werden, verkommen.

cōnsĕnĭŏr, ōrĭs *m.* Mitältester, Mitpriester.

cōnsēnsĭō, ōnĭs *f.* Übereinstimmung, Einigkeit.

cōnsēnsŭs, ūs *m.* Übereinstimmung, Einwilligung.

cōnsentānĕŭs 3 passend, naturgemäß, vernünftig.

Consentĭă, ae *f.* Cosenza, St. Unteritalien, *ca.* 15000 Einw.; Erzbischofssitz (seit 1050, Bistum seit 7. Jhdt.); *dav.*: **Consentīnŭs** 3.
Consentīn. (*C. R.*) *s.* Consentia.
cōnsentĭō, sēnsī, sēnsŭm 4 1. übereinstimmen, einig sein. 2. zueinander stimmen, passen.
cōnsĕpĕlĭō, īvī, sĕpultŭm 4 mit jmd. begraben.
cōnsēpĭō, psī, ptŭm 4 (consaepio) umzäunen.
cōnsĕquēns, entĭs 1. vernunftgemäß, passend. 2. folgerichtig.
cōnsĕquentĕr *adv.* 1. folgerichtig. 2. entsprechend.
1. **cōnsĕquentĭă,** ae *f.* die Folge, Folgerichtigkeit.
2. **cōnsĕquentĭă,** ĭŭm *n.* die folgenden Ausführungen.
cōnsĕquŏr, sĕcūtŭs sŭm 3 1. unmittelbar folgen, nachfolgen. 2. verfolgen. 3. nachahmen, befolgen, gehorchen. 4. erreichen, einholen. 5. begreifen, erkennen. 6. folgerichtig sein.
1. **cōnsĕrō,** sēvī, sĭtŭm 3 besäen, bepflanzen; *übtr.*: belästigen.
2. **cōnsĕrō,** sĕrŭī, sertŭm 3 aneinanderreihen, verknüpfen, verbinden.
cōnsertē *adv.* verkettet.
cōnsertĭō, ōnĭs *f.* Verknüpfung, Verbindung.
cōnservātĭō, ōnĭs *f.* Erhaltung, Bewahrung.
cōnservātŏr, ōrĭs *m.* Erhalter, Erretter.
cōnservātrīx, īcĭs *f.* Bewahrerin, Retterin.
cōnservō 1 1. erhalten, bewahren, retten. 2. beobachten, halten.
cōnservŭs, ī *m.* Mitsklave, Mitknecht.
cōnsessŭs, ūs *m.* 1. Platz, Rang; primus c. Vorrang. 2. das Zusammensitzen mit jemand: c. alicuius. 3. Sitzung, Versammlung.
cōnsīdĕrātĭō, ōnĭs *f.* Betrachtung, Erwägung; Consideratione (*scil.* de) ein Buch „Zur Erwägung", das der hl. Bernhard Papst Eugen III. schickte.
cōnsīdĕrātŭs 3 1. reiflich überlegt, bedacht. 2. behutsam, besonnen.
cōnsīdĕrō 1 betrachten, überlegen, bedenken, erwägen; freudig sehen.
cōnsīdō, sēdī, sessŭm 3 1. sich niedersetzen, niederlassen. 2. sich aufstellen, lagern. 3. Wohnsitz nehmen, sich ansiedeln. 4. sich legen, nachlassen, aufhören.
cōnsīgnō 1 1. bezeichnen. 2. versiegeln; versehen mit (*abl.*): consigno scripto schriftlich niederlegen, schriftlich beglaubigen.
cōnsĭlēscō, sĭlŭī 3 verstummen.
cōnsĭlĭārĭŭs, ī *m.* Ratgeber.
cōnsĭlĭātŏr, ōrĭs *m.* Ratgeber.
cōnsĭlĭŏr 1 1. Rat pflegen, beratschlagen. 2. betrachten, erwägen.
cōnsĭlĭŭm, ī *n.* 1. Beratung, beratende Versammlung, Absicht, Rat. 2. Überlegung, Einsicht, Klugheit. 3. Beschluß, Plan, Absicht.
cōnsĭmĭlĭs, ĕ ähnlich.
cōnsistō, stĭtī 3 1. sich hinstellen, aufstellen. 2. stehen bleiben, haltmachen, standhalten. 3. sich aufhalten, verweilen. 4. sich behaupten, bestehen. 5. stattfinden, vorhanden sein.
cōnsistōrĭālĭs, ĕ zum Konsistorium (der Kardinäle) gehörig, Konsistorial-.
cōnsistōrĭŭm, ī *n.* 1. Versammlung, Sitzung; *bes.* feierliche Sitzung der Kardinäle unter päpstlichem Vorsitze. 2. Versammlungsort.
cōnsĭtŏr, ōrĭs *m.* Pflanzer.
cōnsĭtŭs 3 bepflanzt.
cōnsōbrīnă, ae *f.* Geschwisterkind, Base, Kusine.
cōnsōbrīnŭs, ī *m.* Geschwisterkind, Vetter.
cōnsŏcĭātĭō, ōnĭs *f.* Vereinigung.
cōnsŏcĭō 1 vereinigen, verbinden, zugesellen.
cōnsōlābĭlĭs, ĕ tröstbar.
cōnsōlāmĕn, ĭnĭs *n.* Trost.
cōnsōlātĭō, ōnĭs *f.* Trost, Tröstung, Zuspruch.
cōnsōlātŏr, ōrĭs *m.* Tröster.
cōnsōlātōrĭŭs 3 tröstlich (*Zach.* 1, 13).
cōnsōlātrīx, īcĭs *f.* Trösterin.
cōnsŏlĭdō 1 kräftigen, festigen.
cōnsōlŏr 1 1. trösten, ermutigen. 2. lindern, mildern. 3. oft auch: sich trösten lassen, getröstet werden (*Ps.* 76, 3).
cōnsomnĭō 1 zusammenträumen, erfinden.
cōnsŏnantĕr *adv.* übereinstimmend.
cōnsŏnantĭă, ae *f.* Übereinstimmung.
cōnsŏnō 1 mittönen, laut ertönen.
cōnsŏnŭs 3 übereinstimmend, passend.
cōnsōpĭō 4 völlig einschläfern, betäuben (*Hab.* 2, 16).
cōnsŏrŏr, ōrĭs *f.* Mitschwester.
1. **cōnsors,** tĭs Anteil habend an.
2. **cōnsors,** tĭs *m. u. f.* Teilnehmer(in); Gefährte, Gefährtin.
cōnsortĭō, ōnĭs *f.* Genossenschaft.
cōnsortĭŭm, ī *n.* 1. Gemeinschaft, Teilnahme. 2. Gesellschaft.
cōnspectŏr, ōrĭs *m.* der, welcher erblickt, durchschaut; Erkenner: cordis.
1. **cōnspectŭs,** ūs *m.* 1. Anblick, Blick. 2. Angesicht, Gesichtskreis, Augen. 3. Anschauung, Betrachtung. 4. Erscheinung; in conspectū alicuius: vor *oder* bei jemandem.
2. **cōnspectŭs** 3 sehenswert, merkwürdig.

cōnspergō, sī, sūm 3 besprengen (mit etw.).
cōnspersiō, ōnĭs *f.* Teig, Brotteig.
cōnspĭcābĭlĭs, ĕ sichtbar, sehenswert.
cōnspĭcĭō, spexī, spectūm 3 1. hinsehen, hinschauen. 2. ansichtig werden, erblicken. 3. *pass.* in die Augen fallen, auffallen.
cōnspĭcŏr 1 erblicken.
cōnspĭcŭŭs 3 1. sichtbar. 2. auffallend, ausgezeichnet.
cōnspīrātĭō, ōnĭs *f.* 1. Einigkeit; Einmütigkeit: fidelium. 2. Verschwörung.
cōnspīrō 1 sich verschwören; Umtriebe machen; sich vereinigen.
cōnsplendēscō 3 hell erglänzen.
cōnspŭō, spŭī, spūtūm 3 (consputo) bespeien, bespucken.
cōnspūtō 1 *s.* conspuo.
cōnstăbĭlĭō 4 befestigen, gründen, stützen; *pass.* sich stützen.
cōnstāns, antĭs 1. stetig, feststehend, unwandelbar. 2. gleichförmig, gleichmäßig. 3. beständig, beharrlich, standhaft.
S. Cōnstāns, antĭs *m.* hl. Constanz, trierischer Martyrer, † 286, 5. Okt.
Cōnstāns, antĭs *m.* Name mehrerer Kaiser, 1. **C. I.,** christlicher weström. Kaiser, † 350. 2. **C. II.,** griech.-röm. Kaiser, 641—668.
cōnstantĭă, ae *f.* 1. Festigkeit, Beständigkeit, Standhaftigkeit. 2. Zuverlässigkeit.
S. Cōnstantĭă, ae *f.* hl. Konstantia, Jgfr. u. Mart., Genossin der hl. Ursula (5. Jhdt.).
1. **Cōnstantĭă,** ae *f.* Konstantia, Tochter des Kaisers Konstantin I. (4. Jhdt.).
2. **Cōnstantĭă,** ae *f.* Konstanz, St. am Bodensee, Baden, *ca.* 22000 Einw. — Ehem. großes Bistum (Fortsetzung vom Bistum Vindonissa), aufgehoben 1821; *dav.*: **Cōnstantĭēnsĭs,** ĕ; lăcus Cōnstantiēnsis: Bodensee.
3. **Cōnstantĭă (in Coelēsȳrĭă)** *f.* Konstantia, ehem. St., zum ehem. Erzbistum Bostra gehörig (dem alten Bosra), *j.*: D. am Südwestfuße des Hauran, Syrien, *ca.* 1500 *Einw.*
4. **Cōnstantĭă (in Gallia)** *f.* Coutances, St. an der Soulle in der Normandie, *Fkr.* (Manche), *ca.* 7000 *Einw.*; Bistum mit Avranches vereinigt, Suffr. von Rouen.
5. **Cōnstantĭă** (in Osroene) *f.* Konstantia, St. zum ehem. Erzbistum Edessa (Urfu) in Mesopotamien gehörig, *dav.*: **Cōnstantĭēnsĭs,** ĕ.
Cōnstantĭēn. (*C. R.*) *s.* 2. Constantia u. 4. Constantia.
Cōnstantĭēnsĭs lăcŭs *m.* Bodensee *s.* 2. Constantia u. Acronĭus lăcus.
Cōnstantīnă, ae *f.* (früher Cirta in Numidien) Constantine, St. in Algerien, Nordafrika, *ca.* 45000 Einw.; Bischofssitz (2. Jhdt. gegründet, 1866 neu errichtet u. mit dem Titel von Hippo vereinigt), Suffr. v. Algier; *dav.*: **Constantīnĭānŭs** 3.
Cōnstantīnĭān. (*C. R.*) *s.* Constantina.
Cōnstantīnŏpŏlĭs, ĕōs u. ĭs (*acc.* ĭm) *f.* (Κωνσταντίνου πόλις = Konstantinsstadt) Konstantinopel (*türk.*: Istambul), *ehemals*: Byzanz und Hauptstadt der Türkei, *ca.* 1200000 Einw.; lateinisches Patriarchat, Sitz des Patriarchen in Rom, des Patriarchalvikars in Pankaldi, einer Vorstadt von Konstantinopel; *dav.* **Cōnstantīnŏpŏlītānŭs** 3.
Cōnstantīnŏpŏlītān. (*C. R.*) *s.* Constantinopolis.
Cōnstantīnŭs, ī *m.* Konstantin, röm. Kaiser, † 337; *dav.* **Cōnstantīnĭānŭs** 3 konstantinisch.
S. Cōnstantĭŭs, ī *m.* hl. Konstanz, Mart. († 286).
Ebenso wie sein Leidensgenosse Alexander Mitglied der Thebaischen Legion, von dem blutdürstigen Feldherrn Riotiovarus in Trier mit vielen anderen niedergemetzelt. — 5. Oktober.
B. Cōnstantĭŭs ā Fabrĭānō, sel. Konstanz von Fabriano, Bek., O. Pr., († 1481).
1410 zu Fabriano in Oberitalien geboren. Trat im Alter von 15 Jahren in den Dominikanerorden ein, war nacheinander Prior der Ordensgemeinschaften zu Perugia, Fabriano und Ascoli, starb am Feste Christi Himmelfahrt im Jahre 1459. — 25. Februar (Dominikanerorden).
Cōnstantĭŭs, ī *m.* Name mehrerer röm. Kaiser 1. **C. I.,** 305—306. 2. **C. II.,** Sohn Konstantins, eifriger Arianer, 337—361. 3. **C. Kŏprōnȳmŏs,** ī *m.* (Κοπρώνυμος, auch Ikonoklastes d. h. Bilderstürmer genannt) byzantinischer Kaiser, † 775.
Cōnstantĭŭs, ī *m.* Konstanz Vater des hl. Papstes Felix I. (3. Jhdt.).
cōnstătātĭō, ōnis *f.* Feststellung.
cōnstătō 1 feststellen, konstatieren.
cōnsternātĭō, ōnĭs *f.* Angst, Unruhe, Aufregung.
1. **cōnsternō** 1 schrecken, gewaltig aufregen.
2. **cōnsternō,** strāvī, strātūm 3 1. bedecken, bestreuen. 2. niederwerfen.
cōnstīpātĭō, ōnĭs *f.* Zusammendrängen, Gedränge.
cōnstīpō 1 zusammendrängen.
cōnstĭtŭō, ŭī, ūtūm 3 1. aufstellen, hinsetzen. 2. errichten, erbauen. 3. einrichten, bereiten, ordnen. 4. bestimmen, festsetzen. 5. ausmachen, ergeben = herauskommen. 6. liefern proelia. 7. einsetzen; constitues me

in caput gentium (*vgl. Ps.* 108, 6); veranstalten: diem solemnem (*Ps.* 117, 27).

cōnstĭtūtĭō, ōnĭs *f.* 1. Einrichtung, Erschaffung, Anbeginn: mundī. 2. Anordnung, Ordnung, Verfassung; *bes.*: Ordensverfassung. 3. Bestimmung, Verfügung, Verordnung. 4. Haltung, Stellung; Aufstellung, Zusammenstellung. 5. päpstliche Verordnung: Konstitution.

cōnstĭtūtīvŭm, ī *n.* Einrichtung, Beschaffenheit.

cōnstĭtūtīvŭs 3 zusammenstellend, aufrichtend, ordnend, festsetzend.

cōnstĭtūtŭm, ī *n.* Verordnung, Verfügung.

cōnstĭtūtŭs 3 eingerichtet, beschaffen.

cōnstō, stĭtī, stātūrŭs 1 1. still stehen, bestehen, verbleiben. 2. gewiß sein, feststehen; cōnstăt es ist bekannt. 3. bestehen, vorhanden sein. 4. auf etwas beruhen. 5. kosten.

cōnstrĕpō, strĕpŭī 3 laut ertönen lassen.

cōnstrictĭō, ōnĭs *f.* 1. Zusammenfassung, Bezähmung. 2. Verschärfung.

cōnstringō, strinxī, strictŭm 3 1. zusammenschnüren, fesseln. 2. beschränken, im Zaume halten, zähmen.

cōnstrūctĭō, ōnĭs *f.* Bau, Gebäude.

cōnstrŭō, strūxī, strūctŭm 3 1. zusammenhäufen. 2. bauen, erbauen.

cōnstŭprātŏr, ōrĭs *m.* Schänder.

cōnstŭprō 1 schänden.

cōnsuāsŏr, ōrĭs *m.* Ratgeber.

cōnsubstantĭābĭlĭtās, ātĭs *f.* (cōnsubstantĭlĭtās) Wesensgleichheit.

cōnsubstăntĭālĭs, ĕ eines Wesens mit jemandem: alicui, wesensgleich.

cōnsubstantĭlĭtās, ātĭs *f.* s. consubstantiābilitas.

cōnsūdō 1 stark schwitzen, sich abmühen.

cōnsŭēfăcĭō, fēcī, factŭm 3 jmd. an etwas gewöhnen.

cōnsŭēscō, suēvī, suētŭm 3 1. sich an etw. gewöhnen. 2. *perf.* consuēvi gewohnt sein, pflegen.

1. **cōnsŭētūdĭnārĭŭs** 3 gewöhnlich.

cōnsŭētūdĭnārĭŭs, ī *m.* Gewohnheitssünder.

cōnsŭētūdo, ĭnĭs *f.* 1. Gewohnheit, Gebrauch, Herkommen. 2. Ausdrucksform, Schreibweise; c. scriptūrārŭm = d. hl. Schrift. 3. Umgang, Verkehr, das Zusammensein.

cōnsŭētŭs 3 gewohnt.

cōnsŭl, ŭlĭs *m.* 1. Konsul, Name der zwei höchsten Beamten Roms. 2. *allgemein für* vornehmer Bürger, Ratsherr.

1. **cōnsŭlārĭs,** ĕ 1. zu einem Konsul gehörig, konsularisch, Konsul-.

2. **cōnsŭlārĭs,** ĭs *m.* ein gewesener Konsul, Konsular.

cōnsŭlātŭs, ūs *m.* das Konsulat.

cōnsŭlō, ŭī, tŭm 3 I. 1. sich beraten, beratschlagen. 2. raten, Rat erteilen. 3. sorgen, Sorge tragen für; bedacht sein auf etwas (mit dat.), consulere ordini publico auf öffentliche Ordnung bedacht sein (*C. j. c.* 14). 4. beschließen. II. befragen, um Rat fragen.

cōnsultātĭō, ōnĭs *f.* 1. Beratschlagung. 2. das Befragen.

cōnsultātōrĭŭs 3 um Rat fragend, zur Beratung gehörig.

cōnsultīvŭs 3 Rat bewirkend, beratend; suffragium consultivum beratende Stimme.

1. **cōnsultō** u. consultē *adv.* absichtlich.

2. **cōnsultō** 1 1. erwägen, überlegen. 2. um Rat fragen, befragen.

cōnsultŏr, ōrĭs *m.* Ratgeber.

cōnsultrīx, īcĭs *f.* Fürsorgerin.

cōnsultŭm, ī *n.* Ratschluß, Plan.

1. **cōnsultŭs,** ūs *m.* Beschluß, beratende Versammlung in den Kongregationen.

2. **cōnsultŭs** 3 1. überlegt, erfahren, kundig. 2. ratsam.

cōnsummātĭō, ōnĭs *f.* 1. Vollendung, Beendigung. 2. Vollziehung, Vollzug (z. B. matrimonii). 3. der höchste Grad, Vervollkommnung, Vollkommenheit. 4. Vernichtung, Ende, Tod. 5. omnis consummationis (*Ps.* 118, 96): alles Vollkommene sah ich begrenzt.

cōnsummātŏr, ōrĭs *m.* Vollender.

cōnsummātrīx, īcĭs *f.* Vollenderin, Erfüllerin.

cōnsummātŭs 3 vollendet, vollkommen ausgebildet; vollzogen: matrimonium consummatum = die fleischlich vollzogene Ehe.

cōnsummō 1 1. vollenden, vollbringen; vollziehen. 2. zur Vollkommenheit gelangen. 3. aufbrauchen, zu Ende kommen mit; *adv. gebraucht für* vollständig, ganz u. gar, *z. B.*: cum consummasset comedere herbam.

cōnsūmō, sūmpsī, sūmptŭm 3 1. verzehren, aufzehren. 2. vernichten, wegraffen. 3. verwenden, zubringen, verstreichen lassen. 4. unnütz verstreichen lassen, verlieren.

cōnsūmptĭō, ōnĭs *f.* Aufzehrung, Vernichtung.

cōnsūmptĭbĭlĭs, ĕ, eßbar; verwendbar.

cōnsūmptŏr, ōrĭs *m.* Verschwender.

cōnsŭō, sŭī, sūtŭm 3 1. zusammennähen. 2. aushecken, Pläne schmieden.

cōnsurgō, surrēxī, surrēctŭm 3 aufstehen, sich aufraffen, sich erheben.

cōnsurrēctĭō, ōnĭs *f.* das allgemeine Aufstehen.

cōnsūtĭlĭs, ĕ zusammengeflickt.

cōnsūtŭs 3 (von consŭo) genäht.
contābĕfăcĭō, fēcī, factŭm 3 verzehren; hinschwinden machen.
contābēscō, tābŭī 3 hinschwinden.
contāctŭs 3 *ptc.* zu contingo.
contāctŭs, ūs *m.* 1. Berührung, Ansteckung. 2. das schlechte Beispiel.
1. **contāgĭō** 1 *s.* contamĭno.
2. **contāgĭō,** ōnĭs *f.* (contagium) 1. Berührung, Ansteckung, Seuche. 2. Befleckung, lasterhafter Verkehr; terrenum: mit der Welt *oder* Sünde. 3. eheliches Beilager, Befruchtung.
contāgĭōsŭs 3 ansteckend.
contāgĭŭm, ī *n.* s. 2. contagio.
contāmĭnātĭō, ōnĭs *f.* Befleckung.
contāmĭnō 1 (contagio) beflecken, verunreinigen; entehren, entweihen.
contĕgō, tēxī, tēctŭm 3 bedecken, verhüllen.
contemnentĕr *adv.* verächtlich.
contĕmĕrō 1 beflecken.
contemnō, tempsī, temptŭm 3 verachten.
contempĕrō 1 mischen, vermischen; in das richtige Verhältnis zu etwas setzen; Christus corpus suum in nos contemperat er macht uns seines Leibes teilhaftig (*Joh. Chrys. hom.* 61).
contemplātĭō, ōnĭs *f.* das Beschauen, religiöse Betrachtung.
contemplātīvŭs 3 beschaulich.
contemplātŏr, ōrĭs *m.* Betrachter.
contemplātōrĭŭs 3 betrachtend.
contemplŏr 1 beschauen, anschauen, betrachten.
contemptĭbĭlĭs, ĕ verächtlich, verachtet.
contemptĭm *adv.* mit Verachtung.
contemptĭō, ōnĭs *f.* Verachtung.
contemptŏr, ōrĭs *m.* Verächter.
contemptrīx, īcĭs *f.* Verächterin.
contemptŭs, ūs *m.* Verachtung.
contendō, tendī, tentŭm 3 1. sich anstrengen, bemühen; contendĕrĕ prĕcĕ: erflehen. 2. sich beeilen, eilen, eilig marschieren, reisen. 3. behaupten, versichern. 4. kämpfen, streiten.
contĕnĕbrātĭō, ōnĭs *f.* Verfinsterung.
contĕnĕbrēscō 3 finster werden.
contĕnĕbrō 1 ganz finster machen.
contentă, ōrŭm *n.* Inhalt.
contentĭō, ōnĭs *f.* 1. Spannung, Anstrengung. 2. das eifrige Streben, Verlangen. 3. Kampf, Streit. 4. Zank, Streitsucht, Rechthaberei.
contentĭōsă, ōrŭm *n.* Zivilrechtssachen.
contentĭōsŭs 3 streitsüchtig, rechthaberisch, hartnäckig; causa contentiosa Prozeßangelegenheit; judicium contentiosum Zivilrecht.
1. **contentŭs** 3 gespannt, angestrengt, eifrig.
2. **contentŭs** 3 sich begnügend mit, zufrieden.
contermĭnō 1 angrenzen.
contermĭnŭs 3 angrenzend, benachbart.
conternō 1 dreijährig sein, dreifach zusammensetzen.
contĕrō, trīvī, trītŭm 3 1. zerreiben, zermalmen, vernichten. 2. mit Füßen treten, für wertlos halten. 3. zügeln: corpus per abstinentiam. 4. *pass.*: niedergedrückt, zerknirscht sein, Reue empfinden.
conterrĕō, ŭī, ĭtŭm 2 einschüchtern.
contēstātĭō, ōnĭs *f.* 1. das feierliche Anrufen zum Zeugen. 2. die unter feierlicher Anrufung von Zeugen aufgestellte Behauptung oder getroffene Bestimmung; Bezeugung, Versicherung, Beschwörung; suprema contestatio letztwillige Bestimmung, Verfügung (*C. j. c.* 1628).
contēstĭfĭcŏr 1 bezeugen.
contēstĭs, ĭs *m.* u. *f.* Mitzeuge, Mitzeugin.
contēstŏr 1 1. zum Zeugen anrufen, zum Zeugen nehmen. 2. c. aliquem jem. dartun, anzeigen; vor jem. erklären, bezeugen. 3. eindringlich ermahnen, beschwören (*Jer.* 11, 7). 4. contestārī lītĕm; einen Prozeß durch gerichtliche Feststellung des Streitpunktes einleiten, anhängig machen, in Gang bringen (*C. j. c.* 1726—1731); lis contestatur ein Prozeß wird unter Beiziehung von Zeugen anhängig gemacht; litĕ contestatā wenn der Prozeß anhängig gemacht ist (*C. j. c.* 1628 u. 1731).
contexō, texŭī, textŭm 3 1. zusammenflechten, weben. 2. verknüpfen, verbinden. 3. fortspinnen, fortsetzen; vocem in verba c.: eine Rede halten.
contextĭm *adv.* zusammenhängend.
1. **contextŭs** 3 zusammenhängend.
2. **contextŭs,** ūs *m.* Zusammenhang, Verbindung.
conticēscō, tĭcŭī 3 verstummen, verschweigen.
contīgnātĭō, ōnĭs *f.* Gebälk, Stockwerk.
contĭgŭŭs 3 anstoßend, benachbart (*c. dat.*).
1. **contĭnēns,** entĭs 1. zusammenhängend, ununterbrochen, anstoßend, benachbart; ex continenti aus dem Zusammenhange (Inhalte); in continenti sofort; continens sum alicuius rei: ich halte mich an etwas: iustitiae. 2. enthaltsam, keusch, mäßig.
2. **contĭnēns,** entĭs *n.* Hauptpunkt: causae.
3. **contĭnēns,** entĭs *f.* (*scil.*: terra) Festland, Kontinent.
contĭnentĕr *adv.* beständig.
contĭnentĭă, ae *f.* 1. Zusammengehörigkeit, Zusammenhang; Inhalt (*C. j. c.* 1567). 2. Enthaltsamkeit, Mäßigkeit Keuschheit.

contĭnĕō, tĭnŭī, tentŭm 2 1. zusammenhalten, verbünden. 2. eingeschlossen halten, einschließen. 3. verwahren, festhalten, zurückhalten. 4. in Schranken halten, beherrschen. 5. ab-, fernhalten. 6. in sich enthalten, umfassen: Dĕŭs contĭnĕt omnĭă. 7. *pass.* **contĭnērī** aliqua re auf etwas beruhen, bestehen in.

1. **contingō,** tĭgī, tāctŭm 3 (*zu* tangere) 1. berühren, ergreifen, betreffen. 2. stoßen an, grenzen. 3. erreichen, gelangen. 4. unpers.: begegnen, widerfahren, ereignen, fallen auf einen Tag, auf ein Fest.

2. **contingō,** īnxī, īnctŭm 3 benetzen, befeuchten.

contĭnŭantĕr *adv. s.* continuate.

contĭnŭātē *adv.* (continuanter) ohne Unterbrechung.

contĭnŭātim *adv.* sogleich, sofort.

contĭnŭātĭō, ōnĭs *f.* Fortdauer, Zusammenhang.

contĭnŭātŏr, ōrĭs *m.* Fortsetzer.

contĭnŭĭtās, ātĭs *f.* ununterbrochene Fortdauer.

1. **contĭnŭō** 1 1. aneinanderreihen, vereinigen. 2. ununterbrochen fortsetzen, fortführen. 3. verlängern, beibehalten.

2. **contĭnŭō** *adv.* ohne Unterbrechung, fortlaufend, sofort.

contĭnŭŭs 3 ununterbrochen, unmittelbar aufeinander folgend.

contĭō, ōnĭs *f. s.* concio.

contĭōnātŏr, ōrĭs *m. s.* concionator.

contĭōnŏr *s.* concionor.

contīrō, ōnĭs *m.* Mitrekrut, Kamerad.

Contĭtŭlārēs, ĭŭm *m.* u. *f.* Mittitelkirchen (wenn mehrere Kirchen nur einen Titel haben) (*Olmütz 12. Nov.*).

contorquĕō, torsī, tortŭm 2 1. herumdrehen, -winden; ubera lacte c. an der Mutterbrust nach Milch suchen. 2. schwingen, schleudern.

contortŏr, ōrĭs *m.* Wortverdreher.

contortŭs 3 verschroben, gekünstelt.

contrā I. *adv.* 1. gegenüber. 2. anderseits = ēcontra = dagegen. 3. im Gegenteil, ganz anders; quo contra im Gegensatz dazu. II. *praep. cum acc.* 1. gegenüber. 2. gegen, im Widerspruch mit. 3. wie coram gebraucht: contra lumen eius (*Bar.* 4, 2).

contrăctĭō, ōnĭs *f.* Zusammenziehung, Beengung; Beklommenheit (animi); *übtr.*: Riß, Bresche.

1. **contrăctŭs** 3 beschränkt, klein, knapp, krüppelhaft, verkrüppelt.

2. **contrăctŭs,** ūs *m.* 1. das Zusammenziehen. 2. Vertrag, Kontrakt; contractus nominati benannte, Verträge mit eigenem Namen; contractus innominati unbenannte, ohne Namen, Verträge im allgemeinen; contractus locationis Pachtvertrag (*C. j. c.* 1541).

contrādīcō, dīxī, dictŭm 3 widersprechen.

contrādictĭō, ōnĭs *f.* Widerspruch, Auflehnung, Aufruhr (*Ps.* 17, 44); contradictio linguarum Haderzungen (*Ps.* 30, 21).

contrādictŏr, ōrĭs *m.* Widersacher.

contrādictōrĭŭs 3 Widerspruch, Gegensatz enthaltend.

contrăĕō, ĭī, ĭtŭm 4 übertreten, dagegen handeln: aliquid.

contrăhō, trāxī, trăctŭm 3 1. versammeln, vereinigen. 2. sich zuziehen, herbeiführen, verschulden. 3. zusammenziehen, abkürzen, beschränken. 4. contrahere obligationes: Verpflichtungen eingehen (*C. j. c.* 536).

contrārĭĕtās, ātĭs *f.* Gegensatz, Widerspruch.

contrārĭŏr 1 zuwider sein.

contrārĭŭm, ī *n.* Gegenteil; e contrario u. in contrarium im Gegensatz zu.

contrārĭŭs 3 1. gegenüberliegend, entgegengesetzt. 2. feindlich, widerstrebend, abgeneigt.

contrectābĭlĭs, ĕ berührbar.

contrectātĭō, ōnĭs *f.* 1. Berührung. 2. Entwendung.

contrectō 1 1. betasten, befühlen. 2. sich mit etwas befassen.

contrĕmīscō, trĕmŭī 3 erbeben, zittern.

contrĕmō, ŭī 3 stark zittern, beben.

contrībŭlātĭō, ōnĭs *f.* Ängstigung, Zerknirschung.

contrībŭlātŭs 3 1. zertreten, geängstigt. 2. zerknirscht.

contrĭbŭlĭs, ĭs *m.* Stammesgenosse.

contrībŭlō 1 zerdreschen, zertreten, ängstigen.

contrĭbŭō, bŭī, būtŭm 3 1. zuerteilen. 2. beitragen.

contrĭbūtŭm, ī *n.* Beitrag.

contrīstātĭō, ōnĭs *f.* Betrübnis.

contrīstō 1 1. verdüstern, betrüben. 2. *pass.* traurig werden.

contrītĭō, ōnĭs *f.* 1. Zerstörung, Verderben, Hilflosigkeit, Elend. 2. Reue, Zerknirschung, Kummer. 3. Riß, Wunde.

contrītŭs 3 1. abgenützt. 2. reuevoll, zerknirscht.

contrōversĭă ae *f.* 1. Streitigkeit, Streit. 2. Streitrede, Widerspruch.

contrōversistă, ae *m.* Bestreiter, Gegner.

contrōversŭs, 3 1. gegenüberliegend; feindlich gesinnt. 2. strittig, bestritten: rēs contrōversă Streitsache.

contrōvertō, tī 3 streiten, bestreiten.

contrŭcīdō 1 zusammen abschlachten, niedermetzeln,

contrūdō, ūsī, ūsŭm 3 zusammenstoßen.

contruncō 1 zerhauen.
contŭbernālĭs, ĭs *m.* 1. Zeltgenosse. 2. Freund, steter Begleiter.
contŭbernĭŭm, ī *n.* 1. Wohnungsgemeinschaft, Hausgenossenschaft, vertrauter Umgang. 2. Zuhälterschaft, wilde Ehe, Konkubinat (*C. j. c.* 2356 u. 2359).
contŭĕŏr, ĭtŭs sŭm 2 aufmerksam betrachten; erblicken.
contŭĭtŭs, ūs *m.* Betrachtung, Anblick.
contŭlī *pf.* zu confero.
contŭmăcĭă, ae *f.* Trotz, Widerspruch, Widerspenstigkeit, Hartnäckigkeit; hartnäckiger Ungehorsam als Vorbedingung zur Zuziehung einer censūră fĕrendae sententĭae (*C. j. c.* 2242 § 2), zur Inkurrierung einer censūră lātae sententĭae (*C. j. c.* 2202 u. 2229; *vgl.* 2233 § 2).
contŭmāx, ācĭs trotzig, halsstarrig, widerspenstig.
contŭmēlĭă, ae *f.* 1. Mißhandlung, Ungemach. 2. Beschimpfung, Beleidigung, Schmach; contumelia creatoris Schmähung des Schöpfers (infolge Mißbrauches der Ehe) (*C. j. c.* 1121 § 1 nr. 2).
contŭmēlĭō 1 u. contŭmēlĭŏr 1 beschimpfen, Schmach erweisen.
contŭmēlĭōsŭs 3 schmählich, schmachvoll.
contŭmēscō 3 stark anschwellen.
contundō, tŭdī, tūsŭm 3 1. zerstoßen, zermalmen, niederschlagen, beugen. 2. *pass.* mit jemand verkehren: alicui.
conturbātĭō, ōnĭs *f.* Verwirrung, Bestürzung; Widerspruch (*Ps.* 30, 21).
conturbātŭs 3 verwirrt, verlegen.
conturbō 1 verwirren, in Unordnung bringen. 2. *pass.* zittern (*Ps.* 6, 3).
contŭs, ī *m.* (κοντός) 1. die Stange (Schiffsgerät). 2. der lange Wurfspieß, die Prange (Reiterwaffe) (*Ezech.* 39, 9).
contūsĭō, ōnĭs *f.* Zerdrücken, Quetschung.
contūtŏr 1 1. schützen, sichern. 2. versteckt halten.
cōnūbĭālĭs, ĕ ehelich.
cōnūbĭŭm, ī *n.* Ehe, Ehebund.
conŭmĕrātĭō, ōnĭs *f.* Zusammenzählung.
conŭmĕrō 1 mit etwas zählen.
convălēscō, vălŭī 3 1. erstarken, kräftiger werden. 2. genesen. 3. Gültigkeit erlangen; rechtskräftig werden (*C. j. c.* 150).
convălĭdātĭō, ōnĭs *f.* (nachträgliche) Erklärung der Rechtsfähigkeit u. Herstellung aller Rechtsfolgen; Gültigmachung einer ungültigen Ehe.
convălĭdātŭs 3 gültig gemacht, gültig erklärt.
convălĭdō 1 gültig machen (z. B. eine ungültige Ehe) (*C. j. c.* 1133).
convāllātĭō, ōnĭs *f.* Verschanzung.
convallĭs, ĭs *f.* Tal, Talkessel; flos convallium Maiblume.
convĕhō, vexī, vectŭm 3 zusammenfahren, -bringen.
convellō, vellī u. vulsī, vulsŭm 3 1. aufreißen, einreißen, zerreißen. 2. zerstören, erschüttern, verderben. 3. unterdrücken, unterjochen.
convĕnĭēns, entĭs 1. anschließend, passend. 2. übereinstimmend. 3. schicklich, angemessen, geziemend.
convĕnĭentĭă, ae *f.* Übereinstimmung, Eintracht, Harmonie.
convĕnĭō, vēnī, ventŭm 4 I. *intr.*: 1. zusammenkommen, sich versammeln. 2. ehelich oder geschlechtlich sich vereinigen. 3. sich einigen; c. cum aliquo ex aliqua re sich mit jemand über etwas einigen. 4. zusammenpassen, übereinstimmen. 5. sich geziemen, schicken; bes. unpers.: es geziemt sich. 7. zusammenstoßen, zusammenfallen von zwei Ereignissen, Festen. II. *trans.*: 1. jem. treffen, jem. aufsuchen, mit jem. zusammenkommen. 2. jem. gerichtlich belangen.
conventĭcŭlŭm, ī *n.* Zusammenkunft, Versammlung; conventĭcŭlŭm dē sanguĭnĭbŭs: Blutversammlung.
conventĭō, ōnĭs *f.* 1. Übereinkunft, Verabredung, Übereinstimmung; Sprachgebrauch; conv. tenuit: es ist Sprachgebrauch geworden. 2. Vertrag.
conventĭōnālĭs, ĕ nach Übereinkunft geordnet, geregelt.
1. **conventŭālĭs,** ĕ zu einer Gemeinschaft gehörig, *bes.*: klösterlich; missa conv., hl. Messe, zu der die ganze Gemeinschaft (des Kapitels, Stiftes oder auch Klosters) zu erscheinen hat.
2. **conventŭālĭs,** ĭs *m.* 1. der Konventuale, Mitglied des Klosters oder Instituts. 2. eine Gruppe des Franziskanerordens nennt sich Konventualen (Gegensatz: Observanten, die einer strengeren Regel folgen).
1. **conventŭs** 3 belangt, angeklagt vor Gericht (*vgl.*: convenio II. 2.).
2. **conventŭs,** ī *m.* der Angeklagte.
3. **conventŭs,** ūs *m.* 1. Zusammenkunft, Versammlung. 2. Bundestag, Synode, Reichstag. 3. Gemeinde, Klostergemeinde, Verein.
converbĕrō 1 zerschlagen.
convergō 3 sich hinneigen.
converrō, verrī, versŭm 3 fegen, kehren.
conversă, ae *f.* Laienschwester (in einem Orden)
Conversānĕn. (*C. R.*) *s.* Conversanum.

Conversānŭm, ī *n.* Conversano, St. It. (Bari delle Puglie), *ca.* 12000 Einw.; Bischofssitz (seit 5. Jhdt.), Suffr. v. Bari; *dav.*: Conversānēnsĭs, ĕ.
conversātĭō, ōnĭs *f.* 1. häufiger Umgang, Verkehr. 2. Wandel, Lebensweise. 3. Wegwendung, Abwendung, Bekehrung.
conversĭō, ōnĭs *f.* 1. Umdrehung, Umkehrung, Umwandlung. 2. Bekehrung (zum kath. Glauben). 3. Veränderung, Änderung beneficii. 4. Übertragung, Übersetzung.
Conversĭō S. Pauli Fest der Bekehrung des hl. Paulus, 25. Januar.
conversō 1 herumdrehen, völlig umwandeln, bekehren.
conversŏr 1 1. sich aufhalten, wandeln unter; taliter conversantium derer, die ein solches Schicksal haben. 2. verkehren.
1. **conversŭs** 3 *ptc.* zu converto u. convertor verkehrt; e converso umgekehrt.
2. **conversŭs,** ī *m.* Laienbruder (frater conversus = zu einem Leben der Vollkommenheit bekehrt).
convertĭbĭlĭs, ĕ veränderlich.
convertĭbĭlĭtās, ātĭs *f.* Veränderlichkeit.
convertō, tī, sŭm 3 I. *trans.* 1. umkehren, umdrehen, umwenden; gladium c. Schwert in die Scheide stecken. 2. umändern, verändern, umstimmen, bekehren, zurückführen (*Ps.* 67, 23); in convertendo captivitatem (*Ps.* 125, 1) bei der Zurückführung der Gefangenen. 3. kehren, richten, lenken. II. *intrans. u. pass.* 1. sich irgendwohin wenden, umkehren. 2. zurückkehren, sich bekehren; convertuntur ad cor (*scil.* rectum *Ps.* 84, 9). 3. conversus sum in aerumna mea: ich war gejagt in meinem Jammer (*Ps.* 31, 4).
convertŏr, conversŭs sŭm u. convertī sich umwenden, bekehren.
convēscŏr 3 mit jemand essen, alicui.
convestĭō 4 bekleiden.
convexŭs 3 gewölbt, gerundet.
convīcānŭs, ī *m.* Dorfgenosse, Nachbar.
convīcĭŏr 1 (convitior) schelten, schimpfen.
convīcĭŭm, ī *n.* 1. Lärm, Gezänk, Geschrei. 2. Tadel, Zurechtweisung, Vorwurf, Schmährede, Schimpfwort, Scheltwort. 3. Schandfleck.
convīctŭm, ī *n.* Konvikt, Lehranstalt, Erziehungsanstalt (*bes.* für geistliche Erziehung).
convīctŭs, ūs *m.* das Zusammenleben, die Geselligkeit.
Convingtonĭŭm, ī *n.* Covington, St. am Ohio gegenüber Cincinnati, Nordamerika (Kentucky), *ca.* 43000 Einw.: Bischofssitz (seit 1853), Suffr. v. Cincinnati; *dav.*: **Convintonēnsĭs,** ĕ.
convincō, vīcī, victŭm 3 überführen, erweisen.
Convintonēn. (*C. R.*) *s.* Convingtonium.
convĭŏlō 1 entweihen, entheiligen.
convītĭŏr 1 *s.* convicior.
convītĭŭm, ī *n. s.* convicium.
convīvă, ae *m.* u. *f.* Tischgenosse.
convīvālĭs, ĕ beim Gastmahl: sermo.
convīvĭfĭcō 1 mit beleben.
convīvĭŭm, ī *n.* 1. Gastmahl, Gelage. 2. Speisegesellschaft.
convīvō, vīxī, vīctŭm 3 zusammenleben.
convīvŏr 1 prassen, Gastmahl halten.
convŏcātĭō, ōnĭs *f.* Zusammenberufung.
convŏcō 1 zusammenrufen, versammeln.
convŏlō 1 eilen.
convolvō, volvī, vŏlūtŭm 3 zusammenrollen, umwickeln.
convortō 3 s. converto.
convŏvĕō, ōvī, ōtŭm 2 sich durch ein gleiches Gelübde verbinden.
convulsĭō, ōnĭs *f.* Krampf.
Coo *indecl.* s. Cous.
cŏoffĕrō, cŏobtŭlī, cŏoblātŭm, cŏofferrĕ mitdarbieten, zusammen darbringen, zusammen opfern.
cŏomnĭpŏtēns, tis, zugleich allmächtig, gleich allmächtig.
cŏŏperātĭō, ōnĭs *f.* Mitwirkung.
cŏŏpĕrātŏr, ōrĭs *m.* Mitarbeiter, Gehilfe, Hilfspriester, Kooperator.
cŏŏpĕrĭō, ŏpĕrŭī, ŏpertŭm 4 1. ganz bedecken. 2. bekleiden, steinigen.
cŏŏpĕrŏr 1 mitarbeiten, mitwirken.
cŏŏpertōrĭŭm, ī *n.* Bedeckung, Deckel.
cŏŏpĭfex, ĭcĭs *m.* Mitarbeiter; Miterschaffer.
cŏoptātĭō, ōnĭs *f.* Ergänzungswahl, Zuwahl.
cŏoptō 1 hinzuwählen, ergänzen, aufnehmen.
cŏōrdĭnātĭō, ōnĭs, *f.* Beiordnung.
cŏŏrĭŏr, ortŭs sŭm 4 1. sich (plötzlich) erheben. 2. entstehen, ausbrechen.
Coos *indecl. m.* (*hebr.*: Dorn) s. Cos.
cŏphĭnŭs, ī *m.* (κόφινος) großer Korb, Lastkorb.
Cophtī, ōrŭm *m.* die Kopten; *dav.*: **Cophtĭcŭs** 3 koptisch.
1. **cōpĭă,** ae *f.* 1. Vorrat, Fülle, Menge, Reichtum. 2. Lebensmittel. 3. Masse, Menge, große Zahl. 4. *pl.* Truppen, Schar. 5. Fähigkeit, Möglichkeit, Macht, Erlaubnis. 6. copia rei familiaris = Familienvermögen, Privatvermögen (*C. j. c.* 1915). 7. Auswahl: confessārĭī (*C. j. c.* 807 u. 856).
2. **cōpĭă,** ae *f.* Abschrift, Abdruck, Kopie.
cōpĭō 1 abschreiben, kopieren.

cōpĭōsŭs 3 reich an Vorrat, reichlich, überreich, wohlhabend; *adv.* **cōpĭōsē**: 1. in großer Fülle, ausführlich. 2. wortreich, beredt.

Cŏprŏnўmŭs, ī *m.* (κοπρόνυμος) der Schmutzige (weil er bei seiner Taufe das Wasser verunreinigte), Beiname eines byzantinischen Kaisers, *s.* Constantius 3.

cōpŭlă, ae *f.* 1. Band, Fessel. 2. Begattung.

cōpŭlātĭō, ōnĭs *f.* Verknüpfung, Verbindung, Eheschließung.

cōpŭlātŏr, ōrĭs *m.* Vereiniger.

cōpŭlātrīx, īcĭs *f.* Verknüpferin.

cōpŭlātŭs, ūs *m.* Vereinigung.

cōpŭlō 1 (copulor) 1. verbinden, vereinigen. 2. verloben, vermählen.

cōpŭlŏr 1 *s.* copulo.

cŏquă, ae *f.* Köchin.

cŏquīnă, ae *f.* Küche.

cŏquŭs, ī *m.* Koch.

cŏquīnō 1 kochen.

cŏquō, xī, ctŭm 3 1. kochen, gar machen, zeitigen. 2. brennen, dörren, austrocknen. 3. ängstigen, quälen.

Cor *indecl.* (*hebr.*; auch Chomer) ein Trockenmaß, Scheffel.

cŏr, cordĭs *n.* Herz, Geist, Verstand, Seele, Wille; Gemüt; Mut (*Ps.* 72, 26), accedit homo ad cor altum der Mensch wird stolz (*Ps.* 63, 8); cor ponere pro sich Mühe geben um; cor ponere achten auf, beachten; ponite corda vestra in virtute habet acht auf die Befestigung (den Wall Jerusalems) (*Ps.* 47, 14); corde et corde mit falschem Herzen.

Ss. Cŏr Jēsū Fest des hl. Herzens Jesu (am Freitag nach der Oktave des Fronleichnamsfestes).

Cŏr Pūrissĭmŭm B. M. V, Fest des reinsten Herzens der allersel. Jgfr. Maria (am 3. Sonntag nach Pfingsten).

cŏrălĭŭm, ī *n.* (cōrallĭŭm κοράλλιον) Koralle.

cōrăm I. *adv.* 1. angesichts, öffentlich. 2. in eigener Person, persönlich, mündlich, mit eigenen Augen. II. *praep. c. abl.* in Gegenwart.

corbān *indecl.* (*hebr.*) Gabe, Opfer (*Marc.* 7, 11).

Cŏră, ae *f.* Cori, St. in Latium, It.

Corbēă, ae *f.* (Corbeia nova, Corbiensis abbatia) Korvei, Korvey (Neukorvey), ehem. Benediktinerabtei, l. an der Weser, gegründet im J. 822 (wo jetzt das braunschweigische Jagdschloß Neustadt liegt) (Bistum 1791—1821), Preußen (Westfalen); *dav.*: **Corbĭēnsĭs,** ĕ.

Corbēĭă, ae *f.* (Corbeia vetus) Corbie, St., Fkr. (Somme), ehem. Benediktinerabtei; *dav.*: **Corbēĭēnsĭs,** e.

Corbēĭă nŏvă, ae *f. s.* Corbea.

Corbēĭă vĕtŭs *f. s.* Corbeia.

Corbēĭēnsĭs, ĕ *s.* Corbeia.

Corbĭēnsĭs abbātĭă *f. s.* Corbea.

Corbĭnĭānă, ae *f.* Korbiniana, Mutter des hl. Korbinian (7./8. Jhdt.).

S. Corbĭnĭānŭs, ī *m.* hl. Korbinian, Bek. u. erster Bischof von Freising, Patron der Diözese († 730).

Er wurde geboren zu Chartres, einer Stadt der Diözese Paris, erbaute bei der Kirche St. Germain in Paris ein Kloster, in dem er 14 Jahre fromm lebte. Alsdann pilgerte er nach Rom, wo er die Bischofsweihe und das Pallium erhielt, kehrte nach Frankreich zurück, predigte in den Donaugegenden und bekehrte viele zum Christentum. Herzog Theodor von Bayern und sein Sohn Grimoald suchten vergebens, ihn zum Bleiben zu bestimmen; er entschloß sich, nach Rom zurückzukehren. Als unweit des Gardasees ein Bär ein Packpferd zerrissen hatte, befahl Korbinian, dem Bären das Gepäck des getöteten Saumtieres aufzulegen, und zum Staunen aller trug der Bär die Last durch den Wald. Bei der Rückkehr aus Italien ließ Grimoald ihn rufen; doch Korbinian erklärte, nicht eher kommen zu können, als bis der Fürst seine Schwägerin Biltrud, die er in ehebrecherischer Gesinnung bei sich hatte, entlassen habe. Grimoald gehorchte nach 40-tägigem Widerstreben, aber Biltrud suchte jetzt, den hl. Korbinian zu töten. Dieser floh nach Meran in Tirol und sagte den Untergang seiner Widersacher voraus. Als Hugibert, des getöteten Grimoald Bruder, Herrscher wurde, kehrte Korbinian nach Freising zurück und starb dort. — 9. September (München-Freising, Trient). — Der Leichnam des hl. Korbinian wurde gegen seinen Willen in der Kathedrale zu Freising beigesetzt. Dreißig Tage lang zeigten ununterbrochene Regengüsse, häufig mit Donner und Stürmen gepaart, an, daß der Himmel und er selbst aufgebracht sei über die Uebertretung seines letzten Willens, womit er verlangte, zu Maji (bei Meran) an der Seite des hl. Valentin beigesetzt zu werden. Deshalb wurde er auf Befehl des Bischofs Hugibert nach Meran überführt. Der Leib war nach diesen 30 Tagen so frisch, als wenn er lebendig und schlafend gewesen wäre. Als der hl. Valentin von den Langobarden nach Trient gebracht wurde, wurde der hl. Korbinian unter dem Bischof Aribo, dem dritten Nachfolger des hl. Korbinian, wieder nach Freising zurückgebracht. — 20. November (München-Freising).

corbŏnă. ae *f.* (*hebr.* oder *syr.*) Sammelkasten, Opferkasten, Tempelschatz.

Corcăgĭă, ae *f.* Cork, St. am Len, Irland (Munster), *ca.* 76000 Einw.; Bischofssitz (seit 6. Jhdt.), Suffr. v. Cashel; *dav.*: **Corcăgĭēnsĭs,** ĕ.

Corcăgĭēn. (*C. R.*) *s.* Corcagia.

Corcoras, ae *f. s.* Emona (Laibach).

Corcură, ae *f.* (Cherchensis ecclesia) Kerkuk, St. am Kisse (Sandschak (Mossul), *ca.* 30000 Einw.; chaldäischer Erzbischofssitz (seit 1854), Suffr. des chaldäischen Patriarchen von Babylon in Mossul.

Corcȳră, ae *f.* 1. (Κέρκυρα, Κορφοί) Korfu, Insel im Adriatischen Meere, Griechenland; Erzbischofssitz (seit 12. Jhdt.), vereinigt mit Zante u. Kephallenia;

dav.: **Corcȳraeŭs** 3 u. **Corcȳrēnsĭs,** ĕ. 2. Corcȳrā Nĭgră, ae *f.* (*Κόρκυρα Μέλαινα*), kleine Insel im jonischen Meere an der illyrischen Küste, *j.*: Curzola.
Corcȳrēn. (*C. R.*) *s.* Corcyra.
cordātŭs 3 1. beherzt. 2. sinnig, verständig, sinnreich (*Job* 34, 10).
Cordŭbă, ae *f.* Cordova, St. am Guadalquivir, Spanien (Andalusien), *ca.* 60000 Einw.; Bischofssitz (seit 3. Jhdt.), Suffr. v. Sevilla; *dav.*: **Cordŭbēnsĭs,** ĕ.
Cordŭbă ĭn Tucumānĭā Cordova, St. am Primero, Argentinien, Südamerika, *ca.* 50000 Einw.; Bischofssitz (seit 1570), Suffr. v. Buenos Aires.; *dav.*: **Cordŭbēnsĭs,** ĕ.
Cordŭbēn. (*C. R.*) *s.* Corduba.
Cordŭbēn. in Indiis (*C. R.*) = Corduba in Tucumania (America); *s. das Wort.*
cordŭlă, ae *f.* Schnur, Bändchen.
S. Cordŭlă, ae *f.* hl. Kordula, Mart. u. Jgfr. († 5. Jhdt.).

Gefährtin der hl. Ursula, entging dem Blutbade, indem sie sich in einem Schiffe versteckte. Infolge einer himmlischen Erscheinung ging sie am folgenden Tage mutig dem Schwerte eines wilden Kriegers entgegen und starb für ihren hl. Glauben. Ihr Leichnam wurde durch den seligen Albert den Großen, Bischof von Regensburg, in einer dem hl. Johannes geweihten Kirche in Köln beigesetzt; da diese Kirche zu Anfang des 19. Jahrhunderts zerstört wurde, kamen ihre Gebeine in die Mariä Himmelfahrtskirche; nur ihr Haupt wurde in St. Ursula beigesetzt. — 22. Oktober (Brünn, Olmütz).

Core *indecl. m.* (*hebr.*: Kahlkopf) Kore (Korach) 1. Fürst von Edom, Sohn Esaus. 2. ein Enkel Esaus. 3. Israelit, Sohn Hebrons, Nachkomme Kalebs. 4. Israelit aus der levitischen Familie Kaath, bekannt als Aufwiegler gegen Moses, wurde zur Strafe von der Erde verschlungen (2. *Mos.* 6, 21). 5. Levit, Torwärter an der östlichen Tempelpforte unter Ezechias. (Das 9. Kapitel von 1. Par., wo in Vers 19 ein Core genannt wird, ist wohl Einschiebsel).
Corēă, ae *f.* Korea, Halbinsel in Nordostasien.
Corēānŭs 3 koreanisch, aus Korea.
Corēānŭs, ī *m.* Koreaner, Bewohner von Korea.
Corfīnĭŭm, ī *n.* San Pelino, Ort in den Abruzzen, Mittelitalien.
cŏrĭandrŭm, ī *n.* (coriandrus, coliandrum, *Κορίαννον*) Koriander, eine weißlich blühende Doldenpflanze (Umbelliferae) des Mittelmeergebietes u. Orients, liefert ölige, getrocknet aromatisch riechende Früchte, die wie Anis als Gewürz dienen. (Coriandrum sativum L.) (2. *Mos.* 16, 31; 4. *Mos.* 11, 7).
cŏrĭārĭŭm, ī *n.* Leder.
cŏrĭārĭŭs, ī *m.* Gerber.
Cŏrinthĭăcŭs 3 korinthisch.
Cŏrinthĭēnsĭs, ĕ korinthisch.
Cŏrinthĭī, ōrŭm *m.* die Korinther, Bew. von Korinth.
Cŏrinthĭŭs 3 korinthisch.
Cŏrinthŭs, ī *f.* (Corinthos, i, *Κόρινθος*) Korinth, Handelsstadt am Isthmus, Griechenland; *j.* Neukorinth, *ca.* 5000 Einw.
Corisopitēn. (*C. R.*) *s.* Corisopitum.
Corisopĭtŭm, ī *n.* Quimper (*auch*: Quimper-Corentin; *bretonisch*: Kemper) St. an der Anse de Benodet (Steir u. Odet) in der Bretagne, Fkr. (Finistère), *ca.* 20000 Einw.; Bischofssitz (seit 5. Jhdt.) vom Bistum Quimper oder Cornouailles (vereinigt mit dem Titel v. Léon), Suffr. v. Rennes; *dav.*: **Corisopĭtēnsĭs,** ĕ u. **Chrysiponēnsĭs,** e.
cŏrĭŭm, ī *n.* (*χόριον*) Fell, Haut, Leder.
Cornēlĭă vĭă, ae *f.* Kornelische Straße in Rom, die r. vom Tiber vom Pons Aelius in der Richtung zum Circus Neronis führte (von der heutigen Engelsbrücke durch den Borgo Vecchio gegen St. Peter).
Cornēlĭēnsĭs, ĕ *s.* 1. Emula (Imola). 2. Cornelii mons.
Cornēlĭī fŏrŭm, i *n. s.* Emula.
S. Cornēlĭī mŏnastērĭŭm, ī *n.* Kornelimünster, Marktflecken im Indetal bei Aachen, Preußen (Rheinprovinz), *ca.* 3800 *Einw.*, ehemalige Benediktinerabtei (Inda).
Cornēlĭī mons, tis *m.* Mont Cornillon (Corneliberg) bei Lüttich, Belgien, Frauenkloster; *dav.*: **Cornēlĭōnēnsĭs,** ĕ u. **Cornēlĭēnsĭs,** ĕ.
Cornēlĭōnēnsĭs, ĕ *s.* Cornelii mons.
S. Cornēlĭŭs, ī *m.* hl. Cornelius, hl. Papst u. Mart. (März 251 bis Juni 253), 16. Sept.
Cornēlĭŭs, ī *m.* Cornelius 1. römischer Hauptmann in Cäsarea in Palästina, wurde als erster Heide von Petrus in die christliche Gemeinschaft aufgenommen (*Act.* 10). 2. Bischof von Forum Cornelii (Imola) (5. Jhdt.).
Cornētān. (*C. R.*) *s.* Cornetum.
Cornētŭm, ī *m.* Corneto Tarquinia, St. an der Marta, It. (Rom), *ca.* 5500 Einw.; Bischofssitz (seit 1825 Bist. Corneto Tarquinia u. Civitavecchia vereinigt), exempt.; *dav.*: **Cornētānŭs** 3.
cornĕŭs 3 von Horn, hörnern; tuba cornea.
cornĭcĕn, cĭnĭs *m.* Hornbläser.
cornĭcŏr 1 krächzen.
cornĭcŭlārĭŭs, ī *m.* Unterbeamter, Sekretär, Gerichtsschreiber.
cornĭpēs, ĕdĭs hornfüßig, behuft.
cornīx, īcĭs *f.* Krähe.
cornū, ūs u. ū *n.* u. cornŭs, ūs *m.* 1. Horn. 2. äußerstes Ende, äußerste Ecke, Seite; a cornu Epistolae auf der

Epistelseite des Altares. 3. Berggipfel, in cornu filio olei auf einem fetten Hügel (*Is.* 5, 1). 4. Lichtstrahl, Blitz (*Hab.* 3, 4). 5. Flügel des Heeres, das Heer. 6. Kraft, Übermut (*Ps.* 74, 5 u. öfter). 7. Horn zum Blasen. 8. Stütze, Bürgschaft: cornu salutis (vgl. Benedictus). 9. Strahl (*Habak.* 3, 4).

Cornubĭă, ae *f.* Cornubien, Königreich in England im 5. Jhdt. n. Chr.

cornūpĕtă *adj.* (von cornu u. peto) mit dem Horn stoßend, stößig (*Ex.* 21, 29 u. 36).

Cornustĭbĭŭm *indecl.* (*hebr.*: Farbengefäß, Schminkhorn) Name einer der Töchter Jobs.

cŏrōllārĭŭm, ī *n.* 1. Kränzchen, Geschenk, Zulage. 2. Zusatz, Nachsatz, Folgesatz, Folgerung.

cŏrōnă, ae *f.* 1. Kranz, Kampfpreis, Ehrenlohn, Krone; benedices coronae anni benignitatis tuae: du kröntest das Jahr deiner Güte (mit reichem Segen) (*Ps.* 64, 12). 2. Gebetsrosenkranz. 3. corona clericalis Tonsur (*s.* tonsura). 4. corona praesulum Mitra der Bischöfe.

S. Cŏrōnă, ae *f.* hl. Korona, die 16jährige Gattin eines röm. Soldaten († um 200). Wurde infolge des Martyriums des hl. Victor, dessen Starkmut sie beobachtete, christlich, zumal da sie eine himmlische Erscheinung hatte, wonach ihr wie dem Martyrer Victor je eine Krone aufs Haupt gesetzt wurde. Sie wurde unter Kaiser Mark Aurel zwischen Brettern zersägt. — 14. Mai.

cŏrōnāmentŭm, ī *n.* Bekrönung, Kranz.

Cŏrōnātī Quattŭŏr Martȳrēs die hl. vier gekrönten Martyrer (weil mit Dornen gekrönt), † 304, 8. Nov.

cŏrōnātĭō, ōnĭs *f.* Krönung.

cŏrōnĭs, ĭdĭs *f.* (*ital.* coronide f.) 1. das Äußerste, äußerster Rand, oberster Teil, oberster Schmuck. 2. Kopf, Aufschrift. 3. Schluß, Schlußschnörkel.

cŏrōnō 1 bekränzen, krönen.

cŏrōnŭlă, ae *f.* 1. der Wulst um die Mitra oder den Turban (3 *Kön.* 7, 29). 2. der ein Fußgestell (basis) umgebende Rand. 3. die Krone über dem Hufe der Pferde.

Corozaim *indecl.* (*hebr.*: Amphibien?) Korozaim, St. am See Genesareth, Pal. (Galiläa).

corpŏrālĕ, ĭs *n.* (scil. pallium) das Korporale, ein viereckiges Leinentuch, bei der hl. Messe u. bei Aussetzung der Monstranz u. des Ciboriums als Unterlage für das allerhl. Sakrament gebraucht.

corpŏrālĭs, ĕ 1. zum Körper gehörig, körperlich, äußerlich. 2. zum Korporale gehörig, z. B. corporales pallae (*Pont. Rom. De ord. Subdiaconi*).

corpŏrālĭtās, ātĭs *f.* Körperlichkeit.

corpŏrālĭtĕr *adv.* körperlich, wirklich.

corpŏrāscō 3 Körper annehmen.

corpŏrĕŭs 3 körperlich, aus Fleisch u. Bein.

corpŏrō 1 mit einem Körper versehen.

corpŭlentŭs 3 wohlbeleibt.

corpŭs, ŏrĭs *n.* 1. Körper, Leib. 2. Leichnam. 3. Corpus Christi Fronleichnam. 4. Rumpf. 5. Körperschaft: in modum organĭci corporis nach Art einer wohlgegliederten Körperschaft (*C. j. c.* 707). 5. Corpus iuris canŏnĭci (*bibliographisch, Buchtitel seit dem* 17. *Jhdt.*) Sammelname für die Gesamtzahl aller vereinigten authentischen kirchlichen Rechtsquellen bis zum Tridentinum mit geltenden u. nicht mehr geltenden Gesetzen.

corpuscŭlŭm, ī *n.* 1. zarter Körper, Körperchen. 2. Leichnam.

corrĕă, ae *f.* Mitangeklagte, Mitschuldige.

corrēctĭō, ōnĭs *f.* 1. Berichtigung, Verbesserung. 2. Zurechtweisung, Bestrafung, Züchtigung; dŏmus correctiōnis Strafhaus für geistliche Büßer; Demeritenanstalt. 3. das Aufrechthalten; Stütze, Grundlage, Fundament (*Ps.* 96, 2).

corrēctŏr, ōrĭs *m.* 1. Verbesserer. 2. Korrektor, der mit der Durchsicht eines Drucksatzes betraut ist. 3. Hofmeister, Erzieher.

corrēctūră, ae *f.* Verbesserung.

corrēgnō 1 mit regieren.

corrĕlātĭō, ōnĭs *f.* Wechselbeziehung.

corrĕlātīvŭs 3 diesbezüglich, gegenseitig, sich gegenseitig bedingend.

corrēpō, rēpsī, rēptŭm 3 sich verkriechen.

corrēptĭō, ōnĭs *f.* Warnung, Tadel, Verweis (*C. j. c.* 1747, 2308), Zurechtweisung, Züchtigung.

corrēptŏr, ōrĭs *m.* Tadler, Warner.

corrēspondēns, entĭs entsprechend.

corrēspondĕō 2 entsprechen.

corrĕŭs, ī *m.* der Mitangeklagte, der Mitschuldige.

corrīdĕō, rīsī, īsŭm 2 mit jemand lachen.

corrĭgĭă, ae *f.* Riemen: calceamenti.

corrĭgō, rēxi, rēctŭm 3 1. berichtigen, verbessern. 2. zurechtweisen (*Ps.* 95, 10). 3. recht bewahren: viam (*Ps.* 118, 9).

corrĭpĭō, rĭpŭī, reptum 3 1. ergreifen, an sich reißen. 2. überfallen, dahinraffen; supervenit mansuetudo et corripiemur es überkommt uns die Altersschwäche und wir werden dahingerafft (*Ps.* 89, 10). 3. schelten, zurechtweisen, züchtigen. 4. ins Verderben stürzen.

corrōbŏrātĭō, ōnĭs *f.* das Erstarken.

corrōbŏrō 1 stärken, kräftigen; *pass.*: stark werden.
corrōdō, rōsī, rōsŭm 3 zernagen.
corrŏgātĭō, ōnĭs *f.* 1. Einladung. 2. die Eingeladenen, Versammlung. 3. das Betteln, Bettelei. 4. das Erbettelte.
corrŏgō 1 1. zusammenbitten, einladen. 2. zusammenbetteln. 3. sehr anflehen.
corrōsĭō, ōnĭs *f.* das Beißen, die Bisse.
corrumpō, rūpī, ruptŭm 3 1. vernichten, zugrunde richten, verderben. 2. verschlechtern, entstellen, entkräften. 3. verfälschen, verdrehen. 4. verführen. 5. entweihen, schänden. 6. bestechen.
corrŭō, ŭī 3 zusammenstürzen, einstürzen.
corruptēlă, ae *f.* 1. Verderbnis, Verführung, Bestechung. 2. Schändung, Entehrung. 3. Zerrüttung, Vergänglichkeit.
corruptĭbĭlĭs, ĕ vergänglich, verweslich; *subst.* **corruptĭbĭlĕ**, ĭs *n.* der menschliche Leib.
corruptĭbĭlĭtās, ātĭs *f.* Vergänglichkeit.
corruptĭō, ōnĭs *f.* 1. Verführung, Bestechung. 2. Verderbtheit, Sündhaftigkeit.
corruptŏr, ōrĭs *m.* Verführer.
corruptrīx, īcĭs *f.* Verführerin.
corruptŭs 3 verdorben, schlecht, verführt, bestochen.
Corsĭcă, ae *f.* Korsika, Insel im Mittelmeer.
Corsīni, ōrŭm *m.* die Korsini, Name eines alten Adelsgeschlechtes in Florenz; *s.* S. Andreas Corsini.
cortex, ĭcĭs *m.* Rinde, Kork.
cortīnă, ae *f.* 1. Gefäß; Dreifuß. 2. Vorhang („Gardine"), Decke; Baldachin.
Cortinĭăcŭm, ī *n.* Courtenay, St., Fkr. (Loiret), *ca.* 2000 *Einw.*
Cortōnă, ae *f.* (Corythus, *Κόρυθος*) Cortona, St. in Etrurien, nordwestlich vom trasimenischen See, It. (Arezzo), *ca.* 4000 *Einw.*, Bischofssitz (seit 1325), exempt.; *dav.*: **Cortōnēnsĭs**, ĕ.
Cortōnēn. (*C. R.*) *s.* Cortona.
cōrŭs, ī *m.* morgenländisches Maß für Trocknes, faßte etwa 40 Liter.
cŏrūscābĭlĭs, ĕ schimmernd.
cŏrūscātĭō, ōnĭs *f.* das Aufleuchten, das Blitzen.
cŏrūscō 1 1. blinken, leuchten, schimmern. 2. sich schnell fortbewegen.
cŏrūscŭm ī *n.* Blitz.
cŏrūscŭs 3 1. zitternd; zuckend. 2. funkelnd.
Corvantĭēnsĕ mŏnastērĭŭm, ī *n.* (Corvariense mon.) Churwalden, Luftkurort, südlich von Chur, Schweiz (Graubünden), *ca.* 400 *Einw.*, ehem. Prämonstratenserabtei, gegründet 1167, aufgehoben zu Anfang des 19. Jhdts.
Corvarĭēnsĕ mŏnastērĭŭm, ī *n. s.* Corvantĭēnsĕ mŏnastērĭŭm.
Corvīnus, ī *m.* Korvinus, Beiname des mächtigen Ungarnkönigs Matthias (1458—1490).
corvīnŭs 3 zum Raben gehörig.
corvŭs, ī *m.* Rabe.
1. **cŏrўlŭs**, ī *m.* Tasche, Ledertasche.
2. **cŏrўlŭs**, ī *f.* (cŏrŭlŭs, *κόρυλος*) Haselnußstaude.
cŏrўphaeŭs. ī *m.* (*κορυφαῖος*) der Koryphäe, Oberhaupt, Stimmführer (einer Partei).
Cŏrўthŭs, ī *f. s.* Cortona.
Cos *indecl. m.* (Coos) (*hebr.*: Dorn) Kos, Israelit aus dem Stamme Juda.
cŏsācŭs, ī *m.* Kosak, „Raubritter". — Die Kosaken waren (u. sind teilweise noch) kriegerische u. räuberische Völker in Südrußland u. im nördlichen Kaukasusgebiet. Im russischen Heere bilden sie selbständige Heeresabteilungen, die am tapfersten, aber auch am gefürchtetsten sind.
Cosan *indecl.* (*hebr.*: Husam) Kosan, Israelit, Sohn Elmadans, Ahnherr Christi (*Luc.* 3, 28).
S. Cosmās, ae *m.* hl. Kosmas, Arzt u. Mart., † 363, 27. Sept.
B. Cosmās Táquea *m.* sel. Kosmas T., ein koreanischer Mart., *s.* B. Leonardus Kimura.
Cosmās, ae *m.* Kosmas, ein hochgebildeter italischer Mönch, der in der Mitte des 8. Jhdts. zu Konstantinopel lebte.
cosmŏgrăphĭă, ae *f.* (*κοσμογραφία*) Weltbeschreibung, Kosmographie.
Cosmēdīn, Basilica S. Maria in Cosmedin, eine Kollegiatbasilika in Rom, am Fuße des Aventin; (das Wort stammt von *κοσμέω* [*κοσμείω*] schmücken).
costă, ae *f.* Rippe.
Costă Andrēae *f.* La Côte St. André, Fkr. (Isère), *ca.* 3000 Einw.
costŭlă, ae *f.* (kleine) Rippe.
cŏthurnŭs, ī *m.* (*κόθορνος*) Kothurn 1. ein mit dicken Sohlen versehener Schuh, der rückwärts bis mitten an die Waden hinaufreichte; Jagdstiefel. 2. Fußbekleidung der tragischen Schauspieler, Stelzenschuh. 3. *übtr.*: erhabener Stil.
cŏtīdĭānō *adv.* täglich.
cŏtīdĭānŭs 3 täglich, alltäglich, gewöhnlich.
cŏtīdĭē *adv.* täglich.
Cotrōnă, ae *f.* (*Κρότων*) Cotrone, Hafenst. am jonischen Meere It. (Catanzaro),

ca. 8000 Einw.; Bischofssitz (seit 6. Jhdt.), Suffr. v. Reggio; *dav.*: **Cotrōnēnsĭs,** e.

Cotrōnēn. (*C. R.*) *s.* Cotrona.

1. **cottă,** ae *f.* (*ital.*) 1. der lange Rock. 2. das Chorhemd, der Chorrock.

2. **cottă,** ōrŭm *n. s.* cottana.

Cottam, B. Thomas, Mart. *s.* B. Thomas Cottam.

cottănă, ōrŭm *n.* (cotta, *κόττανα*, *ital.* cotogna = Quitte) getrocknete Feigen.

Cottĭēnsĭŭm mētrŏpŏlĭs *f. s.* Cotyaeum.

Cottĭēnsĭŭm urbs *f. s.* Cotyaeum.

cottō, ōnĭs *f.* Kattun, Baumwolle.

cōturnīx, īcĭs (*gen. pl.*: coturnīcŭm) *f.* Wachtel.

Cotwīcŭm, ī *n. s.* Godewicum.

Cŏtÿaeŭm, ī *n.* (Cottiensium metropolis, C. urbs) Kotäum (Kottäum) oder Kotyäum, St. in Kleinasien (Nordphrygien), *j.*: Kjutahia.

Cŏŭs, ī *f.* (Cŏŏs, Cōs; *gen.*: Cŏō, *auch*: ī; *Κόως, Κῶς*) Kōs, Sporadeninsel im ägäischen Meere an der Küste von Karien (Kleinasien) *j.*: Stanco.

Cōŭs 3 (*Κῷος*) aus Kos.

Cōŭs, ī. *m.* Koer; Cōŭm, ī *n.* (*scl.*: vinum) Koerwein; Cōă, ōrŭm *n.* (*τὰ Κῷα ἱμάτια*) koische Kleider aus Seidengaze.

cŏūtŏr, ūsŭs sŭm 3 mit jemand umgehen oder verkehren.

coxă, ae *f.* Hüfte, Einbiegung.

Cozbi *indecl. f.* (*hebr.*: die Lügnerische ?) Kozbi, madianitische Fürstentochter, wegen Unzucht getötet (*Num.* 25, 15 u. 18).

C. P. = Congregatio a Sanctissima Cruce et Passione D. N. J. Chr., Passionisten, gegr. 1725.

crābrō, ōnĭs *m.* die Hornisse.

Cracovĭă, ae *f.* Krakau, St. an der Weichsel, Galizien, *ca.* 100000 *Einw.* Fürstbischofssitz; *dav.*: **Cracovĭēnsĭs,** ĕ.

Cracovĭēn. (*C. R.*) *s.* Cracovia.

Craină, ae *f.* Krajīna (südslavisch „Grenzland"), zwei südslavische Balkanlandschaften. 1. der nordwestliche Teil Bosniens (Türkisch-Kroatien, Kreis Bihać). 2. nordöstlichster Kreis von Serbien (Hauptstadt Negotin).

Crallō, ōnĭs *m.* Vater des hl. Kunibert, Erzbischofs von Köln (6. Jhdt.).

crambē, ēs *f.* (*κράμβη*) Kohl.

Cranganorēn. (*C. R.*) *s.* Cranganorum.

Cranganorŭm, ī *n.* Cranganor, Titularerzbistum, 1886 vereinigt mit Damao, Suffr. v. Goa; *s.* Damaum.

crāpŭlă, ae *f.* (*κραιπάλη*) Trunkenheit, Rausch, Unmäßigkeit.

crāpŭlātŭs 3 berauscht.

crāpŭlentŭs 3 berauscht.

crāpŭlŏr 1 trunken werden.

crāpŭlōsŭs 3 rauschsüchtig.

crās *adv.* morgen.

crassāmĕn, ĭnis *n.* (crassāmentŭm) Bodensatz, Hefe.

crassāmentŭm, ī *n. s.* crassamen.

crassĭtūdō, ĭnĭs *f.* die Dicke, Fett, Überfluß; crassitudo terrae: die fette Erdscholle.

crassŭs 3 1. dick, fett, stark. 2. roh, plump; grob: ignōrantĭă.

1. **crāstĭnŭs,** ī *m.* (*scl.* dĭēs) der morgige Tag; in crastinum (*scl.*: diem) auf morgen.

2. **crāstĭnŭs** 3 morgend, morgig.

crātēr, ērĭs *m.* (*acc. sg.*: cratēra, *acc. pl.*: crateras) (*κρατήρ*) (cratera) 1. Mischkessel, Krug. 2. Wasserbecken, Becken, Bassin. 3. Bergkessel, Erdschlund, Abgrund, Krater.

crātēră, ae *f.* (latinisierte Form von crater) *s.* crater.

Crătēs, ētĭs *m.* (*Κράτης*) Krates, griech. Philosoph aus Theben, zählte zur kynischen Schule, galt als Muster der Enthaltsamkeit (4. Jhdt. v. Chr.).

crātēs, ĭs *f.* Flechtwerk, Hürde; crātēs perfŏrātă: durchbrochenes Gitterwerk; Rost.

crātĭcŭlă, ae *f.* 1. Rost. 2. Gitter.

crātīcŭlātĭm *adv.* in Rostform.

Crătō, ōnis *m.* Kraton, Philosoph in Rom (3. Jhdt. n. Chr.).

crĕāgră, ae *f.* (*κρεάγρα*) Fleischgabel.

crĕātĭō, ōnĭs *f.* 1. das Schaffen, die Schöpfung. 2. alles Geschaffene, die geschaffene Welt. 3. *distr.* das Geschöpf. 4. Wahl, Erwählung.

crĕātīvŭs 3 schöpferisch.

crĕātŏr, ōrĭs *m.* Schöpfer, Erzeuger.

crĕātrīx, īcĭs *f.* Schöpferin, Mutter.

crĕātūră, ae *f.* Geschöpf; c. olivae Ölzweig; c. Papae = Kardinal.

crēbĕr, ēbră, ēbrŭm 1. dicht, gedrängt, zahlreich. 2. gedrängt voll. 3. häufig, wiederholt.

crēbēscō, bŭī 3 *s.* crebresco.

crēbĭtĕr *adv. s.* crebro.

crēbrēscō, brŭī 3 (crēbēscō) 1. häufig werden, überhandnehmen. 2. es verbreitet sich, wird bekannt.

crēbrĭtās, ātĭs *f.* Häufigkeit.

crēbrō *adv.* zu crēbĕr (*selten*: crebiter).

crēdentĭă, ae *f.* die Kredenz, der Kredenztisch, ein beim Levitenamt gebrauchter kleiner Tisch auf der Epistelseite des Altares als Standort für Kelch und Meßkännchen.

crēdentĭārĭŭs, ī *m.* der Kredenzmeister.

crēdentĭtās, ātĭs *f.* Notwendigkeit zu glauben.

crēdĭbĭlĭs, ĕ glaublich, glaubhaft.

crēdĭbĭlĭtās, ātis *f.* die Glaubwürdigkeit.

crēdĭtō 1 fest glauben.
crēdĭtŏr, ōrĭs *m.* Gläubiger.
crēdĭtŭm, ī *n.* das Anvertraute; das Darlehen, Guthaben.
crēdō, dĭdī, dĭtŭm 3 1. vertrauen, übergeben, borgen. 2. glauben, für wahr halten; cr. in Deo: an Gott glauben, *im Glaubensbekenntnisse und sonst* (*Joh.* 12, 37): in Deum. 3. meinen, der Ansicht sein. 4. non est creditus cum Deo spiritus eius sein Geist ist Gott nicht treu (*Ps.* 77, 8).
Crēdō *indecl.* das Glaubensbekenntnis, Gebet bei der hl. Messe: Symbolum Nicaeo-Constantinopolitanum aus den Jahren 325 u. 381.
crēdŭlĭtās, ātĭs *f.* 1. Leichtgläubigkeit. 2. Glaubenswilligkeit, Glaube.
crēdŭlŭs 3 leichtgläubig.
Cremă, ae *f.* Crema, St. r. am Serio, It. (Cremona), *ca.* 9000 Einw., Bischofssitz (seit 1579), Suffr. v. Mailand; *dav.*: **Cremēnsĭs,** ĕ.
crĕmātĭō, ōnĭs *f.* Verbrennung.
Cremēn. (*C. R.*) *s.* Crema.
Crĕmēnsĕ mŏnastērĭŭm, ī *n.* Kremsmünster, Marktflecken an der Krems (zur Donau), Deutsch-Österreich (Niederösterreich), *ca.* 1100 Einw.; Benediktinerabtei i. J. 777 von Herzog Tassilo III. von Bayern gestiftet.
Cremēnsĭs, ĕ *s.* 1. Crema. 2. Cremense monasterium.
crēmentŭm, ī *n.* Wachstum; Frucht.
Cremĕsĭă, ae *f.* *s.* Cremisa.
Cremĭsă, ae *f.* (Cremisia) Krems, St. an der Donau bei der Mündung der Krems, Deutschösterreich (Niederösterreich), *ca.* 13000 *Einw.*
crĕmĭŭm, ī *n.* Reisig, dürres Holz, Brennholz.
crĕmō 1 verbrennen, Brandopfer darbringen.
Crĕmōnă, ae *f.* Cremona, l. am Po, Oberitalien (Cremona), *ca.* 40000 *Einw.*, Bischofssitz (seit 4. Jhdt.), Suffr. v. Mailand, *dav.*: **Crĕmōnēnsĭs,** ĕ: Crĕmōnēnsēs, ĭŭm *m.* Einwohner.
Crĕmōnēn. (*C. R.*) *s.* Cremona.
crĕō 1 1. schaffen, erschaffen, hervorbringen. 2. verursachen, erzeugen, bereiten. 3. erwählen, ernennen.
crĕpĭdă, ae *f.* (κρηπίς) Sohle, Sandale.
crĕpĭdārĭŭs 3 zur Sandale gehörig.
crĕpīdō, ĭnĭs *f.* 1. Sockel, Damm. 2. Anhöhe, Abhang. 3. Fuß, Rand, Einfassung; Kai.
crĕpĭtō 1 klappern, rauschen, knistern.
crĕpĭtŭs, ūs *m.* das Klappern, Knarren, Knistern, Rasseln.
crĕpō, ŭī, ĭtŭm 1 1. klappern, knarren. 2. ertönen, erschallen lassen. 3. entzwei brechen, bersten.

crĕpuscŭlŭm, ī *n.* Dämmerung, Zwielicht.
Crēs, ētis *s.* Creta.
C. Res. = Congregatio de Resurrectione D. N. J. Chr. Resurrektionisten, gegr. 1836.
S. Crēscēns, entĭs *m.* hl. Kreszenz, Mart. u. Bischof von Mainz (1. Jhdt.).
Schüler des hl. Paulus, predigte das Wort Gottes in Vienne (Frankreich), wo er ein Bistum errichtete. Desgleichen ist er Begründer des Mainzer Bischofsstuhles. Unter Trajan erlitt er den Martertod. Sein Leib wurde anfangs in einer Kapelle unweit des Klosters Dalheim beigesetzt, dann aber durch den Erzbischof Hildebert von Mainz in die Basilika des hl. Albanus übertragen. Crescens war 22 Jahre Bischof von Mainz. — 27. Juni (Limburg, Mainz).
Crēscēns, entis *m.* Kreszenz, ein gottesfürchtiger Christ aus Rom, der in Galatien das Evangelium predigte (2. *Tim.* 4, 10).
S. Crēscentĭă, ae *f.* Mart. † 303, 15. Juni.
B. Crēscentĭă Höss, Jgfr. († 1744).
Stammte von Webersleuten ab aus Kaufbeuren (Schwaben) und wuchs unter den Werken der Frömmigkeit heran. Sie wurde auf Drängen eines Lutheraners in das Kloster des 3. Ordens vom hl. Franziskus zu Kaufbeuren, um welches sich jener verdient gemacht hatte, aufgenommen, obwohl Crescentia mittellos war. Im Kloster hatte sie von dem Neide einiger Insassen und infolge teuflischer Anfechtungen viel zu leiden. Sie wurde in der Folge Novizenmeisterin und nach 17-jähriger Tätigkeit zur Vorsteherin des Klosters erwählt. Der Ruf ihrer Heiligkeit drang bis nach Ungarn; sogar Nichtkatholiken holten ihren Rat ein. Im Alter von 62 Jahren starb sie im Jahre 1744. Leo XIII. nahm sie im Jahre 1900 unter die Schar der Seligen auf. — 5. April (Augsburg, Bamberg, München-Freising).
1. **S. Crēscentĭŭs,** ī *m.* hl. Kreszenz, Sohn der hl. Martyrerin Symphorosa (2. Jhdt.).
2. **S. Crēscentĭŭs,** i *m.* hl. Kreszenz, Mart., Ratsherr in Trier, † 283.
crēscō, crēvī, crētŭm 3 1. hervorkommen, entstehen. 2. wachsen, zunehmen, größer werden. 3. mächtiger werden, sich emporschwingen.
Crētă, ae *f.* Kreta, Insel im Mittelmeere; *dav.*: **Crēs,** ētĭs *adj.* u. *subst.* u. **Crētēnsĭs,** ĕ u. **Crētĭcŭs** 3.
crētă, ae *f.* eine Erdart: Kreide.
Crētēnsĭs, ĕ *s.* Creta.
Crētĭcŭs 3 *s.* Creta.
crētŭs 3 *s.* cerno *u.* cresco.
crībellŭm, ī *n.* kleines Sieb.
crībrō 1 sieben, durchseihen.
crībrŭm, ī *n.* Sieb, Durchschlag.
S. Crĭcīnŭs, ī *m.* hl. Cricinus, Bisch. von Verona, Vorgänger des hl. Zeno (um 360).
Crimaeă, ae *f.* *s.* Chersonesus Taurica.
crīmĕn, ĭnĭs *n.* 1. Beschuldigung, Anklage, Vorwurf. 2. Verbrechen, Vergehen, Schuld, crimen inferre alicui jemand vor Gericht ziehen; gloriae crimen inferre Schandfleck anhängen.

crīmĭnālĭs, ĕ ein Verbrechen betreffend, verbrecherisch; zur Anklage gehörig; causa criminalis Gerichtssache; iudicium criminale Strafrecht (*C. j. c.* 1552); Kriminal-.
crīmĭnātĭō, ōnĭs *f.* Beschuldigung, Anklage.
crīmĭnātŏr, ōrĭs *m.* Verleumder.
crīmĭnātrīx, īcĭs *f.* Verleumderin; auch *adj.*
crīmĭnŏr 1 anklagen, beschuldigen.
crīmĭnōsŭs 3 1. vorwurfsvoll, gehässig, anschwärzend. 2. verbrecherisch.
crīnĭcŭlŭs, ī *m.* Strick.
crīnĭs, ĭs *m.* Haar, Haupthaar.
crīnītŭs 3 lang behaart.
Crĭsĭēn. (*C. R.*) *s.* Crisium.
Crĭsīnŭs, B. Marcus Crisinus, *s. dens.*; *vgl. auch* Crisium.
crĭsĭs, ĭs *f.* (κρίσις) Krisis, Entscheidung.
Crĭsĭŭm, ī *n.* Körös oder Križevci — oder Kreutz, St. am Fuße des Kalnikgebirges, Jugoslavonien (Kroatien), *ca.* 4500 Einw.; griech.-ruthenischer Bischofssitz (seit 1777, vorher Titularbistum Svitnica), Suffr. v. Agram; *dav.*: **Crĭsĭēnsĭs,** ĕ u. **Crisīnŭs** 3.
Crispaltă mōns, tĭs *m.* Berg Crispalt (3080 m), nahe beim Oberalpsee, an der Grenze der Schweizer Kantone Uri und Graubünden.
crispāns, tĭs gekräuselt: crinis (*Is.* 3, 24).
S. Crispīnĭānŭs, ī *m.* Krispinian *s.* S. Crispinus.
S. Crīspīnŭs, ī *m.* Bruder von **S. Crispinianus,** ī *m.* hl. Krispin u. Krispinian, Mart. († um 300).

Beide sind Martyrer und Patrone der Diözese Osnabrück. Sie stammten aus Rom und eilten als Glaubensboten nach Frankreich. Sie ließen sich in Soissons nieder, wo sie, um niemandem zur Last zu sein, das Schuhmacherhandwerk ausübten. Da viele Leute bei ihnen wegen ihrer billigen und guten Arbeit vorsprachen, fanden sie reichlich Gelegenheit, das Wort Gottes zu verkünden und Bekehrungen zu machen. Ihre fromme Tätigkeit wurde durch die Ankunft des Kaisers Maximian Herkules gestört. Er befahl, alle Christen in Soissons zu ermorden. Des Kaisers Bote Rictiovarus ließ auch die beiden Genannten aufs grausamste peinigen. Ihre hl. Leiber ließ Karl der Große zum Teil dem ersten Osnabrücker Bischofe Wiho am 20. Juni 785 für die Domkirche überweisen. — 25. Oktober (Osnabrück). — Fest der Uebertragung der Reliquien der beiden hl. Martyrer am 20. Juni (Osnabrück).

B. Crispīnŭs ā Vĭterbĭō *m.* sel. Krispin v. Viterbo, Bek. aus dem Kap. Ord. († 1750).

Er hieß Peter und stammte aus Viterbo, (geboren 1668), erlernte das Schusterhandwerk, fühlte sich aber zu höherem berufen und trat als Laienbruder Krispin in den Kapuzinerorden ein. Seine Reinheit bewahrte er unversehrt. Seine Hauptaufgabe war das Kochen und Almosensammeln für den Konvent von Orvieto. Nach dem Beispiele des hl. Felix nannte er sich „das Eselein der Brüder“; dementsprechend waren auch seine Taten. Sommers und winters ging er bei seinem Sammeln unbedeckten Hauptes. Den größten Teil der Nacht verbrachte er vor dem Hochaltar, oft in Verzückung in die Luft erhoben. Die Gabe der Herzenserforschung und der Krankenheilungen besaß er. Mehrmals vermehrte er für die Brüder die Lebensmittel. Freudig sagte er den Brüdern die Stunde seines Todes voraus und entschlief sanft am 19. Mai. Pius VII. sprach ihn im Jahre 1809 selig. — 21. Mai (Kap. O.).

Crīspīnŭs, ī *m.* Krispinus 1. Donatisten-Bischof zu Calama (Nordafrika), Gegner des hl. Possidius. 2. ein Priester des Bischofs Krispinus.
crīspō 1 1. kräuseln. 2. schwingen.
crīspŭs 3 kraus(köpfig); gekünstelt.
Crispŭs, ī *m.* Krispus, Synagogenvorsteher zu Korinth, der mit seinem ganzen Hause von Paulus getauft wurde.
crīstă, ae *f.* 1. Kamm der Tiere. 2. Helmbusch.
crīstātŭs 3 1. kammtragend. 2. mit Helmzier versehen.
crĭtă, ae *m.* (κριτής) Richter.
crĭtērĭŭm, ī *n.* (κριτήριον) entscheidendes Kennzeichen, Prüfstein.
crĭtĭcē, ae *f.* die Kunst der Beurteilung, Kritik.
1. **crĭtĭcŭs,** ī *m.* Kritiker.
2. **crĭtĭcŭs** 3 (κριτικός) kritisch.
C. R. M. = Clerici Regulares Minores Minderregularkleriker, gegr. 1588.
C. R. M. D. = Clerici Regurales Matris Dei Regularkleriker von der Mutter Gottes, gegr. 1574.
Crŏātĭă, ae *f.* Kroatien, Südslawien.
1. **crŏcĕă,** ae *f. s.* mozzetta.
2. **crŏcĕă,** ōrum *n.* (*scil.* vestimenta) 1. bunte Gewänder; 2. auserlesene Speisen (*Threni* 4, 5).
crŏcĕŭs 3 zum Safran gehörig.
crŏcŏdīlŭs, ī *m.* (κροκόδειλος) Krokodil.
crŏcŭm, ī *n.* Safran, Safranfarbe.
Crodŏgangŭs, ī *m. s.* Chrodegangus.
Crossēn. (*C. R.*) *s.* Crossena.
Crossēnă, ae *f.* La Crosse, St. am Mississippi, Nordamerika (Wisconsin), *ca.* 30000 Einw.; Bischofssitz (seit 1868), Suffr. v. Milwaukee; *dav.*: **Crossēnēnsĭs,** ĕ.
crŭcĭābĭlĭs, ĕ martervoll, qualvoll.
crŭcĭābĭlĭtās, ātĭs *f.* Qual, Marter.
crŭcĭāmĕn, ĭnĭs *n.* Qual, Pein.
crŭcĭāmentŭm, ī *n.* Qual, Pein.
crŭcĭārĭŭs, ī *m.* der zum Kreuzestod Verurteilte.
crŭcĭātĭō, ōnĭs, *f.* Kreuzigung; Qual.
Crŭcĭātae bullă, ae *f.* Kreuzzugsbulle (*span.*: Cruzada), *j.*: Dispensbulle für Fasten usw., die gegen ein Almosen vergeben wird.
crŭcĭātŭs, ūs *m.* Qual, Hinrichtung.
1. **crŭcĭfĕr** 3 kreuztragend.
2. **crŭcĭfĕr,** fĕrī *m.* Kreuzträger.
Crŭcĭfĕrī, ōrŭm, *m.* Kreuzherren 1. deutscher Ritterorden der Kreuzherren.

im Mittelalter. 2. italienischer Orden für Krankenpflege (1169—1656).

crŭcĭgĕr, gĕrī *m.* Kreuzfahrer.

Crŭcĭgĕrī de Stella rossa Kreuzherren mit dem roten Stern, böhmische Kreuzherren für Spitaldienst und Seelsorge, 1238 vom Papst Gregor IX. bestätigt (1905 noch 80 Mitglieder: Ordo militaris Crucigerorum cum rubea stella).

Crŭcĭnĭācŭm, ĭ *n.* Kreuznach a. d. Nahe, St. (Rheinprovinz), *ca.* 22000 Einw.

crŭcĭō 1 martern, peinigen, quälen.

S. Crŭcĭs Congrĕgātĭō Kreuzherren, Augustiner-Chorherren, 1211 von Theodor von Celles in Belgien gestiftet u. 1216 vom Papst Innozenz III. bestätigt. Sie besitzen weitgehende Vollmachten für Weihe von Rosenkränzen.

S. Crŭcĭs de Sierra (*C. R.*) *s.* S. Crux de Serra.

S. Crŭcĭs fānŭm, ī *n.* (S. Crŭcis monastērĭum) Heiligenkreuz, D. im Wiener Wald, Deutsch-Österreich (Niederösterreich), *ca.* 600 *Einw.*; Cistercienserabtei, 1135 von Markgraf Leopold III. gegründet.

S. Crŭcĭs mŏnastērĭŭm, ī *n.* *s.* S. Crucis fanum.

S. Crŭcĭs oppĭdŭm, ī *n.* Heiligkreuz, St., Elsaß (Kolmar).

crŭcĭs vĭă, ae *f.* der hl. Kreuzweg (Andacht zum gekreuzigten Heiland, gewöhnlich mit vierzehn Stationen).

crūdēlĭs, ĕ grausam, schonungslos, schrecklich.

crūdēlĭtās, ātĭs *f.* Grausamkeit, Härte.

crūdŭs 3 1. noch blutend, roh. 2. unreif, zu jung. 3. unverdaut, unbearbeitet. 4. roh, grausam, ungebildet.

crŭentō 1 mit Blut bespritzen, beflecken.

crŭentŭs 3 1. blutig, blutbespritzt. 2. grausam, blutdürstig.

crŭmēnă, ae *f.* *s.* crumīna.

crŭmīnă, ae *f.* (crumena) Geldsäckchen, Börse, Beutel, Kasse.

crŭŏr, ōrĭs *m.* 1. Blut. 2. das Blutvergießen, Morden.

crūrĭfrăgĭŭm, ī *n.* 1. Schenkelknochenbruch. 2. das Zerschlagen u. Brechen der Beine, Beinbrechung (bei Gekreuzigten).

crūs, crūrĭs *n.* Schenkel, Schienbein, Bein.

crūstă, ae *f.* 1. Rinde, Schale, Kruste. 2. Zierat, eingelegte Arbeit.

crūstŭlă, ae *f.* (crūstŭlum) Kuchen, Zuckerwerk; Kruste.

crūstŭlŭm, ī *n.* s. crūstŭla.

crux, crŭcĭs *f.* 1. Marterholz, Kreuz. 2. Qual, Verderben. 3. Crŭcĭs Sānctae mŏnastērĭŭm etc. *s.* S. Crucis fanum.

S. Crux de Serra *f.* Santa Cruz, St., Ostbolivien, Südamerika, *ca.* 16000 Einw.; Bischofssitz: S. Cr. de la Sierra (seit 1605), Suffr. v. La Plata.

cryptă, ae *f.* (κρυπτή) Gewölbe, Gruft, Grotte, Höhle.

Cryptă ferrātă, ae *f.* Grottaferrata, D. südwestlich von Frascati, It. (Rom), *ca.* 1300 Einw., griechisch-unierte Basilianerabtei, gegründet vom hl. Nilus 1002. Dort wird hinter einem eisernen Gitter in einer Grotte ein sehr altes Muttergottesbild aufbewahrt.

Cryptălĕă, ae *f.* Grottaglie, St. bei Tarent, It. (Lecce), *ca.* 12000 Einw.

Cryptŭlă, ae *f.* Grotella, D. bei Neapel, It., *s.* auch Cryptulae coenobium.

Cryptŭlae coenŏbĭŭm, ī *n.* Kloster della Grotella bei Neapel.

crystallĭnŭs 3 (κρυστάλλινος) aus Kristall.

crystallŭm, ī *n.* Kristall.

crystallŭs, ī *f.* u. *m.* (κρύσταλλος) Kristall, Kristallgefäß, -scheibe; *übtr.*: Eis, Hagel.

Csanadĭă, ae *f.* Csanad (*sprich*: Tschanad) 1. Komitat in Ungarn rechts von der unteren Maros. 2. Nemet-Csanad (Deutsch.-Cs.), *ca.* 1700 Einw.; Szerb-Csanad (Serbisch-Cs.) *ca.* 6000 Einw.; Magyar-Csanad (Ungarisch-Cs.), *ca.* 3000 Einw., drei Orte l. u. r. an der Maros, Ungarn (Torontal). 3. Bistum Csanad, seit 1738 Sitz in Temesvar (*j.*: Rumänien); *dav.*: **Csanadĭēnsĭs,** ĕ; *s. auch*: Chonadium.

C. Sal. = Congregatio Salesiana de Don Bosco Salesianer, gegr. 1846 vom Priester Don Bosco.

C. S. C. = 1. Congregatio Sacrorum Cordĭum: Kongregation der heiligsten Herzen, gegr. 1833. 2. Congregatio a Sancta Crŭce (Sacerdotes a S. Crŭce) Priester vom hl. Kreuze, gegr. 1820.

C. S. P. = Clērĭci Regulares Scholarum Piarum (Scolopi), Piaristen, gegr. 1607.

C. Ss. C. = Congregatio a Sanctissimo Corde Jesu oder Sacerdōtes a Sanctissimo Corde Jesu (de St. Quentin), Priester vom heiligsten Herzen Jesu, gegr. 1877.

C. Ss. Cc. = Congregatio (Societas!) Sacratissimorum Cordium Gesellschaft von den heiligsten Herzen (Picpus), gegr. 1800.

C. S. Sp. = Congregatio Spiritus Sancti et Immaculatae Cordis B. M. V.

C. SS. R. = Congregatio Sanctissimi Redemptoris Redemptoristen, gegr. 1732 vom hl. Alfons Maria v. Liguori.

Ctēsĭphōn, phōntĭs (*acc.* phōntĕm u. phōntă) *f.* (Κτησιφῶν) Ktesiphon, St. am östlichen Ufer des Tigris, Hauptstadt des ehem. parthischen Reichs, unweit des heutigen Bagdad gelegen, *j.*: El Madain = „die Städte“ u. Ruinen von Tak-i-Kesra.

cŭbātĭō, ōnĭs *f.* das Liegen.

cŭbĭcŭlārĭs, ĕ im Schlafzimmer befindlich, zum Wohnzimmer gehörig.

cŭbĭcŭlārĭŭs, ī *m.* Kammerdiener, Kammerherr als höfischer Titel; cub. intĭmŭs: Geheimkämmerer.

cŭbĭcŭlŭm, ī *n.* Schlafzimmer, Kammer, Gemach; cŭbĭcŭlī mĭnistĕr: Kammerdiener.

cŭbīlĕ, ĭs *n.* 1. Lager, Lagerstätte. 2. Schlafraum, Gemach.

cŭbĭtă, ae *f.* s. cubitum.

cŭbĭtō 1 ausruhen, zu liegen pflegen.

cŭbĭtōrĭŭs 3 zum Liegen gehörig.

cŭbĭtă, ae *f.* *s.* cubitum.

cŭbĭtŭm, ī *n.* (*κύβιτον*, cubita, cubitus) 1. Ellbogen. 2. Elle als Maß.

1. **cŭbĭtŭs,** ī *m.* *s.* cubitum.

2. **cŭbĭtŭs,** ūs *m.* das Ausruhen.

cŭbō, bŭī, bĭtŭm 1 1. liegen, schlafen. 2. zu Tische liegen.

cŭcullă, ae *f.* (cucullus) 1. Obergewand, Mönchskutte; faltiger Chormantel mit besonders weiten u. großen Ärmeln für die Mönche, welche die Regel des hl. Benedikt befolgen. 2. Kopfbedeckung, Kapuze, Kappe.

Cŭcullīs Castellŭm, ī *n.* Kuchel, Ort bei Salzburg (Österreich).

cŭcullŭs, ī *m.* *s.* cuculla.

cŭcŭmĕrārĭŭm, ī *n.* Gurkenfeld, Kürbisacker.

cŭcŭmĭs, ĕrĭs *u.* ĭs *m.* Gurke, Kürbis.

Cucusŭs, ī *f.* Kukusus, Ort in Kleinarmenien, Kleinasien (Kappadokien).

cūdō, dī oder sī, sŭm 3 schlagen, verfertigen, prägen.

Cuiabă, ae *f.* Cuyabá, St. am Mato Grosso Brasilien (Mato Grosso), *ca.* 18000 Einw.; Bischofssitz (seit 1745), Suffr. v. Rio de Janeiro; *dav.*: **Cuiabēnsĭs,** ĕ.

Cuiabĕn. (*C. R.*) *s.* Cuiaba.

cūjuscĕmŏdī wie nur immer beschaffen.

cūiusmŏdī *oder* **cūiŭs mŏdī** von welcher Art? wie beschaffen?

culcĭtă, ae u. **culcĭtră,** ae *f.* Matratze, Polster.

culcō 1 zerstampfen.

cūlĕŭs, ī *m.* (cul(l)eum, culleus; *κουλεόν*, *κουλεός*) lederner Sack, Schlauch.

cŭlex, ĭcĭs *m.* Mücke, Schnake; cŭlĭcem excōlāre in Kleinigkeiten genau sein.

cŭlīnă, ae *f.* 1. Küche. 2. Kost, Bewirtung.

cūllĕŭm, ī *n.* *s.* culeus.

cūllĕŭs, ī *m.* *s.* culeus.

Culmă, ae *f.* Kulm, St. r. an der Weichsel, Preußen (Westpreußen; Reg.-Bez. Marienwerder), *ca.* 12000 Einw.; Bistum (seit 1243), Sitz in Pelplin, exempt; *dav.*: **Culmēnsĭs,** ĕ.

Culmĕn. (*C. R.*) *s.* Culma.

culmĕn, ĭnĭs *n.* 1. Höhepunkt, Kuppe, Gipfel. 2. hohe Stellung, Würde.

culmŭs, ī *m.* 1. Halm (des Getreides). 2. Stroh, Strohdach.

culpă, ae *f.* Schuld, Fehler, Sünde; Schuldanklage in Klöstern.

culpābĭlĭs, ĕ (culpatus) 3 tadelnswert, schuldbar; strafbar, sündhaft.

culpābĭlĭtās, ātĭs *f.* Schuldbarkeit, Strafbarkeit (*C. j. c.* 2207).

culpātŭs 3 *s.* culpabilis.

culpō 1 1. tadeln, mißbilligen. 2. beschuldigen, anklagen.

cultellŭs, ī *m.* kleines Messer.

cultĕr, trī *m.* Messer.

cultĭō, ōnĭs *f.* Bebauung, Bewirtschaftung: agri.

cultŏr, ōrĭs *m.* 1. Bebauer, Landmann, Gärtner. 2. Verehrer, Freund, Liebhaber.

cultūră, ae *f.* 1. Bearbeitung, Anbau, Ackerbau. 2. Verehrung, Gottesverehrung, Religion. 3. Pflege, Bildung, Ausbildung (*C. j. c.* 1364, 3°).

1. **cultŭs** 3 1. angebaut. 2. geschmückt. 3. gebildet, veredelt, fein (*Ruth* 3, 3).

2. **cultŭs,** ūs *m.* 1. Bearbeitung, Anbau. 2. Pflege, Wartung, Sorgfalt. 3. Lebensart, Lebensweise: c. tenuis einfache Lebensweise; Sitte, Gewohnheit. 4. Kleidung, Tracht, Schmuck. 5. Erziehung, Übung. 6. Verehrung, Huldigung; *bes.*: äußere Feier des Gottesdienstes, Kult. Man unterscheidet: a) **cultus latrīae** Anbetung, die allein Gott zukommt. b) **cultus hyperdulīae** Hochverehrung, die der Gottesmutter gebührt. c) **cultus dulīae** Heiligenverehrung.

1. **cŭm** *praep. c. abl.* I. *räumlich*: 1. mit, samt; fac mecum signum in bonum: tu an mir ein Zeichen zum Guten (*d. i.*: schicke eine freundliche Fügung, daß ich wieder Mut bekomme *Ps.* 85, 17). 2. unter Aufsicht. 3. in Verbindung mit, unter Mitwirkung von; sehr oft für den abl. instrumentalis: cum magna voce clamavit; muniverunt sepulchrum cum custodibus; in Verkehr mit, vor; cum vultu tuo vor deinem Angesichte (*Ps.* 20, 7). 4. ausgestattet, bekleidet, bewaffnet sein. II. *zeitlich*: 1. gleichzeitig mit, unmittelbar nach. 2. unter, nicht ohne, cum lăcrĭmĭs: unter Tränen, cum clāmōrĕ: nicht ohne Geschrei.

2. **cŭm** *conjunct.* 1. damals als. 2. so oft als. 3. indem, dadurch daß. 4. als, da, weil, obgleich. 5. während, dagegen. 6. cum primum sobald als. 7. cum-

tum: sowohl-als auch. 8. cum maxime: ganz besonders.

Cūmă, ae *f. s.* Comum.

Cūmae, ārŭm *f.* (*Κύμη*) Kumä, St. in Kampanien, It.; *dav.*: **Cūmānŭs** 3 u. Cūmānī, ōrŭm *m.* Einw.

Cūmānī, ōrŭm *m. s.* 1. Cumae. 2. Cumani agri.

Cūmānī agrī, ōrŭm *m.* Kumanien, Landschaft in Ungarn: 1. Großkumanien, östlich vom Mittellaufe der Theiß u. nördlich vom Körös. 2. Kleinkumanien zwischen Theiß u. Donau (die Besiedler stammten vom Flusse Cuma im Kaukasus).

cumbă, ae *f. s.* cymba.

cumi (aramäisch) stehe auf!

cŭmīnŭm, i *n.* (cymīnum, *κύμινον*) der Kümmel (*Js.* 28, 25).

cumprīmīs *adv. s.* primus.

cŭmŭlātim *adv.* haufenweise.

cŭmŭlātĭō, ōnĭs *f.* 1. Vermehrung. 2. Häufung; cumulatio beneficiorum Häufung von Pfründen.

cŭmŭlātīvŭs 3 Häufung bewirkend, gehäuft; ius cumulativum das gehäufte Recht (wenn in einem Falle zwei oder mehrere zuständige Obrigkeiten das Recht haben zu strafen, z. B. bei Verfehlungen eines Ordensmannes sowohl der Ordensobere als auch der zuständige Bischof).

cŭmŭlātŏr, ōrĭs *m.* Vermehrer.

cŭmŭlātŭs 3 vermehrt, vergrößert, erhöht, gesteigert, reichlich.

cŭmŭlō 1 1. aufhäufen, aufschichten, anstürmen. 2. anfüllen, überfüllen. 3. vergrößern, steigern. 4. vollkommen machen.

cŭmŭlŭs, ī *m.* Masse, Haufe.

cūnābŭlă, ōrŭm *n.* 1. Wiege; ā cūnābŭlīs: von zarter Kindheit an. 2. Geburtsort, Heimat.

cūnae, ārŭm *f.* Wiege.

cūnctābundŭs 3 zögernd.

cūnctantĕr *adv.* zögernd.

cūnctātĭō, ōnĭs *f.* das Zögern, Zurückhaltung.

cūnctātŏr, ōrĭs *m.* Zögerer.

cūnctātrīx, īcĭs *f.* Zauderin; auch *adj.* zaudernd.

cūnctīm *adv.* sämtlich.

cūnctīpŏtēns, ntĭs allmächtig.

cūnctŏr 1 zögern, zaudern.

cūnctŭs 3 gesamt, sämtlich, ganz; *pl.* sämtliche, alle.

cŭnĕātŭs 3 spitz zulaufend, keilförmig; *adv.* cuneatim.

Cūnĕgundă, ae *f.* s. Cunegundis.

S. Cūnĕgundĭs, ĭs *f.* (Cunegunda, Cunigundis) hl. Kunigund, Witwe u. Kaiserin († 1040).

Tochter des Pfalzgrafen Siegfried, Gemahlin Kaiser Heinrichs II. Sie lebte mit ihm nach alten Berichten in jungfräulicher Ehe, kam dennoch in den Verdacht des Ehebruches und unterzog sich siegreich dem Gottesurteile, indem sie unbeschädigt mit bloßen Füßen über glühend gemachte Pflugscharen dahinschritt. Sie war sehr wohltätig, stiftete Kirchen und Klöster. Nach dem Tod ihres Gatten trat sie ins Kloster ein, wo sie 15 Jahre lang ein Musterbild der Abtötung und Demut war. Durch ein Kreuzzeichen löschte sie eines Tages eine im Kloster ausgebrochene Feuersbrunst. Auch an ihrer Gruft im Dome zu Bamberg geschahen viele Wunder. — 3. März (Bamberg, Köln, Freiburg, München-Freising, Paderborn, Regensburg, Salzburg, Trier). —

Fest der Uebertragung.

Am Jahrtag nach der Bestattung ihres hl. Gemahls wohnte Kaiserin Kunigunde in Kaufungen bei Kassel im kaiserlichen Ornat dem Gottesdienst bei, legte nach Lesung des Evangeliums die Prachtgewänder ab und dafür ein schlichtes von ihr selbst gefertigtes Gewand an, empfing aus der Hand des Bischofs das geweihte Ordenskleid, den Schleier und den Ring, wobei sie sang: „Er gab mir dies zum Zeichen vor mein Angesicht, und durch seinen Ring gab mir ein Unterpfand mein Herr Jesus Christus.“ 15 Jahre führte sie ein Leben strengster Buße, bis ihr Leib durch die vielen Nachtwachen und Fasten aufgezehrt war und sie im Herrn verschied. Ihrem Wunsch gemäß wurde sie mit dem Ordensgewand bekleidet nach Bamberg überführt und an der Seite Heinrichs beigesetzt. Am 9. September 1201, am Tage, an dem in Bamberg die Feier ihrer Heiligsprechung begangen wurde, wurde ihr Leib wieder aus dem dem Grabe erhoben und ehrenvoller beigesetzt. — 9. September (Bamberg).

B. Cūnĕgundĭs, ĭs *f.* sel. Kunigund, Jgfr. u. Herzogin von Polen, Klarissin († 1292).

Sie war die Tochter des Ungarnkönigs Bela und Marias, der Tochter des griechischen Kaisers Alexius; sie war u. a. mit dem hl. Ladislaus und der hl. Hedwig verwandt. Schon gleich nach der Geburt soll sie die Muttergottes als Himmelskönigin gepriesen haben. Ihre spätere Abtötung deutete der Umstand an, daß sie jeden Mittwoch und Freitag als Brustkind nur je einmal Milch zu sich nahm. Wenn sie auf den Armen ihrer Amme bei der hl. Messe zugegen war, schien sie ganz in Andacht versunken zu sein. Als sie trotz langen Widerstrebens genötigt wurde, dem Herzoge Boleslaus von Polen die Hand zum Ehebunde zu reichen, bewog sie ihn in der Brautnacht durch Bitten, daß er sie unberührt lasse, ja, daß er selbst das Gelübde der Keuschheit ablegte, was ihm den Namen des „Züchtigen“ eintrug. In der Verwaltung des Polenlandes wurden beide glücklich; auf wunderbare Weise fand Kunigunde eine Salzgrube, die dem Reiche sehr viel Geld einbrachte. Nach dem Tode ihres Gatten trat die Herzogin in das Klarissenkloster zu Sandec bei Krakau, das sie selbst gegründet hatte. Durch ein Wunder änderte auf ihr Gebet hin ein Fluß seinen Lauf, wobei derselbe sogar sein Wasser aufwärts fließen ließ, um den Nonnen genügend frisches Wasser zuzuführen. Nach 13 Jahren starb Kunegunde in jenem Kloster im Jahre 1292. Die Päpste Alexander VIII. und Klemens XI. billigten ihre Verehrung, da viele Wunder an ihrem Grabe geschahen. — 24. Juli (Polen [Warschau]) und 27. Juli (Gnesen und Posen, Krakau, Lemberg, Przemysl, Ungarn, Tarnow).

Cŭnĕēn. (*C. R.*) *s.* Cuneum.

Cŭnĕŭm, ī *n.* Cuneo, St. in Piemont an der Mündung des Gesso in die Stura, It., *ca.* 15000 Einw.; Bischofssitz (seit 1817), Suffr. v. Turin, *dav.*: **Cunĕēnsĭs**, ĕ.

cŭnĕŭs, ī *m.* 1. Keil, Pflock. 2. keilförmige Schlachtordnung, Phalanx (*vgl.* Fest des hl. Martin, 11. Nov.). 3. Zug, Prozession.

S. Cūnĭbertŭs, ī *m.* hl. Kunibert, Bek. u. Bischof. v. Köln (7. Jhdt.).

In der Moselgegend geboren; sein Vater hieß Krallo, seine Mutter Regina. Er wurde Archidiakon von Trier und im Jahre 623 als Nachfolger des Remedius Erzbischof von Köln. Er nahm am Konzil von Reims teil, war Ratgeber des Königs Dagobert von Austrasien, des späteren Frankenkönigs, Vormund des Königs Sigebert, des Sohnes von Dagobert, der in Mainz residierte. Kunibert war ferner ein Freund Pipins des Aelteren, des Vaters der hl. Gertrud. Er weihte den hl. Amandus zum Bischofe von Utrecht. Er stiftete in Köln die Gesellschaft der zwölf trauernden Brüder, welche in Zukunft die Totenwache bei den verstorbenen Kölner Erzbischöfen zu halten hatten und im übrigen an bestimmten Gottesdiensten in der Domkirche teilnehmen mußten. Er fand das Grab der hl. Ursula auf und errichtete die St. Klemenskirche, die aber später nach ihm benannt wurde. Als ein Schadenfeuer im 11. Jahrhundert den Dom schwer bedrohte, trug die St. Kuniberts Bruderschaft den hl. Leib in Prozession zum Dom hin, worauf in Gegenwart des Erzbischofs Sigewin die Flamme wunderbar schnell erlosch. — 12. November (Köln, Trier).

cŭnīcŭlŭs, ī *m.* 1. das Kaninchen. 2. unterirdischer Gang, Kanal, Mine, Höhlung, Grube (*Esther* 16, 5).

S. Cūnĭgundĭs, ĭs *f. s.* S. Cunegundis.

Cūnō, ōnĭs *m.* Kuno I., Erzbischof von Trier, † 1166.

cūpă, ae *f.* (cuppa) 1. Kufe, Tonne; hohler Baum. 2. der obere Hauptteil des Meßkelches zur Aufnahme des Weines.

Cūpĕrīnŭm, ī *n.* Kobern, D. an der unteren Mosel, Preußen (Rheinprovinz).

Cŭpertīnŭm, ī *n.* Copertino, Städtchen in Süditalien zwischen Brindisi u. Otranto (Lecce).

cŭpĭdĭtās, ātĭs *f.* 1. Begierde, Leidenschaft, Sinnlichkeit. 2. Geldgier, Habsucht.

cŭpīdō, ĭnĭs *f.* Begierde, heftiges Verlangen, Sinnlichkeit.

Cŭpīdō, ĭnĭs *m.* Cupido, Beamter des Statthalters Apricius (Sapritius) in Kappadokien z. Z. Diokletians.

cŭpĭdŭs 3 1. begierig, leidenschaftlich, sinnlich. 2. habsüchtig, geldgierig.

cŭpĭentĕr *adv.* verlangend.

cŭpĭō, īvī, ītŭm 3 wünschen, begehren, verlangen.

cuppă, ae *f. s.* cupa.

Cuprā Montānā, ōrŭm *n.* (Ripānā ecclēsĭă) Ripatransone, St. nordöstl. von Ascoli Piceno, It., *ca.* 7000 Einw.; Bischofssitz, Suffr. v. Fermo.

cŭpressĭnŭs 3 (cypressĭnus) aus Zypressenholz bestehend.

cŭpressŭs, ī *f.* (cyparissus, κυπάρισσος) Zypresse.

cŭprŭm, ī *n.* (Cyprium aes oder bloß Cyprium) Kupfer.

cūr *adv.* weshalb, warum.

cūră, ae *f.* 1. Sorge, Fürsorge, Sorgfalt. 2. Besorgung, Pflege; animarum Seelsorge. 3. Verwaltung, Amt, Geschäft, (Beicht-) Vollmacht. 4. Verlangen, Streben: ŏpŭm = nach irdischem Besitz. 5. Besorgnis, Unruhe, Kummer.

cūrābĭlĭs, ĕ heilbar.

cūrātēlă, ae *f.* Pflegschaft, Vormundschaft.

cūrātĭă, ae *f.* Kuratenstelle; Halbpfarrerstelle.

cūrātĭō, ōnĭs *f.* 1. Sorgfalt, Bemühung. 2. Wartung, Pflege, Heilung. 3. Verwaltung.

cūrātŏr, ōrĭs *m.* Aufseher, Wärter; Vormund, Pfleger; curator animarum Seelsorger.

cūrātōrĭă, ae *f.* Vormundschaft.

cūrātōrĭŭm, ī *n.* Kuratorium (Aufsichtsbehörde).

cūrātrīx, īcĭs *f.* Besorgerin, Mittlerin.

cūrātŭs 3 sorgfältig, eifrig; mit Seelsorge verbunden; beneficium curatum Seelsorgsbeneficium, Kuratbeneficium.

cūrātŭs, ī *m.* Seelsorger, Kurat.

cūrĭă, ae *f.* Kurie, fürstliche Hofhaltung, Hofstaat; *bes.*: der päpstliche (*auch* bischöfliche) Hof, Verwaltung, Regierung.

1. **Cūrĭă,** ae *f.* (Curia Raetorum, Curia urbs) Chur, St. an der Plessur, Schweiz (Graubünden), *ca.* 12000 Einw., Bischofssitz, exempt; *dav.*: **Cūrĭēnsĭs,** ĕ.

2. **Cūrĭă,** ae *f.* Grüsch, Ortschaft.

Cūrĭă Deī *f.* La Cour-Dieu, Cistercienser-Kloster, Fkr., Diöz. Orléans.

Cūrĭă Raetōrŭm *s.* Curia 1.

Cūrĭă Rōmānă, ae *f.* päpstlicher Hof; päpstlicher Beamtenstaat, bestehend aus 11 Kongregationen als Verwaltungsbehörden; 2 Tribunalen als Gerichtsbehörden; 5 Offizien als Ämter.

Cūrĭă urbs *f. s.* Curia 1.

Cūrĭă Vasgāvōrŭm *f.* Hof, St. an der Saale, Bayern (Oberfranken), *ca.* 35000 Einw.

cūrĭālĭs, ĕ zu einem Hofe gehörig; zur päpstlichen Kurie gehörig.

cūrĭālĭs, ĭs *m.* der Höfling.

Curimēnsĭs dux Herzog von Kaurzim, einer Stadt in Böhmen zwischen Böhmischbrod u. Hanowitz, 5 Meilen von Prag entfernt (*S. Wencesl.* 28. *Sept.*, der dort genannte Zweikampf dürfte legendär sein).

cūrĭō, ōnĭs *m.* (curius) 1. Priester (geistlicher Vorsteher) einer Kurie, der die hl. Bräuche derselben zu beob-

achten hatte. 2. Vorsteher einer Kirche.
cūrĭōsĭtās, ātĭs *f.* Wißbegierde, Neugierde.
cūrĭōsŭs 3 1. sorgfältig, sorgsam, eifrig. 2. neugierig.
cūrĭŭs, ī *m. s.* curio.
Cūrĭŭs lăcus, ūs *m.* Lago di Orta oder Lago Curio, ein See 12 km lang u. 2 km breit, It. (Novara).
Cūrlandĭă, ae *f.* (Curonia, Curonium) Kurland, baltische Landschaft zwischen der Ostsee, dem Rigaischen Meerbusen u. der Düna in den Freistaaten Lettland u. Litauen gelegen.
Curlandĭae sĭnŭs, ūs *m. s.* Curonensis lăcus.
cūrō 1 1. für etwas sorgen, Sorge tragen, besorgen, verwalten. 2. ärztlich behandeln, heilen, pflegen. 3. sich um etwas kümmern, sich angelegen sein lassen; curare de lege das Gesetz beachten.
Cūrōnēnsĭs lăcŭs, ūs *m.* (Curonicus sinus, Curlandiae sinus) das Kurische Haff, ein Meerbusen der Ostsee (Ostpreußen).
Cūrōnĭă, ae *f. s.* Curlandia.
Cūrōnĭcŭs sĭnŭs, ūs *m. s.* Curonensis lacus.
Cūrōnĭŭm, ī *n. s.* Curlandia.
currēns, entĭs laufend; annus currens: das gegenwärtige Jahr.
currĭcŭlŭm, ī *n.* Lauf, Lebenslauf.
currīlĭs, ĕ zum Wagen gehörig; zum Laufen geeignet, also: equus Wagenpferd.
currō, cŭcurrī, cursŭm 3 laufen, rennen, eilen; sermo sich ausbreiten; poenas c. Marterlaufbahn zurücklegen.
currŭs, ūs *m.* 1. Wagen. 2. Kriegswagen (*Ps.* 67, 18); currus falcātus Sichelwagen (*Iudic.* 4, 3).
cursĭm *adv.* eilends, schnell.
cursĭtō 1 hin- und herlaufen.
cursŏr, ōrĭs *m.* 1. Läufer, Wettläufer. 2. Eilbote, Ausläufer. 3. Gerichtsdiener, Zustellungsbeamter (für gerichtliche Schreiben) (*C. j. c.* 1591).
cursōrĭŭs 3 zum Laufen gehörig.
cursŭs, ūs *m.* 1. Lauf, Wettlauf. 2. Laufbahn, Lebenslauf, Studiengang. 3. cursus (*scil.*: psalmodiae) Anordnung der Psalmen. 4. cursus B. M. V. Offizium zu Ehren der Allerseligsten Jungfrau Maria.
curtĭs, ĭs *f.* Hof, Hofhaltung.
urtō 1 verstümmeln, abkürzen.
curtŭs 3 verkürzt, mangelhaft, verstümmelt.
curvābĭlĭs, ĕ biegsam.
curvāmĕn, ĭnĭs *n.* (curvatura) Krümmung, Rundung, Wölbung.
curvātūră, ae *f. s.* curvamen.
curvātŭs 3 gekrümmt, niedergebeugt (*Ps.* 37, 7).
curvēscō 3 sich krümmen, beugen.
curvĭtās, ātĭs *f.* Krümmung.
curvō 1 krümmen, biegen, beugen.
curvŭs 3 krumm, gewölbt.
Curwaldēnsĕ mŏnastērĭŭm, ī *n.* Churwalden, Luftkurort südlich von Chur, Schweiz (Graubünden), *ca.* 400 Einw., ehem. Prämonstratenserabtei (von 1167 bis zum Beginn des 19. Jhdts.).
Curytuba, ae *f.* Curityba, St. an einem Quellfluß des Iguassú, Brasilien (Staat Paraná), *ca.* 24000 Einw.; Bischofssitz (seit 1893); Suffr. v. Rio de Janeiro; *dav.*: **Curytubēnsĭs,** ĕ.
Curytubēn. (*C. R.*) *s.* Curytuba.
Cusă, ae *f.* Kues (Cues, gesprochen: Kūs) D. l. an der Mosel gegenüber Bernkastel, Preußen (Rheinprovinz), *ca.* 2300 Einw., *dav.*: **Cusānŭs** 3 (Kardinal Nikolaus Cusanus).
Cuschēn. (*C. R.*) *s.* Cuscum.
Cuscŭm, ī *n.* Cuzsco (Cuzco), St. Südperu, Südamerika, ca. 20000 Einw.; Bischofssitz (seit 1536), Suffr. v. Lima; *dav.*: **Cuschensĭs,** ĕ.
Cusi *indecl.* (*hebr.*) Kusi, Israelit, Vater des Ethan (Idithun).
cuspĭs, ĭdĭs *f.* Spitze, Stachel.
cussĭnŭs, ī *m.* Kissen, Gestell, Ständer zum Auflegen eines Buches.
cūstōdĭă, ae *f.* 1. Bewachung, Bewahrung, Wache, Wachtposten, Wachtmannschaft. 2. Gewahrsam, Gefängnis; spöttisch: Wachthäuslein. 3. cūstōdĭă pomorum Obstwächterhütte (*Ps.* 78, 1); [nach dem Hebr.: in acervos lapidum in einen Steinhaufen]. 4. die Gefangenen. 5. kirchliches Gefäß zur Aufbewahrung der hl. Hostie im Tabernakel.
cūstōdĭō 4 1. bewachen, bewahren, aufbewahren, hüten; sabbatum, legem beobachten. 2. gefangen halten. 3. sich hüten vor (*acc.*; *Ps.* 16, 4).
cūstōdītē *adv.* vorsichtig, behutsam.
cūstōdītĭō, ōnĭs *f.* Wahrung, Befolgung, Beobachtung.
cūstōs, ōdĭs *m.* u. *f.* Wächter(in), Behüter(in), Beschützer(in): praeclara custos virginum erhabene Beschützerin der Jungfrauen (*Hym. Immac. Concept. B. M. V.*); angelus c. Schutzengel.
Cutha *indecl.* Ort in Babylonien, dessen Einwohner vom heidnischen Könige nach Samaria verpflanzt wurden (4. *Kön.* 17, 24). Kutha *oder* Kûth ist die heutige Ruinenstätte Tell-Ibrahîm, östlich von Babylon.

S. Cuthbertŭs, ī *m.* Bisch. von Lindisfarne in Northumberland (7. Jhdt.).
Cŭtĭlĭă, ae *f.* (Cutiliae, arum) Ort mit Schwefelgruben im Sabinerlande, vielleicht j. Contigliano in Mittelitalien.
Cŭtĭlĭae, ārŭm *f. s.* Cutilia.
cŭtĭs, ĭs *f.* (κύτος) Haut.
Cuxanŭm, ī *n.* Cusań, Ort, Fkr. (Pyrénées Orientales); *dav.*: **Cuxanēnsĭs,** ĕ.
cўănĕŭs 3 (κυάνεος) dunkelblau.
cўăthŭs, ī *m.* (κύαθος) Becher, Mischkessel.
cyclăs, ădĭs *f.* (κυκλάς) der Rundrock, das Rundkleid (Staatskleid der römischen Damen) (*S. Agnes,* 21. *Jan.*).
cyclĭcŭs 3 zum Kreise, Kreislauf gehörig.
cyclŭs, ī *m.* (κύκλος) Kreis, Kreislauf, Periode; solaris Sonnenzyklus; lunaris Mondzyklus.
cўcnŭs, ī *m.* (cygnus, κύκνος) Schwan.
Cўdōn, ōnĭs *f. s.* Cydonia.
Cўdōnĭă, ae *f.* (Κυδωνία) Kydon, St. an der Nordküste der Insel Kreta in der Nähe des heutigen Kanea; *dav.*: **Cўdōnĭŭs** 3 kretensisch; **Cўdōn,** ōnĭs *m.* der Kydonier, (poetisch:) Kreter.
Cўdōnĭŭs 3 *s.* Cydonia.
cўgnŭs, ī *m. s.* cycnus.
cymbă, ae *f.* (cumba; κύμβη) Kahn, Nachen.
cymbălŭm, ī *n.* (κύμβαλον) Zimbel, Schelle; oft im Plural gebraucht, weil sie paarweise zusammengehören.
cўmīnŭm, ī *n.* (κύμῖνον) *s.* cumīnum.
cўnips, cўnĭfĭs *f. s.* cinips.
Cyntĭānŭm, ī *n.* Genzano, St. am Südwestufer des Nemisees in den Albaner Bergen, It. (Rom), *ca.* 8000 Einw.
Cўprēn. (*C. R.*) *s.* Cyprus.
cўpressīnŭs 3 *s.* cupressinus.
S. Cўprĭānŭs, ī *m.* hl. Cyprian, 1. Bischof v. Karthago u. Kirchenvater, Mart., † 258, 16. Sept. 2. Mart., † 303, 26. Sept.
Cўprŏs, ī *f.* (Κύπρος) s. Cyprus.
cўprŭs, ī *f.* (κύπρος) die Cyprusblume, Frauenschuh oder Venusschuh, eine Orchideenart (Lawsonia inermis L.).
Cўprŭs, ī *f.* (Cypros, Κύπρος) Cypern, Insel im Mittelmeer, südlich von Kleinasien; Erzbistum Cypern gehört zum syrisch-maronitischen Patriarchat Antiochia, der Sitz des Erzbischofs ist in Cornet-Scehuam (Libanon); die Katholiken gehören zum lateinischen Patriarchate Jerusalem.
Cўrēnae, ārŭm *f. s.* Cyrene.
1. **Cўrēnē,** ēs *f.* (Cyrenae, Κυρήνη) Cyrene, Hauptstadt der Cyrenaica in Lybien, Nordafrika, eine griechische Kolonie mit stark jüdischer Gemeinde; *j.*: Ruinen von Krenna oder Grenneh; *dav*: **Cўrēnăcŭs** *u.* **Cўrēnăĭcŭs** 3; **Cўrēnēnsēs,** ĭŭm *m.* Bew.
2. **Cўrēnē,** ēs (*acc.* ēn) *f.* Cyrene oder Kur, Landschaft am Cyrus- *oder* Kurfluß, der vom Kaukasus ins Kaspische Meer fließt, *oder auch* Landschaft in Südmedien (*Amos* 1, 5; II. *lect. fer. V. hebd. IV. Nov.*).
S. Cўrĭăcă, ae *f.* hl. Cyriaka, Jgfr., Mart.
Gefährtin der hl. Mart. Musca. — 17. Juni. (Gurk, ohne nähere Angaben).
S. Cўrĭăcŭs, ī *m.* hl. Cyriakus, einer der 14 Nothelfer, Mart., † 303, 8. Aug.
Cyrillă, ae *m.* Cyrilla, arianischer Bischof und Berater des Vandalenkönigs Hunnerich.
1. **S. Cyrillus,** ī *m.* hl. Cyrill, Bisch. v. Jerusalem, Kirchenlehrer, † 386, 18. März.
2. **S. Cyrillus,** ī *m.* hl. Cyrill, Patriarch v. Alexandrien u. Kirchenlehrer, † 444 7. Febr.
3. **S. Cyrillus,** ī *m.* hl. Cyrill, Bisch. v. Trier, Bek. († 458).
Er war Bischof von Trier zur Zeit, als die Franken die verlorene Römerherrschaft an sich rissen und Trier infolge der Wirren größtenteils in Trümmern lag. Seine Hauptsorge war, die zerstörten Heiligtümer wieder neu erstehen zu lassen. Die Kirche des hl. Eucharius stellte er im früheren Glanze wieder her und baute noch ein Kloster dazu. In dieser Kirche fand sein hl. Leib die Ruhestätte neben seinen hl. Vorgängern Eucharius, Valerius und Maternus. Einen Teil der Reliquien übertrug Kaiser Karl IV. nach Prag. — 30. Juni (Trier).
4. **S. Cyrillus,** ī *m.* hl. Cyrill, Bisch., Bruder des hl. Methodius, Apostel der Slawen, Schutzherr v. Mähren, † 14. Febr. 869; 7. Juli.
1. **S. Cўrīnŭs,** ī *m.* hl. Cyrinus, Mart., † um 300, 13. Juni.
2. **S. Cўrīnŭs,** ī *m.* hl. Cyrinus, Martyrgenosse des hl. Papstes Marcellinus.
1. **Cўrīnŭs,** ī *m.* (Κυρήνιος) Publius Sulpicius Quirinus, Statthalter von Syrien z. Z. Christi.
2. **Cўrīnŭs,** ī *m.* Cyrinus, Priester in Rom, zu Anfang des 4. Jhdts.
1. **Cўrŭs,** ī *m.* der Kurfluß, der im Kaukasus entspringt und ins kaspische Meer fließt.
2. **Cўrŭs,** ī *m.* (Κῦρος) 1. Cyrus, Stifter des persischen Reiches (550—529). 2. Cyrus, ein Irrlehrer zu Anfang des 4. Jhdts.
Cytrŭm, ī *n.* St. in Makedonien, später Pydna, unweit des Thermäischen Meerbusens; *dav.*: **Cytrēnsĭs,** ĕ.
Cўzĭcŭm, ī *n. s.* Cyzicus.
Cўzĭcŭs, ī *f.* (Cyzicum, Κύζικος) Kyzikos, St. auf einer Halbinsel im Marmarameer, Kleinasien (Propontis); *j.*: Aidindschih oder Temaschalik.
Czasslawĭă, ae *f.* Czasslau, St., Böhmen.

Czenstochoviă, ae *f.* (Czenstochovium) Czenstochau (Tschenstochow), St. l. an der Warthe, Polen (Petrokow), *ca.* 50000 Einw., berühmter Muttergotteswallfahrtsort; *dav.*: **Czenstochoviēnsĭs,** ĕ.

D.

D. als Abkürzung. 1. D. als Zahlzeichen *statt*: IↃ (= *Hälfte von*: CIↃ) = 500. 2. d. = dies.

Dabera *indecl.* (*hebr.*) *s.* Debera.

Dabereth *indecl.* (*hebr.*) Dabereth, St. nordwestlich am Fuße des Tabor, Pal. (Grenze von Zabulon u. Issachar).

1. **Dabir** *indecl.* (*hebr.*: früher Cariath-Sepher) St. Pal. (Juda); später Levitenstadt.

2. **Dabir** *indecl. m.* (*hebr.*) Dabir, ein König von Eglon, Pal.; 13. Jhdt. vor Chr.).

Dabri *indecl. m.* (*hebr.*) Dabri, Israelit, Vater der Salumith, deren Sohn als Gotteslästerer gesteinigt wurde (*Lev.* 24, 11).

Dāciă, ae *f.* Dacien, Landschaft, römische Provinz, welche das heutige Gebiet von Ungarn östlich der Theiß, Siebenbürgen, die Bukowina, den nördlichen Teil von Rumänien u. einen Teil der Walachei umfaßte.

Dāciānŭs, ī *m.* Dacian, heidnischer, römischer Statthalter zu Valencia in Spanien unter Diokletian (um 300 n. Chr.).

Dacor *indecl.* Dacor, ehem. Benediktinerkloster in England; *dav.*: **Dacorēnsĭs,** ĕ.

Dadan *indecl. m.* (*hebr.*: Brust ?) Dadan 1. Nachkomme Chams u. Chus'. 2. Nachkomme Abrahams u. der Ketura. Wahrscheinlich auch Volksname für die Nachkommen Dadans (Aden am roten Meer!), *vgl.*: Dedan.

daemōn, ŏnĭs *m.* (daemŏnĭum) (*δαίμων*) Dämon, böser Geist, Teufel; unheimliche Gottheit; incursus daemonii meridiani Überfall des Teufels am Mittage (oder gleich „Samum" [Giftwind] *oder* Sonnenstich!).

daemŏnĭăcŭs 3 dämonisch, teuflisch, vom Teufel besessen.

daemŏnĭŭm, ī *n.* (*δαιμόνιον*) *s.* daemon.

S. Dăfrōsă, ae *f.* Dafrosa, Martyrin unter Julian, dem Apostaten, Mutter der hl. Bibiana *u.* hl. Demetria (4. Jhd.); 4. Januar.

S. Dăgŏbertŭs, ī *m.* Dagobert II., König von Austrasien (Frankenkönig) u. Mart. (675—678).

Sohn des hl. Sigibert, Königs von Austrasien, wurde er im Alter von sechs Jahren durch seinen Hausmeister Grimoald in die Verbannung gejagt, als dieser den eigenen Sohn Childebert zum König machte. Dagobert verlebte seine Jugendjahre in Irland, während Bischof Wilfried von York für seine Ausbildung sorgte. Nach 18jähriger Verbannung kehrte D. mit seiner Gattin Mathilde als Herrscher heim. Er gründete Klöster und ließ die Heiligen Arbogastus und Florentius zu Bischöfen von Straßburg weihen. Gegen seinen Verwandten, den König Theoderich von Neustrien, mußte er seine Rechte durch einen Krieg wahren und wurde dabei von dem feindlichen Hausmeister Ebroinus in einem Hinterhalte niedergemacht. Seine Gebeine wurden vom hl. Bischofe Audoenus nach Rouen, später nach Stenay in der Champagne gebracht. — 23. Dezember (Straßburg).

1. **Dăgŏbertŭs I.,** ī *m.* Dagobert, Merowinger, Sohn Chlothars II., König von Austrasien (622—639), König des gesamten Frankenreiches (629—639).

2. **Dăgŏbertŭs II.,** ī *m.* Dagobert, Merowinger, Sohn des hl. Sigibert III. *s.* S. Dagobertus.

3. **Dăgŏbertŭs III.,** ī *m.* Dagobert, Merowinger, Sohn Childeberts III., fränkischer Scheinkönig (711—715).

Dăgōn *indecl. m.* (*hebr.*: Getreidegott ?, Fischgott ?)Dagon, Götze der Philister, halb Fisch, halb Mensch.

Dalaia, ae *m.* (*hebr.*: Jahwe zieht heraus) Dalaja 1. Jude, Nachkomme des Zorobabel. 2. ein Heimkehrer aus dem babylonischen Exil, der seine jüdische Abstammung nicht nachweisen konnte. 3. Vater des Semejas, eines falschen jüdischen Propheten.

Dalaias, ae *m.* (*hebr.*: Jahwe zieht heraus) Dalajas 1. Fürst am Hof des Königs Joakim von Juda. 2. jüdischer Priester, nach dem eine Priesterklasse benannt ist.

Dalaiau *indecl. m.* (*hebr.*: Jahwe zieht heraus) Dalaiau, Priester aus dem Stamme Ithamar und Haupt der 23. Familie, wurde durchs Los zum Priesteramte bestimmt (1. *Par.* 24, 18).

dālĕth *indecl.* (*hebr.* Tür) der 4. Buchstabe des hebr. Alphabets, vier u. viertens.

Dalheimensĭs vallĭs, ĭs *f.* Dalheimer Tal bei Mainz am Rhein in Hessen mit ehem. Kloster.

Dalia, ae *f. s.* Dalicarlia.

Dalicarlia, ae *f.* (Dalia) Dalekarlien (Dalarna), eine Landschaft in Schweden (Svealand).

Dalila, ae *f.* (*hebr.*: die Arme ?) eine Philisterin, die der Richter

Samson zum Weibe nahm u. die ihm das Geheimnis seiner Stärke entlockte.

Dallasēn. (*C. R.*) *s.* Dallasium.

Dallasĭŭm, ī *n.* Dallas, St. am Trinityfluß, Nordamerika (Texas), *ca.* 45000 Einw.; Bischofssitz (seit 1890), Suffr. v. New Orleans; *dav*: **Dallas(i)ēnsĭs,** ĕ.

Dalmanūthă, ae *f.* (*aram.*) Dalmanutha, Ortschaft in der Nähe von Magdala, am Westgestade des Sees Genesareth, Pal.

Dalmătă, ae *m.* der Dalmatier, Bew. von Dalmatien.

Dalmătĭă, ae *f.* Dalmatien, Landschaft an der Küste des Adriatischen Meeres.

dalmătĭcă, ae *f.* (*scil.* tunica) das liturgische Gewand des Diakons, vom Bisch. beim Pontifikalamt unter der Kasel getragen; die Dalmatika.

Dalmătĭcŭs, 3 dalmatinisch.

Damaēn. (*C. R.*) *s.* Damaum.

Dămărĭs, ĭdĭs *f.* (Δάμαρις) Damaris, vornehme Athenerin, Schülerin des Weltapostels, vielleicht Gattin des Dionȳsius Arēŏpăgītă.

Dămascēn. (*C. R.*) *s.* Damascus.

Dămascēnŭs 3 *s.* Damascus.

Dămascŭs, ī *f.* Damaskus, Hauptstadt von Kölesyrien in überaus fruchtbarer Gegend, *ca.* 200000 Einw.; maronitischer u. syrischer Erzbischofssitz; *dav.*: **Dămascēnŭs** 3; Dămascēnī, orum *m.* Bew.

Damasĭă, ae *f.* Hohenems, Marktflecken, Deutschösterreich (Vorarlberg).

S. Dămăsŭs, i *m.* hl. Papst Damasus I. (366—384), 11. Dezember; ecclesia S. Laurentii in Damaso, *d. i.* jene Laurentiuskirche in Rom, in der die Gebeine des hl. Papstes Damasus ruhen.

Damāŭm, ī *n.* Damão (Daman), Hauptst. der portugiesischen Besitzung Damão an der Daman-Ganga, Indien (Gudschrat), *ca.* 70000 Einw.; Bistumssitz (seit 1886) mit dem Erzbistumstitel von Cranganor vereinigt, Suffr. v. Goa; *dav.*: **Damaēnsĭs,** ĕ.

S. Dămĭānŭs, ī *m.* hl. Mart., Arzt, † 303, 27. Sept.

Dămĭānŭs, ī *m.* Damian 1. ein Apostel Britanniens (2. Jhdt.). 2. der Bruder des hl. Petrus Damiani, *s.* S. Petrus Damiani.

Damnă, ae *f.* (*hebr.*) Damna, St. Pal. (Zabulon).

damnābĭlĭs, ĕ 1. schädlich. 2. verdammenswürdig.

damnātĭcĭŭs 3 zu den Verurteilten gehörig, verurteilt.

damnātĭō, ōnĭs *f.* Verurteilung, Bestrafung.

damnātŏr, ōrĭs *m.* Verurteiler, Richter, Verdammer.

damnātōrĭŭs 3 verurteilend.

damnātŭs 3 1. verurteilt. 2. verbrecherisch.

damnĭfĭcātŏr, ōris *m.* Beschädiger, Frevler.

damnĭfĭcō 1 zu Schaden bringen, schädigen.

damnĭfĭcŭs 3 schädlich.

damnō 1 1. verurteilen, verdammen. 2. strafen, dem Verderben überliefern. 3. mißbilligen, verwerfen.

damnōsŭs 3 verderblich, schädlich.

damnŭm, ī *n.* Verlust, Schaden, Strafe.

dāmŭlă, ae *f.* 1. Gazelle. 2. kleines Reh.

1. **Dan** *indecl.* (*hebr.*: „Richter"; er [Gott] hat gerichtet!) Dan 1. der fünfte Sohn Jakobs. 2. der nach diesem benannte israelitische Stamm und sein Gebiet.

2. **Dan** *indecl.* Dan, St. in der Nähe der Jordanquellen, am Fuße des Libanon, früher Lais oder Lesem genannt, an der Stelle des heutigen Tell-el-Kâdî.

Dănăŭs, ī *m.* (Δαναός) Danaus, sagenhafter König von Argos (Griechenland), dessen 50 Töchter, die Danaïden, mit Ausnahme der Jüngsten ihre Männer töteten, weshalb sie in der Unterwelt ewig Wasser in ein Faß ohne Boden schöpfen mußten; *pl.*- **Dănăī,** ōrŭm *m.* = Griechen.

Dānī, ōrŭm *m.* das Volk der Dänen.

Dānĭă, ae *f.* Dänemark; Dania Roschildensis das Gebiet von Roskilda, südl. von Kopenhagen.

S. Daniel et soc. hl. Daniel u. Gef., Mart. († 1227).

Im Jahre 1227 ging der Franziskanerprovinzial von Kalabrien Daniel mit sechs anderen Brüdern namens Angelus, Samuel, Domnus (Donulus), Leo, Hugolinus und Nikolaus nach Ceuta, einer Stadt der Sarazenen, und riefen, mitten in der Stadt angekommen: „Christus allein ist der Erlöser der Welt." Als sie offen ihren Glauben an die Wahrheiten des Evangeliums bezeugten und die Torheit und Blindheit der Sarazenen bemitleidenswert erachteten, wurden sie von der wütenden Menge ergriffen, geschlagen und beschimpft. Vor den Herrscher gebracht, hielt sie dieser wegen ihres äußeren Aussehens und Auftretens für verrückt und ließ sie in den Kerker werfen. Nach acht Tagen sollten sie ihren Glauben an Christus verleugnen und den mohammedanischen annehmen. Sie aber zeigten mit noch besseren Gründen, daß es kein Heil ohne die Taufe und ohne den Mittler und Erlöser Jesus Christus gebe. Daraufhin verurteilte sie der Richter Arbald zum Tode durch Enthauptung. Kaum hatte P. Daniel dieses Urteil vernommen, als er in freudigster Stimmung seine Genossen anredete: „Freuen wir uns im Herrn, getreueste Kampfgenossen, und weihen wir diesen Tag mit festlichen Freuden! Sind ja schon die Engel an unserer Seite, um unsere aus dem Folterhaus des Leibes befreite Seele mit dem Siegeszeichen der Marterpalme ins himmlische Reich einzuführen. Heute noch werden uns die glänzenden Martyrer in ihre Schar aufnehmen. Seht! schon ist uns die Himmelspforte geöffnet. Was zögern wir zur Seligkeit eiligst einzugehen?" Dann eilten sie jubelnd zum Todesorte, wie zum leckersten Mahle unter Lob- und Dankgesängen. Nach der Enthauptung wurden ihre Leiber auf grausame Weise zerschunden und zerstückelt und den Kindern sowie anderen Leuten zum tollen Spiele überlassen, bis sie nachher Christen in ehrenvoller Weise sammelten und in Alphondega bei Marseille beisetzten. Ein portugiesischer Prinz ließ sie nach Spanien überführen, wo auf ihre Fürbitten viele Gnadenerweise und Wundertaten geschahen. Leo X. sprach sie 1516 heilig. — 13. Oktober (Kap. O. u. Franz. O.).

Daniel, ēlĭs u. *indecl. m.* (*hebr.*: Gott ist Richter) 1. der große Prophet Daniel im 6. Jhdt. 2. jüdischer Priester, Besiegler des erneuerten Bundes.

Danna *indecl.* (*assyr.*: die Feste) Danna, St. im Gebirge Juda, Pal. (Juda).

Dantes, is *m.* Dante Alighieri († 1321 zu Ravenna).

Dantiscŭm, ī *n. s.* Gedanum.

Dānŭbiī īnsŭlă, ae *f. s.* Donaverda.

Dānŭbĭŭs, ī *m.* (*Δανούβιος*, Danuvius, Abnobius, Hister, Ister) die Donau.

Dānŭs, ī *m.* (Idanus) Ain, Nebenfluß der Rhône, Frankreich.

Dānŭvĭŭs, ī *m. s.* Danubius.

Daphca *indecl.* (*hebr.?*) Daphka, Lagerplatz der Israeliten in der Wüste.

Daphnē, ēs *f.* („Lorbeer" gräzisiert aus *hebr.* Tachpanches) 1. die in einen Lorbeerbaum verwandelte Tochter des Peneus. 2. Daphne, Vorort von Antiochien, Syrien, mit einem Lorbeerhain des Apollo u. der Diana in römischer Zeit, *dav.*: **Daphnĭtĭcŭs** 3.

Daphnĭs, ĭs *f.* (*hebr.* Jordanquelle) Daphnis, Ort nördlich vom Meromsee.

Daphnĭtĭcă portă, ae *f.* das daphnitische Tor in Antiochia in Syrien, das zum Vorort Daphne (*s. dort*) führte.

dăpīnō 1 auftischen, bewirten.

daps, dăpĭs *f.* Opfermahl, Festmahl.

Dara *indecl.* (*hebr.*: *verkürzt aus*: Darda) Dara, Enkel des Juda.

Darcon *indecl.* (*hebr.*) (Dercon) Darkon, ein Knecht König Salomons, dessen Nachkommen aus dem babylonischen Exil zurückkehrten.

Darcemon *indecl.* Drachme, eine Geldmünze in Vorderasien z. Z. der Perserherrschaft.

Dāreiŭs, ī *m. s.* Darius.

Dārēŭs, ī *m. s.* Darius.

S. Dārĭă, ae *f.* hl. Daria, Mart., Gattin des hl. Martyrers Chrysanthus, 25. Oktober.

Darĭōrĭgŭm cīvĭtās, ātĭs *f.* (Dar(i)torĭtŭm civitas, Venĕtum civitas) Vannes, St. Fkr. (Morbihan), *ca.* 18000 Einw.; Bischofssitz, Suffr. v. Rennes.

Dārĭŭs, ī *m.* (Darēus, Dareius, *Δαρεῖος*; altpers. Darjawush, Darjawausch „der Befestiger" oder „Macht besitzend") Darius, Name mehrerer Perserkönige. 1. Darius I. Hystaspis, Sohn des Hystaspes (521—485). (Dieser ist *Agg.* 1, 1 gemeint.) 2. Darius II. Ochos oder Nothos, illegitimer Sohn Artaxerxes' I. (424—404). 3. Darius III. (Codomānus) (336—330) wurde von Alexander dem Großen besiegt u. von Bessus getötet.

Dārĭŭs Mēdŭs wird (Dan. 5, 31 u. 9, 1) ein Mederkönig genannt, der wohl ein Sohn des Astyages (593—558) und ein Enkel Kyaxares' I., des Gründers der kurzen Mederherrschaft, war und vielleicht den Namen Kyaxares II. hatte. Dieser Mederkönig hatte keine selbständige Machtstellung z. Z. der Eroberung Babylons (539). Die Hauptmacht ruhte bereits in den Händen des Perserkönigs Kyrus (558 bis 529), der 558 schon die Oberherrschaft über Medien erlangt hatte, wohl aber noch Astyages u. dessen Sohn als medische Vasallenkönige dulden u. letzteren für kurze Zeit als Regenten in Babylon einsetzen konnte. Andere wollen unter Darius Medus (*Septuag.*: Artaxerxes) Kambyses, den Sohn des Kyrus, verstehen, der im Eroberungsjahr in Babylon regierte, bis der Vater Kyrus i. J. 538 selbst die Regierung übernahm.

Darlitonĭă, ae *f.* (Darlitonium) Darlington, St. am Skerne, England (Durham), *ca.* 50000 Einw.

Darlitonĭŭm, ī *n. s.* Darlitonia.

Dartŏrĭtŭm cīvĭtās, ātĭs *f. s.* Dariorigum civitas.

dătă, ae *f.* Gabe.

Dătārĭă, Apostŏlĭcă, ae *f.* Datarie, päpstliche Pfründekammer, Behörde am päpstlichen Hofe, der die Angelegenheiten betreffs Übertragung der konsistorialen (vom Papste verliehenen) Benefizien, Kirchenämter und Pfründen anvertraut sind und die für die Zahlungen und Lasten, welche der hl. Stuhl solchen Benefizien auferlegt, Sorge trägt (*C. j. c.* 261); *auch*: frühere Dispensabteilung für Ehehindernisse; apostolische Gnadenkanzlei.

Dătārĭŭs Cardĭnālĭs *m.* der Kardinaldatar, Leiter der päpstlichen Pfründekammer (Datarie).

Dathan *indecl. m.* (*hebr.*: Opferbrauch, Gesetz ?) Dathan, Sohn Eliabs, Bruder Abirons aus dem Stamme Ruben, Mitverschworener Kores gegen Moses.

Datheman *indecl.* (*Δάθεμα*, verderbt aus *Ἀλεμαθ*) ehemalige feste St. Pal., *j.*: Ilma.

dătĭō, ōnĭs *f.* 1. das Geben, Erteilen. 2. das Recht zu geben.

Dătīră, ae *f. s.* Dela.

S. Dătĭŭs, ī *m.* hl. Datius, Bischof von Mailand, † 552 zu Konstantinopel; 14. Januar.
dătŏr, ōrĭs *m.* Geber, Spender.
dătrīx, īcĭs *f.* Geberin, Spenderin.
dătŭm, ī *n.* 1. Geschenk. 2. Datum, Zeitangabe.
dătŭs, ūs *m.* das Geben, die Gabe (*Ecclus* 18, 18; 20, 14).
Dăvenportēn. (*C. R.*) *s.* Davenportus.
Dăvenportŭs, ūs *f.* Davenport, St. r. am Mississippi, Nordamerika (Jowa), *ca.* 40000 Einw.; Bischofssitz seit 1881, Suffr. von Dubuque; *dav.*: **Davenportēnsĭs,** ĕ.
Dăventrĭă, ae *f.* (Davintra, Devonturum, Taventeri) Deventer, St. r. an der Yssel, Niederlande (Oberyssel), *ca.* 30000 Einw., ehem. Bistum (1559 bis 1591).
S. David, īdĭs *m.* hl. David, Abt u. Bek. aus England († um 1060).
Trat bei den Benediktinern in Clugny ein; da er von dem Martertode der Enkel des hl. Siegfried hörte, eilte er nach Schweden, wo er in Westmanland als Einsiedler unter Verfolgungen wegen der Verkündung des göttlichen Wortes lebte. Im hohen Alter versagten seine Augen, und so sah er in einem Sonnenstrahle, der durchs Fenster fiel, einen Pflock, an dem er seine Handschuhe aufhängen wollte. Sein Diener fand dieselben auf dem Strahle schwebend, woraus er auf die hohe Heiligkeit Davids schloß. — 15. Juli.
1. **David** *indecl.* u. **David,** īdĭs, *acc.*: Davida *m.* (*hebr.*: Geliebter, Liebling) David, der zweite König des Gesamtreiches der Israeliten (*ca.* 1011—971), Ahnherr des Heilandes, Sohn des Jesse (Isai) aus dem Stamme Juda (daher Christus aus der Wurzel Jesse); *dav.*: Dāvīdĭcŭs 3, *bes.*: von David abstammend.
2. **David** *indecl. m.* 1. David I., König von Schottland (1124—1152). 2. David, Gefährte des hl. Romedius, *s. dens.*
Davīdĭs fānŭm, ī *n.* (Meneviae) St. Davids, St. England (Wales).
Daxānă, ae *f.* Doxan, *s.* Doxana.
dē *praep. c. abl.* 1. *räumlich*: von, von-weg, von-herab, von der Herkunft, Abstammung. 2. *zeitlich*: unmittelbar nach, noch im Laufe von. 3. *von den Mitteln*: de nostro aus unserer Kraft. 4. *von einer Richtschnur* = nach, zufolge, auf. 5. anlangend, hinsichtlich, in bezug auf, in betreff; adorare de beten für; esse de gehören zu. 6. auch instrumental für den einfachen Abl.: de stercore boum lapidatus est.
dĕă, ae *f.* Göttin.
1. **Dea,** ae *f.* (Dea Augustadia, Dea Vocontiorum, Dia, Deja) Die, St. r. an der Drôme, Frkr., *ca.* 3200 Einw. (Drôme); ehem. Bistum (bis 18. Jhdt.)
2. **Dea,** ae *f.* (Deva, Dira) Dee, Fluß, Schottland (Nordsee).
dĕalbātĭō, ōnĭs *f.* Weißwaschung, Reinigung: peccātōrŭm.
dĕalbātŏr, ōrĭs *m.* Reiniger.
dĕalbō 1 weißen, rein machen, übertünchen; *pass.*: weißwerden; dealbari super nivem weißer werden als der Schnee.
dĕambŭlācrŭm, ī *n.* (dĕāmbŭlātĭō) *f.* Gang, Galerie.
dĕambŭlātĭō, ōnĭs *f. s.* deambulacrum.
dĕambŭlō 1 spazieren gehen.
dĕāmō 1 heftig lieben.
dĕargentātĭō, ōnĭs, *f.* das Versilbern, Versilberung.
dĕargentātŭs 3 versilbert, silberglänzend.
dĕargentō 1 übersilbern.
dĕarmō 1 entwaffnen.
dĕartŭō 1 zugrunde richten.
dĕaurātĭō, ōnĭs *f.* das Vergolden.
dĕaurātŭs 3 übergoldet, goldglänzend.
dĕaurō 1 vergolden, übergolden.
dēbacchŏr 1 sich austoben, lärmen, toben; sich ereifern.
Debbaseth *indecl.* (*hebr.* Kamelhöcker) Dabbeschet, St. im Norden der Ebene Jesreel, Pal. (Zabulon).
Debbora, ae *f.* (Debora) (*hebr.*: Biene) Debora, Prophetin u. Richterin, z. Z. der Eroberung Kanaans.
Debelaim *indecl.* (*hebr.* Diblajim) Debelaim, Schwiegervater des Propheten Osee (Oseas).
dēbellātŏr, ōrĭs *m.* Besieger.
dēbellātrīx, īcĭs *f.* Überwinderin, Siegerin.
dēbellō 1 völlig besiegen.
dēbĕō, ŭī, ĭtŭm 2 1. schuldig sein, schulden. 2. verpflichtet sein, sollen, müssen. 3. dankbar sein, Verbindlichkeiten haben. 4. bestimmt sein, unterworfen sein.
Deberă, ae *f.* (*hebr.*) St. nahe bei Galgala, Pal. (Juda).
dēbĭlĭs, ĕ gelähmt, gebrechlich, schwach.
dēbĭlĭtās, ātĭs *f.* Gebrechlichkeit, Entkräftung, Schwäche.
dēbĭlĭtō 1 1. lähmen, gebrechlich machen, aller Kraft und Festigkeit berauben. 2. hart schlagen, strafen; niederschlagen, niedermachen: fustibus.
dēbĭtĭō, ōnĭs *f.* das Schuldigsein, Schuld.
dēbĭtŏr, ōrĭs *m.* 1. Schuldner. 2. der etwas verdankt oder zu danken hat.
dēbĭtrīx, īcĭs *f.* Schuldnerin.
dēbĭtŭm, ī *n.* 1. Schuld, Sünde. 2. Schuldigkeit, Verpflichtung; eheliche Pflicht, Tribut; dēbĭtŭm carnĭs solvĕrĕ: sterben; debĭta contrăhĕre Schulden machen (*C. j. c.* 535).
dēbĭtŭs 3 schuldig, verpflichtet.

Deblatha *indecl.* (*hebr.*: dürre Feige) Deblatha, St. u. öde Gegend in der arabischen Wüste.

Deblathaim *indecl.* (*hebr.* Diblatajim!) Deblathaim, St. in Moab, Pal.

Deboră, ae *f.* (*hebr.* Biene) Debora 1. die Amme Rebekkas. 2. *s.* Debbora.

dĕcăchordŭs 3 (δεκαχορδός) zehnsaitig: psalterium.

dĕcălŏgŭs, ī *m.* (δεκάλογος) Zehngebote, Dekalog.

dēcalvō 1 kahl machen, die Haare ausraufen.

dĕcānātŭs, ūs *m.* Dekanat; 1. Gebiet oder Bezirk mehrerer Pfarreien mit einem Dechanten an der Spitze (meist aus der Reihe der Pfarrer). 2. *auch*: Amt eines Dekans.

dĕcānĭă, ae *f.* Dekanie, Dekanatsgebiet.

dēcantātĭō, ōnĭs *f.* Absingen, Vorsingen, Vortrag.

dēcantō 1 absingen, singend vortragen; d. missam Hochamt halten.

dĕcānŭs, ī *m.* 1. Vorsteher von zehn Mann (*Ex.* 18, 21; *Deut.* 1, 15). 2. Dekan, Dechant; geistlicher Würdenträger, Vorsteher von geistlichen Kapiteln; Cardinālis decānus Kardinaldekan, Vorsteher des Kardinalskollegiums in Rom; Domdechant, der zweite Dignitär im Domkapitel (nach dem Propst); decānus ruralis Landdechant, Vorsteher eines Dekanats auf dem Lande; decānus urbānus Stadtdechant.

dēcăpĭtātĭō, ōnĭs *f.* Enthauptung.

dēcăpĭtō 1 enthaupten.

Dĕcăpŏlĭs, ĕōs *f.* das Zehnstädtegebiet; ein Verband selbständiger Städte im Nordosten Palästinas, meist östlich des Jordans.

dĕcăpŏlītēs, ae *m.* ein Mann aus der Dekapolis (dem Zehnstädtegebiet).

dēcarnō 1 das Fleisch ablösen, entfleischen.

dĕcăs, ădĭs *f.* (δεκάς) eine Dekade, Anzahl von zehn.

dēcēdō, cēssī, cēssŭm 3 1. weg-, fortgehen, abmarschieren. 2. scheiden, aus dem Leben scheiden, sterben; sacramenta decedentium Sterbesakramente. 3. abstehen, ablassen, weichen. 4. auflösen, nachlassen. 5. von statten gehen, ablaufen.

dĕcĕm zehn.

Dĕcembĕr, brĭs *m.* Dezember.

Dĕcempăgī, ōrŭm *m.* Tarquinpol, D., 5 km südöstl. von der Stadt Dieuze, Lothringen; *ca.* 115 Einw., ehem. Römerstation.

dĕcempĕdālĭs, ĕ zehn Fuß lang.

dĕcendĭŭm, ī *n.* Zeitraum von zehn Tagen.

dĕcennālĭs, ĕ zehnjährig.

dĕcennĭs, ĕ zehnjährig.

dĕcennĭŭm, ī *n.* Zeitraum von 10 Jahren.

dĕcennŏvennālĭs, ĕ neunzehnjährig; d. cyclus eine Periode von 19 Jahren.

dĕcēns, entĭs anständig, geziemend, schicklich.

dĕcentĭă, ae *f.* Schicklichkeit, Anstand.

Dĕcentĭānŭm, ī *n.* Desenzano sur Lago, St. am Gardasee in Oberitalien (Brescia).

dĕcĕō, cŭī 2 sich schicken, geziemen, wohl anstehen.

dēceptĭō, ōnĭs *f.* Trug, Täuschung, Treulosigkeit, Verführung.

dēceptīvŭs 3 trügerisch.

dēceptŏr, ōrĭs *m.* Verführer, Betrüger; *auch adj.* betrügerisch: dec. serpens; Schädiger.

dēceptrīx, īcĭs *f.* Betrügerin.

dēcernō, crēvī, crētŭm 3 1. entscheiden, bestimmen. 2. bestimmen, verordnen, erklären. 3. urteilen, der bestimmten Ansicht sein. 4. sich entschließen, beschließen, Entschluß fassen.

dēcerpō, sī, tŭm 3 abpflücken, wegnehmen.

dēcertātĭō, ōnĭs *f.* der entscheidende Kampf, die Entscheidung.

dēcertātŏr, ōrĭs *m.* Kämpfer.

dēcertō 1 entscheidend, heftig kämpfen.

dēcēssĭō, ōnĭs *f.* Abgang, Fortgang, Tod.

dēcēssŏr, ōrĭs *m.* Amtsvorgänger (= praedecessor).

dēcēssŭs, ūs *m.* Abzug, Heimgang, Tod.

1. **dēcĭdō**, cĭdī 3 1. herabfallen, in etwas geraten. 2. hinscheiden, hinsinken, sterben. 3. Fiasko machen, durchfallen.

2. **dēcīdō**, cīdī, cīsŭm 3 1. abschneiden, abhauen. 2. entscheiden.

dēcĭdŭŭs 3 abfallend.

dĕcĭēs zehnmal.

dĕcĭmă, ae *f.* (decuma) (*scil.*: pars) der zehnte Teil: 1. als Abgabe: der Zehnte. 2. als Maß: das Zehntel.

dĕcĭmātĭō, ōnĭs *f.* 1. Zehntel, der Zehnte. 2. das Dezimieren als militärische Strafe.

Dĕcĭmī oppĭdŭm ein Dorf bei Succa (Italien).

dĕcĭmō 1 1. aliquem von jemand den Zehnten nehmen. 2. den zehnten Mann bestrafen.

dĕcĭmŭs 3 der zehnte.

dēcĭnĕrēscō 3 zu Asche werden.

dēcĭpĭō, cēpī, ceptum 3 1. hintergehen, täuschen, betören. 2. entgehen, nicht bemerkt werden.

dēcĭpŭlă, ae *f.* (decipulum) Schlinge, Fallstrick.

dēcĭpŭlŭm, ī *n.* *s.* decipula.

dēcīsĭō, ōnĭs *f.* 1. das Abschneiden, Abhauen; Verminderung. 2. das Abkommen, der Vergleich, die Entscheidung (*C. j. c.* 1610).
dēcīsīvŭs 3 entscheidend: vōtum.
dēcīsōrĭŭs 3 Entscheidung bewirkend, entscheidend; iuramentum (iusiurandum) decisorium Entscheidungseid (*C. j. c.* 1834).
dĕcĭŭs, ī *m.* Würfel (*bes.*: quadratus).
Dĕcĭŭs, ī *m.* Dezius, römischer Kaiser (249—251).
Decla *indecl.* (*neuhebr.*; *aram.*: Dattelpalme; *dav.*: griech. δάκτυλος) Dekla, Nachkomme Hebers in Südarabien.
dēclāmātĭō, ōnĭs *f.* Vortrag.
dēclāmō 1 laut vortragen, laut reden.
dēclārātĭō, ōnĭs *f.* 1. Kundgebung, Erklärung. 2. Offenbarung: festivitas Declarationis Fest der Erscheinung des Herrn (= Epiphanie, 6. Januar).
dēclārātōrĭŭs 3 Erklärung bringend, erklärend; sententia declaratoria erklärender Richterspruch, Erklärungsspruch (wenn die Strafe u. dgl. schon im Rechte bestimmt ist u. vom kirchlichen Richter nur erklärt wird, daß sie in diesem bestimmten Falle eingetreten sei: *C. j. c.* 1654, 2223, 2232).
dēclārō 1 1. deutlich machen, zeigen, bezeichnen. 2. zu erkennen geben, darlegen, erklären.
dēclīnātĭō, ōnĭs *f.* Abneigung.
dēclīnō 1 1. *trans.*: ablenken, abwenden; ablehnen; ausweichen; zum Wanken bringen (2. *Kön.* 6, 6), zu Boden strecken (*Ps.* 16, 11), hinwenden auf (*in*: *Ps.* 20, 12); jus declinandi forum das Recht, dem Gerichtshof des Bischofs (Ordinarius) auszuweichen, den Gerichtshof der Oberen abzulehnen (*C. j. c.* 1562, 2). 2. *intr.*: sich abwenden, abweichen, sich fern halten; schwinden (*Ps.* 101, 12). 3. ausweichen, sich in Sicherheit bringen.
dēclīvĭs, ĕ abhängig, abschüssig.
dēclīvĭtās, ātĭs *f.* Abschüssigkeit.
dēcoctĭō, ōnĭs *f.* Verdauung.
dēcollātĭō, ōnĭs *f.* Enthauptung.
Dēcollātĭō S. Joannĭs Baptistae Fest der Enthauptung des hl. Johannes des Täufers; 29. Aug.
dēcollō 1 köpfen, enthaupten.
dēcŏlŏr, ōrĭs entstellt; getrübt.
dēcŏlōrātĭō, ōnĭs *f.* Entfärbung.
dēcŏlōrō 1 entfärben, verfärben; entstellen.
dēcŏquō, coxī, coctŭm 3 1. abkochen, fertig zubereiten; gemmās Knospen zeitigen, zur Entfaltung bringen. 2. läutern (*L. V. Dom. I. Quad.*; *Lect. VI. Ss. Innocentium*).

dĕcŏr, ōrĭs *m.* 1. Schicklichkeit, Zierde. 2. Schönheit. 3. Hoheit, Majestät.
dĕcŏrāmĕn, ĭnĭs *n.* Schmuck.
dĕcŏrāmentŭm, ī *n.* Schmuck.
dēcŏrĭō 1 die Haut abziehen.
dĕcŏrō 1 schmücken, zieren, verherrlichen.
dēcortĭcō 1 abschälen.
dĕcōrŭm, ī *n.* Anstand, Schicklichkeit.
dĕcōrŭs 3 1. schicklich, geziemend. 2. zierlich, schön, reizend.
dēcrēmentŭm, ī *n.* Verminderung, das Abnehmen.
dēcrĕpĭtŭs 3 abgelebt, altersschwach.
dēcrēscentĭă, ae *f.* Abnahme, das Abnehmen.
dēcrēscō, crēvī 3 abnehmen, sich vermindern, kleiner werden.
dēcrētālĕ, ĭs *n.* (päpstliche) Verordnung, Erlaß, Dekret.
dēcrētālĭs, ĕ eine Verordnung enthaltend.
dēcrētōrĭŭs 3 entscheidend, zu einem Dekret gehörig.
dēcrētŭm, ī *n.* Verordnung, Dekret.
dēcŭbĭtŭs, ūs, *m.* das Schlafengehen.
Dĕcŭmānōrŭm cŏlōnĭă, ae *f.* Narbonne, St., Fkr. (Aude), *ca.* 25000 Einw., ehem. Erzbistum (bis 1801).
dēcumbō ,cŭbŭī, cŭbĭtŭm 3 1. sich daniederlegen. 2. krank sein.
dĕcŭplō 1 verzehnfachen.
dĕcŭplŭs 3 zehnfach.
dĕcŭrĭō, ōnĭs *m.* 1. meist *pl.* Ratsherren in den Provinzstädten. 2. Anführer einer Abteilung von zehn Mann.
dēcurrō, currī oder cŭcurrī, cursŭm 3 1. herablaufen, laufen, eilen. 2. seine Zuflucht nehmen. 3. zurücklegen, vollenden. 4. sich verlaufen, verrinnen.
dēcursĭō, ōnĭs *f.* Einfall, Überfall.
dēcŭrsŭs, ūs *m.* 1. das Herablaufen; d. temporis: Ablauf, Verlauf der Zeit; Vollendung. 2. Wasserlauf, Bach.
dēcurtō 1 verstümmeln.
dĕcŭs, ŏrĭs *n.* 1. Zierde, Reiz, Schmuck, Schönheit. 2. Glanz, Ruhm. 3. sittliche Würde, Tugend; puerīle decus Schar schöner Knaben.
dĕcussātŭs 3 übereinandergeschlagen, manibus decussatis mit gekreuzten Händen.
dĕcussō 1 in Gestalt eines X abteilen, kreuzweise abteilen (*Propr. Soc. Jes.* 27. VII.).
dēcŭtĭō, cussī, cussum 3 abschlagen, abstreifen.
dēdamnō 1 freisprechen.
Dedan *indecl.* (*hebr.*: Brust ?) Dedan, Name einer Landschaft u. eines arabischen Handelsvolkes im Süden Edoms.

Dedanim *indecl.* (*hebr.*) Mehrzahl zu Dedan, *s. dass.*
dēdĕcĕō, dĕcŭī 2 nicht passen, nicht geziemen.
dēdĕcŏr, ŏrĭs schimpflich.
dēdĕcŏrātĭō, ōnĭs *f.* Schändung.
dēdĕcŏrō 1 entstellen, entehren, schänden.
dēdĕcŭs, ŏrĭs *n.* 1. Schande. 2. Schandtat, Entehrung, Laster.
dēdĭcātĭō, ōnĭs *f.* 1. Weihung, Einweihung. 2. Fest der Einweihung einer Kirche, Kirchweihe. Dedicatio 1. Basilicae Ss. Salvatoris Fest der Weihe der Erlöserkirche in Rom, 9. Nov. 2. Basilicarum Ss. Petri et Pauli der Kirchen St. Peter u. Paul in Rom, 18. Nov. 3. S. Mariae ad Nives der röm. Kirche zu Maria Schnee, 5. Aug. 4. S. Michaelis Archangeli der Kirche des hl. Erzengels Michael, 29. Sept. 5. D. eccl. Cathedralis der Kathedralkirche in jedem Bistum; soll möglichst am Jahrestage des wirklichen Weihetages gefeiert werden. Die Mitfeier kann (muß aber nicht) vom Bischofe auch für alle Kirchen und Priester der Diözese vorgeschrieben werden. 6. D. propriae Ecclesiae gewöhnlich ist in jeder Diözese ein bestimmter Tag für die Kirchweihen aller konsekrierten Kirchen der ganzen Diözese festgesetzt; doch ist er in jeder Diözese verschieden.
dēdĭcātŏr, ōrĭs *m.* Einweiher.
dēdĭcō 1 weihen, einweihen, widmen, zueignen.
dēdīgnŏr 1 unwürdig finden, verschmähen, verweisen.
dēdĭtĭō, ōnĭs *f.* Übergabe.
dēdĭtŭs 3 1. ergeben, gewogen. 2. frönend.
dēdō, dĭdī, dĭtŭm 3 1. übergeben, überlassen, preisgeben. 2. ausliefern. 3. hingeben, aufopfern.
dēdŏcĕō, ŭī, ctŭm 2. verlernen machen, vergessen lassen, eines Besseren belehren.
dēdūcō, dūxī, ductŭm 3 1. abführen, geleiten, begleiten. 2. wegführen, entführen. 3. Wasser ableiten. 4. abbringen, verleiten, verführen. 5. heimführen als Gattin. 6. hinabstürzen; *pass.* hinabfahren (*Ps.* 30, 18). 7. vorbringen.
dēductĭō, ōnĭs *f.* 1. Abführung, Wegführung, Vertreibung. 2. Entschuldigungsgrund.
dēductīvŭs 3 ableitend.
dēductŏr, ōrĭs *m.* Begleiter.
dĕerrō 1 abirren, sich verirren, sündigen.
dēfaecātĭō, ōnĭs *f.* Reinigung.
dēfaecō 1 reinigen, abklären.
dēfāmātŭs 3 verrufen, ehrlos.
dēfătīgātĭō, ōnĭs *f.* Ermüdung, Ermattung.
dēfătīgō 1 jemand ganz ermüden; *pass.* gänzlich ermatten.
dēfectībĭlĭs, ĕ 2 abnehmbar, unvollkommen.
dēfectĭō, ōnĭs *f.* 1. Abfall, Abtrünnigkeit. 2. Entkräftung, Erschöpfung, Ohnmacht, Mutlosigkeit. 3. Gram, Unmut (*Ps.* 118, 53).
dēfectŏr, ōrĭs *m.* der Abtrünnige.
dēfectŭōsŭs, 3 voll Fehler, voll Mängel, fehlerhaft.
1. **dēfectŭs,** ūs *m.* 1. das Fehlen, der Fehler, Mangel, Mangelhaftigkeit. 2. Entbehrung.
2. **dēfectŭs** 3 entkräftet, geschwächt.
dēfendō, fendī, fēnsŭm 3 1. abwehren, fernhalten. 2. verteidigen, beschützen. 3. sich rächen: de an jem.
dēfēnsātĭō, ōnĭs *f.* Verteidigung.
dēfēnsātŏr, ōrĭs *m.* Verteidiger.
dēfēnsātrīx, īcĭs *f.* Verteidigerin.
dēfēnsă, ae *f.* Abwehr, Verteidigung.
dēfēnsĭō, ōnĭs *f.* Abwehr, Verteidigung.
dēfēnsō 1 eifrig verteidigen.
dēfēnsŏr, ōrĭs *m.* Verteidiger, Beschützer: defensor matrimōnĭi amtlich bestellter Schutzanwalt, der in den Eheprozessen beim kirchlichen Gerichte für den Fortbestand des Ehebandes einzutreten hat; defensor vinculi Verteidiger für Gültigkeit der Ehe u. Priesterweihe.
dēfĕrō, tŭlī, lātŭm, ferrĕ. 1. herabtragen, -führen. 2. erteilen, übertragen, überbringen. 3. melden, anzeigen, anklagen, beschuldigen. 4. *abs.* deferre senioribus den Älteren Ehre erweisen, anbieten. 5. tragen: tonsūram, barbam, crŭcem. 5. zuschieben iusiurandum (*C. j. c.* 1830, 3).
dēfessŭs 3 *s.* defetiscor.
dēfĕtīscŏr, dēfessŭs sŭm 3 ermatten, erschlaffen; **dēfessŭs** 3 erschöpft, ermattet.
dēfĭcĭō, fēcī, fectŭm 3 I. *intrans.* 1. abfallen, abtrünnig werden; cito defecerunt, talia loquente Dño J. Chr. 2. übergehen zu, eingehen in. 3. die Kraft verlieren, ermatten, verschmachten, untergehen, hinschwinden; die Tätigkeit einstellen: sol defĭcit; **deficientes,** ium *m.* Abständige d. h. Geistliche, die für die Amtsführung körperlich od. geistig unfähig geworden sind; dahin sein: inimici framĕae defecerunt (*Ps.* 9, 7); fertig sein mit etw.: defecerunt scrutantes scrutinio sie sind eben fertig mit ihrem schlauen Plan (*Ps.* 63, 7). 4. in aliquid

schmachten nach etwas; defecit in salutare tuum anima mea (*Ps.* 118, 81 u. 82). 5. mutlos werden. 6. wanken, fides. 7. fehlen, ausgehen *c. dat.*: si defecerint tibi ista; de aliqua re = schwinden, verschwinden, nicht mehr sein. II. *trans.*: verlassen, im Stiche lassen, ausgehen, abgehen.

dēfervēscō (dēfervĕō), fervī u. ferbŭī 3 (2) 1. verbrausen, verwallen, ausgähren. 2. austoben. 3. abgeklärt, klar u. lauter werden; zu Ende sieden.

dēfīgō, fīxī, fīxŭm 3 1. hineinschlagen, -stoßen. 2. die Augen, den Geist fest auf etwas richten. 3. unbeweglich, starr machen; *pass.* festhaften, eingewurzelt sein. 4. fest, tief einprägen: cogitationem.

ēfīgūrō 1 abbilden.

dēfingō, fīnxī, fictŭm 3 abformen.

dēfīnĭō 4 1. begrenzen. 2. genau bestimmen, bezeichnen, festsetzen. 3. beenden, entscheiden.

dēfīnītĭō, ōnĭs *f.* Bestimmung, Begriffsbestimmung, Erklärung.

dēfīnītŏr, ōrĭs *m.* Definitor 1. Vorsteher eines kleinen Ordensbezirkes; Vertreter der einzelnen Ordensprovinzen bei der Generalleitung des Ordens. 2. der zweite Vorsteher eines Landkapitels (nach dem Dechant), *auch*: Kämmerer (camerārius) genannt. 3. Provinzial, Leiter.

dēfīnītīvŭs 3 den Begriff bestimmend, näher erläuternd; endgültig, entscheidend; bestimmt.

dēfīnītŭs 3 bestimmt, deutlich.

dēfīō, fĭĕrī fehlen.

dēflăgrātĭō, ōnĭs *f.* Brand.

dēflăgrō 1 niederbrennen, in Flammen aufgehen.

dēflectō, flēxī, flexŭm 3 1. abbiegen, ablenken. 2. abändern, umwandeln, zu einem neuen Thema übergehen.

dēflĕō, flēvī, flētŭm 2 beweinen.

dēflōrātĭō, ōnĭs *f.* die Schändung einer Jungfrau; Entjungferung.

dēflōrēscō, flōrŭī 3 verblühen.

dēflōrō 1 eine Jungfrau schänden, entjungfern.

dēflŭō, flūxī 3 1. herabfließen. 2. herabsinken, -gleiten. 3. abfließen, sich verlaufen. 4. aufhören, verschwinden, welk und matt werden; vom Laube: abfallen; schwinden, vorübergehn: mors deflŭens (*Ecclus* 51, 13). 5. niederströmen lassen (*Ps.* 118, 136).

dēflŭŭs 3 herabfließend.

dēflŭvĭŭm, ī *n.* Ausfluß.

dēflūxĭō, ōnĭs *f.* (defluxus) Abfluß.

dēflūxŭs, ūs *m.* Abfluß.

dēfŏdĭō, fōdī, fossŭm 3 1. aufgraben, -werfen. 2. eingraben, vergraben.

dēfŏrĕ s. desum.

dēfŏrĭs 1. *gleichsam als praep. c. gen.*: außerhalb, draußen. 2. *adv.*: auswendig.

dēfōrmātĭō, ōnĭs *f.* Entstellung.

dēfōrmĭs, ĕ 1. entstellt, verunstaltet, häßlich. 2. entehrt, schmachvoll.

dēfōrmĭtās, ātĭs *f.* Mißgestalt, Entstellung, Häßlichkeit, Schmach.

dēfōrmō 1 1. abformen, abbilden, schildern; in lapidibus eingraben, einmeißeln. 2. entstellen, entehren, schänden.

dēfraudātĭō, ōnĭs *f.* Betrug, Übervorteilung.

dēfraudātŏr, ōrĭs *m.* Betrüger, Teufel.

dēfraudō 1 betrügen, übervorteilen; *pass.*: in medialer Bedeutung: sich um etwas bringen: a die bono um einen guten Tag (*Ecclus.* 14, 14).

dēfrīcō cŭī, cātŭm u. ctŭm 1 abreiben, einreiben.

dēfringō, frēgī, frāctŭm 3 abbrechen.

dēfrustō 1 zerstückeln.

dēfŭgĭō, fūgī 3 1. davonfliehen. 2. scheuen, vermeiden.

dēfŭgō 1 verjagen.

dēfulgŭrō 1 herabblitzen.

dēfūnctĭō, ōnĭs *f.* Tod.

dēfūnctŭs 3 gestorben, verstorben, verschieden, *s.* defungor 3.

dēfūnctŭs, ī *m.* der Tote, Abgestorbene.

dēfundō, fūdī, fūsŭm 3 ausgießen.

dēfungŏr, fūnctŭs sŭm 3 1. verwalten. 2. überstehen, durchkommen, erledigen. 3. sterben; defunctus saeculo aus der Welt geschieden.

dēfŭtūrŭs 3 *part. fut.* von desum, *s. dort.*

dēgĕnĕr, ĕrĭs ausgeartet, entartet, unwürdig, ungebührlich.

dēgĕnĕrō 1 1. *intr.*: ausarten, entarten, schlechter, unbrauchbar werden. 2. *trans.*: entstellen, herabwürdigen.

Dēgĕrēnsĭs, ĕ (Degrensis) aus Tegernsee, Dorf am Tegernsee, Bayern (Oberbayern, Miesbach), *ca.* 1800 Einw., ehem. Benediktinerabtei.

dēgĕrō, gessī, gestŭm 3 wegtragen.

dēglūtĭō 4 s. dēgluttĭō.

dēgluttĭō 4 (deglutio) hinabschlucken, verschlingen.

dēgō, dēgī 3 (von de- u. agere) seine Zeit zubringen, verweilen, sein Leben zubringen, verleben, leben.

dēgrădātĭō, ōnĭs *f.* Degradation, Entziehung der kirchlichen Würden u. Ämter eines Klerikers u. Zurückversetzung in den Laienstand mit allen kirchlichen Folgen (ohne Verlust des Weihecharakters). (*C. j. c.* 211, 1567, 2305).

dēgrădō 1 seiner Würde entkleiden, absetzen.

dēgrăvō 1 herabdrücken, belästigen, beschweren.
dēgrĕdĭŏr, gressŭs sŭm 3 fortschreiten, abtreten.
Dēgrēnsĭs, ĕ s. Dēgĕrēnsĭs.
dēgustō 1 kosten, oberflächlich kennen lernen.
dĕhinc *adv.* von hier ab, von jetzt an, seitdem, hierauf, dann.
dĕhīscō 3 sich spalten.
dĕhŏnestāmentŭm, ī *n.* Entehrung, Schändung.
dĕhŏnestātĭō, ōnĭs *f.* Entehrung, Schändung.
dĕhŏnestō 1 entehren, beschimpfen.
dĕhortātĭō, ōnĭs *f.* Warnung.
dĕhortŏr 1 abraten, abmahnen.
Dĕī cellă, ae *f.* Gotteszell, D. im bayerischen Wald, Bayern (Niederbayern).
Deja, ae *f. s.* Dea.
dēĭcĭō, iēcī, iectŭm 3 1. herabwerfen, niederwerfen, -schmettern. 2. zu Boden schlagen, töten. 3. vertreiben, verjagen. 4. verdrängen, beseitigen, entfernen.
S. Dĕĭcŏlŭs, ī *m.* Abt u. Bek., aus Schottland († 625).
Reiste als Missionar mit dem hl. Columban nach Frankreich und errichtete das Kloster Luxeuil nördlich von Besançon. Später zog er nach Lure nordwestlich von Belfort, Frkr., wo er viel Leid zu erdulden hatte, aber schließlich ein Kloster gründen konnte, das später vom Frankenkönige Chlotar reich beschenkt wurde. Dieses Kloster aber wurde von Papst Pius IV. im Jahre 1560 mit dem Kloster Murbach im Elsaß vereinigt und unter Klemens XIII. im Jahre 1764 in ein Stift adeliger Chorherren verwandelt. — 13. Februar.
dēiectĭō, ōnĭs *f.* 1. Niederwerfung, Vernichtung, Vertreibung. 2. Mutlosigkeit (1. *Mach.* 3, 43).
dēiectŭs, ūs *m.* 1. das Herabwerfen. 2. Abhang.
dēiĕrō 1 (dēiuro) 1. einen hohen Eid ablegen, hoch und teuer schwören. 2. sich vermessen (1. *Kön.* 20, 17).
dĕĭfĭcātĭō ōnis, *f.* Vergöttlichung.
dĕĭfĭcō 1 vergöttlichen, zur Gottheit erheben, vergöttern.
dĕĭfĭcŭs 3 vergöttlichend, gottbildend.
dĕĭfōrmĭs, ĕ dem Göttlichen ähnlich, gleichförmig.
Dĕĭlfēnsĭs villŭlă, ae *f.* kleines Frauenkloster bei Toledo.
dĕĭlŏgŭs 3 Gottesgelehrter (*ϑεολόγος*).
dĕin = dĕindĕ.
dĕinceps *adv.* nacheinander, der Reihe nach, in einem fort.
dĕindĕ (dein) *adv.* von dort ab, weiterhin, alsdann, darauf, ferner.
dĕintĕgrō 1 vermindern.
dĕintŭs *adv.* von innen heraus; inwendig.
Dĕĭpără, ae *f.* Gottesgebärerin.
dĕĭtās, ātĭs *f.* Gottheit, göttliches Wesen.
dēiŭgō 1 trennen.
dēiūrātĭō, ōnĭs *f.* Eid.
Dĕlă, ae *f.* (Datira) Delle, St. an der Allaine (zum Doubs), Fkr. (Belfort), *ca.* 2600 Einw. (*deutsch*: Dattenried).
dēlābŏr, lāpsŭs sŭm 3 1. herabgleiten, entgleiten, fallen. 2. sich verfehlen, verirren.
dēlāmentŏr 1 bejammern.
dēlassō 1 völlig ermüden.
dēlātĭō, ōnĭs *f.* 1. Anklage, Anzeige. 2. das Tragen: annuli. 3. das Überbringen: pacis des Friedenskusses.
dēlātŏr, ōrĭs *m.* Ankläger, Anzeiger, Verräter.
dēlātūră, ae *f.* üble Nachrede, Anklage.
Delean *indecl.* (*hebr.*) Delean, St. Pal; (Juda).
dēlectābĭlĭs, ĕ ergötzlich, wohlschmeckend, schön.
dēlectābĭlĭtās, ātis *f.* Ergötzlichkeit.
dēlectāmentŭm, ī *n.* Ergötzlichkeit, Lust, Freude, Augenweide.
dēlectātĭō, ōnĭs *f.* 1. Ergötzung, Vergnügung. 2. Lust, Begierde.
dēlectō 1 1. ergötzen, erfreuen, sich freuen lassen (*Ps.* 29, 2). 2. toben (in Angst, *Ps.* 76, 4). 3. *pass.* Gefallen finden an, spielen mit.
1. **dēlēctŭs,** ūs *m.* Wahl, Auswahl.
2. **dēlēctŭs** 3 *ptc.* von dēligo: auserwählt.
dēlēgātĭō, ōnĭs *f.* 1. Übertragung: iurisdictionis. 2. Delegation, Abordnung, Gesandtschaft. 3. Geldanweisung, Zahlungsauftrag, Auftrag, Anweisung.
dēlēgātūră, ae *f.* Delegatur, Gesandtschaftsstelle.
dēlēgātŭs, ī *m.* Gesandter; delegatus Apostolicus: päpstlicher Gesandter, der nur kirchliche Angelegenheiten zu besorgen hat (im Gegensatz zum politisch-kirchlichen Nuntius) (*C. j. c.* 267).
dēlēgō 1 1. überweisen, übertragen: iūrĭsdictĭō. 2. anweisen.
Delemontĭŭm, ī *n.* (Delemontum, Delsperga, Telamontium) Delsberg (Delémont), St. im Berner Jura, Schweiz (Bern), *ca.* 1700 Einw., früher Sommerresidenz der Bischöfe von Basel.
Delemontŭm, ī *n. s.* Delemontium.
dēlēnīmentŭm, ī *n.* 1. Lockmittel, Lockung. 2. Linderungsmittel.
dēlēnĭō 4 (delinio) 1. besänftigen, beschwichtigen. 2. gewinnen, bezaubern, locken.
dēlĕō, ēvī, ētŭm 2 auslöschen, tilgen, zerstören, zermalmen, zertreten (*Ps.* 17, 43).
dēlētĭō, ōnĭs *f.* Vernichtung.
dēlētrīx, īcĭs *f.* Verderberin.
dēlībāmentŭm, ī *n.* Opferguß, Libation.
dēlībātĭō, ōnĭs *f.* Probe, Kostprobe.

dēlīběrātĭō, ōnĭs *f.* Erwägung, Überlegung.
dēlīběrātīvŭs 3 zur Erwägung u. reiflichen Überlegung gehörig, erwägend; suffrāgĭum deliberatīvum bestimmende, beschließende, bindende Abstimmung.
dēlīběrātŏr, ōrĭs *m.* Erwäger.
dēlīběrō 1 1. erwägen, überlegen, beratschlagen. 2. um Rat fragen. 3. sich entschließen, entscheiden.
dēlībō 1 1. abnehmen, entnehmen. 2. vermindernd wegnehmen, hinopfern.
dēlībūtĭō, ōnĭs *f.* das Bestreichen; Salbung: mystĭca.
dēlībūtŭs 3 benetzt, bestrichen; gesalbt: chrismăte.
dēlĭcātŭs 3 1. reizend, üppig, schlüpfrig. 2. sinnlich, wollüstig. 3. sanft, zart, zärtlich: filius. 4. verwöhnt.
dēlĭcĭae, ārŭm *f.* (*ursprüngl.*: *adj.*, *scil.* res) sinnliche Genüsse, Lustbarkeit, Prunk.
dēlĭcĭŭm, ī, *n.* Wonne.
dēlictŏr, ōrĭs *m.* Unhold, Übeltäter.
dēlictŭm, ī *n.* Vergehen, Fehler, Schuld, Sünde, longe a salute mea verba *delictorum* meorum: die Sache meiner Sünden = *schiefe Übersetzung, die nach Hebr. u. S. Hieronymus richtig lautet*: verba rugitus mei: fern von meiner Hilfe (verhallen) die Worte meines Stöhnens (*Ps.* 21, 2).
1. **dēlĭgō,** lēgī, lēctŭm 3 1. absondern, ausscheiden. 2. wählen, auswählen, ausheben.
2. **dēlĭgō** 1 anbinden, festbinden.
dēlĭnĕō 1 zeichnen, bezeichnen, beschreiben.
dēlīnĭō 4 s. delenio.
dēlinquentĭă, ae *f.* Vergehen, Verbrechen, Sünde.
dēlinquō, līquī, lictŭm 3 sich vergehen, sich verschulden, sündigen, zu büßen haben (*Ps.* 33, 22).
dēlĭquēscō, cŭī 3 zerschmelzen.
dēlĭquĭō, ōnĭs *f.* (deliquium) das Ausgehen, der Mangel; das Zerfließen; d. mentis Ohnmacht, Verzückung.
dēlĭquĭŭm, ī *n.* *s.* deliquio.
dēlīrāmentŭm, ī *n.* sinnloses Gerede, Märchen.
dēlīrātĭō, ōnĭs *f.* Wahnsinn.
dēlīrĭŭm, ī *n.* Fieberphantasie, Fieberwahnsinn; Säuferwahnsinn.
dēlīrō 1 wahnsinnig sein, faseln, phantasieren.
dēlīrŭs 3 irre, schwachsinnig.
dēlĭtēscō, tŭī 3 sich verbergen, verstecken.
Delphī, ōrŭm *m.* (Δελφοί) Delphi, *j.*: Kastri, Stadt u. Orakel Apollos am Fuße des Parnassus in Mittelgriechenland; *dav.*: **Delphĭcŭs** 3.
Delphĭcŭs 3 *s.* Delphi.
delphīnī, ōrŭm *m.* die Arme der altchristlichen Hängelampe.
Delphīnŭs, ī *m.* Delphin, Bischof von Bordeaux (4. Jhdt.).
Delphĭnātŭs, ūs *m.* Dauphiné, Landschaft in Südfrankreich.
Delphon *indecl. m.* (*pers.* ?) Delphon, angeblich ein Sohn des Aman (*Est.* 9, 7).
Delspergă, ae *f. s.* Delemontium.
dēlūbrŭm, ī *n.* Tempel, Heiligtum.
dēlūdō, ūsī, ūsŭm 3 hinhalten, täuschen, hintergehen.
dēlŭō, ŭī 3 abspülen, hinwegspülen.
Dēlŭs, ī *f.* (Δῆλος) Delos, *j.*: Dili, kleine Kykladeninsel, Griechenland; ehem. Bistum, später mit Tino (Tenos) vereinigt.
dēlūsĭō, ōnĭs *f.* Verspottung.
dēlūsōrĭŭs 3 höhnisch, hinterlistig, täuschend; *adv.*: zum Zeitvertreib.
dēmandō 1 anvertrauen, übertragen; beauftragen.
dēmānō 1 herabfließen.
Dēmās, ae *m.* (Δημᾶς) Demas, Gefährte des hl. Paulus, der ihn aber wieder verließ.
dēmēns, entĭs unsinnig, unzurechnungsfähig, toll, töricht.
dēmentĭă, ae *f.* Wahnsinn, Tollheit.
dēmentō 1 1. *trans.* außer sich bringen, berücken, bezaubern. 2. *intr.* kopflos sein.
dēmĕrĕō, rŭī, rĭtŭm 2 und *pass.* sich Verdienste erwerben, gewinnen.
dēmergō, mersī, mersŭm 3 1. eintauchen, versenken. 2. *intr.*: überströmen (von den Fluten). 3. *pass.* versinken.
dēmĕrĭtōrĭē 3 verschuldetermaßen, durch Verschulden, unverdienstlich.
dēmĕrĭtŭm, ī *n.* Mißverdienst, Schuld, Verkehrtheit.
dēmĕrĭtŭs, ī *m.* Demerit, bestrafter Geistlicher.
dēmētĭŏr, mēnsŭs sŭm 4 abmessen, zumessen.
dēmĕtō, messŭī, messŭm 3 abmähen, abschneiden.
S. Dēmētrĭă, ae *f.* (Δημήτρια) hl. Demetria, Schwester der hl. Bibiana (4. Jhd.).
Dēmētrĭă, ae *f.* Demetria, fromme Römerin z. Z. Leos des Großen.
Dēmētrĭăs, ădĭs *f.* Demetrias, Schülerin des hl. Hieronymus.
S. Dēmētrĭŭs, ī *m.* hl. Demetrius, Mart. († um 300).

War aus Thessalonich in Makedonien, lebte sehr fromm und war gelehrt. Sein Ruf drang zu Kaiser Maximian Herculeus, der ihn zum Prokonsul von Griechenland machte. Da er als Christ offen wirkte, ließ ihn der benachrichtigte Kaiser ein-

kerkern und mit Lanzen erstechen. Leontius Illyricus errichtete ihm zu Ehren Kirchen in Thessalonich und in Syrmium. — 26. Oktober.

Dēmētrĭŭs, ī *m.* (Δημήτριος) Demetrius 1. Demetrius I., Soter, König von Syrien (162—150), Sohn Seleukus' IV. Philopator, lebte vom 9. bis 23. Lebensjahre in Rom als Geisel. 2. Demetrius II. Nikanor, König von Syrien (148—125), Sohn des vorigen. 3. ein christenfeindlicher Goldschmied in Ephesus, Gegner des hl. Apostels Paulus. 4. ein vom hl. Apostel Johannes empfohlener Christ.

dēmĭgrātĭō, ōnĭs *f.* Auswanderung.

dēmĭgrō 1 wegziehen, auswandern.

dēmĭnōrātĭō, ōnĭs *f.* Nachteil, Beeinträchtigung: in deminoratione fieri zum Schaden gereichen.

dēmĭnōrō 1 *s.* deminuo.

dēmĭnŭō, ŭī, ūtŭm 3 (deminoro) vermindern, verringern, schwächen.

dēmĭnūtĭō, ōnĭs *f.* Verminderung, Schmälerung, Abnahme; capitis deminutio die Verringerung der bürgerlichen Rechte, *auch*: Enthauptung.

dēmīrŏr 1 sich durchaus wundern, sich über etwas wundern.

dēmissĭō, ōnĭs *f.* das Herablassen, Unterwürfigkeit, Demut.

dēmissĭŭs *adv. comp. von*: demissus.

dēmissŭs 3 1. herabgesenkt: vultibus demissis mit gesenkten Blicken, niedrig. 2. gedämpft, sanft; missam demissā voce celebrare eine stille hl. Messe lesen. 3. unterwürfig, demütig, bescheiden. 4. kleinmütig. 5. aqua demissa geschüttetes Wasser.

dēmītĭgō 1 besänftigen.

dēmittō, mīsī, missŭm 3 1. herabschicken, -werfen, senken. 2. herabhängen, sinken lassen. 3. *pass.* sich hineinwagen, einlassen.

dēmĭūrgŭs, ī *m.* (δημιουργός) 1. Weltbildner, Weltgestalter. 2. hoher Beamter.

dēmō, dēmpsī, dēmptŭm 3 wegnehmen, abnehmen, unterdrücken, verhindern; demptis suffragiis nullis nach Abzug der ungültigen Stimmen (*C. j. c.* 101); stipĭte dempto nach Wegnahme des Stammes (bei Feststellung von Verwandtschaftsgraden) (*C. j. c.* 96).

dēmōlĭŏr 4 herabwälzen, abbrechen, niederreißen, zerstören; auch mit passiver Bedeutung.

dēmōnstrābĭlĭs, ĕ erweisbar.

dēmōnstrābĭlĭtās, ātĭs, *f.* Erweisbarkeit.

dēmōnstrātĭō, ōnĭs *f.* Darlegung, Beweis.

dēmōnstrō 1 1. genau zeigen, bezeichnen. 2. erwähnen, auseinandersetzen. 3. dartun, beweisen.

Dēmŏphōn, ōntĭs *m.* (Δημοφῶν) Demophon, judenfeindlicher Beamter des syrischen Regenten Lysias (2. Jhdt. v. Chr.).

dēmŏrātĭō, ōnĭs *f.* Gelage.

dēmŏrĭŏr, mortŭŭs sŭm 3 absterben, wegsterben, entschlafen.

dēmŏrŏr, 1 sich aufhalten, zögern, verweilen.

dēmŏvĕō, mōvī, mōtŭm 2 hinwegbringen, fortschaffen, vertreiben.

dēmptĭō, ōnĭs *f.* Wegnahme.

dēmulcĕō, ulsī, ulsŭm u. ulctŭm 2 streicheln, liebkosen.

dēmŭm *adv.* 1. erst, endlich, schließlich. 2. vollends, erst recht.

dēmūtō 1 verändern, verschlechtern.

Denabă, ae *f.* (*hebr.* ?) Denaba, Hauptstadt des Edomiterkönigs Bela.

dēnārĭŭs 3 je zehn enthaltend.

dēnārĭŭs, ī *m.* der Denar, die röm. Hauptsilbermünze, z. Z. Christi etwa = 65 Pfg.

dēnārrō 1 genau erzählen.

dēnāscŏr, nātŭs sŭm 3 sterben.

dēnătō 1 hinabschwimmen.

dēnĕgātĭō, ōnĭs *f.* Verweigerung; Abweisung.

dēnĕgō 1 1. völlig leugnen. 2. verweigern, abschlagen.

dēnī, ae, ă je zehn.

dēnĭgrō 1 anschwärzen, völlig schwärzen; *pass.* schwarz werden.

dēnĭquĕ *adv.* 1. endlich, zuletzt, schließlich. 2. ja sogar. 3. kurz, mit einem Worte.

dēnōmĭnātĭō, ōnĭs *f.* Benennung.

dēnōmĭnātīvŭs 3 von einem Namen abgeleitet.

dēnōmĭnō 1 benennen.

dēnŏtātĭō, ōnĭs *f.* 1. Bezeichnung, Beschimpfung. 2. schlimmer Ruf.

dēnŏtō 1 bezeichnen, beschimpfen.

dēns, dentĭs *m.* 1. Zahn. 2. Spitze, Zacke, Zinke.

dēnsĭtās, ātĭs *f.* 1. Dichtigkeit. 2. Häufigkeit, häufiges Vorkommen.

dēnsō 1 verdichten, dicht aneinander fügen.

dēnsŭs 3 1. dicht, dichtgedrängt, voll. 2. häufig, wiederholt, ununterbrochen.

dentātŭs 3 mit Zacken versehen.

dēnūbō, ūpsī, ūptŭm 3 sich verheiraten.

dēnūdātĭō, ōnĭs *f.* Entblößung, Abdeckung.

dēnūdō 1 entblößen, aufdecken, offenbaren.

dēnuntĭātĭō, ōnĭs *f.* 1. Anzeige, Ankündigung. 2. Aufgebot (vor der Eheschließung).

dēnuntĭō 1 anzeigen, befehlen, Meldung machen.

dēnŭō *adv.* von neuem, noch einmal.

Denverĭēn. (*C. R.*) *s.* Denverium.

Denverĭŭm, ī *n.* Denver, St. am South

Platte, Nordamerika (Colorado), *ca.* 150 000 Einw.; Bischofssitz (seit 1887), Suffr. v. Santa Fé; *dav.*: **Denveriĕnsĭs,** ĕ.

Dĕobrĭgă, ae *f.* (Placentina ecclesia) Plasencia, St. r. am Jerte (durch Alagon zum Tajo), Spanien (Cáceres), *ca.* 8500 Einw.; Bischofssitz (seit 1180), Suffr. v. Toledo; *dav.*: **Deobrĭgēnsĭs,** ĕ.

S. Dĕōdātī (*C. R.*) *s.* S. Deodati fanum.

S. Dĕōdātī fānŭm, ī *n.* (S. Deodatus, Jungturae) Saint-Dié, St. l. an der Meurthe, Fkr. (Vosges), *ca.* 17 000 Einw.; Bischofssitz (seit 1777), Suffr. v. Besançon.

1. **S. Dĕōdātŭs,** ī *m. s.* S. Deodati fanum.

2. **S. Dĕōdātŭs,** ī *m.* hl. Deodat, Bek. u. Bisch. v. Nevers, Südfkr. († 679).

Geweiht um das Jahr 655, legte er sein Amt nieder und ging als Einsiedler in die Diözese Toul und dann in den Wasgengau, wo er mit dem hl. Arbogast, späterem Bischofe von Straßburg, zusammentraf. Auf einer Illinsel erbaute er mit Hilfe Childerichs II., Königs von Austrasien, eine Kirche zu Ehren der Apostelfürsten. Alsdann hielt er sich längere Zeit in Markirch (in den Vogesen) auf. Nach vielen weiteren Wanderungen und nach eifriger Ausbreitung des Evangeliums, bei der ihm der ehemalige Bischof von Trier, Hidulphus, half, starb Deodatus im Jahre 679. — 20. Juni (Straßburg).

dĕŏnĕrō 1 entlasten.

dĕŏpĕrĭō, ŏpĕrŭī, ŏpertŭm 4 aufdecken, entblößen.

dĕōrdĭnātĭō, ōnĭs, *f.* Unordnung, Verwirrung, Willkürlichkeit, Ausgelassenheit, Frechheit.

dĕorsŭm *adv.* 1. abwärts. 2. unten, unterhalb, im Erdgeschoß.

dĕōscŭlātĭō, ōnĭs *f.* das Küssen.

dĕōscŭlŏr 1 küssen.

dēpăcīscŏr, pactŭs sŭm 3 1. sich ausbedingen. 2. Vertrag, Vergleich schließen.

dēpartīmentŭm, ī *n.* Departement (Regierungsbezirk in Frankreich).

dēpāscō, pāvī, pāstŭm 3 abweiden, abfressen; *trans.*: weiden (*Ps.* 48, 15).

dēpāscŏr, pāstŭs sŭm 3 verzehren.

dēpaupĕrō 1 arm machen.

dēpellō, pŭlī, pulsŭm 3 1. forttreiben, vertreiben. 2. abwehren, verdrängen. 3. einstoßen (*Ps.* 61, 4).

dēpendĕō 2 herabhängen, abhängen, beruhen auf.

dēpendō, dī, ēnsŭm 3 1. bezahlen. 2. verwenden.

dēperdō, dĭdī, dĭtŭm 3 völlig verderben.

dēpĕrĕō, pĕrĭī, pĕrĭtūrŭs, pĕrīrĕ 1. *intrans.*: umkommen, verloren gehen. 2. *trans.*: heftig lieben; vor Liebe sterben.

dēpĭlō 1 enthaaren, rupfen; depilatus beraubt, betrogen.

dēpingō, pīnxī, pictŭm 3 abmalen, darstellen, schildern.

dēplōrātĭō, ōnĭs *f.* Beweinung, Bejammern.

dēplōrō 1 1. heftig weinen. 2. beweinen, beklagen.

dēpōnō, pŏsŭī, pŏsĭtŭm 3 1. stürzen (*Ps.* 58, 12), ab-, weglegen. 2. in Sicherheit bringen, verwahren. 3. anvertrauen. 4. aufgeben, verzichten auf.

dēpŏpŭlātĭō, ōnĭs *f.* Plünderung, Verwüstung.

dēpŏpŭlātŏr, ōrĭs *m.* Plünderer.

dēpŏpŭlō 1 *s.* depopulor.

dēpŏpŭlŏr 1 (depopulo) ganz verheeren, ganz verwüsten, ausplündern.

dēportātĭō, ōnĭs *f.* 1. Verbannung. 2. Übertragung: reliquiarum.

dēportō 1 wegschaffen, verbannen.

dēpōscō, pŏpōscī 3 dringend fordern, ausbedingen.

dēpŏsĭtārĭŭs, ī *m.* 1. der etwas in Verwahr gibt. 2. bei dem etwas zum Aufbewahren hinterlegt wird.

dēpŏsĭtĭō, ōnĭs *f.* 1. Beisetzung, Begräbnis, Ablegung. 2. Niederlegung (in juristischem Sinne). 3. Absetzung (eines Geistlichen), Entfernung aus Amt u. Würden (als kirchliche Strafe). 4. depositio testis Zeugenaussage.

dēpŏsĭtōrĭŭm ī, *n.* Aufbewahrungsort, Hinterlegungsstelle.

dēpŏsĭtŭm, ī *n.* 1. das anvertraute Gut; depositum fĭdĕi das hinterlegte Glaubensgut, d. i. die ganze Summe der geoffenbarten Glaubenswahrheiten, welche durch Christus u. die Apostel gelehrt u. der kath. Kirche anvertraut worden sind. 2. das Guthaben. 3. die guten Werke. 4. Hinterlegungs- oder Verwahrungsvertrag (im juristischen Sinne).

dēpraedātĭō, ōnĭs *f.* Raub, das Geraubte.

dēpraedĭcō 1 loben, preisen.

dēpraedŏr 1 ausplündern; *auch passivisch gebraucht, bes. im Partizip.*

dēprāvātĭō, ōnĭs *f.* Verdrehung, Verzerrung, Verkehrtheit.

dēprāvō 1 1. verdrehen, entstellen, verschlechtern. 2. verderben, verführen.

dēprĕcābĭlĭs, ĕ 1. durch Bitten erreichbar. 2. Mitleid habend.

dēprĕcābundŭs 3 sich aufs Bitten legend.

dēprĕcātĭō, ōnĭs *f.* 1. das Flehen, Gebet. 2. Fürbitte, Abbitte. 3. Gewimmer, Elendsschrei (z. B. Ps. 16, 1 u. 21, 25).

dēprĕcātīvŭs 3 zur Bitte um Entschuldigung gehörig; fürbittend; *adv.*: in bittender Form, fürbittweise.

dēprĕcātŏr, ōrĭs *m.* Fürbitter, Vermittler.

dēprĕcātōrĭŭs 3 versöhnend, vermittelnd.

dēprĕcātrīx, īcĭs *f.* Fürbitterin, Mittlerin.

dēprĕcŏr 1 I. *intrans.*: 1. durch Bitten abzuwenden suchen, bitten, flehen. 2. Fürbitte einlegen. 3. um Verzeihung bitten, sich entschuldigen. 4. erbitten. II. *trans.* 1. losbitten. 2. anflehen, besänftigen; daher auch passivisch: sich erbitten lassen (*Ps.* 134, 14).

dēprĕhendō, endī, ēnsŭm 3 (deprendo) 1. aufgreifen, fangen, festhalten, einschließen. 2. erwischen, ertappen, überraschen. 3. wahrnehmen, bemerken.

dēprĕhēnsĭō, ōnĭs *f.* Ergreifung, Entdeckung.

dēprēndō 3 s. deprehendo.

dēpressĭō, ōnĭs *f.* Unterwerfung, Unterdrückung.

dēpressŭs 3 gedrückt; depressa voce mit gedämpfter, mit leiser Stimme.

dēprĕtĭō 1 herabwürdigen, geringschätzen.

dēprĭmō, pressī, pressŭm 3 niederdrücken, niederhalten, unterdrücken.

dēproelĭŏr 1 heftig kämpfen.

dēprōmō, prōmpsī, prōmptŭm 3 1. hervornehmen, -holen. 2. entnehmen, entlehnen. 3. erhalten, empfangen.

dēprŏpĕrō 1 sich beeilen.

dēprŏpĭtĭātĭō, ōnĭs *f.* Versöhnung, Aussöhnung.

dēprŏpĭtĭō 1 aussöhnen.

dēpŭdēscō 3 schamlos werden.

dēpūgnō 1 zu Ende kämpfen.

dēpulsĭō, ōnĭs *f.* Abweisung.

dēpulsŏr, ōrĭs *m.* Abwehrer, Verteidiger.

dēpurgō 1 reinigen.

dēpŭtātĭō, ōnĭs *f.* Auftrag, Abordnung, Ausschuß; Verordnung, Bestimmung (*C. j. c.* 314).

dēpŭtātŭs, ī *m.* Beauftragter; Abgeordneter (zur zweiten Kammer, zum Landtag u. dgl.), Volksvertreter.

dēpŭtō 1 1. für etwas halten, schätzen. 2. verordnen, bestimmen. 3. mit einem besonderen Auftrage entsenden, abordnen.

dēquĕrŏr, questŭs sŭm 3 stark beklagen.

Derbē, ēs *f.* (Δέρβη) Derbe, St., Kleinasien (Lykaonien).

Derbētēs, ĭs *m.* ein Einwohner der Stadt Derbe (Kleinasien).

Derbēŭs 3 aus (der Stadt) Derbe (Kleinasien).

Derbicēnsĭs cŏmĭtātŭs, ūs *m. s.* Derbiensis comitātus.

Derbĭēnsĭs cŏmĭtātŭs, ūs *m.* (Derbicensis c.) Derby, Grafschaft, England.

Dercon *indecl.* (Dergon) (*hebr.* ?) Derkon (Darkon), eine Familie unter den Knechten Salomons.

dērĕlictĭō, ōnĭs *f.* Vernachlässigung, Verlassenheit.

dērĕlinquō, līquī, lictŭm 3 gänzlich verlassen, vernachlässigen.

dērĕpentĕ *adv.* urplötzlich.

dērēpō, rēpsī 3 herabschleichen, heranschleichen.

Dergon *indecl. s.* Dercon.

Derĭă, ae *f.* Derry (Londonderry), D., Irland (Grafschaft Derry); Bistum Derry (seit 1158), Sitz in Londonderry, Suffr. v. Armagh; *dav.*: **Derriēnsĭs,** ĕ.

dērīdĕō, rīsī, rīsŭm 2 verlachen.

dērīdĭcŭlŭm, ī *n.* Gespött, Lächerlichkeit.

dērĭgēscō, gŭī 3 ganz erstarren.

dērĭpĭō, rĭpŭī, reptŭm 3 niederreißen.

dērīsĭō, ōnĭs *f.* Verhöhnung.

dērīsŏr, ōrĭs *m.* Spötter.

dērīsŭs, ūs *m.* Verspottung, Spott.

dērīvātĭō, ōnĭs *f.* Ableitung.

dērīvō 1 ableiten, wegleiten.

Dermută, ae *f.* Dartmouth, St. England (Devon).

dērŏgātĭō, ōnĭs *f.* 1. teilweise Abschaffung, Aufhebung. 2. Beschränkung (eines Gesetzes).

dērŏgātŏr, ōrĭs *m.* Verleumder.

dērŏgātōrĭŭs 3 1. absprechend, geringschätzig. 2. abschaffend, aufhebend; clausula derogatoria Abschaffungsklausel (*C. j. c.* 46).

dērŏgō 1 1. hinwegnehmen, entziehen. 2. teilweise abschaffen, aufheben, beschränken: legem.

Derrĭēn. (*C. R.*) *s.* Deria.

Dersovĭă, ae *f. s.* Dirsovia.

Derthusēn. (*C. R.*) *s.* Dertusa.

Dertōnă, ae *f. j.* Tortona, St. r. an der Scrivia (zum Po), It. (Alessandria), *ca.* 8000 Einw.; Bischofssitz (seit 4. Jhdt.), Suffr. v. Genua; *dav.*: **Dertōnēnsĭs,** ĕ.

Dertōnēn. (*C. R.*) *s.* Dertona.

Dertōsă, ae *f. s.* Dertusa.

Dertūsă, ae *f.* (Dertosa, Hibera) Tortosa, St. l. am Ebro, Spanien (Tarragona), *ca.* 25000 Einw.; Bischofssitz (seit 4. Jhdt.), Suffr. v. Tarragona; *dav.*: **Dert(h)ūsēnsĭs,** ĕ.

dērŭō, rŭī, rŭtŭm 3 herabstürzen.

dēruptŭs 3 jäh, steil.

dēsaevĭō 4 wüten.

dēsĕcātĭō, ōnĭs *f.* das Abschneiden.

dēscendentēs, ĭŭm *m.* Verwandte in absteigender Linie.

dēscendō, scendī, scēnsŭm 3 1. herabsteigen, -kommen. 2. sich auf etwas einlassen, sich bequemen, sich erniedrigen. 3. sterben. 4. *c. acc.* auf die Frage: wohin? descendere mare das Meer befahren (*Ps.* 106, 23). 5. vom Salböle: herabträufeln (*Ps.* 132, 2).

dēscēnsĭō, ōnĭs *f.* (descensus) das Niedersteigen, das Herabfahren.
dēscēnsŭs, ūs *m. s.* descensio.
dēscīscō, scīvī, scītŭm 3 abfallen, abtrünnig werden, abweichen.
dēscrībō, scrīpsī, scrīptŭm 3 1. abschreiben. 2. beschreiben, schildern. 3. anweisen, feststellen, bestimmen.
dēscrīptĭō, ōnĭs *f.* Beschreibung, Schilderung. 2. Aufschreibung, Volkszählung.
dēsĕcō, sĕcŭī, sectŭm 1 abschneiden, abhauen.
dēsĕrō, sĕrŭī, sertŭm 3 1. verlassen, im Stiche lassen. 2. vernachlässigen, aufgeben; dona entziehen. 3. versäumen; den Termin versäumen: appellationem (*C. j. c.* 1886).
Dēsertēnsĭs ĕrēmŭs, ī *m.* u. *f.* einsame Gegend beim heutigen Orte Dissentis in der Schweiz, *s.* Desertina.
Dēsertīnă, ae *f.* (Desertinum, Disentina, Dissertinum) Dissentis, Marktflecken Schweiz (Graubünden), mit einer vom hl. Sigisbert i. J. 614 gegründeten Benediktinerabtei; *dav.*: **Dēsertīnēnsĭs,** ĕ *u.* Dēsertēnsĭs, ĕ.
Dēsertīnŭm, ī *n. s.* Desertina.
dēsertĭō, ōnĭs *f.* Abfall.
dēsertŏr, ōrĭs *m.* der Abgefallene, Abtrünnige; auch *adj.*
dēsertŭm, ī *n.* einsame, verlassene Gegend, Wüste; Steppe, Trift.
dēsertŭs 3 1. öde, verlassen, unbewohnt. 2. einsam, allein stehend. 3. verödet, veraltet. 4. dürr (terra).
dēservĭō 4 eifrig dienen, behilflich sein (bei der hl. Messe dienen).
dēsēs, ĭdĭs müßig, untätig, träge, lungernd.
dēsiccō 1 aus-, abtrocknen.
dēsĭdĕō, sēdī, sessŭm 2 müssig dasitzen.
dēsīdĕrābĭlĭs, ĕ wünschenswert, erwünscht; desiderabilis super aurum (Hebraismus): kostbarer als Gold.
dēsīdĕrātĭō, ōnĭs *f.* Verlangen, Begehren.
dēsīdĕrātŭm, ī *n.* Wunsch.
dēsīdĕrātŭs 3 erwünscht, ersehnt.
S. Dēsīdĕrĭī fānŭm, ī *n.* (Desideriopolis) Saint-Dizier, St. Fkr. (Haute-Marne), *ca.* 18000 Einw.
S. Dēsīdĕrĭī mōns, tĭs *m.* Montdidier, St. Fkr. (Somme), *ca.* 3500 Einw.
S. Dēsīdĕrĭī oppĭdŭm, ī *n.* (Sandesiderianum) Saint-Didier, St. Fkr. (Haute-Loire), *ca.* 5000 Einw.
Dēsīdĕrĭŏpŏlĭs, ĭs *f. s.* S. Desiderii fanum.
dēsīdĕrĭŭm, ī *n.* 1. Verlangen, Sehnsucht; Wunsch, Anliegen. 2. Begierde, Lust; 3. das Erwünschte. 4. a desiderio meo fern von oder entgegen meinem Wunsche (*Ps.* 139, 9).

1. **S. Dēsīdĕrĭŭs,** ī *m.* hl. Desiderius, Mart. u. Bisch. von Vienne, † 603.
Aus Autun, eilte nach Vienne (Südfrankr.), wo er sich dem Bischofe Naamantius anschloß und dessen Nachfolger wurde. Gregor der Groß empfahl ihm den nach England durchreisenden hl. Abt Augustin. Desiderius trat der verrufenen Königin Brunichilde von Burgund entgegen. Diese ließ den mutigen Mann auf einem Afterkonzil absetzen und verbannen, doch auf Bitten vieler Freunde nach vier Jahren heimkehren. Weil er abermals die schändliche Hofhaltung der Königin rügte, ließ sie ihn fortschleppen und steinigen. Seine Gebeine kamen später nach Vienne. — 23. Mai.

2. **S. Dēsīdĕrĭŭs,** ī *m.* hl. Desiderius, Mart. u. Bisch. von Rennes († zu Anfang des 8. Jhdts.).
Lebte sehr fromm und abgetötet, verbreitete das Evangelium, machte mit seinem Diakon Renofridus eine Wallfahrt nach Rom und wurde auf der Rückkehr im Elsaß von Meuchelmördern niedergestoßen. — 5. Oktober.

Dēsīdĕrĭŭs, ī *m.* Desiderius, König der Langobarden (756—774).
dēsīdĕrō 1 1. vermissen, verlieren; *pass.* verlorengehen. 2. begehren, verlangen, sich sehnen (*c. acc.*). 3. desidero super aliquem jem. mit Liebe umfassen.
dēsĭdĭă, ae *f.* 1. das lange Sitzen, Verweilen. 2. Müßiggang, Untätigkeit, Trägheit.
dēsĭdĭōsŭs 3 träge, lässig.
dēsignātĭō, ōnĭs *f.* Bezeichnung.
dēsignō 1 1. bezeichnen, angeben. 2. andeuten, bedeuten, anspielen auf.
dēsĭlĭō, sĭlŭī, sultŭm 4 herabspringen.
dēsĭnō, sĭī, sĭtŭm 3 1. *trans.*: aufgeben, unterlassen, ablassen. 2. *intrans.*: enden, zu Ende gehen.
dēsĭpĭō 3 töricht sein *oder* handeln.
dēsistō, stĭtī, stĭtŭm 3 1. wegtreten. 2. ablassen, unterlassen.
dēsĭtĭō, ōnĭs *f.* Aufhören.
dēsĭtŭs, ūs *m.* Aufhören.
dēsōlātĭō, ōnĭs *f.* 1. Verlassenheit, Verödung, Verwüstung. 2. Einöde, Wüste.
dēsōlātōrĭŭs 3 1. zur Wüste gehörig, carbōnes desolatorii eigentl.: Wüstenkohlen (d. h. Holzkohlen aus Ginster), zumeist übersetzt: sengende Kohlen. 2. vereinsamend, verwüstend. 3. versengend.
dēsōlātŭs 3 trostlos.
dēsōlō 1 1. verlassen, einsam lassen. 2. verwüsten; *pass.* veröden, verwüstet werden.
dēsolvō, solvī, sŏlūtŭm 3 abzahlen.
dēsomnĭs, ĕ schlaflos.
dēspectātŏr, ōrĭs *m.* Verächter.
dēspectĭō, ōnĭs *f.* Verachtung.
dēspectō 1 verachten.
dēspectŏr, ōrĭs *m.* Verächter.
dēspectŭs, ūs *m.* Verachtung.
dēspērābĭlĭs, ĕ verzweifelt, hoffnungslos.

dēspērātĭō, ōnĭs *f.* 1. Hoffnungslosigkeit, Verzweiflung. 2. Vernachlässigung, Hintansetzung, Mißachtung: iudicii.
dēspērātŭs 3 1. hoffnungslos, verzweifelt. 2. unvermutet, unverhofft.
dēspernō, sprēvī, sprētŭm 3 sehr verachten.
dēspērō 1 1. *intr.* Hoffnung aufgeben, verzweifeln. 2. *trans.* (*c. acc.*) an etwas verzweifeln, etwas aufgeben.
dēspĭcābĭlĭs, ĕ verachtungswürdig, verächtlich.
dēspĭcātŭs 3 verachtet.
dēspĭcĭentĭă, ae *f.* Geringschätzung.
dēspĭcĭō, spēxī, spectŭm 3 1. wegschauen. 2. auf etwas herabsehen, geringschätzen, verachten.
dēspĭcŏr 1 1. nicht ansehen, verschmähen. 2. triumphierend herabsehen auf (*Ps.* 111, 8; 53, 9; 91, 12).
dēspŏlĭātĭō, ōnĭs *f.* Beraubung.
dēspŏlĭō 1 ausplündern, berauben.
dēspondĕō, dī, sŭm 2 versprechen, verheißen, zusagen.
dēspōnsātĭō, ōnĭs *f.* Verlobung, Vermählung.
Dēspōnsātĭō B. M. V. Fest der Verlobung der allers. Jgfr. Maria, 23. Jan.
dēspōnsō 1 zur Ehe versprechen, verloben; *auch* vermählen.
despŏtă, ae *m.* (δεσπότης) Gewaltherrscher, Despot.
despŏtĭcŭs 3 gewalthaberisch, despotisch.
despŏtismŭs, ī *m.* Gewaltherrschaft.
dēspūmō 1 ausschäumen.
dēspŭō 3 anspeien.
Dessau *indecl.* Δεσαυ, verderbt aus Λεσαμ, Σαλεμ = Jerusalem (2. *Mach.* 14, 16).
dēsternō, strāvī, strātŭm 3 absatteln.
dēstillō 1 *s.* distillo.
dēstillātĭō, ōnĭs *f.* s. distillatio.
dēstĭnātē *adv.* beharrlich.
dēstĭnātĭō, ōnĭs *f.* 1. Bestimmung, Festsetzung. 2. Entschluß.
dēstĭnō 1 1. bestimmen, festsetzen. 2. *intr.* sich entschließen (1. *Mach.* 1, 14).
dēstĭtŭō, ŭī, ūtŭm 3 1. hinstellen, wegstellen. 2. allein lassen, im Stiche lassen, verlassen; *pass.* entbehren. 3. hintergehen, betrügen, täuschen. 4. abschaffen, unterdrücken: iura.
dēstĭtūtĭō, ōnĭs *f.* Täuschung, Beraubung.
dēstĭtūtŭs 3 beraubt.
dēstrictĭō, ōnĭs *f.* Strenge.
dēstringō, strīnxī, strictŭm 3 1. abziehen, abstreifen. 2. herunterziehen, streng anfahren, durchhecheln.
dēstrūctĭbĭlĭs, ĕ zerstörbar.
dēstrūctĭō, ōnĭs *f.* das Niederreißen, die Zerstörung.
dēstrūctŏr, ōrĭs *m.* Vernichter, Zerstörer; imaginum Bilderstürmer.
dēstrŭō, strūxī, strūctŭm 3 1. niederreißen. 2. zugrunde richten, zerstören, ausrotten (*Ps.* 51, 7); zum Schweigen bringen (*Ps.* 8, 3); entziehen: ab emundatione seinen Glanz entziehen (*Ps.* 88, 45). 3. umstoßen, überwinden: adversitatem; entfernen.
dēsuādĕō, suāsī, suāsŭm 2 abraten.
dēsŭbĭtō *adv.* urplötzlich.
dēsŭdātĭō, ōnĭs *f.* das Abmühen.
dēsŭdō 1 sich abmühen, abarbeiten.
dēsuēfăcĭō, fēcī, factŭm 3 entwöhnen; *pass.* dēsuēfīō.
dēsuēscō, ēvī 3 sich entwöhnen, abgewöhnen.
dēsuētūdō, ĭnĭs *f.* Ungewohntheit, Entwöhnung.
dēsuētŭs 3 ungewohnt.
dēsultrīx, īcĭs *f.* die Unbeständige; auch *adj.*: virtus.
dēsŭm, fŭī, fŭtūrŭm essĕ (dēfŏrĕ), dēessĕ 1. abwesend sein, fehlen; deest mihi mir fehlt. 2. nicht helfen, vernachlässigen, versäumen.
dēsūmō, sūmpsī, sūmptŭm 3 sich auswählen.
dēsūmtŭs 3 = desumptus, *s.* desūmo 3.
dēsŭpĕr 1. *adv.* von oben her; darüber: fundere olĕum. 2. *praep.* oberhalb: *c. acc.* u. *abl.*
dēsūrsŭm *adv.* von oben herab, oben (*Ps.* 49, 4).
dētēctŏr, ōrĭs *m.* Offenbarer, Enthüller.
dētĕgō, tēxī, tēctŭm 3 1. aufdecken, enthüllen. 2. offenbaren, verraten.
dētendō, tendī, tēnsŭm 3 abspannen; abbrechen.
dētentĭo, ōnĭs *f.* 1. Aufenthalt (*Ecclus* 24, 16); Versteck. 2. das Aufbewahren, das Innehaben.
dētentō 1 zurückhalten.
dētentŏr, ōrĭs *m.* Aufbewahrer, Verwahrer, Inhaber (*C. j. c.* 1698).
dētentŭs 3 (*v.*: detineo) gehalten, abgehalten, festgehalten.
dētergĕō, sī, sŭm 2 abwischen, reinigen.
dētĕrĭŏr, ĭŭs *comp.* geringer, minder würdig, weniger gut; *superl.* dēterrĭmŭs.
dētĕrĭōrō 1 verschlechtern.
dētermĭnātĭō, ōnĭs *f.* Begrenzung, Bestimmung.
dētermĭnātŏr, ōrĭs *m.* Bestimmer, Lenker.
dētermĭnō 1 1. begrenzen, bestimmen. 2. beendigen.
dētĕrō, trīvī, trītŭm 3 zerreiben, vermindern, schwächen.
dēterrĕō, ŭī, ĭtŭm 2 1. abschrecken, zurückschrecken. 2. abwehren, fernhalten.
dēterrĭmŭs 3 s. deterior.
dētersŭs 3 *ptc.* zu detergeo.

dētēstābĭlĭs, ĕ verwünschenswert, abscheulich.
dētēstātĭō, ōnĭs *f.* Verwünschung, Verfluchung.
dētēstātŭs 3 verwünscht.
dētēstŏr 1 verwünschen, verabscheuen, fluchen.
dēthrŏnō 1 vom Throne stoßen, entthronen.
dētĭnĕō, tĭnŭī, tentŭm 2 1. zurück-, festhalten. 2. beschäftigen, fesseln; *pass.*: infirmitate an einer Krankheit leiden.
dētondĕō, tondī, tōnsŭm 2 abscheren, abschneiden.
dētŏnō, ŭī 1 herabdonnern.
dētorquĕō, torsī, tortŭm 2 1. wegdrehen, abwenden. 2. ablenken.
dētractātĭō, — **tātŏr** *s.* detrectatio, — trectator.
dētractĭō, ōnĭs *f.* 1. Entziehung, Wegnahme. 2. Zerstreuung. 3. Verleumdung. 4. Ehrabschneidung; colloquia detractionis ehrenrührige Reden.
dētractō 1 *s.* detrecto.
dētractŏr, ōrĭs *m.* Verleumder.
dētrăhō, trāxī, tractŭm 3 1. herabziehen, niederreißen. 2. erniedrigen. 3. wegnehmen, abziehen, vermindern. 4. alicui verleumden, lästern, schmähen.
dētrectātĭō, ōnĭs *f.* (detractatio) Schmähung, üble Nachrede.
dētrectātŏr, ōrĭs *m.* (detractator) Verkleinerer, Verleumder.
dētrectō 1 (detracto) 1. ablehnen, verweigern, nicht gelten lassen. 2. herabsetzen, verkleinern, verleumden. 3. zaudern.
dētrīmentōsŭs 3 sehr schädlich.
dētrīmentŭm, ī *n.* 1. Abbruch, Einbuße, Verlust, Schaden. 2. Niederlage.
dētrītŭs 3 abgenutzt, schäbig, abgeschabt.
Detroitēn. (*C. R.*) *s.* Detroitum.
Detroitŭm, ī *n.* (Sinus Michigānus) Detroit, St. am Detroitfluß, Nordamerika (Michigan), *ca.* 300 000 Einw.: Bischofssitz (seit 1827), Suffr. v. Cincinnati; *dav.*: **Detroitēnsĭs,** ĕ.
dētrūdō, trūsī, trūsŭm 3 1. wegstoßen, drängen. 2. verdrängen, vertreiben.
dētruncātĭō, ōnĭs *f.* das Abschneiden, Enthauptung.
dētruncō 1 abhauen, verstümmeln, vom Rumpfe trennen, enthaupten.
dētŭmēscō, tŭmŭī 3 aufhören zu schwellen, *übtr.*: nachlassen, ruhig werden.
dēturbātŏr, ōrĭs *m.* Unfriedenstifter, Ruhestörer; Räuber.
dēturbō 1 herabwerfen, verdrängen.
dēturpō 1 verunstalten.
dĕūrō, ūssī, ūstŭm 3 abbrennen, verbrennen.
dĕūm = deorum, *gen. plur. von*: deus.
dĕŭs, ī *m.* (Dĕŭs) 1. Gott, Gottheit. 2. auch vom Menschen gebraucht: dĭī Götter = Richter (*Ps.* 81, 6 u. öfter; vgl. *Joh.* 10. 34). 3. Götze. 4. für hebr.: zūr = Fels (z. B. Ps. 17, 32; 74, 6).
S. Dĕŭsdĕdĭt (= Adeodatus), hl. Papst (615—618), 14. Nov.
deutĕrŏnŏmĭŭm, ī *n.* (*δευτερονόμιον* = zweites Gesetz, da es einen Ueberblick über die vorher gegebenen Gesetze enthält) das 5. Buch des Pentateuchs.
dĕūtŏr, ūsŭs sŭm 3 mißbrauchen, mißhandeln.
Devă, ae *f. s.* Cestria.
Devānă, ae *f.* (Devona vetus) Chester. St. am Dee, England, *ca.* 36300 Einw.; ehemals Benediktinerabtei.
dēvāstō 1 gänzlich verwüsten.
dēvāstŏr, ōrĭs *m.* Verwüster.
dēvĕhō, vēxī, vectŭm 3 1. herab-, herbeischaffen, schaffen, bringen. 2. *pass.* fahren, schiffen.
dēvellō, vellī, vulsŭm 3 losreißen, abrupfen.
dēvēlō 1 enthüllen, offenbaren.
dēvĕnĕrŏr 1 sehr verehren, anbeten.
dēvĕnĭō, vēnī, ventŭm 4 1. wohin kommen, gelangen. 2. ad aliquid zu etwas schreiten, beginnen mit. 3. zu etw. werden.
Devēnsĕ rēgnŭm, ī *n.* im 17. Jhdt. ein selbständiges Reich im heutigen Japan, im nördlichen Teil der Hauptinsel Nippon (*s.* B. Didacus Carvalho).
dēverbĕrō 1 durchprügeln, sehr schlagen.
dēverrō 3 abkehren, reinigen.
dēversŏr 1 verweilen (als Gast).
dēversōrĭŏlŭm, ī *n.* kleine Herberge.
dēversōrĭŭm, ī *n.* (diversorium) Absteigequartier, Herberge.
dēvertĭcŭlŭm, ī *n.* Schlupfwinkel, Zufluchtsort.
dēvertŏr, tī, sŭm 3 1. sich abwenden, abkehren. 2. einkehren.
dēvestĭō 4 entkleiden.
dēvexŭs 3 abwärts gehend, abschüssig.
dēvĭgēscō 3 matt werden.
dēvincĭō, vinxī, vinctŭm 4 1. festbinden, umbinden. 2. sich ganz zu eigen-, ergeben machen, an sich fesseln.
dēvincō, vīcī, victŭm 3 völlig überwinden, besiegen.
dēvĭō 1 abweichen.
dēvirgĭnātĭō, ōnĭs *f.* Schändung einer Jungfrau.
dēvirgĭnō 1 schänden, entjungfern.
dēvītātĭō, ōnĭs *f.* das Vermeiden.
dēvītō 1 vermeiden, verhüten.

1. **dēvĭŭs** 3 1. vom Wege abseits liegend, abgelegen, abwegig. 2. seitwärts wohnend; verirrt seiend. 3. sich von der Wahrheit, der Tugend entfernend, töricht.
2. **dēvĭŭs,** ī *m.* Abirrender.
dēvŏcō 1 weg-, abrufen.
dēvŏlō 1 fortfliegen, davoneilen.
dēvŏlūtĭō, ōnĭs *f.* das Abgleiten, das Fortrollen; ius devolutĭonis, Ergänzungsrecht, *d. h.*: jenes Recht, das dem nächst höheren Oberen (Bischof, Erzbischof, Papst) dadurch zukommt, daß es vom Erstberechtigten entweder nicht innerhalb der gesetzlichen Frist oder nicht in der vorgeschriebenen kanonischen Weise ausgeübt wurde und infolgedessen auf Grund der Bestimmungen auf den nächst höheren Oberen abgleitet, weiterrollt, z. B. das Ergänzungswahlrecht bei vorheriger erfolgloser oder schuldbarerweise nicht vollzogener Wahl; Besetzungsrecht von Pfründen, wenn nicht innerhalb der gesetzlichen Frist oder unkanonisch besetzt wurde; das Recht des Erzbischofs, Exkommunizierte zu absolvieren, wenn dies vom Bischofe trotz Vorhandenseins aller Bedingungen verweigert wurde u. dgl.
dēvŏlūtīvŭs 3 fortrollende, weitergleitende Bewegung bewirkend; instanzenmäßig; in devolutivo zur Übertragung an den höheren Richter; unterwegs; ohne Aufschub; im Gange; am Laufen (von einer Rechtssache) (*C. j. c.* 208); recursus devolutivus Berufung auf dem Instanzenwege.
dēvolvō, vī, ūtŭm 3 1. herab-, fortwälzen, fortrollen. 2. rollend herabstürzen. 3. zurückfallen. 4. übergehen auf; übertragen werden (*vgl.*: *C. j. c.* 431, § 1; 1432).
dēvŏmō 3 wegspeien.
Devōnă (ae) **vĕtŭs** (ĕrĭs) *f. s.* Devana.
Devontūrŭm, ī *n. s.* Daventria.
dēvŏrābĭlĭs, ĕ verzehrbar.
dēvŏrātŏr, ōrĭs *m.* Verschlinger.
dēvŏrātōrĭŭm, ī *n.* Rachen.
dēvŏrō 1 1. verschlingen, aufzehren. 2. vernichten, unterdrücken. 3. hinunterschlucken, sich gefallen lassen.
dēvortĭŭm, ī *n.* 1. die Abkehr vom Weg, Umweg. 2. Kreuzweg.
dēvōtātĭō, ōnĭs *f.* 1. Ehrerbietung, Andachtsfeier, Ehrfurcht, Demut. 2. Verfluchung, Verwünschung.
dēvōtĭō, ōnĭs *f.* 1. Weihung, Aufopferung, Andacht. 2. Verwünschung.
dēvōtĭōnālĭă, ĭŭm *n.* Andachtsgegenstände.
dēvōtō 1 weihen, aufopfern.

dēvōtŭs 3 1. treu ergeben. 2. andächtig, demütig. 3. Gott geweiht: sexus femĭnĕus (Klosterfrauen). 4. verflucht.
dēvŏvĕō, vōvī, vōtŭm 2 1. als Opfer geloben, weihen, preisgeben, aufopfern. 2. verfluchen, verwünschen.
dextĕr, tră, trŭm oder tĕră, tĕrŭm 1. rechts, recht; *subst.*: **dextĕră** oder **dextră,** ae *f.* die rechte Hand, Hand. 2. glückbringend, gnädig, glücklich. 3. passend, geschickt, anstellig.
dextĕră, ae *f. s.* dexter.
dextĕrĭtās, ātĭs *f.* Gewandtheit, Geschicklichkeit.
dextră, ae *f. s.* dexter.
dextrālĕ, ĭs *n.* (*scil.* ōrnāmentŭm) Armband.
dextrālĭŏlŭm, ī *n.* Armband (*Judith* 10, 3).
Dĕzentĭānŭm, ī *n.* s. Decentianum.
Dĭă, ae *f. s.* Dea.
dĭăbŏlĭcŭs 3 teuflisch.
dĭăbŏlŭs, ī *m.* (διάβολος) Widersacher, Teufel; Verleumder, Ankläger.
dĭăcōn, ŏnĭs *m. s.* diaconus.
dĭăcŏnă, ae *f.* Diakonin (*vgl.*: das Leben der hl. Sepolena).
dĭăcŏnālĭs, ĕ nach Art des Diakons (mos).
dĭăcŏnātŭs, ūs *m.* 1. der Diakonat, die unterste Stufe des Sakramentes der Priesterweihe (sacramentum ordinis). 2. Amt u. Würde des Diakons.
dĭăcŏnĭă, ae *f.* (διακονία) 1. der Dienst der Diakonen (kirchliche Armenpflege; *auch*: Predigtamt) 2. (in Rom) die Diakonie, das Gebäude, in welchem die Almosen verteilt wurden, später wurden die Titelkirchen der Kardinaldiakone Diakonien genannt (*C. j. c.* 1414 § 4), z. Z. noch 16 Diakonien in Rom, *dav.*: 14 verliehen z. B. Diaconia S. Agathae, Georgii in Velabro, S. Mariae in Cosmedin etc. 3. Gesandtschaft (weil Kardinaldiakone häufig als päpstl. Gesandte verwendet wurden). 4. *gleichbedeutend mit*: diaconātus.
dĭăcŏnissă, ae *f.* (διακόνισσα) Diakonisse, weibliche für besondere Kirchendienste (Aufrechterhaltung der Ordnung in der Kirche beim Frauengeschlechte, Beihilfe bei Taufen von Frauenspersonen, als Krankenpflegerin u. dgl.) vom Bischofe feierlich eingesegnete Personen. Sie bestanden von der apost. Zeit an bis zum Mittelalter.
dĭăcŏnissātŭs, ūs *m.* die Würde u. Weihe (im weitesten Sinne des Wortes) einer Diakonisse.
dĭăcŏnō 1 zum Diakon machen; diaconandus ein zum Diakon zu Weihender.

dĭācŏnŭs, ī *m.* (diācon; *διάκονος* = minister, Diener) Diakon, geweihter Diener u. Gehilfe des Priesters (Bischofs) beim hl. Meßopfer u. bei den kirchlichen Verrichtungen.

dĭădēmă, ătĭs *n.* (*διάδημα*) Diadem, Krone.

dĭaetă, ae *f.* (*δίαιτα*) Lebensweise; *übtr.* Wohnung, Zimmer.

dĭaetarchă, ae *m.* (diaetarchus) Zimmerbesorger, -wärter; als Titel am fränkischen Königshofe: Hausmeier.

dĭaetarchŭs, ī *m. s.* diaetarcha.

dĭăgōnālĭs, ĕ schräg laufend, diagonal.

dĭălectĭcŭs 3 zum Disputieren gehörig, dialektisch.

dĭălŏgŭs, ī *m.* (*διάλογος*) Gespräch, Dialog.

dĭămĕtrŏs ī *f.* Durchmesser, Diagonale, e diametro schnurstracks, entgegengesetzt (= *ἐκ διαμέτρου*).

dĭămĕtrŭm, ī *n.* Durchmesser, *s.* diametros.

Dĭānă, ae *f.* Diana, Tochter des Jupiter u. der Latona; Schwester des Apollo, Göttin der Jagd, des Mondes u. der nächtlichen Zaubereien; bei den Griechen Artemis genannt.

Dĭānĕn. (*C. R.*) *s.* Dianum.

Dĭānŭm, ī *n.* Teg(g)iano, St. im Dianotal, It. (Salerno), *ca.* 5000 Einw.; Bischofssitz vom Bistum Diano oder Teggiano (seit 1850), Suffr. v. Salerno, *dav.*: **Dĭānānsĭs, ĕ.**

dĭăphănĭtās, ātĭs *f.* Durchscheinbarkeit.

dĭăphănŭs 3 (*διάφανος*) durchscheinend.

dĭārĭŭm, ī *n.* 1. Tagebuch, Zeitung, Tageblatt, Tageszeitung. 2. tägliche Kost, Sold.

dĭătessărŏn, ī *n.* (*διατεσσάρων*) Evangelienharmonie, eine aus allen vier Evangelien zusammengearbeitete Darstellung der Geschichte Jesu. Die älteste Zusammenstellung dieser Art ist das Diatessaron des Tatian.

dĭatrĭbă, ae *f.* (*διατριβή*) 1. wissenschaftliche Untersuchung; *übtr.*: Ort für gelehrte Unterredung, Schule. 2. böswillige Diskussion.

Dibaurĭă, ae *f.* Ort in Abbessinien (Afrika) (*vgl.* Prop. des Kap. Ordens, 7. Aug.).

Dibon *indecl.* (*hebr.* ?) 1. Dibon, moabitische St., eine Stunde nördl. vom Arnon, Pal. (Gad); *j.*: Diban. 2. = Dimona, St., Pal. (Juda).

Dibongad *indecl.* (*hebr.*) Dibongad, Lagerplatz der Israeliten.

dĭcācĭtās, ātĭs *f.* Witzelei, Spötterei.

dĭcāx, ācĭs beißend, höhnisch.

dĭcĭō, ōnĭs *f.* (ditio) Gewalt, Macht, Botmäßigkeit.

1. **dĭcō** 1 1. weihen, heiligen, widmen. 2. ganz hingeben, aufopfern.

2. **dīcō,** dīxī, dictŭm 3 1. sagen, sprechen, erklären, vortragen; numquid Sion dicet = wird man nicht von Sion sagen? (*Ps.* 86, 5). 2. Rede halten, reden, als gewiß behaupten. 3. darstellen, erzählen, beschreiben. 4. besingen (*Ps.* 86, 3), verherrlichen. 5. benennen, nennen. 6. festsetzen, bestimmen (*Ps.* 35, 1; 118, 57), ernennen, wählen.

dictāmĕn, ĭnĭs, *n.* Aussprache, Stimme, Stil.

dictātĭō, ōnĭs *f.* das Diktieren; geschriebene Rede; Schrift.

dictātrīx, īcĭs *f.* Gebieterin.

dictērĭŭm, ī *n.* Witzwort, Spottrede.

dictĭō, ōnĭs *f.* 1. das Sagen, Aussprechen. 2. Vortrag, Redeweise; Ausdrucksweise.

dictĭtō 1 wiederholt *oder* mit Nachdruck sagen, behaupten.

dictō 1 1. oft sagen. 2. vorsagen, diktieren, vorschreiben, fordern.

dictŭm, ī *n.* die Äußerung, das Wort. 2. Vorschrift, Befehl.

S. Dĭdăcŭs, ī *m.* (= Diego = Jakob) hl. Bek. Didakus, † 1463, 13. Nov.

B. Dĭdăcŭs Carvalho *m.* sel. Didakus Carvalho, Mart., Priester († 1624).

Er trat zu Coimbra in Portugal in die Gesellschaft Jesu ein und wurde 1609 als Missionar nach Japan gesandt. Mit anderen Glaubensboten von dort vertrieben, ging er nach Cochinchina, wo er eine neue Missionsstation gründete. Nach Japan zurückgekehrt, durchwanderte er mehrere Reiche, unterrichtete die Bewohner im hl. Glauben und brachte als erster drei Provinzen das Licht des Evangeliums. Mit den Erfolgen in Japan noch nicht zufrieden, ging er auf die Insel Jesso, wo er ebenfalls als erster der göttlichen Sache diente. In seinem 46. Lebens- und 30. Ordensjahr fand er bei einer Christenverfolgung zu Sendaï auf ganz ungewöhnliche Weise den Martertod. Als gerade die größte Kälte herrschte, wurde an einem Flußufer eine Grube gegraben, in die sich der Diener Gottes ohne Kleider hineinsetzen mußte, während ein Haufen Soldaten und wütende Volksmengen ihn umstanden, durch Schmähungen und Verhöhnungen ihn belästigten und zum Abfall aufforderten. Schon hielt er fast drei Stunden lang in der eiskalten Grube so friedlich und still sein Leiden aus, daß kein Laut, nicht einmal ein Seufzer über seine Lippen kam und keine Bewegung zu bemerken war, da änderte der Richter seinen Entschluß, ließ den Halbentseelten wieder herausziehen und zum Statthalter führen. Weil er aber weder durch Drohungen noch durch Versprechungen zum Abfalle vom Glauben gebracht werden konnte, wurde er nach vier Tagen zwei Stunden vor Mittag abermals in die Grube geworfen, um durch einen langsamen Tod zu enden. Damit seine Leiden und Schmerzen sich mehrten, mußte er bald stehen, bald wieder untertauchen. Während dieses langen Todeskampfes richtete er seine Augen zum Himmel empor, sang heilige Lobgesänge und ermahnte die umstehenden Christen zur Standhaftigkeit im Glauben. Kurz vor Mitternacht nach ungefähr zwölfstündigen grausamsten Qualen vollendete er das Martyrium — 25. Februar (Ges. Jesu).

B. Dĭdăcŭs Josephus a Gadibus *m.* sel. Joseph Didakus von Cadix, Priest. Kap. († 1801).

Er hieß vorher Franz Joseph und stammte aus Cadix in Spanien. Schon als Kind stand er in der der Nacht zum Gebet auf und eilte am frühesten Morgen in die Kirche, um als erster dem Priester am Altare zu dienen. Den kleinen Körper mit Geißel und Bußgürtel zu peinigen, schien ihm Freude zu bereiten. Wegen allzu schwacher Fassungskraft des Geistes wurde ihm zuerst der Eintritt in den Kapuzinerorden verwehrt; doch erreichte er durch andauerndes Gebet, daß er nicht bloß zu Sevilla in den Orden aufgenommen, sondern später auch zum Priester geweiht wurde. Im Gehorsam übernahm er die Missionstätigkeit, durchreiste ganz Spanien unter unsäglichen Mühen zu Fuß und verkündete überall in Dörfern, Märkten und Städten das Wort Gottes, hörte Beichte und unterrichtete die Kinder im Katechismus und besuchte die Kranken und Gefangenen. Die Nacht verwendete er zum Gebet, zur Betrachtung und zur kurzen Ruhe auf bloßem Boden. Wegen des gewaltigen Zulaufs zu seinen Predigten war er oft gezwungen, unter freiem Himmel zu predigen, besonders bei Predigten auf Maria, die er als Friedensbringerin und Mutter des göttlichen Hirten vor allen verehrte, und über das Geheimnis der allerheiligsten Dreifaltigkeit, das er tiefgründig erörterte, und dessen Apostel er genannt wurde. Groß waren seine Erfolge. Ungemein viele Irrgläubige wurden durch ihn zum wahren Glauben geführt, unzählige Streitigkeiten geschlichtet, gefährliche Bücher verbrannt, schlechte Theater geschlossen oder ganz niedergerissen. Weit und breit wurde er als zweiter Paulus vom Volke verehrt. Alle Ehrungen machten ihn nur demütiger. Von Arbeit und Krankheit gebrochen, starb er 1801 zu Arunda in Spanien. — 24. März (Kap. O.).

Dĭdăcŭs Rodriguez *m.* Didacus Rodriguez, Kaufmann in Segovia (Spanien), Vater des hl. Alphons Rodriguez; *s. dens.*

dĭdascălĭă, ae *f.* (διδασκαλία) Lehre.

dĭdrachmă, ătĭs *n.* (didrachmum) (δίδραχμον) Doppeldrachme (im Wert gleich zwei römischen Denaren).

dĭdrachmŭm, ī *n. s.* didrachma.

dĭdūcō, dūxī, ductŭm 3 1. auseinanderziehen, weitaufmachen. 2. trennen, losreißen, entfalten.

dīductĭō, ōnĭs *f.* Trennung.

Dĭdўmŭs, ī *m.* (δίδυμος) der Zwilling; Beiname des hl. Apostels Thomas.

Dĭēnsĭs cĭvĭtās, ātĭs *f. s.* Dinia.

dĭēs, ēī *m.* u. *f.* 1. Tageslicht, Tag; medius dies Mittag. 2. der festgesetzte, bestimmte Tag, Termin; dies humanus = Gerichtstag (1. *Cor.* 4, 3). 3. Lebenstag: dies formabuntur et nemo (= nullus dies) in eis *verständlich übersetzt* = „dies praedestinati sunt, priusquam unus eorum esset: die Tage (Lebenstage) sind (mir) vorausbestimmt, bevor noch einer derselben da war". (*Ps.* 138, 16; 60, 7.). 4. Unglückstag (*Ps.* 36, 13). 5. die ac nocte heißt nicht: ununterbrochen, sondern: sehr häufig (nach Kard. Bellarmin).

Dĭēs, ēī *f.* als Personenname (= die Leuchtende Tageshelle) eine der Töchter Jobs.

dĭēscō 3 Tag werden.

Diestă, ae *f. s.* Distemium.

Dietburgă, ae *f.* Dietburga, Mutter des hl. Ulrich.

dĭētĭm *adv.* Tag für Tag, täglich.

Dietkirchĭŭm, ī *n.* Dietkirchen a. d. Lahn bei Limburg; *dav.*: **Dietkirchĭānŭs** 3.

Dietpirch *indecl. f. s.* Ditperga.

Dievi Übertragung der Buchstaben des aram. Wortes, das bedeutet „quod est = d. i." (1. *Esdr.* 4, 9); *vgl.* Dinaei.

diffāmātĭō, ōnĭs *f.* das Bekanntwerden, die Ausbreitung eines Gerüchtes.

diffāmātōrĭŭs 3 ehrenrührig.

diffāmātŭs 3 in üblem Rufe stehend, verschrien.

diffāmō 1 1. unter die Leute bringen, verbreiten. 2. *pass.* in üblen Ruf kommen.

diffĕrēns, entĭs verschieden von; *bes.*: besser, vorzüglicher; *adv.* **diffĕrentĕr** unterschiedlich.

diffĕrentĭă, ae *f.* Verschiedenheit, Unterschied.

diffĕrō, distŭlī, dīlātŭm, differrĕ 3 1. auseinander tragen, verbreiten, bekannt machen. 2. aufschieben, verzögern, hinhalten. 3. *intr.* sich unterscheiden, verschieden sein; entrüstet sein, zögern (*Ps.* 77, 21).

diffĭcĭlĭs, ĕ 1. schwierig, schwer, beschwerlich. 2. mißlich, ungünstig, gefährlich. 3. unzugänglich, mürrisch; *adv.* **diffĭcĭlĕ** u. **diffĭcultĕr.**

diffĭcultās, ātĭs *f.* 1. Schwierigkeit, Beschwerlichkeit. 2. Not, Mangel.

diffĭcultĕr *s.* difficilis, e.

diffīdēns, entĭs mißtrauisch.

diffīdentĭă, ae *f.* 1. das Mißtrauen. 2. Unglaube (*Eph.* 5, 6).

diffīdō, fīsŭs sŭm 3 mißtrauen, ungläubig sein; die Hoffnung aufgeben.

diffindō, fĭdī, fissŭm 3 zerspalten.

diffĭtĕŏr 2 in Abrede stellen.

diffluentĭă, ae *f.* das Zerfließen.

difflŭō, flūxī 3 zerfließen, sich auflösen, verschwinden.

difflŭŭs 3 zerfließend, verschwindend.

diffŭgĭō, fūgī 3 auseinander fliehen, sich zerstreuen.

diffŭgĭŭm, ī *n.* Auseinandergehen, Zerstreuung.

diffundō, fūdī, fūsŭm 3 1. ausgießen, ausströmen lassen. 2. ausbreiten, zerstreuen. 3. *pass.* sich ausbreiten, ausdehnen.

diffūsŭs 3 ausgedehnt, weitläufig, weitschweifig.

dĭgămĭă, ae *f.* (διγαμία) Bigamie; Doppelehe.

dīgĕrō, gessī, gestŭm 3 1. auseinanderbringen, trennen. 2. ordnen, einteilen, verteilen. 3. verdauen.

dĭgestĭō, ōnĭs *f.* 1. Verteilung, Anordnung. 2. Verdauung.
dĭgestīvŭs 3 der Verdauung dienlich.
1. **dīgestŭs** 3 1. gut verdaut, gespeist habend. 2. geordnet; zusammengestellt, verfaßt.
2. **dīgestŭs,** ūs *m.* Verteilung.
dĭgĭtŭs, ī *m.* 1. Finger. 2. Zehe. 3. Fingerbreite.
dīglădĭŏr 1 sich mit tödlichen Waffen herumschlagen, sich streiten.
S. Dīgnă, ae *f.* hl. Digna, Mart., Genossin der hl. Afra u. Todesgefährtin der hl. Hilaria; *s. dieselbe.*
dīgnantĕr *adv.* gnädiglich, gefällig(st).
dīgnātĭō, ōnĭs *f.* 1. Würdigung, Gunst, Gnade, Herablassung. 2. Anerkennung, Rang, Stellung.
dīgnĭtārĭŭs, ī *m.* 1. Würdenträger (wie Dompropst *und* Domdechant). 2. Kirchenoberer mit eigener Jurisdiktion, Dignitär, z. B. Abbas nullius.
dīgnĭtās, ātĭs *f.* 1. Würdigkeit, Würde. 2. Achtung, Ansehen, Rang, Bedeutung. 3. amtliche, geistliche Würde, Ehrenstelle. 4. Schönheit der Gestalt, Pracht.
dīgnō 1 u. **dīgnŏr** 1 würdigen, für würdig erachten, geruhen, sich herbeilassen.
dīgnōscō, nōvī, nōtŭm 3 (dīnōsco) genau erkennen, unterscheiden.
dīgnŭs 3 1. würdig, wert. 2. passend, geziemend, zukommend.
dīgrĕdĭŏr, gressŭs sŭm 3 auseinandergehen, sich trennen.
dīgressŭs, ūs *m.* Trennung, das Scheiden.
dīiūdĭcātĭō, ōnĭs *f.* Entscheidung, Urteilsspruch.
dīiūdĭcātrīx, īcĭs *f.* Richterin.
dīiūdĭcō 1 aburteilen, entscheiden, unterscheiden; Gericht halten (*Ps.* 81, 1).
dīlābŏr, lāpsŭs sŭm 3 1. auseinanderfallen, sich auflösen, zerstreuen. 2. entweichen, entschwinden. 3. verfallen, vergehen.
dīlăcĕrātĭō, ōnĭs *f.* Zerfleischung, Gewalttätigkeit.
dīlăcĕrō 1 zerreißen, zerfleischen.
dīlănĭō 1 zerfleischen, zerreißen.
dīlăpĭdātŏr, ōrĭs *m.* Verschwender.
dīlăpĭdō 1 zersplittern, verschleudern, verschwenden, vergeuden.
dīlāpsĭō, ōnĭs *f.* Verfall.
dīlārgĭŏr 4 reichlich verschenken, austeilen.
dīlātātĭō, ōnĭs *f.* Ausbreitung: fidei.
dīlātĭō, ōnĭs *f.* Verzögerung, Aufschub.
dīlātō 1 1. ausbreiten, ausdehnen, erweitern; *pass.*: sich ausbreiten. 2. breit auseinander fallen, Raum schaffen. 3. auseinander setzen, erklären.
dīlātŏr, ōrĭs *m.* Verzögerer, Bummler.
dīlātōrĭŭs 3 aufschiebend.
dīlēctĭō, ōnĭs *f.* Liebe, Hochachtung; dilectio caritatis Beweise der (Nächsten-)Liebe.
dīlēctŏr, ōrĭs *m.* Liebhaber.
dīlēctŭs 3 1. lieb, wert, teuer. 2. angenehm, lieblich. 3. dilecti dilecti (*Ps.* 67, 13) *sinnlose Übersetzung für*: Reges virtutum fugiunt, fugiunt etc. = die Könige der (Kriegs)heere fliehen, ja fliehen, u. die Schöne des Hauses (= Hausfrau) kann Beute verteilen; dilectus (*Ps.* 28, 6) *schiefe Übersetzung für den Eigennamen* Sirjon = Hermon, richtig lautet der Vers: et saltare facit (comminuet!) eas tamquam vitulum — Libanum et Sirjon, quasi filios bubalorum: er läßt sie (die Zedern) hüpfen wie ein Kalb, den Libanon u. Hermon (Sirjon) wie Wisentkälber.
dīlĭcŭlō *adv.* früh morgens; s. diluculum.
dīlĭgēns, entĭs 1. aufmerksam, sorgfältig. 2. gewissenhaft, pünktlich.
dīlĭgentĭă, ae *f.* Aufmerksamkeit, Sorgfalt, Genauigkeit.
dīlĭgō, lēxī, lēctŭm 3 hochachten, schätzen, lieben.
Dīlingă, ae *f.* (Dillinga) Dillingen, St. an der Donau, Bayern (Schwaben), *ca.* 6500 Einw.
Dillingă, ae *f.* *s.* Dilinga.
dīlūcĭdŭs 3 deutlich, klar.
dīlūcŭlŭm, ī *n.* Morgendämmerung, Morgenröte, Tagesanbruch; diluculo oder diliculo früh morgens.
dīlŭō, ŭī, ūtŭm 3 1. abwaschen, reinigen. 2. entkräften, vermindern.
dīlŭvĭālĭs, ĕ zur Überschwemmung gehörig, geeignet.
dīlŭvĭēs, ēī f. (diluvium) Überschwemmung, Wasserflut, Sündflut (Sintflut).
dīlŭvĭŭm, ī *n.* *s.* diluvies.
dīmētĭŏr, mēnsŭs sŭm 4 ausmessen, bemessen.
dīmĭcātĭō, ōnĭs *f.* das Kämpfen, Ringen.
dīmĭcō 1 mit aller Kraft kämpfen, fechten.
dīmĭdĭātŭs 3 halbiert, halb.
dīmĭdĭō 1 1. halbieren. 2. die Hälfte erreichen von (*acc.*; *Ps.* 54, 24).
dīmĭdĭŭm, ī *n.* Hälfte.
dīmĭdĭŭs 3 mitten geteilt, halbiert (*Jos.* 4, 12; 18, 7).
dīmĭnŭō, ŭī, ūtŭm 3 zerstückeln; *pass.* gering *oder* selten werden.
dīmĭnūtĭō, ōnĭs *f.* Zerstückelung, Verkleinerung.
dīmissĭō, ōnĭs *f.* Entlassung, Verabschiedung.
dīmissōrĭālĭs, ĕ entlassend; litterae Entlassungsbriefe.
dīmissōrĭŭs 3 abgesendet; entlassen; litterae dimmissoriae Entlassungs-

zeugnis, Erlaubnisschein zum Empfang der hl. Weihen (*C. j. c.* 960).

dīmittō, mīsī, missŭm 3 1. ausschicken, entsenden, entlassen. 2. laufen lassen, freigeben, vergeben, verzeihen, nachlassen, erlassen. 3. zurückgeben, fortschicken, verstoßen. 4. fahren lassen, aufgeben, verzichten; missam dimittere das Meßopfer unterbrechen, abbrechen. 5. lassen in jeder Bez., zulassen. 6. hinterlassen. 7. *absol.* = den Kopf neigen.

Dimona *indecl.* (*hebr.* ?) Dimona, St. Pal. (Juda), identisch mit Dibon 2.

dīmŏvĕō, mōvī, mōtŭm 2 1. trennen, zerteilen. 2. entfernen, abtrünnig machen.

Dina *indecl.* (*hebr.*: Recht, Gericht) Dina, Tochter Jakobs u. der Lia.

Dinaeī, ōrŭm *m.* (*aram.*: Dajjanajjaĭ „Richter") angeblich babylonische Ansiedler in Samaria u. Feinde des Tempelbaues in Jerusalem; doch ist Dinaei kein Volksname, sondern unter Weglassung des „et" mit Apharsathachaei zu verbinden und zu übersetzen: „die persischen Richter". Nach Ed. Meyer lautet 1. *Esdras* 4, 9: Damals (nämlich schrieben) Rechum, der Befehlshaber, u. Schimschai, der Schreiber, u. die übrigen ihrer Genossen: die persischen Richter [Dinaei et Apharsathachaei], die persischen tabellarii (?) [Terphalaei, Apharsaei oder Einschub ?] die Leute aus Uruk [Erchuaei] Babel, Susa [Susanechaei] das ist [Dievi] die Elymäer u. die übrigen.

Dinantĭŭm, ī *n.* Dinant, St., Belgien (Namur), *ca.* 7500 Einw.

Dinĭă, ae *f.* (Diensis civitas) Digne, St. l. an der Bléonne (zur Durance), Fkr. (Basses-Alpes), *ca.* 50000 Einw.; Bischofssitz (seit 4. Jhdt.), Suffr. v. Aix; *dav.*: **Dinĭēnsĭs,** ĕ *u.* **Dĭēnsĭs,** ĕ.

Dinĭēn. (*C. R.*) *s.* Dinia.

dīnōscō 3 *s.* dignosco.

dīnŭmĕrātĭō, ōnĭs *f.* Aufzählung.

dīnŭmĕrō 1 1. ab-, aufzählen. 2. bemessen (*Ps.* 89, 11).

Dĭō, ōnĭs *m.* Dio, heidnischer Statthalter u. Christenverfolger unter Diokletian a) in Corduba b) in Ancona.

Dĭoclētĭānŭs, ī *m.* Diokletian, heidnischer röm. Kaiser u. grausamer Christenverfolger (reg. 284—305), geb. 245, gest. 313.

1. **dĭoecēsānŭs** 3 zur Diözese gehörig, ein Bistum betreffend: synŏdus dioecesāna; statūta dioecesāna Vorschriften, die nur für ein Bistum erlassen sind.

2. **dĭoecēsānŭs,** ī *m.* Diözesane, Bistumsangehöriger; *auch* (*scil.*: episcopus) Diözesanbischof.

dĭoecēsĭs, ĭs u. ĕōs, *gen. pl.*: ĕōn *f.* (διοίκησις) das Verwaltungsgebiet, *bes.* der Bezirk eines Bischofs, Diözese, Bistum.

S. Dĭŏmēdă, ae *f.* hl. Diomeda, Mart. zu Augsburg († um 290); 12. August.

Dĭōnaeŭs, ī *m.* Dionäus, König von England, Vater der hl. Ursula (5. Jhdt.).

S. Dĭŏnȳsī (*C. R.*) *s.* Dionysiānum.

Dĭŏnȳsĭānŭm, ī *n.* (S. Dionysii fanum, Dionysiopolis) Saint-Denis, St. nördl. von Paris an der Seine, Fkr. (Seine), *ca.* 80000 Einw.

S. Dĭŏnȳsĭī fānŭm, ī *n. s.* Dionysianum.

Dĭŏnȳsĭŏpŏlĭs, ĭs *f. s.* Dionysianum.

1. **S. Dĭŏnȳsĭŭs,** ī *m.* Saint-Denis, Hauptst. der französischen Insel Réunion, eine der Maskareneninseln, östlich von Madagaskar im Indischen Ozean, *ca.* 28000 Einw.; Bischofssitz vom Bistum Réunion oder S. Denis (seit 1850), Suffr. v. Bordeaux.

2. **S. Dĭŏnȳsĭŭs,** ī *m.* hl. Dionysius, Bek. u. Papst (259—268), 3. Febr.

3. **S. Dĭŏnȳsĭŭs** ī *m.* hl. Dionysius, Mart. u. Bisch., † 272, 9. Okt.

4. **S. Dĭŏnȳsĭŭs,** ī *m.* hl. Dionysius, Bisch. Mart. (um 300).

Noch Heide wurde er vom hl. Bischof Narzissus, der eben in Augsburg bei (der späteren hl.) Afra weilte, im Christentume unterrichtet, getauft, dann zum Priester geweiht und zur weiteren Verbreitung des Christentums und zur Leitung der neugegründeten Christengemeinde in Augsburg als erster Bischof zurückgelassen. Als solcher bekehrte er nicht bloß viele Heiden zum Christentume, sondern bestärkte auch viele Christen so sehr im hl. Glauben, daß sie mit Freuden den Martertod auf sich nahmen, der ihm auch selbst beschieden war, als er sich weigerte, Christum zu verleugnen und die Götzenbilder zu verehren. Seine Reliquien wurden in den Dom des hl. Ulrich überführt. — 26. Febr. (Augsburg).

B. Dĭŏnȳsĭŭs Fugixima *m.* sel. Dionys aus Fugixima in Japan, Mart., Katechist aus der Gesellschaft Jesu, *s.* B. Paulus Navarro.

Dĭŏnȳsĭŭs, ī *m.* Dionys, König von Portugal, Gemahl der hl. Elisabeth v. Portugal, † 1325.

Dĭŏnȳsĭŭs Arēŏpăgītă *m.* (Διονύσιος Ἀρεοπαγίτης) Dionysius, der Areopagite, Schüler des Apostels Paulus, erster Bischof von Athen (1. Jhdt. *Apg.* 17, 22).

Dĭŏnȳsĭŭs Exĭgŭŭs, ī *m.* Dionys der Kleine, ein frommer u. gelehrter Abt u. Rechtslehrer in Rom († um 500), Verfasser bezw. Übersetzer einer Sammlung von Konzilsbeschlüssen (Ende des 5. Jhdts.) u. einer Dekretalensammlung (Anfang des 6. Jhdts.), die vereinigt, allgemeine Bedeutung im Rechtsleben fanden. Er wurde auch der Urheber unserer Zeitrechnung durch Einführung der Zählung der Jahre von Christi Geburt an; doch sind wir infolge eines Rechenfehlers um etwa $3^1/_4$ Jahre in der Zählung zurück. (1. Okt. 1922 = 1. Jan. 1926).

Dĭŏnȳsĭŭs Hălĭcarnassēnsĭs, *m.* Dionysius aus Halikarnassos, griech. Redner u. Geschichtsschreiber; lehrte in Rom (30—8 v. Chr.) Rhetorik u. schrieb eine römische Geschichte in 20 Büchern.

dĭŏryx, gĭs *f.* (διῶρυξ) Kanal (*Ecclus* 24, 41), Graben, Mine.

oscŏrŭs, ī *m. s.* 1. Dioscurus.

oscūrī, ōrŭm *m.* (Διόσκοροι u. Διόσκουροι) die Dioskuren, der Sage nach die Zeussöhne Kastor u. Polydeukes (Pollux); Name des Schiffes, auf dem der hl. Paulus nach Rom fuhr (*Apg.* 28, 11).

1. **Dĭoscūrŭs,** ī *m.* (Dioscorus) Dioskurus, Vater der hl. Barbara in Nikomedien (3. Jhdt. ?).

2. **Dĭoscūrŭs,** ī *m.* Dioskurus, ein Irrlehrer im 5. Jhdt.

1. **Dĭospŏlĭs,** ĕōs u. ĭs *f.* (Διόσπολις) (Zeusstadt) Diospolis oder Lydda in Palästina; Konzil v. Diospolis im Dezember 415 n. Chr.

2. **Dĭospŏlĭs,** ĭs *f.* (Sebastiensis ecclesia) Sebaste, *j.*: Siwas, St. r. am Kissil-Irmak, Armenien, *ca.* 45000 Einw.; armen.-kath. Erzbischofssitz (seit 1892, 1858 Bistum); mit Bistum Tokat vereinigt.

Dĭŏtrĕphēs, ĭs *u.* ūs *m.* (Διοτρέφης von Zeus ernährt) Diotrephes, ein vom hl. Apostel Johannes heftig getadelter Christ.

Diphath *indecl.* (1. *Gen.* 10, 3) *richtig*: Riphath (1. *Par.* 1, 6) Sohn Gomers.

diplŏĭs, ĭdĭs *f.* (διπλοΐς) Mantel, Umwurf.

diplōmă, ătĭs *n.* (δίπλωμα) 1. Geleitsbrief, Beglaubigung. 2. Urkunde, Diplom.

diplōmătĭcŭs 3 1. zur hohen Politik gehörig, diplomatisch; coetus diplomātĭcus Gesandtschaftskorps, diplomatisches Korps bei den einzelnen Staaten, *bes.* beim päpstlichen Hofe. 2. urkundlich.

dĭpondĭŭs, ī *m.* (*scil.* nummus) ein Zweiaßstück. dipondio venire sprichwörtlich = 2 Pf. kosten, spottbillig sein.

dipsăs, ădis *f.* (διψάς durstig) eine giftige Schlange, deren Biß heftigen Durst verursacht (*Deut.* 8, 15).

diptȳchă, ōrŭm, *n.* (δίπτυχα, doppelt gemacht) zwei rechteckige, miteinander verbundene und zusammenklappbare Tafeln in der griech. Kirche mit den Namen von Personen, für die bei der hl. Messe gebetet wurde (die römisch-kath. Kirche erwähnt sie im Kanon der hl. Messe, vor der hl. Wandlung die Lebenden, nachher die Verstorbenen).

dīrēctānĕŭs, ī *m.* (*scil.*: psalmus) ein Psalm, der ohne Antiphon gebetet wird (im Cistercienserproprium).

dīrēctē *adv.* geradezu, unbedingt.

dīrēctĭm *adv.* gerade, geradezu.

dīrēctĭō, ōnĭs *f.* 1. Richtung, Leitung, Führung. 2. Gerechtigkeit: virga directionis Zepter der Gerechtigkeit (*Ps.* 44, 7); Aufrichtigkeit: in directione cordis mit aufrichtigem Herzen (*Ps.* 118, 7). 3. directiones parare die rechte Ordnung aufrichten (*Ps.* 98, 4).

dīrēctīvŭs 3 die Richtung angebend, maßgeblich; consilium directivum Ratsleitung.

dīrēctō *adv.* geradezu, unbedingt.

dīrēctŏr, ōrĭs *m.* Leiter, Direktor; director spiritualis geistlicher Leiter, Spiritual (in Konvikten, geistlichen Häusern, Klöstern).

dīrēctōrĭŭm, ī *n.* 1. Leitung; Anleitung. 2. Regelbuch. 3. Kirchenkalender mit Anweisungen über das tägliche Breviergebet u. die Tagesmesse.

dīrēctrīx, īcĭs *f.* Leiterin, Direktorin.

dīrēctŭm, ī *n.* 1. der gerade, ebene Weg (*Ps.* 25, 12). 2. directum *gekürzt für*: in directum ein Psalm, der ohne Antiphon unmittelbar begonnen wird (Cistercienserproprium).

dīrēctŭs 3 1. in gerader Richtung, gerade. 2. unmittelbar (*C. j. c.* 63). 3. gerichtet auf; *adv.* **directō** u. **directē** geradezu, unbedingt.

dīrēmptĭō, ōnĭs *f.* (diremptus) Absonderung, Trennung; diremptiōnis termĭnus Grenzscheide (*Hym. Vesp. fer. IV.*, 3).

dīrēmptŭs, ūs, *m. s.* diremptio.

dīreptĭō, ōnĭs *f.* Plünderung.

dīreptŏr, ōrĭs *m.* Räuber.

dīrĭgō, rēxī, rēctŭm 3 1. gerade richten, aufstellen. 2. hinrichten: cor (*scil.* in Deum) das Herz recht hinrichten (*Ps.* 77, 8); lenken, absenden. 3. einrichten, bestimmen. 4. aufrecht halten (*Ps.* 7, 10). 5. Bestand haben (z. B. *Ps.* 101, 29; 139, 12). 6. fördern (*Ps.* 98, 17). 7. gerade oder festmachen: gressus (*Ps.* 118, 133). 8. geraden Weges wandeln (*Ps.* 58, 5 u. 100, 7). 9. ebnen (*Ps.* 5, 9). 10. *pass.*: sich richten (ad nach: *Ps.* 118, 128); hinaufsteigen: oratio (*Ps.* 140, 2); Glück haben (*Ps.* 139, 12); gedeihen (1. *Mach.* 3, 6).

dīrĭmēns, ntĭs trennend (Ehehindernis.)

dĭrĭmō, ēmī, ēmptŭm 3 1. trennen, teilen, abbrechen, aufheben. 2. schlichten, entscheiden.
dīrĭpĭō, rĭpŭī, reptŭm 3 1. zerreißen, losreißen. 2. zerstören, verheeren, Beute machen (sibi für sich: *Ps.* 43, 11); plündern, berauben.
dīrĭtās, ātĭs *f.* Grausamkeit.
Dirsōvĭă, ae *f.* (Dersovia) Dirschau, St. Preußen (Westpreußen); *ca.* 13000 Einw.
dīrumpō, rūpī, ruptŭm 3 (disrumpo) zerreißen, zerbrechen, bersten, aufreißen.
dīrŭō, rŭī, rŭtŭm 3 niederreißen, zerstören.
dīrŭs 3 1. unheilvoll, grausig. 2. gräßlich, schrecklich, grausam.
dīs, dītĭs reich; *compar.*: **dītĭŏr.**
Disan *indecl. m.* (*hebr.* ?) Disan, Höhlenbewohner im Gebirge Seïr, Stammfürst der Horiter (*Gen.* 36, 21).
discalcĕātŭs 3 unbeschuht, barfuß.
discēdō, cēssī, cēssŭm 3 1. auseinandergehen, sich trennen, abirren. 2. sich entfernen, abweichen von, verlassen.
disceptātĭō, ōnĭs *f.* 1. Erörterung, Verhandlung. 2. Streitfrage.
disceptātŏr, ōrĭs *m.* Richter.
disceptō 1 erörtern, verhandeln; cum aliquo de aliqua re mit jemand ins Gericht gehen wegen.
discernĭbĭlĭs, ĕ unterscheidbar.
discernō, crēvī, crētŭm 3 1. absondern, unterscheiden, beurteilen, richten (*Ps.* 49, 4). 2. zerstreuen, verscheuchen (*Ps.* 76, 15). 3. entscheiden de aliquo gegen jem. (*Ps.* 42, 1).
discerpō, cerpsī, cerptŭm 3 1. zerpflücken, zerreißen. 2. tadeln, zurechtweisen.
discerptĭō, ōnĭs *f.* Zerreißung, Zerstückelung.
discēssĭō, ōnĭs *f.* 1. Trennung, Abfall. 2. Scheiden, Abreise, Wegzug (*C. j. c.* 95).
discēssŭs, ūs *m.* 1. das Scheiden, Abreise. 2. Rücktritt, Austritt aus einer Gemeinschaft.
dīscĭdĭŭm, ī *n.* Zerwürfnis, Spaltung.
dīscīdō 3 zerschneiden.
dīscindō, scĭdī, scissŭm 3 zerspalten.
disciplīnă, ae *f.* (von dĭs-cipio nacheinander [dĭs] geistig aufnehmen, *vgl.* discipulus) 1. der schulmäßige Unterricht, die Unterweisung, Schulung, Lehre; Unterrichtsgebiet, Unterrichtsfach, Zweig der Wissenschaft. 2. Erziehung, Zucht; Anordnung, Mahnung, geordnete Lebensweise, Übung; disciplina praeceptorum Beobachtung der Gebote. 3. Ordnung, Einrichtung, Verfassung (Staatsverfassung), Verwaltung: Congregatio de disciplina sacramentorum, die Kongregation, die über die Verwaltung der Sakramente wacht, Sakramentenkongregation. 4. Einsicht (*Ps.* 118, 66). 5. strenge Zucht, Geißel (sie besteht aus vielknotigen Zwirnsfäden, die oft Eisenstacheln einschließen), Geißelung: disciplīnam dăre alicŭi.
disciplīnārĭs, ĕ 1. die Kirchenzucht, die christliche Lebensordnung, die geordnete Lebensweise betreffend; disziplinär (z. B. disziplinäre Strafe). 2. die Verwaltung betreffend (*vgl.*: disciplina 3): in linĕa disciplinări auf dem Verwaltungswege.
disciplīnātŭs 3 gebildet, unterrichtet.
discĭpŭlă, ae *f.* Schülerin, Jüngerin, Anhängerin.
discĭpŭlātŭs, ūs *m.* Schülerschaft, Jüngerschaft, Nachfolge.
discĭpŭlŭs, ī *m.* Schüler, Jünger, Nachfolger.
discissĭō, ōnĭs *f.* Trennung, Spaltung.
dīscō, dĭdĭcī, dīscĕrĕ 3 lernen, kennen lernen, erfahren.
discŏlŏr, ōrĭs buntfarbig, scheckig, verschieden, unähnlich.
discŏlŭs 3 *s.* dyscolus.
disconvĕnĭentĭă, ae *f* Unähnlichkeit.
discŏŏpĕrĭō, pĕrŭī, pertŭm 4 enthüllen, aufdecken, entblößen; sacramentum das hochw. Gut aussetzen.
discŏquō 3 (coxī, coctŭm) zerkochen (*Ez.* 24, 5), garkochen.
discordĭă, ae *f.* Uneinigkeit, Zwietracht.
discordō 1 uneinig sein, nicht übereinstimmen, streiten.
discors, dĭs uneinig, nicht übereinstimmend.
discrĕpantĭă, ae *f.* Uneinigkeit, Verschiedenheit.
discrĕpō, āvī u. ŭī 1 uneinig sein, abweichen, verschieden sein.
discrētĭm *adv.* gesondert.
discrētĭō, ōnĭs *f.* 1. Unterscheidung, Prüfung, Zurückhaltung. 2. Vorsicht, Lebensklugheit. 3. Unterschied.
discrētŏr, ōrĭs *m.* Richter, Prüfstein.
discrētŭs 3 1. vorsichtig, besonnen, zurückhaltend, taktvoll. 2. verschwiegen.
discrībō, scrīpsī, scrīptŭm 3 Anweisung geben, einteilen, verteilen.
discrīmĕn, ĭnĭs *n.* 1. Unterschied. 2. Wendepunkt, Entscheidung, Gefahr.
discrĭmĭnālĕ, ĭs *n.* Nestnadel, Haarreifen (*vgl.*: discriminalis) (*Is.* 3, 20).
discrīmĭnālĭs, ĕ geeignet zu trennen, abzuteilen, *z. B.*: acus discriminalis „Nestnadel", die das Haar (der Frauen) abteilt u. den ganzen Haarbau zusammenhält.
discrīmĭnō 1 absondern, trennen, ordnen.
discrŭcĭātŭs, ūs *m.* Zermarterung.

discrŭcĭō 1 1. zermartern, quälen, kasteien. 2. *pass.* sich abquälen, ärgern, sich kasteien.
discŭbĭtŭs, ūs *m.* 1. der Platz bei Tisch (*Marc.* 12, 39). 2. das Ruhepolster (*Luc.* 20, 46).
discumbō, cŭbŭī, cŭbĭtŭm 3 sich niederlegen, bes. sich zu Tische legen; facere aliquem discumbere zu Tische sitzen lassen, Platz anweisen.
discŭpĭō, cŭpīvī, cŭpītŭm 3 heftig wünschen.
discurrō, cŭcurrī oder currī, cursŭm 3 auseinanderlaufen, sich zerstreuen.
discursō 1 hin und her laufen.
discursŭs, ūs, *m.* Erörterung.
discŭs, ī *m.* (δίσκος) 1. Wurfscheibe. 2. Schüssel, Teller.
discussĭō, ōnĭs *f.* 1. Erörterung, Auseinandersetzung, Untersuchung. 2. Rechenschaftsablegung, Tag des Gerichtes, Gericht.
discŭtĭō, cussī, cussŭm 3 1. zerschmettern, auseinanderjagen, zerstreuen, verscheuchen: somnum. 2. darlegen, untersuchen, entwickeln, richten; erforschen: conscientiam.
Disentīnă, ae *f.* *s.* Desertina.
dĭsertĭtūdō, ĭnĭs *f.* Wortfülle.
dĭsertŭs 3 deutlich, wohl redend, gewandt; *adv.* mit kurzen, bestimmten Worten, bündig, ausdrücklich.
disharmŏnĭă, ae *f.* Mangel an Zusammenklang, Mißklang, Uneinigkeit.
dishŏnōrō 1 entehren.
Dĭsĭbōdēnsĕ coenŏbĭŭm, ī *n.* *s.* S. Disibodi coenobium.
S. Dĭsĭbōdī coenŏbĭŭm, ī *n.* (Disibodense coenobium, S. Disibodi mons) Disibodenberg, ehem. Benediktiner- u. später Cistercienserkloster an der Nahe u. Glan, Bayern (Rheinpfalz), Diözese Speyer.
S. Dĭsĭbōdī mōns, tĭs *m.* (Disibodimons) *s.* S. Disibodi coenobium.
S. Dĭsĭbōdŭs, ī *m.* hl. Disibod, Bek. u. Bischof, † um 660.

Aus Irland, wo er Bischof war, aber dieses Amt niedergelegt hatte, kam er im 7. Jahrhundert mit Gefährten nach Trier und ließ sich an der unteren Nahe nieder. Seine Gebeine setzte der hl. Bonifatius, Bischof von Mainz, i. J. 745 in einer Kirche bei, die auf einem Berge lag, der nach dem hl. Disibod benannt wurde. Das Kloster ist im 16. Jahrhundert zerstört worden. — 9. Juli (Trier).

dĭsĭcĭō, iēcī, iectŭm 3 1. auseinanderjagen, zerstreuen. 2. zerstören, vernichten.
disiūnctĭm *adv.* getrennt.
disiūnctĭō, ōnĭs *f.* Trennung, Verschiedenheit.
disiūnctīvē *adv.* ausschließend, trennend.
disiūnctŭs 3 verschieden, entgegengesetzt.
disiŭngō, iūnxī, iūnctŭm 3 absondern, trennen, entfernen.
S. Dismăs, ae *m.* hl. Dismas, der mit dem Heiland gekreuzigte gute Schächer.
dismembrātĭō, ōnĭs *f.* Abtrennung, Trennung, Zergliederung, Zerteilung, Zerreißung; Teilung zu großer Pfarrbezirke *oder* Bistümer (*C. j. c.* 1421).
dismembrō 1 abtrennen, zergliedern, zerteilen.
Dison *indecl. m.* Dison, Nachkomme Esaus. Stammfürst der Horiter im Gebirge Seïr (*Gen.* 36, 21).
dispandō, dī, sŭm 3 ausspannen, ausbreiten.
dispār, ărĭs ungleich, verschieden.
dispărĭlĭs, ĕ ungleich.
dispărĭtās, ātĭs *f.* Ungleichheit, Verschiedenheit; disparitas cultus Verschiedenheit der Gottesverehrung bei Christen u. Nichtchristen; impedimentum disparitatis das Ehehindernis der Glaubensverschiedenheit, wenn ein Teil christlich (katholisch) und der andere Teil nichtchristlich (jüdisch, mohammedanisch) ist (*C. j. c.* 1026).
dispartĭbĭlĭs, ĕ teilbar.
dispendĭŭm, ī *n.* Abgang, Verlust, Einbuße.
dispendō 3 austeilen.
dispēnsātĭō, ōnĭs *f.* 1. genaue Einteilung. 2. Verwaltung, Bewirtschaftung. 3. Amt, Aufgabe eines Verwalters, Schatzmeisters. 4. Anordnung, Verfügung. 5. Dispens, besondere Erlaubnis, Befreiung, Entbindung von einem bestehenden Gesetze durch die rechtmäßige Obrigkeit (*C. j. c.* 80). 6. Verleihung, Wirkung; humāna Verbi dispensātĭo Wirkung des göttlichen Wortes auf die Menschen. 7. Fügung (*L. VII S. Thom. Apost.*). 8. reiche Schenkung (*L. IV. de Pass. D. N. J. Chr.*). 9. Begnadigung (*C. j. c.* 2289 u. 2375).
dispēnsātŏr, ōrĭs *m.* 1. Verwalter, Schatzmeister. 2. Verteiler, Austeiler, Spender, Verleiher.
dispēnsātrīx, īcĭs *f.* Wirtschafterin, Ausspenderin, Verteilerin.
dispēnsātōrĭŭs 3 stellvertretender Weise, als Stellvertreter.
dispēnsō 1 1. verteilen, austeilen, spenden. 2. gleichmäßig, sorgsam einrichten, ordnen. 3. jemand befreien, dispensieren (*cum*): dispensare cum aliquo super irregularitate jemand von der (kirchlichen) Irregularität befreien; *auch*: disp. aliquem ab aliqua re.
disperdō, dĭdī, dĭtŭm 3 zugrunde richten, verderben. 2. vertreiben (*Ps.* 43, 3).
dispĕrĕō, ĭī 4 verloren gehen; *fut. auch*: disperiam.

dispergō, sī, sŭm 3 1. zerstreuen, zersprengen. 2. ausstreuen (*Ps.* 111, 9). 3. entziehen (ab; *Ps.* 88, 34). 4. auflösen, ausrenken: ossa (*Ps.* 21, 15).
dispersĭō, ōnĭs *f.* 1. Zerstreuung (der Juden oder Christen außerhalb Palästinas); *concr.*: Versprengte (z. B. *Ps.* 146, 2). 2. Zerstörung, Untergang.
dispersŭs, ūs *m.* Zerstreuung.
dispertĭō 4 1. zerteilen, verteilen. 2. zuteilen, zum Anteil geben.
dispĭcĭō, spexī, spectŭm 3 erwägen, bedenken; umherspähen.
displĭcentĭă, ae *f.* Mißfallen.
displĭcĕō, plĭcŭī, plĭcĭtŭm 2 mißfallen.
dispŏlĭātĭō, ōnĭs *f.* Ausplünderung, Beraubung.
dispōnō, pŏsŭī, pŏsĭtŭm 3 1. an verschiedenen Orten aufstellen, verteilen, auseinandersetzen. 2. bereitstellen, bereitmachen. 3. ordnen, versorgen (*Sap.* 3, 5), anordnen, befehlen. 4. befähigen zu. 5. schlichten. 6. bene disponor es widerfährt mir Gutes. 7. testamentum dispōnĕre ein Bündnis schließen (1. *Mach.* 1, 12). 8. sermones in judicio disponere seine Sache bei Gericht behaupten.
dispŏsĭtĭō, ōnĭs *f.* 1. Einteilung, Anordnung, Gliederung. 2. Verfügung, Bestimmung, Heilsordnung: ordo dispositionis. 3. Verfassung, Zustand.
dispŏsĭtīvŭs 3 wohlgeordnet, einen Überblick gewährend; in ordine dispositivo in übersichtlicher Form (*C. j. c.* 1873 § 1, 3).
dispŏsĭtŏr, ōrĭs *m.* Leiter, Lenker.
dispŏsĭtūră, ae *f.* Stellung.
dispŏsĭtŭs 3 1. wohl geordnet. 2. auseinander gelegen, entlegen.
disprōportĭōnātŭs 3 unverhältnismäßig eingerichtet.
dispūnctĭō, ōnĭs *f.* Untersuchung, Prüfung.
dispŭtābĭlĭs, ĕ streitbar, fraglich.
dispŭtātĭō, ōnĭs *f.* Erörterung, Untersuchung, Abhandlung, Gespräch; disputatio Dominica Lehramt des Herrn.
dispŭtātŏr, ōrĭs *m.* 1. Meinungsvertreter. 2. gründlicher Erörterer, wissenschaftlicher Forscher.
dispŭtō 1 1. genau erwägen, berechnen. 2. erörtern, untersuchen, abhandeln. 3. lehren.
dispūmō 1 ausschäumen.
disquīrō 3 untersuchen (2. *Mach.* 2, 31).
disquīsĭtĭō, ōnis *f.* Untersuchung (*bes.*: vor Gericht) (*C. j. c.* 249).
disrumpō 3 *s.* dirumpo.
dissĕcō, sĕcŭī, sectŭm 1 zerschneiden; *pass.* ergrimmen.
dissēmĭnātĭō, ōnĭs *f.* Verbreitung.
dissēmĭnō 1 aussäen, ausbreiten, verbreiten.
dissēnsĭō, ōnĭs *f.* Meinungsverschiedenheit, Uneinigkeit, Streit.
dissentĭō, sēnsī, sēnsŭm 4 uneinig sein, in Widerspruch stehen, in Spaltung geraten.
dissĕrō, sĕrŭī, sertŭm 3 auseinandersetzen, erörtern, abhandeln, vortragen.
dissertātĭō, ōnĭs *f.* Erörterung, Vortrag.
Dissertīnŭm, ī *n.* s. Desertina.
dissertĭtūdō, ĭnĭs *f.* Beredsamkeit, Wortfülle (*Js.* 33, 19).
dissertō 1 oft besprechen.
dissĭdĕō, sēdī, sessŭm 2 1. entfernt, getrennt sein. 2. uneinig sein, zerfallen sein. 3. ungleich sein, nicht übereinstimmen.
dissĭdĭŭm, ī *n.* Meinungsverschiedenheit, Spaltung, Zerwürfnis.
dissĭlĭō, sĭlŭī, sultŭm 4 auseinanderspringen, zerspringen; zerplatzen, zerrinnen (1. *Mach.* 9, 48).
dissĭmĭlĭs, ĕ unähnlich.
dissĭmĭlĭtūdō, ĭnĭs *f.* Unähnlichkeit, Verschiedenheit.
dissĭmŭlantĭă, ae *f.* Verstellung, Verleugnung.
dissĭmŭlātĭō, ōnĭs *f.* Verstellung, Verleugnung, Verheimlichung.
dissĭmŭlātŏr, ōrĭs *m.* Verleugner.
dissĭmŭlō 1 1. sich stellen als ob (nicht). 2. verbergen, verhehlen, verheimlichen, sich nicht merken lassen. 3. nicht beachten, übersehen; gleichgültig sein.
dissĭpātĭō, ōnĭs *f.* Zerstreuung, Verwüstung.
dissĭpātrīx, īcĭs *f.* Vernichterin.
dissĭpātŭs 3 zerstreut, unverbunden.
dissĭpō 1 1. zerstreuen, ausbreiten. 2. zerstören, zertrümmern; brechen (*Ps.* 118, 126). 3. verschleudern, vergeuden. 4. *pass.*: zerstieben: dissipati sunt, nec compuncti- „sie zerstieben, aber empfinden keine Reue“ *schiefe Übersetzung* für *hebr.* „sie lästern, ohne zu schweigen“ (*Ps.* 34, 16).
dissĭtŭs 3 entlegen, weit entfernt, einsam.
dissŏcĭābĭlĭs, ĕ unvereinbar.
dissŏlūbĭlĭs, ĕ auflösbar.
dissŏlūtĭō, ōnĭs *f.* 1. Auflösung. 2. Vernichtung, Zerstörung. 3. das Außersichsein; in dissolutionem ruere außer sich geraten.
dissŏlūtrīx, īcĭs *f.* Zerstörerin.
dissŏlūtŭs 3 1. los, ungebunden. 2. gleichgültig, nachlässig, leichtfertig. 3. erschlafft.
dissolvō, solvī, sŏlūtŭm 3 1. auflösen, aufheben. 2. losmachen, freimachen. 3. bezahlen, eine Schuld tilgen. 4. *pass.* deliciis dissolvi in Lüsten schwelgen.

5. entmutigt werden, ermatten. 6. aufgelöst werden, sterben.
dissŏnantĭă, ae *f.* Widerspruch.
dissŏnŭs 3 nicht übereinstimmend, abweichend, verworren.
dissuādĕō, sī, sŭm 2 widerraten.
dissuāsĭō, ōnĭs *f.* das Widerraten, Abmahnung.
dissŭō, sŭī, sūtŭm 3 1. auftrennen, auseinandertrennen (Genähtes). 2. öffnen (*Lev.* 13, 38). 3. allmählich auflösen.
distantĭă, ae *f.* Abstand, Entfernung; Verschiedenheit.
Distemĭŭm, ī *n.* (Diesta) Diest, St. am Demer, Belgien (Brabant); *ca.* 8000 Einw.
distendō, dī, tŭm u. ēnsŭm 3 1. auseinanderspannen, ausspannen. 2. auf die Folter spannen, foltern. 3. beschäftigen (*Ecclus* 3, 10).
distēnsĭō, ōnĭs *f.* Sorge.
distentĭō, ōnĭs *f.* Sorge.
1. **distentŭs** 3 gefoltert.
2. **distentŭs** 3 vielseitig beschäftigt.
disternō, strāvī, strātŭm 3 auseinanderbreiten, zum Lager ausbreiten.
distĕrō, trīvī, trītŭm 3 zerreiben.
distīllātĭō, ōnĭs *f.* (dēstillātĭo) 1. das Abträufeln, die Aussonderung; Regen; Schnupfen. 2. die überflüssige Feuchtigkeit, die Säfte des Körpers.
distīllō 1 (destillo) träufeln, herabträufeln; von etwas triefen.
distīnctĭm unterschiedlich.
distīnctĭō, ōnĭs *f.* 1. Sonderung, Unterscheidung. 2. Unterschied, Verschiedenheit.
distīnctŭs 3 1. unterschieden. 2. deutlich, bestimmt, klar.
distĭnĕō, tĭnŭī, tentŭm 2 1. trennen. 2. in Anspruch nehmen, ablenken, zerstreuen.
distingŭō, stīnxī, stīnctŭm 3 1. ausschmücken, verzieren. 2. unterscheiden, sondern. 3. aussprechen (*Ps.* 65, 14). 4. unbedacht reden: distinxit (*διαστέλλειν*) = aufgeregt herausstoßen, unbedacht reden oder schwören (*Ps.* 105, 33).
distō 1 1. auseinanderstehen, entfernt sein. 2. sich unterscheiden.
distorquĕō, sī, tŭm 2 verdrehen, verzerren, quälen.
distorsĭō, ōnĭs *f. s.* distortio.
distortĭō, ōnĭs *f.* (distorsio) Verzerrung, Verdrehung, Verrenkung (der Glieder).
distortŭs 3 verrenkt, verwachsen.
distractĭō, ōnĭs *f.* Zerwürfnis, Zwiespalt.
distrăhō, āxī, ctŭm 3 1. zerteilen, zerreißen. 2. einzeln verkaufen; zerstückeln. 3. zerstreuen (auch geistig). 4. ab-, losreißen.
distrĭbŭō, bŭī, būtŭm 3 1. verteilen, zuteilen. 2. einteilen. 3. *übtr.*: aufmerksam betrachten, mustern (*Ps.* 47, 14).
distrĭbūtĭō, ōnĭs *f.* 1. Verteilung, Messung; funĭcŭlus distribūtĭōnis Meßschnur (*Ps.* 77, 54); Gabenverteilung; *pl.* die Gaben. 2. Einteilung, *bes.*: logische Einteilung.
distrĭbūtīvŭs 3 1. austeilend. 2. *in der Logik*: suppositio complete (aut incomplete) distributiva = Unterstellung eines Begriffes oder Wortes zur Bezeichnung aller (oder nicht aller) Einzelwesen *oder* Arten.
distrĭbūtŏr, ōrĭs *m.* Austeiler, Verleiher, Geber.
dīstrictĭō, ōnĭs *f.* Schwierigkeit; Schärfe, Strenge; hartes Gericht, strenge Entscheidung.
1. **dīstrictŭs,** ūs *m.* Gebiet, Gegend, Distrikt.
2. **dīstrictŭs** 3 1. vielbeschäftigt. 2. streng, scharf.
dīstringō, strinxī, strictŭm 3 1. auseinanderziehen, teilen, zerstreuen. 2. vielfach beschäftigen, zu schaffen machen.
distruncō 1 auseinanderhauen.
disturbātĭō, ōnĭs *f.* Zerstreuung.
disturbō 1 in Unordnung bringen.
dītātŭs 3 bereichert; versehen: indulgentiis.
dĭthălassŭs 3 (*διθάλασσος*) auf zwei Seiten vom Meere umgeben: lŏcus.
dītĭfĭcō 1 bereichern.
dĭtĭō, ōnĭs *f. s.* dicio.
dītēscō 3 reich werden.
Ditmārŭs, ī *m.* Ditmar, Bisch. v. Prag, † 983, Vorgänger des hl. Adalbert.
dītō 1 bereichern.
Ditbergă, ae *f. s.* Ditperga.
Ditpergă, ae *f.* (Dietperga, Ditberga, Dietperch) Ditberga, Mutter des hl. Ulrich, Bischofs v. Augsburg (10. Jh.), *s.* S. Udalricus.
dĭū *adv.* 1. lange Zeit, geraume Zeit. 2. seit langer Zeit; *comp.*: diutius; *sup.*: diutissime.
dĭurnālĕ, ĭs *n.* (diuturnum im Caerem. Episc.) Diurnale, ein Teilbrevier, das nur die Tagzeiten des Breviers (ohne die Matutin) enthält.
dĭurnŭs 3 1. bei Tage, Tages-. 2. täglich.
Dĭūtĭă, ae *f. s.* Divitia.
dĭūtĭnŭs 3 langwierig, lange.
dĭūtissĭmē *adv.* (*sup. von*: diu) am längsten, sehr lange.
dĭūtĭŭs *adv.* (*comp. von*: diu) länger.
dĭūturnĭtās, ātĭs *f.* lange Dauer.
dĭūturnŭm, ī *n. s.* diurnale.
dĭūturnŭs 3 lange dauernd, langjährig.
dīvālĭs, ĕ *s.* divus.
dīvārĭcō 1 auseinanderspreizen.

dīvellō, vellī oder vulsī 3 zerreißen, gewaltsam trennen.
dīvendō, dĭdī, dĭtŭm 3 einzeln verkaufen.
dīversĭmŏdē *adv.* auf verschiedene Weise.
dīversĭtās, ātĭs *f.* 1. Verschiedenheit, Unterschied. 2. Widerspruch.
dīversōrĭŭm, ī *n. s.* deversorium.
dīversŭs 3 (divorsus) 1. entgegengesetzt, gegenüberliegend, ganz verschieden. 2. feindlich, uneinig. 3. verschieden, abweichend, unpassend.
dīvertō, tī, sŭm 3 (dīvertŏr, versŭs sŭm oder tī 3) 1. *intr.*: sich abwenden, weichen. 2. *trans.*: losmachen, abwendig machen. 3. ad alqm sich zu jem. begeben.
1. **dīvĕs,** ĭtĭs 1. reich, mächtig. 2. fruchtbar, einträglich. 3. kostbar.
2. **dīvĕs,** ĭtĭs *m.* der Reiche, *oft soviel wie*: der ungerechte Reiche, *d. h.* der Gottlose als Bedränger der Armen (*Ps.* 9, 29).
dīvĭdĭă, ae *f.* Zwietracht; Kummer, Verdruß.
dīvĭdō, vīsī, vīsŭm 3 1. trennen, scheiden, sondern. 2. teilen, scheiden, zerteilen. 3. einteilen, verteilen. 4. divīsi sunt ab ira *etc.* (*Ps.* 54, 22) *gänzlich sinnlose Übersetzung für hebr. nach Hieronymus*: nitidius butyro os illius, pugnat autem cor illius = „glatter als Butter ist sein Antlitz, aber Krieg ist in seinem Herzen" (*Schlögl, Psalmen hebr.-deutsch*). 5. de terra dīvĭde eos in vita eorum *etc.* (*Ps.* 16, 14, *Vulgatatext ohne rechten Sinn, hebr. Text teilweise verderbt*) *nach dem kritisch wiederhergestellten Texte lauten Ps.* 16, 13 u. 14: „Auf, Jahwe, komm ihm zuvor, beuge ihn nieder, rette mein Leben vor dem Frevler, der dich lästert, (14) vor denen, die deiner Macht widerstehen; vor den Leuten, deren Anteil die Welt ist. Im Leben sind sie geborgen, voll ist ihr Bauch; satt sind sie und hinterlassen noch ihren Kindern (*Schlögl*).
Dīvĭdūnŭm, ī *n. s.* Metae.
dīvĭdŭŭs 3 teilbar.
dīvīnă, ōrŭm *n. s.* 1. divinus 1.
dīvīnātĭō, ōnĭs *f.* 1. Eingebung, Sehergabe, Weissagung. 2. Weisheitsspruch, Gottesurteil.
dīvīnātŏr, ōrĭs *m.* Weissager, Wahrsager.
dīvīnātrīx, īcĭs *f.* Weissagerin; auch *adj.*
dīvīnĭtās, ātĭs *f.* 1. Göttlichkeit, Gottheit. 2. göttliches Wesen.
dīvīnĭtŭs *adv.* 1. durch göttliche Fügung. 2. herrlich, vortrefflich.
dīvīnō 1 weissagen, ahnen, voraussehen.
1. **dīvīnŭs** 3 1. göttlich; *subst.* **dīvīnă,** ōrŭm *n.* die göttlichen Geheimnisse. 2. voll göttlicher Eingebung, weissagend. 3. herrlich, himmlisch.
2. **dīvīnŭs,** ī *m.* Wahrsager, Zauberer.
Dīvĭō, ōnĭs *f.* (Divionense castrum, Diviodunum) Dijon, St. an der Ouche u. am Kanal von Burgund, Fkr. (Côte d'Or), *ca.* 70000 Einw.; Bischofssitz (seit 1731), Suffr. v. Lyon; *dav.*: **Dīvĭānēnsĭs,** ĕ u. **Dīvĭōnēnsĭs,** ĕ.
Dīvĭŏdūnēnsĭs pāgŭs, ī *m.* (Osearensis pagus) Le Dijonnais, ehem. Landschaft, Fkr. (Bourgogne).
Dīvĭŏdūnŭm, ī *n. s.* Divio.
Dīvĭōnēn. (*C. R.*) *s.* Divio.
Dīvĭōnēnsĕ castrŭm, ī *n. s.* Divio.
dīvīsĭbĭlĭs, ĕ teilbar.
dīvīsĭm *adv.* geteilt; teilweise.
dīvīsĭō, ōnĭs *f.* 1. Teilung, Verteilung, Einteilung. 2. Unterschied. 3. *concr.*: Teil, Stück.
Dīvīsĭō Dŭŏdĕcĭm Apostŏlōrŭm Fest der Aposteltrennung, 15. Juli.
dīvīsŏr, ōrĭs *m.* Verteiler, Verleiher.
Dīvĭtēnsĕ castrŭm, ī *n. s.* Dīvĭtia.
Dīvĭtēnsēs, ĭŭm, *m. s.* Divitia.
Dīvĭtĭă, ae *f.* (Dīūtĭă, ae *f.*) (Dīvĭtēnsĕ castrum) Deutz, bei Köln am Rhein; *dav.*: **Dīvĭtēnsĭs,** ĕ *u.* **Dīvĭtēnsēs,** ĭŭm *m.* Einw.
dīvĭtĭae, ārŭm *f.* 1. Reichtümer, Schätze. 2. Reichtum, Fülle. 3. viri divitiarum (*Hebraismus*) die Habgierigen.
Dīvŏdūrŭm, ī *n. s.* Metae.
Dīvōnă, ae *f. s.* Cadurcum.
dīvorsŭs 3 *s.* diversus.
dīvortĭō 1 die Ehe trennen, ehescheiden.
dīvortĭŭm, ī *n.* Scheidung, Trennung, Ehescheidung.
dīvulgātĭō, ōnĭs *f.* Bekanntgabe, öffentliche Verbreitung.
dīvulgātŭs 3 allgemein bekannt, weit verbreitet.
dīvulgō 1 bekannt machen, verbreiten.
dīvulsĭō, ōnĭs *f.* Trennung, Zerreißung.
dīvulsŭs 3 (*von*: divello) zerrissen, gewaltsam getrennt.
dīvŭm, ī *n.* der freie Himmel, das Freie; sub divo unter freiem Himmel, im Freien.
1. **dīvŭs** 3 (divālis) göttlich, himmlisch.
2. **dīvŭs,** ī *m.* 1. Gott. 2. der Heilige.
dō, dĕdī, dătŭm 1 1. geben, darreichen, verleihen, spenden, übertragen; dătā operā mit Fleiß, vorsätzlich, absichtlich (*C. j. c.* 1399, § 3); dare somnum Schlaf gönnen; d. vocem die Stimme erschallen lassen; d. tympănum die Pauke schlagen; d. gloriam Deo Gott die Ehre geben, Gott preisen; d. audĭtŭi hören lassen; d. obliviōni vergessen; *dav.*: *subst.*: **dătŭm,** ī *n.* a) Geschenk, Gabe. b) Datum (als Monatstag). 2. hingeben, überlassen,

preisgeben; d. in opprobrium der Schande preisgeben; d. in captionem in die Gefangenschaft überliefern; d. in uxorem zur Gattin geben. 3. gewähren, gestatten; d. petitionem eine Bitte gewähren. 4. veranstalten, geben, erlassen. 5. bewirken, machen zu (= *dem klass.*: reddere); d. immobĭlem terram die Erdoberfläche festlegen, die Erde befestigen (Hym. Vesp. Fer. IV, 1). 6. anrechnen, auslegen, zuschreiben. 7. d. terga den Rücken kehren, die Flucht ergreifen. 8. d. dorsum *Ps.* 17, 41: inimicos meos dedisti mihi dorsum = du ließest meine Feinde mir den Rücken kehren (schlugst sie vor mir in die Flucht), *vgl.*: *Ps.* 20, 13: pones eos dorsum = du wirst sie in die Flucht schlagen. 9. quis dabit! (*Hebraismus*) = o möchte doch!

Dobdagrecŭs, ī *m.* Dobdagrec, aus Schottland, Weihbischof von Salzburg, leitete im Namen des Bischofs Virgil die Diözese Salzburg (um 800).

Dobroslavă, ae *f.* Dobroslawa, Mutter des sel. Martyr. Hroznata, (12. Jhdt.); *s. dens.*

Doccingă, ae *f.* (Doccumum, Dockcetum, Dockum, Doccum) Dokkum, Ort bei Borntief, Niederlande (Friesland).

Doccŭm, ī *n. s.* Doccinga.

Doccumŭm, ī *n. s.* Doccinga.

dŏcĕō, cŭī, ctŭm 2 1. lehren, unterrichten. 2. zeigen, dartun, auseinandersetzen. 3. veröffentlichen, bekannt machen. 4. Vorträge halten.

dŏcētă, ae *m.* (δοκήτης) Doket, *d. h.* ein Irrgläubiger, der behauptet, Christi Leib sei nur ein Scheinleib gewesen (Irrlehre des 1. Jhdt.).

Doch *indecl.* (*hebr.*: Festung) Doch, feste Stadt, Pal. (Juda).

1. **dŏcĭbĭlĭs,** ĕ 1. fähig zu lehren. 2. gelehrig.

2. **dŏcĭbĭlĭs,** ĭs *m.* Lehrling.

dŏcĭlĭs, ĕ gelehrig, faßlich.

dŏcĭlĭtās, ātĭs *f.* Gelehrigkeit.

Dockcetŭm, ī *n. s.* Doccinga.

Dockŭm, ī *n. s.* Doccinga.

doctŏr, ōrĭs *m.* 1. Lehrer, bes. Kirchenlehrer; d. gentium: der Völkerapostel Paulus; d. Ecclesiae: Kirchenlehrer. 2. ein mit dem akademischen Doktorgrade Ausgezeichneter: Doktor (Dr.).

doctŏrālĭs, ĕ zur Doktorwürde gehörig.

doctŏrātŭs, ūs *m.* Doktorwürde, der Doktorat.

doctrīnă, ae *f.* 1. Unterricht, Belehrung. 2. Gelehrsamkeit, Wissenschaft.

doctrīnālĕ, ĭs *n.* Lehrbuch.

doctrīnālĭs, ĕ den Unterricht, die Lehre betreffend; gelehrt, theoretisch.

doctrīx, īcĭs *f.* Lehrerin.

doctŭs 3 1. gebildet, gelehrt; subst. **doctī,** ōrŭm *m.* Gebildete, Gelehrte, *bes.* Schriftgelehrte.

dŏcŭmentŭm, ī *n.* 1. Lehre, Beispiel, Unterweisung. 2. Beweis, Zeugnis.

Dodă, ae *f.* Doda, die Gattin Arnulfs v. Metz.

Dodanim *indecl.* (*hebr.*: *richtig*: Rodanim oder Dardanim?) die Rhodier, die Bewohner von Rhodus (*od.*: Δάρδανοι Dardaner, Troer?).

Dodau *indecl.* = Dodija (*hebr.*: Geliebter Jahwes) (2. *Par.* 20, 37).

Dodo *indecl. m.* (*hebr.*= sein Freund, sein Oheim, Vatersbruder: patruus), Dodo, Vater von zwei Offizieren Davids (2. *Reg.* 23, 9).

Doëg *indecl. m.* (*hebr.*: der Besorgte) Doëg, ein Idumäer, Oberhirte Sauls, der 85 Priester zu Nobe tötete.

dogmă, ătĭs *n.* (δόγμα) 1. (philosophischer) Grund- oder Lehrsatz, Glaubenswahrheit, Glaubenssatz. 2. Verordnung (*Esth.* 4, 3). 3. Dogmatik (Glaubenswissenschaft).

dogmătĭcă, ae *f.* (δογματική) Glaubenswissenschaft, Dogmatik.

dogmătĭcŭs 3 dogmatisch, glaubenspflichtig.

dogmătīzō 1 (δογματίζω) Glaubenssätze vortragen.

Dōlă, ae *f. s.* Dola Sequanorum.

Dōlă Sēquănōrŭm *f.* (Dola, Dolum) Dôle am Doubs, St., Fkr. (Jura), *ca.* 16000 Einw.

dŏlābră, ae *f.* Hacke, Brechaxt, Spitzhaue.

Doleiă, ae *f.* (Theolegium, Toleiensis vicus) Tholey, Marktflecken, Preußen (Rheinpreußen).

dŏlēns, ntĭs schmerzerfüllt; *adv.*: dolenter schmerzlich.

Dŏlēnsĭs burgŭs, ī *m.* (Burgidolium) ehem. Kloster bei Châteauroux, St. Fkr. (Indre).

dŏlentĕr *adv. s.* dolens.

dŏlĕō, ŭī 2 schmerzen, Schmerzen fühlen, trauern, betrübt *oder* ärgerlich sein.

dōlĭŏlŭm, ī *n.* Fäßchen.

dōlĭŭm, ī *n.* Faß.

dŏlō 1 mit der Axt bearbeiten, behauen.

dŏlŏr, ōrĭs *m.* 1. Schmerz, Kummer, Betrübnis. 2. Unwille, Ärger, Verdruß. 3. castrum dolōrĭs Paradebett (*Caer. Episc. cap. XI*).

dŏlōrōsŭs 3 schmerzensreich, schmerzhaft.

dŏlōsĭtās, ātĭs *f.* Verschlagenheit, Falschheit.

dŏlōsŭs 3 arglistig, trügerisch; dolose agere schmeicheln, heucheln.
1. **Dolŭm,** ī *n.* Dol, Ort in der Bretagne, Fkr. (Ille-et-Villaine); *ca.* 4500 Einw.
2. **Dōlŭm,** ī *n. s.* Dola Sequănōrum.
dŏlŭs, ī *m.* 1. List, Überlistung, Hinterlist, Täuschung, Betrug; dolum facere treulos handeln, trügerisch sein; *pl.*: Trugworte (*Ps.* 34, 20). 2. Absicht, überlegter Wille, Überlegung (*C. j. c.* 103 § 2).
dōmă, ătĭs *n.* (δῶμα) 1. Haus, Hütte. 2. Dach (*L. IX. ult. Dom. p. Pent.*).
dŏmābĭlĭs, ĕ bezähmbar.
dŏmātŏr, ōrĭs *m.* Bändiger.
Dombēnsĭs pāgŭs, ī *m.* (Dumbae, Dumbarum) Dombes, Landschaft zwischen Rhône und Saône, Fkr. (Aine).
Dŏmestĭcă vallĭs der Domleschgau (Tumiliasca), Tal, Schweiz (Graubünden).
dŏmestĭcī Dĕī *m.* Hausgenossen Gottes, Engel.
1. **dŏmestĭcŭs** 3 1. zum Hause, zur Familie gehörig, häuslich. 2. einheimisch, vaterländisch.
2. **dŏmestĭcŭs,** ī *m.* Hausgenosse; d. fidei Glaubensgenosse; *vgl.* domestici.
dŏmī, *adv.* zu Hause, in der Heimat.
dŏmĭcellŭs, ī *m.* Standesherr, Gutsherr, Adeliger.
dŏmĭcĭlĭŭm, ī *n.* 1. Wohnung, Wohnort; Wohnsitz; im kirchenrechtlichen Sinne wird der Wohnsitz oder das Domizil erworben durch Niederlassung an einem Orte innerhalb einer Pfarrei oder Diözese mit dem Willen, dauernd (perpetuo) ebenda zu bleiben, oder durch das tatsächliche zehnjährige Wohnen an einem Orte; d. paroeciale Pfarrwohnsitz; d. dioecesanum Bistumswohnsitz (*C. j. c.* 92 § 1). 2. Behausung (der Eule: *Ps.* 101, 7).
Domim *indecl.* (Dommim; *hebr.*: Ephes-Hadomajim „Ende der beiden Sandbänke") Ephes-Dammim, Ort nordöstlich von Soko, *j.*: Ruinen von Damum, Pal. (Juda).
dŏmĭnă, ae *f.* Herrin, Hausfrau.
dŏmĭnātĭō, ōnĭs *f.* Herrschaft, Einfluß, Gewalt; **Dŏmĭnātĭōnēs,** ŭm *f.* eine besondere Klasse der Engel, „die Herrschaften".
dŏmĭnātīvŭs 3 Gewalt über einen anderen gebend, beherrschend, befehlend, herrschend; potestas dominativa hausherrliche, hausväterliche Gewalt (Gegensatz: iurisdictio oder potestas ecclesiastica Amtsgewalt; *C. j. c.* 501 § 1); eine Herrschaft, Oberherrschaft anzeigend.
dŏmĭnātŏr, ōrĭs *m.* Beherrscher.
dŏmĭnātrīx, īcĭs *f.* Beherrscherin.
dŏmĭnātŭs, ūs *m.* Herrschaft.
dŏmĭnĭcă, ae *f.* 1. (*scil.* dies) Tag des Herrn, Sonntag, dom. in Albis weißer Sonntag, erster Sonntag nach Ostern. 2. (*scil.*: oratio) Gebet des Herrn, Vater unser.
dŏmĭnĭcālĭs, ĕ zum Sonntag gehörig, sonntäglich.
1. **Dŏmĭnĭcānŭs** 3 zum Dominikaner- *oder* Predigerorden gehörig.
2. **Dŏmĭnĭcānŭs,** ī *m.* Dominikaner, Mitglied des Predigerordens.
S. **Dŏmĭnĭcī** (*C. R.*) *s.* Dominicopolis.
Dŏmĭnĭcŏpŏlĭs, ĭs *f.* San Domingo, Hauptst. der Republik Dominica, Haïti, Mittelamerika (große Antillen), ca. 25 000 Einw.; Erzbischofssitz (1513 bis 1547 Bistum).
1. **dŏmĭnĭcŭs** 3 herrschaftlich.
2. **Dŏmĭnĭcŭs** 3 des Herrn Jesu Christi, Gottes-, Gott gehörig; coena Dominica (neben: Domini) das Abendmahl.
S. **Dŏmĭnĭcŭs,** ī *m.* hl. Dominik, Stifter des Prediger-Ordens, † 1221, 4. Aug.
•B. **Dŏmĭnĭcŭs Giorgi** *m.* sel. Dominik Giorgi, Mart., *s.* B. Leonardus Kimuro.
dŏmĭnĭŭm, ī *n.* Besitz, Besitzung.
dŏmĭnŏr 1 herrschen, Herr sein; *obj. meist im gen.*: qui vivorum dominaris et mortuorum.
dŏmĭnŭs, ī *m.* 1. Herr, Herrscher, Gebieter. 2. Eigentümer, Besitzer. 3. **Dominus** unser Herr Jesus Christus, oft gekürzt: D.N.J.C.
Dŏmĭtĭānŭs, ī *m.* Domitian, röm. Kaiser (81—96).
S. **Dŏmĭtillă,** ae *f.* hl. Domitilla, Mart. (1. Jhdt.); 12. Mai.
Dŏmĭtĭŭs, ī *m.* Domitius, Konsul unter Kaiser Diokletian in Rom (3. Jhdt.).
dŏmĭtō 1 bändigen, zähmen.
dŏmĭtŏr, ōrĭs *m.* Bezwinger, Überwinder.
dŏmĭtŭs, ūs *m.* Zähmung; *auch*: *ptc. v.* dŏmō.
Dommim *indecl.* Grenzlandschaft Judäas gegen die Philister, s. Domim.
domnŭs, ī *m.* (statt dominus) besonders in den kirchlichen Gebeten = domnus apostolicus (Papst); denn die vollständige Form bezeichnet den göttlichen Heiland; iube, domne, benedicere = geruhe, Herr, zu segnen!
S. **Domnŭs,** ī *m.* hl. Domnus, Mart., Kap., † 1227, 13. Okt.; *s.* S. Daniel.
1. **dŏmō** *adv.* von Hause.
2. **dŏmō,** ŭī, ĭtŭm 1 1. zähmen, bändigen. 2. überwältigen, besiegen.
dŏmŭm *adv.* nach Hause, heimwärts.
dŏmuncŭlă, ae *f.* Häuschen, Zelt.
dŏmŭs, ūs *f.* 1. Haus, Wohnung. 2. Heimat, Vaterland. 3. Familie, Geschlecht; Nachkommen, Volk. 4. Hauswesen, -stand, Vermögen. 5. domus refugii Zufluchtsort. 6. d. passeris,

herodii Nest des Sperlings, Reihers (*Ps.* 83, 4, 103, 17). 7. Tempel (1. *Mach.* 4, 46). 8. d. pontificalis oder pontificia päpstlicher Hof (Kurie). 9. d. religiosa (d. religiosorum et religiosarum) Ordenshaus, Kloster. 10. d. formata Ordenshaus mit mindestens sechs Profeßordensleuten, unter denen in einer religio clericalis (Priesterorden) wenigstens vier Priester sein müssen.

dōnārĭŭm, ī *n.* 1. Opferaltar. 2. Weihgeschenk. 3. Geschenkkammer, Schatzkammer.

dōnātārĭŭs, ī *m.* derjenige, dem etwas geschenkt wird, Empfänger.

dōnātĭō, ōnĭs *f.* Gabe, Schenkung.

Dōnātistae, ārŭm *m.* Donatisten, Anhänger des Irrlehrers Donatus (*s.* dens.); sie stießen schwere Verbrecher für immer aus der Kirchengemeinschaft aus (4. Jhdt.).

dōnātŏr, ōrĭs *m.* Geschenkgeber.

dōnātrīx, īcĭs *f.* Schenkerin, Verleiherin.

1. **S. Dōnātŭs,** ī *m.* hl. Donat, Bisch., Mart. († 361).

Nach dem Martertode seiner Eltern floh er zugleich mit dem Mönche Hilarinus nach Arrezzo in Etrurien und wurde dort z. Z. Julians des Abtrünnigen zum Bischofe gewählt. Wegen der Verkündung des christl. Glaubens und ob seiner Wundertaten ließ ihn der Statthalter Quadratianus mit Hilarinus vor sein Gericht schleppen, um sie beide zum Abfall zu bringen. Aber je mehr er sie zwingen wollte, den heidnischen Göttern zu opfern, desto eindringlicher predigten sie dem Volke Christum, den wahren Gottessohn, bis er den Hilarinus mit Knütteln zu Tode schlagen, Donatus aber die Kinnladen zerquetschen und enthaupten ließ. — 7. Aug. (Sachsen-Meißen).

2. **S. Dōnātŭs,** ī *m.* hl. Donat, Martyrgenosse des hl. Placidus, 9. Juni.

Dōnātŭs, ī *m.* 1. Donatus, Bisch. v. Karthago zu Anfang des 4. Jhdts., bekannter Irrlehrer; seine Anhänger: **Dōnātistae,** ārŭm *m.*, *s. dort.*

Dōnātŭs Aelĭŭs, ī *m.* Aelius Donatus, berühmter Grammatiker des 4. Jhdts. n. Chr., Lehrer des hl. Hieronymus.

Donaverdă, ae *f.* (Danubii insula) Donauwörth, St. an der Donau, Bayern (Schwaben), *ca.* 4600 Einw.

dōnĕc *conj.* bis, bis daß (*mit Indikativ u. Konjunktiv*); diese Konjunktion muß jedoch das Fortbestehen einer Tatsache für die Zukunft nicht ausschließen, *vgl. Mt.* 1,25 u. *Ps.* 109, 1.

Donin *indecl.* Ort oder Gegend in Sachsen (Proprium von Passau, 9. Okt.)

dōnō 1 1. geben, schenken. 2. zum Opfer bringen, opfern. 3. erlassen, Verzicht leisten. 4. nachlassen, verzeihen.

dōnŭm, ī *n.* Gabe, Geschenk; Opfergabe.

Donŭm, ī *n.* ehem. Kloster bei der Stadt Tuam, Irland.

Dor *indecl.* (*hebr.*: Kreis ?; Gehöfte, Lager ?) En-Dor, St. unweit des Karmelgebirges, Pal. (Issachar-Aser); Hammoth Dor Thermen von Dor; Nephath Dor -Anhöhe (?) von Dor [bei *Jos.* 17, 11 Einschub].

1. **Doră,** ae *f.* Dor an der phönizischen Küste (1. *Mach.* 15, 11).

2. **Doră,** ae *f.* Dore, ehem. Cist.-Kloster, England, Diöz. Hereford.

Dorcās, ădĭs *f.* (Δόρκας Gazelle; *syr.*: Tabitha, *assyr.*: sabit; *hebr.*: sabi [sabit] fein) Dorkas od. Tabitha, eine fromme Christin zu Joppe, von Petrus wieder zum Leben erweckt (*Apg.* 9, 36 u. 39).

Dorcassīnŭs pāgŭs, ī *m.* die Umgebung der Stadt Dreux, Fkr. (Eure-et-Loir).

Dorcestrĭŭm, ī *n.* Dorchester, St. an der Südküste von England, *ca.* 10000 Einw.; *dav.*: **Dorcestrĭēnsĭs,** ĕ.

Dorda *indecl. m.* Dorda, angebl. ein weiser Sänger, wahrscheinlich Einschub aus 1. *Par.* 2, 6 = Dara oder Darda, ebenso wie Ethan, Eman (Heman) u. Chalkol (Chalchal) (3. *Kön.* 4, 31).

Dordōnĭă, ae *f.* (Duranius) Dordogne, Nebenfluß der Garonne (Fkr.).

Dordrācēnsĭs 3 *s.* Dordracum.

Dordrācŭm, ī *n.* (Dordrechtum) Dordrecht, St. in Holland, unterhalb der Waalmündung; *dav.*: Dordrācēnus 3.

Dordrechtŭm, ī *n. s.* Dordracum.

Dorestădĭŭm, ī *n.* Ort Dorestede in Friesland (Holland).

Doriorĭgŭm, ī *n.* (Dariorĭtum, Darioriĭgum, Civitas Venetum, Venetensis ecclesia) Vannes, St. am Atlantischen Ozean, Fkr. (Morbihan), *ca.* 17000 Einw.; Bischofssitz (seit 5. Jhdt.), Suffr. v. Rennes.

dormĭō 4 1. schlafen, schlummern. 2. sich schlafen legen (*Ps.* 3, 6); ruhen (*Ps.* 67, 14). 3. entschlafen, sterben.

dormītātĭō, ōnĭs *f.* das Schlafen, der Schlummer.

dormītĭō, ōnĭs *f.* 1. das Schlummern, Schlafen. 2. das Entschlafen, Sterben, der Tod. 3. Todesruhe, Todesstätte; dormitio B. M. V.

dormītīvŭs 3 einschläfernd.

dormītō 1 1. schläfrig sein, einschlafen, schlummern. 2. entschlafen, sterben (1. *Cor.* 7, 39).

dormītōrĭŭm, ī *n.* Schlafsaal; in Klöstern die Gänge, auf welche die Mönchszellen münden.

Dornacŭm, ī *n. s.* Tornacum Nerviorum.

Dorostorŭm, ī *n.* (in Mysia) Silistria *oder* Dristra an der Donau, Rumänien (früher Bulgarien).

S. Dōrŏthĕă, ae *f.* (Δωροθέα Gottesgeschenk), hl. Dorothea, Jgfr. u. Mart. zu Caesarea, † 304, 6. Febr.

Dŏrŏthĕŭs, ī *m.* Dorotheŭs, Kammerdiener des Kaisers Diokletian.
dorsŭm, ī *n.* der Rücken; dorsum dare alicui den Rücken kehren lassen vor jem. (*vgl.*: do).
dorsŭs, ī *m.* der Rücken.
Dŏrȳmĕnēs, ĭs *m.* (Δορυμένης = der mit dem Speer Siegende oder Bestehende) *s.* Doryminus.
Dŏrȳmīnŭs, ī *m.* (Dorymenes) Dorynenes, Vater des syrischen Feldherrn Ptolemäus.
dōs, dōtĭs *f.* 1. Mitgift, Heiratsgut. 2. Gabe; Schmuck.
Dōsĭthĕŭs, ī *m.* (Δωσίθεος: Gottesgabe = Matthias) 1. Dositheus, jüdischer Priester, der um 180 v. Chr. die griechische Übersetzung des Buches Esther nach Ägypten brachte (*Esth.* 11, 1). 2. ein Unterfeldherr u. ein tapferer Soldat im Heere der Makkabäer (2. *Mach.* 12, 19 *u.* 24 *u.* 35).
dōtātĭō, ōnĭs *f.* 1. Ausstattung, Brautausstattung, Aussteuer. 2. Kirchengrundvermögen, Dotierung.
dōtātŏr, ōrĭs *m.* Geber, Spender, Wohltäter.
Dothain *indecl.* (*hebr.* ?) (Dothaim, Dothan) Dothain, Ortschaft im nördl. Samaria an der Straße von Damaskus u. Galaad nach Ägypten, am Aufstieg aus der Esdrelonebene ins Bergland von Samaria, *heute*: Tell Dothân, Pal.
Dothan *indecl.* (*hebr.*) *s.* Dothain.
dōtō 1 aussteuern, ausstatten.
Dovă, ae *m.* (Dubius) Doubs, Nebenfluß der Saône (zur Rhône), Fkr.
Doxană, ae *f.* (Daxana) Doxan, (Doksany) St., Böhmen, mit Prämonstratenserchorfrauenstifte in der Erzdiözese Prag, gegr. vor 1144 vom Böhmenkönige Wladislaw II.; 1782 aufgehoben.
doxŏlŏgĭă, ae *f.* (δοξολογία) 1. Doxologie, *d. i.* Lobspruch auf die hl. Dreifaltigkeit oder auf Christus, z. B. das Gloria Patri . . ., Gloria in excelsis, viele Schlußstrophen von Hymnen. 2. Lobpreisung.
drachmă, ae *f.* (δραχμή) Drachme, griechische Silbermünze, dem Werte eines röm. Denars gleichgestellt, etwa 65 Pf.
drăcō, ōnĭs *m.* (δράκων) Drache, Ungeheuer; Krokodil; *oft*: Teufel; *auch*: ein Feldzeichen.
Dracŭs, ī *m.* Drac, Nebenfluß der Isère (zur Rhône), Fkr.
Dragō, ōnĭs *m.* Drago, Erzbischof v. Metz, er weihte den hl. Ansgar zum Bischof (9. Jhdt.).
Drahomīră, ae *f.* (Drohomīra) Drahomira, heidn. Mutter des hl. Wenzeslaus, Königs von Böhmen (9. Jhdt.).
drāmă, ătĭs *n.* (δρᾶμα) Handlung, Drama.
Dravŭm, ī *n.* *s.* Dravus.
Dravŭs, ī *m.* (Dravum) Drave *oder* Drau, r. Nebenfluß der Donau, entspringt in den Ostalpen.
Dreini păgŭs (Dreni pagus, Thrachina) Dreingau, der sich von Münster in Westfalen bis zur Stever erstreckte, nördlich der Lippe.
Dreni păgŭs, ī *m.* *s.* Dreini pagus.
Drĕpănēn. (*C. R.*) *s.* Drepanum.
Drĕpănŭm, ī *n.* Trapani, St. auf Sizilien, *ca.* 60000 Einw.; Bischofssitz, Suffr. v. Palermo.
Dresdēnsĭs, ĕ von Dresden (Sachsen).
Drizipară, ae *f.* (in Pannonia) Drizipara in Thrazien bei Karischtiran, südöstl. v. Lyleburgas.
Drogedă, ae *f.* Drogheda am Boynefluß, St. Irland (Meath), nördlich von Dublin; *ca.* 13000 Einw.
Drohomīră, ae *f.* *s.* Drahomira.
drŏmăs, ădĭs *m.* (δρομάς) Dromedar.
drŏmĕdārĭŭs, ī *m.* Dromedar.
Dromorēn. (*C. R.*) *s.* Dromorium.
Dromorĭŭm, ī *n.* Dromore, St. am Lagan, Irland (Down), *ca.* 2300 Einw.; Bischofssitz (seit 514); Suffr. v. Armagh; *dav.*: **Dromorēnsĭs,** ĕ.
Drŭentĭă, ae *f.* Durance, Nebenfluß der Rhône, Südfrankreich.
Drūsĭānă vallĭs *f.* das Illtal in Vorarlberg, Tirol, *j.*: Wallgau.
Drūsillă, ae *f.* Drusilla, Gattin des Prokurators Felix von Judäa (1. Jhdt.).
Drusomagŭs, ī *f.* Sitten, D., Schweiz (Wallis).
Drȳpŏlĭs, ĭs *f.* *s.* Eichstadium.
Duacēn. (*C. R.*) *s.* Duacis.
Duacĭs, ĭs *f.* Kilmacduagh, irischer Bistumstitel, vereinigt mit Galway; *dav.*: **Duacēnsĭs,** ĕ.
Dūācŭm, ī *n.* (Aduaticorum oppidum) Douai an der Scarpe, St., Fkr. (Nord); *ca.* 35000 Einw.; *dav.*: **Dūācēnŭs** 3.
dŭālistă, ae *m.* Anhänger des Dualismus, einer Lehre, wonach es zwei erste Grundkräfte gibt, eine gute und eine schlechte, Dualist.
dŭbĭĕtās, ātĭs *f.* Zweifelsucht, Ungläubigkeit.
Dūbĭs, ĭs *m.* *s.* Dubius.
dŭbĭtantĕr, *adv.* zaudernd, mit Bedenken.
dŭbĭtātĭō, ōnĭs *f.* Zweifel, Bedenken, Unschlüssigkeit.
dŭbĭtātumcŭlă, ae *f.* geringer Zweifel, kleine Ungewißheit.
dŭbĭtātīvŭs 3 zweifelhaft.
dŭbĭtātŏr, ōrĭs *m.* Zweifler.
dŭbĭtō 1 1. zweifeln, ungewiß sein. 2. erwägen, überlegen. 3. schwanken, Bedenken tragen. 4. *auch unpers. konstruiert*: mihi non dubitatur mit

dem Infin.: ich zweifle nicht, daß (4. *Lekt. am* 1. *Adventssonntage*).

dŭbĭŭs 3 1. zweifelnd, ungewiß, unbestimmt, zweifelhaft. 2. unschlüssig, schwankend. 3. bedenklich, gefährlich.

Dūbĭŭs, ī *m.* (Dubis [*acc.*: -im], Dova) Doubs, Nebenfluß der Saône (zur Rhône), Fkr., er entspringt im Jura u. mündet nördlich von Châlons.

Dublānă, ae *f. s.* Dublinum.

Dublĭēnsĭs, ĕ aus Dublin, *s.* Dublinum.

Dublīnēn. (*C. R.*) *s.* Dublinum.

Dublīnĭŭm, ī *n. s.* Dublinum.

Dublīnŭm, ī *n.* (Dublana, Dublinium, Eblana) Dublin, Hauptstadt von Irland, *ca.* 400 000 Einw. (mit Vororten); Erzbischofssitz (von 633? oder 1038 bis 1152 Bistum); *dav.*: **Dublīnēnsĭs,** ĕ.

Dubuquēn. (*C. R.*) *s.* Dubuquium.

Dubuquĭŭm, ī *n.* Dubuque, St. r. am Mississippi, Nordamerika (Jowa), *ca.* 40 000 Einw.; Erzbischofssitz (1837 bis 1893 Bistum); *dav.*: **Dubuquēnsĭs,** ĕ.

dŭcālĭs, ĕ zu einem Herzog, Feldherrn gehörig.

1. **dŭcātŭs,** ī *m.* mittelalterliche Goldmünze von sehr verschiedenem Werte, Dukat.

2. **dŭcātŭs,** ūs *m.* 1. Feldherrnwürde. 2. Führung, Leitung; ducatum praestare alicui sich an die Spitze stellen von *oder* jemanden führen. 3. Herrschaftsgebiet, Reich, *bes.* Herzogtum; ducatus magnus Großherzogtum.

Dūcēnsĭs urbs, bĭs *f. s.* Divitia.

dŭcentī, ae, ă zweihundert.

dŭcissă, ae *f.* Herzogin.

Duclă, ae *f. s.* Dukla.

dūcō, dūxī, ductŭm 3 1. führen, einführen; ducto circulo notissimo nachdem der Kreislauf als sehr bekannt eingeführt worden ist (*Hym. Mat. Dom. I. Quad.*). 2. mit sich führen, mitnehmen. 3. herbeiführen, bringen. 4. Truppen führen, anführen, befehligen. 5. bekommen, erhalten, calorem ducere. 6. hin- und herführen, herumführen, schwenken: thuribulum. 7. heiraten, heimführen: uxorem. 8. verursachen, bewirken. 9. berechnen, in Rechnung bringen; per semetipsum ducere mit sich selbst multiplizieren, per denarium mit zehn; quatuor ter ducta duodecim inveniuntur vier mal drei ist (gibt) zwölf. 10. halten, meinen, der Ansicht sein.

ductĭlĭs, ĕ 1. hin- und herziehbar. 2. aus Metall getrieben.

ductĭm *adv.* zugweise.

ductĭō, ōnĭs *f.* Führung.

ductō 1 mit sich führen; befehligen.

ductŏr, ōrĭs *m.* Führer, Anführer.

ductrīx, īcĭs *f.* Führerin, Lenkerin.

1. **ductŭs** 3 *ptc. von*: duco.

2. **ductŭs,** ūs *m.* 1. Führung, Leitung. 2. das Schwenken des Weihrauchfasses.

Duderstadĭŭm, ī *n.* Duderstadt, St. Preußen (Hannover); *ca.* 5500 Einw.

Dudia *indecl. m.* (Dodo) (*hebr.*: Geliebter Jahwes?) Dodaj, ein Israelit, Vater des Eleazar (1. Par. 27, 3).

dūdŭm *adv.* 1. seit längerer Zeit, lange, längst (*als Ausdruck der Ungeduld; in Wirklichkeit aber*) seit kurzer Zeit, eine Weile her; iam dudum schon lange, schon längst. 2. vor längerer Zeit, früher; vor einer Weile, vor kurzem; neulich, jüngst; vorhin schon.

Duel *indecl. m.* (*hebr.*?) Duel, Vater des Eliasaph, eines Führers des Stammes Gad durch die Wüste.

dŭellāns, ntĭs *m.* Zweikämpfer, Duellant.

dŭellĭŭm, ī *n.* (duellum) 1. Krieg, Kampf. 2. Zweikampf, Duell.

dŭellō 1 im Zweikampf kämpfen, sich duellieren.

dŭellŭm, ī *n. s.* duellium.

Duesseldorfĭŭm, ī *n. s.* Dusseldorpium.

Duklă, ae *f.* (Ducla) Dukla, St. südöstlich von Krakau, *ca.* 3200 Einw., Galizien.

dulcĕ *adv. s.* dulcis.

dulcēdō, ĭnĭs *f.* 1. Süßigkeit. 2. Lieblichkeit, Liebreiz.

dulcēscō 3 süß werden.

Dulcētĭŭs, ī *m.* Dulcetius, Statthalter in Saloniki z. Z. Diokletians.

1. **Dulcĭdĭŭs,** ī *m.* Dulcidius, Bisch. v. Agen (Fkr.).

2. **Dulcĭdĭŭs,** ī *m.* (Dulcius) Dulcidius, Statthalter in Aquileja z. Z. Diokletians u. Maximians.

dulcĭfĭcō 1 versüßen, angenehm machen.

dulcĭfĕr, ă, ŭm Süßigkeit enthaltend.

dulcĭlŏquŭs 3 süß *oder* verführerisch redend.

dulcĭs, ĕ 1. süß, lieblich. 2. angenehm, freundlich; *adv.* **dulcĭtĕr** u. **dulcĕ.**

Dulcĭs vallĭs, ĭs *f.* Vaduz, Hauptst. vom Fürstentum Liechtenstein (zwischen Vorarlberg u. der Schweiz).

dulcĭsŏnŭs 3 süß, lieblich klingend.

dulcĭtās, ātĭs *f.* Süßigkeit, Lieblichkeit.

Dulcĭŭs, ī *m. s.* Dulcidius.

dulcŏr, ōrĭs *m.* Süße.

dulcōrō 1 versüßen, erfreuen.

dūlĭă, ae *f.* (δουλεία) 1. Knechtschaft; Dienst. 2. Verehrung, die den Heiligen zukommt, Heiligenverehrung.

Dulmă, ae *f. s.* Dulmenni.

Dulmennī, ōrŭm *m.* (Dulma) Dülmen, St. Preußen (Westfalen), *ca.* 8000 Einw.

Duluthēn. (*C. R.*) *s.* Duluthum.

Duluthŭm, ī *n.* Duluth, Hafenst. am Oberen See, Nordamerika (Minnesota), *ca.* 80 000 Einw.; Bischofssitz (seit 1889); Suffr. v. St. Paul; *dav.*: **Duluthēnsĭs,** ĕ.

dŭm I. *adv.* noch, enklitisch anderen Wörtern angehängt; nondum noch nicht; vixdum kaum, nedum geschweige denn. II. *conjct.* 1. während, so lange als, bis daß, bis. 2. insoweit, insofern, wofern nur.

1. **Duma** *indecl. m.* (*hebr.*: Stillschweigen) Duma, sechster Sohn des Ismael, Enkel Abrahams (*Gen.* 26, 14).

2. **Duma** *indecl.* Duma, Ort in Arabien.

3. **Duma** *indecl. verderbt aus* Edom (*Jos.* 21, 11).

Dumbae, ārŭm *f. s.* Dombensis pagus.

dūmētŭm, ī *n.* Dickicht, Gestrüpp.

Dumĭēnsĭs, ĕ *s.* Dumium.

Dumĭŭm, ī *n.* Duwno oder Duvna, Bistumstitel, vereinigt mit Mostar (Hercegovina); *dav.*: **Dumĭēnsĭs,** ĕ u. **Dumnĭēnsĭs,** ĕ.

dummŏdŏ *conj.* (Verstärkung von dum II) insoweit, insofern, wenn nur, wofern nur (*mit Konjunktiv*).

Dumnēn. (*C. R.*) *s.* Dumium.

dūmōsŭs 3 mit Gestrüpp bewachsen.

dumtaxăt *adv.* 1. nicht mehr als, nur, lediglich. 2. wenigstens. 3. insofern, nämlich.

dūmŭs, ī *m.* Gesträuch, Gestrüpp.

Dunae, ārŭm *f.* Dünen, ehem. Cistercienserkloster, Belgien.

Duncherĭŭm, ī *n.* Donchery, St., *ca.* 2000 Einw., Fkr. (Ardennes).

Dunclīnŭm, ī *n.* (Dunelmia) Durham, St. am Wear, England (Northumbrien), *ca.* 15 000 Einw.

Dunedinēn. (*C. R.*) *s.* Dunedinum.

Dunedinŭm, ī *n.* Dunedin, St. Neuseeland (Otago), *ca.* 55 000 Einw.; Bischofssitz (seit 1869), Suffr. v. Wellington; *dav.*: **Dunedinēnsĭs,** ĕ.

Dunelmĭă, ae *f. s.* Dunclinum.

Dunēn. (*C. R.*) *s.* Dunum.

Dūnī castrŭm, ī *n. s.* Regiodunum.

Dunkeldēn. (*C. R.*) *s.* Caledonia.

Dūnŭm, ī *n.* (Castellodunum) Down, St. Irland (Ulster); Bistum seit dem 6. Jhdt., Sitz in Belfast vom Bistum Down u. Connor; *dav.*: **Dūnēnsĭs,** ĕ.

dŭŏ, ae, ŏ zwei, die zwei, ein paar (zum Ausdruck der geringen Anzahl).

dŭŏdĕcennĭs, ĕ zwölfjährig.

dŭŏdĕcĭēs *adv.* zwölfmal.

dŭŏdĕcĭm zwölf.

Ss. Dŭŏdĕcĭm Frātrēs Fest der hl. zwölf Brüder, Mart., 12. Sept.

dŭŏdĕcĭmŭs 3 der zwölfte.

dŭŏdēnārĭŭs 3 zwölf; numerus die Zwölfzahl.

dŭŏdennĭs, ĕ zwölfjährig.

dŭŏdēnŭs 3 aus zwölf bestehend; turba duodena die Apostelschar.

dŭŏdēnī, ae, ă je zwölf.

dŭŏdēvīcēsĭmŭs 3 der achtzehnte.

dŭŏdēvīgintī achtzehn.

Duōdō, ōnĭs *m.* Duodo, (der zehnte) Bisch. von Münster, erhob die Gebeine der hl. Ida in Herzfeld (986).

duplex, ĭcĭs 1. zwiefältig, zwiefach, doppelt. 2. doppelt so groß; festum duplex ein Festtag höherer Ordnung, der so genannt wurde, weil an ihm früher ein doppeltes Officium, nämlich vom Wochentage und vom Feste, zu beten war. 3. geteilten Sinnes, unentschieden, unschlüssig.

duplĭcātĭō, ōnĭs *f.* Verdoppelung.

duplĭcĭtās, ātĭs *f.* 1. Doppeltsein, Verdoppelung. 2. Doppelzüngigkeit.

dŭplĭcō 1 1. verdoppeln. 2. zusammenfalten. 3. vergrößern, weiter erzählen: sermōnĕm.

duplŭs 3 zwiefach, doppelt so groß.

1. **Dura** *indecl.* (*hebr.*? Kreis?) Dura, Ort (Ebene) in der Nähe Babylons.

2. **Dūră,** ae *f.* (Duria, Marcodūrum) Düren, St., Preußen (Rheinprov.), *ca.* 27 000 Einw.

dūrābĭlĭs, ĕ dauerhaft, ausdauernd.

dūrābĭlĭtās, ātĭs *f.* Dauerhaftigkeit.

dūrāmentŭm, ī *n.* Dauerhaftigkeit.

Durango, de Durango (*C. R.*) *s.* Durangum.

Durangŭm, ī *n.* Durango, St., Mexiko, *ca.* 32 000 Einw.; Erzbischofssitz (1620 bis 1891 Bistum).

Duranĭŭs, ī *m. s.* Dordonia.

dūrātĭō, ōnĭs *f.* Dauerhaftigkeit.

dūrēscō, dūrŭī 3 hart werden, sich verhärten.

Dūrĭă, ae *f. s.* 2. Dura.

dūrĭcordĭă, ae *f.* Hartherzigkeit; Hartnäckigkeit.

dūrĭcors, cordĭs hartherzig; hartnäckig.

Durienniŭs lăcŭs, ūs *m.* Züricher See (Schweiz).

dūrĭtās, ātĭs *f.* Härte, Strenge.

dūrĭtĕr (dūrē) *adv.* ungestüm, plump, streng.

dūrĭtĭă, ae *f.* (durities) 1. Strenge, strenge Lebensweise. 2. Gefühllosigkeit. 3. Verstocktheit.

dūrĭtĭēs, ēī *f. s.* duritia.

dūrō 1 I. *trans.* 1. hart machen, stählen, kräftigen. 2. aushalten, ertragen. II. *intr.*: 1. sich verhärten. 2. ausdauern. 3. dauern, fortbestehen.

Durostorŭm, ī *n. s.* Dorostorum.

dūrŭs 3 1. hart, rauh, streng. 2. roh, ungebildet, unempfindlich, unbequem. 3. beschwerlich, lästig, gefährlich.

Dusseldorpĭŭm, ī *n.* (Duesseldorphium) Düsseldorf, St. Preußen (Rheinprov.), *ca.* 430 000 Einw.

dux, dŭcĭs *m. u. f.* 1. Führer(in), Leiter(in). 2. Feldherr, Heerführer. 3. Fürst, Statthalter; *bes.* Herzog; dux Venetiarum: Doge von Venedig. 4. der Höchste, Oberste; herodii domus dux est eorum (passerum = avium) des Reihers Nest ist zuhöchst (*oder*: zuerst erbaut) (ist ihr [der Vögel] Führer!) (*Ps.* 103, 17).

dÿnastă, ae *m. s.* dynastes.

dÿnastēs, ae *m.* (dynasta; δυνάστης) Gewalthaber, Herrscher, Gebieter, Fürst, Dynast.

dÿnastĭă, ae *f.* (δυναστεία) Herrscherhaus, Herrschergeschlecht, Dynastie.

dÿnastĭcŭs 3 zu einem Herrschergeschlecht gehörig, dynastisch.

Dÿrrăchĭēn. (*C. R.*) *s.* Dyrrachium.

Dÿrrăchĭŭm, ī *n.* (Δυρράχιον, früher Epidamnus) Durazzo, Hafenst., Albanien, *ca.* 5000 Einw.; lateinisches Erzbistum (7. Jhdt.), Sitz in Delbenisti; *dav.*: **Dyrrachĭēnsĭs,** ĕ.

dyscŏlŭs 3 (δύσκολος, discolus) mürrisch, unzufrieden, verdrießlich, unfreundlich.

dÿsentĕrĭă, ae *f.* (δυσ-εντερία, ἡ) Durchfall, Ruhr (*Apg.* 28, 8).

E.

ē (*nur vor Konsonanten*) oder **ex** (*vor Vokalen u. Konsonanten*) aus (*praep. c. ablat.*). I. *räumlich*: heraus, hervor, herab, von-aus, von-her; *bes.*: ex omni parte überall; ex itinere vom Marsche, von der Reise aus. II. *zeitlich*: von-an, seit, unmittelbar nach, gleich darauf; aliud ex alio das eine nach dem anderen. III. *im übertr. Sinne*: 1. *zur Bezeichnung der Herkunft, Abstammung*: ex matre von mütterlicher Seite her; in, unter: e numero. 2. *bei Angabe des Stoffes*: aus, von; ex aere, argento. 3. *zur Angabe der Ursache, Veranlassung*: infolge, wegen, durch: ex hac clade, e peccatis. 4. *gemäss, in Hinsicht auf*: ex consuetudine, ex voto. 5. vor, über etwas hinaus, mehr als; qualis est dilectus tuus ex dilecto vor einem anderen Geliebten. 6. *in der Bedeutung* a, ab, *z. B.* salvum me fac ex omnibus persequentibus me rette mich von allen meinen Verfolgern (*Ps.* 7, 2); salutem ex inimicis Rettung, Befreiung von den Feinden (*Luc.* 1, 71). 7. *in der Bedeutung* in, *z. B.* ex fuga auf der Flucht. 8. *komparativisch* (*hebr.*: min): mirabilis facta est scientia tua ex me; Hier. übersetzte *richtig*: mirabilior est scientia tua a me die Erkenntnis von dir ist wunderbarer, als ich zu erfassen vermag, zu wunderbar ist's für mich, dich zu begreifen (*Ps.* 138, 6). 9. *in adverbialen Wendungen*: *z. B.* ex adverso gegenüber (mit *dat.*); ex composito auf Verabredung, verabredetermaßen; e (ex) contrario im Gegenteil; ex improviso (inopinato) unversehens; ex parte teilweise, magna ex parte zum großen Teile; ex professo ausdrücklich; e vestigio sogleich. 10. **ex quo** (*conj.*) seitdem.

ĕā *adv.* (*scil.*: viā) da, dort.

ĕādĕm *adv.* (*scil.* via) ebenda.

ĕamdĕm = eandem.

ĕaproptĕr *adv.* deshalb.

ĕātĕnŭs *adv.* insofern.

1. **Ebal** *indecl. m.* (*hebr.*: Obal) Ebal, Sohn Jektans; dessen Nachkommen, Araberstamm im glücklichen Arabien.

2. **Ebal** *indecl. m.* (*hebr.*?) Ebal, Sohn Sobals, im Gebirge Seïr, Höhlenbewohner (Horiter), Ureinwohner im Lande Edom.

Eben *indecl.* Eben, D. im Inntale, Tirol; *dav.*: **Ebenēnsĭs,** ĕ.

Ebenēnsĭs mōns, tĭs *m.* Ebener Berg, ein Berg beim Orte Eben in Tirol.

Ebeneser *indecl.* (*hebr.*: Stein der Hilfe [des Sieges]) ein Gedenkstein bei Masphath, von Samuel gesetzt (1. *Kön.* 7, 10).

ĕbĕnĭnŭs 3 (ἐβένινος) aus Ebenholz; *die Vulgata hat fälschlich* bei *Ez.* 27, 15: „schwarz wie Ebenholz"; *hebr.*: „Elfenbein und Ebenholz".

ĕbĕnŭm, ī *n.* Ebenholz.

ĕbĕnŭs, ī *f.* (ἔβενος) Ebenholzbaum.

Eberă, ae *f.* (Ebracŭm, ī *n.*; Eboracēnsĕ monast., Everacensis villa) Ebrach, Marktflecken, Bayern (Oberfranken); *ca.* 1300 Einw.; ehem. Cistercienserkloster, *jetzt*: Zuchthaus.

Eberbācŭm, ī *n.* Eberbach, ehem. Cist.-Kloster, Hessen-Nassau (Diöz. Mainz).

B. Eberhardŭs, ī *m.* sel. Eberhard II., Erzbisch. von Salzburg († 1164); 22. Juni.

Eberhardŭs, ī *m.* Eberhard, Erzbisch. v. Trier (1047—1066).

Ebersbergă, ae *f.* (Aprimons) Ebersberg, Marktflecken, Bayern (Oberbayern).

Eberwīnŭs, ī *m.* Eberwein, Abt in Trier.

ēbĭbō, bĭbī, bĭbĭtŭm 3 austrinken.

Ebionītae, ārŭm *m.* die Ebioniten, eine judenchristliche Sekte zur Zeit des hl. Apostels Johannes, die nur das Matthäus-Evangelium gelten ließ, dagegen den hl. Paulus als Apostaten verwarf und die Gottheit Christi leugnete.

Eblană, ae *f.* *s.* Dublinum.

ēblandĭŏr 4 erschmeicheln.

Ebŏră, ae *f.* (Ebura, Libertas Julia) Evŏra, St. am Xarama, Portugal (Alemtejo), *ca.* 17000 Einw.; Erzbischofssitz; *dav.*: **Ebŏrēnsĭs,** ĕ (Elborensis).

Ĕbŏrācēnsĕ mŏnastērĭŭm, ī *n.* *s.* Ebera.

Ĕbŏrācēnsĭs cŏmĭtātŭs, ūs *m.* Grafschaft York, England.

Ĕbŏrācŭm, ī *n.* York, St. *ca.* 78000 Einw., England, ehem. Erzbistum, *dav.*: **Ĕbŏrācēnsĭs,** ĕ; Nĕŏ-Ĕbŏrācŭm, *s.* *dass.*

Ebŏrēgĭă, ae *f.* (Epŏrĕdia) Ivréa, St. in Piemont, It., *dav.*; **Ebŏrēgĭēnsĭs,** ĕ.

Eboresheim *indecl.* *s.* Aprimonasterium.

Eboreshemĭŭm, ī *n.* *s.* Aprimonasterium.

Ebrācŭm, ī *n.* *s.* Ebera.

Ebrĕdūnŭm, ī *n.* (Eburodunum) Embrun, St. r. an der Durance, Fkr. (Hautes-Alpes), *ca.* 3600 Einw.; ehem. Bischofssitz (374—1801).

ēbrĭĕtās, ātĭs *f.* Rausch, Trunkenheit; Trinkgelage; berauschendes Getränk.

ēbrĭō 1 trunken machen, berauschen.

ēbrĭōsĭtās, tĭs *f.* Trunksucht.

1. **ēbrĭōsŭs** 3 trunksüchtig.

2. **ēbrĭōsŭs,** ī *m.* Trunkenbold.

ēbrĭŭs 3 trunken, berauscht.

Ebrŏdūnēnsĭs lăcŭs, ūs *m.* (Eburodunensis l.) Neuenburger See, Schweiz.

Ebrŏdūnŭm, ī *n.* (Eburodunum) Yverdon (Ifferten), St. Schweiz (Waadt).

Ebrŏīcae, ārŭm *f.* Évreux, St. am Iton, Fkr. (Eure), *ca.* 20000 Einw.; Bischofssitz, Suffr. v. Rouen; *dav.*: **Ebrŏīcēnsĭs,** ĕ.

Ebrŏīcēn. (*C. R.*) *s.* Ebroicae.

Ebrŏīcēnsĭs pāgŭs, ī *m.* Gegend bei Évreux, Fkr. (Eure).

Ebrŏīnŭs, ī *m.* Ebroin, 1. Hausmeister des Frankenkönigs Childerich. 2. Hausmeister des Königs von Neustrien, Feind des hl. Königs Dagobert II. (7. Jhdt.).

ēbullĭō 4 1. aufwallen, aufschwellen. 2. auswachsen, ins Kraut schießen, emporschießen. 3. prahlen.

ēbullītĭō, ōnĭs *f.* das Prahlen.

ĕbŭr, ŏrĭs *n.* Elfenbein.

Ebŭră, ae *f.* *s.* Ebora.

ĕburnĕŭs 3 (eburnús) elfenbeinern.

ĕburnŭs 3 *s.* eburneus.

Ebŭrŏdūnēnsĭs lăcŭs, ūs *m.* *s.* Ebrodunensis lăcus.

Ebŭrŏdūnŭm, ī *n.* 1. *s.* Ebredūnum. 2. *s.* Ebrodunum.

Ebŭrōnēs, ŭm *m.* *s.* Aulici 1., belg. Völkerschaft zwischen Rhein u. Schelde.

Ĕbŭsŭs, ī *f.* (Fichteninsel) (Ibusensis ecclesia). Iviza (Ibiza), die größte der Pityuseninseln, östlich von Spanien im Mittelmeer; Bistum Iviza oder Ibiza (seit 5. Jhdt.) mit Mallorca (Majorka) vereinigt; Suffr. v. Valenzia.

Ebzan *indecl.* *m.* (Ibzan) *s.* Abesan.

1. **Ecbătănă,** ae *f.* *s.* 2. Ecbatana.

2. **Ecbătănă,** ōrŭm *n.* (Ἐκβάτανα; Ecbatana, ae, Ecbatanis, *früher*: Hagmatana oder Agbatana; Sammelstadt) Ekbatana, Hauptstadt von Medien am Berge Orontes (Elvend), Sommerresidenz der persischen und später der parthischen Könige; *j.*: Hamadan.

Ecbătănĭs, ĭs *f.* *s.* 2. Ecbatana.

Eccetan *indecl.* *m.* (*hebr.*: ben-haqqatán, Sohn des Jüngeren, jüngerer Sohn) Jude, der z. Z. des Esdras aus der babyl. Gefangenschaft zurückkehrte.

ecclēsĭă, ae *f.* (ἐκκλησία) 1. Versammlung, Gemeinde. 2. Volksversammlung (*Ps.* 21, 26). 3. Kirche (als Gemeinschaft u. Gebäude); auch Diözese (Sprengel).

Ecclēsĭă lătīnă, ae *f.* die lateinische (römisch-kathol.) Kirche zum Unterschiede von den orientalischen und andern Riten.

ecclēsĭastēs, ae u. ĭs *m.* (ἐκκλησιαστής) Redner in einer Versammlung, Prediger.

Ecclēsĭastēs (*scil.* liber) ĭs, *m.* Buch des Alten Testamentes, „der Prediger".

1. **ecclēsĭastĭcŭs** 3 1. zur Kirche gehörig, kirchlich, Kirchen-; 2. kirchenamtlich; iurisdictio ecclesiastica kirchenamtliche Gewalt (Gesetzgebungs-, Richter- und Strafgewalt).

2. **ecclēsĭastĭcŭs,** ī *m.* „Kirchenbeamter", früher Titel von Pfarrgeistlichen.

3. **Ecclēsĭastĭcŭs,** ī *m.* „Kirchenbuch" (scil.: liber), lat. Titel für das biblische Buch „Jesus Sirach", weil es in der „Kirche" anfangs vorgelesen wurde.

Ecclēsĭēn. (*C. R.*) *s.* Sulci.

ecclēsĭŏlă, ae *f.* kleine Versammlung; Sekte.

ecfĕrō 3 *s.* effero.

Echaia *indecl.* *m.* (*hebr.*: Ahias Bruder Jahwes) Echaia, Judenfürst, der den neuen Bund nach dem babyl. Exil besiegelte.

Echi *indecl. m.* (*hebr. gekürzt aus*: Achiram = der Bruder [Gott] ist erhaben) Echi, Sohn Benjamins.

Echīnădēs, ŭm (*acc.* -as) *f.* (insulae Echīnădēs, (Ἐχινάδες Igelinseln) Echinadische Inseln, eine Gruppe von fünf Inseln im Jonischen Meer.

ĕchīnŭs, ī *m.* (ἐχῖνος) Igel.

Echĭō, ōnĭs *m.* Echio, Vater der hl. Odilia (nach anderen hieß er Ethicus, Aeticho, Athicus, *s. dens.*).

ēchō, ūs *f.* (ἠχώ) Echo, Widerhall (*Sap.* 17, 18).

eclectĭvismŭs, ī *m.* Auswahl, besonders in bezug auf philos. und theolog. Lehren.

ēcontrā *adv.* im Gegenteil, auf der anderen Seite.

ēcontrārĭŭs 3 1. entgegengesetzt. 2. feindlich gegenüberstehend.

ecquandō *adv.* wann denn? etwa jemals?

ecquī, ecquae (— quă), ecquŏd etwa irgendeiner?

Ecron *indecl. s.* Accaron.

ecstăsĭs, ĕōs u. ĭs *f.* (ἔκστασις) Entzückung, Verzückung.

ĕcŭlĕŭs, ī *m. s.* equuleus.

ĕdācĭtās, ātĭs *f.* Gefräßigkeit.

ĕdāx, ācĭs 1. gefräßig. 2. zerstörend.

Eddo *indecl. m.* (*hebr.*: Iddo = Dunst, Wolke?) Eddo, ein Nathinäerhaupt z. Z. der babyl. Gefangenschaft.

Edema *indecl.* (*hebr.*: rote Erde, Lehm) *s.* Adama.

1\. **Eden** *indecl.* (*hebr.*: Lust, Wonne) (vielleicht späterer) Beisatz zu (*hebr.*) gan = Garten, παράδεισος „Paradies: „Garten der Wonne"; später wurde es irrtümlich als Bezeichnung für Paradies gebraucht. Das „in Eden" der Massorah hat keinen Sinn, weil in der paradiesischen Zeit die Erde noch nicht in verschiedene „Länder" geteilt war, die schon Bezeichnungen geführt hätten. Vgl. auch den Genetiv der Vulgata: „Garten der Wonne".

2\. **Eden** *indecl.* (*assyr.*: Adinu, *hebraisiert*: Eden Lust, Wonne) eine Ebene, ein Land zu beiden Seiten des mittleren Euphrat; Beni-Eden (*assyr.*: Bît-Adinu) ein aramäischer Volksstamm in dieser Gegend (4. *Kön.* 19, 12).

Edenburgŭm, ī *n. s.* Edimburgum.

ēdentō 1 der Zähne berauben.

1\. **Eder** *indecl. m.* (*hebr.*: Herde) Eder, Levit, Sohn des Musi.

2\. **Eder** *indecl.* (*hebr.* Herde) Eder, St. Pal. (Juda).

Edessă, ae *f.* Edessa, Stadt in der mesopotamischen Provinz Osroëne, *j.*: Urfa.

Edessĭŭs ī *m.* Vater der hl. Margarete.

ēdīcō, xī, ctŭm 3 1. aussagen, bekanntmachen, verkündigen, mitteilen. 2. bestimmen, verordnen.

ēdictālĭs, ĕ ansagend, ankündigend, verordnend durch öffentlichen Anschlag; convocatio edictalis Zusammenrufung durch öffentlichen Anschlag (*C. j. c.* 2305).

ēdictĭō, ōnĭs *f.* Bekanntmachung.

ēdictō 1 aussagen.

ēdictŭm, ī *n.* Verordnung, Edikt.

Edimburgēn. (*C. R.*) *s.* Edimburgum.

Edimburgŭm, ī *n.* (Edenburgum, Edinburgum) Edinburg, Hauptst. v. Schottland, *ca.* 320000 Einw.; Sitz des Erzbischofs v. St. Andrews u. Edinburg; *dav.*: **Edimburgēnsĭs,** ĕ.

Edinburgŭm, ī *n. s.* Edimburgum.

ēdīscō, ēdĭdĭcī 3 auswendig lernen, gründlich lernen.

Edissă, ae *f.* (*pers.*: Myrte) *s.* Esther.

ēdissĕrō, ŭī, tŭm 3 auseinandersetzen, vortragen, berichten.

ēdissertĭō, ōnĭs *f.* ausführliche Besprechung.

S. Edithă, ae, *f.* hl. Edith, Jungfrau († um 984).

Tochter des englischen Königs Edgar, nahm sie im Kloster Wilton den Schleier. Schlug die nach dem Tode ihres Vaters und Bruders ihr angetragene Königskrone aus. — 16. Sept. (Ben. O.).

ēdĭtĭō, ōnĭs *f.* 1. Herausgabe; *bes.*: Ausgabe einer Schrift, Auflage eines Buches. 2. Geburt (*L. VII. Nat. Joan. Bapt.*).

ēdĭtŏr, ōrĭs, *m.* Herausgeber; *auch adj.*: ausgebend.

ēdĭtŭm, ī *n.* Höhe, Anhöhe.

ēdĭtŭs 3 erhaben, hochgelegen.

S. Edmundŭs, ī *m.* hl. Edmund, Erzbischof († 1240).

Engländer von Geburt, war der hl. Edmund von Jugend auf sehr fromm und gottesfürchtig, so daß er schon als Schüler der Pariser Hochschule gewürdigt wurde, den Welterlöser in geheimnisvoller Weise unter der Gestalt eines wunderschönen Kindes zu schauen. Die hl. Schrift las er nie, ohne sie vorher geküßt zu haben, und da er ein großer Liebhaber des Kreuzes war, bestellte ihn der Papst zum apostolischen Prediger des Kreuzes. Als Kanoniker von Salisbury (England) wurde er zum Erzbischofe von Canterbury gewählt. Als solcher eiferte er für die Reinheit der kirchlichen Disziplin und für die Wahrung der kirchlichen Rechte Heinrich III. gegenüber. Deshalb mußte er nach Frankreich fliehen, wo er im Cist. Kloster Pontigny in klösterlicher Zurückgezogenheit ein frommes Leben führte. — 16. Nov. (Cist. Ord.).

B. Edmundŭs Campion et soc. *m.* sel. Edmund Campion und Gefährten, Mart., Jesuiten († 1581).

Der Selige war zu London i. J. 1540 geb., trat nach Beendigung seiner Studien der Gesellschaft Jesu bei und wurde nach Prag und Brünn gesandt. In Brünn machte er sein Noviziat durch, in Prag wurde er zum Priester geweiht und wirkte dort als Lehrer und Begründer der marianischen Studentenkongregation segensreich. 1580 nach Rom berufen, ging er auf Befehl des Papstes wieder in sein Vaterland und brachte durch seinen Eifer und sein Beispiel viele zum kath. Glauben zurück. Durch Verrat entdeckt, wurde er in den Kerker geworfen, grausam gemartert und nach Tyburn gebracht, wo er schon mit dem Strick um den Hals vor einer unzähligen Menschenmenge sich als kath. Priester bekannte und erklärte, den Tod für die Verteidigung des hl. Glaubens als den erwünschtesten Tod anzunehmen, während er zugleich beteuerte, daß er weder gegen den König noch gegen das Vaterland sich den geringsten Verrat oder die mindeste Verschwörung vorwerfen könne. So starb er zugleich mit Alexander Briant, Thomas Cotta und sieben anderen Priestern am Galgen am 1. Dezember 1581. — 1. Dez. (Brünn, Prag, Ges. Jesu).

Edna *indecl. m.* (*hebr.*: Freude) Edna 1. zwei Fürsten im Stamme Manasse. 2. Heerführer unter König Josaphat. 3. Haupt der jüdischen Priesterklasse von Haram z. Z. Joakims (*ca.* 420 v. Chr.).

1. **ēdō,** dĭdī, dĭtŭm 3 1. herausgeben, veröffentlichen. 2. hervorbringen, liefern, gebären, erzeugen. 3. angeben, nennen. 4. bestimmen, befehlen.

2. **ĕdō,** ēdī, ēsŭm 3 essen, verzehren, verprassen; edere carnes alicuius jem. verleumden, gegen jem. wüten (*Ps.* 26, 2); edere cum aliquo mit jem. verkehren (*Ps.* 100, 5).

ēdŏcĕō, cŭī, ctŭm 2 genau belehren, zeigen.

ēdoctŭs 3 genau unterrichtet; fähig, genaue Auskunft zu geben (*C. j. c.* 1944).

ĕdŏlō 1 zurecht hauen, behauen: ligna; zustande bringen, vollenden.

Edom *indecl.* (*hebr.*: rötlich) 1. ein anderer Name für Esau (*Gen.* 25, 30). 2. *s.* Idumaea.

ēdŏmō, dŏmŭī, dŏmĭtŭm 1 völlig bezwingen.

Edrai *indecl.* (*aram.*: meine Stärke, mein Arm) Edrai, St. Pal. (Nephthali).

1. **S. Edŭardŭs,** ī *m.* hl. Eduard, Mart., Großvater des hl. Königs Eduard v. England, † 987.

2. **S. Edŭardŭs,** ī *m.* hl. Eduard, Bek., König von England, † 1066, 13. Okt.

ēdŭcātĭō, ōnĭs *f.* Erziehung.

ēdŭcātīvŭs 3 Erziehung bewirkend *oder* fördernd; erzieherisch (*C. j. c.* 2230).

ēdŭcātŏr, ōrĭs *m.* Erzieher.

ēdŭcātrīx, īcĭs *f.* Erzieherin.

ēdŭcātŭs, ūs *m.* Erziehung.

1. **ēdŭcō** 1 1. aufziehen, erziehen. 2. säugen, nähren (*Ps.* 22, 2).

2. **ēdūcō,** dūxī, ductŭm 3 1. heraus-, wegführen. 2. herausziehen, herausnehmen. 3. hervorströmen lassen, aufgehen lassen (*Ps.* 36, 6). 4. anfertigen, herausarbeiten: cereos. 5. hervorbringen, bauen, errichten.

ĕdūlĕ, ĭs *n. s.* edulis.

ĕdūlĭs, ĕ eßbar, schmackhaft; *subst.* **ĕdūlĕ,** ĭs *n.* meist *pl.*: ĕdūlĭă, ĭŭm *n.* Speise, Nahrung, Eßwaren.

ĕdūlĭŭm, ī *n.* Speise, das Essen.

Edulĭŭs mōns, tĭs *m.* Montperdu, Berg in den Pyrenäen, Fkr.

Edwīnŭs, ī *m.* Edwin, christlicher König von Northumbrien (Teil vom heutigen England, 7. Jhdt.).

E. E. et R. R. Congregatio = Episcoporum et Religiosorum Congregatio, Kongregation der Bischöfe und Ordensleute; sie besteht als solche nicht mehr seit November 1908.

effābĭlĭs, ĕ aussprechbar.

effātŭs 3 ausgesprochen, festgesetzt, berichtet.

effascĭnātĭō, ōnĭs *f.* Behexung.

effascĭnō 1 bezaubern, behexen.

effātŭm, ī *n.* Ausspruch, Weissagung.

effectĭō, ōnĭs *f.* Ausübung.

effectīvŭs 3 schaffend.

effectīvē adv. tatsächlich, wirklich.

effectŏr, ōrĭs *m.* Bewirker, Schöpfer, Urheber.

effectrīx, īcĭs *f.* Urheberin, Schöpferin.

effectŭs, ūs *m.* 1. Ausführung, Wirksamkeit. 2. Wirkung, Erfolg, rechtliche Folgen.

1. **effēmĭnātŭs** 3 („weiblich gemacht", an Stelle des Weibes tretend) weibisch, weichlich, entmannt (3. *Kön.* 14, 24).

2. **effēmĭnātŭs,** ī *m.* (der zum Weib gemachte) der Lustknabe.

effēmĭnō 1 verweichlichen.

effĕrātĭō, ōnĭs *f.* Verwilderung.

effĕrātŭs 3 verwildert, wild, tobend: vis satellitum.

efferbŭī *pf.* zu effervesco.

1. **effĕrō** 1 wild machen, verwildern.

2. **effĕrō** (ecfero) extŭlī, ēlātŭm, efferrĕ 1. heraustragen, fortführen, -reißen. 2. zu Grabe tragen, bestatten. 3. hervorbringen, erzeugen. 4. emporheben, erhöhen. 5. *pass.* sich erheben, brüsten, stolz werden. 6. preisen, rühmen.

effĕrŭs 3 wild, roh, schmerzlich.

effervēns, tĭs aufbrausend.

effervēscō, fervī u. ferbŭī 3 aufwallen, aufbrausen.

effĭcābĭlĭs, ĕ wirksam.

effĭcācĭă, ae *f.* Bewirkung, Ursache; Wirksamkeit, Tätigkeit, Wirkung, Erfolg.

effĭcācĭtās, ātĭs *f.* Wirksamkeit.

effĭcāx, ācĭs wirksam, erfolgreich.

effĭcĭēns, entĭs bewirkend.

effĭcĭentĭă, ae *f.* Wirksamkeit, Tätigkeit.

effĭcĭō, fēcī, fectŭm 3 1. durchsetzen, bewirken, vollenden. 2. zu etwas machen. 3. ausmachen, ergeben.

effĭgĭēs, ēī *f.* 1. Abbild, Ebenbild, Bild. 2. Gestalt, Figur.

effingō, fīnxī, fictŭm 3 1. nachbilden, abbilden. 2. darstellen, ausdrücken.

efflāgĭtātĭō, ōnĭs *f.* Forderung.

efflāgĭtō 1 dringend fordern.
efflō 1 ausblasen, aushauchen, animam sterben.
efflōrĕō, ŭī 2 1. aufblühen. 2. erglänzen (*Ps.* 131, 18).
efflōrēscō, flōrŭī 3 emporblühen, erblühen.
efflŭō, flūxī, ŭm 3 1. ausfließen, entströmen. 2. entgleiten, entfallen. 3. vergehen.
efflŭvĭŭm, ī *n.* Ausfluß.
effluxĭō, ōnĭs *f.* das Hervorfließen.
effŏdĭō, fōdī, fossŭm 3 ausgraben, umgraben, durchwühlen.
effŏr 1 aussprechen; großsprechen (*Ps.* 93, 4).
effōrmō 1 bilden; ausbilden, unterrichten.
effossĭō, ōnĭs *f.* Ausgrabung.
effrāctĭō, ōnĭs *f.* das Aufbrechen, das Erbrechen (der Tür).
effrēnātĭō, ōnĭs *f.* Zügellosigkeit.
effrēnātŭs 3 zügellos, ungezähmt.
effringō, frēgī, frāctŭm 3 zerbrechen, zerschmettern; erbrechen: portas.
effrōns, ontĭs schamlos, unverschämt, beleidigend.
effŭgātĭō, ōnĭs *f.* das Entweichen, die Flucht.
effŭgĭō, fūgī 3 entfliehen, entkommen, vermeiden.
effŭgĭŭm, ī *n.* Ausweg, Ausgang, das Entfliehen.
effŭgō 1 vertreiben, in die Flucht jagen.
effulgĕō, fulsī 2 hervorleuchten.
effūmĭgō 1 durch Rauch vertreiben.
effūmō 1 *intr.*: rauchen: thuribula.
effundō, fūdī, fūsŭm 3 1. ausgießen, ausschütten. 2. herauswerfen, hinaussenden; preces Gebete verrichten, frameam Schwert aus der Scheide ziehen. 3. **pass.** u. **se effundere** sich ganz hingeben, völlig überlassen: in aliquid; ausgleiten. 4. schleudern, werfen. 5. spenden, verbreiten. 6. völlig verbrauchen, erschöpfen. 7. effundere animam reichlich geben, was man selbst begehrt oder = Klageworte reden (1. *Kön.* 1, 15); effusi pedes geschwächte, zum Dienste untaugliche Füße (*Ps.* 72, 2); effusus ut aqua zu nichts geworden (*Ps.* 21, 15).
effūsĭō, ōnĭs *f.* das Ausgießen, der Erguß, das Herausgegossene; effusio sanguinis Blutvergießen.
effūsŭs 3 1. ausgebreitet, ausgedehnt. 2. verschwenderisch, reichlich, zügellos.
effūtĭō 4 ausschwatzen, verleumden.
S. Egbertŭs, ī *m.* hl. Egbert, Verkündiger des Evangeliums in Irland, im 7. Jhdt., Lehrer des hl. Suitbert, 1. März.

Egbertŭs, ī *m.* Egbert 1. Heerführer Karls des Großen, Gemahl der hl. Ida, (um 800). 2. ein Graf, Gemahl der sel. Witwe Ida (8./9. Jhdt.). 3. Erzbischof von Trier (975—993), Sohn des Grafen Dietrich II. von Holland. 4. Bruder der hl. Elisabeth v. Schönau, Kanonikus am Kassiusstifte in Bonn.
ĕgēns, entĭs bedürftig, sehr arm.
ĕgēnŭs 3 bedürftig, arm.
ĕgĕō, ŭī 2 1. bedürftig sein, Mangel leiden, darben. 2. entbehren müssen, verlangen nach; *obj. auch im acc.* 3. nötig haben (*Ps.* 15, 2).
ēgermĭnō 1 hervorsprossen.
ēgĕrō, gessī, gestŭm 3 1. herausführen, vertreiben. 2. ausleeren.
ĕgestās, ātĭs *f.* Dürftigkeit, Armut.
Ēgēŭs, ī *m.* (Aegeus, *hebr.*: Hegaj?) Egeus, Eunuch am Hofe des Perserkönigs Xerxes I. (485—464), Aufseher über den königlichen Harem.
Eggenburgēnsĕ mŏnastērĭŭm, ī *n.* Franziskaner- (Minoriten-) Kloster, gegründet vom hl. Joh. Capistran (Sankt Pölten, 28. März).
Eghenă, ae *f.* Haina, ehem. Cist. Kloster, Hessen-Nassau (Diöz. Mainz).
S. Egidĭī vallĭs *f.* Puch, ehem. Kloster, Sachsen (Leipzig).
B. Egidĭŭs Portugallēnsĭs, sel. Egidius von Portugal, Bekenner, O. Pr. († 1265).

Egidius oder Gillis wurde von adeligen Eltern zu Vuzella in Portugal um das Jahr 1183 geboren. In seiner Jugend kam er auf Abwege, und es heißt von ihm, er habe einen Bund mit dem Satan geschlossen, den er mit seinem eigenen Blute unterzeichnete. Er erwarb sich zu Paris den Doktorgrad in der Heilkunde und errang einen grosen Ruf durch zahlreiche auffallende Kuren, welche augenscheinlich das menschliche Können übertrafen. Aber Gott hatte in seiner Barmherzigkeit beschlossen, aus diesem unseligen Leibeigenen Satans ein auserwähltes Gefäß seiner Gnade zu machen. Egidius bekehrte sich, und so gründlich war seine Bekehrung, daß er alles verließ und das Kleid der Predigerbrüder nahm. Von nun an machte er ebenso schnelle Fortschritte in der Heiligkeit und in der glühendsten Gottesliebe, als er sich vordem durch seinen Abfall und seine Gottlosigkeit hervorgetan hatte. Er starb am Himmelfahrtstage des Jahres 1265. — 14. Mai.

Egishemĭēnsĭs, ĕ von Egisheim, ehem. Grafensitz im Elsaß (Straßburg, 9. April).
Egĭtiānēn. (*C. R.*) *s.* Egitianum.
Egĭtiānŭm, ī *n.* Guarda, St., Portugal (Beira), *ca.* 6200 Einw.; Bischofssitz, Suffr. v. Lissabon; *dav.*: **Egĭtiānēnsĭs,** ĕ.
Eglisawĭă, ae *f.* Eglisau, St., Schweiz (Zürich).
Eglă, ae *f.* (*hebr.*: Kuh, Kalb) Egla, Frau Davids, Mutter des Jethraam.
1. **Eglon** *indecl. m.* (*hebr.* Wagen?) Eglon, König der Moabiter, beherrschte über 18 Jahre die Israeliten z. Z. der Richter um 1200 v. Chr.

2. **Eglon** *indecl.* (*hebr.* Wagen?) Eglon, St. Pal. (Juda), früher Königsstadt.

Egmundă, ae *f.* Egmond, Ort westlich von Alkmaar in Holland.

ĕgŏ, *pron. pers.* ich; *pl.*: nōs wir.

ĕgŏipsĕ u. ĕgŏmĕtipsĕ ich selbst, in eigener Person; *gen.* mĕīipsīŭs, *dat.* mĭhīipsī usw. in beiden Teilen durchdekliniert.

Egră, ae *f. s.* Agara.

ēgrĕdĭŏr, gressŭs sŭm 3 1. herausgehen, ausrücken. 2. abschweifen, hinausgehen über (*acc.*), überschreiten. 3. traditus sum et non egrediebar: ich bin eingeschlossen u. finde keinen Ausweg (*Ps.* 87, 9).

ēgrĕgĭŭs 3 vorzüglich, ausgezeichnet, auserlesen; *adv.* ungemein, sehr.

ēgressĭō, ōnĭs *f.* das Herausgehen, der Ausgang; Aufgang: solis.

ēgressŭs, ūs *m.* 1. Landung. 2. Mündung 3. Trift (*Ps.* 143, 13). 4. Austritt.

ĕheu *interj.* o! ach!

Ehud *indecl. m.* (Aod, *hebr.*: Bekenner?) Ehud, Richter in Israel, tötete den Moabiterkönig Eglon.

ēiă oder **hēiă** *interj.* ei, was denn? auch Ausruf der Trauer = o!

ēiăcŭlŏr 1 herausschleudern.

Eibingă, ae *f. s.* Eibingium.

Eibingēnsĭs, ĕ *s.* Eibingium.

Eibingĭŭm, ī *n.* (Eibinga) Eibingen, D. am Rhein bei Rüdesheim mit neuerdings wieder errichtetem Benediktinerinnenkloster; *dav.*: **Eibingēnsĭs,** ĕ.

Eichstadĭŭm, ī *n.* (Aichstadium, Eichstaettensis ecclesia, Eichstet(t)ensis, Eystadium, Eistetensis eccl., Dryopolis) Eichstätt, St. l. an der Altmühl (z. Donau), Bayern (Mittelfranken), *ca.* 7000 Einw., Bischofssitz (seit dem 9. Jhdt.), Suffr. v. Bamberg; *dav.*: **Eichadĭēnsĭs,** Eichstetensis, Eistetensis, ĕ.

ēĭcĭō, iēcī, iectŭm 3 1. herauswerfen, -treiben. 2. vertreiben, verstoßen, verbannen. 3. verwerfen, ausrotten.

Eideră, ae *f. s.* Aegidora.

ēiectĭō, ōnĭs *f.* Verbannung.

ēiectō 1 hinauswerfen.

Eiffaliae mŏnastērĭŭm, ī *n.* Münstereifel, St. Preußen (Rheinprov.).

Eiffliacēnsĭs, ĕ Eifeler (z. B. decanatus Eifeler Dekanat).

S. Einbettă, ae *f.*, auch Vorbetta u. Vilbetta genannt, Jgfr. u. Gefährtin der hl. Aurelia († 4. Jhdt.).
Sie wurden seit urdenklichen Zeiten in Straßburg verehrt, wo beide als Kirchenpatroninnen gelten. Einbettas Gebeine wurden vom Trierer Weihbischofe Gabriel im Jahre 1646 aufgefunden und im Hochaltare der Stiftskirche vom hl. Michael und Petrus beigesetzt, wo sie bis zur französischen Revolution ruhten. Alsdann wurden sie fortgeschafft und später wieder auf dem Hochaltare beigesetzt. — 17. Sept. (Straßburg).

Einsidlă, ae *f. s.* Meginradicella.

Eistetēnsĭs, ĕ *s.* Eichstadium.

Eistettēn. (*C. R.*) *s.* Eichstadium.

Eiŭlāsĭŭs, ī *m.* Ejulasius, röm. Landpfleger in Pannonien, Ende des 3. Jhdts.

ēiŭlātĭō, ōnĭs *f.* (eiulatus) das Heulen, das Wehklagen.

ēiŭlātŭs, ūs *m. s.* eiulatio.

ēiŭlō 1 laut wehklagen.

ēiūrō 1 abschwören, entsagen, verleugnen; sich lossagen (*c. acc.*).

ēiusmŏdī so beschaffen, solcher.

1. **Ela** *indecl. m.* (*hebr.*: Eiche, Stärke) Ela, König in Israel (*ca.* 888—887), Sohn des Baasa.

2. **Ela** *indecl. m.* Ela, ein Fürst von Edom (Idumäer).

3. **Ela** *indecl. m.* mehrere Israeliten 1. Nachkomme des Kaleb aus dem Stamme Juda. 2. Vater des Semei, eines Amtmannes Salomons aus dem Stamme Benjamin. 3. Sohn Opis in Jerusalem. 4. Vater des Königs Osee von Israel (*ca.* 730—722).

Elab *indecl. m.* (*hebr.*: Ela) Elab, Israelit, Vater des Kenez aus dem Stamme Juda.

ēlābŏr, lāpsŭs sŭm 3 1. entschlüpfen, entwischen, entkommen. 2. ablaufen, vergehen, schwinden.

ēlābōrātĭō, ōnĭs *f.* Anstrengung.

ēlābōrātŭs 3 (her)ausgearbeitet.

ēlābōrō 1 1. ausarbeiten, bearbeiten. 2. sich sehr bemühen.

Elad *indecl. m.* (*hebr.*: Gott hat geschmückt) Elad, ein Israelit, Enkel Ephraims, Urenkel des ägyptischen Joseph.

Elada *indecl. m.* (*hebr.*: Gott hat geschmückt) Elada, ein Israelit, Sohn Ephraims, Enkel des ägyptischen Joseph.

Elagabălŭs, ī *m. s.* Heliogabalus.

Elai *indecl. m.* (*hebr.*: Jahwe ist Gott) Elai, ein Israelit, Ahnherr Judiths.

Elam *indecl.* (*hebr.*? Hochland) Aelam, Landschaft zwischen Medien u. Mesopotamien.

ēlāmentābĭlĭs, ĕ kläglich.

Elămītae, ārŭm *m.* Elamiter, Bewohner der Landschaft Aelam zwischen Medien u. Mesopotamien.

ēlanguēscō, gŭī 3 erschlaffen, ermatten.

ēlargĭŏr 4 reichlich geben, spenden, verschenken, gewähren; verleihen und verliehen werden .

Elarĭs, ĭs *m. s.* Elauris.

Elasa *indecl. m.* (*hebr.*: Gott hat getan, geschaffen) mehrere Israeliten (Juden 1. Sohn des Helles. 2. Nachkomme

Sauls, Sohn des Rapha. 3. Jude, der nach dem babyl. Exil die fremden Weiber entließ. 4. Sohn Saphans, den der König Sedekias von Juda zu Nabuchodonossor sandte u. der den Brief des Propheten Jeremias an die Juden in der babyl. Gefangenschaft überbrachte.

ĕlătē, ēs *f.* (*ἐλάτη*) Baum, Baumkrone (fer. V. infr. Oct. Assumpt. B. M. V., lect. 1. noct. 1).

Elath *indecl.* (Eloth, Aila, Ailath) Elath, Hafenstadt am elamitischen Meerbusen des roten Meeres.

ēlātĭō, ōnĭs *f.* 1. Erhebung, Stolz. 2. Woge: maris (*z. B. Ps.* 92 4).

ēlātŭs 3 1. erhaben. 2. hoch, stolz; elatā voce mit lauter Stimme.

Elavĕr, vĕrĭs *n.* (Elaris) Allier, Nebenfluß der Loire, Fkr.

ēlăvō 1 auswaschen, rein waschen.

Elbŏrēn. (*C. R.*) *s.* Ebora.

Elborăcŭm, ī *n. s.* Eboracum.

Elcána *indecl. m.* (*hebr.* = Gott hat erworben) Elkana, Name mehrerer Israeliten: 1. Israelit aus dem Stamme Ephraim, Vater Samuels. 2. Sohn Asirs, Levit. 3. Sohn des Suph, Levit u. Sohn des Jeroham, Levit. 4. Sohn des Elkana, Levit. 5. Israelit, der David auf der Flucht vor Saul beistand. 6. Türhüter beim Bundeszelte. 7. Stammvater Jesu, Urgroßvater des hl. Joseph. 8. Bruder des Judas Makkabäus. 9. angesehener Schriftgelehrter der makkabäischen Zeit.

Elcesaeŭs, ī *m.* der Elkoschite, Beiname des Propheten Nahum nach seinem Geburtsorte Elkoschi.

Elchanan *indecl. m.* (*hebr.*: Gott ist gnädig) (Elehanan) Elchanan, Neffe Joabs, Offizier Davids aus Bethlehem, Sohn des Dodo (Adeodatus).

Eldaa *indecl. m.* (*hebr.* ?) Eldaa, Sohn des Madian, Nachkomme Abrahams.

Eldad *indecl. m.* (*hebr.* ?) Eldad, einer der zweiundsiebzig, welche Moses in der Regierung des Volkes Israel unterstützten.

Eleale *indecl.* (*hebr.* ?) Eleale, Stadt in Pal. (Ruben), *j.*: El Aal, ½ Stunde nördl. von Hesebon.

Eleazar *indecl. m.* (*hebr.*: Gott hat geholfen, Gotthilf) (Eleazarus, ī *m.*). Eleazar, Name mehrerer Israeliten u. Juden: 1. der dritte Sohn Aarons, Priester u. nach Aarons Tode Hoherpriester. 2. Sohn des Abinadab, Wächter an der Bundeslade. 3. Vetter u. Offizier Davids. 4. Sohn des Moholi, Levit. 5. Sohn des Phinees, nach dem babyl. Exil beim Abwägen der hl. Gefäße tätig. 6. einer der Makkabäer mit dem Beinamen Abaron, ging für sein Volk in den Tod. 7. Vater des Jasan, eines jüdischen Gesandten nach Rom. 8. ein jüdischer greiser Schriftgelehrter, der unter dem syrischen Könige Antiochus lieber den Martertod litt, als daß er auch nur zum Scheine Schweinefleisch gegen das Gesetz essen wollte. 9. Sohn des Eliud u. Vater des Mathan, Ahnherr Christi.

Eleázarŭs, ī *m.* s. Eleazar.

ēlēctă, ōrŭm *n.* Leckerbissen, *allgemein*: Wohlleben (*Ps.* 140, 4).

Elēctă, ae *f.* die Auserwählte, die kirchliche Gemeinde, Kirche Gottes (2.*Joh.* 1, 1).

ēlēctĭō, ōnĭs *f.* 1. Wahl, Auswahl, Erwählung. 2. *concr.*: die Auserwählten.

ēlēctīvŭs 3 wählbar; electiva ecclesia: Wahlkirche (deren Geistliche durch Wahl ernannt werden; *C. j. c.* 1470 § 1, 5).

ēlēctō 1 1. ausforschen. 2. auswählen.

ēlēctŏr, ōrĭs *m.* Wähler; elector princeps: Kurfürst.

ēlēctrīx, īcĭs *f.* Auswählerin.

ēlectrŭm, ī *n.* (*ἤλεκτρον*) Bernstein; *dann übtr.*: Glanzerz, ein durch Vermischung von Gold und Silber bereitetes Metall von bernsteinartiger Farbe ($^4/_5$ Gold, $^1/_5$ Silber).

ēlēctŭs 3 auserwählt, gewählt.

1. **ĕlĕēmŏsȳnă,** ae *f.* (*ἐλεημοσύνη*) Almosen.

2. **Elĕēmŏsȳnă,** ae *f.* L'Aumône, ehem. Cist.-Kloster, Fkr. (Diöz. Blois).

ĕlĕēmŏsȳnārĭŭs, ī *m.* Almosengeber; Almosenverteiler.

Ĕlĕēmŏsȳnārĭŭs, ī *m.* der „Almosenspender", Beiname des hl. Bischofs Joannes v. Alexandrien, *s. dens.*

ēlēgāns, antĭs geschmackvoll, schön, fein, geschickt.

ēlēgantĭă, ae *f.* feiner Geschmack.

Elehanan *indecl. m.* s. Elchanan.

ĕlĕīsŏn (*ἐλέησον*) (*Aorist. Imper.*) erbarme dich! (ī aus *η* entstanden [Itacismus]; die Aussprache ei = ai ist falsch).

ĕlĕmentă, ōrŭm *n.* Anfangsgründe im Lesen u. Schreiben.

ĕlĕmentārĭs, ĕ Elementar-.

ĕlĕmentārĭŭs 3 zu den Anfangsgründen gehörig; schŏla elementārĭa allgemeine Volksschule, Elementarschule.

ĕlĕmentŭm, ī *n.* 1. Urstoff, Grundstoff, Element. 2. *übtr. pl.*: Anfangsgründe, *bes.*: im Lesen u. Schreiben, Grundlehren.

ĕlenchŭs, ī *m.* (*ἔλεγχος*) Register; Liste: indulgentiarum.

Eleonōră, ae *f.* Eleonora, Kaiserin, Gemahlin Friedrichs IV. von Österreich (15. Jhdt.).
Eleonōră dē Castro *f.* Eleonora v. Castro, Gemahlin des hl. Franz Borgias, † 1546.
Eleph *indecl.* (*hebr.*: tausend; Stamm) Eleph, St. Pal. (Benjamin).
ĕlĕphantŭs, ī *m.* Elefant.
ĕlĕphās, antĭs *m.* (ἐλέφας) Elefant.
S. Elĕrĭī fānŭm, ī *n.* Saint-Hélier, St. England (Insel Jersey).
S. Eleusippŭs, ī *m.* hl. Eleusipp, Mart., 17. Jan., *s.* S.Speusippus.
Eleusĭŭs, ī *m.* Eleusius, heidnischer röm. Statthalter in Mesopotamien z. Z. Diokletians.
S. Eleuthĕrĭŭs, ī *m.* hl. Eleutherius, 1. Papst (reg. 174—189), Mart., 26. Mai. 2. Mart., † 272, 1. Okt. 3. Bisch. von Tournai, † um 500. 4. Bruder der hl. Ursula (5. Jhdt.).
Eleuthĕrŏpŏlĭs, ĭs u. -ĕōs *f.* (Ἐλευθερόπολις Freistadt) *j.*: Bet-dschibrin (Bethogabris), St., südwestlich von Jerusalem, Pal. [früher Ramoth Lechi, St. in Juda].
Eleuthĕrŭs, ī *m.* Eleutherus, ein Fluß, der auf dem Libanon entspringt u. teilweise die Grenze zwischen Syrien u. Phönizien bildete; *wahrscheinlich j.*: Nahr el Kebier (*oder* el Berd) (1. *Mach.* 11, 7; 12, 30).
ēlĕvātĭō, ōnĭs *f.* das Erheben, das Emporheben: hostiae; das Vorzeigen; elevatio manuum das Beten.
Ēlĕvātĭō Ss. Thebaeōrŭm Mm. Fest der Reliquienerhebung der thebaischen Märtyrer am 27. Nov.: Köln.
ēlĕvātŏr, ōrĭs *m.* Erhöher.
ēlĕvō 1 1. auf-, emporheben, ehren; *pass.*: erhöht werden; elevare manus beten. 2. erleichtern, mildern; schwächen.
Eli, Eli, lamma sabacthani? (*hebr.*: mein Gott, mein Gott! warum verließest du mich?) die vorletzten Worte Jesu am Kreuze (*Ps.* 21, 1).
Elia *indecl. m.* (*hebr.*: Jahwe ist Gott) Elia 1. Israelit, Sohn Jerohams aus dem Stamme Benjamin. 2. zwei Juden, die nach dem Exil fremde Weiber entließen.
Eliab *indecl. m.* (*hebr.*: Gott ist Vater) Eliab, mehrere Israeliten, 1. Sohn des Helon, Führer des Stammes Zabulon durch die Wüste. 2. der Vater der Empörer Dathan u. Abiron. 3. der älteste Bruder Davids. 4. Sohn Nahaths, Levit. 5. Heerführer im Stamme Gad, der von Saul zu David übertrat. 6. Levit u. Sänger.
Eliaba *indecl. m.* (*hebr.*: Gott ist Schützer) Eliaba, ein Offizier Davids.
Eliachim *indecl.* (*hebr.*: Gott richtet auf) (Eliacim) 1. Hoherpriester z. Z. des Königs Manasse. 2. König von Juda, meist Joakim genannt. 3. einer der Stammväter Jesu (*Matth.* 1, 13), verschieden von Eliacim (*hebr.*: Gott richtet auf) einem älteren Stammvater aus anderer Reihe. 4. jüdischer Priester z. Z. Judiths. 5. jüdischer Priester, der mit Zorobabel aus dem babyl. Exil zurückkehrte.
Eliacim *indecl. m. s.* Eliachim.
Eliada *indecl. m.* (*hebr.*: Gott weiß es) Eliada: 1. Sohn Davids. 2. Vater Razons, eines Gegners Salomons. 3. ein Heerführer des Königs Josaphat.
Eliam *indecl. m.* (*hebr.*: Gott ist Oheim) Eliam, Vater der Bethsabee.
S. Elīās, ae *m.* (*hebr.* Jahwe ist Gott) hl. Elias, Prophet des Alten Bundes.
Aus Thesbes, ca. 900 v. Chr., gehörte zur Familie Aarons. Er verweilte oft in Galaad. Sein Vater hieß Saba. Dieser sah einst in einer Erscheinung, wie weißgekleidete Männer das Knäblein begrüßten und es mit Feuer nährten. Als er in Jerusalem die Priesterschaft um Erklärung des Gesichtes bat, sagte man ihm, die Erscheinungsweise deute auf die herrliche Tätigkeit seines Sohnes im Dienste Gottes hin. Elias wurde lebend von der Erde entrückt. — 20. Juli.
Elīās, ae *m.* Elias, stellvertretender Franziskanerordensgeneral (um 1227).
Eliasaph *indecl. m.* (*hebr.*: Gott ist Mehrer) Eliasaph 1. Führer des Stammes Gad durch die Wüste. 2. Haupt der Gersoniter, Sohn Baels.
Eliasib *indecl. m.* (*hebr.*: Gott ist Vergelter *oder* Gott führt zurück) Eliasib, 1. Priester der 11. jüd. Priesterklasse. 2. Hoherpriester z. Z. des Nehemias. 3. Jude, der sein fremdes Weib entließ. 4. der Vater eines gewissen Jonathan (2. *Esdr.* 12, 23). 5. Verwandter des Tobias (2. *Esdr.* 13, 4. 7).
Eliasub *indecl. m.* (*hebr.*: Gott führt zurück) Eliasub, Nachkomme des Zorobabel, Sohn des Elioenai.
Eliatha *indecl. m.* (*hebr.*: Gott ist gekommen) Eliatha, Sänger im Heiligtum z. Z. Davids.
Elica *indecl. m.* (*hebr.*?) Elika, der Harodite, Offizier Davids.
Elĭcī, ōrŭm *m.* Völkerschaft der Elymäer in Vorderasien; *Judith* 1, 6 campus Elicorum, Ebene von Elam; Erioch regis Einschiebsel aus *Gen.*
ēlĭcĭō, ŭī, ĭtŭm 3 1. hervorlocken, -holen; erwecken, *z. B.* Akte des Glaubens. 2. reizen.
Elidad *indecl. m.* (*hebr.*: Gottes Liebling) Elidad, Fürst im Stamme Benjamin z. Z. der Teilung Kanaans.

S. Elidĭŭs, ī *m.* hl. Elidius, *s.* S. Projectus.

ēlīdō, sī, sūm 3 1. herausstoßen, hervorzerren. 2. zerschlagen, zerschmettern; zu Schanden machen, beseitigen; elidere calces alicui mit den Hufen gegen jem. ausschlagen (2. *Mach.* 3, 25).

Eliel *indecl. m.* (*hebr.*: Gott ist stark) Eliel, mehrere Israeliten 1. Fürst aus dem Stamme Manasse. 2. Levit, Sohn des Thohu. 3. zwei Nachkommen Sauls, Sohn des Sesak, Sohn des Semei. 4. zwei Offiziere Davids. 5. Anhänger Davids auf der Flucht vor Saul. 6. Fürst u. Levit aus den Nachkommen Hebrons. 7. Priester unter dem Könige Ezechias.

1. **Eliezer** *indecl. m.* (*hebr.*: Gott ist Hilfe) Eliezer, ein Diener Abrahams, der für Isaak um Rebekka warb.

2. **Eliezer** *indecl. m.* (*hebr.*: Gott ist Hilfe) Eliezer, mehrere Israeliten u. Juden: 1. Sohn des Moses u. der Sephora. 2. Sohn des Bechor. 3. Priester, der vor der Bundeslade Trompete blies. 4. Fürst im Stamme Ruben, Sohn Zechris. 5. Prophet, der gegen König Josaphat weissagte. 6. Jude, der aus der Gefangenschaft zurückgekehrt fürs Heiligtum in Jerusalem besorgt war. 7. Nachkomme Josuas, der in der Gefangenschaft ein fremdes Weib genommen hatte. 8.—10. Je ein Nachkomme von Pharao und Herem u. ein Levit, die alle drei ihre fremden Weiber entließen. 11. Ahnherr Christi (*Luc.* 3, 29).

S. Elifĭŭs, ī *m. s.* S. Eliphius.

ēlĭgĭbĭlĭtās, ātis *f.* Wählbarkeit, Wahlfähigkeit (zu Kirchenämtern).

S. Ēlĭgĭŭs, ī *m.* hl. Eligius, Bek. u. Bisch. von Tournai u. Noyon († 659).

War Goldarbeiter aus Limoges (Frankreich) und sehr beliebt bei den Frankenkönigen Chlotar und Dagobert, die ihn zu ihren Berater machten. Alles erhaltene Geld gab Eligius an die Armen weiter. Im Verein mit Bischof Audoenus von Rouen trat er gegen die Simonie auf. Er selbst wurde zum Bischof von Tournai geweiht und starb nach reichgesegneter Tätigkeit i. J. 659. Er ist in Noyon (Frkr.) beigesetzt. — 1. Dezember.

ēlĭgō, lēgī, lēctŭm 3 1. auslesen, ausjäten, wegschaffen: lapides elegi ex te die Steine habe ich von dir hinweggeschafft (*Resp.* 3. *fer. VI. in Parasc*). 2. auswählen, erwählen: elegit eam in habitationem sibi.

Elihoreph *indecl. m.* (*hebr.* (?) *vielleicht richtiger*: Eliharaph = Gott hat gepflückt) Elihoreph, Geheimschreiber des Königs Salomon, Sohn des Sisa.

Elim *indecl.* (= 1. Brunnen, 2. Baum) Name einer Oase in der sinaitischen Wüste, Lagerplatz der Israeliten auf ihrem Zuge durch die Wüste, *j.*: Wady Gharandel.

Elimelech *indecl. m.* (*hebr.*: Gott ist König) Elimelech, Mann der Noemi u. Schwiegervater der Ruth.

ēlīmĭnō 1 aus dem Hause treiben, verstoßen.

ēlīmō 1 1. ausfeilen. 2. *übtr.*: ausarbeiten, ausstudieren.

ēlingō, inxī, inctum 3 auslecken.

ēlinguĭs, ĕ stumm, sprachlos,

Elioda *indecl. m.* (*hebr.*: Gott weiß es) *s.* Eliada.

Elioenai *indecl. m.* (*hebr.*: Gott Jahwe ist mein Auge?) Eljoenai, mehrere Israeliten u. Juden 1. Nachkomme des Zorobabel, Sohn des Naaria. 2. Nachkomme des Simeon. 3. u. 4. zwei Benjaminiten. 5. Sohn des Meselemia. 6. Nachkomme Phahath-Moabs, der aus dem babyl. Exil zurückkehrte. 7. Nachkomme Pheshurs, der sein fremdes Weib entließ. 8. Priester, der bei Einweihung der Stadtmauer in Jerusalem nach dem Exil mitwirkte.

Eliphal *indecl. m. hebr., gekürzt für*: Eliphalet, *s. dens.*

Eliphalet *indecl. m.* (*hebr.*: Gott ist Leben [Rettung]) (Eliphal), Eliphalet 1. Offizier Davids, Sohn des Ur (Eliphal). 2. Sohn Davids. 3. Sohn des Esek aus dem Stamme Benjamin.

Eliphalu *indecl. m.* (*hebr.*: gekürzt aus Eliphalet = Gott ist Rettung) Eliphalu, Torhüter des Tempels zu Jerusalem.

Eliphaz *indecl. m.* (*hebr.*: Gott ist Stärke?) Eliphaz 1. der erste Sohn Esaus u. der Ada. 2. ein Themaniter, einer der Freunde Jobs.

Eliphelet *indecl. m.* (*hebr.*: Gott ist Rettung) (Elipheleth) Eliphelet 1. Offizier Davids, Sohn des Aasbai. 2. Sohn Davids (*vgl.*: Eliphalet 2.). 3. Jude, der mit Esdras aus dem babyl. Exil zurückkehrte. 4. Nachkomme Hasoms, der nach dem Exil sein fremdes Weib entließ.

S. Ēlĭphĭŭs, ī *m.* (Elifius) hl. Elifius, Mart. († um 362).

Stammte aus Toul (Nordfrankreich) und starb den Martertod unter Julian dem Abtrünnigen. Der Kölner Erzbischof Bruno brachte den hl. Leib im 10. Jahrhundert nach Köln. Den Schrein öffnete im 15. Jahrhundert Erzbischof Hermann von Hessen. Im Jahre 1863 wurde abermals der Sarg geöffnet und ein Teil des Fußes nach Lothringen gesandt. Noch heute ruhen die Gebeine in der Kirche des hl. Martin zu Köln. — 16. Oktober (Köln).

Ēlĭpĭdĭŭs, ī *m.* Elipidius, Statthalter in Rom unter Hadrian (117—138).

ēlĭquō 1 1. durchseihen, abklären. 2. hervorfließen lassen, ausgießen.

Elisă, ae *f.* (*keilschriftlich*: Alaschia) Cypern; die Bewohner Cyperns stammten von den Joniern (Jawan), den Griechen Kleinasiens, ab und waren Japhetiten (*Gen.* 10, 4).

S. Elisabeth *indecl.* u. **Elisabeth(a),** ae *f.* (*hebr.*: Gott hat geschworen) 1. hl. Elisabeth, Jgfr. u. Mart., Genossin der hl. Ursula (5. Jhdt.). 2. hl. Elisabeth, Landgräfin von Thüringen, † 1231, 19. Nov. 3. hl. Elisabeth, Königin von Portugal, † 1336, 8. Juli.

S. Elisabeth Schoenaugĭēnsĭs, hl. Elisabeth von Schönau, Jgfr. u. Äbtissin des Benediktinerinnenklosters Schönau (in Nassau, östl. von St. Goarshausen; † 1165).

Sie hatte vom 23. Lebensjahre ab viele himmlische Gesichte, über die sie teils in lateinischer, teils in deutscher Sprache zur Erbauung anderer berichtete. Ihr Bruder Egbert, Stiftsherr von Bonn und später Abt des Klosters vom hl. Florinus in Schönau, gab ihre Schriften heraus. An den Abt Gerlach aus Deutz bei Köln richtete sie einen Brief betreffs der Heiligengebeine, welche dieser gefunden hatte; sie gab ihm die Namen der Toten kraft göttlicher Erleuchtung an. Auch an die hl. Hildegard schrieb sie. Sie starb i. J. 1165, 36 Jahre alt. — 18. Juni (Limburg).

B. Elisabeth Bona, hl. Elisabeth Bona, Jgfr. († 1420).

Wurde im Jahre 1386 zu Waldsee in der damaligen Diözese Konstanz, jetzt zu Württemberg, Diözese Rottenburg, gehörig, geboren. Sie trat unter Leitung ihres Beichtvaters Konrad Kügelin, Propstes des Gotteshauses zu Waldsee, dem 3. Orden vom hl. Franziskus bei; später gründete sie eine Klause zu Reute (1 Stunde von Waldsee), die sie nie wieder verließ. Sie war ein Muster der Demut und des Eifers. Gott gab ihr die Gabe der Weissagung. Sie starb erst 34 Jahre alt. Papst Klemens XIII. billigte ihre Verehrung; Seligsprechung 1767. — 25. November (Rottenburg).

B. Elisabeth Fernandez *f.* sel. Elisabeth Fernandez, Blutzeugin in Japan mit ihrem Söhnchen Ignatiolus, *s.* B. Carolus Spinula.

1. **Elisabeth** *indecl. f.* (biblisch) 1. Elisabeth (Elizabeth), Frau Aarons (*Ex.* 6, 23). 2. Elisabeth, die Mutter Johannes' des Täufers.

2. **Elisabeth,** ae *f.* Elisabeth, Königin von Polen, Mutter des hl. Kasimir (15. Jhdt.).

Elisama *indecl. m.* (*hebr.*: Gott hat erhört) Elisama, mehrere Israeliten 1. ein Nachkomme des Juda, Sohn des Ikamia. 2. Führer des Stammes Ephraim durch die Wüste, Sohn des Ammiud. 3. ein Sohn Davids. 4. ein Priester z. Z. des Königs Josaphat. 5. einer, der den Statthalter Godolias erschlug. 6. ein Schreiber des Königs Joachim.

Elisaphan *indecl. m.* (*hebr.*: Gott hat verborgen od. geborgen, geschützt) Elisaphan 1. Fürst der Kaathiten, Sohn des Oziel, des Onkels Aarons. 2. Mithelfer bei der Verteilung Kanaans, Sohn Pharnachs aus dem Stamme Zabulon.

Elisaphat *indecl. m.* (Gott hat gerichtet) Elisaphat, ein Heerführer unter dem Hohenpriester Jojada, der dem Könige Joas wieder zur Regierung verhalf.

Elisēŭs, ī *m.* (Elisaeus, *hebr.*: Gott ist edel) Elisäus, Jünger u. Nachfolger des Propheten Elias, lebte von 896 bis 840 v. Chr.

Elisgaudĭŭm tĕrrĭtōrĭŭm, ī *n.* Elsgau, Landstrich im nördlichen Teil des Kantons Bern, Diöz. Basel, Schweiz.

Elisua *indecl. m.* (*hebr.*: Gott ist Rettung) Elisua, ein Sohn Davids.

Elisur *indecl. m.* (*hebr.*: Gott ist Fels) Elisur, Fürst im Stamme Ruben, Sohn des Sedeur.

Eliu *indecl. m.* (*hebr.*: Er ist Gott) Eliu, 1. Ein Freund Jobs. 2. Großvater Samuels. 3. Ein Bruder Davids, Fürst in Juda. 4. Ein Anhänger Davids aus dem Stamme Manasse. 5. Ein Türhüter beim Heiligtume, Sohn Obededoms.

Eliud *indecl. m.* (*hebr.*: Gott ist Hoheit, Majestät) Eliud, Ahnherr Christi, Sohn des Achim.

Elizatĭŭm, ī *n.* Selz, St. Elsaß (Weißenburg).

Ellantĭŭm, ī *n.* Elant, ehem. Cist.-Kloster, Fkr. (Diöz. Reims).

Ellibĕrī, ōrŭm *m.* Elvira, St., Spanien (Andalusien).

Ellō, ōnĭs *m.* Ello, erster Abt im Kloster Braunweiler bei Köln (um 1000).

Ellŭs, ī *m.* Ill, l. Nebenfluß des Rheins im Elsaß.

Elmadan *indecl. m.* (*hebr.*? *vielleicht verderbt aus*: Almodad-Elmodad) Elmadan, Ahnherr Christi (*Luc.* 3, 28).

Elmelech *indecl.* (*hebr.*: Gott ist König) Elmelech, St., Pal. (Aser).

Elmiră, ae *f.* Elmira, St. am Chemung, Nordamerika, *ca.* 36 000 Einw.; Bistum; *dav.*: **Elmirēnsĭs,** ĕ.

Elmirēn. (*C. R.*) *s.* Elmira.

Elmodad *indecl. m.* (Almodad, *arab.* die Hilfe?) Elmodad, Stammvater eines Volksstammes in Südarabien (Yemen), Sohn Jektans.

Elnă, ae *f.* (Helena) Elne, St. Fkr. (Pyrénées-Orientales), *ca.* 3600 Einw.; Bischofssitz, Suffr. v. Albi; *dav.*: **Elnēnsĭs,** ĕ.

Elnaem *indecl. m.* (*hebr.*: Gott ist lieblich?) Elnaem, Vater von zwei Offizieren Davids, des Jeribai und des Josaias.

Elnēn. (*C. R.*) *s.* Elna.

Elnathan *indecl. m.* (*hebr.*: Gott hat gegeben) Elnathan: 1. Großvater des Königs Joachim v. Juda. 2. drei Juden z. Z. des Esdras. 3. jüdischer

Gesandter nach Ägypten zum Propheten Urias.

Elnō, ōnĭs *f.* Saint-Amand-Les-Eaux, Fkr. (Nord) an der Scarpe; *ca.* 13400 Einw.; *dav.*: **Elnōnēnsĭs,** ĕ.

ēlŏcō 1 verpachten, verdingen.

ēlŏcūtĭō, ōnĭs *f.* Ausdruck, Aussprache.

ēlŏgĭŭm, ī *n.* 1. Preisrede, Lobspruch. 2. Inschrift, Aufschrift, Grabschrift.

elohim *indecl.* (*hebr.*) Gott.

Eloi, Eloi etc. (*Mc.* 15, 34) *s.* Eli, Eli *usw.*

1. **Elon** *indecl. m.* (*hebr.* Baum, Eiche) Elon 1. Schwiegervater Esaus. 2. Stammvater der Eloniter, Sohn Zabulons. 3. Amtmann Salomons.

2. **Elon** *indecl.* (*hebr.*: Baum, Eiche) Elon 1. St., Pal. (Dan). 2. St., Pal. (Nephthali).

ēlonginquō 1 sich entfernen.

ēlongō 1 1. *trans.* entfernen, fern halten. 2. *intr.* sich entfernen, fernbleiben.

Elonītae, ārŭm *m.* Eloniter, Bewohner von Elon.

ēlŏquēns, entĭs beredt, wohlredend.

ēlŏquentĭă, ae *f.* Beredsamkeit.

ēlŏquĭŭm, ī *n.* 1. Wort, Verheißung, Gebot. 2. Ausspruch, Sprechweise, Ausdrucksform der hl. Schrift: e. sacrum.

ēlŏquŏr, lŏcūtŭs sŭm 3 aussprechen, vortragen.

Elpĕdĕ, ĭs *n.* (Helpede) Helfta (Helpede), ehem. Cistercienserinnen-, später Benediktinerinnenkloster bei Eisleben; gegründet 1229 bei der Burg Mansfeld, wurde diese Klostergründung nach Rodersdorf u. 1256 nach Helfta verlegt; 1346 siedelten die Benediktinerinnen nach Eisleben über; während der sog. Reformation ging das Kloster unter; *dav.*: **Elpĕdĭānŭs** 3 u. **Elpĭdĭēnsĭs,** ĕ.

Elpĕdĭānŭs 3 *s.* Elpede.

Elphaal *indecl. m.* (*hebr.*: Gott hat es getan) Elphaal, Sohn des Saharaim und der Husim im Lande Moab, im Stamme Benjamin; er erbaute die Stadt Ono u. Lod (*j.*: Ludd) (1. *Par.* 8, 11).

Elphinēn. (*C. R.*) *s.* Elphinium.

Elphinĭŭm, ī *n.* Elphin, Ort in Irland (Roscommon), *ca.* 800 Einw.; Bischofssitz, Suffr. v. Tuam; *dav.*: **Elphin(ĭ)ēnsĭs,** ĕ.

Elpĭdĭēnsĭs, ĕ *s.* Elpede.

Elteeon *indecl.* (*keilschriftl.*: Altaqu) Eltekon, St. Pal. (Juda).

Elthece *indecl. s.* Eltheco.

Eltheco *indecl.* (Eltheco) Eltheko, St., Pal. (Dan); *wohl identisch mit*: Eltekon (Altaqu).

Eltholad *indecl.* (*arab.*: al-tawallud die Geburt) Eltholad, St. Pal. (Simeon u. Juda).

ēlūcēscō, lūxī 2 1. hervorleuchten. 2. elucescit es wird Tag.

ēlūcĭdārĭŭm, ī, *n.* Konversationslexikon.

ēlūcĭdō 1 in helles Licht setzen.

ēlūcŭbrō 1 (elūcŭbror) (bei Lichte) ausarbeiten, ein Buch verfassen, schreiben.

ēlūcŭbrŏr 1 *s.* elucubro.

ēlūdō, lūsī, lūsŭm 3 1. sein Spiel treiben mit, necken, verspotten. 2. vereiteln, hintergehen.

Elul *indecl.* (*hebr.*) Elul, der 6. Monat des jüdischen Jahres.

ēlŭō, ŭī, ūtŭm 3 abwaschen, tilgen, entfernen.

ēlūtŭs 3 wässerig, kraftlos.

ēlŭvĭēs, ēī *f.* 1. Ausspülung, Überflutung, Überschwemmung. 2. Schmutz, Schmutzlache.

Eluzai *indecl. m.* (*hebr. verderbt aus*: Eljoenai) Eluzai, Verwandter Sauls, später Freund Davids.

Elymaeī, ōrŭm *m.* die Elamiter, *s.* Elymais.

Elymāĭs, ĭdĭs *f.* Elymais, eine persische Provinz, Sitz der Elamiter (im heutigen Iran); *dav.*: **Elymaeŭs** 3; Elymaei, orum *m.* Bew.

Elymās, ae *m.* (*gräzisiert aus hebr.*: Elima' der Weise, der Zauberer) der Magier Elymas, der nach dem Berichte der Apostelgeschichte vom Apostel Paulus mit Blindheit geschlagen wurde; *vgl.*: Barjesu.

S. **Elzearĭŭs,** ī *m.* (Eleazarus) hl. Elzear, Bek. († 1323).

Elzear, auch Eleazar genannt, war Mitglied des dritten Ordens des hl. Franz von Assisi. Er stammte aus dem Grafengeschlechte der Sabran-Ariani in der Provence. Schon im Alter von 13 Jahren übte er große Bußwerke; trug in der Nacht einen Strick mit Knoten, bei Tag ein Bußgewand. Die Keuschheit bewahrte er nicht bloß dem Geiste sondern auch dem Leibe nach unversehrt, da er mit seiner hl. Gattin Delphina in immerwährender Enthaltsamkeit lebte. In den Armen wollte er Christus helfen und in den Krankheiten der Menschen die Schwachheiten Christi erkennen, die er um unsertwillen auf sich genommen hatte. Um sich selbst noch vollkommener aus Liebe zu Christus zu verachten, wusch er die eiternden Wunden der Aussätzigen, küßte ihnen Füße und Mund und diente ihnen mit solcher Hingebung, als ob er Christus selbst in den Aussätzigen sähe. Kaum jemals unterließ er das Gebet. Jeder Ort war ihm dazu geeignet. Das Breviergebet betete er in jener Weise, wie es die hl. römische Kirche vorschrieb und zwar so andächtig, als wenn er mit den Augen des Geistes Gott beständig sähe und so peinlich genau, daß er kein Pünktlein übersah. Niemals konnte er zum Unwillen gereizt werden, auch nicht durch Gewalt, niemand sah ihn aufgebracht, niemand launisch. Als er zu Paris seinen Tod vorausfühlte, beichtete er voll Demut und unter einem Strome von Tränen und verschied nach andächtigem Empfange der übrigen Sterbesakramente selig im Herrn. Er wurde von Urban V. heilig gesprochen. — 27. September (Kap. O.).

Elzebad *indecl. m.* (*hebr.*: Gott hat geschenkt) Elzebad, 1. ein Anhänger Davids aus dem Stamme Gad. 2. Israelit, Sohn Semeias u. Enkel Obededoms.

ēmăcĕrātŭs 3 ausgemergelt.

ēmăcēscō 3 *s.* emacio.

ēmăcĭō 1 (emacesco) mager werden, abzehren.

ēmăcŭlō 1 reinigen.

Emalchuel *indecl. m.* (*arab.*: Gott ist Berater; *hebr.*: [Gott] hat [ihn] zum König gemacht); (*auch*: Ἰαμβίκος oder Διοκλῆς) Emalchuel, ein Araberfürst, der den syrischen Thronerben Antiochus, den Sohn Alexanders I., Balos erzog.

Eman *indecl. m.* (*hebr.*?) Eman 1. Nachkomme (Urenkel) Jakobs. 2. Sänger zu Davids Zeit(?); *vgl.* Heman.

ēmānātĭō, ōnĭs *f.* Ausfluß.

ēmancĭpātĭō, ōnĭs *f.* Freilassung.

ēmancĭpō 1 für selbständig erklären.

ēmānō 1 1. herausfließen, ausströmen. 2. *trans.* ausgießen (*Jak.* 3, 11).

ēmarcēscō, marcŭī 3 1. schwinden, verwelken. 2. ohnmächtig werden.

Emath *indecl.* (*hebr.*: Hamoth, heiße Quellen, Thermen) 1. *s.* Emmaus. 2. = Hamath, St. am Orontes, *j. ca.* 30 000 Einw., z. Z. der Seleukiden Epiphaneia genannt. 3. St. in Nephthali. 4. Name eines Turmes in Jerusalem.

Emaus, ī *m.* (Amaus) Amance, Marktflecken, Fkr. (Haute-Saône); *ca.* 600 Einw.

emblēmă, ătis, (ἔμβλημα) eingelegte Arbeit, erhabene Verzierung, Bildwerk, Reliefarbeit; symbolische Figur.

embŏlismăcŭs 3 (ἐμβολισμακός) (embolismalis) eingeschaltet, eingeschoben; lunatio e. Schaltmonat.

embŏlismālĭs, ĕ *s.* embolismăcus.

embŏlismŭs, ī *m.* (von ἐν u. βάλλω hineinwerfen) Einschaltung (*bes.*: des Gebetes Libera nos.. nach dem Paternoster in der hl. Messe).

Embrodūnēn. (*C. R.*) *s.* Embrodunum.

Embrodūnŭm, ī *n.* Embrun, St., Fkr. (Hautes-Alpes), *ca.* 3600 Einw.; ehem. Bistum (bis 1801); *dav.*: **Embrodūnēnsĭs,** ĕ.

embrўō, ōnĭs *m.* (τὸ ἔμβρυον) der Embryo, unreife Frucht im Mutterleibe.

Emdă, ae, *f.* Emden, Stadt in Ostfriesland, Preußen, *ca.* 30 000 Einw.

Emelĭă, ae *f.* Emly, Bistumstitel in Irland; beständiger Sitz in Cashel, *s.* Casselium; *dav.*: **Emelĭēnsĭs,** ĕ.

Emelĭēn. (*C. R.*) *s.* Emelia u. Casselium.

Emeltrūdĭs, ĭs *f.* Emeltraud, Gattin des Grafen Eberhard vom Elsaß im 8. Jhdt.

ēmendābĭlĭs, ĕ verbesserlich.

ēmendātĭō, ōnĭs *f.* Besserung, Vervollkommnung.

ēmendātŏr, ōrĭs *m.* Verbesserer, Sittenrichter.

ēmendātōrĭŭs 3 verbessernd.

ēmendātŭm, ī *n.* Verbesserung.

ēmendātŭs 3 fehlerfrei, richtig.

ēmendīcō 1 erbetteln.

ēmendō 1 1. verbessern, vervollkommnen. 2. körperlich züchtigen (*Luc.* 23, 16).

ēmēnsĭō, ōnĭs *f.* das Durchlaufen einer Bahn.

ēmentīcĭŭs 3 erlogen.

ēmentĭŏr, ītŭs sŭm 4 erdichten, erlügen.

Emer *indecl. m. s.* Emmer.

S. Ēmĕrānŭs, ī *m. s.* Emmeramus.

S. Ēmĕrentĭānă, ae *f.* hl. Emerentiana, Jgfr. u. Mart. aus Rom.

Milchschwester der hl. Agnes, wurde als Taufbewerberin von der Volksmenge gesteinigt, weil sie die Götzendienerei tadelte. — 23. Januar.

ēmĕrĕō, ŭī 2 (emĕrĕor), sich verdienen, einen Anspruch erwerben auf.

ēmĕrĕŏr, ēmĕrĭtŭs sŭm *s.* emereo.

ēmergō, sī, sŭm 3 auftauchen, *trans.* u. *intr.*; sich emporarbeiten; *übtr.*: sich zeigen.

S. Emerīcŭs, ī *m.* hl. Emmerich, Bek. († 1031).

Herzog von Ungarn, Sohn des hl. Stephanus, Königs von Ungarn und der Gisela, Tochter Kaiser Heinrich des Frommen, gelobte frühzeitig, ein unversehrtes Leben zu führen. Gott zeigte durch Wunder, wie wohlgefällig ihm der Jüngling war. Papst Gregor VII. nahm ihn zugleich mit seinem Vater Stephan in die Schar der Heiligen auf. — 5. November (Ungarn).

S. Emĕrĭtă, ae *f.* hl. Emerita, Mart. u. Jgfr. († um 186).

War die Schwester des hl. Lucius, Königs von Britannien; sie wurde von einem Gesandten des hl. Papstes Eleutherius getauft. Da ihr Bruder Lucius die Heimat verlassen hatte, suchte sie ihn auf dem Festlande, wo sie bei Chur in der Schweiz ihn gefunden haben soll. Sie unterstützte das Wirken ihres Bruders und wurde deshalb als Christin angeklagt, grausam gepeinigt und schließlich ins Feuer geworfen. Die Gläubigen sammelten die Gebeine und setzten sie bei. — 4. Dezember (Chur).

1. **Emĕrĭtă,** ae *f.* Mérida, St. am Guadiana, Spanien (Estremadura, Badajoz), *ca.* 12 000 Einw.

2. **Emĕrĭtă,** ae *f.* Mérida, St., Mexiko (Yukatan), Bischofssitz des Bistums Yucatanium.

3. **Emĕrĭtă,** ae *f.* Mérida de Maracaibo, St., r. am Chama, am Fuße der Sierra in den Kordilleren, Venezuela, Südamerika; *ca.* 130000 Einw.; Bischofssitz (seit 1777), Suffr. v. Caracas; *dav.*: **Emĕrĭtēnsĭs,** ĕ.

Emĕrĭtēn. (*C. R.*) *s.* 3. Emerita.
ēmĕrĭtŭs 3 ausgedient, der Ruhe pflegend.
Emesă, ae *f.* (Emessa in Phoenica) Emesa oder Homs in Cölesyrien, Erzbischofssitz: 1. seit 1832 für den syr. Ritus (Hemesen Syrorum cum Apamea). 2. seit 1850 für den melchit. Ritus (Hemesen Melchitarum), *dav.*:**Emesēnsĭs,** ĕ.
Emesēn. (*C. R.*) *s.* Emesa.
Emessă, ae *f. s.* Emesa.
ēmētĭŏr, mēnsŭs sŭm 4 1. ausmessen. 2. zurücklegen, durchleben, überleben.
ēmĭcō, mĭcŭī, mĭcātŭm 1 hervorleuchten = strahlen.
S. Emĭdĭŭs, ī *m.* Mart., 5. August, *s.* S. Emygdius.
S. Emigdĭŭs, ī *m. s.* S. Emygdius.
ēmĭgrō 1 ausziehen, auswandern; non emigrabo ich brauche nicht auszuwandern, nicht zu fliehen [*hebr.*: non movebor ich werde nicht wanken (*Ps.* 61, 7)].
Emim *indecl. m.* (*hebr. pl.*?) die Emiter, ein chamitischer Volksstamm im Südosten Kanaans z. Z. Abrahams.
ēmĭnēns, entĭs hervorragend, ausgezeichnet.
ēmĭnentĭă, ae *f.* 1. das Hervorragende. 2. hohe Würde, Stellung. 3. Eminenz, Titel der Kardinäle (seit 1644); *auch*: Emmĭnentĭa.
ēmĭnĕō, ŭī 2 hervorragen, sich auszeichnen, sich hervortun.
ēmĭnŭs *adv.* von ferne.
ēmīrŏr 1 sich sehr wundern, mit Befremden wahrnehmen.
1. **ēmissārĭŭs** 3 Sendung betreffend (*Jer.* 5, 8), entlassend; in die Wüste geschickt.
2. **ēmissārĭŭs,** ī *m.* der geheime Sendbote, Späher, Spion (*Ez.* 7, 22).
ēmissĭō, ōnĭs *f.* 1. das Entsenden. 2. das Gewächs, Sprößling: emissiones tuae paradisus (*Cant.* 4, 13). 3. Verbannung; Pest (*Bar.* 2, 25). 4. Pfeil, Blitz (*Sap.* 5, 22).
ēmītēscō 3 mild werden.
ēmittō, mīsī, missŭm 3 1. heraus-, hervorschicken. 2. entlassen, fortweisen. 3. herausgeben, drucken lassen: *oft mit* in lucem *verbunden.* 4. votum emittere, ein Gelübde ablegen; manum emittere: die Hand ausstrecken.
Emmanuel, ēlĭs *m.* (hebr. = „mit uns [ist] Gott"), Emanuel, Immanuel, Beiname des Messias.
Emmaus *indecl.* (*hebr.* Hammôt: heiße Quellen, Thermen) 1. Emmaus, Flecken, 10 km nordwestlich von Jerusalem, das heutige Kubebe. 2. Emmaus (Ammaus: 1. *Mach.* 9, 50), St., ungefähr 40 km nordwestlich von Jerusalem, später Nikepolis (Siegesstadt, *vgl.*: 1. *Mach.* 3, 40f. u. 4, 1f.) genannt. 3. Emmaus, Badeort bei Tiberias.
Emmer *indecl. m.* (*hebr.*: Immer=Schaf; Emer) Emmer, Oberhaupt der 16. jüdischen Priesterklasse.
S. Em(m)erāmŭs, ī *m.* (Em(m)erianus) hl. Emmeran, Mart. u. Bisch. von Regensburg, Apostel der Bayern († 652).

Stammte aus Aquitanien, wurde Bischof von Poitiers. Um den Martertod zu erlangen, legte er sein Amt nieder und begab sich zur Verkündung des Evangeliums in das Gebiet der Hunnen und Avaren. Er reiste durch Deutschland, traf in Regensburg mit dem Herzog Theodo von Bayern zusammen, der ihn veranlaßte, zu bleiben. Von Regensburg aus predigte er den Bojern und machte eine Wallfahrt nach Rom. Inzwischen klagte ihn Uta, die Tochter Theodos, an, er habe ihre Ehre verletzt, obwohl sie sich in Wahrheit mit einem gewissen Sigibald eingelassen hatte. Wutentbrannt jagte Utas Bruder Landbert (Lambert) hinter dem reisenden Bischofe her und traf ihn bei Helfendorf zwischen Isar und Inn. Durch seine Knechte ließ er den Wehrlosen aufs grausamste verstümmeln, so daß er kurz darauf starb. Sein hl. Leib wurde in Regensburg bestattet; die Uebeltäter mußten in die Verbannung ziehen. — 22. Sept. (Regensburg, Ungarn) oder 25. Sept. (München - Freising).

Emmĕrĭānŭs, ī *m. s.* Emmeramus.
Emmĭnentĭă, ae *f. s.* eminentia 3.
ĕmō, ēmī, emptŭm 3 kaufen.
ēmōlĭŏr 4 hervorbringen; zustande bringen.
ēmollĭō 4 erweichen, rühren, verweichlichen.
ēmŏlŭmentŭm, ī *n.* Vorteil, Nutzen, Gewinn; emŏlumentŭm convertĕrĕ dē: Nutzen ziehen aus.
1 **Emonă,** ae *f.* 1. Kephar -Amoni, *d. i.* Ammoniterdorf, St. Pal. (Benjamin, *Jos.* 18, 24). 2. Emona, entstanden aus dem hebr. Wort Hamono „sein Heer" (*Ez.* 39, 16).
2. **Emonă,** ae *f.* (Aemona, Corcoras, La(y)bacum Labachus, Emonensis civitas, Nauportus) Laibach, (Ljobljana) St. Deutsch-Österreich (Kärnten), *ca.* 35000 Einw., Bischofssitz (seit 1461), Suffr. v. Görz; *dav.*: **Emonēnsĭs,** ĕ u. **Labacēnsĭs,** ĕ.
Emonēnsĭs cīvĭtās, ātĭs *f. s.* 2. Emona.
Emor *indecl. m.* (*hebr.*) *s.* Hamor.
ēmŏrĭŏr, mortŭŭs sŭm 3 absterben, ersterben.
ēmŏvĕō, mōvī, mōtŭm 2 wegschaffen, entfernen.
emphăsĭs, ĭs *f.* (ἔμφασις) Nachdruck.
emphătĭcē *adv.* mit Nachdruck, emphatisch.
emphȳteusĭs, ĭs oder -ĕōs *f.* (ἐμφύτευσις). Einpflanzung; Erbverpachtung (*C. j. c.* 1542).

emphўteută, ae *m.* Erbpächter.

emphўteutĭcŭs 3 Erbverpacht betreffend; pactum emphyteuticum Erbverpachtsvertrag; instrumentum pacti emphyteutici Erbverpachtsvertragsurkunde (*C. j. c.* 1542).

Emporĭae, ārŭm *f.* Ampurias, sardinischer Bistumstitel, (seit dem 12. Jhdt.), der mit dem Bistum Tempio (seit dem 4. Jhdt.) vereinigt ist; Suffr. von Sassari.

empŏrĭŭm, ī *n.* (ἐμπόριον) Handelsplatz, Markt.

emptĭō, ōnĭs *f.* Kauf, Ankauf.

emptĭtĭŭs 3 durch Kauf erworben.

emptĭtō 1 erkaufen.

emptŏr, ōrĭs *m.* Käufer, Loskäufer.

empўrĕŭs 3 (ἐμπύριος) feurig; der oberste: caelum.

Emŭlă, ae *f.* (Cornelii forum) Imola, St. It. (Bologna), *ca.* 12000 Einw., Bistum (gegr. vor 370), Suffr. von Bologna.

ēmūnctōrĭŭm, ī *n.* Lichtputzer; Lichtschere.

ēmundātĭō, ōnĭs *f.* Reinigung; *übtr.*: Glanz (*Ps.* 88, 45).

ēmundō 1 völlig reinigen; *pass.*: rein bleiben (*Ps.* 18, 14).

ēmungō mūnxī, mūnctŭm 3 1. ausschnäuzen. 2. jem. um etwas prellen (*Prov.* 30, 30).

ēmūnĭō 4 tüchtig befestigen, gut verwahren.

Em̃us = Eminentissimus.

ēmūtātĭō, ōnĭs *f.* Umänderung.

S. Emygdĭŭs, ī *m.* hl. Emygdius, (Emigdius u. Emidius) Mart. u. Bisch. von Ascoli (Italien) († 303).

Zu Trier aus edlem Frankengeschlechte geboren, nahm er mit 23 Jahren das Christentum an, wallfahrte nach Rom, wo er die Tochter seines Gastfreundes, welche seit fünf Jahren krank war, durch die Spendung der hl. Taufe heilte. Als er ebenso einem Blinden das Augenlicht gab, drängte ihn das Volk im Triumphe in den Tempel des Aeskulap, da es ihn für einen Sohn Apollos hielt. Doch Emygdius bekannte sich als Christen, heilte viele und ließ das Götzenbild in den Tiber werfen. Infolgedessen stellte ihm der Stadtpräfekt Posthumius Titianus nach. Emygdius begab sich zu Papst Marcellus und wurde zum Bischofe von Ascoli geweiht. Hier setzte er seine wunderbar erfolgreiche Tätigkeit fort, bis ihn der Präfekt Polymius enthaupten ließ. Der Rumpf des Getöteten richtete sich auf, die Hände erfaßten das Haupt und trugen es 300 Schritte weit zu einer Kapelle, wo der Leib beigesetzt wurde. Emygdius starb während der Verfolgung des Diokletian. — 9. August (Trier, Ungarn).

ēn *interj.* sieh! sieh da! *c. nom*: en ego! da bin ich! (*auch c. acc.*).

Enac *indecl. m.* (*hebr.*?) Enak, angeblich ein Riese in Hebron z. Z. der Eroberung des Landes Kanaan durch die Israeliten.

Enacim *indecl. m.* (*hebr. pl.*: von Enac) Enakiter, Nachkommen Enaks, ein Riesengeschlecht in Kanaan in der Gegend von Hebron. Diese scheinen nach Westen zu den Philistern ausgewandert zu sein, als die Israeliten Kanaan eroberten. Noch zu Davids Zeit gab es im Philisterlande riesenhafte Menschen.

Enadad *indecl. m. s.* Henadad.

Enaim *indecl.* (*hebr.*: Quellort) (Enan) Enaim, St., Pal. (Juda).

1. **Enan** *indecl.* (*hebr.*?) Enan 1. Führer des Stammes Nephthali durch die Wüste. 2. Ahnherr der Judith.

2. **Enan** *indecl. s.* Enaim.

ēnārrātĭō, ōnĭs *f.* Erklärung, mündliche Auslegung.

ēnārrō 1 ganz erzählen, darlegen; herzählen (*Ps.* 49, 16).

Enasă, ae *f. s.* Anassianum.

ēnāscŏr, nātŭs sŭm 3 hervorwachsen, entstehen.

ēnătō 1 davonschwimmen.

ēnāvĭgō 1 1. *trans.* durchsegeln, -schiffen. 2. *intrans.*: wegschiffen.

encaenĭă, ōrŭm *n.* (ἐγκαίνια von καινός neu) Erneuerungsfest, Fest der (Tempel-)Weihe.

encaenĭō 1 Fest der (Tempel-)Weihe begehen.

encaenō 1 mit einem neuen Kleide versehen; ein neues Kleid anziehen (*L.* 1. *fer. IV. hebd. Pass.*).

enchīrĭdĭŏn ī *n.* (ἐγχειρίδιον) was man in der Hand hält; Handbuch.

encōmĭŭm, ī *n.* (ἐνκώμιον) Lob, Lobrede.

Encrătītae, ārŭm *m.* (Ἐγκρατῖται) Enkratiten, eine von Tatian gestiftete Sekte, welche die Ehe und den Fleischgenuß als unerlaubt verwarf (2. Jhdt.).

encўclĭcă, ae *f.* päpstliches Rundschreiben, Enzyklika.

encўclĭcŭs 3 (ἐγκυκλικός) allgemeingeltend, Rund-; litterae encyclicae päpstliches Rundschreiben (Enzyklika)

encўclopaedĭă, ae, *f.* (ἡ ἐν κύκλῳ παιδεία) Konversationslexikon.

Endēnă, ae *f.* (Engiadina) das Engadin, Tal des oberen Inn, Schweiz (Graubünden).

Endor *indecl.* (*hebr.*: Quelle von Dor) Endor, Stadt im Gebiete Issachars, aber dem Stamme Manasse zugeteilt (*Jos.* 17, 11; 1. *Sam.* 28, 7*ff.*) *j.*: Endûr, Dorf an der Nordseite des Hermon.

ēnĕcō 1 ganz töten, erwürgen.

ĕnergēmă, ătĭs *n.* (ἐνέργημα) Wirkung.

ĕnergĭă, ae *f.* (ἐνέργεια) Wirksamkeit.

1. **ĕnergūmĕnŭs** 3 (ἐνεργούμενος) vom Teufel besessen.

2. **ĕnergūmĕnŭs,** ī *m.* der vom Teufel Besessene.

ēnervātĭō, ōnĭs *f.* Entnervung, Kraftlosigkeit.
ēnervĭs, ĕ kraftlos, matt, entnervt.
ēnervō 1 entnerven, schwächen, verweichlichen.
1. **Enesŭs,** ī *f. s.* Anassianum.
2. **Enesŭs,** ī *f. s.* Anesus.
Enetŭs, ī *m.* sarazenischer Herrscher von Sevilla im 11. Jhdt.
Enfidĕ, ĭs *n.* Affile, Ort bei Subiaco, It.
Engaddi *indecl.* (*hebr.*: En-gedi Böckleinsquelle) Engaddi, schön gelegene Stadt an der Westküste des Toten Meeres, bei der Mündung des Wady el Ghor; Pal. (Juda); *j.*: 'Ain Dschidi.
Engallim *indecl.* (*hebr.*: Steinhaufenquelle?) Engallim, Ort am Toten Meere im Moabiterlande.
Engannim *indecl.* (*hebr.*: Gartenquelle) Engannim, St. südlich vom Tabor u. südöstlich vom Karmelgebirge, Pal. (Issachar).
Engarĭŭs. ī *m*, (Ericus) Engar, Stadtkommandant in Birka (Schweden) (9. Jhdt.).
S. **Engelbertŭs,** ī *m.* hl. Engelbert, Mart. u. Erzbischof von Köln († 1225).
Aus gräflichem Geschlechte; er wollte den Bischofsstuhl von Münster (Westf.) aus Demut nicht annehmen, mußte aber i. J. 1216 die Würde eines Erzbischofs von Köln übernehmen. Er stellte die Ruhe im Erzbistum wieder her, trug die Schulden, die seine Vorgänger gemacht hatten, ab, rief Dominikaner, Franziskaner und Karmeliter nach Köln. Vom Kaiser Friedrich II. wurde er zum Vormunde des kaiserlichen Sohnes Heinrich gemacht und als Verwalter des Reiches bestimmt. Da er jedoch auch gegen mächtige Fürsten die Rechte der Kirche zu wahren suchte, geriet er in Streit mit Friedrich von Isenburg, Grafen von der Ruhr, welcher seine Hand auf ein Kloster in Essen a. d. Ruhr gelegt hatte. Friedrich heuchelte Friedensliebe, ließ ihn aber auf einer Reise niederstoßen. Seine Gebeine wurden nach Köln gebracht und von Erzbischof Ferdinand von Köln im Hochaltare des Domes beigesetzt. — 7. November (Köln, Paderborn).
Engelbertŭs, ī *m.* Graf Engelbert von Berg, Vater des Vorgenannten.
Engelbertŭs dē Weihe Engelbert von Weihe, Bisch. v. Osnabrück (1309).
Engiadīnă, ae *f. s.* Endena.
Engolismă, ae *f.* (Angolisma, Engolismum, Aequolesima) Angoulême, St. an der Charente, Fkr. (Charente), *ca.* 40 000 Einw., Bischofssitz, Suffr. v. Bordeaux; *dav.*: **Engolismēnsĭs,** ĕ u. **Ecolēsĭmŭs** 3.
Engolismēn. (*C. R.*) *s.* Engolisma.
Engolismŭm, ī *n. s.* Engolisma.
Enhadda *indecl.* (*hebr.*: Hofbrunnen) Enhadda, St., Pal. (Issachar).
Enhasor *indecl.* (*hebr.*: schnellfließende Quelle) Enhasor, St., Pal. (Nephthali).
ĕnĭm *conjct.* 1. denn, nämlich. 2. jedenfalls, sicherlich.
ĕnimvērō *adv.* allerdings, ja wahrlich, in der Tat, aber freilich.
ēnĭtĕō, ŭī 2 hervorglänzen, sich auszeichnen.
ēnĭtēscō, nĭtŭī 3 hervorschimmern.
ēnĭtŏr, nīxŭs u. nīsŭs sŭm 3 1. sich anstrengen, emporarbeiten, bemühen. 2. hervorbringen; gebären.
ēnīxĭō, ōnĭs *f.* (ēnīxŭs, ūs m.) das Gebären, Geburt.
1. **ēnīxŭs** 3 angestrengt.
2. **ēnīxŭs,** ūs *m. s.* enixio.
Ennom *indecl.* (*hebr.*: Hinnom) das Hinnomstal bei Jerusalem.
ēnō 1 herausschwimmen.
Enoch *indecl. m. s.* Henoch.
ēnōdābĭlĭs, ĕ auflösbar, entwirrbar, erklärbar.
ēnōdātĭō, ōnĭs *f.* Entwicklung, Erklärung.
ēnōdō 1 den Knoten auflösen, erklären.
ĕnōmŏlŏgēsĭs, ĭs *f.* (ἐνωμολόγησις) Bekenntnis, Beichte.
Enon *indecl.* (*hebr.*: Quellort?) Enon, ein Hof oder Dorf an der Grenze des israelitischen Reiches (*Ez.* 47, 17).
ēnōrmĭtās, ātĭs *f.* ungeheure Größe.
Enos *indecl. m.* (*hebr.*: Mensch) Enos, Sohn Seths, Enkel Adams.
ēns, entĭs *n.* das Sein, Wesen, das Seiende.
Ensemes *indecl.* (*hebr.*: Sonnenquell) Ensemes, eine Quelle, welche die Nordgrenze des Stammes Juda bildete.
ēnsĭs, ĭs *m.* Schwert.
enthĕŭs 3 (ἔνθεος) begeistert, schwärmerisch.
enthūsĭasmŭs, ī *m.* Begeisterung, Verzückung.
entĭtās, ātĭs, *f.* Wesen, Wesenheit.
entĭtātīvē *adv.* wesentlich.
entĭtātīvŭs 3 wesentlich.
ēnūbĭlō 1 entwölken, erhellen.
ēnuclĕātŭs 3 klar, deutlich, schlicht und bündig, unverfälscht.
ēnuclĕō 1 deutlich machen, erklären.
ēnŭmĕrātĭō, ōnĭs *f.* Aufzählung.
ēnŭmĕrō 1 aufzählen; ausrechnen.
ēnundĭnō 1 erhandeln.
ēnuntĭātĭō, ōnĭs *f.* Aussage, Verkündigung.
ēnuntĭātīvŭs 3 zur Aussage gehörig.
ēnuntĭātrīx, īcĭs *f.* Verkündigerin.
ēnuntĭātŭm, ī *n.* Satz, Ausspruch, Aussage.
ēnuntĭō 1 aussagen, kundtun; verraten.
ēnūtrĭō 4 ernähren, groß ziehen; pflegen.
1. **ĕō,** ĭī *u.* īvī, ĭtŭm, īrĕ 1. gehen, kommen, ziehen, marschieren. 2. reiten, fahren, segeln. 3. vergehen, entschwinden. 4. wandeln.
2. **ĕō** *adv.* 1. daselbst, dahin. 2. bis zu der Zeit, dem Grade, dem Punkte.
3. **ĕō** (*abl. zu*: is) deshalb, darum.
S. **Eŏbānŭs,** ī *m.* hl. Eoban, Mart. u. Bisch. von Utrecht († 755).

War mit seinem Freunde, dem hl. Adelarius, Schüler des hl. Bonifatius. Adelarius wurde Bischof von Erfurt. Beide begleiteten den hl. Bonifatius nach Ostfriesland, um die abermals in das Heidentum gesunkenen Bewohner auf den Weg der Wahrheit zurückzuführen. Doch sie wie zehn andere Missionare fanden den Martertod. Die Gebeine der drei Bischöfe wurden vom hl. Lullus, dem Nachfolger des hl. Bonifatius, nach Mainz gebracht; später kam der hl. Leib des Bischofs Bonifatius nach Fulda, während die Körper seiner Gefährten in der Marienkirche zu Erfurt beigesetzt wurden. — 7. Juni (Mainz).

ĕōdĕm *adv.* ebendahin.

Ēŏn, ōnĭs *m.* Eon de Stella, Irrlehrer im 12. Jhdt. (Cist. Proprium).

S. Eōnĭŭs, ī *m.* hl. Eonius, Mart.

War Gefährte der hl. Blutzeugen Eugenius, Flora und Lucilla. Der Fuldaer Abt Thisto brachte seine Gebeine als Geschenk des Papstes im Jahre 859 aus Rom mit, wo er als Gesandter des Kaisers Ludwig II. tätig gewesen war. Auch die Gebeine des hl. Martyrers Antonius wurden ihm damals überwiesen. — 24. September.

ĕōrundĕm *gen. pl. m.* zu idem.

Ĕōs u. Ēōs *indecl. f.* (ἕως u. ἠώς) die Morgenröte (*rein lat.*: Aurora).

1. **ēōŭs** 3 (ἑῷος u. *jon.*: ἠῷος) 1. morgendlich, am Morgen, in der Frühe. 2. östlich, morgenländisch.

2. **ĕōŭs,** ī *m.* (ēōŭs) 1. der Morgenstern. 2. der Morgenländer.

ĕōusquĕ soweit, solange; bis zu der Zeit, bis zu dem Grade.

ĕpactă, ae *f.* (ἐπακτή, *scil.* ἡμέρα) die Epakte, die Zahl der Tage, um welche das Sonnenjahr das Mondjahr übertrifft; *pl.* die Schalttage.

ĕpactālĭs, ĕ zur Epakte gehörig.

Ĕpaenĕtŭs, ī *m.* (Ἐπαινετός) Epänetus, frommer Christ, der als erster in Kleinasien den Glauben annahm (*Rom.* 16, 5).

Ĕpăphrās, ae *m.* (Ἐπαφρᾶς) Epaphras, Christ zu Kolossä, Gehilfe des hl. Paulus, vielleicht erster Bisch. v. Kolossä (*Col.* 1, 7).

Ĕpăphrŏdītŭs, ī *m.* (Ἐπαφρόδιτος) Epaphrodit, Christ u. Gehilfe des hl. Paulus, Glaubenslehrer zu Philippi.

Eperĭae, ārŭm *f.* Eperies, St. an der Tarcza, Ungarn (Sarós), *ca.* 15000 Einw.; griech. kath. Bischofssitz, Suffr. v. Gran; *dav.*: **Eperiessēnŭs** 3.

Eperiessēn. (*C. R.*) *s.* Eperiae.

Epfach *indecl.* Epfach, Pfarrdorf bei Schöngau, Bayern (Schwaben), *ca.* 400 Einw.

1. **epha** *indecl.* (ephi) Epha, Trockenmaß bei den Israeliten u. Juden, *ca.* 36 Liter enthaltend.

2. **Epha** *indecl.* (*hebr.* ?) Epha 1. der erstgeborne Sohn von Madian, ein Enkel Abrahams; von ihm hat eine Gegend in Arabien den Namen Epha. 2. Nachkomme des Juda, Sohn Jahaddais. 3. Kebsweib des Kaleb.

ĕphēbēŭm, ī *n.* (ἐφηβεῖον) *s.* ephebia.

ĕphēbĭă, ae *f.* (ephebēum) Übungsplatz für Jünglinge.

ĕphēbŭs, ī *m.* (ἔφηβος) Jüngling, Edelknabe, Page.

ĕphēmĕrĭs, ĭdĭs *f.* (ἐφημερίς) 1. Tagebuch, Wirtschaftsbuch, Ausgabe- und Einnahmebuch. 2. Tagblatt, Tageszeitung, Journal, Zeitschrift. 3. Tagesbericht (Bulle Vacante Sede Apost., *IV. n.* 50).

ĕphēmĕrŭs 3 eintägig.

Epher *indecl. m.* (*hebr.*: Staub) Epher 1. Sohn des Madian, Enkel Abrahams. 2. Israelit aus dem Stamme Juda, Sohn des Ezra. 3. Fürst im Stamme Manasse. 4. Epher (Hepher), Schwiegersohn des Salomo, Amtmann im Gebiete Dor, Sohn Abinadabs (3. *Kön.* 4, 10. 11).

Ephĕsĭī, ōrŭm *m.* Ephesier, Einw. v. Ephesus.

Ephĕsīnŭs 3 aus Ephesus.

1. **Ephĕsĭŭs** 3 aus Ephesus, ephesisch.

2. **Ephĕsĭŭs,** ī *m.* der Ephesier.

Ephĕsŏs, ī *f.* (Ἔφεσος) *s.* Ephesus.

Ĕphĕsŭs, ī *f.* (Ephesos) Ephesus, Hafenstadt an der Mündung des Kayster, Kleinasien, gegenüber der Insel Samos; *dav.*: **Ephĕsīnŭs** 3 u. **Ephĕsĭŭs** *adj. u. subst.*; in Ephesus fand das 3. allgemeine Konzil gegen Nestorius u. die Pelagianer i. J. 431 statt.

épheta *indecl. s.* ephpheta.

ephi *indecl.* (*hebr.*) *s.* 1. epha.

ĕphippĭārĭŭs 3 zum Sattel gehörig; ars ephippiaria Sattlerhandwerk.

ĕphippĭŭm, ī *n.* (ἐφίππιον) Reitdecke, Sattel.

ephód *indecl.* Ephod, das oberste liturgische Kleidungsstück des israelitischen (jüdischen) Hohenpriesters, das über dem hohenpriesterlichen blauen Obergewande getragen wurde. Es bestand aus zwei Stücken die über Brust und Rücken ähnlich dem jetzigen Meßgewande des kath. Priesters herabhingen, jedoch über der Schulter nicht zusammengenäht, sondern mit Spangen, von Onyxsteinen (Schohamsteine) geschmückt, zusammengehalten wurden; die beiden Onyxsteine trugen je sechs Namen der Stämme Israels. Das Ephod bestand aus Gold, weißer, feinster Baumwolle, durchwebt mit hyacinth-, purpur- und krokusfarbigen Fäden, war also in den vier liturgischen Farben des alten Bundes: weiß, blau, purpurrot, karmesinrot hergestellt. In der Mitte wurde es von einem vierfarbigen Gürtel zusammengehalten. Auf der Brust war oben mit goldenen Kettchen unten mit goldenen Ringen der sog. Brustschild, einer Bursa nicht unähnlich, ebenfalls in den vier liturgischen Farben gehalten, befestigt, der außen zwölf Edelsteine mit den Namen der zwölf israelitischen Stämme, innen die Urim u. Thummim (Licht und Wahrheit [göttliche Offenbarung!]) enthielt. — Nur dem Hohenpriester war das liturgische vierfarbige Ephod rechtmäßig gestattet. Ephod tragen und Hoherpriester sein war gleichbedeutend; wenn bei gewöhnlichen Priestern oder Laien von einem Ephod in der hl. Schrift die Rede ist, so handelte es sich um ein ephodähnliches Kleid aus gewöhnlicher weißer Leinwand: ephod linneus; das Tragen eines vierfarbigen Ephods war eine widerrechtliche Handlung, wie sie bei Gedeon u. a. vorkam.

ěphphetha *indecl.* (epheta) (*hebr.*: itpetach oder hitpetach) „öffne dich!“ (*Mc.* 7, 34).

Ephra *indecl.* (*hebr.*: Staub) (Ophera, Ophra) Ephra 1. St. Pal. (Manasse). 2. St. Pal. (Benjamin).

S. Ephraem *indecl. m.* (*auch*: Ephraemus, ī *m.*; richtiger Afrem) hl. Ephräm der Syrer, Diakon in Edessa, orientalischer Kirchenvater und Hymnendichter, † 379, 18. Juni.

1. **Ephraïm** *indecl. m.* (*hebr.* Fruchtbarkeit ?) Ephraim, 1. der zweite Sohn des Patriarchen Joseph, später von Jakob an Kindesstatt angenommen. 2. der von diesem abstammende israelitische Stamm u. das von ihm bewohnte Land, nördlich von Juda; *dav.*: **Ephratēūs,** ī *m.* ein Ephratiter.

2. **Ephraim** *indecl.* 1. Ephraim, St. östlich vom Jordan im Stamme Juda (2. *Reg.* 13, 23; *Jo.* 11, 54). 2. Tor zu Jerusalem (4. *Reg.* 14, 13).

1. **Ephrata** *indecl.* (*hebr.* ?) Ephrata, das zweite Weib Kalebs, Mutter des Hur, des Erbauers der Stadt Bethlehem.

2. **Ephrata** *indecl.* (mit Ephra = Staub zusammenhängend) Ephrata, andrer Name der Stadt Bethlehem in Juda.

Ephrat(a)ēūs, ī *m. s.* 1. Ephraim 2.

Ephree *indecl. m.* (*hebr.*: Hophra, *griech.* Ἀπρίης) Ephree, ein Pharao von Ägypten (*ca.* 594—570).

Ephrem *indecl.* (= Ephraim) 1. Gebirge nördlich v. Juda. 2. Stadt am Rande der Wüste von Bethaven.

1. **Ephron** *indecl. m.* Ephron, ein Hettiter, von dem Abraham ein Grundstück als Begräbnisplatz kaufte.

2. **Ephron** *indecl.* (*hebr.* ?) Ephron 1. St. nahe an der Mündung des Jabok in den Jordan in Galaad (Manasse). 2. St., Pal. (Ephraim). 3. ein Berg (*Jos.* 15, 9).

Epĭcūrēi, ōrūm *m.* (Ἐπικούρειοι) Epikureer, eine nach dem griechischen Philosophen Epikurus (geb. zu Samos 342 v. Chr., † zu Athen 270 v. Chr.) genannte philosophische Sekte, welche den Einfluß der Gottheit auf die Welt u. die Menschen sowie die Unsterblichkeit der Seele leugnete und das Vergnügen (ἡδονή) als das höchste Gut hinstellte (*Act.* 17, 18).

ěpĭcūs 3 (ἐπικός) episch.

Ĕpĭdaurūm, ī *n.* (Ἐπίδαυρος) *s.* Epidaurus.

Ĕpĭdaurūs, ī *f.* (Epidaurum, ī *n.*, Ragusinensis ecclesia = Ἐπίδαυρος) Ragusa. Hafenst., Dalmatien, *ca.* 14000 Einw.; Bischofssitz, Suffr. v. Zara.

ěpĭeikeiā, ae *f. s.* epikia.

ěpĭgrammă, ătĭs *n.* (ἐπίγραμμα) Inschrift.

ěpĭgrăphē, ēs *f.* (ἐπιγραφή) Inschrift; Abschätzung.

ěpĭkīā, ae *f.* (epieikeia, ἐπιείκεια) Billigkeit, Nachsicht, Milde.

1. **ěpĭlepticūs** (ἐπιληπτικός) 3 mit der Fallsucht behaftet, fallsüchtig, epileptisch.

2. **ěpĭlepticūs,** ī *m.* Fallsüchtiger, Epileptiker.

ěpĭlŏgūs, ī *m.* (ἐπίλογος) Schluß (*einer Rede*).

S. Epĭmăchūs, ī *m.* (Ἐπιμάχος) hl. Epimachus, † 362, 10. Mai.

Epĭmĕnĭdēs, ĭs *m.* (Ἐπιμενίδης) Epimenides, Wahrsager, Dichter, heidnischer Sühne- u. Weihepriester aus Kreta (6. Jhdt. v. Chr.).

ěpĭnīcĭūm, ī *n.* (ἐπινίκιον) Siegeslied, Preislied; *pl.* Siegesfest.

Epiodicĭūm, ī *n.* (Ga dicensis ecclesia) Guadix, St. Spanien (Granada), *ca.* 13000 Einw., Bischofssitz, Suffr. v. Granada.

Epĭphănēs, ĭs *m.* Ephiphanes, Beiname des syr. Königs Antiochus, *s. dens.*

1. **Ĕpĭphănĭā,** ae *f.* (ἐπιφάνεια) Fest der Erscheinung des Herrn oder der hl. drei Könige, 6. Jan.

2. **Ĕpĭphănĭā,** ae *f.* Epiphania, St. am Orontes, *s.* Emath.

S. Ĕpĭphănĭūs, ī *m.* hl. Epiphanius, 1. Bisch. v. Salamis, Kirchenvater, dem hl. Hieronymus befreundet. 2. Bisch. v. Hildesheim im 10. Jhdt.

Ĕpĭphănĭūs, ī *m.* Epiphanius, ein edler Fürst u. Statthalter auf Cypern, Vater des hl. Bischofs Johannes des Almosengebers (6. Jhdt.).

Ēpīrūs, ī *f.* (Ἤπειρος) Epirus, westliche Landschaft Nordgriechenlands am jonischen Meere.

ěpiscŏpālĭs, ĕ bischöflich.

ĕpiscŏpātŭs, ūs *m.* 1. Amt, Vorsteheramt. 2. bischöfliches Amt, bisch. Würde. 3. Gesamtheit der Bischöfe als Stand, der Episkopat.

Ĕpiscŏpĭēnsĕ oppĭdŭm ī *n. s.* Episcopium ad Tuberam.

ĕpiscŏpĭŭm, ī *n.* Bischofswohnung.

Episcŏpĭŭm (ī *n.*) **ad Tuberam** (Episcopiense oppidum) Bischofsheim, St. an der Tauber, Baden, mit ehem. Frauenkloster.

ĕpiscŏpŭs, ī *m.* (ἐπίσκοπος) 1. Aufseher, Wärter. 2. Bischof.

ĕpistătēs, ae *m.* (ἐπιστάτης) Vorsteher, Aufseher.

ĕpistŏlă, ae *f. s.* epistŭla.

ĕpistŏlĭŭm, ī *n.* (ἐπιστόλιον) Briefchen.

ĕpistŭlă, ae *f.* (epistola, ἐπιστολή) 1. Sendung, Brief. 2. Verfügung, Erlaß des Papstes, eines Fürsten. 3. Lesung bei der hl. Messe: die Epistel.

ĕpistŭlārĭs, ĕ zum Brief gehörig, Briefstil = dictio epistularis; brieflich.

ĕpistȳlĭŭm, ī *n.* (ἐπιστύλιον) der über den Säulen ruhende Balken, der Bindebalken, der Architrav (3. *Kön.* 7, 6).

ĕpĭthălămĭŭm, ī *n.* (ἐπιθαλάμιον) Brautlied.

ĕpĭtăphĭum, ī *n.* (ἐπιτάφιον) Grabstein, Grabmal, Grabschrift.

ĕpĭtăphĭŭs, ī *m.* (ἐπιτάφιος, *scil.*: λόγος) Leichenrede.

ĕpĭtŏmē, ēs *f.* (ἐπιτομή) kurzer Auszug (aus literarischen Werken).

ĕpŏchă, ae *f.* (ἐποχή) Zeitabschnitt, Epoche.

ĕpops, pŏpĭs *m.* (ἔποψ) der Wiedehopf (*rein lat.*: ŭpŭpa).

Ĕpŏrēdĭă, ae *f.* (Iporegia) Ivrea, St. l. an der Dora Baltea, It. (Turin), *ca.* 6200 Einw.; Bischofssitz (seit 7. Jhdt.); Suffr. v. Turin. Früher bildete Ivrea mit seiner Umgebung die Markgrafschaft Eporedia; *dav.*: **Ĕpŏrēdĭēnsĭs,** ĕ u. **Ĕpŏrĭdĭēnsĭs,** ĕ.

Ĕpŏrĭdĭēn. (*C. R.*) *s.* Eporedia.

ĕpŏs *n. indecl.* (ἔπος) das Heldengedicht, Epos.

ēpōtō 1 austrinken.

ēpōtŭs 3 ausgetrunken.

Epternăcŭm, ī *n.* Echternach, St. mit berühmter Abtei in Luxemburg, woselbst während des Pfingstdienstages die sog. Springprozession zu Ehren des hl. Vitus (St. Veit) stattfindet.

ĕpŭlae, ārŭm *f.* Speisen, Gerichte; das Essen, Mahl, Gastmahl.

ĕpŭlātĭō, ōnĭs *f.* das Speisen, das Schmausen.

ĕpŭlātŏr, ōrĭs *m.* Schmauser, Feinschmecker.

ĕpŭlātōrĭŭm, ī *n. s.* epulum.

ĕpŭlō, ōnĭs, *m.* Prasser.

ĕpŭlŏr 1 speisen, schmausen; Feste feiern; sich in Feststimmung befinden; jubeln, sich freuen (*Ps.* 67, 4).

ĕpŭlŭm, ī *n.* (epulatorium) Festmahl, Gastmahl.

ĕquĕs, ĭtĭs *m.* 1. Reiter, Soldat zu Pferde. 2. *auch* das Roß (*Ex.* 15, 19). 3. Ritter, Mann aus dem Ritterstande; *coll.* Ritterstand, Ritterschaft.

ĕquestĕr, strĭs, strĕ 1. zum Reiter gehörig, Reiter-. 2. zum Ritter *oder* Ritterstande gehörig, ritterlich, Ritter-.

Ĕquī Căpŭt, ĭtĭs *n.* Roßhaupten, Pfarrdorf nördlich von Füssen, Bayern (Schwaben), *ca.* 800 Einw.

ĕquĭdĕm *adv.* allerdings, freilich; (ich) meinesteils.

ĕquīlĕ, ĭs *n.* Pferdestall.

ĕquīnŭs 3 zum Pferde gehörig; Roß-; seta equina Pferdehaar.

ĕquīrĭă, ōrŭm *n.* Pferderennen.

ĕquĭtātĭō, ōnĭs *f.* das Reiten, die Reise zu Pferd.

ĕquĭtātŭs, ūs *m.* 1. Reiterei. 2. Ritterschaft.

ĕquĭtō 1 reiten.

ĕquŭlĕŭs, ī *m.* (eculeus) 1. Pferdchen, kleines Pferd, Füllen. 2. *übtr.*: Foltermaschine, Folterbank, Folter (in Gestalt eines Pferdes).

ĕquŭlŭs, ī *m.* Pferdchen, junges Pferd.

ĕquŭs, ī *m.* Pferd, Roß.

ĕră, ae *f.* (hera) Herrin, Gebieterin.

Erăclĭŭs, ī *m.* Eraklius, Bisch. von Lüttich in Belgien (10. Jhdt.).

ērādīcātĭō, ōnĭs *f.* Entwurzelung; Ausrottung, Vernichtung.

ērādīcō 1 entwurzeln, mit der Wurzel ausreißen; zugrunde richten.

ērādō, sī, sŭm 3 auskratzen, vertilgen.

S. Ĕrasmă, ae *f.* Jgfr. u. Mart. *s.* S. Euphemia.

S. Ĕrasmŭs, ī *m.* hl. Erasmus, Mart. u. Bischof († 304).

Wurde unter den Kaisern Diokletian und Maximian aufs grausamste gefoltert; da aber alle Peinen den Starkmut des Martyrers nicht brachen, bekehrten sich viele Heiden. Man führte ihn schließlich mit den schwersten Ketten beladen in den Kerker zurück, woraus ihn aber ein Engel befreite. Deshalb ließ ihn Maximian mit einem ehernen Panzer umkleiden, der glühend gemacht wurde; schließlich hauchte der Heilige seine Seele aus. — 2. Juni (Krakau).

Erastŭs, ī *m.* (Ἔραστος) Erastus, Kassenverwalter in Korinth, vom hl. Paulus bekehrt u. dessen treuer Gehilfe.

Erchuaeī, ōrŭm *m.* Bewohner von Erek (Uruk?) [vielleicht ein eingeschobener Volksname] (1. *Esdr.* 4, 9; *vgl.* Dinaei).

Ĕrĕbŭs, ī *m.* (Ἔρεβος) Erebus 1. Gott der Finsternis. 2. Unterwelt, Totenreich; Hölle.

ērēctĭō, ōnĭs *f.* Errichtung, Aufrichtung.

ērēctŭs 3 1. aufgerichtet, aufrecht stehend. 2. erhaben, stolz, mutvoll.
Erelĭnŭs mōns, tĭs Sankt Gotthard, Berg in den Lepontischen Alpen, Schweiz.
ĕrēmă, ōrŭm *n.* (*scil.*: lŏca) Einsamkeit, Einöde, Wüste.
ĕrēmĭcŏlă, ae *m.* Einsiedler.
ĕrēmītă, ae *m.* (ἐρημίτης) Einsiedler, Eremit.
ĕrēmĭtĭcŭs 3 einsiedlerisch.
1. **ĕrēmŭs,** ī *f.* (ἔρημος) Einsamkeit, Einöde, Wüste; *s.* ĕrēmă.
2. **ĕrēmŭs,** ī *m.* Einsiedler.
Erēmŭs Dĕīpărae matrĭs *s.* Meginradi cella.
Er(e)muscĭānŭs 3 *s.* Heremuscia.
S. Erentrūdĭs, ĭs *f.* (Erintrudis) hl. Erentrud, Jgfr. († 8. Jhdt.).
Aus fränkischem Adelsgeschlechte, war Verwandte des hl. Rupert; sie wurde in einem französischem Kloster Aebtissin; da sie aber dort heftige Anfeindungen zu erleiden hatte, begab sie sich mit dem hl. Rupert nach Salzburg, wo sie in einem neugegründeten Kloster abermals Vorsteherin wurde. Sie diente hier allen, pflegte die elendesten Kranken aufs hingebendste und bereitete sich auf einen frommen Tod vor. — 4. September (Salzburg [Erintrudis]) und 6. September (Seckau [Erentrudis]).
ēreptĭō, ōnĭs *f.* Raub.
ēreptŏr, ōrĭs *m.* Räuber.
Ĕresburgŭm, ī *n.* (Aeresburgum) Eresburg, fester Ort an der oberen Diemel im alten Sachsenlande beim heutigen Obermarsberg (Westfalen, Reg.-Bez. Arnsberg); dort war ein Hoflager Kaiser Karls des Großen.
Erfodĭēnsĭs, ĕ *s.* Erfodium.
Erfodĭŭm, ī *n.* Erfurt, St. Preußen (Thüringen), *ca.* 80 000 Einw.; *dav.*: **Erfodĭēnsĭs,** ĕ.
ergā *praep. c. acc.* 1. gegenüber, nahe bei. 2. gegen.
Ergadĭēn. (*C. R.*) *s.* Arghathelia.
ergastērĭŭm, ī *n.* (ἐργαστήριον) Werkstätte.
ergastŭlŭm, ī *n.* 1. Arbeitshaus, Werkstätte. 2. Kerker, Gefängnis, Strafarbeitshaus; ergastalum carcerale Kerkerstrafe.
ergō *adv.* wegen, deshalb, folglich, also, denn.
S. Erhardŭs, ī *m.* hl. Erhard, Bisch. in Regensburg, Bek. († um 720).
Schotte von Geburt, war Erhard einer adeligen Familie entsprossen. Schon als Knabe verband er Frömmigkeit mit Wissenschaft; die Leichtfertigkeit des gefährlichen Jünglingsalters überwand er durch Ausübung guter Werke und mit den Waffen der himmlischen Gnade. Als sein Bruder Hidulph, der Bischof von Trier war, aus diesem Amte schied, um seinem sehnsüchtigen Wunsche gemäß als Mönch im Kloster zu leben, da entfloh Erhard nach Regensburg, um nicht dem Bruder auf dem bischöflichen Stuhle nachfolgen zu müssen. In Regensburg wurde er dennoch Bischof und errichtete nun mit seinem bischöflichen Bruder Albert, der von gleicher Heiligkeit war in Deutschland vierzehn Klöster mit Hilfe wohltätiger Menschen. Vom Pfade der katholischen Religion Abgeirrte führte er teils durch Wunder, teils durch heilsame Ermahnungen und gutes Beispiel auf den Weg des Heils zurück. Dabei ist jenes Wunder erwähnenswert, daß er sich von Regensburg auf göttliche Eingebung hin nach dem Elsaß begab und die Tochter Aetichos, des Herzogs jenes Volkes, die von Geburt an blind war, im hl. Glauben unterrichtete und sie durch die hl. Taufe, wobei er ihr den Namen Ottilia beilegte, sehend machte. Nacher weihte er sie mit dem klösterlichen Schleier Christus. Er starb in Regensburg am 8. Januar und wurde von Leo IX. i. J. 1052 in die Schar der Heiligen aufgenommen. Sein Leib ruht in der Niedermünsterkirche zu Regensburg. — 19. Januar (Regensburg), (in der Niedermünsterkirche am 8. Januar).
Erĭă, ae *f.* Erie, St. Nordamerika (Pennsilvanien), *ca.* 55 000 Einw., Bischofssitz, Suffr. v. Philadelphia; *dav.*: **Erĭēnsĭs,** ĕ.
ērĭcĭŭs, ī *m. s.* erinacĭus.
S. Erĭcŭs, ī *m.* hl. Erich, König u. Mart. († 1151).
Er stammte aus einem edlen Geschlechte Schwedens. Sein Vater hieß Jaduar. Seine Gemahlin war Christiana, eine Tochter König Ingos. Beide gaben allen Mitmenschen ein herrliches Tugendbeispiel, so daß Ericus nach einer kurzen königslosen Zeit von allen Fürsten und vom gesamten Volke zum Könige von Schweden erwählt wurde. Seine Hauptsorge war es, die Feierlichkeit des Gottesdienstes zu erhöhen, die Erbauung von Kirchen zu fördern, die Regierung des Volkes nach Recht und Gerechtigkeit und im Frieden durchzuführen, die Ausrottung der Religionsfeinde durchzusetzen, wobei ihm der selige Heinrich, Bischof von Upsala, behilflich war. Die feindlichen Finnen unterwarf er mit Gewalt und sorgte, daß auch sie dem wahren Glauben zugeführt wurden. In vielem Gebete, Fasten, Nachtwachen, Abtötung des Fleisches, Tragen des Bußgewandes und im Almosengeben zeigte sich sein hl. Leben. Aber gerade das zog ihm den Haß einiger schwedischer Fürsten zu, die sich gegen ihn verschworen und seinen Anverwandten Heinrich Skateler, den Sohn des Dänen Sueo, gegen ihn aufhetzten, der ihn nach dem Gottesdienste am Feste Christi Himmelfahrt bei der Kathedrale in Upsala überfiel und ermordete. — 17. Mai (Nordische Missionen).
Erĭcŭs, ī *m.* Erich, König von Dänemark, Nachfolger Haralds, zuerst Christenverfolger, führte er nach seiner Bekehrung durch den hl. Ansgar ein frommes Leben (9. Jhdt.).
Erĭēn. (*C. R.*) *s.* Eria.
ērĭgō, rēxī, rēctŭm 3 1. aufrichten, errichten. 2. erheben, ermutigen. 3. *pass.*: sich aufrichten, sich stellen.
ĕrīlĭs, ĕ (herilis) dem Herrn oder der Herrin gehörig.
ērĭnācĕŭs, ī *m.* (herinācĭus, ericĭus) 1. Igel. 2. Springmaus; pellis ericii.
Erintrūdĭs, is *f. s.* Erentrudis.
Erioch *indecl. m.* Erioch, ein König der Eliker oder Elymäer in Vorderasien, südlich von Medien (*Gen.* 14, 1; aus dieser richtigen Stelle wurde es bei *Judith* 1, 6 nur eingeschoben).
ērĭpĭō, rĭpŭī, reptŭm 3 1. wegreißen, entreißen. 2. retten, befreien. 3. *pass.*: dahingerafft werden, sterben; *auch*: schützen (*Ps.* 17, 30).

Erntrūdĭs, ĭs *f.* *s.* Erentrūdis.
Erlebaldŭs, ī *m.* Erlebald, Mönch im Kloster Ufenau am Zürichersee, Schweiz (9. Jhdt.).
Erlindă, ae *f.* Erlinde, Schwester des Erzbisch. Egbert v. Trier (975—993).
Ermembergă, ae *f.* Ermemberga, Mutter des hl. Anselmus.
Ermentrūdĭs, ĭs *f.* Ermentrud, Frau des Chramnelenus, *s. dens.*
ērŏgātĭō, ōnĭs *f.* das Auszahlen, Aufwand.
ērŏgātōrĭŭs 3 zum Verausgaben gehörig.
ērŏgō 1 verausgaben; erteilen: indulgentias.
ĕrōtĭcŭs 3 (ἐρωτικός) erotisch, den Sinnenkitzel reizend.
errābundŭs 3 umherirrend.
errantĭă, ae *f.* das Irren, Wahn.
errātŭm, ī *n.* Irrtum, Fehler, Druckversehen.
1. **errō** 1 1. umherirren, sich verirren, irre gehen, verirrt sein. 2. im Irrtum sein, den rechten Glauben verlieren. 3. aus Irrtum sündigen. 4. errare a vino taumeln (*Is.* 28, 1).
2. **errō,** ōnĭs *m.* 1. Landstreicher, Vagabund. 2. böser Geist; erronum cohors, das Heer der bösen Geister (*Hymn.*: Aeterne rerum conditor).
errōnĕŭs 3 umherschweifend, vom rechten Wege abschweifend, irrig, irrtümlich.
errŏr, ōrĭs *m.* 1. Ungewißheit, Zweifel. 2. Verirrung. 3. Irrtum, Wahn, Verblendung. 4. Täuschung. 5. Mißgriff, Versehen, Fehler.
ērŭbēscentĭă, ae *f.* Schamhaftigkeit.
ērŭbēscō, bŭī 3 1. rot werden, sich schämen. 2. sich scheuen etwas zu tun. 3. zu Schaden kommen, sodaß man sich schämt.
ērūcă, ae *f.* 1. Raupe, Kohlraupe (*Joel* 1, 4). 2. die wilde Rauke, Senfkohl (eine Kohlart) (*Amos* 4, 9).
ēructō 1 1. ausrülpsen, speien. 2. ausstoßen, verwerfen. 3. aufwallen, ausströmen lassen (*Ps.* 118, 171), überströmen von; eructare verbum bonum überfließen von guter Rede (*Ps.* 44, 1); eructantia ex hoc in illud überfließend von dem u. jenem (*Ps.* 143, 13).
ērūdĕrō 1 vom Schutte befreien, reinigen.
ērŭdĭō 4 unterrichten, belehren; bilden (*Ps.* 104, 22); *pass.*: sich warnen lassen.
ērŭdītĭō, ōnĭs *f.* Unterricht, Bildung, Gelehrsamkeit.
ērŭdītŏr, ōrĭs *m.* Lehrer, Erzieher.
ērŭdītrīx, īcĭs *f.* Lehrmeisterin.
ērŭdītŭs 3 gelehrt, gebildet.
ērumpō, rūpī, ruptŭm 3 1. hervorbrechen, zum Ausbruch kommen, offenbar werden. 2. ausströmen lassen; iucunditatem erumpere frohlocken. 3. herausreißen, spalten (*Ps.* 140, 7).
ērŭō, ŭī, ŭtŭm 3 1. herausgraben, aufwühlen. 2. ausfindig machen, aufstöbern. 3. herausreißen, befreien, retten. 4. völlig zerstören.
ēruptĭō, ōnĭs *f.* Ausbruch, Ausfall.
ĕrŭs, ī *m.* (herus) Herr, Gebieter.
Erzerumiēn. (*C. R.*) *s.* Arx Romanorum.
Esaan *indecl.* (*hebr.* ?) Esaan, St. Pal. (Juda).
Esaias, ae *m.* *s.* Isaias.
Esau *indecl. m.* (*hebr.*: der Rauhe, der Haarige ?) Esau, Sohn des Patriarchen Isaak und der Rebekka; auch Edom „der Rötliche" genannt, Stammvater der Edomiter oder Idumäer, südlich von Palästina.
E. S. Aug. = Eremitae Sancti Augustini oder Eremitae Augustiniani Augustiner-Eremiten; gegr. 1526.
Augustiniani excalceati Augustiner-Barfüßer, gegr. 1474.
Augustiniani Recollecti Augustiner-Rekollekten, gegr. 1588.
Esbaal *indecl. m.* (*hebr.*: *entstanden aus*: Jeschbaal = „der Herr [= Gott, Jahwe] existiert"; *später wurde für* Baal, *das die Bedeutung Götze angenommen hatte, von den Rabbinern boschet* = „Schande" *gesetzt*) Esbaal, Sohn Sauls, auch Isboseth genannt (1. *Par.* 8, 33; 2. *Kön.* 2, 8).
Esbon *indecl. m.* (*hebr.* ?) Esbon, Nachkomme Benjamins, Sohn der Bela.
ēscă, ae *f.* Speise, Essen; oves escarum Schafe zum Verzehren, Schlachtschafe (*Ps.* 43, 12).
ēscālĭs, ĕ zur Speise gehörig.
ēscendō, dī, scēnsŭm 3 emporsteigen, besteigen.
eschătŏlŏgĭă, ae, *f.* (ἐσχατολογία) Lehre von den letzten Dingen, Eschatologie.
eschătŏlŏgĭcŭs 3 die letzten Dinge betreffend.
Eschol *indecl. m.* (*hebr.*: Traube) Eschol, ein Amoriter z. Z. Abrahams, der Lot aus der Gefangenschaft befreien half.
ēscŭlentă, ōrŭm *n.* Speisen.
ēscŭlentŭs 3 eßbar.
Esdras, ae *m.* (*hebr.*: Hilfe [ist Gott]) Esdras 1. jüdischer Priester, der mit Zorobabel nach Jerusalem aus dem babyl. Exil zurückkam, also 84 Jahre vor dem berühmten Esdras (2. *Esdr.* 12, 1). 2. berühmter jüdischer Schriftgelehrter der nachexilischen Zeit. 3. das nach ihm benannte Buch des Alten Testamentes. 4. ein Jude z. Z. der Makkabäer (2. *Mach.* 8, 23).
Esdrelon *indecl.* (*hebr.*: Gott hilft) Esdrelon, eine Ebene im Lande des Stammes

Issachar, die sich südöstlich vom Karmelgebirge hinzieht und im Norden von den Bergen Galiläas, im Süden von den Bergen Samarias begrenzt wird.

Esdris *indecl. m.* (*hebr.*: Ezri) Esdris, ein sonst nicht weiter bekannter Unterfeldherr z. Z. der Makkabäer.

Eseban *indecl. m.* (*hebr.* ?) Eseban, ein Höhlenbewohner (Horiter), Sohn des älteren Dison.

Esebon *indecl. m.* (*hebr.* ?) Esebon, Israelit, Sohn Gads.

Esec *indecl. m.* (*hebr.* ?) Israelit, Nachkomme Sauls.

Eselias *indecl. m.* (*hebr.*: bei Jahwe ?) Eselias, Israelit, dessen Sohn Saphan den Tempel in Jerusalem unter König Josias wiederherstellen half.

Esem *indecl. m.* (*hebr.*: Gebeine) Esem, St. Pal. (Juda).

Eser *indecl. m.* (*hebr.*: Schatz ?) Eser, 1. ein Horiterfürst. 2. Israelit, Vater des Hosa.

Esna *indecl.* (*hebr.* ?) Esna, St. Pal. (Juda).

ēsŏr, ōrĭs *m.* der Esser.

Esphatha *indecl. m.* (wohl ein erdichteter pers. Name) angeblich ein Sohn Amans (*Esth.* 9, 7).

Ēsquĭlĭae, ārŭm *f. s.* Exquiliae.

Esriel *indecl. m.* (*hebr.* Asriel ?) Esriel, Israelit aus dem Stamme Manasse.

Esrielītae, ārŭm *m.* die Esrieliten, eine israelitische Familie im Stamme Manasse.

Esron *indecl. m.* (Hesron) (*hebr.* ?) Esron 1. Israelit aus dem Stamme Juda, Sohn des Phares. 2. Israelit aus d. Stamme Ruben.

Esron *indecl.* (Hesron) Esron, St. Pal. (Juda).

essĕ *indecl. n.* das Sein.

essĕdārĭŭs, ī *m.* Wagenkämpfer.

essĕdŭm, ī *n.* Streitwagen, Lastwagen.

Essendĭēnsĕ coenŏbĭŭm, ī *n.* ehemalige Abtei Essen a. d. Ruhr; aufgehoben 1802.

essentĭă, ae *f.* Wesenheit, innere Natur, Beschaffenheit.

essentĭālĭs, ĕ wesentlich.

Estaol *indecl. s.* Esthaol.

Estemo *indecl.* (Esthemo) (*hebr.* ?) Estemo, St., Pal. (Juda), *vgl.* 2. Esthamo.

1. **Esthamo** *indecl. m.* (*hebr.* ?) Esthamo, zwei Israeliten aus dem Stamme Juda, ein Sohn des Jesba u. ein Sohn des Odaja.

2. **Esthamo** *indecl.* (Estemo, Esthemo; *hebr.* ?) Esthamo, St. Pal. (Juda), das heutige es-Semûaʿ, drei Stunden südlich von Hebron.

Esthaol *indecl.* (Estaol; *hebr.* ?) Esthaol, St. westlich von Jerusalem, Pal. (Juda, später Dan); *jetzt*: Umm-Eschthye.

Esthaolītae, ārŭm *m.* Einwohner v. Esthaol; *s.* Esthaol.

Esther *indecl. f.* (ἀστήρ Stern, *eigentlich*: Hadassa; Edissa = Myrte). 1. Esther, jüd. Glaubensheldin, Gemahlin des Königs Xerxes I. von Persien, etwa 500—450 v. Chr. 2. Buch des Alten Testamentes, das ihre Schicksale erzählt.

Est(h)landĭă, ae *f.* (Estonĭa) Estland; Republik aus Altrußland gebildet, seit 1918.

Esthon *indecl. m.* (*hebr.* ?) Esthon, Israelit aus dem Stamme Juda, Sohn des Machir.

Esthritĭŭs, ī *m.* Esthrit, König v. Dänemark, Vater des hl. Königs Knut (12. Jhdt.).

Estĭă pălūs, ūdĭs *n.* Dümmersee (Hannover), Preußen.

estō *imper.* sei; *auch conjct.*: zugegeben, daß.

Est(h)ōnĭă, ae *f. s.* Esthlandia.

Estrēmădūră, ae *f.* (Extrema Durii, Extremadura Lusitaniae) Landschaft an der südlichen spanisch-portugiesischen Grenze.

ēsŭrĭālĭs, ĕ zum Hungern gehörig.

ēsŭrĭō 4 1. zu essen verlangen, hungrig sein. 2. heftig verlangen, begehren.

ēsŭs, ūs *m.* Essen; esui esse eßbar sein.

ĕt *conjct.* 1. und, und auch, und zugleich, und noch dazu. 2. *häufig* = *etiam auch, sogar, selbst*; sed et lamiae nudaverunt mammam denn sogar die Ungeheuer reichen die Mutterbrust dar (*Thren.* 4, 3). 3. = *etiamsi, wiewohl, obgleich, trotzdem*; et viderunt opera mea wiewohl sie meine Werke sahen (*Ps.* 94, 9). 4. = *itaque,* und daher, und so: et veniat super me misericordia tua und so komme über mich deine Erbarmung (*Ps.* 118, 41). 5. = *sed,* nun aber, nun; et nunc reges intelligite (*Ps.* 2, 10). 6. = *sed, tamen, attamen, und doch, dennoch*: funes peccatorum circumplexi sunt me, et legem tuam non sum oblitus die Schlingen der Sünder sind mir umgelegt, dennoch habe ich dein Gesetz nicht vergessen (*Ps.* 4, 5). 7. = *tunc dann,* si vero non fuerint saturati et murmurabunt wenn sie aber nicht satt sind, dann murren sie (*Ps.* 58, 16). 8. = *ergo also,* pondus super se tollet, qui honestiori se communicat. Et ditiori te ne socius fueris eine Last lädt sich auf, der mit einem Hochgestellten in Verkehr tritt; also werde nicht eines Reichen Freund (*Ecclus* 13, 2), *vgl. oben* Nr. 4. 9. = praesertim, besonders, de manu omnium inimicorum ejus, et de manu Saul (*Ps.* 17, 1). 10. = *scilicet, nämlich, das heisst:* opus, quod operatus es in diebus eorum et in diebus antiquis die Werke, die du getan hast zu ihrer Zeit, nämlich in den Tagen der grauen Vorzeit (*Ps.* 43, 2).

ĕt-ĕt *conjct.* sowohl - als auch, ebenso wie.

etc. *Abkürzung für* **et cetera** = und so weiter.

Etai *indecl. m.* (*hebr.*?) *s.* Ethai.

1. **Etam** *indecl. m.* (*hebr.*?) Etam, Israelit aus dem Stamme Juda.

2. **Etam** *indecl.* (*hebr.*?) Etam, St. im Gebirge Juda, zwischen Bethlehem u. Thekua, südlich von den Salomonsteichen, Pal. (Juda); *j.*: ʿAin Etan (ʿAin ʿAtân); bei dieser Stadt war eine Felsengruft (*Judic.* 15, 8 *sq.*).

ĕtĕnĭm *conjct.* 1. = enim, nam nämlich, denn. 2. = et (tunc) und nun: junior fui, etenim senui jung war ich, und nun bin ich alt geworden (*Ps.* 36, 25). 3. = etiam auch, ja auch: etenim Assur venit cum illis ja auch Assyrien kommt mit ihnen (*Ps.* 82, 9); clamabunt, etenim hymnum dicent sie rufen (jauchzen), ja auch ein Loblied singen sie (*Ps.* 64, 14); etenim illuc manus tua deducet me auch dahin wird deine Hand mich geleiten (*Ps.* 138, 10). 4. = profecto, sane = ja, fürwahr: etenim firmavit orbem terrae fürwahr, er hat den Erdkreis gegründet (*Ps.* 92, 1); etenim servus tuns custodit ea wahrhaftig dein Diener (= ich) befolgt sie (*Ps.* 18, 12). 5. = sed aber, trotzdem, gleichwohl, dennoch: saepe expugnaverunt me a juventute mea; etenim non potuerunt mihi oft bekämpften sie mich von Jugend auf, gleichwohl aber konnten sie mir nichts anhaben (*Ps.* 128, 2).

ĕtēsĭŭs 3 (ἐτήσιος) jährlich.

Ethai *indecl. m.* (Etai, *hebr.*?) Ethai 1. Freund u. treuer Anhänger Davids auf dessen Flucht vor Absalom; Oberst im Heere. 2. ein Offizier Davids; auch Ithai genannt. 3. ein Sohn Roboams u. der Maacha.

Etham *indecl.* (*ägypt.*: chetem, *kopt.*: chetam „Feste") wohl die Grenzbefestigung Ägyptens gegen Osten, eine Mauer, die von Pelusium bis Suez lief und zwar zum Teil in der Wüste Schur; dort war auch ein Lagerplatz der Israeliten.

Ethan *indecl.* (*hebr.*: beständig) 1. Sangmeister aus dem Stamme Levi z. Zt. Davids. 2. Sänger z. Zt. Salomos. 3. fluvii Ethan Ströme der Beständigkeit, d. h. immerfließende Ströme (im Gegensatze zu Regenbächen; *Ps.* 73, 15).

Ethanim *indecl. hebr.*: Monatsname; = Monat der fließenden Bäche, der Sabbatmonat; er entsprach der Hälfte unseres Septembers und Oktobers, in denselben fiel das Laubhüttenfest; früher war er der erste Monat; jetzt heißt er bei den Juden: Tischri.

Ethbaal *indecl. m.* (*phoen.*: Itobaal „der Herr existiert") Ethbaal, König der Sidonier (*ca.* 887—855), Vater der Königin Jezabel.

ethecă, ae *f.* (*hebr.*) die Galerie (*Ez.* 41, 15).

Etheel *indecl. m.* (*hebr.*?) Etheel, Israelit aus dem Stamme Benjamin, dessen Nachkommen aus dem babyl. Exil zurückkehrten.

Ethei *indecl. m.* (*hebr.*?) Ethei, Sohn des Ägypters Jeraa und einer Israelitin (Oholai *oder* Achlai).

Ethelbertŭs, ī *m.* Ethelbert, angelsächsischer König von Kent in England, um 600.

Ether *indecl.* (*hebr.*?) Ether, St. Pal. (Juda).

Ethi *indecl. m.* (*hebr.*?) Ethi, Israelit, kämpfte in Davids Heer gegen die Amalekiter.

ēthĭcă, ae *f. s.* ethice.

ēthĭcē, ēs (*acc.* -ēn) *f.* (ἠθική, ethica) Moralphilosophie, Sittenlehre auf *natürlicher* Grundlage (*C. j. c.* 1385; 2°); Ethik.

ēthĭcŭs 3 (ἠθικός) sittlich, moralisch, ethisch.

Ethnan *indecl. m.* (*hebr.*: Geschenk) Ethnan, Sohn des Assur u. der Haala.

ethnĭcŭs, ī *m.* (ἐθνικός) Heide.

ethnĭcālĭs, ĕ heidnisch.

ĕthnŏgrăphĭă, ae *f.* (ἐθνογραφία) Völkerbeschreibung, Ethnographie, Völkerkunde.

ĕtĭăm *conjct.* 1. auch, sogar, selbst. 2. auch noch, wirklich, vollends. 3. etiam atque etiam immer wieder.

ĕtĭąmnŭm *adv.* noch jetzt, noch immer; außerdem.

ĕtĭamsī *conjct.* wenn auch, auch wenn.

ĕtĭamtŭm auch damals noch; immer noch.

Etōnă, ae *f. s.* Aetonia.

Etroth *indecl.* (*hebr.*: Kränze) Etroth, St. in Basan, Ostjordanland (Gad).

Etrūrĭă, ae *f.* Landschaft in Italien, *j.*: Toskana, einst Großherzogtum, seit 1848 italienisch.

etsī *conjct.* wenn gleich, wiewohl.

Ettal *indecl.* Ettal, D. mit Benediktinerabtei in den Voralpen, eine Stunde südlich von dem durch die Passionsspiele berühmten Dorfe Oberammergau, Bayern (Oberbayern); *dav.*: **Ettalēnsĭs,** ĕ.

Etticō, ōnĭs *m.* (Atticus, Aeticus, Echio) Etticho, Herzog vom Elsaß, Vater der hl. Odilia (8. Jhdt.).

Ettō, ōnĭs *m.* Etto, Bisch. von Straßburg (8. Jhdt.); *dav.*: **Ettonĭānŭm,** ī *n.* = das von diesem gegründete Kloster.

ĕtўmŏlŏgĭă, ae *f.* (ἐτυμολογία) Ableitung im sprachlichen Sinne, Etymologie.

ĕtўmŏn, ī *n* (ἔτυμον) Ableitung eines Wortes; Stammwort.

eu, *verstärkt:* **euge,** *interj.* (εὖγε) gut so! brav! schön! herrlich! euge, euge animae nostrae ha! ha! ganz nach Wunsch! Wie ist's uns gut gegangen!

euangĕlĭŭm, ī *n.* *und* **euangelīzō** 1 *s.* evangelium etc.

Eubūlŭs, ī *m.* (Εὔβουλος der gute Ratgeber) Eubulus, ein angesehener Christ in Rom, Freund des hl. Paulus.

euchărĭs, ĕ (εὔχαρις) freundlich.

Euchărĭstĭă, ae *f.* (εὐχαριστία), eigentl. Danksagung, *übtr.*: die Eucharistie, d. h. der Leib Christi im allerh. Altarssakramente (*vgl.* benedico).

euchărĭstĭcŭs 3 (εὐχαριστικός) eucharistisch.

S. Euchărĭŭs, ī *m.* hl. Eucharius, Bek. u. erster Bischof von Trier (1. Jhdt.).

Stammte aus Griechenland, war nach dem römischen Martyrologium Schüler des hl. Apostels Petrus und wurde von diesem mit Valerius und Maternus nach Deutschland und Belgien gesandt. Als das aufgereizte Volk die Glaubensboten in Trier zu steinigen suchte, wurden die Hände der Übeltäter plötzlich steif. Der hl. Eucharius heilte sie durch sein Gebet; alle bekehrten sich hierauf. Den Sohn der edlen Albana erweckte Eucharius von den Toten; die Mutter schenkte den Bauplatz für eine Kirche. 23 Jahre lang war E. Bischof er wurde in der Kirche, die später dem hl. Apostel; Matthias geweiht war, beigesetzt. — 9. Dezember (Limburg, Straßburg) und 10. Dez. (Trier).

S. Euchĕrĭŭs, ī *m.* hl. Eucherius, Bek. u. Bisch. v. Orléans (Fkr.) († 738).

Stammte aus einem Orte unweit Orléans (Frankreich), trat früh ins Kloster ein, wurde aber von den Einwohnern der Stadt als Bischof erbeten. Weil jedoch der Fürst des Landes durch Verleumdungen gegen ihn eingenommen wurde, entfloh Eucherius nach Köln. Von hier begab er sich, abermals verfolgt, in den Haspengau, wo er im sechsten Jahre seiner Verbannung starb. — 20. Februar (Köln).

Eudoxĭă, ae *f.* (Eudocia) 1. Gemahlin des oströmischen Kaisers Arcadius, regierte selbständig 395—404. 2. Gemahlin des oströmischen Kaisers Theodosius II., vor der Taufe Athenaïs genannt. 3. Tochter der vorigen.

Euergĕtēs, ae *u.* ĭs *m.* (Evergetes) Euergetes II., Beiname des Königs Ptolemäus VII. von Ägypten, † 116.

euge! *interj.* *s.* eu.

S. Eugendī mŏnastērĭŭm, ī *n.* (S. Augendi mon., S. Claudii mon.) Saint Claude, St., Fkr. (Jura) mit ehem. Kloster, *j.*: Bistum; *ca.* 13000 Einw.

1. **S. Eugĕnĭă,** ae *f.* hl. Eugenia, Jgfr., Mart. in Rom um 265, 25. Dez.

2. **S. Eugĕnĭă,** ae *f.* hl. Eugenia, Jgfr. (8. Jhdt.).

Nichte der hl. Odilia, Tochter des Herzogs Adalbert vom Elsaß, trat ins Kloster Hohenburg ein, wo sie den Spuren ihrer Tante folgte und später deren Nachfolgerin wurde. Sie starb reich an Verdiensten um die Mitte des 8. Jahrhunderts. Ihr Grab, das in einer Kapelle des hl. Johannes Baptista war, wurde im Jahre 1620 von den protestantischen Mansfeldern erbrochen; die Gebeine jedoch schaffte man unversehrt nach Oberehnheim. Als die räuberischen Horden der Schweden i. J. 1630 das Elsaß überzogen, wurden die Reliquien verunehrt und zerstreut; doch befinden sich noch einige Teile derselben in der Kirche vom hl. Moritz in Willgottheim und anderswo. — 26. September (Straßburg).

S. Eugĕnĭŭs, ī *m.* 1. hl. EugenI., Papst u. Bek. (654—657) 2. Juni. 2. hl. E., Erzbisch. v. Toledo (7. Jhdt.). 3. hl. E Mart.; *s.* S. Eonius.

B. Eugĕnĭŭs, ī *m.* sel. Eugen, Cist., Papst († 1153).

Papst Eugen III., früher Bernhard genannt, stammte aus dem Geschlechte Pagahelli im Pisanischen. Er erhielt schon früh am dortigen Dome ein Kanonikat. Als der hl. Bernhard in Pisa weilte, bat ihn der Domherr um Aufnahme in sein Kloster Clairvaux. Der pflichttreue Ordensmann erwarb sich bald die Liebe seines hl. Lehrers und dieser stellte ihn an die Spitze des Klosters Farfa in Italien. Nicht lange nachher erkor ihn Papst Innozenz III. zum Abte von Tre Fontane bei Rom. Von da stieg er auf zum Kardinalrat und nach dem Tode Lucius' II. wurde er auf den Stuhl Petri erhoben und nahm den Namen Eugen an. Infolge großer Unruhen mußte er nach Viterbo fliehen. Auf den Synoden zu Reims und Trier verurteilte er die Irrlehren jener Zeit. Bei einem Besuch in Clairvaux bat er den hl. Bernhard, er möge ihm Anweisungen für sein Hirtenamt geben. Der Heilige entsprach seiner Bitte durch das Buch de consideratione (Erwägungen). Papst Eugen tat viel für die Ausschmückung der Gotteshäuser. Er war acht Jahre und vier Monate Papst. – 8. Juli (Cist. Ord.)

Eugĕnĭŭs, ī *m.* 1. Eugen IV., Papst (1431—1447). 2. Eugen, ein Bruder u. ein Sohn der hl. Mart. Symphorosa (*s. dies.*). 3. Eugen, mit dem Beinamen der Tyrann, Gegner des Kaisers Theodosius.

Eugŭbīn(*C. R.*) *s.* Eugubium.

Eugŭbĭŭm, ī *n.* (Augubĭum) Gubbio, St. in Umbrien, It. Perugia), *ca.* 27000 Einw.; Bischofssitz (exempt); *dav.* **Eugubīnŭs** 3.

Eulălĭŭs, ī *m.* (Εὐλάλιος) Eulalius, Nachfolger des hl. Gregor von Nazianz als Bischof von Konstantinopel.

eulŏgĭă, ae *f.* (εὐλογία, *rein lateinisch* benedictio, *vgl. den Artikel:* benedīco = εὐλογεῖν). 1. Segnung. 2. das in den Leib Christi verwandelte Brot und der in das Blut Christi verwandelte Wein, die hl. Eucharistie (*L. VIII. S. S. quinque Vulner. D. N. I. Chr.*). 3. Lobpreisung, Kommunion. 4. gesegnete Brote *der Griechen.*

eulŏgĭŭm, ī *n.* (εὐλόγιον). 1. Grabrede, Grabschrift. 2. Geschenk, Gabe, Wohlwollen.

Eulŏgĭŭs, ī *m.* (Εὐλόγιος) Eulogius 1. Bischof v. Alexandrien. 2. Vater des hl. Mart. Servulus aus Triest (3. Jhdt.).

Eumĕnēs, ĭs *m.* (Εὐμένης). 1. Eumenes I., König von Pergamon (Jonien u. Mysien) (263—241). 2. Eumenes II., König von Pergamon (187—159) (1. *Mach.* 8, 8).

Eunīcē, ēs *f.* (Εὐνίκη guter Sieg) Eunike, Mutter des hl. Timotheus.

S. Eunŏmĭă, ae *f.* hl. Eunomia, Genossin der hl. Afra u. Martergefährtin der hl. Hilaria, *s. dieselbe.*

Eunŏmĭānŭs, ī *m.* Eunomianer, Anhänger des Eunomius, *s.* Eunomius.

Eunŏmĭŭs, ī *m.* Eunomius, Bischof von Cyzicus in Mysien, Führer einer Partei der strengen Arianer (*auch* Anomöer *genannt*) im 4. Jhdt., gegen die Papst Damasus einschritt.

eunūchŭs, ī *m.* (εὐνοῦχος) 1. der Verschnittene, Eunuch, *g wöhnlich* Aufseher der Frauengemächer. 2. Kämmerling, Kammerdiener. 3. Minister (*Act.* 8, 27).

Eupătŏr, ŏrĭs *m.* Eupator, Beiname des Königs Antiochus V. von Syrien (164—162), des Sohnes Antiochus' IV. Epiphanes.

1. **S. Euphēmĭă,** ae *f.* (Εὐφημία) hl. Euphemia, Jgfr. u. Mart., † um 304, 16. Sept.

2. **S. Euphēmĭă,** ae *f.* hl. Euphemia, Jgfr., Mart. († 256).

Euphemia wurde mit ihrer Schwester Thekla zu Triest von ihrem Vater, dem Senator Demetrius, und ihrer Mutter Epiphania im christl. Glauben erzogen. Von einem edlen, aber heidnischen Jünglinge, namens Alexander, zur Ehe begehrt, wies ihn Euphemia zurück, weil sie schon ihrem himmlischen Bräutigam ewige Treue gelobt hatte. Deshalb wurde sie als Christin angeklagt und mit ihrer Schwester Thekla grausam gemartert. Es wurden ihnen glühende Kohlen aufs Haupt gelegt, der Leib mit Ruten geschlagen und auf die Folter gespannt, die Brust wurde mit glühenden Zangen zerrissen und in die Wunden Dreck hineingeworfen. Ungebeugt von diesen Leiden wurden sie in Begleitung ihrer Mutter zum Tode geführt und nachdem sie nach einem kurzen Gebete der Mutter den Friedenskuß gegeben und von ihr empfangen hatten, gaben sie ihr Haupt dem Henker preis. — 17. November (Triest).

Euphēmĭānŭs, ī *m.* (Εὐφημιανός) Euphemianus, röm. Senator, Vater des hl. Alexius (4. bis 5. Jhdt.).

Euphēmĭŭs, ī *m.* (Εὐφήμιος) Euphemius, Bisch. v. Konstantinopel (5. Jhdt.).

Euphrātās, ae *m.* (Euphrates) Euphratas, arianischer Bischof von Köln im 4. Jhdt.

1. **Euphrātēs,** ĭs *m.* Euphrates, *s.* Euphratas.

2. **Euphrātēs,** ĭs *m.* Fluß Euphrat in Asien.

Euphrŏsȳnă, ae *f.* (Εὐφροσύνη) Euphrosyna, Milchschwester der hl. Domitilla (1. Jhdt.).

Euplŭs, ī *m.* Euplus, Genosse des hl. Emygdius, *s.* S. Emygdius.

Eupŏlĕmŭs, ī *m.* (Εὐπόλεμος) Eupolemus, Jude, von Judas Makkabäus als Gesandter nach Rom geschickt.

Euprĕpĭă, ae *f.* Euprepia, Genossin der hl. Afra (um 290).

eurŏăquĭlō, ōnĭs *m.* (εὐρακύλων) Nordostwind (*Apg.* 27, 14).

Eurōpă, ae *f.* (Εὐρώπη) der Erdteil Europa.

eurōpaeŭs 3 europäisch, aus Europa stammend.

eurŭs, ī *m.* (εὖρος) Südostwind.

Eusĕbĭă, ae *f.* (Εὐσέβεια u. Εὐσεβία) Eusebia, fromme Christin z. Zt. Diokletians.

S. Eusĕbĭŭs, ī *m.* (Εὐσέβιος). 1. hl. Eusebius I., Papst u. Mart., † 310, 26. Sept. 2. hl. Bisch. u. Mart., † 370, 16. Dez. 3. hl. Bek. im 4. Jhdt., 14. Aug.

4. **S. Eusĕbĭŭs,** ī *m.* hl. Eusebius, Mart. († 884).

Er war von Geburt ein Schotte und trat in das Benediktinerkloster St. Gallen in der Schweiz, zog sich aber mit Erlaubnis seines Abtes namens Hartmut in die Einsamkeit zurück und führte in einer Höhle des Viktorberges nach dem Vorbilde der Einsiedler in der ägyptischen Wüste 30 Jahre lang ein beschauliches Leben. Er besaß die Gabe, die Zukunft vorherzusagen, die er vielen, die ihn in der Einöde aufsuchten, offenbarte. Nach 30 Jahren verließ er freiwillig die Einsamkeit, um durch Predigt und Unterricht unzählige Seelen für Gott zu gewinnen. Dadurch zog er sich den Haß einiger sittenloser Leute zu, die ihm mit einer Grassichel das Haupt abschnitten. Der hl. Martyrer aber, so sagt die Legende, trug mit eigenen Händen das Haupt von der Marterstelle, Préderis genannt, einige hundert Schritte weit auf seinen Berg, um es am Orte seiner Einsamkeit zu bestatten. Im Jahre 1786 wurde sein Leib von den Minoriten ins Kloster St. Gallen überführt. — 31. Januar (St. Gallen).

Eusĕbĭŭs, ī *m.* Eusebius, 1. Vater des hl. Kirchenlehrers Hieronymus. 2. Archipresbyter von Trecae in Gallien im 3. Jhdt. 3. Bisch. von Paris.

Eusĕbĭŭs Caesărĭēnsĭs Eusebius von Caesarea, Vater der Kirchengeschichte, † 340.

S. Eustăchĭŭs, ī *m.* (Εὐστάχιος) hl. Eustachius, Mart., röm. Feldherr, † 118, 20. Sept.

Eustăsĭŭs, ī *m.* Eustasius, zweiter Abt des Klosters Luxeuil (Fkr.), Nachfolger der hl. Kolumban (7. Jhdt.).

Eustŏrgĭŭs, ī *m.* (*Εὐστόργιος*) Eustorgius, Vater des hl. Pantaleon.

eutrăpĕlĭă, ae *f.* (*εὐτραπελία*) Gewandtheit, Artigkeit; Witz.

S. Eutrŏpĭă, ae *f.* hl. Eutropia, Magd der hl. Afra u. Martergefährtin der hl. Hilaria, *s. dieselbe.*

Eutrŏpĭă, ae *f.* Eutropia, eine fromme Frau in Triest (2. Jhdt.).

Eutrŏpĭŭs, ī *m.* (*Εὐτρόπιος*) Eutropius, Sohn der hl. Lucia Romana.

Eutÿchēs, ĭs u. ētĭs (*acc.* ēn) *m.* (*Εὐτυχής*) Eutyches, Archimandrit in Konstantinopel, Stifter der Irrlehre der Monophysiten, die die Zweiheit der Naturen in Christus leugneten, verworfen auf dem Konzil von Chalcedon (451); *dav.*: **Eutychĭānī,** ōrŭm *m.* Anhänger des Eutyches.

Eutÿchĭă, ae *f.* (*Εὐτυχία*) Eutychia, Mutter der hl. Lucia.

Eutÿchĭānī, ōrŭm *m.* Eutychianer, *s.* Eutyches.

S. Eutÿchĭānŭs, ī *m.* Eutychian 1. Papst (reg. 275—283) u. Mart. 2. Mart. in Augsburg (um 290).

1. **S. Eutÿchĭŭs,** ī *m.* hl. Eutychius, Mart.
Starb an der Stelle des heutigen Lausanne mit seinen Gefährten Attalus und Zoticus für den Glauben; außerdem wurden noch mehr als 30 Christen gemartert, deren Namen nicht bekannt sind. — 8. Juni.

2. **S. Eutÿchĭŭs,** ī *m.* hl. Eutychius, Mart., Genosse des hl. Januarius, † 303, 19. Sept.

Eutÿchĭŭs, ī *m.* Eutychius 1. vornehmer Römer, Vater des hl. Maurus. 2. Bruder des hl. Plazidus.

Eutÿchŭs, ī *m.* (*Εὔτυχος*) Eutychus, ein Jüngling zu Troas, den der hl. Apostel Paulus wieder zum Leben erweckte (*Apg.* 20, 9).

Evă, ae *f.* (*hebr.*: Lebenspendende) (Heva) Eva, Stammutter des Menschengeschlechtes.

ēvăcŭātĭō, ōnĭs *f.* 1. Entleerung, Entkräftigung. 2. Befreiung, Entfernung.

ēvăcŭō 1 1. entleeren, aufhören; wertlos machen. 2. ausnützen, zerstören, abschaffen. 3. vereiteln, evacuare culpam verzeihen, etwas ablegen. 4. *pass.*: aufhören, vergänglich sein, schwinden.

ēvādō, vāsī, vāsŭm 3 1. heraus-, hervorgehen. 2. entkommen, entrinnen. 3. ausfallen, ablaufen. 4. sich entwickeln, werden: miles; werden zu: in exemplar.

ēvāgīnō 1 aus der Scheide ziehen.

ēvăgŏr 1 umherschweifen; zerstreut sein; zerstreut auseinanderliegen.

ēvălēscō, lŭī 3 erstarken.

ēvānēscō, nŭī 3 verschwinden, schal werden, seine Kraft verlieren.

ĕvangĕlĭārĭŭm, ī *n.* Evangelienbuch, Evangeliensammlung.

ĕvangĕlĭcŭs 3 des Evangeliums; evangelisch.

ĕvangĕlistă, ae *m.* Verfasser eines Evangeliums, Evangelist; auch Prediger (2. *Tim.* 4, 5).

Bb. Evangĕlistă et Pĕrĕgrīnŭs, sel. Evangelist u. Peregrin, Bek. († im 13. Jhdt.).
Geboren gegen Ende des 12. Jahrhunderts zu Verona, schlossen sie in frühester Jugend innige Freundschaft, traten auf eine himmlische Erscheinung hin in das Augustiner-Eremitenkloster bei Verona, zeichneten sich durch Gehorsam, Bußübungen und Gebetseifer aus und heilten Krankheiten aller Art. Evangelista verschied beim Chorgebete. Bald darauf starb auch Peregrin. Beide wurden in einem Grab beerdigt. Nach der großen Vereinigung des Ordens 1256 wurden sie an den Marienaltar in der Kirche der hl. Euphemia zu Verona übertragen. — 16. September (Aug. Ord.).

Evangĕlĭŭm, ī *n.* (*εὐαγγέλιον*) 1. frohe Botschaft. 2. Beschreibung des Lebens u. der Lehre Christi. 3. die christliche Lehre überhaupt. 4. Teil der hl. Messe, das Evangelium.

ĕvangĕlīzātŏr, ōrĭs *m.* Verkündiger des Evangeliums, der christl. Lehre.

ĕvangĕlīzō 1 das Evangelium verkündigen, frohe Botschaft bringen, aliquem; *pass.*: mir wird verkündigt.

S. Evărĭstŭs, ī *m.* hl. Evarist, Papst (100—109).

ēvāsĭō, ōnĭs *f.* das Entrinnen, Entkommen, Entweichung; Rettung.

ēvāsīvŭs 3 entweichend.

ēvectātĭō, ōnĭs *f.* Abfahrt des Schiffes.

ēvĕhō, vēxī, vectŭm 3 1. herausführen, hinaufbringen, -schaffen; erheben: ad coelos. 2. abfahren, segeln. 3. *pass.*: erhoben werden.

Evelid *indecl. m.* Welid, ein arabischer Kalif (*Martyrol.* 13. März).

ēvellō, vellī, vulsŭm 3 herausreißen, ausraufen; beseitigen, vertilgen.

Evemĕrŭs, ī *m.* Evemer, Erzbisch. v. Trier, Vorgänger des hl. Marus (5. Jhdt.).

ēvĕnĭō, vēnī, ventŭm 4 1. heraus-, hervorkommen. 2. sich ereignen, eintreffen.

ēventĭlō 1 1. durch Schwingen und Lüften reinigen. 2. kritisieren.

S. Eventĭŭs, ī *m.* hl. Eventius, Mart. u. Priester, † 119.
Ebenso wie sein Lebensgefährte, der hl. Theodulus, wurde er nach lange ertragenen Peinen enthauptet. Die Gebeine beider setzte man später in der Kirche der hl. Sabina zu Rom bei. — 11. Mai (Triest).

ēventŭm, ī *n.* (ēventŭs, us *m.*) 1. Ausgang, Erfolg. 2. Ereignis, Geschehnis.

ēventŭs, ūs *m. s.* eventum.

Evĕracēnsĭs, ĕ *s.* Ebera.

ēverběrō 1 auspeitschen, zerpeitschen.
Evergĕrŭs, ī *m.* Everger, Erzbischof von Köln.
Evergĕtēs, ĭs *m. s.* Euergetes.
S. Evergislŭs, ī *m.* hl. Evergislus, Mart. u. Bischof († im 5. Jhdt.).
Stammte aus der Nähe von Lüttich her. Er soll der Diakon des hl. Severin gewesen sein, welcher den Gesang der Engel beim Tode des hl. Martin von Tours gehört habe. Seine heftigen Kopfschmerzen verloren sich, als er sich Staub aus der Kirche des hl. Gereon in Köln aufs Haupt streute. Während er in seine Heimat zur Verbreitung des hl. Evangeliums zurückkehrte, wo er eines Nachts eine Pilgerfahrt begonnen hatte, traf ihn der Pfeilschuß eines Räubers. Seinen Leichnam holte der Erzbischof Bruno von Köln und setzte ihn in der Stiftskirche von der hl. Caecilia bei. Nachdem dieses Stift zu Anfang des 19. Jahrhunders aufgehoben worden war, wurden die Reliquien in die Pfarrkirche vom hl. Petrus übertragen. — 24. Okt. (Köln).
S. Evermărŭs, ī *m.* hl. Evermar, Mart.
Als Pipin, der Sohn der hl. Begga, Herrscher von Austrasien war, wurde E. in Friesland geboren. Er pilgerte als Jüngling nach Santiago de Compostela. Auf der Rückreise besuchte er in Utrecht das Grab des hl. Servatius und wandte sich alsdann nach Herstappe (südlich von Tongern), das ein gewalttätiger Mensch namens Hacco bewohnte, der aber gerade nicht daheim war. Sobald letzterer indessen bei der Rückkehr von dem Verweilen des hl. Evermarus gehört hatte, folgte er dem Weitergereisten und tötete ihn nebst Begleitung. Pipin, der damals gerade auf der Jagd war, fand die Ermordeten und bestattete sie. Später kam der hl. Leib des Getöteten durch den Bischof Eraclius von Lüttich nach Ruthis, wo er verehrt wurde. — 1. Mai.
ēverrĭcātĭō, ōnĭs *f.* 1. das Reinmachen, Reinigung. 2. Sühne.
ēverrō, verrī, versŭm 3 ausfegen.
ēversĭō, ōnĭs *f.* Umsturz, Zerstörung.
ēversŏr, ōrĭs *m.* Zerstörer, Vernichter.
ēvertō, vertī, versŭm 3 1. umdrehen, umstürzen. 2. zerstören, vernichten. 3. vertreiben. 4. aufheben (*Ps.* 88, 40).
Evi *indecl. m.* (*hebr.*?) Evi, einer der fünf Könige der Madianiten z. Z. des Moses.
ēvictĭō, ōnĭs *f.* gerichtlicher Nachweis; gerichtliche Geltendmachung des Eigentumsrechtes: in casu evictionis; gerichtliche Anhängigmachung.
ēvĭdēns, entĭs augenscheinlich, offenbar, einleuchtend.
ēvĭdentĭă, ae *f.* 1. Veranschaulichung, Klarheit, Augenschein. 2. Deutlichkeit; spiritus magnam fecit suae ostensionis evidentiam der Geist zeigte sich auf eine ganz augenscheinliche Weise.
ēvĭgĭlātĭō, ōnĭs *f.* das Erwachen, Auferstehung.
ēvĭgĭlō 1 1. wach bleiben, durchwachen. 2. bei Nacht ausarbeiten. 3. erwachen.
Evĭlāsĭŭs, ī *m.* Evilasius, römischer Präfekt im 3. Jhdt.
ēvīlēscō, lŭī 3 gering *oder* wertlos werden.
Evilmerodach *indecl. m.* (*babyl.*: Amil-Marduk „Mann Marduks"; amelu = avelu Mann, Mensch; Marduk, Lichtgott u. höchste babylonische Gottheit; *vgl.*: „Mann Gottes') Evilmerodach, König von Babylon (561—559). Er entließ Joachim, den gefangenen König von Juda, aus dem Kerker.
ēvĭbrō 1 emporschwingen.
ēvincō, vīcī victŭm 3 1. ganz besiegen, überwinden. 2. durchsetzen, erreichen. 3. überzeugen, unumstößlich dartun (*C. j. c.* 79).
ēvĭrātĭō, ōnĭs *f.* Entmannung.
ēviscĕrō 1 1. der Eingeweide berauben, zermartern: ingenium; zerfleischen. 2. *pass.* gequält werden, leiden.
ēvītābĭlĭs, ĕ vermeidlich.
ēvītātĭō, ōnĭs *f.* Vermeidung.
ēvītō 1 ausweichen, vermeiden.
ēvŏcātĭō, ōnĭs f. 1. Hervorruf, Aufruf, Vorladung. 2. Beschwörung.
ēvŏcō 1 1. herausrufen, hervorlocken. 2. berufen, erheben.
Evōdĭă, ae *f.* Evodia, eine nicht näher bekannte christliche Frau zu Philippi aus der Apostelzeit, welche für das Evangelium tätig war.
Evodĭŭm castrŭm, ī *n.* Ort in Luxemburg.
Evōdĭŭs, ī *m.* Evodius, ein Freund des hl. Augustinus.
ēvŏlō 1 1. herausfliegen, emporfliegen. 2. enteilen, entfliehen.
ēvŏlūtĭō, ōnĭs *f.* 1. Aufschlagen eines Buches, Losen. 2. Entwicklung, Entfaltung.
ēvŏlūtĭōnĭstă, ae *m.* Evolutionist, Anhänger der Entwicklungstheorie.
ēvolvō, volvī, vŏlūtŭm 3 1. herauswälzen. 2. auseinanderrollen, in Ordnung bringen, entwickeln; tempus evolvitur die Zeit läuft ab, ein Zeitpunkt kommt heran.
ēvŏmō, ŭī, ĭtŭm 3 ausspeien, auswerfen, aus-, verstoßen.
ēvulgātĭō, ōnĭs *f.* Veröffentlichung, Bekanntgabe (*C. j. c.* 1623).
ēvulgō 1 veröffentlichen.
ēvulsĭō, ōnĭs *f.* das Ausreißen; Ausrottung: gentis.
S. Ewaldī, ōrŭm *m.* die hl. Ewalde, Brüder, Priester u. Martyrer, † 695.
Sie stammten aus England und waren um des Glaubens willen nach Irland verbannt worden. Als Missionare begaben sie sich ins Sachsenland. Jeder von ihnen hieß Heuwald oder Ewald, doch unterschied man nach der Haarfarbe den einen als weißen, den anderen als schwarzen. Ihre Tätigkeit nahm ein rasches Ende, als die verhetzte Bevölkerung beide niederstieß. Der Frankenfürst Pipin ließ ihre Leiber zu Köln bestatten. — 3. Oktober (Köln, Münster).
ex *praep. s.* e.
exăcerbātĭō, ōnĭs *f.* Erbitterung.
exăcerbēscō 3 erbittert werden.
exăcerbō 1 1. erbittern, kränken, verbittern, aufbringen. 2. widerspenstig

sein, widerstreben (*Ps.* 106, 11), entgegenhandeln *c. acc.* (z. B. *Ps.* 104, 28).
exāctĭō, ōnĭs *f.* 1. Vertreibung. 2. Eintreibung (einer Geldforderung, von Abgaben, Steuern).
exāctŏr, ōrĭs *m.* 1. Vertreiber. 2. Bedränger, Bedrücker; Mahner.
exāctrīx, īcĭs *f.* Mahnerin, Vollstreckerin.
exāctŭs 3|genau, pünktlich; vollkommen: silentium.
exăcŭō, cŭī, cūtŭm 3 1. schärfen, spitzen, wetzen: gladium. 2. aufreizen.
exadversŭm 1. *adv.* gegenüber. 2. *praep. c. acc.*: gegenüber.
exaedĭfĭcātĭō, ōnĭs *f.* Aufbau, Ausführung.
exaedĭfĭcō 1 aufbauen.
exaequō 1 gleichmachen, vergleichen mit.
exaestŭō 1 1. aufwallen, aufbrausen. 2. erglühen, sich ereifern.
exaggĕrātĭō, ōnĭs *f.* Erhebung, überschwengliche Rede.
exaggĕrō 1 vermehren, vergrößern, übertreiben.
exăgĭtātĭō, ōnĭs *f.* Verfolgung, Heimsuchung.
exăgĭtātŏr, ōrĭs *m.* Tadler, Verfolger.
exăgĭtō 1 1. aufjagen, quälen, verfolgen. 2. tadeln, verwerfen. 3. fordern.
exăgō, ēgī, actŭm 3 *s.* exĭgo.
exalbēscō, bŭī 3 1. weiß werden. 2. *übtr.* erblassen.
exaltātĭō, ōnĭs *f.* 1. Erhebung, Erhöhung. 2. Lobpreis (*Ps.* 109, 6). 3. Überhebung. 4. das Aufstehen (*Is.* 3, 3).
Exaltātĭō S. Crŭcĭs Fest der Kreuzerhöhung (durch Kaiser Heraklius in Jerusalem, 629), 14. Sept.
exaltātŏr, ōrĭs *m.* Erhöher.
exaltō 1 1. erheben, sehr loben (*Ps.* 29, 2); exaltare vocem die Stimme mit Macht erheben. 2. siegreich machen (*Ps.* 88, 43); eine bevorzugte Stellung geben (*Ps.* 36, 34). 3. hoch und sicher stellen (*Ps.* 26, 5); exaltare de portis mortis aus der Todesgefahr befreien (*Ps.* 9, 15). 4. exaltare animam stolz sein. 5. exaltare sub lingua Lobpreis unter der Zunge haben. 6. *übtr.*: kreuzigen.
exambĭō 4 sich erbitten; bittend angehn.
exāmĕn, ĭnĭs *n.* 1. (*eigentlich*: das Herausgeführte) Schwarm, Schar, Haufe. 2. (das Abwägende) Zünglein (an der Wage); *übtr.*: Prüfung.
exāmĭnātĭō, ōnĭs *f.* Prüfung, Untersuchung.
exāmĭnātŏr, ōrĭs *m.* Prüfer, Erforscher; Richter; examinator synodālis ein auf der Diözesansynode ernannter Examinator; e. prosynodalis ein ohne Synodenwahl vom Bischofe ernannter Prüfer (für Priesterseminare usw.).
exāmĭnō 1 prüfen, erwägen, auf die Echtheit untersuchen; e. igne durch Feuer läutern.
exanclō 1 (exantlo) 1. herausschaffen. 2. dulden, aushalten. 3. dienend heraustragen, ertragen, erdulden.
exănĭmātĭō, ōnĭs *f.* das Entsetzen, die Mutlosigkeit.
exănĭmĭs, ĕ (exanimus) entseelt, tot.
exănĭmō 1 entmutigen, ängstigen, quälen.
exănĭmŭs 3 *s.* exanimis.
exantlō 1 *s.* exanclo.
Exarchātŭs, ūs *m.* Exarchat, die Gebiete der oström. Kaiser in Italien vom 5.—8. Jhdt.
exarchŭs, ī *m.* (ἔξαρχος) Vorsteher, Exarch; *bes.* der Vertreter der oströmischen Kaiser in deren ital. Besitzungen, dem Exarchat.
exārdēscō, ārsī, ārsŭm 3 entbrennen, sich ereifern.
exārēscō, ārŭī 3 ganz vertrocknen, hinwelken; versiegen.
exarmō 1 entwaffnen; unschädlich machen.
exărō 1 1. ausgraben, umpflügen. 2. schriftlich entwerfen, aufzeichnen, notieren.
exaspĕrāns, antĭs widerspenstig.
exaspĕrātĭō, ōnĭs *f.* 1. das Rauhwerden, Rauhigkeit. 2. Erbitterung.
1. **exaspĕrātrīx,** īcĭs *f.* die Widerspenstige (*Ez.* 2, 8).
2. **exaspĕrātrīx** *adj.* aufrührerisch.
exaspĕrō 1 1. völlig rauh machen, aufreizen, erbittern. 2. widerspenstig handeln, aufrührerisch sein.
exaudĭō 4 1. genau hören, vernehmen. 2. erhören, Gehör geben.
exaudĭtĭō, ōnĭs *f.* Erhörung.
exaudītŏr, ōrĭs *m.* Erhörer, Erbarmer.
excaecātĭō, ōnĭs *f.* Verblendung.
excaecō 1 blind machen, verblenden.
Excalcĕāti, ōrŭm *m.* die Unbeschuhten; Excalceāti Carmelītae die unbeschuhten Karmeliter (*auch*: discalceāti).
excalcĕātŭs 3 unbeschuht.
excalcĕō 1 entschuhen.
excandēscentĭă, ae *f.* auffahrendes Wesen, Jähzorn.
excandēscō, dŭī 3 entbrennen, aufbrausen.
excardĭnātĭō, ōnĭs *f.* Entlassung aus dem Diözesenverbande, Austritt aus der Diözese. (Sie muß mit der Inkardination, *d. h.* der Einordnung in eine andere Diözese verbunden sein).
excarnĭfĭcō 1 zerfleischen, zu Tode martern.
excăvātĭō, ōnĭs *f.* Aushöhlung, Erweiterung.
excăvō 1 aushöhlen (*Job* 14, 19).

excēdō, cessī, cessŭm 3 I. *intr.* 1. herausgehen, hinausgehen, sich entfernen, scheiden. 2. abweichen, abschweifen. 3. sich erheben. II. *trans.* 1. räumen, verlassen. 2. überschreiten, hinausgehen über; merita excedere (*von Gott gesagt*): mehr geben, als verdient ist.
excellēns, tĭs erhaben, vortrefflich.
excellentĭă, ae *f.* Erhabenheit, Vorzüglichkeit; per excellentiam vorzüglich, in erster Hinsicht.
excellō 3 emporragen; sich auszeichnen.
excelsĭtās, ātĭs *f.* Höhe, Erhabenheit.
excelsŭm, ī *n.* 1. erhabener Punkt, Berghöhe, Höhe. 2. Hochmut: in excelso von der Höhe herab, hochfahrend (*Ps.* 72, 8). 3. *pl.*: **excelsă,** ōrŭm *n.* a) Höhe, *bes.*: Himmelshöhe: gloria in excelsis. b) hohe Wasserwogen (*Ps.* 41, 8).
excelsŭs 3 1. hoch. 2. erhaben, ausgezeichnet; excelsus prae: der Höchste unter.
exceptĭō, ōnĭs *f.* 1. Ausnahme, Einschränkung, einschränkende Bedingung, Klausel. 2. (gerichtliche) Einrede, Einwendung, Einwand; exceptiōnĕm dărĕ: einen Einwand geltend machen; omni exceptiōne maior über jeden Einwand erhaben (*C. j. c.* 1614); exceptio plurium.
exceptō 1 1. herausnehmen. 2. aufnehmen.
exceptŏr, ōrĭs *m.* Aktuar, Gerichtsschreiber (*Martyrolog.*).
exceptōrĭŭm, ī *n.* Behältnis.
exceptŭō 1 ausnehmen, eine Ausnahme machen.
excĕrĕbrō 1 das Gehirn herausnehmen, enthirnen (*Js.* 66, 3).
excerpō, cerpsī, cerptŭm 3 herausnehmen aussondern, auswählen; schriftliche Auszüge machen.
excerptŭm, ī *n.* Auszug.
excessīvŭs 3 außerordentlich, überaus groß, unaussprechlich.
excessŭs, ūs *m.* 1. Hinscheiden, Tod. 2. Verzagtheit, Verzweiflung (*Ps.* 30, 23 u. 115, 2). 3. excessus mentis: Verzückung, Begeisterung; Staunen (*Ps.* 67, 28). 4. Ausschweifung.
excĭdĭŭm, ī *n.* Zerstörung.
1. **excĭdō,** cĭdī 3 1. entfallen, entschlüpfen, entweichen. 2. entschwinden, aufhören, verloren gehen. 3. excidĕre lŏco sein Amt verlieren (*L. V. S. Lucae Ev.*).
2. **excīdō,** cīdī, cīsŭm 3 1. aushauen, abhauen. 2. vernichten, zerstören, entfernen.
excĭĕō 2 u. **excĭō,** cīvī, cĭtŭm 4 1. herausrufen, hervorlocken. 2. erregen, aufreizen.
excĭō 4 *s.* excieo.
excĭpĭō, cēpī, ceptŭm 3 1. ausnehmen, eine Ausnahme machen. 2. auffangen, abfangen, wegfangen. 3. empfangen, aufnehmen; excipere confessiōnes beichthören. 4. vernehmen, auffassen, sich etwas Gelesenes vergegenwärtigen. 5. unmittelbar folgen, anschließen, ablösen.
excīsĭō, ōnĭs *f.* 1. das Ausschneiden. 2. Zerstörung.
excĭtābĭlĭs, ĕ erregbar.
excĭtābĭlĭtās, ātĭs *f.* Erregbarkeit.
excĭtātĭō, ōnĭs *f.* Ermunterung; Erregung.
excĭtātŭs 3 1. lebhaft. 2. errichtet (Tempel, Kirche) (*z. B.*: Polen-Warschau, 26. Aug.).
excĭtō 1 1. heraustreiben, aufrufen. 2. aufführen, errichten. 3. anfeuern, erregen; excitare potentiam Macht aufbieten (*Ps.* 79, 3); excitare in iram sich empören (*Ps.* 77, 17).
exclāmātĭō, ōnĭs *f.* Ausruf.
exclāmō 1 laut rufen, schreien.
exclaustrātĭō, ōnĭs *f.* Exklaustrierung, Klausurentlassung (*d. h.* das päpstliche Indult für Ordensleute, eine Zeitlang außerhalb des Klosters zu verweilen, ohne das Ordenskleid zu tragen u. das Stimmrecht zu besitzen; jedoch mit der Pflicht, die Ordensregel soweit als möglich zu beobachten und nach Ablauf der bestimmten Zeit wieder ins Kloster zurückzukehren; *C. j. c.* 639).
exclūdō, sī, sŭm 3 1. ausschließen, nicht zulassen. 2. fernhalten, absondern.
exclūsĭō, ōnĭs *f.* Ausschließung.
exclūsīvă, ae *f.* die Ausschließung, das Vetorecht (bei der Wahl).
exclūsīvē *adv.* ausschließlich, mit Ausnahme von.
exclūsīvŭs 3 ausschließend, ausschließlich.
excōgĭtātĭō, ōnĭs *f.* Aussinnen, Erfindung.
excōgĭtō 1 1. ausdenken, aussinnen. 2. ausfindig machen, ausklügeln.
excŏlō, cŏlŭī, cultŭm 3 1. ausbilden, vervollkommnen. 2. verehren, anbeten. 3. mysteriis excolere einweihen in.
excōlō 1 durchseihen.
excommūnĭcātĭō, ōnĭs *f.* Ausschluß aus einer Gemeinschaft; bes. Exkommunikation, Kirchenbann, *d. i.* Ausschluß aus den Gemeinschaftsrechten der Gläubigen, also vollständiger Ausschluß von dem Genusse und der Anwendung kirchlicher Gnadengüter und kirchlicher Rechte, nicht aber Ausschluß von der durch die Taufe erlangten Mitgliedschaft der Kirch

Exkommunikation ist die größte kirchliche Heilstrafe oder Zensur (*C. j. c.* 2259—2267). Die damit belegten sind excommunicati vitandi, wenn sie ausdrücklich als solche bezeichnet werden, was sehr selten ist; bei ihnen tritt noch Ausschluß aus dem Verkehre mit den Gläubigen hinzu, was mehr eine Last für die Gläubigen denn eine größere Strafe für den Exkommunizierten selbst ist; sonst sind sie excommunicati non vitandi. Die excommunicatio selbst ist: a) latae sententiae infolge einer allgemeinen gesetzlichen Vorschrift. b) ferendae sententiae infolge eines besonderen Urteilsspruches. c) major u. minor, je nach der Größe der damit verbundenen kirchl. u. bürgerl. Strafe; doch hat dieser Punkt heutigentags seine Bedeutung verloren.

excommūnĭcō 1 aus den Gemeinschaftsrechten der Christgläubigen ausschließen, bannen.

excŏquō, xī, ctŭm 3 auskochen, ausdörren, ausschmelzen.

excŏrĭō 1 Haut abziehen, schinden.

excors, cordĭs ohne Verstand, unverständig; einfältig, töricht, dumm (*Prov.* 12, 8; 21, 6).

excrēscō, crēvī, crētŭm 3 1. herauswachsen. 2. anwachsen, sich anhäufen.

excrŭcĭābĭlĭs, ĕ furchtbar schmerzend.

excrŭcĭātĭō, ōnĭs *f.* Marter, Pein, Folter.

excrŭcĭō 1 1. quälen, peinigen, foltern. 2. abängstigen.

excŭbĭae, ārŭm *f.* 1. das Wachen, das Wachehalten. 2. Wachtposten.

excŭbĭtŏr, ōrĭs *m.* Wachtposten, Wächter.

excŭbō, ŭī, ĭtŭm 1 wachen, wachsam sein.

excūdō, dī, sŭm 3 ausarbeiten, verfertigen; *bes.*: drucken lassen.

excurrō, excurrī u. excucurrī, cursŭm 3 hervorbrechen, Ausfall machen.

excursĭō, ōnĭs *f.* Ausfall, Streifzug.

excūsă, ae *f.* der Druck (eines Buches).

excūsābĭlĭs, ĕ entschuldbar, verzeihlich; sit per te excusabile = erflehe uns Vergebung.

excūsātĭō, ōnĭs *f.* Entschuldigung, Beschönigung; ad excusandas excusationes in peccatis: um nicht mit leichtfertiger Entschuldigung unter Sündern zu sündigen (*Ps.* 140, 4).

excūsātōrĭŭs 3 entschuldigend, rechtfertigend.

excūsō 1 entschuldigen, vorschützen, sich entschuldigen; e. excusationem Entschuldigung vorbringen (*Ps.* 140, 4).

excussĭō, ōnĭs *f.* 1. Verstoßung. 2. Erforschung; Verhör.

excussī, ōrŭm *m.* die Aufgerüttelten, die Rüstigen, die Kraftvollen; filii excussorum „die in der Vollkraft des Mannes erzeugten Söhne", die kraftvollen Söhne (*Ps.* 126, 4); *vgl.*: excussus.

excussŭs 3 1. aufgerüttelt. 2. rüstig, kraftvoll, *vgl.*: excussi.

excŭtĭō, cussī, cussŭm 3 1. wegstoßen, fortjagen, vertreiben. 2. verstoßen, verbannen. 3. ausschütteln (*Ps.* 135, 15). 4. zerstören. 5. herausschlagen; ignis excutitur e silice das Feuer wird aus dem Kieselstein herausgeschlagen (mittels Anschlagens eines Eisen- oder Stahlstückes). 6. durchschütteln, genau untersuchen; erforschen: conscientiam; vernehmen: testes.

exec . . . *s.* exsec . . .

exĕdō, ēdī, ēsŭm 3 aufessen, durchbringen.

exĕdră, ae *f.* (ἐξέδρα) 1. Saal, Gesellschaftszimmer, Sprechsaal. 2. Apsis der altchristlichen Kirche.

exĕdrĭŭm, ī *n.* (ἐξέδριον) 1. Nische mit Sitzplätzen. 2. kleiner Saal.

exēgēsĭs, ĭs (*acc.*: ĭm) *f.* (ἐξήγησις) Exegese, *das heißt* Auslegung der hl. Schrift; Erklärung (Bibel).

exēgētă, ae *m.* (ἐξηγητής) Ausleger, Erklärer der hl. Schrift.

exēgētĭcŭs 3 (ἐξηγητικός) erklärend, erläuternd.

exemplăr, ārĭs *n.* 1. Muster, Vorbild. 2. Abschrift, Ausgabe eines Buches.

exemplārĭs, ĕ musterhaft, vorbildlich; *übtr.*: gründlich.

exemplārĭtās, ātĭs *f.* Vorbildlichkeit.

exemplŭm, ī *n.* 1. Beispiel, Vorbild. 2. Muster, Probe.

exemptĭlĭs, ĕ herausnehmbar.

exemptĭō, ōnĭs *f.* Ausnahme; Befreiung von einer Pflicht *oder* Obliegenheit *oder* Verpflichtung; Befreiung von der Jurisdiktion der nächsten Kirchenoberen; unmittelbare Unterordnung unter den Papst.

exemptŭs 3 (*ptc.* v. eximo) exempt = frei von bischöflicher Oberhoheit; *auch*: direkt dem Papste unterstehend als Bistum *oder* als Orden.

exentĕrō 1 (ἐξεντερίζω) ausweiden, martern.

exĕō, ĭī, ĭtŭm, īrĕ 1. herausgehen, ausziehen; exire in virtutibus (= cum exercitibus) mit den Heeren ausziehen (*Ps.* 107, 12, *vgl. Ps.* 59, 12); weggehen. 2. ruchbar werden, bekannt werden. 3. ablaufen, zu Ende gehen; spiritus alicuius exit jem. stirbt (*Ps.* 145, 4). *Das Futurum lautet auch*: exĕăm (*Jud.* 8, 32).

exĕquĭae, ārŭm *f. s.* exsequiae.

exerceō, ŭī, ĭtŭm 2 1. beschäftigen, üben, ausbilden. 2. ausüben, betreiben, handhaben. 3. terram exercere bebauen. 4. *pass.*: sich mit etwas beschäftigen; etwas betrachten (in aliqua re *Ps.* 118, 15).

exercĭtātĭō, ōnĭs *f.* 1. Übung. 2. das Nachsinnen, Nachdenken, Sichabhärmen, Kummer.

exercĭtātŭs 3 beunruhigt, hart geprüft.

exercĭtĭŭm, ī *n.* Übung, *bes. pl.*: geistliche Übungen, Exerzitien: spiritualia.

exercĭtō 1 tüchtig einüben.

exercĭtŏr 1 nachsinnen, betrachten.

exercĭtŭs, ūs *m.* 1. geübte Mannschaft, Kriegsheer, Heer, Kriegsleute. 2. Schar, Schwarm. 3. Ausübung: furoris.

exĕrō 3 *s.* exsero.

exerrō 1 abirren.

Exestrĭă, ae *f. s.* Exonĭa.

exfornĭcŏr 1 Unzucht treiben auf jede Art, sich durch Unzucht zugrunde richten.

ex. gr. = exempli gratia zum Beispiel.

exhālō 1 aushauchen, ausatmen.

exhaurĭō, hausī, haustŭm 4 1. ausschöpfen, erschöpfen. 2. entziehen, ausleeren. 3. hinwegnehmen, vermindern, tilgen: peccata. 4. ganz durchmachen, überstehen.

exhĭbĕō, ŭī, ĭtŭm 2 1. herbeischaffen, zur Stelle schaffen. 2. vorführen, darstellen. 3. darbieten, gratias Dank abstatten; hostiam, munera: darbringen; venerationem Verehrung erweisen, beweisen. 4. verursachen, verschaffen. 5. im Dasein erhalten, unterhalten. 6. einreihen, unterbreiten; zustellen, übergeben, aushändigen (von [amtlichen] Schreiben). 7. erlassen: legem; interpretationem legis eine Gesetzeserklärung. 8. darstellen: rem.

exhĭbĭtĭō, ōnĭs *f.* 1. Vollführung, Ausübung, virtutis Tugendübung. 2. Auslieferung.

exhĭlărō 1 aufheitern.

exhŏnōrātĭō, ōnĭs *f.* Entehrung.

exhŏnōrō 1 entehren.

exhorrĕō, ŭī 2 sich entsetzen.

exhorrēscō, horrŭī, 3 Schauder empfinden vor (*acc.*).

exhortātĭō, ōnĭs *f.* Aufmunterung, Aufforderung, Ermahnung.

exhortātīvŭs 3 ermunternd.

exhortātŏr, ōrĭs *m.* Ermahner.

exhortŏr 1 aufmuntern, anfeuern; *auch pass.* gebraucht.

exhŭmō 1 ausgraben.

exĭbĕō, ŭī, ĭtum 2 *s.* exhibeo.

exĭgentĭă, ae *f.* Erfordernis, Bedürfnis.

exĭgĭtīvŭs 3 dringend.

exĭgō, ēgī, ăctum 3 (exăgo) 1. weg-, vertreiben. 2. austilgen, verfolgen. 3. erfordern, verlangen, beitreiben, einfordern: *zuweilen mit doppeltem Akkusativ.* 4. zurücklegen, verleben. 5. ausführen, vollenden. 6. prüfen, untersuchen.

exĭgŭĭtās, ātĭs *f.* Kleinheit, Geringfügigkeit.

exĭgŭŭs 3 klein, gering, unbedeutend.

exĭlĭō 4 *s.* exsilio.

exĭlĭs, ĕ 1. dünn, mager. 2. arm, kümmerlich.

exĭlĭtās, ātĭs *f.* 1. Dürre, Trockenheit. 2. Schwäche: vocis.

exĭlĭŭm, ī *n. s.* exsilium.

exĭm *adv. s.* exinde.

exĭmĭtās, ātĭs *f.* Vortrefflichkeit.

exĭmĭŭs 3 außerordentlich, vortrefflich.

exĭmō, ēmī, ēmptŭm 3 1. weg-, entnehmen, verbrauchen. 2. freimachen, befreien von Vorschriften. 3. entfernen, beseitigen. 4. streichen, ausfallen lassen.

exĭn *adv. s.* exinde.

exĭnānĭō 4 1. ausleeren, ausgießen: unguentum. 2. ausplündern, verwüsten (*Ps.* 136, 7). 3. **se exinanire** sich selbst entäußern.

exĭnānĭtĭō, ōnĭs *f.* Erniedrigung, Demütigung; exinanitio sui Selbstverleugnung, Selbstentäußerung.

exindĕ *adv.* (exim, exin) 1. von da her. 2. darauf, seitdem, unmittelbar danach.

exīstĭmābĭlĭs, ĕ vermutlich, annehmbar.

exīstĭmātĭō, ōnĭs *f.* 1. Urteil, Meinung. 2. Ehre, Ansehen, Achtung. 3. Begutachtung.

exīstĭmō 1 beurteilen, erachten, der Meinung sein, meinen; nachdenken (*Ps.* 72, 16).

existō 1 *s.* exsisto.

exĭtĭābĭlĭs, ĕ unheilbringend.

exĭtĭālĭs, ĕ verhängnisvoll, Verderben bringend.

exĭtĭōsŭs 3 verderblich.

exĭtĭŭm, ī *n.* Verderben, Untergang.

exĭtŭs, ūs *m.* 1. Ausgang. 2. Lebensende, Tod. 3. Erfolg, Ergebnis, Schicksal. 4. Ausweg, Rettung (*Ps.* 67, 21). 5. e. aquarum Wasserquellen. 6. exitus matutini Sonnenaufgang.

exobsĕcrō 1 inständig bitten.

exŏcŭlō 1 der Augen berauben, blenden.

exŏdŭs, ī *f.* (ἔξοδος) der Ausgang; *bes.*: der Auszug der Juden aus Ägypten und das danach benannte 2. Buch des Pentateuchs; er ist ungefähr um das Jahr 1440 v. Chr. anzusetzen; nachdem das israelitische Volk ungef. von 1922—1440 v. Chr. in Ägypten geweilt, dauerte die Wüstenwanderung von 1440—1400 v. Chr.

exŏlētŭs 3 1. erwachsen, mannbar. 2. liederlich, unzüchtig. 3. veraltet.
exŏmŏlŏgēsĭs, ĭs *f.* (ἐξομολόγησις) 1. öffentliches Bekenntnis, Buße. 2. geheimes Bekenntnis, Beichte.
exŏnĕrātĭō, ōnĭs *f.* Befreiung, Erleichterung.
exŏnĕrō 1 entlasten, entledigen, erleichtern.
Exonĭă, ae *f.* (Exestria) Exeter, St. England (Devon); *ca.* 50000 Einw.
exoptābĭlĭs, ĕ wünschenswert.
exoptō 1 1. auswählen. 2. erwünschen, sehr verlangen.
exōrātĭō, ōnĭs *f.* Erflehung.
exōrābĭlĭs, ĕ leicht zu erbitten, nachgiebig, nachsichtig.
exōrātōrĭŭm, ī *n.* Sühnemittel.
exōrātrix, īcĭs *f.* Fürbitterin.
exorbĭtāns, tĭs außerordentlich, ungewöhnlich, gewaltig.
exorbĭtō 1 abweichen, aus dem Geleise gehen, übertreiben.
exorcismŭs, ī *m.* (ἐξορκισμός) 1. Beschwörung, Austreibung, bes. des Teufels u. der Dämonen. 2. die hierbei gebrauchten liturgischen Gebete.
exorcistă, ae *m.* 1. Zauberer, Beschwörer. 2. Exorzist, der die dritte der vier niederen Weihen empfangen hat.
exorcistātŭs, ūs *m.* der Exorzistat, die dritte der vier niederen Weihen, wodurch früher die Gewalt erlangt wurde, Beschwörungen bei Besessenen vorzunehmen.
exorcĭzō 1 verbannen, vertreiben; *bes.*: die Gebete des Exorzismus über etwas (aliquid) aussprechen; die Bannung des Teufels vornehmen.
exordĭŏr, ōrsŭs sŭm 4 anfangen, beginnen.
exordĭŭm, ī *n.* 1. Anfang, Beginn, Ursprung. 2. Einleitung, Eingang.
exŏrĭŏr, ortŭs sŭm 4 1. hervorkommen, erscheinen. 2. entstehen, sprießen, blühen (*Ps.* 91, 8).
exōrnātĭō, ōnĭs *f.* Ausschmückung, Verzierung.
exōrnō 1 1. ausrüsten, versehen mit. 2. ausschmücken, verherrlichen.
exōrō 1 anflehen, für sich erlangen, ausbitten.
exortŭs, ūs *m.* das Aufsteigen, Aufgang.
exōscŭlŏr 1 abküssen, innig küssen.
exossō 1 bis auf die Knochen aufzehren; die Knochen zermalmen.
exōsŭs 3 hassend; *auch pass.* verhaßt.
exōtĕrĭcŭs 3 (ἐξωτερικός) äußerlich, *z. B.* ein Gottesdienst, an dem die Nichteingeweihten teilnehmen; zum Äußerlichen gehörig, äußerlich allgemein.
exōtĭcŭs 3 (ἐξωτικός) ausländisch, fremd.
expandō, pandī, passŭm u. pānsŭm 3 ausspannen, -breiten.
expānsĭbĭlĭs, ĕ ausdehnbar.
expānsĭō, ōnĭs *f.* Ausdehnung.
expăvĕō 2 u. **expăvēscō,** pāvī 3 aufschrecken, sich entsetzen.
expăvĭdŭs 3 erstaunt, erschrocken.
expectō 1 *s.* exspecto.
expectŏrō 1 1. aus dem Herzen vertreiben: pavorem. 2. se sich ganz aussprechen.
expĕdĭentĭă, ae *f.* Vorteil.
expĕdĭō 4 .1. loswickeln, losmachen, losbinden. 2. beschaffen, erledigen, in Bereitschaft setzen; befördern: litteras. 3. herausholen, befreien von; se expedire sich entledigen. 4. *unpers.*: expĕdit es ist förderlich, nützlich.
expĕdītĭō, ōnĭs *f.* 1. Feldzug. 2. Unternehmung, Missionsreise. 3. Beförderung; Erledigung, Ausführung.
expĕdītissĭmē *adv.* eiligst, schleunigst.
expĕdītŭs 3 1. fertig, gleich zur Hand, schlagfertig, ohne Schwierigkeit. 2. befreit; erledigt (= non impeditus).
expellō, pŭlī, pulsŭm 3 1. heraus-, wegtreiben, verdrängen. 2. verbannen, verstoßen, verwerfen. 3. stürzen (*Ps.* 5, 11).
expendō, pendī, pēnsŭm 3 1. gegen einander aufwägen, erwägen; taxieren. 2. bezahlen.
expēnsă, ae *f.* *s.* expensum;
expēnsŭm, ī *n.* (expensa) Ausgabe (an Geld); *pl.*: Aufwand, die Kosten, expensa colligere Kosten aufbringen.
expergĕfăcĭō, fēcī, factŭm 3 erwecken, aufwecken, ermuntern.
expergĕfactĭō, ōnĭs *f.* Erweckung, Ermunterung.
expergīscŏr, experrēctŭs sŭm 3 aufwachen.
expĕrĭentĭă, ae *f.* 1. Versuch, Probe. 2. Erfahrung, Kenntnis.
expĕrīmentālĭtĕr *adv.* erfahrungsweise, versuchsweise.
expĕrīmentŭm, ī *n.* Probe, Versuch, Erfahrung; experimento prius habito nach vorangegangener Erprobung, Probezeit (*C. j. c.* 618).
expĕrĭŏr, pertŭs sŭm 4 1. versuchen, erproben, Versuch machen. 2. kennen lernen, erfahren, conversationem nachahmen. 3. leiden, durchkosten.
expers, tĭs unteilhaft, ledig, los, ohne.
1. **expertŭs** 3 1. aus Erfahrung kennend. 2. versucht, erprobt.
2. **expertŭs,** ī *m.* der Erfahrene, der Kenner.
expĕtendŭs 3 wünschenswert.
expĕtō, īvī, ītŭm 3 zu erreichen suchen, begehren, erstreben.
expĭātĭō, ōnĭs *f.* Sühne; dies expiationum Versöhnungstag der Juden, der 10. Tag

des 7. Monats, an dem für die Vergehen des ganzen Jahres Sühnopfer dargebracht wurden.
expĭātōrĭŭs 3 sühnend.
expĭātŭs, ūs *m.* Sühne.
expīlātĭō, ōnĭs *f.* Ausplünderung.
expīlō 1 ausplündern, berauben.
expĭō 1 1. sühnen, entsühnen, vitiis reinigen von; 2. abbüßen, wieder gutmachen. 3. versöhnen, besänftigen.
expiscātŭs 3 ausgefischt.
expīrō 1 exspiro.
expiscŏr 1 ausfischen; *übtr.*: ausforschen.
explānātĭō, ōnĭs *f.* Auslegung, Deutung.
explānātŏr, ōrĭs *m.* Ausleger, Erklärer.
explānātŭs 3 deutlich.
explānō 1 erklären, auslegen.
explantō 1 auspflanzen, mit der Wurzel ausreißen, beseitigen.
explĕō, plēvī, plētŭm 2 1. füllen. 2. erfüllen, sättigen, befriedigen, stillen. 3. vollständig, vollzählig machen; diem explere Leben enden, sterben. 4. vollenden, erledigen, vollbringen; vollziehen.
explētĭō, ōnĭs *f.* Vervollständigung, Erfüllung, Vollendung, hebdomadis: Ablauf, Ende der Woche.
explētŭs 3 vollständig, vollkommen.
explĭcābĭlĭs, ĕ erklärbar.
explĭcātĭō, ōnĭs *f.* Entwicklung, Erklärung.
explĭcātŭs 3 1. entfaltet. 2. geordnet, deutlich, klar.
explĭcĭtē *adv.* ausdrücklich, namentlich.
explĭcĭtŭs 3 1. einfach, geordnet, ungehindert. 2. deutlich, klar (*neben* explicātus). 3. leicht, ausführbar.
explĭcō 1 1. entfalten, ausdehnen, ausbreiten. 2. entwirren, erklären, erörtern.
explōrātĭō, ōnĭs *f.* Erforschung, Untersuchung.
explōrātŏr, ōrĭs *m.* Erforscher, Kundschafter.
explōrātŭs 3 gewiß, zuverlässig.
explōrō 1 1. erforschen, ermitteln, prüfen. 2. auskundschaften, erspähen.
explōsĭō, ōnĭs *f.* Ausklatschen; Sprengung.
expŏlĭātĭō, ōnĭs *f.* *s.* exspoliatio.
1. **expŏlĭō** 1 *s.* exspolio.
2. **expŏlĭō** 4 1. abpolieren, abglätten, verfeinern; reinigen; anstreichen. 2. ausschmücken. 3. ausbilden.
expōnō, pŏsŭī, pŏsĭtŭm 3 1. heraussetzen, vor Augen stellen, öffentlich ausstellen. 2. ein Kind aussetzen. 3. darlegen, darstellen.
exporrĭgō, rēxī, rēctŭm 3 ausstrecken, ausbreiten.
exportō 1 heraustragen, ausführen.
expōscō, pŏpōscī 3 fordern, anflehen.
expŏsĭtĭō, ōnĭs *f.* 1. Aussetzung; expositio Sm̃i Sacramenti Aussetzung des Allerheiligsten (zur Anbetung). 2. Auseinandersetzung, Darlegung, Erklärung; Auslegung einer Schriftstelle.
expŏsĭtŏr, ōrĭs *m.* Erklärer, Ausleger.
expŏsĭtūră, ae *f.* Expositur, *d. i.* ein abgegrenzter Seelsorgebezirk (meist frühere Filiale) innerhalb einer Pfarrei mit eigener Kirche u. eigenem Seelsorger (Kooperator oder Expositus), in teilweiser Abhängigkeit vom zuständigen Pfarrer u. manchmal auch von der Pfarrkirche; Hilfsseelsorgerstelle.
1. **expŏsĭtŭs** 3 ausgesetzt.
2. **expŏsĭtŭs,** ī *m.* (cooperator-expositus) Expositus, Titel eines selbständigen Seelsorgers mit abgegrenztem Seelsorgebezirke innerhalb einer Pfarrei, der teilweise vom Pfarrer abhängig ist; *vgl.*: expositura.
expostŭlātĭō, ōnĭs *f.* 1. Verlangen, Forderung. 2. dringende Aufforderung. 3. Vorwurf, Vorhalt, Beschwerde (*C. j. c.* 1603 § 2).
expostŭlō 1 1. dringend verlangen, fordern. 2. sich beschweren.
expraefectŭs, ī *m.* ein der Statthalterwürde Entkleideter, ein gewesener Statthalter.
expressīm *adv.* ausdrücklich, bestimmt.
expressĭō, ōnĭs *f.* Auspressen; *übtr.*: Ausdruck.
expressŭs 3 1. herausgepreßt, gekeltert. 2. vollkommen ausgeprägt, deutlich, ausgesprochen: similitudo. 3. bezeichnend, ausdrücklich.
exprĭmō, pressī, pressŭm 3 1. pressen keltern. 2. deutlich aussprechen, hervorheben, besonders betonen. 3. genau abbilden, anschaulich machen. 4. nachbilden, nachahmen.
exprŏbrābĭlĭs, ĕ schmähsüchtig, vorwurfsvoll, verächtlich.
exprŏbrātĭō, ōnĭs *f.* das Vorwerfen, Vorwurf, Tadel.
exprŏbrō 1 vorwerfen, beschimpfen, schmähen, lästern, schelten.
exprōmō, prōmpsī, prōmptŭm 3 hervorheben, an den Tag legen, äußern.
exprŏprĭātĭō, ōnĭs *f.* Enteignung.
exprŏprĭō 1 enteignen.
exprōvincĭālĭs, ĭs *m.* gewesener Provinzial (in Orden u. Kongregationen).
expŭdŏrātŭs 3 schamlos.
expŭgnātĭō, ōnĭs *f.* Erstürmung, Eroberung.
expŭgnātŏr, ōrĭs *m.* Eroberer, Besieger.
expŭgnātrīx, īcĭs *f.* Überwinderin.
expŭgnō 1 1. einnehmen, erstürmen. 2. bezwingen, überwinden. 3. bekämpfen, befeinden (*Ps.* 128, 1f.).

expulsĭō, ōnĭs *f.* Vertreibung.
expulsŏr, ōrĭs *m.* Vertreiber.
expungō, pūnxī, pūnctŭm 3 ausstreichen; verzeihen.
expŭō 3 *s.* exspuo.
expūrgātĭō, ōnĭs *f.* Rechtfertigung.
expūrgō 1 1. reinigen. 2. rechtfertigen, entschuldigen.
Exquĭlĭae, ārŭm *f.* (Esquĭlĭae) Esquilinischer Hügel, der höchste der sieben Hügel des alten Rom; *j.*: die Höhe von S. Maria Maggiore; *dav.*: **Exquĭlīnŭs** 3.
exquīrō, sīvī, sītŭm 3 1. aussuchen, erforschen, erfragen. 2. verlangen, erflehen. 3. halten: mandata.
exquīsītĭm *adv.* sorgfältig.
exquīsītĭō, ōnĭs *f.* 1. Untersuchung. 2. Erfindung.
exquīsītŏr, ōrĭs *m.* Untersucher, Erforscher.
exquīsītŭs ausgezeichnet, sorgfältig ausgewählt.
exsanguĭs, ĕ 1. blutlos, bleich. 2. erschöpft, kraftlos, matt.
exsarcĭō, sī, tŭm 4 ausbessern, ausflicken.
exsātĭō 1 völlig sättigen, befriedigen.
exsătŭrātĭō, ōnĭs *f.* Sättigung.
exsătŭrō 1 völlig sättigen, befriedigen.
exscindō, scĭdī, scissŭm 3 ausrotten, zerstören.
exscrībō, scrīpsī, īptum 3 1. herausschreiben, abschreiben. 2. aufschreiben, verzeichnen (*C. j. c.* 1644). 3. abdrucken.
exsculpō, psī, ptŭm 3 1. auskratzen. 2. ausstechen. 3. *übtr.*: herauspressen (durch Fragen).
exsĕcrābĭlĭs, ĕ 1. fluchwürdig, verabscheuungswürdig. 2. verfluchend.
exsĕcrāmentŭm, ī *n.* Verfluchung.
exsĕcrātĭō, ōnĭs *f.* 1. Verfluchung, Verwünschung. 2. Greuel. 3. Entweihung (eines Altares, einer Kirche).
exsĕcrātŏr, ōrĭs *m.* Verflucher.
exsĕcrātōrĭŭs 3 eine Verwünschung *oder* Verfluchung enthaltend.
exsĕcrātŭs 3 verflucht, abscheulich.
exsĕcrŏr 1 1. verfluchen, verwünschen (verba „Tun u. Lassen“, *Ps.* 55, 6). 2. schwören (mit Verwünschung der Übertreter).
exsĕcūtĭō, ōnĭs *f.* Vollführung, Vollstreckung, Durchführung.
exsĕcūtīvŭs 3 zur Ausführung gehörend, ausführend.
exsĕcūtŏr, ōrĭs *m.* Vollstrecker.
exsĕcūtōrĭŭs 3 Vollzug *oder* Vollstreckung bewirkend, Vollstreckungs-.
exsēnsŭs 3 empfindungslos; dumm.
exsĕquĭae, ārŭm *f.* 1. Leichenbegängnis, Leichenzug; die gesamten kirchlichen Beerdigungsfeierlichkeiten. 2. Totenamt, -messe.
exsĕquŏr, sĕcūtŭs sŭm 3 1. zu Grabe geleiten. 2. zu erreichen suchen, erstreben. 3. ausführen: propositum, vollziehen, vollbringen, institutionem: ins Leben rufen. 4. beschreiben, erzählen.
exsĕrō, sĕrŭī, sertŭm 3 (exero; exserto) 1. offenbar machen, zeigen; leges vim suam exsĕrunt die Gesetze binden mit Gesetzeskraft. 2. heraustun, entblößen; herausnehmen: bīlĕm; non exserere: verlieren (*C. j. c.* 2247, § 2).
exsertō 1 *s.* exsero.
exsiccātĭō, ōnĭs *f.* Austrocknung.
exsiccō 1 1. austrocknen, trocken machen. 2. *pass.*: verdorren.
exsĭlĭō, sĭlŭī u. sĭlīvī, sultŭm 4 heraus-, emporspringen, aufspringen.
exsĭlĭŭm, ī *n.* Verbannung.
exsistentĭă, ae *f.* das Dasein, Bestehen.
exsistō, stĭtī 3 1. hervortreten, ins Leben treten. 2. auftreten, erscheinen. 3. bestehen, dasein, bleiben.
exsolvō, solvī, sŏlūtŭm 3 1. auflösen, lösen, befreien, 2. bezahlen, ableisten, erfüllen. 3. zurückgeben (*Ps.* 68, 5).
exsomnĭs, ĕ schlaflos.
exsorbĕō, sorbŭī 2 einsaugen, verschlingen.
exsors, tĭs ohne Anteil, nicht teilhaftig.
exspectābĭlĭs, ĕ was zu erwarten ist *oder* war.
exspectātĭō, ōnĭs *f.* Erwartung; Exspectatio partus B. M. V. Fest der Erwartung der Geburt Christi, 18. Dez.
exspectātŭs 3 erwartet, ersehnt, willkommen.
exspectō 1 (expecto) 1. erwarten, me exspectant justi den Ausgang meiner Sache erwarten die Gerechten (*Ps.* 141, 8), harren auf, hoffen auf (*acc.*: *Ps.* 39, 2; 51, 11), ersehnen. 2. abwarten, warten; auflauern (*Ps.* 118, 95); gefaßt sein auf (*acc.*: *Ps.* 68, 21). 3. bezeichnen, bedeuten.
exspīrō 1 aushauchen; bes. den Geist aushauchen, verscheiden, sterben, erlöschen.
exspŏlĭātĭō, ōnĭs *f.* Beraubung, Wegnahme (corporis carnis, *scil.*: praeputii, *Col.* 2, 11).
exspŏlĭātŏr, ōrĭs *m.* Berauber.
exspŏlĭō 1 (expolio) gänzlich ausplündern, völlig berauben, ausziehen.
exspūmō 1 hervorschäumen.
exspŭō, spŭī, spūtŭm 3 ausspeien.
exstāns, tĭs, hervorstehend, -ragend.
exstīllō 1 stark tropfen.
exstĭmŭlātŏr, ōrĭs *m.* Aufhetzer.
exstĭmŭlō 1 aufstacheln.

exstīnctĭō, ōnĭs *f.* Vernichtung, Erlöschen, Aufhören.
exstīnctīvŭs 3 erlöschend; Erlöschung bewirkend (*C. j. c.* 1419).
exstīnctŏr, ōrĭs *m.* Vernichter, Vertilger.
exstinguĭbĭlĭs, ĕ zerstörbar.
exstingŭō, stīnxī, stīnctŭm 3 1. auslöschen, vertilgen, vernichten. 2. *pass.* sterben, umkommen. 3. tilgen, in Vergessenheit bringen.
exstirpātĭō, ōnĭs *f.* Ausrottung.
exstirpō 1 völlig ausrotten, ertöten.
exstō 1 1. bevorstehen. 2. sichtbar werden, sich herausstellen. 3. noch vorhanden sein, existieren.
exstrūctĭō, ōnĭs *f.* Errichtung, Erbauung.
exstrŭō, strūxī, strūctŭm 3 1. aufhäufen. 2. aufbauen, errichten.
exsūcŭs 3 saftlos.
exsūdō 1 bei etwas schwitzen, sich sehr anstrengen.
exsufflō 1 1. aus-, wegblasen, hinauswerfen (*Agg.* 1, 9). 2. anblasen (um vor dem Teufel zu schützen).
exsūgō, xī, ctŭm 3 aussaugen.
exsŭl, ŭlĭs *m.* der Verbannte.
exsŭlātĭō, ōnĭs *f.* Verbannung.
exsŭlō 1 I. *intr.*: verbannt sein, in der Verbannung leben. II. *trans.*: in die Verbannung jagen. 3. ausscheiden (*C. j. c.* 2201 § 3).
exsultābĭlĭs, ĕ freudenreich.
exsultābundŭs 3 frohlockend.
exsultātĭō, ōnĭs *f.* laute Fröhlichkeit.
Exsultet, „Es jubele", Bezeichnung des herrlichen Gesanges bei der Weihe der Osterkerze am Karsamstage.
exsultĭm *adv.* ausgelassen.
exsultō 1 (exulto) I *intrans.*: 1. aufspringen, aufhüpfen. 2. aufjauchzen, frohlocken. 3. über etwas jubeln (in *c. abl.*); zujubeln (*dat.*). II. *trans.*: bejubeln, freudig preisen (*acc.*: *Ps.* 50, 16).
exsŭpĕrābĭlĭs, ĕ überwindbar.
S. Exsŭpĕrĭŭs, ī *m.* (Exuperius) hl. Exsuperius, Mart., Exerziermeister oder Fähnrich in der Thebaischen Legion, *s.* S. Mauritius.
exsŭpĕrō 1 übersteigen, überwiegen, übertreffen.
exsurgō, surrēxī, surrēctŭm 3 1. sich aufrichten, erheben. 2. sich erholen. 3. aufwachen (*z. B. Ps.* 7, 7 u. 107, 3; 138, 18).
exsurrēctĭō, ōnĭs *f.* das Aufstehen, Auferstehung.
exsuscĭtō 1 aufwecken.
extă, ōrŭm *n.* Eingeweide, *bes.* der Opfertiere.
extālēs, ĭŭm *m.* Geschwüre, Beulen; (*wahrscheinlich*:) Hämorrhoidalgeschwüre (1. *Kön.* 5, 9; das entsprechende ursprüngliche hebr. Wort bedeutet „After, Mastdarm", das später eingesetzte „Beule").
extālĭs ĭs *m.* der Mastdarm, *gewöhnlich pl.*: extales, *s. dass.*
extăsĭs, ĭs *f.* (ἔκστασις). 1. das Außersichsein, Ohnmacht; pro extasi in größter Betrübnis (*Ps.* 30, 1). 2. Verzückung, Ekstase.
extăsŭs 3 vollStaunen *oder* Bewunderung.
extemplō *adv.* unverzüglich, sofort.
extempŏrālĭs, ĕ (was) aus dem Stegreife, ohne Vorbereitung (geschieht).
extendō, dī, tŭm u. ēnsŭm 3 1. ausdehnen, -breiten. 2. erweitern, vergrößern, vermehren. 3. in die Länge ziehen, dauern lassen. 4. fortsetzen: viam (*Ps.* 84, 6). 5. spannen: funes. 6. extendere calceamentum in aliquem jem. als Sklaven behandeln (*Ps.* 59, 10; 107, 10 [*hebr.*: „auf Idumäa werfe ich meinen Schuh", *d. h.*: ich trete es mit Füßen]).
extēnsĭbĭlĭs, ĕ ausdehnbar, dehnbar.
extēnsĭō, ōnĭs *f.* Ausdehnung; e. manŭŭm Handausbreitung.
extensīvŭs 3 ausdehnend, erweiternd, räumlich.
extēnsŏr, ōrĭs *m.* 1. Folterer, Folterknecht; Strafvollstrecker. 2. Testamentsvollstrecker. 3. Berichtverfasser (*C. j. c.* 1873 § 2 = pōnens *oder* relātor, *vgl.*: 1871 § 3).
extēnsŭs 3 ausgedehnt, ausgebreitet, ausgestreckt.
extĕnŭātĭō, ōnĭs *f.* Verkleinerung.
extĕnŭō 1 vermindern, verkleinern, schwächen: corpus extenuātum (IV. L. Dom. IV. p. Epiph.).
extĕr 3 (exterus) auswärtig, ausländisch, fremd; *dav.*: I. *comp.*: **extĕrĭŏr,** ius außerhalb befindlich, äußere. II. *sup.*: **extrēmŭs** 3. 1. der äußerste. 2. größte, höchste. 3. letzte, geringste, niedrigste. 4. äußerst schlimm. III. *subst.*: **extrēmŭm,** ī *n.* das Ende, der Tod; in extremis agere in den letzten Zügen liegen.
extĕrĕbrō 1 (her)ausbohren.
extergĕō, tersī, tersŭm 2 abwischen.
extergo, tersī, tersŭm 3 = extergeo 2.
extĕrĭŏr *s.* exter.
extĕrĭŭs *s.* exter.
extermĭnātĭō, ōnĭs *f.* Vertreibung, Ausrottung, Vertilgung.
extermĭnātŏr, ōrĭs *m.* Würgengel.
extermĭnĭŭm, ī *n.* Untergang, Vernichtung, Verwüstung.
extermĭnō 1 1. über die Grenze treiben, fortjagen, verbannen. 2. *übtr.*: aus dem Wege räumen, ausrotten, verwüsten (*Ps.* 79, 14); *pass.*: unter-

gehen. 3. beschädigen, abfressen. 4. exterminare faciem das Antlitz entstellen.

1. **externŭs** 3 1. außerhalb, äußerlich. 2. auswärtig, fremd.

2. **externŭs,** ī *m.* der Fremdling, Fremde.

extĕrō, trīvī, trītŭm 3 zerreiben, zertreten, zerquetschen; limen alicuius exterere: häufig zu jemand gehen.

exterrĕō, ŭī, ĭtŭm 2 aufschrecken, verblüffen.

extersĭō, ōnĭs *f.* das Abwischen, Auswischen, Ausfegen.

extersŭs 3 *ptc. von:* extergeo.

extĕrŭs 3 *s.* exter.

extĭmēscō, tĭmŭī 3 in große Furcht geraten, sich sehr fürchten.

extĭmŭs 3 äußerster: cortex.

extīnctōrĭŭm, ī *n.* Löschhörnchen.

extingŭō 3 = exstinguo.

extirpātĭō *f.* = exstirpatio.

extirpō 1 *s.* exstirpo.

extō 1 *s.* exsto.

extollentĭă, ae *f.* Übermut, Frechheit, Stolz.

extollō, extŭlī 3 1. emporheben, erheben; extollere manus beten (*Hebr.* 8, 12). 2. preisen, rühmen; *pass.* sich erheben, sich rühmen.

extorquĕō, torsī, tortŭm 2 1. entwinden, entreißen, erpressen. 2. verrenken, ausrenken.

extorrĭs, ĕ vertrieben; landflüchtig.

extortŏr, ōrĭs *m.* Erpresser.

extorsĭō, ōnĭs *f.* Erpressung.

extrā I. *praep. c. acc.* außerhalb, außer, über- hinaus. II. *adv.* außen, auswendig.

extractĭō, ōnĭs *f.* der Auszug.

extrādĭoecēsānŭs 3 außerhalb der Diözese; aus fremder Diözese.

extrăhō, trāxī, tractŭm 3 1. herausreißen, -schleppen. 2. losmachen, befreien. 3. hervorgehen lassen: de ventre (*Ps.* 21, 10).

extrāiūdĭcĭālĭs, ĕ außergerichtlich; *bes.*: außerhalb der Beichte.

extrānātūrālĭs, ĕ nicht natürlich, unnatürlich.

extrānĕŭs 3 1. äußerlich; entfremdet. 2. fremd, nicht dazugehörig.

extrăō dĭnārĭŭs 3 außerordentlich.

Extrāvăgantēs, ĭŭm *f.* (*scil.*: partes) verschiedene, außerhalb der öffentlichen Gesetzessammlungen stehende und den offiziellen Sammlungen, die mit den Klementinen schließen, nur lose chronologisch angehängte päpstliche Verordnungen; *bes.*: die Extravagantes Papst Johannes' XXII. und die Extravagantes communes des Johannes Chappuis, beide nur Privatsammlungen ohne rechtliche Geltung, die von Joh. Chappuis in das Corpus iuris canonici aufgenommen wurden.

Extrēmă Dūrĭī *f. s.* Estremadura.

Extrēmădūră (ae) **Lusitaniae** *s.* Estremadura.

extrēmĭtās, ātĭs *f.* das Äußerste, äußerstes Ende, die Grenze.

extrēmŭm, ī *n. s.* exter.

extrēmŭs 3 *s.* exter.

extrīcābĭlĭs, ĕ entwirrbar, lösbar.

extrīcō 1 und **extrīcŏr** 1 herauswickeln, entwickeln, ausfindig machen.

extrīcŏr 1 *s.* extrico.

1. **extrīnsĕcŭs** 3 äußerlich; vis extrinsĕca äußere Gewalt (*C. j. c.* 103).

2. **extrīnsĕcŭs** *adv.* von außen, außerhalb.

extrūdō, trūsī, trūsŭm 3 herausstoßen, vertreiben, verdrängen.

extūbĕrātĭō, ōnĭs *f.* Geschwulst.

extŭmēscō 3 aufschwellen.

extundō, tŭdī, tūsŭm 3 herausschlagen, heraustreiben (mit dem Hammer), in erhabener Arbeit anfertigen = caelō; *übtr.*: vertreiben.

exturbō 1 wegjagen.

exūbĕrantĭă, ae *f.* Überfluß.

exūbĕrātĭō, ōnĭs *f.* Überfluß.

exūbĕrō 1 1. hervorströmen, überströmen. 2. Überfluß an etwas haben, überschwenglich sein.

exŭl, ĭs *m.* u. *f. s.* exsul.

exulcĕrātĭō, ōnĭs *f.* Eiterung.

exulcĕrō 1 wundmachen, zum Eitern bringen.

exultātĭō, ōnĭs *f. s.* exsultatio.

exultō 1 *s.* exsulto.

exundantĭă, ae *f.* Pathos der Rede, Salbung; Übermaß.

exundātĭō, ōnĭs *f.* Überschwemmung.

exundō 1 überfluten, überströmen.

exungŭlō 1 die Nägel von den Fingern und Zehen abreißen *oder* verlieren.

exŭō, ŭī, ūtŭm 3 1. ablegen, sich entledigen. 2. entblößen, berauben. 3. befreien: malis.

Exŭpĕrĭă, ae *f.* Gattin des Tribunen Olympius z. Zt. des Kaisers Valerian (um 255).

S. Exŭpĕrĭŭs, ī *m. s.* S. Exsuperius.

exurgō 3 *s.* exsurgo.

exūrō, ūssī, ūstŭm 3 völlig einäschern, verbrennen; zur Liebe entflammen.

exūstĭō, ōnĭs *f.* das Verbrennen.

exŭvĭae, ārŭm *f.* 1. abgezogene Haut, Beute. 2. Überreste, Reliquien der Heiligen.

Eystădĭŭm, ī *n. s.* Eichstadium.

1. **Ezechias,** ae *m.* (*hebr.*: Stärke Jahwes) Ezechias, frommer König von Juda (*ca.* 721—693).

2. **Ezechias,** ae *m.* (*hebr.*: Stärke Jahwes) Israeliten: 1. Ahnherr des Propheten

Sophonias. 2. Sohn des Naaria. 3. Sohn des Sellum. 4. Familienhaupt, dessen Nachkommen aus dem babyl. Exil zurückkehrten.

Ezechiel, ēlĭs *m.* (*hebr.*: stark ist Gott) Ezechiel 1. Prophet, Zeitgenosse des Propheten Jeremias, um 700 v. Chr., der das prophetische Buch: „Ezechiel" schrieb. 2. Sohn des Sechonias, mit dem 300 Juden aus dem babyl. Exil zurückkehrten.

Ezecias, ae *m.* (*hebr.*: Stärke Jahwes) *s.* 2. Ezechias 1. (Ahne des Propheten Sophonias).

Ezehiel *indecl.* (*hebr.*: stark ist Gott) *s.* Ezechiel 2.

Ezel (1. *Kön.* 20, 19) nicht Eigenname, sondern *praep.*: zur Seite, neben; neben dem Steinhaufen!

Ezelĭūs mōns, tĭs *m.* der Ezelberg am Zürichersee in der Schweiz.

Ezeongaber *indecl.* (*hebr.*?) Ezeongaber (Aseongaber), edomitische Hafenst. am elamitischen Meerbusen des Roten Meeres.

Ezer *indecl. m.* (*hebr.*: Hilfe, Helfer [ist Gott]) Ezer, mehrere Israeliten: 1. Vater des Hosa. 2. ein Sohn des Suthala. 3. ein Kriegsoberst aus dem Stamme Gad und Anhänger Davids. 4. ein Jude, der mit Zorobabel nach Jerusalem zurückkehrte.

Eziel *indecl. m.* (*hebr.*: Gott ist Hilfe) Eziel, jüdischer Goldschmied, der nach dem babyl. Exil an der Tempelmauer baute.

Ezra *indecl. m.* (*hebr.*: Hilfe [ist Gott]) Ezra, Nachkomme Kalebs aus dem Stamme Juda.

Ezrahītă, ae *m.* Ezrahite, ein Nachkomme des Zara, des Sohnes von Juda u. von Thamar.

Ezrel *indecl. m.* (*hebr.*: geholfen hat Gott; Gotthilf) Ezrel, ein Jude, der im babyl. Exil gegen das Gesetz fremde Weiber genommen hatte.

Ezri *indecl. m.* (*hebr.*: Hilfe ist Jahwe). Ezri (Abiesriten), 1. israelitische Familie, welcher der Richter Gideon angehörte. 2. ein Aufseher über die Feldarbeiter u. Ackersleute Davids.

Ezricam *indecl. m.* (Asrikam, *hebr.*: Hilfe ist erstanden) Ezrikam, mehrere Israeliten 1. ein Nachkomme Davids, Sohn des Naaria. 2. ein Nachkomme Sauls, Sohn des Asel. 3. ein Levit, Sohn des Haselias. 4. ein Fürst unter König Achaz, von Zechri ermordet.

Ezriel *indecl. m.* (*hebr.*: Hilfe ist Gott) Ezriel 1. ein Fürst im Stamme Manasse. 2. Israelit, Vater des Seraja.

Ezrihel *indecl. m.* (*hebr.* geholfen hat Gott, Gotthilf) Ezrihel, ein Fürst im Stamme Dan z. Z. Davids.

Ezzō, ōnĭs *m.* Ezzo, Vater des Bischofs Hermann II. von Köln (um 1000).

F.

fa *indecl.* (*musikalisch*) bei den Romanen gleich dem (eingestrichenen) f in der C-dur-Skala.

făbă, ae *f.* Bohne.

făbācĕŭs 3 aus Bohnen bestehend.

Făbărĭă, ae *f.* (Ad Fabarias, Ad Fabarium) Pfäffers, Dorf im Schweizer Kanton St. Gallen; *dav.*: **Făbărĭēnsĭs,** ĕ.

Die ehem. Benediktinerabtei wurde im Jahre 720 oder um 731 von Karl Martell gegründet; Kaiser Heinrich VI. erhob die Äbte derselben i. J. 1196 zu Reichsfürsten.

Făbărĭă (ae) Borkum Juist, Nordseeinsel, Preußen (Hannover).

Făbărĭae, ārŭm *f.* **Ad Fabarias** *s.* Fabaria.

Făbărĭēnsĭs, ĕ von Juist (Nordseeinsel).

Făbărĭŭm, Ad Fabarium *s.* Fabaria.

făbellă, ae *f.* Märchen, Fabel.

făbĕr, brī *m.* Handwerker, Arbeiter, *bes.* Schmied *oder* Zimmermann.

Făbĭānă, ae *f. s.* Vienna.

Făbĭānă castră, ōrŭm *n.* Bebenhausen, D. u. ehem. Kloster bei Tübingen, Württemberg (Schwarzwaldkreis).

Făbĭānă cīvĭtās, ātĭs *f. s.* Vienna.

S. Făbĭānŭs, ī *m.* hl. Fabian, Papst u. Mart., † 250, 20. Jan.

Făbĭānŭs, ī *m.* Fabian, Stadtpräfekt in Rom gegen Ende des 3. Jhdts.

făbrē *adv.* künstlich, meisterhaft.

făbrēfăcĭō, fēcī, factŭm 3 künstlich *oder* geschickt anfertigen.

făbrēfactŭs 3 künstlich, mit der Hand angefertigt; ligna fabrefacta: künstlerische Bildhauer- *oder* Schnitzarbeiten.

Făbrĭānēn. (*C. R.*) *s.* Fabrianum.

Făbrĭānŭm, ī *n.* Fabriano, St. It. (Ancona), *ca.* 9000 Einw.; Bischofssitz; *dav.*: **Făbrĭānēnsĭs,** ĕ.

făbrĭcă, ae *f.* 1. Werkstätte. 2. Bearbeitung, Bildung. 3. Gebäude, Bauwerk. 4. fabr. ecclesiae Kirchengebäude; *übtr.*: Kirchenvermögen, Kirchenschatz. 4. fabrica mundi die kunstvolle, geordnete Einrichtung der Welt.

făbrĭcātĭō, ōnĭs *f.* 1. die Verfertigung, das Bauen. 2. die Bildung, der Bau. 3. künstliche Veränderung (*Ecclus* 32, 8).

făbrĭcātŏr, ōrĭs *m.* 1. Verfertiger, Werkmeister. 2. Bildner, Schöpfer. 3. Urheber.
făbrĭcātrix, īcĭs *f.* Urheberin.
făbrĭcō 1 (fabricor) 1. verfertigen, anfertigen. 2. zimmern, schmieden. 3. aussinnen, ausbrüten.
făbrĭcŏr 1 *s.* fabrico.
făbrīlĭs, ĕ des Handwerkers, Arbeiters; făbrīlĭă ŏpĕră: Schmiedearbeiten, Bildwerke.
făbŭlă, ae *f.* 1. Erzählung, Sage, Geschichte. 2. Gerede, Gespräch. 3. Erdichtung, Fabel. 4. törichtes Gerede, Spott, Hohn.
făbŭlārĭs, ĕ fabelhaft.
făbŭlātĭō, ōnĭs *f.* Unterhaltung, Geschwätz, Gespräch.
făbŭlātŏr, ōrĭs *m.* Erzähler, Fabeldichter, eitler Schwätzer.
făbŭlŏr 1 plaudern, schwätzen.
făbŭlōsŭs 3 fabelhaft, wunderbar.
făcessō, īvī, ītŭm 3 1. bereiten, schaffen. 2. wegschaffen. 3. sich fortmachen, verschwinden (*Hym. Laudes fer. V. v.* 1).
făcētē *adv.* anmutig, witzig, drollig.
făcētiae, ārŭm *f.* Stichelei, Zankrede.
făcētŭs 3 freundlich, einschmeichelnd.
făcĭēs, ēī *f.* 1. äußere Gestalt, Erscheinung, Beschaffenheit. 2. äußere Form, Schein, Anblick. 3. Gesicht, Antlitz. 4. Oberfläche. 5. dient oft zur Umschreibung von praep.: in facie = coram, *auch*: infolge von, wegen; contra faciem gegenüber, entgegen; super faciem auf, oberhalb; a facie inimici gegen den Feind. 6. accipere faciem alicuius auf jemand Rücksicht nehmen.
făcĭlĕ *adv. s.* făcĭlĭs.
făcĭlĭs, ĕ 1. leicht, günstig, bequem. 2. geschickt, fertig, gewandt. 3. bereitwillig, freundlich, zugänglich, leutselig; *adv.*: faciliter *und* facile.
făcĭlĭtās, ātĭs *f.* 1. Leichtigkeit. 2. Gefälligkeit, Freundlichkeit. 3. Leichtsinn.
făcĭnĕrōsŭs 3 *s.* facinorosus.
1. **făcĭnŏrōsŭs** 3 (facinerosus) lasterhaft, lastervoll; verbrecherisch (2. *Mach.* 4, 19; 8, 34).
2. **făcĭnŏrōsŭs,** ī *m.* Verbrecher, Übeltäter.
făcĭnŭs, ŏrĭs *n.* 1. Tat, Unternehmung. 2. Untat, Verbrechen.
făcĭō, fēcī, factŭm 3 I. *trans.* 1. hervorbringen, schaffen, bereiten; uvas f. erzeugen. 2. vollführen, verrichten, verüben. 3. verursachen, bewirken, erregen, bereiten: iter den Weg (*Ps.* 67, 5), zufügen; erweisen: fecisti nobiscum misericordiam tuam; lassen, auditum f. hören lassen. 4. machen, prudentem f. belehren, erwählen, ernennen, in gentem magnam faciam eum: ich werde ihn zu einem großen Volke machen. 5. facere annum (biduum) verleben, zubringen: ein Jahr (zwei Tage). 6. parvi facere: gering schätzen. 7. den Fall setzen; făc: nimm an, daß. II. *intr.*: tun, sich verhalten, verfahren.
factīcĭŭs 3 künstlich, nachgemacht.
factĭō, ōnĭs *f.* 1. Verbindung, Partei, Rotte. 2. politische Umtriebe, Verschwörung, Aufstand.
factĭōsŭs 3 parteisüchtig, herrschsüchtig.
factĭtō 1 tun, verrichten, betreiben; anzetteln, vollführen.
factŏr, ōrĭs *m.* Schöpfer, Täter, Ausführer; legis factor, der das Gesetz befolgt.
factŭm, ī *n.* Tat, Handlung, Werk; Vorfall, Begebenheit, Tatsache; ipso facto von selbst, durch die Tat selbst, sobald die Handlung geschehen.
factūră, ae *f.* das Werk, das Tun (*Ps.* 91, 5); das Gemachte *oder* Erschaffene.
factŭs 3 gemacht, kunstvoll gebildet.
făcŭlă, ae *f.* Fackel, brennender Span.
făcultās, ātĭs *f.* 1. Fähigkeit, Möglichkeit, Gelegenheit. 2. Geschicklichkeit, Talent. 3. Vollmacht, *meist pl.*: facultates: besondere; vom Papste oder Bischofe verliehene Vollmachten: facultates quinquennales auf fünf Jahre vom apostolischen Stuhle verliehen. 4. Vorrat, Hilfsmittel. 5. *pl.*: Geldmittel, Vermögen. 6. Fakultät, wissenschaftliche Abteilung an einer Hochschule, z. B. theologische, juristische Fakultät (*C. j. c.* 256).
făcultātīvŭs 3 nach Möglichkeit; frei bestimmbar; wählbar (*C. j. c.* 2223); facultativis verbis (*C. j. c.* 2217 § 1): so daß der kirchliche Obere die Strafe verhängen kann, aber es nicht tun muß, wenn er nicht will.
fācundĭă, ae *f.* (facunditas) Redefertigkeit, Redegabe.
fācundĭtās, ātĭs *f. s.* facundia.
fācundŭs 3 gefällig, geläufig, beredt.
St. Fācundŭs prachtvolle von König Alfons dem Katholischen gegründete Benediktinerabtei in der spanischen Provinz León, von welcher die Stadt Sahagún ebendort ihren Namen hat.
Faebadĭŭs, ī *m.* Fäbadius, Bisch. v. Agen, Fkr. (4. Jhdt.).
faecātŭs 3 aus Hefe gepreßt: vinum.
faecŭlă, ae *f.* Weinsteinsalz.
faecŭlentĭă, ae *f.* Unflat, Schmutz.
faecŭlentŭs 3 schmutzig, gemein, trübe, unrein, voll Bodensatz.
faenārĭŭs 3 (fenarius, foenarius) Gras-, Heu-; falx faenaria Grassichel.

faenĕbrĭs, ĕ (fenebris, foenebris) 1. die Zinsen betreffend, Zins-. 2. wucherisch.
faenĕrātĭō, ōnĭs *f.* (feneratio, foeneratio) das Geldausleihen gegen Zinsen; Wucher.
faenĕrātŏr, ōrĭs *m.* (fenerator, foenerator) Geldverleiher, Gläubiger; Wucherer.
faenĕrō 1 (fenero, foenero) verzinsen, reichlich ersetzen.
faenĕrŏr 1 (feneror, foeneror) auf Wucher anlegen, Wucher treiben mit.
faenĕŭs 3 (feneus, foeneus) aus Heu.
faenĭcŭlŭm, ī *n.* (feniculum, foeniculum) der Fenchel.
faenīlĕ, ĭs *n.* (fenile, foenile) *meist pl.*: faenilia, *s. das Wort.*
faenīlĭă, ĭŭm *n.* (fenilia, foenilia; *selten sg.*: faenīle) der Heuboden.
faenŭm, ī *n.* (fenum, foenum) 1. Gras, Heu; Stroh. 2. Hornklee. 3. Pflanzen (*Ps.* 71, 16). 4. Futter (*Ps.* 146, 8).
faenŭs, ŏrĭs *n.* (fenus, foenus) Zinsen, Gewinn; Wucher.
Faesŭlă, ae *f. s.* Fesula.
Faesŭlae, ārŭm *f. s.* Fesulae.
Faesŭlānŭs 3 *s.* Fesulae.
faex, cĭs *f.* Bodensatz, Hefe; de luto faecis aus schlammigem Kote.
F. Al. = Fratres Cellīti Alexiāni de Aquisgrāno Alexianerbrüder von Aachen, gegr. 1459.
Fălărae, ārŭm *f.* Falari, St. am Tiber, It. (Città di Castello).
falcārĭŭs, ī *m.* Sichelhändler; Sichel- oder Sensenmacher.
falcātŭs 3 mit Sicheln versehen.
Falcō, ōnĭs *f.* Faucon, Ort in der Provence.
Falcōnĕrĭī das römische Adelsgeschlecht der Falconieri; *dav.*: **Falcōnĕrĭŭs** 3.
Falcōnĭŭs, ī *m.* Falkonius, Freund des Statthalters Quintianus von Sizilien.
faldistōlĭŭm, ī *n. s.* faldistorium.
faldistōrĭŭm, ī *n.* (faldistolium) 1. Faltstuhl, Klappsessel; ein Stuhl oder Sessel, dessen vier Füße sich zu je zwei u. zwei einander kreuzen u. der deshalb zusammengeklappt werden kann; er ist ohne Rücklehne, jedoch mit zwei Armlehnen versehen. Er dient als Ersatz des bischöflichen Thrones u. hat seinen Platz auf der Epistelseite u. bei Weihespendungen in der Mitte des Altares. 2. ein Knieschemel für den Bischof mit einer Lehne als Stütze für die Arme (*eig.* zusammenlegbarer Stuhl zum Knien).
Fălĕrĭă, ae *f. s.* Falisca.
Fălĕrĭī, ōrŭm *m. s.* Falisca.
Făliscă, ae *f.* (Faleria, Falerii; Civitatis Castellanae ecclesia) Civita Castellana, St. südöstlich v. Viterbo, It. (Rom), *ca.* 5300 Einw.; Bischofssitz (seit 10. Jhdt., vom 6.—10. Jhdt. Sitz in Falerii), exempt.
Făliscōdūnēn. (*C. R.*) *s.* Mons Faliscus.
fallācĭă, ae *f.* Täuschung, Betrügerei.
fallāx, ācĭs betrügerisch, ränkevoll.
fallĭbĭlĭs, ĕ trügerisch.
fallō, fĕfellī 3 1. täuschen, hintergehen; me fallit ich irre mich. 2. übertreten, verletzen: mandata. 3. unbemerkt bleiben, unbekannt sein.
falsārĭŭs, ī *m.* Fälscher.
falsātĭō, ōnĭs *f.* Fälschung.
falsātŏr, ōrĭs *m.* Fälscher.
falsĭdĭcŭs 3 lügenhaft.
falsĭfĭcātĭō, ōnĭs *f.* Fälschung.
falsĭlŏquĭŭm, ī *n.* Lüge.
falsĭlŏquŭs 3 falsch redend, lügenhaft.
falsĭmōnĭă, ae *f.* Betrug.
falsĭtās, ātĭs *f.* Falschheit, Irrtum, Verkehrtheit.
1. **falsō** *adv.* von falsus.
2. **falsō** 1 fälschen.
falsŭm, ī *n.* Lüge.
falsŭs 3 falsch, unwahr, lügenhaft, betrügerisch.
falx, cĭs *f.* Sichel, Sense, Winzermesser.
fāmă, ae *f.* 1. Gerücht, Sage. 2. öffentliche Meinung, Ruf, Leumund. 3. guter Name, Ruhm.
fāmātŭs 3 verschrieen, berüchtigt.
fămēlĭcŭs 3 hungrig, ausgehungert, verhungert.
fāmĕn, ĭnĭs *n.* Rede, Wort.
fămēs, ĭs *f.* Hunger, Dürftigkeit, Armut, Hungersnot.
fămēscō 3 hungern.
S. Fămĭānŭs, ī *m.* hl. Famian, Cist., Bek. † 1150; Gedächtnis im Cist.-O., 8. August.
fāmĭgĕrātŏr, ōrĭs *m.* Zwischenträger, Angeber.
fămĭlĭă, ae *f.* 1. Hausgenossenschaft, Hausstand, Hauswesen. 2. Gesinde, Dienerschaft. 3. Geschlecht, Familie, *pl.*: Geschlechter (*Ps.* 106, 41). 4. Klostergemeinschaft, Kloster.
S. Fămĭlĭă Jesu, Mariae, Joseph, Fest der hl. Familie, im Januar am Sonntag nach hl. Dreikönige.
1. **fămĭlĭārĭs,** ĕ 1. zur Familie gehörig, häuslich. 2. vertraut, innig befreundet. 3. einheimisch, vaterländisch; familiare est: es ist Sitte *oder* Brauch.
2. **fămĭlĭārĭs,** ĭs *m.* u. *f.* der Hausgenosse, der (die) Familienangehörige; eine Person, die zu einer Klosterfamilie gehört u. teil hat an allen guten Werken des betreffenden Ordens.
fămĭlĭārĭtās, ātĭs *f.* vertrauter Umgang, innige Freundschaft.
fāmōsĭtās, ātĭs *f.* böser Leumund.
fāmōsŭs 3 1. in gutem Rufe stehend, be-

rühmt, ruhmvoll. 2. in schlechtem Rufe stehend, berüchtigt, anrüchig.
fămŭlă, ae *f.* Dienerin, Sklavin.
fămŭlātĭō, ōnĭs *f.* das Dienen, die Dienerschaft.
fămŭlātŭs, ūs *m.* 1. Dienstbarkeit, Knechtschaft. 2. Dienststelle, Amt. 3. Verehrung.
fămŭlŏr 1 dienstbar sein, dienen.
fămŭlŭs, ī *m.* Sklave, Diener.
fānālĕ, ĭs *n.* Fackel.
fānātĭcŭs 3 begeistert, schwärmend, fanatisch, rasend, unsinnig.
fānātismŭs, ī *m.* Schwärmerei.
Fānēn. (*C. R.*) *s.* Fanum.
Fanĭae, ārŭm *f.* das Hohe Veen (Venn), Gebirge in der Rheinprovinz u. in Belgien.
B. Theresia Fanton *s.* B. Maria Magdalena Fontaine.
fānŭm, ī *n.* Heiligtum; Tempel, Kirche, Kapelle.
Fānŭm, ī *n.* (Fanum Fortunae) Fano, Hafenst. an der Mündung des Metaurus in Umbrien, Italien (Pesaro-Urbino), *ca.* 11 000 Einw.; Bischofssitz, exempt; *dav.*: **Fānēnsĭs,** ĕ.
Fānŭm Andreae *n.* Saint-Andrews, Hafenst. an der Andreasbucht, Nordsee, Schottland. Erzbistum St. Andrews u. Edinburg, Sitz in Edinburg (seit 1472, Bistum seit 8. Jhdt.; vakant 1571—1878).
Fānŭm Feroniae *n.* Pietra Santa, St. in Etrurien zwischen Pisa u. Lucca, It.
Fānŭm Fortunae *n. s.* Fanum.
Fānŭm S. Hippolyti *n. s.* S. Hippolytus.
făr, farrĭs *n.* 1. Dinkel, Spelt, eine dem Weizen ähnliche Getreideart. 2. grobes Mehl, Schrot. 3. Brot aus Spelt.
Farae mŏnastērĭŭm, ī *n.* (Farense monasterium, Brigense mon.) Faremoutiers, eine vom hl. Fara i. J. 670 gegründete Benediktinerabtei, *j.*: D., Fkr. (Seine-et-Marne).
farcĭō, farsī, fartŭm 4 vollstopfen, ausfüllen.
Fardĭŭm, ī *n.* (Verda, Werdunum, Verdensis civitas) Verden an der Aller, St., Preußen (Hannover); *ca.* 10 000 Einw.
Farēnsĕ mŏnastērĭŭm, ī *n. s.* Farae monasterium.
Farfă, ae *f.* Farfa, ehemalige Benediktinerabtei in den Sabĭnerbergen, Italien.
Fargēn. (*C. R.*) *s.* Fargus.
Fargŭs, ī *f.* Fargo, St., Nordamerika, (Dakota), *ca.* 10 000 Einw.; Bischofssitz, Suffr. v. St. Paul; *dav.*: **Fargēnsĭs,** ĕ.
fărīnă, ae *f.* Mehl.
fărīnācĕă, ōrŭm *n.* Mehlspeisen.
fărīnācĕŭs 3 mehlartig.
fărīnŭlă, ae *f.* eine geringe Menge Mehl, eine Hand voll Mehl.
farrācĕŭs 3 u. **farrĕŭs** 3 aus Spelt bestehend: panis.
farrĕŭs 3 *s.* farraceus.
fartĭlĭs, ĕ gemästet.
fās *n. indecl.* 1. göttliches Gesetz, Gebot. 2. pflichtmäßig, zulässig, schicklich.
fascĭă, ae *f.* Binde, Band, Windel, Gürtel.
fascĭcŭlŭs, ī *m.* Bündel, Pack, Garbe; *übtr.* Bändchen (eines Druckwerkes).
fascĭnātĭō, ōnĭs *f.* Zauberei, Hexerei, Blendwerk, Betörung.
fascĭnātŏr, ōrĭs *m.* Betörer, Verführer.
fascĭnō 1 behexen, betören, verführen.
fascĭō 1 verbinden.
fascĭs, ĭs *m.* Bündel, Bürde, Last.
fāstī, ōrŭm *m.* Verzeichnis, Liste; Kalender, Chronik.
fāstīdĭō 4 sich ekeln vor, verschmähen, verwerfen, zurückweisen.
fāstīdĭōsŭs 3 1. eklig, widerwärtig. 2. hochmütig, schnöde. 3. vornehm.
fāstīdĭŭm, ī *n.* 1. Ekel, Widerwille, Abneigung. 2. Geringschätzung, Hochmut, Stolz.
fāstīgĭŭm, ī *n.* 1. Giebel, Giebeldach. 2. Höhe, Spitze, Höhepunkt. 3. Stellung, Stand, Würde.
Fastradĭs, ĭs *f.* Fastrad, Schwester des sel. Abtes Gumbert (8. Jhdt.).
fāstŭs, ūs *m.* Hochmut, Stolz, Verachtung.
Fātālĭă, ĭŭm *n. s.* fatalis.
fātālĭs, ĕ 1. zum Schicksal, Verhängnis gehörig. 2. vom Schicksal bestimmt. 3. verhängnisvoll, verderbenbringend. **Fātālĭă,** ĭŭm *n.* die vom Verhängnis bestimmten Dinge, die bestimmte Zeit, die festgesetzten Tage; Fatālĭa appellatōrĭa die für die Appellation bestimmte Zeit, Frist (*C. j. c.* 1634); Fatalia legis die gesetzlichen Gerichtstermine, Gerichtsfristen (*C. j. c.* 1886).
fātālismŭs, ī *m.* Fatalismus, *d. h.*: Lehre, daß man dem Verhängnisse nicht entrinnen könne (bes. bei den Mohammedanern).
fătĕŏr, fassŭs sŭm 2 eingestehen, bekennen, äußern.
fătīgābĭlĭs, ĕ ermüdet.
fătīgātĭō, ōnĭs *f.* Ermüdung.
fătīgō 1 1. ermüden, abmatten. 2. heimsuchen, quälen.
fătīscō 3 1. auseinander gehen, Risse bekommen. 2. ermatten, müde werden.
fătŭă, ae *f.* Närrin.
fătŭĭtās, ātĭs *f.* Albernheit, Dummheit.
fātŭm, ī *n.* 1. Schicksal, Verhängnis, Geschick. 2. Tod, Untergang; fata subire den Tod erleiden.
fātŭs *ptc.* von for.
1. **fătŭŭs** 3 albern, blödsinnig, närrisch.

2. **fătŭŭs,** ī *m.* Narr.
Faucēnae, ārŭm *f. s.* Fauces.
Faucēnsĕ coenŏbĭŭm, ī *n. s.* Fauces.
faucēs, ĭŭm *f.* 1. Schlund, Rachen, Kehle; Gaumen (*z. B. Ps.* 21, 16). 2. Engpaß, Schlucht.
Faucēs, ĭŭm *f.* (Faucenae, Faucense coenobium, Abdiacum, S. Magni coenobium) Füssen, St. am Lech in den Allgäuer Alpen, Bayern (Schwaben), *ca.* 5000 Einw.; ehem. Kloster des hl. Magnus, wo sein Leib ruht; *dav.*: **Faucēnsĭs,** ĕ.
faunī, ōrŭm *m. s.* Faunus.
Faunŭs, ī *m.* (faunus, von faveo; der Gnädige) Feld- u. Waldgott; vorher der Sage nach uralter König von Latium, der seine Untertanen Ackerbau u. Gesittung lehrte; **faunī fīcārĭī** Feigengötter, eine Art von Waldgottheiten, denen man das Alpdrücken im Schlafe zuschrieb (*Jer.* 50, 39).
Fausină, ae *f.* Terra nova, St. auf Sardinien.
S. **Faustă,** ae *f.* hl. Fausta; ihr Leib ruht in Lucca (It.), *s.* S. Richardus.
S. **Faustīnŭs,** ī *m.* hl. Faustinus, 1. Mart. aus Brescia, † 122, 15. Febr. 2. Mart., † 304, 29. Juli.
Faustīnŭs, ī *m.* Faustinus, Vater des hl. Papstes Klemens I. (1. Jhdt.).
faustĭtās, ātĭs *f.* Glück; *bes.*: das scheinbare, äußere Glück.
faustŭs 3 glücklich, gesegnet, günstig.
S. **Faustŭs,** ī *m.* hl. Faustus, Martergenosse des hl. Placidus (6. Jhdt.).
fautŏr, ōrĭs *m.* Begünstiger, Beförderer, Wohltäter.
fautrīx, īcĭs *f.* Gönnerin, Beförderin.
faux, cĭs *f. gew. pl.*: fauces, *s.* dort.
Făventĭă, ae *f.* Faenza, St., It. (Ravenna), *ca.* 23000 Einw.; Bischofssitz, Suffr. v. Bologna; *dav.*: **Făventīnŭs** 3.
Făventīn. (*C. R.*) *s.* Faventia.
făvĕō, fāvī, fautŭm 2 1. günstig, gewogen sein, begünstigen. 2. Beifall rufen. 3. hegen, pflegen.
1. **Făvĭānă,** ae *f. s.* Vienna.
2. **Făvĭānă,** ōrŭm *n. s.* Vienna.
Făvĭānă cīvĭtās, ātĭs *f. s.* Vienna.
făvīllă, ae *f.* die noch glühende, glimmende Asche, Funkenregen.
făvīllācĭŭs 3 aschenartig.
făvŏr, ōrĭs *m.* Gunst, Begünstigung, Beifall.
făvŏrābĭlĭs, ĕ 1. begünstigt, beliebt. 2. Gunst verschaffend, empfehlend.
făvŭs, ī *m.* Honigscheibe, Honigwabe; Honig, Honigseim.
fax, făcĭs *f.* 1. Fackel, Hochzeitsfackel. 2. Flamme, Glut, Feuer; faces libidinis Anreizungen der Begierde.
faxĭm = fecerim, ich möchte getan haben.
faxĭt = faciat oder fecerit er möge tun, bzw. getan haben.
faxō = fecero ich werde getan haben.
F. C. 1. Fratres de Caritāte Brüder der Liebe, gegr. 1859. 2. Fratres Christiāni (Christian Brothers) Christliche Brüder.
F. D. C. Fratres de Doctrīna christiāna Brüder der christlichen Lehre, gegr. 1817.
febrīcĭtō 1 Fieber bekommen; Fieber haben.
febrīcŭlă, ae *f.* leichtes Fieber.
febrīcŭs 3 am Fieber krank.
febrĭō 4 fiebern.
febrĭs, ĭs *f.* Fieber.
Februărĭŭs, ī *m.* (*sc.*: mensis) der Monat Februar (= Reinigungs- oder Sühnemonat als letzter im alten römischen Kalender).
febrŭātĭō, ōnĭs *f.* Reinigung (von bösen Dämonen).
fēcundĭtās, ātĭs *f.* (foecunditas) Fruchtbarkeit.
fēcundĭtō 1 (foecundito) fruchtbar machen, vermehren, befruchten.
fēcundō 1 befruchten, fruchtbar machen; bereichern.
fēcundŭs 3 (foecundus) fruchtbar, ergiebig; reich.
fĕl, fellĭs *n.* Galle, Bitterkeit, Gehässigkeit.
fel. rec. (f. r.) = felicis recordationis seligen Andenkens.
Feirgil *indecl.* Feirgil, ursprünglicher (heimatlicher) Name des hl. Virgilius, Bischofs v. Salzburg (8. Jhdt.).
Feldkirchă, ae *f. s.* Feldkirchium.
Feldkirchĭŭm, ī *n.* (Feldkircha) Feldkirch, St. in Vorarlberg, *ca.* 4000 Einw.; *dav.*: **Feldkirchĭēnsĭs,** ĕ.
S. **Fēlīcĭānŭs,** ī *m.* hl. Felizian, Mart., † um 300, 9. Juni, *s.* S. Primus.
S. **Fēlīcissĭmŭs,** ī *m.* hl. Felizissimus, Mart., † 258, 6. Aug.
fēlīcĭtās, ātĭs *f.* Glück, Glückseligkeit, glückseliger Zustand; f. sanctorum glückselige Gemeinschaft der Heiligen.
S. **Fēlīcĭtās,** ātĭs *f.* hl. Felizitas: 1. Mart. zu Karthago, † 203, 7. Febr. 2. Mart., im 3. Jhdt., 23. Nov.
Fēlīcĭtās, ātĭs *f.* Felizitas, christliche Matrone zu Rom im 1. Jhdt.
S. **Fēlīcŭlă,** ae *f.* hl. Felicula, Jgfr. u. Mart. unter Domitian (81—96); 13. Juni.
fēlĭs, ĭs *f.* (fēlēs) Katze.
fēlīx, īcĭs 1. gesegnet, glücklich, beglückt. 2. vom Glück begünstigt, reich, fruchtbar.
S. **Fēlīx,** īcĭs *m.* I. *heilige Päpste*: 1. Papst **F. I.,** reg. 269—274, 30. Mai. 2. Papst **F. II.,** reg. 355—365, (Gegenpapst?) Mart., 29. Juli. 3. Papst

F. III., reg. 483—492, Bek., 25. Febr. 4. Papst F. IV., reg. 526—530, Bek., 30. Jan. II. *andere Heilige*: 1. hl. Priester u. Mart., († um 266), 14. Jan. 2. hl. Mart., († um 304), 12. Juli. 3. **hl. Felix,** Mart. († um 280).

War Soldat der thebaischen Legion und entfloh mit seiner Schwester Regula der Tyrannei des Maximian, als dieser bei Martigny (Schweiz) die Mitsoldaten niedermetzeln ließ. Er gelangte in den Schweizer Kanton Glarus, wo er sich in der Einsamkeit dem Gebete hingab und später predigte. Von Häschern wurde er mit seiner Schwester vor den Präfekten Decius gebracht, der ihn aufs grausamste foltern und schließlich enthaupten ließ. — 11. September (Chur).

4. Mart. unter Mark Aurel, Sohn der hl. Felicitas.

5. **S. Fēlīx dē Valois,** hl. Felix von Valois, Stifter des Trinitarier-Ordens, † 1212, 20. Nov.

6. **S. Fēlīx,** īcĭs *m.* hl. Felix, Bek., Bisch. v. Trier († 398).

Er wurde nach dem hl. Brito (Brittonius) zum Bischofe von Trier gewählt. Die Bischofsweihe empfing er unter Assistenz des hl. Martin, Bischofs von Tours. Weil er mit den Anhängern des spanischen Bischofs Ithacius, der am Hofe des Kaisers Maximus in Trier weilte, der Hinrichtung des Irrlehrers Priscillian und einiger seiner Anhänger zugestimmt hatte, weigerten sich der hl. Ambrosius von Mailand und die Bischöfe des Konzils von Tours, ihn als katholischen Bischof anzuerkennen. Doch sühnte er diesen Fehler durch Tränen der Buße und besonderen Eifer in der Nächstenliebe. Den Leib des sel. Paulinus brachte er aus Phrygien nach Trier zurück, stellte die Marienkirche wieder in prächtiger Weise her und übertrug dorthin die Gebeine der Martyrer der Thebaischen Legion und die Reliquien des sel. Paulinus. Die Kosten dazu hatte ihm die Provinz wegen der Heiligkeit seines Lebens und seiner Wundertaten zur Verfügung gestellt. Er hatte nämlich die Stadt von mehreren Seuchen befreit. Nach 15jähriger Regierung ernannte er Mauritius zu seinem Nachfolger. Er selbst zog sich in ein Kloster zurück, um sich in der Einsamkeit durch Buße und Betrachtung der göttlichen Wahrheiten auf den Tod vorzubereiten. Sein Leib ruht in der Paulinuskirche zu Trier. — 26. April (Trier).

7. **S. Fēlīx ā Cantaliciō,** hl. Felix von Cantalizio, Bek., Kap.-Laienbruder († 1587).

Felix war in Cantalizio im Sabinerlande von armen aber frommen Eltern geboren. In seiner Jugend mußte er das Vieh hüten und führte schon damals ein Einsiedlerleben. Während er seinen Geist mit himmlischen Betrachtungen beschäftigte, hielt er seinen Leib durch Nachtwachen und Fasten in Zucht. Da er zu seinem großen Leidwesen nicht alle Tage dem hl. Meßopfer beiwohnen konnte, trieb er seine Herde an einsamen Orten zusammen, während er selbst vor einem Kreuze, das er in die Rinde der Bäume eingeschnitten hatte, lange betete oder sich auch heftig geißelte; ja, man sah ihn einmal zu gleicher Zeit auf dem Acker Schollen zerkleinern und in der Kirche der hl. Messe beiwohnen. Ein anderes Mal kam er beim Pflügen mit wütend gewordenen ungezähmten Jungrindern unter den Pflug, der über ihn hinwegging und ihn hätte zerreißen müssen; er aber stand unverletzt auf, nur sein Gewand war zu schaden gekommen. Nach der Rettung aus dieser Gefahr verteilte er alle seine bäuerlichen Gerätschaften unter die Armen und trat dem Rufe Gottes folgend in ein Kapuzinerkloster. Noch Novize, schien er dort den höchsten Grad der Vollkommenheit erreicht zu haben. Im eifrigsten Gehorsam war er jeden Winkes seines Oberen gewärtig. Sich selbst gab er den Namen „Klostervieh" und verrichtete dementsprechend gerade die gemeinsten und niedrigsten Dienste am liebsten. Spott und Schmähungen nahm er mit heiterer Miene an. Wie sehr er der Armut zugetan war, zeigte Gott selbst an einem leuchtenden Beispiel. Als er nämlich einst von Tür zu Tür durch Dörfer und Städte zog, um für die Brüder Almosen zu betteln — was er vierzig Jahre lang fast immer barfuß tat — fühlte er sich von einer ungewohnten Last gedrückt. Er untersuchte die Reisetasche und fand eine heimlich hineingeworfene Münze darin. Nachdem er sie hinweggeworfen, ging er von da ab wieder leichten und heiteren Mutes weiter. Die Keuschheit bewahrte er unverletzt bis zu seinem Tode durch strenge Bewachung der Augen und tägliche freiwillige Abtötung des Leibes. Beim Besuche der sieben Basiliken Roms trug er einen eisernen Bußgürtel um den Leib. Die Fasten des Ordens vergrößerte er durch gänzliche Enthaltsamkeit von Speise. Sein Schlaf war kurz, dabei ruhte er auf einem bloßen Brett und einem Bündel Reisig als Kopfkissen. Während er gegen sich rauh und streng war, war er gegen Mitmenschen freundlich und liebevoll; besonders lieb war er dem hl. Karl Borromäus und dem hl. Philipp Neri durch seine Einfalt und Unschuld. Wenn er die Nacht im Gebete zubrachte, geriet er häufig in süße Verzückung, wobei ihm einmal die Gottesmutter das Jesuskind in die Arme legte, so daß er es liebend umfassen durfte. Er hatte die Gabe der Prophezie und der Wunder. Einmal gab er einen verstorbenen Sohn wieder lebend der Mutter zurück. Im hohen Alter an Verdiensten reich, starb er, wie er vorausgesagt, am Ostermontage. Sein Leib ruht in der Kapuzinerkirche in Rom. Urban VIII. sprach ihn selig, Klemens XI. heilig. — 18. Mai (Kap. O.) und 28. Mai (Franz. O.).

B. **Fēlīx ā Nicosiā** *m.* sel. Felix von Nicosia, Bekenner, Kap.-Laienbruder († 1787).

Er war in Nicosia, einem Städtchen auf Sizilien, geboren. Von seiner Mutter in den Grundwahrheiten der kath. Religion unterrichtet, verbrachte er seine Jugend in der Einfalt seines Herzens. Als Schusterlehrling trachtete er später, seine Kameraden durch Wort und Tugendbeispiel zu Werken der christlichen Frömmigkeit zu bringen. Mit 28 Jahren nahm er das Kleid des hl. Franziskus im Kapuzinerorden und folgte den Fußstapfen des hl. Felix von Cantalizio, dessen Namen er annahm. Dem Wege der Vollkommenheit blieb er bis zu seinem Tode treu. Klosterzucht und Ordensregel hielt er in mustergültiger Weise. Im Geiste und in der Tat vollkommen arm, hatte er nicht einmal eine eigene Zelle. Um die hl. Keuschheit aufs getreueste zu bewahren, schützte er sie durch körperliche Abtötungen wie mit einem Zaune. Den Befehlen der Oberen gehorchte er mit heiterer Miene und bereitwilligem Sinne. In der Furcht Gottes fest gegründet verabscheute er jede, selbst die kleinste Sünde. Jeden Tag dagegen erquickte er sich durch Empfang der hl. Kommunion, wodurch er eine solche Liebesglut zu Gott erhielt, daß er von dem heftigsten Wunsche beseelt war, für Gottes Ehre zu sterben, und daß jenes Feuer, von dem er entflammt war, aus Mund und Augen hervorleuchtete. Gegen sich allein streng, gegen alle übrigen aber liebevoll und mild, gab er sich ganz dem Heile der Nächsten hin. Wenn er von den Leuten in Stadt und Land Almosen erbettelte, so vermochte die Reinheit seiner Seele und das Beispiel seiner Tugenden, daß die einen von einem schlechten Lebenswandel abgeschreckt wurden, andere aber eifriger im Streben auf dem Tugendwege wurden. Ohne Arbeit und Plage zu scheuen, sorgte er für das ewige Heil der Mitmenschen, brachte den Armen Trost, den Betrübten Erleichterung, den Kranken das herzlichste Mitleid entgegen. Während er aber durch die Macht seiner Tugend soviel erreichte, wollte er selbst nichts davon wissen und wünschte nur, verachtet und für nichts gehalten zu werden. Aber Gott, der die Demütigen erhöht, stattete ihn mit der Gabe der Prophezeiung, der Herzenserforschung und der Wunder aus. Wegen seiner vielen Wunder wurde er geradezu für einen zweiten Thaumaturgus angesehen und gepriesen. Auch war er mit solch himmlischer Weisheit ausgestattet, daß zu ihm Leute jeglichen Standes in großer Menge kamen, denen er ausgezeichnete Ratschläge und Belehrungen für ihr Seelenheil gab. Deshalb erklärten den durch so viele und so große Tugenden und übernatürliche Gaben ausgestatteten Mann nicht bloß gewöhnliche Leute, sondern auch Männer, die durch Frömmigkeit, Klugheit und hervorragende Stellung ausgezeichnet waren, einstimmig als Heiligen. Nachdem er, schon 70 Jahre alt, die Schmerzen der Krankheit heiteren Mutes ertragen und das hl. Altarsakrament mit größter Verehrung knieend empfangen, verschied er am 31. Mai 1787. Dreimal hatte er vorher den Klosteroberen um die Erlaubnis gebeten, aus dieser Welt scheiden zu dürfen. Infolge der vielen Wunder sprach ihn Leo XIII. selig. — 1. Juni (Kap. O. u. Franz. O.).

Fēlīx, īcĭs *m.* Felix 1. ein Diakon des hl. Narzissus (2. Jhdt.). 2. Bisch. v. Osnabrück, auf der Synode zu Bourges geweiht. 3. Statthalter in Angora (Kleinasien) unter Kaiser Aurelian (270—275). 4. Irrlehrer des 4. Jhdts., der ähnliche Irrtümer wie Jovinian lehrte.

Fēlīx Antōnĭŭs Claudĭŭs, ī *m.* Felix Anton Klaudius, Günstling des römischen Kaisers Klaudius, Prokurator von Judäa um die Mitte des ersten christl. Jhdts. (*Act.* 23, 24).

Fēlīx Jordānŭs *m.* Felix Jordan, Dominikaner, General des Predigerordens († 13. Februar 1237).

Feltrēn. (*C. R.*) *s.* Feltria.

Feltrĭă, ae *f.* (Feltrium) Feltre, St. r. an der Piave, It. (Belluno), *ca.* 4000 Einw.; Bistum Feltre (seit 6. Jhdt.) u. Belluno seit 1818 vereinigt, Suffr. v. Venedig; *dav.*: **Feltrēnsĭs,** ĕ.

fĕmĕn, ĭnĭs *n.* (alte Form für femur) der Oberschenkel, Dickbein (*Deut.* 28, 57).

fēmĭnă, ae *f.* (*eig.*: die Fruchttragende) das Weib, die Frau.

fēmĭnālĭă, ĭŭm, *n.* Hüftkleider.

fēmĭnĕŭs 3 1. weiblich, einem Weibe gehörig. 2. weibisch.

fēmĭnīnŭs 3 weiblich (*grammatisch*).

fĕmŏrālĭă, ĭŭm *n.* 1. Beinkleid, Hose. 2. um die Oberschenkel getragene Binden, die als Zeichen der Verweichlichung galten.

fĕmŭr, ŏrĭs *n.* Oberschenkel.

Fenaboră, ae *f.* Kilfenora, Bistumstitel in Irland; *dav.*: **Fenaborēnsĭs,** ĕ.

Fenaborēn. (*C. R.*) *f.* Fenabora.

fēnār . . . *s.* faenar . . .

fēnĕbr . . . *s.* faenebr . . .

fēnĕr . . . *s.* faener . . .

fĕnestellă, ae *f.* kleine Öffnung, Vertiefung, Mauernische.

fĕnestră, ae *f.* Fenster, Maueröffnung.

fēnĭcŭlŭm, ī *n.* Fenchel.

fēnīlĕ, ĭs *n. s.* faenile.

fēnŭs, ĕrĭs *n. s.* faenus.

fĕră, ae *f.* (*scil.*; bestia) das wilde Tier (*Gen.* 37, 20).

fĕrācĭtās, ātĭs *f.* Fruchtbarkeit.

fĕrālĭs, ĕ 1. zu den Toten *oder* Leichen gehörig. 2. todbringend, verderblich; fĕrālĕ septŭm: der Todesort. 3. fluchwürdig.

fĕrāx, ācĭs ergiebig, fruchtbar; reich an (*c. gen.*): calamitatis.

ferclŭm, ī *n. s.* ferculum.

fercŭlŭm, ī *n.* (ferclum) 1. Trage, Tragbahre, Ruhebett. 2. Gang bei Tische, Schüssel, Gericht, Speise.

S. Ferdĭnandŭs III. Rex hl. Ferdinand III., König von Kastilien u. León, Bek., Mitgl. des dritten Ordens des hl. Franziskus v. Assisi († 1252).

Ferdinand gehörte schon, bevor er König wurde, dem dritten Orden des hl. Franziskus an. Einstimmig gaben ihm kirchliche und weltliche Kreise den Beinamen: der Heilige. Schon als Jüngling war er von solcher Klugheit, daß seine Mutter Berengaria, die Königin von Kastilien, die ihn so heilig erzogen hatte, abdankte und die Königswürde dem Sohne übertrug. Mit der Sorge für sein Land vereinigte er in glänzender Weise die königlichen Tugenden: Großmut, Milde, Gerechtigkeit und vor allem größten Eifer für den katholischen Glauben. Dies zeigte er dadurch, daß er dem Irrglauben keinen Eingang in seine Länder gestattete und zahlreiche Kirchen erbaute und ausstattete. In seinen Königreichen Kastilien und León zog er Truppen zusammen und unternahm Feldzüge gegen die Sarazenen, die Feinde des christlichen Namens. Damit er bei diesen Unternehmungen immer den Sieg auf seiner Seite habe, flehte er in heißem Gebete zu Gott, und weil er vor dem Kampfe durch Geißel und Bußgewand seinen Leib züchtigte, um sich Gott geneigt zu machen, deshalb trug er immer über die ausgezeichneten und ungeheueren Schlachtreihen der Mauren den Sieg davon. Er gewann zahlreiche Städte für den christlichen Glauben und fürs christliche Königreich zurück. Nachdem er Jaén, Cordoba, Murcia genommen und Granada tributpflichtig gemacht, rüstete er sich, die bedeutendste Stadt von Südspanien, Sevilla, zu erobern. Auf die Aufmunterung des hl. Isidor hin, des einstigen Bischofs dieser Stadt, ging er zum siegreichen Angriff vor. Die göttliche Hilfe stand ihm dabei augenscheinlich zur Seite. Die Mohammedaner hatten nämlich über den Guadalquivir eine eiserne Kette als Sperre gespannt. Da entstand plötzlich ein heftiger Wind, der König befahl ein Schiff gegen die Kette loszulassen, dieses prallte mit solcher Wucht dagegen, daß sie zerbrach. Nun war auch die Hoffnung der Mauren gebrochen, so daß sie zur Übergabe gezwungen wurden. Er plante auch, nach Afrika überzusetzen. wurde aber von Gott ins himmlische Reich abberufen. Mit einem Strick um den Hals, am Boden liegend und unter reichlichen Tränen das hl. Altarsakrament ehrfurchtsvoll anbetend, empfing er die hl. Wegzehrung. Immer wieder seinen hl. kath. Glauben bekennend, entschlief er im Herrn. Sein Leib ruht in der Kathedrale zu Sevilla. — 30. Mai (Kap. O. u. Franz. O.).

B. Ferdĭnandŭs ā St. Joseph sel. Ferdinand vom hl. Joseph, Mart. († 1617).

Er stammte aus der vornehmen Familie de Ayála zu Ballestéro in der Erzdiözese Toledo. Mit 17 Jahren trat er in den Augustinerorden, war zuerst Professor, ging dann in die Missionen nach Mexiko, von da auf die Philippinen und nach

Japan. Mit dem Dominikaner Alphons Navarrete und dem Franziskaner Apollinaris v. hl. Franziskus bekehrte er viele Heiden. Er gründete mehrere Klöster, baute Kirchen und führte den 3. Orden des hl. Augustin und die Erzbruderschaft Maria-Trost in Japan ein. Bei der Christenverfolgung verbarg er sich längere Zeit in Höhlen und Einöden. Dann kaufte er ein Schiff und brachte, als Schiffsherr verkleidet, den Neugetauften Hilfe. Auf einer solchen Fahrt fiel er den Verfolgern in die Hände. Mit Navarrete wurde er am 1. Juni 1617 enthauptet. Sein Leib wurde ins Meer versenkt. Doch nach sechs Monaten tauchte er unversehrt zur großen Freude der Christen wieder auf — 3. Juni (Aug. O.).

Ferdĭnandŭs, ī *m.* 1. Ferdinand I., König von Kastilien (1035—1067). 2. Ferdinand V., der Katholische, König von Spanien u. Neapel, † 1516. 3. Ferdinand, ein Erzbisch. v. Köln.

Ferdĭnandŭs Căthŏlĭcŭs, ī *m. s.* Ferdinandus 2.

Ferdĭnandŭs Gonzaga *m.* Ferdinand, Markgraf v. Gonzaga (Oberitalien), Vater des hl. Aloisius (16. Jhdt.).

fĕrē *adv.* 1. ungefähr, etwa, vielleicht. 2. meistens, gewöhnlich; *superl.*: fērĭmē, *gew.*: **fermē** 1. beinahe, fast, in der Regel. 2. *mit Negation*: eben nicht, gerade nicht.

Fĕrentīn. (*C. R.*) *s.* Ferentinum.

Fĕrentīnŭm, ī *n.* Ferentino, St. It. (Rom), *ca.* 8000 Einw.; Bischofssitz; exempt; *dav.*: **Fĕrentīnŭs** 3.

Fĕrĕtrăn. (*C. R.*) *s.* Feretrum.

Fĕrĕtrŭm, ī *n.* Montefeltro, ehem. St. südöstl. von S. Marino, It.; Bistum Montefeltro (9. Jhdt.), Suffr. von Urbino, Residenz in Pennabilli; *dav.*: **Fĕrĕtrānŭs** 3.

fĕrĕtrŭm, ī *n.* Trag-, Leichenbahre.

fēriae, ārŭm *f.* Feiertage; dann die besonderen Gebetstage der alten Christen, und zwar anfänglich nur feria IV. für Mittwoch und feria VI. für Freitag. Später auch Name für die anderen Wochentage, und zwar feria II. für Montag, feria III. für Dienstag, feria V. für Donnerstag.

fērĭālĭs, ĕ zu den „feriae" („Wochentagen") gehörig; tonus ferialis die einfachste Tonart des kirchlichen Chorals, die an den gewöhnlichen Wochentagen gesungen wird, an denen kein Fest gefeiert wird.

fērĭātŭs 3 1. Feiertag habend, feiernd, frei von Arbeit, müßig; dies feriātae Gerichtsfeiertage, Gerichtsferien (*C. j. c.* 1101; 1186; 1665). 2. werktäglich; dies feriatus gewöhnlicher Wochentag, auf den kein Heiligenfest fällt; *vgl.*: feriae.

fĕrīnŭs 3 von wilden Tieren herstammend.

fĕrĭō 4 1. schlagen, stoßen, treffen. 2. töten, durchbohren, schlachten foedus ferire ein Bündnis schließen.

fērĭŏr 1 feiern, Ferien halten, müßig sein, seine Tätigkeit aussetzen (*C. j. c.* 418).

fĕrĭtās, ātĭs *f.* Wildheit, Roheit, Grausamkeit.

fermē *adv. s.* fere.

fermentālĭs, ĕ gesäuert, säuerlich.

fermentārĭŭs 3 gesäuert, säuerlich.

fermentātŭs 3 gesäuert (*C. j. c.* 816).

fermentō 1 gären lassen, säuern; *pass.*: gären, sauer werden.

fermentŭm, ī *n.* 1. Sauerteig. 2. Zorn, Erbitterung.

Fernă, ae *f.* Ferns, D. Irlands, *ca.* 500 Einw.; Bistum, Sitz in Wexford, Suffr. v. Dublin; *dav.*: **Fernēnsĭs,** ĕ.

Fernēn. (*C. R.*) *s.* Ferna.

fĕrō, tŭlī, lātŭm, ferrĕ 1. tragen, bei sich tragen; ertragen: tulit esse filius tuus; vertragen, zulassen; si tempus et hora id non ferant wenn Zeit u. Stunde es nicht vertragen (*Caer. Ep. Lib. II. cap.* 38, 26). 2. verbreiten; *pass.* im Umlauf, in aller Munde sein. 3. davontragen, wegnehmen, erhalten, erlangen. 4. treiben, emporheben; *pass.* eilen, fliegen, steigen. 5. bringen, darbringen, darbieten. 6. erzeugen, hervorbringen. 7. berichten, melden. 8. prae se ferre aliquid: sich auszeichnen, hervortun durch. 9. ferre leges Gesetze geben. 10. mit sich bringen; si res ferat wenn die Sache es mit sich bringt, erfordert, verlangt, erheischt.

fĕrōcĭă, ae *f.* (ferocitas) Wildheit, Zügellosigkeit; ferocia cruenta blutgierige Wildheit.

fĕrōcĭtās, ātĭs *f. s.* ferocia.

fĕrōx, ōcĭs 1. wild, trotzig, übermütig. 2. mutig, tapfer.

ferrāmentŭm, ī *n.* eisernes Werkzeug zum Behauen, Glätten.

ferrārĭă, ae *f.* (*scil.*: fŏdīnă) Eisengrube, Eisenbergwerk.

Ferrārĭă, ae *f.* Ferrara, St. It. (Ferrara), *ca.* 33200 Einw.; Erzbischofssitz, exempt; *dav.*: **Ferrārĭēnsĭs,** ĕ.

Ferrārĭēn. (*C. R.*) *s.* Ferraria.

1. **ferrārĭŭs** 3 zum Eisen gehörig, Eisen-.

2. **ferrārĭŭs,** ī *m.* (*scil.*: faber) Schmied.

Ferrată, ae *f.* (Ferreta, Phiretum, Pfirretum) Pfirt (Ferrette), Marktflecken, Elsaß (Altkirch); *ca.* 500 Einw.

Ferrata Domĭnĭcŭs *m.* Dominikus Ferrata, Kardinal in Rom, † 1914, Mitglied der engeren Kodifikationskommission für das Kirchenrecht.

ferrātĭlĭs, ĕ mit Eisen versehen; mit Eisen beschlagen.

ferrātŭs 3 mit Eisen versehen, beschlagen, eisern.

S. Ferrĕŏlī oppĭdŭm, ī *n.* (S. Ferrioli op.) Saint-Fargeau, St., Fkr. (Yonne); *ca.* 2000 Einw.

S. Ferrĕŏlŭs, ī *m.* hl. Ferreolus, Mart. u. Priester (3. Jhdt.).

Wurde nebst seinem Gefährten Ferrucius vom hl. Bischofe Irenaeus nach Besançon gesandt; sie wirkten als Glaubensboten mit solchem Eifer, daß der heidnische Präfekt Claudius beide verhaften, foltern und töten ließ. Ihre Gebeine wurden später in der Kathedrale von Besançon beigesetzt. — 16. Juni.

S. Ferrērĭŭs, ī *m. s.* S. Vincentius Ferrerius.

ferrĕŭs 3 1. eisern, aus Eisen. 2. hart, gefühllos, grausam.

ferrūgĭnĕŭs 3 eisenrostfarbig, eisenhaltig.

S. Ferrĭŏlī oppĭdŭm, ī *n. s.* S. Ferreoli oppidum.

ferrūgō, ĭnĭs *f.* 1. Rost. 2. Mißgunst, Neid.

ferrŭm, ī *n.* 1. Eisen. 2. eisernes Werkzeug: Beil, Messer, Pflugschar. 3. Waffe, Schwert. 4. Eisenfessel (*Ps.* 106, 10).

S. Ferrūcĭŭs, ī *m.* hl. Ferrucius, Mart. *s.* S. Ferreolus.

S. Ferrūtĭŭs, ī *m.* hl. Ferrutius, Mart. (3./4. Jhdt.).

War Soldat in Mainz; gab aber diesen Beruf auf, um Priester zu werden. Doch der heidnische Stadtpräfekt verbannte ihn und ließ ihn jenseits des Rheins in einen Kerker werfen, wo er unter Hungerqualen sechs Monate leiden mußte. Im siebenten Monate ließ ihn Gott sterben. Er wurde als Martyrer verehrt. Seine hl. Gebeine kamen zum Teil nach Bleidenstadt, zum Teil nach Mainz; doch fielen sie später teilweise einem Brande zum Opfer. Es gab auch eine Rittergenossenschaft vom hl. Ferrutius, welche Reliquien des Heiligen besaß, die jährlich einmal den Gläubigen zur Verehrung gezeigt wurden. — 29. Oktober (Mainz u. Limburg).

fertĭlĭs, ĕ fruchtbar, ergiebig.

fertĭlĭtās, ātĭs *f.* Fruchtbarkeit.

fĕrŭlă, ae *f.* 1. (νάρθηξ) Pfriemenkraut, Gertenkraut, dessen Stengel als Stütze zum Gehen verwendet wurde. 2. der Stab (aus diesem Stengel), Spazierstock.

fĕrŭs, 3 1. wild, nicht gezähmt; *vgl.* fĕră. 2. grausam, gefühllos.

fervĕfăcĭō, fēcī, factŭm 3 glühend heiß machen.

fervēns, entĭs 1. siedend, glühend. 2. hitzig, heftig, aufbrausend, übereilt. 3. voll Liebesglut, andächtig.

fervĕō, ferbŭī 2 1. kochen, sieden, glühen. 2. voll Jnbrunst, andächtig sein. 3. wallen, brausen.

fervēscō 3 glühend werden.

fervĭdŭs 3 glühend, feurig, hitzig.

fervŏr, ōrĭs *m.* 1. das Glühen, Hitze. 2. Leidenschaft.

Fescennĭŭs, ī *m.* Feszennius, ein Statthalter von Gallien im 1. Jhdt.

fessŭlŭs 3 schlaff.

fessŭs 3 ermüdet, ermattet.

fēstātŭs 3 festlich geschmückt.

fēstīnābundŭs 3 eilfertig.

fēstīnantĕr (festinatim) *adv.*: eilends, geschwind.

fēstīnātīm *adv. s.* festinanter.

fēstīnātĭō, ōnĭs *f.* Hast, Eile.

fēstīnātō *adv.* eilig, rasch.

fēstīnē *adv.* schnell, sogleich.

fēstīnō 1 1. Eile haben, eilen; ungeduldig sein (*Ecclus* 2, 2). 2. sich anstrengen, sich befleißigen. 3. *trans.*: beschleunigen, beeilen.

fēstīnŭs 3 eilend.

fēstīvĭtās, ātĭs *f.* Fest, Festlichkeit, Feier, feierlicher Gottesdienst.

fēstīvŭs 3 1. festlich, heiter, fröhlich. 2. gemütlich, freundlich.

fēstūcă, ae *f.* 1. die Rute; Grashalm. 2. Splitter.

fēstŭm, ī *n.* Festtag, Fest, Festlichkeit, Feier; man unterscheidet: festum de praecepto gebotenes, unter schwerer Sünde zu beobachtendes Fest; nach dem Range: festum primae et secundae classis Fest 1. u. 2. Ranges (Klasse); festum duplex maius u. duplex (minus) so bezeichnet, weil am Duplexfeste ein doppeltes Brevieroffizium, nämlich das Ferial- u. das Festoffium, zu beten war; festum semiduplex u. simplex; ferner nach der näheren oder entfernteren Beziehung zum Geheimnisse oder dem Heiligen: festum primarium Hauptfest; festum secundarium Nebenfest.

fēstŭs 3 feierlich, festlich.

S. Fēstŭs, ī *m.* hl. Festus, Diakon des hl. Bisch. Januarius (4. Jhdt.).

Fēstŭs Porcĭŭs, ī *m.* (Φῆστος Πόρκιος) Festus Porcius, Prokurator (Verwalter) von Judäa 60—62 n. Chr. (*Apg.* 24, 27ff.).

Fēsŭlă, ae *f. s.* Fesulae.

Fēsŭlae, ārŭm *f* (Fesula, Fesulanum, Faesula, Faesulae) Fiesole, St. bei Florenz, It., *ca.* 3000 Einw.; Bischofssitz, Suffr. v. Florenz; *dav.*: **Fēsŭlānŭs** 3.

Fēsŭlān. (*C. R.*) *s.* Fesulae.

Fēsŭlānŭm, ī *n. s.* Fesulae.

fētō 1 (foeto) 1. Junge haben. 2. gebären; befruchten. 3. säugen.

fētōsŭs 3 (foetosus) trächtig; viele Junge gebärend.

fētūră, ae *f* (foetura) Fortpflanzung, Zeugung, Nachwuchs.

1. **fētŭs** 3 (foetus) 1. fruchtbar, ergiebig; reich. 2. fetă (foeta) Verbo (*abl.*) = Verbum (Filium Dei) in utero portans (*L. VIII. Oct. Nat. Jo. Bapt.*).

2. **fētŭs,** ūs *m.* (foetus) Leibesfrucht; Zuwachs.
feudālĭs, ĕ adlig.
feudŭm, ī *n.* Lehensgut, Hof, Ackergut.
F. H. J. C. Fratres Hospitales de Immaculāta Conceptiōne Hospitalbrüder von der Unbefleckten Empfängnis, gegr. 1857.
fĭbĕr, brī *m.* Biber.
S. Fībĭtĭŭs, ī *m.* hl. Fibitius, Bek. u. (Erz)bischof von Trier, † 511.
War im Kloster vom hl. Maximin erzogen worden, auch soll er dessen Leiter gewesen sein. Er wurde Bischof von Trier, als gerade Chlodowech, der Frankenkönig, sich taufen ließ. Unter Fibitius lebte der hl. Einsiedler Goar. Die Gebeine des hl. Fibitius ruhen in der St. Nikolauskirche an der Moselbrücke bei Trier. — 5. November.
fĭbră, ae *f.* 1. Faser. 2. *pl.*: Eingeweide. 3. *übtr.*: Stimmband; ut queant laxis resonare fibris . . . famuli damit die Diener mit gelösten Stimmbändern, d.i. mit angenehmer Stimme, . . . besingen können (*Hymn. Nat. Jo. Bapt.*).
fībŭlă, ae *f.* Spange, Klammer, Schnalle.
fībŭlō 1 zusammenheften.
fīcārĭŭs 3 (von fīcus) zu den Feigen gehörig; faunus ficarius *s.* Faunus.
fīcētŭm, ī *n.* Feigengarten, Feigenpflanzung (*Amos* 4, 9).
Ficoclē, ēs *f.* Cervia, St. am Meerbusen v. Venedig, It. (Ravenna); *dav.*: **Ficoclēnsĭs,** ĕ.
Ficoclēnsĭs, ĕ *s.* Ficocle (*Martyrol.*: 9. Mai).
fictĭcĭŭs 3 1. künstlich. 2. erdichtet, erlogen.
fictĭlĕ, ĭs *n.* irdenes Geschirr, Tongefäß, Tonbild.
fictĭlĭs, ĕ tönern, irden.
fictĭō, ōnĭs *f.* 1. Bildung, Gestaltung. 2. Heuchelei, Verstellung, Hinterlist; Betrug (*Sap.* 4, 11); eine Annahme, die in Wahrheit nicht vorliegt.
fictŏr, ōrĭs *m.* 1. Bildner, Bildhauer. 2. Schöpfer; Erdichter.
fictrīx, īcĭs *f.* Bildnerin, Gestalterin.
fictŭm, ī *n.* das Ersonnene, Erlogene; Erdichtung, Lüge, Arglist (*Sap.* 1, 5).
1. **fictŭs** 3 1. gebildet, geformt. 2. erdichtet, verlogen. erheuchelt, verstellt.
2. **fictŭs,** ī *m.* der Heuchler.
fīculnĕă, ae *f.* (*scil.*: arbor) Feigenbaum.
fīculnĕŭs 3 vom Feigenbaum stammend.
fīcŭs, ī u. ūs *f.* Feigenbaum, Feige.
S. Fĭdĕī (*C. R.*) *s.* 2. S. Fides.
fĭdĕiussĭō (fĭdĕiiussĭō), ōnĭs *f.* Bürgschaft.
fĭdĕiussŏr, ōrĭs *m.* Bürge (*Prov.* 20, 16).
fĭdēlēs, ĭŭm *m.* die Christgläubigen.
fĭdēlĭs, ĕ 1. treu, getreu, zuverlässig. 2. gläubig, zum Glauben gehörig, auf den Glauben bezüglich; crux fidelis Kreuz des Glaubens (*Hymn. Lustra sex*), rechtgläubig. 3. ehrlich, zuverlässig, wahrhaft: sermo.
S. Fĭdēlĭs ā Sigmaringā hl. Fidelis v. Sigmaringen, Kapuzinermönch zu Feldkirch, Mart. zu Seewis in der Schweiz, † 1622, 24. April.
fĭdēlĭtās, ātĭs *f.* Treue, Zuverlässigkeit.
fīdentĕr *adv.* vertrauensvoll.
fīdentĭă, ae *f.* Vertrauen, Zuversicht.
Fīdentĭă, ae *f.* (eccl. Burgi S. Domnini) Borgo S. Donnino, St. am Stirone, It. (Parma), *ca.* 5000 Einw., Bischofssitz (seit 1601); exempt.
1. **fĭdēs,** ĕī *f.* 1. Vertrauen, Zuverlässigkeit, Treue; in fide zuverlässig (*Ps.* 32, 4). 2. Glaube, *bes.* übernatürlicher Glaube, Glaubenslehre. 3. Aufrichtigkeit, Gewissenhaftigkeit, Ergebenheit, fidem adhibere alicui: Gehorsam erweisen. 4. Versicherung, Versprechen, Zusage, fidem facere Sicherheit bieten. 5. Glaubwürdigkeit, Glaublichkeit, Wahrhaftigkeit. 6. Beglaubigung; făcĕre publĭcam fĭdem etwas öffentlich bezeugen, beglaubigen.
2. **fĭdēs,** ĭs *f.* 1. Darmsaite, Saite eines Musikinstrumentes; *pl.* **fĭdēs,** ium *f.* das Saitenspiel, Laute, Leier. 2. *übtr.*: (Fides, is) die Lyra, Leier (Gestirn).
1. **S. Fĭdēs,** ĕī *f.* hl. Fides, Jgfr. u. Mart., † im 3. Jhdt.
Aus Agen (Frkr.), wurde von den Häschern des Präfekten Dacian, den Kaiser Diokletian gesandt hatte, ergriffen und als erste aller Christen des Ortes, wiewohl noch sehr jung, gemartert, indem man sie auf einen glühenden Rost legte. Während die Flammen, die durch Fett genährt waren, an der Jungfrau emporzüngelten, sah ein Christ namens Caprasius von einem nahen Felsen aus, wie eine schneeweiße Taube mit einer herrlichen Krone im Schnabel sich auf die Dulderin herabließ und mit dem Flügelschlage die Gewalt der Flammen minderte und die Zerstörung des Leibes hintanhielt. Caprasius bekannte sich darauf laut als Jünger Christi, wurde mit Primus und Felicianus ergriffen und hingerichtet. Ihre Gebeine brachte Bischof Dulcidius später in die der hl. Fides geweihte Kirche. Doch im Jahre 1805 reiste der St. Gallener Abt Ulrich III. nach Agen und holte die Gebeine der hl. Fides auf Grund eines himmlischen Gesichtes nach St. Gallen, wo er ein eigenes Gotteshaus für die Heilige baute. — 6. Oktober (St. Gallen).
2. **S. Fĭdēs,** ĕī *f.* 1. Santa-Fé, St. am Rio de S. Fé (r. Nebenarm des Paraná), Argentinien (S. Fé), Südamerika, *ca.* 25000 Einw.; Bischofssitz (seit 1897), Suffr. v. Buenos Aires. 2. Santa Fé, St. am S. Féfluß (zum Rio Grande del Norte), Nordamerika (Neumexiko), *ca.* 6000 Einw.; Erzbischofssitz (seit 1875, 1850—53 apost. Vikariat, 1853—75 Bistum).
fĭdĭcĕn, ĭnĭs *m.* 1. Lautenspieler, Zitherspieler. 2. *übtr.*: lyrischer Dichter.
fĭdĭcĭnă, ae *f.* Zitherspielerin.

fĭdĭcŭlae, ārŭm *f*. 1. Saiteninstrument, Leier. 2. Stricke, Seile (als Folterwerkzeug).
fīdō, fīsŭs sŭm 3 1. trauen, vertrauen. 2. sich getrauen, wagen.
fīdūcĭă, ae *f*. 1. Vertrauen, Zuversicht. 2. Selbstvertrauen, Mut. 3. Überlassung eines Eigentums auf Treue u. Glauben; Vertrag auf Treue u. Glauben (*C. j. c.* 1516).
fīdūcĭālĭs, ĕ vertrauensvoll, zuversichtlich.
fīdūcĭālĭtĕr *adv*. vertrauensvoll, freimütig; entschieden.
fīdūcĭārĭŭs 3 auf Treu und Glauben zum zeitweiligen Besitz übergeben, zur zeitweiligen Verwaltung anvertraut (*C. j. c.* 1516 § 1).
fĭdŭs 3 zuverlässig, sicher, treu; mălĕ fīdŭs ungetreu.
fĭgmentŭm, ī *n*. 1. Bildnis, Gebilde, Abbild. 2. Lüge, Erdichtung.
fīgō, fīxī, fīxŭm 3 1. heften, befestigen, einschlagen. 2. fest einprägen, fest richten auf..
fĭgŭlātĭō, ōnĭs *f*. Zusammenfügung.
fĭgŭlŭs, ī *m*. Töpfer.
fĭgūră, ae *f*. 1. Bildung, Gestalt, Aussehen. 2. Ebenbild, Vorbild; figuram gerere Vorbild sein. 3. Redefigur, bildlicher Sinn, Gleichnis, Anspielung.
fĭgūrālĭs, ĕ (figurātus 3) bildlich, in Gleichnissen.
fĭgūrātĭō, ōnĭs *f*. Abbildung.
fĭgūrātŭs 3 *s*. figuralis.
fĭgūrō 1 gestalten, bilden, formen; *pass*.: gelten (für): pro aquilōne = als nördliche Gegend am Altare (*Caer. Ep. lib.* 2, *cap*. 8, 44).
fīlĭă, ae *f*. Tochter, Tochterstadt; filiae Sion, filia Babylonis (*Ps*. 136, 8) bedeutet nach hebr. Weise den Kollektivbegriff von filius, d. h. Einwohnerschaft.
fīlĭālĭs, ĕ kindlich, töchterlich; ecclesia filialis Tochterkirche, Filialkirche (*C. j. c.* 107).
Fīlĭī Ss. Cordĭs *m*. Söhne des hl. Herzens Jesu.
fīlĭŏlă, ae *f*. Töchterchen, Töchterlein.
fīlĭŏlŭs, ī *m*. Söhnchen, Kindlein.
fīlĭŭs, ī *m*. 1. Sohn, Kind; *bes*. **Filius Dei** Gottessohn, Christus. 2. *dient bei abstrakten Substantiven häufig (nach hebr. Weise) dazu, sie mit einem persönlichen Begriff in Verbindung zu setzen, z. B.* filius iniquitatis ein Boshafter, filii captivitatis die Verbannten; filius mortis ein dem Tode Geweihter; filii hominum die gar zu menschlich Denkenden u. Handelnden; filii Dei Engel, *auch*: Menschen (*Ps*. 28, 1); filii Basan Gezücht Basans; filius olei der Fette (*Is*. 1, 5). 3. das Junge: arietum (*Ps*. 28, 1).
Filtrĭs, ĭs *f*. Vilters, D., Schweiz (St. Gallen).
1. **fīlŭm**, ī *n*. 1. Faden, Garn; Lebensfaden. 2. Zeug, Gewebe.
2. **fīlŭm**, ī *n*. äußere Bildung, Gestalt; *übtr*.: Form, Art u. Weise, Manier.
fimbrĭă, ae *f*. das Faserige, die Franse (*Zach*. 8, 23), Saum; *gew. pl*.; *s*. fimbriae.
fimbrĭae, ārŭm *f*. Fransen, Spitzen, Quasten; in fimbriis aureis in goldverbrämtem Gewande; *auch*: Rand pluvialis.
fimbrĭātŭs 3 mit Spitzen *oder* Quasten besetzt.
fĭmētŭm, ī *n*. Mistgrube.
fĭmŭm, ī *n*. *s*. fimus.
fĭmŭs, ī *m*. (fimum) Dünger, Kot, Schmutz, Mist.
fīnālĭs, ĕ am Ende befindlich; End-; causa finalis Zweckursache, Beweggrund; nota finalis Schlußnote (Musik); virgula finalis das Schlußzeichen (zwei senkrechte Striche) in der Notenzeile.
findō, fĭdī, fissŭm 3 spalten.
fingō, fīnxī, fictŭm 3 1. bilden, verfertigen; gestalten, schaffen (*Ps*. 93, 20). 2. denken, vorstellen. 3. ersinnen, erdichten, erheucheln; **se fingere** sich stellen als ob.
fīnĭō 4 1. begrenzen, beschränken. 2. beendigen, ein Ende machen. 3. aufhören, endigen.
fīnĭs, ĭs *m*. 1. Grenze; *pl*. Gebiet, Land. 2. Endziel, Zweck. 3. Ergründung, Erforschung (*Ps*. 144, 3). 4. in finem, ganz u. gar, *auch*: auf ewig; usque in finem immerdar (*z. B. Ps*. 15, 11).
fīnĭtĭmŭs 3 1. angrenzend, benachbart, nahestehend, verwandt, sehr ähnlich.
fīnītĭō, ōnĭs *f*. Begrenzung, Bestimmung eines Begriffes, Erklärung.
Finlandĭă, ae *f*. Finnland.
Fĭnŏnēs, ŭm *m*. Bewohner Finnlands, die Finnen.
fīō, factŭs sŭm, fĭĕrī 1. entstehen, wachsen, werden. 2. geschehen, sich ereignen. 3. erzeugt, bewirkt, geschaffen werden. 4. zu etwas gemacht, ernannt werden.
S. Fintānŭs, ī *m*. hl. Fintan, Bek., aus Schottland († 878).

Wurde Herrscher der irischen Landschaft Leinster und lebte von Jugend auf fromm. Als 50-Jähriger besuchte er das Grab des hl. Martin in Tours, dann gelangte er durch die Schweiz und Lombardei pilgernd nach Rom. Bei seiner Rückkehr trat er in das Benediktinerkloster Rheinau im Kanton Zürich (Schweiz) ein, wo er das Gewand eines Oblaten empfing. Er hatte zahlreiche himmlische Gesichte, fastete ungemein streng und schlief auf Steinen; 22 Jahre hatte er einen Kampf mit den Dämonen zu bestehen. — 15. November (Chur).

Firandēnsĕ rēgnŭm, ī *n. s.* Firandum.

Firandŭm, ī *n.* Firande, St. u. ehem. Reich in Japan; *dav.*: **Firandēnsĭs,** ĕ.

fīrmācŭlŭm, ī *n.* Schließe; firmacula librorum Buchschließen.

fīrmāmentŭm, ī *n.* 1. Stütze, Stärke, Stärkungsmittel: panis (*Ps.* 104, 16). 2. das Feste = das Firmament, das Himmelsgewölbe. 3. *übtr.*: Dauer (*Ps.* 72, 4); Nahrung (*Ps.* 71, 16).

Fīrmān. (*C. R.*) *s.* Firmum.

fīrmātŏr, ōrĭs *m.* Befestiger, Stärker.

S. Fīrmātŭs, ī *m.* hl. Firmat, Mart., aus Verona (4. Jhdt.).

Wurde zugleich mit seinem Gefährten Rusticus unter Kaiser Maximian verhaftet, und da beide im Kerker trotz aller widerfahrenen Unbill Gott den Herrn heiteren Sinnes priesen und da sich aus ihrem Kerker süßer Wohlduft verbreitete, teilten dies die erstaunten Wächter dem Präfekten Caucaseus mit; dieser eilte herbei und wurde durch das Verhalten der Martyrer alsbald zum Christentum geführt. Der erzürnte Kaiser überlieferte die drei dem grausamen Statthalter Annolinus, der sie aufs äußerste peinigen und sie schließlich auf einen Scheiterhaufen führen ließ. Da ihnen aber die Flammen nichts anhatten, wurden sie enthauptet. — 9. August.

1. **Fīrmĭlĭānŭs,** ī *m.* Firmilian, Bischof v. Caesarea im 3. Jhdt., trat hervor im Ketzertanfstreite.

2. **Fīrmĭlĭānŭs,** ī *m.* Firmilian, Statthalter zu Cäsarea in Palästina unter Kaiser Galerius (305—311) u. Maximin (306 bis 323).

S. Fīrmīnŭs, ī *m.* hl. Firmin, Bek. u. elfter Bisch. v. Metz († um 496).

Stammte aus Griechenland und war Nachfolger des hl. Adelphus. Er wurde in der Krypta vom hl. Klemens in der Metzer Domkirche beigesetzt. Die Reliquien waren später in die Oberkirche gebracht worden, gingen aber zur Zeit der französischen Revolution verloren. — 18. August.

fīrmĭtās, ātĭs *f.* (firmitūdo) Festigkeit, Dauerhaftigkeit; Standhaftigkeit.

Fīrmĭtās, ātĭs *f.* La Ferté, ehem. Cist.-Kloster in Burgund, Fkr., Diöz. Autun.

fīrmĭtĕr *adv.* fest.

fīrmĭtūdō, ĭnĭs *f. s.* firmitas.

fīrmō 1 1. fest, stark machen, befestigen, verstärken. 2. ermutigen, bekräftigen, versichern.

Fīrmŭm, ī *n.* Fermo, St. im Piceno bei Ancona, It. (Ascoli Piceno), *ca.* 4600 Einw.; Erzbischofssitz; *dav.*: **Firmānŭs** 3.

fīrmŭs 3 1. stark, fest, kräftig, mächtig. 2. standhaft, beharrlich, zuverlässig, unveränderlich. 3. rechtsgültig, in Kraft bleibend: firmo praecepto unbeschadet der Vorschrift; bei Fortbestehen der Vorschrift.

fiscālĭs, ĕ zum Fiskus (Staatsbesitz) gehörig, fiskalisch.

fiscellă, ae *f.* Körbchen.

Fischhausŭm, ī *n. s.* Fischhusium.

Fischhūsĭŭm, ī *n.* (Fischhausum) Fischhausen, Ort bei Königsberg, am wendischen Meerbusen, Preußen (Ostpreußen).

Fischingă, ae *f.* (Fischingense monasterium) Fischingen, D. am Neckar (35 km v. Rottweil), Württemberg, ehem. Benediktinerkloster; *dav.*: **Fischingēnsĭs,** ĕ.

Fischingēnsĕ mŏnastērĭŭm, ī *n. s.* Fischinga.

fiscĭnă, ae *f.* der geflochtene Korb.

fiscŭs, ī *m.* Korb; Geldkorb (-kasse); Staatskasse, Fiskus.

fissĭlĭs, ĕ gespalten.

fissūră, ae *f.* Spaltung, Spalte.

fistŭlă, ae *f.* 1. Röhre, Wasserröhre. 2. ein silbernes mit Handhabe versehenes Röhrchen, womit heute noch bei der feierlichen Papstmesse der Papst u. seine beiden Leviten das hl. Blut aus dem Kelche trinken, wie es früher auch die Gläubigen zu tun pflegten, solange unter beiden Gestalten die hl. Kommunion gereicht wurde. 3. Rohr, Gewürzrohr (Pflanze) (*Cant.* 4, 14; *Jer.* 6, 20). 4. Pfeife, Rohrpfeife, Schalmei (*Dan.* 3, 5. 7). 5. Fistel, ein röhrenförmiges Geschwür (Eitergang).

Fiterĭŭm, ī *n.* Fitero, ehem. Cist-Kloster Spanien, Diöz. Tarazona.

fixĭō, ōnĭs *f.* das Befestigen.

fixūră, ae *f.* 1. das Anheften. 2. das Mal, hinterlassene Spur, Narbe.

fixŭs 3 fest, bestimmt, bleibend, unveränderlich, unbeweglich: altare.

flābellŭm, ī *n.* Fächer, Wedel.

flābĭlĭs, ĕ hauchbar, nicht faßbar; luftig.

flābră, ōrŭm *n.* (*auch sg.*) das Wehen; flabra ventorum wehende Winde.

flaccĕō 2 schlaff, matt, kraftlos sein.

flaccĭdŭs 3 (flaccus) saft- und kraftlos; welk, schlaff, geschwächt.

Flaccillă, ae *f.* Flaccila, Schwester der hl. Kaiserin Pulcheria (5. Jhdt.).

flaccŭs 3 *s.* flaccidus.

Flaccŭs, ī *m.* 1. römischer Edelmann, der vergebens um die Hand der hl. Petronilla warb (1. Jhdt.). 2. röm. Statthalter unter Domitian. 3. Präfekt von Spoleto unter Diokletian.

flăgellantēs, ĭŭm *m.* die Geißler, eine Art Sekte des Mittelalters.

flăgellātĭō, ōnĭs *f.* Züchtigung, Geißelung.

flăgellō 1 geißeln, peitschen; *übtr.*: plagen (*Ps.* 72, 14).

flăgellŭm, ī *n.* 1. Peitsche, Geißel. 2. Geißelung, Strafe, Heimsuchung, Plage.

flāgĭtātĭō, ōnĭs *f.* dringendes Verlangen, Mahnung.

flāgĭtātŏr, ōrĭs *m.* Mahner.

flāgĭtĭōsŭs 3 schändlich, schmachvoll.

flāgĭtĭŭm, ī *n.* 1. Schandtat, Verbrechen. 2. Schande, Schimpf.

flāgĭtō 1 dringend verlangen, innig anflehen, fordern.

flagrāns, antĭs brennend, glühend, heftig, erregt.

flagrantĭă, ae *f.* Glut, Andachtsglut.

flagrō 1 1. brennen, glühen, in Flammen stehen.

flagrŭm, ī *n.* Geißel, Peitsche; flagrum cruentum Geißel, die blutige Striemen verursacht.

flāmĕn, ĭnĭs *n.* das Wehen, der Hauch, Geist; *bes.* der hl. Geist: f. divinum.

Flāmĭnĭă vĭă die im Jahre 220 v. Chr. vom Zensor Gaius Flaminius erbaute Heerstraße, die von Rom nordwärts bis Ariminum (Rimini) führte.

flammă, ae *f.* Flamme, Feuer, Glut.

flammēscō 3 aufglühen, aufbrausen.

flammĕŭs 3 flammend, brennend, feurig (*Gen.* 3, 24).

flammĭfĕr, fĕra, fĕrŭm, feurig.

flammĭflŭŭs 3 flammenströmend, hellleuchtend.

flammō 1 1. brennen, lodern. 2. entflammen, erhitzen.

flammōsŭs 3 feurig, glühend.

Flandrī, ōrŭm *m. s.* Flandria.

Flandrĭă, ae *f.* ehem. Grafschaft Flandern im heutigen Belgien; *dav.*: **Flandrī,** ōrŭm *m.* Bew.

flātŭs, ūs *m.* das Blasen, Wehen; *übtr.*: Wind.

flāvēscō 3 gelb werden, welken.

Flāvĭă, ae *f.* Flavia, Schwester des hl. Placidus.

Flāvĭă Nĕāpŏlĭs eine Stadt im syrischen Palästina (= Sichem).

Flāvĭăcŭm, ī *n. s.* Flaviniacum.

Flāvĭānă castră, ōrŭm *n. s.* Vindobona.

S. Flāvĭānŭs, ī *m.* hl. Flavian, Mart., Vater der hl. Bibiana, † 362 in Turin.

Flāvĭnĭăcŭm, ī *n.* (Flaviacum) Flavigny sur Ozerain, Ort, Fkr. (Côte-d'Or); *ca.* 800 Einw.

Flāvĭobrĭgă, ae *f.* (Bilbaum) Bilbao, St. am Golf von Biskaya, Spanien (baskische Provinzen).

Flāvĭŭs Vespăsĭānŭs, *reg.* 69—79 als röm. Kaiser; seine Söhne waren **Titus** (*reg.* 79—81), der Zerstörer Jerusalems, u. **Domitianus** (*reg.* 81—96), grausamer Christenverfolger.

flāvŭs 3 blaßgelb, blond.

flēbĭlĭs, ĕ beklagenswert, kläglich.

flectō, exī, xŭm 3 1. beugen, krümmen; flectamus genua! lasset uns niederknien (Ruf des Diakons beim Levitenamt an Quatembermittwochen u. Quatembersamstagen *usw.*). 2. drehen wenden. 3. umstimmen, verändern.

flĕō, flēvī, flētŭm 2 1. *trans.*: beweinen, beklagen. 2. *intr.*: weinen (*bes. ptc.* flētus weinend).

flētŭs, ūs *m.* das Weinen, Wehklagen; *pl.* die Tränen.

flexănĭmŭs 3 herzbewegend.

flexĭbĭlĭs, ĕ 1. biegsam, geschmeidig. 2. wandelbar, unbeständig.

flexĭbĭlĭtās, ātĭs *f.* Biegsamkeit, Unbeständigkeit.

flexĭlŏquŭs 3 zweideutig redend, zweideutig.

flexūră, ae *f.* die Biegung, Krümmung (2. *Esdr.* 3, 24).

flexŭs, ūs *m.* 1. Biegung, Krümmung. 2. Umbiegung, Wendung.

flīgō, īxī, īctŭm 3 (nieder-) schlagen.

Flinis in Duaco, S. Maria de: Nôtre Dame de Flines, ehem. Cisterzienserinnenkloster in Flandern, Fkr., Diöz. Cambrai.

Flīscă Cathărīnă, ae *f. s.* S. Catharina Flisca.

Flisco, Jacobus de, Jakob v. Flisko, Vater der hl. Katharina v. Genua (15. Jhdt.).

Fliscŭs 3 aus dem Geschlechte der Grafen Fieschi von Lavagna (Italien).

flō 1 1. blasen, wehen. 2. schmelzen.

floccĭpendō, dī 3 für nichtig erachten, geringschätzen.

floccŭs, ī *m.* 1. Flocke, Faser. 2. *übtr.*: Kleinigkeit; Heller; floccifăcĕre: für nichts achten.

S. Flōră, ae *f.* hl. Flora, Mart. u. Jgfr. († um 275).

Stammte mit ihrer Schwester Lucilla aus Rom; beide wurden von einem afrikanischen Könige namens Eugen geraubt. Dieser wollte sich an ihnen vergreifen; Flora jedoch erklärte ihm, Christi Braut zu sein. Eugen behandelte sie daraufhin ehrerbietig. Nachdem sie zwanzig Jahre in Afrika gelebt hatten, kehrten sie in Begleitung Eugens, der seine Königswürde niedergelegt hatte und Katechumene geworden war, nach Rom zurück. Im Jahre 275 wurden die beiden Schwestern in den Kerker geworfen; unter der Statthalterschaft des Helios enthauptete man sie in Gegenwart Eugens. Dieser selbst entbrannte vor Begierde zum Martertum und gab sich offen als Anhänger Christi zu erkennen; er wurde ebenfalls enthauptet. Die Gebeine der Heiligen ruhen in Ostia bei Rom. — 30. Juli (*s. auch* S. Eonius).

S. Flōrae mōns, tĭs *m.* St. Florenberg, ehem. Kloster bei Fulda (Hessen-Nassau).

flōrēns, entĭs, blühend, im Wohlstande, mächtig, glänzend.

1. **Flōrentĭă,** ae *f.* Florenz, St. am Arno, *ca.* 210 000 Einw.; Erzbischofssitz; *dav.*: **Flōrentīnŭs** 3; **Flōrentīnī,** ōrŭm *m.* Einw.

2. **Flōrentĭă,** ae *f.* Florentia, fromme Matrone im christl. Altertum.

Flōrentĭn. (*C. R.*) *s.* 1. Florentia.

S. Flōrentīnă, ae *f.* hl. Florentina, Jgfr. u. Mart., Genossin der hl. Ursula (5. Jhdt.).

Flōrentīnă, ae *f.* Florentina, Schwester des hl. Isidor.

Flōrentīnŭm castrŭm, ī *n.* Castel Fiorentino, Ort in der Toskana, It. (Arezzo).

Flōrentīnŭs, ī *m.* Florentin, Bisch. v. Mâcon (Fkr.); er erhielt in seiner Jugend durch den hl. Germanus wunderbar das Augenlicht wieder.

1. **S. Flōrentĭŭs**, ī *m.* hl. Florentius, Mart. aus der thebaischen Legion, († zu Bonn 286).

2. **S. Flōrentĭŭs**, ī *m.* hl. Florentius, Bek. u. Bisch. von Straßburg († 693).

Stammte aus Irland. Im Unterelsaß ließ er sich im Haslachtale nieder und lebte für Gott. König Dagobert von Austrien empfahl dem Heiligen seine blinde Tochter Mathilde; diese wurde von Florentius geheilt. Mit Hilfe des Königs erbaute er eine Kirche zu Ehren der heiligsten Dreifaltigkeit und gründete daneben ein Kloster. Als Bischof Arbogast von Straßburg gestorben war, wurde Florentius, wenn auch gegen seinen Willen, Bischof der Stadt. Er ließ Glaubensboten aus Irland und Schottland kommen und gab ihnen ein Haus mit Kirche, welche Niederlassung später ein Kolleg für Domherren wurde. Florentius starb i. J. 693 und wurde in der Kollegiatkirche beigesetzt; doch brachte später Bischof Rachius seine Reliquien in das Kloster Haslach, wo Florentius noch jetzt verehrt wird. — 7. November (Straßburg).

flōrĕō, ŭī 2 1. blühen, prangen, glänzen. 2. mächtig, wohlhabend sein, auf der Höhe des Glückes stehen.

flōrēscō 3 zu blühen anfangen, aufblühen.

flōrĕŭs 3 1. aus Blumen bestehend. 2. blumig, blumenreich.

S. Flōrī (*C. R.*) *s.* Floropolis.

Flōrĭăcŭm, ī *n.* Fleury, St., Fkr. (Loiret) mit Kloster u. Wallfahrtsbild.

Flōrĭăcŭm mŏnastērĭŭm, ī *n.* Fleurus, St., Belgien (Hennegau); *ca.* 6500 Einw.

S. Flōrĭānŭs, ī *m.* hl. Florian, Mart. († um 300).

Wurde unter Diokletian im Donaugebiete als Christ ermittelt. Der Präfekt Aquilinus ließ ihn in die Enns werfen; der damit beauftragte Henker erblindete plötzlich, während ein Adler den angeschwemmten Körper des Blutzeugen solange schützte, bis eine fromme Frau, Valeria mit Namen, der der Heilige im Traum erschienen war, den hl. Leib beerdigen ließ. Gleichsam als Lohn ließ er darauf eine heilbringende Quelle (auf dem Gebiete der Matrone) hervorsprudeln. Zuerst rief ein Kohlenbrenner die Hilfe des hl. Florian in Feuersnot an und entkam unversehrt dem brennenden Holzstoße. Seitdem stellte man diesen Heiligen als Patron gegen Brandgefahr mit einer Wasserurne auf dem Haupte dar. — 1183 brachte der Polenfürst Kasimir, der Gerechte, u. Gedeon, Bischof von Krakau, die hl. Gebeine nach Krakau, wo sie in der Kirche des hl. Kasimir ruhen. — 4. Mai (Gurk, Krakau, Polen [Prov. Warschau], St. Pölten, Salzburg, Seckau, Tarnow, Ungarn, Wien).

Flōrĭbertŭs, ī *m.* Floribert, Sohn des hl. Hubert.

Flōrĭdă vallĭs *f.* 1. Florival, Abtei, Belgien (Brabant). 2. Blumental, Kloster, Bayern (Oberbayern).

flōrĭdŭs 3 blühend, jugendlich, frisch.

Flōrĭdŭs Campŭs, ī *m.* Bloomcamp, ehem. Cistercienserkloster, Niederlande, Diözese Leeuwarden.

flōrĭfĕr, fĕră, fĕrŭm, blumentragend.

flōrĭlĕgĭŭm, ī *n.* Blütenlese.

flōrĭlĕgŭs 3 blumensammelnd.

S. Flōrīnŭs, ī *m.* hl. Florinus, Bek. u. Priester (9. Jhdt.).

Wurde im 9. Jahrhundert in der Grafschaft Tirol geboren und zur Erziehung einem Priester Petrus anvertraut, der ihn zu seinem Hausverwalter machte. Als er bei einem Ausgange eine arme Frau traf, gab er ihr den Wein, welchen er gerade geholt hatte und schöpfte Wasser in den leergewordenen Krug. Dieses aber verwandelte sich in Wein. Florinus wurde zum Priester geweiht und Nachfolger des Petrus. Nach dem Tode Florins verlangten die Verwandten den Leib des Entschlafenen von den Pfarrkindern; diese ließen einen Sarg herstellen, der dem echten Sarge ähnlich war und taten einige Kleider des Seligen hinein, während sie den Leib behielten. Als nach längerer Zeit das Andenken an den Heiligen zu schwinden begann, erschien er nachts einem seiner Amtsnachfolger und forderte ihn auf, seine Gebeine hinter dem Altare des seligen Petrus beizusetzen. Die Heilung einer Besessenen am Grabe Florins war für einen Baron von Vaz, der anwesend war und als Freigeist galt, Anlaß, sein Leben zu ändern und das Kloster Churwalden zu unterstützen. Seitdem fanden viele Pilgerzüge zur Ruhestätte Florins statt. — 17. November (Chur, Regensburg).

Flōrŏpŏlĭs, ĭs *f.* (S. Flori ecclesia) Sainte-Flour, St., Fkr. (Cantal), *ca.* 4500 Einw.; Bischofssitz (seit 1317), Suffr. v. Bourges.

Flōrŭs, ī *m.* Florus, Statthalter v. Illyricum.

flōs, flōrĭs *m.* 1. Blüte, Blume. 2. Jugendfülle, Zierde, Schmuck.

flōscŭlŭs, ī *m.* kleine Blume, Blüte; *übtr.*: zierliche Redensart.

flūctĭō, ōnĭs *f.* Treiben, Fließen.

flūctŭātĭō, ōnĭs *f.* unruhige Bewegung; *übtr.*: animi Wankelmütigkeit; Erschütterung, dare fluctuationem wanken lassen.

flūctŭō 1 wallen, wogen, schwanken.

flūctŭōsŭs 3 flutenreich, wogend.

flūctŭs, ūs *m.* 1. Woge, Welle. 2. Sturm, Unruhe.

flŭentŭm, ī *n.* fließendes Gewässer, Strom; fluenta evangelii Segensströme der frohen Botschaft.

flŭĭdō 1 (*klass sch*: flŭĭto) 1. hin- und herfließen, wogen. 2. oben auf dem Wasser treiben, hin- u. herschwanken (*Sabariae, Fest. S. Quirini, lect. V.*).

flŭĭdŭs 3 fließend; locker, schlaff, kraftlos.

flŭĭtō 1 *s.* fluido.

flūmĕn, ĭnĭs *n.* 1. Strömung, Fluß. 2. *pl.* Gewässer, Wasserfluten. 3. *übtr.*: Nil (*Ps.* 77, 44).

Flumes, ĭs *f.* Flums, Pfarrdorf im Senztal, unweit Zürich, Schweiz.

Flūmētūm, ī *n.* Flumel, Ort, Fkr. (Savoie).
flŭō, flūxī 3 1. fließen, überfließen, triefen. 2. ausströmen, sich ausbreiten. 3. verfließen, verschwinden, sich verlieren.
flŭvĭŭs, ī *m.* Fluß, Strom.
1. **flūxŭs** 3 1. fließend. 2. matt, schlaff, nachlässig. 3. wandelbar, flüchtig, vergänglich.
2. **flūxŭs,** ū *m.* das Fließen; fl. menstruus: der Monatsfluß, Menstruation, Regel.
F. M. J. = Filii Mariae Immaculatae Söhne der unbefleckten Empfängnis, gegr. 1866.
F. M. J. M. = Filii Mariae Immaculatae de Monza Söhne der Unbefleckten Empfängnis v. Monza (Italien).
F. Mis. = Fratres B. M. V. de Misericordia Barmherzige Brüder der seligsten Jgfr., gegr. 1839.
fŏcārĭă, ae *f.* Küchenmagd, Köchin (1. *Reg.* 8, 13).
fŏcārĭŭs 3 beim Ofen verwendet: filia.
fŏcŭs, ī *m.* 1. Feuerstätte, Herd. 2. Familie, Haus u. Hof.
Fŏdĭān. (*C. R.*) *s.* Tuticum.
fŏdĭcō 1 1. stechen, durchbohren. 2. beunruhigen, kränken.
fŏdīnă, ae *f.* Grube, Bergwerk.
fŏdĭō, fōdī, fossŭm 3 graben, auf-, ausgraben, durchbohren.
foecundō, foecundŭs *s.* fecundo usw.
foedĕrātĭō, ōnĭs *f.* Verbindung, Vereinigung.
1. **foedĕrātŭs** 3 verbündet.
2. **foedĕrātŭs,** ī *m.* der Verbündete.
foedĕrŏr 1 sich verbünden.
foedĭfrăgŭs 3 bundbrüchig.
foedĭtās, ātĭs *f.* Häßlichkeit, Scheußlichkeit, Abscheulichkeit.
foedō 1 1. häßlich machen, besudeln, entstellen. 2. schänden, entehren.
foedŭs 3 häßlich, scheußlich, gemein.
foedŭs, ĕrĭs *n.* 1. Treubund, Bündnis, Vertrag. 2. Bund, Verbindung.

S. Foelĭcŭlă, ae *f.* hl. Fölikula, Mart. u. Jgfr. (1. Jhdt.).
Stammte aus Rom und wurde vom hl Petrus getauft und war aufs engste mit der hl. Petronilla befreundet. Letztere wurde von einem edlen Römer, namens Flaccus, zur Gattin begehrt. Sie erbat sich eine dreitägige Bedenkzeit, während der sie Gott anflehte, sie als Jungfrau sterben zu lassen. Gott erhörte ihre Bitte vor Ablauf der Bedenkzeit. Jetzt übertrug Flaccus seine ganze Neigung auf Foelicula, die sich entschieden weigerte, ihn zu heiraten oder auch den Göttern zu opfern. Sie wurde erst eingekerkert, alsdann unter die Vestalinnen eingereiht, bei letzteren blieb sie acht Tage, ohne Nahrung zu sich zu nehmen, da sie das heidnische Opferfleisch nicht genießen wollte. Jetzt wurde die Dulderin aufs härteste gepeinigt und schließlich in eine Kloake geworfen, woraus sie als Leiche vom Priester Nikomedes herausgezogen und beerdigt wurde. Als Flaccus dies erfuhr, ließ er den Priester enthaupten. Die Gebeine der hl. F. kamen später nach Fulda. — 18. Juni (Fulda).

foen . . . *s.* faen . . .
foetāns, tĭs *f.* (fētans) säugendes Schaf (*Ps.* 77, 70).
foetĕō 2 stinken, übel riechen.
foetĭdŭs 3 stinkend, ekelhaft.
foetō 1 *s.* feto.
foetŏr, ōrĭs *m.* Gestank, übler Geruch; Ekelhaftigkeit.
foetōsŭs 3 *s.* fetosus.
foetŭs 3 *s.* fetus.
Fogarasĭēn. (*C. R.*) *s.* Fogarausium.
Fogara(u)sĭŭm, ī *n.* Fogaras, St. an der Aluta, Siebenbürgen, *ca.* 6500 Einw.; griech.-unierter Erzbischofssitz; *dav.*: **Fogarasĭēnsĭs,** ĕ.
Foggĭă, ae *f.* *s.* Tuticum.
fŏlĭă, ae *f.* Blatt.
fŏlĭŭm, ī *n.* 1. Blatt (der Bäume); *pl.*: Kranz. 2. Zeitung, Tagblatt, Zeitschrift; Aktenband (*C. j. c.* 1386).
follĭcŭlŭs, ī *m.* 1. kleiner Sack, Schlauch (aus Leder). 2. Windball, Ballon. 3. Hülse (der Hülsenfrüchte); Balg (der Getreidekörner); Samenkapsel (des Flachses usw.) (*Ex.* 9, 31).
fōmentŭm, ī *n.* 1. Linderungsmittel, Labsal. 2. günstiger Nährboden, passende Verhältnisse.
fōmĕs, ĭtĭs *m.* Zunder, Brennstoff.
fōns, tĭs *m.* 1. Quelle, Wasser; Bach, *übtr.*: Rinne, Flußbett (*Ps.* 17, 16). 2. Brunnenfigur, Brunnen. 3. Taufbrunnen, Taufstein, Taufe; e sacro fonte suscipere Taufpate sein. 4. de fontibus Israel aus dem Volke Israel (*Ps.* 67, 27).
Fōns Avellānŭs Fonte Avellano, Einsiedelei in der ital. Diözese Gubbio.
Fōnscŏŏpertŭs, ī *m.* Foncouverte, St. bei Narbonne, Südfrankreich.
Fōns (-ntis) **Frīgĭdŭs,** ī *m.* Fontfroid, ehem. Cistercienserkloster, Fkr., Diöz. Carcassonne.
Fōns (-ntis) **Jŏannĭs,** ĭs *m.* Fontaine-Jean, ehem. Cistercienserkloster, Fkr., Diöz. Orléans.
Fōns (-ntīs) **Sălūtĭs** *m.* Heilsbronn, Marktflecken, Bayern (Mittelfranken), *ca.* 1200 Einw., mit ehem. Cistercienserkloster.
Fontānae, ārŭm *f.* (Fontani) Schloß u. Dorf Fontaines bei Dijon in Burgund (Fkr.).
Fontānī, ōrŭm *m.* *s.* Fontanae.
Fontānellă, ae *f.* Fontanelle, Kloster bei Landrecies, Fkr. (Nord).
Fontānētŭm, ī *n.* Fontenay, ehem. Cistercienserkloster, Fkr., Diöz. Dijon.
fontēs, ĭŭm *m.* (*pl.* von fons) 1. Quellwasser. 2. Becken mit Wasser (*Caer. Ep. lib.* 1, *cap. XI.*, 12).
Fontēs, ĭŭm *m.* Fountains, ehem. Cistercienserkloster, England, Diöz. York.

Fontēs-Pāděrae *m. s.* Paderbronna.
Fontĭběrŭm, ī *n.* Fontiberos, St. bei Avila in Altkastilien, Spanien.
Fontisplānŭm, ī *n.* Fuenlana, Marktflecken bei Toledo in Spanien.
fŏr, fātŭs sŭm, fārī 1 kundtun, weissagen.
fŏrābĭlĭs, ĕ durchbohrbar, verwundbar.
fŏrāměn, ĭnĭs *n.* Bohrloch, Öffnung, Loch; foramen aspidis Höhle der Otter; foramen acūs Öhr der Nadel.
fŏrāněŭs 3 äußerlich; ländlich; vicariatus forāněus Landdekanat (*C. j. c.* 131).
fŏrās *adv.* vor die Türe, hinaus, nach außen; außerhalb, heraus; in die Öffentlichkeit.
1. **fŏrātŭs** 3 durchbohrt.
2. **fŏrātŭs,** ūs *m.* das Bohren.
forceps, ĭpĭs *m.* u. *f.* Zange, Feuerzange.
fordă, ae *f.* (*scil.*: bos) trächtige Kuh.
Fordă, ae *f.* Ford-Abbey, ehem. Cistercienserkloster, England, Diöz. Exeter.
fordŭs 3 trächtig.
fŏrĕ = futurum esse, *s.* sum.
fŏrěm = futurus essem, *s.* sum.
fŏrēnsĭs ĕ zum Markt gehörig, mit den Gerichten zusammenhängend, gerichtlich, richterlich; curae forenses Rechtshändel; interpretatio forensis Erklärung in Form eines richterlichen Urteils (*C. j. c.* 17, 3).
Fŏrēnsĭs, ĕ *s.* Forezium.
Fŏrēnsĭŭm montēs, ĭŭm *m.* Forezgebirge, Fkr. (Loire) *s.* Forezium (*Propr. Soc. Jesu* 16. *Juni*).
Fŏrēzĭŭm, ī *n.* Forez, Landschaft, Fkr. (Loire); *dav.*: **Fŏrēnsĭs,** ĕ u. **Fŏrēnsēs,** ĭŭm *m.* Bew. dieser Landschaft.
fŏrēs, ĭŭm *f.* 1. Doppeltür, Türe; Hausschwelle. 2. Pforte, Zugang, Eingang.
forfex, ĭcĭs *f.* Schere; Zwickeisen.
fŏrĭnsěcŭs *adv.* auswendig, von außen.
1. **fŏrĭs,** ĭs *f.* der Türflügel, die einflügelige Tür; *vgl.* fores.
2. **fŏrĭs** *adv.* draußen, außen, von außerhalb.
fōrmă, ae *f.* 1. Form, Gestalt. 2. Schönheit. 3. Anlage, Art, Beschaffenheit. 4. Redefigur, Formel, Weiheformel. 5. Vorbild; formam exhibēre als Vorbild hinstellen. 6. als Gegenstück zur „Materie" in der Sakramentenlehre, wobei Materie als das noch näher zu bestimmende Element, die Form aber als das sie näher bestimmende Element gilt. 7. *pl.*: die Pulte, auf denen im Mönchschor die Chorbücher aufliegen (bei den Cisterciensern ...).
fōrmābĭlĭs, ĕ bildungsfähig.
fōrmālĕ, ĭs *n. s.* formalium.
fōrmālĭs, ĕ an eine Form gebunden, förmlich; *übtr.*: überlegt, ausdrücklich.
fōrmālĭŭm, ī *n.* (formale) kunstreiche Schmuckschließe des Pluviale eines hohen Prälaten bei liturgischen Handlungen (*Caer. Ep. lib I., cap. VII,* 1).
fōrmātĭō, ōnĭs *f.* Gestaltung, Bildung.
fōrmātŏr, ōrĭs *m.* Bildner, Schöpfer.
fōrmellă, ae *f.* 1. kleine Form. 2. das darin Geformte; Laib, Laibchen; Brotlaib, Käseschnitte (1. *Kön.* 17, 18).
Formĭae, ārŭm *f.* Formiä, St. in Südlatium, nahe beim j. Mola di Gaëta, It. (Neapel); *dav.*: **Formĭānŭs** 3.
formīcă, ae *f.* Ameise.
formīdābĭlĭs, ĕ furchtbar.
formīdātŏr, ōrĭs *m.* Verabscheuer.
1. **formīdō** 1 sich grausen, sich fürchten, beben; ängstlich fliehen (*Ps.* 103, 7).
2. **formīdō,** ĭnĭs *f.* Furcht, Schrecken, Schreckbild.
formīdŏlōsŭs 3 1. furchtbar (*L. IX. Dom. XXI. p. Pent.*). 2. furchtsam (1. *Mach.* 3, 56).
fōrmĭtěr *adv.* recht, nach Form *oder* Gesetz.
fōrmō 1 1. formen, gestalten, bilden. 2. unterweisen, heranbilden. 3. verfertigen, hervorbringen. 4. bestimmen, dies formabuntur et nemo in eis (*Ps.* 138, 16) Tage werden bestimmt (gebildet), wann noch niemand unter ihnen Dasein hat, d. h. die Lebenszeit wird dem Menschen schon vor der Geburt zugemessen.
S. Fōrmōsă, ae *f.* hl. Formosa, Jgfr. u. Mart., Gefährtin der hl. Ursula (5. Jhdt.).
fōrmōsĭtās, ātĭs *f.* Schönheit.
fōrmōsŭs 3 wohlgestaltet, schön.
fōrmŭlă, ae *f.* 1. Regel, Vorschrift, Bestimmung. 2. Norm, Grundsatz.
fornāx, ācĭs *f.* Ofen, Feuerschlund; f. ardens Glutofen: caritatis; f. calcaria Kalkofen; f. coctoria laterum Ziegelofen; f. fusoria metallica Erzgußofen.
fornĭcārĭă, ae *f.* Ehebrecherin, Dirne.
fornĭcārĭŭs, ī *m.* Unzüchtiger, Wollüstling.
fornĭcō 1 (fornĭcor) Unzucht treiben, unkeusch sein *oder* leben; *übtr.*: Götzendienst treiben.
fornĭcŏr 1 *s.* fornico.
fornĭcātĭō, ōnĭs *f.* Unzucht, Unkeuschheit, Ehebruch.
fornĭcātŏr, ōrĭs *m.* Buhler, Hurer.
fornix, ĭcĭs (*gen. pl.* -cum) *m.* 1. Wölbung, Gewölbe, Bogen; fornix triumphalis Triumphbogen (1. *Kön.* 15, 12). 2. Hurenwinkel, Bordell.
fŏrō 1 bohren, durchbohren.
Fŏrŏiŭlĭēn. (*C. R.*) *s.* Forum Julii.
Fŏrŏiŭlĭēnsĭs marcă, ae *f.* (Foroiulium) Friaul, Landschaft, ehem. Markgrafschaft u. Herzogtum, Italien.

Fŏrŏiūlĭēnsĭs Cīvĭtās, ātĭs *f. s.* Forum Julii.
Fŏrŏiūlĭŭm, ī *n. s.* Foroiuliensis marca.
Fŏrŏlīvĭēn. (*C. R.*) *s.* Forum Livii.
Fŏrŏlīvĭŭm, ī *n. s.* Forum Livii.
Fŏrŏpompĭlĭŭm, ī *n. s.* Forum Pompilii.
Fŏrŏsemprōnĭēn. (*C. R.*) *s.* Forum Sempronii.
Fŏrŏsemprōnĭŭm, ī *n. s.* Forum Sempronii.
forsăn *adv.* vielleicht.
forsĭtăn *adv.* möglicherweise, vielleicht.
Fortalexĭă, ae *f.* Fortaleza (Fortaleza da Bragança) oder Ceará, Hauptst. des gleichnamigen Staates in Nordost-Brasilien, Südamerika, *ca.* 45 000 Einw.; Bischofssitz (seit 1854), Suffr. v. Bahia; *dav.*: **Fortalexĭēnsĭs,** ĕ.
Fortalexĭēn. (*C. R.*) *s.* Fortalexia.
fortăssĕ *adv.* (fortassis) 1. vielleicht, vermutlich. 2. vielleicht, ungefähr.
fortăssĭs *adv. s.* fortasse.
fortĕ *adv.* zufälligerweise, von ungefähr; etwa, möglicherweise.
fortĭfĭcātĭō, ōnĭs *f.* Bestärkung.
fortĭs, ĕ 1. stark, kräftig, mächtig, vermögend, bedeutend; manum ad fortia mittere: die Hand an große Dinge legen. 2. unerschrocken, mutig, mannhaft, tapfer, beharrlich. 3. fortior eius mächtiger als er (*Gräzismus*).
fortĭtūdō, ĭnĭs *f.* Kraft, Tapferkeit, Tatkraft; fortitudinis fieri mit Kraft ausgerüstet werden; fortitudo capitis mei meines Hauptes Wehr [Helm] (*Ps.* 59, 9).
fortŭĭtō (*in liturg. Büchern auch*: fortŭĭtō) *adv.* zufällig.
fortŭĭtū (*Nebenform von* fortuito) *adv.* unversehens, zufällig (*Num.* 35, 22).
fortūnă, ae *f.* 1. Schicksal, Glück, Los. 2. Glück *oder* Unglück, äußere Lage, Umstände. 3. Lebensstellung, Vermögen, Stand. 4. *pl.*: Hab und Gut, Vermögen.
Fortūnātae Insŭlae, ārŭm *f. s.* Canariae insulae.
S. Fortūnātŭs, ī *m.* hl. Fortunat, Mart. u. Diakon zur Zeit Neros, 12. Juli, *s.* S. Hermagoras.
Fortūnātŭs, ī *m.* 1. Bisch. von Poitiers. 2. Irrlehrer z. Zt. d. hl. Augustinus.
fortūnātŭs 3 glücklich, selig, begütert.
fŏrŭm, ī *n.* 1. öffentlicher Platz, Markt: so Forum Tauri oder Piscium in Rom. 2. Ort der Gerichtsverhandlungen, Gerichtshof; ecclesiasticum geistliches Gericht; privilegium fori Vorrecht der eigenen Gerichtsbarkeit (*z. B.* des Klerus). 3. Rechtsbereich; forum internum Gerichtsbarkeit für den inneren (Gewissens-)Bereich; f. externum äußere Gerichtsbarkeit. 4. Gerichts- oder Kreisstadt einer Provinz; *dah.*: Name mancher Städte, besonders in Italien.
Fŏrŭm Appĭī *n.* Santo Donato, Ort an der appischen Straße bei Rom.
Fŏrŭm Cornēlĭī *n.* (Forum Sullae, Imolensis ecclesia) Imola, St., It. (Bologna), *ca.* 12 000 Einw.; Bischofssitz, Suffr. v. Bologna.
1. **Fŏrŭm Iūlĭī** *n.* (Foroiuliensis Civitas) Cividale, St. in Friaul, It. (Udine). Der Name Friaul ist aus Forum Iulii entstanden.
2. **Fŏrŭm Iūlĭī** *n.* (Iulium) Fréjus, St. l. am Argens, 2 km vom Meere, Fkr. (Var), *ca.* 4000 Einw.; Bistum Fréjus u. Toulon (seit 4. Jhdt.), Suffr. v. Aix; *dav.*: **Fŏrŏiūlĭēnsĭs,** ĕ.
Fŏrŭm Līvĭī *n.* (Forolivium) Forli, St. r. am Montone, It. (Forli), *ca.* 45 000 Einw.; Bischofssitz (seit 2. Jhdt.?), Suffr. von Ravenna; *dav.*: **Fŏrŏlīvĭēnsĭs,** ĕ.
Fŏrŭm Pompĭlĭī *n.* (Foropompilium) Forlimpopoli. St., It. (Forli); Sitz des Bistums Forlimpopoli (seit 4. Jhdt.), 1360 nach Bertinoro verlegt.
Fŏrŭm Semprōnĭī *n.* (Forosempronium) Fossombrone, St. l. am Metauro, It. (Pesaro e Urbino), *ca.* 4500 Einw.; Bistum (seit 5. Jhdt.), Suffr. v. Urbino; *dav.*: **Fŏrŏsemprōnĭēnsĭs,** ĕ.
Fŏrŭm Sullae *n. s.* Forum Cornelii.
fŏrŭm Taurī *n.* ein Marktplatz in Rom, wo Rinder verkauft wurden.
fossă, *ae f.* Graben, Abzugsgraben, Kanal, Grube.
Fossă, ae *f.* Fosse, St. bei Namur, Belgien.
Fossă Nŏvă, ae *f.* Fossanuova, ehem. Cistercienserkloster bei dem Schlosse Macuza in Mittelitalien (Velletri), Diöz. Terracina.
Fossānēn. (*C. R.*) *s.* Fossanum.
Fossānŭm, ī *n.* Fossano, St., It. (Cuneo), *ca.* 8000 Einw.; Bischofssitz, Suffr. v. Turin; *dav.*: **Fossānēnsĭs,** ĕ.
Fossātēnsĕ mŏnastērĭŭm, ī *n.* Saint-Maur-des-Fossés, St., Fkr. (Seine); *ca.* 40 000 Einw.
fossĭlĭs, ĕ ausgegraben.
fossĭō, ōnĭs *f.* Grabung.
fossŏr, ōrĭs *m.* Gräber, Totengräber.
fossŭlă, ae *f.* Grübchen.
fossŭs 3 (von fodio) durchfurcht.
fōtŏr, ōrĭs *m.* Pfleger, Ernährer.
fŏvĕă, ae *f.* Grube, Fallgrube.
fŏvĕō, fōvī, fōtŭm 2 1. erwärmen, erquicken. 2. begünstigen, unterstützen. 3. lindern, mildern: vulnera oleo.
f. r. = fel. rec. = felicis recordationis (glücklichen) seligen Angedenkens.

Fractă Majŏr Fratta maggiore, St., Jtalien, Diözese Aversa.
frāctĭō, ōnĭs *f.* 1. das Brechen, Zerbrechen; fractio panis das Brotbrechen: der Brotbrechungsritus nach dem Pater noster in der hl. Messe; *in der Apostelzeit, u. solange die Arkandisziplin währte, Bezeichnung für* die eucharistische Opferfeier. 2. *übtr.*: Partei.
frāctūră, ae *f.* das Zerbrechen.
frāctŭs 3 gebrochen; schwach, matt.
Frāctŭs mōns, tĭs *m.* Pilatus, Berg, Schweiz (Luzern), 1800 m hoch.
fraenŭm, ī *n. s.* frenum.
frăgĭlĭs, ĕ zerbrechlich, gebrechlich, schwach.
frăgĭlĭtās, ātĭs *f.* Gebrechlichkeit, Vergänglichkeit.
frăgmĕn, ĭnĭs *n.* Bruchstück.
frăgmentŭm, ī *n.* abgebrochenes Stück, Bruchstück, Splitter.
frăgŏr, ōrĭs *m.* Krachen, Getöse; Geräusch am Schlusse der Trauermetten in der Karwoche.
frăgōsŭs 3 bröckelig.
frăgrāns ntĭs duftend, wohlriechend.
frăgrantĭă, ae *f.* (Wohl-)Geruch.
frăgrō 1 stark riechen, duften.
frămĕă, ae *f.* 1. Wurfspieß. 2. Schwert (*Ps.* 21, 21); frameam effundere aus der Scheide ziehen; frameam suscitare: das Schwert zücken.
S. Franchă, ae *f.* hl. Franka, Cist. Jungfrau († 1218).

In Piacenza bewohnten Benediktinerinnen das Kloster San Siro. Diesem übergab Graf Vidalta seine Tochter Franka zur Erziehung, die dann mit 14 Jahren daselbst die hl. Gelübde ablegte. Von Engelshand wurde ihr dabei der Schleier auf das Haupt gesetzt. In Gebet und Fasten war sie andern eine Leuchte. Mit 25 Jahren wurde sie zur Aebtissin erwählt. Als solche wollte sie in ihrem Kloster die Reform von Citeaux einführen, stieß aber dabei auf Schwierigkeiten, so daß sie mit Gleichgesinnten zu Plectoli bei Piacenza ein neues Kloster nach jener Reform gründete. Viele Nächte durchwachte sie im Gebete; Gott verherrlichte sie schon zu Lebzeiten durch Wunder. — 26. April (Cist. Ord.).

Francī, ōrŭm *m.* (germanisches) Volk der Franken; *auch*: die Franzosen.
Francĭă, ae *f.* das Frankenland, Frankreich.
Francĭgĕnŭs 3 aus Frankreich gebürtig, französisch.
S. Franciscă Rōmānă, ae *f.* hl. Franziska von Rom, Witwe, Stifterin des Oblaten-Ordens, † 1440, 9. März.
Franciscă dē Nigrō *f.* Franziska dei Negri, eine vornehme Genuesin, Mutter der hl. Katharina Fieschi von Genua (15. Jhdt.).
franciscālĭs, ĭs *m.* 1. franziskanisch. 2. ein Mitglied des 3. Ordens der Franziskaner.

1. **Franciscānŭs** 3 franziskanisch.
2. **Franciscānŭs,** ī *m.* ein Angehöriger des Franziskaner-Ordens, Franziskaner.

S. Francisci (*C. R.*) *s.* 1. S. Franciscus.
1. **S. Franciscŭs,** ī *f.* San Francisco (Frisco), Hafenst. am Stillen Ozean, Kalifornien, Nordamerika, *ca.* 560 000 Einw.; Erzbischofssitz (seit 1853).
2. **S. Franciscŭs** (ī) de Assisi *oder* **Sĕrāphĭcŭs** hl. Franz v. Assisi, Bek., Subdiakon, Stifter des Franziskanerordens, † 1226, 4. Okt.

S. Franciscŭs Xavērĭŭs, ī *m.* hl. Franz Xaver, Apostel von Indien, Priester der Ges. Jes., † 1552, 3. Dez.
S. Franciscŭs Borgias *m.* hl. Franz von Borja, Bek., Priester u. General der Ges. Jes., † 1572, 10. Okt.
S. Franciscŭs Caracciolo *m.* hl. Franz Caracciolo, Bek., Priester, Stifter der minderen Regularkleriker, † 1608, 4. Juni.
S. Franciscŭs dē Hĭĕrōnȳmō *m.* Bek., Priester der Ges. Jes. († 1716).

Er stammte aus Cryptalea bei Tarent in Unteritalien, wurde als Kind von den Eltern gut unterrichtet, verbrachte seine Knabenzeit in Unschuld und unterwies wie ein kleiner Apostel die Unwissenden in den Glaubenswahrheiten. Seine theologischen Studien machte er zu Neapel, empfing dort die Priesterweihe und richtete von nun an seine Lebensgrundsätze nach den evangelischen Räten ein. In die Gesellschaft Jesu eingetreten, legte er schon im Noviziate den Grund für die Vollkommenheit in allen wichtigen Tugenden. Sein Wunsch war, als Missionär nach Japan zu ziehen, um dort den Martertod zu erlangen; seine Oberen aber übertrugen ihm die Leitung der inneren Mission im Bezirke Neapel. Dabei war er selbst der eifrigste Missionär und zwar 40 Jahre lang. Trotz seiner schwachen Gesundheit, seiner vielen Nachtwachen und Kasteiungen hielt er häufig täglich mehrere Predigten in Dörfern, auf freien Plätzen, auf Straßen, in den Gefängnissen und auf Galeeren. Ungemein viele Bekehrungen waren die Frucht seiner Predigten; dabei kamen ihm seine Wundertaten zu Hilfe. Er besaß die Gabe der Herzenskunde, der Weissagung zukünftiger Dinge, der Krankenheilung, sogar der Anwesenheit an zwei verschiedenen Orten zu gleicher Zeit (Bilokation). Als einst eine verstockt gebliebene Hure vom plötzlichen Tode dahingerafft worden war, meldete sie noch mit lauter Stimme aus dem toten Munde öffentlich, daß sie zur Hölle verdammt sei. Mehr als zehn schlechte Weiber bekehrten sich daraufhin sogleich. Er führte die Generalkommunionen ein und brachte sie zu solcher Blüte, daß oft an einem Tage 15 000, manchmal 20 000 Gläubige zum Tische des Herrn gingen. Ebenso führte er die Exerzitien nach der Vorschrift des hl. Ignatius in Priestervereinigungen, in Männer- und Frauenklöstern, in Unterrichtsanstalten in Mädcheninstituten und Studienseminaren ein. Die größten Widerwärtigkeiten überwand er mit größter Geduld. Als ein Türke ihn heftig schlug und zur Strafe arge Schmerzen am Arm zu leiden bekam, heilte er ihn davon mit dem hl. Kreuzzeichen, so daß der Türke sich bekehrte. Er starb zu Neapel. — 11. Mai (Ges. Jes.).

S. Franciscŭs dē Paulā, hl. Franz v. Paula, Bek., Priester, Stifter des Ordens der Minimen, † 1507, 2. April.

S. Franciscŭs Sālēsĭŭs, ī *m.* hl. Franz von Sales, Bisch. v. Genf, Bek. u. Kirchenlehrer, † 1622, 29. Jan.

S. Franciscŭs Solānŭs, ī *m.* hl. Franz Solanus, Bek., Franziskanerobservant († 1610).

Er entstammte einem Adelsgeschlechte zu Mantilla in Andalusien (Südspanien). Schon als Kind leuchtete er durch seinen religiösen, ja geradezu apostolischen Eifer hervor; denn er pflegte schon damals seine Mitschüler und ältere Leute durch feurige Ansprachen zur Buße zu bewegen, Streitende zu versöhnen, die irdischen Dinge zu verachten und über Göttliches ernsten Betrachtungen sich hinzugeben. Als Jüngling trat er in den Orden der minderen Observantenbrüder ein, worin er durch das Beispiel seiner strengen Lebensweise, Demut und Frömmigkeit die Augen aller auf sich lenkte. Als Bett diente ihm ein Haufen Streu, als Hemd trug er ein Bußgewand, das er mit einem dicken Strick so zusammenschnürte, daß es die Seiten seines Leibes schlimm peinigte. In der Nacht schlug er seinen Leib mit Geißeln und Ketten; mehrere Tage des Jahres lebte er nur von Brot und Wasser. Das eine oder andere Mal wälzte er sich in einem Haufen Dornen, um nach dem Beispiel des hl. Franziskus durch langsamen Schmerz die Sinnlichkeit zu bezwingen. Aus seinen Predigten leuchtete am meisten seine Nächstenliebe hervor, durch die er ungemein viele für Christus gewann. Als die Pest in Südspanien wütete, widmete er sich ganz und gar der Sorge für Leib und Seele dieser Kranken; selbst von der Pest befallen, aber durch Gottes Hilfe der Todesgefahr entrissen, gab er sich wieder der Krankenpflege hin, bis die Pest gänzlich erloschen war. Einst heilte er einen Knaben, der an abscheulichen Geschwüren litt, durch Ablecken dieser Geschwüre gänzlich, wodurch sein Name in ganz Südspanien berühmt wurde; er aber verschmähte alles Menschenlob, indem er nicht seine, sondern nur Gottes Ehre suchte. Deshalb bat er auch seine Oberen, ihn nach Afrika zur Verkündigung des Glaubens zu senden. Statt nach Afrika, wurde er nach Amerika gesandt. Freudig übernahm er den ihm von Gott angewiesenen Weinberg. Keinerlei Beschwerden verminderten seinen Seeleneifer. Ohne Unterlaß durchzog er ganz Peru und bekehrte eine Menge Ungläubiger zum Christentume und führte sittenlose Christen zu einem reinen Leben zurück. Häufig geriet er während der Predigt in Verzückung, oft riß er seine Zuhörer zu Tränen und Seufzern hin. Nach so vielen Mühen für die Ehre Gottes erschöpft, starb er, den Tod vorausahnend, mit den hl. Sakramenten versehen im 62. Lebensjahre am Feste des hl. Bonaventura 1610. Die Farbe des Toten, die vorher schwärzlich war, wurde weiß, so daß das Antlitz voll Liebreiz erschien, zugleich ging ein angenehmer Geruch von ihm aus. Papst Klemens X. sprach ihn selig, Benedikt XIII. heilig. – 13. Juli (Franziskaner O.) und 21. Juli (Kap. O.).

B. Franciscŭs Pacheco et soc. *m.* sel. Franz Pacheko u. seine Gefährten, Priester, Provinzial der Jesuiten, Mart. in Japan († 1626).

Der 20. Juni 1626 brachte in Japan neun Mitgliedern der Ges. Jes. die Palme des Martyriums, drei europäischen Priestern und sechs Katechisten, meist Japanern. Der hervorragendste darunter war Franz Pacheco aus Portugal, der Provinzialobere und Administrator des Bistums Japan. Zuerst hatte er in Sakai und dann in Nagasaki gewirkt, die Christen im Glauben gestärkt und viele Heiden bekehrt; dann wurde er vertrieben, kehrte aber bald wieder nach Japan zurück. Elf Jahre danach brach eine furchtbare Christenverfolgung aus, so daß er sich in Wäldern und unwirtlichen Bergen aufhalten mußte und nur des Nachts in seiner Gemeinde tätig sein konnte. Dabei fiel er mit den Brüdern Petrus Rinxéi, Kaspar Sadamatzu, Paul Xinzuke, Johann Kiusako in die Hände der Häscher und wurde gefesselt nach Ximbaro geführt. Bald darauf wurde der Priester Johann Bapt. Zola aus Brescia in Italien zugleich mit dem Koreaner Vinzenz Caum ergriffen sowie der Priester Balthassar de Torres, ein Spanier aus Granada, mit Michael Tozo. Alle wurden nach Nagasaki gebracht, die Priester in Sänften, die übrigen auf Reittieren. Mit heiterer Miene und in wunderbarer Geduld gingen sie dem Tode entgegen. Von Zola bezeugen die japanischen Akten, daß er ein eifriger und ausdauernder Arbeiter im Weinberge des Herrn war; echte Tugend und Milde des Herzens waren seine hervorstechendsten Eigenschaften. Von de Torres loben die Akten die Liebe zur Armut, die geduldige Ertragung von Mühen und Leiden und seinen ausgezeichneten Gehorsam; von Bruder Caum dessen Starkmut und Treue, so daß er weder durch Schmeicheleien noch durch Drohungen vom Glauben abwendig gemacht werden konnte. Bei derselben Gelegenheit wurden ebenfalls ergriffen und der gleichen Glorie teilhaftig Mancius Araki und sein Bruder Matthias, ferner drei Männer mit ihren Frauen und dem Knäblein Ludwig; sie alle hatten den Missionären in ihren Häusern Aufnahme gewährt. Den letzten Teil des Weges bis zum Richtplatz legten sie unter frommen Gesprächen zu Fuß zurück, während der kleine Ludwig von einem Soldaten in den Armen und der Leichnam des Mancius, der zwei Tage vorher an Auszehrung und Elend im Kerker verschieden war, von zwei Soldaten auf einem Brette getragen wurde. Auf dem Richtplatz erwartete alle die Todesstrafe, die an den Frauen und dem kleinen Ludwig durch Enthauptung, an den Männern durch langsame Feuerqualen vollstreckt wurde. Die Leiber der Martyrer wurden alle auf dem Scheiterhaufen zu Asche verbrannt, damit sie des christlichen Begräbnisses und der gebührenden Verehrung entbehrten. — 20. Juni (Ges. Jes.).

B. Franciscŭs Taquea *m.* sel. Franz Taquea, zwölfjähriger Mart. in Japan, *s.* B. Camillus Costanzo.

B. Franciscŭs ā Iēsū, sel. Franz von Jesus, Mart., Priester aus dem Aug. O. († 1632).

Er stammte aus Villa-Mediana, Diözese Palencia (Altkastilien). Mit 17 Jahren wurde er Augustiner-Barfüßer. Als Missionar wirkte er in Japan. Während einer Christenverfolgung zu Nagasaki ergriffen, erlitt er mit den sel. Ordensmitbrüdern Bartholomäus Gutiérrez und Vinzenz vom hl. Antonius den Martertod. — 3. September (Aug. O.).

B. Franciscŭs Clet, sel. Franz Clet, Mart. († 1820).

Er wurde in Grenoble (Fkr.) geboren und trat im Alter von 20 Jahren bei den Lazaristen in Lyon ein. Nach der Priesterweihe wirkte er in Annecy (Obersavoyen), wo er sich eine solche Gelehrsamkeit aneignete, daß man ihn die „lebendige Bücherei“ nannte. Als in Paris die Wirren der Revolution und die Auflösung der Ordenshäuser seine Tätigkeit im Dienste der Nächstenliebe hemmten, bat er seine Oberen, ihn nach China zu senden. Dies geschah. Er arbeitete in China fast 30 Jahre lang in verschiedenen Teilen des Landes. Zahlreiche Heiden bekehrte er, ungezählte sterbende Kinder empfingen durch ihn und seine Gehilfen die hl. Taufe. Täglich bat er Gott um die Gnade des Martertums, wobei er die Befürchtung aussprach, es möchten ihn seine Sünden einer solchen Gnade unwert gemacht haben. Seine Bitte wurde aber erfüllt; beim Ausbruch einer Christenverfolgung wurde er durch einen Christen verraten und litt monatelang Unsägliches im Kerker. Endlich starb er durch Erhängung im 72. Lebensjahre. — Leo XIII. nahm ihn im Jahre 1900 mit 76 anderen Martyrern in die Schar der Seligen auf. — 17. Februar (Lazaristen).

Franciscŭs Guilĭelmŭs, ī *m.* Franz Wilhelm, Graf von Wartenberg, Kardinal,

Bisch. von Osnabrück u. Propst von St. Cassius in Bonn, † 1. Dez. 1661.

Francofurtŭm ad Moenŭm (Helenopolis) Frankfurt am Main, St., Preußen (Hessen-Nassau), *ca.* 470 000 Einw.

Francŏgallī, ōrŭm, *m.* die Franzosen.

francŏmūrārĭŭs, ī *m.* Freimaurer.

Francōnĭă, ae *f.* das Land der Franken, *bes.* das Herzogtum Franken.

francŭs, ī *m.* Franc (franz. Münze = 80 Pfg.).

frangĭă, ae *f.* (*ital.*) Franse, Troddel, Puschel.

frangĭbĭlĭs, ĕ brechbar.

frangĭbĭlĭtās, ātĭs *f.* Brechbarkeit.

frangō, frēgī, frāctŭm 3 1. brechen, zerbrechen. 2. beugen, entmutigen, entkräften. 3. bezähmen, überwinden. 4. per medium f. in der Mitte durchbrechen.

frātĕr, trĭs *m.* 1. Bruder. 2. Geschwisterkind, Vetter, *überhaupt* Verwandter. 3. Mitmensch, Mitchrist. 4. Ordensbruder, Laienbruder.

frātercŭlŭs, ī *m.* kleiner Bruder.

frāternĭtās, ātĭs *f.* 1. Brüderschaft, Bruderschaft im kirchl. Sinne. 2. brüderliche Gesinnung, Liebe.

frāternīzō 1 brüderlich tun.

frāternŭs 3 brüderlich, innig befreundet, verwandtschaftlich.

Frātĭcellī, ōrŭm *m.* „Brüderchen", Sekte des 13. Jhdts. mit kommunistischen Ansichten, erstarkte besonders in Italien.

Frātrēs Cellītī Alexĭānī *m.* Alexianerbrüder.

Frātrēs dē Schŏlĭs Christĭānĭs *m.* Schulbrüder.

Frātrēs Mĭnōrēs Conventŭālēs Franziskanerkonventualen.

Frātrēs Mĭnōrēs Observantēs Franziskanerobservanten.

frātrĭcīdă, ae *m.* Brudermörder.

frātrŭēlĭs, ĭs *m.* Vetter (Sohn vom Bruder des Vaters).

fraudābĭlĭs, ĕ trügerisch.

fraudātĭō, ōnĭs *f.* Betrug.

fraudātŏr, ōrĭs *m.* Betrüger, *auch* Teufel.

fraudō 1 1. betrügen, vorenthalten; *pass.*: es wird mir vorenthalten (*Ps.* 77, 30). 2. entziehen, versagen; *von Eheleuten*: sich enthalten.

fraudŭlentĕr *adv.* listig, betrügerisch.

fraudŭlentĭă, ae *f.* Betrug, Betrügerei.

fraudŭlentŭs 3 betrügerisch, voll Hinterlist.

Frauenburgŭm, ī *n.* Frauenburg, St. am Frischen Haff, Preußen (Ostpreußen, Braunsberg), *ca.* 2500 Einw.; Sitz des Bischofs von Ermland.

fraus, dĭs *f.* 1. Betrug, Täuschung. 2. Not, Unglück. 3. Sünde.

fraxĭnŭs, ī *f.* Esche.

Frēdĕrīcŭs, ī *m. s.* Fridericus.

Frĕgellae, ārŭm *f.* (Pontis Curvi ecclesia) Ponte Corvo, St. am Liri, It. (Caserta), *ca.* 5800 Einw.; Bistum vereinigt mit Aquino u. Sora, Sitz in Sora.

frēgŭs, ī *m.* (*ital.*: fregio) Einfassung, Verzierung, Vignette.

1. **Freibergă,** ae *f.* (Friberga) Freiberg, St. am Nordabhang des Erzgebirges, Sachsen (Dresden), *ca.* 30 000 Einw.

2. **Freibergă,** ae *f.* Freiberg, St. im Kuhländchen, Mähren (Neutitschein), *ca.* 4000 Einw.

Fremiot *indecl. s.* Johanna Francisca de Fremiot.

frĕmĭtŭs, ūs *m.* Getöse, Brausen, Rauschen.

frĕmō, ŭī, ĭtŭm 3 1. brausen, lärmen. 2. murren, klagen, drohen.

frĕmŏr, ōrĭs *m.* das Murren.

frendō, ŭī, frēsŭm (frendeo) 3 mit den Zähnen knirschen.

frendŏr, ōrĭs *m.* das Zähneknirschen.

frēnī, ōrŭm *m. s.* frenum.

frēnō 1 1. aufzäumen. 2. zügeln, bändigen, bezähmen. 3. zurückhalten von.

frēnŭm, ī *n. pl.*: frēnă, ōrŭm *n. meist* frēnī, ōrŭm *m.* Zaum, Zügel, Gebiß.

frĕquēns, entĭs 1. zahlreich, häufig. 2. volkreich; oft besucht, stark bewohnt.

frĕquentātĭō, ōnĭs *f.* 1. häufiger Gebrauch, Besuch. 2. Wiederholung einer Feier, häufige Feier. 3. häufiger Verkehr, Umgang.

frĕquentĕr *adv.* oftmals.

frĕquentĭă, ae *f.* zahlreiche Anwesenheit, Versammlung, große Menge.

frĕquentō 1 1. zahlreich oder häufig besuchen. 2. sich zahlreich versammeln. 3. ein Fest feiern.

frĕtŭm, ī *n.* Meerenge, Meeresstraße, Kanal; Flut.

frētŭs 3 vertrauend, bauend.

frĭābĭlĭs, ĕ (von frio) zerbrechlich; zerbröckelt, bröckelnd (*C. j. c.* 1198).

Frībergă, ae *f. s.* 1. Freiberga.

Frīburgēn. (*C. R.*) *s.* Friburgum.

Frīburgĭŭm, ī *n. s.* Friburgum.

Frīburgŭm, ī *n.* (Friburgium, Friburgum Brisgoviae, Fryburgum Brisgoviae) Freiburg i. B. (im Breisgau), St. an der Dreisam, Baden, *ca.* 65 000 Einw.; Erzbischofssitz (für die oberrheinische Kirchenprovinz); *dav.*: **Frīburgēnsĭs,** ĕ.

Frīburgŭm Aventĭcōrŭm *n. s.* Friburgum Helvetiorum.

Frīburgŭm Brīsgŏvĭae *n. s.* Friburgum.

Frīburgŭm Helvētĭōrŭm *n.* (Friburgum Aventicorum) Freiburg, St. in der

Schweiz; katholische Universität, *ca.* 15000 Einw.

frĭcātĭō, ōnĭs *f.* Reiben (Haut-)Abreiben.

Frichorĭŭs, ī *m.* Frichor, irischer Pilger, *s.* S. Richarius.

frĭcō, cŭī, ctŭm u. cātŭm 1 reiben, abreiben.

frictŭs 3 *s.* frico *u.* frigo.

Fridburgă, ae *f.* (Frideburga) Fridburg, Gemahlin des fränkischen Königs Sigebert (7. Jhdt.).

Frideburgă, ae *f.* *s.* Fridburga.

Frīdĕrīcĭānŭs 3 von Friedrich.

B. Frīdĕrīcŭs (ī *m.*) **ā Ratisbōnā**, sel. Friedrich v. Regensburg, Bek. (†1329).

Friedrich von Regensburg (Bayern) trat als Jüngling in den Augustinerorden als Laienbruder ein. In der Stille widmete er sich der innigsten Betrachtung des göttlichen Heilandes im Tabernakel, und als er eines Tages wegen der Beschäftigung beim Holzhacken verhindert wurde, zur hl. Kommunion zu gehen, wurde ihm das Allerheiligste durch einen Engel gebracht. Desgleichen überreichte ihm ein Himmelsbote, als Friedrich gerade im Winter den Altar schmücken mußte, blühende Rosen. Papst Pius X. billigte die Verehrung, die dem Seligen seit langem vom Volke gezollt wurde. — 29. November (Regensburg).

1. **Frīdĕrīcŭs**, ī *m.* Friedrich, Name mehrerer römisch-deutschen Kaiser: **Fr. I. Barbarossa** (reg. 1152—1190), **Fr. II.** (reg. 1215—1250), **Fr. III.** (reg. 1440—1493).

2. **Frīdĕrīcŭs**, ī *m.* Friedrich, Graf zu Isenburg an der Ruhr.

3. **Frīdĕrīcŭs**, ī *m.* Friedrich, Graf von Pfirt (Ferrette, Elsaß) z. Z. des hl. Hugo, Abts v. Cluny.

Frīdĕrīcŭs Gulĭelmŭs, ī *m.* Friedrich Wilhelm, König von Preußen; Fr. W. III. (1797—1840); Fr. W. IV. (1840—1861).

Frīdeslārĭă, ae *f.* (Friedeslar, Fritzlaria) Fritzlar, St. an der Eder, südlich v. Kassel, Preußen (Hessen-Nassau), *ca.* 3500 Einw., 732 Benediktinerkloster; später Chorherrenstift, 1803 aufgehoben.

S. Frīdŏlīnŭs, ī *m.* hl. Fridolin, Bek., Priester aus Irland, Abt († 660).

Er wurde wegen seiner vielen Missionsreisen der Wanderer genannt. Er gelangte u. a. nach Poitiers (Frkr.) und wurde dort Vorsteher des Hilariusklosters. Sowohl an der Mosel als auch in der Schweiz gründete er Klöster. Später ließ er sich in Säckingen, einer Rheininsel bei Basel (Schweiz), nieder, wo er ein Nonnenkloster errichtete. Es wird von ihm erzählt, daß er den reichen Bürger Ursus aus Glarus (Schweiz) von dem Tode erweckt habe, damit er in Rankweil vor dem Landgrafen Baldebert über die Liegenschaften, welche dieser dem Kloster vermacht habe, Auskunft gäbe gegenüber seinem Bruder Landulph, der diese Besitzungen für sich in Anspruch nahm. Fridolin wurde in Säckingen beerdigt. — 5. März: Straßburg; 6. März (Basel, Chur, Freiburg i. B., St. Gallen, Wien).

Friedeslar *indecl.* *s.* Frideslaria.

Friedeslarĭă, ae *f.* *s.* Frideslaria.

1. **Friésă**, ae *f.* Friesen (Elsaß).

2. **Friésă**, ae *f.* ein Ort im Illtale in Vorarlberg.

frīgĕō, īxī 2 1. kalt sein. 2. schlaff oder untätig sein, stocken.

frīgēscō 3 kalt werden, erkalten, erschlaffen, im Glauben nachlassen.

Frīgĭă, ae *f.* *s.* Frisia.

frīgĭdārĭŭm, ī *n.* Kühlraum (im Bade).

S. Frīgĭdĭānŭs, ī *m.* hl. Frigidian, dessen Leib in Lucca (It.) ruht; *s.* S. Richardus.

frīgĭdŭs 3 1. kalt, kühl. 2. matt, schlaff, ohne Eifer.

Frīgĭdŭs Cervŭs, ī *m.* *s.* Cervus Frigidus.

Frīgĭdŭs-Mōns, tĭs *m.* Froimont, ehem. Cistercienserkloster, Fkr., Diözese Beauvais.

frīgō, īxī, īxŭm u. īctŭm 3 dörren, rösten.

frīgŏr, ŏrĭs *m.* *s.* frigus.

frīgŏrĭfĭcŭs 3 kalt, frostig: febris.

frīgŭs, ŏrĭs *n.* (frigor) 1. Kälte, Frost, kaltes Klima. 2. Kälte des Todes *oder* der Furcht. 3. Kühlung, Erfrischung. 4. Lauheit, Gleichgültigkeit.

frĭō 1 zerreiben, abbröckeln, zerbröckeln.

Frīsăcēnsĭs, ĕ *s.* Frisacum.

Frīsăcŭm, ī *n.* Friesach, Marktflecken in Kärnten; *dav.*: **Frīsăcēnsĭs**, ĕ.

Frīsĭă, ae *f.* (Frigia) Friesland, Landschaft, nördlich des Zuidersees, Holland; Westfriesland, Halbinsel westlich des Zuidersees, Holland; Ostfriesland nördlich der Emsmündung, Preußen (Hannover); *dav.*: **Frīsĭŭs** 3 u. **Frīsĭnŭs** 3; Frīsĭī, ōrŭm *m.* u. Frīsŏnēs, ŭm *m.* Friesen.

Frīsĭă occĭdentālĭs *f.* Westfriesland, *s.* Frisia.

Frīsĭă orĭentālĭs *f.* Ostfriesland, *s.* Frisia.

Frīsĭī, ōrŭm *m.* (Frisŏnes) die Friesen, Bew. v. Friesland, *s.* Frisia.

Frīsĭnŭs 3 friesisch, *s.* Frisia.

Frīsĭŭs 3 friesisch, *s.* Frisia.

Frīsingă, ae *f.* (Frisingia) Freising, St. an der Isar, Bayern (Oberbayern), *ca.* 11000 Einw.; ehem. Bischofssitz, 739 vom hl. Bonifatius errichtet; Erzbistum München-Freising, Sitz in München; *dav.*: **Frīsingēnsĭs**, ĕ.

Frīsingĕn. (*C. R.*) *s.* Frisinga.

Frīsingĭă, ae *f.* *s.* Frisinga.

Frīsō, ōnĭs *m.* der Friese, Bew. v. Friesland, *s.* Frisia.

Frīsŏnēs, ŭm *m.* *s.* Frisia.

Fritzlārĭă, ae *f.* *s.* Frideslaria.

frīvŏlŭs 3 wertlos, abgeschmackt; *übtr.*: gemein, leichtfertig; albern, nichtswürdig.

frīxōrĭŭm, ī *n.* Röstpfanne, Tiegel.

frīxŭs 3 gedörrt, geröstet.

frondĕō 2 belaubt sein, grünen, aufblühen.
frondōsŭs 3 voller Laub.
1. **frōns,** ondĭs *f.* Laub, Laubwerk, Kranz: frons petīta (*Hymn. in hon. S. Clementis M. Hofbauer, Mat., Redempt. Propr.*); *pl.*: frondes Laubgewinde (*Hymn.*: Festivis resonent ....)
2. **frōns,** ontĭs *f.* 1. Stirn. 2. Vorderseite. 3. das äußere Aussehen, der Schein.
frontispĭcĭŭm, ī *n.* (*ital.* frontispizio *m.*) 1. Vorderseite; Giebelseite, Frontseite (*Caer. Ep. lib. I cap. XII.* 20). 2. Chor. 3. Titelblatt.
frūctĭfĕr, fĕră, fĕrŭm (frugifer) fruchtbringend; *übtr.*: frischgrün (*Ps.* 51, 10).
frūctĭfĭcātĭō, ōnĭs *f.* das Früchtebringen.
frūctĭfĭcō 1 Frucht tragen, hervorbringen. fruchtbar sein.
frūctŭōsŭs 3 fruchtbar, einträglich, verdienstlich, vorteilhaft.
frūctŭs, ūs *m.* 1. Nutzen, Vorteil, Genuß, Gewinn, Ertrag. 2. die Frucht, Erzeugnisse der Erde. 3. Nachkommenschaft (*Ps.* 20, 11).
frūgālĭs, ĕ wirtschaftlich, sparsam, mäßig.
frūgālĭtās, ātĭs *f.* Mäßigkeit, Einfachheit.
frūgēs, ŭm *f. s.* frux.
frūgī *s.* frux.
frūgĭfĕr 3 *s.* fructifer.
frŭĭtĭō, ōnĭs *f.* Genuß.
frŭĭtīvŭs 3 genießend.
frŭĭtŭs *ptc.* zu fruor.
frūmentātĭō, ōnĭs *f.* Getreideausteilung.
frūmentŏr 1 Getreide holen.
frūmentŭm, ī *n.* Getreide, Korn, *insbes.*: Weizen (*z. B. Ps.* 80, 17; 147, 14).
frŭŏr, frŭĭtŭs u. frūctŭs sŭm 3 genießen.
frūstātĭm *adv.* stückweise.
frūstillŭm, ī *n.* Stückchen, Happen.
frūstō 1 zerstückeln.
frūstrā *adv.* 1. irrtümlich, im Irrtum. 2. vergeblich, erfolglos. 3. ohne Grund, ohne Ursache, leichtfertig. 4. unrechtmäßig.
frūstrātĭō, ōnĭs *f.* Betrug, Täuschung.
frūstrātŏr, ōrĭs *m.* Betrüger.
frūstrātŭs 3 vereitelt (*C. j. c.* 2212).
frūstrō 1 (frustror) täuschen, hintergehen; vereiteln, aufheben: veritatem.
frūstrŏr 1 *s.* frustro.
frūstŭlŭm, ī *n.* ein winziges Stück; ein Bißchen.
frūstŭlŭs 3 winzig, klein.
frūstŭm, ī *n.* Stückchen, Brocken, Bissen.
frŭtētŭm, ī *n.* Zweigwerk, Gebüsch.
frŭtex, ĭcĭs *m.* Strauch, Gestrüpp.
frŭtĭcōsŭs 3 buschig, staudig.
frūx, frūgĭs *f.* 1. Frucht, Feldfrucht, Baumfrucht. 2. gute Früchte, gute Wirkung, reicher Ertrag. 3. moralische Tauglichkeit. 4. *dat.*: frugī *als adj.* tauglich, brav, bieder.
F. S. C. = Fratres de Scholis Christianis Schulbrüder, gegr. 1680.
F. S. M. = Fratres de Societate Mariae Maristen, gegr. 1817.
F. S. V. P. = Fratres S. Vincentii Pauli Brüder v. hl. Vinzenz v. Paul, gegr. 1845.
F. Ss. C. = Fratres Sanctissimi Cordis Jesu de Verona Söhne vom heiligsten Herzen Jesu, gegr. 1867.
fūcātĭō, ōnĭs *f.* das Schminken.
fūcātŭs 3 geschminkt; *übtr.*: verfälscht.
fūcō 1 färben, schminken.
fūcōsŭs 3 unecht.
1. **fūcŭs,** ī *m.* (φῦκος) 1. Purpurfarbe, Purpur. 2. rote Schminke, falscher Aufputz; angenommener Schein, Trug (*Hymn.*: *Laudes Fer. IV.*).
2. **fūcŭs,** ī *m.* männliche Brutbiene, Drohne; Wespe.
fŭgă, ae *f.* Flucht, das Entrinnen, Verwirrung, der schnelle Lauf; in fugam convertere in die Flucht schlagen.
Fŭgă D. N. J. C. in Aegyptŭm Gedächtnis der Flucht U. H. J. C. nach Ägypten, 17. Febr.
Fŭgātĭŭs, ī *m.* Fugatius, Missionar in Britannien während des 2. Jhdts.
fŭgātŏr, ōrĭs *m.* Vertreiber, Verjager.
fŭgāx, ācĭs flüchtig, vergänglich.
fŭgĭō, fūgī, fŭgĭtūrŭs 3 1. fliehen, entlaufen, landesflüchtig werden. 2. verschwinden, entschwinden, vergehen. 3. von jemand oder etwas fliehen, zu meiden suchen; die Person nach dem Vorbild des Hebr. oft durch a facie ausgedrückt: fugerunt a facie eius. 4. entfliehen, entkommen. 5. *unpers.*: es ist unbekannt, es bleibt unbeachtet, unerwähnt.
1. **fŭgĭtīvŭs** 3 flüchtig.
2. **fŭgĭtīvŭs,** ī *m.* Flüchtling, Ausreißer (*C. j. c.* 2386).
fŭgō 1 in die Flucht schlagen, vertreiben, verjagen.
fulcīmĕn, ĭnĭs *n.* (fulcimentum) Stütze, Pfeiler.
fulcīmentŭm, ī *n. s.* fulcimen.
fulcĭō, fulsī, fultŭm 4 stützen, unterstützen, aufrechterhalten; fulcīte me floribus erquicket mich mit Blumen.
fulcrŭm, ī *n.* 1. Stütze, Gestell, Geländer (3. *Kön.* 10, 12). 2. Ruhelager.
Fuldă, ae *f.* (Fuldense coenobium, Fuldense monasterium, S. Bonifacii mon., Fulta) Fulda, St., Preußen, Hessen-Nassau, *ca.* 20 000 Einw.; Bischofssitz (seit 8. Jhdt.), Suffr. v. Mainz; der hl. Bonifatius ließ durch seinen Schüler, den Abt Sturmi, i. J. 744

eine berühmte Klosterschule gründen; *dav.*: **Fuldēnsĭs,** ĕ.
Fuldēn. (*C. R.*) *s.* Fulda.
Fuldēnsĕ coenŏbĭŭm, ī *n.* *s.* Fulda.
Fuldēnsĕ mŏnastērĭŭm, ī *n.* *s.* Fulda.
fulgēns, entĭs, *compar.*: fulgentĭŏr, strahlend, herrlich.
S. Fulgentĭŭs, ī *m.* hl. Fulgentius, Bek. u. Bischof v. Ruspe und berühmter Kirchenschriftsteller, † 533.

Er wurde 468 zu Telepte in Nordafrika geboren. Seine Eltern Claudius und Mariana gehörten einem berühmten Senatorengeschlechte zu Karthago an. Mit reichen Geistesgaben ausgestattet, wurde er sehr früh Obersteuereinnehmer seiner Vaterstadt. Doch bald trat er in das Kloster zu Bycazeno ein, das der Bischof Faustus erbaut hatte. Er führte dort ein strenges Leben. In der damaligen arianischen Christenverfolgung mußte er fliehen und begab sich nach Rom. Um 500 kehrte er nach Afrika zurück, erbaute ein Kloster, wurde Priester und wider seinen Willen Bischof von Ruspe (j. Alfaquez bei Tunis). Allein seine Erhebung auf den bischöflichen Stuhl war gegen den Befehl des Vandalenkönigs Trasamund, keine katholischen Bischöfe zu wählen. Er wurde mit 60 anderen afrikanischen Bischöfen nach Sardinien verbannt. 515 wurde er jedoch zu dogmatischen Verhandlungen nach Karthogo berufen. Hier wirkte er eifrig für den katholischen Glauben, bis ihn 519 die Umtriebe der Arianer abermals nötigten, nach Sardinien in die Verbannung zu gehen. Unter dem milden Hilderich 523 zurückgekehrt, waltete er noch zehn Jahre in Frieden seines Hirtenamtes. Er kämpfte in Schriften erfolgreich gegen den Arianismus der Vandalen und gegen die Semipelagianer. — 2. Januar (Aug. O.).

fulgĕō, fulsī 2 1. blitzen, glänzen, strahlen. 2. prangen, sich hervortun. 3. ausgezeichnet sein mit, eine Würde bekleiden. 4. fulserit = fulgens advenerit (*Hymn. Laud. Dom. I. Adv.* 4).
fulgĭdŭs 3 blitzend, schimmernd.
Fulgĭnās, ātĭs *m.* Einw. v. Foligno, *s.* Fulginium.
Fulgĭnātēn. (*C. R.*) *s.* Fulginium.
Fulgĭnĭă, ae *f.* *s.* Fulginium.
Fulgĭnĭŭm, ī *n.* (Fulginia) Foligno, St. It. (Perugia), *ca.* 9000 Einw.; Bischofssitz, exempt.; *dav.*: Fulgĭnās, ātis *subst.* u. *adj.*; **Fulgĭnātēnsĭs,** ĕ.
fulgŏr, ōrĭs *m.* Glanz, Schimmer, Ruhm, Auszeichnung.
fulgŭr, ŭrĭs *n.* Blitz.
fulgŭrātĭō, ōnĭs *f.* das Blitzen, das Wetterleuchten.
fulgŭrō 1 blitzen, leuchten lassen: coruscationem.
fŭlĭcă, ae *f.* Wasserhuhn, Bläßhuhn.
Fūlĭŭm, ī *n.* Les Feuillans, ehem. Cistercienserkloster, Fkr., Diöz. Toulouse.
Fulcō, ōnĭs *m.* Fulko, Bisch. v. Krakau (12. Jhdt.).
Fullēnŭs, ī *m.* Fullenus, Bruder des hl. Fursakus, Mönch im Kloster Vasne an der Sambre, Fkr. (7. Jhdt.).
fullō, ōnĭs *m.* Walker, Tuchbereiter.
fulmĕn, ĭnĭs *n.* Blitz.
fulmĭnātĭō, ōnĭs *f.* das Blitzen, der Blitz.
fulmĭnātŏr, ōrĭs *m.* der Blitzschleuderer.
fulmĭnātrīx, īcĭs blitzeschleudernd, legio fulm. (wegen der schimmernden Schilde).
fulmĭnātŭs 3 wie vom Blitz getroffen.
fulmĭnō 1 blitzen, schleudern.
Fultă, ae *f.* *s.* Fulda.
fultūră, ae *f.* Stütze.
fultŭs 3 (von fulcio) gestützt.
fulvŭs 3 rötlich gelb, braungelb, dunkelgelb; blond, falb; farbig, bunt.
fūmārĭŭm, ī *n.* Rauchfang, Kamin (*Os.* 13, 3).
fūmĕŭs 3 (fūmĭdus) rauchig.
fūmĭdŭs 3 *s.* fūmeus.
fūmĭgābundŭs 3 rauchend, dampfend.
fūmĭgō 1 1. *intr.* rauchen, dampfen, qualmen. 2. *trans.*: räuchern. 3. Rauchwerk anzünden.
fūmō 1 rauchen, dampfen.
fūmōsŭs 3 voll Rauch, rußig.
fūmŭs, ī *m.* Rauch, Duft, Dampf.
fūnālĕ, ĭs *n.* 1. Strick, Schnur. 2. Fackel, Wachsfackel. 3. fackelartiger Leuchter, Kandelaber.
fūnālĭs, ĕ zu einem Seile oder Stricke gehörig; aus einem Stricke gemacht.
Funchalēn. (*R. C.*) *s.* Funchalĭa.
Funchalĭă, ae *f.* Funchal, Hauptst. von Madeira, portugiesische Insel im Atlant. Ozean, *ca.* 22 000 Einw.; Bischofssitz (seit 1514), Suffr. v. Lissabon; *dav.*: **Funchalēnsĭs,** ĕ.
fūnctĭō, ōnĭs *f.* Verrichtung, Ausführung; Amtshandlung: peragere (vornehmen).
fūnctŭs 3 *ptc.* zu fungor; vitā functus abgestorben, abgeschieden.
fundă, ae *f.* Schleuder.
fundāmentālĭs, ĕ von Grund auf, grundlegend; zum Grunde gehörig.
fundāmentŭm, ī *n.* 1. Grund, Grundlage. 2. Grundlegung, Grundanschauung, Grundsatz.
Fundānă cīvĭtās, ātĭs *f.* *s.* Fundi.
fundātĭō, ōnĭs *f.* 1. Gründung. 2. kirchliche Stiftung.
fundātŏr, ōrĭs *m.* Gründer, Stifter (eines Ordens, Klosters usw.).
Fundātōrēs (Sancti septem) Ordinis Servorum B. M. V. die 7 hl. Gründer des Servitenordens im 13 Jhdt. in Florenz; 11. Febr.
fundātrīx, īcĭs *f.* Stifterin.
fund tŭs 3 (*s.* 1. fundo) fest, dauerhaft.
Fundī, ōrŭm *m.* (Fundana civitas) Fondi, St. It. (Caserta), *ca.* 10 000 Einw.; Bistum (seit 5. Jhdt.), 1818 mit Gaëta vereinigt.
fundĭbŭlārĭŭs, ī *m.* Schleuderer (von Steinen).
fundĭtŏr, ōrĭs *m.* Schleuderer, Werfer.

fundĭtō 1 hinschleudern; hinschicken.
fundĭtŭs *adv.* von Grund aus, völlig, gänzlich.
1. **fundō** 1 gründen, begründen, befestigen; stiften; missa fundāta gestiftete Messe, Stiftmesse (*C. j. c.* 826); *pass.* sich gründen, beruhen auf (*abl.*).
2. **fundō,** fūdī, fūsŭm 3 1. gießen, ausgießen, vergießen. 2. ausschütten. 3. ausbreiten, verbreiten. 4. schleudern. 5. entströmen lassen; fundere preces: Gebete verrichten. 6. verschwenden.
fundŭs, ī *m.* Boden, Grundstück, Landgut.
fūnĕbrĭă, ĭŭm *n.* Leichenbegängnis, Leichenfeierlichkeiten.
fūnĕbrĭs, ĕ (funereus) 1. das Leichenbegängnis betreffend; pallium fūnĕbre Leichengewand. 2. verderblich, todbringend.
1. **fūnĕrārĭŭs** 3 das Begräbnis betreffend; Begräbnis-.
2. **fūnĕrārĭŭs,** ī *m.* Leichenbesorger.
fūnĕrĕŭs 3 *s.* funebris; crux funĕrĕa: Todeskreuz.
fūnĕrō 1 u. **fūnĕrŏr** 1 bestatten.
fūnestŭs 3 1. mit Blut, Mord befleckt. 2. verderblich, mörderisch.
fungĭbĭlĭs, ĕ 1. für den Handel bestimmt; gewinnbringend. 2. vertretbar; durch eine andere Sache oder einen anderen Gegenstand der gleichen Art ersetzbar; res fungibilis eine vertretbare Sache (z. B. ein Laib Brot, der entliehen u. durch einen anderen Laib Brot zurückgegeben wird) *C. j. c.* 1543.
fungŏr, fūnctŭs sum 3. 1. verrichten, verwalten, vollbringen. 2. überstehen: vitā = sterben. 3. leisten, entrichten.
fungŭs, ī *m.* (σφόγγος) Schwamm; Pilz.
fūnĭcŭlŭs, ī *m.* (*Deminutiv von:* funis) 1. dünnes Seil, Band, Meßschnur; sors et funiculus das Los der Meßschnur, der Anteil, das zugemessene Stück Land (*Deut.* 32, 9); tendere funiculum die Meßschnur ausspannen (zum Vernichten alles dessen, was damit ausgemessen wurde: *Thren.* 2, 8). 2. das Geflochtene, die geflochtene Matte; die Ruhestätte, das Ruhelager (ὁ u. ἡ σχοῖνος: 1. Binse. 2. Geflochtenes, Matte); semitam meam et funiculum meum investigasti meinen Pfad und meine Ruhestätte prüfest du; du weißt, wo ich gehe u. stehe, beobachtest mich immer und überall (*Ps.* 138, 3). 3. Band, Rand, Saum; funiculus maris: Meeressaum, Meeresküste (*Soph.* 2, 5).
fūnĭs, ĭs *m.* Seil, Tau, Strick; Gürtel; *übtr. im pl.*: Meßschnur, Los: funes ceciderunt mihi in praeclaris: das Los fiel mir auf herrliches Land (*Ps.* 15, 6).
fūnŭs, ĕrĭs *n.* 1. Leichenzug, Bestattung. 2. Leichnam, Leiche. 3. Untergang, Verderben, Tod.
fūr, fūrĭs *m.* u. *f.* Dieb, Diebin.
Fūră, ae *f.* (Fura ducis), Tervueren. Ort, Belgien, (Brabant).
fūrāx, ācĭs diebisch.
furcă, ae *f.* zweizackige Gabel; Gabelkreuz (ein Strafwerkzeug, das getragen werden mußte).
fŭrĭă, ae *f.* Wut, Raserei, Leidenschaft.
fŭrĭālĭs, ĕ 1. wütend. 2. gräßlich, schrecklich.
fŭrĭbundŭs 3 wütend.
fŭrĭō 1 wütend machen; *auch intr.*: wüten (oft: furio 4).
fŭrĭōsŭs 3 wütend, rasend, unsinnig.
Furnesĭŭm, ī *n.* Veurne, Ort, Belgien (Westflandern).
furnŭs, ī *m.* Ofen, Backofen, Backhaus; Hüttenofen (für Erzschmelze) (*Ex.* 8, 3).
fŭrō 3 wüten, rasen.
1. **fŭrŏr,** ōrĭs *m.* 1. Wut, Leidenschaft; ira furoris Aufgeblasenheit; Verstocktheit. 2. Verzückung, Begeisterung. 3. Kummer, Gram (*Ps.* 6, 8). 4. Gift (*Ps.* 57, 5).
2. **fūrŏr** 1 stehlen.
fūrtĭm *adv.* verstohlen, heimlich.
fūrtīvŭs 3 heimlich, geheim.
fūrtŭlŭm, ī *n.* unbedeutender Diebstahl, Betrug.
fūrtŭm, ī *n.* 1. Diebstahl, Entwendung. 2. das gestohlene Gut, Raub.
fūruncŭlŭs, ī *m.* kleiner Dieb, elender Spitzbube.
furvŭs 3 kohlschwarz, rabenschwarz, finster (*Gen.* 30, 32. 33).
fuscĭnŭlă, ae *f.* kleine dreizackige Gabel.
fuscŭs 3 dunkel, schwärzlich.
fūsē *adv.*: 1. ausgebreitet. 2. zwanglos, ausführlich, breit.
fūsĭlĭs, ĕ geschmolzen, flüssig.
fūsĭō, ōnĭs *f.* Guß, Ausguß, Ausfluß.
fūsĭŭs *adv.* (*comp. von:* fuse) ausführlicher, breiter.
Fusniacŭm, ī *n.* Fiogny, ehem. Cistercienserkloster, Fkr., Diöz. Soissons.
fūsōrĭŭs 3 zum Gießen dienend; den Erzguß betreffend, Gußofen: fornax.
Füssen *indecl. s.* Fauces.
fūstĭs, ĭs *m.* Knüppel, Prügel, Stock.
fūstŭārĭŭm, ī *n.* Prügelstrafe, Züchtigung mit Ruten.
fūsūră, ae *f.* das Gießen, Schmelzen, Guß.
1. **fūsŭs,** ī *m.* Spindel (*Prov.* 31, 19).
2. **fūsŭs** 3 1. gezogen, hingestreckt. 2. losgelassen, frei herabfallend. 3. weitläufig, ausführlich.

fūtĭlĭs, ĕ u. **fūttĭlĭs,** ĕ unzuverlässig, eitel, nichtig.

fūt(t)ĭlĭtās, ātĭs *f.* eitle, unnütze Reden, leeres Geschwätz.

1. **fŭtŭō** 1 *s.* 2. futuo.

2. **fŭtŭō,** ŭī, ūtŭm 3 (futuo 1) beschlafen, schwängern.

fŭtūră, ōrŭm *n.* zukünftige Dinge, Zukunft.

fŭtūrĭbĭlĭs, ĕ, in der Zukunft möglich.

fŭtūrĭtĭō, ōnĭs *f.* das künftige Dasein.

fŭtūrĭm, ī *n.* Zukunft.

fŭtūrŭs 3 künftig, zukünftig.

Fuxĭmă, ae *f.* Fuxima, St., Japan (*Prop. Soc. Jes.* 22. Mai).

G.

Gaal *indecl. m.* (*hebr.*: Entweihung, Verabscheuung) Gaal, Israelit in Sichem, ein Sohn Obeds; Gegner des Richters Abimelech, des Sohnes Gedeons (12. Jhdt. v. Chr.).

Gaas *indecl.* (*hebr.*: das Schwanken?) Gaas 1. ein Berg, ein Teil des Gebirges von Ephraim in der Nähe von Timnath-Serah, Pal. (*Jos.* 24, 30). 2. ein Wildbach u. dessen Tal; Nachale-Gaas (Nachle-Gaasch) Gaasbäche.

Gaba *indecl. s.* 1. Gabaa 1. (*Is.* 10, 29).

1. **Gabaa** *indecl.* (*hebr.*: Hügel) Gabaa 1. (Gaba) Leviten-St., Pal. (Benjamin), Geburts- u. Wohnort Sauls. 2. Ort südöstl. von Hebron Pal. (Juda). 3. ein Hügel oder Berg in Pal. bei Kariathiarim, wo David die Bundeslade abholte (1. *Kön.* 7, 1).

2. **Gabaa** *indecl. m.* (*hebr.*: Hügel) Gabaa, Israelit, Sohn des Sue.

Gabaath *indecl.* (*hebr.*: Hügel) Gabaath, St. westlich von Jericho, nördlich von Jerusalem, Pal. (Benjamin), *j.*: Dscheba.; *dav.*: **Gabaathītēs,** ĭs *m.* Einw. von Gabaath.

Gabaathītēs, ĭs *m. s.* Gabaath.

Gabaë *indecl.* (*hebr.*: Hügel) *s.* 1. Gabaa 1 (Benjamin).

Gabea *indecl. s.* 1. Gabaa 1 (Benj.).

Gabaon *indecl.* (*hebr.*: Gibon, Hügelgebiet) Gabaon 1. St., 2½ Stunden nördl. von Jerusalem, Pal. (Benjamin), *j.*: El-Dschîb, ein Dorf mit *ca.* 500 Einw. 2. ein Gedächtnisstein bei Gabaon (2. *Kön.* 20, 8). 3. ein Tal bei Gabaon, wo Josue einen glänzenden Sieg erfocht (*Jos.* 10, 112); *dav.*: Gabaonītae, ārŭm *m.* Bew. v. Gabaon.

Gabaonītae, ārŭm *m. s.* Gabaon.

Gabathon *indecl.* (*hebr.*: Gibethon, Gebbethon: höckerig?) Gabathon, Levitenst. Pal. (Dan); *vielleicht das heutige*: Kibbia, nordöstl. von Lydda.

Gabbatha *indecl.* (*aram.*: Erhöhung, Rücken, Hügel) Gabbatha, die mit Marmorplatten gepflasterte Gerichtsstätte des römischen Statthalters oder Prokurators vor dem Prätorium in Jerusalem (*Jo.* 19, 13).

Gabee *indecl. s.* 1. Gabaa 1 (Benjamin).

Gabel *indecl. m. s.* Gabelus.

Gabelŭs, ī *m.* (Gabel) Gabel, Israelit, Vetter des Tobias in der medischen Stadt Rages (*Tob.* 1, 16; 9, 8).

Gaber *indecl. m.* (*hebr.*: Mann) Gaber, Amtmann des Königs Salomon in Galaad, Sohn des Uri.

Gabil(l)onēnsĭs ăgĕr, grī *m. s.* Cabillonensis pagus.

Gabim *indecl.* (*hebr.*: Zisternen) Gabim, Ort unweit Jerusalems (*Is.* 10, 31).

1. **S. Găbīnŭs,** ī *m.* hl. Gabin, Mart. († 2. Jhdt.).

Ueber seine Lebensschicksale ist nur bekannt, daß sein hl. Leib von Sardien, wo er zu Torres gemartert worden war, auf Veranlassung Papst Gregors III. nach Rom gebracht wurde. — 30. Mai.

2. **S. Găbīnŭs,** ī *m.* hl. Gabin, Mart., Bruder und Martergenosse des hl. Papstes Caius aus Dalmatien, † 298, 19. Februar.

B. Găbīnŭs, ī *m.* (Gabinius) sel. Gabin, Mönch zu Salzburg (8. Jhdt.).

Gabriel, ēlĭs *m.* (*hebr.*: Mann Gottes) Gabriel, einer der Erzengel, 24. März.

Gad *indecl. m.* (*hebr.*: Glück) Gad 1. der 7. Sohn des Patriarchen Jakob. 2. der nach ihm benannte Stamm der Juden u. sein Gebiet östlich vom Jordan, links u. rechts vom Jabbok. 3. ein Prophet z. Z. Davids. 4. Gad u. Meni, heidnische Gottheiten „Glücksgott“ und „Schicksalsgöttin“ (?), denen die Israeliten Opfer darbrachten (*Is.* 65, 11).

Gadără, ae *f.* Gadera 1. St. in der Dekapolis (im Zehnstädtegebiet) in der Landschaft Peräa, *j.*: Es-Salt. 2. St. in der Dekapolis in der Landschaft Galaaditis; *dav.*: **Gadarēnsĭs,** ĕ.

Gadarēnsĭs, ĕ *s.* Gadara.

Gaddel *indecl. m.* (*hebr.*: Geddel, Jeddel = Er [Gott] hat groß gemacht) Gaddel, ein Nathinäer, dessen Nachkommen mit Zorobabel aus dem babyl. Exil zurückkehrten.

1. **Gaddi** *indecl. m.* (*hebr.*: Anteil, Glück ist Jahwe) Gaddi, einer der israelitischen Kundschafter aus dem Stamme Manasse, die Moses ins gelobte Land sandte.

2. **Gaddi** *indecl.* (*hebr.*: Anteil, Glück ist Jahwe) Gaddi, St. Pal. (Gad).

Gaddis *indecl. m.* (Gaddias) (*hebr.*: Anteil, Glück ist Jahwe) Gaddis, Beiname des Makkabäers Johannes.

Gadditae, ārŭm *m.* Gadditen, Nachkommen des Gad.

Gader *indecl.* (*hebr.*: Mauer) Gader, frühere Königsstadt, Pal.

Gaderoth *indecl.* (*hebr.*: Hürden, Mauern) Gaderoth, St. Pal. (Juda).

Gādēs, ĭŭm (*acc.* ēs u. īs) *f.* (Γάδειρα) Cadix, St. an der Südwestküste von Spanien, Bischofssitz (seit 1267), Suffr. v. Sevilla; der Bischof von Cadix ist zugleich ständiger apostolischer Administrator von Ceuta; *dav.*: **Gādītānŭs** 3.

Gadgad *indecl.* (*hebr.*: Hor-haggidgad?) ein Berg in der Wüste Pharan, Lagerplatz der Israeliten auf dem Wüstenzuge.

Gadi *indecl. m.* (Gadis) (*hebr.*: Anteil, Glück ist Jahwe) der Gaditer, aus Gad oder Baal-Gad, Ort am Fuße des Hermon.

Gadis *indecl. s.* Gadi.

Gadītae, ārŭm *m. s.* Gadditae.

Gādītān. (*C. R.*) *s.* Gades.

1. **Gādītānŭs** 3 aus Cadix, *s.* Gades.

2. **Gādītānŭs,** ī *m.* Bew. von Cadix, *vgl.* Gades.

Gador *indecl.* (Gedor; *hebr.*: Mauer?) 1. Gador, Ort im Süden des Gebirges Juda. Pal. (Juda). 2. *richtig*: Gerar: 1. *Par.* 4, 39.

Gaelŭm, ī *n.* Ghé, ehem. Abtei, Fkr. (Ile-et-Vilaine).

B. Franciscŭs Isidōrŭs Gagelin, sel. Franz Isidor Gagelin, Mart. († 1838).
Schon als Subdiakon eilte er nach Cochinchina, wo er Priester wurde und später das Amt eines Generalvikars versah. Er mußte sich beim Ausbruche der Verfolgung lange Zeit in Höhlen verbergen. Er wurde ergriffen und am Pfahle erdrosselt. — 3. September. (*Vgl.*: B. Johannes Gabriel Dufresse) (Metz).

Gaham *indecl. m.* (*hebr.*: Glut, Glühender) Gaham, Sohn des Nachor, des Bruders des Abraham u. seiner Nebenfrau Roma.

Gaher *indecl.* (*arab.* (?) Dschachr: tiefe Höhle) Gaher, Nathinäer, dessen Nachkommen aus dem babyl. Exil zurückkehrten.

Gailă, ae *f.* (Gayla, Geilana, Geylana) Gaila, Schwägerin des fränkischen Herzogs Gosbert von Würzburg (7. Jhdt.).

S. Gairīnŭs, ī *m.* hl. Gairin, Mart., († 7. Jhdt.), 2. Okt.
Er war ein Bruder des hl. Leodegar (*s. dens.*) und wurde wie dieser vom Hausmeier Ebroinus getötet.

1. **Gāiŭs,** ī *m.* Gaius 1. ein Makedonier, Gefährte des hl. Paulus in Ephesus (*Apg.* 19, 29). 2. ein Freund des hl. Paulus aus Derbe, vielleicht der gleiche, an den der hl. Apostel Johannes seinen 3. Brief schrieb (*Apg.* 20, 4). 3. ein Korinther, vom hl. Paulus bekehrt (*1. Cor.* 1, 14).

2. **Gāiŭs,** ī *m.* (Caius) Gaius, ein Christ, an den der hl. Apostel Johannes seinen dritten Brief schrieb; *vgl.*: 1. Gaius 2.

Galaad *indecl.* (*hebr.*: Gilead; *arab.*: Dschalad = hart, rauh) Galaad, Landschaft im Ostjordanlande und rauhes Gebirge, nordöstlich vom Toten Meere u. südlich vom Jabbok. Hauptsächlich umfaßte es das Gebiet des Stammes Gad, doch wurde der Name Galaad auch auf das Gebiet der Stämme Manasse u. Ruben ausgedehnt; nach der hl. Schrift war Machir der erste Besiedler (Vater) vom Lande Galaad, (Galaad ist nur Land-, nicht Personenname!); später wurde die Landschaft **Galaaditis** (-is *f.*) genannt und war ein Teil des Freienstädtegebietes (Dekapolis u. anderer freier Städte); *dav.*: **Galaadītă,** ae *m.* Bew. von Galaad.

Galaadītă (-es), ae *m.* Bew. v. Galaad.

Galaadītĭs, ĭs (*acc.* im) *f. s.* Galaad.

Gălaecĭă, ae *f.* (Galatia, Gallacia, Gallecia, Gallicia, Gallicium) Galizien, Landschaft u. ehem. Königreich in Nordwestspanien.

Galal *indecl.* (*hebr. richtig*: gedaljah groß ist Jahwe) 1. Levit, Sohn des Micha. 2. angeblich Sohn des Idithun (1. *Par.* 9, 16).

Galalai *indecl.* (*zweifelhafter Name*: 2. *Esdr.* 12, 36) angebl. jüdischer Priester bei der Tempelweihe.

Gălătae, ārŭm *m.* (Γάλαται, *jüngere griech. Form für*: Κελτοί *oder* Κέλται die Kelten oder Gallier?) Galater, keltische Völkerschaft, die sich in Kleinasien niederließ.

1. **Gălătĭă,** ae *f.* Galatien, ehem. Landschaft u. römische Provinz in Kleinasien.

2. **Gălătĭă,** ae *f. s.* Galaecia.

Gălătĭă Celtĭcă, ae *f.* keltisches Galatien, Gegend am Rhein (Proprium von Limburg, 27. Juni).

Gălătĭcŭs 3 galatisch, in Galatien (*Apg.* 18, 23).

galbănŭm, ī *n.* (galbanus) (χαλβάνη) Galban, ein syrisches Harz von scharfem Geschmack.

galbŭs 3 grüngelb.

gălĕă, ae *f.* Helm.

gălĕātŭs 3 behelmt: lepus; schutzwehrbietend.

Gălĕrĭŭs Măxĭmĭānŭs, ī *m.* Galerius Maximian, röm. Kaiser (305 bis 311).

gălērŭs, ī *m.* 1. Fellkappe, Mütze; Hut: cardinalitius. 2. Perücke.

Gălĕsĭmŭs, ī *m.* Galesimus, Abt, Verfasser eines Martyrologiums.

Galgal *indecl. s.* Galgala.

Gálgala *indecl.* (Galgal) (*hebr.*: Kreis) Galgala, 1. eine alte kanaanitische Königsstadt in Samaria, vielleicht das heutige Dschildschilja, südwestlich von Seilun, dem alten Silo. 2. Ort in der Nähe von Bethel, unter Elias u. Elisäus Sitz einer Prophetenschule, südwestlich von Jericho, Pal. (Juda), *j.*: Dschildschulija.

1. **S. Galgānŭs,** ī *m.* hl. Galgan, Cist., Bekenner († 1181).

Er war in der Stadt Siena geboren. Zweimal wurde er vom hl. Erzengel Michael aufgefordert, in den Dienst Christi zu treten und zum dritten Mal, als er sich gerade auf der Brautschau befand. Da stürzte sein Pferd, und obgleich er ihm die Sporen gab, ging es nicht weiter. Dadurch tief erschüttert, führte er seine Braut zur Jungfräulichkeit und gelobte selbst, sich im Orden von Cîteaux durch die drei Gelübde zu heiligen. Er gelangte zu so großer Heiligkeit, daß ihn Gott durch die Gabe der Weissagung und der Gewalt über die Besessenen verherrlichte. Zum Empfange des ewigen Lohnes wurde er von Gott gerufen mit den Worten: Du hast nun genug gewirkt, ernte nun, was du gesät hast. — 3. Dezember (Cist. Ord.).

2. **S. Galgānŭs,** ī *m.* San Galgano, ehem. Cistercienserkloster in Apulien, It.

Galilaeă, ae *f.* (*hebr.*: Haggalil = Kreis, Bezirk) Galiläa, Landschaft in Nordpalästina; *dav.*: **Galilaeī,** ōrŭm *m.* Bewohner des Landes.

1. **Galilaeŭs,** ī *m.* Galiläer, Bew. von Galiläa (*Marc.* 14, 70).

2. **Galilaeŭs** 3 galiläisch.

S. Gallă, ae *f.* hl. Galla, Witwe; sie lebte an der Durance (Fkr.) als Einsiedlerin (6. Jhdt.); 5. Okt.

Gallă Plăcĭdĭă, ae *f.* Galla Plazidia. Gemahlin des weström. Kaisers Valentinian II., Schwester des Kaisers Honorius.

Gallăcĭă, ae *f. s.* Gallaecia.

Gallēcĭă, ae *f. s.* Gallaecia.

Gallēn. (*C. R.*) *s.* Gallum.

Gallĕsīn. (*C. R.*) *s.* Gallesium.

Gallĕsĭŭm, ī *n.* Gallese, St., It., Bistum (seit 8. Jhdt.), wurde 1805 mit den beiden Diözesen Cività Castellana (Civitatis Castellanae) u. Orte (Hortana) vereinigt; *dav.*: **Gallĕsīnŭs** 3.

Gallī, ōrŭm *m.* die früheren Bewohner des heutigen Frankreich, Gallier.

S. Gallī (*C. R.*) *s.* 2. S. Gallus.

S. Gallī fānŭm, ī *n. s.* 2. S. Gallus.

Gallĭă, ae *f.* Gallien, Frankreich; *dav.*: **Gallĭcŭs** u. **Gallĭcānŭs** 3.

Gallĭă Sēquănōrŭm *f.* die Franche Comté, Landschaft (Fkr.).

Gallĭă transpădānă, ae *f.* das heutige Oberitalien, nördlich des Po.

Gallĭcānismŭs, ī *m.* der Gallikanismus, das sind die sog. gallikanischen Freiheiten, die die Kirche Frankreichs in vier Artikeln weitgehend unter die weltliche Obrigkeit im Gegensatz zu den päpstlichen Forderungen stellten.

Gallĭcānŭs 3 gallikanisch (*vgl.*: Gallicanismus).

S. Gallĭcānŭs, ī *m.* hl. Gallikan, Mart. unter Julian Apostata, 25. Juni.

Gallĭcĭă, ae *f. s.* Gallaecia,

Gallĭcĭŭm, ī *n. s.* Gallaecia.

Gallĭcŭs 3 gallisch, *s.* Gallia.

Gallĭēnŭs, ī *m.* Gal(l)ien, heidnischer röm. Kaiser (259—268).

1. **Gallim** *indecl.* (*hebr.*: [Stein]haufen) Gallim, Ort, nördlich von Jerusalem, Pal. (Benjamin), vielleicht das heutige Tellilia, nordwestlich von Scopus (Schafat).

2. **Gallim** *indecl.* (*hebr.*: Eglaim; Agolla) Gallim, Ort an der Südspitze des Toten Meeres (*Js.* 15, 8).

gallīnă, ae *f.* Henne, Huhn.

gallīnācĕŭs 3 (gallinacius) zu den Hühnern gehörig, von Hühnern, hühnerartig Hühner-: ovum.

gallīnācĭŭs 3 *s.* gallinaceus.

Gallĭō, ōnĭs *m.* Markus Annäus Novatus Gallio, Bruder des Philosophen Annäus Seneka, Statthalter (Prokonsul) in Griechenland (um 50 n. Chr.; *Apg.* 18, 12).

Gallĭpŏlĭs, ĭs *f.* Gallipoli, Hafenst. am Meerbusen von Tarent, It. (Lecce), *ca.* 8000 Einw.; Bischofssitz (6. bis 8. Jhdt. u. seit 11. Jhdt.), Suffr. v. Otranto; *dav.*: **Gallĭpŏlĭtānŭs** 3.

Gallĭpŏlĭtān. (*C. R.*) *s.* Gallipolis.

Gallovidĭă, ae *f.* Galloway, Schottland; Bistum; Sitz in Dumfries; Suffr. v. Edinburg; *dav.*: **Gallovidĭānŭs** 3.

Gallovidĭān. (*C. R.*) *s.* Gallovidia.

Gallŭm, ī *n.* Galle *oder* Point-de-Galle, Hafenst. an der Südwestküste von Ceylon, *ca.* 40 000 Einw.; Bistum Galle (seit 1893), Sitz in Point-de-Galle, Suffr. v. Colombo; *dav.*: **Gallēnsĭs,** ĕ.

gallŭs, ī *m.* Hahn.

1. **S. Gallŭs,** ī *m.* hl. Gallus, Abt u. erster Patron von St. Gallen, aus Schottland († um 646).

Wuchs im irischen Kloster Bangor heran. Als Glaubensbote zog er mit Kolumban nach England und Frankreich, wo er sich auf Veranlassung des Königs Sigebert in der damaligen Einöde bei Luxeuil niederließ. Als aber Abt Kolumban, der das dort gegründete Kloster leitete, die Zügellosigkeit Theodorichs tadelte, wurde er mit seinem Lehrer vertrieben und gelangte in die Gegend des Zürichersees, später nach Bregenz (j. Kloster

Mehrerau). Weil Gallus hier mit großem Eifer das Heidentum zurückdrängte, erregte er den Haß der Heiden. Kolumban beschloß deshalb, zum Langobardenkönige Agilulph nach Italien zu wandern, während Gallus mit den Mönchen Magnoald und Theodor zurückblieb. Im Alter von 65 Jahren gründete Gallus um 614 ein neues Kloster, d. i. St. Gallen; er lebte sehr abgetötet und wies das Bischofsamt von Konstanz zurück. Fridiburg, die Tochter eines alemannischen Herzogs und Braut des Königs Sigebert, befreite er von teuflischen Nachstellungen; im Geiste schaute er das Hinscheiden Kolumbans voraus. Er selbst starb um das Jahr 646 etwa 95 Jahre alt. — 16. Oktober (Augsburg, Basel, Chur, Freiburg, St. Gallen, München-Freising, Rottenburg, Salzburg).

2. **S. Gallŭs,** ī *f.* (Sangallense coenobium) St. Gallen, St. an der Steinach, Schweiz, *ca.* 35000 Einw.; Bischofssitz, exempt.

Gallŭs, ī *m.* Gallus, heidn. röm. Kaiser (251—253), Christenverfolger.

Gallŭs Castrī von Lemberg bei Jablona (Böhmen), Gemahl der seligen Zdislava Berkiana.

Galtellīnēn. (*C. R.*) *s.* Galtellinum.

Galtellīnŭm, ī *n.* Galtelli, ital. Bistum, *s.* Norium (Nuoro); *dav.*: **Galtellīnēnsĭs,** ĕ.

Galvesŏpŏlĭs, ĭs *f.* (Galvestoniensis ecclesia) Galveston, St., Nordamerika (Texas), *ca.* 40000 Einw., Bischofssitz (seit 1847; 1841—47 Apost. Vikariat), Suffr. v. New Orleans; *dav.*: **Galvestonĭēnsĭs,** ĕ.

Galvestoniēn. (*C. R.*) *s.* Galvesopolis.

Galvidiă, ae *f.* Galway, St. am Corrib, Irland (Connaught), *ca.* 14000 Einw.; Bischofssitz, der seit 1853 vereinigten Bistümer Galway (errichtet 1831), Kilmacdurgh (errichtet um 620) u. Kilfenora (errichtet um 620, früher Suffr. v. Cashel), Suffr. v. Tuam; *dav.*: **Galv(id)ĭēnsĭs,** ĕ.

Galvĭēn. (*C. R.*) *s.* Galvidia.

Gamáliel, ēlĭs *m.* (*hebr.*: Gott hat vollendet ?) Gamaliel 1. Fürst u. Führer des Stammes Manasse durch die Wüste, Sohn des Phadassur. 2. ein angesehener jüdischer Gesetzeslehrer und Ratsherr z. Z. Christi, wahrscheinlich der Lehrer des Apostels Paulus, später Christ u. Mart.

Gamarias, ae *m.* (*hebr.*: Jahwe hat vollendet) Gamarias 1. Gesandter des Königs Sedekias von Juda an König Nabuchodonosor von Babylon (*Jer.* 29, 3). 2. Fürst in Juda, der sich dem König Joakim widersetzte, als er die Weissagungen des Propheten Jeremias verbrennen ließ (*Jer.* 36, 11).

B. Gamelbertŭs, ī *m.* sel. Gamelbert, Bek., Priester (8. Jhdt.).

Wurde in Niederbayern im 8. Jahrhundert geboren. Als Priester erbte er von seinem Vater im Dorfe Michaelsbuch Besitzungen mit einer Kirche. Letztere verwaltete er aufs getreueste zum Nutzen der Umwohner. In schon vorgerücktem Alter beschloß er, nach Rom zu pilgern. Nach der Rückkehr errichtete er auf seinem Anwesen vier Kreuze, über die er nur einmal hinausging, als er nämlich zwischen den Bauern Frieden stiften sollte. In der 40tägigen Fastenzeit lebte er in einer Zelle neben der Kirche, und nur einmal täglich gegen Abend nahm er etwas Brot und Salz zu sich. Als er sich dem Tode nahe fühlte, übergab er sein Besitztum dem seligen Utto, den er ehedem auf seiner Romfahrt aus der Taufe gehoben hatte. Sein Leib wurde in der Kirche vom hl. Michael im Pfarrdorf Michaelsbuch (bei Pattling) beigesetzt. Pius X. billigte die Verehrung des Seligen. — 17. Januar (Regensburg; Ben. O.).

Gamelliŏnĭŭs, ī *m.* (Gaminolphus) Gamellion, Bisch. v. Konstanz, Nachfolger des hl. Konrad (10./11. Jhdt.), *s. auch*: S. Conradus.

Gaminolphŭs, ī *m. s.* Gamellionius.

Gampŭs, ĭ *f.* Gams, Dorf, Schweiz (Sankt Gallen).

Gamul *indecl. m.* (*hebr.*: der Reife, Erwachsene) Gamul, Vorsteher der 22. Priesterklasse z. Z. Davids.

Gămundĭŭm, ī *n.* Kloster an der Stelle des heutigen Hornbach, Diözese Speier.

Gamzo *indecl.* (*arab.* (?) dschamsu der Springer ?) Gamzo, St. Pal. (Juda).

gānārĭă, ae *f.* Haus der Unzucht; Kneipe, *vgl.*: ganea.

Gandae portŭs, ūs *m. s.* Gandăvum.

Gandăvēn. (*C. R.*) *s.* Gandavum.

Gandăvŭm, ī *n.* (Gandae portus, Gandensis portus, Gantum). Gent, St. Belgien (Ostflandern), *ca.* 160000 Einw., Bischofssitz, Suffr. von Mecheln; *dav.*: **Gandăvŭs** 3 u. **Gandăvēnsĭs,** ĕ.

Gandăvŭs 3 *s.* Gandavum.

Gandēnsĭs portŭs, ūs *m. s.* Gandavum.

Gandersŭm, ī *n.* (Gandeshemium) Gandersheim, St., Braunschweig; *ca.* 3000 Einw.

Gandeshēmĭŭm, ī *n. s.* Gandersum.

Gandĭă, ae *f.* Gandia, ehem. Herzogtum in der span. Provinz Valencia.

Gandĭcēn. (*C. R.*) *s.* Epiodicium.

gānĕă, ae *f.* Garküche, Kneipe (als Sitz der Schlemmerei u. Liederlichkeit).

gānĕō, ōnĭs *m.* Schlemmer, Wüstling.

Gangră, ae *f.* Gangra, St., Kleinasien (Paphlagonien), *j.*: Kiangari.

S. Gangulphŭs, ī *m.* hl. Gangulph, Mart. († 760).

Stammte aus Burgund. Er verheiratete sich unter dem Herzoge Pipin III. von Brabant und verbreitete das Christentum mit weltlicher Macht in Friesland und Holland. Als er heimkehrte, überführte er seine Gattin durch ein Wunder des verübten Ehebruches. Auf Gangulphs Bitten sprudelte nämlich eine Quelle hervor, aus der er seiner Frau befahl, einen Kieselstein zu nehmen. Als sie mit Hand und Arm ins Wasser tauchte, verlor sie sogleich von beiden die Haut. Voller Entsetzen gestand sie ihr Verbrechen reuig ein. Gangulph entließ sie mit ernsten Mahnungen, indem er ihr Geldmittel zum Lebensunterhalte überwies. Er selbst begab sich mit Gesinnungsgenossen in ein anderes Gebiet, wo er sich ganz den Werken der Frömmigkeit hingab. Die Buhlerin indessen veranlaßte ihren Verführer, den heiligen Mann zu ermorden. Seine Gebeine gelangten durch seine Tante Wildegosa nach Varrennes (in Burgund), wo er geboren war. — 11. Mai.

gannĭō 4 kläffen, belfern, zänkisch sein.

1. **Gareb** *indecl. m.* (*hebr.*: Aussätziger) Gareb, ein Jethriter, Offizier im Heere Davids.

2. **Gareb** *indecl.* Gareb, ein Hügel bei Jerusalem unweit Golgatha (*Jer.* 31, 39).

Gargānŭs, ī *m.* ein waldreiches, ins Adriatische Meer vorspringendes Vorgebirge an der Küste Apuliens (Süditalien), *j.*: Gargano.

S. **Gărīnŭs,** ī *m.* hl. Garin, Bek. u. Cistercienser-Bisch. v. Sitten († 1150).

Hieß auch Guarinus (Guerinus) und stammte aus Lothringen; er trat in das Benediktinerkloster Molesme ein, dessen Abt ihn aber als Vorsteher in ein neues Kloster entsandte, welches der Herzog Humbert von Savoyen erbaut hatte. Er schloß sich den Cisterciensern aufs engste an und trat mit dem hl. Bernhard in Verbindung. Um das Jahr 1136 wurde er zum Bischofe von Sitten anstelle des entschlafenen Edmund erwählt. Er nahm das Amt auf Befehl Innozenz' II. an; doch kehrte er oft in sein geliebtes Alpenkloster S. Jean d'Alpes zurück. Um die Mitte des 12. Jahrhunderts starb er. Seine Gebeine, die ins Kloster gebracht wurden, verschwanden in der großen französischen Revolution, fanden sich aber später wieder und wurden i. J. 1851 von Bischof Ludwig von Annecy aufs neue feierlich beigesetzt. — 11. Januar (Cist. O.).

Gárizim *indecl.* Garizim, höchster Berg Samaria bei Sichem mit Tempelruinen.

Garmi *indecl. m.* (*hebr.*: Knochiger, Starker?) Garmi, Israelit, Sohn des Odaja (1. *Par.* 4, 19).

gărrĭō 4 schwätzen.

gărrītŏr, ōrĭs *m.* Schwätzer.

gărrŭlĭtās, ātĭs *f.* Geschwätzigkeit.

gărrŭlō 1 schwätzen.

1. **gărrŭlŭs** 3 geschwätzig, schwatzhaft.

2. **gărrŭlŭs,** ī *m.* Schwätzer, Maulheld.

Garstēnsĕ coenŏbĭŭm, ī *n.* Garsten, ehem. Kloster bei Steyr, Deutsch-Österreich (Steiermark).

Gărumnă, ae *m.* Garonne, Fluß in Südfkr., entspringt in den Pyrenäen, mündet unter dem Namen Gironde in den Atlantischen Ozean.

Garzōnēn. (*C. R.*) *s.* Garzonium.

Garzōnĭŭm, ī *n.* Garzon *oder* Neiva, Bistum (seit 1900), Sitz in Neiva, St. r. am Magdalenenflusse, Colombia (Tolima), *ca.* 10 000 Einw.; Suffr. v. Popayán; *dav.*: **Garzōnēnsĭs,** ĕ.

B. **Gaspar(us) Coténda** *m.* sel. Kaspar Cotenda, Mart., Katechist der Ges. Jes., *s.* B. Camillus Costanzo.

S. **Gaspar ̆s,** ī *m.* hl. Kaspar (einer der drei Weisen), 6. Jan.

Gaspha *indecl. m.* Gaspha (*richtig* [2. *Esd.* 11, 21 wie 2. *Esd.* 7, 47] Hasupha), ein Nathinäer, dessen Nachkommen aus dem babyl. Exil nach Ophel bei Jerusalem zogen.

Gath *indecl.* (Geth; *hebr.*: Presse, Kelter) Gath, die südlichste Philisterstadt, Pal.

Gatham *indecl. m.* (Gathan; *arab.*(?): aufkeimende Saat(?), Schläfer(?)) Gatham, ein Idumäerfürst, Nachkomme des Esau.

Gathan *indecl. m. s.* Gatham.

1. S. **Gaudentĭŭs,** ī *m.* hl. Gaudens, Mart. u. Bischof zu Novara, aus Ivrea in Piemont (Italien) († um 418).

Stammte von heidnischen Eltern, die er vergebens zu bekehren suchte. Er verließ die Heimat und gelangte in das Gebiet der Rhätischen Alpen, dort wo die Heerstraße nach Mailand führte. Er geriet zwischen Heiden und Arianer, von denen ihn mehrere nachstellten und ihn des Landesverrates ziehen. Er wurde deshalb ermordet. Urban IV. billigte die dem Entschlafenen erwiesene Verehrung und bestimmte den 2. August als seinen Festtag. — 22. Januar (Chur).

2. S. **Gaudentĭŭs,** ĭī, *m.* hl. Gaudenz († um 1066).

Er war Benediktiner, Bruder des hl. Adalbert und dessen Begleiter auf seiner Missionsreise zu den Preußen. Wurde später Erzbischof von Gnesen. — 25. August (Ben. O.).

gaudĕō, gāvīsŭs sŭm 2 1. sich freuen, froh sein. 2. lieben, gernhaben, gern sehen.

gaudĭmōnĭŭm, ī n. Fröhlichkeit.

gaudĭōsŭs 3 freudenreich.

Gaudīsĭēn. (*C. R.*) *s.* Gaudisium.

Gaudīsĭŭm, ī *n.* Gozzo, britische Insel im Mittelmeer, 6 km nordwestl. von Malta, *ca.* 20 000 Einw.; Hauptort Viktoria, *ca.* 5200 Einw., Bischofssitz, exempt; *dav.*: **Gaudīsĭēnsĭs,** ĕ.

gaudĭŭm, ī *n.* Freude, Genuß, Wonne.

S. **Gaugĕrĭcŭs,** ī *m.* hl. Gaugerich, Bek. u. Bisch. von Cambrai (Frankreich); († 619).

Wurde in der Diözese Trier geboren und von Bischof Magnericus von Trier zum Subdiakon geweiht. Als Gaugericus einen Aussätzigen taufte, wurde dieser von körperlicher und seelischer Krankheit geheilt. Schon als Diakon wurde G. vom Volke und der Geistlichkeit Cambrais zum Bischofe erbeten. Der Bischof Aegidius von Reims weihte ihn. Er leitete 30 Jahre lang die Diözese. König Chlotar machte ihn zum Almosenverteiler, Er starb i. J. 594 und wurde in der Kirche vom hl. Medardus begraben, die er sich selbst erbaut hatte. Als die Kirche im 16. Jahrhundert zerstört wurde, übertrug man seine Gebeine in die Kirche des hl. Vedastus, die auch den Namen Gaugerichskirche erhielt. — 11. August (Trier).

Gaulanītĭs, ĭdĭs *f.* (Gaulonitis, Gaulon; *arab.*: Dscholan = Staub u. Sand) Gaulanitis, Landschaft zwischen dem See Genesareth u. den Hermongebirge, östlich vom oberen Jordanlaufe.

Gaulon *indecl. s.* Gaulanitis.

Gaulonītĭs, ĭdĭs *f. s.* Gaulanitis.

Gautbertŭs, ī *m. s.* Gosbertus.

Gauzbertŭs, ī *m. s.* Gosbertus.

Gāvālĭs, ĭs *f.* Gavale, Ort, Fkr. (Ardèche).

Gavalitānŭm territōrĭŭm, ī *n.* Landschaft von Gévaudan, Teil der Provence u. Languedoc, Südfkr.

Gaver *indecl.* (*hebr.*: Gur) eine Anhöhe bei Jeblaan; Maalê Gur „Löwensteig“, Eigenname des bergaufführenden Weges, der Hauptstraße von Jezrael über Engannin nach Samaria (4. *Kön.* 9, 27).
Gāvŭs, ī *m.* Gave (= Gießbach), Fluß in Südfkr., an dem Lourdes liegt (Nebenfluß des Adour).
gaz *indecl. n.* das Gas.
gāză, ae *f.* (*γάζα*, *pers.*). 1. Schatzkammer. 2. Schätze, Kleinodien.
Gază, ae *f.* (*hebräisiert*: die Stärke?) Gaza, Hafenst. am Mittelmeer, Pal., früher südliche Grenzfestung im Philisterland (1. *Mach.* 11, 62); *dav.*: **Gazēnsēs,** ĭŭm *m.* Bew.
Gazabar *indecl. m.* der Schatzmeister (1. *Esd.* 1, 8; kein Eigenname!).
Gazaeŭs, ī *m.* Bew. von Gaza (*vgl.*: Gaza).
Gazam *indecl. m.* (*südarab.*: der Verstümmelte) Gazam, Nathinäer, dessen Nachkommen mit Zorobabel aus dem babyl. Exil zurückkehrten.
Gazară, ae *f.* (Gazera, Gazer, Gezer, Gezeron; *hebr.*: Entscheidung?) Gazer, alte kanaanitische Königsstadt, später Levitenstadt, Pal. (Ephraim); *j.*: Tell-el-dschezer, südlich v. Ramle, westl. von Amwâs.
Gazēnsēs, ĭŭm *m.* Bew. von Gaza (1. *Mach.* 11, 62).
Gazer *indecl. s.* Gazara.
Gazeră, ae *f. s.* Gazara.
gāzŏphy̆lăcĭŭm, ī *n.* (*γαζοφυλάκιον*) 1. Schatzkammer. 2. Opferkasten.
1. **Geba** *indecl. richtig*: Gibli = Einw. von Gebal (*Jos.* 13, 5), *s.* Gebal.
2. **Geba** *indecl.* (*hebr.*) Geba, Vaterstadt Sauls, 640 m hoch über dem Tale Seboim gelegen (*j.*: Wadi Abu Duba, Seitental des Wadi Farah), Pal. (Benjamin).
Gebai *indecl. m. s.* Gebbai.
1. **Gebal** *indecl.* (Giblium; *hebr.*: Küste) Gebal, Stadt in Phönizien, zwischen Sidon u. Beirut, auf einem Hügel am Mittelmeere gelegen, später *Βίβλος* (Byblos) genannt (*Jos.* 13, 5).
2. **Gebal** *indecl.* Gebirgsgegend im Süden des Toten Meeres (Palästina).
Gebbai *indecl.* (Gebai) angeblich ein Benjaminit; wahrscheinlich verderbt aus Gibborej-Schajil = „kriegstaugliche Männer“ (2. *Esd.* 11, 8).
Gebbar *indecl.* (Gibbar; *hebr.*: Starker, Held) Gebbar, Name einer Judenfamilie, die aus dem babyl. Exil zurückkehrte.
Gebbethon *indecl. s.* Gabathon.
Gebellīnŭs 3 ghibellinisch.
1. **Gĕbennă,** ae *f. s.* Cebenna (Gebirge).
2. **Gĕbennă,** ae *f. s.* Genēva.
gĕbennēnsĭs, ĕ *s.* Cebenna.
Gĕbennēnsĭs dŭcātŭs, ūs *m.* (Gebennesium) le Genèvois, ehem. Provinz v. Savoyen, Fkr. (Haute-Savoie).
Gĕbennēsĭŭm, ī *n. s.* Gebennensis ducatus.
S. Gebhardŭs, ī *m.* hl. Gebhard II., Bek. u. Bisch. v. Konstanz, Graf vom Bodensee († 996).
Hatte als Eltern Utto und Thietburga aus edlem schwäbischen Geschlechte. Vom hl. Konrad, Bischofe von Konstanz, erzogen, wurde er (nach Gamolph) i. J. 980 dessen zweiter Nachfolger. Er baute aus eigenen Mitteln in Konstanz ein Benediktinerkloster zu Ehren des hl. Papstes Gregor (Petershausen). Nach 16jähriger Tätigkeit starb er. — 27. August (Chur, Freiburg, St. Gallen, Rottenburg, Ben. O.).
B. Gebhardŭs ī *m.* Erzbischof Gebhard II. von Konstanz, Stifter des Klosters Admont in Steiermark, † 1088.
Gedānŭm, ī *n.* (Dantiscum) Danzig, Freistadt an der Mündung des l. Weichselarms in die Ostsee, *ca.* 670000 Einw.
Geddel *indecl. m. s.* Gaddel.
Geddelthi *indecl. m.* (*hebr.*: Ruhm Jahwes) Geddelthi, Jude, vielleicht gleich Geddel.
Geddiel *indecl. m.* (*hebr.*: Glück ist Gott) Geddiel, Kundschafter im gelobten Lande.
Geddō, ōnĭs *m.* (Gido) Geddo, Lehrer der Philosophie in Magdeburg (10. Jhdt.).
Gedelĭās, ae *m.* (*hebr.*: groß ist Jahwe) Gedelias, ein Fürst in Juda z. Z. des Propheten Jeremias (*Jer.* 38, 1).
Gedeon *indecl. m.* (*hebr.* Vernichter?) Gedeon 1. Fürst im Stamme Benjamin (*Num.* 1, 11). 2. Sohn des Joas aus dem Stamme Manasse, berühmter israel. Heerführer, Besieger der Madianiten, auch Jerobaal genannt, Richter in Israel von *ca.* 1198—1158 vor Chr. 3. Ahnherr Judiths.
Gederă, ae *f.* (*hebr.*: Mauer, Umzäunung) Gedera, St., Pal. (Juda); *dav.*: Gederītes, um *m.* Einw.
Gederathaim *indecl. s.* Gederothaim.
Gederītēs, ŭm *m. s.* Gedera.
Gederothaim *indecl.* (Gederathaim; *hebr*: Doppelhürden) Gederothaim, St. Pal. (Juda).
1. **Gedor** *indecl.* (*hebr.*: Mauer) Gedor, St., nördl. von Hebron, südwestlich von Bethlehem, Pal. (Juda), *j.*: Dschedur, nördlich von Bet-Sur.
2. **Gedor** *indecl. m.* (*hebr.*: Mauer) Gedor 1. Israelit, Sohn Phanuels aus dem Stamme Juda. 2. Israelit, Sohn Jareds aus dem Stamme Juda. 3. Is-

raelit, Sohn Jehiels, des Erbauers von Gabaon, aus dem Stamme Benjamin.

Geennom *indecl.* (*hebr.*) Tal Hinnom, südlich von Jerusalems Stadtmauern; *dav.*: gehenna, ae *f. s. das Wort.*

gehennă, ae *f.* (*hebr.*:) Tal Hinnom bei Jerusalem, nach dem Besitzer genannt; da hier der Molochdienst u. die Leichenverbrennung stattfand, knüpfte sich an den Namen die übertragene Bedeutung vom Orte der Verdammnis; Hölle; *vgl.*: Geennom.

Gehon *indecl.* (*hebr.*: Durchbruch) Gehon, der zweite Fluß des Paradieses.

Gejză, ae *m. s.* Geysa.

S. Gĕlāsĭŭs I., ī *m.* hl. Gelasius, Bek. u. Papst († 496).

Gelasius Afer, aus der Schule und dem Kloster des hl. Augustinus hervorgegangen, floh vor dem Vandalenkönig Geiserich und lebte im Kloster Neridianum bei Neapel. Er war Geheimschreiber des Papstes Felix' III. Nach dessen Tode bestieg er am 1. März 492 den Stuhl Petri. Mit aller Macht trat er für Reinerhaltung des Glaubens und Besserung der Sitten ein. An Stelle der heidnischen Luperkalien setzte er das Fest Mariä Lichtmeß. Die Bücher der Manichäer ließ er verbrennen. Gegen Nestorius und Eutyches schrieb er fünf Bücher. Auf dem Konzil zu Rom 494 wurde unter seinem Vorsitz der Kanon der hl. Schriften festgesetzt; unechte Schriften wurden verurteilt. Er weigerte sich, den Patriarchen Euphemius von Konstantinopel in die Kirchengemeinschaft aufzunehmen. Auf einer Synode zu Rom ließ er die Schriften des hl. Augustin und hl. Prosper für rechtgläubig, die Werke Cassians und des Bischofs Faustus für apokryph erklären. Dem herrschenden Priestermangel suchte er durch Ergänzung des Klerus aus den Klöstern abzuhelfen. Unter den Geistlichen führte er strenge Zucht ein. Die römische Liturgie unterzog er einer gründlichen Durchsicht. In seinem Privatleben zeichneten ihn Sanftmut und werktätige Liebe gegen die Armen aus. Er starb am 21. November 496 und liegt in St. Peter begraben. — 27. November (Aug. O.)

Gelboë *indecl.* (*hebr.*:) Gelboe (Gilboa), Gebirge im Stammgebiete Issachar, nordöstlicher Ausläufer des Gebirges Ephraim; *j.*: Dschebel Fakua.

Geldrĭă, ae *f.* (Gelria) Geldern 1. eine Provinz in Holland. 2. St. Preußen (Rheinprov.); *dav.*: **Geldrĭēnsĭs**, ĕ u. **Gelrēnsĭs**, ĕ.

Geldŭbă, ae *f.* Gelb, D. am Rheine bei Neuß, Preußen (Rheinprov.).

Gellingēnsĭs, ĕ aus Gellingen an der Wipper (Thüringen).

gĕlō 1 1. *trans.* gefrieren lassen. 2. *intr.* gefrieren.

Gelonītēs, ĭs *m.* (*hebr.*) der Gelonite, aus Gelon (Ort in Pal.), Beiname des Eliam, des Sohnes des Achitophel, eines Offiziers Davids.

Gelrēnsĭs, ĕ *s.* Geldria.

Gelrĭă, ae *f. s.* Geldria.

gĕlū, ūs *n.* 1. Frost, eisige Kälte. 2. Eis, Erstarrung.

Gemalli *indecl. m.* (*hebr.*: Jahwe hat vollendet) Gemalli, Israelit, Vater Ammiels, des Kundschafters im gelobten Lande aus dem Stamme Dan.

Gemblăcēnsĭs, ĕ *s.* Gemblacum.

Gemblăcŭm, ī *n.* Gembloux (Gemblours), St., l. am Orneau, Belgien (Namur), *ca.* 4500 Einw., früher berühmtes Kloster; *dav.*: **Gemblăcēnsĭs**, ĕ.

gĕmĕbundŭs 3 seufzend, stöhnend.

gĕmellŭs 3 1. zwillingsgeboren, doppelt, Zwillings-; cum gemellis fetibus Zwillingsjunge tragend.

gĕmĭnātĭō, ōnĭs *f.* Verdoppelung.

S. Gĕmĭnĭānŭs, ī *m.* hl. Geminian, Mart., 16. Sept.

gĕmĭnō 1 verdoppeln, vereinigen, paaren.

gĕmĭnŭs 3 1. zwillingsgeboren, doppelt, zwiefach; geminus liquor = Blut u. Wasser (*Hymn. F. Pret. Sanguinis, Laud. vers.* 6). 2. sehr ähnlich, ganz gleich.

gĕmĭtŭs, ūs *m.* 1. das Seufzen, Stöhnen. 2. Schmerz, Betrübnis, Qual.

gemmă, ae *f.* 1. Knospe. 2. Edelstein, Juwel, Perle.

1. **gemmārĭŭs** 3 die Edelsteine betreffend, ars gemmaria Steinschneidekunst.

2. **gemmārĭŭs**, ī *m.* Steinschneider, Juwelier.

gemmātŭs 3 mit Edelsteinen besetzt.

Gemmeticŭm, ī *n.* (Gemeticum, Gimegiae) Jumièges, Benediktinerabtei in der Normandie, Diöz. Rouen (Seine-Inférieure); *j.* Ort mit *ca.* 800 Einw.

gemmĕŭs 3 1. aus Edelsteinen. 2. mit Edelsteinen besetzt, geschmückt, schimmernd, glänzend: grando.

gemmĭfĕr 3 Edelsteine (*oder* Perlen) mit sich führend, bergend.

gemmō 1 1. Knospen ansetzen, Augen treiben. 2. mit Edelsteinen besetzt sein, von Edelsteinen funkeln.

gemmŭlă, ae *f.* (kleines) Juwel.

gĕmō, ŭī, ĭtŭm 3 1. stöhnen, seufzen. 2. betrauern, beklagen.

gĕnă, ae *f.* Wange, Backe.

Gĕnăbŭm, ī *n.* Hauptstadt der Karnuten in Mittelfrankreich, *j.*: Orléans (auch Civitas Aurelianorum genannt).

Gĕnăvă, ae *f. s.* Geneva.

gĕnĕālŏgĭă, ae *f.* (γενεαλογία) Geschlechtsregister, Stammtafel.

gĕnĕr, ĕrī *m.* Schwiegersohn.

gĕnĕrālĭs, ĕ allgemein.

gĕnĕrālĭs, ĭs *m.* der General, oberster Leiter eines Ordens, Ordensgeneral; generalis commissarius Vertreter des Generals in einer Ordensprovinz.

Gĕnĕrālĭs Vĭcārĭŭs, ī *m.* Generalvikar, Stellvertreter des Bischofs in der Regierung der Diözese (nicht aber in Weihehandlungen).

gĕnĕrālĭtās, ātĭs *f.* Allgemeinheit, Gesamtheit.

gĕnĕrālĭtĕr *adv.* im allgemeinen, überhaupt.

gĕnĕrātim *adv.* überhaupt, im allgemeinen.

gĕnĕrātĭō, ōnĭs *f.* 1. Geschlecht, Generation, Lebensalter; Geschlechtsregister. 2. Art u. Weise, Natur: duae generationes in Christo. 3. Zeugung; *pl.* Zeugungsabstände.

gĕnĕrātŏr, ōrĭs *m.* Erzeuger, Schöpfer.

gĕnĕrātrix, īcĭs *f.* Erzeugerin.

gĕnĕrĭcŭs 3 das Geschlecht, die Gattung betreffend.

gĕnĕrō 1 erzeugen, hervorbringen.

gĕnĕrōsĭtās, ātĭs *f.* Hochherzigkeit, Edelmut.

gĕnĕrōsŭs 3 1. aus edlem Geschlecht, edel. 2. vortrefflich, hochherzig, edelmütig, opferwillig.

Genesar *indecl.* (*hebr.*: Fürstengarten) *s.* Genesareth.

Genésareth *indecl.* (Genesar, Gennesar) Genesareth 1. sehr fischreicher Landsee im Norden Palästinas, 21 km lang. 2. die Landschaft in seiner Umgebung.

gĕnĕsĭăcŭs 3 zur Schöpfung gehörig; dies genesiacus Schöpfungstag.

gĕnĕsĭs, ĭs *f.* 1. Erschaffung. 2. das erste Buch des Pentateuchs.

S. Gĕnĕsĭŭs, ī *m.* hl. Genesius, Mart. (4. Jhdt.).

War ein Heide und Spaßmacher aus Arles; aus einem Christenverächter wurde er ein treuer Anhänger des Erlösers. In Rom hatte er vor dem kaiserlichen Hofe das Christentum verhöhnt und sich auf der Bühne von einem Gesinnungsgenossen, wie die Zuschauer meinten, zum Scheine und Hohne, taufen lassen. Doch Genesius hatte, von Reue innerlich ergriffen, das Taufsakrament empfangen wollen; er wurde bei der Taufe von einem Engel benachrichtigt, daß ihm alle Sündenschuld erlassen sei, und so gab er sich offen als Christ zu erkennen. Diokletian ließ ihn nach langen Qualen enthaupten. - 25. August.

Gĕnestānŭm, ī *n.* Genazzano, St. in den Sabiner Bergen bei Präneste in Mittelitalien (Rom), *ca.* 4200 Einw.; *dav.*: **Gĕnestānĭ s** 3.

gĕnethlĭălŏgĭă, ae *f.* (γενεθλιαλογία) Nativitätsstellerei (d. h. aus dem Stande der Gestirne in der Geburtsstunde das Schicksal vorauskünden); Bischof Nicaeas von Aquileja betitelte seine Schrift: „Contra genethlialogiam“.

gĕnĕtrīx, īcĭs *f.* (genitrix) Zeugerin, Gebärerin, Mutter.

Gĕnĕvă, ae *f.* (Genava, Gebenna, Cebenna, Augusta Allobrŏgum, Colonia Allobrogum) Genf (Genève, Ginevra), St. am Genfersee, Schweiz, *ca.* 60 000 Einw.; Bistum Genf, um 380 errichtet, war Suffr. von Vienne (Fkr.); nach der sog. Reformation residierte der Bisch. von Genf in Annecy bis 1802; der savoyische (*j.* franz.) Teil des Bistums wurde 1802 zuerst dem Bistum Chambéry und 1822 dem Bistum Annecy einverleibt; der schweizerische Teil wurde 1821 dem Bischof von Lausanne (Lausodunum) untergeordnet u. bildet mit Lausanne das Bistum Genf-Lausanne.

Gĕnĭālĭs, ĭs *m.* Genialis, Irrlehrer des 4. Jhdts., der wie Jovinian ein Gegner von Askese, Zölibat, Klosterleben u. Heiligenverehrung war.

gĕnĭālĭs, ĕ 1. zum Genius gehörig *oder* ihm heilig; ehelich. 2. fruchtbar. 3. erfreulich, festlich. 4. *übtr.*: gut befähigt.

gĕnĭcŭbātĭō, ōnĭs *f.* das Kniebeugen.

gĕnĭcŭlŭm, ī *n.* Knie, dissolutio geniculorum Zittern der Knie.

gĕnĭmĕn, ĭnĭs *n.* Gewächs, Erzeugnis, Brut, Frucht; genimina viperarum Natterngezücht; multiplica genimina vermehre, mache üppig sein Gesproß! (*Ps.* 64, 11).

gĕnĭtālĕ, ĭs *n.* (*scil.*: membrum) Zeugungsglied; Mutterschoß; *pl.*: genitālĭă, ĭŭm *n.* Geschlechtsteile, Schamteile.

gĕnĭtālĭs, ĕ zur Zeugung *oder* Geburt gehörig; dies genitalis Geburtstag.

gĕnĭtŏr, ōrĭs *m.* 1. Erzeuger, Vater. 2. Urheber, Schöpfer.

gĕnĭtrīx, īcĭs *f. s.* genetrix.

gĕnĭtūră, ae *f.* 1. Zeugung. 2. Geschöpf, Geschlecht.

gĕnĭtŭs, ī *m.* Sohn.

gĕnĭŭs, ī *m.* 1. Schutzgeist. 2. Anlage, Beanlagung, Denkart. 3. Wohlleben. Lebensgenuß.

Gennadĭŭs, ī *m.* Gennadius, Priester aus Marseille, Geschichtsschreiber u. kirchlicher Schriftsteller, Semipelagianer (um 500).

Gennaeŭs, ī *m.* (Γενναῖος = der Wackere, Tüchtige) Gennäus, Vater des Apollonius, eines syrischen Statthalters von Cölesyrien, unter König Demetrius (162—150) (1. *Mach.* 10, 69 *u.* 2. *Mach.* 12, 2).

Gennari Casimirŭs, Kardinal, † 1912, Mitglied der engeren Kodifikationskommission des Kirchenrechts.

S. Gĕnŏvēfă, ae *f.* hl. Genoveva, Jgfr., Patronin von Paris, † 512, 3. Jan.

gĕnō, ŭī, ĭtŭm 3 erzeugen, gebären.

gēns, gentĭs *f.* 1. Geschlecht, Sippe. 2. Völkerschaft, Volksstamm. 3. *pl.* **gentēs,** ĭŭm *f.* die Heiden (im Gegens. z. Judenvolke).

Gēnsĕrīcŭs, ī *m.* Genserich, König der Vandalen im 5. Jhdt.; *auch* Geiserich.

gentēs, ĭŭm *f. s.* gens.

gentīlēs, ĭŭm *m. s.* gentilis 3.

gentīlĭs, ĕ 1. zu demselben Geschlecht, Volke gehörig. 2. heidnisch. 3. *subst.* **gentīlēs,** ĭŭm *m.*: a) griechisch redende Nichtjuden, welche zwar an Jahwe glaubten und nach Jerusalem wallfahrteten, aber nicht durch die Beschneidung dem Judenvolke beigetreten waren. b) Heiden.

Genthan *indecl. m.* (Genthon, *hebr.* Gartenbebauer) Genthan, Jude, der aus dem babyl. Exil zurückkehrte u. den neuen Bund schloß.

gentīlĭtās, ātĭs *f.* 1. Geschlechtsverwandtschaft. 2. die Gesamtheit der Heiden, Heidentum.

Genthon *indecl. m. s.* Genthan.

gentīlĭtĕr *adv.* auf heidnische Weise, in heidnischer Art (*Gal.* 2, 14).

gentīlĭtĭŭm, ī *n.* (*scil.*: signum) Geschlechtswappen, Wappenschild.

gentīlĭtĭŭs 3 (gentilicius) einem Geschlecht angehörig, Geschlechts- (*C. j. c.* 1449, 3⁰); adlig.

gĕnū, ūs *n.* Knie, Kniescheibe.

Gĕnŭă, ae *f.* Genua, Hafenstadt am Mittelmeere, Oberitalien, *ca.* 240 000 Einw.; Erzbischofssitz (Bistum seit 269; Suffr. von Mailand bis 1133), *dav.*: **Genuēnsĭs,** ĕ u. **Janŭēnsĭs,** ĕ.

Genubath *indecl.* (*hebr.*: Gestohlenes; Γενηβάδ) wahrscheinlich falsche Lesart (3. *Kön.* 11, 20) Sohn des Hadad.

gĕnuflectō, flēxī, flēxŭm 3 das Knie beugen.

gĕnuflexĭō ōnĭs *f.* Kniebeugung.

gĕnuflexōrĭŭm, ī *n.* Kniebank, Knieschemel, Betschemel.

gĕnuflexŭs 3 mit gebeugten Knien, kniend.

gĕnŭīnĭtās, ātĭs *f.* Echtheit, Angestammtheit, Unverfälschtheit.

gĕnŭīnŭs 3 1. angeboren, natürlich. 2. vornehm, adlig, hehr.

gĕnŭs, ĕrĭs *n.* 1. Geburt, Abstammung, Geschlecht. 2. Geschlecht, Stamm, Volk, *bes.* das Judenvolk im Gegensatz zu gentes = Heiden. 3. männliches oder weibliches Geschlecht, Gattung, Art. 4. Art u. Weise, Beschaffenheit, Anlage.

gĕōgrăphĭă, ae *f.* (γεωγραφία) Erdbeschreibung.

gĕōgrăphĭcŭs 3 (γεωγραφικός) geographisch; erdkundlich.

gĕōlŏgĭă, ae *f.* (γεωλογία) Lehre von der Beschaffenheit der Erde, Erdgeschichte.

gĕōmĕtrēs, ae *m.* (γεωμέτρης) Landmesser, Feldmesser, Geometer; Mathematiker (Beiname des hl. Virgil v. Salzburg).

gĕōmĕtrĭă, ae *f.* (γεωμετρία) Feldmeßkunst; Meßkunst; Geometrie.

gĕōmĕtrĭcŭs 3 (γεωμετρικός) geometrisch.

S. Gĕōrgĭă, ae *f.* hl. Georgia, Jgfr. aus Clermont (Fkr.); († 5. Jhdt.); — 15. Febr.

gĕōrgĭcŭs 3 (γεωργικός) den Landbau betreffend.

1. **S. Gĕōrgĭŭs,** ī *m.* hl. Georg, Mart. († 303).

Er stammte aus Kappadokien und genoß eine heiligmäßige Erziehung. Unter Kaiser Diokletian wurde er Militärtribun und mit vielen Ehren ausgezeichnet. Nach der Veröffentlichung der Verfolgungsdekrete gegen die Christen, verteilte er sein Vermögen unter die Armen, schenkte seiner Dienerschaft die Freiheit, begab sich zum Kaiser, bekannte sich vor ihm als Christen und klagte ihn der Grausamkeit gegen die Christen an. Mit Staunen vernahm dies der Kaiser und wollte Georg durch Schmeicheleien und Versprechungen von seinem Glauben abbringen. Als er dadurch nichts erreichte, ließ er ihn in den Kerker werfen, mit Ruten schlagen, aufs Rad flechten, das mit spitzen Dolchen besetzt war, lebendig braten und noch verschiedene andere Qualen ihm antun. Da er aus allen Martern unversehrt hervorging, wurde ihm Zauberei vorgeworfen und sein Leben durch das Schwert (in Kleinasien) beendet. Seine Reliquien wurden in verschiedene Gegenden gebracht, das Haupt wird zu Rom in der Diakonie des hl. Georg am Markte (velabrum) aufbewahrt. — 23. April (Chur, Köln, Freiburg, Limburg, Münster, Osnabrück, Triest); 24. April (Kulm, München-Freising, Wien) und 27. April (Breslau).

2. **S. Gĕōrgĭŭs,** ī *m.* hl. Georg, Mart., † 1290.

Gĕōrgĭŭs, ī *m.* Georg 1. Bisch. von Lüttich um die Mitte des 16. Jhdts. 2. Vater des hl. Goar.

Gēpă, ae *f.* Äbtissin Gepa von Dagsburg, Schwester Leos IX.

gera *indecl.* (*hebr.*: Körnchen) kleines Gewicht; Bezeichnung einer kleinen hebr. Münze; der 20. Teil eines Schekel (*Lev.* 27, 25).

Gera *indecl. m.* (hebr.: Fremder, Wanderer) Gera, Name mehrerer Israeliten 1. Sohn des Bale, Enkel Benjamins. 2. Vater des Aod oder Ehuds, eines Richters in Israel. 3. Vater des Semei. 4. Sohn des Ahod.

Gerae, ārum *f.* Gera, ehem. St. an der Mittelmeerküste, westlich von Alexandrien (Ägypten) in der Nähe des heutigen Golfes von Solani gelegen.

Geraldtōnēn. (*C. R.*) *s.* Geraldtonium.

Geraldtōnĭŭm, ī *n.* Geraldton, Hafenst. Westaustralien, *ca.* 2000 Einw.; Bischofssitz (seit 1898), Suffr. von Adelaide; *dav.*: **Geraltōn(i)ēnsĭs,** ĕ.

Gerar *indecl. s.* Gerara.

Gerara *indecl.* (Gerar; *hebr.* ?) Gerara 1. St. im Philisterlande, 12 km südöstl. von Gaza, *j.*: Ruinen von Khirbet el Dscherar. 2. Tal in der

Nähe dieser Stadt, *j.*: Umm el Dscherar.

1. **S. Gĕrardŭs,** ī *m.* hl. Gerhard, Bek. u. Bisch. v. Toul (Frankreich) († 994).
Aus der Kölner Gegend stammend, wurde er in Köln erzogen. Nach dem Tode des Bischofs von Toul wurde er auf Anraten des Erzbischofs Bruno von Köln dessen Nachfolger. Er brachte von einer Romfahrt dem Kölner Erzbischof die Gebeine des hl. Eliphius mit. Durch sein Gebet vermehrte sich einmal das Mahl auf wunderbare Weise. Nach 33jähriger Tätigkeit in seinem hl. Amte starb er und wurde in Toul beigesetzt. Leo IX. sprach ihn selig, 1050. — 23. April (Köln).

2. **S. Gĕrardŭs,** ī *m.* hl. Gerhard, Mart. u. Bisch. von Chanad (Ungarn) († 1047).
Aus der Familie Sagreda in Venedig stammend, trat G. früh in ein Benediktinerkloster des Venediger Gebietes ein, besuchte das hl. Land und traf mit König Stephan in Pannonien zusammen. Dort wurde er zum Bischofe von Chanad geweiht. Nach dem Tode des hl. Königs hatte er viel Leid auszuhalten, er wurde schließlich von seinen Feinden gepeinigt. Später erhielt er den ehrenvollen Beinamen „Apostel der Ungarn", nachdem er auf einer Reise durch das Land von heidnischen Bewohnern i. J. 1047 gesteinigt worden war. — 24. September (Ungarn).

3. **S. Gĕrardŭs Majella,** hl. Gerhard Majella, Bek., Redemptoristenlaienbruder († 1755).
Er wurde von gottesfürchtigen Eltern zu Muro in Lukanien geboren und zeichnete sich schon in frühester Jugend durch große Frömmigkeit aus. Als er herangewachsen war, brachte er täglich viele Stunden bei Tage und bei Nacht mit der Anbetung der hl. Eucharistie und der Betrachtung des Leidens Christi zu. Auch der Verehrung der Gottesmutter war er mit großem Eifer zugetan. Dann trat er, der Welt überdrüssig, als Laienbruder in die Kongregation des göttlichen Erlösers ein, um durch Gehorsam und Abtötung dem göttlichen Heilande immer ähnlicher zu werden. Als Reisebegleiter oder zur Besorgung von häuslichen Angelegenheiten ausgeschickt, ließ er keine Gelegenheit vorübergehen, für das Heil der Seelen zu arbeiten. Zum Lohne dafür verlieh ihm der Herr die Gabe der Krankenheilung, der Weissagung und zeichnete ihn aus durch die Herrschaft über die bösen Geister und mancherlei übernatürliche Gnadengaben. Sein Körper war indessen den vielen Arbeiten und der großen Abtötung nicht gewachsen. Er starb noch nicht 30 Jahre alt i. J 1755. Leo XIII. nahm ihn 1893 unter die Seligen, Pius X. unter die Heiligen auf. — 16. Oktober (Redemptoristen).

B. Gĕrārdŭs, ī *m.* sel. Gerhard, Cist. Bekenner († 1138).
Der sel. Gerhard war der Bruder des hl. Bernhard, der ihn mit allen seinen Brüdern und 30 Gefährten nach Citeaux mitnahm. Als der hl. Bernhard von da aus zur Neugründung von Clairvaux auszog, begleitete ihn Gerhard und war in allen zeitlichen und weltlichen Geschäften des Klosters Bernhards rechte Hand. Bernhard hielt auf den vorzeitig Dahingeschiedenen vor den versammelten Mönchen zu Clairvaux eine Trauerrede, die in den Lektionen des Breviers am Feste des Seligen gelesen wird. — 30. Jan. (Cist. Ord.).

Gerasa *indecl.* Gerasa, St. in der Dekapolis, nördl. vom Jabbok an der Ostgrenze von Peräa, Ostjordanland; *dav.*: **Gerasēnī,** orum *m.* Bewohner von Gerasa.

Gerasēnī, ōrŭm *m.* die Bew. der St. Gerasa, *s.* Gerasa; die regio Gerasenorum (*Mt.* 8, 28; *Lc.* 8, 37) ist wohl in der Nähe des Sees Genesareth zu suchen im Gebiete von Gadara, *j.*: Makes; *deshalb in obigen Stellen richtiger*: Gadareni = Gadarener.

S. *oder* **B. Gĕrĕōn** (ōnĭs) **et soc.** *m.* hl. Gereon u. seine Gefährten, Mart. († um 303).
War während der diokletianischen Verfolgung Mitglied der thebaischen Legion und hatte als Leidensgefährten die Heiligen: Mauritius, Victor, Cassius und Florentius und andere, die zum Teil vor ihm, zum Teil mit und nach ihm niedergemetzelt wurden. Gereon selbst war Führer von 318 christlichen Soldaten, die sämtlich unweit Köln als Blutzeugen starben. Ihre Gebeine, die in tiefe Brunnen geworfen wurden, sammelte man unter Konstantin d. Gr. und setzte sie in einer reichgeschmückten Kirche bei. — 10. Oktober (Köln, Sachsen und Meißen [nur als „beatus"]) und 11. Oktober (Salzburg).

Gerfrīdŭs, ī *m.* Gerfried, zweiter Bisch. v. Münster in Westfalen, Neffe des hl. Ludger.

Gergesaeŭs, ī *m.* der Gergesiter, chamitischer Volksstamm in Kanaan, der vom Volke Israel vertilgt wurde.

S. Gerhardŭs, ī *m. s.* Gerardus.

Gĕrīcŭs, ī *m.* Gerich, Graf im 9. Jhdt. am Niederrhein, Stifter des Frauenstiftes Gerresheim bei Düsseldorf.

Gerlācŭs, ī *m.* Gerlach, Abt v. Deutz (Propr. von Limburg, 18. Juni).

Gerlindĭs, ĭs *f.* Gerlindis, Herzogin v. Elsaß, Mutter der hl. Attala (8. Jhdt.).

germānă, ae *f.* die leibliche Schwester.

B. Germānă Cousin sel. Germana Cousin, Jgfr. u. Magd, † 1601, 15. Juni.

Germānī, ōrŭm *m.* die Germanen, die Deutschen.

S. Germānī (*C. R.*) *s.* 1. S. Germanus.

S. Germānī ā prātīs mŏnastērĭŭm, ī *n.* Saint-Germain-des-Prés, ehem. Kloster bei Paris.

Germānĭă, ae *f.* Germanien, Deutschland.

Germānĭcă, ae *f.* Marasc, Bistum in Kilikien, gegründet 1842; *dav.* **Germānĭcēnsĭs Armĕnōrŭm** (auch Marascensis) ecclesia.

Germānĭcēn. Armĕnōrŭm (*C. R.*) *s.* Germanica.

germānĭcŭs 3 germanisch, deutsch; ius germanicum deutsches Recht.

germānĭtās, ātĭs *f.* 1. Geschwisterschaft, nahe Verwandtschaft. 2. Ähnlichkeit.

1. **germānŭs** 3 1. leiblich, richtig, echt, verwandt. 2. brüderlich oder schwesterlich ergeben, treu. 3. wirklich, echt, leibhaftig.

2. **germānŭs,** ī *m.* der leibliche Bruder.

1. **S. Germānŭs,** ī *f.* Saint German Rimousski, Stadt am St. Lorenzstrome, Kanadien (Quebec), *ca.* 2000 Einw.; Bischofssitz (seit 1867), Suffr. v. Quebec.

2. **S. Germānŭs,** ī *m.* hl. German, Bek. u. Bisch. v. Besançon (4. Jhdt.).
Wurde vor den Statthalter der Provinz geschleppt, der ihn mit Pfeilen durchbohren und schließlich enthaupten ließ. Er litt unweit Besançon im vierten Jahrhundert. Sein Leib wurde im ehemaligen Kloster zu Baume (südlich von Besançon) verehrt. — 1. Oktober.

3. **S. Germānŭs,** ī *m.* hl. German, Bek. u. Bisch. von Auxerre (Frankreich) († um 448).
War in Auxerre ums Jahr 380 geboren und verheiratete sich dort als Rechtskundiger mit Eustachia. Da er der Jagd zu sehr ergeben war, tadelte ihn der Bischof von Auxerre; als dieser aber durch eine himmlische Erscheinung Gewißheit erhalten hatte, daß Germanus dereinst sein Nachfolger werden würde, begab er sich zum Präfekten Julius nach Autun, um die Aufnahme des Germanus unter die Geistlichkeit zu erreichen. Als Germanus Bischof geworden war, lebte er mit seiner Gattin wie mit einer Schwester und war von wahrem Streben nach Heiligkeit erfüllt. Zur Unterdrückung der Pelagianischen Irrlehre begab sich G. mit Bischof Lupus nach Großbritannien. Die den bekehrten Briten feindlich gesinnten Heere der Sachsen scheuchte der Bischof mit seiner Geistlichkeit durch Psalmengesang wunderbar in die Flucht. Nach der Rückkehr nach Frankreich begab sich Germanus nach Arles, wo er für das bedrückte Volk beim Präfekten eintrat und dessen kranke Gattin heilte. Er starb auf einer Reise bei Kaiser Valentinian in Ravenna. Seine Gebeine wurden in seine Bischofsstadt gebracht. — 31. Juli, 9. August u. 1. Okt. (sein Begräbnistag!).

4. **S. Germānŭs,** ī *m.* hl. German, Bek. u. Bisch. von Paris († 576).
Aus der Gegend von Autun (Frkr.), wurde Priester und Vorsteher des Klosters vom hl. Symphorian zu Autun, später Nachfolger des Eusebius, Bischofs von Paris. Wegen seiner Mildtätigkeit überließ ihm König Childebert seine Schatzkammer, damit er mit vollen Händen den Armen austeile. Germanus heilte u. a. den König von einem schweren Leiden. Gegen die Lasterhaftigkeit eines Charibert und Sigebert ging er mit Ernst vor. Zahlreiche Wundertaten werden von ihm berichtet, so z. B., daß er den blinden Florentinus, den späteren Bischof von Mâcon (Frkr.), sehend gemacht, daß auf sein Kreuzzeichen hin sich die Tore einer Kirche zu Paris geöffnet haben u. a. An verschiedenen Synoden nahm er teil. Pipin ließ seine Gebeine in der großen Kirche des Klosters vom hl. Symphorian beisetzen. — 28. Mai.

5. **S. Germānŭs,** ī *m.* hl. German, Mart. († 670).
Geboren zu Trier aus einer Senatorenfamilie, wurde dem hl. Bischof Modoald daselbst zur Erziehung übergeben. Mit 17 Jahren verließ er die Welt und begab sich in den Wasgengau zu dem ehemaligen Bischofe von Metz, dem hl. Arnulph. Unter seiner Leitung führte er im Kloster des hl. Romaricus ein heiliges Leben. Von dort kam er nach Luxeuil, wo ihn der hl. Abt Walbert zum Priester weihen ließ und ihn alsdann einem anderen Kloster bei Delsberg vorsetzte. Als der Klostervogt Athicus (oder Cathicus) die Insassen bedrückte und die Umgegend verwüsten ließ, mahnte ihn Germanus ernst; doch wurde er auf der Heimkehr mit seinem Begleiter Randoald i. J. 670 von den Söldnern der Kleider beraubt und beim Orte Rhenendorf von Lanzenstichen durchbohrt. Ihre Leiber wurden im Kloster beigesetzt. — 21. Februar (Basel).

germĕn, ĭnĭs *n.* 1. Keim, Sproß, Knospe. 2. Sprößling, Nachkomme.

germĭnātĭō, ōnĭs *f.* das Hervorsprossen, der Sproß.

Germĭnātŏr, ōrĭs *m.* Germinator, Irrlehrer des 4. Jhdts., wie Jovinian Gegner von Askese, Zölibat, Klosterleben u. Heiligenverehrung.

germĭnō 1 hervorsprossen, grünen: *auch*: *trans.* hervorbringen, Kinder erhalten.

gĕrō, gessī, gestŭm 3 1. tragen, schaffen, herbeischaffen. 2. hervorbringen. 3. **se g.** sich benehmen, verhalten. 4. davontragen, erreichen. 5. ausführen, verrichten, besorgen, leiten, persōnam alicuius gĕrĕre jemandes Rolle spielen, jemanden repräsentieren oder vertreten (*C. j. c.* 106); vices gerens Stellvertreter, res gestae martyrum: Martyrerakten. 6. Zeit zubringen, verleben.

S. Gĕroldŭs, ī *m.* hl. Gerold, Bek. († 678).
Aus dem Geschlechte sächsischer Herzöge, zog sich in eine Einöde zurück, um Gott zu dienen; dort fanden ihn seine Söhne Cuno und Ulrich, die ihn schmerzlich vermißt hatten. Diese schlossen sich seiner frommen Lebensweise an. Graf Otto von Jagdberg erbaute ihnen ein Klösterchen, das später nach St. Gerold benannt wurde. Als er sein Ende nahen fühlte, pilgerte er mit seinen Kindern nach Einsiedeln und starb nach der Rückkehr in Friesen i. J. 978, wo er auch beigesetzt ward. — 19. April.

Gerrēnī, ōrŭm *m.* (2. *Mach.* 13, 24) verderbt aus Gerar, *s.* Gerara.

Gerridheimēnsĕ coenŏbĭŭm altes Frauenstift Gerresheim bei Düsseldorf.

Gersam *indecl. m. s.* Gersom.

Gersom *indecl. m.* (Gersam, Gerson, Gersonni; *hebr.* ?) Gersom oder Gerson 1. Sohn des Moses u. der Sephora. 2. Sohn des Levi, dessen Nachkommen Gersoniten. 3. Nachkomme des Phinees u. Familienhaupt z. Z. des Esdras.

Gerson *indecl. m. s.* Gersom.

Gersonītae, ārum *m.* die Gersoniter oder Gersoniten, Levitenfamilie, Nachkommen des Gersom, *s.* Gersom 2.

Gersonītēs, ae *m.* der Gersoniter, *s.* Gersom 2.

Gersōnius, ī *m.* Johannes Gerson, Kanzler der Universität Paris u. großer Theologe, † 1429.

Gersonni *indecl. m.* (1. *Par.* 26, 21), *s.* Gersom 2.

1. **S. Gertrūdĭs,** ĭs *f.* hl. Gertrud, Jungfr. *u.* Äbtissin, † 658 (nach dem Propr. v. Münster) oder 664 (nach dem Proprium von Würzburg).
Ihr Vater war Pipin der Aeltere, Hausmeier der Franken, ihre Mutter hieß Itta oder Iduberga. Mit zehn Jahren wollte sie König Dagobert einem Sohne des Herzogs von Austrasien verloben, sie aber erklärte, nur Christum und sonst keinen als Bräutigam zu haben. Nach dem Tode des Vaters empfing sie zugleich mit ihrer Mutter aus der Hand des hl. Abtes Amandus den Schleier und zog sich in das Kloster Nivelles bei Brüssel, das sie selbst erbaut hatte, zurück und wurde dort zur Aebtissin gewählt. Als solche leuchtete sie ihren Mitschwestern in allen Tugenden, insbesondere in der Mäßigung und Besonnenheit im Reden vor. Frei-

gebigkeit gegen Arme, hilfsbereite Liebe gegen Kranke und fromme Pilger war ihr besonders eigen. Die Sorge für peinlichste Reinlichkeit der hl. Gefäße und Geräte für den Gottesdienst lag ihr am Herzen. Für den Unterricht in den hl. Wissenschaften fehlte es nie an den Büchern der hl. Schrift. Gelehrte und in göttlichen Dingen erfahrene Männer ließ sie sogar aus Rom und England kommen. Auch sie selbst erklärte mit unermüdlichem Eifer die schwierigsten Stellen der hl. Schrift. Viele Kirchen und Hospitäler verdanken ihr ihre Errichtung. Ebenso ein Männerkloster an der Sambre (Frankreich), das sie von den Mönchen Fullemus und Ultanus, den Brüdern des hl. Fursakus, erbauen ließ. Nachdem sie durch unaufhörliches Fasten, durch beständige Nachtwachen und fromme Werke jeder Art ihre Kräfte erschöpft hatte, entsagte sie der Aebtissinwürde und empfing mit heiterer Miene von Ultanus die Nachricht, daß sie am übernächsten Tage sterben werde. Den Tod erwartete sie nach Empfang der hl. Kommunion, angetan mit einem schlechten Kleide und dem Bußgürtel, unter Gesängen und Gebeten. Sie starb, erst 33 Jahre alt, durch viele Wunder im Leben und nach dem Tode verherrlicht. — 17. März (Münster) und 20. März (Würzburg).

2. **S. Gertrŭdĭs,** ĭs *f.* hl. Gertrud die Große v. Helfta, Cistercienserin, † 1303, 15. Nov.

S. *u.* **B. Gertrŭdĭs Altenburgēnsĭs,** hl. Gertrud von Altenburg (bei Wetzlar an der Lahn), Jgfr. und Äbtissin († 1297).

War die Tochter des Landgrafen Ludwig von Hessen und Thüringen und der hl. Elisabeth. Sie wurde infolge eines Gelübdes der Eltern im Prämonstratenserinnenkloster zu Altenburg (*richtiger:* Altenberg, wie es jetzt noch heißt in der Diözese Trier) Gott geweiht. Den Tod ihrer Mutter in Marburg erfuhr sie durch die Erscheinung der Verstorbenen in der Klosterzelle. Im Alter von 20 Jahren wurde Gertrud zur Lehrerin der Nonnen erwählt. Sie erbaute eine Fremdenherberge, in der sie selbst die niedrigsten Dienste verrichtete. In der 40tägigen Fastenzeit schlief sie auf ein wenig Stroh auf dem Erdboden. Sie führte die Feier des damals von Urban IV. eingesetzten Fronleichnamsfestes im Kloster ein. Als Friedensstifterin hatte sie einen Ruf. Sie starb in ihrem 70. Lebensjahre. Klemens VI. erlaubte den Altenburger Nonnen die Verehrung der Entschlafenen. — 13. August (Trier S.) 3. Oktober (Kaschau [nur B.]).

Gertrŭdĭs, ĭs *f.* Gertrud, Markgräfin von Northeim (12. Jhdt.).

gĕrŭlă, ae *f.* Trägerin, Wärterin.

gĕrŭlŭs, ī *m.* Träger.

Gĕrundă, ae *f.* Gerona, St., Spanien (Katalonien), *ca.* 16 000 Einw.; Bischofssitz (seit 304), Suffr. v. Tarragona; *dav.*: **Gĕrundēnsĭs,** ĕ.

Gĕrundēn. (*C. R.*) *s.* Gerunda.

Gĕruntĭă, ae *f.* *s.* Cerenthia.

S. Gervāsĭŭs, ī *m.* hl. Gervasius, Mart., † um 80, 19. Juni.

Gerwīnŭs, ī *m.* Gerwin, Herzog v. Lothringen um 700, Vater des hl. Ludwinus.

Gerzi *indecl. m.* (*hebr.* ?) *unrichtiger Name* (1. *Kön.* 27, 8), *vielleicht*: Hagriter oder Pereziter, den Israeliten feindliche Völker.

Gesan *indecl. m.* (*arab.*: Raserei ?) Gesan, Israelit, Sohn des Jahaddai.

Gesnă, ae *f.* *s.* Gnesnia.

Gessen *indecl.* (*ägypt*: Ostland; *hebr.*: Kedem) *s.* Gosen.

Gessorĭăcŭm, ī *n.* *s.* Bononia 2.

Gessur *indecl.* (*hebr.* ?) Gessur, St. u. Landschaft im nördlichen Ostjordanlande, das „syrische Gessur", stand zeitweise unter eigenen Königen.

Gessuri *indecl. m.* Bew. von Gessur, *s.* Gessur.

gestă, ōrŭm *n.* Handlungen; gesta (*scil.*: Apostolorum) Apostelgeschichte.

gestāmĕn, ĭnĭs *n.* 1. Bürde, Last; *übtr.*: Schmuck. 2. Trage, Bahre.

gestātĭō, ōnĭs *f.* das Tragen.

gestātōrĭŭm, ī *n.* Tragsessel.

gestātōrĭŭs 3 zum Tragen dienend; sedia gestatoria Tragthron; lumen gestatorium Handleuchter, Bugia.

gestĭcŭlātĭō, ōnĭs *f.* Gebärdensprache.

gestĭō, ōnĭs *f.* 1. Verhalten. 2. Ausführung, Verrichtung. 3. gestio bonorum Vermögensverwaltung (*C. j. c.* 139).

gestĭō 4 1. sich freuen, frohlocken, sich ausgelassen freuen, übermütig sein. 2. heftig verlangen.

gestō 1 tragen.

gestŭm, ī *n.* Tat, Ereignis; *vgl.* gesta, ōrŭm *n.*

gestŭs, ūs *m.* 1. Haltung, Bewegung des Körpers. 2. Gebärde, Gebärdenspiel.

Geth *indecl.* (Gath, *hebr.*: Kelter, Presse) Geth, eine der fünf philistäischen Städte im Stamme Dan, Geburtsort Goliaths; *dav.*: **Gethaeī,** ōrŭm *m.* Einwohner.

Gethaeŭs, ī *m.* Gethiter, Einw. v. Geth.

Gethaim *indecl.* (*hebr.*: Keltern, Pressen) Gethaim, St., Pal. (Benjamin).

Gether *indecl. m.* (*hebr.* ?) Gether, Nachkomme Sems (Sohn Arams), Stammvater der Bakterer (?) oder der Ostarmenier (?).

Gethhepher *indecl.* (Geth-Hepher; Geth-Opher; Githhepher; *hebr.* ?) Gethhepher, St. zwischen dem See Genesareth u. Karmelgebirge unweit des Tabor, nördlich von Nazareth, Pal. (Zabulon), Geburtsstadt des Propheten Jonas; *j.*: el Meschhed.

Gethremmon *indecl.* (Gat-Rimmon; *hebr.* Kelter des [Gottes] Rimmon) Gethremmon 1. St. Pal. (Dan) (*Jos.* 19, 45). 2. Levitenst. Ostjordanland (Manasse) (*Jos.* 21, 24 u. 25).

Gethsémani *indecl.* („Ölkelter") Gethsemane, ein Garten bei Jerusalem, jenseits des Kedron am Fuße des Ölberges.

Gĕtŭlĭŭs, ī *m.* Getulius, Gemahl der hl. Symphorosa (2. Jhdt.).

Geylană, ae *f.* *s.* Gaila.

Geysă, ae *m.* (Gejza) Geisa, Herzog von Ungarn (973—997), Vater des Königs Stephan des Heiligen v. Ungarn.
Gezem *indecl. m.* (= Gazam; *südarab.*: der Verstümmelte), Gezem, Nathinäer, dessen Nachkommen aus dem babyl. Exil zurückkehrten.
Gezer *indecl. s.* Gazara.
Gezeron *indecl. s.* Gazara.
Gezez *indecl. m.* (Gases, *hebr.*: Scherer ?) Gezez, Israelit, Sohn des Kaleb, *wohl gleich*: Jahaddai (1. *Par.* 2, 46).
Gezonītes, ae *m.* der Gezonite (1. *Par.* 11, 34).
ghimel (gimmel) Ghimel, dritter Buchstabe des hebr. Alphabets; als Zahlenzeichen = 3; *vgl.*: gimmel.
Ghīsĕlă, ae *f.* (Ghisella, Gisĕla) Gisela von B yern, Gemahlin des hl. Königs Stephan v. Ungarn (997—1038), Schwester Kaiser Heinrichs II. des Heiligen.
Ghisliéri vornehme Familie der Ghislieri in Bologna.
Gibailēn. (*C. R.*) *s.* Gibalium.
Gibalĭŭm, ī *n.* Gibail; Bistum Gibail, *das ist*: Botri (*s.* Botryam) oder Batran in Syrien (seit 1848), Patriarchensitz der Maroniten (von Antiochia) und (seit 1828) der Melchiten von Beirut; *dav.*: **Gibailēnsĭs,** ĕ.
gibbă, ae *f.* (gibbus) Buckel, Höcker.
gibbŭs 3 erhaben, gewölbt.
gibbŭs, ī *m. s.* gibba.
Gibea *indecl.* Gibea, Ort im Gebirge Ephraim, nordöstlich v. Jerusalem, zwischen Machmas u. Rama, Pal., *j.*: Dscheba.
Giblĭŭm, ī *n. s.* Gebal (*Ez.* 27, 9).
Gideroth *indecl.* (*hebr.* Hürden) Gideroth, St. Pal. (Juda).
Gidō, ōnĭs *m. s.* Geddo.
Gielniovĭŭm, ī *n.* Gielniow, St. Polen, Diöz. Gnesen, Geburtsort des sel. Ladislaus.
Gienēn. (*C. R.*) *s.* Gienum.
Giennēnsĭs, ĕ *s.* Gienum.
Gienŭm, ī *n.* (*altrömisch*: Aurgi) Jaën, St. am Fuße des Jabalcuz, Spanien (Andalusien), *ca.* 30 000 Einw.; von 1013—1090Hauptstadt des maurischen Reiches; Bistum (gegr. 7. Jhdt.), seit 1240 Sitz in Jaën, Suffr. v. Granada; *dav.*: **Gienēnsĭs,** ĕ u. **Giennēnsĭs,** ĕ.
Giessă, ae *f.* Gießen, St. an der Lahn, Hessen-Nassau (Oberhessen), *ca.* 45 000 Einw.
Giézi *indecl. m.* Giezi, ein jugendlicher Diener des Proph. Elisäus, der wegen seiner Habsucht mit dem Aussatze bestraft wurde.
Giezŭm, ī *n.* Jesso (Yesso), japanische Insel.
gĭgās, antĭs *m.* (γίγας) Riese; *übtr.*: Held.
gĭgantēŭs 3 (γιγάντιος und γιγάντειος) riesenhaft.
gignō, gĕnŭī, gĕnĭtŭm 3 1. zeugen. 2. hervorbringen, gründen.
Gihon *indecl.* (*hebr.*: Durchbruch) Name einer Quelle oder eines Teichabflusses nordwestlich von Jerusalem; wahrscheinlich am jetzigen Teich el-Burak zu suchen.
Gilbertŭs Porretānŭs, ī *m.* Gilbert de la Porrée, Bisch. von Poitiers (1142 bis 1154), ein Irrlehrer.
Gilboa, ae *f. s.* Gelboe.
gilbŭs 3 *s.* gilvus.
Gilead *indecl. s.* Galaad.
Gilo *indecl.* Gilo, St. Pal. (Juda), Geburtsort des treulosen Achitophel (2. *Kön.* 15, 12 = Keïla).
Gilonītes, ae *m.* Giloniter, aus Gilo.
gilvŭs 3 (gilbus) gelb.
gimmel (*hebr.*: Kamel) dritter Buchstabe des hebr. Alphabets; drei, drittens.
Gineth *indecl. m.*(*hebr.* ?) Gineth, Israelit, der Vater des Krankenwärters Thebei (3. *Kön.* 12, 21).
gingīvă, ae *f.* Zahnfleisch.
Girvēnsĭs, ĕ *s.* Girvum.
Girvĭŭm, ī *n. s.* Girvum.
Girvŭm, ī *n.* (Girvium) Yorm, ehem. Abtei in Nordengland, am Tees (Grafschaft York); *dav.*: **Girvēnsĭs,** ĕ.
Gisavă, ae *f.* (Bisarchiensis ecclesia) Bisarchio, ehem. (im Mittelalter) St. auf Sardinien (Sassari), *jetzt verlassen*; Bistum Bisarchio (seit 12. Jhdt., 1503 aufgehoben, 1803 erneuert), Sitz in Ozieri, Suffr. v. Sassari.
S. Gislarĭŭs, ī *m.* hl. Gislar, Priester u. Bek., 3. Okt., *s.* S. Chunialdus.
S. Gislēnī cellă, ae *f.* Ghislain, St. Belgien (Hennegau).
S. Gislēnŭs, ī *m.* hl. Gislen (*franz.*: Ghislain) (7. Jhdt.), 3. Febr.; *s.* Aldegundis.
Gisluphŭs, ī *m.* Gisluf, Gatte der hl. Segolena.
gith *indecl.* (*hebr.*: qeṣach bei *Is.* 28, 25. 27; *Septuaginta*: τὸ μελάνθιον; *arab.*: qizch (*auch* qazch), bei lat. Profanschriftstellern über Naturgeschichte und Ackerbau (z. B. bei Plinius) finden sich auch die Formen git u. gither; gith ist nach P. Nivard Schlögl (Wien) verderbt aus dem *Hebr.*: qeṣach oder dem *arab.*: qizch) römischer Schwarzkümmel, der Same von Nigella sativa (Linné).
Giustini Philippus, Philipp Kardinal Giustini, 1914—1917 Mitglied der engeren Kodifikationskommission des Kirchenrechts.

glăbĕr, bră, brŭm unbehaart, kahl, glatt.
Glācēnsĭs Cŏmĭtātŭs *m.* Grafschaft Glatz (Schlesien).
glăcĭālĭs, ĕ eisig.
glăcĭātŭs 3 mit Eis überzogen, vereist.
glăcĭēs, ēī *f.* Eis.
glăcĭō 1 zu Eis machen, in Eis verwandeln.
Glācĭŭm, ī *n.* Glatz, St. an der Neisse, Preußen (Schlesien), *ca.* 15 000 Einw.
glădĭātŏr, ōrĭs *m.* Fechter, Schwertkämpfer.
glădĭŭs, ī *m.* das kurze Schwert.
glaebă, ae *f.* (gleba) 1. Erdscholle. 2. Klümpchen, kleine Kugel.
glaebŭlă, ae *f.* (glēbŭlă) kleine Scholle, Klümpchen: lŭtī.
glaesŭm, ī *n. s.* glesum.
glandĭfĕr 3 eicheltragend.
Glannafolĭēnsĭs, ĕ aus Glanfeuil oder St. Maur-sur-Loire, Fkr., berühmtes ehem. Benediktinerkloster.
glāns, glandĭs *f.* 1. Eichel; Kernfrucht. 2. eichelförmige Schleuderkugel aus Ton oder Blei.
glārĕă, ae *f.* Kies, grober Sand, Schotter.
glārĕōsŭs 3 voller Kies, voller Steinchen.
Glārĭzĭŭm, ī *n. s.* Glarona.
Glārōnă, ae *f.* (Glarizium) Glarus, St. l. an der Linth, Schweiz, *ca.* 5000 Einw.; *dav.*: **Glārōnēnsĭs,** ĕ.
Glārōnēnsĭs, ĕ *s.* Glarona.
Glasgŏvĭă, ae *f.* (Glasgua) Glasgow, St., Schottland, *ca.* 800 000 Einw.; Erzbischofssitz; *dav.*: **Glasgŏvĭēnsĭs,** ĕ.
Glasgŏvĭēn. (*C. R.*) *s.* Glasgovia.
Glasgŭă, ae *f. s.* Glasgovia.
glaucŭs 3 (γλαυκός) 1. blaugrau; bläulich, grünlich, dunkelgrün. 2. blinkend, funkelnd, schillernd.
glēbă, ae *f. s.* glaeba.
glēbŭlă, ae *f. s.* glaebula.
glēsŭm, ī *n.* (glaesum, glessum) Bernstein.
Glēvŭm, ī *n. s.* Clanum.
gliscō 3 1. aufflammen, entbrennen. 2. zunehmen, um sich greifen.
gliscŭs 3 glühend, überwuchernd.
glŏbō 1 1. runden. 2. zusammenhäufen, *pass.*: sich versammeln.
glŏbōsŭs 3 kugelig.
glŏbŭlŭs, ī *m.* kleine Kugel, Kügelchen; globulus igneus Flintenkugel.
glŏbŭs, ī *m.* 1. kugelförmiger Körper, Klumpen; Kugel, Ball, Feuerkugel. 2. *übtr.*: dichte Schar, Knäuel, Rotte, Menschenmasse, dichter Haufe; Verein, Klub.
S. Glōdĕsindĭs, ĭs *f.* hl. Glodesind, Äbtissin († um 610).

Geboren als Tochter des Herzogs Wintrio von Kampanien zu Ende des 6. Jhdts. Der Vater wollte sie mit einem gewissen Obolonenus verheiraten; doch da sich dieser dessen unwürdig erzeigte und enthauptet wurde, bat Glodesindis um die Erlaubnis, ins Kloster gehen zu dürfen. Der Vater jedoch wollte sie zur Heirat zwingen; deshalb floh sie nach Metz und verbarg sich unter dem Hochaltare der St. Stephanskirche sechs Tage ohne Nahrung. Ihr Vater ließ die Kirche scharf bewachen. Am Sonntage aber trat ein engelgleicher Mann auf die Verborgene zu und bekleidete sie vor versammeltem Volke mit dem Schleier, worauf er plötzlich verschwand. Die Folge davon war, daß sowohl die Häscher als auch der Vater die Jungfrau wegen des geplanten Ueberfalles um Verzeihung baten. So konnte Glodesindis ihren Plan ausführen; mit Hilfe ihrer Eltern erbaute sie in Metz ein Kloster, wo sie hundert Nonnen leitete. Sie starb mit 30 Jahren in Metz und wurde in der St. Arnulphuskirche beerdigt. Später setzten die Nonnen ihren Leib in der neuen Klosterkirche bei. Im Jahre 830 wurde ihr Leib von Bischof Drogo unversehrt aufgefunden. Das Kloster wurde später Abtei. Die Kirche stößt jetzt an die bischöfliche Wohnung in Metz. — 27. Juli (Metz).

Glogŏvĭă, ae *f.* Glogau, St. Schlesien (Reg.-Bez. Liegnitz), *ca.* 23 000 Einw.
glŏmĕrābĭlĭs, ĕ zusammengeballt.
glŏmĕrō 1 zusammenballen, -scharen, aufhäufen.
glōrĭă, ae *f.* 1. Ruhm, Ehre, Zierde, a gloria eorum fern von ihrer Herrlichkeit (*Ps.* 48, 15). 2. Ruhmsucht, Ehrgeiz. 3. Lobgesang, das Gloria bei der hl. Messe. 4. *schiefe Übersetzung der Vulgata statt* anima: Seele (*Ps.* 29, 13; 56, 9; 107, 2).
glōrĭātĭō, ōnĭs *f.* 1. das Rühmen, Preisen. 2. das Prahlen.
glōrĭfĭcātĭō, ōnĭs *f.* Verherrlichung, Lobpreis.
glōrĭfĭcātŏr, ōrĭs *m.* 1. Verherrlicher. 2. Prahler.
glōrĭfĭcō 1 1. preisen, rühmen, verherrlichen. 2. *pass.* sich groß erweisen.
glōrĭfĭcŭs 3 glorreich.
glōrĭŏlă, ae *f.* 1. ein bißchen Ruhm. 2. Gloriole, d. h. die bes. Ruhmeskrone in der Ewigkeit nach der Lehre der Theologen für Bewahrung der Jungfräulichkeit, fürs Bestehen des Martyriums u. für außerordentliche Kenntnisse in der hl. Gotteswissenschaft.
glōrĭŏr 1 1. sich rühmen; wegen etwas *ausgedrückt durch* de *oder* in aliqua re: quid gloriaris in malitia; aber auch pro me autem nihil gloriabor. 2. prahlen.
glōrĭōsŭs 3 1. ruhmvoll, rühmlich; glorreich. 2. ruhmredig, ruhmselig, prahlerisch.
glōs, glōrĭs *f.* (γάλως) des Mannes Schwester, Schwägerin.
glossă, ae *f.* (γλῶσσα) Glosse, *d. h.*: biblische *oder* kirchenrechtliche Erklärung dunkler Stellen; Randbemerkung.
glossārĭŭm, ī *n.* Wörterbuch.

glossātŏr, ōrĭs *m.* Glossator, Erklärer biblischer *oder* kirchenrechtlicher Stellen.

glūbō, psī, ptŭm 3 1. abschälen, ausschälen. 2. *übtr.*: berauben.

glūtĕn, ĭnĭs *n.* Leim, Kitt.

glūtĭnātŏr, ōrĭs *m.* Zusammenleimer, Buchbinder.

glūtĭnō 1 zusammenleimen; *pass.*: sich fest zusammenschließen.

glūtĭnŭm, ī *n.* Leim, Leimfarbe; *übtr.*: enge Verbindung.

glūtĭō 3 *s.* gluttio.

gluttĭō 4 (glutio) hinunterschlürfen; verschlucken.

gluttō, ōnĭs *m.* Schlemmer.

gnārŭs 3 1. kundig, erfahren. 2. bekannt.

gnātŭs 3 *s.* natus.

gnāvŭs 3 *s.* navus.

Gnesnă, ae *f. s.* Gnesnia.

Gnesnēn. (*C. R.*) *s.* Gnesnia.

Gnesnĭă, ae *f.* (Gnesna, Gnezna) Gnesen, St., Polen (Posen), mit eigener Kathedrale, *ca.* 23000 Einw.; Erzbistum Gnesen-Posen, Sitz in Posen; *dav.*: **Gnesnēnsĭs,** ĕ.

Gnĭdŭs, ī *f.* (Cnidus, Knidus; Κνίδος) Knidos, Hafenst. südlich v. Halikarnaß, Kleinasien (Karien), Hauptsitz des Venuskultus.

Gnōsĭă, ae *f. s.* Gnosus.

Gnōstĭcī, ōrŭm *m.* (γνωστικοί) Gnostiker, Ketzer in den ersten christlichen Jahrhunderten, welche vorgaben, allein die volle Kentnnis der Glaubenswahrheiten zu besitzen, dabei aber die tollsten und widersinnigsten Lehren verbreiteten; sie hatten im 12. u. 13. Jhdt. Nachfolger. Auch die moderne Theosophie ist zum Teile von den alten gnostischen Lehren beeinflußt worden.

Gnōstĭcismŭs, ī *m.* Gnostizismus, Irrlehre der ersten christlichen Jhdt., *vgl.*: Gnōstĭcī.

Gnōsŭs, ī *f.* (Gnosia, Κνωσός) Hafenst. an der Nordküste von Kreta, *j.*: Enadieh.

Goă, ae *f.* Goa (oder Neugoa, Pandschim), Hauptst. der gleichnamigen portugiesischen Besitzung in Indien, *ca.* 10000 Einw.; Erzbischofssitz (1534 bis 1557 Bistum; 1886 Patriarchat); *dav.*: **Goānŭs** 3 u. goānŭs 3 (Jesuitenpropr.).

Goān. (*C. R.*) *s.* Goa.

goānŭs 3 = Goanus, *s.* Goa.

S. Gŏăr, ĭs *m.* hl. Goar, Priester, Bek. († 575).

Aus Südfrankreich, wurde Priester und verließ die Heimat; er erbaute sich nördlich von Boppard am Rhein eine Klause mit Genehmigung des Erzbischofs Fibitius von Trier. Dort nahm er alle Reisenden freundlich auf. Seine Güte wurde mit Verleumdungen vergolten; man erklärte seine Barmherzigkeit gegen Arme und Pilger als Verschwendungssucht und Zügellosigkeit. Goar setzte aber seine Mildtätigkeit fort. Eine Hirschkuh spendete auf seinen Ruf den Durstenden Milch. Dem Erzbischofe Rusticus von Trier bewies er durch Wunder seine Unschuld. Sigebert, der Sohn Chlotars, wollte ihn zum Oberhirten des Trierer Sprengels machen. Goar erflehte sich indessen von Gott eine fieberhafte Krankheit, die sieben Jahre dauerte, und ihn deshalb als ungeeignet für das nicht erwünschte Amt erscheinen ließ. Auf dem Sterbebette standen ihm zwei von König Sigebert gesandte Priester bei. Der Ort seiner Beisetzung wurde Wallfahrtsstätte und allmählich eine blühende Stadt. — 9. Juli (Limburg) und 21. Juli (Trier).

S. Gŏărĭs cellă, ae *f.* (S. Goaris fānum) St. Goar, St., l. am Rhein, Preußen (Rheinprov., Reg.-Bez. Koblenz), *ca.* 1500 Einw.

S. Gŏărĭs fānŭm, ī *n. s.* S. Goaris cella.

Goatha *indecl.* (*hebr.*?) Goatha (Goa), Ort bei Jerusalem, vielleicht Felsenkamm, wo später die Burg Antonia stand oder Golgatha? (*das Syrische übersetzt*: „Felsenhöhle") (*Jer.* 31, 39).

Gob *indecl.* (*aram.*: Zisterne, Grube) Gob, Höhe oder Hügel bei Gazer.

Gōdĕfrēdŭs, ī *m.* Godefred, ein Mönch, Zeitgenosse des hl. Pantalus (5. Jhdt.).

S. Gōdĕfrīdŭs, ī *m.* hl. Gottfried, Bek. († 1126).

Obwohl Gottfried, der aus Kappenberg (Westf.) stammte, im Heere Heinrichs V. dienen mußte, führte er einen frommen Lebenswandel. Mit seiner Gattin lebte er wahrhaft christlich. Beide beschlossen, Gott im Kloster zu dienen. Gottfrieds Bruder Otto schloß sich diesem frommen Vorgehen an, nachdem er drei Klöster errichtet hatte. Die Brüder traten in das Augustinerkloster zu Ilmstadt ein und stellten sich unter die Leitung des hl. Norbert. Gottfried machte das Gelübde, nie ein Wort zu weltlichen Zwecken über seine Lippen kommen zu lassen. Er starb, kaum 30 Jahre alt. — 19. Januar (Mainz).

S. Gōdĕhardŭs, ī *m.* hl. Godehard, Benediktiner, Bek., Bisch. u. Nebenpatron von Hildesheim († 1038).

Godehard oder Gotthard war der Sohn eines Beamten von Altaich in Bayern und wurde i. J. 960 geboren. Schon als Knabe begab er sich in den Wald, um dort Gott ungestört zu dienen. Als Jüngling widmete er sich eifrig dem Studium der Theologie und Philosophie. Er wurde nacheinander Prior und Abt des Benediktinerklosters Altaich. Auf Wunsch Kaiser Heinrichs des Heiligen stellte er in mehreren Klöstern die christliche Zucht wieder her. — Godehard wurde i. J. 1022 wider seinen Willen zum Bischofe von Hildesheim erwählt. Auch er war ein weitblickender Förderer der schönen Künste; dabei lebte er selbst sehr abgetötet und gab überreiches Almosen. Er weihte die St. Moritzkirche bei Hildesheim. Auch verdankte ihm die St. Bartholomäuskirche ihr Entstehen nebst den für Arme bestimmten Gebäuden. Gegen Ende seines Lebens zog er sich nach dem Kloster Wrisbergholzen, südlich von Hildesheim, zurück. Im Jahre 1038 starb er; Innozenz II. nahm ihn in die Schar der Heiligen auf. — Fest am 4. Mai (Breslau, Münster, Passau, Ben. O) und 5. Mai (Mainz; 11. Mai Regensburg).

Gōdeschalcŭs, ī *m.* Gottschalk, Oblat des Klosters Fulda u. später Mönch zu Orbais (Diözese Soissons), erneuerte die Irrtümer über die Prädestination u. starb als Häretiker 868.

Gŏdītă, ae *f.* Godit, Mutter der hl. Glodesindis (7. Jhdt.).

Godlandĭă, ae *f.* Gotland, schwedische Insel in der Nordsee.

Godolias, ae *m.* Godolias, 1. Statthalter des Königs von Babylon im Judenlande nach Abführung der Juden in das babyl. Exil. 2. ein jüdischer Priesterabkömmling, der fremde Weiber genommen hatte. 3. Großvater des Propheten Sophonias.

Godrīcŭs, ī *m.* Godrich, Einsiedler in der englischen Grafschaft Norfolk († 1170).

Goduwīcŭm, ī *n. s.* Godewicum.

S. Gŏĕrīcŭs, ī *m.* hl. Goërich, Bek. u. Bisch. v. Metz († 642).

War Soldat aus Aquitanien und wurde blind. Er pilgerte, vom Engel gemahnt, nach Metz und erlangte dort in der St. Stephanskirche das Augenlicht wunderbar wieder. Der selige Arnulph, damaliger Bischof der Stadt, erwählte ihn, der im Tugendlichte glänzte, zu seinem Nachfolger, da er selbst in eine Einöde gehen wollte, um Gott ungestörter zu dienen. Siebzehn Jahre versah nun Goerich sein Amt; er setzte die Gebeine des hl. Arnulph feierlich in der damaligen Apostelkirche bei und starb selbst i. J. 642. Sein hl. Leib fand anfangs im Kloster des hl. Symphorian seine Ruhestätte; später übertrug ihn Theodorich I., Bischof von Metz, in das nach dem Verstorbenen benannte Kloster zu Spinal. — 19. September.

Gog *indecl.* 1. angebl. Sohn Japheths. 2. Israelit aus dem Stamme Ruben; wohl zweifelhafter Landes- oder Volksname, *vgl.*: Magog.

Golan *indecl.* Golan, St., Ostjordanland (Manasse), *j.*: Dscholan.

Golbernĭă, ae *f.* Goulburn, St. Australien (Neusüdwales), *ca.* 12000 Einw.; Bischofssitz (seit 1864), Suffr. v. Sidney; *dav.*: **Gulburnēnsĭs,** ĕ.

Golgatha, *indecl. s.* Golgotha.

Golgotha *indecl.* (Golgatha; *hebr.*: Schädel) Name des schädelförmigen Hügels nordwestlich von Jerusalem; *lat.*: Calvaria oder Calvariae mons Kalvarienberg.

Golias, ae *m. s.* Goliath.

Goliath *indecl. m.* (Golias, *hebr.*?) Goliath, ein riesenhafter Philister, der von David im Zweikampfe besiegt u. getötet wurde.

1. **Gomer** *indecl.* Gomer, Enkel Noes, Sohn Japheths, bezeichnet wohl das von Japheth abstammende Volk der Kimmerii (Cimbern?) in Kleinasien (Kappadokien); bei den alten Armeniern heißt Kappadokien: Gamir u. die Kappadokier: Gimmeri; keilschriftlich: Gimir, Land in oder bei Kappadokien.

2. **Gomer** *indecl.* (*hebr.*?) Gomer, Gattin des Propheten Osee, vordem eine Buhlerin.

gomor *indecl.* ein hebr. Maß, der 10. Teil eines Ephi, ungefähr vier Liter.

Gomorrhă, ae *f.* (*hebr.*?) Gomorrha, ehem. St. und Landschaft im Süden des Toten Meeres an der Stelle des heutigen Salzsees.

Gomorrhaeī, ōrŭm *m.* Gomorrhäer, Einw. von Gomorrha.

Gonalvesĭŭm, ī *n.* Gonaïves, St. auf Haiti, Insel in Mittelamerika, *ca.* 18000 Einw., Bistum verwaltet vom Erzbischofe von Port-au-Prince; *dav.*: **Gonayvesēnsĭs,** ĕ.

Gonayvēsēn. (*C. R.*) *s.* Gonalvesium.

Gondar *indecl.* Gondar, St. in Abessinien.

S. Gondulphŭs, ī *m.* hl. Gondulf, Bek. u. Bisch. von Metz († 822).

Als Bischof Angelramnus gestorben war, blieb der bischöfliche Stuhl 24 Jahre lang ohne Inhaber. Zu Anfang des Jahres 816 aber wurde Gondulf erwählt, der über sechs Jahre regierte. Er wurde in der Abtei vom hl. Gorgonius zu Gorze (Frkr.) beigesetzt. — 6. September.

gŏnorrhoeă, ae *f.* (γονόῤῥοια) Tripperkrankheit.

Gonză, ae *f.* Gonza, Mutter des hl. Ludwinus (7. Jhdt.), *s.* S. Ludowinus.

Gonzága, ae *f.* Gonzaga, Schloß bei Mantua, Stammhaus mehrerer ital. Fürstengeschlechter.

Gorcĭă, ae *f. s.* Gorzia.

Gorcŏmĭēnsĭs, ĕ aus Gorinchen, Ort in Südholland a. d. Waal.

1. **S. Gordĭānŭs,** ī *n.* hl. Gordian, Leidensgefährte des hl. Valerian, † um 250; *s.* S. Valerianus.

2. **S. Gordĭānŭs,** ī *m.* hl. Gordian, Mart., † 362, 10. Mai.

Gordĭānŭs, ī *m.* Gordian, Vater des hl. Papstes Gregor d. Großen.

Gorgĭās, ae *m.* (Γοργίας, *griech.*: der Heftige, Wilde) Gorgias, Feldherr des Königs Antiochus IV. von Syrien (175—163).

S. Gorgonĭŭs, ī *m.* hl. Gorgonius, Mart., † 303, 9. Sept.

Gŏrītiae, ārŭm *f.* Görz (Gorizia), St. Oberitalien (Gradisca), *ca.* 25000 Einw. Fürsterzbischofssitz.

Gortȳnă, ae *f.* (Γόρτυν) Gortyna, St. an der Nordküste der Insel Kreta, *j.*: Gortys.

Gorzĭă, ae *f.* (Gorcia) Gorze, Marktflecken an der Gorze, Lothringen, wo ein Kloster vom hl. Gorgonius lag; *dav.*: **Gorzĭēnsĭs,** ĕ.

B. Gosbertŭs, ī *m.* sel. Gosbert, [Mart.], vierter Bischof von Osnabrück († um 858).

War Sachse von Geburt. Bevor er Bischof von Osnabrück wurde, war er schon ums Jahr 832 vom hl. Ansgar als Bischof nach Schweden gesandt worden und hatte dort mit großem Erfolge das

Wort Gottes verkündigt. Als aber der hl. Ansgar selbst von den Normannen aus Hamburg vertrieben wurde, mußte auch Gosbert aus Schweden fliehen. Inzwischen war Bischof Goswin von Osnabrück gestorben und der erste Graf von Tecklenburg, namens Cobbo, hatte viele Gerechtsame des Osnabrücker Stiftes an sich gerissen. Auf den Rat Ansgars übernahm Gosbert mit Zustimmung des deutschen Königs das Bischofsamt ums Jahr 845 und war 13 Jahre tätig, während er dabei Leiden wie ein Martyrer auszustehen hatte. — 13. Februar (Osnabrück).

Gossem *indecl. m. s.* Gossem.

1. **Gosen** *indecl.* (Gessen; *ägypt.*: Ostland) Gosen oder Gessen, Landschaft im Nordosten von Ägypten, wo die Israeliten ungefähr von 1922—1492 v. Chr. wohnten.

2. **Gosen** *indecl.* (*hebr.*?) Goschen, Ort im Süden des Gebirges Juda, Pal. (Juda).

Goslărĭēnsĭs, ĕ aus Goslar am Harz.

Gossem *indecl. m.* (Gosem; *arab.*: Last, Kummer) Gossem, ein Araber, Feind der Juden u. Gegner der Erbauung der Mauern von Jerusalem nach dem babyl. Exil.

gossĭpĭŭm, ī *n.* (gossypinus) Baumwollstaude.

gossȳpĭnŭs, ī *f. s.* gossĭpĭum.

Goswīnŭs, ī *m.* Goswin, Bisch. v. Osnabrück (9. Jhdt.).

Goteboldŭs, ī *m.* Gotebold, Dechant zu Onoldisbach, Diöz. Bamberg (12. Jhdt.).

Gotevīcŭs mŏnastērĭŭm, ī *n. s.* Gottvicum.

Gothī, ōrŭm, *m.* die Goten, germanisches Volk.

Gothĭă, ae *f.* (Gutia) der südfranzösische Teil des Westgotenreiches.

Gothĭcŭs 3 (Goticus) gotisch.

Gothoniel *indecl. m.* Gothoniel 1. ein Ahne des Holdai, eines Obersten in Davids Heere. 2. Ratsherr in Bethulia.

Gotĭcŭs 3 *s.* Gothicus.

Goto *indecl.* Goto, eine japanische Insel.

Gottfrīdŭs, ī *m.* Gottfried, Bisch. v. Passau (13. Jhdt.).

Gotthardŭs, ī *m.* (Gothardus, Godehardus) *s.* Godehardus.

Gotti Hĭĕrŏnȳmŭs *m.* Hieronymus Kardinal Gotti, † 1916, Mitglied der ersten Kodifikationskommission des Kirchenrechtes.

Gottvichŭs, ī *f. s.* Gottvicum.

Gottvīcŭm, ī *n.* (Gottwich, Gottvicus, Gottvichus, Gottvicus, Gotevicus monast., Goduvicum, Godewicum, Cotwicum) Göttweig oder Göttweih, Benediktinerabtei, 6 km südlich von Krems, Nieder-Österreich, gegründet 1072; *dav.*: **Got(t)vīcēnsĭs,** ĕ.

Goyasēn. (*C. R.*) *s.* Goyasium.

Goyasĭŭm, ī *n.* Goyaz, St. am Rio Vermelho, Brasilien, *ca.* 20000 Einw.; Bischofssitz (seit 1826), Suffr. v. São Salvador; *dav.*: **Goyasēnsĭs,** ĕ.

Gozam *indecl. s.* Gozan.

Gozan *indecl.* (Gozam; *assyr.*: Guzana, *griech.*: Gauzanitis) eine Landschaft in Medien, wohin die Israeliten in Gefangenschaft geführt wurden; *j.*: Kauschan im nordwestlichen Mesopotamien.

grăbātŭs, ī *m.* (κράββατος) Ruhebett.

grăcĭlĭs, ĕ 1. schlank, dünn, schmächtig. 2. ärmlich, einfach, schlicht.

grăcĭlĭtās, ātĭs *f.* Schlankheit, Schmächtigkeit.

grădābĭlĭs, ĕ (gradibilis) beschreitbar.

Grădātae Aquae, ārŭm *f.* Grado bei Aquileja, Norditalien.

grădātĭm *adv.* schrittweise, stufenweise.

grădātĭō, ōnĭs *f.* Steigerung.

grădātŭs 3 abgestuft.

grădĭbĭlĭs, ĕ *s.* gradabilis.

Gradicēnsĭs urbs, ĭs *f. s.* Grezium.

Gradicŭm, ī *n. s.* Graium.

grădĭŏr, gressŭs sŭm 3 schreiten.

Gradissēnsĭs cīvĭtās, ātĭs *f. s.* Hradisca.

grădŭālĕ, ĭs *n.* Stufengang, Stufengebet (Gebet in der hl. Messe nach der Epistel); auch das Buch, welches die entsprechenden Gebete enthält; auch *adj.*: psalmi graduales, Psalmen, die vielleicht von den Juden beim Ersteigen der Tempelstufen gebetet wurden (Vigouroux u. a. erklären anders).

grădŭs, ŭs *m.* 1. Schritt. 2. Stellung, Standpunkt. 3. Stufe, Sprosse, *pl.*: Leiter: lignei. 4. Grad, Rang, Reihenfolge. 5. Tonlage.

Graecī, ōrŭm *m.* die Griechen; im Gegensatz zu Judaei bedeutet es „Heiden"; *dav.*: **Graecŭm,** ī *n.* das Griechische, die griechische Sprache; **Graecŭs** 3.

Graecĭă, ae *f.* Griechenland.

graecĭtās, ātĭs *f.* das Griechische, griechische Sprache.

Graecĭŭm, ī *n.* (Graezium, Graetia, Graza) Graz, St. in Steiermark.

graecō-lătīnŭs 3 griechisch-lateinisch.

Graetĭă, ae *f. s.* Graecium.

Graezĭŭm, ī *n. s.* Graecium.

Grafschaftēnsĕ coenŏbĭŭm, ī *n.* (Grafschaftense monast.). ehem. Benediktinerabtei im Sauerland, früher zur Erzdiöz. Köln, *j.*: Paderborn, gegründet 1072 durch Erzb. Anno v. Köln, besiedelt von Siegburg aus, restauriert v. Brauweiler 1507, aufgehoben 1804; Patron war S. Alexander M.

Grafschaftēnsĕ mŏnastērĭŭm, ī *n. s.* Gr. coenobium.

Graftōnĭēn. (*C. R.*) *s.* Graftonium.

Graftōnĭūm, ī *n.* Grafton, St. um Clarence, Australien; Bischofssitz, *ca.* 5340 Einw.; *dav.*: **Graftōnĭēnsĭs,** ĕ.
Grāiūm ī *n.* (Gradicum) Gray, Fkr. (Haute-Saône); *ca.* 6700 Einw.
grāmĕn, ĭnĭs *n.* Gras, Rasen.
grāmĭnĕūs 3 mit Gras bewachsen, grasig.
grāmĭnōsūs 3 grasreich.
grammătĭcă, ae u. ē, ēs *f.* (γραμματική, *sc.*: τέχνη) Sprachwissenschaft.
grammătĭcālĭs, ĕ zur Grammatik gehörig, grammatikalisch.
grammătĭcūs 3 zur Sprachwissenschaft gehörig.
grammătĭstă, ae *m.* Sprachmeister, Lehrmeister.
Granādă, ae *f.* *s.* Granāta.
grānārĭă, ōrūm *n.* (granarium) Kornspeicher.
grānārĭūm, ī *n.* *s.* *pl.*: granaria.
grānārĭūs, ī *m.* Kornmeister.
Granātă, ae *f.* (Granāda) Granada, St., Spanien, *ca.* 76000 Einw.; Erzbischofssitz (seit 1492); *dav.*: **Granātēnsĭs,** ĕ.
Granātĕn. (*C. R.*) *s.* Granāta.
Granātēnsĕ rēgnūm, ī *n.* Granada, ehem. Königreich, Spanien.
Granatēnsĕ nŏvūm rēgnūm = Königreich Neu-Granada, frühere spanische Kolonie in Mittel- und Südamerika.
granātūm, ī *n.* malum granatum Granatapfel (*Cant.* 8, 2; *Num.* 13, 24).
grandaevūs 3 hochbetagt, hochbejahrt.
Grandĕ Prātūm, ī *n.* Grandpré, ehem. Cistercienserkloster, Belgien, Diöz. Namur.
grandēscō 3 groß werden, wachsen.
grandĭă, ĭūm *n.* Ungeheuer, Seegetier.
grandĭfĕr 3 sehr einträglich.
Grandifontēnsĕ oppĭdūm, ī *n.* Aiguille du Grand-Font, Ort südwestlich vom Montblanc, Fkr.
1. **grandĭlŏquūs** 3 großartig, feierlich redend.
2. **grandĭlŏquūs,** ī *m.* Großsprecher, Prahler.
Grandĭmōns, ntĭs *m.* *s.* Grandimontium.
Grandĭmontēnsĭs, ĕ *s.* Grandimontium.
Grandĭmontĭūm, ī *n.* (Grandimons) Grammont oder Grand-Mont, ehem. Kloster, Fkr. (Creuse); *dav.*: **Grandĭmontēnsĭs,** ĕ.
grandĭnăt es hagelt.
grandĭs, ĕ 1. groß, bedeutend, großartig. 2. erwachsen, bejahrt, betagt. 3. erhaben, feierlich.
Grandĭs Silvă *f.* Grandselve, ehem. Cistercienserkloster, Fkr., Diöz. Toulouse.
Grandĭs Vallĭs coenŏbĭūm *n.* (Grandisvallis c.) Grand-Val, Kloster, Schweiz, Kanton Solothurn.

grandĭtās, ātĭs *f.* Erhabenheit, Größe.
grandĭuscŭlūs 3 etwas größer, ziemlich groß; ziemlich erwachsen.
grandō, ĭnĭs *f.* Hagel, Schloße.
Grandormĕn. (*C. R.*) *s.* Grandormium.
Grandormĭūm, ī *n.* Grand Rapids, St. am Grand River, Nordamerika (Michigan), *ca.* 100000 Einw., Bischofssitz (seit 1882), Suffr. v. Cincinnati; *dav.*: **Grandorm(i)ēnsĭs,** ĕ.
Grānērĭūs, ī *m.* Granier, Bisch. v. Genf.
grangĭārĭūs, ī *m.* Hofgutsverwalter.
grānĭfĕr 3 Körner tragend.
grānŭlă, ae *f.* Körnchen; *übtr.*: Rosenkranzperle.
grānūm, ī *n.* Korn, Kern.
Grānūs, ī *m.* G an, *d. h.* der Apollo der Kelten.
grăphĭcūs 3 (γραφικός) zeichnerisch.
grăphĭūm, ī *n.* (γραφίον) Griffel.
grassātŏr, ōrĭs *m.* Wegelagerer, Räuber.
grassŏr 1 herumschwärmen, hart verfahren, wüten.
grātantĕr *adv.* gern, mit Freuden.
grātēs, *f. pl.* (*nom.* u. *acc.*; *abl.*: gratibus) Dank (*bes.* gegen hochstehende Personen u. Gott); grates rependĕre Dank abstatten (*Laud. Fer. VI.* 2); gratibus venerāri.
grātĭă, ae *f.* 1. Anmut, Liebenswürdigkeit. 2. Gunst, Gnade, Wohlgefallen, *pl.*: gratiae Gnadenerweise. 3. *abl.*: gratia *c. gen.* wegen, um — willen; verbi (exempli) gratia zum Beispiel. 4. Dank; gratias exhibere Dank abstatten; gratias ăgĕrĕ *heißt im klassischen Latein*: danken; *im Kirchenlatein*: etwas Gefälliges tun = εὐχαριστεῖν; Deo gratias agere = etwas Gott Wohlgefälliges tun; die Opferhandlung vollziehen; Gott huldigen; gratias (*sc.*: ago oder agimus) = danke schön; gratiarum actio Danksagung, *bes.* nach der hl. Messe. 5. Liebesgabe (1. *Kor.* 16, 3).
B. **Grātĭă,** ae *f.* sel. Gratia, Cist. Martyrin († 1180).
Sie war die Schwester des sel. Bernhard Ameth, die von ihm zum christlichen Glauben bekehrt und getauft wurde. Zugleich mit ihm empfing sie auch die Marterkrone. 1. Juni (Cist. Ord.).
B. **Grātĭă ā Catharō,** der sel. Gratia von Catharo, Bek. († 1508).
Er wurde in dem Städtchen Mulla bei Cattaro in Dalmatien geboren von armen, aber ehrbaren Eltern. Bis zu seinem 30. Lebensjahre Schiffer, wurde er ein Schüler des Augustinereremiten Simon von Camerino, den er in Venedig hatte predigen hören. Im Orden führte er ein strenges Büßerleben. Oefters wurde er gewürdigt, den Heiland im allerheiligsten Altarsakramente zu schauen. Sein Leib wurde nach Mulla übertragen und dort verehrt. — 16. November (Aug. O.)
Grātĭă Dĕī *f.* La Zaïdia, ehem. Cistercienserinnenkloster, Spanien, Diöz. Valencia.

Grātĭae cellă, ae *f.* Gnadenzell, ehem. Kloster, Württemberg (Schwarzwaldkreis).
Grātĭānŏpŏlĭs, ĭs *f.* Grenoble, St. an der Isère in der Dauphiné, Fkr. (Isère), *ca.* 70000 Einw.; Bischofssitz (seit 4. Jhdt.), Suffr. von Lyon; *dav.*: **Grātĭānŏpŏlītānŭs** 3.
Grātĭānŏpŏlītān. (*C. R.*) *s.* Gratianopolis.
1. **Grātĭānŭs,** ī *m.* Gratian, römisch. Kaiser (375—383).
2. **Grātĭānŭs,** ī *m.* Gratian, ein Kamaldulensermönch, Magister an der Klosterschule von St. Felix und Nabor zu Bologna, gestorben März 1179, lehrte zuerst das Kirchenrecht als eigene Wissenschaft und nicht als einen Teil der Dogmatik; er stellte zwischen 1140 und 1150 alle früheren gesetzlichen Verordnungen zu einer einheitlichen Sammlung unter dem Namen „Concordantia discordantium", später Decretum Gratiani genannt, zusammen.
grātĭfĭcātĭō, ōnĭs *f.* Willfährigkeit; Gefälligkeit; Schenkung.
grātĭfĭcō 1 u. **grātĭfĭcŏr** 1 sich gefällig zeigen; g. aliquem in gratia jemand huldreich eine Gnade erweisen, begnadigen.
grātĭŏr, ĭŭs angenehmer, willkommener.
grātĭōsĭtās, ātĭs *f.* Annehmlichkeit.
grātĭōsŭs 3 1. gefällig, Gunst erweisend, gnadenreich. 2. begünstigt, beliebt.
grātīs *adv.* 1. unentgeltlich, umsonst. 2. ohne Grund, grundlos.
grātĭtūdō, ĭnĭs *f.* Gefühl der Dankbarkeit, Dankbarkeit.
grātŭītās, ātĭs, *f.* Unentgeltlichkeit, Uneigennützigkeit.
grātŭītō *adv.* zu gratuītus; *s. dass.*
grātŭītŭs 3 unentgeltlich, umsonst, uneigennützig.
grātŭlātĭō, ōnĭs *f.* 1. Glückwunsch. 2. Danksagung, Dankfest.
grātŭlātōrĭŭs 3 glückwünschend.
grātŭlŏr 1 1. Glück wünschen. 2. sich Glück wünschen, sich freuen (über: *abl. Ps.* 34, 26).
S. **Grātŭs,** ī *m.* hl. Gratus, Bek. u. Bisch. von Aosta († 810).
Stammte aus Griechenland, machte seine Studien in Athen und wurde Mönch in einem Kloster bei Ephesus. Papst Hadrian I. wurde auf ihn aufmerksam, als Gratus auf dem zweiten Konzil zu Nicäa die Irrlehre der Bilderstürmer mutig bekämpfte. Der Papst sandte ihn an Karl den Großen, um dessen Hilfe zu erbitten. Er wurde dann Bischof von Aosta (Italien), wo er viele Wunder wirkte. Nach einigen Jahren legte er sein Amt nieder, eilte in eine Einöde, die noch jetzt nach ihm benannt ist, und starb dort ums Jahr 810. Im Gebiete Jerusalems, wohin er gepilgert war, hatte er ehedem zwei Tote erweckt; zahlreiche Wunder fanden auch an seinem Grabe statt, welches in der Kathedrale von Aosta lag, wo auch das Kinn des hl. Johannes Baptista verehrt wurde. — 7. September.
grātŭs 3 1. gefällig, anmutig, lieblich. 2. willkommen, teuer, angenehm. 3. dankbar; gratum facere alicui = jemandem einen Gefallen erweisen.
grăvāmĕn, ĭnĭs *n.* drückende Last, Beschwerlichkeit.
grăvantĕr *adv.* ungern, unwillig.
grăvātē *adv.* ungern.
grăvātĭō, ōnĭs *f.* Beschwernis.
grăvātŭs 3 beschwert, bedrückt, belastet.
grăvēdō, ĭnĭs *f.* Schwere; Schwangerschaft.
grăvēscō 3 schwer werden, sich verschlimmern.
grăvĭdĭtās, ātĭs *f.* Schwangerschaft.
grăvĭdō 1 1. belästigen. 2. schwängern, befruchten.
grăvĭdŭs 3 1. schwanger. 2. voll, beladen mit, strotzend.
Gravină, ae *f.* Gravina in Puglia, St. an der Gravina, It. (Bari), *ca.* 17000 Einw.; Bischofssitz (seit 8. Jhdt.), exempt.
grăvĭs, ĕ 1. schwer, gewichtig. 2. beschwerend, ungesund. 3. beschwerlich, lästig. 4. heftig, nachdrücklich, wirksam. 5. angesehen, ehrwürdig, würdevoll. 6. hart, streng. 7. mit Verdruß, empfindlich.
grăvĭtās, ātĭs *f.* 1. Schwere. 2. Heftigkeit, Härte. 3. Würde, Nachdruck, Ernst.
grăvō 1 beladen, beschweren, belästigen, drücken, verschlimmern; *pass.*: schwer lasten auf (*Ps.* 31, 4).
grăvŏr 1 verdrießlich, ärgerlich sein.
grĕgārĭŭs 3 1. herdenhaft. 2. gemein, gewöhnlich.
Grēcĭūm, ī *n. s.* Grezium.
grĕgātĭm *adv.* scharenweise, herdenweise.
Grēgŏrĭānŭs 3 gregorianisch, cantus der von Gregor d. Großen eingeführte Kirchengesang (cantus firmus).
S. **Grēgŏrĭī cellă,** ae *f.* Reichenbach, Marktflecken u. ehem. Kloster, Württemberg (Schwarzwaldkreis).
S. **Grēgŏrĭŭs,** ī *m.* I. Name vieler Päpste. 1. **hl. Gregor I.,** der Große, Bek. u. Kirchenlehrer (reg. 590—604), 12. März. 2. **hl. Gr. II.,** Bek. (reg. 715—731), 13. Febr. 3. **hl. Gr. III.,** Bek. (reg. 731—741), 28. Nov. 4. **hl. Gr. VII.,** Bek. (reg. 1073—1085), 25. Mai. 5. **hl. Gr. X.,** (reg. 1271—1276), Bek. 16. Febr.
S. **Grēgŏrĭŭs Thaumătūrgŏs** *m.* hl. Gr. der Wundertäter, Bisch. u. Bek., † 270, 17. Nov.
S. **Grēgŏrĭŭs Spŏlētānŭs,** ī *m.* hl. Gregor v. Spoleto, Priester, Mart. († um 300).
Während der Christenverfolgung unter Diokletian und Maximian wurde Gregor, Priester in Spoleto, beim Präfekten Flaccus angeklagt, Bilder und Tempel der Götter zerstört und viele Heiden zum Christentume bekehrt zu haben. Vor Flaccus geführt und gefragt, ob er ein Verächter der Götter

und der Kaiser sei, antwortete er: „Von Jugend auf habe ich Gott gedient, der den Menschen nach seinem Ebenbilde erschaffen hat; er allein ist es, dem wir Sterbliche Verehrung schulden und der jedem vergelten wird nach seinen Werken". Als er sich dann weigerte, den Göttern zu opfern, ließ ihm Flaccus zuerst die Kiefer zerschlagen und ihn dann auf dem Roste braten. Hierauf wurde er mit eisernen „Disteln" geschlagen, mit Fackeln gebrannt und schließlich mit dem Schwerte enthauptet. Seinen Leib, den die wilden Tiere nicht berührten, kaufte Abundantia, eine christliche Matrone, um 35 Goldstücke los und begrub ihn bei der steinernen Brücke am sog. blutigen Bache. Der Leib kam unter dem ersten Bischof Bruno nach Köln und ruht in der Kirche über dem Leibe der hl. drei Könige. Reliquien kamen auch noch nach Trier. — 23. Dezember (Köln) und 2. Januar (Trier).

S. Grēgŏrĭŭs, ī *m.* 1. hl. Gregor, Bisch., Apostel Armeniens, † um 320, 1. Okt.

S. Grēgŏrĭŭs Năzĭanzēnŭs, ī *m.* hl. Gr. v. Nazianz, Bek. u. Kirchenlehrer, Bisch. v. Sasima in Kappadokien u. später v. Konstantinopel, † 390, 9. Mai.

S. Grēgŏrĭŭs Tūrŏnēnsĭs hl. Gr. v. Tours, berühmter Geschichtsschreiber der Franken, † 594.

S. Grēgŏrĭŭs, ī *m.* hl. Gregor, Bischof v. Langres (6. Jhdt.).

S. Grēgŏrĭŭs (ī) **dē Thūringĭā** *m.* hl. Gregor v. Thüringen, Bisch., Bek. († 776).

Gregor stammte aus einer Adelsfamilie in Thüringen. Erst 15jährig las er im Kloster Pfalzel bei Trier die hl. Schrift vor und hörte dann die Erklärung dieser Worte aus dem Munde des eben anwesenden hl. Bonifatius. Da wurde er von einem solchen Glaubenseifer erfüllt, daß er dem hl. Bonifatius nach Hessen und Thüringen folgte und dort sein treuer Begleiter blieb. Bevor Bonifatius zur Bekehrung der Friesen abreiste, ließ er Gregor in Hessen und Thüringen als Bischof zurück. Als solcher zeichnete er sich besonders durch Liebe zur Armut und Mäßigkeit aus. Den Reichtum nannte er süßes Gift und die Vorbereitung zum Verderben. Trunksucht wollte er wie eine Fallgrube der Hölle geflohen wissen. Durch eifrige Glaubensboten ließ er die Sachsen rechts der Saale zum hl. Glauben bekehren. Den seligen Ludger unterrichtete er so tief in der Wissenschaft und im hl. Leben, daß er ihn als Bischof von Münster einsetzen konnte. Im hohen Greisenalter ertrug er voll Geduld eine dreijährige Lähmung, bis er am 25. März 776 selig starb. Seine hl. Reliquien ruhen in der Klosterkirche zu Susteren (einem Frauenkloster südlich von Roermond, Holland), wo er im Leben schon häufig weilte, und zwar neben seiner seligen Mutter Vastradis. — 25. August (Trier).

S. Grēgŏrĭŭs, ī *m.* hl. Gregor, Bisch. v. Utrecht, † 776, 26. Aug.

B. Grēgŏrĭŭs, ī *m.* sel. Gregor, Papst u. Bek. († 1276).

Papst Gregor X. (1271—76), vorher Thealdus oder Theobaldus genannt, stammte aus einem Grafengeschlechte Piacenzas. Nach Beendigung seiner theologischen Studien in Paris, suchte er Fürsten und Gläubige zur Wiedergewinnung des hl. Landes zu begeistern und reiste selbst nach Syrien, wo er zu Ptolemais die Nachricht von seiner Erwählung zum Papste erhielt. Zurückgekehrt berief er ein allgemeines Konzil nach Lyon, wo es ihm gelang, die Einheit mit der griechischen Kirche wieder herzustellen. Vom Konzil heimgekommen, erwog er eine Reise nach Palästina, starb aber zu Arezzo im vierten Jahre seiner Regierung; nach seinem Tode wurde er durch Wunder verherrlicht. — 19. Januar (Lausanne-Genf).

B. Grēgŏrĭŭs Celli, sel. Gregor Celli, Bek. u. Einsiedler († 1343).

Er wurde 1225 zu Veruchio bei Rimini (Italien) geboren. Mit drei Jahren verlor er den Vater. Seine Mutter unterrichtete ihn frühzeitig im Gebete und in der Andacht zur seligsten Gottesmutter. Auf ihre Veranlassung trat er auch in das von ihr erbaute Klösterlein der hl. Muttergottes vom Trost zu Veruchio. Zehn Jahre lang diente er seinen Mitbrüdern als Vorbild, bekehrte viele Sünder und bekämpfte die Irrlehrer, welche den Wahn des Arius erneuerten. Nach dem Tode der Mutter wurde er von seinen Mitbrüdern aus dem eigenen Hause vertrieben. Er zog sich auf den Berg Carnerio bei Rieti zurück, wo er noch einige Einsiedler zum Dienste Gottes um sich versammelte. Hier lebte er unter großen Strengheiten bis zu seinem Tode am 4. Mai 1343. Eine ungezähmte Mauleselin brachte seinen Leichnam ohne Führer nach Veruchio. Das gläubige Volk verehrt ihn als Patron für den Regen. — 11. Mai (Aug. O.).

Grēgŏrĭŭs, ī *m.* Päpste, (die heiligen Päpste sind oben zusammengestellt) **Gr. IV.** (reg. 827—844), **Gr. V.** (996—999), **Gr. IX.** (1227—41), **Gr. XI.** (reg. 1370—1378), **Gr. XII.** (reg. 1406—15), **Gr. XIII.** (reg. 1572—85), **Gr. XV.** (reg. 1621—23), **Gr. XVI.** (reg. 1831—1846).

grĕmĭālĕ, ĭs *n.* (*ital.*: grembiale = Schürze) Schoßtuch, ein quadratisches Stück Seide von der Farbe der jeweiligen Paramente, umsäumt von Stickerei u. Gold- oder Silberschmuck, welches der Bischof, wenn er auf dem Thron sitzt, auf den Schoß gelegt erhält.

grĕmĭālĭs, ĕ zum Schoß gehörig, Schoß-.

grĕmĭŭm, ī *n.* 1. Schoß. 2. das Innerste.

gressĭō, ōnĭs *f.* das Schreiten.

gressŭs, ūs *m.* 1. Schritt, Gang. 2. Folge der Geschlechter.

grex, grĕgĭs *m.* 1. Herde. 2. Schar, Menge. 3. Gesellschaft, Gesamtheit der Gläubigen.

Grēzĭŭm, ī *n.* (Grecium Gradicensis urbs) Königgrätz, St. Böhmen, *ca.* 10000 Einw.

Grimō, ōnĭs *m.* Grimo, Sohn des Königs Dagobert und Freund des hl. Bischofs Paulus von Verdun.

Grimŏaldŭs, ī *m.* Grimoald, Sohn des Herzogs Theodor II. von Bayern.

Grisonĭă, ae *f.* (Rhaetia superior) Graubünden, Kanton in der Schweiz.

B. Grodéczius (ī) **Melchior** S. J. *m.* sel. Melchior Grodecz, ein Schlesier von Geburt, Militärkurat in Kaschau (Ungarn), erlitt mit Markus Steph. Crisinus u. Steph. Pangraczius den Martertod am 7. Sept. 1619.

Grōnĭă, ae *f.* *s.* Groninga.

Grōningă, ae *f.* (Gronia) Groningen, holl. Provinz; *dav.*: **Grōningēnsĭs,** ĕ *u.* **Grōnĭēnsĭs,** ĕ.

Grossetān. (*C. R.*) *s.* Rosetum.

grossĭtūdō, ĭnĭs *f.* Dicke.

1. **grossŭs,** ī *m.* u. *f.* Fruchtknoten, (Feigen-) Knospe, Frühfeige.
2. **grossŭs** 3 dick.

Grūningă, ae *f.* Grüningen, Ort im Schwarzwald, 6 km von Donaueschingen, Baden; *dav.*: **Gruningēnsĭs,** ĕ.

Grūningēnsĭs, ĕ *s.* Gruninga.

grūs, grŭĭs, *m.* u. *f.* Kranich.

Gryfitae, ārŭm *m.* (Griffones) ein slawisches Adelsgeschlecht, dem die Mutter der sel. Bronislawa angehörte.

grȳps, grȳpĭs *oder* grȳphĭs (*acc. pl.*: grypas) *m.* (γρύψ) der Greif, ein fabelhafter vierfüßiger Vogel (*Deut.* 14, 12).

Grzymislāvă, ae *f.* Grzymislawa, Herzogin von Rußland u. Fürstin von Polen, Mutter der sel. Salomea.

Guadalaxară, ae *f.* (dē Guadalaxară: *C. R.*) Guadalaxara, Hauptst. des Staates Jalisco, Mexiko, *ca.* 110 000 Einw.; Erzbischofssitz (1548—1863 Bistum).

Guadalūpae, ārŭm *f.* La Guadeloupe, franz. Insel in Westindien, die größte der kleinen Antillen; Bistum Basse-Terre oder Guadeloupe; *dav.*: **Guadalūpēnsĭs,** ĕ.

Guadalūpēn. (*C. R.*) *s.* Guadalupae.

S. Gualbertŭs Joannēs hl. Johannes Gualbertus, Abt von Valombrosa, Ordensstifter († 1073), 12. Juli.

Gualdŭm Cattanĕŭm, ī *n.* Gualdo Tadino, St. bei Perugia, It.

S. Gualfardŭs, ī *m.* hl. Gualfard, Bek., aus Augsburg († 1127).

War Sattler in Verona und sehr wohltätig gegen Notleidende. Um sein Seelenheil besser wirken zu können, zog er sich in einen Wald an der Etsch zurück, wo er 20 Jahre lebte. Man fand ihn und geleitete ihn nach Verona zurück, wo er eine Zelle bezog und noch zehn Jahre unweit der Erlöserkirche fromm wirkte. Es geschahen viele Wunder an seinem Grabe. Bischof Heinrich von Augsburg brachte die Gebeine des Verstorbenen im Jahre 1602 nach Augsburg, wo sie in der Kapuzinerkirche beigesetzt wurden. Er wurde Patron der Sattler. — 27. Oktober (Augsburg).

Gualtērŭs, ī *m.* Walter, Gefährte des hl. Theobald (11. Jhdt.).

Guamangă, ae *f.* (dē Guamangā *C. R.* = Ayacuquēn.) *s.* Ayacuqua (Ayacucho in Peru).

guardĭānŭs, ī *m.* Guardian, d. h. Vorsteher eines Hauses bei den Franziskanern u. Kapuzinern.

Guastallēn. (*C. R.*) *s.* Vastalla.

Guatimală, ae *f.* (dē Guatimalā, *C. R.*) Guatemala, Hauptst. des Freistaates Guatemala, Mittelamerika, *ca.* 75 000 Einw.; Erzbischofssitz (1534—1743 Bistum).

Guayānă, ae *f.* (dē Guayanā, *C. R.*) Guayana, südamerikanische Landschaft; Bistum Guayana oder St. Thomas (seit 1790), Sitz in Bolivar, Suffr. v. Caracas.

Guayaquilēn. (*C. R.*) *s.* Guayaquilium.

Guayaquilĭŭm, ī *n.* Guayaquil, St. Ecuador (Guayas), *ca.* 52 000 Einw.; Bischofssitz (seit 1837), Suffr. v. Quito, *dav.*: **Guayaquilēnsĭs,** ĕ.

gŭbernācŭlŭm, ī *n.* 1. Steuerruder. 2. Lenkung, Leitung, Regierung.

gŭbernātĭō, ōnĭs *f.* Lenkung, Regierung.

gŭbernātŏr, ōrĭs *m.* Steuermann, Lenker, Leiter.

gŭbernātrīx, īcĭs *f.* Lenkerin.

gŭbernĭŭm, ī *n.* Regierung, Staatsregierung (*C. j. c.* 255); gubernium civile weltliche Regierung, Staatsgewalt.

gŭbernō 1 steuern, lenken, regieren.

S. Gŭdŭlă, ae *f.* hl. Gudula, Jgfr. († 712).

Um die Mitte des 7. Jhdts. in Belgien zur Zeit der Regierung König Siegeberts II. aus edlem Geschlechte geboren. Ihre Patin war die hl. Gertrud, welche sie bei den Nonnen in Nivelles erziehen ließ. Nach dem Tode ihrer Patin kehrte Gudula ins väterliche Haus zurück. In der Umgebung war der Flecken Mortsella, wo eine Erlöserkapelle lag. Dorthin eilte Gudula oft in Begleitung ihrer Magd, um zu beten. Als eines Nachts die Fackel erlosch, entzündete sie Gudula wunderbar durch ihr Gebet. Ihr hl. Leib wurde erst in Ham, dann in Mortsella auf Betreiben Karls des Großen bestattet, der dort ein Kloster zu Ehren der hl. Gudula erbaute. Nachdem die Normannen dieses Heiligtum zerstört hatten, kamen die Gebeine nach Capsamons bei Lüttich. Später ruhten sie in der St. Michaelskirche zu Cambrai, wo sie i. J. 1579 von wilden Ketzerhorden vernichtet wurden. — 8. Januar (Münster).

Guebwillēnsĭs, ĕ in oder aus Gebweiler St., Elsaß.

Guel *indecl. m.* (*hebr.*: erhaben ist Gott) Guel, Kundschafter ins gelobte Land aus dem Stamme Gad.

S. Guerīnŭs, ī *m. s.* S. Garinus.

Guestfālĭă, ae *f. s.* Westfali.

Guestfālī, ōrŭm *m. s.* Westfali.

B. Gŭĭdō, ōnĭs *m.* sel. Guido, Abt. († 1046).

Unweit Ravenna (Italien) geboren, machte G. vorzügliche Studien, reiste nach Rom, besuchte den Einsiedler Martin, der ihn nach dreijähriger Vorbereitung zum Kloster Pompasium am Po sandte, wo er weitere Fortschritte in der Frömmigkeit machte, bis ihn der Abt als Vorsteher eines Klosters nach Ravenna schickte, doch ward er schon kurze Zeit darauf als Nachfolger des Abtes von Pompasium erwählt. Malariakranke wurden durch das Trinken seines Waschwassers geheilt. Als er nach 42jähriger Leitung seines Klosters dem Kaiser entgegeneilte, traf ihn in Parma der Tod i. J. 1046. Heinrich III. ließ seine Gebeine in der Zenokirche zu Verona beisetzen. Von dort kamen sie ums Jahr 1047 nach Speier, wo eine Kirche nach ihm benannt wurde. — 31. März. (In Speier nur commemoratio.)

Gulielmŭs (Guilelmus, Guillielmus, Wilhelmus) Wilhelm.

1. **S. Gulielmŭs,** ī *m.* 1. hl. Wilhelm, Abt, Gründer des Klosters Monte Vergine bei Neapel, † 1142, 25. Juni.
2. **S. Gulielmŭs,** ī *m.* hl. Wilhelm, Bek. u. Einsiedler († 1157).

Nach einem weltlichen Leben zog er sich in den Wald Livallia in Etrurien zurück. Dort führte er ein strenges Büßerleben. Von dem Rufe seiner Heiligkeit angelockt, scharten sich die Einsiedler, die in der Umgegend nach der Regel des hl. Augustin lebten, um ihn. Sie wurden nach ihm Wilhelmiten genannt. Wilhelm verließ sie aber und setzte auf dem Berg Prunum sein strenges Leben fort. Hier ward er einst nach einem Kampfe mit dem Teufel von der Mutter Gottes wunderbar geheilt. Zuletzt ließ er sich in der Einöde von Malevalle in der Nähe von Siena nieder. Sein langjähriger Schüler war Albertus. — 10. Februar (Aug. O.).

3. **S. Gulielmŭs,** ī *m.* hl. Wilhelm, Cist. Erzbischof von Bourges († 1209).

Früh kam der Kleine zu seinem Oheim Wilhelm, der ihn in jedem Wissenszweige ausbildete. Er wurde bald Kanoniker zu Soissons und Paris. Doch das Weltleben ekelte ihn an, und er trat zu Grandmont in den Orden gleichen Namens ein. Infolge der Mißstände, die er hier vorfand, trat er bald in das Cistercienserkloster Poligny über, wurde dann Abt von Fontaine-Jean und später von Châlis, von wo er zum Erzbischofe von Bourges erwählt wurde. Klösterliche Einfachheit, tiefe Demut, inständiges Gebet und heiliger Lebenswandel in allem waren die hervorragenden Tugenden in seiner hohen Stellung. Von größter Bedeutung wurde Wilhelm durch seine unerschrockene Verteidigung des katholischen Glaubens gegen die Irrlehre der Albigenser. Den herrlichen Ausgang seiner Bemühungen sollte er aber nicht mehr erleben; von Alter, Arbeit und Krankheit überwältigt, starb er am 9. Januar 1209, durch viele Wunder von Gott verherrlicht. — 19. Januar (Cist. Ord.).

S. Gulielmŭs, ī *m.* hl. Wilhelm, Eremit im Hennegau, † 1241, 10. Febr.

B. Gulielmŭs, ī *m.* sel. Wilhelm, Abt von Hirsau, Württemberg (10. Jhdt.).

B. Gulielmŭs ā Tolosā, sel. Wilhelm von Toulouse, Bek. († 1369).

Er wurde 1287 zu Toulouse geboren, trat mit 19 Jahren in das Augustinerkloster seiner Vaterstadt ein, wurde vom Orden nach Paris geschickt und erwarb dort den theologischen Lektorgrad. Mit allem Eifer strebte er nach seiner Vervollkommnung und suchte in allen klösterlichen Tugenden den Gipfel des Möglichen zu erreichen. Mit Standhaftigkeit überwand er alle inneren und äußeren Hindernisse, die Versuchungen und Mißhandlungen des bösen Feindes. Vorzüglich zeichnete ihn seine große Demut aus. Gott verherrlichte ihn durch mancherlei Zeichen und Wunder. — 18. Mai (Aug. O.).

Guielmŭs, ī *m.* (Gulielmus, Wilhelmus) Wilhelm, Graf v. Jülich.

gŭlă, ae *f.* 1. Speiseröhre, Schlund. 2. Schlemmerei, Leckerhaftigkeit.

Gulburnēn. (*C. R.*) *s.* Golbernia.

Gulētŭm, ī *n.* Guleto, St. bei Nusco, It. (Avellino).

B. Gumbertŭs, ī *m.* sel. Gumbert, Abt u. Landbischof († 800).

Er stammte aus dem Ruodoburgischen Grafengeschlechte in Franken, und er soll durch seine Schwester Fastradis mit Kaiser Karl d. Gr. verschwägert gewesen sein. Vom seligen Bischofe Burchard von Würzburg wurde er zum Christentum bekehrt. Diesem Bischofssitze schenkte er den größten Teil seiner reichen Besitzungen und behielt nur zurück, was zur Gründung eines Klosters hinreichte, das er zu Onoldisbach (früher Diözese Würzburg, jetzt Bamberg) erbaute und den Mönchen nach der Regel des hl. Benedikt übergab und später selbst als Abt und Landbischof leitete. Von dort aus zog er auch zu den heidnischen Sachsen und Wenden, um ihnen das Evangelium zu predigen. Am 31. Dezember 800 verschied er und wurde in der von ihm gegründeten Kirche zu Onoldisbach begraben. — 15. Juli (Bamberg).

S. Gumesindŭs, ī *m.* hl. Gumesind, Priester u. Mart. zu Cordoba, Spanien, † um 852; 13. Januar.

B. Gundisalvŭs ab Amarantha, sel. Gonsalvo von Amarantha, O. Pr. († 1259).

Geboren 1187 in Portugal, hatte er eine Erscheinung der Mutter Gottes, die ihn aufforderte, in den Orden einzutreten, in welchem ihre Tagzeiten mit dem englischen Gruße anfingen und endeten. Nach langem Suchen kam er endlich zu dem neugegründeten Dominikanerkloster von Guimares und bat um Gastfreundschaft für eine Nacht. Als er sich zur Ruhe begab, hörte er, wie die Klostergemeinde, den Satzungen des Dominikanerordens entsprechend, im Schlafsaale die Tagzeiten der allerseligsten Jungfrau mit dem englischen Gruße einleitete und beendete. Er hatte gefunden, was er suchte, erbat und erhielt das Ordensgewand. Nachdem er die Gelübde abgelegt hatte, wurde ihm gestattet, zu seiner früheren Einsiedelei zu Amarantha zurückzukehren. Der Zulauf der Gläubigen zu dem hl. Manne war so groß, daß die öde Gegend um seine Einsiedelei bald dicht bebaut wurde und eine Stadt entstand. Im Jahre 1540 gelangte seine Kapelle und Einsiedelei in den Besitz des Dominikanerordens. Papst Pius IV. gestattete für Portugal die Einführung eigener Meßgebete und besonderer Tagzeiten zu Ehren des seligen Gonsalvo. Papst Klemens X. dehnte dieses Vorrecht auf den ganzen Dominikanerorden aus. — 10. Januar (Dom. O.).

B. Gundisalvŭs ā Lagos, sel. Gundisalvus von Lagos, Bek. († 1422).

Er war ein Augustinermönch aus Lagos in Portugal und zeichnete sich von Jugend auf durch seine Sittenreinheit und seinen Lerneifer aus. Im Orden wirkte er als Prediger mit rastlosem Eifer. Dabei war er von Herzen demütig und unterrichtete mit besonderer Liebe Kinder und unwissende Leute. Gebildeten war er ein weiser Ratgeber. Der bescheidene Mann weigerte sich standhaft, den Doktorgrad anzunehmen. In vielen Klöstern war er Prior. Er starb am 15. Oktober 1422 im Alter von 60 Jahren. — 21. Oktober (Aug. O.).

Gundobaldŭs, ī *m.* König Gundobald von Burgund, Oheim der hl. Chlotilde.

Gundōnĭŭs, ī. *m.* Gundon, Herzog vom Elsaß (7. Jhdt.).

Gundulphŭs, ī *m.* Gundulf, Vater des hl. Anselmus.

1. **Gunebaldŭs,** ī *m.* *s.* Gunibaldus.
2. **Gunebaldŭs,** ī *m.* Gunebald, Sohn des hl. Sigismund, Königs v. Burgund.

Guni *indecl. m.* (*hebr.* ?) Guni, 1. Israelit, Sohn des Nephthali. 2. Israelit, Fürst im Stamme Gad.

Gunibaldŭs, ī *m.* (Gunebaldus) Gunibald, König v. Burgund, Vater des hl. Sigismund.

Gunītae, ārŭm *m.* Guniter, Nachkommen des Guni im Stamme Nephthali.

Gunso *indecl. m. s.* Gunzo.

S. Gunther, ĕrī *m.* hl. Günther, Bek. u. Einsiedler († 1045).

Günther, aus Thüringen stammend, lebte anfangs sehr weltlich, begab sich aber dann zum hl. Abte Godehard im Kloster zu Hersfeld und beichtete dort mit großer Reue. Sein Vermögen gab er dieser Abtei sowie dem Kloster zu Gellingen. Er machte dann eine Bußfahrt nach Rom und wurde nach der Rückkehr Benediktinermönch. Mit Erlaubnis des Abtes Godehard führte er auf dem Berge bei Rinchnach ein Einsiedlerleben; als aber das gläubige Volk ihn dort aufsuchte, zog er sich in ein anderes Waldgebiet zurück, das er mit Genehmigung Heinrichs II. und mit Unterstützung einiger Gehilfen urbar machte. Am Ufer der Rinchnach erbaute er ein Kloster, welches durch Heinrich III. mit Gütern versehen und später dem Kloster Altaich angegliedert wurde. Der hl. Stephan von Ungarn soll mit ihm verwandt gewesen sein. Günther eilte später nach Böhmen, dessen Herzog Bretislaus er taufte. Er vermittelte in Kriegsangelegenheiten zwischen diesem und Heinrich III. Günther starb als 90jähriger in seiner Einsiedelei auf einem Berge Böhmens, der bald nach ihm benannt wurde. Sein Leib wurde im Kloster Brewnow (Böhmen) beigesetzt. Als dieses zerstört wurde, verschwanden die Reliquien. — 9. Oktober (Passau).

Gunthramnŭs, ī *m.* Gunthramnus, Frankenkönig.

Gunzo *indecl. m.* (Gunso) Gunzo, Herzog zu Überlingen am Bodensee z. Z. des hl. Kolumban.

Gurbaal *indecl.* (*hebr.*: Gastfreundschaft Baals) Gurbaal = Gastfreund, Schützling Baals; 2. *Par.* 26, 7 und 2. *Mach.* 13, 24.

Gurcă, ae *f.* *s.* Gurcum.

Gurcēn. (*C. R.*) *s.* Gurcum.

Gurcŭm, ī *n.* (Gurca) Gurk, Marktflecken in Kärnten, *ca.* 800 Einw.; Fürstbistum (Bistum gegründet 1072); Sitz seit 1787 in Klagenfurt, Suffr. v. Salzburg; *dav.*: **Gurcēnsĭs,** ĕ.

gurgĕs, ĭtĭs *m.* 1. Strudel, Wasserwirbel. 2. Abgrund.

gurgustĭŭm, ī *n.* ärmliche Wohnung, Hütte; Kneipe, Nest (*Job* 40, 26).

Gusmannī, ōrŭm *m.* berühmtes Adelsgeschlecht der Guzman in Altkastilien.

gūstātōrĭŭm, ī *n.* Eßgeschirr, Schüssel.

gūstātŭs, ūs *m.* Geschmacksinn, Geschmack.

Gustavŭs, ī *m.* Gustav.

gūstō 1 kosten, genießen; *übtr.*: innewerden, erfahren (*Ps.* 33, 9).

gūstŭs, ūs *m.* 1. das Schmecken, Geschmack. 2. Probe.

guttă, ae *f.* 1. Tropfen. 2. Name eines wohlriechenden Harzes (oder Myrrhenöls), das tropfenweise gewonnen wird (= *griech.* στακτή Stakte).

guttātĭm *adv.* tropfweise.

Guttensteinēnsĭs, ĕ der Familie v. Guttenstein in Böhmen gehörig.

guttŭlă, ae *f.* kleiner Tropfen, Tröpfchen.

guttŭr, ŭrĭs *n.* Gurgel, Kehle.

Guzolinŭs, ī *m.* *s.* Silvester Gazolinus.

Gwelphī, ōrŭm *m.* das deutsche Fürstengeschlecht der Welfen.

gymnăsĭŭm, ī *n.* (γυμνάσιον) Schule, Übungsschule.

gўnaecēŭm, ī *n.* (γυναικεῖον) Frauenwohnung, Frauengemächer; Serail.

gypsātŭs 3 (gypseus) mit Gips überzogen.

gypsĕŭs 3 *s.* gypsatus.

gypsŭm, ī *n.* Gips.

gўrō 1 (γυρόω) *trans.* u. *intr.*: umzingeln, herumgehen.

gўrŏvăgŭs, ī *m.* Landstreicher, Bettelmönch.

gўrŭs, ī *m.* (γῦρος) 1. Kreisbewegung, Kreis. 2. Umlauf, Kreislauf.

H.

Haarēnsĭs commissārĭātŭs kirchlicher Amtsbezirk Ardey (Erzdiözese Köln).

Haba *indecl. m.* (*hebr.*: Liebe?) Haba, Israelit, Nachkomme des Aser.

Hábacuc *indecl. m.* (*hebr.*: Umarmung) Habakuk 1. der achte unter den zwölf kleinen Propheten. 2. Habakuk, ein Israelit, der dem Propheten Daniel das Essen in die Löwengrube brachte, vermutlich verschieden von dem Propheten Habakuk (*Dan.* 14, 32).

Habbessinĭă, ae *f.* *s.* Abessinia.

hăbēnă, ae *f.* 1. Zügel, Riemen. 2. *pl.* Leitung, Regierung.

Hăbendŭm, ī *n.* Kloster in den Vogesen; *dav.*: **Habendēnsĭs,** ĕ *oder* **Habendĭcĭ s** 3.

hăbĕō, ŭī, ĭtŭm 2 1. halten, haben, festhalten, enthalten. 2. vornehmen, verrichten, in einem Zustand erhalten; *pass.* gebräuchlich sein, Sitte sein. 3. für etwas halten, ansehen, rechnen, erhalten (als Ergebnis bei einer Rechnung). 4. sich verhalten, befinden; melius habeo = es geht mir besser; habere male sich schlecht befinden. 5. besitzen, beherrschen, vermögen, können. 6. verursachen, zur Folge haben. 7. *mit dem Inf. oft*: = müssen: baptismo autem habeo baptizari.

Haber *indecl. m.* (*hebr.* ?) Haber, ein Keniter, der Mann der Jahel, die den Sisara tötete.

Habia *indecl. m.* (*hebr.*: Jahwe schützt) Habia, ein jüdischer Priester, der aus dem babyl. Exil zurückkehrte, seine priesterliche Abstammung nicht nachweisen konnte u. deshalb vom Priestertume ausgeschlossen wurde.

hăbĭlĭs, ĕ 1. handlich, leicht, bequem, passend. 2. fähig, tauglich, geeignet.

hăbĭlĭtās, ātĭs *f.* 1. Gefügigkeit, Geschicklichkeit. 2. Fähigkeit.

hăbĭlĭtō 1. Fähigkeit verleihen, für fähig erklären.

hăbĭtābĭlĭs, ĕ bewohnbar, wohnlich.

hăbĭtācŭlŭm, ī *n.* Wohnung, Gemach.

hăbĭtātĭō, ōnĭs *f.* das Wohnen, Wohnung.
hăbĭtātŏr, ōrĭs *m.* Bewohner.
hăbĭtātrīx, īcĭs *f.* Bewohnerin.
hăbĭtō 1 *trans.*: bewohnen; *intr.*: wohnen.
hăbĭtū (*adverbial*) dauernd.
hăbĭtŭālĭs, ĕ anhaltend, dauernd.
hăbĭtūdō, ĭnĭs *f.* das Äußere, die äußere Beschaffenheit.
hăbĭtŭs, ūs *m.* 1. Beschaffenheit, Aussehen. 2. Tracht, Kleidung, Haltung, das Benehmen. 3. Zustand, Stimmung, Eigenschaft.
Habor *indecl.* (*hebr.* ?) Habor, Name eines Flusses in Mesopotamien, der bei Circesium in den Euphrat mündet und bei den Griechen Chaboras hieß.
Habsaniăs, ae *m.* (*hebr.* ?) Habsanias, ein Keniter oder Rechabite z. Z. des Propheten Jeremias.
Habsburgēnsĭs, ĕ zum Hause Habsburg gehörig.
hāc *adv.* hier; hāc — illāc bald hier — bald dort; auch = überall.
Haccō, ōnĭs *m.* Hakko, Mörder des hl. Evermarus (8. Jhdt.).
Haccus *indecl. m.* Hakkus, Jude, Großvater des Merimuth, der Jerusalem miterbaute.
Haceldama *indecl.* (*aram.*: „Blutacker") der für das zurückgegebene Verrätergeld des Judas von der Synagoge gekaufte Begräbnisplatz.
Hachammoni *indecl. m.* (*hebr.* ?) *angeblich*: Vater des Jesbaam (Jesbaal), eines Offiziers Davids u. des Prinzenerziehers Jahiel; bezeichnet wohl richtiger die Heimat der beiden Brüder: Hachammoniten (1. *Par.* 11, 11 u. 27, 32).
Hachelai *indecl. m.* (*hebr.* ?) (Helchia, Helchias) Hachelai, Vater des Nehemias.
Hachila *indecl.* (*hebr.*: Hügel der Dürre) Hachila, ein Hügel südöstlich von Ziph gegen die Wüste Ziph, *heute wahrscheinlich*: Dahr el-Kola, Pal.
Hacodātēn. (*C. R.*) *s.* Hacodatum.
Hacodātŭm, ī *n.* Hakodate, St., Japan (Oschima), *ca.* 80 000 Einw., Bischofssitz; *dav.*: **Hacodātēnsĭs,** ĕ.
hāc-proptĕr deswegen.
hāctĕnŭs *adv.* bis hierher, bis so weit, bis jetzt, bis zu diesem Zeitpunkte oder Grade.
Hacupha *indecl. m.* (*hebr.* ?) Hakupha, Nathinäer, dessen Nachkommen mit Zorobabel aus dem babyl. Exil zurückkehrten.
1. **Hadad** *indecl. m. s.* Hadar.
2. **Hadad** *indecl. m.* = Remman (Rimmon), Gewittergott der Syrer.
Hadaia *indecl. m.* (*hebr.*: Jahwe hat geschmückt ?) Hadaia, Schwiegervater des Königs Josias von Juda (638 bis 608).
Hadalohă, ae *f. s.* Hadelia.
Hadar *indecl. m.* (*hebr.* ?) (Hadad) Hadar, Sohn Ismaels, Enkel Abrahams.
Hadassa *indecl.* (*hebr.*: die Neue, Neustadt) Hadassa, St. im Süden des Stammes Juda, Pal.
Haddan *indecl. m. s.* Asor Haddan.
Hadeliă, ae *f.* (Hadaloha, Adalhoa) Hadeln, Landschaft, Preußen (Hannover).
Hadelīnŭs, ī *m.* Hadelin, Schüler des hl. Remaklus (7. Jhdt.).
Hadewīgĭs, ĭs *f.* Hadwig, Mutter der hl. Kaiserin Kunigund (10. Jhdt.).
Hadid *indecl.* (*hebr.*: scharf, spitzig) Hadid, St. Pal. (Benjamin).
Hadrach *indecl.* Hadrach, entweder ein kleiner Staat in Syrien, Nachbargebiet von Damaskus, oder symbolische Bezeichnung für Persien (oder Damaskus ?) (*Zach.* 9, 1).
1. **Hadrĭă,** ae *f.* (Adria) 1. Atri, St. in südöstl. Picenum, It. 2. Adria, St. zwischen der Mündung des Po u. der Etsch, die dem Adriatischen Meere den Namen gegeben hat.
2. **Hadrĭă,** ae *f.* (Adria) das Adriatische Meer zwischen Italien u. Illyrien (Dalmatien).
Hadrĭānŏpŏlĭs, ĭs *f.* Hadrianopel, St. im nördlichen Kleinasien (Paphlagonien).
S. **Hadrĭānŭs,** ī *m.* hl. Hadrian III., Papst u. Bek. (884—885), 7. Sept.
1. **Hadrĭānŭs,** ī *m.* Hadrian, Name mehrerer Päpste 1. **H. I.** (772—795). 2. **H. II.** (867—872). 3. **H. III.** *s.* S. Hadrianus. 4. **H. IV.** (1154—1159). 5. **H. V.** (1276, reg. 39 Tage). 6. **H. VI.** (1522—1523).
2. **Hadrĭānŭs,** ī *m.* Hadrian, heidn. röm. Kaiser (117—138).
Hadriel *indecl. m.* (*hebr.*: Gottes Herde) (Adriel) Hadriel, Mann der Merob, der Tochter Sauls.
haedīnŭs 3 vom Ziegenböckchen.
haedŭs, ī *m.* Ziegenbock.
haemorrhoiă, ae *f.* (*αἱμόῤῥοια*) Blutfluß.
haemorrhoidālĭs, ĕ blutflüssig.
haemorrhoissă, ae *f.* (*scil.*: mulier) eine Frau, die am Blutflusse leidet.
haerēdĭtās, ātĭs *f. s.* hereditas.
haerĕō, sī, sŭm 2 1. festhängen, -stecken, -sitzen 2. fest verbunden sein, nicht loskommen. 3. stecken bleiben, in Verlegenheit sein.
haerēs, ēdĭs *m. s.* heres.
haerĕsiarchă, ae *m.* (*αἱρεσιάρχης*) Haupt einer Sekte, Erzketzer, Irrlehrer.
haerĕsĭs, ĭs *f.* (*αἵρεσις* = gewählte Meinung) Sekte, Ketzerei, Irrglaube.

haerĕtĭcŭs 3 irrgläubig, von der Kirche getrennt, ketzerisch.
haesĭtantĭă, ae *f.* Stottern (*sc.*: linguae).
haesĭtantĕr *adv.* schwankend, unentschlossen.
haesĭtātĭō, ōnĭs *f.* Unentschlossenheit.
haesĭtō 1 unschlüssig sein, zögern.
Haevă, ae *f. s.* Eva.
Hagă (ae) **Cŏmĭtĭs** *f.* (Hagēnsĕ castrŭm) Haag ('s Gravenhage), St., Niederlande (Südholland).
Hagab *indecl. m.* (*hebr.*: Name einer Heuschreckenart) Hagab, Nathinäer, dessen Nachkommen aus dem babyl. Exil zurückkehrten.
Hagaba *indecl. m.* (*aram.*: Name einer Heuschreckenart) Hagaba, Nathinäer, dessen Nachkommen mit Zorobabel aus dem babyl. Exil zurückkehrten.
Hagar *indecl. f. s.* Agar.
Hagenoă, ae *f.* Hagenau, St. im Unterelsaß; *dav.*: **Hagenoēnsĭs**, ĕ; silva Hagenoensis Hagenauer Forst, *ca.* 17000 ha groß.
Haggi *indecl. m.* (*hebr.*: Jahwes Feier) Haggi, Israelit, Sohn Gads.
Haggia *indecl. m.* (*hebr.*: Jahwes Feier) Haggia, ein Levit, Nachkomme des Merari.
hăgĭŏgrăphŭs, ī *m.* 1. Verfasser der hl. Schrift, (*oder vielleicht*: Verfasser der Hagiographa, der letzten Hauptabteilung der hl. Schrift). 2. Lebensbeschreiber der Heiligen.
Haggith *indecl. f.* (*hebr.*: die Wallfahrerin ?) Haggith, eine der Frauen Davids, Mutter des Adonias.
Hagēnsĕ castrŭm, ī *n s.* Haga Comitis.
hăgĭŏmachŭs, ī *m.* (ἁγιόμαχος) Bilderstürmer.
hăgĭŏs, a, ŏn (ἅγιος) heilig.
Hagulstadēn. (*C. R.*) *s.* Axelodūnum (Hexham).
Hagulstaldēnsĭs, ĕ aus Hagulstad, einer alten e gl. Bischofsstadt, *j.*: Hexham.
Hai *indecl.* (*hebr.* Steinhaufe) Hai, kananitische Königsstadt, östlich von Bethel im Lande der Ammorither, Pal.
Haină, ae *f.* Haina, ehem. Cisterzienserkloster in Hessen-Nassau, Diöz. Mainz.
Haistulfŭs, ī *m.* Haistulf, Bisch. v. Mainz, zweiter Nachfolger des sel. Rhabanus Maurus (9. Jhdt.).
1. **Hala** *indecl.* (*assyr.*: Chalachcha; *hebr.* Chalach; *griech.*: Χαλκῖτις genannt) Landschaft in Mesopotamien, im Nordwesten des Zagrosgebirges.
2. **Hală**, ae *f. s.* 3. Halla.
3. **Hală ăd Salăm** *s.* 4. Halla.
Halaa *indecl. f.* (*hebr.* ?) (Halla) Halaa, Frau des Assur, des Erbauers von Thephua.
hālātŭs, ūs *m.* 1. Hauch; 2. der Wohlgeruch, Wohlduft.
Halberstadĭŭm, ī *n.* (Halberstattum, Hemipolis) Halberstadt, St. Preußen (Sachsen).
Halcath *indecl.* (*hebr.*: Anteil, Acker) Halkath, Levitenst., Pal. (Aser).
Halae Saxŏnŭm *s.* 4. Halla.
hālēc (**ālēc**), ēcĭs *n.* 1. Fischlaken aus Austern, Muscheln u. der Seebarbe. 2. Hering; piscatio hālēcum = Heringsfang.
Halhul *indecl.* (*hebr.*: Schmerz, Zittern ?) Halhul, Bergst., 1 ½ Stunden nördlich von Hebron, Pal. (Juda).
hălĭaeĕtŏs, ī *m. s.* haliāetus.
hălĭāĕtŏs, ī *m. s.* haliāetus.
hălĭāĕtŭs, ī *m.* (ἁλιάετος u. ἁλιαίετος halĭaeĕtŏs) Meeradler, Fischadler, Fischaar (*Deut.* 14, 12).
Hălĭcarnāssŭs, ī *f.* (Alicarnassus) Halikarnaß, Hafenst., Kleinasien, Hauptst. der Karischen Könige (1. *Mach.* 15, 23).
Halicēn. (*C. R.*) *s.* 2. Halicia.
1. **Halicĭă**, ae *f.* (Galicia) Galizien, 1. Landschaft in Spanien. 2. Landschaft in Polen.
2. **Halicĭă**, ae *f.* (Hallicia) Halicz (Halitsch), St., r. am Dnjestr, Galizien (Stanislau), *ca.* 5000 Einw.; v. 12. Jhdt. bis 1401 griech.-slaw. Bistum; 1375 bis 1412 röm.-kath. Erzbistum; in der Nähe des Dorf Kryłos (*ca.* 740 Einw.); der dortige Basilianer Archimandrit war bis 1539 Vertreter des Metropoliten von Kiew; *dav.*: **Halicĭēnsĭs**, ĕ u. **Halicēnsĭs**, ĕ.
Halifaxiēn. (*C. R.*) *s.* Ollicana.
hālĭtō 1 stark aushauchen.
hālĭtŭs, ūs *m.* Hauch, Atem.
1. **Halla** *indecl. f. s.* Halaa.
2. **Hallă**, ae *f.* (Hallensis urbs) Reichenhall, St., Bayern (Oberb.), *ca.* 6000 Einw.; *dav.*: **Hallēnsĭs**, ĕ.
3. **Hallă**, ae *f.* (Hala, Hallensis urbs) Hall, St. Tirol; *ca.* 6000 Einw.; *dav.*: **Hallēnsĭs**, ĕ.
4. **Hallă**, ae *f.* (Halae Saxonum, Hala ad Salam, Hallae, Hallensis urbs) Halle an der Saale, *ca.* 160000 Einw., St. Preußen (Sachsen); *dav.*: **Hallēnsĭs**, ĕ.
Hallae, ārŭm *f. s.* 4. Halla.
Halleluja *indecl.* (*hebr.*: preiset Jahwe!) Alleluja.
Hallēnsĭs urbs, ĭs *f. s.* 2. 3. 4. Halla.
hăllūcĭnātĭō, ōnĭs *f.* (halucinatio, alucinatio) 1. das gedankenlose Reden, die Faselei. 2. Träumerei, Einbildung.
hăllūcĭnŏr 1 (halucinor, alucinor; *vgl.* ἀλύω) gedankenlos daherreden, ins

Blaue hineinreden, faseln, gedankenlos handeln.
hālō 1 hauchen, anblasen; duften.
1. **Ham** *indecl.* Ham, Dorf in Belgien.
2. **Ham** *indecl. m. s.* Cham.
Haman *indecl. m. s.* Aman.
Hamath *indecl. s.* Chamath.
Hamathaeŭs, ī *m. s.* Amathaeus.
Hamburgŭm, ī *n.* (Hammaburgum, Hammonia) Hamburg, *ehemals* Erzbistum, Freistadt mit Universität u. großem Hafen an der Elbe, *ca.* 800 000 Einw., *dav.*: **Hamburgēnsĭs,** ĕ.
Hamdan *indecl. m.* (*hebr.*: Anmutiger) (Hamram) Hamdan; er lebte im Gebirge Seïr und war Fürst in Edom.
Hamiltonēn. (*C. R.*) *s.* Hamiltonĭum.
Hamiltonĭŭm, ī *n.* Hamilton, St. am Ontariosee, Kanadien (Ontario), *ca.* 55 000 Einw.; Bischofssitz (seit 1856), Suffr. v. Toronto; *dav.*: **Hamiltonēnsĭs,** ĕ.
Ham(m)oth Dor *indecl.* (*hebr.*: Thermen von Dor) (Hamon) Hammoth, St. Pal. (Nephthali).
Hamnūtŭs, ī *m.* Hamnut, Diakon, Gefährte des hl. Bonifatius.
1. **Hamon** *indecl. s.* Hammoth-Dor.
2. **Hamon** *indecl.* Hamon, St. (Levitenst.) Pal. (Aser).
Hamram *indecl. m. s.* Hamdan.
Hamuel *indecl. m.* (*hebr.*: Gott zürnt). Hamuel, Israelit, Nachkomme des Simeon.
Hamul *indecl. m.* (*hebr.*: Verschonter) Hamul, Israelit, Nachkomme des Juda, Stammvater der Hamuliter.
hāmŭlă, ae *f.* Schale, Krug.
Hamulītae, ārŭm *m.* Hamuliter, *s.* Hamul.
hāmŭs, ī *m.* 1. Haken, Angelhaken. 2. *übtr.*: Köder, Lockspeise.
Hanameel *indecl. m.* (*hebr.*: gnädig ist Gott) Hanameel, ein Vetter des Propheten Jeremias, der von ihm einen Acker kaufte.
Hanan *indecl. m.* (*hebr.*: Er [Gott] ist gnädig) Hanan, Name mehrerer Israeliten u. Juden: 1. Sohn Simons (Juda). 2. ein Stammfürst. 3. Sohn Asels. 4. ein Offizier Davids. 5. Sohn Sesaks (Benjamin). 6. Sohn Zachurs, Aufseher über die Tempelscheunen. 7. Sohn des Jegedelias, eines Propheten; dessen (Hanans) Söhne hatten z. Z. des Jeremias ein eigenes Tempelgemach. 8. u. 9. Levit u. Volkshaupt, die beide nach dem Exil den Bund erneuerten. 10. Nathinäer, dessen Nachkommen mit Zorobabel aus dem babyl. Exil zurückkehrten.
Hananeel *indecl. m.* (*hebr.*: gnädig ist Gott) Hananeel, Name eines Turmes des nachexilischen Jerusalems.
Hanani *indecl. m.* (*hebr.*: gnädig ist Jahwe) Hanani 1. Vater des Propheten Jehu. 2. Sänger unter David. 3. ein Prophet z. Z. des Königs Asa. 4. Jude, der nach dem Exil seine fremden Weiber entließ. 5. Jude, der aus dem babyl. Exil unter Nehemias zurückkehrte. 6. angeblich ein Bruder des Nehemias (2. *Esd.* 7, 2).
Hanania (**Hananias**), ae *m.* u. *indecl.* (*hebr.*: gnädig ist Jahwe) Hanania *od.* Ananias, Name mehrerer Israeliten: 1. ein Sohn Zorobabels. 2. ein Fürst im Stamme Benjamin. 3. ein Sänger z. Z. Davids. 4. ein Fürst unter König Ozias. 5. ein falscher Prophet in Gabaon. 6. Vater des Sedekias. 7. Vater des Selemias. 8. ein Jude, der nach dem Exil seine fremden Weiber entließ. 9. Jude, der nach dem Exil Jerusalem miterbaute. 10. jüdischer Priester, der bei der Weihe der Stadtmauer Jerusalems beteiligt war. 11. Volkshaupt u. Erneuerer des Bundes mit Jahwe. 12. Burgoberster in Jerusalem z. Z. des Nehemias. 13. Vorsteher einer jüdischen Priesterklasse um 420 v. Chr.
Hanathon *indecl.* (*hebr.*: Gnadenort) Hanathon, St. Pal. (Zabulon).
Haneel *indecl. m. s.* Haniel.
Hanes *indecl.* (*koptisch*: Hues, *bei den Griechen*: Heracleopolis) *j.*: Ahnas, St. auf einer Nilinsel in Mittelägypten (*Is.* 30, 4).
Haniel *indecl. m.* (*hebr.*: Gott hat begnadigt) (Haneel, Hanniel) Haniel, Israelit, Nachkomme des Aser.
Hanna *indecl. f. s.* Anna.
Hannas *indecl. m. s.* Annas.
Hanni *indecl. m.* (*hebr.*: von Jahwe erhört) Hanni, ein jüdischer Levit, der mit Zorobabel aus dem babyl. Exil zurückkehrte.
1. **Hanniel** *indecl. m. s.* Haniel.
2. **Hanniel** *indecl. m.* Hanniel, Fürst im Stamme Manasse.
Hannonĭă, ae *f.* (Hanonia, Han(n)oniensis pagus, Hanogovia) Hennegau, Landschaft in Belgien.
Hannonĭēnsĭs pāgŭs, ī *m. s.* Hannonia.
Hannovĕră, ae *f.* (Hanovera, Hanovra) Hannover, St. Preußen; *ca.* 270 000 Einw.
Hanogovĭă, ae *f. s.* Hannonia.
Hanon *indecl. m.* (*hebr.*: gnadenreich ?) Hanon, ein König der Ammoniter.
Hanonĭă, ae *f. s.* Hannonia.
Hanonĭēnsĭs pāgŭs, ī *m. s.* Hannonia.
Hanovĕră, ae *f. s.* Hannovera.

Hanovră, ae *f. s.* Hannovera.
Hanum *indecl. m. s.* Hanun.
Hanun *indecl. m.* (*hebr.*: gnadenreich?) (Hanum) Hanun, ein Jude, der nach dem Exil das Taltor baute.
Hapham *indecl. m.* (*hebr.*: Hupham) Hapham, Israelit aus dem Stamme Benjamin, zweiter Sohn des Hir.
Hapharaim *indecl.* (*hebr.*: Doppelgraben) Hapharaim, St., Pal. (Issachar).
Hapi *indecl.* (Apis) Name fürs goldene Kalb (Stier).
Happhim *indecl. m.* Happhim, Nachkomme des Manasse.
Haphsiba *indecl.* (*hebr.*: mein [*oder* Jahwes] Gefallen an ihr, *d. h.*: von Jahwe Geliebte) Haphsiba, Mutter des Königs Manasse von Juda (7. Jhdt. v. Chr.).
hără, ae *f.* Stall, *bes.*: Schweinestall, Kofen.
Harad *indecl.* (*hebr.*: Furcht, Schreckensstätte?) Harad, eine Quelle, bei der Gedeon vor der Schlacht mit den Madianitern seine Mannschaft anfeuerte.
Harada *indecl.* (*hebr.*: Schreckensstätte?) (Arada) Harada, ein Lagerplatz der Israeliten auf dem Wüstenzuge.
Haraldŭs, ī *m.* Harald, König von Dänemark (936—986).
Haram *indecl.* (*hebr.*?) *s.* 2. Haran.
1. **Haran** *indecl. m.* (*hebr.*: Edler, Freier) 1. Haran, Israelit, Sohn des Kaleb u. der Epha. 2. *s.* Harim.
2. **Haran** *indecl.* (*assyr.*: Charânu Weg, Straße; Haram, Charran, Charha, Charrhae, Carrae, Ca(r)ron) Haran oder Charan, St. in Mesopotamien am Belich, einem l. Nebenflusse des Euphrat, südlich von Edessa (Osroene), Kreuzungspunkt der Karawanenwege von Babylonien (südöstl.), Assyrien nebst Medien (östl.) und Palästina nebst Ägypten (westlich u. südwestl.); *dav.*: **Caronēnsĭs,** ĕ.
Harbona *indecl. m.* Harbona, *angeblich*: Kämmerer, Eunuch am Hofe des Perserkönigs Xerxes.
Hardwĭgŭs, ī *m.* Hardwig, Sohn der sel. Emma (Hemma), (11. Jhdt.).
Harem *indecl. m. s.* Harim.
hărēnă, ae *f.* (arena) Sand; *pl.* Sandwüste.
hărēnārĭă, ae *f.* (arenaria, *scil.*: fodina) Sandgrube.
hărēnōsŭs 3 sandig.
Hareph *indecl. s.* Hariph.
Hares *indecl.* (*hebr.*?) Hares, St. Pal. (Dan) oder gleich Bethsemes (*Richt.* 1, 35).
Hareth *indecl.* (*hebr.*: Wald, Berg?) (Hereth) Hareth, eine Waldgegend im Südosten des Stammes Juda, *vielleicht j.*: Charas, 2 Stunden östlich von Chirbet Kila an der Straße von Odullam nach Bethsur.
Harhur *indecl. m.* (*hebr.*: Vornehmer) Harhur, ein Nathinäer, dessen Nachkommen nach dem Exil mit Zorobabel zurückkehrten.
Harim *indecl.* (*hebr.*?) (Arem, Harem) Harim (Harem), St., vielleicht Priesterst., Pal.; die Nachkommen der Einw. dieser Stadt kehrten aus dem Exil zurück.
hărĭŏlă, ae *f.* (ărĭŏla) Wahrsagerin.
hărĭŏlātĭō, ōnĭs *f.* (ărĭŏlātĭō) Wahrsagung, Wahrsagerei.
hărĭŏlŏr 1 (ărĭŏlor) wahrsagen, weissagen; *auch im verächtlichen Sinne*: faseln.
hărĭŏlŭs, ī *m.* (ărĭŏlŭs) 1. Wahrsager. 2. Scharlatan.
Hariph *indecl. m.* (*hebr.*: Spätsommer?) (Hareph) Hariph, ein Jude, dessen Nachkommen aus dem Exil zurückkehrten (1. *Par.* 2, 51).
Haristallŭm, ī *n.* (Herstellum) Herstal, St. in Belgien (Lüttich).
Harlemēn. (*C. R.*) *s.* Harlemum.
Harlemŭm, ī *n.* Haarlem, St. Niederlande (Nordholland), *ca.* 70 000 Einw.; Bischofssitz (seit 1559), Suffr. v. Utrecht; *dav.*: **Harlemēnsĭs,** ĕ.
Harma *indecl.* (*hebr.*: Bann?) Harma, St., Pal. (Juda), frühere kanaanitische Königsstadt, dem Stamme Simeon zugeteilt.
Harmageddon *indecl.* (*hebr.*: Berg von Megiddo [einer St. westl. von der Ebene Esdrelon]) vielleicht Anspielung auf die Niederlage der Israeliten bei Mageddo (Megiddo) (*Zach.* 12, 11; *Geh. Offb.* 16, 16).
harmŏnĭă, ae *f.* (ἁρμονία) 1. Einklang, Übereinstimmung musikalischer Töne; harmonia vocum Zusammenklang der Stimmen, Harmonie. 2. Eintracht.
harmŏnĭcŭs 3 harmonisch; einträchtig.
Harnapher *indecl. m.* (*ägypt.*: Horus ist schön?) Harnapher, Familienhaupt im Stamme Aser.
Harod *indecl.* (*hebr.*?) Harod, Ort in der Ebene Jezreel, am Fuße des Gelboegebirges in der Nähe der heutigen Quelle 'Ain-Dschalûd.
Haromaph *indecl. m.* (*hebr.*?) Haromaph, Jude, dessen Sohn Jedaia nach dem Exil Jerusalem aufbauen half.
Haroseth *indecl.* (*hebr.*) Haroseth, St., Pal. (Galiläa); *j.*: Tell-el-charithije.
harpăgō, ōnĭs *m.* (ἁρπάγη) Haken.
harpax, ăgĭs (*acc.* ăgă; ἅρπαξ) räuberisch.
harpē, ēs *f.* (ἅρπη) Sichelschwert.
Harpertŭs, ī *m.* Harpert, Bisch. v. Chur.

Harrisburgĕn. (*C. R.*) *s.* Harrisburgum.
Harrisburgŭm, ī *n.* Harrisburg, St., Nordamerika (Pennsylvania), *ca.* 50 000 Einw.; Bischofssitz, Suffr. v. Philadelphia; *dav.*: **Harrisburgēnsĭs,** ĕ.
Harsa *indecl.* (*hebr.*: Stillschweigen) Harsa, eine Nathinäerfamilie, die mit Zorobabel aus dem Exil zurückkehrte.
Hartfordĭă, ae *f.* Hartford, St. Nordamerika (Connecticut), *ca.* 80 000 Einw., Bischofssitz (seit 1843), Suffr. v. Boston; *dav.*: **Hartfordĭēnsĭs,** ĕ.
Hartfordĭēn. (*C. R.*) *s.* Hartfordia.
Hartingŭs, ī *m.* Harding, *s.* S. Stephanus, Cist. Abt.
Harthĭcī montēs, ĭŭm *m.* *s.* Hartici montes.
Hartĭcī montēs, ĭŭm *m.* (Harthici m., Melibocus) der Harz, Gebirge in Preußen u. Braunschweig.
Hartmanicēnsĭs, ĕ aus Hartmannitz bei Schüttenhofen, Böhmen.
B. Hartmannŭs, ī *m.* sel. Hartmann, Bek. u. Bisch. v. Brixen († 1164).

Er wurde unweit Passau (Bayern) geboren und dort im Kloster vom hl. Nikolaus durch Augustinerchorherren erzogen. Wegen seiner Tüchtigkeit und Frömmigkeit ernannte ihn Erzherzog Konrad von Salzburg zum Dekan seines Kapitels. Später wurde er Propst des Chiemseer Klosters; dann übertrug ihm der hl. Markgraf Leopold von Oesterreich die Leitung des von ihm gestifteten Klosters Neuburg. Wenige Jahre später erhielt er den bischöflichen Stuhl von Brixen (Tirol). Als Bischof gründete er das Kloster der Regularkanoniker von Neuzelle unweit Brixen, welches der Abt Reginbert von Seben einrichten mußte. Der Selige war Beichtvater Kaiser Friedrichs I. von Deutschland; als letzterer aber den Weg der Kirchentrennung ging und Gegenpäpste aufstellte, hielt Bischof Hartmann am rechtmäßigen Papste Alexander III. fest. Nach 24jähriger segensreicher Regierung starb er plötzlich am Schlagflusse, zwei Tage vor Weihnachten; es war im Jahre 1164. Seine Gebeine ruhen im Dome zu Brixen; seine öffentliche Verehrung wurde von Papst Pius VI. gestattet und von Pius VII. auch dem Stifte Klosterneuburg erlaubt. — 23. Dezember (Passau).

Hartmutŭs, ī *m.* Hartmut, Abt v. St. Gallen, Schweiz (7. Jhdt.).
hărundĭfĕr 3 Rohr tragend.
hărundĭnētŭm, ī *n.* Röhricht.
hărundĭnĕŭs 3 aus Rohr (bestehend, gemacht), mit Rohr (bewachsen), Rohr-.
hărundĭnōsŭs 3 reich an Rohr.
hărundō, ĭnĭs *f.* (arundo) 1. Rohr, Schilfrohr. 2. Gestell oder Schaft, worauf die dreiarmige Kerze am Karsamstag gesteckt wird (*Caer. Ep. lib.* 2. *cap.* 27, 1).
Haruphītēs, ae *m.* der Hariphite (1. *Par.* 12, 5 u. *Neh.* 7, 24), *s.* Hariph.
hăruspex, spĭcĭs *m.* (aruspex) 1. Opferschauer, Seher. 2. Wahrsager, Zeichendeuter. 3. Götzenpriester (4. *Kön.* 22, 24).
Hasă, ae *f.* (Asa, Assa) die Hase, Nebenfluß der Ems (Hannover).
Hasaban *indecl. m. angeblich*: Nachkommen des Königs Jechonias, *wohl* = Hasabia.
Hasabia *indecl. m.* (*hebr.*: von Jahwe geachtet) Hasabia, 1. Ahnherr des nachexilischen Leviten Azzi. 2. Ahnherr des nachexilischen Leviten Semeia.
Hasabias, ae *m.* (*hebr.*: von Jahwe geachtet) Hasabias, Name mehrerer Israeliten: 1. Sohn des Amasias aus dem Stamme Levi. 2. ein Sänger, Sohn Idithuns. 3. Fürst der Leviten, Sohn Camuels. 4. Levit z. Z. des Königs Josias.
Hasadian *acc. von* Hasadias.
Hasadias, ae *m.* (*hebr.*: Jahwe ist gütig) Hasadias, Israelit, 6. Sohn des Zorobabel (1. *Par.* 3, 20).
Hasarsuhal *indecl.* (*hebr.*: Fuchsdorf) Hasarsuhal, St. Pal. (Simeon).
Hasarsusa *indecl.* (*hebr.*: Stutenhof) Hasarsusa, St. Pal. (Simeon).
Hasarsusim *indecl.* (*hebr.*: Rossehof) Hasarsusim, St., Pal. (Simeon).
Hasbanĭa, ae *f.* (Hasbaniensis comitatus) Hasbay, (Hasbaing, Haspengau), eine Landschaft u. ehem. Grafschaft an der mittleren Maas, Belgien (Lüttich); *dav.*: **Hasbanĭēnsĭs,** ĕ.
Hasbanĭēnsĭs cŏmĭtātŭs, ūs *m.* *s.* Hasbania.
Hasbadana *indecl. m.* (*hebr.*?) Hasbadana, ein Levit z. Z. des Esdras.
Hasebia *indecl. m.* (*hebr.*: von Jahwe geachtet) Hasebia 1. *s.* Hasabia 1 u. 2. — 2. Haupt einer jüdischen Priesterklasse um 420 v. Chr.
Hasebias, ae *m.* (*hebr.*: von Jahwe geachtet) Hasebias, Levit, Vorsteher des halben Bezirkes Keïla.
Hasebna *indecl. m.* (*hebr.*: Variante zu Hasabia) Hasebna, jüdisches Volkshaupt nach dem Exil, Besiegler des erneuerten Bundes.
Hasebonia *indecl. m.* (*hebr.*: Variante zu Hasabia, *auch*: Hasebonias) Hasebonia, Jude, Vater des Hattus, der nach den Exil Jerusalem mit aufbaute.
Hasebonias, ae *m.* *s.* Hasebonia.
Haselacēnsĕ Mŏnastērĭŭm Kloster Haslach bei Mutzig (Elsaß) an dem Flüßchen Hasel; das Kloster wurde von König Dagobert II. gegründet.
Haserim *indecl. hebr.* = Dörfer.
Haseroth *indecl.* (*hebr.*: Dörfer) Haseroth, Lagerplatz der Israeliten in der Wüste.
Hasersual *indecl.* *s.* Hasarsual.
Hasersusa *indecl.* *s.* Hasarsusa.
Haslachŭm, ī *n.* *s.* Haslacum.
Haslacŭm, ī *n.* (Haslachum) *vielleicht* Elsloo an der Maas (Provinz Limburg, Belgien).

Hasom *indecl. m.* (*hebr.*?) Hasom, ein Jude, der im Exil eine gesetzwidrige Ehe geschlossen hatte.
Hasor *indecl.* (*hebr.*: Gehöft, Hof) (Asor) Hasor, St. südwestl. von Kades, (Nephthali), Pal.; *heute vielleicht*: Merdsch Hadîre.
Hasra *indecl. m.* (*hebr.*: Variante zu Harhas, Araas) Harhas, (Levit u.) Aufseher der Kleiderkammer im Tempel zu Jerusalem (2. *Par.* 34, 22, *vgl.* 4. *Kön.* 22, 14).
Hassemon *indecl.* (*hebr.*?) Hassemon, St. gegen Edom, Pal. (Juda); *dav.*: **Hasmonaeŭs,** ī *m.* der Hasmonäer.
Hassī, ōrŭm *m.* die Hessen, deutscher Volksstamm an Rhein, Main, Nahe.
Hassĭă, ae *f.* (Hassorum regio) Hessen, Landschaft u. Freistaat am Mittelrheine, am Main u. an der Nahe.
Hassōrŭm rĕgĭō, ōnĭs *f. s.* Hassia.
Hassub *indecl. m. s.* Hasub.
hastă, ae *f.* 1. Stange, Schaft, Pfahl: crŭcis; Tragstange (des Traghimmels, der Bundeslade). 2. Spieß, Speer, Lanze. 3. *übtr.*: Versteigerung, öffentl. Verpachtung; hastam pōnĕre eine öffentl. Versteigerung halten, sub hasta vendere *oder* hastae subiicere öffentlich versteigern (*auch*: öffentl. verpachten).
1. **hastātŭs** 3 mit einem Wurfspieße *oder* Speere bewaffnet.
2. **hastātŭs,** ī *m.* 1. Speerträger. 2. Lanzenreiter.
hastīlĕ, ĭs *n.* 1. Stange, Schaft, Stamm: crŭcis. 2. Lanzenschaft, Speer, Wurfspieß.
Hasub *indecl. m.* (*hebr.*: Berechner) (Hassub) Hasub 1. Jude, Erbauer des Backofenturmes u. eines halben Bezirkes in Jerusalem nach dem Exil. 2. jüdisches Volkshaupt u. Besiegler des erneuerten Bundes. 3. Vater des jüd. Leviten Semeia. 4. Vater des Benjamin, der nach dem Exil an der Stadtmauer Jerusalems baute.
Hasum *indecl. m.* (*hebr.*?) (Hasem) Hasum, jüdischer Levit z. Z. des Esdras u. Besiegler des erneuerten Bundes.
Hasupha *indecl. m.* (*aram.*: Entblößter) Hasupha, Nathinäerfamilie, die mit Zorobabel aus dem Exil zurückkehrte.
Hathath *indecl. m.* (*hebr.*: Schrecken) Hathath, Israelit aus dem Stamme Juda.
Hathumar *indecl. m.* (Hathumarus) Hathumar, erster Bischof der Sachsen u. von Paderborn, 8. Jhdt.
Hathumārŭs, ī *m. s.* Hathumar.
Hatil *indecl. m.* (*arab.*: der Hinterlistige ?) Hatil, Knecht Salomons, dessen Nachkommen mit Zorobabel aus dem Exil zurückkehrten.
Hatipha *indecl. m.* (*hebr.*: Geraubter ?) Hatipha, Nathinäerfamilie, die mit Zorobabel aus dem Exil zurückkehrte.
Hatita *indecl. m.* (*hebr.*?) Hatita, Türhüterfamilie beim Tempel z. Z. Salomons, deren Nachkommen mit Zorobabel wieder aus dem Exil zurückkehrten.
Hattus *indecl. m.* (*arab.*: der Fröhliche ?) Hattus 1. Israelit, Nachkomme des David u. Zorobabel. 2. jüdischer Priester, der mit Zorobabel aus dem Exil zurückkehrte u. den erneuerten Bund mitbesiegelte.
haud *adv.* nicht, gar nicht.
hauddŭm *adv.* gar noch nicht.
haudquāquăm *adv.* gar nicht, durchaus nicht, keineswegs.
Haurān. *s.* Hauranum.
Haurānān. (*C. R.*) *s.* Hauranum.
Haurānŭm, ī *n.* (Hauran) Hauran, eine Landschaft, weiter östlich vom See Genesareth gelegen, deren westlicher Teil Ebene, deren östlicher Teil Gebirgsgegend (Gebirge Hauran) ist. Das ehem. Erzbistum hatte seinen Sitz in Bosra (*s.* Bosra); *dav.*: **Hauranānŭs** 3.
haurĭō, hausī, haustŭm 4 1. schöpfen, schlürfen, trinken. 2. verschlingen, verzehren, in sich aufnehmen. 3. entnehmen, erfassen, genießen.
haustŭs, ūs *m.* 1. das Schöpfen. 2. Schluck, Trank.
Havană, ae *f.* La Habana, Insel u. Stadt (*ca.* 260 000 Einw.), Mittelamerika, Bischofssitz seit 1787; Suffr. von Santiago de Cuba.
Havoth Jair *indecl.* (*hebr.*: Jairdörfer) Havoth Jair, Ort, Ostjordanland (Manasse).
Havnĭă, ae *f.* Kopenhagen, Hauptst. v. Dänemark; *ca.* 450 000 Einw.
Haymon, ōnĭs *m.* (Haynon) Haymon, Herzog in Nordwestfrankreich; er veranlaßte den hl. Jodokus, die Studien zu vollenden u. Priester zu werden (7. Jahrhundert).
Haynon, ōnĭs *m. s.* Haymon.
Hazael *indecl. m.* (*hebr.*: Gott hat ausersehen) Hazael, Hofbeamter des Königs Benadad II. von Syrien, später dessen Mörder u. Nachfolger, reg. als König von Syrien von 843—790.
Hazia *indecl. m.* (*hebr.*: Jahwe hat ausersehen) Hazia, Israelit, Ahnherr des Maasia, der nach dem Exil Jerusalem miterbaute.
Hazir *indecl. m. s.* Hezir.
he *indecl.* der 5. Buchstabe des hebr. Alphabets, fünf, fünftens.

1. **Hebal** *indecl. m.* (*hebr.* ?) Hebel, Sohn des Jektan.

2. **Hebāl** *indecl.* (*hebr.* ?) Hebal, ein Berg in der Nähe des Berges Garizim, Pal. (Samaria).

hebdŏmădă, ae *f.* (hebdomas) (ἑβδομάς) Woche, Jahrwoche (Daniel); **h. maior** die Karwoche.

1. **hebdŏmădārĭŭs** 3 wöchentlich.

2. **hebdŏmădārĭŭs,** ī *m.* der mit der Wochenleitung des Gottesdienstes beauftragte Geistliche (in Kapiteln *u.* Klöstern); Hebdomadar.

hebdŏmăs, ădĭs *f. s.* hebdomada.

Hebdomŭs, ī *f.* Hebdom, Vorort von Konstantinopel.

hĕbĕnīnŭs 3 *s.* ebeninus.

hĕbĕō 2 stumpf, müde, träge sein.

1. **Heber** *indecl. m.* (*hebr.* 'eber) Heber 1. Nachkomme Sems, Sohn des Sale, Ahnherr Abrahams; *dav.*: **Heberītae,** ārŭm *m.* 2. ein Israelit, Sohn des Sesak aus dem Stamme Benjamin. 3. ein Israelit, Nachkomme Gads.

2. **Heber** *indecl. m.* (*hebr.*: cheber, Genosse, Freund) Heber, 1. Sohn des Mered und der Bithja, der Tochter eines ägyptischen Königs (1. *Par.* 4, 18). 2. Sohn des Brie, Enkel des Aser; *dav.*: Heberītae, ārŭm *m.* 3. Sohn des Baria, Enkel des Aser. 4. Sohn des Elphaal aus dem Stamme Benjamin.

Heberītae, ārŭm *m. s.* 1. 1. Heber 1. *und* 2. 2 Heber 2.

hĕbĕs, ĕtĭs stumpf, matt, schwach.

hĕbēscō 3 matt, schwach werden.

hĕbĕtō 1 schwächen, abstumpfen.

hĕbĕtūdō, ĭnĭs *f.* Schwäche, Erstarrung.

Hebraeŭs, ī *m.* (*hebr.*: Jenseitiger oder der [den Jordan] Überschreitende) der Hebräer, Jude; *dav.*: **Hebraeŭs** 3 u. **Hebrăĭcŭs** 3 hebräisch, in Hebraico im hebräischen Bibeltexte.

hebraismŭs, ī *m.* hebräische Spracheneigentümlichkeit.

1. **Hebron** *indecl.* (*hebr.* ?) Hebron, uralte Stadt im südlichen Palästina, früher kanaanitische Königsstadt, Wohnort der Erzväter, Residenz Davids, auf dem Gebirge Juda, 927 m über dem Meere, *ca.* 30 km südlich von Jerusalem gelegen; sie war Freistadt (Asylstadt) u. Priesterstadt, ist die älteste (Kariat Arbe genannt) biblische noch bestehende Stadt u. gilt als eine der vier hl. Städte der Juden; *j.*: El-Chalîl.

2. **Hebron** *indecl. m.* (*hebr.* ?) Hebron: 1. Levit, Sohn des Kaath. 2. Sohn des Maresa.

Hebrona *indecl.* (*hebr.* ?) Hebrona, Lagerplatz der Israeliten in der Wüste.

Hebroni *indecl. m.* Hebroniter, aus Hebron.

Hebronītae, ārŭm *m.* (Hebronitis) Hebroniter, Einw. von Hebron (1. *Par.* 26, 23).

Heddai *indecl. m.* (*hebr.* ?)(Hurai) Heddai, Offizier Davids.

Heder *indecl. m.* (*hebr.*: Herde) Heder, Israelit, Sohn des Bavia, aus dem Stamme Benjamin.

hĕdĕră, ae *f.* Epheu.

S. Hedwīgĭs, ĭs *f.* hl. Hedwig, Witwe, Herzogin von Polen u. Schlesien, später Cisterciensernonne im Cistercienserinnenkloster zu Trebnitz, † 1243, 17. Okt.

Fest der Übertragung. (*Lektion wie am Feste mit dem Zusatz*): Ihre Reliquien wurden am 25. August 1278 erhoben und in der von ihr erbauten Kirche zu Trebnitz ehrenvoll beigesetzt. — 25. August (Breslau).

Hedwīgĭs, ĭs *f.* Hedwig, Gemahlin Siegfrieds des Pfalzgrafen von Luxemburg, Mutter der hl. Kaiserin Kunigunde (10. Jhdt.).

Hegla *indecl. f.* (*hebr.* ?) Hegla, die dritte Tochter Salphaads, der nur fünf Töchter hatte, die ebenfalls unter ihren Stammesgenossen im Stamme Manasse Erbbesitz erhielten.

hĕī *interj. s.* heu.

hĕĭc *s.* hic.

Heidenheim *indecl.* (Heidenhemium) Heidenheim, Marktflecken, Bayern (Mittelfranken), *ca.* 1300 Einw.

Heidenhemĭŭm, ī *n.* s. Heidenheim.

Heiligow *indecl.* (Heilwiga) Heiligau, Ort u. Kloster, Schweiz (Thurgau).

1. **Heilwigă,** ae *f. s.* Heiligow.

2. **Heilwigă,** ae *f.* Heilwiga, Äbtissin in einem Schweizerkloster z. Z. des hl. Meinrad.

Heinsiliānŭs mōns, tĭs *m.* der Heinzenberg, Berg, Schweiz (Graubünden).

Heisterbăcŭm, ī *n.* Heisterbach, ehem. Cistercienserkloster, Preußen (Rheinprov.), Diöz. Köln.

Helam (2. *Kön.* 10, 17) *keine Stadt, sondern Schreibfehler für 'alejhem* „zu ihnen, gegen sie"; „David rückte gegen sie (die Syrer) vor".

Helba *indecl.* (*syr.*: Fell) Helba, St., Pal. (Aser).

Helcath *indecl.* (*hebr.*: Acker, Anteil) (Hucac) Helkath, St., Pal. (Aser).

Helchia *indecl. m. s.* Hachelai.

Helchias, ae *m. s.* Hachelai.

Helci *indecl. m.* (*hebr.*: Anteil Jahwes) Helki, Haupt der jüdischen Priesterklasse von Marajoth z. Z. Joakims um 420 v. Chr.

Helcia *indecl. m.* (*hebr.*: Anteil Jahwes) Helkia, 1. ein Israelit, Vater des Azarias. 2. jüdischer Priester, der mit Zorobabel aus dem Exil zurückkehrte. 3. jüdischer Levit, der bei der ersten Gesetzesverlesung nach dem Exil beteiligt war. 4. Jude, Vater des Saraja, des Tempelverwalters u. Befehlshabers der Tempelwache nach dem Exil.

Helcias, ae *m.* (*hebr.*: Anteil Jahwes) Helkias, Name vieler Israeliten oder Juden: 1. Sohn des Sellum. 2. Levit, Sohn des Amasai. 3. ein Türhüter z. Z. Davids. 4. ein Priester z. Z. Davids. 5. Vorsteher des königlichen Hauses unter Ezechias. 6. ein Hoherpriester z. Z. des Königs Josias, der das Gesetzbuch im Tempel wiederfand. 7. der Vater des Propheten Jeremias. 8. der Vater des Gamarias. 9. der Vater Sedris, eines Ahnherrn des Propheten Baruch. 10. der Vater Joakims. 11. der Vater der keuschen Susanna zu Babylon.

Helec *indecl. m.* (*hebr.*: Anteil) Helek, Israelit, zweiter Sohn des Halaad im Stamme Manasse, *dav.*: **Helecītae,** arum *m.* dessen Nachkommen, die Helekiten.

Helecītae, ārŭm *m. s.* Helec.

Heled *inde l. m.* (*hebr.*: Höhlung) Heled, ein Offizier Davids.

Helem *indecl. m.* 1. *Zach.* 6, 14 *vielleicht richtig*: Holdai, Gesandter aus Babylon (*vgl. Zach.* 6, 10). 2. 1. *Par.* 7, 35, *richtig*: Hotham, *s. dens.*

S. Hĕlĕnă, ae *f.* (Ἑλένη) hl. Helena, Kaiserin, Witwe († um 326).

Sie war Gemahlin des Kaisers Konstantius und Mutter des ersten christlichen Kaisers Konstantin. Früher selbst Heidin, suchte sie als Christin durch besonders große und viele Werke zur Ehre Gottes gut zu machen, was sie als Heidin gefehlt hatte. Großer Anteil gebührt ihr am Glauben ihres kaiserlichen Sohnes sowie an der Bekehrung vieler vornehmen Römer zum Christentum. Im hohen Alter besuchte sie die hl. Orte in Palästina und forschte in Jerusalem nach dem Orte der Kreuzigung. Nachdem ihr durch göttliche Eingebung der genaue Platz angezeigt war, fand sie unter Beihilfe des hl. Bischofs Makarius von Jerusalem das hl. Kreuz und die Nägel, womit unser göttlicher Erlöser angeheftet war. Dann erbaute sie zu Jerusalem und zu Rom je eine Basilika zu Ehren des hl. Kreuzes und beschenkte beide Kirchen mit Teilen desselben. Nach Trier schenkte sie einen der hl. Nägel und den ungenähten Rock des Herrn. Dort weilte sie öfters, sorgte für die Ausbreitung des hl. Glaubens, schmückte die Stadt mit Denkmälern und reichlichen Gaben. Vom Papst Silvester erbat sie für die in vielen Verfolgungen bedrängte christl. Kirche in Trier in Apritius einen gelehrten und tugendhaften Bischof. Letzterer erhielt von ihr den hl. Leib des Apostels Matthias und die Sandalen des hl. Andreas. 80jährig starb sie zu Rom und wurde zuerst in der Basilika des hl. Petrus und Marzellinus, dann aber in der Kirche Ara coeli beigesetzt. Ihr Haupt wurde durch Erzbischof Kuno von Rom nach Trier gebracht, wo es in der Kathedrale große Verehrung genießt. — 18. August (Köln, Münster, Trier, Triest) und 19. August (Limburg).

S. Hĕlĕnă Westgōtă, ae *f.* hl. Helena, die Westgotin, Mart. in Schweden, die von den eigenen Verwandten um 1160 in ihrem Schlosse Skofde ermordet wurde. — 31. Juli.

B. Hĕlĕnă, ae *f.* sel. Helena, Name der sel. Jolenta bei den Polen, *s.* B. Jolenta.

B. Hĕlĕnă de Valentīnīs, sel. Helena von Valentini, Witwe († 1458).

Sie stammte aus der Familie Valentini zu Udine (Friaul), wurde mit 15 Jahren an Antonio de Cavalcanti verheiratet und war Mutter vieler Kinder. Nach 27jähriger Ehe starb der Mann. Da schnitt sie ihre schönen Haare ab, verteilte ihre Güter an die Armen und trat in den 3. Orden des hl. Augustin. Nun widmete sie sich ganz den Werken der Buße und Nächstenliebe. Sie ließ sich auch ständiges Stillschweigen auferlegen. Dieses brach sie nur an Weihnachten mit Erlaubnis des Beichtvaters, um mit ihren Kindern und Verwandten über geistliche Dinge zu reden. In ihren letzten Jahren wurde sie heftig vom Teufel versucht, sogar körperlich mißhandelt. Sie hatte auch Visionen. Im Alter von 62 Jahren starb sie am 23. April 1458. Ihr Leib ruht in der Kirche der hl. Lucia zu Udine. — 23. April (Aug. O.).

Hĕlĕnă, ae *f.* Helena, St. im Felsengebirge, Nordamerika (Montana), *ca.* 12000 Einw.; Bischofssitz (seit 1884), Suffr. v. Oregon; *dav.*: **Hĕlĕnēnsĭs,** ĕ.

Hĕlendrūdă, ae *f.* Helendruda, Jgfr., *s.* S. Cordula.

Hĕlĕnēn. (*C. R.*) *s.* Helena.

1. **Hĕlĕnŏpŏlĭs,** ĕōs *f.* Helenopolis, St. am Marmarameer, westlich von Nikorieh beim heutigen Karakesza, Kleinasien (Bithynien).

2. **Hĕlĕnŏpŏlĭs,** ĭs *f. s.* Francofurtum ad Moenum.

Hĕlĕnŭs, ī *m.* Helen, Bischof im 3. Jhdt., der den hl. Protus, hl. Hyazinthus u. die hl. Eugenia taufte.

Heleph *indecl.* (*hebr.*: Wechsel ?) Heleph, St. Pal. (Nephthali).

Heles *indecl. s.* Helles.

Helfta, ae *f.* Cistercienserinnenkloster Helpede, später Benediktinerinnenkloster in Thüringen. Erste Äbtissin war Gertrud von Hackeborn. Im Jahre 1346 wurde das Kloster nach Eisleben verlegt u. um 1540 aufgehoben.

Heli *indecl. m.* (*hebr.* ?) Heli: 1. Hoherpriester und einer der letzten Richter Israels. 2. nach Lukas: Vater des hl. Joseph, wahrscheinlich Bruder seines leiblichen Vaters Jakob, *s. auch*: S. Joachim.

Hēlĭŏdōrŭs, ī *m.* (Ἡλιόδωρος) Heliodor, Statthalter, später Mörder des syrischen Königs Seleukus IV. Philopator (187—176).

Hēlĭŏgăbălŭs, ī *m.* (Elagăbălus) Heliogabal, heidnischer, röm. Kaiser (218 bis 222).

1. **Hēlĭŏpŏlĭs,** ĕōs *f.* (Ἡλιόπολις) Sonnenstadt; *hebr.*: On = Schmerz) Priesterstadt in Ägypten.

2. **Hēlĭŏpŏlĭs,** ĕōs *f.* Heliopolis, *j.*: Baalbek, St., am Libanon in Cölesyrien.

Helisur *indecl. m.* (*hebr.*: Gott ist Hort) Helisur, Führer des Stammes Ruben durch die Wüste.

Helladă, ae (*acc.* -am) *f.* Griechenland (1. *Mach.* 8, 9).

Hellăs, ădĭs *f.* (Ἑλλάς) Griechenland.

Helleră, ae *f.* Eller, Ort zwischen Zell und Kochem, Rheinland.

Hel(l)es *indecl. m.* (*hebr.*: Rüstiger) Heles, Israeliten 1. Sohn des Azarias. 2. ein Offizier Davids.

Hellespontĭăcŭs 3 vom Hellespont.

Hellespontŭs, ī *f.* (Ἑλλήσποντος) Hellespont 1. die heutige Dardanellenstraße, welche vom Mittelmeer ins Marmarameer führt. 2. römische Provinz auf der asiatischen Seite der Dardanellen (*Martyrolog.*).

Hellon *indecl. s.* Helon.

hēllŭ . . . *s.* helu . . .

Helmondeblathaim *indecl.* (*richtig syr. Übersetzung*: Baal-Meon Herr der [Himmels-] Wohnung; Diblatajema ist eingeschoben) (*Num.* 33, 46), *s.* Baal-Meon.

Helmstădĭŭm, ī *n.* Helmstedt am Berge Elm, Braunschweig, von 1576 bis 1809 Universität; *ca.* 15000 Einw.

1. **Helon** *indecl. m.* (*hebr.*?) (Hellon) Helon, Vater des Eliab, des Führers des Stammes Zabulon durch die Wüste.

2. **Helon** *indecl.* (*hebr.*?) Helon, St., Pal. (Juda).

hēlŭātĭō, ōnĭs *f.* (helluatio) Schwelgerei, Schlemmerei.

hēlŭō, ōnĭs *m.*(helluo) Schwelger, Prasser, Schlemmer.

hēlŭŏr 1 (helluor) schwelgen, prassen, schlemmen.

Helvētĭă, ae *f.* die Schweiz.

Helvētĭcă confessĭō, ōnĭs *f.* helvetische Glaubensauffassung = Kalvinismus (in der Schweiz).

Helvētĭcŭs 3 schweizerisch.

Helvētĭcŭs lăcŭs, ūs *m.* (Lucernensis lacus) der Vierwaldstättersee, Schweiz.

Helvētĭī, ōrŭm *m.* die Schweizer.

1. **Helvētĭus,** ī *m.* der Schweizer.

2. **Helvētĭŭs** 3 schweizerisch.

Helvēto-Amĕrĭcānŭs, ī *m.* ein Schweiz-Amerikaner (ein nach Amerika ausgewanderter Schweizer).

Helvĭdĭānī, ōrŭm *m.* Helvidianer, Anhänger des Irrlehrers Helvidius.

Helvĭdĭŭs, ī *m.* Helvidius, ein Irrlehrer des 4. Jhdt., verwarf den Zölibat, das Klosterleben, Askese, die Heiligen- u. Reliquienverehrung.

Helvĭī, ōrŭm *m.* ein Volksstamm in den Cevennen, Frankreich, mit der Hauptstadt Alba Helvia, *j.*: Alps bei Viviers.

Helwidĭs, ĭs *f.* Helwid von Dagsberg, Mutter des sel. Papstes Leo IX.

Hem *indecl. m.* (*hebr.*: Chen = Huld) Beiname des Josias, eines vornehmen Juden in Jerusalem z. Z. des Proph. Zacharias.

Hemam *indecl. m.* (*hebr.*?) (Heman) Horiter, Sohn Lotans.

Heman *indecl. m.* Heman, Verfasser von Psalmen u. Sänger am Hofe Salomons.

Hemath *indecl. s.* Chamath.

hēmĭcĭclŭs, ī *m. s.* hemicyclus.

hēmĭcyclŭs, ī *m.* (ἡμικύκλος, hemiciclus) Halbkreis.

hēmīnă, ae *f.* (ἡμίνα die Hälfte) Hemina, römisches Maß für Flüssiges u. Trockenes (= 0,274 l).

Hēmĭpŏlĭs, ĭs *f. s.* Halberstadium.

B. Hemmă, ae *f.* (Emma) sel. Emma, Witwe († um 1050).

Sie war die Tochter des Grafen Engelbert von Peilenstein; ihre Mutter hieß Tutta; durch sie war sie mit dem hl. Kaiser Heinrich verwandt. Sie wurde mit dem Grafen Wilhelm von Friesach und Zeltschach (Kärnten) vermählt. Ihre beiden Söhne Wilhelm und Hartwig erzog sie christlich; beide wurden durch Bergwerksarbeiter ermordet. Sie benutzte den Rest ihres Lebens, um fromme Stiftungen zu fördern. Einen Teil ihres Vermögens erhielten die Kathedralsitze von Gurk, Salzburg und Bamberg. Noch zwei Jahre lebte Hemma als Nonne; dann starb sie um die Mitte des 11. Jahrhunderts. Da Wunder an ihrem Grabe geschahen, setzte Bischof Heinrich von Gurk den Leichnam i. J. 1174 in der Gruft der Domkirche bei. — 27. Juni (Gurk).

Hemor *indecl. m.* (*hebr.*: Esel?) Hemor, Fürst der Heviter, Erbauer Sichems, Zeitgenosse Jakobs.

Henadad *indecl. m.* (*hebr.*?) (Enadad) Henadad 1. Jude, Vater des Bavai oder Benui, der Jerusalem nach dem Exil aufbauen half. 2. Levit in Jerusalem nach dem Exil.

Henoch *indecl. m.* (*hebr.*: Einweihung) (Enoch) Henoch 1. ein Sohn des Kain u. eine nach ihm benannte vorsintflutliche Stadt. 2. Sohn des Jared u. Vater des Methusalem, der Heilige der Urzeit, den Gott von der Erde hinweggenommen hat. 3. ein Sohn des Ruben, dessen Nachkommen Henochiten. 4. ein Sohn des Madian.

Henochītae, ārŭm *m.* Henochiten, *s.* Henoch 3.

Henos *indecl. m.* (*hebr.*: Mensch) (Enos) Henos, Sohn Seths, Enkel Adams.

S. Henrĭcŭs, ī *m.* hl. Heinrich II., der Fromme, Kaiser des heiligen römischen Reiches deutscher Nation (1002 bis 1024); 13. Juli; 15. Juli: Basel, Mainz, Regensburg.

2. **S. Henrīcŭs,** ī *m.* hl. Heinrich, Mart. u. Bisch. v. Upsala († 1151).

Zur Zeit der Regierung des hl. Erich von Schweden war der aus England stammende Heinrich Bischof von Upsala. Nachdem Erich die feindlichen Finnländer unterworfen hatte, bekehrte sie Heinrich zum Christentume. Als eines Tages ein Mörder vor ihn geführt wurde, wollte Heinrich ihn durch religiöse Einwirkung bessern, dieser aber stürzte sich auf seinen Helfer und tötete ihn. — 19. Januar.

B. Henrīcŭs de Bulsano *m.* sel. Heinrich v. Bozen, Bek. († 1315).

Der selige Heinrich von Bozen (Tirol) wanderte schon früh nach Italien, wo er sich in Treviso niederließ und sich verheiratete. Trotzdem er keine Schule besucht hatte, war er durch Gottes Leitung in der Wissenschaft der Heiligen wohlerfahren. Nach dem Tode seiner Gattin gab er sich ganz dem Dienste der Frömmigkeit hin, beichtete täglich mit rührender Demut und Andacht, sammelte an den Türen Almosen, die er den Armen gab. Er starb am 10. Juni 1315. Die Einwohner von Treviso erwählten ihn zum Stadtpatron, da an seinem Grabe viele Wunder geschahen. Benedikt XIV. billigte die Verehrung des Seligen für Treviso; Pius VII. erlaubte sie für die Diözese Trient. — 10. Juni (Trient).

B. Henrīcŭs Suso *m.* sel. Heinrich Seuse, Bek. u. Dominikaner († 1335 *oder* 1366).

Er hieß eigentlich Johannes von Schwaben; sein Vater hieß von Berg; doch nannte er sich nach seiner Mutter Seuße: „Suso". Schon mit 13 Jahren trat er bei den Dominikanern zu Konstanz ein. Fünf Jahre lang achtete er wenig darauf, sein Leben zu bessern, bis Gott selbst ihn durch Mahnungen zur Vollkommenheit antrieb. Seine Abtötung erreichte einen hohen Grad. Den Bußgürtel sowie eine Kette mit eisernen Spitzen trug er Tag und Nacht. Er schlief ohne Decke auf einem Holztische. Mit eisernem Griffel grub er in seine linke Brustseite den Namen Jesus ein. Niemals brach er das vorgeschriebene klösterliche Schweigen. Die Gottesmutter verehrte er sehr innig. Sehr viele Sünder brachte er zur Bekehrung. In Württemberg und im Elsaß hielt er ungezählte Predigten. Er starb im Kloster zu Ulm. Gregor XVI. und Leo XIII. erlaubten die Verehrung des „Doctor ecstaticus" ausdrücklich. — 28. Januar (Rottenburg) und 2. März (Freiburg i. B.).

Henrīcŭs, ī *m.* Heinrich: I. röm.-deutsche Kaiser: 1. hl. **Heinrich II.** der Fromme, (reg. 1002—1024), 15. Juli. 2. **H. III.,** (reg. 1039—1056). 3. **H. IV.,** (reg. 1056 bis 1106). II. Könige Englands: 1. **H. I.,** (reg. 1100—1135) 2. **H. II.,** (reg. 1154 bis 1189). 3. **H. III.,** (reg. 1216—1272). 4. **H. VIII.,** (reg. 1509—1547). III. Herzöge v. Polen u. Schlesien: 1. **H. I.,** Gemahl der hl. Hedwig. 2. **H. II.,** Sohn des vorigen († 1241). IV. andere Personen: 1. Bischof H. von Trier, (reg. 956—964). 2. Bisch. Heinrich v. Upsala (12. Jhdt.). 3. Herzog Heinrich von Landshut (Bayern) (um 1338). 4. Markgraf Heinrich v. Österreich.

Henrīcŭs de Altdorff *m.* Heinrich, Graf v. Altdorf (Württemberg), Vater des hl. Konrad von Konstanz (10. Jhdt.).

Henrīcŭs Longobarbŭs, ī *m.* Heinrich Langbart, Fürst v. Polen u. Böhmen (Propr. v. Gnesen, 17. Oktober).

Henrīcŭs Scatelērŭs, ī *m.* Heinrich Skateler, Verwandter u. Mörder des hl. Erich.

Henrīcŭs Toggenburgēnsĭs *m.* Heinrich, Graf v. Toggenburg, Gemahl der hl. Ida.

hēpăr, ătĭs *n.* (ἧπαρ) Leber.

1. **Hepher** *indecl. m.* (*hebr.*?) Hepher, 1. Sohn des Assur u. der Naara. 2. Sohn Machirs, des Besiedlers v. Galaad. 3. Offizier Davids.

2. **Hepher** *indecl.* (*hebr.*?) Hepher, St., Pal. (Juda); *dav.*: Hepherītae, arum *m.* Einw.

Hepherītae, ārŭm *m.* Hepheriten, Einw. v. Hepher *s.* 2. Hepher.

heptăteuchŭs, ī *m.* (ἑπτάτευχος) Heptateuch, d. h. die fünf Bücher Moses' nebst dem Buche Josua u. dem der Richter.

Her *indecl. m.* (*hebr.*?) Her 1. der älteste Sohn des Juda u. Enkel Jakobs, von Gott wegen seiner Bosheit getötet. 2. ein Sohn Selas. 3. Sohn des Jesus, eines Ahnherrn Christi.

hĕră, ae *f.* Hausfrau, Herrin.

Hēraclēă, ae *f.* (Heraclīa, Ἡράκλεια) Heraklea (Herkulesstadt) 1. Hafenst. am Meerbusen v. Tarent in Lukanien, Süditalien. 2. St. an der Südwestküste Siziliens. 3. St. im Nordwesten v. Makedonien. 4. St. in Thrakien am Marmarameer, *j.*: Heraclitza *oder* Eriklidscha.

Hēraclēă Pontĭcă, ae *f.* Heraklea, Hafenst. Bithynien; *j.*: Eregli.

Hēraclēă Sintĭcă, ae *f.* Heraklea, St. am Strymon im Osten Makedoniens.

Hēraclēă Trachīnĭă, ae *f.* Heraklea, St. am Öta, westlich v. den Thermopylen, früher Trachis im Süden v. Thessalien.

Hēraclēēnsĭs, ĕ, von *oder* aus Heraklea.

Hēraclīă, ae *f. s.* Heraclea.

Hēraclīŭs, ī *m.* (Ἡράκλειος) Heraklīus, byzantinischer Kaiser (reg. 610—641).

S. Hērădĭŭs, ī *m.* hl. Heradius, Mart. (4. Jhdt.).

Er hieß auch Heraclius und wurde unter Diokletian mit vielen Gefährten zu Nyon im Schweizer Kanton Waadt gemartert. — 22. Mai.

Heran *indecl. m.* (*hebr.*?) Heran, Sohn des Suthala im Stamme Ephraim; *dav.*: **Heranītae,** ārŭm *m.* die Heraniter, dessen Nachkommen.

Heranītae, ārŭm *m. s.* Heran.

herbă, ae *f.* das Grün, das Gras, das Kraut.

Herbalitĭcŭs pāgŭs, ī *m. vielleicht*: Herbault, Ort, Fkr. (Loir-et-Cher).

herbēscō 3 grüne Halme treiben, aufsprossen.

herbĭdŭs 3 grasreich, kräuterreich.

herbĭfĕr 3 grastragend.

Herbĭpŏlēn. (*C. R.*) *s.* Herbipolis.

Herbĭpŏlĭs, ĭs *f.* (Wirceburgum) Würzburg, St. am Main, Bayern (Unterfranken), *ca.* 100 000 Einw.; Bischofssitz (seit 8. Jhdt.), Suffr. v. Bamberg; *dav.*: **Herbīpŏlēnsĭs,** ĕ.

Herbĭtă, ae *f.* (Ἕρβιτα) Herbita, St. auf Sizilien, *s.* Nicosia.

Herbitēn. (*C. R.*) *s.* Nicosia.

herbōsŭs 3 grasreich.

Hercŭlēs, ĭs *m.* (Ἡρακλῆς) Herakles; die in Tyrus (Phönikien) verehrte Nationalgottheit hieß dort Melkarth = Sonnengott, wurde von den Griechen aber als Herakles, v. den Römern als Herkules bezeichnet (2. *Mach.* 4, 19. 20).

Hercŭlĕŭs, ī *m.* (Herculis) Herkuleus (der Herkulische) Beiname des heidnischen röm. Kaisers Maximinianus (268—305).

Herculĭs, ĭs *m. s.* Herculeus.

Hercŭlŭm, ī *n.* Erkelenz, St. Preußen (Rheinprov.), *ca.* 5000 Einw.

S. Hercumbertŭs, ī *m.* hl. Herkumbert, Bek. u. erster Bisch. von Minden († um 810).

Kurz vor seiner Taufe verlangte Herzog Widukind von Karl d. Gr. einen geeigneten Priester, der ihn und die Seinen in der Religion unterrichten sollte. Herkumbert wurde dazu ausersehen. Noch im Laufe des Jahres fand die feierliche Taufe des Sachsenführers statt, der an der Weser seine Burg hatte. Herkumbert bekehrte nach und nach alle Umwohner derselben und wurde mit Genehmigung Papst Hadrians zum ersten Bischofe Mindens ernannt. Dort starb er nach gesegneter Wirksamkeit. — 9. Juli.

Hercȳnĭă silvă, ae *f.* (Nigra silva) *im allgemeinen* die Gesamtheit des deutschen Mittelgebirges, Schwarzwald u. Odenwald; *auch*: die deutschen Gebirgsketten nördlich der Donau vom Rhein bis zu den Karpathen; später nur: die Sudeten; bei Tacitus: Rauhe Alp, Odenwald, Taunus und Westerwald.

1. **Hered** *indecl.* (*hebr.*?) Hered, einstmalige kanaanitische Königsstadt, Pal.

2. **Hered** *indecl. m.* (*babyl.*: ardu = Diener, Knecht) Hered (Ard), Sohn der Bela, Nachkomme Benjamins, *dav.*: Heredītae, ārŭm *m.* die Herediter (*hebr.*: Arditer).

Heredītae, ārŭm *m. s.* 2. Hered.

hērēdĭfĭcō 1 zum Erben einsetzen.

hērēdĭtārĭŭs 3 geerbt, erblich.

hērēdĭtās, ātĭs *f.* Erbe, Erbschaft, Eigentum; hērēdĭtās Dŏmĭnī: das Land Kanaan (*Ps.* 78, 1).

hērēdĭtō 1 1. erben, erblich besitzen. 2. zum Erben machen.

hērēdĭŭm, ī *n.* Erbgut.

Herem *indecl. m. s.* Harim.

Herembergă, ae *f.* Heremberga, Mutter des hl. Anselm; *auch*: Ermemberga.

Heremuscĭă, ae *f.* 1. Remüs, Ort im Oberengaddin, Schweiz (Graubünden) (Vita Sti Florini). 2. Hérémence, Ort, Schweiz (Wallis); *dav.*: **Heremuscĭānŭs** u. **Eremuscĭānŭs** 3.

hērēs, ēdĭs *m. u. f.* 1. Erbe, Erbin. 2. Nachfolger. 3. Besitzer, Herr.

Heresfeldă, ae *f.* (Herosfeldia, Herscampia) Hersfeld, St. u. ehem. Fürstentum, Preußen (Hessen-Nassau).

Herestallĭŭm, ī *n. s.* Heristallium.

Herfordĭă, ae *f.* Hereford, St., England; liegt an der Wye, *ca.* 22 000 Einw.

hĕrī *adv.* gestern; jüngst, neulich.

Heri *indecl. m.* (*hebr.*?) Heri, Israelit, Sohn Gads, dessen Nachkommen: Herītae, ārŭm, *m.* Heriter.

S. Hērĭbertŭs, ī *m.* hl. Heribert, Bek. u. Erzbischof von Köln († 1021).

Heribert stammte aus einer vornehmen Wormser Familie. Bei seiner Geburt erfüllte ein himmlisches Licht das Zimmer. Er wurde im Lothringer Kloster Gorze bei Metz erzogen. Otto III. machte ihn zu seinem Kanzler und nahm ihn mit nach Italien, wo Heribert die Zwietracht der Einwohner von Ravenna durch seine engelgleiche Sanftmut beilegte. Die Wahl zum Würzburger Bischof nahm er nicht an, und als man ihn zum Erzbischof von Köln ausersehen hatte, ließ er sich nur durch das Drängen des Kaisers zur Annahme der Wahl bestimmen. Von Silvester II. erhielt er das Pallium. Aus Demut zog er mit bloßen Füßen an einem Wintertage in Köln ein. Auch als Erzbischof besuchte er die Armen und Kranken, wusch ihnen die Füße und stand ihnen insgeheim bei. In Deutz errichtete er ein Kloster zu Ehren der Gottesmutter. Die Zwölfapostelkirche stellte er wieder her; er baute noch andere Kirchen. Bei großer Dürre ergriff er einst das Haupt des hl. Severin und bat ihn unter Tränen um Fürsprache bei Gott. Alsbald floß der ersehnte Regen nieder. In Neuß befiel ihn ein tödliches Fieber, an dem er am 16. März 1021 nach 22jähriger Regierung starb. Er liegt in Deutz begraben. — 16. März (Köln).

hĕrīlĭs, ĕ zum Hausherrn gehörig.

hērĭnācĕŭs, ī *m. s.* erinacius.

hērĭnācĭŭs, ī *m.* s. erinacius.

Hērisplindĭs, ĭs *f.* Mutter des hl. Lambert, Bischofs v. Utrecht (7. Jahdt.).

1. **Hēristallĭŭm,** ī *n.* Stammschloß Heristall der Karolinger in der heutigen Vorstadt von Lüttich, Belgien.

2. **Hēristallĭŭm,** ī *n.* Herstelle, D. Preußen (Westfalen).

Herĭŭs (ī *m.*) **īnsŭlă,** ae *f.* Insel Noirmoutier, Fkr. (Vendée) (Martyrol. 20. August).

Herkenrode *indecl.* Herkenrode, ehem. Cistercienserinnenkloster, Belgien, Diöz. Lüttich.

Herlŭīnŭs, ī *m.* Herluin, Abt des Klosters Bec in der Normandie, um 1050.

Herma *indecl.* (*hebr.*: Horma = Bann?) Herma, ehem. kanaanitische Königsstadt, Pal.

S. Hermăgŏrās, ae *m.* hl. Hermagoras, Mart. u. Bisch. von Aquileja († im 1. Jhdt.).

Von einer deutschen Mutter wurde er in Aquileja geboren, wo ehedem der hl. Evangelist Markus dessen Schüler er war, predigte. Vom hl. Petrus erhielt er in Rom die Bischofsweihe und eilte nach Aquileja zurück. Der Statthalter Sebastus ließ den Hermagoras martern und in einen finsteren Kerker werfen, der aber alsbald in wunderbarem Lichte erstrahlte. Der Kerkermeister Pontianus wurde infolgedessen mit anderen ein Christ. Er befreite den Sohn des Patriziers Gregor vom Teufel. Deshalb bekehrten sich aufs neue viele. Als seinen Nachfolger wünschte der Martyrer den Diakon Fortunatus. Sobald Sebastus dies erfahren hatte, ließ er auch den Fortunatus einkerkern und schließlich beide Männer insgeheim enthaupten. Dies geschah während der Verfolgung durch Kaiser Nero. — 12. Juli (Gurk, Trient, Triest).

B. Hermannŭs Josephŭs, sel. Hermann Joseph, Bek., Prämonstratenserpriester († 1233).

Er war in Köln geboren und liebte es besonders, die dortige Kirche St. Maria im Kapitol zu besuchen, wo er ein Spielgefährte des Jesukindes wurde. Die Gottesmutter enthob ihn ferner der drückenden Armut. Im 12. Lebensjahre fand er bei den Prämonstratensern Steinfelds Aufnahme. Er lebte hier sehr abgetötet, hatte Erscheinungen des Herrn, der allerseligsten Jungfrau, der hl. Ursula und ihrer Gefährtinnen, denen zu Ehren er mehrere Lieder verfaßte. Er wurde Priester und mußte mancherlei Prüfungen bestehen. Er hegte eine glühende Liebe zum sakramentalen Heilande; besonders zeichnete er sich durch seine makellose Keuschheit aus. Er sagte sowohl den Tod des hl. Erzbischofs Engelbert wie seinen eigenen voraus und starb i. J. 1233. In Steinfeld in der Eifel fand er seine letzte Ruhestätte. — 7. April (Köln).

Hermannŭs, ī *m.* Hermann: 1. ein Graf im 7. Jhdt., Bräutigam der hl. Irmina. 2. Bisch. v. Toul, Vorgänger des Bisch. Bruno, des späteren Papstes Leo IX. (11. Jhdt.). 3. Name mehrerer Erzbischöfe von Köln, bes. des abgefallenen Hermann von Wied († 15. August 1552).

Hermās, ae *m.* (Ἑρμᾶς) Hermas, ein Christ zu Rom, den der hl. Paulus grüßen läßt.

S. Hermĕnĕgildŭs, ī *m.* hl. Hermenegild, König d. Westgoten, Mart., † 586, 13. April.

hermēneutĭcŭs 3 (ἑρμηνευτικός) zur Auslegung (*bes.*: der hl. Schrift) gehörig; hermeneutisch.

S. Hermēs, ētĭs *m.* (Ἑρμῆς) hl. Hermes, Mart. († 132).

Er wurde als Präfekt von Rom mit seiner Familie durch Papst Alexander I. getauft. Kaiser Mark Aurel ließ ihn verhaften und dem Tribunen Quirinus übergeben. Letzterer forderte zum Erweise der Wahrheit des Christentums das Wunder, es solle Hermes zugleich mit dem eingekerkerten Papste Alexander vor ihm bei der Abendtafel erscheinen. Gott fügte es, daß dies geschah, indem Engel beide hl. Männer befreiten. Quirinus, der aufs höchste betroffen war, bekehrte sich alsbald. Der erzürnte Kaiser ließ den Quirinus enthaupten; auch Hermes starb den Martertod. — 28. August (Münster, Salzburg).

Hermēs, ĕs (*acc.* -ēn) *m.* Hermes, ein Christ zu Rom, den der hl. Paulus grüßen ließ.

Hermĭgăr, ĭs *m.* Hermigar, Statthalter des Königs von Schweden, vom hl. Ansgar getauft (9. Jhdt.).

Hermŏgĕnēs, ĭs *m.* Hermogenes, Christ u. Anhänger Simon des Magiers in Jerusalem zu apostolischer Zeit.

Hermŏlāŭs, ī *m.* Hermolaus, Priester, der den hl. Pantaleon taufte.

Hermon *indecl.* (*hebr.* ?) *j.*: Dschebel-esch-Scheich) ein Gebirgszug in Palästina (35 km lang), Ausläufer des Antilibanon; *pl.* Hermoniim = verschiedene Gipfel des Hermon (*Ps.* 41, 7).

Hermoniim *indecl. hebr. pl.*: v. Hermon.

Hermŏpŏlĭs, ĭs *f.* Hermopolis, Stadt und Kloster in der Thebais am l. Nilufer nördl. v. Siut, Ägypten; *dav.*: **Hermŏpŏlĭnsĭs, ĕ.**

hernĭă, ae *f.* der Bruch (als Leibschaden).

Hernĭcī, ōrŭm *m.* die Herniker, eine ehem. Völkerschaft in Latium, nördl. vom Trerusflusse, Italien.

hernĭōsŭs 3 mit einem Leibschaden (Bruche) behaftet (*Lev.* 21, 20); bruchleidend.

Herocampĭă, ae *f.* *s.* Heresfelda.

Hērōdēs, ĭs *m.* (Ἡρώδης) Herodes I., ein Idumäer (Nachkomme Esaus), war zuerst Tetrarch, dann, als Nachfolger des enthaupteten letzten Makkabäerfürsten (Mattathias) Antigonus (40—36), König über ganz Judäa (37—3 v. Chr. nach unserer jetzigen Zeitrechnung — tatsächlich v. 33 v. Chr. bis 1 n. Chr.). Er ließ (7 v. Chr.) seine Gemahlin Marianne u. seine u. deren Söhne Alexander u. Aristobul sowie seinen natürlichen Sohn Antipater hinrichten; er erweiterte den nachexilischen Tempel Zorobabels aus Ehrgeiz, in prunkvoller Weise, machte sich aber die Juden zu Feinden durch die Erbauung eines Zirkus u. eines Theaters in Jerusalem u. durch die Anbringung des römischen Adlers am Tempel. Unter ihm wurde Gottes Sohn Jesus Christus, unser Erlöser, geboren. Eine der letzten blutrünstigen Taten seines an Blutvergießen reichen Lebens war die Verfolgung des göttlichen Kindes u. damit zusammenhängend der bethlehemitische Kindermord; er selbst verfügte noch die Teilung seines Königreiches in vier Teilfürstentümer (Tetrarchien). Sein Sohn **Archelaus** sollte jedoch als Tetrarch von Jerusalem einen Vorrang haben. Letzterer regierte, von Kaiser Augustus mit dem Königstitel ausgezeichnet, noch von 3 v. Chr. bis 6 n. Chr. (*richtiger*: 1—10 n. Chr.), dann setzte ihn Augustus wegen Unfähigkeit ab und machte Judäa zu einer römischen Provinz mit der Hauptstadt Cäsarea.

Herodes II., Sohn u. Nachfolger Herodes' I. des Großen in Jerusalem, *gewöhnlich*: **Archelaus** genannt, *s.* Archelaus u. Herodes I.

Herodes Agrippa I., Herodes Julius Agrippa I., Sohn Herodes' I. des

Großen, erhielt von Caligula das Vierfürstentum Judäa u. Samaria (39—44 n. Chr.).

Herodes Agrippa II. Herodes Agrippa II., der Jüngere, Sohn des Herodes Julius Agrippa I. (50—100 n. Chr.); nach dem Tode seines Oheims, des Herodes von Chalcis († 50 n. Chr.), erhielt er dessen kleines Königreich am Libanon, die Aufsicht über den Tempel zu Jerusalem u. das Recht, die Hohenpriester zu ernennen. Im Jahre 53 n. Chr. erhielt er nach Zurückgabe des kleinen Königreiches die Tetrarchie des Herodes Philippus u. des Lysanias, vom Kaiser Nero außerdem noch Tiberias, Tarichäa Julias u. 14 Orte. Der hl. Apostel Paulus verteidigte sich in Cäsarea in Gegenwart des Statthalters Felix vor Herodes Aprippa u. dessen Schwester Berenice (60 n. Chr.).

Herodes Antipas I. *m.* Herodes Antipas I., Sohn Herodes' des Großen, Vierfürst von Galiläa u. Peräa (3. v. Chr. bis 39 n. Chr. nach unserer jetzigen Zeitrechnung; *richtiger*: 1—42 n. Chr.); wegen seiner Gewandtheit, es in echter weltmännischer Weise allen Parteien recht zu machen, nannte ihn der Heiland einen „Fuchs" Er verstieß seine rechtmäßige Gemahlin, die Tochter des Araberfürsten Aretas von Petra, u. nahm die Gemahlin seines Stiefbruders Herodes Julius Agrippa, auch Herodes Philippus ohne Land genannt, eine Tochter seines Stiefbruders Aristobul zur Frau. Vom hl. Johannes dem Täufer getadelt, wurde er zu dessen Mörder. Vor seinem Gericht stand der Heiland u. wurde mit einem Spottgewande bekleidet zu Pilatus zurückgeschickt. Auf Betreiben des rechtmäßigen Gemahls der Herodias wurden Herodes Antipas I. u. Herodias vom Kaiser Caius Caligula abgesetzt u. nach Lyon in Fkr. verbannt († 39 n. Chr.).

Herodes Philippus *m.* Herodes Philippus, Sohn Herodes' I. des Großen u. Bruder des Herodes Antipas, Vierfürst von Ituräa u. der Trachonitis (3 v. Chr., bis 34 n. Chr.; *richtiger*: 1—37 n. Chr.).

Hērōdĭānī, ōrŭm *m.* Herodianer, die Anhänger des Herodes, Gegner der Pharisäer.

Hērōdĭăs, ădĭs *f.* Herodias, Tochter des Herodes Aristobulus u. Enkelin Herodes' des Großen, Gemahlin des Philippus Herodes, des Halbbruders des Herodes Antipas, später des letzteren selbst.

hĕrōdĭō, ōnĭs *m. s.* herodius (*Lev.* 11, 19).

Hērōdĭō, ōnĭs *m.* Herodio, ein Judenchrist in Rom, den der hl. Paulus grüßen ließ.

hĕrōdĭŭs, ī *m.* (herodio; ἐρωδιός) Reiher („Storch"; *Ps.* 103, 17).

hērōĕm (*acc.* v. hērōs) *s.* hērōs.

hērōĭcĭt s, ātĭs *f.* Heldenhaftigkeit.

hērōĭcŭs 3 (ἡρωϊκός) heroisch, heldenhaft.

hērōĭnă, ae *f.* (ἡρωΐνη) Heldin.

Heroldŭs, ī *m.* Herold, Bisch. v. Würzburg (12. Jhdt.).

Herŏlī, ōrŭm *m. s.* Heruli.

hērōs, hērōĭs (*acc.*: hērōĕm) *m.* ἥρως (*gen.* ἥρωος; *die Brevierausgabe von Meyer-Fulda u. belgische Ausgaben betonen*: héroem = hērŏĕm *nach Art des Vulgärlateins*) 1. Held. 2. Halbgott, Heros.

hērōŭs 3 (ἡρῷος) 1. heroisch. 2. episch.

hērōŭm, ī *n.* episches Gedicht; Heldensang.

Herrenbergĕnsĭs, ĕ in oder aus Herrenberg, einer Einöde im Wasgengau, Lothringen, Diöz. Metz.

Herstaplĭă, ae *f.* Herstappe, Stadt in Belgien, südlich von Tongern.

Herstellŭm, ī *n. s.* Heristallium.

Hĕrŭlī, ōrŭm *m.* (Hĕrŏli) die Heruler, Volksstamm in Pommern, später in Ungarn.

hĕrŭs, ī *m.* (erus) Herr, Gebieter; Hausvater.

Hesebon *indecl.* Stadt im Süden des Ostjordanlandes, gegenüber Jericho, St. der Amorrhiter u. des Königs Sehon, später Priesterst. im Stamme Gad oder Ruben; *j.*: Hesban *oder* Hüsban.

Heser *indecl.* (*hebr.* ?) Heser, St. Pal. (1. *Par.* 1).

Hesli *indecl. m.* (*hebr.*: Asli ?) Hesli, Ahnherr Christi.

Hesmonia *indecl.* (*hebr. Accusativform!*) *s.* Hassemon.

Hespĕrŭs, ī *m.* (Ἕσπερος) der Abendstern (stella Vĕnĕris), Venus.

Hesro *indecl. m.* (*hebr.* ?) (Hesrai) Hesro, Offizier Davids aus Karmel.

1. **Hesron** *indecl. m.* 1. Hesron, Israelit, Sohn des Ruben. 2. Sohn des Phares, Enkel des Juda; *dav.*: Hesronītae, ārŭm *m.*

2. **Hesron** *indecl.* (*hebr.*: Dorf ?) Hesron, St. Pal. (Juda).

Hesronītae, ārŭm *m. s.* Hesron 1 und 2.

hesternŭs 3 gestrig, von gestern.

hĕtaerĭă, ae *f.* (ἑταιρία) Verbrüderung, Verbindung.

Hetānŭs, ī *m.* Hetan, heidn. Herzog von Thüringen, Gemahl der hl. Bilhildis (8. Jhdt.).

hĕtĕrŏdŏxĭă, ae *f.* Heterodoxie; Irrglaube.
hĕtĕrŏdŏxŭs 3 (ἑτερόδοξος) andersgläubig; irrgläubig.
hĕtĕrŏgĕnĕŭs 3 andersgeartet, ungleichartig.
heth der 8. Buchstabe des hebr. Alphabets; acht, achtens.
Heth *indecl. m.* (*hebr.*?) Heth, Sohn des Kanaan, Stammvater der Hethiter oder Hettiter, *s.* Hetthaei (*Gen.* 23, 3).
Hethaeī, ōrŭm *m. s.* Hetthaei.
Hethaeŭs, ī *m.* der Hettiter, *s.* Hetthaei.
Hethalon *indecl.* (*hebr.*?) Hethlon, St. am Mittelmeere; *vielleicht*: das heutige H e i t e l a, zwei Stunden von der Mittelmeerküste zwischen Nahr el Jebir u. Nahr Akkar, *oder*: A d l u m, nördlich von der Mündung des Beontes.
Hetrūrĭă, ae *f. s.* Etruria.
Hetthaeī, ōrŭm *m.* (Hethaei, Hetthim) in den ägypt. Völkerlisten der 18. bis 20. Dynastie *ca.* von 1580 bis 1100 Kheta genannt; Hetthäer, Hettiter; sie nahmen damals die Stelle der Rutennu, der früheren Bewohner Syriens ein; in den assyrischen Inschriften heißen sie gleichzeitig Hatti. Von chamitischer Abstammung (*Gen.* 10, 16) breiteten sie sich zwischen Euphrat u. Orontes aus u. gründeten dort mehrere Staaten mit einem gemeinsamen Oberhaupte. Um 1480 v. Chr. waren sie an Ägypten tributpflichtig, ein Jahrhundert später bedrohen sie die phönikischen Küstenstädte u. Kanaan. Um 1280 v. Chr. mußte Pharao Ramses II. zugunsten der Hettiter auf die asiatischen Gebiete verzichten; Samgar, der Bedrücker Israels unter Barak u. Debora (*ca.* 1265—1245), ist wohl ein Hettiterkönig gewesen. Die Kultur der Hettiter war hochentwickelt; ihre Hieroglyphenschrift ist noch nicht völlig entziffert, doch hat der Orientalist Fr. Hrozny in Wien seit 1914 den Grund für die Erschließung dieser Sprache gelegt. König Sargon v. Assyrien (722—705) machte ihrem Reiche ein Ende.
Hetthim *hebr. pl. s.* Hetthaei.
Hettŭs, ī *m.* Hetto, Erzbischof von Trier, reg. 814—847.
heu (hei) *interj.* ha! ah!
Heuwaldŭs, ī *m. s.* Ewaldus, *bezw.* Ewaldī, ōrŭm *m.*
Hevă, ae *f.* (Eva) (*hebr.*: Chawa, die Lebenspendende, die Mutter) Eva, das erste, von Gott selbst geschaffene Weib.
Hevaeī, ōrŭm *m.* (*auch*: Hevi *indecl.*) 1. die Heviter, kanaanitischer Stamm in Palästina (4. *Kön.* 17, 31). 2. Awäer oder Awiter, Iwwiter.
Hevaeŭs, ī *m. s.* Hevaei.
Hevi *indecl. m.* Heviter, Nachkommen Kanaans; *s.* Hevaei.
Hevilă, ae *f.* (Hevilath) 1. ein Land, das vom Paradiesfluß Pischon durchflossen wurde. 2. ein Distrikt an der Westgrenze Syriens. 3. eine Landschaft im glücklichen Arabien.
hexăēmĕrŏn, ī *n.* (ἑξαήμερον) das Sechstagewerk = Erschaffung der Welt.
Hezechiel *indecl. m.* (*hebr.*: Stärke, Kraft Gottes) Hezechiel, jüdischer Priester, Haupt der 20. Priesterklasse.
Hezeci *indecl. m.* (*hebr.*: Kraft Jahwes) Hezeki, Israelit aus dem Stamme Benjamin, Sohn Elphaals.
Hezecia *indecl. m.* (*hebr.*: Stärke, Kraft Jahwes) Hezekia, jüdisches Volkshaupt nach dem Exil.
Hezecias, ae *m.* Hezekias, Jude, dessen Nachkommen mit Zorobabel aus dem Exil zurückkehrten.
Hezĕlō, ōnĭs *m.* Hezelo, Bisch. v. Straßburg (11. Jhdt.).
Hezion *indecl. m.* (*richtig zu lesen nach der Septuaginta*: Ῥαζιν oder Rezon; *keilschriftl.*: Rasunu), Rezon, Großvater des Königs Benadad I. v. Syrien (*ca.* 900—880).
Hezir *indecl. m.* (*hebr.*: Eber, Wildschwein) Hezir, jüdischer Priester, Oberhaupt der 17. Priesterklasse.
Hezzĕlīnŭs Henrīcŭs, ī *m.* Heinrich Hezelin, Bisch. v. Würzburg (10. Jhdt.)
hĭātŭs, ūs *m.* Kluft, Spalte.
Hībērĭă, ae *f.* Spanien.
hībernă, ōrŭm *n.* Winterquartier.
hībernăcŭlŭm, ī *n.* Wintergemach, Winterzelt; *pl.*: Zelte zum Winteraufenthalte; Winterlager, Winterquartiere.
hībernālĭs, ĕ (hybernalis) winterlich (*Sap.* 16, 29).
Hīberni, ōrŭm *m.* Irländer.
Hībernĭă, ae *f.* Irland.
hībernō 1 (hyberno) überwintern.
hībernŭs 3 (hybernus) winterlich.
1. **hīc, haec, hōc** und **hŏc** *pronomen demonstrativum* dieser, diese, dieses.
2. **hīc** u. **heic** *adv.* 1. hier, auf dieser Stelle. 2. jetzt, bei dieser Gelegenheit.
hīccĕ, hīccĭnĕ Verstärkung von hic 1.
Hidekel *indecl.* (*hebr.*: Palmental) Hidekel, Name des dritten Flusses im Paradiese; *in der griech. lat. Übersetzung*: Tigris genannt.
Hiel *indecl. m.* (*hebr.*: Gott ist Bruder) Hiel, ein Israelit, der gegen Gottes Verbot (*Jos.* 6, 1) unter König Achab Jericho als Festung wieder aufbaute. Dabei opferte er seinen ältesten Sohn bei Beginn des Baues wahrscheinlich durch Lebendigbegraben unter den Fundamenten, seinen jüngsten nach

Abschluß des Baues, beim Einsetzen der Tore (3. *Kön.* 16, 34).

hĭĕmālĭs, ĕ winterlich, stürmisch.

hĭĕmō 1 1. den Winter zubringen, überwintern (*Apg.* 28, 11). 2. stürmisch sein.

hĭems, ĕmĭs *f.* Winter, Kälte, Sturm.

Hĭĕrācĭēn. (*C. R.*) *s.* Hieracium.

Hĭĕrācĭŭm, ī *n.* 1. Gerace (Gerace Marina), St. am Jonischen Meere. 2. Gerace Superiore, St. am Abhange des Aspromonte) It. (Reggio di Calabria), *ca.* 12 000 Einw.; Bischofssitz (seit 11. Jhdt., früher Locri), Suffr. v. Reggio; *dav.*: **Hĭĕrācĭēnsĭs,** ĕ.

Hĭĕrāpŏlĭs, ĭs *f.* (Ἱεράπολις Heiligenstadt) Hierapolis, Stadt in Kleinasien (Phrygien), unweit des jetzigen Pambuk-Kalessi im Erzbistum Synnada; *dav.*: **Hĭĕrāpŏlītānŭs** 3.

hĭĕrarchĭă, ae *f.* (ἱεραρχία „heilige Herrschaft") Hierarchie, *d. i.*: die Rangordnung, nach welcher in der Kirche die einen Glieder den anderen (höheren) untergeordnet sind. Man unterscheidet hierarchia ordinis, die auf der Priesterweihe beruht und nach göttlichem Rechte Bischöfe, Priester und ministri (Diakonen) umfaßt u. hierarchia iurisdictionis auf Grund der Regierungsgewalt, die nach göttlichem Rechte aus dem Primate (der päpstlichen Vollgewalt) und dem diesem untergeordneten Episkopate besteht. Alle übrigen Rangstufen der beiden hierarchischen Ordnungen sind kirchlicher Einrichtung (*C. j. c.* 108, 2).

hĭĕrarchĭcŭs 3 (ἱεραρχικός) der geistlichen Rangordnung entsprechend, hierarchisch.

Hieremiă, ae *m.* Jeremias, *s. dens.*

hĭĕrŏdūlŭs, ī *m.* (ἱερόδουλος) Tempeldiener.

Hĭĕrōnўmĭānŭs 3 vom hl. Hieronymus, hieronymianisch.

Hĭĕrōnўmītă, ae *m.* Hieronymit, Mitglied einer seit dem 14. Jhdt. bestehenden kirchlichen Genossenschaft, die nach der Regel des hl. Augustinus lebt.

1. **S. Hĭĕrōnўmŭs,** ī *m.* (Ἱερώνυμος) hl. Hieronymus, Priester, einer der vier großen abendländischen Kirchenlehrer, † 419 zu Bethlehem, 30. Sept.

2. **S. Hĭĕrōnўmŭs,** ī *m.* hl. Hieronymus, Mart. von Gorkum, † 1572, 9. Juli.

S. Hĭĕrōnўmŭs Aemĭlĭānŭs, ī *m.* hl. Hieronymus Amiliani, Ordensstifter der Somasker, † 1537, 20. Juli.

B. Hĭĕrōnўmŭs de Angelis et B. Simon Jempo, sel. Hieronymus von den Engeln, Priester der Ges. Jes., und Simon Jempo, Aspirant der Ges. Jes., beide Mart. in Japan, † 1623, 4. Dez.

Hieronymus stammte aus Castrogiovanne, einer Stadt in der Mitte Siziliens. Schon in der Jugend trat er der Ges. Jesu bei, empfing zu Lissabon die hl. Weihen und wurde der Mission in Japan zugeteilt. Nach der Vertreibung der dortigen Missionäre blieb er insgeheim in Japan zurück und bereiste es unter unsäglichen Leiden und Todesgefahren nach allen Richtungen. Zehntausend Heiden taufte er innerhalb kurzer Zeit mit eigener Hand im damaligen Reiche Camo, unzählige verbannte Christen bestärkte er durch Predigt und hl. Sakramente im Glauben und verbreitete noch in vier entfernteren Reichen und benachbarten Kleinstaaten als erster den hl. Glauben. Er stand bereits im 65. Lebensjahre und im 22. seiner Missionstätigkeit, als er von einem Verräter angegeben wurde. Um die Gläubigen vor dem Schrecken der Verfolgung zu bewahren, wollte er sich lieber selbst dem Tode überliefern, als durch die Flucht entkommen. Obwohl auch die übrigen Christen die Trennung von P. Hieronymus hart empfanden, konnte Simon Jempo, sein beständiger Begleiter und unermüdlicher Helfer, nicht von ihm geschieden werden. Simon, der bereits die Anwartschaft zur Aufnahme in die Gesellschaft Jesu hatte, war aus dem Reiche Fingo. Von den 43 Jahren seines Lebens hatte er die ersten 16 in einem Bonzenkloster den falschen Göttern gedient. Nachdem er Christ geworden war, widmete er sich ganz und gar den Vätern der Gesellschaft Jesu und dem Heile seiner Landsleute. Beide wurden vor den Untersuchungsrichter geführt, der wohl die freimütigen und weisen Antworten des Hieronymus bewundern, aber nicht das geringste über diejenigen Personen erfahren konnte, die ihm Gastfreundschaft gewährt hatten. Darum wurden beide wieder ins Gefängnis zurückgeführt. Dort gelang es Simon in wenigen Tagen, vierzig Menschen für den Glauben zu gewinnen, während Hieronymus nur acht Heiden taufen konnte, weil sich nicht mehr in seinem Gefängnisse befanden. Inzwischen fällte der kaiserliche Prinz das Urteil, das auf Feuertod lautete. Am 4. Dezember 1623 wurde es vollstreckt. Als schon der Scheiterhaufen brannte, belehrte, ermahnte und ermunterte Hieronymus noch die umstehende Menge, bis die emporzüngelnden Flammen seine Stimme erstickten. Mit gleicher Standhaftigkeit vollendete auch Simon das Martyrium. Ihre Reliquien wurden von den Christen gesammelt, das Haupt des Hieronymus kam zuerst nach Macao, später nach Italien. — 4. Dezember (Ges. Jes.).

B. Hĭĕrōnўmŭs ā Recinētō, sel. Hieronymus von Recanati, Bek., Augustinerordensbruder († 1368).

Er stammte aus dem adeligen Geschlecht der Gerardulier zu Recanati bei Ancona. Er trat in den Augustinerorden und ist bekannt als Friedensstifter. So schlichtete er den Streit zwischen den Bewohnern von Fermo und Ascoli Piceno. Hierbei fuhr er auf seinem ausgebreiteten Mantel über den Fluß Tronto (Mark Ancona). Er starb zu Recanati und wurde unter einem Altar begraben, über dem später eine prächtige Kapelle erbaut wurde. Sein Fest wird in Recanati noch heute begangen. — 3. März (Aug. O.).

Hĭĕrōnўmŭs, ī *m.* (Ἱερώνυμος) Hieronymus, ein judenfeindlicher Beamter des syrischen Statthalters und Regenten Lysias (für König Antiochus V. Eupator, 164—162 v. Chr.).

Hĭĕrōnўmŭs Pragēnsĭs *m.* Hieronymus von Prag, Irrlehrer, Freund des Huß († 1416).

Hĭĕrŏsŏlўmă, ōrŭm *n.* (Ἱεροσόλυμα, Hierosolyma, ae, Jerosolyma, Solyma, Hierusalem, Jerusalem) Jerusalem,

Hauptst. v. Palästina, *ca.* 60 000 Einw., lateinisches Patriarchat. In der ältesten Zeit Salem genannt, *jetzt türkisch*: El Kuds (= die Heilige [Stadt]); *dav.*: **Hĭĕrŏsŏlȳmĭtānŭs** 3.

Hĭĕrŏsŏlȳmītae, ārŭm *m.* Einwohner v. Jerusalem.

Hĭĕrŏsŏlȳmĭtān. (*C. R.*) *s.* Hierosolyma.

Hĭĕrŏsŏlȳmĭtānī, ōrŭm *m.* Einw. v. Jerusalem.

Hĭĕrŏsŏlȳmĭtānŭs 3 aus Jerusalem; Equites ordinis Hierosolymitani Ritter vom Jerusalemsorden.

hĭĕrŏthēcă, ae *f.* (ἱεροθήκη) Aufbewahrungsort für hl. Reliquien; Heiligenschrein.

Hĭĕrŏthĕŭs, ī *m.* Hierotheus, christl. Schriftsteller um die Mitte des 4. Jhdts.

hĭlărēscō 3 heiter werden.

Hĭlărĭă, ae *f.* Hilaria, Mutter des hl. Pelagius.

S. Hĭlărĭă, ae *f.* et soc. hl. Hilaria u. ihre Gef., Mart. († um 290).

Sie war die Mutter der hl. Afra von Augsburg, welche vom Bischofe Narzissus zuerst bekehrt wurde. Sie bestattete den vom Feuer des Scheiterhaufens verschont gebliebenen Leichnam ihrer Tochter. Der heidnische Richter erfuhr dies und ließ Hilaria mitsamt ihren Gefährtinnen Digna, Eunomia und Eutropia hinrichten. — 12. August (Augsburg).

Hĭlărĭăcŭm coenŏbĭum, ī *n.* (Cella nova), Saint-Avold, Ort, Fkr. (Moselle); *ca.* 4000 Einw.

Hĭlărīnŭs, ī *m.* Hilarin, Mönch in Etrurien z. Zt. Julians des Abtrünnigen.

S. Hĭlărĭōn, ōnĭs *m.* hl. Hilarion, Abt, † 371, 21. Okt.

Hĭlărĭōn, ōnĭs *m.* Hilarion 1. ein Abt zu Rom im 6. Jhdt. 2. Statthalter in Afrika um 200.

hĭlărĭs, ĕ (hilărus) (ἱλαρός) heiter, fröhlich.

hĭlărĭtās, ātĭs *f.* Heiterkeit, Frohsinn.

S. Hĭlărĭŭs, ī *m.* hl. Hilarius 1. Papst H. I., reg. 461—468, 10. September. 2. Bisch. von Poitiers, Kirchenlehrer, † 366, 14. Januar. 3. Bischof v. Arles (Fkr.), Kirchenschriftsteller, † 449.

hĭlărō 1 aufheitern, fröhlich machen.

hĭlărŭs 3 (ἱλαρός) *s.* hilaris.

Hildĕbaldŭs, ī *m.* (Hildeboldus) Hildebald, Erzbischof von Köln im 9. Jhdt.

Hildĕbertŭs, ī *m.* Hildebert, Vater der hl. Hildegard.

Hildĕboldŭs, ī *m. s.* Hildebaldus.

Hildĕbrandŭs, ī *m.* Hildebrand, früherer Name des hl. Papstes Gregor VII.

S. Hildĕgardĭs, ĭs *f.* hl. Hildegard, Jgfr. († 1197).

Der Vater Hildegards hieß Hildebert und lebte als Soldat in der Feste Böckelheim; ihre Mutter war Mechtild. Schon im Alter von drei Jahren zeigte Hildegard übernatürliche Einwirkungen. Im Alter von acht Jahren wurde das Kind den Benediktinerinnen auf Disibodenberg (in der bayerischen Pfalz) zur Erziehung übergeben und dort insbesondere von Jutta, der Schwester des Grafen Meginhard von Sponheim, unterrichtet. Nachdem Hildegard eben die Ordensgelübde abgelegt hatte, befiel sie ein fortwährendes schmerzliches Kranksein. Nachdem sie als Juttas Nachfolgerin zur Priorin des Klosters erwählt worden war, verlegte sie die Gemeinschaft infolge einer göttlichen Einsprechung auf den St. Rupertsberg bei Bingen. Als Hildegard ungefähr 40 Jahre alt war, umhüllte sie eines Tages ein himmlisches Feuer, und sie erhielt dabei die Gabe, die hl. Schrift auslegen zu können. Die ihr zuteil gewordenen Gesichte mußte sie durch Gottes Fügung niederschreiben. Die schwierigsten Fragen löste sie mit Leichtigkeit; in der Erziehung der Nonnen sowie in der Bekehrung der Sünder hatte sie unerwartete Erfolge. „Niemand sprach sie jemals an, der nicht mit dem Vorsatze der Lebensbesserung sie verlassen hätte", sagt die Chronik von ihr. Auf Befehl Papst Eugens III. gab sie ihr erstes Werk heraus. Nunmehr kamen Bischöfe, Könige, Kaiser und viele andere zu ihr, um ihren Rat einzuholen. Die Irrlehre der Katharer und Berengars Irrtum wußte sie aufs trefflichste zu widerlegen. Sie unternahm im Interesse der Nächstenliebe trotz hohen Alters beschwerliche Reisen. Viele schöne Lieder sowie Erklärungen des Evangeliums sind ihr zu danken. Sie starb im 80. Lebensjahre an dem von ihr vorausgesagten Tage i. J. 1179. Man nannte sie das „gewaltige Orakel Deutschlands, ja der Kirche". — 13. September (Mainz) und 17. September (Limburg, Speyer, Trier).

Hildĕgardĭs, ĭs *f.* Hildegard, alemannische Herzogstochter, Gemahlin Kaiser Karls des Großen (8. Jhdt.).

Hildĕrīcŭs, ī *m.* Hilderich, vorletzter König der Vandalen (523—530).

Hildesheimēn. (*C. R.*) *s.* Hildesia.

Hildeshēmĭŭm, ī *n. s.* Hildesia.

Hildesĭă, ae *f.* (Hildesima civitas, Hildesium, Hildeshemium) Hildesheim, St., Preußen (Hannover), *ca.* 45 000 Einw.; Bischofssitz, exempt.; *dav.*: **Hildesĭēnsĭs,** ĕ; Hildesimensis, e; Hildesinus 3; Hildesheimensis, e.

S. Hildulphŭs, ī *m.* hl. Hildulph, Bisch. u. Bek. († 704).

H. stammte aus Bayern, richtig wohl aus Irland (Schottland), wurde in Regensburg im Kloster St. Emmeram mit seinem Bruder Erhard, dem späteren hl. Bischof von Regensburg, in der Heiligkeit des Lebens und in der Wissenschaft unterrichtet und erreichte solch hohe Kenntnisse und Tugenden, daß ihm die Bischofswürde von Trier übertragen wurde. Dabei war seine Demut so groß, daß er allein sich für unwürdig hielt, Bischof zu werden, während alle übrigen ihn als den würdigsten bezeichneten. Als Bischof führte er die Mönche des hl. Maximinus wieder zur strengen Regel zurück, erbaute das Kloster teilweise neu und stattete es mit Einkünften aus. Seinem Herzenswunsche folgend, Gott in der Einsamkeit zu dienen, entsagte er der bischöfl. Stellung und zog sich mit mehreren Mönchen in den Wasgenwald (Vogesen) in der Diözese Toul zurück. In dieser Einsamkeit erbaute er ein Kloster nebst Herberge für Kranke und Pilger. Er wurde des Verkehrs mit Engeln gewürdigt und heilte viele Kranke und Besessene. In Gegenwart seines bischöfl. Bruders Erhard von Regensburg gab er durch die hl. Taufe der blindgeborenen heidnischen Tochter Odilia des Herzogs Ettiko vom Elsaß das Augenlicht. Nach dem Tode des Abtes und Bischofs Deodat leitete er auch noch dessen Kloster und starb, nachdem er 36 Jahre in der Einsamkeit gelebt hatte. — 11. Juli (Trier).

Hillīnŭs, ī *m.* Hillin, 1. Bischof von Augsburg 10. Jhdt.). 2. (*auch*:

Hiltinus) Bischof von Trier (reg. 1159—1169).

Hiltĕpoldŭs, ī *m.* Hiltepold, Diakon, Begleiter des hl. Abtes Gallikus (7. Jhdt.).

Hiltĭgardĭs, ĭs *f.* Hiltigard, Mutter des hl. Albuin (10. Jhdt.).

Hiltīnŭs, ī *m. s.* Hillinus 2.

hīlŭm, ī *n.* 1. Fäserchen, Härchen. 2. *übtr.*: etwas Geringes; non hilum: nicht das Geringste.

S. Hīmĕrĭŭs, ī *m.* hl. Himerius, Bek. († 612).

Er hieß auch Imerius und wurde beim Orte Lugne unweit Pruntrut (Porrentruy im Schweizer Kanton Basel) geboren. Mit seinem Diener Albert zog er sich in die Einsamkeit nach Susingen (in der Diözese Lausanne) zurück, die nach ihm als das Tal des hl. Himerius bezeichnet wurde. Später unternahm er eine Wallfahrt nach Jerusalem, auf der er mehrere Ungläubige bekehrte. Vergebens hoffte er, die Krone des Martyriums zu erlangen. Nach der Rückkehr errichtete er unten am Berge Chasseral eine Kirche zu Ehren des hl. Martin. In derselben überraschte ihn beim Beten der Psalmen der Tod im Jahre 612. Auf Betreiben der Königin Berta wurde jene Kirche zur Stiftskirche erhoben, die bis zum Jahre 1530 bestand. Da wurden die Gebeine des Heiligen nach Vertreibung der Stifsherren von den Kalvinisten verbrannt. — 12. November (Basel).

Hīmĕrĭŭs, ī *m.* Himerius, Bisch. v. Tarragona (Spanien) (4. Jhdt.).

Himmĕrōdēnsĕ mŏnastĕrĭŭm, ī *n. s.* Himmerodium.

Himmĕrōdĭŭm, ī *n.* (Himmerodense monasterium) Himmerod, Cistercienserabtei in der südlichen Eifel, Preußen (Rheinprov.), Diöz. Trier; *dav.*: **Himmerō d(ĭ)ēnsĭs,** ĕ.

hinc *adv.* 1. von hier, von da, auf dieser Seite. 2. hierauf. 3. daher; **hincinde** nach *oder* von beiden Seiten.

hinnĭō 4 1. wiehern. 2. jubeln.

hinnītŭs, ūs *m.* 1. das Wiehern. 2. Aufjubeln.

hinnŭlĕŭs, ī *m.* junger Hirsch, Hirschkalb.

hinnŭlŭs, ī *m.* junges Maultier.

hĭō 1 1. klaffen, offen stehen. 2. gierig, heftig verlangen; nach etwas schnappen.

Hippō, ōnĭs *m.* 1. Hippo regius (Ἱππών [Ἵππων] ὁ βασιλικός) (königliches) Hippo, ehem. Hafenst. in Nordafrika, Numidien, jetzt Ruinen bei Bôna im östl. Algier; ehem. Bischofssitz (hl. Augustinus!); der Bistumstitel seit 1867 vereint mit Constantine. 2. Hippo Diarrhytus, Ἱππων διάρρυτος, ehem. Stadt bei Utica, Nordafrika, *j.*: Bizerta (Ben Zert); *dav.*: **Hippōnēnsĭs,** ĕ. 3. Yepes, St. am oberen Tajo, südlich v. Toledo, Spanien.

hippŏdrŏmŭs, ī *m.* (ἱππόδρομος) Rennbahn.

S. Hippŏlŷtī (*C. R.*) *s.* 3. S. Hippolytus.

S. Hippŏlŷtī fānŭm *s.* 3. S. Hippolytus.

1. **Ss. Hippŏlŷtŭs,** ī et soc. hl. Hippolyt u. Gefährten, Mart. († 258).

H. war Präfekt in Rom und hielt den hl. Laurentius im Kerker gefangen, wurde aber durch dessen Predigt und Wunder mit 19 Angehörigen bekehrt und getauft. Mit Hilfe des Priesters Justin begrub er den Leib des hl. Laurentius an der Tiburtinischen Straße. Dann schenkte er allen seinen Sklaven die Freiheit. Als er eben die hl. Eucharistie empfing, wurde er im Hause gefangen genommen und vor den Kaiser Valerian geführt, vor dem er standhaft seinen Glauben bekannte. Da weder Rutenstreiche noch Versprechungen von Geschenken und Ehrenstellen ihn zum Abfall bewegen konnten, wurde er zum Tode verurteilt und zugleich mit ihm alle seine Hausgenossen. Während letztere an der Porta Tiburtina gemartert wurden, wurde Hippolytus von wilden Pferden über Distel- und dornenreiche Orte geschleift, bis er seinen Geist aufgab. Sein Leib wurde mit den Martyrerleibern der Hausgenossen auf dem Veranischen Felde vom Priester Justin begraben. — 13. August (Köln, St. Pölten).

2. **S. Hippŏlŷtŭs,** ī *m.* hl. Hippolyt, Mart. † 255, 22. Aug.

3. **S. Hippŏlŷtŭs,** ī *f.* (Sampolitanum) St. Pölten, St. l. am Traisenflusse, Niederösterreich, *ca.* 15000 Einw.; Bischofssitz (früher zu Passau gehörig), Suffr. v. Wien.

Hippŏlŷtŭs, ī *m.* Hippolyt, röm. Priester u. Genosse des hl. Papstes Pontianus (230—235).

Hir *indecl. m.* Hir, Israelit, Sohn des Kaleb aus dem Stamme Juda.

Hira *indecl. m.* Hira, ein Offizier Davids, Sohn des Akkes aus Thekua.

1. **Hiram** *indecl. m.* Hiram, ein Fürst in Edom.

2. **Hiram** *indecl. m.* (*assyr.*: Chirumu, Flavius Josephus: Εἴρωμος) Hiram, König von Tyrus (von 980 bis 946), stellte dem Könige Salomon Leute zum Tempelbau in Jerusalem zur Verfügung.

3. **Hiram** *indecl. m.* Hiram, ein Künstler, den König Hiram v. Tyrus nach Jerusalem zum Tempelbau sandte.

Hiras *indecl. m.* Hiras, ein Schafhirte u. Freund des Juda, des Sohnes Jakobs.

Hircānŭs, ī *m.* Hirkan, sonst nicht bekannter vornehmer Jude z. Z. Seleukus' IV.

hīrcīnŭs 3 vom Bocke, bocksledern, Bocks-.

hīrcŭs, ī *m.* Ziegenbock.

hīrpex, ĭcĭs *f.* Egge.

Hīrpīni, ōrūm *m.* (Irpini) Hirpiner, ehem. Volksstamm in den Apenninen, im südlichsten Teile von Sammium zwischen Kampanien u. Apulien.

Hirsaugĭă, ae *f.* (Hirsaugiense monasterium, Hirschavia, Aurelii monasterium) Hirsau, Dorf und ehem. Benediktinerabtei im Oberamt Calw im Schwarzwalde, Württemberg, gegr. 1059, in höchster Blüte unter Abt Wilhelm (1069—91), das Cluny für Deutschland, zerstört 1692.

Hirsemes *indecl.* (Sonnenstadt) Hirsemes, St., Pal. (Dan).
hirsūtŭs 3 (hirtus) 1. struppig, rauh: pellis. 2. roh, ungebildet.
Hĭrtăcŭs, ī *m.* Hirtakus 1. ein König von Äthiopien. 2. ein heidnischer Lagerkommandant im Heere des röm. Kaisers Maximinian (285—305).
hĭrtŭs 3 *s.* hirsutus.
hĭrūdō, ĭnĭs *f.* 1. Blutegel. 2. *übtr.*: Aussauger.
hĭrundō, ĭnĭs *f.* Schwalbe.
Hirutfeld *indecl.* Herzfeld, D., Preußen (Rheinprov.).
Hispahānĕn. (*C. R.*) *s.* Hispahanum.
Hispahānŭm, ī *n.* Ispahan, St., Persien, *ca.* 70 000 Einw.; lat. Bischofssitz, exempt; *dav.*: **Hispahānēnsĭs,** ĕ.
Hispălă, ae *f.* *s.* Hispălis.
Hispălĕn. (*C. R.*) *s.* Hispălis.
Hispălĭs, ĭs *f.* u. Hispăl, ĭs, *n.* (Hispala, Hispalum, Sibilia) Sevilla, St. am Guadalquivir, Spanien (Andalusien), *ca.* 150 000 Einw.; Erzbischofssitz (seit 480, Bistum seit dem 3. oder 4. Jhdt., von 1145—1248 durch die Maurenherrschaft unterdrückt); *dav.*: **Hispălēnsĭs,** ĕ.
Hispānĭă, ae *f.* Spanien; zur Römerzeit geteilt in den nordwestlichen Teil: **H. citerior** oder **Tarraconensis** u. den südöstlichen Teil: **H. ulterior** oder **Baetica,** Andalusien umfassend; *dav.*: **Hispānĭēnsĭs,** ĕ.
Hispānĭă Astūrĭcēnsĭs *f.* das Gebiet von Astorga in Spanien.
Hispānĭă Baetĭcă, ae *f.* *s.* Hispania.
Hispānĭă Tarraconensis *f.* *s.* Hispania.
Hispānĭēnsĭs, ĕ spanisch, mit Spanien zufällig zusammenhängend.
Hispānĭcŭs 3 (Hispanus) spanisch, aus Spanien stammend. zu Spanien gehörig.
1. **Hispānŭs** 3 *s.* Hispanicus.
2. **Hispānŭs,** ī *m.* Spanier.
hīspĭdŭs 3 borstig, struppig, rauh (*Gen.* 25, 25).
Histaldŭs, ī *m.* Histald, Sohn des hl. Königs u. Mart. Sigismund von Burgund (6. Jhdt.).
Histĕr, trī *m.* (Ἴστρος) die Donau in ihrem unteren Laufe zwischen Pannonien u. Mösien.
Histōnĭŭm, ī *n.* Quasto d'Amone, St. It.
histŏrĭă, ae *f.* (ἱστορία) 1. Kunde, Kenntnis, Erzählung. 2. Geschichte, Geschichtsforschung; *pl.* Geschichtswerk, -bücher.
histŏrĭālĭs, ĕ geschichtlich.
1. **histŏrĭcŭs** 3 geschichtlich.
2. **histŏrĭcŭs,** ī *m.* Geschichtsschreiber, *bes.* Evangelist.
histŏrĭŏgrăphŭs, ī *m.* Geschichtsschreiber.
histrĭō, ōnĭs *m.* Schauspieler, Marktschreier.
histrĭōnĭă, ae *f.* Schauspielerkunst.
Hittō, ōnĭs *m.* Hitto, 1. ein Bischof von Freising. 2. Bruder der hl. Wiborada, *s. dort.*
hĭulcŭs 3 klaffend.
Hobă, ae *f.* Hoba, früher St., *j.*: Dorf, nördlich von Damaskus.
Hobab *indecl. m.* (Geliebter, Befreundeter?) (Hocob) Hobab, Sohn (oder Enkel?) des Madianiters Raguel, Bruder (oder Onkel?) der Sephora, der Frau des Moses, Stammvater der Keniter (Cinäer) oder Rechabiten.
Hobartonĕn. (*C. R.*) *s.* Hobartopolis.
Hobartopŏlĭs, ĭs *f.* Hobart-Town, Hauptstadt von Tasmanien, Insel südöstlich von Australien, *ca.* 25 000 Einw.; Erzbischofssitz (seit 1888. Bistum v. 1842—88); *dav.*: **Hobartonēnsĭs,** ĕ.
Hobia *indecl. m.* (*hebr.*: Jahwe schützt = Habia) Hobia, ein Jude, der seine Urkunde als Priester nicht vorlegen konnte und deshalb vom Priestertume ausgeschlossen wurde.
Hochhēmĭŭm, ī *n.* Hochheim, D. am Main, (Landkreis Wiesbaden) *ca.* 3500 Einw.
Hocob *indecl. m.* *s.* Hobab.
Hod *indecl. m.* (*hebr.*: Glanz?) Hod, Nachkomme des Aser, Sohn des Supha.
Hodes *indecl. f.* (*hebr.*: Neumond) Hodes, Israelitin, Weib des Saharaim aus dem Stamme Benjamin.
hŏdĭē *adv.* 1. heute, noch heute. 2. heutzutage, in unseren Tagen.
hŏdĭēdŭm *adv.* noch heute.
hŏdĭēquĕ, noch heute; und heute.
hŏdĭernŭs 3 heutig.
Hodingă, ae *f.* *s.* Ottinga.
Hodingānŭs 3 *s.* Ottinga.
hŏdoepŏrĭcŏn, ī *n.* (ὁδοιπορικόν *sc.*: σύγγραμμα) Reisebeschreibung.
Hodsi *indecl.* (*richtig*: 2. *Kön.* 24, 26) Kades oder Kedesch im Stamme Nephthali, westlich vom Maromsee; oder nach Graetz-Buhl zu lesen: „Das Land unterhalb des Hermon."
hoedŭs, ī *m.* *s.* haedus.
Hofă, ae *f.* Stadtamhof, St. an der Donau gegenüber Regensburg, Bayern (Oberpfalz), *ca.* 4500 Einw.
Hofbauer *indecl. m.* (Hoffbauer) *s.* S. Clemens Maria Hofbauer.
Hogĭŭm, ī *n.* *s.* Hoium.
Hohenaugēnsĭs īnsŭlă, ae *f.* *s.* Hohenaugia.
Hohenaugĭă, ae *f.* (Hohenaugensis insula) Hohenau, ehem. Kloster, Elsaß (Straßburg).

Hohenburg *indecl.* Hohenburg 1. Marktflecken, südl. von Amberg, Bayern (Oberpfalz). 2. Ort bei Wingen, im Unterelsaß; *dav.*: **Hohenburgēnsĭs,** ĕ.
Hohenwart *indecl.* Hohenwart, Marktflecken bei Schrobenhausen, Bayern (Schwaben), *ca.* 1000 Einw.
Hoiă īnsŭlă, ae *f.* Isle-de-Dieu, Fkr. (Vendée).
Hoiŭm, ī *n.* (Hogum) Huy, St. Belgien (Lüttich), an der Maas; *ca.* 15000 Einw.
Holdă, ae *f.* (*hebr.*: Maulwurf?) (Hulda) Holda, eine Prophetin z. Z. des Königs Josias, die zur Wiederauffindung des Gesetzbuches verhalf (4. *Kön.* 22, 14).
Holdai *indecl. m.* (*hebr.*?) Holdai, Jude, Gesandter der Juden in Babylon nach Jerusalem mit Weihegeschenken (*Zach.* 6, 10).
Hollandĭă, ae *f.* (Hollandria) Holland.
Hollandĭcŭs 3 holländisch.
Hollandrĭă, ae *f. s.* Hollandia.
Holleschōvĭŭm, ī *n.* (Holloschovium) Holleschau, Stadt im östlichen Mähren.
Holloschōvĭŭm, ī *n. s.* Holleschovium.
hŏlŏcaustŭm, ī *n.* (holocautōma, holocaustoma; *ὁλόκαυστον von ὅλος* ganz *u. καίω* brennen) ein Opfer, das ganz verbrannt wird, ein Brandopfer.
hŏlŏcaustōmă, ătĭs *n.* (*ὁλοκαύστωμα*) *s.* holocaustum.
hŏlŏcautōmă, ătĭs *n.* (*ὁλοκαύτωμα*) *s.* holocaustum.
Holofernēs, ĭs *m.* Holofernes, Feldherr Assurbanipals. Seine Belagerung der Festung Bethulia (Bet-Olija) fällt etwa in das Jahr 649 v. Chr.
hŏlŏgrăphŭs 3 eigenhändig ganz geschrieben.
Holon *indecl.* (*hebr.*?) *s.* Helon.
hŏlŏsērĭcŭm, ī *n.* (*ὁλοσηρικόν*) die echte Seide, Ganzseide.
hŏlŏsērĭcŭs 3 ganz seiden.
Holsătĭă, ae *f.* Holstein, Landschaft auf der Halbinsel Jütland, deren nördlicher Teil zu Dänemark, deren südlicher Teil zu Deutschland gehört.
homagĭŭm, ī *n.* Huldigung; Lehenseid.
Homan *indecl.* (*hebr.*?) *s.* Heman.
Homĕrītae, ārŭm *m.* Homeriten (Himjariten, auch Sabäer genannt), Völkerschaft im Lande Yemen, im südwestl. Arabien.
hŏmĭcīdă, ae *m.* u. *f.* Mörder, Mörderin.
hŏmĭcīdālĭs, ĕ mörderisch.
hŏmĭcīdĭŭm, ī *n.* Mord.
hŏmĭlētĭcŭs 3 homiletisch.
hŏmĭlĭă, ae *f.* (*ὁμιλία*) (*auch*: homilīa!) Predigt, Lehrvortrag, Homilie.
hŏmĭl(ĭ)ārĭŭm, ī *n.* Predigtsammlung.
hŏmō, ĭnĭs *m.* 1. Mensch; irgendeiner: non redimet hŏmo (*Ps.* 48, 8); hŏmo păcis Freund; *pl.*: Menschen, Leute, alle, jedermann: homo et homo natus est in ea alle sind in ihr geboren (*Ps.* 86, 5). 2. Einwohner. 3. Mensch als schwaches, sündhaftes Wesen.
Hŏmōnă, ae *f.* Homonna, Ort in Nordungarn (Komitat Zemplin).
hŏmŏūsĭŏs 3 (*ὁμοούσιος*) wesensgleich; Homousii oppositione durch die Aufstellung der Formel: Homousios *d. i.* wesensgleich (mit dem Vater).
hŏmuncŭlŭs, ī *m.* Menschlein, armer, schwacher Mensch.
Hon *indecl. m.* Hon, ein Israelit aus dem Stamme Ruben, der sich gegen Moses empörte.
Honarēnsĭs, ĕ aus Honar (China): provincia.
Honaugĭă, ae *f.* Honau, die Rheininsel gegenüber Straßburg, *dav.*: Hŏnaugĭēnsĭs, e.
Honaugĭēnsĕ mŏnastērĭŭm, ī *n.* Abtei (Kloster) Honau auf der gleichnamigen Rheininsel gegenüber Straßburg.
hŏnestās, ātĭs *f.* 1. Ehre, Ansehen. 2. Wert einer Sache, Reichtum. 3. Ehrbarkeit, Anstand. 4. edle Gesinnung, Tugend.
hŏnestāmentŭm, ī *n.* Schmuck; Anstand.
hŏnestō 1 1. ehren, auszeichnen. 2. bereichern (*Sap.* 10, 10).
hŏnestŭs 3 1. angesehen, geehrt. 2. vornehm, reich. 3. ehrbar, ehrenhaft.
hŏnŏr, ōrĭs *m.* (honos) 1. Ehre, Ehrenbezeigung. 2. Ehrenstelle, Ehrenamt. 3. Lobeserhebung, Loblied. 4. Ehrengabe.
hŏnōrābĭlĭs, ĕ 1. ehrenvoll. 2. ehrenhaft, ehrbar, anständig.
hŏnōrārĕ, ĭs *n.* Honorar, ausbedungener Lohn, Sold.
hŏnōrārĭŭm, ī *n.* Ehrengeschenk.
hŏnōrārĭŭs 3 vornehm.
hŏnōrātŭs 3 angesehen, in Ehren stehend.
Hŏnōrātŭs, ī *m.* Honoratus, Bischof von Vercelli im 4. Jhdt.
hŏnōrĭfĭcentĭă, ae *f.* 1. Ehre, Würde. 2. Ehrenerweisung.
hŏnōrĭfĭcō 1 ehren, Ehren erweisen.
hŏnōrĭfĭcŭs 3 ehrenvoll; privilegia honorifica Ehrenvorrechte.
Hŏnōrĭŭs, ī *m.* 1. Päpste a) **H. I.,** reg. 625 bis 638. b) **H. II.,** reg. 1124—1130. c) **H. III.,** reg. 1216—1227. d) **H. IV.,** 1258—1287. 2. ein Kaiser des weström. Reiches (395—423).
hŏnōrō 1 1. ehren, belohnen, beschenken. 2. verherrlichen.
hŏnōrŭs 3 ehrenvoll.
hŏnōs, ōrĭs *m. s.* honor.
Hoppha *indecl. m.* (*hebr.*) Hoppha, Name der dreizehnten israelitischen (jüdischen) Priesterklasse.

Hor *indecl.* (*hebr.*: Berg) Hor, ein Berg südwestlich vom Toten Meer an der Grenze von Palästina und Idumäa; von runder Gestalt und steil emporragend ist er nur mittels eingehauener Stufen besteigbar; jetzt trägt er auf dem Gipfel eine muhamedanische Kapelle als Grabmal des Moses. Nach der hl. Schrift starb aber auf Hor: Aaron.

hōră, ae *f.* (ὥρα) 1. Stunde; *pl.*: horae, arum *f.* die „Stunden", die Horen, *bes.* die „kleinen Horen" als Teil des täglichen Breviergebetes: Prim, Terz, Sext, Non. 2. Zeitabschnitt; *pl.*: Uhr.

Horam *indecl. m.* (*hebr.?*) Horam, ein König von Gazer (Gezer) in Palästina z. Z. des Josua.

hōrārĭŭm, ī *n.* Uhr.

hordĕācĕŭs 3 aus Gerste; panis h. Gerstenbrot.

hordĕŭm, ī *n.* Gerste.

Horeb *indecl.* (*hebr.*: Wüstenberg?) Horeb, der mittlere Höhenzug des Sinaigebirgsstockes; er ist durchschnittlich 2000 m hoch; die Nordspitze dieses Höhenzuges Ras-es-Safsâf (2114 m), der Horeb im engeren Sinne, war der Schauplatz der Verkündung der Zehngebote vor dem im Wadi-er-Raha versammelten Volke. Die Südspitze Dschebel Mûsa (2244 m), der Sinai im engeren Sinne, war der Schauplatz der Unterredung des Moses mit Gott, daher auch Dschebel el-Munâdscha „Berg der Unterredung" genannt.

Horem *indecl.* (*hebr.?*) Horem, St. Pal. (Nephthali).

Hori *indecl.* (*hebr.*: Höhlenbewohner) Horiter, Höhlenbewohner, die Ureinwohner im Gebirge Seïr, südöstlich von Palästina.

hŏrīzōn, ontĭs *m.* (ὁρίζων = begrenzend) Gesichtskreis.

Horma *indecl.* (*hebr.* Bann) 1. Horma, St. Pal. (Juda-Simon; *Jos.* 19, 1). 2. Rama, St. südöstl. von Tyrus, Pal. (Aser; *Jos.* 19, 29).

S. Hormisdās, ae *m.* 1. hl. Papst Hormisdas (514—523), 14. Aug. 2. einer der „Trierischen Martyrer", † 286, 5. Okt., *s.* S. Palmatius.

Hornbăcēnsĭs, ĕ aus Hornbach, südlich von Zweibrücken in der Pfalz.

hōrŏlŏgĭŭm, ī *n.* (ὡρολόγιον) Sonnen- oder Wasseruhr.

Horonītēs, ae *m. Schreibfehler für*: Samarites, der Samariter (2. *Esdr.* 2, 19).

Horraeī, ōrŭm *m.* Horiter, Höhlenbewohner.

Horrĕă, ae *f.* (Horrea, orum *n.*, Horreense monasterium, Horreensis villa, Horreum, Orgium) Ören, ehem. der Gottesmutter geweihtes Benediktinerkloster zu Trier, gegründet i. J. 839, benannt nach den „horrea regia", den „königlichen Zehentstädeln"; jetzt ist Ören ein Stadtteil von Trier an der Mosel, Preußen (Rheinprov.).

Horrĕă, ōrŭm *n. s.* Horrea, ae *f.*

Horrĕēnsĕ mŏnastērĭŭm, ī *n. s.* Horrea, ae *f.*

Horrĕēnsĭs villă, ae *f. s.* Horrea, ae *f.*

horrendŭs 3 schrecklich, entsetzlich.

horrentĭă, ae *f.* das Schaudern.

horrĕō, ŭī 2 1. starren, vor Furcht schaudern, sich entsetzen. 2. schrecklich aussehen.

horrēscō, horrŭī 3 erschauern.

horrĕŭm, ī *n.* Scheune, Speicher.

Horrĕŭm, ī *n. s.* Horrea, ae.

horrĭbĭlĭs, ĕ entsetzlich, schrecklich.

horrĭdŭs 3 1. schrecklich, schaurig. 2. ungebildet, wild. 3. einfach, schmucklos.

horrĭfĕr, fĕră, fĕrŭm Schauder erregend; schreckensvoll.

horrĭfĭcō 1 Schrecken einflößen, erregen.

horrĭpĭlātĭō, ōnĭs *f.* das Haarsträuben (*Ecclus* 27, 15).

horrĭsŏnŭs 3 schrecklich tönend *oder* rauschend.

horrŏr, ōrĭs *m.* 1. Schauder, Grausen, Entsetzen. 2. Scheu, Ehrfurcht.

Hortă, ae *f.* Huerta, St. mit ehem. Cistercienserkloster, Spanien, Diöz. Siguenza.

Hortān. (*C. R.*) *s.* Ortanum.

hortāmĕn, ĭnĭs *n.* Aufmunterung, Ermahnung.

hortāmentŭm, ī *n.* Aufmunterung, Ermahnung.

hortātĭō, ōnĭs *f.* Ermahnung.

hortātŏr, ōrĭs *m.* Aufmunterer, Tröster.

hortātrīx, īcĭs *f.* Trösterin.

hortātŭs, ūs *m.* Aufmunterung.

hortŏr 1 1. ermuntern, antreiben, ermahnen. 2. ermutigen; *auch pass. gebraucht z. B.* im Rituale Romanum: „hortetur adscriptus ut regulas observet".

hortŭlānŭs, ī *m.* Gärtner.

hortŭlŭs, ī *m.* kleiner Garten.

hortŭs, ī *m.* (χόρτος) Garten, Lustgarten, *pl.*: Park.

Hortŭs B. Mărĭae *m.* Poblett, ehem. Cistercienserkloster, Spanien, Diöz. Tarragona.

1. **Hosa** *indecl.* (*hebr.*) Hosa, St. südöstl. v. Tyrus, Pal. (Aser).

2. **Hosa** *indecl. m.* (*hebr.* Chuscha?) Hosa, Israeliten 1. Sohn des Ezer. 2. ein Türhüter Davids.

hosănna u. **hosiánnah** *indecl.* (*hebr.*: hilf doch!) *liturgische Formel*; *sie dient als Jubelruf*: Heil! Vivat!

hosianna *indecl. s.* hosanna.

Hosiel *indecl. m.* (*hebr.*: Gott hat ausersehen) Hosiel, Levit aus der Linie Gersom.

hospēs, ĭtĭs *m.* 1. Gastfreund. 2. Fremdling, Fremder.

hospĭtă, ae *f.* 1. Gastfreundin, Wirtin. 2. Fremde.

hospĭtālĕ, ĭs *n.* Krankenhaus, Hospital.

1. **hospĭtālĭs,** ĕ gastfreundlich; domus hospitalis Hospiz, Haus zur Ausübung der Gastfreundschaft und der Werke der Nächstenliebe durch Aufnahme, Herberge, Speisung, Pflege (*C. j. c.* 1356).

2. **hospĭtālĭs,** ĭs *m.* Gast.

3. **hospĭtālĭs,** ĭs *f.* (*scil.*: domus) Gasthaus, Krankenhaus (*vgl.*: 1. hospitalis).

hospĭtālĭtās, ātĭs *f.* Gastfreundlichkeit, Nächstenliebe, Barmherzigkeit; Fratres hospitalitatis: Genossenschaft der Barmherzigen Brüder.

hospĭtĭŏlŭm, ī *n.* kleines Hospiz.

hospĭtĭŭm, ī *n.* 1. gastliche Aufnahme, Bewirtung. 2. Gastzimmer, Gastzelle; Herberge, Hospital. 3. Ruhestätte, Aufenthalt; h. corpusculi Grabstätte, h. ventris Mutterschoß.

Hospĭtĭŭm dŭcālĕ Mŏnăcēnsĕ *n.* Herzogsspital in München (mit der Herzogsspitalkirche).

hospĭtŏr 1 als Gast einkehren, als Gast sich aufhalten.

hospĭtŭs 3 1. fremd. 2. gastfreundlich, gastlich.

Hozai (*kein Name!*) *hebr. richtig zu lesen*: in der Geschichte der Seher (2. *Par.* 33, 19).

hostĭă, ae *f.* 1. Opfertier, Schlachtopfer. 2. Opfer, exhibere darbringen. 3. *bes.* das (ungesäuerte) Brot, das bei der hl. Messe verwandelt wird, die Hostie.

hostĭārĭă, ae *f.* Hostienbüchse, Hostiendose.

hostĭcŭm, ī *n.* Feindesland.

hostĭcŭs 3 dem Feinde gehörig, feindlich; fremd.

hostĭfĭcŭs 3 feindlich.

hostīlĭs, ĕ feindlich, feindselig.

hostīlĭtās, atĭs *f.* Feindseligkeit, Feindschaft.

hostĭs, ĭs *m.* u. *f.* Feind, Feindin.

Hotham *indecl. m.* (*hebr.*: Regel) Hotham 1. Israelit, Nachkomme Asers. 2. Vater des Samma u. Jehiel, zweier Offiziere Davids.

Hovestadĭŭm, ī *n.* Hovestadt, Ort an der Lippe (Westfalen).

Hoxarĭă, ae *f.* (Huxaria) Höxter, St. Preußen (Westfalen).

Hradiscă, ae *f.* (Gradiscensis civitas) Ungarisch Hradisch, St., Mähren.

B. Hróznātă, ae *m.* sel. Hroznata, Prämonstratenserlaienbruder, Mart. († 1217).

Er wurde um das Jahr 1160 in Böhmen geboren und entstammte dem königlichen Geschlechte der Familie Guttenstein. Die Eltern des Seligen, Zesemann und Dobroslawa, waren mit der hl. Ludmilla, der Großmutter des hl. Wenzeslaus, verwandt. Hroznata war tot geboren worden, wurde aber durch die Wunderhilfe der Gottesmutter zum Leben erweckt; diese errettete ihn auch als Jüngling vor dem Tode des Ertrinkens in der Weichsel. Infolgedessen verehrte der Selige ganz besonders seine himmlische Helferin. Er vermählte sich mit einem edlen Mädchen; doch starb seine Gattin mit dem eben geborenen Söhnchen. Hroznata gelobte nun, am Kreuzzuge teilzunehmen, besuchte aber zuvor in Rom Papst Coelestin III. Dieser entband ihn von seinem Gelübde und legte ihm auf, in Böhmen ein Marienkloster zu begründen. Hroznata errichtete ein solches alsbald bei Teplitz und berief dorthin die Prämonstratenser. Wie wohlgefällig dies Gott war, bezeugte nach der Ueberlieferung ein wunderbarer Stern, der am Einweihungstage über dem Kloster leuchtete. Auch das Frauenstift von Chotieschau in Böhmen verdankte dem Seligen seine Entstehung; in dieses Frauenkloster trat die verwitwete Schwester des Stifters names Woyzlawa ein. Auf einer zweiten Romreise wurde Hroznata selbst vom Papste als Prämonstratensermönch eingekleidet. Sein Bruder, der inzwischen König geworden war, empfing ihn bei der Rückkehr aufs feierlichste. Indessen hatte der Selige sein Kloster gegen einige gewalttätige Männer zu verteidigen. Diese schleppten ihn aber nach Deutschland und verlangten ein hohes Lösegeld für ihn, das zu zahlen Hroznata seinen Ordensbrüdern untersagte. Er starb im Jahre 1217 nach mannigfachen Leiden als Gefangener. Er soll noch am Todestage seinem ebenfalls gefangenen Diener erschienen sein und ihm aufgetragen haben, die Botschaft von seinem Hinscheiden nach Teplitz zu bringen. Daraufhin holte man die Gebeine des Entschlafenen ins Kloster, wo sie seitdem verehrt werden. Diese Verehrung billigte auf Bitten des Erzbischofs von Prag und der Prämonstratenser ausdrücklich Papst Leo XIII. — 14. Juli (Prag).

Huanucēn. (*C. R.*) *s.* Huancum.

Huanucŭm, ī *n.* Huanuco, St. im Quellgebiete des Amazonas, Peru, Südamerika, *ca.* 8000 Einw.; Bischofssitz, Suffr. v. Lima; *dav.*: **Huanucēnsĭs,** ĕ.

Huaraz *indecl.* Huaraz, St., Peru (Ancachs), Südamerika, *ca.* 8000 Einw.; Bischofssitz, Suffr. v. Lima; *dav.*: **Huarazēnsĭs,** e.

Huarazēn. (*C. R.*) *s.* Huaraz.

Hŭbaldŭs, ī *m.* (Hupaldus, Hupoldus) Hubald, Graf von Kyburg u. Dillingen, Vater des hl. Ulrich (9. Jhdt.).

S. Hŭbertŭs, ī *m.* hl. Hubert, Bek. u. Bisch. v. Utrecht, später von Lüttich († 727).

Er lebte anfangs am Hofe des Frankenkönigs Theoderich als Pfalzgraf und hatte einen Sohn namens Floribert. Er begab sich zu Pipin von Heristal und wurde alsbald Nachfolger des hl. Lambert, Bischofs von Utrecht. Als solcher gab er sich ganz dem Dienste der Nächstenliebe hin. Im 13. Jahre seiner Regierung brachte er den Körper des hl. Lambert von Utrecht nach Lüttich, wo dieser ehedem gemartert worden war. Er selbst ließ sich ebenda als Bischof nieder. Nach der Bekehrung der Einwohner von Tournhout und des Brabanter Landes gelang es ihm auch, die Bewohner der Ardennenorte zum wahren Glauben zu führen. Ein Jahr vor seinem Tode hatte er eine innere Erleuchtung über sein nahes Ende. Er verwandte den Rest seiner Lebenstage auf Gebet und fromme Werke. Er starb im Dorfe Tervueren (Brabant) am 3. Mai 727. Sein hl. Leib wurde anfangs in Lüttich und im Jahre 925 noch unversehrt in das Ardennenkloser St. Hubert (die vormalige Abtei Andain) übertragen. Unter den auf Fürbitte des Heiligen geschehenden Wunderzeichen ragt jenes hervor, daß ein Faden von der Stola St. Huberts, welcher dem von der Tollwut Befallenen in einen kleinen Stirneinschnitt gelegt wurde, diesen sofort von der Krankheit befreite. — 3. November (Köln, Münster).

hūc *adv.* hierher, hierzu, so weit.

Hucac *indecl.* (*hebr.* Anteil = Helqat [*Jos.* 21, 31]) Hukak (Helkat), Levitenst. Pal. (Aser).

Hucuca *indecl.* (*hebr.?*) Hukuka, St. Pal. (Nephthali).

hūcūsquĕ *adv.* bis zu diesem Zeitpunkte.

Hŭgĭbertŭs, ī *m.* Hugbert, Sohn des Bayernherzogs Theodebert († 724), der gegen seinen Oheim Grimoald († 729) mit Gewalt den Herzogsthron behaupten mußte (724—739).

Hugmarchă, ae *f.* Hugmerke, ein Gau in Ostfriesland.

1. **S. Hūgō,** ōnĭs *m.* hl. Hugo, Bisch. v. Grenoble; † 1132, 1. April.

2. **S. Hūgō,** ōnĭs *m.* hl. Hugo, Benediktinerabt von Cluny († 1109).

Aus adeligem Geschlechte zu Semur (Burgund) i. J. 1024 geboren, trat er in früher Jugend ins Benediktinerkloster Cluny und wurde, obschon erst 25 Jahre alt, 1049 nach dem Tode des hl. Odilo zum Abt erwählt. Er baute in Cluny die herrliche fünfschiffige Kirche. Ungemein wohltätig gegen Arme pflegte er die Kranken und Aussätzigen selbst und heilte mehrere auf wunderbare Weise. Unter ihm nahm Cluny seinen größten Aufschwung. Kaiser und Könige wandten sich in schwierigen Fragen an ihn um Rat; bei mehreren von ihnen vermittelte er den Frieden. Die Päpste, besonders Gregor VII., mit dem er persönlich befreundet war, bedienten sich seiner als Legaten zur Durchführung der Kirchenreform. Er starb in Cluny am 29. April 1109 und wurde bereits 1120 von Calixt II. heilig gesprochen. — 29. April (Bened. O.).

B. Hūgō, ōnĭs *m.* sel. Hugo, Cistercienserabt v. Bonnevaux, † 1194, 1. April: Gedächtnis (Commemoratio) im Cistercienserorden.

Hūgō, ōnĭs *m.* Hugo, Vater des hl. Heribert (10. Jhdt.).

Hūgō Egishēmĭēnsĭs *m.* Hugo, Graf v. Egisheim (Elsaß), Vater des hl. Papstes Leo IX. (10. Jhdt.).

hūiuscĕmŏdī *s.* huiusmodi.

hūiŭsmŏdī (huiuscemodi) von der Art, derartig, ein solcher.

Hul *indecl.* (*hebr.*) Hul, Landstrich am Oberlaufe des Jordan, dessen Besiedler aus Aram stammten; *jetzt noch*: Huleh (Huletha).

hulcŭs, ĕrĭs *n.* Geschwür.

Hultonĭă, ae *f.* Ulster, nordöstliche Landschaft in Irland.

Hŭmān. (*C. R.*) *s.* Humāna.

Hŭmānă, ae *f.* Umana, italienischer Bistumstitel, *s.* Ancona; *dav.*: **Hūmānŭs** 3.

hūmānĭtās, ātĭs *f.* 1. Menschlichkeit, menschliche Natur. 2. Milde, Leutseligkeit, Freundlichkeit. 3. feiner Geschmack, Bildung.

hūmānĭtŭs *adv.* menschlich, freundlich.

hūmānŭs 3 1. menschlich, menschenwürdig, edel. 2. mild, freundlich. 3. gebildet; humaniores litterae Gymnasialstudien. 4. in humanis vitam ducere auf Erden leben; *adv.* humane u. humaniter.

Humarchă, ae *f.* *s.* Hugmarcha.

hŭmātĭō, ōnĭs *f.* Beerdigung.

B. Humbĕlīnă, ae *f.* sel. Humbelina, Ben. Nonne († 1141).

Die Selige war die Schwester des hl. Bernhard von Clairvaux, die von ihrer Mutter eine religiöse Erziehung erhielt. Bald wandte sie sich aber dem weltlichen Treiben zu, und als sie einmal, mit all ihrer weltlichen Pracht angetan, in Clairvaux den hl. Bernhard besuchen wollte, wies sie dieser zurück und verlangte von ihr, daß sie zuerst allen weltlichen Schmuck ablege. Sie tat es und durch die Unterredung mit ihrem hl. Bruder kam sie auch zu anderer Gesinnung. Sie trat in das Benediktinerinnenkloster Jully ein und führte dort bis zum Lebensende ein gottseliges Leben. — 12. Februar (Cist. O.).

B. Humbertŭs, ī *m.* sel. Humbert, Bek. u. Graf v. Savoyen († 1188).

Humbert III. war der Sohn Amedeus' III. und der Mathilde und wurde in Piemont i. J. 1136 geboren. Sein Lehrer war der selige Amedeus, Bischof von Lausanne. Humbert trat als Jüngling in das Cistercienserkloster Hautecomb (am Bourgetsee in Savoyen) ein, welches zur Genfer Diözese gehörte. Durch die Not der Zeit wurde er wiederholt zur Abwehr von Feinden aus dem Kloster gerufen; schließlich vermählte er sich und erhielt einen Sohn, den er als Reichserben einsetzte. Mit Zustimmung seiner Gattin begab sich Humbert wieder in die Klostereinsamkeit zurück und starb dort nach einem höchst abgetöteten Lebenswandel i. J. 1188. Sein Leib fand eine Ruhestätte in der Klosterkirche. Die ihm erwiesene Verehrung billigte Papst Gregor XVI. für das ganze Reich Sardinien im Jahre 1838. — 13. März.

hūmectō 1 befeuchten; *intr.* feucht sein.

hūmectŭs 3 feucht.

hūmĕfăcĭo, fēcī, factŭm 3 befeuchten.

hūmēns,e ntĭs feucht, naß.

hūmĕō 2 (umeo) feucht, naß sein.

hŭmĕrālĕ, ĭs *n.* (*sc.*: vestimentum) das Humerale: 1. Schulterkleid des Hohenpriesters im alten Bunde. 2. Schultertuch des kathol. Priesters, welches er unter der Albe über beide Schultern legt (*s.* amictus 1).

hŭmĕrālĭs, ĕ zur Schulter gehörig, Schulter-; velum humerale Schultervelum, das beim levitierten Gottesdienst, abgesehen von Ämtern in schwarzer Farbe, vor der Opferung u. nach der Kommunion über den Kelch gebreitete, in der Zwischenzeit aber vom Subdiakon über der Schulter getragene und zum Verhüllen der Patene verwendete lange Kelchvelum.

hŭmĕrŭlŭs, ī *m.* Eckleiste, Zäpfchen (3. *Kön.* 7, 30. 34).
hŭmĕrŭs, ī *m.* Oberarm, Achsel, Schulter.
hŭmĭcŭbātĭō, ōnĭs *f.* das Liegen u. Schlafen auf bloßem Boden, auf bloßer Erde (*vgl.*: chameunia).
hūmĭdŭs 3 feucht, naß.
hūmĭfĭcŭs 3 befeuchtend, benetzend.
hŭmĭlĭātĭō, ōnĭs *f.* Erniedrigung. Verdemütigung.
hŭmĭlĭfĭcō 1 erniedrigen, demütigen.
hŭmĭlĭō 1 1. demütigen, erniedrigen, beugen, zermalmen; ossa humiliata zerschlagene Gebeine; h. capita beugen; h. montem abtragen; *pass.*: zu leiden haben (*Ps.* 118, 67). 2. verdächtigen.
hŭmĭlĭs, ĕ 1. niedrig, klein, unbedeutend. 2. gering, schwach, ärmlich. 3. demütig, unterwürfig. 4. kleinlich, gewöhnlich, gemein.
hŭmĭlĭtās, ātĭs *f.* 1. Niedrigkeit der Geburt *oder* des Standes, Unbedeutendheit. 2. Demut, Selbsterniedrigung. 3. Betrübnis (*Ps.* 118, 153). 4. Elend (*Ps.* 9, 14).
Hŭmĭlĭtās B. M. V. Fest der Demut Mariens, 17. Juli.
hŭmĭlĭtō 1 erniedrigen.
hŭmō 1 beerdigen, bestatten.
hūmŏr, ōrĭs *m.* Flüssigkeit, Nässe.
hŭmŭs, ī *f.* Erde, Erdreich; humī auf *oder* an der Erde.
S. Hūnă, ae *f.* hl. Huna, Witwe († um 679).

Sie entstammte dem burgundischen Königsgeschlechte und war eine Verwandte des Herzogs Adalrich vom Elsaß. Sie vermählte sich mit dem Edlen Huno, der zu Hunaweier im Oberelsaß lebte. Ihr einziger Sohn, der vom hl. Bischofe Deodat von Nevers (Frankr.) getauft worden war, trat in das Kloster Ebersheim ein, wo er im Rufe der Heiligkeit starb. Die hl. Huna zeichnete sich durch eine erstaunliche Mildtätigkeit aus; sie nahm die Notleidenden ins Schloß auf, reinigte ihre Wunden, wusch ihre Wäsche. Daneben unterstützte sie viele Klöster. Sie starb hochbetagt. — Leo X. nahm sie im Jahre 1520 unter die Zahl der Heiligen auf. In der kirchlichen Umwälzung, die bald darauf auch die Gegend von Hunaweier ergriff, wurden die Gebeine der hl. Huna im Jahre 1540 entehrt und zerstreut; nur wenige Teile konnten gerettet werden. — 15. April.

Hūnae villă, ae *f.* Hunaweiler (Hunnaweier) Dorf bei Rappoltsweiler, Oberelsaß (Colmar), *ca.* 600 Einw.
Hūnĕrīchŭs, ī *m.* *s.* 1. Hunericus.
1. **Hūnĕrīcŭs,** ī *m.* (Hunerichus) Hunerich, Vandalenkönig in Nordafrika (477—484), Sohn des Geiserich; er veranlaßte i. J. 484 die grausame, durch das Wunder von Tipasa berühmt gewordene Christenverfolgung.
2. **Hūnĕrīcŭs** 3 hunnisch; *s.* Hunni.
Hŭngărī, ōrŭm *m.* (Hungrenses) die Ungarn.
Hŭngărĭă, ae *f.* Ungarn.
Hŭngărĭcŭs 3 ungarisch.
Hŭngrēnsēs, ĭŭm *m.* *s.* Hungari.
Huningă, ae *f.* Hüningen, St., Elsaß (Mühlhausen).
S. Hūnnă, ae *f.* *s.* S. Huna.
Hūnnī, ōrŭm, *m.* Volk der Hunnen, *dav.*: **Hūn(n)ĕrĭcŭs** 3.
Hŭpaldŭs, ī *m.* *s.* Hubaldus.
Hupersĭs prōvinciă: das Gebiet von Huper (China).
Hupham *indecl.* *m.* (*hebr.* ?) Hupham, ein Sohn Benjamins, dessen Nachkommen die Huphamiten.
Huphamitae, ārŭm *m.* Huphamiten, eine Familie im Stamme Benjamin, Nachkommen des Hupham.
Hŭpoldŭs, ī *m.* *s.* Hubaldus.
Hur *indecl.* *m.* (*hebr.* ?) Hur: 1. Sohn des Kaleb, Schiedsrichter des israelitischen Volkes z. Z. des Moses in der Wüste. 2. ein König der Madianiten. 3. Sohn des Juda, Erbauer von Bethlehem. 4. Vater des Raphaia, eines Bezirksvorstehers im nachexilischen Jerusalem.
Huram *indecl.* *m.* (*hebr.* ?) Huram, ein Enkel Benjamins, Sohn des Bale.
Hurai *indecl.* *m.* (*richtig*: Heddai) ein Offizier Davids.
Huri *indecl.* *m.* (*hebr.* ?) Huri, Israelit aus dem Stamme Gad, Vater des Abihail.
1. **Hus** *indecl.* *m.* (*hebr.* ?) Hus (Uß), ein Horiter, Sohn des Disan im Gebirge Seïr. 2. ein Neffe Abrahams, Sohn des Nachor und der Melcha.
2. **Hus** *indecl.* (Αὐσῖτις) die Ausitis, eine Landschaft, die wohl im nördlichen Teil des wüsten Arabiens, südöstlich von Edom, zu suchen ist; Heimat Jobs.
Husam *indecl.* *m.* (*hebr.* ?) Husam, der dritte Edomiterkönig.
Husathi *indecl.* *m.* (Husathites) (*hebr.*) der Husathäer, Bewohner der Stadt Hosa.
Husathītēs, ae *m.* *s.* Husathi.
Husi *indecl.* *m.* (*hebr.* ?) Husi, Vater des salomonischen Amtmannes Baana.
Husim *indecl.* *m.* (*hebr.* ?) Husim 1. ein Sohn Dans. 2. ein Sohn des Secharja u. seines Nebenweibes aus dem Stamme Benjamin.
Hussītae, ārŭm *m.* (Hussiti) Hussiten, die Anhänger des Irrlehrers Hus in Böhmen (15. Jhdt.).
Hussītī, ōrŭm *m.* *s.* Hussitae.
Huxarĭă, ae *f.* *s.* Hoxaria.
Huzal *indecl.* (Uzal) (*arab.*) Huzal, Sohn des Jektan u. dessen Nachkommen, ein arabischer Volksstamm im glücklichen Arabien.

S. Hyăcinthă de Mariscottis *f.* hl. Hyazintha von Mariscotti, Jgfr. aus dem III. Orden des hl. Franziskus († 1640).
Ihr Vater war der Graf Antonio von Mariscotti, ihre Mutter stammte aus der römischen Fürstenfamilie der Orsini. Sie folgte einem frommen Zuge und trat zu Viterbo in das Kloster der Terziarinnen vom hl. Franziskus; aber mit dem hl. Kleide, hatte sie noch nicht die Sitten einer Ordensfrau angenommen; sie huldigte noch viel der Eitelkeit. Eine tödliche Krankheit brachte sie zur Erkenntnis ihres unwürdigen Lebenswandels und mit der Gesundung wurde sie auch eine bußfertige und sehr eifrige Klosterfrau. Mit einem Strick um den Hals und unter Tränen bat sie ihre Mitschwestern demütig um Verzeihung und versprach, von nun an eifrig zu werden; sie hielt Wort. Die schauerliche Bußstrenge, die sie zeitlebens übte, war der beste Beweis. Im schlechtesten Habit und barfuß ging sie hin und verrichtete die niedrigsten und beschwerlichsten Arbeiten. Ihre karge Nahrung machte sie durch bittere Kräuter unschmackhaft; als Liegestätte dienten ihr harte Bretter. Aus Liebe zum Gekreuzigten erhöhte sie Freitags ihre Strenge. Auch zeichnete sie eine besondere Ehrfurcht gegen das heiligste Sakrament und die Gottesmutter aus, die ihr erschien und sie tröstete. Reich an Tugenden und Verdiensten starb sie im Alter von 55 Jahren. Benedikt XIII. sprach sie selig und Pius VII. im Jahre 1807 heilig. — 30. Januar (Franz.-O.; Kap.-O.)

S. Hyăcinthī (*C. R.*) *s.* 2. S. Hyacinthus.

hyăcinthĭnŭs 3 (ὑακίνθινος) hyazinthenfarben, veilchenblau.

hyăcinthŭs, ī *m.* ein hyazinthenfarbiger Edelstein.

1. **S. Hyăcinthŭs,** ī *m.* 1. hl. Hyazinth, Mart. † 257, 11. Sept. 2. hl. Hyazinth, Bek. aus dem Dominikanerorden, Apostel des Nordens, † 1257, 17. August.

2. **S. Hyăcinthŭs,** ī *f.* Saint-Hyacinthe, Hafenst. am Yamaska (r. zum St. Lorenzstrom), Kanadien (Quebek), *ca.* 10000 Einw., Bischofssitz (seit 1852), Suffr. v. Montreal.

Hyădēs, dŭm (*acc.* -ăs) *f.* (Ὑάδες) die Hyaden, sieben Sterne, die den Kopf des Sternbildes des Stieres bilden, deren Aufgang fruchtspendenden Regen andeutete; *übtr.*: die Kirchenlehrer.

hyaenă, ae *f.* (ὕαινα) Hyäne.

hybernālĭs, ĕ (hibernalis) winterlich (*Sap.* 16, 29).

Hybernĭă, ae *f.* *s.* Hibernia.

hybernŭs 3 *s.* hibernus.

Hyderabadēn. (*C. R.*) *s.* Hyderabadium.

Hyderabadĭŭm, ī *n.* Haiderabad, Hauptstadt des größten gleichnamigen Vasallenstaates in Britisch-Indien, am Musi (zum Kistna), *ca.* 450000 Einw.; Bischofssitz (seit 1886; 1851 Apost. Vikariat), Suffr. v. Madras; *dav.*: **Hyderabadēnsĭs,** ĕ.

hydrĭă, ae *f.* (ὑδρία) Krug, Wasserkrug.

hydrŏmantĭă, ae *f.* (ὑδρομαντεία) Wahrsagung aus der Wasserbewegung.

hydrōpĭcŭs 3 (ὑδρωπικός) wassersüchtig.

hydrōpĭsĭs, ĭs *f.* (ὑδρώπισις) Anlage zur Wassersucht.

hydrōps, ōpĭs (*acc.* -ōpĕm *u.* -ōpă) *m.* (ὕδρωψ) Wassersucht.

Hydrūntīn. (*C. R.*) *s.* Hydruntum.

Hydrūntŭm, ī *n.* (Ὑδροῦς) Otranto, Hafenst. an der Straße von Otranto, It. (Lecce), *ca.* 2500 Einw., Erzbischofssitz (seit 11. Jhdt.; Bistum seit 7. Jhdt.).

hўems, hўĕmālĭs *s.* hiem . . .

hўgĭēnĭcŭs 3 (ὑγίεια) die Gesundheit betreffend, hygienisch (*C. j. c.* 1369).

S. Hўgīnŭs, ī *m.* hl. Hyginus, Papst u. Mart. (139—142), 11. Jan.

hўlē, ēs *f.* (ὕλη) 1. Holz. 2. Materie, Stoff, Materialien.

hўmēn, mĕnĭs *m.* (ὑμήν) 1. das Hymen, Jungfernhäutchen. 2. Hochzeitsfeier.

hўmĕnaeŭs, ī *m.* (ὑμέναιος) das Brautlied, Hochzeitslied.

Hўmĕnaeŭs, ī *m.* (Ὑμεναῖος) Hymenäus, ein vom Glauben abgefallener Schüler des hl. Paulus.

hymnĭō 4 (ὑμνέω) Hymnen singen.

hymnĭsŏnŭs 3 lobsingend.

hymnĭcŭs 3 auf Hymnen bezüglich; hymnisch.

hymnŭs, ī *m.* (ὕμνος) der Lobgesang (auf die Gottheit), die Hymne; der Hymnus, der dichterische Teil des Breviers, der regelmäßig (mit Ausnahme der drei Kartage u. Osterwoche) in der Matutin und den kleinen Horen am Anfange, in den Laudes, der Vesper und Komplet nach dem Kapitel gebetet oder gesungen wird; hymnus angelĭcus Lobgesang der Engel, Bezeichnung für das Gloria in der hl. Messe; hymnus seraphĭcus Bezeichnung für das Sanktusgebet nach der Präfation.

Hўpăpantē, ēs *f.* (ὑπαπάντη, von ὑπαντάω entgegengehen, begegnen) die Begegnung; Hypapante Domini die bei den Griechen übliche Bezeichnung des Festes der Darstellung Jesu im Tempel oder Mariä Reinigung wegen der Begegnung Marias u. des Jesukindes mit Simeon u. Anna (*Martyrolog.* 2. *Febr.*).

hўperbătŏn, ī *n.* (ὑπέρβατον) die Wortversetzung (eine rednerische Figur).

hўpĕrbŏlē, ēs *f.* (ὑπερβολή) die Hyperbel, Übertreibung einer Sache im Reden.

hўperbŏlĭcŭs 2 (ὑπερβολικός) 1. bildlich, im übertragenen Sinne. 2. übertrieben.

hўperdūlĭă, ae *f.* (ὑπερδουλεία) 1. hervorragende Verehrung, *eig.*: „Überdienst“, cultus hyperduliae = hyperdulischer Kult, der höhere Grad der einem heiligen Geschöpfe zukommenden Verehrung, welcher der Mutter Gottes vorbehalten ist, während den übrigen Heiligen und Engeln nur die einfache

Verehrung (δουλεία) gebührt (*C. j. c.* 1255). 2. außerordentliche Dienstleistung.

hypnōticŭs 3 einschläfernd.

hўpŏcaustŏn, ī *n.* (ὑπόκαυστον; hypocaustum) das Heizgewölbe, der gewölbte, hohle Raum unter dem Fußboden des Zimmers, durch den vom Ofen aus die Hitze zur Erwärmung des Zimmers geleitet wurde, um dann durch Röhren und durch die Wände in das obere Stockwerk geführt zu werden.

hўpŏcaustŭm, ī *n. s.* hyopcauston.

hўpŏcrĭsĭs, ĭs *f.* (ὑπόκρισις) Heuchelei.

hўpŏcrĭtă, ae *m. s.* hypocrites.

hўpŏcrĭtēs, ae *m.* (*acc.*: -ēn) (hypocrita) (ὑποκριτής) 1. der Mime, der den Vortrag eines Schauspielers mit Gebärdenspiel begleitet. 2. der Heuchler.

hўpŏgaeŭm, ī *n.* (ὑπογαῖον) Begräbnisstätte unter der Erde (Katakombe).

hўpŏstăsĭs, ĭs *f.* (ὑπόστασις) 1. Grundlage, Fundament. 2. wirkliches Dasein, Wirklichkeit, Wesenhaftigkeit. 3. Substanz, Materie, Stoff. 4. göttliche Person in der Dreieinigkeit.

hўpŏthēcă, ae *f.* (ὑποθήκη) Pfand, Unterpfand (*bes.* durch unbewegliche Sachen, Grund und Boden, Häuser), Hypothek (*C. j. c.* 1531).

hўpŏthĕsĭs, ĭs *f.* Voraussetzung, Annahme; Unterstellung.

Hўpŏtўpōsĕōn (biblia, Institutionum libri) das „Vorbilderbuch", Titel eines Werkes des hl. Klemens v. Alexandrien in acht Teilen.

Hyrcānī, ōrŭm *m.* (Ὑρκανοί) die Hyrkanier, Bew. v. Hyrkanien oder Westturkistan, *s.* Hyrcania.

Hyrcānĭă, ae *f.* (Ὑρκανία) Hyrkanien, eine Landschaft in Asien an der Südostseite des Kaspischen Meeres gegen Medien u. Parthien, dem heutigen Westturkistan entsprechend; *dav.*: **Hyrcānŭs** 3 u. **Hyrcānī,** ōrŭm *m.*

Hyrcānŭs 3 *s.* Hyrcania.

hўsōpŭs, ī *f.* (hyssopum) (ἡ ὕσσωπος, *hebr.* êsôb) Ysop (Hyssopus officinalis L.) ein bis 60 cm hoher Strauch mit holzigem Stengel und fein behaarten Blättern. Zu Büscheln zusammengebunden nehmen die Blätter leicht die Flüssigkeit auf und dienen als Sprengwedel.

hyssōpŭm, ī *n. s.* hysopus.

hystrīx, trīcĭs *f.* (histrix, ὕστριξ) Stachelschwein.

I (und J).

I. = Iesus.

Iaasia *indecl. m.* (*hebr.*: Jahwe hat ausersehen) Jaasia, ein vornehmer Jude, der nach dem Exil die Untersuchung gegen jene Juden durchführte, die fremde Weiber geheiratet hatten.

Iabel (Iabal) *indecl. m.* (*hebr.*?) 1. Abkömmling Kains, Sohn Samechs von der Ada. 2. Vater Sellums, des Mörders des Königs Zacharias von Israel.

Iabes *indecl. m.* (*hebr.*) Jabes, ein Israelit aus dem Stamme Juda, der von Gott besonders gesegnet wurde (1. *Par.* 4, 9). 2. *angeblich*: Vater des Sellum, Königs von Samaria (*ca.* 743 v. Chr.); Sellum stammte wohl richtiger aus der Stadt Jabes-Galaad.

Iabes-Galaad *indecl.* Jabes, St. im Ostjordanlande; die Lage der ehem. Stadt ist wohl in Miryamîn, einer ansehnlichen Ruinenstätte an der Straße von Pella nach Gerasa zu suchen, und zwar auf dem Bergrücken, der nördlich das Wadi Jabis begrenzt, zwischen dem Hieromax (Yarmuk) u. Jabbok (Zerka).

Iabin *indecl. m.* (*hebr.*?) Jabin, zwei Könige von Asor, vielleicht stehender Name der kanaanitischen Könige von Asor.

Iablonă, ae *f.* Jablona, Ort in Böhmen (Prop. von Brünn, 2. Jan.).

Iabnĭă, ae *f.* (*hebr.*: Jahwe hat erbaut) (Iabne, Iamnia) Jabnia, Hafenst. in der Ebene Sephela im Philisterlande; *j.*: Jebnâ.

Iaboc *indecl.* (*hebr.*?) (Ieboc) Jabbok, linker Nebenfluß des Jordans, einst nördlicher Grenzfluß der Ammoniter.

Iaca Rēgālĭs *f.* Aci-Reale (Acireale), St. am Südostfusse des Ätna, Sizilien (Catania), *ca.* 25 000 Einw.; Bischofssitz (seit 1844), exempt; *dav.*: **Jac(i)ēnsĭs,** ĕ.

Iacan *indecl. m.* (*hebr.*?) Iakan (Akan), ein Horiter, Sohn des Eser; seine Nachkommen bewohnten z. Z. des Moses den Ort Beroth.

Iaccă, ae *f.* Jaca, St. Spanien (Hueska), *ca.* 5000 Einw.; Bischofssitz, Suffr. v. Saragossa; *dav.*: **Jaccēnsĭs,** ĕ.

B. Iaccard, Franciscŭs, ī *m.* sel. Franz Jaccard, Mart. in Cochinchina (†1838).
Nach sehr langen Kerkerqualen, die er mit heldenmütiger Geduld ertrug, wurde er erdrosselt. — 3. September. (Vgl. B. Joannes Gabriel Dufresse).

Iaccēn. (*C. R.*) *s.* Iacca.

iăcĕō, ŭī, ĭtŭm 2 1. liegen, danieder-, daliegen. 2. versunken sein, niedergedrückt *oder* gebrochen sein. 3. liegen bleiben, verharren.

Iachan *indecl. m.* (*hebr.*?) Jachan, Israelit aus dem Stamme Gad z. Z. Sauls.

Iachanan *indecl.* (*hebr.*: der Oheim [Gott] steht fest?) (Ieconam, Iecuam, Iocneam) Jachanan, St. am Fuße des Karmelgebirges, ehem. kanaanitische Königsstadt, dem Stamme Zabulon zugeteilt, später Levitenstadt.

1. **Iachin** *indecl. m.* (*hebr.*: Er [Gott] festigt, stärkt) Jachin 1. Sohn des Simeon, dessen Nachkommen die Jachiniten waren. 2. das Haupt der 21. Priesterklasse nach der Einteilung durch David. 3. ein jüdischer Priester, der nach dem babyl. Exil zuerst in Jerusalem wohnte.

2. **Iachin** *indecl.* (*hebr.*: Er [Gott] festigt, stärkt) Jachin, Name der rechten Säule in der Halle des salomonischen Tempels, ein Bild des allmächtigen Gottes; *vgl.*: 2. Booz.

Iachinītae, ārŭm *m.* Jachiniten, eine israelitische Familie im Stamme Simeon, Nachkommen des Jachin, *s.* 1. Iachin 1.

Iacĭēn. (*C. R.*) *s.* Iaca Regalis.

Iacim *indecl. m.* (*hebr.*: Er [Gott] stellt fest) Jakim 1. Israelit aus dem Stamme Benjamin, Sohn des Semei. 2. Haupt der 12. Priesterklasse nach der Einteilung Davids.

iăcĭō, iēcī, iactŭm 3 1. werfen, schleudern. 2. hinwerfen, legen, setzen.

Iacob *indecl. m.* (*hebr.*: er stellt nach?) 1. der Erzvater Jakob, der unmittelbare Stammvater des israelitischen Volkes. 2. vornehmer Israelit der vormakkabäischen Zeit. 3. Jakob, Vater des hl. Joseph (*Matth.* 1, 15s.).

Iacoba *indecl. m.* (*hebr.*: er stellt nach?) Jakoba, ein Israelit aus dem Stamme Simeon.

S. Iacobi Capitis viridis São Thiago, eine der Kapverdischen Inseln; Bistum.

S. Iacobi de Benezuela Carácas, Hauptst. v. Venezuela, Südamerika, *ca.* 75000 Einw.; Erzbistum seit 1803, Bistum seit 1637.

S. Iacobi de Chile, Santiago de Chile, Hauptst. v. Chile, Südamerika, *ca.* 340000 Einw.; Erzbischofssitz seit 1840, Bistum seit 1561.

S. Iacobi de Cuba, Santiago de Cuba, St. auf der Insel Cuba, Mittelamerika, *ca.* 45000 Einw.; Erzbischofssitz seit 1804, Bistum seit 1522.

S. Iacobŭs, ī *m.* hl. Jakob 1. Name zweier Apostel a) **S. J. maior,** J. der Ältere, Sohn des galiläischen Fischers Zebedäus u. der Salome, Bruder des hl. Evangelisten Johannes, † 42 unter Herodes Agrippa, 25. Juli. b) **S. J. minor,** J. der Jüngere, Sohn des Cleophas und der Maria, einer Base der Mutter Jesu, † 63, 1. Mai.

S. Iacobus Kisai, *m.* hl. Jakob Kisai, Mart., Katechist u. Laienbruder der Ges. Jes., *s.* S. Paulus Ioannes, Iacobus.

S. Iacobus de Marchia, *m.* hl. Jakob von der Mark, Bek. aus dem Franziskaner-Orden († 1476).

Geboren in dem Städtchen Monteprandono (Mittelitalien) studierte Jakob zu Perugia die Rechte und erlangte im kirchl. u. weltl. Rechte die Doktorwürde. Glänzende Ehrenstellen schlug er aus und dachte an das Kloster, zunächst an den Karthäuserorden; aber Gott hatte ihn im Orden des hl. Franziskus zu etwas Besonderem bestimmt. Schon als Novize war er ein Muster aller klösterlichen Tugenden. Besonders hatte er es auf die vollkommene Keuschheit abgesehen, und darum führte er ein unglaublich strenges Leben; zwanzig Jahre lang trug er unter dem rauhen Habit ein eisernes Panzerhemd, aß nur einmal täglich und begnügte sich meistens mit Brot und Wasser; nach nur einigen Stunden Schlaf widmete er die andere Zeit der Nacht dem Gebete. Eben Priester geworden, begann er seine umfangreiche, segensvolle Missionstätigkeit, die sich über Italien, Dalmatien, Kroatien, Albanien, Bosnien, Ungarn, Oesterreich, Böhmen, Sachsen, Preußen, Polen erstreckte; bis Rußland und Norwegen soll er gekommen sein; er mußte im Freien predigen, die Kirchen waren zu klein. 50000 Irrgläubige soll er bekehrt und 200000 Ungläubige getauft haben. Päpste und Fürsten bedienten sich seines Rates. Würden schlug er aus; die Würde eines Erzbischofs von Mailand wies er zurück mit den Worten: „Ich begehre auf Erden nichts anderes, denn als armer Franziskaner Buße zu tun und Buße zu predigen bis zu meinem Ende.“ Er starb im Alter von 84 Jahren zu Neapel; 60 Jahre verlebte er als Ordensmann. Sein Leib ist unverwest und ruht in der Franziskanerkirche zu Neapel. Benedikt XIII. nahm ihn 1726 in die Zahl der Heiligen auf. — 28. Nov. (Franzisk.-O., Kap.-O.).

S. (*u.* **B.**) **Iacobus Morigia,** *m.* hl. Jakob Morigia, Mitstifter der Sodalität der Regularkleriker, *s.* S. Bartholomaeus Ferarius.

B. Iacobus a Querqueto (Cerqueto), sel. Jakob von Cerqunto, Bek. Priester aus dem Aug. O. († 1367).

Er stammte aus der Familie der Cinthier zu Cerqunto, Erzdiözese Perugia, studierte Theologie und wurde Priester. Schon vorher war er in den Augustinerorden eingetreten. Von den klösterlichen Tugenden übte er besonders den Gehorsam. Seinem Befehle gehorchten auch vernunftlose Tiere (Frösche usw.), die den Prediger störten oder in Ueberzahl auftraten. Er starb vor dem Marienaltare in der Kirche des hl. Augustin zu Perugia am 17. April 1367. — 17. April (Aug. O.).

B. Iacobus de Strepa, *m.* sel. Jakob von Strepa, Bek. u. Franziskaner, Erzbischof von Lemberg († 1411).

In der Mitte des 14. Jahrhunderts wurde Jakob aus der senatorischen Familie der Strepa in Großpolen geboren. Er trat frühzeitig bei den Franziskanern ein. Auf einer Reise nach Rußland schloß er sich als Missionar der Gesellschaft der Pilgerbrüder an, welche sich verpflichtet hatten, selbst mit Preisgabe des Lebens den katholischen Russen das Evangelium zu predigen. Er wurde in Lemberg zum Apostolischen Vikar ernannt; der Erzbischof Bernard von Kalisch (in Russischpolen) bat ihn um Hilfe. Nach dem Tode desselben wurde Jakob auf Wunsch von Wladislaus Jagello, dem Könige Polens, durch Bonifatius IX. zum Erzbischofe von Lemberg ernannt. Er lebte als solcher sehr abgetötet. In seinen Siegelring ließ er das Bildnis der allersel. Jungfrau eingraben. Zu Ehren derselben ließ er täglich in seiner Gegenwart in der Pfarrkirche Gebete verrichten, an denen sich das Volk rege beteiligte. Er verlieh allen, die das hl. Sakrament in der Kirche besuchten, einen Ablaß von 40 Tagen. Zahlreiche neue Pfarrkirchen ließ er errichten. Er übernahm das Amt eines Senators, um im polnischen Landtage mitraten zu können. Er starb i. J. 1411 zu Lemberg. Seine Verehrung ergriff weite Gebiete Polens und Rußlands; doch geriet seine Begräbnisstätte infolge der fortgesetzten Barbareneinfälle langsam in Vergessenheit und wurde wunderbar erst im Jahre 1619 wiederentdeckt. Jetzt ruhen seine Gebeine seit langem im Lemberger Dome. Pius VI. billigte im Jahre 1790 die Verehrung des Seligen. — 1. Juni (Gnesen-Posen, Krakau, Przemysl, Tarnow) oder am Samstag vor dem dritten Sonntag nach Pfingsten (Lemberg).

B. Iacobus a Viterbio, sel. Jakob von Viterbo, Bek. u. Erzbischof († 1308).

Geboren zu Viterbo (Mittelitalien), besuchte er nach seinem Eintritte in den Augustinerorden die Universität von Paris. Ein reiches Tugendleben hielt gleichen Schritt mit seiner sehr großen wissenschaftlichen Tätigkeit. Er wurde Doctor speculativus genannt und schrieb verschiedene theologisch-philosophische Werke. 1302 wurde er Erzbischof von Benevent, aber noch im gleichen Jahre Erzbischof von Neapel. — 14. März (Aug. O.).

Iacobus I., rex Aragoniae, *m.* Jakob I., König von Aragonien (1213—1276).

Iacobus, ī *m.* Jakob I., Markgraf von Baden, Vater des sel. Bernhard v. Baden (15. Jhdt.), *s.* B. Bernardus Badensis.

Iacobus, ī *m.* Jakob, ein Propst von Klosterneuburg (16. Jhdt.).

Iacobus Flisco *m.* Graf Giacomo Fieschi von Lavagna, Vater der hl. Katharina von Genua (15. Jhdt.).

Iacobus Soria *m.* Jakob Soria, ein kalvinischer Piratenkapitän, der 40 Jesuiten bei den kanarischen Inseln um des Glaubens willen niedermetzeln ließ; *s.* B. Ignatius de Azevedo et soc.

iactāns, antĭs prahlerisch.

iactantĭă, ae *f.* Prahlerei.

iactātĭō, ōnĭs *f.* 1. Bewegung, Erschütterung. 2. Prahlerei, Eitelkeit.

iactātŏr, ōrĭs *m.* Prahler.

iactĭtō 1 laut vortragen.

iactō 1 1. schleudern. 2. ausstreuen, verbreiten. 3. schütteln, schwingen. 4. hin und her treiben, verfolgen. 5. sich abgeben, beschäftigen mit; richten auf: cogitationes. 6. prahlen, sich brüsten.

iactŏr 1 hin u. hergeworfen werden (*Laudes Pass. D. N. I. Chr.*).

iactūră, ae *f.* Verlust, Einbuße, Opfer.

iactŭs, ūs *m.* Wurf, das Werfen.

ĭăcŭlātŏr, ōrĭs *m.* Wurfschütze, Schleuderer.

ĭăcŭlātōrĭă, ōrŭm *n.* Schußgebete, Stoßgebete.

ĭăcŭlātōrĭŭs 3 zum Werfen (Schießen) dienlich; oratio iaculatōrĭa Stoßgebet.

ĭăcŭlŏr 1 werfen, schleudern, jagen.

ĭăcŭlŭm, ī *n.* Wurfspieß.

Iada *indecl. m.* (*hebr.*: Er [Gott] kennt [liebt?]) Jada, Israelit aus dem Stamme Juda.

Iadaia *indecl. m.* (*hebr.*: Jahwe kennt) (Idaia) Jadaia, jüdischer Priester, dessen Nachkommen mit Zorobabel aus dem babyl. Exil zurückkehrten.

Iadason *indecl.* (*gr.*: Ὑδάσπης, *syr.*: Ulaj) Ulaj (Eulaeus), ein Fluß, der durch Susa floß (*Judith* 1, 9).

Iaddo *indecl. m.* (Iddo) Jaddo, ein Fürst im Stamme Manasse.

Iaddua *indecl.* (*hebr.*: Jahwe weiß, kennt [liebt?]) *s.* Ieddoa.

Iaddus, ī *m. s.* Ieddoa.

Iaderă, ae *f.* Zara (*serbokroat.*: Zadar), Hauptst. v. Dalmatien, *ca.* 15 000 Einw.; Erzbischofssitz (seit 1154, Bistum seit 4. Jhdt.); *dav.*: **Iadrēnsĭs,** ĕ.

Iadias, ae *m.* (*gräzisiert für hebr.*: Iehedjahu = Jahwe erfreut?) Jadias, ein Aufseher über die Eselherden Davids.

Iadi(h)el *indecl. m.* (*hebr.*: Gott erfreut) Jadiel 1. der dritte Sohn Benjamins. 2. ein Levit u. Türhüter z. Z. Davids.

Iadon *indecl. m.* (*hebr.*?) Jadon, Jude, der sich nach dem babyl. Exil am Aufbau Jerusalems beteiligte.

Iadrēn. (*C. R.*) *s.* Iadera.

Iaduarŭs, ī *m.* Jaduar, Vater des hl. Erich, Königs v. Schweden (um 1100).

Iaffnă, ae *f.* (*griech.*: Ioppe) Jaffa, Hafenst. am Mittelmeere, Palästina, *ca.* 40 000 Einw.; das Bistum Jaffa bestand von der ersten christlichen Zeit bis zur Eroberung durch die Araber (636); *dav.*: **Iaffnēnsĭs,** ĕ.

Iaffnēn. (*C. R.*) *s.* Iaffna.

Iagellō (ōnĭs) **Vladislāŭs,** ī *m.* Jagello Wladislaus, König v. Polen (14. Jhdt.).

Iagur *indecl.* (*hebr.*?) Jagur, St. Pal. (Juda).

Iahaddai *indecl. m.* (Iahdaj, Iohdaj) (*hebr.*) Jahaddai, Israelit aus dem Stamme Juda.

Iahala *indecl. m.* (*hebr.*) (Iala) Jahala, ein Knecht Salomons, dessen Nachkommen mit Zorobabel aus dem babyl. Exil zurückkehrten.

Iahath *indecl. m.* (*hebr.*) Jahath 1. ein Urenkel des Juda. 2. ein Enkel des Gersom aus dem Stamme Levi. 3. ein Sohn des Salemoth aus dem Stamme Levi. 4. ein Levit, Aufseher über die Tempelarbeiter bei der Wiederherstellung unter König Josias.

Iahaziel *indecl. m.* (*hebr.*: Gott hat ausersehen) Jahaziel: 1. ein Levit, der dritte Sohn Hebrons. 2. ein Levit u. Prophet, der dem König Josaphat den Sieg über die Ammoniter u. Moabiter vorhersagte.

Iahel *indecl. f.* (*hebr.*?) Jahel, Frau des Keniters Heber, die den Sisara tötete (*Richt.* 4, 21).

Iahelel *indecl. m.* (Ja'el; *hebr.*: Gotteshoffnung) Jahelel, ein Sohn des Zabulon.

Iahiel *indecl. m.* (*hebr.*: Gott lebt) Jahiel 1. ein Levit u. Begleiter der Bundeslade beim Einzug in Jerusalem. 2. ein königlicher Erzieher z. Z. Davids. 3. ein Sohn des Königs Josaphat von Juda. 4. ein Levit, der unter König Ezechias v. Juda zur Wiederherstellung des Gottesdienstes beitrug. 5. ein Tempelvorsteher unter König Josias v. Juda. 6. Vater des Juden Obedia, der mit Esdras aus der babylonischen Gefangenschaft heimkehrte. 7. Vater des Nehemias.

Iaïr *indecl. m.* (*hebr.*: Er [Gott] gibt Licht) Iaïr 1. Sohn des Manasse, 22 Jahre Richter über Israel im Ostjordanlande (*ca.* 1132—1110); seine Nachkommen sind die Iairiten. 2. Vater des Mardochäus u. Großonkel der Königin Esther.

Iaïrītēs, ŭm *m.* Iaïriten, Söhne u. Nachkommen des Richters Iaïr, *s.* Iaïr 1.

Iaïrŭs, ī *m.* Jairus, ein Jude z. Z. Christi, dessen Tochter Jesus von den Toten erweckte.

Iala *indecl. m. s.* Iahala.

Ialaleel *indecl. m.* (*hebr.*: er preist Gott) (Ialeleel) Jalaleel, ein Israelit aus dem Stamme Juda.

Ialapă, ae *f.* Ialapa, Hauptst. des Staates Vera Cruz, Mexiko, *ca.* 22000 Einw.; Bischofssitz des Bistums Vera Cruz *oder* Ialapa; *dav.*: **Ialapēnsĭs,** ĕ.

Ialapēn. (*C. R.*) *s.* Ialapa.

Ialel *indecl. m. s.* Iahelel.

Ialelītae, ārŭm *m.* Jaleliten, israelitische Familie im Stamme Zabulon, Nachkommen des Ialel oder Jahelel, *s.* Iahelel.

Ialeleel *indecl. m. s.* Ialaleel.

Ialon *indecl. m.* (*hebr.*) Jalon, ein Israelit aus dem Stamme Juda.

iăm *adv.* 1. bereits, schon. 2. nunmehr, sofort. 3. erst, endlich. 4. **i. nunc** eben jetzt, gerade. 5. **iam vero** wirklich, vollends.

Iambrī fīlĭī die Omriten, ein Stamm des arabischen Volkes der Nabatäer.

iamdĭū *adv.* schon längst.

iamdūdŭm *adv.* schon lange; schon seit einiger Zeit.

Iamin *indecl. m.* (*hebr.*: die Rechte) Jamin 1. Sohn des Simeon, dessen Nachkommen die Jaminiten. 2. Sohn des Ram aus dem Stamme Juda. 3. ein Levit, der bei der ersten Gesetzesverlesung nach dem babyl. Exil dem Volke Stillschweigen gebot.

Iamne *indecl. m.* (*hebr.* Iimna) Jamne, Sohn des Aser.

Iamnĭă, ae *f.* (*hebr.* Iabne: Er [Gott] baut = Iabneel: Gott baut) (Iabnia, Iabne) Jamnia, St. der Philister, *s.* Iabnia.

Iamnītae, ārŭm *m.* die Jamniter, Einw. von Jamnia (Jebnâ).

Iamnor *indecl. m.* Jamnor, angeblich (nach der Vulgata) ein Ahnherr der Judith.

Iamra *indecl. m.* (*hebr.*?) Jamra, ein Israelit aus dem Stamme Aser.

Iamuel *indecl. m.* (*hebr.*?) Jamuel, ein Sohn Simeons.

Ianai *indecl. m.* (*hebr.*: Jahwe erhört?) Janai, ein Israelit aus dem Stamme Gad, z. Z. Sauls.

iānĭtŏr, ōrĭs *m.* Türhüter, Pförtner.

iānĭtrīx, īcĭs *f.* Pförtnerin.

Ianne *indecl. m.* (*hebr.*: Iohanan) Janne, Ahnherr Christi (*Luk.* 3, 24).

Iannes *indecl. m.* Jannes (Jamnes), ein ägyptischer Zauberer z. Z. des Moses (2. *Tim.* 3, 8).

Ianoe *indecl.* (*hebr.*: Ianoach) Janoe, St. Pal. (Ephraim).

Ianovĭă, ae *f.* Ianów, Stadt in Galizien.

ianthĭnŭs 3 (ἰάνθινος) veilchenblau, bläulich, violett (*Ex.* 25, 5; *Ez.* 16, 10).

iānŭă, ae *f.* Tür, Eingang, Zugang; in ianuis esse vor der Türe stehen, unmittelbar bevorstehen.

Iānŭă, ae *f. s.* Genua.

Iānŭārĭŭs, ī *m.* (*sc.* mensis) der Monat Januar.

S. Iānŭārĭŭs, ī *m.* hl. Januarius 1. Bisch. von Benevent, † 303, 19. September. 2. Mart. unter Mark Aurel, Sohn der hl. Felizitas. 3. Martergenosse des hl. Papstes Xystus II.

Iānŭārĭŭs, ī *m.* Januarius, ein Irrlehrer des 4. Jhdts. (wie Iovinian).

Iānŭēn. (*C. R.*) *s.* Genua.

Ianum *indecl.* (*hebr.*?) Janum, St. südöstlich von Hebron, Pal. (Juda).

Iānŭs mōns, ntĭs *m.* Mont Genèvre, Berg in den Cottischen Alpen, zwischen Briançon und Suse; 1860 m hoch.

Iaphet *indecl. m.* (*hebr.*? Ἰάπετος) Japhet, der dritte Sohn des Noe, Stammvater der arischen Völkerschaften. (Japhet in Septuaginta u. Vulgata [*Judith* 2, 15] verschrieben für Nabatäer, Völkerschaft im Osten von Palästina.)

Iaphia *indecl. m.* (*hebr.*) Japhia 1. ein altkanaanitischer König von Lachis. 2. ein Sohn Davids.

Iaphie *indecl.* (*hebr.?*) Japhie, St. Pal. (Zabulon) (*Jos.* 19, 12).

Iăpōn, ōnĭs *m.* der Japaner.

Iăpōnēnsĭs, ĕ japanisch.

Iăpōnĭă, ae *f.* Japan.

Iăpōnĭcŭs 3 japanisch.

Iar *indecl.* (*hebr.*: Ijjar) der zweite Monat im hebräischen Kultjahre.

Iara *indecl. m.* (*hebr.*) Jara 1. ein Israelit aus dem Stamme Gad. 2. ein Nachkomme Sauls.

Iaramoth *indecl.* (*hebr.*) Jaramoth, St. Pal. (Issachar) Levitenstadt.

Iardĭnētŭm, ī *n.* Jardinet, ehem. Cistercienserkloster in Belgien, Diöz. Namur.

Iare *indecl. m.* (*arab.*: Jerach) Jare, Nachkomme Sems (Sohn Jektans), Araberstamm in Südarabien (Yemen), (*Gen.* 10, 26).

Iared *indecl. m.* (*hebr.*) (Iered) Jared 1. Sohn des Malaeel, Nachkomme Seths. 2. ein Israelit aus dem Stamme Juda (1. *Par.* 4, 18).

Iarēn. (*C. R.*) *s.* Iarum.

Iarephel *indecl.* (*hebr.*: Gott heilt?) Jarephel, St. Pal. (Benjamin).

Iarib *indecl. m.* (*hebr.*: Er [Gott] ist Kämpfer) Jarib 1. Sohn Simeons (Iachin). 2. ein jüdischer Fürst z. Z. Esdras. 3. ein Jude, der nach dem Exil seine fremden Weiber entließ. 4. ein Ahnherr des Makkabäers Simeon.

Iarim *indecl.* (*hebr.*: Wälder) Jarim, ein Grenzort des Stammgebietes Juda in Palästina.

Iaroslaŭs, ī *m.* Jaroslaus, ein russischer Verwandter des hl. Königs Olaf von Norwegen.

Iaroslavĭă, ae *f.* (Iereslavia) 1. Jaroslaw, St. Rußland. 2. Jaroslau, St. Galizien.

Iarŭm, ī *n.* Jaro, St. auf den Philippineninseln (Ilnilo), *ca.* 12 000 Einw.; Bischofssitz, Suffr. v. Manila; *dav.*: **Iarēnsĭs,** ĕ.

Iasa *indecl.* (*hebr.* Iahas) (Iassa) Jasa, St. der Moabiter.

1. **Iaser** *indecl. m.* (*hebr.*: Iescher) Jaser, Israelit aus dem Stamme Juda, Sohn des Kaleb.

2. **Iaser** *indecl.* (*hebr.*) Jaser, 1. St. im Lande Moab, später Levitenstadt im Stamme Gad, *j.*: wahrscheinlich Bêt-Serâh, 8 km von Sumia (Sibna) entfernt (*Jos.* 13, 25). 2. Levitenstadt im Stamme Ruben (*Jos.* 21, 36).

Iasi *indecl. m.* (*hebr.*: Heil ist Jahwe) Jude, der auf Geheiß des Esdras sein Weib entließ, das er in der babyl. Gefangenschaft genommen hatte (1. *Esdr.* 10, 37).

1. **Iasiel** *indecl. m.* (*hebr.*: Gott macht) Jasiel, der erste Sohn des Nephthali.

2. **Iasiel** *indecl. m.* (*hebr.*: Gott macht) Jasiel 1. ein Offizier Davids. 2. ein Fürst im Stamme Benjamin.

Iāsōn, ŏnĭs *m.* (Ἰάσων, ονος) (das graezisierte Wort für Ieschua = Jesus) Jason 1. jüd. Priester z. Z. des Judas Makkabaeus, der als Gesandter nach Rom ging. 2. griech. gesinnter Bruder und Feind des Hohenpriesters Onias. 3. Jason von Cyrene, der die Geschichte der Makkabäer in fünf Büchern schrieb, zusammengefaßt im zweiten Makkabäerbuch. 4. Christ zu Thessalonike, Verwandter des hl. Apostels Paulus, der bei ihm wohnte.

iaspĭs, ĭdĭs *f.* (ἴασπις) Jaspis, ein Edelstein von grüner Farbe.

Iassa *indecl. s.* Iasa (Iahas).

Iassen *indecl. m.* (*hebr.*) Jassen, ein Offizier Davids.

Iassi *indecl.* Jassy (Iasi, Jaschi), St. 1. am Bahluiu (zum Prut), Rumänien, *ca.* 80 000 Einw.; Bischofssitz (seit 1884), exempt; *dav.*: **Iassĭēnsĭs,** ĕ.

Iassĭēn. (*C. R.*) *s.* Iassi.

Iasub *indecl. m.* (*hebr.*: er kehrt zurück) Jasub 1. ein Sohn des Issachar, dessen Nachkommen die Jasubiten. 2. ein Sohn des Propheten Isaias. 3. ein Jude, der nach dem babyl. Exil seine fremden Weiber entließ.

Iasubītae, ārŭm *m.* die Jasubiten, eine Familie im Stamme Issachar, Nachkommen des Iasub 1.

Iathanael *indecl. m.* (*hebr.*: Gott gibt?) Jathanael, vierter Sohn des Meselemia, aus dem Stamme des Kore (1. *Par.* 26, 2).

Iaurĭēn. (*C. R.*) *s.* Iaurinum.

Iaurīnŭm, ī *n.* (Iavarinum, Ieurinum) Raab (*ungarisch*: Györ), St. an der Raab, Ungarn, *ca.* 28 000 Einw.; Bischofssitz (seit 12. Jhdt.), Suffr. v. Gran; *dav.*: **Iaurĭēnsĭs,** ĕ u. **Iaurīnēnsĭs,** ĕ.

Iaus *indecl. m.* (*hebr.*) Jaus, ein Levit der Linie Gerson.

Iavan *indecl. m.* (Ἴων) der Jonier, der Grieche (Nachkommen Japheths).

Iăvărīnŭm, ī *n. s.* Iaurinum.

Iazer *indecl.* (Iazir, Gazer) Jazer, St. der Amorrhiter im Ostjordanlande, später im Stammgebiete Gad, *j.*: es-Szir oder Sir; ehem. Bischofssitz?

Iaziel *indecl. m.* (*hebr.*: Iahasiel = Gott hat ausersehen) Jaziel 1. ein Israelit, der David auf seiner Flucht vor Saul beistand. 2. ein Levit, der die Bundeslade nach Jerusalem geleitete. 3. ein Priester, der beim Einzug der

Bundeslade in Jerusalem die Trompete blies.

Iazir *indecl.* Gezirah, St. in Mesopotamien; Bischofssitz der Chaldäer (seit 1852), der Syrer (seit 1863); *dav.*: **Iazirēnsĭs,** ĕ, *vgl.*: Iazer.

Iazirēn. (*C. R.*) *s.* Iazir.

Iaziz *indecl.* Jaziz, genannt der Agareer, Aufseher über die Schafherden Davids (1. *Par.* 27, 31).

Ibaguēn. (*C. R.*) *s.* Ibaguenium.

Ibaguenĭŭm, ī *n.* Ibagué, St., Colombia (Tolima), Südamerika, *ca.* 16 000 Einw.; Bischofssitz; Suffr. v. Bogotá; *dav.*: **Ibaguēnsĭs,** ĕ.

Ibērēs, ŭm *m.* (Ἴβηρες, Iberi) die Iberer, 1. eine ehem. Völkerschaft, östlich vom Schwarzen Meere in der Umgebung vom heutigen Tiflis in Transkaukasien. 2. Volk am Ebro in Spanien.

Ibērī, ōrŭm *m. s.* Iberes.

Ibērĭă, ae *f.* Iberien 1. eine Landschaft östlich vom Schwarzen Meere, *vgl.*: 1. Iberes. 2. Spanien.

ĭbex, ĭcĭs *m.* (ibix) Steinbock (*Job* 39, 1).

ĭbĭ (ĭbī) *adv.* 1. *räumlich*: dort u. dorthin. 2. *zeitlich*: damals, dann.

ĭbīdĕm *adv.* ebendaselbst.

ībĭs, (-ĭs u. -ĭdĭs; *acc.* -ĭm; *pl. nom.* -ēs u. ĭdēs; *pl. acc.* -ēs u. -ĭdăs) *f.* (ἶβις) der Ibis, ein den Ägyptern heiliger, der Isis geweihter, reiherartiger Sumpfvogel.

Iburningae, ārŭm *f.* Überlingen, St. am Bodensee, Baden; *ca.* 4400 Einw.

Ibusēn. (*C. R.*) *s.* Ebusus.

Icamia *indecl. m.* (*hebr.*) Ikamia, Israelit, Nachkomme Kalebs.

Icaună, ae *m.* (Icaunus, Ytumna) Yonne, Nebenfluß der Seine, Frankreich.

Icaunŭs, ī *m. s.* Icauna.

Iccī, ōrŭm *m.* (Ici, Issiodūrum) Issoire, St., Fkr. (Puy-de-Dôme); *ca.* 4600 Einw.

iccircō, *adv.* deswegen, deshalb.

Ichabod *indecl. m.* (*hebr.*: Jahwe ist Ruhm) Ichabod, Sohn des Phinees u. Enkel des Hohenpriesters Heli.

ichneumōn, ŏnĭs *m.* (ἰχνεύμων, -ονος) Pharaonsratte (*bes.* in Ägypten häufiges Raubtier).

Icī, ōrŭm *m. s.* Icci.

īcō, īcī, ictŭm 3 schlagen, stoßen, treffen; foedus īcĕrĕ: Bündnis schließen.

īcōn, ŏnĭs *f.* (εἰκών) Bild.

īcŏnismă, ătĭs *n.* (εἰκόνισμα) 1. Abbild, Bild. 2. Vergleichung.

Icŏnĭŭm, ī *n.* Hauptstadt von Lykaonien in Kleinasien, *j.*: Konia *oder* Kunjah.

īcŏnoclastēs, ĭs *m.* (εἰκονοκλάστης) der Bilderstürmer; der berüchtigste war der oströmische Kaiser Leo der Isaurier (717—741).

īcŏnŏmăchŭs, ī *m.* (εἰκονόμαχος) Bilderstürmer.

Icŏsĭŭm, ī *n.* (Algeriāna ecclesia) Algier, Hauptst. v. Algerien am Mittelmeere, Nordafrika, *ca.* 95 000 Einw.; Erzbischofssitz (seit 1866; Bistum [Icosium] seit 2. Jhdt., 1838 wiederhergestellt), 1866 mit dem Titel von Iulia Caesarea vereinigt.

ictĕrĭcŭs 3 (ἰκτερικός) gelbsüchtig.

ictŭs, ūs *m.* 1. Stich, Hieb, Schlag, Wurf, Takt. 2. ictus oculi Augenblick.

Icuthiel *indecl. m.* (*hebr.*) Ikuthiel, Israelit aus dem Stamme Juda, Erbauer der Stadt Zanoe, Pal. (1. *Par.* 4, 18).

ĭd *n. s.* is.

Idă, ae *u.* **Idē,** ēs *f.* (Ἴδη) Ida, Gebirge 1. in Phrygien, Kleinasien, südöstlich von Troja. 2. in der Mitte von Kreta.

B. Idă, ae *f.* sel. Ida, Witwe († 825).

Sie wurde in Franken (dem ehemaligen Ripuarien zwischen Lahn und Lippe) aus vornehmem Geschlechte geboren. Zu ihrer Verwandtschaft gehörten u. a. die hl. Gertrud und die hl. Odilia. Als damals Karl der Große einen Feldzug gegen die aufständischen Gallier unternahm, mußte einer seiner Heerführer, namens Egbert, krank im Hause der Familie Idas zurückbleiben. Dieser bat Ida um ihre Hand und führte die Gattin in sein Besitztum an der Lippe nach Westfalen. Auf dieser Reise wurde Ida von einem Engel im Schlafe ermahnt, in Hirutfeld (jetzt Herzfeld), wo sie übernachteten, ein Gotteshaus zu errichten. Ida tat es und übergab die Obsorge dafür dem Priester Bertger, der sie begleitet hatte. Nach Egberts Tode zog sie selbst sich nach Herzfeld zurück, wo sie in einer Halle, die an die Kirche stieß, gleichsam klösterlich lebte. In ihrer Zelle stellte sie einen Steinsarg auf, um immer an den Tod erinnert zu werden. Diesen Sarg füllte sie täglich zweimal mit Eßsachen, die von den Armen abgeholt wurden. Sie starb unter dem frommen Beistande Bertgers im Jahre 825 und wurde in dem erwähnten Sarge beigesetzt, bis der 12. Bischof von Münster, Dodo, die Gebeine der Seligen in einen wertvollen Schrein schließen ließ und in die Herzfelder Kirche brachte. Noch heutigen Tages lassen die Mütter jeden Dienstag dort ihre Kinder unter Anrufung der seligen Ida segnen. — 4. September (Münster).

B. Idă, ae *f.* sel. Ida, Jungfrau († um 1300).

In Löwen geb., verbrachte sie ihre Jugend in großer Frömmigkeit und Strenge; wurde stigmatisiert, nahm im Kloster Valles-Roses bei Mecheln den Schleier. Bei beständiger Krankheit führte sie ein wunderreiches Leben, erweckte ihre Schwester vom Tode, heilte einen Pestkranken und erhielt von einem Engel einmal die hl. Kommunion. Sie war eine besondere Verehrerin der hl. Eucharistie. — 13. April (Ben. O. *u.* Cist. O.).

Idă, ae *f.* Ida, Mutter des hl. Bruno von Querfurt (10. Jhdt.).

Idaia, ae *m.* u. *indecl.* (Idaias, Iedei) (*hebr.*: Jahwe kennt [liebt?]). Idaia 1. ein Israelit aus dem Stamme Simeon. 2. ein jüdischer Priester, dessen Nachkommen unter Zorobabel aus dem babyl. Exil zurückkehrten. 3. ein jüd. Priester, der nach dem babyl. Exil in Jerusalem wohnte. 4. ein

Gesandter der Juden mit Weihgeschenken aus Babylon z. Z. des Propheten Zacharias. 5. zwei jüdische Priester nach dem babyl. Exil.

Idānŭs, ī *m. s.* Danus.

ideircō *adv.* darum, deshalb, deswegen; *vgl.*: iccirco.

S. Iddă, ae *f.* hl. Idda, Witwe († um 1190).

Sie entstammte dem gräflichen Geschlechte von Kirchberg in Schwaben und heiratete den Grafen Heinrich von Toggenburg. Als sie eines Tages den Trauring verloren hatte, wurde sie von ihrem Manne des Ehebruchs beschuldigt und in eine tiefe Schlucht hinabgestoßen. Sie entkam durch Gottes Eingreifen dem sonst sicheren Tode, begab sich in die Einsamkeit, erbaute sich mit eigener Hand eine Hütte und lebte dort mehrere Jahre von Wasser und Wurzeln aufs gottergebenste. Dann begab sie sich in die Nähe des Benediktinerklosters Fischingen, wo sie hochbetagt gegen Ende des 12. Jahrhunderts starb. Sie wurde in der Klosterkirche beigesetzt und alsbald vom Volke als Heilige verehrt. — 3. November (Basel).

Iddă, ae *f.* (Itha) Judith.

ĭdĕă, ae *f.* (ἰδέα) das Urbild, der Begriff, die (platonische) Idee; das Ideal; Idee.

ĭdĕālĭs, ĕ zur Idee gehörig, vorbildlich, vollkommen, ideal.

īdĕm, ĕădĕm, ĭdĕm 1. eben derselbe, der nämliche. 2. zur Vergleichung: als, wie.

ĭdentĭdĕm *adv.* mehrmals.

identĭfĭcō 1 die Gleichartigkeit feststellen, identifizieren, gleich machen.

ĭdentĭtās, ātĭs *f.* das Zusammenfallen oder die Gleichheit zweier Dinge oder Begriffe, Einerleiheit.

ĭdĕō *adv.* deswegen, deshalb.

Idida, ae *f.* (*hebr.*: die Liebliche, Geliebte) Idida, Mutter des Königs Josias von Juda (638—608).

ĭdĭōmă, ătĭs *n.* (ἰδίωμα) Sprache, Dialekt, Mundart; Eigentümlichkeit.

ĭdĭōtă, ae *m.* (ἰδιώτης) 1. der in eine Kunst oder Wissenschaft Uneingeweihte, der Ungebildete, Nichtkenner, Laie, Stümper (1. *Cor.* 14, 24). 2. der Blödsinnige, Idiot.

ĭdĭōtismŭs, ī, *m.* (ἰδιωτισμός) Eigentümlichkeit, Spracheneigentümlichkeit.

ĭdipsŭm gerade dies, und dies, genau dasselbe; in idipsum 1. zusammen, vereint, zugleich. 2. auf der Stelle, sogleich.

Idithun *indecl. m.* (Ieduthum, *wohl richtig*: Ethan) Jeduthun 1. Vater des Leviten u. Türhüters Obededom. 2. ein Priester u. Musikmeister z. Z. Davids; nach ihm wird eine Sängerriege benannt. 3. ein Levit, dessen Nachkomme Abda im nachexilischen Jerusalem wohnte.

īdōlĭŭm, ī *n.* (εἰδωλεῖον) Götzentempel.

īdōlātră, ae *m.* u. **īdōlŏlătrēs,** ae *m.* (εἰδωλολάτρης) Götzendiener.

īdōlŏlătrĭă, ae *f.* (εἰδωλολατρεία) Götzendienst.

īdōlŏlătrĭs, ĕ dem Götzendienst ergeben.

īdōlŏlătrŭs 3 götzendienerisch, Abgötterei treibend.

īdōlŏthўtēs, ae *m.* Götzenopferer.

īdōlŏthўtŭm, ī *n.* (εἰδωλόθυτον) Götzenopfer (1. *Cor.* 8, 7).

īdōlŭm, ī *n.* (εἴδωλον) Bild, Götzenbild.

ĭdōnĕĭtās, ātĭs *f.* Tauglichkeit.

ĭdōnĕŭs 3 geeignet, bequem, tauglich, tüchtig.

Idox *indecl. m.* (*verderbt aus hebr.*: Ussi = Ussija: Hilfe ist Jahwe) Idox, Großvater der Judith.

Idubergă, ae *f.* (Itta) Iduberga, Mutter der hl. Gertrud von Brabant (7. Jhdt.).

Idūmaeă, ae *f.* (Gebiet des Roten [Edom]) Idumäa, Landschaft in Palästina, *s. auch* Edom.

Idūmaeŭs, ī *m.* der Idumäer, Edomiter, Nachkomme Esaus; Bewohner von Idumäa.

Idūs, ŭŭm *f.* Monatsmitte, die Iden (der Fünfzehnte im März, Mai, Juli, Oktober; der Dreizehnte in den übrigen Monaten).

B. Idwīnŭs, ī *m.* sel. Idwin, Mönch zu Salzburg (8. Jhdt.).

Ieabarim *indecl.* (*hebr.*: Steinhaufen von Abarim) Jeabarim, ein Gebirge in der Wüste, Lagerstätte der Israeliten.

Iebaar *indecl. m.* (*hebr.*: Er [Gott] erwählt) Jebaar, Sohn Davids.

Iebanias, ae *m.* (*hebr.*: Jahwe baut) Jebanias, Israelit, Vater Rahuels, aus dem Stamme Benjamin.

Ieblaam *indecl.* (*hebr.*) Jeblaam, St., Pal., (Issachar, Manasse), *j.*: Belame, 3 km südlich von Dschenîn in Galiläa.

Jebnael *indecl.* (*hebr.*: Gott baut = Jebneel) Jebneel, St. an der Grenze des Stammes Nephthali (*Jos.* 19, 33).

Jebneel *indecl.* (*hebr.*: Gott baut) Jebneel St., Pal. (Juda), *identisch mit*: Iabnia *oder* Jamnia.

Ieboc *indecl. s.* Iaboc.

Iebsem *indecl. m.* (*hebr.*) Jebsem, Enkel Issachars.

Iebus *indecl.* (*hebr.*?) Jebus, (*nach der Vulgata*: *Jos.* 18, 28) früherer Name für Jerusalem; *richtig*: Jebusiter, die in Jerusalem bis zu Davids Zeit wohnten.

Iebusaeī, ōrŭm *m.* Jebusiter oder Jebusäer, alte kanaanitische Völkerschaft, die sich in den Bergen Judas und in Jerusalem bis zur Zeit Davids behauptete.

Iebusi *indecl.* (*hebr.*) der Jebusiter, *s.* Jebusaei.

Iecemia *indecl. m.* (*hebr.*) (Icamia) Jekemia, Sohn des Königs Jechonias.

Iechelia *indecl. f.* (*hebr.*: Jahwe ist mächtig) Jechelia, Gemahlin des Königs Amasias (*ca.* 797—789) u. Mutter des Königs Ozias oder Azarias (*ca.* 789—738) von Juda.

Iechonias, ae *m.* (*hebr.*: Iekonja = Jehojakin = Jahwe festigt) Jechonias, König von Juda, Nachfolger Joakims (Sommer u. Herbst 598 v. Chr.).

Iecmaam *indecl. m.* (*hebr.*: der Oheim [Gott] steht fest?) (Iecmaan) Jekmaam, Levit aus der Linie Kaath.

1. **Iecmaan** *indecl. m. s.* Jecmaam.

2. **Iecmaan** *indecl.* (*hebr.*: der Oheim [Gott] steht fest?) Jekmaan, St. Pal. (Ephraim oder Zabulon), Levitenst., *s.* Iecnam.

Iecnam *indecl.* (*hebr.*: der Oheim [Gott] steht fest?) (Iecmaan, Ieconam) Jeknam, St. im Nordwesten der Ebene Jesreel am Fuße des Karmel, an der Grenze von Zabulon (u. Ephraim); *j.*: Tell Kaimun.

Ieconam *indecl. s.* Iecnam.

Iescan *indecl. m.* (*hebr.*) Jeskan, Sohn Abrahams u. seiner Nebenfrau Ketura.

Iectan *indecl. m.* (*hebr.*?) Jektan, Nachkomme Sems, Sohn Hebers, Stammvater von Araberstämmen im glücklichen Arabien (Yemen).

Iectehel *indecl.* (*hebr.*?) (Iecthel) Jektehel, St. im Salztale zwischen Maspha u. Lachis, Pal. (Juda), *früher* Petra (Sela) *genannt.*

Iecthel *indecl. s.* Iectehel.

ĭĕcŭr, iĕcŏrĭs *n.* Leber, *bes.*: als Sitz der Begierden, *dah. auch* das Innere, das „Herz".

ĭĕcuscŭlŭm, ī *n.* kleine Leber, Leberchen.

Iedaia *indecl. m.* (*hebr.*: Jahwe kennt [liebt?]) Jedaia 1. ein Jude, der nach dem babyl. Exil Jerusalem mitaufbaute. 2. jüdischer nachexilischer Priester.

Iedala *indecl.* (*hebr.*) (Ierala) Jedala, *angeblich* St., Pal., (Zabulon) (*Jos.* 19, 15).

Ieddel *indecl. s.* Geddel.

Ieddo *indecl. m.* (*hebr.*) Jeddo, Israelit aus dem Stamme Gad.

Ieddoa *indecl. m.* (*hebr.*: Jahwe weiß, kennt [liebt]?) (Iaddua, Ieddua, Iaddus) Jeddoa 1. ein jüdischer Levit, der mit Zorobabel aus dem Exil zurückkehrte. 2. Jaddus, der sechste Hohepriester nach dem babyl. Exil, der dem siegreichen Alexander i. J. 332 v. Chr. einen feierlichen Einzug in Jerusalem bereitete.

Ieddu *indecl. m.* (*hebr.*) Jeddu, ein Jude, der sein fremdes Weib nach dem babyl. Exil entließ.

Ieddua *indecl. m.* (*hebr.*: Jahwe weiß) Jeddua, Jude, der nach dem babyl. Exil den erneuerten Bund besiegelte.

Iedebos *indecl. m.* (*hebr.*) Jedebos, Israelit aus dem Stamme Juda (1. Par. 4, 3).

Iedei *indecl. m.* (*hebr.*: Jahwe weiß, kennt) Jedei (Jodaia), Haupt der zweiten jüdischen Priesterklasse.

Iediel *indecl. m.* (*hebr.*: von Gott gekannt [geliebt?]) Jediel, Fürst im Stamme Manasse, der mit seinen Angehörigen nach Assyrien geschleppt wurde, nachdem er vorher Götzendienst getrieben hatte.

Iedihel *indecl. m.* (*hebr.*: von Gott gekannt [geliebt?]) Jedihel 1. ein Offizier Davids, Sohn des Samri u. Bruder des Joha. 2. ein Israelit, der David gegen die Amalekiter schützte.

Iedlaph *indecl. m.* (*hebr.*) Jedlaph, ein Sohn Nachors u. Neffe Abrahams.

Iedrzejovĭēnsĕ mŏnastērĭŭm, ī *n.* Jedrzejow, St., südwestlich von Kielce in Polen mit ehem. Cistercienserkloster.

Iegaal *indecl. m.* (*hebr.*: Er [Gott] erlöst) Jegaal, ein Jude, ein Nachkomme Zorobabels.

Iegbaa *indecl. m.* (*hebr.*) Jegbaa, St. Pal. (Gad).

Iegedelia *indecl. m.* (*hebr.*: Jahwe ist groß) Jegedelia, ein Rechabite, dessen Enkel z. Z. des Propheten Jeremias lebten.

Iehedeia *indecl. m.* (*hebr.*) Jehedeia, ein Levit aus der Linie Gerson.

Ieheziel *indecl. m.* (*hebr.*: Gott hat ausersehen) Jeheziel, ein Verwandter Sauls, der sich David anschloß.

Iehias *indecl. m.* (*hebr.*: Jahwe lebt) Jehias, ein Israelit, der die Bundeslade aus dem Hause des Obededom nach Jerusalem geleitete.

1. **Iehiel** *indecl. m.* (*hebr.*: Gott lebt) Jehiel, 1. ein Israelit, Familienhaupt im Stamme Ruben. 2. ein Israelit im Stamme Benjamin.

2. **Iehiel** *indecl. m.* (*hebr.*: Iehuel) Jehiel, ein Offizier Davids.

Iehieli *indecl. m. richtig*: Iehielita der Jehielite (1. *Par.* 26, 21).

Iehovah *indecl. m.* Jehovah, unrichtige Aussprache der vier hebräischen Buchstaben jenes Gottesnamens, mit dem Gott sich selbst Moses gegenüber benannte. Richtig punktiert ist Jahweh zu sprechen (*urspr.*: Jahwaj *oder* Jahu). Infolge falscher Auslegung des zweiten göttlichen Gebotes wagten es die Juden nicht, diesen heiligsten Gottesnamen auszusprechen, sondern lasen dafür Adonai (Herr) und übertrugen die Punktation (Vokalisation) des hebräischen Wortes Adonai den Regeln entsprechend auf die vier heiligen Buchstaben, die dann Jehovah lauteten; doch haben die Juden nie Jehovah gelesen, sondern Adonai, darum auch die Übertragung von Jahwe in der Septuaginta mit *Κύριος* (Herr) u. in der Vulgata mit Dominus.

Iehu *indecl. m.* (*hebr.*) Jehu 1. ein Israelit aus dem Stamme Juda. 2. ein Israelit aus dem Stamme Simeon. 3. ein Israelit aus Anathoth im Stamme Benjamin, ein Anhänger Davids. 4. ein Prophet in Israel z. Z. des Königs Baasa v. Israel (*ca.* 909—885). 5. ein König von Israel (*ca.* 842—815).

Iehuel *indecl. m.* (*hebr.*: *ältere Form für* Iehiel: Gott lebt) Jehuel, ein Jude, der aus dem babyl. Exil zurückkehrte.

Iehus *indecl. m.* (*hebr.?*) Jehus 1. ein Stammfürst der Idumäer, Sohn Esaus u. der Oolibama. 2. drei Israeliten aus dem Stamme Benjamin. 3. ein Sohn des Königs Roboam u. der Abihail.

iĕiūnātĭō, ōnĭs *f.* das Fasten.

iĕiūnĭtās, ātĭs *f.* Nüchternheit; Magerkeit.

iĕiūnĭŭm, ī *n.* Enthaltung von Speisen und Getränken, das Fasten; **jej. naturale** oder **eucharistĭcum** völlige Nüchternheit von Mitternacht ab vor dem Empfange der hl. Kommunion oder der Zelebration der hl. Messe (*C. j. c.* 247).

iĕiūnō 1 1. fasten. 2. nüchtern bleiben. 3. sich enthalten: a culpa.

iĕiūnŭs 3 1. nüchtern. 2. hungrig, ermangelnd, leer; ieiunus criminum: ohne Verbrechen. 3. unfruchtbar, armselig.

Ielaeel *indecl. m. s.* Jehaleel.

Iemai *indecl. m.* (*hebr.*) Jemai, ein Enkel Issachars.

Iemineus 3 *richtig*: Benjaminaeus oder Benjaminita, der Benjaminite (2. *Kön.* 20, 1).

Iemina *indecl. f.* (*hebr.?*) Jemina (*Vulgata*: Dies), Name einer Tochter Jobs.

Iemini *indecl.* (verkürzt aus *hebr.*: Binjemini) 1. *richtig*: Benjaminita der Benjaminite, z. B. Aod (Ehud), der Benjaminite (*Richt.* 3, 15), Saul, der Benjaminite (1. *Kön.* 9, 1). 2. es steht manchmal statt Benjamin: das Land (Gebiet) Benjamin (1. *Kön.* 9, 4).

Iemla *indecl. m.* (*hebr.*) Jemla, Vater des Propheten Michäas z. Z. der Könige Achab von Israel (*ca.* 873—854) u. Josaphat von Juda (*ca.* 872—849).

Iemlech *indecl. m.* (*hebr.*: Er [Gott] macht zum König) Jemlech, Israelit aus dem Stamme Simeon.

Iemma *indecl. m. s.* Iemna 2.

Iemna *indecl. m.* (*hebr.*) Jemna 1. erster Sohn des Aser, dessen Nachkommen die Jemnaiten. 2. (Iemma) Nachkomme Asers, Sohn des Helem oder Hotham. 3. Vater des Leviten u. Torwächters Kore.

Iemnaĭtae, ārŭm *m.* die Jemnaiten, Familie im Stamme Aser, *s.* Iemna 1.

Iemuel *indecl. m.* (*hebr.*) (Namuel, Nemuel) Jemuel, ein Sohn Simeons.

iēntācŭlŭm, ī *n.* erstes Frühstück, erster Morgenimbiß.

iēntō 1 frühstücken, einen Morgenimbiß nehmen.

Iepha(h)el *indecl. m. s.* Iephthahel.

Iephdaia *indecl. m.* (*hebr.*: Jahwe erlöst) Jephdaia, Israelit aus dem Stamme Benjamin.

Iephlat *indecl. m.* (*hebr.*: Iaphlet = Er [Gott] verleiht das Leben) Jephlat, ein Urenkel des Aser.

Iephleti *indecl. m.* (*hebr.*) der Jephletite, Nachkomme des Jephlat (Japhlet), *s.* Jephlat.

Iephone *indecl. m.* (*hebr.*) Jephone (Japhne) 1. ein Israelit aus dem Stamme Juda, Vater des Kaleb. 2. ein Fürst im Stamme Aser.

Iephte *indecl. m.* (*hebr.* Iiphtach, *verkürzt aus* Iephthahel) Jephte, Richter im Ostjordanland (*ca.* 1092—1086).

Iephtha *indecl.* (*hebr.*: Iiphtach, verkürzt aus Iephthahel) Jephtha, St. Pal. (Juda).

Iephthahel *indecl. m.* (*hebr.*: Gott eröffnet) Jephthahel, sabäischer Personenname, darnach benanntes Tal an der Nordgrenze des Stammgebietes Zabulon (*Jos.* 19, 14).

Ierala *indecl.* (*hebr.*: Iidala) Jerala, *angeblich*: St. Pal. (Zabulon).

1. **Ierameel** *indecl. m.* (*hebr.*: Gott erbarmt sich) Jerameel 1. Israelit aus dem Stamme Juda, Erstgeborner Hesrons. 2. Israelit aus dem Stamme Levi, Sohn des Kis. 3. (Ieremiel) ein Feind des Propheten Jeremias.

2. **Ierameel** *indecl.* eine Landschaft im Süden Judas in Palästina, das Land der Jerameeliten, eine Völkerschaft, die ganz im Stamme Juda aufging (1. *Kön.* 27, 10).

iĕrarchĭă, ae *f. s.* hierarchia.

Iercaam *indecl.* (*hebr.*) Jerkaam, ein Israelit, der Sohn Rahams, ein Nachkomme Kalebs oder ein Ort, der von Raham besiedelt wurde.

Ieremias, ae *m.* (*hebr.*: Iahwe hat niedergeworfen [sein Volk]) Jeremias 1. ein

Fürst im Stamme Manasse. 2. drei Anhänger Davids (zwei aus dem Stamme Dan). 3. ein Israelit aus Lobna, Großvater des Königs Joachaz (608 v. Chr.) und des Königs Sedekias von Juda (*ca.* 597—587) mütterlicherseits. 4. der große Prophet Jeremias (um 600 v. Chr.). 5. ein jüdischer Priester, der mit Zorobabel aus dem babyl. Exil zurückkehrte. 6. der Vater des Jezonias, eines Rechabiten z. Z. des Jeremias.

Ieremiel *indecl. m. s.* Ierameel.

Ieria *indecl. m.* (*hebr.*: Jahwe hat ausersehen?) Jeria, *angeblich*: ein Fürst v. Hebron, *wohl Einschub* (1. *Par.* 26, 31).

Ierias, ae *m.* (*hebr.*: Jahwe hat ausersehen) Jerias, ein Enkel des falschen Propheten Hananias z. Z. des Propheten Jeremias.

Ieriau *indecl. m.* (*hebr.*: Gott hat ausersehen?) Jeriau, Levit aus der Linie Kaath, Sohn Hebrons.

Ieribai *indecl. m.* (*hebr.*: Jahwe kämpft) Jeribai, ein Offizier Davids.

Iéricho *indecl.* (*hebr.*?) Jericho, Stadt in einer an Balsamstauden und Palmen fruchtbaren Gegend, nordöstlich von Jerusalem, Pal. (Benjamin), *j.*: Erîchâ, ein Dorf, aus elenden Hütten bestehend, mit *ca.* 300 Einw., *dav.*: **Ierichontīnŭs** 3 *oder* **Ierichuntīnŭs** 3 aus Iericho (*Jer.* 39, 5); Jerechuntīnī, ōrŭm *m.* Einw. von Jericho.

Ierichontīnŭs 3 *s.* Iericho.

Ierichuntīnŭs 3 *s.* Iericho.

Ieriel *indecl. m.* (*hebr.*: von Gott geführt?) Jeriel, Enkel des Issachar, dritter Sohn des Thola.

1. **Ierimoth** *indecl. m.* (*hebr.*: Hügel) Jerimoth 1. Enkel Benjamins, Sohn des Bela. 2. Enkel Benjamins, Sohn des Bechor. 3. (Jerocham) Ahnherr des Saul. 4. ein Sohn Davids. 5. ein Fürst im Stamme Levi z. Z. Davids. 6. ein Sänger z. Z. Davids. 7. ein Levit z. Z. des Königs Ezechias. 8. ein Fürst im Stamme Nephthali. 9. ein Jude, der seine fremden Weiber entließ.

2. **Ierimoth** *indecl.* Jerimoth 1. ehem. Königsstadt im Land der Amorrither, später im Stamme Juda, Pal. 2. Freistadt, Pal. (Issachar); (*auch*: Rameth *genannt*).

Ierimuth *indecl.* (*hebr.*) Jerimuth 1. ein Krieger aus dem Stamme Benjamin, der David auf der Flucht vor Saul folgte. 2. *s.* 1. Ierimoth 9.

Ierioth *indecl. m.* (*hebr.*: Zelttücher?) Jerioth, ein Israelit, Sohn Kalebs u. seiner Gattin Azuba.

Iermai *indecl. m.* (*hebr.*: *verderbt* aus Iirmja = Jahwe hat [Israel] niedergeworfen) Jermai, ein Jude, der nach dem Exil sein fremdes Weib entließ.

Ierobaal *indecl. m.* (*hebr.*: er bekämpft Baal) Jerobaal, Beiname des Gedeon (1. *Kön.* 12, 11).

Ieroboam *indecl. m.* (*hebr.*: der Oheim [Gott] ist groß) 1. Jeroboam I., Sohn des Nabath aus dem Stamme Ephraim, der erste König von Israel nach der Trennung (*ca.* 929—909). 2. Jeroboam II., König v. Israel (*ca.* 783 bis 743).

Ieroham *indecl. m.* (*hebr.*: Er [Gott] begnadet?) Jeroham 1. Großvater des Propheten Samuel. 2. ein Levit, Sohn des Eliel. 3. ein Levit, Sohn des Eliab. 4. ein Ahnherr Sauls. 5. ein Israelit aus dem Stamme Benjamin. 6. Vater des israelitischen Priesters Adajas. 7. Vater des Ioela u. Zabadia, zweier Offiziere Davids. 8. Vater des Fürsten Ezrihel aus dem Stamme Dan. 9. Vater des Azarias.

Ieron *indecl.* (*hebr.*: Schrecken?) Jeron, St., westlich von Hasor (el Churche), Pal. (Nephthali) (*Jos.* 19, 38).

Iĕrŏsŏlȳmă, ae *f. s.* Hierosolyma.

Iĕrŏsŏlȳmă, ōrŭm *n. s.* Hierosolyma.

Iĕrŏsŏlȳmītă, ae *m. s.* Hierosolymita.

Iĕrŏsŏlȳmītānŭs 3 *s.* Hierosolymitanus.

Iersia *indecl. m.* Jersia, Israelit aus dem Stamme Benjamin, Sohn des Jeroham.

Ierubaal *indecl. m. s.* Ierobaal.

Ieruel *indecl.* (*hebr.*: von Gott geführt?) Jeruel, eine Wüste im Süden von Juda, westlich vom Toten Meere (2. *Par.* 20, 16).

Ierusa *indecl. f.* (*hebr.*: Besitz?) Jerusa, Mutter des Königs Joatham von Juda (*ca.* 738—736).

Ierusalem *indecl.* (*hebraisiert*; *nach Grimme hettitisch*: rlm) *s.* Hierosolyma.

Iesaar *indecl. m.* (*hebr.*: frisches Öl?) Jesaar, Enkel Levis, zweiter Sohn Kaaths; dessen Nachkommen Jesaariten.

Iesaarītae, ārŭm *m.* Jesaariten, *s.* Iesaar.

Iesaias, ae *m.* (*hebr.*: Heil ist Jahwe) Jesaja, Vorsteher der achten Abteilung der Tempelsänger.

Iesamari *indecl. m.* (*hebr.*: Hüter ist Jahwe) Jesamari, Israelit aus dem Stamme Benjamin, Sohn des Elphaal.

Iesana *indecl.* (*hebr.*: die Alte, Altstadt) Jesana, St. im Reiche Israel, welche König Jeroboam I. ans Reich Juda verlor.

Iesba *indecl. m.* (*hebr.*: von Jahwe gepriesen?) Jesba, Israelit aus dem Stamme Juda, Sohn des Mared, Erbauer der Stadt Esthamo (Juda).

Iesbaam *indecl. m.* (*hebr.*: das Volk wird zurückkehren) (Jesboam) Jesbaam, ein Offizier Davids, Anführer der ersten Heeresabteilung.

Iesbacassa *indecl. m.* (*hebr.*) Jesbakassa, Vorsteher der ersten Musikabteilung z. Z. Davids.

Iesbibenob *indecl. sicher kein Eigenname*; *hebr. Text verderbt* (2. *Kön.* 21, 16); *vielleicht zu lesen*: „David war müde; es bezwang ihn einer aus den Nachkommen der Raphaiter" (Schlögl) *oder*: „. . . dabei wurde David müde. Nun war dort ein Riese von den Rafa-Söhnen" (Schulz).

Iesboam *indecl. m. s.* Iesbaam.

Iesboc *indecl. m.* (*hebr.*: von Jahwe verlassen?) Jesbok, der 5. Sohn Abrahams und seiner Nebenfrau Ketura.

Iescha *indecl. f.* (*hebr.*?) Jescha (Jiska), Tochter des Haran, des Bruders des Abraham; sie hieß sonst: Sarai (*Gen.* 11, 29).

Ieseias, ae *m.* (*hebr.*: Heil ist Jahwe) Jesejas 1. ein Sänger z. Z. Davids, Sohn des Idithun. 2. ein Nachkomme Davids, Enkel des Zorobabel.

Iesema *indecl. m.* (*hebr.*) Jesema, ein Israelit aus dem Stamme Juda.

Ieser *indecl. m.* (*hebr.*: Gebilde?) Jeser, der dritte Sohn des Nephthali, dessen Nachkommen die Jeseriten waren.

Ieserītae, ārŭm *m.* Jeseriten, *s.* Ieser.

Iesesi *indecl. m.* (*hebr.*) Jesesi, ein Israelit aus dem Stamme Gad.

Iesi *indecl. m.* (*hebr.*: Heil ist Jahwe) Jesi, 1. ein Israelit aus dem Stamme Simeon, dessen Söhne sich im Gebirge Seïr niederließen. 2. ein Israelit aus dem Stamme Juda.

Iesia *indecl. m.* (*hebr.*: Jahwe existiert) (Iesias) Jesja 1. ein Fürst im Stamme Issachar. 2. ein Offizier Davids. 3. zwei Leviten, Sohn Oziels u. Sohn Rohobias.

Iesiel *indecl. m.* (*hebr.*: Gott teilt) Jesiel, ein Israelit aus dem Stamme Nephthali, dessen Nachkommen die Jesieliten waren.

Iesielītae, ārŭm *m.* die Jesieliten, *s.* Iesiel.

Iesimon *indecl. hebr.*: Wildnis, Wüste, Einöde; *kein Eigenname* (1. *Kön.* 23, 24).

Iesmachias, ae *m.* (*hebr.*: Jahwe stützt) Jesmachias 1. ein Familienhaupt im Stamme Zabulon. 2. ein Levit, Aufseher über die Zehnten u. Opfer.

Iesmaias, ae *m.* (*hebr.*: Jahwe hat erhört) Jesmajas, ein Fürst im Stamme Zabulon z. Z. Davids.

Iespha *indecl. m.* (*hebr.*) Jespha, ein Israelit aus dem Stamme Benjamin, Sohn des Baria.

Iespham *indecl. m.* (*hebr.*) Jespham, ein Israelit aus dem Stamme Benjamin, Sohn des Sesak.

Iesraeli *indecl. m.* (*hebr.*:) *2. Reg. 17, 25, wohl richtiger zu lesen*: Jethro Ismaeli(tes) Jethro, ein Ismaelit (Madianit).

1. **Iesse** *indecl. m. s.* Isai.

2. **Iesse** *indecl. verstümmelt für das Wort Gosen oder einen anderen Ländernamen* (*Judith* 1, 9).

1. **Iessui** *indecl. m.* (*hebr.*) Jessui (Jischwi), der dritte Sohn des Aser, dessen Nachkommen: die Jessuiten.

2. **Iessui** *indecl. m.* 1. *Kön.* 14, 49, *wohl richtig* Ieschbaal (*hebr.*: der Herr [Gott] existiert) *zu lesen*, ein Sohn Sauls; (*vgl.*: Esbaal).

Iessuītae, ārŭm *m.* die Jessuiten, *s.* 1. Iessui.

Iestetten *indecl.* Jestetten, Redemptoristenkloster bei Schaffhausen.

1. **Iesua** *indecl. m.* (*hebr.*) Jesua 1. der zweite Sohn des Aser. 2. ein Levit z. Z. Davids.

2. **Iesua** *indecl. m.* (*hebr.*: Heil; Helfer) Jesua 1. ein Levit, der mit Zorobabel aus dem babyl. Exil zurückkehrte. 2. ein jüdischer Priester, nach dem die neunte Priesterklasse benannt wurde.

1. **Iesue** *indecl. m.* (*hebr.* Ieschua) Jesue, ein Levit, der die freiwilligen Tempelgaben zu verteilen hatte (2. *Par.* 31, 15).

2. **Iesue** *indecl.* (*hebr.*: Ieschua) Jesue, St. in Pal., die von Juden nach dem babyl. Exil bewohnt wurde.

iēsuītă, ae *m.* Jesuit.

Iēsŭlŭs, ī *m.* Jesuskind.

Iēsūs (*gen. dat. voc. abl.* Iesu, *acc.* Iesum) (*hebr.*: Ieschuʿa, Ioschuʿa, Iehoschuʿa: Heil, Rettung; Heiland, Erlöser, Helfer, Retter) Jesus 1. Ahnherr Christi, Sohn des Eliezer. 2. Sohn des Sirach, der Verfasser des Buches „der Prediger" *oder* Ekklesiastikus. 3. der Sohn des Nave, *s.* Iosue. 4. Sohn des Josedek, des ersten Hohenpriesters nach dem babyl. Exil. 5. ein Mitarbeiter des hl. Apostels Paulus (*Col.* 4, 11). 6. als Beiname Gottes (*Hab.* 3, 18).

Iēsūs Chrīstŭs, ī *m.* Name des menschgewordenen Gottessohnes, des göttlichen Welterlösers: Jesus Christus.

Ieta *indecl.* (*hebr.*) Jeta, Levitenst. Pal. (Juda oder Simeon); *j.*: Jetta, südl. v. Hebron.

Ieteba *indecl.* (*hebr.*: Güte) Jeteba, St. Pal. (Juda).

Ietebatha *indecl. hebr.*: *alter Akkusativ zu*: Ieteba.

Ieth *indecl. m.* (*hebr.*: Iahat: Einigung?) Jeth, ein Levit, Sohn des Gerson.

Iethela *indecl.* (*hebr.*) Jethela, St. Pal. (Dan).

1. **Iether** *indecl. m.* (*hebr.*: Rest; Verzug; Überfluß?) Jether 1. der erste Sohn Gedeons, des israelitischen Richters. 2. Gatte der Abigail, einer Schwester Davids. 3. zwei Israeliten aus dem Stamme Juda. 4. ein Israelit aus dem Stamme Aser (Jethran).

2. **Iether** *indecl.* (*hebr.*: Rest; Verzug; Überfluß?) Jether (Jattir), Leviten- u. Freistadt, südlich von Hebron, Pal. (Juda); *j.*: Ruinenstätte 'Attir, südlich von eš-Suweike (Socho) u. es Semû'a (Eschthemoa).

Ietheth *indecl. m.* (*hebr.*?) Jetheth, ein Fürst von Edom.

Iethma *indecl. m.* (*hebr.*?) Jethma, ein Moabiter u. Offizier Davids.

Iethnam *indecl.* (*hebr.*?) Jethnam, St. Pal., im Süden von Juda gegen Edom.

Iethraam *indecl. m.* (*hebr.*: der Oheim [Gott] ist überragend) Jethraam, ein Sohn Davids von der Elga.

Iethraeŭs, ī *m.* (Iethreus, Iethrites) der Jethräer oder Jethrite, Einwohner der Stadt Jether.

Iethrai *indecl. m.* (*hebr.*: Jahwe ist überragend) Jethrai, ein Levit der Linie Gersom.

Iethram *indecl. m.* (*hebr.*?) Jethram, ein Horiter, Sohn des älteren Dison.

Iethran *indecl. m.* (*hebr.*) Jethran, ein Israelit aus dem Stamme Aser, Sohn des Supha.

Iethrēŭs, ī *m. s.* Iethraeus.

Iethrītēs, ae *m. s.* Iethraeus.

Iethro *indecl. m.* (*hebr.*?) Jethro, ein Priester in Madian, Schwiegervater des Moses.

Iethson *indecl. schlechte Lesart der Vulgata*; *richtig*: Cademoth (*Jos.* 21, 36).

Iethur *indecl. m.* (*hebr.*?) Jethur, der zehnte Sohn Ismaels u. Enkel Abrahams, Stammvater der Ituräer.

Ietra *indecl. m.* (*hebr.*?) Jetra, wohl ein Ismaeliter, Vater des Amasa, den er mit Abigail, der Schwester Davids zeugte; *vgl.*: Jesraeli.

iēūnŭs 3 *s.* ieiunus.

Iezabad *indecl. m.* (*hebr.*: Jahwe hat geschenkt) Jezabad, ein Krieger Davids aus Gadera.

Iezabel *indecl. f.* (*phönizischer Name*; *nach Prätorius verkürzt aus hebr.*: „Baal hat Brüder geschenkt") Jezabel (Isebel) 1. Tochter des Ethbaal, Königs von Sidon u. Gemahlin des Königs Achab von Israel (*ca.* 873 bis 854). 2. falsche Prophetin nach *Geh. Off.* 2, 20; vielleicht ist darunter Sambatha, eine chaldäische Sybille zu verstehen, die bei Thyatira ein besuchtes Heiligtum hatte.

Iezatha *indecl.* (*pers.*) Jezatha, angeblich ein Sohn Amans *u.* Feind der Juden, der in Susa getötet wurde z. Z. der Königin Esther.

1. **Iezer** *indecl. m.* (*hebr.*, *wohl Kürzung für*: Asriel: Hilfe ist Gott) Jezer, ein Israelit aus dem Stamme Zabulon, dessen Nachkommen die Jezeriten.

2. **Iezer** *indecl.* (*hebr.*) Jezer, St. im Ostjordanland (Gad) (1. *Par.* 6, 81).

Iezerītae, ārŭm *m.* die Jezeriten, *s.* 1. Iezer.

Iezia *indecl. m.* (*hebr.*: Jizlia) Jezia, ein Jude, der sein fremdes Weib nach dem babyl. Exil entließ.

Iezlia *indecl. m.* (*hebr.*: Jizlia) Jezlia, ein Israelit aus dem Stamme Benjamin, Sohn des Elphaal.

Iezonias, ae *m.* (*hebr.*: Jahwe erhört) Jezonias 1. ein vornehmer Israelit bei Beginn des babyl. Exils. 2. Sohn des Jeremias, eines Rechabiten z. Z. des Propheten Jeremias. 3. ein Israelit, Sohn des Osaias z. Z. des Propheten Jeremias. 4. ein Götzendiener in Jerusalem z.Z. des Propheten Ezechiel. 5. ein Israelit, Sohn Azurs in Jerusalem z. Z. des Propheten Ezechiel.

Iezra *indecl. m.* (*hebr.*) Jezra, ein israelitischer Priester, Sohn des Mosollam.

Iezrael *indecl.* (*hebr.*: Gott sät) Jezrael 1. St. im östlichen Teile des Gebirges Juda, Pal. (Juda) 2. St. östlich von den südlichen Ausläufern des Karmelgebirges, südlich vom Berge Tabor, Residenz des Königs Jehu von Israel, Pal. (Issachar) (*auch*: Iezrahel); *dav.*: **Iezra(h)elītēs,** ĭs *m.*

Iezraelītĭs, ĭs *f.* (Iezrahelitis) die Jezraelitin, Einwohnerin der Stadt Jezrael.

1. **Iezrahel** *indecl. m.* (*hebr.*: Gott sät) Jezrahel 1. ein Israelit aus dem Stamme Juda. 2. ein Sohn des Propheten Osee.

2. **Iezrahel** *indecl. s.* Iezrael 2.

Iezrahelītēs, ae *m.* der Jezra(h)eliter, Einw. v. Jezra(h)el, *s.* Iezrael 2.

Iezrahelītĭs, ĭs *f.* die Jezrahelitin, *s.* Iezraelitis.

Iezraia *indecl.* (*hebr.*: Gott sät) Jezraja, Vorsteher der Sänger und der jüd. Priester, der von Babylon nach der Gefangenschaft mit vielen anderen heimkehrte (2. *Esdr.* 12, 41).

Igaal *indecl. m.* (*hebr.*: Er [Gott] erlöst) (Igal) Igaal 1. ein Kundschafter der Israeliten im Lande Kanaan. 2. ein

Offizier Davids, Sohn Nathans aus Soba.

Igal *indecl. m. s.* Igaal.

īgĭtŭr *conjunct.* also, demnach, folglich.

īgnārŭs 3 unkundig, unbekannt, unerfahren.

Ignătĭānŭs 3 von Ignatius.

Ignătĭŏlŭs, ī *m.* Ignazchen, vierjähriges Söhnchen der Elisabeth Fernandez, Martyrkind in Japan; *s.* B. Carolus Spinula.

S. Ignătĭŭs, ī *m.* hl. Ignatius, Bisch. v. Antiochien, Mart. † 107, 1. Febr.

S. Ignătĭŭs, ī *m.* hl. Ignatius, Patriarch von Konstantinopel z. Z. des hl. Nikolaus I. (858—867), † 877, 23. Oktober.

S. Ignătĭŭs de Loyola *m.* hl. Ignatius von Loyola, Stifter der Gesellschaft Jesu, † 1556, 31. Juli.

B. Ignătĭŭs de Azevedo et soc. *m.* sel. Ignatius von Azevedo u. seine Gefährten, Priester der Ges. Jesu, Mart. † 1570, 15. Juli.

Er war adeliger Abkunft aus Porto in Portugal, bekleidete in der Gesellschaft Jesu mehrere Aemter und wurde vom hl. Franz Borgias als Visitator nach Brasilien gesandt. Nach zwei Jahren kehrte er zurück, um neue Hilfskräfte für die Missionen zu holen. Sein Wunsch wurde erfüllt; 69 Männer aus Spanien und Portugal, fast alle jugendlichen Alters, gingen mit ihm. In Lissabon stießen sie in See. Mehrmals erhielt er durch himmlische Mahnung die Sicherheit, er werde mit 39 Gefährten, die mit ihm auf dem Schiffe fuhren, des Martertodes teilhaftig werden. Bei den kanarischen Inseln, im Anblick der Stadt Palma, tauchte plötzlich eine Piratenflotte unter Leitung des Kalviners Jakob Soria auf. Nach erfolgter Uebergabe fällte Soria das Todesurteil über die Diener Gottes und befahl, alle ohne Ausnahme niederzuhauen. Als erster trat Ignatius mit einem Muttergottesbild in der Hand, das er von Papst Pius V. erhalten, den Anstürmenden entgegen. Während er die Gefährten zur Standhaftigkeit ermahnte und die Ketzer ob ihrer Gottlosigkeit tadelte, hauchte er mit gespaltenem Haupte und von vielen Lanzenstichen durchbohrt seine starke Seele aus. Den übrigen wurden zum Hohne die Kleider ausgezogen, sie wurden mit Spottreden und Schlägen überhäuft, von Lanzenstichen durchbohrt und mit gebrochenen Armen und Beinen je zwei oder drei ins Meer getrieben, um so den glorreichen Martertod zu vollenden. Einen Laienbruder, den die Seeräuber für häusliche Dienste als nützlich erachteten, ließen sie übrig. Um die Zahl vierzig voll zu machen, trat an seine Stelle ein sehr junger Adeliger, Neffe eines Schiffskapitäns in Lissabon, Kandidat der Gesellschaft Jesu. Von Sehnsucht nach dem Martyrium entbrannt, zog er eilends das Gewand eines toten Martyrers an, bot sich zum Tode an und überstand ihn standhaft. Am gleichen Tage, den 15. Juli, sah die hl. Theresia zu Avila (Spanien), wo sie eben weilte, vierzig Martyrer mit Kronen geschmückt triumphierend in den Himmel eingehen und sprach dies auch offen aus. Von da wurden an mehreren Orten mit Erlaubnis der Bischöfe und mit Duldung des apostolischen Stuhles diese Martyrer öffentlich verehrt, später die Verehrung durch Priviligien vermehrt, die Pius IX. bestätigte. — 15. Juli (Ges. Jesu).

īgnāvĭă, ae *f.* Trägheit, Feigheit, Mutlosigkeit.

īgnāvŭs 3 träg, ohne Kraft, mutlos, feig.

īgnēscō 3 sich entzünden, in Brand geraten.

īgnĕŭs 3 feurig, glühend, flammend.

Igněŭs, ī *m.* der Feurige, Feuererprobte, Beiname des sel. Petrus, Kardinalbischofs von Albano (*Martyrol.* 8. Febr.).

Ignĭăcŭm, ī *n.* Igny, Cistercienserkloster, Fkr., Diöz. Reims.

īgnĭcŭlŭs, ī *m.* kleines Feuer, Flämmchen, Funke (*Js.* 30, 14).

īgnĭfĕr, fĕră, fĕrŭm feurig.

īgniflŭŭs 3 feuerströmend.

īgnĭs, ĭs *m.* (*abl.* ĕ u. ī) 1. Feuer, Hitze, schädliche Sonnenhitze (*Hymn. ad Sextam*); Feuerzeichen, Glanz. 2. Feuer des Geistes; Glut der Leidenschaft; ignes corporis Begierden des Fleisches; Liebe. 3. ignem concipere Feuer fressen.

īgnītŭs 3 1. feurig; lapis Feuerstein. 2. glühend, leidenschaftlich. 3. (vom Feuer) geläutert.

īgnōbĭlĭs, ĕ unbekannt, von niederer Herkunft, niedrig.

īgnōbĭlĭtās, ātĭs *f.* 1. Unberühmtheit, niedere Herkunft. 2. Unehre, Schmach.

īgnōbĭlĭtō 1 verunehren.

īgnōmĭnĭă, ae *f.* Beschimpfung, Schande.

īgnōmĭnĭōsŭs 3 schimpflich.

īgnōrābĭlĭs, ĕ unbekannt.

īgnōrantĕr *adv.* mit *oder* aus Unwissenheit.

īgnōrantĭă, ae *f.* Unwissenheit, Unkenntnis (*C. j. c.* 16); ignorantia facti: Unwissenheit in bezug auf die Tat (wenn jemand eine Handlung nicht für gesetzwidrig hält); ignorantia iuris (*d. h.* legis ecclesiasticae) Unkenntnis des Gesetzes (wenn jemand die entsprechenden Gesetzesvorschriften nicht kennt); ignorantia iuris invincibilis die schuldlose Unwissenheit, die stets vor Zensur u. Sünde bewahrt; ignorantia iuris **vincibilis** vel **culpabilis** die schuldbare Unkenntnis eines Gesetzes; sie ist vorhanden, wenn jemand ein Gesetz (Vorschriften u. dgl.) wissen kann u. wissen muß (wegen seines Standes, seiner Stellung). Ist diese Unkenntnis freiwillig (ign. voluntaria) und direkt gewollt, so heißt sie ignorantia affectata; sie schließt eine besondere Verachtung des Gesetzes in sich und läßt demgemäß eine Zensur jeweils eintreten (*C. j. c.* 2229 § 1); ist die Unkenntnis zwar freiwillig aber nicht direkt, sondern nur indirekt gewollt infolge der Nachlässigkeit im Studium des Gesetzes wegen der damit verbundenen Anstrengung oder wegen andrer Beschäftigung, so kann die Unwissenheit leicht oder schwer schuldbar sein. Erstere (ignorantia vincibilis leviter culpabilis) entschuldigt von Zensuren; bei letzterer ist zu unterscheiden, ob eine einfache schwere Schuld vorliegt oder eine besonders hohe Schuldbarkeit. Die ignorantia vincibilis simpliciter gravis culpabilis entschuldigt nicht von Zensuren, die einfachhin, ohne einschränkende Klausel ausgesprochen sind, wohl aber von Zensuren mit einschränkenden Klauseln, die eine höhere Kenntnis voraussetzen z. B. qui scienter (consulto) fecerit . .; letzteres gilt auch von der ignorantia crassa oder supina, die dann als vorhanden erachtet wird, wenn die Unwissenheit in besonders hohem Grade schwer schuldbar ist, wenn sie infolge allzu ausschließlicher Beschäftigung mit anderen Dingen u. grober Vernachlässigung des pflichtmäßigen Studiums entstanden ist.

īgnōrātĭō, ōnĭs *f.* 1. das Nichtkennen, die Unkenntnis: diei judicii. 2. Unkunde, Unwissenheit (*Ecclus* 23, 2).

īgnōrō 1 nicht kennen, nicht wissen.

īgnōscentĭă, ae *f.* Verzeihung, Vergebung.

īgnōscĭbĭlĭs, ĕ verzeihlich.

īgnōscō, nōvī, nōtŭm 3 verzeihen.

1. **īgnōtŭs** 3 *part. pft. pass. von* ignosco.

2. **īgnōtŭs** 3 unbekannt, fremd, unkundig.

Ihelon *indecl. m.* (*hebr.?*) Ihelon, ein Stammfürst der Edomiter, zweiter Sohn Esaus u. der Oolibama.

Iieabarim *indecl.* (*hebr.*: Ruinen von Abarim) Ijeabarim, ein Lagerplatz der Israeliten in der Wüste.

Iim *indecl.* (*hebr.*: Steinhaufen) Jim, St. Pal. (Juda).

Ilai *indecl. m.* (*hebr.*) Ilai, ein Offizier Davids.

Ilbōdŭs, ī *m.* Ilbod, ein Cisterciensermönch aus dem Kloster Cîteaux (Fkr.).

Ilcinēn. (*C. R.*) *s.* Mons Alcinus.

Ilcusĭēnsĭs părŏchĭă Pfarrei Ilkusi in der Diözese Krakau; (*auch*: Ilkusiensĭs).

S. Ildĕfōnsŭs, ī *m.* hl. Ildefons, Erzbischof von Toledo (657—667), Mart., 23. Januar.

īlĕ, ĭs *n. s. pl.*: ilia.

Ilerdă, ae *f.* Lérida, St. in Katalonien, Spanien, *ca.* 25000 Einw., Bischofssitz (seit 5. Jhdt.), Suffr. v. Tarragona; *dav.*: **Il(l)erdēnsĭs,** ĕ.

īlex, ĭcĭs *f.* Steineiche, Eiche.

īlĭă, ĭŭm *n.* (ile; ilium) 1. die Weichen (die weichen Teile des Unterleibs), Gedärme, Eingeweide, Bauch, Unterleib (2. *Kön.* 20, 8). 2. Magen, *auch*: Scham.

īlĭcĕt (= ire licet) *interj.* 1. laßt uns gehen! 2. es ist aus!

īlĭcō (illico = in loco) *adv.* sofort, auf der Stelle.

īlĭŭm, ī *n. s. pl.* ilia.

Ilkusĭēnsĭs, ĕ *s.* Ilcusiensis.

illā (*scil.* parte) *adv.* daselbst.

illābātŭs 3 unverletzt.

illābĕfactŭs 3 unerschütterlich.

illābĭs, ĕ makellos.

illābŏr, apsŭs sŭm 3 1. hineingelangen. 2. zusammenstürzen. 3. herniedergleiten, sich herniederlassen (*Hymn. Laud. Fer. II.* 2).

illābōrātŭs 3 1. unbearbeitet. 2. ohne Arbeit, ohne Mühe.

illābōrō 1 sich bei etwas abmühen.

illāc *adv.* (*scil.*: parte *oder* viā) auf jener Seite, da, dort.

illăcessītŭs 3 unangefochten.

illăcrĭmābĭlĭs, ĕ 1. unbeweint. 2. unerbittlich, erbarmungslos.

illăcrĭmō 1 (illacrymo, illacrimor, illacrymor) weinen (über etw.), beweinen.

illăcrĭmŏr 1 *s.* illacrimo.

illăcrȳmŏ(r) 1 *s.* illacrimo.

illāctĕnŭs insofern.

illaesŭs 3 unverletzt.

illaetābĭlĭs, ĕ unerfreulich, unwillkommen.

illāmentātŭs 3 unbeweint.

illăquĕō 1 verstricken, umgarnen.

illargĭō 4 reichlich beschenken.

illātīvus 3 folgernd.

illaudātŭs 3 ungelobt; ruhmlos; fluchwürdig.

illautŭs 3 *s.* illōtus.

illĕ, illă, illŭd (*gen.*: illĭŭs, *doch auch* illī (*altlat.* ol ī) *im Hymnus*: *Quaenam tibi, o Lancea . . .*; *dat.* illī) 1. jener, jene, jenes. 2. obig, eben erwähnt. 3. jener bekannte, berühmte. 4. *steht oft für* is *oder* ipse.

illĕcĕbră, ae *f.* Lockung, Anreizung.

illĕcĕbrōsŭs 3 verlockend, verführerisch.

illectāmentŭm, ī *n.* Lockmittel.

1. **illectŭs** 3 (*v.* illicio) angelockt.

2. **illēctŭs** 3 (*v.* in *u.* lego) ungelesen.

illēgĭtĭmŭs 3 1. ungesetzlich. 2. unehelich.

illĕpĭdŭs 3 geschmacklos, plump.

Illerdēn. (*C. R.*) *s.* Ilerda.

illībātŭs 3 unvermindert, ungeschmälert.

illībĕrālĭs, ĕ 1. unedel, niedrig. 2. karg, knauserig.

illībĕrālĭtās, ātĭs *f.* 1. unedles Benehmen, Ungefälligkeit. 2. Unfreigebigkeit, Knauserei, Kargheit, Habsucht.

Illĭbĕrī, ōrŭm *m.* (Illiberum) Elvira, alte Stadt in Andalusien (Spanien), die an der Stelle des heutigen Granada gestanden hat.

Illībĕrŭm, ī *n. s.* Illiberi.

illic *adv.* dort, daselbst.
illĭcĭtās, ātĭs *f.* Unerlaubtheit.
illĭcĭō, lēxī, lectŭm 3 reizen, verlocken, verführen.
illĭcĭŭm, ī *n.* Lockmittel.
illĭcĭtŭs 3 unerlaubt, unzuverlässig.
illĭcō *adv.* *s.* ilico.
illīdō, sī, sŭm 3 anstoßen; zerschellen, zerschlagen.
illĭgātĭō, ōnĭs *f.* das Festbinden.
illĭgō 1 1. anbinden, befestigen. 2. verstricken, umgarnen.
illĭm *adv.* *s.* illinc.
illĭmĭs, ĕ schlammfrei.
illĭmĭtātŭs 3 unbegrenzt.
illinc *adv.* (illim) von dort, dort; seit jener Zeit.
illĭnō, lēvī, lĭtum 3 bestreichen; etwas überziehen.
illĭquĕfactŭs 3 flüssig gemacht.
illīsĭō, ōnĭs *f.* das Anschlagen, das Zerschlagen.
illīsŭs 3 (*von* illīdo) zerschlagen; illiso capite mit zertrümmertem Schädel.
illittĕrātŭs 3 des Schreibens unkundig, ungelehrt, unwissend.
illĭtŭs 3 (*von* illino) bestrichen.
Illiturgĭŭm, ī *n.* Andujar, St. am Oberlauf des Guadalquivir, Spanien (Jaën).
illō *adv.* dorthin.
illōtŭs 3 (illautus) ungewaschen.
illūc *adv.* 1. dorthin, dahin. 2. dort.
illūcĕō 2 leuchten; *übtr.*: erhellen.
illūcēscō, lūxī 3 anfangen hell zu werden; *übtr.*: leuchten; *unpers.*: illucescit es tagt.
illūdō, lūsī, lūsŭm 3 1. mit etwas spielen: ad illudendum ei um mit ihm zu spielen (*Ps.* 103, 26); verspotten. 2. täuschen, betrügen, hintergehen.
illūmĭnātĭō, ōnĭs *f.* Erleuchtung, Licht.
illūmĭnātīvŭs 3 erleuchtend.
illūmĭnātŏr, ōrĭs *m.* Erleuchter.
illūmĭnō 1 1. erleuchten, erhellen; *pass.*: hell *oder* licht *oder* heiter werden. 2. schmücken.
illūsĭō, ōnĭs *f.* 1. Verspottung. 2. Vorspiegelung, Versuchung. 3. lumbi mei impleti sunt illusionibus meine Lenden sind angefüllt mit Spott, Gegenstand des Spotts [*hebr.*: sind voll Brand] (*Ps.* 37, 8).
illūsŏr, ōrĭs *m.* Verspotter, Spötter.
illūsōrĭŭs 3 verspottend; *übtr.*: hinfällig.
illūstrātĭō, ōnĭs *f.* Erleuchtung, Erscheinung; heiterer Glanz: vultus.
illūstrĭs, ĕ 1. erleuchtet, hell. 2. glänzend; berühmt, vornehm.
illūstrō 1 1. erleuchten, erhellen. 2. erklären, deutlich machen. 3. verherrlichen, leuchten lassen.
illŭvĭēs, ēī *f.* 1. Überschwemmung. 2. Unrat, Schmutz.
Illycetānŭs 3 aus Illyceto, Ort bei Siena, Italien.
Illўrĭă, ae *f.* *s.* Illyricum.
Illўrĭcŭm, ī *n.* (Illўrĭa) Illyrien, eine Gebirgslandschaft an der Ostküste des Adriatischen Meeres, das heutige Dalmatien, Bosnien u. Albanien umfassend.
Ilmă, ae *f.* *s.* 2. Ilmstadium.
Ilmī mŏnastērĭŭm, ī *n.* Ilmmünster, Pfarrdorf bei Pfaffenhofen, Bayern (Oberbayern), *ca.* 500 Einw.
1. **Ilmstădĭŭm,** ī *n.* Ilbenstadt bei Frankfurt a. Main; *dav.*: **Ilmstădĭēnsĭs,** ĕ.
2. **Ilmstădĭŭm,** ī *n.* (Ilma) Ilmstadt an der Ilm (in Schwarzburg-Rudolstadt); *dav.*: **Ilmstădĭēnsĭs,** ĕ.
Imă Tellŭs, Imae Tellūrĭs *f.* *s.* Guadalūpa.
Imad *indecl.* *m.* Imad, Bisch. v. Paderborn (11. Jhdt.).
Imae Tellūrĭs (*C. R.*) *s.* Guadalupa.
ĭmāgĭnālĭs, ĕ bildlich; zum Bilde gehörig.
ĭmāgĭnārĭŭs 3 eingebildet, scheinbar, imaginär, Schein-.
ĭmāgĭnātĭō, ōnĭs *f.* Einbildung, Vorstellung.
ĭmāgĭnŏr 1 sich einbilden; sich etwas bildlich in seiner Phantasie vorstellen.
ĭmāgĭnōsŭs 3 voller Einbildung.
ĭmāgō, ĭnĭs *f.* 1. Bild, Bildnis; imago principalis Fürstenbildnis. 2. Truggestalt, Schattenbild, Traumbild. 3. Erscheinung. 4. Gedanke, Vorstellung.
ĭmāguncŭlă, ae *f.* Bildchen.
īmās (ἡμᾶς) (*acc.*) uns.
imbēcillĭs, ĕ *s.* imbecillus.
imbēcillĭtās, ātĭs *f.* 1. Schwäche, Schwächlichkeit. 2. Hilflosigkeit, Ohnmacht.
imbēcillŭs (imbecillis) 3 hinfällig, schwach.
imbellĭs, ĕ unkriegerisch; friedlich, ruhig.
imbĕr, brĭs *m.* Regen, Regenguß.
imberbĭs, ĕ (imberbus) bartlos, unbärtig.
imberbŭs 3 *s.* imberbis.
imbĭbō, bĭbī 3 hineintrinken; einsäugen.
imbrex, ĭcĭs *f.* u. *m.* Hohlziegel (zur Ableitung des Regenwassers).
imbrĭfĕr, fĕră, fĕrŭm Regen bringend, regnerisch.
imbŭō, bŭī, būtŭm 3 1. benetzen, befeuchten, beflecken. 2. unterweisen.
S. Imerĭŭs, ī *m.* *s.* S. Himerius.
ĭmĭtābĭlĭs, ĕ nachahmenswert.
ĭmĭtāmĕn, ĭnĭs *n.* Nachahmung.
ĭmĭtāmentŭm, ī *n.* Nachahmung.
ĭmĭtātĭō, ōnĭs *f.* Nachahmung, Nachfolge.
ĭmĭtātŏr, ōrĭs *m.* Nachahmer, Nachfolger.

imĭtātrīx, īcĭs *f.* Nachahmerin.
imĭtātōrĭŭs 3 zur Nachahmung dienlich.
imĭtŏr 1 nachahmen, nachbilden, nachmachen.
immăcŭlābĭlĭs, ĕ unbefleckbar.
Immăcŭlātī Cordĭs Mariae de Scheut-Congregatio: Gesellschaft vom Unbefleckten Herzen Mariens aus Scheutveld (Holland).
immăcŭlātŭs 3 unbefleckt, rein, unversehrt.
immăcŭlō 1 beflecken.
immădēscō, ŭī 3 naß werden.
immanentĭă, ae *f.* das innerhalb eines Wesens sich Befindliche u. Wirkende, das Innewohnen (nach Kant Gegensatz: transcendentia = das außerhalb eines Wesens sich Befindliche u. Wirkende).
immanentismŭs, ī *m.* die Lehre, daß nur die Kräfte innerhalb eines Wesens auf dasselbe wirken können, nicht auch äußere Kraft.
immănĕō 2 bei etwas bleiben.
immānĭs, ĕ schrecklich, furchtbar, entsetzlich.
immānĭtās, ātĭs *f.* 1. ungeheuere Größe. 2. Entsetzlichkeit, Wildheit, Roheit.
immānsuētŭs 3 ungezähmt, unbändig, wild, roh.
Immanuel *indecl. m.* (*hebr.*: Gott mit uns) *s.* Emanuel.
immarcescĭbĭlĭs, ĕ unverwelklich, unvergänglich (1. *Petr.* 1, 4).
immātūrĭtās, ātĭs *f.* 1. Unreife, Unzeitigkeit. 2. Voreiligkeit.
immātūrŭs, 3 unreif, zu früh, unzeitig.
immĕdĭātŭs 3 unmittelbar.
immĕdĭcābĭlĭs, ĕ unheilbar.
immĕdĭtātē *adv.* kunstlos, unstudiert.
immĕmŏr, ŏrĭs vergessend, uneingedenk.
immĕmŏrābĭlĭs, ĕ unerwähnbar, über die Erinnerung hinaus, unvordenklich, seit unvordenklichen Zeiten (*C. j. c.* 5).
immĕmŏrātĭō, ōnĭs *f.* Vergessenheit.
immĕmŏrĭālĭs, ĕ der Vergessenheit angehörig.
immēnsĭtās, ātĭs *f.* Unermeßlichkeit, unermeßliche Größe.
immēnsŭs 3 unermeßlich, unbegrenzt.
immĕrēns, ntĭs schuldlos; *adv.*: immerenter.
immergō, mersī, mersŭm 3 eintauchen, versenken.
immĕrĭtō *adv.* unverdient.
immĕrĭtŭs 3 unschuldig.
immersābĭlĭs, ĕ unversenkbar.
immersĭō, ōnĭs *f.* das Untertauchen.
immētātŭs 3 unvermessen, unabgegrenzt.
immĭgrō 1 einwandern.
immĭnĕō 2 1. hervorragen, emporragen; drohend bevorstehen. 2. begierig verlangen, streben, lauern auf.
immĭnŭō, ŭī, ūtŭm 3 vermindern, schmälern, schwächen.
immĭnūtĭō, ōnĭs *f.* Verminderung.
immīscĕō, scŭī, īxtŭm *oder* īstŭm 2 hineinmischen; verflechten (cum).
immĭsĕrābĭlĭs, ĕ ohne Mitleid, erbarmungslos.
immĭsĕrĭcors, dĭs unbarmherzig.
immissĭō, ōnĭs *f.* 1. das Wachsenlassen, das Emporschießenlassen. 2. das Einschütten, Eingießen, Einschenken. 3. Eingebung (coelestis). 4, Schickung, Plage: immissiones per angelos malos.
immītĭgābĭlĭs, ĕ unversöhnbar; nicht zu besänftigen.
immītĭs, ĕ unsanft, hart, grausam.
immittō, mīsī, missŭm 3 1. hineinschicken, -senden. 2. auf etwas werfen, schleudern, loslassen. 3. anstiften, verursachen. 4. einführen, zulassen.
immō (īmō) *adv.* allerdings, freilich, wahrhaftig, ja sogar.
immōbĭlĭs, ĕ unbeweglich, unerschütterlich, unveränderlich.
immōbĭlĭtās, ātĭs *f.* Unveränderlichkeit.
immŏdĕrantĭă, ae *f.* (immoderātio) Maßlosigkeit, Zügellosigkeit, Unmäßigkeit, Ausschweifung.
immŏdĕrātĭō, ōnĭs *f. s.* immoderantia.
immŏdĕrātŭs 3 maßlos, unermeßlich, übertrieben, zügellos.
immŏdestĭă, ae *f.* Unbescheidenheit, Ungehorsam.
immŏdestŭs 3 unmäßig, unbescheiden.
immŏdĭcŭs 3 übertrieben, übermäßig.
immŏdŭlātŭs 3 unmelodisch.
immŏlātĭō, ōnĭs *f.* das Opfern, Opferung.
immŏlātŏr, ōrĭs *m.* Opferer.
immŏlō 1 opfern.
immŏrŏr 1 bei etwas verweilen, zögern.
immortālĭs, ĕ unsterblich, unvergänglich.
immortālĭtās, ātĭs *f.* Unsterblichkeit, ewige Glückseligkeit.
immōtŭs 3 unbewegt, unerschütterlich.
immundābĭlĭs, ĕ unauslöschlich.
immundĭtĭă, ae *f.* Unreinlichkeit, Unreinheit, Unkeuschheit.
immundŭs 3 schmutzig, unrein, unkeusch.
immūnĭs, ĕ 1. frei von Abgaben, steuerfrei. 2. unberührt, rein.
immūnĭtās, ātĭs *f.* 1. das Freisein von etwas, Abgabenfreiheit; Vergünstigung, Vorrecht. 2. Reinheit, Fehlerlosigkeit, Unversehrtheit.
immūnĭtĭō, ōnis *f.* 1. das Freisein von etwas. 2. ein Ort, der von Abgabe frei ist, Asyl 3. Schutz, Privileg.

mmūnītŭs 3 unbefestigt, mauerlos (*Gen.* 42, 12).
immūtābĭlĭs, ĕ unveränderlich.
immūtābĭlĭtās, ātĭs *f.* Unveränderlichkeit.
immūtātĭō, ōnĭs *f.* Veränderung, Umwandlung; Tod.
immūtēscō, mūtŭī 3 verstummen.
immūtō 1 1. verändern, umwandeln. 2. wiederholen: mirabilia. 3. *pass.*: einschrumpfen, z. B. *Ps.* 108, 24: propter oleum = aus Mangel an Öl (res pro rei defectu!).
imō *s.* immo.
Imolēn. (*C. R.*) *s.* Forum Cornelii.
impallēscō, lŭī 3 bleich werden, erblassen, erbleichen.
impalpābĭlĭs, ĕ unbetastbar.
impār, părĭs ungleich, nicht gewachsen.
impărātŭs 3 unvorbereitet.
impărĭlĭs, ĕ ungleich.
impărĭlĭtās, ātĭs *f.* Ungleichheit.
impartĭlĭs, ĕ unteilbar.
impartĭō (impartior = impertior) 4 verteilen.
impassĭbĭlĭs, ĕ nicht fähig zu leiden, dem Leiden nicht unterworfen; empfindungslos.
impassĭbĭlĭtās, ātĭs *f.* Empfindungslosigkeit, Leidenschaftslosigkeit.
impătĭēns, entĭs ungeduldig.
impătĭentĭă, ae *f.* Ungeduld.
impăvĭdŭs 3 unerschrocken, beherzt.
impeccābĭlĭs, ĕ fehlerlos, sündenfrei.
impeccantĭă, ae *f.* Sündenlosigkeit.
impĕdĭēns, entĭs aufschiebend (Ehehindernis).
impĕdīmentŭm, ī *n.* 1. Hindernis. 2. Gepäck, *bes. des Heeres.*
impĕdĭō 4 1. verhindern, hindern, hemmen. 2. unzugänglich machen, versperren; dies impeditus ein Tag, auf welchen ein höheres Fest fällt und an dem deshalb beispielsweise nicht in schwarzem Meßgewande zelebriert werden darf. 3. zu Falle bringen: electos Israel impedivit (*Ps.* 77, 31).
impĕdītĭō, ōnĭs *f.* Hemmung, Hindernis.
impĕdītŭs 3 schwierig, unzugänglich.
impellō, pŭlī, pulsŭm 3 antreiben, bewegen, verleiten, stoßen (*Ps.* 117, 13).
impendĕō 2 drohen, bevorstehen.
impendĭō *adv.* reichlich, sehr.
impendĭōsŭs 3 viel Aufwand machend.
impendĭŭm, ī *n.* Aufwand, Verlust, Aufopferung.
impendō, dī, pēnsŭm 3 verwenden, aufwenden für; misericordiam zuwenden, gewähren; auxilium Hilfe gewähren.
impĕnĕtrābĭlĭs, ĕ undurchdringlich.
impēnsă, ae *f.* Aufwand, Kosten.
impēnsŭs 3 1. teuer, kostspielig, mit großem Aufwand, eifrig. 2. bedeutend, übermäßig, dringlich, heftig.
impĕrātīvē *adv.* in befehlender Form.
impĕrātīvŭs 3 befehlend.
impĕrātŏr, ōrĭs *m.* Oberfeldherr, *bes.*: Kaiser.
impĕrātōrĭŭs 3 kaiserlich.
impĕrātrīx, īcĭs *f.* Herrscherin, Fürstin; *bes.* Kaiserin.
imperfectĭō, ōnĭs *f.* Unvollkommenheit.
imperfectŭm, ī *n.* unfertige Masse, Knäuel, Klumpen; Keim, Embryo; imperfectum meum viderunt oculi tui da ich noch unvollendet, noch im Keime war, sahen mich deine Augen (*Ps.* 138, 16).
imperfectŭs 3 unvollendet, unvollkommen.
impĕrĭālĭs, ĕ kaiserlich.
impĕrĭōsŭs 3 herrisch, gebieterisch.
impĕrītĭă, ae *f.* Unerfahrenheit, Unwissenheit.
impĕrĭtō 1 gebieten, befehlen, herrschen, kommandieren.
impĕrītŭs 3 unerfahren, unkundig.
impĕrĭŭm, ī *n.* 1. Befehl, Verordnung. 2. Gewalt, Macht (*Ps.* 85, 16), Herrschaft, Oberbefehl. 3. Herrschergebiet, Kaiserreich, Staat.
impermissŭs 3 unerlaubt.
impĕrātŭm, ī *n.* Befehl.
impĕrō 1 befehlen, verordnen, gebieten.
imperscrūtābĭlĭs, ĕ unerforschlich, unergründlich.
impersōnālĭs, ĕ unpersönlich.
imperspĭcŭŭs 3 undurchschaubar.
imperterrĭtŭs 3 unerschrocken.
impertĭlĭs, ĕ unteilbar.
impertĭnēns, entĭs nicht zur Sache gehörig; frech.
impertĭō, īvī *u.* ĭi, ītŭm 4 (impertior) jemandem seinen Anteil zukommen lassen, zuteilen, mitteilen, gewähren, schenken; erteilen: licentiam, indulgentias (*C. j. c.* 294 § 2).
impertĭŏr 4 *s.* impertio.
imperturbātŭs 3 ungestört, ruhig, mit Fassung.
impervestīgābĭlĭs, ĕ unerforschbar.
impervĭŭs 3 1. unwegsam, unzugänglich. 2. unerstürmbar.
impĕtīgō, ĭnĭs *f.* der chronische Ausschlag, Räude, Schorf (*Lev.* 22, 22); Krätze.
impĕtō, īvī, ītŭm 3 angreifen, beschuldigen.
impĕtrābĭlĭs, ĕ erreichbar, leicht zu erlangen.
impĕtrātĭō, ōnĭs *f.* Erlangung, Vergünstigung.
impĕtrātŏr, ōrĭs *m.* Erlanger.
impĕtrātōrĭŭs 3 Bitt-.

impĕtrātŭm, ī *n.* die Errungenschaft.
impĕtrō 1 1. erreichen, erlangen. 2. ausführen, vollenden.
impĕtŭōsŭs 3 ungestüm.
impĕtŭs, ūs *m.* 1. Angriff, Andrang (der Wogen), Ungestüm. 2. heftiges Verlangen, Leidenschaftlichkeit, Begeisterung.
impexŭs 3 ungekämmt.
impĭĕtās, ātĭs *f.* Gottlosigkeit.
impĭgĕr, gră, grŭm unverdrossen, fleißig.
impignŏrō 1 zum Pfande geben.
impĭgrĭtās, ātĭs *f.* Fleiß, Emsigkeit.
impingō, pēgī, pāctŭm 3 1. anschlagen, anheften, anstoßen. 2. aufnötigen, aufdrängen. 3. zwingen, nötigen, schleppen (4. *Kön.* 11, 16); *pass.* sich aufdrängen.
impinguō 1 1. fett machen, einfetten; einsalben. 2. kräftig, stark machen. 3. *intr.*: fett werden.
impĭō 1 sündigen.
impĭŭs 3 1. gottlos, verrucht, sündhaft. 2. abscheulich, verderblich.
implācābĭlĭtās, ātĭs *f.* Unversöhnlichkeit.
implācātŭs 3 unversöhnt.
implăcĭdŭs 3 unsanft, kriegerisch, wild.
implānō 1 vom ebenen (*d. h.*: richtigen) Wege abbringen, auf unebenen Weg leiten, irreführen (*Ecclus* 34, 11).
implantātĭō, ōnĭs *f.* Einpflanzung.
implantō 1 einpflanzen.
implānŭs 3 uneben.
implectō, plexī, plexŭm 3 hineinflechten, einflechten; verschlingen.
implementŭm, ī *n.* Erfüllung, Befriedigung, Ausführung (*C. j. c.* 296).
implĕō, ēvī, ētŭm 2 1. anfüllen, einfüllen (verbunden mit dem *gen.* dessen, was gefüllt wird; *auch* de *c. abl.*, *z.B. Luc.* 15, 16). 2. vollfüllen, sättigen, befriedigen. 3. vollenden, vollbringen; *pass.*: in Erfüllung gehen, eintreffen. 4. schwanger machen; *pass.*: schwanger werden, empfangen. 5. häufen (*Ps.* 109, 6).
implētĭō, ōnĭs *f.* Erfüllung, Ausführung.
implētīvŭs 3 ausfüllend, erfüllend; sacramentum figurarum impletivum: das Sakrament als Erfüllung der Vorbilder.
implexŭs 3 schwierig, verwickelt.
implĭcāmentŭm, ī *n.* Verwicklung.
implĭcātĭō, ōnĭs *f.* 1. Verflechtung; Einflechtung, Einfügung. 2. Verwicklung, Verwirrung, Verworrenheit.
implĭcātŭs 3 (implicitus) 1. verwickelt, verworren. 2. verschlossen.
implĭcĭtē *adv.* mitverwickelt, eingeschlossen.
implĭcĭtŭs 3 *s.* implicatus.
implĭcō 1 verwickeln, verknüpfen, verbinden, fesseln.
implōrātĭō, ōnĭs *f.* Anrufung, Hilferuf.
implōrātŏr, ōrĭs *m.* Anfleher, Fürbitter.
implōrō 1 anflehen, bitten, erflehen.
implŭō, ŭī 3 *intr.*: herabregnen; *trans.*: beregnen.
implŭvĭŭm, ī *n.* 1. der Regenbehälter, die Zisterne. 2. Hofraum, Hof. 3. der das Gotteshaus umgebende Kirchhof.
impoenĭtēns, entĭs unbußfertig, reuelos.
impoenĭtentĭă, ae *f.* Unbußfertigkeit, Reuelosigkeit.
impŏlītŭs 3 ungebildet, unerzogen.
impollūtŭs 3 unbefleckt.
impōnō, pŏsŭī, pŏsĭtŭm 3 1. aufsetzen, auflegen, einlegen: incensum; aufbürden. 2. zufügen, verursachen. 3. anstimmen: psalmum.
importābĭlĭs, ĕ unerträglich.
importō 1 hineintragen, einführen, verursachen.
importūnĭtās, ātĭs *f.* 1. Rücksichtslosigkeit, Aufdringlichkeit. 2. das inständige Bitten.
importūnŭs 3 1. ungünstig gelegen, unbequem, lästig. 2. frech, ungestüm, zudringlich.
impŏs, ŏtĭs *s.* impotens.
impŏsĭtĭō, ōnĭs *f.* das Auflegen; Anlegung (cincturae).
impossĭbĭlĭtās, ātĭs *f.* Unmöglichkeit.
impossĭbĭlĭs, ĕ 1. unmöglich. 2. unvermögend, außerstande.
impostŏr, ōrĭs *m.* Betrüger.
impostūră, ae *f.* Betrug, Betrügerei, Verfälschung.
impōtābĭlĭs, ĕ untrinkbar.
impŏtēns, entĭs (= impos) 1. ohnmächtig, schwach. 2. leidenschaftlich, zügellos, unbändig.
impŏtentĭă, ae *f.* 1. Ohnmacht, Hilflosigkeit. 2. Leidenschaftlichkeit.
impraegnō 1 schwängern.
impraepărātŭs 3 unvorbereitet.
impraesentĭārŭm *adv.* (*aus*: in praesentia harum *scil.*: rerum bei der gegenwärtigen Lage der Dinge) gegenwärtig, heute, für jetzt, vor der Hand.
imprānsŭs 3 ohne Frühstück, nüchtern.
imprĕcātĭō, ōnĭs *f.* Verfluchung.
imprĕcātōrĭŭs 3 die Verfluchung, Verwünschung betreffend; verwünschend.
imprĕcŏr 1 (Böses) anwünschen, fluchen.
impressĭō, ōnĭs *f.* 1. Eindruck. 2. Buchdruck, Drucklegung.
impressŏr, ōrĭs, *m.* Drucker; Verleger.
impressŭs 3 gedruckt.
imprĭmātŭr (imprimi potest) „es (scil.: das Manuskript) darf gedruckt werden“, gewöhnliche Erlaubnisformel der kirchlichen Oberen, womit die Druckgenehmigung gegeben wird.

imprīmīs *adv.* (*aus*: in primis unter den ersten) in erster Linie, vor allem, vorerst; vorzüglich, besonders.
imprĭmō, pressī, pressŭm 3 1. eindrücken, abdrücken. 2. drucken.
imprŏbābĭlĭs, ĕ verwerflich.
imprŏbātĭō, ōnĭs *f.* Mißbilligung, Verwerfung.
imprŏbĭtās, ātĭs *f.* 1. Schlechtigkeit. 2. Hartnäckigkeit, Ungestüm.
imprŏbō 1 mißbilligen, verwerfen.
imprŏbŭs 3 1. schlecht, ruchlos, boshaft. 2. unverschämt, schamlos.
imprŏcērŭs 3 niedrig, klein, unansehnlich.
imprōdictŭs 3 nicht verschoben, nicht verlegt.
imprōdūcō, duxi, ctŭm 3 nicht hervorbringen, nicht erzeugen.
imprōmptŭs 3 nicht rasch, langsam, ungewandt.
imprŏpĕrĭŭm, ī *n.* 1. Schmach, Schande, Schmähung, Beschimpfung. 2. Vorwurf; imprŏpĕrĭa, ōrŭm *n.* die „Improperien", die in der Karfreitagsliturgie, während der Verehrung des hl. Kreuzes abwechselnd von zwei Sängern u. zwei Chören gesungenen Klagevorwürfe Jesu an das israelitische Volk (Popule meus), die hauptsächlich dem Alten Testamente entnommen sind.
imprŏpĕrō 1 schmähen, Vorwürfe machen.
imprŏprĭĕtās, ātĭs *f.* verbi der uneigentliche, übertragene Gebrauch eines Wortes.
imprŏprĭŭs 3 uneigentlich.
imprōspĕrŭs 3 unheilvoll.
imprōvĭdentĭă, ae *f.* Unvorsichtigkeit.
imprōvĭdŭs 3 unvorsichtig, unbesorgt, unbekümmert.
imprōvīsō *adv. auch*: **ex** und **de improviso** unversehens, unvermutet, unerwartet.
imprōvīsŭs 3 unvermutet; *adv.* **ex** oder **de improviso.**
imprūdēns, entĭs unkundig, unwissend.
imprūdentĭă, ae *f.* Unkenntnis, Unklugheit.
impūbĕrēs, ŭm *m.* Kinder; Knaben, *vgl.*: impubes.
impūbēs, bĕrĭs (impūbis) unerwachsen, unreif, noch nicht mannbar, noch nicht heiratsfähig (nach dem allgemeinen kath. Kirchenrecht Knaben unter 14 u. Mädchen unter 12 Jahren, *C. j. c.* 88).
impūbĭs, ĕ *s.* impubes.
impŭdēns, entĭs unverschämt, schamlos.
impŭdentĭă, ae *f.* Schamlosigkeit.
impŭdīcĭtĭă, ae *f.* Unkeuschheit, Unzucht.
impŭdīcŭs 3 unzüchtig, schamlos.
impūgnātĭō, ōnĭs *f.* Anfechtung, Anfeindung, Ansturm; Bekämpfung.
impūgnātŏr, ōrĭs *m.* Angreifer, Feind, *bes.* Teufel.
impūgnō 1 angreifen, bekämpfen, verfolgen.
impulsĭō, ōnĭs *f.* Einwirkung, Anfechtung.
impulsīvŭs 3 lebhaft anregend.
impulsŏr, ōrĭs *m.* Antreiber, Anstifter.
impulsŭs, ūs *m.* Anregung, Antrieb.
impūnē *adv.* ungestraft, ohne Nachteil *oder* Schaden.
impūnĭtās, ātĭs *f.* 1. Straflosigkeit. 2. Ungebundenheit, Zügellosigkeit.
impūnītŭs 3 ungestraft.
impūrgābĭlĭs, ĕ unentschuldbar.
impūrĭtās, ātĭs *f.* Verkommenheit, Unkeuschheit.
impūrĭtĭă, ae *f.* Schändlichkeit.
impurpŭrātī, ōrŭm *m.* die (mit Purpur bekleideten) Kardinäle.
impurpŭrātŭs 3 mit Purpur bekleidet, *subst. pl.* Kardinäle.
impūrŭs 3 unrein, unlauter, unkeusch.
impŭtābĭlĭs, ĕ anrechenbar, zurechenbar.
impŭtābĭlĭtās, ātĭs *f.* Anrechenbarkeit, die Zuschiebung der Verantwortlichkeit (*C. j. c.* 2196).
impŭtātĭō, ōnĭs *f.* 1. Anrechnung der Schuld, Beimessung der Schuld, Verantwortlichkeit. 2. Berechnung.
1. **impŭtātŭs** 3 (*von* imputo) verdächtig, belastet.
2. **impŭtātŭs,** ī *m.* der Verdächtige, der Belastete (*C. j. c.* 1946 § 2, 2).
3. **impŭtātŭs** 3 (*von* in *u.* puto) unbeschnitten, ungepflegt.
impŭtō 1 anrechnen, in Rechnung bringen, zurechnen, zuschreiben; beimessen, zur Last legen.
imputrēscō, trŭī 3 in etwa verwesen, verfaulen.
imputrĭbĭlĭs, ĕ unverweslich.
īmŭlŭs 3 allerunterster.
īmŭs 3 *s.* inferus; *adv.* ad imum auf dem Grunde: calicis.
in *praep.* **A.** *mit acc.* (*griech.* εἰς): I. *räumlich*: (*in das Innere eines Raumes hinein, auf die Frage wohin*). 2. in, in . . . hinein: in domum tuam (*Ps.* 5, 8). 2. in . . . hin, in, nach: in Idumaeam (*Ps.* 59, 10). 3. in . . . hinauf, auf: in coelum, in montem (*Ps.* 10, 1). 4. in . . . hinab: in foveam (*Ps.* 7, 16); in infernum (*Ps.* 9, 18). 5. *zur Angabe der Richtung*: zu . . . hin, nach . . . hin, nach, wärts: in preces eorum zu ihrem Gebet hin, ihrem Gebete zu (*Ps.* 33, 16); in septentrionem: nach Norden hin, nordwärts. II. *zeitlich*: 1. *zur Angabe der Zeit, bis in die*

hinein sich etwas erstreckt: in . . . hinein, bis . . . in . . . hinein, für; in noctem bis in die Nacht hinein; in longitudinem dierum (*Ps.* 22, 6); in aeternum; in saeculum saeculi; in omne tempus für alle Zeit, für immer. 2. *zur Angabe des Zeitpunktes, der für etwas oder für den etwas bestimmt ist*: für, auf: in triginta dies auf 30 Tage, in crastinum, in posterum diem für morgen, auf den folgenden Tag; mit usque: bis auf, bis in: usque in aeternum (*Ps.* 27, 9). III. *übtr.*: *zur Bezeichnung anderer Verhältnisse*: 1. *zur Bezeichnung der Ausdehnung oder Richtung im Raume*: in latitudinem (*Ps.* 54, 24); in altum (*Ps.* 7, 8). 2. *zur Angabe des Übergangs aus einem Zustand in einen anderen*: mutare in peius; convertere mare in aridam (*Ps.* 65, 6); convertit petram in stagna aquarum et rupem in fontes aquarum (*Ps.* 113, 8). 3. *zur Bezeichnung der Teile einer Einteilung oder Verteilung* = in: in partes tres; auf: in capita auf jeden Kopf; unter, an: in homines unter Leute, in viros an Männer verteilen. 4. *zur Angabe des Zweckes oder Zieles*: zu, für, behufs, auf . . . hin, wegen: exsurge in adiutorium erhebe dich zur Hilfe (*Ps.* 34, 2); in hoc dafür, dazu, deswegen. 5. *zur Angabe der Angemessenheit, der Art u. Weise, der Beschaffenheit* = in: in quantum inwieweit; gemäß: in rem esse sachgemäß sein, förderlich sein; auf, nach: in modum auf diese Weise, nach dieser Art; in morem nach Sitte, der Sitte gemäß. 6. *zur Bezeichnung des Gegenstandes* (*der Person*), *auf den* (*die*) *Handlungen* (*freundliche oder feindliche*) *gerichtet sind* = gegen: severus in filium streng gegen den Sohn; crudelis in hostes grausam gegen die Feinde; in (= adversus) superbias eorum (*Ps.* 73, 3); in me psallebant (68, 13); insurrexerunt in (= adversus) me testes iniqui (*Ps.* 26, 12). 7. *in manchen Fällen, in denen der Ablativ zu erwarten ist, bei denen aber eine Bewegung mit ausgedrückt ist*: in potestatem habere in der Gewalt haben (in die Gewalt bekommen), in carcerem asservari iubere im Gefängnisse verwahren lassen (ins G. bringen und dort lassen); in vulgus ignotus beim Volke unbekannt. IV. *in besonderen Fällen in c. acc. statt* 1. *des einfachen Nominativs*: esto mihi in Deum protectorem (*Ps.* 30, 3) = esto mihi. Deus protector: sei mir ein schützender Gott; hic factus est in caput anguli (*Ps.* 117, 22) dieser ist der Eckstein geworden. Factus est homo in animam viventem (*Gen.* 2, 7) = anima vivens. 2. *statt des einfachen Akkusativs*: accepisti in uxorem (2. *Reg.* 12, 9) = ac. uxorem als (zur) Frau genommen; constitues in caput (*Ps.* 17, 44) = c. caput als Haupt. 3. *statt des bloßen Ablativs*: iustificata in semetipsa (*Ps.* 18, 10) = semetipsis durch sich selbst gerechtfertigt; reddere in illum diem = illa die an jenem Tage; in pauca fidelis = paucis fidelis. 4. *statt eines Adverbs oder Adjektivs*: in idipsum = simul; in vanum = frustra; in finem = penitus, prorsus gänzlich, ganz und gar (*Ps.* 9, 7; 12, 1; 51, 7); superbia in finem = s. infinita ein maßloser Hochmut.

B. *mit abl.* (griech. ἐν) I. *räumlich* (*zur Bezeichnung des Seins in einem Raume, auf die Frage wo*) 1. in: in templo, in corde meo; *auch von der Kleidung, in der man ist*: in vestitu deaurato; an: in collo, in porta; auf: in via, in cathedra, in capite. 2. vor, unter: in oculis esse vor den Augen sein; in hominibus unter Menschen. 3. innerhalb: in tribus millibus passuum innerhalb eines Raumes von 3000 Schritten. 4. in, mit (= cum), unter: in veste im Kleide, mit dem Kleide; in armis mit den Waffen, unter den Waffen. II. *zeitlich* (*zur Angabe der Zeit*) in, innerhalb, im Verlauf von, während: in multis annis, in vita mea, semel in mense; *auch beim Ablativ des Gerunds*: in convertendo beim Zurückweichen, während sie zurückwichen (*Ps.* 9, 4). 2. (*zur Angabe des Zeitpunktes, der Zeitumstände*) zur Zeit, bei Gelegenheit: in fame, in funere, in tempore opportuno zur rechten Zeit (*Ps.* 1, 3), in die afflictionis zur Zeit, gelegentlich meiner Trübsal (*Ps.* 17, 19). III. *übtr. zur Bezeichnung anderer Verhältnisse*: 1. *zur Angabe von Umständen, Verhältnissen und Zuständen, in denen sich etwas befindet oder unter denen etwas geschieht*: in, bei, unter: in ira, in tribulatione, in honore, in periculo unter Gefahr; hac in re, in hoc hierin, hierbei: si exsurgat adversum me praelium, in hoc ego sperabo wenn auch gegen mich Kampf entsteht, so bin ich dabei doch voll Hoffnung (*Ps.* 26, 3). 2. *zum Ausdruck der Tätigkeit*: in: in motu esse in Bewegung sein. 3. *bei Angabe der Beziehung*: in Ansehung, inbetreff, hinsichtlich, bezüglich: idem in bono servo dici solet. 4. *zur Angabe einer Klasse oder Anzahl von Gegenständen, zu der etwas gehört* = unter: in his unter diesen, in quibus unter welchen, in carminibus unter den Liedern (*Ps.* 6, 1). 5. *zur Bezeichnung der Art und Weise, wie etwas geschieht* = mit: servite Domino in timore; (*oft zur Umschreibung des Adverbs*) in dolo, in innocentia, in sapientia (sapienter), in iustitia (iuste auf gerechte Weise), in excelso (superbe *Ps.* 72, 8). 6. *zur Angabe des Grundes*: um - willen, über, wegen, durch in malignantibus über die Bösen, wegen der Übeltäter (*Ps.* 36, 1); in multitudine misericordiae wegen der Menge des Erbarmens (*Ps.* 5, 8); laetabimur in salurari tuo et in nomine Dei nostri magnificabimur wir werden jubeln über dein Heil (deinen Sieg) und um des Namens unseres Gottes willen frohlocken (*Ps.* 19, 6). 7. *zur Angabe des Mittels, der Vermittelung*: mit, durch, vermittels, auf (bei musikalischen Instrumenten): reges eos in virga ferrea mit eisernem Zepter (*Ps.* 2, 9); non in labiis dolosis mit Lippen ohne Trug (*Ps.* 16, 1); in voce exultationis mit lautem Jubel (*Ps.* 46, 2); in brachio virtutis tuae: durch deinen kraftvollen Arm (*Ps.* 88, 11); salvabo eas in Domino suo; in principe daemoniorum eiicit daemones; in cithara auf der Zither (*Ps.* 97, 5); in decachordo psalterio auf der zehnsaitigen Leier (*Ps.* 91, 4). 8. *zum Ausdruck der Begleitung, des Mitverbundenseins* (statt cum) = mit: congregatio taurorum in vaccis populorum mit den Völkerkühen (*Ps.* 67, 31); in confessione mit Lobpreis (*Ps.* 94, 2); in vitulis tribus mit drei Kälbern (1. *Reg.* 1, 24); in generatione justa mit dem gerechten Geschlecht (*Ps.* 13, 6); in virtutibus nostris (= cum exercitibus nostris) mit unseren Kriegsheeren (*Ps.* 43, 10); in holocaustis mit Brandopfern (*Ps.* 65, 13); homo in spiritu immundo mit einem unreinen Geiste (1 *Mc.* 1, 23); in velamento clamabant sancti tui mit dem Siegeszeichen (der Palme!) riefen deine Heiligen (*Ant.* 3 *Laud. plur. Martyr. temp. pasch.*). 9. *bei Aufzählungen* = an: in auro an Gold. 10. als, in der Eigenschaft von: in Deo omnipotenti. 11. *für andere Präpositionen, die sinngemäß richtiger sind*: ut biberent in (= ex) eis (*Dan.* 5, 2); loquebar in (= de) testimoniis tuis (*Ps.* 118, 46); protegar in (= sub) velamento alarum tuarum (*Ps.* 60, 5); agere in testamento (= adversus testamentum, *Ps.* 43, 18); in semetipso (= apud semetipsum) statuit, ut delinquat (*Ps.* 35, 2); iudicare orbem in viro (= per virum, *Act.* 17, 31); sanctificare in Spiritu Sancto (= per Spiritum S., *Rom.* 15, 16); arguere in sacrificiis (= propter sacrificia, *Ps.* 49, 8; *vgl.* oben 6. Grund!); laudare in virtutibus (propter virtutes, *Ps.* 150, 2); gratias agere in gratia (= propter gratiam, 1. *Cor.* 1, 4). 12. in mit abl. steht in manchen Fällen und zwar häufiger als es im klassischen Latein vorkommt, in denen man in mit acc. erwarten sollte, weil die Frage „wohin" lauten muß; doch ist in mit abl. durch den auf die Wohinbewegung folgenden u. länger dauernden Zustand der Ruhe u. des Bleibens (Frage wo?!) gerechtfertigt: Accipiens Simeon puerum in manibus Simeon nahm das Kind in die Hände (in manus u. behielt es [länger] in den Händen in manibus, ℟. *VIII. Fest. Purif. B. M. V.*); beatus vir, qui non abiit in consilio impiorum, glückselig der Mann, der nicht ging in den Rat der Gottlosen (in consilium, und nicht dort in consilio blieb, *Ps.* 1, 1); convertere in sinu meo zurückkehren in meinen Busen (in sinum meum, um dann zu bleiben: in sinu meo *Ps.* 34, 13); posuisti in capite eius (*ἐπὶ τὴν κεφαλὴν αὐτοῦ*) coronam du setzest die Krone auf sein Haupt (in caput u. sie ist nun dort in capite, *Ps.* 20, 4); venientium in loco isto (in locum istum, aber um dort in loco isto zu verweilen, ℟. *III. Dedic. Eccl.*). IV. *in besonderen Fällen* in mit abl.: 1. *statt des einfachen Nominativs*: fuit illis in velamento diei et in luce stellarum nocte er [Gott] war für sie [die Israeliten] der Schleier (das Zeichen = velamentum) bei Tag u. die Leuchte (lux) bei Nacht (*Sap.* 10, 17); erunt duo in carne una beide werden ein Fleisch sein = una caro *Gen.* 2, 24; infirmabitur omnis, qui habitat in ea, in bestia agri et in volucre caeli dahinschmachtet jeder, der darin [im Lande] wohnt, das Tier das Feldes und der Vogel des Himmels [infirmabitur] bestiă agri et [infirmabitur] . volucer caeli (*Os.* 4, 3). 2. *statt des einfachen Akkusativs*: videre in bonitate Gutes sehen = v. bona (*Ps.* 105, 5). 3. *statt des abl. instrumenti ohne praep.*: virgā ferreā mit eisernem Zepter (*Ps.* 2, 9); ore meo mit meinem Munde (*Ps.* 88, 2); arcu et gladio, equis et equitibus mit

Bogen u. Schwert, mit Roß u. Mann (*Os.* 1, 7). 4. *in Hebraismen statt eines Adjektivs*: vox Domini in virtute, vox D. in magnificentia die starke, die mächtige Stimme Jahwes = vox fortis, v. magnifica (*Ps.* 28, 4); omnia opera eius in fide alle seine Werke sind treu = fidelia (*Ps.* 32, 4). 5. in me sunt, Deus, vota tua bei mir sind (zum Erfüllen) deine Gelübde, ich schulde dir, o Gott, was ich dir gelobt habe (*Ps.* 55, 12).

ĭnaccēssĭbĭlĭs, ĕ unnahbar, unzugänglich.

ĭnaccēssĭbĭlĭtās, ātĭs *f.* Unzugänglichkeit.

ĭnaccēssŭs 3 unzugänglich, unerforschlich.

ĭnaccūsābĭlĭs, ĕ unanklagbar.

ĭnăcēscō, ăcŭī 3 1. sauer werden. 2. verdrießen.

ĭnăcŭō, ŭī, ūtŭm 3 verschärfen.

ĭnădaequātŭs 3 nicht entsprechend, unangemessen, verschieden.

ĭnadsuētŭs 3 *s.* inassuetus.

ĭnădūstŭs 3 nicht angebrannt, nicht versengt.

ĭnadvertentĭă, ae *f.* Unaufmerksamkeit, Unachtsamkeit, Nachlässigkeit (*C. j. c.* 2202 § 3).

ĭnaedĭfĭcō 1 1. hineinbauen, anbauen, aufbauen. 2. verbauen, verbarrikadieren.

ĭnaequābĭlĭs, ĕ ungleich.

ĭnaequālĭs, ĕ uneben, ungleich, verschieden.

ĭnaequālĭtās, ātĭs *f.* Verschiedenheit.

ĭnaequātŭs 3 ungleich.

ĭnaequō 1 eben *oder* gleich machen.

ĭnaestĭmābĭlĭs, ĕ unschätzbar, von unschätzbarem Werte.

ĭnaffectātŭs 3 ungekünstelt.

ĭnăgĭtābĭlĭs, ĕ unbeweglich.

ĭnaltō 1 erhöhen, aufhäufen (*Ecclus* 20, 30).

ĭnămābĭlĭs, ĕ nicht liebenswürdig; verhaßt, widerlich.

ĭnămārēscō, rŭī 3 1. bitter werden. 2. anekeln, vergällt werden.

ĭnămārĭcō 1 erbittern.

ĭnambĭtĭōsŭs 3 nicht ehrgeizig; anspruchslos.

ĭnambŭlātĭō, ōnĭs *f.* das Auf- u. Abgehen, das Umhergehen.

ĭnambŭlō 1 auf- und abgehen.

ĭnămĭssĭbĭlĭs, ĕ unverlierbar.

ĭnămoenŭs 3 unerfreulich, reizlos; traurig.

ĭnămōvĭbĭlĭs, ĕ 1. unbeweglich. 2. unveräußerlich. 3. unabsetzbar (*C. j. c.* 2147).

ĭnămōvĭbĭlĭtās, ātĭs *f.* Unabsetzbarkeit.

ĭnănĭmālĭs, ĕ *s.* inănĭmus.

ĭnănĭmātŭs 3 *s.* inănĭmus.

ĭnănĭmŭs 3 (inanimalis, inanimatus) unbeseelt, unbelebt, leblos.

ĭnānĭs, ĕ 1. leer, gehaltlos, nichtssagend. 2. eitel, eingebildet; unnütz, vergeblich. 3. arm, unbemittelt; verlassen; anima verschmachtend. 4. kinderlos. 5. inanis deus = Götze.

ĭnānĭtās, ātĭs *f.* Leere, Nichtigkeit, Eitelkeit.

ĭnānĭtĭō, ōnĭs *f.* Entkräftung.

ĭnapprĕhēnsĭbĭlĭs, ĕ unbegreiflich, unfaßbar.

ĭnăquōsŭm, ī *n.* die Wüste (*Ps.* 77, 17).

ĭnăquōsŭs 3 wasserarm, dürr.

ĭnărātŭs 3 ungepflügt, brach.

ĭnārdēscō, ārsī 3 entbrennen, erglühen.

ĭnārēscō, rŭī 3 eintrocknen, versiegen.

ĭnargentō 1 versilbern, übersilbern.

Ĭnărĭmē, ēs *f.* (Aenaria, Isclanensis eccl.) Ischia, Insel im Golfe von Neapel, It., *ca.* 27000 Einw.; Bischofssitz, Suffr. v. Neapel.

ĭnassuētŭs 3 (inadsuetus) ungewohnt, ungewöhnlich.

ĭnattĕnŭātŭs 3 ungeschwächt, unvermindert.

ĭnaudāx, ācĭs unbeherzt, verzagt.

ĭnaudībĭlĭs, ĕ unhörbar.

ĭnaudĭentĭă, ae *f.* Ungehorsam.

ĭnaudĭō 4 unter der Hand hören, vernehmen, gelegentlich erfahren.

ĭnaudītŭs 3 ungehört, unerhört.

ĭnaugŭrālĭs, ĕ 1. zur Vogelbeschau gehörig. 2. zur feierlichen Einweihung gehörig, Einweihungs...-; auf die Aufnahme bezüglich, Antritts-.

ĭnaugŭrātĭō, ōnĭs *f.* Anfang, Weihe, Einweihung.

ĭnaugŭrō 1 einweihen, aufnehmen in.

ĭnaurēs, ĭŭm *f.* Ohrgehänge, -ringe.

ĭnaurĭs, ĭs *f.* der Ohrring.

ĭnaurō 1 vergolden.

ĭnausŭs 3 ungewagt, unversucht.

ĭnauxĭlĭātŭs 3 hilflos.

inbalsămō 1 einbalsamieren.

inb . . . *s.* imb . . .

incaedŭŭs 3 ungehauen, nicht abgetrieben.

ĭncalcātŭs 3 unbetreten.

incălēscō, lŭī 3 1. heiß werden, erglühen. 2. entbrennen, sich erhitzen, ereifern.

incallĭdŭs 3 unklug.

incandēscō, dŭī 3 1. weiß werden. 2. erglühen.

incānēscō, nŭī 3 grau *oder* weiß werden.

incantāmentŭm, ī *n.* Zaubermittel.

incantātĭō, ōnĭs *f.* Zauberei, Anrufung böser Geister.

incantātŏr, ōrĭs *m.* Zauberer, Beschwörer.

incantō 1 bezaubern, beschwören, bezähmen.

incăpābĭlĭs, ĕ unfaßbar.

incăpācĭtās, ātĭs *f.* Unfähigkeit.

incăpāx, ācĭs unfähig.
incarcĕrātĭō, ōnĭs *f.* Einkerkerung.
incarcĕrō 1 einkerkern.
incardĭnātĭō, ōnĭs *f.* Eingliederung, Einverleibung eines Klerikers in eine bestimmte Diözese (*C. j. c.* 111 § 2).
incardĭnō 1 einverleiben, eingliedern; *bes.*: in eine Diözese aufnehmen.
incarnātĭō, ōnĭs *f.* Fleischwerdung, Menschwerdung (Christi).
incarnŏr 1 Fleisch annehmen, Mensch werden.
incassŭm *adv.* vergeblich.
incastīgātŭs 3 ungestraft, untadelhaft.
incastrātūră, ae *f.* Falz (am Holzwerk), Gefüge (*Ex.* 26, 15); Zapfen, Ausschnitt.
incăthŏlĭcŭs 3 unkatholisch.
incautŭs 3 arglos, sorglos.
incēdō, cēssī, cēssŭm 3 einhergehen, -schreiten, marschieren, anrücken.
incēnātŭs 3 hungrig.
incendĭārĭŭs, ī *m.* Brandstifter, Mordbrenner.
incendĭŭm, ī *n.* 1. Brandstiftung, Brand, Feuersbrunst. 2. Verderben, Vernichtung. 3. Feuer der Leidenschaft.
incendō, cendī, cēnsŭm 3 1. anzünden, entzünden, entflammen. 2. aufregen, reizen, aufhetzen.
incēnsātĭō, ōnĭs *f.* Beräucherung (mit Weihrauch).
incēnsĭō, ōnĭs *f.* Brand.
incēnsō 1 mit Weihrauch beräuchern.
incēnsŭm, ī *n.* Weihrauch, Rauchwerk, Rauchopfer, Opferduft.
incentīvŭm, ī *n.* Ansporn, Reizmittel.
incentīvŭs 3 anstimmend, vorangehend, vorstehend, anregend, anreizend.
incentŏr, ōrĭs *m.* Urheber, Anstifter.
inceptĭō, ōnĭs *f.* das Beginnen, Unternehmen.
inceptō 1 beginnen, unternehmen.
inceptŏr, ōrĭs *m.* Anfänger.
inceptŭm, ī *n.* das Unternehmen.
inceptŭs 3 angefangen, unternommen, unvollendet.
incēr 1 mit Wachs überziehen.
incertŭs 3 ungewiß, unbestimmt, zweifelhaft, unentschieden.
incēssābĭlĭs, ĕ unaufhörlich.
incēssantĕr *adv.* unablässig.
incēssŭs, ūs *m.* 1. das Einhergehen, der Gang. 2. Einfall.
incestō 1 schänden, entehren.
incestŭm, ī *n.* (incestus) Blutschande, Unzucht unter Blutsverwandten oder Verschwägerten, Inzest.
incestŭōsŭs 3 *s.* 1. incestus.
1. **incestŭs** 3 (incestuosus) unrein, befleckt, unzüchtig, blutschänderisch.
2. **incestŭs,** ūs *m.* *s.* incestum.

inchŏātĭō, ōnĭs *f.* Anfang; sermo inchoationis Lehre von den Anfangsgründen.
inchŏātīvŭs 3 anfangend, beginnend; einen Anfang bezeichnend.
inchŏō 1 1. anfangen, beginnen. 2. anstimmen.
incĭbātŭs 3 gefüttert.
incĭdēns, entĭs einfallend, zufällig, noch dazukommend; gegebenenfalls, nebenbei; causa incidens Zwischenstreit (*C. j. c.* 1815, 1837).
1. **incĭdō,** cĭdī, cĭsūrŭs 3 1. auf etwas fallen, stoßen; auf einen Tag fallen. 2. in etwas geraten, verfallen. 3. vorfallen, sich ereignen, widerfahren. 4. angreifen, überfallen.
2. **incīdō,** cīdī, cīsŭm 3 1. einschneiden, -hauen. 2. hemmen.
incĭnĕrātĭō, ōnĭs *f.* Einäscherung.
incĭnĕrō 1 einäschern.
incingō, cīnxī, cīnctŭm 3 umgürten.
incĭpĭō, cēpī (coepī), ceptŭm 3 beginnen, unternehmen.
incircumcīsŭs 3 nicht beschnitten, heidnisch.
incircumscrīptŭs 3 unbegrenzt, unbegrenzbar.
incīsē *adv.* 1. zerschnitten. 2. kurz gegliedert.
incīsĭm *adv.* 1. zerschnitten. 2. kurz gegliedert.
incīsĭō, ōnĭs *f.* (incīsum, incisūra) Einschnitt; Abschnitt, Glied.
incīsŭm, ī *n.* *s.* incisio.
incīsūră, ae *f.* *s.* incisio.
incĭtāmentŭm, ī *n.* Reizmittel; Anreizung, Triebfeder.
incĭtātĭō, ōnĭs *f.* Anregung, Trieb.
incĭtātŭs 3 beschleunigt, schnell.
incĭtō 1 1. antreiben. 2. anspornen, reizen, begeistern.
1. **incĭtŭs** 3 stark bewegt, schnell.
2. **incĭtŭs** 3 unbewegt.
incīvīlĭs, ĕ 1. unhöflich, unfreundlich. 3. grausam; tyrannisch.
inclāmĭtō 1 anschreien.
inclāmō 1 laut schreien, um Hilfe anrufen.
inclārēscō, rŭī 3 1. hell werden. 2. berühmt *oder* bekannt werden.
inclēmēns, tĭs schonungslos.
inclēmentĭă, ae *f.* Härte, Rauheit.
inclīnātĭō, ōnĭs *f.* Neigung, Zuneigung, Geneigtheit; *liturgisch*: Verbeugung, Verneigung des Hauptes (incl. capitis) u. Oberkörpers (incl. corporis). Bei ersterer unterscheidet man eine leichte (parva), mittlere (media) u. tiefe (magna); bei letzterer Verneigung des ganzen Oberkörpers (incl. profunda) u. Verneigung v. Haupt u. Schultern (incl. mediocris).

inclīnātŭs 3 geneigt, gesunken, zusammengesunken.
inclīnō 1 1. neigen, beugen. 2. sich neigen, zuwenden.
inclĭtŭs 3 *s.* inclutus.
inclūdō, sī, sŭm 3 einschließen, einsperren, verschließen.
inclūsĭō, ōnĭs *f.* Einschließung.
inclūsīvē *adv.* einschließlich, einbegriffen.
inclūsŏr, ōrĭs *m.* Schmied, Schlosser (*Jer.* 24, 1; 29, 2).
inclŭtŭs 3 (inclitus, inclytus) vielbesprochen, berühmt, weitbekannt.
inclўtŭs 3 *s.* inclŭtus.
incoctŭs 3 ungekocht.
incoenātŭs 3 ohne Speise, nüchtern.
incoeptŭs 3 *s.* incipio.
incŏërcĭbĭlĭs, ĕ unbezwinglich.
incōgĭtābĭlĭs, ĕ undenkbar.
incōgĭtantĭă, ae *f.* Unbedachtsamkeit.
incōgnĭtŭs 3 unbekannt, ununtersucht.
incōgnōscĭbĭlĭs, ĕ unerkennbar.
incŏinquĭnābĭlĭs, ĕ unbeflecklich.
incŏinquĭnātŭs 3 unbefleckt.
incŏlă, ae *m.* u. *f.* Einwohner, Bewohner; Fremdling (*Ps.* 118, 19); Einwohnerin.
incŏlātŭs, ūs *m.* Aufenthalt in der Fremde; Fremdlingsschaft.
incŏlō, cŏlŭī, cultŭm 3 bewohnen, wohnen.
incŏlŭmĭs, ĕ unverletzt, wohlbehalten.
incŏlŭmĭtās, ātĭs *f.* Wohlfahrt, Sicherheit, Heilung, Genesung.
incombūstŭs 3 unverbrennbar.
incōmĭs, ĕ unfreundlich.
incommēnsūrābĭlĭs, ĕ unvergleichbar, unmeßbar.
incommŏdĭtās, ātĭs *f.* 1. Unbequemlichkeit. 2. Nachteil, Schaden.
incommŏdō 1 belästigen, beschwerlich fallen.
incommŏdŭm, ī *n.* Nachteil, Schaden, Unglück.
incommŏdŭs 3 unbequem, lästig.
incommūnĭcābĭlĭs, ĕ nicht mitteilbar.
incommūtābĭlĭs, ĕ unveränderlich.
incompărābĭlĭs, ĕ unvergleichbar.
incompărābĭlĭtās, ātĭs *f.* Unvergleichbarkeit.
incompassĭbĭlĭs, ĕ nicht mitleidend, gefühllos.
incompătĭbĭlĭs, ĕ unvereinbar, unverträglich (*C. j. c.* 156).
incompătĭbĭlĭtās, ātĭs *f.* Unvereinbarkeit, Unverträglichkeit.
incompertŭs 3 unerforscht, unsicher, unbekannt.
incompĕtēns, entĭs 1. unpassend. 2. unzuständig.
incompĕtentĭă, ae *f.* Unzuständigkeit (*C. j. c.* 1558).
incompŏsĭtŭm, ī *n.* das Ungeordnete, Unordentliche.
incompŏsĭtŭs 3 ohne Ordnung, ungeregelt, ungeordnet.
incomprĕhēnsĭbĭlĭs, ĕ unfaßbar, unerkennbar.
incomprĕhēnsŭs 3 unbegriffen, unverstanden.
incomptŭs 3 ungeschmückt, einfach.
inconcēssĭbĭlĭs, ĕ unzulässig.
inconcēssŭs 3 nicht erlaubt.
inconcinnŭs 3 1. unharmonisch. 2. unschicklich, ungeschickt, plump.
inconcrētŭs 3 unkörperlich.
inconcŭbĭŭs 3 ohne zu liegen, schlaflos.
inconcussŭs 3 unerschüttert, unerschütterlich.
incondĭtŭs 3 ungeordnet, regellos.
incōnfūsŭs 3 unverwirrt, nicht betreten.
incōnfūsĭbĭlĭs, ĕ tadellos.
incongrŭēns, entĭs ungereimt, unpassend.
incongrŭentĭă, ae *f.* Ungereimtheit, Unangemessenheit.
incongrŭŭs 3 unpassend.
incōnsīdĕrantĭă, ae *f.* Unbesonnenheit, Verblendung.
incōnsīdĕrātŭs 3 1. unüberlegt, unbedacht, übereilt. 2. unbesonnen (*Prov.* 13, 3).
incōnsōlābĭlĭs, ĕ untröstlich.
incōnstāns, antĭs unbeständig, veränderlich.
incōnstantĭă, ae *f.* Unbeständigkeit.
incōnsultŭs 3 1. nicht um Rat befragt. 2. unüberlegt, unbedachtsam.
incōnsummātĭō, ōnĭs *f.* 1. Unvollständigkeit, Unvollkommenheit. 2. der Nichtvollzug: matrimonii (*C. j. c.* 1967).
incōnsummātŭs 3 unvollkommen, unreif.
incōnsūtĭlĭs, ĕ nicht zusammengenäht, ohne Naht.
incontāmĭnābĭlĭs, ĕ unbefleckbar.
incontāmĭnātŭs 3 unbefleckt.
incontemptĭbĭlĭs, ĕ unverächtlich.
incontĭnēns, entĭs unenthaltsam, unmäßig.
incontĭnentĭă, ae *f.* Unenthaltsamkeit, Unmäßigkeit.
inconvĕnĭēns, entĭs 1. nicht übereinstimmend, unähnlich. 2. unpassend.
inconvertĭbĭlĭs, ĕ unveränderlich, unbekehrbar.
incorpŏrālĭs, ĕ unkörperlich.
incorpŏrātŭs 3 verkörpert, in menschlicher Gestalt.
incorpŏrĕŭs 3 unkörperlich, geistig.
incorpŏrō 1 einverleiben; *pass.*: einen Körper annehmen (*Hymn. Laud. Epiph. Dom.* 1).
incorrēctŭs 3 unverbessert; unverbesserlich.
incorrĭgĭbĭlĭs, ĕ unverbesserlich (*C. j. c.* 1471).
incorrĭgĭbĭlĭtās, ātĭs *f.* Unverbesserlichkeit (*C. j. c.* 651).

incorruptēlă, ae *f.* Unverweslichkeit.
incorruptĭbĭlĭs, ĕ nicht verderblich, unvergänglich, unverweslich, unzerstörbar.
incorruptĭbĭlĭtās, ātĭs *f.* Unzerstörbarkeit, Unvergänglichkeit.
incorruptĭō, ōnĭs *f.* 1. Unvergänglichkeit, Unverwesbarkeit. 2. Unverderbtheit, Reinheit.
incorruptīvŭs 3 (incorruptorius) unvergänglich.
incorruptōrĭŭs 3 *s.* incorruptivus.
incorruptŭs 3 1. unverdorben, unversehrt. 2. unverweslich. 3. unverfälscht, echt, wahr. 4. unbestechlich.
incrassātŭs 3 1. fett, feist. 2. gleichgültig, verhärtet (*Matth.* 13, 15).
incrassŏr 1 fett machen.
incrēbēscō, ŭī 3 *s.* increbresco.
incrēbrēscō, brŭī 3 (increbesco) sich verbreiten, zunehmen.
incrēdĭbĭlĭs, ĕ 1. unglaublich, außerordentlich. 2. ungläubig.
incrēdĭbĭlĭtās, ātĭs *f.* Unglaublichkeit.
incrēdŭlĭtās, ātĭs *f.* Unglaube.
incrēdŭlŭs 3 ungläubig: corde.
incrēmentŭm, ī *n.* Wachstum, Zunahme, Vermehrung.
incrĕpātĭō, ōnĭs *f.* Tadel, Warnung, Züchtigung.
incrĕpātōrĭŭs 3 mürrisch, unfreundlich.
incrĕpĭtō 1 1. schelten, tadeln. 2. höhnen, vorwerfen.
incrĕpō, pŭī, pĭtŭm *oder* āvī, ātŭm 1 1. rauschen, erschallen, erdröhnen. 2. laut schelten, tadeln, vorwerfen. 3. bestrafen.
incrēscō, crēvī 3 anwachsen, zunehmen.
incrŭentātŭs 3 (incruentus) unblutig.
incrŭentŭs 3 *s.* incruentatus.
1. **incŭbō,** cŭbŭī, cŭbĭtŭm *oder* āvī, ātŭm 1 auf etwas liegen; befallen (timor).
2. **incŭbō,** ōnĭs *m.* Schatzgeist; „Alp" im Traume.
incūdō, dī, sŭm 3 schmieden, bearbeiten.
inculcātĭō, ōnĭs *f.* das Einprägen.
inculcō 1 1. feststampfen, hineinzwängen. 2. einschärfen, einprägen; dringend betonen (verba).
inculpābĭlĭs, ĕ unsträflich, tadellos.
inculpātŭs 3 schuldlos; unbescholten, untadelig; inculpāta tutēla Notwehr; cum moderāmĭne inculpātae tutēlae unter Beobachtung der Schranken der Notwehr.
incultŭs 3 1. ungepflegt, ungeschmückt, häßlich. 2. ungebildet, roh. 3. ungemacht: lectus.
incumbō, cŭbŭī, cŭbĭtŭm 3 1. sich auf etwas legen, sich befleißigen. 2. obliegen, zur Last fallen, cura mihi incumbit.

incūnābŭlă, ōrŭm *n.* 1. Windeln, Wickelbänder. 2. Geburtsort, Heimat. 3. die erste Kinderzeit. 4. Anfang, Ursprung. 5. *sog.* Wiegendruck.
incūnctābĭlĭtĕr (incunctanter) *adv.* ungesäumt.
incūnctantĕr *adv. s.* incunctabiliter.
incūrātŭs 3 ungeheilt; unheilbar.
incūrĭă, ae *f.* Nachlässigkeit, Sorglosigkeit, Gleichgültigkeit.
incūrĭōsĭtās, ātĭs *f.* Nachlässigkeit.
incūrĭōsŭs 3 sorglos, nachlässig.
incūrĭŭs 3 sorglos, unbesorgt, unbekümmert.
incurrō, currī (cucurrī), cursŭm 3 1. anlaufen, anrennen. 2. auf eine Zeit treffen, fallen. 3. geraten, verfallen in; sich zuziehen: poenam.
incursĭm *adv.* schnell.
incursĭō, ōnĭs *f.* 1. Andrang, Einfall, Streifzug. 2. Anfechtung, Versuchung.
incursĭtō 1 gegen jemand (in *c. acc.*) anrennen.
incursō 1 auf jemand eindringen (in *oder acc.*).
incursŭs, ūs *m.* 1. das Zusammentreffen. 2. die Anfechtung, Versuchung, Überfall (daemonis). 3. Andrang, Anfall.
incurvō 1 1. krümmen, beugen, niederbeugen. 2. *pass.* alicui sich vor jemand beugen, neigen; sich darüber beugen. 3. erschüttern.
incurvŭs 3 gekrümmt, krumm.
incūs, cūdĭs *f.* Amboß (*Job* 41, 15).
incūsātĭō, ōnĭs *f.* Beschuldigung.
incūsō 1 beschuldigen, anklagen, schuldgeben.
incūstōdītŭs 3 1. unbewacht, unbewahrt. 2. unvorsichtig.
incūsŭs 3 frisch geschärft; *part. pf. pass. v.*: incudo.
incŭtĭō, cussī, cussŭm 3 1. an etwas schlagen, stoßen. 2. einjagen, einflößen: timorem.
Indă, ae *f.* Inde, Fluß u. Kloster bei Aachen; *heute*: Kornelimünster.
indāgātĭō, ōnĭs *f.* das Aufspüren, Erforschen, Nachsuchen.
indāgātŏr, ōrĭs *m.* Aufspürer, Erforscher.
indāgātrīx, īcĭs *f.* Erforscherin.
1. **indāgō** 1 aufspüren, erforschen, ausfindig machen.
2. **indāgō,** ĭnĭs *f.* 1. Umzingelung, Netz, Gehege. 2. Erforschung, Untersuchung.
indĕ *adv.* 1. *räumlich*: von da, von dort, von dieser Seite. 2. *zeitlich*: hierauf, danach, von der Zeit an. 3. *ursächlich*: deshalb, daher.
indēbĭtō *adv.* wider Gebühr.
indēbĭtŭs 3 nicht gebührend; unverdient.
indĕcēns, entĭs unanständig.
indĕcentĭă, ae *f.* Unschicklichkeit.

indēclīnābĭlĭs, ĕ unabänderlich, unwandelbar.
indĕcŏrĭs, ĕ unrühmlich, schmählich.
indĕcŏrō 1 entstellen, schänden.
indĕcōrŭs 3 häßlich, unrühmlich.
indēfătīgābĭlĭs, ĕ unermüdlich.
indēfectĭbĭlĭs, ĕ unentkräftbar, unabnehmbar, nicht abnehmbar, vollkommen.
ndēfectĭbĭlĭtās, ātĭs *f.* die Unwegnehmbarkeit, die Unmöglichkeit zu entkräften, Beständigkeit.
indēfēnsŭs 3 unbeschützt.
indēfessĭm *adv.* unermüdet.
indēfessŭs 3 unermüdet; unermüdlich: cūră.
indēfĭcĭēns, entĭs unversieglich, nie abnehmend, immerwährend; unermüdlich.
indēfīnītŭs 3 unbestimmt.
indēflētŭs 3 unbeweint.
indēlēbĭlĭs, ĕ unauslöschlich.
indĕlībātŭs 3 unberührt, ungeschmälert.
indemnātŭs 3 unverdammt, unverurteilt (*Apg.* 22, 25).
indemnĭs, ĕ schadlos, ungefährdet.
indemnĭtās, ātĭs *f.* Schadlosigkeit, Straflosigkeit, Schadloshaltung.
indēmūtābĭlĭs, ĕ unveränderlich.
indēpendēns, entĭs unabhängig (*C. j. c.* 218).
indēpendentĭă, ae Unabhängigkeit.
indēplōrātŭs 3 unbeweint.
indēsinentĕr *adv.* unaufhörlich.
indētermĭnābĭlĭs, ĕ unbestimmbar.
indētermĭnātŭs 3 unbegrenzt.
indēvōtĭō, ōnĭs *f.* Unehrerbietigkeit; Gottlosigkeit.
indēvōtŭs 3 unehrerbietig, unandächtig.
index, ĭcĭs *m.* u. *f.* 1. Anzeiger, Angeber; digitus index u. index *allein* Zeigefinger. 2. Verzeichnis, Inhaltsverzeichnis (*C. j. c.* 372). 3. Index (der verbotenen Bücher).
Indī, ōrŭm *m.* die Indier; apud Indos (*Martyrolog.* 27. Oct.) in Abessinien; **Indi Occidentales** die Indianer; *dav.*: **Indĭcŭs** 3 1. ostindisch. 2. westindisch.
Indĭă, ae *f.* 1. Ostindien (Asien). 2. Westindien (Amerika).
Indĭae, ārŭm *f.* (Indiarum Occidentalium eccl.) Indien, der Titel eines Patriarchats (seit 1540), der dem Erzbischof von Toledo (Spanien) zusteht.
Indĭānŏpŏlĭs, ĭs *f.* Indianopolis (früher Vincennes),St.,Nordamerika, Bischofssitz, Suffr. v. Cincinnati; *dav.*: **Indĭānŏpŏlītānŭs** 3.
Indĭānŏpŏlītān. (*C. R.*) *s.* Indianopolis.

indĭcātĭō, ōnĭs *f.* 1. das Taxieren, die Preisangabe, die Taxe. 2. die Anzeige, der Anzeiger.
indīcēns, entĭs nicht sagend; me indicente ohne daß ich es sage, ohne mein Geheiß.
indīcĭbĭlĭs, ĕ unaussprechlich.
indĭcĭŭm, ī *n.* 1. Anzeige, Angabe, Aussage. 2. Merkmal, Zeichen, Beweis.
indĭcō 1 anzeigen, angeben, entdecken, verraten.
indīcō, dīxī, dictŭm 3 ankündigen, öffentlich bekanntmachen; argentum indicere eine Geldabgabe (Steuer) ansagen, auferlegen u. eintreiben (4. *Kön.* 15, 20).
indictĭō, ōnĭs *f.* 1. Ansage; litterae indictionis Ansage, Anzeigeschreiben. 2. ein Zyklus von je fünfzehn Jahren; die ind. Romana *oder* pontificalis beginnt mit dem 1. Jan. 313 und wird seit dem 13. Jhdt. in der päpstlichen Kanzlei gebraucht. 3. Aufgebot, Mannschaft (3. *Kön.* 5, 13).
indictŭs 3 (von dico) 1. ungesagt, ungenannt. 2. unverhört: indictā causā ohne Verhör, ohne Verteidigung.
indĭcŭlŭm, ī *n.* (indiculus) eine kurze Angabe, ein kurzes Beispiel, ein kurzes Verzeichnis.
indĭcŭlŭs, ī *m. s.* indiculum.
indĭcŭs 3 *s.* Indĭcus.
Indĭcŭs 3 (indĭcus) indisch, aus Indien.
indĭdĕm *adv.* ebendaher.
indĭēs *adv.* von Tag zu Tag.
indiffĕrēns, entĭs ohne Unterschied; *übtr.*: gleichgültig.
indiffĕrentĭă, ae *f.* Unterschiedslosigkeit; *übtr.*: Gleichgültigkeit.
indiffĕrentismŭs, ī *m.* Indifferentismus, Gleichgültigkeit (*bes.*: in Glaubenssachen); Gleichheit.
indiffĭcultĕr *adv.* ohne Schwierigkeit.
indĭgĕnă, ae *m.* u. f. Einheimischer, Inländer(in).
indĭgentĭă, ae *f.* Bedürftigkeit.
indĭgĕnŭs 3 eingeboren, einheimisch, inländisch.
indĭgĕō, ŭī 2 1. ermangeln, bedürfen, nötig haben. 2. vermissen, verlangen.
indĭgĕrĭēs, ēī *f.* Übersättigung.
1. **indĭgĕs,** ĕtĭs einheimisch.
2. **indĭgēs,** ĭs bedürftig.
1. **indīgestŭs** 3 ungeordnet.
2. **indīgestŭs** 3 unverdaut.
indĭgĕtō 1 (indigito) anzeigen; eine Gottheit anrufen.
indĭgĭtō 1 *s.* indigeto.
indignābundŭs 3 voll Unwillen, entrüstet.
indignāns, antĭs unwillig, entrüstet; zornig.

indīgnantĕr *adv.* unwillig.
indīgnātĭō, ōnĭs *f.* 1. Unwille, Entrüstung. 2. Ungnade, Zorn.
indīgnĭtās, ātĭs *f.* 1. Unwürdigkeit, Schlechtigkeit. 2. Schmach. 3. Unwille, Entrüstung.
indīgnŏr 1 1. für unwürdig *oder* schändlich halten. 2. entrüstet sein, sich ereifern.
indīgnŭs 3 1. unwürdig, unwert. 2. unangemessen, schmachvoll, empörend.
indĭgŭs 3 bedürftig.
indīlĭgēns, entĭs nachlässig.
indīlĭgentĭă, ae *f.* Unachtsamkeit.
Indĭpĕtă, ae *m.* ein Indienfahrer.
indĭpīscŏr, deptŭs sŭm 3 erreichen, erlangen; einholen.
indīreptŭs 3 nicht geplündert.
indisciplīnātĭō, ōnĭs *f.* Zügellosigkeit.
indisciplīnātŭs 3 zügellos, unbescheiden.
indiscrētĭō, ōnĭs *f.* Rücksichtslosigkeit.
indiscrētŭs 3 ungesondert, ohne Unterschied.
indiscrīmĭnātĭm *adv.* unterschiedslos.
indĭsertŭs 3 wortarm, unberedt.
indispĕnsābĭlĭs, ĕ nicht möglich zu befreien; undispensierbar: impedimentum.
indispŏsĭtŭs 3 ungeordnet, unordentlich.
indissŏlūbĭlĭs, ĕ unauflöslich, unauflösbar.
indissŏlūbĭlĭtās, ātĭs *f.* Unauflöslichkeit (*C. j.* c. 1013).
indistīnctĭm *adv.* ohne Unterschied; unklar.
indistīnctŭs 3 ungeordnet, verworren, unklar, undeutlich.
indĭtŭs 3 (*ptc. pf. pass. v. indo*) eingegeben, eingegossen, verliehen.
indīvĭdŭālĭtās, ātĭs *f.* 1. Unteilbarkeit. 2. Einzelheit.
indīvĭdŭātĭō, ōnĭs *f.* Unteilbarkeit.
indīvĭdŭŭm, ī *n.* 1. unteilbares kleinstes Teilchen, Atom. 2. Einzelwesen, Einzelperson.
indīvĭdŭŭs 3 1. unteilbar. 2. einzeln, persönlich.
indīvīsĭbĭlĭs, ĕ unteilbar.
indīvīsŭs 3 ungeteilt; pro indīvīsō im ganzen.
indō, dĭdī, dĭtŭm 3 1. hineintun, -legen, -setzen, beilegen. 2. einführen, beibringen.
indŏcĭlĭs, ĕ ungelehrig, unlehrbar.
indoctŭs 3 ungelehrt, ungebildet.
Indŏgermānŭs, ī *m.* Indogermane.
indŏlentĭă, ae *f.* Schmerzlosigkeit; *übtr.*: Gleichmütigkeit.
indŏlēs, ĭs *f.* natürliche Anlage, die angeborenen Eigenschaften.
indŏmābĭlĭs, ĕ unbezähmbar.
indŏmĭtŭs 3 ungebändigt, wild.
indormĭō einschlafen, verschlafen.
indormīscō 3 einschlafen.
indōtātŭs 3 ohne Mitgift *oder* Vermögen.
indŭbĭtābĭlĭs, ĕ unzweifelhaft.
indŭbĭtandŭs 3 unzweifelhaft.
indŭbĭtantĕr *adv.* ohne Zweifel *oder* Bedenken; zweifellos, gewiß.
indŭbĭtātŭs 3 außer Zweifel, unbezweifelbar.
indŭbĭtō 1 an etwas zweifeln.
indŭbĭŭs 3 zweifellos.
indūcĭae, ārŭm *f.* (indutiae) Aufschub, Waffenstillstand, Ruhe (im Wortstreit), Stillstand.
indūcō, dūxī, ductŭm 3 1. hineinführen, -leiten. 2. auftreten lassen, vorführen, vorbringen, einführen in eine Schrift. 3. verleiten, veranlassen, verführen. 4. animum inducere sich entschließen.
inductĭō, ōnĭs *f.* 1. Einführung. 2. Neigung. 3. (inductivum) eine Beweisart, eine Folgerung aus Einzelnem auf das Allgemeine; argumentum inductionis Induktionsbeweis.
inductīvŭm, ī *n. s.* inductio 3.
indulcō 1 versüßen.
indulgēns, entĭs nachsichtig, gnädig, gütig.
indulgentĭă, ae *f.* 1. Nachsicht, Güte, Gnade. 2. Gunst, Gnadenerweisung, Nachlaß von Strafen, Verzeihung. 3. Ablaß; indulgentia plenaria vollkommener Ablaß.
indulgĕō, sī, tŭm 2 1. gnädig *oder* huldvoll sein, begünstigen. 2. Vorrechte *oder* Gnaden verleihen. 3. verzeihen. 4. erlauben, zugestehen. 5. *c. dat.*: sich allzusehr (einer Sache) ergeben, hingeben, frönen, huldigen: venationi (*C. j. c.* 138).
indultārĭŭs, ī *m.* 1. Besitzer eines Indultes. 2. der mit der Vollmacht Ausgestattete, Indulte (Sonderrechte) zu gewähren.
indultŏr, ōrĭs *m.* Verzeiher, Begünstiger.
indultŭm, ī *n.* 1. Gnadenerweis, Ablaß. 2. Sonderzugeständnis, das seitens eines kirchlichen Oberen zugunsten einer Person oder einer Sache ständig verliehen wird; Indult.
indūmentŭm, ī *n.* Anzug, Kleidung, Gewand.
indŭō, ŭī, ūtŭm 3 1. anziehen, anlegen. 2. bekleiden, versehen mit: induit eum stolam gloriae. 3. annehmen, sich aneignen; sich selbst kleiden. 4. *pass.* sich anziehen.
indūrēscō, rŭī 3 hart werden, sich verhärten.
indūrō 1 1. hart machen, stählen. 2. hart werden.
1. **Indŭs** 3 u. **Indŭs,** ī *m. s.* Indi.
2. **Indŭs,** ī *m.* Indusfluß im nordwestlichen Vorderindien, der in den In-

dischen Ozean mündet, Hauptfluß des Pendschab, *j.* Sind.
indūsīō 1 bekleiden.
indūsīūm, ī *n.* Hemd (*L. V. S. Aloisii; L. VI. S. Pauli a Cruce*).
indūstrĭă, ae *f.* 1. beharrliche *oder* eifrige Tätigkeit, Fleiß, Betriebsamkeit. 2. Unternehmungsgeist, Gewerbe, Berufsarbeit (*C. j. c.* 1923). 3. de *oder* ex industria mit Fleiß, mit Vorsatz, geflissentlich, vorsätzlich; industriā: auf Antrieb; industriam personae eligĕre eigens *oder* mit Absicht eine Person wählen wegen ihrer besonderen Eigenschaften (*C. j. c.* 57 § 2).
indūstrĭūs 3 tätig, fleißig.
indūtĭae, ārŭm *f. s.* induciae.
ĭnēbrĭō 1 befeuchten; trunken machen, berauschen; sich laben an, anfüllen (ab).
ĭnēbrĭūs 3 trunken, berauscht.
ĭnĕdĭă, ae *f.* das Fasten, das Hungern.
ĭnēdĭtūs 3 noch nicht herausgegeben, noch unbekannt; unveröffentlicht.
ĭneffābĭlĭs, ĕ unaussprechlich, unsagbar.
ĭneffābĭlĭtās, ātĭs *f.* Unaussprechlichkeit.
ĭneffĭcāx, ācĭs unwirksam, ohnmächtig.
ĭneffŭgĭbĭlĭs, ĕ unausweichlich.
ĭnēlĕgāns, antĭs unschön, unfein, geschmacklos.
ĭnēluctābĭlĭs, ĕ unabwendbar.
ĭnēmendābĭlĭs, ĕ unverbesserlich, unheilbar.
ĭnēmptūs 3 ungekauft, ohne Lösegeld.
ĭnēnārrābĭlĭs, ĕ unbeschreiblich, unerklärlich.
ĭnēnōdābĭlĭs, ĕ 1. unentwirrbar, unlösbar. 2. unerklärlich.
ĭnēnūncĭābĭlĭs, ĕ (inenuntiabilis) unaussprechlich.
ĭnēnūntĭābĭlĭs, ĕ *s.* inenunciabilis.
ĭnĕō, ĭī, ĭtŭm, īrĕ 1. *intr.*: hineingehen, anfangen, beginnen. 2. *trans.*: betreten, ein Amt *oder* eine Tätigkeit beginnen, übernehmen; eingehen, abschließen: conventionem (*C. j. c.* 3).
ĭneptĭae, ārŭm *f.* Albernheiten, Possen (daemonis).
ineptĭō 4 albern reden, ein Narr sein.
ineptĭtūdō, ĭnĭs *f.* Ungeeignetheit, Unbrauchbarkeit, Unschicklichkeit.
ĭneptūs 3 1. unschicklich, unbrauchbar. 2. töricht, albern.
ĭnermĭs, ĕ waffenlos, wehrlos.
ĭnerrantĭă, ae *f.* das Nichtirren, Irrtumslosigkeit.
ĭners, ertĭs ungeschickt, träge, faul.
ĭnertĭă, ae *f.* Trägheit.
ĭnērŭdītĭō, ōnĭs *f.* Unverstand, Mangel an Zucht *oder* Einsicht *oder* Bildung.
ĭnērŭdītūs 3 ungebildet.
ĭnēscō 1 ködern; verführerisch anlocken.
ĭnēvītābĭlĭs, ĕ unvermeidlich.
ĭnexcōgĭtābĭlĭs, ĕ unbegreiflich.
ĭnexcūsābĭlĭs, ĕ unentschuldbar.
ĭnexhaustūs 3 unerschöpflich.
ĭnexōrābĭlĭs, ĕ unerbittlich.
ĭnexpĕrĭentĭă, ae *f.* Unerfahrenheit.
ĭnexpertūs 3 unerfahren, ungewohnt, unversucht.
ĭnexpĭābĭlĭs, ĕ unsühnbar.
ĭnexplānābĭlĭs, ĕ unerklärlich.
ĭnexplēbĭlĭs, ĕ unersättlich: ardor.
ĭnexplĭcābĭlĭs, ĕ unerforschlich.
ĭnexplōrātō *adv.* ohne Kundschaft eingezogen zu haben.
ĭnexplōrātūs 3 unausgekundschaftet; unbekannt.
ĭnexpūgnābĭlĭs, ĕ uneinnehmbar, unüberwindlich.
ĭnexspectātō *adv.* unverhofft.
ĭnexspectātūs 3 unerwartet.
ĭnexstinguĭbĭlĭs, ĕ (inextinguibilis) unauslöschbar, unvertilgbar.
ĭnexstirpābĭlĭs, ĕ unausrottbar.
ĭnexsŭpĕrābĭlĭs, ĕ unüberwindlich, unübertrefflich.
ĭnextermĭnābĭlĭs, ĕ unvertilgbar.
ĭnextrīcābĭlĭs, ĕ unentwirrbar, undurchdringlich.
īnfabrē *adv.* ungeschickt; kunstlos.
īnfabrĭcātūs 3 unbearbeitet, unbehauen; roh.
īnfăcētiae, ārŭm (inficetiae) *f.* Abgeschmacktheiten.
īnfăcētūs 3 (inficetus) unwitzig, abgeschmackt; plump.
īnfăcundĭă, ae *f.* Sprechschwierigkeit, Mangel des Ausdrucks.
īnfăcundūs 3 unberedt.
īnfaecō 1 verunreinigen.
īnfallĭbĭlĭs, ĕ untrügerisch, unfehlbar.
īnfallĭbĭlĭtās, ātĭs *f.* Unfehlbarkeit (*C. j. c.* 1326).
īnfāmātĭō, ōnĭs, *f.* Verdächtigung.
īnfāmĭă, ae *f.* übler Ruf, Verrufenheit, Schmach, Schimpf, Schande; Ehrlosigkeit; infamia iuris Strafe der Ehrloserklärung, Aberkennung der kirchlichen Ehrenrechte; infamia facti die tatsächliche Ehrlosigkeit vor den Mitmenschen durch eine ehrlose Tat (*C. j. c.* 2295).
īnfāmĭs, ĕ 1. berüchtigt; entehrt, in üblem Rufe stehend, ehrlos. 2. in üblen Ruf bringend, entehrend, schmachvoll, schimpflich (*Prov.* 14, 2). 3. der kirchlichen Ehrenrechte beraubt; ehrlos erklärt zur Strafe für bestimmte Verbrechen (*C. j. c.* 233; 2328).
īnfāmō 1 berüchtigt machen, beschuldigen.
īnfandūs 3 unsäglich, abscheulich, unnatürlich.

īnfāns, antĭs *m.* u. *f.* 1. kleines Kind; infans ab ubere Säugling. 2. der Unmündige, der Minderjährige (*C. j. c.* 88, § 3).
īnfantĭă, ae *f.* Kindheit.
īnfantīlĭs, ĕ kindlich.
īnfantŭlă, ae *f.* Mägdlein.
īnfantŭlŭs, ī *m.* kleines Kind; Säugling.
īnfătīgābĭlĭs, ĕ unermüdlich.
īnfătīgātŭs 3 unermüdet.
īnfătŭĭtās, ātĭs *f.* Dünkel, Torheit.
īnfătŭō 1 1. betören. 2. *pass.* unschmackhaft werden: sal.
īnfaustŭs 3 unheilbringend, heillos.
īnfectĭō, ōnĭs *f.* Befleckung, Schändung.
īnfectŏr, ōrĭs *m.* Färber.
1. **īnfectŭs** 3 1. unvollendet, ungeschehen; nicht eingetreten. 2. unausführbar, unmöglich.
2. **īnfectŭs** *pt. pass.* von inficio; actĭō dē damnō infectō: Klage wegen zugefügten Schadens (*C. j. c.* 1678).
īnfēcundĭtās, ātĭs *f.* Unfruchtbarkeit.
īnfēcundŭs 3 unfruchtbar.
īnfēlīcĭtās, ātĭs *f.* Unglück.
īnfēlīx, īcĭs unglücklich, unheilvoll, ohne Segen, unfruchtbar.
īnfendō 3 anfeinden.
īnfēnsō 1 feindselig behandeln.
īnfēnsŭs 3 feindselig, erbittert, aufgebracht.
īnfercĭō, rsī, rsŭm 4 hineinstopfen.
īnfĕrī, ōrŭm *m.* 1. die Verstorbenen. 2. Hölle, Vorhölle; *s. auch*: inferus.
īnfĕrĭae, ārŭm *f.* (*von* infero darbringen) Totenopfer zu Ehren der Verstorbenen.
īnfĕrĭŏr, ĭŭs *s.* inferus, infra.
īnfĕrĭōrēs, ŭm *m.* die niedere, unter dem Range eines Bischofs *oder* Abtes stehende Geistlichkeit.
Īnfĕrĭŭs mŏnastērĭŭm, ī *n.* Niedermünster 1. ehem. Kloster, Elsaß (Straßburg). 2. Kloster (jetzt Erziehungsanstalt der Schulschwestern U.L.F.) in Regensburg.
īnfernālĭs, ĕ höllisch, teuflisch.
īnfernŭm, ī *n.* 1. Abgrund (*Ps.* 140, 7). 2. Unterwelt, Hölle.
īnfernŭs 3 unten befindlich, unterirdisch; infernus spĕcus unterirdische Totengruft.
īnfĕrō, intŭlī, illātŭm, inferrĕ 1. hineintragen, -bringen, -setzen; signa inferre angreifen, bellum inferre alicui: jem. bekriegen. 2. beisetzen, begraben. 3. zufügen, antun, verursachen; verhängen: poenam.
īnfertĭlĭs, ĕ unfruchtbar.
īnfĕrŭs 3 I. *posit.*: unten befindlich, der untere; *subst.* **īnfĕrī,** ōrŭm *m.* (*auch*: infĕrŭs, ī *m.*): 1. die Verstorbenen. 2. Hölle, Vorhölle. II. *compar.* **īnfĕrĭŏr,** ĭŭs 1. der untere, der niedriger Gelegene. 2. später, jünger; **īnfĕrĭŭs** *adv.* weiter unten, an einer späteren Stelle. 3. schwächer, geringer. III. *superl.* **īnfĭmŭs** *u.* **īmŭs** der unterste, niedrigste, geringste, schlechteste.
īnfervēscō, ferbŭī 3 heiß werden; aufbrausen.
īnfēstātĭō, ōnĭs *f.* Anfeindung, Angriff, Beunruhigung, Versuchung.
īnfēstō 1 angreifen, beunruhigen, versuchen.
īnfēstŭs 3 1. feindlich, feindselig. 2. unsicher, gefährdet.
īnfeudō 1 zum Lehen geben.
īnfĭcētŭs 3 *s.* infacetus.
īnfĭcētiae, ārŭm *f. s.* infacetiae.
īnfĭcĭō, fēcī, fectŭm 3 1. anmachen (mit etwas), versetzen, mischen, färben. 2. vergiften, entweihen, verpesten, verderben. 3. anstecken, beflecken.
īnfĭcĭŏr 1 *s.* infitior 1.
1. **īnfĭdēlĭs,** ĕ 1. untreu, unzuverlässig. 2. ungläubig, heidnisch.
2. **īnfĭdēlĭs,** ĭs *m.* u. *f.* Ungetaufte(r) (*C. j. c.* 750 § 1).
īnfĭdēlĭtās, ātĭs *f.* 1. Untreue. 2. Unglaube, das Heidentum, die Heiden.
īnfĭdŭs 3 treulos.
īnfīgō, fīxī, fīxŭm 3 1. hineinbohren, -schlagen. 2. einprägen, befestigen.
īnfĭmĭtās, ātĭs *f.* Niedrigkeit.
īnfīnĭtās, ātĭs *f.* Unendlichkeit.
īnfīnĭtĭō, ōnĭs *f.* Unendlichkeit.
īnfīnītŭs 3 1. unbegrenzt, grenzenlos, unermeßlich. 2. allgemein, unbestimmt.
īnfīrmārĭă, ae *f.* 1. Krankenpflegerin. 2. Krankenstube.
1. **īnfīrmārĭŭs** 3 zum Krankendienste gehörig; infirmārĭī Cardinăles drei im Konklave ausgeloste Kardinäle, welche die Stimmzettel der kranken Kardinäle einzusammeln haben.
2. **īnfīrmārĭŭs,** ī *m.* Krankenwärter.
īnfīrmātĭō, ōnĭs *f.* Entkräftung; Widerlegung.
īnfīrmĭtās, ātĭs *f.* 1. Schwäche, Krankheit. 2. Unzuverlässigkeit.
īnfīrmĭtĕr *adv.* ohne Nachdruck, kraftlos.
īnfīrmō 1 1. schwächen, entkräften; *pass.* krank werden, verschmachten, in Ohnmacht fallen, schlottern (*Ps.* 108, 24); den Mut verlieren (1. *Mach.* 1, 27); stützelos werden (1. *Kön.* 2, 8). 2. widerlegen.
īnfīrmŭs 3 1. schwach, krank. 2. zaghaft, kleinmütig, charakterlos.
īnfĭt 1. er fängt an. 2. er hob an (zu reden: fari)
īnfĭtĭālĭs, ĕ in Abrede stellend, ablehnend.
īnfĭtĭātĭō, ōnĭs *f.* das Ableugnen.

īnfĭtĭātŏr, ōrĭs *m.* Ableugner, Ausflüchtemacher.

īnfĭtĭŏr 1 (inficior; *von:* in *u.* fateor) leugnen, ableugnen; in Abrede stellen, nicht anerkennen, nicht gestehen.

īnflammābĭlĭs, ĕ entzündlich.

īnflammātĭō, ōnĭs *f.* 1. das Anzünden, Brandstiftung. 2. Entzündung, Entfachung, Glut.

īnflammātōrĭŭs 3 entzündlich.

īnflammō 1 1. entflammen, entzünden. 2. reizen. 3. im Feuer läutern *oder* bewähren (*Ps.* 104, 19).

īnflātĭō, ōnĭs *f.* die Blähung, Aufgeblasenheit.

1. **īnfl tŭs** 3 1. aufgeblasen, strotzend, stolz. 2. erregt, hitzig. 3. schwülstig, prahlerisch.

2. **īnflātŭs,** ūs *m.* das Einhauchen, das Anblasen.

īnflectō, flexī, xŭm 3 beugen, krümmen.

īnflētŭs 3 unbeweint.

īnflexĭbĭlĭs, ĕ unbeugsam.

īnflexĭō, ōnĭs *f.* Beugung, Windung.

īnflīctĭō, ōnĭs *f.* Verhängung von Strafen.

īnflīgō, flīxī, flīctŭm 3 zustoßen, zufügen; verhängen: censuram (*C. j. c.* 2243) *oder* poenam.

īnflō 1 1. hineinblasen. 2. stolz *oder* aufgeblasen machen. 3. ermutigen, begeistern.

īnfluentĭă, ae *f.* Einfluß, Eingießung.

īnflŭō, flūxī 3 hineinfließen, -strömen.

īnfluxŭs, ūs *m.* Einfluß.

īnfoecundŭs 3 *s.* infecundus.

īnfōrmābĭlĭs, ĕ unveränderlich.

īnfōrmātĭō, ōnĭs *f.* 1. Vorstellung, Begriff. 2. Belehrung, Darlegung, Erläuterung. 3. Erkundigung, Aufklärung.

īnfōrmātīvŭs 3 aufklärend; kenntnisgebend, Erkundigungs-: processus informativus Informationsprozeß (nach Bischofswahlen u. dgl.) (*C. j. c.* 2020 § 3).

īnfōrmĭs, ĕ häßlich, entstellt.

īnfōrmō 1 1. bilden, gestalten. 2. lehren, unterrichten. 3. sich unterrichten, (sich) informieren; ex informatā conscientiā (ohne gesetzliche Formalitäten) auf bloße Gewissensüberzeugung hin.

īnfortūnātŭs 3 unglücklich.

īnfortūnĭŭm ī *n.* Übeltat, Missetat, Verbrechen.

īnfrā I. *adv.* weiter unten, unterhalb, niedriger, tiefer. II. *praep. c. acc.*: 1. *räumlich*: unter, unterhalb; hinunterzu. 2. *zeitlich*: später als, nach. 3. *übertr.* (*von Größe, Rang, Ansehen, Wert*): unter, geringer als, tiefer als, nachstehend.

īnfrāctĭō, ōnĭs *f.* das Zerbrechen.

īnfrāctŭs 3 gebrochen, niedergeschlagen.

īnfrăgĭlĭs, ĕ unzerbrechlich.

īnfrāscrīptŭs 3 weiter unten genannt *oder* erwähnt.

īnfrĕmō, ŭī 3 knirschen; aufseufzen, erschauern.

īnfrēnātŭs 3 zügellos.

īnfrēnō 1 1. aufzäumen, anschirren (*Js.* 48, 9). 2. im Zaume halten, bändigen.

īnfrĕquēns, entĭs nicht zahlreich, wenig besucht, einsam; selten.

īnfrĕquentĭă, ae *f.* Einsamkeit, Verlassenheit.

īnfrĭcō, cŭī, ctŭm u. cātŭm 1 einreiben.

īnfringō, frēgī, frāctŭm 3 1. brechen, zerbrechen. 2. schwächen, entkräften. 3. legen, übertreten; dagegen handeln.

īnfrūctŭōsŭs 3 unfruchtbar, fruchtlos.

īnfrūnītŭs 3 albern, einfältig; unmäßig.

īnfūcātŭs 3 1. geschminkt. 2. übertüncht.

īnfŭlă, ae *f.* 1. Binde, Band; *bes.*: Kopfbinde der römischen heidnischen Priester. 2. liturgische Kopfbedeckung der höheren kath. Geistlichen (Bischöfe, *te lweise auch* der Äbte, Pröpste) Inful, Mitra. 3. **infŭla triumphālis** turbanartige Auszeichnung eines Triumphators (*Martyrolog.* 25. *Juni*).

īnfŭlātŭs 3 mit einer Inful geschmückt; z. B. abbas infulatus: infulierter Abt.

īnfundō, fūdī, fūsŭm 3 1. eingießen, einflößen. 2. anrichten (Speisen 4. *Kön.* 4, 40); *pass.* sich ergießen, sich verbreiten.

īnfūsĭō, ōnĭs *f.* 1. das Eingießen, Einwirkung, Erguß. 2. das Aufgießen (bei Spendung der Taufe).

īnfūsŏr, ōrĭs *m.* 1. Eingießer. 2. Spender: benedictionis.

īnfūsōrĭŭm, ī *n.* Gießröhrchen (*Zach.* 4, 2).

īnfuscō 1 1. schwärzen, dunkel färben. 2. trüben, verdunkeln; beflecken, verderben.

ingĕmĭnō 1 verdoppeln, wiederholen.

ingĕmīscō, gĕmŭī 3 (ingĕmō) 1. seufzen, aufseufzen. 2. bedauern. 3. seufzend aussprechen.

ingĕnĕrō 1 anerschaffen, einpflanzen.

ingĕnĭōsŭs 3 talentvoll, geistreich, scharfsinnig.

Ingĕnĭōsŭs, ī *m.* Ingeniosus, Irrlehrer des 4. Jhdts.; er verwarf, wie Jovinian, den Zölibat, das Klosterleben usw.

ingĕnĭtŭs 3 1. ungeboren. 2. eingepflanzt, angeboren.

ingĕnĭŭm, ī *n.* 1. angeborene Art, Natur, Naturanlage. 2. Sinnesart, Charakter. Fähigkeit, Begabung.

ingēns, entĭs sehr groß, ungeheuer, gewaltig.

S. Ingĕnŭīnŭs, ī *m.* hl. Ingenuin, Bek. u. Bisch. v. Säben (Tirol), Patron von Brixen († um 600).

Er leitete zur Zeit Gregors des Großen um das Jahr 590 die Kirche von Säben; dieser Bischofssitz war vom hl. Cassian errichtet worden, hatte aber wegen der zahlreichen Einfälle von Barbaren nur wenige Bischöfe, darunter den hl. Lucanus. Mit Hilfe der fränkischen Könige sowie der bayrischen Herzöge wurde der Bischofssitz wieder errichtet und dem hl. Ingenuinus anvertraut. Dieser erbaute einen Dom auf dem Berge bei Säben, den er dem hl. Kreuze sowie dem hl. Cassian weihte. In jener Zeit tobte der sog. Dreikapitelstreit gegen die 5. Synode von Konstantinopel; in diesen Streit wurde auch Ingenuinus verwickelt. Die väterliche Mahnung Papst Gregors führte den Heiligen alsbald auf den rechten Weg, Ingenuinus selbst bewog alsdann die Langobardenkönigin Theodelinda zur Anerkennung des genannten Konzils. Er starb nach segensreicher Tätigkeit um das Jahr 600 und wurde in einer vom hl. Cassian erbauten Muttergotteskirche beigesetzt. — 5. Februar (Brixen).

ingĕnŭĭtās, ātĭs *f.* 1. freie, vornehme Geburt; Freiheit (die dem Sklaven verliehen wird). 2. Edelmut, Hochherzigkeit.

ingĕnŭŭs 3 1, freigeboren, edel. 2. großherzig.

ingĕrō, gessī, gestŭm 3 1. hineintragen, einführen; antun, zufügen. 2. mitzuteilen *oder* beizubringen suchen, aufdrängen; quod per te ingerimus was wir durch dich erflehen. 3. **se ingerere** sich einmischen, lästig werden.

inglŏmĕrō 1 aufhäufen.

inglōrĭōsŭs 3 ruhmlos.

inglōrĭŭs 3 unberühmt; unrühmlich, ruhmlos.

Ingō, ōnĭs *m.* Ingo, König v. Dänemark, Schwiegervater des hl. Erich.

ingrātĭtūdō, ĭnĭs *f.* Undankbarkeit.

ingrātŭs 3 1. unangenehm, unwillkommen, verhaßt. 2. undankbar.

ingrăvātĭō, ōnĭs *f.* Last.

ingrăvēscō 3 1. sich verschlimmern, zunehmen. 2. drückend werden; heftig werden: proelium, morbus.

ingrăvĭdō 1 beschweren.

ingrăvō 1 beschwerlich machen *und* beschwerlich fallen; ärger machen (*L. V. Dom. VI. p. Pent.*).

ingrĕdĭŏr, gressŭs sŭm 3 1. betreten, beschreiten. 2. angreifen, anfangen, beginnen. 3. auf etwas eingehen, sich einlassen.

ingressĭō, ōnĭs *f.* Eintritt, Eingang.

ingressŭs, ūs *m.* 1. das Hereingehen, Betreten, Eintritt, Einzug; Heereszug. 2. Weg, Art u. Weise = multiplicatio ingressus die mannigfache Art (der Weisheit) (*Ecclus* 1, 7).

ingrŭō, ŭī 3 hereinbrechen (persecutio); anstürmen.

inguĕn, ĭnĭs *n. meist pl.* ingŭĭnă, ŭm *n.* Weichen, Schamgegend; Unterleib.

inguĭnārĭŭs 3 zu den Weichen gehörig; pestis inguinaria Unterleibspest.

ingurgĭtātĭō, ōnĭs *f.* Völlerei.

ingurgĭtātŭs 3 voll überfließender Freude.

ingurgĭtō 1 in einen Strudel stürzen, hineinstrudeln; se ingurgitare: 1. sich in etwas stürzen. 2. sich den Wanst voll fressen, sich toll u. voll fressen.

inhăbĭlĭs, ĕ unhandlich, ungeschickt, untauglich; unfähig.

inhăbĭlĭtās, ātĭs *f.* Unfähigkeit, Untauglichkeit.

inhăbĭlĭtō 1 unfähig machen; leges inhabilitantes unfähig machende Gesetze; Gesetze, die Bestimmungen enthalten, wodurch die Unfähigkeit zur Vornahme von Handlungen ausgesprochen wird (*C. j. c.* 11).

inhăbĭtābĭlĭs, ĕ unbewohnbar.

inhăbĭtātĭō, ōnĭs *f.* das Bewohnen, die Wohnung.

inhăbĭtātŏr, ōrĭs *m.* Bewohner.

inhăbĭtō 1 bewohnen; sich lagern; *pass.* volkreich werden. 2. sich sammeln (*Ps.* 55, 7).

inhaerĕō, haesī, haesŭm 2 1. an etwas hangen, festsitzen. 2. festhängen, auf etwas bestehen, beständig bedacht sein auf. 3. auf dem Fuße folgen, nachfolgen, gehorchen.

inhālō 1 anhauchen.

inhĭantĕr *adv.* mit offenem Munde; *übtr.*: begierig.

inhĭbĕō, ŭī, ĭtŭm 2 1. anhalten, hemmen. 2. beschränken, verbieten.

inhĭbĭtĭō, ōnĭs *f.* Hemmung; Verbot, Untersagung.

inhĭō 1 (ĭnĭo) 1. den Mund nach etwas aufsperren, gaffen. 2. begierig trachten, verlangen; darauf ausgehen (*Martyrol.* 29. April.)

inhŏnestās, ātĭs *f.* Schande.

inhŏnestō 1 entehren, beschimpfen.

inhŏnestŭs 3 unsittlich, schändlich.

inhŏnōrābĭlĭs, ĕ ungeehrt.

inhŏnōrātĭō, ōnĭs *f.* Unehre, Verunehrung.

inhŏnōrātŭs 3 ungeehrt.

inhŏnōrō 1 entehren, verachten.

inhŏnōrŭs 3 ungeziert, ohne Zierde.

inhorrĕō 2 starren, sich vor Schreck sträuben.

inhorrēscō, horrŭī 3 erschauern, erbeben, sich entsetzen.

inhospĭtālĭs, ĕ ungastlich.

inhospĭtālĭtās, ātĭs *f.* Ungastlichkeit.

inhūmānātĭō, ōnĭs *f.* Menschwerdung.

inhūmānĭtās, ātĭs *f.* Lieblosigkeit, Grausamkeit.

inhūmānŭs 3 1. unmenschlich, grausam. 2. lieblos, ungebildet.

inhŭmātŭs 3 unbeerdigt.

ĭnĭbī *adv.* ebenda, daselbst.

inĭcĭō, iēcī, iectŭm 3 1. hineinwerfen, -schleudern. 2. einflößen, verursachen, 3. auf *oder* an etwas werfen, legen; manus die Hand an jemand legen; inicere manus violentas (*c. dat.*): gewaltsam Hand anlegen (*C. j. c.* 2343).

ĭnĭdipsŭm (ἐπὶ τὸ αὐτό) *adv.* 1. *örtlich*: zugleich, miteinander. 2. *zeitlich*: zugleich, sofort.

ĭnĭmīcă, ae *f.* Feindin.

ĭnĭmīcālĭs, ĕ feindlich, gehässig.

ĭnĭmīcĭtĭă, ae u. **ĭnĭmīcĭtĭae,** ārŭm *f.* Feindschaft.

ĭnĭmīcō 1 verfeinden, erbittern; *pass.*: feindselig sein.

1. **ĭnĭmīcŭs** 3 1. feindlich, feindselig. 2. ungünstig, verderblich. 3. verhaßt.

2. **ĭnĭmīcŭs,** ī *m.* Feind.

ĭninquīsītŭs 3 ohne gerichtliche Untersuchung.

ĭnintellĭgĭbĭlĭs, ĕ unverständlich.

ĭninterprĕtābĭlĭs, ĕ schwer mitzuteilen *oder* zu erklären; unerklärlich.

ĭnĭō 1 *s.* inhio.

ĭnīquē *adv.* frevelhaft.

ĭnīquĭtās, ātĭs *f.* 1. Unbilligkeit, Ungerechtigkeit. 2. Missetat, Sünde, Sündhaftigkeit.

ĭnīquŭs 3 1. uneben, schief. 2. ungünstig nachteilig, gefährlich. 3. unbillig, ungerecht. 4. feindlich, ungnädig.

ĭnĭtĭālĕ, ĭs *n.* das Initiale, der kunstvolle Anfangsbuchstabe in liturgischen Büchern.

ĭnĭtĭālĭs, ĕ anfänglich.

ĭnĭtĭō 1 1. Zugang gewähren, einführen. 2. einweihen, taufen, weihen; sacris initiari die hl. Weihen empfangen.

ĭnĭtĭŭm, ī *n.* 1. Eingang, Anfang; ab initio von altersher (*Ps.* 73, 2). 2. Vorzug, Vorrang (*Ecclus* 11, 3). 3. *pl.*: initia, orum *n.* Grundstoffe, Elemente; Anfangsgründe, erste Lehrsätze; Weihe.

ĭnĭtŭs 3 *part. perf. pass. von* ineo.

ĭniūcundē *adv.* unangenehm.

ĭniūcundĭtās, ātĭs *f.* Unannehmlichkeit.

ĭniūcundŭs 3 unfreundlich, unangenehm.

ĭniūdĭcātŭs 3 unentschieden, ohne Gericht, ungerichtet.

ĭniūnctĭō, ōnĭs *f.* die Auferlegung, die Übertragung der Jurisdiktion seitens des Papstes an den Bischof.

ĭniungō, iūnxī, iūnctŭm 3 1. hineinfügen. 2. anfügen, anschließen. 3. zufügen; verursachen. 4. auferlegen, -bürden; iniunctis de iure iniungendis unter den rechtsgemäß aufzuerlegenden Auflagen, *z. B.* Leistung von Rückerstattung *oder* Widerruf, Aufgabe der freiwilligen nächsten Gelegenheit zur Sünde *u. s. w.* (*C. j. c.* 2254); festsetzen: poenam.

ĭniūrĭă, ae *f.* 1. Unrecht, Rechtsverletzung, Gewalttätigkeit. 2. Beleidigung, Ehrenkränkung; Verletzung, Schaden; ĭniūrĭă reālis: Beleidigung durch die Tat, tätliche Beleidigung; iniūrĭa verbālis Beleidigung durch Worte.

ĭniūrĭōsŭs 3 widerrechtlich handelnd, ungerecht; **ĭniūrĭōsē** *adv.* widerrechtlich.

ĭniussū *abl.* ohne Befehl.

ĭniussŭs 3 ungeheißen.

ĭniūstĭtĭă, ae *f.* Ungerechtigkeit, Unrecht.

ĭniūstŭs 3 1. ungerecht. 2. drückend, lästig.

inl .... inm .... *s.* ill .... imm.

innāscŏr, nātŭs sŭm 3 in *oder* an, auf etwas wachsen, entstehen; *part.*: **innātus** 3 angeboren, natürlich.

innătō 1 (innō) 1. hineinschwimmen; hineinströmen. 2. auf *oder* in etwas schwimmen; obenaufschwimmen.

1. **innātŭs** 3 angeboren, *s.* innascor.

2. **innātŭs** 3 nicht geboren.

innectō, xŭī, xŭm 3 1. verknüpfen, verschlingen. 2. verbinden, verwickeln.

innītŏr, nīsŭs u. nīxŭs sŭm 3 1. sich an oder auf etwas oder jemand stützen, stemmen. 2. auf etwas beruhen.

innŏcēns, entĭs 1. unschädlich, unschuldig. 2. schuldlos, rechtschaffen. 3. uneigennützig, strengrechtlich.

Innŏcēns, entĭs *m. s.* Innocentius.

Ss. Innŏcentēs, ĭŭm *m.* die hl. unschuldigen Kinder, 28. Dezember.

innŏcentĭă, ae *f.* Unschuld, Rechtschaffenheit.

S. Innŏcentĭŭs, ī *m.* hl. Innozenz I., Papst Bek. (402—417), 28. Juli.

Innŏcentĭŭs, ī *m.* (Innocens) 1. hl. Papst **In. I.,** *s.* S. Innocentius. 2. **In. II.** (reg. 1130—1141). 3. **In. III.** (reg. 1198 bis 1216). 4. **In. IV.** (reg. 1243—54); 5. **In. VI.** (reg. 1352—62). 6. **In. VIII.** (reg. 1484—92). 7. **In. X.** (1644—55). 8. **In. XI.** (reg. 1676—89). 9. **In. XII.** (reg. 1691—1700). 10. **In. XIII.** (reg. 1721—24).

innŏcŭŭs 3 1. unschädlich. 2. unschuldig, frei von Sünde; innocue *adv.* ohne Schaden.

innōdātŭs 3 1. in einem Knoten zusammengeschnürt, verknüpft, hineinverstrickt, verwickelt. 2. behaftet mit.

innōdō 1 verknüpfen, verbinden.

innōmĭnātŭs 3 nicht genannt, unbenannt; contractus innominatus unbenannter, allgemeiner Vertrag.

innōtēscō, nōtŭī 3 1. *intr.*: bekannt werden, sich offenbaren. 2. *trans.*: verkünden.
innŏvātĭō, ōnĭs *f.* Erneuerung.
innŏvō 1 erneuern; dolor te innovat Schmerz ergreift dich von neuem.
innoxĭē *adv.* unsträflich.
innoxĭŭs 3 unschädlich, sündenrein.
innūbĭlō 1 umwölken.
innūbō, nūpsī, nūptŭm 3 hineinheiraten.
innŭbŭs 3 ehelos.
Ss. Innŭmĕrābĭlēs Martȳrēs Trēvĕrēnsēs, ĭŭm *m.* die hl. unzähligen Martyrer von Trier, 3. Jhdt., 6. Okt.

Durch den Martertod vieler vornehmen Christen in Trier, die dem Christenhasse des Riktiovarus zum Opfer gefallen, ließen sich das gewöhnliche christliche Volk nicht einschüchtern, sondern bekannte offen den Glauben an Christus, der seit dem hl. Bischofe Eucharius durch die Wachsamkeit und Sorge der Hirten unversehrt bewahrt worden war. Da das ganze Volk die grausame Tat des Tyrannen verabscheute und erklärte, entweder hätten alle Einwohner von Trier oder keiner den Tod verdient, wollte dieser alle zwingen, den Göttern zu opfern. Aber seine Mühe war vergebens. Nun ließ er seine bewaffneten Kohorten auf das Volk ohne Unterschied losgehen und ohne Erbarmen und ohne Rücksicht auf Geschlecht, auf Greisen- oder Kindesalter mit gezückten Schwertern alle erwürgen, durchbohren oder zerstückeln. Weit und breit lagen die Martyrerleichen umher. Da niemand die Leichname begrub, wurden sie in die Mosel geworfen und fanden in den Wellen ihr Grab. Es war eine solche Menge, daß der Fluß bis zur Martyrerkapelle bei Neumagen, mit Leichen angefüllt, blutig dahinfloß. Eine große Anzahl wurde auch in einem Tümpel am Moselufer zusammengetrieben und später von Erzbischof Felix II. von Trier in die dort erbaute Martyrerkirche übertragen. — 6. Oktober (Trier).

innŭmĕrābĭlĭs, ĕ unzählig, unzählbar.
innŭmĕrābĭlĭtās, ātĭs *f.* Unzählbarkeit, Unzahl.
innŭmĕrābĭlĭtĕr *adv.* unzähligemal.
innŭmĕrŭs 3 zahllos.
innŭō, nŭī, nūtŭm 3 1. zuwinken, einen Wink geben. 2. etwas nahe legen, anraten.
Innŭs, ī *m. s.* Aenus.
innūptă, ae *f.* Jungfrau.
innūptŭs 3 unverheiratet.
innūtrĭō 4 in *oder* bei etwas ernähren, erziehen.
ĭnoblītŭs 3 eingedenk.
ĭnŏboedĭēns, entĭs ungehorsam.
ĭnŏboedĭentĭă, ae *f.* Ungehorsam.
ĭnobscūrābĭlĭs, ĕ nicht zu verdunkeln.
ĭnobsĕquentĭă, ae *f.* Ungehorsam.
ĭnobservābĭlĭs, ĕ unmerklich.
ĭnobservantĭă, ae *f.* Unachtsamkeit, Unordnung.
ĭnobservātŭs 3 unbeobachtet.
ĭnoffēnsŭs 3 unaufgehalten, ungehindert, ungestört, unbeschädigt, frei.
ĭnoffĭcĭōsŭs 3 1. gegen die Pflicht verstoßend, pflichtwidrig. 2. rücksichtslos, ungefällig.

ĭnŏlēscō, ŏlēvī 3 in etwas hineinwachsen.
ĭnŏlĭtŭs 3 1. tief eingewurzelt. 2. veraltet (*L. VIII., die V. Dedic. Eccl.*; *L. III. fer. IV. post Dom. II. Quadr.*).
ĭnōmĭnātŭs 3 fluchbeladen, unselig.
ĭnŏpĭă, ae *f.* Mittellosigkeit, Mangel, Hilflosigkeit.
ĭnŏpīnāns, antĭs nicht ahnend.
ĭnŏpīnantĕr *adv.* unvermutet.
ĭnŏpīnātō *adv.* unversehens, unvermutet.
ĭnŏpīnātŭs 3 *act.*: nichts vermutend; *pass.*: unvermutet.
ĭnŏpīnŭs 3 unerwartet.
ĭnopportūnŭs 3 ungünstig, unzweckmäßig ungeeignet, unratsam.
ĭnops, ŏpĭs hilf-, mittellos, arm, bedürftig.
ĭnoptābĭlĭs, ĕ u. **ĭnoptātŭs** 3 unangenehm, unerwünscht.
ĭnōrābĭlĭs, ĕ unerbittlich.
ĭnōrdĭnātĭō, ōnĭs *f.* Zügellosigkeit, Unordnung.
ĭnōrdĭnātŭs 3 ungeordnet.
ĭnōrnātŭs 3 schmucklos.
inp . . . . *s.* **imp . . . .**
inpraesentĭārŭm *adv. s.* impraesentiarum.
inquăm, defektives Zeitwort („inquĭō“); gebräuchliche Formen sind: inquam sage ich; inquĭt sagt er; inquiam werde ich sagen; inquĭēs — ĭĕt wirst du (er) sagen; *ptc. praes.*: inquĭēns sagend.
1. **inquĭēs,** ētĭs unruhig.
2. **inquĭēs,** ētis *f.* Unruhe.
inquĭētō 1 beunruhigen, behelligen.
inquĭētūdō, ĭnĭs *f.* Beunruhigung; Geräusch (*Judith* 14, 9).
inquĭētŭs 3 unruhig, unstet.
inquĭlīnŭs, ī *m.* der Mietsmann, der Mitbewohner, Hausgenosse.
inquĭnāmentŭm, ī *n.* Befleckung, Beschmutzung, Unrat.
inquĭnātĭō, ōnĭs *f.* Befleckung.
inquĭnātŭs 3 befleckt, beschimpft, unrein, unedel.
inquĭnō 1 1. verunreinigen, beschmutzen. 2. beflecken, beschimpfen.
inquĭō *s.* inquam.
inquīrō, sīvī, sītŭm 3 untersuchen, erforschen.
inquīsītĭō, ōnĭs *f.* 1. das Aufsuchen. 2. Untersuchung; sacrae Inquisitionis officium hl. Inquisition, Glaubensgericht.
inquīsītŏr, ōrĭs *m.* 1. Aufsucher verdächtiger Personen, Häscher. 2. Untersuchungsrichter in Glaubenssachen, Inquisitionsrichter.
inr . . . *s.* irr . . .
īnsălūbĕr, brĭs, brĕ u. **īnsălūbrĭs,** ĕ ungesund.
īnsānābĭlĭs, ĕ unheilbar.

īnsānĭă, ae *f.* 1. Tollheit, Torheit. 2. Aufwand, Pracht. 3. insaniae falsae falsche, sinnlose Prophezeiungen (*Ps.* 39, 5).
īnsānĭō 4 rasen, toll, unsinnig sein *oder* werden.
īnsānĭtās, ātĭs *f.* Ungesundheit.
īnsānŭs 3 toll, wahnsinnig, heftig; *adv.*: insaniter *und* insane.
īnsătĭābĭlĭs, ĕ unersättlich.
īnsătĭĕtās, ātĭs *f.* Unersättlichkeit.
īnsătŭrābĭlĭs, ĕ unersättlich.
īnscendō, dī, sŭm 3 hinein-, hinaufsteigen.
īnscĭēns, entĭs 1. nicht wissend, ohne *oder* wider Wissen. 2. einfältig, albern.
īnscĭentĕr *adv.* 1. unwissentlich. 2. ungeschickt.
īnscĭentĭă, ae *f.* Unwissenheit, Unkenntnis.
īnscītĭă, ae *f.* Ungeschicklichkeit.
īnscītŭs 3 unwissend, ungeschickt, unverständig.
īnscĭŭs 3 unwissend, unkundig.
īnscrībō, scrīpsī, scrīptŭm 3 1. ein- oder aufschreiben. 2. mit einer Jn- oder Aufschrift bezeichnen; einem Buche einen Titel geben. 3. kenntlich machen, bezeichnen.
īnscrīptĭō, ōnĭs *f.* 1. Aufschrift, Inschrift. 2. schriftliche Eintragung.
īnscrūtābĭlĭs, ĕ unerforschlich.
īnsculpō, psī, ptŭm 3 einschnitzen, einschneiden, einprägen.
īnsĕcābĭlĭs, ĕ unzerschneidbar, unzertrennbar, unteilbar.
īnsĕcō, cŭī, ctŭm 1 schneiden, einschneiden.
īnsectātĭō, ōnĭs *f.* Verfolgung.
īnsectātŏr, ōrĭs *m.* 1. Verfolger. 2. Tadler.
īnsectŏr 1 drängen; verhöhnen, schelten.
īnsectŭm, ī *n.* Insekt.
insēcūrŭs 3 besorgt, bekümmert, unruhig.
īnsĕcūtŏr, ōrĭs *m.* Verfolger.
īnsēmĭnō 1 einsäen; befruchten.
īnsēnsātŭs 3 töricht, unsinnig, sinnlos, unvernünftig.
īnsēnsĭbĭlĭs, ĕ 1. empfindungslos, leblos; vernunftlos. 2. unbegreiflich.
īnsēnsŭālĭs, ĕ unempfindbar.
īnsēpărābĭlĭs, ĕ unzertrennlich.
īnsēpărābĭlĭtās, ātĭs *f.* Unzertrennlichkeit.
īnsĕpultŭs 3 unbegraben.
īnsĕquentĕr *adv.* zusammenhanglos.
īnsĕquŏr, sĕcūtŭs sŭm 3 1. nachfolgen. 2. feindlich verfolgen. 3. mit Worten verfolgen, tadeln.
1. **īnsĕrō,** sēvī, sĭtŭm 3 1. hineinsäen. 2. einpflanzen, -prägen; *pt.* insitus 3 angestammt, angeboren, eingewurzelt.
2. **īnsĕrō,** sĕrŭī, sertŭm 3 1. hineinfügen, -stecken, -tun, -bringen; in eine Zeitung einrücken, inserieren. 2. einflechten, anreihen, einverleiben; se inserere in: sich verstricken in.
īnsertĭō, ōnĭs *f.* das Einreihen, Aneinanderreihen.
īnservĭō 4 1. dienstbar sein. 2. bei der hl. Messe dienen.
īnsiccātŭs 3 ungetrocknet.
īnsĭdĕō, sēdī, sessŭm 2 besetzt halten.
īnsĭdĭae, ārŭm *f.* 1. Hinterhalt. 2. Nachstellung, Hinterlist, Anschlag; Tücke, Trug. 3. Verschwörung (3. *Kön.* 16, 20).
īnsĭdĭātŏr, ōrĭs *m.* Nachsteller, Auflaurer.
īnsĭdĭātrīx, īcĭs *f.* Nachstellerin.
īnsĭdĭŏr 1 nachstellen, auf etwas lauern.
īnsĭdĭōsŭs 3 hinterlistig, ränkevoll.
īnsīdō, sēdī, sessŭm 3 1. sich niederlassen. 2. sich fest einprägen, einwurzeln.
īnsīgnĕ, ĭs *n.* 1. Abzeichen. 2. Kennzeichen, Zeichen; Zierat, Zierde, Prachtstück. 3. Auszeichnung.
īnsīgnĭō 4 bezeichnen, auszeichnen; versehen mit.
īnsīgnĭs, ĕ hervorstechend, auffallend; Reliquiae insignes die größeren Reliquien; insignia conversationis ausgezeichneter Lebenswandel.
īnsīgnītŭs 3 ausgezeichnet (z. B. charactere episcopali); auffallend, hervorstehend; berühmt.
īnsīgnĭŭm, ī *n.* Ehrenzeichen.
īnsĭmŭl *adv.* zugleich; insgesamt.
īnsĭmŭlātĭō, ōnĭs *f.* Beschuldigung.
īnsĭmŭlātŏr, ōrĭs *m.* Beschuldiger.
īnsĭmŭlātŭs 3 unzweideutig.
īnsĭmŭlō 1 eines Vergehens zeihen, beschuldigen, jemand verdächtigen.
īnsĭnŭātĭō, ōnĭs *f.* Schmeichelei.
īnsĭnŭō 1 1. in das Innere eines Gegenstandes gelangen lassen, durchdringen (*fer. III. hebd. IV. Quad.*); beibringen, einpflanzen, aufnehmen. 2. sich einschleichen, einnisten; humilitätem invicem insinuare sich einander in Demut begegnen. 3. dartun (*L. VIII. Ascens. Dom.*).
īnsĭpĭdŭs 3 unschmackhaft.
īnsĭpĭēns, entĭs unweise, unverständig, töricht.
īnsĭpĭentĭă, ae *f.* Unverstand, Torheit.
īnsistō, stĭtī 3 1. hintreten, auftreten; auf dem Fuße folgen, bedrängen, verfolgen. 2. stehen bleiben, still stehen.
īnsĭtŭs *ptc. pf. pass. s.* 1. insero.
īnsŏcĭābĭlĭs, ĕ ungesellig; unverträglich, unvereinbar.
īnsŏlēns, entĭs 1. einer Sache ungewohnt. 2. ungewöhnlich, übermäßig, übertrieben. 3. frech.

īnsŏlentĕr *adv.* 1. auffallend. 2. übermütig, schnöde, unverschämt.
īnsŏlentĭă, ae *f.* 1. Ungewohntheit. 2. Übermut, Überhebung.
īnsŏlēscō 3 übermütig werden, sich erheben.
īnsŏlĭdŭs 3 ohne Festigkeit, haltlos.
īnsŏlĭtŭs 3 1. ungewohnt. 2. ungewöhnlich, absonderlich.
īnsŏlūbĭlĭs, ĕ unlöslich.
īnsomnĭă, ae *f.* Schlaflosigkeit.
īnsomnĭs, ĕ schlaflos.
1. **īnsomnĭŭm,** ī *n.* Traumgesicht.
2. **īnsomnĭŭm,** ī *n.* Schlaflosigkeit.
īnsŏnō, nŭī, nĭtŭm 1 sich hören lassen, brausen.
īnsōns, ontĭs unschuldig; unschädlich.
īnsŏnŭs 3 geräuschlos, still.
īnsōpītŭs 3 schlaflos, wachsam.
īnsordēscō, sordŭī 3 1. schmutzig werden. 2. (hartnäckig) verharren: in censūra (*C. j. c.* 2340).
īnspectābĭlĭs, ĕ sehenswert.
īnspectĭō, ōnĭs *f.* 1. das Ansehen; die Einsicht, Durchsicht, Aufsicht. 2. Untersuchung (*Ecclus* 2, 21); Betrachtung.
īnspectō 1 bei etwas zusehen, etwas mit ansehen.
īnspectŏr, ōrĭs *m.* Zuschauer.
īnspērāns, antĭs nicht hoffend; *als adv.*: wider Hoffen.
īnspērātŭs 3 nicht erwartet, unverhofft; *adv.*: **īnspērātō.**
īnspergō, sī, sŭm 3 darauf spritzen.
īnspĭcĭō, spexī, spectŭm 3 1. hinsehen. 2. besichtigen, untersuchen, mustern. 3. betrachten, erwägen.
īnspīrātĭō, ōnĭs *f.* 1. Eingebung, Erleuchtung. 2. Lebensodem, Atem (*Apg.* 17, 25). 3. Schnauben (*Ps.* 17, 16).
īnspīrātīvŭs 3 zur Eingebung *oder* Erleuchtung gehörig.
īnspīrātŏr, ōrĭs *m.* Einflößer; Begeisterer, Anstifter.
īnspīrātŭs 3 angeboren, *z. B.* lex naturalis.
īnspīrō 1 einhauchen, einblasen, einflößen, eingeben, begeistern.
īnspŭō, ŭī, ū ŭm 3 anspeien.
īnspūtō 1 anspeien.
īnstābĭlĭs, ĕ 1. nicht fest stehend, ohne festen Stand, schwankend, beweglich. 2. unstet, unbeständig.
īnstābĭlĭtās, ātĭs *f.* Unbeständigkeit (*Eccles* 9, 9).
īnstallātĭō, ōnĭs *f.* Einsetzung, Einweisung (in den Besitz eines Kirchenamtes); Einführung.
1. **īnstāns,** antis 1. drängend. 2. gegenwärtig, drohend. 3. dringend.
2. **īnstāns,** antĭs *n.* der Augenblick: a primo instanti vom ersten Augenblicke an; *pl.*: **īnstantĭă,** ĭŭm *n.* das Gegenwärtige; instantia passionis das gegenwärtige (bevorstehende) Leiden (*L. VII. Exalt. S. Crucis*).
īnstantānĕŭs 3 1. augenblicklich. 2. drängend.
īnstantĕr *adv.* dringend, sofort.
1. **īnstantĭă,** ae *f.* 1. die Gegenwart. 2. Andrang, Inanspruchnahme; ad instantiam auf dringendes Bitten. 3. der bestimmte Rechtsweg, Rechtszug, Instanz. 4. Rechtsantrag, Klagebegehren: instantia litis Streitinstanz, Klagebegehren (*C. j. c.* 1732); ad instantiam partis auf Betreiben, auf Antrag der (als Partei) Beteiligten (*C. j. c.* 2344).
2. **īnstantĭă,** ĭŭm *n. s.* 2. instans *pl.*
īnstăr *indecl. n.* Abbild, Gestalt, Art; ad instar *adv.* nach Art, wie, ungefähr.
īnstaurātĭō, ōnĭs *f.* Erneuerung, Wiederholung.
īnstaurātŏr, ōrĭs *m.* Erneuerer.
īnstaurō 1 1. instandsetzen. 2. wiederveranstalten; in hoc verbo instauratur = in diesem Worte ist enthalten. 3. erneuern.
Inst. Ch. (*auch*: **I. Ch.**) = Institūtŭm Chārĭtātĭs, Verein der Nächstenliebe, Rosminianer, gegr, 1828.
īnsternō, strāvī, strātŭm 3 etwas als Decke darüber legen oder hinbreiten; bedecken.
īnstīgātŏr, ōrĭs *m.* Antreiber, Aufreizer, Aufwiegler.
īnstīgātrīx, īcĭs *f.* Aufwieglerin.
īnstīgō 1 anreizen, aufreizen.
īnstīllō 1 in etwas hineinträufeln; *übtr.*: einflößen.
īnstĭmŭlātŏr, ōrĭs *m.* Aufreizer.
īnstĭmŭlō 1 anreizen.
īnstinctŏr, ōrĭs *m.* Aufreizer.
īnstinctŭs, ūs *m.* Anreizung, Veranlassung; Antrieb.
īnstinguō, īnxī, īnctŭm 3 anreizen, antreiben.
īnstĭtă, ae *f.* breiter faltiger Besatz; langes schmales Tuch; Grabtuch; Bahrtuch (in der Kirche).
īnstĭtĭō, ōnĭs *f.* Stillstand.
īnstĭtŏr, ōrĭs *m.* Krämer, Trödler, Hausierer, Kaufmann.
īnstĭtŭō, ŭī, ūtŭm 3 1. hineinstellen, -bringen, hinsetzen, -stellen; aufstellen, anlegen, errichten. 2. a) veranstalten, unternehmen; instituĕre actiōnem eine Sache in Angriff nehmen. b) einsetzen, einführen, verordnen. c) ordnen, regeln. d) unterrichten, lehren.

īnstĭtūtĭō, ōnĭs *f.* 1. Einrichtung, Absicht. 2. päpstliche Bestätigung einer neuerrichteten kirchlichen Genossenschaft: ordĭnis, congregatiōnis. 3. Unterricht, Unterweisung. 4. Anweisung, Einweisung, Einsetzung in ein Amt; institutio canōnĭca kirchenrechtlich gültige Übertragung eines Kirchenamtes; institutio corporalis (= installatio) körperliche Amtseinsetzung (*C. j. c.* 1443).

īnstĭtūtŏr, ōrĭs *m.* Veranstalter, Unternehmer; Stifter, Schöpfer.

īnstĭtūtrīx, īcĭs *f.* Stifterin.

īnstĭtūtŭm, ī *n.* 1. Einrichtung, Anordnung. 2. Sitte, Herkommen, Gewohnheit. 3. Plan, Unternehmen. 4. Anweisung. 5. institūtum studiōrum Unterrichtsanstalt, Institut (*C. j. c.* 331 § 5).

īnstō, stĭtī 1 1. jemandem zusetzen, jemanden hart bedrängen. 2. nahe bevorstehen, drohen. 3. unablässig, emsig betreiben. 4. auf etwas bestehen, dringen. 5. beantragen (*C. j. c.* 1672).

īnstrāgŭlŭm, ī *n.* Decke.

īnstrēnŭŭs 3 unentschlossen; feige.

īnstrĕpō, ŭī, ĭtŭm 3 knarren, rasseln.

īnstringō, strinxī, strictŭm 3 umbinden.

īnstrūctĭō, ōnĭs *f.* 1. Errichtung. 2. das Aufstellen, das Ordnen. 3. die Belehrung, Erläuterung, Erklärung, Instruktion. 4. instructio processūs die Vorbereitung des Prozesses.

īnstrūctŏr, ōrĭs *m.* 1. der Zubereiter, Unterrichtsgeber; der Ordner: actōrum. 2. iudex instructor: der den Prozeß vorbereitende Richter (ohne Recht des Urteilsspruches).

īnstrūctŭs 3 versehen, ausgerüstet, unterrichtet, unterwiesen.

īnstrūmentālĭs, ĕ zum Werkzeug gehörig, helfend; auf ein Werkzeug bezüglich.

īnstrūmentŭm, ī *n.* 1. Werkzeug; instrumentum pacis liturgisches Gerät (Täfelchen aus Metall oder Stein mit Tüchelchen und Handhabe versehen), mittels dessen bei der hl. Messe früher der Friedenskuß jenen vermittelt wurde, denen er durch Umarmung nicht erteilt werden durfte. 2. Urkunde: publĭcum oder privātum; Schriftstück, Zeugnis, Liste.

īnstrŭō, ūxī, ūctŭm 3 1. anlegen, aufrichten. 2. ordnen, in Ordnung aufstellen. 3. einrichten, anordnen, mit etwas versehen, ausrüsten. 4. mit Kenntnissen versehen, unterrichten.

īnsŭāvĭs, ĕ unangenehm.

Insŭbrēs, ĭŭm *u.* ŭm *m.* die Insubrer, eine Völkerschaft Norditaliens (Hauptstadt: Mailand); *sg.*: **Insŭbĕr,** brĭs *m.*

Insŭbrĭă, ae *f.* 1. Land der Insubrer, *j.* Lombardei. 2. das Herzogtum Mailand.

īnsūdō 1 bei etwas schwitzen: bonis operibus.

īnsŭēfactŭs 3 1. darangewöhnt. 2. dazu abgerichtet.

īnsŭēscō, suēvī, suētŭm 3 *intr.*: sich an etwas gewöhnen; *trans.*: jemand an etwas gewöhnen.

īnsŭētŭs 3 ungewohnt; ungewöhnlich.

īnsuffĭcĭentĭă, ae *f.* Unzulänglichkeit.

īnsuffĭcĭēns, entĭs nicht ausreichend; unzulänglich.

īnsufflātĭō, ōnĭs *f.* Einhauchung, Eingebung.

īnsufflō 1 anwehen, einhauchen, anhauchen.

īnsŭlă, ae *f.* 1. Insel. 2. (alleinstehendes) großes Mietshaus.

Insŭlă, ae *f.* (Insulae) 1. Isole, Bistum in Schottland (seit 1200; von 1579 bis 1878 vakant); vereinigt mit Argyll (Ergadium), Suffr. v. St. Andrews. 2. Lille, St. Fkr. (Nord), *ca.* 150 000 Einw., Bistumssitz (seit 1919 von Cambrai getrennt).

Insŭlă Dĕī *f.* 1. l'Isle-Dieu, ehem. Cistercienserkloster, Fkr., Diöz. Langres. 2. Holm, ehem. Cistercienserkloster, Dänemark, Diözese Odense. 3. *s.* Nigrum monasterium.

Insŭlae, ārŭm *f. s.* Insula 1. u. 2.

Insŭlārŭm (*C. R.*) *s.* Insula 1. u. 2.

īnsŭlānŭs, ī *m.* Inselbewohner.

īnsŭlārĭs, ĭs *m.* der Bewohner eines Mietshauses, einer Mietskaserne.

īnsulsŭs 3 1. ungesalzen, unschmackhaft. 2. abgeschmackt, fade.

īnsultābundŭs 3 höhnend; voll Spottes.

īnsultātĭō, ōnĭs *f.* Verhöhnung.

īnsultātŏr, ōrĭs *m.* Spötter.

īnsultātrīx, īcĭs *f.* Spötterin.

īnsultō 1 1. springen, herumspringen. 2. verhöhnen, verspotten.

īnsŭm, īnfŭī, ĭnessĕ 1. in, auf, bei jemandem oder etwas sein, sich befinden. 2. liegen, sich finden.

īnsūmō, ūmpsī, ūmptŭm 3 auf etwas verwenden.

īnsūmptĭō, ōnĭs *f.* Aufwand.

īnsŭō, ŭī, ūtŭm 3 einnähen.

īnsŭpĕr *adv.* noch überdies.

īnsŭpĕrābĭlĭs, ĕ 1. unübersteigbar. 2. unüberwindlich.

īnsurgō, surrēxī, surrēctŭm 3 sich aufrichten, sich erheben, aufstehen.

īnsurrēctĭō, ōnĭs *f.* Erhebung.

īnsustentābĭlĭs, ĕ unerträglich.

īnsuspĭcābĭlĭs, ĕ unvermutet.

insŭsurrō 1 einflüstern.
intābēscō, bŭī 3 sich verzehren, schwinden.
intāctŭs 3 1. unberührt, unangetastet. 2. unversehrt, unantastbar, unversucht.
intāmĭnātŭs 3 unbefleckt, rein.
1. **intēctŭs** 3 *part. pass. von* intego.
2. **intēctŭs** 3 1. unbedeckt. 2. offenherzig.
intĕgellŭs 3 ziemlich unangetastet.
intĕgĕr, gră, grŭm 1. unversehrt, unverletzt, unvermischt, rein. 2. vollständig, ganz. 3. bei voller Kraft, ganz gesund. 4. unentschieden, unerledigt. 5. unverdorben, lauter. 6. unbehindert; integrum est es ist erlaubt, es ist vollständig unbenommen, es ist rechtens (*acc. c. inf.*); restitūtĭo in integrum Wiedereinsetzung in den früheren Zustand, Wiederherstellung des früheren Zustandes.
intĕgō, tēxī, tēctŭm 3 bedecken, schützen.
intĕgrātĭō, ōnĭs *f.* Erneuerung.
intĕgrĭtās, ātĭs *f.* 1. Unversehrtheit, Reinheit, Unverdorbenheit, ursprüngliche Gestalt. 2. Keuschheit, Jungfräulichkeit.
intĕgrĭtūdō, ĭnĭs *f.* Unverdorbenheit.
intĕgrō 1 erneuern.
intĕgrŭm, ī *n.* 1. der unverletzte (frühere) Rechtszustand. 2. freie Hand; freie, volle Gewalt.
intĕgrŭm est *s.* integer.
intĕgŭmentŭm, ī *n.* Decke, Hülle.
intellēctĭō, ōnĭs *f.* Einsicht, Verstand, das Erkennen, Verstehen.
intellēctŭālĭs, ĕ geistig (*Gegens.*: sinnfällig).
intellēctŭm, ī *n. s.* intellectus.
intellēctŭs, ūs *m.* 1. Verständnis, Einsicht. 2. Bedeutung; *auch*: **intellēctŭm,** ī *n. z. B.*: intellecta assecuti sunt = sie verstanden die Absicht. 3. Lehrgedicht (*Ps.* 77).
intellĕgēns, entĭs einsichtsvoll, verständig, kunstverständig.
intellĕgentĭă, ae *f.* 1. Einsicht, Verständnis. 2. Verstand.
intellĕgō, lēxī, lēctŭm 3 (intelligo) 1. merken. 2. erkennen, verstehen. 3. verstehen, sich einen Begriff oder eine Vorstellung von etwas machen. 4. zu Herzen nehmen, beachten.
intellĕgĭbĭlĭs, ĕ (intelligibilis) vernehmbar, wahrnehmbar.
intellĭgō *s.* intellĕgo.
intellĭgĭbĭlĭs, ĕ *s.* intellegibilis.
intĕmĕrātŭs 3 unverletzt, unbefleckt.
intempĕrāns, antĭs ohne Mäßigung, ungemäßigt; wollüstig.
intempĕrantĭă, ae *f.* Unmäßigkeit, Zügellosigkeit, Wollust, Übermut.
intempĕrātŭs 3 unmäßig.
intempĕrĭēs, ēī *f.* (*eig.*: Übermaß) 1. schlimme Witterung; Ungewitter (elementi). 2. Unmäßigkeit; Unbotmäßigkeit.
intempestīvŭs 3 unzeitig.
intempestŭs 3 1. rauh, unwirtlich. 2. nox die tiefe, totenstille Nacht.
intemptātŭs 3 unversucht.
intendō, tendī, tentŭm 3 1. spannen, ausdehnen, straff anziehen. 2. anspannen, anstrengen. 3. vermehren, vergrößern, steigern. 4. wohin zielen, richten. 5. sich etwas zu Herzen nehmen, beachten. 6. in aliquem u. aliquid für etwas ansehen, auf etwas achten, auf etwas merken; inclinantes se propitiatus intende (*Missale am Aschermittwoch*); Deus in adiutorium meum intende; sich mit etwas abgeben. 7. alicui auf etwas achten. 8. blicken (*scil.* oculos), ansehen (2. *Kor.* 3, 7). 9. bedacht sein, vorhaben, beabsichtigen.
intĕnĕbrō 1 verfinstern.
intēnsĭtās, ātĭs *f.* Angespanntheit, innere Kraft, Stärke.
intentātŏr, ōrĭs einer der nicht zum Bösen versuchen kann: malorum (*Jac.* 1, 13).
intentĭō, ōnĭs *f.* 1. Aufmerksamkeit, Sorgfalt. 2. Absicht, Meinung, Intention (beim Gebet, hl. Meßopfer).
intentĭōnālĭs, ĕ beabsichtigt; absichtlich.
intentō 1 ausstrecken, gegen etwas richten.
1. **intentŭs,** ūs *m.* 1. das Ausstrecken. 2. Absicht, Plan.
2. **intentŭs** 3 1. aus- oder angespannt. 2. eifrig, aufmerksam mit etwas beschäftigt. 3. wachsam, angestrengt.
intĕpĕō ŭī 2 lau sein.
intĕpēscō, pŭī 3 lau werden.
intĕr *praep. c. acc.* 1. *räumlich*: zwischen, inmitten, im Umkreis, umgeben von, unter. 2. *von der Zeit*: zwischen, während, unter. 3. *von anderen Verhältnissen*: unter, bei, in. 4. *von Gegenständen, zwischen denen ein Unterschied stattfindet*: zwischen. 5. *mit Fürwort zur Bezeichnung der Wechselseitigkeit*: se, nos, vos = einander, untereinander, gegenseitig. 6. *in der Bedeutung von* cum = mit: lavabo inter innocentes manus meas ich wasche mit den Unschuldigen meine Hände (*Ps.* 25, 6; 72, 13).
intĕrāmentă, ōrŭm *n.* inneres Holzwerk der Schiffe.
intĕramnĭs, ĕ (intĕramnŭs 3) zwischen zwei Flüssen liegend.

Intĕramnă, ae *f.* Terni, St. r. am Nera (Nar) in Umbrien, Mittelitalien (Perugia), *ca.* 18000 Einw.; Bischofssitz (seit 145), exempt; *dav.*: **Intĕramnēnsĭs,** ĕ.
Intĕramnēn. (*C. R.*) *s.* Interamn(i)a.
Intĕramnĭă, ae *f.* (Teramensis eccl., Interamnium; *im Altertum*: Interamna) Teramo, St. am Küstenflusse Tordino, Mittelitalien, *ca.* 10000 Einw., Bischofssitz (seit 10. Jhdt.), exempt; *dav.*: **Intĕramnās,** ātĭs *m.* Einw. *u.* **Intĕramn(ĭ)ēnsĭs,** ĕ.
interblandĭŏr, ītŭs sŭm 4 dazwischen schmeicheln.
intercălārĭs, ĕ (intercălārius) zum Einschalten gehörig; annus intercalaris Schaltjahr; dies: Schalttag; fructus intercalares Interkalarfrüchte, die Erträgnisse eines kirchlichen Benefiziums während der Zeit der Nichtbesetzung (Verwaltung durch einen Verweser).
intercălō 1 einschalten.
intercăpēdō, ĭnĭs *f.* Unterbrechung; Zwischenzeit, -raum.
intercēdō, cēssī, cēssŭm 3 1. verhindern, dazwischentreten. 2. sich ins Mittel schlagen, Fürsprache einlegen. 3. dazwischen eintreten; sich ereignen.
interceptĭō, ōnĭs *f.* die Wegnahme.
interceptŏr, ōrĭs *m.* der Unterschlager.
intercēssĭō, ōnĭs *f.* 1. Einsprache. 2. Vermittlung; Fürsprache.
intercēssŏr, ōrĭs *m.* 1. der Einsprucherheber. 2. Vermittler, Fürsprecher; Bürge.
1. **intercĭdō,** cĭdī 3 dazwischen vorfallen; entfallen, verloren gehen.
2. **intercīdō,** īdī, īsŭm 3 durch-, zerschneiden, durchstechen, -brechen; intercīdĕre flammam ignis die Feuerflamme (des Blitzes) spalten, im Zickzack erscheinen lassen; Dominus intercīdens flammam ignis Jahwe, der Blitze schleudert (*Ps.* 28, 7).
intercĭnō 3 dazwischensingen.
intercĭpĭō, cēpī, ceptŭm 3 1. auffangen: epistŭlam, aufheben, wegnehmen, entreißen. 2. aus der Welt schaffen. 3. abschneiden, unterbrechen.
intercīsē *adv.* unterbrochen.
intercīsĭō, ōnĭs *f.* das Zerschneiden.
interclāmō 1 dazwischenschreien.
interclūdō, ūsi, ūsum 3 1. jemand etwas versperren, abschneiden. 2. jemand von etwas absperren. 3. abschneiden, einschließen.
interclūsĭō, ōnĭs *f.* Hemmung, Absperrung.
intercŏlumnĭŭm, ī *n.* Zwischenraum zwischen zwei Säulen, Säulenweite, Säulenabstand.
intercurrō, cŭcurrī u. currī, cursŭm 3 dazwischenlaufen, dazwischen treten, mit unterlaufen.
intercursō 1 öfters dazwischenlaufen.
intercursŭs, ūs *m.* Dazwischenkunft.
interdĭānŭs 3 im Laufe des Tages.
interdīcō, īxī, ictum 3 verbieten, untersagen, ein Verbot ergehen lassen; verordnen, einschärfen; bŏnis interdīcĕre aliquem jem. die Verwaltung seiner Güter entziehen, jem. einen Vormund bestellen.
interdictĭō, ōnĭs *f.* das Untersagen, das Ve bieten.
interdictŭm, ī *n.* Untersagung, Verbot; eine kirchliche Strafe (Zensur und Vindikativstrafe), wonach die Bestraften in der kirchlichen Gemeinschaft verbleiben, ihnen jedoch gewisse vom Rechte oder Richter bestimmte geistliche Güter und Handlungen vorenthalten werden (Personalinterdikt) oder wodurch der Zutritt zu bestimmten Orten (Kirchen) verboten wird (Realinterdikt) (*C. j. c.* 2268).
interdioecēsānŭs 3 mehrere Diözesen umfassend; seminārium interdioecesānum mehreren Diözesen gemeinsame Erziehungsanstalt (*C. j. c.* 1354 § 3).
interdĭū (interdius) *adv.* den Tag über.
interdŭm *adv.* mitunter, dann und wann, manchmal, zuweilen.
intĕrĕā *adv.* 1. unterdessen. 2. indessen.
intĕremptĭō, ōnĭs *f.* Ermordung.
intĕremptŏr, ōrĭs *m.* Mörder.
intĕrĕō, ĭī, ĭtŭm, īrĕ untergehen, verschwinden, sich verlieren, zugrunde gehen.
intĕrĕquĭtō 1 dazwischen reiten.
interfātĭō, ōnĭs *f.* das Dazwischenreden, die Einrede.
interfectĭō, ōnĭs *f.* Ermordung.
interfectŏr, ōrĭs *m.* Mörder.
interfectrīx, īcĭs *f.* Mörderin.
interfĭcĭō, fēcī, fectŭm 3 töten, zugrunde richten.
interflŭō, ūxī 3 dazwischen fließen.
interflŭŭs 3 dazwischen fließend, strömend, sich ergießend.
interfulgĕō 2 hindurchschimmern.
interfundō, fūdī, fūsŭm 3 dazwischenfließen lassen; *pass.*: sich ergießen.
intergressŭs, ūs *m.* Dazwischenkunft.
intĕrĭăcĕō 2 dazwischen liegen.
intĕrĭbĭlĭs, ĕ vergänglich, sterblich.
intĕrĭcĭō, iēcī, iectŭm 3 dazwischen werfen, legen, stellen, einmischen; *pt.* **interiectus** 3 dazwischen liegend; sine interiecto executōre ohne Dazwischentreten eines Vollstreckers (*C. j. c.* 38).
intĕrĭectŭs 3 *s.* intericio.

intĕrĭm *adv.* 1. unterdessen. 2. vorderhand, vorerst, einstweilen.
intĕrĭmō, ēmī, emptŭm 3 aus dem Wege räumen.
intĕrĭŏr, intĕrĭŭs (*compar.*) der, die, das Innere; *pl.* **intĕrĭōră,** ŭm *n.* die inneren Teile des Hauses, des Körpers, namentlich Eingeweide: omnia interiora mea alles, was in mir ist.
intĕrĭtĭō, ōnĭs *f.* Untergang; *pl.* Niederlagen (*Ps.* 106, 20).
intĕrĭtŭs, ūs *m.* Untergang, Vernichtung, Verderben (*Ps.* 9, 16).
intĕriungō, ūnxi, ūnctum 3 untereinander vereinigen, verbinden.
interlābŏr, lāpsŭs sŭm 3 dazwischengleiten, -fallen.
interlĕgō 3 hier *und* da abbrechen.
interlĭnō, lēvī, lĭtŭm 3 1. dazwischen bestreichen. 2. fälschen.
interlŏcūtĭō, ōnĭs *f.* Zwischenrede.
interlŏcūtōrĭŭs 3 zur Zwischenrede gehörig, unterbrechend; sententia interlŏcūtōrĭă Zwischenurteil (*C. j. c.* 1824).
interlŏquŏr, lŏcūtŭs sŭm 3 dazwischenreden, unterbrechen, ins Wort fallen.
interlūcĕō, lūxī 2 dazwischen *oder* hier und da hervorscheinen, durchscheinen, durchsichtig sein.
interlūnĭŭm, ī *n.* Neumondszeit.
interlŭō, lŭī 3 mitten durchfließen.
intermĕdĭŭs 3 dazwischenbefindlich.
intermĭcō 1 hindurchschimmern.
intermĭnābĭlĭs, ĕ unendlich, unbegrenzt.
intermĭnātĭō, ōnĭs *f.* Androhung: ănăthĕmătis.
1. **intermĭnātŭs** 3 unter Drohungen untersagt.
2. **intermĭnātŭs** 3 unbegrenzt, endlos.
intermĭnō u. **intermĭnŏr** 1 drohend verbieten; bedrohen, androhen.
intermĭnŭs 3 ohne Grenzen, grenzenlos.
intermiscĕō, īscŭī, īstum u. īxtŭm 2 untermischen, einmischen.
intermissĭō, ōnĭs *f.* Unterbrechung, das Nachlassen.
intermissŭs 3 unterbrochen.
intermittō, mīsī, missŭm 3 1. unterlassen, aussetzen. 2. nachlassen. 3. eine Zeit vorbeigehen, verstreichen lassen. 4. *intr.*: für eine Strecke, auf eine Zeit aussetzen, aufhören, einen Zwischenraum lassen.
intermŏrĭŏr, tŭŭs sŭm 3 1. hin-, absterben. 2. in Ohnmacht fallen.
intermundĭă, ōrŭm *n.* Zwischenwelträume.
intermūrālĭs, ĕ zwischen Mauern befindlich.
intermūtō 1 untereinander vertauschen.
internāscŏr, nātŭs sŭm 3 dazwischen wachsen.
internātĭōnālĭs, ĕ zwischen den Völkern geltend, allgemein völkerrechtlich; Welt-.
internĕcĭō, ōnĭs *f.* vollständige Tötung, völliger Untergang.
internĕcīvŭs 3 gänzlich vernichtend, Vernichtungs-.
internĕcō 1 ermorden.
internectō 3 verknüpfen.
internĭtĕō 2 dazwischen hindurchscheinen.
internōscō, nōvī, nōtŭm 3 voneinander unterscheiden.
internūntĭō 1 Verhandlungen pflegen.
internūntĭŭs, ī *m.* Unterhändler; päpstlicher Gesandter von geringerem Range als ein Nuntius.
internă, ōrŭm *n.* innere, heimische Angelegenheiten.
internŭs 3 der innere; einheimisch.
intĕrō, trīvī, trītŭm 3 hineintreiben, einbrocken.
interpellātĭō, ōnĭs *f.* 1. Unterbrechung. 2. Klageeinspruch. 3. Zwischenfrage.
interpellātŏr, ōrĭs *m.* Unterbrecher.
interpellō 1 1. in die Rede fallen; eine Anfrage stellen. 2. hindern, stören, aufhalten. 3. interpellare pro: sich für jemand verwenden, bitten für.
interpŏlātĭō, ōnĭs *f.* Veränderung; Täuschung.
interpŏlātŏr, ōrĭs *m.* Fälscher, Verderber.
interpŏlātrīx, īcĭs *f.* Verderberin.
interpŏlĭs, ĕ neu hergerichtet, aufgeputzt.
interpŏlō 1 1. aufstutzen, aufputzen. 2. fälschen; einschieben (*C. j. c.* 1818).
interpōnō, pŏsŭī, pŏsĭtŭm 3 1. dazwischen legen, -stellen. 2. eine Zeit dazwischen eintreten oder verstreichen lassen. 3. einen Zustand dazwischen eintreten oder obwalten lassen. 4. einlegen: appellatiōnem; interpŏsĭta appellatiōne nach eingelegter Berufung (*C. j. c.* 1610, 1890); persōna interpŏsĭta Zwischenperson, Mittelsperson, Unterhändler (*C. j. c.* 2307); interpōnĕre iusiurandum: einen Eid leisten.
interpŏsĭtĭō, ōnĭs *f.* 1. das Dazwischensetzen, das Einschieben, Einschalten. 2. Fürsprache, Fürbitte.
interprĕs, ĕtĭs *m.* u. *f.* Unterhändler, Ausleger, Erklärer, Dolmetscher.
interprĕtāment m, ī *n.* Deutung.
interprĕtātĭō, ōnĭs *f.* 1. Erklärung, Auslegung; interpretatio forensis (Gesetzes-) Erklärung in Form eines richterlichen Urteils. 2. Übersetzung.
interprĕtātīvŭs 3 erklärend, auslegend, der Erklärung unterworfen.
interprĕtātŏr, ōrĭs *m.* Ausleger, Erklärer.

interprĕtŏr 1 (*im pf., bes. im pt. pf. auch pass. gebraucht*) 1. erklären, auslegen, deuten. 2. übersetzen, verdolmetschen; *auch pass. mit* heißen *zu übersetzen* (*Hebr.* 7, 2).
interrāsĭlĭs, ĕ 1. hier u. da beschabt. 2. in Relief gearbeitet.
interrēgnŭm, ī *n.* Zwischenregierung.
interrēx, ēgĭs *m.* Reichsverweser.
interrĭtŭs 3 unerschrocken.
interrŏgātĭō, ōnĭs *f.* 1. Befragung. 2. Verhör.
interrŏgātīvē *adv.* in fragender Form.
interrŏgātŏr, ōrĭs *m.* Ausfrager; fragender Kläger.
interrŏgātōrĭŭm, ī *n.* Ausfragung, Ausforschung, Untersuchung, Verhör; *pl.*: Verzeichnis von Fragen für das Zeugenverhör (*C. j. c.* 2086).
interrŏgō 1 1. fragen. 2. verhören, prüfen. 3. begehren, fordern (*Ps.* 136, 3).
interrumpō, rūpī, ruptŭm 3 zerbrechen, spalten, trennen; urbem Öffnung in die Stadtmauer brechen.
interruptĭō, ōnĭs *f.* Unterbrechung.
intersaepĭō, psī, ptŭm 4 1. verzäunen. 2. abschneiden.
interscindō, scĭdī, scissŭm 3 auseinanderreißen; trennen, abschneiden.
intersĕcō cŭī, ctŭm 1 auseinanderschneiden; durchschneiden.
1. **intersĕrō,** sĕrŭī, sertŭm 3 dazwischenfügen, einschieben, einschalten.
2. **intersĕrō,** sēvī, sĭtŭm 3 dazwischensäen, dazwischenpflanzen; untermischen.
intersistō, stĭtī 3 mitten inne halten, absetzen, stocken (*Sap.* 18, 23).
interstĭtĭŭm, ī *n.* 1. (*scil.*: temporum) Zwischenzeit; *pl.*: Interstitien, die kirchenrechtlich festgesetzten Zeitabstände zwischen den einzelnen Weihen (*C. j. c.* 974). 2. (vom Orte) Zwischenraum.
interstō, stĕtī 1 dazwischenstehen, dazwischentreten.
intersŭm, fŭī, essĕ 1. dazwischen sein, sich dazwischen befinden. 2. bei oder in etwas tätig, gegenwärtig sein, sich unterscheiden. 4. *unpers.*: interest es ist daran gelegen, es ist von Interesse.
intertexō, texŭī, textŭm 3 dazwischen einweben; durchweben.
intervallŭm, ī *n.* 1. Zwischenraum, Entfernung. 2. die Zwischenzeit, Frist, Pause. 3. Unterschied. 4. intervalla dilucĭda die vernünftigen Augenblicke eines Irrsinnigen.
intervĕnĭō, vēnī, ventŭm 4 1. dazwischen-, in die Quere kommen; sich einstellen, erscheinen. 2. sich ins Mittel legen, sich annehmen (*C. j. c.* 1852). 3. unterbrechen, stören; einschreiten, sich einmengen; antreffen (*c. acc.*).
interventĭō, ōnĭs *f.* Vermittlung, Fürsprache.
interventŏr, ōrĭs *m.* Vermittler, Fürsprecher.
interventŭs, ūs *m.* 1. Dazwischenkunft. 2. Beistand. 3. Vermittlung, Fürbitte.
interversĭō, ōnĭs *f.* Vereitelung.
intervertō, tī, sŭm 3 umwandeln; unterschlagen.
intervŏlĭtō 1 dazwischenflattern.
intervŏlō 1 dazwischen fliegen, -hineilen.
intēstābĭlĭs, ĕ unehrlich, ehrlos, abscheulich.
intestātŭs 3 ohne Testament.
intestīnŭm, ī *n.* Darm, Darmkanal; *pl.*: Eingeweide, Gedärme.
intestīnŭs 3 inwendig, innerlich; bellum intestīnum Bürgerkrieg.
intexō, xŭī, xtŭm 3 hineinweben, ineinanderflechten.
intextŭs, ūs *m.* Einweben, Zusammenfügung.
inthrŏnīsātĭō, ōnĭs *f.* Inthronisation, feierliche Einführung eines Bischofs oder Papstes in sein Amt.
inthrŏnīzō 1. inthronisieren, auf den Thron erheben; feierlich ins Amt einführen.
intĭmātĭō, ōnĭs *f.* Ankündigung, Mitteilung.
intĭmātŏr, ōrĭs *m.* Ankündiger.
intĭmĭdō 1 einschüchtern.
intĭmō 1 1. mitteilen, raten (*c. dat.*). 2. angeben.
intĭmŭs 3 1. der innerste. 2. der geheimste, vertrauteste, engste; *subst. m.* der vertraute Freund; **intĭmē** *adv.* vertraulich.
intingō, īnxī, īnctŭm 3 eintauchen.
intŏlĕrābĭlĭs, ĕ unerträglich; unüberschreitbar (*Ps.* 123, 5).
intŏlĕrāns, antĭs 1. nicht leicht sich in etwas findend, unduldsam. 2. unerträglich.
intŏlĕrantĭă, ae *f.* Unerträglichkeit.
intŏlĕrātŭs 3 1. nicht erquickt. 2. nicht geduldet.
intŏnātĭō, ōnĭs *f.* das Anstimmen.
intŏnō, nŭī, tŏnātŭm 1 1. donnern. 2. laut ertönen lassen; anstimmen.
intōnsŭs 3 1. ungeschoren, ungestutzt, langhaarig, bärtig. 2. dicht belaubt. 3. unbeschnitten: liber; ohne Schnitt.
intorquĕō torsī, tortŭm 2 1. umdrehen, umwinden. 2. drehen, winden, verrenken.
intortĭcĭŭm, ī *n.* (intortitium) Fackel, Pechfackel; große Wachskerze; Leuchter.

intortĭtĭŭm, ī *n. s.* intorticium.
intrā (intĕrā *scil.*: parte). I. *adv.* (*comp.*: intĕrĭus): innerhalb, inwendig (*Gegensatz* extra außerhalb). II. *praep. c. acc.*: 1. *räumlich*: innerhalb: intra montes = in Italien; in ... hinein (bei Verben der Bewegung). 2. *zeitlich*: innerhalb, binnen, während, vor Ablauf, im Laufe, 3. *bei Zahlen*: innerhalb, unter, weniger als.
intrābĭlĭs, ĕ zugänglich.
intractābĭlĭs, ĕ (intractibilis) nicht zu behandeln, unbändig.
intractātŭs 3 unbehandelt, unausgeführt.
intractĭbĭlĭs, ĕ *s.* intractabilis.
intrānsĭbĭlĭs, ĕ unüberschreitbar.
intrĕmiscō, trĕmŭī 3 (intrĕmo) erzittern, erbeben.
intrĕmō 3 *s.* intremisco.
intrĕpĭdŭs 3 unerschrocken.
intrīcābĭlĭs, ĕ in Verwirrung zu bringen.
intrīcō 1 verwickeln, verwirren.
intrīnsĕcŭs *adv.* einwärts, im Innern.
intrītŭs 3 1. unabgerieben. 2. ungeschwächt.
1. **intrō** *adv.* nach innen zu.
2. **intrō** 1 eintreten, eindringen; intrare in iustitiam der Gerechtigkeit teilhaftig werden (*Ps.* 68, 28).
intrōdūcō, ūxi, uctŭm 3 1. hineinführen. 2. einführen.
intrōductĭō, ōnĭs *f.* 1. Einführung, Einleitung. 2. Anhängigmachung einer Klage.
intrōductōrĭŭs 3 einführend; libellus introductorius Einführungsklageschrift.
intrŏĕō, ĭī, *auch*: īvī, ĭtŭm, īrĕ 1. hineingehen, eintreten. 2. eingehen auf (in) = aufzählen (*Ps.* 70, 16).
intrōfĕrō, tŭlī 3 hineintragen (2. *Esdr.* 12, 43).
intrōgrĕdĭŏr, gressŭs sŭm 3 hineingehen.
intrŏĭtŭs, ūs *m.* 1. Eingang. 2. Eingangsgebet bei der hl. Messe, Introitus.
intrōmittō, mīsī, missŭm 3 hineinschicken, -lassen; se intromittere sich hineinmischen.
intrōrsŭm u. **intrōrsŭs** *adv.* 1. einwärts gewandt. 2. innerlich, inwendig, drinnen.
intrōrumpō, rūpī, ruptŭm 3 hineindringen.
intrōspectō 1 hineinschauen, -sehen.
intrōspĭcĭō, spexī, spectŭm 3 1. hineinsehen, hineinschauen; betrachten (*Dan.* 14, 39).
intŭĕŏr, intŭĭtŭs sŭm 2 betrachten, erwägen, beschauen; mit Bewunderung betrachten; im Auge haben.
intŭĭtĭō, ōnĭs *f.* Anschauung, das Anschauen, Schauen.
intŭĭtŭs, ūs *m.* 1. Blick; intuitū = im Hinblick auf, in Ansehung von. 2. das Aussehen, das Äußere.
intŭmĕō, ŭī 2 geschwollen sein; sich aufblähen.
intŭmēscō, tŭmŭī 3 anschwellen, sich überheben.
intŭmŭlātŭs 3 unbeerdigt, unbegraben.
intŭs *adv.* 1. innen, inwendig, darin; im Innern, im Herzen, *c. gen.*; innerhalb (*Matth.* 23, 26). 2. von innen, von innen heraus (ab intus). 3. nach innen hinein.
intūtŭs 3 1. unbefestigt, unverwahrt. 2. unsicher.
ĭnultō *adv.* straflos.
ĭnultŭs 3 1. ungestraft, unangefochten. 2. ohne Gefahr, sicher.
ĭnumbrātĭō, ōnĭs *f.* Beschattung, Dunkelheit.
ĭnumbrō 1 beschatten.
ĭnūnctĭō, ōnĭs *f.* Salbung.
ĭnŭndātĭō, ōnĭs *f.* Flut; pluviae Platzregen.
ĭnŭndō 1 1. *trans.*: überschwemmen, überfluten. 2. *intr.*: von etwas überströmen.
ĭnungō, ūnxī, ūnctum 3 *s.* inunguo.
ĭnungŭō (inungo) ūnxi, ūnctum 3 1. salben, in regem: zum König. 2. die hl. Ölung spenden.
ĭnūnītŭs 3 vereinigt, einig.
ĭnurbānŭs 3 1. unfein. 2. ungefällig; **inurbanē** *adv.*: geschmacklos, roh.
ĭnurgĕō 2 drängen, stoßen.
ĭnūrō, ūssī, ūstŭm 3 ein- oder aufbrennen; wie ein Brandmal aufdrücken.
ĭnūsĭtātŭs 3 ungewöhnlich.
ĭnūstă, ōrŭm *n.* verbrannte Gliedmaßen.
ĭnūtĭlĭs, ĕ 1. unnütz, unbrauchbar. 2. schädlich.
ĭnūtĭlĭtās, ātĭs *f.* Schädlichkeit.
ĭnuxōrĭŭs (inuxorus) 3 ehelos; ohne Gattin.
ĭnuxōrŭs 3 *s.* inuxorius
invādō, vāsī, vāsŭm 3 1. wohin dringen, kühn unternehmen, beginnen. 2. eindringen, hereinbrechen.
invălēscō, vălŭī 3 stark werden, auf etwas bestehen.
invălĭdĭtās, ātĭs *f.* Schwäche; Unwirksamkeit, Ungültigkeit.
invălĭdŭs 3 1. unkräftig, ohnmächtig, schwach. 2. ungültig.
invărĭābĭlĭs, ĕ unveränderlich.
invāsĭō, ōnĭs *f.* Einfall, Angriff.
invāsŏr, ōrĭs *m.* Eindringling, Eroberer.
invectĭō, ōnĭs *f.* 1. Einfuhr (von Waren). 2. Einfahrt. 3. Anfall, grober Anfall auf jem.
invectīvă, ae *f.* (grober) Anfall auf jem.; Schmähung.
invectīvŭs 3 schmähend.

invĕhō, vēxī, vectŭm 3 1. verursachen, zufügen. 2. *pass.* **invĕhŏr** hineinfahren; angreifen, heftig tadeln *oder* schelten, losfahren.
invēlātŭs 3 unverhüllt.
invendĭbĭlĭs, ĕ unverkäuflich.
invĕnĭō, vēnī, ventŭm 4 1. antreffen, finden, bekommen, erlangen. 2. ausfindig machen, entdecken, erdenken.
inventārĭŭm, ī *m.* Verzeichnis von Einrichtungsgegenständen; Sachenverzeichnis, Inventar (*C. j. c.* 1522, 2°).
inventĭō, ōnĭs *f.* 1. das Erfinden, die Erfindung, Erfindungsgabe. 2. Auffindung.
Inventĭō corpŏrĭs S. Rŏsālĭae, Fest der Auffindung des Leibes der hl. Rosalia, 13. Juli.
Inventĭō S. Crŭcĭs, Fest der Auffindung des hl. Kreuzes, 3. Mai.
Inventĭō S. Francisci, Auffindung des hl. Franziskus v. Assisi, 12. Dez. (*Kap. Orden*).
Inventĭō S. Matthiae Ap., Fest der Auffindung des hl. Apostels Matthias; 1. Sept., *s.* S. Matthias Apostolus.
Inventĭō mănūs dextĕrae S. Stephănī, Regis, Conf. Fest der Auffindung der rechten Hand des hl. Stephan, Bek. *u.* Königs v. Ungarn; 30. Mai, *s.* S. Stephanus Rex.
Inventĭō S. Stĕphănī Protomartyris, Auffindung der Reliquien des Erzmart. St., am 3. August 415 zu Jerusalem.
inventītĭŭs 3 gefunden; infans inventitius Findelkind.
inventīvŭs 3 erfinderisch.
inventŏr, ōrĭs *m.* Erfinder, Urheber.
inventrīx, īcĭs *f.* Erfinderin, Urheberin.
inventŭm, ī *n.* Erfindung.
invĕrēcundĭă, ae *f.* Unehrerbietigkeit.
invĕrēcundŭs 3 unverschämt rücksichtslos.
invergō 3 hinneigen.
inversĭō, ōnĭs *f.* Umkehrung.
invertō, vertī, versŭm 3 1. umdrehen. 2. verdrehen, zum Schlechteren verändern.
invespĕrāscĭt 3 *unpers.*: es wird Abend.
invēstīgābĭlĭs, ĕ unerforschlich, unergründlich, spurlos.
invēstīgātĭō, ōnĭs *f.* Erforschung.
invēstīgātŏr, ōrĭs *m.* Erforscher.
invēstīgātrīx, īcĭs *f.* Erforscherin; *adj.* untersuchend.
invēstīgō 1 1. auf-, nachspüren. 2. forschend herausbringen, ausfindig machen; prüfen (*Ps.* 138, 3).
investĭō 4 bekleiden, einkleiden.
investĭs, ĕ unbekleidet.
investītūră, ae *f.* Investitur der Bischöfe, d. h. ihre (frühere) staatliche Belehnung mit Ring und Stab.
invĕtĕrātĭō, ōnĭs *f.* Einwurzelung (z. B. eines Fehlers).
invĕtĕrātŭs 3 alt, eingewurzelt; dierum malorum alter Bösewicht.
invĕtĕrō 1 1. altmachen. 2. veralten, altern, sich aufreiben.
invĭă, ōrŭm *n.* (*scil.*: loca) Wüste.
invĭcĕm *adv.* 1. abwechselnd, wechselweise, einander ablösend. 2. gegenseitig, untereinander.
invictrīx, īcĭs unbesiegbar.
invictŭs 3 unüberwunden, unüberwindlich.
invĭdentĭă, ae *f.* das Beneiden, die Scheelsucht.
invĭdĕō, vīdī, vīsŭm 2 1. einsehen, durchsehen, prüfen. 2. beneiden, mißgönnen; *übertr.*: verweigern, nicht wollen.
invĭdĭă, ae *f.* 1. *act.* Neid, das Mißgönnen, Mißgunst. 2. *pass.* Gehässigkeit, üble Nachrede, Haß.
invĭdĭōsŭs 3 1. eifersüchtig. 2. Neid erregend, beneidet, beneidenswert. 3. gehässig, verhaßt, mißfällig, widerwärtig.
invĭdŭs 3 neidisch, voll Neid.
invĭgĭlĭs, ĕ aufmerksam, bedacht, wachsam.
invĭgĭlō 1 1. wachen. 2. für etwas wachen, auf etwas bedacht sein, große Sorge verwenden (*c. dat. oder* pro).
invincĭbĭlĭs, ĕ unüberwindlich.
invĭŏlābĭlĭs, ĕ unverletzlich.
invĭŏlābĭlĭtās, ātĭs *f.* Unverletzlichkeit.
invĭŏlātŭs 3 1. unverletzt, unversehrt. 2. unverletzlich.
invīsĭbĭlĭs, ĕ unsichtbar.
invīsĭbĭlĭtās, ātĭs *f.* Unsichtbarkeit.
invīsĭtātŭs 3 ungewöhnlich, selten.
invīsō, vīsī, vīsŭm 3 1. hinsehen, nachsehen. 2. besuchen.
1. **invīsŭs** 3 verhaßt, hassenswert, verdächtig.
2. **invīsŭs** 3 1. unbemerkt. 2. unsichtbar.
invītāmentŭm, ī *n.* Anreiz, Lockung.
invītātĭō, ōnĭs *f.* Einladung; Aufforderung, Vorladung (*C. j. c.* 2148, § 2).
invītātōrĭŭm, ī *n.* Teil des Offiziums, der vom Chore jeweils zu wiederholende Eingangsvers vor der ersten Nokturn des Matutingebetes; Invitatorium, Einführungsspruch.
invītō 1 einladen, auffordern, reizen.
invītŭpĕrābĭlĭs, ĕ untadelhaft.
invītŭs 3 unwillig, wider Willen.
invĭŭm. ī *n. s.* invius.
invĭŭs 3 unwegsam, ungangbar; **invĭŭm,** ī *n. oder* **invĭă,** ōrŭm *n.* (*scil.* lŏcă) unwegsame Gegend, Wüste.
invŏcātĭō, ōnĭs *f.* Anrufung, Flehen.

invŏcātīvŭs 3 anflehend, anrufend; zum Anrufen gehörig.
invŏcātorĭŭs 3 eine Anrufung enthaltend.
invŏcō 1 1. anrufen, zu Hilfe rufen: aliquem. 2. nennen, benennen. 3. sich berufen auf, vertrauen auf jem.: in aliquo (*Hebraismus*): nos autem in nomine Domini Dei nostri invocabimus = wir aber vertrauen auf den Namen Jahwes, unseres Gottes (*Ps.* 19, 8). 4. bekennen, lobpreisen: nomen sanctum tuum invocatum est super nos = wir bekennen deinen Namen oder dich (nos profitemur te), oder wir sind nach deinem Namen genannt, dir geheiligt (nos a nomine tuo vocamur) (*Jer.* 14, 9); gentes, super quas invocatum est nomen meum, Völker, von denen (a quibus) mein Name bekannt wird, die mich bekennen: qui me profitentur (*Apg.* 15, 17).
invŏlātŭs, ūs *m.* Flug.
invŏlĭtō 1 auf oder über etwas flattern.
invŏlō 1 1. hineinfliegen. 2. (feindlich) auf jem. oder etwas losfahren.
invŏlĭcrĕ, ĭs *n.* Vorbindetuch, Mundtuch.
invŏlūcrŭm, ī *n.* Hülle, Decke, Futteral.
invŏlūmentŭm, ī *n.* Windel, Hülle.
invŏluntārĭŭs 3 unvorsätzlich.
invŏlūtŭs 3 in Dunkel gehüllt; unklar.
involvō, vŏlvī, vŏlūtŭm 3 1. etwas an oder auf etwas rollen, wälzen. 2. einwickeln, bedecken. 3. *übtr.*: se sich einwickeln, sich einhüllen.
invulnĕrābĭlĭs, ĕ unverwundbar.
invulnĕrātŭs 3 unverwundet.
Ioab *indecl. m.* (*hebr.* Jahwe ist Vater) Joab 1. Feldherr Davids, Sohn seiner Schwester Sarvia. 2. Israelit aus dem Stamme Juda, Sohn Sarajas. 3. zwei Juden, deren Nachkommen aus dem babyl. Exil zurückkehrten.
1. **Ióachaz** *indecl. m.* (*hebr.* Jahwe hat auserwählt) der 11. bzw. 12. König v. Israel (*ca.* 814—798).
2. **Ióachaz** *indecl. m.* der 17. König von Juda († 608).
3. **Ioachaz** *indecl. m.* Joachaz, Vater des Kanzlers Joha unter Josias, König von Juda (*ca.* 638—608).
S. Ióachim *indecl. m.* (Ioachimus, ī *m.*) (*hebr.* Jahwe richtet auf), hl. Joachim, Vater der allers. Jgfr. Maria; sein Fest am 16. August; im Benediktinerorden zusammen mit der hl. Anna am 26. Juli. — *Luc.* 3, 23 wird der leibliche Großvater Jesu, der nach dem Erbtochtergesetz als gesetzlicher Vater für den Erstgebornen jeder Erbtochter einzutragen war, Heli (Ἡλεί) genannt; Eli (mit Aleph) dürfte Kürzung für Eliakim sein, das gleichbedeutend mit Joachim ist, weshalb beide Namen auch sonst öfters wechseln. Eli (Joachim) ist nicht der Vater Josephs, sondern Marias, u. die Genealogie bei Lukas ist nach Heer, Schlögl, Springer und vielen anderen die der Allerseligsten Jungfrau Maria.
Joachim *indecl. m.* (*hebr.*: Jahwe festigt) (Iehojakin) *s.* Iechonias, König v. Juda (*ca.* 598 v. Chr.).
S. Ioachīmŭs, ī *m. s.* S. Ioachim.
1. **Ioacim** *indecl. m.* (*hebr.*: Jahwe stellt auf) (Iehojakim, Eliakim) Joakim, der 18. König von Juda (608—598), Bruder u. Nachfolger des Joachaz.
2. **Ioacim** *indecl. m.* Joakim, vornehmer Jude zu Babylon, Gemahl der keuschen Susanna.
Ioada *indecl. m.* (*hebr.*? Jahwe hat gezählt [arab.?]) Joada, ein Israelit, Sohn des Ahaz (1. *Par.* 8, 36).
Ioadan *indecl. f.* (*hebr.*? *arab.*? Jahwe hat gezählt) Joadan, Mutter des Königs Amasias von Juda (um 800 v. Chr.).
Ioah *indecl. m.* (*hebr.*: Ioach, Jahwe ist Freund) Joah, ein Levit, Sohn des Zama.
Ioaha *indecl. m.* (*hebr.*: Ioach Jahwe ist Freund) Joaha, der dritte Sohn des Obededom.
Ioahe *indecl. m.* (*hebr.*: Ioach: Jahwe ist Freund) Joahe, Kanzler des Königs Ezechias von Juda (*ca.* 721—693).
Ioakim *s.* Ioacim.
Ioanna *indecl. m.* (*hebr.* Jahwe ist gnädig) Ioanna, Ahnherr Christi (*Luc.* 3, 27).
Ioanna *indecl. f.* u. ae *f.* (*hebr.* Jahwe ist gnädig) Joanna *oder* Johanna: 1. das Weib des Chusa, des Verwalters des Herodes (*Luc.* 8, 3 u. 24, 10). 2. eine Schwester der hl. Klara v. Montefalcone, *s.* S. Clara de Montefalcone. 3. Königin von Böhmen, Gemahlin König Wenzels IV. 4. Königin v. Frankreich, Gemahlin Karls des Schönen.
S. Ioanna Francisca Fremiot de Chantal, hl. Johanna Franziska Frémiot von Chantal, Witwe und Ordensstifterin, † 1641, 21. August.
B. Ioanna Gérard *s.* B. Maria Magdalena Fontaine.
B. Ioanna Maria Bonomo, sel. Johanna Maria Bonomo, Jgfr. († 1670).

Sie wurde im Jahre 1606 in der ital. Provinz Vicenza geboren. Nach dem Tode der Mutter hatte sie ihrem Vater gegenüber einen schweren Stand, da dieser sie vermählen wollte. Mit 16 Jahren trat sie indessen in das Benediktinerinnenkloster zu Bassano (Provinz Vicenza) ein. Sehr oft geißelte sie sich aus Abtötung bis aufs Blut; sie fastete besonders strenge und stillte nur selten den brennendsten Durst. Ihre Mitschwestern standen ihr unfreundlich gegenüber; doch Johanna zeigte sich gleichmäßig demütig und klagte nie. Ihre Augen hielt sie aus keuschem Sinne in steter Zucht. Häufig hatte sie Verzückungen beim Gebete; sie besaß die Gabe der Tränen. Die Ordensschwestern erkannten allmählich ihre Heiligkeit und übertrugen der Widerstrebenden die Leitung des Klosters. Sie hatte sehr schmerzliche Krankheiten zu bestehen, ehe sie am 1. März 1670 im Alter von 64 Jahren starb. Pius VI. sprach sie selig. — 1. März (Trient).

B. Ioanna a Portugallio, selige Johanna von Portugal, O. Pr. Jgfr. († 1490). Tochter König Alphons' V. von Portugal, trat sie mit 20 Jahren in den Orden des hl. Dominikus. Sie bevorzugte die niedrigsten Beschäftigungen im Kloster, wie Fegen, Waschen, Geschirre reinigen, Holz tragen und den kranken Schwestern aufwarten. Um den anderen Schwestern in allem gleich zu sein, lernte sie das Nähen und Spinnen und erwarb sich solche Fertigkeit in diesen Arbeiten, daß man es ihr übertrug, den Zwirn zu spinnen, aus welchem das feine Altarlinnen gewoben wurde. — 12. Mai (Dom. O.).

B. Ioanna Valesia, selige Johanna von Valois, Königin von Frankreich und Stifterin des französ. Frauenordens der Annunziatinnen, † 1505, 4. Februar.

Ioannēs, is *m.* (*hebr.*: Jahwe ist gnädig) Joannes, Johannes, Johann.

A) Ortsnamen:

S. Ioannes, is *f.* (Maurianensis ecclēsĭa) Saint-Jean-de-Maurienne, St. l. am Arc, Fkr. (Savoie), *ca.* 2300 Einw.; Bischofssitz (seit 6. Jhdt.; 1801—1825 unterdrückt); Suffr. v. Chambéry.

S. Ioannes, is *f.* (S. Ioannes in America) Saint Iohn, St. an der Fundybai, Kanada (Neubraunschweig), *ca.* 45000 Einw.; Bischofssitz (seit 1842), Suffr. v. Halifax.

S. Ioannes de Cuyo *f.* San Juan de Cuyo (*auch*: S. J. de la Frontera) St., r. am Frontera, Westargentinien, Südamerika, *ca.* 12000 Einw.; Bistum San Iuan de Cuyo (seit 1834), Sitz in S. J. de la Frontera; Suffr. v. Buenos Aires.

S. Ioannes Terrae Novae *f.* Saint Johns, Hauptstadt von Neufundland in Nordamerika, *ca.* 33000 Einw.; Erzbischofssitz (1847—1904 Bistum; 1796—1847 Apost. Vikariat).

B) Personennamen:

I. Biblische Personen.

Ioannes, is *m.* Johannes 1. Jude, Sohn Simeons (1. *Mach.* 2, 1). 2. Jude, mit dem Beinamen Zaddis, Sohn des Matthathias. 3. ein jüdischer Feldherr mit dem Beinamen Hirkanus. 4. ein Jude, Vater des Eupolemus, der bei dem syrischen Könige für die Juden tätig war. 5. ein Abgesandter des Judas Makkabäus an Lysias. 6. Johannes der Täufer, *s.* S. I. Baptista. 7. Johannes der Apostel u. Lieblingsjünger Jesu, *s. denselben.* 8. der Vater des Apostelfürsten Simon Petrus (*Joh.* 21, 15). 9. der Verfasser des zweiten Evangeliums, Johannes Markus, *s.* I. Marcus. 10. ein Mitglied des hohen Rates in Jerusalem (*Apg.* 4, 6).

II. Heilige.

S. Ioannes, is *m.* 1. hl. Papst Johannes I. (523—526). 2. Johannes, Bruder u. Martergefährte des hl. Mart. Paulus, † 362, 26. Juni. 3. Johannes, Priester u. Mart. † 626, 27. Mai. 4. Joh. Goto, Mart., in Japan, Jesuit, † 1597, 5. Febr.; *s.* S. Paulus, Ioannes u. Iacobus.

III. Es gibt 23 Päpste dieses Namens; davon kommen in den liturgischen Büchern vor:

1. **S. J. I.** (523—526). 2. **J. III.** (560 bis 573). 3. **J. IV.** (640—642). 4. **J. VI.** (701—705). 5. **J. VII.** (705—707). 6. **J. VIII.** (872—882). 7. **J. IX.** (898 bis 900). 8. **J. X.** (914—928). 9. **J. XI.** (931—935). 10. **J. XII.** (955—963). 11. **J. XIII.** (965—972). 12. **J. XV.** (985—996). 13. **J. XVIII.** (1003—1009). 14. **J. XIX.** (1024—1032). 15. **J. XXI.** (1276—1277). 16. **J. XXII.** (1316 bis 1334). 17. **J. XXIII.** (1410—1415).

IV. Andere Personen mit dem Namen Johannes:

1. **J. III.,** König v. Portugal (16. Jhdt.). 2. **J.,** römischer Patrizier, Mitte des 4. Jhdts. 3. **J.,** römischer Priester, Mitte des 4. Jhdts. 4. **J.,** Bischof von Jerusalem, um 400. 5. **J.,** Patriarch von Konstantinopel, im 6. Jhdt. 6. **J.,** Bischof v. Utrecht, Vorgänger des hl. Amandus (6./7. Jhdt.). 7. **J.,** Cisterciensermönch in Cîteaux. 8. **J.,** Kardinalerzbischof v. Köln um 1848.

V. Personen mit unterscheidendem Beinamen:

A. Heilige (alphabetisch geordnet).

S. Ioannes Apostolus, Bek. u. Apostel Johannes, Lieblingsjünger Jesu und Evangelist, Verfasser der Geheimen Offenbarung auf Patmos, † um 100 zu Ephesus (Kleinasien); zu seiner Ehre ist erbaut die Titelkirche in Rom: S. Joannes ante portam Latinam, St. Johann vor der lateinischen Pforte z. Andenken an sein Martyrium; 6. Mai (Breslau).

S. Ioannes Baptista, Praecursor Domini, *m.* Johannes der Täufer, Vorläufer des Herrn; dessen Geburt 24. Juni; dessen Enthauptung 29. August (um 29. n. Chr.).

S. Ioannes Baptista de Rossi, hl. Johannes Baptista von Rossi, Bek., † 1764, 23. Mai.

S. Ioannes Berchmans *m.* hl. Johannes Berchmans, Kleriker der Ges. Jesu († 1621).

Er war zu Diest in Brabant geboren. Sittenreinheit und Seelenglanz zeichneten ihn von früher Jugend aus. Inmitten der Lockungen der Welt hielt er sich sogar von jeder leichten Befleckung rein, weil sein Sinn nur auf Gott allein gerichtet war. Um sich noch inniger mit Gott zu verbinden, suchte er Aufnahme in die Gesellschaft Jesu, die kurz vorher die Heiligen Stanislaus Kostka und Aloisius Gonzaga zum Himmel gesandt hatte. Zu Mecheln erreichte er innerhalb weniger Monate durch seinen strebsamen Eifer und seine Sorgfalt eine solche Vollkommenheit, daß nicht bloß seine Altersgenossen, sondern auch ältere Mitbrüder sich ihn zum Vorbilde nahmen. Als er nach Rom kam und im römischen Kollege Philosophie studierte, meinten seine Mitsodalen, Aloisius sei ihnen wieder zurückgegeben. Seine Bescheidenheit und die Art, wie er seine Sinne bewachte, war so bewundernswert, daß man sagen konnte, die Vorschriften, die der hl. Ignatius über die Bescheidenheit niedergeschrieben, seien in Johannes verkörpert gewesen. Die Hausordnung hielt er so genau ein, daß er öfters seinen Grundsatz erwähnte: „Meine größte Buße soll das gemeinsame Leben sein". Wiewohl er täglich mit so vielen Mitbrüdern verkehrte, fand keiner auch nur das Geringste an ihm zu tadeln, kein überflüssiges oder zu wenig überlegtes Wort, keine seelische Erregung, keine plötzliche Aufwallung, wie sie sonst gewöhnlich vorkommt. Seine Tugend wurde noch erhöht durch seine anziehenden Geistesanlagen und seinen angeborenen Liebreiz des Antlitzes, aus dem Liebe zur Keuschheit hervorleuchtete. Seine Jungfräulichkeit, die er schon als Knabe Gott geweiht hatte und die durch keine fleischliche Regung versucht wurde, bewahrte er für immer unversehrt Von Kindheit an wählte er Maria zur Mutter und unterließ keine Art ihres Dienstes, um ihr seine Liebe zu bezeugen. Besonders die Verehrung der unbefleckten Empfängnis verbreitete er und wollte zur Verteidigung dieser Wahrheit selbst mit seinem Blute einstehen. Die Leiden seiner schweren Krankheit ertrug er mit heiterer Miene, als ob er schon im voraus die himmlische Seligkeit verkostete. Den Leib des Herrn empfing er auf dem Boden kniend. Kurz vor seinem Tode sprach er, das Kruzifix, den Rosenkranz und das Regelbuch der Gesellschaft in der Hand: „Diese drei sind mir die liebsten Dinge, mit ihnen sterbe ich gern." Im vollkommensten Frieden verschied er zu der von ihm vorhergesagten Stunde. Alle waren überzeugt, daß er sogleich zu den Seligen des Himmels eingegangen sei. Zwei Jahre nach seinem Tode schon wurde die Untersuchung über die durch seine Fürbitte bewirkten Wunder angestellt. Pius IX. nahm ihn unter die Seligen, Leo XIII. unter die Heiligen auf. — 13. August (Ges. Jes.).

S. Ioannes Cantius, *m.* hl. Johann von Kenty, Bek., † 1473, 20. Oktober.

S. Ioannes a Capistrano, hl. Johannes von Capistrano, Bek., Franziskaner († 1456).

Zu Capistrano in Süditalien wurde er am 24. Juni 1385 geboren. Zu Perugia studierte er die Rechtswissenschaft, wurde Rechtsanwalt in Neapel, dann Statthalter in Perugia. Infolge eines Rechtshandels mit einer Nachbarstadt geriet er in Gefangenschaft, in welcher er wunderbarer Weise seinen künftigen Beruf erkannte Befreit, trat er 1416 in das Franziskanerkloster zu Perugia ein. Sehr scharfe Prüfungen bestand er glänzend und hatte es rasch zu hoher Vollkommenheit in der Tugend gebracht. Zum Lehrer in der Theologie hatte er den hl. Bernardin von Siena und zum Mitschüler den hl. Jakob von der Mark. Diese drei Männer sollten der damaligen Sittenverderbnis einen starken Damm entgegenstellen. 1425 begann seine apostolische Laufbahn; predigend durchzog er ganz Italien. Sein feuriges Wort, sein glühender Seeleneifer und sein hl. Wandel wirkten wahre Wunder der Bekehrung; sein Anblick ergriff schon die Herzen. Fünfzig- bis hunderttausend Menschen zählten zu seinen Zuhörern. Mit Vorliebe sprach er von der Macht des Namens Jesu und von der Barmherzigkeit Mariens. Als apostolischer Gesandter der Päpste Martins V., Eugens IV., Nikolaus' V. und Kalixts III. war er in Ober- und Unteritalien, in Sizilien und anderen Ländern tätig. Kaiser Friedrich III. erbat sich vom Papste den großen Missionar für Deutschland, und so kam Capistran und predigte in Böhmen, Mähren, Schlesien, Bayern, Thüringen, Polen, Siebenbürgen und gelangte bis Rußland. Schon 70 Jahre alt, feuerte er die Fürsten und Völker zum Widerstand gegen Mohammed II. an. Seinem Rat und seiner Tüchtigkeit schrieb man den großen Sieg 1456 über die Türken zu. Bald nach diesem Sieg erkrankte er schwer und starb im Kloster zu Illok in Ungarn. Alexander VIII sprach ihn 1690 heilig. — 28. März (Franz. O.; Kap. O.).

S. Ioannes Chrysostomus, hl. Johannes Chrysostomus (Goldmund), Bek., Bischof von Konstantinopel u. Kirchenlehrer, † 407, 27. Januar.

S. Ioannes a Cruce, hl. Johannes vom Kreuz, Bek., † 1591, 24. November.

S. Ioannes Damascēnus, hl. Johannes von Damaskus, Bek. u. Kirchenlehrer; † um 750, 27. März.

S. Ioannes de Deo, hl. Johannes von Gott, Bek. u. Bischof, Stifter des Ordens der barmh. Brüder, † 1550, 8. März.

S. Ioannes Eleemosynarius, hl. Johannes der Almosengeber, Bek. u. Bisch. von Alexandrien († 616).

Johannes der Almosenspender war der Sohn des Epiphanius, Statthalters der Insel Zypern. Der Ruf seiner Wohltätigkeit ging so weit, daß die Bevölkerung von Alexandria in Kleinasien ihn vom Kaiser zum Bischofe erbat. Nur widerstrebend nahm Johannes diese Würde an, gründete dann zahlreiche Herbergen, Krankenhäuser und kaufte die Gefangenen los. Die Armen nannte er geradezu seine Herren. Die Sorge seiner Diener, das Vermögen der alexandrinischen Kirche möchte ganz erschöpft werden, wußte Johannes siegreich zu beseitigen. Schmähungen, die ihm trotz allem widerfuhren, verzieh er sogleich und vergalt sie durch Wohltaten. Den Sterbenden stand er zur Seite; jedem gewährte er freien Zutritt, indem er sagte, es sei nicht recht, hierin Beschränkungen aufzuerlegen, da ja auch Gott allen jederzeit Zutritt gestatte. Die Gebeine des Heiligen wurden vom Türkensultan i. J. 1453 an den Ungarkönig Matthias Corvinus geschenkt; sie gelangten nach Budapest, dann nach Posen, wo sie in der St. Martinskirche verehrt werden. — 23. Januar (Ungarn).

S. Ioannes a S. Facundo, hl. Johannes von St. Facundus, Bek., † 1479, 12. Juni.

S. Ioannes Franciscus Regis, hl. Johannes Franz Régis, Priester der Ges. Jes., Bek. († 1640).

Er stammte aus einem Adelsgeschlechte des Städtchens Foncouverte bei Narbonne in Südfrankreich. In seiner Jugend zeichneten ihn Unschuld und glühender Gebetseifer, außerordentliche Schamhaftigkeit und Bescheidenheit aus. Zu Toulouse trat er in die Gesellschaft Jesu ein und weihte sich nach Vollendung der Studien ganz dem Heile der Seelen. Die rauhen Berggegenden um Forez (Loire), Point-de-Veyle (Ain) und in der

Landschaft Vivarais (Ardèche) sowie die von ewigem Eis und Schnee starrenden Teile der Schweiz waren sein Arbeitsgebiet. Die dortigen Landleute, die wegen ihrer Unwissenheit, rauhen Sitten und Roheit kaum zu behandeln waren, bildete er mit solchem Erfolge um, daß er unzählige Menschen, die in die kalvinische Irrlehre oder in die schlimmste Sittenlosigkeit verstrickt waren, zum katholischen Glauben und zum christlichen Leben zurückführte. Zur Winterszeit hielt er auf dem Lande Missionen, im Sommer kehrte er nach Annecy zurück, um in Krankenhäusern, Kerkern und Privathäusern, auf Straßen und in Gotteshäusern allen seine Hilfe anzubieten. Ganze Scharen von Armen unterstützte er mit den erbettelten Mitteln, öfters vermehrte er auf wunderbare Weise das Getreide zum Unterhalte. So verdiente er seinen Ehrennamen Vater der Armen. Es ist unglaublich, wie viele Schmähungen und Verhöhnungen er ertrug, um verbrecherische Menschen und verkommene Frauenspersonen dem tiefsten Schmutz des Lasters zu entreißen. Dabei war er immer heiter, selbst dann, wenn er mit Gurgelabschneiden, mit Ohrfeigen oder Knütteln bedroht wurde. Zur Zeit der Pest besuchte er unermüdlich die Kranken und brachte ihnen Erpuickung durch seine teilnehmende, glühende Liebe. Gegen alle wohlwollend und wohltätig, war er streng gegen sich selbst. Er kasteiete sich durch rauhe Bußkleider, eiserne Ketten und blutige Geißelhiebe. Kurz war sein Schlaf auf einem bloßen Brette oder auf bloßem Boden, Wein genoß er gar nicht, und seine Nahrung war schlecht und gering. Seine Gottesliebe war so brennend, daß er nur für Gott zu atmen, zu reden und zu denken schien. Mehrere Stunden der Nacht verbrachte er im Gebete und in der Betrachtung, wobei er von himmlischen Ergötzungen überfloß und oft in Verzückung geriet. Beim hl. Meßopfer ergoß sich selbst die Feuerglut, die in ihm brannte, auf die Umstehenden. Er war berühmt durch Wundertaten und andere übernatürliche Gaben. Zu Lalovec in der Diözese Vienne wurde er infolge der furchtbaren Winterkälte von einer tödlichen Krankheit ergriffen, in der er durch himmlische Erscheinungen erquickt wurde. Am 31. Dezember 1640 gab er seine Seele dem Schöpfer zurück. Sein Grab wurde gleich durch Wunder verherrlicht. — 16. Juni (Ges. Jes.).

S. Ioannes Gualbertus, hl. Johannes Gualberti, Bek. u. Abt, † 1073, 12. Juli.

S. Ioannes Iosephus a Cruce hl. Johannes Josef vom Kreuz, Bek., Franziskaner († 1734).

Seine Heimat ist die dem Golf von Neapel vorgelagerte Insel Ischia; 1654 wurde er geboren. Mit 16 Jahren trat er als der erste aus Italien in das zu Neapel nach der strengen Reform des hl. Petrus von Alcántara gegründete Franziskanerkloster ein. Mit seinem Berufe nahm er es sehr ernst: der hl. Franziskus war sein Vorbild in Demut und Armut, mit dem hl. Petrus von Alcántara wetteiferte er besonders in der Abtötung und im Gebetsgeiste, so daß er beiden recht nahe kam. Zur Annahme des Priestertums mußte ihn der Gehorsam zwingen. Schon vorher wurde Petrus mit der Neugründung eines Klosters betraut; er war beim Bau als Handlanger mit tätig. Er wurde Novizenmeister, mehreremal Guardian und später Provinzial. Diese Ämter waren seiner Demut durchaus zuwider. Täglich geißelte er sich bis aufs Blut, ging fast immer ohne Fußbekleidung, aß meistens nur Brot und Früchte und enthielt sich während der letzten 30 Jahre seines Lebens aus Liebe zum dürstenden Heilande jedes Trankes. Noch höher stand ihm aber die innere Abtötung. Der Heilige wurde 80 Jahre alt; er wurde zu Neapel begraben. Pius VI. nahm ihn in die Zahl der Seligen, Gregor XVI. 1839 in die der Heiligen auf. — 5. März (Franz. O.).

S. Ioannes Leonardi, hl. Johannes Leonardi, Bek., † 1609, 9. Oktober.

S. Ioannes Marcŭs, ī *m.* hl. Johannes Markus, Begleiter des hl. Paulus, Evangelist; *auch*: Neffe und Begleiter des hl. Barnabas.

S. Ioannes de Matha, hl. Johannes von Matha, Bek. u. Stifter des Ordens von der hl. Dreifaltigkeit zur Erlösung der Gefangenen, † 1213, 8. Februar.

S. Ioannes Nepomucēnus, hl. Johannes Nepomuk, Mart., Patron Böhmens, † 1393, 16. Mai.

B. Selige.

B. Ioannes de Avĭla *m.* sel. Johannes von Avila, Priester, Apostel Südspaniens († 1569).

Johannes von Avila, mit dem Beinamen der Lehrer, war zu Almodovar in Spanien, Diöz. Coruña (Coruña del Conde), geboren. Schon von Kindheit an zeigte er außerordentliche Frömmigkeit und Unschuld. Nach Vollendung der Gymnasialstudien wandte er sich mit 14 Jahren zu Salamanca dem Studium der Rechte zu. Plötzlich, durch eine himmlische Eingebung erleuchtet, entsagte er den Lockungen der Welt und gab sich ganz der Abtötung des Leibes und der Übung der Tugend hin. Nach drei Jahren solcher Lebensweise widmete er sich auf Anraten eines frommen Mannes den philosophischen und theologischen Studien. Priester geworden, richtete er mit großem Eifer sein Streben auf die Vollkommenheit. Vom Wunsche nach Missionstätigkeit beseelt, dachte er daran, nach Indien zu gehen. Aus diesem Grunde verteilte er sein Vermögen unter die Armen und bot sich dem Bischofe von Tlaskala, der nach Mexiko zu reisen im Begriffe war, als Begleiter an. Doch bewog ihn der Erzbischof von Sevilla, die Missionstätigkeit in Spanien der mexikanischen Tätigkeit vorzuziehen. In diesem Unternehmen harrte er 45 Jahre lang bis zu seinem Tode standhaft aus, besonders als Missionsprediger in den Städten Südspaniens. Ein wunderbarer Glanz, der ihn oft beim Predigen umgab, unterstützte seine Worte, so daß sie reiche Früchte trugen. Er schlichtete Streitigkeiten, rottete Laster aus und führte überall wieder die Reinheit der christlichen Sitten ein, so daß er sich den Namen Apostel nd Lehrer Südspaniens erwarb. Beichthören, Kinder in den Anfangsgründen des Glaubens unterrichten, Kranke besuchen, den Sterbenden Beistand leisten, Armen und Hilfsbedürftigen Trost bringen war seine tägliche Sorge. Er schrieb auch einige Bücher voll himmlischer Weisheit und erklärte die hl. Schrift vom Lehrstuhle herab. Dem hl. Ignatius half er, in Spanien die Gesellschaft Jesu ausbreiten. Den Heiligen Johann von Gott, Franz Borgias, Petrus von Alcantara und Theresia von Jesu war er Berater. Die Päpste, denen er vor allem lieb war, bedienten sich seiner oft zur Ausführung ihrer Anordnungen. Von Arbeiten und Krankheit gebrochen, starb er, die Namen Jesus und Maria auf den Lippen, zu Montilia. Leo XIII. nahm ihn unter die Seligen auf. — 10. Mai (Ges. Jes.).

B. Ioannes Baptista Machado et soc. sel. Johann Baptist Machado, Priester der Ges. Jes., Mart., u. seine Gefährten († 1617).

J. B. Machado entstammte einem Adelsgeschlecht zu Tavóra auf der Azoreninsel Terceira. Als junger Mann kam er nach Portugal und hoffte, durch die Gesellschaft Jesu sich den Weg nach Japan zu öffnen. Sein Wunsch wurde erfüllt. In Japan angekommen, weilte er kurze Zeit in Fuxima. Dann versah er mehrere Jahre lang in musterhaftester Weise zu Nagasaki das Amt eines Pfarrers. Auf der Jnsel Goto gefangen genommen und nach Omura gebracht, wurde er dort ins Gefängnis geworfen, wo schon der Franziskanerpriester Petrus von der Himmelfahrt Mariens lag, der in den gleichen Tagen ergriffen worden war. Als beide zum Tode verurteilt und am Henkerplatz angekommen waren, umarmten sie sich gegenseitig; bald darauf voneinander getrennt, fielen sie auf die Knie nieder und boten mit zum Himmel gerichteten Augen und Händen dem grausamen Schwerte den Nacken dar am 22. Mai 1617.

Zeuge dieses Triumphes war der Katechist Leo Tánaca, der Joh. Machado in der Missionstätigkeit zu unterstützen pflegte. Mit ihm auf der Insel Goto gefangen genommen, wollte er, wiewohl sich für ihn die Möglichkeit der Flucht geboten hätte lieber das Los des Meisters teilen, als Christi Religion auch nur zum Scheine verlassen. Nicht lange brauchte er zu warten, bis sein Verlangen nach dem Martyrium erfüllt wurde, da er bald zwei anderen Martyrern, einem Dominikaner und einem Augustiner, zugeteilt wurde. Auf einer wüsten Insel der Provinz Omura wurden alle drei am 2. Juli 1617 enthauptet.

Drei Jahre nachher (am 22. Mai 1620) wurde durch noch weit grausamere Qual zu Nagasaki, gegen Matthias von Arima und am 15. August zu Corcura gegen Simon Kyóta, beide Katechisten der Gesellschaft Jesu, gewütet. Ersterem wurde öfters Wasser in den Magen eingeführt und durch Anwendung größter Gewalt mit Blut vermischt wieder herausgestoßen, bis er unter den grausamsten Qualen standhaft und heiter den Geist aufgab. Letzterer, von königlicher Abstammung, wurde, weil er die christliche Religion seinen Landsleuten erklärte, zugleich mit seiner Gemahlin Magdalena und drei Hausgenossen auf Befehl des Fürsten von Buga mit dem Haupte nach unten gekreuzigt. — 22. Mai (Ges. Jes.).

B. Ioannes Baptista Zola *m.* sel. Joh. Bapt. Zola aus Brixen, Priester der Ges. Jes., Mart., *s.* B. Franciscus Pacheco.

B. Ioannes Bŏnŭs, ī *m.* sel. Johannes der Gute, Aug. Bek. († 1249), 23. Okt.

Er wurde 1168 zu Mantua geboren Nach dem Tode seines Vaters trieb er sich als Schauspieler und Possenreißer in Italien umher. In einer Krankheit machte er das Gelübde, die Welt zu verlassen. Er zog sich in die Einöde von S. Maria di Budriolo bei Cesena (ital. Provinz Forli) zurück. Um 1217 sammelte er Gefährten um sich und nahm die Regel des hl Augustin an. Seine Schüler heißen Jamboniten. Er führte ein strenges Bußleben, besonders im Fasten. Das Generalpriorat über den von ihm gegründeten Ordenszweig lehnte er ab. Von einem Engel ermahnt, begab er sich nach Mantua. Dort starb er am 23. Oktober 1249, 81 Jahre alt. Sein noch unversehrter Leib ruht in der Kathedrale zu Mantua. Neben dem hl. Anselm ist er Patron der Stadt. — 23. Oktober (Aug. O.).

B. Ioannes de Britto, sel. Johannes von Britto, Priest. der Ges. Jesu, Mart. († 1693).

Von hochadeligen Eltern zu Lissabon in Portugal geboren, verlebte er seine Jugend unter den Edelknaben des Prinzen Peter, des nachmaligen Königs Peter II. von Portugal. Im königlichen Hause, wo ihn alle Arten von verderblichen Einflüssen hätten verlocken können, führte er ein solch unschuldiges Leben, daß er durch sein Vorleben den Namen eines künftigen Heiligen und Martyrers verdiente. Voll Angst über eine schwere Krankheit des Knaben, brachten ihn die Angehörigen zum hl. Franziskus Xaver. Er trat, sobald es sein Alter erlaubte, in die Gesellschaft Jesu ein. Sein Verlangen ging nach den Missionen Indiens. Er unternahm gleich nach der Ankunft die Ausbreitung der christlichen Religion. Kaum glaublich ist, wie viele und große Beschwerden er bei dieser Arbeit freudig auf sich nahm. Spärlich von Gemüsen lebend, enthielt er sich ganz des Genusses von Wein, Fleisch und Fischen. Die größten Reisen machte er hin und her unter der glühenden Sonne, oft mit bloßen Füßen, beständig den Verfolgungen der Wilden, den Nachstellungen der Räuber und vielen anderen Lebensgefahren ausgesetzt. Nachdem er 14 Jahre lang durch diese Mühen mit großem Erfolge für die Seelen gearbeitet hatte, warf man ihn in den Kerker. Dort wurde er mit Knütteln geschlagen, über Dornen und Steinhaufen geschleift, und mit Ausweisung bestraft; seine Oberen aber sandten ihn nach Europa zur Förderung der Missionssache. Sobald er seine Aufgabe gelöst hatte, kehrte er wieder nach Indien zurück und zwar gegen den Willen des Königs von Portugal, der ihn zum Erzieher und Lehrer seines Sohnes, des Thronerben, bestimmt hatte. Wieder im Königreich Marava, einem Nachbar- und tributpflichtigem Staate von Madura, angekommen, taufte er innerhalb zehn Tagen zwölftausend Heiden. Da unter diesen ein Herrscher, der Christ werden wollte, alle Frauen mit Ausnahme von einer, die er zuerst geheiratet hatte, entließ, so stachelte eine dieser Entlassenen den König von Marava, dessen Nichte sie war, sowie die Brahmanen, gegen den verhaßten Verkünder der Keuschheit auf. An dem Tage, den er vorhergesagt hatte, ergriffen, verteidigte er mit apostolischem Freimute vor dem König das göttliche Gesetz; hierauf wurde er zuerst geschlagen, dann erdrosselt, schließlich enthauptet und nach Abhauen der Arme und Beine auf einen hohen Pfahl aufgespießt. Nach seinem Tode wirkte er viele Wunder. Pius IX. nahm ihn unter die Seligen auf. — 4. Februar (Ges. Jes.).

B. Ioannes Chocumbuco et Socii, Mart. der sel. Johannes Chocumbuco und Gefährten († 1630).

Zu Beginn des 17. Jahrhunderts wütete in Japan eine grausame Christenverfolgung. Ihr fielen auch sechs Tertiaren aus dem Orden des hl. Augustin zum Opfer, nämlich Johannes Chocumbuco, Laurentius Scizo, Mancius Xizizoiémon, Petrus und Thomas Cufióin und Michael Chinosci. Sie waren von dem sel. Augustiner Bartholomäus Gutiérrez für den katholischen Glauben und den dritten Orden gewonnen worden. Sie wurden alle enthauptet. — 28. September (Aug. O.).

B. Ioannes de Dukla, *m.* sel. Johannes von Dukla, Priester der Minoriten-Observanten, Bek. u. Patron von Polen, † 1484.

Er wurde in der Polenstadt Dukla geboren und sprach schon als ganz kleines Kind mit Vorliebe die hl. Namen Jesus und Maria aus. Als Jüngling schloß er sich den Franziskanern an und verwaltete später aufs beste die Lembergische Ordensprovinz. Vom hl. Johannes von Capistrano wurde er durch König Kasimir nach Polen berufen. Fast täglich las er die Ordensregel durch, um sie sich tief einzuprägen. Er war ein großer Marienverehrer und verstand es trefflich, Streit zu schlichten und machtvoll den Ruthenen, die schismatisch waren, den Glauben zu predigen. Auch er gab sich große Mühe, die Armenier zur Glaubenseinheit zurückzurufen. Er starb als Siebzigjähriger am 29. September 1484 zu Lemberg. Polen und Litauer verehrten ihn als Seligen. Dies billigte ausdrücklich Papst Klemens XII. — 30. September (Lemberg) und 1. Oktober (Gnesen und Posen, Krakau, Polen, Przemysl, Tarnow)

B. Ioannes Gabriel Perboyre, seliger Johannes Gabriel Perboyre, Mart. † 1840.

Er wurde im Dorfe Puech der Diözese Cahors (Fkr.) von frommen Eltern geboren. Von Jugend auf floh er die Scherze und Spiele der Altersgenossen. Mit sechs Jahren wurde er einem Hirten als Lehrer übergeben; doch nahm ihn im achten Lebensjahre ein Lehrer in seinen Dienst. Schon früh nannten ihn alle den „Heiligen". Im Seminar zu Montauban am Tarn (Fkr., Tarn-et-Garonne) zeichnete er sich ebenso sehr durch seinen Fleiß wie durch seine Frömmigkeit aus. Er schloß sich den Lazaristen an und wurde in Paris zum Priester geweiht. Alsbald bat er, ihn nach China zu senden. Dort erduldete er Uebermenschliches an Arbeit und Leid, woneben er die strengste Abtötung übte und beispielsweise von ungekochten Kräutern sich nährte und einen scharfen Bußgürtel Tag und Nacht trug. In der ausbrechenden Christenverfolgung wurde er von einem seiner Schüler für 30 Silberlinge verraten. Nun begann ein ungemein schlimmes Martertum für den Gefangenen, das ein ganzes Jahr hindurch andauerte. Schließlich wurde er mit fünf Verbrechern schlimmster Art am 10. September 1840 erhängt. — Leo XIII. nahm ihn unter die Schar der Seligen im Jahre 1899 auf. — 7. November (Lazaristen).

B. Ioannes Gabriel Taurin Dufresse, sel. Johannes Gabriel Taurin Dufresse, Mart. und Titularbischof von Tabarca († 1773).

Im Jubiläumsjahr 1900 reihte Leo XIII. unter die Zahl der Seligen 77 Martyrer ein, die in China, Tongking und Kotschinchina ihr Leben für den Glauben geopfert hatten. Unter ihnen waren 49 Mitglieder der französischen Missionsgesellschaft. Unter den in China Gemarterten ragte hervor Johannes Gabriel, Titularbischof von Tabarca (in Nordafrika) und Apostolischer Vikar von Su-Tchuen (China). Er war Franzose von Geburt, trat in die Missionsgesellschaft ein und reiste i. J. 1775 nach China, wo er in 40jähriger Tätigkeit Tausende von Heiden bekehrte und viele Eingeborenen zu Priestern weihen konnte. Als erster stellte er in China Synodalstatuten auf, die von der Propaganda zu Rom als mustergültig erklärt wurden. Johannes Gabriel hatte viele Anfechtungen und Qualen zu erleiden, ehe sein Haupt unter dem Beile des Henkers fiel. — Unter den anderen Martyrern, die i. J. 1900 selig gesprochen wurden, sind zu erwähnen August Chapdelaire aus Frankreich, der nach erst vierjähriger Wirksamkeit in China, durch 60 Rutenhiebe und 300 Ohrfeigen zerfleischt und schließlich erdrosselt wurde, und die Witwe Agnes, die ähnliche Qualen durchmachte. — In Tongking litten der selige Augustinus Schöffler aus Mittelbronn (jetzt im Sprengel Metz gelegen), Petrus Dumoulin-Borie, erwählter Titularbischof von Acanthus (in Makedonien), Johannes Karl Cornay und Johannes Alois Bonnard. Alle gehörten der französischen Missionsgesellschaft an. — Zu den in Kotschinchina gemarterten Christen gehörten Franz Isidor Gagelin, Joseph Marchand und Franz Jaccard, alle Zöglinge des Seminars der Missionsgesellschaft. — 3. September (Metz).

B. Ioannes Ixida Xoum, 29. Nov., *s.* B. Leonardus Kimura.

B. Ioannes Kinsáco, Katechist der Ges. Jes., Mart., 20. Juni, *s.* B. Francicus Pacheco.

B. Ioannes Maquin, Mart. in Japan, *s.* B. Thomas Tzugi.

B. Ioannes Neslon, Priester der Ges. Jesu, Mart., † 1577, *s.* B. Edmundus Campion.

B. Ioannes de Prado, sel. Johannes von Prado, 25. Mai (Posen).

B. Ioannes Reatīnŭs, ī *m.*, sel. Johannes von Rieti, Bek. († 1347).

Er war geboren zu Castro Porciano, Bistum Amelia, aus der Familie Bufalari und Bruder der sel. Lucia Amerina. Wegen seiner Unschuld hatte er den Beinamen „der Einfältige". Er wünschte, den Gefahren der Welt zu entrinnen, wurde deshalb Augustiner, war seinen Mitbrüdern im Konvente zu Rieti ein Vorbild zur Nachahmung. Oefters widmete er die ganze Nacht der Betrachtung. Gegen Kranke und Pilger, wie überhaupt gegen den Nächsten hatte er eine herzliche Liebe. Er war ein inniger Verehrer Mariens und diente mit besonderem Eifer und großer Andacht bei der hl. Messe. Noch jung, starb er am 1. August 1347. — 9. August (Aug. O).

B. Ioannes Sarcander, Mart., sel. Johannes Sarcander, († 1620).

Er war in Skoczow im Herzogtum Teschen (Oesterreichisch-Schlesien) aus edler Familie geboren, verlor frühzeitig den Vater. Seine Mutter erzog ihn in wirrer Zeit aufs beste. Johannes studierte nacheinander in Freiburg, Olmütz, Prag und Graz. Er wurde nach der Priesterweihe als Seelsorger in die von der Irrlehre seit 80 Jahren verwüstete Pfarrei Holleschau gesandt, wo er unter unsäglichen Mühen den Abgefallenen den hl. Glauben predigte und dafür viele Bitterkeiten erfuhr. Als in Böhmen ein Aufstand ausbrach, wallfahrtete Johannes nach Czenstochau. Nach seiner Rückkehr wurde er geächtet und vor Gericht gefordert. Er entfloh, wurde aber im Olmützer Wald ergriffen und grausam von den irrgläubigen Schergen mißhandelt. Man spannte ihn dreimal aufs Marterholz, brannte zweimal dabei fünf Stunden lang seine Hüften mit harzigen Fackeln, übergoß ihn mit Pech und Schwefel, das man anzündete, so daß überall das Fleisch anbrannte und seine Eingeweide fast zutage lagen. Diese Qualen fügten ihm die Unholde auch in der Absicht zu, um von ihm Angaben über die Beichte der Fürstin von Lobkowitz zu erpressen; doch vergebens, trotz der 33 Tage anhaltenden Peinen! Da seine Hände zerbrochen waren, wandte er mit der Zunge die Blätter seines Breviers um. Am 17. März 1620 endlich hauchte er, erst 43 Jahre alt, seine siegreiche Seele aus. Der grausam zerfetzte und angebrannte Leib strömte nach dem Tode des Martyrers nichtsdestoweniger einen süßen Wohlgeruch aus, so daß ihn die Katholiken sieben Tage lang unbestattet liegen ließen; dann wurde er in Olmütz beigesetzt. Die Martyriumshöhle aber ward später in eine Kirche umgewandelt; in ihr brach wunderbar eine Quelle hervor, die den rasenden Durst des Martyrers löschte und deren Wasser noch heute gegen Fieberanfälle benutzt wird. Pius IX. nahm ihn i. J. 1860 unter die Schar der Seligen auf. — 17. März (Breslau, Brünn, Prag, Olmütz) und 23. März (Seckau).

B. Ioannes Stoneus, sel. Johannes Stoneus, Mart. († 1538).

Ein englischer Augustinermönch, Doktor der Theologie, zur Zeit Heinrichs VIII. Von diesem an den Hof gezogen, wurde er, da er am Katholizismus festhielt, in den Kerker geworfen. Darin führte er ein strenges Büßerleben. Nach langer Haft wurde er zu Canterbury hingerichtet. — 12. Mai (Aug. O.).

C. Andere Personen mit unterunterscheidendem Beinamen (alphabetisch).

Ioannes Achlērŭs, ī *m.* Johann Achler, Vater der sel. Elisabeth der Guten (14. Jhdt.), *s.* B. Elisabeth Bona.

Ioannes Adornŭs, ī *m.* *s.* Adornus.

Ioannes Agnŭs, ī *m.* Johannes Agnus, Bisch. v. Utrecht, Vorgänger des hl. Amandus (6./7. Jhdt.).

Ioannes de S. Bernardo, Johannes vom hl. Bernhard, Franziskaner, der im 17. Jhdt. die Reform des hl. Petrus von Alcantara in Italien einführte.

Ioannes Borgias, Johannes Borgias, Vater des hl. Franz Borgias, im 16. Jhdt.

Ioannes Gaddis, *m.* Johannes Gaddis, Bruder des Judas Makkabäus.

Ioannes Galēnsĭs *oder* **Walēnsĭs,** Johann von Wales, ein Engländer, sammelte diejenigen Dekrete und Verordnungen, die zeitlich zwischen den in Bernards (I. Comp.) und Petrus' v. Benevent (III. Comp.) Sammlungen befindlichen Dekretalen liegen, nämlich die Dekrete Clemens' III. und Coelestins III.; deshalb **compilatio secunda** genannt, wiewohl erst nach der **compilatio tertia** fertiggestellt.

Ioannes Hyrcanus, ī *m.* Sohn des Simon Makkabäus, Fürst von Juda, Zerstörer des Tempels der Samaritaner auf dem Berge Garizim.

Ioannes Teutŏnĭcŭs, J. der Deutsche, Ordensgeneral der Dominikaner im 13. Jhdt.

Ioannes Vigrii *m.* Johannes Vigrii, Vater der hl. Katharina von Bologna.

Ioannēŭs 3 *adj.* von Johannes, johanneisch.

Ioarib *indecl. m.* (*hebr.*: Jahwe ist Kämpfer) Joarib, jüdischer Priester, Ahnherr des Judas Machabäus.

1. **Ioas** *indecl. m.* (*hebr.*:) Joas (Iehoas), König von Juda (836—797), Ahnherr Christi, Sohn des Ochozias.

2. **Ioas** *indecl. m.* der 12. König von Israel (*ca.* 798—783), Sohn des Joachaz.

3. **Ioas** *indecl. m.* Joas 1. ein Nachkomme (Enkel) Benjamins. 2. Vater des Richters Gedeon. 3. ein Anhänger Davids aus der Verwandtschaft Sauls. 4. ein Aufseher Davids über die Ölvorräte. 5. ein Beamter (Sohn?) des Königs Achab v. Israel (873—854).

1. **Ioatham** *indecl. m.* (*hebr.*: Jahwe ist vollkommen?) Joatham, König von Juda (*ca.* 738—736), Ahnherr Christi, Sohn des Königs Ozias.

2. **Ioatham** *indecl. m.* (*hebr.*: Jahwe ist vollkommen?) Joatham 1. jüngster Sohn des Richters Gedeon (Jerobaal). 2. ein Israelit aus dem Stamme Juda, Sohn des Jahaddai.

1. **Iob** *indecl. m.* (*hebr.* 'Ijjob; *arab.*: ijjâb = Schlauch; Rückkehr, Sonnenuntergang; ajjâb Wasserverkäufer) (Iobus, S. Iobus, i *m.*) Job, 1. ein frommer Dulder aus der Patriarchenzeit. 2. das Buch Job im Alten Testament, welches dessen Leiden schildert.

2. **Iob** *indecl. m.* (*hebr.*: er kehrt zurück) Job, dritter Sohn Issachars, *auch*: Iasub genannt (1. *Par.* 7, 1).

Iobab *indecl. m.* (*arab.*: jabâb Wüste, verwüstet?) Jobab, 1. Sohn des Jektan u. Enkel Hebers, dessen Nachkommen ein Volk im glücklichen Arabien bildeten (?). 2. ein König der Edomiter, Sohn des Zare aus Bosra. 3. ein König von Madon, der von Josue besiegt wurde. 4. zwei Israeliten aus dem Stamme Benjamin.

Iobania *indecl. m.* (*hebr.*: Jahwe baut) Jobania, Israelit aus dem Stamme Benjamin, Sohn des Jeroham.

Iobias, ae *f.* Jobias, Tochter des Perserkönigs Sapor (Schapur II., 309—379).

Iochabed *indecl. f.* (*hebr.*: Jahwe ist Ruhm) Jochabed, Mutter des Aaron u. Moses.

iŏcŏr 1 (ioculor) scherzen, schäkern, spaßen.

iŏcōsŭs 3 scherzhaft, schalkhaft.

iŏcŭlārĭă, ōrŭm *n.* Scherze, Spässe, Possen, Schwänke, Schnurren.

iŏcŭlārĭs, ĕ scherzhaft, spassig; kurzweilig.

iŏcŭlātŏr, ōrĭs *m.* Spaßmacher, Witzbold.

iŏcŭlŏr 1 *s.* iŏcor.

iŏcŭs, ī *m.* Scherz, Kurzweil.

jod *indecl.* 10. Buchstabe des hebr. Alphabets; zehn, zehntens.

Iodaia *indecl. m.* (*hebr.*: Jahwe kennt [liebt?]) (Iedei) Jodaja, jüdischer Priester, nach dem die zweite Priesterklasse benannt wurde.

S. Iodīta, ae *f.* hl. Jodita, Mart., 15. Febr.

S. Iŏdŏcī cellă, ae *f.* Saint-Josse, Dorf, Fkr. (Pas-de-Calais).

S. Iŏdŏcŭs, ī *m.* hl. Jodok, Bek. u. Priester († um 668).

Er stammte aus dem englischen Königsgeschlechte und sollte selbst die Königswürde übernehmen, die sein Bruder Rodichael niederlegen wollte, um Mönch zu werden. Jodok erbat sich eine achttägige Bedenkzeit und zog sich ins Kloster Lammailon, in dem er den Studien ehedem obgelegen hatte, zurück. Da gerade Pilger, die nach Rom eilten, durchkamen, beschloß Jodok, ihnen zu folgen. Er gelangte mit ihnen nach Paris, verließ sie dort und ließ sich am Flusse Authie im Bezirke Pas-de-Calais (Nordwestfrankreich) nieder. Doch Herzog Haymon veranlaßte ihn, mit ihm zu ziehen. Jodok tat es, bildete sich in den Wissenschaften aus und wurde Priester. Nach sieben Jahren eilte er in die Stille der Ortschaft Brahic und erbaute dort eine Kirche. Vögel und Fische suchten seine Nähe auf und ließen sich von ihm füttern. Als er eines Tages nur ein Brot für sich und seinen Schüler Wulmar hatte, und ein Bettler viermal erschien, teilte er das Brot in vier Teile und gab sie dem Bittenden. Sein Schüler wunderte sich über diese Uneigennützigkeit; doch Jodok wies auf den Herrn hin. Alsbald erschienen vier Boote, die den beiden reichliche Lebensmittel brachten. Als infolge ähnlicher Wunderzeichen das Volk in die Einsamkeit des hl. Jodok drang, zog er sich weiter in die Einöde zurück, wo er 14 Jahre lang teuflische Anfechtungen zu bestehen hatte. Als Herzog Haymon, der ihn traf, einst großen Durst litt, heftete Jodok seinen Stab in die Erde, und alsbald sprudelte Wasser empor; diese Quelle wird noch jetzt von Pilgern besucht. Jodok besuchte Rom auf Befehl des Papstes Vitalian und kehrte, mit Reliquien reich versehen, zurück. Er traf in der Heimat ein Mädchen an, das überhaupt keine Augen hatte. Jodok wusch mit dem eben gebrauchten Wasser die Augenhöhlen des Kindes, worauf dieses wunderbarerweise Augen und Sehfähigkeit erhielt. Die Reliquien wurden in der Kirche vom hl. Martin, welche Herzog Haymon inzwischen errichtet hatte, beigesetzt. Jodok starb um das Jahr 668. Sein Leib blieb 60 Jahre unverwest im Grabe. Im Jahre 1338 wurden Teile des Körpers durch Herzog Heinrich nach Landshut (in Niederbayern) gebracht; auch wurde dort eine Kirche zu Ehren des hl Bekenners errichtet, wo die Reliquien noch jetzt verehrt werden. — 13. Dezember (Münster, Osnabrück).

Ioed *indecl. m.* (*hebr.*: Jahwe ist Zeuge) Joed, ein Israelit aus dem Stamme Benjamin, Ahnherr des Sellum, der nach dem Exil in Jerusalem wohnte.

1. **Ioël** *indecl. m.* (*hebr.*: Jahwe ist Gott) Joel, einer der sog. kleinen Propheten, Sohn Pathuels (nach 800 v. Chr.).

2. **Ioël** *indecl. m.* (*hebr.*: Jahwe ist Gott) Joel, 1. ein Israelit aus dem Stamme Gad. 2. ein Israelit aus dem Stamme Levi. 3. ein Enkel Issachars. 4. Erstgeborner Samuels. 5. ein Israelit aus dem Stamme Ruben z. Z. Sauls. 6. ein Offizier Davids, Bruder des Propheten (?) Nathan. 7. ein Levitenfürst, der die Bundeslade nach Jerusalem führte. 8. der Vater des Sängers Heman z. Z. Davids. 9. ein Schatzmeister Davids. 10. ein Fürst über den halben Stamm Manasse. 11. ein Israelit aus dem Stamme Simeon z. Z. des Königs Ezechias. 12. ein Levit z. Z. des Königs Ezechias. 13. ein Jude, der nach dem babyl. Exil seine fremden Weiber entließ. 14. ein Vorsteher über die nachexilischen Bewohner Jerusalems.

Ioela *indecl. m.* (*hebr.*?) Joela, ein Offizier Davids, Sohn Jerohams.

Ioélet *indecl. f. s.* B. Iolenta.

Ioëzer *indecl. m.* (*hebr.*: Jahwe ist Hilfe) Ioezer, ein Anhänger Davids.

Iogli *indecl. m.* (*hebr.*?) Jogli, Vater des Bokki, eines Fürsten im Stamme Dan.

Ioha *indecl. m.* (*hebr.*?) Joha, 1. ein Israelit aus dem Stamme Benjamin, Sohn des Baja. 2. ein Offizier Davids, Sohn Samris u. Bruder des Jediel. 3. Kanzler des Königs Josias von Juda (*ca.* 638—608), Sohn des Joachaz.

Iohanan *indecl. m.* (*hebr.*: Jahwe ist gnädig) Johanan, 1. ein Israelit aus dem Geschlechte Davids, Sohn des Josias. 2. ein Israelit, Sohn des Elioenais. 3. ein Nachkomme Levis. 4. ein Anhänger Davids, der ihm auf der Flucht vor Saul beistand. 5. ein weiterer Anhänger Davids. 6. ein Levit u. Türhüter. 7. ein Kriegsoberster unter König Josaphat v. Juda (*ca.* 873—849). 8. der Vater Ismahels. 9. der Vater des Azarias. 10. ein jüdischer Heerführer z. Z. des Propheten Jeremias, Sohn des Caree. 11. ein Jude, der mit Esdras aus dem babyl. Exil zurückkehrte, Sohn Ekketans. 12. ein Freund des Esdras, Sohn des Eliasib. 13. ein Jude, der nach dem Exil seine fremden Weiber entließ. 14. ein Sohn des Tobias, eines Judenfreundes (2. *Esdr.* 6, 18). 15. ein Vorsteher der Priesterfamilie unter dem Hohepriester Ioakim. 16. ein Jude (2. *Esdr.* 12, 22). 17. ein jüdischer Priester u. Sänger.

Iohannēs, ĭs *m.* (*hebr.*: Gott ist gnädig) *s.* Ioannes.

Iohel *indecl. s.* Ioël.

Ioiada *indecl. m.* (*hebr.*: Jahwe kennt) Jojada, 1. ein israelitischer Priester, der die Königin Athalia töten ließ und den rechtmäßigen Königssohn Joas salbte u. zum König von Juda ausrief (*ca.* 836—797) (2. *Kön.* 1, 8). 2. Beamter des Königs David. 3. ein Israelit, Vater des Banajas. 4. ein Jude, Erbauer des alten Tores in Jerusalem. 5. ein Hoherpriester, Sohn des Eliasib (*Jes.* 29, 26).

Ioiarib *indecl. m.* (*hebr.*: Jahwe ist Kämpfer) Joarib, 1. ein Israelit, Ahnherr des Maasia, der nach dem babyl. Exil in Jerusalem wohnte. 2. ein Jude, Sohn des Zacharias. 3. ein jüdischer Priester, der nach dem Exil in Jerusalem wohnte. 4. ein Vorsteher der ersten jüdischen Priesterklasse. 5. ein weiser Jude unter Esdras. 6. ein jüdischer Priester, der mit Zorobabel aus dem babyl. Exil zurückkehrte.

B. Iolenta, ae *f.* sel. Jolenta (Io(h)elet), Witwe u. Äbtissin († im 14. Jhdt.).

Sie heißt bei den Polen Helene, bei den Ungarn Johelet; sie war die Tochter des Ungarkönigs Bela IV. und der griechischen Kaisertochter Maria. Mit fünf Jahren wurde sie ihrer Schwester, der seligen Kunigunde, in Krakau zur Erziehung übergeben. Dann vermählte man sie mit dem Polenherzoge Boleslaus, der selbst wegen seiner edlen Eigenschaften „der Fromme" benannt wurde. Jolenta nahm sich der Armen und Fremden an und verbreitete den Franziskanerorden über ganz Polen. Als sich ihre beiden Söhne nach dem Tode ihres Gatten vermählt hatten, folgte sie dem Beispiele ihrer Tante Elisabeth von Thüringen sowie dem ihrer beiden seligen Schwestern Constantia und Margarita und begab sich mit ihrer dritten Tochter Anna in ein Klarissenkloster, das die selige Kunigunde errichtet hatte. Als sie daraus durch die Einfälle der Barbaren vertrieben wurde, eilte sie mit ihrer Tochter nach Gnesen, wo sie in einem von ihr und ihrem Gatten erbauten Kloster Äbtissin wurde. Sie sah einmal den leidenden Heiland in einer Erscheinung und starb gottergeben zu der von ihr vorausgesagten Stunde. Nach dem Tode erschien sie verklärt in Gegenwart des hl. Stanislaus, Bischofs von Krakau, ihrer kranken Nachfolgerin und heilte diese wunderbar. Ihre Verehrung seitens der Gläubigen wurde von Leo XII. i. J. 1827 gebilligt. — 15. Juni (Gnesen, Posen, Krakau, Przemysl, Tarnow; Ungarn [als S. Jolenta]); und 16. Juni (Sejn).

1. **Iona** *indecl. m.* (*hebr.*: Taube) Jona, Ahnherr Christi, Sohn des Joseph (*Luc.* 3. 30).

2. **Iona** *indecl. m.* (*Ἰωνᾶς verkürzt aus Ἰωάννης*) Johannes, Vater des Apostelfürsten Simon Petrus (*Joh.* 21, 15).

Ionadab *indecl. m.* (*hebr.*: Jahwe ist freigebig) Jonadab, 1. ein schlimmer Freund des Amnon, des erstgebornen Sohnes Davids. 2. ein Freund des Königs Jehu von Israel (*ca.* 842—815), Stammvater der Rechabiten (oder Keniten).

1. **Ionas,** ae *m.* (*hebr.*: Taube) Jonas, 1. einer der kleinen Propheten. 2. das nach ihm benannte Buch.

2. **Ionas,** ae *m.* Jonas, vierter Bischof von Flavigny (Burgund), (*Münster, hl. Regina*).

Ionathan *indecl. m.* (*hebr.*: Jahwe hat gegeben = Deusdedit [Adeodatus]) Jonathan, 1. ein Götzenpriester, Nachkomme Gersoms. 2. ein Israelit aus dem Stamme Juda, Sohn Judas. 3. ein Onkel u. Ratgeber Davids. 4. ein Neffe Davids, Sohn Samaas. 5. zwei Offiziere Davids, einer: Sohn Jassens, einer: ein Arariter. 6. ein Schatzmeister Davids. 7. ein Levit unter König Josaphat von Juda (*ca.* 872—849). 8. ein jüdischer Kriegsoberster, der unter Godolias nach Beginn des babyl. Exils im Judenlande blieb. 9. ein Kerkermeister, der den Propheten Jeremias einkerkerte. 10. ein Jude, Vater Abeds. 11. ein Jude, der die Entlassung der fremden Weiber durchzuführen hatte. 12. ein jüdischer Priester, Sohn des Hohenpriesters Jojada. 13. zwei weitere jüdische Priester. 14. ein Jude, Sohn Semeias.

Ionathas, ae (*acc.* -an) *m.* (gräzisiert aus Jonathan) Jonathas, 1. treuer Freund Davids, Sohn des Saul. 2. Sohn des Hohenpriesters Abiather, half David auf der Flucht vor Absalom. 3. ein jüdischer Priester und Vorsteher der Sänger. 4. Sohn des Matthathias u. Bruder des Judas Makkabäus, Hoherpriester, *auch*: Jonathan *genannt* mit dem Beinamen Apphus. 5. ein Feldoberst des Simon Makkabäus.

Iōnicŭs 3 (*Ἰωνικός*) jonisch.

Ioppē, ēs (*acc.* -ēn) *f. s.* Iafa.

Ioppēnsĭs, ĕ aus Joppe, *s.* Iafa.

Iora *indecl. m.* (*hebr.* ?) Jora, ein Jude. der mit Zorobabel aus dem babyl, Exil zurückkehrte.

Iorai *indecl. m.* (*hebr.* ?) Jorai, ein Israelit aus dem Stamme Gad z. Z. Sauls (*ca.* 1051—1011).

1. **Ioram** *indecl. m.* (*hebr.*: Jahwe ist erhaben) Joram: 1. der fünfte (gottlose) König von Juda (*ca.* 849—842. 2. der neunte (zehnte) (gottlose) König von Israel (*ca.* 853—842).

2. **Ioram** *indecl. m.* (*hebr.*: Jahwe ist erhaben) Joram 1. Sohn des Königs Thou von Hemath. 2. ein Israelit aus dem Stamme Levi, Sohn des Isaia. 3. ein Priester z. Z. Josaphats, Königs von Juda (*ca.* 872—849), *auch*: Ioran *genannt*.

Ioran *indecl. m. s.* 2. Ioram 3.

Iordan *indecl. m.* (*hebr.*: Herabfließender) *s.* Iordanis.

Iordānēs, ĭs *m. s.* Iordanis.

Iordānĭcŭs 3 jordanisch, zum (Fluß) Jordan gehörig.

Iordānĭs, ĭs *m.* (Iordan, Iordanes) (*hebr.*: der Herabfließende) der Jordan, Hauptfluß Palästinas; **Iordanis terra**: Ostjordanland.

B. Iordānŭs Saxo, ŏnĭs *m.* sel. Jordan, der Sachse, Dominikanergeneral, Nachfolger des hl. Dominikus († 1237).

Entstammte dem adeligen Geschlechte der Grafen von Eberstein, deren Burg in dem Flecken Borgentreich in Westfalen lag. Er begann seine Studien in der Heimat und zog dann nach Paris, um dieselben zu vollenden. Die Predigtgabe des sel. Reginald von Orléans gewann ihn für den Dominikanerorden. Er wurde 1221 zum Ordensgeneral erwählt und nahm während seiner 14jährigen Amtstätigkeit gegen 1000 Mitglieder in den Orden auf. 15. Februar (Dom. O.)

B. Iordānŭs dē Pisā, sel. Jordan von Pisa, Bek., O. Pr., († 1311).

Er wird auch Iordanus von Rivalto genannt. Hauptsitz seiner Tätigkeit war Florenz, und dort war seine Volkstümlichkeit und Beliebtheit grenzenlos. Er starb am 19. August 1311. — 6. März (Dom. O.).

Iorim *indecl. m.* (*hebr.*: Iarim *verkürzt aus*: Jojarim = Jahwe erhöht) Jorim, Ahnherr Christi (*Luc.* 3, 29).

Iosa *indecl. m.* (*hebr.* ?) Josa, ein Israelit aus dem Stamme Simeon.

Iosaba *indecl. f.* (*hebr.*: Jahwe schwört ?) (Iosabeth) Josaba, Tochter des Königs Joram von Juda (*ca.* 849—842), Gemahlin des Hohenpriesters Jojada, Retterin ihres Neffen, des späteren Königs Joas von Juda (*ca.* 836—797).

Iosabat *indecl. m.* (*hebr.*: Iozabad Jahwe hat geschenkt) Josabat, Diener u. Mörder des Königs Joas von Juda († 797) (*auch*: Iosachar).

Iosabeth *indecl. f. s.* Iosaba.

Iosabhesed *indecl. m.* (*hebr.*: Gnade ist wieder gewährt) Josabhesed, *angeblich*: Sohn des Zorobabel, *wohl richtiger*: Iosabia, *s. dens.*

Iosabia *indecl. m.* (*hebr.*: Jahwe führt zurück) Josabja, ein Israelit aus dem Stamme Simeon (*Variante davon*: Josabhesed ?).

Iosachar *indecl. m.* (*hebr.*: Jahwe gedachte) *wohl identisch mit*: Iosabat (Iozabad).

Iosaia *indecl. m.* (*hebr.*[?]) Josaja, ein Offizier Davids, Sohn Elneams.

Iosaphad *indecl. m.* (*hebr.*: Jehoschaphat = Jahwe richtet) Josaphad, Sohn des Ahilud, Kanzler des Königs Salomon.

S. Josaphat *indecl. m.* hl. Josaphat, Erzbischof u. Mart., † 1623, 24. November.

1. **Iosaphat** *indecl. m.* (*hebr.*: Jahwe richtet) Josaphat, vierter König von Juda (*ca.* 872—849), Ahnherr Christi.

2. **Iosaphat** *indecl. m.* (*hebr.*: Jahwe richtet) Josaphat, 1. ein Kanzler Davids. 2. ein Offizier Davids. 3. ein Priester z. Z. Davids. 4. ein Amtmann Salomons im Stamme Issachar, Sohn des Pharue. 5. Vater des Königs Jehu von Israel (*ca.* 842—815).

3. **Iosaphat** *indecl.* sinnbildlicher Name eines Tales im Südosten von Jerusalem, das sich vom Tale Hinnom ab den Kidronbach entlang gegen das Tote Meer hin erstreckt.

Iosedec *indecl. m.* (*hebr.*: Jahwe ist gerecht), Vater des Hohenpriesters Josua; er wurde von Nabuchodonosor i. J. 586 v. Chr. in die Verbannung nach Babylon geschleppt.

Ioseph *indecl. m.* (*hebr.*: Er [Gott] mehre!) Joseph.

A) Ortsnamen.

S. Ioseph, ī *f.* Saint Joseph, St., r. am Missouri, Nordamerika (Missouri), *ca.* 150 000 Einw.; Bischofssitz (seit 1868); Suffr. v. Saint Louis.

S. Ioseph de Costarica, San José, Hauptstadt von Costa Rica in Zentralamerika, *ca.* 25 000 Einw.; Bischofssitz (seit 1531; seit 1850 mit León in Nicaragua vereinigt), Suffr. v. Guatemala (1531—46 Suffr. von Sevilla; 1546—1743 Suffr. v. Lima).

B) Personennamen.

I. Biblische Personen.

1. Joseph, der jüngste unter den Patriarchen, der Sohn Jakobs und der Rachel, Vizekönig von Ägypten († um 1800); als Stammesname nur selten, etwa bei poetischer Ausführung für Josephs Nachkommen gebraucht; daher **domus Ioseph** = Gebiet der Stämme Ephraim und Manasse. 2. der Vater des Igal, eines Kundschafters der Israeliten im Lande Kanaan. 3. ein Levit z. Z. Davids. 4. ein Israelit, Urgroßvater der Judith. 5. ein Jude, der im babyl. Exil fremde Weiber genommen hatte. 6. (Iosephus) ein Befehlhaber unter Judas Makkabäus. 7. (Iosephus) ein Bruder u. Feldherr des Judas Makkabäus. — 8. hl. Joseph, Nährvater Jesu, *s.* S. Ioseph. 9. Jos. v. Arimathäa, *s* S. Ioseph ab Arimathaea. 10. Ios. Barsabas, *s.* Barsabas. 11. Joseph, ein Sohn des Kleophas und der Maria, einer Base der allerseligsten Jungfrau, Bruder des Apostels Jakobus des Jüngeren, Vetter Jesu, erstes Jhdt. 12. Joseph mit dem Beinamen Barnabas, *s.* Ioseph Barnabas. 13. drei Joseph, Ahnherren Christi (*Lc.* 3. 24. 26. 30).

II. Heilige.

S. Ioseph, Sponsus B. M. V. hl. Joseph, Bräutigam der allerseligsten Jungfrau Maria, Nährvater Jesu; Schutzpatron der kathol. Kirche, Bekenner. Er starb, bevor der Heiland sein öffentliches Lehramt antrat; — 19. März; Fest als Schutzpatron der Kirche am Mittwoch nach dem zweiten Sonntage nach Ostern.

S. Ioseph ab Arimathaea, hl. Joseph v. Arimathäa, vornehmer Jude, Mitglied des Synedriums, heimlicher Anhänger Christi, der für dessen Begräbnis sorgte, 1. Jhdt. — 20. März (Sitten).

S. Ioseph Barnabas *m.* Joseph Barnabas, ein Levit, der sein Vermögen zu den Füßen der Apostel niederlegte.

B. Iosepha Maria a S. Agnete, selige Josepha Maria von der hl. Agnes, Jgfr. († 1696).

Geboren zu Beniganim bei Valencia in Spanien, trat sie nach dem Tode ihres Vaters in das Augustiner - Barfüßerinnenkloster ihrer Heimat. Sie war ein Engel im Fleische, kindlich einfältig, gehorsam und hilfreich gegen den Nächsten und die armen Seelen. Bekannt ist die Aufforderung Jesu an sie: „Ob gern oder ungern, alles aus Liebe zu mir." Mit mystischen Gnadengaben ausgestattet, starb sie am 21. Januar 1696. — 14. Februar (Aug. O.).

S. Iosephi (*C. R.*) *s.* S. Ioseph (Ortnamen).

S. Iosephi de Costarica (*C. R.*) *s.* S. Ioseph de Costarica (Ortsnamen).

S. Iosephus Calasanctius, *m.* hl. Joseph v. Calasanz, Bek. und Stifter des Piaristenordens, † zu Rom 1648, 27. Aug.

S. Iosephus a Leonissa, hl. Joseph von Leonissa, Bek., Kapuziner, † 1612.

Zu Leonissa, im Königreiche Neapel 1556 geboren, studierte er später zu Viterbo. Durch seinen Fleiß und tugendhaften Wandel gewann er die Hochachtung aller. Es winkte ihm eine adelige reiche Hochzeit; er aber zog es vor, in den Kapuzinerorden zu treten; früher Eufranius, hieß er nun Joseph. Im Klosterleben fand er sein volles Glück. Er übte große Bußstrenge und liebte überaus die hl. Armut. Seine Zelle war so eng, daß er kaum darin stehen oder liegen konnte; die harte Erde war sein Lager, ein Holzklotz sein Kissen; die schlechtesten Speisen waren seine Nahrung. Als Prediger trieb ihn sein Seeleneifer nach Konstantinopel zur Predigt des Evangeliums und zur Hilfe der armen gefangenen Christen. Die Türken aber ergriffen ihn, hingen ihn nach Durchbohrung von Hand und Fuß an einem Balken auf und suchten, ihn durch untergelegtes schwaches Feuer allmählich zu ersticken. Nach dreitägiger unsäglicher Qual befreite ihn ein Engel. Er ging nach Italien zurück und predigte besonders gegen die damaligen Mißbräuche im Schauspiel und beim Tanz. Seine Menschenliebe machte ihn zum Friedensengel der Entzweiten. 1612 starb er zu Amatrice; sein Leib ruht zu Leonissa. Klemens XII. sprach ihn selig, Benedikt XIV. heilig. — 4. Februar (Franz. O; Kap. O.).

S. Iosephus a Cupertino, *m.* hl. Joseph v. Cupertino, Franziskaner, Priester, † 1663, 18. September.

1. **Iosias** *indecl. m.* (*hebr.*?) Josias, frommer König v. Juda (*ca.* 638—608).

2. **Iosias** *indecl. m.* (*hebr.*?) Josias, ein vornehmer Jude in Jerusalem, Sohn des Sophonias, z. Z. des Propheten Zacharias.

Iosphia *indecl. m.* (*hebr.*: Jahwe mehrt) Josphia, ein Jude, Vater des Selomith, der aus dem babyl. Exil zurückgekehrt war.

Iosue *indecl. m.* (*hebr.*: Heil, Heiland; Ἰησοῦς, Iesus) Josue 1. Sohn des Nun (Ναυή) aus dem Stamme Ephraim, zuerst Osee, später von Moses Josua (Jehoschua) genannt; Gehilfe, Vertrauter u. Nachfolger des Moses als Führer der Israeliten ins hl. Land. 2. ein Israelit aus Bethsames. 3. ein Stadtoberster von Jerusalem z. Z. des Königs Josias (*ca.* 638—608). 4. Hoherpriester, Sohn des Hohenpriesters Josedek, auch Jesus genannt, der mit Zorobabel und 50000 Juden um 536 v. Chr. aus dem babyl. Exil nach Jerusalem zurückkehrte. 5. jüdischer Levit nach dem Exil, der bei der ersten Gesetzeslesung dem Volke Stillschweigen gebot. 6. jüdischer Levit, der den erneuerten Bund nach dem Exil mitbesiegelte. 7. ein Jude, Vater des Azer, Vorsteher von Maspha, half beim Wiederaufbau Jerusalems. 8. ein Levitenfürst, Nachkomme Kedmihels.

iōta *indecl. n.* (ἰῶτα) der kleinste Buchstabe des griechischen Alphabets = i, gebraucht zur Bezeichnung der größten Genauigkeit oder Vollständigkeit.

Iota *indecl.* (*hebr.* Iutta) Jota, St. südl. von Hebron, Pal. (Juda).

Iotham *indecl. m. s.* Ioatham (König v. Juda 738—736).

Iŏvāvŭs, ī *m. s.* Iuvarus.

S. Iŏviānŭs, ī *m.* hl. Jovian, Trierer Mart. † 286, 5. Oktober; *s. auch*: S. Palmatius.

Iŏvīniānŭs, ī *m.* Jovinian, Irrlehrer des 4. Jhdts. Er verwarf jeden Größenunterschied sowohl bei den guten Werken als auch bei den Sünden, sowohl bei der Gnade u. den Verdiensten im Diesseits, wie auch bei der Belohnung u. der Bestrafung im Jenseits. Alle, welche die Taufe plena fide empfangen haben, besäßen die gleiche Gnade, die gar nicht verloren, aber auch nicht vermehrt werden kann; die Sünder dagegen bewiesen durch ihre Sünden, daß sie die Taufe nicht plena fide empfangen hätten, also die Gnade der Wiedergeburt gar nicht besäßen. Läßliche Sünden schlössen wie die schwersten Sünden gleichmäßig vom Himmel aus. Er war Gegner des jungfräulichen Standes, des Priesterzölibats sowie des asketischen Lebens, das er einst selbst als Mönch im Kloster zu Mailand geübt, aber aus Überdruß verlassen hatte.

Iŏvĭs *gen. s.* Iupiter.

Iŏvĭs mōns, ontĭs *m.* Großer St. Bernhard, 2472 m hoher Gebirgspaß in den Penninischen Alpen (Walliser Alpen), Grenze von Schweiz und Italien.

S. Iŏvītă, ae *f.* hl. Jovita, Mart. aus Brescia, † 122, 15. Februar.

Iŏvĭŭs, ī *m.* (der Göttliche?) Beiname des römischen Kaisers Diokletian (284—305).

Iōyăcŭm, ī *n.* Jouy, ehem. Cistercienserkloster, Fkr., Diöz. Meaux.

Iozabad *indecl. m.* (Jahwe hat geschenkt) Jozabad, 1. Mörder des Königs Joas von Juda, Sohn Somers. 2. zwei tapfere Israeliten aus dem Stamme Manasse, Anhänger Sauls. 3. ein Levit z. Z. Davids, Sohn Obededoms. 4. ein Heerführer des Königs Josaphat von Juda. 5 ein Levit z. Z. des Königs Ezechias von Juda. 6. ein Levit z. Z. des Königs Josias von Juda. 7. (Iozabed) zwei Leviten z. Z. Esdras'. 8. zwei Juden, die nach dem babyl. Exil ihre fremden Weiber entließen.

Iozabed *indecl. m. s.* Iozabad 7.

Iphĭgĕnīă, ae *f.* Iphigenie, nach der Legende äthiopische Königstochter in apostolischer Zeit.

Iporegĭă, ae *f. s.* Eporedia.

Ipră, ae *f.* (Ipretum, Ypra) Ypern, St., Belgien (Westflandern); *ca.* 16000 Einw.

Iprētŭm, ī *n. s.* Ipra.

ipsĕ, ipsă, ipsŭm (*gen.* ipsīŭs, *dat.*: ipsī) 1. selbst, in eigner Person, persönlich; unmittelbar, allein, von selbst; eo ipso ohne weiteres. 2. gerade, eben, just, recht, genau. 3. derselbe, der nämliche (*Hebr.* 13, 8; *Jak.* 3, 10). 4. et ipse auch seinerseits, gleichfalls. 5. ipsĕmĕt *Verstärkung von* ipse; *superl.*: **ipsissimus** ganz und gar selbst, ureigenst. 6. *adv.*: in idipsum, sofort; allzumal (*Ps.* 121, 3).

īră, ae *f.* Zorn, Erbitterung.

Ira *indecl. m.* (*hebr.*?) (Hira) Ira, 1. ein Geheimrat Davids. 2. ein Offizier Davids.
īrăcundĭă, ae *f.* Jähzorn, Eifer.
īrăcundŭs 3 jähzornig, hitzig, rachsüchtig.
Irad *indecl. m.* (*hebr.*?) Irad, Sohn Henochs, Enkel Kains.
Iram *indecl. m.* (*hebr.*?) Iram, ein Fürst der Edomiter.
īrāscĭbĭlĭs, ĕ leicht erzürnbar.
īrāscŏr 3 zürnen, zornig sein.
īrātŭs 3 erzürnt.
Irēnă ae *f.* Irene, christliche Matrone in Rom im 3. Jhdt.
S. Irēnaeŭs, ī *m.* hl. Irenäus, Mart., Kirchenvater u. Bischof von Lyon (Fkr.), † 202, 4. Juli.
īrĭs, ĭs u. ĭdĭs *f.* der Bogen, der Regenbogen (*Geh. Off.* 4, 3; 10, 1), *vgl.* Iris.
Irĭs, ĭdĭs *f.* (Ἶρις) 1. Iris, heidnische Götterbotin. 2. *übtr.*: Regenbogen.
S. Irmīnă, ae *f.* (Irma, Ermine, Hermine), hl. Irmine, Jgfr. u. Äbtissin († 710).
Sie war Tochter König Dagoberts II. von Austrasien; da ihr Verlobter, der Graf Hermann, rasch dahinstarb, widmete sie sich ganz dem Dienste Gottes und der Nächstenliebe. Sie trat ins Kloster Öhren bei Trier (jetzt ein Teil von Trier) ein, welches ehedem der hl. Bischof Modoald gegründet hatte. Irmine wurde alsbald zur Vorsteherin ererwählt. Dem hl. Willibrord schenkte sie ihr Besitztum mit Kirche zu Echternach (in Luxemburg) und stattete insbesondere die St. Paulspfarrei nebst dem zugehörigen Kloster mit reichen Mitteln aus. Ihr Amt als Aebtissin versah sie 35 Jahre lang. Auf ihre Bitten besprengte der hl. Willibrord die Klosterräume mit Weihwasser; infolge davon blieben alle Insassen von einer pestartigen Krankheit verschont. Irmina entschlief im Herrn am 22. Dezember 710. Ihre Gebeine kamen ins Kloster Weißenburg, welches Dagobert II. gestiftet hatte. Ihr Haupt wurde später nach dem Kloster Sponheim gebracht. — 30. Dezember (Trier).
īrōnĭă, ae *f.* (εἰρωνεία) Ironie, Spottsucht, Hohn.
īrōnĭcē *adv.* spöttisch.
irrădĭātĭō, ōnĭs *f.* Bestrahlung.
irrădĭō 1 bestrahlen, bescheinen, erleuchten.
irrătĭōnābĭlĭs, ĕ unvernünftig.
irrătĭōnābĭlĭtās, ātĭs *f.* Unvernunft.
irrătĭōnālĭs, ĕ unvernünftig; *n. pl.*: die unvernünftigen Geschöpfe im Gegensatze zum Menschen.
irrĕfŏrmābĭlĭs, ĕ unveränderlich.
irrĕfrăgābĭlĭs, ĕ fest, unversehrt, unwiderstehbar, unwiderleglich.
irrĕfrăgābĭlĭtĕr *adv.* fest, unversehrt.
irrĕfūtābĭlĭs, ĕ unwiderleglich.
irrēgŭlārĭs, ĕ 1. nicht der Ordnung gemäß, nicht den Forderungen entsprechend. 2. kirchlich nicht berechtigt zum Empfang der Tonsur oder einer Weihe oder zur Ausübung des schon erhaltenen Weihecharakters; irregulär.
irrēgŭlārĭtās, ātĭs *f.* dauerndes Weihehindernis; ein durch das Kirchenrecht festgesetztes, beständiges Hindernis, das entweder den Empfang oder die Ausübung einer Weihe unerlaubt macht; Irregularität (*C. j. c.* 968). Die Irregularitäten werden eingeteilt in solche, die ihren Grund in einem Mangel haben (ex defectu) und in solche, die in einem verübten Verbrechen oder Vergehen (ex delicto) begründet sind.
irrĕlĭgĭōsĭtās, ātĭs *f.* Gottlosigkeit.
irrĕlĭgĭōsŭs 3 unreligiös; gottlos.
irrĕmĕābĭlĭs, ĕ ohne Wiederkehr: via.
irrĕmĕdĭābĭlĭs, ĕ 1. unheilbar. 2. unstillbar (*Tob.* 10, 4).
irrĕmissĭbĭlĭs, ĕ unverzeihlich, unnachsichtig.
irrĕpărābĭlĭs, ĕ unwiederbringlich, unersetzlich.
irrēpō, ēpsī 3 1. in *oder* auf etwas kriechen, schleichen. 2. sich einschleichen.
irrĕprĕhēnsĭbĭlĭs, ĕ untadelhaft, ohne Makel.
irrĕprĕhēnsŭs 3 untadelhaft.
irreptŏr, ōrĭs *m.* Erschleicher.
irrĕquĭētŭs 3 rastlos.
irrĕsŏlūbĭlĭs, ĕ unauflöslich.
irrētĭō 4 fangen, verstricken.
irrĕtītŭs 3 beladen, behaftet mit etwas.
irrĕtortŭs 3 (*von* in *und* retorqueo) nicht zurückgewendet, unverdreht; unverwandt, ohne die Augen darnach umzuwenden.
irrĕtractābĭlĭs, ĕ unveränderlich, unwiderruflich.
irrĕvĕrēns, entĭs unehrerbietig.
irrĕvĕrentĭă, ae *f.* Unehrerbietigkeit, Verunehrung.
irrĕvŏcābĭlĭs, ĕ unwiderruflich.
irrīdentĕr *adv.* spöttisch.
irrīdĕō, īsī, īsŭm 2 verspotten, verhöhnen.
irrīdĭcŭlŭm, ī *n.* Verspottung.
irrīdĭcŭlŭs 3 unwitzig.
irrĭgātĭō, ōnĭs *f.* Bewässerung, Erquickung.
irrĭgātŏr, ōrĭs *m.* Bewässerer.
irrĭgō 1 bewässern; herabkommen, herabfließen auf, strömen (gratia), durchströmen.
irrĭgŭŭs 3 bewässert, wohlbewässert.
irrīsĭbĭlĭs, ĕ verlachenswert.
irrīsĭō, ōnĭs *f.* Verspottung.
irrīsŭs, ūs *m.* Verspottung, Verhöhnung.
1. **irrītābĭlĭs,** ĕ reizbar.
2. **irrĭtābĭlĭs,** ĕ das was ungültig erklärt werden kann, verungültigungsfähig (*C. j. c.* 579).
irrītābĭlĭtās, ātĭs *f.* Reizbarkeit.
irrītāmentŭm, ī *n.* Reizmittel.

irrĭtāns, antĭs ungültigmachend; leges irritantes verungültigende Gesetze; Gesetze, welche Bestimmungen enthalten, durch die die Ungültigkeit einer Handlung ausgesprochen wird (*C. j. c.* 11).
1. **irrĭtātĭō,** ōnĭs *f.* Reizung, Anreizung.
2. **irrĭtātĭō,** ōnĭs *f.* Aufhebung, Ungültigkeitserklärung.
irrĭtātŏr, ōrĭs *m.* einer, der (zum Zorne) anreizt.
irrĭtātrīx, īcĭs *f.* Anreizerin (*Ez.* 24, 3).
1. **irrĭtō** 1 1. erbittern. 2. erregen, wecken, verursachen.
2. **irrĭtō** 1 ungültig machen
irrĭtŭs 3 1. ungültig. 2. erfolglos, unwirksam; in irrĭtum cedĕre erfolglos, vergeblich sein. 3. *v. Personen*: etwas vergeblich unternehmend, unglücklich in.
irrŏgātĭō, ōnĭs *f.* Auflage, Belastung, Auferlegung, Zuerkennung (durch den Richter); irrogatio poenarum ecclesiasticarum Verhängung kirchlicher Strafen (*C. j. c.* 1552 § 1, 2°).
irrŏgō 1 auferlegen, zufügen, zuerkennen.
irrōrō 1 1. betauen. 2. benetzen, befeuchten.
irrūgĭō 4 in Geschrei *oder* in Heulen ausbrechen, aufstöhnen.
irrumpō, rūpī, ruptŭm 3 hineinstürzen; einen Einfall machen, eindringen.
irrŭō, ŭī 3 hineinstürzen; angreifen, losstürmen; sich eindrängen.
irruptĭō, ōnĭs *f.* Einfall, Einbruch.
irruptŭs 3 unzerrissen; unzertrennlich.
ĭs, ĕă, ĭd *pron.* 1. er, sie, es; dieser, diese, dieses; derjenige. 2. ein solcher, so beschaffen, von der Art, derart. 3. eorum = ejus (*Ps.* 45, 4).
Isaac *indecl. m.* (*hebr.*: er lacht) Isaak, Patriarch des Alten Bundes, Sohn Abrahams und der Sara.
S. Isaac *indecl. m.* hl. Isaak, Bek. u. Mönch († um 550).

Zur Zeit, als die Goten in Italien einfielen, kam der Mönch Isaak nach Spoleto. Dort wurde er ohne Grund beim Gebete von einem Übeltäter geohrfeigt. Diesen aber fiel der Teufel an und streckte ihn zu den Füßen Isaaks nieder, der ihn schließlich vom Dämon befreite. Das Volk erkannte die Heiligkeit Isaaks und brachte reiche Gaben zur Erbauung eines Klosters; doch jener zog sich in eine Einöde zurück, wo er mit mehreren Gefährten Gott diente. Er starb hochbetagt als Wundertäter und Prophet. — 11. April.

Isaar *indecl. m.* (*hebr.*: Öl) Isaar, 1. ein Levit, Sohn des Kaath, Bruder Amrams und Onkel des Moses u. Aaron; von ihm stammen die Isaariten oder Jesaariter. — 2. ein Israelit, Vater des Empörers Kore. — 3. ein Israelit aus dem Stamme Juda, Sohn des Ashur und der Haala.
Isaarītae, ārŭm *m.* die Isaariten oder Jesaariten, *s.* Isaar 1.
Isabellă, ae *f.* Isabella, Infantin von Kastilien u. Gemahlin Ferdinands V. v. Spanien († 1504).
Isai *indecl. m.* (*hebr.*: Jahwe existiert ?) (Jesse) Isai, Vater des Königs David aus Bethlehem im Stamme Juda; Stammvater Jesu Christi; daher Jesus (u. Maria) „aus der Wurzel Jesse".
Isaia *indecl. m.* (*hebr.*: Jahwe ist Heil) *s.* Isaias.
Isaias, ae *m.* (*gräzisiert aus*: Isaia, Jesaia) Isaias (Jesaja) 1. der erste der großen Propheten (um 720 v. Chr.) sowie das von ihm verfaßte prophetische Buch. 2. ein Levit, Sohn des Rahabia. 3. ein jüdisches Familienhaupt der Nachkommen Älams. 4. ein Levit, ein Nachkomme Meraris.
Isără, ae *f.* 1. Isar, rechter Nebenfluß der Donau (Bayern). 2. Isère, linker Nebenfluß der Rhône. 3. (= Oesĭa), Oise, Nebenfluß der Seine (Fkr.).
Isari *indecl. m.* (*auch*: Sori, *hebr. richtig*: Iisri: Gebilde Jahwes) Iisri, Musikmeister z. Z. Davids, Sohn des Idithun (Etan) (1 *Par.* 25, 11; 25, 3).
Isauri, ōrŭm *m.* Isaurer, die Bewohner von Isaurien in Kleinasien.
Isaurĭă, ae *f.* Isaurien, Landschaft in Kleinasien, der südwestliche Teil von von Lykaonien.
Isbaab *indecl. m.* (*verderbt aus hebr.*: Jeschbaal: der Herr [Gott] existiert) Jeschbaal, israelitischer Priester, nach dem die vierzehnte Priesterklasse benannt war.
Isboseth *indecl. m.* (*hebr.*: Ischboschet = Mann der Schande [aus Eschbáal- der Herr (Gott) existiert], vierter Sohn Sauls; er regierte zwei Jahre über Palästina, abgesehen vom Stamme Juda.
Iscariōtēs ae *m.* (*hebr.*: Mann aus Kerijot) *s.* Iudas.
Ischĭă, ae *f.* Ischia, Insel im Meerbusen von Neapel.
ischĭăs, ădĭs (*acc.*-ădă) *f.* Ischias, Hüftschmerz, Lendenweh.
ischȳrŏs (ἰσχυρός) stark, kraftvoll.
Isdegerdĭs, ĭs *m.* 1. Jazdegird (Jezdegerd) I., König von Persien (399—420), ein Christenverfolger. 2. Jazd. II. 439—457). 3. Jazd. III. (632—652).
Isenburg *indecl. n.* Isenburg, bei Neuwied am Rhein; *dav.*: **Isenburgēnsĭs,** ĕ.
Isenburgēnsĕ castellŭm, ī *n.* (I. castrum; Isenburgicum castrum) Isenburg, ehem. Schloß bei Rufach im Oberelsaß, das der hl. König Dagobert II. von Burgund dem hl. Bischof Arbogast schenkte.

Isenburgēnsĕ castrŭm, ī *n. s.* Isenburgense castellum.
Isenburgēnsĭs cŏmĭtātŭs, ūs *m.* Isenburg, ehem. Grafschaft im Großherzogtume Hessen.
Isenburgĭcŭm castrŭm, ī *n. s.* Isenburgense castellum.
1. **S. Isĭdōrŭs,** ī *m.* hl. Isidor, Kirchenlehrer u. Bischof v. Sevilla, † 636, 4. April.
2. **S. Isĭdōrŭs,** ī *m.* hl. Isidor, ein Ackersmann in Spanien, † 1110, 15. Mai.
Isinnă, ae *f.* (Isnensis villa, Isna) Isny, St., Württemberg (Donaukreis).
Isĭs, ĭdĭs *und* ĭs *f.* (Ἶσις) Isis, altägyptische Göttin, Schwester u. Gattin des Osiris, dargestellt mit einer Sonnenscheibe zwischen zwei Kuhhörnern; ursprünglich bezeichnete sie wohl das Nilland; später wurde sie Mondgöttin.
Islamītă, ae *m.* Mohammedaner.
islamītĭcŭs 3 mohammedanisch.
Islēbĭă, ae *f.* (Islebium) Eisleben, St., Preußen (Sachsen); *ca.* 25000 Einw.
Islēbĭŭm, ī *n. s.* Islebia.
Ismaël *indecl.* u. -ēlĭs *m.* (Ismahel, *hebr.*: Gott hat gehört) Ismael, 1. Sohn des Abraham und der Hagar (Agar), die mit ihm von Abraham in die Wüste verstoßen wurde; Stammvater der Isma(h)eliten. 2. ein Israelit aus dem Stamme Benjamin, Sohn des Asel. 3. ein Jude, der seine fremden Weiber entließ, Sohn des Pheshur. 4. (Ismahel), ein jüdischer Heerführer, der den babylonischen Statthalter Godolias ermordete. 5. ein Jude, Vater des Zabdia. 6. ein israelitischer Oberst, der mit dem Hohenpriester Jojada einen Bund schloß, den Ioas auf den Thron zu erheben.
Ismaēlītae, ārŭm *m.* (Ismahelitae) 1. die Ismaeliten, die Nachkommen des Ismael, *s.* Ismael 1. 2. allgemeine Bezeichnung für die Wüstenaraber. 3. Bezeichnung für Handelsleute, Kaufleute im Altertume im Orient.
Ismahel *indecl. m. s.* Ismael (4—6).
Ismahelītae, ārŭm *m. s.* Ismaelītae.
Ismiel *indecl. m.* (*hebr.*: Jahwe stellt hin) Ismiel, ein Israelit aus dem Stamme Simeon.
Isnă, ae *f. s.* Isinna.
Isnēnsĭs villă, ae *f. s.* Isinna.
Iso, ōnĭs *m.* Iso, gelehrter Mönch im Benediktinerkloster Sankt Gallen in der Schweiz (9. Jhdt.).
Isŏlān. (*C. R.*) *s.* Inarime.
Israël *indecl.* u. -ēlĭs *m.* (*hebr.*: [das Volk, für das] Gott kämpft) 1. Beiname des Patriarchen Jakob. 2. Name des ganzen auserwählten Volkes; *dav.*: **Israelitĭcŭs** 3 israelitisch.
Israël (ĭs), **Scotŭs** (i) *m.* Israel Skotus, Bischof, Lehrer des hl. Erzbischofs Bruno von Köln (10. Jhdt.).
Israëlītă, ae *m.* u. *f.* Israelit, Israelitin.
Israëlītĭcŭs 3 *s.* Israel.
Israelītĭs, ĭdĭs *f.* die Israelitin (*Lev.* 24, 10).
Isreela *indecl. m.* (*hebr.* ?) Isreela, Levit, Sänger u. Musikmeister z. Z. Davids, Sohn des Asaph.
Issachar *indecl. m.* (*hebr.* er gibt Lohn) 1. Issachar, der fünfte Sohn des Patriarchen Jakob von der Lia. 2. der nach Issachar benannte israelitische Stamm. 3. ein Levit u. Türhüter, Sohn Obededoms.
Issĭŏdōrēnsĭs, ĕ *s.* Issiodōrum.
Issĭŏdōrŭm, ī *n.* Issoire, St. Fkr. (Puy-de-Dôme), *ca.* 5600 Einw.; *dav.*: **Issĭŏdōrēnsĭs,** ĕ *u.* **Issĭŏdōrēnsĭs,** ĭs *m.* Einw.
istāc *adv.* da, auf diesem Wege.
istĕ, ă, ŭd (*gen.*: istĭŭs, *dat.*: istī; *verstärkt durch* -ce), *pron.*, dieser, diese, dieses *oder auch*: jener, jene, jenes.
Istemo *indecl.* (*hebr.* ?) (Isthemo, Est(h)emo) Esthemo, St. südlich von Hebron, Pal. (Juda); *j.*: el-Semuʻa.
Istĕr, trī *m. s.* Danubius.
Isthemo *indecl. s.* Istemo.
isthīc = hic.
istīc, istaec, istŏc oder istŭc, *pron.*, dieser da, der da oder dort.
istĭŭs *s.* iste.
istĭusmŏdī u. **istīmŏdī** von der Art.
istō *adv.* dahin, dorthin.
Istob *indecl.* (*wohl richtig hebr.*: isch-tob) Leute von Tob, jener Landschaft, in der Jephte lebte (2. *Kön.* 10, 8).
Istrĭă, ae *f.* Istrien, Landschaft in Nordostitalien (mit Triest als Hauptstadt).
1. **istŭc** *n. s.* istic.
2. **istūc** *adv.* dahin, dorthin.
Isuhaia *indecl. m.* (*hebr.* ?) Isuhaia, ein Nachkomme Simeons.
ĭtă *adv.* 1. auf diese Weise, also, so. 2. a) folgendermaßen. b) **ŭt-ĭtă** wie — so auch, sowohl — als auch. c) **ĭtănĕ**? ist es so? also wirklich? d) nur insofern, nur unter der Bedingung. e) in dem Grade, so sehr.
Itabyrĭŭs mōns, ontĭs *m. s.* Tabor.
Itălă, ae *f.* die Itala (älteste lat. Bibelübersetzung um 200 n. Chr.).
Itălī, ōrŭm *m.* die Italer, die alten eingeborenen Bewohner Italiens.
Itălĭă, ae *f.* Italien.
Itălĭcă, ae *f.* Sevilla la Vieja, St. in Andalusien, Spanien; *dav.*: **Itălĭcēnsĭs,** ĕ.
Itălĭcēnsis, ĕ *s.* Italica.
Itălĭci, ōrŭm *m.* Italiener.
Itălĭcŭs 3 italisch.

Itălĭs, ĭdĭs *f.* Italerin, Italienerin.
Itălŭs 3 italisch, italienisch.
ĭtăquĕ *adv.* 1. = et ita, *s.* ita. 2. so nun, demnach, also, daher.
ĭtĕm *adv.* 1. ebenso, auf gleiche Weise. 2. ebenfalls, auch.
ĭtĕr, ĭtĭnĕrĭs *n.* 1. a) der Gang, Weg. b) Reise, Fahrt, Marsch. 2. a) Tagereise, Tagemarsch. b) Straße, Weg, Bahn; iter facere: die Reise antreten. c) Ausweg, Mittel.
ĭtĕrābĭlĭs, ĕ wiederholbar.
ĭtĕrātĭō, ōnĭs *f.* Wiederholung.
ĭtĕrātō *adv.* abermals, noch einmal.
ĭtĕrātŭs 3 wiederholt.
ĭtĕrō 1 zum zweiten Male vornehmen, wiederholen.
ĭtĕrŭm *adv.* 1. zum zweiten Male, abermals, wiederholt. 2. anderseits, dagegen.
Ithăcĭānī, ōrŭm *m.* Ithazianer, die Anhänger des Ithazius, Bischofs von Ossonoba (Sossuba in Spanien). Sie traten gegen die Priszillianer auf (4. Jhdt.).
Ithai *indecl. m.* (*hebr.*?) Ithai, Offizier Davids aus dem Stamme Benjamin, Sohn des Ribai.
Ithamar *indecl. m.* (*hebr.*? *südarabisch*?) (Ithamarus) Ithamar, Sohn des Aaron, israelitischer Priester.
Ithamārŭs, ī *m. s.* Ithamar.
ĭtĭdĕm *adv.* auf ebendieselbe Weise, ebenso, gleichfalls.
ĭtĭnĕrārĭŭm, ī *n.* 1. Reisebeschreibung. 2. Reisegebet im Brevier (für die Geistlichen).
ĭtĭnĕrārĭŭs 3 die Reise betreffend.
ĭtĭnĕrŏr 1 reisen.
ĭtĭō, ōnĭs *f.* das Gehen, das Wandeln.
Ittă, ae *f.* Itta, Mutter der hl. Gertrud (14. Jhdt.).
Ituraeă, ae *f.* Landschaft Ituräa in Palästina; *dav.*: **Ituraeī,** ōrŭm *m.* die (räuberischen) Bewohner dieser Landschaft.
ĭtŭs, ūs *m.* Gang.
Iubal *indecl. m.* Jubal, Abkömmling Kains, der zweite Sohn Lamechs von der Ada; er galt als Erfinder der Saiten- und Blasinstrumente.
iŭbăr, ărĭs *n.* 1. das strahlende Licht, der leuchtende und strahlende Glanz; Morgenröte. 2. die messianische Zeit (*Hymn. Mat. Ioa. Bapt.*).
iŭbĕō, iussī, iussŭm 2 1. heißen, wünschen, verlangen, befehlen (*das Objekt auch im Dativ, z. B. Gen.* 42, 25; *L. V, Dom. II. Nov.*). 2. anbefehlen, verordnen, auferlegen. 3. beschließen, genehmigen.
iūbĭlaeŭm, ī *n.* (*vom hebr. Worte* jobel) Jubelfeier.
1. **iūbĭlaeŭs** 3 Jubel-.
2. **iūbĭlaeŭs,** ī *m.* der Jubilar.
3. **iūbĭlaeŭs,** ī *m.* (*scil.*: annus) Jubeljahr, Erlaßjahr (annus remissionis) (*Lev.* 25, 10. 11).
iūbĭlātĭō, ōnĭs *f.* Freude, Jubel, Lobpreis.
1. **iūbĭlātŭs,** ī *m.* Jubelpriester (der 50 Jahre Priester ist); Capitularis iubilatus: Jubelkapitular, welcher 40 Jahre ununterbrochen am Chorgebete und Chordienste teilgenommen hat.
2. **iūbĭlātŭs** 3 Jubiläum betreffend, Jubiläums-.
iūbĭlō 1 sich freuen, jauchzen, jubeln (*Js.* 10, 10).
iūbĭlŭm, ī *n.* (iūbĭlus) Jubel, der freudige Aufschrei, das Jauchzen.
iūbĭlŭs, ī *m. s.* iubilum.
Iucadam *indecl.* (*hebr.*: Jakdeam: der Oheim [Gott] zündet an?) Jukadam, St., Pal. (Juda).
Iuchal *indecl. m.* (*hebr.*: er ist vollendet?) Juchal, ein Gegner des Propheten Jeremias am Hofe des Königs Sedekias von Juda.
iūcundĭtās, ātĭs *f.* 1. Annehmlichkeit. 2. Liebenswürdigkeit, Frohsinn, Freude.
iūcundŏr 1 sich freuen; Freude erleben an: in filiis.
iūcundŭs 3 1. angenehm, selig, glückselig. 2. erfreulich, anziehend.
Iud *indecl.* (*hebr.*?) Jud, St. östlich von Jafa, Pal. (Dan).
Iudă, ae *m.* 1. ältester Sohn des Patriarchen Jakob. 2. der nach ihm benannte israelitische Stamm Juda. 3. ein Levit, der mit Zorobabel aus dem babyl. Exil zurückkehrte. 4. zwei Ahnherren Christi (*Luc.* 3, 26 *u.* 30).
Iūdaeă, ae *f.* 1. Judäa, der südliche Teil von Palästina, das Reich Juda, die Stämme Juda u. Benjamin umfassend. 2. (*im weiteren Sinne*:) Palästina.
Iūdaeī, ōrŭm *m.* die Juden; Name für alle Stämme Israels, *besonders*: seit dem babylonischen Exil.
Iūdaeŭs, ī *m.* der Jude.
Iudaia *adj. f.* judäisch; 1. *Par.* 4, 18: *nicht Eigenname sondern zu übersetzen*: „seine judäische Frau".
iūdāĭcŭs 3 jüdisch.
iūdāĭsmŭs, ī *m.* Judentum; jüdische Gesinnung.
iūdāĭzō 1 jüdische Grundsätze vertreten.
Iudas, ae *m.* (*gräzisiert aus*: Iuda) Judas 1. ein Vorsteher in Jerusalem nach dem babyl. Exil. 2. *s.* Judas Machabaeus. 3. ein Heerführer der Juden unter dem Makkabäer Jonathas. 4. ein Sohn Simons u. Neffe des Judas Makkabäus. 5. *s.* S. Iudas Thaddaeus.

6. *s.* Iudas Iscariotes. 7. Judas, der Galiläer aus Gamala in der Nieder-Gaulanitis, ein aufrührerischer Parteiführer in Jerusalem (*Apg.* 5, 37). 8. Judas Barsabas, reiste mit dem hl. Apostel Paulus u. mit Barnabas nach Antiochien. 9. ein Jude in Damaskus, bei dem sich der hl. Paulus aufhielt.

S. Iudas Thaddaeus, hl. Judas Thaddäus, Apostel, † 71 zu Junnia in Persien, 28. Oktober.

Iudas (ae *m.*) **Iscariotes,** Judas Iskariot, einer der zwölf Apostel, Verräter d. Heilandes, vielleicht nach der Stadt Kariot (Keriot) in Juda, südlich von Hebron, benannt.

Iudas Machabaeus, Judas, der Makkabäer, israelitischer Heerführer im 2. Jhdt. v. Chr.

iūdex, ĭcĭs *m.* 1. der Richter. 2. Beurteiler. 3. iudex synodālis Synodalrichter (*d. h.*: auf der Synode ernannt), iudex prosynodalis Prosynodalrichter (*d. h.*: nicht auf der Synode, sondern vom Bischofe allein ernannt). 4. iudices in partibus jene Bischöfe oder kirchlichen Richter, die kraft päpstlicher Bevollmächtigung in den dem Papste vorbehaltenen Fällen oder in dritter Instanz im Auftrage des Papstes entschieden.

Iudi *indecl. m.* (*hebr.* ?) Judi, wahrscheinlich ein Schreiber, der dem Könige Joakim von Juda (608—598) aus der Buchrolle des Propheten Jeremias vorlas (*Jer.* 36, 21. 23).

iūdĭcātĭō, ōnĭs *f.* 1. richterliche Untersuchung. 2. Urteil, Ausspruch.

iūdĭcātŏr, ōrĭs *m.* Richter.

iūdĭcātŭm, ī *n.* richterliches Urteil, Richterspruch.

iūdĭcātŭs, ūs *m.* Richteramt.

iūdĭcĭālĭs, ĕ gerichtlich, Gerichts-.

iūdĭcĭārĭŭs 3 richterlich; gerichtlich, Gerichts-.

iūdĭcĭŭm, ī *n.* 1. Gericht, gerichtliche Untersuchung, Gerichtsverhandlung Gerichtsverfahren (*diese Bedeutung hat das Wort im C. j. c. und überhaupt im Kirchenrechte*); iudicium in petitorio Gerichtsverfahren in einer Beschwerdeangelegenheit inbezug auf Eigentum; iudicium in possessorio Gerichtsverfahren in einer Besitzangelegenheit; iudicium criminale Strafverfahren; iudicium contentiosum Streitverfahren. 2. Gericht, Gerichtsstätte, Gerichtshof (im Kirchenrecht: forum). 3. der Rechtshandel, die Rechtssache, der Streit: quia făcĭet Dŏmĭnus iudĭcĭum ĭnŏpis daß der Herr die Sache des Hilflosen führen wird (*Ps.* 139, 13). 4. das Rechtsprechen, der Richterspruch, das richterliche Urteil, die Erkenntnis, die Entscheidung; — iudĭcĭum retribŭĕre Vergeltung bringen über. (*Besonders zu beachten ist, daß im C. j. c. u. allgemein im Kirchenrecht iudicium nie die Bedeutung: Richterspruch oder Gerichtsurteil hat; der kirchenrechtliche Ausdruck für* Gerichtsurteil *ist*: sententia). 5. iudicium sacramentale das Beichtgericht, das Bußgericht (forum internum sacramentale). 6. das, was rechtens ist, was vom Gesetzgeber, insbesondere von Gott festgesetzt ist, das Recht; die Gerechtigkeit: faciens . . iudicium (*Ps.* 102, 6); iudicium quaerere (*Is.* 1, 17); das Gesetz, das Gebot: discedentes a judiciis tuis (*Ps.* 118, 118); iudicia tŭa dŏce me (*Ps.* 118, 108). 7. die Verurteilung, die Verdammnis: iudicium sibi manducat et bibit (1. *Kor.* 11, 29). 8. das (private) Urteil, Meinung, Ansicht, Überzeugung: iudicio omnium nach allgemeinem Urteil; meo iudicio nach meiner Ansicht. 9. Urteilskraft, Einsicht, Überlegung, Vorbedacht.

iūdĭcō 1 1. Recht sprechen, Gericht halten: Dominus judicat populos (*Ps.* 7, 9); et vincas cum iudicaris(=iudicaveris, *recte*: iudicas) „damit du gerecht erscheinst in deinen Worten und siegest [*hebr.* rein seiest bei deinem Gerichte], wann du richtest“ (*Ps.* 50, 6); richterlich aburteilen, richten, entscheiden: causas, rem Rechtsangelegenheiten entscheiden; res iudicāta die abgeurteilte, bereits entschiedene Sache; rĕum iudicāre einen Verbrecher richten, alĭquis iudicātur. 2. verurteilen, strafen iudicare gentes (*Ps.* 9, 20); iudĭca illos (*Ps.* 5, 11); alicui căpĭtis, pecūnĭae jem. zum Tode, zu einer Geldstrafe verurteilen. 3. zugunsten jemands richten, jem. Recht verschaffen: *c. acc.*: iudica me (*Ps.* 7, 9; 25, 1); *c. dat*: iudicare pupillo et humili (*Ps.* 10a, 18); iudicate egeno et pupillo (*Ps.* 81, 3; *Is.* 1, 17). 4. herrschen, Regent sein; erudimini qui iudicatis terram laßt euch mahnen, die ihr die Erde regiert (*Ps.* 2, 10). 5. (privat) urteilen, meinen, glauben, annehmen. 6. beurteilen, schätzen, schließen. 7. beschließen, bestimmen.

1. **Iudith** *indecl. f.* (*hebr.*: Jüdin) Judith, 1. *s.* Oolibama, Gattin des Esau. 2. eine Witwe aus dem Stamme Ruben in Bethulia, die dem assyrischen Feldherrn Holofernes das Haupt abschlug und dadurch ihr Volk rettete (um 650 v. Chr.).

2. **Iudith** *indecl. f. s.* Idda.
iŭgālēs, ĭŭm *m.* das Gespann.
iŭgālĭs, ĕ 1. ins Joch gefügt, im Joch gehend oder ziehend, Joch-. 2. ehelich; vincŭlum iugāle Eheband.
iūgĕrŭm, ī *n.* ein Morgen Landes.
iūgĭs, ĕ 1. zusammengefügt, zusammengespannt. 2. fortdauernd, beständig.
iūgĭtĕr *adv.* beständig, immerdar, jedesmal.
iūglāns, glandĭs *f.* welsche Nuß, Walnuß.
iŭgō 1 1. ins Joch bringen. 2. verknüpfen, verbinden; ehelich verbinden, vermählen.
iŭgŭlātĭō, ōnĭs *f.* das Erdolchen, das Erstechen.
iŭgŭlātŭs 3 (*von* iugulo) erwürgt, erdrosselt, erstochen.
iŭgŭlō 1 hinwürgen, erwürgen.
iŭgŭlŭm, ī *n.* (iugulus) 1. Schlüsselbein am Halse. 2. Kehle, Hals.
ĭŭgŭlŭs, ī *m. s.* iŭgŭlŭm.
iŭgŭm, ī *n.* 1. das Joch. 2. Querbalken, Galgen. 3. Gebirgszug, Bergrücken. 4. i. ducere cum mit jemand denselben Weg gehen.
Iūlēnsĭs urbs, ĭs *f. s.* Iuliacum.
Iūleyŭm, ī *n.* Jully, Benediktinerinnenkloster, Fkr., Diöz. Langres.
B. Iūlĭă a Certaldo, *f.* sel. Julia v. Certaldo, Jgfr. († 1367).
Sie stammte aus der vornehmen Familie De la Rena zu Summus-Fons, einer Stadt Etruriens, und hatte großen Abscheu vor den Eitelkeiten der Welt. Einige Jahre brachte sie zu Florenz bei der Familie Tinolfi zu und nahm dann das Kleid der Reklusinnen des hl. Augustinus. In Certaldo bei Siena rettete sie ein Kind aus den Flammen. Hier schloß sie sich in eine kleine Zelle bei der Sakristei der St. Michaelspfarrkirche ein, wo sie 30 Jahre in Buße und Abtötung zubrachte. Kinder brachten ihr Brot. Dafür schenkte sie ihnen zu jeder Jahreszeit Blumen. Sie starb 1367. Nach dem Tode fand man sie in ihrer Zelle auf den Knien liegend, den lieblichsten Wohlgeruch verbreitend. Gott wirkte auf ihre Fürbitte viele Wunder. — 15. Februar (Aug O.).
1. **Iūlĭă,** ae *f.* Borgo San Donnino, Ort bei Parma Oberitalien.
2. **Iūlĭă,** ae *f.* Julia, eine fromme christliche Frau zu Rom in apostolischer Zeit.
Iūlĭă Caesărēă, ae *f.* Julia Cäsarea, *s.* Icosium.
Iūlĭă Vălentĭă, ae *f.* Valencia, St. r. am Guadalaviar, Spanien, *ca.* 220 000 Einw.; Erzbischofssitz (seit 1492; Bistum seit 531).
Iūlĭăcēnsĭs, ĕ *s.* Iuliacum.
Iūlĭăcēnsĭs dŭcātŭs, ūs *m.* Jülich, ehem. Herzogtum, Preußen (Rheinprov.).
Iūlĭăcŭm, ī *n.* (Iuliacus, Iulensis urbs) Jülich, St. am Rhein, Preußen (Rheinprov.); *ca.* 5500 Einw.
Iūlĭae Caesărēae (*C. R.* = Algerien) *s.* Icosium.
1. **S. Iūlĭānă,** ae *f.* hl. Juliana, Jgfr., Mart. zu Augsburg, Gefährtin der hl. Hilaria (290 v. Chr.), *s.* S. Hilaria.
2. **S. Iūlĭānă,** ae *f.* hl. Juliana, † um 236, Leidensgefährtin der hl. Barbara, 4. Dez.
3. **S. Iūlĭānă,** ae *f.* hl. Juliana, Jgfr. u. Mart. (4. Jhdt.).
Sie wurde in Nikomedien unter Kaiser Maximian geboren. Der Stadtpräfekt Evilasius (nach anderen Eleusius) hielt um ihre Hand an. Sie forderte von dem Bewerber, daß er Christ werde. Der erzürnte Vater wollte sie nun durch Schläge zur Aufgabe des Christentums veranlassen und überlieferte sie der Rachsucht des abgewiesenen Mannes. Dieser ließ sie aufs grausamste peitschen und ihre Hüften anbrennen. Im Kerker nahte sich der Blutzeugin der Satan in Gestalt eines Engels; sie aber band ihn wie einen Sklaven. Gott gab ihr die Unversehrtheit und Schönheit ihres Leibes wieder. Der Präfekt sah darin Zauberei und befahl, sie zu verbrennen; doch von den Tränen Julianas wurde der lodernde Scheiterhaufen gelöscht, was viele Zuschauer bewog, christlich zu werden. Aufs äußerste erzürnt, ließ der Präfekt die Jungfrau in siedendes Wasser werfen und schließlich hinrichten. Ihr Leib wurde von der Matrone Sephobia nach Puteoli in Kampanien gebracht. Ihr Bedränger aber erlitt später Schiffbruch und wurde von Meerungeheuern zerrissen. — 16. Februar.
S. Iūlĭānă dē Falconērĭĭs, hl. Juliana von Falconiēri, Jgfr., Stifterin der Kongregation „Dienerinnen Christi", † 1341, 19. Juni.
B. Iūlĭānă ā Bustō Arsĭtĭō, *f.* sel. Juliana v. Busto Arsizio, Jgfr. († 1501),
Sie war die Tochter eines Bauern bei Busto Arsizio in der Nähe des Lago Maggiore. Frühzeitig führte sie ein sehr frommes Leben, widersetzte sich zehn Jahre lang verschiedenen Heiratsanträgen, weshalb sie von ihrem Vater Schläge erdulden mußte. Endlich floh sie auf den hl. Berg bei Varese zur seligen Katharina von Pallanza. Diese lebte dort mit anderen Jungfrauen nach der Regel des hl. Augustin. Unter ihrer Leitung machte Juliana große Fortschritte in der Tugend, besonders in der Demut, Sanftmut und Liebe zu den Armen. In ihrem Gebetseifer war sie stets allen Nonnen ein Muster. Sie starb am Mariä Himmelfahrtstage im Alter von 74 Jahren. — 14. August (Aug. O.).
4. **B. Iūlĭānă Cornelionēnsĭs,** sel. Juliana v. Cornillon, Jgfr., Priorin vom Corneliberg bei Lüttich, sie veranlaßte i. J. 1246 die Einführung des Fronleichnamsfestes († 1258).
Sie wurde 1193 zu Rétinne bei Lüttich geboren. Ihre Eltern hießen Heinrich und Frescendis. Nach deren frühem Tode trat sie in das Kloster Mont-Cornillon bei Lüttich, das die Augustinerregel befolgte. Sie war von großer Liebe zum allerheiligsten Altarsakramente entbrannt. Mit 16 Jahren hatte sie die bekannte Vision vom Monde. Im Gebete zeigte sich ihr der Mond im schönsten Glanze, in seiner Rundung aber hatte er einen Bruch. Auf ihr demütiges Flehen offenbarte ihr Christus die Bedeutung der Erscheinung: der Mond bedeute die gegenwärtige Kirche, der Bruch aber den Abgang eines Festes zu Ehren des Altarsakramentes, welches er von den Gläubigen feiern lassen möchte. Nach 20 Jahren sprach sie über die Vision, die immer wieder kam. Diese Erscheinung gab den Anstoß zur Einsetzung des Fronleichnamsfestes. Zuerst führte es der Bischof Robert von Lüttich in seiner Diözese 1246 ein. Später wurde es von Papst Urban IV. auf die ganze Kirche ausgedehnt. Nach Roberts Tode wurde Juliana (jetzt Priorin) mit ihren Schwestern vertrieben. Im Cistercien-

serinnenkloster Salsinnes bei Namur fand sie Aufnahme. Nach dessen Zerstörung siedelte sie nach Fosse bei Namur über. Hier starb sie 1258. Ihr hl. Leib wurde ihrem Wunsche gemäß im Cistercienserkloster Villers beigesetzt. — 5. April (Aug. O. u. Cist. O.).

S. Iūlĭānŭs, ī *m.* hl. Julian, Erzbischof von Toledo (680—690), 28. Januar.

S. Iūlĭānŭs de Bonvalbergo, *m.* hl. Julian v. Bonvalbergo, Bek., 19. Febr. (Gurk; ohne Lebensangaben).

B. Iūlĭānŭs, ī *m.* sel. Julian, Erbauer einer Kirche in Le Mans (Fkr.).

Iūlĭānŭs, ī *m.* Julian 1. ein Bischof von Aquitanien. 2. Sohn der Martyrin Symphorosa.

Iūlĭānŭs Augustŭs Apostătă, Julian, der Abtrünnige, römischer Kaiser (361 bis 363).

Iūlĭānŭs Adurnŭs, ī *m. s.* Adurnus.

Iūlĭārēs Alpēs, ĭŭm *f.* Julische Alpen, der südöstlichste Teil der Alpenkette, östlich und westlich vom Oberlaufe des Isonzo in Italien u. Südslawien.

Iūlĭobrĭgă, ae *f.* (Lucroniensis ecclesia) Logroño, St. am Ebro, Spanien, *ca.* 20 000 Einw.; Bischofssitz.

Iūlĭŏpŏlĭs, ĭs *f.* (Juliusstadt) St., Kleinasien (Bithynien), Erzbistum Nicäa.

S. Iūlĭŭs, ī *m.* hl. Julius I., Papst (337 bis 352).

1. **Iūlĭŭs,** ī *m.* (*scil.*: mensis) der Monat Juli.

2. **Iūlĭŭs,** ī *m.* Julier (*oder* Pauliner *genannt*) eine Silbermünze, im Werte von ca. 45 Pf., die bis zur Einführung der Lira (1867) im Kirchenstaate gängig war.

3. **Iūlĭŭs,** ī *m.* Päpste: 1. S. **J. I.,** Bek. (337—352). 2. **J. II.** (1503—1513). 3. **J. III.** (1550—1555).

4. **Iūlĭŭs,** ī *m.* Julius, der Hauptmann der kaiserlichen Wache, der den hl. Paulus nach Rom überführte.

Iūlĭŭs de Astallis, *m.* Julius von Astalli, baute die Marienkirche de Strata in der Nähe des Kapitols in Rom (im 12. Jhdt.).

Iūlĭŭs Măxĭmŭs Gălērĭŭs, römischer Kaiser, vielleicht = Gaius Valerius Maximianus Galerius (305—311).

iūmentŭm, ī *n.* 1. Gespann, Zugvieh, Zugtier. 2. Lasttier.

iuncĕŭs 3 (iuncĭnus) aus Binsen bestehend.

iuncĭnŭs 3 *s.* iunceus.

Iūnctae, ārŭm *f.* (in valle Galilaeae) *s.* S. Deodati fanum.

Iūnctārŭm mŏnastērĭŭm, ī *n. s.* S. Deodati fanum.

iūnctĭm *adv.* vereinigt; beisammen.

iūnctĭō, ōnĭs *f.* Verbindung.

iūnctūră, ae *f.* Verbindung, Glied, Gelenk.

1. **Iūnctūrae,** ārŭm *f.* Jonchéry, Ort in Südfrankreich.

2. **Iūnctūrae,** ārŭm *f. s.* S. Deodati fanum.

iūnctŭs 3 1. zusammengefügt, vereinigt; iuncti petrae dicht an dem Felsen, längs dem Felsen herab (*Ps.* 140, 6). 2. verbunden, befreundet.

iuncŭs, ī *m.* Binse, Rohr.

iungō, iūnxī, iūnctŭm 3 1. zusammenfügen, vereinigen; manus iungere die Hände falten. 2. vergleichen.

Iūnĭă, ae *f.* (Ἰουνίας Iunias) Junia, Christin in Rom, vielleicht Gattin des Andronikus, die der hl. Paulus grüßen läßt.

iūnĭŏr, ōrĭs *m.* u. *f.* der u. die Jüngere.

iūnĭpĕrŭs, ī *f.* Wacholderstrauch.

1. **Iūnĭŭs,** ī *m.* (*scil.*: mensis) der Monat Juni.

2. **Iūnĭŭs,** ī *m.* Junius, Stadtpräfekt von Rom unter Gallienus.

Iūnōnĭs vallĭs, ĭs *f.* Kastell Stein in Kärnten.

Iūpĭtĕr *u.* **Iuppĭtĕr** (*gen.*: Iŏvĭs) Jupiter, der höchste Gott der Römer.

Iūră, ae *m.* das Juragebirge zwischen der Schweiz u. Frankreich.

iūrāmentŭm, ī *n.* Eid.

Iūrassŭs mōns (Iuratus, montes Iurenses) Juragebirge (Süddeutschland).

iūrātĭō, ōnĭs *f.* das Schwören.

iūrātōrĭŭs 3 eidlich.

iūrātŭs 3 *passivisch*: vereidigt (*C. j. c.* 1641), *activisch*: einer der geschworen hat.

Iūrātŭs mōns, ontĭs *m. s.* Iurassus mons.

Iūravĭă, ae *f.* Jauer, St. Preußen (Schlesien), *ca.* 15 000 Einw.

Iūrēnsĕ mŏnastērĭŭm = Condadiscone, Kloster des hl. Claudius, *j.*: St. Claude Fkr. (Jura).

Iūrēnsēs, ĭŭm *m.* Bewohner des Jura, *s.* Iurassus mons.

iūrgĭŭm, ī *n.* Wortwechsel, Zank, Streit.

iūrgātōrĭŭs 3 zänkisch.

iūrgĭōsŭs 3 zänkisch.

iūrgō 1 u. **iūrgŏr** 1 in Streit geraten, streiten, zanken, schelten.

1. **iūrĭdĭcŭs** 3 gerichtlich.

2. **iūrĭdĭcŭs,** ī *m.* Richter.

iūriscōnsultŭs 3 *s.* consultus.

iūrisdictĭō, ōnĭs *f.* 1. Gerichtsbarkeit, Zuständigkeit. 2. kirchliche Amtsgewalt, Vollmacht zur gültigen Amtsführung, Iurisdiktion.

iūrisdictĭōnālĭs, ĕ mit der (kirchlichen) Amtsgewalt zusammenhängend, aus ihr hervorgehend; die kirchliche Gerichtsbarkeit oder Amtsgewalt betreffend, dazu gehörig.

iūrisprūdentĭă, ae *f.* Rechtsgelehrsamkeit.

iūrisscĭentĭă, ae *f.* Rechtswissenschaft.

iūrō 1 1. schwören, eidlich versichern. 2. sich verschwören. 3. bei jem. schwören.

iūrŭlentŭs 3 mit einer Brühe versehen.

1. **iūs,** iūrĭs *n.* 1. das Recht = Inbegriff der Gesetze; ipso iure durch Rechtsbestimmung; ius canŏnĭcum Kirchenrecht; ius ad rem Recht zur Sache, auf Erlangung einer Sache, Forderungsrecht; ius in re Recht an einer Sache, dingliches Recht; ius contentiosum strittiges Recht; ius criminale Strafrecht; iura aliis [alteri] quaesita wohlerworbene Rechte Dritter [eines dritten] (aliis [alteri] *dat.* = ab aliis [ab altero] von anderen [einem anderen] erworben) (*C. j. c.* 4); publici iuris fiĕri veröffentlicht werden, ŏpĕre publĭci iuris facto nach Veröffentlichung des Werkes; monasteria iuris sui selbständige Klöster. 2. das Recht = das, was rechtmäßig ist, de iure rechtmäßig. 3. Vorrecht, Gerechtsame; iūs pătrōnātūs: Präsentationsrecht.

2. **iūs,** iūrĭs *n.* (iusculum) Brühe, Saft; Suppe.

iūscŭlŭm, ī *n. s.* 2. ius.

iūsiūrandŭm, iūrĭsiūrandī *n.* Eid, Schwur.

iussĭō, ōnĭs *f.* Befehl.

iussŭm, ī *n.* Geheiß, Verordnung, Befehl.

iussŭs, ūs *m. nur abl.* iussū auf Befehl.

iūstĭfĭcātĭō, ōnĭs *f.* 1. Rechtfertigung. 2. Satzung, Gesetz, Verordnung. 3. das Rechttun, die Unschuld, *pl.*: gerechte Handlungen.

iūstĭfĭcō 1 rechtfertigen, für gerecht erklären.

1. **S. Iūstīnă,** ae *f.* hl. Justina, Jgfr. u. Mart. († 68).

Ihr Vater war zur Zeit Neros der Statthalter Vitalianus von Padua; ihre Mutter hieß Praepedigna. Beide bekehrte der Bischof Prosdocimus durch seine Wundertaten. Nach dem Tode der Eltern gab sich Justina ganz den Werken der Frömmigkeit hin. Es brach eine Christenverfolgung aus; von Mailand kam ein gewisser Maximian, der nach dem Besitze Justinas lüstern war. Justina wurde auf der Flucht über eine Steinbrücke ergriffen; sie kniete nieder, um Gott anzuflehen, daß der Tyrann ihrer Jungfräulichkeit nichts anhaben könne; der Stein nahm den Eindruck ihrer Kniee auf, wie selbst ihre Verfolger sahen. Noch jetzt wird er zu Venedig in der ihr geweihten Kirche gezeigt Der Präfekt ließ die erst sechzehnjährige Jungfrau erdolchen; ihren Leichnam setzte Bischof Prosdocimus bei. — 12. Oktober.

2. **S. Iūstīnă,** ae *f.* hl. Justina, Jgfr. u. Mart. († 286).

Als Kind christl. Eltern aus Tergeste wurde Justina mit 14 Jahren wegen ihrer ausgezeichneten Schönheit von vielen jungen Männern zur Ehe begehrt. Sie aber blieb ihrem himmlischen Bräutigam treu, dem sie ihre Jungfräulichkeit gelobt hatte. Darob als Christin angeklagt, wurde sie auf Befehl des Statthalters gefoltert, ihre Brust mit eisernen Krallen zerfleischt und der Tod durchs Schwert über sie verhängt. Bevor sie zum Tode geführt wurde, forderte sie Zeno. ein Verwandter des Statthalters, spottweise auf, sie solle ihm aus dem Paradiese ihres Bräutigams, dessen Reichtum sie so hoch erhob, Aepfel senden. Am Richtplatz angekommen, übergab sie einem Knaben ihren leinenen Schleier, der wunderbarerweise mit Aepfeln angefüllt wurde, mit dem Auftrage, alles dem Zeno zu bringen und ihm zu sagen: „Die Jungfrau Justina schickt dir die Aepfel, welche du aus dem Paradiese ihres Bräutigams verlangt hast." Darauf erlitt sie den Martertod durchs Schwert. Zeno wurde nach Empfang dieser Gabe ganz umgewandelt. Er glaubte an den einen wahren Gott, bekannte ihn auch vor dem Richterstuhl, selbst unter den Streichen der Bleiruten und erlitt für Christus ebenfalls den Martertod durchs Schwert. — 14. Juli (Triest).

3. **S. Iūstīnă,** ae *f.* hl. Justina, Jgfr. u. Mart., † 303, 26. September.

4. **S. Iūstīnă,** ae *f.* hl. Justina, Schwester des hl. Aureus, Bischofs v. Mainz (4. Jhdt.), *s.* S. Aureus.

Iūstīnĭānēŭs 3 justinianisch: Corpus iūris civīlis Iustiniānēum = das Gesetzbuch des Kaisers Justinian I. des Großen (527—565).

Iūstīnĭānī, ōrūm *m.* das alte Adelsgeschlecht der Giustiniani aus Venedig.

Iūstīnĭānŭs, ī *m.* Justinian, oströmischer Kaiser: 1. **J. I.** der Große (527—565); er ließ das Corpus iuris civilis herausgeben. 2. **J. II.** (586—711).

Iūstīnŏpŏlĭs, ĭs *f.* Capo d'Istria (Capodistria), Hafenstadt im Golfe von Triest, St., *ca.* 8500 Einw.; das Bistum (seit 6. Jhdt.) wurde 1830 mit Triest (Tergeste) vereinigt; *dav.*: **Iūstīnŏpŏlītānŭs** 3.

Iūstīnŏpŏlītān. (*C. R.*) *s.* Iustinopolis.

1. **S. Iūstīnŭs,** ī *m.* hl. Iustinus, Mart., † 163, 14. April.

2. **S. Iustīnŭs,** ī *m.* hl. Justinus, Mart. u. Priester († um 255).

Er lebte zur Zeit des Kaisers Valerian und begrub den Leichnam des hl Martyrers Laurentius auf dem Ager Veranus bei Rom. Er bekehrte die Witwe des Decius mit ihrer Tochter Cyrilla. Alle ließ aber Kaiser Claudius martern. Die Reliquien des Blutzeugen kamen i. J. 830 durch Bischof Hitto nach Freising in Bayern. Besonders fanden Malariakranke auf Fürbitte des Blutzeugen Heilung; auch ein Blinder wurde sehend. — 17. Sep (München-Freising).

3. **S. Iūstīnŭs,** ī *m.* hl. Justinus, Mart, mit dem hl. Palmatius in Trier, † 286, *s.* S. Palmatius.

1. **Iūstīnŭs,** ī *m.* Justinus, oströmische Kaiser: 1. **J. I.** (517—528). 2. **J. II.** (565—578).

2. **Iūstīnŭs,** ī *m.* Justinus, Sohn der hl. Martyrin Symphorosa.

iūstĭtĭă ae *f.* 1. Gerechtigkeit, Billigkeit. 2. gerichtliche Vorschrift, Satzung; iustitiam gentium facere nach den Satzungen der Heiden leben. 3. sittliche Vollkommenheit, Heiligkeit. 4. Gottgefälligkeit, Gnadenstand. 5. justitias judicare nach dem Rechte richten.

iūstĭtĭŭm, ī *n.* (*von* ius *u.* sisto) Stillstand der Gerichte, Gerichtsstille.

iūstŭs 3 1. gerecht. 2. verdient, begründet. 3. gehörig, vollkommen, recht, billig.

1. **S. Iūstŭs,** ī *m.* hl. Justus, Mart. (4. Jhdt.).

Er war in Auxerre (Fkr.) geboren. Er lernte gut und besuchte seinen Oheim Justinian, der in Amiens (Fkr.) eingekerkert war. Auf der Reise dahin gab der fromme Knabe in Melun einem Armen nicht nur Nahrungsmittel, sondern auch sein Oberkleid als Almosen. Hierüber war der Vater, der ihn begleitete, unwillig, doch Justus wies auf die hl. Schrift hin. Als sie die Isère überschreiten wollten, war kein Fahrzeug da. Der Sohn sagte dem Vater, es werde alsbald ein solches durch Gottes Güte gesandt werden; dies trat ein. Der Oheim wurde befreit; doch der grausame Statthalter Rictiovarus erfuhr davon und ließ die heimkehrenden Christen verfolgen. Justus sagte dies den Verwandten voraus, die sich in einer Höhle versteckten; der Knabe selbst ließ sich aus Sehnsucht nach dem Martertode ergreifen und wurde im Alter von neun Jahren enthauptet. Der Bischof Hartmann von Planaterra in Chur (Schweiz) brachte die Reliquien nach Flumes in der heutigen Diözese St. Gallen. — 20. Oktober (St. Gallen).

2. **S. Iūstŭs,** ī *m.* hl. Justus, Mart. (4. Jhdt.).

Er wurde zu Tergeste in der italienischen Provinz Aquileja zur Zeit des Kaisers Diokletian geboren. Vor dem heidnischen Präfekten Manatius bekannte er seinen christlichen Glauben; dieser stieß ihn in einen dunklen Kerker, ließ ihn geißeln und dann mit Bleikugeln beschwert ins Meer werfen. Der Priester Sebastian, dem er in der Nacht erschien, suchte den Leichnam und setzte ihn bei. — 2. November (Triest).

3. **S. Iūstŭs,** ī *m.* hl. Justus, Benediktinermissionar; er wurde von Gregor d. Gr. mit dem hl. Mellitus nach England gesandt u. wurde Bischof von Rochester, dann Erzbischof von Canterbury, † 632, 14. Nov. (*Propr. Ben.*).

Jūstŭs, ī *m.* Justus, 1. Beiname des Joseph Barsabas, der neben Matthias als Apostel vorgeschlagen wurde. 2. Titus Justus, ein aus dem Heidentume zum Judentume Bekehrter zu Korinth in apostolischer Zeit (Apg. 18, 7). 3. Beiname des Judenchristen Jesus (*Kol.* 4, 11).

Iūtĭă, ae *f. s.* Chersonesus Cimbrica.

Iuttă, ae *f.* Iutta, Gräfin von Sponheim, Äbtissin auf dem Disibodenberge.

iŭvābĭlĭs, ĕ förderlich, heilsam.

iŭvāmĕn, ĭnĭs *n.* Hilfe, Beistand.

Iŭvārŭm flūmĕn, ĭnĭs *n. s.* Iuvarus.

Iŭvārŭs, ī *m.* (Iŭvārŭm flumen, Iŭvāvĭŭm flumen, Iŏvāvŭs, Ivārŭs, Salzaha) Salzach, r. Nebenfluß des Inn.

Iŭvāvēnsĭs cīvĭtās, ātĭs *f. s.* Iuvavum.

Iŭvāvĭă, ae *f. s.* Iuvavum.

Iŭvāvĭŭm flūmĕn, *n. s.* Iuvarus.

Iŭvāvŭm, ī *n.* (Iuvavia, Iuvavium, Iuvavensis civitas, Salisburgum) Salzburg, St. an der Salzach, Österreich (Oberösterreich), *ca.* 30000 Einw.; Fürsterzbischofssitz.

Iŭvĕnăcēn. (*C. R.*) *s.* Iuvenatium.

iŭvĕnālĭs, ĕ jugendlich.

S. Iŭvĕnālĭs, ĭs *m.* hl. Iuvenal, Bek. u. Bischof von Narni (Italien), † 377, 3. Mai.

Iŭvĕnātĭŭm, ī *n.* Giovenazzo, Hafenstadt am Adriatischen Meere, It. (Bari), *ca.* 12000 Einw.; das Bistum (seit 11. Jhdt.) wurde 1818 mit Molfetta vereinigt; *dav.*: **Iŭvĕnăcēnsĭs,** ĕ

iŭvencă, ae *f.* (iuvencula) 1. weibliches Jungrind, Färse (S. Bern. Lect. IV, 1. Sept.. *Kap. Propr.*). 2. *übtr.*: junges Mädchen, Tochter.

iŭvencŭlă, ae *f. s.* iuvenca.

iŭvencŭlŭs, ī *m.* 1. junger Stier. 2. *übtr.*: junger Mensch, Jüngling.

iŭvencŭs, ī *m.* 1. junger Stier. 2. *übtr.*: junger Mensch, Jüngling.

Iŭvencŭs, ī *m.* Iuvencus, ein Priester, der erste bedeutendere christliche Dichter, aus vornehmem spanischen Geschlechte z. Z. Konstantins des Großen, der die vier Evangelien metrisch übersetzte.

iŭvĕnēscō, nŭī 3 heranwachsen.

Iŭvĕnĭăcēnsĭs abbātĭă, ae *f. s.* Iuveniacum.

Iŭvĕnĭăcŭm, ī *n.* (Iuveniacensis abbātĭa) Iuvisy-sur-Orge, Marktflecken, Fkr. (Seine-et-Oise).

iŭvĕnīlĭs, ĕ jugendlich.

iŭvĕnĭs, ĭs *m.* Jüngling, junger Mann.

iŭventă, ae *f.* (iuventas) Jugend, Jünglingsalter.

iŭventās, ātĭs *f. s.* iuventa.

S. Iŭventĭŭs, ī *m.* hl. Juventius, Bischof v. Pavia (Ital.), 2. Jhdt., 8. Febr.

iŭventūs, ūtĭs *f.* Jugend, Jugendzeit.

iŭvō, iūvī, iūtŭm 1 1. unterstützen, fördern. 2. erfreuen, ergötzen; *unpers.* juvat es gefällt.

iūxtā I. *adv.* 1. neben, nahe bei. 2. ebenso, ohne Unterschied. II. *praep. c. acc.* 1. neben, bei. 2. unmittelbar nach. 3. gemäß; iuxta quod in Gemäßheit wie, weil.

Ivă, ae *f. s.* Avah.

Ivārŭs, ī *m. s.* Iuvarus.

Ivernĭs, ĭs *f. s.* Cassilia.

1. **S. Ivō,** ōnĭs *m.*, hl. Ivo, Bek. u. Bisch. v. Chartres († um 1110).

Er regelte zur Zeit Gregors VII. als Propst des Stiftes vom hl. Quintinus zu Beauvais, Fkr. (Oise), aufs neue das Leben der Stiftsherren. Seine Vorschriften fanden in der Folge in zahlreichen kirchlichen Stiften Frankreichs Eingang. Von Urban II. wurde er zum Bischofe von Chartres ernannt. Er stand in Briefwechsel mit König Heinrich I. von England. Aufs ernsteste erhob er als einziger Bischof Frankreichs gegen den Ehebruch des französischen Königs Philipp Einspruch, der seine rechtmäßige Gattin verstoßen hatte und eine andere Frau heiraten wollte. Weder durch Drohungen noch durch Versprechungen konnte er von seinem Rechtsstandpunkte abgebracht werden. Der König beraubte ihn schließlich aller Güter und ließ ihn einkerkern; doch der Starkmut des Helden war nicht zu erschüttern. Er war ein treuer Anhänger des Papstes. Bei der Darbringung des hl. Opfers sah man oft einen leuchtenden Glanz von seinem Haupte ausstrahlen. Ivo starb unter Paschalis II. — 20. Mai.

2. **S. Ivō**, ōnĭs *m.* hl. Ivo, Bek. aus dem dritten Orden des hl. Franziskus († 1303).

Ivo war in der Bretagne von vornehmen Eltern geboren. Die fromme Erziehung brachte reiche Frucht. Theologie und Rechtswissenschaften studierte er zu Paris und Orléans mit großem Fleiße und staunenswertem Erfolge. Mehr aber war ihm an dem Erwerbe von Tugend und Frömmigkeit gelegen. Morgens und abends ging er zur Kirche, las gern das Leben der Heiligen und besuchte mit Vorliebe die Kranken in den Spitälern. Zwei Bischöfe bestellten ihn als Offizial für die Rechtsgeschäfte ihrer Diözese; man bewunderte seinen rücksichtslosen Gerechtigkeitssinn und seine Weisheit im Urteile. Der Bischof von Tréguier weihte ihn zum Priester, obwohl er sich dazu für unwürdig hielt. Als Sohn des hl. Franziskus, er war Terziar, fühlte er sich besonders zu den Armen, Witwen und Waisen hingezogen und vertrat eifrig deren Rechte. Darum nannte man ihn auch den Anwalt der Armen. Das ehrenvolle Amt entsprach aber auf die Dauer nicht seiner Demut; er wurde auf Bitten seines Amtes enthoben und verwaltete mit großer Umsicht und heiligem Seeleneifer eine Pfarrei; seine ganze Zeit und all sein Wirken galt seinen Schäflein. Seiner Mildtätigkeit kam Gott mit Wundern zu Hilfe. Er starb am 19. Mai 1303, tiefbetrauert von allen, besonders von den Armen. Klemens VI. zählte ihn den Heiligen bei. — 19. Mai (Franz. O. u. Kap. O.).

Ivō, ōnĭs *m.* Ivo, Bisch. von Krakau, Onkel des sel. Ceslaus (13. Jhdt.).

Ivōdĭŭm, ī *n.* (Yvodium) Ivoy-le-Pré, Ort, Fkr. (Cher).

S. Ivōnĭs ecclēsĭă, ae *f.* Saint Ives, England (Cornwallis).

Ivōsĭŭm, ī *n.* (Yvodium) Carincan (Yvoi), St., Fkr. (Ardennes); *ca.* 2000 Einw.

ixĭŏs, ĭī (*acc.*-ĭŏn) *m.* (ἴξιος) eine Geierart (*Deut.* 14, 13).

Izrahia *indecl. m.* (*hebr.*: Jahwe erstrahlt) Izrahja, ein Nachkomme des Issachar, Familienhaupt, Sohn des Ozi.

K.

Kadlubek *indecl. s.* B. Vincentius K.

Kălendae, ārŭm *f.* 1. der erste Tag eines jeden Monats. 2. das Fest des Neumondes, das bei den Juden mit Opfer und Festmahlzeit gefeiert wurde.

kălendārĭŭm, ī *n.* Kalender.

Kălendārĭŭm Grēgŏrĭānŭm der im Auftrage des Papstes Gregor XIII. durch die Bulle Inter gravissima vom 24. Februar 1582 eingeführte verbesserte Kalender.

Kalicĭă, ae *f.* (Kalisia) Stadt Kalisch (Russ.-Polen); *dav.*: **Kalicĭēnsĭs**, ĕ (Calisiensis).

Kalisĭă, ae *f. s.* Kalicia.

Kamien *indecl.* Kamien, Ort in der Diözese Breslau (*Propr. v. Breslau*, 1. Sept.).

Kampergēnsĕ mŏnastērĭŭm, ī *n.* Komberg, ehem. Kloster in Württemberg (Jagstkreis).

Kandĭēn. (*C. R.*) *s.* Kandium.

Kandĭŭm, ī *n.* Kandy (Kandi), Hauptstadt der Zentralprovinz der Insel Ceylon, ca. 27000 Einw.; Bischofssitz (seit 1886), Suffr. v. Colombo; *dav.*: **Kandĭēnsĭs**, ĕ.

Kanzanŏpŏlĭs, ĭs *f.* Kansas-City, St. Nordamerika (Missouri), *ca.* 180000 Einw.; Bischofssitz (seit 1880), Suffr. v. St. Louis; *dav.*: **Kanzanŏpŏlĭtānŭs** 3.

Kanzanŏpŏlĭtān. (*C. R.*) *s.* Kanzanopolis.

Kappenbergēnsĕ castrŭm, ī *n.* Kappenberger Schloß, Preußen (Westfalen).

Karniolēnsĭs ăgĕr, grī *m. s.* Carnia.

Karnotēnă urbs, bĭs *f. s.* Carnutum.

Karlstein *indecl.* Schloß in Böhmen.

Karputēn. (*C. R.*) *s.* Karputum.

Karputŭm, ī *n.* Karputh, Bistum (seit 1850) in Mesopotamien; *dav.*: **Karputēnsĭs**, ĕ

Karwow *indecl.* Karwow, Dorf in der Grafschaft Sandomir, Diözese Krakau, Geburtsort des sel. Vinzenz Kadlubek.

Kaufbeură, ae *f. s.* Kaufbura.

Kaufbūră, ae *f.* (Kaufbeura) Kaufbeuren, St. a. d. Wertach, Bayern (Schwaben), *ca.* 9000 Einw.; *dav.*: **Kaufbūrēnsĭs**, ĕ.

Kempae, ārŭm *f.* Kempen, Rheinland (Reg.-Bez. Düsseldorf), *ca.* 6500 Einw.; *dav.*: **Kempēnsĭs**, ĕ.

Kenty *indecl.* Kenty, Städtchen im österreichischen Galizien, aus dem der hl. Johannes Cantius stammte.

Ker(r)ĭă, ae *f.* Kerry, St. Südwestirland. Bistum Kerry u. Aghadon (seit 6. Jhdt.), Suffr. von Cashel; *dav.*: **Ker(r)ĭēnsĭs**, ĕ.

Kerkukēn. (*C. R.*) *s.* Corcura.

Kerrĭēn. (*C. R.*) *s.* Keria.

kērygmă, ătĭs *n.* (κήρυγμα) 1. Ausruf, Befehl. 2. Verkündigung, Predigt.

Khyburg *indecl. s.* Kyburgum.

Kiangsĭēnsĭs, ĕ aus Kiangsi in China; von Kiangsi: provincia.

Kiburg *indecl. s.* Kyburgum.

Kielcēn. (*C. R.*) *s.* Chielcum *oder* Kielcum.

Kielcŭm, ī *n.* (Chielcum) Kielce (*russisch* Kjelzy), St. am Fuße der Lysa Gora zwischen Weichsel u. Piliza, Polen, *ca.* 25000 Einw.; Bischofssitz (seit 1807; 1818—1882 unterdrückt), Suffr. v. Warschau; *dav.*: **Kielcēnsĭs**, ĕ.

Kiewēnsĭs, ĕ aus der Stadt Kiew, Rußland; *s.* Kiovia.

Kilă, ae *m.* (Kylia), Kyll, Nebenfluß der Mosel (Rheinprov.).

Kildarīēn. (*C. R.*) *s.* Cellaquercus.

Kilĭă, ae *f. s.* Chilonium.

S. Kilĭānŭs, ī *m.* (Chilianus) hl. Kilian, Mart. u. Bisch. v. Würzburg, † 689, 8. Juli; *s.* **S. Chilianus,** ī *m.*

Kilmoră, ae *f.* Kilmore, Dorf in Irland; Bistum (seit 1136), Residenz in Cavan, Suffr. v. Armagh; *dav.*: **Kilmorĭēnsĭs,** ĕ.

Kilmorĭēn. (*C. R.*) *s.* Kilmora.

Kimura Leonardus *s.* B. Leonardus K.

Kimura Sebastianus *s.* B. Carolus Spinula.

Kingă, ae *f.* Kinga, Gemahlin des Polenherzogs Bolislaus (13. Jhdt.).

Kingstonĭă, ae *f.* Kingston, St. am Ontariosee u. Lorenzostrome, Kanadien, *ca.* 20000 Einw.; Erzbischofssitz (seit 1889, Bistum seit 1826); *dav.*: **Kingstonĭēnsĭs,** ĕ.

Kingstonĭēn. (*C. R.*) *s.* Kingstonia.

Kiovă, ae *f. s.* Kiovia.

Kiovēnsĭs, ĕ *s.* Kiovia.

Kiovĭă, ae *f.* (Kiova) Kiew, St. am Dnjepr, Rußland, *ca.* 250000 Einw.; *dav.*: **Kiovēnsĭs,** ĕ, Kiovĭēnsĭs, ĕ u. Kiewĭēnsĭs, ĕ.

Kirchbergēnsĭs, ĕ aus Kirchberg, ehem. Grafschaft in Schwaben.

Kirchhēmĭŭm, ī *n.* Kirchheim a. Eck, Pfarrdorf in der Pfalz, *ca.* 1000 Einw.

Kishnaghurēn. (*C. R.*) *s.* Kishnaghur um.

Kishnaghurĭŭm, ī *n.* Krischnagar (Kisnaghur), St., l. an der Dschelanyi (zur Hugli) in Britisch-Indien (Nadia-Bengalen), *ca.* 25000 Einw.; Bischofssitz (seit 1886; 1870 apost. Präfektur), Suffr. v. Kalkutta; *dav.*: **Kishnaghurēnsĭs,** ĕ u. **Krishnagarēnsĭs,** ĕ.

Kitzingă, ae *f.* Kitzingen, St. am Main, Bayern (Unterfranken), *ca.* 10000 Einw.

Kiulos, ī *m.* Kiulos, ehem. Cistercienserkloster in Schottland, Diöz. Moray.

Klagenfurtŭm, ī *n.* Klagenfurt, Hauptstadt von Kärnten, Österreich, *ca.* 25000 Einw.; Residenz des Fürstbischofs von Gurk.

Kombakonĭŭm, ī *n.* Kumbakonam, St. im Kaweridelta, Britisch-Indien (Madras), *ca.* 60000 Einw.; Bischofssitz (seit 1899), Suffr. v. Pondichéry; *dav.*: **Kumbakoamēnsĭs,** ĕ u. **Kumbakonĭēnsĭs,** ĕ.

Kostka *indecl.* begüterte Senatorenfamilie zu Rostkow in Massowien, Polen, *s.* S. Stanislaus Kostka.

Krishnagarēn. (*C. R.*) *s.* Kishnaghurium.

Krisĭēnsĭs cōmĭtātŭs, ūs *m.* der Komitat Körös (Ungarn-Rumänien).

Kugelīnŭs Conrādŭs, ī *m.* Konrad Kugelin, in Waldsee (Württemberg), Beichtvater der sel. Elisabeth der Guten, *s.* B. Elisabeth Bona.

Kumbakoamēn. (*C. R.*). *s.* Kombakonium.

Kumbakonēn. *s.* Kombakonium.

Kundekarŭs, ī *m.* Mönch u. Gefährte des hl. Bonifatius (8. Jhdt).

Kunzewitĭŭs, ī *m.* Kunzewicz, Familienname des hl. Josaphat.

Kўbēlē, ēs *u.* ae *f.* (*Κυβέλη* u. *Κυβήλη*) (Cybĕle) Kybele, eine phrygische Göttin.

Kyburg *indecl. s.* Kyburgum.

Kyburgŭm, ī *n.* (Khyburg, Kiburg, Kyburg, Kyhburg) Kyburg, ehem. Grafschaft, *j.*: Dorf, Schweiz, Kanton Zürich, Bezirk Pfäffikon.

Kyderăcŭm, ī *n.* Kiedrich, St. im Rheingau, *dav.*: **Kyderăcēnsĭs,** ĕ.

Kyhburg(ēnsĭs, ĕ) *s.* Kyburgum.

Kylĭă, ae *f. s.* Kila

B. Kyóta Simon *s.* B. Ioannes Machado.

kўrĭŏs, ī *m.* (*κύριος*; *die Aussprache des griech.* y *ist nicht* ü *sondern helles* i) Herr, Gebieter; Kyrie eleison (*κύριε ἐλέησον*) „Herr, erbarme dich", Gebet nach dem Introitus [vor dem Gloria in excelsis] in der hl. Messe

L.

L. 1. = Lucius. 2. (als Zahlzeichen) = 50.

Laabim *indecl. m.* (*hebr.*) die Lehabiter, eine chamitische Völkerschaft.

Laad *indecl. m.* (*hebr.* ?) Laad, Israelit aus dem Stamme Juda, Sohn des Jahath.

Laada *indecl. m.* (*hebr.* ?) La'da, Israelit aus dem Stamme Juda, Sohn des Sela, ein Webermeister, Gründer von Maresa.

Laadan *indecl. m.* (*hebr.* ?) La'dan, Israelit aus dem Stamme Ephraim, Sohn des Thaan.

Lābăcēn. (*C. R.*) *s.* 2. Emona (Laibach, Ljubljana).

Lābăcŭm, ī *n. s.* 2. Emona.

Lābăchŭs, ī *f. s.* 2. Emona.

1. **Laban** *indecl. m.* (*hebr.*: der Weiße) Laban, Vater der Lia u. Rachel, Schwiegervater und Oheim des Patriarchen Jakob.

2. **Laban** *indecl. Deut.* 1, 1 *wohl* = Libna, *s.* Labana.

Labana *indecl.* (*hebr.*: die Weiße?; Lobna, Libna) Libna, St. Pal. (Juda).
Labanath *indecl.* (*hebr.*: die Weiße) Libnath, St. Pal. (Aser).
lăbărŭm, ī *n.* Kriegsfahne (Kaiser Konstantins); Reichsfahne.
lăbāscō 3 wanken, weichen, gleiten, im Begriffe sein zu fallen.
lābēcŭlă, ae *f.* Fleckchen, kleiner Schandfleck.
lăbĕfăcĭō, fēcī, factŭm 3 wankend machen, erschüttern, stürzen.
lăbĕfactō 1 erschüttern, stürzen, zugrunde richten.
1. **lăbellŭm,** ī *n.* kleine, zarte Lippe, Lippchen.
2. **lābellŭm,** ī *n.* 1. kleines Becken, Opferbecken. 2. kleine Wanne, Badewanne.
lābēns, entĭs *s.* 1. labor.
lābēs, ĭs *f.* 1. Fall, Sturz, Verderben, Untergang. 2. Flecken, Schandfleck, Sünde: originalis Erbsünde.
Lăbīcānŭs 3 *s.* Lavicanus.
Lăbīcī, ōrŭm *m.* *s.* Lavici.
lābĭlĭs, ĕ hinfällig, vergänglich.
lăbĭŭm, ī *n.* 1. Lippe. 2. Rand eines Gefäßes: calicis. 3. Sprache.
lăbō 1 schwanken, wanken, in Verfall geraten.
1. **lābŏr,** lāpsŭs sŭm 3. 1. sinken, ausgleiten, entschlüpfen. 2. entrinnen, entfließen; labente cursu temporum im Verlauf der Zeit. 3. verfallen, schwinden. 4. straucheln, fallen, sündigen.
2. **lăbŏr,** ōrĭs *m.* 1. Anstrengung, Mühe, Arbeit. 2. Beschwerde, Mühsal, Strapaze. 3. Leiden (*Ps.* 87, 16); Geburtsschmerz (*Ps.* 77, 51 u. 104, 36). 4. Unheil (*Ps.* 54, 11 u. 139, 10). 5. Vermögen, Besitz (*Ps.* 108, 11).
lăbōrātĭō, ōnĭs *f.* Anstrengung.
lăbōrĭōsŭs 3 1. arbeitsam, tätig. 2. mühsam, beschwerlich.
lăbōrō 1 1. arbeiten, sich anstrengen. 2. leiden: anima; sich in Not, in Verlegenheit befinden; nackt sein (*Ps.* 6, 7).
Labouré, Catharina, Schwester aus der Genossenschaft der Vinzentinerinnen zu Anfang des 19. Jhdts.
1. **lăbrŭm,** ī *n.* 1. Lippe. 2. Rand eines Gefäßes. 3. Kante.
2. **lābrŭm,** ī *n.* Becken, Kessel; Badewanne.
lābrūscă (lăbrūscă), ae *f.* Herling, wilde Rebe (*bes.* am Weinstock).
lābundŭs 3 fallend.
lăbўrinthŭs ī *m.* (*λαβύρινθος*) Labyrinth; Irrgang.
lāc, lactĭs *n.* Milch.

Lăcĕdaemōn, ŏnĭs *f.* (*Λακεδαίμων*) Sparta, Hauptst. von Lakonien am Eurotas im Peloponnes, Griechenland; *dav.*: **Lăcĕdaemŏnĭŭs** 3; Lacedaemonii, orum *m.* Spartaner.
Lăcēnsĭs abbātĭă, ae *f.* (Lăcus monasterium) Maria-Laach, Benediktiner-Abtei (früher Jesuiten) in der Eifel, Preußen (Rheinprov.).
lăcĕr, ĕră, ĕrŭm zerrissen, zerfleischt.
lăcĕrātĭō, ōnĭs *f.* Zerfleischung.
lăcĕrātŏr, ōrĭs *m.* Zerfleischer, Folterer.
lăcernă, ae *f.* Oberkleid, Mäntelchen, Überwurf.
lăcĕrō 1 1. zerreißen, zermalmen. 2. zerfleischen, mißhandeln. 3 lästern, schelten.
lăcertă, ae *f.* Eidechse.
lăcertōsŭs 3 muskelkräftig, handfest.
lăcertŭs, ī *m.* 1. Oberarm, Arm. 2. Stärke, Macht, Kraft.
lăcĕrŭs 3 zerfleischt, durchlöchert.
lăcessītĭō, ōnĭs *f.* Herausforderung, Angriff.
lăcessō, īvī, ītŭm 3 1. reizen, herausfordern. 2. erregen, veranlassen.
Lachis *indecl.* (*hebr.*?) Lachis (Lakisch), St., westlich von Hebron, Pal. (Juda), ehem. Königsstadt.
lăcĭnĭă, ae *f.* Zipfel, Fetzen (*Gen.* 39, 12; *Thren.* 4, 14).
Lăcō, ōnĭs *m.* (Lacon, *Λάκων*) Lakonier, Lakedämonier, Spartaner.
Lacobrĭcă, ae *f.* Lagis, Hafenst., Portugal.
Lăcōn, ōnĭs *m.* *s.* Laco.
Lăcōnĭcă, ae *f.* Lakonien, Landschaft auf dem Peloponnes, Griechenland.
Lăcōnĭcŭs 3 lakonisch, spartanisch.
lăcrĭmă, ae *f.* (lacryma) Träne.
lăcrĭmābĭlĭs, ĕ beweinenswert, kläglich, traurig.
lăcrĭmātĭō, ōnĭs *f.* das Weinen.
lăcrĭmō 1 u. **lăcrĭmŏr** 1 weinen.
lăcrĭmōsŭs 3 (lacrymosus) tränenvoll.
lăcrўmă, ae *f.* *s.* lacrima.
lacrўmōsŭs 3 *s.* lacrimosus.
Lactantĭŭs Fīrmīnĭānŭs, ī *m.* Laktanz Firminian, christlicher Glaubensverteidiger des 4. Jhdts., genannt der christliche Cicero.
lactārĭă, ōrŭm *n.* Milchspeisen.
lactārĭŭs 3 milchgebend.
1. **lactēns,** entĭs, 1. saugend. 2. milchig: uber.
2. **lactēns,** entĭs *m.* u. *f.* Säugling; Unmündiger (*Ps.* 8, 3).
lactentĭă, ĭŭm *n.* Milchspeisen.
lactĕō 2 Milch enthalten.
lactĕŏlŭs 3 milchweiß.
lactēscō 3 zu Milch werden.
lactĕŭs 3 milchig, voller Milch; aus Milch; lactĕus circŭlus caeli Milchstraße (*Hym. Vesp. S. Galli*).

lacticinia, ōrum *n.* Laktizinien, *d. h.*: Milch und die aus Milch gewonnenen Erzeugnisse, wie Butter und Käse; (nach *C. j. c.* 1250 allgemein an Fasttagen erlaubt, nach der früheren strengen Fastenordnung verboten).
lacticinium, ī *n. s. pl.* lacticinia.
1. **lactō** 1 1. Milch geben, säugen. 2. Milch saugen.
2. **lactō** 1 verlocken, verführen, betrügen.
lactūcă, ae *f.* Lattich, Kopfsalat.
lăcūnă, ae *f.* 1. Vertiefung; Höhle, Senkung, Grube. 2. Tümpel, Weiher. 3. Loch, Lücke.
lăcūnōsus 3 lückenhaft.
lăcŭs, ūs u. ī *m.* 1. See, Teich, Weiher; Gewässer. 2. Bassin, Grube; lăcus leonum Löwengrube. 3. Zisterne. 4. Wanne, Trog, Kübel, Kufe. 5. Grab (*Ps.* 142, 7). 6. der tiefste und schrecklichste Teil der alten Gefängnisse.
Lăcūs mŏnastērĭŭm, ī *n. s.* Lacensis abbatia.
Lăcūs Salsī (*C. R.*) *s.* Lacus Salsus.
Lăcŭs Salsŭs ī *m.* Salt Lake City (Mormon City), Nordamerika (Utah), *ca.* 60 000 Einw.; Bischofssitz (seit 1890; 1886—90 apostol. Vikariat), Suffr. v. San Francisco.
Ladenburgĕnsĕ oppĭdŭm, ī *n.* Ladenburg, St. Baden (Kreis Mannheim); *ca.* 3500 Einw.
S. Ladislāŭs, ī *m.* hl. Ladislaus, Bek. u. König von Ungarn († 1095).

Er war der Sohn Belas I. und einer polnischen Königstochter; nur ungern bestieg er den Thron. Als König zeigte er sich sehr mildtätig. Er schützte sein Land gegen Barbareneinfälle und fügte die Gebiete von Dalmatien und Kroatien seiner Herrschaft hinzu, da dies seine Schwester als Besitzerin jener Länder wünschte. Er errichtete die Stadt Großwardein und erbaute dort ein Heiligtum zu Ehren der Gottesmutter. Ihm haben viele Bischofssitze und Klöster ihre Begründung zu verdanken. Bei der Betrachtung hl. Dinge sah man ihn oft in Verzückung geraten und in der Luft schweben, so auch des öfteren im Dome zu Großwardein. Bei einem Einfalle der Tataren streuten diese auf der Flucht reichlich Geld aus, um die Krieger des Ungarkönigs von der Verfolgung abzuhalten. Diese Geldmünzen verwandelten sich auf das Gebet des Heiligen hin in Steine. Als sein Heer Mangel litt, schickte Gott auf Bitten von Ladislaus Hirsche und Büffelherden zur Nahrung; desgleichen gab ein Fels plötzlich Trinkwasser ab. Sein Gelübde, das hl. Land zu befreien, konnte er nicht erfüllen, da der Tod ihn hinwegraffte. Drei Jahre beweinte das Volk seinen Hingang, indem es Trauerkleider trug und weder an Spielen noch Tänzen sich ergötzte. Ladislaus wurde in Großwardein beerdigt; wegen der an seinem Grabe geschehenen Wunder nahm ihn Papst Coelestin III. i. J. 1192 unter die Zahl der Heiligen auf. — 27. Juni (Ungarn).

B. Ladislāŭs de Gielniow, *m.* sel. Ladislaus von Gielniow, Bek. u. Franziskanerpriester († 1505).

Er wurde in Gielniow. einem Orte der Diözese Gnesen, geboren, trat als Jüngling bei den Franziskanern von der strengen Observanz ein, deren Regel gerade vorher durch den hl. Johannes v. Capistrano in Polen verbreitet worden war. Er wurde wegen seines heiligmäßigen Lebenswandels wiederholt mit den Amtsobliegenheiten eines Provinzials in Warschau betraut. So demütig war er, daß er sich jederzeit gern den Winken eines Laienbruders unterstellt hätte, wenn ihm dies gestattet worden wäre. In keiner seiner zahlreichen Predigten fehlte die Erwähnung des Leidens Christi. Am Karfreitag geriet er auf der Kanzel in Verzückung und schwebte vor aller Augen in der Luft. Er starb am 4. Mai des Jahres 1505 und wurde in der Franziskanerkirche zu Warschau bestattet. Polen und Litauen verehrten ihn als Landespatron, was Papst Benedikt XIV. guthieß. — 25. September (Gnesen, Posen, Krakau, Lemberg, Przemysl, Tarnow).

Ladislāŭs, ī *m.* Ladislaus 1. König von Neapel im Anfang des 15. Jhdts. 2. Fürst von Oppeln, Vizekönig von Polen.
laedō, sī, sŭm 3 1. verletzen, beschädigen. 2. zu nahe treten, lästig fallen. 3. sündigen, sich zu schulden kommen lassen.
Laël *indecl. m.* (*hebr.*: Gottes [Kind, Schützling, Eigentum]) Lael, Levit, Vater des Eliasaph aus der Linie Gersom.
laenă, ae *f.* (χλαῖνα) wollener Mantel.
laesĭō, ōnĭs *f.* Verletzung, Beleidigung.
laesūră, ae *f.* Verletzung, Beeinträchtigung.
laetābĭlĭs, ĕ erfreulich.
laetābundŭs 3 voll Freude.
laetātĭō, ōnĭs *f.* Freudigkeit, Frohlocken.
laetĭfĭcō 1 erfreuen; *pass.* sich freuen, frohlocken.
laetĭfĭcŭs 3 erfreulich.
laetĭtĭă, ae *f.* Freude, Fröhlichkeit.
laetŏr 1 1. sich freuen, Freude zeigen. 2. weich machen (*Ps.* 64, 11).
laetŭs 3 1. froh, freudig, vergnügt. 2. erfreulich, angenehm, günstig. 3. lachend, heiter, fruchtbar.
laevă, ae *f.* (*scil.*: manus) linke Hand.
laevĭgātŭs 3 (levigatus) bezimmert, behauen, geglättet.
laevĭgō 1 behauen, zimmern.
laevŭs 3 1. link. 2. linkisch, ungeschickt, töricht. 3. ungünstig (*in der Sprache der Auguren*: günstig).
Lăgănă, ae *f.* (Logăna, Lahăna, Lana, Lanus, Lahna) die Lahn, r. Nebenfluß des Rheins (Hessen-Nassau).
lăgănŭm, ī *n.* (λάγανον) eine Art Kuchen aus Mehl und Öl, etwa = Plinse.
lăgēnă, ae *f. s.* lagoena.
Lăgēnă, ae *f. s.* Lagina.
lăgēnŭlă, ae *f.* Gefäß; kleine Flasche.
1. **Lăgĭnă**, ae *f.* (Lagena) Leinster, Landschaft in Irland.
2. **Lăgĭnă**, ae *f.* (Laginia) Leine, Nebenfluß der Aller (zur Weser) (Chur, 15. Nov.).
Lăgĭnĭă, ae *m. s.* 2. Lagina.

lăgoenă, ae *f.* (lagona, lagena) Flasche, Weinkrug, Wasserkrug.

lăgōnă, ae *f.* *s.* lagoena.

lăguncŭlă, ae *f.* kleine Flasche, Fläschchen (*Jer.* 13, 12).

Lāgŭs, ī *m.* (Λαγός) Lagos, ein Makedonier von niederer Herkunft, Vater des Königs Ptolemäus I. Soter von Ägypten (323—283).

Lahela *indecl.* (*keilschriftl.* Halaḫḫa) nach Charlach (Hala) (1. *Par.* 5, 26).

Lahem *indecl.* *gekürzt für*: Bethlehem (1. *Par.* 4, 22).

Lahnă, ae *f.* *s.* Lagana.

Lahorēn. (*C. R.*) *s.* Lahorium.

Lahorĭŭm, ī *n.* Lahor(e), St. im Pandschab, Britisch-Indien, *ca.* 205 000 Einw.; Bischofssitz (seit 1886; 1880 bis 1886 apost. Vikariat), Suffr. v. Agra; *dav.*: **Lahorēnsĭs**, ĕ.

Lai, Caietanus de *m.* Kajetan von Lai, Kardinal seit 1907, geb. 1852; Mitglied der engeren Kodifikationskommission des Kirchenrechts.

Laibăcŭm, ī *n.* *s.* 2 Emona.

lăĭcālĭs, ĕ zum Volke gehörig, weltlich; ungeweiht, dem gewöhnlichen Volke angehörig (*Gegensatz*: Priester)

lăĭcŭs 3 ungeweiht, weltlich; in statu laico als Laienbruder in einem Orden.

Lainŭm, ī *n.* Laino, St., in Kalabrien, Italien; (Vita B. Pauli Navarro, *Propr. der Ges. Jesu,* 16. Nov.).

1. **Laïs** *indecl.* (*hebr.*: Lajisch?) Lais, St., Pal. (Nephthali, später Dan), *auch* Lesem *genannt*; Laisa = *alter hebr. Acc.*

2. **Laïs** *indecl. m.* (*hebr.*?) Lais, Israelit, Vater des Phalthiel (Phalti), des zweiten Mannes der Michol, der Tochter Sauls.

Laïsa *alter hebr. acc.* zu 1. Lais.

lăĭsātĭō, ōnĭs *f.* Laisierung, Zurückversetzung eines Klerikers in den Laienstand.

Lalovescŭs, ī *m.* (Lalovescus pagus) Lalovesc, Dorf bei Vienne, Südfkr. (Ardèche).

lāmă, ae *f.* Lache, Pfütze; Sumpf, Morast.

Lāmācēn. (*C. R.*) *s.* Lambeca.

Lambach *indecl.* Lambach, Dorf an der Salzach im Oberen Pinzgau.

Lambēcă, ae. *f.* Lamego, St., am Douro, Portugal, *ca.* 10 000 Einw.; Bischofssitz (seit etwa 430), Suffr. v. Braga; *dav.*: **Lamacēnsĭs**, ĕ.

S. Lambertŭs, ī *m.* (Landbertus u. Lantpertus) hl. Lambert, Mart. u. Bischof von Utrecht († um 708). Er entstammte einem edlen Geschlechte aus Utrecht an der Maas und wurde vom hl. Theodard, dem Bischofe jener Stadt, erzogen. Als Nachfolger dieses Mannes zeichnete sich Lambert durch Nächstenliebe, Keuschheit, Demut und Eifer in Erforschung göttlicher Dinge aus. Nach der Ermordung des Königs Childerich wurde er verbannt und begab sich als Novize ins Kloster zu Stablo (Belgien). Als einst ohne seine Schuld nachts Lärm entstand, befahl ihm der Abt, zur Sühne vor einem draußen stehenden Kreuze zu beten. Er tat es trotz Kälte und Schneefall solange mit ausgebreiteten Armen, bis sich der Abt seiner erinnerte und ihn dann kniefällig um Verzeihung bat. Nach sieben Jahren wurde er unter Pipin von Heristal wieder Oberhirte von Utrecht. Als solcher bekehrte er die Stadt Turnhout in Belgien zum wahren Glauben. Auf Befehl Dodos wurde der Heilige zu Lüttich durch einen Pfeilschuß getötet, während er mit ausgebreiteten Händen betete. Sein hl. Leib wurde in Utrecht beigesetzt. Infolge von Kriegswirren brachte der hl. Hubert den Leib des Martyrers nach Lüttich. — 17. September (Freiburg, Köln, Münster, Osnabrück, Sachsen-Meißen).

lambĭtŭs ūs *m.* das Lecken.

lambō, bī, bĭtŭm 3 lecken, belecken.

Lamech *indecl. m.* (*hebr.*?) Lamech, 1. ein Abkömmling Seths, Vater Noes, Ahnherr Christi. 2. Sohn Mathusaels aus dem Geschlechte Kains.

lamed *indecl.* (*hebr.*: Ochsenstachel) der 12. Buchstabe aus dem hebräischen Alphabet, zwölf, zwölftens.

lāmentă, ōrŭm *n.* das Wehklagen, Jammern.

lāmentābĭlĭs, ĕ 1. beklagenswert. 2. klagend, jammernd.

lāmentātĭō, ōnĭs *f.* das Wehklagen, Klagegesang; lamentationes Jeremiae die Klagelieder des Propheten Jeremias in der ersten Nokturn der drei letzten Kartage.

lāmentātrīx, īcĭs *f.* Klagefrau.

lāmentō u. **lāmentŏr** 1 1. laut wehklagen, jammern, heulen,. 2. betrauern.

lāmentŭm, ī *n.* das Weinen.

lămĭă, ae *f.* (λάμια) 1. ein sagenhaftes blutsaugendes Wesen; Ungeheuer, Vampyr, Unhold, Zauberin, Hexe; Gespenst. 2. Weibchen eines wilden Tieres.

lāmĭnă, ae *f.* (lammina, lammna, lamna) 1. Platte, Plättchen: plumbi; laminae ardentes Glühplatten; Blech. 2. Brett, Blatt, Tafel, Schreibtafel.

lammă *indecl.* (*hebr.*, *aram.*) warum? (*Matth.* 27, 46; *Marc.* 15, 84).

Lammailōnēnsĕ mŏnastērĭŭm, ī *n.* Lammailon, Kloster in England (wo der hl. Jodok oft weilte).

lāmmĭnă, ae *f.* *s.* lamina.

lammnă, ae *f.* *s.* lamina.

lamnă, ae *f.* *s.* lamina.

lampădă, ae *f.* *s.* lampas.

1. **lampădārĭŭs** 3 Lampen-; pensile lampadarium Hängelampe.

2. **lampădārĭŭs**, ī *m.* Lampenträger, Fackelträger.

lampăs, ădĭs. (*acc.*-ădă) *f.* (lampada) (λαμπάς) 1. Fackel, Lampe, Kerze. 2. Licht, Glanz, Strahl, das Blitzen.
Lampertŭs, ī *m.* Lampert, Vorgänger des hl. Stanislaus als Bischof von Krakau.
Lampĭdĭŭs, ī *m.* Lampidius, Bisch. v. Barcelona in Spanien (4. Jhdt.).
Lampsăcŭm, ī *n. s.* Lampsacus.
Lampsăcŭs, ī *f.* (Lampsacum, Λάμψακος) Lampsakus, Stadt am Hellespont in Kleinasien (Mysien); Hauptsitz des Kultes des Priapus, *j.*: Lapsaki oder Chardak an den Dardanellen; *dav.*: Lampsacēnus 3.
Lamuel *indecl.* (*hebr.*?) Lamuel, *zweifelhafter Name* (*Prov.* 31, 1. 4).
lānă, ae *f.* (λῆνος, dorisch: λᾶνος) Wolle; *pl.* Wollstoffe.
1. **lānārĭŭs,** 3 zur Wolle gehörig.
2. **lānārĭŭs,** ī *m.* Wollarbeiter.
lānātŭs 3 wollig, Wolle tragend, mit Wolle bekleidet.
Lancastrĭă, ae *f.* Lancaster, ehem. Herzogtum im Westen Englands.
lancĕă, ae *f.* Lanze, Spieß, Speer.
lancĕārĭŭs, ī *m.* Lanzenträger.
Lancĕă ĕt Clāvī D. N. J. Chr., das Fest der Lanze u. der Nägel U. H. J. Ch., am Freitage nach dem ersten Sonntage in der Fastenzeit.
Lancĕlottŭs, ī *m.* Lanzelot, früherer Name des hl. Andreas Avellinus, *s. denselben.*
lancĕm *acc. von:* lanx.
lancĕō 1 mit der Lanze durchbohren.
lancĕŏlă, ae *f.* Pfriem, Ahle, Lanzenspitze.
lancēs *nom. u. acc. pl. von:* lanx.
Lancĭă Oppĭdānă, ae *f.* (Aegitaniensis ecclesia) Guarda, St. am Ostfuße der Serra da Estrella, Portugal (Beira), *ca.* 7000 Einw.; Bischofssitz seit (6. Jhdt.), Suffr. v. Lissabon.
Lancĭānĕn. (*C. R.*) *s.* Anxanum.
lancĭnō 1 zerfleischen, zerreißen.
S. Landbertŭs, ī *m. s.* S. Lambertus.
S. Landĕlīnŭs, ī *m.* hl. Landelin, Einsiedler u. Mart. († im 7. Jhdt.).

Er war Irländer und verließ zu Anfang des 7. Jahrhunderts die Heimat, um Einsiedler zu werden; er kam nach der Gegend von Tongern in Belgien, wo er als Einsiedler lebte. Ein heidnischer Jäger ermordete ihn da, während Landelin für seinen Gegner betete. An jener Stelle sprudelten heilkräftige Quellen aus dem Boden hervor. — 22. September (Freiburg).

Landēnsĭs, ĕ aus Landen, dem Stammgute der Karolinger in Belgien.
Landesĭŭm, ī *n.* Landeck, Stadt in Tirol; *ca.* 2300 Einw.
landgrāvĭŭs, ī *m.* (lantgravins) der Landgraf.
S. Landŏaldŭs, ī *m.* hl. Landoald, Erzpriester, Lehrer des hl. Lambert († um 668), 19. März.
Landshut *indecl.* Landshut, St. an der Isar, Bayern (Niederbayern), *ca.* 25000 Einw.
Landulphŭs, ī *m.* Landulf, Graf von Aquin, Vater des hl. Thomas von Aquin.
lānĕŭs 3 wollen, aus Wolle, wollig.
Lanfrancŭs, ī *m.* Lanfrank, Prior vom Kloster Bec in der Normandie, dann: Erzbischof von Canterbury (England), Lehrer des hl. Anselm, († 1089).
Langhēmĭum, ī *n.* Langheim, D., ehem Cistercienserkloster in Bayern (Oberfranken), Diöz. Bamberg.
Lanfrīdŭs, ī *m.* Lanfried, Bruder des hl. Oswald.
Langŏbardī, ōrŭm *m.* (Longobardi) die Langobarden, germanisches Volk in Norditalien.
Langŏbardĭă, ae *f.* (Longobardia, Lombardia) Lombardei, Landschaft in Oberitalien, der zeitweilige Wohnsitz der Langobarden; im Altertum Gallia cisalpina genannt.
Langŏnētŭm, ī *n.* (Langonium) Langonnet, ehem. Cistercienserkloster, Fkr., Diöz. Quimper.
Langŏnĭŭm, ī *n. s.* Langonētum.
Languedocĭă, ae *f.* (Occitania provincia) le Languedoc, Landschaft im Südwesten Frankreichs.
languĕfăcĭō, fēcī, factŭm 3 matt machen, einschläfern; beruhigen.
languĕō, langŭī 2 1. matt, abgespannt, krank sein. 2. ohne Fleiß oder Eifer sein.
languēscō, langŭī 3 1. erschlaffen, matt werden, nachlassen. 2. träge *oder* nachlässig werden. 3. in Ohnmacht fallen.
languĭdŭs 3 1. matt, schlaff, krank. 2. träge, gleichgültig, untätig.
langŭŏr, ōrĭs, *m.* 1. Mattigkeit, Krankheit. 2. Trägheit, Lauheit.
lănĭāmentŭm, ī *n.* Zerfleischung.
lănĭātŭs, ūs *m.* das Zerreißen, das Zerfleischen, Zerfleischung.
lănĭēnă, ae *f.* 1. Schlachtbank, Fleischbank, Fleischerladen. 2. *übtr.*: Zerfleischung.
lānĭfex, ĭcĭs *m.* Wollarbeiter, Weißgerber.
lānĭfĭcĭŭm, ī *n.* Wollarbeit (Spinnerei, Weberei).
lānĭfĭcŭs 3 Wolle verarbeitend, spinnend webend.
lānĭgĕr, gĕră, gĕrŭm 3 Wolle tragend, wollig.
1. **lănĭō,** ōnĭs *m.* Fleischer.
2. **lănĭō** 1 zerfleischen, zerreißen.
lănistă, ae *m.* 1. Fechtmeister (der Gladiatoren). 2. Aufwiegler.
lānĭtĭŭm, ī *n.* Wolle.

lănĭŭs, ī *m.* 1. Fleischer, Metzger. 2. Henker.

lanternă, ae *f.* (laterna) Laterne.

lanternārĭŭs, ī *m.* 1. Laternenträger, Vorleuchter. 2. *übtr.*: Spießgeselle.

lantgrāvĭŭs, ī *m.* *s.* landgravius.

1. **S. Lantpertŭs,** ī *m.* *s.* S. Lambertus.

2. **S. Lantpertŭs,** ī *m.* hl. Lantpert, Bek., Bisch. v. Freising († 957).

Als gegen Mitte des 10. Jahrhunderts Ungarn (nicht Hunnen!), in Oesterreich und Bayern einfielen und Städte, Klöster und Kirchen verwüsteten, zerstörten sie auch die Kirche des hl. Vitus und Stephanus in Freising durch Feuer. Als sie auch an die Kathedrale Feuer anlegen wollten, hinderte ein plötzlicher Nebel die Weiterverbreitung des Feuers, was dem Verdienste des dort weilenden hl. Bischofs zugeschrieben wurde. Nach 19jähriger Regierung starb er. — 18. September (München-Freising).

lānūgō, ĭnĭs *f.* 1. die Wolle, das Wollige (der Kräuter, Früchte u. dgl.). 2. der Flaum (des Bartes), Milchhaare (*Sap.* 5, 15).

lanx, lancĭs *f.* Schüssel, Schale.

Lāŏdĭcēă, ae *f.* (*Λαοδίκεια*; Laodicīa) Laodicea, 1 St. am Flusse Lykos, Kleinasien (Großphrygien), *j.*: Eski-Hissar. 2. St. am Mittelmeere, südlich von Antiochien, Syrien, *j.*: Ladikiyeh. 3. St. im Libanon, Syrien, *j.*: Juschia; *dav.*: **Lāŏdĭcēnsĭs,** ĕ.

Lāŏdĭcīă, ae *f.* *s.* Laodicēa.

Lāŏdūnŭm, ī *n.* *s.* Laudānum.

Laomim *indecl.* (*hebr.*: Völker) 1. Leummim, *angebl.*: eine Völkerschaft, Nachkommen des Abraham und der Ketura. 2. = Loamim (Leumim), ein Sohn Dadans u. Enkel Jeksans (*Gen.* 25, 3; 1 *Chron.* 1, 32).

1. **Laonēn.** (*C. R.*) *s.* Laonia.

2. **Laonēn.** (*C. R.*) *s.* Laudanum.

Laonĭă, ae *f.* Killaloe, D., Irland (Clare), *ca.* 1000 Einw.; Bistum (seit 7. Jhdt.), Sitz in Ennis; Suffr. v. Cashel; *dav.*: **Laon(i)ēnsĭs,** ĕ.

lăpăthŭm, ī *n.* (*λάπαθον*; lăpăthus) Sauerampfer.

lăpăthŭs, ī *m.* u. *f.* *s.* lăpăthum.

lăpĭcīdă, ae *m.* Steinhauer, Steinmetz.

lăpĭcīdīnae, ārŭm *f.* Steinbrüche, Steingruben (4. Kön. 22, 6).

lăpĭcīdīnŭs 3 mit Steinarbeiten bebehäftigt; ars lapicidīna Steinmetzgewerbe.

lăpĭdārĭŭs, ī *m.* Steinarbeiter, Steinmetz.

lăpĭdātĭō, ōnĭs *f.* Steinigung.

lăpĭdātŏr, ōrĭs *m.* Steiniger.

lăpĭdātrīx, īcĭs *f.* Steinigerin; *auch adj.*: manus.

lăpĭdĕŭs 3 1. aus Stein, steinern. 2. steinig: campus.

lăpĭdō 1 mit Steinen werfen, steinigen.

lăpĭdōsŭs 3 steinig, voll von Steinen.

Lapidoth *indecl. m.* (*hebr.*: Fackeln) Lapidoth, Gatte der Prophetin (und Richterin) Debora in Israel.

lăpillŭs, ī *m.* 1. Steinchen. 2. Edelstein.

lăpĭs, ĭdĭs *m.* 1. Stein. 2. Meilenstein, Grenzstein. 3. Grundstein (primarius). 4. lăpis Lydius Probestein, Probierstein; ad lapĭdem Lydĭum affere (conferre) zur Entscheidung bringen, es darauf ankommen lassen; lapis ardens Meteor; lapis vivus Feuerstein.

lappă, ae *f.* Klette (*Osee* 9, 6; 10, 8).

lāpsăbundŭs 3 wankend.

lāpsĭō, ōnĭs *f.* das Abgleiten, die Neigung zu fallen.

lāpsō 1 wiederholt ausgleiten, sündigen.

lāpsŭs, ūs *m.* 1. Fehltritt, Sturz, Versehen, Sünde. 2. Verderben, Untergang.

Lapurdŭm, ī *n.* *s.* Baiona.

lăquĕăr, ārĭs *n.* (= lacunar) Plafond, Deckentäfelung; laquearis trabibus suspensus an den Balken der Zimmerdecke aufgehängt.

1. **lăquĕātŭs** 3 verstrickt.

2. **lăquĕātŭs** 3 getäfelt.

Laquedoniēn. (*C. R.*) *s.* Aquilonia.

lăquĕŭs, ī *m.* 1. Strick, Fallstrick, Falle, Fangnetz, Schlinge. 2. *übtr.*: heimliche Nachstellung. 3. Untergang, Verderben (*Ps.* 34, 8).

Lăr, ărĭs *m.* 1. Hausgott. 2. Herd, Haus u. Hof.

Lără, ae *f.* *s.* Laringi.

lārdŭm, ī *n.* *s.* laridum.

largĭflŭŭs 3 reichlichfließend.

largĭŏr 4 reichlich schenken, spenden, austeilen, verleihen, gewähren.

largĭtās, ātĭs *f.* Freigebigkeit.

largĭtĕr *adv.* *s.* largus.

largĭtĭō, ōnĭs *f.* das Schenken, das Spenden; Freigebigkeit.

largĭtŏr, ōrĭs *m.* Austeiler, Spender, Geschenkgeber.

largĭtūdō, ĭnĭs *f.* Freigebigkeit.

largŭs 3 freigebig, reichlich: infusor; *adv.*: largē *u.* largiter.

S. **Largŭs,** ī *m.* hl. Largus, Mart. u. Gefährte des hl. Smaragdus, † 303, 8. (auch: 11.) August.

lārĭdŭm, ī *n.* (lardum) Schweinefleisch, Pökelfleisch; Speck (*vgl.* Benedictio laridi *im Rituale.*).

Lārĭēn. (*C. R.*) *s.* Larinum.

Lāringi, ōrŭm *m.* (Lara) ein Gau an der Hunte in Oldenburg.

Lārīnŭm, ī *n.* Laroni, St. in Apulien unweit des Tifernus, It.; *ca.* 7000 Einw.; Bischofssitz (seit 10. Jhdt.), Suffr. v. Benevent; *dav.*: **Lārīēnsĭs,** ĕ; *auch*: Lārīnās, ātĭs *m.* Einw.

Lārĭūs lăcūs *m.* Comersee (Lago di Como) in Oberitalien.
lărix, ĭcĭs *m.* u. *f.* Lärchenbaum.
lărūs, ī *m.* u. *f.* Seemöve.
lārvă, ae *f.* Maske, Gespenst.
lārvō 1 behexen, bezaubern, vermummen.
lăsănūm, ī *n.* (λάσανον) Kochgeschirr; Topf.
lāscīvĭă, ae *f.* 1. Fröhlichkeit, Mutwille. 2. Ausgelassenheit, Ausschweifung.
lāscīvĭō 4 ausgelassen sein, ausschweifend leben.
lāscīvūs 3 ausgelassen, übermütig, unzüchtig, ausschweifend.
lassēscō 3 ermatten, müde werden.
lassĭtūdō, ĭnĭs *f.* Ermattung, Ermüdung.
lassō 1 matt machen, ermüden.
lassūs 3 matt, abgespannt.
Lasthĕnēs, īs *m.* (Λασθένης) Lasthenes, ein väterlicher Freund des Königs Demetrius II. Nikator von Syrien (145—140 u. 130—126).
Lātă vĭă, ae *f.* die „Breite Straße", eine Straße im alten Rom.
lătĕbră, ae *f.* 1. Schlupfwinkel, Versteck. 2. *übtr.*: Ausflucht, Behelf.
lătĕbrōsūs 3 voll von Schlupfwinkeln.
lătēns, entĭs verborgen, heimlich; *adv.*: latenter insgeheim.
lătĕō, ŭī 2 1. verborgen, versteckt sein. 2. unbekannt bleiben. 3. sich versteckt halten.
lătĕr, ĕrĭs *m.* Ziegelstein.
lătĕră, ŭm *n. pl. s.* 2. latus.
lătĕrālĭs, ĕ seitlich, Seiten-.
Lătĕrānūs, ī *m.* Lateran, päpstlicher Palast mit der uralten Kathedralkirche des Papstes in Rom; *dav.*: **Lătĕrānēnsĭs,** ĕ.
lătercŭlūs, ī *m.* (latericulus) Ziegelstein, Backstein.
lătĕrĭcĭūm, ī *n.* Ziegelwerk, Ziegelbau.
lătĕrĭcĭūs (lateritius) 3 aus Ziegeln gemacht, Ziegel-. (*Jer.* 43, 9).
lătĕrĭcŭlūs, ī *m. s.* laterculus.
lătĕrĭtĭūs 3 *s.* latericius.
lāternă, ae *f.* (lanterna) Laterne, Lampe.
lătex, ĭcĭs *m.* Flüssigkeit, Naß, Saft; latex niveus Milch; Wasser (*Hymn.*: Antra deserti, 24. Juni).
lătĭbŭlūm, ī *n.* Versteck, Schlupfwinkel; Hülle.
lātĭclāvĭūs 3 mit einem breiten Purpurstreifen versehen.
lātĭfundĭūm, ī *n.* großes Landgut.
Lătīnă, ae *f.* 1. Latinerin, Frau aus Latium. 2. Lateinerin.
Lătīnă *u.* **Lătīnūs** *s.* Latium; **Lătīnī,** ōrūm *m.* beim hl. Hieronymus: die lateinischen Texte der hl. Schrift.
Lătīnĭăcūm, ī *n.* Lagny, St., Fkr. (Seine - et - Marne), *ca.* 5500 Einw.
lătīnĭtās, ātĭs *f.* 1. reiner lateinischer Ausdruck, gute lateinische Sprache. 2. lateinische Literatur.
1. **Lătīnūs,** ī *m.* 1. Latiner, Bewohner Latiums. 2. Lateiner.
2. **Lătīnūs** 3 lateinisch.
lātĭō, ōnĭs *f.* das Bringen, das Vorbringen, der Antrag; latio lēgis Gesetzesvorschlag.
Lătĭōsī, ōrūm *m.* vornehmes Geschlecht zu Forli in Italien.
lătĭtō 1 sich versteckt oder verborgen halten.
lātĭtūdō, ĭnĭs *f.* 1. Breite, Ausdehnung; 2. *concr.*: eine sich weithin erstreckende Gegend; weiter Raum (*Ps.* 117, 5).
Lătĭūm, ī *n.* Landschaft in Mittelitalien, *dav.*: **lătīnē** *adv.* auf lateinisch; **Lătīnūs** 3, **portă Lătīnă** Stadttor im Südosten Roms.
Latobrigicūs pāgūs, ī *m.* der Klettgau, ehem. Landschaft in Baden (Waldshut) u. in der Schweiz (Schaffhausen).
lātŏmūs, ī *m.* Steinhauer.
lātŏmĭă, ae *f. s.* lautumiae.
lātŏr, ōrĭs *m.* Bringer, Antragsteller.
lātrātūs, ūs *m.* das Bellen, Gebell.
lătreutĭcūs 3 (λατρευτικός) den Dienst, Gottesdienst betreffend; Anbetungs-.
lătrīă, ae *f.* (λατρεία) Dienst, Verehrung, Anbetung, der latreutische Kult, der Gott allein zukommt.
lātrīnă, ae *f.* Kloake, Abtritt; Dungstätte (4. *Kön.* 10,27).
1. **lātrō** 1 bellen, anbellen, schmähen.
2. **lătrō,** ōnĭs *m.* Räuber, Wegelagerer.
lătrōcĭnātĭō, ōnĭs *f.* Straßenraub.
lătrōcĭnĭūm, ī *n.* Räuberei, Plünderung.
lătrōcĭnŏr 1. 1. Straßenräuberei treiben. 2. unbefugt Krieg führen. 3. Kriegsdienste tun.
lătruncŭlūs, ī *m.* Räuber, Bandit.
lātŭmĭae, ārŭm *f. s.* lautumiae.
1. **lātūs** 3 *ptc. zu* fĕro.
2. **lātūs** 3 1. breit, groß, geräumig. 2. weitläufig, ausführlich.
3. **lătūs,** ĕrĭs *n.* 1. Seite: a latere tuo = dir zur Seite; latera Aquilonis = Nordseite, wo der Tempel auf Sion stand (*Ps.* 47, 3). 2. Seitenfläche, Flanke, Wand; lătĕră, ŭm *n.* Inneres, die vier Wände des Hauses (*Ps.* 127, 3). 3. die Seite, der Flügel (eines Gebäudes), *pl.*: Nebengebäude (3. *Kön.* 6, 5). 4. die nächste Umgebung, die Vertrauten; legatus a latere (*scil.*: papae) *s.* legatus.
Latus(s)im *indecl.* (*hebr.* ?) die Letuschiter, Nachkommen Dadans, eines Enkels Abrahams u. der Ketura(?).
Laubĭēnsĭs, ĕ *s.* Laubium.
Laubĭī, ōrŭm *m. s.* Laubium.

Laubĭŭm, ī *n.* (Laubii) Lobbes (Laubach), Ort an der Sambre, Belgien (Hennegau), *ca.* 3000 Einw., ehem. Benediktinerabtei (seit 697, ging in der franz. Revolution unter); *dav.*: **Laubĭēnsĭs,** ĕ.

Lauconnēnsĕ mŏnastērĭŭm, ī *n.* Kloster im franz. Jura, Diöz. St. Cloud, gegr. v. hl. Romanus (5. Jhdt.).

Laudă, ae *f.* *s.* Laus Pompeia.

Laudā Sion „Preise Sion", Anfangsworte des Sakramentshymnus vom hl. Thomas v. Aquin.

laudābĭlĭs, ĕ lobenswert, preiswürdig, ruhmvoll.

laudābĭlĭtās, ātĭs *f.* Preiswürdigkeit.

Laudānĕn. (*C. R.*) *s.* Lausonĭum u. Laudānum.

Laudantēs, ĭŭm *m.* die „Lobspender", Name einer frommen Brüderschaft in Florenz im 13. Jhdt.

Laudānŭm, ī *n.* (Laonensis ecclesia, Laodunum, Laudunum) Laon, St., Fkr. (Aisne), *ca.* 9500 Einw.; Bischofssitz; *dav.*; **Laudanēnsĭs,** ĕ.

Laudārŭm tractŭs, ūs *m.* *s.* Sabuleta Burdigalensis.

laudātĭō, ōnĭs *f.* 1. Lob, Lobrede, Verherrlichung; Grabrede. 2. Dankopfer (*Ps.* 55, 12). 3. Belobigung (*C. j. c.* 2209 § 7).

laudātŏr, ōrĭs *m.* Lobredner.

Laudĕn. (*C. R.*) *s.* Laus Pompeia.

Laudēs, ŭm *f.* 1. die Laudes (= Lobgebete), ein Teil des kirchlichen Offiziums. 2. eine kurze Nachmittagsandacht an Sonn- oder Festtagen.

laudō 1 1. loben, preisen, rühmen. 2. verherrlichen. 3. *in medialer Bedeutung*: sich rühmen, frohlocken: peccator in desiderio suo.

Laudūnŭm, ī *n.* *s.* Laudanum.

Laugingă, ae *f.* *s.* Lauinga.

Lauingă, ae *f.* (Lauginga) Lauingen, St. an der Donau, Bayern (Schwaben), *ca.* 4500 Einw.

Laură, ae *f.* *allgemeine orientalische Bezeichnung für* Kloster; z. B. Laura S. Sabbae Kloster des hl. Sabbas (*Martyrologium* 16. *Mai*).

laurĕă, ae *f.* 1. Lorbeerkranz, Ruhmeskrone. 2. *übtr.*: Doktorwürde; *auch*: laurĕa doctorālis; laurea iurisprudentiae Doktorgrad des Rechtes (*C. j. c.* 1378).

Laurĕăcēnsĕ mŏnastērĭŭm, ī *n.* *s.* Laureacum.

1. **Laurĕăcŭm,** ī *n.* (Laureacense monasterium, Laurissa) Lorch, St. an der Rems, westlich von Schwäbisch-Gmünd, Württemberg (Jagstkreis, Oberamt Welsheim), *ca.* 2700 Einw.; ehem. Benediktinerkloster, 1102 gegr., 1535/36 reformiert.

2. **Laurĕăcŭm,** ī *n.* (Laurĭăcum, Laureăcum Norici, Colonia Aureliana Laureacensis, Laureacense monasterium) Lorch, Dorf r. an der Donau, nordwestl. von Enns, Oberösterreich (Linz), *ca.* 160 Einw.

laurĕātŭs 3 preisgekrönt.

1. **S. Laurentĭŭs,** ī *m.* 1. hl. Laurentius (Lorenz), Mart., Erzdiakon zu Rom, † 258, 10. August.

2. **S. Laurentĭŭs,** ī, *m.* hl. Laurentius (Lorenz), Benediktinermissionar; von Gregor d. Gr. mit dem hl. Mellitus nach England gesandt; Erzbischof von Canterbury, † 619. — 6. Febr. (*Propr. Ben.*).

S. Laurentĭŭs Iūstĭnĭānī hl. Laurentius (Lorenz) Giustiniani, Patriarch von Venedig, † 1453, 5. September.

S. Laurentĭŭs ā Brundĭsĭō, hl. Lorenz von Brindisi, Bek. († 1619).

L. war zu Brindisi in Süditalien geboren und gab schon als Kind Zeichen seiner zukünftigen Heiligkeit. In Venedig trat er in den Kapuzinerorden ein und übertraf bald alle in den Hauptttugenden: in Demut, Gehorsam, Gebetseifer und strenger Beobachtung der Ordensregel. Seine Gelehrsamkeit überragte alles Maß. Außer tiefen Kenntnissen in der Philosophie und Theologie beherrschte er die griechische, hebräische, chaldäische, deutsche, französische und spanische Sprache derart, daß er bei Gelegenheit in diesen Sprachen predigen konnte. Priester geworden, kannte sein Eifer, Seelen zu gewinnen, keine Grenzen. Er durchzog Stadt und Land, besuchte Fürstenhöfe und Versammlungen von Juden und Häretikern, durchwanderte Spanien, Portugal, Deutschland, Ungarn, um Seelen auf den Weg des ewigen Heils zu führen. Unzählige Sünder führte er zur Buße, unzählige Irrgläubige zur Wahrheit, viele gefallene Frauenspersonen zur Besserung des Lebens, viele Streitigkeiten brachte er zu friedlichem Ausgleiche. Er war ein besonderer Verehrer der Mutter Gottes. Große Wunder geschahen schon auf seine Bitten zu Lebzeiten. So der Sieg über das gewaltige Türkenheer in Ungarn trotz der Verzweiflung der christlichen Führer. Beim Gebete geriet er oft in Verzückung. Er besaß die Gabe der Weissagung und der Erforschung der Herzen. Bei den Päpsten und christlichen Fürsten war er gleich angesehen. Er starb zu Lissabon. Er wurde 1881 von Leo XIII. heilig gesprochen. — 22. Juli (München, Freising, Prag, Venedig, Kap. O.).

B. Laurentĭŭs ā Ripafractā, sel. Lorenz von Ripafracta, Bek., O. Pr. († 1457).

Im Jahre 1359 wurde er auf dem festen Schlosse Ripafracta geboren. welches im Mittelalter dem Gebiete der Stadt Pisa als Bollwerk gegen die Einfälle der Bewohner des Herzogtums Toscana und der Markgrafschaft Lucca diente. Im Alter von 20 Jahren nahm er das Ordenskleid im Kloster der hl. Katharina von Siena zu Pisa. Er besaß eine außergewöhnliche Gabe der Unterscheidung der Geister. Viele Sünder führte er auf den rechten Weg zurück. Der hl. Antoninus nahm keinen Anstand, den Seligen mit dem hl. Apostelfürsten Paulus zu vergleichen, sowohl wegen seines glühenden Eifers, als auch wegen der ihm zuteil gewordenen Widerwärtigkeiten. Er starb zu Pistoja am 28. September 1457. — 18. Februar (Dom. O.).

B. Laurentĭŭs Scizo *m.* sel. Lorenz Scizo, japanischer Mart. aus dem dritten Orden des hl. Augustinus, † 1630; *s.* B. Johannes Chocumbuco.

Laurentĭŭs de Pontianis *m.* Lorenzo dei Pontiani, Gemahl der hl. Franzisca Romana.

Laurētān. (*C. R.*) *s.* Laurētum.

Laurētānŭs 3 aedes Lauretana das hl. Haus zu Loreto; litaniae Lauretanae die Muttergotteslitanei, welche aus Anrufungen in Loreto hervorging.

Laurētīnă vĭă, ae *f.* Loretostraße in Ravenna.

Laurētŭm, ī *n.* Loreto, St. r. vom Musone, It. (Ancona), *ca.* 1160 Einw.; Bischofssitz (seit 1586; mit Recanati seit 1592 vereinigt), exempt; einer der berühmtesten Muttergotteswallfahrtsorte; die Legende von einer Übertragung des Wohnhauses Marias nach Dalmatien u. dann nach Loreto ist ungeschichtlich, wie dies Ulysse Chevalier (Notre-Dame de Lorette, Paris, Picard, 1908) u. Dr. Georg Hüffer („Loretto", Münster 1921) nachzuweisen unternahmen.

laurĕŭs 3 vom Lorbeerbaume.

Laurĭăcŭm, ī *n.* *s.* 2. Laureacum.

Laurissă, ae *f.* 1. *s.* Lorsacum. 2. *s.* 1. Laureacum.

Laurissānă ecclēsĭă, ae *f.* 1. Abteikirche Lorch, *s.* Lorsacum. 2. Lorch, Württemberg, *s.* 1 Laureacum. *In der lectio V. Festi B. M. V., Patronae Bavariae* ist Laurissana ecclesia unverständlich, da weder Lorch in Württemberg noch Lorch bei Worms zu Bayern gehörten; Lorch in Oberösterreich, das ja wohl einmal zum Bistum Passau gehörte, besitzt keine Muttergotteskirche, sondern eine Laurentiuskirche; hinzu kommt, daß Lorch an der Donau wohl Lauriăcum u. Laureăcum geheißen hat, nie aber Laurissa, das auf das Lorch bei Worms [*einzelnenfalls auch* auf Lorch in Württemberg] hindeutet.

laurŭs, ī *f.* 1. Lorbeerbaum. 2. *übtr.* Triumph, Sieg.

laus, dĭs *f.* 1. Lob, Ruhm, laudedicere lobpreisen. 2. *pl.* Lobeserhebungen, Lobsprüche; *s. auch* Laudēs, ŭm *f.* 3. *concr.*: Lobpreis = Gegenstand des Lobpreises: Laus Israel = Jahwe, Gott (*Ps.* 21, 4). 4. Belobigung; decretum laudis erstmalige päpstliche Bestätigung einer religiösen Genossenschaft, wodurch sie in der inneren Verwaltung vom Bischofe unabhängig (nach den rechtlichen Vorschriften) und eine Congregatio juris Pontificii wird.

Laus B. Marĭae *f.* Loos, Cistercienserkloster in Flandern, Fkr., Diöz. Cambrai.

Laus Pompēĭă, ae *f.* (Lauda) Lodi, St. an der Adda, It. (Mailand), *ca.* 20 000 Einw.; Bischofssitz (seit 4. Jhdt.), Suffr. v. Mailand; *dav.*: **Laudēnsĭs,** ĕ.

Lausannă, ae *f.* *s.* Lausonium.

Lausennă, ae *f.* *s.* Lausonium.

Lausŏdūnŭm, ī *n.* *s.* Lausonium.

Lausōnĭŭm, ī *n.* (Lausanna, Lausenna, Lausodunum, Losana, Laudanensis ecclesia) Lausanne, St. am Genfersee, Schweiz, *ca.* 45 000 Einw.; Bistum, seit 1821 mit Genf vereinigt; *dav.*: **Lausōnĭēnsĭs,** ĕ *u.* **Lausŏdūnēnsĭs,** ĕ.

Lauterbergēnsĕ mŏnastērĭŭm, ī *n.* (Montissereni monasterium) Lauterberg, ehem. Kloster am Petersberge bei Halle a. d. Saale, Thüringen.

lautĭtĭă, ae *f.* Pracht, Üppigkeit, Luxus, Aufwand.

lautŭmĭae, ārum *f.* (λατομίαι; latomia, lautomiae) 1. Steinbrüche. 2. Gefängnis, Kerker (am Forum in Rom).

lautŭs 3 1. sauber, anständig. 2. vortrefflich, köstlich. 3. vornehm.

lăvăcrŭm, ī *n.* 1. Bad, Schwemme der Tiere. 2. Taufe; l. regenerationis Bad der Wiedergeburt.

Lăvantīn. (*C. R.*) *s.* Lavantum.

Lăvantŭm, ī *n.* die Lavant, l. Nebenfluß der Drau in Kärnten; das Fürstbistum (seit 1228 Bistum, 1446 Fürstb.) hat seine Residenz in Marburg, Suffr. v. Salzburg; *dav.*: **Lăvantīnŭs** 3.

lăvātĭō, ōnĭs *f.* das Waschen, das Baden.

lăvātŏr, ōrĭs *m.* Reiniger, Befreier: criminum.

1. **Lăvĭăcŭm,** ī *n.* Ort bei Chiusi in Toscana (Italien).

2. **Lăvĭăcŭm,** ī *n.* (Lupha) Lauffen, Stadt im Neckarkreis, Württemberg.

3. **Lăvĭăcŭm** ī *n.* Laufen, Ort am Rhein im Schweizer Kanton Zürich; *ca.* 850 Einw.

Lăvīcānă vĭă, ae *f.* (Labicana via) die Lavikanische Straße, die von Rom in südöstlicher Richtung nach Lavici führte.

Lăvīcānŭs 3 (Labicanus) *s.* Lavici.

Lăvīcī, ōrŭm *m.* (Labici) Lavici, St. an den Ausläufern des Albanergebirges südöstlich von Rom; *dav.* **Lăvīcānŭs** 3.

lăvō, lāvī, lăvātŭm u. lautŭm u. lōtŭm 1 1. waschen, baden, schwemmen (*Ps.* 6, 7). 2. abwaschen, reinigen.

laxāmentŭm, ī *n.* 1. Erweiterung. 2. *übtr.*: Erleichterung, Milderung.

laxismŭs, ī *m.* Laxismus, d. h. zu milde Anwendung des Sittengesetzes; Lehre, die sich auf lockere, schlaffe, wenig begründete Beweise stützt.

laxĭtās, ātĭs *f.* Geräumigkeit; *übtr.*: die Schlaffheit, das Nachlassen.

laxō 1 1. erweitern, geräumig machen. 2. losmachen, lockern. 3. ausdehnen. 4. nachlassen, mildern. 5. retia: auswerfen. 6. rotam tormenti bellici ein Gewehr abfeuern, schießen.

laxŭs 3 1. weit, geräumig. 2. offen, geöffnet; cum laxo sinu mit geöffneten Armen.

Laybăcŭm, ī *n. s.* 2. Emona.

Lăyŭm, ī *n.* ein ehemaliges Priorat bei Nancy (Fkr.).

Lazaristă, ae *m.* Lazarist, ein Mitglied der Missionsgesellschaft, die der hl. Vinzenz von Paul i. J. 1624 gestiftet hat.

1. **S. Lazarŭs,** ī *m.* (*hebr.*: Eleazar Gott hat geholfen) hl. Lazarus, Bruder der Martha u. Maria von Bethanien, Bischof von Marseille (?); Fest seiner Auferweckung: 17. Dezember.

2. **S. Lazarŭs,** ī *m.* hl. Lazarus, Diakon, Mart. († 138).

Von christl. Eltern zu Tergeste (Triest) geboren, diente er als Knabe am Altare und wurde später Diakon. Sein Besitztum teilte er unter die Armen aus, um freier sein Leben für Christus hinopfern zu können. In der Christenverfolgung nach dem Tode des Kaisers Hadrian wurde der schon 70jährige Lazarus vom Richter Pompeius in den Kerker geworfen, weil in seinem Hause die Christen zusammen kamen. Als er seinen christl. Glauben bekannte und die Götzenbilder als Teufelswohnungen verabscheute, ließ ihm Pompeius die Zähne einschlagen, mit Knotenstöcken den ganzen Körper wund prügeln und schließlich das Haupt abschlagen. Eine fromme Frau, namens Eutropia, begrub ihn ehrenvoll in Triest. — 12. April (Triest).

Lazarŭs, ī *m.* Lazarus 1. der Bruder Marias u. Marthas zu Bethanien, *s.* 1. S. Lazarus. 2. der arme Lazarus in der Herrenparabel (*Luk.* 16, 20), der als Patron der Leprosenhäuser im Mittelalter galt, weil man eine wirkliche Person darunter verstand.

Le Gras, Antonius *m.* Anton Le Gras, Gatte der sel. Ludovika von Marillac.

lĕă, ae *f.* Löwin.

lĕaenă, ae *f.* (λέαινα) Löwin.

1. **S. Lēandĕr,** rī *m.* (Λείανδρος) hl. Leander, Mart. zu Trier, † 286, 5. Oktober, *s.* S. Palmatius.

2. **S. Lēandĕr,** rī *m.* hl. Leander, Bek. u. Bisch. v. Sevilla († 601).

Er stammte aus Karthago; sein Vater hieß Severian; seine Brüder waren die hl. Bischöfe Isidor und Fulgentius; seine Schwester hieß Florentia. Da ihn die Irrlehre der Westgoten, welche mit ihrer Herrschaft den Arianismus nach Spanien, wohin Leander sich begab, verpflanzt hatten, anwiderte, gab er seine öffentliche Tätigkeit auf und ging ins Kloster, wo er sich ein großes Wissen erwarb. Gott fügte es, daß ihn Klerus und Volk i. J. 485 zum Bischofe von Sevilla in Spanien erkoren. Als Kirchenfürst verbreitete er möglichst den Benediktinerorden und rief seine Schwester zur Leitung weiblicher Ordensmitglieder herbei. In Konstantinopel lernte er den späteren Papst Gregor I. d. Gr. kennen, der als Gesandter dort weilte. Von ihm erhielt der hl. Leander später das Pallium; auch widmete ihm der Papst seine Schrift zum Buche Job und seine Regula Pastoralis; in dem Begleitschreiben nannte Gregor den Bischof „Euere Heiligkeit". Hermenegild, den Sohn des Königs Leovigild, bekehrte der hl. Leander, so daß ihm der hl. Hermenegild seinen Ruhm als Martyrer verdankte, nachdem er von dem hartherzigen Vater um des Glaubens willen getötet worden war. Auch Leander wurde verbannt und schrieb in der Einsamkeit mehrere Werke über die hl. Schrift, in denen er nach wie vor die Arianer bekämpfte. Als Leovigild schwer krank wurde, ließ er den Heiligen zurückrufen und übertrug ihm sogar die Erziehung seines Sohnes Rekkared. Dieser bekehrte nach Uebernahme der Regierung i. J. 586 viele Goten zum wahren Glauben. Leander berief alsbald das Konzil von Toledo, wo 62 Bischöfe die Irrlehre des Arius verurteilten. Bald darauf starb er und wurde anfangs in der Kirche der hl. Jungfrauen Justa und Rufina, später im Dome von Sevilla beigesetzt. — 27. oder 28. Februar.

Leavenworthēn. (*C. R.*) *s.* Leavenworthium.

Leavenworthĭŭm, ī *n.* Leavenworth, St. am Missouri, Nordamerika, *ca.* 20000 Einw.; Bistum, Sitz in Cansas City, Suffr. v. St. Louis; *dav.*: **Leavenworthēnsĭs,** ĕ.

Lebana *indecl. m.* (*hebr.*: die Weiße) Lebana, ein Nathinäer, dessen Nachkommen mit Zorobabel aus dem babyl. Exil zurückkehrten.

Lebaoth *indecl.* (*hebr. richtig*: Bet-Lebaoth = Löwenhausen?) Lebaoth, St., Pal. (Juda).

Lebbaeŭs, ī *m.* (*hebr.*: Libbaj = der Beherzte) *im Urtexte*: Beiname des Judas Thaddäus (*Matth.* 10, 3).

lĕbēs, ētĭs *m.* (λέβης) Kessel, Becken; lebes spei meae = ersehntes Waschbecken (d. h. der Sieger badet seine Füße, und Moab ist dabei Diener, *Ps.* 107, 10).

Lebna *indecl.* (*hebr.*?) Lebna, ein Lagerplatz der Israeliten in der Wüste, ehem. Königsstadt.

Lebni *indecl. m.* erstgeborner Sohn des Gerson, Stammvater der Lebniter (Lebnitae, arum *m.*) (2. *Mos.* 3, 18); *dav.*: **Lebnitĭcŭs** 3.

Lebnitĭcŭs 3 *s.* Lebni.

S. Leboīnŭs, ī *n.* hl. Leboin (Lebvin), angelsächsischer Glaubensbote in England, der zuerst die Kirche in Deventer in England erbaute († *ca.* 900). — 12. November.

Lebona *indecl.* (hebr.?) Lebona, St., südlich von Silo, Pal. (?) (*Richt.* 21, 19).

Lecha *indecl.* (*hebr.*?) Lecha, St., Pal. (Juda) (*vielleicht richtiger*: Lakisch?).

Lechi *indecl.* (*hebr.*: Kinnbacken) Lechi, Ort, wo Samson tausend Philister mit einem Eselskinnbacken erschlug; *später*: Ramathlechi „Kinnbackenhöhe" *genannt.*

Leci *indecl. m.* (*hebr.*: Lehre Jahwes?) Leki (Liqchi), ein Israelit aus dem Stamme Manasse, Sohn des Semida.
lectīcă, ae *f.* 1. Sänfte. 2. Totenbahre, Paradebett.
lectīcārĭŭs, ī *m.* Sänftenträger.
lectīcŭlă, ae *f.* Ruhebett, kleine Sänfte.
lēctĭō, ōnĭs *f.* das Lesen, Lesung; Leseart, Text; *bes.* der *Lese-Abschnitt* in den Nokturnen des Breviers; in der hl. Messe werden die Episteln „lectio" genannt; bei der Prim u. am Anfang der Komplet die sog. lectio brevis, ein regelmäßig wiederkehrender Abschnitt aus der hl. Schrift.
lēctĭōnārĭŭm, ī *n.* Lesebuch; lectionarium Romānum liturgisches Kirchenbuch mit den Episteln u. Evangelien; Vorlesebuch.
lēctisternĭŭm, ī *n.* 1. Götterschmaus (die Bilder der Götzen wurden auf Kissen gelegt). 2. üppige Mahlzeit.
lēctĭtō 1 1. aufmerksam lesen. 2. vorlesen.
lēctĭuncŭlă, ae *f.* 1. das flüchtige Lesen. 2. die seichte *oder* angenehme Lektüre.
lēctŏr, ōrĭs *m.* 1. Leser. 2. Vorleser. 3. Lektor, ein Kleriker, der die zweite der niederen Weihen, den Lektorat, empfangen hat.
lēctŏrātŭs, ūs *m.* der Lektorat, die zweite der vier niederen Weihen, mit welcher früher das Recht verbunden war, die liturgischen Lesungen beim Gottesdienste vorzunehmen u. zu Zeiten auch das Recht zu predigen.
lēctōrĭŭm, ī *n.* 1. Lesepult. 2. Lesung.
lectŭlŭs, ī *m.* 1. Bett, Ruhebett. 2. Leichenbett, Grabstätte.
1. **lēctŭs** 3 ausgezeichnet, vortrefflich.
2. **lectŭs,** ī *m.* Bett, Ruhelager; in lectum decidere krank werden; lectus plūmeus Federbett.
Lecum *indecl.* (*hebr.* Laqqum) Lekum, St., Pal. (Nephthali).
lēcȳthŭs, ī *m.* (λήκυθος) Topf, Ölkrug.
Ledan *indecl. m.* (*hebr.*?) (Leedan) Ledan, Levit, Sohn Gersoms.
Leedan *indecl. m.* (*hebr.*?) *s.* Ledan.
Lega, Michael Lega, Kardinal seit 1914, geb. 1859, Mitglied der engeren Kodifikationskommission des Kirchenrechts.
lēgālĭs, ĕ gesetzmäßig; hostia vom Gesetze gefordert; legales disciplinae das kirchliche und bürgerliche Recht.
lēgātārĭŭs 3 durch Testament vermacht *oder* verordnet.
lēgātĭō, ōnĭs *f.* 1. Gesandtschaft. 2. die Gesandten.
lēgātŭm, ī *n.* Legat, Vermächtnis.
lēgātŭs, ī *m.* der Gesandte, Botschafter, Legat; legatus Sedis Apostolicae päpstlicher, apostolischer Legat oder Gesandter; legatus a latere u. de latere, Nuntien, die aus der Zahl der Kardinäle genommen werden; legati nati kirchliche Würdenträger, bei denen die Legation mit dem Amte, das sie bekleiden, dauernd verbunden ist.
lĕgendă, ae *f.* Heiligenlegende.
lĕgendārĭŭs 3 legendenhaft, sagenhaft.
Lĕgĭă, ae *f.* 1. *s.* Lysa. 2. *s.* Leodium.
lĕgĭbĭlĭs, ĕ leserlich.
1. **lēgĭfĕr,** fĕrī *m.* der Gesetzgeber.
2. **lēgĭfĕr,** fĕra, fĕrŭm Gesetze gebend.
lĕgīlĕ, ĭs 1. Lesepult. 2. Zeiger, Stäbchen (womit der Archipresbyter oder der Assistent einem Prälaten beim feierlichen Gottesdienst die Gebete zeigt).
lĕgĭō, ōnĭs *f.* 1. eine Legion, Abteilung römischer Soldaten, deren Zahl zwischen 4200 u. 6000 Mann schwankt; legio fulminatrix Donnerlegion, die i. J. 174 unter Kaiser Mark Aurel zumeist aus Christen bestand; legio Thebaĭca eine aus thebaischen (ägyptischen) Christen um das Jahr 290 bestehende Legion. 2. Regiment, Korps. 3. Heer, große Menge, Schar: daemonum.
Lĕgĭō, ōnĭs *f.* León 1. St., Spanien, *ca.* 16000 Einw.; Bischofssitz (seit 4. Jhdt.), Suffr. v. Burgos. 2. ehem. Königreich, *j.*: Provinz in Spanien; *dav.*: **Lĕgĭōnēnsĭs,** ĕ.
Lĕgĭō Nŏvă *f.* Lineares, St., Mexiko, *ca.* 8000 Einw.; Erzbistum (Bistum seit 1777), Sitz in Monserey.
1. **lĕgĭōnārĭŭs,** ī *m.* der Legionssoldat.
2. **lĕgĭōnārĭŭs** 3 zu einer Legion gehörig.
Lĕgĭōnĕn. (*C. R.*) *s.* Legio 1.
Lĕgĭōnēnsĕ rēgnŭm, ī *n. s.* Legio 2.
lēgisdoctŏr, ōrĭs *m.* Gesetzeslehrer.
lēgislātĭō, ōnĭs *f.* Gesetzgebung.
lēgislātīvŭs 3 gesetzgeberisch; bevollmächtigt, Gesetze zu geben (*C. j. c.* 335, 2221).
lēgislātŏr, ōrĭs *m.* Gesetzgeber.
lēgislātrīx, īcĭs *f.* Gesetzgeberin.
lēgispĕrītŭs, ī *m.* Schriftgelehrter, Gesetzeslehrer.
lēgĭtĭmă, ōrŭm *n. s.* legitimus.
lēgĭtĭmō 1 gültig machen, beglaubigen, rechtfertigen.
lēgĭtĭmātĭō, ōnĭs *f.* Erklärung der Rechtsgültigkeit; das Ordnen nach den Gesetzen, Legitimierung; Versetzung eines unehelichen Kindes in die Rechtslage des ehelichen, entweder durch nachfolgende Ehe des Vaters mit der Mutter oder durch Ehelichkeitserklärung.

lēgĭtĭmĭtās, ātĭs *f.* Gesetzlichkeit, Gesetzmäßigkeit, Rechtmäßigkeit, Echtheit.
lēgĭtĭmō 1 legitimieren, als gültig erklären, den Gesetzen gemäß ordnen; für gesetzmäßig erklären, *bei unehelichen Kindern*: für ehelich erklären.
lēgĭtĭmŭs 3 gesetzmäßig, gesetzlich; rechtmäßig, rechtlich; *n. pl. subst.* Gesetze, Einrichtungen, Verordnungen.
1. **lĕgō,** lēgī, lēctŭm 3 1. sammeln, zusammenlesen (*Is.* 17, 5). 2. lesen, für sich *oder* still lesen, vorlesen; *subst.* **lĕgentēs,** ĭŭm *m.* die Leser. 3. auslesen, wählen. 4. entlang fahren: Crētăm (*Act.* 27, 13).
2. **lēgō** 1 1. entsenden; abordnen. 2. durch Testament verfügen, vermachen.
lĕgūmĕn, ĭnĭs *n.* Hülsenfrucht, Gemüse.
Lĕguntĭŭs, ī *m. s.* Leontius.
lēgumlātōrēs, ŭm *m.* (*pl. von* legislator) die Gesetzgeber.
Leheman *indecl.* (*hebr.*: Lachmas) Lehenan, St. Pal. (Juda) (*Jos.* 15, 40).
Lehenan *indecl. s.* Leheman.
Leheth *indecl. m.* (*hebr.*: Lachat) Lechet, ein Levit aus der Linie Gersom, Sohn Semeis.
Leidă, ae *f. s.* Lugdunum Batavorum.
Leighlĭēn. (*C. R.*) *s.* Leiglinium.
Leiglinĭŭm, ī *n.* Leighlin, D. am Barrow, Irland, *ca.* 700 Einw., Bistum (seit 1640 mit Kildare [Cellaquercus] vereinigt); *dav.*: **Leig(h)lĭēnsĭs,** ĕ.
Lellĭī, ōrŭm *m.* vornehme Familie im ehem. Königreiche Neapel.
Lēmānŭs lăcŭs (Lēmannŭs) der Genfer See (Schweiz).
Lemberg *indecl.* Lemberg, fürstliche Besitzung bei Jablona in Böhmen (*Propr. v. Brünn,* 2. *Jan.*).
Lembergă, ae *f. s.* Leopolis.
Lemburgă, ae *f. s.* Leopolis.
lembŭs, ī *m.* (λέμβος) Fischerboot, Kahn, Nachen.
Lĕmĕlēnsĕ castellŭm, ī *n.* Lemela, St. in Nordafrika.
Lĕmōnŭm, ī *n.* (Limonum) Poitiers (Vienne), St., Fkr., *ca.* 32 000 Einw., Bistum seit dem 3. Jhdt., *dav.*: **Lĕmōnēnsĭs,** ĕ.
Lĕmŏvīcĕn. (*C. R.*) *s.* Lemovicum.
Lĕmŏvīcēnsĭs prōvincĭă, ae *f.* le Limousin, Landschaft, Fkr. (Haute-Vienne u. Corrèze).
Lĕmŏvīcēs, cŭm *m.* (*sing.*: Lemovix, īcis) Völkerschaft in der französischen Landschaft Limousin mit dem Hauptort Limoges.
Lĕmŏvīcī, ōrŭm *m.* die Einw. von Limoges.
Lĕmŏvīcŭm, ī *n.* (Augustorētum, Augustorītum) Limoges, St. r. an der Vienne, Fkr. (Haute-Vienne) *ca.* 70 000 Einw.; Bischofssitz (seit 3. Jhdt ?), Suffr. von Bourges; *dav.* **Lĕmŏvīcēnsĭs,** ĕ.
Lĕmŏvīx, īcĭs *m. s.* Lemovīces.
lēnă, ae *f.* Kupplerin; Verlockerin.
lēnīmĕn, ĭnĭs *n. s.* lenimentum.
lēnīmentŭm, ī *n.* (lenimen) Linderung, Linderungsmittel.
lēnĭō 4 1. lindern, mildern, besänftigen. 2. salben: chrismate.
lēnĭs, ĕ 1. sanft, mild, weich, unbehaart. 2. schonend, gnädig, gütig. 3. ruhig, gelassen.
lēnĭtās, ātĭs *f.* Milde, Sanftheit, Gelassenheit.
lēnĭtūdō, ĭnĭs *f.* Milde.
lēnō, ōnĭs *m.* 1. Kuppler, Verführer. 2. Unterhändler.
lēnōcĭnĭŭm, ī *n.* 1. Kuppelei. 2. Lockmittel, Schmeichelei.
lēnōcĭnŏr 1 schmeicheln.
lēns, lentĭs *f.* Linse (Gemüse, Futterkraut, *Gen.* 25, 4).
lentēscō 3 mild *oder* weich werden.
Lentĭă, ae *f. s.* Lincium.
lentĭcŭlă, ae *f.* kleines Gefäß, Fläschchen.
lentĭtūdō, ĭnĭs *f.* Langsamkeit.
lentŭs 3 1. langsam, träge. 2. zäh, ausdauernd. 3. ruhig, gelassen, geduldig.
lĕō, ōnĭs *m.* Löwe.
S. Lĕō, ōnĭs *m.* hl. Leo I.—IV., Päpste, *s.* Leo.
S. Lĕō IX. ōnĭs *m.* Papst († 1054).

Aus edlem Frankengeschlechte, hatte Bruno, wie er früher hieß, den Hugo, Grafen von Egisheim, aus dem Elsaß zum Vater und Helwidis von Dagsburg zur Mutter. Die hl. Ottilie war ihm von väterlicher Seite her verwandt. Als Bischof von Toul wurde er mit allen Stimmen der Kardinäle auf den Stuhl Petri berufen. Sein Pontifikat war dem Kampfe für die Freiheit der Kirche gegenüber weltlichen Angriffen geweiht. Gegen Simonie bei Besetzung von kirchlichen Aemtern ging er mit kirchlichen Strafen vor. Die würdige Feier des Gottesdienstes nach dem kirchlichen Ritus, die Reinheit der kirchlichen Musik und besonders die Reinheit der Sitten im Klerus wiederherzustellen, war seine besondere Sorge. Den Irrlehrer Berengar schloß er aus der Kirchengemeinschaft aus, ebenso den schismatischen Patriarchen Michael Caerularius von Konstantinopel. Jede Woche pflegte er dreimal während der Nacht barfuß unter Psalmengebet von der Laterankirche zum Grabe des hl. Petrus im Vatikan zu pilgern. Sein väterliches Vermögen verwandte er zur Errichtung und Ausstattung mehrerer Klöster, besonders im Elsaß, in seiner Heimat. Er starb im Vatikan. — 19. April (Bamberg, Basel, Köln, Regensburg, Straßburg).

Lĕō, ōnĭs *m.* Leo, Name vieler Päpste; 1. **S. L. I.,** hl. Papst Leo der Große, Kirchenlehrer (reg. 440—461), 11. April. 2. **S. L. II.,** (reg. 682—683), 28. Juni. 3. **S. L. III.,** (reg. 795—816), 12. Juni. 4. **S. L. IV.,** (reg. 847—855),

17. Juli. 5. **S. L. IX.**, (reg. 1048 bis 1054), 19. April. 6. **L. X.**, (reg. 1513—1521). 7. **L. XI.**, (reg. 1605). 8. **L. XII.**, (reg. 1823—29). 9. **L. XIII.**, (reg. 1878—1903).

Lĕō Isaurĭcŭs Leo der Isaurier, byzantinischer Kaiser im 8. Jhdt., als Bilderstürmer berüchtigt.

B. Lĕō Tánaca *m.* sel. Leo Tanaka, Katechist der Ges. Jesu, *s.* B. Joannes Bapt. Machado.

S. Lĕŏcădĭă, ae *f.* hl. Leokadia, Jgfr. Mart. in Toledo, Spanien, † um 300, 9. Dez.

Lĕŏcātă, ae *f.* (Licata) Girgenti, St. im Südwesten der Insel Sizilien, *ca.* 21 000 Einw.; Bistum seit dem 5. Jhdt.; 825—1093 unbesetzt; Suffr. von Monreale; (im Altertum hieß die Stadt Akrágas und Agrigentum).

S. Lĕŏdĕgārĭŭs, ī *m.* hl. Leodegar, Mart. u. Bisch. v. Autun (Fkr.) († 685, nach anderen: 678).

Er stammte aus angesehenem Frankengeschlechte und wurde als Edelknabe an den Hof Chlotars gesandt, der ihn dem Bischofe Dido von Poitou (Fkr.) zur Ausbildung überwies. Als Zwanzigjähriger, so sagt eine Lebensbeschreibung von ihm, zeigte er die Klugheit und den Ernst der Greise. Chlotar veranlaßte ihn nach seiner Priesterweihe zur Uebernahme der Leitung der Diözese Autun (Fkr.). Nach dem Tode des Königs Childerich, der Nachfolger Chlotars war, brachen böse Zeiten für Leodegar an, indem ihn der tückische Hausmeister Ebroinus, der sich bis dahin zur Strafe in der Klosterhaft zu Luxeuil aufhalten mußte, hart bedrängte. Er ließ den Heiligen erst hungern, dann ihn aufs heftigste foltern, indem er ihm seine Fußsohlen, seine Zunge und seine Lippen fortschneiden ließ. Schließlich befahl er, ihn in einer Ortschaft der Landschaft Artois zu enthaupten; diese Gegend wurde später als „Wald des hl. Leodegar" bezeichnet. Sein hl. Leichnam kam später nach Poitou. — 3. Oktober (Straßburg).

Lĕŏdĭēn. (*C. R.*) *s.* Leodium.

Lĕŏdĭŭm, ī *n.* (Legia) Lüttich, St. an der Maas, Belgien, *ca.* 170 000 Einw.; Bischofssitz (reorganisiert 1827), Suffr. v. Mecheln; *dav.*: **Lĕŏdĭēnsĭs,** ĕ.

Lĕōn, ōnĭs *f. s.* Legio.

Lĕōnardī, ōrŭm *m.* italienisches Adelsgeschlecht zu Lucca.

S. Lĕōnardī coenŏbĭŭm, ī *n.* Augustinerkloster bei Siena, Italien.

S. Lĕōnardŭs, ī *m.* hl. Leonhard, Einsiedler, Bek. Abt. († 559).

Er stand beim Frankenkönige Chlodwig in hohem Ansehen, vertauschte die militärische Laufbahn mit dem Dienste Gottes und wurde vom hl. Remigius, Bischof v. Reims, in geistlichen Dingen unterrichtet. Er gab sich ganz der Betrachtung der himmlischen Wahrheiten hin und zog nach Aquitanien, wo er vom König ein waldiges Landstück geschenkt erhielt zum Danke dafür, daß auf seine Fürbitte die Königin von einer Schwergeburt befreit wurde. Dort errichtete er sich eine Gebetsstätte namens Noblac. Doch blieb er auch in der Einsamkeit nicht verborgen. Manche Gefangenen wurden auf bloße Anrufung seines Namens hin von Ketten und Kerker befreit. Sie kamen zu ihm und legten voll Dankbarkeit ihre Ketten zu seinen Füßen nieder. Diese sowohl wie andere, welche aus Liebe zum geistlichen Leben zu ihm eilten, unterwies er wie ein geistlicher Vater in der Furcht Gottes, so daß langsam seine Einsamkeit zu einem Kloster umgestaltet wurde. — 6. November (Chur, Linz, München, Polen).

B. Lĕōnardŭs, ī *m.* sel. Leonhard, Mart. († 1572).

Im Jahre 1572 erlitt der Heilige mit 18 Gefährten wegen der Verteidigung der Gegenwart Christi im hl. Altarsakramente und des Festhaltens am Papste durch holländische Kalvinisten in Gorkum den Martertod. Es waren außer dem sel. Priester Leonhard Vecchel noch die drei Weltgeistlichen Nikolaus Popel, Andreas Walther und Gottfried Dunoeus, ferner der Guardian Nikolaus Pick mit acht Priestern und zwei Laienbrüdern des Franziskanerordens, dazu kamen noch ein Augustinerchorherr, zwei Praemonstratenser und ein Dominikaner. Alle wurden von den eidbrüchigen Kalvinisten, welche die sich ergebende Feste Gorkum einnahmen, aufs scheußlichste mißhandelt. Man beraubte sie ihrer Kleidung und band sie zu zweien aneinander; alsdann wurden sie zu Schiff unter dem Hohne der Irrgläubigen nach Dordrecht und weiter geschafft; einige der Martyrer waren 60, ja 70 Jahre alt; einer sogar fast 90 Jahre alt. Während sie für ihre Verfolger beteten, verwundeten diese sie aufs grausamste und schnürten ihnen mit Stricken die Haut ein. Alsdann wurden die Gequälten in ein sehr schmutziges Verließ geworfen, man versuchte aber nochmals, sie durch Schmeicheleien und Versprechungen zum Abfalle vom Glauben zu bringen. Da dies nichts half, beschloß man, sie zu töten. — Den halb Erdrosselten riß man die Eingeweide aus dem Körper, verstümmelte sie an Nasen und Ohren, bis sie ihren Geist aufgaben. Die Leichen wurden von den fanatischen Peinigern und ihren Anhängern auf Holzschafte gespießt und umhergetragen, bis es endlich einigen Katholiken gelang, die Körper zur Beerdigung zu erhalten. Alsbald geschahen an ihrer Grabstätte Wunderzeichen, auf Grund deren Klemens X. sie selig sprach und ihr Andenken in Holland und anderswo zu ehren gestattete. — 9. Juli.

B. Lĕōnardŭs Kimura et soc. sel. Leonhard Kimura u. seine Gefährten, Mart. († 1619,).

Unter dem Kaiser Daifusama wurden zu Nagasaki in Japan durch langdauernde Feuerqualen fünf Opfer Christi getötet; Andreas Tocuan aus dem höchsten japanischen Adel, von den Vätern der Gesellschaft Jesu getauft und unterrichtet; Johannes Ixida Xoum; Cosmas Táquea aus Korea Dominikus Giórgi, ein Portugiese, Gastfreund des sel. Carolus Spinula, und Leonhard Kimura, Laienbruder der Gesellschaft Jesu. Bei den vier ersten war der Grund für die Todesstrafe die christliche Religion und die den Ordensleuten gewährte Gastfreundschaft; bei Leonhard Kimura aber der Eifer, womit er den Glauben ausbreitete und nährte. Zur Erhöhung ihres Ruhmes trägt die Tatsache bei, daß sie die ehrenvollsten Bedingungen nicht nur fürs Leben, sondern auch für Freiheit und Reichtum, die ihnen vom Statthalter angeboten worden waren, auf das standhafteste zurückwiesen. Leonhard war zu Nagasaki geboren. Seine Eltern waren gleich berühmt durch ihre Abstammung, wie durch ihre Tugend. Ihr Vorfahre war jener Kimura, den der hl. Franz Xaver bei seiner Ankunft in Japan als allerersten taufte. Von Jugend an wurde Leonhard den Jesuiten zur Erziehung übergeben. Da er mit scharfem Verstande und sehr guten Anlagen begabt war, wurde er, fast noch Knabe, schon zur Erklärung der christlichen Lehre für die geringer Begabten und wenig Unterrichteten verwendet. Dann wurde er in die Gesellschaft Jesu aufgenommen. Seinem Studium nach hatte er genug Kenntnisse, um das Priestertum zu erlangen. Er aber wollte aus Demut lieber den Lohn des Klosterlebens durch den niedrigsten Grad desselben, nämlich als Laienbruder verdienen. Während seiner fast dreijährigen Kerkerhaft, führte er

96 Heiden zum Glauben, ungerechnet die Christen, die er fürs Martyrium begeisterte. Nach Verkündigung des Todesurteils wurden Leonhard und seine Gefährten unter Begleitung einer sehr großen Menge Leute aus dem Gefängnisse zum Scheiterhaufen geführt und jeder an seinen Pfahl gebunden. Als der Scheiterhaufen angezündet war, entzog sie zuerst der Rauch den Blicken der Zuschauer; aber als er sich senkte, wurden die tapferen Männer wieder sichtbar. Mit aufrechtem Körper standen sie da und mit einem Antlitze, das keine Bewegung des Schmerzes verriet. Allen voran leuchtete Leonhards ausnehmender Mannesmut. Man sah ihn, wie er mit seinen frei gewordenen Händen die Feuerflammen zu erfassen suchte, gerade als ob er es mit lauen Lüften zu tun habe. Zugleich hörte man ihn himmlische Lobgesänge anstimmen; aber der Rauch benahm ihm bald den Atem; Stimme und Leben versagte gleicherweise, und so brach er 44 Jahre alt tot zusammen. — 27. November (Ges. Jes.).

S. Lĕōnardŭs ā Portū Maurĭtĭō, hl. Leonhard von Porto Maurizio, Bek., Franziskaner († 1751).

Im Jahre 1676 wurde er zu Porto Maurizio bei Genua geboren. Seine frommen Eltern schickten ihn mit 13 Jahren nach Rom in das Gregorianische Kolleg. Nach Vollendung seiner Studien wollte er Arzt werden. Gott gab ihm aber einen andern Beruf. 1697 wurde er zu Rom Franziskaner; drei seiner Geschwister wählten auch den Ordensstand. Im Noviziate war er überaus gewissenhaft in Beobachtung der klösterlichen Vorschriften; den Noviziatsgeist hat er sein Leben lang bewahrt und vervollkommnet, wie seine niedergeschriebenen Vorsätze bezeugen. Priester geworden, drängte es ihn zur Heidenmission; er sollte aber 44 Jahre lang Missionar seines Vaterlandes werden und in Korsika wirken. Durch die Kraft seines Wortes, das durch sein strenges Bußleben und seine Heiligkeit wirksam unterstützt wurde, bekehrte er unzählige Sünder. Von Zeit zu Zeit zog er sich in das Missionshaus Incontro bei Florenz zurück, um sich durch Gebet, Betrachtung und Buße von neuem für die Mission vorzubereiten. Sein Lieblingsgebet lautete: „Mein Jesus Barmherzigkeit!“ Alles Gute glaubte er durch Mariens Fürbitte erlangt zu haben. Er starb zu Rom im Kloster zum hl. Bonaventura den 26. November 1751. Pius VI. sprach ihn 1796 selig, Pius IX. 1867 heilig. 26. November (Kap. O.).

Lĕōnardŭs, ī *m.* Leonhard, Erzbischof v. Salzburg (um 1500).

Lĕōnēn. (*C. R.*) *s.* Leonia.

Lĕōnĭă, ae *f.* León, St. in Mexiko, *ca.* 65 000 Einw.; Bischofssitz (seit 1863), Suffr. v. Michoakan; *dav.*: **Lĕōnēnsĭs,** ĕ.

S. Lĕōnĭs, ĭdĭs *f.* hl. Leonis, Martyrerin zu Augsburg († 290), 12. August.

Lĕōnissă, ae *f.* Leonissa bei Otricoli in den Abruzzen, It.

Lĕontīnī, ōrŭm *m.* Lentini, St. am Lissus, nordwestl. v. Syrakus, Sizilien.

S. Lĕontĭŭs, ī *m.* (Leguntius) hl. Leontius, Bek. u. Bisch. v. Trier († 409).

Er hieß auch Leguntius und war zur Zeit des hl. Bischofs Paulinus Mitglied der Trierer Geistlichkeit. Nach dem Tode des Bischofs Mauritius übernahm Leontius die Leitung der Diözese Trier. Leontius schickte den Trierer Diakon, nachdem er ihn geweiht hatte, als Bischof nach Aquitanien, um die Einwohner von Béarn, die wieder Götzendiener geworden waren, zu bekehren. In der Kirche St. Maria zu den Martyrern fand Leontius seine Ruhestätte. — 19. Februar (Trier).

lĕŏpardălĭs, ĭs *m.* (leopardus) (λεοπάρδαλος) Leopard, Panther.

lĕŏpardŭs, ī *m. s.* leopardălis.

S. Lĕŏpardŭs, ī *m.* hl. Leopard, Mart. († 362).

Er stammte aus einem vornehmen römischen Geschlechte und war Gefährte des später abtrünnig gewordenen Kaisers Julian. Auf Anraten seines Lehrers, des hochgebildeten Priesters Valentin, ließ Leopard sich taufen. Er verweigerte dem Kaiser Julian, der göttliche Ehrenbezeugungen verlangte, das Opfer und wurde deshalb mit Stöcken aufs grausamste geschlagen. Da er aber standhaft blieb, befahl der Kaiser, ihn zu enthaupten. Valentian schaffte den hl. Leib des Blutzeugen nach Otricoli, weil er ihn nicht in Rom beizusetzen wagte. Von dort kam er nach Aachen, wo er in der von Kaiser Karl dem Großen errichteten Marienkirche bestattet wurde. — 30. September (Köln).

S. Lĕŏpoldŭs, ī *m.* hl. Leopold, Markgraf von Österreich, Bek. († 1136).

Leopold war Markgraf von Oesterreich und trug wegen seiner außerordentlichen Religiosität den Beinamen „der Fromme“. Durch die Tugend der Enthaltsamkeit und Demut bewahrte er trotz der großen Gefahren des Hoflebens seine Seele rein von Sündenmakeln. Dem Papst und der Kirche war er so treu ergeben, daß er von Innozenz II. den Titel „Sohn des hl. Petrus“ erhielt. Für religiöse Zwecke kannte seine Freigebigkeit keine Grenze. Das Kloster Neuburg a. D. und hl. Kreuz in Schöntal erbaute er ganz neu aus eigenen Mitteln und stattete sie fürstlich mit Gütern aus; das Kloster Melk stellte er wieder her und verlieh ihm ebenfalls reiche Einkünfte. Nach 40 jähriger segensreicher Regierung in Oesterreich starb er 1136. Auf seine Anrufung hin geschahen viele Krankenheilungen und sogar Totenerweckungen. Sein Leib ruht in der Kirche zu Kloster-Neuburg. — 15. November (Bamberg, Gurk, Linz, St. Pölten, Salzburg, Seckau, Ungarn).

Fest der Uebertragung. Der Leib des hl. Leopold wurde in Kloster-Neuburg bestattet. Durch unzählige Wunder wurde seine Heiligkeit offenbar, weshalb eine große Menge Volkes namentlich an seinem Jahrestage zu seinem Grabe wallfahrtete. Rudolf IV., Erzherzog von Oesterreich, erbat beim Papste die Einleitung der Heiligsprechung, die die nach Abschluß der Untersuchung erst 1485 unter Innozenz VIII. stattfand. Im Jahre 1506 wurde am 15. Februar der hl. Leib aus dem Grabe erhoben und ehrenvoller auf dem Altar beigesetzt. — 15. Februar (Wien).

Lĕŏpoldŭs, ī *m.* Leopold I., Kaiser des hl. römischen Reiches deutscher Nation (1658—1705).

Lĕŏpŏlĭēn. (*C. R.*) *s.* Lĕŏpŏlis.

Lĕŏpŏlĭs, ĭs *f.* (Lemberga, Lemburga, Leapolis) Lemberg, St., Polen (Galizien), *ca.* 160 000 Einw.; Erbischofssitz (seit 1900, Bistum seit 1412); *dav.*: **Lĕŏpŏlĭēnsĭs,** ĕ.

Lĕŏvĭgildŭs, ī *m.* Leovigild, König der Westgoten (572—587), Vater des hl. Hermenegild.

Lĕŏwārdĭă, ae *f.* Leeuwarden, St. in Holland; *dav.*: **Lĕŏwārdēnsĭs,** ĕ.

lĕpĭdŭs 3 1. niedlich, anmutig. 2. zierlich, weichlich.

lĕpŏr, ōrĭs *m. s.* lepos.

lĕpōs, ōrĭs *m.* (lepor) Anmut, heiteres Wesen.

lĕpră, aė *f.* (λέπρα) Aussatz; Pest.

lĕprōsŭs 3 aussätzig, räudig.

Leptīnēnsĕ concĭlĭŭm Konzil im J. 743 zu Liftĭnae oder Listĭnae, einem fränkischen Königsgute im Hennegau; *j.* Estiennes.
lĕpŭs, ŏrĭs *m.* Hase.
lĕpuscŭlŭs, ī *m.* Häslein (*Prov.* 30, 26).
Lērīnēnsĭs, ĕ *s.* Lirinum.
Lesbŏs, ī *f.* (*Λέσβος*, Lesbus,) Lesbos, Insel an der jonischen Küste im Ägäischen Meere, später Mytilene genannt, *j.*: Metelino.
Lesbŭs, ī *f. s.* Lesbos.
Lesa *indecl.* (*hebr.*?) Lesa (Lescha'), St. in der Nähe des Toten Meeres (östlich = Kallirrhoë?; westlich gegen Attarus?) (*Gen.* 10, 19).
Lesem *indecl. s.* Lais (Stadt).
Lesko (ōnĭs) **Albŭs** (ī) *m.* Albus Lesko, König von Polen, Vater der sel. Salomea (12. Jhdt.).
lētālĭs ĕ (lethalis) tödlich, todbringend.
lēthālĭs, ĕ *s.* letalis.
Lēthaeŭs 3. *s.* Lethe.
lēthargĭă, ae *f.* (*ληθαργία*) Schlafsucht.
lēthargĭcŭs 3 schlafsüchtig.
lēthargŭs, ī *m.* (*λήθαργος*) 1. der Schlafsüchtige. 2. die Schlafsucht: lethargo laborare an Schlafsucht leiden.
Lēthē, ēs *f.* (*Λήθη*) der sagenhafte Lethestrom der Unterwelt, der Strom der Vergessenheit, aus dem die Seelen der Verstorbenen das Vergessen alles Vergangenen tranken; *dav.*: **Lēthaeŭs** 3 1. zur Unterwelt, zum Lethestrom gehörig. 2. Vergessenheit bringend, betäubend.
lēthŭm, ī *n. s.* letum.
lētĭfĕr, fĕră, fĕrŭm todbringend.
lētŭm, ī *n.* (*auch manchmal unrichtig* lethum geschrieben *wie Prop. Prag* 28. IX *u. Ermeland* 7. XII.) Tod Untergang.
leucă, ae *f.* gallische Meile (1500 Schritt).
Leucŏpŏlĭs, ĭs *f. s.* Alba.
lĕuncŭlŭs, ī *m.* junger Löwe.
lĕvāmĕn, ĭnĭs *n.* (levamentum) Erleichterungs- *oder* Linderungsmittel.
lĕvāmentŭm, ī *n. s.* levamen.
lĕvāns, antĭs *m.* der Taufpate.
lĕvātĭō, ōnĭs *f.* 1. das Aufheben. 2. Erleichterung.
Levi, *indecl. m.* (*hebr.*: der sich [an Gott?] anschließt?) Levi, 1. der dritte Sohn Jakobs von der Lia; der nach ihm benannte Stamm der Juden und dessen Land. 2. der Sohn Nathans, Enkel Davids, Ahnherr Christi. 3. Sohn Simeons, Ahnherr Christi. 4. ein Zolleinnehmer, der von Christus zum Apostel berufen und später Matthäus genannt wurde.
Leviathan *indecl. m.* (= Genossenschaft des Drachen?) ein im Buche Job (3, 8; 40, 20) u. Isaias (27, 1) erwähntes Tier, wahrscheinlich das Krokodil oder der Drache am Himmel.
lĕvĭcŭlŭs 3. 1 etwas leichtsinnig. 2. ziemlich unbedeutend.
lēvĭgō 1 (laevigo) 1. glätten (*Gen.* 6, 14). 2. schleifen, schärfen: gladium, calces.
1. **lĕvĭs,** ĕ 1. leicht, nicht drückend. 2. flüchtig, geschwind. 3. schwach, sanft. 4. unbedeutend, geringfügig. 5. leichtsinnig, nachlässig.
2. **lēvĭs,** ĕ 1. glatt, geglättet. 2. blank.
levītă, ae *m.* (levites) 1. Levit, Angehöriger des Stammes Levi, der bes. dem hl. Dienst geweiht war. 2. oft für diaconus u. subdiaconus (Levitenamt) gebraucht.
lĕvĭtās, ātĭs *f.* 1. Leichtigkeit. 2. Leichtsinn, Unbeständigkeit.
levītēs, ae *m. s.* levita.
levītĭcŭs 3 levitisch, priesterlich.
Levītĭcŭs, ī *m.* (*scil.* liber), drittes Buch des Pentateuchs, welches besondere Vorschriften für den jüdischen Gottesdienst enthält.
lĕvō 1 1. heben, aufrichten, erheben; levare heißt wohl auch (wie elevare manus) die Hände zum Beten erheben, sonst gibt das „Levate!" des Subdiakons auf die Aufforderung des Diakons „Flectamus genua!" keinen gesunden, der liturgischen Handlung würdigen Sinn. Auf den Ruf des Diakons sanken die Gläubigen auf die Knie, auf den Ruf des Subdiakons: Levate! (*transitiv u. nicht medial*: *scil.* manus ad orandum!) „Erhebet" (die Hände zum Gebet!) erhoben sie die Hände zum Gebet (wie Oranten) und blieben während der Oration des Bischofs in dieser betenden Haltung. 2. erleichtern, lindern. 3. losmachen, befreien. 4. ermutigen, erheitern. 5. levare cadaver die Leiche aussegnen, abholen (*C. j. c.* 1230, 1).
lēx, lēgĭs *f.* 1. Gesetz, Vorschrift, Bestimmung, Richtschnur; a lege gesetzmäßig; hac lege unter der Bedingung. 2. *bes.*: das „Gesetz" des Alten Bundes im Gegensatz zur „Gnade" des Neuen Testaments.
lexĭcŏn, ī *n.* (*λεξικόν*) Wörterbuch.
Lexŏvĭēn. (*C. R.*) *s.* Lexovium.
Lexŏvĭŭm, ī *n.* Lisieux, St. Fkr. (Calvados), *ca.* 16000 Einw.; Bistum (von 538—1790 [1801]), mit Bayeux vereinigt; *dav.*: **Lexovĭēnsĭs,** ĕ.
Lĭă, ae *f.* (*hebr.? vielleicht zusammenhängend mit babyl.*: liū = die Starke)

Lia, Tochter Labans u. Gattin Jakobs, Schwester der Rachel.

lībāmĕn, ĭnĭs *n.* Opferguß, Trankopfer, Opfer.

lībāmentŭm, ī *n.* Opferguß, Opfer; die dadurch bezeugte Verehrung.

Libanon *indecl. s.* Libanus.

Lĭbănŭs, ī *m.* (*hebr.* Libanon: Weißer [Berg] wegen der Kreide-, Kalk- u. Schneefelsen) 1. Gebirge im südlichen Syrien, reich an Zedern. 2. der hier gewonnene Weihrauch: L. non incisus Rauchwerk, das ohne Einschnitt hervorquillt.

lībātĭō, ōnĭs *f.* Trankopfer, Opfer.

lībātŏr, ōrĭs *m.* Opferer.

lībātōrĭŭm, ī *n.* Trankopferschale.

lībellă, ae *f.* 1. Wasserwage. 2. kleine Münze, Heller, Pfennig, 3. Lira, Frank (*C. j. c.* 534, 1532).

lībellārĭs, ĕ schriftlich.

lĭbellŭs, ī *m.* 1. kleines Buch, kleine Schrift, Zeitschrift. 2. Brief, Schreiben. 3. Schmähschrift. 4. Klageschrift, Anklageschrift. 5. libellus repudii *s.* repudium.

lĭbēns, entĭs gern, willig, mit Freuden.

lĭbentĭă, ae *f.* Fröhlichkeit.

1. **lībĕr,** ĕră, ĕrŭm 1. frei, ungehindert. 2. freimütig, offen, unbefangen. 3. bürgerlich, politisch frei. 4. zügellos, ungebunden. 5. freigelassen, entlassen (*Ps.* 87, 6.)

2. **lĭbĕr,** brī *m.* 1. Schrift, Buch, Abhandlung. 2. Religionsbuch, hl. Schrift, Meßbuch; *liber diurnus* RR. PP. (Romanorum Pontificum) das Kanzleibuch der römischen Kirche; es enthält in sieben Kapiteln Formulare für päpstliche Urkunden, Glaubensbekenntnisse, Privilegien usw. Es stammt aus dem Ende des 8. Jahrhunderts, doch gehören Teile schon den ersten christlichen Jahrhunderten an.

Lībĕr, ĕrī *m.* Bacchus als Gott des Weines und der Schwelgerei.

Lībĕrālĭă, ĭŭm *n.* die Liberalien, heidnisches Fest, das alle Jahre am 17. März zu Ehren des Bacchus, der Ceres u. Libera gefeiert wurde; dabei empfingen die Jünglinge die Männertoga.

lībĕrālĭs, ĕ 1. zur Freiheit gehörig, edel, hochherzig, freisinnig. 2. gütig, freigebig, freundlich. 3. liberales disciplinae die schönen Künste und Wissenschaften.

S. Lībĕrālĭs, ĭs *m.* hl. Liberalis, Bek. († im 4. Jhdt.).

Er wurde zu Altino im Venediger Gebiete als Sprößling einer Ritterfamilie geboren und vom Bischofe Heliodor in die christliche Gemeinschaft aufgenommen. Liberalis bekämpfte mutig die arianische Irrlehre und ward deshalb von den wütenden Arianern eingekerkert und mißhandelt. Man sandte ihn auf eine Insel, wo er vom Fieber gequält wurde. Dort starb er auch. Der Leichnam wurde nach Treviso gebracht und im Dome beigesetzt. Auch die Einwohner von Aquileja verehrten ihn sehr. — 17. April.

lībĕrālĭtās, ātĭs *f.* Freigebigkeit.

lībĕrātĭō, ōnĭs *f.* 1. Befreiung, Erlösung. 2. Freisprechung (vor Gericht).

lībĕrātŏr, ōrĭs *m.* Befreier.

lībĕrātrīx, īcĭs *f.* Befreierin.

S. Lībĕrātŭs, Bŏnĭfăcĭŭs ĕt Sŏcĭī, der hl. Liberatus, Bonifacius u. Gefährten, Mart. († 484).

Liberatus (Abt), Bonifacius, Servus, Rusticus, Rogatus, Septimus und Maximus lebten in einem Kloster bei Capha in der Kirchenprovinz Byzacium in Nordafrika. Auf Befehl des Vandalenkönigs Hunnerich wurden sie nach Karthago geschleppt. Weder Schmeicheleien noch Drohungen konnten sie zum Abfalle vom wahren Glauben bringen. Man wollte den Knaben Maximus durch verschiedene Künste von seinen Genossen trennen. Er aber gab zur Antwort: „Niemand wird mich trennen von meinem hl. Abte Liberatus und von meinen Brüdern. Gott wollte, daß wir sieben zusammen lebten; er möge zugleich alle sieben mit der Marterkrone schmücken wie die sieben makkabäischen Brüder." Der Tyrann ließ sie auf ein mit Brennstoff gefülltes Schiff bringen und dieses auf offenem Meere anzünden. Aber das Feuer erlosch immer wieder. Endlich wurden sie mit Ruderbäumen erschlagen und ins Meer geworfen. Die Wogen trieben die Leichen ans Ufer. Das katholische Volk bestattete sie mit großer Feierlichkeit im Kloster Bigua zu Karthago. — 26. August (Aug. O.).

lībĕrē *adv.* offen, frei.

lībĕrī, ōrŭm *m.* die Kinder.

Lībĕrĭŭs, ī *m.* Papst L. (352—366); Liberiana basilica eine nach diesem Papste benannte Hauptkirche Roms. 2. ein Diakon in Troyes (3. Jhdt.).

lībĕrō 1 befreien, freimachen, frei-, lossprechen.

lībertās, ātĭs *f.* Freiheit, Freimütigkeit.

lībertīnă, ae *f.* die Freigelassene.

Lībertīnī, ōrŭm *m.* die Libertiner, die Nachkommen der von den Römern freigelassenen Juden. (?) Die Lesart Libertini (*Apg.* 6, 9) ist nach dem ganzen Zusammenhange (Alexandrini! Cyrenenses!) wohl ein Schreibfehler und richtig Libyi, Libyer zu lesen; die Juden aus Libyen, Alexandrien u. der Cyrenaika hatten in Jerusalem eine „Synagoge".

lībertīnismŭs, ī *m.* Wüstlingstum, zügellose Lebensanschauung; *auch*: Freiheitssucht.

1. **lībertīnŭs** 3 freigelassen; zu den Freigelassenen gehörig.

2. **lībertīnŭs,** ī *m.* Freigelassener.

lībertŭs 3 frei, unabhängig.

lībertŭs, ī *m.* der Freigelassene (1. *Kor.* 7, 22).

lĭbĕt (lubet), bŭĭt u. bĭtŭm est 2 es beliebt, es gefällt, es ist gefällig.

lĭbīdĭnōsŭs 3 genußsüchtig, wollüstig, ausschweifend, frech.

lĭbīdō, ĭnĭs *f.* Begierde, Verlangen, Wollust.

lĭbĭtŭm, ī *n.* (lubitum, lubitus) Gelüst, Belieben; ad libitum, nach Belieben.

lībō 1. ein wenig von einer Sache wegnehmen, etw. entnehmen, schöpfen. 2. kosten (von einer Speise), genießen. 3. (als Opfer Wein u. dgl.) ausgießen, benetzen, ein Trankopfer spenden; als Opfergabe darbringen, opfern, weihen, heiligen. 4. berühren; oscula libare küssen; vermindern, verletzen: virginitatem.

S. Libōrĭŭs, ī *m.* hl. Liborius, Bek., Bisch. von Le Mans; Schutzpatron von Westfalen († 390).

Er war Gallier von Geburt. Schon in früher Jugend verachtete der begabte Jüngling die vergänglichen Dinge, widmete sich dem geistlichen Stande und strebte danach, alle seine Handlungen und Gedanken so nach der Vernunft einzurichten, daß er nichts zu bereuen hätte. Nach dem Tode des Bischofs Pavacius von Le Mans wurde er durch einstimmigen Beschluß der Gläubigen dieser Stadt zu ihrem Bischofe erhoben. Häufige Predigten, das Beispiel eines schuldlosen Lebens, werktätige Liebe gegen Arme waren seine Mittel zur Besserung der Sitten seiner Untergebenen. In seinem Bistume erbaute er 17 neue Kirchen teils aus eigenen Mitteln, teils aus den Gaben reicher Edelleute und stellte dort Priester und Kleriker an, damit das gläubige Volk des geregelten Gottesdienstes nicht entbehrte. So leitete er 49 Jahre seine Diözese. Der hl. Bischof Martin v. Tours soll, von einem Engel gemahnt, den Sterbenden noch besucht, mit seinem Segen getröstet und für ein würdiges Begräbnis in der Kirche der Apostelfürsten Petrus und Paulus zu Le Mans gesorgt haben, wo sein Leib durch viele Wunder verherrlicht wurde. Bischof Badurad von Paderborn erbat auf göttliche Eingebung hin vom Bischofe Aldrich von Le Mans den Leib des hl. Liborius und überführte ihn 836 in feierlicher Weise nach Paderborn. Dort wurde er besonders bei Nierenleiden um Hilfe angerufen, worauf viele Heilungen stattfanden. 1622 wurden die hl. Reliquien geraubt, 1627 endgültig in die Kathedrale zu Paderborn überführt. — 23. Juli.

Fest der Uebertragung. Der zweite Bischof von Paderborn Badurad sandte Boten mit Empfehlungsschreiben des Kaisers Ludwig nach Frankreich zum Bischof Aldrich von Le Mans und bat um einen der hl. Leiber, deren die dortige Kirche mehrere besaß. Bischof Aldrich bestimmte den Leib des hl. Liborius, des einstigen Bischofs v. Le Mans. Als er aus der Zwölfapostelkirche, wo er ruhte, hinausgetragen wurde, verbreitete sich ein lieblicher Wohlgeruch. Mit großer Sorgfalt und unter ehrenvollem Geleite wurden die hl. Reliquien überführt und kamen Pfingsten in Paderborn an, wo der hl. Leib von Bischof, Klerus und Volk unter freudigen Lobgesängen am Hochaltar aufgestellt wurde. — 30. Mai (Paderborn).

lībră, ae *f.* 1. die Wage. 2. das Gewicht, das Pfund.

lĭbrārĭă, ae *f.* 1. Schreiberin. 2. Buchhandlung.

lĭbrārĭŭm, ī *n.* Bücherkasten.

lĭbrārĭŭs, ī *m.* 1. Bücherabschreiber, Sekretär. 2. Buchhändler.

lībrātĭō, ōnĭs *f.* das Abwägen (*Ezech.* 45, 11).

lībrō 1 1. schwebend halten, abwiegen. 2. schwingen, schleudern.

lībŭm, ī *n.* Kuchen, Opferkuchen; Opfer: naturale.

Lĭburnēn. (*C. R.*) *s.* Ligurnus.

Lĭburnĭă, ae *f.* (Λιβουρνία) das Küstenland am Adriatischen Meer zwischen Istrien u. Dalmatien.

Lĭbўă, ae *f.* (Λιβύη, Libye; *hebr.*: Lubim, Lybia) Libyen, Landschaft in Nordafrika, westlich von Ägypten, östl. von Tunis, besonders das heutige Tripolis; *auch*: das ganze, den Alten bekannte Afrika; *dav.*: **Libўcus** 3 u. **Libўus** 3.

Lĭbўē, ēs *f.* *s.* Libya.

Lĭbўs, bўŏs *m.* der Libyer.

Lĭbўŭs 3 libysch.

Lĭcāŏnĭă, ae *f.* *s.* Lycaonia.

lĭcēĭtās, ātĭs, *f.* Erlaubtheit, Befugnis.

lĭcentĕr *adv.* frei, frech, keck.

lĭcentĭă, ae *f.* 1. Freiheit, Willkür; licentia carnis Ausgelassenheit des Fleisches. 2. Erlaubnis, *bes.* Druckerlaubnis. 3. der zweite akademische Grad zwischen Bakkalaureat und Doktorwürde (Prolyta, Prolita); *dav.*: **lĭcentĭātŭs,** ī *m.* der Lizentiat (*C. j. c.* 367).

lĭcentĭātŭs, ūs, *m.* das Lizentiatentum; Würde eines Lizentiaten.

lĭcentĭōsŭs 3 ausgelassen, ausschweifend.

Lĭcentĭŭs, ī *m.* Licentius, ein heidnischer Christenverfolger (*Propr. von Limburg,* 14. Febr.).

lĭcĕŏr, lĭcĭtŭs sŭm 2 auf etwas bieten.

lĭcĕt, lĭcŭĭt 2 I. *unpers.*: 1. es ist erlaubt, man darf, kann, mag. 2. es ist möglich; es ist scheinbar. II. *Conjunktion* mit *Conjunktiv*: mag auch, immerhin.

lĭchēn, ēnĭs *m.* (λειχήν) Flechte (auf Bäumen und auf der Haut).

lĭcĭātōrĭŭm, ī *n.* Weberbaum.

Lĭcĭnĭānŭm pălātĭŭm, ī *n.* ehemaliger Palast in Rom, unweit der Kirche Sankt Bibiana.

Lĭcĭnĭŭs, ī *m.* Licinius, röm. Kaiser (306—323).

lĭcĭtātĭō, ōnĭs *f.* 1. das Bieten, das Angebot bei Versteigerungen. 2. Versteigerung (*C. j. c.* 1531).

lĭcĭtŭs 3 erlaubt, gestattet; *adv.*: licite u. licito.

lĭcĭŭm, ī *n.* 1. das Trumm, d. i. die Enden eines alten Gewebes, eines Fadens u. dgl. 2. der Faden, das Band (*Richt.* 16, 13 u. 14).

lĭctŏr, ōrĭs *m.* Büttel, Gerichtsdiener.

Lĭcŭs, ĭ *m.* (Lycus) der Lech, r. Nebenfluß der Donau, Bayern (Schwaben).

Liddă, ae *f.* *s.* Lydda.

S. Lidwĭnă, ae *f.* hl. Lidwina, Jgfr. († 1433).

Sie stammte aus Schiedam (Holland) und ertrug 38 Jahre lang mit höchster Geduld die Leiden der verschiedenartigsten und schmerzlichsten Krankheiten. Sie starb am 14. April 1433, im 53. Lebensjahre. — 15. April (Salzburg).

lĭgă, ae *f.* Bündnis.

lĭgāmĕn, ĭnĭs *n.* 1. Band, Binde, Verband 2. Eheband. 3. Gürtel; l. poenitentiale Bußgürtel.

lĭgātūră, ae *f.* Verband.

Lĭgĕr, ĕrĭs (*acc.* -im *oder* -em; *abl.* -i *oder* -e) *m.* Loire, größter Fluß Frankreichs.

1. **lignārĭŭs** 3 1. zum Holze gehörig. 2. mit Holz(arbeit) beschäftigt; artifex lignarius Holzschnitzer (*Is.* 44, 13).

2. **lignārĭŭs,** ī *m.* 1. Holzhändler. 2. Holzarbeiter.

lignātŏr, ōrĭs *m.* Holzfäller, Holzhauer.

lignĕŭs 3 aus Holz, hölzern.

Lignĭtĭŭm, ī *n.* Liegnitz, St., Preußen (Schlesien); *ca.* 55 000 Einw.

lignōsŭs 3 dem Holze ähnlich, holzig.

lignŭm, ī *n.* 1. Holz. 2. Baum, Schaft. 3. Stock, Keule (*Marc.* 14, 48). 4. Holzblock, Strafblock, Kreuzesholz, Kreuz. 5. *coll.*: Gehölz. 6. Giftholz, Gift (*Jer.* 11, 19).

1. **lĭgō** 1 1. verbinden, binden, vereinigen. 2. umschlingen. 3. verpflichten.

2. **lĭgō,** ōnĭs *m.* Hacke, Karst, Haue.

Liguōrī, ōrŭm *m.* ein neapolitanisches Adelsgeschlecht, aus dem der hl. Kirchenlehrer Alphons († 1787) stammte.

Lĭgŭrĭă, ae *f.* Ligurien, Landschaft in Nordwestitalien mit Genua als Hauptstadt; *dav.*: **Lĭgustĭcŭs** 3 u. **Lĭgustīnŭs** 3

lĭgŭrĭŭs, ī *m.* Hyazinth, ein Edelstein von blauer Farbe (*Ex.* 28, 19; 39, 12).

Lĭgurnŭs, ī *f.* Livorno, St. am Tyrrhenischen Meer, *ca.* 80 000 Einw., Bischofssitz (seit 1806), Suffr. v. Pisa; *dav.*: **Lĭgurnēnsĭs,** ĕ *und* **Liburnēnsĭs,** ĕ.

lĭgūrĭō 4 *s.* ligurrio.

lĭgurrĭō 4 (ligurio) 1. lecken, belecken. 2. nach etwas lüstern sein.

lĭgustrŭm, ī *n.* Hartriegel, Rainweide (Ligustrum vulgare L.).

lĭlĭātŭs 3 mit Lilien geschmückt: turma.

lĭlĭŭm, ī *n.* 1. Lilie. 2. Armband in Form einer Lilie.

līmă, ae *f.* die Feile.

Līmă, ae *f.* Lima, Hauptstadt von Perú in Südamerika, *ca.* 120 000 Einw.; Erzbischofssitz (seit 1543 Bistum); *dav.*: **Līmānŭs** 3.

S. Limadĭs Pinnōsă *f.* hl. Limadis P., Jgfr. u. Mart., Genossin der hl. Ursula (5. Jhdt.), 21. Oktober.

Lĭmāgă, ae *f.* *s.* Limagus.

Lĭmāgŭm, ī *n.* *s.* Limagus.

Lĭmāgŭs, ī *m.* (Limagus flumen, Limaga, Limagum, Lindemagus) Limat (Limmat), Abfluß des Zürichersees in die Aar, Schweiz (Aargau).

Līmān. (*C. R.*) *s.* Lima.

B. Limbānĭă, ae *f.* sel. Limbania, Jgfr. († 1294).

Limbania wurde auf Cypern von vornehmen Eltern geboren. Um die Jungfräulichkeit zu bewahren, floh sie im Alter von 12 Jahren, nur von ihrer Amme und deren Manne begleitet, auf einem Schiff aus der Heimat. Nach wunderreicher Fahrt kam sie nach Genua und fand dort im Kloster des hl. Thomas liebevolle Aufnahme. Bald wurde sie ein Vorbild des religiösen Lebens. Abtötung, Gebet und Betrachtung wechselten miteinander ab. Mit Erlaubnis der Oberin nahm sie in einer Höhle unter der Kirche Wohnung. Hier lebte sie bald nur mehr von der hl. Eucharistie. Sie starb am 15. August 1294. Nach ihrem Tode fand man sie kniend und mit ausgestreckten Armen in der Zelle. — 1. September (Aug. O.).

Limburgēn. (*C. R.*) *s.* Limburgum ad Lahnam.

Limburgŭm ăd Lahnăm Limburg a. d. Lahn, St. Hessen-Nassau, *ca.* 12 000 Einw.; Bischofssitz (seit 1821); *dav.*: **Limburgēnsĭs,** ĕ u. **Lintpurgēnsĭs,** ĕ.

limbŭs, ī *m.* 1. Streifen, Besatz, Saum (am Kleide, Gewebe). 2. limbus puerorum (infantium) von der Hölle abgesonderter Raum, Aufenthaltsort der ungetauften, unschuldigen Kinder im Jenseits, Kinderparadies.

līmĕn, ĭnĭs *n.* 1. Schwelle, Eingang. 2. Haus, Wohnung; sacra limina beatorum Apostolorum Petri et Pauli Grabstätte der Apostelfürsten in Rom; visitātĭo lĭmĭnum der persönliche Besuch der Bischöfe beim Papste u. an den Gräbern der Apostelfürsten, der für die europäischen Bischöfe alle 5, für die außereuropäischen alle 10 Jahre Pflicht ist (*C. j. c.* 299).

Limericiēn. (*C. R.*) *s.* Limericum.

Limericŭm, ī *n.* Limerick, St. am Shannon, Irland; *ca.* 40 000 Einw.; Bischofssitz (seit 7. Jhdt.), Suffr. v. Cashel; *dav.*: **Limericiēnsĭs,** ĕ.

līmĕs, ĭtĭs *m.* 1. Grenze, Grenzlinie, Grenzwall. 2. Feldweg, Steig.

līmĭtātĭō, ōnĭs *f.* Begrenzung, Einschränkung.

līmĭtō 1 1. abgrenzen, begrenzen. 2. *übtr.*: bestimmen, festsetzen.

Limnŏs, ī *f.* *s.* Lemnos.

Limnŭs, ī *f.* Insel an der Ostküste Irlands, *vielleicht jetzt*: Dalkey im Süden der Bucht von Dublin.

līmō 1 1. reiben, wetzen. 2. feilen, glätten. 3. untersuchen.

līmōsŭs 3 schlammig.

limpĭdŭs 3 klar, durchsichtig.

1. **līmŭs** 3 1. schief, schräg. 2. schielend.

2. **līmŭs,** ī *m.* Schlamm, Lehm; Schmutz.

Linares, de . . . (*C. R.*) *s.* Legio Nova.

lincĕŭs 3 luchsartig.
Lincĭă, ae *f. s.* Lincium.
Lincĭēn. (*C. R.*) *s.* Lincium.
Lincĭŭm, ī *n.* (Aredata, Aredatum, Lentia, Lentium, Lincia, Linzium) Linz, St. an der Donau, Oberösterreich, *ca.* 60 000 Einw.; Bischofssitz (seit 1785), Suffr. v. Wien; *dav.*: **Lincĭēnsĭs,** ĕ.
Lincolnēn. (*C. R.*) *s.* Lincolnium.
Lincolnĭēnsĭs, ĕ aus Lincoln, St. an der Witham, England, *ca.* 50 000 Einw.; von 1078—1559 kath. Bistum, jetzt Generalvikariat (Bist. Nottingham).
Lincolnĭŭm, ī *n.* Lincoln, St. am Salt Creek, Nordamerika (Nebraska), *ca.* 45 000 Einw.; Bischofssitz (seit 1887), Suffr. v. Dubuque; *dav.*: **Lincolnēnsĭs,** ĕ.
lĭnctĭō, ōnĭs *f.* das Lecken.
lĭnctŭs, ūs *m.* das Lecken.
Lindaugĭă, ae *f.* Lindau, St. am Bodensee, Bayern (Schwaben), *ca.* 6000 Einw.
Lindemăgŭs, ī *m. s.* Limagus.
Lindisfarnēnsĭs, ĕ *s.* Lindisfarni.
Lindisfarnī, ōrŭm *m.* (Insula sancta) Lindisfarne oder Holy Island (heilige Insel), eine Insel bei Northumberland im nördlichen England.
līnĕă, ae *f.* 1. Richtschnur, Linie. 2. Reihe.
līnĕāmentŭm, ī *n.* 1. Linie. 2. *pl.* Grundzüge, Grundsätze: vitae. 3. Federzug, Umriß.
līnĕō 1 genau einrichten, abmessen.
līnĕŭs 3 leinen, aus Leinen (vitta Binde).
lingō, īnxī, īnctŭm 3 lecken.
Lingŏnae, ārŭm *f.* (Lingones, Lingonum civitas, Andematunum) Langres, St., Fkr. (Haute-Marne), *ca.* 10 000 Einw.; Bischofssitz (seit 3 Jhdt.), Suffr. v. Lyon; *dav.*: **Lingŏnēnsĭs,** ĕ.
Lingŏnēn. (*C. R.*) *s.* Lingonae.
Lingŏnēs, ŭm, (*acc. as*) *m.* 1. die Lingoner, keltische Völkerschaft. 2. deren Hauptstadt, *s.* Lingonae.
Lingŏnŭm cīvĭtās, ātĭs *f. s.* Lingonae.
linguă, ae *f.* Zunge, Rede, Redegabe; lingua duplex Doppelzüngigkeit.
linguātŭs 3 wortreich (*Ecclus* 25, 27).
linguāx, ācĭs schwatzhaft.
linguōsŭs 3 1. zungenfertig, geschwätzig. 2. *übtr.*: verleumderisch.
līnĭfĭcŭs 3 Linnen fertigend, mit Leinwand beschäftigt.
lĭnĭō 4 salben; priusquam liniretur: vor seiner Salbung (*Ps.* 26, 1); *siehe auch*: lĭno.
lĭnĭtĭō, ōnĭs *f.* das Beschmieren; das Salben; die Glasur.
lĭnītŭs 3 *s.* linio.
lĭnō, līvī u. lēvī, lĭtŭm 3 überstreichen, tünchen, beschmieren.
līnostĭmŭs 3 (*vielleicht von* λίνον Leinwand u. στήμων, ονος der Aufzugsfaden am Webstuhle: von leinenen Aufzugsfäden gemacht) leinen, aus Leinen: palla (*L. V. S. Silvestri*).
linquō, līquī 3 1. zurücklassen. 2. überlassen. 3. verlassen.
lintĕāmĕn, ĭnĭs *n.* Gewebe aus Leinen, Leinentuch, Leinenzeug; linteamen altaris Altartuch.
lintĕārĭŭs 3 aus Leinen.
lintĕŏlŭm, ī *n.* leinenes Tüchlein.
lintĕŏlŭs 3 fein leinen.
lintĕr, trĭs *f.* (*bisweilen m.*) Kahn, Boot, Nachen.
lintĕŭm ī *n.* Leinwand, Laken, Leinentuch.
lintĕŭs 3 leinen.
līnŭm, ī *n.* (λίνον) 1. Lein, Flachs. 2. *übtr.*: Leinwand.
S. Līnŭs, ī *m.* hl. Linus, zweiter Papst, Mart. († 79?), 23. September.
Līnŭs, ī *m.* Linus, ein Christ in Rom, der den Bischof Timotheus grüßen läßt — wohl der Nachfolger des hl. Petrus, *s.* S. Linus (2. *Tim.* 4, 21).
Linzĭŭm, ī *n. s.* Lincium.
S. Lĭŏbă, ae *f.* hl. Lioba, Jgfr. u. Äbtissin von Monheim († 772).

Ihre Eltern waren Dimon und Ebba in England, Verwandte des hl. Bonifatius. Die Heilige hieß anfangs Truthgeba, alsdann Leobgyth (= Liebesgabe [Gottes]) oder Lieba. Sie wurde früh schon der frommen Aebtissin Tetta vom Kloster Winburne zur Erziehung anvertraut. Der hl. Bonifatius ließ sie nach Bischofsheim an der Tauber kommen und stellte sie an die Spitze des dortigen Frauenklosters. Lioba hatte Studien gemacht und kannte gut die hl. Schrift, die Aussprüche der Kirchenväter sowie auch das Kirchenrecht. Sie war sehr demütig und gastfrei, wobei sie selbst nüchtern alle Fremden bediente und deren Füße wusch. Lioba stand bei Pipin und Karl dem Großen sowie bei der Königin Hildegard in hohem Ansehen. Sie besuchte oft das Grab ihres hl. Verwandten Bonifatius in Fulda. Im hohen Alter siedelte sie auf den Rat des hl. Lullus, Bischofs von Mainz, nach Schornsheim, unweit von Mainz, über, wo sie starb. Sie wurde in der Kirche des Fuldaer Benediktinerklosters beigesetzt. Der Landbischof Reginbald aus Mainz ließ i. J. 833 die Reliquien in die von Rabanus Maurus zu Ehren der Apostel gestiftete Kirche übertragen. — 28. September (Freiburg, Mainz) und 15. Oktober (Würzburg).

Lĭpără, ae *f.* (Λιπάρα, Lipare, Liparis) 1. Lipari, die größte der Liparischen oder Äolischen Inseln im Nordosten von Sizilien, Prov. Messina. 2. die Stadt Lipari auf dieser Insel; *ca.* 6000 Einw., Bischofssitz (seit 5. Jhdt.), Suffr. v. Messina; *pl.*: **Lĭpărae,** ārŭm *f.* die Liparischen Inseln (Inselgruppe), *dav.* **Lĭpărēnsĭs,** ĕ, **Lĭpăraeŭs** 3 u. **Lĭpărĭtānŭs** 3; ignis Liparitanus der

Vulkan Stromboli auf einer der Liparischen Inseln.

Lipărē, ēs *f.* *s.* Lipara.

Lipărēn. (*C. R.*) *s.* Lipara.

Lipăris, ĭs *f.* *s.* Lipara.

Lipărĭtānŭs īgnĭs *s.* Lipara.

Lipnĭcă, ae *f.* Lipno, St. Polen; *ca.* 6000 Einw.

Lippĭă, ae *m.* (Lŭpĭa, Luppia) Lippe, r. Nebenfluß des Rheins, Preußen (Westfalen u. Rheinprovinz).

lippŭs 3 augenkrank, triefäugig.

lipsānŭm, ī *n.* (lypsanum) Überbleibsel, *meist pl.*: **lipsānă,** ōrŭm *n.* Reliquien; Heiligtümer.

Lipsĭă, ae *f.* Leipzig, St. in Sachsen, *ca.* 460 000 Einw.; *dav.*: **Lipsĭēnsĭs,** ĕ.

lĭquāmĕn, ĭnĭs *n.* Brühe, Saft.

lĭquĕfăcĭō, fēcī, factŭm 3 flüssig machen, fließen lassen, schmelzen.

lĭquĕfactīvŭs 3 auflösend wirkend, schmelzend.

lĭquĕfīō factŭs sŭm, fĭĕrī (*pass.* zu liquefacio) flüssig werden; vergehen (*Ps.* 74, 4).

Lĭquentĭă, ae *f.* Livenza, Fluß in Norditalien, der bei Venedig mündet.

lĭquĕō, lĭquī *oder* lĭcŭī 2 klar, einleuchtend sein, deutlich sein.

lĭquēscō 3 1. flüssig *oder* klar werden. 2. entnervt werden.

lĭquĭdŭs 3 1. flüssig. 2. klar, hell, deutlich; *adv.*: **lĭquĭdō** bestimmt, ausdrücklich.

lĭquō 1 flüssig machen, schmelzen; *pass.* zerschmelzen, zergehen.

lĭquŏr, ōrĭs *m.* Flüssigkeit, Saft; Wasser; liquor genuīnus Blut u. Wasser (*Hym. Laud. Fest. Pret. Sang.*).

Lirīnŭm, ī *n.* (Lerinum) ehem. Bened.-, *jetzt* Cistercienserkloster Lerin auf der bei Cannes (Südfkr.) gelegenen Insel Sankt Honorat; *dav.*: **Lirīnēnsĭs,** ĕ u. **Lērīnēnsĭs,** ĕ.

līs, lītĭs *f.* Zank, Streit, Rechtsstreit; litis consortium gemeinsame Klage von Eheleuten gegen Dritte; lītem emĕre einen Prozeß durch Bestechung beilegen.

Lisbōnă, ae *f.* *s.* Lissabona.

Lisbōnēn. (*C. R.*) *s.* Lissabona.

Liserpalus, ī *f.* (Liverpolitāna ecclesia) Liverpool, St., England (Lancaster), *ca.* 700 000 Einw.; Bischofssitz (seit 1850), Suffr. v. Westminster.

Lisgă, ae *f.* der Lisgau um Duderstadt (Hannover).

Lismorĭēn. (*C. R.*) *s.* Lismorium.

Lismorĭŭm, ī *n.* Lismore, 1. St. am Richmondfluß in Australien (Neusüdwales), *ca.* 4500 Einw.; Bischofssitz (früher Grafton) seit 1887, Suffr. v. Sydney. 2. St. am Blackwater, Irland (Waterford), *ca.* 1600 Einw.; Bistum (seit 659), 1363 mit Waterford vereinigt; *dav.*: **Lismorĭēnsĭs,** ĕ.

Lissăbōnă, ae *f.* (Lisbona, Olysippo, Ulisippo) Lissabon (*port.*: Lisboa), Hauptst. v. Portugal, *ca.* 360 000 Einw.; Patriarchat (Bistum seit 4. Jhdt.); *dav.*: **Lisbōnēnsĭs,** ĕ.

Lissŭs, ī *f.* u. Lissunum, ī *n.* (*Λίσσος*) (Alexiensis ecclesia) Alessio (Ljesch), St., l. am Drin, Albanien (Skutari), *ca.* 3500 Einw.; Bistum (seit 6. Jhdt., 1385 wiederhergestellt), Sitz in Kalmeti (10 km nördl.), Suffr. von Skutari.

Listrogaugĭŭm, ī *n.* der Lysgau, eine Gegend in Flandern (Fkr. u. Belgien), zu beiden Seiten der Lys (Leye).

Lisuīnŭs pāgŭs, ī *m.* Gebiet von Lisieux in der Normandie, Fkr. (Calvados).

Litahă, ae *f.* *s.* Lutaha.

lĭtănĭă, ae *f.* (*λιτανεία*) (*auch*: litanĭa) Litanei, Wechselbittgebet; facere l. eine Litanei beten.

lĭtănĭae, ārŭm *f.* Bußprozessionen, Bittgänge, welche an den drei Wochentagen vor dem Feste Christi Himmelfahrt (lit. minores) und am Feste des hl. Markus, 25. April (lit. maiores), abgehalten werden; *auch* rogationes *genannt.*

lĭtĕră, ae *f.* *s.* littera.

lĭtĕrārĭŭs 3 *s.* litterarius.

lĭterātus 3 *s.* litteratus.

lithŏcollŭm, ī *n.* (*ἡ λιθοκόλλα*) 1. Steinkitt. 2. Marmorboden.

Lĭthostrōtŏs, ī *m.* (*Λιθόστρωτος*); *hebr.*: Gabbatha) Lithostrotos, der erhabene mit Marmor gepflasterte Platz vor dem Richthause des römischen Statthalters in Jerusalem (*Joh.* 19, 13. 16).

Lĭthŭānī, ōrŭm *m.* *s.* Lituani.

Lĭthŭānĭă, ae *f.* *s.* Lituania.

lītĭgātĭō, ōnĭs *f.* Zank, Streit.

lītĭgātŏr, ōrĭs *m.* Zänker, Streiter; Prozeßkrämer, Prozessierender.

lītĭgĭōsŭs 3 1. voller Streit, streitsüchtig, zänkisch, 2. strittig, streitig: res litigiosa Streitobjekt.

lītĭgĭŭm, ī *n.* Streit, Zank.

lītĭgō 1 streiten, hadern.

lĭtō 1 opfern, glücklich opfern; litare primum sacrum Primiz halten.

Lĭtŏmĕrĭcēn. (*C. R.*) *s.* Litomericium.

Lĭtŏmĕrĭcĭŭm, ī *n.* (Litomerium) Leitmeritz, St. an der Elbe, Böhmen, *ca.* 14 000 Einw., Bistum seit 1655, Suffr. v. Prag; *dav.*: **Lĭtŏmĕrĭcēnsĭs,** ĕ.

Lĭtŏmĕrĭŭm, ī *n.* *s.* Litomericium.

Lĭtŏmĭslĭŭm, ī *n.* (Litomyszlum) Leitomischl, St. an der Loučna (zur Elbe), Böhmen, *ca.* 8000 Einw.; ehem. Bistum (von 1344—1474).

Lītŏmyszlŭm, ī *n. s.* Litomislium.

littĕră u. **lītĕră,** ae *f.* I. Buchstabe. II. *im pl.* litterae, arum *f.* 1. das Schreiben, Brief; litterae commendaticiae Empfehlungsschreiben (*C. j. c.* 804); litterae dimissōrĭae Schreiben, wodurch jemand vom eigenen Bischofe einem anderen zur Weihe überwiesen wird; litterae encyclĭcae päpstliches Rundschreiben; litterae formātae Beglaubigungsschreiben des Bischofs über die einem Geistlichen erteilte Weihe; litterae patentes (u. patentes allein) Beglaubigungsschreiben über übertragene Vollmachten (*C. j. c.* 295, § 1). 2. Verordnung, päpstliche Verfügung. 3. Wissenschaft, Gelehrsamkeit, Belesenheit.

littĕrālĭs, ĕ zum Schreiben gehörig.

littĕrālitĕr *adv.* buchstäblich.

littĕrārĭŭs 3 (literarius). 1. zum Lesen und Schreiben gehörig. 2. Sprachunterricht, Elementarunterricht betreffend; Elementar- (*C. j. c.* 1357 § 2). 3. zur Literatur gehörig; literarii lusus literarische Spiele, Unterhaltungen. 4. schriftstellerisch.

littĕrātŏr, ōrĭs *m.* Elementarlehrer.

littĕrātūră, ae *f.* 1. Buchstabenschrift. 2. Sprachwissenschaft. 3. Schrifttum. 4. das Beschreiben, das Aufzählen: non cognovi litteraturam = ich kann nicht aufzählen (*Ps.* 70, 15).

littĕrātŭs 3 (literatus) schriftkundig, gelehrt, gebildet.

littĕrŭlă, ae *f.* kleiner Brief (*meist im Plur.*).

littŭs, ŏrĭs *n. s.* litus.

Lĭtŭānī, ōrŭm *m.* (Lithuani) Litauer.

Lĭtŭānĭă, ae *f.* (Lithuania) Litauen, eines der drei Baltischen Länder an der Ostsee, nordöstlich von Deutschland.

lĭtūră, ae *f.* 1. das Anstreichen, die Änderung, Verbesserung. 2. die ausgestrichene Stelle. 3. der Anwurf, die Tünche.

lītūrgĭă, ae *f.* (λειτουργία) 1. Dienstleistung, *bes.* jede priesterliche Tätigkeit am Altare u. bei Spendung von Sakramenten, Sakramentalien u. Segnungen. 2. im Morgenlande: eine Bezeichnung für das eucharistische Opfer und seinen Ritus, Liturgie.

lītūrgĭcŭs 3 (λειτουργικός) liturgisch; den kirchlichen Vorschriften über gottesdienstliche Verrichtungen entsprechend, gottesdienstliche Vorschriften enthaltend.

lītŭs, ŏrĭs *n.* (littus) Meeresufer, Strand, Gestade.

Liutĭcī, ōrŭm *m.* Liutizen; seit dem 10. Jhdt. Name der Wilzen, eines Zweiges der Polaben im östlichen Mecklenburg, in Vorpommern u. in der Uckermark.

Līvallĭă, ae *f.* ein Wald in Etrurien.

S. Līvārĭŭs, ī *m.* hl. Livarius, Mart. († im 5. Jhdt.).
Er wurde von den Hunnen unter Attila aus Metz verschleppt und, da er den Glauben nicht verleugnen wollte, mit Pingentius und Agentius enthauptet. Der Metzer Bischof Theodorich ließ den hl. Leib in der Metzer St. Vinzenzkirche beisetzen, die er selbst erbaut hatte; von dort kam er in die Kirche des hl. Polyeuctus, die später St. Livariuskirche hieß. In der französischen Revolutionszeit verschwanden die hl. Gebeine, während die Kirche entweiht wurde. — 17. April (Metz).

līvĕō 2 1. dunkelfarbig, blau, rotblau sein. 2. *übtr.*: neidisch sein.

līvĭdŭs 3 1. bleifarbig, bläulich. 2. *übtr.*: neidisch, mißgünstig.

līvĭō, ōnĭs *f. s.* livor.

Līvĭŭs, Tĭtŭs, geb. 59 v. Chr. zu Patavium (Padua), römischer Geschichtsschreiber, schrieb die Geschichte Roms ab Urbe condita bis 9 v. Chr. (Annales 142 Bücher; nur 1—10 und 21—45 ganz erhalten).

Livlandĭă, ae *f.* (Livonia) Livland, eines der drei Baltischen Länder an der Ostsee zwischen Litauen u. Estland.

Livonĭă, ae *f. s.* Livlandia.

līvŏr, ōrĭs *m.* (livio) 1. rotblauer oder gelber oder dunkler Fleck; Wunde; Sünde. 2. *übtr.*: Neid, Mißgunst, Scheelsucht.

lixă, ae *m.* Marketender (Lebensmittelverkäufer beim Heere).

lixīvĭă, ae *f.* (lixivĭum) Lauge; Seife.

lixīvĭŭm, ī *n. s.* lixivĭa.

Lobētŭm, ī *n.* (Albarracinensis ecclesia) Albarracín, St. am Oberlaufe des Guadalaviar, Spanien (Teruel), *ca.* 2000 Einw.; Bistum 1851 mit Teruel vereinigt.

Lobkowitz *indecl.* (Lobkovic, Lobkowic) gräflich-fürstliche Familie in Polen.

Lobnă, ae *f.* (*hebr.*: die Weiße? Lobana, Lebna, Libna) Lobna, St. zwischen Makeda u. Lais, Pal. (Juda); ehem. kanaanitische Königsstadt, israelitische Priester- u. Zufluchtsstadt, *j.*: Tell el-Hasî.

Lobni *indecl. m.* (*hebr.*: der Weiße?) Lobni, 1. ein Levit, erstgeborner Sohn des Gersom, Enkel des Levi. 2. ein Levit, Sohn des Moholi, Enkel des Merari.

Lobodanĕnsĭs pāgŭs, ī *m.* ehem. Gau am unteren Neckar (Baden-Württemberg).

lŏcă, ōrŭm *n. s.* lŏcus.

lŏcātārĭŭs, ī *m.* Mieter, Pächter.

lŏcātĭō, ōnĭs *f.* 1. Stellung, Anordnung: verborum. 2. Verpachtung, Verdingung, Vermietung; vălor locatiōnis Verpachtungswert, Pachtzins (*C. j. c.* 1541).
lŏcātŏr, ōrĭs *m.* Verpachter, Vermieter.
lŏcātŭm, ī *n.* Verpachtung, Vermietung.
1. **lŏcō** 1 1. stellen, setzen, legen. 2. errichten, aufrichten. 3. unterbringen, Platz schaffen für. 4. verpachten, verdingen, austun; filiam nuptui l. die Tochter verheiraten.
2. **lŏcō** *praep. c. gen.* anstatt, wie.
lŏcŭlŭs, ī *m.* 1. Plätzchen, loculus muri Mauernische. 2. Sarg, Bahre. 3. Kästchen, Büchse; Geldbeutel.
lŏcŭplēs, ētĭs reich, begütert, wohlhabend, gesegnet.
lŏcŭplētātĭō, ōnĭs *f.* 1. Bereicherung. 2. Reichtum.
lŏcŭplētātŏr, ōrĭs *m.* Bereicherer.
lŏcŭplētō 1 bereichern.
lŏcŭs, ī *m.* 1. Ort, Platz, Stelle, Stätte. 2. Ortschaft, *pl.*: **loca,** orum *n.* Gegend. 3. Posten, Stellung; lŏcum alicuius tenēre jemandes Stellvertreter sein (*C. j. c.* 187); loco und in loco alicuius an jemandes Stelle, anstatt jem., ganz wie jem.; loco excīdere die Stellung verlieren. 4. Rang, Herkunft. 5. Lage, Zustand. 6. Raum, Gelegenheit, Veranlagung, 7. *pl.* **lŏcī,** ōrŭm *m.* Abschnitte, Stellen eines Buches; Fundstätten der Beweise, Hauptlehren, Hauptpunkte: loci theologici Ansichten über verschiedene religiöse Punkte od. Fragen.
Lŏcŭs S. Mariae *m.* Marienstatt, Cistercienserkloster in Hessen-Nassau, Diöz. Limburg an der Lahn.
lōcustă, ae *f.* Heuschrecke.
lŏcūtĭō, ōnĭs, *f.* 1. das Sprechen, die Aussprache. 2. Rede-, Ausdrucksweise; l. linguarum Fähigkeit, mehrere Sprachen zu sprechen.
lŏcūtōrĭŭm, ī *n.* Sprechzimmer.
Lod *indecl.* (*hebr.* ?) *s.* Lydda.
Lodabar *indecl.* (*hebr.*: ohne Trift) Lodabar, St. in der Nähe von Mahanaim im Ostjordanlande.
log *indecl.* (*hebr.*) Log, ein Maß für Flüssigkeiten, der zwölfte Teil eines Hin.
Logănă, ae *f. s.* Lagana.
lŏgĭcă, ae *f.* u. **lŏgĭcă,** ōrŭm *n.* (*λογική scil.*: *τέχνη*) Logik, Lehre vom vernunftgemäßen Denken.
lŏgĭcŭs 3 (*λογικός*) logisch, folgerichtig.
lŏgŏs, ī *m.* (logus), (*λόγος*) 1. das Wort. 2. die Vernunft. 3. der Logos (das göttliche Wort, die zweite göttliche Person).
Loiān. (*C. R.*) *s.* Loxa.
Loidae, ārŭm *f.* Leeds, St. a. der Aire, England (York), mit Liverpool verbunden, *ca.* 429000 Einw.; Bischofssitz (seit 1878), Suffr. v. Westminster; *dav.*: **Loidēnsĭs,** ĕ.
Loidēn. (*C. R.*) *s.* Loidae.
Lōĭs, ĭdĭs *f.* (*Λωΐς*) Loïs, Großmutter des hl. Timotheus (2. *Tim.* 1, 5).
lŏlĭŭm, ī *n.* Lolch; Taumellolch, Schwindelhafer, Trespe.
Lombardĭă, ae *f. s.* Langobardia.
Lombardŭs Petrŭs, ī *m. s.* Petrus Lombardus.
Londĭnĭŭm, ī *n.* (Lundunensis civitas) London, Hauptst. v. England, *ca.* 7 Mill. Einw.; *dav.*: **Londĭnēnsĭs,** ĕ.
longaevĭtās, ātĭs *f.* langes Leben, hohes Alter.
longaevŭs 3 hochbetagt, lang lebend.
longănĭmĭs, ĕ langmütig.
langănĭmĭtās, ātĭs *f.* Langmut.
longē *adv.* fernhin, fernher, weitab; longe facere entfernen, fernhalten.
longinquĭtās, ātĭs *f.* 1. Entfernung, Länge. 2. lange Dauer.
longinquŭs 3 1. weit entfernt. 2. langwierig.
S. Longīnŭs, ī *m.* hl. Longinus, Mart., 15. März.
longĭtūdō, ĭnĭs *f.* Länge, lange Dauer; in longitudinem dierum für alle Zeiten, auf immer.
longĭturnĭtās, ātĭs *f.* lange Dauer.
longĭturnŭs 3 langdauernd.
longĭuscŭlŭs 3 ziemlich lang.
Longŏbarbŭs, ī *m.* (Longus barbus) Langbart, Beiname Heinrichs, Fürsten von Polen u. Böhmen, Gemahls der hl. Hedwig.
Longŏbardī, ōrŭm *m. s.* Langobardi.
Longŏbardĭă, ae *f. s.* Langobardia.
longŭs 3 1. lang, ausgedehnt. 2. langdauernd. 3. **longē** *adv.* fernhin, weit; a longe aus der Ferne.
Longŭs Pōns, ontĭs *m.* Longpont, ehem. Cistercienserkloster, Fkr., Diöz. Soissons.
Loomim *indecl.* (*hebr.*: Leummim) *s.* Laomim.
Loposagĭŭm, ī *n.* Luxiol, D., Fkr. (Doubs).
loquācĭtās, ātĭs *f.* Geschwätzigkeit.
lŏquāx, ācĭs geschwätzig.
lŏquēlă, ae *f.* (loquella) das Reden, die Rede, die Sprache.
lŏquellă, ae *f. s.* loquela.
lŏquēns, entĭs sprechend, fürsprechend; loquens sanguis: das Blut Christi, das gleichsam Fürsprache bei Gott Vater einlegt (*Hymn. Mat. Sang. pret.*).
lŏquŏr, cūtŭs sŭm 3 1. *intr.*: alicui mit, zu jemand sprechen. 2. *trans.*:

rühmen, verkündigen, besingen (*Ps.* 144, 5); sagen, reden; ut non loquatur os meum opera hominum daß nicht mein Mund Menschenwerk preise (*Ps.* 16, 4); magna loqui ein Prahlhans sein (*Ps.* 34, 26); loqui in porta sich bei Gericht verteidigen (*Ps.* 126, 5).

lōrāmentŭm, ī *n.* Riemen; Verband, Gefüge (*Ecclus* 22, 19).

lōrātŭs 3 mit Riemen gebunden.

lōrīcă, ae *f.* Panzer, Harnisch.

lōrīcātŭs 3 gepanzert (*Jer.* 51, 3).

Lorrētŭm, ī *n.* *s.* Lorriacum 1.

Lorriacŭm, ī *n.* 1. (Lorretum) Lorret-le-Bocage, Marktflecken, Fkr. (Seine-et-Marne). 2. Lorris, St. Fkr. (Loiret).

Lorsă, ae *f.* *s.* Lorsacum.

Lorsacŭm, ī *n.* (Lorsa, Laurissa) Lorsch, Marktflecken an der Weschnitz, Hessen (Starkenburg - Bensheim), *ca.* 4000 Einw., ehem. Kloster, von 763—1621; *dav.*: **Laurissānŭs** 3, **Laurissēnsĭs,** ĕ *u.* **Laureshamēnsĭs,** ĕ.

lōrŭm, ī *n.* 1. Riemen; loris extensus durch Riemen ausgespannt. 2. Zügel. 3. Peitsche, Geißel.

Losannă, ae *f.* *s.* Lausonium.

Lot *indecl.* *m.* (*hebr.*?) Lot, Sohn Arans, Neffe Abrahams.

Lotan *indecl.* *m.* (*hebr.*?) Lotan, ein Horiter, Urbewohner im Gebirge Seïr.

Lŏthārĭă, ae *f.* *s.* Lotharingia.

Lōthāringĭă, ae *f.* (Lotharia) Lothringen, ehemaliges Herzogtum, seit 1918 ganz zu Frankreich gehörig.

Lŏthārĭŭs, ī *m.* 1. Lothar, Sohn Ludwigs des Frommen, Mitkaiser (817 bis 843). 2. König Lothar von Italien, erster Gemahl der hl. Adelheid.

lōtĭō, ōnĭs *f.* 1. das Waschen, die Waschung. 2. das Waschmaterial; das schon gebrauchte Waschwasser.

Lottovĭă, ae *f.* (Lettia) *s.* Lituania.

lōtŭs 3 *s.* lăvo.

Lourdes *indecl.* berühmter Wallfahrtsort in Südfrankreich (seit 1858).

Lovanĭă, ae *f.* (Lovanium, Lovinium) Löwen, St. an der Dyle, Belgien (Brabant), *ca.* 45000 Einw.; *dav.*: **Lovanĭēnsĭs,** ĕ.

Lovanĭŭm, ī *n.* *s.* Lovania.

Lovinĭŭm, ī *n.* *s.* Lovania.

Loyēnsē mŏnastērĭŭm, Kloster Lohe bei Regensburg.

Loyōlă, ae *f.* (*auch*: Lóyola) altadliges Geschlecht in der span. Provinz Guipuzcoa.

Loxă, ae *f.* Loja, St., r. am Rio Zamora in Ekuador, Südamerika, *ca.* 10000 Einw.; Bischofssitz (seit 1866), Suffr. v. Quito; *dav.*: **Loiānŭs** 3.

Lūbēcă, ae *f.* *s.* Lubica.

lŭbēns, lŭbentĕr *s.* libens *usw.*

Lubēnsĭs, ĕ aus Leubus (Schlesien).

S. Lŭbentĭŭs, ī *m.* hl. Lubentius, Bek. u. Priester († *ca.* 370).

Er war Schüler des hl Maximin, der bei Poitou (Fkr.) tätig war und dessen Leichnam Lubentius nach Trier brachte. Mit großem Eifer widmete sich L. der Bekehrung der Bewohner des Mosellandes. Er soll bis Dietkirchen unweit Limburg a. d. Lahn gekommen sein. Der Tod traf ihn in Kobern an der Mosel. Als die Bewohner des Rheinufers den hl. Leib für sich in Anspruch nahmen, kam man überein, ihn auf ein Schiff zu bringen und daselbe die Mosel herabfahren zu lassen, bis es von selbst halten würde. Das Schiff gelangte von der Mosel in den Rhein und von da trotz heftiger Gegenströmung in die Lahn, wo es bei Dietkirchen anhielt. Alsbald erbaute man dort eine Kirche zu Ehren des hl. Lubentius. — 13. Oktober (Limburg) und 16. Oktober (Trier).

Lūbĭcă, ae *f.* (Lubicensis urbs, Lubeca) Lübeck, Freistadt an der Trave (Ostsee), Deutschland, *ca.* 110000 Einw.

Lūbĭcēnsĭs urbs, b'̆s *f.* *s.* Lubica.

lŭbīdō, ĭnĭs *f.* *s.* libido.

lŭbĭtŭm, ī *n.* *s.* libitum.

lŭbĭtŭs, ūs *m.* *s.* libitum.

Lublinēn. (*C. R.*) *s.* Lublinum.

Lublinŭm, ī *n.* Lublin (Ljublin), St. l. an der Bystrzyca (zur Weichsel), Polen, *ca.* 50000 Einw.; Bistum (seit 1805), jetzt vereinigt mit Podlachien (1818—1868 Sitz in Janow), Suffr. v. Warschau; *dav.*: **Lublinēnsĭs,** ĕ.

lūbrĭcō 1 schlüpfrig machen.

lūbrĭcŭm, ī *n.* Schlüpfrigkeit.

lūbrĭcŭs 3 1. glatt, schlüpfrig. 2. gefährlich, verführerisch.

1. **Lūcă,** ae *f.* (Lucca) Lucca, St. am Serchio in der Toscana, Italien, *ca.* 31000 Einw.; Erzbischofssitz; *dav.*: **Lūcānŭs** 3.

2. **Lucă,** ae *f.* Loccum, ehem. Cistercienserkloster, Preußen (Hannover); Dorf, *ca.* 2000 Einw.

Lūcān. (*C. R.*) *s.* 1. Luca.

Lūcānēn. (*C. R.*) *s.* Lucanum.

Lūcānĭă, ae *f.* Lukanien, Landschaft an der Westseite von Unteritalien, *j.* Prov. Basilicata; *dav.*: Lucānĭcus 3.

Lūcānĭăcŭm, ī *n.* Loigny, D., Fkr. (Eure-et-Loir).

Lūcānŭm, ī *n.* Lugano, St. am Luganersee, Schweiz (Tessin), *ca.* 5500 Einw.; Bistum verwaltet von einem Apostolischen Administrator; *dav.*: **Lūcēnēnsĭs,** ĕ *u.* **Lūcānēnsĭs,** ĕ.

S. Lūcānŭs, ī *m.* hl. Lukan, Bek. u. Bisch. von Seben (Tirol), 27. Juli.

S. Lūcās, ae *m.* Evangelist Lukas, Mart., Gefährte u. Gehilfe des hl.

Paulus, Arzt aus Antiochien in Syrien, 18. Oktober.

Luccă, ae *f. s.* 1. Luca.

Lucellă, ae *f.* (Lucellana abbatia) Lützel, ehem. Cistercienserkloster im Elsaß, Diöz. Straßburg; *dav.*: **Lucellānŭs** 3.

Lucellānă abbātĭă, ae *f. s.* Lucella.

lŭcellŭm, ī *n.* kleiner Gewinn, Profitchen.

Lucemburgŭm, ī *n.* (Lucilibụrgum, Lutzelburgum) Luxemburg, Land und Hauptst. des Großherzogtums Luxemburg, *ca.* 20 000 Einw., Bischofssitz, exempt, *dav.*: **Luxemburgēnsĭs,** ĕ.

Lūcēn. (*C. R.*) *s.* Lucus Augusti.

Lūcentŭm, ī *n.* (Aloniensis ecclesia) Alicante, St., Spanien, *ca.* 50 000 Einw.; Bistum, Sitz in Orihuela; Suffr. v. Valencia.

lūcĕō, ūxī 2 1. hell sein, leuchten. 2. hervorleuchten, klar sein.

Luceorīēn. (*C. R.*) (Luceorien. et Zytomerien.) *s.* Luceorium.

Luceorĭŭm, ī *n.* Luzk (Luck, Lutsch) St., r. am Styr, Polen (Wolynien), *ca.* 18000 Einw.; Bistum Luzk-Schitomir (1792 aus den vereinigten Bistümern Luzk [seit 1358] u. Kijew [seit *ca.* 961], Residenz in Schitomir, Suffr. von Mohilew; unter ständiger Verwaltung des Bisch. v. Luzk steht das Bistum Kamenez; *dav.*: **Luceorĭēnsĭs,** ĕ.

Lūcĕrĭă, ae *f.* (Lucerna) Luzern, am Vierwaldstättersee in der Schweiz, *ca.* 30 000 Einw.; *dav.*: **Lūcernēnsĭs,** ĕ. 2. **Lūcĕrĭă,** ae *f.* (Apula) Lucera, Stadt in Apulien, Italien, *auch*: Santa Maria genannt, *ca.* 18 000 Einw.; Bischofssitz (seit 4. Jhdt.), Suffr. v. Benevent, *dav.*: **Lūcĕrīnŭs** 3.

Lūcĕrīn. (*C. R.*) *s.* 2. Luceria.

lūcernă, ae *f.* Lampe, Leuchte; lucernam illuminare die Leuchte scheinen lassen.

Lūcernă, ae *f. s.* 1. Luceria.

Lūcernēnsĭs lăcŭs *m.* (Helveticus lacus) Luzerner See, Schweiz.

Lūcernēnsĭs păgŭs, ī *m.* Kanton Luzern, Schweiz.

lūcernŭlă, ae *f.* Lämpchen.

lūcēscō, lūxī 3 (lucisco) hell werden, Tag werden.

S. Lūcĭă, ae *f.* hl. Luzia: 1. Jgfr. u. Mart., † 304, 13. Dezember. 2. hl. Mart., 16. Sept.

Lūcĭă, ae *f.* Luzia, Mutter des hl. Ildephons.

B. Lūcĭă Amĕrīnă, ae *f.* sel. Luzia v. Amelia, Jgfr. († 1350).

Sie war geboren zu Castro Porciano im Bistum Amelia aus der Familie Bufalari und Schwester des sel. Johannes von Rieti. Sie trat bei den Augustiner-Tertiarinnen ein. Wegen ihres leuchtenden Tugendbeispieles wählten sie die Nonnen zur Oberin. Sie starb noch jung am 27. Juli 1350. Die Stadt nahm sie unter ihre Schutzheiligen auf. — 27. Juli (Aug. O.).

Lūcĭae mōns, ontĭs *m.* Berg mit Kapuzinerkloster bei Neapel; *vgl.*: S. Luciae Montis coenobium.

S. Lūcĭae Montĭs coenŏbĭŭm Kapuzinerkloster zur hl. Luzia auf einem Berge bei Neapel (Italien).

lūcĭdŭs 3 1. hell, leuchtend. 2. deutlich, klar. 3. lauter.

lūcĭfĕr, fĕră, fĕrŭm lichtbringend.

Lūcĭfĕr, ĕrī *m.* 1. der Planet Venus oder der Morgenstern. 2. Name des Anführers der gefallenen Geister (1. *Petr.* 1, 19).

Lūcĭfĕrĭānī, ōrŭm *m.* die Luziferianer: 1. Anhänger des Bischofs Luzifer von Calaris, der im Kampfe gegen die Arianer zu weit ging u. sich von der Kirche getrennt haben soll († um 370). 2. Name mehrerer gnostischer Sekten in Deutschland im 13. u. 14. Jhdt.

Lūcĭlĭburgŭm, ī *n. s.* Lucemburgum.

S. Lūcillă, ae *f.* 1. hl. L., Mart., *s.* S. Eonius. 2. hl. L., Mart., *s.* S. Flora.

Lūcillă, ae *f.* Luzilla, Tochter des Tribunen Nemesius.

Lūcillŭs, ī *m.* Luzill, Bisch. v. Synica bei Hippo.

Lūcīnă, ae *f.* Luzina Name mehrerer vornehmer christlicher Frauen zu Rom z. Zt. der Christenverfolgungen.

lūcīscō *s.* **lucesco.**

S. Lūcĭŭs, ī *m.* 1. hl. Papst **L. I.** (253—254), Mart., 4. März. 2. hl. Mart., 9. Juni.

S. Lūcĭŭs, ī *m.* hl. Luzius, König, Bisch. u. Martyrer († um 182 oder 190).

Als Sohn des Coillus Justus war Luzius König von Britannien. Noch dem Heidentum angehörig, hatte er wegen der Tugenden und guten Werke der Christen im Sinn, ebenfalls Christ zu werden, schob aber die Bekehrung hinaus, weil die Christen beim heidnischen Volke verhaßt waren. Als aber mehrere römische Bürger und Senatoren Christen geworden waren, schickte er an den Papst Eleutherius Gesandte und bat, unter die Zahl der Christen aufgenommen zu werden. Nachdem er die hl. Taufe empfangen und auch die Seinigen im Glauben gestärkt, erhielt er auf seine Bitten vom Papste die Vollmacht zu predigen und zu taufen. Nun entsagte er seinem königlichen Throne, verließ sein Vaterland, zog zuerst nach Gallien und dann nach Augsburg in Südbayern und bekehrte dort als ersten Mann Patritius Campestrius, dessen Familie und viele Bürger zum hl. Glauben. Von den gottlosen Heiden heftig mißhandelt und verfolgt, mußte er die Stadt verlassen und nach Rhätien in die Alpen flüchten. Er ließ sich unter einem hohlen Felsen bei Chur nieder, wo heute noch eine Kapelle zu seiner Ehre steht. Durch zwei- und dreitägige Fasten, durch Nachtwachen und glühende Gebete erflehte er sich die übernatürliche Hilfe für seine Arbeiten und predigte das Evangelium nicht bloß in Chur, sondern in fast ganz Rhätien. So gewann er durch Wort und Beispiel viele für den Glauben und wurde Bischof von Chur. Im Verlangen nach dem Martyrtum begab er sich an den Marswald, jetzt Luziensteig genannt, wo er von den Heiden in den Brunnen geworfen, von den Christen aber wieder noch halblebend gerettet wurde. Als er nachher nichtsdestoweniger sein Bekehrungswerk fortsetzte und durch Wunder viele Kranke heilte, ergriffen ihn die Heiden abermals und steinigten ihn zu Tode an dem Platze, an welchem jetzt der bischöfliche Palast steht. Hier wird auch sein Leib aufbewahrt. — 3. Dezember (Chur) und 5. Dezember (St. Gallen).

1. **Lūcĭŭs,** ī *m.* Luzius II., Papst (1144 bis 45).

2. **Lūcĭŭs,** ī *m.* Luzius 1. ein römischer Konsul, der die Juden in Schutz nahm (1. *Mach.* 15, 16). 2. ein Christ u. Verwandter des hl. Apostels Paulus (*Röm.* 16, 21), *vielleicht identisch mit:* Lucius Cyrenensis.

Lūcĭŭs Cyrenēnsĭs *m.* Luzius von Cyrene, einer der Lehrer der Kirche von Alexandrien in apostolischer Zeit.

Lūcĭŭs Vērŭs, ī *m.* Luzius Verus, heidnischer römischer Kaiser zugleich mit Mark Aurel (161—180).

Luconēn. (*C. R.*) *s.* Luconium.

Luconĭŭm, ī *n.* Luçon, St., Fkr. (Vendée), *ca.* 6800 Einw.; Bischofssitz (seit 1317), Suffr. v. Bordeaux; *dav.*: **Luconēnsĭs,** ĕ.

lŭcrātĭō, ōnĭs *f.* Gewinn.

lŭcrātīvŭs 3 gewonnen; mit Vorteil verknüpft.

lŭcrĭfăcĭō, fēcī, factŭm 3 gewinnen, verdienen.

lŭcrĭfĭcŭs 3 Gewinn bringend.

Lucronĭēn. (*C. R.*) *s.* Iuliobriga.

lŭcrŏr 1 gewinnen, Nutzen ziehen.

lŭcrōsŭs 3 vorteilhaft.

lŭcrŭm, ī *n.* 1. Gewinn, Vorteil, Nutzen. 2. Gewinn-, Habsucht.

luctă, ae *f.* das Ringen, Streit.

luctāmĕn, ĭnĭs *n.* Anstrengung, Kampf.

luctātĭō, ōnĭs *f.* das Ringen, Kampf.

luctātŏr, ōrĭs *m.* der Ringer, Streiter.

luctŏr 1 ringen, kämpfen, sich anstrengen.

lūctŭōsŭs 3 jammervoll, traurig, tiefbetrübt.

lūctŭs, ūs *m.* Trauer.

lūcŭbrātĭō, ōnĭs *f.* das Arbeiten bei der Lampe, Nachtarbeit.

lūcŭbrō 1 bei Licht arbeiten; etwas nachts unternehmen.

lūcŭlentĕr *adv.* gehörig, tüchtig.

lūcŭlentŭs 3 1. recht hell, glänzend. 2. stattlich, prächtig, angesehen; tüchtig, reich.

Lucullānŭm castellŭm, ī *n.* Ort bei Neapel (Italien).

lūcŭs, ī *m.* Hain, Wald.

Lūcŭs Augustī *m.* Lugo, St. in Galicien, Spanien, *ca.* 27000 Einw.; Bischofssitz, Suffr. v. Compostela; *dav.*: **Lūcēnsĭs,** ĕ.

Lud *indecl.* (*hebr.*) *richtig lateinisch*: Lydii, orum *m.* die Lydier (*Gen.* 10, 22).

S. **Lūdānŭs,** ī *m.* hl. Ludan, Bek. († 1202), 12. Februar.

In Schottland aus vornehmem Geschlecht geboren, gab er früh schon all sein Hab und Gut an die Armen und pilgerte nach Jerusalem und von da nach Rom. Er gelangte auf der Rückreise ins Elsaß gegen Anfang des 13. Jahrhunderts. Die Gebeine des Verstorbenen wurden in der St. Georgskirche zu Nordhausen beigesetzt, wo sie bis zum Einfalle der Schweden i. J. 1632 ruhten. Sie wurden alsdann zerstreut, nachdem die Kirche vernichtet worden war. Später erbaute man eine neue Kirche zu Ehren des Heiligen. — 16. Februar (Straßburg).

Lūdēnsĭs cōmĭtātŭs Grafschaft Louth (Irland).

S. **Ludgērŭs,** ī *m.* hl. Ludger, Bek. u. erster Bisch. v. Münster in Westfalen († 807 oder 809).

In Friesland von edlen Eltern geboren, wurde Ludger dem Utrechter hl. Bischofe Gregor zur Erziehung übergeben. Später kam er nach York (in England), wo Alkuin ihn unterwies. Vom hl. Bischof Alberich ward er zur Verbreitung des Evangeliums nach Friesland entsandt. Zunächst erbaute er die vom hl. Leboin in Deventer errichtete und von den Sachsen niedergebrannte Kirche wieder auf. Als Wittekind die Christen verfolgte, begab sich Ludger, der inzwischen Priester geworden war, nach Rom und lebte dann einige Zeit im Benediktinerkloster Montecassino unter dem Abte Theotmar. Nach der Heimkehr gelang es ihm, mehrere friesische Orte und Inseln zu bekehren. Seine Liebe zur Abtötung ging soweit, daß er sich niemals satt aß; nur ungern nahm er die Bischofswürde an. Die den Aeckern schädlichen Wildgänse bannte er gänzlich aus seinem Sprengel. In Mimigerneford errichtete er ein Kloster, woher der spätere Name „Münster" (= monasterium) rühren soll; er wurde erster Bischof dieser alten Ansiedlung. Auch in Werden und Helmstedt gründete der Heilige Ordensniederlassungen und tat Außerordentliches zur Verbreitung des Christentums. Als er sich eben anschickte, den Normannen die christliche Lehre zu bringen, wurde er krank. Seine letzte hl. Messe feierte er in Billerbeck unweit Coesfeld; dort starb er auch. — 26. März (Köln, Münster, Osnabrück, Paderborn).

lūdĭbrĭŭm, ī *n.* Gespött, Hohn.

lūdĭbundŭs 3 spielend, leicht, ohne Mühe.

lūdĭcĕr (lūdĭcrŭs), cră, crŭm zur Kurzweile *oder* zur Lust dienend; zum Vergnügen geschehend.

lūdĭcrŭm, ī *n.* Spiel, Schauspiel.

lūdĭcrŭs 3 *s.* ludicer.

lūdĭfĭcātĭō, ōnĭs *f.* die Täuschung, das Hintergehen, das Verspotten.

lūdĭfĭcō 1 zum besten haben, sein Spiel treiben.

Ludim *indecl.* (*hebr.*: *vielleicht richtig Lubim*) Lybier, die von Ägypten (Misraim) aus Lybien bevölkert haben (*Gen.* 10, 13).

S. **Ludmildĭs,** ĭs *f.* hl. Ludmildis, Jgfr. Mart., Gefährtin der hl. Ursula. (5. Jhdt.) — 21. Oktober.

S. **Ludmĭlă,** ae *f.* hl. Ludmilla, Witwe († 927).

Sie war Tochter des Landgrafen Slawibor und wurde mit dem heidnischen Böhmenfürsten Borivoj vermählt, den sie nebst ihren Hausgenossen zum Christentum bekehrte. Sie wurde „die Mutter der Armen, der Fuß der Lahmen, das Auge der Blinden und die Trösterin von Witwen und Waisen". Sie hatte drei Söhne und drei Töchter. Einer ihrer Söhne — mit Namen Wratislaus — heiratete die

Heidin Drahomira, von der er die Söhne Wenzeslaus und Boleslaus erhielt. Der erstere wurde von Ludmilla fromm erzogen und erlangte bei dem vorzeitigen Tode des Vaters die Herrschaft. Drahomira aber war voll Zorn über die Verbreitung der christlichen Lehre und nahm sich vor, die Schwiegermutter zu beseitigen; Ludmilla, die ihr Ende voraussah, empfing die hl. Wegzehrung und teilte ihr Geld an die Armen aus. Sie wurde während des Gebetes von zwei Meuchelmördern erdrosselt. Ihr Leichnam wurde von ihrem Enkel Wenzeslaus nach Prag gebracht. — 16. September (Brünn, Olmütz, Prag; Übertragung der hl. Ludmilla) und 16. November (Prag).

lūdĭō, ōnĭs *m.* Schauspieler, Pantomime.

lūdō, sī, sŭm 3 1. spielen, tändeln. 2. zum besten haben, täuschen, hintergehen.

B. Lūdolphŭs, ī *m.* sel. Ludolf, Schüler des hl. Romuald (11. Jhdt.)

Lūdolphŭs, ī *m.* Ludolph Erzbischof von Trier.

B. Lūdŏvīcă dē Marillac sel. Luise von Marillac, Witwe († 1660).

Sie wurde im Jahre 1591 in Paris geboren und stammte aus vornehmem Geschlechte. Frühzeitig wünschte sie, ins Kloster zu gehen, doch ihr Seelenführer riet ihr ab. So gab sie denn schließlich dem Drängen der Ihrigen nach und vermählte sich mit Anton Le Gras. Ihren Sohn aus dieser Ehe erzog sie aufs beste. Mehr als zwei Jahre lang pflegte sie mit größter Aufopferung ihren kranken Gatten, der nach dreizehnjähriger Ehe starb. Als Witwe wandte sie sich ganz der Armenhilfe unter Leitung des hl. Vinzenz von Paul zu. Sie sammelte junge Mädchen, die vom Geiste der Nächstenliebe erfüllt waren, um sich und gründete die Genossenschaft der Schwestern der Liebe, die sich alsbald weithin ausbreitete. Fast ständig war Luise krank, so daß selbst dem hl. Vinzenz ihr weiteres Arbeiten unter den aufreibendsten Verhältnissen während 27 Jahren als ein Wunder der Gnade erschien. Sie starb am 15. März 1660. — Fest 15. März (Lazaristen).

B. Lūdŏvīcă ă Sabaudĭā *f.* sel. Luise von Savoyen, Witwe († 1503).

Sie war die Tochter des seligen Amadeus, Herzogs von Savoyen, und wurde 1461 geboren. Von frühester Jugend an liebte sie das Gebet und die hl. Reinheit, während sie weltliche Dinge geringschätzte. Auf den dringenden Wunsch ihres Oheims hin verheiratete sie sich mit dem Fürsten von Cabillon, den sie ebenfalls zur Frömmigkeit hinführte. Mit 27 Jahren verlor sie den Gatten. Sie gab sich jetzt ganz den Werken der Gottes- und Nächstenliebe hin, trug das Gewand einer Tertiarin und spendete große Summen für Arme und Klosterinsassen. Endlich konnte sie ihren Herzenswunsch erfüllen uud zu Rom in ein Franziskanerinnenkloster eintreten, wo sie sich durch Demut, Gehorsam und Selbstverleugnung auszeichnete. An ihrem Grabe geschahen viele Wunder. Gregor XVI. erlaubte i. J. 1839 ihre kirchliche Verehrung. — 24. Juli (Lausanne-Genf) und 11. August (Franz. O.).

Lūdŏvīcŏpŏlītān. (*C. R.*) *s.* Ludovicia.

S. Lūdŏvīcī (*C. R.*) *s.* 1. Ludovicopolis.

S. Lūdŏvīcī (*C. R.*) *s.* 3. Ludovicopolis.

S. Lūdŏvīcī Potos. (*C. R.*) *s.* 2. Ludovicopolis.

Lūdŏvīcĭă, ae *f.* Louisville, St. am Ohio, Nordamerika (Kentucky), *ca.* 210 000 Einw.; Bistum, Sitz in Bardstown, Suffr. von Cincinnati; *dav.*: **Lūdŏvīcŏpŏlītānŭs** 3.

1. **Lūdŏvīcŏpŏlĭs,** ĭs *f.* Saint Louis, St. r. am Mississippi, Nordamerika (Missouri), *ca.* 800 000 Einw.; Erzbischofssitz (seit 1847, Bistum seit 1826).

2. **Lūdŏvīcŏpŏlĭs,** ĭs *f.* San Luis Potosí, St. Mexiko, *ca.* 65 000 Einw.; Bischofssitz (seit 1854), Suffr. v. Linares.

3. **Lūdŏvīcŏpŏlĭs,** ĭs *f.* São Luiz (São Luiz do Maranhão), St. auf einer Kūsteninsel, Brasilien (Maranhao), *ca.* 30 000 Einw.; Bischofssitz (seit 1677), Suffr. v. Bahia.

1. **S. Lūdŏvīcŭs,** ī *m.* hl. Ludwig IX., König von Frankreich, Bek. aus dem III. Orden des hl. Franziskus, † 1270, 25. Aug.

2. **S. Lūdŏvīcŭs,** ī *m.* hl. Ludwig, Bek. u. Bisch. von Toulouse (Fkr.) († 1297).

Sein Vater war Karl II., König von Sizilien, seine Mutter hieß Maria und war die Tochter eines Ungarnkönigs. Im 14. Lebensjahre kam er als Geisel nach Barcelona und wurde dort bei den Franziskanern erzogen. In den sieben Jahren seines Verweilens im Kloster machte er sowohl in den Wissenschaften wie auch in der Frömmigkeit Riesenfortschritte. Er schloß sich den Franziskanern an und wurde Priester, nachdem er auf das Recht der Erstgeburt verzichtet hatte. Auf Geheiß Papst Bonifatius' VIII. mußte er das Bistum Toulouse übernehmen. Dort bekehrte er u. a. auch mehrere Juden und Heiden. Täglich speiste er 25 Arme in seiner Wohnung. Die hl. Reinheit bewahrte er aufs sorgsamste. Ein Fieber raffte ihn schnell im 33. Lebensjahre hinweg. Da viele Wunder an seinem Grabe geschahen und sogar mehrere Tote auf seine Anrufung hin wieder lebendig wurden, nahm ihn Papst Johannes XXII. unter die Schar der Heiligen auf. Sein hl. Leib ruht im Dome zu Valence an der Rhône (Fkr.). — 19. August (Franz. O. und Kap. O.).

S. Lūdŏvīcŭs Bertrandŭs, ī *m.* hl. Ludwig v. Bertrand, Bek., † 1581, 10. Okt.

B. Lūdŏvīcŭs pŭĕrŭlŭs, ī *m.* das sel. Kind Ludwig, Mart. in Japan; *s.* B. Franciscus Pacheco.

Lūdŏvīcŭs, ī *m.* 1. Kaiser Ludwig der Fromme (Pius) (814—840). 2. Ludwig IV. der Bayer (Bavarus), deutscher König (1313—1347). 3. Könige von Frankreich: Ludwig VII. (1137—1180); L. XI. (1461—1483); L. XII. (1498—1515), Gemahl der hl. Johanna von Valois, vorher Herzog von Orléans (dux Aurelianensium); L. XIII. (1610—1643). 4. Ludwig III., König von Bayern ([Prinzregent ab Dez. 1912] reg. 1913 bis zum 8. Nov. 1918, †1921). 5. Ludwig VI., Landgraf von Hessen u. Thüringen, Gemahl der hl. Elisabeth von Thüringen.

Lūdŏvīcŭs Bavārŭs, ī *m.* Ludwig der Bayer, *s.* Ludovicus 2.

Lūdŏvīcŭs, dux Aurēlĭēnsĭŭm *m.* Ludwig, Herzog von Orléans, *s.* Ludovicus 3.

Lūdŏvīcŭs Pĭŭs, ī *m.* Ludwig der Fromme *s.* Ludovicus 1.

S. Lūdŏwīnŭs, ī *n. s.* S. Ludwīnus.
S. Lūdwīnŭs, ī *m.* (Ludowinus) hl. Ludwin, Bek. u. Bisch. v. Trier († 713 oder 718).
Er war der Neffe des hl. Trierer Bischofs Basinus, dessen Schwester Gonza mit Gerwin, dem Sohne des Herzogs von Lothringen vermählt war. Er heiratete und war als Fürst tätig. Nach der Errichtung des Klosters Mettlach an der Saar aber wurde er selbst Mönch, doch i. J. 695 berief man ihn zum Bischofe von Trier. Er schmückte als solcher besonders die St. Paulinusbasilika und hielt viele Missionspredigten in den Kathedralen von Reims und Laon (Fkr.). Nach etwa 20jähriger Regierung starb er in Reims und wurde im Kloster Mettlach beigesetzt. — 1. Oktober (Trier).
lūdŭs, ī *m.* 1. Spiel, Zeitvertreib; ludos facere aliquem mit jemand sein Spiel, seinen Spott treiben. 2. Schauspiel. 3. Schule für Ungeübte, Elementarschule; ludi magister Volksschullehrer.
lŭēs, ĭs *f.* Seuche, Pest; Verderben.
Lūgānŭm, ī *n. s.* Lucanum.
Lūgānŭs lăcŭs, ūs *m.* Luganersee (Lago di Lugano), Schweiz.
Lugdūnēn. (*C. R.*) *s.* Lugdunum.
Lugdūnēnsĭs ăgĕr, grī *m. s.* L. pagus.
Lugdūnēnsĭs păgŭs, ī *m* (L. ager) le Lyonnais, Landschaft, Fkr.
Lugdūnŭm, ī *n.* Lyon, St. an der Rhône u. Saône, Fkr. (Rhône), *ca.* 562000 Einw.; Erzbischofssitz (Bistum seit 3. Jhdt.); *dav.*: **Lugdūnēnsĭs,** ĕ.
Lugdūnŭm Bătāvōrŭm *n.*(Leida) Leyden, Universitätsstadt, Niederlande (Südholland), *ca.* 56000 Einw.
lūgĕō, ūxī, ūctŭm 2 1. trauern, in Trauer sein. 2. betrauern.
Lugnez *indecl.* Lugnez, Dorf im Schweizer Kanton Graubünden.
Lugos *indecl.* Lugos, St. am Temes, Ungarn, *ca.* 17000 Einw.; Bischofssitz (seit 1853), Suffr. v. Fogaras; *dav.*: **Lugosiēnsĭs,** ĕ.
Lugosiēn. (*C. R.*) *s.* Lugos.
lūgūbrĭs, ĕ zur Trauer gehörig, jammervoll, kläglich.
Luguvallŭm, ī *n.* Brovoniacum.
Lŭitfrīdŭs, ī *m.* Luitfried, Herzog vom Elsaß.
Luith *indecl.* (*hebr.*: Luchith) Luith, Dorf, südöstlich vom Toten Meer (*Js.* 15, 5).
Lŭithprandŭs, ī *m. s.* Luitprandus.
Lŭitolfŭs, ī *m. s.* Lutholphus.
Lŭitprandŭs, ī *m.* (Luithprandus) Luitprand, König der Langobarden (713 bis 744).
S. Lullŭs, ī *m.* hl. Lullus, Bek. u. (Erz-) Bischof von Mainz († im 8. Jhdt.).
Er stammte aus England und wurde seit dem siebenten Lebensjahre von Mönchen erzogen. Er war sehr fleißig in der Betrachtung der hl. Schrift. Da er mit dem hl. Bonifatius verwandt war, beschloß er, ihn in Deutschland aufzusuchen, sobald er die Diakonatsweihe erhalten hatte. Bonifatius, über die Ankunft des Lullus hocherfreut, weihte ihn zum Priester und setzte ihn in Gegenwart König Pipins zu seinem Nachfolger auf dem Mainzer Bischofsstuhle ein. Als Bischof wirkte er bis in sein hohes Alter höchst segensreich. Als er sein Ende herankommen fühlte, bat er den Bischof Alboin, das hl. Opfer darzubringen und ihm nach der Abtei Hersfeld (in Hessen-Nassau) vorauszueilen. Doch Alboin starb alsbald nach der Beendigung der hl. Messe, Lullus nahm hierauf den Leichnam aufs Schiff und fuhr nach Hersfeld, wo er im zweiunddreißigsten Jahre seiner bischöflichen Wirksamkeit starb und bestattet wurde. Sechzig Jahre später fand man seinen hl. Leib noch unversehrt vor. — 16. Oktober (Mainz).
Lullŭs Raymundŭs, *m. s.* Raymundus Lullus.
lumbārĕ, ĭs *n.* (*scil.*: vestimentum) Gürtel; Binde (*Jer.* 13, 1).
lumbārĭs, ĕ für die Lenden passend.
lumbrīcŭs, ī *m.* 1. Spulwurm, Eingeweidewurm. 2. Regenwurm.
lumbŭs, ī *m.* Lende, Hüfte.
lūmĕn, ĭnĭs *n.* 1. Licht. 2. Leuchte, Kerze, Fackel. 3. Tageslicht. 4. Augenlicht, Sehkraft. 5. Glanzpunkt, Zierde, Schmuck. 6. Klarheit, Deutlichkeit. 7. Heil, Rettung, Hilfe.
lūmĭnăr, ārĭs *n.* 1. die Lichtöffnung, der Fensterladen. 2. Leuchte (1. *Mos.* 1, 66).
lūmĭnārĕ, ĭs *n.* die Leuchte (*Gen.* 1, 16; *Ecclus* 43, 7).
lūmĭnārĭă, ĭŭm *n.* 1. Leuchten (*Gen.* 1, 16); Lichter, Kerzen. 2. Fensterläden.
lūmĭnō 1 leuchten.
lūmĭnōsŭs 3 lichtvoll.
lūnă, ae *f.* 1. Mond, *auch* Vollmond, *meist* plena *beigefügt*; **luna Paschalis** der erste Vollmond im Frühlinge, nach dem sich der Tag des Osterfestes richtet. 2. Monat.
Lūnă, ae *f.* Luni, ehem. Küstenst. im nordwestlichsten Etrurien (*j.*: Spezia) in der Nähe der Marmorbrüche von Carrara; Bistum Luni-Sarzana, 1204 von Luni nach Sarzana verlegt; *dav.*: **Lunēnsĭs,** ĕ.
lūnārĭs, ĕ zum Mond gehörig; l. annus Mondjahr zu 354 Tagen.
lūnātĭcŭs 3 mondsüchtig.
lunātĭō, ōnĭs *f.* Monat, lunatio embolismaca Schaltmonat.
lūnātŭs 3 halbmondförmig; sichelförmig.
Lūnăvillă, ae *f.* Lunéville, St. an der Meurthe, Fkr. (Meurthe-et-Moselle), *ca.* 18000 Einw.
Lundă, ae *f.* Lund (Schweden), früher Erzbistum, *ca.* 17000 Einw.
Lundūnēnsis cīvĭtās, ātĭs *f. s.* Londinium.
lūnō 1 mondförmig krümmen.
lūnŭlă, ae *f.* 1. Möndchen, kleine Halbmonde aus Gold oder Silber zur Zierde (*Js.* 3, 18). 2. Lunula, halb-

mondförmiger Träger der großen hl. Hostie, welcher in die Custodia *oder* in die Monstranz eingesetzt werden kann. Die Lunula muß vergoldet sein. 3. Hostienbehälter; „der Melchisedech."

lŭō, ŭī 3 1. büßen, sühnen; abbüßen: poenam. 2. bezahlen.

lŭpă, ae *f.* Wölfin; *übtr.*: Buhldirne.

lŭpānăr, ārĭs *n.* Bordell.

lŭpānārĭs, ĕ buhlerisch.

lŭpātŭs 3 mit Wolfszähnen, mit spitzen Stacheln versehen.

Lŭpercăl, ālĭs *n.* 1. eine dem Pan geweihte Grotte am Fuße des Palatin in Rom. 2. *pl.*: Lŭpercālĭă, ĭŭm (u. ĭōrŭm) Fest des lykäischen Pan (Lupercus), welches am 15. Februar gefeiert wurde.

Lŭpĭă, ae *m. s.* Lippia.

S. Lŭpĭcinŭs, ī *m.* hl. Lupizin, Abt, († um 480), *s.* S. Romanus.

lŭpīnŭm, ī *n. s.* 2. lupinus.

1. **lŭpīnŭs** 3 vom Wolfe, Wolfs-.

2. **lŭpīnŭs,** ī *m.* (lupīnum) Wolfsbohne, Lupine, Feigbohne.

Luppĭă, ae *m. s.* Lippia.

lŭpŭs, ī *m.* Wolf.

S. Lŭpŭs, ī *m.* hl. Lupus, Bischof von Troyes (Fkr.) († 478), 29. Juli.

lurcō, ōnĭs *m.* Fresser; Wüstling.

lūrĭdŭs 3 gelb, fahl.

lūrŏr, ōrĭs *m.* Leichenblässe.

Lūsātĭă, ae *f.* (Lusica) Lausitz, Landschaft, Deutschland (Brandenburg, Sachsen, Schlesien).

luscĭnĭă, ae *f.* Nachtigall.

luscĭnĭŭs, ī *m.* (luscinia) Nachtigall.

luscŭs 3 einäugig; halbblind.

Lūsĭcă, ae *f. s.* Lusatia.

lūsĭō, ōnĭs *f.* das Spielen, Spiel.

Lūsĭtānĭă, ae *f.* Portugal; *dav.*: **Lūsĭtānŭs** 3.

lūsŏr, ōrĭs *m.* 1. Spieler. 2. Schäkerer, Scherzer.

Lūssōvĭŭm, ī *n. s.* Luxovium.

lūstrālĭs, ĕ 1. zur Reinigung oder Weihe gehörig; aqua l. Weihwasser. 2. fünfjährlich, alle fünf Jahre.

lūstrātĭō, ōnĭs *f.* 1. Reinigung durch Sühnopfer, Sühnung, Sühne; feierliche Besprengung der Räume eines Hauses (Klosters) mit Weihwasser an allen Sonntagen, am Karsamstag u. am Tage der Vigil vor Pfingsten. 2. Sühnopfer. 3. das Durchwandern, das Durchreisen.

lūstrĭfĭcŭs 3 reinigend.

1. **lūstrō** 1 (*von* luceo) beleuchten, erhellen.

2. **lūstrō** 1 (*von* lustrum) 1. reinigen, sühnen, entsühnen. 2. (wegen der Heeresmusterung beim lūstrum) mustern, genau besichtigen; betrachten, erwägen; prüfen. 3. durchwandern, durchstreifen; bereisen, besuchen (*S. Hieronymus, lect. IV., S. Fidelis a Sigmaringa et al. lect. IV.*).

lūstrŭm, ī *n.* (von lŭō [Stammwort für abluo] = lavo) 1. Reinigungsopfer, Sühnopfer, das in Rom alle fünf Jahre dargebracht wurde. 2. Zeitraum von fünf Jahren; Zeitraum, Periode.

lūsŭs, ūs *m.* Spiel, das Scherzen, Spielerei, Zeitvertreib (*Sap.* 15, 12); Kartenspiel.

Lutahă, ae *m.* (Litaha) die Leitha, r. Nebenfluß der Donau (Niederösterreich).

lūtĕr, ĕrĭs *m.* (λουτήρ) Kessel, Becken.

Lūtĕră, ae *s.* Luthra.

Lūtētĭă Părīsĭōrŭm *s.* Parisii.

1. **lŭtĕŭs** 3 1. schlammig, lehmig, schmutzig. 2. tönern, aus Ton: vasa. 3. wertlos, verächtlich.

2. **lūtĕŭs** 3 goldgelb, rötlich gelb; blaßgelb, fahl: pallor.

S. Lutgardĭs, ĭs *f.* hl. Ludgard, Cist. Jungfrau († 1246).

Ludgard, geboren zu Tongern, erhielt ihre erste Erziehung in einem Benediktinerinnenkloster. Zu dem Entschlusse, den Heiland als himmlischen Bräutigam zu erwählen, wurde sie durch ein Gespräch mit der Mutter Gottes und der hl. Katharina gebracht, wobei sich der göttliche Heiland vom Kreuze loslöste, um sie zu umfangen. Sie wurde Aebtissin eines Cist. Klosters bei Brüssel. Um die Beleidigungen Gottes durch die Sünder, besonders die Albigenser, zu sühnen, legte sie sich öfters lang andauernde Fasten bei Brot und Bier auf. Den armen Seelen im Fegefeuer kam sie durch ihr Gebet, den Leidenden durch ihre Wunderkraft zu Hilfe. Elf Jahre vor ihrem Tode erblindete sie ganz. — 16. Juni (Cist. Ord.).

Lŭthĕrānŭs 3 *s.* Lutherus.

Lŭthĕrānŭs, ī *m. s.* Lutherus.

Lŭthĕrŭs u. **Lŭthērŭs,** ī *m.* Luther, Augustinermönch zu Wittenberg, Gründer des Protestantismus, geb. 10. Nov. 1483 zu Eisleben, † 18. Febr. 1546 ebenda; *dav.*: **Lutherānŭs,** ī *m.* Anhänger Luthers u. *adj.* lutherisch *oder richtiger*: luthersch (*vgl.*: schillersch, herdersch . .).

Lŭtholphŭs, ī *m.* (Lutholfus, Luitolphus) Ludolf, Sohn des Kaisers Otto I. (10. Jhdt.).

Lūthră, ae *f.* (Lutera) Lure, St. am oberen Ognon, Fkr. (Haute-Saône), *ca.* 5000 Einw.; ehem. reichsunmittelbare Abtei; *dav.*: **Lūt(h)rēnsĭs,** ĕ.

Lutoldŭs dē Rumelingen *m.* Luthold von Rumelingen, Stifter des Klosters am Rüggisberg in der Schweiz (12. Jhdt.).

Lutosă, ae *f.* Kloster Leuze (Belgien), das vom hl. Amandus als Bischof von Tongern gestiftet wurde.

lutră, ae *f.* Fischotter.

Lūtră, ae *f. s.* Lutria.

Lūtrĭă, ae *f.* (Lutra, Caesarea) Kaiserslautern, St. an der Lauter, Bayern (Pfalz), *ca.* 60000 Einw.

1. **lŭtŭm,** ī *n.* 1. Kot, Schmutz, l. platearum: Gassenkot. 2. Lehm, Ton; **lŭtŭm signaculi** weiche, knetbare Masse, Siegelton.

2. **lūtŭm,** ī *n.* 1. der Wau, das Gelbkraut (zum Färben). 2. *übtr.*: die gelbe Farbe, Blässe.

Lutzelburgēnsĭs, ĕ *s.* Lucemburgum.

Lutzelburgŭm, ī *n.* Luxemburg (Stadt u. Land), *s.* Lucemburgum.

lūx, lūcĭs *f.* 1. Licht. 2. Tageslicht, Tag; hac luce = hoc die; de luce vigilare früh erwachen. 3. Lebenslicht, Leben. 4. Licht der Öffentlichkeit, das öffentliche Leben. 5. Rettung, Heil.

luxātūră, ae *f.* Verrenkung.

Luxemburgēn. (*C. R.*) *s.* Lucemburgum.

Luxemburg(ĭ)ēnsĭs, ĕ *s.* Lucemburgum.

Luxemburgĭcŭs 3 *s.* Lucemburgum.

Luxemburg(ĭ)ŭm, ī *n. s.* Lucemburgum.

luxō 1 (λοξόω) verrenken; aus der Lage bringen.

Lūxŏĭŭm, ī *n s.* Luxovium.

lūxŏr 1 schwelgen.

Lūxŏvĭŭm, ī *n.* (Luxoium, Lussovium) Luxeuil, St., nördlich von Besançon, Fkr. (Haute-Saône), *ca.* 5000 Einw.; ehem. Benediktinerabtei, gegr. um 590 vom hl. Kolumban, aufgehoben 1792; *dav.*: **Luxovĭēnsĭs,** ĕ.

lūxŭrĭă, ae *f.* (luxuries) 1. Üppigkeit, Schwelgerei, Trunksucht. 2. Ausschweifung.

lūxŭrĭēs, ēī *f. s.* luxuria.

lūxŭrĭō u. **lūxŭrĭŏr** 1 1. strotzen, schwellen. 2. ausschweifen, schwelgen.

lūxŭrĭōsŭs 3 üppig, wollüstig.

lūxŭs, ūs *m.* 1. Üppigkeit, Pracht, Aufwand. 2. Vergnügungssucht, Geilheit.

Luza *indecl.* (*hebr.*: *alter Akk. von Luz*) Luz, uralte St. in Kanaan, später Bethel genannt, an der Grenze zwischen den Stammgebieten Benjamin u. Ephraim gelegen.

Lўaeŭs 3 (λυαῖος) sorgenlösend; latex Lyaeus = der Wein.

Lўaeŭs, ī *m.* 1. der Sorgenlöser, der Sorgenbrecher, Beiname des Weingottes Bacchus. 2. Wein.

Lўbĭă, ae *f. s.* Libya.

Lўcaeŭm, ī *n. s.* lyceum.

Lўcāŏnēs, ŭm (*acc.* -ăs) *m.* die Lykaonier, Bewohner von Lykaonien, *s.* Lycaonia.

Lўcāŏnĭa, ae *f.* (Λυκαονία) Lykaonien, Landschaft in Kleinasien, zwischen Kappadokien, Kilikien u. Pisidien; *dav.*: **Lўcāŏnĭcŭs** *u.* **Lўcāŏnĭŭs** 3.

Lўcāŏnĭcŭs 3 *s.* Lycaonia.

Lўcāŏnĭŭs 3 *s.* Lycaonia.

lўcēŭm, ī *n.* (Lycaeum, Lycēum, Lycīum, Λύκειον, *ursprünglich*: das dem Lykäischen Apollo geweihte Gymnasium in Athen, in dem der Philosoph Aristoteles lehrte) 1. Lyzeum, Lehranstalt, Erziehungsanstalt (*C. j. c.* 1192, 4). 2. (Lycaeum) Universität (Krakau, *im Hymnus I. Vesp. S. Joannis Cantii*). 3. in Bayern fünf staatliche u. eine bischöfliche philosophisch-theologische Hochschule. 4. in Norddeutschland höhere Mädchenschulen mit durchweg akademisch gebildeten Lehrkräften.

lychnŭs, ī *m.* (λύχνος) Leuchte, Lampe.

Lўcĭă, ae *f.* Lykien, Landschaft im südwestlichen Kleinasien.

Lўcīŭm, ī *n. s.* lycēum.

Lўcĭēn. (*C. R.*) *s.* Aletium.

Lўcĭēnsĭs, ĕ von Lecce, *s.* Aletium.

Lўcŭs, ī *m.* (Λύκος) 1. in Vorderasien häufiger Flußname, *bes.* Lykus, Nebenfluß des Mäander in Phrygien. 2. der Lech, *s.* Licus.

Lўdă, ae *f.* (1. *Mach.* 11, 34) *s.* Lydda.

Lydan, *acc. von* Lyda (1. *Mach.* 11, 34) *s.* Lydda.

Lyddă, ae *f.* (Lyda, Lidda, Lydan, Diospolis, Lod, Lud) Ludd, St. südöstlich von Jaffa, Pal.

Lўdī, ōrŭm *m.* 1. Lydier (1. *Mach.* 8, 8), *s.* Lydia. 2. wohl Lybii (*Ez.* 30, 5), *s.* Libya.

1. **Lўdĭă,** ae *f.* (Λυδία) Lydien, Landschaft im westlichen Kleinasien (*Is.* 66, 19).

2. **Lўdĭă,** ae *f.* Lydia, eine Purpurhändlerin aus Thyatira, die vom hl. Apostel Paulus zu Philippi getauft wurde (vielleicht ist Lydia nicht Personenname, sondern heißt die Lydierin).

Lўdiī, ōrŭm *m.* die Lydier, Bew. der Landschaft Lydien (*Jer.* 46, 9; *Ez.* 27, 10).

Lўdĭŭs 3 lydisch; Lydius lapis *s.* lapis.

Lўdŭs, ī *m.* der Lydier.

lymphă, ae *f.* reines, klares Wasser; Quellwasser.

lypsānŭm, ī *n. s.* lipsānum.

lўră, ae *f.* (λύρα), Leier, Laute.

Lўră, ae *f.* Lier, Ort; Belgien (Antwerpen).

Lўsă, ae *m.* (Legia) Lys *od.* Leye, Nebenfluß der Schelde (Fkr. u. Belgien).

Lўsānĭăs, ae *m.* (Λυσανίας) Lysanias, Vierfürst von Abilene in Palästina im ersten christl. Jahrhundert.

Lȳsĭăs, ae *m.* (*Λυσίας*) Lysias, 1. Feldherr des Königs Antiochus IV. von Syrien. 2. röm. Statthalter von Kilikien und Armenien unter Diokletian.

Lȳsĭăs Claudĭŭs, ī *m.* Claudius Lysias, ein römischer Kriegsoberst, der den hl. Paulus in Jerusalem aus den Händen der Juden befreite und zum Statthalter Felix sandte.

Lȳsĭmăchŭs, ī *m.* (*Λυσίμαχος*) Lysimachus, 1. ein Jude in Jerusalem, der die Geschichte der Königin Esther ins Griechische übersetzte (*Esth.* 11, 1). 2. ein gottloser jüdischer Hoherpriester z. Z. der Makkabäer.

Lystră, ae *f.* u. **Lystră,** ōrŭm *n.* Lystra, Stadt in der kleinasiatischen Landschaft Lykaonien.

M.

M als Zahlzeichen = tausend.

M. A. = Societas Missionum ad Afros Lugdunensis Afrikanische Missionäre von Lyon, gegr. 1856.

1. **Maacha** *indecl. m.* (*hebr.*?) Maacha, 1. Neffe Abrahams, Sohn Nachors. 2. Vater Hanans, eines Offiziers Davids. 3. Vater des Fürsten Saphatia im Stamme Simeon. 4. Vater des Achis, des Königs von Geth.

2. **Maacha** *indecl. f.* (*hebr.*?) Maacha, 1. Frau Davids u. Mutter Absaloms, Tochter des Tholmai, Königs von Gessur. 2. Frau des Königs Roboam von Juda (*ca.* 929—913) [auch Michaia genannt] u. Mutter des Königs Abias von Juda (*ca.* 912—910). 3. Mutter des Königs Asa von Juda (910—870,) Tochter Uriels aus Gabaa. 4. eine Nebenfrau des Kaleb. 5. eine Frau des Machir. 6. Frau des Johiel, des Gründers von Gabaon.

3. **Maacha** *indecl. s.* Abel-Bet-Maacha.

Maachathi *indecl. m.* (*richtig*: Maachataeus 3 *oder* Maachatensis, is *m.*) der Maakatiter, *vgl.*: 3. Maacha; Vater des Jezonias, jüdisches Volkshaupt zu Beginn der babyl. Gefangenschaft.

Maaddi *indecl. m.* (*hebr.*) Maaddi, ein Jude, der nach dem Exil sein fremdes Weib entließ.

Maai *indecl. m.* (*hebr.*) Maai, jüdischer Priester, der bei der Mauerweihe Jerusalems nach dem babyl. Exil als Musiker mitwirkte.

Maala *indecl. f.* (*hebr.* Machla) Maala, Erbtochter des Salphaad aus dem Stamme Manasse.

Maara *indecl.* Maara, angeblich ein Ort im Lande der Sidonier.

Maasai *indecl. m.* (*hebr.* Werk Jahwes) Maasai, Sohn Adiels aus einem jüdischen Priestergeschlecht.

Maasia *indecl. m.* (*hebr.*: Werk Jahwes) (Maasias) Maasia, 1. Levit u. Torhüter z. Z. Davids. 2. Sohn des Adajas, ein Hauptmann, der Joas zum Königtum über Juda mitverhalf. 3. ein Beamter des Königs Ozias von Juda. 4. ein Sohn des Königs Achaz von Juda. 5. ein Stadtoberhaupt von Jerusalem z. Z. des Königs Josias. 6. vier Juden, die während der babyl. Gefangenschaft fremde Weiber genommen hatten. 7. Vater des Azarias, eines Miterbauers von Jerusalem nach dem babyl. Exil. 8. zwei Leviten, die z. Z. des Esdras bei der Gesetzesvorlesung u. Besiegelung des erneuerten Bundes beteiligt waren. 9. Vater des Priesters Sophonias z. Z. des Propheten Jeremias. 10. Vater des falschen Propheten Sedekias. 11. Großvater des Propheten Baruch. 12. ein Türhüter am Tempel zu Jerusalem z. Z. des Jeremias, Sohn Sellums.

Maasias, ae *m.* (*hebr.* Werk Jahwes) *s.* Maasia.

Maazia *indecl. m.* (*hebr.*: Schutz ist Jahwe ?) Maazja, ein jüdischer Priester, Mitbesiegler des nach dem Exil erneuerten Bundes.

Maaziau *indecl. m.* (*hebr.* Schutz ist Jahwe?) Maazjau, ein jüdischer Priester, nach welchem die 24. Priesterklasse benannt wurde.

Mabsam *indecl. m.* (*hebr.*: Wohlgeruch?) Mabsam, ein Enkel Abrahams, vierter Sohn Ismaels.

Mabsar *indecl. m.* (*hebr.*: Feste) Mabsar, ein Stammfürst von Edom.

Macaonēn. (*C. R.*) *s.* Macaum.

Măcārĭŭs, ī *m.* Makarius, Bischof von Jerusalem im Anfang des 4. Jhdts.

Macarsēn. (*C. R.*) *s.* Macarska.

Macarskă, ae *f.* Makarska, Hafenst. am Fuße des Biokovo, gegenüber der Insel Brazza in Süddalmatien, *ca.* 1800 Einw.; Sitz des Generalvikars fürs Bistum Spalato-Makarska; *dav.*: **Macarsēnsĭs,** ĕ.

Măcăŭm, ī *n.* Macao (Cidade do São Nome de Deus de Macao), Hauptst. der portugies. Kolonie (eine Halbinsel und zwei Inseln auf der Westseite der Kantonmündung) in China, *ca.* 55000 Einw.; Bistum 1575 (für ganz Japan errichtet), Suffr. v. Goa; *dav.*: **Macaonēnsĭs**, ĕ.

Macces *indecl.* (*hebr.*) Makkes, St. Pal. (Dan).

Maceda *indecl.* (*hebr.*) Makeda, St. Pal. (Juda).

Măcĕdō, ŏnĭs *m.* (Μακεδών) der Makedonier.

Măcĕdŏnĭa, ae *f.* (Μακεδονία) Makedonien, Landschaft in Nordgriechenland; *dav.*: **Măcĕd nĭŭs** 3.

Măcĕdŏnĭŭs, ī *m.* Makedonius, Führer der aus dem Arianismus hervorgegangenen Sekte der Pneumatomachen im 4. Jhdt.

Macelloth *indecl. m.* (*hebr.*: Versammlungen) Makelloth, ein Israelit aus dem Stamme Benjamin, Sohn des Jehiel.

măcellŭm, ī *n.* (μάκελλον Gehege) (macellus) 1. Fleischmarkt, Schlachtbank, Speisemarkt. 2. *übtr.*: Fleisch *u.* andere Lebensmi tel.

măcellŭs, ī *m.* 1. macellum.

Maceloth *indecl.* (*hebr.*: Versammlungen) Makeloth, ein Lagerplatz der Israeliten in der Wüste.

Macenias, ae *m.* (*hebr.*: Miqne jahu, Besitz Jahwes) Makenias, ein Levit z. Z. Davids (1. Par. 15, 18).

măcĕō 2 mager sein.

măcĕr, cră, crŭm mager, dürr, dünn (2. Mach. 10, 12).

Măcĕrātă, ae *f.* Macerata, St. zwischen den Küstenflüssen Chienti u. Potenza, Mittelitalien, *ca.* 6500 Einw.; Bistum (seit 1320, seit 1586 vereinigt mit Tolentino), Suffr. v. Fermo; *dav.*: **Măcĕrātēnsĭs**, ĕ.

Măcĕrātēn. (*C. R.*) *s.* Macerata.

măcĕrātĭō, ōnĭs *f.* Abtötung; das Mürbemachen.

mācĕrĭă, ae *f.* (maceries) 1. Umfriedung, Zaun. 2. Lehmwand, Mauerwerk; ruina maceriae Mauerriß.

mācĕrĭēs, ēī *f. s.* maceria.

mācĕrō 1 schwächen, entkräften, abtöten.

măcēscō 3 abmagern.

Machabaeŭs, ī *m.* Makkabäer (= Hammer) ein hebräischer Beiname (des Judas Makkabäus)

Machabaeī, ōrŭm *m.* die Makkabäer, Beiname e. jüdischen Priester- und Fürstenfamilie; auch Name von zwei Büchern des A. T., in denen die Geschichte der Juden unter den Makkabäern erzählt wird u. die zum Kanon des A. T. gehören; ein drittes Buch ist unkanonisch.

Ss. Machabaeī, ōrŭm *m.* die hl. Makkabäer, Martyrer, Fest am 1. August.

Machado *indecl. m. s.* B. Joannes Baptista Machado.

măchaeră, ae *f.* (μάχαιρα) Säbel, Schwert, Messer; machaeram eximere: das Schwert ziehen.

Machati *indecl.* (*hebr.*) der Maakiter, aus Beth-Maaka (2. *Kön.* 23, 34).

Machbanai *indecl. m.* (*hebr.*) Machbanai, ein Fürst aus dem Stamme Gad, Anhänger Davids.

Machbena *indecl.* (*hebr.*) Makbena, Ort, Pal. (Gad).

Machi *indecl. m.* (*hebr.*) Machi, Vater des Guel, eines Fürsten im Stamme Gad.

māchĭnă, ae *f.* (μηχανή) jedes kunstvoll zusammengesetzte Werk, Maschine, Kriegsmaschine: mach. triplex die Welt; machĭna mundi das Kunstwerk der Welt, Weltordnung; mach. trina die drei Elemente: Erde, Wasser, Licht.

māchĭnāmentŭm, ī *n.* 1. Maschine. 2. Kniff; *pl.* Ränke.

māchĭnātĭō, ōnĭs *f.* Kunstgriff, List.

māchĭnātŏr, ōrĭs *m.* 1. Baumeister, 2. Urheber, Anstifter.

māchĭnŏr, 1 1. bereiten, ersinnen. 2. mit gemeinsamen Kräften nach Vereinbarung etwas betreiben.

1. **Machir** *indecl. m.* (*hebr.*) Makir 1. der erste Sohn des Manasse u. Enkel des ägyptischen Joseph, der Stammvater der Makiriten. 2. ein Israelit, Sohn Ammiels von Lodabar.

2. **Machir** *indecl. m.* (*hebr.*) Machir, Sohn des Kaleb aus dem Stamme Juda.

Macherītae, ārŭm, *m.* Makiriten, Familie im Stamme Manasse, *s.* 1. Machir1.

Machlīnĭŭm, ī *n. s.* Mechlinia.

Machmas *indecl.* (*hebr.*: Mikmas „Schlupfwinkel"(?) oder „Ort des Chemas, des Feuergottes der Moabiter(?)") Machmas, eine durch ihre Lage wichtige Stadt im Stamme Benjamin, östlich von Bethel, das heutige Dorf Mukhmas, 2 km nordöstl. von Dscheba (Gibea).

Machmethad *indecl.* (*Jos.* 16, 6) *s.* Machmethath.

Machmethath *indecl.* (*hebr.*: Mikmetat) Grenzort, Pal. (Manasse-Ephraim).

S. Machūtŭs, ī *m.* hl. Machutus, Bek. u. Bischof von Aleth in der Bretagne, † 565; Fest am 15. Nov. (*vgl. Rituale Rom.*: Benedictio panis et aquae sub invocatione S. Machuti).

măcĭēs, ēī *f.* 1. Magerkeit, Dürre. 2. Siechtum.

măcĭlentŭs 3 abgemagert.

Maclŏvĭă, ae *f.* (*s.* Aletae). Saint-Malo, St., *ca.* 12500 Einw., Fkr., (Ille-et-

Vilaine); früher hieß das Bistum Aleta = Aleth, *vgl.*: S. Machutius.

S. Macrīnŭs, ī *m.* hl. Makrinus, *s.* S. Valerianus.

mactābĭlĭs, ĕ tödlich.

mactātĭō, ōnĭs *f.* das Schlachten, das Opfern.

mactātŏr, ōrĭs *m.* Opferer, Mörder.

mactĕ *interj.*: Heil dir!

mactō 1 1. durch Opfer versöhnen *oder* verherrlichen. 2. opfern, hinschlachten.

măcŭlă, ae *f.* Flecken, Schandfleck, Sünde.

măcŭlō 1 1. bunt machen, entstellen. 2. beflecken, schänden, entweihen.

măcŭlōsŭs 3 befleckt, beschmutzt.

Madabă, ae *f.* Grenzstadt des Stammes Ruben gegen die Wüste (= Maacha: 1. Par. 19, 7).

Madai *indecl. m.* (*hebr.*: Meder) Madai, Sohn Japhets u. Enkel Noes, Stammvater der Meder (*oder* das Volk der Meder; *Gen.* 10, 2).

Madan *indecl. m.* (*hebr.*: Medan) Madan, dritter Sohn des Abraham u. der Ketura.

Madaurŭm, ī *n.* (Madaura, ae *f.*) Madaura, St. in Tunis, Nordafrika.

mădĕfăcĭō, fēcī, factŭm 3 naß machen, befeuchten, benetzen; *übtr.*: trunken machen.

mădĕfactŭs 3 trunken, *s.* madefacio.

mădĕō, ŭī 2 1. naß, feucht sein. 2. übervoll sein, überströmen, trunken sein.

mădēscō, dŭī 3 naß *oder* feucht werden.

Madia *indecl. m.* (*hebr.*) Madia, jüdischer Priester, der mit Zorobabel aus dem babyl. Exil zurückkehrte.

Madian *indecl. m.* (*hebr.*?) Madian, vierter Sohn Abrahams u. der Ketura, Stammvater der Madianiten (*Gen.* 25, 2).

Madianītae, ārŭm *m.* Madianiter, ein Volk im steinigen Arabien zwischen Horeb u. dem arabischen Meerbusen. Sie hatten die Übermacht über das Volk Israel ungefähr von 1205—1198.

Madianītĭs, ĭs *f.* 1. Madianiterin. 2. *adj.*: madianitisch (4. *Mos.* 25, 15).

mădĭdŭs 3 naß, feucht, trunken.

Madmena *indecl.* (*hebr.*: Düngerhaufen) Madmena, St., Pal. (Juda); in der Nähe von Bersabee gelegen (oder Bersabee selbst?).

Madon *indecl.* (*hebr.*: Zank, Streit) Madon, ehem. kanaanitische Königsstadt, *j.*: Khirbet Madīn, östl. von Tiberias.

Madraspatān. (*C. R.*) *s.* Madraspatum.

Madraspātŭm, ī *n.* Madras, St. im südlichen Teile von Vorderindien, *ca.* 600 000 Einw.; Erzbischofssitz (seit 1886, seit 1832 apost. Vikariat) *dav.*: **Madraspātānŭs** 3.

Madrĭŏlae, ārŭm *f. s.* Marollae.

Madrītŭm, ī *n. s.* Matritum.

Madură, ae *f.* Madura, St. im Süden Ostindiens, früher Königsstadt.

Madhy *indecl. m.* Madhi, ein grausamer Araberfürst u. Heerführer gegen Mitte des 19. Jhdts.

Maeleth *indecl.* (*hebr.*: Machalet) (maheleth) *unverständliches Wort der Überschrift zu Ps.* 52, 1 = „elegische Tonart"?) Bezeichnung eines Musikinstrumentes zum Begleiten des Liedes *oder vielleicht* Anfang eines Liedes, nach dessen Melodie auch Ps. 52 zu singen war?

Maenŭs, ī *m. s.* Moenus.

maerĕō, ŭī 2 1. trauern 2. betrauern.

maerŏr, ōrĭs *m.* Betrübnis, Trauer.

maestĭtĭă, ae *f.* Traurigkeit.

maestŭs 3 betrübt, traurig.

măgă, ae *f.* Zauberin.

Magala *indecl. hebr.*: „Lagerumwallung", *kein Eigenname* (1. *Kön.* 17, 20).

Magalonēnsĭs, ĕ von (aus) Maguelonne, St., Fkr. (Hérault).

Magariassŭs, ī Magariassus, D., Kleinasien (Kappadokien).

Magarītă, ae *f. s.* Margarīta.

Magdal *indecl.* (*hebr.*: Migdol, Turm) (Magdala) Magdal, Lagerplatz der Israeliten in der Wüste.

1. **Magdala** *indecl.* (*hebr.*: Turm) *s.* Magdal.

2. **Magdala** *indecl.* (*hebr.*: Turm) (Magedan, Magdalel, Magdalum) Magdala, St. in der Nähe des Karmel zwischen Dor u. Akko, Pal. (Nephthali), (*vgl.*: *Jos.* 19, 38 u. *Matth.* 15, 39).

Magdalel *indecl.* (*hebr.*: Gottesturm) *s.* 2. Magdala.

S. Magdalēnă, ae *f. s.* Maria Magdalena (d. h. die aus dem Orte Mágdala am See Tiberias Gebürtige).

B. Magdalēnă Albricĭă, sel. Magdalena Albrizzi, Jgfr. u. Äbtissin († 1465).

Sie wurde aus dem vornehmen Geschlechte der Albrizzi zu Como geboren. Als Kind floh sie die gewöhnlichen Unterhaltungen des jugendlichen Alters. Sie zeigte eine besondere Liebe zu den Armen. Nach dem Tode ihrer Eltern trat sie im Alter von 20 Jahren mit Erlaubnis ihrer Brüder in das Kloster des hl. Andreas zu Brunate bei Como. Von den Schwestern zur Oberin gewählt, gelang es ihr, das Kloster den Eremiten des hl. Augustin unterzuordnen. Vor allem pflegte sie das Gebet und die Betrachtung und bewahrte ein festes Gottvertrauen. Oefter erlangte sie durch ihr Gebet wunderbarer Weise Nahrungsmittel für ihre Schwestern. Mit dem hl. Kreuzzeichen heilte sie mehrere Kranke. Reich an Tugenden und Verdiensten starb sie am 15. Mai 1465. Ihr Leib wurde in der Kirche des hl. Andreas zu Brunate begraben. Auf Abbildungen hält sie in der Rechten einen mit Lilien gezierten Christus, mit der Linken ein Buch über der Brust. — 21. Mai (Aug. O.).

B. Magdălēnă Kyota *f.* sel. Magdalena Kyota, Martyrin in Japan, *s.* B. Joanes Machado.

Magdălēnă, ae *f.* Magdalena, Gattin König Karls VII. von Frankreich.

Magdălēnē, ēs *f.* (*Marc.* 16, 1) *s.* Maria Magdalena.

Magdalgad *indecl.* (*hebr.*: Feste des [Gottes] Gad, [Glücksgottes]) Magdalgad, St., Pal. (Juda).

Magdălŭm, ī *n.* (*Jer.* 44, 1; 46, 14) *s.* Magdala.

Magdeburgŭm, ī *n.* Magdeburg, St. an der Elbe, *ca.* 270 000 Einw., Preußen (Sachsen); *dav.*: **Magdeburgēnsĭs,** ĕ.

Magdellĭānŭs, ī *m.* Magdellian, Statthalter in Venosa z. Z. Diokletians.

Magdiel *indecl. m.* (*hebr.*: Gottesgabe) Magdiel, Stammfürst von Edom.

măgĕ *adv.* = magis.

Magedan *indecl. richtig* Magdala (*Matth.* 15, 39), *s.* 2. Magdala.

Mageddo *indecl.* (*hebr.*) (Mageddon) 1. Mageddo, St. in der Ebene Esdrelon zwischen Skythopolis u. Cäsarea, Pal. (Manasse), früher kanaanitische Königsstadt; wegen seiner Lage für die Heerleitung besonders wichtig. 2. Ebene oder Feld von Mageddo: der bei Mageddo liegende Teil der Ebene Esdrelon. 3. „Wasser von Mageddo" ist wahrscheinlich der Bach Kison, der durch die Ebene floß (*Richt.* 5, 19).

Mageddon *indecl.* (*Zach.* 12, 11) *s.* Mageddo.

Mageth *indecl.* (*Μακέϑ*) Maketh, *angebl.* feste St. im Ostjordanlande, wohl eingeschoben (1. *Mach.* 5, 36, *vgl.*: 1. *Mach.* 5, 27 *Μακεβ*).

maggravĭātŭs, ūs *m.* Markgrafschaft.

măgĭă, ae *f.* (*μαγεία*) Zauberkunst, Zauberei, Magie (*C. j. c.* 1399, 7°).

măgĭcŭs 3 zur Zauberei gehörig, magisch.

Magicampŭs, ī *m. s.* Maicampus.

măgĭs *adv.* mehr, in höherem Grade; eher, vielmehr.

măgistĕr, trī *m.* 1. Vorsteher, Anführer, Aufseher. 2. Lehrer, Lehrmeister, Ratgeber; magistri munus Magistergrad, eine aus dem Mittelalter stammende (noch jetzt in England vorhandene) akademische Würde. 3. Magister palatii ein einflußreicher päpstlicher Theologe in Rom.

măgistĕrĭālĭs, ĕ zur Amtsgewalt *oder* zum Vorsteheramt gehörig, amtlich.

măgistĕrĭŭm, ī *n.* 1. Amt *oder* Geschäft eines Vorstehers *oder* Aufsehers; *bes.*: das Generalat eines Ordens. 2. Lehramt (*C. j. c.* 1323). 3. magistri munus *s.* magister.

măgistră, ae *f.* Vorsteherin, Lehrmeisterin, Leiterin, Ordensoberin.

măgistrātŭs, ūs *m.* 1. das obrigkeitliche Amt, Würde. 2. Behörde, Obrigkeit.

māgnālĭă, ĭŭm *n.* Großtaten, Wundertaten.

māgnālĭs, ĕ großartig, wunderbar.

māgnănĭmĭtās, ātĭs *f.* Hochherzigkeit.

māgnănĭmŭs 3 hochherzig.

1. **māgnās,** ātĭs vornehm.

2. **māgnās,** ātĭs *m.* der Vornehme, der Große.

māgnātēs, ĭŭm *m.* u. **māgnātī,** ōrŭm *m.* die Großen, die Vornehmen; Häuptlinge eines Volkes (*Ecclus* 11, 1).

māgnātŭs, ī *m.* der Vornehme (*Ecclus* 4, 7).

Māgnentĭŭs, ī *m.* Magnentius, weströmischer Kaiser (350—353).

S. Māgnerīcŭs, ī *m.* hl. Magnerich, Bek. u. Bischof v. Trier († 596).

Er wurde vom sel. Trierer Bischofe Nicetius zum Diakon geweiht; als König Chlotar aber jenen Bischof wegen seines Seeleneifers verbannte, blieb ihm nur Magnerich treu. Nach dem Tode des Nicetius wurde M. Bischof von Trier. Er nahm sich als solcher des sel. Gaugerich, der später Bischof von Cambrai (Fkr.) wurde, an. Die Könige Siegbert und Childebert holten oft den Rat des hl. Magnerich ein, der Childeberts Sohn, Theodebert, taufte. Auf Bitten des Heiligen wurde der bekannte Bischof Theodor von Marseille vom Könige wieder in sein Bistum eingesetzt. Magnerich stellte die Trierer Kreuzkirche wieder her und errichtete mehrere Klöster, so in Karden an der Mosel und in Vabres (zwischen Maas und Mosel). Nach 23 Regierungsjahren starb er hochbetagt und wurde in der Trierer St. Martinskirche beigesetzt, die aber von den einfallenden französischen Revolutionshorden verwüstet wurde, wobei die hl. Gebeine verloren gingen. — 27. Juli (Trier).

Māgnēsĭă, ae *f.* (*Μαγνησία*) Magnesia, Stadt am Mäander in Kleinasien (Karien); *dav.*: **Māgnēsĭānī,** ōrŭm *m.* Einwohner der Stadt.

māgnēs, ētĭs *m.* (*scil.* lapis) Magnet, Magnetstein.

māgnētismŭs, ī *m.* 1. Anziehungskraft des Magneten. 2. das Versetzen in den magnetischen Schlaf.

magnētīzātŏr, ōrĭs *m.* Magnetiseur.

S. Māgnī coenŏbĭŭm, ī *n. s.* Fauces.

Māgnĭăcŭm, ī *n.* (Maium medium) Mayen, St., Preußen (Rheinprov.), *ca.* 15 000 Einw.

māgnĭfĭcentĭă, ae *f.* 1. Großartigkeit, Pracht, Majestät, Hoheit (*Ps.* 28, 4). 2. Ehre, Ruhm. 3. Magnifizenz, *als Titel der Universitätsrektoren.*

māgnĭfĭcō 1 1. groß machen, vergrößern, erheben. 2. verherrlichen, in Ehren halten. 3. preisen, lobpreisen, rühmen; *pass.*: sich rühmen. 4. se magnificare: sich überheben, trotzen; *pass.*: gewaltig sein.

māgnĭfĭcŭs 3 1. großartig, prächtig, erhaben. 2. glänzend, prunkhaft prächtig. 3. hochherzig. 4. magnifico facere großartig handeln (*Ps.* 125, 2f.)

măgnĭlŏquentĭă, ae *f.* 1. erhabene Sprache. 2. Prahlerei, Großsprecherei.

măgnĭlŏquĭŭm, ī *n.* Prahlerei.

măgnĭlŏquŭs 3 erhaben; prahlerisch.

măgnĭtūdō, ĭnĭs *f.* Größe; Würde; *als Titel:* Hoheit.

măgnō ŏpĕrĕ *adv. s.* magnopere.

Măgnō Vărădīn. (*C. R.*) *s.* Magno Varadinum.

Măgnō Vărădīnŭm, ī *n.* Nagyvárad, St. an der schnellen Körös, Ungarn (Bihar), *ca.* 60 000 Einw.; römisch-kath. Bischofssitz, Suffr. v. Kalocsa; griech.-kath. Bistum (seit 1777), Suffr. von Fogaras; *dav.:* **Măgnō Vărădīnēnsĭs,** ĕ u. **Măgnōvărdēnsĭs,** ĕ.

S. Măgnŏaldŭs, ī *m. s.* Magnus 3.

măgnŏpĕrĕ *oder* **măgnō ŏpĕrĕ** *adv.* sehr, in hohem Grade.

Măgnōvardēnsĭs, ĕ *s.* Magno Varadinum.

măgnŭs 3, *compar.* **māiŏr,** māiŭs, *superl.* **mâxĭmŭs** 3 1. groß nach jeder Richtung, weit, hoch. 2. viel, zahlreich. 3. alt: magnus natu; **māiōrēs,** ŭm *m.* Vorfahren, Ahnen; **maior** *adj.* großjährig, majorenn (vom vollendeten 21. Lebensjahre ab, *C. j. c.* 88). 4. ansehnlich, wichtig, gewaltig, mächtig. 5. hochfahrend, hochstehend, stolz. 6. major steht für magnus in *Psalm* 113, 13.

1. **S. Măgnŭs,** ī *m.* hl. Magnus, Subdiakon und Martergenosse des hl. Papstes Xystus II. (3. Jhdt.).

2. **S. Măgnŭs,** ī *m.* hl. Magnus, Mart. u. Bisch. († in der Mitte des 3. Jhdts.). Er starb in der Verfolgung des römischen Kaisers Decius in Anagni; sein hl. Leib wurde durch Karl den Großen von Fondi (im neapolitanischen Gebiete) nach Rom gebracht und dort in der sächsischen Kirche vom hl. Michael beigesetzt. Später wurden Teile seines hl. Leibes in die St. Peterskirche übertragen. — 19. August (Münster).

3. **S. Măgnŭs,** ī *m.* hl. Magnus, Bek. u. Abt von Füssen († um 660, nach der Benediktinerangabe 750!). Er hieß auch Magnoald und war Schüler der hl. Aebte Gallus und Columban. Wegen seiner hervorragenden Wunderzeichen wurde er der „Große" (= Magnus) genannt. Nach dem Tode des hl. Columban eilte Magnus in die Julischen Alpen und kam schließlich nach Kempten in Bayern; es begleiteten ihn der Priester Tosso und der Mönch Theodor. In Konstanz hatte Magnus einem Blinden das Augenlicht wiedergegeben. In Kempten erreichte er die Bekehrung der Einwohner, indem er einen furchtbaren Drachen tötete. Er wurde alsdann der Apostel Schwabens. Nach seinem Tode setzte man die Leiche in einem von dem Heiligen selbst in den schwäbischen Alpen erbauten Kloster zu Füssen am Lech (Bayern) bei, wo er auch Abt gewesen war. — 6. September (Augsburg, Chur St. Gallen, München-Freising, Rottenburg).

Magog *indecl. m.* Magog, Sohn Japhets, Enkel Noes, Stammvater der Tataren? Mongolen?

Măgontĭăcŭm, ī *n.* (Moguntiacum, Mogantia, Moguntia) Mainz, St. l. am Rhein, Hessen, *ca.* 100 000 Einw.; Bischofssitz (seit 1821 zur oberrheinischen Kirchenprovinz gehörig); *dav.:* **Maguntīnŭs** u. **Moguntīnŭs** 3.

S. Măgŏrĭānŭs, ī *m.* hl. Magorian, Bek. u. Bruder des hl. Vigilius. — 15. März.

Magron *indecl.* (*hebr.: kein Eigenname;* 1. *Kön.* 14, 2) „Tenne" (Schulz) *oder* „Weichbild" (Schlögl).

Măguntīn. (*C. R.*) *s.* Magontiacum.

măgŭs, ī *m.* 1. morgenländischer Priester, Gelehrter; măgī, ōrŭm *m.* die drei Weisen aus dem Morgenlande; erst seit dem Mittelalter als die hl. drei Könige bezeichnet. 2. Sterndeuter, Zauberer.

Mahaleth *indecl. f.* (*hebr.*) (Maheleth) Mahaleth, Gattin Esaus, Tochter Ismaels u. Enkelin Abrahams; auch Basemath genannt.

Mahalon *indecl. m.* (*hebr.?*) Mahalon, Mann der Ruth.

Mahanaim *indecl.* (*hebr.:* Doppellager) (Manaim) Mahanaim, Ort im Ostjordanlande, nördlich vom Jabbok (*wahrscheinlich:* in der Nähe des Jordan u. Jabbok).

Maharai *indecl. m.* (*hebr.*) Maharai, ein Offizier Davids.

Mahath *indecl. m.* (*hebr.*) Mahath 1. ein Levit aus der Linie Kaath. 2. ein Levit z. Z. des Königs Ezechias. 3. ein Ahnherr Christi.

Mahazioth *indecl. m.* (*hebr.:* Schaugesichte) Mahazioth, ein Levit, letzter Sohn des Sängers Heman zur Zeit Davids.

maheleth *indecl. s.* Marleth.

1. **Maheleth** *indecl.* (*Ps.* 87, 1) *s.* Marleth.

2. **Maheleth** *indecl. f. s.* Mahaleth.

Mahida *indecl. m.* (*hebr.?*) Mahida, ein Nathinäer, dessen Nachkommen mit Zorobabel aus dem babyl. Exil zurückkehrten.

Mahir *indecl. m.* (*hebr.*) Mahir, ein Israelit aus dem Stamme Juda, Sohn Kalebs.

Mahol *indecl. m.* (*hebr.*) Mahol, angeblich Vater von weisen Männern (3. *Kön.* 4, 31; *vgl.:* 1. *Par.* 2, 5. 6).

Măhŏmētānŭs 3 mohammedanisch.

Măhŭmētŭs, ī *m.* Mohammed, Stifter des Islam, geb. zu Mekka 570, † 632; *dav.:* Mahumetānŭs, ī *m.* Mohammedaner u. Mahumētĭcŭs 3.

Mahumītēs, ĭs *m.* der Mahanaimite. (1. *Par.* 11, 46).

Majae, ārŭm *f.* (Majense castrum, Mais castellum, castellum Majas, Forum Meranum, Merana) Meran (Mais bei M.), St. r. an der Passer (zur Etsch), *ca.* 10 000 Einw.; Südtirol (Italien).

mājālĭs, ĕ zum Mai gehörig; regina majalis Maienkönigin.

Măĭcampŭs, ī *m.* (Maijcampus, Magicampus) Meinwelt (Mayenfeld), ehemals: Gau an der unteren Mosel.

Māiēnsĕ castrŭm, ī *n. s.* Majae.

māiestās, ātĭs *f.* 1. Erhabenheit, Hoheit, Würde. 2. *Titel*: Majestät.

Māiĭcampŭs, ī *m. s.* Maicampus.

Maiman *indecl. m.* (*hebr.*: von der Rechten) Maiman, jüdischer Priester, nach dem die sechste Priesterklasse genannt wurde.

S. Māiŏlŭs, ī *m.* hl. Majolus, Abt von Cluny († 994).

Geboren um 910 zu Avignon, trat er, um nicht Bischof von Besançon zu werden, i. J. 943 in Cluny ein. 954 wurde er Adjutor und dann Nachfolger des Abtes Aymard. Als persönlicher Freund der Päpste, Kaiser und französischen Könige benutzte er seinen Einfluß zum Wohle der Armen, zum Schutze der Schwachen und zur Durchführung der kirchlichen Reformen. Otto II. wollte ihn auf den Päpstlichen Stuhl erheben. Er starb auf einer Visitationsreise in Souvigny am 11. Mai 994. An seinem Grabe geschahen sehr viele Wunder. — Fest 11. Mai, im Benediktinerorden am 29. April (Ben. O.).

māiōr, māiŭs *s.* magnus.

Māiorcă, ae *f.* (Maiorica) Mallorca (Majorca), die größte Insel der Balearen, Mittelmeer (Spanien); Bistum (seit 5. Jhdt.): Mollorca und Ibiza, Sitz in Palma, Suffr. v. Valencia (Spanien); *dav.*: **Maioricēnsĭs,** ĕ.

Māiōrdŏmŭs, ī *m.* der Majordomus, Titel am fränkischen Königshofe.

Māiōrĭcă, ae *f. s.* Maiorca.

Māiōrĭcēn. (*C. R.*) *s.* Maiorca.

Māiōrpŏlŏnĭă, ae *f.* Großpolen.

Mais *indecl.* Mais (Ober- u. Untermais), Burg bei Meran, *s.* Majae.

Maitlandiēn. (*C. R.*) *s.* Maitlandium.

Maitlandĭŭm, ī *n.* Maitland, St. am Hunter, Australien (Neusüdwales), *ca.* 12 000 Einw.; Bistum (seit 1848, *neu organisiert* 1867 *u.* 1887), Suffr. v. Sydney; *dav.*: **Maitlandiēnsĭs,** ĕ.

Māiŭm mĕdĭŭm, ī *n. s.* Magniacum.

Maiumă, ae *f.* Majuma, Ort im Ostjordanlande.

Māiŭs, ī *m.* Maimonat; *auch adj.*, *vgl.*: majalis, ĕ.

māiuscŭlŭs 3 etwas größer, etwas groß; mit großem Anfangsbuchstaben geschrieben.

Malabarĭcŭs 3 aus Malabar, der Südwestküste Vorderindiens.

Malacă, ae *f.* 1. Stadt, *s.* Malacha. 2. Halbinsel, *s.* Malaya.

Malacēn. (*C. R.*) *s.* Malaya.

Malachă, ae *f.* (Malaca) Malaga, St. am Mittelmeer, Spanien, *ca.* 135 000 Einw.; Bischofssitz (seit 3. Jhdt., wiederhergestellt 1487), Suffr. v. Granada; *dav.*: **Malacāitānŭs** 3.

Malachiās, ae *m.* (*hebr.*: Bote Jahwes) Malachias, der letzte der kleinen Propheten, zur Zeit des Perserkönigs Artaxerxes I. (465—424).

S. Malachiās, ae *m.* hl. Malachias Erzbischof von Armagh († 1148).

Geboren war er zu Armagh in Irland, gestorben im Cist. Kloster Clairvaux. Malachias war ein großer Freund des hl. Bernhard von Clairvaux, weshalb der Cist. Orden sein Fest feiert und in Lektionen der II. Nokturn die Lobrede lesen läßt, die ihm der hl. Bernhard nach dem Tode vor den versammelten Mönchen hielt. — 3. November (Cisterc. O.).

mălăciă, ae *f.* (*μαλακία*) Meeresstille; Ruhe: cordis.

Malacitān. (*C. R.*) *s.* Malacha.

mălāgmă, ătĭs *n.* (*μάλαγμα*) ein erweichender Umschlag; Pflaster.

Malálael *indecl. m.* (*hebr.*: der Gott lobt) Sohn Kainans aus dem Geschlechte Seths.

Malalai *indecl. m.* (*hebr.*) Malalai, jüdischer Priester, der nach dem babyl. Exil bei der Weihe der Stadtmauer Jerusalems mitwirkte.

Malaleel *indecl. m.* (*hebr.*: Gott lobend) Malaleel 1. Sohn Kainans aus dem Geschlechte Seths. 2. ein Israelit aus dem Stamme Juda, Vater des Saphatia.

Malasar *indecl. m. kein Eigenname* (*Dan.* 1, 11. 16) „Aufseher" (Friedr. Delitzsch) *oder* (*hebr.*: melesar) Dolmetsch *oder* späterer Einschub, da die Septuaginta: *Ἀβιεσδρί* liest.

Malatĭă, ae *f.* (Melitenensis ecclesia) Melitene, St. am Euphrat, Armenien, *ca.* 30 000 Einw.; armenischer Bischofssitz (seit 1861).

Malayă, ae *f* (Malacensis ecclesia) Malaka (Malakka), die malaiische Halbinsel, der schmale Südwestausläufer von Hinterindien; Bistum Malaka (seit 1888), Sitz in Singapur, Suffr. v. Pondichéry.

Malbōdĭŭm, ī *n.* Maubeuge, St. an der Sambre, Fkr. (Nord), *ca.* 13000 Einw.; *dav.*: Malbōdĭēnsĭs, ĕ.

Malcholmŭs tertius König Malcolm III. von Schottland, gegen Ende des 11. Jhdts., Gemahl der hl. Margareta von Schottland.

Malchŭs, ī *m.* (*latinisiert aus aramäisch*: Malka = König) Malchus, ein Knecht des Hohenpriesters Kaiphas.

Maldūnēnsĕ coenŏbĭŭm, ī *n.* (Malmesburgia) Malmesbury am Avon, St., England (Wilts); *ca.* 3000 Einw.

mălĕ *adv.*, *comp.* **pējŭs**, *superl.* **pessĭmē**, schlecht, schlechter, am schlechtesten.
1. **mălĕdĭcāx,** ācĭs schmähsüchtig.
2. **mălĕdĭcāx,** ācĭs *m.* Schmäher.
mălĕdīcēns, entĭs schmähend, lästernd.
mălĕdīcentĭă, ae *f.* das Schimpfen.
mălĕdīcō, dīxī, dīctŭm 3 schmähen, lästern, verfluchen, fluchen: alicui *oder* alqm.
mălĕdictĭō, ōnĭs *f.* 1. das Schimpfen, das Schmähen. 2. Fluch, Verfluchung.
mălĕdictŏr, ōrĭs *m.* Lästerer.
mălĕdictŭm, ī *n.* Lästerung, Schmähung; Fluch, Verfluchung.
1. **mălĕdĭcŭs** 3 lästernd, fluchend.
2. **mălĕdĭcŭs,** ī *m.* Lästerer, Flucher.
mălĕfăcĭo, fēcī, factum 3 Böses tun.
mălĕfactŏr, ōrĭs *m.* Übeltäter, Verbrecher.
mălĕfactŭm, ī *n.* Übeltat, Missetat.
mălĕfĭcă, ae *f.* Hexe, Zauberin.
mălĕfĭcentĭă, ae *f.* das üble Benehmen gegen jemand.
mălĕfĭcĭŭm, ī *n.* 1. Übeltat, Missetat, Gewalttätigkeit. 2. Zaubermittel.
1. **mălĕfĭcŭs** 3 gottlos, feindlich.
2. **mălĕfĭcŭs,** ī *m.* Zauberer, Hexenmeister.
mălĕvŏlēns, entĭs übelwollend.
mălĕvŏlentĭă, ae *f.* üble Gesinnung; Neid, Haß.
mălĕvŏlŭs 3 übelgesinnt.
mălīgnāns, antĭs *m.* *u.* *f.* Übeltäter, Übeltäterin.
mălīgnĭtās, ātĭs *f.* Mißgunst, Bosheit, Bösartigkeit, Unheil; malignitas tempestatum: bösartiges Unwetter.
mălīgnō 1 u. **mălīgnŏr** 1 boshaft verfahren, böswillig sein, unwillig sein *oder* handeln; mal. in sancto im Heiligtum vernichten (*Ps.* 73, 3); malignare consilium einen listigen Anschlag machen gegen (super, *Ps.* 83, 4).
1. **mălīgnŭs** 3 1. böswillig, mißgünstig. 2. schädlich, verderblich. 3. unfruchtbar, karg, knauserig.
2. **mălīgnŭs,** ī *m.* der Böse, der Satan.
mălĭtĭă, ae *f.* Bosheit; verba malitiae böse Dinge (*Ps.* 140, 4); das Böse (*Ps.* 51, 5).
mălĭtĭōsŭs 3 boshaft, hinterlistig.
mallĕātŏr, ōrĭs *m.* Schmied.
mallĕŏlŭs, ī *m.* 1. der kleine Hammer, das Hämmerchen. 2. Fechser, Setzling (des Weinstocks). 3. Brandpfeil: ignis malleoli.
mallĕŭs, ī *m.* Hammer, Schlegel; Schlagbeil.
Mallotă, ae *f.* *m.* Bewohner von Mallos (Mallus), St. in Kilikien (Kleinasien) (2. *Mach.* 4, 30).
Malmesburgĭă, ae *f.* *s.* Maldunense coenobium.
Malmundārĭŭm, ī *n.* Malmedy, alte Abtei in der Westeifel; *dav.*: **Malmundarĭēnsĭs,** ĕ *u.* **Malmundārĭŭs** 3.
mālō, mālŭī, mallĕ lieber wollen; lieber gönnen, günstiger sein.
Maloch *indecl. m.* (*hebr.*) Maloch, 1. Levit aus der Linie Merari, Sohn des Hasabia. 2. ein Jude, der nach dem babyl. Exil sein fremdes Weib entlassen mußte.
mālŏgrānātŭm, ī *n.* (malum granatum, malum Punicum) 1. Granatapfelbaum. 2. Granatapfel (*auch der künstlich nachgemachte*) (*Joel* 1, 12; *Cant.* 8, 2).
Malsesenĭŭm, ī *n.* Malsesina, St. bei Verona, Italien.
maltă, ae *f.* (malthă, *μάλθα*) Mörtel, Zement.
Maltă, ae *f.* *s.* Melita.
mălŭm, ī *n.* 1. Übel, Unglück, Leiden. 2. Gebrechen, Fehler, Sünde. 3. Schaden.
2. **mālŭm,** ī *n.* Apfel, mālŭm punicum *oder* mālŭm grānātŭm: Granatapfel.
1. **mālŭs,** ī *f.* Apfelbaum.
2. **mālŭs,** ī *m.* Mastbaum.
3. **mălŭs** 3, *compar.*: **pēiŏr;** *superl.*: **pessĭmŭs** 3 1. schlecht, nichtsnutzig. 2. unglücklich, schädlich, ungünstig; unheilvoll. 3. unrecht, unsittlich. 4. sē mălĕ hăbērĕ: krank sein.
4. **mălŭs,** ī *m.* der Böse, der Teufel.
1. **Mambre** *indecl.* (*richtig*: Mamre), Mambre, ursprünglich Name eines Ammoriters, der zur Zeit Abrahams in der Gegend von Hebron wohnte, später ein Hain bei Hebron.
2. **Mambre** (*Vulgata*: *Judith* 2, 14) *richtig*: Chabcras (Septuaginta *Ἀβρωνᾶ für Ἀβρωρᾶ*, *babyl.* Chabur), Nebenfluß des Euphrat.
Mambres *indecl. m.* ägyptischer Zauberer zur Zeit des Moses.
Māmertīnŭs carcĕr unterirdisches Gefängnis in Rom am Fuße des Kapitols, wo u. a. der hl. Petrus gefangen gehalten wurde.
S. **Māmertŭs,** ī *m.* hl. Mamertus, Bek. u. Bisch. v. Vienne (Fkr.), († im 5. Jhdt.).

Zur Zeit König Chlodwigs des Großen wirkte er als Bischof von Vienne und Nachfolger des Simplicius. Als in der Osternacht die königliche Burg in Brand geriet und alle Kirchenbesucher davonliefen, erflehte er, allein zurückbleibend, von Gott mit schnellem Erfolg das Aufhören des Brandes. Nach der Rückkehr der Bürger ermahnte er diese, die schon durch häufige Erdbeben erschreckt waren, in wahrer Bußgesinnung von Gott die Abwendung weiterer Uebel zu erbitten, was auch geschah. — 11. Mai.

Mamĭēnsĭs cīvĭtās, ātĭs *f.* Mamers, St., Fkr. (Sarthe); *ca.* 4500 Einw.
mămillă, ae *f.* Brustwarze, Brüstchen.
mămillārĕ, ĭs *n.* Brusttuch.
mammă, ae *f.* (μάμμη) 1. Brust, *besonders*: die weibliche Brust; mammam dare säugen; 2. Mutter; Amme.
mammālĭs, ĕ zu den Brüsten gehörig.
mammō 1 die Brust reichen, säugen.
mammōnă, ae *m. u. f.*; *auch* mammōnas (*auch n.*) (μαμμωνᾶς) (der ungerecht erworbene) Reichtum; Geld.
Mamuchan *indecl. wohl kein Eigenname Esth.* 1, 14, *sondern richtig*: mejumman, *talmudisch*: der Vorzüglichste, der Oberste.
mamzer *indecl.* Bastard, Bankert; einer, der von einer gemeinen Dirne geboren ist (*Deut.* 23, 2).
Man *indecl.* (*talmudisch*: Geschenk [Gottes]) (manna, mahu, manhu) das Manna, die wunderbare Speise der Israeliten in der Wüste (*Ex.* 16,31; *Num.* 11, 6—9); *vgl.* manna.
Manahat *indecl. m.* (*hebr.*?) Manahat, ein Horiter, Sohn Sobals (Gen. 36, 23).
Manahath *indecl.* (*hebr.* Ruhestadt?) Manahath, *unbekannte Stadt* (1. *Par.* 8, 6).
Mánahem *indecl. m.* (*hebr.*: Tröster) Manahem, gottloser u. grausamer König von Israel (742—737).
Mánahen *indecl. m.* (*hebr.* Tröster) Manahen, Milchbruder des Tetrarchen Herodes, später Christ und Lehrer der Kirche zu Antiochien.
Manaím *indecl. s.* Mahanaim.
Manapĭă, ae *f.* (Vexfordia) Wexford, St., Irland; *ca.* 12000 Einw.
Manasse *indecl. s.* Manasses.
Manasses, (*gen., dat. u. abl.* Manasse, *acc.*: Manassen) (*hebr.*) 1. der erstgeborene Sohn des Patriarchen Joseph, der später von Jakob adoptiert wurde, Ahnherr des Stammes Manasse im Ostjordanlande. 2. König von Juda (693—639), Ahnherr Christi. 3. ein Israelit zu Bethulia, Gemahl der Judith. 4. zwei Juden, die nach dem babyl. Exil ihre fremden Weiber entließen.
mānātĭō, ōnĭs *f.* Ausfluß.
Mānātĭŭs, ī *m.* Manatius, heidnischer römischer Statthalter in Triest.
manceps, cĭpĭs (*u. altlat.*: -cŭpĭs) *m.* 1. Aufkäufer, Käufer (*bes.*: der vom Staate konfiszierten Güter); Pächter öffentlicher Abgaben, Übernehmer öffentlicher Bauten *u. dgl.* 2. Mieter, Pächter.
Manchesterĭēn. (*C. R.*) *s.* Manchesterium.
Manchesterĭŭm, ī *n.* (Mancunium) Manchester, St. am Merrimac, Nordamerika (New Hampshire), *ca.* 80000 Einw.; Bistum (seit 1884), Suffr. v. Boston, *dav.*: **Manchesterĭēnsĭs,** ĕ.
mancĭpātŭs, ūs *m.* 1. Verkauf. 2. Pächteramt.
mancĭpĭŭm, ī *n.* 1. Kaufvollziehung, Kauf, Eigentumsrecht, Eigentum. 2. Sklave, Sklavin (als verkäufliche Ware).
mancĭpō 1 1. mit der Hand ergreifen, erfassen (*Num.* 4, 27). 2. zu eigen geben, übergeben, überantworten, weihen (einem Dienste); verkaufen; se mancipare: sich widmen.
B. Mancĭŭs Araki *m. s.* B. Franciscus Pacheco.
B. Mancĭŭs Xizizoiemon, japanischer Martyrer aus dem dritten Orden des hl. Augustinus, † 1630, *s.* B. Joannes Chocumbuco.
Mancunĭŭm, ī *n. s.* Manchesterium.
mancŭs 3 verstümmelt.
mandāns, antĭs, *m.* der Auftraggeber, der Mandant.
mandātārĭŭs, ī *m.* Beauftragter, Bevollmächtigter.
mandātŏr, ōrĭs *m.* Auftraggeber, Bevollmächtigter.
Mandātrĭēn. (*C. R.*) *s.* Mandatrium.
Mandātrĭŭm, ī *n.* Mostar, Hauptst. der Hercegowina am Narenta, *ca.* 15000 Einw.; Bischofssitz (seit 1881); Suffr. v. Vrh-Bosna; *dav.*: **Mandātrĭēnsĭs,** ĕ.
mandātŭs, ūs *m.* Auftrag.
mandātŭm, ī *n.* 1. Auftrag; Befehl des Papstes oder Kaisers; Gebot. 2. liturgische Bezeichnung für die Zeremonie der feierlichen Fußwaschung am Gründonnerstag u. in dem Benediktinerorden bei der Aufnahme ins Noviziat. Der Name kommt davon her, daß der erste Gesang mit dem Worte „Mandatum" beginnt.
Mandēlă, ae *f.* Poggio Mirteto, St., l. von dem Tiber, It. (Perugia), *ca.* 1600 Einw.; Bistum, exempt seit 1841, vereinigt mit dem Abttitel von S. Salvatore Maggiore; *dav.*: **Mandēlēnsĭs,** ĕ.
mandĭbŭlă, ae *f.* (mandibulum) Kinnbacken, Kinnlade.
mandĭbŭlŭm, ī *n. s.* mandibula.
1. **mandō** 1 1. übertragen, auftragen, übergeben, anvertrauen. 2. veranlassen. 3. lehren, unterweisen, anordnen, entbieten (*Ps.* 41, 9 *u. öfter*); manda virtuti tuae entbiete deine Macht (*Ps.* 67, 29).
2. **mandō,** dī, mānsŭm 3 kauen.
mandrăgŏră, ae *f.* (mandragoras, ae *f.*, μανδραγόρας) (*hebr.*: Dodaim) die

Mandragore, Alraue, eine niedrige Pflanze, deren Blätter unmittelbar aus der Wurzel ähnlich dem Salate herauswachsen. In der Mitte der Pflanze bilden sich rötliche Blüten, aus denen sich gelbe, runde, pflaumenähnliche Früchte entwickeln, die gerne gegessen wurden. Ihre Wurzel teilt sich in zwei Teile u. gibt der Pflanze die rohen Umrisse der menschlichen Gestalt: Kopf, Rumpf, zwei Füße; die Phantasie machte daraus die „Heinzelmännchen" (*Gen.* 30, 14—17; *Cant.* 7, 13).

Mandūbiī, ōrŭm *m.* die Mandubier, ein keltisches Volk in Gallien in der Gegend der jetzigen Stadt Alise, Fkr. (Côte-d'Or).

mandūcātiō, ōnĭs *f.* das Essen; manducatio sacramentalis: Empfang der hl. Kommunion.

mandūcō 1 kauen; essen.

mānĕ 1. *indecl. subst. n.* Morgen, Tagesanbruch, Morgenzeit, mane ultimum der letzte Morgen (*Laud. Sat.*), *auch*: mane diei früh am Tage. 2. *adv.* am Morgen (*auch*: mani); mane oratio mea praeveniet te mein Gebet kommt früh vor dich; mane diluculo beim Morgengrauen; cata mane mane *s.* cata. 3. bald (*Ps.* 142, 8).

mane (thecel, phares) „gezählt, geteilt, gewogen," *d. i.* Gott hat die Herrschaft (Baltassars) gezählt u. die Tage für voll gefunden; er nimmt die Herrschaft von ihm hinweg und gibt sie anderen, deshalb teilt er sie und wägt sie, wie man Gold oder Silberbarren zerteilt u. wägt u. dann verausgabt.

S. Manechildĭs fānŭm, ī *n. s.* S. Mene(c)hildis, ĭs *f.*

mănĕō, mānsī, mānsŭm 2 I. *intrans.* 1. bleiben, fortbestehen, dauern, sich erhalten; mănērĕ simul: zusammenweilen. 2. verharren, ausharren, erwarten. II. *trans.*: auf jem. *oder* etw. warten, ihn erwarten, ihm bevorstehen *c. acc.* (*C. j. c.* 2369).

mānēs, ĭŭm *m.* 1. die abgeschiedenen Seelen, Verstorbene. 2. Unterwelt, Leichnam. 3. Strafen in der Unterwelt: pătī.

Manēs, ĭs *m. s.* Mani.

S. Manetĭŭs Antellēnsĭs hl. Benedetto dell' Antella, vornehmer Florentiner im 13. Jhdt., einer der Gründer des Servitenordens, † 1268, 20. August.

Manfrēdī cīvĭtās, ātĭs *f.* Manfredonia, St. It. (Foggia).

Mangalorēn. (*C. R.*) *s.* Mangalorium.

Mangalorĭŭm, ī *n.* Mangalur (*engl.* Mangalore), Hafenst. an der Malabarküste in Britisch-Indien, Südkanara (Madras), *ca.* 45000 Einw.; Bischofssitz (seit 1886, seit 1850 apost. Vikariat), Suffr. v. Bombay; *dav.*: **Mangalorĭēnsĭs,** ĕ.

manhu *indecl.* (*hebr.*? Gottesgabe ist dies?) (*Ex.* 16, 15) *s.* Man.

Mani *indecl. m.* (Manes) Manes († 277), der Stifter der gnostischen Sekte der Manichäer, die parsische u. christliche Lehre miteinander verband.

mănĭcă, ae *f.* 1. Ärmel. 2. Handfessel. 3. *pl.* Handschuhe.

mănĭcātŭs 3 langärmelig, mit langen Ärmeln versehen.

Mănĭchaeŭs, ī *m.* Manichäer, Anhänger der häretischen Sekte des Mani im 3. Jhdt., *vgl.* Mani.

mānĭcō 1 frühmorgens ankommen.

mănĭfēstātĭō, ōnĭs *f.* Offenbarung, Mitteilung; manifestatio conscientiae Gewissenseröffnung, Gewissensrechenschaft.

mănĭfēstātŏr, ōrĭs *m.* Offenbarer.

mănĭfēstō 1 offenbar machen, deutlich zeigen, mitteilen; *pass.* erscheinen (*Ps.* 79, 2).

mănĭfēstŭs 3 handgreiflich, offenbar, deutlich, augenscheinlich; *adv.*: manifesto (*auch*: manifeste).

Manilă, ae *f.* (de Manila, *C. R.*) Manila, Hauptst. der Philippinen auf der Insel Luzon im Stillen Ozean, nördlich von Australien (zu den Vereinigten Staaten von Nordamerika), *ca.* 220000 Einw.; Erzbischofssitz (seit 1595, Bistum seit 1581).

Mānīlĭŭs, ī *m. s.* Titus Manilius.

mănĭpŭlă, ae *f. s.* manipulus.

mănĭpŭlātĭō, ōnĭs *f.* Handgriff, Kunstgriff.

mănĭpŭlŭs, ī *m.* (manipula) 1. eine Handvoll, Bündel, Garbe, manipulae bonorum operum. 2. *übtr.*: Garbenbinder. 3. Manipel, der dritte Teil einer Kohorte; Haufe, Schar. 4. Manipel, ein am linken Arm getragenes liturgisches Gewandstück (aus einer Art Schweißtuch *oder* Taschentuch [pallium linostimum] entstanden).

Manizalēn. (*C. R.*) *s.* Manizalium.

Manizalĭŭm, ī *n.* Manizales, St. r. vom Cauca in Colombia (Sur, Antioquia), *ca.* 18000 Einw.; Bistum (seit 1900), Suffr. von Medellin; *dav.*: **Manizalēnsĭs,** ĕ.

mannă, ae *f.* u. *indecl.* (*hebr.* mahu u. manhu [Gottes]gabe ist es, *vgl. Exod.* 16, 4ff.) Name der wunderbaren Speise, welche die Israeliten in der Wüste genossen; *übtr.*: das allerheiligste Altarsakrament (*vgl.*: Man).

mānō 1 1. fließen, strömen, rinnen, sich ergießen. 2. ausströmen lassen. 3. sich verbreiten, um sich greifen.
Manrēsă, ae *f.* Manresa, Ort in Nordspanien, wo der hl. Ignatius von Loyola weilte.
Manriquez Alvarŭs, ī *m.* Manriquez Alvarus, spanischer Vizekönig von Mexiko, Vater des sel. Petrus von Zuniga (16. Jhdt.).
Mansfeldĭānī, ōrŭm *m.* Mansfeldianer, protestantische Kriegerscharen des Feldherrn Mansfeld im dreißigjährigen Kriege (um 1620).
mānsĭō, ōnĭs *f.* das Verbleiben, Aufenthalt, Wohnung.
1. **mānsĭōnārĭŭs** 3 zum Nachtlager gehörig;
2. **mānsĭōnārĭŭs,** ī *m.* 1. Mansionar, der eine besondere Würde in den römischen Kapiteln bekleidete, etwa den Domvikaren (Benefiziaten, die zum Chordienst verpflichtet sind) entsprechend (*C. j. c.* 393, 2). 2. Mesner. 3. Wirt.
mānsĭuncŭlă, ae *f.* kleine Wohnung, Kammer.
Mansonĭŭm, ī *n.* Dorf, It., Bistum Rieti.
mānsuēfăcĭō, fēcī, factŭm 3 zähmen, mildern, entwildern.
mānsuēfactĭō, ōnĭs *f.* Zähmung, Überwindung.
mānsuēscō, suēvī, suētŭm 3 zahm werden, milder werden.
mānsuētō 1 zähmen, unschädlich machen.
mānsuētūdō, ĭnĭs *f.* 1. Milde, Sanftmut; Frömmigkeit (*Ps.* 131, 1). 2. Altersschwäche (*Ps.* 89, 10).
mānsuētŭs 3 1. sanft, mild; friedfertig, geduldig. 2. gebeugt, bedrängt (*Ps.* 75, 10).
mānsŭm, ī *n.* Wohnung, Landhaus; Acker; *vgl.* mansus.
mānsūră rēgnă, ōrŭm *n.* die bleibenden Reiche, das Himmelreich.
mānsŭs, ī *m.* Manse, ein Stück Land, wovon einer leben kann; *vgl.*: mansum.
mantēlĕ, ĭs *n. s.* mantīle.
Mantellātae, ārŭm *f.* Genossenschaft der Dienerinnen Marias, so benannt nach dem Mantel, den sie tragen.
Mantĕlettŭm, ī *n.* ärmelloser Mantel, welcher von Prälaten bei Teilnahme an feierlichen Funktionen in einer Kirche über dem Rochette getragen wird.
mantellŭm, ī *n.* (măntēlŭm) Mantel, Hülle, *bes.* Ordenskleid.
mantĭcă, ae *f.* Quersack, Bettelsack.
mantĭcŭs 3 (μαντικός) den Wahrsager betreffend; prophetisch, wahrsagend.
mantīlĕ, ĭs *n.* (mantele u. mäntīlĭŭm) 1. rauhleinenes Tuch zum Waschen der Hände nach Tisch, Handtuch. 2. grobes Tischtuch. 3. Altartuch.
Mantŭă, ae *f.* Mantua, St. am Mincio (zum Po), Oberitalien, *ca.* 30 000 Einw.; Bischofssitz (seit 804), Suffr. von Mailand; *dav.*: **Mantuānŭs** 3.
Mantŭān. (*C. R.*) *s.* Mantua.
mănŭālĕ, ĭs *n.* 1. Handbuch. 2. Futteral.
mănŭālĭs, ĕ zur Hand gehörig; stipendium manuale *s.* stipendium; beneficium manuale *s.* beneficium.
mănŭbĭae, ārŭm *f.* Beuteerlös; Geldanteil.
mănūbrĭŭm, ī *n.* Handhabe, Griff, Stiel, Henkel.
Manúchă, ae *m.* Manucha, Seeräuber an der Küste Siziliens bei Messina, der den hl. Plazidus ermordete.
Manue *indecl.* (*hebr.*: Ruheplatz) Manue, Vater des israelitischen Richters Samson.
mănūfactŭs 3 von Menschenhänden gemacht; künstlich.
mănŭs, ūs *f.* 1. die Hand; manum mittĕre ad Hand legen an; manĭbus plaudĕre in die Hände klatschen; testimōnĭum (testis) septĭmae manūs *s* testimonium *u.* testis. 2. Handschrift. 3. Schar, Haufe, *bes.*: bewaffnete Mannschaft. 4. Wache (*Thren.* 1 Nun); manus Dŏmĭni = Allmacht Gottes; Kraft, Stärke: in manu in der Gewalt von, anima mea in manu mea est (*Ps.* 118, 109) = meine Seele ist in Lebensgefahr; manum dare Aegypto: sich Ägypten unterwerfen (*Jer.* 5, 6). 5. die schaffende Hand, Tätigkeit, Arbeit, quā manu perfĭcĕre mit welchem Fleiße ausführen (*Laudes S. Familiae*): manus et ars „Handwerk" (Hom. Sti Hieron. in Evang.: Ecce nos relīquĭmus); *abl.*: mănu künstlich. 6. *übtr.*: Seite, spatiosum manĭbus weit nach beiden Seiten (*Ps.* 103, 25). 7. manus ad manum (*Prov.* 16, 5) durch alle Menschenalter.
mănūscrĭptŭm, ī *n.* Handschrift.
mănūscrĭptŭs 3 handschriftlich
mănūtergĭŭm ī *n.* Handtuch.
Maoch *indecl. m.* (*hebr.* ?) Maoch, Vater des Achis, des Königs von Geth z. Z. Davids.
1. **Maon** *indecl. m.* (*hebr.*) Maon, Israelit aus dem Stamme Juda, Sohn Sammais.
2. **Maon** *indecl.* (*hebr.*) Maon, St., südlich von Hebron, Pal. (Juda); *heute*: Chirbet Ma'an.
Maonathi *indecl. m.* (*richtig*: Maonensis =) der Maoniter, Einw. v. Maon.

Maozim *indecl. kein Eigenname, hebr.*: „Burg", „Burgen" (*Dan.* 11, 31. 38).

mappă, ae *f.* 1. Tuch, Tischtuch, Stück Zeug, *bes.*: Altartuch. 2. Landkarte.

mappŭlă, ae *f.* 1. kleines Tuch, Mundtuch. 2. Kommuniontuch.

Mapsam *indecl. m.* (*hebr.*: Wohlgeruch) Mapsam, Israelit aus dem Stamme Simeon, Sohn Sauls.

1. **Mara** *indecl. kein Eigenname*: Ruth 1, 20, *hebr.*: die Bittere, Unglückliche.

2. **Mara** *indecl.* (*hebr.*: die Bittere) Mara, ein Lagerplatz der Israeliten in der Wüste, *j.*: Ajn ḥawarah.

Marai *indecl. m.* (*hebr.*?) Marai, ein Krieger Davids.

Maraja *indecl. m.* (*hebr.*: Jahwe hat angespornt?) Maraja, ein Haupt der Priesterfamilie Saraja z. Z. Joakims (um 420 v. Chr.).

Maraioth *indecl.* (*hebr.*?) Marajoth, 1. Priester, Israelit, Sohn Achitobs. 2. Israelit, Ahnherr des Esdras, Sohn des Zacharias. 3. jüdischer Priester, nach dem eine Priesterklasse benannt ist.

Maran Atha *indecl.*: „maranata", entweder maran atá „unser Herr ist gekommen" (Chrysostomus, syrische Version) oder „marana ta" unser Herr, komm! (*vgl. Geh. Off.* 22, 20); Grußformel der Kirche von Jerusalem (1. *Kor.* 16, 22).

Marascēn. (*C. R.*) *s.* Germanica.

Maravă, ae *f.* Marava, St. (u. ehem. Königreich) bei Madura im Süden von Ostindien.

Marbacēnsĕ coenŏbĭŭm, ī *n.* Marbach, ehem. Kloster, Elsaß (Kolmar).

Marburgŭm, ī *n.* (Amasia Chattorum) Marburg, St. an der Lahn, Hessen-Nassau (Kassel), *ca.* 20 000 Einw.

marcă, ae *f.* Mark: argenti Silbermark.

Marcă, ae *f.* oder **Marchĭă,** ae *f.* die Mark, Landschaft in Norditalien.

Marcanēn. (*C. R.*) *s.* Marcano.

Marcanō, ōnĭs Markana, Insel bei Ragusa im Adriatischen Meere; Bistum Markana, *s.* Tribulium.

Marcellă, ae *f.* Marzella, Dienerin der hl. Martha.

S. Mārcellīnŭs, ī. *m.* hl. Marzellin, 1. Mart., † 267 in Rom, 18. Juni. 2. Papst u. Mart. (296—304), 26. April. 3. Mart., 2. Juni.

Mārcellīnŭs, ī *m.* Marzellin, ein vom hl. Petrus Chrysologus geweihter Bischof.

S. Mārcellŭs, ī *m.* hl. Marzell, 1. Papst u. Mart. † 310, 16. Jan. 2. Mart., † 336, 7. Oktober. 3. Mart. u. Bisch., 4. Sept.

Mārcellŭs, ī *m.* Marzell, ein Kerkermeister zu Rom unter Diokletian.

marcĕō 2 schlaff, matt, kraftlos sein.

Marcerŭm, ī *n.* (Marcia, Martia) Merzig, St., Niederösterreich.

marcēscō 3 kraftlos werden, ermatten.

Marchă, ae *f. s.* Morava.

B. Marchand, Josephus, ī *m*, sel. Joseph Marchand, Mart. in Cochinchina († 1838).

Nach langer Kerkerhaft und häufigen Schlägen wurde er an einen Pfahl gebunden; dann rissen ihm die Henker mit Zangen solange Fleischstücke vom Leibe, bis er unter dieser entsetzlichen Qual den Geist aufgab. — 3. September. (Vgl.: B. Joannes Gabriel Dufresse.)

marchĭă, ae *f.* Mark, Grenzland.

1. **Marchĭă,** ae *f. s.* Marca.

2. **Marchĭă,** ae *f* (M. Brandenburgica) Mark Brandenburg, Landschaft Preußen.

3. **Marchĭă,** ae *f.* Mark, ehem. Grafschaft, Preußen (Westfalen).

Marchĭă Brandenburgĭcă, ae *f. s.* 2. Marchia.

marchĭcŭs 3 märkisch.

marchĭō, ōnĭs *m.* Markgraf.

S. Marcī (*C. R.*) *s.* Marcopolis.

Marcĭă, ae *f. s.* Marcerum.

Mārcĭānŏpŏlĭs, ĭs *f.* Preslav, St. in Bulgarien.

Mārcĭānŭs, ī *m.* Marzian, 1. oström. Kaiser (450—457), Gemahl der hl. Pulcheria. 2. Statthalter von Bithynien (3. Jhdt.). 3. Präfekt in Rom (um 283 n. Chr.). 4. röm. heidn. Richter in der Provinz Euphrat.

marcĭdŭs 3 welk; schlaff, ermattet, kraftlos.

Marcinĭăcŭm, ī *n.* Marcigny-les-Nonnains, ehem. Benediktinerinnenkloster, Fkr. (Saône-et-Loire).

Mārcĭōn, ōnĭs *m.* (*Μαρκίων*) Markion, gnostischer Irrlehrer im 2. Jhdt.

Mārcĭōnĭstă, ae *m.* Markionisten, Anhänger des Irrlehrers Markion.

Mārcŏdūrŭm, ī *n. s.* Dura.

B. Marcolīnŭs, ī *m.* sel. Markolin, Bekenner, O. Pr. († 1397).

Er wurde 1317 zu Forli in Oberitalien geboren. Demut und Einfalt waren seine Lieblingstugenden. Er starb daselbst, 80 Jahre alt. 1750 wurde er von Papst Benedikt XIV. selig gesprochen. — 24. Januar (Dom. O.).

Mārcŏpŏlĭs, ĭs *f.* San Marco Argentano, St., südwestl. von Cosenza, It. (Cosenza), *ca.* 6000 Einw.; Bistum (seit 12. Jhdt.), 1818 mit Bisignano vereinigt.

S. Mārcŭs, ī *m.* (*Μάρκος*) 1. hl. Evangelist Markus, gest. als Bisch. von Alexandrien 68, 25. April. 2. hl. Papst M., 7. Okt. 3. Mart., † zu Rom 267, 18. Juni.

B. Mārcŭs Crisīnŭs, ī *m.* sel. Markus von Kriz, Priester u. Mart. († 1619).

Er war aus edlem Geschlechte zu Kriz, einem Orte in Kroatien, geboren und wurde zur Ausbildung in das Ferdinandskolleg zu Graz in Steiermark (Oesterreich) aufgenommen. Als Theologiebeflissener weilte er später im österreich-ungarischen Kollege zu Rom. Nach der Rückkehr ins Vaterland nahm der Erzbischof Petrus Pazmany ihn in seine Diözese Gran auf, wo Markus in der Bekämpfung der protestantischen Lehren tätig war, die gerade damals in Ungarn eindrangen. Er erhielt ein Kanonikat an der Graner Kathedrale und wurde Archidiakon von Komarom (Komorn) in Ungarn sowie Verwalter der ungarischen Abtei Szeplas bei Kaschau (Kessa). Dort sollte er mit den beiden Jesuiten Stephan Pongraczy (geb. 1582) und Melchior Grodeczy (aus Schlesien) von den Irrgläubigen um des Glaubens willen gemartert werden; denn Georg Rakoczy, der sich Kaschaus bemächtigt hatte, befahl im Jahre 1619, die drei Priester zu ermorden. Sie wurden unter großen Mißhandlungen gefangen genommen, ihrer Kleider beraubt, an Balken aufgehängt, mit Fackeln gebrannt, so daß schließlich die Eingeweide herausquollen. Nachdem sie eine ganze Nacht hindurch gelitten hatten, wurden Markus und Grodeczy enthauptet, während Pongraczy als tot mit zwei Beilhieben im Schädel zu den andern in eine Senkgrube geworfen wurde. Doch hauchte letzterer erst nach mehr als zwanzig Stunden seine edle Seele aus. Ihre Leiber wurden bald darauf in der Nähe der St. Ursulakirche zu Tirnau (Bezirk Preßburg in Ungarn) beigesetzt, wo viele Wunder an ihrem Grabe geschahen, weshalb sie Pius X. im Jahre 1905 unter die Schar der Seligen aufnahm. — 7. September (Ges. Jes.).

Mārcŭs Antōnīnŭs, ī *m. s.* Antonīnus.

Mārcŭs Aurēlĭŭs Commŏdŭs, ī *m.* röm. Kaiser Mark Aurel (161—180).

Mardē, ēs *f.* Mardin, St. an den Abhängen des Massius, Mesopotamien (Diabekr), *ca.* 25000 Einw.; lateinische Mission (1842—1896 apost. Präfektur); kath.-armenischer Erzbischofssitz (seit 1850); kath.-chaldäischer Erzbischofssitz (seit 1834); kath.-syrisches Erzbistum (Mardin u. Amida seit 1888 vereinigt, Erzbischof ist der Patriarch von Antiochia); *dav.*: **Mardēnsĭs,** ĕ.

Mardēn. (*C. R.*) *s.* Marde.

Mardochaeŭs, ī *m.* (*hebr.* ? Anhänger Marduks) Mardochäus 1. ein Jude, hoher Würdenträger am Hofe des Perserkönigs Xerxes, Oheim und Vormund der Esther. 2. ein Jude, der mit Zorobabel aus dem babyl. Exil nach Jerusalem zurückkehrte.

mărĕ, ĭs *n.* Meer, Teil des Meeres, Meerwasser; mărĕ Anglĭcānŭm der „Kanal".

mărēs, ĭŭm *m. pl. v.* mas, maris.

Mares *indecl. m. angeblich*: ein hoher Würdenträger am Hofe des Perserkönigs Xerxes (485—465) (*Esth.* 1, 14).

1. **Maresa** *indecl. m.* (*hebr.* ?) Maresa, zwei Israeliten im Stamme Juda 1. Vater des Hebron. 2. Sohn des Laada.

2. **Maresa** *indecl.* (*hebr.* ?) Maresa, St., Pal. (Juda); *vielleicht j.*: Chirbet Merâsch, südwestl. von Bedschibrîn, z. Z. der Römer Eleutheropolis genannt.

marescallŭs, ī *m.* Marschall.

Mareth *indecl.* (*hebr.*: Maarat) Mareth, St., Pal. (Juda).

margărītă, ae *f.* (margarītum) (μαργαρίτης) Perle (*Prov.* 25, 12).

1. **S. Margărītă,** ae *f.* hl. Margareta, Jgfr. u. Mart. († 275).

Margarita, auch Marina genannt, war die Tochter eines heidnischen Götzenpriesters zu Antiochien namens Edesius und schon in ihrer frühen Jugend christlich. Wegen ihrer außerordentlichen Schönheit wurde der Statthalter Olybrius in Liebe zu ihr entflammt und wollte sie zur Ehe nehmen. Als er aber erfuhr, daß sie Christin sei, und da er sie trotz aller Schmeicheleien nicht vom hl. Glauben abbringen konnte, verwandelte sich seine Neigung in Haß. Durch die verschiedensten Martern wollte er sie zum Abfalle zwingen. Er ließ sie mit Ruten schlagen, mit Krallen zerfleischen, ihr mit Fackeln Brust und Seiten ausbrennen und in diesem qualvollen Zustande in den Kerker werfen. Dort wurde sie durch die Erscheinung des Teufels in Drachengestalt erschreckt, doch vertrieb sie ihn sogleich durch das Zeichen des hl. Kreuzes. Das Schwert beendete darauf ihre Marter. — 13. Juli (Münster) und 20. Juli (Krakau, Kulm, Salzburg, Speier, in Polen nur für einige Kirchen).

2. **S. Margărītă,** ae *f.* hl. Margareta, Königin v. Schottland, Witwe, † 1093, 10. Juni.

3. **S. Margărītă ā Cortōnā Poenĭtēns** hl. Margareta von Cortona, Büßerin, vom dritten Ord. des hl. Franziskus († 1297).

So genannt nach dem Orte ihres Todes, der zu Cortona (Provinz Arezzo-Italien) erfolgte. Sie wurde zu Laviano bei Cortona im Jahre 1247 geboren. Früh verlor sie ihre fromme Mutter; deshalb entbehrte sie eine ordentliche Erziehung und geriet bald auf die Bahn der Sünde, auf der sie neun Jahre lang großes Aergernis gab. Den Genossen ihrer Sünden ereilte ein Unglück. Beim Anblick seiner Leiche trat ihr so erschütternd die Frage vor ihren Geist: „Wo ist nun seine Seele?", daß sie ihre Umkehr beschloß und sofort reumütig nach Laviano ging. Im Bußgewande mit abgeschnittenen Haaren, einen Strick um den Hals, bat sie kniend vor der Kirchtüre die Gemeinde öffentlich um Verzeihung. Allen Anfechtungen zum Trotz hielt sie in ihrem Büßerleben stand; in Cortona wurde sie nach dreijähriger Prüfungszeit von den Franziskanern in den III. Orden aufgenommen. Nun lebte sie 23 Jahre in unglaublich harter Buße in Gebet und Beschämung. Gott lohnte ihre Treue mit außerordentlichen Gnaden und mit der Gabe der Wunder. Ihr Leib war unverwest aufbewahrt. 1728 wurde sie von Benedikt XIII. heilig gesprochen. — 22. Februar (Franz. O.).

4. **S. Margărītă Maria Alacoque** hl. Margareta Maria Alacoque, Jgfr. († 1690).

Sie war in einem Dorfe der Diözese Autun (Fkr.) geboren. Ein wunderbarer Zug der zuvorkommenden Gnade führte sie schon von zarter Jugend an auf den Weg der Vollkommenheit. Die ersten Regungen ihres unschuldigen Herzens wandte sie jener Eigenart des inneren Lebens zu, zudem sie von Gott auserwählt war. Kaum im Gebrauche der Vernunft, hatte das kleine Mädchen keine größere Freude, als auf den Knien liegend mit gefalteten Händen sich dem himmlischen Bräutigam vorzustellen, ihm ihr Herz zu weihen und ihm ihre jungfräuliche Keuschheit auf seine eigene innere Eingebung hin zu geloben. Ihr Streben, Jesu zu gefallen, und ihre kindliche Zuneigung zur Gottesmutter, der sie sich von ihm anvertraut wußte, wuchs in gleicher Weise mit den Jahren. Aus dieser Liebe zu Jesus, die sie oft durch tägliche stundenlange Betrachtung nährte, entbrannte eine gewaltige Liebe zum Leiden, um sich dem Einziggeliebten ähnlich zu erzeigen. Darum tötete sie ihren Leib durch Fasten, Nachtwachen und andere Rauheiten bis zur Krankheit ab, die Seele aber bildete sie unter den täglichen Quälereien, welche sie nach dem Tode des Vaters von ihren Dienstboten zu ertragen hatte, nach dem Bilde dessen, der sanftmütig und demütig von Herzen ist. So gelangte sie selbst in der Welt in kurzer Zeit zu großer Heiligkeit. Um von ihren Verwandten weiter entfernt zu sein, trat sie in den Orden der Heimsuchung Mariä zu Paray-le-Monial ein. Sogleich im Noviziat legte sie durch jegliche Tugend im religiösen Leben das unzweifelhafte Anzeichen der Heiligkeit an den Tag. Inzwischen ordnete es Christus so, daß seine Braut durch die Gabe des erhabeneren Gebetes, durch innere Anreden und andere Gnadengaben erleuchtet und für seine Pläne näher vorbereitet wurde. Unter den verschiedenen Erscheinungen ist jene am berühmtesten, in welcher sich der vor dem hl. Altarsakrament Betenden Jesus selbst zum Anblicke darbot und ihr sein göttliches Herz in offener Brust von Flammen entzündet und mit Dornen umwunden zeigte und befahl, daß sie für eine solche Liebe und um die Beleidigungen der undankbaren Menschen gut zu machen für die öffentliche Verehrung seines Herzens sorgen solle unter Hinweis auf die großen gnadenreichen Belohnungen. Da sie aus Demut zauderte und sich einer solch erhabenen Sache für unwürdig hielt, stärkte er sie, indem er ihr seine Hilfe versprach und den Erfolg vorhersagte. Seitdem sah man die getreue Braut Christi für nichts anderes mehr leben und in Wort, Beispiel und Schrift und durch beständiges Opfer ihres Lebens nur das eine erstreben, nämlich daß dem hl. Herzen Jesu die innere und äußere Verehrung von allen erwiesen werde, wie sie ihm nach seinen Angaben wohlgefalle. Wunderbar begann diese Verehrung und später, als der hl. Stuhl sie approbierte, konnte der ganze katholische Erdkreis bezeugen, mit welch großer Frucht sie durchgeführt worden ist. Ihr dringendes Gebet zu Gott, ihre glänzenden Gaben möchten sich zu ihrer Verachtung verkehren, war voll Erfolg. Niemals nämlich fehlte es im Kloster und außen an solchen, welche meinten, Margareta sei elend getäuscht worden. Sie witzelten über sie oder prüften sie durch lange, harte Versuche, wobei jedoch die Demut, Geduld, der Gehorsam und die Nächstenliebe der sanftmütigen Jungfrau immer mehr hervortraten. Schmach und Drohungen von Außenstehenden, weil sie eine adelige Kandidatin aus dem Noviziat entlassen hatte, nahm sie mit unbesiegter Standhaftigkeit hin. Die letzte Krankheit ertrug sie mit vollkommener Geduld; dabei flößte ihr plötzlich der Gedanke an das göttliche Gericht solche Furcht ein, daß sie unter Tränen den Gekreuzigten liebkoste und sich Barmherzigkeit erflehte, worauf alsbald die Tröstungen Gottes ihre Seele erfreuten. So ging sie gleichsam als verzehrtes Opfer der Liebe im 43. Jahre ihres Lebens zum Bräutigam ein. — 17. Oktober (Ges. Jes.).

1. **B. Margărītă,** ae *f.* sel. Margareta von Ungarn, Jgfr. († 1270).

Sie war die Tochter des ungarischen Königs Bela IV. und wurde im Jahre 1242 geboren. Schon vor der Geburt hatten die Eltern sie durch ein Gelübde, um den Tatareneinfall dadurch mit Gottes Hilfe abzuwehren, für den Dominikanerinnenorden bestimmt. Im fünften Lebensjahre wurde sie in ein Kloster nach Budapest gebracht. Sie war von Jugend auf sehr fromm und lebte ganz in der Liebe des Heilandes. Beim hl. Opfer geriet sie oft zwischen Wandlung und Kommunion in Verzückung. Im 12. Lebensjahre ließ man sie zur Ablegung der Gelübde zu. Die Heiratsanträge der Könige von Polen, Sizilien und Böhmen wies sie trotz der Drohungen ihres Vaters beharrlich zurück. Sie kleidete sich absichtlich ärmlich, um jeder Beachtung zu entgehen, und tat die niedrigsten Magddienste, während sie sich aufs strengste abtötete, indem sie stets einen eisernen Bußgürtel trug. Nachts fügte sie noch ein Band aus Igelstacheln hinzu. Häufig ließ sie sich bis aufs Blut geißeln, um Sühne für die Beleidigungen Gottes zu tun. Sie betete fast ununterbrochen. Sie starb im 28. Lebensjahre. — 19. Januar (Ungarn) und 26. Januar (Dom. O.).

2. **B. Margărītă ā Castellō,** sel. Margareta von Castello, Jgfr. († 1320).

1287 zu Metola auf der Grenze zwischen Toscana und Umbrien geboren, war von Geburt an blind. Nachdem sie lange Zeit ein rührendes Beispiel des Heldenmutes im Leiden gegeben hatte, starb sie, 33 Jahre alt, am 13. April 1320. — 13. April (Dom. O.).

margĭnālĭs, ĕ Rand-: annotatio.

margĭnō 1 mit einem Rande versehen, einfassen.

margō, ĭnĭs *m.* u. *f.* Rand, Saum; Grenze.

margrāvĭātŭs, ūs *m.* Markgrafschaft.

S. Mărīă, ae *f.* (*hebr.*: Mirjam; *ägypt.*: mrjt-Amun, die von [Gott] Amon Geliebte; *aramäisiert*: Mareja, Herrin, weibliche Form zu mare, Herr; *arabische Form*: Mariam [Μαριάμ]; alle anderen Erklärungen sind sprachlich schwer zu rechtfertigen; wie „măr jām = bitteres Meer oder stilla maris u. a. Wenn manche meinen, die ägyptische Sprache sei ausgeschlossen, dann muß darauf hingewiesen werden, daß „Moses“ auch ägyptisch erklärt wird!

I. Die allerseligste Jungfrau u. Gottesmutter Maria; deren Titel u. Feste (in zeitlicher Reihenfolge):

1. **Desponsationis B. M. V.** Fest der Verlobung Mariens, 23. Januar.
2. **Purificationis B. M. V.** Fest Mariä Lichtmeß (Mariä Reinigung; Darstellung Jesu im Tempel), 2. Februar.
3. **Apparitio Immaculatae B. M. V.** Erscheinung der unbefleckten Gottesmutter in Lourdes, 11. Februar.
4. **B. M. V. de Foggia** Fest der Mutter Gottes von Foggia, 22. März.
5. **Annuntiatio B. M. V.** Mariä Verkündigung, 25. März.
6. **Septem Dolorum B. M. V.** Fest der sieben Schmerzen Mariens, Freitag nach dem Passionsfeste und am 15. September.
7. **de Bono Consilio,** M., die Mutter vom guten Rate, 26. April.
8. **B. M. V. Patrona Bavariae** Schutzherrin Bayerns.

Auf Bitten König Ludwigs III. von Bayern und seiner Gemahlin Theresia wurde i. J. 1916 von Papst Benedikt XV. für ganz Bayern das Indult gewährt, am 14. Mai Maria unter dem Titel „Schutzherrin Bayerns“ in Brevier und Messe zu verehren, während die äußere allgemeine Feier für den Sonntag nach Christi Himmelfahrt festgesetzt wurde. Die Marienverehrung in Bayern ist uralt. Außer vielen anderen alten Heiligtümern besteht insbesondere das bayerische Nationalheiligtum die Gnadenkapelle zu Altötting (Obby., Diöz. Passau) schon seit Karls des Großen Zeiten. Der Sieger am weißen Berge bei Prag, Herzog Maximilian, stellte schon sein Land unter den Schutz Mariens und ließ sowohl die Front des herzoglichen Palastes (jetzt ehem. Residenz) als auch den Marienplatz mit herrlichen Statuen der Patrona Bavariae schmücken, die beide noch an der gleichen Stelle sich befinden. Zeugen für die besondere Marienverehrung in Bayern sind die vielen marianischen Kongregationen, zu deren Mitgliedern auch viele Sprossen aus dem herzoglichen und königlichen Hause gehörten. Der Orden der Georgsritter in Bayern hatte schon vor der Dogmatisierung der unbefleckten Empfängnis Marias es als besondere Pflicht auf seine Fahne geschrieben, diese Lehre als Wahrheit zu verteidigen. — 14. Mai (äußere Feier am Sonntag nach Christi Himmelfahrt). (Die acht Bistümer Bayerns.)

9. **Auxilium Christianorum** unter dem Titel: Maria, die Hilfe der Christen, 24. Mai.

Häufig erfuhr das christliche Volk die offensichtliche Hilfe Mariens. Besonders erwähnenswert ist die Hilfe Marias beim Siege über die Türken bei den Echinadischen Inseln, in dessen dankbarer Erinnerung Papst Pius V. den Titel „Hilfe der Christen“ in die lauretanische Litanei aufnehmen ließ; ferner die Hilfe, welche Papst Pius VII. erfuhr, als er von gottlosen Machthabern fünf Jahre lang mit Gewalt von Rom ferngehalten wurde, und meist in Savona, einem Wallfahrtsorte bei Genua (It.), weilen mußte. Von dort traf er dann gegen alles Erwarten am 24. Mai 1814 in Rom wieder ein. Zum Dank an diesen Tag approbierte er das Fest Mariens unter dem Titel „Hilfe der Christen“ für Brevier und Messe. — 24. Mai (Krakau).

10. **B. M. V. a Strata,** Maria am Wege in Rom, der rechts auf das Kapitol führt.

Das alte Gnadenbild genoß große Verehrung. Wegen des allzu großen Andranges konnte das Kirchlein die Volksmenge nicht fassen. Deshalb baute Julius de Astallis im 12. Jahrhundert die Kirche von Grund aus um. Zur Pfarrkirche bestimmt, wurde sie später dem hl. Ignatius und seinem Orden überlassen und die Pfarrei auf St. Markus übertragen. Kardinal Alexander Farnese erbaute statt der baufälligen Kirche einen prachtvollen Tempel unter dem Titel „Jesus Servator“; für das Gnadenbild wurde eine eigene Kapelle eingebaut. Die Kanoniker vom Vatikan schenkten dem Gnadenbilde im 17. Jahrhundert eine goldene Krone. So wurde es als erstes Marienbild in Rom gekrönt. Leo XIII. erlaubte das Offizium. — 24. Mai (Ges. Jes.).

11. **B. M. V. de Misericordia** Fest Mariens von der Barmherzigkeit, am Montage in der Bittwoche.

12. **B. M. V. de Gratia** Fest Mariens als Mutter der Gnade, 9. Juni.

13. **Cordis Purissimi B. M. V.** Fest des reinsten Herzens Mariä, 3. Sonntag nach Pfingsten, oder am Sonntage in der Oktave von Mariä Himmelfahrt.

14. **de Succursu B. M. V.** Fest unter dem Titel: von der Hilfe, 16. Juni; vgl. Nr. 16.

15. **de Consolatiōne B. M. V.** unter dem Titel: Maria als Trösterin, 20. Juni (*auch*: am Sonntage in der Oktave des Festes vom hl. Augustinus).

16. **B. M. V. de Perpetuo Succursu,** Fest unter dem Titel von der immerwährenden Hilfe.

Das Fest gilt der Verehrung jenes eigenartigen Bildes, welches den Namen Maria von der immerwährenden Hilfe führt. Am 27. März 1499 durch Papst Alexander VI. von der Insel Kreta nach Rom gebracht, befand es sich zuerst in der Kirche des hl. Apostels und Evangelisten Matthäus im Stadtteile Merulana (zwischen den Basiliken S. Maria Maggiore und S. Johann im Lateran gelegen), wo es drei Jahrhunderte zur Verehrung verblieb. Als diese Kirche im Laufe der Zeit verfiel, wurde es auf Befehl Papst Pius' IX. im Jahre 1866 (26. April) in feierlicher Prozession in die Kirche am esquilinischen Hügel zu Ehren des hlst. Erlösers und des hl. Alfons Maria von Liguori übertragen und der Kongregation der Redemptoristen anvertraut. (Letztere Kirche ist ungefähr am Platze der alten Matthäuskirche erbaut.) — 27. Juni (Münster).

17. **Visitationis B. M. V. Fest Mariä** Heimsuchung, 2. Juli.

18. **Prodigiorum vel Reginae Pacis** Fest unter dem Titel der Wunderwerke oder der Friedenskönigin, 9. Juli.

19. **B. M. V. de Monte Carmelo** Fest der Mutter Gottes vom Berge Karmel, 16. Juli.

20. **Humilitatis B. M. V.** Fest der Demut Mariens, 17. Juli.

21. **B. M. V.** unter dem Titel **Maria Einsedeln,** 21. Juli (Chur).

22. **B. M. V. ad Nives,** Fest unter dem Titel: Maria Schnee, d. h. Fest der Einweihung der Kirche Santa Maria Maggiore zu Rom (im 4. Jhdt.), 5. August.

23. **Assumptio B. M. V.** Mariä Himmelfahrt, 15. August.

24. **Maria B. M. V. Claramontana Czestochoviensis.**

Das Gnadenbild auf dem „Leuchtenberg“ bei Czenstochau soll der hl. Evangelist Lukas gemalt haben. Von Jerusalem soll es zuerst nach Konstantinopel und dann wunderbarer Weise nach Rußland übertragen worden sein. Während der Belagerung der Festung Belz, wo eben das Bild aufbewahrt wurde, traf der Pfeil eines Tataren das Angesicht der Jungfrau und durchstach es so, daß es nicht mehr ausgebessert werden konnte. Schon verzweifelten die Belagerten an ihrer Rettung, da half die Himmelsmutter gegen alle Hoffnung und befreite sie. Zum Danke für diese wunderbare Rettung ließ Wladimir auf dem „Leuchtenberg“ eine Kirche und ein Kloster für die Mönche vom Orden des hl. Eremiten Paulus erbauen, wo der besuchteste Wallfahrtsort Polens entstand. — 26. August (Gnesen-Posen, Krakau).

25. **B. M. V. Pastoris Divini Matris** Fest Mariens als der Mutter des göttlichen Hirten, 3. September.

26. **Nativitatis B. M. V.** Fest Mariä Geburt, 8. September.

27. **Nominis B. M. V.** Mariä Namensfest am 12. September.

28. **de Mercede B. M. V.** Fest unter dem Titel von der Erlösung der Gefangenen, 24. September.

29. **Sacratissimi Rosarii B. M. V.** Rosenkranzfest, am 7. Oktober.

30. **B. M. V. sub titulo Magnae Hungarorum Dominae,** Maria, die große Herrin der Ungarn, 8. Oktober (Ungarn).

31. **Maternitatis B. M. V.** Fest der Mutterschaft der allersel. Jgfr. M., 2. Sonntag im Oktober.

32. **Puritatis B. M. V.** Fest der Reinheit Mariens, 3. Sonntag im Oktober.

33. **de Suffragio B. M. V.** Fest unter dem Titel von der Fürbitte Mariens, am Sonntage in der Oktave v. Allerheiligen.

34. **Patrocinii B. M. V.** Schutzfest Mariens am 2. Sonntage im November.

35. **Praesentationis B. M. V.** Fest Mariä Opferung, 21. November.

36. **Manifestationis Immaculatae B. M. V. a Sacro Numismate** Fest der Offenbarung Mariens unter dem Titel von der geweihten Medaille, 27. November.

27. **Conceptionis Immaculatae B. M. V.** Fest der unbefleckten Empfängnis Mariä, 8. Dezember.

38. **Translationis almae domus Lauretanae B. M. V.** Übertragung des hl. Hauses von Loreto, 10. Dezember.

39. **B. M. V. Reginae pacis** Fest unter dem Titel: Königin des Friedens, vgl. Nr. 18.

40. **B. M. V. Refugii peccatorum** Fest Mariens unter dem Titel: Zuflucht der Sünder.

II. Orte, die nach der Gottesmutter benannt sind.

S. Mariă in fodīnīs Markirch, St. im Elsaß (Kolmar).

S. Mariae aulă, ae *f.* Mariensaal, Kloster in Brünn (Mähren).

S. Mariae domŭs, ūs *f.* Mergentheim, St. in Württemberg (Jagstkreis).

S. Mariae hortŭs, ī *m.* Mariengaarde, ehem. Kloster, Niederlande (Friesland).

Mariae silvă, ae *f.* Marienwald, ehem. Ortschaft bei Zülpich, Preußen (Rheinprov.).

Mariae vallĭs mŏnastērĭŭm, ī *n.* Mariental, Kloster Sachsen (Bautzen).

III. Heilige mit dem Namen: Maria.

1. **S. Maria Magdalēnă,** Büßerin, Maria von Magdala, *vielleicht*: Schwester des vom Heilande auferweckten Lazarus, 22. Juli.

2. **S. Maria Aegyptiăcă,** ae *f.* hl. Maria von Ägypten, Büßerin, † um 430, 9. April.

3. **S. Maria Magdalēnă dē Pazzīs,** hl. Maria Magdalena von Pazzi, Jgfr., Karmelitin, † 1607, 27. Mai.

4. **S. Maria Francisca a quinque vulneribus** hl. Maria Franziska von den hl. fünf Wunden, Terziarin des Franzisk. Ord., Jgfr. († 1791).

Schon vor der Geburt sagte der hl. Joh. Josef der besorgten Mutter die große Heiligkeit ihres Kindes, das zu Neapel 1715 geboren wurde, voraus. Bereits mit vier Jahren verrichtete sie besondere Gebetsübungen. Sie war sehr lernbegierig auf die Wahrheiten der Religion, und über ihre Kenntnis darin mußte man staunen. Sieben Jahre alt, ging sie zur hl. Kommunion, darauf fast täglich. Dem Vater, einem Weber, war sie eine fleißige, geschickte Hilfe. Im 16. Jahre verschmähte sie eine reiche Heirat und bat den Vater um Erlaubnis, in den III. Orden des hl. Franziskus einzutreten. Der erzürnte Vater wollte sie mit Gewalt, Schlägen und Hunger von diesem Gedanken abbringen, aber umsonst. Endlich gab er auf Bitten eines Geistlichen nach. Franziska wurde eingekleidet. In ihrer Verehrung des Leidens Christi nahm sie den Beinamen „von den hl. fünf Wunden" an. In diesen Wunden suchte sie immer Trost bei der harten Behandlung seitens ihres Vaters und in den Prüfungen, die ihr Beichtvater glaubte, ihr auferlegen zu müssen. Sie hatte fast ständig zu leiden; Gott schenkte ihr aber auch große Gnaden. Krankenheilungen und Vorhersagungen sind von ihr bekannt. Sie starb am 6. Oktober 1791. Gregor XVI. sprach sie selig, Pius IX. 1867 heilig. — 6. Oktober (Kap. O.).

IV. Selige mit dem Namen Maria:

B. Maria, ae *f.* sel. Maria, Cist. Märtyrin († 1180).

Diese Selige war die Schwester des sel. Bernhard Ameth und der sel. Gratia, die vom Mohammedanismus zum Christentume sich bekehrten und um des kath. Glaubens willen starben. — 1. Juni (Cist. Ord.).

B. Maria Anna de Paredes, sel. Maria Anna von Jesus de Paredes († 1645).

Maria Anna wurde zu Quito in Mexiko aus vornehmem Geschlechte geboren und strebte schon von ihrer Kindheit an nach religiöser Vollkommenheit. Hervorleuchtende Sittenreinheit, brennende Gottesliebe, ständige Verehrung und Nachahmung der unbefleckten Gottesmutter waren ihre hervorstechendsten Eigenschaften. Schon im 14. Lebensjahre weihte sie sich Gott durch die drei Gelübde der Keuschheit, Armut und des Gehorsams und hielt sie bis zum Tode. Als sie vom glorreichen Martertode dreier Jesuiten hörte, die in Japan ihr Blut für Christus vergossen hatten, wurde sie von einem ungewöhnlichen Eifer zur Ausbreitung der Ehre Gottes entflammt. Heimlich machte sie sich zur Reise bereit, um den wilden Völkern das Licht des Glaubens zu bringen. Da sie ihren Entschluß nicht ausführen konnte, fand sie ihre Beruhigung in der Erfüllung des göttlichen Willens dadurch, daß sie im eigenen Hause ganz zurückgezogen und fern von irdischen Sorgen mit Gott allein verbunden lebte. Nur zur Ausübung der Nächstenliebe oder zur Erfüllung der religiösen Pflichten verließ sie ihr Haus. In ihrer Einsamkeit schien sie das strenge Leben der alten Eremiten in der Wüste zu erneuern und hielt ihren unschuldigen Leib in ernster Zucht. Einmal, ja wiederholt während des Tages und der Nacht verwundete sie ihr Haupt mit einer Dornenkrone, die Brust und Seiten mit einem rauhen Bußhemd, die Füße mit kleinen Steinen und alle Glieder mit Geißeln, eisernen Ketten und durch mancherlei unerhörte Künste, wie die Liebe zu Christus sie ihr eingab. Um sich noch größere Qualen zu bereiten, bediente sie sich eines Bettes aus Scherben oder eines Kreuzes, das mit sehr spitzen Dornen verflochten war. Speise genoß sie so wenig, daß sie jeden achten oder zehnten Tag kaum eine einzige Unze trockenen Brotes aß. Gegen alle war sie freundlich und liebenswürdig, besondere Verdienste aber erwarb sie sich um die Seelen der verlorenen Menschen, die sie nach und nach durch ihre Ratschläge und Gebete aus dem Schmutze der Laster zu einem ehrbaren Lebenswandel führte. Gott verherrlichte seine mit diesen genannten und vielen anderen Tugenden begnadete Dienerin durch viele und herrliche Gaben. Der ständigen Betrachtung himmlischer Dinge hingegeben, war sie fast ununterbrochen Tag und Nacht in der Liebe Gottes versunken. Manche bekräftigen, sie gesehen zu haben, wie sie von der Erde erhoben, in Verzückung war und wie ihr Antlitz von himmlischem Lichte strahlte. Mit der Gabe der Weissagung und Herzenserforschung ausgestattet, kündigte sie nicht bloß das Zukünftige und Abwesende an, sondern durchschaute auch die Seelen der Menschen und erkannte ihre Gedanken und Sündenflecken. Nicht geringer war ihre Macht, Krankheiten zu vertreiben. Vielen, die an einer tödlichen Krankheit darniederlagen, gab sie entweder durch ein Kreuzzeichen oder durch Besprengung mit Weihwasser die erhoffte Gesundheit des Leibes wieder; auch eine tote Frau rief sie durch ihr Gebet wieder ins Leben. Voll Liebe zu ihren Mitmenschen opferte sie sogar ihr Leben für die Gesundheit ihrer Mitbürger Gott auf, als die Pest wütete. Sie wurde auch wirklich von der Krankheit ergriffen und ging durch den friedlichsten Tod zu ihrem Bräutigam hinüber im 26. Lebensjahr. Sogleich nach ihrem Tode sproß aus ihrem geronnenen Blute eine blendendweiße Lilie hervor, weshalb sie selbst den Namen „Lilie von Quito" erhielt. Weit und breit verbreitete sich der Ruf ihrer Heiligkeit und wurde von Gott durch zahllose Wunder bestätigt. Pius IX. nahm sie unter die Zahl der Seligen auf. — 30. Mai (Ges. Jes.).

B. Maria Magdalena Martinengo sel. Maria Magdalena Martinengo, Jgfr., Kapuzinerin († 1737).

Sie wurde zu Brescia (Italien) geboren. Als Kind wurde sie zur Erziehung Klosterschwestern übergeben. Damals schon zeigte sie sich den Weltfreuden abhold und bekundete einen ernsten Sinn zum Gebete und zu den Uebungen christlicher Selbstüberwindung. Bei den Kapuzinerinnen nahm sie das Kleid der hl. Klara; sie wurde bald ein Muster christlicher Bescheidenheit, Geduld und des pünktlichsten Gehorsams; kaum das Notwendigste beanspruchte sie für sich in Kleidung und Nahrung. Sie glühte vor Andacht zum heiligsten Sakramente. Ihrer dankbaren Liebe gegen den Gekreuzigten suchte sie durch heldenmütige Werke der Buße genugzutun. Als Novizenmeisterin und Oberin war sie allen eine liebe, gute Mutter, ein vortreffliches Tugendbeispiel jeder Art. Sie starb im Rufe der Heiligkeit im Alter von 50 Jahren. Leo XIII. sprach sie selig. — 27. Juli (Kap. O.).

B. Maria Magdalena Fontaine, sel. Maria Magdalena Fontaine, Jgfr. († 1794).

Zur Zeit der französischen Revolution lebten in Arras (Fkr., Pas-de-Calais) in einem vom hl. Vinzenz von Paul selbst begründeten Kloster vier Schwestern der christlichen Liebe; sie hießen Maria Magdalena Fontaine, Maria Franziska Lanel, Theresia Fantou und Johanna Gérard. Trotz aller Warnungen wollten sie ihre Armen nicht verlassen und lehnten es mutig ab, sich vor andrängenden Revolutionsmännern zu verbergen. Im Februar des Jahres 1794 wurden die Jungfrauen vor den Revolutionsgerichtshof geschleppt; sie weigerten sich, den kirchenfeindlichen Eid auf die sogenannte Verfassung abzulegen. Sie wurden eingekerkert, dann nach Cambrai gebracht und dort ihres hl. Glaubens wegen hingerichtet. Vor ihrer Hinrichtung erklärte Maria Magdalena Fontaine feierlich vor allem Volke, sie mit ihren Gefährtinnen würden die letzten Opfer der Revolution sein, was sich als richtig erwies. – Papst Benedikt XV. sprach die Glaubensheldinnen im Jahre 1920 selig. — Fest 27. Juni (Lazaristen).

B. Maria Francisca Lanel, † 1794, *s.* B. Maria Magdalena Fontaine.

V. Andere Personen mit dem Namen: Maria (in zeitlicher Folge):

1. Maria oder Mirjam, die Schwester des Moses.
2. eine Tochter des Mared aus dem Stamme Juda.
3. Mutter des Evangelisten Johannes Markus.
4. eine eifrige Christin zur Apostelzeit.
5. Maria Salome.
6. Maria Cleophae, die Frau des Alphäus oder Kleophas u. Mutter des Apostels Jakobus des Jüngeren, die Base (im dritten Grade der Blutsverwandtschaft) der allerseligsten Jgfr. Maria.
7. Griechische Kaisertochter, Gemahlin Belas IV., Königs v. Ungarn, Mutter der hl. Iolenta (13. Jhdt.).
8. Königin von Neapel u. Sizilien, Tochter Stephans V. von Ungarn (13. Jhdt.).
9. die Mutter des hl. Ludwig von Toulouse.
10. Maria Austrĭăca, Maria von Österreich, die erste Gemahlin König Philipps II. von Spanien.
11. Maria Theresia, Kaiserin von Österreich († 1780).
12. Maria Theresia, Gemahlin König Ludwigs III. von Bayern († 1919).

Mărĭăcellēnsĭs, ĕ von Mariazell.

mărĭālĭs, ĕ der Muttergottes geweiht: rosarium.

Mariam *indecl.* (*arabische Form für:* Mirjam, Maria) Mariam, ein Israelit, Sohn des Esra (1. *Par.* 4, 17).

Mariamnă, ae *f.* Zahale *oder* Furzul, St. in Syrien, melchitisches Bistum (seit 1866), Residenz in Zahale; *dav.*: **Mariamnēnsĭs,** ĕ.

Mariamnēn. (*C. R.*) *s.* Mariamna.

Mariană, ae *f.* Mariana, Mutter des hl. Bischofs Fulgentius (5. Jhdt.).

Mariannă, ae *f.* Marianna, St., östlich v. Ouro Preto, Brasilien (Minas Geraes), *ca.* 7000 Einw.; Bischofssitz (seit 1745, neu organ. 1902, seit 1906 Erzbischofssitz); *dav.*: **Mariannēnsĭs,** ĕ.

Mariannēn. (*C. R.*) *s.* Marianna.

Mărĭānŏpŏlĭs, ĭs *f.* 1. Sault Saint Maria, St., Nordamerika (Michigan), *ca.* 12 000 Einw.; Bischofssitz (seit 1904), Suffr. v. Kingston; *dav.*: **Mărĭānŏpŏlĭtānŭs** 3. 2. Montreal, St., Kanada (Quebec), *ca.* 28 000 Einw.; Erzbischofssitz (seit 1886, seit 1836 Bistum); *dav.*: **Mărĭānŏpŏlĭtānŭs** 3.

Mărĭānŏpŏlĭtān. (*C. R.*) *s.* Marianopolis 1. u. 2.

mărīānŭs 3 marianisch, Marien-. (*C. j. c.* 125).

Maricolēnsĕ mŏnastērĭŭm, ī *n.* Marville, St. Fkr. (Meuse); *vgl.* Marilliacum.

Marienforestŭm, ī *n.* ehem. Kloster Marienwald bei Bonn am Rhein.

Marilliacēnsĕ coenŏbĭŭm, ī *n. s.* Marilliacum.

Marilliacŭm, ī *n.* (Marilliacense coenobium) Marville, Dorf u. ehem. Kloster, Fkr. (Meuse).

Marimuth *indecl. m.* (*hebr.*) Marimuth 1. ein Jude, der nach dem babyl. Exil Jerusalem erbauen half, Sohn des Uria. 2. ein Jude, der sein fremdes Weib entließ, Sohn Banis.

Marīnă, ae *f.* Marina, Schwester der hl. Kaiserin Pulcheria.

mărīnŭs 3 zum Meer gehörig, Meer-; marina aqua Meerwasser (1. *Mach.* 4, 23).

1. **S. Marīnŭs,** ī *m.* hl. Marin, Mart. u. Abt (*auch* Amarīnus), † 674, 25. Januar; er stammte aus dem Wasgau.

2. **S. Marīnŭs,** ī *m.* hl. Marin, Mart. u. Bisch. († im 7. Jhdt.).

Marin und sein Neffe der hl. Anianus stammten aus Irland und hatten sich in den Wissenschaften und der Frömmigkeit gleichmäßig ausgebildet. Der erste wurde Priester und Bischof, der letztere Diakon. Sie eilten nach Rom und erhielten von Papst Eugen I. das Recht, als Missionare zu wirken. Sie kamen als solche in das bayerische Gebiet Wilparting, wo sie mit großem Erfolge wirkten. Sie lebten sehr abgetötet und predigten viel. Bei einem Einfalle der Vandalen wurde Marin, der kein Geld zur Auslösung geben konnte, grausam gemartert und starb, während er für seine Peiniger betete. Am gleichen Tage verschied der fernweilende Anianus an einer schweren Krankheit, nachdem er im Geiste den Tod seines Oheims geschaut hatte. Die Gebeine beider wurden in der Pfarrkirche zu Irschenberg (Bayern) beigesetzt. Es wird erzählt, daß die Ungarn, welche auf diese Kirche sehend zuschritten, plötzlich erblindeten und die Türen nicht mehr finden konnten, so daß sie mit Beilen auf die Wände losschlugen, bis sie durch überirdische Gewalt vertrieben wurden und bald darauf am Lech gänzlich dem Kaiser Otto I. unterlagen. — 15. November.

Marīnŭs, ī *m.* Marinus II. Papst (943 bis 946).

Marisan *indecl.* (1. *Mach.* 5, 66) *richtig*: Maresa, *s.* Maresa.

Mariscotti, ōrŭm *m.* angesehenes römisches Adelsgeschlecht.

Mărisstellă, ae *f.* (Maristellense coenobium) Wettingen, Cist. Kloster, Schweiz (Aargau).

Măristellēnsĕ coenŏbĭŭm, ī *n. s.* Marisstella.

mărītālĭs, ĕ zur Ehe gehörig, Ehe-; consortium maritale Ehebund, eheliche Gemeinschaft.

mărītātŭs 3 verheiratet.

mărĭtĭmă, ōrŭm *n.* Küstengegend.

mărĭtĭmŭs 3 am Meere *oder* an der Küste befindlich.

mărītō 1 vermählen, verbinden.

1. **mărītŭs** 3 ehelich, Ehe-.

2. **mărītŭs,** ī *m.* Ehemann.

1. **S. Mărĭŭs,** ī *m.* hl. Marius, Bek. u. Bischof von Mâcon (Fkr.), auch erster Bisch. von Lausanne (Schweiz) († 593).

Er entstammte dem burgundischen Königsgeschlechte und wurde i. J. 573 oder 574 Bischof von Mâcon, wo er wahrhaft apostolisch wirkte. Er nahm am zweiten Konzil von Mâcon eifrig teil. Als Vater der Armen und Notleidenden errichtete er aus eigenen Mitteln die Stadt Peterlingen im Schweizer Kanton Waadt und weihte die Pfarrkirche daselbst i. J. 587; auch wurde später ebenda von der burgundischen Königin Berta ein Benediktinerkloster i. J. 963 entrichtet. Als durch wiederholte Barbareneinfälle seine Bischofsstadt verwüstet wurde, verlegte er seinen Sitz nach Lausanne und baute mit Unterstützung König Childeberts einen schönen Dom. In Lausanne starb er als 60jähriger und fand in der St. Thyrsuskirche seine letzte Ruhestätte; diese, später nach dem Heiligen selbst benannte Kirche, wurde in der Folge von den Protestanten entweiht; doch zeigt man noch jetzt das Grabdenkmal des hl. Marius. — 9. oder 12. Februar (Genf-Lausanne).

2. **S. Mărĭŭs,** ī *m.* hl. Marius, Mart., 19. Januar (1. Jhdt.).

Mărĭŭs Victōrīnŭs (Afer) unter Konstantius (337—361) gefeierter Lehrer der Rhetorik zu Rom, Anhänger der neuplatonischen Philosophie, 355 vom hl. Simplizian bekehrt.

Marivillă, ae *f.* Markirch, Ort in den Vogesen.

Marma *indecl. m.* (*hebr.*) Marma (Matrija), ein Israelit aus dem Stamme Benjamin.

marmŏr, ŏrĭs *n.* (μάρμαρος) Marmor.

marmŏrĕŭs 3 aus Marmor, marmorn.

Marna *indecl.* Marna, ein Götze, der in Gaza in Pal. einen Tempel mit Statue hatte (*Martyrolog.* 26. *Febr.*).

Mărŏchĭŭm, ī *n.* Marokko, St., Nordwestafrika (Marokko), *ca.* 80 000 Einw.; apostol. Präfektur (seit 1631; 1234—1566 Bistum), Residenz in Tanger.

Marojă, ae *m.* Maroja, Fluß (*Propr. des Kapuz. O.*, 4. Febr.).

Marollae, ārŭm *f.* (Madriolae) Marolles, D., Fkr. (Seine-et-Marne); *ca.* 1700 Einw.

Mărōnīă, ae *f.* (Mărōnēă) (Μαρώνεια) 1. Stadt in Thrazien am Ismarossee; *j.* Marogna. 2. St. in Samnium; *j.*: Marano.

Măronītae, ārŭm *m.* 1. Maroniten, Christen am Libanon, gaben seit dem 15. Jhdt. ihren Monotheletismus auf und vereinigten sich mit Rom; sie nannten sich nach dem Mönche Joh. Maro, nicht aber nach der Stadt Maroneia. 2. Bewohner von Maroneia: Mărōnītēs, ae *m.* (Μαρωνείτης).

Marōnŭs, ī *m.* Morrone, ein Berg bei Sulmona in Mittelitalien (Aquila)

(*Martyr.* 19. April: zu Petrus Coelestinus).

Marpurg *indecl. s.* Marburg.

Marquetă, ae *f.* Marquette, St. am Oberen See, Nordamerika (Michigan), *ca.* 12000 Einw.; Bischofssitz (seit 1857, seit 1853 apost. Vikar.); Suffr. v. Milwaukee; *dav.*: **Marquettēnsĭs,** ĕ.

Marquettēn. (*C. R.*) *s.* Marqueta.

mārs, tĭs *m. s.* Mars.

Mārs, Mārtĭs *m.* (mars) Mars, der heidnische Kriegsgott der Römer (wie Ares bei den Griechen) 1. Krieg, Kampf, Schlacht; Kriegsglück. 2. kriegerischer Geist, Tapferkeit, Kampflust; suo *oder* proprio marte auf eigene Faust, selbständig. 3. der Planet Mars: sidus oder stella Martis.

Marsălĭă, ae *f. s.* Massilia.

Marsana *indecl. m.* Marsana, *angeblich*: der höchste Staatsbeamte des Perserkönigs Xerxes (485—465).

Mārsī, ōrŭm *m.* die Marser 1. eine Völkerschaft in Mittelitalien, südöstlich von Rom um den lăcus Fucīnus, Prov. Aquila; ihre Hauptst. war Mārrŭvĭŭm (Mārrŭbĭŭm) am östl. Ufer des lacus Fucinus, *j.*: S. Benedetto; in Marsis natus im Gebiete der alten Marser geboren; Bistum Marsi (seit 9. Jhdt.), Sitz in Pescina, exempt; *dav.*: **Mārsŭs** 3, **Mārsĭcŭs** 3 u. **Mārsĭcānŭs** 3. 2. eine Völkerschaft in Germanien zwischen Rhein, Lippe u. Ems.

S. Mārsĭcānŭs, ī *m.* hl. Marsikan, Diakon, † 6. Jhdt., gemartert von den Langobarden am Marsico (Neapel), 14. März (*Martyrol.* 14. März).

Mārsĭcēn. (*C. R.*) *s.* Marsicum.

Mārsĭcŭm, ī *n.* Marsico Nuovo, St., r. am oberen Agri, It. (Potenza), *ca.* 2500 Einw.; Bischofssitz (seit 1058; seit 1818 Bistum Potenza mit Marsico vereinigt), Suffr. v. Salerno; *dav.*: **Mārsĭcēnsĭs,** ĕ.

Mārsĭlĭă, ae *f. s.* Massilia.

Mārsĭpŏlĭs, (Merseburgia) Merseburg, St. an der Saale, Preußen (Sachsen), *ca.* 20000 Einw.

Mārsōrum (*C. R.*) *s.* Marsi 1.

marsūpĭŭm, ī *n.* (μαρσύπιον) Geldbeutel.

1. **S. Marthă,** ae *f.* (*hebr.*: die Bittere?) 1. Jgfr. M., Schwester des Lazarus in Bethanien, 29. Juli. 2. Mart., 19. Januar.

2. **S. Marthă,** ae *f.* Santa Marta, St. am Karibischen Meer, Colombia (Magdalena), *ca.* 10000 Einw.; Bischofssitz (seit 1534), Suffr. v. Cartagena.

S. Marthae (*C. R.*) *s.* 2. S. Martha.

Mārtĭă, ae *f. s.* Marcerum.

S. Mārtĭālĭs, ĭs *m.* hl. Martial, Apostel von Aquitanien und erster Bisch. v. Limoges (Fkr.), — 3. Juli.

Mārtĭānă, ae *f. s.* Marcana.

Mārtĭānēn. (*C. R.*) *s.* Marcana.

S. Mārtīnă, ae *f.* hl. Martina, Jgfr. u. Mart., † in Rom i. J. 222, 30. Januar.

Martinelli, Sebastianus, Kardinal †1918, Mitglied der engeren Kodifikationskommission

Mārtīnĭăcŭm, ī *n.* Martigny oder Martinach, D. in der Schweiz (Wallis).

S. Mārtīnĭānŭs, ī *m.* hl. Martinian, Mart., † um 67, 2. Juli.

Mārtīnĭānŭs, ī *m.* Martinian, Irrlehrer des 4. Jhdt. wie Jovinian, *s.* Jovinianus.

Mārtīnĭcă, ae *f.* Martinique, eine Insel der kleinen Antillen, Bistum, *s.* S. Petrus.

Mārtīnĭcēn. (*C. R.*) *s.* S. Petrus.

Mārtīnŏpŏlĭs, ĭs *f.* Saint-Martin-de-Ré, St., Fkr. (Charente-inférieure); *ca.* 2000 Einw.

1. **S. Mārtīnŭs,** ī *m.* hl. Martin, Bisch. v. Tours, † 400, 11. Nov.; Fest der Übertragung der Reliquien:

König Karl der Schöne von Frankreich wünschte zur Vermehrung der Verehrung des hl. Bischofs Martin dessen Haupt aus dem Sarge zu erheben. Mit päpstlicher Erlaubnis wurde am 1. Dezember 1323 das Grab geöffnet. Man fand einen silbernen Sarg und in demselben ein wunderbar weißes salzartig aussehendes Kästchen, in welchem der hl. Leib seit dem 64. Jahre nach seinem Tode ruhte. Der Bischof von Chartres entnahm das Haupt, das der König in eine goldene Kapsel legen ließ, wobei er mit eigener Hand behilflich war. Dann wurde das Haupt in feierlicher Prozession zur Metropolitankirche in Tours getragen, wo es immer noch aufbewahrt und verehrt wird. 1913 erhielt die Kathedralkirche zu Vasar in Ungarn einen merklichen Teil des hl. Hauptes als Geschenk des Bischofs von Tours. — 15. Juni (Vasar).

2. **S. Mārtīnŭs,** ī *m.* 1. hl. Martin I., Papst, Mart., †655 in Konstantinopel, 12. Nov. 2. hl. M., Cistercienserabt v. Valparaiso, Gedächtnis: 8. Okt. (Cist. O.). 3. S. Martinus *s.* S. Sacerdos.

Mārtīnŭs, ī *m.* Martin 1. Papst Martin IV. (1281—1285). 2. Papst M. V. (1417 bis 1431). 3. M., Bischof v. Konstanz.

Martĭs, ĭs *f. s.* Martyrum.

1. **Mārtĭŭs** 3 1. dem Mars gehörig, heilig, geweiht; kriegerisch. 2. zum März gehörig. 3. zum Planeten Mars gehörig.

2. **Mārtĭŭs,** ī *m.* März (Monat).

Mārtŭlă, ae *f.* Martula, Ort, Mittelitalien (*Martyrol.* 9. August).

martўr, ўrĭs *m.* u. *f.* (μάρτυρ) der Blutzeuge, Martyrer, Blutzeugin.

S. S. Martўrēs innŭmĕrābĭlēs *s.* Innumerabiles martyres.

martўrĭŭm, ī *n.* Martertum; Martertod.

S. Martyrius, ī *m.* hl. Martyrius *s.* S. Sisinnius.

martyrologium Romanum Zusammenstellung der von der kath. Kirche anerkannten Martyrer und sonstigen Heiligen; das Buch wird beim Chorgottesdienst gebraucht; manche Orden haben noch ein besonderes Martyrologium, in dem die Heiligen ihres Ordens verzeichnet sind, z. B. mart. Benedictinum, martyrol. Cisterciense usw.

Martyrum mons, ntis *m.* (Martis, Mercori mons) Montmartre, ehem. Marktflecken, *j.*: Stadtteil von Paris (Fkr.).

S. Marus, ī *m.* hl. Marus, Bek. u. Bisch. v. Trier († um 480).

Er war Nachfolger des Trierer Bischofs Evermarus und stellte besonders die Kirchen aus älterer Zeit wieder her. So errichtete er aufs neue die von den Hunnen zerstörte Muttergotteskirche, in der er selbst später beigesetzt wurde. Besonders heilte er durch seine Fürbitte bei Gott zahlreiche Gliederkranke und an Krämpfen Leidende, die in großen Scharen zu seinem Grabe pilgerten, das seit 1555 in der St. Paulinuskirche war. — 29. Januar (Trier).

1. **mās,** măris *adj.*: männlich, männlichen Geschlechts.

2. **mās,** măris *m.* Mann, Männchen.

Masal *indecl.* (*hebr.*) Masal, St. Pal. (Aser).

Masaloth *indecl. kein Eigenname*; *richtig* (Δ u. Λ verwechselt): Messadoth, Burg, Bergfeste; (1. *Mach.* 9, 2): „sie belagerten die Bergfeste bei Arbela“ (heute Irbid).

masculinus 3 (masculus) männlich, männlichen Geschlechtes.

masculus 3 *s.* masculinus.

Masepha *indecl.* (*hebr.*: Warte), St. in Juda, *sonst*: Maspha *genannt* (Jos. 15, 38).

Maserei *indecl. m.* (*richtig*: Misraïta) der Misraite (1. *Par.* 2, 53).

Maserephoth *indecl.* (*hebr.*) Salinen in der Sidoniergegend, *j.*: 'Ajin Mescherfi (*Jos.* 11, 8 u. 13, 6).

Masia *indecl. m.* (*hebr.*: Werk Jahwes) Masia, ein Ahnherr des Sellum aus dem Stamme Benjamin, der nach dem babyl. Exil in Jerusalem wohnte.

Masma *indecl. m.* (*hebr.*) Masma, 1. der fünfte Sohn Ismaels u. Enkel Abrahams. 2. Sohn Sauls aus dem Stamme Simeon.

Masmana *indecl. m.* (*hebr.*) Masmana, ein Krieger Davids.

Masobia *indecl. angeblich* unbestimmbarer Ort, *wohl richtig zu lesen*: „die Mispiter“, Einw. v. Mispah (Maspha) (1. *Par.* 11, 46).

Masonis vallis, is *f. s.* Masonis monasterium.

Masonis monasterium, ī *n.* (Masonis vallis) Masmünster, St., Elsaß (Tann); *ca.* 4000 Einw.

Masovia, ae *f.* (Mazovia) 1. Masovien, Woiwodschaft in Polen. 2. piaristisches Teilfürstentum von 1194—1526, gegründet von Konrad von Kujawien u. Masovien, dem zweiten Sohne König Kasimirs von Polen.

Maspha *indecl.* (*hebr.*: Mispah = Warte, Ausschau) (Masphath, Masphe) Maspha, Name mehrerer Orte in Palästina, *bes.*: 1. St., eine Stunde nördlich von Jerusalem, Pal. (Benjamin), *j.*: Nebi Schamwil. 2. Ort im Ostjordanlande im Stamme Gad, *vielleicht*: nördlich vom Jabbok. 3. Ort im Lande Moab. 4. Landschaft am Fuße des Hermon(?) (*Jos.* 11, 3).

Masreca *indecl.* (*hebr.*: Weingarten?) Masreka, ehem. Königsstadt der Edomiter.

massa, ae *f.* 1. Teig, Masse, Klumpen. 2. Menge, Schar; candidata massa martyrum = die weißglänzende Schar der Martyrer.

Massa *indecl. m.* (*hebr.*: Last) Massa, der siebente Sohn Ismaels u. Enkel Abrahams.

Massa Lunensis *f.* Massa di Carrara, St., l. am Küstenfluß Frigido, It. (Toscana), *ca.* 10 000 Einw.; Bischofssitz (seit 1822), Suffr. v. Modena; *dav.*: **Massensis,** ě.

Massa Veternensis *f.* Massa Maritima, St., südl. vom Monte Arsenti, It. (Grosseto), *ca.* 6000 Einw.; Bischofssitz (seit 5. Jhdt., vereinigt mit dem Titel von Populonia), Suffr. v. Siena; *dav.*: **Massanus** 3.

Massabielle *indecl. n.* Felsengrotte bei Lourdes (Südfrankreich).

Massalia, ae *f* (Μασσαλία) *griech. Name* für Massilia, *s. das Wort.*

Massan. (*C. R.*) *s.* Massa Veternensis.

Massen. (*C. R.*) *s.* Massa Lunensis.

Massilia, ae *f.* (Marsalia, Marsilia, Massalia) Marseille, Hafenst. am Mittelmeere, Fkr., *ca.* 570 000 Einw.; Bischofssitz (seit 3. Jhdt.), Suffr. v. Aix (*vor* 1801 *von Arles*); *dav.*: **Massiliensis,** ě.

Massilien. (*C. R.*) *s.* Massilia.

massonicus 3 freimaurerisch; secta massŏnĭca Freimaurersekte.

Massyli, ōrum *m.* (Μασσυλεῖς u. Μασσύλιοι) die Massylier, ein Volk im östlichen Numidien, Nordafrika; *dav.*: **Massylus** 3, **Massylitanus** 3 u. **Massylaeus** 3.

Massylitanus 3 aus Ostnumidien.

masticatio, ōnis *f.* das Kauen.

mastico 1 kauen.

mastigia, ae *f.* (μαστιγίας) Peitsche.

mastīgō 1 geißeln.
mastix, ĭchĭs *f.* (mastiche, μαστίχη) Mastix, ein wohlriechendes Harz vom Mastixbaume, *bes.* von der Mastix-Pistazie [Pistacia lentiscus L.], das diese teils ohne Einschnitte, teils aus den leichten Einschnitten in die Rinde der Stämme oder Äste ausschwitzt. Die kleinen, blaßgelben durchsichtigen Körner verbreiten beim Erwärmen u. Kauen im Munde einen angenehmen Geruch.
mastrūcă, ae *f.* (*sardinisch*) Schafpelz, Pelz.
Matainсūrĭă, ae *f. s.* Mattincuria.
mătără, ae *f.* (mataris) 1. Wurfspieß. 2. Pike.
mătărĭs, ĭs *f. s.* matara.
Matĕŏlă, ae *f.* (Matheranensis ecclesia) Matera, St., It. (Potenza), *ca.* 18000 Einw.; Erzbischofssitz von den (seit 1203) vereinigten Erzbistümern Acerenza-Matera.
mătĕŏlă ae *f.* Hammer, Schlegel.
mātĕr, trĭs *f.* Mutter.
māterfămĭlĭās, mātrisfămĭlĭās *f.* Hausfrau.
mātĕrĭă, ae *f.* (materies) 1. Materie, Stoff, Material. 2. Holz, Bauholz.
mātĕrĭālĭs, ĕ 1. aus Stoff *oder* Materie bestehend; sachlich. 2. zeitlich, vergänglich. 3. sichtbar.
mātĕrĭālistă, ae *m.* Materialist, Anhänger des Materialismus, der philosophischen Lehre, nach der alles Vorhandene nur Stoff (Materie) ist, während der Geist geleugnet wird.
mātĕrĭēs, ēī *f. s.* materia.
mātĕrĭō 1 aus Holz bauen.
mātĕrĭŏr 1 Holz herbeischaffen.
1. **Māternă,** ae *m.* ʼ(Mătrŏnă) Marne, Nebenfluß, der Seine, Fkr.
2. **Māternă,** ae *f.* Materne, Dorf bei Oudenarde in Belgien.
māternĭtās, ātĭs *f.* Mutterschaft, Mutterwürde.
māternŭs 3 mütterlich.
S. Māternŭs, ī *m.* hl. Maternus, Bek. u. erster Bisch. v. Köln († 128).
Er steht im römischen Martyrologium verzeichnet und gilt als Schüler des hl. Apostels Petrus und soll von diesem zugleich mit St. Eucharius und St. Valerius nach Frankreich und Deutschland zur Bekehrung der Heiden entsandt worden sein. Von Maternus wird berichtet, er sei auf der Reise am Fieber gestorben und durch die Berührung mit dem Stabe des hl. Petrus, den die Gefährten aus Rom geholt hätten, am 40. Tage nach seinem Tode zum Leben erweckt worden, worauf sich viele Heiden bekehrt hätten. Als Eucharius und Valerius nach einander Bischöfe von Trier gewesen waren, nahm Maternus als dritter diese Würde an, wobei er auch die Diözesen Köln und Tongern leitete. Die meiste Zeit weilte er übrigens in Köln, wo er auch starb. Er wurde in der St. Matthiaskirche zu Trier beigesetzt, vom Trierer Erzbischof Poppo aber i. J. 1037 in den Dom übertragen. Der Stab des hl. Petrus wurde später für die Kölner und Trierer Domkirche geteilt. — 13. September (Köln, Straßburg), 14. September (Trier) und 25. September (Limburg).
Fest der Uebertragung. Der hl. Maternus leitete bis zu seinem hohen Alter drei Bistümer: Trier, Köln und Tongern. Nach seinem zu Köln erfolgten Tode entstand ein frommer Streit, wo er begraben werden sollte. Jede der drei Bischofsstädte beanspruchte ihn. Einem frommen Glauben zufolge wurde der Streit durch den Rat eines Engels entschieden, der riet, den hl. Leib auf ein Schiff zu bringen und dort zu begraben, wohin das Schiff ohne Ruder und Ruderer getragen würde. Das Schiff fuhr nun rheinaufwärts und blieb etwa 1000 Schritte weit von Köln entfernt im Rhein stehen, wo jetzt die Kirche des hl. Maternus steht. So entschied das Los für Trier, wo er mit den Reliquien des hl. Eucharius und Valerius in einer Kirche nördlich von der Euchariusbasilika begraben wurde. Im J. 1037 ließ sie der Erzbischof Poppo in den Dom übertragen. — 24. Oktober (Trier).
mātertĕră, ae *f.* 1. Tante (als Schwester der Mutter); mat. magna: Großtante (als Schwester der Großmutter), mat. major: Urgroßtante. 2. Base.
Mathan *indecl. m.* (*hebr.*: Geschenk [Gottes]) Mathan 1. ein Priester des Baal z. Z. des Königs Joas von Juda. 2. Vater des Saphatia. 3. Ahnherr (Großvater?) Josephs, des Nährvaters Christi.
Mathana *indecl.* (*hebr.*) Mathana, Ort in der Wüste (4. *Mos.* 21, 19).
Mathanai *indecl. m.* (*hebr.*: Geschenk Jahwes) Mathanai 1. zwei Juden, die nach dem babyl. Exil ihre fremden Weiber entließen. 2. ein Haupt der jüdischen Priesterklasse Jojarib (*Neh.* 12, 19).
Mathania *indecl. m.* (*hebr.*: Geschenk Jahwes) Mathania: 1. ein Levit zur Zeit Davids, Sohn des Micha. 2. ein Levit u. Sänger. 3. der ursprüngliche Name des letzten Königs von Juda, des Sedekias. 4. ein Levit von den Nachkommen Asaphs. 5. ein Levit unter den Einwohnern Jerusalems nach dem babyl. Exil. 6. drei Juden, die ihre fremden Weiber entließen. 7. ein Jude, Vater des Zachur.
Mathaniau *indecl. m.* (*hebr.*: Geschenk Jahwes) Mathaniau, der zweite Sohn Hemans z. Z. Davids.
Mathanītēs, ĭs *m.* der Mathanite, aus Mathan (Meten) (1. *Par.* 11, 43).
Mathat *indecl. m.* (*hebr.*: Gabe [Gottes], *Kürzung* von Mathatias) Mathat, zwei Ahnherrn Christi.
Mathatha *indecl. m.* (*hebr.*: Gabe [Gottes]) Mathatha, 1. ein Ahnherr Davids. 2. ein Jude, der sein fremdes Weib nach dem Exil verließ.
Mathathias, ae *m.* (*hebr.*: Geschenk Jahwes) Mathathias, 1. zwei Leviten unter König David. 2. ein Jude, der im babyl. Exil ein fremdes Weib

genommen hatte. 3. ein vornehmer Jude z. Z. des Esdras. 4. ein jüdischer, glaubenstreuer Priester, Gegner des Königs Antiochus Epiphanes von Syrien, Vater des Judas Makkabäus u. seiner Brüder. 5. ein tapferer jüdischer Krieger zur Makkabäerzeit. 6. ein Sohn des Makkabäers Simon. 7. zwei Ahnherrn Christi.

Mathelicēn. (*C. R.*) *s.* Matilica.

Matheranēn. (*C. R.*) *s.* Mateola.

Mathīās, ae *m.* (S. Mathias) *s.* Matthias.

Mathieu, Franciscus Desideratus, Kardinal, † 1908, Mitglied der ersten Kodifikationskommission.

S. Mathildĭs, ĭs *f.* hl. Mathilde, Königin u. Witwe († 968).

Mathilde stammte aus dem sächsischen Herzogsgeschlechte Widukinds und wurde im Kloster Herford von ihrer Großmutter, die dort Aebtissin war, erzogen. Zu Walhausen in Thüringen vermählte sie sich mit Heinrich dem Vogelfänger und wurde später deutsche Kaiserin. Trotz der höchsten Stellung und der äußeren Ehren ließ sie sich nicht von irdischem Glanze blenden, vielmehr schmückte sie ihr Herz noch mehr mit den Tugenden der Demut und mütterlichen Liebe. Ihrem Gemahl stand sie bei durch kluge Ratschläge und Gebet. Außer mehreren Töchtern schenkte sie drei Söhnen das Leben, nämlich dem späteren Kaiser Otto I., Heinrich, dem Herzog von Bayern, welcher der Großvater des hl. Kaisers Heinrich II. wurde, und Bruno, dem hl. Erzbischof von Köln. Nach dem Tode ihres Gemahls, verstand sie, die Uneinigkeiten der Söhne wieder beizulegen. Kirchen wie Klöster stattete sie reich mit Gütern aus, unter anderen erbaute sie die Klöster Nordhausen und Quedlinburg neu. In letzterer Stadt starb sie. — 14. März (Paderborn).

Mathildĭs, ĭs *f.* Mathilde, Tochter des fränkischen Königs Dagobert II.

Mathúsaël (*hebr.*) *indecl. m.* Sohn Maviaels aus dem Geschlechte Kains.

Mathúsala, ae *m. u. indecl. m.* (Mathusale, Methusalach), Methusalem, Sohn Henochs aus dem Geschlechte Seths; er erreichte nach der hl. Schrift das höchste Menschenalter: 969 Jahre.

Mătĭlĭcă, ae *f.* Matelica, St. am Esino, It. (Macerata), *ca.* 2600 Einw.; Bistum mit Fabriano vereinigt, exempt; *dav.*: **Măthelĭcēnsĭs,** ĕ.

Mătiscō, ōnĭs *f.* (Matisco Aeduorum, Madascona) Mâcon, St. r. an der Saône, Fkr. (Saône-et-Loire), *ca.* 16000 Einw.; Bistum (von 536—1790) jetzt vereinigt mit Autun u. Châlons; *dav.*: **Mătiscōnēnsĭs,** ĕ.

Mătiscōnēn. (*C. R.*) *s.* Matisco.

Matred *indecl. f.* (*hebr.*?) Matred, Mutter der Meetabel, einer Königin in Edom.

mātrĭcīdă, ae *m.* Muttermörder.

mātrĭcīdĭŭm, ī *n.* Muttermord.

mātrĭcŭlă, ae *f.* Verzeichnis, Matrikel.

mātrĭmōnĭālĭs, ĕ ehelich.

mātrĭmōnĭŭm, ī *n.* Ehe, Ehestand; matr. conscientĭae: Gewissensehe, die geheim (aber gültig) eingegangen wird.

mātrīnă, ae *f.* Patin.

mātrĭs fămĭlĭās *s.* materfamilias.

Matrītēn. (*C. R.*) *s.* Matritum.

Matrītŭm, ī *n.* (Madritum, Majoricum) Madrid, Hauptstadt Spaniens, am Tajo, *ca.* 550000 Einw.; Bischofssitz (seit 1884), Suffr. von Toledo; *dav.*: **Matrītēnsĭs,** ĕ.

mātrīx, īcĭs *f.* 1. Muttertier, Zuchttier. 2. *übtr.*: Quelle, Urheberin, Mutter-, Stamm-; matrix ecclesia = Mutterkirche.

mātrōnă, ae *f.* vornehme (verheiratete) Frau; Dame.

Mātrŏnă, ae *f. s.* Materna 1.

mātrōnālĭs, ĕ einer Matrone zukommend, ihr eigentümlich.

mātrŭēlĭs, ĭs *m.* des Mutterbruders Sohn; Vetter.

mattă, ae *f.* Matte, grobe Decke von Binsen.

Mattĭăcŭs 3 aus Wiesbaden; *vgl.* Aquae Mattiăcae.

S. Matthaeŭs, ī *m.* (*hebr.*: Geschenk Jahwes), hl. Matthäus, Apostel *u.* Evangelist, 21. September.

Matthana *indecl.* (*hebr.*) Matthana, eine Lagerstätte der Israeliten am Bache Arnon, jenseits des Jordan.

Matthanias, ae *m.* (Mathanias) *s.* Mathania.

S. Matthias, ae *m.* (*hebr.*: Geschenk Jahwes) Matthias, Apostel.

Er stammte aus Bethlehem im Stamme Juda. Nach Empfang der Apostelwürde predigte er den Juden Christum den Gekreuzigten. Als er aber an ihrer Bekehrung wegen ihrer Herzensverhärtung verzweifelte, durchzog er predigend die nördlichen Gegenden, kam nach Mesopotamien, nach Kappadokien und brachte den Völkern am Kaspischen Meere das Licht des Glaubens. Nach Jerusalem zurückgekehrt, wurde er von den Juden der Gotteslästerung angeklagt und zum Kreuzestode verurteilt. Als er nach einiger Zeit noch lebend am Kreuze hing, wurde er gesteinigt und mit dem Schwert enthauptet. Seine Reliquien brachte die Kaiserin Helena zuerst nach Rom. Bischof Agritius überführte sie nach Trier. Infolge fünfmaliger Verwüstung der Stadt wußte man den Ort, wo sie verborgen wurden, nicht mehr, bis sie Erzbischof Eberhard in der Mitte des 11. Jahrhunderts wieder fand. Abermals verborgen, wurden sie z. Z. des Erzbischofs Magnerus von Abt Eberhard aus dem Kloster St. Eucharius wieder entdeckt am 1. September 1127. Man erkannte die hl. Reliquien unter anderen an dem Wohlgeruche, der davon ausströmte, und durch die Wunder, die geschahen. Auf des Apostels Fürbitte wurden nämlich drei Tote wieder lebendig, darunter ein junger Mann, der in der Mosel ertrank und schon einen Tag und eine Nacht tot dagelegen hatte. Jetzt ruhen die hl. Reliquien in der ihm geweihten Kirche in Trier. — Fest 24. oder 25. Februar. Fest der Reliquienauffindung 1. September (Trier).

Matthias, ae *m.* Matthias, Gesandter des syrischen Feldherrn Nikanor an den Makkabäer Simon.

B. Matthias Arimensis *m.* sel. Matthias v. Arima, Katechist der Ges. Jes. Mart., *s.* B. Joannes Machado.

Matthias Corvīnŭs *m.* Matthias Corvinus, König von Ungarn (1458—1490).

Mattincūrĭă, ae *f.* (Mataincuria) Matincourt in Lothringen.

mătŭlă, ae *f.* 1. Nachtgeschirr. 2. Topf.

mātūrātĭō, ōnĭs *f.* das Eilen, die Beschleunigung.

mātūrēscō 3 reifen.

mātūrĭtās, ātĭs *f.* 1. Reife. 2. das rechtzeitige, baldige Eintreffen. 3. die Frühe, Morgendämmerung.

mātūrō 1 1. zur Reife bringen, zeitigen, beschleunigen. 2. reifen, sich beeilen.

mātūrŭs 3 1. reif, vollendet, tauglich, gehörig. 2. erwachsen, mannbar. 3. bejahrt. 4. frühzeitig, schleunig, rasch.

mātūtīnālĭs, ĕ morgendlich, früh; matutinalis synaxis: 1. frühe Versammlung (der Mönche) zum Breviergebete. 2. frühe Opferfeier (Kommunion) (*Propr. v. Prag*, 25. August).

mātūtīnŭm, ī *n.* Früh- oder Morgengebet, Teil des kirchl. Offiziums, anfänglich Bezeichnung für den Teil des Offiziums, der jetzt „Laudes" heißt und während der Morgendämmerung gebetet wurde. Später u. jetzt allgemein Bezeichnung für das nächtliche Offizium, die „Vigilien" mit 2 oder 3 Nokturnen; Mette; Christmette; die Metten in der Karwoche werden am Vorabend gebetet statt in der Nacht; *man sagt*: die Matutin.

mātūtīnŭs 3 Morgen-, Früh-, morgendlich.

Maumam *indecl. m.* Maumam, *angebl.*: hoher Hofbeamter des Perserkönigs Xerxes I. (485—465). (*der Name dürfte erdichtet sein*) (*Esth.* 1, 10).

Maurĕtānĭă, ae *f. s.* Mauritania.

Maurī, ōrŭm *m.* die Mauren, Bewohner Nordafrikas; später alle, besonders die in Spanien herrschenden Araber.

S. S. Maurī, ōrŭm *m.* die hl. Mauren, Martyrer († zu Anfang des 4. Jhdts.).

Nach der Hinmetzelung des hl. Gereon und seiner Gefährten wurden noch zahlreiche christliche Mauren, d. h. Soldaten aus Mauritanien, unter der Herrschaft des heidnischen Kaisers Maximilian auf Kölner Gebiet um des Glaubens willen getötet. Durch eine Erscheinung, die dem hl. Erzbischofe Anno im 11. Jahrhundert zuteil wurde, fand die Verehrung dieser Blutzeugen neue Nahrung. — 22. Oktober (Köln).

S. Maurī mŏnastērĭŭm, ī *n. s.* 2. Maurianum.

Maurĭānēn. (*C. R.*) *s.* 1. Maurianum.

1\. **Maurĭānŭm,** ī *n.* Maurienne, Landschaft im Südosten Frankreichs in Savoyen, das Tal des Arc; das Bistum M. (seit dem 6. Jhdt.) ist identisch mit St. Johann in Savoyen (S. Joannes), Suffr. v. Chambéry; *dav.*: **Maurĭānēnsĭs,** ĕ.

2\. **Maurĭānŭm,** ī *n.* (S. Mauri monasterium Mauromonasterium, *auch* Aquileiense mon.) Maursmünster (Marmoutier), D., Unter-Elsaß (Zabern), *ca.* 1800 Einw.; ehem. Benediktinerabtei, gegr. um 590, untergegangen in der franz. Revolution.

Maurīnī, ōrŭm *m.* die Mauriner, Name der Benediktiner in Frankreich, nach dem hl. Maurus, einem Schüler des hl. Benedikt benannt.

S. Maurīnŭs, ī *m.* hl. Maurinus, Mart. u. Abt († ?).

Die Stätte seiner Gruft wurde i. J. 966 bei der Wiederherstellung und Vergrößerung der Kölner St. Pantaleonskirche gefunden. Bei Oeffnung des Grabes in Gegenwart des Erzbischofs Volkmar entströmte den Gebeinen ein Wohlgeruch, der alle mit Freude erfüllte, wobei eine taube und fast blinde Nonne, die herantrat, geheilt wurde. Auch Volkmar, der Augenschmerzen hatte, bat den Heiligen um seine Fürsprache bei Gott und wurde alsbald geheilt. Als i. J. 1820 die St. Pantaleonskirche dem katholischen Gottesdienste entzogen wurde, schaffte man die hl. Gebeine in die Kirche zur hl. Maria, Königin des Friedens (an der Schnurgasse). — 10. Juni (Köln).

Maurĭtānĭă, ae *f.* (*Μαυριτανία*, Mauretania) Maurenland, 1. M. Caesariensis = Algerien in Nordafrika. 2. M. Tingitana (*Μαυριτανία ἡ Τιγγιτάνη*) = Fez u. Marokko in Nordafrika.

S. Maurĭtĭī mŏnastērĭŭm St. Maurice, Kloster an der oberen Rhône.

1\. **S. Maurĭtĭŭs,** ī et soc. *m.* hl. Mauritius (Moritz) u. Gefährten, Mart. († um 300).

Mauritius war Oberster der sog. thebaischen Legion, welche zuerst im Orient gestanden hatte, unter Kaiser Maximian aber nach Gallien gerufen wurde. Die Krieger befanden sich eben im Alpengebiet der heutigen Schweiz bei Agaunum, unweit von Octodurum (dem heutigen Martigny) im Walliser Lande und sollten mit dem übrigen Heere den Göttern opfern. Als sie sich, von Mauritius, Exuperius, dem Fähnrich, und Candidus, der die Senatorenwürde bekleidete, aufgemuntert, weigerten, befahl der Kaiser, die Legion zu dezimieren. Bei fortgesetzter standhafter Verweigerung des Götzenopfers wurde immer wieder das Dezimieren befohlen, bis schließlich der Rest der Legion enthauptet und die ganze Legion als Martyrer für den christlichen Glauben ihr Leben geopfert hatte. — 22. September (Basel, Eichstätt, St. Gallen, Köln, Münster).

2\. **S. Maurĭtĭŭs,** ī *m.* hl. Mauritius, Cist. Abt. († 1191).

Mauritius war geboren zu Loudeac, einer Stadt in der Bretagne. Die schönen Künste und Wissenschaften erlernte er in Paris und gab sich da ganz den weltlichen Studien hin, bis er, durch das himmlische Licht erleuchtet, die Welt verließ und im Cist. Kloster Langonet um Aufnahme bat. Schon nach 13 Jahren wurde er Abt und brachte seine Mönche durch Beispiel und Lehre auf eine hohe Stufe der Vollkommenheit. Nach fast 30jähriger Regierung gründete er ein neues Kloster beim Walde Carnoet, wo er auch durch Wunder leuchtete, so z. B. verwandelte er einmal Wasser in Wein, da der nötige Meßwein fehlte. Besonders große Macht hatte er über die bösen Geister. — 13. Oktober (Cist. Ord.).

3\. **S. Maurĭtĭŭs in Vosago** *s.* Theologia.

Maurĭtĭŭs, ī *m.* (Mauricius) Mauritius, oströmischer Feldherr u. Kaiser (582 bis 602).

Maurŏmŏnastērĭŭm, ī *n. s.* 2. Maurianum.

Maurŭs, ī *m.* (*Μαῦρος*) Afrikaner, Mohr.

1. **S. Maurŭs,** ī *m.* hl. Maurus, Mart. († im 3. Jhdt.).

Er war aus Afrika gebürtig und von Jugend auf Christ. Unter Kaiser Numerian wurde er durch Rutenhiebe zerfleischt, und man schlug ihm mit Bleistücken seine Kinnbacken ein; alsdann auf die Folter gespannt, erduldete er verschiedene Grausamkeiten. Schließlich wurde er enthauptet. Als fromme Fischer seinen hl. Leib in eine Barke getragen hatten, befahl der grausame Statthalter Celerius, jene zu ergreifen, und den Leib des Martyrers auf offenem Meere zu verbrennen. Doch glückte dies nicht. — 26. November.

2. **S. Maurŭs,** ī *m.* hl. Maurus, Benediktinerabt, Schüler des hl. Benedikt von Nursia. Nach der Überlieferung gründete er um 543 das Kloster Glanfeuil in Frankreich u. starb dort um 584. — 15. Jan.

B. Maurŭs, ī *m.* sel. Maurus, Bek. u. Bisch. v. Fünfkirchen (Ungarn) († im 11. Jhdt.).

Von Jugend auf lebte er in einem Benediktinerkloster, das der hl. König Stephan von Ungarn errichtet hatte. Als einst Stephan die Abtei besuchte, eilte sein Sohn Emmerich voraus und begrüßte die entgegenkommenden Mönche. Während Emmerich alle anderen nur einmal auf die Wange küßte, tat er dies bei Maurus siebenmal. Der Sohn sagte dem Vater, er habe so gehandelt, weil er jede einzelne der Haupttugenden des Mönches damit ehren wollte. Bald darauf entdeckte der König selbst die große Demut des Mannes, den er im Chore beim nächtlichen Gebete in Verzückung gefunden hatte. Als er am anderen Tage ihm vor allen Mönchen scheinbar heftige Vorwürfe machte, blieb Maurus gleich ruhig und wehrte sich in keiner Weise, indem er alles der Vorsehung Gottes überließ. Gerührt ernannte ihn der König zum Abte des Klosters und bestimmte ihn bald darauf zum Bischofe von Fünfkirchen, welches Bistum infolge königlicher Freigebigkeit soeben erstanden war. Ueber 30 Jahre war Maurus trotz der Verfolgungen seitens der Heiden tätig. Seine Verehrung wurde von Papst Pius IX. im Jahre 1848 genehmigt. — 25. Oktober (Ungarn).

Maurŭs flŭvĭŭs, ī *m.* Möros, Zufluß der Theiß, Ungarn.

Mausĭlĭēn. (*C. R.*) *s.* Mausilium.

Mausĭlĭŭm, ĭ *n.* Mossul, St. am Tigris, Mesopotamien, *ca.* 60 000 Einw.; latein. Erzbistum (seit 1896; seit 1750 apost. Präf.); *dav.*: **Mausĭlĭēnsĭs,** ĕ.

mausōlēŭm, ī *n.* (*Μαυσώλειον*) prächtiges Grabmal, Mausoleum benannt nach dem Grabmal des Mausolus (*Μαύσωλος*), Königs von Karien (377 bis 353), das ihm dessen Gemahlin Artemisia zu Halikarnaß in Kleinasien hatte errichten lassen (2. *Par.* 35, 24).

Mauvĭă, ae *f.* Mauvia, eine Sarazenenfürstin (*Martyrol.* 7. Febr.).

Maviael *indecl. m.* (*hebr.*: von Gott getilgt) Maviael, Sohn Irads, aus dem Gerchlechte Kains.

Mavimaenŭs 3 aus Majuma, einer Stadt im Ostjordanlande.

S. Māxentĭă, ae *f.* hl. Maxentia, Witwe.

Sie war die Mutter des hl. Trienter Bischofs und Mart. Vigilius sowie der beiden hl. Bekenner Claudian und Magorian. — 30. April.

S. Māxentĭŭs, ī *m.* hl. Maxentius, Ratsherr in Trier, Mart., † 286, *s.* S. Palmatius.

Māxentĭŭs, ī *m.* Maxentius: 1. römischer Kaiser, Gegner Konstantins d. Gr., † 312. 2. ein Bisch. von Poitiers.

māxillă, ae *f.* Kinnbacke, Wange; in maxilla caedere auf die Wange schlagen.

S. Māxĭmă, ae *f.* hl. Maxima, Jgfr., 17. Mai, gestorben zu Forum Julii (*s. dass.*).

Ss. Māxĭmă, Jgfr., **Mārtĭnĭānŭs et Socii,** Mart. († 5. Jhdt.).

Martinianus, Waffenschmied und Sklave bei einem wohlhabenden Vandalen, sollte auf Wunsch seines Herrn die an Geist und Körper gleichschöne Sklavin Maxima heiraten. Um ihren Herrn nicht zu erzürnen, willigte diese scheinbar ein, gestand aber dem Bräutigam vor Vollziehung der Ehe ihr Gelübde ständiger Jungfrauschaft und gewann ihn für Christus. Darauf flohen Martinianus u. Saturianus, sein Bruder, mit Maxima und noch zwei anderen Brüdern in das Augustinerkloster zu Trabaca in Numidien. Maxima wurde in ein nahes Nonnenkloster gebracht. Als die Flüchtlinge gefunden wurden, mußten sie schwere Martern erdulden. Nach dem Tode ihres Herren, entließ dessen Frau die Maxima. Diese starb als Oberin jenes Klosters. Die vier Brüder wurden an den mauretanischen Häuptling Capsur verschenkt. Sie bekehrten da viele Heiden. Deshalb ließ sie der König Geiserich an einem Wagen zu Tod schleifen. — 16. Oktober (Aug. O.).

Māxĭmă, ae *f.* Maxima, christliche Frau in Rom, welche die heiligen Blutzeugen Lucia u. Geminianus begrub (um 300).

māxĭmē *adv.* 1. am meisten, besonders, vorzüglich. 2. namentlich, hauptsächlich, am liebsten.

Māxĭmĭānŭs, ī *m.* 1. Maximianus Herculeus, röm. Kaiser, Mitregent Diokletians, † 310. 2. M. Galerius, römischer Kaiser, Mitregent Diokletians, † 311. 3. Bisch. v. Nola z. Zt. des Kaisers Decius. 4. Abt in Rom, dann Bisch. von Syrakus im 8. Jhdt.

S. Māxĭmĭlĭānŭs, ī *m.* hl. Maximilian, Mart. u. Bisch. von Lorch (Oberösterreich) († 288).

Er war zu Cilli in Steiermark geboren, wurde Bischof von Lorch, reiste nach Rom unter Papst Sixtus II., kehrte mit dessen Segen heim, und aus Mitleid mit den heidnischen Bewohnern seines Vaterlandes eilte er als Missionar nach Pannonien, wurde aber von dem Statthalter Ejulasius ergriffen und gemartert. Seine Gebeine kamen nach Passau, wo sie in der St. Stephanskircke beigesetzt wurden. — 12. Oktober (Linz, München-Freising, Münster, Osnabrück, Passau, Seckau, Salzburg).

Māxĭmĭlĭānŭs, ī *m.* Maximilian, 1. M. I., Kaiser von Österreich (1493—1519)

u. deutscher Kaiser (1506—1519). 2. Maximilian I., Herzog u. (seit 1623) Kurfürst von Bayern (1598—1651).

Māxĭmillă, ae *f.* Maximilla, Christin aus Patras, die der Legende nach den hl. Apostel Andreas bestattete.

S. Māxĭmīnŭs, ī *m.* hl. Maximin, Bek. u. Bisch. von Trier († 349 oder 351).

Er entstammte einer Senatorenfamilie zu Poitou (Fkr.) und studierte unter Bischof Agritius in Trier, der ihn selbst zu seinem Nachfolger erkor. Er bekämpfte als Bischof seit 336 die Irrlehre des Arius und nahm den nach Trier vom Kaiser verbannten Athanasius mit hohen Ehren auf. Maximin hatte viel von den Irrlehrern zu erleiden. Im Konzil zu Sárdica erreichte er es, daß Athanasius wieder in sein Bischofsamt eingesetzt wurde. Er machte große Reisen, so auch nach Rom, und starb, als er die Einwohner von Poitou besuchte, nach 17jähriger Regierungszeit. Sein hl. Leib wurde durch seinen Nachfolger, den hl. Bischof Paulin, nach Trier gebracht und in die St. Johanniskirche, die später Maximinskirche hieß, beigesetzt. Bischof Radbod fand 500 Jahre später den hl. Leib unversehrt und biegsam. Kirche und Kloster vom hl. Maximin fielen zu Anfang des 9. Jahrhunderts der Entweihung zum Opfer. Sein Leib ruht jetzt in der Pfarrkirche zu Pfalzel (Rheinprovinz). — 29. Mai (Trier).

Māxĭmīnŭs Daza *m.* Galerius Valerius Maximinus Daza, römischer Kaiser, Mitregent z. Z. Diokletians u. Konstantins d. Gr. († 313).

Māxĭmīnŭs Thrax *m.* C. Julius Verus Maximinus Thrax, römischer Feldherr, *dann*: röm. Kaiser (235—238).

1. **S. Māxĭmŭs**, ī *m.* hl. Maximus, Bek., erster Bisch. v. Aix in Südfrankr. (1. Jhdt.).

2. **S. Māxĭmŭs**, ī *m.* hl. Maximus, Kammerdiener des Stadtpräfekten Almachius in Rom, Mart. († 229), 14. April.

3. **S. Māxĭmŭs**, ī *m.* hl. Maximus, Bek. u. Bisch. v. Mainz (4. Jhdt.).

Er wurde in Mainz geboren und vom dortigen hl. Bischofe Adelhard zum Priester geweiht, nachdem er sich eine vorzügliche Kenntnis der hl. Schrift und der weltlichen Wissenschaften angeeignet hatte. Auch dem hl. Lucius, dem Nachfolger Adelhards, diente er in Treue und nahm an der Bekämpfung des Arianismus regen Anteil. Als Lucius nach Phrygien in die Verbannung ging, wo er mit seinen Gefährten Paulus und Crescentius erdrosselt wurde, wählte man den Maximus zum Bischofe. Um die Erbarmung des Himmels auf die Abgefallenen und auf die Heiden seines Sprengels herabzuflehen, unterwarf sich Maximus den größten Abtötungen und besuchte mit bloßen Füßen die einzelnen Gemeinden. Siebenmal griffen ihn die Arianer tätlich an, konnten ihn aber nicht töten, da Gott ihn schirmte und ihn ebenfalls siebenmal seinen Bischofssitz wieder erhalten ließ. Unter Maximus brachen die heidnischen Völkerschaften Ostfrankreichs ein und ermordeten viele Tausende von Christen. Maximus starb zur Zeit des Kaisers Constantin. Sein hl. Leib kam schließlich nach Halle an der Saale. — 28. November (Mainz).

4. **S. Māxĭmŭs**, ī *m.* hl. Maximus, Bisch. von Turin, bedeutender Kirchenschriftsteller († um 466), 25. Juni.

5. **S. Māxĭmŭs**, ī *m.* hl. Maximus, Mart., *s.* S. Liberatus, Bonifacius.

Māxĭmŭs, ī *m.* Maximus, 1. heidnischer römischer Statthalter u. Christenverfolger zu Sebaste in Armenien z. Z. Diokletians. 2. heidn. röm. Richter in Padua.

Mayēnsĭs cŏmĭtātŭs, ūs *m.* Mayo, Grafschaft in Irland (Connaught).

Mazără, ae *f.* (Mazaria) Mazzara del Vallo, St., l. am Mazzara, Sizilien (Trapani), *ca.* 18000 Einw., in der Nähe der Stadt christliche Katakomben; Bischofssitz (seit 1093), Suffr. v. Palermo; *dav.*: **Mazarĭēnsĭs**, ĕ.

Mazărĭă, ae *f. s.* Mazara.

Mazărĭēn. (*C. R.*) *s.* Mazara.

Mazovĭă, ae *f. s.* Masovia.

mazzerĭŭs, ī *m.* (*ital.*: mazzerie) Liktor; Keulenträger, Stabträger.

M. Cons. = Missionarii „de Consolata" Missionare „della Consolata" von Turin, gegr. 1900.

M. D. A. = Missionarii Divini Amoris Missionare von der Göttlichen Liebe, gegr. 1850.

Meăcŭm, ī *n.* Mijirko (= Tokio), Hauptstadt von Japan; *dav.*: Meăcēnsĭs, ĕ.

mĕātŭs, ūs *m.* das Gehen, der Gang.

mēchănĭcŭs 3 (μηχανικός) mechanisch.

Mechĕlīnĭă, ae *f. s.* Mechlinia.

Mecherathītēs, ae *m.* (*richtig*: Beth-Maachathites) der Beth-Maachathit, aus (der Stadt) Bethmaacha (Pal.).

Mechĭtăristae, ārŭm *m.* Mechitaristen, kath.-armenische Mönche, deren Stifter der Abt Mechitar (geb. zu Sebaste 1676, † auf der Insel St. Lazzaro bei Venedig) war. Ihre Ordensverfassung ist auf der Benediktinerregel aufgebaut. Aus Armenien sind sie vertrieben. Seit 1811 besteht eine Mechitaristenkongregation in Wien.

Mechlīnă, ae *f. s.* Mechlinia.

Mechlīnĭă, ae *f.* (Mechlina, Mechelinia, Mechlinensis civitas, Machlinium) Mecheln (*frz.*: Malines), St. an der Dyle, Belgien (Antwerpen), *ca.* 60000 Einw.; Erzbischofssitz (seit 1559); *dav.*: **Mechlīnĭēnsĭs**, ĕ.

Mechlīnĭēn. (*C. R.*) *s.* Mechlinia.

Mechmas *indecl.* (*hebr.*) *s.* Machmas.

Mechnedebai *kein Eigenname, verstümmelt aus dem hebr.*: „aus der Familie (von den Söhnen) Zakkaj" (1. *Esdr.* 10, 40).

Mechoacān. (*C. R.*) *s.* Mechoacanum.

Mechoacŭm, ī *n.* Mexiko, Hauptstadt von Mexiko in Mittelamerika, *ca.* 600000 Einw.; Erzbischofssitz (seit 1863; seit 1536 Bistum); *dav.*: **Mechoacānŭs** 3.

S. Mechtildĭs, ĭs *f.* hl. Mechtild, Jgfr. († 19. Nov. 1299).

Dem edlen sächsischen Geschlechte von Hackeborn entstammend, wurde sie bei der Geburt als sterbend angesehen und deshalb sofort in die Kirche zur Taufe gebracht. Als der Priester das Kind erblickte, rief er voraussagend aus, es werde später eine heilige Nonne aus dem Mädchen. Im siebenten Lebensjahre schon eilte Mechtild in das nahe damalige Cisterciensеrinnenkloster Helfta bei Eisleben und wurde aufgenommen. Sie ließ keinen Augenblick unbenutzt vorübergehen. In ihren Betrachtungen erhielt sie außerordentliche Erleuchtungen; auch geriet sie oft stundenlang in Verzückung. Sie hegte eine besondere Andacht zum hl. Herzen Jesu und betonte, wenn sie alle Gnaden, die sie dem gütigsten Herzen Jesu verdankte, aufzeichnen sollte, so würde selbst ein dicker Band dieselben nicht fassen können. — 26. Februar oder 20. November.

Mechtildĭs, ĭs *f.* Mechtild, Mutter der hl. Hildegard.

Mecori mōns, tĭs *m. s.* Martyrum mons.

Meczislāŭs, ī *m.* Meczislaus, Herzog von Polen (11. Jhdt.).

Medaba *indecl.* (*hebr.*?) Medaba, St. im Gebiet der Amorrhiter.

Medad *indecl. m.* (*hebr.*?) Medad, Prophet unter den Israeliten z. Z. des Moses u. Josue (*wohl legendenhaft*?) (*Num.* 11, 26).

S. Mēdardŭs, ī *m.* hl. Medard, Bek. u. Bisch. von St. Quentin (Fkr., Aisne) und Tournai (Belgien) († 545 *oder* 548).

Er entstammte einem vornehmen fränkischen Geschlechte. Vom hl. Bischofe Remigius von Reims wurde er zum Bischofe von St. Quentin geweiht. Da aber sein Sitz von den Vandalen und Hunnen verwüstet war, verlegte er ihn nach Noyon (Fkr., Oise). Als der hl. Bischof Eleutherius von Tournai starb, verwaltete er auch dieses Bistum. Er zog predigend und segnend 15 Jahre lang durch Flandern. Den Leichnam des Heiligen trug König Chlotar auf seinen Schultern zur Gruft und setzte ihn in Soissons bei. Wie der hl. Gregor von Tours berichtet, geschahen viele Wunder am Grabe des hl. Bischofs. — 8. Juni.

Mēdarsēs, ĭs (*acc.* -ēn) *m.* Medarses, Sohn des neupersischen Königs Chosroës II. Parwiz (590—628).

Meddin *indecl.* (*hebr.*: Strecke) Meddin, St. Pal. (Juda).

Medebacēnsĭs dĕcānātŭs Dekanat Medebach, Diözese Paderborn.

mĕdēlă, ae *f.* Heilmittel, Abhilfe.

Mĕdĕlăcēnse mŏnastērĭŭm, ī *n. s.* Mediolacum.

Mĕdellēn. (*C. R.*) *s.* Medellium.

Mĕdellĭŭm, ī *n.* Medellin, St., r. am Porce (zum Magdalena), Colombia (Antioquia), *ca.* 55000 Einw.; Erzbischofssitz (seit 1902; seit 1804 Bistum mit dem Sitze in Antioquia bis 1892); *dav.*: **Mĕdellēnsĭs,** ĕ.

Medemena *indecl. s.* Mademena.

Medenă, ae *f. richtig*: Media (1. *Esdr.* 6, 2).

mĕdĕŏr 2 heilen, abhelfen, zu Hilfe kommen.

Mēdī, ōrŭm *m.* die Meder, Bew. Mediens, *s.* Media.

Mēdĭă, ae *f.* Medien, Landschaft in Vorderasien, südlich und südwestlich vom Kaspischen Meere mit der Hauptstadt Ekbatana; *dav.*: **Mēdŭs,** ī *m.* der Meder (oft auch für Perser, Parther, Assyrer gebraucht), **Mēdĭcŭs** 3 u. **Mēdŭs** 3 medisch (persisch, assyrisch).

1. **Mĕdĭă Villă,** ae *f. s.* Midae.

2. **Mĕdĭă Villă,** ae *f.* Middltown, St., Irland (Cork), *ca.* 3400 Einw., ehem. Cistercienserabtei.

mĕdĭātĕnŭs *adv.* bis zur Mitte, bis zur Hälfte.

mĕdĭātĭō, ōnĭs *f.* Vermittlung.

mĕdĭātŏr, ōrĭs *m.* Mittler, Vermittler.

mĕdĭātrīx, īcĭs *f.* Mittlerin.

mĕdĭātŭs 3 mittelbar.

mĕdĭcābĭlĭs, ĕ 1. heilbar. 2. heilbringend, kräftigend.

mĕdĭcāmĕn, ĭnĭs *n.* Heilmittel, Arznei.

mĕdĭcāmentŭm, ī *n.* Arzneimittel; Salbe, Pflaster.

mĕdĭcātĭō, ōnĭs *f.* Heilung.

mĕdĭcīnă, ae *f.* (*scil.*: ars) 1. Heilkunst, Arzneikunst. 2. Heilmittel.

mĕdĭcīnālĭs, ĕ heilsam.

mĕdĭcō u. **mĕdĭcŏr** 1 heilen.

mĕdĭcŭs, ī *m.* Arzt.

Mēdĭcŭs 3 *s.* Media.

mĕdĭĕtās, ātĭs *f.* Mitte, Hälfte, mittlerer Teil.

Mĕdĭlĭcēnsĭs urbs, bĭs *f. s.* Mellicum.

mĕdĭō 1 1. von einander teilen. 2. halb sein, die Hälfte bilden; zur Hälfte vorbei sein.

Mĕdĭŏburgă, ae *f.* Middlesborough, St., England (York), *ca.* 95000 Einw.; Bischofssitz (seit 1878), Suffr. v. Westminster; *dav.*: **Mĕdĭŏburgēnsĭs,** ĕ.

Mĕdĭŏburgēn. (*C. R.*) *s.* Medioburga.

mĕdĭŏcrĭs, ĕ 1. mittelmäßig, unbedeutend, gering. 2. genügsam.

mĕdĭŏcrĭtās, ātĭs *f.* das Maßhalten; die Mittelmäßigkeit.

Mĕdĭŏlăcēnsĕ mŏnastērĭŭm, ī *n. s.* Mediolăcum.

Mĕdĭŏlăcŭm, ī *n.* (Medelacense monast.) Mettlach, D. Preußen (Rheinprovinz); *dav.*: **Mĕdĭŏlăcēnsĭs,** ĕ (Medelacensis, ĕ).

Mĕdĭŏlānēn. (*C. R.*) *s.* Mediolanum.

Mĕdĭŏlānŭm, ī *n.* Mailand (Milano), St., It. (Lombardei), *ca.* 550000 Einw.; Erzbischofssitz (seit 784; seit dem ersten Jhdt. Bistum); *dav.*: **Mĕdĭŏlānēnsĭs,** ĕ.

Mĕdĭŏmatrĭcēs, ŭm *m. s.* Mediomatrici.

Mĕdĭŏmatrĭcī, ōrŭm *m.* (Mediomatrices) 1. Völkerschaft in der Umgebung von Metz. 2. Einwohner von Metz.

Mĕdĭŏmatrĭcŭm, ī *n. s.* Metae.
Mĕdĭŏvillă, ae *f.* ein Ort im Elsaß.
mĕdĭtābundŭs 3 eifrig (auf etwas) sinnend.
mĕdĭtātĭō, ōnĭs *f.* 1. das Nachdenken, das Nachsinnen (*Ps.* 18, 15). 2. Betrachtung, Erwägung. 3. Vorbereitung, Vorübung, Zurüstung.
mĕdĭtātīvŭs 3 betrachtend.
mĕdĭterrānĕŭs 3 mitten im Lande liegend *oder* wohnend, binnenländisch; fern vom Meere (2. *Mach.* 8, 35).
Mĕdĭtĭī mŏnastērĭŭm, ī *n.* ein Kloster in Kurdistan (*Martyrol.* 3. April).
mĕdĭtŏr 1 1. nachdenken, überdenken, überlegen, auf etwas sinnen; *obj.*: aliquid, *auch*: in aliqua re, meditabor in mandatis tuis. 2. preisen (*Ps.* 34, 28). 3. reden von (*acc.*, *Ps.* 36, 30).
mĕdĭŭm, ī *n.* 1. die Mitte; de medio aus — heraus, de medio fieri weggeschafft oder beseitigt werden; in medio tui in dir (*Ps.* 115, 19 u. 134, 9); inter medium zwischen — hindurch. 2. die Hälfte. 3. (*meist pl.*: mĕdĭa, ōrum *n.* =) Mittel.
mĕdĭŭs 3 1. in der Mitte befindlich, mittlere, mittelste. 2. vermittelnd. 3. halb, zur Hälfte; mĕdĭa nox Mitternacht; medius digitus Mittelfinger.
Medlĭcēnsĕ mŏnastērĭŭm, ī *n. s.* Mellicum.
mĕdullă, ae *f.* das Mark, das Innerste, der Kern, das Beste; medulla panis das Weiche vom Brote.
mĕdullātŭs 3 markig, kernig, vortrefflich.
mĕdullĭtŭs adv. im Innern (*Hymn.*: Jesu, dulcis memoria . . .).
Mēdŭs, ī *m.* Meder (*auch adj.* medisch); *übtr.*: Perser, Assyrer, Parther; *vgl.* Media.
Meetabel *indecl. f.* (*hebr.*: Gott übt Gutes) Meetabel, Gattin des Edomiterkönigs Adar.
Mĕgălĭŭs, ī *m.* Megalius, Bisch. v. Calama in Numidien, Vorgänger des hl. Possidius (4. Jhdt.).
Megbis *indecl. m.* (*hebr.*?) Megbis, ein Jude, der mit Zorobabel aus dem babyl. Exil zurückkehrte.
Mēginhardŭs, ī *m.* Meinhard, Graf von Sponheim.
Mēginradĭcellă, ae *f.* (Eremus Deiparaematris, Einsidla) Einsiedeln, Marktflecken, Schweiz (Schwyz), *ca.* 4000 Einw. — Berühmtes Benediktinerkloster; Wallfahrtsort.
S. Mēginrādŭs, ī *m. s.* S. Meinradus.
Mēginrātŭs, ī *m. s.* (S.) Meinradus.
Megphias, ae *m.* (*hebr.*?) Megphias, jüdisches Volkshaupt, Mitbesiegler des nach dem babyl. Exil erneuerten Bundes.
Mehusim *indecl. richtig*: Husim (1. *Par.* 8, 11), *s. das Wort.*
Meiarcon *indecl.* (*hebr.*: Gelbwasser?) Mejarkon, St., Pal. (Dan).
Meinfeldĭă, ae *f.* Münstermaifeld bei Koblenz (Rheinprovinz).
S. Meinolphŭs, ī *m.* hl. Meinulf, Bek. († um 857).

Er wurde von angesehenen westfälischen Eltern geboren. Seine Mutter Wichtrud war Christin, während sein Vater als Heide starb. Meinulf wurde an den Hof Karls des Großen geführt und hatte den Kaiser zum Taufpaten. Karl übergab ihn zur Erziehung dem Paderborner Bischofe Badurad, der ihm die hl. Weihen erteilte und ihm die Würde eines Archidiakons verlieh und ihm mit anderen Klerikern die Ueberführung der Reliquien des hl. Liborius aus Le Mans nach Paderborn übertrug. Von Gottesliebe entflammt, beschloß er, eine Kirche und ein Kloster zu erbauen. Auf seinem väterlichen Grunde errichtete er ein Kloster, noch jetzt Nienbudeken (Bedike) genannt, das er Klosterfrauen übergab; im 15. Jahrhundert wurde es von Regularklerikern aus Wiedesheim übernommen. Sein Leib wurde nach Paderborn übertragen und in der Paderborner Bußdorfkirche beigesetzt. — 5. Oktober (Paderborn).

S. Meinrādŭs, ī *m.* (Meginratus, Meinratus) hl. Meinrad, Mart. u. Einsiedler († 861).

In Schwaben aus edlem Geschlechte entsprossen, wurde er frühzeitig von seinem Vater Berthold dem Kloster in Ufenau (Zürichersee) übergeben und darin mit 25 Jahren zum Priester geweiht. Bald darauf wurde er Mönch und Vorsteher des Klosters von Bollingen. Es trieb ihn aber in die Einsamkeit, und so wurde er mit Genehmigung seiner Oberen Einsiedler auf einem Berge am Zürichersee. Als ihn hier viele aufsuchten, zog er sich in den unwirtlichsten Teil des nahen Waldes zurück und hatte dort den himmlischen Besuch eines etwa siebenjährigen Knaben, der mit ihm betete und über die Geheimnisse der Seligkeit sprach. Nach 26 jährigem Aufenthalte wurde der hl. Meinrad von zwei Verbrechern aufs grausamste behandelt und erdrosselt, obwohl er beide vorher aufs freundlichste bewirtet und ihnen dabei ihre böse Absicht, die er im Geiste schaute, sanft vorgeworfen hatte. Als neben das Haupt des Toten eine Kerze gestellt wurde, flammte sie ohne menschliche Hilfe auf; auch verbreitete sich ein besonderer Wohlgeruch im Raume. Die Übeltäter aber wurden durch Raben, welche ehedem der fromme Einsiedler gepflegt hatte, verfolgt und, alsbald ergriffen, zum Feuertode verurteilt. An der Todesstätte errichtete man später ein Kloster, das nach dem Heiligen benannt wurde. — 21. Januar (Basel, Chur, St. Gallen), 22. Januar (Rottenburg) und 28. Januar (Freiburg).

Meinvercŭs, ī *m.* (Meinwercus) Meinwerk, Bisch. von Paderborn (Westf.), (11. Jhdt.).
mĕl, mellĭs *n.* (μέλι) Honig; Süßigkeit, Lieblichkeit; de petra melle mit Honig aus dem Felsen (*Ps.* 80, 17).
mĕlanchŏlĭcŭs 3 (μελαγχολικός) schwarzgallig, schwermütig; melancholisch.
S. Mĕlānĭă iunior *f.* hl. Melanie die Jüngere, Witwe († 439).

Melania, zum Unterschiede von ihrer gleichnamigen Großmutter die Jüngere genannt, stammte aus einer vornehmen Senatorenfamilie. Nach einer reinen Jugend heiratete sie auf Wunsch ihres Vaters Publicola den unschuldigen Pinianus. Nach dem Tode ihrer Kinder, die alle frühzeitig starben, gaben die frommen Eheleute nach und nach alle ihre Güter in Afrika, Spanien und Italien den Armen. An einem einzigen Tage schenkte sie 1000 Sklaven die Freiheit. Melania begab sich nach Tagaste (Nordafrika), wo sie unter Leitung des hl. Bischofs Alypius mehrere Jahre in steten Übungen der Abtötung und Gottseligkeit zubrachte. Sie ging dann zu den hl. Einsiedlern nach Ägypten, besuchte Jerusalem und schloß sich hier in eine Zelle ein, die aus einem Felsen vom Ölberg gehauen war. Als ihre Mutter und ihr Gemahl starben, erbaute sie an ihrer Ruhestätte ein Kloster. Ihren heidnischen Onkel Volusianus in Konstantinopel bekehrte sie auf dem Krankenbette. — 31. Dezember (Aug. O.).

Melburnēn. (*C. R.*) *s.* Melburnium.

Melburnĭŭm, ī *n.* Melbourne, Hauptstadt von Viktoria am Yarra in Australien, *ca.* 70 000 (mit 20 Vororten 500 000) Einw.; Erzbischofssitz (seit 1874, Bistum seit 1847); *dav.* **Melburnēnsĭs,** ĕ.

Melchă, ae *f.* (*hebr.* Königin) Melcha 1. Tochter Arans, Gattin ihres Onkels Nachor. 2. Tochter des Salphaad aus dem Stamme Manasse.

Melchi *indecl. m.* (*hebr.*: König ist Jahwe) Melchi, zwei Vorfahren Davids, nach dem Evangelisten Lukas zwei Ahnherrn des Heilandes.

Melchia *indecl. m.* (*hebr.*: Jahwe ist König) (Melchias) Melchia(s), mehrere Israeliten oder Juden: 1. aus dem Stamme Levi, Sohn des Athanai. — 2. Vorsteher der fünften Priesterklasse z. Z. Davids. — 3. Ahnherr der Judith. — 4. drei Juden, die im Exil fremde Weiber genommen hatten. — 5. zwei Juden, die beim Aufbau Jerusalems tätig waren. — 6. ein vornehmer Jude z. Z. des Esdras. — 7. ein Levit bei der ersten Gesetzeslesung nach dem Exil (Melchi). — 8. ein Besiegler des unter Nehemias erneuerten Bundes. — 9. Vater Phassurs, eines Gesandten des Königs Sedekias. — 10. ein Jude, Sohn Amelechs, in dessen Zisterne der Prophet Jeremias gestürzt wurde (*Jer.* 21, 2).

S. Melchĭădēs, ĭs *m.* hl. Melchiades, Papst u. Mart. (311—314), *auch* Miltiades *genannt*, 10. Dezember.

Melchĭās, ae *m. s.* Melchia.

Melchiel *indecl. m.* (*hebr.*: König ist Gott) Melchiel, Sohn des Baria, Enkel des Aser; seine Nachkommen sind die Melchieliten.

Melchielītae, ārŭm *m.* Melchieliten, Familie im Stamme Aser, Nachkommen des Melchiel.

B. Melchĭŏr Grodeczĭŭs *m.* sel. Melchior Grodecz, Mart. († 1619) — 7. Sept.
In Teschen 1584 von katholischen Eltern geboren, genoß er in der dortigen Schule den Unterricht, kam nach Brünn in das Noviziat der Jesuiten und dann nach Prag. 1614 zum Priester geweiht, wurde er Direktor des Seminars für arme Studenten. Nach der Verbannung der Jesuiten aus Prag 1618 wurde er nach Krakau geschickt und erlangte mit Stephanus Pongraczius und Marcus Crisinus die Martyrkrone. Weiteres *s.* B. Marcus Crisinus.

Melchiram *indecl. m.* (*hebr.*: der König ist erhaben) Melchiram, Sohn des Königs Jechonias von Juda (598 v. Chr.).

Melchisedech *indecl. m.* (*hebr.*: König der Gerechtigkeit *oder* der König ist Heil) 1. Melchisedech, eine wunderbare Persönlichkeit; in der Genesis genannt als König von Salem und Priester des höchsten Gottes; später als Vorbild des messianischen Priester- und Königtums verehrt. 2. *spätmittelalterliche süddeutsche Bezeichnung der* „Lunula“, *s. das Wort.*

Melchisua *indecl. m.* (*hebr.*: der König ist Heil [Erlöser]) Melchisua, der dritte Sohn des Königs Saul.

Melchītae, ārŭm *m.* Melchiten, katholische Christen in Ägypten; *Gegensatz*: koptische Christen (Monophysiten).

Melchom *indecl.* Moloch, ein Götze der Ammoniter (4. *Kön.* 23, 13).

Meldă, ae *f. s.* Meldae.

Meldae, ārŭm *f.* (Melda, Meldorum civitas, *im Altertum*: Iuntinum, ī *n.*) Meaux, St. an der Marne, Fkr. (Seine-et-Marne), *ca.* 14 000 Einw.; Bischofssitz (seit 3. Jhdt.), Suffr. v. Paris; *dav.*: **Meldēnsĭs,** ĕ.

Meldēn. (*C. R.*) *s.* Meldae.

Meldēnsĭs cŏmĭtātŭs, ūs *m.* Gebiet v. Meaux, *s.* Meldae.

Meldī, ōrŭm *m.* 1. gallische Völkerschaft. 2. Einwohner v. Meaux, *s.* Meldae.

Meldĭcŭm terrĭtōrĭŭm, ī *n.* Gebiet v. Meaux, *s.* Meldae.

Meldŏrŭm cīvĭtās, ātĭs *f. s.* Meldae.

Melea *indecl. m.* (*hebr.*: Machli) Melea, Ahnherr Christi.

Melech *indecl. m.* (*hebr.*: König) Melech, Sohn des Micha u. Enkel des Miphiboseth.

Mĕlēn. (*C. R.*) *s.* Melum.

Mĕlētĭānŭs, ī *m. s.* Meletius.

Mĕlētĭŭs, ī *m.* Meletius, Bisch. von Lykopŏlis in Ägypten (um 305); nach ihm wurde ein langdauerndes Schisma benannt; *dav.*: **Mĕlētĭānŭs,** ī *m.* Anhänger des Meletius.

S. Mĕleusippŭs, ī *m. s.* S. Speusipus.

Melibocŭs, ī *m. s.* Hart(h)ici montes.

Mĕlĭcēnsĕ mŏnastērĭŭm, ī *n. s.* Mellicum.

Mĕlīn. (*C. R.*) *s.* Melos.

mĕlĭŏrātĭŏ, ōnĭs *f.* Verbesserung, Besserung, Aufbesserung.

mĕlĭŏr *s.* bonus.

mĕlĭōrō 1 besser machen; *pass.*: besser werden, gedeihen.

mĕlismŭs, ī *m.* (μελισμός) Brotbrechung (*im griechischen Meßritus*).

Mĕlĭtă, ae (Mĕlĭtē, ēs, Μελίτη) *f.* Malta, Insel im Mittelmeere, *ca.* 200000 Einw.; das Bistum Malta hat seit 1797 zum Bischofe den Erzbischof von Rhodus, Residenz ist Valetta, Hauptstadt von Malta; *dav.*: **Mĕlĭtēnsĭs,** ĕ.

Mĕlĭtēn. (*C. R.*) *s.* Melita.

Mĕlĭtēnēn. (*C. R.*) *s.* Malatia *u.* Meletina.

Mĕlĭtīnă, ae *f.* Melitine in Armenien, *j.*: Malatia am oberen Euphrat in Kurdistan, *s.* Malatia; *dav.*: **Melĭtēnēnsĭs,** ĕ.

S. Mĕlĭthōn, ōnĭs *m.* hl. Melithon, einer der vierzig Martyrer von Sebaste.

Mĕlĭtōn, ōnĭs *m.* Meliton, Bisch. v. Sardes in Lydien (Kleinasien) (2. Jhdt.).

Mĕlĭtōnēnsĭs rĕgĭō, ōnĭs *m.* das Gebiet um Chartres in der Diözese Paris.

mellĕŭs 3 honigsüß.

Mellĭcēnsĕ mŏnastērĭŭm, ī *n.* Kloster Melk, *s.* Mellicum.

mellĭcĭdĭŭm, ī *n.* (*von* mel *u.* cadere) Honigtau.

Mellĭcŭm, ī *n.* (Med(i)licensis urbs) Melk, Stadt an der Donau, Niederösterreich, *ca.* 2400 Einw.; über der Stadt berühmte Benediktinerabtei, gegründet um 985 von Leopold I. als Kollegiatstift, wurde es durch Leopold II. Benediktinerkloster, seit 1110 exempt; *dav.*: **Mellĭcēnsĭs,** ĕ; **Melĭcēnsĭs,** ĕ; **Medlĭcēnsĭs,** ĕ.

mellĭflŭŭs 3 von Honig fließend.

mellĭtŭs 3 honigsüß, aus Honig, Honig-: panis; *übtr.*: lieblich, angenehm.

S. Mellĭtŭs, ī *m.* hl. Mellitus, Erzbisch., † 624.

Einer der von Gregor d. Gr. (um 600) von Rom nach England gesandten Benediktinermissionare. Wurde Bischof von London und dann Erzbischof von Canterbury. — 24. April (Ben. O.).

Mello *indecl.* (*hebr.*: Burg, Wall) Mello (Millo), 1. Burg bei der Stadt Sichem. 2. uralte Bastei in Jerusalem.

Mellothi *indecl. m.* (*hebr.*?) Mellothi, ein Israelit, der zwölfte Sohn Hemans.

Melluch *indecl. m.* (*hebr.*) Melluch, 1. ein Jude, der im babyl. Exil ein fremdes Weib genommen hatte. 2. zwei Juden, die unter Nehemias den erneuerten Bund besiegelten. 3. ein jüdischer Priester, der mit Zorobabel aus dem babyl. Exil zurückkehrte.

mĕlōdĭă, ae *f.* (μελῳδία) Singweise, Melodie; mel. campānae Glockenklang.

Mĕlŏdō, ōnĭs *f. s.* Melodunum.

Mĕlŏdūnŭm, ī *n.* (Melŏdo, Milledunum) Melun, Stadt an der Seine, Fkr. (Seine-et-Marne); *dav.*: **Mĕlŏdūnēnsĭs,** ĕ.

mĕlōdŭs 3 (μελῳδός) melodisch, schönklingend.

mĕlŏs, (*dat.* u. *abl. sg.*: melō; *acc.*: melos u. melum; *nom. pl.*: melē) *n.* (μέλος) Gesang, Lied, Loblied.

Mēlos, ī *f.* (Μῆλος) Milo, die südwestlichste der größeren griech. Kykladen, *ca.* 5000 Einw.; Bistum Melos mit Syros vereinigt, *s.* Syros; *dav.*: **Mēlĭnŭs** 3.

mēlōtă, ae *f.* (μηλωτή, melote, melotis) Schafsfell, Schafspelz; Mantel, Gewand.

mēlōtē, ēs *f. s.* melota.

Melothi *indecl.* (*Judith* 2, 13) *gemeint ist wohl die Stadt* Melitene, *s.* Melitina u. Malatina.

mēlōtĭs, ĭs *f.* (*L. IV. S. Norberti*) *s.* melota.

Melphictēn. (*C. R.*) *s.* Melphictum.

Melphictŭm, ī *n.* Molfetta, St. bei Bari, It., *ca.* 40000 Einw.; Bischofssitz (seit 12. Jhdt., exempt; *dav.*: **Melphictēnsĭs,** ĕ.

Melphĭēn. (*C. R.*) *s.* Melphis.

Melphĭs, ĭs *f.* Melfi, St., It. (Potenza), *ca.* 13500 Einw.; Bistum (seit 1059, seit 1528 vereinigt mit Rapolla) exempt; *dav.*: **Melphĭēnsĭs,** ĕ.

Meltae, ārŭm *f.* Medelsheim, Pfarrdorf bei Zweibrücken, Bayern (Pfalz), *ca.* 500 Einw.

Meltias, ae *f. m.* (*hebr.*: Jahwe ist Leben [Retter]) Meltias, ein Jude, aus Gabaon, half Jerusalem wiedererbauen.

Melŭm, ī *n.* Melo *oder* Cerro Largo [großer Hügel], St. in Uruguay (Cerro Largo), Südamerika, *ca.* 5000 Einw.; Bischofssitz (seit 1897), Suffr. v. **Montevideo**; *dav.*: **Melēnsĭs,** ĕ.

mem *indecl.* der 13. Buchstabe des hebr. Alphabets, dreizehn, dreizehntens.

membrānă, ae *f.* Haut, Häutchen; *übtr.*: Pergament, Schreibtafel.

membrātĭm *adv.* stückweise, Glied für Glied.

membrŭm, ī *n.* Glied.

„Mĕmentō" „Gedenke!", Bezeichnung jener Gebete in der hl. Messe, welche teils vor teils nach der hl. Wandlung zum Gedächtnisse der lebenden bzw. verstorbenen Christgläubigen gesprochen werden.

Mĕmersĭŭm, ī *n.* Mamers, St., Fkr. (Sarthe), *ca.* 4500 Einw.

mēmĕt *acc. von* ego *und* met.

mĕmĭnī (defektives Zeitwort, Perfekt mit Präsensbedeutung) sich erinnern, eingedenk sein, an etwas denken. *Imperativ*: memento = gedenke!

Memmĭŭs, ī *m. s.* Quintus.

mĕmŏr, ŏrĭs 1. sich erinnernd, eingedenk. 2. dankbar, erkenntlich. 3. bedachtsam.

mĕmŏrābĭlĭs, ĕ denkwürdig, gepriesen, gefeiert.
mĕmŏrandŭs 3 erwähnenswert, merkwürdig.
mĕmŏrātĭō, ōnĭs *f.* Erwähnung, Erzählung.
mĕmŏrātŏr, ōrĭs *m.* Erzähler.
mĕmŏrĭă, ae *f.* 1. Gedächtnis, Andenken, Erinnerung. 2. Gedächtnisfeier. 3. Nachricht, Erzählung, Geschichte.
mĕmŏrĭālĕ ĭs *n.* Erinnerung, Andenken, Denkmal; *pl.* Denkwürdigkeiten.
mĕmŏrĭālĭs, ĕ zum Andenken gehörig, dem Andenken geweiht; dies memorialis Gedenktag.
mĕmŏrĭtĕr *adv.* aus dem Gedächtnis, aus dem Kopfe, auswendig.
Mĕmŏrĭŭs, ī *m.* Memorius, Bisch. v. Capua z. Z. des hl. Augustinus.
mĕmŏrō 1 in Erinnerung bringen, erzählen, erwähnen; *pass.*: eingedenk sein.
mĕmŏrŏr 1 eingedenk sein, sich erinnern.
Memphĭs, ĭdĭs *oder* ĕōs (*acc.* Memphĭm u. -ĭn; *voc.* -ĭ, *abl.* -ī) *f.* (*ägypt.*: mn nfr die schöne Wohnstätte; *hebr.*: Moph *oder* Noph, Μέμφις) Memphis, uralte Stadt am linken Nilufer in Mittelägypten, südlich vom heutigen Kairo.
1. **Mĕnăpĭă,** ae *f.* *s.* Menevia.
2. **Mĕnăpĭă** ae *f.* Hauptstadt der Menapier, *j.*: Gemappe.
Mĕnăpĭī, ōrŭm *m.* belgisches Volk zwischen Maas und Schelde, südlich von den Batavern.
Mĕnāvĭă, ae *f.* (Mona, Monabia, Monapia) Man, Insel in der irischen See, England.
mendă, ae *f.* *s.* mendum.
mendācĭtās, ātĭs *f.* Lügenhaftigkeit.
mendācĭŭm, ī *n.* Lüge, Täuschung.
mendāx, ācĭs lügnerisch, betrügerisch.
mendīcāns, antĭs *m.* Bettler.
Mendīcantēs, ĭŭm *m.* die Mendikanten, Mitglieder der „Bettelorden"; *vgl.* mendico.
mendīcātĭō, ōnĭs *f.* das Betteln.
mendīcĭtās, ātĭs *f.* Bettelarmut, Dürftigkeit, Elend.
mendīcō 1 (mendicor) betteln, erbetteln; ordo mendicans Bettelorden; regulares mendicantes die Bettelorden, *z. B.* Franziskaner u. Dominikaner.
mendīcŏr 1 *s.* mendico.
1. **mendīcŭs** 3 bettelarm.
2. **mendīcŭs,** ī *m.* der Bettler.
mendōsŭs 3 fehlerhaft, voller Fehler.
mendŭm, ī *n.* (menda) 1. Fehler, das Gebrechen. 2. das Versehen.
S. Mene(c)childis, ĭs *f.* (S. Menechildis fanum) Sainte-Menehould, St., Fkr (Marne); *ca.* 4000 Einw.
Mĕnĕlāŭs, ī *m.* Menelaus, jüd. Hoherpriester zur Zeit der Makkabäer.
Mĕnĕvēn. (*C. R.*) *s.* Menevia.
Mĕnĕvĭă, ae *f.* (Menapia, Davīdis fanum) Saint Davids, St. an der Westspitze von Südwales, England (Pembroke), *ca.* 1800 Einw.; Bistum, Sitz in Wrexham (Wales); *dav*,: **Mĕnĕv(ĭ)ēnsĭs,** ĕ.
Mennă *indecl.* *m.* (*griech.*: Μεννά, *hebr.*: *richtig*: Kajnan) Menna, Ahnherr Christi (*Luc.* 3, 31).
S. Mennās, ae *m.* hl. Mennas, Mart., † 304, 11. oder 14. November.
Menni *indecl.* (*assyr.*: Mat Mennai) Menni, eine Gegend in Armenien (*Jer.* 51, 27).
Mennith *indecl.* (*hebr.*: Zuteilung) Mennith, St. im Lande der Ammoniter (*Iudic.* 11, 33).
mēnŏlŏgĭŭm, ī *n.* (μηνολόγιον) 1. Heiligenkalender der bes. Ordensheiligen in jedem einzelnen Orden. 2. nach den Monatstagen geordnete Sammlung der Heiligengeschichten in der griechischen Kirche.
mēns, mentĭs *f.* 1. Verstand, Geist. 2. inneres Wesen, Seele. 3. Gedanke, Vorstellung, in mente habere sich im Geiste mit etwas beschäftigen. 4. Absicht, Plan. 5. Meinung, Ansicht. 6. Gesinnung, Gemüt.
mēnsă, ae *f.* 1. Tisch, Tafel, Speisetisch. 2. Opfertisch, Altartisch. 3. öffentliche Bank, Wechslertisch; ad mensam dare zinsbringend anlegen. 4. mensae proventus Einkünfte seines Amtes; mensa dioecesāna Einkünfte zum Unterhalte des Bischofs und seiner Räte in der Diözesesanverwaltung (*C. j. c.* 1572). 5. mensa commūnis *d. i.* die lebenslängliche Versorgung am gemeinsamen Klostertische, Weihetitel für Ordenspersonen.
mēnsālĭs, ĕ zum Tische gehörig.
mēnsĭs, ĭs *m.* Monat.
mēnsĭō, ōnĭs *f.* das Abmessen.
mēnsŏr, ōrĭs *m.* Abmesser, Feldmesser, Baumeister.
mēnstrŭālĭs, ĕ monatlich, zur monatlichen Reinigung gehörig.
mēnstrŭātŭs 3 blutgängig.
mēnstrŭŭs 3 1. monatlich, allmonatlich. 2. monatig, einen Monat dauernd.
mēnsŭlă, ae *f.* Tischchen, Kredenztisch.
mēnsūră, ae *f.* 1. das Messen. 2. das Maß, womit gemessen wird, die Wage. 3. das Maß, als Ergebnis des Messens; ad mensuram nach Maßgabe; 4. reiches Maß (*Ps.* 79, 6). 5. Mensur, studentischer Zweikampf.

mēnsūrābĭlĭs, ĕ meßbar, nicht zu groß; handbreit (eine Spanne breit) (*Ps.* 38, 6).
mēnsūrātĭō, ōnĭs *f.* das Messen.
mēnsūrō 1 messen.
mēnsŭs *ptc.* von metior.
mentă, ae *f.* (mentha; μίνδη) Krauseminze.
menthă, ae *f. s.* menta.
mentālĭs, ĕ geistig; innerlich, in Gedanken bestehend; oratio mentalis innerliches, betrachtendes Gebet, Betrachtung (*C. j. c.* 425).
mentĭō, ōnĭs *f.* Erwähnung, Erinnerung; mentionem făcĕre erwähnen, erinnern.
mentĭŏr, mentītŭs sŭm 4 1. erdichten, lügen, täuschen, heucheln vor (*c. dat.*). 2. lügnerisch *oder* treulos versprechen. 3. schmeicheln (*Ps.* 80, 16).
mentŭm, ī *n.* Kinn, Kinnbart.
mĕō 1 gehen, wandeln.
M. E. P. = Seminarium pro Missionibus exteris Parisiense Pariser Seminar für auswärtige Missionen (Missions étrangères de Paris), gegr. 1658.
Mephaat *indecl.* (Mephaath) Mephaat, St. Pal. (Ruben).
mephītĭcŭs 3 verpestend, *s.* mephītis.
mephītĭs, ĭs (*acc.*-ĭm) *f.* schädliche, pestartige Ausdünstung (der Erde); erstickender Dunst, Gestank.
Meppĕă, ae *f.* (Meppia) Meppen, St. Preußen (Hannover), *ca.* 4000 Einw.
Meppĭă, ae *f. s.* Meppea.
Merab *indecl. f. s.* Merob.
mĕrācŭs 3 lauter, rein; unvermischt, unverfälscht (*Deut.* 32, 14).
Merajoth *indecl. m.* (*hebr.*) Merajoth, Nachkomme Aarons, Ahnherr des nachexilischen jüdischen Priesters u. Tempelverwalters Saraja.
Merala *indecl.* (*hebr.*) Merala, St. Pal. (Zabulon).
Meran *indecl.* (Merānĭa, Merōna), Meran, St. in Südtirol, *ca.* 10 000 Einw.
Merānĭa, ae *f. s.* Meran.
Merari *indecl. m.* (*hebr.*) Merari, 1. der dritte Sohn des Levi; von ihm stammen die Merariten. 2. Vater der Judith.
Merarītae, ārŭm *m.* Merariten, *s.* Merari 1.
mercābĭlĭs, ĕ käuflich.
Mercātellŭm, ī *n.* Mercatello, St. in Mittelitalien (Pesaro ed Urbino).
mercātŏr, ōrĭs *m.* Kaufmann.
mercātōrĭŭs 3 kaufmännisch, Kaufmanns-.
mercātūră, ae *f.* Handel; mercaturam facere Handel treiben.
mercātŭs, ūs *m.* Handel, Verkehr.
1. **mercēnārĭŭs** 3 für Geld gemietet, gedungen.
2. **mercēnārĭŭs,** ī *m.* Mietling, Tagelöhner, Lohnarbeiter.
mercēnārĭŭm, ī *n.* 1. Handel, Handelsplatz, Markt. 2. Ware.
mercēs, ēdĭs *f.* 1. Lohn, Sold, Bezahlung; Preis; merces nautica: Schiffsfahrlohn. 2. Zins, Einkünfte.
Mercĭī, ōrŭm *m.* Merzier, eine Völkerschaft in England zwischen Themse u. Humber.
Mercŭrĭī curtĭs, ĭs *f.* (Miracuria) Mirecourt, St., Fkr. (Vosges).
mercŭrĭŭm, ī *n.* Quecksilber.
Mercŭrĭŭs, ī *m.* Merkur, heidn. Gott des Handels; der geflügelte Götterbote.
S. Mercŭrĭŭs, ī *m.* hl. Merkur, Mart. († im 3. Jhdt.).
Er lebte unter Kaiser Decius; als Führer eines Heeres trug er im Kampfe gegen die Perser unter Leitung eines Schutzengels einen herrlichen Sieg davon, weshalb ihn der Kaiser sehr ehrte. Doch Neider zeigten ihn als Christ an; er wurde gefangen gesetzt, gefoltert und schließlich zu Caesarea in Kappadokien enthauptet. Sein hl. Leib kam in die Domkirche zu Mainz, wo er noch jetzt verehrt wird. — 26. November.
merdă, ae *f.* Kot, Unrat, Exkremente.
Mered *indecl. m.* (*hebr.*) Mered, ein Israelit aus dem Stamme Juda, Sohn des Esra.
Meremoth *indecl. m.* (*hebr.*) Meremoth, Sohn des jüdischen Priester Urias, dem Esdras nach dem Exil die Tempelschätze übergab.
mĕrĕō, ŭī 2 u. **mĕrĕŏr,** rĭtŭs sŭm 2 1. erwerben, gewinnen, erlangen. 2. verdienen, verschulden, sich zuziehen. 3. sich Verdienste erwerben, sich verdient machen (*um*: de). 4. als Soldat dienen.
mĕrētrīcātĭō, ōnĭs *f.* Hurerei.
mĕrĕtrīcĭŭm, ī *n.* Hurerei.
mĕrĕtrīcĭŭs 3 buhlerisch.
mĕrĕtrīcŭlă, ae *f.* junge, kleine *oder* elende Dirne, Buhlerin.
mĕrĕtrīx, īcĭs *f.* öffentliche Buhlerin; Dirne.
mergō, sī, sŭm 3 eintauchen, versenken, stürzen; *pass.*: versinken, untergehen.
mergŭlŭs, ī *m.* (*demin. von*: mergus der Taucher) der Taucher (ein Wasservogel) (*Lev.* 11, 17).
Meribaal *indecl. m. richtig*: Mephibaal (1. *Par.* 9, 40).
mĕrīdĭānŭs 3 1. mittägig, zur Mittagszeit. 2. südlich.
mĕrīdĭātĭō, ōnĭs *f.* Mittagsruhe, Mittagsschläfchen.
mĕrīdĭēs, ēī *m.* 1. Mittagszeit. 2. Süden.
mĕrīdĭō 1 (meridior) Mittagsruhe halten, mittags schlafen (*Job* 24, 11).
mĕrīdĭōnālĭs, ĕ gegen Süden gelegen.

mĕrīdĭŏr 1 *s.* meridio.
Merimuth *indecl. m.* (*hebr.*) (Meremoth) Merimuth, 1. jüdischer Priester, der mit Zorobabel aus dem babyl. Exil zurückkehrte. 2. ein Jude, der das nachexilische Jerusalem miterbaute u. den erneuerten Bund mitbesiegelte.
1. **mĕrĭtō** 1 verdienen.
2. **mĕrĭtō** *adv.* verdientermaßen, nach Verdienst; mit Recht, billig.
mĕrĭtōrĭŭs 3 zum Verdienst gehörig, verdienstlich, verdienstvoll.
mĕrĭtŭm, ī *n.* 1. Lohn, Verdienst. 2. verdienstliche Tat, Wohltat. 3. Schuld, Verschulden, Vergehen. 4. Kern, Wichtigkeit, Bedeutung, Wert: quaestionis *oder* causae (*C. j. c.* 1642).
mĕrĭtŭs 3 verdient, gerecht, gebührend.
Merob *indecl. f.* (Merab) Merob, älteste Tochter Sauls.
Merodach *indecl. m.* Marduk, der Hauptgott von Babylon.
Merodach Baladan *indecl. m.* (*babyl.*: Marduk aplu iddin Marduk schenkte einen Erbsohn) Merodach-Baladan, chaldäischer Fürst von Bit Jakin, in der Nähe des persischen Golfes, 729 v. Chr. zum ersten Male genannt als „König des Meerlandes"; von 721—709 König von Babylon; † nach 700 v. Chr.
Merom *indecl.* Meromsee, ein See, nördlich vom See Genesareth in Palästina, vom Jordan gebildet.
Merome (*Richt.* 5, 18) *kein Name,* sondern *status constructus plur.* = „die Höhen" (des Feldes).
Mērōnă, ae f. *s.* Meran.
Meronathītēs, ae *m.* der Meronatite; aus Maronath, einem Orte bei Gabaon oder Maspha (*Neh.* 3, 7).
Meropĭŭs, ī *m.* Meropius, *s.* S. Paulinus a Nola.
Mĕrŏvingĭī, ōrŭm *m.* das fränkische Königsgeschlecht der Merowinger.
Meroz (*Richt.* 5, 23) *richtig*: Maron.
Merrha (*Baruch* 3, 23) *richtig*: Dedan.
Merry del Val, Raphael, Kardinal seit 1903, geb. 1864, Kardinalstaatssekretär unter Papst Pius X. (1903 bis 1914), Mitglied der ersten Kodifikationskommission.
Mersburgĭă, ae *f. s.* Marsipolis.
mersō 1 eintauchen.
mĕrŭlă, ae *f.* Amsel.
mĕrŭm, ī *n.* reiner Wein (*Is.* 27, 2).
mĕrŭs 3 1. unvermischt, lauter, rein. 2. echt, unverfälscht.
merx, mercĭs *f.* Sache, Ding, Ware.
Mes *indecl. m.* (*hebr.* Masch) Mes, Sohn des Aram, Enkel Sems, dessen Nachkommen ein Gebirgsvolk in Kleinasien waren; *vgl.*: mons Masius, ὄρος Μάσιον masianisches Gebirge, nördlich von Nisībis (*Gen.* 10, 23).
Mesa *indecl. m.* (*hebr.*: Heil, Erlöser) Mesa 1. der erste Sohn Kalebs aus dem Stamme Juda. 2. König der Moabiter (878—840).
Meschĕdēnsĭs dĕcānātŭs Dekanat Meschede, *früher*: Erzdiözese Köln, *j.*: Diözese Paderborn.
Meselemia *indecl. m.* (*hebr.*: Jahwe vergilt) Meselemia, Levit u. Türhüter des Heiligtums, Nachkomme des Kaath.
Mesezebel *indecl. m.* (*aram.*: Gott hilft) Mesezebel, 1. Vater des Juden Phathahia, des Gesandten des Perserkönigs Artaxerxes (465—424). 2. Ahnherr des Juden Mosollam, der Jerusalem wieder erbauen half.
Mesizabel *indecl. m.* (*aram.*: Gott hilft) Mesizabel, ein Volkshaupt der Juden u. Mitbesiegler des nach dem Exil erneuerten Bundes.
Mesollam *indecl. m.* (*hebr.*: der bezahlte [Diener]? der Gottergebene [Muslim]?) Mesollam, ein Levit z. Z. des Esdras.
Mĕsŏpŏtămĭă, ae *f.* (Μεσοποταμία „Zwischenstromland") Mesopotamien, Landschaft zwischen Euphrat und Tigris.
Mesphar (1. *Esdr.* 2, 2) *wohl kein Eigenname,* sondern Mispar = „Zahl".
Mespharath (2. *Esdr.* 7, 7) *wohl kein Eigenname,* sondern Misperet = „Zahl".
Mesphe *indecl.* (*hebr.*: Mizpah = Warte) Maspha, St. Pal. (Benjamin), *s.* Maspha.
Mesraim (Misraim) *indecl.* die beiden Ägypten (Ober- u. Unterägypten) (1. *Mos.* 10, 6).
Messa *indecl.* (*hebr.*) Mescha, unbekannte Stadt in Südarabien (1. *Mos.* 10, 30).
Messa domus (4. *Richt.* 11, 6) *Text verderbt*: Schlögl verbessert: „in gewöhnlicher Ordnung"; Šanda: „hinter dem Hause Massach."
Messal *indecl. s.* Masal.
Messalemeth *indecl. f.* Messalemeth, Gattin des Königs Manasse von Juda (4. *Kön.* 21, 19).
Messānă, ae *f.* (Μεσσάνα) Messina, Hafenstadt auf Sizilien, *ca.* 100 000 Einw.; Erzbischofssitz (seit 12. Jhdt.; Bistum seit 6. Jhdt.); *dav.*: **Messānēnsĭs,** ĕ.
Messānĕn. (*C. R.*) *s.* Messana.
Messēnă, ae *f.* oder **Messēnē,** ēs *f.* (Μεσσήνη) Messene, Hauptst. v. Messenien, Landschaft im Südwesten des Peloponnes, Griechenland.
messĭānĭcŭs 3 messianisch.

Messīās, ae *m.* (*hebr.*: maschíach = Gesalbter) Messias = Christus (Χριστός).
messĭō, ōnĭs *f.* das Mähen (*Jer.* 51, 33).
messĭs, ĭs *f.* Ernte, Erntezeit.
messŏr, ōrĭs *m.* Mäher, Schnitter.
Messulam *indecl.* (*hebr.*: Jahwe vergilt) Messulam, Großvater des Saphan, Sekretärs des Königs Josias von Juda (4. *Kön.* 22, 3).
messŭī *pf.* zu mĕto.
met *Suffix* zur Verstärkung, z. B. ipsemet selbst; memet ich, suamet.
mētă, ae *f.* 1. Kegel, Pyramide. 2. Wendepunkt, Ziel, Ende; Grenze; metam ultimam tangĕre = das letzte Ziel erreichen.
Metabeel *indecl. m.* (*hebr.*: Gott wirkt Gutes) Metabeel, Großvater des Semaja, eines falschen Propheten z. Z. des Nehemias.
Mētae, ārŭm *f.* (Metis, Mettae, Mettis, Dividunum, Divodurum, Mediomatrĭcum) Metz, St. an der Mosel, Fkr. (Lothringen), *ca.* 60 000 Einw., Bischofssitz, exempt; *dav.*: **Met(t)ēnsĭs,** ĕ.
mĕtallĭcŭs 3 zum Metall gehörig, metallisch.
mĕtallĭfĕr, fĕră, fĕrŭm metallhaltig.
mĕtallĭfossŏr, ōrĭs *m.* Bergwerksarbeiter.
mĕtallŭm, ī *n.* (μέταλλον) 1. Metall. 2. Metallbergwerk, Grube, Schacht; ad metalla damnare zur Zwangsarbeit in den staatlichen Bergwerken verurteilen.
mĕtămorphōsĭs, ĭs *f.* (μεταμόρφωσις) Verwandlung der Gestalt.
mĕtăphŏră, ae *f.* (μεταφορά) Übertragung (translatio); Metapher, ein verkürztes Gleichnis mit Hinweglassen des Vergleichungsausdruckes, oft in übertreibender Redeweise.
mĕtăphŏrĭcē *adv.* vergleichsweise, metaphorisch, bildlich.
mĕtăphўsĭcă, ae *f.* (μεταφυσική) Metaphysik.
mĕtăphўsĭcŭs 3 metaphysisch.
Mētēn. (*C. R.*) *s.* Metae.
Methca *indecl.* (*hebr.*? Mitga) Methka, Lagerplatz der Israeliten in der Wüste.
S. Mĕthŏdĭŭs, ī *m.* hl. Methodius, Bisch. u. Mart. M., Bruder des hl. Cyrill, Apostel der Slawen, † 885, 7. Juli.
mĕthŏdŭs, ī *f.* (μέθοδος) Verfahrungsart, Methode.
Methusalem *indecl. m.* (*hebr.*: Metuschalach) *s.* Mathusala.
mētĭŏr, mēnsŭs sŭm 4 1. messen, ausmessen. 2. zumessen, zuteilen; *auch mit passivischer Bedeutung.*
Mētĭs, ĭs *f. s.* Metae.
mĕtō, messŭī, messŭm 3 1. abmähen, ernten. 2. abhauen, abschneiden.
mētŏr 1 abmessen, ausmessen.
mĕtrētă, ae *f.* (μετρητής) Maß für Flüssigkeiten, nach Durand und Tillmann = 22 $^1/_4$ l, nach Kalt 36 l.
Metri *indecl.* Stammvater einer Familie aus dem Stamme Benjamin, zu der Saul gehörte, der Matriten.
mĕtrĭcŭs 3 zum Maß gehörig; metrisch.
mētrŏpŏlĭs ĭs *f.* (μητρόπολις) Hauptstadt, *bes.*: erste Stadt einer Kirchenprovinz.
mētrŏpŏlītă, ae *m.* (μητροπολίτης) Metropolit, kirchlicher Würdenträger; meist Erzbischof in einer Hauptstadt.
mētrŏpŏlītānŭs 3 zu einer Metropole, einem Erzbistum gehörig; *auch als subst. soviel wie* **mētrŏpŏlīta.**
S. Mētrŏpŏlŭs, ī *m.* hl. Metropolus, Mart. *und* Bisch., († im 4. Jhdt.); 8. Oktober.
metrŭm, ī *n.* 1. das Maß, Meter. 2. der Vers.
Mettae, ārŭm *f. s.* Metae.
Mettenēnsĕ mŏnastērĭŭm, ī *n.* Metten, Pfarrdorf mit Benediktinerkloster bei Deggendorf am linken Ufer der Donau, Bayern (Niederbayern), vom sel. Utto z. Z. Karls des Großen gegründet.
Mettĭs, ĭs *f. s.* Metae.
mĕtŭō, ŭī 3 fürchten, bange sein; befürchten.
mĕtŭs, ūs *m.* Furcht, Besorgnis; Scheu, Ehrfurcht.
Mētymnă Campī Medīna del Campo, St. l. am Zapardiel (zum Duero), Spanien (Valladolid), *ca.* 6000 Einw.
mĕŭs 3 mein; mĕă, ōrŭm *n.* das Meinige, meine Habe.
Mexĭcān. (*C. R.*) *s.* Mexicopolis.
Mexĭcānŭs 3 mexikanisch, aus Mexiko.
Mexĭcŏpŏlĭs, ĭs *f.* Mexiko, Hauptst. von Mexiko in Mittelamerika, *ca* 550 000 Einw., Erzbischofssitz (seit 1546; Bistum seit 1530); *dav.*: **Mexĭcŏpŏlītānŭs** 3 *u.* **Mexĭcānŭs** 3.
Mexĭcŭm, ī *n.* Mexiko, Mittelamerika.
Mexĭcŭs 3 mexikanisch, aus Mexiko.
Meza *indecl. m.* (*hebr.*?) Meza, ein Stammfürst der Edomiter, Sohn des Rahuel u. Enkel Esaus.
Mezaab *indecl. f.* (*hebr.*: Goldwasser) Mezaab, Großmutter der Edomiterkönigin Meetabel.
M. F. S. = Missionarii S. Francisci Salesii de Annecy Missionare v. hl. Franz v. Sales, gegr. 1838.
M. J. = Missionarii S. Josephi (Mexico) Josephiten, gegr. 1872.

mi *indecl.* die dritte Note des Hexachords bei den Romanen, unser e in der C-dur-Tonleiter.

Miiamin *indecl. m.* (*hebr.*: von der Rechten) Mijamin, 1. ein Jude, der sein fremdes Weib entlassen mußte. 2. ein jüdischer Priester, der mit Zorobabel aus dem babyl. Exil zurückkehrte. 3. jüdischer Priester u. Familienhaupt z. Z. des Hohenpriesters Joakim. 4. jüdischer Priester, Mitbesiegler des erneuerten Bundes; beteiligt bei Einweihung des nachexilischen Jerusalem. 5. jüdischer Priester, nach welchem die sechste jüdische Priesterklasse benannt wurde.

Mibahar *indecl. m.* (*hebr.*: Auswahl) Mibahar, ein Offizier Davids, Sohn des Agarai.

mīcă, ae *f.* Körnchen, Krümchen; mica panis Brosame.

Micha *indecl. m.* (*hebr.*) Micha, mehrere Israeliten, 1. ein Nachkomme Sauls, Sohn des Miphiboseth. 2. Vater Achobors (Abdons). 3. Sohn Semeis aus dem Stamme Ruben. 4. ein Levit, Sohn des Zechri. 5. ein Levit, Nachkomme des Oziel. 6. Vater des Ozias, eines Vorstehers von Bethulia. 7. ein Levit, Mitbesiegler das nachexilischen Bundes.

Michaea *indecl. m.* (*hebr.*: wer ist wie Jahwe? *gräzisiert*: Michaeas) Michäas, 1. ein Prophet aus dem Stamme Ephraim, Sohn des Iemla z. Z. des Königs Achab von Israel. 2. M. aus Morasthi im Stamme Juda, einer der kleinen Propheten, Verfasser des gleichnamigen Buches im Alten Testamente z. Z. der Könige Joathan, Achaz u. Ezechias. 3. ein Israelit z. Z. des Propheten Jeremias, Sohn des Gamarias.

Michaeas, ae *m.* *s.* Michaea.

S. Michaël, ēlĭs *m.* (*hebr.*: wer ist wie Gott?) hl. Michael, Erzengel; Hauptfest: 29. September; Fest seiner Erscheinung: 8. Mai.

1. Michaël, ēlĭs *m.* (*hebr.*: wer ist wie Gott?) Michael, mehrere Israeliten, 1. Vater Sethurs aus dem Stamme Aser. 2. einer aus dem Stamme Gad. 3. Sohn Basajas aus dem Stamme Levi. 4. Sohn Izrahias aus dem Stamme Issachar. 5. Sohn des Baria aus dem Stamme Benjamin. 6. ein Fürst aus dem Stamme Manasse, ein Freund Davids. 7. ein Fürst aus dem Stamme Issachar, Vater des Amri. 8. ein Sohn des Königs Josaphat von Juda. 9. ein Jude, Vater des Zebedias.

2. **Michaël,** ēlĭs *m.* Michael, Titularerzbischof von Karthago, päpstlicher Nuntius (19. Jhdt.) (*Propr. v. Köln,* 28. Sept.).

S. Michaël de Sanctis hl. Michael von den Heiligen, Bek. aus dem Trinitarierorden, † 1625, 5. Juli.

B. Michaël Carvalho et soc. *m.* sel. Michael Carvalho u. Gef., Mart. († 1624).

Michael Carvalho war zu Braga in Portugal geboren. Den noch nicht Zwanzigjährigen nahm die Gesellschaft Jesu auf. Sehnsucht nach den Missionen erfüllte ihn ganz. Seitdem er in Japan weilte, brachte er den Rest seines Lebens unter beständigen Bedrängnissen seiner Verfolger und unter häuslichen Beschwernissen zu. Während er nichts unterließ, um Christen und Heiden zu helfen, wurde er von einem Häscher auf der Insel Amakusa entdeckt und zum Statthalter gebracht; von diesem in den Kerker geworfen, ertrug er dauernd alle Widerwärtigkeiten nicht bloß mit Gleichmut, sondern heiteren Sinnes, ja er vermehrte die Leiden noch durch freiwillige Züchtigungen des Leibes. Ebenso verschärfte er die Hungerqualen durch anstrengende Gebetsübungen, indem er fast immer das Herz zu Gott emporgerichtet hielt. Im gleichen Kerker wurden drei andere Priester aus verschiedenen Orden und ein Laie festgehalten. Alle wurden zum Feuertode verurteilt. Als sie dem Scheiterhaufen gegenüberstanden, richtete Michael an die zusammengedrängte Volksmenge einige Worte, wobei er sich freimütig als Diener Christi bekannte und den Heiden das ewige Verderben in Aussicht stellte, wenn sie nicht den christlichen Glauben annehmen würden. — Im nämlichen Jahre und durch die gleiche Todesart fiel Caius, ein Koreaner und Katechist der Gesellschaft Jesu, dem Hasse des christlichen Glaubens zum Opfer. Er wurde von Soldaten des Kaisers Taikosama nach Japan gebracht, empfing im fremden Lande das Licht des Evangeliums. Schon lange hatte er sich als einzigen Lebenszweck erkoren, in den Missionen zu helfen. Zuletzt wurde er in den Kerker geworfen. Als Schmeicheleien und Drohungen nichts fruchteten, wurde er zum Tode geführt. — 25. August (Ges. Jes.).

B. Michaël Chinosei, japanischer Martyrer aus dem dritten Orden des hl. Augustinus, † 1630, *s.* Joannes Chocumbuco.

B. Michaël Nacaxīma *m.* sel. Michael Nakaxima, Mart. in Japan, *s.* B. Thomas Tzugi.

B. Michaël Tozo *m.* sel. Michael Tozo, Mart. in Japan, *s.* B. Franciscus Pacheco.

Michaia *indecl. f.* (*hebr.*: wer ist wie Jahwe?) Michaja, Tochter Uriels von Gabaa, Mutter des Abia, des Königs von Juda (2. *Par.* 13, 2) Maacha, Tochter Abessaloms (3. *Kön.* 15, 2).

Michaias, ae *m.* (*hebr.*: wer ist wie Jahwe) Michajas, Ahnherr des jüdischen Priesters Zacharias, eines Trompetenbläsers bei der Mauereinweihung des nachexilischen Jerusalems.

Michas, ae *m.* (*gräzisiert* = *hebr.*: Micha) Michas, ein götzendienerischer Israelit vom Gebirge Ephraim zur Zeit der Richter.

Michea *indecl. m.* (*hebr.*: wer ist wie Jahwe?) Michea, jüdischer Priester, Trompetenbläser bei der Mauereinweihung Jerusalems.

Michol *indecl. f.* (*hebr.*: Mikal) Michol, Tochter Sauls, Gattin Davids.

mĭcō 1 zucken, zittern; blinken, funkeln.

Micro-Pragă, ae *f.* Klein-Prag (Böhmen).

mīcŭlă, ae *f.* Krümchen.

Midae. ārŭm *f.* (Media Villa) Meath, Grafschaft in Ostirland (Leinster); Bistum (seit 552), Sitz in Mullingar, Suffr. v. Armagh; *dav.*: **Midēnsĭs**, ĕ.

Midēn. (*C. R.*) *s.* Midae.

mīgmă ătĭs *n.* (μῖγμα) Gemisch; commistum migma gemischtes Futter.

migrātĭō, ōnĭs *f.* Auszug, Wanderung.

migrō 1 wandern, auswandern, wegziehen.

mĭhimĕt *Verstärkung von mihi*: mir selbst.

M. J. L. = Missionarii B. M. Immaculatae de Lourdes, Missionare von Lourdes, gegr. 1856.

mīlĕ *s.* mille.

mīlĕs, ĭtĭs *m.* Soldat, Streiter, Krieger.

Mīlēsĭŭs 3 (Μιλήσιος) von Milet.

Mīlētānŭs, ī *m.* Bewohner von Milet, *s.* Miletum.

Mīlētēn. (*C. R.*) *s.* Miletum.

Mīlētŭm, ī *n.* Mileto (Mileto Calabro), St., It. (Catanzaro), *ca.* 3500 Einw.; Bischofssitz (seit 11. Jhdt.), exempt; *dav.*: **Mīlētēnsĭs**, ĕ.

Mīlētŭs, ī *f.* (Μίλητος) Milet, ehem. Hafenst. an der Mündung des Mäander in Kleinasien (Ionien), *j.*: das türkische Dorf Palatia; *dav.*: **Mīlēsĭŭs** 3 *und* **Mīlētānŭs**, ī *m.* Einw. von Milet.

Mīlēvĭs, ĭs *f. s.* Milevum.

Mīlēvĭtānŭs 3 *s.* Milevum.

Mīlēvŭm, ī *n.* (Milevis, Millevis) Mileve in Numidien, *j.*: Milah, St. in Algerien; *dav.*: **Mīlēvĭtānŭs** 3.

mīlĭă *s.* mille.

Milicho *indecl. m.* (*hebr. richtig*: Malkija = Jahwe ist König) Milicho, jüdischer Priester, nach welchem eine Priesterklasse benannt ist (Melchia).

mīlĭēs *s.* millies.

mīlĭtārĭs, ĕ kriegerisch, soldatisch, militärisch.

mīlĭtĭă, ae *f.* Dienst, Kriegsdienst; militiarum regulares Ordensritter; militiarum exercitus Heerscharen; militia clericālis Priesterstand.

mīlĭtō 1 Kriegsdienste tun, streiten, kämpfen.

Mīlĭtōnēnsĭs rĕgĭō, ōnĭs *f.* Gegend des heutigen Orléans (Fkr.).

mĭlĭŭm, ī *n.* (μελίνη) Hirse (*Ez.* 4, 9).

mīlle (mile) tausend; *pl.*: millĭă u. mīlĭă, ium *n.* Tausende.

Millēdūnŭm, ī *n. s.* Melodūnum.

mīllēnārĭŭm, ī *n.* Jahrtausend; *übtr.*: das 1000jährige Reich (Christi) auf Erden.

1. **mīllēnārĭŭs** 3 (milliarius) tausend enthaltend; **nŭmĕrŭs mīllēnārĭŭs**: die Zahl tausend.

2. **mīllēnārĭŭs**, ī *m.* Chiliast, Anhänger des Chiliasmus, jener Meinung, daß Christus vor dem Ende der Welt ein tausendjähriges Reich auf Erden errichten würde.

mīllēnī 3 je tausend (2. *Kön.* 18, 4; *Num.* 31, 5); *übtr.*: tausende, unzählige.

millennĭŭm, *n.* Jahrtausend.

mīllēsĭmŭs 3 der tausendste.

mīllĭă *s.* mille.

mīllĭārĭŭm, ī *n.* 1. Meile. 2. Meilenstein.

mīllĭārĭŭs 3 *s.* millenarius.

mīllĭēs (milies) *adv.* tausendmal; unzähligemal.

mīlŭŭs, ī *m.* (milous, milvus) Gabelweihe; Taubenfalke; Hühnergeier.

mīlŏŭs, ī *m. s.* miluus.

Milwauchĭă, ae *f.* Milwaukee, St. am Michigansee, Nordamerika (Wisconsin), *ca.* 300 000 Einw.; Erzbischofssitz (seit 1875, Bistum seit 1843); *dav.*: **Milvauchĭēnsĭs**, ĕ.

Milwauchĭēn. (*C. R.*) *s.* Milwauchia.

mīmă, ae *f.* Mimenspielerin, Komödiantin, Schauspielerin.

Mimatēn. (*C. R.*) *s.* Mimatum.

Mimatŭm, ī *n.* Mende, St. am Lot, Fkr. (Lozère), *ca.* 6100 Einw.; Bischofssitz (seit 3. Jhdt.), Suffr. v. Albi; *dav.*: **Mimatēnsĭs**, ĕ.

mīmĭcŭs 3 (μιμικός) schauspielerisch; affektiert.

Mimidă, ae *f.* (Minda) Minden, St. l. an der Weser, Preußen (Westfalen), *ca.* 25 000 Einw.; *früher* Bischofssitz.

Mimigardefordŭm, ī *n. s.* Mimigerneford.

Mimigerneford *indecl.* (Mimigardefordum) (*entstanden aus*: Mimigernavorde) germanische Niederlassung an der Stelle des heutigen Münster in Westfalen.

mīmŭs, ī *m* (μῖμος) Schauspieler.

mĭnă, ae f. (μνᾶ) Mine, griech. Münze, der 60. Teil eines Talents; 1 Mine = 100 Drachmen oder 100 römische Denare oder 100 Schekel, *ca.* 78 M. (3. *Kön.* 10, 17).

mĭnācĭtĕr *adv.* von minax.

mĭnae, ārŭm *f.* Zinnen; *übtr.*: Drohungen.

mĭnātĭō, ōnĭs *f.* Drohung.

mĭnātŏr, ōrĭs *m.* Bedroher.

Minave *indecl.* ein Dynastie in Spanien.

mĭnāx, ācĭs drohend ,voller Drohungen.
Mincĭŭs, ī *m.* Mincio, linker Nebenfluß des Po, Abfluß des Gardasees, Oberitalien.
Mindă, ae *f.* Stadt Minden; *dav.*: **Mindēnsĭs,** ĕ, *s.* Mimida.
Mindonĭă, ae *f.* Mondonedo, St. Spanien (Lugo), *ca.* 10 000 Einw.; Bischofssitz (seit 1114), Suffr. v. Compostela; *dav.*: **Mindonĭēnsĭs,** ĕ.
Mindonĭēn. (*C. R.*) *s.* Mindonia.
S. Mĭnĕrĭŭs, ī *m.* hl. Minerius, Mart. † um 300, 14. November.
mingō, mīnxī, mīnctŭm u. mictŭm 3 harnen.
S. Minĭās, ātĭs *m.* hl. Minias, Mart. in Florenz (3. Jhdt.).
S. Minĭātī (*C. R.*) *s.* Miniatum.
S. Minĭātī ăd Tedescŭm cīvĭtās *oder* **fānŭm** *s.* Miniatum.
Minĭātŭm, ī *n.* San Miniato (San Miniato al Tedesco), St., l. von Elsa u. Arno, It. (Florenz), *ca.* 2600 Einw.; Bischofssitz (seit 1622), Suffr. v. Florenz.
mĭnĭmē, mĭnĭmŭs *s.* parum, parvus.
Mĭnĭmī, ōrŭm *m.* die Minimen, d. h. die Geringsten, ein von hl. Franz von Paula i. Jahre 1435 gestifteter Orden.
mĭnistĕr, trī *m.* 1. Diener, Gehilfe, Helfer, *bes.*: Meßdiener. 2. Diener, Verwalter, Ausspender: minister sacramentorum Spender der hl. Sakramente. 3. minister ordinis Provinzialoberer eines Ordens.
mĭnistĕrĭālēs, ĭŭm *m.* Beamte, freie deutsche Dienstmannen mit besonderen Pflichten und Vorrechten.
mĭnistĕrĭālĭs, ĕ dienstlich, zu einem Amt gehörig; Amts-.
mĭnistĕrĭŭm, ī *n.* 1. Dienstleistung, Bedienung; Hilfe, Beistand. 2. der Dienst am Altare und in der Kirche; *bes.*: das Lesen der hl. Messe, das Amt des Meßdieners, überhaupt Kirchenamt; *auch*: Apostelamt, Predigeramt. 3. minist. quotidianum: die tägliche Ausspendung der Liebesgaben. 4. *das, was dienstpflichtig ist*: Dienerschaft. 5. Tafelgeschirr (1. *Mach.* 11, 58).
mĭnistră, ae *f.* Dienerin.
mĭnistrātĭō, ōnĭs *f.* Dienst, Bedienung, *bes.*: kirchliches Amt.
mĭnistrātŏr, ōrĭs *m.* Diener, Bediener.
mĭnistrātrīx, īcĭs *f.* Dienerin, Gehilfin.
mĭnistrātōrĭŭs 3 zur Bedienung gehörig.
mĭnistrō 1 1. bedienen, aufwarten. 2. auftragen, darreichen, verschaffen. 3. die hl. Messe lesen u. dienen; sacramentum ministrare die hl. Kommunion austeilen oder darreichen; spenden (*C. j. c.* 239 § 1, 23°).
mĭnistrŭm, ī *n.* Dienst; in ministra (*acc. n. pl.*) gratiae vertere zu Gnadendiensten wenden (*Hymn. Mat. Fest. Lanceae et clavorum*).
mĭnĭtŏr 1 (*vgl.*: 1. minor) drohen.
mĭnō 1 antreiben, forttreiben.
1. **mĭnŏr** 1 emporragen; *übtr.*: drohen, bedrohen.
2. **mĭnŏr,** ōrĭs (*compar. zu* parvus) 1. weniger. 2. minderjährig, minorenn (noch nicht 21 Jahre alt).
mĭnōrātĭō, ōnĭs *f.* Erniedrigung, Schande.
Mĭnōrēs, ŭm *m.* 1. die Minderbrüder, Franziskaner. 2. die vier niederen Weihen (Ostiariat, Lektorat, Exorzistat, Akolythat).
Mĭnōrĭcă, ae *f.* Minorca (Menorca), die zweitgrößte Baleareninsel im Mittelmeere, östlich von Spanien; Bistum (seit 5. Jhdt.), Sitz in Mahón, Suffr. v. Valencia; *dav.*: **Mĭnōrĭcēnsĭs,** ĕ.
Mĭnōrĭcēn. (*C. R.*) *s.* Minorica.
Mĭnōrĭpŏlōnĭă, ae *f.* Kleinpolen.
Mĭnōris(s)ă, ae *f.* Manresa, St., Spanien (Katalonien); *ca.* 23000 Einw.
Mĭnōrĭtae, ārŭm *m.* die Minoriten, *ein Zweig des Franziskanerordens, auch Bezeichnung für den ganzen Orden*; *dav.*: **Mĭnōrĭtĭcŭs** 3.
mĭnōristă, ae *m.* Minorist, *d. h.* jemand, der die niederen Weihen empfangen hat.
Mĭnōrĭtĭcŭs 3 zu den Minoriten (Franziskanern) gehörig.
mĭnōrō 1 verringern, vermindern; *pass.*: Mangel leiden.
Minscēn. (*C. R.*) *s.* Minskia.
Minskĭă, ae *f.* Minsk, St. an der Beresina, Polen, *ca.* 100 000 Einw.; Bistum, Suffr. v. Mohilew.; *dav.*: **Minscēnsĭs,** ĕ.
mĭnŭātĭm *adv. s.* minutatim.
Mĭnŭcĭŭs Fēlīx *m.* Minucius Felix, christlicher Glaubensverteidiger im 2. Jhdt.
Mĭnŭcĭŭs Rūfŭs, ī *m.* Minucius Rufus, Präfekt von Rom unter Kaiser Domitian.
mĭnŭō, ŭī, ūtŭm 3 1. kleiner machen, vermindern, verkleinern. 2. beschränken, schmälern. 3. se minuere oder *pass.*: kleiner werden, abnehmen; *pass. auch*: Mangel haben, entbehren.
mĭnŭs *s.* parvus.
mĭnuscŭlae, ārŭm *f.* (*scil.*: litterae) kleine Buchstaben.
mĭnuscŭlŭs 3 etwas klein; etwas kleiner, mit kleinen Buchstaben geschrieben.
mĭnūtātĭm *adv.* (minuatim) stückweise.
mĭnūtĭă, ae *f.* Kleinheit.
mĭnūtĭm *adv.* in kleine Stücke: concīdere.

mĭnūtĭō, ōnĭs *f.* Verminderung.
mĭnūtŭm, ī *n.* 1. die Kleinigkeit, das Bißchen. 2. kleine Münze, Heller, Pfennig (*Luk.* 12, 19, *Mark.* 12, 42). 3. die Minute.
mĭnūtŭs 3 1. klein, winzig. 2. unbedeutend, kleinlich.
Miphiboseth *indecl. m.* (*hebr. ursprünglich*: Miphibaal: aus dem Munde Baals; später wurde boschet „Schande" für „Baal" eingesetzt) Miphiboseth, 1. ein Sohn Sauls. 2. ein Sohn Jonathans u. Enkel Sauls.
mīrābĭlĭs, ĕ wunderbar, bewundernswert; außerordentlich; erstaunlich; *n. pl. subst.* Wunderwerke.
mīrābĭlĭtās, ātĭs *f.* Wunderbarkeit, Seltsamkeit.
mīrācŭlōsŭs 3 wundervoll, wunderreich.
mīrācŭlŭm, ī *n.* Wunder.
Mīrăcūrĭă, ae *f. s.* Mercurii curtis.
Mīrămōlīnŭs, ī *m.* Miramolin, ein König von Marokko um 1200.
Mīrandă, ae *f.* Miranda, St., Portugal, Bistum (von 1545—1770, übertragen nach Braganza in Portugal); *dav.*: **Mīrandēnsĭs,** ĕ.
Mīrandēn. (*C. R.*) *s.* Miranda.
Mīrandŭlă, ae *f.* Mirandola, St., It. (Modena), *ca.* 14 000 Einw.
mīrandŭs 3 bewundernswert; wunderbar.
mīrātĭō, ōnĭs *f.* Bewunderung.
mīrātŏr, ōrĭs *m.* Bewunderer.
mīrātrīx, īcĭs *f.* Bewunderin.
Mīrĕcūrĭă, ae *f. s.* Mercurii curtis.
Mīrīcă, ae *f.* die Lüneburger Heide in Preußen (Hannover).
mīrĭfĭcō 1 1. wunderbar machen, Wunder wirken. 2. wunderbar verherrlichen, rühmen; 3. wunderbarlich zeigen (*Ps.* 15, 3; 16, 7; 30, 22).
mīrĭfĭcŭs 3 wunderbar.
mīrŏr 1 1. sich wundern, bestaunen, bewundern. 2. verehren.
mīrŭs 3 wunderbar, bewundernswert, erstaunlich.
Misaam *indecl. m.* (*hebr.*?) Misaam, ein Israelit aus dem Stamme Benjamin, Sohn des Eliphaal.
Misach *indecl. m.* (*babyl.*; *verstümmelt aus*: Mi-sa-Aku: wer ist wie Aku (Marduk)? *babyl. Name für* Misael; *s. das Wort.*
Misaël *indecl. m.* (wer ist wie Gott) Misael 1. Gefährte Daniels am babylonischen Hofe, einer der drei Jünglinge im Feuerofen. 2. ein Israelit, Sohn Oziels. 3. ein Levit bei der ersten nachexilischen Gesetzesverlesung.
Miscă, ae *m.* Miska, ein Herzog von Polen (11. Jhdt.).
mīscellānĕă, ōrŭm *m.* Speisengemisch.
mīscellānĕŭs 3 gemischt.
mīscĕō, mīscŭī, mīstŭm *u.* mīxtŭm 2 1. mischen, mengen. 2. vermischen, vereinigen; **se miscere** sich verheiraten. 3. verwirren, in Unordnung bringen.
mĭsellŭs 3 ganz unglücklich, elend, gar erbärmlich.
Misĕnă, ae *f. s.* Misna.
mĭsĕr, ĕră, ĕrŭm 1. elend, unglücklich, beklagenswert. 2. erbärmlich, verworfen, nichtswürdig.
mĭsĕrābĭlĭs, ĕ 1. beklagenswert, kläglich. 2. jammernd.
mĭsĕrandŭs 3 bejammernswert.
mĭsĕrātĭō, ōnĭs *f.* Mitleid, Erbarmung.
mĭsĕrātŏr, ōrĭs *m.* Erbarmer.
mĭsĕrĕŏr, sĕrĭtŭs u. **mĭsertŭs,** sŭm 2 1. Mitleid fühlen, sich erbarmen; begnadigen; (de; *Ps.* 118, 29). 2. *auch pass.*: verschont werden; das Objekt steht meist im *dat.*: miserēre nobis.
mĭsĕrĕt, *unpers.*: es jammert, es dauert mich.
mĭsĕrĭă, ae *f.* Elend, Unglück, Not.
mĭsĕrĭcordĭă, ae *f.* 1. Mitleid, Mitgefühl, Barmherzigkeit, Huld (*Ps.* 91, 11); *pl.*: Gnadenerweise. 2. Handhabe an dem Sitze der Chorstühle (zum Stützen).
mĭsĕrĭcors, cordis mitleidig, barmherzig.
mĭsĕrŏr 1 Mitleid haben, beklagen, bejammern.
Misnă, ae *f.* (Misnia, Misena) Meißen, St. Sachsen (Dresden), seit 1919 wieder Bistum; *dav.*: **Misnĭēnsĭs,** ĕ.
Misnĭēnsĭs marchĭă *f. s.* Misnia.
Misnĭă, ae *f.* (Misniensis marchia) die ehem. Mark Meißen in Sachsen.
Misor *indecl. Jos.* 21, 36 *Einschub der Septuaginta*; *das hebr. Wort*: mischor *bedeutet* „Ebene"; *sonst ist richtig* Bosor (*hebr.*: Besser) *gemeint*, *s.* Bosor.
Misphat *indecl.* (*hebr.*: En-Misphat-Quelle des Gerichtes, der Entscheidung) ein Ort, der später Kades hieß; *s.* Cades (*Gen.* 14, 7).
Missă, ae *f.* Messe, Meßopfer; wahrscheinlich von dem vulgärlateinischen Worte missa = dimissio Entlassung der Taufbewerber vor dem Offertorium; weil nach der Entlassung der Katechumenen mit der Opferung das eigentliche geheimnisvolle Opfer der „hl. Messe" begann, wurde der Aufruf des Diakons an die Katechumenen: „ite! missa est = Geht! es ist Entlassung" in anderem Sinne auf die Fortsetzung der gottesdienstlichen Feier angewendet: missa est die „Messe" ist. — Das Ite, missa est! am Schlusse der hl. Opferfeier

hatte solange noch einen Sinn, als kein letztes Evangelium vorgeschrieben war u. die Gläubigen tatsächlich entlassen wurden. Einen würdigen Abschluß bildet das „Benedicamus Domino", ein dankbarer Lobpreis Gottes für das gnadenvolle Opfer. — Missa adventitia: eine von den Gläubigen durch Manualstipendium bestellte Messe (Gegensatz: gestiftete Messe); missa animarum Seelenmesse, Totenmesse (m. pro defunctis); missa cantata: eine vom Priester u. Chor gesungene Messe, ein einfaches Amt (ohne Leviten); missa conventualis Konventsmesse, die für ein Stiftskapitel u. für Klostergemeinden vorgeschriebene Tagesmesse, welcher die Mitglieder des Stiftes oder Klosters in ihrer Gesamtheit beizuwohnen haben; missa exsequialis die für einen Verstorbenen anläßlich seiner Beerdigung stattfindende Meßopferfeier; missa ferialis die Ferialmesse, welche nach dem Meßformulare des Wochentages gelesen wird u. nicht von einem Feste oder zu Ehren eines Heiligen ist; missa fidelium die Messe der Gläubigen, die Messe von der Opferung bis zum Schlusse, welcher nur die Getauften, *d. h.* die Gläubigen, beiwohnen durften, im Gegensatze zur missa catechumenorum der Vormesse vom Beginn bis zum Schlusse des (ersten) Evangeliums, welcher auch die erwachsenen Taufbewerber anwohnen durften; missa fundata gestiftete Messe, Stiftmesse; missa lecta eine stille Messe, bei welcher die Meßgebete vom Priester nur gelesen, nicht gesungen werden; missa maior die Hauptmesse in einer Kirche, in welcher mehrere auch als Frühmessen oder Spätmessen gelesen werden; missa nova die erste, die Primizmesse eines neugeweihten Priesters; missa nuptialis die bei Eheschließungen dem Meßformular pro sponsis entsprechende, mit dem Brautsegen verbundene Hochzeitsmesse; missa parochialis die Pfarrmesse, die pflichtgemäß vom Pfarrer oder dessen Vertreter an gebotenen Feiertagen u. an allen Sonntagen, zum Teil auch an ehemaligen Feiertagen, für die Pfarrangehörigen aufgeopfert werden muß; die Gläubigen sollen zwar dieser Pfarrmesse, welche gewöhnlich die Hauptmesse oder das Hochamt ist, beiwohnen, können aber ihrer Pflicht durch Anhören jeder anderen hl. Messe genügen; missa pontificalis Pontifikalmesse, eine vom Papste oder Bischofe in feierlicher Weise unter Assistenz gelesene Messe; missa praesanctificatorum Messe des „Vorgeweihten" (*λειτουργία τῶν προηγιασμένων* kirchliche Feier des Vorgeweihten), *d. i.* der Schlußteil der Karfreitagszeremonien, ein teilweise der Meßliturgie nachgebildeter Ritus ohne Opferung u. Wandlung, wobei der Priester eine am Gründonnerstag konsekrier e hl. Hostie bei der Kommunion in feierlicher Weise empfängt; bei den Griechen ist diese *λειτουργία τ. πρ.* auch an jedem Mittwoch u. Freitag der Fastenzeit sowie an den ersten drei Tagen der Karwoche u. an einigen, in die Fastenzeit fallenden Festen üblich, früher wurde sie an jedem Werktage der Fastenzeit mit Ausnahme des Tages, auf den das Fest Mariä Verkündigung traf, gefeiert; missa privata Privatmesse, jede stille hl. Messe, die nicht Pfarr- oder Konventsmesse ist und die ohne öffentliche Verkündigung gelesen wird (*C. j. c*, 2262, § 2, 2º); missa quotidiana eine nicht privilegierte Totenmesse, die an allen Tagen vom ritus semiduplex abwärts an gelesen werden darf (mit Ausnahme der Fastenzeit u. der Vigilien), wofür das letzte Formular der Missae pro defunctis zu nehmen ist; missa de Requie eine Messe für Verstorbene nach dem Meßformular der eigenen Totenmessen; missa secreta Stillmesse, d. i. jener Teil der hl. Messe vom Ende des Sanktusgebets bis zum Paternoster (oder zur Kommunion), der ganz still gebetet werden muß; missa sicca trockene Messe, eine verstümmelte Messe ohne die drei Hauptteile u. ohne Kanon, vom 9.—16. Jhdt in Frankreich, teilweise auch in Deutschland in Gebrauch auf Schiffen, bei Jagden u. dgl.; missa solemnis feierliches levitiertes Hochamt; die vom Bischof oder einem vom Apostolischen Stuhl dazu ermächtigten Prälaten nach den Vorschriften des römischen Caeremoniale gehaltene missa solemnis heißt Pontifikalamt; missa votiva Votivmesse, eine Messe, die nicht nach dem Formulare des Tages oder des Festes, sondern in einem besonderen Anliegen, zu einem besondern Zwecke unter Benutzung eines entsprechenden Meßformulars gefeiert wird; missa commendata: eine Messe, die neben der Tagesmesse zu Ehren eines Heiligen gelesen wird, der im Brevier nur „kommemoriert" wird — *oder* zu Ehren einer Vigil oder Feria, die durch ein einfallendes Fest verdrängt ist; missa matutinalis: eine Frühmesse, die in manchen Orden am festum duplex und aufwärts vor der missa conventualis gelesen wird.

missae, ārŭm, *f.* längere Schlußgebete (in einigen Orden) am Ende des Breviergebetes.

missālĕ, ĭs *n.* das Meßbuch.

missīlĕ, ĭs *n.* Geschoß (Wurfspieß, Pfeil . . .).

missĭō, ōnĭs *f.* 1. Freilassung, Dienstentlassung, Abschied. 2. Missions-, Bekehrungswerk unter den Heiden; die Mission, Volksmission. 3. missio canonica kirchenrechtliche Sendung (Lehrauftrag für Religionsunterrichtserteilung u. a.).

Missĭōnārĭī S. Josephi *m.* Josephiten, Missionare (in Mexiko).

Missĭōnārĭī Afrĭcae *m.* Weiße Väter (Pères Blancs).

missĭōnārĭŭs, ī *m.* Missionar, Glaubensbote; missionarius auxiliarius Hilfsmissionar.

Missĭōnēs Septentrĭōnālēs Germānĭae *f.* das apostolische Vikariat der nördlichen Missionen Deutschlands, das dem Bischofe von Osnabrück übertragen ist und folgende Gebiete umfaßt.: Hamburg, Bremen, Lübeck, Eutin in Oldenburg, beide Mecklenburg, Schaumburg-Lippe und Helgoland.

Missĭōnĭs Congrĕgātĭō *f.* Lazaristen.

Missĭōnŭm Pĭă Sŏcĭētās *f.* 1. Pallottiner, kirchl. Genossenschaft, gegr. 1835 zu Rom von Vinzenz Pallotti (†1850). 2. Pallottinerinnen; sie haben Häuser in Italien u. Deutschland und stehen unter bischöflicher Jurisdiktion.

missŏr, ōrĭs *m.* der Abschießer, Schütze.

missŭs, ūs *m.* 1. Sendung, Auftrag. 2. Wurf, Schuß.

mīstŭm, ī *n.* (mixtum) Mischwein, Würzwein (*Ps.* 74, 9).

mīstūră, ae *f.* (mixtura) Vermischung.

mītĕ *adv.* sanft, gelind.

Mitāvĭă, ae *f.* Mitau, St., Kurland; *ca.* 35000 Einw.; 1784 wurde dort ein Jesuitenkolleg gegründet.

mītēscō 3 mild werden, erweicht werden, Erbarmen fühlen.

Mithrās, ae *m.* (*Μίϑρας*, *Μίϑρης*) Mithras, eine persische Gottheit, die zur Sonne in Beziehung stehen sollte; ursprünglich den hellen Äther oder lichten Tag bezeichnend, später identisch mit dem Sonnengott; *dav.*: **Mithrĭăcŭs** 3 zu Mithras gehörig.

1. **Mithrĭdātēs,** ĭs *m.* (*Μιϑριδάτης*) Name von pontischen, parthischen u. armenischen Königen: 1. Mithridates I., König von Parthien (174—136). 2. Mithridates V. Euergetes, König v. Pontus (150—120). 3. Mithridates VI. Eupator Dionysios der Große, König von Pontus (120—63).

2. **Mithrĭdātēs,** ĭs *m.* Mithridates 1. Sohn des persischen Schatzmeisters z. Z. des Kyros, der durch diesen die Tempelschätze an die Juden übergab. 2. ein Feind der Juden, der einen Klagebrief an den Perserkönig Artaxerxes schrieb.

mītĭgātĭō, ōnĭs *f.* Milderung, Besänftigung.

mītĭgō 1 mild machen, lindern; *auch*: Ruhe verschaffen (*Ps.* 93, 13).

mītĭs, ĕ mild, gnädig, sanft, geduldig, gelinde, süß.

mĭtră, ae *f.* (*μίτρα*) Kopfbinde, *bes.*: Bischofshaube, Mitra, Kopfbedeckung der Bischöfe u. infulierten Prälaten bei Vornahme liturgischer Funktionen. Man unterscheidet:

Mitra simplex, von einfachem Stoffe, Damast oder Leinen, meistens weiß.

mitra auriphrygiata, aus Gold- oder Silberbrokat, aber ohne Edelsteine u. Verzierung.

mitra pretiosa aus seidenem oder goldgewirktem Stoff mit Steinen u. Verzierungen.

mĭtrātŭs 3 mit einer Mitra geschmückt.

mittō, mīsī, missŭm 3 1. schicken, senden; sortem mittĕre cum alĭquo ein Bündnis schließen (*Prov.* 1, 14). 2. werfen, schleudern, schießen (mittere arcum Pfeile schießen; mittens arcum Bogenschütze, *Ps.* 77, 9); stoßen; **se mittere** u. *pass.*: sich stürzen auf; manum m. in alqm die Hand ausstrecken oder die Hand an jemand legen. 3. entlassen, losgeben. 4. lignum in panem mittere „Holz in das Brot werfen", vielleicht in der Bedeutung tödliches Gift, zu Pulver zerriebenes Giftholz oder Saft von einem Giftbaum in die Speise werfen; der Urtext hat an dieser Stelle nicht den Wortlaut der Septuaginta u. Vulgata, sondern: „Lasset uns den Baum mit seiner Frucht vernichten" (*Jer.* 11, 19).

Mittelbronn *indecl.* Ort bei Pfalzburg in den Vogesen.

Mĭtўlēnē, ēs *f. s.* Mytilene.

mīxtĭō, ōnĭs *f.* Mischung.

mīxtūră, ae *f.* (mistura) Mischung, Vereinigung.

mīxtŭs 3 gemischt; mixta relĭgĭo gemischte Religion, d. h. verschiedene

Konfession; impedimentum mixtae religiōnis Ehehindernis, das die Ehe zwischen einer katholischen und einer nicht katholischen aber christlichen Person unerlaubt macht; res mixti fōri Angelegenheiten und Rechtssachen, bei denen die Kirche und der Staat zugleich zuständig sind, z. B. Ehesachen: wegen der Sakramentalität ist die Kirche, wegen der vermögensrechtlichen Folgen auch der Staat zuständig.

mnă, mnae *f.* (mĭna) die attische Mine, etwa 70—80 M., eine griechische Silbermünze, zerfiel in 100 attische Drachmen oder römische Denare.

Mnaso, ōnĭs *m.* Mnaso, ein von Jesus selbst bekehrter Jünger aus Zypern, der in Jerusalem wohnte u. den hl. Paulus bewirtete (*Apg.* 21, 16).

Mnēstheus, ĕī *m.* (*Μνησθεύς*) Mnestheus, Vater des syrischen Gesandten Apollonius, der nach Ägypten (172 v. Chr.) zu König Ptolemäus VI. Philometor (181—145) eilte.

Moab *indecl. m.* der Sohn Lots von seiner ältesten Tochter; dann: Land und Volk der Moabiter in Palästina, südöstlich vom Toten Meere; es war mit Israel verfeindet.

Moab *indecl. m.* (*hebr.* ?) Phahat = ein jüdisches Volkshaupt, Mitbesiegler des erneuerten Bundes.

Moabītēs, ae *m.* der Moabiter.

Moabītĭs, ĭdĭs (*acc.*: ĭdă) *f.* Moabiterin.

Moadias, ae *m.* (*hebr.*: Fest Jahwes) Moadias, jüdischer Priester u. nach ihm benannte Priesterklasse.

Mobĭlĭă, ae *f.* Mobile, St., Nordamerika (Alabama), *ca.* 40 000 Einw.; Bischofssitz, Suffr. v. New Orleans; *dav.*: **Mobĭlĭēnsĭs,** ĕ.

Mobĭlĭēn. (*C. R.*) *s.* Mobilia.

mōbĭlĭs, ĕ beweglich, biegsam, veränderlich; festa mobĭlĭa die nicht an ein bestimmtes Monatsdatum gebundenen Feiertage: Aschermittwoch, Ostern, Christi Himmelfahrt, Pfingsten, Fronleichnam.

Mobonnai *indecl. m.* Mobonnai, ein Offizier Davids; der richtige Name dürfte „Sibbekhai" lauten.

Mochona *indecl.* Mochona, St., Pal. (Juda).

Mochori *indecl. m.* (*hebr.*: Mikri) Mochori, ein Iraelit aus dem Stamme Benjamin, Vater des Ozi.

Moclingă, ae *f.* Möchlingen, Ort in Kärnten.

mŏdĕrāmĕn, ĭnĭs *n.* 1. Lenkung, Regierung. 2. Mäßigung; moderamen debitum inculpātae tutēlae das schuldige Maß bei der Notwehr; cum moderamĭne unter Beobachtung der Schranken der Notwehr.

mŏdĕrātĭō, ōnĭs *f.* das rechte Maß, Maßhalten, Mäßigung, Selbstbeherrschung.

mŏdĕrātŏr, ōrĭs *m.* Lenker, Regierer, Leiter; m. conscientiae Beichtvater; m. ordinis Ordensoberer; m. spiritus Seelenleiter, Beichtvater.

mŏdĕrātrīx, īcĭs *f.* Lenkerin, Herrscherin, Leiterin, Oberin in einem Kloster.

mŏdĕrātŭs 3 gemäßigt, besonnen.

modernismŭs, ī *m.* Modernismus, eine von Pius X. verurteilte Irrlehre, die gegen die Grundlagen der ganzen Glaubenslehre gerichtet ist.

modernistă, ae *m.* Modernist.

modernŭs 3 modern, heute geltend; neuartig.

mŏdĕrŏr 1 1. mäßigen, beschränken. 2. leiten, lenken, regieren.

S. Mŏdestă, ae *f.* hl. Modesta, Jgfr. († 670).

Sie war die Nichte des hl. Trierer Bischofs Modoald und verwandt mit der hl. Aebtissin Gertrud von Nivelles (Belgien). Modesta leitete als Oberin das vom hl. Modoald errichtete Kloster Oeren (Trier). Als sie einst in der Kirche am Marienaltar betete, hatte sie die Erscheinung der hl. Gertrud, die ihr mitteilte, sie sei im Kloster zu Nivelles soeben verschieden. — 6. November (Trier).

mŏdestĭă, ae *f.* 1. Bescheidenheit. 2. Gehorsam. 3. Sittsamkeit.

mŏdestŭs 3 1. gemäßigt, besonnen. 2. bescheiden, züchtig, ehrbar.

1. **S. Mŏdestŭs,** ī *m.* hl. Modestus, Mart., Erzieher des hl. Vitus, † 303, 15. Juni.

2. **S. Mŏdestŭs,** ī *m.* hl. Modestus, Bek. u. Bisch. v. Trier († um 486).

Er war Nachfolger des Bischofs Miletus; er ermahnte immer wieder zur Buße und zur geduldigen Hinnahme der von Gott gesandten Leiden. Sein hl. Leib wurde in der St. Euchariuskirche beigesetzt. — 25. (bzw. 26.) Februar (Trier).

Mŏdestŭs, ī *m.* Modestus, Bisch. v. Kärnten (8. Jhdt.).

mŏdĭcŭm, ī *n.* 1. kleine Weile, kurze Zeit. 2. Kleinigkeit, ein Weniges.

mŏdĭcŭs 3 1. mäßig, gering, klein, unbedeutend, schwach; modĭcae fĭdĕi esse schwachen Glaubens sein (*Matth.* 6, 30). 2. mäßig, anspruchslos.

mŏdĭfĭcō 1 gehörig abmessen.

Modin *indecl.* (*hebr.*: die Lehrenden ?) Modin, St. in der Nähe von Lydda (Lud), Pal. (Dan); hier war der Wohnort u. die Erbbegräbnisstätte des Mathathias u. seiner Söhne (Makkabäer).

mŏdĭŏlŭs, ī *m.* das kleine Maß.

mŏdĭŭs, ī *m.* Maß, Scheffel.

mŏdŏ adv. (*dichterisch*: mŏdō) 1. nur, bloß; non modo — sed etiam nicht nur — sondern auch. 2. **modo ne**

wofern, wenn nur nicht. 3. eben erst, nun, jetzt, nur eben; **modomodo** bald-bald.

S. Modŏaldŭs, ī *m.* hl. Modoald, Bek. u. Bisch. v. Trier († um 640).

Er stammte aus dem Süden Frankreichs und kam, da er edlen Geschlechtes war, an den Hof des Frankenkönigs Dagobert, wo auch der Metzer Bischof Arnulf, der Kölner Bischof Kunibert und der Bischof Remaclus von Tongern verkehrten. Nach dem Tode des Trierer Bischofs Sebaudus wurde Modoald i. J. 622 Bischof von Trier. Er übte auf den zügellos gewordenen König Dagobert einen heilsamen Einfluß aus, so daß dieser sich bekehrte und durch fromme Stiftungen Gottes Ehre zu fördern strebte. Modoald errichtete am Moselufer bei Trier das St. Symphorianskloster und stellte seine Schwester Severa ihm als Oberin vor. Am Konzil zu Reims (i. J. 625) nahm er teil. Nach mehr als 20jähriger Regierung entschlief er fromm im Herrn. — 12. Mai (Trier).

Modrussă, ae *f.* Modrus-Fiume (Modrus-Rieka), kroatisch-slawisches Komitat im Westen von Kroatien mit der Hauptstadt Ogulin; kath. Bistum Modrus (seit 1185) mit Zengg vereinigt seit 1570, *s.* Senia; *dav.*: **Modrussēnsĭs,** ĕ.

Modrussēn. (*C. R.*) *s.* Modrussa.

mŏdŭlātĭō, ōnĭs *f.* Vortragsweise, Melodie.

mŏdŭlātŭs 3 melodisch, taktmäßig, harmonisch.

mŏdŭlŏr 1 1. nach dem Takt abmessen. 2. singen.

mŏdŭlŭs, ī *m.* 1. Maß, Maßstab. 2. Sangesweise, Melodie.

Modunŭm, ī *n.* (Moldunum) Meudon, St. l. an der Seine, Fkr. (Seine-et-Oise); *ca.* 9700 Einw.

mŏdŭs, ī *m.* 1. Maß, Größe. 2. das Maßhalten, Mäßigung. 3. Vorschrift, Regel. 4. Art, Weise, Form; per modum nach Art.

moechă, ae *f.* Ehebrecherin, Buhle.

moechĭă, ae *f.* (μοιχεία) Ehebruch.

moechŏr 1 Ehebruch treiben.

moechŭs, ī *m.* (μοιχός) Ehebrecher.

moenĭă, ĭŭm *n.* 1. Stadtmauer, Befestigung. 2. Wohnsitz, Palast.

Moenŭs, ī *m.* (Maenus, Manus, Moganum [flumen], Mogonus) Main, r. Nebenfluß des Rheins in Nordbayern u. Hessen.

moerĕō 2 *s.* maereo.

Moersă, ae *f.* (Mursa) Mörs, St. Preußen (Rheinprov.); *ca.* 18000 Einw.

moestĭtĭă, ae *f.* *s.* maestitia.

moestŭs 3 *s.* maestus.

Mŏgantĭă, ae *f.* *s.* Magontiacum.

Mŏgănŭm, ī *n.* (Moganum flumen) *s.* Moenus.

Mogolis impĕrĭŭm, ī *n.* das Reich des Mogul.

Mŏgontĭă, ae *f.* *s.* Magontiacum.

Mŏgōnī, ōrŭm *m.* die Mainzer, *s.* Magontiacum.

Mŏgontĭăcŭm, ī *n.* *s.* Magontiacum.

Mŏgŏnŭs, ī *m.* *s.* Moenus.

Mŏguntĭă, ae *f.* *s.* Magontiacum.

Mŏguntĭăcŭm, ī *n.* *s.* Magontiacum.

Mŏguntīnŭs 3 aus Mainz, *s.* Magontiacum.

Mohamedānī, ōrŭm *m.* die Mohammedaner.

Mŏhatsĭānŭs 3 zu Mohacs (Ungarn) gehörig: clades.

Mohilavĭă, ae *f.* Mohilow, St. am Dnjepr, Rußland, *ca.* 47000 Einw.; Erzbischofssitz (seit 1783); *dav.*: **Mohilavĭēnsĭs,** ĕ.

Mohilavĭēn. (*C. R.*) *s.* Mohilavia.

Mohola *indecl. m.* (*hebr.*: Machla = Krankheit) Mohola, Sohn der Regina (Molecheth) (1. *Par.* 7, 18).

Moholi *indecl. m.* (*hebr.*: Machli: Jahwe macht krank?) Moholi 1. ein Levit, Sohn des Merari, dessen Nachkommen die Moholiten. 2. ein Levit, Sohn des Musi aus der Linie Merari.

Moholītae, ārŭm *m.* die Moholiten, Nachkommen des Moholi, *s.* Moholi 1.

mŏlă, ae *f.* 1. Mühlstein, mola pistoria Handmühle, Stampfmühle; *pl.*: mŏlae, ārum *f.* Mühle, Handmühle. 2. Mahlzahn, Backenzahn.

Molada *indecl.* (*hebr.*: Geburtsstätte) Molada, St., Pal. (Juda).

mŏlārĭs, ĭs *m.* Mühlstein.

mŏlārĭŭs 3 zur Mühle gehörig.

Molathi *indecl. m.* *s.* Molathītes.

Molathītes, ae *m.* (*hebr.*: Molathi) der Molathite, Meholatite, aus Abel — Mehola, Pal. (Issachar).

Molchom *indecl. m.* (*hebr.*) Molchom, ein Israelit, Familienhaupt im Stamme Benjamin.

Moldavă, ae *f.* (Moldavia, Multavia) Moldau, l. Nebenfluß der Elbe, Böhmen.

Moldūnŭm, ī *n.* *s.* Modunum.

mŏlendīnārĭŭs, ī *m.* Müller.

mŏlendīnŭm, ī *n.* die Mühle, das Mühlwerk.

mōlēs, ĭs *f.* 1. Masse, Last, Schwere. 2. Steinmasse, Grundbau, Damm. 3. gewaltige Macht, große Stärke. 4. Mühe, Not.

mŏlestĭă, ae *f.* Beschwerlichkeit, Beschwerde; Schädigung; Unlust, Verdrießlichkeit.

mŏlestō 1 belästigen.

mŏlestŭs 3 1. beschwerlich, lästig, peinlich, molestum esse bedrängen. 2. erzwungen, gekünstelt.

Molid *indecl. m.* (*hebr.*: Erzeuger) Molid, ein Israelit, Sohn des Abisur.

mōlīmĕn, ĭnĭs *n.* (molimentum) Anstrengung, Bemühung, Unternehmung; quoquo molimine unter allen Umständen, komme, was da wolle.

mōlīmentŭm, ī *n. s.* molimen.
mŏlīnă, ae *f.* Mühle.
Molīnae, ārŭm *f.* (Molinum) Moulins, St., Fkr. (Allier), *ca.* 20 000 Einw.; Bischofssitz (seit 1822), Suffr. v. Sens; *dav.* **Molīnēnsĭs,** ĕ.
Molīnŭm, ī *n. s.* Molinae.
mŏlīnŭs, ī *m.* (*scil.* lapis) Mühlstein.
mōlĭŏr 4 1. ins Werk setzen, bauen, errichten, gründen. 2. verursachen, erregen. 3. sich abmühen.
Molismŭm, ī *n.* Molesme (Fkr., Côte-d'Or); *dav.*: Molismēnsĭs, ĕ.
mōlītĭō, ōnĭs *f.* 1. Zurüstung. 2. Bemühung, Anstrengung.
1. **mōlītŏr,** ōrĭs *m.* 1. Verursacher, Veranstalter. 2. Erbauer, Unternehmer.
2. **mŏlītŏr,** ōrĭs *m.* Müller.
mollēscō 3 1. weich werden. 2. *übtr.*: zaghaft werden, zagen (*Jer.* 51, 46).
mollĭō 4 1. erweichen, verweichlichen. 2. besänftigen, mildern, erträglich machen. 3. geschmeidig machen; *pass.*: glatt sein (*Ps.* 54, 22).
mollĭs, ĕ 1. weich, zart, mild; mollibus vestitus mit weichen Kleidern angetan. 2. unmännlich, weichlich, verzärtelt. 3. ruhig, gelassen, nachgiebig.
mollĭs, ĭs *m.* der Wollüstling.
mollĭtĭă, ae *f.* (mollities) 1. Zärtlichkeit, Empfindsamkeit. 2. Verzärtelung, Üppigkeit.
mollĭtĭēs, ēī *f. s.* mollitia.
mollĭtūdō, ĭnĭs *f.* Biegsamkeit; Zartheit der Empfindung.
mollĭtŭs 3 verweichlicht, matt, kraftlos.
mŏlō, ŭī, ĭtŭm 3 mahlen.
Moloch *indecl.* (*hebr.*: Melech = König, mit Angleichung an den ersten Vokal von bošet = Schande) Moloch, eine heidnische Gottheit, die unter diesem Namen besonders bei den Ammonitern verehrt wurde.
Molshēmĭŭm, ī *n.* Molsheim, Ort im Unterelsaß.
mōmentānĕŭs 3 augenblicklich; vergänglich.
mōmentŭm, ī *n.* 1. Bewegungsmittel, Druck, Stoß. 2. Entscheidung, Geltung; Wichtigkeit, Bedeutung; momentum verborum Tragweite der Worte. 3. kurze Spanne Zeit, Augenblick.
Momonă, ae *f.* (Cloynensis ecclesia) Cloyne, St., südwestlich von Youghal, Irland (Cork); *ca.* 1200 Einw. Bistum (seit 580), Sitz in Queenstown, Suffr. v. Cashel; *dazu*: **Cloynēnsĭs,** ĕ.
Mŏnă, ae *f. s.* Menavia.
Mŏnābĭă, ae *f. s.* Menavia.
Mŏnăcēn. (*C. R.*) *s.* Monachium.
mŏnăchă, ae *f.* (μοναχή) Nonne.
mŏnăchātŭs, ūs *m.* der Mönchsstand.
mŏnăchīŭm, ī *n.* (μοναχεῖον) Kloster.
1. **Mŏnăchīŭm,** ī *n.* (Monacum) München, an der Isar, Hauptstadt von Bayern (Oberbayern), *ca.* 700 000 Einw., Erzbischofssitz (vom Erzbistum München-Freising); *dav.*: **Mŏnăcēnsĭs,** ĕ.
2. **Mŏnăchĭŭm,** ī *n.* Monaco, Fürstentum u. Stadt am Mittelmeere (Riviera), (St. *ca.* 3300 Einw.), Bistum Monaco von 1868—1887; *jetzt*: exempte Abtei; *dav.* **Mŏnoecēnsĭs,** ĕ.
mŏnăchŭs, ī *m.* Mönch.
Mŏnăcŭm, ī *n. s.* 1. Monachium.
Mŏnāpĭă, ae *f. s.* Menavia.
mŏnarchĭă, ae *f.* (μοναρχία) Monarchie. Alleinherrschaft.
mŏnarchĭānŭs, ī *m.* Anhänger der Monarchie, Monarchist.
mŏnarchĭcŭs 3 monarchisch, zur Monarchie (Alleinherrschaft) gehörig.
mŏnăs, ădĭs *f.* (μονάς) die Einzahl.
mŏnastērĭālĭs, ĕ klösterlich.
Mŏnastērĭēn. (*C. R.*) *s.* 1. Monasterium.
mŏnastērĭēnsĭs, ĕ zu einem Kloster gehörig.
mŏnastērĭŏlŭm, ī *n.* Klösterchen.
mŏnastērĭŭm, ī *n.* (μοναστήριον), Kloster, Abtei, Münster. (*Für bestimmte Klöster suche man die Beinamen.*)
1. **Mŏnastērĭŭm,** ī *n.* (Mimigardefordum) Münster, St. Preußen (Westfalen), *ca.* 90 000 Einw.; Bischofssitz (seit 785); *dav.*: **Mŏnastērĭēnsĭs,** ĕ.
2. **Mŏnastērĭŭm,** ī *n.* Moustier, Ort, Belgien (Namur); *ca.* 2100 Einw.
3. **Mŏnastērĭŭm,** ī *n. s.* Centronum civitas.
Mŏnastērĭŭm māiŭs *n.* Marmoutier, St. u. Abtei, Fkr. (Bas-Rhin); *ca.* 1800 Einw.
Mŏnastērĭŭm in Tarantasia *n. s.* Centronum civitas.
Mŏnastērĭŭm Ursĭcīnī *n.* Ursitz, St. Schweiz (Bern).
mŏnastērĭŭs 3 (monasticus) mönchisch, zu einem Mönchsorden gehörig.
mŏnastĭcŭs 3 *s.* monasterius.
mŏnēdŭlă, ae *f.* Dohle.
mŏnĕō, ŭī, ĭtŭm 2 1. mahnen, erinnern. 2. warnen, zurechtweisen. 3. ermahnen, auffordern.
mŏnētă, ae *f.* Münze; Münzstätte; *übtr.*: das gemünzte Geld.
Monheimēnsĭs, ĕ zum Kloster Monheim gehörig.
Mŏnĭacŭm, ī *n. s.* Pareium moniale.
mōnĭālĭs, ĭs *f. s.* sanctimonialis.
Monĭāvĭă, ae *f.* Monschau, St., Belgien; *ca.* 2000 Einw., St. Preußen.
S. Mŏnĭcă, ae *f.* hl. Monika, Mutter des hl. Augustinus, † 387, 4. Mai.

mŏnīlĕ, is *n.* Halsband; *pl.*: Geschmeide, Kleinodien.

mŏnĭmentŭm, ī *n. s.* monumentum.

Monĭmŭs, ī *m.* Monimus, ein Freund des hl. Fulgentius.

mŏnĭtă, ōrŭm *n.* Ermahnungen.

mŏnĭtĭō, ōnĭs *f.* Erinnerung, Warnung.

mŏnĭtŏr, ōrĭs *m.* Erinnerer, Warner.

mŏnĭtŭm, ī *n.* Ermahnung (*Deut.* 21, 20).

mŏnĭtŭs, ūs *m.* Mahnung, Warnung.

mŏnŏgămĭă, ae *f.* (μονογαμία) Einehe.

mŏnŏgămŭs, ī *m.* Einehelicher.

Mŏnŏphȳsītă, ae *m.* Monophysit, Irrgläubiger, der nur eine Natur in Christus annahm (seit 5. Jhdt.)

Mŏnŏpŏlĭs, ĭs *f.* Monopoli, St. It., *ca.* 23000 Einw.; Bischofssitz (seit 11. Jhdt.), exempt; *dav.*: **Mŏnŏpŏlītānŭs** 3.

Mŏnŏpŏlītān. (*C. R.*) *s.* Monopolis.

mŏnŏsyllăbŏs 3 *s.* monosyllabus.

mŏnŏsyllăbŭm, ī *n.* ein einsilbiges Wort.

mŏnŏsyllăbŭs 3 (μονοσύλλαβος, monosyllabos) einsilbig.

mŏnŏthĕĭsmŭs, ī *m.* Monotheismus, Verehrung eines Gottes.

Mŏnŏthĕlītă, ae *m.* Monothelet, Irrgläubiger, der nur einen Willen in Christus annahm.

mŏnŏtŏnĭă, ae *f.* Eintönigkeit.

mŏnŏtŏnŭs 3 eintönig.

mōns, montĭs *m.* Berg, Gebirge; **mōns dŏmūs** Tempelberg in Jerusalem.

Mōns Albānŭs *m.* Montauban, St. am Tarn, Fkr. (Tarn-et-Garonne), *ca.* 18000 Einw.; Bischofssitz (seit 14. Jhdt.); Suffr. v. Toulouse.

Mōns Albŭs *m.* Weißer Berg bei Prag in Böhmen; i. J. 1620 Schlacht am Weißen Berge, Sieg des Herzogs Maximilian I. v. Bayern über Friedrich V. von der Pfalz.

Mōns Altŭs *m.* Montalto, St. It. (Ascoli), *ca.* 3800 Einw.; Bischofssitz (seit 1586); Suffr. v. Fermo.

Mōns Ephraim Gebirge im Stamme Ephraim in Palästina.

Mōns Falcōnĭs Montfaucon St., Fkr. (Haute-Loire); *ca.* 1000 Einw.

Mōns Făliscŭs *m.* Montefiascone, St., It. (Rom), *ca.* 3500 Einw.; Bischofssitz (seit 15. Jhdt.), exempt; *dav.*: **Faliscodūnēnsĭs,** ĕ.

Mōns Frinsingānŭs (Frinsingius mons) der „Domberg" in Freising, Stadt in Oberbayern mit *ca.* 10200 Einw.

Mōns Garĭzim (*hebr.*: Har Gurisim = Berg des Girsitenstamms ?) Berg Garizim in Samaria, *j.*: Dschebel-el-Tōr; *ca.* 860 m über dem Meere; auf dem flachen Gipfel wurde nach der babyl. Gefangenschaft ein gesetzwidriger Tempel gebaut, der 129 v. Chr. zerstört wurde.

Mōns Gelboë (*hebr.*: Gilboa) *j.*: Dschebel Fakūa, Berg Gelboe im Stamme Issachar; jetzt kahl; hier fiel Jonathan und endigte Saul durch Selbstmord.

Mōns Hebal (*hebr.*: Ebal = kahler Berg) Berg Hebal bei Nablus, dem Berge Garizim gegenüber, *j.*: Dschebel Sulemije; *ca.* 940 m über dem Meere (*Jos.* 8, 30ff.; 5. *Mos.* 11, 29 u. 27, 4 u. 13).

Mōns Hermon (*hebr.*: Chermōn = hochragender Berg) Berg Hermon, ehem. Hauptsitz des Baaldienstes (*Richt.* 3, 3; 1. *Par.* 5, 23), *j.*: Dschebel eschschech = Berg des Alten; südwestliches Ende des Antilibanon; *ca.* 2700 m hoch.

Mōns Ilcīnŭs *m.* (Alcimus Mons) Montalcino, St. bei Siena, It., *ca.* 2600 Einw.; Bischofssitz(seit 1462), exempt; *dav.*: **Ilcīnēnsĭs,** ĕ.

Mōns Măiŏr, Städtchen Montemaior a Novo bei Evŏra in Portugal.

Mōns Mariae *m.* Marienberg, Benediktinerkloster in Südtirol.

Mōns Martȳrŭm der Montmartre in Paris.

Mōns Olīvārŭm *m.* der Ölberg bei Jerusalem.

Mōns Pelusĭŭs *m.* Montepeloso, St., It. (Potenza), *ca.* 7700 Einw.; Bischofssitz (seit 11. oder 12. Jhdt.), exempt.

Mōns Pessŭlānŭs *m.* Montpellier, St. Fkr. (Hérault), *ca.* 65000 Einw.; Bischofssitz (seit 6. Jhdt.), Suffr. v. Avignon.

Mōns Pĕtrī, Odilienberg, Ort bei Roermond (Holland).

mōns pĭĕtātĭs *s.* Montes pietatis.

Mōns Politĭānŭs *m.* Montepulciano, St., It. (Siena), *ca.* 3000 Einw.; Bischofssitz (seit 1561), exempt.

Mōns Rēgālĭs *m.* Mondovi, St. am Ellero (zum Tanaro), It. (Cuneo), *ca.* 5000 Einw.; Bischofssitz (seit 1388), Suffr. v. Turin.

Mōns Rēgĭs *m.* (Montereyensis ecclesia) Monterey, Hafenstadt, südl. von San Francisco, Nordamerika (Kalifornien), *ca.* 2000 Einw.; *dav.*: **Montereyēnsĭs,** ĕ.

Mōns Rēgĭŭs *m.* Monreale, St. Sizilien (Palermo), *ca.* 17000 Einw.; Erzbischofssitz (seit 1183).

Mōns Rotgerī *m.* (mons Richeri) Rüggisberg, Berg Schweiz.

Mōns Sinai *s.* Sinai.

Mōns Sion *s.* Sion.

Mōns Vĭdēŭs *m.* Montevideo, Hauptst. v. Uruguay am La Platastrome, Südamerika, *ca.* 300000 Einw.; Erzbischofssitz (seit 1897, Bistum seit 1878).; *dav. gen.*: Montĭs Vĭdēī (*C. R.*).

Mōns Virgĭnĭs Monte Vergine, Berg mit berühmtem Kloster bei Neapel.

Mōnsĕnĭŭs, ī *m.* Berg bei Vigo in Nordspanien.

mōnstrābĭlĭs, ĕ bemerkenswert, ausgezeichnet.

mōnstrātĭō, ōnĭs *f.* das Zeigen.

mōnstrātŏr, ōrĭs *m.* Führer, Unterweiser.

mōnstrō 1 1. zeigen, bezeichnen, belehren. 2. vorschreiben.

mōnstrōsŭs 3 *s.* monstruosus.

mōnstrŭm, ī *n.* 1. Ungeheuer, Ungetüm. 2. eine entsetzliche Erscheinung. 3. Mißgeburt, Mißgebilde (*C. j. c.* 748).

Montaborīnă, ae *f.* Montabaur, St. am Südrande des Westerwaldes, Preußen (Hessen-Nassau), *ca.* 3600 Einw.

montānă, ōrŭm *n.* Gebirgsgegenden.

Montānistă, ae *m.* Montanist, ein Irrgläubiger, der gnostischen und chiliastischen Meinungen folgte (seit dem 2. Jhdt.), *s.* Montanus.

montānŭs 3 gebirgig; *n. pl.*: Gebirgsgegenden.

Montānŭs, ī *m.* Urheber einer weitverbreiteten Sekte im christlichen Altertum; seine Anhänger heißen: **Montānistae,** ārum *m.*

Montĕfalcō, ōnĭs *f.* Montefalco, St. nordwestl. v. Spoleto, It. (Perugia), *ca.* 1000 Einw.

Montĕreyēn. (*C. R.*) *s.* Mons Regis.

Montēs, ĭŭm *m.* Mons (Berg), St. an der Trouille, *ca.* 28 000 Einw., Belgien (Hennegau), ehem. Herzogtum.

montēs pĭĕtātĭs *m.* Wohltätigkeitsanstalten, Pfandhäuser.

Montese *indecl. m.* Montese, Familienname vom Vater des sel. Heinrich Seuse.

Monticelli ein nahe bei Florenz (Italien) gelegenes Dominikanerkloster.

montĭcŏlă, ae *m.* Gebirgsbewohner.

Montĭlĭŭm, ī *n. s.* Ademari.

Montĭs Albānī (*C. R.*) *s.* Mons Albanus.

Montĭs Altī (*C. R.*) *s.* Mons Altus.

Montĭs Pelusĭī (*C. R.*) *s.* Mons Pelusius.

Montĭs Pessŭlān. (*C. R.*) *s.* Mons Pessulanus.

Montĭs Politiānī (*C. R.*) *s.* Mons Politianus.

Montĭs Rēgālĭs (*C. R.*) *s.* 1. Mons Regalis. 2. Mons Regius.

Montĭs sĕrēnī mŏnastērĭŭm *n. s.* Lauterbergense monasterium.

Montĭs Vĭdēī (*C. R.*) *s.* Mons Videus.

Montiscălērĭŭm, ī *n.* Moncalieri, St. von *ca.* 4000 Einw. bei Turin (Norditalien).

Montĭŭm cŏmĕs *s.* Montes.

montŭōsŭs 3 (montōsŭs) bergig, gebirgig, gebirgsreich (*Judith* 7, 5).

mŏnŭmentārĭŭs 3 zum Denkmal gehörig.

mŏnŭmentŭm, ī *n.* 1. Denkmal. 2. Grabmal, Gruft. 3. Andenken. 4. *pl.*: schriftliche Denkmäler, Urkunden.

Moos *indecl. m.* (*hebr.*: Maas) Moos, ein Israelit, Sohn des Ram.

Mophim *indecl. m.* (*hebr.*) Mophim, ein Sohn Benjamins.

Mopsuestĭă, ae *f.* (Μοψουεστία) Mopsuestia, kleinasiatische Stadt in Kilikien; *j.* Messis.

mŏră, ae *f.* Verzug, Aufschub, Verzögerung.

mōrālĭă, ĭŭm *n. s.* moralis.

mōrālĭs, ĕ sittlich; persona moralis moralische Person oder juristische Person, eine Gesellschaft oder Anstalt, ein Verein, die vor dem Gesetze die Rechte einer natürlichen Person genießen; morale est omnibus: sittliche Norm ist für alle (*Fer. VI. Quat. temp. Advent.*); *subst. n. pl.*: **mōrālĭă,** ĭŭm die Sitten, das sittliche Leben, Sittengesetz; moralia sittliche, geistige Anlagen, „Talente" (*lect. VIII. S. Ludov.* 26. *Aug.*); **liber moralium** = Sittenlehre.

mōrālĭtās, ātĭs *f.* Sittlichkeit.

S. Mŏrandŭs, ī *m.* hl. Morand, Bek. († um 1108).

Er war Deutscher und lebte in Worms, begab sich nach eifrigem Studium der Theologie nach Cluny (Frk.), wo er sich dem hl. Abte Hugo unterstellte. Der Elsässer Graf Friedrich von Pfirt (Ferrette) erbat vom Abte Hugo Mönche, die in Altkirch (Elsaß) wirken sollten. Eine, im neueingerichteten Kloster ausgebrochene Feuersbrunst löschte der Heilige durch ein Kreuzzeichen; den Grafen Friedrich heilte er von einer Lähmung, den Klosterschaffner Ulrich vom Fieber; auch befreite er zwei Frauen vom Satan. Deshalb suchte man für Besessene an seinem Grabe Hilfe. — 3. Juni (Straßburg).

Morasthi *indecl. s.* Morasthites.

Morasthītes, ae *m.* (*hebr.*: Morasthi) der Morasthite, Mann aus Morescheth, St. in Juda, Geburtsstadt des Propheten Michäas (*Jer.* 26, 18; *Mich.* 1, 1).

mŏrātĭō, ōnĭs *f.* Verzug.

mŏrātŏr, ōrĭs *m.* Zögerer, Verzögerer; Nebenkläger.

mōrātŭs 3 gesittet; bene moratus homo: wohlgearteter Mensch.

Mŏrăv(ĭ)ă, ae *m.* (Marcha) March, linker Nebenfluß der Donau.

Mŏrăvī, ōrŭm *m.* die Mähren.

1. **Mŏrăvĭă,** ae *f.* Mähren, Landschaft in der Tschechoslowakei, ehem. Markgrafschaft in Österreich; *dav.*: Mŏrăvī, ōrŭm *m.* die Mähren.

2. **Mŏrăvĭă,** ae *f.* Meranien, das Land am Meere (vom slawischen more = Meer), *d. i.*: Dalmatien u. Istrien, *bes.* der Küstenstrich am Adriatischen

Meere zwischen Carpolago u. Zara (La Morlacca, die Morlakei); den Titel „Herzog oder Markgraf von Meranien“ erhielt von Kaiser Friedrich Barbarossa Berthold IV., Graf von Andechs, am Ammersee in Oberbayern, der Vater der hl. Hedwig, der in Istrien reichbegütert war (*vgl.*: *IV. lect. S. Hedwigis*, 17. *Okt.*).

morbĭdŭs 3 1. krank, siech. 2. krank machend: aër.

morbōsŭs 3 mit Krankheit behaftet; siechend.

morbŭs, ī *m.* Krankheit.

mordāx, ācĭs beißend, bissig; einschneidend, scharf.

mordĕō, mŏmordī, morsŭm 2 beißen, wehe tun, kränken.

mordĭcŭs 3 beißend, bissig.

Morgĭă, ae *f.* Morsee (Morges), Stadt am Genfer See im Schweizer Kanton Waadt; *ca.* 5000 Einw.

Morīă, ae *f.* (*hebr.*: Jahwe ist Lehrer?; von Jahwe gelehrt?) Moria, Berg mit dem Berge Sion zusammenhängend, wo später Jerusalem erstand.

mŏrĭbundŭs 3 sterblich, im Sterben liegend.

mōrĭgĕro (morigeror) 1 willfahren.

mōrĭgĕrŭs 3 willfährig, gern, gehorsam.

Mŏrĭnī, ōrŭm *m.* die Moriner, ein ehem. Volksstamm in Flandern, in der Umgebung der französischen Stadt Cassel (castellum Morinorum), (Nord).

mŏrĭŏr, mortŭŭs sŭm 3 sterben; *subst.*: **mortŭŭs,** ī *m.* der Tote, die Leiche; **mŏrĭtūrŭs** 3 dem Tode verfallen.

mŏrŏr 1 1. *intr.*: verweilen, sich aufhalten, säumen, zögern. 2. *trans.*: hemmen, verzögern, behindern.

mōrōsĭtās, ātĭs *f.* mürrisches, grämliches Wesen.

mōrōsŭs 3 1. mürrisch, grämlich, eigensinnig. 2. lästig, unbequem, zeitraubend, langsam.

mors, tĭs *f.* Tod.

morsă, ae *f.* Bißchen, Stückchen.

Morsacĭēnsĭs pāgŭs *s.* Morseti.

Morseti (Morsaciensis pagus) ehem. Gau Oldenburg.

morsŭs, ūs *m.* 1. Biß, Beißen. 2. hämischer Angriff, Kränkung, morsus linguae: Verleumdung.

Mortă, ae *f.* (Murta, Murtha) Meurthe, Nebenfluß der Mosel, Fkr.

1. **mortālĭs,** ĕ 1. sterblich; *subst.*: **mortālĭs,** ĭs *m.* ein Sterblicher, Mensch. 2. tödlich, Tod-; peccatum mortale Todsünde. 3. irdisch, menschlich, vergänglich.

2. **mortālĭs,** ĭs *m.* *s.* 1. mortalis.

mortālĭtās, ātĭs *f.* 1. Sterblichkeit, Vergänglichkeit. 2. Zeitlichkeit, das sterbliche, irdische Leben. 3. Todesgefahr.

mortārĭŏlŭm, ī *n.* kleiner Mörser; Pfanne, Rauchpfanne.

mortārĭŭm, ī *n.* Mör er.

mortĭcīnŭm, ī *n.* Leiche, Leichnam; *pl.*: Reliquien.

mortĭcīnŭs 3 abgestorben.

mortĭfĕr, fĕră, fĕrŭm tödlich.

mortĭfĭcātĭō, ōnĭs *f.* das Sterben; die Abtötung.

mortĭfĭcō 1 töten, ertöten; abtöten.

Mortingĭă, ae *f.* ehem. Gau in Baden.

Mortsellă, ae *f.* eine Besitzung bei Nivelles (Belgien).

mortŭālĭă, ĭŭm *n.* 1. Klagelieder. 2. Trauerkleider.

mortŭŭs 3 *s.* morior.

mŏrŭlă, ae *f.* kleine Weile; Pause.

1. **mōrŭs,** ī *f.* Maulbeerbaum.

2. **mōrŭs** 3 (μωρός) närrisch, albern.

3. **mōrŭs,** ī *m.* Narr.

mōs, mōrĭs *m.* 1. Sitte, Herkommen, Brauch: ūnĭŭs mōrĭs essĕ: gleichgesittet sein; de more der Sitte gemäß. 2. Regel, Vorschrift, Gesetz. 3. Art u. Weise, Beschaffenheit. 4. Wille eines Menschen, Eigenwille, Eigensinn; mōrem alĭcŭi gĕrĕre den Willen jemandes tun, jemandem zu willen sein, willfahren; precibus morem gĕrĕre Bitten erfüllen. 5. *pl.*: Gesinnung, Charakter, Zeitgeist.

1. **Mŏsă,** ae *m.* Maas, Fluß inFkr., Belgien u. Holland, der in die Nordsee mündet.

2. **Mosa** *indecl. m.* (*hebr.*) Mosa 1. ein Israelit aus dem Stamme Juda, Sohn des Kaleb u. der Epha. 2. zwei Israeliten aus dem Stamme Benjamin, Sohn des Saharaim u. Sohn des Zamri.

Mōsăĭcŭs 3 mosaisch, des Moses.

Moscŏvĭă, ae *f.* Stadt und Fürstentum Moskau; *auch für ganz Rußland gebraucht.*

Mosel *indecl. Ez.* 27, 19 *wahrscheinlich eingeschoben*, möglicherweise ist Ussal, ein arabischer Distrikt im glücklichen Arabien, gemeint.

Mŏsella, ae *m.* u. *f.* Mosel, l. Nebenfluß des Rheins.

Mosera *indecl.* (*hebr.*: *alter Acc. von* Moser, *pl.*: Moseroth) Moser, ein Lagerplatz der Israeliten in der Wüste.

Moseroth *indecl. pl. von*: Moser, *s.* Mosera.

Mōsēs, ĭs *m.* *s.* Moyses.

Mosobab *indecl. m.* (*hebr.*: der Abtrünnige) Mosobab, ein Israelit aus dem Stamme Simeon.

Mosoch *indecl. m.* Sohn Japhets, Enkel Noes, Stammvater der Moscher (*Μοσχοί*), eines kaukasischen Stammes.
Mosola *indecl. m.* (*hebr.*: Mesullam) Mosola, Sohn des Zorobabel aus dem Stamme Juda.
Mosolla *indecl. m.* (*hebr.*: Mesullam) Mosolla, Sohn des Elphaal, aus dem Stamme Benjamin.
Mosollam *indecl. m.* (*hebr.*: Mesullam: der Bezahlte [Diener]? der Gottergebene [*vgl.*: Muslim]?) Mosollam, Israeliten: 1. Sohn des Abihail im Stamme Gad z. Z. Sauls. 2. Fürst im Stamme Benjamin. 3. Vater Salos. 4. Sohn des Saphatia. 5. Sohn des Sadok. 6. Sohn des Mosollamith. 7. Levit u. Türhüter aus der Linie Kaath. 8. ein Familienhaupt, das mit anderen von Esdras an Eddo gesandt wurde. 9. ein Jude, der ein fremdes Weib genommen hatte. 10. ein Jude, Sohn des Barachias. 11. Jude, Sohn des Besoida, der das alte Tor in Jerusalem baute. 12. Vater des Sellum, der nach dem Exil in Jerusalem wohnte. 13. ein Freund u. Gefährte des Esdras. 14. Ahnherr des jüdischen Priesters u. Tempelverwalters Saraja. 15. Vorsteher der jüdischen Priesterfamilie Genthon. 16. ein Levit, der bei der ersten Gesetzesverlesung nach dem Exil beteiligt war.
Mosollamith *indecl. m.* (*hebr.*: *Femininform zu* Mosollam?) Mosollamith, ein Priester (1. *Par.* 9, 12).
Mosollamoth *indecl. m.* (*hebr.*) Mosollamoth, Vater des Barachias, eines Fürsten im Stamme Ephraim (2. *Par.* 28, 12).
mōtābĭlĭs, ĕ beweglich.
mōtātŏr, ōrĭs *m.* Beweger.
motettŭm, ī *n.* (*ital.*: motetto *m.*) Motette, mehrstimmiger Gesang, Vokalsatz kunstreich verwobener Stimmen.
mōtĭō, ōnĭs *f.* 1. Bewegung. 2. Gemütsbewegung, Erregung.
mōtīvŭm, ī *n.* Beweggrund, Triebfeder, Leitgedanke, Entscheidungsgrund, Ursache (*C. j. c.* 1873, 2°).
mōtīvŭs 3 zur Bewegung geeignet, bewegend, beweglich, causa motīva der entscheidende Beweggrund.
mōtŭs, ūs *m.* 1. Bewegung, Gang, Wendung. 2. das Toben, in mari Sturm. 3. Erregung, Leidenschaft. 4. Aufruhr, Aufstand. 5. der innere Antrieb; mōtu proprĭo eine aus eigenem Antriebe durch den Papst, meist ohne besondere Formalitäten erlassene Anordnung, das Motuproprio.
Moulinēn. (*C. R.*) *s.* Molinae.
mŏvĕō, mōvī, mōtŭm 2 1. bewegen, schütteln: caput; rütteln, erschüttern; movere a: abbringen von; *pass.*: wanken (z. B. *Ps.* 29, 7); beben: terra; rauschen: mare. 2. anregen, antreiben, anstiften, verursachen.
mox *adv.* bald, alsbald, bald darauf.
Mōўsēs, ĭs *m.* (*gen. auch*: Moysi; *acc.* -ĕa u. -en) *m.* (Moses) (*ägypt.* mesu = Kind; *hebr. nach Ex.* 2, 10: Herausgezogener) Moses, Führer u. Gesetzgeber der Israeliten; *dav.*: **Mōsēĭus** u. **Mōsăĭcŭs** 3 mosaisch.
moz(z)ĕtă, ae *f.* (vom *ital.*: mozzo = verkürzt) ein mit einer kleinen Kapuze versehener, bis zu den Ellbogen reichender rotblauer Schulterkragen, der von den zum Tragen berechtigten Äbten, Kanonikern und Prälaten während des Gottesdienstes über dem Rochett getragen wird.
M. P. P. S. = Missionarii Pretiosissimi Sanguinis Missionare vom kostbarsten Blute, gegr. 1815.
M. S. = Missionarii de Salette Missionare v. La Salette, gegr. 1852.
M. S. C. = 1. Missionarii a Sanctissimo Corde Jesu: Missionare v. heiligsten Herzen Jesu, gegr. 1854. 2. Missionarii S. Caroli: Missionare des hl. Karl, gegr. 1888.
m. t. v. = mutatur tertius versus der dritte Vers der ersten Strophe im Hymnus „*Iste Confessor*" wird geändert.
muccĭdŭs 3 *s.* mucidus.
mūcĭdŭs 3 (muccidus) 1. rotzig. 2. schimmelig: panis.
mucrō, ōnĭs *m.* scharfe Spitze, Schwert, Dolch.
mūcŭs, ī *m.* (muccus) der Rotz (der Nase).
mūgĭnŏr 1 1. nachdenken, sinnen. 2. zaudern.
mūgĭō 4 brüllen.
mūgītŭs, ūs *m.* das Brüllen.
Mugnānŭm, ī *n.* Mugnano, Ortschaft in der Diözese Nola (Italien).
mūlă, ae *f.* Mauleselin.
mūlārĭs, ĕ zum Maultiere gehörig.
mulcĕō, mulsī, mulsŭm 2 1. streichen, streicheln, sanft berühren. 2. besänftigen, mildern.
mulcō 1 1. walken. 2. zerstoßen, schinden.
mulctă, ae *f. s.* multa.
mulctātŭs 3 *s.* multatus.
mulctō 1 *s.* multo.
mulgĕō, mulsī, mulsŭm 2 melken.
mŭlĭēbrĭs, ĕ weiblich, weibisch, unmännlich.
mŭlĭĕr, ĕrĭs *f.* Weib, Frau, Ehefrau.
mŭlĭercŭlă, ae *f.* liederliches Weib; Dirne.

mŭlĭĕrĭtās, ātĭs *f.* Weiblichkeit (*Gegens.*: virginitas).
Mūlĭfontānŭm coenŏbĭŭm, ī *n.* Maulbronn, St. in Württemberg (Neckarkreis), *ca.* 1200 Einw. mit ehem. Cistercienserabtei.
Mullă, ae *f.* Städtchen im Bistum Cattaro in Dalmatien.
mulsŭm, ī *n.* mit Honig vermischter Wein, Met.
multă, ae *f.* (mulcta) Strafe, Buße, Geldstrafe, Brüche.
multātĭō, ōnĭs *f.* Bestrafung.
multātŭs 3 (mulctatus) bestraft.
Multāvĭă, ae *f. s.* Moldava.
multĭcŏlŏr, ōrĭs (multicolōrus 3) bunt; *n. pl. subst.*: bunte Gewänder.
multĭfārĭăm *adv.* an vielen Stellen, vielfältig.
multĭfārĭŭs 3 mannigfaltig.
multĭfōrmĭs, ĕ vielgestaltig.
multĭfōrmĭtās, ātĭs *f.* Vielgestaltigkeit, Mannigfaltigkeit.
multĭgĕnĕrĭs, ĕ (multigĕnĕrus 3) mannigfaltig, vielartig.
multĭgĕnŭs 3 vielartig, verschiedenartig, mannigfach (*Sap.* 4, 3).
multĭlŏquĭŭm, ī *n.* das viele Reden, Geschwätz.
multĭlŏquŭs 3 geschwätzig.
multĭmŏdĭs *adv.* vielfach.
multĭmŏdŭs 3 mannigfach.
multĭplex, plĭcĭs 1. vielfach, zahlreich, stark; decem millibus multiplex myriadenfältig. 2. vieldeutig, schwer zu begreifen. 3. veränderlich, unbeständig.
multĭplĭcābĭlĭs, ĕ vielfältig.
multĭplĭcātĭō, ōnĭs *f.* Vervielfältigung, Vermehrung (*Ecclus* 1, 7).
multĭplĭcĭtās, ātĭs *f.* Vielfältigkeit, Mannigfaltigkeit, häufiger Wechsel.
multĭplĭcĭtĕr *adv.* häufig; quam multipliciter (*Ps.* 62, 2) *unrichtige Übersetzung*; *richtig nach Hieronymus*: desideravit te caro mea „es dürstet meine Seele nach dir, es schmachtet nach dir mein Leib".
multĭplĭcō 1 vervielfältigen, vergrößern, vermehren; *adv.*: multiplicasti locupletare eam du bereichertest sie sehr; *pass.*: sich vermehren; reich werden (*Ps.* 4, 8).
multĭpŏtēns, tĭs vielvermögend.
multĭsŏnŭs 3 stark ertönend, vielstimmig.
multĭtūdō, ĭnĭs *f.* 1. Menge, große Anzahl, Fülle. 2. Masse, Volkshaufe, Pöbel.
multĭvŏlŭs 3 viel begehrend, lüstern.
1. **multō** 1 strafen.
2. **multō** *adv. s.* multum.
multōtiēs *adv.* vielmals, oft.
multŭm, *compar.*: plūs, plūrĭs, *superl.*: plūrĭmŭm I. *subst.*: viel, ein großer Teil, große Strecke; quam plurimum soviel als möglich; *gen.*: pluris höher, teurer, *und* plurimī sehr hoch, sehr teuer; *abl.*: multō um vieles, viel. II. *adv.* sehr, *es dient oft zur Steigerung eines adj.*: multum misericors; weit, vielmals, oft; plus mehr, plurimum am meisten, größtenteils.
multŭs 3, *compar.*: **plūs,** plūrĭs, *pl.* plūrēs, plūră; *superl.*: **plūrĭmŭs** 3 1. viel, zahlreich, groß, bedeutend, gewaltig; plures mehrere, mehr; plurimi die meisten, sehr viele (*auch zuweilen für den compar. z. B.*: Commune plurimorum Martyrum). 2. weitläufig, breit, lang. 3. häufig, emsig, unablässig.
mūlŭs, ī *m.* Maultier.
mundānŭs 3 irdisch, weltlich, körperlich, vergänglich.
mundātĭō, ōnĭs *f.* Reinigung.
mundātŏr, ōrĭs *m.* Reiniger.
mundātrīx, īcĭs *f.* Reinigerin; *auch als adj.*
mundĭtĭă, ae *f.* Reinheit.
mundō 1 reinigen; *pass.*: rein werden.
1. **mundŭs** 3 sauber, rein.
2. **mundŭs,** ī *m.* 1. Toilette, Putz; mundŭs mŭlĭĕbrĭs: Frauenschmuck. 2. Weltordnung, Weltall. 3. Erdball, Erde. 4. die Menschheit, die Menschen.
mūnĕrō 1 u. **mūnĕrŏr** 1 schenken, beschenken.
mūnĭă, ĭŭm *n. pl.* (*ohne dat.*) Amtspflichten, Pflichten; munia solvere das schuldige Lob *oder* die gebührende Verehrung abstatten.
mūnĭceps, cĭpĭs *m.* u. *f.* Bürger einer Freistadt *oder* Landstadt; Landsmann *bzw.* Landsmännin.
mūnĭcĭpālĭs, ĕ kleinstädtisch.
mūnĭcĭpātŭs, ūs *m.* Bürgerrecht.
mūnĭcĭpĭŭm, ī *n.* Landstadt, Freistadt, Kleinstadt.
mūnĭfĕr, fĕră, fĕrŭm wohltätig.
mūnĭfĭcentĭă, ae *f.* Freigebigkeit, Wohltätigkeit.
mūnĭfĭcō 1 beschenken.
mūnĭfĭcŭs 3 freigebig, mildtätig.
Munim *indecl. m.* (*hebr.*) die Maoniter; Nathinäer, die mit Zorobabel aus dem babyl. Exil zurückkehrten.
mūnīmĕn, ĭnĭs *n.* Schutzmittel, Schutz, Sicherung.
mūnīmentŭm, ī *n.* 1. Befestigungsmittel, Bollwerk. 2. Schutz, Stütze.
mūnĭō 4 1. befestigen. 2. verwahren, sichern, schützen, verteidigen. 3. bestätigen, ausstatten.
mūnītĭō, ōnĭs *f.* Befestigung, befestigte Stadt, Befestigungswerk.

mūnītiuncŭlă, ae *f.* kleine Festung, Fort (1. *Mach.* 16, 15).
mūnītŭs 3 befestigt, geschützt, verwahrt, fest: civitas; versehen mit.
Munkacsīēn. (*C. R.*) *s.* Unghvarinum.
mūnŭs, ĕrĭs *n.* 1. Leistung, Last, Steuer, Abgabe, Tribut. 2. Aufgabe; Amt (*C. j. c.* 145). 3. Dienstleistung, Gefälligkeit, Geschenk; *übtr.*: Bestechung (*Ps.* 14, 5). 4. Spende, Opfergabe, Opfer.
mūnuscŭlŭm, ī *n.* kleines Geschenk.
mūrālĭs, ĕ zur Mauer gehörig, Mauer-.
Mūrān. (*C. R.*) *s.* Numistro.
1. **mūrārĭŭs** 3 zur Mauer gehörig, Mauer-.
2. **mūrārĭŭs,** ī *m.* Maurer, francŏmūrārĭŭs, ī *m.* Freimaurer.
mūrātŭs 3 ummauert (1. *Kön.* 6, 18).
Murbăcēnsĕ mŏnastērĭŭm, ī *n.* Kloster Murbach, bei Kolmar im Oberelsaß.
mūrēnă, ae *f.* (mūraenă) (*μύραινα*) Muräne, ein aalartiger Seefisch.
Mūrēnsĕ coenŏbĭŭm, ī *n.* (Mūrī, ōrŭm *m.* Benediktinerabtei Muri in der Schweiz (Aargau), 1027 von den Grafen von Habsburg gegründet, seit 1701 Fürstabtei, 1840 aufgehoben, 1889 teilweise abgebrannt.
mūrēnŭlă, ae *f.* Halskettchen *oder* Gürtel (*Is.* 3, 20).
Mūrētŭm, ī *n.* Muret, 1. Ort bei Limoges, Fkr. (Haute-Vienne). 2. St. an der Garonne (Haute-Garonne), *ca.* 2500 Einw.
mūrex, ĭcĭs *m.* (*μύαξ*) 1. Purpurschnecke, eine Meerschnecke mit gewundener stacheliger Schale. 2. der Saft der Purpurschnecke, Purpursaft, Purpurfarbe, Purpur (*Bar.* 6, 71).
Murgĭs, ĭs *f.* (Almeriensis ecclesia) Almería, St. am Golfe vom Almería, Spanien, *ca.* 47 000 Einw., Bischofssitz (an Stelle des alten Urci [seit 1. Jhdt.], im 15. Jhdt. neu errichtet), Suffr. v. Granada; *dav.*: **Almerĭēnsĭs,** ĕ.
Mūrī, ōrŭm *m. s.* Murense monasterium.
mūrīnŭs 3 Mäuse-, von Mäusen; pellis murina Marderfell.
murmŭr, ŭrĭs *n.* das Murmeln, Gemurmel.
murmŭrātĭō, ōnĭs *f.* das Murren, die Unzufriedenheit.
murmŭrātŏr, ōrĭs *m.* ein Unzufriedener.
murmŭrĭŭm, ī *n.* das Murren.
murmŭrō 1 u. **murmŭrŏr** 1 murmeln, murren; knurren (vom Hunde; *Ps.* 58, 16).
murră, ae *f.* [murrha, (*μύῤῥα*)] *s.* myrrha.
murrātŭs 3 *s.* myrrhatus.
murrĕŭs 3 *s.* myrrhatus.
murrhă, ae *f. s.* myrrha.
Mursă, ae *f. s.* Moersa.
Murtă, ae *f. s.* Morta.
murtētŭm, ī *n. s.* myrtetum.
Murthă, ae *f. s.* Morta.
Murtĭă, ae *f.* Stadt u. Landschaft Murcia in Spanien.
Mūrŭm, ī *n.* Muro, St. südlich v. Neapel in Lukanien, Basilicata, It. (Potenza).
mūrŭs, ī *m.* Mauer, Stadtmauer, Schutz.
mūs, mūrĭs *m.* u. *f.* (*μῦς*) Maus.
Mūsă, ae *f.* (*μοῦσα*) Muse.
mūsaeŭm, ī (*μουσεῖον*) *n.* das Museum: 1. *urspr.*: Tempel *oder* Hain der Musen. 2. Pflegestätte der Kunst und Wissenschaft. 3. *in der Neuzeit*: Sammlung von Gegenständen der Kunst, des Kunstgewerbes, aus Kulturgeschichte und Naturwissenschaft. 4. Bibliothek.
musach *indecl.* (Musach) (*hebr.*: musad) Tribüne, Basis des Königsthrones (4. *Kön.* 16, 18 *nicht Eigenname*).
mūscă, ae *f.* (*μυῖσκα* u. *μυῖα*) Fliege.
S. **Mūscă,** ae *f.* hl. Muska, Jgfr. u. Mart., Leidensgefährtin der hl. Cyriaca, 17. Juni.
Mūscēn. (*C. R.*) *s.* Muscum.
mūscĭpŭlă, ae *f.* (muscipulum) 1. Mäusefalle. 2. der Fallstrick (*Sap.* 14, 11).
mūscĭpŭlŭm, ī *n. s.* muscipula.
mūscŭlōsŭs 3 muskulös.
mūscŭlŭs, ī *m.* 1. Mäuschen. 2. Muskel.
Mūscŭm, ī *n.* Musch, St. im Sandschak, am östlichen Euphrat (Bitlis), *ca.* 27 000 Einw.; armenisch-kath. Bischofssitz (seit 1883); *dav.*: **Mūscēnsĭs,** ĕ.
musēŭm, ī *n. s.* musaeum.
Musi *indecl. m.* (*hebr.*) Musi, Levit, Sohn des Merari; dessen Nachkommen die Musiten.
1. **mūsĭcă,** ae *f.* (*μουσική*, *scil.*: *τέχνη*) Musik.
2. **mūsĭcă,** ōrŭm *n.* 1. Musikinstrumente. 2. Musik.
mūsĭcālĭs, ĕ musikalisch, Musik- (*C. j. c.* 2271).
1. **mūsĭcŭs** 3 zur Musik gehörig, musikalisch (2. *Par.* 5, 13).
2. **mūsĭcŭs,** ī *m.* der Musiker; der Sachverständige in der Musik.
mūsīvŭm, ī *n.* (*scil.*: opus) musivische Arbeit, Mosaik, Mosaikbild.
Mūssīpōns, ontĭs *m.* (Mussipontum) Pont-à-Mousson, St., Fkr. (Meurthe-et-Moselle), *ca.* 9000 Einw.; *dav.*: **Mūssīpontānŭs** 3.
Mūssīpontŭm, ī *n. s.* Mussipons.
mussĭtātŏr, ōrĭs *m.* der Widerspenstige.
mussĭtō 1 1. in den Bart hineinbrummen, hineinmurmeln. 2. etwas verbeißen. 3. widerspenstig sein (*Ex.* 16, 7; *Is.* 29, 4).
mūstēlă, ae *f.* (mustella) das Wiesel (*Lev.* 11, 29).
mūstellă, ae *f. s.* mustela.

mustŭm, ī *n.* Most.
mūtābĭlĭs, ĕ veränderlich.
mūtābĭlitās, ātĭs *f.* Veränderlichkeit, Wechsel, Wankelmut.
Mutală, ae *f.* Mutala, St. in Kleinasien (Kappadokien).
mūtātĭō, ōnĭs *f.* Veränderung, Wechsel.
mūtātōrĭă, ōrŭm *n.* (*scil.*: vestimenta) Wechselkleider, Feierkleider (*Is.* 3, 22).
mūtātōrĭŭs 3 zum Wechsel dienend.
Mŭtĭlĕn. (*C. R.*) *s.* Mutilum.
mŭtĭlō 1 verstümmeln.
Mŭtĭlŭm, ī *n.* Modigliana, St., It. (Florenz), *ca.* 3300 Einw.; Bischofssitz (seit 1850), Suffr. v. Florenz; *dav.*: **Mŭtĭlēnsĭs,** ĕ.
mŭtĭlŭs 3 verstümmelt.
Mŭtĭnă, ae *f.* Modena, St., It. (Emilia), *ca.* 30 000 Einw., Erzbischofssitz (seit 1855, Bistum seit 3. Jhdt.); *dav.*: **Mŭtĭnēnsĭs,** ĕ.
Mŭtĭnĕn. (*C. R.*) *s.* Mutina.
mūtĭō 4 (muttio) mucken, munkeln, leise reden (*Ex.* 11, 7).
mūtō 1 1. wechseln, tauschen, umtauschen; in aliquid: mit etwas vertauschen (*Ps.* 105, 20); **vestem mutare** Trauerkleider anlegen. 2. wandeln, ändern, verändern, verwandeln. 3. verbessern; fortitudinem mutare Kräfte sammeln.
muttĭō 4 *s.* mutio.
mūtŭārĭŭs 3 wechselseitig.
mūtŭātŭs 3 entlehnt, entnommen.
mūtŭō *adv.* *s.* mutuus.
mūtŭŏr 1 borgen, leihen, entnehmen.
mūtŭs 3 stumm, schweigend, still.
mūtŭŭs 3 geborgt, geliehen; *adv.*: mutuo leihweise (2. *Mos.* 22, 14; 4. *Kön.* 4, 3; 6, 5), wechsel- oder gegenseitig; mutuum accipere etwas entleihen.
Mycŏnĕn. (*C. R.*) *s.* Myconos.
Mўcŏnŏs, ī *f.* (*Μύκονος*) Mykonos, griech. Kykladeninsel, südöstlich von Tenos, mit der Hauptst. Mykonos, *auch*: Kamenaki oder Chora, *ca.* 3200 Einw.; ehem. Bistum Mykonos, vereinigt mit Andros u. Tenos; *dav.*: **Mўcŏnēnsĭs,** ĕ.
mўgălē, ae u. ēs *f.* (*μυγαλῆ*, mygele) Spitzmaus (4. *Mos.* 11, 30).
mўgĕlē, ae u. ēs *f.* *s.* mygale.
Mўlăsă, ōrŭm *n.* *s.* Mylas(s)a.
Mўlăsĕn. (*C. R.*) *s.* Mylassa.
Mўlăs(s)ă, ae *f.* (Mylasa, orum; *Μύλασα*) Mylasa, alte Residenz von Karien, nordöstlich von Halikarnaß, *j.*: Milas, Bistum; Suffr. v. Stauropolis; *dav.*: **Mўlăsēnsĭs,** ĕ.
Myndŭs, ī *f.* (*Μύνδος*) Myndus, Hafenst. westlich von Halikarnaß, Kleinasien (Karien).
mўōps, ōpĭs (*μύωψ*) kurzsichtig.
Mўră, ae *f.* u. ōrŭm *n.* Myra, ehemalige Metropole der kleinasiatischen Provinz Lydien; *dav.*: **Mўrēnsĭs,** ĕ.
mўrīcă, ae *f.* (*μυρίκη*) Tamariske, Heidebaum, ein immergrüner, an feuchten Stellen wachsender Baum mit rutenförmigen Ästen u. kleinen Blättern, dessen Rinde bitter ist.
myrrhă, ae *f.* (*μύῤῥα*, murra = murrha) 1. der Myrrhenbaum, ein etwa 3—4 m hoher, der Akazie ähnlicher, mit Dornen versehener Baum, in Südarabien heimisch. Im Frühjahr rinnt aus der Rinde weißer, wohlriechender, harziger Saft hervor, der zu Gummi wird. Dies ist die kostbarste, edelste Myrrhe, auch Stakte, Myrrhentränen oder Myrrhentropfen genannt; die gewöhnliche Myrrhe wird durch Aufritzen der Rinde gewonnen. 2. die Myrrhe.
myrrhātŭs 3 (murratus) mit Myrrhen vermischt, gewürzt, gesalbt.
myrrhĕŭs 3 (murreus) mit Myrrhen ververmischt, gewürzt, gesalbt; myrrheus pulvis: Myrrhenstaub.
myrrhīnŭs 3 aus Myrrhen bereitet (*Esth.* 2, 12).
myrtētŭm, ī *n.* (murtetum) Myrtengebüsch, Myrtenhain.
myrtŭs, ī *f.* die Myrte, ein bis zu $2\frac{1}{2}$ m hoher Baum oder Strauch, mit dichtstehenden schlanken Zweigen, kleinen, spitzen, immergrünen Blättern und weißen, zartenBlüten; die Beeren sind von etwas bitterem Geschmacke· die Myrte galt als das Sinnbild der Fruchtbarkeit und Anmut.
mўrŭm, ī *n.* (*μύρον*) Salbe (*Judith* 10, 3).
1. **Mўsĭă,** ae *f.* Mysien, Landschaft im Nordwesten von Kleinasien (*Apg.* 16, 7).
2. **Mўsĭă,** ae *f.* Mysien, römische Provinz, ungefähr entsprechend dem heutigen Serbien (*Martyrol.*).
Mўsĭŭm, ī *n.* Mysium, Stadt in Thrazien (Erzbistum Heraklea); *dav.*: **Mўsĭēnsĭs,** ĕ.
Mystă, ae *m.* (*μύστης*) 1. der Myste, *d. i.* der Priester bei den altheidnischen Mysterien. 2. Christus (*vgl. Pont. Rom.*, *Einleitungsgedicht*: O sacra nomina Mystae).
mystăgōgŭs, ī *m.* (*μυσταγωγός*) Mystagoge, der in die Geheimnisse des Gottesdienstes Einführende.
mystērĭŭm, ī *n.* (*μυστήριον*) Geheimnis, heilige Feier, Sakrament; *pl.*: Geheimlehren; mysterium consilii: geheimer Rat (*Judith* 2, 2).
mystĭcŭs 3 geheimnisvoll, mystisch.

Mysuriēn. (*C. R.*) *s.* Mysurium.

Mysurĭŭm, ī *n.* Maisur (Maissur, *engl.*: Mysore), Vasallenstaat in Britisch-Indien auf dem südlichen Dekan; Hauptstadt Maisur, *ca.* 700 000 Einw.; Bistum (seit 1886, apostol. Vikariat seit 1850), Residenz in Bangalur, Suffr. v. Pondichéry; *dav.*: **Mysurĭēnsĭs,** ĕ.

mȳthĭcŭs 3 (μυθικός) sagenhaft, mythisch.

mȳthŏlŏgĭă, ae *f.* (μυθολογία) Sagenlehre, Götterlehre, Mythologie.

mȳthŏs, ī *m.* (μῦθος) Sage, Mythe.

N.

Naalol *indecl.* (*hebr.*: Nahalal) Naalol, St., Pal. (Zabulon).

1. **Naama** *indecl. f.* (*hebr.*: die Schöne) Naama, eine Ammoniterin, Gattin Salomons u. Mutter des Königs Roboam von Juda.

2. **Naama** *indecl.* (*hebr.*: die Schöne) Naama, St., Pal. (Juda).

Naáman *indecl. m.* (*hebr.*: der Schöne) Naaman, 1. der fünfte Sohn des Bale u. Enkel Benjamins. 2. der von Elisäus geheilte Feldherr des syrischen Königs Benadad II. von Damaskus (4. *Kön.* 5, 1ff.).

Naamathītēs, ae *m.* der Naamathite, einer aus Naama, *s.* 2. Naama.

Naara *indecl. f.* (*hebr.*: Mädchen) Naara, Weib des Aschhur, des Gründers von Thekua.

1. **Naarai** *indecl. m.* (*hebr.*) Naarai, ein Offizier Davids, Sohn des Asbai.

2. **Naarai** *indecl.* (Naharai, *hebr.*) Naarai, Waffenträger Joabs, Sohn Sarvias.

Naaratha *indecl.* (*hebr. acc. von*: Naara: Mädchen) Naara, Grenzst., Pal. (Ephraim) (*Jos.* 16, 7).

Naaria *indecl.* (*hebr.*) Naaria, 1. ein Israelit aus dem Stamme Juda, Sohn Semeias. 2. ein Fürst aus dem Stamme Simeon, der sich mit anderen Simeoniten im Gebirge Seïr niederließ.

1. **Naas** *indecl. m.* (*hebr.*: Schlange) Naas, 1. ein König der Ammoniter z. Z. Davids. 2. Vater der Abigail. 3. Vater Sobis.

2. **Naas** *indecl.* (*hebr.*: Schlange) Naas, St. Pal. (Juda).

1. **Naásson** *indecl. m.* (Nahasson) (*hebr.*: große Schlange) Naasson, Sohn Aminadabs aus dem Stamme Juda, Führer des Stammes Juda durch die Wüste.

2. **Naasson** *indecl.* (*hebr.*: große Schlange) Naasson, *nach der Vulgata Tob.* 1, 1: St. in Obergaliläa, *die aber nicht nachweisbar ist*; *der griech. Text der Septuaginta lautet anders, vgl.* Tobias.

Nabaioth *indecl. m.* (*hebr.*? *keilschriftl.*: Nabajāte) Nabajoth, Erstgeborener des Ismael, Enkel Abrahams u. Schwager Esaus.

Nabal *indecl. m.* (*hebr.*: Narr, Tor) Nabal, ein wohlhabender Mann zu Karmel, erster Gemahl Abigaïls, der späteren Gattin Davids.

Nabat *indecl. m.* (*hebr.*) Nabat, Vater des Königs Jeroboam I. von Israel (929 bis 909).

Nabath *indecl. m.* (*griech.* Νάβας) Nabath, ein Vetter des Tobias (*Tob.* 11, 20).

Nabataeī, ōrŭm *m.* (Nabathaei, Nabuthaei) Nabathäer, ein wildes Nomadenvolk in Arabien, südöstlich vom Toten Meere.

nablă, ōrŭm *n.* (νάβλα) Leier, Mandoline, ein morgenländisches Saiteninstrument (1. *Par.* 15, 16).

1. **Nabo** *indecl. m.* (*babyl.*: Nabū) Nabo, babylonischer Götze, Gott der Weissagung (*Is.* 46, 1).

2. **Nabo** *indecl.* (*hebr.*: Nebo) Nabo, St. im Lande Moab, später im Stamme Ruben.

Ss. Nabŏr, ŏrĭs u. **Fēlīx,** īcĭs *m.* hl. Nabor u. Felix, Mart. († um 300).

Die beiden Brüder hingen als Soldaten in Mailand schon längere Zeit dem christlichen Glauben an, bis sie denselben während der Christenverfolgung unter Diokletian und Maximian offenbaren mußten. Sie legten die Waffen ab und ertrugen die verschiedensten Qualen, bis ihnen das Schwert die Marterkrone brachte. In Mailand wurde ihnen bald nach ihrem Tode eine Kirche erbaut; dort wurden ihre hl. Leiber beigesetzt. Als im 12. Jahrhundert Kaiser Friedrich Barbarossa Mailand eroberte, erhielt Erzbischof Reinald von Köln die beiden hl. Leiber, welche er zugleich mit den Leibern der hl. 3 Könige nach Köln überführte, wo sie in der großen Kapelle des Domes beigesetzt wurden. — 12. Juli (Köln)

S. Nabŏrĭs fānŭm, ī *n.* (Nova cella) Saint-Avold, St., Fkr. (Moselle); *ca.* 4200 Einw.

Naboth *indecl. m.* (*hebr.*: Weissagung) Naboth, ein israelitischer Weinbergbesitzer z. Z. des Königs Achab (3. *Kön.* 21, 1ff.).

Nabuchodónosor *indecl. m.* (*babyl.*: Nabu kudur-ussur = O, Nabu, schütze die Grenze; *hebr.*: Nebukadnezar; *diese Vokalisation der Massora dürfte weniger gut den babyl. Namen wiedergeben als das* Nabuchodonosor *der Vulgata*) 1. Nabuchodonosor ist in der hl. Schrift der Name für Assurbánipal, König von Assyrien (668—626), der als König von Babylon (647—626) den Namen Kandalanu führte (*Judith* 1, 5). 2. Nabuchodonosor (Nebukadnezar), König von Assyrien u. Babylonien (604—561), der Sohn u. Nachfolger des Nabopolassar von Babylon (625—605). Er nahm 598 v. Chr. den König Joakim v. Judä gefangen u. belagerte Jerusalem von 589—587.

Nabusezban *indecl. m.* (*babyl.*: Nabuschizibani = Nabu hat mir geholfen) Nabusezban, Oberkämmerer des Königs Nabuchodonosor von Babylon (604—561).

Nabuthaeī, ōrŭm *m.* (1. *Mach.* 5, 25) *s.* Nabataei.

Nabuzárdan *indecl. m.* (*babyl.*: Nabuzêr-iddina=Nabu hat Nachkommenschaft gegeben) Nabuzardan, Feldhauptmann des Königs Nabuchodonosor von Babylon (604—561).

Nachon *indecl.* 2. *Kön.* 6, 6 *verderbt aus* Abinadab, „Abinadabs Tenne".

Nachor *indecl. m.*(*hebr.*?) Nachor 1. Großvater Abrahams u. Sohn Sarugs. 2. Bruder Abrahams, Ahnherr von Lia und Rachel.

Nadab *indecl. m.* (*hebr.*: der Edle) Nadab, 1. der Erstgeborne des Aaron. 2. König von Israel (909—908), Sohn Ieroboams I. 3. ein Israelit aus dem Stamme Juda. 4. ein Israelit aus dem Stamme Benjamin, Sohn Iehiels.

Nadabia *indecl. m.* (*hebr.*: edel ist Jahwe) Nadabia, der jüngste Sohn des Königs Jechonias von Juda.

nae (nē; *ναί, νή*) fürwahr, wahrlich.

naenĭă, ae *f.* s. nenia.

naevŭs, ī *m.* Muttermal, angeborener Flecken; Makel, Fehler.

Nagasakĭēn. (*C. R.*) *s.* Nangasakium.

Nagasakĭŭm, ī *n. s.* Nangasakium.

Nagga *indecl. m.* (*hebr.*: Naggaj = der Pilger; *Ναγγαί*) Nagga, Ahnherr Christi (*Luc.* 3, 25).

Nagporēn. (*C. R.*) *s.* Nagporium.

Nagporĭŭm, ī *n.* Nagpur, St. in Britisch-Indien, *ca.* 130 000 Einw.; Bischofssitz (seit 1887), Suffr. v. Madras; *dav.*: **Nagporĭēnsĭs,** ĕ.

Nagran *indecl.* Nagran, St. in der Gegend von Nedschran in Südarabien.

Nahabi *indecl. m.* (*hebr.*: Nachbi) Nahabi, Kundschafter aus dem Stamme Nephthali, der ins Land Kanaan ging.

Nahaliel *indecl.* (*hebr.*: Bach Gottes) Nahaliel, Lagerplatz der Israeliten auf dem Wüstenzuge.

Naham *indecl. m.* (*hebr.*: Schönheit) Naham, 1. ein Israelit aus dem Stamm Juda, Sohn des Kaleb. 2. der Erbauer der Stadt Keïla (1. *Par.* 4, 19).

Nahamani *indecl. m.* (*hebr.*: Tröster ist Jahwe) Nahamani, ein Jude, der mit Zorobabel aus dem babyl. Exil zurückkehrte.

Naharai *indecl. m.* (*hebr.*) *s.* Naarai.

Nahasson *indecl. m. s.* Naasson 1.

Nahath *indecl. m.* (*hebr.*) Nahath, 1. ein Stammfürst der Idumäer, Sohn Rahuels u. Enkel Esaus. 2. ein Levit z. Z. Davids. 3. ein Levit z. Z. des Königs Ezechias.

Nahum *indecl. m.* (*hebr.*: Tröster) Nahum 1. einer der kleinen Propheten; er wirkte um 660 v. Chr. 2. ein Jude, der mit Zorobabel aus dem babyl. Exil zurückkehrte. 3. ein Ahnherr Christi.

Naïm *indecl. n.* (*hebr.*: schön) Naim, Bergstadt nahe am Berge Tabor, Pal. (Issachar), berühmt durch die Totenerweckung eines Jünglings (*Luc.* 7,11).

Naioth *indecl. n.* (*hebr.*: Newijjath oder Newijjoth-bath-Rama) *vielleicht ist ein* Vorort von Rama *gemeint oder noch besser* das „Prophetenhaus", das „Kloster" (der Propheten) bei Rama (1. *Kön.* 19, 18. 19. 23 u. 20, 21).

Naïssŭs, ī *f.* Nisch, St. an der Nischawa, Serbien, *ca.* 25 000 Einw.

năm *conjct.* denn, nämlich.

Namesĭă īnsŭlă, ae *f. s.* Naxos.

Namnĕtae, ārŭm *f.* (Nannĕtum civĭtas, Namnetĭca civitas, Nannetes, Condivincum) Nantes, St. an der Loire, Fkr. (Loire-Inférieure), *ca.* 180 000 Einw.; Bischofssitz (seit dem 4. Jhdt.), Suffr. von Tours; *dav.*: **Namnētĭcŭs** 3 *und* **Nannĕtēnsĭs,** ĕ.

Namnĕtēs, ŭm *m.* (Nannetes) die Namneten, ein keltisches Volk Galliens mit der Hauptstadt Nantes, *s.* Namnĕtae.

Namnĕtĭcă cīvĭtās, ātĭs *f. s.* Namnetae.

Namnĕtŏdūrŭm, ī *n.* Nanterre, St. südw. v. Saint-Denis, Fkr. (Seine), *ca.* 9300 Einw., mit ehem. Abtei.

Namnĕtŭm cīvĭtās, ātĭs *f. s.* Namnetae.

namquĕ *conjct.* denn, nämlich; zum Beispiel.

Namsi *indecl. m.* (*hebr.*) Namsi, Großvater des Königs Jehu von Israel.

Namuel *indecl. m.* (*hebr.*) Namuel 1. Sohn Simeons, dessen Nachkommen die Namueliten (*vgl.* Iemuel) waren. 2. ein Israelit aus dem Stamme Ruben, Bruder Dathans u. Abirons.

Namuelītae, ārŭm *m.* Namueliten, *s.* Namuel 1.

Namurcēn. (*C. R.*) *s.* Namurcum.

Namurcŭm, ī *n.* (Namucum) Namur, St. an der Maas, Belgien, *ca.* 32 000 Einw.; Bischofssitz (seit 1559), Suffr. v. Mecheln; *dav.*: **Namurcēnsĭs,** ĕ.

Namucŭm, ī *n. s.* Namurcum.

Nancēiānŭs 3 *s.* Nanceium.
Nancēiēnsĭs, ĕ *s.* Nanceium.
Nancēiŭm, ī *n.* (Nancium) Nancy (Nanzig), St. l. an der Meurthe, Fkr. (Meurthe-et-Moselle), *ca.* 90 000 Einw., Bischofssitz (seit 1777; vereinigt mit dem Bistum Toul seit 1802), Suffr. v. Besançon; *dav.*: **Nancēiānŭs** 3, **Nancēiēnsĭs,** ĕ *u.* **Nancēyēnsĭs,** ĕ.
Nancēyĕn. (*C. R.*) *s.* Nanceium.
nancīscŏr, nānctŭs u. nactŭs sum 3 erreichen, bekommen, erlangen.
Nancĭŭm, ī *n. s.* Nanceium.
Nănă, ae *f. s.* Nanea.
Nănaeă, ae *f. s.* Nanea.
Nănēă, ae *f.* (Nanaea, Nan(n)a, *Ναναία*) Nanea, eine in Elymais oder Persien verehrte Göttin, verschieden von Istar, wohl identisch mit der in Babylonien verehrten Göttin Nana, die als Gattin des Nabu galt; vielleicht ist sie auch mit der persisch-armenischen Göttin Anaitis (*Ἀναῖτις*), der Artemis oder Diana, zu vergleichen (2. *Mach.* 1, 13—16).
Nangasachĭŭm, ī *n. s.* Nangasakium.
Nangasakĭŭm, ī *n.* (Nagasakium, Nangasachium, Nangasquium, Nasakienum) Nagasaki, St. an der Westküste von Japan (Kiuschiu), *ca.* 155 000 Einw.; Bischofssitz (*seit* 1890; apostol. Vikariat seit 1876), Suffr. v. Tokio; *dav.*: **Na(n)gasakĭēnsĭs,** ĕ, **Nasakĭēnsĭs,** ĕ.
Nangăsăquiŭm, ī *n. s.* Nangasakium.
Nannă, ae *f. s.* Nanea.
Nannĕtĕn. (*C. R.*) *s.* Namnetae.
Nannĕtēs, ŭm *m. s.* Namnetes u. Namnetae.
Nannĕtĭcă cīvĭtās, ātĭs *f. s.* Namnetae.
Nannĕtĭs, ĭs *f. s.* Namnetae.
Nannĕtŭm, ī *n. s.* Namnetae.
Nantonĭēnsĕ castrŭm, ī *n.* Nantua, St. Fkr. (Ain), *ca.* 2800 Einw.
Napheg *indecl. m.* (*hebr.*) Napheg, Sohn Davids.
Naphis *indecl. m.* (*hebr.*?) Naphis, Sohn Ismaels u. Enkel Abrahams.
naphthă, ae *f.* (*νάφθα*) Erdharz; feines Erdöl.
Naphthali *indecl. s.* Nephthali.
Nārbō, ōnĭs *m.* (Narbona) Narbonne, St. Fkr. (Aude), *ca.* 25 000 Einw.; Erzbistum (vom 4. Jhdt. bis 1801), seit 1802 größtenteils mit Carcassonne vereinigt; *dav.*: **Nārbōnēnsĭs,** ĕ u. **Nārbōnĭcŭs** 3.
Nārbōnă, ae *f. s.* Narbo.
Nārbōnĕn. (*C. R.*) *s.* Narbo.
Nārbōnēnsĭs prōvincĭă, ae *f.* Narbonnaise, Landschaft in Südostfrankreich.
narcissŭs, ī *m.* Narzisse.
1. **S. Narcissŭs,** ī *m.* hl. Narzissus, Bek. u. Bisch. v. Jerusalem († 200).
Er lebte zur Zeit des Kaisers Severus. Als einst am Tage der Ostervigil den Diakonen und Priestern der Stadt das Oel ausgegangen war, schöpfte Narzissus Wasser aus dem nächsten Brunnen und verwandelte es durch sein Gebet in Oel. Da er gegen die Laster seiner Zeit mit Ernst vorging, warfen ihm einige schlechte Menschen Unzucht vor, indem sie dies sogar beschworen, wobei sich der eine eine Feuersbrunst im Falle der Unwahrheit seiner Aussage wünschte, ein zweiter den Aussatz und ein dritter Blindheit. Narzissus beteuerte seine Unschuld und zog sich zurück. Die Verleumder aber erlitten alsbald jene sich selbst angewünschte Strafe, und zwar erblindete der dritte dadurch, daß er unaufhörlich sein Verbrechen beweinte, als er das Unglück der Mitschuldigen sah. Im Alter von 116 Jahren segnete Narzissus das Zeitliche. — 29. Oktober.
2. **S. Narcissŭs,** ī *m.* hl. Narzissus, Bisch. u. Mart. († um 308).
Bischof Narzissus kam während der Christenverfolgung Diokletians nach Augsburg und wohnte im Hause der noch ungläubigen Afra. Dort verbrachte er mit seinem Diakon die ganze Nacht wachend mit Gebet und Lobgesängen, während der Raum von wundervollem Licht erfüllt war. Bewogen durch diese Erscheinung sowie durch die besondere Sanftmut und Heiligkeit führte Afra ihn zu ihrer Mutter Hilaria, die ihn mit Freuden aufnahm und sich mit den Hausangehörigen im christlichen Glauben unterrichten ließ. Vor der Taufe ließ Narzissus zur Buße ein siebentägiges Fasten ansagen. Nachdem er von Hilaria vernommen hatte, daß sie ihre Tochter nach Art ihrer Heimat Cypern dem Götzendienste der Venus geweiht hatte, bat er unter Tränen und viel Gebet Gott, es möchte, wo die Schuld überreich sei, die Gnade noch überreicher werden. Unterdessen erschien allen im Hause Versammelten ein Teufel in schrecklicher Gestalt und schalt den Narzissus wegen des Verlustes dieser Seelen, die bisher seinem Dienste geweiht waren. Der Heilige aber zwang Satan, in seiner Ohnmacht, gegen seinen Willen, die tiefsten Geheimnisse betreffs Erlösung der Menschheit zu gestehen. Nach sieben Bußtagen empfingen alle die hl. Taufe. Narzissus weihte das Haus zur Kirche und verblieb noch neun Monate. Dann begab er sich nach Spanien und predigte dort in verschiedenen Orten drei Jahre lang das Evangelium, bis er zu Gerona (Kastilien) für den Glauben starb. Als Soldaten sein Grab schänden wollten, schützte es ein hervorkommender großer Schwarm Fliegen vor der Zerstörung. — 18. März (Augsburg).
Narcissŭs, ī *m.* Narziß, ein Römer, dessen Angehörigen der Apostel Paulus einen Gruß sandte; wahrscheinlich der Freigelassene u. Sekretär des Kaisers Klaudius, der zu Beginn von Neros Regierung hingerichtet wurde.
nardŭm, ī *n. s.* nardus.
nardŭs, ī *f.* (nardum) 1. die Narde, eine Pflanze des nördlichen u. östlichen Indiens, aus deren Wurzel u. unterstem Stengel, das geschätzte wohlriechende Salbenöl bereitet wu de. 2. *übtr.*: Nardenöl, Balsam.
nārēs, ĭŭm *f.* die Nase (*eigentlich*: die Nasenlöcher).
Narnĭă, ae *f.* Narni, St. am Nar, It. (Perugia), *ca.* 3000 Einw.; Bischofssitz (seit 4. Jhdt.), exempt; *dav.*: **Narnĭēnsĭs,** ĕ.
Narnĭĕn. (*C. R.*) *s.* Narnia.
nārrātĭō, ōnĭs *f.* Erzählung.
nārrātīvŭs 3 erzählend.

nārrātŏr, ōrĭs *m.* Erzähler, Berichterstatter; Evangelist.

nārrō 1 erzählen, berichten, sagen; sich verabreden: narraverunt, ut absconderent laqueos sie verabredeten sich, Schlingen zu legen (*Ps.* 63, 6).

Nasakiēn. (*C. R.*) *s.* Nangasakium.

Nasakiēnŭm, ī *n. s.* Nangasakium.

Nasburgŭm, ī *n.* (Nashvillensis ecclesia) Nashville, St. am Cumberland River, Nordamerika (Tennessee), *ca.* 85000 Einw.; Bischofssitz (seit 1837), Suffr. v. Cincinnati, *dav.*: **Nasburgēnsĭs,** ĕ *u.* **Nashvillēnsĭs,** ĕ.

nāscentĭă, ae *f.* Geburtsstunde.

nāscĭbĭlĭs, ĕ was geboren werden kann.

nāscŏr, nātŭs sŭm 3 1. geboren, erzeugt, geschaffen werden. 2. entstammen, abstammen. 3. entstehen, wachsen; *subst.*: **nātŭs,** ī *m.* Sohn; **nātă,** ae *f.* Tochter; *ptc. fut.* nascitūrus 3.

Nashvillēn. (*C. R.*) *s.* Nasburgum.

Nasia *indecl. m.* (*hebr.*: Nesiach) Nasia, ein Nathinäer, dessen Nachkommen mit Zorobabel aus dem babyl. Exil zurückkehrten.

Nasiraeī, ōrŭm *m.* (*hebr.*: Nesirim = Abgesonderte, Gottgeweihte) Nasiräer, Personen bei den Israeliten oder Juden, welche durch ein besonderes Gelübde (das sog. Nasiräat) sich verpflichtet hatten, für eine bestimmte Zeit (gewöhnlich 30 Tage) oder auch lebenslänglich sich jeglicher geistigen Getränke zu enthalten, jede Verunreinigung (*bes.* durch Berühren einer Leiche) zu vermeiden und das Haupthaar nicht scheren zu lassen; langes Haar war damals nämlich das Zeichen der besonderen Hingabe an Gott u. der getreuesten Gesetzesbefolgung.

Nassĭă, ae *f. s.* Nassova.

Nassovă, ae *f.* (Nassia, Nassovia) Nassau, ehem. Herzogtum.

Nassovĭă, ae *f. s.* Nassova.

nāsŭs, ī *m.* Nase.

nātă, ae *f.* die Tochter.

nătābĭlĭs, ĕ was schwimmen kann.

nătābundŭs 3 schwimmend.

nātālĕ, ĭs *n.* (*scil.*: festum) Geburtsfest.

nātālēs, ĭŭm *m.* Herkunft, Geburt, Stand.

Nātālĭă, ae *f.* Natalia, Gattin des hl. Martyrers Hadrian.

nātālĭcĭă, ae *f.* (*scil.*: cena) (natalitia) Geburtstagsschmaus, Geburtsfeier; natalicia (*scil.*: dies) sanctorum Feier des Todestages der Heiligen, da dieser ihr Geburtstag für den Himmel war; natalicia ecclesiae Kirchweihfest (am eigentlichen Weihetage).

nātālĭcīnŭs 3 *s.* natalicius.

nātālĭcĭŭs 3 (natalicinus, natalitius) zur Geburt gehörig; Feriae Nataliciae oder Natalitiae Domini Weihnachtsfest.

nātālĭtĭă, ae *f. s.* natalicia.

Nātālĭtiae Dŏmĭnī, Geburtsfest des Herrn Weihnachtsfest.

nātālĭtĭŭs 3 *s.* natalicius.

1. **nātālĭs,** ĕ zur Geburt gehörig, Geburt-; zur Heimat gehörig; dies natalis Geburtstag, solum natale Heimatboden, Heimatland (*Hymn. Laud. S. Martinae,* 30. *Jan.*); *pl.*: **nātālēs,** ĭŭm *m.* Herkunft, Geburt, Stand.

2. **nātālĭs,** ĭs *m.* Geburtstag; Geburtsort.

Natanmelech *indecl. m.* (*hebr.*: der König hat geschenkt) (Nathanmelech) Natanmelech, ein Kämmerer, der vor der Regierung des Königs Josias von Juda Götzenverehrer war (4. *Kön.* 23, 11).

nătātĭlĭs, ĕ was schwimmen kann.

nătātĭō, ōnĭs *f.* d. Schwimmen; Schwimmübung.

nătātŏr, ōrĭs *m.* Schwimmer.

nătātōrĭă, ae *f.* (*scil.*: aqua) Schwimmplatz; Teich, Schwemme.

Natchesĭŭm, ī *n.* Natchez, St. l. am Mississippi, Nordamerika (Mississippi), *ca.* 15000 Einw.; Bischofssitz (seit 1837), Suffr. v. New Orleans; *dav.*: **Natchetēnsĭs,** ĕ.

Natchetēn. (*C. R.*) *s.* Natchesium.

Natchitochesēn. (*C. R.*) *s.* Natchitochesium.

Natchitochesĭŭm, ī *n.* Natchitockes, St. r. am Red River, Nordamerika (Louisiana), *ca.* 2500 Einw.; Bischofssitz (seit 1853), Suffr. v. New Orleans; *dav.*: **Natchitochesēnsĭs,** ĕ.

nătēs, ĭŭm *s. f.* natis.

Nathan *indecl. m.* (*hebr.* er [Gott] hat gegeben oder geschenkt) Nathan 1. ein Prophet z. Z. Davids. 2. ein Sohn Davids, Stammvater Jesu, von dem Zorobabel abstammte. 3. Vater Igaals, eines Offiziers Davids. 4. Vater des königl. Beamten Azarias. 5. Vater des israelitischen Priesters Zabud. 6. ein Israelit, Sohn Etheis. 7. ein Israelit, Bruder Joels. 8. ein Gesandter, den Esdras an Eddo schickte. 9. ein Jude, der sein fremdes Weib entlassen mußte.

Nathanaël *indecl. m.* (*hebr.*: Gott hat gegeben) Nathanael 1. ein Fürst u. Führer des Stammes Issachar durch die Wüste. 2. Bruder Davids. 3. ein Priester z. Z. Davids. 4. Vater des Leviten Semeias z. Z. Davids. 5. ein Levit, Sohn Obededoms. 6. ein israelitischer Fürst z. Z. des Königs Josaphat. 7. ein Vorsteher der Leviten z. Z. des Königs Josias. 8. ein Jude, der sein fremdes Weib entließ.

9. ein Haupt der Priesterfamilie Idaja. 10. ein jüdischer Priester, der bei der Tempelweihe nach dem Exil beteiligt war. 11. ein Jünger Jesu aus Kana, vielleicht mit dem Apostel Bartholomäus identisch.

Nathania *indecl. m.* (*hebr.*: Jahwe hat geschenkt) (Nathanias) Nathanias, 1. ein Sänger z. Z. Davids. 2. ein Levit z. Z. des Königs Josias. 3. ein Israelit, Ahnherr der Judith. 4. ein Israelit, Sohn Selemias. 5. Vater des Ismahel, eines Mörders des Statthalters Godolias.

Nathanias, ae *m. s.* Nathania.

Nathanmelech *indecl. m. s.* Natanmelech.

Nathinaeī, ōrŭm *m.* (*hebr.*: Geschenkte, donati) Nathinäer, Nachkommen der kanaanitischen (chamitischen) Bewohner Palästinas, besonders aus den Städten Gabaon, Kaphira, Beroth und Kariathiarim, und anderer Kriegsgefangenen, denen von den Israeliten das Leben geschenkt wurde und welche Frondienste (z. B. Holzfällen, Wassertragen) für die Israeliten verrichten mußten (*vgl. Jos.* 9, 17—27).

nātĭō, ōnĭs *f.* Volksstamm, Völkerschaft, Volk; *sg.* u. *pl.*: die Heiden (= gentes oder gentiles).

nătĭs, ĭs (*abl.* -e) *f.* die Hinterbacke; *gewöhnlich pl.*: nates, ium *f.* die Hinterbacken, der Hintere, das Gesäß, der Steiß (1. *Kön.* 5, 6 u. 12).

nātīvĭtās, ātĭs *f.* 1. Geburt, Geburtsfeier. 2. angeborene Beschaffenheit, Eigenschaft, Natur. 3. Erzeugnis, Feldertrag (*Ps.* 106, 37).

Nātīvĭtās B. M. V. Geburtsfest der allerseligsten Jungfrau Maria, 8. September.

Nātīvĭtās Dŏmĭnī Fest der Geburt Christi, Weihnachten, 25. Dezember.

Nātīvĭtās S. Joannĭs Baptistae Geburtsfest des hl. Johannes des Täufers, 24. Juni.

nātīvŭm, ī *n.* (*scil.*: iūs) das natürliche Recht (*C. j. c.* 1495 § 1).

nātīvŭs 3 geboren, angeboren, natürlich, ursprünglich; nativum ius das angeborene Recht (das mit einem Amte von Natur aus verbunden ist).

nătō 1 1. schwimmen; voll sein, überströmen. 2. durchschwimmen. 3. schwanken, ungewiß sein.

nātūră, ae *f.* 1. Beschaffenheit, Naturanlage, Wesen, Natur, natürlicher Trieb. 2. Welt, Weltall. 3. Grundstoff, Element, Substanz.

nātūrālĭs, ĕ (*adv.* naturaliter) 1. natürlich, leiblich. 2. naturgemäß, angeboren, von Natur aus.

1. **nātŭs,** ī *m.* Sohn; *pl.*: Kinder.

2. **nātŭs,** ūs (*abl.* -u) *m.* Geburt, soweit sie das Alter bestimmt; das Alter; natu von Geburt; maior natu älter.

nauclērŭs, ī *m.* (ναύκληρος) Schiffsherr.

naufrăgĭŭm, ī *n.* 1. Schiffbruch. 2. Zusammenbruch, Zerrüttung, Verlust.

naufrăgō 1 Schiffbruch erleiden.

naufrăgŭs 2 1. schiffbrüchig, ins Wasser gestürzt (*S. Jo. Nep.*). 2. zugrunde gerichtet, verarmt.

Naulēn. (*C. R.*) *s.* Naulum.

naulŭm, ī *n.* (ναῦλον) Fährgeld, Schiffslohn.

Naulŭm, ī *n.* Noli, St. an der Riviera di Ponente, It. (Genua), *ca.* 2000 Einw.; Bistum (seit 1239) mit Savona vereinigt 1820; *dav.*: **Naulēnsĭs,** ĕ.

Nauportŭs, ūs *m. s.* 2. Emona.

nausĕă, ae *f.* (nausia, ναυσία) 1. Übelkeit, Erbrechen; Seekrankheit. 2. *übtr.* Ekel, Überdruß.

nausĕābundŭs 3 zum Erbrechen geneigt.

nausĕō 1 1. sich erbrechen. 2. Ekel bekommen.

nausĭă, ae *f. s.* nausea.

naută, ae *m.* Schiffer (*Ez.* 27, 9).

nauticī, ōrŭm *m.* Seeleute, Schiffer.

nauticŭs 3 zum Seewesen gehörig, Schiffs-.

Nāvă, ae *f.* (Navus, i *m.*) Nahe, l. Nebenfluß des Rheins, der bei Bingen mündet.

nāvālĭs, ĕ zu den Schiffen *oder* zur See gehörig.

Navalis B. M. V. Marienrode, ehem. Kloster, Preußen (Hannover).

nāvarchŭs, ī *m.* (ναύαρχος) Schiffskapitän.

Năvarră, ae *f.* Navarra, Provinz in Nordspanien, ehemaliges Königreich.

Năvarrăeī, ōrŭm *m.* die Navarrer, die Bewohner von Navarra.

Navarro *indecl. s.* B. Paulus Navarro.

Nave *indecl. m.* (*hebr. richtig*: Nun) Nun, Vater Josuas, des Führers der Israeliten.

nāvicellă, ae *f.* Schifflein.

nāvĭcŭlă, ae *f.* Schiffchen; schifförmiger Behälter zum Aufbewahren des Weihrauchs.

nāvĭgābĭlĭs, ĕ schiffbar.

nāvĭgātĭō, ōnĭs *f.* Schiffahrt, Seereise.

nāvĭgātŏr, ōrĭs *n.* Schiffer, Schiffsmann.

nāvĭgĭŭm, ī *n.* kleines Schiff, Boot, Barke.

nāvĭgō 1 schiffen, segeln, durchschiffen, befahren.

nāvĭs, ĭs *f.* (ναῦς) 1. Schiff. 2. *liturgisch*: Schiff der Kirche, *d. h. Raum für den Aufenthalt der Laien zum Unterschiede vom Chore, der für den Klerus bestimmt ist.*

nāvĭtās, ātĭs *f.* Regsamkeit, Emsigkeit.

năvĭtĕr *dav.* emsig, hurtig, unverdrossen.
nāvō 1 eifrig betreiben; operam n. alicui jemand mit Eifer dienen.
nāvŭs 3 (gnāvus) emsig, regsam, tüchtig.
Nāvŭs, ī *m. s.* Nava.
Naxĭēn. (*C. R.*) *s.* Naxus.
Naxŏs, ī *f. s.* Naxus.
Naxŭs, ī *f.* (Naxos, *Νάξος*) Naxus (Naxia, Axia, Namesia insula), die größte der Kykladeninseln im Ägäischen Meere, Griechenland; Hauptst.: Naxus, *ca.* 1800 Einw., Erzbischofssitz (seit 16. Jhdt. an Stelle von Rhodos; lat. Bistum seit 13. Jhdt.); *dav.*: **Naxĭēnsĭs,** ĕ u. **Naxĭŭs** 3.
Nāzără, ae *f. s.* Nazareth.
Nazaraeī, ŏrŭm *m.* (*Ναζαραῖοι, Ναζωραῖοι*) Nazaretaner, wahrscheinlich jene Judenchristen, die vor der Zerstörung Jerusalems nach Pella flohen u. dann sich südwärts vom Toten Meer ansiedelten; sie wichen später in manchen Lehren von der Wahrheit ab; diese christlich-jüdische Sekte erhielt sich bis ins 5. Jhdt.
Nazarēnī, ōrŭm *m.* die Nazarener, 1. Bewohner von Nazareth. 2. Anhänger Jesu, Christen.
Nazarēnŭs, ī *m.* u. 3 *s.* Nazareth.
Nazareth *indecl.* (Nazara, Nazarethum) Nazareth, St. in Galiläa (im Stamme Zabulon); *j. arab.*: En Nasira (*türk.*: Nasre), südl. vom Dschebel-el-Sich (Beirut), *ca.* 10 000 Einw.; *dav.*: **Nazarēnŭs** *und* **Nazarēŭs,** *adj.* u. *subst.*
Nazarethŭm, ī *n. s.* Nazareth.
Nazarēŭs 3 *s.* Nazareth.
1. **S. Nazarĭŭs,** ī *m.* hl. Nazarius, Mart. in Mailand († um 68), 28. Juli.
2. **S. Nazarĭŭs,** ī *m.* hl. Nazarius, Bischof, Bek. († 6. Jhdt.)

Er war Bischof von Justinopolis (bei Triest). Fast ein Jahrhundert lang lag sein hl. Leib verborgen, bis er im Jahre 601 durch ein Wunder entdeckt wurde. Ein Kirchendiener namens Martin sah nämlich schon öfters während des nächtlichen Gebetes unter eine Steintreppe, wo der hl. Leib ruhte, Lichtstrahlen vom Himmel sich ergießen. Doch schenkte man seiner Erzählung wegen seiner Einfältigkeit keinen Glauben. Erst als ein Engel einem gew. Bürger Peregrinus im Traume mahnte, wurde in Gegenwart der Geistlichkeit nachgegraben und das Grab gefunden, das die Inschrift trug: Bischof Nazarius verschieden im Herrn am 19. Juni. Nach Oeffnung des Grabes vor einer ungeheuren Menge Volkes wurden durch Berührung mit dem hl. Leibe sehr viele Kranke geheilt und Besessene aus der Gewalt des Teufels befreit. Infolge weiterer Wundertaten erwählte ihn die Stadt Justinopolis zum Schutzpatron, während er in der Kirche zu Aquileia besondere Verehrung genoß. — 19. Juni (Triest).

Nazianzēnŭs 3 *s.* Nazianzum.
Nazianzŭm, ī *n.* Nazianz, St. im Südwesten von Kappadokien in Kleinasien; *dav.*: **Nazianzēnŭs** 3.
nē 1. *als adv.*: nicht; **ne — quidem** auch nicht, nicht einmal. 2. *als conjunct.*: daß nicht, damit nicht; *zuweilen auch durch einfaches* „daß" *zu übersetzen.* 3. *als enklitische Fragepartikel*: etwa, wohl, ob vielleicht; **ne — an** ob — oder.
1. **Nĕāpŏlĭs,** ĭs (*acc.* -im; *abl.* -i) *f.* (Neustadt) Neapel (Napoli), Hafenst., It., *ca.* 500 000 Einw.; Erzbischofssitz (seit 10. Jhdt., Bistum seit 4. Jhdt.); *dav.*: **Nĕāpŏlītānŭs** 3.
2. **Nĕāpŏlĭs,** ĭs *f.* Neapolis, Hafenst. am strymonischen Meerbusen in Thrakien, *j.*: das türkische Dorf Kavalha (*Apg.* 16, 11).
Nĕāpŏlītān. (*C. R.*) *s.* 1. Neapolis.
Nebă, ae *f.* (Nebo, Naua) Nebo, Bistumstitel in Arabien, Suffr. v. Bostra (*arab.*: Bosra); *dav.*: **Nebēnsĭs,** ĕ.
Nebahaz *indecl. m.* (*hebr.*: Nibhaz) Nebahaz, ein Götze der ʻAwwiter, eines Kolonistenvolkes in Samaria (*vielleicht identisch mit*: Ib-na-ha-za, einem elamitischen Götzen).
Nebai *indecl. m.* (*hebr.*) Nebai, ein jüdisches Volkshaupt nach dem Exil u. Mitbesiegler des erneuerten Bundes.
Neballat *indecl.* (*hebr.*) Neballat, St. Pal. (Benjamin).
Nebēn. (*C. R.*) *s.* Neba.
1. **Nebo** *indecl. m.* (*hebr.*) 1. Nebo, Stammfürst, der mit 52 „Söhnen" in Begleitung Zorobabels aus der babylon. Gefangenschaft zurückkehrte (1. *Esdr.* 2, 29 *u.* 2. *Esdr.* 7, 33). 2. ein führender Jude, dessen Söhne fremde Weiber nahmen (1. *Esdr.* 10, 43).
2. **Nebo** *indecl.* (*hebr.*: Nabo) Nebo, die Nordwestspitze des Gebirges Abarim im Ostjordanlande, wo Moses starb (5. *Mos.* 34, 1).
Nebsan *indecl.* (*hebr.?*) Nebsan, St. in der Wüste Juda in der Nähe von Engaddi, Pal. (Juda).
nĕbŭlă, ae *f.* 1. Dunst, Nebel, Rauch. 2. Wolke, Gewölk. 3. Dunkel, Dunkelheit.
nĕbŭlō, ōnĭs *m.* Taugenichts.
nĕbŭlōsŭs 3 nebelig.
nĕc *oder* **nĕquĕ** *conjunct.*: 1. und nicht, auch nicht. 2. denn nicht, nämlich nicht. 3. **neque — non** und sicherlich, und in der Tat. 4. und so nicht. 5. = **ne quidem.** 6. **neque — neque** weder — noch, wie nicht — so auch nicht. 7. **neque — et** nicht — dagegen wohl. 8. **necnon** und dazu.
nĕcātŏr, ōrĭs *m.* Mörder.
nĕcātrīx, īcĭs *f.* Mörderin.
Neccărŭs, ī *m.* (Nechăra) Neckar, r. Nebenfluß des Rheins (Württemberg, Baden).
necdŭm *adv.* (= nequedum) und noch nicht.

Neceb *indecl.* (*hebr.*:) Nekeb, St. Pal. (Nephthali).
nĕcessārĭō (*auch*: necessarie) *adv.*: von necessarius.
nĕcessārĭŭs 3 (*mit compar.*: necessarior, ius) 1. notwendig, nötig, unentbehrlich. 2. notdürftig, unansehnlich. 3. eng verbunden, verwandt, befreundet; *adv.*: necessario u. necessarie.
nĕcessĕ (*auch* necessum) *adj.*, *nur im nom. u. acc sg. n.*, notwendig, unausweichlich, unvermeidlich: *in der Verbindung* necesse esse *und* necesse habere.
nĕcessĭtās, ātĭs *f.* 1. Notwendigkeit, Zwang. 2. Verhängnis, Schicksal. 3. Not, Bedürfnis, schreckliche Lage, Mangel, Hungersnot. 4. Anliegen, dringende Bitte.
nĕcessĭtūdō, ĭnĭs *f.* 1. Notwendigkeit, Bedrängnis, Not. 2. Verwandtschaft, Freundschaft.
nĕcessŭm *s.* necesse.
Nechao *indecl. m.* Necho *oder* Neko II., König von Ägypten (610—595).
Nechără, ae *m. s.* Neccărus.
necnĕ oder nicht.
necnōn *conjunct.* und dazu; und ferner.
nĕcō 1 töten, morden; vernichten; necare suspendio aufhängen.
Necoda *indecl. m.* (*hebr.* ?) Nekoda, 1. eine Nathinäerfamilie. 2. eine andere nachexilische Familie, die ihre jüdische Abstammung nicht nachweisen konnte.
nĕcŏpīnāns, antĭs nichts ahnend.
nĕcŏpīnātŭs 3 unvermutet; *dav.*: necopinato (*abl. als adv.*) wider Vermuten.
necrŏlŏgĭă, ae *f.* (νεκρολογία, necrologium) Nekrolog, Totenrede, Grabrede, Trauerrede, Nachruf auf einen eben Verstorbenen unter kurzer Lebensbeschreibung (*C. j. c.* 2025).
necrŏlŏgĭŭm, ī *n.* Verzeichnis Verstorbener mit Angabe der Lebensdaten, das in manchen Klöstern am Todestage der Verzeichneten vorgelesen wird.
necrŏmantĭă, ae *f.* (νεκρομαντεία) Geisterbeschwörung, Totenbeschwörung.
nectăr, ărĭs *n.* (νέκταρ) Göttertrank; *übtr.*: das Süße, das Liebliche.
Nectārĭŭs, ī *m.* 1. Patriarch von Konstantinopel, † 397. 2. Nachfolger des hl. Agrippinus.
nectō, nexŭī *oder* nexī, nexŭm 3 1. verknüpfen, zusammenbinden, flechten. 2. binden, fesseln; ad moras nectendas: um (dem Gerichte) Verzögerungen zu bereiten.
nĕcŭbī *adv.* nicht irgendwo.
nĕdŭm 1. *conjunct.* geschweige denn (daß); nicht nur daß. 2. *adv.* geschweige (denn).

nĕfandŭs 3 ruchlos, gottlos.
nĕfārĭŭs 3 verrucht, frevelhaft.
nĕfās *indecl. n.* Frevel, Sünde, Unrecht.
nĕfāstŭs 3 verboten, sündhaft; Unglück bringend.
nĕgātĭō, ōnĭs *f.* Verneinung, Leugnung.
nĕgātŏr, ōrĭs *m.* Leugner, Verleugner.
nĕgātrīx, īcĭs *f.* Leugnerin; *auch adj.*
neglēctĭō, ōnĭs *f.* Vernachlässigung.
neglēctŭs 3 vernachlässigt, nicht geachtet.
neglēctŭs, ūs *m.* Vernachlässigung.
neglĕgēns, entĭs unachtsam, gleichgültig, leichtsinnig.
neglĕgentĭă, ae *f.* Nachlässigkeit, Unachtsamkeit, Geringschätzung, Gleichgültigkeit.
neglĕgō, lēxī, lēctŭm 3 (neglĭgo) 1. sich nicht kümmern, vernachlässigen, versäumen. 2. geringschätzen, nicht beachten.
neglĭgō 3 *s.* neglego.
nĕgō 1 1. verneinen, leugnen; sagen, daß nicht. 2. versagen, verweigern.
nĕgōtĭātĭō, ōnĭs *f.* Handel, Bankgeschäft.
nĕgōtĭātŏr, ōrĭs *m.* Kaufmann.
nĕgōtĭŏr 1 Handel treiben.
nĕgōtĭōsŭs 3 geschäftig.
nĕgōtĭŭm, ī *n.* 1. Beschäftigung. 2. Geschäft, Aufgabe, Unternehmung. 3. Schwierigkeit, Mühe. 4. Streit, Händel. 5. Ding [Pest] (*Ps.* 90, 6).
Nehelamītēs, ĭs *m.* Bewohner von Nehelam, einer Stadt im Stamme Zabulon (*nach S. Hieronymus*); *vgl. Jer.* 29, 24 ss.
Nehelescol *indecl.* (*hebr.*: Traubental) Neheleskol, ein Gießbach, der auch der Bach Botrus genannt wurde (4. *Mos.* 13, 25).
Nehemiās, ae *m.* (*hebr.*: Jahwe tröstet) Nehemias, 1. angesehener Jude der nachexilischen Zeit, Wiedererbauer Jerusalems. 2. das nach diesem benannte Buch des Alten Testamentes, *in der Vulgata unrichtig*: „*Zweites Buch des Esdras*" *genannt.* 3. ein Jude, der mit Zorobabel aus dem babyl. Exil zurückkehrte. 4. ein Jude, der beim Wiederaufbau Jerusalems mitwirkte, Sohn Azboks.
Nehiel *indecl.* (*hebr.*) Nehiel, St. Pal. (Aser).
S. Nĕĭtŭs, ī *m.* hl. Neitus, Mart., († um 305).
Er stammte aus römischem Geschlechte und wurde als fünfundzwanzigjähriger Christ auf Befehl Diokletians hingerichtet. Die Christen fingen in einem Fläschlein das Blut auf und setzten den Leichnam in der Kallistuskatakombe bei. Am 22. Februar 1819 wurde die Blutampulle mit dem Leichnam und einer Inschrift aufgefunden; Gregor XVI. schenkte alles im Jahre 1835 dem ungarischen Bischofe von Rosenau (Rosnya), wo die Reliquien am 3. Sonntage nach Pfingsten 1836

zum ersten Male zur Verehrung dem Volke gezeigt wurden. — 3. Sonntag nach Pfingsten (Rosenau).

Nemausēn. (*C. R.*) *s.* Nemausum.

Nemausŭm, ī *n.* Nîmes, St. in der Provence, Fkr. (Gard), *ca.* 72 000 Einw.; Bischofssitz (seit 4. Jhdt.), Suffr. v. Avignon; *dav.*: **Nemausēnsĭs,** ĕ.

Nĕmĕsĭŭs, ī *m.* Nemesius: 1. Sohn der hl. Mart. Symphorosa. 2. Tribun in Rom z. Zt. Valerians.

Nemetacŭm, ī *n. s.* Atrebatum.

Nĕmĕtēnsĭs cīvĭtās, ātĭs *f. s.* Nemetis.

Nĕmĕtēs, ŭm *m.* die Nemeter, eine germanische Völkerschaft in der Gegend der heutigen bayerischen Pfalz.

Nĕmĕtĭs, ĭs *f.* (Nemetensis civ., Augusta Nemĕtum, Spira) Speyer, St. am Rhein, Bayern, (Pfalz), *ca.* 20 000 Einw.; Bischofssitz (seit 614), Suffr. v. Bamberg; *dav.*: **Nĕmĕtēnsĭs,** ĕ u. **Spīrēnsĭs,** ĕ.

Nemetŏcennă, ae *f. s.* Atrebatum.

nēmō, ĭnĭs *m.* kein Mensch, niemand, keiner; et nemo in eis = wann noch niemand unter ihnen Dasein hat (*Ps.* 138, 16).

nĕmŏrālĭs, ĕ zum Hain gehörig, Wald-.

Nĕmŏrēnsĭs vīcŭs Stadtviertel in Rom, *j.* delle Fratte.

nempĕ *adv.* freilich, allerdings, nämlich.

Nemra *indecl.* (*hebr.*) *s.* Bethnemra.

Nemrim *indecl.* (*hebr.*: Nimrim Pardelstätte?) Nemrim, Ort nordöstlich vom Jordan im Lande der Amorrhiter, *vielleicht das jetzige*: Wadi Nemairah.

Nemrod *indecl. m.* (*hebr.*) Nemrod, Sohn des Chus, ein Chamite; Begründer der Königsherrschaft über Babylon, Arah, Achad u. Chalanne? (*Gen.* 10, 9).

Nemroth *indecl. Propr. v. Seckau*, 3. Nov. = in fossa Nemroth *als Stelle aus dem Propheten* (*Mich.* 5, 6), *wohl* = Nemrod.

nĕmŭs, ŏrĭs *n.* (νέμος) Hain, Wald.

nēnĭă, ae *f.* (νηνία, naenia) Trauergesang, Lied.

nĕō, nēvī, nētŭm 2 spinnen.

Nĕŏburgēnsĕ claustrŭm, ī *n. s.* 1. Neoburgum.

1. **Nĕŏburgŭm,** ī *n.* (Neoburgense claustrum, Neoburgi claustrum) Kloster Neuburg, St. a. der Donau (Niederösterreich) mit Kloster, einer Stiftung des hl. Leopold v. Österreich; *ca.* 10 000 Einw.

2. **Nĕŏburgŭm,** ī *n.* (Neocomum) Neuenburg, St., Schweiz; *ca.* 22 000 Einw.

Nĕŏburgŭm claustrālĕ *n. s.* 1. Neoburgum.

Nĕŏ-Caceres *indecl. m.* Nueva Caceres, St. auf Luzon, einer Insel der Philippinen, *ca.* 10 000 Einw.; Bischofssitz (seit 1595), Suffr. v. Manila.

Nĕŏcaesărēă, ae *f.* (Neocaesarea in Ponto) Niksar, St. im nordwestl. Kleinasien.

Nĕŏcastrēn. (*C. R.*) *s.* Neocastrum.

Nĕŏcastrēnsĭs Lăcŭs *m.* (Neocomensis Lăcus) Neuenburger See, Schweiz.

Nĕŏcastrŭm, ī *n.* Nicastro, St. in It. (Nicastro), *ca.* 13 000 Einw.; Bischofssitz (seit 11. Jhdt.), Suffr. v. Reggio; *dav.*: **Nĕŏcastrēnsĭs,** ĕ.

Nĕŏcellēnsĕ collēgĭŭm, ī *n.* Kloster Neuzell bei Brixen in Südtirol.

nĕŏchrĭstĭānŭs, ī *m.* Neuchrist.

Nĕŏcōmēnsĭs Lăcŭs, ūs *m. s.* Neocastrensis Lacus.

Nĕŏcōmŭm, ī *n. s.* Neoburgum.

nĕŏconversă, ae *f.* Konvertitin, Neubekehrte.

nĕŏconversŭs, ī *m.* Konvertit, Neubekehrter.

Nĕŏdūnŭm, ī *n.* (Nevidunum, Nimvidunum, Noviodunum, Civitas Julii Equestris, Colonia Julii Equestris) Neuß *oder* Nyon, St. am Genfersee, Schweiz (Waadt), *ca.* 4000 Einw.

Nĕŏ-Ebŏrācēn. (*C. R.*) *s.* Neo-Eboracum.

Nĕŏ-Ebŏrācŭm, ī *n.* New York, St., Nordamerika, *ca.* 4 000 000 Einw., Erzbistum (seit 1850, Bistum seit 1808); *dav.*: **Nĕŏ-Ebŏrācēnsĭs,** ĕ.

Nĕŏgrănātēnsĕ rēgnŭm, Neu Granāda, ehem. Name von Colombia in Südamerika.

Nĕŏmăg(ĭ)ŭm, ī *n.* (Noviomagium, Noviomagus, Noviomagus Rhenanus [Batavorum], Niumaga) Nimwegen, Stadt in Holland (Geldern), *ca.* 50 000 Einw.; *dav.*: **Nĕŏmăg(ĭ)ēnsĭs,** ĕ.

nĕŏmēnĭă, ae *f.* (νεομηνία) Neumond; in neomenia am Neumondstage (im Oktober; *Ps.* 80, 4).

Nĕŏ-Pampĕlō, ōnĭs *f.* Neupampelona, St. am Pamplonita, Colombia (Santander), *ca.* 20 000 Einw.; Bischofssitz (seit 1835), Suffr. v. Bogotá; *dav.*: **Nĕŏ-Pampĭlōnēnsĭs,** ĕ.

Nĕŏ-Pampĭlōnēn. (*C. R.*) *s.* Neo-Pampelo.

nĕŏphȳtŭs, ī *m.* (νεόφυτος) 1. Neubekehrter, Neugetaufter. 2. Neuling.

Nĕŏportēn. (*C. R.*) *s.* Neoportus.

Nĕŏportŭs, ūs *m.* Newport, St. am Usk, England (Monmouth), *ca.* 70 000 Einw., Bistum (seit 1850; von 1850—1896 Bistum Newport u. Menevia), Residenz in Llanishen, Cardiff, Suffr. v. Westminster, *dav.*: **Nĕŏportēnsĭs,** ĕ.

nĕŏpresbȳtĕr, ĕrī, *m.* Neupriester.

nĕŏsăcerdōs, dōtĭs *m.* Neupriester, Neomyst.

Nĕŏsōlĭēn. (*C. R.*) *s.* Neosolium.

Nĕŏsōlĭŭm, ī *n.* Neusohl, St. am Gran u. Bistrizt, Nordungarn, *ca.* 1000

Einw.; Bischofssitz (seit 1776). Suffr. v. Gran; *dav.*: **Nĕŏsōlĭēnsĭs,** ĕ.

nĕōtĕrĭcŭs 3 (νεωτερικός) neu.

Nĕŏvillă, ae *f.* 1. Neustadt, St., Bayern (Niederbayern), *ca.* 1800 Einw. 2. Neustadt, St. an der Hardt, Bayern (Pfalz), *ca.* 18000 Einw. 3. Neuweiler, St., Elsaß (Zabern), *ca.* 1500 Einw. 4. Neuville-sur-Saône, St., Fkr., (Rhône); *dav.*: **Nĕŏvillārĭs,** ĕ.

Nĕŏvillārĭs, ĕ *s.* Neovilla.

Nĕŏ-Westmŏnastĕrĭēn. (*C. R.*) *s.* Neo-Westmonasterium.

Nĕŏ-Westmŏnastĕrĭŭm, ī *n.* New Westminster, St. am Fraser, Kanada (Britisch-Columbia), *ca.* 7000 Einw.; Bischofssitz (seit 1890, apost. Vik. seit 1863), Suffr. v. Vancouver; *dav.*: **Nĕŏ-Westmŏnastĕrĭēnsĭs,** ĕ.

Nĕpă, ae *f. s.* Nepete.

Nĕpĕ, ĭs *f. s.* Nepete.

Nĕpĕsīn. (*C. R.*) *s.* Nepete.

Nĕpĕtă, ae *f. s.* Nepete.

Nĕpĕtĕ, ĭs *n.* (Nepa, Nepe, Nepeta, Nepita) Nepi, St. in Etrurien, It. (Rom), *ca.* 3000 Einw.; Bischofssitz der seit 1435 vereinigten Bistümer Nepi u. Sutri oder Sutri u. Nepi, exempt, *dav.*: **Nĕpĕsīnŭs** 3.

Nepheg *indecl. m.* (*hebr.*) Nepheg, 1. ein Israelit aus dem Stamme Levi. 2. ein Sohn Davids.

Nephi *indecl. s.* Nephthar.

nephrītĭcŭs 3 (νεφριτικός) nierenkrank.

nephrītĭs, tĭdĭs *f.* (νεφρῖτις) Nierenkrankheit.

Nephthali *indecl. m.* (*hebr.*: mein Kampf, *auch*: Náphthali) 1. Sohn des Patriarchen Jakob von der Bala (Bilha). 2. der nach diesem benannte Stamm der Juden und sein Land. 3. die gleichnamige Hauptstadt dieses Stammes.

Nephthalim *indecl.* (*hebr. pl. v.* Nephthali) terra Nephthalim das Gebiet des israelitischen Stammes Nephthali (*Matth.* 4, 13).

Nephthalītēs, ae *m.* Nephthaliter, Angehöriger des Stammes Nephthali.

Nephthar *indecl.* (Nephi) *angeblich*: Name für jene Stelle, an welcher Nehemias das beim Abzuge in die babyl. Gefangenschaft versteckte hl. Feuer als schlammig-feuchte Masse wiederfand (2. *Mach.* 1, 36).

Nephthuim *indecl.* Bewohner der Nephthis, Nephthuachiter, ein chamitischer Volksstamm, der von Ägyptern abstammt (1. *Mos.* 10, 14).

Nephtoa *indecl.* (*hebr.*) Nephthoach, eine Wasserquelle an der Grenze des Gebietes Juda.

Nephusim *indecl. m.* (Nephussim) Nephischiter, Nathinäer, die mit Zorobabel aus dem babyl. Exil zurückkehrten.

Nĕpŏmŭcēnŭs 3 *s.* Nepomucum.

Nĕpŏmūcŭm, ī *n.* Nepomuk, St. r. von der Uslawa (zur Beraun), Südwestböhmen, *ca.* 2100 Einw.; Geburtsort des hl. Johannes v. N., Johanneskirche an der Stelle seines Geburtshauses; *dav.*: **Nĕpŏmūcēnŭs** 3.

nĕpōs, pōtĭs *m.* 1. Enkel. 2. Neffe. 3. Nachkomme.

Nĕpōtĭānŭs, ī *m.* Nepotian, ein Priester, Zeitgenosse des hl. Hieronymus.

neptĭs, ĭs (*acc.* -ĕm u. -ĭm, *abl.* -ĕ u. -ī, *gen. pl.* -ĭŭm) *f.* 1. Enkelin. 2. Nichte.

nēquăm *indecl. compar.*: **nēquĭŏr,** -ĭŭs; *superl.*: **nēquissĭmŭs** 1. *adj.* nichtstaugend, nichtsnutzig, leichtfertig. 2. *subst.*: Schelm, Taugenichts, Missetäter; *adv.*: **nēquĭtĕr** leichtfertig.

nēquandō *conj.* (= ne aliquando) damit nicht irgend einmal.

nēquāquăm *adv.* auf keine Weise, ganz und gar nicht, keineswegs.

nĕquĕ *s.* nec.

nĕquĕdŭm *s.* necdum.

nĕquĕō 4 nicht vermögen, nicht können.

nēquĭŏr, -ĭŭs *s.* nēquam.

nēquīquăm *adv.* umsonst, erfolglos.

nēquĭtĕr *adv. s.* nequam.

nēquĭtĭă, ae *f.* Leichtfertigkeit, Schlechtigkeit, Verworfenheit, Bosheit; spiritales nequitiae die bösen Geister.

Ner *indecl. m.* (*hebr.*: Licht) Ner, Onkel Sauls u. Vater des Abner eines Heerführers Sauls.

Neregel et Sereser *indecl. m.* (*babyl.*: Nergalscharussur Nergal schütze den König) Obermagier; *wohl Einschub* (*Jer.* 39, 13).

S. Nērĕŭs, ĕī *m.* hl. Nereus, Mart. (1. Jhdt.), 12. Mai.

Nērĕŭs, ĕī *m.* Nereus, ein Christ in Rom, den der hl. Paulus grüßen läßt.

Nergal *indecl. m.* Nergal, Kriegsgott, Gott der Stadt Kutha (4. *Kön.* 17, 30).

Neri *indecl. m.* (*hebr.*: Jahwe ist Licht) Neri, Ahnherr Christi (*Luc.* 3, 27).

Nerĭās, ae *m.* (*graezisiert*; *auch*: Neri, *hebr.* Jahwe ist Licht) Nerias, Neri, 1. Vater des Propheten Baruch. 2. Vater des Serajas, des obersten Quartiermeisters des Königs Sedekias auf der Reise nach Babylon.

Nērĭdĭānŭm coenŏbĭŭm, ī *n.* Kloster bei Neapel im 5. Jhdt. (*Aug. O.*).

Nērĭtōnēn. (*C. R.*) *s.* Neritum.

Nērĭtŭm, ī *n.* Nardò, St. It. (Lecce), *ca.* 12000 Einw.; Bischofssitz (seit 1413), exempt; *dav.*: **Nērĭtōnēnsĭs,** ĕ.

Nērĭŭs, ī *m. s.* S. Philippus Nerius.

Nĕrō, ōnĭs *m.* Tiberius Claudius Nero, röm. Kaiser (reg. 54—68), erster Christenverfolger.

Nervă, ae *m.* Marcus Cocceius Nerva, röm. Kaiser (96—98).

nervĭcĕŭs 3 aus Sehnen gemacht: funes (Stricke).

Nervĭi, ōrŭm *m.* die Nervier, eine von Germanen stark durchsetzte gallische Völkerschaft zwischen Somme, Schelde, Rhein und Meer.

nervōsŭs 3 sehnig, kraftvoll, kräftig.

nervŭm, ī *n.* Holzpflock (*an den die Füße der Gefangenen geschlossen wurden*).

nervŭs, ī *m.* (νεῦρον) 1. Sehne, Muskel. 2. Riemen, Fessel. 3. Stärke, Lebenskraft.

nescĭentĕr *adv.* mit Unwissenheit, unwissend.

nescĭentĭă, ae *f.* Unwissenheit, das Nichtwissen.

nescĭō 4 nicht wissen, nicht kennen; nicht verstehen, keine Einsicht haben.

nescĭŭs 3 1. unwissend, nicht kennend. 2. unbekannt, unbewußt.

Nesib *indecl.* (*hebr.*: Posten) Nesib, St., Pal. (Juda).

Nesqualĭă, ae *f.* Nesqually, Bistum (seit 1850) in Nordamerika, das Territorium Washington umfassend, Residenz in Seattle, Suffr. v. Oregon; *dav.*: **Nesqualĭēnsĭs,** ĕ.

Nesqualiēn. (*C. R.*) *s.* Nesqualia.

Nesroch *indecl.* (*hebr.*: Nisrok). Nesroch, Beiname des assyrischen Kriegsgottes? ein Standbild, das Sennacherib zur Anbetung errichtet hatte (4. *Kön.* 19, 37).

Nestŏrĭānī, ōrŭm *m.* Nestorianer, die Anhänger des Irrlehrers Nestorius, der auf dem Konzil von Ephesus (431) verurteilt wurde; nach seiner Lehre waren in Christus auch zwei Personen, wie zwei Naturen. Die heutigen Nestorianer nennen sich in Syrien, Persien, Indien usw. „chaldäische Christen“.

Nestŏrĭŭs, ī *m.* Nestorius, Patriarch von Konstantinopel, Irrlehrer im 5. Jhdt.

Nētă, ae *f.* Neethe, Nebenfluß der Schelde.

Nētēn. (*C. R.*) *s.* Netum.

Nētēnī, ōrŭm *m. s.* Netum.

Nētīnă urbs, ĭs *f. s.* Netum.

Nētīnī, ōrŭm *n. s.* Netum.

Nētĭŭm, ī *n.* (Andriensis ecclesia) Andra, St., It. (Bari), *ca.* 48000 Einw.; Bischofssitz (seit 5. Jhdt.), Suffr. v. Trani.

Netophă, ae *f.* (*hebr.*: Träufelung) (Netupha) Netopha, St., Pal. (Juda), das heutige Beit-Netif, südwestlich von Jerusalem.

Netophati *indecl. m. s.* Netophatites.

Netophatītēs, ae *m.* (*hebr.*: Netophi) (Netophati) Netophatiter, ein Mann aus Netopha, *s.* Netopha.

Nētŭm, ī *n.* Noto, St., Sizilien (Syrakus), *ca.* 23000 Einw.; Bischofssitz (seit 1844), Suffr. v. Syrakus, *dav.*: **Nētēnēnsĭs,** ĕ; **Nētēnī, Nētīnī,** ōrŭm *m.* u. **Nētīnēnsēs,** ium *m.* Einw.

Netuphă, ae *f. s.* Netopha.

Netuphati *indecl. m. s.* Netophati u. Netopha.

Neuburgă, ae *f.* (Neoburgum claustrale) Klosterneuburg, St., Niederösterreich, *s.* 1. Neoburgum.

Neusĭă, ae *f. s.* Nove(n)sium.

Neustrĭă, ae *f.* Neustrien, der westliche Teil des Frankenreiches.

nĕŭtĕr, tră, trŭm (*gen.*: nĕŭtrīŭs, *dat.*: nĕŭtrī) 1. keiner von beiden; *pl.* keine von beiden Parteien. 2. neutral, ohnseitig.

nĕŭtĭquăm u. **nĕŭtĭquĕ** *adv.* keineswegs.

nĕŭtrō *adv.* nach keiner von beiden Seiten hin.

nēvĕ u. **neu** *conjunct.* 1. und nicht, oder nicht. 2. neve — neve damit weder — noch.

Nĕvĭdūnŭm, ī *n. s.* Neodunum.

Nĕv(ĭ)ĕdūnŭm, ī *n. s.* Neodunum.

nex, nĕcĭs *f.* 1. gewaltsamer Tod, Mord. 2. Mordblut.

nexĭō, ōnĭs *f.* Verknüpfung.

nexŭs, ūs *m.* 1. Verbindung, Kette; nexus vinculi die Verschlingung, das Band der Fessel. 2. Schuldhörigkeit, Knechtschaft.

nī 1. *altlat.*: nei Nebenform für nē und nisi. 2. in Konditionalsätzen = si non wenn nicht, wofern nicht.

Nīcaeă, ae *f.* (Νίκαια) 1. Nicäa, Stadt in Bithynien, Kleinasien, *j.*: Isnik; *dav.*: **Nīcaenŭs** 3 u. **Nīcaeēnsĭs,** ĕ; symbŏlum Nicaenum das auf dem ersten allgemeinen Konzile zu Nizäa (325) aufgestellte Glaubensbekenntnis. 2. *s.* Nicaea ad Varum.

Nīcaeă ăd Vārŭm *f.* (Nicaea, Nicensis urbs, Nicia) Nizza (Nice), St. an der Riviera, Fkr. (Alpes-maritimes), *ca.* 80000 Einw.; Bischofssitz (seit 3. Jhdt., 1886 neuorganisiert), Suffr. v. Aix; *dav.*: **Nīcĭēnsĭs,** ĕ *u.* **Nīcēnsĭs,** ĕ.

Nīcānōr, ŏrĭs *m.* (Νικάνωρ) Nikanor, 1. einer der sieben Diakonen, welche die Apostel zur Besorgung der Armenpflege wählten. 2. Feldherr und Statthalter des Königs Antiochus IV. von Syrien.

Nicaraguă, ae *f.* (de Nicaragua *C. R.*) Nicaragua, Freistaat in Mittelamerika,

Bistum Nicaragua (seit 1543), Residenz in Leon, Suffr. v. Guatemala.

S. Nīcēās, ae *m.* (Nicēta), hl. Nizeas, Bek. u. Bischof v. Remesiana, Italien († 485).

Er war Bischof der Civitas Romatiana, unter der einige Aquileja, andere den nicht fernen romantinischen Hafen an der Mündung des heutigen Flusses Lemene verstehen. Er hieß auch Niceta, und an ihn soll ein Brief des hl. Papstes Leo d. Gr. gerichtet sein. Die Hunnen verwüsteten unter Attila seinen Sprengel und schleppten viele gefangen mit sich fort. Die zurückgebliebenen Gattinnen heirateten wieder, obwohl der Tod ihrer Männer nicht sicher war; manche waren von Irrgläubigen mehrmals getauft worden. Ueber diese und andere unerfreuliche Dinge berichtete Niceas durch den Diakon Adeodatus an Papst Leo. Dieser antwortete und gab Ratschläge für die Behandlung der Irregegangenen. Die von Niceas nach dem Zeugnisse des Bischofs Honorius von Autun (Fkr.) geschriebenen Werke, z. B. gegen die Horoskopstellung, über das Glaubensbekenntnis, das Osterlamm, sind verloren gegangen. Er ist vielleicht der Verfasser des „Te Deum laudamus". Nach ungefähr 30jähriger Wirksamkeit starb er. — 22. Juni.

Nīcēnsĭs urbs, is *f. s.* Nicaea ad Varum.

S. Nīcēphŏrŭs, ī *m.* hl. Nizephorus, Mart. († um 259).

Er lebte z. Z. des Kaisers Valerian im Morgenlande. Zuerst aufs innigste mit dem Priester Sapritius befreundet, verwandelte sich diese Freundschaft in tiefsten gegenseitigen Haß. Indes ging Nicephorus in sich und bat Sapritius um Verzeihung. Doch vergebens. Da brach eine Christenverfolgung aus, und Sapritius wurde vors Gericht geschleppt. Mit Starkmut bekannte er seinen Glauben und erlitt lieber die grausamsten Qualen, als daß er den Göttern geopfert hätte. Als Nicephorus diese Standhaftigkeit sah, kam er freudig herbei in der sicheren Hoffnung, jetzt Verzeihung von dem starkmütigen Martyrer zu erlangen. Aber der unglückselige Priester wollte sich nicht einmal am Orte der Marter mit seinem christlichen Mitbruder aussöhnen. Die Folge war der Verlust der göttlichen Gnade, so daß er plötzlich seine Gesinnung änderte und aus Furcht vor dem Tode den Göttern opferte, ohne auf die Mahnungen des Nicephorus zu hören, die schon bereitete Siegerkrone doch nicht zu verlieren. Nicephorus dagegen rief laut; „Auch ich bin Christ und verehre denjenigen als Gott, welchen dieser da eben so schändlich verleugnet hat. Tötet mich statt seiner!" So wurde er vor den Richter geführt und erlangte durch Enthaupten jene Martyrkrone, welche dem Sapritius bereitet war. Seine hl. Gebeine sind einer Sage zufolge nach Istrien gebracht und zu Petena aufbewahrt worden. — 9. Februar (Triest).

S. Nīcētă, ae *m. s.* S. Niceas.

1. **S. Nīcētĭŭs,** ī *m.* hl. Nizetius, Bek. u. Bisch. von Trier († 566).

Er wurde aus edler Familie um das Jahr 500 geboren und erhielt in einem Kloster zu Limoges (Fkr.) seine Ausbildung. Er wurde Nachfolger des Bischofs Abrunculus. Nach dem Zeugnisse des Gregor von Tours war er ein unerschrockener Prediger und ein berühmter Schriftsteller. Er nahm an verschiedenen französischen Kirchenversammlungen teil, auf denen er über Zölibat und Ehesakrament sprach. Den unzüchtigen König Theodebert von Austrasien belegte er mit dem Kirchenbanne; durch ernste Mahnungen brachte Nicetius es dahin, daß sich der Freund des Königs, Aredius aus Limoges, gänzlich bekehrte. Doch König Chlotar setzte als Nachfolger Theodeberts das zügellose Leben fort und wurde auch mit dem Banne belegt. Voll Wut hierüber vertrieb der König den Bischof. Aber Siegbert besiegte den Chlotar und setzte den Bischof wieder in sein Amt ein. Der Heilige brachte eine Pest durch sein Gebet zum Erlöschen und übte über alle Tiere die Herrschaft eines Adam aus. Als ihn Seeleute in Seenot anriefen, brachte er ihnen, obwohl noch auf der Erde weilend, Hilfe; er befreite viele Besessene. Nach 36jähriger Regierung starb er am 1. Oktober, während ihn der hl. Johannes Baptista und der Apostel Paulus durch eine Erscheinung zum Uebergange in die Ewigkeit einluden. — 1. Oktober (Trier).

2. **S. Nīcētĭŭs,** ī *m.* hl. Nizetius, Bek. u. Bisch. von Besançon († im 7. Jhdt.).

Er leitete zur Zeit Gregors des Großen die Kirche von Besançon; sein Vertrauter war der hl. Columban, der als Verbannter bei ihm Zuflucht gefunden hatte. — 20. Januar.

Nīcētĭŭs, ī *m.* Nizetius, Stadtpräfekt in Rom (3. Jhdt.).

Nīcĭă, ae *f. s.* Nicaea ad Varum.

S. Nīcŏdēmŭs, ī *m.* hl. Nikodemus, Pharisäer u. Mitglied des hohen Rates in Jerusalem z. Z. Christi, später getauft und als Heiliger verehrt mit Gamaliel. — 3. August.

S. Nīcŏlāī dē Portū oppĭdŭm spanischer Ort S. Nicolas de Puerto, nördl. von Sevilla.

Nīcŏlāītae, ārŭm *m.* Nikolaiten, Irrlehrer im ersten christl. Jhdt. Sie hielten Ehebruch und Hurerei für keine Sünde und das sechste Gebot für ein bloß menschliches Gesetz, das Christus bereits aufgehoben hätte; auch gestatteten sie sich Weibergemeinschaft. Ihre Anhänger befanden sich in Ephesus, Pergamum u. Thyatira (Kleinasien). — Nikolaus, einer der sieben ersten Diakone wird für den Begründer der Nikolaiten gehalten, ohne daß ein Nachweis möglich wäre.

1. **S. Nīcŏlāŭs,** ī *m.* hl. Papst Nikolaus I. (858—867).

2. **S. Nīcŏlāŭs,** ī *m.* hl. Nikolaus, Bischof von Myra, Kleinasien, Patron der Schiffer u. für Halsleidende († um 350). — 6. Dez.

Fest der Uebertragung. Als Myra von den Türken verwüstet war, wurde der Leib des hl. Nikolaus nach der Stadt Bari in Apulien überführt um das Jahr 1082 und ihm vom Papst Urban II. eine Kirche geweiht. In der Diözese Lausanne erstanden mehrere ihm geweihte Pfarrkirchen. Vor allem war es die exempte Kollegiatkirche zu Freiburg in der Schweiz, die ihm im 12. Jahrhundert erbaut wurde. Dorthin wurden am 9. Mai 1506 echte bedeutende Reliquien der Schulter nebst einem größeren Teil vom Arme des hl. Nikolaus mit Genehmigung des Papstes Julius II. aus dem Altar des Cistercienserklosters feierlich übertragen. In zwei silbernen Behältern eingeschlossen, werden sie dort zur Verehrung der Gläubigen aufbewahrt. — 9. Mai (Freiburg i. Schw.).

Nīcŏlāŭs, ī *m.* Nikolaus **Päpste:** a) **S. Nic. I.** (reg. 858—867), 13. Nov. b) **N. II.** (reg. 1059—1061). c) **N. III.** (reg. 1277—1280). d) **N. IV.** (reg. 1288—1292). e) **N. V.** (reg. 1447 bis 1455).

Nīcŏlāŭs, ī *m.* Nikolaus, einer der sieben von den Aposteln zur Besorgung der Armenpflege gewählten Diakone.

S. Nĭcŏlāŭs ā Tŏlentīnīs, hl. Nikolaus von Tolentino, Bek. aus dem Augustinerorden, † 1306, 10. Sept.

Ss. Nĭcŏlāŭs ĕt dĕcĕm Sŏcĭī, der heil Nikolaus u. seine zehn Gefährten, Martyrer († 1572).

Als im 16. Jahrhundert die Kalviner in Holland die Katholiken verfolgten, nahmen sie zu Gorkum 4 Weltpriester, 4 Priester aus verschiedenen Orden und 11 Franziskaner des dortigen Klosters gefangen; es waren die Patres: Guardian Nikolaus Pick Hieronymus Wilfort (90 Jahre alt), Theodorich, Nikasius, Gottfried, Antonius van Weert, Antonius v. Hornar, Franziskus und die Brüder Petrus und Kornelius. Von den betrunkenen Soldaten wurden sie aufs grausamste mißhandelt, und vor allem ließen sie ihre teuflische Lust an dem P. Guardian aus; sie suchten ihn zu erhängen und brannten ihn mit einer Kerze im Gesicht, an Mund und Nase. Alle Versuche, sie zur Verleugnung des katholischen Glaubens, besonders des Glaubens an das allerheiligste Altarsakrament und die Obergewalt des Papstes zu bringen, waren vergebens. Nach achttägiger schrecklicher Kerkerhaft wurden die Bekenner ihrer Kleider beraubt und zu zweien gefesselt unter dem Gespötte des Pöbels nach Dordrecht, dann nach Briel gebracht, wo der Befehlshaber der Kalviner sie zum Tode verurteilte und am 9. Juli am Galgen erhängen ließ. Pius IX. sprach sie heilig. — 9. Juli (Franz. O.).

B. Nĭcŏlāŭs Palea, sel. Nikolaus Palea, Bek., O. Pr., († 1255).

Geboren 1197 zu Giovinazzo bei Bari im Königreiche Neapel. Empfing aus den Händen des hl. Dominikus das Ordenskleid. Gründete das Kloster zu Trani. Wurde Provinzial der römischen Ordensprovinz, wohnte 1233 dem Generalkapitel zu Bologna bei, welches die feierliche Uebertragung der Reliquien des hl. Dominikus verfügte. — 14. Februar (Dom O.).

B. Nĭcŏlāŭs Albergātŭs, sel. Nikolaus Albergato, Bek. u. Bischof († 1443).

Er wurde geboren 1375 zu Bologna, widmete sich zuerst der Rechtswissenschaft, trat aber im 20. Lebensjahre in den Kartäuserorden ein. Wegen seiner Klugheit und der Heiligkeit seines Lebens wurde er Oberer mehrerer Klöster und 1417 von Klerus und Bürgerschaft von Bologna zum Bischofe gewählt. In seiner Demut übernahm er diese Würde erst nach sechs Monaten auf Grund des klösterlichen Gehorsams. 1426 wurde er Kardinal unter dem Titel vom hl. Kreuz in Jerusalem. Als Legat des Papstes kam er nach Oberitalien, Frankreich, Belgien, Deutschland und auf das Konzil von Basel und Ferrara. Seine Bemühungen um die Herstellung der Eintracht unter den streitenden Parteien brachten ihm den Beinamen „Engel des Friedens". Nikolaus V. wählte seinen Namen aus Dankbarkeit und Verehrung gegen ihn, seinen Gönner. Später wurde er zum Protektor des Augustiner-Eremitenordens ernannt. Er starb im Augustinerkloster zu Siena am 9. Mai 1443. Der Papst selbst wohnte dem Leichenbegängnisse bei. Der Leib des Seligen wurde nach Florenz übertragen und bei den Kartäusern beigesetzt. — 10. Mai (Aug. O.).

B. Nĭcŏlāŭs dē Flue (*auch*: de Rupe = vom Felsen) sel. Nikolaus von Flüe, Bek. († 1487).

Der Schweizer Bekenner Nikolaus von Flüe wurde am 21. März 1417 als Sohn eines wohlhabenden Landmannes bei dem Pfarrdorfe Sachseln im Bistum Konstanz geboren. Schon vor seiner Geburt hatte die Mutter eine Sternerscheinung, die auf die Heiligkeit des Kindes hinwies. Kaum geboren, erkannte er wunderbarer Weise alle, die zugegen waren, dann auch die Paten und Patinnen! Niemals kam die geringste Lüge über die Lippen des Knaben. Er legte sich früh schon ein dreitägiges Fasten in jeder Woche zu Ehren des hl. Nikolaus von Myra und des hl. Nikolaus von Tolentino auf. Er sehnte sich unaufhörlich nach der Einsamkeit mit Gott; doch heiratete er auf die dringenden Vorstellungen seiner Angehörigen hin und erzeugte fünf Söhne und fünf Töchter. Auch wurde er eine Zeitlang Kriegsmann. Die Würde eines Landammannes wies er öfter zurück, besonders da er infolge göttlicher Einwirkung aus dem Munde gewisser verderbter Richter Schwefelflammen hatte hervortreten sehen. Mit Gutheißung der Gattin zog er sich endlich in die Einöde zurück, wo er unter strenger Abtötung fast zwanzig Jahre lebte. Der Ruf seiner Heiligkeit verbreitete sich weithin; das Volk suchte ihn auf, zumal da Nikolaus ohne irdische Speise und irdischen Trank nur vom heiligsten Altarsakramente, das er wenigstens einmal monatlich empfing, lebte. Ein Prälat aus Konstanz, der den Bischof vertrat, befahl dem Seligen, Brot und Wein zu genießen; Nikolaus tat es gehorsam mit großer Mühe und mußte es alsbald unter großen Schmerzen wieder erbrechen. Viel hatte Nikolaus gegen teuflische Anfechtungen zu kämpfen; doch auf die Fürbitte Mariens, die er immer als die unbefleckt Empfangene verehrte, blieb er stets Sieger. Eines Tages hatte er eine Erscheinung der heiligsten Dreifaltigkeit unter der Gestalt eines strahlenden Rades; es gingen auf Nikolaus so viele Lichtstrahlen über, daß seitdem sein Antlitz von einem wunderbaren Glanz übergossen war. Er ließ jene erhabene Begebenheit zeichnen, und bei der Betrachtung des Bildes hatte er die tiefsten Erleuchtungen, die jede Wissenschaft ersetzen konnten. Mit der Gottesliebe verband er eine hingebende Nächstenliebe; denn er predigte unablässig den Volksscharen und ermahnte sie zur Treue gegen den Apostolischen Stuhl und zur Buße, als deren leibhaftiger Vertreter er jedem durch seine hagere Gestalt erschien. Nikolaus erfreute sich der Gabe der Weissagung und der Herzenskunde. Als im Dorfe Sarnen ein furchtbarer Brand ausbrach, löschte ihn Nikolaus durch ein einfaches Kreuzzeichen. Im Jahre 1487 starb er am 21. März, 70 Jahre alt, während er fromme Lieder sang. Er wurde in der Pfarrei Sachseln beigesetzt. Ein Lahmer, der vergebens in San Jago di Compostela (Spanien) Heilung erfleht hatte, wurde am Grabe des seligen Mannes plötzlich gesund; ein von den schlafenden Eltern ersticktes Kind erhielt das Leben wieder. Mit Genehmigung Papst Klemens' X. wird das Fest des Seligen in der ganzen Schweiz gefeiert. — 22. März (Basel, Chur, St. Gallen, Lausanne-Genf).

Nĭcŏlāŭs Cusānŭs, ī *m.* Nikolaus von Cusa, Kardinal u. berühmter Theologe († 1464).

Nĭcŏlāŭs dē Lyrā *m.* Nikolaus von Lire (Fkr., Normandie), Theologe des Franziskanerordens († 1340), aus dessen Schriften Luther manches entnahm („Si Lyra non lyrasset, Lutherus non saltasset").

Nĭcŏlētān. (*C. R.*) *s.* Nicoletum.

Nĭcŏlētŭm, ī *n.* Nicolet, St. am Sankt Lorenzostrome, Kanada (Quebec), *ca.* 2300 Einw.; Bischofssitz (seit 1885), Suffr. von Quebec; *dav.*: **Nĭcŏlētānŭs** 3.

Nĭcŏmēdēnsĭs, ĕ *s.* Nicomedia.

S. Nĭcŏmēdēs, ĭs *m.* hl. Nikomedes, Mart., † unter Kaiser Domitian, 15. Sept.

Nĭcŏmēdĭă, ae *f.* (Νικομήδεια) Nikomedien, Hauptstadt Bithyniens (Ruinen beim heutigen Ismid); *dav.*: **Nĭcŏmēdēnsĭs,** ĕ u. **Nĭcŏmēdĭēnsĭs,** ĕ.

Nīcŏpŏlĭs, ĭs *u.* ĕōs (*acc.* -im, *abl.* -i) *f.* (Νικόπολις Siegesstadt) Nikopolis, St. in der griech. Landschaft Akarnanien, *j.*: Paleoprevyza. 2. Stadt in Armenien, *j.* Devrigni. 3. Stadt in Palästina im Erzbistum Caesarea. 4. Nikopolis (Nicopoli), St. r. an der Donau, Bulgarien (Pleven), Bistum (seit 1789), Residenz in Rustschuk, exempt; *dav.*: **Nīcŏpŏlītānŭs** 3. 5. St. in Untermösien, *j.* Eski Nikup; *dav.*: **Nīcŏpŏlĭēnsĭs,** ĕ.

Nīcŏpŏlītān. (*C. R.*) *s.* 4. Nicopolis.

Nīcŏsĭă, ae *f.* (Herbita) Nicosia, St. auf dem Monte S. Giovanni, nordwestl. v. Catania, Sizilien, *ca.* 15000 Einw.; Bischofssitz (seit 1817), Suffr. v. Messina; *dav.*: **Nīcŏsĭēnsĭs,** ĕ.

Nīcŏsĭēn. (*C. R.*) *s.* Nicosia.

Nīcŏstrătŭs, ī *m.* Nikostrat, röm. Stadtpräfekt unter Diokletian.

Nīcŏtĕră, ae *f.* Nicotera, Hafenst. am Tyrrhenischen Meere, It. (Catanzaro), *ca.* 5200 Einw.; Bischofssitz der seit 1818 vereinigten Bistümer Nicotera (seit 7. Jhdt.) u. Tropea (seit 7. Jhdt.), Suffr. v. Reggio; *dav.*: **Nīcŏtĕrēnsĭs,** ĕ.

Nīcŏtĕrēn. (*C. R.*) *s.* Nicotera.

Nictherōnēn. (*C. R.*) *s.* Nictheronum.

Nictherōnŭm, ī *n.* Nictheroy (Nicterohy), St. an der Bai v. Rio de Janeiro, Brasilien (Rio de Janeiro), *ca.* 35000 Einw.; Bistum (von 1893 bis 1895 auch Bischofssitz, jetzt Sitz in Petropolis), *ca.* 13000 Einw., Suffr. v. Rio de Janeiro; *dav.*: **Nictherōnēnsĭs,** ĕ.

nīdĭfĭcō 1 Nest bauen, nisten.

nīdŏr, ōrĭs *m.* 1. Bratenduft, Fettdampf, Dunst. 2. Qualm, Gestank.

nīdŭlŭs, ī *m.* Nestchen.

nīdŭs, ī *m.* Nest.

Niellă, ae *f. s.* Nivigella.

Nigeonĭŭm mŏnastērĭŭm, ī *n. s.* Passiacum ad Sequănam.

nĭgĕr, gră, grŭm 1. schwarz, dunkelfarbig, düster. 2. traurig, schrecklich, unheilvoll. 3. boshaft.

nĭgĕr, grī *m.* der Neger.

Nĭgĕr, grī *m.* Niger, ein Christ, den der hl. Apostel Paulus grüßen läßt.

Nĭgră silvă, ae *f.* (Tenebrosa silva, Hercynia silva) der Schwarzwald, Gebirge in Baden.

nĭgrēdō, ĭnĭs *f.* Schwärze.

nĭgrēscō, grŭī 3 schwarz, schwärzlich, dunkelfarbig werden (*Ez.* 30, 18).

nĭgrītă, ae *m.* Neger.

nĭgrĭtĭă, ae *f.* schwarze Farbe.

nĭgrĭtūdō, ĭnĭs *f.* schwarze Farbe.

nĭgrō 1 schwärzen.

Nĭgrō, de Nigro, *indecl.* dei Negri, ein vornehmes Geschlecht zu Genua; Francisca de Nigro Franziska dei Negri, Mutter der hl. Katharina v. Genua (15. Jhdt.).

nĭgrŏr, ōrĭs *m.* Schwärze, schwarze Farbe.

Nĭgrŭm mŏnastērĭŭm, ī *n.* (Insula Dei) Noirmoutier, Insel im Atlantischen Ozean, Fkr. (Vendée); die Hauptstadt gleichen Namens zählt *ca.* 6200 Einw.

nĭhĭl *indecl. n.* (nil, *vgl.* nihilum; von nihil nur *nom.* u. *acc.*; *gen.*: nullius rei, *dat.*: nulli rei, *abl.*: nullā re) 1. *subst.* nichts, eine Null; non nihil manches; nihil non alles. 2. *adv.* in nichts, gar nicht, keineswegs.

nĭhĭldŭm *adv.* noch nichts.

nĭhĭlōmĭnŭs *adv.* nichtsdestoweniger, trotzdem, dessen ungeachtet.

nĭhĭlōsēcĭŭs *adv.* (nihilosetius) nicht anders, nicht weniger, nichtsdestoweniger.

nĭhĭlōsētĭŭs *adv. s.* nihilosecius.

nĭhĭlŭm, ī *n.* (nilum, *vgl.* nihil; von nehilum nicht eine Faser [hilum Dialektform von filum, das Fäserchen]; im *nom.* u. *dat.* ungebräuchlich) nichts, das Nichts; nihili (*gen. pretii*) für nichts, nihili esse nichts wert sein; ad nihilum venire zu nichts werden; ad nihilum redĭgĕre auf ein Nichts zurückführen, zu nichte machen; nihilo (*abl. pretii*) für nichts, um nichts; pro nihilo um keinen Preis (*Ps.* 55, 8), pro n. forsitan leicht wohl (*Ps.* 80, 15); ex nihilo *u.* de nihilo aus nichts, ohne Grund, grundlos.

nīl *indecl. n.* (zusammengezogene Form von nihil) *s.* nihil.

Nīlōpŏlĭs, ĭs *f.* (Νειλόπολις) Nilopolis (Nilstadt), St. in Mittelägypten, ehem. Bischofssitz.

S. Nīlŭs, ī *m.* hl. Nilus, berühmter Mönch u. Einsiedler in Ägypten, † um 430; 12. November.

B. Nīlŭs, ī *m.* sel. Nilus, Mönch im Benediktinerkloster Monte Cassino, † 1005; 26. September.

Nīlŭs, ī *m.* (Νεῖλος) Nilstrom in Ägypten.

nimbĭfĕr, fĕră, fĕrŭm sturmbringend, stürmisch.

nimbōsŭs 3 1. wolkig, regnerisch. 2. von einem Heiligenschein umgeben.

nimbŭs, ī *m.* 1. Wolke, Nebel, Nebelhülle. 2. Heiligenschein.

nĭmĭĕtās, ātĭs *f.* Übermacht, Übermaß.

S. Niminiă, ae *f.* (Nimnia) hl. Niminia, Martergefährtin der hl. Hilaria zu Augsburg um 290, *s.* S. Hilaria.

nĭmĭō *adv. s.* nimius.

nĭmĭŏpĕrĕ *adv.* zu sehr, überaus.

nĭmīrŭm *adv.* allerdings, freilich, natürlich; nämlich.

nĭmĭs *adv.* 1. zu sehr, allzusehr, zu viel. 2. gar sehr, überaus.

nimius 3 zu groß, zu viel, übermäßig; *adv.*: **nimio** u. **nimium** zu sehr, überaus.
S. **Nimnia**, ae *f.* *s.* Niminia.
Nimvidunum, i *n.* *s.* Neodunum.
ningit (ninguit), ninxit 3 es schneit.
ninguit *s.* ningit.
Nineve *f.* *s.* Ninive.
Ninive, es (*acc.*-en) *f.* (Ninusstadt) (Nineve, Ninos, Ninus) Ninive, alte Hauptst. von Assyrien, l. am Tigris, 606 v. Chr. von Kyaxares zerstört; *j.*: Ruinen von Nebbi-Yunus gegenüber von Mossul; *dav.*: **Ninivita**, ae *m.* Einw.
Ninivita, ae *m.* *s.* Ninive.
Ninos, i *f.* (*Νῖνος*) *s.* Ninive.
1. **Ninus**, i *f.* *s.* Ninive.
2. **Ninus**, i *m.* Ninus, Sekretär der Bayernherzogin Biltrudis.
Nisan *indecl.* (*babyl.*) Nisan, Name des Monats, in welchen das Osterfest fiel; der erste Monat des jüdischen Jahres (Mitte März bis Mitte April), *früher*: Abib *genannt*.
nisi *conjunct.* 1. wenn nicht, wofern nicht. 2. *nach einer Negation*: außer, als, nur so viel. 3. **nihil nisi** nichts weiter als. 4. **nisi quod** ausgenommen daß, nur daß. 5. **nisi forte** wenn nicht etwa, es sei denn, daß.
Nisibis, is (*acc.*-im u. -in, *-abl.* -i) *f.* Nisibis, St. in Mesopotamien, Prov. Mygdonia, ehem. Bischofssitz; *j.*: Nisibin.
1. **Nissa**, ae *f.* Neiße, Nebenfluß der Oder.
2. **Nissa**, ae *f.* Neiße, St. an der Neiße, Preußen (Schlesien); ca. 25000 Einw.
1. **nisus**, us *m.* Anstrengung.
2. **nisus**, i *m.* Sperber.
Nitasa, ae *m.* Nethe, Nebenfluß der Dyle in Belgien.
nitedula, ae *f.* Haselmaus.
nitens, entis glänzend, schimmernd, strahlend, schön.
niteo, ui 2 1. glänzen. 2. blühend *oder* stattlich aussehen.
nitesco 3 glänzend erscheinen; prangen.
Nitgerus, i *m.* Nitger, Bisch. von Freising (Bayern).
Nithardus, i *m.* Nithard, Enkel des hl. Gosbert.
nitidus 3 1. glänzend, prangend, hübsch. 2. üppig, blühend. 3. geziemend.
1. **nitor**, oris *m.* 1. Glanz, Schimmer. 2. Schönheit.
2. **nitor**, nisus *oder* nixus sum 3 1. sich stemmen, stützen. 2. sich bemühen, sich anstrengen, streben.
Nitrava, ae *f.* *s.* 2. Nitria.
1. **Nitria**, ae *f.* Nitria, ehem. St. in Ägypten, südlich von Alexandrien im heutigen Natrontal gelegen (*Martyr.* 2. Jan.).
2. **Nitria**, ae *f.* (Nitrava) Neutra (Nyitra), St. an der Neutra (l. zur kleinen Donau), Ungarn, *ca.* 15000 Einw.; Bischofssitz, Suffr. v. Gran; *dav.*: **Nitriensis**, e.
Nitrien. (*C. R.*) *s.* 2. Nitria.
nitrum, i *n.* (*νίτρον*) Laugensalz, Natron, Soda.
Niumonasterium, i *n.* Münstereifel, St., Preußen (Rheinprov.); *ca.* 3000 Einw.
nivalis, e zum Schnee gehörig; schneeig, beschneit; *übtr.*: schneeweiß.
nive *conjunct.* oder wenn nicht.
Nivedunum, i *n.* *s.* Neodunum.
Nivella, ae *f.* *s.* Nivigella.
Nivellensis, e *s.* Nivigella.
Nivellum, i *n.* *s.* Nivigella.
Nivernen. (*C. R.*) *s.* Nivernum.
Nivernium, i *n.* *s.* Nivernum.
Nivernum, i *n.* (Nivernium, Noviodunum) Nevers, St. an der Loire, Fkr. (Nièvre), *ca.* 24000 Einw.; Bischofssitz (seit 6. Jhdt.), Suffr. v. Sens; *dav.*: **Nivernensis**, e.
nivesco 3 schneeweiß werden.
niveus 3 aus Schnee bestehend; *übtr.*: schneeweiß, schneeig.
Nividunum, i *n.* *s.* Neodunum.
nivifer, fera, ferum schneebedeckt.
Nivigellensis, e *s.* Nivigella.
Nivigella, ae *f.* (Niella, Nivella, Nivellum) Nivelles (Nijvel), St. südl. von Brüssel, Belgien (Brabant), *ca.* 12000 Einw.; *dav.*: **Nivigellensis**, e (Nivellensis, e).
nivosus 3 schneereich.
nix, nivis *f.* Schnee.
nixus, us *m.* *s.* nisus.
N. L. = non liquet (die Sache ist nicht klar).
N. N. *gewöhnlich gedeutet* = Nomen nescio Name unbekannt, Name nach Belieben; wegen der Schreibweise mit großen Anfangsbuchstaben dürfte aber wohl richtiger der römische Name Numerius Negidius vermutet werden, der in den alten römischen Klageformeln nach den Konstitutionen des Gaius stets als der angenommene, den Klageanspruch bestreitende Beklagte genannt ist mit den Abkürzungen N.N., wie der angebliche Kläger immer Aulus Agerius A. A. heißt.
no 1 (*νέω* oder *νάω*) schwimmen.
1. **Noa** *indecl.* *f.* Noa, eine Israelitin, die Tochter des Salphaad aus dem Stamm Manasse, veranlaßte mit ihren Schwestern die Verkündung des Erbschaftsgesetzes (*Jos.* 17, 3).
2. **Noa** *indecl.* (*hebr.*: Nea) Noa, St. Pal. (Zabulon).

Noachĭŭs, ī *m. s.* Noë.

Noadia *indecl. m.* (*hebr.*) Noadia, 1. ein Jude, Sohn des Leviten Bennoi. 2. ein falscher Prophet nach dem babyl. Exil.

Nob *indecl.* (*hebr.* Nob; Noba ist *althebr. acc.*; Nobe *hat unrichtige Punktation*) Nob, Priesterstadt im Stamme Benjamin, nahe bei Jerusalem, das man von Nob aus sehen konnte, vielleicht auf dem heutigen Scopus (Schafat) oder in Tell-el-Ful gelegen.

Noba *indecl. s.* Nob.

1. **Nobe** *indecl. s.* Nob.

2. **Nobe** *indecl.* (*hebr.*: Nobach) 1. ein Israelit aus dem Stamme Manasse. 2. eine nach ihm benannte Stadt, die vorher Kanath (Genat) hieß.

1. **nōbĭlĭs,** ĕ 1. bekannt, berühmt, gefeiert. 2. vornehm, adelig. 3 edel, vortrefflich, erlaucht.

2. **nōbĭlĭs,** ĭs *m.* der Vornehme; der Erlauchte.

Nōbĭlĭs, ĭs *m.* der Erlauchte, Beiname des Königs Antiochus von Syrien (*griech.*: Ἐπιφάνης).

nōbĭlĭtās, ātĭs *f.* 1. Berühmtheit, Ruhm. 2. Adel, adelige Geburt. 3. Vorzüglichkeit.

nōbĭlĭtō 1 1. bekannt *oder* berühmt *oder* berüchtigt machen. 2. ehren, preisen. 3. adeln.

1. **nŏcēns,** entĭs 1. schädlich, verderblich. 2. schuldig, strafbar, verbrecherisch, ruchlos.

2. **nŏcēns,** entĭs *m.* der Schuldige; Missetäter, Übeltäter.

nŏcĕō, cŭī cĭtŭm 2 schaden; schädlich sein; gewöhnlich *c. dat.*; *inneres obj. meist im acc.*: multum, nihil nocere viel, nichts schaden; *auch äußeres obj. im acc.*: nocentes me (*Ps.* 34, 1); nocere in: bei einer Sache schaden; eine Sache verletzen: neque nocebo in veritate mea noch werde ich die Treue verletzen, die Treue brechen (*Ps.* 88, 34).

nŏcĭbĭlĭs, ĕ schädlich.

nŏcĭbĭlĭtās, ātĭs *f.* Schädlichkeit.

nŏcīvŭs 3 schädlich.

noctū *adv.* bei Nacht, des Nachts; *auch*: sub noctu bei Nacht, während der Nacht.

noctŭă, ae *f.* Nachteule, Käuzchen.

nocturnă, ae *f. s.* nocturnum.

nocturnŭm, ī *n.* (nocturna) die Nokturn, Teil des kirchlichen Offiziums.

nocturnŭs 3 nächtlich, bei Nacht.

nŏcŭmentŭm, ī *n.* Schaden, Schädigung, Nachteil (*C. j. c.* 609,2; 653).

Nodab 1. *Par.* 5, 19 *verschrieben für* qedma (*hebr.*: Osten), *vgl.* 1. *Mos.* 25, 15.

nōdō 1 knüpfen.

nōdōsŭs 3 knotig, voll Knoten.

nōdŭs, ī *m.* 1. Knoten (*auch*: am Gelenk), Knöchel. 2. Band, Fessel.

Noë *indecl. m.* (Noachius) (*hebr.*: Noach) Noah, zweiter Stammvater des Menschengeschlechtes, Erbauer der Arche.

Noëma *indecl. f.* (*hebr.*: Huld Jahwes) Noëma, Tochter des Lamech u. der Sella, aus dem Geschlechte Kains.

Noëman *indecl. f.* (*hebr.*: der Freundliche) Noëman, Sohn des Bela u. Enkel Benjamins, dessen Nachkommen die Noëmaniten waren.

Noëmanītae, ārŭm *m.* die Noëmaniten, *s.* Noëman.

Noëmi *indecl. f.* (*hebr.*: Huld Jahwes) Noëmi, die Gattin des Elimelech aus Bethlehem, Schwiegermutter d. Ruth.

Noga *indecl. m.* (*hebr.*: Nogach = Glanz, Licht) (Noge) Noga, ein Sohn Davids.

Noge *indecl. m. s.* Noga.

Nohaa *indecl.* 1. *Par.* 8, 2; *richtig*: Hupham (der fünfte Sohn Benjamins).

Nohestă, ae *f.* (*hebr.*: Nehuschtha = die Eherne) Nohesta, Mutter des Königs Joachim von Juda (4. *Kön.* 24, 8).

Nohestan *indecl.* (*hebr.*: Nehuschthan = die eherne Schlange) Nohestan, die eherne Schlange (4. *Kön.* 18, 4).

nōlă, ae *f.* Schelle, Glöckchen.

Nōlă, ae *f.* Nola, St. in Kampanien, nordöstl. vom Vesuv, It., *ca.* 8500 Einw.; Bischofssitz (seit 2. Jhdt.), Suffr. v. Neapel; *dav.*: **Nōlānŭs** 3.

Nōlān. (*C. R.*) *s.* Nola.

Nōlascŭs *s.* Petrus Nolascus.

nōlentĭă, ae *f.* das Nichtwollen.

nōlĭtĭō, ōnĭs *f.* das Nichtwollen.

nōlō, nōlŭī, nōllĕ 1. nicht wollen. 2. nicht wohlwollen, nicht günstig sein.

nōmĕn, ĭnĭs *n.* 1. Name, Benennung; nomen dāre alcui jem. einen Namen geben; nomen dare *oder* profitēri: seinen Namen angeben, sich einschreiben lassen; nomen dare clericāli militĭae vel ordĭni in den Priesterstand oder in einen Orden eintreten; militiae nomen dare sich freiwillig zum Militärdienste (Kriegsdienste) melden (*C. j. c.* 141, 2). 2. Wort, Ausdruck; in iure nomine dioecesis vĕnit quoque abbatia vel praelatūra nullīus; et nomine Episcopi Abbas vel Praelatus nullius der Ausdruck „Diözese“ besagt im Rechte eine Abtei oder unabhängige Prälatur; und der Ausdruck „Bischof“ bezieht sich auch auf einen Abt oder unabhängigen Prälaten; unter „Diözese“ versteht man im Rechte auch eine Abtei oder Prälatur nullius sowie unter „Bischof“ auch einen Abt oder Prälaten nullius

(*C. j. c.* 215, § 2); nomine mensis venit spatium 30 dierum unter „Monat" versteht man einen Zeitraum von 30 Tagen (*C. j. c.* 32). 3. berühmter Name, Ruf, Ruhm; Geschlecht, Familie, Volk: nomen Israel = das Volk Israel (*Hym. Mat. Ss. Innocentium*). 4. Rang, Würde, Titel, Ehrentitel. 5. bloßer Name, Schein, Vorwand. 6. Name und Konto eines Schuldners im Schuldbuch: Schuld, Schuldverschreibung, Schuldposten, Darlehen; Schuldner (*C. j. c.* 549; 1415 § 2). 7. *abl.*: **nomine** mit Namen, namens; (bloß) dem Namen nach; in jemands Namen oder Auftrag: in nomine meo auf meinen Befehl, in meinem Auftrage; auf Grund oder Veranlassung: non uno nomine in vielfacher Beziehung; meo nomine ich meinerseits, für mich persönlich.

Ss. Nōmĕn B. M. V. Fest des hl. Namens Mariae, 12. September.

nōmenclātĭō, ōnĭs *f.* Benennung mit Namen.

nōmenclātŏr, ōrĭs *m.* (nomenculator) Namennenner, Namenverzeichner; Namenlexikon.

nōmenclātūră, ae *f.* Namenverzeichnis, Namengebung.

nōmencŭlātŏr, ōrĭs *m. s.* nomenclator.

Nōmentānŭs 3 *s.* Nomentum.

Nōmentŭm, ī *n.* La Mentana, Stadt nordöstlich von Rom, **Nōmentānŭs** 3; via Nomentana die von Rom dorthin führende Straße.

Nōmĭnālēs, ĭŭm *m.* Nominalisten, Anhänger des Nominalismus, einer philosophischen Lehrmeinung, nach welcher die allgemeinen Begriffe bloße Namen ohne wirkliches Dasein sind.

nōmĭnālĭs, ĕ zum Namen gehörend.

nōmĭnālĭtĕr *adv.* nominell.

nōmĭnātĭm *adv.* namentlich, ausdrücklich.

nōmĭnātĭō, ōnĭs *f.* Benennung, Nominierung; das Vorschlagen oder der Vorschlag (eines Kandidaten) zu einem Amte.

nōmĭnātŭs, ī *m.* ein (zu einem Amte oder auf eine Pfründe) Vorgeschlagener (*C. j. c.* 158).

Nōmĭnĭs Iēsū (*C. R.*) *s.* Caebua (Cebù).

nōmĭnō 1 1. benennen, Namen geben. 2. erwähnen, namhaft machen. 3. (zu einem Amte) vorschlagen. 4. rühmen.

nŏmismă, ătĭs *n.* (νόμισμα) 1. Münze, Geldstück. 2. Medaille.

nōn *adv.* 1. nicht. 2. nicht mehr. 3. noch nicht. 4. non nihil einiges; nihil non alles, (*bei Antworten*) „nein", meist mit, Wiederholung des in der Frage betonten Wortes.

„Nōn pŏpŭlŭs mĕŭs" „Nicht mein Volk", Name des Sohnes des Propheten Osee.

Nōnă, ae *f.* die Nōn, ein Teil des kirchlichen Offiziums, die vierte der kleinen Horen des Breviers.

Nōnae, ārŭm *f.* die Nonen, *d. i.* der neunte Tag vor der Monatsmitte (Iden), also, da man die Iden selbst mitzählt, der fünfte Tag, doch im März, Mai, Juli u. Oktober der siebente Monatstag.

nōnāgĕnārĭŭs 3 neunzigjährig.

nōnāgēsĭmŭs 3 der neunzigste.

nōnāgĭē(n)s *adv.* neunzigmal.

nōnāgintā *indecl.* neunzig.

Nōnantŭlă, ae *f.* Nonantola, Dorf bei Spilamberto, It. (Modena), *ca.* 1000 Einw.; ehem. Benediktinerabtei, gegr. 752 vom hl. Herzog Anselm v. Friaul, 1514—1768 Cistercienserkloster, 1768 aufgehoben; 1821 wiederhergestellt; das ehem. exempte Gebiet wurde unter die Verwaltung des Erzbischofs von Modena gestellt; *dav.*: **Nōnantŭlēnsĭs,** ĕ.

Nōnantŭlae (*gen.*!) (*C. R.*) *s.* Nonantula.

Nōnantŭlēnsĕ mŏnastērĭŭm, ī *n. s.* Nonantula.

nōndŭm *adv.* noch nicht.

nōngentēsĭmŭs 3 der neunhundertste.

nōngentī 3 neunhundert.

nonnă, ae *f.* Nonne (*eine ägyptische Bezeichnung für die unversehrte Jungfrau*).

Nōnnātŭs, ī *m.* (= nicht geboren, *d. h. künstlich zur Welt gebracht*) Beiname des hl. Raymund († 1240).

nōnnĕ *adv.* nicht? ob nicht?

nōnnēmō mancher, einige.

nōnnĭhĭl einiges, etwas; *adv.*: einigermaßen.

nōnnĭsī wenn nicht, außer, nur, bloß.

S. Nōnnōsŭs, ī *m.* hl. Nonnosus, Bek. u. Abt v. Soracte († um 560).

Auf dem Berge Soracte (Italien) lag ein Benediktinerkloster, das ein herrischer Abt leitete. Ihm war Nonnosus in Demut untertan. Der Garten des Klosters war klein und wurde insbesondere durch einen hervorragenden Felsblock beschränkt. Nonnosus flehte den Herrn in der Stille um Beseitigung der ungeheuren Steinmasse an; das Wunder trat ein. — Eines Tages fiel dem heiligen Manne ein kostbares gläsernes Gefäß aus der Hand und zerschellte völlig auf dem Steinboden der Sakristei. Da Nonnosus die Heftigkeit des Abtes fürchtete, sammelte er die Bruchstücke, legte sie vor dem Hochaltar nieder und bat den Herrn um Hilfe. Als er seine Augen erhob, sah er das Gefäß wohlbehalten dort liegen. — Ein anderes Mal hatte die Ölernte nur ein kleines Gefäß frischen Öls ergeben; Nonnosus bat Gott, die Gabe zu vervielfältigen; er ließ in alle Ölbehälter ein wenig aus der ersten Schale gießen; am folgenden Morgen stellte sich heraus, daß sämtliche Ölgefäße gefüllt waren. — Später wurde Nonnosus selbst Abt jenes Klosters; er starb im Rufe der Heiligkeit. Sein hl. Leib kam durch Bischof Nitger nach Freising (Bayern), wo er jetzt in der Domgruft ruht. — 2. September (München-Freising).

nōnnūllī 3 einige.

nōnnunquăm *adv.* zuweilen manchmal.

nonnŭs, ī *m.* 1. Mönch. 2. Vater, Großvater (*ital.*: il nonno).
nōnŭs 3 der neunte.
Nophe *indecl.* (*hebr.*: Nophach) Nophe, St. im Ostjordanlande (*vgl.*: Medaba).
Nophet *indecl.* (*hebr.*: Höhe, Hügel?) *keine Stadt sondern* Gegend (Hügelland) von Dor (*Jos.* 17, 11).
Noran *indecl. s.* Naara.
Norbertīnī, ōrŭm *m.* Norbertiner, Mitglieder des vom hl. Norbert gestifteten Ordens; *s.* S. Norbertus.
S. Norbertŭs, ī *m.* hl. Norbert, Erzbisch. v. Magdeburg u. Stifter des Prämonstratenserordens, † 1134, 6. Juni.
Nordhūsĭŭm, ī *n.* Nordhausen, St. am Südhange des Harzes, Preußen (Sachsen), *ca.* 30 000 Einw.
Nordmannŭs, ī *m.* der Normanne, *s.* Normanni.
Nōrēn. (*C. R.*) *s.* Nōrĭŭm.
Nōrĭcă, ae *f.* (Noricum Riparium, Noricum Ripense, Noricus ducatus) Norika, die alte römische Provinz Noricum, südlich der Donau, das heutige Südbayern und zum Teil Oberösterreich umfassend.
Nōrĭcŭm Rīpārĭŭm, ī *n. s.* Norica.
Nōrĭcŭm Rīpēnsĕ *n. s.* Norica.
Nōrĭcŭs dŭcātŭs, ūs *m. s.* Norica (u. Bavaria).
Nŏrimbergă, ae *f.* Nürnberg, St. an der Pegnitz (zum Main), Bayern (Mittelfranken), *ca.* 350 000 Einw.; *dav.*: **Nŏrimbergēnsĭs,** ĕ.
Nōrĭŏmăgŭs, ī *f. s.* Noviomum.
Norionēn. (*oder*: Noviomen. *C. R.*) *s.* Noriomagus.
Nōrĭŭm, ī *n.* Nuoro, St., Sardinien (Sassari), *ca.* 7500 Einw.; Bischofssitz seit 12. Jhdt.), Suffr. v. Cagliari; *dav.*: **Nōrēnsĭs,** ĕ.
nōrmă, ae *f.* 1. Winkelmaß, 2. *übtr.*: Richtschnur, Regel, Vorschrift.
nōrmālĭs, ĕ regelmäßig, vorschriftsmäßig.
Normannī, ōrŭm *m.* (Nordmanni, Northmanni) die Normannen, ausgewanderte Skandinavier, welche besonders in Süditalien und Nordfrankreich Reiche gründeten.
Normannĭă, ae *f.* Normandie, Landschaft in Frankreich.
Northantorĭēn. (*C. R.*) *s.* Camelodunum.
Northeim *indecl. n.* alte Grafschaft im Sachsenlande.
Northumbrĭă, ae *f.* englische Landschaft Northumberland; ehem. angelsächsisches Königreich (5.—8. Jhdt.); **Northumbrī,** ōrŭm *m.* Bewohner.
Northūsĭŭm, ī *n.* Nordhausen, Ort an der Ill, südlich von Straßburg; auch ein Gau daselbst.
Northmannī, ōrŭm *m. s.* Normanni.
Norvēgĭă, ae *f.* (Norwegia) Norwegen; *dav.*: **Norvēgĭānŭs** 3.
Norwēgĭă, ae *f. s.* Norvegia.
nōs 1. *nom.*: wir. 2. *acc.*: uns, *s.* ego.
S. Noscĕr, ĕrī *m. s.* S. Notker.
nōscĭbĭlĭs, ĕ erkennbar.
nōscĭtō 1 kennen lernen, untersuchen.
nōscō, nōvī, nōtŭm 3 1. kennen lernen, erfahren. 2. wiedererkennen.
nŏsŏcŏmĭŭm, ī *n.* (νοσοκομεῖον) Krankenhaus.
nosse = nōvisse wissen; erkannt haben. (*zu* nosco *u.* novi).
nostĕr, tră, trŭm (*gen. pl. auch*: nostrūm) unser, uns gehörig, uns günstig; *subst.*: **nostrī,** ōrŭm *m.* die Unsrigen = unsere Landsleute, unsere Anhänger.
nōstī = novisti (*zu* nosco).
nostrātēs, ĭŭm *m.* unsere Landsleute.
nostrī, ōrŭm *m. s.* noster.
nŏtă, ae *f.* 1. Kennzeichen, Merkmal. 2. Schriftzeichen, Schrift. 3. Brandmal, eingebranntes Merkmal, Schandmal; notae servīles Sklavenzeichen. 4. Anmerkung, Belehrung; sich *ad notam* nehmen, sich merken.
nŏtābĭlĭs, ĕ bemerkenswert.
nŏtārĭŭs, ī *m.* Listenführer, Schreiber; notarius publicus Notar (als Amtsperson).
nŏtātĭō, ōnĭs *f.* 1. Bezeichnung. 2. Wahrnehmung.
nŏtātŭs 3 gekennzeichnet.
nōtēscō, tŭī 3 bekannt, berühmt werden.
B. Notburgă, ae *f.* (Nothburga) sel. Notburga. Jgfr. († um 1313), Patronin der Dienstmägde.

Sie wurde im Jahre 1265 zu Rattenberg in Tirol geboren. Mit 18 Jahren trat sie in den Dienst einer reichen Herrin, die ihr erlaubte, die Überbleibsel der Mahlzeiten den Armen zu spenden. Als der Sohn nach dem Tode der Eltern die Besitzung übernahm, ließ die böse Frau des Sohnes die Speisenreste den Schweinen geben Notburga trauerte darüber und gab von ihrer eigenen Mahlzeit, soviel sie konnte, besonders an den Feiertagen, wo sie fastete. Als der Hausherr sie eines Tages dabei betraf, wie sie zu den Armen eilte, verlangte er zu sehen, was sie in der Schürze forttrug. Durch Gottes hl. Fügung hatten sich aber die Speisenreste in Holzstückchen und der Wein in eine Lauge verwandelt. Dennoch entließ die erzürnte Herrin die hilfsbereite Magd. Sie verdingte sich an einen Bauern mit der Bedingung, daß sie ihre freie Zeit zum Gebete verwenden dürfe und an den Vorabenden vor Sonn- und Festtagen frei sei. Eines Samstags schickte der Landwirt sie gegen die Verabredung zur Ernte aufs Feld. Notburga ergriff die Sichel und machte diese gleichsam zur Schiedsrichterin; das Werkzeug entflog ihrer Hand und schwebte längere Zeit frei in der Luft. Aus Liebe zur Abtötung unterzog sich Notburga bereitwilligst den niedrigsten Diensten. — Gott strafte die frühere Herrin für ihr barsches Wesen, auch ihr Gatte hatte viel Leid seitens seiner Brüder zu erdulden. Als die schlimme Herrin gestorben war, heiratete der Mann wieder und nahm sogleich Notburga in seinen Dienst zurück. Jetzt kehrte Gottes Segen wieder ins Haus. Notburga starb um das Jahr 1313. Der Hausherr ließ ihrer früheren Weisung gemäß den hl. Leib auf einen Wagen legen, den zwei Ochsen ohne Führer ziehen mußten. Diese gelangten durch den Innfluß, der sich teilte, nach Eben (Tirol), wo sie vor dem Kirchlein des hl. Rupert halt machten. Ihre Verehrung verbreitete sich in ganz Tirol, in Bayern und in Österreich. Pius IX. genehmigte dieselbe. — 13. September (Linz [Notburga], München-Freising [Nothburga], Seckau, [Notburga]).

B. Nothburgă, ae *f. s.* B. Notburga.

Nothingŭs, ī *m.* Nothing, Bischof v. Konstanz (10. Jhdt.).

nŏthŭs 3 (νόθος) unecht; unehelich, falsch.

nōtĭfĭcātĭō, ōnĭs *f.* Bekanntmachung.

nōtĭfĭcō 1 bekannt machen, bekannt geben.

nōtĭō, ōnĭs *f.* 1. das Kennenlernen, Untersuchung. 2. Kenntnis.

nōtĭtĭă, ae *f.* 1. Bekanntschaft, Ruf. 2. Kenntnis, Kunde, 3. Begriff, Vorstellung.

S. Notkerŭs, ĕrī *m.* (Noscer) hl. Notker, Bek. († 912).

Er wurde zu Heiligau im Schweizer Kanton Thurgau als Sprößling des Karolingischen Königsgeschlechtes geboren und im Kloster St. Gallen vom Abte Grimoald, dem Erzkaplane König Ludwigs von Deutschland, und dem gelehrten Mönche Iso daselbst erzogen. Er lebte sehr abgetötet und mied alle Kurzweil und jegliche Gesellschaft von Frauen. Mit rührendem Eifer pflegte er Verwundete und Arme. Auf Geheiß seiner Vorgesetzten bereitete er sich auf die hl. Priesterweihe vor. Mit den Dämonen hatte er nicht selten ernste Kämpfe zu bestehen. Er verstand vortrefflich die lateinische und die griechische Sprache und dichtete verschiedene Hymnen; er ist der Ersinner der „Sequenzen" des Meßbuches. Notker war Beichtvater König Karls des Dicken. Er hatte die Gabe der Weissagung; auch schaute er im Geiste, wie seinem Neffen Wallo die Sünden von Gott verziehen wurden. Er starb am 26. März 912 und wurde auf Geheiß Papst Julius' II. vom Bischofe Hugo von Konstanz im Jahre 1514 in die Schar der Heiligen aufgenommen, als schon Papst Leo X. regierte. — 6. April (St. Gallen).

nŏtō 1 1. kenntlich machen, bezeichnen. 2. bemerken, anmerken, beobachten. 3. tadeln, rügen.

nŏtōrĭĕtās, ātĭs *f.* das allgemeine Bekanntsein, amtliches Bekanntsein.

nŏtōrĭŭs 3 1. anzeigend, kundtuend. 2. offenkundig, allgemein bekannt, amtlich bekannt, notorisch.

Nottingamĭă, ae *f.* Nottingham, St. am Trent, England, *ca.* 240 000 Einw.; Bischofssitz (seit 1850), Suffr. v. Westminster; *dav.*: **Nottinghamēnsĭs,** ĕ.

Nottinghamēn. (*C. R.*) *s.* Nottingamia.

nŏtŭlă, ae *f.* 1. ein kleines Zeichen, Merkmal, Pünktchen. 2. = nŏta Kennzeichen, Merkzeichen, Erkennungszeichen; Anmerkung (*C. j. c.* 1909 § 1).

1. **nōtŭs** 3 1. bekannt. 2. freundschaftlich. 3. berühmt, gefeiert.

2. **nōtŭs,** ī *m.* der Vertraute.

3. **nŏtŭs,** ī *m.* (Notus, νότος) Südwind, Wind, Sturmwind (*Ez.* 42, 12).

Nŏvă Aurēlĭă, ae *f.* New Orleans, St. am Mississippi, Nordamerika (Louisiana), *ca.* 500 000 Einw.; Erzbischofssitz (seit 1850; Bistum seit 1793).

1. **Nŏvă cellă,** ae *f.* Neustift, D. Bayern (Oberbayern).

2. **Nŏvă cellă,** ae *f.* Neuenzell, D. Bayern (Oberbayern).

3. **Nŏvă cellă,** ae *f. s.* S. Naboris fanum.

4. **Nŏvă-Cellă,** ae *f.* Neuzelle, ehem. Cistercienserkloster in Brandenburg, Diöz. Breslau.

Nŏvă Sĕgōbĭă, ae *f.* Nueva Segovia, ehem. St. auf der Philippineninsel Luzon (jetzt verlassen); Bistum N. S. (seit 1595), Residenz seit 1758: Vigan; Suffr. v. Manila.

Nŏvă Vallĭs, is *f.* Nydala, ehem. Cistercienserkloster in Schweden, ehem. Diöz. Linköpping.

nŏvācŭlă, ae *f.* Schermesser, Rasiermesser.

nŏvālĕ, ĭs *n. s.* novalis.

1. **nŏvālĭs,** ĕ brachliegend.

2. **nŏvālĭs,** ĭs *f.* (novāle) Brachfeld, der unbebaute Acker.

nŏvāmĕn, ĭnĭs *n.* Neuerung.

Novarcă, ae *f.* Newark, St. westl. von New York, Nordamerika (New Jersey), *ca.* 250 000 Einw.; Bischofssitz (seit 1853), Suffr. v. New York; *dav.*: **Novarcēnsĭs,** ĕ.

Novarcēn. (*C. R.*) *s.* Novarca.

Nŏvărĭă, ae *f.* Novara, St., l. v. der Agogna (zum Po) in Piemont, It., *ca.* 20 000 Einw.; Bischofssitz (seit 4. Jhdt.), Suffr. v. Vercelli; *dav.*: **Nŏvărĭēnsĭs,** ĕ.

Nŏvărĭēn. (*C. R.*) *s.* Novaria.

Nŏvărĭēnsĭs vīcŭs *m.* Santa Maria a Vico, Ort bei Arienzo in Kampanien, It.

Nŏvātĭānŭs, ī *m.* Novatian, Priester in Rom, der sich die Bischofsweihe erschlich und als Gegenpapst gegen Kornelius (251—253) auftrat. Von Novatus aufgestachelt, rief er die gleiche Irrlehre in Rom hervor, wie Novatus in Karthago.

nŏvātŏr, ōrĭs *m.* Erneuerer.

Nŏvātŭs, ī *m.* Novatus, ein Irrlehrer, der zu Karthago im dritten Jhdt. lebte; er war Miturheber des novatianischen Schismas in Rom.

nŏvellă, ae *f.* junger Weinstock; *auch* junger Zweig, Schößling.

Nŏvellae, ārŭm *f.* (*scil.*: constitutiones) die Novellen (Rechtsbücher, die erst nach dem „Codex" entstanden).

nŏvellō 1 neu bebauen, neu setzen.

nŏvellŭs 3 neu, jung.

nŏvĕm *indecl.* neun.

Nŏvembĕr, brĭs *m.* Monat November.

Nŏvempŏpŭlānă, ae *f.* (Neungauland) (Novempopulona) der südliche Teil von Aquitanien (Fkr.), später Gascogne genannt; der Erzbischof von

Auch führte den Titel: „Primas von Novempopulona u. den beiden Navarra“.
Nŏvempŏpŭlōnă, ae *f. s.* Novempopulana.
nŏvendĭālĭs, ĕ neuntägig: prĕces novendiāles neuntägige Andacht, Novene.
nŏvēnī 3 je neun.
nŏvennĭs, ĕ neunjährig.
nŏvennĭŭm, ī *n.* Zeitraum von 9 Jahren.
Nŏvensĭŭm, ī *n. s.* Novesium.
nŏvercă, ae *f.* Stiefmutter.
nŏvercālĭs, ĕ 1. stiefmütterlich. 2. lieblos, feindselig.
Nŏvēsĭŭm, ī *n.* (Novaesium, Novensium, Neusia) Neuß, Stadt am Rhein bei Düsseldorf, Preußen (Rheinprov.), *ca.* 31000 Einw.; *dav.*: **Nŏvēsĭēnsĭs**, ĕ.
nōvī, *pf.* zu nosco.
nŏvīcĭă, ae *f. s.* novitia.
nŏvīcĭātŭs, ūs *m. s.* novitiatus.
1. **nŏvīcĭŭs** 3 *s.* 1. novitius.
2. **nŏvīcĭŭs**, ī *m. s.* 2. novitius.
nŏvĭēns *adv. s.* novies.
Nŏvĭentĭēnsĭs, ĕ aus Ebersheim, *s.* Aprimonasterium.
Nŏvĭentĭŭm, ī *n. s.* Aprimonasterium.
Nŏvĭentŭm, ī *n. s.* Aprimonasterium.
nŏvĭēs *adv.* (noviens) neunmal.
nŏvīlūnĭă, ōrŭm *n.* Neumond.
nŏvīlūnĭŭm, ī *n.* Neumond (*Martyrol.* Vorrede).
1. **Nŏvĭŏdūnŭm**, ī *n.* Nyon (Schweiz), *s.* Neodunum.
2. **Nŏvĭŏdūnŭm**, ī *n.* Nevers (Fkr.), *s.* Nivernum.
3. **Nŏvĭŏdūnŭm**, ī *n.* Soissons (Fkr.), *s.* Augusta Suessonum.
4. **Nŏvĭŏdūnŭm**, ī *n.* Noyon (Fkr.) (*Martyrolog.* 6. *Juni*), *s.* Noviomum.
5. **Nŏvĭŏdūnŭm**, ī *n.* Nouan, St. bei Orléans, Fkr. (Loiret).
Nŏvĭŏmăgŭm, ī *n.* Nimwegen, *s.* Neomag(i)um.
1. **Nŏvĭŏmăgŭs**, ī *m.* Nimwegen, *s.* Neomag(i)um.
2. **Nŏvĭŏmăgŭs**, ī *m.* Speyer *s.*, Augusta Nemĕtum.
3. **Nŏvĭŏmăgŭs**, ī *m.* Lisieux, St. Fkr. (Calvados); *ca.* 15600 Einw.
Nŏvĭŏmăgŭs Bătāvōrŭm *s.* Neomag(i)um.
Nŏvĭŏmăgŭs (ĭn Brĭtannĭā) Woodcote, St. bei Croydon, England.
Nŏvĭŏmăgŭs Rhēnānŭs, ī *m. s.* Neomag(i)um.
Nŏvĭŏmăgŭs (ĭn Trēvĕrīs), ī *f.* Neumagen, St. an der Mosel, nordöstl. von Trier, Preußen (Rheinprov.); *ca*, 1700 Einw.
Nŏvĭŏmăgŭs Vĕrŏmandŭōrŭm Noyon (Fkr.), *s.* Noviomum.
Nŏvĭŏmĕn. (*C. R.*) *s.* Noviomum.
Nŏvĭŏmĭŭm, ī *n. s.* Noviomum.
Nŏvĭŏmŭm, ī *n.* (Noviomium, Novionum, Noviomagus [in Veromanduis], Noviodunum Veromanduorum, Noriomagus, Norionum) Noyon, St., Fkr. (Oise), *ca.* 6000 Einw.; Bistum um 530, durch den hl. Medard von Vermand nach Noyon verlegt, 1791 (1801) mit Beauvais vereinigt; *dav.*: **Nŏvĭŏmēnsĭs**, ĕ. **Nŏvĭŏmăgēnsĭs**, ĕ, **Nŏrĭŏnēnsĭs**, ĕ *u.* **Nŏvĭŏmēnsĭs**, ĕ.
Nŏvĭonŭm, ī *n. s.* Noviomum.
Novisonă, ae *f.* ein Flüßchen in der Schweiz (Unterwalden).
nŏvissĭmă, ōrŭm *n.* 1. das Neueste. 2. Ende (*Ps.* 72, 17).
nŏvĭtās, ātĭs *f.* Neuheit; Erneuerung: sacramenti; Veränderung.
nŏvĭtĕr *adv.* von neuem, neulich, kürzlich.
nŏvītĭă, ae *f.* (novicia) Novizin; Probejüngerin.
nŏvītĭātŭs, ūs *m.* (noviciatus) das Noviziat; Probe- u. Übungszeit zur Einführung in das Ordensleben für neu eingetretene Ordensleute; es ist die Zeit zwischen Einkleidung und Profeßablegung und dauert ein *oder* zwei Jahre (*C. j. c.* 34).
1. **nŏvītĭŭs** 3 (novicius) neu, neu aufgenommen.
2. **nŏvītĭŭs**, ī *m.* (novicius) 1. der Neuling. 2. der Novize, Probejünger (in Klöstern).
nŏvō 1 erneuern; verändern.
Nŏvŏcastrēn. (*C. R.*) *s.* Novum Castrum.
Nŏvŏcastrŭm, ī *n. s.* Novum Castrum.
Nŏvŏcōmēnsēs, ĭŭm *m.* Bew. v. Novocomum, *s.* (Novum Comum) Comum.
Nŏvŏcōmŭm, ī *n. s.* Comum.
Nŏvŏdūnŭm, ī *n. s.* Noviodunum.
Nŏvŏmăgĭŭm, ī *n. s.* Neomagium *oder* Noviomagus.
nŏvŭm, ī *n. s.* nŏvus.
1. **Nŏvŭm Castrŭm**, ī *n.* Newcastle upon Tyne, St., England (Northumberland), *ca.* 220000 Einw.; Bischofssitz vom Bistume Hexham-Newcastle; *dav.*: **Nŏvŏcastrēnsĭs**, ĕ.
2. **Nŏvŭm Castrŭm**, ī *n.* Neuburg, ehem. Cistercienserkloster im Elsaß, Diözese Straßburg.
nŏvŭs 3 1. neu; *subst.*: **nŏvŭm**, ī *n.* Neues, eine Neuigkeit. 2. unerhört, ungewöhnlich. 3. ein anderer, zweiter; *superl.*: **nŏvissĭmŭs** 3 der äußerste *oder* letzte; **dies novissimus** der jüngste Tag; **nŏvissĭmĭs** *adv.* zuletzt, am Ende (*Job* 42, 12), *s. auch*: nŏvissĭmă, ōrŭm *n.*
nox, noctĭs *f.* 1. Nacht. 2. Todesnacht, Tod. 3. Dunkelheit, Finsternis. 4. geistige Finsternis, Verblendung.
noxă, ae *f.* 1. Schaden, Schädlichkeit. 2. Vergehen. 3. Strafe.
noxĭă, ōrŭm *n.* schädliche Dinge, Sünde.

noxĭālĭs, ĕ *s.* noxius 3.
noxĭōsŭs 3 *s.* noxius 3.
noxĭŭs 3 (noxialis, e, noxiosus 3) 1. schädlich, schuldig, verderblich. 2. sträflich, sündhaft.
nūbĕcŭlă, ae *f.* Wölkchen, kleine Wolke. (3. *Kön.* 18, 44).
nūbēs, ĭs *f.* 1. Wolke. 2. Dunkel, Finsternis.
nūbĭfĕr, fĕră, fĕrŭm Wolken tragend *oder* bringend.
nūbĭlĭs, ĕ heiratsfähig, mannbar.
nūbĭlōsŭs 3 wolkig, trübe, dunkel, finster.
nūbĭlŭm, ī *m.* Wolke.
nūbĭlŭs 3 1. wolkig, bewölkt. 2. trübe, düster, finster, dunkel. 3. traurig, unglücklich.
nūbō, ūpsī, ūptŭm 3 sich vermählen, heiraten (*auch vom Manne*: *Matth.* 22, 30, *Luc.* 10, 34).
Nūcĕrĭă, ae *f.* Nocera, Stadt in Kampanien am Monte Pennino, It. (Perugia), *ca.* 1700 Einw.; Bischofssitz (seit 5. Jhdt.) von Nocera-Umbra, exempt; *dav.*: **Nūcĕrīnŭs** 3.
Nūcĕrĭă Pāgānōrŭm (Alfaterna) Nocera inferiore *oder* Nocera dei Pagani, St., nordwestl. von Salerno, It. (Salerno), *ca.* 9000 Einw.; Bischofssitz (seit 7. Jhdt.), Suffr. v. Salerno; *dav.*: **Nūcĕrīnus 3 Pāgānōrŭm.**
Nūcĕrīn. (*C. R.*) *s.* Nuceria.
Nūcĕrīn. Pāgān. (*C. R.*) *s.* Nuceria Paganorum.
nuclĕŭs, ī *m.* Kern.
nūdātĭō, ōnĭs *f.* Entblößung.
nūdĭpĕdālĭă, ĭŭm *n.* das Barfußgehen.
nūdĭpēs, pĕdĭs barfuß.
nūdĭtās, ātĭs *f.* Blöße, Nacktheit.
nūdĭusquartŭs (nunc dius [dies] quartus: es ist nun der vierte Tag) heute vor vier Tagen (*Apg.* 10, 30).
nūdĭustertĭŭs (nunc dius [=dies] tertius: es ist nun der dritte Tag) vorgestern.
nūdō 1 1. entblößen, entkleiden, enthüllen. 2. ausziehen, plündern, berauben.
nūdŭs 3 1. nackt, unbekleidet; super nudo auf dem bloßen Leibe. 2. entblößt, beraubt. 3. arm, dürftig.
nūgācĭtās, ātĭs *f.* Nichtigkeit, Eitelkeit, Lächerlichkeit; Geschwätzigkeit.
nūgae, ārŭm *f.* Geschwätz, unnütze Dinge, Tand: daemonis.
Nūgărōlēnsĭs lăcŭs (*auch* lacusBiennensis) Bieler See im Schweizer Kanton Bern.
nūgātŏr, ōrĭs *m.* Schwätzer.
nūgāx, ācĭs läppische Dinge treibend; lächerlich.
nūllătĕnŭs *adv.* durchaus nicht, nicht im geringsten.
nūllĭbī *adv.* nirgendwo.
nūllĭfĭcō 1 geringschätzen; verwerfen.
nūllĭtās, ātĭs *f.* Nichtigkeit, Wertlosigkeit; Ungültigkeit: matrimonii.
nūllŭs (*gen.*: nullĭus, *dat.*: nulli) 3 1. keiner; *oft auch subst.* = nēmo niemand. 2. gering, bedeutungslos. 3. nichtig, ungültig; professio declarata nulla die Profeßablegung (im Orden) wird für nichtig erklärt (*C. j. c.* 2387); demptis suffragiis nullis nach Abzug der ungültigen Stimmen (*C. j. c.* 101); Abbas (praelatus) nullĭus Abt (Prälat) mit eigenem Gebiete, *d. i.* keinem Bischofe, sondern dem Papste unmittelbar untergeben; unabhängiger Abt oder Prälat.
nūllustĕnŭs, nūllătĕnŭs, nūllumtĕnŭs durchaus keiner.
nŭm *Fragepartikel*: 1. etwa? wohl? 2. ob wirklich? ob etwa?
Numburgŭm, ī *n.* Naumburg, St. an der Saale, Preußen (Sachsen), *ca.* 25000 Einw.; ehem Bistum (gegr. 968 v. Otto I. d. Gr.).
nūmĕn, ĭnĭs *n.* 1. Wink. 2. göttlicher Wille. 3. Gottheit, Hoheit, Majestät. 4. Huld, Gnade.
Nūmēnĭŭs, ī *m.* Numenius, Gesandter des Simon Machabaeus nach Rom u. Sparta.
nŭmĕrābĭlĭs, ĕ zählbar.
nŭmĕrātŭs 3 1. durch eine bestimmte Zahl beschränkt; 2. pecūnĭa numerāta Bargeld.
S. Nŭmĕrĭānŭs, ī *m.* hl. Numerian, Bek. u. Bisch. von Trier († 666).
Er wurde in Trier geboren und war ein Schüler des sel. Bischofs Modoald, nach dessen Tode er selbst die Leitung des Bistums übernahm. Mit Bischof Deodat von Nevers (Fkr.) gründete er ein Kloster in den Vogesen. Er starb im Jahre 666 und wurde im Dorfe Oeren bei Trier beigesetzt. — 5. Juli (Trier).
B. Nŭmĕrĭānŭs, ī *n.* sel. Numerian, Bruder des hl. Mart. Germanus (7. Jhdt.) (*Propr. v. Basel--Lugano* 21. Februar).
Nŭmĕrĭānŭs, ī *m.* (Marcus Aurelius) Numerian, ein Sohn des Kaisers Carus, † 284; er gilt als römischer Kaiser u. Christenverfolger in den Martyrerakten.
nŭmĕrĭcŭs 3 nach Nummern geordnet.
nŭmĕrō 1 zählen, rechnen.
nŭmĕrōsĭtās, ātĭs *f.* 1. Zahl, Gesamtheit. 2. große Zahl, Menge.
nŭmĕrōsŭs 3 zahlreich.
nŭmĕrŭs, ī *m.* 1. Zahl, Anzahl; numĕrus totālis Summe. 2. Menge, Haufe, Vorrat. 3. Rang, Platz. 4. Zahl, Ziffer; **num. antīquŭs:** römische Ziffer, **num. vulgārĭs:** arabische Ziffer. 5. Maß (*Ps.* 146, 5). 6. Vers, Versglied (*vgl.* lect. VI., 22. Juni).

Nŭmĕrŭs, ī *m.* (Nŭmĕri, orum *m.*) Bezeichnung für das 4. Buch Mosis, das mit einer Zählung des Judenvolkes beginnt.

Nŭmĭdĭă, ae *f.* (Νομαδία) Numidien, Landschaft im Osten von Algerien, Nordafrika.

nŭmismă, ătĭs *n.* (nomisma, νόμισμα) Münze, Geldstück; *bes. pl.*: numismata = Medaillen.

Numistrō, ōnĭs *f.* (Murana ecclesia) Muro Lucano, St., It. (Potenza), *ca.* 8300 Einw.; Bischofssitz (seit 11. Jhdt.), Suffr. v. Conza.

nummŭlārĭŭs, ī *m.* (numularius) Geldmakler, Wechsler (*Mark.* 11, 15).

nummŭs, ī *m.* Münze, Geldstück.

numquăm *adv.* (nunquam) niemals, nie; numquam non immer, allemal; non numquam zuweilen manchmal.

numquĭd *adv.* etwa? vielleicht? (*Ps.* 86, 5: numquid Sion dicet wird man nicht von Sion sagen?); numquid non = nonne.

nūmŭlārĭŭs, ī *m. s.* nummularius.

nun *indecl.* der 14. Buchstabe des hebr. Alphabets; vierzehn, vierzehntens.

Nun *indecl. m.* (*hebr.*: Nachkommenschaft, Sohn; griech. *Navε* = Nave) Nun, Vater Josues, des Nachfolgers von Moses († um 1500 v. Chr.).

nunc *adv.* 1. jetzt, nun. 2. unter den jetzigen Umständen; nun aber.

nūncĭă, ae *f. u.* **nuncio** 1 *s.* nuntia, nuntio.

nūncĭŭs, ī *m. s.* nuntius.

nuncŭpātĭō, ōnĭs *f.* 1. Benennung. 2. das feierliche Aussprechen von Gelübden.

nuncŭpō 1 1. nennen, benennnen. 2. feierlich aussprechen, erklären; ankündigen. 3. nuncupare vota Gelübde ablegen.

nundĭnae, ārŭm *f.* Wochenmarkt, Markttag.

nundĭnŏr 1 verhandeln; verschachern.

nunquăm *adv. s.* numquam.

nunquĭd *s.* numquid.

nūntĭă, ae *f.* (nuncia) Botin.

nūntĭātĭō, ōnĭs *f.* (nunciatio) Meldung, Ankündigung; nuntiatio nŏvī ŏpĕrĭs: gerichtlicher Einspruch gegen einen Neubau (*C. j. c.* 1676).

nūntĭō 1 verkündigen, melden, anzeigen.

nūntĭŭs, ī *m.* (nuncius) 1. Bote, Verkündiger. 2. Botschaft, Nachricht; nuntium mittere u. remittere verzichten auf; entsagen: uxori = die Ehe aufkündigen, sich scheiden. 3. Botschafter, Gesandter in diplomatischem Sinne; nuntius simplex Gesandter ohne bes. Vollmachten; **Nūntĭŭs Apostŏlĭcŭs**: der ständige Vertreter des Papstes an fremden Höfen, der Apostolische Nuntius, welcher stets Doyen des diplomatischen Korps ist.

nūpĕr *adv.* neulich, vor kurzem, vor Zeiten.

nūpĕrŭs 3 neulich, neu, kürzlich.

nūptĭālĭs, ĕ hochzeitlich.

nūptŭrĭēns, tĭs *m. u. f.* Bräutigam, Braut.

nūptŭrĭō 4 heiraten wollen.

nūptŭs, ūs *m.* Vermählung.

Nursĭă, ae *f.* Norcia, St. bei Rom am Monti Sibillini, It. (Perugia), *ca.* 3500 Einw.; Bischofssitz (seit dem 5. Jhdt.), exempt; *dav.*: **Nursīnŭs** 3.

Nursīn. (*C. R.*) *s.* Nursia.

nŭrŭs, ūs *f.* Schwiegertochter, Schnur.

Nūscān. (*C. R.*) *s.* Nuscum.

Nūscŭm, ī *n.* Nusco, St., östl. v. Avellino, It., *ca.* 900 Einw.; Bischofssitz (seit 1100), Suffr. v. Salerno; *dav.*: **Nuscānŭs** 3.

nūsquăm *adv.* nirgends.

nūtātĭō, ōnĭs *f.* das Schwanken.

nūtō 1 1. hin- und herbewegen, schwanken. 2. den Kopf neigen, nicken. 3. unstet sein.

nūtrīcĭŭs, ī *m.* (nutritius) Erzieher, Nährvater, Pfleger.

nūtrīcō 1 säugen, ernähren, aufziehen.

nūtrīcŭlă, ae *f.* Amme.

nūtrīmentŭm, *n.* Nahrungsmittel; Nahrung, Zucht, Pflege.

nūtrĭō 4 1. säugen, nähren. 2. pflegen, unterhalten.

nūtrītĭŭs, ī *m. s.* nutricius.

nūtrītīvŭs 3 nahrhaft.

nūtrītŏr, ōrĭs *m.* Ernährer.

nūtrīx, īcĭs *f.* Amme, Nährerin, Beförderin.

nūtŭs, ūs *m.* 1. die Neigung, das Neigen, das Winken. 2. Wink, Befehl: intentus nutibus. 3. Zustimmung.

nux, nŭcĭs *f.* die Nuß.

nyctĭcŏrax, răcĭs *m.* (νυκτικόραξ) Nachtrabe, Eule.

nymphă, ae *f.* (νύμφη) Braut; neuvermählte Ehefrau.

S. Nymphă, ae *f.* hl. Nympha, Mart. z. Z. des Kaisers Dezius (um 250), 10. November.

Nymphas, ae *m.* (Νύμφας) Nymphas, ein angesehener Mann u. eifriger Christ zu Laodicea, in dessen Hause die Gläubigen gottesdienstliche Versammlungen hielten.

Nymphē, ēs *f.* Nymphe, ein Ort, vielleicht eine einer bestimmten Nymphe geweihte Grotte, an der Via Cornelia beim dreizehnten Meilensteine.

Nȳssă, ae *f.* Nyssa, St. im Norden von Karien, Kleinasien; *dav.*: **Nȳssēnŭs** 3.

O.

ō! Ausruf der Freude oder der Trauer, o! ach!

Oaxacă, ae *f.* (Antequera) Oaxaca, Hauptst. des gleichnamigen Staates in Mexiko, *ca.* 35000 Einw.; Erzbischofssitz (seit 1891, Bistum seit 1535; *amtl.*: Antequera).

O. Ant. = Ordo Antonii oder Antoniani: Antonianer, gegr. im 4. Jhdt. 1. Congregatio de S. Hormisda, Kongregation v. hl. Hormisdas, gegr. 1809. 2. Congr. Aleppīna, Kongregation v. Aleppo, gegr. 1770. 3. Congr. Baladita, Kongregation der Baladiten, gegr. 1700. 4. Congr. de S. Isaia, Kongregation vom hl. Isaias, gegr. im 18. Jhd.

ŏb *praep. c. acc.* 1. gegen — hin, entgegen; gegenüber, vor: ob oculos vor den Augen. 2. um, um — willen, wegen, im Interesse.

Obadia, ae *m.* (*hebr.*: Diener Jahwes) (Obadias) Obadia(s) 1. ein Israelit aus dem Stamme Juda u. dem Geschlechte Davids, Sohn Arnans. 2. ein Israelit aus dem Stamme Benjamin u. dem Geschlechte Sauls, Sohn Asels. 3. ein Israelit aus dem Stamme Levi, Sohn Semeias. 4. ein Anhänger Davids aus dem Stamme Gad. 5. ein Fürst z. Z. des Königs Josaphat von Juda. 6. ein jüdischer Priester, ein Mitbesiegler des nachexilischen Bundes.

ŏbarmō 1 bewaffnen, versehen mit, ausrüsten.

ŏbărō 1 umpflügen.

O. Bas. = Ordo S. Basilii oder Basiliani: Basilianer, gegr. im 4. Jhdt. 1. Basiliani de Rito Graeco puro, griechische Basilianer, gegr. 1004. 2. Congr. Graeco-Melchita de Ss. Salvatore griechisch-melchitische Kongregation v. heiligsten Erlöser, gegr. 1711. 3. Congr. Soarita-Aleppīna soaritisch-aleppinische Kongregation, gegr. 1829. 4. Congr. Soarita-Baladita soarisch-baladitische Kongregation, gegr. 1697.

Obasīnă, ae *f.* (Obazina) Obasine, ehem. Cistercienserkloster, Fkr., Diöz. Tulle; *dav.*: **Obasīnēnsĭs,** ĕ *u.* **Obazīnēnsĭs,** ĕ.

Obasīnēnsĭs, ĕ *s.* Obasina.

ŏbaudientiă, ae *f.* Gehorsam.

ŏbaudĭō 4 1. erschallen lassen. 2. gehorchen (*obj.* im *dat.* u. *acc.*).

Obazīnēnsĭs, ĕ *s.* Obasina.

obcaecātĭō, ōnĭs *f.* Verblendung.

obcaecātŭs 3 verblendet; blind.

obcaecō 1 verblenden (*Ecclus* 25, 24).

Obdiă, ae *m.* (*hebr.*: Diener Jahwes) (Obdias) Obdia(s), 1. ein Levit z. Z. Davids, Sohn des Semeia. 2. ein Jude, Enkel Zorobabels.

obdormĭō 4 einschlafen, entschlafen; sterben.

obdormītĭō, ōnĭs *f.* das Entschlafen oder Sterben.

obdūcō, dūxī, ductŭm 3 überziehen, bedecken, verhüllen.

obductĭō, ōnĭs *f.* 1. Verhüllung. 2. Trübsal, Heimsuchung (*Ecclus* 2, 2; 5, 1).

obductŭs, ūs *m.* Zufügung, Behandlung (*Ecclus* 25, 20).

obdulcō 1 süß *oder* angenehm machen, versüßen.

obdurēscō, rŭī 3 hart *oder* unempfindlich werden, sich verhärten.

obdūrō 1 1. *intrans.* ausdauern, ausharren. 2. *trans.* verhärten: corda.

Obed *indecl. m.* (*hebr.*: Diener) 1. Sohn des Booz aus dem Stamme Juda von der Ruth, Vater Isais, des Vaters Davids, Ahnherr Christi. 2. ein Israelit, Vater des Gaal. 3. ein Israelit aus dem Stamme Juda, Vater Jehus. 4. ein Held Davids. 5. ein Levit, Nachkomme Semeias. 6. ein Israelit, Vater des Azarias. 7. ein Prophet z. Z. des Königs Achaz von Juda.

Obedĕdom *indecl. m.* (*hebr.*: Diener des Edomiters) Obededom, 1. ein Gethiter z. Zt. Davids, der bei Jerusalem ein Haus besaß. 2. ein Israelit, Türhüter im Heiligtume, Sohn Idithuns. 3. ein Schatzmeister des Königs Amasias von Juda.

Obediă, ae *m.* (*hebr.*: Diener Jahwes) Obedia, Levit u. Tempeltürhüter.

ŏbēdientĭālĭs, ĕ den Gehorsam betreffend.

ŏbēdĭō 4 *s.* oboedio.

ŏbēdītĭō, ōnĭs *f. s.* oboeditio.

ŏbĕō, ĭī, ĭtŭm, īrĕ 1. *intr.*: hin-, entgegengehen, hinscheiden, sterben. 2. *trans.*: a) besuchen, bereisen. b) sich einer Sache unterziehen, sie besorgen oder verrichten.

ŏbĕquĭtō 1 heranreiten.

Obĕrēhnhēmĭŭm, ī *n.* Oberehnheim (Obernai), St. an der Ehn (zur Ill), am Fuße des Odilienberges, südlich von Straßburg, Elsaß (Ehrstein), *ca.* 4000 Einw.

ŏberrō 1 hin- und herirren.

ŏbēsĭtās, ātĭs *f.* Fettigkeit, Dicke.

ŏbēsŭs 3 angeschwollen, dick; *übtr.*: dumm.

ŏbex, ĭcĭs *m.* u. *f.* (obiex) 1. Riegel, Verschluß. 2. Damm, Verrammelung. 3. Hindernis, Hemmnis.

obfīrmō 1 festigen, kräftigen.

obf . . ., obg . . ., *s. auch*: off . . ., ogg . . .

obiăcĕō, ŭī 2 vor-, gegenüberliegen.
obĭcĭō, iēcī, iēctŭm 3 1. entgegenwerfen, -stellen, -legen. 2. entgegnen, erwidern. 3. zum Schutze entgegenhalten, -stellen, -ziehen. 4. zum Vorwurf machen.
obiectātĭō, ōnĭs *f.* Vorwurf, Tadel, Makel.
obiectĭō, ōnĭs *f.* 1. Vorwurf, das Vorwerfen. 2. Einwurf, Einwendung (*C. j. c.* 2090).
obiectīvŭs 3 zum Objekt gehörig; objektiv.
obiectō 1 vorwerfen.
obiectŭm, ī *n.* Gegenstand, Objekt.
obiectŭs, ūs *m.* das Entgegenhalten.
obiex, ĭcĭs *m.* u. *f.* *s.* obex.
ŏbīrāscŏr 3 in Zorn entbrennen.
ŏbīrātĭō, ōnĭs *f.* Ingrimm.
ŏbīrātŭs 3 ergrimmt.
ŏbĭtĕr *adv.* im Vorübergehen, nebenbei, beiläufig, gelegentlich.
ŏbĭtŭs, ūs *m.* Untergang, das Hinscheiden, Tod; dies obitus Todestag.
obiurgātĭō, ōnĭs *f.* Tadel, Verweis.
obiurgō 1 schelten, zurechtweisen.
oblăquĕō 1 umschlingen, umgarnen.
1. **oblātă,** ae *f.* Oblate, Opferbrot, unkonsekrierte Hostie.
2. **oblātă,** ōrŭm *n.* Bezeichnung für die bei der Opferung dargebrachten Opfergaben Brot u. Wein, welche verschiedenemal gesegnet u. in der Missa solemnis incensiert werden.
Oblātae, ārŭm *f.* *s.* Oblati.
Oblātī (*scil.*: pueri), **Oblātae** (*scil.*: puellae) 1. Kinder, welche schon in früher Jugend Gott geweiht und einem Kloster übergeben wurden. 2. Erwachsene, welche in einen näheren Verband mit einem Kloster oder Orden traten, ohne in denselben ein u- treten. 3. Name von Mitgliedern mehrerer religiöser Genossenschaften neuerer Zeit, *z. B.* Oblaten Maiä, Oblaten des hl. Franz v. Sales, Oblaten von der unbefleckten Empfängnis Marias usw.
oblātĭō, ōnĭs *f.* 1. Darbietung; Opferung, Offertorium (der erste Hauptteil des hl. Meßopfers). 2. das eucharistische Opfer (das Ganze nach dem ersten Hauptteil benannt). 3. Opfergabe liturgische Spende (von Brot, Wein, Wachs [Kerzen]). 4. die von den Gläubigen bei der hl. Messe vor der Opferung für den Priester (früher) dargebrachten Gaben. 5. die noch in einigen Diözesen bei sog. Opfergängen nach der Taufe oder Beerdigung üblichen Spenden des Volkes für Pfarrer u. Küster.
oblātŏr, ōrĭs *m.* Darbieter, Anbieter.
oblātŭm, ī *n.* das Dargebotene, Opfergabe.
1. **oblatŭs** 3 *s.* offero.
2. **oblātŭs,** ī *m.* *s.* Oblati.
oblectāmĕn, ĭnĭs *n.* *s.* oblectamentum.
oblectāmentŭm, ī *n.* (oblectamen) 1. Ergötzlichkeit, Ergötzung. 2. Reiz, Verführung.
oblectātĭō, ōnĭs *f.* Ergötzung, Zerstreuung, Unterhaltung.
oblectō 1 ergötzen.
oblēnĭō 4 besänftigen.
oblĭgātĭō, ōnĭs *f.* 1. das Anbinden. 2. das Gebundensein, Verpflichtung; ex obligatione pflichtmäßig. 3. *concr.*: Fessel, Würgstrick. 4. Hülle. 5. *pl.*: obligationes, *nach dem hebr. richtiger* obliquationes (Schiefheiten! von obliquus) krummer Weg (*Ps.* 124, 5).
oblĭgātōrĭŭs 3 verbindlich, verpflichtend, verbindend.
oblĭgātŭs 3 verpflichtet, verbindlich.
oblĭgō 1 1. binden, verbinden, zusammenbinden; *pass.*: sich verstricken. 2. einschränken. 3. verpflichten. 4. verpfänden, versetzen, mit einer Hypothek belasten (*C. j. c.* 1538).
oblĭnō, lēvī, lĭtŭm 3 besudeln, beflecken.
oblīquō 1 schräg machen, seitwärts lenken.
oblīquŭs 3 schräg, schief; seitlich; linea obliqua Seitenlinie (bei der Verwandtschaft *C. j. c.* 96).
oblĭtĕrātĭō, oblĭtĕrō *s.* oblitteratio usw.
oblītēscō, tŭī 3 sich verstecken.
oblittĕrātĭō, ōnĭs *f.* (obliteratio) das Vergessen.
oblittĕrō 1 (oblitĕro) 1. ausstreichen. 2. in Vergessenheit bringen; auslöschen.
oblīvĭō, ōnĭs *f.* Vergessenheit.
oblīvĭōsŭs 3 1. vergeßlich. 2. Vergessenheit bewirkend, sorgenstillend.
oblīvīscŏr, lītŭs sŭm 3 vergessen, nicht mehr beachten.
oblŏcūtĭō, ōnĭs *f.* Widerspruch.
oblongŭs 3 ziemlich lang, länglich; rechteckig.
oblŏquŏr, lŏcūtŭs sŭm 3 gegen jemand reden, widersprechen; tadeln, schelten höhnen, lästern.
obluctŏr 1 gegen etwas ankämpfen (*dat.*).
obmurmŭrō 1 dagegen-, dazumurmeln.
obmūtēscō, mūtŭī 3 verstummen, still werden.
obnītŏr, nīxŭs u. nīsŭs sŭm 3 gegen etwas ankämpfen.
obnīxē *adv.* mit allen Kräften, eifrig; orare obnixe: innig beten.
obnoxĭō 1 sich schuldig machen.
obnoxĭŭs 3 1. schuldig, verfallen. 2. unterworfen, untergeordnet, ausgesetzt: *z.*

B. libidini; gehorsam, knechtisch. 3. verpflichtet, verbunden.

obnūbĭlātĭō, ōnĭs *f.* Umwölkung, Verdüsterung.

obnūbĭlō 1 umwölken, verdunkeln.

ŏboedĭēns, entĭs (obēdiens) gehorsam, willfährig.

ŏboedĭentĭă, ae *f.* (obedientia) Gehorsam; oboedientia canŏnĭca kanonischer Gehorsam, d. h. der Gehorsam des geistlichen Untergebenen gegenüber dem Oberen.

ŏboedĭō 4 (obēdio) Gehör geben, gehorchen; apostolatum ad oboediendum fidei in gentibus accepimus wir haben das Apostolat empfangen, um die Völker dem Glauben gehorsam zu machen.

ŏboedītĭō, ōnĭs *f.* (obeditio) Gehorsam.

ŏbŏlĕō, ŏlŭī 2 riechen nach etwas; *auch trans. gebraucht.*

Obŏlēnŭs, ī *m.* Obolenus, Verlobter der hl. Glodesindis.

ŏbŏlŭs, ī *m.* (ὀβολός) Obolus, griech. Münze, der 6. Teil einer Drachme, etwa 12 Pfennig (*Ex.* 30, 13).

ŏbŏrĭŏr, ortŭs sŭm 4 entstehen, zum Vorschein kommen, aufgehen.

Oboth *indecl.* (*hebr.* ?) Oboth, ein Lagerplatz der Israeliten in der Wüste.

Obotrītī, ōrŭm *m.* (Abotriti) Obotriten, ein Slawenstamm in Mecklenburg u. in der Uckermark.

obrēpō, ēpsī, ēptŭm 3 herankriechen, sich hineinschleichen.

obrēptīcĭŭs 3 (obrēptītĭŭs) erschlichen.

obrēptĭō, ōnĭs *f.* Erschleichung von geistlichen Gnaden bei geistlichen Behörden durch Angabe von etwas Falschem (*C. j. c.* 42, 2).

obrēptītĭŭs 3 *s.* obrepticius.

obrēptō 1 heranschleichen; jemand überraschen (*c. dat.*).

obrĭgēscō, rĭgŭī 3 erstarren.

obrīzŭs 3 (obryzus) (ὄβρυζον) fein, lauter: aurum.

obrŏgō 1 1. ein bisheriges Gesetz ganz oder zum Teil durch ein neues Gesetz aufheben, am Gesetze ändern. 2. die Gültigkeit eines fortbestehenden Gesetzes einschränken (*C. j. c.* 3).

obrŭō, rŭī, rŭtŭm 3 1. überschütten, versenken, vergraben. 2. unterdrücken, zugrunde richten.

obsaepĭō, psī, ptŭm 4 (obsēpio) verzäunen, versperren.

obsaeptĭō, ōnĭs *f.* Absperrung.

obscaenĭtās, obscaenŭs *s.* obscēnitas usw.

obscēnĭtās, ātĭs *f.* 1. Häßlichkeit. 2. Unzüchtigkeit.

obscēnŭs 3 1. scheußlich, ekelhaft. 2. unzüchtig, schamlos.

obscūrātĭō, ōnĭs *f.* Verdunkelung, Verfinsterung.

obscūrātŭs, ī *m.* ein Verdunkelter: obscurati terrae (*Ps.* 73, 20); immerhin bleibt dieser Text sowohl in der Septuaginta wie in der Vulgata unverständlich; der hl. Hieronymus übersetzt: „Respice ad pactum tuum, quia repletae sunt tenebris terrae, habitationes iniquae“. *Graetz* übersetzt mit einer kleinen hebräischen Textverbesserung: „ii, qui **obscurum** (= malum) faciunt, repleverunt terram [in] locis violentiae“. *Schlögl* mit Textverbesserung: (respice) „Blick hin auf die Burgen, sie sind voll von Bedrückung; denn voll ist das Land von Gewalttat“.

obscūrĭtās, ātĭs *f.* 1. Dunkelheit, Finsternis. 2. Unklarheit, Unverständlichkeit. 3. Unberühmtheit, Niedrigkeit.

obscūrō 1 1. Finsternis hervorbringen, verdunkeln, verfinstern; *pass.* (u. *act.*): dunkel werden, Abend werden, sich verfinstern. 2. verhüllen, verbergen. 3. in Vergessenheit bringen.

obscūrŭm, ī *n.* Finsternis, Dunkel; *oft im pl.*

obscūrŭs 3 1. dunkel, finster. 2. versteckt, verborgen. 3. unverständlich, unklar.

obsĕcrātĭō, ōnĭs *f.* inständiges Bitten, Beschwören, feierliches Gebet.

obsĕcrō 1 beschwören, anflehen.

obsĕcundō 1 zu Willen sein, willfahren, gehorchen.

obsĕcūtĭō, ōnĭs *f.* (obsequutio) Gehorsam.

obsēpĭō 4 *s.* obsaepio.

obsĕquēlă, ae *f.* Nachgiebigkeit, Willfährigkeit.

obsĕquēns, entĭs willfährig, nachgiebig; laus obsĕquens ein gern erteiltes Lob.

obsĕquentĭă, ae *f.* Nachgiebigkeit, Schmiegsamkeit.

obsĕquĭālĕ, ĭs *n.* (obsequialis liber) frühere Bezeichnung für das Rituale.

obsĕquĭōsŭs 3 sehr nachgiebig *oder* willfährig.

obsĕquĭŭm, ī *n.* 1. Willfährigkeit, Nachgiebigkeit, Folgsamkeit. 2. Hingebung Aufopferung. 3. Dienerschaft, Dienst, Gottesdienst. 4. Opfer, Spende. 5. Ehrenbezeugnug.

obsĕquŏr, quūtŭs u. cūtŭs sŭm 3 gehorchen, zu Willen sein.

obsĕquūtĭō, ōnĭs *f. s.* obsecutio.

obsĕrō 1 verriegeln, verschließen.

observābĭlĭs, ĕ merklich, bemerklich (*Ex.* 12, 42).

observāns, tĭs 1. beobachtend. 2. hochachtend.

Observāntēs, ĭŭm *m.* die Observanten, ein Sondername für einen der drei selbständigen Männerorden, die aus der Stiftung des hl. Franz v. Assisi hervorgegangen sind (die Observanten werden meistens Minoriten oder Schwarze Franziskaner genannt).

observantĭă, ae *f.* 1. Aufmerksamkeit, Ehrerbietung. 2. Beobachtung der Klosterregel; obs. quadragesimalis Beobachtung des Fastengebotes.

observātĭō, ōnĭs *f.* 1. Wahrnehmung, Beobachtung. 2. Vorschrift; *pl.*: Bräuche.

observātŏr, ōrĭs *m.* Beobachter.

observātrīx, īcĭs *f.* Beobachterin.

observō 1 1. beobachten, befolgen; hüten, lauern (*Ps.* 36, 12). 2. verehren, Hochachtung erweisen; odisti observantes vanitates supervacuas (*richtiger als supervacue*) du hassest, die eitle Götzen verehren (*Ps.* 30, 7).

obsĕs, ĭdĭs *m.* u. *f.* Geisel, Bürge.

obsessĭō, ōnĭs *f.* 1. Einschließung, Belagerung. 2. Besessenheit (durch den Teufel).

1. **obsessŭs** 3 eingeschlossen, besetzt.

2. **obsessŭs**, ī *m.* der (vom Teufel) Besessene (*C. j. c.* 1151).

obsĭdĕō, sēdī, sessŭm 2 1. an *oder* auf etwas sitzen, sich aufhalten. 2. besetzt halten, belagern, einschließen (*Judith* 5, 3). 3. auf etwas lauern, abpassen.

obsĭdĭō, ōnĭs *f.* Einschließung, Belagerung, Blockade; *übtr.*: Gefangenschaft.

obsīdō, sēdī, sessŭm 3 besetzen, in seinen Besitz bringen.

obsīgnātĭō, ōnĭs *f.* Besiegelung, Untersiegelung.

obsīgnātŏr, ōrĭs *m.* Besiegler.

obsīgnō 1 zusiegeln, versiegeln.

obsistō, stĭtī 3 Widerstand leisten, sich widersetzen, bekämpfen.

obsĭtŭs 3 (von obsero, -sevi besäen, bepflanzen) 1. besät. 2. ganz bedeckt von etwas, ganz angefüllt, ganz voll von etwas (*Hymn. Mat. Fest. Lanceae et Clavorum*).

obsŏlēscō, lēvī, lētŭm 3 veralten, Wert *oder* Ansehen verlieren.

obsŏlētŭs 3 1. abgenutzt, abgetragen, veraltet. 2. alltäglich, gemein.

obsōnĭŭm, ī *n.* (ὀψώνιον) Zukost zum Brote, *bes.* Fleisch u. Fische; Fischspeise, Fleischspeise.

obsōpĭō 4 gefühllos machen, einschläfern.

obsordēscō 3 schmutzig werden.

obstācŭlŭm, ī *n.* Hindernis, Hemmnis.

obstĕtrīcō 1 Geburtshelferdienste *oder* Hebammendienste leisten.

obstĕtrīx, īcĭs *f.* Hebamme.

obstĭnātĭō, ōnĭs *f.* Beharrlichkeit; Hartnäckigkeit, Starrsinn.

obstĭnātŭs 3 beharrlich, hartnäckig.

obstĭnō 1 auf etwas bestehen.

obstō, stĭtī, stātūrŭs, 1 1. entgegen oder im Wege stehen; non obstantibus legibus (privilegiis etiam speciali mentione dignis quibusvis) ohne daß irgendwelche Gesetze (Privilegien, auch nicht besonderer Erwähnung würdige) entgegenstehen sollen. 2. hinderlich sein.

obstrangŭlō 1 erwürgen.

obstrĕpō, ŭī, ĭtŭm 3 1. entgegenlärmen, ertönen lassen. 2. belästigen, hinderlich sein, stören.

obstringō, strinxī, strictŭm 3 1. festbinden, zubinden. 2. verpflichten, verbindlich machen. 3. in etwas Übles verwickeln oder verstricken.

obstrŭō, strūxī, strūctŭm 3 vorbauen, verrammeln, verstopfen, verschließen.

obstrūsŭs 3 verschlossen.

obstŭpĕfăcĭō, fēcī, factŭm 3 in Erstaunen versetzen; stutzig machen; betäuben.

obstŭpēscō, stŭpŭī 3 1. starr *oder* gefühllos werden; erstaunen. 2. stumpf werden: dentes.

obsŭm, obfŭī, obessĕ entgegen sein, hinderlich sein; nachteilig sein, schaden.

obsurdēscō, dŭī 3 1. taub werden. 2. gegen Ermahnungen taub bleiben, den Ermahnungen kein Gehör geben (*Eccles* 12, 4).

obtēctŭs, ūs *m.* Schutz.

obtĕgō, tēxī, tēctŭm 3 1. schützend bedecken, beschützen. 2. verbergen, verschleiern, verdunkeln.

obtempĕrātĭō, ōnĭs *f.* Gehorsam.

obtempĕrō 1 gehorchen.

obtendō, dī, tŭm 3 vorspannen; *übtr.*: vorwenden, vorschützen.

obtĕnĕbrēscō 3 dunkel werden.

obtĕnĕbrō 1 verdunkeln, verfinstern.

1. **obtentŭs**, ūs *m.* das Vorstecken; Vorwand, Schein.

2. **obtentŭs**, ūs *m.* das Erhalten, das Empfangen, Gewährung.

obtĕrō, trīvī, trītŭm 3 zertreten, vernichten, zuschanden machen.

obtēstātĭō, ōnĭs *f.* Beschwörung, das inständige Bitten.

obtēstŏr 1 1. zum Zeugen anrufen. 2. anflehen, beschwören.

obtĭcentĭă, ae *f.* das Schweigen.

obtĭnĕō, tĭnŭī, tentŭm 2 1. inne haben, besitzen, besetzt halten. 2. besetzen, einnehmen, besiegen. 3. erhalten, erwirken: licentiam, indulgentiam. 4. festhalten, bewahren, aufrecht erhalten: pacem, tranquillitatem. 5. erlangen: vim legis Gesetzeskraft (*C. j. c.* 25).

obtingō, tĭgī 3 1. zuteil werden, zufallen, zukommen. 2. sich zutragen, sich ereignen. 3. widerfahren, zustoßen.

obtorpēscō, torpŭī 3 starr *oder* gefühllos werden.
obtrectātĭō, ōnĭs *f.* Verkleinerung, Mißgunst.
obtrectātŏr, ōrĭs *m.* Neider, Widersacher.
obtrectō 1 entgegenarbeiten, verkleinern.
obtrūdō, trūsī, trūsŭm 3 (obstrudo) vorstoßen, hastig verschlingen; *übertr.*: jem. etwas aufdrängen; etwas verstopfen, verschließen, verbergen; verbrämen.
obtruncātĭō, ōnĭs *f.* Enthauptung.
obtruncō 1 niedermetzeln, enthaupten.
obtŭĕŏr, tŭĭtŭs sŭm 2 ansehen (ad); erblicken.
obtŭmēscō 3 anschwellen, aufbrausen.
obtundō, tŭdī, tūsŭm u. tūnsŭm 3 1. gegen *oder* auf etwas schlagen. 2. abstumpfen, betäuben, schwächen.
obtūnsĭō, ōnĭs *f.* das Schlagen auf etwas, das Stoßen.
obturbō 1 verwirren, stören.
obtūrātĭō, ōnĭs *f.* Verstopfung, Verhärtung.
obtūrō 1 verstopfen, verhärten; verschließen.
obtūsĭō, ōnĭs *f.* Dumpfheit, Stumpfheit.
obtūsŭs 3 abgestumpft, gefühllos.
obtūtŭs, ūs *m.* Blick, Anschauung.
ŏbumbrātĭō, ōnĭs *f.* Verdunkelung; Überschattung.
ŏbumbrō 1 1. beschatten, überschatten alicui, verfinstern. 2. bedecken, schützen (*c. dat.*: *Ps.* 90, 4; mit *super*: *Ps.* 139, 8).
ŏbuncŭs 3 gekrümmt.
obvĕnĭō, vēnī, ventŭm 4 1. sich einfinden, eintreffen. 2. zuteil werden; widerfahren.
obventīcĭŭs 3 zufällig.
obventĭō, ōnĭs *f.* Anfall, zufälliges unständiges Einkommen; *pl.*: zufällige Einkünfte (*C. j. c.* 395 § 1).
obversŏr 1 erscheinen, vorschweben.
obvertō, vertī, versum 3 entgegen-, hinwenden.
obvĭăm *adv.* entgegen.
obvĭātĭō, ōnĭs *f.* das Entgegengehen, Begegnung.
obvĭō 1 1. begegnen, entgegenkommen. 2. vorbeugen.
obvĭŭs 3 1. begegnend. 2. zuvorkommend, leicht zugänglich.
obvolvō, volvī, vŏlūtŭm 3 einwickeln, verhüllen: pallio.
O. Cam. = Ordo Benedictinorum Camaldolensium Camaldolenser, gegr. 1012. 1. Congr. Camaldolensis Kongregation v. Camaldoli, gegr. 1012. 2. Eremitae Camaldolenses Camaldolenser Eremiten, gegr. 1212. 3. Camaldolenses de Monte Corona Camaldolenser vom Kronenberge, gegr. 1522.
O. Carm. = Ordo Carmeli oder Carmelitani Karmeliter, Carmelitani calceati beschuhte Karmeliter gegr. 1155; Carmelitani excalceati (discalceati) unbeschuhte Karmeliter, gegr. 1562.
O. Carth. = Ordo Carthusianorum (Certosini) Kartäuser, Einsiedlerorden, der 1084 vom hl. Bruno in La Chatreuse bei Grenoble (Fkr.) gegründet wurde.
occă, ae *f* Egge.
occaecō 1 blenden; verfinstern.
occāsĭō, ōnĭs *f.* 1. Gelegenheit, günstiger Zeitpunkt. 2. Veranlassung, Ursache: sub *oder* in occasione bei Gelegenheit.
occāsĭōnālĭs, ĕ zur Gelegenheit gehörend, gelegentlich.
occāsĭōnārĭŭs, ī *m.* Gelegenheitssünder.
occāsŭs, ūs *m.* 1. Untergang, Verderben, Tod. 2. Westen (*Ps.* 67, 5).
occātĭō, ōnĭs *f.* das Eggen.
occĭdēns, tĭs *m.* 1. Abend, Abendgegend, Westen. 2. Abendland.
occĭdentālĭs, ĕ westlich; abendländisch.
occīdĭō, ōnĭs *f.* Niedermetzelung, Vernichtung.
1. **occĭdō,** cĭdī, cāsūrŭs 3 1. nieder-, hinfallen. 2. umkommen, sterben, verloren gehen.
2. **occīdō,** cīdī, cīsŭm 3 1. niederhauen, töten. 2. zugrunde richten, verderben.
occĭdŭŭs 3 1. untergehend, westlich. 2. dem Tode nahe.
occĭnō, cĭnŭī *u.* cĕcĭnī 3 1. entgegensingen. 2. entgegenschreien, ankrächzen.
occĭpĭō, cēpī, ceptŭm 3 1. *trans.*: etwas anfangen, unternehmen. 2. *intrans.*: seinen Anfang nehmen, beginnen.
occĭpĭtĭŭm, ī *n.* Hinterhaupt.
occīsĭō, ōnĭs *f.* 1. Totschlag, Tötung. 2. Schlachtbank.
occīsŏr, ōrĭs *m.* Mörder.
Occĭtānĭă, ae *f.* (*scil.* provincia) Landschaft Languedoc in Frankreich.
occlūdō, clūsī, clūsŭm 3 1. verschließen, versperren. 2. einsperren, hemmen.
occlūsĭō, ōnĭs *f.* Versperrung, Verstopfung.
occō 1 eggen; das Feld bestellen.
occŭbĭtŭs, ūs *m.* Untergang.
occŭbō bŭī, bĭtŭm 1 dahingestreckt liegen.
occŭlō, lŭī, cultŭm 3 verdecken, verbergen, verheimlichen.
occultō 1 verborgen halten, verheimlichen.
occultŭm, ī *n.* 1. das Geheime, Geheimnis, geheime Sünde. 2. Versteck, Schlupfwinkel; in occultis im verborgenen.
occultŭs 3 1. versteckt, heimlich. 2. nicht offen, verschlossen.
occumbō, cŭbŭī, cŭbĭtŭm 3 fallen, sterben.

occŭpātĭō, ōnĭs *f.* 1. Besetzung, Besitznahme. 2. Beschäftigung, Inanspruchnahme, Schwierigkeit.

occŭpātŭs 3 in Anspruch genommen, beschäftigt.

occŭpō 1 1. sich bemächtigen, in Besitz nehmen. 2. überfallen, ergreifen. 3. in Beschlag nehmen, beschäftigen.

occurrentĭă, ae *f.* Okkurenz, *liturgisch*; das Zusammentreffen zweier oder mehrerer kirchlicher Offizien an demselben Tage; das höhere dem Range, Ritus oder der Würde nach wird gefeiert, die anderen werden verlegt oder nur kommemoriert.

occurrō, currī, cursŭm 3 1. entgegenlaufen; feindlich entgegentreten. 2. entgegenarbeiten, vorbeugen. 3. abhelfen, zu Hilfe kommen.

occursō 1 eilig heranlaufen.

1. **occursŭs** 3 entgegenkommend: occursum aliquem habeo jem. kommt mir entgegen.

2. **occursŭs**, ūs *m.* 1. das Entgegenkommen, Begegnung; in occursum ire entgegen gehen, in occursum meum mir entgegen. 2. Lauf, Umlauf.

Ōcĕănŭs, ī *m.* (Ὠκεανός) Weltmeer, Ozean; Oceănus meridionālis Südsee.

ŏcellŭs, ī *m.* (*eig.*: kleines Auge) 1. Augapfel. 2. Perle. 2. Öse, Schlinge (*für Häkchen zum Einhängen*).

Ochozath *kein Eigenname, richtig hebr.*: weïto = „mit ihm" (*Gen.* 26, 26); *nach der Vulgata Freund des Königs Abimelech von Gerara z. Z. Isaaks.*

Ochozias, ae *m.* (*hebr.*: Jahwe hat erwählt) 1. Ochozias (Ahazjahu), König von Juda (von Neujahr bis Herbst 842 v. Chr.), Sohn des Jehoram u. der Athalia, Ahnherr Christi. 2. Ochozias (Ahazja), König von Israel (854—853), Sohn des Achab.

Ochran *indecl. m.* (*hebr.*: der Unglückbringer) Ochran, Vater des Phegiel, eines Fürsten im Stamme Aser.

Ochsenfurtŭm, ī *n.* Ochsenfurt, St. l. am Main bei Würzburg, Bayern (Unterfranken), *ca.* 3400 Einw.; Frauenkloster, gegr. v. hl. Bonifatius.

ōcĭŏr, ōrĭs *compar.* u. **ōcissĭmŭs** 3 *superl.* schneller, schnellster.

O. Cist. = Ordo Cisterciensis Cistercienser, gegr. 1098: 1. Kongregation v. Casamari, gegr. 17. Jhdt.; 2. Italienische K., gegr. 1820; 3. Belgische K., gegr. 1836; 4. Österreichische K., gegr. 1852; 5. Kongr. v. Sénanque, gegr. 1854; 6. Mehrerauer K., gegr. 1891.

O. Cist. ref. = Ordo Cisterciensium Reformatorum Reformierte Cistercienser oder Trappisten, gegr. 1664.

ōcĭtĕr, *adv.* hurtig, schnell; *compar.*: ōcĭŭs; *superl.* ōcissĭmē.

ōcĭŭs *n.* zu ocior; *adv. compar.* zu ociter.

ŏcrĕă, ae *f.* Beinschiene.

O. Crucig. = Ordo Crucigerorum de Stella rossa Kreuzherren mit dem roten Stern, gegr. 1235.

octāvă, ae *f.* 1. die Oktav, als achttägige Gedenkfeier eines höheren Festes. 2. eine besondere Tonart oder ein Instrument mit acht Saiten.

octāvārĭŭm, ī *n.* 1. ein Zeitraum von acht Tagen, die Oktav (achttägige Nachfeier eines Festes, *C. j. c.* 922). 2. ein Buch, das Teile des kirchlichen Offiziums aus den Oktaven enthält, Oktavarium; *s. den nächsten Abschnitt.*

Octāvārĭŭm Rōmānŭm eine Zusammenstellung der Lektionen der zweiten u. dritten Nokturn für die Oktaven solcher Feste, welche nur an einzelnen Orten als Titelfeste oder Patroziniumsfeste eine Oktave haben und deshalb entweder gar nicht oder doch nicht mit Oktav im Breviarium Romanum enthalten sind. Im Jahre 1622 wurde das von Gavanti gefertigte Buch von Rom approbiert.

octāvārĭŭs 3 zur Oktav gehörig.

Octāvĭă, ae *f.* Oktavia, Mutter der hl. Hyazintha.

Octāvĭānŭs, ī *m.* Oktavian, als Gegenpapst: Viktor IV. (1159—64) gegen Alexander III.

Octāvillă, ae *f.* Octavilla, fromme Matrone zu Rom im 3. Jhdt.

octāvŭs 3 der achte.

octennĭs, ĕ achtjährig.

octīdurnŭs 3 achttägig.

octīdŭŭm, ī *n.* ein Zeitraum von acht Tagen.

octĭēs *adv.* achtmal.

octingentēsĭmŭs 3 der achthundertste.

octingentī 3 achthundert.

octō acht.

Octōbĕr, brĭs *m.* der Oktobermonat.

Octŏdūrŭm (Veragrōrŭm cīvĭtās), ī *n. s.* Octodurus.

Octŏdūrŭs, ī *f.* (Octodurum, civitas Veragrorum) Martigny *oder* Martinach, St. mit *ca.* 2000 Einw. in der Schweiz (Wallis); *dav.*: **Octŏdūrēnsĭs**, ĕ.

1. **octōgēnārĭŭs** 3 achtzigjährig.

2. **octōgēnārĭŭs**, ī *m.* der Achtzigjährige.

octōgēnī 3 je achtzig.

octōgēsĭmŭs 3 der achtzigste.

octōgĭēs achtzigmal.

octōgintā achtzig.

ŏcŭlārĭs, ĕ zu den Augen gehörig; ocularis testis: Augenzeuge.

ŏcŭlātŭs 3 1. sehend; oculātus testis Augenzeuge (*C. j. c.* 2020). 2. sichtbar; in die Augen fallend.

ŏcŭlŭs, ī *m.* 1. Auge. 2. Augenlicht, Blick; oculis captus blind.

1. **Odaia** *indecl. m.* (*hebr.*: Majestät Jahwes) Odaja: 1. jüdisches Volkshaupt u. Mitbesiegler des nachexilischen Bundes. 2. Leviten z. Z. des Esdras.

2. **Odaia** *indecl. f.* (*hebr.*: Majestät Jahwes) Odaja, Schwester des Naham aus dem Stamme Juda (1. *Par.* 4, 19).

Odares (*richtig hebr.*: Hadoram) Odares, wahrscheinlich ein Volksstamm im Südosten von Palästina z. Z. der Makkabäer (1. *Mach.* 9, 66).

Oded *indecl. m.* (*hebr.*) Oded, 1. ein Prophet in Israel (Samaria) z. Z. des Königs Phakeia. 2. Vater des Propheten Azarias.

Odĕră, ae *f.* die Oder.

ōdī, ōdissĕ (*Perfekt mit Präsensbedeutung*) hassen, verschmähen.

Odia *indecl. m.* (*hebr.*: Majestät Jahwes) Odja, Levit, der bei der ersten nachexilischen Gesetzesverlesung beteiligt war; *vgl.*: 1. Odaia 2.

ŏdĭbĭlĭs, ĕ 1. von Haß erfüllt. 2. hassenswert.

1. **S. Odĭlĭă,** ae *f.* hl. Odilia, Jgfr. u. Mart., Gefährtin der hl. Ursula.

2. **S. Odĭlĭă,** ae *f.* (Ottilia, Othilia) hl. Odilia, Jgfr. († 720).

Sie wurde als die Tochter des sächsischen Herzogs Attico und seiner Gattin Beresinda ganz blind geboren. Da der Vater von dem Kinde nichts wissen wollte, übergab die Mutter es einer Pflegerin. Alsdann kam die Kleine in ein Stift bei Besançon. Als sie vom sel. Bischofe Erhard als Erwachsene getauft wurde, erhielt sie wunderbar das Augenlicht. Sie beschloß, sich ganz Gott zu weihen, und wies nach ihrer Rückkehr an den väterlichen Hof jedes Anerbieten zu heiraten ab. Schließlich baute Attico für sie und andere Jungfrauen ein Kloster; es traten gegen 130 ein. Gegen andere sehr mild, war Odilia gegen sich selbst streng und lebte zumeist von Gerstenbrot, Wasser und etwas Gemüse. Den größten Teil der Nacht brachte sie betrachtend zu. Als Kopfstück benutzte sie einen Stein. Sie selbst errichtete am Fuße des Klosterberges eine Fremdenherberge, die sie täglich aufsuchte, wobei sie die Wunden der Aussätzigen selbst reinigte. Sie starb wohlversehen mit den hl. Sakramenten am 1. Dezember 720. Ihr Leib wurde in der Kapelle vom hl. Johannes Baptista beigesetzt. Beim Ausbruche der französischen Revolution versenkte man ihre Gebeine und brachte sie erst im Jahre 1800 in den Sarg zurück. — 14. Dezember (Straßburg).

S. Odĭlō, ōnĭs *m.* hl. Odilo, Abt von Cluny († 1048).

Er wurde in der Auvergne (Fkr.) um 962 aus einer Ritterfamilie geboren; trat 991 in Cluny, das damals vom hl. Abte Majolus geleitet wurde, ein und wurde schon nach drei Jahren dessen Nachfolger. Als Abt verband er mit persönlicher Heiligkeit einen unermüdlichen Eifer für Ausrottung der Simonie, Hebung der kirchlichen und klösterlichen Disziplin, Wahrung der Rechte der Kirche. Ihm gelang es, durch die Treuga Dei, einen Waffenstillstand an mehreren Tagen der Woche, dem Faustrechte eine Schranke zu setzen. In seinen Klöstern führte er das Gedächtnis Allerseelen ein, welches bald allgemein verbreitet wurde. Den angebotenen Erzbischofstuhl von Lyon schlug er aus. Bei einer Hungersnot verkaufte er die hl. Gefäße, ja selbst die kostbare Krone, welche Kaiser Heinrich dem Kloster geschenkt hatte. Von einer Reise nach Rom heimkehrend, starb er in Souvigny (Fkr., Allier) am 31. Dezember 1048 und wurde schon 1063 von Alexander II. heilig gesprochen. — 2. Januar (Lausanne-Genf) und 29. April (Ben. O.).

ŏdĭō 4 hassen.

ŏdĭōsŭs 3 verhaßt, widerwärtig.

ŏdĭŭm, ī *n.* Haß, Erbitterung, Feindschaft.

Odivelas Odivelas, ehem. Cistercienserinnenkloster in Portugal, Diöz. Lissabon.

S. Odō, ōnĭs, *m.* hl. Odo, Abt († 942).

Um 878 aus adeligem Geschlechte geboren, diente er zuerst als Edelknabe am Hofe des Herzogs Wilhelm von Aquitanien, wandte sich dann aber dem geistlichen Stande zu und wurde Kanoniker von Tours. 909 erhielt er im Kloster Baume vom sel. Abte Berno das Gewand des hl. Benedikt, ging dann mit ihm nach Cluny und wurde 927 dort sein Nachfolger. Als Abt zeichnete er sich durch große Wohltätigkeit aus und brachte durch seinen Eifer Cluny zu hoher Blüte. Er starb auf der Heimreise von Rom in Tours am 18. November 942. — Fest am 18. oder 27. November, im Benediktinerorden am 29. April.

Odō, ōnĭs *m.* Odo I., Herzog v. Burgund, vermachte Schenkungen an das Kloster Molesme zur Gründung von Cîteaux († im 12. Jhdt.).

Odoia *indecl. m.* (*hebr.*: preiset Jahwe) Odoja, ein Familienhaupt im Stamme Manasse.

Odollam, *indecl.* (*hebr.*: Adullam) Odollam, St. Pal. (Juda), ehem. kanaanitische Königsstadt (1. *Mos.* 38, 1); in der Nähe war eine Höhle, wo sich David vor Saul verbarg; *dav.*: **Odollamītēs,** ŭm *m.* Bew. v. Odollam (1. *Kön.* 22, 1).

ŏdŏr, ōrĭs (odos) *m.* 1. Geruch, Duft, Wohlgeruch. 2. *pl.*: Räucherwerk, Spezereien.

ŏdōrābĭlĭs, ĕ riechbar.

ŏdōrāmentŭm, ī *n.* Räucherwerk, wohlriechende Salbe, Spezerei.

1. **ŏdōrātŭs** 3 duftend, wohlriechend.

2. **ŏdōrātŭs,** ūs *m.* der Geruch, das Riechen.

ŏdōrĭfĕr, fĕră, fĕrŭm wohlriechend; Geruch verbreitend.

ŏdōrō wohlriechend machen.

ŏdōrŏr 1 etwas riechen; wittern.

ŏdōrŭs 3 1. wohlriechend. 2. witternd.

ŏdŏs, ōrĭs *m. s.* odor.

Odovia *indecl. m.* (*hebr.*: preiset Jahwe) Odovia (Hodawja), Levit, dessen Nachkommen mit Zorobabel aus dem babyl. Exil zurückkehrten.

Odrovacĭŭs, ī *m. s.* Odrowaz.

Odrovantī, ōrŭm *m.* Familie in Polen, welcher der hl. Hyazintha Ceslaus angehörte.

Odrowaz *indecl.* (Odrovacius) Familie in Polen, welcher die sel. Bronislawa angehörte.

Oduia *indecl. m.* (*hebr.*) Oduja: 1. ein Israelit aus dem Stamme Juda u. dem Geschlechte Davids, Sohn des Elioenai. 2. ein Israelit aus dem Stamme Benjamin, Sohn des Asana.

Odullam *indecl. s.* Odollam.

Oeă, ae *f.* (Tripolitana ecclesia) Tripolis, Hauptst. v. Tripolitanien an der Kleinen Syrte, *ca.* 50000 Einw.; Apostol. Präfektur (seit 1654).

oecŏnŏmă, ae *f.* Wirtschafterin, Haushälterin, Schaffnerin (*C. j. c.* 535, 2).

oecŏnŏmĭă, ae *f.* (οἰκονομία) 1. Haushaltung; Verwaltung. 2. Heilsanstalt.

oecŏnŏmĭcē *adv.* haushälterisch; praktisch (*C. j. c. praefatio*).

oecŏnŏmĭcŭs 3 haushälterisch.

oecŏnŏmŭs, ī *m.* (οἰκονόμος) Wirtschafter, Verwalter.

Oecūmĕnĭcŭs (οἰκουμενικός) 3 über den ganzen (bewohnten) Erdkreis sich erstreckend, allgemein; concĭlĭum oecumenicum allgemeines Konzil (*C. j. c.* 222).

Oenĭī tractus in valle Venusta Vintschgau in Tirol *oder* Münstertal in der Schweiz.

Oenĭpōns, ontĭs *m.* Innsbruck, St. am Inn, Tirol, *ca.* 50000 Einw.; *dav.*: **Oenĭpontānŭs** 3.

Oenŭs, ī *m.* Inn, r. Nebenfluß der Donau in Tirol u. Bayern.

Oescŏn, ī *n. s.* Oescus.

Oescŭs, ī *f.* Oreszovitz, St., Untermösien.

Oesĭă, ae *f.* (Isara) Oise, Nebenfluß der Seine, Fkr.

Oestlingĭă, ae *f.* Ort Östlingen (Rheinland); Oestlingensis Archidiaconus = Dechant des Dekanats Zülpich.

oestrŭs, ī *m.* (οἶστρος) 1. Pferdebremse. 2. Stich, Stachel. 3. Aufregung; Begeisterung.

oesŭs, ūs *m.* (*altlat.*) = usus.

Oetă, ae *f.* (Οἴτη) Ötagebirge vom malischen Meerbusen (Thermopylä) gegen den Pindus streichend, Griechenland (Thessalien).

Oetingă, ae (Ot(t)inga) 1. Altötting, *s.* Ottinga. 2. Neuötting, St. am Inn, Bayern (Oberbayern), *ca.* 4000 Einw.

O. F. M. = Ordo Fratrum Minorum Franziskaner, gegr. v. hl. Franz von Assisi i. J. 1209; Franziskaner der Leoninischen Union, gegr. 1517.

offă, ae *f.* Bissen; Mehlklößchen, Knödelchen.

offendĭcŭlŭm, ī *n.* Anstoß, Hindernis, Ärgernis; offendicŭlo cruentātus pes der von einem Block wundgeschlagene Fuß (*lect. V. S. Caroli Borrom.*).

offendō, endī, ēnsŭm 3 1. etwas anstoßen, an etwas stoßen; auf jem. *oder* etwas stoßen, jem. *oder* etwas antreffen, finden: speluncam quandam, rivulum; gegen etwas stoßen, verletzen, beschädigen. 2. beleidigen, kränken; *pass.*: sich beleidigt *oder* gekränkt fühlen, zürnen (*Ps.* 94, 10). 3. verstoßen, einen Fehler machen.

offēnsă, ae *f.* 1. Anstoß, Kränkung, Beleidigung; Ärgernis, Sünde. 2. Ungnade, Tadel.

offēnsĭbĭlĭs, ĕ anstößig, strauchelnd

offēnsĭō, ōnĭs f. 1. Anstoß, Beleidigung; Ärgernis, Abneigung, Widerwille. 2. Bosheit, Sünde. 3. Hemmnis, Hindernis.

offēnsĭuncŭlă, ae *f.* ein kleiner Anstoß *oder* Ärger.

offēnsīvă, ae *f.* Angriff.

offēnsīvŭm, ī *n.* Angriff, Beleidigung.

offēnsīvŭs 3 angreifend; beleidigend.

offēnsō 1 1. *trans.*: anstoßen: caput. 2. *intrans.*: stocken, innehalten.

offēnsŏr, ōrĭs *m.* Angreifer.

offēnsŭm, ī *n.* Beleidigung, Sünde.

offēnsŭs 3 1. anstößig, zuwider. 2. beleidigt, verletzt, unwillig.

offĕrō, obtŭlī, oblātŭm, offerrĕ 1. entgegenbringen, vorbringen, zeigen, darstellen. 2. anbieten, darbieten, darbringen, opfern.

offertōrĭŭm, ī *n.* Opferung, *bes.*: als Teil und Gebet der hl. Messe, die Darbringung des Brotes u. Weines, die bei der hl. Wandlung in den Leib u. das Blut Christi verwandelt werden.

offĭcĭālātŭs, ūs *m.* das Offizialat, Amt eines Offizials; *vgl.* 2. officialis.

1. **offĭcĭālĭs,** ĕ amtlich, offiziell.

2. **offĭcĭālĭs,** ĭs *m.* 1. der Offizial, der vom Bischof ernannt wird und an Stelle des Bischofs die ordentliche kirchliche Gerichtsbarkeit in einer Diözese ausübt sowie bei Kollegialgerichten den Vorsitz führt (*C. j. c.* 1572). 2. der beim Gottesdienste mitwirkende Kleriker (*vgl.* officians). 3. der Beamte.

offĭcĭāns, tĭs *m.* der diensttuende Geistliche, der Amtsträger.

offĭcĭārĭŭs, ī *m.* der Offiziator, der diensthabende Geistliche, der die liturgischen Haupthandlungen vornimmt.

offĭcīnă, ae *f.* Werkstätte; Fabrik; officina typographĭca Buchdruckerei.

officiō, fēcī, fectŭm 3 entgegentreten, hinderlich sein, Eintrag tun, versperren; im Wege sein.
officiōsitās, ātĭs *f.* Diensteifer, Gefälligkeit.
officiōsŭs 3 1. diensteifrig, gefällig. 2. pflichtgemäß.
officiŭm, ī *n.* (*aus* opi-facium) 1. Dienst, Dienstleistung, Verrichtung. 2. dienstliche Stellung, Beruf, Amt, Wirkungskreis, Geschäft: officium *ecclesiasticum* Kirchenamt; officium *tabellariorum* Postbehörde, Postamt (*C. j. c.* 1722). 3. Pflicht, Verpflichtung, Verbindlichkeit, Obliegenheit, Schuldigkeit, *bes.*: die Pflicht des täglichen Breviergebetes oder Gottesdienstes, *s.* Officium; officium conscientiae Gewissenspflicht (*C. j. c.* 506 § 4). 4. Pflichterfüllung, Pflichttreue, Gehorsam, Unterwürfigkeit.
S. Officiŭm, ī *n.* das hl. Offizium (eine Abteilung der römischen Kurie).
Officiŭm, ī *n.* (officium, officium divinum, officium ecclesiasticum, opus, opus divinum, opus Dei, horae, horae canonicae, preces horarum, cursus, breviarium) das tägliche Pflichtgebet, die kirchlichen Tageszeiten, das Stundengebet, das Breviergebet, Chorgebet. — Verpflichtet sind in der lateinischen Kirche alle, welche die höheren Weihen (vom Subdiakonat ab) empfangen haben oder (auch wenn sie noch keine höhere Weihe hätten) diejenigen, welche eine kirchliche Stelle (Benefizium) mit der damit verbundenen Pflicht des Breviergebetes innehaben, schließlich die Professen derjenigen Orden, welche zum Chordienste gehalten sind. Im Orient ist die Pflicht des Offiziums nur für die Mönche kraft der Ordensregeln vorhanden. Das Offizium der lat. Kirche ist in acht Einzelabschnitte (Horen) eingeteilt, die sich ähnlich auch im Offizium des griechischen Ritus finden (*ἁγία προσευχή, ἀκολουθία*), wenn auch Gebete und Aufbau des ganzen Offiziums verschieden sind. Der längste Teil ist die Matutin, die aus drei (oder selten nur einer) Nokturnen (bei einigen Ordensoffizien auch manchmal aus zweien) besteht (*μεσονύκτικον*). Im Chordienste wird es nachts gebetet, soweit es nicht schon am Abend vorher antizipiert wurde. In der Frühe kommen die Laudes (*ὄρθρος*); dann folgen die Horen (*ὧραι*) Prim (*ὥρα πώρτη*), Terz (*τρίτη*), Sext (*ἕκτη*) und Non (*ἐνάτη*); die Vesper (*ἑσπερονός*) u. die Komplet (*ἀπόδειπνον* = Gebet nach der Abendmahlzeit) beschließen das Tagesoffizium. — Officium commune sind jene Teile des Breviergebetes, welche für einzelne Heiligengruppen (Apostel, Martyrer, Bekenner, Jungfrauen) gemeinsam und gleichlautend sind im Gegensatze zum officium proprium, bei welchem entweder das ganze Tagesbrevier oder doch größere Teile eigens für das betreffende Fest zusammengestellt sind. — Officium defunctorum Totenoffizium, die kirchlichen Tagzeiten für die Verstorbenen (am Allerseelentage Pflichtgebet, am Begräbnistage oder Jahrestage nach Herkommen oder Bestellung). — Officium dominicale, feriale, festivum das Breviergebet für die Sonntage, Werktage, Festtage. — Officium B. Mariae V. in sabbato das einfache Offizium (im Gegensatze zu einem Festoffizium) zur Verehrung der allerseligsten Jungfrau Maria, das an allen Samstagen gebetet werden muß, wenn kein höheres Fest- oder Tagesoffizium trifft; officium parvum B. Mariae V., ein kurzes Breviergebet (Marianum) zu Ehren der allerseligsten Jungfrau, das aus 31 Psalmen u. aus Gebeten besteht, die in ähnlicher Weise wie beim römischen Brevier in acht „Stunden" eingeteilt sind. Dieses officium Marianum ist sowohl lateinisch wie deutsch als tägliches Breviergebet bei den meisten neueren weiblichen religiösen Genossenschaften vorgeschrieben. — Officium monasticum *oder* breviarium romano-monasticum das Brevier der Benediktiner u. Benediktinerinnen; — officium nocturnum der nächtliche Teil des Breviergebetes, die Matutin, die von einigen Orden auch jetzt noch während der Nacht gebetet wird; officium proprium *s.* officium commune; officium vigiliae die Tagzeiten von der Vigil, dem Vortage bestimmter Feste.
Offō, ōnĭs *m.* Offo, englischer König, Oheim u. Vorgänger des hl. Königs Richard.
offulgĕō, fulsī 2 entgegenleuchten.
offundō, fūdī, fūsŭm 3 übergießen, verbreiten.
offūscātiō, ōnĭs *f.* 1. Verdunkelung. 2. Vorschwindelung, Betrug.
offūscō 1 verdunkeln; *übtr.* herabwürdigen.
Og *indecl. m.* (*hebr.* ?) Og, König von Basan z. Z. der Eroberung Palästinas durch die Israeliten.
Ogdensburgēn. (*C. R.*) *s.* Ogdensburgum.

Ogdensburgŭm, ī *n.* Ogdensburg, St. am St. Lorenzstrome, Nordamerika (New York), *ca.* 13000 Einw.; Bischofssitz (seit 1872), Suffr. v. New York; *dav.*: **Ogdenburgēnsĭs,** ĕ.

Ogĭă, ae *f.* (Oya, Dei insula) Ile-d'Yeu, Insel a. d. Küste der Vendée (Fkr.).

Ogĭcă, ae *f.* Ogica, St. auf Firando, einer Insel an der Ostküste von Japan.

Ogō, ōnĭs *m.* Ogo, Abt im Kloster des hl. Maximin in Trier (10. Jhdt.).

Ohad *indecl. m.* (*hebr.*) Ohad, Sohn Simeons, *in der Vulgata* Ahod *genannt.*

Oham *indecl.* (*hebr.*: Hoham, *verschrieben für*) Elam (*Jos.* 10, 3).

ohe! *interj.*: halt! o weh!

O. Hier. = Ordo Hieronymitanorum Hieronymiten, gegr. um 1350, bestätigt von Gregor IX. 1373.

Ohol *indecl. m.* (*hebr.*: Jehiel *oder* Jachiel = Gott lebt) Ohol, Nachkomme des Königs Jechonias von Juda (1. *Par.* 3, 20).

Oholai *indecl. f.* (*hebr.*: Achlai) Oholai, Erbtochter des Sesan (1. *Par.* 2, 31).

Oholi *indecl. m.* (*hebr.*: Achlai) Oholi, Vater des Zabad, eines Offiziers Davids.

S. Olāŭs, ī *m. s.* S. Olavus.

Olāŭs, ī *m.* Bruder des hl. Königs Kanut (oder Knut) von Dänemark.

S. Olāvŭs, ī *m.* (Olaus) hl. Olaf, König u. Mart., Patron v. Norwegen († um 1028).

Er war König von Norwegen und Schwiegersohn des Königs der Schweden und Goten. Er hatte sich in England ausgebildet und war in Rouen (Fkr.) getauft worden. Nicht allein berief er Geistliche in sein Land, sondern nahm auch selbst die Verkündigung des Evangeliums in die Hand und bekehrte sehr viele. Verschiedene Adelige waren hiermit unzufrieden und veranlaßten den Dänenkönig Knut, gegen ihn zu arbeiten. Olaf floh nach Rußland zu seinem Verwandten Jaroslaus. Die Norweger aber baten ihn heimzukehren. Er tat es. Als die Gegner dies erfuhren, stachelten sie den König Knut zum Kriege auf. Dieser ließ den Olaf durch Meuchelmörder töten. — 29. Juli (Nordische Missionen).

Olāvŭs Skothkónung (Skötkónung) *indecl. m.* Olaf III. (Schoßkönig), König v. Schweden, † 1024.

Oldenzālĭă, ae *f.* Oldenzaal, St. in Holland (Oberyssel), *ca.* 5500 Einwohner.

ŏlĕă, ae *f.* 1. Ölbeere. 2. Ölbaum, Olivenbaum.

ŏlĕastĕr, strī *m.* der wilde Olivenbaum.

Olĕastră, ae *f.* Ogliastra, Bistum (seit 1824), It., Residenz in Tortoli, Suffr. v. Cagliari; *dav.*: **Oleastrēnsĭs,** ĕ.

Olĕastrēn. (*C. R.*) *s.* Oleastra.

ŏlĕātŭs 3 mit Öl getränkt.

ŏlĕō, lŭī 2 riechen, nach etwas riechen.

ŏlĕōsŭs 3 ölig, voll Öl.

ŏlĕŭm, ī *n.* 1. Öl, Salbe. 2. Fett, Fruchtbarkeit; oleum catechumenōrum, oleum exorcizatum, oleum sanctum Katechumenenöl oder Tauföl, es wird verwendet bei Segnung des Taufwassers, zur Salbung des Täuflings vor der Taufe, zur Salbung der Hände des Ordinanden bei der Priesterweihe, zur Salbung des Altars bei der Altarweihe, zur Salbung bei der Krönung eines Königs oder einer Königin; oleum infirmorum Krankenöl, es wird verwendet bei Spendung der letzten Ölung u. bei der Glockenweihe; oleum chrismătis, sanctum chrīsma (Olivenöl mit Balsam vermischt) Chrisam, er wird gebraucht zur Segnung des Taufwassers, zur Scheitelsalbung des Täuflings nach der Taufe, bei der Spendung der Firmung u. der Bischofsweihe, bei der Weihe einer Kirche zur Salbung der Apostelkreuze, bei der Weihe eines Altars, der Kelche, Patenen u. Glocken.

olfăcĭō, fēcī, factŭm 3 riechen.

olfactōrĭŏlŭm, ī *n.* das Riechfläschchen (*Js.* 3, 20; 34, 14).

olfactōrĭŭm, ī *n.* Blumenstrauß.

olfactōrĭŭs 3 zum Riechen dienlich.

Olicană, ae *f.* (Halifaxiensis ecclesia) Halifax, St., Kanadien (Neuschottland), *ca.* 40000 Einw.; Erzbischofssitz (seit 1817, Bistum seit 1852 u. apost. Vikariat seit 1842).

ŏlĭdŭs 3 1. riechend. 2. stinkend.

ōlĭm *adv.* 1. ehemals, einst, längst. 2. künftig einmal.

Olindă, ae *f.* Olinda, St. am Atlantischen Ozean, nördl. v. Pernambuco, Brasilien, *ca.* 9000 Einw.; Bistum (seit 1676), gewöhnliche Residenz in Recife (Pernambuco), Suffr. v. Bahia; *dav.*: **Olindēnsĭs,** ĕ.

Olindēn. (*C. R.*) *s.* Olinda.

ŏlĭtŏr, ōrĭs *m.* (hŏlĭtor) Küchengärtner.

ŏlīvă, ae *f.* 1. Olive. 2. Ölzweig. 3. Ölbaum.

Olivă, ae *f.* Oliva, Marktflecken nordwestlich von Danzig (Westpreußen), *ca.* 7000 Einw.; ehem. Cistercienserabtei in der Diöz. Kalisch, gegr. um 1170, aufgehoben 1831.

Olīvētānī, ōrŭm *m.* Olivetaner, weißgekleidete Benediktiner, gegründet vom sel. Bernard Ptolomaeus.

ŏlīvētŭm, ī *n.* Ölgarten, Olivenhain; 1. mons Oliveti Ölberg bei Jerusalem. 2. **Mons Olivēti** Monte Oliveto, berühmtes Kloster bei Accona (zwischen Siena u. Arezzo in Italien).

ōllă, ae *f.* Topf, Kessel.

Olla *indecl. m.* (*hebr. wohl richtig*: Ara) Ara, Sohn des Jethan (= Jether), ein Nachkomme des Aser (1. *Par.* 7, 37 u. 38).

olli 1. *dat.*: *alte Form für* illi (*Hymn. Vesp. Ss. Lanceae et Clavorum* 2. *str.*). 2. dichterische Nebenform von olim: da, damals.

Olmēdŭm, ī *n.* Olmedo, Spanien, Diöz. Valladolid, mit ehem. Cisterciense-rinnenkloster S. M. de Spiritu Sancto (N. Senhora del Espiritu).

Olmucĭă, ae *f.* *s.* Olomutium.

Olmucĭŭm, ī *n.* *s.* Olomutium.

Olmutĭŭm, ī *n.* *s.* Olomutium.

Olomucēn. (*C. R.*) *s.* Olomutium.

Olomutĭŭm, ī *n.* (Olimunca, Olmucium, Olmutium, Olomutia, Olomucium) Olmütz, St. an der March, Mähren, *ca.* 25000 Einw.; Fürsterzbischofssitz (seit 1777, Bistum seit 1063); *dav.*: **Olomucēnsĭs,** ĕ.

Olon *indecl.* (*hebr.*) (Helon) Helon, St. im Gebirge Juda, Pal. (Juda).

ŏlŭs, ĕrĭs *n.* (holus) Kraut, Gemüse; ŏlĕra herbarum grüne Kräuter.

Olȳbrĭŭs, ī *m.* Olybrius 1. Statthalter in Gallien, der die hl. Regina martern ließ (3. Jhdt.). 2. Statthalter in Antiochien, der die hl. Margareta martern ließ (4. Jhdt.).

1. **Olympĭăs,** ădĭs *m.* (Ὀλυμπιάς) Olympias, Christ in Rom, den der hl. Paulus grüßen läßt.

2. **Olympĭăs,** ădĭs *f.* (ὀλυμπιάς) die Olympiade, ein Zeitraum von vier Jahren (Olympiadenrechnung seit 776 v. Chr.).

1. **Olympĭŭs,** ī *m.* der Olympier, Beiname des Jupiter (Zeus) (2. *Mach.* 6. 2); *vgl.*: Olympus.

2. **Olympĭŭs,** ī *m.* Olympius, 1. Exarch des griech. Kaisers Konstans II. in Italien. 2. Tribun in Rom z. Z. Valerians.

3. **Olympĭŭs,** ī *f.* *s.* 1. Olympus.

1. **Olympŭs,** ī *m.* (Ὄλυμπος) 1. der Berg Olymp in Nordgriechenland, von den Alten als Sitz der Götter betrachtet. 2. *übtr.*: Himmel; *dav.*: **Olympĭŭs** 3.

2. **Olympŭs,** ī *f.* (Ὄλυμπος) (Olympius) Olympus, Hafenst. im östl. Lykien in Kleinasien; ehem. Bischofssitz; *dav.*: **Olympēnī,** ōrŭm *m.* Einw.

Olysippō, ōnĭs *f.* (Olyssipo, Ulysipona, Lisbonensis ecclesia) Lisboa (Lissabon), Hauptst. v. Portugal, *ca.* 360000 Einw.; Patriarchat (Bistum seit 4. Jhdt.).

Omahă, ae *f.* Omaha, St. am Missouri, Nordamerika (Nebraska), *ca.* 110000 Einw.; Bischofssitz (seit 1885, apost. Vik. seit 1857), Suffr. v. Dubuque; *dav.*: **Omahēnsĭs,** ĕ.

Omahēn. (*C. R.*) *s.* Omaha.

Omar *indecl. m.* (*hebr.* ?) Omar, ein Enkel Esaus, Sohn des Eliphaz.

O. M. C. = Ordo Fratrum Minorum Conventualium Minoriten (schwarze Franziskaner), gegr. 1209.

O. M. Cap. = Ordo Fratrum Minorum Cappucinorum Kapuziner, gegr. 1528.

ōmĕga *indecl.* der letzte Buchstabe des griechischen Alphabets, das letzte, Ende.

O. Mel. = Ordo Melchitaristarum, Armenische Benediktiner: Congregatio Melchitaristarum Melchitaristenkongregation v. Venedig, gegr. 1701. — Melchitaristenkongregation v. Wien, gegr. 1773.

O. d. Merc. = Ordo B. M. V. de mercede = de redemptione captivorum (Mercedarii, Mercarii, Nolasci) Mercedarier, gegr. 1218.

ōmĕn, ĭnĭs *n.* Anzeichen, Wahrzeichen, Vorbedeutung.

O. M. J. Oblatae Mariae Immaculatae Oblaten von der Unbefleckten Empfängnis Mariens, gegr. 1816.

O. Min. = Ordo Fratrum Minimorum Minimen oder Paulaner, gegr. 1435.

ōmĭnŏr 1 weissagen, verkündigen.

ōmĭnōsŭs 3 bedeutungsvoll, unheilvoll.

ŏmissĭō, ōnĭs *f.* Auslassung.

ŏmittō, mīsī, missŭm 3 1. aufgeben, unbeachtet lassen, unterlassen. 2. unerwähnt lassen, übergehen.

omnĭgĕnă, ae (*gen. pl.* -um) *m.* u. *f.* von allerlei Art, allerlei.

omnĭgĕnŭs 3 allerzeugend.

omnĭmŏdīs *adv.* auf jede Weise.

omnĭmŏdŭs 3 nach jeder Hinsicht hin, vollkommen, allseitig.

omnīnō *adv.* 1. gänzlich, ganz, durchaus. 2. überhaupt, im allgemeinen.

omnĭpărēns, entĭs alles erzeugend, *subst.*: *f.* Allmutter.

omnĭpollēns, tĭs allvermögend.

omnĭpŏtēns, tĭs allmächtig.

omnĭpŏtentĭă, ae *f.* Allmacht.

omnipraesentĭă, ae *f.* Allgegenwart.

omnipraesentĭālĭs, ĕ allgegenwärtig.

omnipraesentĭālĭtĕr *adv.* allgegenwärtig.

omnĭs, ĕ all, jeder, jeglicher; *pl.*: omnes, ĭum *m.* u. *f.* alle, alle Menschen. 2. ganz, vollständig. 3. *pl.*: omnia, ium *n.* alles Mögliche, allerlei. 4. omnis *mit* non = kein; non omni bŏno (*Ps.* 33, 11).

omniscĭentĭă, ae *f.* Allwissenheit.

omniscĭŭs 3 allwissend.

omnĭvăgŭs 3 überall umherschweifend.

omnĭvŏlŭs 3 alles wollend, alles begehrend.

omnĭvŏrŭs 3 alles verschlingend.

ōmŏphŏrĭŏn, ī *n.* (ὠμοφόριον) 1. Schultermantel, Schultertuch. 2. ein liturgischer Schulterschmuck im griechischen, armenischen, westsyrischen

Ritus, ähnlich dem erzbischöflichen Pallium, jedoch aus Wolle u. allen Bischöfen zukommend.

omphălŏs, ī *m.* (ὀμφαλός) Nabel.

Omrai *indecl. m.* Omrai, Israelit aus dem Stamme Juda, Sohn des Bonni; *wohl richtig*: Zacharias (Zekarja „Jahwe hat sich erinnert" 1. *Par.* 9, 4).

Omūră, ae *f.* Omura, St., Japan, *dav.*: **Omūrānŭs** 3 *u.* **Omūrēnsĭs,** ĕ.

Omūrānŭs 3 *s.* Omura.

Omūrēnsĭs, ĕ *s.* Omura.

O. M. V. = Oblati Mariae Virginis Oblaten der allerseligsten Jungfrau, gegr. 1820.

On *indecl.* (*ägypt.*: Anu) On, St., hebr.-biblischer Name für Heliopolis in Ägypten.

ŏnăgĕr, grī *m.* (onăgrus) (ὄναγρος) wilder Esel, Waldesel.

ŏnăgrŭs, ī *m. s.* onager.

Onam *indecl. m.* (*hebr.*?) Onam, ein Horiter, Sohn Sobals im Gebirge Seïr.

Onan *indecl. m.* (*hebr.*) Onan, ein Israelit, Sohn des Juda, er wurde wegen der nach ihm benannten Sünde (Onanie, Onanismus) von Gott mit dem Tode bestraft.

onanismŭs, ī *m.* Onanismus, Verhinderung der Kindererzeugung (*nicht Selbstbefleckung* = pollutio).

onanistă, ae *m.* Onanist.

onanistĭcŭs 3 onanistisch.

ŏnĕrārĭă, ae *f.* 1. Lastwagen. 2. Lastschiff.

ŏnĕrārĭŭs 3 lasttragend.

ŏnĕrō 1 1. beladen, belasten. 2. beschweren, belästigen. 3. erschweren, ärger machen.

ŏnĕrōsŭs 3 lästig, beschwerlich.

Onēsĭmŭs, ī *m.* (Ὀνήσιμος) Onesimus, christlicher Sklave aus Kolossae (Griechenland).

Onēsĭphŏrŭs, ī *m.* (Ὀνησίφορος) Onesiphorus, ein wohltätiger Christ gegenüber dem hl. Paulus während seiner Gefangenschaft in Rom.

Onīās, ae *m.* (*gräzisiert aus hebr.*: Hananja Jahwe ist gnädig) Onias, mehrere jüdische Hohepriester; Onias I. Sohn des Jaddus (323—300); Onias II. Sohn Simons I. (250—218); Onias III. Sohn Simons II. (195—175); Onias IV. Sohn Simons III.; (153—?); er erbaute unter dem König Ptolomäus VI. v. Ägypten zu Leontopolis dem wahren Gotte einen Tempel.

Onizuki Pĕtrŭs *m. s.* B. Paulus Navarra.

Ono *indecl.* (*hebr.*?) Ono, St. im „Künstler- oder Handwerkertal", Pal. (Benjamin oder Dan?); *heute wohl*: Kefr 'Ana, Stadt 9 km nordwestlich von Ludd, 10 Stunden nordwestl. von Jerusalem gegen Jaffa hin.

ŏnŏcentaurŭs, ī *m.* (ὀνοκένταυρος) Eselskentaur, ein fabelhaftes Tier, halb Stier, halb Esel (*Is.* 34, 11).

ŏnŏcrŏtălŭs, ī *m.* (ὀνοκρόταλος) Kropfgans (*Is.* 34, 11).

Onoldĭă, ae *f.* (Onoldisbach) Onoldisbach, Pfarrdorf, Diözese Bamberg.

Onoldīnŭm, ī *n.* Ansbach, St. Bayern (Mittelfranken), *ca.* 18000 Einwohner.

Onoldisbach *indecl. s.* Onoldia.

ŏnŏmastĭcŭs 3 (ὀνομαστικός) auf den Namen bezüglich.

ontŏlŏgĭă, ae *f.* die Ontologie, die Lehre vom Sein, von der Existenz.

ontŏlŏgĭcŭs 3 ontologisch.

ontŏlŏgismŭs, ī *m.* Ontologismus, *d. i.*: die Lehre von der objektiven, absoluten u. ewigen Wirklichkeit der Gedanken (Gegensatz: Psychologismus). Am 18. Sept. 1861 wurde der Ontologismus von Rom verworfen.

ontŏlŏgistă, ae *m.* Ontologist, Anhänger der (falschen) philosophischen Ansicht, die Menschen hätten eine unmittelbare, wenn auch entstellte angeborene Kenntnis Gottes.

S. Onuphrĭŭs, ī *m.* hl. Onuphrius, Bek. († im 4. Jhdt.).

Er stammte aus Ägypten und lebte längere Zeit im Kloster Hermopolis bei Theben. Er beschloß, sich nach dem Vorbilde des Elias und des hl. Johannes Baptista als Einsiedler in die Wüste zu begeben, worin er 60 Jahre vereinsamt für Gott allein lebte. Ein Engel brachte ihm die notwendige Nahrung. Als Onuphrius sterben sollte, lenkte Gott die Schritte des Einsiedlers Paphnutius zu ihm, der ihm beim Sterben zur Seite war. — 12. Juni.

ŏnŭs, ĕrĭs *n.* 1. Last, Bürde. 2. Mühe, Beschwerde. 3. Geschäft, Aufgabe. 4. Ausspruch, Entscheidung (*nach dem hebr. Worte, vgl. Nah.* 1, 1 *u. Hab.* 1, 1).

ŏnustō 1 beladen, belasten (*Judith* 15, 7).

ŏnustŭs 3 beladen, belastet, bepackt, befrachtet (*Amos* 2, 13).

ŏnȳchă *acc. zu*: onyx (*Ex.* 30, 34).

ŏnȳchĭnŭs 3 onyxartig; lapis onychinus der Onyxstein (1. *Mos.* 2, 12).

ŏnyx, ȳchĭs (*acc.*: -ȳcha) *f.* (ὄνυξ = ungula Fingernagel) der Onyx (brauner, geblicher *oder* roter Marmor, der von weißlichen Adern durchzogen ist); *übtr.*: Onyxbüchse, Salbenbüchse.

Ooliab *indecl. m.* (*hebr.*: Gezelt des Vaters) Ooliab, ein Künster aus dem Stamme Dan, Sohn des Achisamech (2. *Mos.* 31, 2).

Ooliba *indecl. f.* (*hebr.*: in der mein Zelt ist [Juda mit dem Heiligtume]) Ooliba, erdichteter Name einer Ehebrecherin als Bild für das lasterhafte Jerusalem (*Ez.* 34, 4 *u.* 11.).

1. **Oolibama** *indecl. m.* (*hebr.*: das Zelt der Opferhöhe) Oholibama, Stammfürst der Edomiter.

2. **Oolibama** *indecl. f.* (*hebr.*: das Zelt der Opferhöhe) Oholibama, 1. Tochter des Ana, eines Horiters. 2. Gattin des Esau.

O. Oliv. = Ordo Benedictinorum Olivetanorum Olivetaner, gegr. 1313.

Oolla *indecl. f.* (*hebr.*: die ihr eigenes [ungesetzliches] Zelt hat [Israel mit dem Baalsdienste in Bethel u. der Höhendienst]) Oholla, erdichteter Name eines unzüchtigen Weibes, ein Bild der sündhaften Städte Samarias (*Ez.* 23, 4 *u.* 5).

Ooza *indecl. m. s.* Oozam.

Oozam *indecl. m.* (*hebr.*: Achuzzam, Erwählter des Oheims = Gottes [*assyr.*: hammu]) Oozam, Sohn des Assur aus dem Stamme Juda.

ŏpācĭtās, ātĭs *f.* Schattigkeit, Schatten.

ŏpācō 1 beschatten.

ŏpācŭs 3 schattig, dunkel, finster.

ŏpellă, ae *f.* Werkchen.

ŏpĕră, ae *f.* 1. Tätigkeit, Arbeit, Mühe, Bemühung, Fleiß; operam dare alicui jds. Schüler sein od. jem. gefällig sein; jem. einen Dienst erweisen; operam dare alc. rei auf etwas Mühe verwenden, etwas mit Eifer betreiben; datā operā mit Fleiß, vorsätzlich. 2. Dienst Dienstleistung, Amt. 3. verwendete Zeit, Muße.

1. **ŏpĕrārĭŭs** 3 zur Arbeit gehörig.

2. **ŏpĕrārĭŭs,** ī *m.* Arbeiter, Tagelöhner, Diener, operarius fori Gerichtsdiener.

ŏpĕrātĭō, ōnĭs *f.* 1. das Wirken, Handeln. 2. Wirkung, Wirksamkeit. 3. Mildtätigkeit. 4. operationem facere ein Geschäft betreiben (*Ps.* 106, 23).

ŏpĕrātīvŭs 3 tätig, wirksam.

ŏpĕrātŏr, ōrĭs *m.* 1. Arbeiter, Bewirker. 2. Schöpfer (*Job* 36, 3).

ŏpĕrātrīx, īcĭs *f.* Bewirkerin; Vermittlerin.

ŏpercŭlŭm, ī *n.* Deckel.

ŏpĕrīmentŭm, ī *n.* 1. Decke, Bedeckung, Kleidungsstück. 2. Deckel.

ŏpĕrĭō, ĕrŭī, ertŭm 4 1. bedecken, zudecken, verhüllen. 2. bekleiden; *pass.* sich bekleiden. 3. verbergen, verheimlichen.

ŏpĕrŏr 1 1. arbeiten, verrichten. 2. wirken, wirksam sein, operari alicui helfen. 3. bebauen: terram.

ŏpertōrĭŭm, ī *n.* 1. Decke, Mantel, Gewand. 2. Grab.

ŏpĕrōsŭs 3 1. tätig, geschäftig. 2. mühevoll, beschwerlich.

ŏpertŭs 3 bedeckt, verhüllt.

ŏpēs, ŭm *f. s.* ops.

Ophaz *indecl. wohl richtig*: Ophir (*Jer.* 10, 9).

Ophel *indecl.* (*hebr.*: Hügel) Ophel, ein Festungswerk am südlichen Ausläufer des Tempelberges Moria bei Jerusalem.

1. **Opher** *indecl. m.* (*hebr.*: Staub) Opher, der zweite Sohn des Madian u. Enkel Abrahams.

2. **Opher** *indecl.* (*hebr.*: Hepher) Opher, St. Pal. (Zabulon), ehem. kanaanitische Königsstadt.

Ophera *indecl.* (*hebr.*: Staub ?) (Ophra) Ophera, St. Pal. (Benjamin).

Ophi *indecl. m.* (*hebr.*) Ophi, ein Jude, dessen Sohn zu Beginn des babyl. Exils Volkshaupt war.

Ophim *indecl. m.* (*hebr.*: Huphim) Ophim, Sohn des Benjamin u. Enkel Jakobs, Stammvater der Huphamiten.

ŏphĭŏmăchŭs, ī *m.* (ὀφιόμαχος) Neuntöter (Vogel aus der Gattung der Würger).

Ophir *indecl.* 1. *Personenname*: ein Nachkomme Sems. 2. *Landesname*: Landschaft bei Saba im südlichen Arabien (oder im ehemaligen Deutsch-ostafrika ?).

Ophītae, ārŭm *m.* (Ὀφῖται) Schlangenanbeter, eine gnostische Sekte des zweiten Jahrhunderts.

Ophlal *indedl. m.* (*hebr.*: Ephlal) Ophlal, ein Israelit, Sohn des Zabad.

1. **Ophni** *indecl. m.* (*hebr.*: hohle Hand Jahwes) Ophni, der älteste Sohn des israelitischen Richters Heli, Bruder des Phinees (11. Jhdt. v. Chr.).

2. **Ophni** *indecl.* (*hebr.*) Ophni, St. Pal. (Benjamin).

Ophra *indecl. s.* Ophera (1. *Par.* 4, 13).

Ophȳdă, ae *f.* Ophyda, Ort It. (Foggia), *dav.*: **Ophȳdānŭs** 3.

Ophȳdānŭs ăgĕr Gegend (Flur) von Ophyda, It. (Foggia).

ŏpĭfĕr, fĕră, fĕrŭm Hilfe bringend, hilfreich.

ŏpĭfex, fĭcĭs *m.* 1. Urheber, Bildner, Schöpfer. 2. Handwerker, Arbeiter.

ŏpĭfĭcĭŭm, ī *n.* Wirksamkeit, Tätigkeit.

Opĭlă, ae *f. s.* Oppolia.

ŏpĭlĭō, ōnĭs *m.* Schafhirt.

ŏpīmŭs 3 1. wohlgenährt, fett. 2. reichlich, großartig, herrlich. 3. furchtbar.

ŏpīnātĭō, ōnĭs *f.* Vermutung, Einbildung.

ŏpīnātŭs 3 1. vermeintlich, eingebildet: malum opinātum Scheinübel. 2. berühmt: opinatissima civitas (*Judith* 2, 13).

ŏpīnĭō, ōnĭs *f.* 1. Meinung, Vorstellung, Ansicht. 2. Gerede, Gerücht. 3. gute Meinung, guter Ruf.

ŏpīnŏr 1 meinen, der Ansicht sein, vermuten.

ŏpĭpărŭs 3 herrlich, prächtig.

Ŏpĭtergĭŭm, ī *n.* Oderzo, St. nördl. v. Venedig, It. (Treviso), *ca.* 2200 Einw.; *dav.*: **Ŏpĭtergĭēnsĭs,** ĕ.
ŏpĭtŭlātĭō, ōnĭs *f.* Hilfe, Hilfeleistung.
ŏpĭtŭlŏr 1 helfen.
ŏpŏbalsămŭm, ī *n.* (ὀποβάλσαμον) Balsam.
O. Poen. = Ordo religiosus de Poenitentia (Scalzetti) Büßerorden, gegr. 1784.
Opolēnsĭs, e *s.* Oppolia.
ŏportĕt, tŭĭt 2 *unpers.* 1. es ist nötig. 2. es geziemt sich, es gebührt sich.
oppandō, pandī, pānsŭm 3 ausspannen.
Opperhoven *indecl. s.* Oppershofen.
oppĕrĭŏr, pĕrītŭs u. pertŭs sŭm 4 1. *intr.* warten. 2. *trans.* erwarten, abwarten.
Oppershofen *indecl. n.* (Opperhoven) Oppershofen, Ort in Hessen, nördlich von Nauheim.
oppĕtō, īvī *u.* ĭī, ītŭm 3 1. entgegengehen. 2. *mit oder ohne* mortem: sterben; leiden; oppetere (*scil.*: mortem) funere den Tod durch das Leichenbegängnis erstreben, in den Tod gehen (*Hymn. Vesp. Pass. D. N. J. C.*).
oppĭdānŭs 3 städtisch.
Oppĭdēn. (*C. R.*) *s.* Oppidum.
oppĭdō *adv.* gewaltig, gar, völlig.
oppĭdŭlŭm, ī *n.* Flecken, Ortschaft.
oppĭdŭm, ī *n.* 1. Festung. 2. Stadt. 3. *s. die Beinamen der Ortschaften.*
Oppĭdŭm, ī *n.* Oppido Mamertina, St. am Aspromonte, It. (Reggio di Calabria), *ca.* 4500 Einw.; Bischofssitz, Suffr. v. Reggio di Calabria; *dav.*: **Oppĭdēnsĭs,** ĕ.
Oppĭdŭm Sampŏlĭtānŭm, ī *n. s.* fanum S. Hippolyti.
oppignĕrō (oppignŏro) 1 verpfänden, zum Pfand geben, Bürgschaft leisten.
oppignŏrātĭō, ōnĭs *f.* Verpfändung.
oppīlō 1 verstopfen; *übtr.*: verriegeln, verschließen.
opplĕō, ēvī, ētŭm 2 anfüllen.
Oppŏlĭă, ae *f.* (Opila, Opolia) Oppeln, St. an der Oder, Preußen (Schlesien), *ca.* 30 000 Einw.; *dav.*: **Opŏlēnsĭs,** ĕ; **Oppŏlēnsĭs,** ĕ *u.* **Oppŏlĭēnsĭs,** ĕ.
oppōnō, pŏsŭī, pŏsĭtŭm 3 1. entgegenstellen, -setzen; ex oppŏsĭto entgegensetzt, auf der entgegengesetzten Seite. 2. als Gegengrund vorbringen *oder* geltend machen.
opportūnĭtās, ātĭs *f.* günstige Gelegenheit, rechte Zeit; Bequemlichkeit.
opportūnŭs 3 1. geeignet, günstig, brauchbar, vorteilhaft. 2. geschickt, gewandt.
oppŏsĭtĭō, ōnĭs *f.* 1. Widerspruch. 2. Einwendung; o. tertĭi Rechtseinwendung eines Dritten (d. h. Unbeteiligten (*C. j. c.* 1898).
oppŏsĭtŏr, ōrĭs *m.* Opponent, Anfechter, Bekämpfer, Bestreiter (*C. j. c.* 1899 § 2).
1. **oppŏsĭtŭs** 3 entgegengestellt, gegenüberstehend; ex opposito entgegengesetzt, auf der entgegengesetzten Seite.
2. **oppŏsĭtŭs,** ūs *m.* das Entgegenstellen, Entgegenstellung, das Entgegenstehen; das Vortreten.
oppressĭō, ōnĭs *f.* Gewalttätigkeit, Unterdrückung.
oppressŏr, ōrĭs *m.* Unterdrücker.
oppressŭs, ūs *m.* Druck, Unterdrückung.
opprĭmō, pressī, pressŭm 3 1. bedrängen, überwältigen, unterdrücken. 2. erdrücken, ersticken, erdrosseln. 3. überfallen, überraschen.
opprŏbrātĭō, ōnĭs *f.* Vorwurf.
opprŏbrĭŭm, ī *n.* Vorwurf, Schimpf, Schande, Schmach, Spott.
opprŏbrō 1 vorwerfen, vorhalten.
oppūgnātĭō, ōnĭs *f.* Bestürmung, Angriff.
oppūgnātŏr, ōrĭs *m.* Angreifer, Bekämpfer.
oppūgnātrīx, īcĭs *f.* Bekämpferin.
oppūgnō 1 bestürmen, angreifen, bekämpfen.
O. Pr. = Ordo (Fratrum) Praedicatorum, Predigerorden der Dominikaner, gegr. 1216 vom hl. Dominikus.
O. Praem. = Ordo Praemonstratensium, Prämonstratenser, gegr. 1120 vom hl. Norbert.
ops, ŏpĭs *f.* 1. Macht, Vermögen, Stärke. 2. Beistand, Bemühung; opem ferre Hilfe bringen. 3. *pl.*: Mittel, Vermögen, Reichtum, die irdischen Güter. 4. Truppenmacht, Heer, Herrschaft.
optābĭlĭs, ĕ wünschenswert, erwünscht.
Optardŭs, ī *m.* Optard, Senator in Trier, Vater des hl. Mart. Germanus (7. Jhdt.).
optātĭō, ōnĭs *f.* das Wünschen, der Wunsch.
optātŭm, ī *n.* der Wunsch; in optatis est es ist erwünscht.
optātŭs 3 erwünscht, willkommen.
optĭmātēs, ĭŭm u. ŭm *m.* die Adeligen oder Fürsten eines Volkes.
optĭmŭs 3 *s.* bonus.
optĭō, ōnĭs *f.* 1. die freie Wahl, der freie Wille, Wunsch, das Belieben. 2. das Recht der Kardinäle und Kanoniker, einen freigewordenen Titel oder ein erledigtes Kanonikat zu beanspruchen.
optō 1 sich wählen, wünschen.
ŏpŭlēns, tĭs reich, kostbar.
ŏpŭlentĭă, ae *f.* Reichtum, Pracht.
ŏpŭlentŭs 3 1. vermögend, reich. 2. angesehen, mächtig.
1. **ŏpŭs,** ĕrĭs *n.* 1. Werk, Arbeit, Geschäft, Berufsarbeit, Handlung; opus Dei,

opus divinum Gottesdienst, *bes.*: Chorgebet; opus metalli Metallwerk. 2. Erzeugnis, Bauwerk, Buch. 3. *pl.*: Regierungsgeschäfte. 4. Arbeitslohn (*Lev.* 19, 13).

2. **ŏpŭs** *indecl. n.* das Werk = die nötige Sache, Bedürfnis, opus est es ist Bedürfnis, es ist nötig, es ist zweckmäßig, man braucht.

ŏpuscŭlŭm, ī *n.* kleines Werk, Buch.

1. **ōră,** ae *f.* 1. Küste. 2. Küstenland, Landstrich, Gegend. 3. Rand, Saum, Borte; ora vestimenti = Ausschnitt oben am Kleide.

2. **ōră,** ae *f.* 1. Zaum, Zügel. 2. Tau, Schiffsseil (zum Befestigen des Schiffes am Gestade).

Oră, ae *f.* die Ohre, Nebenfluß der Elbe, Preußen (Hannover).

Oră occĭdentālĭs *f. s.* Ora orientalis.

Oră orĭentālĭs ĕt occĭdentālĭs *f.* La Riviera di Levante *u.* di Ponente am Golfe von Genua.

ōrācŭlŭm, ī *n.* 1. Orakel als Ausspruch, Wahrspruch; mündlicher Ausspruch; **oracula pontificia** päpstliche Aktenstücke. 2. Orakel als Ort oder Spruchstätte; oraculum templi = das Allerheiligste im Tempel zu Jerusalem. 3. Oratorium.

ōrālĭs, ĕ mündlich.

Orānēn. (*C. R.*) *s.* Auranum.

Orānĭŭs, ī *m. s.* Uranius.

ōrārĭŏn, ī *n.* (ὠράριον) Orarion, Bezeichnung der Stola des Diakons im griechischen Ritus.

ōrārĭŭm, ī *n.* 1. Schweißtuch (zum Abwischen des Mundes (os!) oder Gesichtes); Halstuch, Kopftuch, Tuch. 2. ältere römische Bezeichnung der bischöfl. u. priesterlichen Stola bis ins 13. Jhdt., wofür seit 9. Jhdt. die unlateinische Bezeichnung Stola trat (*vgl.* orarion). 3. Gebetbuch.

ōrārĭŭs 3 zur Küste gehörig, Küsten-.

ōrātĭō, ōnĭs *f.* 1. das Reden, die Sprache; oratio soluta Prosa. 2. Aussage, Rede, Vortrag. 3. das Gebet, das Beten; oratio mentālis das innerliche Gebet, die Betrachtung; *als Gebet*: ein besonderer Teil der hl. Messe, die Oration. 4. **o. Dominica** das Gebet des Herrn, das Vaterunser. 5. **Oratio D. N. I. C. in monte Olivēti** Gedächtnisfest des Gebetes Jesu auf dem Ölberge, früher am Dienstage nach Septuagesima gefeiert. 6. Rednergabe, Beredsamkeit.

ōrātĭōnālĕ, ĭs *f.* (orationarius liber, collectarium) ein liturgisches Buch, das die Orationen oder Kollekten (auch Kapitel) des Offiziums enthielt.

ōrātĭuncŭlă, ae *f.* Gebetlein, kurzes Gebet.

ōrātŏr, ōrĭs *m.* 1. Redner, Wortführer, Unterhändler. 2. Bittsteller (bei Bittschriften an die Kurie).

ōrātōrĭŭs 3 rednerisch.

ōrātōrĭŭm, ī *n.* (oraculum, aedicula, εὐκτήριον) Betzimmer, Betsaal; man unterscheidet oratorium privatum Hauskapelle, private Grabkapelle (*C. j. c.* 1183, 1194); oratorium publicum für Privatpersonen oder für ein Kollegium errichtete, jedoch zur Zeit des Gottesdienstes allen Gläubigen rechtlich zugängliche konsekrierte oder doch feierlich benedizierte Kultstätte (*C. j. c.* 1188); oratorium semipublicum ein mit Genehmigung des Bischofs ausschließlich gottesdienstlichen Zwecken gewidmeter Raum für religiöse Genossenschaften, Bruderschaften, Seminarien Krankenhäuser, Gefängnisse, der nicht für jedermann frei zugänglich ist (*C. j. c.* 1188); congregatio Oratorii die vom hl. Philipp Neri 1575 zu Rom gestiftete, 1612 bestätigte Genossenschaft der Oratorianer, auch Philippiner oder Nerianer genannt. — Oratorium de Jesu (et Maria) Oratorianer, 1611 zu Paris gestiftet; 1852 erneuert; 1902 aufgelöst.

ōrātrīx, īcĭs *f.* 1. Fürbitterin. 2. Bittstellerin.

ōrātŭs, ūs *m.* Bitte.

orbă, ae *f.* 1. Waise. 2. Witwe.

Orbăcēnsĭs vīcŭs *m.* Orb, St. Preußen (Hessen-Nassau).

orbātĭō, ōnĭs *f.* Beraubung, Verwaisung.

orbĭcŭlŭs, ī *m.* kleine Scheibe.

orbĭs, ĭs m. 1. Kreis, Rund. 2. Erdkreis, Erdscheibe, Erdenrund. 3. orbis uterque Himmel u. Erde (*Hymn. II. Vesp. S. Jo. Nep.*).

orbĭtă, ae *f.* Wagengeleise, Bahn, Radspur, Geleise, Kreislauf.

orbĭtās, ātĭs *f.* 1. die Kinderlosigkeit. 2. Witwentum.

orbō 1 verwaist machen, berauben.

1. **orbŭs** 3 beraubt, entledigt; verwaist.

2. **orbŭs,** ī *m.* Waise.

Orcēlĭs, ĭs *f.* (Oriolensis ecclesia) Orihuela, St. l. am Segura, Spanien (Alicante), *ca.* 30 000 Einw.; Bischofssitz vom Bistume Orihuela oder Alicante; *dav.*: **Oriolēnsĭs,** ĕ.

orcŭs, ī *m.* (ὅρκος, Orcus) 1. Unterwelt, Hölle. 2. Tod.

Orcŭs, ī *m. s.* orcus.

ordālĭcĭŭm, ī *n.* Gottesurteil (*durch Zweikampf usw.*).

ordĕŭm, ī *n. s.* hordeum.

ōrdĭnandŭs, ī *m.* der Ordinand, Empfänger einer Weihe *oder* der Tonsur.

ōrdĭnārĭātŭs, ūs *m.* das Ordinariat: 1. Amtswürde des Ordinarius (Bischofs, Abtes ...). 2. kirchliche Behörde, an deren Spitze in Vertretung des Bischofs der Generalvikar stehen kann.

ōrdĭnārĭŭm, ī *n.* Anordnung, Tagesordnung; ordinarium episcopi = ältere Bezeichnung des Pontifikale; ordinarium missae *s.* ordo missae; ordinarium (divini) officii = der erste Teil des röm. Breviers; ordinarium S. Romanae Ecclesiae = eine Gottesdienstordnung für die päpstliche Kurie.

1. **ōrdĭnārĭŭs** 3 ordentlich, regelmäßig, gewöhnlich; in ordinario für gewöhnlich.

2. **ōrdĭnārĭŭs,** ī *m.* (Ordinarius) der Ordinarius, jeder Leiter eines kirchlichen Jurisdiktionsbezirkes u. der unmittelbar unter dem Papste stehenden geistlichen Genossenschaften; ordinarius lŏci heißt (nur) der Leiter eines Jurisdiktions bezirkes (Bischof, Apostolischer Vikar, Kapitularvikar usw.).

ōrdĭnātĭm, *adv.* nach der Reihe, reihenweise geordnet; ordnungsgemäß.

ōrdĭnātĭō, ōnĭs *f.* 1. Anordnung, Einrichtung; Bestellung; Bestallung, Amtsbesetzung. 2. Weihe, Weihung der Diakone zu Priestern, Erteilung des sacramentum ordĭnis der Priesterweihe; ordin. ecclesiae Gründung oder Weihe einer Kirche. 3. Verfügung, Verordnung.

ōrdĭnātŏr, ōrĭs *m.* 1. der Ordner. 2. der Erteiler der höheren Weihen (Bischof), der niederen Weihen u. der Tonsur (*auch*: Abt, Prälat).

ōrdĭnātŭs 3 1. geordnet, ordentlich; *adv.*: in der Regel, gewöhnlich. 2. zum Priester geweiht, ordiniert.

ōrdĭnō 1 1. in Ordnung bringen, ordnen, einrichten; o. missam diei sich im Meßbuche die einzelnen Teile der hl. Messe für einen bestimmten Tag zurechtlegen; o. testamentum einen Bund schließen. 2. verordnen, befehlen. 3. zum Priester weihen, ordinieren.

ōrdĭnēs rēgŭlārēs die kirchlichen Ordensgenossenschaften (die amtliche Abkürzung der Orden u. Kongregationen ist jeweils alphabetisch angegeben worden).

ōrdĭnēs Rōmānī *s.* ordo Romanus bei „ordo“.

ōrdĭŏr, orsŭs sŭm 4 anfangen, beginnen, unternehmen (im *pf.*: ordītus sum bei *Is.* 25, 7).

ōrdō, ĭnĭs *m.* 1. Reihe, Ordnung; ordo Romanus römische Gottesdienstordnung; ordo missae eine kurze Darstellung des Verlaufs der hl. Messe mit der Wiedergabe der ständig in derselben wiederkehrenden Gebete. 2. Abteilung, Unterabteilung unter gradus, *z. B.* die drei ordines des Kardinalranges, K.-bischof, -priester, -diakon; Cardinales căpĭta ordinum die Kard.-Vorsteher der drei Rangabteilungen. 3. Schar, Abteilung. 4. Stand, Klasse; *bes.*: klösterliche Genossenschaft mit feierlichen Gelübden, Orden; ordo tertĭus (oder saeculārĭs) dritter Orden, die einem religiösen Orden angeschlossenen Weltleute. 5. *meist pl.*: die kirchlichen Weihen, o. maiores die höheren, o. minores die niederen Weihen; sacramentum ordinis Sakrament der Priesterweihe. 6. der Gang, Verlauf, Weg, Anordnung; ordĭne iudiciārĭo auf dem Gerichtswege; ordĭne dispositīvo in übersichtlicher Form. 7. ex omni ordine nach der Reihe u. Ordnung, in einem fort, sofort, sogleich.

Ordofēnsĭs, ĕ *s.* Ordorffium.

Ordofiŭm, ī *n s.* Ordorffium.

Ordorffiēnsĭs, ĕ *s.* Ordorffium.

Ordorffiŭm, ī *n.* (Ordofium) Ordruf, ehem. Kloster bei Fritzlar (Thüringen), vom hl. Wigbert († 747) gegründet; *dav.*: **Ordoffiēnsĭs,** ĕ.

Oreb *indecl. m.* (*hebr.*: Rabe) Oreb, ein Madianiterfürst, der von Josua besiegt wurde.

Oregonopŏlĭs, ĭs *f.* Oregon City, St. am Willamettefluß, Nordamerika (Oregon), *ca.* 4000 Einw.; Erzbischofssitz (seit 1850, Bistum seit 1846), Residenz in Portland; *dav.*: **Oregonopŏlītānŭs** 3.

Oregonopŏlītān. (*C. R.*) *s.* Oregonopolis.

ōrĕtĕnŭs *adv.* mündlich (*C. j. c.* 1707).

ŏrexĭs, ĭs *f.* (ὄρεξις) Verlangen, Begierde.

orgănĭcŭs 3 wohlgegliedert, wohlgeordnet, organisch (*C. j. c.* 686 § 3).

orgănismŭs ī *m.* der Organismus, ein gegliedertes (lebendiges) Ganze; Lebewesen.

orgănistă, ae *m.* Organist, Orgelspieler.

orgănīzō 1 gestalten, einrichten, bilden.

orgănŭm, ī *n.* (ὄργανον) 1. Werkzeug, Organ. 2. Stimmorgan, Musikwerkzeug; Orgel, *auch*: Flöte, Harfe (*Ps.* 136, 2).

Orgelĭŭm, ī *n.* (Orgellum, Urgellum, Urgelitana sedes) Seo de Urgel, St. am Segre in Katalonien, Spanien (Lérida), *ca.* 3000 Einw.; Bischofssitz (seit 400; der Bischof ist Staatsoberhaupt der Republik Andorra), Suffr. v. Tarragona; *dav.*; **Orgeliēnsĭs** *u.* **Urgelĭtānŭs** 3.

Orgellŭm, ī *n. s.* Orgelium.

Orgĭŭm, ī *n. s.* Horreum.

ŏrĭchalcŭm, ī *n.* (ὀρείχαλκος) Messing, Glanzerz.

ŏrĭēns, tĭs *m.* 1. aufgehende Sonne, Morgen, Osten. 2. Morgenland.

ŏrĭentālĭs, ĕ morgenländisch, aus dem Morgenlande; **Orĭentālēs,** ĭŭm *m.* die Orientalen; o. disciplīna die von der lateinischen Kirche abweichende Kirchenübung und Kirchenzucht in den morgenländischen mit Rom verbundenen Religionsgenossenschaften, ob sie sich nun griechisch, koptisch, armenisch usw. nennen.

ōrĭfĭcĭŭm, ī *n.* Mündung.

Orĭgantĭŭm, ī *n.* (Brigantia) Briançon, St., Fkr. (Hautes-Alpes), *ca.* 5000 Einw.

Orĭgĕnēs, ĭs *m.* (Origines, Ὠριγένης) Origenes, berühmter Kirchenschriftsteller zu Alexandrien in Ägypten († wahrscheinlich 251); *dav.*:**Orĭgĕnĭānŭs** 3.

Orĭgĕnĭānŭs 3 *s.* Origenes.

Origiacŭm, ī *n. s.* Atrebatae.

ŏrīgĭnālĕ, ĭs *n.* Original, Urbild, Urform.

ŏrīgĭnālĭs, ĕ 1. uranfänglich, ursprünglich, echt, unverfälscht. 2. zur Geburt gehörig; originalia documenta Ereignisse bei der Geburt.

Orĭgĭnēs, ĭs *m. s.* Origĕnes.

ŏrīgō, ĭnĭs *f.* 1. Ursprung, Abstammung, Entstehung; lŏcus orīgĭnis Abstammungsort, Heimatsort, Geburtsort (*C. j. c.* 90); unda mutavit originem die Welle ändert die ursprüngliche Beschaffenheit. 2. Stamm, Familie.

Oriolēn. (*C. R.*) *s.* Orcelis.

Orīōn, ōnĭs *m.* (Ὠρίων) der Orion, ein Sternbild; der Sage nach ein riesenhafter Jäger aus Böotien, der von der Göttin Diana getötet u. mit seinen Hunden als Sternbild an den Himmel versetzt wurde; *auch pl.*: **Orīōnēs,** ŭm *m.*

ŏrĭŏr, ortŭs sŭm 4 1. aufgehen, entstehen, hervorkommen. 2. geboren werden, abstammen.

ŏrĭundŭs 3 abstammend.

ŏrīză, ae *f. s.* oryza.

Orna *indecl. m. s.* Ornan.

ōrnāmentŭm, ī *n.* 1. Schmuck, Zierde, Kostbarkeit. 2. Glanz, Auszeichnung, Ehre. 3. o. sacrum kirchliches Meßgewand, heilige zum Gottesdienste bestimmte Gewandung (*C. j. c.* 26).

Ornan *indecl. m.* (*hebr.* ?) (Arawna, Areuna) Ornan, ein Jebusiter in Jerusalem, dessen Tenne David kaufte, um Gott dort einen Altar und einen Tempel zu erbauen (den aber erst Salomon errichten durfte).

ōrnātŏr, ōrĭs *m.* Ausschmücker.

1. **ōrnātŭs** 3 1. versehen, ausgerüstet. 2. geschmückt, geziert; serĭco ornatus mit Seide bestickt. 3. herrlich, vortrefflich.

2. **ōrnātŭs,** ūs *m.* 1. Ausrüstung, Ausstattung. 2. Schmuck, Zierde. 3. Kopf-, Haarschmuck, *auch* Kleidung; *bes.*: der priesterliche Ornat.

ōrnō 1 1. schmücken, zieren. 2. ehren, loben, preisen.

ōrō 1 beten, bitten.

Orŏlaunŭm, ī *n.* (Arlūnum, Arlaunum) Arlon, Stadt in Belgien, *ca.* 12000 Einw.

Oronaim *indecl.* (*hebr.*: die beiden Horon) (*Is.* 15, 6) Oronaim, zwei Moabiterstädte, nicht weit vom Berge Abarim.

Oropesă, ae *f.* Oropesa, St., Spanien (Kastilien).

Orori *indecl.* (*hebr.*) (Hararīta) der Harariter (2. *Kön.* 23, 33).

Orōsĭŭs, ī *m.* Paul Orosius, ein spanischer Priester u. lateinischer Kirchenschriftsteller († um 420).

Orpha *indecl. f.* (*hebr.*: Orpa) Orpha, eine Moabiterin, Schwiegertochter der Noemi.

orphănŏtrŏphīŭm, ī *n.* (ὀρφανοτροφεῖον) Waisenhaus.

orphănŏtrŏphŭs, ī *m.* Waisenvater.

1. **orphănŭs** 3 verwaist.

2. **orphănŭs,** ī *m.* Waisenkind.

orsŭs 3 *ptc. pf.* von ordĭor.

Ortanŭm, ī *n.* Orte, St., r. am Tiber, It. (Rom), *ca.* 3300 Einw.; Bistum (seit 10. Jhdt.) ist seit 1805 mit Civita Castellana vereinigt; *dav.* **Ortānŭs** 3 (Hortanus) 3.

Ortavĭă, ae *f.* Ourthe, Nebenfluß der Maas, Belgien.

Ortenavĭă, ae *f.* Oudenaarde, St., Belgien (Ostflandern), *ca.* 7000 Einw.

orthŏdoxĭă, ae *f.* (ὀρθοδοξία) Rechtgläubigkeit.

orthŏdoxŭs 3 rechtgläubig.

orthŏgrăphĭă, ae *f.* (ὀρθογραφία) Rechtschreibung.

Orthōsĭă, ae *f.* (Ὀρθωσία) Orthosia, St. zwischen Biblus u. Aradius, Phönikien (1. Mach. 15, 37).

ortīvŭs 3 aufgehend; *übtr.*: das obere: facies.

Ortōnă, ae *f.* Ortona (Ortona a Mare), Hafenst. am Adriatischen Meere, It. (Chieti), *ca.* 7000 Einw.; Bistum, Suffr. u. verwaltet von Lanciano; *dav.*: **Ortōnēnsĭs,** ĕ.

Ortōnēn. (*C. R.*) *s.* Ortona.
ortŭs, ūs *m.* 1. der Aufgang, Osten, Morgen. 2. Ursprung, Anfang.
orthўgă, ae *f. s.* ortygia.
ortўgĭă, ae *f.* (ortyga) (ὄρτυξ) Wachtel.
ortygōmētră, ae *f.* „Wachtelmutter", Wachtelkönig.
Orvĭētŭm, ī *n.* (Urbs vetus) Orvieto, St., It. (Perugia), *ca.* 8000 Einw.
ŏryx, ўgĭs *m.* (ὄρυξ) eine wilde Ziegen- u. Gazellenart in Afrika (*Is.* 51, 20).
ŏrўză, ae *f.* (oriza, ὄρυζα) der Reis.
O. S. = Oblati S. Francisci Salesii de Troyes Oblaten des hl. Franz v. Sales von Troyes, gegr. 1876.
1. **ōs,** ōrĭs *n.* 1. Mund, Rachen: leonis. 2. Gesicht, Miene. 3. Öffnung, Mündung. 4. Abgrund (*Ps.* 68, 16). 5. Schärfe: gladii.
2. **ŏs,** ossĭs *n.* 1. Knochen, Gebein. 2. das Innerste *oder* das Mark.
Osaias, ae *f. m.* (*hebr.*: Jahwe hat geholfen) Osaias, 1. ein Jude, Vater des Jezonias. 2. Judenfürst, der bei der Mauereinweihung in Jerusalem nach dem Exil zugegen war.
Osakēn. (*C. R.*) *s.* Osakium.
Osakĭŭm, ī *n.* Osaka (*früher*: Naniwa), St. Japan, Westnippon, *ca.* 1000000 Einw.; Bischofssitz (seit 1889); *dav.* **Osakēnsĭs,** ĕ.
O. S. B. = Ordo S. Benedicti (Benedictini) Benediktiner, gegr. 529 v. hl. Benedikt von Nursia; Abbatia Primitialis S. Anselmi Primitialabtei San Anselmo, gegr. 1687. — Congregatio Americana-Cassinensis amerikanisch-Cassinensische K., gegr. 1854. — C. Anglica englische K. gegr. 1300. — C. Austriaca ab Immaculata Conceptione österreichische K. v. der Unbefl. Empfängnis, gegr. 1889. — C. Austriaca de S. Joseph österreichische K. v. hl. Joseph, gegr. 1889. — C. Bavarica bayrische K., gegr. 1684. — C. Beuronensis Beuroner K. gegr. 1868. — C. Brasiliana, brasilianische K. gegr. 1828. — C. Cassinensis K. v. Monte Cassino, gegr. 1412. — C. Cassinensis a prima Observantia Cassinensische K. v. der ersten Observanz, gegr. 1872. — C. Gallica französische K., gegr. 1837. — C. Helvetica Schweizer K., gegr. 1602. — C. Helvetico-Americana Schweizer-amerikanische K., gegr. 1881. — C. Hungarica Ungarische K., gegr. 1001. — C. Ottiliensis K. v. St. Ottilien, gegr. 1884. —
O. S. C. = Ordo Sanctissimae Crucis, Kreuzherren, gegr. 1211.
Oscă, ae *f.* Huesca, St., r. am Isuela, Spanien (Aragonien), *ca.* 13000 Einw.; Bischofssitz (seit 533, v. 1063—96 in Jaca), Suffr. von Saragossa; *dav.*: **Oscēnsĭs,** ĕ.
Oscărēnsĭs pāgŭs *m. s.* Diviodunensis pagus.
Oscēn. (*C. R.*) *s.* Osca.
Oscĭacēnsĕ mŏnastērĭŭm, ī *n. s.* Ossecum.
oscillātĭō, ōnĭs *f.* das Schaukeln.
oscillō 1 sich schaukeln.
ōscĭtātĭō, ōnĭs *f.* Aufsperrung des Mundes; das Gähnen.
ōscĭtō u. **ōscĭtŏr** 1 den Mund aufsperren; gähnen.
ōscŭlātĭō, ōnĭs *f.* das Küssen.
ōscŭlŏr (osculo, ausculor) 1 küssen.
ōscŭlŭm, ī *n.* 1. Mäulchen. 2. *übtr.*: Kuß; osculum pacis der Friedenskuß in der röm.-kath. Kirche nach dem Agnus Dei, in der griechischen Kirche nach der Opferung.
Oseas, ae *m.* (*hebr.*: Hoschea = Er (Gott) hat geholfen) *s.* Osee.
Osee *indecl. m.* (Oseas, *im Brevier*: Osée) Osee, 1. Sohn Nuns aus dem Stamme Ephraim, später Josue genannt, der Führer des Volkes Israel. 2. Fürst im Stamme Ephraim z. Z. Davids. 3. ein König von Israel (um 758 n. Chr.). 4. der erste der sog. kleinen Propheten. 5. ein Judenvorsteher, Besiegler des nachexilischen Bundes.
O. S. J. D. = Ordo S. Joannis de Deo Barmherzige Brüder, gegr. 1540.
O. S. M. = Ordo Servorum B. Mariae Virginis Serviten, gegr. 1233.
O. Silv. = Ordo Benedictinorum Sylvestrinorum Sylvestriner, gegr. 1231.
Osmānī, ōrŭm *m.* die Osmanen, Türken, *dav.*: **Osmānĭcŭs** 3 türkisch.
Osnabrug(g)ă, ae *f. s.* Osnabrugum.
Osnabrugēn. (*C. R.*) *s.* Osnabrugum.
Osnabrugŭm, ī *n.* (Osnabrug(g)a, Osnaburgum), Osnabrück, St. Preußen (Hannover), *ca.* 90000 Einw.; Bischofssitz (gegr. v. Karl d. Gr.), exempt; *dav.*: **Osnabrugēnsĭs,** ĕ.
Osnaburgŭm, ī *n. s.* Osnabrugum.
ōsŏr, ōrĭs *m.* Hasser.
Ossă, ae *f.* u. *m.* (Ὄσσα) Ossa, Gebirge im nordöstlichen Thessalien (Balkan).
ossārĭŭm, ī *n.* (ossuarium) 1. Beinhaus. 2. Totenurne.
Ossecŭm, ī *n.* (Osciacense mon.) Ossegg, D. Böhmen (Dux), Diöz. Leitmeritz; Cistercienserkloster.
ossĕŭs 3 beinern, knöchern.
ossĭcŭlŭm, ī *n.* Knöchelchen.
Ossōrĭēn. (*C. R.*) *s.* Ossorium.
Ossōrĭŭm, ī *n.* Ossory, Landschaft in Mittelirland; Bistum Ossory (seit

549), Residenz in Kilkenny, Suffr. v. Dublin; *dav.*: **Ossorĭēnsĭs,** ĕ.

O. Ss. Tr. = Ordo Sanctissimae Trinitatis pro redemptione captivorum, Trinitarier, gegr. 1198.

ossŭārĭŭm, ī *n. s.* ossarium.

ostendō, dī, tŭm u. ēnsŭm 3 1. darbieten, zeigen, sehen lassen. 2. erklären, deutlich machen.

ostēnsĭō, ōnĭs *f.* 1. das Zeigen, Beweis, Nachweis. 2. Schaustellung, Heuchelei. 3. Musterung, Parade.

ostēnsōrĭŭm, ī *n.* Monstranz.

ostentātĭō, ōnĭs *f.* 1. das Zeigen, das Offenbaren. 2. Prahlerei, Täuschung, Schein.

ostentātŏr, ōrĭs *m.* 1. Ankündiger. 2. Prahler.

ostentō 1 1. zeigen, darbieten. 2. hinweisen auf, prahlen; mit etwas drohen.

ostentŭs, ūs *m.* Zurschaustellung; *dav. dat.*: ostentui zur Schau, zum Scheine; ostentui habere verspotten.

ostentŭm, ī *n.* 1. Wunderzeichen, Wunder. 2. wunderliches, sonderliches Gebilde; Mißgebilde, Mißgeburt (*C. j. c.* 748).

Ostergă, ae *f. s.* Ostraga.

Ostfālī, ōrŭm *m.* (Austrasii) die Ostfalen, Stamm der Sachsen zwischen Weser und Elbe.

Ostgōthĭă, ae *f.* (Ostgotia) das Land der Ostgoten, Ostgotenreich.

Ostgōtĭă, ae *f. s.* Ostgothia.

Ostĭă, ae *f.* Ostia, Stadt an der Mündung des Tiber, It. (Rom), *ca.* 3600 Einw.; suburbikarisches Bistum (seit 3. Jhdt.), seit 11. Jhdt. mit Veletri vereinigt; *dav.*: **Ostĭēnsĭs,** ĕ; via Ostiensis die von Rom nach Ostia führende Straße.

ōstĭārĭă, ae *f.* Türhüterin, Pförtnerin.

ōstĭārĭātŭs, ūs *m.* der Ostiariat (Dienst der Türhüter), die erste der vier niederen Weihen.

ōstĭārĭŭs, ī *m.* 1. Pförtner. 2. der Ostiarier, *d. h.* einer, der die erste der vier niederen Weihen empfangen hat.

ōstĭātĭm *adv.* von Tür zu Tür, von Haus zu Haus.

Ostĭēn. (*C. R.*) *s.* Ostia.

ōstĭŏlă, ōrŭm *n.* Türe, Doppeltüre.

ōstĭŏlŭm, ī *n.* Türchen.

ōstĭŭm, ī *n.* 1. Türe, Eingang. 2. Mündung. 3. *übtr.*: ostium mihi apertum est magnum ein großes „Feld" (zur Arbeit) steht mir offen (1. *Kor.* 16, 9).

Ostrachĭă, ae *f. s.* Ostraga.

Ostragă, ae *f.* (Osterga, Ostrachĭa) Ostergau, ein Teil von Friesland, Gegend von Overyssel.

ostrĕă, ae *f.* (ostreum, ὄστρεον) Muschel; Auster.

ostrĕŭm, ī *n. s.* ostrea.

Ostrofrancī, ōrŭm *m.* die Ostfranken.

Ostunēn. (*C. R.*) *s.* Ostunium.

Ostunĭŭm, ī *n.* Ostuni, St. nördlich v. Brindisi, It. (Lecce), *ca.* 5500 Einw.; das Bistum (seit 6. Jhdt.) 1818 mit dem Erzbistum Brindisi vereinigt; *dav.*: **Ostunēnsĭs,** ĕ.

S. Oswaldŭs, ī *m.* hl. Oswald, König u. Mart. († 642).

Er war König von England und sehr mildtätig. Als ihm einst am Ostertage die Speisen in silberner Schale vorgesetzt wurden, ließ er dieselbe zerschlagen und die Bruchstücke an die Notleidenden verteilen. Der Bischof Aidan, der dies sah, ergriff gerührt die rechte Hand des Königs und sprach: „Möge diese Hand niemals altern". Der Segenswunsch ging in Erfüllung. Oswald tat sehr viel für die Verbreitung des Evangeliums. Er starb im 38. Lebensjahre unter den Streichen der Heiden. Sogar der Staub, in den sein Blut niederfloß, wurde vielen heilbringend. — 5. August (Sachsen und Meißen, Trier).

Otgar *indecl. m.* Otgar, Bisch. v. Mainz (reg. 826—847).

S. Otgērŭs, ī *m.* hl. Otger, Bek. († im 10. Jhdt.).

Als der erwählte schottische Bischof Wiro mit dem Priester Plechelm nach Rom pilgerte, schloß sich der Diakon Otger ihnen an. Nachdem der Papst die beiden Erstgenannten zu Bischöfen geweiht hatte, gelangten alle drei auf der Heimreise an den Hof des Frankenherzogs Pipin. Dieser erbaute ihnen ein Kloster bei Roermond (Holland), das jetzt Odilienberg heißt. Dort starb der Heilige, nachdem er viele zur Liebe des Heilandes entflammt hatte. — 10. September.

Othbertŭs, ī *m.* Otbert aus dem Hause Habsburg, *s.* S. Trudbertus.

Othei *indecl. m.* (*hebr.*:) Othei, ein Israelit aus dem Stamme Juda, Sohn Ammiuds.

S. Othilia, ae *f. s.* S. Odilia.

Othir *indecl. m.* (*hebr.*: Er (Gott) hat übrig gelassen) Othir, Haupt der 21. Levitenklasse.

S. Othmārŭs, ī *m.* hl. Othmar, Bek. u. Abt († 760).

Er entstammte einer schwäbischen Adelsfamilie, war ein Schützling des Grafen Victor von Chur, wurde dann auf Wunsch des Grafen Waltram von Thurgau Abt von St. Gallen. Er lebte so abgetötet, daß er oft zwei Tage lang keine Nahrung zu sich nahm. Den Armen gab er oft einen Teil seiner eigenen Kleidung, wenn er sonst nichts zur Hand hatte. Für die Aussätzigen erbaute er unweit des Klosters ein Hospiz und bediente sie selbst; sogar mitten in der Nacht leistete er ihnen Gesellschaft und Hilfe. Als zwei Beamte, namens Warin und Ruthard, sich an den Klostergütern vergriffen, wandte sich Othmar an den Frankenkönig Pipin. Erbost hierüber, stachelten sie den Mönch Lambert auf, er solle den Abt öffentlich der Unenthaltsamkeit beschuldigen. Othmar erwiderte nichts auf die Anklage. Als ihn aber Gutgesinnte drängten, sich zu äußern, sagte er ruhig: „Zwar bin ich mir vieler Sünden bewußt; aber daß ich in dieser Hinsicht nicht gefehlt habe, mag Gott mir bezeugen!" Lambert mußte durch Gottes Fügung mit bis zur Erde niedergebeugtem Körper seine Verleumdung eingestehen. Dennoch wurde der fromme Abt in ein Verließ am Bodensee geworfen, wo man ihn mehrere Tage hungern und dürsten ließ, bis es dem Mönche Patgoz gelang, ihm Nahrungsmittel zu bringen. Ein Adliger namens Gosbert ließ ihn auf eine Insel schaffen, wo Othmar starb. Seine Leiche wurde dort unversehrt nach zehn Jahren aufgefunden, und nach St. Gallen gebracht. — 16. November (Chur, St. Gallen).

Fest der Übertragung. Zehn Jahre nach dem Tode Othmars wurden die Mönche durch ein Gesicht gemahnt, seinen Leib ins Kloster zu überführen. Noch in der Nacht fuhren elf Mönche zur Insel, wo sein Grab war. Als sie es öffneten, fanden sie seinen Leib unversehrt mit Ausnahme des äußersten Teils eines Fußes, der vom Wasser bespült wurde und deshalb wie in Fäulnis übergegangen aussah. Sogleich erhoben sie den hl. Schatz aus dem Grabe und bahrten ihn mit gebührender Ehrfurcht und Verehrung im Schiffe auf, indem sie zwei brennende Kerzen, die eine zu seinen Füßen, die andere zu Häupten aufstellten. Voll größter Freude ging es dann schnell an die Rückkehr. Als das Schiff vom Ufer abstieß und unter aller Kraft der Ruderer weit in den See hinausgefahren war, siehe, da stieg plötzlich am Himmel ein solcher Sturm auf, daß ihnen das rasende Unwetter keine Hoffnung mehr ließ, die Richtung zu finden und die Rettung zu erlangen. Aber durch Gottes wunderbare, günstige Fügung, ohne Zweifel auf die Verdienste des hl. Mannes hin, dessen hl. Reliquien sie zurückbrachten, wurde die Fahrt des Schiffes so gemäßigt, daß es die rechte Richtung einhalten konnte. Wiewohl der See von Regengüssen und Sturmfluten gepeitscht brodelte und kochte, konnten die getürmten Wogen den Schiffern doch nicht gefährlich werden. Das Schiff spottete jeglichem Ansturm der wütenden Wellen, ohne auch nur einen Regentropfen oder eine Spur der heranspringenden Flut in sich aufzunehmen. Was ein größeres Wunder war, die Tatsache, daß die beiden Kerzen nicht auslöschten, oder daß das Schiff durch die Güte des Heiligen glücklich das Kloster erreichte, ist nicht zu entscheiden. Auch ein anderes Ereignis erschien der Schar der Schiffer noch als Wunder und gereichte ihnen zugleich zum Troste. Als sie nämlich, durch das heftige Rudern schon sehr ermüdet, die Kräfte durch Speise und Trank wieder auffrischen wollten, war an Trank nur ein Fläschchen übrig, kaum genug, den Durst eines einzigen zu stillen. Aber Gottes Segen und des hl. Othmar Schutz war mit ihnen. Wie nämlich angefangen wurde, alles, was an Flüssigkeit in dem Fläschchen vorhanden war, herauszugießen und zu verteilen, da floß der Trank ununterbrochen und reichte für jeden einzelnen übergenug. Nach der Stärkung ward der übrige Weg bald zurückgelegt, und man gelangte glücklich in den Hafen, wo der hl. Leib mit höchsten Ehren empfangen und unter freudiger, festlicher Teilnahme von den Brüdern ins Kloster gebracht und zwischen dem Altar des hl. Johannes Baptist und der Wand in feierlicher Weise beigesetzt wurde. Dieses Grab verherrlichte Gott durch die Verdienste und auf die Fürbitte des hl. Othmar durch sehr viele Wunder. — 15. April (St. Gallen).

Othni *indecl. m.* (*hebr.*) Othni, ein Israelit der Erstgeborene des Semeia.

S. Othō, ōnĭs *m.* h. Otho, Mart. aus dem Kapuzinerorden, *s.* S. Berardus.

Othō, ōnĭs *m. s.* Otto.

Otholia *indecl. m.* (*hebr.* Atalja) Otholia, ein Israelit aus dem Stamme Benjamin, Sohn des Jeroham.

Othonĭă, ae *f.* Stadt Odense in Dänemark, *ca.* 40000 Einw.

Othoniel *indecl. m.* (*hebr.* Otniel) Othoniel, der erste Richter der Israeliten aus dem Stamme Juda, Sohn des Kenez (*ca.* 1403—1364).

Otĭlō, ōnĭs *m.* Otilo, Herzog von Bayern (7. Jhdt.).

Otingă, ae *f. s.* Ottinga.

ōtĭŏr 1 Muße haben; feiern, faulenzen, müßig gehen.

ōtĭōsĭtās, ātĭs *f.* Müßiggang, Nichtstun.

ōtĭōsŭs 3. 1. müßig, untätig, unbeschäftigt. 2. unbesorgt, unbekümmert; **otiosus oneribus** ledig der Lasten.

ōtĭŭm, ī *n.* 1. Ruhe, Muße. 2. Müßiggang.

Otkărĭŭs, ī *m.* Otkar, der sechste Bisch. v. Eichstätt (9. Jhdt.).

Ottawĭēn. (*C. R.*) *s.* Bypolis.

Ottenbūrānŭm, ī *n.* (Ottinpurra, ae *f.*) Ottobeuern, St., Bayern(Oberbayern), *ca.* 2400 Einw.

S. Ottĭlĭă, ae *f. s.* S. Odilia.

Ottĭlĭēnsĭs, ĕ aus St. Ottilien.

Ottingă, ae *f.* (Odinga, Oetinga, Hodinga) Altötting, St., Bayern (Oberbayern), *ca.* 4000; berühmter Marienwallfahrtsort.

Ottinpurră, ae *f. s.* Ottenburanum.

S. Ottō, ōnĭs *m.* hl. Otto, Bek. u. Bisch. v. Bamberg († 1139).

Er stammte aus Schwaben. Sein Vater war Graf Berthold, seine Mutter hieß Sophia. Als er seiner Eltern beraubt, die angefangenen Studien wegen Geldmangels nicht fortsetzen konnte, begab er sich nach Polen, wo er durch Unterricht sich die Mittel erwarb, weiter zu studieren. Er kam an den Hof des Polenherzogs, der ihn als Gesandten an Kaiser Heinrich IV. schickte. Der Kaiser gewann Otto lieb und machte ihn, da er die Priesterweihe empfangen hatte, zu seinem Hofkaplane und Kanzler. Als Bischof Rupert von Bamberg starb, wünschten die Einwohner den Kanzler zum Bischofe. Nach sechsmonatiger Bedenkzeit drängte Heinrich ihn zur Annahme des Bischofsamtes. Nur widerwillig ging Otto auf diesen Vorschlag ein, da er die Ansicht des Papstes über die sogenannte Laieninvestitur der Bischöfe kannte. Er nahm das hohe Amt nur unter der Bedingung an, daß der Papst damit einverstanden wäre und dieser ihn selbst weihe. Er begab sich also zu Papst Paschalis nach Rom, wo er Stab und Ring zu dessen Füßen niederlegte; doch kehrte er als Privatmann heim, denn der Papst machte keine Miene, ihn zu bestätigen. Paschalis ließ indessen den edlen Mann von der Rückreise abermals nach Rom rufen und erteilte ihm jetzt zur großen Freude aller, die ihn kannten, am Pfingstfeste die Bischofsweihe. Nachdem Otto viele Kirchen und Klöster als Herde der Gottes- und Nächstenliebe in seinem Bistum errichtet hatte, begab er sich voll Seeleneifers zu den Pommern, von denen er viele bekehrte; er starb am 5. Juli 1139 im 37. Jahre seiner bischöflichen Regierung. — 3. Juli (Breslau, Eichstätt, Regensburg) u. 11. Juli (München-Freising); 30. September (Tag der Reliquienübertragung von Pommern nach Bamberg: Bamberg).

1. **Ottō,** ōnĭs *m.* Name von römisch-deutschen Kaisern: a) **O. I.** (reg. 936—973). b) **O. II.** (reg. 973—983). c) **O. III.** (reg. 983—1002) = **Otto Rufus.**

2. **Ottō,** ōnĭs *m.* Otto, Herzog von Sachsen, Vater Kaiser Heinrichs I. (9. Jhdt.).

3. **Ottō,** ōnĭs *m.* Otto, ein Bruder des hl. Gottfried.

Ottŏcărŭs, ī *m.* Ottokar, Markgraf v. Steiermark (*Propr. v. Linz,* 27. Juli).
O. Vall. = Ordo (Benedictinorum) Vallumbrosanorum Vallumbrosaner, gegr. 1039.
ŏvāns, antĭs frohlockend, freudestrahlend; *vgl.* ovo 1.
ŏvantĕr *adv.* frohlockend.
ŏvātĭō, ōnĭs *f.* kleiner Triumphzug; Ovation, Huldigung.
Ovētēn. (*C. R.*) *s.* Ovetum.
Ovētŭm, ī *n.* Oviedo, St. Spanien (Asturien), *ca.* 50 000 Einw., Bischofssitz (seit 802; 869—1105 Erzbistum; 1105—1851, exempt), Suffr. v. Santiago de Compostela; *dav.*: **Ovētēnsĭs,** ĕ.
ŏvĭcŭlă, ae *f.* Schäfchen, Schäflein.
Ovilă, ae *f.* Obila, ehem. Cistercienserkloster, Spanien, Diöz. Siguenza.
ŏvīlĕ, ĭs *n.* Schafstall.
ŏvillŭs 3 von Schafen, Schaf-.
ŏvīnŭs 3 für Schafweiden, Schaf-.
ŏvĭs, ĭs (οἶς) *f.* Schaf.
ŏvō 1 1. jubeln, jauchzen, frohlocken; ovanti gradu: frohlockenden Schrittes. 2. ein kleinen Triumph halten, feierlich einziehen.
ōvŭlŭm, ī *n.* kleines Ei, Eichen.
ōvŭm, ī (ᾠόν) *n.* Ei.
Oxomēn. (*C. R.*) *s.* Uxame.
Oxomēnsĭs ecclēsĭă *s.* Uxame.
Oxonĭă, ae *f.* (Oxoniae, Oxonium) Oxford, Universitätsstadt, England, *ca.* 50 000 Einw., *dav.*: **Oxonĭēnsĭs,** ĕ.
Oxonĭae, ārŭm *f. s.* Oxonia.
Oxonĭēnsĭs, ĕ *s.* Oxonia.
Oxonĭŭm, ī *n. s.* Oxonia.
Oxymēnsĭs pāgŭs, ī *m.* Gegend bei St. Évroult, Fkr. (Orne).
Oyă, ae *f. s.* Ogia.
Oza *indecl. m.* (*hebr.*: Stärke [Gottes]) Oza, 1. ein Levit, Nachkomme des Merari. 2. Israelit aus dem Stamme Benjamin, Sohn Ahads. 3. Israelit, Sohn Abinadabs.
Ozan *indecl. m.* (*hebr.*: der Starke? Ozan, Vater des Phaltiel, eines Fürsten im Stamme Issachar.
Ozaziu *indecl. m.* (*hebr.*: Jahwe hat gesiegt) Ozaziu 1. ein Levit z. Z. Davids. 2. Vater des Osee, eines Fürsten im Stamme Ephraim.
Ozensara *indecl.* (*hebr.*: Uzzen-Scheerâ) Ozensara, St., Pal. (Juda), *vielleicht*: das heutige Dorf Beth-Sira, 5 km westlich vom alten Unterbethhoron (Beth-Ur-et tahta).
Ozi *indecl. m.* (*hebr.*) Ozi 1. ein Hoherpriester, Sohn des Bokki. 2. Israelit aus dem Stamme Issachar, Sohn des Thola. 3. ein Familienhaupt im Stamme Benjamin. 4. ein Israelit aus dem Stamme Benjamin, Sohn des Mochori. 5. ein Jude, Vater des Phalel, eines Miterbauers der Stadtmauern Jerusalems nach dem Exil.
Ozia *indecl. m.* (*hebr.*: Stärke Jahwes) Ozia, ein Offizier Davids.
Ozias, ae *m.*(*hebr.*: Stärke Jahwes) Ozias, 1. König von Juda = Azarias (789 bis 738 v. Chr.). 2. ein Levit aus der Linie Kaath, Sohn des Uriel. 3. Ahnherr der Judith. 4. Stadthauptmann von Bethulia z. Z. der Judith. 5. Vater des Schatzmeisters Jonathan.
Oziau *indecl. m.* (*hebr.*: Stärke Jahwes) Oziau, Sohn des Merari, wurde mit seinem Geschlechte zum Dienste des Herrn bestimmt.
Oziel *indecl. m.* (*hebr.*: Stärke Gottes) Oziel, 1. ein Levit, Sohn Kaaths. 2. ein Israelit aus dem Stamme Simeon, der sich im Gebirge Seïr niederließ.
Ozni *indecl. m.* (*hebr.*: Jahwes Ohr [?], Esebon) Ozni, der vierte Sohn Gads, Stammvater der Ozniten.
Oznītae, ārŭm *m.* Ozniten, ein Geschlecht im Stamme Gad, *s.* Ozni.
Ozriel *indecl. m.* (*hebr.*: Hilfe Gottes) Ozriel, Vater des Jerimoth, des Oberhauptes der Nephthaliten z. Z. Davids.

P.

Pabulēnsēs, ĭŭm *m.* die Pabuler, vielleicht die Einw. des Ortes Papoul, Fkr. (Aude).
pābŭlŭm, ī *n.* 1. Futter. 2. Nahrung, Speise. 3. Bissen. 4. Genuß.
Pācātĭānă Phrȳgĭă, ae *f.* der südliche Teil von Phrygien, Zentralland von Kleinasien.
pācātĭō, ōnĭs *f.* Friedensschluß, Friede.
pācātŏr, ōrĭs *m.* Friedensstifter.
pācātrīx, īcĭs *f.* Versöhnerin.
pācātŭs 3 beruhigt, friedlich.
1. **Pācēn.** (*C. R.*) *s.* Badaiocium (Pax Augusta).
2. **Pācēn.** (*C. R.*) *s.* Paxia.
S. Pachomĭŭs, ī *m.* hl. Pachomius, Begründer des Klosterlebens († 348).
pācĭfĕr, fĕră, fĕrŭm Frieden bringend.
pācĭfĭcātĭō, ōnĭs *f.* Friedensstiftung.
pācĭfĭcātŏr, ōrĭs *m.* Friedensstifter.
pācĭfĭcō 1 u. **pācĭfĭcŏr** 1 beruhigen, besänftigen, Frieden verleihen.
1. **pācĭfĭcŭs** 3 Frieden stiftend, friedlich, versöhnend; ungestört: possessio pacifica.

2. **pācĭfĭcŭs,** ī *m.* Friedensstifter; pacificus meus = der mir den Frieden verleiht (*Resp. I. fer. III. maioris hebd.*).

S. Pācĭfĭcŭs a Septempeda, hl. Pazifikus von San Severino, Bek., Franziskaner († 1721).

Er stammte aus einer angesehenen Familie der Stadt San Severino (Italien). Schon als Kind bewunderte man an ihm große Frömmigkeit, ernstes Wesen und Liebe zur Abtötung. Früh verlor er die Eltern und kam in das Haus seines Oheims, wo er besonders von den Dienstboten sehr hart behandelt wurde; er nahm aber alles mit großer Geduld im Geiste der Abtötung hin. Seine Unschuld und Tugendhaftigkeit blieb aber nicht verborgen. Mit 17 Jahren trat er in den Franziskanerorden und war bis zum Tode der treueste Beobachter der hl. Regel. 25 Jahre alt wurde er Priester und eifriger Missionar, der sich besonders der Armen annahm. Nach einigen Jahren befiel ihn eine Krankheit, die ihn noch 30 Jahre hart plagte und zur Missionstätigkeit unfähig machte. „Gott will es so“, sagte er heiter, „sein hl. Wille geschehe!“ Nun betete er um so mehr für das Heil der Seelen. Besonders fromm, ja bis zur Verzückung, sah man ihn beim hl. Meßopfer. Einen angeschwollenen Fluß überschritt er trockenen Fußes; auch besaß er den Geist der Weissagung. Pius VI. sprach ihn selig; Gregor XVI. 1839 heilig. — 24. September (Franz. O.); 25. September (Kap. O.).

păcīscŏr, pactŭs sŭm 3 eine Abrede treffen *oder* einen Vertrag schließen.

pācō 1 zum Frieden bringen, beruhigen, unterwerfen.

Pactae, ārŭm *f.* Patti, St., Sizilien (Messina), *ca.* 5600 Einw.; Bischofssitz (seit 15. Jhdt.), Suffr. v. Messina; *dav.*: **Pactēnsĭs,** ĕ.

Pactēn. (*C. R.*) *s.* Pactae.

pactĭcĭŭs 3 verabredet.

pactĭō, ōnĭs *f.* Vertrag, Verabredung, Vergleich.

pactŏr, ōrĭs *m.* Vermittler, Unterhändler.

pactŭm, ī *n.* 1. Übereinkunft, Vertrag, Verabredung, Vergleich; feststehende Form; in pactum deducere bei der Vertragsschließung etwas zum Gegenstande der Vereinbarung und ausdrücklich namhaft machen. 2. Weise, Art; nullo pacto auf gar keine Weise, schlechterdings nicht; quōque pacto auf irgendeine Weise; quō pacto auf welche Weise.

Pādĕră, ae *f.* die Pader, Nebenfluß der Lippe.

Pāderbornă, ae *f.* (Paderbronna, Paderbrūna, Paderburnum, Fontes Pādĕrae) Paderborn, St., Preußen (Westfalen), *ca.* 27 000 Einw.; Bischofssitz seit 9. Jhdt.; *dav.*: **Paderbornēnsĭs,** ĕ.

Pāderbornēn. (*C. R.*) *s.* Paderborna.

Pāderbronnă, ae *f.* *s.* Paderborna.

Pāderbrūnă, ae *f.* *s.* Paderborna.

Pāderburnŭm, ī *n.* *s.* Paderborna.

Pădŭă, ae *f.* Padua, Stadt in Oberitalien, *ca.* 470 000 Einw.; *dav.*: **Păduānŭs** 3.

Pădŭs, ī *m.* Fluß Po (Oberitalien).

paeān, ānĭs (*acc.*: -ānă) *m.* 1. Beiname des Apollo. 2. Jubelgesang, Hymne, Festgesang, Lobgesang, Siegeslied; *pl.*: paeānă, ōrŭm *n.* Schlachtgesang.

paedagōgĭcŭs 3 pädagogisch, erzieherisch.

paedăgōgĭŭm, ī *n.* (παιδαγωγεῖον) Knaben- *bes.*: Pageninstitut.

paedăgōgŭs, ī *m.* (παιδαγωγός) Lehrmeister, Erzieher; Hofmeister, Hauslehrer.

paedŏbaptismŭs, ī *m.* Kindertaufe.

paedŏr, ōrĭs *m.* Schmutz, Unflat; Gestank.

paelex, ĭcĭs *f.* (pelex, pellex, πάλλαξ, παλλακίς, *hebr.*: pilleges) Kebsweib, Mätresse, Nebenbuhlerin, Nebenfrau.

paelĭcātŭs, ūs *m.* (pellicatus) vertrauter Umgang eines Kebsweibes, Verhältnis mit einem Kebsweibe; Konkubinat, wilde Ehe (*Lev.* 18, 18).

Paelīgnī, ōrŭm *m.* Pelegni (Peligni) Peligner, Völkerschaft im höchsten Teile des Apennin, Mittelitalien (Aquila).

paenă, ae *f.* *s.* poena.

paenĕ *adv.* fast.

paenīnsŭlă, ae *f.* (peninsula) Halbinsel.

paenĭtentĭă, ae *f.* (poenitentia) Reue.

paenĭtĕō, ŭī 2 (poeniteo) Reue *oder* Unlust empfinden; **paenĭtĕt** es reut, es verdrießt.

paenŭlă, ae *f.* (penula) Mantel, Umhang; Regenmantel, Reisemantel (meist mit Kapuze).

paenultĭmŭs 3 (penultĭmŭs) vorletzter.

paenūrĭă, ae *f.* *s.* penuria.

Pāgānī, ōrŭm *m.* Bewohner der italienischen Landschaft Kampanien; Nuceria Paganorum Nocera dei Pagani, St. in Kampanien; *ca.* 9000 Einw.

pāgānismŭs, ī *m.* Heidentum.

pāgānĭtās, ātĭs *f.* Heidentum.

1. **pāgānŭs** 3 1. ländlich, zu einem Gau gehörig. 2. heidnisch.

2. **pāgānŭs,** ī *m.* 1. Dorfbewohner, Landmann. 2. Heide.

pāgātĭm *adv.* gauweise; gemeindeweise; dorfweise.

pāgellă, ae *f.* (kleine) Seite (des Papiers) (*Jer.* 36, 23).

pāgĭnă, ae *f.* ein Blatt Papier, eine Seite.

pāgŭs, ī *m.* 1. Gau, ländlicher Bezirk; Landgut: ĕmĕre. 2. Dorf. 3. *s.* die Beinamen der Orte.

pālă, ae *f.* Spaten, Grabscheit.

Pălaemōn, ŏnĭs *m.* (Παλαίμων) Palämo, Abt in Oberägypten, Lehrer des hl. Pachomius (*Martyrol.* 11. Okt.).

pălaeontŏlŏgĭă, ae *f.* (παλαιοντολογία) Lehre von den Versteinerungen; Urweltkunde.

Pălaestīnă, ae *f.* (entstanden aus Philistaea = Philisterland) Palästina; *dav.*: **Pălaestīnī,** ōrŭm *m.* Bew., *bes.* gebraucht für Philister; **Pălaestīnēnsĭs,** ĕ *u.* **Pălaestīnŭs** 3.

pălaestră, ae *f.* (παλαίστρα) 1. Kampfplatz. 2. Kampf.

pălăm *adv.* öffentlich, unverhohlen, offenbar, offenkundig.

pālāntēs, ĭŭm *part. praes. von:* pālor.

pālārĭs, ĕ Pfähle betreffend.

pălăthă, ae *f.* (παλάθη) das Inwendige der Feige; *übtr.*: Feigenkuchen.

pălātīnātŭs, ūs *m.* Kreis; Grafschaft.

Pălātīnātŭs, ūs *m.* die Pfalz; Palatinatus ad Rhēnŭm die Rheinpfalz.

1. **pălātīnŭs,** ī *m.* kaiserlicher Hofbeamter.

2. **Pălātīnŭs** 3 palatinisch: collis; *übtr.*: kaiserlich (weil ein Palast des Kaisers auf dem Hügel Roms lag), *s.* Palatium.

Pălātĭŏlŭm, ī *n.* 1. Palaiseau, St., Fkr. (Seine-et-Oise), *ca.* 4500 Einw.. 2. Pfalzel, Ort in der Rheinprovinz (Trier), *ca.* 2000 Einw.

Pălātĭŭm, ī *n.* 1. einer der Hügel Roms. 2. Palast, Residenz.

pălātŭm, ī *n.* Gaumen; *übtr.*: Hunger.

pălĕă, ae *f.* Spreu; Stroh.

pălĕăr, ārĭs *n.* Wamme (herabhängende Halshaut des Stieres); Schlund.

pălĕātŭs 3 mit Spreu versehen *oder* vermischt.

Pălentĭă, ae *f.* Palencia, Universitätsst. am Pisuerga, Spanien (León), *ca.* 16000Einw. Bischofssitz (seit 6. Jhdt.), Suffr. v. Burgos; *dav.*: **Palentīnŭs** 3.

Pălentīn. (*C. R.*) *s.* Palentia.

pălimpsēstŭs, ī *m.* (παλίμψηστος = wieder abgekratzt) Palimpsest, ein abgeschabtes und ein zweites Mal zum Schreiben benütztes Pergamentblatt.

pălĭnōdĭă, ae *f.* (παλινῳδία) 1. Wiederholung eines Gesanges, ein wiederholter Gesang; palinodiam rĕcĭnĕre das alte Lied anstimmen. 2. das Wiederrufen.

pălĭūrŭs, ī *m.* u. *f.* (παλίουρος) Kreuzdorn, Christdorn, Judendorn.

pallă, ae *f.* 1. ein langes, faltenreiches Obergewand (meist der Frauen) zur römischen Kaiserzeit. 2. Vorhang. 3. Schultervelum des Subdiakons zum Verhüllen der Patene. 4. ein Leinentuch, auf dem beim hl. Meßopfer (früher, u. jetzt noch bei den Kartäusern) der Kelch stand u. mit dessen einem Ende er auch bedeckt wurde: unser jetzigesKorporale und die jetzige Palla vereinigend. 5. die Palla, ein meist über Karton gezogenes Leinentüchlein, mit dem der Kelch bei der hl. Messe bedeckt wird.

Pallădĭŭs, ī *m.* Palladius, ein arianischer Bischof, den der hl. Theodor, Bischof von Sitten, auf dem Konzile von Aquileja bekämpfte (4. Jhdt.).

Pallantĭă, ae *f.* Pallanza, St. am Westufer des Lago Maggiore, It., *ca.* 4000 Einw.

pallēns, entĭs 1. blaß, bleich. 2. gelblich. 3. blaß machend.

pallĕō, lŭī 2 1. blaß sein, sich entfärben. 2. sich fürchten, sich ängstigen.

pallēscō, pallŭī 3 1. erblassen, erbleichen. 2. sich ängstigen.

pallĭātŭs 3 bekleidet, verdeckt.

pallĭdŭs 3 bleich, blaß.

pallĭŏlŭm, ī *n.* Kopfhülle.

pallĭŭm, ī *n.* 1. Mantel, Obergewand. 2. Vorhang, *bes.*: Altarschmuck aus Wollstoff, Brokat oder Seide, welcher den Unterbau des Altars bekleidet (Antependium); Baldachin. 3. das (erz)bischöfliche Pallium, welches von Rom verliehen wird, ein weißer Wollstreifen mit 7 eingewobenen schwarzen Kreuzen. 4. pallium linostĭmŭm: die Mappula oder der Manipel (*Lect. S. Silvestri u. S. Zosimi*). 5. pallium mortuorum: Bahrtuch.

pallŏr, ōrĭs *m.* 1. die Blässe, blasse Farbe; p. auri Mattgold, Goldschimmer (*Ps.* 67, 14). 2. Furcht, Angst.

1. **palmă,** ae *f.* (παλάμη; *auch*: palmus) die flache Hand, Handfläche; *als Längenmaß*: handbreit, vier Finger breit.

2. **palmă,** ae *f.* 1. Palmbaum, die Palme (*Ez.* 41, 19). 2. Palmzweig; Dŏmĭnĭcă Palmārŭm Palmsonntag. 3. Siegespalme, Siegespreis, Sieg; Siegeslied, Siegesgesang (*Hym. Matut., Com. Apostolorum*). .

1. **Palmă,** ae *f.* Palma, St. auf den Kanarischen Inseln.

2. **Palmă,** ae *f. s.* Balma (Parthenium Palmense).

Palmārĭă, ae *f.* Palmarole, eine der Pontinischen Inseln bei Gaëta, nördlich von Neapel.

palmārĭs, ĕ 1. palmengroß, zu den Palmen gehörig. 2. die Palme verdienend = vorzüglich.

S. Palmātĭŭs, ī *m.* et socii hl. Palmatius und seine Gefährten, Mart. († 286).

Er war Konsul und wurde von dem grausamen Stalthalter Rictiovarus, der die thebaische Legion hatte niedermetzeln lassen, gedrängt, dem Jupiter zu opfern; da er dies ablehnte und mehrere Senatoren auf seine Seite traten, ließ Rictiovarus alle bis auf vier ermorden. Im Jahre 1356 wurde der hl. Leib von Karl IV. als Geschenk des Erzbischofs Bohemund nach Karlstein in Böhmen überführt. — 5. Oktober (Trier).

palmātōrĭă, ae *f.* Handleuchter mit Wachskerze (bugia), eine Auszeichnung des Bischofs (und auf Grund eines Privilegs auch anderer Prälaten) bei Pontifikalhandlungen.

palmĕs, ĭtĭs *m.* Zweig, Rebschoß, Ranke.
palmētŭm, ī *n.* Palmenwald, Palmenhain.
palmĕŭs 3 aus Palmen, Palmen-.
palmĭgĕr, gĕră, gĕrŭm Palmenzweige tragend.
Palmīră, ae *f.* (Palmyra, Thamar) Palmyra, St. zwischen Damaskus u. dem Euphrat in einer Oase der syrisch-arabischen Wüste, von Salomon erbaut, Ruinen des Sonnentempels noch vorhanden; *j.*: Thadmor (Tedmur), Araberdorf mit 50 Hütten; bis 270 n. Chr. bildete Palmyra mit der Umgegend einen eigenen Staat Palmyrene.
palmōsŭs 3 palmenreich.
palmŭs, ī *m.* 1. = 1. palma (*Ant. Magn. Sabb. ante Dom. IV. Nov.*) 2. *Längenmaß*: eine Spanne, die Entfernung der Spitze des ausgestreckten Daumens von der Spitze des ausgestreckten kleinen Fingers (1. *Kön.* 17, 4): palmo conclūdĕre.
Palmȳră, ae *f. s.* Palmira.
pālŏr 1 1. einzeln umherschweifen, herumirren, sich zerstreuen (*Richt.* 9, 44). 2. *übtr.*: irren, schwanken.
Palotto Evangelista *m.* Evangelista Kardinal Palotto z. Z. Pauls V.
palpābĭlĭs, ĕ berührbar.
palpāmĕn, ĭnĭs *n.* das Streicheln.
palpātĭō, ōnĭs *f.* 1. das Betasten, das Berühren. 2. das Tappen.
palpĕbră, ae *f.* Augenlid; *übtr.*: Wimper.
palpĭtātĭō, ōnĭs *f.* schnelle Bewegung: cordis.
palpĭtō 1 (mit der Wimper) zucken; klopfen: cor; zappeln (*Tob.* 6, 4).
1. **palpō** 1 sanft berühren, streicheln, tasten.
2. **palpō,** ōnĭs *m.* Schmeichler.
pălūdōsŭs 3 sumpfig.
1. **pālŭs,** ī *m.* Pfahl.
2. **pălūs,** ūdĭs *f.* Sumpf, Morast.
pălūstĕr, strĭs, strĕ sumpfig.
Pămĭă, ae *f.* Pamiers, St. Fkr. (Ariège), *ca.* 12000 Einw.
Pammachĭŭs, ī *m.* Pammachius, ein vertrauter Freund des hl. Hieronymus.
Pampălōnă, ae *f. s.* Pampelona.
Pampangŭă, ae *f.* Pampangua, ein Bezirk in Japan.
Pampĕlō, ōnĭs *f. s.* Pampelona.
Pampĕlōnă, ae *f.* (Pampalona, Pampelo) Pamplona, St. am Arga (zum Aragon), Spanien (Navarra), *ca.* 30000 Einw.; Bischofssitz (seit 5. Jhdt.), vereinigt seit 1851 mit Tudela, Suffr. v. Saragossa; *dav.*: **Pampelonēnsĭs,** ĕ u. **Pampilonēnsĭs,** ĕ.
Pamphȳlĭă, ae *f.* (Παμφυλία) *f.* Pamphylien, Landschaft im südlichen Kleinasien, als römische Provinz bald eigens von römischen Statthaltern, bald mit Galatien verwaltet.
Pampĭlōnēn. (*C. R.*) *s.* Pampelona.
pănăcēă, ae *f.* (πανάκεια) (panax) Allheilkraut.
Panamarĭă, ae *f.* Panamá, St., Zentralamerika, *ca.* 30000 Einw.; Bischofssitz (seit 1534), Suffr. v. Cartagena; *dav.*: **Panamēnsĭs,** ĕ.
Panamēn. (*C. R.*) *s.* Panamaria.
pānārĭŭm, ī *n.* Brotkorb.
pănax, ăcĭs *m. s.* panacea.
S. Pancrătĭŭs, ī *m.* hl. Pankraz, Mart., † zu Rom 304, 12. Mai.
Pandatārĭă, ae *f.* u. **Pandatērĭă,** ae *f.* (Πανδαταρία) Vandotina, Insel im etrurischen Meere, gegenüber der Küste von Kampanien; sie diente unter den heidnischen Kaisern als Verbannungsort.
Pandīōn, ōnĭs *m.* (Πανδίων) Pandion, sagenhafter König von Athen.
1. **pandō** 1 krümmen, biegen.
2. **pandō,** pandī, pānsŭm *u.* passŭm 3 1. ausbreiten, ausspannen. 2. öffnen, auftun: ianuam. 3. bahnen: viam.
Pandŏsĭă, ae *f. s.* Anglona.
pandŭs 3 eingebogen, gekrümmt, krumm, bauchig.
Panĕas, ae *f. s.* Caesarea Philippi.
pănēgȳrĭcŭs, ī *m.* (πανηγυρικός, *scil.*: λόγος) 1. der Panegyrikus, eine Lobrede des Isokrates auf Athens Verdienste um Griechenland, 380 v. Chr. gehalten. 2. jede Lobrede.
pangō, pānxī, pānctŭm u. pĕpĭgī, pactŭm 3 1. einschlagen, festschlagen, befestigen. 2. verfertigen, abfassen, dichten. 3. besingen, feiern. 4. festsetzen, bestimmen; verabreden; abschließen.
Pănhormĭtă, ae *m. s.* Panormus.
Pănhormĭtānŭs 3 *s.* Panormus.
pānĭcĭŭm, ī *n.* das Gebäck.
pānĭcŭm, ī *n.* Fenchel, italienische Hirse.
pānĭfĭcă, ae *f.* Bäckerin.
pānĭfĭcĭŭm, ī *n.* 1. Brotbereitung. 2. Backwerk.
pānĭfĭcŭs, ī *m.* Bäcker (1. *Kön.* 8, 13).
pānĭs, ĭs *m.* 1. Brot; *pl.*: Brotstückchen. 2. Brotfrucht (*Is.* 28, 28).
Pānĭs pernă, die Kirche von Santo Lorenzo in pane et perna (Schinken) in Rom (*Martyrol.* 25. Okt.).
pānnĭcŭlŭm, ī *n.* Stück Tuch, Binde, Windel; Fetzen.
Pannŏnĭă, ae *f.* Pannonien, Landschaft südlich der Donau, als römische Provinz das ehem. Ungarn südlich der Donau, Slawonien u. teilweise Bosnien sowie die östlichen Striche von Krain, Steiermark u. Niederösterreich

umfassend. Man unterschied: P. superior u. P. inferior.

pānnōsŭs 3 zerlumpt, armselig.

pānnŭs, ī *m.* (πῆνος) 1. Stückchen Tuch, Lappen, Windel. 2. Altarbekleidung. 3. pannus mortuārĭŭs Bahrtuch.

pănŏplĭă, ae *f.* (πανοπλία) die ganze Waffenrüstung des Hopliten.

Pănormītă, ae *m. s.* Panormus.

Pănormĭtān. (*C. R.*) *s.* Panormus.

Pănormŭm, ī *n. s.* Panormus.

Pănormŭs, ī *f.* (Panormum, Panhormus) Palermo, St., Sizilien, *ca.* 810 000 Einw.; Erzbischofssitz (seit 11. Jhdt., Bistum seit 1. Jhdt.), *dav.*: **Păn(h)ormĭtānŭs** 3 u. **Păn(h)ormītă,** ae *m.* Einw.

S. Pantaenŭs, ī *m.* hl. Pantänus, ein Vorsteher der Katechetenschule in Alexandria († um 212), 7. Juli.

S. Pantălĕōn, ōnĭs *m.* hl. Pantaleon, Mart., Arzt († 303).

P. war Arzt in Nikomedia und wurde vom Priester Hermolaus im christlichen Glauben unterrichtet und getauft. Bald darauf überzeugte er auch seinen Vater Eustorgius von der Wahrheit des Christentums; dieser wurde ebenfalls Christ. Als dann Pantaleon in Nikomedia den Glauben an Christus predigte und viele zur Wahrheit bekehrte, wurde er unter Diokletian grausam gemartert und schließlich enthauptet. — 27. Juli (Köln).

S. Pantălŭs, ī *m.* hl. Pantalus, Mart. u. Bisch. v. Basel († im 5. Jhdt.).

Er soll einer der ersten Bischöfe von Basel gewesen und in Köln am Rhein von den Hunnenscharen ermordet worden sein, als auch die hl. Ursula und ihre Gefährtinnen den Streichen der Feinde erlagen. Im 10. Jahrhundert wurde bei der St. Ursulakirche in Köln tatsächlich ein Grabstein mit der Inschrift: Pantalus, Bischof von Basel, aufgefunden. — 12. Oktober (Basel).

panthĕismŭs, ī *m.* Pantheismus, *d. h.* die Annahme (Lehrmeinung), das ganze Weltall sei göttlicher Wesenheit.

panthĕistă, ae *m.* Pantheist, Anhänger des Pantheismus, der „philosophischen" Ansicht, das Weltall sei Gott selbst.

panthĕistĭcŭs 3 pantheistisch; allgötterisch.

panthēr, ērĭs *m.* (panthēra, πάνθηρ) Panther.

S. Panther, ērĭs *m.* hl. Panther, Mart. in Ägypten († 3. Jhdt.) 18. Januar.

panthēră, ae *f. s.* panther.

S. Panthēră, ae *f.* hl. Panthera, Jgfr. u. Mart., Gefährtin der hl. Ursula (5. Jhdt.).

pantŏmīmŭs, ī *m.* (παντόμιμος) Balletttänzer, Schauspieler.

pāpă, ae *m.* (πάππας) Papst (das Wort bedeutet „Vater" u. wurde anfangs auch den Bischöfen beigelegt).

pāpālĭs, ĕ päpstlich.

Pāpās, ae *m.* Papas, ein Mönch u. Gesandter an den hl. Adalbert (*Propr. von Culm,* 27. April).

pāpātŭs, ūs *m.* Papstwürde.

păpāvĕr, ĕrĭs *n.* Mohn.

S. Paphnūtĭŭs, ī *m.* hl. Paphnutius, 1. Bisch. in Oberägypten, † im 4. Jhdt., 11. Sept. 2. Abt in der sketischen Wüste (Ägypten), † um 400.

Păphŏs *oder* **Păphŭs,** ī *f.* (Πάφος) Bapha, Hafenst. im Südwesten der Insel Cypern.

Păpiă, ae *f.* (Ticinum) Pavia, St. am Tessin, Oberitalien, *ca.* 28 000 Einw.; Bischofssitz (seit 1. Jhdt.), Suffr. v. Mailand; *dav.*: **Păpīēnsĭs,** ĕ.

S. Pāpĭās, ae *m.* hl. Papias, Bisch. u. Schüler des hl. Apostels und Evangelisten Johannes († um 120), 22. Februar.

Păpīēn. (*C. R.*) *s.* Papia.

pāpĭlĭō, ōnĭs *m.* 1. Schmetterling. 2. Zelt, Lustzelt; *bes. pl.*: Gezelt.

păpillă, ae *f.* Brustwarze; Brust.

pāpistă, ae *m.* Papist, Papstanhänger.

păpŭlă, ae *f.* Bläschen; Blatter, Pestbeule.

păpȳrĭō, ōnĭs *m.* Röhricht (aus Papyrusstauden).

S. Păpȳrĭŭs, ī *m.* hl. Papyrius, Mart., Ratsherr in Trier; *s.* S. Palmatius.

păpȳrŭm, ī *n. s.* papyrus.

păpȳrŭs, ī *m.* u. *f.* (πάπυρος, papyrum) 1. Papyrusstaude (Papierstaude in Ägypten). 2. Bast der Papyrusstaude, Papier.

1. **pār,** părĭs 1. gleich, gleichkommend. 2. entsprechend, angemessen; *adv.*: **părĭtĕr** in gleicher Weise, in gleichem Grade, ebenso, ohne Unterschied.

2. **pār,** părĭs *m. f. n.* 1. der, die, das gleiche; 2. (Alters-) Genosse, (Alters-) Genossin, Gatte, Gattin. 3. das Paar.

părābĭlĭs, ĕ leicht zu beschaffen, leicht zu gewinnen (1. *Kön.* 14, 14).

părăbŏlă, ae *f.* (παραβολή, părăbŏlē) 1. Spruch, Ausspruch, Sprichwort. 2. Gleichnis; parapolam vertere in alqd etwas gleichnisweise anführen. 3. Spottlied (*Ps.* 68, 12).

părăbŏlē, ēs *f. s.* părăbŏlă.

părăbŏlĭcus 3 (παραβολικός) gleichnisartig.

părăclētŭs, ī *m. s.* paraclĭtus.

părăclĭtŭs, ī *m.* (părăclētŭs, παράκλητος) 1. der Angerufene, Sachwalter, Anwalt. 2. Schützer, Lehrer, Tröster; *bes.*: Titel des hl. Geistes. [Die Kürze des i ist nur auf die Beibehaltung des griechischen Akzents zurückzuführen; an sich ist es lang, weil durch Itacismus aus η entstanden.]

Părăclĭtŭs, ī *m.* (Paraclētus, Paraclytus) der Paraklet, der hl. Geist; *vgl.*: paraclitus.

Părăclўtŭs, ī *m. s.* Paraclītus u. paraclītus.
părădīgmă, ătĭs *n.* (παράδειγμα) Beispiel.
părădīsŭs, ī *m.* (παράδεισος) 1. Tiergarten, Park, Lustgarten. 2. Paradies, Himmel.
Părădīsŭs, ī *m.* Paradies, ehem. Kloster, Schweiz (Thurgau).
părădoxŭs 3 (παράδοξος) gegen Erwarten, befremdlich, (scheinbar) widersinnig, gegensätzlich, paradox.
părădoxă, ōrŭm *n.*(παράδοξα) auffallende, sich (scheinbar) widersprechende Sätze.
păraenĕsĭs, ĭs *f.* (παραίνεσις) 1. Ermahnung. 2. Vorschrift. 3. kurze Ansprache, Paränese.
păraenĕtĭcŭs 3 mahnend; aufmunternd.
părăgrăphŭs, ī *m.* u. *f.* (παράγραφος) Paragraph, ein Abschnitt, der irgendwie bezeichnet ist.
Paraguānŭm, ī *n.* Paraguay, Staat in Südamerika, Bischofssitz in Asunción, (seit 1547), Suffr. v. Buenos Aires.
Părălīpŏmĕnă, ŏrŭm *n.* (τὰ παραλειπόμενα) die Bücher der Chronik in der lateinischen Bibelübersetzung (Vulgata).
părăllēlŭs 3 (παράλληλος) nebeneinander stehend, nebeneinander liegend, gleichlaufend; gleichmäßig.
părălўsĭs, ĭs *f.* (παράλυσις) Lähmung; Schlagfluß.
părălўtĭcŭs 3 gelähmt, an der Gicht krank, gichtisch.
părāmentă, ōrŭm *n.* Kirchen-, Meßgewänder; Altarschmuck.
Parană, ae *f.* Paraná, St., Südamerika, *ca.* 25 000 Einw., Hauptstadt der argentinischen Provinz Entre Rios, Bischofssitz (seit 1859, *neuorganisiert*: 1897), Suffr. v. Buenos Aires; *dav.*: **Paranĕnsĭs,** ĕ.
Paranĕn. (*C. R.*) *s.* Parana.
părănymphă, ae *f.* (παρανύμφη) Brautführerin.
părănymphŭs, ī *m.* (παράνυμφος) Brautführer.
păraphrăsĭs, ĭs (*acc.*: -ĭm *u.* -ĭn, *abl.*: -ī) *f.* (παράφρασις) Paraphrase, Umschreibung.
păraphrastĭcŭs 3 (παραφραστικός) umschreibend, erklärend.
Părascēvē, ēs (*acc.* -ēn) *f.* (παρασκευή) Rüsttag der Juden, an dem Christus starb; Karfreitag.
părăsītă, ae *f.* Schmarotzerin.
părăsītŭs, ī *m.* (παράσιτος mitessend) 1. Tischgenosse. 2. Schmarotzer.
părastătă, ae *m.* u. *f. s.* părastătēs.
părastătēs, ae *m.* u. *f.* (parastata, παραστάτης) senkrechtes Rahmenstück; viereckiger Pfeiler, Pilaster.
părăthēkē, ĭs *f.* (παραθήκη) 1. Zusatz, Zulage. 2. Pfand, Depositum (*Caerem. Episc.*).
părātĭō, ōnĭs *f.* Zubereitung; Erwerbung.
părātōrĭŭm, ī *n.* Vorbereitungsraum für den Gottesdienst; Sakristei.
părātūră, ae *f.* Zurüstung, Ausrüstung, Mobiliar.
1. **părātŭs,** ūs *m.* Zubereitung, Zurüstung.
2. **părātŭs** 3 1. bereit, fertig. 2. wohlgerüstet, ausgestattet. 3. mit den hl. Meßgewändern bekleidet: presbyter.
Parchŭm, ī *n.* Parc, Kloster, Belgien (Brabant).
parcĭmōnĭă, ae *f. s.* parsimonia.
parcō, pĕpercī (parsŭm) 3 1. schonen, nicht verletzen. 2. unterlassen, sich hüten, sich enthalten. 3. zurückhalten von: linguae (*dat.*) a detractione.
parcŭs 3 1. sparsam, karg; p. loquendi wortkarg. 2. gering, schwach, schlicht.
Parcŭs Dŏmĭnārŭm Parc-aux-Dames, ehem. Cistercienserinnenkloster, Fkr., Diöz. Beauvais.
Parcŭs Dŏmĭnārŭm Lovanĭēnsĭs Parc-aux-Dames, ehem. Cistercienserinnenkloster in Löwen, Belgien, Erzdiöz. Mecheln.
pardălĭs, ĭs *f.* (πάρδαλις) Pantherweibchen.
pardŭs, ī *m.* (πάρδος) Pardel, Leopard, Panther.
Părēdĭŭm, ī *n. s.* Pareium moniale.
Părēĭŭm mŏnĭālĕ *n.* (Paredĭum, Moniācum) Paray-le-Monial, St., Fkr. (Saône-et-Loire), *ca.* 5300 Einw.
1. **pārēns,** tĭs gehorsam; *subst. pl.*: pārentēs, ĭŭm *m.* Untergebene, Untertanen.
2. **părēns,** tĭs *m.* u. *f.* 1. Vater *oder* Mutter; *pl.*: **părentēs,** ŭm *m.* Eltern, Vorfahren. 2. Schöpfer, Urheber, Stifter.
părentālĭă, ĭŭm *n.* Totenfeier, Totenopfer.
părentālĭs, ĕ 1. elterlich. 2. zur Totenfeier (der Eltern oder Verwandten) gehörig.
părentēlă, ae *f.* Verwandtschaft.
1. **pārentēs,** ĭŭm *m. s.* 1. parens.
2. **părentēs,** ŭm *m. s.* 2. parens.
părenthĕsĭs, ĭs *f.* (παρένθεσις) Zusatz, Parenthese, Schaltsatz, Einschiebsel.
părentō 1 1. (am Grabe der Eltern oder Verwandten ein) Totenopfer darbringen; feierliches Begräbnis veranstalten. 2. jemandes Tod rächen;

Genugtuung verschaffen, sühnen, versöhnen.
Parentīn. (*C. R.*) *s.* Parentĭŭm.
Parentĭŭm, ī *n.* Parenzo, St., Istrien, *ca.* 3500 Einw.; Bischofssitz (seit 6. Jhdt.) mit Pola vereinigt, Suffr. v. Görz; *dav.*: **Parentīnŭs** 3.
pārĕō, ŭī 2 1. erscheinen, sichtbar sein, sich zeigen. 2. auf jemands Befehl erscheinen, gehorchen, willfahren; nachgeben.
Parhibĕŭm, ī *n.* Parahyba, St. r. am Parahyba do Norte, Nordbrasilien, *ca.* 32000 Einw.; Bischofssitz (seit 1893), Suffr. v. São Salvador de Bahia; *dav.*: **Parhybēnsĭs,** ĕ.
Parhybēn. (*C. R.*) *s.* Parhibeum.
părĭēs, ĕtĭs *m.* Wand, Scheidewand; Mauer (*Pontif. Rom. in Consecr. Eccles.*: der Eckstein Christus vereinigt Juden- u. Heidenchristen = ex circumcīsĭōnĕ et praepūtĭō vĕnĭentēs).
părĭĕtīnae, ārŭm *f.* altes Gemäuer, Ruinen.
părĭĕtīnŭs 3 zur Wand gehörig, Wand-.
părĭfōrmĭtĕr *adv.* gleichförmig.
părĭlĭs, ĕ gleich, gleichförmig.
părĭlĭtās, ātĭs *f.* Gleichförmigkeit.
părĭō, pĕpĕrī, partŭm (părĭtūrŭs) 3 1. gebären, erzeugen. 2. erwerben, verschaffen, gewinnen.
Părĭs, ĭdĭs *m.* Paris, Erzbischof v. Salzburg, Erbauer des jetzigen Domes (um 1628).
Părīsĭēn. (*C. R.*) *s.* Parisii.
Părīsĭēnsĕ mŏnastērĭŭm, ī *n.* (Parisium) Pairis, Dorf u. ehem. Cist. Kloster, Elsaß (Schmierlach).
Părīsĭēnsĭs, ĕ *s.* Parisii.
Părīsĭī, ōrŭm *m.* (Lutētĭa Parisiōrum, Parīsĭŭm) Paris, Hauptst. v. Frankreich an der Seine, *ca.* 2 Mill. Einw.; Erzbischofssitz (seit 1622, Bistum seit 250); *dav.*: **Părīsĭēnsĭs,** ĕ.
1. **Părīsĭŭm,** ī *n. s.* Parisiense monasterium.
2. **Părīsĭŭm,** ī *n. s.* Parisii.
părĭtās, ātĭs *f.* Gleichheit.
părĭtĕr *adv. s.* 1. par.
pārĭtŏr, ōrĭs *m.* Trabant.
Părĭŭm, ī *n.* (Πάριον) Parium, St. am Hellespont, nordöstlich v. Lampsakus, Kleinasien (Mysien); *dav.*: **Părĭānŭs** 3.
Părĭŭs 3 *s.* Paros.
parmă, ae *f.* kleiner Rundschild.
Parmă, ae *f.* Parma, St., Oberitalien, *ca.* 50000 Einw.; Bischofssitz (seit 4. Jhdt.), exempt; *dav.*: **Parmēnsĭs,** ĕ.
Parmēn. (*C. R.*) *s.* Parma.
Parmĕnās, ae *m.* Parmenas, einer der sieben Diakone, welche die Apostel für die Armenpflege wählten.
Parnĭă, ae *f.* Parniers, Ort südlich von Toulouse, Fkr.
1. **părō** 1 gleich machen, gleich schätzen; se p. cum alquo sich mit jem. vergleichen, verständigen.
2. **părō** 1 1. bereiten, besorgen, zurechtmachen: arcum; rüsten, Vorkehrungen treffen. 2. anschaffen, erwerben, gewinnen. 3. p. in (*c. abl.*) bereithalten gegen (*Ps.* 7, 14). 4. *absol.* (*scil.*: mensam): Mahlzeit herrichten (*Ps.* 67, 11). 5. *pass.*: ausgesetzt sein (*Ps.* 37, 18); sich fertig machen (*Caerem. Episc.*).
părŏchĭālĭs, ĕ *s.* paroecialis.
părŏchĭă, ae *f. s.* paroecia.
părochĭānŭs, ī *m. s.* paroecianus.
părŏchŭs, ī *m.* (πάροχος) Pfarrer.
păroecĭă, ae *f.* (παροικία, părŏchĭa) Sprengel, Pfarrei.
păroecĭālĭs, ĕ (părŏchĭālĭs) pfarrlich, zur Pfarrei gehörig: ecclēsĭă, dŏmŭs.
1. **păroecĭānŭs** 3 (părŏchĭānŭs) zur Pfarrei gehörig.
2. **păroecĭānŭs,** ī *m.* (părŏchĭānŭs) Pfarrangehöriger, Parochiane, Pfarrkind (*C. j. c.* 1186).
păropsĭs, ĭdĭs *f.* (παροψίς) kleine Schüssel.
Părŏs u. **Părŭs,** ī *f.* Parus, Insel im Ägäischen Meere; *dav.*: **Părĭŭs** 3, lapis Parius Marmor von Paros.
Parphăr *indecl.* Parphar, Fluß Syriens, der durch Damaskus fließt.
parrĭcīdă, ae *m.* u. *f.* Mörder(in) an Nahverwandten; Kindes-, Eltern-, Brudermörder(in).
parrĭcīdālĭs, ĕ mörderisch, verrucht, gottlos.
parrĭcīdĭŭm, ī *n.* Vatermord; Verwandtenmord (Mord des Sohnes, des Bruders . . . . . .).
pars, partĭs *f.* 1. Teil, Abteilung, Stück. 2. Landesteil, Gebiet, Gegend. 3. Richtung, Beziehung, Hinsicht, Rücksicht. 4. *meist pl.*: Partei, partes tuēri alicuius jemds. Partei nehmen. 5. *pl.*: Aufgabe, Rolle, Amt, Obliegenheit, Verrichtung; partes ăgĕrĕ iūdĭcĭs die Obliegenheiten oder Pflichten eines Richters übernehmen (*C. j. c.* 2256). 6. ferre aliquem in partem jem. beiseite nehmen.
parsĭmōnĭă, ae *f.* Sparsamkeit, Enthaltsamkeit.
parthĕnĭŭm, ī *n.* (παρθένιον) Frauenstift, Nonnenkloster.
Parthĕnĭŭm Palmēnsĕ (Balmense, Palma) Baume-les-Nonnes, altes Frauenstift bei Besançon, Fkr. (Doubs).
parthĕnĭŭs 3 (παρθένιος) jungfräulich *Hymn.*: Salveto centies).

Parthĕnŏpŏlĭs, ĭs *f.* (Magdeburgum) Magdeburg, St., Preußen, *ca.* 250 000 Einw.

Parthī, ōrŭm *m.* (Πάρθοι) die Parther; das Reich der Parther dehnte sich aus vom Euphrat bis Oxus, vom Kaspischen Meere bis zum Südmeer. 2. Juden aus dem Partherreich (*Apg.* 2, 9).

partĭālĭs, ĕ teilweise.

partĭātĭm *adv.* teilweise, stückweise.

1. **partĭceps,** ĭpĭs teilnehmend; teilhaftig.

2. **partĭceps,** ĭpĭs *m. u. f.* Genosse, Gefährtin, Kamerad(in), Freund(in).

partĭcĭpāns, antĭs teilhabend, teilnehmend; wirklich: protonotārĭŭs participans *s.* protonotarius.

partĭcĭpātĭō, ōnĭs *f.* Teilhaftmachung, Teilnahme; Gemeinschaft, das Verbundensein, Mitteilung; cuius participatio (eius) in idipsum erbaut so recht wie eine Stadt, wie ein festgeschlossenes Ganze (*Ps.* 121, 3).

partĭcĭpō 1 1. teilhaftig machen, teilnehmen lassen. 2. teilhaftig werden; teilhaben an (*c. acc.*).

partĭcŭlă, ae *f.* 1. kleiner Teil, Stückchen, Bißchen. 2. particula consecrata hl. Hostie (*C. j. c.* 39), Partikel (*C. j. c.* 1270).

partĭcŭlārĭs, ĕ einen Teil betreffend, sonderlich; lex particularis Partikulargesetz, Sondergesetz, das nicht für die ganze Kirche, sondern nur für ein bestimmtes Gebiet, für eine Diözese oder ein Land gilt (*C. j. c.* 14).

partĭcŭlārĭtĕr *adv.* speziell, besonders.

partĭcŭlātĭm *adv.* teilweise, einzeln, stückweise, Stück für Stück (2. *Mach.* 15, 33).

partĭlĭs, ĕ teilbar, einzeln.

partĭm *adv.* zum Teil, teils.

partĭō u. **partĭŏr** 4 1. teilen, zerlegen. 2. ein-, mit-, verteilen.

partītĭō, ōnĭs *f.* Teilung, Austeilung.

partītŏr, ōrĭs *m.* Austeiler.

partūră, ae *f.* das Gebären.

partŭrĭō 4 1. in Wehen liegen. 2. gebären.

partŭs, ūs *m.* 1. Geburt. 2. Leibesfrucht, Kind; das Junge; Trieb einer Pflanze.

părŭm *adv.* zu wenig, nicht genug; *comp.*: mĭnŭs weniger, nicht sonderlich, nicht sehr; *superl.*: mĭnĭmē am wenigsten, sehr wenig, keineswegs.

părumpĕr *adv.* auf eine kleine Zeit, ein wenig.

Părŭs, ī *f. s.* Părŏs.

parvĭfăcĭō, fēcī, factŭm 3 geringschätzen.

parvĭpendō, pĕpendī, pēnsŭm 3 gering schätzen, mißachten.

parvĭtās, ātĭs *f.* Kleinheit.

parvŭlă, ae *f.* kleines Mädchen.

1. **parvŭlŭs** 3 sehr klein, sehr jung.

2. **parvŭlus,** ī *m.* kleiner Knabe.

parvŭs 3 *compar.*: **mĭnŏr, mĭnŭs**; *sup.*: **mĭnĭmŭs** 3 1. klein, gering, wenig. 2. jung. 3. schwach, unbedeutend. 4. ärmlich, niedrig.

Pascha *indecl. n.*, **Paschă,** ătĭs *n.*, **Paschă,** ae *f. u. pl.*: **Paschae,** ārŭm *f.* (*aram.*; *hebr.*: Pesach = das Vorübergehen, Vorübergang; das Übergehen, die Verschonung) 1. Osterlamm: pascha nostrum Christus. 2. das Errettungsfest, das Erlösungsfest, Osterfest, Ostern.

paschālĭs, ĕ österlich: agnus.

S. Paschālĭs, ĭs *m.* hl. Paschalis I., Papst u. Bek. (817—824), 14. Mai.

Paschālĭs, ĭs *m.* Paschalis II., Papst (1099—1118).

S. Paschālĭs Baylon *m.* hl. Paschalis Baylon, Bek. aus dem Franziskanerorden, 17. Mai, † 1592.

Paschāsĭŭs, ī *m.* Paschasius, Präfekt in Sizilien während der Verfolgung Diokletians.

Paschāsĭŭs Radbertŭs, ī *m.* Paschasius Radbert, ein Mönch zu Corbie, der über das hl. Altarsakrament ungenau lehrte (9. Jhdt.).

pāscĭtō 1 weiden, fressen.

pāscō, pāvī, pāstŭm 3 1. fressen lassen, weiden, füttern. 2. unterhalten, nähren. 3. Viehzucht treiben.

pāscŭă, ae *f.* (*scil.*: terra) Weideland.

pāscŭālĭs, ĕ Weide-; boves: Weiderinder (*im Gegensatze zu Mastrindern*).

pāscŭlŭm, ī *n.* Wiese; Ecclesia Beatae Mariae Virginis in Pasculo (eine Marienkirche in Köln).

pāscŭŭm, ī *n.* Weideland, Weide, *oft pl.*: grüne Au (*Ps.* 22, 2).

pāscŭŭs 3 zur Weide dienlich.

Passāvĭă, ae *f.* (Bătāvă, ae *u.* ōrum, Bătāvĭŭm, Passāvĭŭm) Passau, St. an der Donau u. Salzach, Bayern (Niederbayern), *ca.* 18 000 Einw.; Bischofssitz (seit 739), Suffr. v. München; *dav.*: **Passavĭēnsĭs,** ĕ.

Passāvĭēn. (*C. R.*) *s.* Passavia.

Passāvĭŭm, ī *n. s.* Passavia.

passĕr, ĕrĭs *m.* 1. Sperling. 2. Vogel (*Ps.* 10, 1).

Passĭăcŭm ad Sēquănăm (Nigeonium monasterium) Passy, ehem. D., *j.*: vereinigt mit Paris (Fkr.).

passĭbĭlĭs, ĕ 1. den Leiden unterworfen, mit Leiden behaftet. 2. leidensfähig.

passĭm *adv.* 1. weit u. breit zerstreut, allenthalben. 2. ohne Ordnung, durcheinander, ohne Unterschied.
Passĭnĭānŭm, ī *n.* Passignano, Ort bei Florenz (Italien).
passĭō, ōnĭs *f.* 1. das Leiden, *bes.* Christi oder eines Mart.; Leidensgeschichte; Gedenkfeier des Leidens. 2. Leidenschaft.
Ss. Passĭō D. N. I. C. Gedächtnis des Leidens U. H. J. Chr., ehemals gefeiert: am Dienstage nach dem Sonntage Sexagesima.
passĭōnālĕ, ĭs *n.* Leidensbuch, Passionale.
passĭōnātŭs 3 leidenschaftlich.
Passĭōnĕī, ōrŭm *m.* Passionei, ein Adelsgeschlecht in Urbino.
Passĭōnistae, ārŭm *m.* Passionisten, kirchliche Genossenschaft der unbeschuhten Kleriker vom hl. Kreuz u. Leiden, deren Stifter (1737) der hl. Paul vom Kreuze war.
passŭm, ī *n.* (*scil.*: vīnum) Wein aus getrockneten Trauben.
1. **passŭs,** ūs *m.* 1. Schritt. 2. Faden (*zum Messen*, Act. 27, 28).
2. **passŭs** *ptc. pf. s.* pando *oder* patior.
3. **passŭs,** ūs *m.* das Ausgebreitete; passus uvārum getrocknete Weinbeeren (*vgl.*: passum).
pāstillŭs, ī *m.* Kügelchen von Mehl, Plätzchen, Pastillen, Brötchen.
pastĭnō 1 behacken, umgraben (um Weinstöcke einzupflanzen, *Marc.* 12, 1).
pāstĭō, ōnĭs *f.* Weide, Weideplatz.
pastŏphŏrĭă, ōrŭm *n.* (παστοφόρια) Vorratskammern und Priesterdienstwohnungen in den Vorhöfen des Tempels zu Jerusalem.
pastŏphŏrĭŭm, ī (παστοφόριον) 1. *s. pl.*: pastophoria. 2. Vor dem Mittelalter u. während des Mittelalters die Bezeichnung für eine Kammer oder andere Räumlichkeit oder auch nur für eine Nische, in welcher die Partikeln der hl. Eucharistie, die nach Ausspendung der hl. Kommunion an die Gläubigen übrig geblieben waren, aufbewahrt wurden; Sakramentskammer, Sakramentshäuschen.
Pāstŏpŏlĭtān. (*C. R.*) *s.* Pastum.
pāstŏr, ōrĭs *m.* Hirt, Seelenhirt, *bes.*: Titel des Heilandes; B. M. V. divini Pastoris Mater: Fest der sel. Jgfr. M. als der Mutter des göttlichen Hirten, am ersten Sonntage im Mai.
S. Pāstŏr, ōrĭs *m.* Santo Pastore, ehem. Cistercienserkloster, Mittelitalien, Diöz. Rienzi.
Pāstŏr, ōrĭs *m.* Pastor, römischer Priester um die Mitte des 2. Jhdts.
pāstŏrālĕ, ĭs *m.* 1. Bezeichnung für das Rituale. 2. Hirtenstab, Bischofsstab. 3. Hirtenschreiben des Bischofs an die Gläubigen.
pāstŏrālĭs, ĕ zum Hirten-, Priester-, Seelsorgeramte gehörig; päpstlich, bischöflich; thĕŏlŏgĭă pastoralis Pastoraltheologie, *d. h.* Wissenschaft von der richtigen Ausübung des Seelsorgeamts.
Pāstŭm, ī *n.* Pasto, St., Colombien, Südamerika, *ca.* 30 000 Einw.; Bischofssitz (seit 1859), Suffr. v. Popayan; *dav.*: **Pāstŏpŏlĭtānŭs** 3.
1. **pāstŭs** *s.* pasco.
2. **pāstŭs,** ūs *m.* Fütterung, Nahrung.
Pătără, ōrŭm *n.* Patara, Hafenst. im Südwesten der kleinasiatischen Landschaft Lykien.
Pătărēnī, ōrŭm *m.* Patarener 1. Irrlehrer des 11. Jhdts., besonders in Oberitalien. 2. andere Bezeichnung der Katharer.
Pătăvă, ae *f. s.* 2. Patavium.
Pătăvĭă, ae *f. s.* Passavia.
Pătăvīn. (*C. R.*) *s.* 2. Patavium.
1. **Pătăvĭŭm,** ī *n. s.* Passavia.
2. **Pătăvĭŭm,** ī *n.* (Patava) Padua (Padova), St., It. (Venetien), *ca.* 50 000 Einw.; Bischofssitz seit dem 1. Jhdt., Suffr. v. Venedig; *dav.*: **Pătăvīnŭs** 3.
pătĕfăcĭō, fēcī, factŭm 3; *pass.*: **pătĕfīō,** factŭs sŭm, fĭĕrī 1. öffnen. 2. offenbar machen, verraten, entdecken.
pătĕfīō *s.* patefacio.
pătellă, ae *f.* 1. Tellerchen, Schüsselchen, Schale, Platte; *bes.*: Kohlenbehälter des Rauchfasses. 2. *übtr.*: Kniescheibe.
pătĕnă, ae *f.* die Patene, ein kleiner Teller, der für die Hostie bei der hl. Messe gebraucht wird.
pătēns, tĭs offen.
pătĕō, ŭī 2 1. offenstehen, zugänglich sein. 2. bloßgestellt, ausgesetzt sein. 3. offen vor Augen liegen. 4. patet os nostrum ad vos offen (aufrichtig) rede ich zu euch (2. *Kor.* 6, 11); patenti ictu durch klaffenden Stoß.
pătĕr, trĭs *m.* 1. der Vater, *pl.* die Eltern, Väter, Vorfahren. 2. **Pater** oft = Gottvater. 3. **Patres** die Kirchenväter. 4. **Sanctissimus (in Christo) Pater** der Heilige Vater, der Papst. 5. der Pater, der Klostergeistliche (Gegensatz: Frater = Klosterbruder). 6. Vater von Städten: Gründer, Erbauer, *z. B.* Naham, pater Ceila, Naham der Gründer (Erbauer) von Keïla (1. *Par.* 4, 19).
pătĕră, ae *f.* Schale, Opferschale.
pătĕrfămĭlĭās, pătrisfămĭlĭās *m.* Hausvater.
Pătĕrnĭăcŭm, ī *n.* (Peterlinga) Payerne *oder* Peterlingen, St. Schweiz (Waadt),

ca. 5500 Einw.; *dav.*: **Păterniăcēnsĭs,** ĕ.

păternĭtās, ātĭs *f.* 1. Vaterschaft, Verhältnis der Väter zu den Kindern; väterliche Güte. 2. Titel der Äbte, bei der Anrede: Paternitas Vestra.

Păternŭm, ī *n.* (Cariatēnsĭs ecclēsĭă) Cariati, St. am Golfe von Tarent, It. (Cosenza), *ca.* 2000 Einw.; Bischofssitz seit 14. Jhdt. an Stelle von Cerenza, Suffr. v. Severina.

păternŭs 3 väterlich.

pătēscō, pătŭī 3 offen, offenbar werden.

păthētĭcŭs 3 (παθητικός) affektvoll, pathetisch; *adv.*: mit Ausdruck.

pătĭbĭlĭs, ĕ erträglich.

pătĭbŭlŭm, ī *n.* 1. Querbalken des Kreuzes; Kreuz. 2. Gabelholz. 3. Galgen.

pătĭēns, tĭs geduldig, langmütig; bĕnĕ patiens lebensfrisch, gesund.

S. Pătĭēns, entĭs *m.* hl. Patiens, Bek. u. Bisch. v. Metz († im 2. Jhdt.).

Er entstammte einer griechischen Familie, die in Kleinasien lebte. Er schloß sich innig dem hl. Apostel Johannes an und wurde nach erhaltener Bischofsweihe von diesem nach Metz gesandt, wo er als vierter Bischof seines Amtes waltete. Er errichtete vor den Mauern der Stadt eine Apostelkirche, die bis zum 5. Jahrhundert als Kathedrale bezeichnet wurde. Dort wurde der Heilige nach fast 14 jähriger Regierung bestattet. — 14. Februar (Metz).

pătĭentĭă, ae *f.* 1. Erduldung, Ertragung, Ausdauer. 2. Geduld, Nachsicht, Langmut. 3. *in den Psalmen öfter*: Erwartung, Hoffnung.

pătĭnă, e *f.* (πατάνη) Pfanne, Schüssel.

pătĭŏr, passŭs sŭm 3 1. leiden, dulden, geschehen lassen. 2. geduldig ertragen, erleiden. 3. in einem leidenden Zustande sein; Schmerzen erfahren.

Patmŏs, ī *f.* (Patmus) (Πάτμος) Felseninsel im Ägäischen Meere, südlich von Samos, an der Küste Kleinasiens.

Patmŭs, ī *f.* *s.* Patmos.

Patnēn. (*C. R.*) *s.* Patnum.

Patnŭm, ī *n.* Patna, r. am Ganges, Indien (Bengalen), *ca.* 150000 Einw.; *dav.*: **Patnēnsĭs,** ĕ.

Pătrae, ārŭm *f.* (Πάτραι) Patras, Hafenst. im Nordwesten der griechischen Landschaft Achaja (Peloponnes).

pătrātĭō, ōnĭs *f.* Vollendung, Verrichtung.

pătrātŏr, ōrĭs *m.* Vollstrecker, Vollzieher; patrator mīrācŭlōrŭm Wundertäter.

pătrātŭs 3 *s.* patro.

pătrĭă, ae *f.* Vaterland, Vaterstadt, Heimat; *übtr.*: Name, Geschlecht, Stamm.

pătrĭarchă u. **Pătrĭarchă,** ae *m.* (πατριάρχης) 1. Stammhaupt, Erzvater, Patriarch. 2. Patriarch als kirchliche Würde oder kirchlicher Titel.

pătrĭarchālĭs, ĕ zu einem Patriarchen gehörig.

pătrĭarchātŭs, ūs *m.* Würde eines Patriachen, Patriachat.

pătrĭcĭă, ae *f.* Patrizierin (eine Frau vom [römischen] Adel).

pătrĭcīdă, ae *m.* u. *f.* Vatermörder, -mörderin.

pătrĭcīdĭŭm, ī *n.* Vatermord.

1. **pătrĭcĭŭs** 3 (patrĭtĭus) patrizisch, adelig (dem römischen Geburtsadel angehörig).

2. **pătrĭcĭŭs,** ī *m.* ein Patrizier; auch als Standestitel und seit Konstantin als persönlicher Titel eingeführt.

S. Pătrĭcĭŭs, ī *m.* hl. Patrik, Bischof, Apostel Irlands, † 493, 17. März.

Pătrĭcĭŭs, ī *m.* Patricius, Vater des hl. Augustinus, Bischofs von Hippo (5. Jhdt.).

S. Pătrĭcŭs, ī *m.* hl. Patrikus, Bischof von Metz, Schüler des hl. Apostels Johannes, *vgl.*: S. Patiens.

pătrĭmōnĭālĭs, ĕ zum Erbgute gehörig.

pătrĭmōnĭŭm, ī *n.* Erbvermögen, Erbgut, Vatergut; titŭlus pătrĭmōnĭī Weihetitel des Privatvermögens; *bes.*: **Patrimonium Pĕtrī** Kirchenstaat (Italien).

pătrīnŭs, ī *m.* Taufpate; Firmpate.

pătristĭcŭs 3 zur Väterlehre gehörig; patristisch.

pătrĭtĭŭs, ī *m.* *s.* patricius.

pătrĭŭs 3 1. väterlich. 2. vaterländisch, heimatlich; lingŭă patria Muttersprache.

pătrō 1 vollstrecken, vollenden, durchsetzen, zustandebringen.

Pătrŏbās, ae *m.* (Πατρόβας) Patrobas, Christ in Rom z. Z. des hl. Apostels Paulus.

pătrōcĭnātŏr, ōrĭs *m.* Beschützer.

pătrōcĭnĭŭm, ī *n.* 1. Schutz. 2. Verteidigung vor Gericht; p. causārŭm suscĭpĕrĕ Advokat, Rechtsanwalt werden. 3. Fürbitte, Fürsprache. 4. kirchliches Schutzherrnfest, *z.B.* patroc. S. Josephi Schutzfest des hl. Joseph am Mittwoch der zweiten Woche nach Ostern.

pătrōcĭnŏr 1 beschützen.

S. Pătrŏclŭs, ī *m.* (Πάτροκλος) hl. Patroklus, Mart. († um 275).

Er stammte aus der französischen Stadt Troyes. Als zur Zeit des Aurelian eine Verfolgung ausbrach, wurde er als Christ eingekerkert und enthauptet Zwei Greise bewachten den Leichnam. Der Erzpriester Eusebius und der Diakon Liberius bestatteten ihn. Ersterer errichtete eine Kirche über dem Grabe des Heiligen, sobald die Verfolgung aufhörte. Im 10. Jahrhundert kamen die hl. Gebeine durch den Erzbischof Bruno nach Köln, der sie von Bischof Ansegisus von Troyes erhielt. Doch schon bald wurden sie in Soest (Westf.) beigesetzt, wo eine Patrokluskirche von Bruno erbaut wurde. — 21. Februar (Fest der Übertragung der Reliquien am 9. Dezember).

pătrŏlŏgĭa, ae *f.* (πατρολογία) Patrologie, Väterkunde.

pătrōnă, ae *f.* Beschützerin, Schutzherrin, *z. B.* Băvārĭae = die Mutter Gottes; Fürbitterin.

pătrōnātŭs, ūs *m.* 1. das Patronat, die Schutzherrschaft über geistliche Pfründen *oder* Kirchen mit dem Rechte der Pfründeverleihung durch Vorschlag eines Bewerbers. 2. Schützlingshaus; Patronage.

pătrōnŭs, ī *m.* 1. Schutzherr. 2. Anwalt, Verteidiger, Beschützer. 3. Fürsprecher. 4. Schutzheiliger einer Kirche (Kirchenpatron) oder eines Ortes (Ortspatron) oder eines frommen Werkes. 5. Gründer (oder Schutzherr) einer Kirche oder eines Kirchenamtes, der als solcher Vorrechte hat (*vgl.*: patronatus 1).

pătrōnālĭs, ĕ den Schutzherrn betreffend.

1. **pătrŭēlĭs,** ĕ von des Vaters Bruder oder Schwester stammend, vetterlich.

2. **pătrŭēlĭs,** ĭs *m.* Vetter.

1. **pătrŭŭs** 3 dem Oheim gehörig.

2. **pătrŭŭs,** ī *m.* Oheim (als des Vaters Bruder).

pătŭlŭs 3 offen ausgebreitet; allen zugänglich: aurēs.

paucĭtās, ātĭs *f.* Wenigkeit; kleine Zahl.

paucŭlŭs 3 sehr wenig.

paucŭs 3 1. klein, gering. 2. *pl.* wenige, nur einige.

Paulă, ae *f.* Paola, Städtchen in Kalabrien, Süditalien.

S. Paulă Rōmānă, ae *f.* hl. Paula von Rom, Schülerin des hl. Hieronymus (zu Anfang des 5. Jhdts.).

paulātĭm *adv.* allmählich.

S. Paulī ĭn Brasiliā (*C. R.*) *s.* Paulopolis Brasiliae.

S. Paulī dē Minnesotā (*C. R.*) *s.* Paulopolis de Minnesota.

1. **S. Paulīnă,** ae *f.* hl. Paulina, Jgfr. u. Mart. († zu Ende des 3. Jhdts.).

Paulina war die Tochter des Artemius, welcher zur Zeit der diokletianischen Christenverfolgung Kerkermeister in Rom war. Ihre Mutter hieß Candida. Paulina wurde auf das Gebet des Exorzisten Petrus von der Besessenheit befreit, im Glauben unterrichtet und zugleich mit den Eltern und dem ganzen Hause vom Priester Marzellinus getauft. Als dies der Richter Serenus erfuhr, ließ er Petrus und Marzellinus enthaupten, ebenso Artemius, nach dem er ihn mit Bleiruten hatte peitschen lassen. Paulina aber ließ er mit ihrer Mutter in eine Grube werfen und steinigen. Der hl. Leib lag Jahrhunderte lang in einer Sandgrube verborgen. Erst unter Papst Gregor XV. wurde derselbe entdeckt und 1623 nach Olmütz verbracht, wodurch eine schon fast 200 Jahre herrschende Pest auf die Fürbitte der hl. Paulina aufhörte. — 6. Juni (Olmütz).

2. **S. Paulīnă,** ae *f.* hl. Paulina, Jgfr. u. Mart., Verwandte u. Gefährtin der hl. Ursula (5. Jhdt.). — 6. Juni.

S. Paulīnae cellă, ae *f.* Paulinzelle, D. u. ehem. Abtei in Schwarzburg-Rudolstadt.

Paulīnĭăcēnsĭs abbātĭă, ae *f.* Poulangy, Marktflecken, Fkr. (Haute-Marne).

Paulīnŭm prīvĭlēgĭŭm Paulinisches Privileg, das Recht zur Lösung der Ehe, wenn der heidnische Teil nicht (ohne Verletzung der Heiligkeit der Ehe) in Frieden mit dem christlich gewordenen Teile leben will.

Paulīnŭs 3 von Paulus, paulinisch.

1. **S. Paulīnŭs,** ī *m.* hl. Paulinus, Mart. u. Bischof von Trier († 358).

Er stammte aus Aquitanien und kämpfte als Bischof nach dem Zeugnisse des hl. Athanasius unerschrocken gegen den Arianismus. Den Leib seines Lehrers und Vorgängers, des hl. Maximin, der in Aquitanien gestorben war, brachte er nach Trier. Er schrieb auch ein Buch gegen die arianischen Bischöfe Ursacius und Valens. Das Afterkonzil von Sirmium (Ungarn), das den hl. Athanasius verurteilte, billigte er auf keine Weise; auch nahm er auf der von Kaiser Konstanz nach Arles (Fkr.) berufenen arianischen Bischofsversammlung trotz aller Bedrohung nicht an der Verdammung des Athanasius teil. Deshalb mußte er nach Phrygien (Kleinasien) zu den Montanisten in die Verbannung gehen. Überall dort, wenngleich in Ketten, predigte er das Evangelium Christi. Nach fünfjährigem Leiden erlag er wie ein Märtyrer. Sein hl. Leib kam durch Bemühung des hl. Trierer Bischofs Felix im Jahre 396 nach Trier zurück, wo er in einer Marienkirche beigesetzt wurde, die später Paulinuskirche hieß. Die Gebeine des Heiligen wurden bei einer Öffnung des Grabes im Jahre 1883 unversehrt gefunden; das Haupt war schon im Jahre 1402 aus dem Sarge genommen und in einem eigenen Schreine beigesetzt worden. — 31. August (Trier).

2. **S. Paulīnŭs,** ī *m.* hl. Paulinus, Bischof v. Nola, † 431, 22. Juni.

3. **S. Paulīnŭs,** ī *m.* hl. Paulinus, einer der von Gregor d. Gr. mit dem hl. Mellitus nach England gesandten Benediktinermissionare. Zuerst Bischof von York, dann von Rochester, † 654. — 10. Oktober (*Ben.-Ord.*).

4. **S. Paulīnŭs,** ī *m.* hl. Paulinus, Bek. u. Bisch. von Aquileja († 802).

Er war Patriarch von Aquileja und Vertrauter Karls des Großen, dem er sein Amt zu verdanken hatte. In Italien, Frankreich und Deutschland wirkte er für das Christentum; nahm als Abgesandter des Papstes Hadrian I. am Konzil von Aachen teil. Später ging auf seine Veranlassung der Irrlehrer Felix von Urgel nach Rom und schwur seinen Irrtum ab; auch den Bischof Elipandus von Toledo wies er auf der Synode von Frankfurt zurecht. In mehreren Schriften verteidigte er die kirchliche Lehre. Sein Todestag ist der 11. Januar. Er wurde in der Stiftskirche zu Cividale del Friuli, einer Stadt im italienischen Bezirke Udine, beigesetzt. — 20. Februar.

paulispĕr *adv.* eine kurze Zeitlang.

paullŭs 3 *s.* paulus.

paulōmĭnŭs *adv.* 1. ein wenig. 2. fast, beinahe (*z. B. Ps.* 93, 17 *u.* 118, 87).

Paulŏpŏlĭs Brasiliae, *f.* São Paulo, St. am Tamanduatehy (z. Tiété), Brasilien (São Paulo), *ca.* 330000 Einw.; Bischofssitz (seit 1745), Suffr. v. Rio de Janeiro.

Paulŏpŏlĭs de Minnesota *f.* Saint Paul, St. l. am Mississippi, Nordamerika (Minnesota), *ca.* 200 000 Einw.; Erzbischofssitz (seit 1888, Bistum seit 1850).

paulŭlŭm, ī *n.* Kleinigkeit, ein Weniges.

paulŭlŭs 3 gering, klein, wenig.

paulŭm, ī *n.* ein Weniges, eine Kleinigkeit, ein Weilchen; *abl.*: paulō um ein weniges; paulo ante kurz vorher (*Sap.* 15, 8).

paulŭs (paullus) 3 klein, gering, unbedeutend.

1. **S. Paulŭs,** ī *m.* 1. hl. Apostel **Paulus,** † 67, 29. Juni. 2. hl. Bek. **P.,** der erste Einsiedler in der thebaischen Wüste, † 342. 3. hl. Mart. **P.,** † zu Rom 362, 26. Juni.

4. **S. Paulŭs,** ī *m.* hl. Paulus, Bek. u. Bischof v. Verdun († im 7. Jhdt.).

Er war in Autun (Fkr.) zu Anfang des 7. Jahrhunderts geboren. Nachdem er sein Vermögen an die Armen gegeben hatte, begab er sich in die Gegend von Trier und zerstörte dort ein Apollobild. Er lebte dort als Einsiedler, doch Gottes Geist trieb ihn in das Kloster Tholey (Rheinpreußen), wo er lange Jahre als Novizenmeister tätig war. Viele vornehme Jünglinge eilten, vom Rufe seiner Heiligkeit angezogen, zu ihm. Paulus wurde zum Abte erwählt. Unter Erzbischof Modoald von Trier baute er das Kloster mit dem Gelde, das ihm Grimo, der Sohn König Dagoberts, geschenkt hatte, von Grund aus neu auf. Dreizehn Jahre später wurde Paulus zum Bischofe von Verdun (Fkr.) geweiht. Grimo schenkte das Kloster Tholey mit allen Gütern an das Bistum Verdun. Nach 18jähriger Tätigkeit starb Paulus in seiner Bischofsstadt, wo seine Gebeine zum Teil in der Kathedrale ruhen. — 8. Februar (Trier).

5. **S. Paulŭs,** ī *m.* hl. Papst Paul I. (757 bis 767), 3. Juli.

Paulŭs, ī *m.* Päpste: 1. **Paul II.** (1464 bis 1471). 2. **Paul III.** (1534—1549). 3. **Paul IV.** (1555—1559). 4. **Paul V.** (1605—1621).

Paulŭs de Arētĭō, Kardinal Paul von Arezzo (im 16. Jhdt.).

S. Paulŭs a Crŭcĕ, hl. Paul vom Kreuze, Ordensstifter, † 1775, 28. April.

Paulŭs Dĭācŏnŭs, ī *m.* Paulus Diakonus, Geschichtsschreiber unter Karl d. Gr., † 799.

SS. Paulŭs, Ioannēs et Iacōbŭs, *m.* hl. Paul Miki, Priesterkandidat, Johannes de Goto u. Jakob Kisai, Katecheten der Ges. Jes., Mart., († 1597).

Während der grausamen Christenverfolgung des Kaisers Taicosama von Japan, starben die drei genannten Japaner für den Glauben. Paulus entstammte einem berühmten Geschlechte und wurde gleich gut in den weltlichen wie geistlichen Wissenschaften ausgebildet. Er stand im 33. Lebensjahre und sollte gerade die Priesterweihe empfangen. — Durch Predigt und Schriften führte er viele seiner Landsleute vom Irrtume zur Wahrheit und vom Laster zur Tugend. Johannes zählte erst 19 Jahre und oblag den Gymnasialstudien; doch unterrichtete er schon das Volk in den Grundlehren des göttlichen Gesetzes, um sich dadurch für den Dienst des Evangeliums vorzubereiten. Jakab hatte bereits das 64. Lebensjahr überschritten; obwohl er Katechet war, besorgte er doch noch die häuslichen Arbeiten wie ein Laienbruder mit einer seltenen Demut und Geduld. Durch die tägliche Betrachtung des geduldigen Heilandes wurde er auf wunderbare Weise zu diesen Tugenden angeregt. Nach ihrer Gefangennahme wurde allen dreien zur Strafe auf dem Marktplatz von Tokio öffentlich die Spitze des linken Ohres abgeschnitten. Die Hände auf dem Rücken gebunden, wurden sie alsdann im harten Winter auf einem alten Wagen durch die Straßen Tokios und anderer japanischer Städte herumgefahren. 600 Meilen betrug dieser Weg; weit und breit wurden sie mit Schmach und Hohn überschüttet. Voran ging ihnen ein Gerichtsdiener, der das Urteil zum Kreuzestode trug, weil sie gegen das Gebot des Gewalthabers das Gesetz Christi gepredigt hätten. Unter all diesen Beschwerden und Verspottungen blieben sie immer freudig und heiter; sie bekräftigten durch ihr Beispiel, was sie mit Worten gelehrt hatten. Tatsächlich bekehrte auch Paulus im Kerker zu Tokio zwei Gefängniswärter und sechs andere zu Osaka und anderswo den Statthalter selbst zum christlichen Glauben. So wurde jene Schmach ein Triumph des Glaubens. Heimlich zürnten deshalb die Bonzen dem Kaiser, weil er diese Menschen in Japan herumführen lasse, nicht um die Lehre Christi auszurotten, sondern sie erst recht zu verbreiten. Als sie in Nagasaki ankamen, standen schon auf einer Anhöhe die Kreuze bereit. Der fromme und heldenmütige Vater des Johannes war anwesend. Wer von beiden eine größere Freude hatte, jener im Ertragen oder dieser beim Anschauen der Todesstrafe, ist nicht zu bestimmen. Nicht minder hervorragend war bei Jakob Mut und Kraft trotz des vorgerückten Alters zu finden. Paulus vollends hielt von jener Triumphkanzel des Kreuzes herab eine Predigt an die zusammengeströmte Menge zur Verteidigung der christlichen Religion, wobei die Liebe zu Gott noch die natürliche Beredsamkeit des Mannes anspornte. Er wünschte sich öffentlich Glück, daß er ebenfalls wie Christus der Herr am Kreuze und im gleichen Alter wie er sterben dürfe. Er sprach so lange, bis sie an beiden Seiten von unten bis zur Schulter von je zwei Lanzen durchbohrt wurden. Dies ereignete sich am 5. Februar 1597. Den noch am Kreuze hängenden Leichnamen brachte der Bischof von Japan, der bald nachher zur Anhöhe kam, kniend seine Verehrung dar. Seitdem ist der Ort allen verehrungswürdig. Die Seligsprechung erfolgte unter Urban VIII.; die Heiligsprechung unter Pius IX. am Pfingstfeste 1862. — 5. Februar (Ges. Jes.).

Paulŭs Kostkă *m.* Paul Kostka, Bruder des hl. Stanislaus Kostka (im 16. Jhdt.).

S. Paulŭs Miki *m. s.* S. Paulus, Joannes, Iacobus.

B. Paulŭs Navarro et sŏcĭī, sel. Paul Navarro, Priester u. seine Gef. aus der Gesellschaft Jesu, Mart., († 1622).

Der Geburtsort von Paul Navarro ist Laïno, eine Stadt in Calabrien. Schon in jungen Jahren trat er ins Kloster. Seine Sehnsucht war Indien. Nachdem er dort seine Studien beendet, kam er nach Japan, wo er 36 Jahre im priesterlichen Dienste unter vielen Gefahren und in äußerster Not verbrachte. Zu diesen Beschwernissen fügte er selbst noch freiwillig andere hinzu, nämlich tägliche Geißelung seines Leibes, viele Jahre dauerndes ununterbrochenes Fasten und überdies ein Bußgewand, das er niemals ablegte. In dem abgematteten Leibe jedoch lebte ein kraftvoller Geist, durchflossen von himmlischer Gnade, so daß seine Worte und Schriften, ja selbst sein Antlitz und seine Augen ganz erfüllt schienen von einem göttlichen Feuereifer für das Heil der Seelen und einer flammenden Begierde nach dem Martyrium. Als Paulus zu Arima in freier Haft gehalten wurde, überbrachte ihm ein Hauptmann sein Todesurteil. Sobald er es vernommen hatte, sprang er voll

Freude auf und dankte Gott von Herzen. Einen Rosenkranz um den Hals, ging er mit bloßen Füßen zum Scheiterhaufen. Zugleich mit ihm wurden zum Tode geführt ein Diener namens Klemens sowie Dionysius und Petrus, zwei Katecheten; sie waren alle mit ihm ergriffen worden. Auf dem Wege betete er die lauretanische Litanei vor, während die anderen antworteten. Das Volk verharrte ringsum in tiefem Schweigen, voll Bewunderung über ihr heiteres Wesen. Im Angesichte des Richtplatzes beeilten sich des Paulus Schritte. Innerhalb der Schranken angekommen fiel er auf die Knie und wiederholte die heißesten Dankgebete. Dann richtete er sich auf und sprach mit lauter Stimme die letzten Worte an die zusammengekommene Volksmenge. Schon züngelten die Flammen empor, er aber hörte nicht auf, bald zu den Gefährten, bald zum Volke zu sprechen; dazwischen blickte er öfters zum Himmel empor und rief die Namen Jesus und Maria an. Er starb im 62. Jahre seines Alters und im 44. seines Eintritts in die Gesellschaft Jesu. Ihm folgte zunächst der Diener Klemens, dann Dionysius Fugixima und Petrus Onizucki, alle Japaner, die beiden letzten Mitglieder der Gesellschaft Jesu. Petrus zählte erst 18 Jahre, Dionysius 38 und Klemens 48. Die Leiber blieben unter Aufsicht von Wächtern drei Tage unbegraben liegen; sie sollten dem Volke Schrecken einflößen. Als nach Ablauf dieser drei Tage befohlen wurde, die Leiber zu verbrennen und die Asche über die Meeresoberfläche hin zu zerstreuen, fand man zwar die Kleider gänzlich vernichtet, aber das Bußgewand Navarros zur großen Verwunderung völlig unversehrt. Alle ahnten, daß es sich um ein Wunder handle. — 16. November (Ges. Jes.)

Paulŭs Sergĭŭs, ī *m.* Paulus Sergius. Statthalter auf der Insel Cypern, wurde vom hl. Paulus zum Christentume bekehrt.

B. Paulŭs Xinzuke, *m.* sel. Paul Xinzuke, Katechet der Ges. Jes., *s.* B. Franciscus Pacheco.

paupĕr, ĕrĭs (*compar.*: paupĕrĭŏr, *superl.*: pauperrĭmŭs) 1. arm, unbemittelt. 2. ärmlich, beschränkt.

paupercŭlŭs 3 ärmlich, dürftig.

paupĕrēscō 3 arm werden.

paupĕrĭēs, ēī *f.* Armut.

paupertās, ātĭs *f.* Armut, Dürftigkeit; Elend; Mangel, Not.

pausă, ae *f.* (παῦσις) Ende, Stillstand, Pause.

pausātĭō, ōnĭs *f.* 1. Ruhe; Ruhestätte; Tod. 2. Mariä Himmelfahrt (= assumptio).

pausō 1 innehalten, eine Pause machen.

pauxillŭs 3 wenig, klein; *adv.*: pauxillum ein wenig.

Pavacĭŭs, ī *m.* Pavacius, dritter Bischof von Le Mans (Fkr.), Vorgänger des hl. Liborius (4. Jhdt.).

păvĕō, pāvī 2 beben, zittern, sich ängstigen.

păvēscō 3 beben, sich ängstigen.

pāvī *s.* pasco *oder* paveo.

păvĭdŭs 3 furchtsam, zitternd, ängstlich.

păvīmentŭm, ī *n.* 1. Estrich, Bodenbelag. 2. Fußboden, Grund. 3. Staub (*Ps.* 118, 24).

pāvō, ōnĭs *m.* (pavus) Pfau.

păvŏr, ōrĭs *m.* 1. Angst, Entsetzen. 2. der Gegenstand der Furcht.

pāvŭs, ī *m. s.* pavo.

pāx, pācĭs *f.* Frieden, Ruhe; Wohlergehen; homo pacis meae ein Mann, mit dem ich in Frieden lebe; factus est in pace lŏcŭs eius (Dei) seine Stätte ward in Salem (Eigenname! „Friedensstadt“) (*Ps.* 75, 3).

Pāx Augustă *f. s.* Badaiocium.

Pāx Iūlĭă *f.* (Beiensis ecclesia) Beja, St., Portugal (Alemtejo), *ca.* 25 000 Einw.; Bischofssitz, Suffr. v. Evora.

Pāxĭă, ae *f.* (Pacensis ecclesia) La Paz, (La Paz de Ayacucho), Hauptst. v. Bolivia am Rio de la Paz, Südamerika, *ca.* 60 000 Einw.; Bischofssitz (seit 1608), Suffr. v. La Plata.

pāxillŭs, ī *m.* 1. kleiner Pflock oder Pfahl: lignĕŭs. 2. Schaufel (*Deut.* 23, 13).

Payrignĭăcŭm, ī *n.* Peyrignac, ehem. Cistercienserkloster, Fkr., Diöz. Agen.

Pázmány Petrŭs *m.* Petrus Pazmany, Erzbisch. von Gran u. Primas von Ungarn um 1600.

Pazzī, ōrŭm *m.* vornehmes Geschlecht aus Florenz.

P. B. = Missĭōnārĭī Afrĭcae (Pères Blancs) Weiße Väter, gegr. 1868.

peccāmĕn, ĭnĭs *n.* Fehler, Sünde.

peccāmĭnōsĭtās, ātĭs *f.* Sündhaftigkeit.

peccāmĭnōsŭs 3 sündhaft; voll Sünde.

peccātŏr, ōrĭs *m.* Sünder; Bösewicht.

peccātōrĭŭs 3 sündhaft.

peccātrīx, īcĭs *f.* Sünderin; *auch adj.*: genti peccatrici dem sündigen Volke.

peccātŭm, ī *n.* 1. Versehen, Vergehen, Sünde. 2. Sündenstrafe (z. B. in der Ablaßformel). 3. Sündopfer (*Os.* 4, 8). 4. Leid, Qual (*Ps.* 37, 4, 19 *u. a.*).

peccō 1 verkehrt machen, fehlen, sündigen.

pĕcŏrōsŭs 3 reich an Vieh.

Pecs *indecl.* (*sprich*: Petsch) ungarischer Name von Fünfkirchen (Quinque ecclesiae).

pectĕn, ĭnĭs *m.* Kamm; Rechen; pectĕn ferrĕŭs eiserner Kamm, ein Marterwerkzeug.

pectō, pēxī, pexŭm 3 (πεκτῶ) kämmen.

pectŏrālĕ, ĭs *n.* Pektorale, Brustkreuz.

pectŏrālĭs, ĕ zur Brust gehörig; crux pectŏrālĭs: Brustkreuz (der Bischöfe u. Äbte).

pectŭs, ŏrĭs *n.* 1. Brust. 2. Herz, Gemüt, Seele.

pectuscŭlŭm, ī *n.* Bruststück (vom Opfertiere).

pĕcū, *dat.* pecūī, *abl.* pecū, *pl.* pĕcŭă, ŭŭm *n.* Vieh.

1. **pĕcŭārĭă,** ae *f.* Viehzucht.
2. **pĕcŭārĭă,** ōrŭm *n.* Viehherden, Viehstand.

pĕcŭārĭŭm, ī *n.* (*scil.*: tintinnābŭlŭm) Kuhschelle, Kuhglocke.
1. **pĕcŭārĭŭs** 3 zum Vieh gehörig.
2. **pĕcŭārĭŭs,** ī *m.* Viehzüchter.
pĕcūlātŏr, ōrĭs *m.* Kassendieb.
pĕcūlātŭs, ūs *m.* Veruntreuung, Unterschlagung.
pĕcūlĭārĭs, ĕ 1. eigen, erbeigen. 2. eigentümlich, besonder; *adv.*: insbesondere, speziell.
pĕcūlĭō 1 bereichern, beschenken; pĕcūlĭātŭs 3 begütert.
pĕcūlĭŭm, ī *n.* Vermögen, Besitz; Sparpfennig.
pĕcūnĭă, ae *f.* 1. (eigentl.: Viehbesitz) Eigentum, Vermögen. 2. Geld, Geldsumme.
pĕcūnĭārĭŭs 3 Geld betreffend, mulcta pecūnĭārĭă Geldstrafe.
pĕcūnĭōsŭs 3 bemittelt, reich.
1. **pĕcŭs,** ŏrĭs *n.* Vieh, *bes.*: Kleinvieh; *pl.*: Herde.
2. **pĕcŭs,** ŭdĭs *f.* ein Stück Vieh, *bes.* Schaf.
pĕdālĕ, ĭs *n.* 1. *s.* pedalis 2. 2. die Stimmtasten der Orgel, die mit dem Fuße gespielt werden (Subbaß).
pĕdālĭs, ĕ 1. zum Fuße gehörig. 2. einen Fuß lang, breit; *subst.*: **pĕdālĭs,** ĭs *m.* u. **pĕdālĕ,** ĭs *n.* Fußmaß; Elle.
pĕdātĭm, *adv.* Fuß für Fuß.
Pĕdĕmontānŭm coenŏbĭŭm, Franziskaner-Kloster zu Alifa in Terra di Lavoro, Süditalien.
Pĕdĕmontĭŭm, ī *n.* Piemont (Landschaft Italiens).
pĕdĕs, ĭtĭs *m.* Fußgänger, Fußsoldat.
pĕdestĕr, trĭs, ĕ 1. zu Fuß. 2. zu Lande.
pĕdĭcă, ae *f.* Fußfessel, Schlinge.
pĕdĭsĕquă, ae *f.* (pĕdissĕquă) Dienerin, Begleiterin, Zofe.
pĕdĭsĕquŭs, ī *m.* (pĕdissĕquus) Diener, Begleiter, Lakai.
pĕdissĕquă, ae *f. s.* pedisequa.
pĕdissĕquŭs, ī, *m. s.* pedisequus.
pĕdĭtātŭs, ūs *m.* Fußvolk, Infanterie.
pĕdō 1 mit Füßen versehen; stützen.
Pĕdrōsŭm, ī *n.* Pedrosa, Ort bei Plasencia in der spanischen Provinz Estremadura.
pĕdūlēs, ĭŭm *f.* Strümpfe.
pĕdŭm, ī *n.* (bischöflicher) Hirtenstab; pedum rectum päpstlicher Hirtenstab.
pēgmă, ătĭs *n.* (πῆγμα) 1. Brettergerüst; Bücherbrett. 2. Gefüge, Maschine, Versenkung (*im Theater*).
pēiĕrō 1 (peiuro) falsch beschwören, meineidig sein.
pēiŏr, pēiŭs *s.* malus, male.
pēiōrō 1 1. *trans.*: schlechter machen, verschlimmern. 2. *intr.*: sich verschlimmern.
pēiūrō 1 *s.* peiero.
Pĕlăgĭānī, ōrŭm *n. s.* 1. Pelagius.
S. Pĕlăgĭŭs, ī *m.* hl. Pelagius, Mart. († im 3. Jhdt.).

Er wurde in der österreichischen Stadt Laibach geboren. Nach dem Tode seiner Eltern erzog ihn der Priester Uranius. Pelagius verteilte seine Habe an die Armen. Als unter Kaiser Numerian eine Verfolgung ausbrach, trat Pelagius an den Statthalter Evilasius heran und warf ihm seine Grausamkeit vor. Dieser ließ ihn mit Ketten beladen und in einen finsteren Kerker werfen, wo ihn aber alsbald ein helles Licht umstrahlte. Nach drei Tagen wurde er gefoltert und mit heißem Öl übergossen; alsdann über Scherben und glühende Kohlen geschleift; endlich hingerichtet. Der Priester Uranius bestattete ihn. — 3. September.

1. **Pĕlăgĭŭs,** ī *m.* Pelagius, Mönch aus Irland, Irrlehrer im 5. Jhdt.: er leugnete den ursprünglichen Gnadenstand Adams und die Erbsünde und ihre Folgen, erklärte die übernatürliche Gnade als nicht zur Seligkeit notwendig; seine Anhänger hießen: **Pĕlăgĭānī,** ōrŭm *m.* Pelagianer.
2. **Pĕlăgĭŭs,** ī *m.* Papst Pelagius I. (555 bis 560); Papst Pelagius II. (578—590).
pĕlăgŭs, ī *n.* (πέλαγος) Meer, offene See.
Pēlēgnī, ōrŭm *m. s.* Paeligni.
pēlex, ĭcĭs *f. s.* paelex.
Pēlignī, ōrŭm *m. s.* Paeligni.
pĕlĭcānŭs, ī *m. s.* pellicanus.
pĕlĭcātŭs, ūs *m. s.* paelicatus.
pellex, ĭcĭs *f. s.* paelex.
pellĭcānŭs, ī *m.* (pelicānus, πελεκᾶνος) Kropfgans, Pelikan.
pellĭcātŏr, ōrĭs *m.* Verleiter, Verführer.
pellĭcĕŭs 3 (pellicius) aus Fellen gemacht, Fell- (*Gen.* 3, 21).
pellĭcĭō, lēxī, lectŭm 3 verlocken, verführen.
pellĭcĭŭs 3 *s.* pelliceus.
pellĭcŭlă, ae *f.* kleines Fell; *pl.*: Pelzverzierung: cappae Episcŏpī assūtae (*Caer. Episc.*).
pellĭs, ĭs *f.* 1. Haut, Fell, Pelz; vestis suffulta pellibus mit Pelz gefüttert. 2. lederne Zeltdecke, Zelt (*Ps.* 103, 2). 3. Decke, Teppich. 4. *sprichwörtlich*: pellem pro pelle *d. h.* nichts umsonst (*Job* 2, 4).
pellītŭs 3 bepelzt, mit Fell bedeckt.
pellō, pĕpŭlī, pulsŭm 3 1. Eindruck machen, bewegen. 2. verstoßen, vertreiben.
Pĕlŏponnēsŭs, ī *f.* (Πελοπόννησος) Pelopsinsel, südl. Halbinsel Griechenlands, *j.* Moréa.
Pelplīnŭm, ī *n.* Pelplin, Dorf an der Ferse, Polen (Westpreußen, Kr. Dirschau), *ca.* 3500 Einw.; Bischofssitz des Bistums Kulm; ehem. Cist. Kloster.
peltă, ae *f.* (πέλτη) die Pelta, ein kleiner leichter halbmondförmiger Schild aus Holz mit Leder überzogen (der Thra-

kier u. Griechen) (3. *Reg.* 10, 17; 2. *Par.* 23, 9).

Pēlūsĭŭm, ī *n.* Pelusium, St. in Unterägypten am östlichen Rande des Nildeltas, starke Grenzfestung gegen Osten; im Alten Testamente Sin genannt (*Ez.* 30, 15); *j.*: Tine oder Tell Fárama bei Damiette (oder Port Said).

Pēlūsĭŭs, ī *m.* Pelusius, Vater des hl. Pelagius (3. Jhdt.).

pelvīcŭlă, ae *f.* 1. kleines Becken, Schüssel. 2. Teller, auf dem die Meßkännchen stehen.

pelvĭs, ĭs (*acc.* ĭm, *abl. meist* ī) *f.* Schüssel, Becken, Schale; *übtr.*: Becher.

Pembrochēn. (*C. R.*) *s.* Pembroke.

Pembroke *indecl.* Pembroke, St. am Ottawa, Kanada (Ontario), *ca.* 5200 Einw.; Bischofssitz (seit 1898; seit 1882 apost. Vikariat), Suffr. v. Ottawa; *dav.*: **Pembrochēnsĭs,** ĕ.

pĕnātēs, ĭŭm *m.* 1. Hausgötter. 2. Haus und Hof, Heimat.

pendĕō, pĕpendī 2 1. hangen, herabhangen, gehängt sein; schweben, in der Schwebe sein, līte pendente bei schwebendem Streite, solange der Streit in der Schwebe oder nicht entschieden, aber schon bei dem Gerichte anhängig gemacht ist (*C. j. c.* 1725). 2. abhängen von, beruhen auf. 3. sich nach jemand richten. 4. p. ad: harren, warten auf.

pendō, pĕpendī, pēnsŭm 3 1. wägen, abwägen, beurteilen. 2. schätzen, achten. 3. zahlen, bezahlen.

pendŭlŭs 3 schwebend, hängend, überhängend: rūpēs; *übtr.*: schwankend, ungewiß.

pĕnĕ *adv. s.* paene.

pĕnĕs, *praep. c. acc.*: bei, in jemandes Besitz, Macht, Gewalt; auf seiten.

pĕnĕtrābĭlĭs, ĕ 1. durchdringend. 2. durchdringlich.

pĕnĕtrālĕ, ĭs *n. s.* penetrālis 2.

pĕnĕtrālĭs, ĕ 1. innerlich, inwendig. 2. *subst.*: **pĕnĕtrālĕ,** ĭs *n.* oder *pl.*: **pĕnĕtrālĭă,** ĭŭm *n.* das Innere eines Hauses oder Tempels, das innerste Gemach; die inneren Gemächer, Kammern (*Ps.* 104, 30); das Allerheiligste des jüdischen Tempels.

pĕnĕtrātĭō, ōnĭs *f.* das Eindringen, das völlige Durchschauen.

pĕnĕtrō 1 hineindringen, durchdringen; großen Eindruck machen.

pĕnĭtŭs, *adv.* 1. tief hinein, durch und durch. 2. gründlich, gänzlich, völlig.

pennă, ae *f.* Feder; *pl.* Flügel, Fittich; *übtr.*: Schutz (*Ps.* 90, 4).

Pennafort *indecl.* Pennaforte (Peñaforte), Ortschaft in Nordspanien bei Barcelona.

1. **pennātŭs** 3 befiedert, geflügelt; gefiedert.

2. **pennātŭs,** ī *m.* Vogel.

Pennebecke *indecl.* Pennebeck, ehem. Cistercienserinnenkloster in Belgien, Erzdiöz. Mecheln.

Pennēn. (*C. R.*) *s.* Pinnae.

Pennīnă vallĭs *f. s.* Vallesia.

pennŭlă, ae *f.* (pinnula) das Federchen, Flügelchen; Fittich.

pēnsĭlĭs, ĕ hängend, herabhängend, schwebend.

pēnsĭō, ōnĭs *f.* 1. Abwägung. 2. Zahlung, Auszahlung. 3. Abgabe, Auflage, regelmäßige Leistung einer Zahlung an nicht mehr im Amte Befindliche oder nicht mehr Arbeitsfähige; Pension, regelmäßiger Geldbezug. 4. Mietzins, Pachtzins, Rente.

1. **pēnsĭōnārĭŭs** 3 Zahlung betreffend, Pension *oder* Rente betreffend.

2. **pēnsĭōnārĭŭs,** ī *m.* Pensionär, der eine Pension, d. h. regelmäßige, bestimmte Zahlung empfängt; Rentenbezieher.

pēnsĭtātĭō, ōnĭs *f.* (*eig.*: das Wägen, das Abwägen) 1. Zahlung. 2. Ersatz, Entschädigung. 3. Aufwand.

pēnsĭtātŏr, ōrĭs *m.* Abwäger; *übtr.*: Wortklauber.

pēnsĭtō 1 reiflich erwägen, bedenken.

pēnsō 1 1. wägen, abwägen. 2. abrechnen, vergelten, entschädigen.

pēnsŭm, ī *n.* 1. Arbeit, Aufgabe; pensum absolvĕrĕ eine Aufgabe erledigen. 2. Bezahlung: nihil sibi fōre pensi reputans.

pentămĕtĕr, trī *m.* (πεντάμετρος) fünf Versfüße besitzend, Pentameter.

pentăcontarchŭs, ī *m.* (πεντακοντάρχος) Anführer einer Schar von fünfzig Mann.

pentăpŏlĭs, ĕōs *f.* (*auch*: **Pentapolis,** Πεντάπολις) Fünfstadt, Gebiet der fünf Städte, 1. in Palästina: Sodoma, Gomorrha, Adama, Seboim und Bala (Segor), (1. *Mos.* 14, 2; *Weish.* 10, 6). 2. Pentapolis der Philister: Azot (Esdud), Akkaron (Ekron), Askalon, Gazza, Geth (Gath). 3. Pentapolis in Libyen *oder* in der Cyrenaika in Nordafrika, die fünf Städte: Ptolemais, Arsinoë, Berenice, Apollonias und Cyrene samt deren Gebiet umfassend.

Pentēcostē, ēs *f.* (πεντηκοστὴ ἡμέρα) 50. Tag nach Ostern: Pfingsten.

pentērĭs, ĭs u. ĭdĭs u. pentērēs, ĭs, *f.* (πεντήρης *scil.*: ναῦς) das fünfruderige Schiff, der Fünfruderer.

pēnŭlă, ae *f. s.* paenula.

pēnultĭmŭs, ī *m.* (paenultimus) der vorletzte.

pĕnŭm, ī *n. s.* 2. penus.

pēnūrĭă, ae *f.* Mangel, Elend, Notlage.

1. **pĕnŭs,** ŏrĭs *n.* *s.* 2. penus.
2. **pĕnŭs,** ūs u. ī *m.* u. *f.* (penum), Vorrat an Lebensmitteln, Speisevorrat.
Peorĭă, ae *f.* Peoria, St. Nordamerika (Illinois), *ca.* 60000 Einw.; Bischofssitz (seit 1875), Suffr. v. Chicago; *dav.*: **Peoriēnsĭs,** ĕ.
Peoriēn. (*C. R.*) *s.* Peoria.
peplŭm, ī *n.* u. **peplŭs,** ī *m.* (πέπλον und πέπλος) Obergewand, Prachtgewand.
pĕpō, ŏnĭs *m.* (πέπων) die Pfebe, eine Art Melone (*Num.* 11, 5).
pĕr *praep. c. acc.* 1. *räumlich*: durch, hindurch, über- hin, in- umher. 2. *zeitlich*: durch, während, im Verlauf von, um, zur Zeit. 3. *zur Angabe der Art u. Weise bei Substantiven, welche eine Eigenschaft, Stimmung bezeichnen*: während, in, mit, unter; pĕr spĕcĭēm: unter dem Scheine. 4. *zur Angabe der Person und Sache, durch welche mittelbar etwas geschieht*: a) durch, vermittels; pĕr sē: durch sich selbst, an und für sich. b) vermöge, halber, vor. c) bei Bitten, Schwüren: um — willen. 5. *In den Psalmen*: pĕr lăbĭă mĕă: über meine Lippen (*Ps.* 15, 4); pĕr ōs tŭŭm: in deinem Munde (*Ps.* 49, 16); pĕr dĭēm; täglich (*Ps.* 12, 2).
pēră, ae *f.* (πήρα) Ranzen, Tasche, Sack.
pĕrabsurdŭs 3 sehr ungereimt, sehr abgeschmackt.
pĕrāctĭō, ōnĭs *f.* Vollendung, Beendigung, Schluß.
pĕrăcūtŭs 3 sehr scharfsinnig.
Pĕraeă, ae *f.* (Περαία, *scil.*: γῆ; von πέραν = Land jenseits des Jordan) Peräa: a. *im engeren Sinne*: das israelitische Peräa oder Galaad mit dem Zehnstädtegebiet (Dekapolis). b. *im weiteren Sinne*: das Land östlich vom Jordan, von den Jordanquellen bis zum alanitischen Meerbusen mit den Landschaften Dscholan, Dschedur, Hauran, Ledscha u. Dschebel-Hauran (Trachonitis u. Batanäa), die Gegend südlich vom Toten Meere mit dem Gebirge Seïr.
pĕraedĭfĭcō 1 fertig bauen.
pĕraequē *adv.* völlig gleich.
pĕraequō 1 völlig gleichmachen.
pĕraestĭmō 1 gründlich schätzen.
pĕrăgĭtō 1 umhertreiben, beunruhigen.
pĕrăgō, ēgī, actŭm 3 1. ausführen, vollenden. 2. durchleben, verleben, hinbringen. 3. funktionieren, eine Amtshandlung vornehmen.
pĕrăgrātĭō, ōnĭs *f.* das Durchwandern, Durchwanderung.
pĕrăgrō 1 durchwandern.
pĕrămāns, tĭs sehr liebevoll.
pĕrambŭlō 1 durchwandeln.
pĕrămīcŭs 3 sehr freundschaftlich.
pĕrămoenŭs 3 sehr angenehm; sehr lieblich.
pĕramplŭs 3 übergroß, geräumig.
pĕrangustŭs 3 sehr eng.
pĕrantīquŭs 3 sehr alt, uralt.
pĕrappŏsĭtŭs 3 sehr passend, sehr schicklich.
pĕrardŭŭs 3 sehr steil; sehr schwierig.
pĕrargūtŭs 3 sehr scharfsinnig, sehr geistreich.
pĕrārĭdŭs 3 sehr trocken.
pĕrărō 1 1. durchpflügen, durchfurchen. 2. *übtr.*: schreiben.
pĕrattentŭs 3 sehr aufmerksam.
perbĕātŭs 3 überglücklich.
perbellē *adv.* sehr fein, sehr hübsch, sehr artig.
perbĕnĕ *adv.* sehr wohl, sehr gut.
perbĕnīgnē *adv.* sehr gütig.
perbŏnŭs 3 sehr gut.
perbrĕvĭs, ĕ sehr kurz.
percārŭs 3 sehr teuer, sehr lieb.
percautŭs 3 sehr vorsichtig.
percĕlĕbrō 1 überall verbreiten; *pass.*: überall im Umlauf sein, in aller Munde sein.
percĕlĕr, ĕrĭs, ĕ (*adv.* -ĭtĕr) sehr schnell (schnellstens).
percellō, cŭlī, culsŭm 3 1. zu Boden schlagen, erschüttern, zugrunde richten, zerrütten. 2. bestürzt oder mutlos machen. 3. antreiben; percellĕre vĕl allĭcĕrĕ antreiben oder anlocken (*VII. dies infra Oct. Epiph., L. VII.*).
perceptĭbĭlĭtās, ātĭs *f.* 1. die Möglichkeit (Fähigkeit) der Wahrnehmung. 2. Wahrnehmung, Auffassung.
perceptĭō, ōnĭs *f.* 1. das Einsammeln: fructŭŭm = die Ernte. 2. Empfang, Genuß. 3. das Begreifen, die Erkenntnis; Begriff (*bes. im pl.*).
perceptŭm, ī *n.* Grundsatz, Regel, Axiom.
percĭĕō, īvī, ĭtŭm 2 u. **percĭō** 4 heftig erregen, reizen; *s. auch*: percĭtus 3.
percĭpĭō, cēpī, ceptŭm 3 1. bekommen, genießen. 2. bemerken, empfinden, vernehmen, hören: aurĭbŭs. 3. auffassen, begreifen.
percĭtŭs 3 1. erregt, gereizt, aufgebracht. 2. reizbar, auffahrend, heftig.
percōgnōscō, nōvī, nĭtŭm 3 völlig erkennen.
percŏlō, cŏlŭī, cultŭm 3 begehen, feiern.
percōmĭs, ĕ sehr freundlich *oder* gefällig.
percommŏdŭs 3 sehr passend *oder* bequem.
percontātĭō, ōnĭs *f.* Erkundigung, Fragestellung.
percontātŏr, ōrĭs *m.* Ausfrager, Erkundiger.
percontō 1 *s.* percontor.

percontŏr 1 (perconto) sich erkundigen, ausfragen, nachforschen.
percrēbēscō, bŭī 3 s. percrebresco.
percrēbrēscō, brŭī 3 (percrebesco) 1. sehr häufig werden. 2. sich verbreiten, ruchbar werden.
percrŭcĭō 1 sehr quälen.
perculsŭs, ūs *m.* Erschütterung.
percŭpĭō 3 sehr wünschen.
percurrō, currī oder cŭcurrī, cursŭm 3 durcheilen, durchlaufen.
percursātĭō, ōnĭs *f.* 1. das Durchreisen, 2. Wanderung.
percursĭō, ōnĭs *f.* 1. das Durchlaufen, das Durcheilen. 2. *übtr.*: flüchtiges Erwähnen, schnelles Überdenken.
percursō 1 1. *trans.*: durchstreifen. 2. *intr.*: umherstreifen.
percussĭō, ōnĭs *f.* das Schlagen, Erschütterung, furchtbares Ereignis.
percussŏr, ōrĭs *m.* Mörder.
percussūră, ae *f.* Mal, Wundmal.
percŭtĭō, cussī, cussŭm 3 1. durchstechen, durchbohren. 2. schlagen, stoßen; pectŭs percŭtĕrĕ: an die Brust klopfen. 3. verwunden. 4. *übtr.*: versengen; mähen: percussus sum ut foenum ich bin wie gemähtes oder versengtes Gras (*Ps.* 101, 5).
perdēnsŭs 3 sehr dicht.
perdiffĭcĭlĭs, ĕ (*adv.*: -ĭtĕr) sehr schwer, sehr schwierig.
perdīgnŭs 3 sehr würdig.
perdīlĭgēns, entĭs sehr sorgfältig.
perdīscō, dĭdĭcī 3 gründlich erlernen.
perdĭtĭō, ōnĭs *f.* 1. Verderben, Untergang, Vernichtung, Verlust. 2. ewiges Verderben, Höllenstrafe. 3. Verkommenheit, Schlechtigkeit. 4. *concr.*: Abgrund, Grab, Unterwelt (*Ps.* 87, 12).
perdĭtŏr, ōrĭs *m.* Verderber.
perdĭtŭs 3 1. verloren, unglücklich. 2. verworfen, verdorben, verrucht.
perdĭū *adv.* sehr lange.
perdĭūturnŭs 3 sehr lange dauernd.
perdĭvĭdō, vīsī, vīsŭm 3 austeilen.
perdīx, īcĭs *f.* (πέρδιξ) Rebhuhn.
perdō, dĭdī, dĭtŭm 3 1. zugrunde richten, zerstören, verderben; hinraffen (*Ps.* 25, 9). 2. verschwenden. 3. verlieren.
perdoctŭs 3 sehr gelehrt.
perdŏlĕō, ŭī, ĭtŭm 2 sehr *oder* tief schmerzen.
perdŏmĭtŏr, ōrĭs *m.* Bezähmer.
perdŏmō, ŭī, ĭtŭm 1 völlig bezwingen.
perdūcō, dūxī, ductŭm 3 1. hinführen, durchführen. 2. fortsetzen, fortführen.
perductĭō, ōnĭs *f.* Hinführung, Geleit.
perdūdŭm *adv.* vor sehr langer Zeit.
perdŭellĭō, ōnĭs *f.* (perduellium) 1. feindliches Betragen. 2. Hochverrat, Landesverrat.
1. **perdŭellĭs,** ĕ sehr feindlich.
2. **perdŭellĭs,** ĭs *m.* Feind, Gegner: perduellibus domum vastantibus (*vgl.*: Vita B. Clet.).
perdŭellĭŭm, ī *n. s.* perduellio.
perdŭellŭm, ī *n.* Krieg.
perdulcĭs, ĕ sehr süß.
perdūrābĭlĭs, ĕ dauerhaft.
perdūrō 1 ausdauern.
pĕrefflŭō, flūxī, flūxŭm 3 verfließen; *übtr.*: dahin fahren.
pĕrĕgrē u. **pĕrĕgrī** *adv.* im Auslande, in der Fremde.
pĕrĕgrīnă, ae *f.* die Fremde, Nichtbürgerin.
pĕrĕgrīnātĭō, ōnĭs *f.* Aufenthalt im Auslande; Wanderung, Pilgerschaft, Wallfahrt.
pĕrĕgrīnŏr 1 1. in der Fremde weilen, sich als Fremdling aufhalten. 2. wallfahren. 3. pĕrĕgrīnārī: fern weilen von.
1. **pĕrĕgrīnŭs** 3 fremd, ausländisch.
2. **pĕrĕgrīnŭs,** ī *m.* Fremdling, Nichtbürger.
1. **S. Pĕrĕgrīnŭs,** ī *m.* hl. Peregrinus, Bischof von S. Vittorino (Ital.) und Mart. (4. Jhdt.), 13. Juni.
2. **S. Pĕrĕgrīnŭs,** ī *m.* hl. Peregrinus, Bek. aus dem Servitenorden, † um 1330, 27. April (*im Martyrol.*: 1. Mai).
B. Pĕrĕgrīnŭs, ī *m.* sel. Peregrinus, *s.* B. Evangelista et Peregrinus.
S. Pĕrĕgrīnŭs Latĭōsŭs, ī *m.* hl. Peregrinus Latiosi, Bek., †1345, — 13. Mai.
Pĕrĕgrīnŭs mōns Monte Pellegrino, der „Pilgerberg", unweit Palermo (Sizilien).
pĕrēlĕgāns, antĭs sehr fein, sehr gewählt.
pĕrēlŏquēns, entĭs sehr beredt.
pĕrēmptĭō, ōnĭs *f.* 1. Vernichtung, Tötung, Mord. 2. Aufhebung, Unterdrückung, z. B. eines Prozesses (*C. j. c.* 1737).
pĕrēmptĭōnālĭs, ĕ das Aufhören *oder* die Vernichtung betreffend, Aufhebungs-: decretum.
pĕrēmptŏr, ōrĭs *m.* Mörder.
pĕrēmptōrĭŭs 3 1. tötend, tödlich. 2. entscheidend, den Streit abschneidend: edictŭm. 3. zwingend, nötigend, unvermeidlich. 4. durchschlagend, ausschlaggebend, eine Erneuerung oder Wiederholung (z. B. der gerichtlichen Vorladung) nicht mehr zulassend (*C. j. c.* 1714).
pĕrēmptrīx, īcĭs *f.* Vernichterin.
pĕrendĭē *adv.* übermorgen.
pĕrendĭnŭs 3 übermorgig.
pĕrennĭs, ĕ 1. das ganze Jahr hindurch, andauernd. 2. fortdauernd.
pĕrennĭtās, ātĭs *f.* beständige Dauer, Unvergänglichkeit, Ewigkeit.
pĕrennō 1 viele Jahre lang dauern.

Pĕrēnsĭs ĕrēmŭs *m.* eine Einsiedelei bei Ravenna (*Propr. v. Kulm,* 20. Juni).
pĕrĕō, ĭī, ĭtŭm, īrĕ 1. verloren gehen, verschwinden, umkommen, vergeudet werden. 2. pĕrĭīt fŭgă ā mē: mir ist die Flucht abgeschnitten (*Ps.* 141, 5).
pĕrĕquĭtō 1 1. *intr.*: umherreiten. 2. *trans.*: durchreiten.
pĕrerrō 1 durchirren.
pĕrexĭgŭŭs 3 überklein, sehr gering.
pĕrexoptātŭs 3 sehr erwünscht.
pĕrexsiccō 1 ganz austrocknen.
Pereyra de Sampajo *indecl.* Pereyra de Sampajo, Gesandter des Königs Johann v. Portugal beim apostolischen Stuhle unter Benedikt XIV. und Herausgeber eines Martyrologiums.
perfăcĭlĭs, ĕ sehr leicht.
perfăcundŭs 3 sehr gesprächig.
perfămĭlĭārĭs, ĕ sehr vertraut.
perfectĭbĭlĭtās, ātĭs *f.* die Möglichkeit der Vervollkommnung.
perfectĭō, ōnĭs *f.* 1. das Zustandekommen, Vollendung. 2. Vervollkommnung, Vollkommenheit.
perfectŏr, ōrĭs *m.* Vollender, Vervollkommner.
perfectrīx, īcĭs *f.* Vollenderin.
1. **perfectŭs,** ūs *m.* Vollkommenheit.
2. **perfectŭs** 3 1. vollkommen, vollendet, vollständig; perfecto odio mit äußerstem Hasse (*Ps.* 138, 22). 2. gegründet, gefestigt: luna (*Ps.* 88, 38).
perfĕrō, tŭlī, lātŭm, ferrĕ 3 1. überbringen, benachrichtigen, berichten. 2. durchsetzen, vollführen. 3. geduldig *oder* männlich ertragen, erdulden, aushalten.
perfĕrŭs 3 überwild.
perfĭcĭō, fēcī, fectŭm 3 1. vollenden, ausführen, verwirklichen. 2. durchsetzen, erreichen; wiederherstellen. 3. festmachen (*Ps.* 16, 5). 4. erzeigen, bereiten, bereithalten (*Ps.* 30, 20). 5. machen: aures perfecisti mihi (*Ps.* 39, 7). 6. stärken (*Ps.* 67, 10). 7. ausstatten (*Ps.* 17, 34).
perfĭdēlĭs, ĕ sehr treu, ganz zuverlässig.
perfīdēns, tĭs fest vertrauend.
perfĭdĭă, ae *f.* Treulosigkeit.
perfĭdĭōsŭs 3 treulos, untreu, wortbrüchig.
perfĭdŭs 3 1. treulos, verräterisch. 2. ungläubig, ketzerisch.
perfīgō, fīxī, fīxŭm 3 durchbohren.
perflābĭlĭs, ĕ (vom Winde) durchwehbar, luftig.
perflāgĭtĭōsŭs 3 sehr lasterhaft.
perflō 1 hineinwehen, durchwehen, durchblasen (*Job* 37, 17).
perflŭō, flūxī, flūxŭm 3 überfließen.
perfŏdĭō, fōdī, fossŭm 3 durchbohren, durchstechen.

perfŏrō 1 durchbohren; crātēs perfŏrātă: durchbrochenes Gitter.
perfrĕquēns, tĭs sehr besucht, volkreich.
perfrĕquentō 1 oft besuchen.
perfrĭcātĭō, ōnĭs *f.* Einreibung.
perfrĭcō 1 (stark) reiben, frottieren; kratzen.
perfringō, frēgī, frāctŭm 3 1. zerbrechen, zerschmettern. 2. vereiteln, vernichten.
perfrūctĭō, ōnĭs *f.* Genuß.
perfrŭŏr, frūctŭs sŭm 3 genießen.
perfŭgă, ae *m.* 1. Flüchtling, Überläufer. 2. der Schutzsuchende.
perfŭgĭō, fūgī, fŭgĭtŭm 3 1. hinfliehen, seine Zuflucht nehmen. 2. (zum Feinde) übergehen.
perfŭgĭŭm, ī *n.* Zuflucht; Zufluchtsort, Freistatt.
perfūnctĭō, ōnĭs *f.* Verrichtung, Verwaltung.
perfūnctōrĭē *adv.* nur obenhin, leichthin.
perfundō, fūdī, fūsŭm 3 1. übergießen, benetzen. 2. beschütten, bedecken. 3. überströmen, erfüllen; ganz durchströmen: lūce.
perfungŏr, fūnctŭs sŭm 3 verrichten, verwalten; durchmachen, überstehen; morte p.: den Tod erleiden.
perfūsĭō, ōnĭs *f.* 1. Benetzung; Taufe. 2. das Eingießen, das Zerteilen: chrismătĭs.
pergămēnă, ae *f.* Pergament.
Pergămŭm, ī *n.* (Πέργαμον, Pergamus) Pergamum oder Pergamus, St. in Kleinasien (Groß-Mysien), *j.*: Berghama.
1. **Pergămŭs,** ī *f.* (Πέργαμος) *s.* Pergamum.
2. **Pergămŭs,** ī *f.* *s.* Pergamum.
Pergē, ēs (*acc.* -ēn) *f.* (Πέργη) Perge, St. in Kleinasien (Pamphylien); *j.*: Karahissar.
pergō, perrēxī, perrēctŭm 3 1. fortsetzen, durchführen. 2. weitergehen, fortfahren. 3. sich weiter begeben, weiterziehen.
pergrandĭs, ĕ sehr groß; nātū hochbetagt.
pergrātŭs 3 sehr angenehm.
pergrăvĭs, ĕ sehr schwer, wichtig.
Pergŭlă, ae *f.* Pergola, St., r. am Küstenflusse Cesano, It. (Pesaro e Urbino), *ca.* 2700 Einw.; Bistum mit Cagli vereinigt; *dav.*: **Pergŭlānŭs** 3.
Pergŭlān. (*C. R.*) *s.* Pergula.
pĕrhaurĭō, sī, stŭm 4 völlig verschlingen, ausschöpfen.
pĕrhĭbĕō, bŭī, bĭtŭm 2 1. darbieten, darreichen, hinhalten. 2. erzählen, angeben; testimonium p.: Zeugnis ablegen.
pĕrhŏnŏrĭfĭcŭs 3 sehr ehrenvoll.

pĕrhorrēscō, ŭī 3 (perhorreo) 1. schrecklich zittern, schaudern. 2. sich entsetzen, zurückschrecken vor (*acc.*).
pĕrhorrĭdŭs 3 ganz starrend; sehr schauerlich.
pĕrhūmānŭs 3 sehr freundlich; *adv.*: pĕrhūmānĭtĕr.
Periarchon *indecl.* Titel eines Werkes von Origenes, das von Rufinus z. Z. des Papstes Siricius ins Lateinische übersetzt wurde.
pĕrĭbŏlŭs, ī *m.* (περίβολος) Umgang (Korridor), Säulengang.
pĕrĭclĭtātĭō, ōnĭs *f.* Versuch.
pĕrĭclĭtŏr 1 1. *trans.*: etw. versuchen, eine Probe machen, erproben, probieren, wagen; aufs Spiel setzen, in Gefahr bringen, gefährden, riskieren. 2. *intrans.*: sich in Gefahr befinden, gefährdet sein, bedroht sein; in Gefahr kommen.
pĕrĭclŭm, ī *n. s.* periculum.
pĕrĭcŭlōsŭs 3 gefährlich.
pĕrĭcŭlŭm, ī *n.* (periclum) 1. Versuch, Probe, Probestück, Prüfung; periculō factō nach bestandenem Examen (*C. j. c.* 130, 2; 1406, 8°). 2. Gefahr, p. mortĭs: schwere Krankheit *oder* äußere drohende Todesursache. 3. Wagnis, gefährliche Unternehmung.
pĕrĭdōnĕŭs 3 sehr passend.
pĕrĭĕrō 1 *s.* peiero.
pĕrillūstrĭs, ĕ 1. sehr deutlich. 2. sehr angesehen.
pĕrĭmō, ēmī, ēmptŭm 3 1. vernichten, zerstören, töten. 2. unterdrücken, aufheben.
pĕrindĕ *adv.* auf gleiche Weise, ebenso.
pĕrindĭgĕō 2 sehr bedürftig sein.
pĕrinfĭrmŭs 3 sehr schwach.
pĕrinsĭgnĭs, ĕ sehr auffallend, sehr ausgezeichnet.
Pĕrinthŭs, ī *f.* (Πέρινθος) Perinthos, St. an der Propontis in Thrazien, westlich von Byzanz; *j.* Ezegli (auf der europäischen Seite des Marmarameeres).
pĕrinvītŭs 3 sehr ungern.
pĕrĭŏdĭcŭs 3 (περιοδικός) periodisch, regelmäßig erscheinend.
pĕrĭŏdŭs, ī *f.* (περίοδος) Periode, Gliedersatz, Satzgefüge, Abschnitt, Erzählung, Episode, Abschluß.
1. **pĕrĭpătētĭcŭs** 3 (περιπατητικός) peripatetisch, zur Schule des Aristoteles gehörig, der im Auf- und Abgehen zu lehren pflegte.
2. **pĕrĭpătētĭcŭs,** ī *m.* Peripatetiker, Anhänger der Philosophie des Aristoteles.
pĕrĭphrăsĭs, ĭs *f.* (περίφρασις) Umschreibung.
pĕrĭpsēmă, ătĭs *n.* (περίψημα) Abschaum, Schmutz, Hefe, Auswurf.
pĕrīrātŭs 3 sehr zornig.
pĕrĭscĕlĭs, lĭdĭs (*acc. pl.*:-lĭdăs) *f.* (περισκελίς) Schenkelspange, Kniespange-Fußkettchen (als Schmuck) (*Is.* 3, 20).
pĕrĭstrōmă, ătĭs *n.* (περίστρωμα) Teppich, Decke.
pĕrĭstȳlŭm, ī *n.* (περίστυλον) das Peristyl, Säulenhalle, offener mit Säulengängen umgebener Hofraum des vornehmen römischen Hauses.
pĕrītĭă, ae *f.* Erfahrung, Kenntnis, Kunstfertigkeit.
1. **pĕrītŭs** 3 1. erfahren, kundig, bekannt. 2. gescheit, gebildet.
2. **pĕrītŭs,** ī *m.* Sachverständiger (*C. j. c.* 1622).
periūcundŭs 3 sehr angenehm.
periūrĭōsŭs 3 meineidig, eidbrüchig.
periūrĭŭm, ī *n.* Meineid.
periūrō 1 falsch schwören.
periūrŭs 3 meineidig, lügenhaft.
pĕrĭzōmă, ătĭs *n.* (περίζωμα) Leibgurt, Schürze.
perlātē *adv.* sehr weit.
perlātŏr, ōrĭs *m.* Überbringer.
perlātŭs 3 geleitet.
perlĕgō, lēgī, lēctŭm 3 durchlesen.
perlĕvĭs, ĕ sehr leicht.
perlĭbēns, tĭs (perlŭbēns) sehr gern, mit großem Vergnügen.
perlībĕrālĭs, ĕ sehr freigebig.
perlĭnĭō 4 bestreichen, übertünchen; benetzen; labra lacte perlita von Muttermilch benetzte Lippen = unmündige Kinder.
perlongŭs 3 sehr lang; *adv.*: sehr weit.
perlŭbēns, ntis *s.* perlibens.
perlūcĕō, lūxī 2 durchscheinen, durchsichtig sein.
perlūcĭdŭs 3 durchsichtig; sehr hell.
perlūmĭnō 1 durchleuchten.
perlūstrō 1 1. durchspähen; durchstreifen, durchwandern. 2. völlig reinigen, ganz sühnen.
permāgnĭfĭcŭs 3 überaus prächtig.
permāgnŭs 3 sehr groß.
permălĕ *adv.* sehr schlecht; sehr unglücklich.
permănentĕr *adv.* dauernd, ständig.
permănĕō, mānsī, mānsŭm 2 1. verbleiben, ausharren. 2. fortdauern. 3. bleiben, weilen, verweilen; neque permanebunt iniusti: noch dürfen die Ungerechten weilen (*Ps.* 5, 6).
permānō 1 hindurchfließen; durchdringen.
permētĭŏr, mēnsŭs sŭm 4 durchmessen; *übtr.*: durchwandern.
permīrābĭlĭs, ĕ sehr bewundernswert.
permīscĕō, mīscŭī, mīstŭm *u.* mīxtŭm 2 vermischen, verwirren.
permissĭō, ōnĭs *f.* Überlassung, das Anheimgeben; Erlaubnis.
permissīvē *adv.* erlaubter Weise.

permissīvŭs 3 gestattend, erlaubend.
permissŏr, ōrĭs *m.* Zulasser, Gestatter.
permissŭm, ī *n.* Erlaubnis, Gunst.
permissŭs, ūs *m.* Erlaubnis, Zulassung; *meist nur abl.*: permissu mit Erlaubnis, permissu lēgĭs mit gesetzlicher Vollmacht (*Apg.* 26, 12).
permīstŭs 3 *s.* permixtus.
permittō, mīsī, missŭm 3 1. überlassen, zur Verfügung stellen. 2. freistellen, erlauben, gestatten; *auch trans.*: permittor es wird mir gestattet.
permīxtē *adv.* vermischt.
permīxtĭm *adv.* vermischt.
permīxtĭō, ōnĭs *f.* 1. Vermischung, Mischung. 2. Verwirrung.
permīxtŭs 3 (permistus) vermischt, vermengt.
permŏdĭcŭs sehr mäßig, sehr gering.
permollĭs, ĕ sehr weich.
permōtĭō, ōnĭs *f.* Erregung, Aufregung.
permŏvĕō, mōvī, mōtŭm 2 1. bewegen, veranlassen, bestimmen. 2. beunruhigen.
permulcĕō, mulsī, mulsŭm u. mulctŭm 2 1. streicheln, sanft berühren. 2. ergötzen, beruhigen, besänftigen.
permulsĭō, ōnĭs *f.* das Streicheln, das Schmeicheln.
permultŭs 3 sehr viel.
permundō 1 völlig reinigen.
permūnĭō 4 vollends befestigen.
permūtābĭlĭs, ĕ veränderlich.
permūtātĭō, ōnĭs *f.* 1. Vertauschung, Tausch, Umtausch. 2. Veränderung; Wechsel.
permūtō 1 1. umkehren. 2. eintauschen, vertauschen, wechseln.
pernă, ae *f.* (πέρνα) Hinterkeule, Schinken; **St. Laurentius in Pane et Perna** Titel einer Kirche in Rom.
pernĕcessārĭŭs 3 sehr notwendig, sehr dringend.
pernĕcessĕ *adv.* unumgänglich notwendig.
pernĕgō 1 stark leugnen.
pernĭcĭēs, ēī *f.* Vernichtung, Verderben.
pernĭcĭōsŭs 3 verderblich, schädlich.
pernīcĭtās, ātĭs *f.* Schnelligkeit, Behendigkeit.
pernīx, īcĭs 1. schnell, rasch, behende. 2. ausdauernd.
pernōbĭlĭs, ĕ sehr bekannt; sehr berühmt.
pernoctātĭō, ōnĭs *f.* das Übernachten.
pernoctō 1 die Nacht zubringen, übernachten.
pernōscō, nōvī 3 genau erkennen, gründlich erforschen.
pernōtēscō, nōtŭī 3 überall bekannt werden.
pernōtŭs 3 sehr bekannt, überall bekannt.
pernŭmĕrō 1 auszahlen.
pērō, ōnĭs *m.* (plumper) Lederschuh, Stiefel.
pĕrobscūrŭs 3 sehr dunkel.
pĕrŏdĭōsŭs 3 sehr verhaßt, sehr widerlich.
pĕroffĭcĭōsē *adv.* sehr gefällig.
Pĕrōnă, ae *f.* Péronne, St. in der Pikardie, Fkr. (Somme), *ca.* 3200 Einw.
Pĕrōnĭs mŏnastērĭŭm, ī *n. s.* Berona 2.
pĕropportūnē *adv.* sehr zeitgemäß.
pĕropportūnŭs 3 sehr willkommen.
pĕroptātō *adv.* ganz nach Wunsch, sehr erwünscht.
pĕroptō 1 sehr wünschen.
pĕrōrātĭō, ōnĭs *f.* 1. Schluß der Rede, Epilog. 2. Schlußrede.
pĕrornātŭs 3 ausnehmend schön.
pĕrōrnō 1 (beständig) schmücken.
pĕrōrō 1 1. den Vortrag beendigen. 2. die Schlußrede halten. 3. etw. vollständig erörtern.
pĕrōsŭs 3 1. sehr hassend. 2. sehr verhaßt.
perparvŭs 3 sehr klein.
perpāstŭs 3 wohlgenährt.
perpaucī 3 sehr wenige.
perpaul(lŭ)lŭm, ī *n.* ein wenig, sehr wenig.
perpaupĕr, ĕrĭs ganz arm.
perpellō, pŭlī, pulsŭm 3 1. einen tiefen Eindruck machen. 2. mit aller Gewalt antreiben, durchsetzen.
perpendĭcŭlŭm, ī *n.* 1. Bleilot, Richtlot, Senkblei; ad perpendiculum: lotrecht, senkrecht, gerade. 2. Perpendikel (der Uhr).
perpendō, pendī, pēnsŭm 3 untersuchen, erwägen, beurteilen.
Perpĕnĭānŭm, ī *n. s.* Perpinianum.
perpĕrăm *adv.* 1. verkehrt, falsch. 2. anmaßend, unbescheiden.
perpĕrŭs 3 1. verkehrt, unrichtig, falsch, unecht. 2. leichtsinnig, unbesonnen, fehlerhaft.
perpĕs, ĕtĭs fortwährend, beständig, ewig.
perpessĭō, ōnĭs *f.* das Erdulden.
perpĕtĭm *adv.* immerfort, beständig, ewig.
perpĕtĭŏr, pessŭs sŭm 3 standhaft ertragen.
perpĕtrābĭlĭs, ĕ tunlich; erlaubt.
perpĕtrātĭō, ōnĭs *f.* Vollziehung, Vollendung.
perpĕtrō 1 vollziehen, beendigen.
S. Perpĕtŭă, ae *f.* hl. Perpetua, Mart., † 203, 7. Februar.
perpĕtŭālĭtĕr *adv.* ohne Unterbrechung, beständig, ewig.
perpĕtŭĭtās, ātĭs *f.* 1. ununterbrochene Fortdauer, Stetigkeit. 2. Zusammenhang. 3. Ewigkeit.
perpĕtŭō 1 fortdauern lassen; fortsetzen.

perpĕtŭŭm, ī *n.* Ewigkeit; in perpetuo auf immer.
perpĕtŭŭs 3 ununterbrochen, beständig, ewig; *adv.* perpĕtŭō.
Perpĭnĭăcŭm, ī *n.* *s.* Perpinianum.
Perpĭnĭānŭm, ī *n.* (Perpenianum, Perpiniacum, Elnensis ecclesia) Perpignan, St. r. an der Tet, Fkr. (Pyrénées-Orientales), *ca.* 30000 Einw., Bischofssitz (bis 1602 Bistum Elne), Suffr. v. Albi; *dav.*: **Perpĭnĭānēnsĭs,** ĕ.
perplexĭō, ōnĭs *f.* Verwirrung, Zweideutigkeit.
perplexĭtās, ātĭs *f.* Verwirrung.
perplexŭs 3 ineinander verschlungen, verworren, undeutlich.
perpŏlĭō 4 verfeinern, feilen.
perprŏpinquŭs 3 sehr nahe.
perpulchĕr, chră, chrŭm überaus schön.
perquăm *adv.* gar sehr, überaus.
perquīrō, quīsīvī, quīsītŭm 3 genau erforschen, sich genau erkundigen; suchen, streben nach.
perquīsītĭō, ōnĭs *f.* genaue Durchforschung.
perquīsītŏr, ōrĭs *m.* Aufsucher, Erforscher.
perrārō *adv.* sehr selten.
perrēxī *s.* pergo.
perrŏgō 1 durchfragen, der Reihe nach fragen.
perrumpō, rūpī, ruptŭm 3 durchbrechen, durchdringen, eindringen.
Persă, ae *m.* der Perser (*Dan.* 13, 65).
Persae, ārŭm *m.* (*Πέρσαι*; *sing.*: Persēs, ae *m.*; *auch*: Persă, ae *m.*) die Perser (Bewohner der Landschaft Persis am Persischen Meerbusen u. Bew. des persischen Reiches); *dav.*: **Persĭă,** ae *f.* Persien; **Persĭcŭs** 3 u. **Persĭs,** ĭdĭs persisch.
persaepĕ *adv.* sehr oft.
persălūtātĭō, ōnĭs *f.* die allseitige Begrüßung.
persălūtō 1 der Reihe nach begrüßen.
persanctŭs 3 sehr heilig.
persānō 1 völlig heilen.
perscĭĕntĕr *adv.* sehr gescheit.
perscītŭs 3 sehr treffend.
perscrībō, scrīpsī, scrīptŭm 3 1. genau niederschreiben, sorgfältig aufzeichnen, (amtlich) protokollieren. 2. buchen, verbuchen. 3. schriftlich berichten.
perscrīptĭō, ōnĭs *f.* das Niederschreiben, die Aufzeichnung, (amtliche) Niederschrift, Protokollierung.
perscrūtātĭō, ōnĭs *f.* Erforschung, Ergründung.
perscrūtātŏr, ōrĭs *m.* Forscher, Ergründer.
perscrūtŏr 1 erforschen.
persĕcūtĭō, ōnĭs *f.* Verfolgung; gerichtliche Klage.
persĕcūtŏr, ōrĭs *m.* Verfolger.
persĕcūtrīx, īcĭs *f.* Verfolgerin; *auch adj.* nachstellend.
persĕnīlĭs, ĕ sehr greisenhaft; hochbetagt.
persentĭō, sēnsī, sēnsŭm 4 tief fühlen, deutlich wahrnehmen.
persentīscō 3 1. tief empfinden. 2. deutlich merken, deutlich wahrnehmen.
Persĕpŏlĭs, ĭs(*acc.*-im, *abl.*-i)*f.*(*Περσέπολις*) Persepolis, Hauptstadt von Persien in der Landschaft Persis, unweit des Flusses Araxes, von Darius I. gegründet, von Alexander d. Gr. zerstört.
persĕquŏr, sĕcūtŭs sŭm 3 1. folgen, nachfolgen, verfolgen; zu erreichen suchen: păcem. 2. einholen, erreichen. 3. fortsetzen, fortfahren.
1. **Persēs,** ae *m.* (*Πέρσης*) *s.* Persae.
2. **Persēs,** ae (*dat.*-ī *acc.*-ēn, abl.-ē) *m.* (Perseus) Perses oder Perseus, letzter König v. Makedonien (197—167), Sohn Philipps III.
Perseus, ĕī u. ĕŏs *m.* *s.* 2. Perses.
persĕvērāns, tĭs ausdauernd, beharrlich, ohne Unterlaß.
persĕvērantĭă, ae *f.* 1. Ausdauer, Beharrlichkeit. 2. Fortdauer, Fortsetzung.
persĕvērātĭō, ōnĭs *f.* Beharrung, das Durchhalten.
persĕvērō 1 1. verbleiben, verharren, ausharren. 2. fortsetzen; weiter bestehen (*Ps.* 118, 91).
persĕvērŭs 3 sehr streng.
Persĭă, ae *f.* *s.* Persae.
Persĭcŭs 3 *s.* Persae.
persĭmĭlĭs, ĕ sehr ähnlich.
1. **Persĭs,** ĭdĭs *f.* 1. Persien (2. *Mach.* 1, 20). 2. Perserin. 3. persisch (*s.* Persae).
2. **Persĭs,** ĭdĭs (*acc.*-ĭdă) *f.* (*Περσίς*) Persis, eine eifrige Christin in Rom, welche der hl. Paulus grüßen läßt.
persistō, stĭtī, stătŭm 3 stehen bleiben, verharren.
persolvō, solvī, sŏlūtŭm 3 auszahlen, abtragen; prĕcēs persolvĕre Gebete verrichten.
persōnă, ae *f.* 1. Person; p. physĭcă (= Einzelperson) *u.* p. mōrālĭs: Personengruppe (beide können kirchliches Rechtssubjekt sein, *C. j. c.* 87 u. 99). 2. Charakter, Rolle. 3. Stellung, Rang.
persōnālĭs, ĕ persönlich.
persōnālĭtās, ātĭs *f.* Persönlichkeit, persönliches Wesen.
1. **persōnātŭs** 3 maskiert, verkleidet.
2. **persōnātŭs,** ūs *m.* Amtswürde.
persŏnō, ŭī, ĭtŭm 1 1. *intr.*: erschallen, ertönen lassen. 2. *trans.*: laut rufen, laut preisen.

Persons Robertŭs *m. s.* B. Edmundus Campion.
perspectŭs 3 durchschaut; bewährt.
perspĭcābĭlĭs, ĕ sehenswert.
perspĭcāx, ācĭs scharfsichtig, einsichtsvoll.
perspĭcĭentĭă, ae *f.* völlige Erkenntnis.
perspĭcĭō, spēxī, spectŭm 3 deutlich sehen, besichtigen, genau ansehen (in *c. abl.*:); erkennen, wahrnehmen.
perspĭcŭĭtās, ātĭs *f.* Deutlichkeit, Augenscheinlichkeit.
perspĭcŭŭs 3 hell; deutlich, klar.
perstillō 1 durchträufeln, das Regenwasser durchtropfen lassen (*Prov.* 19, 3).
perstō, stĭtī, stātūrŭs 1 1. feststehen, längere Zeit hindurch auf dem gleichen Platze stehen. 2. fortdauern, verharren, bleiben.
perstrĕpō, ŭī, ĭtŭm 3 sehr lärmen, großen Lärm machen (*Ex.* 19, 6; *Caer. Ep.*).
perstringō, strīnxī, strictŭm 3 1. fest zusammenschnüren. 2. streifen, berühren, erwähnen. 3. unangenehm berühren, erschüttern; tadeln, verspotten.
perstrictĭm *adv.* nur obenhin.
persuādĕō, sī, sŭm 2 überreden, überzeugen.
persuāsĭbĭlĭs, ĕ überzeugend, einschmeichelnd.
persuāsĭō, ōnĭs *f.* Überredung, Überzeugung.
persubtīlĭs, ĕ sehr fein, sehr zart; *übtr.*: sehr durchdacht.
pertaesŭs 3 überdrüssig.
pertĕgō, tēxī, tēctŭm 3 ganz bedecken.
pertemptō 1 (pertento) erproben, untersuchen, erforschen.
Pertēnsĭs pāgŭs, ī *m.* Le Pertois, Landschaft, Fkr.(Marne *und* Haute-Marne).
pertentō 1 *s.* pertempto.
pertĕnŭĭs, ĕ sehr gering, sehr schwach; sehr dünn, sehr klein.
pertĕrō, trīvī, trītŭm 3 zerdrücken, zerquetschen.
perterrĕfăcĭō 3 u. **perterrĕō,** ŭī, ĭtŭm 2 erschrecken, einschüchtern.
pertĭcă, ae *f.* Stange, langer Stock; *übtr.*: Meßrute.
pertĭmēscō, tĭmŭī 3 in große Furcht geraten; sehr befürchten.
pertĭnācĭă, ae *f.* Beharrlichkeit; Hartnäckigkeit, Starrsinn.
pertĭnāx, ācĭs 1. beharrlich, dauerhaft, ausdauernd, fest. 2. unbeugsam, hartnäckig, starrsinnig.
pertĭnĕō, tĭnŭī, tentŭm 2 1. sich erstrecken, reichen, sich ausdehnen. 2. sich beziehen, betreffen. 3. zu jem. (etw.) gehören, jem. angehören (*C. j. c.* 441, 443). 4. pertinet ad me de aliqua re: es liegt mir an etwas.
pertingō 3 sich wohin ausdehnen, sich erstrecken, reichen, gelangen zu.
pertractātĭō, ōnĭs *f.* Behandlung; Beschäftigung mit etwas (*gen.*).
pertractō 1 (pertrecto) 1. betasten, befühlen. 2. (geistig) behandeln, bearbeiten; durchdenken, sich beschäftigen mit etw. (*acc.*).
pertrăhō, trāxī, tractŭm 3 hinziehen, hinschleppen.
pertrānsĕō, ĭī, ĭtŭm 4 1. schnell vorübergehen, dahinschwinden. 2. durchziehen, umherziehen, umherschreiten (*Ps.* 67, 8); sich von einem Orte zum anderen begeben, wandern: Măcĕdŏnĭăm p.: eine Reise durch M. machen. 3. übergehen auf. 4. *übtr.*: sich regen (*Ps.* 103, 20). 5. ferrum pertransiĭt ănĭmăm eius, *nach Hier. richtig*: ĭn ferrŭm vēnĭt ănĭmă (= Person) ĕiŭs: in Eisen kam er zu liegen (*Ps.* 104, 18).
pertrectō 1 *s.* pertracto.
pertrīstĭs, ĕ sehr traurig.
pertundō, tŭdī, tūsŭm u. tūnsŭm 3 durchstoßen, durchbohren.
perturbātĭō, ōnĭs *f.* 1. Verwirrung, Unordnung; Störung; Umwälzung, Revolution; perturbātĭŏ cīvīlĭs: Bürgerkrieg. 2. Sturm. 3. Verführung. 4. Gemütsbewegung, Leidenschaft.
perturbātē *adv.* verwirrt, unordentlich.
perturbātŏr, ōrĭs *m.* Beunruhiger, Verwirrer.
perturbĭdŭs 3 sehr unruhig.
perturbō 1 verwirren, in Unordnung bringen, stören; p. textum eine Stelle im Buche entstellen.
perturpĭs, ĕ sehr schändlich.
Pertūsă, ae *f. s.* Petrapertusa.
Pertūsĭŭm, ī *n.* Pertuis, St. Fkr. (Vaucluse), *ca.* 4700 Einw.
Peruānŭs 3 aus Peru in Südamerika, peruanisch.
pĕrūnctĭō, ōnĭs *f.* Salbung.
pĕrungō, ūnxī, ūnctŭm 3 salben.
perurgĕō, -ursī 2 sehr drängen, hart zusetzen.
pĕrūrō, ūssī, ūstŭm 3 1. völlig verbrennen, ganz versengen. 2. entflammen, entzünden, erhitzen.
Pĕrŭsĭă, ae *f.* (Perusium) Perugia, St. am Trasimener See, It. (Umbrien), *ca.* 20 000 Einw.; Erzbischofssitz (seit 1882; Bistum seit 2. Jhdt.), *dav.*: **Pĕrŭsīnŭs** 3.
Pĕrŭsīn. (*C. R.*) *s.* Perusia.
Pĕrŭsīnŭs lăcŭs, ūs *m.* der Trasimener See (Lago di Perugia).
1. **Pĕrŭsĭŭm,** ī *n. s.* Perusia.

2. **Pĕrŭsĭŭm,** ī *n.* (Perusia) Perosa Argentina, D. l. am Chisone (zum Po), It. (Turin), *ca.* 2500 Einw.
pĕrŭstŭs 3 1. verbrannt. 2. dürr; wund.
pĕrūtĭlĭs, ĕ sehr nützlich.
pervādō, vāsī, vāsŭm 3 1. hindurchgehen, durchdringen, sich verbreiten. 2. wohin gelangen, kommen, etwas erreichen.
pervăgātŭs 3 wert verbreitet, allgemein bekannt.
pervăgŏr 1 umherschweifen.
pervăgŭs 3 umherstreifend.
pervălĭdŭs 3 gewaltig, sehr stark.
pervărĭē *adv.* sehr mannigfaltig.
pervāstō 1 völlig verwüsten.
pervĕhō, vēxī, vectŭm 3 1. durchführen, durchfahren. 2. hintragen, hinbringen; *pass.*: hinfahren, hinreiten, hinkommen.
pervĕnĭō, vēnī, ventŭm 4 hinkommen, ankommen, gelangen, erreichen.
perventĭō, ōnĭs *f.* das Hinkommen, das Hintreten.
perventŏr, ōrĭs *m.* Hinzukömmling.
perversĭō, ōnĭs *f.* 1. Verdrehung. 2. Glaubensabfall (*C. j. c.* 1060).
perversĭtās, ātĭs *f.* Verkehrtheit, Fehler, Laster, Sünde.
perversŭs 3 umgedreht, verdreht; *übtr.*: schlecht, lasterhaft, verkehrt.
pervertō, vertī, versŭm 3 1. umstürzen, umwerfen; vernichten, verwerfen. 2. verführen. 3. *pass.*: sich verkehrt zeigen; mit List handeln.
pervēstĭgātĭō, ōnĭs *f.* das Ausspüren; Erforschung.
pervēstĭgātŏr, ōrĭs *m.* Erforscher.
pervēstĭgō 1 ausspüren; erforschen, untersuchen.
pervĕtŭs, ĕrĭs sehr alt, uralt.
pervĕtustŭs 3 sehr alt, uralt.
pervĭăm *adv.* zugänglich.
pervĭcācĭă, ae *f.* Beharrlichkeit, Standhaftigkeit; Hartnäckigkeit, Eigensinn.
pervĭcāx, ācĭs beharrlich; hartnäckig, eigensinnig; vermessen.
pervĭdĕō, vīdī, vīsŭm 2 überschauen; *übtr.*: gründlich betrachten.
pervĭgĭl, lĭs 1. immer wachsam. 2. ganz durchwacht.
pervĭgĭlātĭō, ōnĭs *f.* religiöse Nachtfeier.
pervĭgĭlĭă, ae *f.* nächtliches Wachen, Nachtwache.
pervĭgĭlĭŭm, ī *n.* 1. das Wachbleiben bei Nacht. 2. religiöse Nachtfeier; Vigil (*C. j. c.* 772).
pervĭgĭlō 1 die ganze Nacht hindurch wachbleiben; durchwachen.
pervīlĭs, ĕ sehr wohlfeil.
pervincō, vīcī, victŭm 3 ganz besiegen, überwältigen; *übtr.*: unumstößlich dartun.
pervĭŭm, ī *n.* Durchgang.
pervĭŭs 3 1. gangbar, wegsam; pervios populos habere: Weg durch die Völker finden, zu allen Völkern dringen. 2. *übtr.*: offen, zugänglich.
pervŏlō 1 durchfliegen, herumfliegen.
pervŏlūtō 1 immer wieder die Buchrollen aufrollen, *d. h.* genau lesen; studieren.
pervolvō, volvī, vŏlūtŭm 3 herumwälzen; *übtr.*: eine Bücherrolle aufrollen, ein Buch durchlesen.
pervulgō 1 allgemein bekannt machen.
pēs, pĕdĭs *m.* Fuß, Huf, Kralle; pes superbiae der Hoffärtige (*Ps.* 35, 12).
pessĭmō 1 verderben, schädigen.
pessĭmŭs 3 *s.* malus 3.
Pessŭlānŭs mōns, *m.* (Pessulus mons, Puellarum mons) *s.* Mons Pessulanus.
pessŭlŭs, ī *m.* (πάσσαλος) Riegel (*Cant.* 5, 6).
Pessŭlŭs mōns, tĭs *m. s.* Mons Pessulanus.
pessŭm *adv.* fußwärts, auf dem Boden, zugrunde.
pessumdō 1 (pessum do *u.* pessundo). zugrunde richten, verderben, unglücklich machen.
pessundō 1 *s.* pessumdo.
pēstĭfĕr, fĕră, fĕrŭm unheilbringend.
pēstĭlēns, tĭs pestartig, ungesund.
pēstĭlentĭă, ae *f.* Seuche, Pest.
pēstĭlentĭōsŭs 3 pestartig, verderblich.
pēstĭs, ĭs *f.* 1. Unglück, Verderben. 2. Seuche, Pest.
pĕtăsŭs, ī *m.* (πέτασος) Reisehut.
Peterborough *indecl. n.* (Petropolis) Peterborough, St. r. am Otonabee (Trent), Kanada (Ontario), *ca.* 12 000 Einw.; Bischofssitz (seit 1882), Suffr. v. Kingston; *dav.*: **Peterboroughēnsĭs,** ĕ.
Peterboroughēn. (*C. R.*) *s.* Peterborough.
Peterlingă, ae *f. s.* Paterniacum.
Petershausen *indecl.* Petershausen, ehem. Abtei bei Konstanz in Baden.
Petingen *indecl.* Petingen, St. in Luxemburg.
pĕtītĭō, ōnĭs *f.* 1. Angriff. 2. das Ansuchen, Anliegen, inbrünstiges Flehen, Bitte; petitio vĕnĭae Bitte um Nachlassung des Fehlers. 3. das Erbetene; petitio vĕnit: die Bitte geht in Erfüllung. 4. Amtsbewerbung. 5. gerichtlicher Anspruch, Klage in Privat- oder Zivilsachen, *bes.*: Eigentumsklage; Anspruchsrecht, Forderungsrecht.
pĕtītŏr, ōrĭs *m.* 1. Bewerber. 2. Bittflehender. 3. Kläger in Privat- oder Zivilsachen, *bes.*: in Eigentumsangelegenheiten (*C. j. c.* 1668; 1697; 2193).

pĕtītōrĭŭm, ī *n.* Bittschrift.

pĕtītōrĭŭs 3 1. bittend, flehend. 2. bewerbend. 3. eine Klage in Privatprozeßsachen betreffend; actio petitoria Klage in Zivil- oder Privatsachen, *bes.*: in Eigentumsangelegenheiten; causa (iudicium) in petitorio Klage (Urteil) in Eigentumsangelegenheiten.

pĕtō, tīvī u. tĭī, tītŭm 3 1. etwas zu erreichen suchen; werfen, ziehen, stoßen. 2. aufsuchen, regeln, reisen nach. 3. angreifen, bedrohen. 4. begehren, bitten, fordern; *auch mit acc. des pers. Obj.*: quodcumque petieritis patrem. 5. etw. beanspruchen, auf etw. klagen (in Privatsachen). 6. holen, herholen.

Pĕtōvĭōnēnsĭs, ĕ *s.* Petovio.

Pĕtōvĭō, ōnĭs *m.* (Pĕtōvĭŭm) Pettau, St. a. der Drau, Steiermark, *dav.*: **Pĕtōvĭōnēnsĭs.**

Pĕtōcĭŭm, ī *n. s.* Petovio.

pĕtră, ae *f.* (πέτρα) Fels, Stein, Steinblock; Altarstein; petra sacra (*ital.*: pietra sacra) Tragaltar (*C. j. c.* 1197).

Pĕtră ĭn Ărăbĭā *s.* Petra deserti.

Pĕtră dēsertī *f.* (Petra in Arabia) Petra, ehem. Hauptstadt der Moabiter im steinigen Arabien, noch Ruinen im Wadi Musir südlich vom Toten Meere in der Nähe von Maan.

Pĕtră Etam Felsengrotte in Pal. gegen das Philisterland (*Richt.* 15, 8).

Pĕtră Oreb Orebstein, ein Felsen oder Stein auf der Ostseite des Jordan, wo der Madianiterfürst Oreb erschlagen wurde (*Richt.* 7, 25).

Pĕtră Pertūsă, ae *f.* (Ad Intercīsa [*scil.*: saxa]) Perusia, St. am Metaurus, Umbrien.

Pĕtră Remmon Stadt oder Felsen unweit Jerusalem in der Wüste bei Gabaa in Pal. (Benjamin) (*Richt.* 20, 45 *u.* 47; 21, 13).

Pĕtragŏrĭcī, ōrŭm *m. s.* Petrŏcŏră.

Pĕtraltă, ae *f.* Petralta da Sal, Ort in Spanien (Aragonien).

pĕtrĕfactŭm, ī *n.* Versteinerung.

Pĕtrēnsĕ coenŏbĭŭm, ī *n.* Benediktinerabtei St. Peter in Salzburg.

S. Pĕtrī (*C. R.*) (*s. auch*: Martinica) Saint-Pierre, St. auf d. Insel Martinique, *ca.* 26000 Einw.; Bistum S.-P. u. Fort-de-France (arx Gallica); Suffr. v. Bordeaux.

S. Pĕtrī cellă, ae *f.* Sankt Peter, D., Baden (Freiburg).

S. Pĕtrī Flūmĭnĭs Grandĭs austrālĭs (*C. R.*) *s.* S. Petrus Fluminis Grandis australis.

S. Pĕtrī ĭn montĕ Blandīnō abbātĭă, ae *f.* Saint-Pierre, Kloster bei Gent, Belgien (Westflandern).

S. Pĕtrī vallĭs, ĭs *f.* Heisterbach, D. bei Bonn, Preußen (Rheinprovinz).

S. Pĕtrī ăd Vincŭlă festum, Fest Petri Kettenfeier, das Sixtus III.(461—468) einführte.

Pĕtrĭcordĭŭm, ī *n. s.* Petrŏcŏra.

Pĕtrĭcŏrĭŭm, ī *n. s.* Petrŏcŏra.

Pĕtrĭcŏrĭŭs pāgŭs, ī *m.* Le Périgord, Landschaft, Fkr. (Dordogne).

Pĕtrĭcŏvĭă, ae *f.* (Pĕtrŏvĭŭm) Petrikau (*russ.*: Petrokow, *poln.*: Piotrkow), St. l. an der Piliza, Polen (Regierungsbezirk Petrikau), *ca.* 30000 Einw.; *dav.*: **Pĕtrĭcŏvĭēnsĭs conventus** polnischer Reichstag im J. 1558.

Pĕtrĭcŭlă, ae *f.* Little-Rock, St., r. am Arkansas, Nordamerika (Arkansas), *ca.* 40000 Einw.; Bischofssitz (seit 1843), Suffr. v. New Orleans; *dav.*: **Pĕtrĭcŭlānŭs** 3.

Pĕtrĭcŭlān. (*C. R.*) *s.* Petricula.

Pĕtrŏcŏră, ae *f.* (Petragorici, Petricordium, Petricorium, Vesumna, Vesunna) Périgueux, St. an der Isle, Fkr. (Dordogne), *ca.* 30000 Einw.; Bischofssitz (seit 3. Jhdt.), vereinigt mit dem Titel v. Sarlat, Suffr. v. Bordeaux; *dav.*: **Pĕtrŏcŏrĭcēnsĭs,** ĕ.

Pĕtrŏcŏrĭcēn. (*C. R.*) *s.* Pĕtrŏcŏră.

Pĕtrŏcŏrĭī, ōrŭm *m.* Petrokorier, eine gallische Völkerschaft in Aquitanien mit der Hauptstadt Vesunna, *j.*: Périgueux.

S. Pĕtrŏnellă, ae *f.* hl. Petronella, *s.* S. Petronilla.

S. Pĕtrŏnillă, ae *f.* (Petronella) hl. Petronilla, Jgfr. (1. Jhdt.).

Nach einer weit verbreiteten Annahme soll Petronilla die leibliche, nach anderer Meinung die geistliche Tochter des hl. Apostelfürsten Petrus gewesen sein, die von ihm die Taufe empfangen und nach seinem Namen benannt wäre. Ihren jungfräulichen Leib bewahrte sie in vollkommenster Reinheit und wies die Hand des adeligen Römers Flaccus zurück, der sie zur Ehe nehmen wollte. Auf seine Liebeswerbungen hin erbat sie sich drei Tage Bedenkzeit, um ihre Entscheidung zu fällen. Doch benutzte sie diese drei Tage, um durch Fasten und heisse Gebete ihren himmlischen Bräutigam zu bestürmen, sie aus den Händen eines irdischen Bräutigams zu befreien und zu sich in den Himmel zu nehmen. Ihre Bitte wurde erfüllt. Am dritten Tage gab sie, gestärkt durch den Empfang der hl. Kommunion, auf eine neue Todesart, nämlich mehr durch ein Übermaß der Liebe als durch natürliche Auflösung, ihre ganz unschuldige Seele ihrem himmlischen Bräutigam zurück. Papst Paul I. fand ihren hl. Leib in einem Marmorgrabe eingeschlossen mit der Aufschrift: „Der liebsten Tochter Petronilla". Unter Papst Paul V. wurde der hl. Leib in die Basilika St. Peter übertragen. — 31. Mai (Münster).

1. **Pĕtrŏpŏlĭs,** ĭs *f. s.* Peterborough.
2. **Pĕtrŏpŏlĭs,** ĭs *f.* Petropolis, St. am Nordfuße der Serra dos Orgãos, Brasilien (Rio de Janeiro), *ca.* 12000 Einw.; Bischofssitz (seit 1895); von

1893—1895 Sitz in Nictheroy, Suffr. v. Rio de Janeiro.

3. **Pĕtrŏpŏlĭs,** ĭs *f.* Petersburg (Rußland, Leningrad); *dav.*: **Pĕtrŏpŏlĭtānŭs** 3.

pĕtrōsă, ōrŭm *n.* (*scil.* loca) Gestein, Steinwüste.

Pĕtrŏvĭŭm, ī *n.* *s.* Pĕtrĭcŏvĭă.

Pĕtrŭs, ī *m.* (*Πέτρος*; *hebr.*: Kepha = Fels) Petrus.

A. **Heilige** (zeitlich geordnet):

1. **S. Pĕtrŭs,** ī *m.* hl. Apostelfürst Petrus (Peter), ursprünglich Simon genannt, das erste von Christus selbst bestellte Oberhaupt der hl. Kirche Gottes auf Erden, gestorben den Martertod am Kreuze unter Kaiser Nero in Rom vor 67: über 30 Jahre lang „Papst": „annos Petri non videbis!" — 29. Juni.

2. **S. Pĕtrŭs,** ī *m.* hl. Petrus, Mart. zu Augsburg um 290. — 12. Aug., *s.* S. Hilaria.

S. Pĕtrŭs Exorcistă, ae *m.* hl. Petrus der Exorzist, *auch*: Petrus Martyr *genannt*, † 304, 2. Juni, *s.* S. Marcellinus.

S. Pĕtrŭs Alexandrīnŭs, ī *m.* hl. Petrus, Mart., Bischof v. Alexandrien, † 311. — 26. Nov.

S. Pĕtrŭs Chrȳsŏlŏgŭs, ī *m.* hl. Petrus Chrysologus, Kirchenlehrer u. Erzbischof von Ravenna, † am 3. Dez. 450, — 4. Dez.

S. Pĕtrŭs Dămĭānī, hl. Petrus Damiani, Kirchenlehrer u. Kardinalbischof von Ostia, † 1072, 23. Febr.

S. Pĕtrŭs Tărentāsĭēnsĭs, hl. Petrus, Bek. u. Bisch. von Tarentaise (Moutiers-en-Tarentaise), († 1174).

In der Diözese Vienne (Fkr.) geboren, trat er mit 20 Jahren in das Cistercienserkloster Bellevaux (Bonnevaux) in Obersavoyen ein. Nachdem er im Kloster zu Tamies die Abtswürde erhalten hatte, wählte ihn Geistlichkeit und Volk zum Erzbischofe von Moutiers-en-Tarentaise. Aus Sehnsucht nach der Einsamkeit und im Gefühle seiner eigenen Unzulänglichkeit floh er nach Deutschland, wo er in einem Cistercienserkloster lange verborgen blieb. Als man ihn endlich auffand, mußte er zu seinem Bischofssitze zurückkehren. Unermüdlich predigte er, kam auch ins Elsaß und wirkte vielfach Wunder. Als er in dem elsässischen Orte Rufach die hl. Messe las, heilte er Lahme und gab einem Blinden das Augenlicht wieder. Als Kaiser Friedrich Barbarossa einen Gegenpapst aufstellte, hielt Petrus an dem rechtmäßigen Papste Alexander III. durchaus fest und machte dem Kaiser selbst ernste Vorwürfe über sein Verhalten. Er ging als apostolischer Gesandter an den französischen und an den englischen Hof, um beide miteinander zu versöhnen. Als er aus England heimkehrte, erkrankte er in einem Kloster der Diözese Besançon und starb dort im 73. Lebensjahre. — 12. Mai (Cist. O.).

S. Pĕtrŭs ī *m.* hl. Petrus, Mart., Kapuziner († 16. Jan. 1619, *s.* S. Berardus).

S. Pĕtrŭs Martȳr (Pĕtrŭs Vērōnēnsĭs) der hl. Petrus aus Verona, Mart. † 1252, — 6. April.

S. Pĕtrŭs Nōlascŭs, ī *m.* hl. Petrus von Nola, Stifter des Merzedarierordens (zum Loskaufe der gefangenen Christen), Bek. † 1256, — 31. Januar.

S. Pĕtrŭs Martȳr *m.* hl. Petrus, Mart. u. Dominikaner, † 1292, — 29. April.

S. Pĕtrŭs Coelestīnŭs, ī *m.* hl. Petrus Coelestin, Stifter des Cölestinerordens, einige Monate war er Papst i. J. 1294, † 1296, — 19. Mai.

S. Pĕtrŭs Rĕgălātŭs, hl. Petrus Regalado (= der Geschenkte), Bek. *u.* Franziskaner († 1456).

Er wurde geboren zu Valladolid (Spanien) im Jahre 1390. Als Kind war er außerordentlich fromm und eingezogen; schon mit zehn Jahren wollte er Franziskaner werden und erhielt mit 13 Jahren die Aufnahme; obwohl so jung, übte er alle Tugenden und Strengheiten wie ein vollkommener Ordensmann. Zur Vorbereitung auf die Priesterweihe zog er sich in ein einsames Kloster zurück. Im Jahre 1422 wurde er Vorsteher aller Klöster in Spanien, die sich der strengeren Richtung im Franziskanerorden angeschlossen hatten. Er bewahrte fast beständig Stillschweigen, schlief wenig und auf bloßem Boden oder auf Stroh, hielt im Jahre neunmal 40tägige Fasten und ertrug Widersprüche, ja Verfolgung mit der größten Demut und Geduld. Mehreremal überschritt er Flüsse ohne Fahrzeug und war in zwei weit getrennten Klöstern zur selben Zeit zugegen. 66 Jahre alt, starb er am 31. März 1456; an seinem Grabe geschahen viele Wunder. Innozenz XI. sprach ihn selig, Benedikt XIV. heilig. — 13. Mai (Franz. O., Kap O.).

S. Pĕtrŭs dē Alcantără, *m.* hl. Petrus von Alcantara, Priester aus dem Franziskanerorden, Ordenserneuerer, † 1592 — 19. Oktober.

S. Pĕtrŭs Baptistă et XXII Sŏcĭī, hl. Petrus Baptista mit 22 Gefährten, Martyrer, Franziskaner († 1598).

Aus altem spanischen Geschlechte entsprossen, wurde Pater Petrus aus dem Franziskanerkloster zu Manila von König Philipp II. von Spanien zu dem Kaiser Taikosama nach Japan gesandt; mit drei Gefährten kam er im Juni 1593 dort an. Anfangs begünstigte der Kaiser die Ausbreitung des Christentums, so daß Petrus mehrere Klöster, Kirchen und Hospitäler bauen und viele zum Christentume bekehren konnte. Aber von den Götzenpriestern wurde der Kaiser umgestimmt und mit Haß gegen die Christen erfüllt, so daß er befahl, alle Missionare und deren Gehilfen als Majestätsverbrecher hinzurichten. Im Dezember 1596 wurden die Insassen der Klöster gefangen genommen, darunter Pater Petrus Baptista, Martin und Franziskus, der Akolyth Philippus, die Laienbrüder Franziskus und Gonsalvo, 17 Tertiarier sowie drei Priester der Gesellschaft Jesu. Am 3. Januar 1597 verkündete man ihnen das Todesurteil und schnitt ihnen zum Zeichen der Schande einen Teil des linken Ohres ab. Am folgenden Tage wurden sie gebunden, auf Karren verladen und vier Wochen lang durch einen Teil des Landes gefahren und während der Fahrt der Grausamkeit des Pöbels und der Schergen preisgegeben. Am 5. Februar kam man in Nagasaki an, wo die Bekenner alle ans Kreuz geheftet wurden. Diese priesen Gott laut und dankten ihm für die Gnade, Christus dem Herrn im Tode gleichförmig zu werden; sodann wurde ein jeder von ihnen mit zwei Lanzen durchbohrt. Gott verherrlichte diese ersten Blutzeugen in Japan sogleich mit wunderbaren Zeichen und Erscheinungen. 1627 sprach sie Urban VIII. selig, und am 8. Juni 1862 Pius IX heilig. — 5. Februar (Franz O.).

S. Petrŭs Cănīsiŭs, ī *m.* hl. Petrus Canisius, Priester der Ges. Jesu, Bek. († 1597).

Geboren zu Nymwegen in Holland im Jahre 1515, studierte er in Köln und schloß sich dort dem neugegründeten Jesuitenorden als erster in Deutschland an. Gegen den Erzbischof Hermann von Köln, der die neue Lehre begünstigte, trat er entschieden auf. Als päpstlicher Gesandter nahm er am Konzil zu Trient teil und führte im Auftrage Pius' IV. die Verkündigung der Konzilsbeschlüsse in Deutschland durch. Um den katholischen Glauben gegen die Irrlehren Luthers zu verteidigen und die Rechte der katholischen Kirche zu wahren, durchzog er predigend fast ganz Deutschland. Das neugegründete germanische Kolleg in Rom suchte er aufs kräftigste zu unterstützen sowie die Studien der weltlichen und geistlichen Fächer auf den Hochschulen wieder herzustellen. Gegen die Magdeburger Centuriatoren schrieb er ausgezeichnete Abhandlungen, stellte zuerst die katholische Glaubenslehre in gedrängter Weise in Katechismusform zusammen und verfaßte noch andere brauchbare Werke. Vom hl. Ignatius zum Provinzial der deutschen Ordensprovinz ernannt, gründete er in mehreren Städten Ordenshäuser und Unterrichtsanstalten des Jesuitenordens und sandte seine Ordensleute als katholische Glaubensprediger zur Ausrottung des Irrtums und zur Aussaat des christlichen Glaubenslebens über ganz Deutschland aus. Deshalb wurde ihm der Ehrenname: „Hammer der Irrlehrer" und „Apostel Deutschlands" zu teil. So sehr er wegen seiner außerordentlichen Verdienste um die hl. Kirche bei vier Päpsten und vielen katholischen Fürsten in höchsten Ehren stand, hielt er doch sich selbst für den niedrigsten Diener und schlug dreimal die Bischofswürde von Wien aus. Seinem Ordensoberen war er im Gehorsam so zugetan, daß er selbst unter Gefahr für Gesundheit und Leben alle ihre Winke befolgte. Die Jungfräulichkeit, die er in seiner Jugend der allerseligsten Jungfrau gelobte, bewahrte er bis zum Tode, der in Freiburg in der Schweiz am 22. Dezember 1597 in seinem 72. Lebensjahre erfolgte. Unzählige Volksscharen kamen an seinen Sarg und beweinten ihn wie einen Vater; Wunder verherrlichten sein Grab. Pius IX. nahm ihn in die Schar der Seligen auf, Pius XI. sprach ihn 1925 heilig und ernannte ihn zum Kirchenlehrer. — 27. April (Linz, Wien, Ges. Jesu) und 22. Dezember (Augsburg, Bamberg, Basel, Chur, Eichstätt, St. Gallen, Genf-Lausanne, Köln, Mainz, Münster, Olmütz, Osnabrück, Paderborn, Passau, St. Pölten, Prag, Regensburg, Rottenburg, Salzburg, Seckau, Speier, Straßburg, Trient, Trier, Würzburg).

S. Petrŭs Forĕrĭŭs, ī *m.* hl. Petrus Fourier, Bek. († 1640).

Er wurde zu Mirecourt in Lothringen geboren und hieß Fourier. An der Hochschule zu Pont-à-Mousson (Fkr.) studierte er Latein, Griechisch und Philosophie. Schon damals wurde er als der „Heilige" bezeichnet. Er schloß sich den Regularkanonikern der Abtei Chaumouzey in der Diözese Toul (Fkr.) an; ließ sich aus Gehorsam in Trier zum Priester weihen und widmete sich dem Studium der hl. Schrift und der Kirchenväter. Aus drei ihm angebotenen Pfarreien wählte er die ärmste zu Mataincourt im Bistum Toul. Dort begründete er zur Erziehung der weiblichen Jugend die Gesellschaft der Regularkanonissen vom hl. Augustin. Mit Erfolg trat er den Irrlehren Luthers und Calvins in der jetzt preußischen Grafschaft Salm (Rheinprovinz) sowie in Badenweiler (Baden) entgegen. Seine Genossenschaft wählte ihn gegen seinen Wunsch zum Generaloberen. Er begab sich als solcher in die Grafschaft Burgund, wo Pest und Krieg wüteten, und verrichtete dort zahllose Werke der Nächstenliebe. Zu Gray (Fkr.) befiel ihn ein tödliches Fieber; er starb ebenda im 76. Lebensjahre. Er wurde von Benedikt III. selig und von Leo XIII. heilig gesprochen. — 9. Dezember (Trier).

S. Petrŭs Claver *m.* hl. Petrus Claver, Priester der Ges. Jes., Bek. († 1654).

Petrus Claver aus der spanischen Stadt Verduno in Katalonien trat als sittenreiner junger Mann in die Gesellschaft Jesu ein. Nach musterhaft verlebtem Noviziat und nach Vollendung seiner Gymnasialstudien kam er zum Studium der Philosophie auf die Balearischen Inseln. Dort verband ihn innige Freundschaft mit Alfons Rodriguez, der vieles über seine zukünftige apostolische Tätigkeit und seinem außerordentlichen Himmelslohn von Gott geoffenbart erhielt. Er führte ihn in die Geheimnisse des höheren Tugendlebens ein und machte ihn bekannt mit den Beschwerden, die seiner warteten. Nach Barcelona berufen, begann er das Studium der Theologie, wurde aber schon im nächsten Jahre nach Amerika gesandt, wo er in Santa Fé de Bogotá seine theologischen Studien vollendete. Nach Empfang der Priesterweihe widmete er sein Leben gänzlich den Negern, die durch den schändlichen Sklavenhandel nach Amerika gebracht wurden. Mehr als 40 Jahre mühte er sich in unsäglicher Geduld und Liebe ab, die Negersklaven in den christlichen Glaubenswahrheiten zu unterrichten. Und nicht bloß ihren Seelen, auch ihrem Leibe ließ er Hilfe angedeihen. So oft Sklavenschiffe den Hafenplatz Carthago am Atlantischen Ozean anliefen, war Petrus da, um die von Elend gebrochenen Menschen wie ein liebevoller Vater zu empfangen, die Nackten mit Kleidern, die Hungrigen mit Speise und die Kranken mit Heilmitteln zu versehen. Besondere Sorgfalt und Hilfe ließ er den Pestkranken und anderen Leidenden angedeihen, ohne für sich wegen der Ansteckungsgefahr besorgt zu sein. Nicht selten sah man ihn, ohne den geringsten Ekel, voll Eifer die abscheulichen Geschwüre pflegen. So wurde er von Gott besonderer Wundergaben gewürdigt. Mehreren von den Ärzten aufgegebenen Kranken stellte er die Gesundheit plötzlich wieder her; vielen Blinden gab er das Augenlicht wieder; drei erweckte er von den Toten. Seinen Mantel pflegte er den Kranken umzulegen oder sie darauf zu betten; mochte er dabei auch noch sehr vom Schmutze der eiternden Wunden verunreinigt werden, er verbreitete doch nur den lieblichsten Wohlgeruch. Durch die Berührung damit erhielten mehrere, an ekelhaften Krankheiten Leidende plötzlich die Gesundheit wieder. Was den Heiligen von der Sorge für die Neger an Zeit noch übrig blieb, verwendete er, um den Irrgläubigen und Mohammedanern oder auch den ansässigen und eingewanderten Katholiken zu helfen. Nach des Tages Mühen oblag er noch bis in die späte Nacht hinein dem Gebete. Während er gegen alle sich freundlich zeigte, war er gegen sich allein aus Liebe zu den Mitmenschen streng. Trotzdem er zuhause und draußen in Ehren stand, kannte er keinen Stolz. Gehässige Gesinnung und Schmähreden von seiten schlechter Menschen ertrug er mit unbeweglicher Standhaftigkeit. Die hl. Reinheit bewahrte er durch seine strenge Lebensweise unversehrt bis ans Grab. Im Alter von 74 Jahren ging er mit reichen Verdiensten am Geburtsfeste der Gottesmutter, die er kindlich verehrte, in den Himmel ein. Er war ein Mann, wahrhaft würdig, daß ihn die beim Konzil von Tarracona versammelten Bischöfe in ihrem Konzilsbriefe an Benedikt XIII. mit dem Lobe auszeichneten, er sei ein zweiter Xaver. Pius IX. sprach ihn selig, Leo XIII. heilig, eben als sich Afrika wieder weit und breit dem Evangelium erschloß; letzterer erklärte ihn auch als den besonderen Patron der Negermissionen. — 9. September (Ges. Jes.).

B. Selige (zeitlich geordnet):

B. Pĕtrŭs de Castronŏvo, sel. Petrus von Kastelnau, Cist., Martyrer († 1208).

Petrus von Castelnau trat als Archidiakon von Maguelon (Languedoc). ins Cist. Kloster Fontfroid ein. Schon vor diesem Eintritte hatte er die Cistercienser-Legaten Rainer und Guido im Kampfe gegen die Albigenser unterstützt. Als Petrus das Ordensnoviziat vollendet hatte, ernannte ihn der Papst zum Legaten in den albigensischen Kämpfen in Südfrankreich. Den Hauptgegner hatte er in dem Grafen Raimund VI. von Toulouse, der auch zwei Söldlinge dang, den Petrus zu töten. Als dieser am 15. Januar 1208 in einem Schiffe über die Rhône setzen wollte, durchbohrte ihn einer derselben. „Gott verzeihe dir, wie ich dir verzeihe", waren des Martyrers letzte Worte. — 5. März (Cist. Ord.).

B. Pĕtrŭs Luxemburgĕnsĭs *m.* sel. Petrus von Luxemburg, Bek. u. Erzbischof von Metz († 1387).

Er stammte aus dem Geschlechte der Grafen von Luxemburg und wurde am 20. Juli 1369 in einem Orte Lothringens geboren. Da er früh die Eltern verlor, erzog ihn die Gräfin Johanna von Luxemburg. Mit zehn Jahren wurde er nach Paris gesandt, wo er trotz der vielen Stunden, die er dem Gebete widmete, große Fortschritte in der Wissenschaft machte. Zur Befreiung seines von den Engländern in Calais (Fkr.) gefangen gehaltenen Bruders Valerian bot er sich selbst als Geisel an; zehn Monate mußte er auf die Befreiung harren. Nach seiner Rückkehr nach Paris gelobte er der Gottesmutter ständige Treue. Täglich betrachtete er das bittere Leiden Jesu, wobei er oft unter den fließenden Tränen in Verzückung geriet. Mit 15 Jahren wählte man ihn zum Bischofe von Metz; er zog aus Demut, wie der Herr auf einer Eselin sitzend, in seine Bischofsstadt ein und nahm an einem öffentlichen Bittgange mit bloßen Füßen teil. In Begleitung seines Weihbischofes bereiste er die ganze Diözese, überall Spuren seiner Liebe und Lehre hinterlassend. Auf Befehl des Papstes kam er noch Avignon, wo er Kardinal wurde. Zweimal hatte er eine Erscheinung des Gekreuzigten. Die unselige Kirchentrennung seiner Zeit schmerzte ihn bitter. Er starb zu Villeneuve bei Avignon vom Fieber ergriffen, erst 18 Jahre alt. Mehr als 2000 Wunder geschahen innerhalb zweier Jahre an seinem Grabe, so daß ihn Klemens VII. im Jahre 1526 selig sprach. Seine Gebeine wurden im Kloster der Cölestiner zu Avignon bis zur französischen Revolution aufbewahrt und während derselben zumeist zerstreut. — 2. oder 7. Juli (Metz).

B. Pĕtrŭs ab **Eugubĭō,** sel. Petrus von Gubbio, Bek. († 13. Jhdt.).

Er wurde im 13. Jahrhundert aus der Familie der Ghisingi zu Gubbio (Mittelitalien) geboren, erlangte den Doktorgrad beider Rechte, trat später in den Orden der (Brittinianer-) Eremiten des hl. Augustin, in dem er bis zu seinem Ende in aller Frömmigkeit lebte. — 29. Oktober (Aug. O.).

B. Pĕtrŭs et Ioannēs Becchetti, sel. Petrus u. Johannes Becchetti, Bek. († 1421 u. 1420).

Sie waren Verwandte und zu Fabriano in der Mark Ancona geboren. Petrus trat früh in den Augustinerorden ein, zeichnete sich durch seine Predigten und durch seine Bußstrenge aus, besuchte das hl. Grab in Jerusalem, malte es nach und verfertigte ein Abbild in seinem Kloster zu Fabriano. Hier hielt er Tag und Nacht seine religiösen Betrachtungen und regte das Volk zur Frömmigkeit an. Er starb 1421. — Johannes wurde von den Ordensoberen zur Universität Oxford geschickt, um den Magistergrad zu erlangen. Nach seiner Rückkehr versah er dann zu Perugia das Amt eines Magisters. Er war ein ausgezeichneter und erfolgreicher Prediger. Sein Tod erfolgte 1420. — Ihre Leiber wurden in einem gemeinsamen Grabe über dem Hochaltare in der Klosterkirche St. Augustin bestattet, und später in die von ihnen gegründete Kirche zum hl. Grabe übertragen. — 3. Juli (Aug. O.).

B. Pĕtrŭs Iăcōbŭs ā Pĭsaurō, sel. Petrus Jakob von Pesaro, Bek. († 1496).

Er wurde 1447 zu Pesaro in der Mark Ancona geboren und trat in das Augustinerkloster seiner Vaterstadt ein. Als Lehrer wurde er in das Kloster zu Perugia geschickt. Er war auch Magister und Doktor. Besonders zeichnete er sich durch Demut aus. Nach langer Tätigkeit zog er sich zur innigeren Vereinigung mit Gott in die Einsiedelei von Valmanente zurück. Hier wirkte er noch durch seine Predigten für das Heil der Seelen. — 25. Juni (Aug. O.).

B. Pĕtrŭs Făbĕr, rī *m.* sel. Petrus Faber, Priester der Ges. Jes., Bek. († 1546).

Er wurde in Villareto, einem Städtchen Obersavoyens, das in der ehemaligen Diözese Genf lag, geboren. Mit kaum zwölf Jahren legte er das Gelübde steter Keuschheit ab. Schon beim Hüten der Herden seines Vaters studierte er eifrig. Später kam er nach Paris, wo er mit dem hl. Ignatius von Loyola und dem hl. Franz Xaver zusammentraf. Als erster schloß er sich der „Gesellschaft Jesu" auf dem Montmartre bei Paris an. Auf Geheiß des Papstes wirkte Petrus zuerst in Parma (Italien), dann in Deutschland, Belgien, Frankreich, Spanien und Portugal. Längere Zeit weilte er zur Bekehrung der Irrgläubigen in Worms und Regensburg. Von König Johannes III. von Portugal wurde er zum Patriarchen von Aethiopien ernannt, von Papst Paul III. als Berater zu dem Konzil von Trient berufen. Auf der Reise dorthin ergriff ihn das Fieber in Rom, wo er im kaum vollendeten 40. Lebensjahre starb. Andere sahen seine Seele, von Engeln begleitet, in den Himmel aufsteigen. Schon gleich nach seinem Tode begann man, ihn als „Seligen" zu verehren. Pius IX. gestattete dies durch einen eigenen Erlaß. — 8. August (Ges. Jes.).

B. Pĕtrŭs ab Assumptĭōnĕ (dē Ascensĭōnĕ) sel. Petrus von der Himmelfahrt Mariens, Mart., Franziskaner; † 1617, 22. Mai, *s.* B. Ioannes u. B. Machado.

B. Pĕtrŭs dē Zúñiga, sel. Petrus von Zuñiga, Mart. († 1622).

Er war als Sohn des spanischen Vizekönigs Alvarus Manriquez von Mexiko zu Sevilla geboren. Er trat in den Augustinerorden, wo er ein leuchtendes Vorbild der Tugend war. Später wirkte er segensreich auf den Philippinen. Als in Japan eine große Christenverfolgung wütete, eilte er dorthin, um den Christen im Martyrium beizustehen. Als er von seinem Ordensmitbruder, dem sel. Ferdinand vom hl. Joseph, nach Manila geschickt worden war, um für die japanischen Christen Unterstützung herbeizuführen, geriet er auf der Rückreise in die Hände von Seeräubern, die ihn an die Japaner auslieferten. Zu Nagasaki (Japan) erlitt er den Feuertod. — 19. August (Aug. O.).

B. Pĕtrŭs Cufioie *m.* sel. Petrus Cufioie, Mart. aus dem 3. Orden des hl. Augustinus; † 1630 in Japan, *s.* B. Ioannes Chocumbuco.

B. Pĕtrŭs Quizuki, *m.* sel. Petrus Quizuki, japanischer Mart., Katechet aus der Ges. Jesu († 17. Jhdt. — 16. Nov.), *s.* B. Paulus Navarro.

B. Pĕtrŭs Dumoulin-Borie, Mart., † 1775, *s.* B. Ioannes Gabriel Dufresse.

B. Pĕtrŭs Rinxiŭs, ī *m.* sel. Petrus Rinx, japanischer Mart., Katechet der Ges. Jesu, † in 18. Jhdt. — 20. Juni, *s.* B. Franciscus Pacheco.

C. **Andere Personen** (zeitlich geordnet):

Pĕtrŭs Vĕnĕrābĭlĭs, *m.* Petrus der Ehrwürdige, Benediktinerabt von Clugny († 1156).

Pĕtrŭs Lombardŭs, ī *m.* Petrus Lombardus, Bisch. v. Paris, berühmter Theologe, Verfasser der sog. Sentenzenbücher († 1164).

Pĕtrŭs Lĕōnĭs, Petrus Leonis, Name des gegen Innozenz II. i. J. 1131 gewählten Gegenpapstes Anaklet II.

Pĕtrŭs Collĭvăcīnŭs Bĕnĕventānŭs, Sekretär Papst Innozenz' III. aus Benevent. Als Kardinal gab er im Auftrage des Papstes eine Sammlung der Dekrete bis zu dessen 12. Regierungsjahre heraus (Compilatio tertia), 13. Jhdt.

Pĕtrŭs Carafa, Familienname Papst Pauls IV. (1555—1559).

Pĕtrŭs Matthaeŭs, ī *m.* Rechtsgelehrter, † zu Lyon 1621, verfaßte aus den Dekretalen der Päpste von Sixtus IV. (1471—84) bis Sixtus V. (1580—90) sowie früherer Päpste ein 7. Buch (liber VII., verschieden von dem siebenten Buch Papst Clemens' VIII.) der Gesetzessammlungen, das er 1590 zu Lyon herausgab. Es wurde gewöhnlich als Anhang dem Codex juris canonici beigegeben, galt aber stets nur als Privatarbeit.

D. **Orte.**

S. Pĕtrŭs Gumalĭēnsĭs, *m.* San Pedro de Gumiel, ehemal. Cistercienserkloster Spanien, Diöz. Osma.

S. Pĕtrŭs Flūmĭnĭs Grandĭs austrālĭs, *m.* Bistum São Pedro do Rio grande do Sul, mit dem Sitze des Bischofs in Porto Alegre; *s.* 2. Portus Aleger.

pĕtŭlāns, tĭs mutwillig, leichtfertig, frech.

pĕtŭlantĭă, ae *f.* 1. Mutwille, Leichtfertigkeit. 2. Zudringlichkeit, böse Lust, Begehrlichkeit.

Pfirrētŭm, ī *n. s.* Ferrata.

P. F .M. = Parvi Fratres Mariae kleine Brüder Mariens, gegr. 1817.

Pháceë *indecl. m.* (*hebr.* Peqach = Öffnung) Phakee, Usurpator des Königsthrones von Israel (*ca.* 737—732), zuerst Kriegsoberster des Königs Phakeia; in seine Regierung fiel die erste assyrische Gefangenschaft.

Phaceia *indecl. m.* (*hebr.*: Peqachja = Jahwe hat eröffnet) Phakeja, siebenter König von Israel (*ca.* 737—736), Sohn und Nachfolger des Königs Menachem.

Phadaia *indecl. m.* (*hebr.*: Jahwe hat erlöst) Phadeja, 1. Vater der Zebida, der Mutter des Königs Joakim von Juda. 2. Enkel des Königs Joakim v. Juda. 3. Vater Joels, eines Fürsten im Stamme Manasse. 4. ein Jude, Miterbauer des nachexilischen Jerusalem, Sohn Pharos. 5. ein Levit z. Z. des Esdras. 6. ein Jude aus dem Stamme Benjamin, Sohn Colajas. 7. ein Levit, von Nehemias als Aufseher über die Zehentscheunen aufgestellt.

Phadassur *indecl. m.* (*hebr.*: der Hort [oder Fels = Gott] hat erlöst) Phadassur, Vater des Gamaliel, eines Heerführers im Stamme Manasse.

Phadon *indecl. m.* (*hebr.*: Erlösung) Phadon, ein Nathinäer, dessen Nachkommen aus dem babyl. Exil mit Zorobabel zurückkehrten.

phaenŏmĕnŏn, ī *n.* (φαινόμενον) Erscheinung, Phänomen.

Phahath-Moab *indecl. m.* (*hebr.*) Phahath Moab (Pachat-Moab), Jude, dessen Nachkommen aus dem babyl. Exil zurückkehrten.

Phalaia *indecl. m.* (*hebr.*: Jahwe ist wunderbar) Phalaja (Pelaja), Levit, welcher der ersten nachexilischen Gesetzesverlesung beiwohnte und den Bund besiegelte.

phălangă, ae *f.* (v. φάλαγξ) Walze, Rolle.

phălangās, *griechischer acc. pl. von*: phalanx (1. *Kön.* 17, 8).

phălangītēs, ae *m.* (φαλαγγίτης) Schwerbewaffneter.

phălanx, angĭs *f.* (φάλαγξ) Schlachtreihe, Schlachtordnung, Phalanx; Schar.

phălārĭcă, ae *f.* (falarica) 1. großer Wurfspeer. 2. langer Brandpfeil, der mit Wurfmaschinen geschleudert wurde.

Phalea *indecl. m.* (*hebr.* Pilcha ?) Phalea, ein jüdisches Volkshaupt und Mitbesiegler des nachexilischen Bundes.

Phaleg *indecl. m.* (*hebr.* Peleg: Teilung) Phaleg, Sohn Hebers aus dem Geschlechte Sems, Ahnherr Christi.

Phalel *indecl. m.* (*hebr.* Palal: Schiedsrichter ?) Phalel, Jude, Miterbauer der Stadtmauer des nachexilischen Jerusalem.

phălĕrae, ārŭm *f.* (τὰ φάλαρα) Brust- oder Stirnschmuck.

phălĕrō 1 ausschmücken, aufputzen.

Phalet *indecl. m.* (*hebr.*: Flüchtling) Phalet, 1. zwei Israeliten aus dem Stamme Juda, der eine war Sohn des Jahaddai, der andere der Sohn Jonathans. 2. ein treuer Anhänger Davids, Sohn Azmoths.

Phallonītēs, ae *m. s.* Phalonites.

Phallu *indecl. m.* (*hebr.*: wunderbar) Phallu, der zweite Sohn Rubens, Stammvater der Phalluiten.

Phalluītae, ārŭm *m.* Phalluiten, eine israelitische Familie im Stamme Ruben, *s.* Phallu.

Phalonītēs, ae *m.* 1. *Par.* 11, 27 *dürfte nach* 2. *Kön.* 23, 26 *richtig zu lesen sein*: Heles, der Bethpaltäer oder Bethpaltite.

1. **Phalti** *indecl. m.* (*hebr.*: Rettung [Leben] ist Jahwe) Phalti: 1. Sohn des Raphu aus dem Stamme Benjamin, einer der Kundschafter Kanaans (4. *Mos.* 13, 10). 2. Kürzung für Phaltiel (1. *Kön.* 25, 44, *vgl.* 2. *Kön.* 3, 15).

2. **Phalti** *indecl. m.* 2. *Kön.* 23, 26, *wohl richtiger*: Beth-Paltītes der Bethpaltite aus der Stadt Beth-Pelet, „Rettungshausen", im südlichen Juda gelegen (*vgl.*: Phalonites).

Phaltia *indecl. m.* (*hebr.*: Jahwe ist Rettung) Phaltia, Fürst im Stamme Simeon, der sich im Gebirge Seïr niederließ.

Phaltias, ae *m.* (*hebr.*: Jahwe ist Rettung) Phaltias, ein Israelit, Nachkomme des Königs Jechonias (1. *Par.* 3, 21).

1. **Phaltiel** *indecl. m.* (*hebr.*: Gott ist Rettung) Phaltiel, Fürst im Stamme Issachar, von Moses zur Verteilung des Landes Kanaan aufgestellt.

2. **Phalthiel** *indecl. m.* (*hebr.*: Gott ist Rettung), Phaltiel (Phalti), Gatte Michols, der Tochter des Königs Saul, die er ihrem ersten Manne, dem Könige David, wiedergeben mußte.

phantăsĭă, ae *f.* (φαντασία) 1. Einbildung, Gedanke, Einfall. 2. Trugbild: diabolicae phantasiae.

phantasmă, ătĭs *n.* (φάντασμα) 1. Erscheinung, Gespenst. 2. Trugbild.

phantasmătĭcŭs 3 auf Einbildung beruhend, trügerisch.

1. **Phanuel** *indecl. m.* (*hebr.*: Gott hat sich gewendet) Phanuel 1. ein Israelit aus dem Stamme Juda, Vater Gadors. 2. ein Israelit aus dem Stamme Benjamin, Sohn des Sesak. 3. ein Jude aus dem Stamme Aser, Vater der Prophetin Anna (*Luc.* 2, 36).

2. **Phanuel** *indecl.* (*hebr.*: Gott hat sich gewendet) Phanuel, Ort, wo Jakob mit dem Engel (Gott ?) kämpfte (1. *Mos.* 32, 30; 3. *Kön.* 12, 25).

1. **Phara** *indecl. m.* (*hebr.* ?) Phara, der Diener Gedeons, der ihn ins Lager der Madianiter begleitete.

2. **Phara** *indecl.* (*hebr.*: Pir'aton, Φαραθών) Pharathon, *s.* Pharathon (1. *Mach.* 9, 50).

Pharai *indecl. m.* (*hebr.*: Paaraj) Pharai, ein Offizier Davids.

Pharam *indecl. m.* Pharam, König von Jerimoth, auf Befehl Josues getötet.

Pharan *indecl.* (*hebr.* ?) Pharan (Paran), 1. Wüste, südlich von Juda u. westlich von Idumäa. 2. ein Gebirge im Nordwesten des Sinaiberges.

Phărăō, ōnĭs *m.* (*ägypt.*: peraa = das große Haus, „die Hohe Pforte") Pharao, Titel der Könige Ägyptens bis zur Eroberung des Landes durch die Perser.

Pharaonēn. (*C. R.*) *s.* Pharum.

Pharathon *indecl.* (*hebr.*: Pir'athon Φαραθών) Pharathon, St. Pal. (Ephraim), Vaterstadt des Richters Abdon, *vielleicht j.*: Fer'ata, Dorf südwestlich von Nablus (= Sichem).

Pharatonītēs, ae *m.* der Pharathonite, aus Pharathon, *s.* Pharathon.

Phărēn. (*C. R.*) *s.* Pharia.

1. **Phares** *indecl. m.* (*hebr.*: Trennung, Riß) Phares, Sohn des Patriarchen Juda von der Thamar; von ihm stammt das Geschlecht der Pharesiten (1. *Par.* 4, 1).

2. **Phares** *indecl. m.* (*hebr.*: Peresch ?; *assyr.*: parschn = Darminhalt) Phares, Sohn des Machir u. der Maacha, Nachkomme des Manasse (1. *Par.* 7, 16).

3. **Phares,** (*aram.*: geteilt) *part. pass.*; Inschrift bei Daniel (5, 5).

phărĕtră, ae *f.* (φαρέτρα) Köcher.

Phărĭă, ae *f.* Lesina, St. u. Insel an der Küste von Dalmatien, *ca.* 2200 Einw.; Bischofssitz (seit 12. Jhdt.), vereinigt mit dem Titel v. Brazza u. Lissa, Suffr. v. Zara; *dav.*: **Pharēnsĭs,** ĕ.

Pharida *indecl. m.* (*hebr.*: Pharuda) Pharida, Knecht Salomons, dessen Nachkommen mit Zorobabel aus dem babyl. Exil zurückkehrten.

Pharisaeŭs, ī *m.* (*hebr.*: Getrennter, Abgesonderter) ein Pharisäer, Anhänger einer besonderen Sekte unter den Juden; *dav.*: **Pharisăĭcŭs** 3 pharisäisch, heuchlerisch.

pharmăcŏpōlă, ae *m.* (φαρμακοπώλης) Arzneihändler; Quacksalber.

pharmăcŭm, ī *n.* (φάρμακον) Heilmittel.

Pharnach *indecl. m.* (*hebr.*: Parnak ?) Pharnach, Vater des Elisaphan, eines Fürsten im Stamme Zabulon.

1. **Pharos** *indecl. m.* (*hebr.* ?) Pharos 1. ein Jude, dessen Nachkommen mit Zorobabel aus dem babyl. Exil zurückkehrten. 2. Vater des Phadaia, eines Miterbauers der Stadtmauer des nachexilischen Jerusalem. 3. jüdisches Volkshaupt, Besiegler des nachexilischen Bundes.

2. **Phărŏs,** ī *f.* (Φάρος) *s.* Pharus.

Pharphar *indecl.* Pharphar, ein Fluß in Syrien bei Damaskus, *vielleicht*: Nahr el-A'wadsch.

Pharsandatha *indecl.* (*pers.*) *wohl erdichteter Name* (*Esth.* 9, 7), *angebl.*: Sohn des Aman.

Pharuda *indecl. s.* Pharida.

Pharue *indecl. m.* (*hebr.*: Paruach) Pharue, Vater des Josaphat, eines Amtmannes Salomons.

Pharŭm, ī *n.* Faro, St. an der südlichen Küste Portugals (Algarve), *ca.* 12000 Einw.; Bischofssitz (1188—1577 in Silva), Suffr. v. Ēvora; *dav.*: **Pharaonēnsĭs,** ĕ.

Pharurim *indecl.* (*hebr.*: Parwarim = offener Platz, Vorstadt) *vielleicht ein Stadtteil zwischen dem äußeren Tempelhof u. den Stadtmauern Jerusalems oder dem Königspalaste* (4. *Kön.* 23, 11).

phărŭs, ī *m.* u. *f.* (φάρος) Leuchtturm.

Phărŭs, ī *f.* (Pharos, Φάρος) Pharus, kleine Insel vor der Nilmündung in Ägypten mit dem berühmten, von König Ptolemäus II. Philadelphus (285—247) erbauten Leuchtturme.

Phase *indecl. n.* (*hebr.*: Pesach, *woraus* pascha *entstand* = Vorübergang) 1. Vorbeigehen des Würgengels an den mit Blut bestrichenen Türen. 2. das dabei abgehaltene Ostermahl.

Phasea *indecl. m.* (*hebr.*: Paseach) Phasea (Pesach), 1. ein Nathinäer, dessen Söhne mit Zorobabel aus dem babyl. Exil zurückkehrten. 2. ein Jude, Vater des Jojada, der das Alte Tor im nachexilischen Jerusalem baute.

Phăsēlĭs, ĭdĭs *f.* (Φάσηλις u. Φασηλίς) Phaselis, dorische Hafenstadt am Pamphylischen Meerbusen in Lykien, Kleinasien (1. *Mach.* 15, 23).

phăsēlŭs, ī *m.* u. *f.* (φάσηλος) 1. eßbare Schwertbohne. 2. *übtr.*: kleines leichtes Schiff (in der Form der Schwertbohne ähnlich), Nachen, Kahn, Gondel.

Phaseron *indecl.* 1. *Mach.* 9, 66: *kein Eigenname, sondern richtig*: Perazi = Landbewohner.

Phasga *indecl.* (*hebr.*: Pisga) Phasga, ein Gebirgszug an der Grenze des Amorrhäerlandes, später zum Stamme Ruben gehörig; der Berg Nebo ist die äußerste Spitze dieses Gebirgszuges (4. *Mos.* 21, 20).

Phashur *indecl. m.* (*hebr.*: Paschchur; Pheshur) Phashur 1. jüdischer Priester, dessen Nachkommen mit Zorobabel aus dem babyl. Exil zurückkehrten. 2. jüdischer Priester, Besiegler des nachexilischen Bundes.

phăsĭs, ĭs *f.* (φάσις) Erscheinungsform, Entwicklungsstufe.

phasmă, ătĭs *n.* (φάσμα) Erscheinung, Gespenst.

Phaspha *indecl. m.* (*hebr.*: Pispa) Phaspha (Pispa), Israelit, Sohn des Jethran (Jether), Nachkomme Asers.

Phassur *indecl. m.* (*hebr.*: Paschehur) Phassur (Paschchur) 1. ein israelitischer Priester, Sohn des Melchias. 2. ein jüdischer Priester und Tempelaufseher, der den Propheten Jeremias einkerkern ließ. 3. ein Jude, Gesandter des Königs Sedekias an den Propheten Jeremias. 4. Vater des Godolias (*vgl.*: Phashur).

Phataia *indecl. m.* (*hebr.*: Petachja) *s.* Phathahia.

Phathahia *indecl. m.* (*hebr.*: Petachja = Jahwe hat geöffnet) Phathahia: 1. (Phataia) ein Levit (z. Z. des Esdras), der seine fremde Frau entlassen mußte. 2. ein Jude, Vermittler der Regierungsgeschäfte zwischen den Juden u. dem König Artaxerxes von Persien nach den Exil.

Phathures *indecl.* (*ägypt.*: p-to-rês(j) = Südland; *hebr.*: Patros) (Phatures) Phathures; *bei Ez.* 29, 14 *u. Jer.* 44, 1 *ist wohl*: Oberägypten oder die Thebais *gemeint.*

Phatuël *indecl. m.* (*hebr.*: Petuel) Phatuel (Petuel), Vater des Propheten Joël.

Phatures *indecl. s.* Phathures.

Phau *indecl.* (*hebr.*: Pau ?) Phau, Königsstadt in Edom.

Phedael *indecl. m.* (*hebr.*: Pedael Gott hat erlöst) Phedael (Pedael), Fürst im Stamme Nephthali, Sohn des Ammiud.

Phegiel *indecl. m.* (*hebr.*: Treffen [Begegnung] Gottes) Phegiel, Führer des Stammes Aser durch die Wüste.

Phegor *indecl.* moabitischer Berg, *s.* Beelphegor.

Pheldas *indecl. m.* (*hebr.*: Pildasch) Pheldas, der sechste Sohn Nachors, des Bruders Abrahams u. seiner Gattin Melcha.

Pheleja *indecl. m.* (*hebr.*: Pelaja = Jahwe ist wunderbar) Pheleja, ein Jude, Nachkomme des Zorobabel.

Phelelia *indecl. m.* (*hebr.*: Pelalja = Jahwe ist Schiedsrichter) Phelelia (Pelalja), Großvater des jüdischen Priesters Adaja.

Pheleth *indecl. m.* (*hebr.*: Pelet) Pheleth, Vater des Hon, der sich gegen Moses empörte.

Phelethaeī, ōrŭm *m. s.* Phelethi.

Phelethai *indecl. m. s.* Phelethi.

Phelethi *indecl. m.* (*hebr.*: = Pelischti Philister) (Plethi, Phelethaei, Phelethai) Abteilung der Leibwächter Davids und anderer israelitischer Könige.

Phelonītēs, ae *m.* (*hebr.*) *verschrieben für*. Giloni, Gilonītes — der Gilonite, Mann aus Gilo (1. *Par.* 11, 36).

Pheltai *indecl. m.* (*hebr.*: Paltai) Pheltaj, Haupt der jüdischen Priesterklassen Miamin und Moadia.

Phelti *indecl. m. s.* Pheltai.

Pheltia *indecl. m.* (*hebr.*: Jahwe ist Rettung) Pheltia, jüdisches Volkshaupt und Besiegler des nachexilischen Bundes.

Pheltias, ae *m.* (*hebr.*: Jahwe ist Rettung) Pheltias, ein israelitischer Fürst z. Z. des Propheten Ezechiel.

Phenenna, ae *f.* (*hebr.*Peninna) Phenenna (Peninna), Gattin Elkanas (1. *Kön.* 1, 2).

Phennēnsĕ mĕtallŭm, ī *n.* Punon, Metallbergwerk in Idumäa, südlich vom Toten Meere, in den ersten christl. Jhdten (*Martyrolog.* 4. *Mai*).

Pherezaeī, ōrŭm *m.* Pherezäer (Perizziter), Volksstamm, der vor den Israeliten in Palästina wohnte.

Phermesta *indecl. m.* (*pers.*) *Esth.* 9, 9, *erdichteter Name, angebl.*: Sohn des Aman.

Phesdomim *indecl.* (*hebr.*: *wohl richtig*: Ephesdammim = Ende der Sandbänke) Phesdomim (Ephesdammim), Ort, *ca.* 1½ Stunden nordöstlich von Socho, Pal., wahrscheinlich die heutige Ruinenstätte Damum (1. *Par.* 11, 13; 1. *Kön.* 17, 1).

Pheshur *indecl. m. s.* Phashur.

Phesse *indecl. m.* (*hebr.*: Paseach) Phesse, ein Israelit aus dem Stamme Juda, Sohn des Esthon.

Pheteja *indecl. m.* (*hebr.*: Petachja = Jahwe hat geöffnet) Pheteja, jüdischer Priester, nach dem die 19. Priesterklasse benannt war.

Phetros *indecl.* (*hebr.*: Partos) (*Is.* 11, 11) *s.* Phetrusim, *vgl.*: Phathures.

Phetrusim *indecl. m.* (*hebr.*: Patrusim [1. *Mos.* 10, 14], Patros [*Is.* 11, 11]) die Patrusiter, die Oberägypter (Bewohner der Thebais), *vgl.*: Phathures.

phĭălă, ae *f.* (φιάλη) Teller, Schale, Tasse.

Phicol *indecl. m.* (*hebr.* ?) Phikol, Heerführer des Königs Abimelech von Gerara z. Z. Isaaks.

Phĭcoclē, ēs *f.* (Cerviensis ecclesia) Cervia, St., It. (Ravenna), *ca.* 2100 Einw.; Bischofssitz (seit 6. Jhdt.), Suffr. v. Ravenna.

Phĭgellŭs, ī *m.* Phigellus, ein Schüler des hl. Paulus, der wieder vom Glauben abfiel (Stifter der Nikolaiten ?).

Phihahiroth *indecl.* (*ägypt.*) Phihahiroth, Lagerplatz der Israeliten nach dem Auszuge aus Ägypten vor dem Durchgange durchs rote Meer.

Phĭlădelphēnī, ōrŭm *m.* Einw. v. Philadelphia, *s.* 1. Philadelphia.

1. **Phĭlădelphīă,** ae *f.* (Φιλαδέλφεια) Philadelphia, hellenistische Stadt am Fuße des Tmolis, im östlichen Lydien (Kleinasien), *j.* Allah-Schehr; früher Bistum; *dav.*: **Phĭlădelphēnī,** ōrŭm *m.* Einw.

2. **Phĭlădelphīă,** ae *f.* (in Arabia) Philadelphia, St. im Ostjordanlande, *j.*: Anunan.

3. **Phĭlădelphīă,** ae *f.* Philadelphia, St., r. am Delaware, Nordamerika (Pennsylvania), *ca.* 1½ Mill. Einw.; Erzbischofssitz (seit 1875, seit 1808 Bistum); *dav.*: **Phĭlădelphīēnsĭs,** ĕ.

Phĭlădelphīēn. (*C. R.*) *s.* 3. Philadelphia.

S. Phĭlădelphŭs, ī *m.* hl. Philadelphus, Mart., † 290 in Augsburg, *s.* S. Hilaria.

Phĭlădelphŭs, ī *m.* (φιλάδελφος bruder- *oder* schwesterliebend, „Bruderfreund") Philadelphus, Beiname des Königs Ptolemäus II. von Ägypten (285—247).

Phĭlarchēs, ae *m.* Philarches, Unterbefehlshaber des syrischen Feldherrn Timotheus, ein grausamer, judenfeindlicher Mann (2 *Mach.* 8, 32).

phĭlargўrĭă, ae *f.* (φιλαργυρία) Geldgier.

phĭlautĭă, ae *f.* (φιλαυτία) Selbstliebe, Selbstsucht.

Phildĕbertŭs, ī *m. s.* Childebertus.

Phĭlēmōn, ŏnĭs *m.* (Φιλήμων) Philemon, Christ aus Kolossä, an den ein Brief des hl. Apostels Paulus gerichtet ist.

Phĭlētŭs, ī *m.* (Φιλῆτος) Philetus, ein vom Glauben abgefallener Schüler des hl. Paulus; er leugnete die Auferstehung der Toten.

Phĭlippēnsēs, ĭŭm *m. s.* Philippi.

Phĭlippī, ōrŭm *m.* (Φίλιπποι) Philippi, St. am Pangäus, nordw. von Amphipolis im östl. Makedonien, im 14. Jhdt. von den Türken zerstört, jetzt an der Stelle: Felibe bei Seres; *dav.*: **Phĭlippēnsĭs,** ĕ.

Phĭlippīnae īnsŭlae, ārŭm *f.* die Philippinen, die nördlichste Inselgruppe des Malaischen Archipels in Ostasien, den Vereinigten Staaten Nordamerikas gehörig.

1. **Phĭlippŏpŏlĭs,** ĭs *f.* Philippopel, St. an der Maritza, Ostrumelien, *ca.* 50000 Einw.; Sitz des Apostolischen Vikars von Sofia u. Philippopel.

2. **Phĭlippŏpŏlĭs,** ĭs *f.* (Cluniensis ecclesia) Ciudad Real (Spanien), *ca.* 1700 Einw., exempte Prälatur (seit 1875).

1. **S. Phĭlippŭs,** ī *m.* (Φίλιππος) hl. Philipp, Apostel, Mart., † 81 (?), 1. Mai.

2. **S. Phĭlippŭs,** ī *m.* hl. Philipp, Sohn der hl. Felizitas, Mart. † 162, 23. November.

Phĭlippŭs, ī *m.* A. biblische Personen: 1. Apostel Philippus, *s.* 1. S. Philippus. 2. Philippus, einer der von den Aposteln zur Armenpflege bestimmten Diakone. 3. Philipp II., König von Makedonien, (359—336), Vater Alexanders des Großen. 4. Philipp V., letzter König von Makedonien (220—179), Sohn Demetrius' II., 197 von den Römern bei Kynos Kephalä besiegt. 5. Philipp, ein Phrygier, Freund König Antiochus' IV. Epiphanes von Syrien (175 bis 164) u. dessen Statthalter in Jerusalem. 6. Philipp (Herodes), Halbbruder des Herodes Antipas, erster Gemahl der Herodias, Sohn Herodes' des Großen und der Mariamme. 7. Philipp, Sohn Herodes' des Großen u. der Kleopatra (aus Jerusalem), Vierfürst von Ituraea, Residenz in Paneas (= Caesarea Philippi); er regierte von 4 v. Chr. bis 34 nach Chr. (*richtiger*: 1—38 nach Chr.). B. Könige von Spanien: Philipp I., König v. Kastilien (1504—1506); Ph. II. (1556—1598); Ph. III. (1598 bis 1621); Ph. IV. (1621—1665); Ph. V. (1701—1746). C. Könige von Frankreich: Philipp I. (1060—1108); Ph. August II. (1180—1223); Ph. III., d. Kühne (1270—1285); Ph. IV., d. Schöne (1285—1314); Ph. V. (1316—1322); Ph. VI. (1328—1350).

S. Phĭlippŭs Benĭtĭŭs, ī *m.* hl. Philipp Benizzi, Mitglied des Servitenordens, Bek. † am 22. August 1285 zu Todi (It.), — 23. Aug.

S. Phĭlippŭs Neri *m.* hl. Philipp Neri, Stifter der Oratorianer, Bek., † 1595 zu Rom, 26. Mai.

B. Phĭlippŭs Plăcentīnŭs, ī *m.* sel. Philipp von Piacenza, Bek. († 1306).

Er stammte aus der adeligen Familie Suzanni zu Piacenza. Aus Liebe zur Unschuld trat er als Jüngling in den Augustinerorden. Hier zeichnete er sich besonders durch Demut und Liebe zu den Armen aus, die ihn zu den opfervollsten Werken der Entsagung und Barmherzigkeit begeisterten. Beim täglichen hl. Meßopfer beweinte er oft unter vielen Tränen seine Fehltritte. Nach seinem Tode verherrlichte ihn Gott durch viele Wunder. Sein hl. Leib, der lange verborgen war, wurde 1808 von der Kirche des hl Laurentius in die Kathedrale von Piacenza übertragen — 24. Mai (Aug O.)

Philistaeă, ae *f.* (Philistea) Philisterland.

Philistaeī, ōrŭm *m.* (Philistiim, Philistīm, Philistīni) die Philister, eine Völkerschaft in Palästina am Mittelmeere; sie hatten die Übermacht über die Israeliten ungefähr vom 1111—1001, wurden von David besiegt u. verschwanden etwa im 3. u. 2. Jhdt. aus der Geschichte, *dav.*: **Philistaeŭs** 3.

Philistēă, ae *f. s.* Philistaea.

Philisti(i)m *indecl. m.* (*hebr.*: Pelischtim Philister „die Zugewanderten") *s.* Philistaei.

Philistīnī, ōrŭm *m. s.* Philistaei.

S. Phĭlŏgŏnĭŭs, ī *m.* hl. Philogonius, Mart., der vom hl. Chrysostomus in einer Rede gefeiert wird, Bischof von Antiochia, † 323, 20. Dezember.

phĭlŏlŏgĭă, ae *f.* (φιλολογία „Sprachliebe") Philologie, Sprachenkunde, Altertumskunde, philologia biblĭcă biblische Sprachenkenntnis.

phĭlŏlŏgŭs, ī *m.* (φιλόλογος) Sprachgelehrter; Sprach- und Altertumsforscher.

Phĭlŏlŏgŭs, ī *m.* (Φιλόλογος) Philologus, Christ in Rom, den der hl. Paulus grüßen läßt.

Phĭlŭmēnă, ae *f. s.* Philumena.

Phĭlŏmētŏr, ŏrĭs *m.* (φιλομήτωρ mutterliebend, „Mutterfreund") Philometor, Beiname des Königs Ptolemäus VI. von Ägypten.

Phĭlōn, ōnĭs *m.* (Φίλων) Philo(n), gelehrter Jude zu Alexandrien in apostsolicher Zeit.

Phĭlŏpătŏr, ŏrĭs *m.* (φιλοπάτωρ vaterliebend, „Vaterfreund") Philopator, Bei- oder Spottname des Königs Ptolemäus IV. von Ägypten, der seinen Vater ermordet hatte.

phĭlŏsŏphă, ae *f.* die Weltweise, Philosophin.

phĭlŏsŏphēmă, ătĭs *n.* (φιλοσόφημα) philosophische Untersuchung, Betrachtung, Lehre.

phĭlŏsŏphĭă, ae *f.* (φιλοσοφία) Philosophie; philosophia rationālis Logik (*C. j. c.* 1365, § 1).

phĭlŏsŏphĭcŭs 3 philosophisch.

phĭlŏsŏphŏr 1 der Philosophie obliegen, nachdenken, grübeln.

phĭlŏsŏphŭs, ī *m.* (φιλόσοφος) Philosoph.

S. Philumēnă, ae *f.* (Philomēnă) hl. Philomena, Jgfr. u. Mart. († um 300), 10. August; Cingulum in honorem S. Philumenae (Rituale Rom.).

phĭlyră, ae *f.* (φιλύρα) Linde, Lindenbast.

phīmŭs, ī *m.* (φιμός) Würfelbecher.

Phineës *indecl. m.* (*hebr.*: Pinehas = Erzmund ?) 1. Phinees, frommer Israelit, ein Sohn Eleazars u. Enkel Aarons (*Num.* 25, 3—15; *auch*: *Ps.* 105, 30f.). 2. Sohn des Richters Heli.

Phinon *indecl. m.* (*hebr.*) Phinon, ein Fürst der Edomiter.

Phīrētŭm, ī *n. s.* Ferrata.

Phirrētēnsĭs, ĕ aus Pfirt, *s.* Ferrata.

Phirrētŭm, ī *n. s.* Ferrata.

Phison *indecl.* (*hebr.* ?) Phison, der erste der vier Paradiesesströme, vielleicht ist der Araxes gemeint, der ins Kaspische Meer fließt, von den Alten Phasis genannt (*Gen.* 2, 10—15 wird als babylonische Lokalisierung der Urüberlieferung betrachtet und als späterer Einschub).

1. **Phiton** *indecl. m.* (*hebr.*: Pithom) Phiton, Israelit aus dem Stamme Benjamin, Sohn des Micha.

2. **Phiton** *indecl.* (*hebr.*: Pithom) Phiton, Name einer Stadt, welche die Israeliten in Ägypten erbauen sollten (*Ex.* 1, 11).

Phlĕgōn, ontĭs *m.* (Φλέγων) Phlegon, ein Christ in Rom, den der hl. Paulus grüßen läßt.

phōcă, ae *f.* (φώκη) Seehund, Robbe.

Phōcās, ae *m.* Phokas, oströmischer Kaiser (602—610).

Phochereth *indecl.* (*hebr.*: Pokeret-Hassebajim) Phochereth (Pokeret-Hassebajim) Ort, aus dem Knechte Salomons stammten (?), die mit Zorobabel aus dem babyl. Exil zurückkehrten.

Phoebē, ēs *f.* (Φοίβη = die Leuchtende) Phöbe, eine christliche Frau (Diakonisse?) in Kenchreä, welche der hl. Paulus den Römern empfahl.

Phoebŭs, ī *m.* (Φοῖβος = der Leuchtende) Phöbus, Mart., Schüler des Philosophen Krato (*Propr. v. Limburg*, 14. Februar).

Phoenīcă, ae *f. s.* Phoenice.

Phoenīcē, ēs u. ĭs *f.* (Φοινίκη, Phoenica, Phoenicia) Phönizien, Küstenland am Mittelmeere vom Karmelgebirge bis zur Inselstadt Aradus, *j.* Ruad; (Tyrus u. Sidon waren die Hauptstädte).

Phoenīcēs, ŭm *m.* die Phönizier.

Phoenīciă, ae *f. s.* Phoenice.

Phoenīciŭs 3 phönizisch.

Phoenissă, ae *f.* Phönizierin.

phoenīx, īcĭs *m.* (φοίνιξ) der Phönix, ein fabelhafter (ägyptischer) Wundervogel, der nach der Sage ein Alter von 500 Jahren erreichte und sich dann selbst in seinem Neste verbrannte, worauf aus seiner Asche ein junger Phönix hervorging. Er galt besonders als Sinnbild der Auferstehung.

Phoenīx, īcĭs *m.* (Φοίνιξ) der Phönizier; *meist pl.*: *s.* Phoenices u. Phoenice.

Phogor *indecl.* (*hebr.*: Pĕ'or) 1. Phogor, ein Berg, die nördlichste Spitze des Gebirges Abarim. 2. Baal-Phogor Baal (Herr) v. Phogor (Peor). 3. Beth-Phogor, ein Ort im Ostjordanlande unweit des Jordan.

Phollathi *indecl. m.* (*hebr.*: Pĕ'ulletaj = Lohn Jahwes) Phollathi (Pĕ'ulletaj), ein Türhüter des israelitischen Heiligtums, der achte Sohn Obededoms, in dessen Hause die Arche des Herrn drei Monate war.

phōnascŭs, ī *m.* (φωνασκός) Gesanglehrer.

phōnētĭcŭs 3 (φωνητικός) den Lauten entsprechend, lautgemäß, wohltönend, phonetisch.

Phoratha *indecl. m.* (*pers.*) Phoratha, *erdichteter Name, angebl.*: Sohn des Aman (*Esth.* 9, 8).

Phosech *indecl. m.* (*hebr.*: Pasak) Phosec, Nachkomme des Aser, Sohn des Jephlat.

Phōtĭānŭs 3 (phōtiānŭs) photianisch, *s.* Photius.

Phōtīnŭs, ī *m.* Photinus, Bisch. von Lyon (Fkr.) (2. Jhdt.).

Phōtĭŭs, ī *m.* (Φώτιος) Photius, berüchtigter Patriarch von Konstantinopel, der i. J. 879 das große Schisma der griechischen Kirche veranlaßte († um 891); *dav.*: **Phōtĭānŭs** 3.

phōtŏgrăphĭcŭs 3 (φωτογραφικός) photographisch (*C. j. c.* 2036, 2).

phrăsĭs, ĭs (*acc.*-ĭm u. -ĭn; *abl.*-ī) *f.* (φράσις) rednerischer Ausdruck, Ausdrucksweise, Stil; Satz, Redensart, Phrase.

phrĕnēsĭs, ĭs *f.* (φρένησις) Wahnsinn, Hirnwut.

phrĕnētĭcŭs 3 gehirnkrank, irrsinnig.

Phrўgĭă, ae *f.* Landschaft in Kleinasien, der innere Teil des westlichen Kleinasiens: Großphrygien; die Südküste des Hellesponts und der Propontis: Kleinphrygien; *dav.*: **Phrўgēs,** ŭm *m.* Bew.

Phrўgĭŭs 3 phrygisch; *s.* Phrygia.

Phryx, ўgĭs *m.* der Phrygier, *meist pl.*: Phryges, *s.* Phrygia.

phthĭsĭs, ĭs *f.* (φθίσις) Schwindsucht.

1. **Phua** *indecl. m.* (*hebr.*: Puwwa) Phua (Puwwa) 1. Sohn des Issachar, dessen Nachkommen die Phuaiten waren. 2. ein Israelit aus dem Stamme Issachar, Vater des Thola.

2. **Phua** *indecl. f.* (*hebr.*: Puwwa) Phua (Puwwa), Hebamme bei den Israeliten in Ägypten.

Phuaītae, ārŭm *m.* Phuaiten, eine israelitische Familie im Stamme Issachar, *s.* 1. Phua 1.

Phul *indecl. m.* (Πῶρος) Phul, vielleicht der babyl. Name des Königs Tiglat-Pileser III. von Assyrien (745—728), der von 729—728 zugleich König von Babylon war (4. *Kön.* 15, 19).

Phunon *indecl.* (*hebr.*?) Phunon, ein Lagerplatz der Israeliten auf dem Zuge durch die Wüste.

phur *indecl. n. hebr. Ausdruck für das persische Wort*: bebre = Los; Purimfest.

Phuth *indecl. m.* Phut (Puet) Südarabien(?), dessen Bewohner von Cham abstammten, oder Mauretanien in Zentralafrika?
Phutiel *indecl. m.* (*hebr.*) Phutiel, Schwiegervater des Hohenpriesters Eleazar (2 *Mos.* 6, 25).
phȳlactērĭŭm, ī *n.* (φυλακτήριον) 1. Denk-, Merkzettel. 2. Amulett.
phȳlarchŭs, ī *m.* (φύλαρχος) Stammesfürst; phylarchus Arăbum = Emir.
phȳsĭcă, ae *f.* Naturlehre, Physik; Naturphilosophie.
1. **phȳsĭcŭs** 3 (φυσικός) der Natur entsprechend, natürlich; die Natur betreffend, physisch.
2. **phȳsĭcŭs,** ī *m.* Naturforscher, Physiker, Naturkundiger; Naturphilosoph.
phȳsĭognōmōn, ŏnĭs *m.* (φυσιογνώμων) Physiognom, Gesichterleser (der aus den Gesichtszügen die inneren Eigenschaften deutet).
phȳsĭognōmĭă, ae *f.* der Gesichtsausdruck, die Physiognomie.
phȳsĭŏlŏgĭă, ae *f.* (φυσιολογία) Naturkunde; Naturkenntnis.
pĭābĭlĭs, ĕ sühnbar.
pĭācŭlārĭs ĕ sühnend, entsündigend; piaculares flammae: Fegfeuer; piaculare sacrificium: Sühnopfer.
pĭācŭlō 1 durch ein Sühnopfer versöhnen.
pĭācŭlŭm, ī *n.* (piamen) 1. Sühnopfer, Heil-, Versöhnungsmittel. 2. Sühne, Strafe. 3. böse Tat, Sünde, Schuld, Vergehen.
pĭāmĕn, ĭnĭs *n. s.* piaculum.
pĭāmentŭm, ī *n.* Versöhnung, Sühne.
Pĭānŭs 3 piisch, von Pius stammend; Constitutio Piana.
Pĭāristae, ārŭm *m.* Piaristen (Pauliner), ein vom hl. Joseph v. Kalasanz i. J. 1597 gestifteter Schulorden.
Pibrăcŭm, ī *n.* Pibrac, D. westlich von Toulouse, Fkr. (Haute-Garonne), *ca.* 450 Einw.
pīcă, ae *f.* Elster.
Picardĭă, ae *f.* (Piccardia) Pikardie, Landschaft beiderseits der Somme, Nordfrankreich.
Piccardĭă, ae *f. s.* Picardia.
pĭcārĭă, ae *f.* Pechofen; Pechhütte.
Pīcentīnŭs 3 *s.* Picenum.
Pīcēnŭm, ī *n.* ehem. Landschaft am Adriatischen Meere in Mittelitalien, südlich von Ancona; *dav.*: **Pīcentīnŭs** 3 u. **Pīcēnŭs** 3.
Pickĭŭs, ī *m.* Pick, Familienname des Franziskanerguardians Nikolaus, eines der Martyrer von Gorkum.
pĭcĕŭs 3 1. pechig; aus Pech, von Pech. 2. pechschwarz.
Pictāvă, ae *f. s.* Pictavium.
Pictāvĭēn. (*C. R.*) *s.* Pictavium.
Pictāvĭă, ae *f. s.* Pictavium.
Pictāvĭŭm, ī *n.* (Pictava, Pictavia, Pictavum) Poitiers, St., Fkr. (Vienne), *ca.* 32000 Einw.; Bischofssitz, Suffr. v. Bordeaux; *dav.*: **Pictāvī,** ōrŭm *m.* Einw.; **Pictāvĭēnsĭs,** ĕ u. **Pictāvĭŭs** 3.
Pictāvŭm, ī *n. s.* Pictavium.
Pictŏnēs, ŭm *m.* Bew. der Landschaft Poitou in Frankreich; *dav.*: **Pictŏnĭcŭs** 3.
pictŏr, ōrĭs *m.* Maler.
pictūră, ae *f.* Malerei, Gemälde.
pictŭs 3 bemalt; bestickt.
pīcŭs, ī *m.* Specht.
Pĭentĭă, ae *f.* Pienza, St., It. (Siena), *ca.* 1200 Einw.; Bistum vereinigt mit Chiusi; *dav.*: **Pientīnŭs** 3.
Pĭentīn. (*C. R.*) *s.* Pĭentĭă.
pĭentissĭmŭs 3 (*superl. zu* pius) sehr fromm.
pĭĕtās, ātĭs *f.* 1. Frömmigkeit. 2. kindliche Liebe, Gesinnung, Ehrfurcht. 3. Güte, Erbarmen, Milde, Gnade; per occasionem pietatis aus Anhänglichkeit.
Pĭĕtās Dĕī *f.* La Piété-Dieu, ehem. Cistercienserkloster in Fkr., Diöz. Troyes.
pĭgĕr, gră, grŭm langsam, verdrossen, träge, faul.
pĭgĕt, ŭĭt 2 *unpers.*: es erregt Unlust, es erregt Widerwillen; es verdrießt.
Pĭgmaeī ōrŭm *m.* die Pigmäer, Volksname: hebr.: Gammadim; vielleicht ein Volksstamm in Phoenizien mit der Hauptstadt Gammades (*Ezech.* 27,11); nach anderen = Kappadokier.
pīgmentārĭŭs, ī *m.* Farbenhändler, Salbenhändler (2. *Mos.* 37, 29).
pīgmentŭm, ī *n.* Farbstoff; Schminke.
pīgnĕrātĭō, ōnĭs *f.* Verpfändung.
pīgnĕrātŏr, ōrĭs *m.* Pfandnehmer.
pīgnĕrātŭs 3 (pignoratus) verpfändet (*Amos* 2, 8).
pīgnĕrō 1 (pignŏrō) verpfänden, zum Pfande geben.
pīgnĕrŏr 1 als Pfand annehmen.
pīgnŏrātŭs 3 *s.* pigneratus.
pīgnŏrō 1 *s.* pignero.
pīgnŭs, ŏrĭs u. ĕrĭs *n.* Pfand, Unterpfand, Bürgschaft; Geisel; **se pignori dare** sich als Geisel stellen.
pĭgrēdō, ĭnĭs *f.* Trägheit.
pĭgrĭtĭă, ae (pigrities) *f.* Trägheit, Faulheit.
pĭgrĭtĭēs, ēī *f. s.* pigritia.
pĭgrĭtŏr 1 träge sein; zögern.
pĭissĭmŭs 3 *s.* pius.
1. **pīlă** ae *f.* Mörser.
2. **pīlă,** ae *f.* Pfeiler, Säule.
3. **pĭlă,** ae *f.* Ball, Spielball, Ballspiel.

Pila, ae *f.* Mörser, Kessel, ein Talgesenke in oder bei Jerusalem (*Soph.* 1, 11).
pĭlārĭŭs, ī *m.* Jongleur, Ballspielkünstler.
pīlātus 3 (von pilum) mit Wurfspießen bewaffnet.
Pīlātŭs, ī *m. s.* Pontius.
pīlĕātŭs 3 (pilleatus) mit einer Filzmütze versehen.
Pīlĕātŭs mōns, ntĭs *m.* der Pilatus, Berg in der Schweiz (Luzern), 2129 m hoch.
pīlĕŏlŭm, ī *n. s.* pileolus.
pīlĕŏlŭs, ī *m.* (pileolum, pilleolum, pilleolus) Käppchen, Scheitelkäppchen der Geistlichen, beim Papste weiß, bei den Kardinälen rot, bei Bischöfen und exempten Äbten u. Prälaten violett, bei den übrigen Geistlichen schwarz; *auch*: Soli Deo und Zucchetto genannt.
pīlĕŭm, ī *n. s.* pileus.
pīlĕŭs, ī *m.* (pileum, pilleum, pilleus) 1. Hut, Mütze. 2. (im Mittelalter) Birett.
pīllĕātŭs 3 *s.* pileatus.
pīllĕŏlŭm, ī *n. s.* pileolus.
pīllĕŏlŭs, ī *m. s.* pileolus.
pīllĕŭm, ī *n. s.* pileus.
Pīlōnă, ae *f.* (Pilsna) Pilsen, St., Böhmen, *ca.* 70 000 Einw.
pĭlōsŭs 3 behaart, bärtig.
Pilsnă, ae *f. s.* Pilona.
Piltrūdĭs, ĭs *f.* (Biltrudis) Piltrudis, Schwägerin des Bayernherzogs Grimoald, später dessen Gattin.
pīlŭm, ī *n.* Wurfspieß.
pĭlŭs, ī *m.* 1. das einzelne Haar. 2. Haarwuchs. 3. *übtr.*: das Allergeringste, Kleinigkeit, ein Härchen.
pīlŭs, ī *m.* Manipel (Abteilung) der Triarier, der ältesten u. erprobtesten Soldaten einer römischen Legion; primus pilus (primipilus) der erste Centurio des ersten Manipels der Triarier (= primi pili centurio); er war der höchste Centurio in der Legion.
pīnă, ae *f.* (πῖνα) Steckmuschel.
pīncernă, ae *m.* Trunkmischer, Mundschenk, (von πίνω trinke u. κιρνάω mische).
Pincĭānŭm, ī *n.* Poissy, St., l. an der Seine, nordwestl. v. Paris, Fkr. (Seine-et-Oise), *ca.* 5600 Einw.
Pincis, in Pincis (ital.: pincio = pigna Tannenzapfen) Begräbnisstätte bei der Stadt Nola in Italien in den ersten christlichen Jhdtn.; der Ausdruck palatium in pincis (domus pinciana) gab dem Pincius Mons in Rom den Namen.
Pinellŭs Dŏmĭnĭcŭs, ī *m.* Dominico Kardinal Pinelli war mit einer Kommission von Papst Sixtus V. (1585 bis 1590) mit der Kodifikation der noch nicht im Corpus juris canonici enthaltenen Gesetze, *bes.*: des Tridentinums, beauftragt.
Pinerōlĭēn. (*C. R.*) *s.* Pinerōlĭŭm.
Pinerōlĭŭm, ī *n.* Pinerolo, St., It. (Turin), *ca.* 13 000 Einw.; Bischofssitz (seit 1748), Suffr. von Turin; *dav.*: **Pinerolĭēnsĭs,** ĕ.
pīnētŭm, ī *n.* Fichtenwald, Föhrenwald.
pīnĕŭs 3 fichten, von Fichten, von Föhren, Fichten-, Föhren-.
pingō, pīnxī, pictŭm 3 1. malen, abbilden. 2. sticken, schmücken, zieren.
pinguēdō, ĭnĭs *f.* 1. Fettigkeit, Fruchtbarkeit. 2. Salbung. 3. *concr.*: fette Speisen (*Ps.* 62, 6).
pinguēscō 3 fett werden; *übtr.*: triefen.
pinguētūdō, ĭnĭs *f.* Fettigkeit, Fülle.
pinguĭs, ĕ 1. fett, feist. 2. fruchtbar, ergiebig. 3. reich, stolz; mächtig.
Pinĭānŭs, ī *m.* Pinianus, Stadtpräfekt in Rom (4. Jhdt.).
1. **pinnă,** ae *f.* (penna) Feder; *pl.*: Fittich, Flügel.
2. **pinnă,** ae *f.* Spitze, Mauerspitze, Mauerzinne.
pinnācŭlŭm, ī *n.* Giebel; Mauerzinne.
Pinnae, ārŭm *f.* (Pinnensis civitas) Penne, St. am Fuße des Gran Sasso d'Italia, It. (Terramno), *ca.* 4500 Einw.; Bischofssitz (seit 499), exempt, vereinigt mit Atri seit 1252; *dav.*: **Pennēnsĭs,** ĕ u. **Pinnēnsĭs,** ĕ.
Pinnēnsĭs cīvĭtās, ātĭs *f. s.* Pinnae.
pinnŭlă, ae *f.* Federchen; *pl.*: Flügelchen.
pīnŭs, ī u. ūs *f.* 1. Kiefer, Föhre. 2. Fichte, Rottanne. 3. Pinie.
Pinytŭs, ī *m.* Pinytus, Bisch. von Knossus auf Kreta.
Pinzgōvĭă, ae *f.* der Pinzgau, Landschaft an der oberen Salzach.
pĭō 1 1. sühnen, versöhnen, besänftigen. 2. reinigen, entsündigen. 3. wieder gutmachen.
pĭpĕr, ĕrĭs *n.* (πέπερι) Pfeffer.
Pĭpīnŭs, ī *m. s.* Pippīnus.
Pippīnŭs, ī *m.* 1. Pipin, der Ältere, von Landen (= Landensis), Majordomus oder Hausmeier von Austrasien (622 bis 639), Vater der hl. Gertrud. 2. dessen Enkel Pipin der Mittlere (von Heristal = Heristalensis oder de Herstallio), zuerst (678) Majordomus von Austrasien, dann auch von Neustrien, also Herrscher des gesamten Frankenreichs: dux et princeps Francōrŭm (688—714), Vater Karl Martells. 3. Pipin, der Jüngere (der Kurze), Sohn Karl Martells, geb. 714, zuerst (741) Major domus von Neustrien, dann König der

Franken: rex Francorum (751—768); Gründer des Kirchenstaates durch die Pipinische Schenkung (dōnātĭō Pippīnī), Vater Karls des Großen. 4. Pipin, König der Langobarden (781—810), Sohn Karls des Großen. 5. Pipin I., König v. Aquitanien (817—838); dessen Sohn war Pipin II.

Pippīnŭs Hĕristālēnsĭs *m. s.* Pippinus 2.

Pippīnŭs de Herstallĭō *m. s.* Pippinus 2.

Pippīnus Landēnsĭs *m. s.* Pippinus 1.

pīrātă, ae *m.* (πειρατής) Seeräuber, Korsar.

pīrātĭcŭs 3 zu den Seeräubern gehörig, Seeräuber-.

S. Pirmērĭŭs, ī *m.* hl. Pirmerius, Bisch. v. Cremona u. Mart.; sein Leib ruht in Osnabrück († 4. Jhdt.).

S. Pirmīnŭs (Pirminius), ī *m.* hl. Pirmin, Benediktinerbischof, Bek. († 758).

Er kam im 8. Jahrhundert in die Gegend am Mittelrhein, verkündete dort das Evangelium und gründete das Kloster Reichenau auf der Rheininsel bei Konstanz. Durch den Neid eines alamannischen Herzogs von dort vertrieben, wirkte er in Bayern, Franken und Schwaben und stellte in mehreren Klöstern die strenge Ordenszucht wieder her; auch Karl Martell unterstützte seine Tätigkeit; beide gründeten das Kloster Murbach im Elsaß. Mit Hilfe eines reichen Edelmannes, namens Wernher, errichtete er das Kloster Hornbach (südlich von Zweibrücken in der Pfalz). Dort starb er im Jahre 754 oder 758. Nach der Zerstörung des Klosters im 16. Jahrhundert kam der hl. Leib 1577 nach Innsbruck, wo er in der Jesuitenkirche verehrt wird. — 3. November (Freiburg, St. Gallen [Pirminius], Speier, Straßburg; Ben. O.).

pĭrŭm, ī *n.* Birne.

pĭrŭs, ī *f.* Birnbaum; an der Stelle: 2 *Kön.* 5, 23 kann nicht ein Birnbaum gemeint sein, weil es in Palästina keine Birnbäume gab; es ist wohl der Bakhabaum (vielleicht der arabische Bakhastrauch) darunter zu verstehen; der Name kommt von bakha „weinen", weil er beim Abreißen der Blätter einen weißen scharfen Saft hervorquellen läßt.

Pīsae, ārŭm *f.* Pisa, St. am Arno in Toskana, It., *ca.* 28000 Einw.; Erzbischofssitz (seit 1092, Bistum seit 4. Jhdt.); *dav.*: **Pīsānŭs** 3.

Pīsān. (*C. R.*) *s.* Pisae.

Pīsaurēn. (*C. R.*) *s.* Pisaurum.

Pīsaurŭm, ī *n.* Pesaro, St. r. an der Mündung der Foglia ins Adriatische Meer, nördlich v. Ancona, It. (Pesaro e Urbino), *ca.* 15000 Einw., Bischofssitz (seit 3. Jhdt.), Suffr. v. Urbino; *dav.*: **Pisaurēnsĭs,** ĕ.

piscātĭō, ōnĭs *f.* Fischfang.

piscātŏr, ōrĭs *m.* Fischer.

piscātōrĭŭs 3 zu den Fischern gehörig, Fischer-.

piscātŭs, ūs *m.* das Fischen, der Fischfang.

Piscĭă, ae *f.* Pescia, St., It. (Lucca), *ca.* 5600 Einw.; Bischofssitz, Suffr. v. Pisa; *dav.*: **Pisciēnsĭs,** ĕ.

piscĭcŭlŭs, ī *m.* Fischlein.

Pisciēn. (*C. R.*) *s.* Piscia.

piscīnă, ae *f.* 1. Fischteich. 2. Taufbrunnen. 3. Wasserbehälter, Bassin: sacrarii. 4. Wandnische neben dem Altare.

Piscīnă, ae *f.* Pescaria, Diaconia dei Santi Angeli in Rom.

piscīnārĭŭs, ī *m.* Fischteichbesitzer.

piscĭs, ĭs *m.* Fisch.

piscŏr 1 fischen.

piscōsŭs 3 fischreich.

Pīsĭdĭă, ae *f.* (Πισιδία) Pisidien, Landschaft im südwestlichen Kleinasien; *dav.*: **Pīsĭdĭcŭs** 3.

Pīsōnŭm, ī *n. s.* Posonium.

1. **pĭstĭcŭs** 3 (πιστικός) unverfälscht, echt; überzeugend.

2. **pĭstĭcŭs** 3 (πιστικός) trinkbar, flüssig.

pīstŏr, ōrĭs *m.* (*eig.*: Stampfer [des Getreides]) Müller; Bäcker.

Pīstōrĭēn. (*C. R.*) *s.* Pistorium.

Pīstōrĭŭm, ī *n.* Pistoja, St. in Toskana, It. (Florenz), *ca.* 14000 Einw.; Bischofssitz (seit 5. Jhdt.), vereinigt mit Prato, Suffr. v. Florenz; *dav.*: **Pīstōrĭēnsĭs,** ĕ.

pīstōrĭŭs 3 stampfend; Bäcker-; ars pistoria Bäckergewerbe.

pīstrīnŭm, ī *n.* Stampfmühle; Bäckerei.

pīsŭm, ī *n.* (πίσον) Erbse.

pĭtantĭă, ae *f.* (*entstanden aus*: pie datum oder pro pietate dantis) Pitanz, eine auf milder Stiftung beruhende Zugabe zur Klosterkost, also: Ehrentrunk, Ehrenspeise.

Pitiliānēn. (*C. R.*) *s.* Pitilianum.

Pitiliānŭm, ī *n.* Pitigliano, St., It., *ca.* 5200 Einw.; Bischofssitz vom Bistum Sovana-Pitigliano (seit 7. Jhdt.), Suffr. v. Siena; *dav.*: **Pitilianēnsĭs,** ĕ.

pittăcĭŭm, ī *n.* (πιττάκιον) Pflaster, Flickstück.

Pittsburgēn. (*C. R.*) *s.* Pittsburgum.

Pittsburgŭm, ī *n.* Pittsburg, St., Nordamerika (Pennsylvanien), *ca.* 350000 Einw.; Bischofssitz (seit 1843); Suffr. v. Philadelphia; *dav.*: **Pittsburgēnsĭs,** ĕ.

pītŭītă ae *f.* Schleim, Verschleimung; Schnupfen.

pītŭītōsŭs 3 verschleimt.

pĭŭs 3 (*superl.*: **pĭissĭmŭs** u. **pientissĭmŭs**) 1. fromm, gewissenhaft. 2. gottgeweiht, heilig. 3. liebevoll, zärtlich. 4. kindlich. 5. väterlich.

S. Pĭŭs, ī *m.* 1. hl. Papst Pius I. (140 bis 154 oder 157), Mart., 11. Juli. 2. hl. Papst Pius V. (1566—1572).

Pĭŭs, ī *m.* Pius: 1. Papst Pius II. (1458 bis 1464). 2. P. III. (22. 9. 1503 bis 18. 10. 1503). 3. P. IV. (1560 bis 1565). 4. P. VI. (1775—1799). 5. P. VII. (1800—1823). 6. P. VIII. (1829—1830). 7. P. IX. (1846—1878). 8. P. X. (1903—1914). 9. P. XI. (seit 1922).
pix, pĭcĭs, *f.* (*πίσσα*) Pech, Teer.
plācābĭlĭs, ĕ versöhnlich, versöhnend.
plācābĭlĭtās, ātĭs *f.* Versöhnlichkeit.
plācātĭō, ōnĭs *f.* 1. Versöhnung, Besänftigung, Sühne. 2. *concr.*: Sühngeld, Lösepreis (*Ps.* 48, 8).
plācātrīx, īcĭs *f.* Versöhnerin; *auch adj.*: manus.
plācātŭs 3 1. versöhnt. 2. versöhnlich, gnädig, friedlich.
plăcentă, ae *f.* Kuchen, benedictio placentarum (*im Rituale Romanum*).
Plăcentĭă, ae *f.* Piacenza, St. r. vom Po in der Provinz Emilia, It., *ca.* 38000 Einw.; Bischofssitz (seit 4. Jhdt.), exempt; *dav.*: **Plăcentīnŭs** 3.
1. **Plăcentīn.** (*C. R.*) *s.* Placentia.
2. **Plăcentīn.** (*C. R.*) *s.* Deobriga.
plăcĕō, ŭī, ĭtŭm 2 1. gefallen, gefällig sein. 2. **plăcĕt** ich finde für gut, meine Ansicht geht dahin, ich will, verordne, beschließe; ut placuerit nach Belieben; iuxta placitum wie verabredet; iuxta placitos dies nach Ablauf der vereinbarten Zeit.
plăcētŭm, ī *n.* Genehmigung: rēgĭum.
plăcĭdŭs 3 sanft, still, ruhig, friedlich.
1. **S. Plăcĭdŭs,** ī *m.* Beiname des hl. Eustachius († 118), 20. September.
2. **S. Plăcĭdŭs,** ī *m.* hl. Placidus, Schüler des hl. Benedikt von Nursia. Er wurde durch ein Wunder vom hl. Maurus vom Ertrinken gerettet. Nach der Überlieferung gründete er in Messina ein Kloster und starb dort mit seinen Mönchen und seiner Schwester Flavia um 539 oder 546 den Martertod. — 5. Oktober (*Bened. O.*).
3. **S. Plăcĭdŭs,** ī *m.* hl. Placidus, Mart. († 7. Jhdt.).

Placidus war Amtmann in Dissentis (Schweiz) und wurde vom hl. Abt Sigisbert bekehrt, dessen Missionstätigkeit und Klosterbau er unterstützte. Zu dieser Zeit verwaltete im Namen des Frankenkönigs der Statthalter Viktor diese Gegend, ein gottloser und grausamer Mann. Als er das neu errichtete Kloster unterdrücken wollte, trat ihm Placidus unerschrocken entgegen. Voll Wut darüber ließ er ihm von Meuchelmördern auf dem Rückwege das Haupt abschlagen. Eine fromme Sage berichtet nun: der Körper habe sogleich das abgeschlagene Haupt vom Boden aufgehoben und sei wie lebend weitergegangen; habe dann von einer des Weges kommenden Frau den linnenen Schleier erbeten und das blutige Haupt darin eingewickelt, während die Frau voll Schrecken über das Unerhörte geflohen sei. Bei Abt Sigisbert angekommen, habe er zu dessen Füßen das abgeschlagene Haupt vorgezeigt, während alle Glocken des Klosters von selbst zu solchem Einzuge Beifall geläutet hätten. Sigisbert sorgte für ein christliches Begräbnis. Das blutige Leinentuch wurde zum Andenken an dieses Ereignis im Kloster aufbewahrt. Abt Sigisbert wurde nach seinem Tode an der Seite des hl. Placidus beigesetzt, während Viktor in den Fluten des Rheins einen plötzlichen Tod fand. — 11. Juli (Basel, St. Gallen).

Plăcĭdŭs, ī *m.* Placidus, heidnischer Richter in Rom, der den hl. Valentin enthaupten ließ.
plăcĭtŭm, ī *n.* 1. das Gefallen, Wohlgefallen; ultra placitum über Gebühr. 2. (*meist pl.*) Meinung, Ansicht, Lehre, Vorschrift; Grundsatz, Dogma, Maxime. 3. Gutachten; plăcĭtŭm impĕrĭī: Reichsgutachten; *vgl.*: placet (*unter placeo*).
plăcĭtŭs 3 1. gefallend, angenehm, beliebt. 2. wohlgefällig; tempus placitum Zeit der Gnade, *vgl.* placet (*unter placeo*).
plācō 1 1. befriedigen, versöhnen, besänftigen. 2. *pass.*: sich versöhnen lassen, alicui mit; placatus a malo versöhnt durch das Unheil.
plăcŏr, ōrĭs *m.* Lust, Belieben.
plăcŭit *s.* placeo.
1. **plāgă,** ae *f.* 1. Schlag, Hieb, Wunde. 2. Plage, Heimsuchung, Unglück (*Ps.* 72, 4).
2. **plăgă,** ae *f.* Schlinge, Netz.
3. **plăgă,** ae *f.* Gegend, Erd-, Land-, Himmelsstrich; plagae Christiădum die Länder der Christen.
plăgĭārĭŭs, ī *m.* u. **plăgĭātŏr,** ōrĭs *m.* Menschenräuber, Seelenverkäufer.
plăgĭŭm, ī *n.* Menschendiebstahl, Seelenverkauf.
plāgō 1 schlagen, verwunden, heimsuchen.
plāgōsŭs 3 voll Schlägen; sehr verwundet.
plăgŭlă, ae *f.* Teppich, Vorhang.
plānctŭs, ūs *m.* laute Trauer, Wehklagen, Händeringen, Trauerklage.
plănētă, ae *f.* (= casula) das eigentliche Meßgewand, die Kasel; planeta plicāta vorn aufgeschürztes oder zusammengefaltetes violettes Meßgewand, an Stelle der Dalmatik u. Tunicella in der Advents- u. Fastenzeit, das vom Diakon u. Subdiakon getragen wird.
plănētae, ārŭm *f.* (*πλανῆται*) Wandelsterne, Planeten.
plănētĭcŭs 3 umherirrend.
plangō, plānxī, plānctŭm 3 1. schlagen, sich vor Trauer Arme u. Brust schlagen. 2. laut trauern, betrauern, beweinen.
plangŏr, ōrĭs *m.* 1. heftiges Schlagen, Rauschen. 2. lautes Trauern.

plānĭtĭă, ae *f.* (plānĭtĭēs) 1. Fläche, Ebene. 2. Tisch: altaris. 3. Gesichtskreis einer Schrift.
plānĭtĭēs, ēī *f.* *s.* planitia.
1. **plantă,** ae *f.* Setzling, Ableger, Pfropfreis.
2. **plantă,** ae *f.* (von planus) Fußfläche, Fußsohle, Fuß (*mit u. ohne*: pĕdĭs) plantis nudis barfuß.
plantārĕ, ĭs *m.* Setzling, Ableger, *pl.* Baumschule.
plantārĭŭm, ī *n.* Pflanzboden, Ackergrund, Baumschule.
plantātĭō, ōnĭs *f.* 1. das Pflanzen. 2. Pflanze, Pflanzung. 3. *pl. concr.*: die Pflanzen.
plantātŏr, ōrĭs *m.* Pflanzer, Gärtner.
plantō 1 pflanzen; p. vineam electam den Weinberg mit edlen Reben bepflanzen.
plānŭm, ī *n.* Ebene, Fläche.
1. **plānŭs** 3 1. eben, flach; Missa plana einfache, stille Messe. 2. deutlich, ausdrücklich. 3. ganz, völlig.
2. **plănŭs,** ī *m.* (πλάνος) Landstreicher, Abenteurer, Betrüger.
plasmă, ătĭs *n.* (πλάσμα) Form, Gebilde; Geschöpf.
plasmātĭō, ōnĭs *f.* Bildung, Schöpfung.
plasmātŏr, ōrĭs *m.* Bildner.
plasmō 1 bilden, schaffen.
plastēs, ae *m.* (πλάστης) Bildner, Plastiker, Schöpfer (*Is.* 41, 25).
Plata, de Plata (*C. R.*) *s.* Argantea.
plătănŭs, ī *f.* (πλάτανος) Platane, der morgenländische Ahorn.
plătēă, ae *f.* (πλατεῖα) breite Straße, Gasse, Platz; Gang im Tempel.
Plătĭă, ae *f.* Piazza Armerina (Chiuzza), St., Sizilien, *ca.* 25 000 Einw.; Bischofssitz (seit 1817), Suffr. v. Syrakus; *dav.*: **Plătĭēnsĭs,** ĕ.
Plătĭēn. (*C. R.*) *s.* Platia.
Plătō, ōnĭs *m.* (Πλάτων) Plato, griech. Philosoph, Schüler des Sokrates u. Lehrer des Aristoteles, Stifter der akademischen Philosophenschule; er lebte 427—348 vor Chr. in Athen; *dav.*: **Plătōnĭcŭs** 3.
Plătōnĭă băsĭlĭă, ae *f.* ein vom hl. Papst Damasus I. geweihte Kirche in Rom.
1. **Plătōnĭcŭs** 3 platonisch, *s.* Plato.
2. **Plătōnĭcŭs,** ī *m.* Platoniker, Anhänger Platos.
Plătōnismŭs, ī *m.* Platonismus, Lehrsystem Platos.
plaudō, sī, sŭm 3 Beifall klatschen oder spenden: manibus.
plausĭbĭlĭs, ĕ Beifall verdienend.
plausŏr, ōrĭs *m.* Beifallspender.
plaustrŭm, ī *n.* 1 Lastwagen, Frachtwagen, Karren. 2. Dreschwagen. 3. großer Bär oder Großer Wagen (Sternbild).
plausŭs, ūs *m.* das Klatschen, Beifall.
Plautillă, ae *f.* Plautilla, 1. Mutter der hl. Domitilla. 2. eine fromme Römerin im 3. Jhdt.
Plavĭs, ĭs *m.* Piave, Fluß, Italien (Venetien), mündet ins Adriatische Meer.
Plēăs, ădĭs *f.* *s.* Pleias.
plēbānĭă, ae *f.* Pfarraltar (in Stifts- u. Klosterkirchen).
plēbānŭs, ī *m.* Pfarrer; Leutpriester.
plēbēcŭlă, ae *f.* Pöbel, das gemeine Volk.
plēbēĭŭs 3 1. bürgerlich, nicht adelig. 2. niedrig, gering.
plēbēs, ēī *f.* 1. ältere Form für plebs. 2. seelsorglicher Bezirk (= Diözese, Pfarrei). 3. Pfarrkirche (*ital.*: pieve.)
plēbĭcŏlă, ae *m.* Bürgerfreund, Volksfreund.
plēbiscītŭm, ī *n.* Verordnung des Bürgerstandes *oder* des ganzen Volkes.
plēbs, plēbĭs *f.* das Volk, die große Menge, der große Haufe.
S. Plĕchelmŭs, ī *m.* hl. Plechelm, Bek. und Bischof († im 8. Jhdt.).

Er wurde in Schottland geboren. Mit Wiro pilgerte er nach Rom; beide wurden dort vom Papste in der St. Peterskirche zu Bischöfen geweiht. Nach der Rückkehr in die schottische Heimat gelang es ihm, in seinem Bistumsbezirke die heidnischen Anschauungen auszurotten. Voll Seeleneifers begab er sich mit dem tugendhaften Otger (*siehe denselben!*) zum Herzoge Pipin von Heristal, der ihm viele Kirchen in seinem Lande erbauen half. Als Plechelm alt geworden war, zog er sich auf den Petersberg, den Pipin ihm überließ, zurück. Plechelm wurde der Beichtvater des Herzogs, bei dem dieser jedes Jahr in der Fastenzeit in schlichtem Gewande und mit bloßen Füßen beichtete, worauf er in derselben Art seine sakramentale Buße verrichtete. Der 1. Juli war der Todestag des Heiligen. Ein Teil seines hl. Leibes kam später nach Oldenzaal (Holland). — 21. Juli.

plectă, ae *f.* Kronleiste (3 *Kön.* 7, 29).
plectĭlĭs, ĕ geflochten; *übtr.*: verwickelt.
1. **plectō,** xī u. xŭī, xŭm 3 flechten.
2. **plēctō** 3 strafen, niederbeugen; *pass.* plēctŏr Schläge bekommen, bestraft werden, büßen, leiden; **capite plecti** enthauptet werden.
Plectŏlĭs, ĭs *f.* Plectoli, ehem. Cistercienserinnenkloster in Italien, Diöz. Piacenza.
Plectrūdĭs, ĭs *f.* Plektrudis, Prinzessin aus dem bayerischen Herzogshause der Agilulfinger, Gemahlin Pipins des Mittleren; *s. dens.*
plēctrŭm, ī *n.* (πλῆκτρον) 1. Plektron, Schlegel, Schlagstäbchen (aus Holz, Metall oder Elfenbein) der Zitherspieler im Altertum; Schlagring der Zither. 2. *übtr.*: Zither, Laute; (lyrisches) Lied.
Plēĭăs (Plīăs *u.* Plēăs), ădĭs *f.* (Πληϊάς, Πλειάς) die Plejade; *gewöhnlich pl.*:

Plēĭădēs, ŭm *f.* die Plejaden, das Siebengestirn, sieben kleine Sterne im Sternbild des Stieres, vom Mai bis Ende Oktober in Europa sichtbar. Im Altertume bedeutete ihr Sichtbarwerden den Beginn, ihr Verschwinden den Schluß der Schiffahrt (*Job* 38, 31).

plēnārĭŭs 3 vollständig, völlig.

plēnĭpŏtentĭārĭŭs, ī *m.* Bevollmächtigter.

plēnĭtūdō, ĭnĭs *f.* Fülle, Erfüllung, reiche Gabe; *concr.*: das was anfüllt.

plēnŭs 3 1. voll, erfüllt, reichlich versehen mit (*abl.* oder *gen.*). 2. gesättigt, befriedigt, satt. 3. vollständig, vollzählig, ganz; plenus dierum in der Fülle seiner Tage, betagt.

plērīquĕ *s.* plerusque.

plērōmă, ătĭs *n.* (πλήρωμα) Fülle.

plērumquĕ *adv.* meistens; *auch* = grundsätzlich (*C. j. c.* 2).

plērusquĕ, plērăque, plērumquĕ, *meistens im pl.*: **plērīque** die meisten, sehr viele, eine große Anzahl, die Mehrzahl.

plexĭlĭs, ĕ geflochten.

Plīăs, ădĭs *f. s.* Pleias.

plĭcātūră, ae *f.* das Zusammenfalten, Faltung.

plĭcō, āvī u. ŭī, cātŭm u. ĭtŭm 1. zusammenfalten, -wickeln, -rollen.

Plīnĭŭs, ī *m.* Plinius, römischer Familienname: 1. Cajus Plinius Secundus (major), Verfasser einer noch vorhandenen Naturgeschichte in 37 Büchern, † 79 n. Chr. beim Ausbruche des Vesuvs. 2. Cajus Plinius Cäcilius Secundus (junior), Adoptiv- und Schwestersohn des ersteren, unter Kaiser Trajan, Statthalter in Bithynien, Verfasser eines Briefes an Trajan u. einer Lobrede auf ihn.

Ploc(c)ēnsĭs pălātīnātŭs, ūs *m.* (Polocensis) die Woiwodschaft Plozk im ehemal. Königreiche Polen.

Ploc(c)ēnsĭs urbs, ĭs *f. s.* Plocium.

Plōcēn. (*C. R.*) *s.* Plocium.

Plōcĭă cīvĭtās, ātĭs *f. s.* Plocium.

Plōcĭŭm, ī *n.* Plozk (*poln.*: Płock), St., r. an der Weichsel, Polen, *ca.* 28000 Einw.; Bischofssitz (seit dem 10. Jhdt.), Suffr. v. Warschau; *dav.*: **Plocĭēnsĭs,** ĕ *u.* **Plocēnsĭs,** ĕ.

plōdō 3 *s.* plaudo.

plōrābĭlĭs, ĕ beweinenswert, kläglich, jämmerlich.

plōrātĭō, ōnĭs *f.* Beweinung.

plōrātŏr, ōrĭs *m.* Schreier, Heuler.

plōrātŭs, ūs *m.* das Wehklagen, das Heulen; plōrātŭm ēdĕre de: jem. beklagen.

plōrō 1 1. laut wehklagen, weinen, heulen. 2. bejammern, beweinen.

plōstellŭm, ī *n.* Wägelchen.

plōstrŭm, ī *n.* (= plaustrum) Wagen.

Plotīnŭs, ī *m.* Plotin 1. Mitbegründer der neuplatonischen Schule, welche die Ausrottung der christlichen Religion u. die Wiedergeburt des Heidentums anstrebte; geb. 204 n. Chr. zu Lykopolis in Ägypten, lehrte seit 244 in Rom, † 269 bei Minturnä in Kampanien. 2. ein Irrlehrer des 4. Jhdt. wie Jovinian.

plŭĭt *s.* pluo.

plūmă, ae *f.* Feder, Flaumfeder, Flaum, Daune.

1. **plūmārĭŭs** 3 zu den Flaumfedern gehörig; Stickerei-.

2. **plūmārĭŭs,** ī *m.* Sticker, Buntweber (2 *Mos.* 35, 35; 36, 37; 38, 23).

plūmātŭs 3 (plūmĕŭs, plūmōsŭs) 1. flaumig, befiedert. 2. *übtr.*: geschuppt: lorīcae plumātae Schuppenpanzer.

plumbātae, ārŭm *f.* Geißel mit Bleikugeln.

plumbātŭm, ī *n.* (*scil.*: flagellum) Geißel mit Bleikugeln.

plumbātŭs 3 mit Bleikugeln versehen,

plumbĕă, ae *f.* Bleikugel.

plumbĕŭm, ī *n.* Bleigefäß.

plumbĕŭs 3 aus Blei, bleiern.

plumbŭm, ī *n.* Blei; *übtr.*: Bleifeder; sub plumbo literae esse unter der Presse sein; plumbum Cancellārĭae Apŏstŏlĭcae Siegel mit dem Wappen des jeweiligen Papstes, das die Apostolische Kanzlei führt.

plūmĕŭs 3 flaumig, Feder-; lectus plūmĕŭs Federbett.

plūmōsŭs 3 *s.* plumātus.

plūmŭlă, ae *f.* das Flaumfederchen.

plŭō, plŭī 3 regnen lassen; in Masse herniedersenden; *meist unpers.*: **plŭĭt** es regnet.

1. **plūrālĭs,** ĕ mehreren gehörig, auf mehrere bezüglich.

2. **plūrālĭs,** ĭs (*scil.*: nŭmĕrŭs) *m.* Mehrzahl (*grammatikalisch*).

plūrālĭtās, ātĭs *f.* Mehrzahl.

plūrēs, ĭŭm *s.* multus.

plūrĭēs *adv.* wiederholt, oft.

plūrĭmŭs 3 *s.* multus.

plūs, plūrĭs *s.* multus.

plūscŭlŭm, ī *n.* (*mit gen.*) etwas mehr: lăbōrĭs.

plūscŭlŭs 3 etwas mehr; pluscŭlae hōrae mehrere Stunden.

plŭtĕŭm, ī *n. s.* plŭtĕŭs.

plŭtĕŭs, ī *m.* (pluteum) Schirmwand, Brustwehr.

plŭvĭă, ae *f.* Regen; *pl.*: Regenwetter, Regengüsse.

plŭvĭālĕ, ĭs *n.* (*eigentl.*: Regenschutzmantel) Chormantel, Rauchmantel.
plŭvĭālĭs, ĕ regnend, regnerisch, Regen-.
plŭvĭŭs 3 regnend, regenhaft, regnerisch.
Plymutēn. (*C. R.*) *s.* Plymūtŭm.
Plymūtŭm, ī *n.* Plymouth, St. am Kanal, England (Devon), *ca.* 110 000 Einw.; Bischofssitz (seit 1850), Suffr. v. Westminster; *dav.*: **Plymūtēnsĭs,** ĕ.
P. O. = Pii Operarii Fromme Arbeiter, gegr. 1601.
pōcillŭm, ī *n.* kleiner Becher, Becherchen.
pōcŭlentŭm, ī *n.* Trinkbares; *pl.*: Getränke.
pōcŭlŭm, ī *n.* Becher, Pokal.
pŏdăgră, ae *f.* (ποδάγρα) Fußgicht, Gicht.
pŏdăgrĭcŭs 3 mit Fußgicht behaftet.
pŏdērēs, ĭs *m.* (ποδήρης) langes wallendes Gewand (bei der Priesterkleidung).
pōdex, ĭcĭs *m.* der Hintere, After.
pŏdĭŭm, ī *n.* (πόδιον) Balkon, Erhöhung.
1. **Pŏdĭŭm,** ī *n.* Puy, Dorf bei Dax (Aquae Tarbellicae), am Fuße der Pyrenäen (Fkr.).
2. **Pŏdĭŭm,** ī *n.*; templum S. Mariae de **Podio** ein Frauenkloster mit Kirche in Viterbo (Italien).
Podlachĭă, ae *f.* Podlachien (Podlesien), alte polnische Woiwodschaft, östlich von Warschau, an beiden Seiten des Bug; Bistum P. mit Ljublin vereinigt; *dav.*: **Podlachĭēnsĭs,** ĕ.
Podlachiēn. (*C. R.*) *s.* Podlachia.
Podolĭae pălātīnātŭs, ūs *m.* Podolien, Landschaft, nördlich vom Dnjestr, bis 1793 zu Polen, dann zu Rußland gehörig (Ukraine).
pŏēmă ,ătĭs *n.* (ποίημα) Gedicht, Dichtung.
poenă, ae *f.* (ποινή) 1. Strafe, Buße; poenă mĕdĭcīnālĭs: Heilstrafe; poenă vindĭcātīvă: Sühnungsstrafe, Bußstrafe (*C. j. c.* 2286); poenă lātae sententĭae: Strafe, die von selbst eintritt; poenă fĕrendae sententĭae: Strafe, die erst eigens verhängt werden muß (*C. j. c.* 2217, 2); poenăm stătŭĕrĕ, adnectĕrĕ, inferrĕ (*vom Richter gebraucht*), inflīgĕrĕ = Strafe verhängen. 2. Rache, Bestrafung. 3. Mühseligkeit, Marter.
poenālĭs, ĕ zur Strafe dienend; rĕmĕdĭŭm poenale Strafmittel (*C. j. c.* 2216).
Poenīnă vallĭs *f. s.* Pennina.
poenĭtēns, ntĭs *m.* u. *f.*: Büßer, Büßerin.
poenĭtentĭă, ae *f.* (paenitentia) 1. Reue. 2. Bußübung (*C. j. c.* 2216, 3a).
poenĭtentĭālĭs, ĕ zur Buße gehörig: ligamen poenitentiale = Bußgürtel; psalmi poenitentiales = Bußpsalmen; liber poenitentialis = Bußbuch.
Poenĭtentĭārĭă, ae *f.* Pönitenziarie; P. Apŏstŏlĭca, römische Behörde, ein Gerichtshof für Angelegenheiten des Gewissensbereiches (in Beicht-, Ablaß- *und* Ehesachen).
poenĭtentĭārĭŭs, ī *m.* Bußpriester, Beichtvater, Pönitentiar; Poenitentiarius major Großpönitentiar (in Rom mit besonderer Absolutionsvollmacht).
poenĭtĕō, ŭī 2 (paeniteo) 1. Reue verursachen. 2. Reue empfinden. 3. poenitet: es reut.
poenĭtūdō, ĭnĭs *f.* Reue; poenitudinem gĕrĕrĕ reuige Gesinnung hegen.
pŏēsĭs, ĭs u. ĕōs (*acc.* -ĭm u. -ĭn) *f.* (ποίησις) 1. Dichtkunst. 2. Dichtung
pŏētă, ae *m.* (ποιήτης) Schöpfer; Dichter.
pŏētĭcă, ae *f.* (pŏētĭcē) Dichtkunst.
pŏētĭcē, ēs *f. s.* poëtica.
pŏētĭcŭs 3 (ποιητικός) dichterisch.
pŏētrĭă, ae *f.* (ποιήτρια) Dichterin.
Pofĭŭm, ī *n.* Pofio, St., It., Diözese Verula.
Polă, ae *f.* Pola (*kroatisch*: Pulj), St. am Adriatischen Meere, Jugoslawien (Istrien), *ca.* 36 000 Einw.; ehem. Bistum (seit 5. Jhdt.), 1828 vereinigt mit Parenzo (Parentinum); *dav.*: **Polēnsĭs,** ĕ.
Polēn. (*C. R.*) *s.* Pola.
pŏlĕmĭcŭs 3 (πολεμικός) streitend, feindselig, polemisch.
Pŏlĕmĭŭs, ī *m.* Polemius, römischer christenfeindlicher Senator, Vater des hl. Martyrers Chrysanthus.
pŏlentă, ae *f.* die Gerstengraupen (3 *Mos.* 23, 14).
pŏlī, ōrŭm *m.* Himmelsgewölbe, Himmel (*vgl.*: polus).
Policastrēn. (*C. R.*) *s.* Policastrum.
Policastrŭm, ī *n.* Policastro, St., It. (Salerno), *ca.* 590 Einw.; Bischofssitz von dem Bistum Policastro-Busentino (seit 11. Jhdt.); Suffr. v. Salerno; *dav.*: **Policastrēnsĭs,** ĕ.
Poliniăcŭm, ī *n.* Poligny, St. am Orain (l. zum Doubs), Fkr. (Jura), *ca.* 3700 Einw.
Pŏlĭtānŭs Mōns, ntĭs *m.* (Pulciānus Mons) Montepulciano, St. in Toskana (It.), *ca.* 3000 Einw., Bischofssitz (seit 1561); exempt.
pŏlĭō 4 1. glätten, abputzen. 2. wohl zubereiten; *übtr.*: (*geistig*) verfeinern.
pŏlĭtĭcă, ae *f.* (πολιτική, *sc l.*: τέχνη) Politik.
pŏlĭtĭcŭs 3 (πολιτικός) politisch, den Staat betreffend, zum Staat *oder* zur Staatswissenschaft gehörig.
pŏlītŭs 3 fein, ausgebildet, wohlbearbeitet, kunstvoll gebildet; geschmackvoll; **pŏlītae lĭtĕrae**: die schönen Wissenschaften, die humanistische Bildung.
pollēns, ntĭs mächtig, vielvermögend, einflußreich.

pollĕō, ŭī 2 vermögen, können, Einfluß *oder* Macht haben an (*c. abl.*); auctoritate pollere: Vollmacht haben.
pollex, ĭcĭs *m.* Daumen; pollex pĕdĭs die große Zehe.
pollĭcĕŏr, cĭtŭs sŭm 2 anbieten, versprechen.
pollĭcĭtātĭō, ōnĭs *f.* Verheißung, Versprechen, Zusage.
pollĭcĭtātŏr, ōrĭs *m.* Verheißer, Versprecher.
pollĭcĭtŏr 1 oft verheißen, wiederholt versprechen.
pollĭcĭtŭm, ī *n.* das Verheißene *oder* Versprochene, das Versprechen.
polli(n)ctŏr, ōrĭs *m.* Leichenbestatter (*Ez.* 39, 15); Leichenwäscher, Leichensalber.
pollŭō, ŭī, ūtŭm 3 verunreinigen, besudeln, beflecken, entheiligen, schänden.
pollūtĭō, ōnĭs *f.* 1. Befleckung, Entehrung, *bes.*: Samenerguß. 2. Entweihung einer Kirche, eines Friedhofs durch eine entwürdigende Handlung.
pollūtŭs 3 befleckt; unkeusch, lasterhaft.
Pŏlŏcēnsĭs, ĕ *s.* Ploc(c)ensis.
Pŏlōnī, ōrŭm *m.* die Polen.
Pŏlōnĭă, ae *f.* Polen.
Pŏlōnĭcŭs 3 *s.* Polonius.
Pŏlōnĭŭs 3 (Pŏlōnĭcŭs, Pŏlōnŭs) polnisch.
Pŏlōnŭs 3 *s.* Polonius.
pŏlŭs, ī *m.* (πόλος) 1. Pol (Endpunkt der Erd- und Himmelsachse); *pl.*: Nord- u. Südpol (der Erde u. des Himmels). 2. Himmelsgewölbe. 3. Himmel; tōtŭs pŏlŭs der ganze Himmel.
pŏlȳandĕr, dră, drŭm (πολύανδρος) menschenreich, bevölkert.
pŏlȳandrĭŭm, ī *n.* Begräbnisplatz (für viele), Friedhof.
Pŏlȳbotŭm, ī *n.* Polybotum, Ort in Kleinasien.
S. Pŏlȳcarpŭs. ī *m.* hl. Polykarp, Apostelschüler u. Mart., Bischof von Smyrna, † 155, 26. Januar.
Pŏlychrōnĭs mŏnastĕrĭŭm Kloster Polychron in Konstantinopel (Türkei).
pŏlȳgămĭă, ae *f.* (πολυγαμία) Vielweiberei.
Pŏlyhymnĭă, ae *f.* (Πολύμνια = die Gesangreiche) Polyhymnia, Polymnia, Muse der Lyrik u. Musik.
1. **pŏlȳmĭtārĭŭs** 3 von Damast; buntwirkend.
2. **pŏlȳmĭtārĭŭs,** ī *m.* Damastweber.
pŏlȳmĭtŭs 3 (πολύμιτος) bunt gestreift, bunt gewebt; bunt.
Pŏlȳmĭŭs, ī *m.* (Πολύμιος) Polymius, 1. ein Stadtpräfekt von Asculum. 2. König von Großarmenien in apostolischer Zeit.
Pŏlȳnēsĭae, ārŭm *f.* Polynesien, Inselgruppen zwischen dem Atlantischen und Stillen Ozean und der Südsee.
pŏlȳphōnŭs 3 (πολύφωνος) vielstimmig, mehrstimmig: cantus.
pŏlȳpŭs, ī *m.* (πολύπους) Polyp, Meerpolyp, Tintenfisch; Nasenpolyp.
Pŏlȳsĭă, ae *f.* Polysia, Tochter des Stadtpräfekten Polymius.
pŏlȳthĕismŭs, ī *m.* (πολυθεϊσμός) Vielgötterei, der Glaube an viele Götter.
pŏlȳthĕïstă, ae *m.* Göttergläubiger, Polytheist.
pŏlȳthĕïstĭcŭs 3 göttergläubig, polytheistisch.
pōmārĭŭm, ī *n.* Obstgarten.
1. **pōmārĭŭs** 3 zum Obst gehörig, Obst-.
2. **pōmārĭŭs,** ī *m.* Obstgärtner.
Pŏmĕrānī, ōrŭm *m. s.* Pŏmĕrānĭă.
Pŏmĕrānĭă, ae *f.* Pommern, Provinz in Preußen beiderseits der Oder; **Pomerānī,** ōrŭm *m.* Bew.
pōmĕrīdĭānŭs 3 *s.* postmĕrīdĭānŭs.
pōmĕrīdĭŏnālĭs, ĕ nachmittägig.
pōmērĭŭm, ī *n. s.* pōmoerĭŭm.
pōmĭfĕr, fĕră, fĕrŭm, obsttragend, obstreich (1. *Mos.* 1, 11), Frucht- (3 *Mos.* 19, 23).
pōmoerĭŭm, ī *n.* (pomerium) Maueranger (Ort vor der Stadtmauer); Zwinger (Raum zwischen der Stadtmauer u. der ersten Häusermauer).
pōmōsŭs 3 obstreich.
pompă, ae *f.* (πομπή) 1. festlicher Aufzug, Umzug, Festzug, Prozession; Zug, Reihe; Leichenzug. 2. Pracht, Prunk, Gepränge. 3. Anhang, Gefolge: sătănae (*Rit. Rom. beim Taufritus*).
pompātĭcŭs 3 mit Gepräge, prunkhaft; pompös (*Amos* 6, 1).
Pompēĭŏpŏlĭs, ĭs *f.* Soli, St., Kleinasien (Kilikien).
Pompēĭŭs, ī *m.* Pompejus, heidnischer Richter in Triest z. Z. Kaiser Hadrians.
Pompili Băsĭlĭŭs *m.* Basilius Pompili, Kardinal seit 1911, Mitglied der engeren Kodifikationskommission.
Pompĭlĭēnsĭs, ĕ *s.* Pompilii Forum.
Pompĭlĭī fŏrŭm *n.* (Poppium) Forlimpopoli, Stadt in Italien (Forli); *dav.*: **Pompĭlĭēnsĭs,** ĕ.
pompōsŭs 3 prächtig.
pōmŭm, ī *n.* Obstfrucht; *pl.* Obst.
pōmŭs, ī *f.* Obstbaum; *pl.*: Obstgarten.
pondĕrātŏr, ōrĭs *m.* Beurteiler, Richter.
pondĕrātĭō, ōnĭs *f.* das Abwägen; Erwägung; Wichtigkeit, Gewicht, Menge.
pondĕrō 1 wägen, abwägen, beurteilen.
pondĕrōsŭs 3 gewichtig, schwer.
Pondicherĭān. (*C. R.*) *s.* Pondicherium.
Pondicherĭŭm, ī *n.* Pondichéry, St., franz. Vorderindien, *ca.* 50000 Einw.;

Erzbischofssitz (seit 1886 (1899); Apost. Vikariat seit 1836); *dav.*: **Pondicheriānŭs** 3.

pondō 1. *adv.* dem Gewichte nach, an Gewicht (1 *Mos.* 24, 22). 2. (*subst. indecl. bei Zahlwörtern*) Pfund.

pondŭs, ĕrĭs *n.* 1. Gewicht, Schwere. 2. Wichtigkeit, Ansehen, Bedeutung.

pōnēns, ntĭs *m.* Berichterstatter, Referent (*C. j. c.* 2009).

Pongau *indecl.* Pongau, Landschaft in den Salzburger Alpen; ein Teil des Salzachtales, die beiden Arltäler u. Gastein mit dem Hauptort St. Johann.

B. Pongraczius Stephănŭs, ī *m.* sel. Stephan Pongratz, Priester der Ges. Jes., Mart., † 1619, *s.* B. Marcus Crisinus.

pōnō, pŏsŭī, pŏsĭtŭm 3 1. hinsetzen, -legen, -stellen. 2. reichen lassen bis (*in c. abl.*: *Ps.* 88, 26). 3. niederlegen, weihen. 4. errichten, aufstellen: posuerunt signa sua (Hier.: in tropaeum) sie (die Heiden) stellten ihre Feldzeichen (im Tempel) als Siegeszeichen auf (*Ps.* 73, 4). 5. hingeben für: pro. 6. = reddere zu etwas machen; posuit fines tuos pacem (= pacificos; *Ps.* 147, 3); pones eos dorsum = facies eos dorsum (praebentes) du läßt die den Rücken kehren (*Ps.* 20, 13); posuisti (= fecisti) firmamentum eius formidinem (formidandum) du läßt ihre Kraft zu einem Schreckbilde werden, *d. h.* wanken (*Ps.* 88, 41); p. animam ad vitam dem Leben wiedergeben (*Ps.* 65, 9). 7. bestimmen: locum. 8. *mit dopp. acc.*: wählen, ernennen zu. 9. anführen, behaupten. 10. annehmen, als wahr betrachten. 11. hervorbringen: tenebras. 12. gleichmachen (*ut*: *Ps.* 17, 35). 13. *c. dat.*: vergelten (*Ps.* 72, 18). 14. ponere in: p. cor in aliqua re auf etwas achten (animam advertere ad) = habet acht auf die Befestigungswerke (*Ps.* 47, 14), ponere in salutari in Sicherheit bringen, retten (*Ps.* 11, 6); ponere gressus suos in via auf dem Wege gehen (*Ps.* 84, 14); p. verba (*Hebraismus*) = Taten vollbringen.

pōns, ntĭs *m.* Brücke, Steg.

Pōns Dŏmĭnārŭm, *m.* Le Pont-aux-Dames, ehem. Cistercienserinnenkloster, Fkr.; Diöz. Meaux.

Pontĕcurvŭs, ī *m. s.* Fregellae.

Pontĭă, ae *f.* Ponja, Insel an der Westküste Italiens, (Caserta), größte der sog. Pontinischen Inseln (Isole Pontine) im Tyrrhenischen Meere, nördlich v. Ischia.

S. Pontĭānŭs, ī *m.* hl. Pontian, Papst u. Mart. (230—235), 19. November.

pontĭfex, ĭcĭs, *m.* (*vielleicht vom sabinischen* punti = Sühnung, *also*: „der die Sühnung Vollziehende") 1. Oberpriester; pontifex maxĭmus der Vorsteher des Priesterkollegiums im heidnischen Rom. — Die Aufgabe dieser Oberpriester war die Aufsicht über das gesamte Religionswesen im römischen Staate. 2. Bischof, Papst; *bei letzterem gewöhnlich mit dem Zusatze*: maximus *oder* summus.

Pontĭfĭcālĕ, ĭs *n.* (*scil.*: volumen) Pontifikale, das liturgische Buch für die bischöflichen Amtsverrichtungen im Anschlusse an die hl. Messe.

pontĭfĭcālĭă, ĭŭm *n.* 1. die den Bischöfen allein zustehenden hl. Handlungen. 2. die von Bischöfen und Prälaten beim liturgischen Gottesdienste getragenen Standesabzeichen.

pontĭfĭcālĭs, ĕ (pontificius) oberpriesterlich, päpstlich.

pontĭfĭcātŭs, ūs *m.* Oberpriestertum, Papstwürde, Regierungszeit eines Papstes.

pontĭfĭcĭŭm, ī *n.* die hohepriesterliche Gewalt.

pontĭfĭcĭŭs 3 *s.* pontificalis.

Pontĭnĭăcŭm, ī *n.* Pontigny, ehem. Cistercienserabtei in Frankreich, Diöz. Sens; *dav.*: **Pontĭnĭăcēnsĭs,** ĕ u. **Pontĭnĭăcŭs** 3.

Pontĭnĭānī, ōrŭm *m.* Pontiniani, römisches Adelsgeschlecht, dem der Gemahl der hl. Franziska Romana entstammte.

Pontĭs Curvī (*C. R.*) *s.* Fregellae.

Pontĭŭs, ī *m.* Pontius, Beiname des hl. Paulinus, Bischofs v. Nola.

Pontĭŭs Pīlātŭs, ī *m.* Pontius Pilatus, kaiserlicher Statthalter in Judäa, z. Zt. Christi.

pontŭs, ī *m.* (πόντος) Meer, hohe See.

Pontŭs, ī *m.* 1. das Schwarze Meer, *auch* **P. Euxīnŭs** (Πόντος εὔξεινος). 2. Landschaft u. römische Provinz an der Nordküste Kleinasiens; *dav.*: **Pontĭcŭs** 3; solitudo Pontĭca eine Einöde oder Wüste in der Provinz Pontus.

Pontŭs Euxīnŭs, ī *m. s.* Pontus 1.

Poonă, ae *f.* Puna (*engl.*: Poona), St., südöstlich von Bombay in Britisch-Indien, *ca.* 160 000 Einw.; Bischofssitz (seit 1886, Apost. Vik. seit 1854), Suffr. v. Bombay; *dav.*: **Poonēnsĭs,** ĕ.

Poonēn. (*C. R.*) *s.* Poona.

pŏpă, ae *m.* Opferdiener; Opferkoch.

Popayānēn. (*C. R.*) *s.* Popayanum.

Popayānŭm, ī *n.* Popayan, St. l. am Rio Cauca, Colombien (Cauca), *ca.*

18000 Einw.; Erzbischofssitz (seit 1900; Bistum seit 1546); *dav.*: **Popayanēnsĭs,** ĕ.
pŏpīnă, ae *f.* Garküche; Speise.
pŏpīnātŏr, ōrĭs *m.* Garkoch.
pŏpīnō, ōnĭs *m.* Garküchenbesucher; Schlemmer.
poplĕs, ĭtĭs *m.* 1. Kniebeuge, Kniekehle. 2. Knie.
S. Pŏpō, ōnĭs *m. s.* S. Poppo.
Poppĭŭm, ī *n. s.* Pompilii forum.
S. Pop(p)ō, ōnĭs *m.* hl. Pop(p)o, Abt von Malmedy u. Stablo († 1048).
Er wurde in Flandern geboren und entschloß sich als Jüngling zum Soldatenstande. Auf einer Pilgerfahrt nach Palästina und Rom erhielt er die innere Mahnung, als Mönch zu Stablo in Belgien einzutreten. Dort wurde er der Armenherberge vorgesetzt. Als er unter den Fremden einen Aussätzigen fand, bedeckte er den vor Kälte Zitternden mit seiner eigenen Bettdecke; dadurch erhielt der Kranke wunderbarer Weise sofort die Gesundheit wieder. Seine Liebe zum heiligsten Altarsakramente war so groß, daß er bei der hl. Messe oft heftig vor Rührung weinte. Mit Zustimmung des Erzbischofs Heribert von Köln wurde er zum Abte von Stablo und Malmedy erwählt. Den Bischofssitz von Straßburg wollte er nicht einnehmen. Als der Tod sich ihm nahte, ließ er sich auf einer Decke, die am Boden lag, nieder u. empfing, nachdem er die Erde geküßt hatte, mit bloßen Füßen die Sterbesakramente. Er wurde in Stablo begraben. — 25. Januar (Köln).
Poppō, ōnĭs *m.* Poppo, Erzbischof von Trier (11. Jhdt.).
pŏpŭlābundŭs 3 verwüstend.
1. **pŏpŭlārĭs,** ĕ 1. zum Volke gehörig, das Volk betreffend; allgemein bekannt. 2. beim Volke beliebt, volkstümlich, populär. 3. das Volk liebend, volksfreundlich. 4. nach der Volksgunst trachtend, aufrührerisch. 5. zu demselben Volke gehörig, einheimisch, landsmännisch.
2. **pŏpŭlārĭs,** ĭs *m.* Landsmann, Gefährte.
pŏpŭlārĭtās, ātĭs *f.* Beliebtheit beim Volke, Volkstümlichkeit.
1. **pŏpŭlātĭō,** ōnĭs *f.* Plünderung, Verwüstung.
2. **pŏpŭlātĭō,** ōnĭs *f.* Bevölkerung.
pŏpŭlātŏr, ōrĭs *m.* Verwüster.
pŏpŭlātŭs, ūs *m.* Verwüstung.
Pŏpŭlētŭm, ī *n.* Poblet, ehem. Cistercienserkloster in Spanien, Diöz. Tarragona.
pōpŭlĕŭs 3 von der Pappel, Pappel- (1. *Mos.* 30, 37).
pŏpŭlō 1 (populor) verheeren, plündern, verderben, zerstören.
Pŏpŭlōnĭă, ae *f. s.* Populonium.
Pŏpŭlōnĭī, ōrŭm *m. s.* Populonium.
Pŏpŭlōnĭŭm, ī *n.* (Populonia, Populonii) Piombino, Hafenstadt in Toskana, gegenüber Elba, It. (Pisa), *ca.* 3800 Einw.; *dav.*: **Pŏpŭlōnĭēnsēs,** ĭŭm Einw.
pŏpŭlŏr 1 *s.* populo.
1. **pŏpŭlŭs,** ī *m.* Volk, Volksmenge, Menge.
2. **pōpŭlŭs,** ī *f.* Pappelbaum.
pŏr- (pol-, po-) *Präfix bei Verben*: dar-, hin-, vor-.
porcă, ae *f.* weibliches Schwein, Sau; Mutterschwein.
Porcētŭm, ī *n.* Burtscheid, ehem. Cistercienserinnenkloster, Preußen, Diöz. Köln.
porcīnă, ae *f.* Schweinefleisch.
porcīnŭs 3 vom Schwein, schweinern.
porcŭs, ī *m.* (πόρκος) Schwein.
Porignĭăcŭm, ī *n.* Peyrignac, ehem. Cistercienserkloster in Frankreich, Diöz. Agen.
Porletĭă, ae *f.* Porlezzo, St. am Luganersee, It.
porphȳrĭō, ōnĭs *m.* (πορφυρίων) Purpurvogel, Sultanshuhn, eine Art Wasserhuhn.
Porphȳrĭŭs, ī *m.* Porphyrius, 1. christenfeindlicher, neuplatonischer Schriftsteller, † um 304 zu Rom. 2. Feldherr des Kaisers Maximinus. 3. Priester z. Zt. des Kaisers Decius.
porrectĭō, ōnĭs *f.* Darreichung: instrumentorum (*der hl. Gefäße*).
porrēctŭs 3 1. ausgestreckt, ausgedehnt. 2. dargereicht.
1. **porrīgō,** ĭnĭs *f.* Grind, Schorf.
2. **porrĭgō,** rēxī, rēctŭm 3 1. ausstrecken. 2. dar-, hinreichen, gewähren; überweisen: scăpŭlārĕ.
porrō *adv.* 1. forthin, fernerhin, weiter. 2. nun aber, wiederum.
Porro Godefrīdŭs, ī *m.* Gottfried Porro, Bischof.
porrŭm, ī *n.* (porrus) Lauch, Porree.
porrŭs, ī *m. s.* porrum.
portă, ae *f.* 1. Tor, Pforte. 2. Eingang, Zugang; **portae aeternales** Pforten der Ewigkeit; **portae mortis** Totenreich. 3. ein Stadttor, unter dem die öffentlichen Gerichtsverhandlungen der Juden stattfanden (*z. B. Ps.* 126, 5); *übtr.*: die Stadt selbst (*Ps.* 86, 2).
Portă, ae *f.* Schulpforta, ehem. Cistercienserkloster, in der früheren Diöz. Naumburg.
portābĭlĭs, ĕ tragbar.
Portă Coelī *f.* Tennenbach, ehem. Cistersienserkloster in Baden, Diözese Freiburg.
Portă Lătīnă, ae *f.* südöstliches Stadttor von Rom.
Portalegrēn. (*C. R.*) *s.* 1. Portalegria. 2. Portus aleger.
Portalegrĭă, ae *f.* (Portus aleger) Portalegre, St., Portugal, *ca.* 12000 Einw.; Bischofssitz (seit 1550), Suffr. v. Lissabon; *dav.*: **Portalegr(i)ēnsĭs,** ĕ.
1. **portārĭŭs** 3 an der Türe beschäftigt.

2. **portārĭŭs,** ī *m.* Türsteher.
portātĭlĕ, ĭs *n.* (altārĕ portatile) Tragaltar, *gewöhnlich*: ein konsekrierter Altarstein, welcher an Stelle eines konsekrierten Altares oben auf die mensa gelegt wird, damit der Altar zum Zelebrieren der hl. Messe benützt werden kann.
portātĭlĭs, ĕ tragbar.
portātĭō, ōnĭs *f.* das Tragen, der Transport.
portātōrĭŭs 3 zum Tragen dienlich; **sella** *oder* **sedia portatoria**: der päpstliche Tragthron.
Portaugustān. (*C. R.*) *s.* Portus Augustae.
Portellŭm, ī *n.* Postello, Ort in Spanien (Katalonien).
portendō, dī, tŭm 3 anzeigen, ankündigen, prophezeien.
portentōsŭm, ī *n.* Mißgeburt.
portentōsŭs 3 1. wunderbar. 2. unnatürlich.
portentŭm, ī *n.* 1. Wunder, Wunderzeichen. 2. Ungeheuer, Untier; Mißgeburt.
portĭcŭs, ūs *f.* Säulengang, Halle; **p. Salomōnĭs** ein gedeckter Säulengang an der Ostseite des Tempels im Vorhofe der Heiden.
portĭō, ōnĭs *f.* 1. Teil, Anteil, Verhältnis; **portionem pōnĕrĕ** Gemeinschaft pflegen. 2. Los, Geschick.
1. **portĭtŏr,** ōrĭs *m.* Fährmann; Fuhrmann; Träger (einer Bahre).
2. **portĭtŏr,** ōrĭs *m.* Zolleinnehmer, Zöllner.
portĭuncŭlă, ae *f.* kleines Erbteil, Stückchen.
Portĭuncŭlă, ae *f.* uraltes Kirchlein im Tale von Spoleto, unweit Assisi (Mittelitalien), jetzt von einer großen Kirche umgeben.
Portĭŭs Fēstŭs, ī *m.* Portius Festus, kaiserlicher Oberverwalter von Judäa in apostolischer Zeit.
Portlandēn. (*C. R.*) *s.* Portus Alacer.
portō 1 tragen, bringen, fortschaffen.
Portoricēn. (*C. R.*) *s.* Portus Dives.
portōrĭŭm, ī *n.* Durchgangszoll, Hafenzoll, Zoll; Steuer, Abgabe.
Portŭēn. (*C. R.*) *s.* Portus.
1. **Portŭēnsĭs,** ĕ *s.* Portus.
2. **Portŭēnsĭs,** ĕ *s.* Portus Calensius.
Portŭgallēn. (*C. R.*) *s.* Portus Calensius.
Portŭgallēnsĭs cīvĭtās, ātĭs *f.* *s.* Portus Calensius.
Portŭgallĭă, ae *f.* Portugal.
portŭlă, ae *f.* Pförtchen.
portŭs, ūs *m.* 1. Hafen. 2. Zufluchtsort.
1. **Portŭs,** ūs *m.* (Portus Italiae, Portus Romanus) Porto, D., r. am Tiber, 3 km vom Meer, It. (Rom), *ca.* 1700 Einw. mit Fiumicino u. Ponte Galera; das suburbikarische Bistum Porto u. Santa Rufina (seit 3. Jhdt., bzw. 6. Jhdt., 1119 vereinigt) mit der Kathedrale S. Rufina ist ein Kardinalstitel; *dav.*: **Portŭēnsĭs,** ĕ; via Portuensis Straße in Rom, die nach Porto führte.
2. **Portŭs,** ūs *m.* *s.* Portus Calensius.
3. **Portŭs,** ūs *m.* *s.* 2. Portus Victoriae.
Portŭs Alăcĕr *m.* (Portlandensis ecclesia) Portland, St. an der Cascobai, Nordamerika (Maine), *ca.* 60000 Einw.; Bischofssitz (seit 1855), Suffr. v. Boston.
1. **Portŭs ălĕgĕr** *m.* *s.* Portalegria.
2. **Portŭs ălĕgĕr** *m.* Porto Alegre, Hafenstadt, Brasilien (Rio Grande do Sul), *ca.* 60000 Einw.; Erzbischofssitz (seit 1910; von 1848—1910 Bischofssitz des Bistums S. Pedro do Rio Grande do Sul); *dav.*: **Portălĕgrēnsĭs,** ĕ.
Portŭs Alŏĭsĭī *m.* Port-Louis, Hauptstadt v. Sankt Mauritius, einer Insel östlich von Südafrika u. Madagaskar, *ca.* 55000 Einw.; Bischofssitz (seit 1847), exempt.
Portŭs Augustae *m.* Port Augusta, Hafenstadt am Nordende des Spencergolfes, Australien, *ca.* 2500 Einw.; Bischofssitz (seit 1887), Suffr. v. Adelaide; *dav.*: **Portaugustānŭs** 3.
Portŭs Blandĭŭm *m.* (Santanderiensis ecclesia) Santander (=Sankt Andreas), St. im Nordwesten Spaniens, *ca.* 55000 Einw.; Bischofssitz (seit 1754), Suffr. v. Burgos.
Portŭs Cale *m.* *s.* Portus Calensius.
Portŭs Callēnsĭs *m.* *s.* Portus Calensius.
Portŭs Calēnsĭŭs *m.* (Cale, Calle, Portus Cale, Callensis portus, Portugallensis civitas) Oporto (Porto), St. r. am Douro, Portugal, *ca.* 180000 Einw.; Bischofssitz (seit dem 4. Jhdt.), Suffr. v. Braga; *dav.*: **Portŭēnsĭs,** ĕ, u. **Portugallēnsĭs,** ĕ.
Portŭs Dīvĕs *m.* (Portoricensis ecclesia) Portorico (Porto Rico), Puerto Rico, die kleinste Insel der großen Antillen, Westindien, zu den Vereinigten Staaten Nordamerikas gehörig; Hauptstadt San Juan, Bischofssitz des exempten Bistums Porto Rico (seit 1511).
Portŭs Gandae *m.* *s.* Gandae.
Portŭs Grātĭae *m.* Harbour Grace, St. auf Neufundland an der Westküste der Conceptionbai, *ca.* 6000 Einw.; Bischofssitz (seit 1856); exempt.
Portŭs Hispānĭae *m.* Port of Spain (Puerto de España), Hauptst. der britischen Insel Trinidad, Mittel-

amerika, *ca.* 55 000 Einw.; Erzbischofssitz (seit 1850).

Portŭs Măgnŭs *m.* (Portusmuthensis ecclesia) Portsmouth, Hafenst., Südengland, *ca.* 190 000 Einw.; Bischofssitz (seit 1882), Suffr. v. Westminster.

Portŭs S. Mărīae *m.* Hude, ehem. Cistercienserkloster, Deutschland, ehem. Diöz. Bremen.

Portŭs Maurĭtĭŭs *m.* Porto Maurizio, St. an der westlichen Küste der Riviera, It. (Ligurien), *ca.* 6200 Einw.

Portŭs Pācĭs *m.* Port-de-Paix, Hafenst. auf der Insel Haïti, Mittelamerika, *ca.* 10 000 Einw.; Bistum (seit 1862), verwaltet vom Bischofe von Cap Haïti, Suffr. v. Port-au-Prince.

Portŭs Princĭpĭs *m.* Port-au-Prince, Haupst. der Insel Haïti, Mittelamerika, *ca.* 70 000 Einw.; Erzbischofssitz (seit 1862).

Portŭs Rōmānŭs *m. s.* 1. Portus.

Portŭs Vĕtĕrĭs (*C. R.*) *s.* Portus Vetus.

Portŭs Vĕtŭs (*gen.*: Portūs Vĕtĕrĭs) *m.* Porto Viejo (Puerto Viejo), St. Ecuador (Manabi), *ca.* 10 000 Einw.; Bistum (seit 1871; nicht besetzt seit 1895), Suffr. v. Quito.

Portŭs Victōrĭae *m.* Port Victoria (Viktoria), ehem. Ansiedelung in Australien an der Bucht von Essington; Bistum Port Victoria u. Palmerston (*ca.* 1200 Einw.) vom Jahre 1848 bis 1850.

Portŭs Victōrĭae Seychellarum *m.* Port Viktoria (*amtlich nur* Viktoria), Hauptst. der Seychellen, einer britischen Inselgruppe im westlichen indischen Ozean, nordöstlich von Madagaskar; Bischofssitz des exempten Bistums Port Viktoria (seit 1892; seit 1852 apost. Präfektur, 1880 Apost. Vikariat).

Portusmuthēn. (*C. R.*) *s.* Portus Magnus.

poscă, ae *f.* essigsauerer Wein (der römischen Soldaten).

pōscō, pŏpōscī 3 1. verlangen, fordern. 2. zu wissen verlangen, erforschen. 3. rufen, anflehen.

Pŏsīdōnĭŭs, ī *m.* (*Ποσειδώνιος*) Posidonius, ein Gesandter des syrischen Feldherrn Nikanor an den Makkabäer Simeon (2. Jhdt. v. Chr.).

pŏsĭtĭō, ōnĭs *f.* Stellung, Stand, Lage; positio lŏcī *oder* coelī Himmelsstrich, Klima; *pl. auch* Frage, Artikel; Vorlage.

pŏsĭtīvismŭs, ī *m.* der Positivismus. 1. philosophisch: jene Weltanschauung oder Richtung, welche nur die durch Erfahrung feststehenden „positiven" Tatsachen als Ausgangspunkt unseres Erkennens gelten läßt. Dadurch würden aber für die Dauer überhaupt keine „feststehenden Tatsachen" als Ausgangspunkt unseres Erkennens „gegeben" sein, weil ja die „Erfahrung" in fortwährender Entwicklung begriffen ist. Unser Erkennen muß durch das spekulative (Denk-) Verfahren auf die letzten (unumstößlichen) Gründe alles Seins und Erkennens zurückgehen. 2. theologisch ist Positivismus die Anerkennung der geoffenbarten (positiven) Religion im Gegensatze zur „Vernunftreligion", die der Rationalismus ausgeklügelt hat.

pŏsĭtīvŭs 3 gesetzt, festgesetzt, gegeben; bejahend; lex positiva ein durch Gott oder die menschliche Obrigkeit ausdrücklich gegebenes Gesetz oder Gebot (*Gegensatz*: lex nătūrălĭs = Naturgesetz, das im Gewissen verankert ist).

pŏsĭtūră, ae *f.* Lage.

pŏsĭtŭs, ūs *m.* Stellung, Lage.

pōsmĕrīdĭānŭs 3 *s.* postmeridianus.

Posnă, ae *f. s.* Posnania.

Posnanĭă, ae *f.* (Posna, Pozonania) Posen, St. an der Warthe, Polen, *ca.* 140 000 Einw.; Bistum (seit 968), seit 1821 mit Gnesen vereinigt (bis zum 12. Jhdt. Suffr. v. Magdeburg; dann von Gnesen); *dav.*: **Posnanĭēnsĭs,** ĕ.

Posnanĭēn. (*C. R.*) *s.* Posnania.

Pŏsōnĭŭm (Pisōnum; Presburgum) Preßburg, St. l. an der Donau, Ungarn, *ca.* 70 000 Einw.

posse können, *s.* possum; secundum posse nach Möglichkeit.

possessĭō, ōnĭs *f.* 1. Besitznahme, Besitz. 2. Besitztum, Eigentum.

possessĭuncŭlă, ae *f.* kleiner Besitz, Gütchen (*Lev.* 25, 25).

possessŏr, ōrĭs *m.* Besitzer, Herr.

possessōrĭŭs 3 den Besitz betreffend; actio possessoria possessorische Klage, eine Klage, bei der es sich nur um den Besitz einer Sache oder die einstweilige Ausübung eines Rechts handelt.

possessŭs, ūs *m.* Besitz.

possestrīx, īcĭs *f.* Besitzerin.

possĭbĭlĭs, ĕ möglich.

possĭbĭlĭtās, ātĭs *f.* das Vermögen (*im Sinne von*: Möglichkeit); Fähigkeit.

possĭdĕō, sēdī, sessŭm 2 1. besitzen, innehaben, besetzt halten. 2. in Besitz nehmen (*z. B. Num.* 13, 31). 3. possedisti rēnēs mĕōs: du hast meine Nieren geschaffen (gebildet) (*Ps.* 138, 13); posside filios (*Ps.* 78, 11): erkenne die Söhne als dein Eigentum an, *oder besser nach dem* *richtig gestellten hebr. Texte*: „*rette*“, „*erlöse*“ die Söhne.

S. **Possĭdĭŭs,** ī *m.* hl. Possidius, Bek. u. Bischof († um 450).

Er war ein Schüler und Freund des hl. Augustin, wurde Nachfolger des Bischofs Megalius von Calonna (Numidien). Als Bischof setzte er das klösterliche Leben, das er mit dem hl. Augustin geführt hatte, fort. Er beteiligte sich eifrig an der Bekämpfung des Heidentums und der donatistischen Irrlehre. Deswegen mußte er viel Ungemach erdulden. Zweimal reiste er zu Kaiser Honorius nach Ravenna um Hilfe gegen die Häretiker. Er nahm an dem Konzil zu Mileve (*j.* Mila in Numidien) teil. Als die Vandalen Afrika verwüsteten, flüchtete er nach Hippo zum hl. Augustin, bei dessen Tode er zugegen war. Er verfaßte eine zuverlässige und anziehende Lebensbeschreibung dieses Heiligen mit einem ausführlichen Verzeichnisse seiner Schriften. Er starb in der Verbannung. — 16. Mai (Aug. O.).

possīdō, sēdī, sessŭm 3 in Besitz nehmen, sich bemächtigen.

possŭm, pŏtŭī, possĕ 1. können, vermögen; imstande sein; non potui, ut viderem = ich konnte nicht sehen (*Ps.* 39, 13); mächtig sein (*Ps.* 140,6). 2. über sich gewinnen, sich entschließen. 3. gelten. 4. verstehen. 5. dürfen. 6. *übtr.*: mit etwas fertig werden, überwältigen (*Ps.* 128, 2); jemandem gewachsen sein (ad).

post 1. *adv.*: später, nachher. 2. *praep. c. acc.*: hinter, nach, seit, nächst. 3. de post hinter — weg (*Ps.* 77, 70).

postcommūnĭō, ōnĭs *f.* (ad complendum) Postkommunion, das nach der hl. Kommunion vom Priester gesprochene oder gesungene Schlußgebet, entsprechend der Kollekte u. Sekret.

postĕā *adv.* 1. hernach, später. 2. ferner, weiter, sodann.

postĕāquăm *conj.* (= postquam) nachdem (*Baruch* 1, 9).

postergālĕ, ĭs *n.* (*ital.* postergale *m.*) Rückenlehne, Rückseite, Rückwand (*Pontif. Rom.*).

postĕrī, ōrŭm *m.* Nachkommen.

postĕrĭŏr, ĭŭs *s.* posterus.

postĕrĭtās, ātĭs *f.* Zukunft; *übtr.*: Nachkommenschaft, Nachwelt.

postĕrŭs 3 1. nachfolgend, nachkommend; in posterum: für später, späterhin; *subst.*: **postĕrī,** ōrŭm *m.* die Nachkommen. 2. *compar.*: **postĕrĭŏr,** ĭŭs: a) der letztere, der hintere; *pl. n.* a) Rücken; posteriora dorsi = Hinterrücken (*Ps.* 67, 14). b) Gesäß (*Ps.* 77, 66). 3. *superl.*: **postrēmŭs** 3 u. **postŭmŭs** 3 a) der hinterste, letzte; *adv.*: **postrēmō** zuletzt. b) der geringste, schlechteste. 4. **postŭmŭs** 3 (*fälschlich*: posthumus) a) nachgeboren, nach dem Tode des Vaters geboren. b) hinterlassen: ŏpĕră.

postgĕnĭtŭs 3 nachgeboren; *pl. m.*: die Nachkommen.

posthăbĕō, ŭī, ĭtŭm 2 hintansetzen.

posthāc adv. von nun an, künftig.

posthaec *adv.* nachher.

Post(h)ŭmĭŭs Tĭt(i)ānŭs, ī *m.* Postumius Titianus, Stadtpräfekt von Rom um 300.

posthŭmŭs 3 *s.* posterus 3.

postīcŭm, ī *n.* Hintertür.

postīcŭs 3 hinten befindlich.

postillă, ae *f.* Postille, Evangelienerklärung (*von*: post illa verba = nach Verlesung jener Worte [des Evangeliums]; es folgte die Erklärung des Evangeliumabschnittes); Erbauungsbuch.

postĭs, ĭs *m.* Pfosten, Pfeiler.

postmĕrīdĭānŭs 3 (posmeridianus u. pomeridianus) nachmittägig.

postmŏdŏ u. **postmŏdŭm** *adv.* bald hernach, bald darauf; späterhin.

postpōnō, pŏsŭī, pŏsĭtŭm 3 hintansetzen.

postpŭtō 1 geringschätzen.

postquăm *conj.* nachdem.

postrēmĭtās, ātĭs *f.* das Äußerste, Ende,

postrēmō, postrēmŭs 3 *s.* postĕrus.

postrīdĭē *adv.* tags darauf.

postscrūtĭnĭŭm, ī *n.* Wahlprüfung.

pōstŭlāns, tĭs *m.* u. *f.* Postulant(in), Bewerber(in) um Aufnahme in ein Kloster (*C. j. c.* 540).

pōstŭlātĭō, ōnĭs *f.* 1. Forderung, Verlangen, Anliegen. 2. Klage, Beschwerde; gerichtliche Klage. 3. Bittwahl (Wahlmodus bei kirchlichen Wahlen).

pōstŭlātŏr, ōrĭs *m.* Gesuchsteller; Antragsteller; Postulator, Führer oder Betreiber eines Seligsprechungsprozesses (*C. j. c.* 2004).

pōstŭlātōrĭŭs 3 Antrag stellend; bittlich, Bitt- (*C. j. c.* 2004).

pōstŭlātŭm, ī *n.* 1. Forderung. 2. Verlangen, Gesuch.

pōstŭlātŭs, ūs *m.* 1. gerichtliche Klage. 2. Postulat, Vorbereitungszeit vor dem Noviziat bei religiösen Orden u. Genossenschaften.

pōstŭlō 1 1. fordern, beanspruchen, verlangen; erfordern, erheischen. 2. vor Gericht fordern, gerichtlich belangen. 3. erflehen, erbitten. 4. bittlich wählen (bei kirchlichen Wahlen; dieser Wahlmodus findet statt, wenn der zu Wählende nicht unwürdig [indignus], aber rechtlich unfähig, ungeeignet [ineptus] ist aus einem juridischen Grunde, weil er z. B. noch nicht das vorgeschriebene Alter erreicht hat oder illegitim geboren ist, während das Amt nur Legitimen übertragen werden soll (*C. j. c.* 179, 2).

postŭmŭs 3 *s.* postĕrus.

pōtābĭlĭs, ĕ trinkbar.

Potămĭcŭm pălātĭŭm, ī *n.* *s.* Bodma.

Potămĭcŭs lăcŭs *m.* *s.* Acronius lacus.

Potămŭm, ī *n.* *s.* Bodma.

pōtātĭō, ōnĭs *f.* 1. das Trinken. 2. Trinkgelage.

pōtātŏr, ōrĭs *m.* Trinker.

pŏtēns, tĭs, 1. mächtig, einflußreich, gebietend. 2. kräftig, wirksam. 3. *subst.*: ein Starker, Held (*Ps.* 88, 20).

pŏtentātŏr, ōrĭs *m.* Gewalthaber.

pŏtentātŭs, ūs *m.* 1. Herrschaft, Gewalt; Gewaltherrschaft. 2. Vermögen, Kraft, in potentatibus: in großer Macht, in Wundertaten seiner Rechten liegt unsere Rettung (*Ps.* 19, 7). 3. Wundertat. 4. *pl.*: Übermaß; si in potentatibus = wenn es hoch kommt (*Ps.* 89, 10).

pŏtentĕr *adv.* wirksam; nach Kräften.

pŏtentĭă, ae *f.* 1. Vermögen, Kraft, Wirksamkeit. 2. Macht, Gewalt, Oberherrschaft. 3. *pl.*: Machttaten, Wunderwerke (*Ps.* 70, 16).

Pŏtentĭă, ae *f.* Potenza, St., l. über dem Basento in Lucanien, Unteritalien (Prov. Potenza, *früher*: Basilicata), *ca.* 13000 Einw.; Bistum (seit 495) seit 1818 mit Marsico Nuovo vereinigt, Suffr. von Acerenza; *dav.*: **Pŏtentīnŭs** 3.

pŏtentĭālĭs, ĕ möglich; die bloße Möglichkeit bezeichnend (*im Gegensatz zur Wirklichkeit* = actualis).

Pŏtentīn. (*C. R.*) *s.* Potentia.

pŏtestās, ātĭs *f.* 1. Kraft, Macht, Gewalt; potestas clāvĭŭm Schlüsselgewalt, Vollmacht der Sündenvergebung. 2. Herrschaft, Reich, Gebiet. 3. Machthaber, Behörde. 4. Gelegenheit, Erlaubnis. 5. potestas virtūtĭs Dĕī die allmächtige Kraft Gottes. 6. Übermut: mărĭs (*Ps.* 88, 10). 7. *pl.*: eine Engelgruppe, „die Herrschaften“

S. Pŏthīnŭs, ī *m.* (*Ποθεῖνος*) Pothinus, Mart. († im 2. Jhdt.).

Er wurde vom hl. Polykarp, dem Schüler des Apostels Johannes, aus Kleinasien nach Lyon gesandt, wo er alsbald eine Gemeinde schuf, aus der viele Martyrer hervorgingen. Im Alter von über 90 Jahren, aber mit jugendfrischer Seele, erschien er in Begleitung anderer Christen vor dem Gerichtsstuhle des Statthalters, der die christenfeindlichen Erlasse des Kaisers Antoninus Verus vollziehen sollte. Auf sein offenes Bekenntnis hin wurde er ungeachtet seines Alters von allen Seiten gestoßen, beworfen, mißhandelt; schließlich schaffte man ihn sterbend in einen Kerker, wo er kurz darauf verschied. Noch 47 Gefährten erlitten um dieselbe Zeit den Martertod. — 1. Juni.

pōtĭō, ōnĭs *f.* 1. das Trinken. 2. Trank.

1. **pŏtĭŏr,** tītŭs sŭm 4 1. sich bemächtigen, erlangen (*c. abl.*, *selten*: *c. acc.*). 2. mächtig sein, im Besitze haben, innehaben.

2. **pŏtĭŏr,** pŏtĭŭs *compar.* 1. vorzüglicher, besser. 2. wichtiger, richtiger. 3. würdiger; *superl.*: **pŏtissĭmŭs** 3 der vorzüglichste, beste; *adv.* **pŏtĭŭs** vielmehr, eher, lieber; **pŏtissĭmŭm** hauptsächlich, gerade.

pōtĭtō 1. oft trinken, zechen.

pōtō (pōtātŭm u. pōtŭm) 1 1. *intr.*: trinken, in sich aufnehmen. 2. *trans.*: zu trinken geben, tränken; potasti nos vino compunctionis du hast uns getränkt mit Taumelwein (*Ps.* 59, 5, *vgl.* *Ecclus.* 15, 3); *pass.*: getränkt werden.

pōtŏr, ōrĭs *m.* Trinker; Säufer.

pōtrīx, īcĭs *f.* Trinkerin, Säuferin.

1. **pōtŭs** 3 1. *activ.*: vinum felle mistum potus: Wein mit Galle vermischt getrunken habend; angetrunken, berauscht. 2. *pass.*: ausgetrunken, getrunken.

2. **pōtŭs,** ūs *m.* 1. das Trinken, der Trunk. 2. der Trank, das Getränk.

Poundūnĭŭm, ī *n.* Baindt, ehem. Cistercienserinnenkloster in Württemberg, Diöz. Rottenburg.

Pouso Alegre *indecl.* (de Pouso Alegre *C. R.*) Pouso Alegre (*spr.*: Póisu-), St., l. am Rio Sapucahy (zum Rio Grande), Brasilien (Minas Geraes); Bischofssitz (seit 1900), Suffr. v. Rio de Janeiro.

Pozonănĭă, ae *f.* *s.* Posnania.

practĭcŭs 3 (*πρακτικός*) praktisch; tätig, handelnd, zum Tun u. Handeln gehörig; sich auf Tun u. Handeln beziehend (*C. j. c.* 1365, § 3).

prae I. *adv.* voran, voraus. II. *praep. c. abl.*: 1. *räumlich*: vor. 2. *übtr.*: im Vergleich mit, gegen. 3. unter (*Hebraismus*; *z. B. Ps.* 88, 28).

praeăcūtŭs 3 vorn zugespitzt.

praealtŭs 3 sehr hoch; sehr tief.

praeambŭlō 1 vorangehen.

praeambŭlŭm, ī *n.* 1. Grundlage, Voraussetzung. 2. Vorerinnerung, Vorbemerkung.

praeambŭlŭs 3 vorangehend.

praeămĭcĭō 4 mit Vorzug umhüllen; sōlĕ praeamicta (*scil.*: Maria) M., mit der Sonne wie mit einem Mantel umgeben.

praebendă, ae *f.* 1. Präbende, Pfründe (an Dom- oder Stiftskapiteln als Einkommen für die Geistlichen) (*C. j. c.* 394 § 1). 2. Pfründestiftung für alte Leute.

praebendārĭă, ae *f.* Pfründnerin, Nutznießerin einer Pfründestiftung.

praebendārĭŭs, ī *m.* Pfründner.

praebendātŭs, ī *m.* Pfründeinhaber, *bes.* von Pfründen an Kapiteln (*C. j. c.* 394 § 1).

praebĕō, ŭī, ĭtŭm 2 1. darreichen, darbieten. 2. zeigen, erweisen; se praebere sich zeigen, sich erweisen als (*c. acc.*). 3. gewähren, verursachen.
praebĭbō, bĭbī 3 vortrinken, zutrinken.
praebĭtĭō, ōnĭs *f.* 1. Darreichung, Lieferung. 2. Aufführung eines Schauspiels auf öffentliche Kosten (2 *Mach.* 4, 14).
praebĭtŏr, ōrĭs *m.* Geber, Lieferant.
praecălĭdŭs 3 sehr warm.
praecănō 3 vorhersagen, weissagen; einen Zauber unschädlich machen.
praecantātĭō, ōnĭs *f.* Bezauberung.
praecantātŏr, ōrĭs *m.* Zauberer.
praecantātrīx, īcĭs *f.* Zauberin.
praecānŭs 3 vor der Zeit ergraut.
praecautĭō, ōnĭs *f.* Vorsicht.
praecăvĕō, cāvī, cautŭm 2 1. *intr.*: sich hüten, sich in acht nehmen. 2. *trans.*: verhüten, vorbeugen.
praecēdentĭă, ae *f.* Vortritt, Vorrang; Rangordnung.
praecēdō, cēssī, cēssŭm 3 1. vorhergehen, vorangehen; den Vortritt haben. 2. übertreffen. 3. sich auf etwas vorbereiten.
praecellēns, tĭs vorzüglich, vortrefflich.
praecellentĭă, ae *f.* Vortrefflichkeit.
praecellō 3 sich hervortun; jemand übertreffen (*c. dat. oder acc.*).
praecelsŭs 3 sehr erhaben.
praecentŏr, ōrĭs *m.* Vorsänger, Musikleiter.
1. **praeceps,** cĭpĭtĭs 1. kopfüber, schleunig, eilig. 2. blindlings, jählings, voreilig. 3. jäh, abschüssig.
2. **praeceps,** cĭpĭtĭs *n.* der Abgrund, die gefährliche Lage, Verderben.
praeceptĭō, ōnĭs *f.* 1. Vorausempfang. 2. Unterweisung, Vorschrift, Lehre, Befehl.
praeceptīvŭs 3 vorschreibend, vorschriftlich; befohlen: cērĕmōnĭae; praeceptīvĭs verbĭs: die Strafe muß bei gegebenem Tatbestande vom kirchlichen Oberen verhängt werden (*C. j. c.* 2217 § 1).
praeceptŏr, ōrĭs *m.* Lehrer, Meister.
praeceptrīx, īcĭs *f.* Lehrerin.
praeceptŭm, ī *n.* 1. Vorschrift, Verordnung, Befehl, Lehre. 2. das vorweg Genommene (*Is.* 11, 14).
praecerpō, cerpsī, cerptum 3 vor der Zeit pflücken; vorwegnehmen.
praecessŏr, ōrĭs *m.* 1. Vorsteher, Vorgesetzter, Anführer, Herr. 2. Vorgänger.
praecīdō, cīdī, cīsŭm 3 1. abschneiden, abhauen, abkürzen. 2. sich kurz fassen.
praecinctĭō, ōnĭs *f.* das Gürten.
praecinctōrĭŭm, ī *n.* Gurt, Gürtel.
praecinctūră, ae *f.* Umgürtung.
praecingō, cīnxī, cīnctŭm 3 umgürten, umgeben.
praecĭnō, cĭnŭī, centŭm 3 1. vorsingen, vorspielen. 2. weissagen.
praecĭpĭō, cēpī, ceptŭm 3 1. vorwegnehmen, vorausbekommen. 2. vorschreiben, befehlen, anordnen, raten.
praecĭpĭtĭŭm, ī *n.* 1. der Absturz. 2. der Abgrund.
praecĭpĭtantĭă, ae *f.* Herabsturz.
praecĭpĭtātĭō, ōnĭs *f.* 1. das Herabstürzen. 2. Überstürzung, Übereilung, Gedankenlosigkeit; in actiōnĕ praecĭpĭtātĭōnĭs bei den Handlungen der Gedankenlosen. 3. das Verderben (*Ps.* 51, 1).
praecĭpĭtō 1 I. *trans.*: 1. herabstürzen, ins Verderben stürzen, zugrunde richten. 2. beschleunigen, übereilen. II. *intrans.*: 1. sich herabstürzen, herabfallen. 2. ins Verderben geraten; zu Ende gehen; zugrunde gehen.
praecĭpŭē *adv.* vor allem andern, vorzugsweise, vorzüglich, besonders (*Judith* 2, 5).
praecĭpŭŭm, ī *n.* (*eig.*: was man vor anderem vorwegnimmt) 1. ein besonderes Recht; Vorrecht. 2. das Wichtigste, das Beste.
1. **praecĭpŭŭs** 3 1. eigentümlich, von besonderer Art. 2. vorzüglich, ausgezeichnet, vornehmlich.
2. **praecĭpŭŭs,** ī *m.* der Vorzüglichste, die Hauptperson.
praecīsē *adv.* 1. abgekürzt, kurz. 2. kurzweg, schlechthin, genau.
praecīsĭō, ōnĭs *f.* das Abschneiden; *übtr.*: Abschnitt.
praecīsŭs 3 jäh, abschüssig.
praeclāmō 1 vorherschreien, vorherrufen.
Praeclara, De Praeclara Pöchlarn, St. an der Donau, Niederösterreich, *ca.* 700 Einw. (*im Altertum*: Arlape, is *n.* an der Erlaf).
praeclārē *adv.* 1. herrlich, glänzend, vortrefflich. 2. berühmt, angesehen, sehr bekannt. 3. sehr deutlich, sehr klar.
praeclārĭtās, ātĭs *f.* Ruhm, Auszeichnung.
praeclārŭs 3 1. herrlich, glänzend, ausgezeichnet, edel, erhaben. 2. angesehen, berühmt, sehr bekannt.
praeclūdō, sī, sŭm 3 verschließen, versperren.
praecō, ōnĭs *m.* Herold, Verkündiger; Lobredner: virtūtĭs.
praecōgĭtātĭō, ōnĭs *f.* das Vorherbedenken.
praecōgĭtō 1 vorher überlegen.

praecŏgnĭtŏr, ōrĭs *m.* Vorherwisser.
praecŏgnōscō, nōvī, nĭtŭm 3 vorher erfahren.
praecompŏsĭtŭs 3 vorher zusammengestellt, vorher einstudiert.
praeconceptŭs 3 vorher gefaßt, vorgefaßt; praeconcepta sui exspectātĭō: die vorgefaßte Hoffnung auf ihn, die auf ihn gesetzte Erwartung.
praeconcĭpĭō, cēpī, ceptŭm 3 sich vornehmen.
praecōnĭŭm, ī *n.* 1. Amt eines Herolds, Ausruferamt. 2. öffentliche Bekanntmachung. 3. Lobpreisung, Verherrlichung, Lobgesang. 4. praeconium paschālĕ Osterankündigung, der herrliche Osterjubel, ein großartiger Präfationsgesang bei der Segnung der Osterkerze am Karsamstag, von dem Anfangsworte auch „Exsultet" genannt (laus paschalis).
praecōnĭsātĭō, ōnĭs *f.* 1. Verkündigung. 2. päpstliche Bestätigung eines erwählten Bischofs.
praecōnsūmō, sūmpsī, sūmptŭm 3 vorher aufbrauchen.
praecontemplātĭō, ōnĭs *f.* Vorbetrachtung.
praecŏquŭs 3 *s.* praecox.
praecordĭă, ōrŭm *n.* 1. Zwerchfell (die starke Haut zwischen Brust und Bauchhöhle). 2. Eingeweide, Magen, Unterleib. 3. Brusthöhle, Brust; Herz, Gefühl, Sinn.
praecox, cŏcĭs (praecoquus) 1. frühreif, frühzeitig. 2. *übtr.*: unzeitig, verfrüht, vorschnell (*Num.* 13, 21).
praecurrō, cŭcurrī u. currī, cursŭm 3 vorauslaufen, zuvorkommen, überholen; übertreffen.
praecursĭō, ōnĭs *f.* das Vorauseilen, die Vorläuferschaft.
praecursŏr, ōrĭs *m.* 1. Vorläufer; Kundschafter. 2. Läufer, Trabant eines Fürsten.
praecursōrĭŭs 3 vorauseilend.
praecursŭs, ūs *m.* das Vorherlaufen, das Vorhergehen; terrōrĕm mĕŭm mittăm ĭn praecursŭm tŭŭm = meinen Schrecken werde ich dir voraussenden (*Ex.* 23, 27).
praedă, ae *f.* 1. Beute, Raub. 2. geraubtes Stück Fleisch, Zehrung, Fraß. 3. Plünderung.
praedābundŭs 3 auf Beute ausgehend.
praedamnō 1 vorher verurteilen.
praedātĭō, ōnĭs *f.* das Plündern.
praedātŏr, ōrĭs *m.* Plünderer, Räuber.
praedātōrĭŭs 3 beutemachend, plündernd, räuberisch.
praedēcessŏr, ōrĭs *m.* Vorgänger, Amtsvorgänger.
praedēnsŭs 3 sehr dicht.
praedēsĭgnātŭs 3 vorherbestimmt.
praedēstĭnātĭō, ōnĭs *f.* Vorherbestimmung; Auserwählung.
praedēstĭnō 1 im voraus bestimmen.
praedētermĭnātĭō, ōnĭs *f.* Vorherbestimmung.
praedĭātŏr, ōrĭs *m.* Güteraufkäufer, Güterhändler.
praedĭātōrĭŭs 3 den Verkauf oder die Pfändung der Güter betreffend, iūs praediatorium = Güterpfandrecht.
praedĭātŭs 3 Landgüter besitzend; reich.
praedĭcābĭlĭs, ĕ rühmenswert.
praedĭcātĭō, ōnĭs *f.* 1. öffentliche Bekanntmachung, Predigt. 2. das Rühmen, Preisen, Lobpreis. 3. *übtr.*: Wunderwerk (*Ps.* 72, 28).
praedĭcātŏr, ōrĭs *m.* 1. Lobredner. 2. Prediger; **Ordo Praedicatorum** Predigerorden (Dominikanerorden).
praedĭcātŭs 3 (v. praedĭcō) 1. verkündet, bekannt gemacht. 2. öffentlich gerühmt.
praedĭcō 1 1. öffentlich aussagen oder bekanntmachen, predigen. 2. rühmen, preisen, loben.
praedīcō, dīxī, dictŭm 3 1. vorhersagen, prophezeien. 2. vorher erwähnen. 3. festsetzen, vorschreiben, befehlen.
praedictĭō, ōnĭs *f.* Prophezeiung, Weissagung.
praedictŭm, ī *n.* 1. Weissagung. 2. Befehl. 3. Verabredung.
praedifficĭlĭs, ĕ sehr schwer.
praedĭŏlŭm, ī *n.* kleines Landgut, Gütchen.
praedīscō, dĭdĭcī 3 vorher lernen, sich vorher mit etwas bekannt machen.
praedispŏsĭtŭs 3 vorher aufgestellt.
praedĭtŭs 3 begabt, versehen mit (*abl.*); behaftet.
praedīvĕs, ĭtĭs sehr reich.
praedĭŭm, ī *n.* Landgut, Grundstück, Acker, Feld.
1. **praedō** 1 *s.* praedor.
2. **praedō,** ōnĭs *m.* Plünderer, Räuber.
praedŏcĕō, dŏcŭī, doctŭm 2 vorher unterrichten, vorher ankündigen.
praedŏr 1 (praedo 1) Beute machen, rauben, plündern.
praedūcō, dūxī, ductŭm 3 vor etwas ziehen.
praedulcĭs, ĕ sehr süß.
praedūrŭs 3 1. sehr hart. 2. sehr abgehärtet.
praeēlĭgō, lēgī, lēctŭm 3 auserwählen.
praeēmĭnentĭă, ae *f.* Vorzug, Vortrefflichkeit; hervorragende Stellung.
praeĕō, īvī u. ĭī, ĭtŭm, īrĕ 1. vorangehen, vorausgehen. 2. vorsprechen, vorsagen: vōtă, săcrāmentŭm = Eid (*auch*: vōcĕ praeīrĕ).

praeexistentĭă, ae *f.* Präexistenz 1. Präexistenz der Seele, Annahme einiger griechischer Philosophen (auch Platos), die Seele existiere schon vor der Vereinigung mit dem Leibe. 2. Präexistenz Christi (des Messias) als himmlischer Mensch vor seiner Ankunft auf Erden.

praeexistentĭānismŭs, ī *m.* die Lehre, daß die Seelen schon vor der Verbindung mit den Körpern bestanden haben.

praeexistō, exstĭtī 3 früher bestehen, vorher vorhanden sein.

praefātĭō, ōnĭs *f.* 1. Eingangsworte, Vorrede; Einleitungsgebet, *bes.*: das feierliche Gebet vor dem Kanon der hl. Messe, die Präfation. 2. Vorwort, Einleitung eines Buches.

praefātĭuncŭlă, ae *f.* kleine Vorrede, Vorwort.

praefātŭs 3 vorher genannt, schon erwähnt, oben genannt.

praefectūră, ae *f.* 1. das Vorsteheramt, Aufseheramt. 2. Statthalterschaft.

Praefectūră Apostŏlĭcă, ae *f.* Apostolische Präfektur, ein (neu entstandenes) Missionsgebiet mit einem apostolischen Präfekten an der Spitze, d. i. einem Missionsoberen mit bischöflichen Verwaltungsrechten, aber ohne Bischofsweihe.

praefectŭs, ī *m.* 1. Vorgesetzter, Vorsteher, Befehlshaber. 2. Statthalter. 3. praefectŭs urbĭs Stadtpräfekt, Stadtkommandant von Rom; praefectus Apŏstŏlĭcŭs *s.* Praefectura Apostolica; praefectus artĭfĭcum Kunstdirektor; Cardĭnālĭs Praefectus Vorsteher der einzelnen Kongregationen der römischen Kurie; Propraefectus = Vertreter des Präfekten.

praefĕrō, tŭlī, lātŭm, ferrĕ 1. zur Schau tragen, an den Tag legen, offenbaren, verraten. 2. vorschützen, vorgeben. 3. vorziehen, den Vorzug geben.

praefĕrōx, ōcĭs sehr wild, sehr ungestüm.

praefĭcĭō, fēcī, fectŭm 3 jemanden zum Vorgesetzten, Leiter, Führer machen.

praefīdēns, ntĭs zu sehr vertrauend, vermessen.

praefīgō, fīxī, fīxŭm 3 1. vorn anheften, vorn anschlagen, an den Anfang stellen; vordrucken. 2. vorn versehen mit (*abl.*).

praefĭgūrātĭō, ōnĭs *f.* Vorbildung; Vorbedeutung.

praefĭgūrō 1 vorher bilden; vorbedeuten.

praefīnĭō 4 vorherbestimmen, feststellen, festsetzen.

praefīnītĭō, ōnĭs *f.* Vorherbestimmung, Festsetzung.

praefīnītŭs 3 vorherbestimmt, festgesetzt (*Dan.* 12, 13).

praeflōrō 1 vorher der Blüte berauben.

praeflŭō 3 vorbeifließen.

praefōcātĭō, ōnĭs *f.* Erstickung.

praefōcō 1 ersticken, erwürgen, erdrosseln; ertränken.

praefŏdĭō, fōdī fossŭm 3 1. vor etwas einen Graben ziehen. 2. vorher vergraben.

praefŏr 1 [*nur in einigen Formen gebräuchlich*] 1. vorausschicken als Vorwort, vorläufig erklären. 2. vorsagen. 3. vorherverkündigen.

praefōrmō 1 abrichten; vorschreiben.

praefortĭs, ĕ sehr tapfer.

praefrāctŭs 3 1. abgebrochen. 2. *übtr.*: schroff, rücksichtslos, unbeugsam.

praefrīgĭdŭs 3 sehr kalt.

praefringō, frēgī, frāctŭm 3 vorne abbrechen.

praefulcĭō, fulsī, fultŭm 4 1. vorne stützen; unterstützen. 2. vorbauen.

praefulgĕō, fulsī 2 1. hervorstrahlen, hervorglänzen, hervorleuchten. 2. sich auszeichn n.

praefurnĭŭm, ī *n.* Heizloch, Ofen; Heizraum.

praegĕlĭdŭs 3 sehr kalt.

praegest ō 4 sich (ausgelassen) freuen.

praeglōrĭōsŭs 3 sehr ruhmreich.

praegnāns, tĭs schwanger, trächtig.

praegnātĭō, ōnĭs *f.* 1. Schwängerung. 2. Schwangerschaft.

praegrăcĭlĭs, ĕ sehr mager, sehr dünn.

praegrandĭs, ĕ überaus groß.

praegrăvĭs, ĕ sehr schwer; sehr schwerfällig; überladen; sehr lästig.

praegrăvō 1 1. *trans.*: überaus belasten, niederdrücken. 2. *intr.*: das Übergewicht haben.

praegrĕdĭŏr, gressŭs sŭm 3 vorangehen.

praegressĭō, ōnĭs *f.* das Vorhergehen.

praegressŭs, ūs *m.* 1. das Vorangehen, das Vorschreiten. 2. *übtr.*: Entwicklung; *pl.*: Entwicklungstufen.

praegŭstātĭō, ōnĭs *f.* das Vorherverkosten, das Kredenzen.

praegŭstātŏr, ōrĭs *m.* Vorkoster (der die Speisen u. Getränke überreichte).

praegŭstō 1 vorher verkosten.

praegus ŭs, ūs *m.* Vorgeschmack: coelī.

praehĭbĕō 2 (praehabeo) vorhalten, darreichen, gewähren.

praehistŏrĭcŭs 3 vorgeschichtlich.

praeiăcĕō 2 vor etw. liegen; vorliegen (*mit acc. loci*).

praeinsĕrō, sĕrŭī, sertŭm 3 vorhereinfügen, vorherhinzufügen.

praeintĭmō 1 vorherverständigen, vorhermitteilen, vorherbenachrichtigen.

praeintŏnātĭō, ōnĭs *f.* das Vorausanstimmen, das Vorsingen; das leise Voranstimmen der Antiphonen durch den Vorsänger in der feierlichen Vesper.
praeintŏnātŏr, ōrĭs *m.* Vorsänger.
praeintŏnō, tŏnŭī 1 voranstimmen, vorsingen.
praeiūdĭcĭālĕ, ĭs *n.* Beeinträchtigung.
praeiūdĭcĭālĭs, ĕ 1. außergerichtlich, vorgerichtlich. 2. bei der gerichtlichen Voruntersuchung (*C. j. c.* 1632).
praeiūdĭcĭŭm, ī *n.* 1. gerichtliche Vorentscheidung (als Maßstab für eine spätere Entscheidung in ähnlichen Fällen). 2. vorgefaßtes Urteil, Vorurteil. 3. außergerichtliches Urteil. 4. Nachteil, Eintrag (*C. j. c.* 435 § 3); in praeiūdĭcĭŭm cēdĕrĕ zum Nachteil gereichen (*C. j. c.* 779); si (modo) nemini fiat praeiudicium wenn (nur) niemandem Eintrag entsteht (*C. j. c.* 800).
praeiūdĭcō 1 1. im voraus entscheiden, im voraus urteilen. 2. *übtr.*: nachteilig sein.
praeiŭvō, iūvī 1 vorherunterstützen.
praelābŏr, lāpsŭs sŭm 3 vorbeigleiten.
praelātĭō, ōnĭs *f.* 1. das Vorziehen, Vorzug, Vorrang. 2. Amt eines Vorstehers oder Fürsten. 3. Amt eines Oberhirten, Bischofsstand.
praelātĭtĭŭs 3 prälatlich, zum Prälaten gehörig; für den Prälaten passend *oder* geziemend: vestimenta.
praelātūră, ae *f.* Prälatur, Würde u. Stellung eines Prälaten; höheres Kirchenamt; praelatura nullius: eine selbständige Prälatur (Abtei) *oder* selbständiges höheres Kirchenamt mit eigenem Gebiete, das keinem Bistum eingegliedert ist (*C. j. c.* 215).
praelātŭs, ī *m.* 1. höherer Geistlicher, Prälat; praelatus nullĭūs (*scil.*: ĕpiscŏpī) ein Prälat *oder* Abt, der nicht unter e. Bischofe steht, sondern selbständig ein eigenes Gebiet verwaltet; praelatus dŏmestĭcŭs päpstlicher Hausprälat (Titel mit gewissen Vorrechten). 2. Vorgesetzter (*S. Jos a Cupertino, lect.* 5, 18. *Sept.*).
praelēctĭō, ōnĭs *f.* das Vorlesen.
praelĕgō, lēgī, lēctŭm 3 vorlesen.
praelĭātŏr, ōrĭs *m. s.* proeliator.
praelĭbātĭō, ōnis *f.* 1. Opfer, Spende von den Erstlingen. 2. der Vorgenuß.
praelībō 1 vorher kosten; zum voraus darbringen.
praelīmĭnārĭs, ĕ einleitend, vorläufig.
praelĭŏr 1 **praelĭŭm,** ī *n. s.* proelior, proelium.
praelongŭs 3 sehr lang.
praelŏquŏr, lŏcūtŭs sŭm 3 als Vorwort vorausschicken; vorherverkünden.
praelūcĕō, xī 2 vorleuchten, übertreffen.
praelūdĭŭm, ī *n.* 1. Vorspiel. 2. Einleitung.
praelūdō, lūsī, lūsŭm 3 1. vorspielen. 2. Vorläufer sein.
praelŭm, ī *n. s.* prelum.
praelūsĭō, ōnĭs *f.* Vorspiel.
praelustrĭs, ĕ sehr glänzend; sehr vornehm.
praemandātŭm, ī *n.* Steckbrief; praemandatis aliquem requīrĕrĕ jem. steckbrieflich verfolgen.
praemandō 1 im voraus beauftragen; im voraus bestellen.
praemātūrŭs 3 frühzeitig; unzeitig.
praemĕdĭtātĭō, ōnĭs *f.* Vorbedachtnahme.
praemĕdĭtŏr 1 vorher bedenken.
praemĕtŭō 3 im voraus fürchten.
praemĭātŏr, ōrĭs *m.* Belohner.
praemĭcō 1 hervorschimmern.
praemĭnĕō 2 hervorragen, überragen.
praemĭnistrō 1 1. *intr.*: aufwarten. 2. *trans.*: darreichen.
praemĭnŏr 1 vorherdrohen, androhen.
praemissŭm, ī *n.* das vorher Gesagte, das schon Zugegebene; *vgl.*: praemitto.
praemittō, mīsī, missŭm 3 vorausschicken, vorschicken; praemissae (*scil.*: prōpŏsĭtĭōnēs) die „vorausgeschickten Sätze“, die Vorsätze (bei den logischen Schlußfolgerungen); praemissīs praemittendīs (*gekürzt*: P. P. =) „nachdem vorausgeschickt ist, was vorauszuschicken ist“, nämlich Titel bzw. Anrede bei Schreiben an Personen mit verschiedenen Titulaturen.
praemĭŭm, ī *n.* (von praeemo) 1. Vorteil, Vorrecht; Vorzug; Auszeichnung. 2. Gewinn, Belohnung, Lohn, Preis, Ehrenlohn. 3. Zierde, Schmuck.
praemŏlestĭă, ae *f.* betrübende Vorahnung.
praemollĭs, ĕ sehr weich.
praemŏnĕō, ŭī, ĭtŭm 2 1. vorher erinnern, vorher aufmerksam machen, mahnen, warnen. 2. vorhersagen, anzeigen.
praemŏnĭtĭō, ōnĭs *f.* (praemŏnĭtŭm), Vorerinnerung.
praemŏnĭtŭm, ī *n. s.* praemonitio.
praemŏnĭtŭs, ūs *m.* Vorherverkündigung, Weissagung.
Praemōnstrātēnsēs, ĭŭm *m.* Prämonstratenser , Norbertiner, regulierte Chorherrn, vom hl. Norbert i. J. 1120 gestiftet, 1126 v. Honorius II. bestätigt.

Praemōnstrātŭm ī *n.* (= pratum monstratum) ödes Felsental in der französ. Diözese Laon, *j.*: Prémontré (Aisne); *dav.*: **Ordō Praemōnstrātēnsis**: der hier vom hl. Norbert gestiftete Prämonstratenserorden.

praemōnstrō 1 1. vorher zeigen, vorher angeben. 2. weissagen. 3. bezeugen.

praemŏrĭŏr, mortŭŭs sŭm 3 vor der Zeit sterben.

praemūnĭō 4 1. vorn befestigen, verschanzen; vorbauen als Schutz. 2. vor ausschicken; vorschützen.

praenāscŏr, nātŭs sŭm 3 zuerst geboren werden.

Praenestĕ, ĭs *n.* Palestrina, St., It. (Rom), *ca.* 7000 Einw.; suburbikarisches Bistum (seit 4. Jhdt.); *dav.*: **Praenestīnŭs** 3.

Praenestīn. (*C. R.*) *s.* Praeneste.

praenĭmĭs *adv.* allzu sehr.

praenōbĭlĭs 3 vorzüglich berühmt.

praenōmĕn, ĭnĭs *n.* 1. Vorname. 2. Titel.

praenōscō, nōvī 3 vorher kennen lernen, vorerkennen, vorauswissen.

praenōtĭō, ōnĭs *f.* Vorbegriff.

praenŏtō 1 eine Aufschrift oder einen Titel geben; *pass.*: einen Titel führen (vom Buche).

praenūntĭă, ae *f.* Vorherverkündigerin, Vorbotin.

praenūntĭātĭō, ōnĭs *f.* Vorherverkündigung.

praenūntĭātŏr, ōrĭs *m.* Vorherverkünder.

praenūntĭō 1 vorher verkündigen, weissagen.

1. **praenūntĭŭs** 3 vorherverkündigend.

2. **praenūntĭŭs,** ī *m.* 1. Vorherverkündiger, Vorbote, Vorläufer. 2. Vorzeichen, Anzeiger: călămĭtātĭs.

praeoccŭpātŭs 3 voreingenommen (*C. j. c.* 1896).

praeoccŭpō 1 1. vorher einnehmen, besetzen; sich vorher bemächtigen; zuvorkommen. 2. überraschen, überfallen. 3. übereilen. 4. früh vor jemand (*acc.*) hintreten (*Ps.* 94, 2). 5. jem. im voraus für etw. einnehmen, im voraus verpflichten, gewinnen.

praeoptō 1 lieber wählen, vorziehen.

praeōrdĭnātĭō, ōnĭs *f.* Vorherbestimmung.

praeōrdĭnō 1 vorher anordnen; vorherbestimmen.

praepărātĭō, ōnĭs *f.* 1. Vorbereitung. 2. Ausbreitung: ĕvangĕlĭī. 3. *concr.*: Anliegen, Bitte: cordis (*Ps.* 9, 38). 4. Unterlage, Stütze, Halt (*Ps.* 88, 15).

praepărātōrĭŭs 3 vorbereitend, einleitend (*C. j. c.* 57), vorgängig, vorläufig.

praepărātŭs 3 vorbereitet; *übtr.*: fest gefügt: hăbĭtācŭlŭm (*Ps.* 32, 14).

praepărō 1 1. vorher bereiten. 2. rüsten, befestigen. 3. zielen auf (*acc.*): „mit deiner Bogensehne (*vgl.*: rĕlĭquĭae) wirst du wider ihr Antlitz zielen" (*Ps.* 20, 13). 4. praeparare cervos (ad partum) die Hindinnen kreißen lassen (*Ps.* 28, 9).

praepĕdĭō 4 1. vorne verwickeln, fesseln. 2. hemmen, aufhalten, verhindern.

praepĕdītĭō, ōnĭs *f.* Hindernis; Hemmung, Verhinderung.

praependĕō, pendī 2 vorne herabhangen.

praepĕs, pĕtĭs 1. vorausfliegend, günstig, glückverkündend. 2. schnell.

praepinguĭs, ĕ sehr fett, fruchtbar.

praeplăcĕō, ŭī, ĭtŭm, 2. sehr gefallen, für sehr gut finden, sehr dafür stimmen.

praepollĕō, pollŭī 2 viel vermögen; sehr mächtig sein.

praepondĕrō 1 überwiegen; größeres Ansehen *oder* mehr Wert haben.

praepōnō, pŏsŭī, pŏsĭtŭm 3 1. voransetzen, vorsetzen. 2. vorziehen.

praeportō 1 vorantragen.

praepŏsĭtĭō, ōnĭs *f.* 1. das Voransetzen, Voranstellung, Vorzug. 2. Präposition, Vorwort.

praepŏsĭtŭm, ī *n.* Amt eines Vorgesetzten, *bes.*: die Propstwürde.

praepŏsĭtūră, ae *f.* 1. Amt u. Würde eines Vorgesetzten, eines Propstes. 2. Propstei.

praepŏsĭtŭs, ī *m.* 1. der Vorgesetzte; pr. gentĭs Landpfleger; pr. cŭbĭcŭlī Oberhofmeister. 2. Propst.

praepostĕrŭs 3 verkehrt; ordō p.: umgekehrte Reihenfolge.

praepŏtēns, ntĭs übermächtig.

praepŏtentĭă, ae *f.* Vormacht, Übermacht.

praeprīmĭs *adv.* vor allen Dingen.

praeprŏpĕrŭs 3 sehr eilig, voreilig.

praepūtĭātŭs 3 unbeschnitten.

praepūtĭŭm, ī *n.* 1. Vorhaut. 2. *concr.*: die Unbeschnittenen, Heiden.

praerădĭō 1 überstrahlen.

praerăpĭdŭs 3 sehr reißend.

praerĕquīsītŭs 3 vorher erwünscht *oder* erforderlich.

praerĭpĭō, rĭpŭī, reptŭm 3 1. wegreißen, entreißen, entziehen. 2. etwas vor der Zeit sich zueignen. 3. etwas im voraus vereiteln. 4. mit etwas wetteifern.

praerōdō, rōsī, rōsŭm 3 vorne abnagen.

praerŏgātĭō, ōnĭs *f.* 1. Verteilung, Austeilung. 2. Vorrecht, Sonderrecht.

praerŏgātīvă, ae *f.* 1. Vorbedeutung, Vorzeichen. 2. Vorzug, Vorrecht, Vorrang.

praerŏgātīvŭs 3 zuerst um seine Stimme befragt; ausgezeichnet.

praerumpō, rūpī, ruptŭm 3 vorne abbrechen, vorne abreißen.

praeruptă, ōrŭm *n.* steile Anhöhen; Felsen; Abgründe.
praeruptŭs 3 1. vorne abgebrochen. 2. jäh, schroff, abschüssig, steil: cautēs. 3. *übtr.*: abstoßend.
praes, dĭs (*gen. pl.* praedŭm) *m.* (*aus prae u. vas*) 1. Bürge. 2. Vermögen des Bürgen.
praesaepĕ, ĭs *n.* (praesēpēs, praesēpĭō, praesēpĭŭm) 1. Krippe. 2. Stall, Hürde.
praesaepēs, ĭs *f. s.* praesaepe.
praesaepĭō, saepsī, saeptŭm 4 vorne umzäunen, versperren.
praesaepĭō, ōnĭs *f. s.* praesaepe.
praesaepĭŭm, ī *n. s.* praesaepe.
praesāgĭō 4 1. vorempfinden, vorher merken, ahnen, voraussehen. 2. vorhersagen, prophezeien.
praesāgītĭō, ōnĭs *f.* Vorempfindung, Ahnung.
praesāgĭŭm, ī *n.* 1. Ahnung. 2. Weissagung; Vorzeichen.
praesāgŭs 3 ahnend, weissagend.
praesanctĭfĭcātŭs 3 1. überaus heilig. 2. vorher konsekriert: hostĭă (die hl. Hostie für die Karfreitagsmesse: missă Praesanctĭfĭcātōrŭm; *vgl.*: missa).
praesaucĭātŭs 3 sehr geschwächt, sehr angegriffen.
praescĭentĭă, ae *f.* 1. das Vorherwissen, Voraussicht. 2. Vorherbestimmung.
praescindō 3. vorher abreißen, vorher abschneiden (1 *Kön.* 24, 12).
praescĭō, scīvī 4 vorher wissen.
praescītŭm, ī *n.* das Vorherwissen, Ahnung.
praescrībō, scrīpsī, scrīptŭm 3 1. an die Spitze (einer Urkunde) setzen, voranschreiben. 2. vorschreiben, vorzeichnen, verordnen. 3. gewähren; zubilligen: stipendĭŭm. 4. einschärfen. 5. schildern, vor Augen stellen. 6. verjähren, durch Verjährung erwerben (*C. j. c.* 1510 § 2).
praescrīptĭō, ōnĭs *f.* 1. das Voranschreiben, Überschrift, Titel (von Schriftstücken). 2. Vorschrift, Verordnung. 3. gerichtliche Einrede, Einwendung der Verjährung; Verjährung (*C. j. c.* 1508 ss.); praescriptio acquīsītīvă: Akquisitivverjährung (mŏdŭs acquīrendī), wodurch eine Sache nach Ablauf einer bestimmten Frist des Besitzes erworben wird (Ersitzung, Erlangung durch Besitz: ūsūcăpĭō) oder ein Recht durch Ablauf einer bestimmten Frist der Ausübung erlangt wird; praescriptio extinctīvă Extinktivverjährung(modus liberandi) ist das Erlöschen eines Anspruchs infolge längerer Nichtgeltendmachung desselben oder Freiwerden von einer Verpflichtung (Verjährung im eigentlichen Sinne, Klageverjährung).
praescrīptŭm, ī *n.* das Vorgeschriebene, Vorschrift, Verordnung, Regel.
praesĕcō, sĕcŭī, sectŭm 1 vorne abschneiden.
1. **praesēns,** ntĭs 1. gegenwärtig, anwesend, persönlich. 2. jetzig, augenblicklich, vorliegend. 3. wirksam, kräftig, beistehend. 4. augenscheinlich, offenbar.
2. **praesēns,** entĭs *n.* Gegenwart, derzeitige Lage; in praesenti: für den Augenblick, für die Gegenwart, für jetzt, vor der Hand.
praesēnsĭō, ōnĭs *f.* Vorempfindung, Ahnung.
praesentārĭŭs 3 gegenwärtig.
praesentātĭō, ōnĭs *f.* 1. Vorstellung, Darbietung, Opferung; Übergabe. 2. Vorlegung (eines Reskriptes). 3. Präsentation oder Vorschlagung eines Bewerbers für ein Kirchenamt (eine Pfründe); ius praesentationis: Vorschlagsrecht des Patrons bei Besetzung einer Pfründe.
Praesentātĭō B. M. V. Fest der Opferung Mariae im Tempel, 21. November.
praesentātŭs 3 präsentiert, zu einem Kirchenamte vorgeschlagen.
praesentĭă, ae *f.* 1. Gegenwart, Anwesenheit. 2. Residenzpflicht (eines Bischofs, Pfarrers und anderer kirchlicher Beamter). 3. in praesentĭā hăbērĕ: um sich haben. 4. in praesentĭārŭm *s.* impraesentiarum.
praesentĭō, sēnsī, sēnsŭm 4 vorherempfinden, vorher fühlen, vorausahnen.
praesentō 1 1. darbieten, überreichen; darstellen, aufopfern.
praesēpĕ ĭs *n.* und **praesēpĭŭm,** ī *n. s.* praesaepe.
praesertĭm *adv.* zumal, besonders.
praeservātīvŭs 3. vorbeugend, schützend.
praeservĭō 4 vorzugsweise dienen.
praeservō 1 vorbeugen, verhüten, bewahren.
praesĕs, ĭdĭs *m.* u. *f.* 1. Beschützer(in), Verteidiger(in). 2. Vorsitzender; Vorsteher(in), Vorgesetzter; *bes.*: Statthalter einer römischen Provinz. 3. Bischof; Abt, Äbtissin.
praesĭdālĭs, ĕ (praesidialis) den Statthalter betreffend.
praesĭdēns, ntĭs *m.* u. *f. s.* praesideo.
praesĭdĕō, sēdī, sessŭm 2 1. schützen, verteidigen. 2. den Vorsitz haben, befehligen, leiten; *subst.*: **praesĭd ns,** tĭs *m.* u. *f.* der und die Vorsitzende, Vorsteher(in).
praesĭd.ālĭs, ĕ *s.* praesidalis.

praesĭdĭŭm, ī *n.* 1. Schutz, Hilfe, Schirm; p. fŭgae sūmĕrĕ Heil in der Flucht suchen. 2. Bedeckung, Besatzung, Posten. 3 fester Platz, Kastell.
praesīgnĭfĭcō 1 vorher anzeigen.
praesīgnĭs, ĕ sich vor anderen auszeichnend, ausgezeichnet.
praesīgnō 1 vorbedeuten, andeuten.
praestābĭlĭs, ĕ 1. vorzüglich, vortrefflich. 2. hervorragend, erhaben.
praestāns, ntĭs vorzüglich, vortrefflich, ausgezeichnet.
praestantĭă, ae *f.* Vorzüglichkeit, Vortrefflichkeit, Wert.
praestātĭō, ōnĭs *f.* 1. Gewährleistung. 2. Leistung, Darbietung. 3. Abgabe, Stolgebühren (*C. j. c.* 463 § 1).
praestīgĭă, ae *f.* (*meistens im pl.*) Gaukeleien, Blendwerk.
praestīgĭātŏr, ōrĭs *m.* Gaukler, Betrüger.
praestīgĭātrīx, īcĭs *f.* Gauklerin, Betrügerin.
praestīgĭŭm, ī *n.* Blendwerk.
praestĭtŭō, ŭī, ūtŭm 3 vorher bestimmen, festsetzen.
1. **praestō,** stĭtī 1 1. voranstehen, sich auszeichnen, besser sein. 2. sich verbürgen, Gewähr leisten. 3. erweisen, widerfahren lassen; verleihen, verschaffen; quō praestĭtō: nachdem es gewährt ist. 4. zeigen, bewähren, beweisen. 5. machen, tun, leisten, verrichten.
2. **praestō** *adv.* zugegen, anwesend.
praestōlātĭō, ōnĭs *f.* 1. das Harren, das Warten. 2. Geduld.
praestōlō 1 *s.* praestolor.
praestōlŏr 1 (praestolo) 1. bereit stehen, warten, harren, gewärtig sein. 2. geduldig ausführen: offĭcĭă.
praestrictĭō, ōnĭs *f.* Zuschnürung.
praestringō, strīnxī, strīctŭm 3 1. zuschnüren. 2. verdunkeln, verkleinern, hemmen.
praestrūctĭō, ōnĭs *f.* Vorbereitung.
praestrŭō, strūxī, strūctŭm 3 1. vorbauen. 2. vorbereiten.
praesŭl, ŭlĭs *m.* u. *f.* 1. Vortänzer (bei Festspielen u. Festzügen); der Oberste der Salier, *d. h.*: der römischen Marspriester. 2. Vorsteher, Vorsteherin; Patriarch, Bischof, Prälat.
praesŭlātŭs, ūs *m.* Rang, Amt, Würde eines kirchlich hochstehenden Beamten.
praesŭm, fŭī, essĕ 1. vorstehen, leiten, Aufsicht führen. 2. schützen.
praesūmō, sūmpsī, sūmptŭm 3 1. vorher zu sich nehmen, vorher genießen. 2. vorausnehmen, im voraus an sich nehmen; im voraus tun; sich herausnehmen, wagen (*C. j. c.* 2229 § 2); vorlaut sein (*Ecclus.* 32, 13). 3. im voraus (als wahr) annehmen, vermuten; voraussetzen, erwarten, hoffen. 4. als wahr bezeichnen, bedeuten (*bes. in Gleichnissen*). 5. sich vornehmen.
praesūmptĭō, ōnĭs *f.* 1. Vorgenuß. 2. Erwartung, Hoffnung; Vermutung. 3. vollbedachte Übertretung (eines Gesetzes, *C. j. c.* 2228); p. spīrĭtūs Vermessenheit.
praesūmptīvŭs 3 mutmaßlich.
praesūmptŏr, ōrĭs *m.* vermessener Mensch.
praesūmptōrĭŭs 3 vermessen.
praesūmptŭōsŭs 3 voll Vermessenheit.
praesuppōnō, pŏsŭī, pŏsĭtŭm 3 vor jemanden hinstellen.
praetemptō 1 *s.* praetento.
praetendō, tendī, tentŭm 3 1. ausdehnen; vorstrecken, gewähren, darreichen. 2. vorschützen, vorgeben.
praetentō 1 (praetempto) 1. vorher untersuchen. 2. vorwenden, vorschützen.
praetĕr I. *adv.* außer, ausgenommen. II. *praep. c. acc.*: 1. vorbei, vorüber. 2. über — hinaus, gegen. 3. mit Ausnahme von, außer.
praetĕrăgō 3 vorbeitreiben.
praeterdūcō, dūxī, dūctŭm 3 vorbeiführen.
praetĕrĕā *adv.* außerdem, überdies, ferner, weiter.
praetĕrĕō, ĭī, ĭtŭm, īrĕ 1. vorbei-, vorübergehen, überholen. 2. vergehen; *ptc.*: **praetĕrĭtŭs** 3 vergangen, verflossen; *subst.*: **praetĕrĭtŭm,** ī *n.* Vergangenheit. 3. untergehen (*Matth.* 24, 35). 4. unerwähnt *oder* unbenutzt lassen. 5. nicht berücksichtigen, unbeachtet lassen; unterlassen; übertreten: mandātŭm, praeceptŭm.
praeterĕquĭtō 1 vorbeireiten.
praetĕrĕuntĕr *adv.* im Vorbeigehen.
praeterfĕrō, tŭlī, lātŭm, ferrĕ vorbeitragen; *pass.*: vorbeikommen, -laufen, -fliegen, -reiten, -gehen, -ziehen.
praeterflŭō, flūxī 3 1. vorbeifließen, vorüberfließen (*Is.* 44, 4). 2. *übtr.*: vergehen, aus dem Gedächtnis entschwinden.
praetergrĕdĭŏr, gressŭs sŭm 3 vorübergehen: vĭam (des Weges).
praetĕrĭtĭō, ōnĭs *f.* das Übergehen, Übergehung; Nichtbeachtung; Nichtberufung, Nichtvorladung (zu einer Wahl: *C. j. c.* 162).
praetĕrĭtŭm, ī *n.* Vergangenheit.
praetĕrĭtŭs 3 *s.* praetereo.
praeterlābŏr, lāpsŭs sŭm 3 vorbeischlüpfen; verfließen, ablaufen.
praetermissĭō, ōnĭs *f.* 1. Weglassung. 2. Unterlassung.
praetermittō, mīsī, missŭm 3 unterlassen, übergehen, ungestraft lassen.

praeternātūrālĭs, ĕ über das Natürliche hinausgehend; übernatürlich.
praeternātūrālĭtās, ātĭs, *f.* Übernatürlichkeit.
praeternāvĭgō 1 vorbeischiffen.
praeterquăm *adv.* außer; außerdem.
praetervĕhŏr, vectŭs sŭm 3 vorbeifahren, vorbeiziehen.
praetervŏlō 1 1. vorbeifliegen, vorüberfliegen. 2. *übtr.*: schnell entschwinden. 3. überfliegen, oberflächlich über etw. hinweggehen.
praetexō, texŭī, textŭm 3 1. mit etwas versehen, besetzen, zieren; verbrämen. 2. verhüllen, bemänteln. 3. als Vorwand angeben, vorschützen.
praetextă, ae *f. s.* praetextus.
Praetextātī Coemētērĭŭm zu Rom, Ruheplatz des Prätextatus, eine erst im Jahre 1848 wiederentdeckte Katakombe, in der die Grüfte des hl. Januarius, Urbanus, Felizissimus, Agapitus, Quirinus, Tiburtius, Valerianus und Maximus gefunden wurden. Sie liegt an der Appischen Straße gegenüber der Kallistuskatakombe.
praetextātŭs 3 eine purpurverbrämte Toga tragend.
praetextŭm, ī *n. s.* 2. praetextus.
1. **praetextŭs** 3 (*von* praetexo) mit einem Purpurstreifen eingesäumt, purpurverbrämt; tŏgă praetextă (oder nur praetextă, ae *f.*). die purpurverbrämte Toga der römischen Magistratspersonen u. Priester sowie der freigeborenen Knaben bis zum 17. Lebensjahre, wo sie die gewöhnliche Männertoga (tŏgă vĭrīlĭs) erhielten.
2. **praetextŭs,** ūs *m.* (praetextum) *fast nur im abl. sing.*: praetextū *gebräuchlich* 1. Schmuck, Zierde. 2. Vorwand, sŭb praetextū: unter dem Vorwand.
praetĭmĕō 2 sehr in Furcht sein.
praetĭmĭdŭs 3 sehr furchtsam.
praetĭtŭlātŭs 3 vorne mit einem Titel versehen, betitelt.
praetŏr, ōrĭs *m.* 1. Anführer, Heerführer. 2. Prätor als Statthalter; Stadtpräfekt.
praetōrĭānŭs 3 zur kaiserlichen Leibwache gehörig; *subst.*: **praetōrĭānī,** ōrŭm *m.* die Prätorianer.
praetōrĭŏlŭm, ī *n.* kleines Herrenhaus, Landhaus.
praetōrĭŭm, ī *n.* 1. kaiserliche Hofhaltung, Palast, *bes.*: Hof eines Palastes. 2. Aufenthaltsort der Leibwache. 3. die kaiserliche Leibwache. 4. das Richthaus, Amtswohnung eines Statthalters.
1. **praetōrĭŭs** 3 zu einem Prätor gehörig, prätorisch.
2. **praetōrĭŭs,** ī *m.* ein Mann von prätorischem Range, gewesener Prätor.
praetractō 1 vorbereiten.
praetūră, ae *f.* Amt eines Prätors, Prätur, Statthalterschaft.
praeumbrō 1 1. überschatten. 2. verdunkeln.
praeūrō, ūssī, ūstŭm 3 vorne anbrennen, vorne verfangen, vorne ausbrennen.
praeūstŭs 3 vorne angebrannt.
praevălentĭă, ae *f.* Übermacht.
praevălĕō, ŭī 2 1. sehr mächtig sein, sehr viel vermögen, sich stark fühlen. 2. mehr gelten, überwältigen; besiegen; *obj.*: *ausgedrückt durch*: a) *contra*: contrā hŏmĭnēs praevălēbĭs. b) *adversus*: praevălŭērŭnt adversŭs nōs. c) *super*: praevălēbĭt sŭpĕr ēŭm. d) *dat.* praevălŭĭt pŏpŭlō. 3. anschwellen: ăquae. 4. das Vorrecht haben, den Vorzug haben.
praevălĭdŭs 3 sehr stark, sehr mächtig.
praevārĭcātĭō, ōnĭs *f.* 1. Pflichtverletzung, Ausschreitung; Gesetzesübertretung, Sünde, p. prīmī pārentĭs: Erbsünde; auctŏr praevārĭcātĭōnĭs: Vater der Sünde = Teufel. 2. Verrat, Schandtat.
praevārĭcātŏr, ōrĭs *m.* Pflichtverletzer, Sünder, Verräter.
praevārĭcātrīx, īcĭs *f.* Pflichtverletzerin, Sünderin.
praevārĭcō 1 u. **praevārĭcŏr** 1 die Pflicht verletzen, sündigen; abfallen (4 *Kön.* 1, 1)
praevĕhŏr, vectŭs sŭm 3 vorausfahren, vorausfliegen; vorüberfahren, -reiten, -strömen, vorbeifliegen.
praevĕnĭō, vēnī, ventŭm 3 1. zuvorkommen. 2. vorhergehen, vorangehen; *auch trans.*: trĭbŭlātĭō praevĕnĭtŭr: der Drangsal gehen voraus; festŭm praev.: die Vorfeier eines Festes begehen; nātālĭtĭă p.: das Geburtsfest = den Todestag eines Heiligen im voraus feiern. 3. fördern, zukommen lassen, schnell entgegenkommen (mit Gaben; *Ps.* 67, 32); praevĕnĭŏr es wird mir zu teil. 4. jemand übervorteilen. 5. früh aufsein (*Ps.* 118, 147); ŏcŭlī praevĕnērunt die Augen sind früh gerichtet (*Ps.* 118, 148). 6. praevenire aliquem jem. überfallen.
praeventĭō, ōnĭs *f.* das Zuvorkommen, die Prävention; iūs praeventĭōnĭs das Vorrecht, das Recht der ersten Hand: bei Rechtsangelegenheiten, für welche zwei oder mehrere Gerichte zuständig sind [z. B. der Ordensobere und der Bischof einem Religiosen gegenüber; bei gemischten Angelegenheiten auf Grund von Konkor-

daten das geistliche oder weltliche Gericht]; jenes Gericht hat das Recht der Entscheidung, bei welchem zuerst die Sache anhängig gemacht wurde (*C. j. c.* 1553).

praevertō, tī, sŭm 3 1. vorangehen. 2. vereiteln, verhindern.

praevĭdĕō, vīdī, vīsŭm 2 vorhersehen, voraussehen.

praevīsĭō, ōnĭs *f.* das Vorhersehen.

praevĭtĭō 1 vorher verderben.

1. **praevĭŭs** 3 vorhergehend; virtūtĕ praevĭā indem die Tugend vorangeht, den Weg weist.

2. **praevĭŭs,** ī *m.* Vorläufer.

praevŏlō 1 voranfliegen.

Prāgă, ae *f.* (Braga) Prag, Hauptstadt von Böhmen u. der Tschechoslowakei, an der Moldau, *ca.* 650 000 Einw.; Fürsterzbischofssitz; *dav.*: **Prāgēnsĭs,** ĕ u. **Prāgēnŭs** 3.

Prāgēn. (*C. R.*) *s.* Praga.

1. **prāgmătĭcŭs** 3 (πραγματικός) in Staatssachen erfahren; sachkundig.

2. **prāgmătĭcŭs,** ī *m.* Rechtskundiger.

prandĕō, prandī, prānsŭm 2 frühstücken, einen Imbiß nehmen.

prandĭŭm, ī *n.* Mahlzeit (*unser Mittagessen*).

Prandōnŭs Mōns Monte Prandone, Ort bei Ancona (Italien).

Prandotă, ae *m.* ein Bischof von Krakau (13. Jhdt.) aus der Familie der Prandota.

Prandotae, ārŭm *m.* (Prandotes) Prandotes, ein Familiengeschlecht, dem die selige Bronislawa (Odrowaz) entstammte (*Propr. von Breslau u. Gnesen*).

Prandotēs, ŭm *m. s.* Prandotae.

prānsĭtō 1 frühstücken.

prānsŭs 3 einer, der gespeist hat.

Prātēă, ae *f.* La Prée, ehem. Cistercienserkloster, Fkr., Diöz. Bourges.

Prātēn. (*C. R.*) *s.* Pratum.

prātēnsĭs, ĕ auf den Wiesen befindlich, Wiesen-.

prātŭm, ī *n.* Wiese, Aue, Weide.

Prātŭm, ī *n.* Prato, St. am Bisenzio (zum Arno) in Toskana, It. (Florenz), *ca.* 18 000 Einw.; mit dem berühmten Kloster S. Vincenzo; Bistum mit Pistoja vereinigt; *dav.*: **Prātēnsĭs,** ĕ.

Prātŭm mōnstrātŭm, ī *n. s.* Praemonstratum.

Prātŭm in Ursaria: das 10 km lange Wiesental am St. Gotthardt in der Schweiz.

prāvĭcordĭŭs 3 bösherzig.

prāvĭtās, ātĭs *f.* Verkehrtheit, Schlechtigkeit, Verbrechen.

prāvŭs 3 1. schief, krumm. 2. schlecht, unrecht, verworfen; schlaff (*Ps.* 77, 57); widerspenstig (*Ps.* 77, 8).

S. Prāxēdĭs, ĭs *f.* hl. Praxedis, Schwester der hl. Pudentiana, († um 150), 21. Juli.

prāxĭs, ĭs *f.* (πρᾶξις) 1. Verrichtung, Übung, tatsächliche Ausübung eines Berufes, einer Kunst im Gegensatze zur bloßen Lehre (Theorie); prāxĭs Cūrĭae: die gleichmäßige Rechtsprechung der kirchlichen Rechtsbehörden. 2. Übung, Gewohnheit (*C. j. c.* 1261); Verfahren, Anwendung.

prĕcāmĕn, ĭnĭs *n.* das Beten, Gebet.

prĕcārĭō *adv.* auf Widerruf: dărĕ.

prĕcārĭŭm, ī *n.* 1. das bittweise Erlangte. 2. Betzimmer, Kapelle.

prĕcātĭō, ōnĭs *f.* das Bitten, das Beten, Gebet.

prĕcātīvē *adv.* fürbittweise.

prĕcātŏr, ōrĭs *m.* Fürbitter.

prĕcātōrĭŭs 3 zum Beten dienend: cŏrōnă (Rosenkranz).

prĕcātŭs, ūs *m.* Bitte, Fürbitte, Gebet.

prĕcēs, cŭm *f.* (*meist pl.*: *vom sg. nur dat., acc. u. abl. üblich*) 1. Bitte, Gebet, Fürbitte. 2. Bitten, in Bittgesuchen angeführte Gründe (*C. j. c.* 40).

prĕcĭae, ārŭm *f.* eine Weinrebenart.

prĕcŏr 1 1. bitten, beten. 2. anrufen, erbitten. 3. fürbitten. 4. anwünschen; prĕcārī bĕnĕ: gratulieren, glückwünschen.

prĕdellă, ae *f.* die oberste Altarstufe, *gewöhnlich* suppĕdānĕŭm *genannt.* 2. (*Stirnseite der*) Leuchterbank.

prĕhendō, hendī, hēnsŭm 3 (prendo) fassen, ergreifen, in Besitz nehmen.

prĕhēnsĭō, ōnĭs *f.* (prensio) das Anfassen, das Ergreifen.

prĕhēnsō 1 (prenso) fassen, ergreifen.

prēlŭm, ī *n.* (praelum) Presse; Kelter; sŭb prēlō in Druck befindlich; prēlŭm tўpŏgraphĭcŭm: Druckerpresse.

Premislĭă, ae *f.* (Premysla) Przmysl, St., Galizien, *ca.* 46 000 Einw.; Bischofssitz (seit 1375), Suffr. v. Lemberg; *dav.*: **Premislĭēnsĭs,** ĕ.

Premislĭēn. (*C. R.*) *s.* Premislia.

prĕmō, pressī, pressŭm 3 1. drücken, pressen. 2. umschließen, umfangen. 3. unterdrücken, bedrängen, verfolgen; beschweren, belästigen. 4. verkleinern, verdunkeln. 5. auf etwas sitzen, liegen, stehen, treten; premere astra: über den Gestirnen wandeln, im Himmel sein.

Premyslă, ae *f. s.* Premislĭă.

Premyslāŭs Ottocārŭs, ī *m.* Ottokar Premyslaus, erster König der Böhmen um 1200.

prēndō, prēndī, prēnsŭm 3 *s.* prehendo.

prēnsĭō, ōnĭs *f. s.* prehensio.

prēnsō 1 *s.* prehenso.
Presburgŭm, ī *n. s.* Posonium.
presbȳtĕr, ĕrī *m.* (πρεσβύτερος) 1. Greis, Ältester. 2. Priester; Geistlicher.
presbȳtĕrālĭs, ĕ priesterlich.
presbȳtĕrātŭs, ūs *m.* Priesterweihe, Priesteramt, -würde.
Presbȳtĕrī ā S. Cordĕ Jēsū Priester vom hlst. Herzen Jesu.
Presbȳtĕrĭānī, ōrŭm *m.* Presbyterianer, eine englische Sekte, *auch*: Puritaner *genannt.*
presbȳtĕrĭŭm, ī *n.* (πρεσβυτέριον) 1. Priesterschaft; *concr.*: die Priester. 2. das Presbyterium, der meistens für den Klerus abgeschlossene Kirchenraum, der sehr nahe beim Hochaltare liegt; in diesem Raume befinden sich der Kredenztisch, Sitze für die zelebrierende u. assistierende Geistlichkeit usw. (*C. j. c.* 1455).
pressĭō, ōnĭs *f.* 1. das Drücken, Druck. 2. Unterlage.
pressō 1 oft drücken, immer wieder pressen; ubera (manibus vel palmis) pressare: melken.
pressūră, ae *f.* 1. Unterdrückung, Bedrückung. 2. Angst, Furcht. 3. das Ersticken.
pressŭs 3 1. gedrängt, gedrückt. 2. gedämpft, gemäßigt: vox.
pressŭs, ūs *m.* Druck.
prĕtĭōsŭs 3 kostbar; prĕtĭōsŭs lăpĭs Edelstein (dieser Ausdruck steht in in *Ps.* 18, 11 *u.* 20, 4 für „Feingold").
prĕtĭōsĭtās, ātĭs *f.* Kostbarkeit.
Prĕtĭōsissĭmŭs Sanguĭs D. N. J. C. Fest des kostbaren Blutes U. H. J. Chr.; 1. Juli.
prĕtĭŭm, ī *n.* 1. Kaufpreis, Wert, Lösegeld; sĭnĕ prĕtĭō für nichts. 2. Preis, Lohn, Belohnung. 3. Ehre, Würde (*Ps.* 61, 5).
prex, prĕcĭs *f.* 1. *s.* prĕcēs. 2. *in mittelalterlichen Werken*: Kanon (der hl. Messe).
Prĭāpŭs, ī *m.* (Πρίαπος) Priapus: 1. Sohn des Bacchus u. der Venus, der Gott der Baumfrüchte, Gärten u. Weinberge, der ursprünglich zu Lampsakus in Mysien, später in Griechenland u. Rom verehrt u. mit einem großen Zeugungsgliede, dem Sinnbilde der zeugenden u. befruchtenden Naturkraft abgebildet wurde (3. *Reg.* 15, 13 freie Übersetzung für hebr. Miplezeth). 2. *übtr.*: geiler, unzüchtiger Mensch.
prīdĕm *adv.* 1. vorlängst, schon längst. 2. ehemals, sonst.
prīdĭē *adv.* tags vorher.
Prīmă, aė *f.* (*scil.*: hōră) die Prim, Teil des priesterlichen Stundengebetes (das kirchliche Morgengebet).
prīmaevŭs 3 1. sehr jung, jugendlich. 2. ursprünglich.
1. **prīmānŭs** 3 zur ersten Legion gehörig; zur ersten (obersten) Klasse gehörig.
2. **prīmānŭs,** ī *m.* Primaner 1. Soldat der ersten Legion. 2. Schüler der ersten (obersten) Klasse einer höheren Schule.
prīmārĭŭs 3 einer der ersten, vorzüglich, vornehm, erster Ordnung; janua primaria Haupttüre; prīmārĭă ūnĭō, congrĕgātĭō, sŏcĭĕtās ursprüngliche (vorzüglichste) Vereinigung, Kongregation usw.; „prīmă prīmārĭă" die erste vorzüglichste der verschiedenen kirchlichen Vereinigungen, Kongregationen, Sodalitäten und dergl., in Rom, welcher alle übrigen, an den verschiedenen Orten des Erdkreises sich befindlichen angeschlossen sein müssen, um alle Vergünstigungen, Ablässe usw. zu erlangen.
1. **prīmās,** ātĭs *adj.* vornehm (*Mich.* 5, 5).
2. **prīmās,** ātĭs *m.* der Primas, hoher kirchlicher Würdenträger, Metropolit eines Landes; die Primaten bilden die auf die Patriarchen folgende Stufe der Hierarchie.
prīmātĭālĭs, ĕ zur ersten Stelle, zum Primate gehörig.
prīmātŭs, ūs *m.* 1. Vorrecht, Vorrang, bes. des Papstes über die übrigen Bischöfe, der Primat. 2. das Recht der Erstgeburt.
prīmĭcērĭŭs, ī *m.* dessen Name auf einem Täfelchen (von Wachs cērā) zuerst steht = der Oberste, Hauptmann, Leiter; prīmĭcērĭŭs cantōrŭm (archĭcantŏr) der Leiter der Sängerschule zur Heranbildung der liturgischen Sänger in Rom.
prīmĭgĕnĭŭs 3 ursprünglich, allererst.
S. Prīmĭnĭŭs, ī *m.* hl. Priminius, Missionsbischof und Gründer mehrerer Klöster, † zu Hornbach 753; 3. Nov.
prīmĭpīlārĭs, ĭs *m. s.* primipilus.
prīmĭpīlŭs, ī *m.* (primipilaris) der ranghöchste Hauptmann der Legion.
prīmĭscrīnĭŭs, ī *m.* Oberarchivar.
prīmissārĭŭs, ī *m.* Frühmesser (Titel eines Geistlichen, der eine gestiftete hl. Messe vor dem Hochamte zu lesen hat).
prīmĭtĭae, ārŭm *f.* 1. Erstlinge der Früchte, Erstlingsgaben. 2. Erstlingsopfer (der hl. Messe), Primizfeier.
prīmĭtīvă, ōrŭm *n.* Erstlinge.
1. **prīmĭtīvŭs** 3 zuerst in seiner Art.
2. **prīmĭtīvŭs,** ī *m.* Erstgeborner.
Prīmĭtīvŭs, ī *m.* Primitivus, Sohn der hl. Martyrerin Symphorosa.

prīmĭtŭs, *adv.* zuerst, zum ersten Male.
prīmō *adv. s.* primus.
prīmŏcrĕātŭs 3 zuerst erschaffen.
prīmŏgĕnĭtă, ōrŭm *n. s.* primogenitum.
prīmŏgĕnĭtŭm, ī *n.* (prīmŏgĕnĭtă, ōrŭm) 1. Recht der Erstgeburt. 2. Erstgeburt.
prīmŏgĕnĭtūră, ae *f.* Erstgeburt, Recht der Erstgeburt.
prīmŏgĕnĭtŭs 3 erstgeboren.
prīmōrdĭālĭs, ĕ ursprünglich, Ur-.
prīmōrdĭŭm, ī *n.* Anfang, Uranfang, Urbeginn; *pl.*: **prīmōrdĭă,** ōrŭm *n.*, Erstlinge der Kirche: proferre.
prīmōrēs, ŭm *m.* die Vornehmsten, die Edelsten.
prīmōrĭs, ĕ der vorderste, ansehnlichste, vornehmste.
1. **prīmŭm,** ī *n.* 1. das Vorderste, Vortrab. 2. das Erste, Beginn, Anfang; *pl.*: prīmă, ōrŭm *n.* 1. Vordersätze, Prämissen. 2. Urstoffe, Elemente.
2. **prīmŭm** *adv. s.* primus.
prīmŭs 3 1. der erste; prīmā (*scil.*: die) sabbati am ersten (Tage) der Woche = am Sonntage. 2. der vornehmste, der vorzüglichste. 3. *adv.*: a) **prīmō** anfangs, zuerst, im Anfange. b) **prīmŭm** zum erstenmal, zuerst, erstens; quo primum tempore seitdem. c) in prīmīs *oder* imprīmīs vor allem. d) cumprīmīs vorerst.
S. **Prīmŭs,** ī *m.* hl. Primus, Priester u. Mart., Gefährte des hl. Felizian, † 309, 9. Juni.
prīnceps, cĭpĭs *adj.* u. *subst.*: 1. der erste, vornehmste, ansehnlichste. 2. Haupt, Meister; princeps (*scil.*: săcerdōtŭm) der Hohepriester der Juden. 3. Urheber, Schöpfer, Herr. 4. Fürst, Herrscher, Monarch, Kaiser. 5. principes: *unrichtige Übersetzung für* cantatores Sänger (*Ps.* 67, 26).
prīncĭpālĭs, ĕ 1. der erste, ursprüngliche. 2. hauptsächlich. 3. fürstlich. 4. willig: spĭrĭtŭs (*Ps.* 50, 14).
prīncĭpālĭtās, ātĭs *f.* 1. Vorrang, Vormachtstellung. 2. Vorzüglichkeit.
prīncĭpātŭs, ūs *m.* 1. die erste Stelle, Vorzug. 2. Macht, Herrschaft. 3. Herrscherwürde, Würde eines Landesregenten (*C. j. c.* 1557).
prīncĭpĭālĭs, ĕ anfänglich.
prīncĭpissă, ae *f.* Fürstin; Prinzessin.
prīncĭpĭŭm, ī *n.* 1. Anfang, Ursprung, Uranfang, Anfang der Welt. 2. Grundlage, Grundsatz. 3. Herrschaft (*Ps.* 109, 3). 4. Inbegriff: verbōrŭm (*Ps.* 118, 160).
prīncĭpŏr 1 herrschen, leiten.
prīnŭs, ī *f.* (πρῖνος) Steineiche.
1. **prĭŏr,** ĭŭs (*gen.*: -ōrĭs) eher, früher; der vordere, vorderste; vorzüglicher, höher stehend.
2. **prĭŏr,** ōrĭs *m.* Prior, *Titel des Klosteroberen in manchen Orden.*
prĭōrātŭs, ūs *m.* 1. Vorrang. 2. Priorat, Amt des Vorstehers (Oberen) in manchen Klöstern.
S. **Prīscă** ae *f.* hl. Priska, Jgfr. u. Mart. im 1. Jhdt., 18. Januar.
Prīscă, ae *f.* Priska, eine Christin in apostolischer Zeit, Gemahlin des Aquila.
Prīscillă, ae *f.* Priszilla, römische Matrone in frühchristlicher Zeit.
Prīscillĭānistae, ārŭm *m.* Sekte der Priszillianisten, Zweig der Manichäer, im 4. Jhdt., besonders in Spanien verbreitet.
Prīscĭnĭăcŭm, ī *n.* Brignais, Ort in Fkr. (Rhône), *ca.* 2000 Einw.
prīscŭs 3 1. altertümlich, ergraut. 2. alt, vormalig. 3. ernst, streng.
Prīscŭs, ī *m.* Priskus, 1. Vater des hl. Justinus. 2. Prokonsul in Chalkedon (Kleinasien) unter Diokletian.
prīstĭnŭs 3 vormalig, ursprünglich; gestrig.
pristĭs, ĭs (*acc.* -im) *f.* (πρίστις) 1. Seeungeheuer, Walfisch; Walfisch als Sternbild. 2. (kleines) Kriegsschiff.
prĭŭs, *adv.* früher, eher, ehemals.
prĭŭsquăm *conjunct.* eher als, bevor.
prīvātĭm, *adv. s.* privatus.
prīvātĭō, ōnĭs *f.* 1. Beraubung, Verlust. 2. Aberkennung bestimmter Rechte. 3. Befreiung, das Befreitsein.
prīvātīvē *adv.* einzig; privative quoad: allein, ausschließlich; mit Ausschluß der anderen Gewalt (*C. j. c.* 1038 § 2).
prīvātŭm, ī *n.* Privatvermögen.
1. **prīvātŭs** 3 1. einer einzelnen Person gehörig, Privat-. 2. nicht öffentlich, zu Hause; *adv.*: **prīvātĭm** in eigenen Angelegenheiten, für sich, zu Hause; als Privatmann.
2. **prīvātŭs,** ī *m.* Privatmann, Privatperson (ohne öffentliches Amt).
3. **prīvātŭs,** ī *m.* (*scil.*: dies) ein gewöhnlicher Wochentag, ein Tag ohne Fest.
S. **Prīvātŭs,** ī *m.* hl. Privatus, ein vom hl. Papste Kallist geheilter Soldat, später Martyrer (3. Jhdt.).
Prīvernās, ātĭs *m. s.* Privernum.
Prīvernēn. (*C. R.*) *s.* Privernum.
Prīvernŭm, ī *n.* Piperno, St. am Fuße der Volskerberge, It. (Rom), *ca.* 7000 Einw.; Bistum (seit 11. Jhdt.), vereinigt mit Terracina; *dav.*: **Prīvernās,** ātĭs *adj.* u. *subst.* und **Prīvernēnsĭs,** ĕ.
prīvīgnă, ae *f.* Stieftochter.
prīvīgnŭs, ī *m.* Stiefsohn.
prīvĭlēgĭārĭŭs 3 *s.* privilegiatus.
prīvĭlēgĭārĭŭs, ī *m.* der Privilegierte, der Empfänger oder Besitzer eines Vorrechtes (*C. j. c.* 64).

prīvĭlēgĭātŭs 3 (privilegiarius) mit Vorrechten *oder* Privilegien versehen.

prīvĭlēgĭŭm, ī *n.* Ausnahmegesetz; Vorrecht, Privilegium, Sonderrecht, *das von den (kirchl. oder weltl.) Oberen zugunsten einer Person oder Sache ständig verliehen ist*; prīvĭlēgĭŭm Paulīnŭm das Vorrecht eines christlich gewordenen, früher heidnischen Ehegatten, den heidnisch gebliebenen Eheteil, der nicht in ehrbarer Weise, d. h. nur mit Versündigung gegen den Schöpfer, das bisherige Eheleben fortsetzen will, zu verlassen und einen Christen zu heiraten (1. *Cor.* 7, 15 u. *C. j. c.* 247).

prīvō 1 (*eig.*: absondern) 1. (*absondern im schlimmen Sinne*) berauben, gewaltsam hinwegnehmen. 2. (*absondern im guten Sinne*) befreien, entledigen.

prīvŭs 3 1. für sich bestehend, einzeln. 2. eigentümlich, besonder, seltsam. 3. frei von etwas.

1. **prō** *praep. c. abl.* 1. vor, vorn an. 2. für, zum Vorteil, zugunsten. 3. anstatt, für, als, in Vertretung von, als Entgelt für (*Ps.* 89, 17). 4. im Verhältnis zu, nach Maßgabe, gemäß 5. cantĭcŭm prō: ein Lied auf (Ps. 44,1) 6. prō nĭhĭlō hăbērĕ: für nichts achten. 7. prō possĕ nach Möglichkeit, nach bestem Können. 8. pro hāc (= pro hōc *n.*) deshalb, darob (*Ps.* 31, 6).

2. **prō(h)** *interj.* oh! ach! ha!

prŏămĭtă, ae *f.* Schwester des Urgroßvaters, Urgroßtante.

prŏăvĭă, ae *f.* Urgroßmutter.

prŏăvŭs, ī *m.* Urgroßvater; *pl.*: Vorfahren, Ahnherren.

prŏbābĭlĭs, ĕ 1. beifallswert, annehmbar. 2. glaublich, wahrscheinlich.

prŏbābĭlismŭs, ī *m.* der Probabilismus, ein Moralsystem, nach welchem man im Zweifel über die Erlaubtheit oder Unerlaubtheit einer Handlung (im dubium iuris) der probablen, d. h. auf gute Gründe sich stützenden Meinung, folgen darf, auch wenn die entgegengesetzte probabler ist.

prŏbābĭlistă, ae *m.* Anhänger, Vertreter des Probabilismus (*vgl. das Wort*).

prŏbābĭlĭtās, ātĭs *f.* Glaubhaftigkeit, Wahrscheinlichkeit.

prŏbāmentŭm, ī *n.* Prüfung, Probe.

prŏbătĭcŭs 3 (προβατικός) zur Schafherde gehörig; p. **pĭscīnă** Schafteich; p. **dŏmŭs** Hirtenwohnung.

prŏbātĭō, ōnĭs *f.* 1. Prüfung, Bewährung, Noviziat; dŏmŭs prŏbātĭōnĭs Novizenhaus. 2. Billigung, Gutheißung. 3. Beweis, Beweisführung, Beweisstück.

prŏbātŏr, ōrĭs *m.* der Gutheißer, Billiger (*Jer.* 20, 12).

prŏbātīvŭs 3 beweisend, vīs prŏbātīvă Beweiskraft.

prŏbātōrĭŭs 3 Beweisführung betreffend (*C. j. c.* 1852).

prŏbātŭs 3 erprobt, bewährt, tüchtig; prŏbātŭm terrae auf der ganzen Welt, im Lande, d. i. bei den Menschen erprobt (*Ps.* 11, 7); *der hl. Hieronymus übersetzte*: sēpărātŭm ā terrā losgelöst von der Erde (von den Schlacken der Erde ?).

prŏbĭtās, ātĭs *f.* Rechtschaffenheit, Redlichkeit.

problēmă, ătĭs *n.* (πρόβλημα) die gestellte Aufgabe, Problem.

prŏbō 1 1. prüfen, erproben (argentō, vielleicht = sīcŭt argentŭm, *Ps.* 67, 31); besichtigen. 2. anerkennen, billigen, gutheißen. 3. beweisen, dartun. 4. **se p. ălĭcŭī** sich jemandem ergeben, widmen.

Proborĭŭm, ī *n.* Freiburg, St., Schlesien, Kreis Schweidnitz, *ca.* 11000 Einw.

prŏbrōsĭtās, ātĭs *f.* Schimpflichkeit.

prŏbrōsŭs 3 schimpflich, schändlich.

prŏbrŭm, ī *n.* 1. Beschimpfung, Vorwurf. 2. Schmach, Schande, Schandfleck. 3. Schandtat, Unkeuschheit, Unzucht.

prŏbŭs 3 1. tüchtig, gut, rechtschaffen. 2. gehörig, genau.

Prŏbŭs, ī *m.* Probus, Präfekt der Prätorianer unter Kaiser Valentin I. (im 4. Jhdt.).

Prŏbŭs Ludŏvīcŭs, ī *m.* Ludwig der Rechtschaffene, Landgraf v. Hessen u. Thüringen, Vater der sel. Gertrud (13. Jhdt.).

prŏcācĭtās, ātĭs *f.* Begehrlichkeit, Frechheit, Zudringlichkeit.

prŏcācĭtĕr *adv.* frech, zudringlich, verwegen (*Prov.* 21, 29).

prŏcāx, cācĭs 1. dreist, zudringlich. 2. begehrlich, lüstern.

prŏcēdō, cēssī, cēssŭm 3 1. vorwärts schreiten, vorgehen, vordringen. 2. zu Ehren *oder* Würden kommen, aufrücken; in dĭēbŭs prōcēdĕrĕ alt werden. 3. vonstatten gehen, glücken, gut ablaufen. 4. verstreichen, verlaufen.

prŏcellă, ae *f.* heftiger Sturm, Sturmwind; stĕtĭt procellă: es entstand ein heftiger Sturm (*Ps.* 106, 25).

prŏcĕrēs, ŭm *m.* die Vornehmen, der Adel.

prōcērĭtās, ātĭs *f.* 1. Schlankheit, hoher Wuchs. 2. Höhe, Länge.

prōcērŭs 3 lang, schlank, schön gewachsen.

prōcēssĭcŭlŭs, ī *m.* der kleine Prozeß; prōcessĭcŭlŭs dīlĭgentĭārŭm: der kleine Prozeßbericht über die aufgewandte Mühe (*C. j. c.* 2061).

prōcēssĭō, ōnĭs *f.* 1. das langsame Vorrücken, das Vorwärtsschreiten. 2. der Aufzug. 3. die (religiöse) Prozession; procēssĭō thĕŏphŏrĭcă theophorische Prozession, feierlicher Umzug mit dem Allerheiligsten.

prōcēssĭōnālĭtĕr *adv.* prozessionsweise, nach Art von Bittgängen oder kirchlichen Umzügen (wobei der Würdigste am Schlusse geht; *Gegensatz*: conventĭōnālĭtĕr, wie bei einem Konvente [in einer Ordensgemeinschaft], wo der Würdigste an der Spitze geht).

prōcēssŭālĭs, ĕ zur Streitsache gehörig, Prozeß-.

prōcēssŭs, ūs *m.* 1. Fortschritt, Fortgang; Wachstum. 2. Prozeß, Rechtsstreit. 3. Gerichtsverfahren; pr. instrŭĕrĕ einen Prozeß anstrengen.

S. Prōcēssŭs, ī *m.* hl. Prozessus, Mart., † um 67, 2. Juli.

Prŏchŏrŭs, ī *m.* (Πρόχορος) Prochorus, einer der sieben von den Aposteln zur Besorgung der Armenpflege gewählten Diakone.

prōcĭdō, cĭdī 3 vor jemand niederfallen, jemandem huldigen.

prōcinctŭs, ūs *m.* das Gürten, Vorbereitung, Bereitschaft zum Kampfe *oder* zur Reise.

prōcingō, cīnxī, cīnctŭm 3 gürten, rüsten; prōcīnctŭs 3 gerüstet.

prōclāmātĭō, ōnĭs *f.* Ausrufen; öffentliche Bekanntmachung; Aufgebot Proklamation.

prōclāmō 1 laut schreien; ausrufen.

prōclīnō 1 vorwärts beugen; *pass.*: sich vorwärts neigen.

prōclīvĭs, ĕ (proclivus 3) abschüssig, abhängig, geneigt.

prōclīvĭtās, ātĭs *f.* abschüssige Lage, Gefährlichkeit.

prōclīvĭŭm, ī *n.* Abhang.

prōclīvŭs 3 *s.* proclivis.

prōcōnsŭl, ŭlĭs *m.* Statthalter, Prokonsul.

prōcōnsŭlārĭs, ĕ den Prokonsul betreffend; Statthalter-.

S. Prōcŏpĭŭs, ī *m.* hl. Prokop, Bek. u. Abt († 1053).

Eine Zeitlang lebte er im Brzevnow (Böhmen); dann zog er sich aus Liebe zur Einsamkeit in eine wilde Höhle zurück. Das Volk aber fand ihn und suchte bei ihm Rat und Trost. Er ersah daraus, daß er in Zukunft öffentlich wirken sollte. Dem Könige Ulrich von Böhmen, der auf der Jagd ermüdet war und ihn um eine Erfrischung ansprach, setzte er Wasser vor, das sich in Wein verwandelte. Bei Teufelsaustreibungen zwang er wiederholt die Dämonen, sich vor einen Pflug zu spannen und zu pflügen. — Seine Todesstunde sagte er voraus. Als jemand in Not den Seligen anrief, fror der Fluß, den er überschreiten mußte, plötzlich zu, und dieser Mann entkam den Verfolgern. Von Innozenz III., der im Traume dazu angetrieben wurde, ward Prokop im Jahre 1204 unter die Heiligen aufgenommen. — 4. Juli (Brünn, Olmütz, Prag).

prōcrāstĭnātĭō, ōnĭs *f.* Vertagung, Aufschub.

prōcrĕātĭō, ōnĭs *f.* Zeugung, Schöpfung.

prōcrĕātrīx, īcĭs *f.* Erzeugerin, Urheberin.

prōcrĕō 1 zeugen, erzeugen: pānĕm in cĭbŭm.

prōcūdō, cūdī, cūsŭm 3 schmieden.

prŏcŭl *adv.* fern, in der Ferne, von weitem.

prōculcātĭō, ōnĭs *f.* das Niedertreten, Verwüstung.

prōculcō 1 niedertreten, verwüsten; verachten.

prŏculdŭbĭō *adv.* ohne Zweifel, sicherlich.

S. Prŏcŭlŭs, ī *m.* 1. hl. Prokulus, Diakon von Pozzuolo u. Mart., Genosse des hl. Januarius, † 305, 19. September. 2. Mart., † 273, 14. Februar, Schüler des Philosophen Krato.

prōcumbō, cŭbŭī, cŭbĭtŭm 3 niederfallen, zu Boden sinken, sich niederwerfen, niederknien.

prōcūrātĭō, ōnĭs *f.* Besorgung, Verwaltung; prōcūrātĭō ăbortūs Herbeiführung der unzeitigen Geburt, Abtreibung der Leibesfrucht; procuratio impĕrĭī: Regentschaft, Reichsverwesertum; procuratio suffrāgĭōrŭm Stimmenerwerb, Stimmenkauf, Stimmenfang (*C. j. c.* 507).

prōcūrātŏr, ōrĭs *m.* 1. Verwalter, Stellvertreter. 2. Prozeßvertreter (*C. j. c.* 139). 3. Statthalter einer Provinz, Landpfleger. 4. Hausmeister; prōcūrātŏr dŏmūs rēgĭae Hofmarschall. 5. Geschäftsführer (für kirchliche Orden in Rom), Agent. 6. Schatzmeister.

prōcūrātōrĭŭs 3 stellvertretend.

prōcūrātrīx, īcĭs *f.* Besorgerin, Pflegerin.

prōcūrō 1 1. besorgen, verwalten. 2. Landpfleger *oder* Statthalter sein.

prōcurrō, cŭcurrī u. currī, cursŭm 3 1. vor-, ausrücken. 2. vorragen, sich erstrecken.

prōcursŭs, ūs *m.* das Vorlaufen, Ansturm; *übtr.*: Fortgang: virtūtĭs.

prōcurvŭs 3 vorwärts gekrümmt.

prŏcŭs, ī *m.* Freier, Bewerber.

Prōdătārĭŭs, ī *m.* Prodatar, Stellvertreter des Kardinaldatars.

prōdĕō, ĭī, ĭtŭm, īrĕ 1. hervorkommen, ausgehen von, wandern. 2. öffentlich auftreten, sich zeigen.

prōdīcō, dīxī, dictŭm 3 1. verkündigen. 2. (einen gerichtlichen Termin) verlegen, verschieben.

prōdĭgālĭtās, ātĭs *f.* Verschwendung.

prōdĭgentĭă, ae *f.* Verschwendung.

prōdĭgĭālĭs, ĕ *s.* prodigiosus.
prōdĭgĭōsŭs 3 (prodigialis) unnatürlich, seltsam, ungeheuerlich.
prōdĭgĭŭm, ī *n.* 1. Wunderzeichen, Wunder (im guten und bösen Sinne), p. pōnĕrĕ ein Wunder wirken; **Prōdĭgĭă B. M. V.** Fest der Wundertaten Mariens, 9. Juli. 2. Wundergebilde, Ungeheuer, Scheusal.
prōdĭgō, ēgī 3 1. hervortreiben, forttreiben. 2. vertun, verschwenden.
prōdĭgŭs 3 1. verschwenderisch, Überfluß habend, überreich. 2. willig hingebend, preisgebend, aufopfernd: prōdĭgŭm pectŭs die sich hingebende, zum Tode bereite Brust (*S. Joan. Nepom. II. Vesp.*).
prōdĭtĭō, ōnĭs *f.* Verrat.
prōdĭtŏr, ōrĭs *m.* Verräter, Teufel.
prōdĭvī *pf.* zu prōdĕo.
prōdō, dĭdī, dĭtŭm 3 1. veröffentlichen, bekanntmachen. 2. entdecken, verraten, preisgeben.
prōdūcō, dūxī, ductŭm 3 1. hervorführen, vorführen, ausliefern. 2. begleiten, geleiten. 3. emporwachsen lassen, erzeugen, hervorbringen; signŭm crŭcĭs prod.: das Kreuzzeichen machen. 4. emporbringen, befördern.
prōductĭlĭs, ĕ ausziehbar (*Ecclus* 50, 18).
prōductĭō, ōnĭs *f.* 1. das Vorführen, Vorbringen; productiō instrumentōrŭm Vorlage der Beweisstücke (*C. j. c.* 1819). 2. Verlängerung, Ausdehnung; Hinausschiebung: tempŏrĭs.
prōductŭs 3 ausgestreckt, gedehnt.
proelĭārĭs, ĕ (praeliaris) zu einer Schlacht gehörig; dĭēs proelĭārĭs: Schlachttag.
proelĭātŏr, ōrĭs *m.* (praeliator) Streiter, Krieger.
proelĭŏr 1 (praelior) streiten, fechten.
proelĭŭm, ī *n.* (praelium), Streit (*Ps.* 139, 3); proelĭŭm urgērĕ hitzig kämpfen.
proĕpiscŏpŭs, ī *m.* (ἐπίσκοπος) Weihbischof.
prŏfānātĭō, ōnĭs *f.* Entheiligung, Verweltlichung.
prŏfānātŏr, ōrĭs *m.* Entheiliger, Schänder.
prŏfānĭtās, ātĭs *f.* Unheiligkeit.
prŏfānō 1 entweihen, geringschätzen, schänden.
prŏfānŭs 3 1. ungeweiht, unheilig. 2. gottlos, verrucht.
prŏfectĭō, ōnĭs *f.* Aufbruch, Abreise.
prōfectō *adv.* bestimmt, gewiß, wahrhaftig; in der Tat.
prōfectŭs, ūs *m.* Fortschritt, Wachstum, Zunahme, Erfolg; Besserung: aegrōtī.
prōfĕrō, tŭlī, lātŭm, ferrĕ 1. hervortragen, ausliefern, vorbringen. 2. offen aussprechen, erwähnen, anführen. 3. ans Licht bringen, hervorbringen, gebären. 4. verschieben, aufschieben, vertagen.
prŏfessă, ae *f.* Professin, weibliche Ordensperson, welche die Gelübde abgelegt hat (*C. j. c.* 533, 2).
prŏfessĭō, ōnĭs *f.* 1. öffentliche Angabe, Anmeldung; Erklärung, Bekenntnis. 2. Glaubensbekenntnis; christĭānā professĭōnĕ censērī: zum christlichen Glauben gerechnet werden. 3. Ordensgelübde, Gelübdeablegung, Profeß; professĭō simplex einfache Profeß; professĭō sollemnĭs feierliche Profeß (*in einem eigentlichen, vom apostolischen Stuhle approbierten Orden mit lebenslänglicher Verpflichtung*); castă professĭō Gelübde der Keuschheit. 4. Gewerbe, Geschäft, Stand.
prŏfessŏr, ōrĭs *m.* Lehrer, Professor als (*akademischer*) Rang *oder* als Titel. 2. prŏfessŏr ordĭnĭs: Ordenslehrer (*S. Joannes a Cruce, lect.* 5; 24. *Nov.*).
prŏfessōrĭŭs 3 schulmeisterlich.
prŏfessŭs, ī *m.* der Ordensmann, der bereits die Gelübde abgelegt hat, der Profeß (Eingeweihter).
prōfĭcĭō, fēcī, fectŭm 3 1. vorwärts kommen, Fortschritte machen, vermögen; bewirken. 2. zu etwas helfen, nützen, dienlich sein.
prōfĭcīscŏr, fectŭs sŭm 3 1. aufbrechen, abreisen, reisen. 2. marschieren. 3. ausgehen von, den Anfang machen mit (ab); herrühren, abstammen.
prōfĭcŭŭs 3 nützlich, dienlich, zuträglich.
prŏfĭtĕŏr, fessŭs sŭm 2 1. offen bekennen, erklären, verkünden. 2. sich öffentlich bekennen zu, anmelden; ordĭnĕm p.: in einen Orden eintreten. 3. versprechen, sich erbieten.
prōflīgātŏr, ōrĭs *m.* Verschwender.
prōflīgātŭs 3 ruchlos, heillos.
prōflīgō 1 1. niederschlagen, überwältigen. 2. zugrunde richten, vernichten; zu Ende bringen.
prōflŭentĭă, ae *f.* Hervorströmen, Strom: verbŏrŭm.
prōflŭō, flūxī, flūxŭm 3 hervorströmen.
prōflŭŭs 3 hervorfließend.
prōflŭvĭŭm, ī *n.* das Hervorfließen, Ausfluß; p. saecŭlī Strom der Zeit *oder* der Welt.
prōfluxĭō, ōnĭs *f.* das Ausströmen.
prōfŏr 1 heraussagen, sagen, weissagen: falsŭm.
prōfŭgĭō, fūgī, fŭgĭtŭm 3 1. *intr.*: sich flüchten, davonfliehen. 2. *trans.*: meiden.
1. **prōfŭgŭs** 3 flüchtig, fliehend, verbannt.
2. **prōfŭgŭs,** ī *m.* Flüchtling, Heimatloser; Verbannter.
prŏfundĭtās, ātĭs *f.* Tiefe, tiefer Sinn.

prŏfundō, fūdī, fūsŭm 3 1. vergießen, hervorströmen lassen. 2. preisgeben, hinopfern. 3. verschwenden, vergeuden.

prŏfundŭm, ī *n.* 1. die Tiefe, der Abgrund: mărĭs; dē profundĭs aus der Tiefe. 2. das Unerforschliche, Geheimnis.

prŏfundŭs 3 1. bodenlos; tief, unergründlich. 2. unermeßlich, unersättlich.

prŏfūsĭō, ōnĭs *f.* Verschwendung.

prŏfūsŏr, ōrĭs *m.* Verschwender.

prŏfūsŭs 3 1. zügellos, ausgelassen. 2. grenzenlos freigebig, verschwenderisch.

prōgĕnĕr, gĕnĕrī *m.* Gatte der Enkelin.

prōgĕnĕrātĭō, ōnĭs *f.* Erzeugung.

prōgĕnĕrātŏr, ōrĭs *m.* Erzeuger.

prōgĕnĕrō 1 erzeugen, hervorbringen.

prōgĕnĭēs, ēī *f.* 1. Abstammung, Geschlecht; dē prōgĕnĭē in prōgĕnĭēs: auf immer. 2. Abkömmlinge, Nachkommenschaft.

prōgĕnĭtŏr, ōrĭs *m.* Stammvater; Ahnherr; *pl.*: Ahnen, Voreltern.

prōgermĭnō 1 hervorsprossen.

prōgignō, gĕnŭī, gĕnĭtŭm 3 zeugen, gebären, hervorbringen.

prōgnātă, ae *f.* weiblicher Nachkomme.

1. **prōgnātŭs** 3 gezeugt, entstammend, entsprossen.

2. **prōgnātŭs,** ī *m.* Abkömmling, Nachkomme.

prognōstĭcŏn, ī *n.* *s.* prognosticum.

prognōstĭcŭm, ī *n.* (prognosticon, *προγνωστικόν*) Anzeichen (künftiger Dinge), Vorzeichen.

prōgrĕdĭŏr, gressŭs sŭm 3 hervor-, herausschreiten, weitergehen, vorrücken.

prōgressĭō, ōnĭs, *f.* 1. Fortschritt, Wachstum. 2. Steigerung.

prōgressŭs, ūs *m.* das Fortschreiten, Fortschritt, Verlauf, Fortgang, Entwicklung.

prŏgymnasmă, ătĭs *n.* (*προγύμνασμα*) Vorübung.

prōh *s.* pro 2.

prŏhĭbĕō, bŭī, bĭtŭm 2 1. zurückhalten: lăbĭă prŏhĭbēre die Lippen schließen (*Ps.* 39, 10); verhindern. 2. verwehren, verbieten. 3. fernhalten, sichern, schützen; bewahren: linguăm.

prŏhĭbĭtĭō, ōnĭs *f.* Hinderung, Verbot.

prŏhĭbĭtōrĭŭs 3 hindernd.

prōĭcĭō, iēcī, iectŭm 3 1. hinwerfen, niederwerfen, hinstürzen; se p. sich zu Füßen werfen. 2. fortjagen, verschmähen, preisgeben 3. *pass.*: angewiesen sein auf (in; Ps. 21, 11).

prōiectĭō, ōnĭs *f.* das Vorwerfen; das Ausstrecken.

prōiectŭm, ī *n.* Entwurf, Projekt.

prōiectŭs 3 1. hervorragend, außerordentlich. 2. unmäßig. 3. verachtet.

Prōiectŭs, ī *m.* Projektus: 1. ein vom hl. Chrysostomus geweihter Bischof. 2. ein Bischof von Hippo.

S. **Prōiectŭs,** ī *m.* (Praiectus) hl. Projektus, Mart. und Bischof von Clermont (Auvergne, Fkr.), († 674).

Er wurde in Clermont von vornehmen Eltern geboren und studierte in Issoire (Fkr.) unter Genesius, der später Bischof von Clermont wurde. Alsdann machte ihn Bischof Felix, der Nachfolger des hl. Genesius, zum Abte des Klosters zu Candé (Fkr, Maine-et-Loire). Als solcher entflammte er viele zur Liebe Gottes und erbaute ein Krankenhaus und Jungfrauenstift. Auf der Reise zum Frankenkönige Childerich besuchte er auch den hl. Abt Marinus in einem Vogesenkloster und heilte ihn durch ein Kreuzzeichen vom Fieberleiden. Er nahm ihn als Begleiter mit. Auf der Rückkehr wurden sie von Meuchelmördern erdolcht; auch fiel der Akoluth Elidius tödlich getroffen nieder. Die hl. Gebeine kamen zum Teil in das Kloster zu Flavigny (Diöz. Autun), zum Teil nach Murbach (im Elsaß). — 15. Februar (Straßburg).

prŏĭn *adv. s.* proinde.

prŏindĕ (proin) *adv.* 1. demgemäß, deswegen. 2. ebenso, geradeso, auf gleiche Weise.

prōlābŏr, lāpsŭs sŭm 3 1. vorwärtsgleiten -rutschen, herabgleiten, zusammensinken, verfallen. 2. straucheln, sündigen.

prōlāpsĭō, ōnĭs *f.* das Ausgleiten, Einsturz.

prōlātĭō, ōnĭs *f.* 1. das Vorbringen, das Anführen; Erwähnung. 2. Erweiterung. 3. Aufschub, Verschiebung.

prōlātō 1 aufschieben, verzögern.

prōlectō 1 hervorlocken; verleiten, reizen.

prōlĕgŏmĕnă, ōrŭm *n.* (*τὰ προλεγομένα*) Vorrede, Vorwort, Einleitung, Anfangsgründe, Vorbemerkung.

prōlēs, ĭs *f.* 1. Sprößling, Kind, Nachkomme. 2. Nachwuchs, Zuwachs.

1. **prōlētārĭŭs** 3 1. die Nachkommenschaft betreffend.

2. **prōlētārĭŭs,** ī *m.* Bürger der untersten Volksschicht, Proletarier.

prōlĭcĭō 3 hervorlocken.

prōlīmĕn, mĭnĭs *n.* der Raum vor der Türe.

prōlixē *adv. von* prolixus.

prōlixĭtās, ātĭs *f.* 1. Weite *oder* Länge des Weges. 2. prōlixĭtās aetātĭs hohes Alter. 3. prōlixĭtās mortĭs allmähliche Auflösung, das Hinsterben; propter sŭī prōlixĭtātĕm wegen seiner allmählichen Auflösung, wegen seiner langen Dauer.

prōlixĭŭs *adv. comp. von* prolixus, *meist im Sinne von* prolixe.

prōlixŭs 3 1. ausgedehnt, reichlich, reichlich lang, langwierig. 2. gut vonstatten gehend, leicht.
prōlŏcūtŏr, ōrĭs *m.* Sachwalter (*vor Gericht*).
prŏlŏgĭŭm, ī *n.* (προλόγιον) Vorrede.
prŏlŏgŭs, ī *m.* (πρόλογος) Vorrede.
prōlongō 1 verlängern; dauernd tun, lange treiben (*Ps.* 128, 3); *pass.*: sich in die Länge ziehen.
prōlŏquĭŭm, ī *n.* Ausspruch, Sentenz.
prōlŏquŏr, cūtŭs sŭm 3 1. heraussagen, sich äußern. 2. weissagen.
prōlūdō, lūsī, lūsŭm 3 1. ein Vorspiel machen. 2. sich einüben, sich vorbereiten. 3. einen Vortrag einleiten.
prōlŭō, lŭī, lūtŭm 3 1. fortspülen. 2. benetzen, waschen.
prōlūsĭō, ōnĭs *f.* Vorspiel, Vorübung.
prōlŭvĭēs, ēī *f.* Überschwemmung.
prōmātertĕră, ae *f.* Schwester der Urgroßmutter, Urgroßtante.
prōmĕrĕō, ŭī 2 u. **prōmĕrĕŏr,** ĭtŭs sŭm 2 1. erwerben, erlangen. 2. verdienen, sich würdig machen. 3. verschulden. 4. sich Verdienste erwerben.
prōmĕrĭtŭm, ī *n.* Verdienst.
prōmĭcō 1 hervorleuchten, hervorstrahlen.
prōmĭnĕō 2 hervorragen.
prōmiscŭĭtās, ātĭs *f.* das Durcheinander.
prōmiscŭŭs 3 gemischt, gemeinsam, ohne Unterschied.
prōmissārĭŭs, ī *m.* Versprechensempfänger, *d. i. einer, der eine geistliche Präbende* (*Pfründe*) *besitzt.*
prōmissĭō, ōnĭs *f.* das Versprechen, Verheißung.
prōmissŏr, ōrĭs *m.* Versprecher.
prōmissōrĭŭs 3 zum Versprechen gehörig; versprechend; iūsiūrandŭm prōmissōrĭŭm Versprechenseid (*C. j. c.* 1318).
prōmissŭm, ī *n.* das Versprechen, Verheißung.
prōmissŭs 3 1. lang herabhangend. 2. vielversprechend.
prōmittō, mīsī, missŭm 3 versprechen, verheißen; versichern.
prōmō, prōmpsī, prōmptŭm 3 1. hervornehmen, hervorbringen, erfinden. 2. offenbaren, erzählen; singen: cantĭcŭm.
prōmontōrĭŭm, ī *n.* (promunturium) Vorgebirge.
prōmōtĭō, ōnĭs *f.* Beförderung.
prōmōtŏr, ōrĭs *m.* Anreger, Beförderer; prōmōtŏr fĭdĕī Glaubensanwalt (vertritt beim Selig- u. Heiligsprechungsprozesse die Beobachtung der Grundsätze des Glaubens); prōmōtŏr gĕnĕrālĭs fĭdĕī Kardinalglaubensanwalt (beim Seligsprechungsprozesse in Rom); prōmōtŏr iustĭtĭae Anwalt des Rechtsinteresses, ein dem weltlichen Staatsanwalte entsprechender kirchlicher Gerichtsbeamter, der von Amts wegen im Interesse der öffentlichen Ordnung oder Gerechtigkeit Anklage vor Gericht erheben muß und das Rechtsinteresse vertreten soll.
prōmŏvĕō, mōvī, mōtŭm 2 1. vorrücken, vorschieben; aufbrechen. 2. vergrößern, fördern, befördern, aufrücken lassen. 3. verbreiten, ausdehnen.
prōmptĭtūdō, ĭnĭs *f.* Bereitwilligkeit; Eilfertigkeit, Beflissenheit, Geschwindigkeit, Schnelligkeit, Schlagfertigkeit.
prōmptŭārĭŭm, ī *n.* 1. Vorratskammer, Speicher, Scheune. 2. Handbuch.
prōmptŭm, ī *n.* das Bereitsein, Schlagfertigkeit.
1. **prōmptŭs** 3 1. hervorgenommen, sichtbar. 2. fertig, bereit, entschlossen. 3. bereitwillig, willfährig. 4. leicht, bequem; promptŭm est *cum inf.*: es ist leicht.
2. **prōmptŭs,** ūs *m.* 1. Sichtbarkeit, Bereitschaft; in promptū essĕ in Bereitschaft sein, zur Verfügung sein, in promptū hăbērĕ zur Hand haben; in promptū est *cum inf.*: es ist leicht.
prōmulgātĭō, ōnĭs *f.* Bekanntmachung.
prōmulgātŏr, ōrĭs *m.* Bekanntmacher.
prōmulgō 1 veröffentlichen, bekanntmachen.
prōmuntūrĭŭm, ī *n.* *s.* promontorium.
prōmŭs, ī *m.* Ausgeber (von Speisen und Getränken), Wirt; Schaffner, Küchenmeister.
prōmūtŭŭs 3 als Vorschuß bezahlt, vorgestreckt (als Darlehen).
prŏnāŭs, ī *f.* (πρόναος) der vordere Raum einer Kirche (vor dem Schiff).
prōnē *adv. von*: pronus.
prŏnĕpōs, ōtĭs *m.* Urenkel.
prŏneptĭs, ĭs *f.* Urenkelin.
prŏnoeă, ae *f.* (πρόνοια) Vorsehung.
prōnōmĕn, ĭnĭs *n.* das Fürwort.
prōnŭbă, ae *f.* 1. Hochzeitsbesorgerin. 2. Brautführerin.
prōnŭbŭs, ī *m.* Brautführer (*Judic.* 14, 20).
prōnūntĭātĭō, ōnĭs *f.* 1. öffentliche Bekanntmachung. 2. richterliches Urteil, Richterspruch. 3. Ausspruch, Satz. 4. Vortrag, Deklamation.
prōnūntĭātŏr, ōrĭs *m.* Verkündiger, Erzähler.
prōnūntĭātŭm, ī *n.* Urteil, Satz.
prōnūntĭō 1 1. öffentlich melden, verkündigen. 2. ausrufen, bekanntmachen. 3. berichten, erzählen.

4. Urteil fällen, entscheiden. 5. vortragen, deklamieren.
prōnŭrŭs, ūs *f.* Gattin des Enkels, Großschwiegertochter.
prōnŭs 3 1. sich neigend, vorwärts (nach vorne) geneigt, zur Erde geneigt. 2. demütig.
prŏoemĭŭm, ī *n.* (προοίμιον) Vorrede, Ankündigung; Vorspiel.
prōpāgātĭō, ōnĭs *f.* 1. Fortpflanzung. 2. Erweiterung, Ausbreitung.
prōpāgātŏr, ōrĭs *m.* Ausbreiter, Erweiterer.
prōpāgēs, ĭs *f.* 1. Setzling. 2. *übtr.*: Abkömmling, Kind.
1. **prōpāgō** 1 1. fortpflanzen. 2. ausdehnen, ausbreiten; Congrĕgātĭō dē Prōpāgandā Fĭdē Kongregation zur Verbreitung des Glaubens (in Rom). 3. verlängern, fortsetzen.
2. **prōpāgō,** ĭnĭs *f.* 1. Setzling, Sprößling, Ranke. 2. *übtr.*: Geschlecht, Generation; die Kinder.
prōpălăm *adv.* öffentlich; offenkundig.
prōpălō 1 öffnen, offenbar machen.
prōpătrŭŭs, ī *m.* des Urgroßvaters Bruder, Urgroßoheim.
prōpătŭlŭm, ī *n.* das Freie, offener Platz; *nur gebräuchlich*: in prōpătŭlō 1. im Freien, unter freiem Himmel; auf dem freien Platze. 2. *übtr.*: öffentlich, vor aller Augen.
prōpătŭlŭs 3 nach vorne hin offen, frei (*zur Ansicht oder zum Zutritt*).
prŏpĕ I. *adv.* (*comp.*: **prŏpĭŭs,** *sup.*: **proxĭmē** (proxŭme, *altlat.*) 1. *räumlich*: nahe, nahe bei, in der Nähe, in die Nähe. 2. *zeitlich*: nahe, nahe bevorstehend; kurz vorher, kürzlich, soeben: prŏpĕ ăgōnĕm kurz vor dem Todeskampfe. 3. *übtr.*: beinahe, fast. 4. *bei Rang u. Werturteilen*: zunächst, gleich nach. II. *praep. cum acc.* (*selten cum dat.*): 1. *räumlich*: nahe bei, in der Nähe von. 2. *zeitlich*: nahe an, gegen, um. 3. *übtr.*: nahe an, nahe zu, beinahe zu, nicht weit von etwas.
prŏpĕdĭĕm *adv.* nächstens, nächster Tage.
prŏpellō, pŭlī, pulsŭm 3 1. vorwärtstreiben, vorantreiben, vorwärtsstoßen. 2. vertreiben, fortjagen. 3. abwehren.
prŏpĕmŏdō *adv. s.* prŏpĕmŏdŭm.
prŏpĕmŏdŭm *adv.* (prŏpĕmŏdō) nahezu, beinahe, fast; in gewisser Hinsicht.
prōpendĕō, pendī, pēnsŭm 2 1. hervor-, herabhangen. 2. das Übergewicht haben. 3. sich hinneigen.
prōpēnsĭō, ōnĭs *f.* Neigung, Hang.
prōpēnsŭs 3 geneigt, mit Zuneigung, gnädig.
prŏpĕrantĕr *adv.* eilends, schnell.
prŏpĕrantĭă, ae *f.* das Eilen, die Eilfertigkeit.
prŏpĕrātĭm *adv.* eilends, schnell, schleunig.
prŏpĕrātĭō, ōnĭs *f.* Eilfertigkeit.
prŏpĕrātō *adv.* eilig.
prŏpĕrē *adv.* eiligst (*Dan.* 3, 91).
prŏpĕrō 1 1. *intr.*: eilen. 2. *trans.*: beschleunigen, beeilen.
prŏpĕrŭs 3 eilend, schleunig, eilfertig.
prŏphētă, ae *m.* (prophētes, προφήτης) Prophet, Weissager; Prŏphētă (*in den Psalmen*) = Patriarch (*Ps.* 104, 15).
prŏphētālĭs, ĕ prophetisch, weissagerisch.
prŏphētēs, ae *m. s.* propheta.
prŏphētĭă, ae *f.* (προφητεία) 1. Gabe der Weissagung. 2. Weissagung, Prophezeiung.
prŏphētĭcŭs 3 (προφητικός) prophetisch, weissagerisch.
prŏphētĭs, tĭdĭs *f.* (προφῆτις) Prophetin.
prŏphētissă, ae *f.* Prophetin.
prŏphētīzō (προφητίζω) 1 wahrsagen, weissagen.
prŏphētō 1 1. toben, rasen. 2. prophezeien, weissagen.
prŏpīnātĭō, ōnĭs *f.* 1. das Zutrinken. 2. Trinkgelage.
prŏpīnō 1 1. zutrinken, zu trinken geben. 2. lehren, unterweisen. 3. darbieten: vĕnēnŭm; verschaffen: mors ā dĭăbŏlō prŏpīnātă.
prŏpinquă, ae *f.* die Verwandte, Angehörige.
prŏpinquĭtās, ātĭs *f.* 1. Nähe. 2. *übtr.*: Verwandtschaft.
prŏpinquō 1 1. *intr.*: sich nähern. 2. *trans.*: nahe bringen.
1. **prŏpinquŭs** 3 1. nahe, naheliegend; benachbart, angrenzend. 2. nahe bevorstehend. 3. nahekommend, ähnlich. 4. verwandt.
2. **prŏpinquŭs,** ī *m.* der Verwandte, Angehörige; nahestehender Freund.
prŏpĭŏr, ĭŭs (*comp.*: von prŏpĕ, *adv.*: prŏpĭŭs) 1. *räumlich*: näher, näherliegend (*meist cum dat*). 2. *zeitlich*: näher, später (jünger). 3. *übtr.*: näherkommend, ähnlicher; näher verwandt, befreundeter, vertrauter; passender, geeigneter; prŏpĭŏr martyrĭbŭs tĭtŭlŭs nahezu als ein Martyrer (*Martyrol.* 25. *Mai*).
prŏpĭtĭābĭlĭs, ĕ 1. versöhnlich. 2. Gnade *oder* Erlösung bringend.
prŏpĭtĭātĭō, ōnĭs *f.* Versöhnung, Besänftigung, Huld, Erbarmung, Gnade; Sühnopfer.
prŏpĭtĭātŏr, ōrĭs *m.* Versöhner.
prŏpĭtĭātōrĭŭm, ī *n.* 1. Versöhnungsmittel, Sühnemittel. 2. Sühnstätte, Fegfeuer. 3. Name für den oberen Aufsatz der Bundeslade, Versöhnungsaltar, Gnadenthron. 4. Altartisch (*Liber Pontificalis*).

prŏpĭtĭātōrĭŭs 3 Versöhnung bewirkend *oder* betreffend; Versöhnungs-; Sühn-.
prŏpĭtĭātrīx, īcĭs *f.* Versöhnerin.
prŏpĭtĭō 1 1. geneigt machen, versöhnen, besänftigen; Huld *oder* Gnade erwerben. 2. *pass.*: geneigt, gnädig sein; verzeihen: alicui rei etwas.
prŏpĭtĭŭs 3 geneigt, gewogen, gnädig.
prŏpĭŭs *adv. s.* propior.
prŏpōlă, ae *m.* (προπώλης) Verkäufer, Krämer; Aufkäufer.
prōpollŭō 3 noch mehr beflecken.
prōpōnō, pŏsŭī, pŏsĭtŭm 3 1. vorsetzen, ausstellen, auslegen; p. ălĭquĭd vēnālĕ etwas zum Kaufe anbieten. 2. versprechen, verheißen. 3. erwähnen, berichten, erzählen. 4. den Vorzug geben.
Prŏpontĭs, ĭdĭs *f.* (Προποντίς = Vormeer) das Marmarameer zwischen Hellespont u. Bosporus.
prōportĭō, ōnĭs *f.* Ebenmaß, Verhältnis.
prōportĭōnālĭs, ĕ verhältnismäßig.
prōportĭōnātŭs 3 im richtigen Verhältnisse stehend, entsprechend verteilt, entsprechend; proportioniert.
prōpŏsĭtĭō, ōnĭs *f.* 1. Vorstellung, Schaustellung; pānēs prōpŏsĭtĭōnĭs Schaubrote, mensă prōpŏsĭtĭōnĭs Tisch für die Schaubrote. 2. Vordersatz, das Vorausgegangene, Vorschlag, der zu behandelnde Gegenstand, Thema. 3. Parabel, Sinnspruch, Gedicht (*Ps.* 77, 2).
prōpŏsĭtŭm, ī *n.* 1. Vorsatz. 2. Entwurf, Plan, Ratschluß. 3. Absicht, Zweck. 4. Thema, Hauptgegenstand. 5. Vordersatz (*im Syllog smus*).
prōpŏsĭtŭs 3 1. öffentlich, ausgesetzt; bloßgestellt. 2. bevorstehend, drohend.
Prōpraefectŭs, ī *m.* Propräfekt, Stellvertreter eines Präfekten.
prōpraetŏr, ōrĭs *m.* Proprätor (ein gewesener Prätor, der nach Ablauf seiner eigentlichen Amtstätigkeit als Statthalter in eine Provinz ohne militärische Gewalt ging).
prŏprĭĕtās, ātĭs *f.* 1. Eigentümlichkeit; ad prŏprĭĕtātĕm accĭpĕrĕ wörtlich auffassen. 2. besondere Art. 3. Eigentum; iūs prŏprĭĕtātĭs Eigentumsrecht.
prŏprĭŭm, ī *n.* das Eigene, Eigentum.
Prŏprĭŭm, ī *n.* das Proprium, *Bezeichnung für die einzelnen Teile des Breviers und Meßbuches*: 1. Prŏprĭŭm Brĕvĭārĭī oder **Prŏprĭŭm dĭoecēsĕōs (ordĭnĭs)**: ein dem römischen Brevier u. Meßbuche angefügtes Sonderverzeichnis der einer Diözese (einem Orden) eigentümlichen Heiligen- u. sonstigen Feste. 2. **Prŏprĭŭm Sanctōrŭm**: jener Teil des römischen Breviers u. Meßbuches, welcher die für die einzelnen Feste des Herrn (außerhalb des Prŏprĭŭm dē tempŏrĕ) der Mutter Gottes, der Engel, Heiligen, besonderer Geheimnisse u. Begebenheiten eigens vorgesehenen Gebete, Lesungen u. Gesänge für Breviergebet u. Messe enthält. 3. **Prŏprĭŭm dē Tempŏrĕ**: jener Teil des römischen Breviers u. Meßbuches, welcher die der Zeit, *d. h.* dem Kirchenjahre an seinen Sonn- oder Werktagen sowie an einigen diesem Teile eingefügten Hochfesten des Herrn u. Heiligenfesten eigentümlichen Gebete, Lesungen u. Gesänge enthält.
prŏprĭŭs 3 1. ausschließlich angehörig, selbsteigen. 2. persönlich, eigenartig, eigentümlich, eigen. 3. charakteristisch, wesentlich.
proptĕr (*aus*: prŏpĭtĕr *von* prŏpĕ) I. *adv.* daneben. II. *praep. c. acc.*: 1. *räumlich*: nahe bei, dicht an, neben. 2. *übtr. zur Angabe des Grundes*: auf Grund von, wegen, infolge, aus, durch; proptĕr quŏd: deshalb; 3. *Hebraismen*: proptĕr ŏlĕŭm: wegen Mangels an Öl (*Ps.* 108, 24); proptĕr mĭsĕrĭām: damit die Not ein Ende nimmt (*Ps.* 11, 6).
proptĕrĕā *adv.* deswegen, deshalb.
prŏpŭdĭŭm, ī *n.* 1. schamlose Tat, Schamlosigkeit. 2. Scheusal, Schandbube.
prōpūgnācŭlŭm, ī *n.* Bollwerk, Schutz, Verteidigungswerk.
prōpūgnātĭō, ōnĭs *f.* Verteidigung.
prōpūgnātŏr, ōrĭs *m.* Verteidiger, Streiter, Vorkämpfer.
prōpūgnātrīx, īcĭs *f.* Verteidigerin.
prōpūgnō 1 für etwas kämpfen, etwas verteidigen.
prōpulsātĭō, ōnĭs *f.* Abwehr, Abhaltung.
prōpulsātŏr, ōrĭs *m.* Abwender, Abwehrer.
prōpulsō 1 vertreiben, abwehren, zurückschlagen.
prōpurgō 1 reinigen.
prŏpy̆laeă, ōrŭm *n.* (προπύλαια = Vorhallen) Propyläen, eine prächtige Vorhalle zum Tempel der Athene u. Eingangstor zur Akropolis in Athen.
prōră, ae *f.* (πρῷρα) Schiffsbug; *übtr.*: Schiff.
prōrēpō, rēpsī, reptŭm 3 hervorkriechen, hervorschleichen, fortkriechen.
prōreus, ĕī *m.* (πρῳρεύς) Untersteuermann.
prōrēx, rēgĭs *m.* Vizekönig.
prōrĭpĭō, rĭpŭī, reptŭm 3 1. fortreißen. 2. **se** p. fortrennen, fortstürzen.
prōrītō 1 anreizen, anlocken.
prōrŏgātĭō, ōnĭs *f.* Verlängerung.
prōrŏgātīvŭs 3 Aufschub leidend, aufschiebbar.

prōrŏgō 1 verlängern, weiter hinausschieben, aufschieben.

prōrsŭm *adv. s.* prorsus.

prōrsŭs *adv.* (prorsum) 1. gerade, gerades Weges. 2. geradezu, durchaus, völlig, gänzlich, ganz u. gar; gewiß. 3. kurz, mit einem Worte.

prōrumpō, rūpī, ruptŭm 3 hervorbrechen, hervorstürzen.

prōrŭō, ŭī, ŭtŭm 3 1. *intr.*: hervorstürmen. 2. *trans.*: niederreißen, zu Boden werfen.

prōruptĭō, ōnĭs *f.* das Hervorstürzen.

prōsă, ae *f.* 1. Prosa (*im Gegensatz zu Versen*). 2. Bezeichnung für die Sequenz.

prōsăĭcŭs 3 prosaisch.

prōsāpĭă, ae *f.* (prōsāpĭēs, ēī u. ēs *f.*) Herkunft, Sippschaft, Geschlecht, Abstammung, Familie.

prŏscēnĭŭm, ī *n.* (προσκήνιον) 1. Vorbühne. 2. Bühne. 3. Theatergebäude.

prōscindō, scĭdī, scissŭm 3 aufreißen, zerfleischen.

prōscrībō, scrīpsī, scrīptŭm 3 1. öffentlich bekannt machen. 2. ächten.

prōscrīptĭō, ōnĭs *f.* 1. öffentlicher Anschlag. 2. Achterklärung, Ächtung.

prōscrīptŭs, ī *m.* der Geächtete.

S. Prosdŏcĭmŭs, ī *m.* hl. Prosdokimus, Bek. u. Bischof von Padua († im 2. Jhdt.).

Er stammte aus Griechenland und kam mit dem Apostel Petrus aus Antiochien nach Rom; wurde dort vom Apostel zum Bischofe geweiht und zur Verkündigung des Evangeliums nach Padua (Italien) gesandt, obwohl er kaum 20 Jahre alt war. Als den Ankömmling, der selbst arm war, die kranken Bettler um Almosen angingen, versprach er ihnen die Gesundheit, sobald sie den Götzendienst aufgeben würden. Alle folgten, wurden getauft und geheilt. Der Stadtpräfekt Vitalian ließ ihn zu sich kommen, um von einer tödlichen Krankheit geheilt zu werden. Auf die Mahnung des hl. Prosdokimus hin ließ er alle Götzenbilder seines Hauses zerstören und sich taufen, und alsbald wurde er gesund. Praepedigna, die Gattin des Stadtoberhauptes, wurde ebenso Christin und erhielt auf ihr Gebet hin endlich das sehnlich erwartete Kind, das Justina getauft wurde. Vitalian erbaute zu Ehren der göttlichen Weisheit einen Tempel, während Prosdokimus anderen Städten die frohe Botschaft verkündigte. Als er in Feltre (im Venediger Gebiete) einzog, kamen ihm viele Leute heilsbegierig entgegen. In Treviso (Italien) heilte er ein von Geburt an blindes Mädchen durch ein Kreuzzeichen; desgleichen schenkte er der Gattin des Stadtleiters die Gesundheit wieder und bekehrte dadurch beide. Zu Ehren des kurz vorher gekreuzigten hl. Petrus ließ er eine Kirche erbauen. In Padua wütete damals die Verfolgung des Nero unter dem Stadtpräfekten Maximian. Auch die Jungfrau Justina erlitt den Martertod; viele wurden in einen Brunnen gestürzt. Prosdokimus starb unter Kaiser Hadrian, 113 Jahre alt, und wurde in einem von ihm erbauten Muttergotteskirchlein zu Padua beigesetzt. — 7 November.

prōsĕcō, sĕcŭī, sectŭm 1 1. vorn abschneiden. 2. opfern (*bei heidnischen Opfern*).

Prōsēcrētārĭŭs, ī *m.* stellvertretender Sekretär; gewesener Sekretär.

prōsĕcūtĭō, ōnĭs *f.* Geleit, Begleitung.

prŏsēlўtŭs, ī *m.* (προσήλυτος) 1. ein vom Heidentum zum Judentum Übergetretener, Proselyt. 2. Fremdling; Witwer, Armer, Unterstützungsbedürftiger.

prōsēmĭnō 1 1. aussäen. 2. fortpflanzen.

prōsĕquŏr, sĕcūtŭs sŭm 3 1. begleiten, geleiten. 2. verfolgen. 3. beendigen, zum Abschluß bringen; weiter lesen: missăm.

prōsĭlĭō, lŭī (*auch*: īvī *u.* ĭī) 4 hervorspringen; hervorsprossen.

prōsŏcĕr, ĕrī *m.* Großvater der Gattin, Großschwiegervater.

prōspectē *adv.* vorsichtig.

prōspectō 1 in die Ferne schauen, Fürsorge tragen; erwarten.

prōspectŏr, ōrĭs *m.* Fürsorger, Beschützer.

prōspectŭs, ūs *m.* 1. Fernsicht, Aussicht. 2. Anblick.

prōspĕcŭlŏr 1 1. *intr.*: in die Ferne schauen, ausschauen. 2. *trans.*: nach etw. ausschauen, erspähen.

prōspĕr, ĕră, ĕrŭm *s.* prosperus 3.

S. Prōspĕr Aquĭtānŭs, *m.* hl. Prosper von Aquitanien, Bek. u. Bischof († 460).

Er wurde in Aquitanien (Südwestfrankreich) geboren und nahm um 429 seinen Wohnsitz in der französischen Provence, wahrscheinlich in oder bei Marseille. Die berühmtesten und frömmsten Männer seiner Zeit standen mit ihm in Verbindung. Der hl. Augustinus beehrte ihn mit mehreren Briefen und ermunterte ihn in seinem Kampfe gegen die semipelagianische Irrlehre im südlichen Gallien. Prosper reiste im Jahre 431 mit Hilarius von Poitiers nach Rom, um den Papst Cölestin von der Sachlage zu unterrichten. — Ein Meister in der Theologie, wahrhaft durchdrungen von der göttlichen Wissenschaft, löste er die schwierigsten Fragen mit großer Klarheit und Sicherheit im Sinne und Geiste der katholischen Kirche. Die der katholischen Gnadenlehre entgegenstehenden Irrtümer hob er scharf heraus und widerlegte sie ebenso scharf und schlagend. Seine Gelehrsamkeit schöpfte er aus den Schriften des hl. Augustin, die er gegen dessen Gegner verteidigte. Er muß als Augustins eifrigster Schüler bezeichnet werden. Um 440 wurde er als päpstlicher Notar von Leo dem Großen nach Rom berufen. Der Brief Leos des Großen an Flavianus, Bischof von Konstantinopel, soll von ihm verfaßt sein. Er schrieb auch eine Weltgeschichte in Chronikform bis zum Jahre 455. Er starb als Bischof von Reggio in der italienischen Provinz Emilia. - 25 Juni (Aug. O. und Osnabrück, wo er nicht als Bischof gerechnet wird).

prōspĕrĭtās, ātĭs *f.* günstige Beschaffenheit, Gedeihen; Glück, Wohlergehen; Erfolg.

prōspĕrō 1 *trans.* u. *intr.*: guten Erfolg oder Gedeihen geben u. haben, eine Sache durchsetzen; *pass.*: gelingen, gedeihen; Glück haben (*Ps.* 36, 7).

prōspĕrŭs 3 (prōspĕr) 1. glücklich, günstig, erwünscht. 2. beglückend.

prōspĭcĭentĭă, ae *f.* Vorsicht, Vorsorge.

prōspĭcĭō, spēxī, spectŭm 3 1. herabschauen, herniederblicken. 2. Vorsorge treffen, besorgen.
prōspĭcŭŭs 3 weithin sichtbar.
prōsternō, strāvī, strātŭm 3 1. zu Boden werfen, hinstrecken; vernichten. 2. prĕcēs prosternere: Bitten vortragen *oder* unterbreiten.
prōstĭbĭlĭs, ĭs *f.* (prostibula) öffentliche Dirne.
prōstĭbŭlă, ae *f. s.* prostibilis.
prōstĭbŭlŭm, ī *n.* Haus der Unzucht, Bordell; pōnĕrĕ ĭn prōstĭbŭlō: der Schändung preisgeben.
prōstĭtŭō, ŭī, ūtŭm 3 zur Unzucht preisgeben.
prōstĭtūtĭō, ōnĭs *s.* 1. öffentliche Preisgabe, Buhlerei. 2. Entehrung, Beschimpfung.
prōstĭtūtŏr, ōrĭs *m.* 1. Hurenwirt. 2. Schänder, Entehrer.
prōstō, stĭtī 1 1. vornstehen, vorstehen, vorliegen, hervorragen. 2. öffentlich ausstehen, feilstehen, zum Verkaufe stehen (*C. j. c.* 1398 § 4). 3. sich öffentlich preisgeben (*von Dirnen*).
prōstrātĭō, ōnĭs *f.* 1. das Sichniederwerfen, das der ganzen Länge nach am Boden Sichhinstrecken, die Prostration, *liturg.*: bei Beginn der Karfreitagszeremonien und bei bestimmten Weihen während der Allerheiligenlitanei. 2. die tiefe Verehrung u. Anbetung des Allerheiligsten durch Niederknien mit beiden Knien u. mit tiefer Verneigung des Hauptes.
prōstrātŭs 3 jemandem unbedingt ergeben.
prōsŭm, prōfŭī, prōdessĕ nützen, nützlich *oder* zuträglich sein.
prōsȳnŏdālĭs, ĕ außerhalb der Diözesansynode, vom Bischof ernannt, prosynodal: exāmĭnātŏr (*C. j. c.* 1573).
1. **S. Prōtāsĭŭs,** ī *m.* hl. Protasius, Martyrer, † etwa 80, 19. Juni.
2. **S. Prōtāsĭŭs,** ī *m.* hl. Protasius, Bek. u. Bischof von Lausanne († im 6. Jhdt.). Er war einer der ersten Bischöfe von Lausanne; die Gründung des Klosters Baulme fand sein Lob nach einer Urkunde vom Jahre 652. In der Chronik Lausannes wird von ihm erzählt, er sei im Walde von einem Baum erschlagen worden, als er Bauholz zur Errichtung einer Kirche beschaffte. Beigesetzt ist er in der nach ihm benannten Kirche zu Lausanne. — 6. November (Lausanne).
prōtēctĭō, ōnĭs *f.* 1. Verteidigung, Schutz, Obhut. 2. Decke (*Ps.* 104, 39).
prōtēctŏr, ōrĭs *m.* Beschützer.
prōtēctrīx, īcĭs *f.* Beschützerin.
prōtĕgō, tēxī, tēctŭm 3 vorn bedecken; schützen; *pass.*: Zuflucht suchen (*Ps.* 60, 5).
prōtēlō 1 1. in die Flucht treiben, fortjagen. 2. hinausschieben, verlängern (*Deut.* 5, 33).
prōtendō, dī, tŭm 3 1. ausstrecken, ausdehnen. 2. sich erstrecken, lang sein.
prōtĕnŭs *adv. s.* protĭnus.
prōtĕrō, trīvī, trītŭm 3 zerreiben, niedertreten, zunichte machen.
prŏtervĭtās, ātĭs *f.* Frechheit.
prŏtervŭs 3 1. ungestüm, heftig. 2. schamlos, unverschämt, frech.
prōtēstātĭō, ōnĭs *f.* Bezeugung, Versicherung, Verheißung.
prōtēstŏr 1 öffentlich bezeugen, verkünden.
prōtĭnŭs *adv.* (protenus) 1. vorwärts, weiter. 2. sofort, sogleich.
prōtŏdĭăcŏnŭs, ī *m.* Erzdiakon, Erstdiakon.
prōtŏmartȳr, ĭs *m.* (πρωτόμαρτυρ) Erzmartyrer.
Prōtŏnōtārĭŭs, ī *m.* Protonotar; es sind vier Klassen zu unterscheiden: 1. prōtŏnōtārĭī partĭcĭpantēs (*oder* dē nŭmĕrō) sieben hohe Kanzleibeamte der päpstlichen Kurie, wirkliche, amtierende Protonotare. 2. prōtŏnōtārĭī sŭprānŭmĕrārĭī (Titel der) Kanoniker der Patriarchalbasiliken in Rom. 3. prōtŏnōtārĭī ad instăr partĭcĭpantĭŭm, ein Titel der durch päpstliches Breve verliehen wird und mit dem Rechte des Gebrauches der Pontifikalien verbunden ist. 4. prōtŏnōtārĭī tĭtŭlārēs (hŏnōrārĭī) Ehrenprotonotare (ein Titel, welcher dē iūrĕ den Kapitularvikaren u. Generalvikaren, durch spezielle Verleihung auch anderen Priestern zuteil wird).
prōtŏpărentēs, ŭm *m.* die Stammeltern Adam und Eva.
prōtoplastŭs, ī *m.* (πρωτόπλαστος = zuerst gebildet) 1. der erste Mensch, Adam. 2. der Mann (*im Gegensatze zur Frau*); *pl.*: Stammeltern.
prōtŏrēx, rēgĭs *m.* der erste König, Hochkönig, Oberkönig.
prōtŏtȳpŭs 3 (πρωτότυπος) urbildlich, ursprünglich.
prōtrăhō, trāxī, tractŭm 3 1. hervorziehen. 2. zu etwas drängen, zwingen. 3. ans Licht ziehen, offenbaren. 4. hinziehen, hinausziehen, in die Länge ziehen, hinausdehnen, verlängern.
prōtrūdō, sī, sūm 3 1. fortstoßen. 2. hinausschieben, aufschieben.
prōturbō 1 forttreiben, fortjagen.
1. **S. Prōtŭs,** ī *m.* hl. Protus, Mart., † 257, 10. Sept.
2. **S. Prōtŭs,** ī *m.* hl. Protus, Mart. † um 300, 31. Mai.
prŏŭt u. **prŏŭtī** *conjunct.* je nachdem, so wie; in dem Verhältnis wie.

prōvectĭō, ōnĭs *f.* das Gedeihen, Fortkommen, Beförderung.

1. **prōvectŭs** 3 fortgeschritten, ausgebildet.

2. **prōvectŭs,** ūs *m.* 1. Erfolg, Zunahme, Wachstum. 2. Beförderung.

prōvĕhō, vēxī, vectŭm 3 emporbringen, befördern.

prōvĕnĭō, vēnī, ventŭm 4 1. erzeugt werden, entstehen, hervorwachsen. 2. gedeihen, gelingen. 3. sich erweisen, befunden werden als: mūnĕră dignă. 4. gereichen zu, gelangen zu.

prōventŭs, ūs *m.* 1. Ertrag, Ernte; *pl.*: Einkünfte; prōventūs ecclēsĭastĭcī: kirchliche Einkünfte; Benefizien. 2. glücklicher Ausgang, Erfolg.

prōverbĭālĭs, ĕ sprichwörtlich.

prōverbĭŭm, ī *n.* Sprichwort; Gleichnis: ĭn prōverbĭīs lŏquī.

prōvĭcārĭŭs, ī *m.* stellvertretender Vikar, Provikar.

prōvĭdēns, tĭs vorsichtig; *adv.*: mit Vorsicht.

prōvĭdentĭă, ae *f.* 1. Vorsehung, Vorsorge. 2. Fürsorge, Sorge.

Prōvĭdentĭă, ae *f.* Providence, St. an der Narragansettbai, Nordamerika (Rhodes Island), *ca.* 180 000 Einw.; Bischofssitz (seit 1872), Suffr. v. Boston; *dav.*: **Prōvĭdentĭēnsĭs,** ĕ.

Prōvĭdentĭēn. (*C. R.*) *s.* Providentia.

prōvĭdĕō, vīdī, vīsŭm 2 1. vorhersehen. 2. vorsehen, Vorkehrungen treffen, sorgen für; bŏnă p.: sich des Guten befleißigen. 3. *cum dat.*: offĭcĭō ecclēsĭastĭcō ein Kirchenamt verleihen, vergeben (*C. j. c.* 150),

prōvĭdŭs 3 besorglich, vorsichtig, sorgend; fürsorglich.

prōvincĭă, ae *f.* 1. der übertragene Geschäftskreis, Wirkungskreis. 2. Auftrag, Aufgabe, Dienst, Geschäft, Amt: praedĭcandī ĕvangĕlĭī. 3. Provinz, Landschaft; Kirchenprovinz.

Prōvincĭă, ae *f.* Provence, Landschaft in Südwestfrankreich.

Prōvincĭă Vălĕrĭae eine römische Provinz, die jetzige Landschaft zwischen Donau u. Drau.

1. **prōvincĭālĭs,** ĕ die Provinz betreffend; zur (Kirchen-) Provinz gehörig; concĭlĭŭm prōvincĭālĕ *oder* sўnŏdŭs prōvincĭālĭs Provinzialkonzil (*C. j. c.* 283).

2. **prōvincĭālĭs,** ĭs *m.* Provinzial, Vorsteher einer Ordensprovinz.

Provīnŭm, ī *n.* Provins, St., Fkr. (Seine-et-Marne), *ca.* 8000 Einw.

prōvīsĭō, ōnĭs *f.* 1. das Vorhersehen, das Vorherwissen. 2. Vorsicht. 3. Vorsorge, Fürsorge, Vorkehrung. 4. Verleihung, Übertragung von Ämtern, Pfünden; prōvīsĭō cănŏnĭcă die nach den Kirchengesetzen richtig vollzogene *und* die vollen Rechte gewährende (kanonische) Verleihung (*C. j. c.* 147).

prōvīsŏr, ōrĭs *m.* 1. Vorherseher, Fürsorger; Wohltäter. 2. prōvīsŏr părŏchĭae Pfarrverweser (vĭcārĭŭs părŏchĭae) einer nichtbesetzten Pfarrei; prōvīsŏr ĭn spīrĭtŭālĭbŭs Pfarrverweser für die Seelsorge (ohne Pfründeverwaltung).

prōvīsōrĭŭs 3 1. vorsorglich, fürsorglich. 2. verwaltend; dem Amtsvorsteher obliegend. 3. vorläufig, nicht endgültig, provisorisch.

1. **prōvīsŭs,** ī *m.* der (mit einem Kirchenamte) Beliehene (*C. j. c.* 153).

2. **prōvīsŭs,** ūs *m.* Vorsorge.

prōvīvō 3 weiterleben, fortleben.

prōvŏcātĭō, ōnĭs *f.* 1. Herausforderung. 2. Appellation, Berufung an eine höhere Stelle (*C. j. c.* 2205).

prōvŏcātōrĭŭs 3 herausfordernd.

prōvŏcātrīx, īcĭs *f.* Herausforderin, Anreizerin (*Soph.* 3, 1).

prōvŏcō 1 1. auffordern, herausfordern, reizen. 2. appellieren, Berufung einlegen.

prōvolgō 1 *s.* provulgo.

prōvŏlō 1 hervorfliegen; hervoreilen.

prōvŏlūtŭs 3 niedergefallen, auf den Knien.

prōvolvō, volvī, vŏlūtŭm 3 1. vorwärts wälzen. 2. *übtr.*: niederfallen: ăd pĕdēs.

prōvulgō 1 (provolgo) öffentlich bekanntmachen.

proxĭmă, ae *f.* Freundin, Genossin (*Ps.* 44, 15).

proxĭmē *adv.* ehestens, baldigst; soeben.

proxĭmĭŏr, ĭŭs näher.

proxĭmĭtās, ātĭs *f.* 1. Nähe. 2. Nachbarschaft. 3. nahe Verwandtschaft. 4. Ähnlichkeit.

1. **proxĭmō** *adv.* ganz kürzlich, neulich.

2. **proxĭmō** 1 zunächst sein, sich nähern, heranrücken.

proxĭmŭm, ī *n.* 1. nächste Nähe, Nachbarschaft. 2. nächster Punkt, Platz. 3. nächste Verwandtschaft (*meist*: prŏxĭmī, ōrŭm *m.*).

1. **proxĭmŭs** 3 (*superl. von*: prŏpĕ) 1. *räumlich*: nächster, nächststehend, sehr nahe. 2. *zeitlich*: nächstvergangener, letzter, voriger; nächstfolgender. 3. *übtr.*: nächstkommend, am ähnlichsten, sehr ähnlich; am nächsten verwandt, nächstbester, vertrautester.

2. **proxĭmŭs,** ī *m.* Volksgenosse; Nebenmensch, Nächster.

prūdēns, tĭs einsichtsvoll, klug, umsichtig.

prūdentĭă, ae *f.* Umsicht, Lebenserfahrung, Klugheit; kluges Ermessen (*C. j. c.* 2223).

prŭīnă, ae *f.* Reif; Wintersturm.
Prullĭăcŭm, ī *n.* Preuilly, ehem. Cistercienserkloster, Fkr., Diöz. Beauvais.
Prumă, ae *f.* (Prumĭēnsĭs abbātĭă) Prüm, St. an der Prüm (l. zur Sauer) in der Eifel, Preußen (Rheinprovinz), *ca.* 2800 Einw.; Abtei: 720 gegr., 1803 aufgehoben.
Prumĭēnsĭs abbātĭă, ae *f. s.* Pruma.
prūnă, ae *f.* glühende Kohle, Feuer.
prūnĭcĕŭs 3 aus Pflaumenbaumholz.
prūnĭcĭŭs 3 verkohlend.
prūnŭm, ī *n.* (προῦμνον u. προῦνον) Pflaume.
prūnŭs, ī *f.* (προύνη u. προῦμνος) Pflaumenbaum.
prūrīgō, ĭnĭs *f.* 1. das Jucken. 2. Geilheit.
prūrĭō 4 1. jucken. 2. geil *oder* üppig sein. 3. kitzeln: aurĭbŭs.
prūrītŭs, ūs *m.* das Jucken.
Prūsă, ae *f.* (Prusa ad Olympĭŭm) Brussa, St., südlich vom Marmarameer, am mysischen Olymp, Kleinasien (Bithynien), *ca.* 76000 Einw.; armenisch-unierter Bischofssitz (seit 1850); *dav.*: **Prūsēnsĭs,** ĕ *u.* **Brūrsēnsĭs,** ĕ.
Pruscĭă, ae *f. s.* Prussia.
Prussĭcŭs 3 preußisch.
Prussĭă, ae *f.* (Pruscĭa, Borussĭa) Preußen.
Prutēnī, ōrŭm (Pruthēnī) *m. s.* Rutheni.
prŷtănēŭm, ī *n.* (prytanīum, πρυτανεῖον) Rathaus, Stadthaus (*in griechischen Städten*).
prŷtănĭs, ĭs *m.* (πρύτανις) Prytane, Vorsteher (*höchster Beamter in griechischen Städten oder im Staatswesen*).
prŷtănīŭm, ī *n. s.* prytaneum.
psallō, psallī 3 (ψάλλω) 1. auf einem Saiteninstrumente spielen, dazu singen, lobpreisen. 2. Spottlieder auf (in) jemand singen (*Ps.* 68, 13).
psalmĭgrăphŭs, ī *m. s.* psalmographus.
psalmistă, ae *m.* (ψαλμιστής) Psalmendichter, Psalmensänger.
psalmistātŭs, ūs *m.* 1. Würde des Psalmensängers. 2. *auch*: Tonsurerteilung.
psalmōdĭă, ae *f.* (ψαλμῳδία) Psalmengesang, das Psalmensingen.
psalmōdĭō 1 Psalmen singen; jubeln.
psalmŏgrăphŭs, ī *m.* (ψαλμογράφος; psalmigraphus) Psalmendichter.
psalmŭs, ī *m.* (ψαλμός) Lobgesang, Psalm; văsă psalmī Psalmeninstrumente (*Ps.* 70, 22).
psaltērĭŭm, ī *n.* (ψαλτήριον) 1. Psalter (als Saitenspiel); Harfe: dĕcĕm chordārŭm: zehnsaitig. 2. Sammlung von Psalmen, Psalter (als Buch), ein Teil des Breviers.
psaltēs, ae *m.* (ψάλτης) Saitenspieler, Zitherspieler; Harfensänger.
psaltō 1 (ψάλτω) psallieren, Harfe spielen, singen.
psaltrĭă, ae *f.* (ψάλτρια) Zitherspielerin, Lautenschlägerin.
psĕcăs, ădĭs *f.* (ψεκάς = Beträuflerin) Friseuse.
pseudŏăpostŏlŭs, ī *m.* (ψευδαπόστολος) Trugapostel.
pseudochrīstŭs, ī *m.* (ψευδόχριστος) falscher Christus.
pseudŏgrăphŭs 3 (ψευδόγραφος) mit falscher Überschrift; unecht, gefälscht.
pseudŏprŏphētă, ae *m.* (ψευδοπροφήτης) falscher Prophet.
pseudŏprŏphētĭă, ae *f.* (ψευδοπροφητεία) falsche Prophezeiung.
pseudŏthŷrŭm, ī *n.* (ψευδόθυρον) 1. geheime Türe, Hintertüre, Hinterpförtchen. 2. Geheimes, Widernatürliches.
P. S. J. = Pĭă Sŏcĭĕtās S. Josephī Fromme Gesellschaft vom hl. Joseph.
psĭthĭă, ae *f.* (*scil.*: vītĭs) Strohweinrebe, Strohweintraube (eine kleine Rebenart, deren welke Trauben süßen Wein lieferten).
psittăcŭs, ī *m.* (ψίττακος) Papagei.
P. S. M. = Pĭă Sŏcĭĕtās Missĭōnŭm, Fromme Missionsgesellschaft (= Pallottiner), gegr. 1835.
psŷchĭcŭs 3 (ψυχικός, *im Gegensatz zu*: πνευματικός) 1. zum Leben gehörig. 2. tierisch *oder* fleischlich gesinnt. 3. lebendig, lebhaft. 4. geistig.
psŷchŏmantīŭm, ī *n.* (ψυχομαντεῖον) Totenbefragungsort, Totenorakel (*wo man die Geister der Verstorbenen befragte*).
-ptĕ *Suffix*: selbst, eigen; *es wird dem Possessivpronomen zur Verstärkung angehängt, z. B.*: suāptĕ nātūrā.
ptĭsănă, ae *f.* (ptisanarium, πτισάνη) 1. die gestampfte und von Hülsen gereinigte Gerste, Gerstengrütze. 2. ein daraus bereitetes Getränk, Ptisane (Aufguß von Gerstengrütze *oder* von Reis).
ptĭsănārĭŭm, ī *n. s.* ptisana.
Ptŏlĕmaeī, ōrŭm *m. s.* Ptolemaeus.
Ptŏlĕmāĭdă, ae *f. s.* Ptolemaïs.
Ptŏlĕmāĭdĕn. (*C. R.*) *s.* Ptolemaïs.
Ptŏlĕmāïs, ĭdĭs (*acc.* -dă, *abl.* -dĕ) *f.* (Ptolemāïda) Akka *oder* Ake (Ἀκή), Hafenstadt im Norden des Vorgebirgs Karmel, Syrien; *j.*: Saint-Jean d'Acre; griechisch-melchitischer Bistumstitel (seit 1856) *dav.*: **Ptŏlĕmēnsēs,** ĭŭm *m.* Einw.; Ptŏlemāĭdēnsĭs, ĕ.
Ptŏlĕmaeŭs, ī *m.* I. Ptolemäer, gemeinsamer Name der griechischen Könige, die über das ägyptische Reich nach Alexanders des Gr. Tode herrschten (323—30 v. Chr.). 1. **Pt. I. Lagi** (filius), (323—284). 2. **Pt. II. Philadelphus,**

(284—246). 3. **Pt. III. Euergĕtes,** (246—221). 4. **Pt. IV. Philŏpător,** (221—204). 5. **Pt. V. Epiphănes,** (203—198). 6. **Pt. VI. Philomētor,** (198—180). II. 1. ein Schwiegersohn des Simon Makkabäus. 2. ein Günstling des Antiochus Epiphanes; **Ptŏlĕmaeī,** ōrŭm *m.* dessen Anhänger.

pūbertās, ātĭs *f.* Mannbarkeit, Geschlechtsreife.

pūbēs, ĕrĭs mannbar, erwachsen; *pl.*: pūbĕrēs, ŭm *m.* die mannbare Jugend.

pūbēscō, bŭī 3 mannbar werden, heranwachsen.

pūblĭcānŭs, ī *m.* 1. Steuerpächter, Zöllner. 2. öffentlicher Sünder.

pūblĭcātĭō, ōnĭs *f.* 1. Gütereinziehung, Einziehung für die öffentliche Staatskasse, Konfiskation. 2. öffentliche Bekanntmachung, Veröffentlichung (*C. j. c.* 1384 § 2).

pūblĭcē *adv.* von Staats wegen, öffentlich.

pūblĭcō 1 1. beschlagnahmen. 2. preisgeben, verraten. 3. öffentlich bekannt machen, herausgeben, veröffentlichen.

pūblĭcŭm, ī *n.* 1. Staatseigentum, Staatsgrund; Staatskasse, Staatsvermögen; Staatseinkünfte, Staatssteuern, Staatspacht; Staatsgebäude; Staatsmagazin. 2. öffentlicher Platz, Öffentlichkeit, Straße; in pūblĭcŭm auf die Straße. 3. öffentliches Auftreten *oder* Wirken: ā pūblĭcō rĕtardārĕ.

pūblĭcŭs 3 1. öffentlich, dem (ganzen) Volke gehörig, dem Staate eigen, staatlich; **rēs pūblĭcă:** öffentliche Sache, Staatsangelegenheit; Staatswesen, Staatsleitung, Staatsgewalt; Staatswohl, Staatsinteresse; Staat, Gemeinwesen. 2. öffentlich, allgemein verbreitet, allgemein üblich; pūblĭcī iūrĭs fĭĕrī; veröffentlicht werden; ŏpĕrĕ pūblĭcī iūrĭs factō nach Veröffentlichung des Werkes (*C. j. c.* 2318).

Pūblĭŭs, ī *m.* Publius, 1. Vorsteher der Insel Malta als Stellvertreter des Statthalters der Provinz Sizilien z. Z. des hl. Apostels Paulus. 2. Gatte der hl. Anastasia. 3. Stadtpräfekt von Rom unter Mark Aurel.

pŭdendă, ōrŭm *n.* Geschlechtsteile, Scham (*Nah.* 3, 5).

pŭdendŭs 3 schändlich, unehrenhaft.

pŭdēns, tĭs schamhaft, ehrbar, bescheiden.

Pŭdēns, tĭs *m* Pudens 1. Christ in Rom z. Zt. des hl. Paulus. 2. Vater der hl. Pudentia.

Pŭdentĭānă, ae *f.* hl. Pudentiana, Jgfr., † 159, 19. Mai.

pŭdĕō, ŭī, ĭtŭm 2 1. sich schämen. 2. mit Scham erfüllen.

pŭdĭbundŭs 3 1. verschämt. 2. schimpflich.

pŭdīcĭtĭă, ae *f.* Schamhaftigkeit, Sittsamkeit, Keuschheit.

pŭdīcŭs 3 schamhaft, keusch.

pŭdŏr, ōrĭs *m.* 1. Scheu, Gewissenhaftigkeit; Schüchternheit. 2. Sittsamkeit, Schamgefühl, Schamhaftigkeit, Keuschheit. 3. Schande.

pŭdōrātŭs 3 schamhaft, keusch.

Puech *indecl.* Puech, D., Fkr., Diöz. Cahors, Geburtsort des sel. Gabriel Perboyre.

pŭellă, ae *f.* Mädchen, Tochter; pŭellae cārĭtātĭs barmherzige Schwestern, *bes.*: Vinzentinerinnen.

pŭellārĭs, ĕ mädchenhaft, jugendlich.

Pŭellārŭm mōns, ntĭs *m. s.* mons Pessulanus.

pŭellŭlă, ae *f.* Mägdlein.

pŭellŭs, ī *m.* Knäbchen.

pŭĕr, ĕrī *m.* 1. Kind, Knabe. 2. Diener, Knecht: Dŏmĭnī; Bedienter, Bursche. 3. Beamter (1 *Mach.* 1, 7).

pŭercŭlŭs, ī *m.* (puerulus) Bürschlein.

pŭĕrīlĭs, ĕ kindlich, jugendlich.

pŭĕrīlĭtās, ātĭs *f.* Knabenalter, kindisches Wesen.

pŭĕrĭtĭă, ae *f.* Kindheit, Knabenalter.

pŭerpĕră, ae *f.* Gebärerin, Kindbetterin.

pŭerpĕrĭŭm, ī *n.* Kindbett; Geburt, Niederkunft.

pŭĕrŭlŭs, ī *m. s.* puerculus.

pūgă, ae *f.* (πυγή) Steiß.

pŭgĭl, ĭlĭs *m.* Kämpfer, Faustkämpfer.

pŭgillātĭō, ōnĭs *f.* Faustkampf.

1. **pŭgillārĭs,** ĕ faustgroß.

2. **pŭgillārĭs,** ĭs *m.* u. **pŭgillārēs,** ĭŭm *m.* Schreibtafel, Täfelchen.

pŭgillŭs, ī *m.* 1. geschlossene Hand, Faust. 2. eine Handvoll.

pūgĭō, ōnĭs *m.* Dolch (*Judith* 13, 8 u. 16, 11).

pūgĭuncŭlŭs, ī *m.* kleiner Dolch, Stilett.

pugnă, ae *f.* Schlacht, Kampf, Streit.

pugnācĭtās, ātĭs *f.* Streitlust.

pugnātŏr, ōrĭs *m.* Streiter, Kämpfer.

pugnāx, ācĭs 1. kriegerisch, streitbar. 2. hartnäckig, eigensinnig.

pugnō 1 kämpfen, fechten, streiten.

pugnŭs, ī *n.* Faust, Faustschlag.

Pulatēn. (*C. R.*) *s.* Pulatum.

Pulatŭm, ī *n.* Pulati, St., Albanien, *ca.* 2000 Einw., Bistum (seit 9. Jhdt.), Sitz in Giovanni, Suffr. v. Skutari; *dav.*: **Pulatēnsĭs,** ĕ.

pulcĕr *altlat.* = pulcher.

pulchellŭs 3 gar schön, hübsch.

pulchĕr, chră, chrŭm 1. schön, reizend, lieblich, hübsch. 2. edel, ruhmvoll, vortrefflich.

S. **Pulchĕrĭă,** ae *f.* hl. Pulcheria, Kaiserin von Ostrom, Jgfr., † 453, 10. September.

pulchrēscō 3 schön werden.

pulchrĭtās, ātĭs *f.* Schönheit.

pulchrĭtūdō, ĭnĭs *f.* Schönheit, Pracht, Herrlichkeit; p. ăgrī: Zier des Feldes.

pūlex, ĭcĭs *m.* Floh.

pullŭlātĭō, ōnĭs *f.* das Hervorsprossen (von Pflanzen).

pullŭlō 1 ausschlagen, hervorsprossen, keimen.

1. **pullŭs,** ī *m.* das Junge, *bes.*: Hühnchen, Küchlein.

2. **pullŭs** 3 dunkelfarbig, schwärzlich.

pulmentārĭŭm, ī *n.* Speise, Zukost.

pulmentŭm, ī *n.* Zukost, Mus, Brei.

pulmō, ōnĭs *m.* Lunge; *pl.*: Lungenflügel.

pulpă, ae *f.* 1. derbes Fleisch am Tierkörper. 2. *übtr.*: die Rotte.

pulpĭtŭm, ī *n.* 1. bretterne Erhöhung, Bühne; Ambon, Kanzel. 2. Altartisch; Meßbuchpult.

puls, pultĭs (*gen. pl.*: pultium), *f.* (πόλτος), der dicke Brei, Polenta (*aus Spaltmehl oder Bohnenmehl; die Speise des armen Mannes*).

pulsātĭō, ōnĭs *f.* das Schlagen, das Anklopfen.

pulsātŏr, ōrĭs *m.* Anklopfer.

pulsĭm *adv.* stoßweise.

pulsō 1 1. schlagen, stoßen, pochen, anklopfen; pulsārĕ orgănŭm die Orgel spielen (*früher wurden die Tasten mit den Fäusten „geschlagen“*). 2. bewegen, ertönen lassen; läuten: campānŭlăm (Glöckchen). 3. Eindruck machen.

1. **pulsŭs** 3 (*part. perf. pass. von*: pello) verjagt; pulsā noctĕ: nachdem die Nacht vertrieben war; pulsus concessīs hŏnōrĭbŭs der ihm verliehenen Ehren beraubt (*Vesp. S. Angelorum Custod.* 2. Oktober).

2. **pulsŭs,** ūs *m.* Stoß, Schlag; Eindruck.

pulvĕrārĭŭs 3 zum Staube gehörig.

pulvĕrĕŭs 3 aus Staub.

pulvĕrō 1 zu Staub machen.

pulvillŭs, ī *m.* kleines Polster, Kopfkissen.

pulvīnăr, ārĭs *n.* Polster; Lagerstätte.

pulvīnārĭŭm, ī *n.* Polsterstätte, gepolsterter Platz.

pulvīnŭs, ī *m.* 1. Kissen, Pfühl, Ruhekissen, Kopfkissen, Sitzkissen, Polster. 2. Rabatte, Gartenbeet.

pulvĭs, ĕrĭs *m.* 1. Staub, Erde, Staubwolke; pulvĭs mortĭs: Grab. 2. Staub des Ringplatzes; Tummelplatz, Kampfplatz.

pulviscŭlŭs, ī *m.* Stäubchen, dünner Staub.

pūmex, ĭcĭs (*gen. pl.*: pūmĭcŭm) *m.* (u. *f.*) Bimsstein.

pūmĭcĕŭs 3 aus Bimsstein, aus Lava.

pūmĭcō 1 mit Bimsstein glätten.

pūmĭlĭō, ōnĭs *m.* u. *f.* Zwerg, Zwergin.

punctātĭm *adv.* kurz, zusammengefaßt.

punctātĭō, ōnĭs *f.* (punctio) 1. das Stechen, der Stich. 2. quälende, marternde Sorge. 3. Zerknirschung.

punctātŏr, ōrĭs *m.* der Aufschreiber, Zähler (*der die zum Chorgebete verpflichteten, aber fehlenden Kleriker notiert*) (*C. j. c.* 395).

punctĭm *adv.* stichweise, auf den Stich (*Gegensatz*: caesim = auf den Hieb).

punctĭō, ōnĭs *f.* *s.* punctatio.

punctĭuncŭlă, ae *f.* der leise, leichte Stich.

punctŭm, ī *n.* 1. Stich. 2. Punkt; punctŭm cum virgŭlā Strichpunkt. 3. Wahlstimme (*weil jede gültige Stimme mit einem Punkte notiert wurde*). 4. kleiner Abschnitt. 5. kleinster Zeitteil, Augenblick, Nu; in punctō im Augenblicke; augenblicklich (*Job* 20, 5); punctum sălĭēns: springender Punkt.

pungō, pŭpŭgī, punctŭm 3 1. stechen; verwunden, verletzen. 2. beunruhigen, kränken, quälen.

Puniabēn. (*C. R.*) *s.* Puniabum.

Puniabŭm, ī *n.* Pandschab (*engl.*: Punjab, *pers.*: = Fünfstromland) Provinz im nordwestlichen Vorderindien (britisch); Bistum Pandschab (seit 1886; seit 1880 apostolisches Vikariat), Sitz in Lahor (Lahur, *engl.*: Lahore), St., l. vom Rawi, *ca.* 200 000 Einw.; Suffr. v. Agra; *dav.*: **Puniabēnsĭs,** ĕ.

pūnĭcĕŭs 3 purpurrot.

Pūnĭcŭm mālŭm, ī *n.* Granatapfel.

Pūnĭcŭs 3 punisch.

Puniēn. (*C. R.*) *s.* Punium.

Punĭŭm, ī *n.* Puno, St. am Titicacasee, Peru, Südamerika, *ca.* 6000 Einw.; Bischofssitz (seit 1861), Suffr. v. Lima; *dav.*: **Puniēnsĭs,** ĕ.

pūnĭō 4 (punior; *altlat.*: poenio) 1. strafen, leiden lassen. 2. Rache nehmen, rächen.

pūnĭŏr 4 *s.* punio.

pūnītĭō, ōnĭs *f.* Bestrafung.

pūnītŏr, ōrĭs *m.* 1. Bestrafer. 2. Rächer.

pūpă, ae *f.* 1. Mädchen. 2. Puppe (*zum Spielen*).

1. **pūpillă,** ae *f.* (pūpŭla) verwaistes Mädchen.

2. **pūpillă,** ae *f.* Augenstern, Pupille.

pūpillŭs, ī *m.* verwaister Knabe, Waise, Mündel (*öfter in den Psalmen*).

Pup(p)ingă, ae *f.* Pupping, Ort bei Linz a. D., Oberösterreich.

puppĭs, ĭs *f.* Heck des Schiffes.

pūpŭlă, ae *f. s.* pupilla 1.
pūpŭs, ī *m.* Knabe.
pūrē *adv.* (pūrĭtĕr) 1. rein, lauter; hell, blank. 2. unbefleckt, schuldlos. 3. einfach, schlechthin, ohne weiteres.
pūrgāmĕn, ĭnĭs *n.* (purgamentum) 1. Unrat, Schmutz; Auswurf, Hefe, Abschaum. 2. Reinigungsmittel, Sühnemittel.
pūrgāmentŭm, ī *n. s.* purgamen.
pūrgātĭō, ōnĭs *f.* 1. Reinigung; das Abführen. 2. *übtr.*: Rechtfertigung, Entschuldigung.
pūrgātīvŭs 3 reinigend.
pūrgātŏr, ōrĭs *m.* Reiniger, Säuberer.
pūrgātōrĭŭm, ī *n.* Reinigungsort, Fegfeuer.
pūrgātrīx, īcĭs reinigend.
pūrgō 1 1. reinigen; *mit acc. der Sache, welche weggenommen wird*: pūrgāvĭt ūnĭversās sordēs; *aber auch*: ā peccātō nōn pūrgābĭtŭr. 2. rechtfertigen, entschuldigen.
1. **pūrĭfĭcātĭō,** ōnĭs *f.* 1. religiöse Reinigung, Reinigungsgebet, Weihegebet. 2. in den *Rubriken*: Reinigung des Kelches (*nach der hl. Kommunion des Priesters*). 3. Bezeichnung für den Wein u. das Wasser, welche der Priester nach dem hl. Blute aus dem Kelche trinkt: pūrĭfĭcātĭōnĕm sūmĕrĕ, die Purifikation nehmen; p. admĭnĭstrārĕ, die Purifikation darbieten.
2. **Pūrĭfĭcātĭō B. M. V.** Fest der judengesetzlichen Reinigung der allersel. Jgfr. M., 2. Februar.
pūrĭfĭcātōrĭŭm, ī *n.* Tüchlein zum Reinigen des Meßkelches, Kelchtüchlein.
pūrĭfĭcātōrĭŭs 3 reinigend.
pūrĭfĭcō 1 reinigen, säubern.
Purim, *indecl.* (hebr.: Lose) Purimfest (*oder* Mardochaitage), das am 14. und 15. Adar (= anfangs März) zur Errettung der Juden durch Esther gefeiert wird. Aman hatte den Ermordungstag der Juden durch das Los bestimmt.
pūrĭtās, ātĭs *f.* Reinheit; Jungfräulichkeit, Unschuld.
pūrĭtĕr *adv. s.* pure.
pūrĭtĭă, ae *f.* Reinlichkeit.
purpŭră, ae *f.* (πορφύρα) 1. Purpur, Purpurfarbe. 2. Purpurkleid, Purpurmantel. 3. purpurtragender Höfling, Hofbeamter. 4. die Kaiserwürde, Herrschaft. 5. purpŭră săcră: Kardinalswürde; Verleihung des Purpurs (*C. j. c.* 235).
purpŭrārĭă, ae *f.* Purpurhändlerin; Purpurfärberin (*Act.* 16, 14).
purpŭrārĭŭs, ī *m.* Purpurhändler; Purpurfärber.
1. **purpŭrātŭs** 3 in Purpur gekleidet.
2. **purpŭrātŭs,** ī *m.* 1. Kardinal. 2. Kämmerling (orientalischer Fürsten), höherer Hofbeamter.
purpŭrĕŭs 3 purpurfarben, glänzend, schimmernd; *übtr.*: mit einem Purpurgewande bekleidet.
purpŭrō 1 mit Purpur schmücken.
pūrŭlentātĭō, ōnĭs *f.* Eiterung.
pūrŭlentĭă, ae *f.* Eitermasse.
pūrŭlentŭs 3 eitrig.
pūrŭs 3 1. rein, schuldlos, keusch. 2. richtig, schlicht, schmucklos.
pŭs, pūrĭs *n.* (ὁ πύος) Eiter.
pŭsillănĭmĭs, ĕ *s.* pusillanimus.
pŭsillănĭmĭtās, ātĭs *f.* Kleinmut, Kleinmütigkeit.
1. **pŭsillănĭmŭs** 3 (pusillanimis) kleinmütig.
2. **pŭsillănĭmŭs,** ī *m.* 1. der Kleine, das Kind. 2. der Kleinmütige; der Glaubensschwache.
pŭsillĭtās, ātĭs *f.* Kleinheit, Schwäche.
pŭsillŭm, ī *n.* kurze Zeit; *adv.*: ein wenig.
pŭsillŭs 3 klein; kleinmütig (*Marc.* 9, 41).
pūsĭō, ōnĭs *m.* Knäbchen.
pūstŭlă, ae *f.* 1. Bläschen. 2. Blatter.
pūstŭlōsŭs 3 voll Blattern.
pŭtă *adv.* (*eig. imper. v.*: pŭtō) zum Beispiel; ŭt pŭtă: wie zum Beispiel.
pŭtāmĕn, ĭnĭs *n.* Schale, Hülse (*Judic.* 16, 9).
1. **pŭtātĭō,** ōnĭs *f.* das Beschneiden der Bäume.
2. **pŭtātĭō,** ōnĭs *f.* Rechnung.
pŭtātīvŭs 3 angeblich; vermeintlich: pŭtātīvŭm matrimōnĭŭm: die vermeintliche, wenigstens von einem Teile gutgläubig geschlossene Ehe (*C. j. c.* 1015 § 5).
pŭtātŏr, ōrĭs *m.* Beschneider (derBäume).
pŭtĕăl, ālĭs *n.* 1. Brunneneinfassung. 2. ein oben offenes Tempelchen, das brunnenähnlich ist, Puteal.
pŭtĕārĭŭs, ī *m.* Brunnengräber.
pūtĕō, ŭi 2 moderig *oder* faul *oder* übel riechen, stinken.
Pŭtĕŏlān. (*C. R.*) *s.* Puteoli.
Pŭtĕŏlī, ōrŭm *m.* Pozzuoli, St. in Kampanien, It. (Neapel), *ca.* 15000 Einw.; Bischofssitz (seit 6. Jhdt.), Suffr. v. Neapel (früher Dikäarchea); *dav.*: **Pŭtĕŏlānŭs** 3.
pūtĕr, pūtrĭs, pūtrĕ (putris) verwest, moderig, ranzig; morsch.
pūtēscō, tŭi 3 stinkend werden.
pŭtĕŭs, ī *m.* 1. Graben, Grube, Brunnen, Zisterne. 2. Meerestiefe (*Ps.* 68, 10).
pūtĭdŭs 3 faul, moderig; widerlich.
Pútiphar *indecl.* (*dat. auch*: -āri) *m.* (*ägypt.*: der dem Gott Re [Sonnengott] Geweihte, den der Sonnengott

gab) ein Verschnittener und Hauptmann der Leibwache am ägyptischen Hofe z. Zt. des Patriarchen Joseph.
Putiphare *indecl.* ein ägyptischer Priester zu On (Heliopolis), Vater der Aseneth, der Gemahlin Josephs (*Name wohl Einschub!*).
1. **pŭtō** 1 meinen, glauben, denken, vermuten; **pŭtās** u. **pŭtāsnĕ** ist einfache Fragepartikel; **ŭt pŭtă** zum Beispiel, etwa.
2. **pŭtō** 1 beschneiden.
pūtŏr, ōrĭs *m.* Gestank, das Brandige, moderiger Geruch.
pŭtrēdō, ĭnĭs *f.* Fäulnis.
pŭtrĕfactĭō, ōnĭs *f.* Verwesung.
pŭtrĕfĭō, factus sŭm, fĭĕrī in Verwesung übergehen, faulen.
pŭtrēscĭbĭlĭs, ĕ verwesbar.
pŭtrēscō, pŭtrŭī 3 verfaulen.
pŭtrĭdŭs 3 voll Fäulnis, verdorben; morsch.
pŭtrĭs, ĕ *s.* puter.
pŭtŭs 3 rein, blank, lauter; glänzend.
Pydnă, ae *f.* (*Πύδνα*) (Cytrum) Pydna, St. am thermäischen Meerbusen im südlichen Makedonien.
pȳgargŭs, ī *m.* (*πύγαργος* = Weißsteiß) 1. eine Art Adler, Fischadler, Seeadler. 2. eine große Antilopenart.
pȳlae, ārŭm *f.* (*πύλαι*) die Pforten, Engpaß.
1. **pȳră,** ae *f.* (*πυρά*) Scheiterhaufen (als Brandstätte).
2. **pȳră,** ae *f.* (*richtig*: pira) Birne (*Ez.* 24, 9 u. *Act.* 28, 2).
pȳrămis, ĭdĭs *f.* (*πυραμίς*) Pyramide.
Pȳrēnaeŭs saltŭs u. **Pȳrēnaeī montēs** *m.* das Pyrenäengebirge, die Pyrenäen.
pyrŏbŏlŭm, ī *n.* (*πυροβόλος* = Brandpfeil) Feuerwerk.
pȳrōpŭs, ī *m.* (*πυρωπός*) Goldbronze (3/4 Kupfer, 1/4 Gold).
Pyrrhŭs, ī *m.* (*Πύῤῥος* Pyrrhus), 1. Statthalter von Phrygien z. Zt. Diokletians. 2. Irrlehrer zu Anfang des 4. Jhdts.
pȳrŭs, ī *f.* (*richtig*: pirus) Birnbaum (2 *Reg.* 5, 23 u. 24 kann kein Birnbaum gemeint sein, weil in Palästina pirus commūnĭs nicht gepflanzt wurde).
pȳthō u. **pȳthōn,** ōnĭs *m.* (*πύθων*) Wahrsagergeist (Act. 16, 16, *der Geist welcher von den Zauberern gerufen wird*). — Python, war nach der Sage ein Drache, der am Parnassus in Griechenland hauste u. von Apollo erlegt wurde; *daher*: Apollo Pythĭŭs.
pȳthōnissă, ae *f.* Zauberin.
pȳthōnĭcŭs 3 weissagerisch, zauberisch.
pyxĭs, ĭdĭs *f.* (*πυξίς*) Büchse; *bes.*: Gefäß zum Aufbewahren der hl. Hostien.

Q.

Quā *adv.* auf welchem Wege, auf welche Art, wie.
quācumquĕ 1. wo nur immer, überall wo. 2. wie auch immer.
quădră, ae *f.* Viereck, Quadrat.
quădrāgēnă, ae *f.* Quadragene (d. h. Bußzeit von 40 Tagen).
quădrāgēnae ūnă mĭnŭs (*scil.*: plagae) 39 Geißelhiebe; die vom mosaischen Gesetz bestimmte Höchststrafe betrug 40 Geißelstreiche; um nun diese Zahl nicht zu überschreiten, blieb man vorsichtshalber darunter.
quădrāgēnārĭŭs 3 1. aus vierzig bestehend. 2. vierzigjährig.
quădrāgēnī 3 je vierzig.
Quădrāgēsĭmă, ae *f.* die vierzigtägige Fastenzeit.
quădrāgēsĭmālĭs, ĕ vierzigtägig; zur Fastenzeit gehörig.
quădrāgēsĭmŭs 3 der vierzigste.
quădrāgĭēs vierzigmal.
quădrāgintā vierzig.
Ss. Quădrāgintā Martȳrēs die hl. 40 Martyrer zu Sebaste, † 320, 10. März.
quădrangŭlātŭs 3 viereckig (3 *Reg.* 6, 33).
quădrangŭlŭs, ī *m.* Viereck.
quădrāns, tĭs *m.* der vierte Teil, Viertel; *auch adj.*: hōră quădrāns: eine Viertelstunde.
quădrantārĭŭs 3 1. auf ein Viertel ermäßigt. 2. ein Viertel (As) kostend.
Quădrātĭānŭs, ī *m.* Quadratian, ein Präfekt von Etrurien unter Kaiser Julian dem Abtrünnigen um 360.
quădrātŭm, ī *n.* 1. Viereck, Quadrat. 2. Geviertschein.
quădrātŭs 3 viereckig.
S. Quădrātŭs, ī *m.* hl. Quadratus, Apostelschüler, der älteste Apologet († um 120), 26. Mai.
quădrĭdŭānŭs 3 (*richtiger als*: quatriduanus) viertägig; vier Tage begraben (*Joh.* 11, 39).
quădrĭdŭŭm, ī *n.* Zeitraum vor vier Tagen, vier Tage.
quădrĭennĭs, ĕ vierjährig.
quădrĭennĭŭm, ī *n.* Zeitraum von vier Jahren.
quădrĭfārĭăm *adv.* vierfach, ins Geviert.
quădrĭfārĭŭs 3 vierfach.
quădrĭfĭdŭs 3 in vier Teile gespalten.
quădrĭfĭnĭŭm, ī *n.* Zusammenstoß von vier Grenzen; Kreuzweg.
quădrīgă, ae *f.* Viergespann.

quădrīgae, ārŭm *f.* (quadriga) 1. Viergespann. 2. vierspänniger Wagen.
quădrīgālĭs, ĕ aus einem Viergespann bestehend.
quădrīgārĭŭs, ī *m.* Wagenlenker, Wettfahrer.
Quădrĭgellae, ārŭm *f.* Charolles, St., Fkr. (Saône-et-Loire), *ca.* 3500 Einw.
Quădrĭgellēnsĭs pāgŭs, ī *m.* (Carolesium). Charolais, Landschaft, Fkr. (Saône-et-Loire).
quădrĭmestrĕ, ĭs *n.* Zeitraum von vier Monaten.
quădrĭmestrĭs, ĕ vier Monate lang.
quădrĭmŭlŭs 3 ein zartes Kind von vier Jahren.
quădrĭmŭs 3 vierjährig.
quădringēnī 3 je vierhundert.
quădringentēsĭmŭs 3 vierhundertster.
quădringentī 3 vierhundert.
quădringentĭē(n)s vierhundertmal.
quădrĭpartītŭs 3 (quadripertitus) in vier Teile geteilt.
quădrĭpertītŭs 3 *s.* quadripartitus.
quădrĭplex, ĭcĭs *s.* quadruplex.
quădrĭrēmĭs, ĭs *f.* Vierruderer.
quădrĭvĭŭm, ī *n.* 1. Kreuzweg. 2. scholastischer Lehrgang.
quădrō 1 viereckig machen; *übtr.*: das gehörige Ebenmaß geben.
quădrŭm, ī *n.* Viereck; in quădrŭm *und* in quădrō ins Geviert.
1. **quădrŭpēs,** pĕdĭs vierfüßig.
2. **quădrŭpēs,** ĕdĭs *m.* u. *n.* das vierfüßige Tier.
quădrŭplex, ĭcĭs vierfältig, vierfach.
quădrŭplĭcō 1 vervierfachen; *übtr.*: vergrößern.
quădrŭplō 1 vervierfachen.
quădrŭplŭm, ī *n.* das Vierfache, der vierfache Betrag.
quădrŭplŭs 3 vierfach.
quădrŭs 3 viereckig.
quaerĭtō 1 eifrig suchen; zu erforschen suchen, genau wissen wollen; quaerĭtārĕ stĭpĕm Almosen sammeln, kollektieren (*C. j. c.* 622).
quaerō, sīvī u. siī, sītŭm 3 1. suchen; vermissen, erfordern. 2. erstreben, sinnen auf, verlangen, sich sehnen; qu. făcĭĕm Dĕī im Tempel zur Anbetung erscheinen (*Ps.* 23, 6; 104, 4). 3. zu erwerben suchen, erwerben, sich verschaffen: iūră [ab]ălĭīs quaesītă wohlerworbene Rechte Dritter (*C. j. c.* 4). 4. nach etwas fragen, forschen; qu. sĕcundŭm ălĭquĭd nach etwas fragen, sich darum kümmern, qu. mendācĭŭm auf Lüge ausgehen, qu. mandātă Gesetze beoachten. 5. untersuchen, ein Verhör halten. 6. rächen; ănĭmăm ălĭcŭiŭs quaerĕrĕ jemandem nach dem Leben streben (*Ps.* 9, 25).
quaesītŏr, ōrĭs *m.* Untersuchungsrichter.
quaesītŭm, ī *n.* 1. Frage. 2. Erwerb, Verdienst, erworbenes Gut.
quaesītŭs 3 geziert, ausgesucht, außerordentlich.
quaesō, īvī 3 1. suchen, fragen. 2. bitten, erbitten (*in Gebeten oft*: quaesŭmŭs).
quaestĭō, ōnĭs *f.* 1. Frage, Untersuchung. 2. Thema, Streitfrage. 3. Folterung.
quaestĭōnārĭŭs, ī *m.* Folterer, Henker.
quaestĭuncŭlă, ae *f.* eine (gelehrte) Frage *oder* Untersuchung.
quaestŏr, ōrĭs *m.* Quästor, ein richterlicher *oder* Finanzbeamter, Schatzmeister.
quaestōrĭŭs 3 den Quästor betreffend; richterlich.
quaestŭārĭă, ae *f.* Buhldirne.
quaestŭārĭŭs 3 Gewinn suchend.
quaestŭō 1 dringlich bitten, betteln.
quaestŭōsŭs 3 1. vorteilhaft. 2. gewinnsüchtig.
quaestūră, ae *f.* 1. Quästoramt. 2. Kassenverwaltung.
quaestŭs, ūs *m.* 1. Erwerbung. 2. Gewinn, Vorteil, Verdienst.
quālĭbĕt (*scil.*: partĕ) 1. überall. 2. beliebig.
quālĭfĭcātĭō, ōnĭs *f.* Befähigungsnachweis.
quālĭfĭcātŭs 3 befähigt.
quālĭs, ĕ wie beschaffen, welcherlei.
quālĭscumquĕ, quālĕcumquĕ 1. wie nur beschaffen. 2. jeder ohne Unterschied.
quālĭslĭbĕt, quālĕlĭbĕt von beliebiger Beschaffenheit.
quālĭsnăm, quālĕnăm wie beschaffen denn eigentlich.
quālĭtās, ātĭs *f.* 1. Beschaffenheit, Besonderheit. Eigenschaft. 2. Wert, Rang: festi.
quālĭtĕr *adv.* gleichwie, sowie.
quālĭtercumquĕ *adv.* wie auch immer.
quālŭs, ī *m.* geflochtener Korb, Spinnkörbchen.
quăm *adv.* 1. bis zu welchem Grade, wie sehr ja, nur (*Ps.* 22, 5); quăm prīmŭm möglichst bald. 2. *nach compar. und nach Ausdrücken der Gleichheit*: als; *auch*: ălĭŭs quăm.
quamdĭū *adv.* 1. wie lange. 2. solange als (*z. B. Ps.* 103, 33; 145, 2).
quamdĭūcumquĕ wie lange auch immer.
quamlĭbĕt *adv.* 1. wie beliebt. 2. so sehr auch.
quămobrĕm *adv.* 1. warum, weshalb. 2. und deshalb.
quamprīdĕm *adv.* wie lange.
quamprīmŭm *adv. s.* quam.
quamquăm *conjct.* 1. obgleich, obschon. 2. indessen, freilich, zwar.

quamvīs *conjct.* wie sehr auch, obschon, obgleich.
quănăm *adv.* 1. wo denn? 2. wie denn?
quandō I. *adv.*: 1. wann, zu welcher Zeit? 2. je, jemals. II. *conjct.*: als, da, wann, weil nun einmal.
quandōcumquĕ *adv.* wann nur, sobald nur, bei jeder Gelegenheit.
quandōnăm *adv.* wann denn? (*C. j. c.* 1942).
quandōquĕ *adv.* 1. wann einmal; so oft nur. 2. da nun einmal.
quanquăm *s.* quamquam.
quantillŭs 3 wie klein? wie wenig, wie gering.
quantĭtās, ātĭs *f.* die (große) Anzahl, Menge.
quantĭtātīvŭs 3 die Menge der Bestandteile betreffend; der Menge nach.
quantōcĭŭs *adv.* möglichst schnell; je eher, je lieber.
quantōcumquĕ *adv. s.* quantumcumque.
quantŏpĕrĕ *adv.* wie sehr, mit welcher Sorgfalt.
quantŭlŭs 3 wie gering, wie klein.
quantŭm, ī *n. s.* quantus.
quantumcumquĕ *adv.* (quantocumque) so groß auch immer, so viel auch immer (*Lev.* 27, 27; 1 *Kön.* 2, 16).
quantumvīs I. *adv.* gar sehr. II. *conjunct*: so sehr auch.
quantŭs 3 1. wie groß, wie lange; *subst.*: **quantŭm,** ī *n.* wie viel; **quantī** um wie viel, wie teuer; **quantō-tantō** je — desto. 2. wie groß? 3. *in den Psalmen oft*: welcher; *n. pl.*: quantă alles (*Ps.* 73, 3).
quantuscumquĕ 3 wie groß auch immer.
quantuslĭbĕt 3 beliebig groß.
quantŭs-quantŭs 3 wie groß immer.
quantusvīs 3 noch so groß, beliebig groß.
quāproptĕr *adv.* 1. warum? weshalb? 2. deswegen.
quāquĕ *s.* usque quaque.
quārē *adv.* 1. wodurch? aus welchem Grunde? 2. deshalb.
quārtă, ae *f.* (*scil.*: pars) 1. das einzelne (wohl nicht gleich große) Viertel des geteilten Kirchenvermögens (für die Kirche selbst, für den Bischof, den übrigen Klerus, die Armen; der letzte Teil wurde quarta paupĕrŭm genannt).
quārtă fūnĕrārĭă, ae *f.* Leichenstolgebühren; portio paroecĭālĭs (*C. j. c.* 1236).
quārtānă, ae *f.* (*scil.*: fĕbrĭs) viertägiges Wechselfieber.
quārtānŭs 3 1. zum Vierten gehörig; viertägig. 2. der Quartaner.
quārtārĭŭs, ī *m.* Viertelmaß, Quartel.
quārtō *adv.* zum vierten Male (1 *Mos.* 29, 35).
quārtŭm *adv.* zum vierten Male.
quārtŭs 3 vierter.
Quārtŭs, ī *m.* (*Κουάρτος*) Quartus, Bruder des Stadtkämmerers Erastus, Gefährte des hl. Apostels Paulus (*Act.* 19, 22 *u. Rom.* 16, 12).
quārtŭs dĕcĭmŭs 3 der vierzehnte.
quăsī I. *adv.*: 1. gleichwie, wie. 2. gewissermaßen, gleichsam. 3. fast, beinahe, ungefähr. II. *conjunct.* (*mit conj.*): wie wenn, als ob; quăsī vērō gerade wie wenn, förmlich als ob.
quăsī-dŏmĭcĭlĭŭm, ī *n.* zeitweiliger Wohnsitz, Quasidomizil (*erworben durch Verweilen während eines großen Teils des Jahres, C. j. c.* 13, 2; 92 § 3 u. 1561).
quăsī-păroecĭă, ae *f.* der einer Pfarrei entsprechende Seelsorgebezirk in Missionsländern; die Unterabteilungen der apostolischen Vikariate u. Präfekturen (*C. j. c.* 216, 3).
quăsī-possessĭō, ōnĭs *f.* vermeintlicher Besitz, Besitz auf einen Scheingrund hin; Scheinbesitz (*C. j. c.* 1065; 1695).
quassātĭō, ōnĭs *f.* Erschütterung.
quassō 1 1. schütteln, erschüttern. 2. beschädigen, zerschmettern; knicken: quassātŭs călămŭs: das geknickte Rohr.
1. **quassŭs** 3 zitternd; schwach.
2. **quassŭs,** ūs *m.* das Schütteln.
quātĕnŭs *adv.* 1. bis wie weit, insofern als, inwiefern. 2. damit; weil ja.
quătĕr *adv.* vierfach, viermal; wieder u. wieder.
quăternārĭŭs 3 aus vier bestehend.
quăternī 3 je vier.
quăternĭō, ōnĭs *f.* eine Schar von vier Männern; Vierzahl (*Act.* 12, 4).
quătĭō, (quassī), quassŭm 3 1. schütteln, schlagen, stoßen, erschüttern. 2. beschädigen, zerschmettern. 3. heimsuchen, quälen.
quătrĭdŭānŭs 3 viertägig; vier Tage begraben (*Joh.* 11, 39) (*vgl.* quadriduanus).
quattŭŏr *s.* quatuor.
quattŭordĕcĭm vierzehn.
quătŭŏr u. **quattŭŏr** vier; quătŭŏr tempŏră Quatembertage (viermal im Jahre je drei Fasttage).
quĕ *conjct.* (an ein Wort angehängt) und, und dabei, und so, und daher, und zwar, und vielmehr; que-que teils-teils.
Quebecēn. (*C. R.*) *s.* Quebecum.
Quebecŭm, ī *n.* Quebec, St., Kanada in Nordamerika, *ca.* 116 000 Einw.; Erzbischofssitz (seit 1848, Bistum

seit 1764, apostolisches Vikariat seit 1657); *dav.*: **Quebecēnsĭs,** ĕ.

Quedlinburgŭm, ī *n.* Quedlinburg, St. am Abhang des Harzes, Preußen (Sachsen, Reg.Bez. Magdeburg), *ca.* 25000 Einw.

quēīs = quibus.

quĕmadmŏdŭm *adv.* auf welche Weise? wie? (*auch als Relativ zu benutzen*).

quĕō (quībām), quīvī *u.* quīī, quĭtŭm, quīrĕ können, imstande sein, vermögen.

quercētŭm, ī *n.* Eichenwald, Eichenhain.

Quercētŭm, ī *n.* Quesnoy-sur-Deule, St., Fkr. (Nord), *ca.* 2500 Einw.

quercĕŭs 3 von Eichen, Eichen-.

quercŭs, ūs *f.* Eiche.

quĕrēlă, ae *f.* Klage, Beschwerde, Tadel; sĭnĕ quĕrēlā unbescholten, tadellos; quĕrēlă nullĭtātĭs: Nichtigkeitsklage; quĕrēlă damnī: Klage auf Schadensersatz.

Queretaro *indecl.* (de Queretaro *C. R.*) Queretaro, St., im nördlichen Mexiko, *ca.* 35000 Einw.; Bischofssitz (seit 1862).

Querfurtŭm, ī *n.* Querfurt, St. an der Querne, Preußen (Sachsen; Reg. Bez. Merseburg), *ca.* 5000 Einw.

quĕrĭbundŭs 3 sich in Klagen ergehend.

quĕrĭmōnĭă, ae *f.* Klage, Beschwerde.

quĕrĭtŏr 1 heftig klagen.

quernĕŭs 3 (quernŭs) von Eichen, Eichen-; glans quern(e)ŭs: Eichel.

quĕrŏr, questŭs sŭm 3 1. klagen, jammern, wehklagen. 2. sich beklagen, sich beschweren.

querquētŭlānŭs 3 zum Eichenwalde gehörig; mit einem Eichenwalde versehen.

Querquētŭm, ī *n.* Cerqueto, St., It. (Perugia).

quĕrŭlōsŭs 3 gern klagend, unzufrieden.

quĕrŭlŭs 3 1. gern klagend, sich beklagend (*Hymn.*: Jesu, dulcis memoria . . .). 2. kläglich tönend.

questĭō, ōnĭs *f.* Klage, Wehklage.

questŭs, ūs *m.* Klage, Wehklage.

1. **quī** (*ein alter abl. zu*: quis) wodurch, warum, wieso denn; quīcŭm: mit welchem, mit wem.

2. **quī,** quae, quŏd, *Relativpronomen,* 1. der, die, das, welcher, welche, welches. 2. soviel von, an; quae iūră ā lēgĕ sunt alle gesetzmäßigen Rechte.

quĭă *conjct.* 1. weil. 2. daß (nach den Verben des Sagens); es dient oft zur Einleitung einer Rede und bleibt unübersetzt (= ὅτι *citativum*). 3. denn (*z. B. Ps.* 101, 14), wahrlich (*Ps.* 127, 2). 4. nĭsĭ quĭă wenn nicht.

quĭănăm warum denn? warum nur?

quīcŭm *s.* 1. qui.

quīcumquĕ, quaecumquĕ, quodcumquĕ, *adj.* u. *subst.*, wer *oder* was auch nur immer, jeder mögliche, wieviel nur; wie auch immer beschaffen.

quīdăm, quaedăm, quiddăm (als *subst.*) *oder* **quoddăm** (als *adj.*) ein gewisser, eine Art von, ein ganz bestimmter; *pl.*: einige.

quiddĭtās, ātĭs *f.* das Wesen.

quĭdĕm *adv.* (*es hebt das vorhergehende Wort hervor und wird übersetzt durch*:) 1. gewiß, sicher, allerdings. 2. wenigstens, freilich, zwar.

quidnī *adv.* (*mit dem Konjunktiv*) warum nicht?

quĭēs, quĭētĭs *f.* Ruhe, Schlaf, Friede.

quĭēscō, quĭēvī, ētŭm 3 1. ruhen, ausruhen, schlafen, 2. ruhig sein, Frieden halten, ungestört *oder* in Frieden leben. 3. aufhören.

quĭētātĭō, ōnĭs *f.* Beruhigung.

quĭētŭs 3 1. ruhig, schlafend, untätig. 2. eingezogen, friedsam, sanft.

quīlĭbĕt, quaelĭbĕt, quidlĭbĕt (*als subst.*) und **quodlĭbĕt** (*als adj.*) jeder beliebige, jeder ohne Unterschied, irgend jemand, der erste beste.

Quilonēn. (*C. R.*) *s.* Quilonum.

Quilonŭm, ī *n.* Quilon, St., Britisch-Indien (Malabar), *ca.* 16000 Einw.; Bistum, Residenz in Olikaray (seit 1886, apostolisches Vikariat seit 1854), Suffr. v. Warapoli; *dav.*: **Quilonēnsĭs,** ĕ.

quīn 1. I. *adv. fragend*: warum denn nicht? 2. *steigernd* (mit und ohne ĕtĭăm): ja sogar, ja vielmehr. II. *conjunct. mit conj.*: 1. ohne daß, ohne zu. 2. daß (*nach bestimmten negativen Ausdrücken*). 3. nōn quīn: nicht als ob nicht.

quīnăm, quaenăm, quodnăm welcher *oder* welches denn?

quīnārĭŭs 3 fünf enthaltend.

quīncūnx, ūncĭs m. 1. fünf Zwölftel, (fünf Unzen). 2. eine Figur in schräger Kreuzstellung; in quīncūncĕm: übers Kreuz.

quīndĕcĭēs *adv.* fünfzehnmal.

quīndĕcĭm fünfzehn.

quīngēnārĭŭs 3 aus je fünfhundert Mann bestehend.

quīngēnī 3 je fünfhundert.

quīngentēsĭmŭs 3 der fünfhundertste.

quīngentī 3 fünfhundert.

quīnī 3 je fünf.

quīnĭmō u. **quīnimmō** *adv.* ja freilich.

1. **quīnquāgēnārĭŭs** 3 1. fünfzig enthaltend. 2. fünfzigjährig.

2. **quīnquāgēnārĭŭs,** ī *m.* Hauptmann über fünfzig Soldaten.

Quīnquāgēsĭmă (*scil.*: Dŏmĭnĭcă) der Sonntag vor Aschermittwoch.

quīnquāgēsĭmŭs 3 der fünfzigste.
quīnquāgintā fünfzig.
quīnquĕ fünf.
Quīnquĕ băsĭlĭcae, ārŭm *f. s.* Serbinum.
Quīnquĕ ecclēsĭae, ārŭm *f. s.* Serbinum.
Quīnquĕ Ecclēsĭārŭm (*C. R.*) *s.* Serbinum.
Ss. Quīnquĕ Fratrēs Pŏlōnī *m.* hl. fünf polnischen Brüder, *s.* S. Christianus.
quīnquennālĭs, ĕ 1. alle fünf Jahre geschehend *oder* wiederkehrend. 2. fünf Jahre dauernd, fünfjährig; quinquennālēs făcultātēs ĕpiscŏpōrŭm: Quinquennalfakultäten der Bischöfe, *d. h.* besondere vom Papste den Bischöfen für je fünf Jahre verliehene Vollmachten, die nach Ablauf dieser Zeit wieder aufs neue erbeten werden müssen.
quīnquennĭs, ĕ fünf Jahre alt.
quīnquennĭŭm, ī *n.* Zeitraum von fünf Jahren.
quīnquĕpartītŭs 3 (quinquepertitus) fünfteilig.
quīnquĕrēmĭs, ĭs *f.* Fünfruderer.
quīnquĭēs *adv.* fünfmal.
quīnquĭplĭcō 1 verfünffachen.
quīntānŭs, ī *m.* Quintaner: 1. Soldat der fünften Legion. 2. Schüler der fünften Klasse (einer höheren Lehranstalt).
Quīntĭānŭm, ī *n. s.* Augusta Verumandorum.
Quīntĭānŭs, ī *m.* Quintian, Statthalter von Sizilien z. Z. des Kaisers Dezius.
Quīntīnĭăcŭm, ī *n.* (S. Quīntīnī fānŭm) *s.* Augusta Veromandorum.
S. Quīntīnŭs, ī *m.* hl. Quintin, Mart. († um 300).
Er stammte aus Rom und floh vor dem grausamen Maximian nach Amiens (Fkr.) in Begleitung von St. Crispin und St. Crispinian. Als der Statthalter von Gallien, Rictiovarus, von Quintin gehört hatte, ließ er ihn vor sich führen, geißeln und in ein finsteres Gefängnis werfen. Doch ein Engel befreite ihn, und so predigte er auf dem Marktplatze dem versammelten Volke. Abermals verhaftet, mußte er furchtbare Peinen ausstehen; so ließ ihm der Gewalthaber in den Mund Kalk schütten, der in Essig geweicht war. Einige Tage später wurde er nach Vermand (Aisne) geschafft. Sein Körper wurde mit zwei sehr langen Nägeln durchbohrt, auch wurden ihm spitze Gegenstände unter die Fingernägel getrieben. Der Leichnam des Heiligen wurde in die Seine geworfen, damit die Christen ihn nicht bestatten könnten. Etwa 50 Jahre später hatte eine edle Frau, namens Eusebia, eine Erscheinung; sie fand den Leichnam und setzte ihn an dem Orte bei, der später St. Quentin genannt wurde. In Mainz wurde ihm zu Ehren eine Kirche erbaut; es befand sich dort auch ein Arm des Martyrers. — 10 November.
quīntō *adv.* zum fünftenmal.
quīntŭm *adv.* zum fünftenmal.
quīntŭs 3 fünfter; quintō quŏquĕ annō alle fünf Jahre.
Quīntŭs Memmĭŭs, ī *m.* Quintus Memmius, römischer Gesandter an die Juden mit Titus Manlius im Jahre 163 (2. *Mach.* 11, 34).
quīntus dĕcĭmŭs, fünfzehnter.
quippĕ *adv.* freilich, allerdings, natürlich.
1. **S. Quĭrĭăcŭs,** ī *m.* hl. Quiriakus, Mart. zu Augsburg um 290, *s.* S. Hilaria.
2. **S. Quĭrĭăcŭs,** ī *m.* hl. Quiriakus, Bek. († im 4. Jhdt.).
Er stammte aus Poitou in Mittelfrankreich und zog nach Trier, um unter Bischof Agritius zu studieren und von ihm sich weihen zu lassen. Oft wurde er des Umganges mit den Engeln gewürdigt. Der Bischof Maximin nahm ihn zum Gehilfen. Einige Neider unter den Amtsbrüdern verdächtigten ihn wegen der nächtlichen Pilgerfahrten zu den Gnadenstätten Triers. Deshalb entfernte ihn Maximin aus seiner Nähe; Quiriakus aber blieb geduldig und wurde von einem Engel getröstet. Als sich die Unschuld des Dulders herausstellte, nahm ihn der Bischof wieder freudig in sein Haus. Er wurde in der Kirche des Apostels Johannes beigesetzt, die später nach dem hl. Maximin benannt wurde. Soviele Wunder geschahen an seinem Grabe, daß selbst nachts die Kirchentüren wegen des Andranges der Gläubigen nicht geschlossen werden konnten und der Gottesdienst durch das laute Weinen der herbeigetragenen Kinder gestört wurde. Er wird besonders als Wundertäter für die Kinder verehrt. — 11. März (Trier).
Quĭrīnālĭs, ĭs *m.* (*scil.*: collĭs) der Quirinal (Hügel und ehemaliger päpstlicher Palast in Rom); *der Hügel heißt jetzt*: Monte Cavallo.
1. **S. Quĭrīnŭs,** ī *m.* hl. Quirin, Mart. († *ca.* 116).
Er war Militärtribun in Rom. Als Papst Alexander I. seine kranke Tochter Balbina wunderbarerweise heilte, ließ er sich zugleich mit Balbina taufen. Sodann gab er alle gefangenen Christen, die er auf Befehl des Kaisers zu bewachen hatte, frei. Doch wollten zwei davon Eventius und Theodulus nicht den Kerker verlassen, um des Martyriums nicht verlustig zu gehen. Quirinus wurde nun wegen seines christlichen Glaubens vor den heidnischen Richter geschleppt. Da er standhaft den Glauben bekannte, wurde ihm die Zunge abgeschnitten, dann wurde er gerädert, hierauf wurden ihm Hände und Füße abgehauen, bis er nach qualvollem Tode die Marterkrone erlangte. Auf dem Landgute des Prätextatus wurde er bestattet. Später kamen Reliquien in die Kirche nach Neuß. — 30. April (Köln, Münster, Trier).
2. **S. Quĭrīnŭs,** ī *m.* hl. Quirin, Bischof u. Mart. (?).
Er war Bischof v. Sissek in Kroatien, wo er sich bei Ausübung seines Amtes den Haß der Heiden zuzog. Deshalb wurde er gefangen nach Vasar geschleppt und wegen seines standhaften Glaubens dazu verurteilt, mit einem Mühlstein am Halse von einer Brücke in die Drau geworfen zu werden. Doch sank er weder durch das Eigengewicht noch durch die Schwere des Steines unter, sondern Stein und Körper schwammen auf dem Wasser. So ermahnte er vom Flusse aus das zahlreich am Ufer zusammen gekommene christliche Volk, den Tod für den Glauben nicht zu fürchten, der ja die Unsterblichkeit bringe. Erst als er Gott bat, aufgelöst zu werden, um mit Christo zu sein, zog ihn der Stein in die Tiefe. Der Leichnam wurde von den Christen geborgen und später nach Rom gebracht und in der Basilika St. Maria über dem Tiber beigesetzt. — 4. Juni (Vasar in Ungarn.).
Quĭrīnŭs, ī *m.* Quirin, Diakon in Rom z. Z. des Kaisers Dezius (249—251).
Quĭrĭs, ītĭs *m.* vollberechtigter römischer Bürger, Römer im bürgerlichen Leben.

quĭrītātĭō, ōnĭs *f.* Hilferuf, Angstschrei.
Quĭrītēs, ĭŭm *m. s.* Quiris.
quĭrītō 1 laut schreien, laut um Hilfe rufen.
quĭs u. **quī, quae, quĭd** (*als subst.*) u. **quŏd** (*als adj.*) 1. wer? was? welcher, welche, welches? was für einer? 2. **quid** (*als adv.*) was? wozu? warum? wie? wie also?
quĭs u. **quī, quae** *oder* **quă, quĭd** (*als subst.*) u. **quŏd** (*als adj.*) irgendeiner, -eine, -eines; *oft für:* ălĭquĭs.
quisnăm, quidnăm wer denn? was denn?
quispĭăm, quaepĭăm, quidpĭăm (*als subst.*) *u.* **quodpĭăm** (*als adj.*) irgend jemand, irgend etwas; *acc.*: quidpĭăm ein wenig, etwas.
quisquăm, quicquăm irgend jemand, irgendeiner, überhaupt nur einer.
quisquĕ, quaequĕ, quidquĕ (*als subst.*) *u.* **quodquĕ** (*als adj.*) 1. jeder für sich, jeder einzeln. 2. bei Ordnungszahlen: quintŭs quisquĕ allemal der fünfte. 3. gerade, immer, jedesmal. 4. jedesmalig, jeweilig. 5. einer, jemand.
quisquĭlĭae, ārŭm *f.* 1. Abfall, Kehricht. 2. Auswurf, Abschaum; Gelichter (*Amos* 8, 6).
Quisquīnă, ae *f.* Grafschaft in Sizilien bei Palermo; Quisquīnae mons, ntĭs *m.* Coschina, Berg bei Palermo, *dav.*: **Quisquīnēnsĭs,** ĕ.
Quisquīnēnsĭs, ĕ *s.* Quisquina.
quisquĭs, quidquĭd oder **quicquĭd** (*subst.*) *u.* **quodquŏd** (*adj.*) wer (was) nur immer, jeder der, alles was, der erste beste.
Quitēn. (*C. R.*) *s.* Quitum.
Quitŭm, ī *n.* Quito, Hauptstadt von Ecuador (Südamerika), *ca.* 60000 Einw.; Erzbischofssitz (seit 1548, Bistum seit 1545); *dav.*: **Quitēnsĭs,** ĕ.
quīvīs, quaevīs, quidvīs (*subst.*) u. **quodvīs** (*adj.*) jeder ohne Unterschied.
quīvīscumquĕ, quaevīscumquĕ, quodvīscumquĕ wer es auch nur sei; jeder beliebige.
quō *adv.* 1. irgendwohin, irgendwie. 2. wohin? wie weit? bis zu welchem Grade? 3. damit dadurch, damit desto.
quŏăd *adv.* 1. soweit, insoweit als. 2. solange als. 3. bis daß.
quŏădusquĕ *adv.* solange bis.
quōcircā *adv.* daher, deshalb, demzufolge.
quōcumquĕ *adv.* wohin es auch sei, wohin nur immer.
1. **quŏd** *s.* 2. qui *u.* quis.
2. **quŏd** I. *adv.* 1. in welcher Beziehung, worin; weshalb warum. 2. **quŏd sī** und wenn, wenn also, wenn nun; deshalb, darum; prō ĕō quŏd: dafür daß, dafür weil. II. *conjct.*: 1. weil, was das betrifft, daß. 2. nach den Verben des Fühlens und Sagens: daß (statt des sonst erforderlichen *Acc. cum Infinitivo*). 3. **nōn quŏd**: nicht als ob.
quōdammŏdŏ *adv.* gewissermaßen.
quodlĭbĕtŭm, ī *n.* (philosophisches) Allerlei.
quodsī *s.* quod.
quō-ĕō je — desto.
quōlĭbĕt *adv.* überallhin, wohin es beliebt.
quŏm = cum.
quōmĭnŭs *conjct.* daß, daß nicht.
quōmŏdŏ *adv.* 1. wie? auf welche Weise? 2. so wie (*z. B. Ps.* 102, 13).
quōmŏdŏcumquĕ *adv.* auf jede mögliche Art, wie nur immer.
quōmŏdŏlĭbĕt *adv.* wie nur immer, auf welche Weise nur immer.
quōmŏdŏnăm *adv.* wie denn?
quōnăm *adv.* wohin denn?
quondăm *adv.* 1. zuweilen, manchmal. 2. einstmals.
quŏnĭăm *conjct.* 1. da ja. 2. nachdem, nachdem so. 3. daß (*zur Einleitung von Objektsätzen*). 4. auch, außer.
quō pactō auf welche Art, wie.
quōpĭăm *adv.* (*abl. von:* quispiam) irgendwohin.
quōquăm *adv.* irgendwohin (2. *Kön.* 5, 25).
quŏquĕ *conjct.* auch, ebenso auch, und ebenso.
quōquĕversŭs *s.* quoquoversus.
quōquō *adv.* wohin auch immer (*Hym.*: Jesu, dulcis memoria ...).
quōquōversŭs *adv.* (quoqueversus) nach allen Seiten.
quōrsŭm *adv. s.* quorsus.
quōrsŭs *adv.* (quorsum) 1. wohinwärts, wohin. 2. wozu, zu welchem Zwecke.
quŏt *indecl.* wie viele, so viele als; quot dĭērŭm wieviel Tage alt.
quŏtannīs *adv.* jährlich, jedes Jahr, alle Jahre.
quotcumquĕ *adj. indecl.* wie viele nur immer.
quŏtēnī 3 je wie viele.
quŏtīdĭānō, quŏtīdĭānŭs, quŏtīdĭē *s.* cotidianus usw.
quŏtĭē(n)s *adv.* wie oft? wie vielmal? so oft wie.
quŏtĭē(n)scumquĕ *adv.* so oft nur immer, jedesmal wenn.
quotquŏt *adj. indecl.* wie viele nur immer, so viele nur (*Jer.* 52, 19).
quŏtŭs 3 der wie vielte; quŏtă hōră est wie viel Uhr ist es; quŏtā (*scil.*: hōrā) um wie viel Uhr?
quŏtuscumquĕ 3 der wie vielte nur, so viel *oder* so wenig es nur sei.

quŏtusquisquĕ 3 wie wenige.
quŏūsquĕ wie lange? bis zu welchem Zeitpunkte?
quōvismŏdŏ *adv.* auf irgendeine Weise, ganz beliebig.
quŭm = cum.

R.

R. M. M. = Rĕlĭgĭōsī Missĭōnārĭī dē Marianhill Trappisten-Missionare von Marianhill, gegr. 1909.
Raaia *indecl. m.* (*hebr.*: Jahwe hat ausersehen) Raaja, ein Nathinäer, dessen Nachkommen mit Zorobabel aus dem babyl. Exil zurückkehrten.
Raamias, ae *m.* (*hebr.*) Raamija, ein Jude der mit Zorobabel aus dem babyl. Exil zurückkehrte.
Rabă, ae *f.* (Ar[r]abo) Raab, Nebenfluß der Donau in Ungarn.
S. Răbānŭs Maurŭs, ī *m.* (Rhabanus Maurus), hl. Raban Maurus, Bek. u. Bisch. v. Mainz († 856).
Er hatte den Beinamen Maurus und war als Sohn Rhatards, eines Feldherrn des Königs Pipin, i. J. 788 geboren. Seine Mutter hieß Aldegunde. Als Jüngling schloß er sich den Benediktinern im Kloster zu Fulda an. Im Jahre 822 wurde er im Alter von 34 Jahren Abt jenes Klosters. Der selige Albert der Große bezeichnete ihn geradezu als „Kirchenlehrer". Mit dem Abte Bruno legte er i. J. 831 den Grund zum Kloster Hersfeld; auch errichtete er viele Gotteshäuser. Einige Mönche warfen ihm vor, er verwende zu viel Zeit auf die Wissenschaft; deshalb entsagte er seinem Amte als Vorsteher und zog sich in das Kloster auf dem St. Petersberge bei Fulda zurück. Inzwischen war König Ludwig der Fromme auf ihn aufmerksam geworden und berief ihn als Nachfolger Otgars i. J. 847 auf den Erzbischofsstuhl von Mainz. Als Erzbischof war er unermüdlich für die Bildung eines guten Klerus tätig. Insbesondere trat er dem Irrlehrer Gottschalk entgegen. Gegen Notleidende zeigte er im Hungerjahr 850 große Freigebigkeit; er speiste täglich mehr als 300 Arme. Er war der „Vater des deutschen Schulwesens" und starb am 4. Februar 856. Seine Gebeine gelangten nach Halle an der Saale. — 4. Februar (Breslau, Limburg, Mainz).
Rabba *indecl.* (*hebr.*: die Große, Zahlreiche) (Rabbath-Ammon) Rabba, Hauptst. der Ammoniter, jenseits des Jordan am oberen Jabok oder Nahr-Amman; später Philadelphia oder Rabbathamona (zur Dekapolis gehörig); *jetzt*: Amman *genannt*.
Rabbi *indecl. m.* (*hebr.*: mein Meister) Meister, Lehrer; (*seit Hillel ein Ehrentitel jüdischer Lehrer*).
Rabbōni *indecl. m.* (*hebr.*) mein Meister, mein Herr!
Rabboth *indecl.* (*hebr.*: Rabbit) Rabboth, St., Pal. (Issachar).
răbĭdŭs 3 wütend, tobend, rasend.
răbĭēs (*acc.* -ĕm, *abl.* -ē; *gen. u. dat. fehlen*) *f.* 1. Tollwut der Hunde (*Rit. Rom.*: *Benedictio S. Huberti*). 2. *übtr.*: blinde Wut, Raserei, Jähzorn, Tollheit.
răbĭō 3 toll sein, wüten.
răbĭōsŭs 3 wütend, grimmig.
Raboldŭs, ī *m.* (Robolăŭs) Rabold, heidnischer Gaugraf oder Herzog am Rhein bei Bingen, Vater des seligen Bekenners Rupert (9. Jhdt.).
Rabsacēs, ĭs (*acc.* -en) *m.* (*babyl.* rabsăqi; *assyr.*: Oberoffizier, Oberhauptmann; Obermundschenk?) *kein Eigenname*; Bezeichnung für den Oberoffizier des assyrischen Königs Sanherib, der vor den Toren Jerusalems verhandelte (4. *Kön.* 18, 17).
Rabsares *indecl. m. s.* Rabsaris.
Rabsaris *indecl. m.* (Rabsares; *assyr.*; *babyl.*: Oberkämmerer) *kein Eigenname*; Bezeichnung für den Oberkämmerer (4. *Kön.* 18, 17; *Jer.* 39, 13).
răbŭlă, ae *m.* Schreier, Rechtsverdreher, Rabulist.
raca *indecl.* (*aram.* leer) eitler Wicht, Taugenichts, Nichtsnutz; Übeltäter; Gottloser.
rācănă, ae *f.* (rāchānă, rāchēnă, rācēnă, rāgă) ein Art Oberkleid (*bes. als Mönchstracht*).
răcēmĭfĕr, fĕra, fĕrŭm 1. Beeren tragend. 2. mit Trauben bekränzt.
răcēmŭs, ī *m.* der Traubenkamm; *übtr.*: Beere, Traube.
Rachal *indecl. verderbte Lesart statt*: Carmel (1. *Kön.* 30, 29).
Rachel *indecl. f.* (*hebr.*: Schaf) Rachel, Tochter des Laban, zweite Frau des Patriarchen Jakob, Mutter Josephs u. Benjamins.
Rachĭō ōnĭs *m.* Rachio, Bisch. v. Straßburg (9. Jhdt.).
Radantĭă, ae *f.* (Ratenza) Rednitz, l. Nebenfluß des Mains, Bayern (Mittelfranken).
Radbōdŭs, ī *m.* Radbod, 1. ein Erzbischof von Trier (883—915). 2. ein Herzog der Friesen z. Zt. des hl. Bonifatius (8. Jhdt.).
Raddai *indecl. m.* (*hebr.*) Raddai, Sohn des Isai, Bruder Davids.
rădĭātŭs 3 strahlenförmig, strahlend.
rādīcālĭs, ĕ 1. wurzelhaft; eingewurzelt. 2. vollständig, gründlich, radikal; *adv.*: radicaliter.
rādīcātŭs 3 eingewurzelt.
rādīcĭtŭs *adv.* mit der Wurzel, von Grund aus.
rādīcō 1 u. **rādīcŏr** 1 Wurzel schlagen, Wurzel fassen, einwurzeln.
rādīcŭlă, ae *f.* Würzelchen.
rădĭō 1 u. **rădĭŏr** 1 strahlen, glänzen.
rădĭŏlŭs, ī *m.* ein schwacher Sonnenstrahl.
rădĭōsŭs 3 strahlenreich.

Radisläŭs, āī *m.* (Ratislaus) Radislaus, Fürst von Kaurizim, einer Stadt in Böhmen.

rădĭŭs, ī *m.* Stab; Speiche; *übtr.*: Strahl.

rādīx, īcĭs *f.* Wurzel; Ursprung, Stamm. Quelle.

rādō, sī, sŭm 3 1. kratzen, schaben, reinigen, glätten. 2. abscheren, wegnehmen.

Rădolphī cellă, ae *f.* (Rudolphi cella) Radolfzell, St., Baden (Konstanz), *ca.* 6000 Einw.

rādŭlă, ae *f.* Schabeisen, Kratzeisen.

Rădulfŭs, ī *m.* Radulf, Cistercienser, Legat gegen die Albigenser i. J. 1203.

Radzinŭs, ī *m.* Radzin, Begleiter des hl. Adalbert.

raedă, ae *f.* (rhēda, rēda) Wagen (mit vier Rädern), Reisewagen.

raedārĭŭs, ī *m.* Kutscher, Wagenlenker.

Raetī, ōrŭm *m.* Rätier, (keltische) Völkerschaft, *s.* Raetia.

Raetĭă, ae *f.* (Raetĭă cūrĭēnsĭs) Rätien, römische Provinz, umfaßte das heutige Graubünden, Vorarlberg, Tirol u. Bayern südlich der Donau u. westlich vom Lech; Raetī, ōrŭm: die Rätier; *dav.*: **Raetĭcŭs** 3 u. **Raetĭŭs** 3.

Raetĭă cūrĭēnsĭs, *f. s.* Raetia.

Raetĭcŭs 3 *s.* Raetia.

Raetĭŭs 3 *s.* Raetia.

Raetōrŭm Cūrĭă, ae *f.* (Rhaetorum C.) *s.* Curia.

Ragau *indecl. n.* (*Ῥαγης, Ῥαγαυ, Ῥαγα*) Rages wahrscheinlich die östlich von Ekbatana gelegene asiatische Landschaft Rhagiana.

Rages *indecl. s.* Ragau.

Raguēl, ēlĭs *m.* (*hebr.*: Freund ist Gott) Raguel 1. ein Priester in Madian, Schwiegervater des Moses, *auch* Jethro *genannt.* 2. Israelit in Ekbatana, Freund des älteren und Schwiegervater des jüngeren Tobias.

Ragusīn. (*C. R.*) *s.* Epidaurum.

Rahab *indecl. f.* (*hebr.*: breit) Rahab, 1. Weib Salmons, Buhlerin aus Jericho; sie wurde nach Zerstörung der Stadt in die Gemeinschaft Israels aufgenommen und durch ihren Sohn Booz Ahnfrau des Heilandes. 2. dichterischer Name für Ägypten (*Ps.* 84,6).

Rahabia *indecl. m.* (*hebr.*: Breite Jahwes) Rahabia, Vorsteher der Tempelschätze z. Z. Davids.

Raham *indecl. m.* (*hebr.*: Barmherzigkeit) Raham, ein Israelit, Nachkomme Kalebs, Sohn des Samma.

Rahelaja *indecl.* (*hebr.*) *angebl. jüdischer Priester, der aus dem babyl. Exil zurückkehrte; wahrscheinlich eingeschobener Name* (*Esdr.* 2, 2).

Rahuel *indecl. m.* (*hebr.*: Freund ist Gott) Rahuel 1. Sohn Esaus. 2. Nachkomme Benjamins.

Raja *indecl. m.* (*hebr.*: Jahwe hat ausersehen) Raja, Nachkomme des Juda, Sohn Sobals.

Rainaldŭs, ī *m. s.* Reinaldus.

Rainardŭs, ī *m.* Rainard, Cistercienserabt von Cîteaux (1133—1151).

Rakoczy Gĕorgĭŭs *m.* Georg Rákóczy, ein häretischer Bandenführer in Ungarn; ließ 1619 zu Kaschau die drei katholischen Priester Markus von Kriz, Stephan Pongrácz u. Melchior Grodetzky grausam um des Glaubens willen martern.

Ram *indecl.* (*hebr.*: hoch, erhaben) Ram 1. Kürzung für Abraham (?) (*Job* 32, 2; 1. *Mos.* 22, 21). 2. ein Israelit aus dem Stamme Juda, Sohn Hesrons, Vater Aminadabs. 3. Sohn Jerameels, Enkel Hesrons.

Rama *indecl.* (*hebr.*: Höhe) (Ramath) Rama 1. St., nördlich von Jerusalem, Pal. (Benjamin). 2. Grenzstadt im Stamme Aser. 3. Grenzstadt in Nephthali. 4. Ramath-Negeb, St., Pal. (Simeon). 5. Ramathlechi (Lechi), Ort im Süden Palästinas.

Rama *indecl.* (*hebr.*: erhöht) Flecken bei Betlehem, bekannt als Stadt der Klage u. Trauer.

S. Rămaclŭs, ī *m. s.* S. Remaclus.

rāmālĕ, ĭs *n. meist pl. s.*: ramalia.

rāmālĭă, ĭŭm *n.* Gezweige, Astwerk, Geäst; Reisholz, Reisig.

Ramath-Negeb *indecl.* (*hebr.*: Höhe des Südens) *vielleicht:* Baalath-Beer (Baal), St., Pal. (Simeon).

Ramatha, *pl.*: Ramathaim, Stadt im Gebirge Ephraim.

Ramatha *indecl. hebr.*: *alter Akkusativ von*: Rama.

Ramathaimsophim, *wohl richtig zu lesen*: Elcana de Ramathaeis Suphaeus de monte Ephraim: Elkana von den Ramathäern, d. i. ein Bewohner von Rama (er-Râm), ein Suphäer (Suphite d. i. ein Nachkomme des Suph) (1. *Kön.* 1, 1).

Ramathlechi *indecl.* (*hebr.*: Kinnbackenhöhe) *s.* Lechi.

Ramejă, ae *f.* Rameiges, ehem. Cistercienserkloster in Belgien, Diöz. Mecheln.

Ramesses *indecl.* Ramesses, eine vom israelitischen Volke erbaute Stadt im Lande Gessen in Unterägypten (2. *Mos.* 1, 11).

Rameth *ndecl.* (*hebr.*: Ramoth) Rameth, St., Pal. (Issachar).

rāmōsŭs 3 astreich; weit verzweigt.

1. **Ramoth** *indecl. m.* (*hebr.*) Ramoth, ein Levit, der nach dem babyl. Exil sein fremdes Weib entließ (1. *Esdr.* 10, 29).

2. **Ramoth** *indecl.* (*hebr. richtig*: Rama(t) = Höhe) Ramoth 1. (Ramoth-Galaad), Ort in Galaad in Palästina. 2. *s.* Rameth (1. *Par.* 6, 73).

Ramoth-Galaad *indecl. s.* 2. Ramoth 1.

rāmŭlŭs, ī *m.* Ästchen, Zweiglein.

rāmŭs, ī *m.* Ast, Zweig.

rāmuscŭlŭs, ī *m.* Zweiglein.

rānă, ae *f.* Frosch.

rancĭdŭs 3 ranzig, stinkend; *übtr.*: ekelhaft, widrig.

Rancingă, ae *f. s.* Ranzinga.

rancŏr, ōrĭs *m.* ranziger Geschmack oder Geruch; *übtr.*: alter Haß, Groll.

S. Randŏaldŭs, ī *m.* hl. Randoald, Mart., Prior u. Bibliothekar zu Granfel (= Münstertal) bei Basel (Schweiz), † 670, 21. Febr.; *s.* 5. S. Germanus.

Rankivil *indecl.* (Rankwil) Rankweil, Marktflecken nördlich von Feldkirch (Vorarlberg).

Rankwil *indecl. s.* Rankivil.

Ranzingă, ae *f.* (Rancinga) 1. Rinchnach, Pfarrdorf bei Regen im bayerischen Wald (Niederbayern). 2. Rantzing (Ort im Bayerisch-Böhmischen Walde).

Ranzīnŭs, ī *m.* (Radzinus, Radzynus) Ranzin, Bruder des hl. Adalbert von Prag (10. Jhdt.).

răpācĭtās, ātĭs *f.* Raubsucht.

răpāx, ācĭs räuberisch, raubgierig.

Rapha *indecl. m.* (*hebr.*: Er [Gott] hat geheilt ?) Rapha 1. der fünfte Sohn Benjamins. 2. der vierte Sohn Berias, Enkel Ephraims. 3. ein Sohn des Banea. 4. der Stammvater eines philistäischen Riesengeschlechtes zu Geth.

S. Raphaël, ēlĭs *m.* (*hebr.*: Gott hat geheilt) Erzengel Raphael, 24. Oktober.

Raphael *indecl. m.* (*hebr.*: Gott hat geheilt) Raphael, ein tapferer Israelit z. Z. Davids, der zweite Sohn des Semei.

Raphaia *indecl. m.* (*hebr.*: Jahwe hat geheilt) Raphaja 1. ein Israelit aus dem Stamme Juda. 2. ein Fürst aus dem Stamme Simeon, Kämpfer gegen die Amalekiter. 3. ein Israelit aus dem Stamme Issachar, Sohn des Thola. 4. ein Israelit aus dem Stamme Benjamin. 5. ein Jude, Sohn Hurs, Miterbauer des nachexilischen Jerusalems.

1. **Raphaim** *indecl. m.* 1. die Rephaiter, ein kanaanitisches Riesenvolk, welches vor der Eroberung Kanaans durch das Volk Israel hauptsächlich die Gegend östlich des Jordan bewohnte. 2. das Rephaimtal, ein Tal zwischen Jerusalem u. Bethlehem.

2. **Raphaim** *indecl. m.* Raphaim, *nach der Vulgata* ein Israelit, Ahnherr Judiths (in der Septuaginta lautet der Stammbaum zum Teil anders).

răphănŭs, ī *m.* (ῥάφανος) Rettich.

Raphidim *indecl.* Raphidim, ein Lagerplatz der Israeliten in der Wüste, *jetzt*: Wady Feiran.

Raphon *indecl.* Raphon, St. gegenüber dem See Genesareth, östlich vom Jordan in Peräa.

Raphu *indecl. m.* (*hebr.*: geheilt) Raphu, ein Israelit aus dem Stamme Benjamin, Vater des Phalti.

răpĭdĭtās, ātĭs *f.* reißende Schnelligkeit.

răpĭdŭs 3 reißend, schnell; hitzig.

răpīnă, ae *f.* 1. Raub, Räuberei. 2. Beute, erpreßtes Gut.

răpĭō, pŭī, ptŭm 3 1. an sich raffen, fortreißen, fortschleppen; fangen. 2. *übtr.*: etw. beschleunigen, eilig vollbringen; durcheilen: silvās. 3. sē răpĕrĕ sich fortmachen, forteilen.

Rapollă, ae *f.* Rapolla, St. am Monte Vulture, It. (Potenza), *ca.* 3400 Einw.; Bistum (seit 1072), mit Melfi seit 1528 vereinigt; *dav.*: **Rapollēnsĭs,** ĕ.

Rapollēn. (*C. R.*) *s.* Rapolla.

Rapotēn. (*C. R.*) *s.* Rapotum.

Rapotŭm, ī *n.* Raphoe, Stadt in Irland, *ca.* 800 Einw.; Bistum (seit 5. Jhdt.), Sitz in Letterkenny, Suffr. v. Armagh; *dav.*: **Rapotēnsĭs,** ĕ.

raptĭm *adv.* in reißender Eile, eilends, hastig; im Laufe, im Fluge.

raptĭō, ōnĭs *f.* das Rauben; Entführung: mŭlĭĕrĭs.

raptō 1 1. fortreißen, fortschleppen; schleifen. 2. *übtr.*: beunruhigen.

raptŏr, ōrĭs *m.* Räuber; Entführer.

raptŭm, ī *n.* Raub, Entführung.

raptŭs, ūs *m.* 1. das Fortreißen, Raub; Entführung. 2. *übtr.*: Verzückung, Ekstase.

rāpŭm, ī *n.* (ῥάπυς) Rübe.

rārĭtās, ātĭs *f.* 1. Mangel an Dichtheit. 2. Seltenheit, geringe Zahl.

rārŭs 3 1. nicht dicht. 2. nicht häufig; selten, wenig.

Rasathaim *indecl.* (*hebr.*: doppelte Schlechtigkeit) *kein Eigenname, wohl Einschub* (*Judic.* 3, 8).

1. **Rasin** *indecl. m.* (*keilschriftl.*: Rassunu) Rason, König von Syrien; er lebte in Damaskus (740—732); nach seiner Hinrichtung wurde Damaskus assyrische Provinz.

2. **Rasin** *indecl. m.* Rasin, Nathinäer, dessen Nachkommen aus dem babyl. Exil zurückkehrten.

rāsĭlĭs, ĕ geglättet, glatt, poliert.

răstellă, ae *f.* Lichterrechen (*ein Gestell zum Aufstecken der Kerzen*).

răstĕr, trī *m.* (rastrum) Hacke, Karst.

răstrŭm, ī *n. s.* raster.

răsūră, ae *f.* das Schaben, das Kratzen; das Abscheren; das Geschabe.

rătă, ae *f.* Anteil, Rate, Teil, Verhältnis; Teilzahlung; prō rătā: nach Ermessen; anteilgemäß.

Ratenză, ae *f. s.* Radantia.

rătēs, ĭŭm *f. s.* ratis.

rătĭhăbĕō 2 für gültig erklären, bestätigen.

rătĭhăbĭtĭō, ōnĭs *f.* Bestätigung, Gutheißung, Genehmigung (*C. j. c.* 214).

rătĭō, ōnĭs *f.* 1. das Rechnen, Berechnung, Rechenschaft; dēbērĕ in rătĭōnĕ rēgĭs dem Schatze des Königs schulden; rătĭōnĕm reddĕrĕ *oder* pōnĕrĕ Rechenschaft ablegen (*C. j. c.* 139 § 3). 2. Angelegenheit, Verkehr mit, Beziehung, Verhältnis; Gebiet, Fach, Bereich, Kategorie. 3. Rücksichtnahme (*C. j. c.* 304 §1); Erwägung; secundŭm rătĭōnĕm: nach Maßgabe. 4. das vernünftige Denkvermögen, Vernunft; Vernünftigkeit; vernünftiger Grund, Beweggrund (*C. j. c.*1464 §3). Beweisgrund, Begründung, Motivierung; Schlußfolgerung; *pl.*: rătĭōnēs: Gründe, Vernunftgründe (*C. j. c.* 44, 1); rătĭōnĕ ălĭcŭiŭs rĕī: in Hinsicht auf (*C. j. c.* 105 § 3). 5. Berechtigung, planmäßiges Verfahren, Methode, Gesetz, Denkart, Richtung, Grundsatz; terrēnae rătĭōnēs: irdisches Vernunftgrübeln. 6. Beschaffenheit, Zustand, Mittel, Weg, Verfahren, Möglichkeit, Art u. Weise. 7. Wissenschaft, Kenntnis, Lehre, Lehrsatz, System, Theorie.

rătĭōcĭnātĭō, ōnĭs *f.* Überlegung, Vernunftschluß, Schlußfolgerung, Syllogismus.

rătĭōcĭnātīvŭs 3 zu einer Schlußfolgerung gehörig, folgernd, syllogistisch.

rătĭōcĭnātŏr, ōrĭs *m.* 1. Rechnungsführer, Buchhalter. 2. Berechner.

rătĭōcĭnĭŭm, ī *n.* 1. Berechnung. 2. Schlußfolgerung.

rătĭōcĭnŏr 1 1. berechnen, ausrechnen. 2. überlegen. 3. folgern, schließen.

rătĭōnābĭlĭs, ĕ vernünftig, annehmbar, vernunftgemäß: consuetudo (*C. j. c.* 27).

rătĭōnābĭlĭtās, ātĭs *f.* Vernünftigkeit, Vernunft.

rătĭōnālĕ, ĭs *n.* 1. ein zur Amtskleidung des Hohenpriesters gehöriges Schmuckstück, Brustschmuck oder Brustschild, welches am Ephod (ἐπωμίς, sŭperhŭmĕrālĕ), dem hohenpriesterlichen Obergewande, befestigt war; der hebr. Name dafür ist: hoschen (wohl „Schmuck" bedeutend); die eigenartige Benennung der Vulgata geht auf die Septuaginta zurück, welche hoschen mit λογεῖον (Gerichtsplatz, Richtort) übersetzt u. wohl an ein Orakel dachte. Im späteren Griechisch entstand durch den Itazismus, den Wandel von ει (η, αι) zu i die Form λόγιον, dessen wörtliche Übersetzung rationale ist; das unverständliche rationale iudicii, λογεῖον τῆς κρίσεως (*Ex.* 28,30), geht auf den unverständlichen Massoratext zurück, der nach Richtigstellung des Artikels vor hoschen u. des Akkusativzeichens vor mischpat nach Schlögl folgenden klaren Sinn gibt: „Lege in den Brustschmuck (des Hohenpriesters) das (verbriefte) Recht auf die vollkommene Erleuchtung (Urim-Tummim), d. i. die göttliche Leitung (Offenbarung). 2. das Rationale, ein liturgischer, bischöflicher Schulterschmuck aus Stoff (Zeug) als Ornat über dem Meßgewande getragen entweder dem Palliumähnlich, doch reich geschmückt, oder einem Schulterkragen gleichend mit je zwei Behängen über Brust u. Rücken; während dieser Schmuck früher von vielen, meist deutschen Bischöfen getragen wurde, bedienen sich jetzt noch die Bischöfe von Krakau, Eichstätt, Paderborn u. Toul des Rationale; letztere drei in der Schulterkragenform. Eine Art Rationale als Brustschmuck in Goldschmiedearbeit wurde im Mittelalter auch über dem Meßgewande getragen, doch selten u. nur kurze Zeit, z. B. in Reims bis zum Anfange des 16. Jhdts.

rătĭōnālĭs, ĕ vernünftig, auf Vernunft gegründet.

rătĭōnālĭsmŭs, ī *m.* Vernünftelei; Rationalismus, der Vernunftglaube (*im Gegensatze zum Offenbarungsglauben*).

rătĭōnālĭstă, ae *m.* Vernünftler; Rationalist, Vernunftgläubiger.

rătĭōnālĭtās, ātĭs *f.* Vernünftigkeit.

rătĭs, ĭs (*acc.* -ĕm *oder* -ĭm, *gen. pl.* -ĭŭm) *f.* Floß, Fahrzeug, Kahn, Barke (3. *Reg.* 5, 9; *Sap.* 14, 5); *pl. auch*: Flossen.

Rătisbōnă, ae *f.* (Castra Regĭna, Regĭnoburgum, Regĭnopolis, Regĭnum, Regisburgĭum) Regensburg, St. r. an der Donau, Bayern (Oberpfalz), *ca.* 50000 Einw.; Bischofssitz (seit 8. Jhdt.), Suffr. v. München-Freising; *dav.*: **Rătisbōnēnsĭs,** ĕ.

Rătisbōnĕn. (*C. R.*) *s.* Ratisbona.

Ratisbonne *indecl. m.* Alfons Ratisbonne, Konvertit, Schriftsteller, Mitgründer der Kongregation unserer lieben Frau von Sion († 1884).

Rătislāŭs, āī *m. s.* Radislaus.

rătĭuncŭlă, ae *f.* 1. kleine Rechnung. 2. schwacher Grund. 3. spitzfindiger Schluß.

Rattenbergă, ae *f.* Rattenberg, Marktflecken am Inn (Nordtirol).

rătŭm, ī *n.* Bestimmung (*Jer.* 32, 11).

rătŭs 3 1. berechnet, bestimmt, feststehend. 2. gültig, geltend, anerkannt, rechtskräftig; mātrĭmōnĭŭm rătŭm tantŭm: eine rechtsgültig geschlossene aber noch nicht fleischlich vollzogene Ehe; rătŭm hăbērĕ: gutheißen, als gültig anerkennen, für gültig halten; bekräftigen, genehmigen (*C. j. c.* 214).

raucēscō 3 heiser werden.

Raucĭānŭs, ī *m.* Rauzian, Präfekt von Alexandrien z. Z. Julians des Abtrünnigen.

raucĭtās, ātĭs *f.* Heiserkeit.

raucŭs 3 heiser, rauh (*Ps.* 68, 4).

rauduscŭlŭm, ī *n.* ein kleiner Geldbetrag, kleine Schuld.

Raurăcŭm, ī *n.* Hauptstadt der Rauraker, *j.*: Augst (bei Basel); *dav.*: Rauracēnsĭs, ĕ; *vgl.*: Augustă Raurăcōrŭm.

Răvennă, ae *f.* Ravenna, St. am Adriatischen Meere, südlich von der Pomündung, Oberitalien, *ca.* 25 000 Einw., Erzbischofssitz (Bischofssitz seit 433); *dav.*: **Ravennās,** ātĭs u. **Răvennātēnsĭs,** ĕ.

Răvennātēn. (*C. R.*) *s.* Ravenna.

rāvŭs 3 grau, graugelb, fahl.

Raygradēnsĕ mŏnastērĭŭm, ī *n.* Großraigern, D., Mähren.

Rayī, ōrŭm *m. s.* Reyi.

Raymundŭs, ī *m.* Raimund, Beichtvater der hl. Katharina von Siena.

B. Raymundŭs, sel. Raimund, Cist. Abt. († 1163).

Von dem Rufe und der Strengheit des Cist. Ordens angezogen, trat Raimund als Kanonikus in ein Kloster dieses Ordens in Frankreich ein. Von da wurde er ausgesandt, um in Altkastilien ein neues Kloster zu gründen und wurde hierauf Abt von Fitero. Im Jahre 1158 weilte er mit dem Mönche Diego Velasquez in Geschäften zu Toledo. Da gerade zu dieser Zeit die Festung Calatrava eine Beute der Mauren zu werden drohte, drang Diego in Raimund, Calatrava vom Könige für sich zu erbitten. Der Abt verlegte dann den ganzen Konvent von Fitero nach Calatrava, erließ einen Aufruf zur Verteidigung und brachte gegen 20 000 Mann zusammen. Aus diesen schuf Raimund den Ritterorden von Calatrava, dessen Mitglieder sich in allem unter den Cist. Orden stellten. Bis zu seinem Tode stand er selbst seiner Stiftung vor, die Mönchtum und Rittertum so seltsam in sich vereinigte. — 6. Februar (Cist. Orden).

S. Raymundŭs Nōnnātŭs, ī *m.* hl. Raimund Nonnatus (der „Nichtgeborne"), Kardinal zu Barcelona, † 1240, 31. Aug.

S. Raymundŭs (ī *m.*) **ā Pennaforte** hl. Raimund von Peñafort, berühmter Kanonist, † 1275, 23. Jan.

Raymundŭs Lullŭs, ī *m.* Raimund Lullus, kirchlicher Schriftsteller († 1315).

Raymundŭs Tŏlōsānŭs, ī *m.* Raimund, Graf von Toulouse, † 1105.

Razias, ae *m.* (*hebr.*: Resin, Rason) Razias, ein gesetzestreuer, jüdischer Ratsherr zu Jerusalem, „Vater der Juden" (2. *Mach.* 14, 37 *s.*).

Razon *indecl. m.* (*keilschriftl.*: Rasunu) Razon, König von Damaskus, Begründer der selbständigen Herrschaft um 950 v. Chr. z. Z. Salomons (*vgl.*: Rasin) (3. *Reg.* 11, 23).

re *indecl.* (*in der Musik*) gleich d in der C-dur-Tonleiter.

rĕ- (rĕd- *Vorsilbe in zusammengesetzten Wörtern*) 1. zurück-. 2. wieder-. 3. entgegen-.

rĕă, ae *f.* die Schuldige, Angeklagte.

rĕaedĭfĭcō 1 wieder aufbauen.

rĕālĭs, ĕ 1. wirklich, tatsächlich. 2. dinglich (*C. j. c.* 1449, 1°).

rĕālĭtās, ātĭs *f.* Wirklichkeit, Sachlichkeit.

rĕāpsĕ *adv.* in der Tat, wirklich.

rĕassūmō, sūmpsī, sūmptŭm 3 1. wiedernehmen, wiederannehmen. 2. wiederaufnehmen. 3. wiederaufsetzen: mitrăm.

rĕassūmptĭō, ōnĭs *f.* Wiederaufnahme.

Rĕātĕ (*nom. acc., abl.*) *n.* Rieti, St., südlich v. Spoleto, It. (Perugia), *ca.* 10 000 Einw.; Bischofssitz (seit 5. Jhdt.), exempt; *dav.*: **Rĕātīnŭs** 3.

Rĕātīn. (*C. R.*) *s.* Reate.

rĕātŭs, ūs *m.* 1. Anklagezustand. 2. *übtr.*: Vergehen, Sünde, Ursache zur Beschuldigung.

rĕbaptīzō 1 wieder taufen.

Rebe *indecl. m.* Rebe, ein Madianiterfürst.

Rebecca, ae *f.* (*hebr.*: die [durch Reize] Fesselnde) Rebekka (Ribka), Gattin des Patriarchen Isaak, Mutter Esaus und Jakobs.

rĕbellātĭō, ōnĭs *f.* Aufstand.

rĕbellĭō, ōnĭs *f.* 1. Erneuerung des Krieges. 2. Auflehnung, Aufruhr.

rĕbellĭs, ĕ widerspenstig, empörerisch.

rĕbellō 1 sich empören.

Rebla *indecl.* (*hebr.*: Fruchtbarkeit) Rebla (Ribla), St. in Syrien (im Lande Emath); *j.*: Rible, am rechten Ufer des Orontes zwischen Libanon u. Antilibanon.

Reblatha *indecl. alter hebr. Akkusativ von*: Rebla.

Rebmag *indecl. m.* (*hebr.*: Rab-mag) der Obermagier, *kein Eigenname* (*Jer.* 39, 13).

rĕbŏō 1 widerhallen, zurücktönen, ein Echo geben.
rĕcalcitrō 1 hinten ausschlagen.
rĕcalcō 1 1. wieder treten. 2. wieder betreten.
rĕcălĕfăciō (recalfacio), fēcī, factŭm 3 wieder erwärmen; *pass.*: **recalefīō,** factŭs sŭm, fĭĕrī wieder warm werden.
rĕcălĕō 2 wieder warm sein.
rĕcălēscō, călŭī 3 wieder warm werden.
rĕcalvastĕr, ră, rŭm halb kahl, vorne kahl (*Lev.* 13, 41).
rĕcalvātĭō, ōnĭs *f.* die Glatze (*Lev.* 13, 24).
rĕcandēscō, dŭī 3 1. wieder weiß werden; weiß aufschäumen; wieder zu glühen beginnen. 2. *übtr.*: wieder auflodern: īră.
rĕcantō 1 1. widerrufen, zurücknehmen. 2. wegzaubern.
rĕcăpĭtŭlātĭō, ōnĭs *f.* Wiederholung.
rĕcăpĭtŭlō 1 zusammenfassen, wiederholen.
Rĕcaudŭm, ī *n.* Le Mas-Saintes-Puelles, Ort bei Castelnaudary (Südfrankr.).
Reccărēdŭs, ī *m.* Rekkared, König der Westgoten in Spanien (586—601), Gegner des Arianismus.
Reccath *indecl.* (*hebr.*) Rekkath, St., Pal. (Nephthali).
rĕcēdō, cēssī, cēssŭm 3 1. zurückweichen, sich zurückziehen. 2. sich entfernen, entschwinden. 3. sich lossagen, abtrünnig werden.
rĕcellō 3 zurückschnellen, zurückschlagen.
1. **Recem** *indecl. m.* (*hebr.*?) Rekem, 1. ein Madianiterfürst. 2. ein Israelit aus dem Stamme Juda, Sohn Hebrons. 3. (Recen) Israelit aus dem Stamme Nephthali, Sohn des Phares (1. *Par.* 7, 16).
2. **Recem** *indecl.* (*hebr.*) Rekem, St., Pal. (Benjamin).
Recen *indecl. m.* (*hebr.*:Rakem) Rekem, *s.* 1. Recem 3.
rĕcēns, tĭs 1. neu, frisch, jung, ungeschwächt. 2. neuerdings, jüngst.
rĕcēnsĕō, sŭī, sŭm u. sĭtŭm 2 1. durchgehen, durchmustern. 2. durchdenken, sich in Gedanken mit etwas beschäftigen; nātālĭtĭă rĕcēnsērĕ: die Geburtsfeier begehen. 3. betrachten. 4. schildern, beschreiben (*Martyrolog.* 2. *Jun.*).
rĕcēnsĭō, ōnĭs *f.* Beurteilung, Prüfung.
rĕcēnsĭtŭs 3 *ptc. pf. pass. von*: recenseo.
rĕceptābĭlĭs, ĕ annehmbar.
rĕceptăcŭlŭm, ī *n.* 1. Behältnis; Magazin. 2. Zufluchtsort; Schlupfwinkel.
rĕceptātĭō, ōnĭs *f.* Aufnahme (*C. j. c.* 2209).
rĕceptātŏr, ōrĭs *m.* Herbergsvater.
rĕceptĭbĭlĭs, ĕ gefällig, angenehm.
rĕceptĭō, ōnĭs *f.* Aufnahme.
rĕceptō 1 1. zurücknehmen, zurückziehen; se r. sich (rasch) zurückziehen. 2. (oft bei sich) aufnehmen.
rĕceptŏr, ōrĭs *m.* 1. Wiedererlanger. 2. Aufnehmer, Hehler.
rĕceptōrĭŭm, ī *n.* Aufenthaltsort, Herberge.
rĕceptrīx, īcĭs *f.* Aufnehmerin, Hehlerin.
rĕceptŭm, ī *n.* übernommene Verpflichtung, Garantie.
1. **rĕceptŭs,** ūs *m.* 1. das Zurücknehmen; Rückzug, Rückgang, Heimkehr. 2. Zuflucht, Zufluchtsort.
2. **rĕceptŭs** 3 allgemein angenommen, gewöhnlich.
rĕcessŭs, ūs *m.* 1. Zurückweichen, Rückkehr, Heimkehr. 2. entlegener Ort, Zurückgezogenheit, die Einsamkeit. 3. Schlupfwinkel, Versteck. 4. der Rezeß, das (vorgeschriebene) Gebet nach der Rückkehr vom Altare.
Rĕcesvinthŭs, ī *m.* Rekisvinth, König der Westgoten in Spanien (Mitregent seines Vaters Kindasvinth 649, Alleinherrscher 653—672).
Recha *indecl. richtig*: Rechab (1 *Par.* 4, 12).
Rechab *indecl.*: *m.* (*hebr.* Reiter), Rechab: 1. Heerführer und Mörder Isboseths, des Sohnes von Saul. 2. Stammvater der Rechabiten, eines kenitischen Nomadenstammes, dem Jonadab, Rechabs Vater, das Gelübde auferlegte, sich beständig des Weines zu enthalten u. ein Nomadenleben zu führen. 3. Vater des jüdischen Bezirksvorstehers im nachexilischen Jerusalem, der das Düngertor erbaute.
1. **rĕcĭdīvŭs** 3 rückfällig.
2. **rĕcĭdīvŭs,** ī *m.* rückfälliger (bereits verurteilter) Verbrecher (*C. j. c.* 2208).
1. **rĕcĭdō,** cĭdī, cāsūrŭs 3 zurückfallen, herabsinken, geraten in.
2. **rĕcīdō,** cīdī, cīsŭm 3 1. abhauen, abschneiden. 2. beschneiden, verkürzen, vermindern. 3. beseitigen.
Rĕcĭnētēn. (*C. R.*) *s.* Recinetum.
Rĕcĭnētŭm, ī *n.* Recanati, St. bei Ancona, It. (Macerata), *ca.* 5500 Einw.; Bischofssitz (seit 1239), vereinigt mit Loreto seit 1592, exempt; *dav.*: **Rĕcĭnētēnsĭs,** ĕ.
rĕcingō cīnxī cīnctŭm 3 aufgürten, den Gürtel lösen, entgürten; *pass.*: sich entgürten.
rĕcĭnō 3 1. *intr.*: widerhallen. 2. *trans.*: ertönen lassen; wieder vorbringen.
rĕcĭpĭō, cēpī, ceptŭm 3 1. zurücknehmen, zurückziehen; se r. a) sich zurückziehen, weichen. b) sich sammeln.

2. entgegennehmen, aufnehmen, übernehmen.

rĕcĭprŏcātĭō, ōnĭs *f.* Heimkehr auf demselben Wege; r. ănĭmārŭm: Seelenwanderung.

rĕcĭprŏcō 1 1. auf demselben Wege wieder zurückbringen, hin- u. herbewegen; zurückwenden, umkehren. 2. hin- u. zurückgehen, -fließen.

rĕcĭprŏcŭs 3 (aus re u. pro = rückwärts u. vorwärts gewandt) auf demselben Wege zurückkehrend: ēchō; zurückgehend *oder* zurücktretend; *übtr.*: zurückprallend, abwechselnd, wechselseitig; zurückwirkend: prōnōmĕn.

rĕcīsŭs 3 abgekürzt, kurz gefaßt.

rĕcĭtātĭō, ōnĭs *f.* das Vorlesen; Vorlesung, Vortrag.

rĕcĭtātŏr, ōrĭs *m.* Vorleser.

rĕcĭtō 1 1. vorlesen, rĕcĭtārĕ. missăm: Messe lesen; rĕcĭtārĕ hōrās cănŏnĭcās: Brevier beten. 2. hersagen, deklamieren, rezitieren.

rĕclāmātĭō, ōnĭs *f.* 1. Gegengeschrei; Widerspruch. 2. Zurückforderung.

rĕclāmō 1 dagegenschreien; widersprechen; *übtr.*: etwas geltend machen; zurückfordern.

rĕclīnātĭō, ōnĭs *f.* Ruhe, Erholung.

rĕclīnātōrĭŭm, ī *n.* 1. Lagerstätte. 2. Stütze, Rückenlehne, Stuhllehne.

rĕclīnĭs, ĕ zurückgelehnt.

rĕclīnō 1 zurückbeugen; se rĕclīnārĕ: sich anlehnen, sich niederlegen.

rĕclūdō, sī, sŭm 3 1. wieder aufschließen, eröffnen. 2. einschließen.

rĕclūsă, ae *f.* Einsiedlerin.

rĕclūsōrĭŭm, ī *n.* 1. Einzelzelle. 2. Kloster mit Einzelzellen.

rĕclūsŭs, ī *m.* Einsiedler.

rĕcōgĭtātĭō, ōnĭs *f.* Erwägung, Überlegung.

rĕcōgĭtō 1 überdenken, ernstlich überlegen; nachsinnen über (*acc.*).

rĕcōgnĭtĭō, ōnĭs *f.* 1. Prüfung, Besichtigung, Musterung. 2. Beweisaufnahme (*des Gerichtes an der Stätte des Verbrechens*: iudicialis, *C. j. c.* 1806 ss).

rĕcōgnĭtŏr, ōrĭs *m.* Nachprüfer, Überprüfer.

rĕcōgnōscō, nōvī, nĭtŭm 3 1. wiedererkennen. 2. untersuchen, mustern. 3. anerkennen, billigen.

rĕcollectĭō, ōnĭs *f.* innerliche Sammlung; Gewissenserforschung; geistige Erneuerung.

rĕcollĭgō, lēgī, lēctŭm 3 wieder zusammennehmen; se rĕcollĭgĕre: sich fassen, wieder Mut bekommen.

rĕcŏlō, cŏlŭī, cultŭm 3 1. wieder anbauen; pflegen, üben. 2. immer wieder betrachten, erwägen; verehren, ein Andenken erneuern.

rĕcommendātĭō, ōnĭs *f.* Empfehlung.

rĕcommendō 1 empfehlen.

rĕcommŏnĕō, ŭī, ĭtŭm 2 wieder erinnern.

rĕconcĭlĭātĭō, ōnĭs *f.* 1. Wiederherstellung. 2. Versöhnung, Aussöhnung: poenĭtentĭŭm. 3. Entsühnung einer Kirche *oder* eines Friedhofes, die entweiht wurden (*C. j. c.* 1174 *u.* 1207).

rĕconcĭlĭātŏr, ōrĭs *m.* Versöhner, Vermittler.

rĕconcĭlĭō 1 1. wiedervereinigen, versöhnen. 2. *pass.*: sich versöhnen mit (*dat.*). 3. entsühnen (eine entweihte Kirche).

rĕconcinnō 1 wieder zurecht machen, wieder ausbessern.

rĕcondĭtĭō, ōnĭs *f.* Verbergung, Einschließung; recondĭtĭō rĕlĭquĭārŭm: die feierliche Beisetzung u. Einschließung der Heiligenreliquien in das Altargrab bei der Altarweihe.

rĕcondĭtŭs 3 1. versteckt, entlegen; verborgen, wenig bekannt. 2. tiefsinnig, abstrakt; verschlossen.

rĕcondō, dĭdī, dĭtŭm 3 1. aufbewahren, aufheben. 2. verbergen, verheimlichen.

rĕconflō 1 wieder anblasen; anfachen, erwecken.

rĕconvĕnĭō 4 gerichtlich gegenbelangen, Widerklage erheben (*C. j. c.* 1670, § 2).

rĕconventĭō, ōnĭs *f.* Widerklage, Gegenklage (*C. j. c.* 1690).

rĕconventĭālĭs, ĕ zur Gegenklage gehörig, die Widerklage betreffend (*C. j. c.* 1630).

rĕcŏquō, coxī, coctŭm 3 1. wieder kochen. 2. umschmelzen.

rĕcordābĭlĭs, ĕ erinnerlich.

rĕcordātĭō, ōnĭs *f.* Rückerinnerung; bei Verstorbenen: fēlīcĭs rĕcordātĭōnĭs seligen Angedenkens.

rĕcordŏr 1 sich erinnern; beherzigen, bedenken, sich zu Herzen nehmen.

rĕcrĕātĭō, ōnĭs *f.* Wiederherstellung; Erholung.

rĕcrĕātŏr, ōrĭs *m.* Wiederhersteller; Erquicker.

rĕcrĕātōrĭŭm, ī *n.* Erholungsstätte, Erholungsheim (*C. j. c.* 1382); Jugendheim.

rĕcrĕō 1 wieder erzeugen; *übtr.*: erfrischen, kräftigen.

rĕcrēscō, ēvī, ētŭm 2 wieder wachsen.

rĕcrūdēscō, dŭī 3 wieder roh werden; *übtr.*: wieder entbrennen, sich erneuern.

rēctā (*scil.*: vĭā) geradeswegs.

rēctē *adv.* recht, wohl, gut, günstig; mit Fug u. Recht.

rēctĭō, ōnĭs *f.* Leitung, Regierung.

rēctissĭmŭs, ī *m.* der „Gute u. Liebe"; Bezeichnung für das Volk Israel (*Deut.* 33, 26; *Is.* 44, 2).
rēctĭtūdō, ĭnĭs *f.* gerade Richtung; rechte Gesinnung, Geradheit, Billigkeit.
rēctŏr, ōrĭs *m.* Lenker, Leiter, Beherrscher.
rēctōrātŭs, ūs *m.* Rektorat.
rēctrīx, īcĭs *f.* Lenkerin.
rēctŭm, ī *n.* das Rechte, das Richtige; das Gute, das Tugendhafte (3. *Reg.* 15, 5; *Job* 42, 8).
1. **rēctŭs** 3 1. gerade, geradlinig; līnĕā rectā: die gerade aufsteigende Linie (bei Verwandtschaftsgraden); regelrecht, richtig. 2. schlicht, einfach, ehrlich, bieder, gerecht, wahrhaft (*Ps.* 32, 4). 3. pflichtgemäß, sittlich gut; fest (*Ps.* 50, 12).
2. **rēctŭs,** ī *m.* der Rechte (*Mich.* 7, 2; *Job* 4, 7).
rĕcŭbātōrĭŭm, ī *n.* Ruhebank.
rĕcŭbĭtŭs, ūs *m.* Ruheplatz; der Platz bei Tische.
rĕcŭbō 1 zurückgelehnt liegen, ruhen.
rĕcūdō, dī, sŭm 3 wiederdrucken: lĭbrŭm.
rēcŭlă, ae *f.* die kleine Sache, die geringe Habe, Sächelchen.
rĕcumbō, cŭbŭī, cŭbĭtŭm 3 sich zurücklehnen, sich zu Tische legen.
rĕcŭpĕrātĭō, ōnĭs *f.* 1. Wiedererlangung, Wiedergewinnung. 2. Genesung (*Ecclus* 11, 12).
rĕcŭpĕrātŏr, ōrĭs *m.* (reciperator). 1. Wiedererwerber (*Ecclus* 13, 26). 2. Ersatzrichter, Eigentumsrichter (Richter in Klagen auf Ersatz oder Entschädigung).
rĕcŭpĕrō 1 (recipero) wiedererlangen, wiederbekommen; wiedergewinnen.
rĕcūrō 1 wiederheilen.
rĕcurrō, currī, cursŭm 3 1. zurücklaufen. 2. wiederkehren. 3. zurückkommen auf, seine Zuflucht nehmen zu (*ad*), in Anspruch nehmen, sich an jem. wenden (*ad*) (*C. j. c.* 48, 2).
rĕcursĭtō 1 wiederholt zurücklaufen.
rĕcursō 1 zurückeilen.
rĕcursŭs, ūs *m.* 1. Rücklauf, Rückkehr, Wiederkehr. 2. Zuflucht. 3. Berufung an eine höhere Instanz, Appellation, Rekurs; rĕcursŭs in suspensīvō: eine Berufung (Appellation) an eine höhere Instanz mit aufschiebender Wirkung (Suspensivwirkung), wodurch das Urteil der unteren Instanz oder der Befehl des unteren Vorgesetzten in all seinen Wirkungen bis zur höheren Entscheidung in der Schwebe (suspendiert) bleibt; rĕcursŭs in dēvŏlūtīvō: eine Berufung mit nur überweisender Wirkung (Devolutivwirkung), wobei der Verurteilte oder Zensurierte trotz der Berufung an die höhere Instanz sich als verurteilt oder zensuriert betrachten u. benehmen muß (außer es würde durch die höhere Instanz tatsächlich das vorhergehende Urteil aufgehoben).
rĕcurvō 1 nach rückwärts krümmen, zurückbeugen.
rĕcurvŭs 3 rückwärtsgebogen.
rĕcūsātĭō, ōnĭs *f.* 1. Weigerung, Ablehnung. 2. Einspruch, Einwendung, Protest.
rĕcūsō 1 1. ablehnen, verweigern, ausschlagen; sich weigern. 2. Einspruch erheben, protestieren.
rĕcŭtĭō, cussī, cussŭm 3 zurückschlagen, zurückscheuchen.
rēdă, ae *f. s.* raeda.
rĕdactŏr, ōrĭs *m.* Anordner; Schriftleiter, Redakteur.
rĕdactŭs 3 *ptc. pf. pass. von:* redigo.
Rĕdaestŭm, ī *n.* Rodosto, St. in Thrazien an der Propontis (Erzbistum Heraklea); *dav.*: **Rĕdaestōnēnsĭs,** ĕ.
rĕdămō 1 wieder lieben, Gegenliebe hegen.
rĕdănĭmātĭō, ōnĭs *f.* Wiederbelebung.
rĕdănĭmō 1 wieder beleben.
rĕdargŭō, ŭī, ūtŭm 3 1. widerlegen. 2. bestimmt dartun: vox rĕdargŭit.
rĕdargūtĭō, ōnĭs *f.* Widerlegung; Widerspruch, Widerrede.
Reddēnsĭs cŏmĭtātŭs, ūs *m.* (Reddensis pagus) Redez, ehem. Grafschaft, Fkr. (Aude).
Reddēnsĭs pāgŭs, ī *m. s.* Reddensis comitatus.
reddĭtĭō, ōnĭs *f.* 1. Zurückgabe. 2. Vergeltung (*Ecclus* 1, 29 *u.* 14, 6). 3. Rechenschaft; reddĭtĭō symbŏlī: die Ablegung des Glaubensbekenntnisses. 4. Steuerleistung.
reddĭtŏr, ōrĭs *m.* 1. Bezahler. 2. Vergelter (*Ecclus* 5, 4).
reddō, reddĭdī, reddĭtŭm 3 1. zurückgeben, wiedergeben. 2. erstatten, vergelten. 3. genau nachahmen; Graecae fĭdēī reddĕrĕ: aus dem Griechischen übersetzen *oder* nach dem griech. Urtexte berichtigen; lătīnē reddĕrĕ: ins Lateinische übersetzen. 4. darbringen, gewähren, zugestehen. 5. (Gelübde) halten (*Ps.* 75, 12). 6. certĭōrĕm reddĕrĕ: benachrichtigen. 7. irrĭtŭm reddĕrĕ etwas aufheben, ungültig machen.
rĕdemptĭō, ōnĭs *f.* 1. Loskaufung, Freilassung, Einlösung. 2. Befreiung, Erlösung. 3. Ermäßigung, Umwandlung (der alten strengen Kirchenbußen).

4. Erkaufung, Bestechung. 5. Pachtung.
rĕdemptō 1 loskaufen, erlösen.
rĕdemptŏr, ōrĭs *m.* (redemtor) 1. Unternehmer; Pächter. 2. Erlöser, Retter; festŭm Ssi Rĕdemptōrĭs Fest des allerhl. Erlösers, 23. Oktober; Concrĕgātĭō Ssī Rĕdemptōrĭs: Redemptoristen, gegr. vom hl. Alfons Maria von Liguori, bestätigt 1749 von Benedikt XIV.
rĕdemptrīx, īcĭs *f.* Befreierin, Erlöserin.
rĕdemptŭs 3 (redemtus) *ptc. pf. pass. von:* redimo.
rĕdemtĭō, ōnĭs *f. s.* redemptio.
rĕdemtŏr, ōrĭs *m. s.* redemptor.
rĕdĕō, ĭī (īvī), ĭtŭm, īrĕ 1. zurückgehen, zurückkommen. 2. sich bekehren.
rĕdhĭbĕō, ŭī, ĭtŭm 2 zurückgeben, erstatten.
rĕdĭgō, ēgī, actŭm 3 1. zurücktreiben, zurückstoßen. 2. eintreiben, einziehen, einnehmen. 3. zu etwas bringen, machen; rĕdĭgĕrĕ ăd nĭhĭlŭm: zu nichte machen, verwerfen (*Ps.* 77, 59); rĕdĭgĕrĕ ălĭcuī ăd mĕmōrĭăm: jem. die Erinnerung an etwas vorhalten. 4. erledigen. 5. beurteilen. 6. abfassen, niederlegen (in scriptō).
rĕdĭmĭō, ĭī, ītŭm 4 1. umbinden, umwinden, bekränzen. 2. umgeben, umgürten.
rĕdĭmō, ēmī, emptŭm 3 1. zurückkaufen, loskaufen, ablösen (*C. j. c.* 1542 § 1). 2. erretten, befreien. 3. pachten, in Pacht nehmen. 4. übernehmen.
rĕdintĕgrātĭō, ōnĭs *f.* Erneuerung; Wiederherstellung (*in den alten Stand*).
rĕdintĕgrō 1 wiedervervollständigen, erneuern, beleben, herstellen.
rĕdĭtŭs, ūs *m.* 1. Rückkehr. 2. Wiedereintritt ins Amt. 3. Einkommen, Ertrag, Einkünfte.
rĕdĭvīvă, ōrŭm *n. s.* redivivum.
rĕdĭvīvŭm, ī *n.* (*pl.*: rediviva) altes, wieder benutztes Baumaterial.
rĕdĭvīvŭs 3 (*wohl nicht von* redi-vivus wiederlebendig, *sondern von*: reduvivus *aus* red-uo = zurückgelegt, abgelegt) 1. wieder benutzt, schon gebraucht, alt. 2. wiederkehrend, wieder angewendet, wieder aufgefrischt.
rĕdŏlĕō, ŭī 2 riechen, duften; nach etwas riechen.
rĕdŏmĭtŭs 3 wieder gebändigt, von neuem überwältigt.
Rēdŏnēs, ŭm *m. s.* Rhedones.
rĕdōnō 1 wiederschenken.
Rēdŏnŭm, ī *n. s.* Rhedones.
rĕdormĭō 4 wieder schlafen.
rĕdūcō, dūxī, ductŭm 3 1. zurückführen. 2. auf ein geringeres Maß zurückführen, reduzieren. 3. zurückziehen, zurückbehalten, einziehen.
rĕductĭō, ōnĭs *f.* 1. Zurückführung, Wiedereinsetzung; r. Graecōrŭm = Wiedervereinigung mit der griech.-kath. Kirche. 2. Zurückversetzung, Zurückverweisung, rĕductĭō ăd stātŭm laicālĕm: Zurückversetzung in den Laienstand (*C. j. c.* 2035). 3. Zurückführung auf ein minderes Maß, Reduktion, Einschränkung, Verminderung (*C. j. c.* 1517, 1551).
rĕductō 1 zurückführen.
rĕductŏr, ōrĭs *m.* 1. Zurückführer, Zurückbringer. 2. Wiederhersteller.
rĕductŭs 3 zurückgezogen, abgelegen, einsam.
rĕdundantĕr *adv.* im Übermaße, überströmend.
rĕdundantĭă, ae *f.* Übermaß, Fülle.
rĕdundō 1 1. überströmen, übertreten. 2. auf jemand übergehen, auf jemand treffen, zurückfallen auf. 3. im Überflusse vorhanden sein.
rĕdŭplĭcātīvŭs 3 wieder verdoppelt.
rĕdŭplĭcō 1 wieder verdoppeln.
rĕdūrēscō 3 wieder hartwerden.
rĕdux, dŭcĭs 1. zurückführend. 2. zurückgebracht, zurückkommend.
Reema *indecl. s.* Rhegma.
rĕexspectō von neuem erwarten.
rĕfăbrĭcō 1 wiederbauen.
rĕfectĭō, ōnĭs *f.* 1. Wiederherstellung, Ausbesserung, Erneuerung. 2. Erfrischung, Erquickung; sŭpĕr ăquās rĕfectĭōnĭs: an frische Wasser (*Hebraismus*) (*Ps.* 22, 2). 3. Erholung, Freude; Mahlzeit (*C. j. c.* 1251 § 2).
rĕfectōrĭŭm, ī *n.* Ort der Erquickung; Speisezimmer, Remter.
rĕfectŭs 3 gestärkt, gekräftigt.
rĕfellō, fellī 3 widerlegen.
rĕfercĭō, fersī, fertŭm 3 vollstopfen, anfüllen.
rĕfĕrendārĭŭs, ī *m.* Berichterstatter, Referendar.
rĕfĕrĭō 4 1. zurückschlagen. 2. zurückwerfen, zurückstrahlen.
rĕfĕrō, rĕ(t)tŭlī, rĕlātŭm, ferrĕ 1. zurücktragen, -führen, -bringen. 2. nach etwas beurteilen, bemessen. 3. hinterbringen, melden. 4. erwidern, vergelten. 5. wiedergeben, darstellen, nachahmen. 6. vortragen, zur Sprache bringen. 7. übertragen.
rĕfertŭs 3 gedrängt voll, ganz erfüllt, reich.
rĕfervēscō 3 aufbrausen; aufwallen: sanguĭs.
rĕfĭcĭō, fēcī, fectŭm 3 1. wiederherstellen, ausbessern. 2. erquicken,

erfrischen, neu beleben; *pass.*: sich erquicken.

rĕfīgō, īxī, īxŭm 3 1. losmachen, abnehmen, abreißen. 2. aufheben: lēgēs.

rĕfingō, fīnxī, fictŭm 3 wiederbilden.

rĕfĭgūrō 1 wieder umgestalten.

rĕflăgĭtō 1 zurückfordern, beanspruchen.

rĕflātŭs, ūs *m.* Gegenwind.

rĕflectō, xī, xŭm 3 1. zurückwenden, umwenden. 2. umstimmen.

rĕflexĭō, ōnĭs *f.* Zurückbeugung; Überlegung: ănĭmī.

rĕflexŭs 3 zurückgebogen; rĕflexē *adv.*: umgekehrt.

rĕflō 1 entgegenwehen.

rĕflōrĕō 2 wieder aufblühen, sich erholen.

rĕflōrēscō 3 wieder aufblühen.

rĕflŭō, ūxī, ūxŭm 3 zurückfließen.

rĕflŭŭs 3 zurückfließend, zurückflutend.

rĕflūxŭs, ūs *m.* Ebbe (Zurückfließen des Meerwassers vom Lande).

rĕfŏcillātĭō, ōnĭs *f.* Erquickung.

rĕfŏcillō 1 wieder beleben, erquicken.

rĕfŏdĭō, fōdī, fossŭm 3 wieder ausgraben.

rĕfōrmātĭō, ōnĭs *f.* Umgestaltung; Verbesserung.

rĕfōrmātŏr, ōrĭs *m.* Umgestalter, Erneuerer.

rĕfōrmātŭs, ī *m.* der Reformierte (Anhänger Zwinglis *oder* Kalvins).

rĕformīdātĭō, ōnĭs *f.* das Zurückschaudern, Furcht.

rĕformīdō 1 zurückbeben.

rĕfōrmō 1 1. umgestalten, verbessern. 2. *pass.*: sich erneuern.

rĕfŏvĕō, fōvī, fōtŭm 2 wieder erwärmen; erquicken, stärken.

rĕfrāctōrĭŭs 3 widerhaarig, halsstarrig.

rĕfraenō 1 *s.* refreno.

rĕfrāgātĭō, ōnĭs *f.* Widersetzlichkeit, Widerstand.

rĕfrāgŏr 1 1. gegen etw. stimmen. 2. entgegen sein, widerstreben.

rĕfrēnātĭō, ōnĭs *f.* Bezähmung, Zügelung.

rĕfrēnō 1 zügeln, bändigen, hemmen; beschränken.

rĕfrĭcō, frĭcŭī, frĭcātŭm 1 1. *trans.*: wieder aufkratzen, wieder aufreißen; wieder erregen. 2. *intrans.*: wieder ausbrechen.

rĕfrīgĕrātĭō, ōnĭs *f.* Abkühlung, Erquickung.

rĕfrīgĕrĭŭm, ī *n.* 1. Stätte der Abkühlung, Erholung. 2. Erquickung, Ruhe, Labung, Trost.

rĕfrīgĕrō 1 1. abkühlen, erfrischen, erfreuen. 2. *pass.*: sich abkühlen, sich erholen; *auch*: heiter werden (*Ps.* 38, 14).

rĕfrīgēscō, frīxī (*selten*: frīgŭī) 3 wieder kalt werden; *übtr.*: erkalten, ermatten.

rĕfringō, frēgī, frăctŭm 3 abbrechen, hemmen.

rĕfŭgă, ae *m.* Abtrünniger.

rĕfŭgĭō, fūgī, fŭgĭtūrŭs 3 wegfliehen, sich flüchten, seine Zuflucht nehmen zu (*ad*).

rĕfŭgĭŭm, ī *n.* Zuflucht, Zufluchtsort, Schirm, Schutz.

rĕfŭgŭs 3 zurückfliehend, weichend.

rĕfulgentĭă, ae *f.* Widerschein.

rĕfulgĕō, fulsī 2 widerstrahlen, erglänzen.

rĕfundō, fūdī, fūsŭm 3 zurückgießen; *pass.*: zurückströmen.

rĕfūtātĭō, ōnĭs *f.* Widerlegung.

rĕfūtō 1 1. abweisen, verschmähen. 2. widerlegen.

rēgālĭŏlŭs, ī *m.* *ein kleiner Vogel*: Zaunkönig.

rēgālĭs, ĕ königlich.

1. **Rēgālĭs mōns,** tĭs *m.* (Königsberg), Berg in der Diözese Rieti in Mittelitalien.

2. **Rēgālĭs Mōns,** tĭs *m.* Royanmont, ehem. Cistercienserkloster, Fkr. (Seine-et-Oise), Diöz. Versailles.

3. **Rēgālĭs Mōns,** tĭs *m.* *s.* Mons Regalis.

Rēgālĭs Villă *f.* Villarreal, St. in der Landschaft Valencia, Spanien (Castellón).

rēgālĭtĕr *adv.* 1. königlich; glänzend, prächtig. 2. herrisch, despotisch.

Rēgānŭm, ī *n.* der Regen, l. Nebenfluß der Donau, mündet bei Regensburg (Bayern).

rĕgĕlō 1 wieder auftauen, wieder erwärmen.

rĕgĕmō 3 aufseufzen.

rĕgĕnĕrātĭō, ōnĭs *f.* 1. Wiederentstehung. 2. Wiedergeburt; Taufe.

rĕgĕnĕrātŏr, ōrĭs *m.* Neuerschaffer, Erneuerer.

rĕgĕnĕrō 1 neuerschaffen, erneuern.

S. Regenflēdĭs, ĭs *f.* hl. Regenfledis, Jgfr. († im 9. Jhdt.).

Sie stammte aus angesehenem Frankengeschlechte. Ihr Vater war Graf Adelbert, ihre Mutter die hl. Regina, Enkelin des Königs Pipin. Sie hatte neun Schwestern, die gleich ihr alle den Schleier nahmen. Regenfledis leitete später ein Kloster an der Schelde. Sie starb dort im Rufe der Heiligkeit. Eine edle Jungfrau namens Ava, erhielt an ihrem Grabe das Augenlicht, dessen sie seit ihrer Geburt entbehrte. — 20. November (Münster).

rĕgermĭnō 1 wieder hervorsprossen.

rĕgĕrō, gessī, gestŭm 3 1. zurücktragen, zurückbringen. 2. zurückgeben, erwidern. 3. einschreiben, eintragen, registrieren.

rĕgestă, ōrŭm *n.* (regestum, registrum) 1. Regesten, Bücher, in welche die Abschriften der Papstbriefe eingetragen wurden. 2. Registerbücher, welche die Sammlungen von Aktenstücken usw. enthalten. 3. die amtlichen Tauf-, Firmungs-, Trauungs- u. Sterbematrikeln (*C. j. c.* 1813, § 1, 4°). 4. Chronik. 5. Bericht.

rēgĭă, ae *f.* (*scil.*: dŏmŭs) 1. Königsburg. 2. der königliche Hof, Hofstaat. 3. die königliche Familie.

Rēgĭēn. (*C. R.*) *s.* Regium Lepidi.

rēgĭfĭcŭs 3 königlich; fürstlich, prachtvoll.

Regimāgĭŭm, ī *n.* (Regiomagium, Remiomagum) Remagen, St., Preußen (Rheinprov., Kreis Ahrweiler), *ca.* 4000 Einwohner.

rĕgĭmĕn, ĭnĭs *n.* Lenkung, Leitung.

rĕgĭmentŭm, ī *n.* Lenkung, Regierung.

rēgīnă, ae *f.* 1. Königin, Herrscherin. 2. Herrin, Gebieterin.

1. **S. Rēgīnă**, ae *f.* hl. Regina, Jgfr., Gefährtin der hl. Ursula, († im 5. Jhdt.) — 7. September.

2. **S. Rēgīnă**, ae *f.* hl. Regina, Enkelin des Frankenkönigs Pipin, Mutter der hl. Regenfledis (8./9. Jhdt.).

Rēgīnă, ae *f.*: *der sonderbare Text* 1 *Par* 7, 18: soror autem eius Regina peperit Virumdecorum et Abiezer et Mohola *dürfte nach der Textkorrektur der Massora durch Schlögl unter Hinweis auf Vers* 14 *richtig lauten*: „und s e i n (des Manasse) r e c h t m ä ß i g e s W e i b (veischto [nicht ischhod „Schönmann“] hammolecheth, *vgl. arab.*: malaka = eine [rechtmäßige] Frau nehmen) gebar den Abiezer und den Helek usw.; (*vgl. Num.* 26, 30—32).

Rēgīnă, ae *f.* Regina, Mutter des hl. Erzbischofs Kunibert von Köln.

S. Rēgīnă Alĕsĭēnsĭs *f.* hl. Regina von Alise, Jgfr. u. Mart. († 251).

Sie wurde in Alise-Sainte-Reine (Fkr., Côte-d'Or) unter dem Statthalter Olybrius gemartert. Ihre Gebeine kamen nach Flavigny in Burgund, wohin noch jetzt viele Pilger eilen. — 7. September.

Rēgīnă Castră, ōrŭm *n. s.* Ratisbona.

Rēgīnae-Gradecēn. (*C. R.*) *s.* Reginae-Gradicium.

Rēgīnae-Gradicĭŭm, ī *n.* Königgrätz, St. an der Elbe, *ca.* 10000 Einw., Böhmen; Bischofssitz (seit 1664), Suffr. von Prag; *dav.*: **Reginae-Gradecēnsĭs**, ĕ.

Rēgīnaldŭs, ī *m.* Reinald, Bruder des hl. Thomas von Aquin.

Rēgīnbertŭs, ī *m.* Reginbert, Bisch. v. Brixen (12. Jhdt.).

Rēgīnēn. (*C. R.*) *s.* Rêgium Lepidi.

Rēgīnŏburgŭm, ī *n. s.* Ratisbona.

Rēgīnŏpŏlĭs, ĭs *f. s.* Ratisbona.

Rēgīnŭm, ī *n. s.* Ratisbona.

rĕgĭō, ōnĭs *f.* 1. Richtung. 2. Gebiet. 3. Landschaft, Gegend. 4. Bezirk, Distrikt, Stadtviertel. 5. rĕgĭō vīvōrŭm: ist die Erde (im Gegensatz zur Scheol, Unterwelt) (*Ps.* 114, 9).

Rĕgĭō Aemĭlĭă *f.* (Regio Flaminia) die Romagna, Landschaft in Italien (Bologna, Ravenna, Ferrara, Forli).

Rĕgĭō Flāmĭnĭă *f s.* Regio Aemilia.

Rĕgĭŏdūnŭm, ī *n.* (Duni castrum) Dun-sur-Auron (*früher*: Dun-le-roi), St., Fkr. (Cher), *ca.* 4000 Einwohner.

Rēgĭomāgĭŭm, ī *n. s.* Regimagium.

Rēgĭŏmont(ĭ)ŭm, ī *n.* Königsberg, St. Preußen (Ostpreußen); *dav.*: **Rēgĭŏmontānŭs** 3.

rĕgĭōnālĭs, ĕ eine ganze Gegend umfassend; zur Landschaft oder Provinz gehörig; sēmĭnārĭŭm rĕgĭōnālĕ: Regionalseminar (*das mehreren Diözesen gemeinsam ist*) (*C. j. c.* 1354 § 3).

rĕgĭōnārĭŭs dĭācŏnŭs, ī *m.* Regionardiakon, Bezirksdiakon (*Bezeichnung für die ersten kirchlichen Notare, welche die Taten u. Leiden der Martyrer auf Befehl der Päpste aufzuzeichnen hatten*).

rĕgĭōnātĭm *adv.* gegendweise; bezirksweise.

Rēgĭŏpŏlĭs, ĭs *f.* Kingston, St. am Sankt Lorenzostrome, Kanadien (Ontario), *ca.* 18000 Einw., Erzbischofssitz (seit 1890, seit 1827 Bistum); *dav.*: **Rēgĭŏpŏlĭtānŭs** 3.

Rēgĭŏpŏlĭtān. (*C. R.*) *s.* Regiopolis.

Rēgisburgĭŭm, ī *n. s.* Ratisbona.

Rēgiscampŭs, ī *m. s.* Regius campus.

rĕgistrŭm, ī *n.* Verzeichnis, Register.

Rēgĭŭm ĭn Gallĭā *n.* Riez, St. in der Provence, Fkr. (Basses-Alpes), *ca.* 1200 Einw.; *dav.*: **Rēgĭēnsĭs**, ĕ.

Rēgĭŭm Jūlĭī *n.* (Rhegium) Reggio, St. in Kalabrien an der Straße von Messina, It. (Bruttium), *ca.* 30000 Einw.; Erzbischofssitz (vom 4.—8. Jhdt. Bistum); *dav.*: **Rēgīnŭs** 3 *u.* **Rhēgīnēnsĭs**, ĕ.

Rēgĭŭm Lĕpĭdī *n.* Reggio d'Emilia, St. r. am Crostolo (zum Po), zwischen Modena u. Parma, It., *ca.* 20000 Einw.; Bischofssitz (seit 4. Jhdt.), Suffr. von Modena; *dav.*: **Rēgĭēnsĭs**, ĕ.

rēgĭŭs 3 1. königlich; *subst.*: **rēgĭī**, ōrŭm *m.* königliche Truppen. 2. glänzend, prächtig.

Rēgĭŭs Campŭs, ī *m.* (Regiscampus) Königsfelden, D. u. ehem. Kloster, Schweiz (Aargau).

Rēgĭŭs Portŭs *m.* Port-Royal-des-Champs, St. bei Versailles, Fkr. (Seine-et-Oise), mit ehem. Kloster.

rĕglūtĭnō 1 wieder auflösen.

Regma *indecl.* (Reema; Ra'ma) Regma, Hafenstadt im glücklichen Arabien, gegründet von Nachkommen des Cham u. Chus.

rēgnātŏr, ōrĭs *m.* Herrscher, Gebieter.

rēgnātrīx, īcĭs, *f.* Herrscherin (*auch adj.*).

rēgnō 1 1. *intr.*: König sein (*Ps.* 92, 1); herrschen, gebieten; *obj. oft im gen.*: *z.B.* regnabit Dŏmĭnŭs illōrŭm; König werden (4 *Kön.* 12, 1). 2. *trans.*: beherrschen.

rēgnŭm, ī *n.* 1. Königtum, Herrschaft, Regierung. 2. Königreich, Reich.

rĕgō, rēxī, rēctŭm 3 richten, lenken, leiten, weiden (*Ps.* 22, 1), regieren.

Regom *indecl. m.* (*hebr.*) Regom, ein Israelit, der erste Sohn des Johaddai.

rĕgrĕdĭŏr, gressŭs sŭm 3 zurückschreiten.

rĕgressĭō, ōnĭs *f.* Rückgang, Rückzug.

rĕgressŭs, ūs *m.* 1. Rückzug, Rückkehr; Rücktritt. 2. Rückhalt, Zuflucht; Rückgriffsrecht (*C. j. c.* 1685, 2°).

Rĕgŭardātă, ae *f.* Reguardata, Mutter der hl. Johanna Falconieri.

rēgŭlă, ae *f.* 1. Richtholz, Lineal. 2. Richtschnur, Grundsatz, Regel, Vorschrift; *pl.*: die Angaben des Meßbuches über die einzelnen Zeremonien. 3. Ordensregel, Klosterregel.

S. Rēgŭlă, ae *f.* hl. Regula, Jgfr. u. Mart. († um 285).

Sie war die Schwester des hl. Felix, der als Soldat der thebaischen Legion dem Gemetzel bei Martigny (Schweiz) entging und nach Zürich gelangte. Dort wurde er mit seiner Schwester ergriffen und vor den Statthalter Dezius gebracht. Dieser ließ sie grausam foltern und schließlich enthaupten. Über ihren Gräbern wurde später eine Kirche und ein Kloster errichtet. — 11. September (Chur).

rēgŭlārēs, ĭŭm *m.* Ordensleute und zwar jene Ordensleute, welche sich durch Gelübde in einem wirklichen Orden verpflichtet haben (*C. j. c.* 488, 7°).

Rēgŭlārēs Clērĭcī ā Mātrĕ Dĕī Kongregation von Weltgeistlichen (Regularklerikern), die im 16. Jhdt. vom hl. Johannes Leonardi gegründet wurde; sie werden auch Chorherren oder Stiftsherren genannt.

1. **rēgŭlārĭs,** ĕ 1. regelmäßig. 2. nach einer Regel lebend; clērŭs rēgŭlārĭs: Ordensgeistlichkeit. 3. klösterlich; dŏmŭs rēgŭlārĭs: Ordenshaus, Kloster (*C. j. c.* 488, 5°).

2. **rēgŭlārĭs,** ĭs *m. u. f.* Ordensperson (*mit feierlichen Gelübden, C. j. c.* 488, 7°).

rēgŭlārĭtĕr *adv.* in der Regel, regelmäßig.

rēgŭlō 1 regeln, einrichten.

rēgŭlŭs, ī *m.* 1. König eines kleinen Landes. 2. königlicher Beamter. 3. der Basilisk, eine Eidechsenart.

rĕgūstō 1 1. wieder kosten. 2. *übtr.*: wieder genießen, wieder lesen.

Rehabeam *s.* Roboam.

Rehoboth *indecl.* (*hebr.*: Straßen; Rohoboth) 1. Rehoboth, Ort an einem Bergwasser des Gebirges Seïr in Jdumäa. 2. St. in Assyrien.

Rehum *indecl. m.* (*hebr.*) Rehum, ein Volkshaupt der Juden, baute einen Teil der Stadtmauer Jerusalems u. besiegelte den erneuerten Bund.

Rei *indecl. m.* (*hebr.*: Freund ist Jahwe) Rei, ein höherer Offizier Davids.

Reia *indecl. m.* (*hebr.*: Reaja = Jahwe hat ausersehen) Reja, israelitischer Fürst im Stamme Ruben.

rĕĭcĭō, iēcī, iectŭm 3 1. zurückwerfen, zurückdrängen, zurücktreiben. 2. ablehnen, verwerfen, verschmähen.

rĕiectĭō, ōnĭs *f.* Verweisung; Zurückweisung, Ablehnung, Verschmähung, Verwerfung.

rĕimprĭmō, pressī, pressŭm 3 wiederdrucken, von neuem drucken.

Reinaldŭs, ī *m.* (Rainaldus) Reinald, Erzbischof v. Köln (12. Jhdt.).

rĕincĭdentĭă, ae *f.* Rückfall (*C. j. c.* 2248).

rĕincĭpĭō, cēpī, ceptŭm 3 wiederaufnehmen: antĭphōnăm.

Reinholdŭs, ī *m.* Reinhold, Kardinal von Ostia (13. Jhdt.).

Reinoburgēnsĕ concĭlĭŭm Konzil in Regensburg unter Karl dem Großen in den Jahren 768 u. 792.

Reinoburgŭm, ī *n. s.* Ratisbona.

rĕinvītō 1 wieder einladen.

rĕipsā *adv.* an sich, selbstverständlich.

rĕĭtĕrō 1 nochmals wiederholen.

rĕlābŏr, lāpsŭs sŭm 3 1. zurückgleiten, zurücksinken, zurückfallen (*C. j. c.* 2311 § 1). 2. zurückkehren. 3. ermatten.

rĕlanguēscō, gŭī 3 erschlaffen.

rĕlātē *adv.* bezüglich.

rĕlātĭō, ōnĭs *f.* 1. Beziehung (*C. j. c.* 267 § 1, 1°). 2. Bericht, Referat, Vortrag, Erzählung.

rĕlātīvē *adv.* beziehungsweise, verhältnismäßig.

rĕlātīvŭs 3 sich auf etwas beziehend, Bezug nehmend, rückbezüglich, rücksichtlich.

rĕlātŏr, ōrĭs *m.* Berichterstatter, Berichtverfasser, Referent (*C. j. c.* 1584 *u.* 2009).

rĕlātŭs, ūs *m.* Vortrag, Bericht: pāternae trādĭtĭōnĭs.

rĕlaxātĭō, ōnĭs *f.* Erleichterung, Erholung.

rĕlaxō 1 1. erweitern, öffnen, losmachen, lösen. 2. nachlassen, mildern, erleichtern. 3. erquicken; erholen (*auch mit*: sē).
rĕlēgātĭō, ōnĭs *f*. Verbannung.
1. **rĕlēgō** 1 fortschicken, verbannen; entfernen.
2. **rĕlĕgō,** lēgī, lectŭm 3 wieder zusammennehmen; *übtr.*: wieder erwägen.
rĕlĕvāmĕn, ĭnĭs *n*. Erleichterung.
rĕlĕvātĭō, ōnĭs *f*. Erleichterung.
rĕlĕvō 1 1. wieder erheben, aufrichten, aufheben. 2. erleichtern, lindern, trösten. 3. befreien, frei machen.
rĕlictă, ae *f*. Witwe (*Rituale Rom.*).
rĕlictĭō, ōnĭs *f*. das Verlassen, das Imstichelassen.
rĕlĭcŭs 3 *s*. reliquus.
rĕlĭcŭŭs 3 *s*. reliquus.
rĕlĭgātĭō, ōnĭs *f*. 1. das Anbinden. 2. Einband.
rĕlĭgĭō, ōnĭs (relligio) *f*. 1. Gewissenhaftigkeit, Genauigkeit. 2. Andacht, Frömmigkeit, Gottesfurcht, Religiosität, Glaube. 3. Gottesdienst, Kultus. 4. Heiligkeit. 5. religiöse Verpflichtung, Genossenschaft, Orden; rĕlĭgĭōnĕm prōfĭtērī sich in einen Orden aufnehmen lassen, Gelübde ablegen; rĕlĭgĭō clērĭcālĭs: Priesterorden, religiöse Gesellschaft (Orden), worin die meisten Mitglieder Priester sind; rĕlĭgĭō lāĭcālĭs: religiöse Gesellschaft, in der die meisten Mitglieder Laien sind (*C. j. c.* 488, 4^0); rĕlĭgĭōnĭs prōpŏsĭtŭm: der Vorsatz, in einen Orden einzutreten.
rĕlĭgĭōsă, ae *f*. Ordensfrau, Klosterfrau, Ordensschwester (im weiteren Sinne).
rĕlĭgĭōsĭtās, ātĭs *f*. Frömmigkeit, Gottseligkeit.
1. **rĕlĭgĭōsŭs** 3 1. gewissenhaft, fromm, gottesfürchtig, heilig, religiös. 2. zum Orden (*der kath. Kirche*) gehörig. 3. kirchlich (*C. j. c.* 1737 § 3, 3^0; 1830 § 1 *u*. 1831 § 1).
2. **rĕlĭgĭōsŭs,** ī *m*. Ordensmann; *pl.*: rĕlĭgĭōsī, ōrŭm *m*. die gottgeweihten Personen, Ordensleute im weitesten Sinne.
rĕlĭgō 1 zurückbinden, anbinden, befestigen.
rĕlinquō, līquī, lictŭm 3 1. hinterlassen, zurücklassen, übriglassen. 2. verlassen, überlassen, aufopfern. 3. belassen. 4. im Stiche lassen. 5. zulassen, erlauben, nōn rĕlīquĭt hŏmĭnĕm nŏcērĕ ĕĭs: nicht gestattet er irgend jemandem, ihnen zu schaden (*Ps*. 104, 14).
rĕlĭquĭă, ae *f*. Überrest, Überbleibsel, Rest, Trumm; *pl.*: 1. Hinterlassenschaft, Erbschaft. 2. Nachwuchs, Nachkommenschaft (*Ps*. 36, 37). 3. *in religiösem Sinne*: Reliquie; **Săcrae Rĕlĭquĭae**: Fest zu Ehren der hl. Reliquien, 13. Mai (Benediktinerorden). 4. rĕlĭquĭae: *Ps*. 20, 13b *falsche Übersetzung der Vulgata infolge unrichtiger Ableitung des hebr.*: mĕthār, *nicht von jathar* = reliquum esse, *sondern mit* jether *Bogensehne zusammenhängend*: „mit deiner Bogensehne wirst du wider ihr Antlitz zielen" (praepărārĕ, *scil.*: sagittās).
rĕlĭquĭārĭŭm, ī *n*. Reliquienbehälter.
rĕlĭquŭm, ī *n*. Rest; Rückstand.
rĕlĭquŭs 3 1. übriggeblieben, übrig. 2. künftig. 3. rĕlĭquī, ae, ă: die übrigen, die anderen.
relligĭō, ōnĭs *f*. *s*. religio.
rĕlūcĕō, lūxī 2 Widerschein geben, zurückleuchten.
rĕlūcēscō, lūxī 3 wieder hellwerden, wieder aufleuchten.
rĕluctantĕr *adv*. mit Widerstreben.
rĕluctŏr 1 sich sträuben, sich widersetzen, dagegenringen.
S. Rĕmaclŭs, ī *m*. hl. Remaklus, Bek. u. Bisch. v. Tongern († im 7. Jhdt.).
Er war Südfranzose und wurde vom Bischofe Sulpizius von Bordeaux (Fkr.) erzogen und kam später unter die Leitung des sel. Abtes Eligius von Solignac (Fkr., Haute-Loire), der ihn selbst zu seinem Stellvertreter machte. Als Nachfolger des hl. Amandus gelangte er nach Tongern (Belgien). Ihm verdankten die Klöster Malmedy und Stablo ihre Gründung. Dorthin zog er sich zurück. Er wurde in Stablo (Stavelot [Belgien]) beigesetzt. — 3. September (Köln).
S. Rĕmaldŭs, ī *m*. hl. Remald, Erzbischof von Graz.
rĕmandō 1 nochmals auftragen, zurücksagen lassen.
rĕmănĕō, mānsī, mānsŭm 2 zurückbleiben, dauernd verbleiben.
rĕmānō 1 zurückfließen.
rĕmānsĭō, ōnĭs *f*. das Zurückbleiben, das Verbleiben.
rĕmĕātŭs, ūs *m*. Rückkehr.
rĕmĕdĭābĭlĭs, ĕ 1. heilbar. 2. heilsam.
rĕmĕdĭātŏr, ōrĭs *m*. Heilungsspender.
rĕmĕdĭō 1 abhelfen, heilen.
rĕmĕdĭŭm, ī *n*. Heilmittel, Arznei; Sicherungsmittel, Rettungsmittel; Hilfsmittel: poenalia (*vorbeugende Strafmittel, z. B. Warnung, Verweis*).
Remeia *indecl. m*. (*hebr.*: erhaben ist Jahwe) Remeja, ein Jude, der in der babyl. Gefangenschaft ein fremdes Weib genommen hatte.
rĕmĕmŏrātĭō, ōnĭs *f*. Gedächtnisfeier.
rĕmĕmŏrō 1 (rememoror) 1. wieder erwähnen. 2. sich an etwas erinnern.

rĕmĕmŏrŏr 1 *s.* rememoro.
Rēmēnsĭs, ĕ *s.* Rhemi.
rĕmĕō 1 zurückgehen, zurückkehren.
Remesiānă cīvĭtās, ātĭs *f. s.* Romatiana.
rĕmētĭŏr, mēnsŭs sŭm 4 1. wieder messen. 2. wieder durchmessen, durchwandern.
rēmex, ĭgĭs (*gen. pl.*: rēmĭgŭm), *m.* Ruderer, Ruderknecht.
Rēmī, ōrŭm *m. s.* Rhemi.
rēmĭgātĭō, ōnĭs *f.* das Rudern.
S. Rēmĭgĭī fānŭm *n.* Saint-Remy, St., Fkr. (Bouches-du-Rhône), *ca.* 6000 Einwohner.
rēmĭgĭŭm, ĭ *n.* Ruderwerk, die Ruder.
S. Rēmĭgĭŭs, i *m.* hl. Remigius 1. Bischof von Reims, Apostel der Franken, † 553, 1. Oktober. 2. Erzbischof von Lyon, † 875, 28. Oktober.
rēmĭgō 1 rudern.
rĕmĭgrō 1 zurückwandern, zurückkehren, wieder wandern nach: Rōmăm.
rĕmĭnīscentĭă, ae *f.* Erinnerung.
rĕmĭnīscŏr 3 sich ins Gedächtnis rufen, sich erinnern.
Rēmĭŏmăgŭm, ī *n. s,* Regimagium.
rĕmīscĕō, cŭī, xtŭm 2 vermischen.
rĕmissĭbĭlĭs, ĕ verzeihlich.
rĕmissĭō, ōnĭs *f.* 1. die Zurücksendung. 2. das Herablassen, Schlaffmachen, Abspannung. 3. das Nachlassen, Verzeihung, Erleichterung. 4. Nachsicht, Milde; Gelassenheit, Ruhe.
rĕmissŏr, ōrĭs *m.* Nachlasser: poenae; Erbarmer.
rĕmissōrĭālĭs, ĕ 1. zum Zurücksenden gehörig. 2. ein Zugeständnis, eine Erlaubnis enthaltend; littĕrae rĕmissōrĭālēs: die Remissorialien, das Erlaubnisschreiben der Ritenkongregation, welches die Eröffnung des apostolischen Prozesses zur Seligsprechung gestattet (*C. j. c.* 2086, 2087).
rĕmissŭs 3 1. abgespannt, schlaff, lose; einfach. 2. ruhig, sanft. 3. heiter, scherzhaft.
rĕmittō, mīsī, missŭm 3 1. zurückschicken, zurückgeben. 2. erheitern, erfrischen, sich erholen lassen. 3. nachlassen, verzeihen. 4. zugestehen, einräumen, erlauben, gestatten. 5. etwas aufgeben; verzichten auf etwas; nuntĭŭm rĕmittĕrĕ ălĭcuī rĕī: auf etwas Verzicht leisten.
Remmomphares *indecl.* (*hebr.*: Rimmon-Peres = [Gott] Rammon von Peres) Rimmon-Peres, ein Lagerplatz der Israeliten in der Wüste.
1. **Remmon** *indecl. n.* (*hebr.*: Rimmon, *syr.*: Rammon = syrischer Kriegsgott) 1. Vater der beiden Mörder des Isboseth, des Sohnes Sauls (2. *Reg.* 4, 2). 2. ein syrischer Götze (Kriegsgott, 4. *Reg.* 5, 18).
2. **Remmon** *indecl.* (*syr.*: Rammon = Kriegsgott) 1. En-Rimmon, St. in der Wüste Juda, zwischen Bethel u. Gabaa, nördlich vom Salztale, Pal. (Simeon). 2. Rimon (Rimmono), St. westlich vom See Genesareth, Pal. (Zabulon); Remmono (1. *Par.* 6, 62 *ist alter Akkusativ*: Rimmonah), *Jos.* 21, 35 *statt richtig*: Dimna.
Remmono *indecl. s.* 2. Remmon 2.
rĕmollēscō 3 wieder weich werden, aufweichen.
rĕmollĭō 4 verweichlichen.
rĕmŏrāmĕn, ĭnĭs *n.* 1. Hemmnis. 2. *übtr.*: Gegenvorstellung, Warnung.
rĕmordĕō, mordī, morsŭm 2 1. wieder beißen. 2. beunruhigen, quälen.
rĕmŏrĭs, ĕ langsam.
rĕmŏrŏr 1 1. *intr.*: sich aufhalten, verweilen, säumen. 2. *trans.*: zurückhalten, hemmen.
rĕmōtĭō, ōnĭs *f.* 1. Entfernung: părŏchī. 2. Ablehnung, Beseitigung.
rĕmōtŭs 3 1. abgelegen, entfernt. 2. bei Seite gelegt.
rĕmŏvĕō, mōvī, mōtŭm 2 wegschaffen, entfernen, beseitigen; rĕmōtā appellātĭōnĕ ĭn suspēnsīvō: wobei jede Berufung mit aufschiebender Wirkung wegfällt (*C. j. c.* 106, 1880 *sq.*).
Rempham *indecl. m.* (Ῥεμφάν, *hebr.*: Kewan) ein Götze, dem Israel in der Wüste diente (*Deut.* 4, 19, *Amos* 5, 26); *vielleicht*: Saturn.
rĕmūgĭō 4 1. wiederbrüllen. 2. zurückbrüllen; widerhallen, rauschen.
rĕmulcĕō 2 zurückziehen.
rĕmulcŭm, ī *n.* (*zu*: ῥυμουλκέω) Schlepptau.
rĕmūnĕrātĭō, ōnĭs *f.* Vergeltung, Erwiderung; Gebühr, Erkenntlichkeit für etw.
rĕmūnĕrātŏr, ōrĭs *m.* Vergelter.
rĕmūnĕrātōrĭŭs 3 zur Belohnung dienend.
rĕmūnĕrō 1 *s.* rĕmunĕror.
rĕmūnĕrŏr 1 (remunero) 1. wieder beschenken, sich erkenntlich zeigen, belohnen, vergelten. 2. besolden.
rēmŭs, ī *m.* Ruder; rēmĭs vēlĭsquĕ: mit vollen Segeln, mit aller Anstrengung.
Rēmŭs, ī *m. s.* Rhemi.
rēn, rēnĭs *m. s.* renes.
rĕnārrō 1 nochmals erzählen.
rĕnāscŏr, nātŭs sŭm 3 wieder geboren werden; getauft werden.
rĕnāvĭgō 1 zurückschiffen.
Rendenă vallĭs, ein Tal in Tirol.
rĕnĕō 2 zurückspinnen, das Gesponnene wieder auflösen.
rēnēs, ĭŭm *u.* ŭm *m.* 1. die Nieren. 2. die innersten, geheimsten Gedanken. 3. der Rücken (*Caerem. Episcop*).

rĕnīdĕō 2 1. zurückstrahlen, glänzen. 2. vor Freude strahlen, freundlich entgegenlächeln. 3. grinsen.
rĕnītĕō 2 glänzen.
rĕnītŏr, nīsŭs *u.* nīxŭs sŭm 3 sich widersetzen, widerstehen.
rĕnō 1 1. zurückschwimmen. 2. wieder auftauchen.
rĕnōdō 1 den Knoten auflösen, entknoten.
S. Renofrīdŭs, ī *m.* hl. Renofried, Diakon u. Mart., *s.* 2. S. Desiderius.
rĕnŏvāmĕn, ĭnĭs *n.* 1. Erneuerung. 2. neue Gestalt.
rĕnŏvātĭō, ōnĭs *f.* Erneuerung.
rĕnŏvō 1 1. erneuern, wiederherstellen. 2. erquicken.
rĕnūdō 1 entblößen.
rĕnŭmĕrātĭō, ōnĭs *f.* Wiederaufzählung, Wiederholung.
rĕnūncĭātĭō, ōnĭs *f. s.* renuntiatio.
rĕnūncĭō 1 *s.* renuntio.
rĕnuncŭlŭs, ī *m.* (kleine) Niere.
rĕnūntĭātĭō, ōnĭs *f.* (renunciatio) 1. Bekanntmachung. 2. Aufsagung, Verzichtleistung auf ein Amt, freie Resignation (*C. j. c.* 184 ss).
rĕnūntĭō 1 (renuncio) 1. öffentlich anzeigen. 2. verzichten auf, entsagen, frei resignieren.
rĕnŭō, ŭī 3 1. abwinken; ablehnen, ausschlagen, mißbilligen; zurückweisen. 2. sich weigern; widersprechen.
rĕnūtŭs, ūs *m.* (*nur abl.*) das Abwinken, das Ablehnen.
Rĕŏmēnsĕ mŏnastērĭŭm, ī *n.* Moutier-Saint-Jean in der Franche-Comté Fkr. (Côte-d'Or).
rĕŏr, rătŭs sŭm, rērī meinen, glauben, denken, erachten, dafür halten; *part. pf.*: rătŭs = in der festen Meinung, in der Überzeugung, in dem Glauben; rătŭm sīt: es soll gelten (*C. j. c.* 42, 1).
rĕōrdĭnō 1 1. wieder in Ordnung bringen. 2. wieder weihen, wieder ordinieren.
rĕpāgŭlă, ōrŭm *n.* 1. (die in die Mauer eingesetzten) Querbalken, Riegel, Schranken. 2. Gitter; rĕpāgŭlă crātĭŭm = Beichtstuhlgitter. 3. Verbindung: costārŭm.
rĕpandŭs 3 rückwärts *oder* aufwärts gebogen, gekrümmt (2. *Par.* 4, 5).
rĕpărābĭlĭs, ĕ wiederherstellbar, ersetzbar.
rĕpărātĭō, ōnĭs *f.* Verbesserung, Erlösung.
rĕpărātŏr, ōrĭs *m.* Wiederhersteller, Erneuerer.
rĕpărātrīx, īcĭs *f.* Erlöserin.
rĕparcō 3 1. sparsam sein. 2. sich enthalten.
rĕpărō 1 1. neu anschaffen, wiederherstellen, erneuern. 2. für etwas erwerben, dagegen eintauschen.
rĕpāstĭnātĭō, ōnĭs *f.* das Wiederumgraben.
rĕpāstĭnō 1 wieder behacken, wieder umgraben.
rĕpectō, rĕpexŭm 3 wieder kämmen.
rĕpătrĭō 1 ins Vaterland zurückkehren.
rĕpĕdō 1 zurückkehren.
rĕpellō, rĕpŭlī, rĕpulsŭm 3 1. zurückstoßen, fernhalten, verhindern. 2. ausschließen (*Ps.* 87, 6), verwerfen, abweisen, verschmähen. 3. irre gehen lassen (*Ps.* 118, 10); rĕpellĕrĕ prĕtĭŭm: die Ehre vernichten.
rĕpendō, dī, sŭm 3 1. zurückwägen, dagegenwägen. 2. vergelten, erwidern.
rĕpēns, tĭs plötzlich.
rĕpēnsō 1 1. aufwägen. 2. *übtr.*: ersetzen, vergelten, ausgleichen, erwidern.
rĕpentē *adv.* plötzlich.
rĕpentīnŭs 3 unvermutet, plötzlich; *adv.* **rĕpentīnō.**
rĕpercussĭō, ōnĭs *f.* 1. das Zurückprallen. 2. Widerschein.
rĕpercussŭs, ūs *m.* 1. Rückprall, Gegendruck. 2. Widerhall.
rĕpercŭtĭō, cussī, cussŭm 3 1. zurückstoßen. 2. Widerschein geben.
rĕpĕrĭō, reppĕrī, rĕpertŭm 4 1. finden, antreffen. 2. ausfindig machen, entdecken. 3. wahrnehmen, erfahren. 4. erlangen.
rĕpertŏr, ōrĭs *m.* Erfinder, Urheber.
rĕpertōrĭŭm, ī *n.* Verzeichnis.
rĕpĕtītĭō, ōnĭs *f.* Wiederholung.
rĕpĕtītŏr, ōrĭs *m.* 1. Zurückforderer. 2. Wiederholer, Einpauker.
rĕpĕtō, pĕtīvī, pĕtītŭm 3 1. wiederangreifen. 2. zurückkehren. 3. zurückholen, zurückverlangen. 4. wiederholen, erneuern. 5. nochmals überdenken.
rĕpĕtundae, ārŭm *f.* wiederzuerstattende Gelder.
rĕplantō 1 wieder pflanzen.
rĕplĕō, plēvī, plētŭm 2 wieder füllen, vervollständigen; *pass.*: triefen von (*abl.*); sich sättigen (*Ps.* 64, 5).
rĕplĭcātĭō, ōnĭs *f.* 1. das Wiederzusammenfalten; Rückbewegung, kreisförmige Bewegung. 2. Wiederholung, Antwort. 3. rĕplĭcātĭō corpŏrĭs: Verdoppelung des Körpers, Bilokation.
rĕplĭcō 1 1. aufrollen, aufschlagen, entfalten. 2. *übtr.*: erwidern.
rĕplumbō 1 von Blei reinigen.
rĕplŭō 3 wieder herabregnen.
rēpō, rēpsī 3 kriechen, schleichen.
rĕpondĕrō 1 dagegen wägen, vergelten.

rĕpōnō, pŏsŭī, pŏsĭtŭm 3 1. zurücksetzen, zurücklegen, zurückstellen. 2. beiseitelegen, weglegen, beseitigen, begraben. 3. zurückerstatten, vergelten. 4. hinstellen, hinlegen. 5. Antwort geben, erwidern (*C. j. c.* 545 § 3).
rĕportō 1 1. zurücktragen, zurückbringen. 2. erlangen, davontragen.
rĕpōscō 3 zurückfordern, beanspruchen.
rĕpŏsĭtĭō, ōnĭs *f.* Zurückstellung, Aufhebung; Einsetzung, Reposition, d. i. das Zurückversetzen u. Verschließen des Allerheiligsten in den Tabernakel; altārĕ rĕpŏsĭtĭōnĭs: Repositionsaltar, in dem das Allerheiligste aufbewahrt wird.
rĕpŏsĭtōrĭŭm, ī *n.* Untersatz; Stützbrett; Tafelaufsatz.
rĕpostŏr, ōrĭs *m.* (repositor) Wiederhersteller.
rĕpostŭs 3 (repositus) 1. zurückgelegt, aufbewahrt. 2. entlegen, fern.
rĕpōtĭă, ōrŭm *n.* wiederholtes Trinkgelage; Nachfeier einer Hochzeit (eines Festes).
rĕpraesentātĭō, ōnĭs *f.* Darstellung, Darbietung, Vorstellung.
rĕpraesentātŏr, ōrĭs *m.* Darsteller.
rĕpraesentō 1 vergegenwärtigen, darstellen, darbieten.
rĕprĕhendō, prĕhendī, prĕhēnsŭm 3. (reprendo) 1. zurückhalten, festhalten. 2. rügen, tadeln.
rĕprĕhēnsĭbĭlĭs, ĕ tadelnswert.
rĕprĕhēnsĭō, ōnĭs *f.* 1. Zurechtweisung, Tadel. 2. das Tadelnswerte.
rĕprĕhēnsō 1 wiederho t zurückhalten.
rĕprĕhēnsŏr, ōrĭs *m.* Tad er; Verbesserer.
rĕprēndō, dī, sŭm 3 *s.* reprehendo.
rĕpressŏr, ōrĭs *m.* Unterdrücker.
rĕprĭmō, pressī, pressŭm 3 1. zurückdrängen, beschränken. 2. unterdrücken, ausrotten.
rĕpristĭnātĭō, ōnĭs *f.* Wiederherstellung (des früheren Zustandes).
rĕprŏbandĭvŭs 3 verwerflich.
rĕprŏbātĭō, ōnĭs *f.* Verwerfung.
rĕprŏbō 1 verwerfen, vereiteln; mißbilligen; rĕprŏbārĕ nātĭōnĕm: treulos handeln am Volke (*Ps.* 72, 15).
rĕprŏbŭs 3 verwerflich, schlecht, unecht, verächtlich.
rĕprōmissĭō, ōnĭs *f.* 1. Gegenversprechen; Verheißung, 2. Bürgschaft.
rĕprōmissŏr, ōrĭs *m.* Bürge.
rĕprōmittō, mīsī, missŭm 3 1. nochmals oder wiederholt versprechen. 2. ein Gegenversprechen machen.
rĕprŏpĭtĭō 1 sühnen; versöhnen.
rĕprŏpĭtĭŏr 1 wieder gnädig sein.
rēptĭlĕ, ĭs *n.* kriechendes Getier; Kriechtier, Schlange; *pl.*: Gewimmel (*Ps.* 103, 25).
rēptĭlĭs, ĕ kriechend.
rēptō 1 kriechen, schleichen; schlendern.
rēpūblĭcānŭs, ī *m.* Freistaatler, Volksstaatler, Republikaner.
rĕpŭdĭātĭō, ōnĭs *f.* Zurückweisung, Verschmähung.
rĕpŭdĭō 1 1. zurückweisen, verwerfen, verschmähen. 2. verstoßen (*der Ehegatten*), sich scheiden, sich trennen.
rĕpŭdĭŭm, ī *n.* 1. Rücktritt, Abweisung, Verstoßung. 2. Trennung, Ehescheidung; lĭbellŭs rĕpŭdĭī: Scheidebrief.
rĕpŭĕrāscō 3 wieder zum Kinde werden, kindisch werden.
rĕpūgnantĕr *adv.* widerstrebend.
rĕpūgnantĭă, ae *f.* Widerstand, Widerspruch, Gegensatz.
rĕpūgnātŏr, ōrĭs *m.* Widersacher.
rĕpūgnō 1 1. widerstreiten, sich widersetzen. 2. in Widerspruch stehen; rĕpūgnantĭă, ĭŭm *n.* widersprechende Dinge.
rĕpullŭlō 1 wieder ausschlagen, wieder Sprossen treiben.
rĕpulsă, ae *f.* Abweisung (*bei der Amtsbewerbung*); Weigerung.
rĕpu sō 1 wieder zurücktreiben, wieder abweisen.
rĕpulsŭs, ūs *m.* Zurückstoßung; Verwerfung.
rĕpungō 3 wieder stechen; wieder einen Stich versetzen.
rĕpūrgō 1 wiederreinigen.
rĕpŭtātĭō, ōnĭs *f.* Berechnung; Erwägung, Betrachtung.
rĕpŭtō 1 1. berechnen, rechnen; beachten (*Ps.* 143, 3). 2. anrechnen zu: a) ăd ălĭquĭd: rĕpŭtātŭm est illī ăd iustĭtĭăm. b) inter: inter immundă rĕpŭtābĭs. c) in *c. abl. oder acc.*: ĭn peccātŭm rĕpŭtetŭr, in mălĕdictĭōne rĕpŭtābĭtŭr. 3. rechnen, zählen unter: cŭm scĕlĕrātĭs rĕpŭtātŭs est; für etwas halten oder erachten (*Ps.* 118, 119). 4. erwägen, bedenken.
rĕquĭēs, quĭētĭs (*acc.* rĕquĭētĕm *und* rĕquĭēm, *abl.* rĕquĭētĕ *und* rĕqŭĭē) *f.* 1. Ruhe, Rast, Erholung; *bes.*: Ruhe der Verstorbenen; missă dē Rĕquĭē Totenamt, -messe. 2. Ruheort, Ruhestätte.
rĕquĭēscō, quĭēvī 3 ruhen, ausruhen, schlafen.
rĕquĭētĭō, ōnĭs *f.* Ruhe.
rĕquĭētŭs 3 ausgeruht.
rĕquīrō, sīvī, sītŭm 3 1. aufsuchen, erforsch(e)n, untersuchen. 2. nachsuchen, verlangen (*Ps.* 30,24), einkommen um, um Beistand anrufen. 3. nachforschen, nach etwas fragen (*Ps.* 13, 2). 4. ahnden, rächen (*Ps.* 9, 13). 5. rĕquīrĕrĕ testamentŭm, testĭmōnĭă: den Bund

halten, sich kümmern um seine Offenbarungen (Bezeugungen) (*Ps.* 24, 10); ănĭmăm sich kümmern um sein Leben (*Ps.* 141, 15). 6. mĭsĕrĭcordĭăm ĕt vĕrĭtātĕm ēiŭs quĭs rĕquīrĕt? seine Huld u. Treue, wer kann sie erforschen? *hebr.* seine Huld und Treue mögen ihn beschützen (*Ps.* 60, 8).

rĕquīsītă, ōrŭm *n.* (rĕquīsītŭm ī *n.*) 1. der verlangte Ausdruck. 2. Bedürfnis, Notdurft (*des Leibes*); das Verlangen.

rĕquīsītĭō, ōnĭs *f.* Untersuchung.

rēs, rĕī, *f.* 1. Sache, Ding, Ursache, Grund; *pl.*: die Dinge überhaupt, Welt, Natur, Weltlauf. 2. Umstand, Rücksicht, Beziehung. 3. Ereignis, Vorfall, Angelegenheit; Rechtssache, Prozeß; res fungibilis: eine vertretbare Sache, die durch eine gleichartige vertreten werden kann (*C. j. c.* 1543); Tat, Tatsache. 4. Kriegsrat, Kampf. 5. Verhältnis, Lage, Zustand. 6. Wahrheit, Wirklichkeit. 7. Stoff, Gehalt, Vermögen, Habe. 8. Staat, Macht, Herrschaft.

Resa *indecl. m.* (*hebr.*: Resia) Resa, Ahnherr Christi.

rĕsăcrō 1 vom Fluche befreien.

rĕsaevĭō 1 wieder wüten.

rĕsălūtātĭō, ōnĭs *f.* Gegengruß; ehrfurchtsvolle Begrüßung.

rĕsălūtō 1 wieder grüßen.

rĕsānēscō, sānŭī 3 wieder genesen, wieder gesunden.

rĕsānō 1 wieder gesundmachen.

rĕsarcĭō, sarsī, sartŭm 4 wieder ausbessern, wieder flicken.

rescindĭbĭlĭs, ĕ zerreißbar, lösbar, auflöslich; aufhebbar.

rescindō, scĭdī, scissŭm 3 1. zerreißen, einreißen, zerstören, abreißen; aufschneiden, öffnen. 2. ungültig machen, aufheben, auflösen; rückgängig machen, annullieren.

rescīscō, scīvī u. scĭī, scītŭm 3 wieder erfahren, in Erfahrung bringen, von etwas Kunde erhalten (*Num.* 30, 16).

rescissĭō, ōnĭs *f.* 1. das Zerreißen. 2. das Ungültigmachen, Aufhebung (*C. j. c.* 1684).

rescissōrĭŭs 3 zerreißend wirkend, ungültig machend, aufhebend; actĭō rescissōrĭă: Aufhebungsklage, Klage auf Auflösung (von Handlungen, Verträgen) (*C. j. c.* 1684).

rescrībēns, tĭs *m.* Antwortgeber.

rescrībō, scrīpsī, scrīptŭm 3 nochmals schreiben; schriftlich antworten.

rescrīptĭō, ōnĭs *f.* Abschrift; Erlaß.

rescrīptŭm, ī *n.* 1. Abschrift. 2. kaiserlicher Erlaß. 3. Antwortschreiben des päpstlichen Stuhles *oder* der bischöflichen Ordinariate mit Gnadenverleihungen *oder* Dispensen (*C. j. c.* 36, § 1).

resculpō 3 1. neuschnitzen. 2. *übtr.*: wiederherstellen.

rĕsĕcātĭō, ōnĭs *f.* das Abschneiden; das Entfernen.

rĕsĕcō, sĕcŭī, sectŭm 1 abschneiden, entfernen, Einhalt tun.

Resen *indecl.* (*assyr.*: res-ēni) Resen, St. in Mesopotamien zwischen Ninive u. Chale.

1. **Reseph** *indecl. m.* (*hebr.*: Glühstein) Reseph, ein Enkel Ephraims.

2. **Reseph** *indecl.* (*assyr.*: Rasappa, Ῥησάφα) Reseph, ein Aramäerstaat, *j.*: Rusâfe auf der Westseite des Euphrat, nordöstlich von Palmyra (4. *Reg.* 19, 12).

rĕsēmĭnō 1 1. wieder säen. 2. wiedererzeugen.

rĕsĕquŏr, sĕcūtŭs sŭm 3 1. nachfolgen. 2. antworten, erwidern.

rĕsĕrō 1 entriegeln, aufschließen, eröffnen, offenbaren.

rĕservātĭō, ōnĭs *f.* Vorbehalt (*bes.*: von gewissen schweren Sünden, welche sich der Papst oder Bischof zum Lossprechen vorbehalten hat); rĕservātĭō mentālĭs: geheimer Vorbehalt; rĕservātĭō ăb hŏmĭnĕ: wenn der Vorbehalt nach Art eines besonderen Gebotes ausgesprochen ist, oder wenn durch richterliches Urteil eine Zensur als eingetreten erklärt wird; rĕservātĭō ā iūrĕ: wenn der Vorbehalt im Gesetze selbst ausgesprochen ist.

rĕservātŭm, ī *n.* Vorbehalt; *pl.*: 1. die vom Papste *oder* Bischofe vorbehaltenen Amtsrechte. 2. Reservatfälle, d. h. Sünden, deren Lossprechung sich der Papst *oder* Bischof vorbehalten hat.

rĕservō 1 1. aufbewahren, aufsparen, sich vorbehalten: beneficia (*C. j. c.* 1435). 2. erhalten, erretten, am Leben lassen, schonen.

rĕsĕs, ĭdĭs 1. sitzengeblieben, zurückgeblieben. 2. träge, untätig.

Resia *indecl. m.* (*hebr.*: Risja) Risja, ein Israelit aus dem Stamme Aser, Sohn des Ara (Olla).

rĕsĭdentĭă, ae *f.* 1. Residenz, *d. i.* Aufenthalt eines geistlichen oder weltlichen Würdenträgers; lex (oblĭgātĭō) rĕsĭdentĭae: die Aufenthaltspflicht (der Bischöfe, Pfarrer usw.) am Amtsorte zur Erfüllung der Amtspflichten (*C. j. c.* 338, 465). 2. rĕsĭdentĭă rēgĭă (*im Sinne von*: pălātĭŭm *oder* dŏmŭs rēgĭă) „Königliche Residenz" (*richtiger für die Zeit des* 16. *Jhdts.*: pălātĭŭm dŭcālĕ = Herzogspalast) (*Offizium*: *Patrona Bavariae, lect. V.*).

rĕsĭdentĭālĭs, ĕ mit der amtlichen Aufenthaltspflicht *oder* Residenzpflicht verbunden: bĕnĕfĭcĭŭm.
rĕsĭdĕō, sēdī, sessŭm 2 1. zurückbleiben, übrigbleiben. 2. ruhen, sich niederlassen, untätig sein.
rĕsīdō, sēdī, sessŭm 3 1. sich setzen, sich niederlassen. 2. ruhig werden, nachlassen.
rĕsĭdŭŭm, ī *n.* der Rest.
rĕsĭdŭŭs 3 zurückbleibend, übrig, rückständig.
rĕsignātĭō, ōnĭs *f.* Entsagung.
rĕsignō 1 1. entsiegeln, öffnen. 2. aufheben, vernichten. 3. verzichten, entsagen, resignieren.
rĕsĭlĭō, sĭlŭī, sultŭm 4 zurückspringen; abstehen von etwas.
rĕsīmŭs 3 nach aufwärts gebogen, aufgestülpt.
rēsīnă, ae *f.* (ῥητίνη) Harz.
rĕsĭpĭō 3 1. nach etwas schmecken. 2. etwas erkennen lassen.
rĕsĭpiscentĭă, ae *f.* Sinnesänderung, Besserung.
rĕsĭpiscō, sĭpŭī 3 wieder zu Verstand *oder* zur Einsicht kommen.
rĕsistō, stĭtī, stĭtŭm 3 1. zurückbleiben, stehen bleiben, haltmachen. 2. aufhören, verloren gehen: Marīae virgĭnĭtās nōn rĕstĭtĭt. 3. Widerstand leisten, sich widersetzen.
rĕsŏlūbĭlĭs, ĕ wieder auflöslich, der Fäulnis verfallen.
rĕsŏlūtĭō, ōnĭs *f.* 1. Auflösung, Lähmung, Erschlaffung, Schwäche, Tod. 2. Entschlossenheit. 3. Entschließung, Entscheidung, Verfügung (*C. j. c.* 244 § 2).
rĕsŏlūtŭs 3 1. schlaff, nachlässig, ohne Eifer. 2. verfault, verwest. 3. zügellos, ungebunden. 4. aufgehoben, erledigt; rĕsŏlūtō iūrĕ praecĭpĭentĭs: nach Erlöschen des Rechtes des Befehlenden (*C. j. c.* 24, 73). 5. entschlossen, energisch, resolut.
rĕsolvō, lvī, lūtŭm 3 1. auflösen, losbinden. 2. ermatten, erschlaffen; *pass.*: verfaulen, verwesen, sterben. 3. vernichten.
rĕsŏnābĭlĭs, ĕ widerhallend.
rĕsŏnantĭă, ae *f.* Widerhall.
rĕsŏnō 1 wieder hallen, wieder ertönen; erschallen lassen.
rĕsŏnŭs 3 widerhallend, widerschallend, laut.
rĕsorbĕō 2 wieder schlürfen.
respectĭō, ōnĭs *f.* 1. Berücksichtigung. 2. Heimsuchung.
respectīvē *adv.* beziehungsweise.
respectīvŭs 3 entsprechend, auf etwas bezüglich.
respectō 1 1. sich umsehen. 2. *übtr.*: Rücksicht nehmen auf (*acc.*).
respectŭs, ūs *m.* 1. Rücksicht, Berücksichtigung, Ehrerbietigkeit. 2. Zuflucht, Zufluchtsort, Rückhalt. 3. nōn est respectŭs mortī ĕōrŭm sie haben kein Gedenken an ihren Tod (*Ps.* 72,4).
respergō, sī, sŭm 3 1. zurückspritzen. 2. besprengen; reichlich ausschütten: respersŭs grātĭā mit Gnade überschüttet.
respersĭō, ōnĭs *f.* Besprengung.
Resphă, ae *f.* (*hebr.*) Respha, eine Nebenfrau des Königs Saul.
respĭcĭō, spēxī, spectŭm 3 1. zurückblicken. 2. zugewandt sein. 3. achten, Rücksicht nehmen auf, berücksichtigen. 4. lauern (*Ps.* 9, 30). 5. quandō respĭcĭēs wie lange wirst du zusehen? 6. respĭcĕrĕ hŭmĭlĭă: in die Tiefe schauen, herabsehen (*Ps.* 112, 6). 7. sich beziehen auf etwas, jem. angehen (*C. j. c.* 1553).
S. Respĭcĭŭs, ī *m.* hl. Respizius, Mart. z. Z. des Kaisers Dezius, 10. November.
respīrāmĕn, ĭnĭs *n.* 1. das Atmen. 2. Luftröhre.
respīrāmentŭm, ī *n.* Erholung.
respīrātĭō, ōnĭs *f.* 1. das Aufatmen, das Atemholen. 2. Pause, Ruhepunkt. 3. Ausdünstung.
respīrō 1 1. atmen, Atem holen. 2. sich erholen.
resplendentĭă, ae *f.* Widerschein, Glanz.
resplendĕō, ŭī 2 widerstrahlen.
respondĕō, dī, sŭm 2 1. antworten, Bescheid geben, eine Entscheidung geben, oft sich verteidigen, sich verantworten wegen (dē) (*C. j. c.* 1527 § 2), haften für (1546). 3. entsprechen, übereinstimmen, ähnlich *oder* gemäß sein. 4. zeugen wider (*Jerem.* 14). 5. versichern (*Ps.* 87, 1). 6. respondērĕ vōtĭs antworten *oder* achthaben auf die Bitten.
respōnsĭō, ōnĭs *f.* 1. Antwort, Entgegnung. 2. Widerlegung.
respōnsĭtō 1 ein Gutachten abgeben.
respōnsō 1 antworten.
respōnsōrĭŭm, ī *n.* Responsorium, Wechselgebet, ein meist aus zwei Versen bestehender liturgischer Text, mit dem der Chor den vom Vorsänger angestimmten Vers aufnimmt.
respōnsōrĭŭs 3 zur Antwort gehörig.
respōnsŭm, ī *n.* 1. Antwort. 2. Gutachten, Bescheid. 3. Ausspruch; r. mortĭs ĭn sē hăbērĕ: sich selbst das Todesurteil sprechen.
rēspūblĭcă, rĕī pūblĭcae *f.* 1. Staatswesen, Staat. 2. rēspūblĭcă *oder* rēspūblĭcă lībĕră: Republik, Freistaat.

respŭō, ŭī, ūtŭm 3 1. ausspeien. 2. *übtr.*: zurückweisen, verwerfen, verschmähen, mißbilligen,
Ressa *indecl.* (*hebr.*) Rissa, Lagerplatz der Israeliten in der Wüste.
restāgnō 1 1. sich zurückstauen. 2. austreten, überfließen. 3. überschwemmt sein.
restaurātĭō, ōnĭs *f.* Wiederherstellung, Erneuerung.
restaurātŏr, ōrĭs *m.* Erneuerer.
restaurō 1 wiederherstellen, erneuern.
restĭcŭlă, ae *f.* das kleine Seil, der kleine Strick, Schnur.
restillō 1 wiedereinträufeln.
restīnctĭō, ōnĭs *f.* 1. das Löschen, das Stillen. 2. Vertilgung.
restinguō, stīnxī, stīnctŭm 3 1. auslöschen. 2. dämpfen, stillen, mäßigen. 3. unterdrücken, vernichten, vertilgen.
restĭō, ōnĭs *m.* Seiler.
restĭpŭlātĭō, ōnĭs *f.* ein gegenseitiges Abkommen, Gegenverpflichtung.
restĭpŭlŏr 1 gegenseitig von einander ein Versprechen fordern.
restĭs, ĭs (*acc.* -ĭm, *auch* -ĕm; *abl.* -ĕ) *f.* Seil, Strick, Tau.
restĭtō 1 1. zurückbleiben. 2. zaudern, sich sträuben.
restĭtŭō, ŭī, ūtŭm 3 1. wieder hinstellen, wiedergeben. 2. wieder herstellen, wieder einsetzen, wieder gutmachen; restĭtŭĕrĕ hērēdĭtātĕm: das Erbteil verleihen (*Ps.* 15, 5). 3. retten (*Ps.* 34, 17).
restĭtūtĭō, ōnĭs *f.* 1. Wiederherstellung, Wiederaufbau. 2. Wiedereinsetzung in den früheren Zustand: in integrŭm (*C. j. c.* 1687 ss. *u.* 1915 ss). 3. Begnadigung (von Verurteilten). 4. Rückerstattung (von ungerecht angeeignetem Gute).
restĭtūtŏr, ōrĭs *m.* Wiederhersteller.
restĭtūtrīx, īcĭs *f.* Wiedererstatterin.
restō, stĭtī 1 1. zurückbleiben; übrig bleiben; übrig sein. 2. Widerstand leisten, standhalten.
restrictĭō, ōnĭs *f.* Vorbehalt, Einschränkung, Kargheit; restrictĭō mentālĭs: der geheime Vorbehalt.
restrictŭs 3 1. straff angezogen. 2. *übtr.*: streng, genau. 3. genügsam, sparsam, karg.
restringō, strinxī, strictŭm 3 1. zurückhalten, beschränken. 2. hemmen; heilen: părălўtĭcōs (*eigentl.*: die Gelenke der Gelähmten wieder festmachen).
restrŭō, strūxī, strūctŭm 3 wieder erbauen; *übtr.*: wieder herstellen.
rĕsūdō 1 feucht sein.
rĕsultātĭō, ōnĭs *f.* Widerhall.
rĕsultō 1 1. zurückspringen, zurückprallen. 2. widerhallen. 3. emporsteigen: spīcŭlŭm sōlĭs. 4. aus einer Tat sich ergeben.
rĕsūmō, sūmpsī, sūmptŭm 3 1. wieder aufnehmen, wieder annehmen. 2. erneuern, nachholen; missăm r.: die Messe des vorhergehenden Tages nachholen; *auch*: die unterbrochene Meßfeier fortsetzen.
rĕsŭō, sŭī, sūtŭm 3 auftrennen.
rĕsŭpīnō 1 zurückbeugen; rücklings zu Boden werfen, umreißen, umwerfen.
rĕsŭpīnŭs 3 zurückgebogen, rücklings.
rĕsurgō, surrēxī, surrēctŭm 3 1. sich wieder aufrichten, sich wieder erheben; auferstehen (von den Toten). 2. sich behaupten, bestehen (*Ps.* 1, 5).
rĕsurrēctĭō, ōnĭs *f.* 1. das Aufstehen. 2. die Auferstehung: mortŭōrŭm.
rĕsuscĭtātĭō, ōnĭs *f.* die Wiedererweckung (von den Toten).
rĕsuscĭtō 1 wieder erwecken, auferwecken; wieder aufrichten; wieder anfachen: īrăm.
rĕtābŭlŭm, ī *n.* (retrotabulum, retroaltare) Altarblatt.
rĕtardātĭō, ōnĭs *f.* Verzögerung.
rĕtardō 1 1. *trans.*: verzögern, aufhalten, hemmen. 2. *intrans.*: zögern (*Ecclus.* 16, 14).
rētĕ, ĭs *n.* Netz, Garn.
rĕtĕgō, tēxī, tēctŭm 3 1. aufdecken, entblößen. 2. öffnen. 3. offenbaren.
rĕtemptō 1 (retento) wieder versuchen.
rĕtentĭō, ōnĭs *f.* Zurückhaltung, Beibehaltung.
1. **rĕtentō** 1 zurückhalten, festhalten.
2. **rĕtentō** (retempto) 1 wieder versuchen.
rĕtexō, texŭī, textŭm 3 1. auftrennen; *übtr.*: ungültig machen. 2. erneuern, wiederholen, wiedererzählen (*Hymn. Vesp. plur. Martyr.*).
Rethaelŭs, ī *m.* Rethälus, ein König von England, Vater des hl. Jodokus (7. Jhdt.).
Rethma *indecl.* (*hebr.*: Ginster) Rethma, Lagerplatz der Israeliten in der Wüste.
rētĭăcŭlŭm, ī *n.* 1. Netz (*Ps.* 140, 10). 2. netzförmiges Gußwerk (4 *Reg.* 25, 17).
rĕtĭcentĭă, ae *f.* Schweigen, Verschweigen.
rĕtĭcĕō 2 1. *intr.*: stillschweigen. 2. *trans.*: verschweigen.
rĕtĭcēscō 3 schweigen.
rĕtĭcĭtŭs 3 verschwiegen; rĕtĭcĭtō nōmĭnĕ: unter Verschweigen des (wahren) Namens (*C. j. c.* 2254).
rētĭcŭlŭm, ī *n.* (retĭcŭlŭs) kleines Netz.
rētĭcŭlŭs, ī *m. s.* reticulum.

Rĕtīnă, ae *f.* Resina, Stadt bei Neapel in Kampanien, It., *ca.* 22000 Einw

rĕtĭnācŭlŭm, ī *n.* Halter, Band; Zügel, Lenkseil; Ankertau; Haken.

rĕtĭnĕō, ŭī, tentŭm 2 1. festhalten, zurückhalten. 2. beibehalten, bewahren, erhalten; memoriā r. sich erinnern.

Rĕtinnă, ae *f.* Retinnes, Dorf bei Lüttich (Belgien).

rĕtinnĭō 4 entgegentönen, widerklingen.

rĕtŏnō 1 donnernd widerhallen.

rĕtorquĕō, torsī, tortŭm 2 zurückdrehen, zurückwenden.

rĕtractātĭō, ōnĭs *f.* 1. Umarbeitung (einer Schrift). 2. Ablehnung, Weigerung. 3. Widerruf, Zurücknahme (*C. j. c.* 2209 § 5).

rĕtractātŭs 3 umgearbeitet, verbessert.

rĕtractō 1 (retrecto) 1. zurückziehen, zurücknehmen, widerrufen. 2. sich weigern, ablehnen, sich sträuben. 3. wieder behandeln, umarbeiten, verbessern.

rĕtractŭs 3 1. zurückgezogen. 2. verborgen, versteckt; entfernt.

rĕtrăhō, trāxī, tractŭm 3 1. zurückschleppen. 2. abhalten, zurückhalten.

rĕtrectō 1 *s.* retracto.

rĕtrĭbŭō, ŭī, ūtŭm 3 1. zurückgeben, vergelten. 2. zukommen lassen.

rĕtrĭbūtĭō, ōnĭs *f.* 1. Zurückgabe, Rückerstattung. 2. Vergeltung. 3. Wohltat, Belohnung; *concr.*: Lohn, Strafe. 4. Entschädigung; *pl. auch*: Gebühren, Honorare (*C. j. c.* 1909). 5. Bestechung (*Js.* 1, 28). 6. Lohn, innere Befriedigung (*Ps.* 130, 2).

rĕtrĭbūtŏr, ōrĭs *m.* Vergelter.

rĕtrō *adv.* 1. zurück, rückwärts, hinter: rĕtrō altārĕ vādĕrĕ. 2. vorher, in früherer Zeit. 3. dagegen, hinwiederum, umgekehrt.

rĕtrōăgō, ēgī, actŭm 3 1. zurücktreiben. 2. *übtr.*: umkehren, ändern: ordĭnĕm.

rĕtrōcēdō, cēssī, cēssŭm 3 zurückweichen.

rĕtrōgrădĭŏr (retrogredior) zurückgehen.

rĕtrōchŏrŭs, ī *m.* Oberchor, Hinterchor.

rĕtrōĕō, īrĕ rückwärts gehen, zurückgehen.

rĕtrōgrădŭs 3 zurückgehend, rückwärtsgehend.

rĕtrōrsŭm *adv.* (retrorsus) 1. rückwärts, zurück; rĕtrōrsŭm vălērĕ: rückwirkend sein, rückwirkende Kraft haben (*C. j. c.* 17, 2). 2. umgekehrt.

rĕtrōrsŭs *adv. s.* retrorsum.

rĕtrōscrīptŭs 3 vorstehend, umseitig, weiter oben beschrieben.

rĕtrōtractĭō, ōnĭs *f.* Rückwirkung (*C. j. c.* 1138, § 1).

rĕtrōtrăhō, trāxī, tractŭm 3 rückwärtswirken, rückwirken (*C. j. c.* 17, 2); die Wirkung zurückverlegen, so daß sie schon eher eintritt (*C. j. c.* 2232 § 2).

rĕtrōversŭs 3 umgedreht; zurückgewandt, zurückgekehrt, rückwärts.

rĕtrūdō, trūsī, trūsŭm 3 zurückstoßen.

rĕtrūsŭs 3 versteckt, verborgen.

rĕtundō, tŭdī, tūsŭm 3 1. zurückstoßen. 2. abstumpfen. 3. im Zaume halten, dämpfen, unwirksam machen, vereiteln.

rĕtūsŭs 3 (retrunsus) 1. abgestumpft, stumpf; abgestorben. 2. stumpfsinnig.

Reu *indecl. m.* (*hebr.*: Freund [Gottes]) Reu, Sohn Phalegs aus dem Geschlechte Sems, Ahnherr Abrahams.

Reum Beelteem *indecl.* Rehum, der Verwalter oder Befehlshaber; *s.* Beelteem.

Rĕūnĭōnĭs (*C. R.*) *s.* 1. S. Dionysius.

1. **rĕŭs** 3 schuldig; verpflichtet.

2. **rĕŭs,** ī *m.* 1. Angeklagter, Verklagter (*vor Gericht in strittigen Rechtssachen*). 2. Schuldiger. 3. *pl.* rĕī, ōrŭm *m.*: die Angeklagten, *auch* die Parteien.

Reussĭă, ae *m.* (Rusa) Reuß, Nebenfluß der Aare (zum Rhein), Schweiz.

Reute *indecl.* (Reuthe) Reute, Dorf am Ostrande des Altdorfer Waldes, südwestl. von Waldsee in Württemberg, Bistum Rottenburg, ehemals zum Bistum Konstanz; Frauenkloster, *jetzt*: Mutterhaus der Franziskanerinnen.

Reuthe *indecl. s.* Reute.

rĕvălēscō, vălŭī 3 1. genesen, wieder gesunden. 2. wieder aufblühen, wieder erstarken, wieder Geltung erlangen.

rĕvălĭdātĭō, ōnĭs *f.* Wiedergültigkeitserklärung.

rĕvĕhō, vēxī, vectŭm 3 1. zurückbringen; davontragen: trĭumphŭm. 2. *pass.*: zurückfahren.

rĕvēlātĭō, ōnĭs *f.* Enthüllung; Offenbarung, Erleuchtung.

rĕvēlātŏr, ōrĭs *m.* Offenbarer.

rĕvellō, vellī, vulsŭm 3 1. wegreißen, herausreißen, tilgen. 2. aufreißen, aufbrechen.

rĕvēlō 1 1. enthüllen, entblößen; rĕvēlārĕ condēnsă: die Wälder entlauben, lichten (*Ps.* 28, 9). 2. mitteilen, offenbaren; *pass.*: ans Licht kommen.

rĕvĕnĭō, vēnī, ventŭm 4 zurückkommen, wiederkommen.

rĕvērā *adv.* in der Tat, wirklich.

rĕverbĕrō 1 1. zurückschlagen. 2. *pass.*: zurückprallen.

rĕvĕrendŭs 3 ehrwürdig, hochwürdig (*bes.*: *als Titel*); *superl.*: hochwürdigster (als Titel für päpstliche Hausprälaten, Sekretäre der römischen Kardinalskongregationen, Bischöfe, Äbte *usw.*).

rĕvĕrēns, tĭs ehrerbietig, achtungsvoll.

rĕvĕrentĕr *adv.* ehrerbietig.

rĕvĕrentĭă, ae *f.* 1. Ehrfurcht, Achtung. 2. Ehrenbezeugung, Verbeugung. 3. Scham (*Ps.* 34, 26), Schande, Beschämung (*Ps.* 68, 20; 1. *Cor.* 15, 34). 4. Schonung (*Sap.* 12, 18).

rĕvĕrentĭālĭs, ĕ achtungsvoll, ehrerbietig; vertrauungsvoll.

rĕvĕrĕŏr, vĕrĭtŭs sŭm 2 1. scheuen, fürchten; zurückschrecken. 2. Ehrfurcht *oder* Hochachtung fühlen. 3. sich schämen.

rĕversĭō, ōnĭs *f.* Umkehr, Wiederkehr, Rückkehr.

rĕversō 1 umwenden.

rĕvertŏr, rĕvertī, rĕversŭm (*auch im Perfekt als Deponens gebraucht*: reversi sunt *Matth.* 2, 12). 1. zurückkehren, sich umkehren, sich wenden 2. sich bekehren, **reverti ĭn sē** in sich gehen. 3. **r. ăd sē** wieder zur Besinnung kommen.

Revesbĭă, ae *f.* Revesby, ehem. Cistercienserkloster, England, Diöz. Lincoln.

rĕvestĭō 4 wieder bekleiden.

rĕvĭbrō 1 1. *trans.*: zurückprallen lassen. 2. *intr.*: einen Widerschein geben.

rĕvĭdĕō, vīdī, vīsŭm 2 genau durchsehen, revidieren.

rĕvĭgēscō 3 wieder lebenskräftig werden; wieder lebendig zu werden anfangen (*C. j. c.* 1469 § 3).

rĕvīlēscō 3 wieder gering werden, an Wert verlieren.

rĕvincĭō, vīnxī, vinctŭm 4 1. zurückbinden. 2. festbinden, anbinden, befestigen. 3. umwinden.

rĕvincō, vīcī, victŭm 3 1. siegreich niederwerfen, überwältigen. 2. überführen, widerlegen.

rĕvĭrēscō, rŭī 3 1. wieder grün werden, wieder ausschlagen. 2. wieder jung werden, sich verjüngen, erstarken.

rĕvīsĭō, ōnĭs *f.* (abermalige) Durchsicht, Einsicht (in eine Sache), Prüfung, Revision, Nachkontrolle, Nachprüfung.

rĕvīsĭtō 1 1. wiederbesuchen. 2. Gegenbesuch machen.

rĕvīsō, vīsī, vīsŭm 3 1. wiedersehen, wieder nachsehen, besichtigen. 2. besuchen.

rĕvīsŏr, ōrĭs *m.* Überprüfer, Nachprüfer, Revisor (*C. j. c.* 2037, 2074).

rĕvīvĭfĭcō 1 wieder beleben.

rĕvīvīscō, vīxī 3 1. auferstehen, wieder lebendig werden. 2. wieder aufleben, sich erholen.

rĕvŏcābĭlĭs, ĕ widerruflich.

rĕvŏcāmĕn, ĭnĭs *n.* Zurückruf.

rĕvŏcātĭō, ōnĭs *f.* 1. Zurückberufung. 2. Widerruf.

rĕvŏcātōrĭŭs 3 abberufend.

S. Rĕvŏcātŭs, ī *m.* hl. Revokat, Martergenosse der hl. Perpetua, † 203, 7. März.

rĕvŏcō 1 1. zurückrufen, abrufen, abhalten. 2. widerrufen, zurückziehen. 3. nach etwas einrichten, auf etwas verweisen.

rĕvŏlō 1 1. zurückfliegen. 2. *übtr.*: zurückeilen.

rĕvŏlūbĭlĭs, ĕ 1. zurückrollbar. 2. abwendbar.

rĕvŏlūtĭō, ōnĭs *f.* 1. Umkehr, Umdrehung; periodenweise Wiederkehr eines bestimmten Jahres oder Tages. 2. Umwälzung; Staatsumwälzung, Revolution.

rĕvolvō, lvī, lūtŭm 3 1. ein Buch aufrollen *oder* aufschlagen. 2. wieder überdenken, betrachten. 3. sē rĕvolvĕrĕ: sich umdrehen, sich wenden. 4. wegwälzen: lăpĭdĕm (*Marc.* 16, 3).

rĕvŏmō, ŭī, ĭtŭm 3 wieder ausspeien, wieder von sich geben.

rĕvortŏr 3 *s.* revertor.

rĕvulsĭō, ōnĭs *f.* Losreißung.

rēx, rēgĭs *m.* 1. König, Herrscher, Fürst. 2. (*nach dem Hebräischen*:) Herrscherstab, Zepter (*Ps.* 59, 9; 107, 9).

Reyī, ōrŭm *m.* (Rayi, Royi) die Familie Roy in Sigmaringen, aus welcher der hl. Fidelis von Sigmaringen stammte.

S. Rhăbānŭs Maurŭs, ī *m. s.* S. Rabanus Maurus.

Rhaetī, ōrŭm *m.* u. **Rhaetĭă,** ae *f. s.* Raeti u. Raetia.

Rhaetĭārĭă, ae *f.* Rhätiaria bei Widdin in Bulgarien.

Rhaetōrŭm cūrĭă *f. s.* Curia urbs.

Rhagae, ārŭm *f*, Rhagä, St. von gewaltigem Umfange in Medien, heute die Ruinen von Rey, südöstlich von Teheran in Persien.

Rgahĭānă, ae *f.* (Ragan ?) Rhagiana, Landschaft östlich von Ekbatana in Medien.

Rhaithi *indecl.* Rhaithi, Ort am unteren Nil, Ägypten.

rhamnŭs, ī *f.* (ῥάμνος) Wegdorn, Kreuzdorn.

Rhătardŭs, ī *m.* (*mit dem Beinamen*: Magnentius) Feldherr König Pipins u. Vater des hl. Rabanus Maurus (im 8. Jhdt.).

rhēdă, ae *f. s.* raeda.
Rhēdŏnĕn. (*C. R.*) *s.* Rhedones.
Rhēdŏnēs, ŭm *m.* (Rhedonae, Rhedoni, Redones, R(h)edonum) Rennes, St. in der Bretagne, Fkr. (Ille-et-Villaine), *ca.* 83000 Einw., Bischofssitz; *dav.*: **Rhēdŏnēnsĭs,** ĕ.
Rhēdŏnŭm, ī *n. s.* Rhedones.
Rhēgĭēnsĭs, ĕ *s.* Regium (Julii).
Rhēgĭŭm, ī *n. s.* Regium (Julii).
Rheingavĭă, ae *f.* (Rhingavia) der Rheingau.
Rheinendorf *indecl.* (Rhennendorf) Rheindorf, Ort bei Bregenz (Vorarlberg).
Rhēmĕn. (*C. R.*) *s.* Rhemi.
Rhēmī, ōrŭm *m.* (Remi, Civitas Remorum, Durocortorum) Reims (Rheims), St. am Kanal Aisne-Marne, Fkr. (Marne), *ca.* 76000 Einw.; Erzbischofssitz (seit 3. Jhdt.); *dav.*: **Rhēmēnsĭs,** ĕ.
Rhēnānŭs 3 rheinisch.
Rhēnaugĭă, ae *f.* (Augia maior, Augia Rheni, Rinova, Rhenaviensis ecclesia) Rheinau, Rheininsel mit ehem. Benediktinerabtei, eine Stunde unterhalb des Rheinfalles in der Schweiz(Zürich), gegr. im 9. Jhdt., aufgehoben 1862 vom Kanton Zürich.
Rhēnāvĭēnsĭs ecclēsĭă, ae *f. s.* Rhenaugia.
Rhendĕnă vallĭs *f.* (Rendena vallis, Rhaetica vallis, Rhaetigoia) der Prätigau, Tal, Schweiz (Graubünden).
Rhennendorf *indecl. s.* Rheinendorf.
Rhēnŭs, ī *m.* (*auch*: flumen Rhenum) Rhein.
rhētŏr, ŏrĭs *m.* (ῥήτωρ) Redner, Lehrer der Beredsamkeit.
rhētŏrĭcă, ae *f. s.* rhetoricus.
rhētŏrĭcŭs 3 zum Rhetor *oder* Redner gehörig; **ars rhētŏrĭcă,** *auch bloß*: **rhētŏrĭcă,** ae *f.* Redekunst, Rhetorik.
Rheum *indecl. m.* (*hebr.*) Rheum, jüdischer Priester, der mit Zorobabel aus dem babyl. Exil zurückkehrte.
rheumă, ătĭs *n.* (ῥεῦμα) Fluß; *übtr.*: Katarrh, Erkältung, *bes.*: Rheumatismus.
rheumătismŭs, ī *m.* Rheumatismus (Reißen in den Gliedern, meist infolge von Erkältung).
Rhīngavĭă, ae *f. s.* Rheingavia.
rhīnŏcĕrōs, rōtĭs (*acc.*-rōtĕm *u.* -rōtă) *m.* (ῥινόκερως) Nashorn (*Deut* 33, 17; *Job* 39, 9. 10).
Rhīnŏcŏlūră, ae *f.* (Ῥινοκόλουρα) Rhinokolura, St. am gleichnamigen Flüßchen (flŭvĭŭs Aegyptī) u. am Mittelmeere in Ägypten an der Grenze gegen Palästina, *j.* El-Arisch, östlich vom Suezkanal.
Rhŏdănŭs, ī *m.* die Rhône (le Rhône), Schweiz u. Südostfkr., mündet ins Mittelländische Meer.
Rhŏdē, ēs *f.* (Ῥόδη) Rhode, eine tugendhafte christliche Magd u. Pförtnerin im Hause der Mutter des Johannes Markus.
Rhŏdĭĕn. (*C. R.*) *s.* Rhodium.
Rhŏdĭŏpŏlĭs, ĭs *u.* ĕōs *f.* Rhodiopolis, Stadt in Lykien (Erzbistum Myra), Kleinasien; *dav.*: **Rhŏdĭŏpŏlĭtānŭs** 3.
Rhŏdĭŭm, ī *n. s.* Rhodus.
Rhŏdĭŭs, ī *m.* Rhodier, Bewohner der Insel Rhodus.
Rhŏdŏcŭs, ī *m.* (Ῥοδόκος) Rhodokus, ein Verräter des jüdischen Heeres in Bethsura z. Z. der Makkabäer.
Rhŏdŏs, ī *f. s.* Rhodus.
Rhŏdŭs, ī *f.* (Rhodos, Ῥόδος) Rhodus (*j.*: Rhodis), Insel im Mittelmeere gegenüber der Südwestspitze Kleinasiens; der Erzbistumstitel von Rhodus (Rhodium) ist seit 1797 mit Malta vereinigt; Rhodus ist jetzt apost. Präfektur; *dav.*: **Rhŏdĭŭs** 3 u. **Rhŏdĭēnsĭs,** ĕ.
rhombŭs, ī *m.* (ῥόμβος) 1. Kreisel der Zauberer, Zauberrad. 2. Glattbutte oder Steinbutte, ein Seefisch.
rhomphaeă, ae *f.* (ῥομφαία) großes zweischneidiges Schwert (*vielleicht auch Wurfspieß*).
Rhōsŭs, ī *f.* (Ῥωσός) Rhosus, Hafenst. am issischen Meerbusen, Kleinasien (Kilikien), *j.*: Totose (Hundskap); *dav.*: **Rhōsĭ(ă)cŭs** 3 u. **Rhōsēnsĭs,** ĕ, (*auch*: rhōssēnsĭs, ĕ).
rhōssēnsĭs, ĕ *s.* Rhosus.
Rhutēnī, ōrŭm *m.* Rodez, St., Südfkr. (Aveyron), *ca.* 14000 Einw., Bischofssitz.
1. **rhythmĭcŭs** 3 (ῥυθμικός) rhythmisch, ebenmäßig.
2. **rhythmĭcŭs,** ī *m.* Rhythmiker, Lehrer des Rhythmus, des Taktes.
rhythmŭs, ī *m.* (ῥυθμός) 1. Gleichmaß, Ebenmaß; der Rhythmus in Musik u. Rede. 2. Loblied, Hymnus, Gedicht.
Ribai *indecl. m.* (*hebr.*: Jahwe ist Streiter) Ribai, ein Israelit, Vater des Etai (Ithai) aus Gabaath.
rīcă, ae *f.* Kopftuch, Schleier.
Riccī, ōrŭm *m.* Ricci, vornehmes Adelsgeschlecht aus Florenz (Italien).
Ricci Petrŭs *m.* Peter Ricci, ein Bürger in Nursia (It.), dessen Wohnung im Jahre 1731 bei einem Erdbeben auf die Fürbitte des hl. Emigdius hin nicht zusammenstürzte.
S. Richardēs, ĭs *f. s.* S. Richardis.
S. Richardĭs, ĭs *f.*(Richardes), hl.Richardis, Kaiserin u. Jgfr. († im 10. Jhdt.)

Sie war Gemahlin Karls des Dicken, mit dem sie von Papst Johannes VIII. im Jahre 881 zu Rom gekrönt wurde. Karl ließ sie einen Teil seines Reiches verwalten. Verleumder beschuldigten sie des Ehebruches; der Kaiser hörte darauf, und sie ging in das Kloster Andlau im Elsaß, das sie selbst gegründet hatte. Dort starb sie im Rufe der Heiligkeit. Als Papst Leo IX. im 11. Jahrhundert das Kloster besuchte, ließ er die Gebeine der Heiligen hinter dem Hochaltare beisetzen. — 25. September (Straßburg).

S. Richardŭs, ī *m.* hl. Richard, König u. Bek. († im 8. Jhdt.).

Sein Vater war Herzog von Schwaben; seine Mutter war eine Schwester des Königs Otto von England, dessen Nachfolger Richard wurde. Seine Kinder waren der hl. Willibald, der hl. Wunnibald und die hl. Walburga. Mit den Söhnen machte er eine Wallfahrt nach Rom und starb in Lucca (Italien). — 7. Februar (Eichstätt).

Richardŭs, ī *m.* 1. Richard von Greifenklau, Erzbischof v. Trier (1511—1531). 2. Richard, Abt von Verdun.

S. Richărĭī mŏnastērĭŭm, ī *n.* *s.* Centulum.

S. Richărĭŭs, ī *m.* (Richerius) hl. Richarius, Bek. u. Abt († im 7. Jhdt.).

Er wurde in dem nach ihm später so benannten Saint-Riquier (Fkr., Somme) geboren. Er war in der Jugend leichtsinnig, hatte aber für alle Pilger ein liebevolles Herz; so nahm er die irischen Benediktiner Caidok und Frichor, die als Glaubensboten durch die Pikardie zogen, freundlich auf. Durch sie wurde er bekehrt und gründete in seiner Heimatstadt ein Kloster; er wurde Mönch und Priester, ging nach Irland, wo er Tausende zum Glauben führte. Bei der Rückkehr wählte man ihn zum Abte; doch er zog sich in eine Einöde zurück und starb dort, hochgeehrt von König Dagobert von Frankreich. — 26. April.

S. Richērĭī mŏnastērĭŭm, ī *n.* *s.* Centulum.

Richērĭī mōns, tĭs *m.* *s.* Rotgeri mons.

S. Richērĭŭs, ī *m.* *s.* S. Richarius.

Richērŭs, ī *m.* Richerus, Domherr in Brixen (12. Jhdt.).

Richētă, ae *f.* *s.* Rixeta.

Richĭmondĭă, ae *f.* Richmond, St., Nordamerika (Virginia), *ca.* 85 000 Einw.; Bischofssitz (seit 1820), Suffr. v. Baltimore; *dav.*: **Richĭmondĭēnsĭs,** ĕ.

Richĭmondĭēn. (*C. R.*) *s.* Richimondia.

Richulphŭs, ī *m.* (Riculfus) Richulf, Erzbischof von Mainz, Nachfolger des hl. Lukullus (9. Jhdt.).

Ricĭmērŭs, ī *m.* Ricimer, ein reicher arianischer Gote, der arianische Kirchen ausschmücken ließ.

Ricĭnă, ae *f.* *s.* Riduna.

rīcĭnĭŭm, ī *n.* (recinium) kleines Kopftuch.

Ricŏmăgō, ōnĭs *f.* *s.* Ricomagus.

Ricŏmăgŭs, ī *f.* (Ricomago) Riom, St., Fkr. (Puy-de-Dôme), *ca.* 11 000 Einwohner.

Rictĭŏvārŭs, ī *m.* (Rictius Varus) römischer Feldhauptmann (Statthalter) und schlimmer Christenverfolger (*besonders in Frankreich u. Trier*) unter Diokletian.

Rictĭŭs Vārŭs, ī *m.* *s.* Rictiovarus.

rictŭm, ī *n.* *s.* rictus.

rictŭs, ī *m.* (rictum) der offene Mund *oder* der aufgesperrte Rachen; plăcĭdō rictū: mit beruhigendem (freundlichem) Brummen.

rīdellae, ārŭm *f.* (ridelli) Altarbehänge.

rīdĕō, rīsī, rīsŭm 2 1. lachen, lächeln. 2. verlachen, bespötteln.

rīdĭbundŭs 3 lachend, mit lachender Miene.

rīdĭcŭlōsŭs 3 spaßhaft.

rīdĭcŭlŭm, ī *n.* Spaß, Scherz; Witz, Witzwort.

1. **rīdĭcŭlŭs** 3 lächerlich; spaßhaft, scherzhaft.

2. **rīdĭcŭlŭs,** ī *m.* Spaßmacher, Spaßvogel.

Rĭdŭnă, ae *f.* (Ricina) Alderney (Aurigny), normannische Insel im Kanal, England.

Rievallĭs, ĭs *f.* Rievaulx Abbey, ehem. Cistercienserkloster, England, Diözese York.

Rigebertŭs, ī *m.* Rigebert, Bisch. von Mainz, Onkel der hl. Bilhildis (8. Jhdt.).

rĭgēns, tĭs starrend, starr, unbeugsam.

rĭgĕō, ŭī 2 1. starren, steif sein. 2. emporragen.

rĭgēscō, gŭī 3 starr werden.

rĭgĭdŭs 3 1. starr, steif. 2. unerschütterlich, streng, hart.

Rigoldūnŭm, ī *n.* Reol (Ricol), D. an der Mosel, nördl. v. Trier.

rĭgō 1 bewässern, benetzen, tränken (*Ps.* 103, 13).

rĭgŏr, ōrĭs *m.* 1. Starrheit, Steifheit; Kälte. 2. Härte, Strenge, Unbeugsamkeit.

rĭgŏrismŭs, ī *m.* Rigorismus, d. i. zu große Strenge in der Auffassung des Sittengesetzes.

rĭgŏristă, ae *m.* ein zu streng Denkender; Anhänger einer strengen Richtung in der Moral, Rigorist.

rĭgŭŭs 3 bewässert.

rīmă, ae *f.* Ritze, Spalte, Riß.

Rimacŭs lŏcŭs, der Ort, wo der Leib des hl. Jodok in der Martinskirche zu Münster beigesetzt wurde (*Münster, Propr.* 28. Mai).

rīmŏr 1 1. zerspalten; aufwühlen, aufreißen. 2. durchstöbern, durchforschen.

rīmōsŭs 3 voll Risse.

rīmŭlă, ae *f.* Ritzchen, kleine Spalte (*C. j. c.* 1200 § 3).

Rinalduccĭă, ae *f.* Rinalduccia, Geschlecht zu Todi in Umbrien, It. (14. Jhdt.).

Rinchnach *indecl.* 1. Nebenfluß des Regen (Niederbayern); *dav.*: **Rinch-**

nachĕnsĭs, ĕ. 2. Pfarrort im Bayerischen Walde (Niederbayern).
ringŏr 3 1. die Zähne fletschen. 2. sich ärgern.
Rinna *indecl. m.* (*hebr.*) Rinna, Israelit aus dem Stamme Juda (1. *Par.* 4, 20).
Rīnovĭă, ae *f. s.* Rhenaugia.
Rīnowă, ae *f. s.* Rhenaugia.
rīpă, ae *f.* Ufer, Flußufer; *auch* Meerufer.
Rīpān. (*C. R.*) *s.* Cupra Montana.
rīpārĭŭs 3 am Ufer befindlich.
rīpēnsĭs, ĕ am Ufer befindlich.
Rīpēnsĭs, ĕ aus Ripon in England, monasterium Ripense.
Riphath *indecl. m.* (*hebr.*) Riphath, Nachkomme Japhets, Sohn Gomers; Riphäer, Hyperboreer, Bergvölker vom Ural bis an die Karpathen (?).
Rīpŭārĭă, ae *f.* Ripuarien, Landschaft zwischen Lahn u. Lippe.
rīpŭlă, ae *f.* kleines Ufer.
riscŭs, ī *m.* (ῥίσκος) der aus Weiden geflochtene und mit Leder überzogene Korb, Koffer.
rīsĭō, ōnĭs *f.* das Lachen, Gelächter.
rīsŏr, ōrĭs *m.* Spötter.
rīsŭs, ūs *m.* Gelächter; Spott, Hohn.
S. Rĭtă ā Cassĭā, hl. Rita von Cascia, Witwe († 1457).

„Die Heilige der unmöglichen Dinge", wie sie später genannt wurde, erblickte im Jahre 1379 zu Rocca Porena bei Cascia in Umbrien das Licht der Welt. Ihre schon hochbejahrten Eltern lebten in aller Eintracht und suchten auch zwischen anderen Frieden zu stiften. Darum nannte man sie „Friedensträger Jesu Christi". Als das Kind in der Wiege lag, flogen weiße Bienen in seinem Munde ein und aus. Früh zeigte es ein ernstes Wesen, großen Gebetseifer und starken Hang zur Einsamkeit. Aus Gehorsam gegen ihre Eltern gab sie ihren Wunsch ins Kloster zu gehen auf und heiratete mit zwölf Jahren einen zornmütigen Mann. Durch Sanftmut und Geduld wandelte sie ihn völlig um. Er wurde nach längerer Zeit ermordet. Vergebens versuchte sie, ihre beiden Söhne von ihren Racheplänen abzubringen. Da bat sie den Herrn, er möge dieselben lieber sterben lassen. Wirklich starben beide bald darauf. Rita selbst wurde nach dreimaliger Abweisung während der Nacht vom hl. Johannes dem Täufer in das Augustinerinnenkloster St. Maria Magdalena zu Cascia gebracht und nun aufgenommen. Bald übertraf sie alle Nonnen an Vollkommenheit. Namentlich betrachtete sie das Leiden Christi. Einmal löste sich aus der Dornenkrone des Kruzifixes ein Dorn ab, der ihre Stirne verwundete. Die schmerzliche Wunde schloß sich nur für die Zeit einer Romfahrt zur Gewinnung des Jubiläumsablasses 1450. Da Würmer in ihr wuchsen, mußte Rita meistens allein sein. Vor ihrem Tode suchte Gott sie noch mit einer schweren Krankheit heim. In dieser Zeit lebte sie fast nur von der hl. Eucharistie. Einmal schickte sie im Januar eine Verwandte in ihren früheren Garten, um eine Rose und einige Feigen zu holen; beides wurde im Garten gefunden. Zur Erinnerung an dieses Wunder werden jetzt noch alljährlich die „Ritarosen" geweiht. Rita starb am 22. Mai 1457. — 22. Mai (Aug. O.)

rītē *adv.* 1. gesetzlich, dem Brauche gemäß, herkömmlich. 2. mit Recht, in der richtigen oder gehörigen Weise.
Rītŭālĕ, ĭs (*abl.*: -ī) *n.* Rituale, Zeremonienbuch.
rītŭālĭs, ĕ nach heiligem *oder* religiösem Brauche, dem Religionsbrauche entsprechend, rituell.
rītŭs, ūs *m.* die Form irgend einer (kirchlichen) Verrichtung; heiliger Brauch, gottesdienstliche Zeremonie; *abl.*: rītū (*mit gen.*) nach Art von, wie, *z. B.* rītū spōnsae: nach Art einer Braut; Congrĕgātĭō săcrōrŭm Rītŭŭm: Kongregation für die kirchlichen Zeremonien (in Rom).
rīvālĭs, ĭs *m.* Nebenbuhler.
rīvālĭtās, ātĭs *f.* Nebenbuhlerschaft, Eifersucht.
rīvŭlŭs, ī *m.* 1. Bächlein. 2. Kanal.
rīvŭs, ī *m.* 1. Bach. 2. Wasserrinne, Furche (*Ps.* 64, 11), Kanal.
Rīvŭs ferrārĭŭs, ī *m.* Saint-Martin-au-Vallespir, ehem. Kloster, Fkr. (Pyrénées-orientales).
rixă, ae *f.* Zank, Streit, Hader; Rauferei.
S. Rixă, ae *f.* hl. Rixa, Jgfr. u. Mart., Genossin der hl. Ursula (5. Jhdt.).
rixātŏr, ōrĭs *m.* Zänker, Haderer.
Rīxētă, ae *f.* (Richeta) Richeta, Gräfin von Arensberg, Äbtissin im Kloster St. Ursula in Köln, Schwester des Bischofs Godefried von Osnabrück (13. Jhdt.).
rixŏr 1 zanken, hadern.
rixōsŭs 3 zanksüchtig, zänkisch.
Roaga *indecl. m.* (*hebr.*: Rohga) Rohga, Nachkomme des Aser, Sohn des Somer.
1. **S. Rŏbertŭs**, ī *m.* hl. Robert, Bek. u. Cist. Abt († 1109).

Als Sohn einer vornehmen Familie in der Champagne geboren, hatte Robert seine Erziehung bei Benediktinermönchen erhalten. Früh zeichnete er sich durch innige Hingabe an die Gottesmutter aus, die ihm bei einer Erscheinung zum Zeichen der Vermählung mit ihrem Sohne einen Ring an den Finger steckte. Da sich der Jüngling zum klösterlichen Leben hingezogen fühlte, trat er in das Benediktinerkloster Moûtier-la-Celle und wurde später Oberer verschiedener Klöster. Nach erfolglosen Reformbestrebungen übernahm er die Leitung von Einsiedlern und gründete mit ihnen 1075 das Kloster Molesme. Hier lebten die Mönche anfangs in größter Dürftigkeit und Strenge, ließen aber allmählich davon ab, als ihnen reichlichere Mittel zur Verfügung standen. Deshalb verließ Robert mit zwanzig Gefährten das Kloster und zog mit ihnen in die Einöde von Citeaux, wo er den Grund zum Cistercienserorden legte. Das Leben in Citeaux war voll von Opfern und Entsagung; mit aller Strenge beobachtete man die Regel des hl. Benedikt, und unter Gebet und Arbeit verbrachten die Mönche ihre Tage. Doch sollte Robert nicht lange die Stille des neuen Klosters genießen. Auf die dringenden Bitten der verlassenen Mönche in Molesme und auf Befehl Papst Urbans II. mußte er Citeaux verlassen und nach Molesme zurückkehren, wo er im 93. Lebensjahre reich an Verdiensten starb. — 29. April (Cist. O.).

2. **S. Rŏbertŭs**, ī *m.* hl. Robert, Bek. u. Cist. († 1159).

England ist die Heimat dieses Heiligen. Nach eifrigem Studium zum Priester geweiht, wirkte

Robert zunächst als Weltpriester, bat aber schon bald um Aufnahme in ein Benediktinerkloster. Da das Leben daselbst dem jungen Priester zu wenig streng erschien, trat er mit Erlaubnis seiner Obern in das Cistercienserkloster Fountains über. Bald lernte der dortige Abt Richard die Vorzüge des neuen Mönches kennen und betraute ihn deshalb mit der Gründung des Klosters Newminster im Norden Englands. Seinen Mönchen bot er das vollkommenste Beispiel der Heiligkeit. Besonders heben die Lebensbeschreiber seinen Gebetseifer hervor, der so stark war, daß er neben dem täglichen Chorgebete noch das ganze Psalterium betete. Nach einem verdienstvollen Leben starb er tief betrauert von allen, die ihn kannten. — 7. Juni (Cist. O.).

Rŏbertŭs, ī *m.* Robert, Bischof von Lüttich, später Papst Urban IV. (1261—1264).

Rŏbertŭs Guiscardŭs, ī *m.* Robert Guiscard, Herzog des süditalienischen Normannenreiches im 11. Jhdt.

Rōbīgālĭă, ĭŭm *n.* die Robigalien, ein Flurumgang im alten heidnischen Rom am 25. April zu Ehren der Gottheit des Getreidebrandes (Robigo), um die Abwendung des Getreiderostes von den Feldfrüchten zu erlangen. Um diesen heidnischen Brauch abzuschaffen, wurde am 25. April von der Kirche die Bittprozession (lĭtānĭae māiōrēs) eingeführt.

rōbīgō, ĭnĭs *f.* (rubigo) 1. Rost, Fäulnis, Moder. 2. Getreiderost, Getreidebrand.

Róboam *indecl. m.* (*hebr.*: Rehabeam = das Volk ist weit ausgedehnt?) Roboam, sittenloser Sohn Salomons, König von Juda (932—916).

Robolăŭs, ī *m. s.* Raboldus.

rōbŏrĕŭs 3 aus Eichenholz, eichen.

rōbŏrō 1 stärken, kräftigen, bekräftigen.

rōbŭr, ŏrĭs *n.* 1. Kernholz; Eichenholz. 2. Stärke, Kraft. 3. Kerntruppen. 4. Geltung, Bedeutung eines Wortes *oder* einer Verfügung.

rōbustŭs 3 stark, kräftig.

Rocchă Porenă, ae *f.* Rocca Porena, Ort bei Cascia in Umbrien, It.

rocchettŭm, ī *n. s.* rochettum.

roccŭs, ī *m.* (mittelalterliche Bezeichnung der leinenen) Tunizella.

rochettŭm, ī *n.* (rocchettum) engärmeliges Chorhemd, Rochet.

S. Rŏchŭs, ī *m.* hl. Rochus, Bek. aus dem dritten Orden des hl. Franziskus († 1327).

Rochus wurde in Montpellier in Frankreich seinen Eltern Johann und Libera schon in vorgerücktem Alter geboren. Seine Brust soll mit einem roten Kreuze gezeichnet gewesen sein. Am Mittwoch und Freitag genoß er nichts. Als in Italien die Pest am grausamsten wütete, zog er dorthin und übte in den Städten Caesina, Piacenza u. a. die Werke der Nächstenliebe durch Pflege der Pestkranken. Auch heilte er viele auf wunderbare Weise, so auch in Rom einen pestkranken Kardinal, durch das bloße Kreuzzeichen. Infolge einer Pfeilwunde wurde er selbst von der Pest ergriffen und lag trostlos ohne jede menschliche Hilfe unter einem Baume. Da sandte ihm Gott einen Engel, und ein Hund brachte ihm alle Tage Brot vom Tische seines Herrn. Ins Vaterland zurückgekehrt, hielten ihn seine Landsleute für einen Verräter und warfen ihn ins Gefängnis, so daß er in der Verachtung seiner Mitbürger sein Leben beschloß. Doch bald wurde er bei Ausbruch der Pest in Konstanz von den dort versammelten Kardinälen und Bischöfen angerufen und sein Bild in feierlichem Umzuge herumgetragen, so daß seine Verehrung auf der ganzen Welt verbreitet wurde. — 16. August: Kulm, Speyer (commemoratio S. Rochi), Triest; 17. August: Franziskanerorden; 18. August: Breslau, Mainz.

Rockhtamptonĭēn. (*C. R.*) *s.* Rockhtamptonium.

Rockhtamptonĭŭm, ī *n.* Rockhampton, St. am Fitzroy, Australien (Queensland), *ca.* 20 000 Einw.; Bischofssitz (seit 1882), Suffr. v. Brisbane; *dav.*: **Rockhtamptonĭēnsĭs,** ĕ.

Rōdardēnsĭs, ĕ aus Rodersdorf in der ehemaligen Grafschaft Mansfeld (Provinz Sachsen).

Rodenĭcŭs pāgŭs, ī *m. s.* Ruthenicus pagus.

Rodenkirchen *indecl.* Dorf südlich von Köln (Rheinland).

Rodericŏpŏlĭs, ĭs *f.* (Civitatensis ecclesia) Ciudad Rodrigo, St., Spanien (Salamanca), *ca.* 9000 Einw.; Bistum, errichtet 1175, aufgehoben 1851, seit 1884 unter einem apostolischen Administrator mit bischöfl. Würde.

Rodichaëlĭs, ĭs *m.* Rodichael, König von England, Bruder des hl. Jodokus.

rōdō, sī, sŭm 3 1. nagen, anfressen, benagen. 2. verkleinern, herabsetzen.

Rodolfŭs, ī *m.* Rudolf, König von Burgund (10. Jhdt.).

B. Rodulfus Acquaviva et soc. *s.* B. Rudolphus Acquaviva et soc.

Rodríguez *indecl. m. s.* S. Alphonsus Rodriguez.

Roermondă, ae *f.* Roermond, St., Niederlande (Limburg), *ca.* 15 000 Einw.; Bistum (seit 1559, unbesetzt von 1801 bis 1853), Suffr. v. Utrecht.

Roffēn. (*C. R.*) *s.* Rucupae.

rŏgātĭō, ōnĭs *f.* 1. Frage. 2. Gesetzesvorschlag, Antrag. 3. Bitte, Gebet; *pl.*: *s.* rŏgātĭōnēs.

rŏgātĭōnēs, ŭm *f.* (lĭtānĭae, supplĭcātĭōnēs) Bittgang, Bittprozession am 25. April (lĭtānĭae māiōrēs) u. an den drei Bittagen vor Christi Himmelfahrt (lĭtānĭae mĭnōrēs).

rŏgātĭuncŭlă, ae *f.* 1. die kurze Frage. 2. der kleine Gesetzesantrag.

rŏgātŏr, ōrĭs *m.* 1. Antragsteller (eines Gesetzes). 2. Stimmensammler (bei Gesetzesabstimmungen).

rŏgātŭs, ūs *m.* das Bitten, das Ersuchen.

1. **Rogel** *indecl.* (*hebr.*: Ain-Rogel: Walkerquelle) Rogel, Name einer Quelle an der Westseite des Ölberges bei

Jerusalem (Hiobsbrunnen? Marienquelle?).

2. **Rogel** *indecl.* Rogel, Ort im Ostjordanlande (*Martyrol.* 6. Juli), angeblich mit dem Grabe des Propheten Isaias, *vgl.* Rogelim.

Rogelim *indecl.* (*hebr.*: [Ort] der Walker) Rogelim, sonst unbekannter Ort in Galaad, Ostjordanland.

Rŏgĕrĭŭs, ī *m.* 1. Roger II., König von Neapel, zu Anfang des 12. Jhdts. 2. ein Graf von Kalabrien im 11. Jhdt.

rŏgĭtō 1 angelegentlich *oder* wiederholt fragen.

rŏgō 1 1. fragen, zu verlangen wissen. pŏpŭlŭm rŏgārĕ: beim Volke ein Gesetz beantragen; săcrāmentō rŏgārĕ ălĭquĕm jem. vereidigen. 2. ersuchen, bitten, beten.

Rogommelech *indecl. m.* (*hebr.*: Regem-Melech) Ragem Malik, ein vornehmer Jude zu Babylon, der in Jerusalem opfern u. sich wegen Haltens der Festtage Rats erholen ließ.

rŏgŭs, ī *m.* 1. Scheiterhaufen. 2. *übtr.*: Grab, Vernichtung.

1. **Rohob** *indecl.* (*hebr.*: Straße) Rohob 1. Levitenstadt in Pal. (Aser). 2. St. an der Nordgrenze Kanaans, unweit Lais. 3. (Rehob, Beth-Rehob), St. u. Landschaft in Syrien, wahrscheinlich das heutige Dorf Chûnîn am Ostrande des nördlichen Gebirges in Galiläa, westlich von Bâniâs.

2. **Rohob** *indecl. m.* (*hebr.*: Straße) Rohob 1. Vater des Adarezer, Königs von Soba. 2. ein Levit, Mitbesiegler des nachexilischen Bundes.

Rohobia *indecl. m.* (*hebr.*: Breite Jahwes) Rohobja, Enkel des Moses.

Rohoboth *indecl. s.* Rehoboth.

Rokytnice *indecl.* Rokytnice, Flüßchen bei Prag in Böhmen.

Rōmă, ae *f.* Stadt Rom, Hauptstadt von Italien; *dav.*: **Rōmānŭs** 3.

Roma *indecl. f.* (*hebr.*: Reuma) Re-uma, Gattin Nachors (*Gen.* 22, 24).

Rōmānă, ae *f.* die Römerin.

S. Rōmānī mŏnastĕrĭŭm, ī *n.* 1. Romain-Môtiers, Marktflecken, Schweiz (Waadt) mit ehem. Abtei, Diöz. Lausanne. 2. Saint-Romans, ehem. Abtei in Fkr. (Isère), *j.*: Stadt mit 17000 Einw.

Rōmānō-cathŏlĭcŭs 3 römisch-katholisch; subst. ī *m.* römischer Katholik.

rōmantĭcŭs 3 romantisch.

Rōmānŭs 3 römisch.

Rōmānŭs, ī *m.* der Römer.

1. **S. Rōmānŭs,** ī *m.* hl. Roman, Mart. († 258).

Er gehörte zu den Henkersknechten des hl. Laurentius und sah, wie ein Engel dem Martyrer Blut und Schweiß abwischte. Sogleich bekannte er sich als Christen und wurde im eigenen Blute getauft. In Fulda wird seit dem Jahre 835 eine Reliquie des Heiligen verehrt. — 9. August (Fulda).

2. **S. Rōmānŭs,** ī *m.* hl. Roman, Abt († 464).

Der Heilige war im Burgunder Lande geboren und lebte zu Anfang des 5. Jahrhunderts im Juragebirge als Einsiedler. Hier fand ihn sein leiblicher Bruder Lupizin; beide errichteten ein Kloster, das später Saint-Cloud (= Sancti Claudii) genannt wurde. Als die Schar der Mönche wuchs, gründete man ein zweites Kloster, dessen Oberer Lupizin wurde; endlich entstand das Kloster Romain-Moûtiers im Schweizer Kanton Waadt sowie das Frauenkloster Baume-les-Dames (auch: Baume-les-Nonnains) im Verwaltungsbezirke Doubs. Lupizin galt als strenger, Roman als milder Oberer; ersterer überlebte den Bruder um ungefähr 20 Jahre. Der hl. Roman wurde als Helfer gegen die Elefantiasis angerufen. — 28. Februar (Romanus et Lupicinus) Basel; 28. *oder* 29. Februar (Lausanne-Genf).

S. Romarĭcī mōns, ntĭs *m.* (Romaricum) Remiremont, St., Fkr. (Vosges), mit ehem. Kloster.

Romarĭcŭm, ī *n. s.* S. Romarici mons.

Romatiānă cīvĭtās, ātĭs *f.* (Remesiana civitas, Remisiana civitas, Romesiana) Mustapha-Palanka, St. im ehem. Dazien (*j.*: Walachei u. Siebenbürgen), nördlich von Naïssus.

Romathītēs, ĭs *m.* der Ramathiter, Bew. v. Rama.

Rōmātīnŭm, ī *n.* Lemene, Fluß im Venediger Gebiete, It.

S. Rōmĕdĭŭs, ī *m.* hl. Romedius, Bek.

Er wurde in Thaur am unteren Inn von edlen Eltern geboren und pilgerte nach Rom. Nach seiner Rückkehr machte er der Kirche von Trient große Geschenke. Alsdann zog er sich, vom hl. Geiste geleitet, in das damals besonders wilde Nonsberger Tal (Tirol) zurück, wo ehedem Sisinius und Alexander gemartert worden waren. Zu Gefährten hatte er Abraham und David. Über seinem Grabe wurde eine Kirche erbaut, die das Ziel vieler Wallfahrer wurde. — 15. Januar (Trient).

Romelĭās, ae *m.* (*hebr.* ?) Romelja, Vater des Königs Phakee von Israel.

Romemthiezer *indecl. m.* (*hebr.*) Romemthiezer, ein Israelit, Sohn des Sängers Heman.

Romowe *indecl.* Romowe, Ort in der Nähe von Fischhausen am Frischen Haff (Reg. Bez. Königsberg).

romphaeă, ae *f. s.* rhomphaea.

S. Romualdŭs, ī *m.* hl. Romuald, Bek. u. Abt, Stifter des Kamaldulenserordens, † 1027, 7. Februar.

Rōmŭlae, ārŭm *f.* (Bisaciensis ecclesia) Bisaccia, St., It. (Avellino), *ca.* 7500 Einw.; Bischofssitz (seit 11. Jhdt.); Suffr. v. Conza.

Rōmŭlĕŭs 3 *s.* Romulus.

Rōmŭlŭs, ī *m.* Romulus mit seinem Zwillingsbruder Remus, sagenhafter Erbauer Roms; *dav.*: Romŭlĕŭs 3 1. romulisch. 2. römisch.

rōrātĭō, ōnĭs *f.* das Tauen, der Tau.

rōrĭdŭs 3 betaut.

rōrĭfĕr, fĕră, fĕrŭm taubringend.

rōrō 1 1. tauen, Tau fallen lassen. 2. triefen, feucht sein.
rōrōlentŭs 3 betaut; voll Nässe.
rōs, rōrĭs *m.* Tau; Feuchtigkeit.
Ros *indecl. m.* (*hebr.*: Haupt) Rosch, Sohn Benjamins.
rōs mărīnŭs, ī *m.* (ros maris) Rosmarin, ein immergrüner Strauch mit stark riechenden schmalen, dicken Blättern.
rōs mărĭs *m. s.* ros marinus.
rŏsă, ae *f.* (ῥόδον) 1. Rosenstrauch. 2. die Rose; **Rŏsă aurĕă**: die vom Papste gesegnete goldene Rose, welche er Fürsten (Fürstinnen), Ländern oder Städten als Geschenk überreicht.
S. Rŏsă Limānă, ae *f.* hl. Rosa von Lima, Jgfr. aus dem Orden des hl. Dominikus, † 1617, 30. August.
S. Rŏsă Vĭterbĭēnsĭs *f. s.* S. Rosa a Viterbo.
S. Rŏsă ā Vĭterbĭō, *f.* hl. Rosa von Viterbo, Jgfr. aus dem dritten Orden des hl. Franziskus († 1252).

Um das Jahr 1234 zu Viterbo geboren, zeigte Rosa schon in der frühesten Kindheit ein wunderbares Verständnis in religiösen Dingen, eine große Liebe zum Gebete und zu den Übungen christlicher Selbstverleugnung. Damals schon erweckte sie ihre verstorbene Tante zum Leben. Mit sieben Jahren zog sie sich in ein stilles Kämmerlein im elterlichen Hause zurück und lebte dort ganz der Beschauung und den Bußübungen ergeben. Zehn Jahre alt, trat sie in den dritten Orden des hl. Franziskus. Durch Belehrung und Ermahnung führte sie viele Abtrünnige zum katholischen Glauben zurück. Das Wohl der damals sehr bedrängten Kirche und des Papstes lag ihr sehr am Herzen; in ihrer Vaterstadt predigte sie öffentlich auf den Straßen Buße und forderte zur Unterwerfung unter den Papst auf. Ihre Widersacher aber veranlaßten ihre und und ihrer Familie Verbannung. So kam Rosa in andere Städte und wirkte überall Wunder der Bekehrung. Nach Viterbo zurückgekehrt, bat sie, fünfzehn Jahre alt, bei den Klarissen um Aufnahme; sie wurde abgewiesen, prophezeite aber ihre Aufnahme nach dem Tode. Sie wirkte viele und große Wunder; auch wiederholte sich bei ihr das Rosenwunder der hl. Elisabeth; einer Blindgeborenen gab sie das Augenlicht. Sie starb in ihrer Vaterstadt achtzehn Jahre alt. 30 Monate nach ihrem Tode wurde ihr noch unverwester Leib in die Kirche der Klarissen übertragen. Innozenz XI. hat ihre Verehrung gutgeheißen. — 4. September (Franz. O.).

rŏsācĕŭs 3 1. aus Rosen; ăquă rŏsācĕă: Rosenöl. 2. rosenfarben, rosenfarbig: cŏlŏr (an den Sonntagen „Gaudete" u. „Laetare" werden in den Kathedralen rosenfarbige Meßgewänder u. Chormäntel statt der violetten gebraucht).
Rŏsae, ārŭm *f.* „Rosen", ein Herrschaftssitz auf Sizilien bei Palermo.
S. Rŏsālĭă Pănormĭtānă, ae *f.* hl. Rosalia von Palermo, Jgfr., Klausnerin bei Palermo († 1160).

Sie stammte aus vornehmem Grafengeschlechte, das seinen Stammbaum auf Karl den Großen zurückleitete und mit dem Könige von Sizilien verwandt war. Sie verließ allen väterlichen Reichtum und alle irdischen Freuden, zog sich dann in eine düstere Felsengrotte unweit Palermo zurück, um ein vollkommenes Einsiedlerleben zu führen. Dies besagte die Aufschrift am Eingange ihrer Klause: „Ich, Rosalia, die Tochter Sinibalds, des Herrn von Quisquina und Rosen habe beschlossen, aus Liebe zu meinem Herrn Jesus Christus in dieser Höhle mein Leben zu verbringen." Die Versuchungen des bösen Feindes, der ihr gegen dieses rauhe Leben einen heftigen Ekel einflößen wollte, besiegte sie durch schwere Bußwerke, Nachtwachen, Tragen von eisernen Ketten, Liegen auf bloßem Boden und vor allem durch himmlische Freuden, die ihr durch Engel zuteil wurden. Einer inneren Erleuchtung folgend, vertauschte sie die düstere Grotte mit einer noch schauerlicheren Höhle in den Bergen, die dreimal soweit vom Elternhause entfernt lag und stieg dort zur vollkommensten Gottesliebe empor. Nach Auffindung ihres hl. Leibes unter Papst Urban VIII. wurde Sizilien auf ihre Fürbitte hin von einer Pest befreit. — 4. September (Kulm).

rŏsārĭŭm, ī *n.* 1. Rosenhecke, Rosengarten. 2. der (marianische) Rosenkranz; festŭm săcrātissĭmī Rŏsārĭī B. M. V.: Fest des hochheiligen Rosenkranzes am 7. Oktober; äußere Feier am 1. Sonntag im Oktober.
rŏsārĭŭs 3 aus Rosen, Rosenkranz-.
Rōscĭānŭm, ī *n.* Rossano, St., It. (Cosenza), *ca.* 14000 Einw.; Erzbischofssitz (seit 11. Jhdt.), (10.—11. Jhdt.: Suffr. v. Reggio).
rōscĭdŭs 3 (rosidus) tauig; betaut, benetzt, bewässert.
Rŏsĕnă, ae *f.* Roseau, St. auf der Insel Dominica (La Dominique), britische Antille (von den kleinen Antillen), zwischen Guadeloupe u. Martinique, *ca.* 5000 Einw.; Bischofssitz (seit 1850), Suffr. v. Port of Spain auf Trinidad; *dav.*: **Rosēnsĭs,** ĕ.
Rŏsēn. (*C. R.*) *s.* Rosena.
rŏsētŭm, ī *n.* Rosenhecke, Rosengarten.
Rŏsētŭm ī *n.* (Grossetana ecclesĭa) Grosseto, St., It. (Toskana), *ca.* 6000 Einw.; Bischofssitz seit 1138, Suffr. v. Siena; *dav.*: **Rŏsētānŭs** 3.
rŏsĕŭs 3 1. mit Rosen besetzt *oder* erfüllt. 2. rosenfarbig, rosig.
rōsĭdŭs 3 *s.* roscidus.
rōsmărīnŭs, ī *m.* (ros maris) Rosmarin, ein immergrüner Strauch mit stark riechenden dicken Blättern.
rōs mărĭs *m. s.* ros marinus.
Rosnavĭă, ae *f.* (Rosnavium, Rosnya) Rosenau (*ungar.*: Rozsnyó), St., l. am oberen Sajó, Ungarn (Gömör), *ca.* 5200 Einw.; Bischofssitz (seit 1776), Suffr. v. Erlau; *dav.*: **Rosnavĭēnsĭs,** ĕ.
Rosnavĭēn. (*C. R.*) *s.* Rosnavia.
Rosnavĭŭm, ī *n. s.* Rosnavia.
Rosnyă, ae *f. s.* Rosnavia.
Rossānēn. (*C. R.*) *s.* Roscianum.
Rossēn. (*C. R.*) *s.* Rossia.
Rossĭă, ae *f.* Roß (New Roß), St., Irland; Bistum (seit 570), Sitz in Skibbereen; Suffr. v. Cashel; *dav.*: **Rossēnsĭs,** ĕ.
Rossum Gulielmŭs *m.* Wilhelm van Rossum, Kardinal 1911; Mitglied der

engeren Kodifikationskommission, Präfekt der Propaganda.
rōstră, ōrŭm *n. s.* rostrum.
rōstrātŭs 3 geschnabelt; mit einem Schiffsschnabel versehen, verziert.
rōstrŭm, ī *n.* 1. Schnabel, Schnauze. 2. Rammsporn des Schiffes. 3. Zacke des Dreschwagens. 4. *pl.*: rōstră, ōrŭm *n.* Rednerbühne auf dem Forum in Rom; *übtr.*: öffentliche Beredsamkeit.
rŏtă, ae *f.* 1. Rad; *pl.*: Wagen. 2. Marterrad, Wirbelrad. 3. Hahn einer Pistole, eines Gewehres; rŏtăm tormentī bellĭcī laxārĕ: ein Gewehr abdrücken. 4. = wirbelnder Staub *oder* das „Rad" der kugelförmig gerollten dürren Stengel der wilden Artischocke, die Rädern gleich vom Winde dahin getrieben werden (*Ps.* 82, 14); Wirbelwind oder das „Rad von Jahwes Wagen", dessen Rollen nach der Anschauung des alten Orientalen den Donner verursacht (*Ps.*76, 19). 5. rŏtă sōlĭs Sonnenscheibe (*Vesp. Fer. IV.* 2). 6. *übtr.*: Wechsel, Veränderlichkeit, Unbeständigkeit. 7. Radleuchter, Hängeleuchter.
Rŏtă Rōmānă, ae *f.* römische Rota, die höchste Gerichtsbehörde am päpstlichen Hofe in Rom zur Entscheidung bei Appellationen in letzter Instanz *oder* bei direkt überwiesenen Rechtssachen (die Signatura ist Kassationsgericht).
rŏtālĭs, ĕ die Rota Romana betreffend; sententĭă rŏtālĭs: ein Gerichtsurteil der Rota Romana.
rŏtātĭō, ōnĭs *f.* Umdrehung.
Rŏtēnă, ae *f.* (Rotena urbs) *s.* Ruthenae.
Rotgerī mōns, tĭs *m.* (Richerĭī mons) der Rüggisberg unweit Lausanne, Schweiz.
Rothaldŭs, ī *m.* Rothald, Bisch. v. Verona (9. Jhdt.).
Rothŏmāgēn. (*C. R.*) *s.* Rothomagus.
Rothŏmāgŭm, ī *n. s.* Rothomagus.
Rothŏmāgŭs, ī *f.* (Rothomagum) Rouen, St., r. an der Seine, Fkr. (Seine-Inférieure), *ca.* 110 000 Einw.; Erzbischofssitz (seit 3. Jhdt.), *dav.*: **Rŏthŏmăgēnsĭs,** ĕ.
rŏtō 1 im Kreise herumdrehen, rollen, schwingen.
Rottenburg *indecl. n. s.* Rottenburgum.
Rottenburgēn. (*C. R.*) *s.* Rottenburgum.
Rottenburgŭm, ī *n.* (Rottenburg) Rottenburg, St., l. am Neckar, Württemberg (Schwarzwaldkreis), *ca.* 8000 Einw.; Bischofssitz (seit 1821), Suffr. der Oberrheinischen Kirchenprovinz, *dav.*: **Rottenburgēnsĭs,** ĕ.
rŏtŭlă, ae *f.* Opferbrot, Oblate, Hostie (*wegen der runden radförmigen Gestalt*).
rŏtŭlŭs, ī *m.* 1. Rädchen. 2. Verzeichnis, Liste (*Caerem. Episc.*); Programm.
rŏtundĭtās, ātĭs *f.* Rundung.
rŏtundō 1 abrunden.
rŏtundŭs 3 rund, abgerundet; scheibenrund; ĭn rŏtundŭm: in der Runde.
Rūbĕācēnsĭs cīvĭtās, ātĭs *f. s.* Rubeacum.
Rūbĕācŭm, ī *n.* (Rubiacum, Rubeacensis *oder* Rubeaquensis civitas) Rufach, Dorf, Oberelsaß (Gebweiler); *dav.*: Rūbĕācēnsĭs, ĕ (Rubiacensis, e).
Rūbĕāquēnsĭs cīvĭtās, tĭs *f. s.* Rubeacum.
rŭbēdō, ĭnĭs *f.* Röte.
rŭbĕfăcĭō, fēcī, factŭm 3 rot machen, röten.
Rŭbēn. (*C. R.*) *s.* Rubi.
Ruben *indecl. m.* (*hebr.*: Re-uben = seht! ein Sohn!) Ruben, 1. ältester Sohn des Patriarchen Jakob sowie der nach ihm benannte Stamm der Israeliten u. sein Land. 2. Ahnherr der Judith.
Rubenītēs, ŭm *m.* Rubeniten, Nachkommen des Ruben.
rŭbēns, tĭs rot, rötlich; schamrot.
rŭbĕō, ŭī 2 rot sein.
rŭbĕr, bră, brŭm rot; Mărĕ Rŭbrŭm: das rote Meer, der arabische Meerbusen.
rŭbēscō, bŭī 3 rot werden; erröten.
rŭbētă, ae *f.* Kröte.
rŭbētŭm, ī *n.* Brombeergesträuch; Dorngestrüpp.
rŭbĕŭs 3 rot.
Rŭbĕŭs mōns, tĭs *m. s.* Rubrum monasterium.
Rŭbī, ōrŭm *m.* Ruvo, St. in Apulien, It. (Bari), *ca.* 24 000 Einw., Bistum, seit 1818 vereinigt mit Bitonto, Suffr. von Bari; *dav.*: **Rŭbēnsĭs,** ĕ u. Rŭbĕŭs 3.
Rŭbĭăcŭm, ī *n. s.* Rubeacum.
rŭbĭcundŭs 3 hochrot.
rūbīgō, ĭnĭs *f. s.* robigo.
rŭbĭlāns, tĭs rötlich schimmernd.
rŭbŏr, ōrĭs *m.* 1. Röte, die rote Farbe. 2. Schamröte, Schamhaftigkeit. 3. Beschämung, Schimpf, Schande.
rŭbrīcă, ae *f.* 1. (*scil.*: terra) jede aus der Erde gegrabene rote Farbe: Rötel, roter Ton, Eisenton, Eisenocker (*Sap.* 13, 14). 2. das Gesetz (weil die Titel der Gesetze rot geschrieben wurden). 3. die liturgischen Vorschriften, die rotgedruckten Angaben der liturgischen Bücher, die Rubriken; man unterscheidet: rŭbrīcae gĕnĕrālēs, welche die allgemeinen Regeln für die hl. Messe u. das Brevier enthalten, und rŭbrīcae spĕcĭālēs, welche für die einzelnen Teile der hl. Messe oder des Breviers *oder* für bes. Zeiten *und* Feste

Anweisungen geben; ferner rŭbrīcae dīrectīvae, die nur eine Anweisung geben, *und* rŭbrīcae praeceptīvae, die unter einer Sünde verpflichten.

rŭbrīcātĭō, ōnĭs *f.* 1. das Rotmachen, das Röten. 2. Einreihung in die Rubriken (*s.* rubrica 3).

rŭbrīcātŭs 3 1. rotgefärbt. 2. rubriziert.

Rŭbrŭm mŏnastērĭŭm, ī *n.* (Rubeus mons) Rottenmünster, ehem. Cist.innenkloster, Württemberg (Schwarzwaldkreis).

rŭbŭs, ī *m.* Brombeerstrauch, Dornbusch.

ructō 1 *u.* **ructŏr** 1 1. aufstoßen, rülpsen, ausspeien. 2. ausströmen lassen, aussprechen.

Rucupae, ārŭm *f.* (Rufrium, Roffensis ecclesia) Rochester, St. am Genesee u. Eriekanal, Nordamerika (New York), *ca.* 165000 Einw.; Bischofssitz (seit 1868), Suffr. v. New York.

rŭdēns, ntĭs *m.* starkes Seil, Schiffsseil, Tau (2. *Petr.* 2, 4).

rŭdĭmentŭm, ī *n.* erster Anfang, Versuch, Anfangsgründe der Wissenschaft.

1. **rŭdĭs,** ĕ 1. roh, unbearbeitet. 2. noch neu, ungeordnet. 3. *übtr.*: unwissend.

2. **rŭdĭs,** ĭs *f.* 1. der dünne Stab (zum Umrühren), Rührlöffel, Quirl. 2. Fechtschläger, Rapier.

rŭdĭtās, ātĭs *f.* 1. Roheit. 2. *übtr.*: Unwissenheit.

rŭdō, dīvī, dītŭm 3 brüllen.

Rudolphī cellă, ae *f. s.* Radolphi cella.

S. Rudolphŭs, ī *m.* hl. Rudolf, Mart. († 1288 *oder* 1294).

Er starb als Kind unter den Dolchstichen der Juden in Bern (Schweiz) zur Zeit Papst Nikolaus' IV. Nach der Auffindung wurde der Körper des Knaben sofort neben einem Altare vom hl. Kreuze beigesetzt. Infolge der religiösen Umwälzung des 16. Jahrhunderts vergrub man die Gebeine. — 17. April (Basel-Lugano).

B. Rudolphŭs Acquaviva et soc. *m.* der selige Rudolf Acquaviva u. seine Gefährten, Mart., († 1583).

Vier Priester: Rudolf Acquaviva, Alfons Pacheco, Antonius Francisco und Petrus Berno sowie der Laienbruder Franz Aranha erlitten auf der Halbinsel Salsette unweit Goa in Indien den Martertod, als sie inmitten der heidnischen Bevölkerung in einem Dorfe eine Kapelle erbauen wollten. Die Leichen wurden in einen schmutzigen Brunnen geworfen. — Rudolfs Vater war Herzog von Hatria; er war ein Muster der Nächstenliebe und Demut. — Alfons, ein Spanier entstammte dem Herrscherhause Minave; er zeichnete sich durch Frömmigkeit und Gelehrsamkeit aus und wurde mit wichtigen Sendungen betraut.—Petrus stammte aus einer Schweizer Familie; er verwaltete vorher in Rom das Amt eines Präfekten im Germanischen Kolleg. Er rief wiederholt in den drei Jahren seines Aufenthaltes auf der Halbinsel Salsette aus: „Dieses unfruchtbare Land muß nicht so sehr mit Schweiß als mit Blut befruchtet werden!" — Antonius war Portugiese; er trat mit 17 Jahren in die Gesellschaft Jesu ein. — Der Laienbruder Franz war Neffe des Erzbischofs von Goa; er betätigte sich als Baumeister; seinen Martertod sagte er wiederholt voraus. — Als man die Leichname nach drei Tagen aus dem Brunnen zog, fingen sie frisch zu bluten an. Dasselbe Schauspiel zeigte sich 133 Jahre später; denn die Gebeine waren von der Verwesung verschont geblieben. Der betreffende Brunnen wurde für viele Pilger in der Folge heilspendend! Bis 1600 war die Zahl der Bekehrungen außerordentlich, selbst die Mörder der Seligen schworen das Heidentum ab. — Leo XIII. nahm die fünf Blutzeugen in die Zahl der Heiligen auf. — 27. Juli (Ges. Jesu).

Rudolphŭs, ī *m.* 1. Rudolf II., König v. Burgund, Vater der hl. Adelheid. 2. Rudolf III., König v. Burgund, Neffe der hl. Adelheid. 3. ein Bischof von Lüttich.

rŭdŭs, ĕrĭs *n.* 1. zerbröckeltes Gestein, Geröll, Schutt; *pl.*: rŭdĕră, ŭm *n.* Schutthaufen, Ruinen. 2. Mörtel.

S. Ruffillŭs, ī *m.* hl. Ruffillus, Bek. u. Bisch. v. Forlimpopoli (Italien) († im 4. Jhdt.).

Er stammte aus Athen und wurde schon als Jüngling häufig scherzweise Bischof genannt. Nach Empfang der hl. Priesterweihe begab er sich nach Rom, wo ihn Papst Silvester liebgewann und zum Bischofe von Forlimpopoli machte; als solcher bekehrte er viele. Einen Isistempel verwandelte er in eine Marienkirche. Er studierte viel, er nahm am Konzil zu Rimini (Italien) teil, verließ es aber mit Gaudentius, weil die meisten Bischöfe dem Arianismus huldigten. Er starb berühmt als Wundertäter. — 24. Juli.

1. **S. Rūfīnă,** ae *f.* hl. Rufina, Jungfrau und Mart., † zu Rom 250, 10. Juli.

2. **S. Rūfīnă,** ae *f.* Santa Rufina, Bistumstitel (Kirche der hl. Rufina [*s.* 1. S. Rufina]) mit Porto in Italien vereinigt.

Rūfīnă, ae *f.* Rufina, eine römische Buhlerin z. Z. Julians des Abtrünnigen.

S. Rūfīnae (*C. R.*) *s.* 2. S. Rufina.

Rūfīnĭānŭs, ī *m.* Rufinian, einer der von Gregor dem Großen nach England entsandten Missionare.

Rūfīnŭs, ī *m.* Rufin, 1. Vater des hl. Papstes Silvester I. 2. ein Patrizier aus der Landschaft Emilia (Italien) im ersten Jhdt.

rūfŭlŭs 3 rötlich.

rūfŭs 3 rothaarig, feuerrot, fuchsrot (*Gen.* 25, 25. 30; *Apoc.* 6, 4).

1. **S. Rūfŭs,** ī *m.* hl. Rufus, Mart. u. Bisch. v. Kapua (Italien) († im 1. Jhdt.).

Er lebte als früherer Konsul und Heeresführer in Ravenna, als er das Wunder des hl. Apollinaris schaute, wodurch dieser seine (des Rufus) Tochter Rufina ins Leben zurückrief. Er wurde Bischof von Kapua und starb als Martyrer unter Kaiser Nero. — 27. August.

2. **S. Rūfŭs,** ī *m.* hl. Rufus, Bek. u. Bisch. von Metz († im 3. Jhdt.).

Er leitete nach dem hl. Klemens 32 Jahre sein Bistum, als Kaiser Septimius Severus eine Christenverfolgung ins Werk setzte. Wie eine aufrechte Palme stand er inmitten der Leiden, die ihn und seine Gläubigen trafen. Seine Gebeine wurden nach Otternheim in der Diözese Worms gebracht. Sein Todestag ist der 27. August. — 7. Nov. (Metz).

3. **(S.) Rūfŭs,** ī *m.* (hl.) Rufus, Sohn des Simon von Cyrene u. Bruder des Alexander; er wird stellenweise als Heiliger angesehen.

Rūfŭs, ī *m.* Rufus, ein Christ in Rom (*vielleicht identisch mit*: 3. (S.) Rufus).
rūgă, ae *f.* Runzel, Hautfalte; finstere Miene.
Rūgĭă, ae *f.* (Rūgĭăcēnsĭs insŭlă) Rügen, Insel in der Ostsee, Preußen (Pommern).
Rūgĭăcēnsĭs īnsŭlă, ae *f.* *s.* Rugia.
rŭgĭō 4 brüllen; schreien.
rŭgītŭs, ūs *m.* das Brüllen, Gestöhn.
rūgōsŭs 3 runzelig, faltig.
rŭīnă, ae *f.* 1. Sturz, Einsturz, Fall. 2. Unheil, Untergang, Ruin; rŭīnă mācĕrĭae: Mauerriß. 3. *bes. im pl.*: Trümmer. 4. *concr.*: ein Gefallener, Leiche (*Ps.* 109, 6). 5. Sündenfall (*lect. VIII. Dedic. Michaelis Arch.*).
rŭīnōsŭs 3 baufällig.
Rullă, ae *f.* Rulle, D. bei Osnabrück, Preußen (Hannover).
Ruma *indecl.* (*hebr.*: die Erhabene) 1. Ort in der Nähe von Sichem, Pal. (Ephraim). 2. Ort, Pal. (Juda); *statt* Ruma *dürfte richtig* Duma *zu lesen sein* (*Jos.* 15, 52).
rūmă, ae *s.* rūmĕn.
rūmĕn, ĭnĭs *n.* (rūmă, ae *f.*) Kehle, Schlund.
Rūmēnī, ōrŭm *m.* Rumänier.
1. **rŭmex,** ĭcĭs *m.* zackiges Wurfgeschoß.
2. **rŭmex,** ĭcĭs *f.* Sauerampfer.
rūmĭnātĭō, ōnĭs *f.* 1. das Wiederkäuen. 2. *übtr.*: das wiederholte Gerede, die Wiederholung.
rūmĭnō 1 wiederkäuen, immer wieder überlegen.
rūmŏr, ōrĭs *m.* 1. Gemurmel, Gerücht. 2. öffentliche Meinung, Ruf. 3. üble Nachrede.
rumpĭă, ae *f.* ein langes, zweischneidiges Schwert, der Flamberg (*vgl.*: rhomphaeă).
rumpō, rūpī, ruptŭm 3 1. brechen, durchbrechen, zerbrechen; zerteilen, öffnen; *pass.*: sich öffnen, bersten. 2. verletzen, vernichten.
rūmŭscŭlŭs, ī *m.* Gerede, Geschwätz.
rūnă, ae *f.* der Wurfspieß.
runcīnă, ae *f.* (ῥυκάνη) der Hobel.
rŭō, rŭī, rŭtŭm (rŭĭtūrŭs 3) 3 I. *intr.*: 1. stürzen, einsinken, zusammenfallen. 2. stürmen, lostoben. 3. in sein Verderben stürzen, zugrunde gehen. II. *trans.*: hinwerfen, zugrunde richten; rūtă et caesă, ōrŭm *n.* Gegrabenes u. Gefälltes, *d. h.* die fahrbare Habe, Mobilien.
Ruodŏburgēnsĭs, ĕ von Rudoburg, ein fränkisches Grafengeschlecht.
Rupellă, ae *f.* La Rochelle, Hafenst., Fkr. (Charente-Inférieure), *ca.* 24000 Einw.; Bischofssitz (seit 1648), Suffr. v. Bordeaux; *dav.*: **Rupellēnsĭs,** ĕ.
Rupellēn. (*C. R.*) *s.* Rupella.
Rupēnsĭs cŏmĭtātŭs, ūs *m.* La Rochefoucauld, ehem. Grafschaft, Fkr. (Charente).
S. Rūpertī augĭă, ae *f.* Ruprechtsau, ehem. Dorf, jetzt Stadtteil von Straßburg im Elsaß.
1. **S. Rūpertŭs,** ī *m.* St.Trudbert, Kloster, Baden (Freiburg).
2. **S. Rūpertŭs,** ī *m.* hl. Rupert, Bek. u. Bischof von Worms († um 715).

Er lebte unter dem Frankenkönige Childebert; es gelang ihm, in Bayern viele, darunter auch den Herzog Theodo, zu bekehren, den er in Regensburg taufte. Angeblich errichtete er an der Stätte des heutigen Salzburg eine Kirche zu Ehren des hl. Apostels Petrus und gründete dort einen Bischofssitz; er starb daselbst am Ostersonntage. Rupert wird als Apostel der Bayern verehrt. — 27. März (München-Freising, Linz, Passau, Regensburg, Salzburg. Seckau); 24. September (Gurk).

Fest der Übertragung (*Lesung wie am Feste 27. März mit dem Beisatz*): Nach seinem Tode wurde vom Bischof Vigilius die eine Hälfte des hl. Leibes in der Klosterkirche St. Peter, die andere Hälfte mit Brust und Haupt in der neuerrichteten Kathedrale St. Rupert beigesetzt. — 24. September (Salzburg) *u.* 25. September (Seckau [translatio Sancti Ruperti]).

3. **S. Rūpertŭs,** ī *m.* hl. Rupert, Bek. († im 9. Jhdt.).

Er wurde als Sohn des Landgrafen Robolaus und der Fürstentochter Berta zu Bingen an der Nahe geboren. Der Knabe verlor schon früh den Vater; die Mutter leitete ihn besonders zur Pflege der Armen an. Als er herangewachsen war, beschloß er, Christus in der Fremde zu dienen. Zögernd stimmte die Mutter zu. Er begab sich nach Rom, kehrte heim und erbaute mit seinem Vermögen mehrere Kirchen. Im Alter von 20 Jahren segnete er das Zeitliche. Sein hl. Leib wurde nach Eibingen im Rheingau gebracht, gelangte aber später fast ganz in die St. Rochuskirche bei Bingen. — 15. Mai (Limburg, Mainz); 21. Mai (Trier).

Rūpertŭs, ī *m.* Rupert, Bischof von Bamberg.
rūpēs, ĭs *f.* Fels, Klippe.
ruptŏr, ōrĭs *m.* Verletzer: foedĕrĭs.
ruptūră, ae *f.* Bruch, Verletzung.
Rūră, ae *m.* 1. Roer, Nebenfluß der Maas, Belgien. 2. (Rurinna) Ruhr, r. Nebenfluß des Rheins, Preußen (Rheinprovinz).
Rūraemundă, ae *f.* (Rūraemundēnsĭs, ĕ) *s.* Ruremonda.
rūrālĭs, ĕ ländlich; căpĭtŭlŭm rūrālĕ: Landkapitel; dĕcānŭs rūrālĭs: Landdechant.
Rūrĕmondă, ae *f.* (Ruraemunda, Rurimunda) Roermond, St., Holland (Limburg), *ca.* 13000 Einw.; Bischofssitz (seit 1559), Suffr. v. Utrecht; *dav.*: **Rūremondēnsĭs,** ĕ.
Rūrĕmondēn. (*C. R.*) *s.* Ruremonda.
rūrĭcŏlă, ae *m.* u. *f.* Landbewohner, Landbewohnerin.
rūrĭgĕnă, ae *m.* u. *f.* auf dem Lande geboren; *pl.*: Landleute.
Rūrĭmundă, ae *f.* *s.* Ruremonda.
Rūrinnă, ae *f.* *s.* Rura 2.

rūrsŭm *adv. s.* rursus.
rūrsŭs *adv.* (rursum) 1. rückwärts, zurück. 2. wieder, von neuem. 3. umgekehrt, andrerseits.
rūs, rūrĭs *n.* Land (*im Gegensatze zur Stadt*); Landgut.
Rusă, ae *f. s.* Reussia.
Ruscellōnŭm, ī *n.* (Santones) Roussillon, ehem. Landschaft, Fkr. (Pyrénées-orientales).
Ruspă, ae *f. s.* Ruspe.
Ruspē, ēs *f.* (Ruspa) Ruspe, St. u. ehem. Bistum in Nordafrika, *j.*: Alfaquez, unweit Maharez, nördlich des Golfes von Gabes, Tunis.
Russĭă, ae *f.* Rußland.
Russĭăcŭs 3 russisch.
russŭs 3 hellrot, rot.
Russŭs, ī *m.* der Russe.
rūstĭcă, ae *f.* die grobe Bäuerin.
1. **rūstĭcānŭs** 3 ländlich, bäuerlich.
2. **rūstĭcānŭs,** ī *m.* Landbewohner.
rūstĭcātĭō, ōnĭs *f.* Aufenthalt auf dem Lande, Landleben (*Ecclus.* 7, 16; 27, 7).
rūstĭcē *adv.* 1. ländlich, bäuerlich. 2. ungeschickt, plump.
rūstĭcĭtās, ātĭs *f.* 1. ländliche Schlichtheit, bäuerliches Wesen; Einfachheit. 2. Plumpheit.
rūstĭcŏr 1 1. auf dem Lande leben. 2. Landwirtschaft treiben.
rūstĭcŭlŭs, ī *m.* der schlichte Landmann.
1. **rūstĭcŭs** 3 1. ländlich, einfach, schlicht. 2. tölpisch, plump, roh.
2. **rūstĭcŭs,** ī *m.* grober Bauer, Lümmel, Grobian.
1. **S. Rūstĭcŭs,** ī *m.* hl. Rustikus, Mart. † 272, 9. Oktober.
2. **S. Rūstĭcŭs,** ī *m.* hl. Rustikus, Bischof, Bek. († 6. Jhdt.).

Rustikus war um die Mitte des sechsten Jhdts. der zweite Bichof von Trier. Er führte zuerst einen sündhaften Lebenswandel. Als nun der selige Goar vor ihm die Unenthaltsamkeit scharf tadelte, wurde ein Findelkind zum Bischofe gebracht, das seine Eltern angeben sollte. Von Goar im Namen der heiligsten Dreifaltigkeit aufgefordert, nannte es mit lauter Stimme den Bischof Rustikus und eine gewisse Flavia als seine Eltern. Ganz bestürzt von dieser Aussage und durch Gewissensbisse und Reuegesinnung gedrängt, schloß er sich sieben Jahre in das Kloster des hl. Paulinus ein, entsagte seiner Bischofswürde, setzte seine Bußwerke fort und hinterließ ein leuchtendes Beispiel christlicher Demut, das durch viele Wunder nach seinem Tode verherrlicht wurde. — 14. Oktober (Trier).

Rūstĭcŭs, ī *m.* Rustikus, Präfekt in Rom, um 160.
Rustringī, ōrŭm *m.* Rüstringen, Landschaft links der Wesermündung, Oldenburg.
rūtă, ae *f.* (ῥύτη u. ῥυτή) 1. die Raute (ein bitteres Kraut) (*Luc.* 11, 42). 2. *übtr.*: Bitterkeit.
rūtă (et) caesă, ōrŭm *n. s.* ruo.
rūtābŭlŭm, ī *n.* Ofenkrücke; Rührlöffel.
Rutapĭae, ārŭm *f.* (Sandovicensis *oder* Sandwiegensis ecclesia; Londonensis ecclesia) Sandwich, St. an der südlichsten Spitze von Kanada (Nordamerika); ehem. Bischofssitz (seit 1856), *jetzt in*: London, St. zwischen Toronto u. Detroit (Kanada); Suffr. v. Toronto.
Rūtbertŭs, ī *m.* Ruotbert, Erzbisch. v. Trier (930—956).
Rŭtēnsĭs cīvĭtās, ātĭs *f. s.* Ruthenae.
Ruth *indecl. f.* (*hebr.* ?) Ruth, eine Moabiterin, zuerst Frau des Mahalon, dann Frau des Booz, durch ihren Sohn Obed Ahnfrau Davids u. des Heilandes.
Rūthardŭs, ī *m.* Ruthard, Gaugraf von Baar im südlichen Baden (8. Jhdt.).
Rŭthēnae, ārŭm *f.* (Rotena urbs, Rutensis civitas, Rutheni) Rodez, St. am Aveyron, Fkr. (Aveyron), *ca.* 12000 Einw.; Bischofssitz (seit 5. Jhdt.), vereinigt mit dem Titel von Vabres, Suffr. v. Albi; *dav.*: **Rŭthēnēnsĭs,** ĕ.
Rŭthēnēn. (*C. R.*) *s.* Ruthenae.
1. **Rŭthēnī,** ōrŭm *m. s.* Ruthenae.
2. **Rŭthēnī,** ōrŭm *m.* (Pruteni) 1. Rusniaken *oder* Ruthenen (sie bilden die Hauptmasse der Bewohner in den russischen Bezirken Witebsk, Mohilew und Minsk; sie sind zahlreich in Wolhynien und Grodno). 2. Ruthenen in Ostgalizien.
Rŭthēnĭcŭs pāgŭs, ī *m.* (Rodenicus pagus) La Ronergue, ehem. Landschaft in Fkr. (Aveyron).
Rŭthēnsĭs, ĕ *s.* Ruthis.
Rŭthĭs, ĭs *f.* Waldzug bei Tongern (Belgien); *dav.*: **Rŭthēnsĭs,** ĕ.
rŭtĭlō 1 rötlich schimmern, wie Gold glänzen.
rŭtĭlŭs 3 rötlich, goldgelb.
rūtrŭm, ī *n.* Grabscheit, Schaufel.
rūtŭlă, ae *f.* Raute.
ryt(h)mŭs, ī *m. s.* rhythmus.

S.

S. *Abkürzung*: 1. *für*: sanctŭs *oder* sanctă. 2. *für*: Sextŭs.
Saal *indecl. m.* (*hebr.*: Scheal) Saal, ein Jude, der seine fremde Frau entließ.
Saalbim *indecl.* (Saalabin, Selebin; *hebr.*: Ort der Füchse ?) Saalbim, St., Pal. (Dan); *vielleicht j.*: Selbît, nordwestl. von Ajalon, südwestl. von Ramle, zwischen Jaffa u. Jerusalem.
Saananim *indecl.* (*hebr.*: Wanderung ?) Saananim, St., Pal. (Nephthali).

Saaph *indecl. m.* (*hebr.*) Saaph, 1. ein Israelit aus dem Stamme Juda, Sohn des Jahaddai. 2. der Gründer der Stadt Madmena, Vater des Sun.

Saarim *indecl.* (*hebr.* Pforten) Saarim, St. Pal. (Simeon).

1. **Saba** *indecl. m.* (*hebr.*: Seba) Seba, 1. Nachkomme des Cham u. Sohn des Chus, vielleicht Stammvater der Völker am Oberlaufe des Nils. 2. Sohn des Regma, Enkel des Chus.

2. **Saba** *indecl. m.* (*hebr.*: Scheba) Saba, 1. Sohn des Jeksan, Enkel Hebers (*Gen.* 10, 28). 2. Sohn des Jeksan, Enkel Abrahams (*Gen.* 25, 3).

3. **Sabă,** ae *f.* (= Umkehr, Umkreis) Landschaft in Südarabien, das heutige Yemen; *dav.*: **Sabaeŭs** 3 aus Saba, *auch*: arabisch; *subst.*: **Sabaeī,** ōrŭm *m.* Araber. Nach anderen ist Saba = **Meroë,** d.h. die vom weißen und blauen Nil umschlossene Provinz Äthiopiens, *j.*: Sennâr.

sabacthani *aram.*: „du hast mich verlassen" (*Mt.* 27, 46).

Săbaeī, ōrŭm *m. s.* 3. Saba.

Săbaeŭs 3 1. sabäisch. 2. arabisch; *vgl.* 3. Saba.

1. **Sabaim** *indecl. m.* (*hebr.*) Schebajim, ein Israelit, dessen Nachkommen (Knechte Salomons) aus dem babyl. Exil zurückkehrten.

2. **Sabaim** *indecl.* (*pl. von*: Saba) Sabäer, Bewohner von Meroë (*Is.* 45, 14).

Sabama *indecl.* (Saban) (*hebr.*: die Abwehrende ?) Sibma (Sebam), ein Ort im Lande der Moabiter, später dem Stamme Ruben zugeteilt, in der Nähe von Hesebon gelegen.

Saban *indecl.* (*hebr.*: Sebam) *s.* Sabama.

Sabană, ae *f. s.* Sabio.

Sabania *indecl. m.* (*hebr.*) Schebanja, Levit u. Besiegler des nachexilischen Bundes.

Sabaoth *indecl.* (*hebr.*: Heerscharen) nur in Verbindung mit Dominus (die „Heerscharen" sind die Sterne *oder* die Engel).

Sābārĭă, ae *f.* (Sarabia, Savaria) Steinamanger (*ungar.* Szombathely), St., Ungarn (Eisenburg), *ca.* 25 000 Einw.; Bischofssitz (seit 1777), Suffr. von Gran; *dav.*: **Sābārĭēnsĭs,** ĕ.

Sābārĭēn. (*C. R.*) *s.* Sabaria.

Sabarim *indecl.* (*hebr.*) Sibrajim, St. zwischen Jericho u. Hai, Pal.; (visionärer Grenzort gegen Syrien: *Ez.* 47, 16).

Sabat (Sabath) Schebat, babylonischer Name des 11. Monats im jüdischen Jahre (von Mitte Januar bis Mitte Februar) (*Zach.* 1, 7).

Sabatha *indecl.* (*hebr.* ?) 1. Sabatha, dritter Sohn des Chus. 2. die von Äthiopien aus gegründete Handelsstadt Sabtha in Südarabien, *j.*: Zanguebar.

Sabathacha *indecl.* (*hebr.*) Sabteka, 1. fünfter Sohn des Chus. 2. die von Äthiopien aus gegründete Stadt Sabteka; *vielleicht*: Samydake am persischen Meerbusen.

Sabathai *indecl. m.* (*hebr.*) Schalbetaj, jüdischer Levit für die äußeren Dienste am nachexilischen Tempel in Jerusalem.

Săbaudĭă, ae *f.* (Saboia) Savoyen, 1. Landschaft, Fkr. (Savoie u. Haute-Savoie). 2. ehem. Königreich Savoyen.

S. Sabbās, ae *m.* hl. Sabbas, Abt, † 532, 5. November.

Sabbatim = Schabbat hajjim lejahweh Schabbat ist heute auf Jahwes Befehl (*Ex.* 16, 25).

sabbătă, ōrŭm *n. s.* sabbatum.

sabbătŭm, ī *n.* u. *pl.*: sabbătă (σάββατα) (*hebr.*: Ruhe) 1. der Sabbat der Juden, Ruhetag. 2. unser Samstag; **Sabbătŭm Sanctŭm** Karsamstag. 3. die Woche (= hebdŏmăs, ἑβδομάς); ūnā sabbătōrŭm *oder* ūnā sabbătī = prīmā diē sabbătōrŭm (sabbati) am ersten Tage der Woche (Ostersonntag) convĕnīrĕ pĕr ūnŭm sabbătī (= prīmō diē hebdŏmădĭs) am ersten Tage der Woche, am Tage des Herrn, am Sonntage.

sabbătismŭs, ī *m.* Feier des Sabbats, Sabbatruhe, Ruhetag.

sabbătīzō 1 Sabbat feiern.

Sabe *indecl. m.* Scheba, Sohn des Regma, Enkel des Chus, *vgl.*: Saba.

Sabee *indecl. m.* (*hebr.*) Scheba', St., Pal. (Simon) (*Jos.* 19, 2).

Săbellĭānī, ōrŭm *m.* Sabellianer, eine von dem Irrlehrer Sabellius im 3. Jhdt. gestiftete antitrinitarische Sekte.

Saber *indecl. m.* (*hebr.*: Bruch) Scheber, ein Israelit, Sohn Kalebs u. der Maacha.

S. Săbīnă, ae *f.* hl. Sabina, Mart., † 126, 29. August.

Săbīnă, ae *f.* Sabina, ein aus neun Gemeinden der Provinz Rom u. Perugia bestehendes suburbikarisches Bistum (seit 5. Jhdt.), vereinigt mit dem Abtstitel von Farfa, Sitz in Magliano Sabino; *dav.*: **Săbīnēnsĭs,** ĕ.

Săbīnēn. (*C. R.*) *s.* Sabina.

Săbĭō, ōnĭs *f.* (Sabiona, Sabona, Sabāna) Säben *oder* Seben, südlich von Brixen in Tirol mit Kloster u. ehem. Bischofssitz (*j.*: in Brixen); *dav.*: **Săbĭōnŭs** 3 u. **Săbĭōnēnsĭs,** ĕ.

Săbĭōnă, ae *f. s.* Sabio.

Săbĭōnēnsĭs, ĕ *s.* Sabio.
Săbĭōnŭs 3 *s.* Sabio.
Săbĭs, ĭs (*acc.* -ĭm *abl.* -ī) *m.* Sambre, Nebenfluß der Maas, Nordfrk.
Săbŏiă, ae *f.* *s.* Sabaudia.
Sābōnă, ae *f.* *s.* Sabio.
Săbrătă, ae *f.* (Sābrăthă) Sabart (Tripoli vecchio), St. bei der kleinen Syrte in Nordafrika; *dav.*: **Sābrătēnsĭs,** ĕ.
Sabrīnă, ae *f.* Severn, Fluß im Südwesten Englands.
Săbŭlētă Burdigalēnsĭă (Landarum tractus) Les Landes, Landschaft, Fkr. (Landes).
săbŭlŭm, ī *n.* grobkörniger Sand, Kies.
săburră, ae *f.* Sand; Schiffssand, Schiffsballast.
Saccă, ae *f.* Sciacca, St., Sizilien (Girgenti), *ca.* 22 000 Einwohner.
saccellānŭs, ī *m.* (sacellanus) Säckelmeister, Schatzmeister, Almosengeber.
saccellŭs, ī *m.* Säckchen.
sacchărŭm, ī *n.* (sacharis) (σάκχαρον) Zuckersaft, Zucker.
Saccĕrĭs, ĭs *f.* (Turitana ecclesia) Sassari, St., Sardinien, It., *ca.* 33 000 Einw.; Erzbischofssitz (seit 1073, Bistum seit 5. Jhdt.).
saccĭnŭs 3 aus Sacktuch gemacht.
1. **saccō** 1 durchseien (*durch einen Sack*).
2. **saccō,** ōnĭs *m.* Säckler, Einsäckler.
saccŭlŭs, ī *m.* Säckchen, Geldbeutel.
saccŭs, ī *m.* 1. Sack, *bes.*: Bettelsack. 2. Bußkleid, Trauerkleid (*Ps.* 29, 12).
săcellānŭs, ī *m.* 1. Kaplan, *bes.*: Hofkaplan. 2. *s.* saccellanus.
săcellŭm, ī *n.* kleines Heiligtum, Kapelle (*auch als Teil einer größeren Kirche C. j. c.* 717 § 1).
săcĕr, cră, crŭm heilig, geweiht, ehrwürdig.
săcerdōs, ōtĭs *m.* [sacer-dos „geweihte Gabe" („Person")] 1. Priester; in der ältesten christlichen Zeit Bezeichnung sowohl für einfache Priester, wie für Bischöfe; *erstere wurden zur genauen Unterscheidung* săcerdōtēs mĭnōrēs *oder* sĕcundī ordĭnĭs *genannt*; săcerdōs magnŭs: Hoherpriester, Bischof; **săcerdōtēs ăpostŏlĭcī**: die priesterlichen Nachfolger der Apostel. 2. *auch*: Hoherpriester (*z. B. Ps.* 109, 4).
S. Săcerdōs, ōtĭs *m.* hl. Sacerdos, Bek., Cist. Bischof († 1213).
Martin, mit dem Beinamen Sacerdos (Priester), entstammte der alten Adelsfamilie Finojozo in Altkastilien und wurde 1138 geboren. Schon frühe wurde er den Cisterciensern zur Erziehung übergeben und trat mit 20 Jahren in das Kloster Huerta ein, wo er zwei Jahrzehnte lang Abt war. Dann wurde er Bischof von Siguenza. Als solcher wahrte er die Rechte seiner Kirche und nahm sich besonders der Armen und Gefangenen an. Nach sieben Regierungsjahren verzichtete er auf sein Bistum und zog sich wieder nach Huerta zurück. — 5. Mai (Cist. O.).
săcerdōtālĕ, ĭs *n.* Handbuch für Priester, Vorläufer des Rituale.
săcerdōtālĭs, ĕ priesterlich.
săcerdōtĭŭm, ī *n.* Priesterwürde, Priesteramt, Priestertum.
Sachacha *indecl.* (*hebr.*: Geflecht ?) Sechacha, St., Pal. (Juda).
Sachar *indecl. m.* (*hebr.*: Lohn) Sachar, 1. der Vater des Ahiam, eines Offiziers Davids. 2. ein Levit z. Z. Davids, der vierte Sohn Obededoms.
Sacharja *indecl. m.* *s.* Zacharias.
sachărĭs, ĭtĭs *m.* *s.* saccharum.
Sachlēnsĭs, ĕ (Sachslensis) aus Sachseln, einem Orte am Sarner See, im Schweizer Kanton Unterwalden.
Sachslēnsĭs, ĕ *s.* Sachlensis.
Sācōnĭŭm, ī *n.* *s.* Saeckingia.
săcră, ōrŭm *n.* *s.* sacrum.
Săcră īnsŭlă, ae *f.* (Sancta terra) Helgoland, Insel in der Nordsee, Preußen (Schleswig-Holstein).
săcrāmentālĕ, ĭs *n.* Sakramentale, d. i. heilige Sache oder Handlung zur Erlangung geistlicher Wirkungen.
săcrāmentālĭs, ĕ sakramentalisch.
săcrāmentārĭŭm, ī *n.* (= liber sacramentorum, εὐχολόγιον) Sakramentar, d. h. ein Buch, welches die meisten Meßgebete enthielt, nämlich den Kanon u. die nach Tagen u. Festen wechselnden Gebete [nicht aber Lesungen u. Gesangsteile]; ebenso Gebete für die Spendung der hl. Sakramente u. für Benediktionen; es war ein Vorläufer des jetzigen Missale; die wichtigsten sind das Leonianum (das Leo d. Gr. zugeschrieben wird), das Gelasianum (Gelasius † 496) u. Gregorianum (v. Gregor d. Gr.).
Săcrāmentēn. (*C. R.*) *s.* Sacramentum.
săcrāmentŭm, ī *n.* 1. Geldsumme, Pfand, Haftgeld, Kaution. 2. Eid, feierliche Verpflichtung, Fahneneid, Diensteid, jedes beschworene Verhältnis. 3. Geheimnis: crŭcĭs săcrāmentŭm paschālĕ: Sakrament, Gnadenmittel; Meßopfer. 4. Heiligtum.
Săcrāmentŭm, ī *n.* Sacramento (Grass-Valley), St. am Sacramentoflusse, Kalifornien, Nordamerika, *ca.* 3000 Einw.; Bischofssitz (seit 1886), Suffr. v. S. Francisco; *dav.*: **Săcrāmentēnsĭs,** ĕ.
săcrārĭŭm, ī *n.* 1. Aufbewahrungsort für heilige Gegenstände, Sakristei. 2. eine Senkgrube hinter dem Altare und in der Taufkapelle, welche dazu dient, das Wasser von gottesdienstlichen Waschungen, die Reste oder die Asche gebrauchter geweihter Sachen aufzunehmen. 3. Heiligtum, Kapelle.

săcrātĭō, ōnĭs *f.* Weihung, Widmung; Heiligung.
săcrātŏr, ōrĭs *m.* Heiligmacher; Weihespender, Segensspender.
săcrātŭs 3 geheiligt, heilig, geweiht.
săcrĭfĭcālĭs, ĕ zum Opfer gehörig.
săcrĭfĭcātĭō, ōnĭs *f.* das Opfern, Opfer.
săcrĭfĭcātŏr, ōrĭs *m.* Opferer, Priester.
săcrĭfĭcātōrĭŭs 3 zum Opferer gehörig: lĭbellŭs.
săcrĭfĭcĭŭm, ī *n.* das Opfer als Handlung, *bes.*: Meßopfer.
săcrĭfĭcō 1 opfern.
săcrĭfĭcŭs 3 zum Opfer gehörig; Opfer-: rītŭs.
săcrĭlĕgĭŭm, ī *n.* 1. Kirchenraub, Gottesraub. 2. Entweihung des Heiligen *oder* gottgeweihter Personen, Verletzung der religiösen Pflichten.
săcrĭlĕgŭs 3 1. kirchenräuberisch, sakrilegisch. 2. gottlos, verrucht.
săcristă, ae *m.* Sakristan, Küster, Mesner.
săcristĭă, ae *f.* Sakristei.
săcrō 1 1. heiligen, weihen, widmen. 2. verewigen.
săcrōsanctŭs 3 unverletzlich, hochheilig, hochehrwürdig.
săcrōsyllăbŭs 3 voll von heiligen Worten: lĭbellŭs.
săcrŭm, ī *n.* 1. Heiligtum, heiliger Gegenstand. 2. heilige Handlung; Opfer, Meßopfer, Gottesdienst; *auch*: **săcră,** ōrŭm *n.* 1. gottesdienstliche Einrichtungen *oder* Verrichtungen, z. B. Predigt, Christenlehre. 2. Meßopfer, Sakramente, hl. Geheimnisse.
B. Sadamatzu Caspar *n. s.* B. Franciscus Pacheco.
Sadducaeī, ōrŭm *m.* (*hebr.*: die Gerechten) Sadduzäer, eine Sekte unter den Juden z. Z. Christi, nach ihrem Stifter Sadok (*ca.* 300 v. Chr.) benannt. Sie leugnete besonders das Dasein der Engel, die Unsterblichkeit der Seele und die Auferstehung des Fleisches; *dav.*: **Sadducaeŭs** 3.
Sadducaeŭs 3 sadduzäisch, *s.* Sadducaei.
Sadoc *indecl. m.* (*hebr.*: Gerechter) Sadok 1. der nach der Flucht Abiathars von Saul zu Gabaon eingesetzte Hohepriester aus der Familie der Eleazariden (2. *Kön.* 15, 29). 2. ein Hohepriester z. Z. Salomons (3. *Kön.* 4, 4). 3. ein Israelit, Ahnherr des nachexilischen jüdischen Priesters u. Tempelverwalters Saraja. 4. ein Jude, der nach dem Exil an der Tempelmauer Jerusalems mitbaute u. als Volkshaupt den erneuerten Bund besiegelte. 5. ein Jude, Sohn des Azor (Assur), Ahnherr Christi.
B. Sadoc et sŏcĭī *m.* sel. Sadok u. seine Gefährten, Dominikaner († 1260).

Sadok wurde vom hl. Dominikus, dessen Orden er angehörte, von Bologna aus nach Ungarn gesandt zugleich mit dem Ungarn Paulus, dem Apostel von Kumani. Ihnen gesellten sich noch weitere Prediger bei. In einem Gesichte schaute Sadok, wie unreine Geister über die Heiligen der sich mehrenden Ordensfamilie ganz verwirrt wurden und in klägliches Geheul ausbrachen. Das ermunterte ihn zu noch größerem Eifer in der Verbreitung des Glaubens. In Sandomir (Polen) übernahm er die Leitung des dortigen Klosters. Dort wurde er mit 48 Ordensangehörigen von den Tataren ermordet. Am Tage vorher soll ihnen Gott beim Beten der Laudes durch goldene Buchstaben im Martyrologium den Kampf und den Sieg für den folgenden Tag verkündet haben. Nach dem hl. Meßopfer begeisterte Sadok die über die ungewohnte Lesung staunenden Mönche so für den glorreichen Tod um Christi willen, daß sie den kommenden Tag kaum erwarten konnten. Nachdem sie in der Frühe die allerseligste Jungfrau durch das Salve Regina begrüßt hatten, drangen Tatarenhorden in die Jakobskirche ein und hieben alle nieder. — 2. Juni (Krakau, Przemysl).

Saeckingĭă, ae *f.* (Saconium) Säckingen, östlich von Basel, r. am Rhein, Baden (Waldshut), *ca.* 4300 Einw.
saeclŭm, ī *n. s.* saeculum.
saecŭlārĭs, ĕ 1. hundertjährig, Jahrhunderte hindurch. 2. heidnisch, sündhaft. 3. weltlich = vergänglich: gloria. 4. weltlich = in der Welt lebend: clērŭs (*Gegensatz*: klösterlich).
saecŭlārĭzātĭō, ōnĭs *f.* 1. Säkularisation, d. i. gewaltsame Wegnahme geistlicher Güter. 2. Säkularisierung, d. i. der infolge päpstlichen Indults erfolgte dauernde Austritt aus einem Orden unter Entbindung von den Ordensgelübden (*C. j. c.* 640).
saecŭlŭm, ī *n.* 1. Menschenalter, Zeitalter, Urzeit, Lebenslauf (*Ps.* 89, 8), Generation; in saecŭlŭm u. in saecŭlō (*Ps.* 72, 12) immer, in Ewigkeit. 2. Zeitgeist, Weltgeist, die Welt als Inbegriff der Sünde. 3. die irdische, sichtbare, vergängliche Welt; mortŭŭs saecŭlī: ein längst Verstorbener (*Ps.* 142, 3). 4. Jahrhundert, längerer Zeitraum, lange Reihe von Jahren; antē saecŭlă von der Urzeit her (*Ps.* 54, 20 u. 73, 12). 5. a saecŭlō: von Anbeginn an; von jeher; dēsertă saecŭlōrŭm: was schon lange wüst war; in saecŭlŭm saecŭlī *oder* in saecŭlă saecŭlōrŭm: auf immer, immerdar; in saecŭlŭm dīrĭgētŭr sēmĕn ējŭs seine Nachkommenschaft wird bestehen bleiben (*Ps.* 101, 29).
saepĕ *adv.* oft.
saepĕnŭmĕrō *adv.* oftmals.
saepēs, ĭs *f.* (sēpēs) Zaun, Verzäunung, Gehege.
saepĭō, saepsī, saeptŭm 4 1. einhegen, umpflanzen, einschließen. 2. hemmen.
saepissĭmē *adv.* (*sup. v.* saepe) sehr oft, sehr häufig.
saepĭŭs *adv.* (*comp. v.* saepe) öfters.

saeptŭm, ī *n.* Gehege, Zaun; Bereich; Hürde, Stall; *pl.*: saeptă, ōrŭm *n.* die Schranken.

saeptŭs 3 (sēptŭs), umzäunt, umringt, umgeben.

saetă, ae *f.* (sēta) starkes Haar, Borste; sētae ĕquōrŭm: Pferdehaar.

saetĭgĕr, ĕră, ĕrŭm (sētĭgĕr) borstentragend.

saetōsŭs 3 (sētōsŭs) borstig, haarig.

saevĭō 4 wüten, toben.

saevĭtās, ātĭs *f.* Wut, Heftigkeit, Grausamkeit.

saevĭtĭă, ae *f.* (saevĭtĭēs) 1. Wut, Grausamkeit; Strenge. 2. Mißhandlung (*C. j. c.* 1131 *u.* 1699 § 3).

saevĭtĭēs, ēī *f. s.* saevitia.

saevŭs 3 tobend, wütend, heftig, grausam.

sāgă, ae *f.* Wahrsagerin; Kupplerin; Hexe.

săgācĭtās, ātĭs *f.* Findigkeit, Scharfsinn, Schlauheit.

săgātŭs 3 mit dem Mantel bekleidet.

săgāx, ācĭs scharfsinnig, findig.

Sage *indecl. m.* (*hebr.*) Schage, Vater des Jonathan, eines Offiziers Davids.

săgēnă, ae *f.* (σαγήνη) Netz; săgēnăm mittĕrĕ; das Netz auswerfen.

Sāgĭēn. (*C. R.*) *s.* Sagium.

săgīmĕn, ĭnĭs *n.* Fett.

săgīnă, ae *f.* 1. Ernährung, Fütterung. 2. Speise, Futter. 3. Fettigkeit, Fettheit.

săgīnātĭō, ōnĭs *f.* das Mästen.

săgīnō 1 nähren, füttern, mästen.

sāgĭō 4 scharf spüren, wittern; ahnen.

săgittă, ae *f.* 1. Pfeil, 2. Blitz (*Ps.* 17, 15 *u.* 76, 18).

săgittārĭŭs, ī *m.* Schütze.

săgittō 1 1. *intr.*: mit Pfeilen schießen. 2. *trans.*: mit Pfeilen beschießen.

Sagĭŭm, ī *n.* Séez, St., Fkr. (Orne), *ca.* 4300 Einw.; Bistum (seit 3. Jhdt.), Suffr. v. Rouen; *dav.*: **Sagĭēnsĭs**, ĕ.

sagmă, ătĭs *n.* u. **sagmă**, ae *f.* (σάγμα) Saumsattel.

Sāgonnă, ae *f.* Saône, r. Nebenfluß der Rhône, Fkr.

săgŭlātŭs 3 mit einem (Kriegs-)mantel bekleidet.

săgŭlŭm, ī *n.* Reisemantel, Kriegsmantel.

săgŭm, ī *n.* 1. ein viereckiges grobes Stück Wolltuch als Überwurf, Mantel, Kriegsmantel. 2. Kriegswesen; săgō inclȳtŭs: kriegsberühmt. 3. das Stück Tuch, das über der Asche ausgebreitet wurde, auf das sich die sterbenden Mönche legen ließen. 4. Teppich (*Ex.* 36, 11 *u.* 15).

Săguntŭm, ī *n.* (Saguntus, Ζάκυνθος) bis 1877 Murviedro, *j.*: Sagunto, St. in Aragonien, Spanien (Valencia), *ca.* 8000 Einw.; *dav.*: **Săguntīnŭs** 3.

Săgŭntŭs, ī *f. s.* Saguntum.

sāgŭs, ī *m.* Hexenmeister

Sahidĭcŭs 3 sahidisch *oder* thebäisch, *eine oberägyptische Mundart. Ins Sahidische wurde das neue Testament schon im 3. Jhdt. übersetzt, entweder aus dem griechischen Urtext oder möglicherweise aus der unterägyptischen Übersetzung, dem Bohairischen oder Memphitischen (Koptischen). Von der Übersetzung sind nur noch Bruchstücke erhalten und Lesarten, die jedoch für die Textkritik wertvoll sind. Das Untersahidische oder Achmimische wurde in Mittelägypten gesprochen; die wenigen erhaltenen Bruchstücke sind aber nicht wichtig.*

Săhăgūnŭm, ī *n.* Sahagún, St. in Spanien (León) mit der Benediktinerabtei St. Facundus; *ca.* 3000 Einwohner.

Saharaim *indecl. m.* (*hebr.*) Schaharajim, Israelit aus dem Stamme Benjamin.

Săĭs, ĭs *f.* (Σάϊς) Sais, alte Hauptst. v. Unterägypten im westlichen Nildelta mit prächtigem Tempel der Göttin Neith, *j.*: Ruinen beim Dorfe Sâ-el-Haggar.

sāl, sălĭs *m.* u. *n.* (*pl.*: sălēs *m.*) 1. das Salz. 2. Verstand, Witz, feiner Geschmack.

Sălă, ae *f.* Saale, l. Nebenfluß der Elbe, Mitteldeutschland.

Salabonītēs, ĭs *m.* der Schaalboniter, *s.* Saalbim.

sălăcō, ōnĭs *m.* (σαλάκων) Prahler, Aufschneider.

Salai *indecl. m.* (*hebr.*: Schilchi = Schößling Jahwes) Salai, Vater der Azuba, der Mutter des Königs Josaphat (872—849).

Salamiel *indecl. m.* (*hebr.*: Gottesfriede) Salamiel, Führer des Stammes Simeon durch die Wüste.

Sălămīnă, ae *f. s.* Salamis.

Sălămĭs, īnĭs (*acc.*: -īnă) *f.* (Sălămīnă, Σαλαμίς) Salamis, 1. Insel u. St. im saronischen Meerbusen zwischen Attika u. Argolis; *j.*: Kuluri. 2. St. auf der Insel Cypern.

S. Sălămōnă, ae *f.* hl. Salamona, Jgfr. u. Mart., Gefährtin der hl. Ursula (5. Jhdt.).

Sălārĭă (via), ae *f.* die Salzstraße am linken Tiberufer bei Rom, an der Grabmäler standen.

sălārĭŭm, ī *n.* 1. Salzgabe. 2. Gehalt. Sold; Ehrengeschenk.

sălārĭŭs 3 zum Salze gehörig, das Salz betreffend, Salz-.

Sălassī, ōrŭm *m.* Salasser, ein keltisches, ligurisches Alpenvolk im heutigen

Savoyen; fīnēs Sălassōrŭm: das Gebiet der Salasser.
Salathi *indecl. m.* (*hebr.*: Schatten [Schutz] Jahwes) Silletaj, ein Kriegsoberst z. Z. Davids.
Salathiel *indecl. m.* (*hebr.*: ich habe Gott gebeten) Schealtiel 1. ein Israelit, Sohn des Königs Jechonias aus dem Stamme David, Ahnherr Christi. 2. Ahnherr Judiths, aus dem Stamme Ruben, Sohn Simeons.
sălāx, ācĭs wollüstig, geil.
Salcēdă, ae *f.* Salcedas, ehem. Cistercienserkloster, Portugal, Diöz. Lamego.
Sale *indecl. m.* (*hebr.*: schelach Sendung? Sprößling?) Sale, Sohn Arphaxads, Enkel Sems, Ahnherr Christi.
Salebim *indecl. s.* Saalbim.
Salebin *indecl.* (Macces Salebin) Salebin, St., Pal. (Dan).
sălēbră, ae *f.* holperige Stelle, Unebenheit.
sălēbrōsŭs 3 holperig, rauh, uneben.
Salecha *indecl.* (*hebr.*:) Salka, St., südl. vom Hermon, Pal. (Ostmanasse).
Saled *indecl. m.* (*hebr.*) Saled, ein Israelit, Sohn des Nadab, Nachkomme Kalebs, des Sohnes des Heseron.
1. **Salem** *indecl.* (*hebr.*: Friede? *hittitisch*: řlm?) Schalem 1. eine Stadt im Gebiete von Sichem, Pal. (? ?). 2. der älteste Name der Stadt Jerusalem (*hittitisch*: řlm? *Gen.* 14,18). 3. *s.* Salim.
2. **Salem** *indecl. s.* Salomonium.
Salemitānŭm mŏnastērĭŭm, ī *n. s. s.* Salomonium.
Salemoth *ist weiblicher Name, richtig* Salomo, Isaars Sohn: 1. *Par.* 24, 22, *vgl.* 23, 18.
Sālentīnī, ōrŭm *m.* (Sallentini) Salentiner, eine Völkerschaft, südöstlich von Tarent an der Südspitze Kalabriens, Italien; *dav.*: **Sālentīnŭs** 3.
Sālentīnŭs 3 (Sallentinus) *s.* Salentini.
Saleph *indecl. m.* (*hebr.*) Schaleph, Sohn des Jektan, Enkel Hebers; Stammvater von Araberstämmen in Südarabien (Yemen).
Sălernītān. (*C. R.*) *s.* Salernum.
Sălernŭm, ī *n.* Salerno, Hafenst. in Kampanien am etrurischen Meer, It., *ca.* 25000 Einw.; Erzbischofssitz (seit 10. Jhdt., Bistum seit 6. Jhdt.); *dav.*: **Sălernītānŭs** 3.
Sălēsiānŭs 3 salesianisch (vom hl. Franz von Sales stammend *oder* nach ihm benannt).
Sălēsiŭm, ī *n.* Schloß Sales bei Annecy (Fkr., Haute-Savoie); *dav.*: **Sălēsiŭs** 3.
Sălfeldēnsĭs, ĕ *s.* Salfeldiensis.

Salfeldiēnsĭs, ĕ aus dem Kloster Saalfeld an der Saale.
Salfeld(i)ense mŏnastērĭŭm, ī *n.* Saalfeld, ehem. Benediktinerabtei in Sachsen-Meiningen, an der Saale gelegen.
Salfordēn. (*C. R.*) *s.* Salfordium.
Salfordĭŭm, ī *n.* Salford, St. r. am Irwell bei Manchester, England (Lancaster); Bistum (seit 1850), Sitz in Manchester, *ca.* 220000 Einw.; Suffr. v. Westminster; *dav.*: **Salfordēnsĭs,** ĕ.
sălictŭm, ī *n.* Weidengebüsch.
Sălĭcŭs 3 salisch, *vgl.*: Săliī.
Sălĭcŭs, ī *m.* der Salier (*Konrad der Salier, Propr. v. Passau* 9. Okt.).
Săliēn. (*C. R.*) *s.* Saliopolis.
sălīgnŭs 3 aus Weidenruten.
Săliī, ōrŭm *m.* die Salier, Hauptstamm der Franken; *dav.*: **Sălĭcŭs** 3; **lex Sălĭcă**: salisches Erbgesetz.
sălillŭm, ī *n.* Salzfäßchen.
Salim *indecl.* Landschaft in Judäa, westlich vom Gebirge Ephraim (Palästina).
sălīnae, ārŭm *f.* Salzgrube, Salzlager; vallĭs sălīnārŭm: das Salztal am Südende des Toten Meeres.
Sălīnae, ārŭm *f. s.* 2. Salmana.
Salinagŭs pāgŭs, ī *m.* (Salinēnsĭs pāgŭs) der Seillegau, Lothringen.
sălīnātŏr, ōrĭs *m.* 1. Salzbereiter. 2. Salzhändler.
Salinēnsĭs pāgŭs, ī *m. s.* Salinagus pagus.
sălīnŭm, ī *n.* Salzfaß.
1. **săliō,** lŭī 4 1. springen, hüpfen; vom Springbrunnen: fließen; strömen. 2. tanzen.
2. **săliō,** ĭī, ītŭm 4 (sallō 3) salzen.
Săliŏpŏlĭs, ĭs *f.* Saliopolis, St. im Gipsland, Australien (Viktoria), *ca.* 3500 Einw.; Bischofssitz (seit 1887), Suffr. v. Melbourne; *dav.*: **Săliēnsĭs,** ĕ.
Salisa *indecl.* (*hebr.*: Dreiland?) Schalischa, Gegend am Westabhange des Gebirges Ephraim, nordöstlich von Budd; *j.*: Kefr Tilth, Palästina.
Sălisburgēn. (*C. R.*) *s.* Salisburgum.
Sălisburgŭm, ī *n.* (Juvāvŭm) Salzburg, St. an der Salzach, Oberösterreich, *ca.* 36000 Einw.; Fürsterzbischofssitz, *dav.*: **Sălisburgēnsĭs,** ĕ.
Salisburĭŭm, ī *n. s.* Salisberia.
sălītūră, ae *f.* das Salzen.
săliuncă, ae *f.* wilde Narde (eine wohlriechende Pflanze) (*Is.* 55, 13).
sălīvă, ae *f.* Speichel; Schleim.
sălīvōsŭs 3 voll Speichel; schleimig, zäh.
sălix, ĭcĭs *f.* Weidenbaum, Weide; sălix dē torrentĕ: Bachweide.
Sallem *indecl. m.* (*hebr.*: Schillem: Er [Gott] hat vergolten) Sallem, Sohn des Nephthali.

Sāllentīnī, ōrŭm *m. s.* Salentini.
sallō 3 salzen.
Sāllustĭānī hortī Gartenanlage im Norden Roms auf dem Monte Pincio.
Sāllustĭŭs, ī *m.* Sallust, römischer Statthalter in Griechenland z. Z. Julians des Abtrünnigen (4. Jhdt.).
Salma *indecl. m. s.* Salmon.
Salmăcĭă, ae *f. s.* Salmasia.
1. **Salmana** *indecl. m.* (*hebr.*: Salmuna „Schatten [d. h. Zuflucht] ist versagt") Salmana, ein Madianiterkönig, den Gedeon besiegte u. tötete (*Judic.* 8, 5 sq.).
2. **Salmănă,** ae *f.* (Salinae) Salm, uralte Grafschaft (Stammburg in den Ardennen, später Besitzungen in Rheinpreußen); *dav.*: **Salmēnsĭs,** ĕ.
Salmanasar *indecl. m.* (*assyr.*: Schulmānašared = Schulman ist der Oberste) 1. Salmanassar I. (ca. 1300 vor Chr.). 2. Salmanassar II. (860—825). 3. Salmanassar III. (783-773). 4. Salmanassar IV., König von Assyrien (727—722).
Salmantĭcă, ae *f.* Salamanca, St. r. am Tormes, Spanien (León), *ca.* 26000 Einw.; Bischofssitz (seit 6. Jhdt.), Suffr. v. Valladolid; *dav.*: **Salmantīnŭs** 3 *u.* **Salmantĭcēnsĭs,** ĕ.
Salmantīnŭs 3 *s.* Salmantica.
Salmēnsĭs, ĕ *s.* 2. Salmana.
salmō, ōnĭs *m.* Salm, Lachs.
1. **Salmōn,** ōnĭs (*acc.* -ōnĕm) *m.* (Σαλμώνη) Salmone, Vorgebirge im Nordosten der Insel Kreta (*Act.* 27, 7).
2. **Salmon** *indecl. m.* (Salma) (*hebr.*: Friedensmann) Salmon, Sohn Naassons aus dem Stamme Juda, Ahnherr Christi.
Salmono *indecl. alter Acc.* von Salmon, Lagerplatz der Israeliten in der Wüste (4. *Mos.* 33, 41).
1. **Salo** *indecl. m.* (*hebr.*) Sallu, Israelit aus dem Stamme Benjamin, Sohn des Mosollam.
2. **Salō,** ōnĭs *f.* Salon, St., östlich von Arles, Fkr. (Bouches-du-Rhône), *ca.* 13000 Einwohner.
Salodūrŭm, ī *n.* Solodurum.
1. **Salom** *indecl. m.* Salom, Israelit z. Zt. des Moses.
2. **Salom** *indecl. m.* (*hebr.*: Vergeltung ?) Schallum, Vater des Hohenpriesters Helkias z. Z. des Königs Josias v. Juda (*Baruch* 1, 7).
Sălōmē *indecl. f.* (*hebr.*: Schelomith = Friederike) Salome, Mutter der beiden Apostel Jakobus des Älteren u. des Johannes.
B. Sălōmĕă, ae *f.* sel. Salomea, Verwandte der hl. Elisabeth von Thüringen, Äbtissin, † 1269, 17. Nov.

Salomea entstammte dem Fürstengeschlechte von Krakau und war die Tochter Leskos V., Fürsten von Polen, und der Grzymislava, einer russischen Herzogin. Ihr Bruder war Boleslaus, der Keusche, der Gemahl der hl. Jgfr. Kunigundis von Polen. Schon in der Kindheit von bewundernswerter Frömmigkeit beseelt, weihte sie bereits im zartesten Alter ihre Jungfräulichkeit Gott dem Herrn; doch mußte sie sich dem Wunsche der Eltern fügen und im dritten Lebensjahr an den Hof des Königs Andreas von Ungarn begeben, dessen Sohne Coloman, königlichem Prinzen von Ungarn, sie verlobt wurde. Als sie das gesetzliche Alter erreicht hatte, wurde die Hochzeit gefeiert; doch versprachen sich Salomea und Coloman, die Jungfräulichkeit für immer unversehrt zu bewahren. Fasten, Nachtwachen und Gebet waren die Mittel, wodurch sie sich rein bewahrte. Als Coloman auf den Königsthron von Galizien erhoben wurde, behielt sie ihre Einfachheit bei, trug nur ein Kleid, wie es Witwen zu tragen pflegten. Nach dem Tode ihres Gemahls kehrte sie nach Krakau zurück und trat in das Klarissenkloster Zawichosta. Wegen der Tatareneinfälle erbaute sie ein neues Kloster an einem abgelegenen Orte und zog mit ihren Nonnen dorthin. Als Äbtissin war sie Lehrerin und Vorbild in jeglicher Tugendübung. Nach 28jährigem Klosterleben sagte sie ihren Todestag voraus. Die Schwestern sahen ihre Seele in Gestalt eines leuchtenden Gestirns aus dem Munde hervorgehen, während sie zugleich Engelsgesang vernahmen. Wegen der Wundertaten wurde sieben Monate nach ihrem Tode ihr Leib erhoben. Er verbreitete einen wunderbaren Geruch und war von einer ganz reinen Flüssigkeit umgeben, womit Kranke gesalbt und sogleich geheilt wurden. Dann wurde der Leib wieder im Franziskanerkloster zu Krakau beigesetzt. — 17. November (Gnesen und Posen, Krakau, Lemberg, Przemysl, Tarnowitz).

Salomi *indecl. m.* (*hebr.*: Schelomi = Friede Jahwes) Salomi, 1. Israelit aus dem Stamme Aser, Vater Ahiuds. 2. (Salu) Vater des schamlosen Zamri (Zambri) aus dem Stamme Simeon (*Num.* 25, 14; 1. *Mach.* 2, 14).
Salomith *indecl. f.* (*hebr.*: Schelomit [die weibliche Form zu Salomo] Friederike, die Friedensreiche) Salomith, 1. Tochter des Zorobabel (1. *Par.* 3, 19). 2. Tochter des Königs Roboam von Juda und der Maacha (2. *Par.* 11, 20). 3. der richtige Name der Braut im Hohenliede statt Sulamith. 4. 1. *Par.* 23, 9 *u.* 23, 18 *richtiger*: Salomo, zwei Leviten, ein Sohn Semeis u. ein Sohn Isaars aus der Linie Kaath.
Salomo, ōnĭs *m.* Salomon, Bruder des hl. Königs Ladislaus von Ungarn (11. Jhdt.).
Sălomon, ōnĭs *m.* (*hebr.*: Schelmoh = Friedensmann, Friederich), Salomon, der vierte König von Israel (971 bis 929), Sohn Davids u. der Bethsabee; psalmŭs in Salomōnĕm: Psalm auf Salomon; *dav.*: **Salomōnĭŭs** u. **Salomonĭăcŭs** 3.
Sălŏmōnĭăcŭs 3 salomonisch.
Sălŏmōnĭs villă, ae *f. s.* Salomonium.
Sălŏmōnĭŭm, ī *n.* (Salomonis villa, Salem, Salemitanum monasterium) Salmansweiler, ehem. Cistercienser-

abtei, *j.*: Salem, Dorf, Baden (Überlingen), *ca.* 460 Einw.

Sălōnă, ae *f.* (Salonae, Σαλών) Salona, ehem. Hauptst. von Dalmatien am Meerbusen von Salonä, in der Nähe des heutigen Spalato.

Sălōnae, ārŭm *f. s.* Salona.

Sălōpĭă, ae *f.* Shrewsbury, St. am Severn, England (Shropshire), *ca.* 30 000 Einw.; Bischofssitz (seit 1850), Suffr. v. Westminster; *dav.*: **Salopiēnsĭs,** ĕ.

Sălōpĭēn. (*C. R.*) *s.* Salopia.

Salphaad *indecl. m.* (*hebr.*: Selophchad ?) Salphaad, Israelit aus dem Stamme Manasse, Sohn Hephers; er veranlaßte ein neues Erbschaftsgesetz (1. *Par.* 7, 15).

salsāmentŭm, ī *n.* Fischlake.

Salsettae, ārŭm *f.* Salsette, Halbinsel bei Goa in Vorderindien.

Salsīnĭă, ae *f.* (Salsīnĭēnsĕ mŏnastērĭŭm) Salsinnes, ehem. Cistercienserinnenkloster bei Namur, Belgien; *dav.*: **Salsīnĭēnsĭs,** ĕ.

Salsīnĭēnsĕ mŏnastērĭŭm, ī *n. s.* Salsinia.

salsūgō, ĭnĭs *f.* das Salzige, der Salzgehalt; **terră salsūgĭnĭs**: salziges, d. h. unfruchtbares Land (*Ps.* 106, 84).

salsŭs 3 1. gesalzen, salzig: salsă ăquă: Salzwasser (*Jac.* 3, 12). 2. wie Salz schmeckend, beißend, scharf. 3. witzig, launig, schalkhaft.

Saltă Argentīnă, ae *f.* Salta, St. im Hochtale von Lermo, Argentinien (Südamerika), *ca.* 18 000 Einw.; Bischofssitz (seit 1806), Suffr. v. Buenos Aires; *dav.*: **Saltēnsĭs,** ĕ.

saltātĭō, ōnĭs *f.* Tanz.

saltātŏr, ōrĭs *m.* Tänzer.

saltātrīx, īcĭs *f.* Tänzerin.

saltātŭs, ūs *m.* das Tanzen.

saltĕm *adv.* (saltim) wenigstens, zum wenigsten, zunächst; **non saltem**: nicht einmal.

Saltēn. (*C. R.*) *s.* Salta Argentina.

saltĭm *adv. s.* saltem.

saltō 1 tanzen.

saltŭōsŭs 3 gebirgig; waldreich.

1. **saltŭs,** ūs *m.* Sprung.

2. **saltŭs,** ūs *m.* 1. Gebirge, Waldgebirge. 2. Weideplatz.

Saltus *indecl. m. Übersetzung für die falsche Lesart*: ja'rej, *statt des Eigennamens*: Dodai: Adeodat (Elchanan), der Sohn des Dodai (2. *Kön.* 21, 19).

Salu *indecl. m.* (*hebr.*: Sallu) Salu, Israelit, Vater des schamlosen Zambri.

sălūbĕr, brĭs, brĕ u. **sălūbrĭs,** ĕ 1. gesund, heilsam, zuträglich, vorteilhaft. 2. *übtr.*: gut beschaffen, tauglich; kräftig: scalprŭm sălūbrĕ: kräftiger Meißel (= kräftige Hiebe des Meißels).

sălūbrĭtās, ātĭs *f.* Gesundheit, Heilsamkeit.

Sālŭēnsĭs pāgŭs, ī *m.* Saalgau, die Gegend an der fränkischen Saale (zum Main).

sălŭm, ī *n.* (σάλος) unruhige bewegte See, hohe See, offenes Meer.

Salumith *indecl. f.* (*hebr.*: Schelomith = Friederike) Salumith, Israelitin aus dem Stamme Dan, Tochter Dabris, Mutter jenes Gotteslästerers, der gesteinigt wurde (*Lev.* 24, 11).

sălūs, ūtĭs *f.* 1. Wohlbefinden, Gesundheit. 2. Wohlfahrt, Heil, Rettung (*Ps.* 3, 9); Sieg (*Ps.* 17, 51 *u.* 19, 7). 3. Retter. 4. Gruß. 5. *pl.*: heilsame Wirkungen.

Sălŭs, ī *m.* Salus (= der Blödsinnige, weil er sich aus Demut wie ein Narr benahm), Beiname des hl. Büßers Simeon von Emesa († um 600)—1. Juli.

Salusa *indecl. m.* (*hebr.*: Schilscha) Schilscha, Israelit aus dem Stamme Aser, Sohn des Supha.

sălūtārĕ, ĭs *n.* Heil, Rettung, Hilfe; Sieg (*Ps.* 19, 6); Freude (*Ps.* 41, 6 *u.* 12; 42, 5); călix sălūtārĭs: Opferkelch als Dankeskelch (*Ps.* 116, 4).

1. **sălūtārĭs,** ĕ heilsam, zuträglich; vorteilhaft, nützlich, ersprießlich.

2. **sălūtārĭs,** ĭs (*abl.*-ī) *m.* Retter, Erretter, Heiland, Erlöser; höchstes Gut (*Ps.* 26, 9).

sălūtātĭō, ōnĭs *f.* 1. Begrüßung, Gruß; sălūtātĭō angĕlĭcă: der Engelsgruß (*Luc.* 1, 28). 2. Aufwartung, Besuch.

sălūtātŏr, ōrĭs *m.* Begrüßer.

sălūtātōrĭŭm, ī *n.* Begrüßungs-, Empfangsraum; Sakristei (weil dort früher der Bischof auch begrüßt wurde u. Besuche empfing).

Salutiae, ārŭm *f. s.* Salutina.

Salutĭārŭm (*C. R.*) *s.* Salutina.

sălūtĭfĕr, fĕră, fĕrŭm heilbringend.

Salutīnă, ae *f.* (Salutiae) Saluzzo, St., It. (Cuneo), *ca.* 10 000 Einw.; Bischofssitz (seit 1511), Suffr. v. Turin.

sălūtō 1 1. grüßen, begrüßen. 2. besuchen, Aufwartung machen. 3. beschützen.

salvātĭō, ōnĭs *f.* Heilung, Rettung, Hilfe, Erlösung; prōtectŏr salvātĭōnŭm (*Hebraismus*): rettender Beschützer (*Ps.* 27, 8).

salvātŏr, ōrĭs *m.* Retter, Erlöser, Heiland; Sŏcĭĕtās Dīvīnī Salvātōrĭs (S. D. S.) Salvatorianer.

1. **S. Salvātŏr,** ōrĭs (in America) *f.* San Salvador, Hauptst. der Republik Salvador, Mittelamerika, *ca.* 50 000 Einw.; Bischofssitz (seit 1842), Suffr. v. Guatemala.

2. S. **Salvātŏr,** ōrĭs (in Brasilia) *f.* São Salvador oder Bahia, St. an der Allerheiligenbai, Brasilien (Bahia), *ca.* 80000 (mit Vororten über 180000) Einw.; Erzbischofssitz (S. Salvador de Bahia de Todos os Santos, seit 1676 [Bistum seit 1550 unter Lissabon]); der Erzbischof ist Metropolit u. Primas von Brasilien.

salvātrīx, īcĭs *f.* Retterin.

salvĕō 2 gesund sein, sich wohl befinden; *Imperativ*: **salvē**! sei gegrüßt, sei willkommen!

S. Salvī coenŏbĭŭm das Kloster vom hl. Salvius der Vallumbrosaner bei Florenz (Italien).

salvĭfĭcō 1 retten, heilen.

salvĭfĭcŭs 3 heilbringend.

Salvĭŭs 3; mŏnastērĭŭm ad **Aquās Salvĭās** *s.* Aquae Salviae.

salvō 1 erretten, bewahren, erlösen, befreien; *übtr.*: wiederbeleben (*Ps.* 29, 4); beglücken (*Ps.* 35, 7); *pass.*: siegen (*Ps.* 32, 16 *u.* 17).

salvŭs 3 wohlbehalten, unverletzt, heil, wohl; salvīs lēgĭbŭs: unbeschadet der Gesetze; salvō jūrē: unbeschadet des Rechtes; salvŭm fĭĕrī: Hilfe erfahren; salvŭm făcĕrĕ: gesund machen, erretten, selig machen.

Salzăhă, ae *f.* (Juvarus) Salzach, r. Nebenfluß des Inn in Österreich u. Bayern.

1. **Sama** *indecl. m.* (*hebr.*: Schema) Sama, St. Pal. (Juda).

2. **Sama** *indecl. m.* (*hebr.*: Hoschama = Jahwe hat gehört) Sama, ein Israelit aus dem Stamme Juda, Sohn des Königs Jechonias.

3. **Sama** *indecl. m.* (*hebr.*: Schema = heller Klang) Sama, ein israelitischer Fürst von Ajalon aus dem Stamme Benjamin.

Samaa *indecl. m.* (*hebr.*: Schim‘a = Jahwe hat gehört) Samaa, 1. Bruder des Königs David, Vater des Jonathan. 2. zwei Israeliten aus dem Stamme Levi: der eine Sohn des Michael, der andere aus Gabaa. 3. ein Israelit aus dem Stamme Benjamin, Sohn des Makeloth.

Samachias, ae *m.* (*hebr.*: Semakja[hu] = Jahwe hat gestützt) Samachias, der sechste Sohn des Semeja u. Enkel Obededoms.

Samad *indecl. m.* (*hebr.*: Schemed, *richtig* Schemer) Samad, ein Israelit aus dem Stamme Benjamin, Sohn Elphaals (1. *Par.* 8, 12).

Samaia *indecl. m.* (*hebr.*: Schema’jah = Jahwe hat gehört) Samaja: 1. Israelit aus dem Stamme Simeon, Sohn Semejas. 2. Israelit aus dem Stamme Ruben, Sohn Joels. 3. (Samajas) Führer im Stamme Benjamin aus Gabaon.

Samam *indecl. m.* (*hebr.*: Schema‘) Samam, St., Pal. (Juda) (*Jos.* 15, 26).

Samaoth *indecl. m.* (*hebr.*: Schamanehut, *verschrieben für*: Schamma = Jahwe hat gehört) Samaoth, ein Befehlshaber in Davids Heere.

Sămără, ae *f.* Samme, Fluß im Nordosten Frankreichs.

Samaraeŭs, ī *m.* (*hebr.*: Semari) Semariter, Volksstamm im nördlichen Phönizien vor Abrahams Zeit, Nachkommen Chams u. Kanaans (1. *Mos.* 10, 18).

Samaraim *indecl.* (*hebr.*: Semarajim) Samarajim, St., Pal. (Benjamin).

Samarath *indecl. m.* (*hebr.*: Schimrat) Samarath, Israelit aus dem Stamme Benjamin, Sohn des Semei.

Sămărĭă, ae *f.* (*hebr.*: Schomeron, Σαμάρεια) 1. Landschaft in Palästina zwischen Judäa u. Galiläa. 2. die im Stamme Ephraim unweit Sichem gelegene Residenzstadt Israels; *dav.*: **Samaritānŭs** 3 u. **Samarĭēnsĭs,** ĕ; **Samaritānă,** ae *f.* u. **Samarītĭs,** ĭdĭs *f.* Samariterin; **Samarītēs,** ae *m.*, *pl.*: **Samarītae,** ārŭm *m.* Samaritaner.

Samaria *indecl. m.* (*hebr.*: Schemarjah = Jahwe hat behütet) Samarja, ein Offizier Davids.

Samarias, ae *m.* (*hebr.*: Schemarjah = Jahwe hat behütet) Samarias, ein Jude der sein fremdes Weib entließ.

Sămărĭēnsĭs, ĕ *s.* 1. Samaria.

Sămărītae, ārŭm *m. s.* 1. Samaria.

Sămărītānă, ae *f.* u. **Sămărītānŭs** 3 *s.* 1. Samaria.

Sămărītēs, ae *m. s.* 1. Samaria.

Sămărītĭs, ĭdĭs *f. s.* 1. Samaria.

Sambĭă, ae *f.* (Samlandia) Samland, Landschaft in Preußen (Ostpreußen), *dav.*: **Sambĭēnsĭs,** ĕ.

Sambĭēnsĭs, ĕ *s.* Sambia.

Sambōrĭă, ae *f.* Sambor, St. l. am Dnjestr, Galizien, *ca.* 18000 Einw.; *dav.*: Sambōrĭēnsĭs, ĕ; griechisch-katholischer Bistumstitel, *s.* Premislia.

Sambōrĭēn. (*C. R.*) *s.* Samboria.

Sambră, ae *f.* Sambre, Nebenfluß der Maas, Fkr. u. Belgien.

Sambrēnsĭs pāgŭs, ī *m.* der Sambregau in Belgien.

sambūcă, ae *f.* (σαμβύκη) die Sambuka, eine scharftönende Harfe von dreieckiger Gestalt.

sambūcĕŭs 3 aus Holunder, Holunder-.

sambūcistrĭă, ae *f.* (σαμβυκίστρια) Sambukaspielerin.

sambūcŭs, ī *f.* Holunderbaum.

samech (*hebr.*: Stütze) *indecl.* der 15. Buchstabe des hebräischen Alphabets; fünfzehn, fünfzehntens.

1. **Samgar** *indecl. m. kein hebr. Name; der richtige Name: Judic.* 3, 31 *dürfte auf Grund von* 2. *Kön.* 23, 11 *lauten* Schamma [*hebr.*: Jahwe hat gehört], Sohn des Ane, Richter in Israel, der die Philister mit dem Ochsenstachel (Pflugschar? Pflugsterz?) schlug und Israel rettete.

2. **Samgar** *indecl. m.* Samgar, Sohn des Enath, Hettiterkönig zu Kades am Orontes, ein Bedrücker Israels von 1265—1245.

Sămĭi, ōrŭm *m. s.* Samos.

Sămĭŭs 3 *s.* Samos.

Samlandĭă, ae *f. s.* Sambia.

1. **Samir** *indecl. m.* (*hebr.*: Schamir = Dorn, Diamant) Samir, 1. St., Pal. (Juda). 2. Ort (oder Berg?) im Gebirge Ephraim.

2. **Samir** *indecl. m.* (*hebr.*: Schamir = Dorn, Diamant) Samir, Israelit aus dem Stamme Levi.

1. **Samma** *indecl. m.* (*hebr.*: Schamma = er hat gehört) Samma: 1. ein Stammfürst der Idumäer, Sohn Rahuels u. Enkel Esaus. 2. ein Bruder Davids. 3. Sohn Hebrons aus dem Stamme Juda. 4. Sohn Joels aus dem Stamme Ruben. 5. Sohn Suphas aus dem Stamme Aser.

2. **Samma** *indecl. m.* (Semma, Sammoth; *hebr.*: Schamma = Er [Gott] hat gehört) Samma, ein Aroriter, Offizier Davids.

Sammaa *indecl. m.* (*hebr.*: Schim'a = Jahwe hat gehört) Sammaa: 1. ein Levit, Sohn des Oza. 2. ein Vorsteher der Sänger z. Z. Davids, Sohn des Moholi.

Sammai *indecl. m.* (*hebr.*: Schammaj = Jahwe hat gehört) Sammai, zwei Israeliten aus dem Stamme Juda, der eine Sohn Rekems, der andere Sohn Mereds.

Sammoth *indecl. m.* (*hebr. Massora*: Schammot, *richtig* Schamma) *s.* 2. Samma.

Sammua *indecl. m.* (*hebr.*: Schammu'a erhörend?) Sammua 1. Fürst im Stamme Ruben, Kundschafter fürs Land Kanaan. 2. Oberhaupt der 15. jüdischen Priesterklasse z. Z. des Hohenpriesters Joakim um 420 v.Chr.

Sămŏgĭtĭă, ae *f.* Samogitien, Landschaft, der südliche Teil vom Gouvernement Kowno, Polen; Bistum Samogitien oder Telsche (seit 1416), Suffr. v. Mohilew (*s.* Telschium); *dav.*: **Sămŏgĭtĭēnsĭs,** ĕ.

Sămŏgĭtĭēn. (*C. R.*) *s.* Samogitia *oder* Telschium.

Sămŏs ī *f.* (Samus) Samos, Insel im Ägäischen (Ikarischen) Meere, nördlich von Patmos, gegenüber Ephesus, an der Küste Kleinasiens; *dav.*: **Sămĭŭs** 3.

Sămŏsătă, ōrŭm *n.* Samosata, ehem. Hauptstadt der syrischen Provinz Kommagēne, am westl. Ufer des Euphrat, *j.*: Samsat am Euphrat.

Sămŏthrācă, ae *f. s.* Samothracia.

Sămŏthrācē, ēs *f. s.* Samothracia.

Sămŏthrācĭă, ae *f.* (Samothraca, Samothrace, Σαμοθράκη) Samothrake, Insel (mit gleichnamiger Hauptstadt) im Ägäischen Meere an der Küste Thrakiens in der Mitte zwischen Asien und Europa; *j.*: Samandrichi; *auch* Dardania *genannt* (*Act.* 16, 11).

Sampŏlĭtānŭm, ī *n. s.* S. Hippolytus.

Sampsō, ōnĭs *m. s.* Samson.

Samri *indecl. m.* (*hebr.*: Schimri = Hut [Schutz] ist Jahwe) Samri: 1. Israelit, Vater des Jediel u. Joha, zweier Offiziere Davids. 2. ein Levit z. Z. des Königs Ezechias.

Samsai *indecl. m.* (*hebr.*: Schimschaj [*babyl.*: Schamschaj] = der Sonnige? Sonne ist [mir] Jahwe?) Samsai, ein persischer Beamter (Schreiber) in Palästina, der die Juden beim König Kyros (Kurasch) verklagte.

Samsari *indecl. m.* (*hebr.*: Schamscherei [*arab.* ?] = Unterhändler?) Israelit aus dem Stamme Benjamin, Sohn des Jehoram.

Samson, ōnĭs *m.* (*hebr.*: Schimschon = der Sonnige; Sampso) Samson, ein israelitischerHeld aus demStamme Dan, vorletzter Richter (*ca.* 1091 bis 1071). — 1. *Kön.*12, 11 *ist* Samson *zu lesen, statt der falschen Lesart* Samuel.

Samua *indecl. m.* (*hebr.*: Schammua') Samua: 1. ältester Sohn Davids. 2. Vater des Abdias, eines nachexilischen Leviten.

1. **Samuel,** ēlĭs *u. indecl. m.* (*hebr.*: Schemuel = Sein Name ist Gott) Samuel, 1. Israelit aus dem Stamme Simeon, Sohn Ammiuds, von Moses als Verteiler des Landes Kanaan bestimmt (*Num.* 34, 20). 2. ein Enkel Issachars, Sohn des Thola. 3. ein Levit. 4.letzter Richter u. erster eigentlicher Prophet Israels (*vgl.* 1. *Kön.* 7, 9).

2. **Samuel,** ēlĭs *m. s.* S. Simeon (v.Trient).

Sămŭs, ī *f. s.* Samos.

Sanaballat *indecl. m.* (*babyl.*: Sinuballit = Sin verleiht Leben) Sanaballat, persischer Statthalter in Samaria u. Galaad, Gegner des Wiederaufbaues von Jerusalem nach dem Exil (2. *Esdr.* 2, 19).

sānābĭlĭs, ĕ 1. heilbar. 2. heilsam.

Sanan *indecl.* (*hebr.*: Senan) Sanan, St. Pal. (Juda).

sānātĭō, ōnĭs *f.* Heilung; sānātĭō in rādīcĕ (Heilung von der Wurzel aus): Gültigmachung einer wegen kirchlichen Ehehindernisses ungültigen Ehe ohne Erneuerung der äußeren Form und mit rückwirkender Kraft bis auf die Zeit des Eheabschlusses (*C. j. c.* 1138).

sānātŏr, ōrĭs *m.* Heilbringer, Gesundmacher.

Sancĭānŭm, ī *n.* Sanzian, eine Insel im chinesischen Meere an der Westküste Hinterindiens.

sancĭō, sānxī, cītŭm u. sanctŭm 4 1. festsetzen, verordnen, bekräftigen. 2. bestätigen, genehmigen.

Sanctă Crux, Crŭcĭs *f.* 1. Heiligenkreuz, Cisterzienserkloster im Wienerwalde, Österreich (Niederösterreich). 2. Holycroß, ehem. Cisterzienserinnenkloster, Irland, Diöz. Cashel.

Sanctae Crūcēs, ĭŭm *f.* Santas Creus, ehem. Cisterzienserkloster Spanien, Diöz. Barcelona.

Sanctae Crŭcĭs vallĭs *f.* Heiligenkreuztal, ehem. Cisterzienserinnenkloster Württemberg (Donaukreis).

Sanctă īnsŭlă, ae *f.* *s.* Sancta terra.

Sanctă terră, ae *f.* (Sancta insula) Helgoland, Insel in der Nordsee, Deutschland.

B. Sanctes a Cora, sel. Sanktes von Cori, Bek. († 1392).

Sanktes Laurienti wurde zu Cori, südlich von Rom, zu Anfang des 14. Jahrhunderts geboren. Er trat als Jüngling in das Augustinerkloster seiner Vaterstadt ein. Eine große Liebe zum allerheiligsten Sakrament zeichnete ihn aus; auch war er ein großer Volksprediger. — 5. Oktober (Aug. O.).

sanctĭfĭcātĭō, ōnĭs *f.* 1. Heiligung; Heiligkeit (*Ps.* 77, 54 *u.* 96, 12). 2. Mittel der Heiligung, Gnadenerweis. 3. Heiligtum (*z. B.*: *Ps.* 95, 6; 113, 2; 131, 18), Tempel.

sanctĭfĭcātŏr, ōrĭs *m.* Heiligmacher, *bes.*: ein Titel des hl. Geistes.

sanctĭfĭcĭŭm, ī *n.* 1. Heiligung. 2. Heiligtum (*Ps.* 77, 69).

sanctĭfĭcō 1 1. heiligen, heilig machen. 2. für heilig halten, verherrlichen, als heilig behandeln, vor Entweihung schützen (*Ps.* 45, 5). 3. für Gott angehörig erklären, opfern. 4. dem Untergange weihen.

sanctĭfĭcŭs 3 heiligend.

sanctĭlŏquŭs 3 heilig redend.

sanctĭmōnĭă, ae *f.* Heiligkeit, Ehrwürdigkeit, heiligmäßiger Wandel; Unschuld.

1. **sanctĭmōnĭālĭs,** ĕ heilig, fromm.

2. **sanctĭmōnĭālĭs,** ĭs *f.* Ordensfrau, Nonne.

sanctĭmōnĭŭm, ī *n.* gottgefälliger Wandel.

sanctĭō, ōnĭs *f.* 1. Genehmigung, Bestätigung. 2. Strafbestimmung, Strafartikel (für Übertretung von Gesetzen) (*C. j. c.* 2222 § 1). 3. Klausel, Vorbehalt (bei Verträgen).

Sanctissĭmŭm, ī *n.* das Allerheiligste, der in der hl. Hostie gegenwärtige Gottessohn.

sanctĭtās, ātĭs *f.* 1. Heiligkeit, Unverletzlichkeit. 2. Sittenreinheit, Frömmigkeit. 3. **Sua Sanctitas**: Seine Heiligkeit, Titel des Papstes (*auch der sog. ökumenische Patriarch in Konstantinopel läßt sich so anreden*). 4. zur Umschreibung von sanctus (*Ps.* 29, 5).

sanctĭtūdō, ĭnĭs *f.* Heiligkeit; Unverletzlichkeit (*Ps.* 92, 5).

sanctŏr, ōrĭs *m.* Verordner (eines Gesetzes).

Sanctōrĭēn. (*C. R.*) *s.* Thera.

sanctŭārĭŭm, ī *n.* 1. Heiligtum. 2. Diadem, Krone (*Ps.* 88, 40).

sanctŭlŭs, ī *m.* der kleine Heilige (als spöttische *oder* scherzende Bezeichnung).

sanctŭm, ī *n.* Heiligkeit (*z. B. Ps.* 87, 18 u. 36; 88, 36; 150, 1); jūrārĕ in sanctō sŭō: bei seiner Heiligkeit schwören; *auch pl.*: in splendōrĭbŭs sanctōrŭm: im Glanze der Heiligkeit (in heiligem Glanze) (*Ps.* 109, 3).

1. **sanctŭs** 3 1. heilig, unverletzlich; wohlgeborgen (*Ps.* 82, 4). 2. erhaben, Ehrfurcht gebietend. 3. rein makellos, gewissenhaft. 4. ‚Sanctus': das Trisagion (Dreimalheilig), Meßgebete u. Gesänge unmittelbar nach der Präfation.

2. **sanctŭs,** ī *m.* der Fromme, Gottesverehrer.

sandălĭŭm, ī *n.* (σανδάλιον) Sandale; sandălĭă pontĭfĭcālĭă = Pontifikalschuhe des Bischofs bei Pontifikalhandlungen.

sandăpĭlă, ae *f.* die Totenbahre (für gemeine Leute).

Sandecēnsĕ mŏnastērĭŭm, ī *n. s.* Sandecia 2.

Sandecĭă, ae (Sandecense mon.) *f.* 1. Neu-Sandecz (*poln.*: Nowy Sącz), St. am Dunajec, südlich von Krakau in Galizien, *ca.* 15 000 Einw. 2. Alt-Sandecz (*poln.*: Stary Sącz) St., 7 km südwestl. von Neu-S. an der Popramündung in Galizien, *ca.* 4500 Einw.; mit Klarissenkloster (gegr. v. der sel. Königin Kunigundis Kinga i. Jahre 1260); *dav.*: **Sandecēnsĭs,** ĕ.

Sandēsĭdĕrĭānŭm, ī *n. s.* S. Desiderii oppidum.

andhurstēn. (*C. R.*) *s.* Sandhurstum.
Sandhurstŭm, ī *n.* Béndigo (*früher* Sandhurst *genannt*), St. am Bendigo-Creek in Australien, Viktoria, *ca.* 30000 Einw.; Bistum Sandhurst (seit 1874), Sitz in Bendigo, Suffr. v. Melbourne; *dav.*: **Sandhurstēnsĭs,** ĕ.
Sandomīrēn. (*C. R.*) *s.*)Sandomirium.
Sandomīriă, ae *f. s.* Sandomirium.
Sandomīriēnsĭs, ĕ *s.* Sandomirium.
Sandomīriŭm, ī *n.* (Sandomiria) Sandomir (*poln.*: Sandomierz), St. l. an der oberen Weichsel, Polen (Radom), *ca.* 6600 Einw.; Bischofssitz (seit 1805), Suffr. v. Warschau; *dav.*: **Sandŏmīr(ĭ)ēnsĭs,** ĕ.
Sandovicēn. (*C. R.*) *s.* Sandwiegium.
1. **Sandwiegēn.** (*C. R.*) *s.* Sandwiegium.
2. **Sandwiegēn.** (*C.R.*) *s.* Sandwiegienses Insulae.
Sandwiegiēnsēs Insŭlae, ārŭm *f.* Sandwich-Inseln *oder* Hawai im Stillen Ozean, zu den Vereinigten Staaten Nordamerikas gehörig; Apostol. Vikariat, Residenz Honolulu.
Sandwiegiŭm, ī *n.* (Rutapia, Londonensis ecclesia) London (*früher* Sandwich *genannt*), St., Kanada, Bischofssitz (seit 1856), *vgl.*: Rutapia.
sandīx, īcĭs (u. ĭcĭs) *f. s.* sandyx.
sandȳx, ȳcĭs (u. ȳcis) *f.* (sandix, σάνδυξ) Mennig, Scharlach (rote Mineralfarbe).
sānē *adv. s.* sanus.
sānēscō 3 gesund werden.
Sangā(l)lēnsĕ coenŏbiŭm, ī *n. s.* 2. S. Gallus.
Sangŏnă, ae *f.* (Sarăvŭs, Sar(r)ă, Sarŏă) Saar, r. Nebenfluß der Mosel (zum Rhein).
sanguĕn, ĭnĭs *n. s.* sanguis.
sanguĭnārĭŭs 3 blutgierig, blutdürstig.
sanguĭnĕŭs 3 blutig, blutbedeckt; blutdürstig.
sanguĭnō 1 blutgierig, blutsaugerisch sein (*Ecclus* 42, 5).
sanguĭnŏlentŭs 3 von Blut erfüllt, blutbefleckt.
sanguĭs, ĭnĭs *m.* (sanguĕn) 1. Blut. 2. das Blutvergießen. 3. Stamm, Geschlecht, Abkunft. 4. *pl.*: Blutschuld (*z. B. Ps.* 50, 16 *u. Ezech.* 9, 9). 5. sanguĭs ūvae: Traubensaft, Wein.
Sanguĭs Prĕtĭōsissĭmŭs D. N. J. C. Fest des kostbaren Blutes U. H. J. Chr. am 1. Juli (früher am Freitag nach dem 4. Sonntage in der Fastenzeit *oder* am 1. Sonntag im Juli).
sanguĭsūgă, ae *f.* 1. Blutsauger (*Prov.* 31, 15). 2. Blutegel.
Sanguĭterră, ae *f.* Santerre, ehem. Landschaft, Fkr. (Aisne).
Sanhippŏlȳtānŭm mŏnastērĭŭm, ī *n.* das vom hl. Johannes von Capristrano gegründete Kloster in St. Pölten (*s.* S. Hippolytus).
sānĭēs, ēī *f.* 1. verdorbenes Blut, blutiger Eiter. 2. Geifer, Gift.
sānĭfĕr, fĕră, fĕrŭm gesundmachend, heilbringend.
Sanir *indecl.* (amorrhitischer Name des Hermon ?) Sanir, ein Gebirgszug in Syrien, der zum Antilibanon gehört (vielleicht der nordwestlich von Damaskus gelegene Teil).
sānĭtās, ātĭs *f.* 1. Gesundheit. 2. Gabe der Krankenheilung: grātĭă sānĭtātŭm (1. *Cor.* 12). 3. *concr.* gesunde oder heile Stelle. 4. *übtr.*: Vernunft, Besonnenheit.
sannă, ae *f.* Fratze, Grimasse.
sannĭō, ōnĭs *m.* Spaßmacher, Hanswurst.
sānō 1 1. heilen, wieder gutmachen. 2. helfen (*oft in den Psalmen*). 3. zur Vernunft bringen, beruhigen.
Sanochiă, ae *f.* Sanok, St. l. am oberen San, Galizien, *ca.* 6500 Einw.; griechisch-kath. Bistumstitel, *s.* Przemysl (Premislia); *dav.*: **Sanochiēnsĭs,** ĕ.
Sanochĭēn. (*C. R.*) *s.* Sanochia.
Santa Mariă, ae *f.* Santa Maria, Ort in den Abruzzen (Italien).
Santanderĭēn. (*C.R.*) *s.* Portus Blendium.
Santī, ōrŭm *m.* (in Gallia) Xanten, St. l. am Niederrheine, Preußen (Rheinprovinz), *ca.* 5000 Einwohner.
Santŏnae, ārŭm *f.* Saintonge, Landschaft, Fkr. (Charente-Inférieure).
Santŏnēn. (*C. R.*) *s.* Rupella (*vgl.*: Santones).
Santŏnī, ōrŭm *m. s.* Santones.
Santŏnēs, ŭm *m.* (Santonae, Santoni, Ruscellonum) die Santonen, keltisches Volk an der Garonnemündung, deren Hauptst. Mediolanum Santonum hieß, *j.*: Saintes, St. l. an der Charente, Fkr. (Charente-inférieure), *ca.* 14000 Einw.; Bistum (seit 3. Jhdt. bis 1790), *jetzt in* La Rochelle, *s.* Rupella.
sānŭs 3 heil, gesund; *adv.*: **sānē** 1. vernünftig. 2. *übtr.*: wohl, allerdings, freilich; ganz, durchaus, gar.
săpă, ae *f.* eingekochter Mostsaft.
Saph *indecl. m.* (*hebr.*: Schwelle; Saphai) Saph, ein Philister aus dem Riesengeschlechte der Raphaiten, den ein Offizier Davids erschlug.
Saphai *indecl. m.*(*hebr.*: Sippai [Asippai ?] *s.* Saph.
Saphan *indecl. m.* (*hebr.*: Schuppim) Saphan, Sohn oder Enkel desManasse.
Saphan *indecl. m.* (*hebr.*: Schapham) Saphan: 1. Geheimschreiber des Königs Josias von Juda. 2. Vater des Ahikam. 3. ein Israelit aus dem Stamme Gad in Basan. 4. ein Israelit aus dem Stamme Benjamin, Sohn

Hurs (Sepham). 5. Vater des Elasa. 6. Vater des Jezonias.

Saphat *indecl. m.* (*hebr.*: Schaphat = Er [Gott] schafft Recht) Saphat: 1. ein Kundschafter aus dem Stamme Simeon im Lande Kanaan, Sohn des Huri. 2. Sohn des Semei aus dem Geschlechte Davids. 3. ein Israelit aus dem Stamme Gad in Batan. 4. Aufseher über die Rinderhirten Davids. 5. Vater des Propheten Elisäus.

Saphatia *indecl. m.* (*hebr.*: Schephatjah = Jahwe richtet) Saphatia, 1. Israelit aus dem Stamme Benjamin, Sohn Rahuels. 2. der fünfte Sohn Davids (von Abigail). 3. ein Anhänger Davids auf der Flucht vor Saul. 4. Fürst im Stamme Simeon z. Z. Davids. 5. Sohn des Königs Josaphat von Juda. 6. Jude, der den Propheten Jeremias in die Zisterne warf, Sohn Mathans. 7. drei Israeliten, deren Nachkommen aus der Gefangenschaft zurückkehrten. 8. Jude, Sohn Malaleels aus dem Stamme Juda (2. *Esdr.* 11, 4).

Saphatias, ae *m.* (*hebr.*: Schephatjah = Jahwe richtet) Saphatias, Israelit, Ahnherr des Athaias, der nach dem Exil in Jerusalem wohnte.

Saphir *indecl.* (*hebr.*: schaphir = schön) Saphir, St. gegen Askalon, Pal.(Juda).

Saphīră, ae *f.* (*aram.*: Schappira = die Schöne) Saphira, Gattin des Ananias, eine Christin in Jerusalem zu apostolischer Zeit.

saphīrŭs, ī *m.* (*hebr.*: „Glänzender, Leuchtender", sappīr, σάπφειρος=sapphirus), der Saphir, ein Edelstein von blauer Farbe (2. *Mos.* 10, 1; 24, 10).

saphīrīnŭs 3 (sapphirinus) aus Saphir.

Saphon *indecl.* (*hebr.*: Dunkel, Norden) Saphon, St. im Ostjordanlande (Gad), (*j. vielleicht*: Tell ʻAmmata am Ausgange des Wad Râgib).

săpĭdŭs 3 1. schmackhaft. 2. *übtr.*: weise, klug.

săpĭēns, tĭs klug, weise, verständig, einsichtsvoll; *adv.*: sapienter mit Einsicht.

săpĭentĭă, ae *f.* Weisheit, Einsicht, Verstand, Klugheit; **lĭbĕr Săpĭentĭae**: Buch der Weisheit (ein Teil des Alten Testamentes; der Ausdruck wird im Römischen Meßbuche in weiterem Sinne für die alttestamentlichen Weisheitsbücher überhaupt gebraucht).

săpĭō, pĭī u. pŭī 3 1. schmecken. 2. verständig *oder* weise sein, richtig denken *oder* einschätzen, Verstand haben. 3. săpĕrĕ altă: nach hohen Dingen trachten; in altĕrŭtrŭm săpĕrĕ: einträchtig sein.

sāpō, ōnĭs *m.* Seife.

săpŏr, ōrĭs *m.* 1. Geschmack, Wohlgeschmack; Wohlgeruch. 2. *übtr.*: Urteil, Urteilskraft.

Sapor, ōrĭs *m.* Sapor *oder* Schahpuhr, drei Könige von Persien; Schahpuhr I. (241—272), Christenverfolger; Schahpuhr II. (308—380), heftiger Christenverfolger von 339—378; Schahpuhr III. (384—389).

săpōrō 1 Wohlgeschmack *oder* Wohlgeruch empfinden.

Sappă, ae *f.* Sappa, Bistum in Mittelalbanien (seit 1350), mit Sarda vereinigt (seit 1490), Residenz Nenschati, Suffr. v. Skutari; *dav.*: **Sappēnsĭs,** ĕ.

Sappēn. (*C. R.*) *s.* Sappa.

sapphīrŭs, ī *m. s.* saphirus.

sapphīrīnŭs 3 *s.* saphirinus.

Sapritĭŭs, ī *m.* Sapritius, 1. heidnischer Richter in Cäsarea in Kappodokien z. Z. Hadrians (117—138). 2. *s.* Apricius. 3. kath. Priester, der um 260 n. Chr. vom Glauben abfiel, *s.* S. Nicephorus.

1. **Sară,** ae *f.* (*hebr.*: Fürstin) 1. Halbschwester und Gemahlin des Patriarchen Abraham, *vorher* Sarai *genannt*. 2. Gemahlin des jungen Tobias.

2. **Sara** *indecl. f.* (Serach) Sara, Tochter des Aser.

Saraa *indecl.* (*hebr.*: Sor'a) Saraa, St., Pal. (Dan), *j.*: Sar'a, 21 km nördlich von Bêt Dschibrîn, ein kleines Dorf mit Höhlen u. Felsengräbern.

Sarabaītă, ae *m.* Sarabaite; die Sarabaiten waren eine Mönchsgattung in Ägypten ohne Obere u. ohne richtige klösterliche Zucht.

sarabală, ōrŭm *n.* (persisch oder chaldäisch?; *aram.*: sarbbal = Mantel) die Mäntel (*Dan.* 3, 94).

1. **Sarabĭă,** ae *f. s.* Sabaria.

2. **Sarabiă** *indecl. m.* (*hebr.*: Scherbjah) Sarabja, Jude, der das Gold u. Silber sowie die hl. Gefäße aus Babylon nach Jerusalem zurückbrachte.

sărăcă, ae *f.* (sarca) eine Art Mantel.

Sărăcēnī, ōrŭm u. **Sărăzēnī,** ōrŭm *m.* die Sarazenen, ursprünglich ein Stamm im Norden des „glücklichen Arabiens", dessen Name später auf alle Araber, dann auf die Mohammedaner überhaupt übertragen wurde.

Sārae pōns, tĭs *m.* (Sarebrugka) Saarbrücken, St. l. an der Saar, Preußen (Rheinprov.), *ca.* 105 000 Einw.

1. **Sarai** *indecl. f.* (*hebr.*) *s.* 1. Sara 1.

2. **Sarai** *indecl. m.* (*hebr.*: mein Fürst) Sarai 1. Jude, der ein fremdes Weib geheiratet hatte. 2. Sarai: 1. *Par.* 2, 54 ist Einschub.

Saraia *indecl. m.* (*hebr.*: Seraja = Jahwe streitet) Saraja, 1. Israelit aus dem Stamme Juda, Sohn des Kenez. 2. Israelit aus dem Stamme Simeon, Sohn Asiels. 3. ein Geheimschreiber des Königs David. 4. Hoherpriester zu Beginn der babyl. Gefangenschaft. 5. Jude, der bei der zweiten Wegführung nach Babylon im Lande Juda zurückblieb. 6. Jude (Sohn Ezriels), der den Propheten Jeremias nebst Baruch gefangen nehmen sollte. 7. vornehmer Jude, der mit Zorobabel aus dem Exil zurückkehrte.. 8. (Sarajas) ein Jude, Mitbesiegler des erneuerten Bundes. 9. jüdischer Priester, Verwalter der Tempelvorräte u. Befehlshaber der Tempelwache in Jerusalem nach dem Exil.

Saraias, ae *m.* (*hebr.*: Seraja Jahwe streitet) *s.* Saraia 8.

Saraim *indecl.* (*hebr.*: Schaarajim = Doppeltor?) Sarajim, St., westlich von Socho u. Aseka, Pal. (Juda).

Saraītae, ārŭm *m.* Saraiter, Bewohner von Sora, *s.* Saraa.

Saraph *indecl.* (*hebr.*: Brenner) 1. Benennung der giftigen Schlangen im Urtext (4. *Mos.* 21, 6). 2. Name eines Mannes (1. *Par.* 4, 22).

Sarar *indecl. m.* (*hebr.*: Scharar [2. *Sam.* 23, 33], *richtig*: Sekarja = Lohn ist Jahwe; *verstümmelt*: Sakar [1. *Chron.* 11, 35]) Sarar (Sekaja), Vater des Ajan, eines Offiziers Davids.

Sarasar *indecl. m.* (Nergal-Sarasar, *keilschriftl.*: Nergal-sar-usur = o Nergal, schütze den König) 1. Nergal-Sarasar, 1. Sohn u. Mörder des Königs Sennacharib von Assyrien (705—681) (4. *Kön.* 19, 37). 2. Sarasar, ein Anführer der Perser (*Zach.* 7, 2).

Sarathasar *indecl.* (*hebr.*: Seret-Haschachar) Sarathasar, Ort bei der Stadt Bethphogor, Ostjordanland (Ruben).

Sarathi *indecl. m.* der Soratiter, Einwohner von Sora, *s.* Saraa.

Sārăvŭs, ī *m. s.* Sangŏna.

sarcă, ae *f. s.* saraca.

Sarcă, ae *f.* die Sarca, Fluß in Tirol, größter Zufluß des Gardasees, entspringt am Adamello u. mündet südöstlich von Riva.

B. Sarcandĕr *indecl. m. s.* B. Joannes Sarcander.

sarcĭnă, ae *f.* Bündel, Gepäck; Bürde.

sarcĭnārĭŭs 3 zum Gepäck gehörig; Gepäck-.

Sarcingă, ae *f.* Sterzing, Ort am Eisack in Tirol; *dav.*: **Sarcingēnsĭs,** ĕ.

sarcĭnŭlă, ae *f.* kleines Bündel, kleines Gepäck (*Ruth* 2, 9).

sarcĭō, sarsī, sartŭm 4 ausbessern; gutmachen, ersetzen.

sarcŏphăgŭs, ī *m.* (σαρκοφάγος) *eigentl.*: fleischfressender Kalkstein, aus dem die Totenbehälter gemacht waren; also: Totenkiste, Sarg, Sarkophag.

sarcŭlŭm, ī *n.* (sarcŭlŭs) Hacke, Gartenhacke, Karst.

sarcŭlŭs, ī *m. s.* sarculum.

Sardēs, ĭŭm *f. s.* Sardis.

Sardī, ōrŭm *m.* Sarder, Bewohner der Insel Sardinien; *dav.*: **Sardŭs** 3 sardisch.

Sardĭnĭa, ae *f.* Sardinien, Insel im Mittelmeer.

Sardĭcă, ae *f.* Sofia, Hauptst. von Bulgarien; *dav.*: **Sardĭcēnsĭs,** ĕ sofiotisch.

sardĭs, ĭnĭs *m.* Karneol (ein Edelstein).

Sardĭs, ĭŭm *f.* (Sardēs, Σάρδεις) Sardis, Hauptstadt v. Lydien in Kleinasien, östlich von Smyrna; *j.*: das Dorf Sart; *dav.*: **Sardĭānŭs** 3.

sardĭŭs, ī *m. u.* **lăpĭs sardĭnŭs** Rubin (ein Edelstein).

sardŏnўchŭs, ī *m. u.* **sardŏnўx,** ўchĭs *m. u.* **lăpĭs sardŏnўchŭs** (σαρδόνυξ) der Sardónyx (ein Edelstein), eine Achatart, rot u. weiß gestreift (Sarder).

Sarea *indecl.* (*hebr.*: Sor'a) 1. *s.* Saraa. 2. St. westlich von Jerusalem in Juda (*Jos.* 15, 33).

Sareas, ae *m.* (*hebr.*: Seraja = Jahwe streitet) Sareas, Volkshaupt in Juda zu Beginn des babyl. Exils (*Jer.* 40, 8).

Sarebia *indecl. m.* (*hebr.*: Scherebja) Sarebja, ein jüdischer Levit, der mit Zorobabel aus dem babyl. Exil zurückkehrte.

Sarebrugkă, ae *f. s.* Sarae pons.

Sared *indecl. m.* (*hebr.*: Sered) Sared, der erste Sohn Zabulons, dessen Nachkommen die Familien der Sarediter bildeten.

Sareda, ae *f. u. indecl.* (*hebr.*: Sereda) Sareda, St., Pal.(Ephraim), *vielleicht*: das heutige Sarda, 2 km südlich von Dschifna (Gobna); *dav. alter Acc. oder Lokativ*: Saredatha.

Saredatha *s.* Sareda.

Sarediтae, ārŭm *m.* die Sarediter, *s.* 1. Sared.

Sarépht(h)a, ae *f.* (*hebr.*: Sarephat) Sarepta, phönikisches Städtchen zwischen Tyrus u. Sidon; *dav.*: **Sarepht(h)anus** 3; es war dem Stamme Aser zugeteilt und lag in der Nähe des heutigen Dorfes u. Vorgebirges Sarafend; im Zeitalter der Kreuzzüge war Sarepta Bischofssitz; am Orte, wo sich ehemals Elias aufhielt, stand eine Kapelle.

Sares *indecl. m.* (*hebr.*: Scheresch) Sares, Nachkomme des Manasse.

Sargon *indecl. m.* (*assyr.*: Sargina, sarru-kên = der richtige König) Sargon, König von Assyrien (721—705) *u.* von Babylon (709—705), er machte i. Jahre 721 Samaria zur assyrischen Provinz.
Saria *indecl. m.* (*hebr.*: Sche'arja = Tor Jahwes?) Saria, vierter Sohn des Asel aus dem Geschlechte des Saul.
Sarid *indecl.* (*hebr.*: Entronnener) Sarid, St., Pal. Zabulon; *der Name dürfte nach Driver* Schadud *lauten, j.*: Tell-Schadud.
sărĭō 4 *s.* sarrio.
Sarion *indecl.* (*hebr.*: Schirjon = Panzer) Sarion, sidonischer Name für den Hermon (5. *Mos.* 3, 9).
sărīsă, ae *f.* (sarissa, σάρισα) lange makedonische Lanze der makedonischen Sarisophorier.
Sarisberĭă, ae *f.* (Salisburĭŭm) Salisbury, St. am Zusammenflusse von Wiley, Avon u. Bourne, England (Wills), *ca.* 18000 Einwohner.
sărīssă, ae *f. s.* sarisa.
sărītĭō, ōnĭs *f. s.* sarritio.
Sarlatăn. (*C. R.*) *s.* Sarlatum.
Sarlatŭm, ī *n.* La Sarlat, St. r. an der Cuze, Fkr. (Dordogne), *ca.* 6500 Einw., ehem. Bistum (11. bis 15. Jhdt.), jetzt mit Périgueux vereinigt; *dav.*: **Sarlatānŭs** 3.
Sārmătae, ārŭm *m.* (Sauromatae, Σαρμάται, Σαυρομάται) Bewohner von Sarmatien, *s.* Sarmatia.
Sārmătĭă, ae *f.* Sarmatien, Land zwischen Weichsel und Wolga (Südrußland); *dav.*: **Sārmătĭcŭs** 3 sarmatisch *u.* Sārmătae, ārŭm *m.* die Sarmaten.
sarmentŭm, ī *n.* Rebholz, Reisig.
Sarnă, ae *f.* Sarnen, Marktflecken am Sarnersee, Schweiz (Obwalden), *ca.* 1500 Einw.
Sarnēn. (*C. R.*) *s.* Sarnum.
Sarnĭă, ae *f.* Guernsey, Insel im Kanal, England.
Sarnŭm, ī *n.* Sarno, St. an den Sarnoquellen, It. (Salerno), *ca.* 13000 Einw.; Bistum (seit 11. Jhdt.), seit 1818 vereinigt mit Cava dei Tirreni, exempt; *dav.*: **Sarnēnsĭs,** ĕ.
Sarnŭs, ī *m.* Sarno, Fluß (Mittelitalien).
Sarohen *indecl.* (*hebr.*: Scharuhen; *arab. plur. fractus?*) Sarohen, St., Pal. (Simeon).
Sārŏhēnsĭs pāgŭs, ī *m. s.* Saroinsis pagus.
Sārŏinsĭs pāgŭs, ī *m.* (Sārŏhēnsĭs pāgŭs) der Saargau, Preußen (Rheinprov.).
Saron(a) *indecl.* (= Ebene) 1. fruchtbare Küstenebene zwischen Karmel u. Joppe (Palästina). 2. Ort oder Landschaft im Stamme Gad im Ostjordanlande, *wohl richtig*: „Golan" *zu lesen*; *j.*: Sahem el-Dscholân, wonach die ganze Landschaft Gaulanitis benannt ist (1. *Par.* 5, 16).
Saronītēs, ae *m.* der Saronite (aus der Landschaft *oder* Ebene Saron stammend).
Sarră, ae *f.* (*hebr.*: Sor = Fels) Sarra, alter Name von Tyrus, Hafenst., Phönikien.
sarrĭō, īvī *u.* ŭī, ītŭm 4 (sario) die Feldfrüchte behacken, vom Unkraute reinigen, jäten (*Is.* 28, 24).
sarrītĭō, ōnĭs *f.* (saritio) das Jäten.
Sarsachim *indecl. angeblich*: Feldherr des Königs Nabuchodonosor (*Jer.* 39, 3); doch ist Vers 3 verderbt u. zu lesen wie *Jer.* 39, 13.
Sarsină, ae *f.* Sarsina, St. am Küstenfluß Savio, It. (Forli), *ca.* 800 Einw.; Bischofssitz (seit 4. Jhdt.), Suffr. v. Ravenna; *dav.*: **Sarsinātēnsĭs,** ĕ.
Sarsinātēn. (*C. R.*) *s.* Sarsina.
Sartă, ae *f. s.* Sartha.
sartāgō, ĭnĭs *f.* Pfanne, Tiegel.
sartătēctă, ōrŭm *n.* Bauschäden: templī, dŏmūs (4. *Kön.* 12, 5. 6. 7); *vgl.*: sartus et tectus!
Sarthă, ae *f.* (Sarta) Sarthe, Nebenfluß der Loire, Fkr.
Sarthan *indecl.* (*hebr.*: Saretan) Sarthan St., Pal. (Issachar); *dav. alter Acc.*: Sarthana.
Sarthana *s.* Sarthan.
sartŏr, ōrĭs *m.* Flickschneider.
sartūră, ae *f.* Flicknaht.
sartŭs (et) tēctŭs 3 (*meist im pl. n. gebraucht*) ausgebessert, fest; in gutem Zustande befindlich. (Von Gesetzen und Glaubenssätzen wird oft gesagt, daß sie „sarta tecta manēre", d. h. unerschütterlich fest bestehen sollen); doctrīnăm sartăm tectamque omnī cūrā tŭērĕ (*dies V. infr. Oct. Immacul. Conc. B. M. V. lect. VI*).
Sarug *indecl. m.* (*hebr.*: Serug) Sarug, Sohn Rëus aus dem Geschlechte Sems, Urgroßvater Abrahams, Ahnherr Christi.
Saruja *indecl. m.* (*hebr.*: Seruja) Saruja, Israelit, Vater des Naarai, des Waffenträgers Joabs.
Sarvă, ae *f.* (*hebr.*: Seru'a) Sarva, Mutter König Jeroboams I. von Israel (929 bis 909).
S. Sarvātĭŭs, ī *m. s.* S. Servatius.
Sarvĭă, ae *f.* (*hebr.*: Seruia) Sarvia, eine Schwester Davids.
Sarzană, ae *f.* Sarzana, St. l. am Küstenflusse Magra, It. (Genua), *ca.* 5000 Einw.; Bistum Luni-Sarzana(exempt), seit 1820 vereinigt mit Brugnato, Suffr. v. Genua; *dav.*: **Sarzanēnsĭs,** ĕ.
Sarzanēn. (*C. R.*) *s.* Sarzana.

Sasavă, ae *f. s.* Savus.
Sasima, ōrŭm *n.* (Σάσιμα) Sasima, Ort in Kappadokien zwischen Tyana und Nazianz, wo der hl. Gregor von Nazianz als Bischof lebte (372—379).
Sassabasar *indecl. m.* (*hebr.*: Scheschbassar, *babyl.*: Sinpalussur = o Sin, schütze den Sohn) Sassabasar, chaldäischer Name des Zorobabel *oder* Serubabel (1. *Esdr.* 1, 8; 5, 14).
săt *adv. s.* satis.
sătăgĭŭs 3 sich abängstigend, sich abhärmend.
sătăgō 3 (*auch*: **săt ăgō**) genug zu tun haben, seine Not haben, sich bemühen (*mit gen.*).
Satală, ōrŭm *n.* Satala, St. in Armenien (an der Straße nach Nordarmenien), *j.*: Ezzinghian in Kleinasien.
sătăn *indecl. m.* (satanas) (*hebr.*: Gegner, Widersacher) Feind; *bes.*: Teufel, Satan; *dav.*: **sătănĭcŭs** 3 satanisch, teuflisch.
Satanacŭm, ī *n.* (Stenacum) Stenay, St. Fkr. (Meuse), *ca.* 4000 Einwohner.
sătănās, ae *m. s.* satan.
sătēgī *perf. v.*: satago.
sătellēs, ĭtĭs *m.* 1. Leibwächter; *pl.*: Gefolge, Anhang, Begleiter. 2. Helfershelfer.
sătellĭtĭŭm, ī *n.* 1. Wache, Polizeiwache, Leibwache. 2. Knechtschaft.
Sătĭcŭlă, ae *f.* Saticula, St., östlich von Kapua in Samnium an der kampanischen Grenze, nahe beim heutigen Caserta vecchia.
sătĭĕtās, ātĭs *f.* 1. Sättigung, Überfluß. 2. Übersättigung, Ekel.
sătĭn u. **sătĭnĕ** = satisne, *s.* satis.
1. **sătĭō** 1 sättigen, befriedigen, stillen.
2. **sătĭō** ōnĭs *f.* 1. das Säen (*Ecclus.* 40, 22), Aussaat. 2. das Pflanzen, das Anpflanzen. 3. *pl.*: sătĭōnēs, ŭm *f.* die Saaten, Saatfelder.
sătĭră, ae *f.* (sătўră) Satire, Spottgedicht.
sătĭs *adv.* (săt) hinreichend, genügend, genug, ziemlich; *compar.*: sătĭŭs besser, dienlicher; nōn sătĭs: nicht genug, sătisne ist's genug ?, satis superque: übergenug; satis agere *s.* satago; satis dăre *s.* satis do; satis esse: genügen; satis habere: genügend haben, zufrieden sein.
sătĭsdătĭō, ōnĭs *f.* Kaution, Bürgschaft.
sătĭsdō, dĕdī dătŭm 1 genügende Sicherheit leisten, Bürgschaft (Kaution) stellen.
sătĭsfăcĭō, fēcī, factŭm 3 1. Genüge leisten, befriedigen, bezahlen. 2. befolgen, gehorchen. 3. einen Gefallen erweisen.
sătisfactĭō, ōnĭs *f.* Genugtuung, Abbitte, Rechtfertigung.
sătisfactōrĭŭs 3 genugtuend; büßend.
Satolli, Franciscŭs *m.* Francesco Kardinal Satolli, Mitglied der ersten Kodifikationskommission.
sătŏr, ōrĭs *m.* 1. Säer, Pflanzer. 2. Erzeuger, Urheber.
sătrăpă, ae (satrapes, satraps) *m.* (σατράπης, *ursprünglich persisches Wort*) ein (persischer) Statthalter, Satrap.
sătrăpēă ae *f. s.* satrapia.
sătrăpēs, ĭs u. ae (*acc.*: -ĕm, -ēn u. ăm; *abl.*: -ē u. -ĕ *u.* ā [*sg.* meist nach der 3.Dekl.; der *pl.* ganz nach der 1.Dekl.] *s.* satrapa.
sătrăpĭă, ae *f.* (satrapēa) (σατραπεία) eine (persische) Statthalterschaft; Satrapie.
sătraps, ăpĭs *m. s.* satrapa.
1. **sătŭm,** ī *n.* Saatfeld (*Marc.* 2, 23).
2. **satŭm,** ī *n.* ein Trockenmaß bei den Juden, anderthalb Scheffel enthaltend.
sătŭr, ŭră, ŭrŭm satt, gesättigt.
sătŭră, ae *f.* (*scil.*: lanx) 1. die (mit allerlei Obst gefüllte) Fruchtschüssel. 2. das Allerlei, das Gemengsel. 3. (satira) eine Dichtung gemischten Inhalts.
sătŭrātĭō, ōnĭs *f.* Sättigung.
sătŭrātŏr, ōrĭs *m.* Sättiger.
sătŭrēĭă, ae *f.* Knabenkraut.
B. Sătŭrĭānŭs, ī *m.* sel. Saturian, Mart. Bruder des hl. Martianus, † um 460 (*s.* S. Maxima). — 17. Oktober.
sătŭrĭtās, ātĭs *f.* 1. Sättigung, Übersättigung, Ekel (*Ps.* 105, 15). 2. Reichlichkeit, Überfluß.
Sāturnālĭă, ĭŭm *n.* (*gen. auch*: ōrŭm) die Saturnalien, ein altitalisches heiteres Fest, das vom 17. Dezember an mehrere Tage hindurch mit Schmaus, Spiel, Beschenkung und Bewirtung der Sklaven zum Andenken an den glücklichen Zustand der Menschen während des goldenen Zeitalters gefeiert wurde.
S. Sāturnīnŭs, ī *m.* hl. Saturnin, 1. Bischof v. Toulouse, Apostel von Frankreich, Mart., † 250, 29. Nov. 2. Martergenosse der hl. Perpetua, † 203, 7. März.
Sāturnīnŭs, ī *m.* Saturnin, 1. Konsular in Rom z. Z. des hl. Papstes Linus (1. Jhdt.). 2. arianischer Bischof von Arles (4. Jhdt.).
Sāturnŭs, ī *m.* Saturn, 1. altitalischer Gott der Saaten u. des Ackerbaues. 2. der Planet Saturn (*auch*: Saturni stella); Saturni dies: Samstag.
sătŭrō 1 1. sättigen, befriedigen; *pass.*: sich sättigen. 2. reich sein an (*abl.*: *Ps.* 16, 14).
1. **sătŭs** *part. perf. pass.* v. sero.

2. **sătŭs,** ūs *m.* 1. das Säen, 2. Zeugung, Ursprung.
sătyră, ae *f.* *s.* satira.
S. Sătyrŭs, ī *m.* hl. Satyrus (Saturus), Martergenosse der hl. Perpetua. — † 203, 7. März.
saucĭātĭō, ōnĭs *f.* Verwundung.
saucĭō 1 verwunden.
saucĭŭs 3 verwundet.
Saul *indecl. u. gen.* Saulis, *abl.* Saule *m.* (*hebr.*: Scha-ul = der Verlangte, der Erbetene) Saul 1. der sechste König der Edomiter. 2. Sohn des Simeon, dessen Nachkommen die Sauliten. 3. Israelit aus dem Stamme Levi, Sohn des Ozias. 4. der erste König von ganz Israel (*ca.* 1051—1011).
Saulī, ōrŭm *m.* vornehmes Geschlecht aus der Lombardei (Italien); Dominicus Sauli, Vater des hl. Alexander Sauli, *s. dens.*
Saulītae, ārŭm *m.* die Sauliten, *s.* Saul 2.
Saulŭs, ī *m.* (*hebr.*: Schaul der Verlangte, Erbetene) Saulus, der ursprüngliche Name des hl. Apostels Paulus.
Saura *indecl. gibt den unrichtigen griechischen Text der Septuaginta wieder*: Ἐλεάζαϱ ὁ Σαυαϱάν (1. *Mach.* 6, 43), der die griechische Endung -ος in ὁ u. Σ für das nächste Wort zerriß, das *hebr.* Beth mit *υ* statt *β* umschrieb u. das *hebr.* Daleth mit Resch verwechselte; das ὁ übersetzte die Vulgata mit filius u. machte Saura zum Vater des Eleazar. Richtig: Ἐλεάζαϱος Ἀβαδδών Eleazar (mit dem Beinamen) der Verderber. Er war der Bruder des Makkabäers Judas.
Saurŏmătae, ārŭm *m.* *s.* Sarmatae.
Saurmătĭă, ae *f.* *s.* Sarmatia.
Savannēn. (*C. R.*) *s.* Savannum.
Savannŭm, ī *n.* Savannah, St., Nordamerika (Georgia), *ca.* 55000 Einw.; Bischofssitz (seit 1850), Suffr. v. Baltimore; *dav.*: **Savannēnsĭs,** ĕ.
Săvārĭă, ae *f.* *s.* Sabaria.
Save *indecl. richtig hebr.*: Schalem (*hettitisch*: řlm ?) (*Gen.* 14, 7) das „Königstal" lag wohl bei Salem *oder* Jerusalem.
Savignĭăcŭm, ī *n.* Savigny, ehem. Cistercienserinnenkloster, Fkr., Diöz. Coutances (Manche).
sāvĭŏlŭm, ī *n.* das Küßchen.
sāvĭŏr 1 küssen.
sāvĭŭm, ī *n.* 1. Mäulchen. 2. Kuß. 3. Liebchen.
Săvō, ōnĭs *f.* *s.* Savona.
Săvōnă, ae *f.* (Savo) Savona, St. im Golfe von Genua, It. (Genua), *ca.* 25000 Einw.; Bischofssitz (seit 10. Jhdt.) mit Noli vereinigt, Suffr. v. Genua; *dav.*: **Savonēnsĭs,** ĕ.
Săvōnēn. (*C. R.*) *s.* Savona.
Săvŭs, ī *m.* (Sasava, Sazava) Save oder Sau, r. Nebenfluß der Donau, mündet bei Belgrad (Serbien).
saxētŭm, ī *n.* ein felsiger Ort.
saxĕŭs 3 steinern, felsig; steinhart.
Saxō, ŏnĭs *m.* der Sachse; *vgl.*: Saxones.
Saxŏnēs, ŭm *m.* die Sachsen, ein deutsches Volk; Saxones occĭdentālēs: die Bewohner von Wessex in England.
Saxŏnĭă, ae *f.* Sachsenland, Sachsen, Land in Deutschland; Saxŏnĭă = Germānĭă, z. B. Băvārĭă in Saxŏnĭā: Bayern in Deutschland (*Fest. Willibaldi, Propr. Eistett.*).
saxōsŭs 3 voll Felsen, felsig, steinig (5. *Mos.* 21, 4).
Saxŭlēnsĭs, ĕ aus Sachseln (Schweiz) (*Propr. Chur.*: 2. *März*).
saxŭlŭm, ī *n.* der kleine Fels.
saxŭm, ī *n.* ein Felsblock, Fels.
scăbellŭm, ī *n.* (scabillum) Bänkchen, Schemel, Fußschemel; scabellŭm altāris: Altarschemel (für kleine Personen), Bänkchen.
scăbĕr, bră, brŭm rauh, krätzig, schäbig: concha; räudig.
scăbĭēs, ēī *f.* 1. Rauhigkeit. 2. Aussatz, Ausschlag (4. *Mos.* 13, 6), Krätze, Räude. 3. das Jucken.
scăbillŭm, ī *n.* *s.* scabellum.
scabīnŭs, ī *m.* Schöffe.
scăbō, scābī 3 kratzen, reiben.
scăbrēdō, ĭnĭs *f.* Rauhigkeit der Haut; Krätze.
scăbrōsŭs 3 rauh.
scaenă, ae *f.* (scēnă; σκηνή) 1. Bühne, Szene. 2. Öffentlichkeit. 3. Schaugepränge. 4. *übtr.*: Täuschung.
1. **scaenĭcŭs** 3 (scēnĭcŭs; σκηνικός) szenisch, theatralisch, bühnenhaft.
2. **scaenĭcŭs,** ī *m.* Schauspieler.
scaevŭs 3 (σκαιός) links, linkisch, täppisch.
scālă, ae *f.* (scālae, ārŭm) Leiter, Treppe, Stiege.
Scālae Dĕī Carthŭsĭae Chartreuse de l'Escale-Dieu, ehem. Kloster, Fkr. (Hautes-Pyrénées).
Scaldĭă, ae *f.* *s.* Scaldis.
Scaldĭs, ĭs (*acc.* -ĭm *u.* -ĕm, *abl.* -ī *u.* -ĕ) *m.* (Scaldia) Schelde, Fluß, mündet in die Nordsee, Belgien.
scalmŭs, ī *m.* (σκαλμός) 1. Ruderholz, Ruderpflock (in dem sich das Ruder bewegt), Dolle. 2. Kahn, Fahrzeug.
scalpellŭm, ī *n.* kleines Messer; Lanzette.
scalpĕr, prī *m.* *s.* scalprum.
scalpō, scalpsī, scalptŭm 3 1. kratzen. 2. schnitzen, schneiden, stechen.
scalprŭm, ī *n.* (scalper) Messer; Schusterahle; Meißel.
scamnŭm, ī *n.* 1. Bank; Fußschemel. 2. Sitz, Chorsitz, Stallung (*C. j. c.* 405, § 1). 3. Königssitz, Thron.

scandălĭzō 1 (σκανδαλίζω) 1. scand. ălĭquĕm: jemandem Ärgernis *oder* Anstoß geben; zur Sünde verleiten. 2. *pass.*: scand. in ălĭquō: sich an jemand ärgern *oder* Anstoß nehmen; (zur Sünde) verführt werden.

scandălŭm, ī *n.* (σκάνδαλον) 1. Ärgernis, Anstoß, Fallstrick, Schlinge; s. păti Ärgernis nehmen, sich an jemand ärgern; (zur Sünde) verführt werden. 2. Schmach, Verleumdung (*Ps.* 49,20).

Scandĭă *u.* **Scandĭnāvĭă,** ae *f.* Skandinavien.

scandō, dī, ānsŭm 3 hinaufsteigen, besteigen.

scandŭlă, ae *f.* (scindŭlă) Dachschindel.

1. **scăphă,** ae *f.* (scaphŭlă) ein Getreidemaß, Scheffel.

2. **scăphă,** ae *f.* (σκάφη) Boot, Kahn, Nachen; Rettungsboot.

scăphĭŭm, ī *n.* (σκάφιον) 1. Nachen. 2. nachenförmige Trinkschale, nachenförmiges Becken.

Scăpŭlă, ae *m.* Scapula, Statthalter in Afrika z. Z. des Kaisers Severus (193 bis 211).

scăpŭlae, ārŭm *f.* 1. die Schulterblätter; Schultern, Achseln, Rücken. 2. *übtr.*: Flügel, Fittiche, Schwingen (*Ps.* 90, 4).

scăpŭlārĕ, ĭs *n.* Schulterkleid, Skapulier (der religiösen Genossenschaften).

Scără, ae *m.* Cher, Nebenfluß der Loire, Fkr.

Scarabantĭă, ae *f.* Ödenburg (*ungarisch*: Sopron) westungarisches Komitat.

scărīfō 1 (σκαριφάομαι) aufritzen, aufschlitzen.

Scarpŭs, ī *m.* Scarpe, Nebenfluß der Schelde, Fkr.

scătĕbră, ae *f.* Sprudel.

scătĕō, ŭī 2 (scatūrĭō) 1. überströmen, hervorsprudeln. 2. voll sein, wimmeln. 3. *übtr.*: zittern, schlottern: gĕnŭă.

scătūrīgō, ĭnĭs *f.* sprudelndes Wasser, Quellwasser.

scătūrĭō 4 *s.* scateo.

Scaurī clīvŭs Hügel Roms bei der Basilika des hl. Johannes u. Paulus.

scaurŭs 3 (σκαῦρος) mit hervorstehenden Knöcheln, klumpfüßig.

scĕlĕrātŭs 3 1. verbrecherisch, frevelhaft. 2. mit Verbrechen befleckt.

scĕlĕrō 1 durch Frevel beflecken: mănŭs.

scĕlestĭs, ĕ *s.* 1. scelestus.

1. **scelēstŭs** 3 (scelestĭs) verrucht, frevelhaft, verworfen.

2. **scĕlestŭs,** ī *m.* Frevler, Verbrecher.

scĕlŭs, ĕrĭs *n.* 1. Verbrechen, Frevel. 2. Ruchlosigkeit, Bosheit.

scēnă, ae *f.* u. **scēnĭcŭs** 3 *s.* scaena *u.* scaenicus.

scēnŏfactōrĭŭs 3 (σκῆνος) zur Zeltbereitung gehörig.

scēnŏfactōrĭŭs, ī *m.* Zeltmacher, Zeltweber.

scēnŏpēgĭă, ae *f.* (σκηνοπηγία) „Fest der Zelte" = Laubhüttenfest der Juden zur Erinnerung an die Wanderung durch die Wüste, zugleich Erntedankfest.

Scepanovĭŭs, ī *m.* Familienname des hl. Mart. u. Bischofs Stanislaus (*Propr. Culm.* 8. *Mai*).

scēptrĭgĕr, gĕră, gĕrŭm *s.* sceptrifer.

scēptrĭfĕr, fĕră, fĕrŭm (sceptriger) zeptertragend.

scēptrŭm, ī *n.* (σκῆπτρον) 1. das Zepter. 2. Königswürde.

scēptūchŭs, ī *m.* (σκηπτοῦχος) Zepterträger, Hofmarschall (im Orient).

Scepusĭēn. (*C. R.*) *s.* Scepusium.

Scepusĭŭm, ī *n.* Zips (*ungar.*: Scepes), Gebirgslandschaft u. Komitat in Oberungarn im Quellgebiete des Hernad im Südteile der Niederen Tatra; Bistum Zips (seit 1776), Residenz in Kirchdrauf (*ungar.* Szepes-Váralya), St., Ungarn (Zips), *ca.* 3000 Einw.; die Kathedrale in dem westlich davon gelegenen Zips (*ungar.*: Szepeshely), *ca.* 400 Einw., Suffr. v. Erlau; *dav.*: **Scepusiēnsĭs,** ĕ.

Scetĭs, ĭs (*acc.* -ĭm) *m.* Sketis, Gebirge in Ägypten, Sketim Nitria.

Scĕvăs, ae *m.* (Σκευᾶς) Skevas, ein jüdischer Priester, Synagogenvorsteher in Ephesus, dessen Söhne Teufelsbeschwörer waren (*Act.* 19, 14).

schĕdă, ae *f.* (schĭda, scĭda; σχίδη) 1. ein Streifen des Papyruspapieres, Papierblatt. 2. Zettel, Heft, Broschüre, Plakat; schĕdae suffrāgĭōrŭm: Stimmzettel.

schĕdĭasmă, ătĭs *n.* Skizze.

schĕdŭlă, ae *f.* Papierblatt, Zettel.

Scheftlariēnsĭs vīcŭs, ī *m.* Schäftlarn, Pfarrdorf, Bayern (Oberbayern), mit Benediktinerabtei.

schēmă, ae *f. u.* **schēmă,** ătĭs *n.* (σχῆμα) 1. die Stellung eines Pantomimen. 2. bildliche Redeweise, rhetorische Figur. 3. Zusammenstellung, Aufstellung, Übersicht (*C. j. c.* 360).

schĕmătismŭs, ī *m.* (σχηματισμός) 1. bildliche Redeweise. 2. Zusammenstellung.

Schenēnsĭs, ĕ aus Schänis, Kloster, Schweiz (St. Gallen).

S. Schetzelo, ōnĭs *m.* hl. Schetzelo, Einsiedler, Cist. († um 1138).

Er hieß auch Gislen oder Gezzelin und lebte im Grunewalde bei Luxemburg im 12. Jahrhundert, wo noch jetzt eine Quelle nach ihm Schetzelborn genannt wird. Er nährte sich von Wurzeln und Kräutern und trug ein Fell als Kleidung. Der hl. Abt Bernhard von Clairvaux sandte dem Einsiedler durch den Mönch Achard, der damals den Bau des Klosters Himmerod bei Trier leitete, Grüße und warme Kleidung. Letztere wollte Schetzelo aber nicht anlegen. Als er seinen Tod herannahen fühlte, begab er sich in das nächste Dorf und empfing die hl. Wegzehrung. Sein hl. Leib kam in die Kirche eines Benediktinerklosters zu Luxemburg, das aber im Jahre 1542 zerstört wurde. Über ihn sagte der genannte Achard: „Wir alle können sein Leben bewundern; nur wenige vermögen ihm nachzueifern, keiner aber kann es ihm gleichtun!" — 5. *oder* 6. August.

Schibboleth *indecl. s.* Scibboleth.

schĭdĭă, ae *f.* (σχίδιον) Holzspan, Splitter.

schīnŭs, ī *f.* (σχῖνος) der Mastixbaum.

Schirburnŭm, ī *n.* (Schireburg) Sherborne, ehem. Benediktinerkloster, England (Dorsetshire), *dav.*: **Schireburgēnsĭs,** ĕ.

Schireburg *indecl. s.* Schirburnum.

schismă, ătĭs *n.* (σχίσμα) Spaltung, Trennung, *bes.*: Glaubensspaltung (*C. j. c.* 1325 § 2).

schismătĭcŭs, ī *m.* (σχισματικός) Schismatiker, d. i. ein Christ, der zwar alle Glaubenslehren annimmt u. für wahr hält, aber nicht dem Papste als dem Oberhaupte der Kirche Christi untertan sein will und mit den dem Papste untergebenen Mitgliedern der Kirche keine Gemeinschaft pflegt (*C. j. c.* 1325 § 2).

Schlavī, ōrŭm *m. s.* Slavi.

Schleidānŭs 3 aus oder von Steinfeld (Erzbistum Köln): abbas, archĭdĭācŏnŭs.

Schlusselaue *indecl.* Schlüsselfeld, St., Bayern (Oberfranken), *ca.* 700 Einw.; ehem. Cistercienserinnenkloster.

B. Schoeffler, Augustīnŭs, Mart., Leidensgefährte des B. Joannes Gabriel Dufresse; *s. denselben.*

Schoenaugĭă, ae *f.* Kloster Schönau, östlich von St. Goar am Rhein.

Schoenenburg *indecl.* Schöningen, Ort im braunschweigischen Kreise Helmstedt.

schŏlă, ae *f.* (σχολή) 1. gelehrte Untersuchung. 2. Schule. 3. die Anhänger eines Lehrers; Sekte. 4. Chor, Gesanggruppe (in der Kirche, welche die begonnene Antiphon weitersingt).

1. **schŏlārĭs,** ĕ zur Schule gehörig; dŏmŭs schŏlārĭs: Schulhaus.

2. **schŏlārĭs,** ĭs *m.* Scholar, Schüler.

S. Schŏlastĭcă, ae *f.* hl. Scholastika, Äbtissin, Schwester des hl. Benedikt, † 534, 10. Februar.

1. **schŏlastĭcŭs** 3 (σχολαστικός) 1. zum Studium der Beredsamkeit gehörig. 2. scholastisch (mittelalterliche Lehrweise). 3. die Schule betreffend; annŭs schŏlastĭcŭs: Schuljahr (*C. j. c.* 1406).

2. **schŏlastĭcŭs,** ī *m.* 1. Schüler, Student. 2. Gelehrter. 3. Scholastiker (mittelalterlicher Lehrmeister). 3. Titel gewisser Mitglieder der Gesellschaft Jesu.

Schonaugĭă, ae *f.* Schönau, ehem Cistercienserkloster, Baden, Diöz. Freiburg i. Br.

Schonauvĭă, ae *f.* (Sconaugia) Schönau, St., Hessen-Nassau (St. Goarshausen).

Schornsheim *indecl.* ein Dorf bei Mainz.

Schwarzachĭēnsĭs, ĕ aus Schwarzach bei St. Johann an der Salzach.

scībĭlĭs, ĕ wißbar, erkennbar.

Scibboleth *indecl.* (Sibboleth) (*hebr.*: Schibboleth, *von den Ephraimiten*: Sibboleth *ausgesprochen*) 1. Ähre, Getreideähre. 2. Strom (*Judic.* 12, 6 = das Sich-Hinziehende).

scĭdă, ae *f. s.* scheda.

1. **scĭēns,** tĭs 1. wissend, Kenntnis habend; wissentlich, mit Wissen. 2. kundig, kenntnisreich; einsichtsvoll, geschickt; *adv.*: scĭentĕr.

2. **scĭēns,** tĭs *m.* Kenner, der Sachverständige.

scĭentĕr *adv. s.* 1. sciens.

scĭentĭă, ae *f.* 1. Kenntnis, Kunde, Einsicht, Wissen. 2. Inbegriff des Gewußten; mīrābĭlĭs factă est scĭentĭă tŭă ex mē (*Ps.* 138, 6): zu wunderbar für mich ist dein Erkennen; scĭentĭă in excelsō: Wissen bei dem Höchsten (d. h. bei Gott; *Ps.* 72, 11).

scĭentĭfĭcŭs 3 1. Kenntnis vermittelnd. 2. wissenschaftlich (*C. j. c.* 1357 § 2).

scĭlĭcĕt *adv.* (wisse nämlich!) begreiflicherweise, versteht sich, selbstverständlich, natürlich, freilich; ergänze!

scillă, ae *f.* (squilla, σκίλλα) die Meerzwiebel.

Scillītă, ae *f.* Szillita, Scilli (Scili), St. in Nordafrika (Numidien); *dav.*: **Scillītānŭs** 3 *u.* scillitanus 3.

scillītānŭs 3 *s.* Scillita.

scindō, scĭdī, scissŭm 3 zerreißen, zerteilen, trennen, aufschlitzen (4. *Kön.* 15, 16); *pass.*: sich trennen; ăquae scinduntŭr: die Wasser brechen hervor.

scindŭlă, ae *f. s.* scandula.

scinips, phĭs *f.* Stechmücke; *s. auch*: ciniphes u. cinips.

scintillă, ae *f.* Funke.

scintillātĭō, ōnĭs *f.* das Flimmern.

scintillō 1 funkeln, flimmern; auflodern.

scintillŭlă, ae *f.* Fünkchen.

scĭō, īvī, ītŭm 4 1. wissen, Kenntnis haben von. 2. verstehen, kennen. 3. vermögen, können.

scīpĭō, ōnĭs *m.* (σκίπων, σκήπων) kostbarer Stab (als Abzeichen der Würde).

scirpĕă, ae *f.* ein aus Binsen geflochtener Wagenkorb.

scirpĕŭs 3 (sirpeus) aus Binsen, Binsen-; fiscellă scirpĕă: Binsenkörbchen (*Ex.* 2, 3).
scirpĭcŭlŭs, ī *m.* Binsenkörbchen.
scirpŭs, ī *m.* (γρῖπος, γρῖφος) Binse (*Job* 8, 11).
scīscĭtātĭō, ōnĭs *f.* Erkundigung, Erforschung.
scīscĭtātŏr, ōrĭs *m.* Untersucher, Erforscher.
scīscĭtŏr 1 sich erkundigen, ausforschen.
scīscō, scīvī, scītŭm 3 1. sich erkundigen, erforschen. 2. erfahren, in Erfahrung bringen. 3. beschließen, verordnen.
scissĭō, ōnĭs *f.* 1. Spaltung. 2. Splitter.
scissūră, ae *f.* 1. Spaltung, Zerteilung. 2. Stück.
scissŭs 3 *ptc. pf. pass. zu* scindo.
scītē *adv.* geschickt, klug, fein, nett, allerliebst.
scītŭm, ī *n.* Beschluß, Verordnung.
scĭŭs 3 kundig, einsichtig.
Sclavī, ōrŭm *m. s.* Slavi.
sclŏpētŭm, ī *n.* 1. Handschleudermaschine. 2. Gewehr, Flinte; sclop. explōdĕrĕ eine Flinte abschießen.
sclŏpŭs, ī *m.* Gewehr.
B. Scobiliō, ōnĭs *m.* (Scopilio) sel. Skobilio, Verwandter u. Erzieher des hl. Germanus.
scŏbĭs, ĭs *f.* Schababfall, Sägespäne.
Scodingă, ae *f.* (Scudingĭŭs pāgŭs) ehem. Landschaft, Fkr. (Jura).
Scŏdră, ae *f.* (Σκόδρα) Skutari (*albanisch* Skodra), St., l. an der Bojana am Skutarisee, Ober-Albanien, *ca.* 20000 Einw.; Erzbischofssitz (seit 1867, Bistum seit 385); *dav.*: **Scŏdrēnsĭs,** ĕ.
Scŏdrēn. (*C. R.*) *s.* Scodra.
Sconaugĭă, ae *f. s.* Schonaugia.
scōpă, ae *f.* das Reis; *pl.*: Besen; *übtr.*: Reinigung.
Scopĭă, ae *f.* Üsküp (*slaw.*: Skoplje; *alban.*: Schlup), St. am Vardar, Makedonien; Erzbistum Üsküp (seit 1745, Bistum seit 5. Jhdt.), Residenz in Prizren; *dav.*: **Scopiēnsĭs,** ĕ.
Scopĭēn. (*C. R.*) *s.* Scopia.
B. Scopiliō, ōnĭs *m. s.* B. Scobilio.
1. **scōpō** 1 mit Besen kehren, reinigen.
2. **scŏpō** 3 (σκοπέω) durchforschen, durchwühlen, prüfen (*Ps.* 76, 7).
scōpŭlae, ārŭm *f.* kleiner Besen, Handfeger, Bürste.
scŏpŭlōsŭs 3 felsig.
scŏpŭlŭs, ī *m.* (σκόπελος) Felsen, Klippe.
scŏpŭs, ī *m.* (σκοπός) das beim Schließen aufgesteckte Ziel, Zweck, Endziel.
Scorc(i)ēnsĭs, ĕ aus Scorcy an der Maas, Fkr. (Meuse).
scōrĭă, ae *f.* (σκωρία) Schlacke, Asche (*Is.* 1, 22).
scorpĭō, ōnĭs *m.* (scorpĭŏs, scorpĭŭs; σκορπίων, σκορπίος) 1. Skorpion, giftiges Insekt (auch als Sternbild). 2. Kriegsmaschine zum Schleudern von Pfeilen. 3. stacheliger Meerfisch (*Apoc.* 9, 5). 4. ein Marterwerkzeug: Geißel mit Widerhaken (*Quat. Coronat.* 8. Nov.).
scorpĭŏs, ī *m. s.* scorpio.
scorpĭŭs, ī *m. s.* scorpio.
scortātŏr, ōrĭs *m.* Hurer.
1. **scortĕă,** ae *f.* Pelz.
2. **scortĕă,** ōrŭm *n.* Lederzeug.
scortĕŭs 3 aus Fell, aus Leder.
scortillŭm, ī *n.* kleine Dirne, kleine Hure.
scortŏr 1 huren, Unzucht treiben.
scortŭm, ī *n.* Fell; *übtr.*: Hurer *u.* Hure.
Scōtī, ōrŭm *m.* die Schotten.
Scōtĭă, ae *f.* Schottland.
Scōtĭcŭs 3 schottisch.
Scotivŏlī, ōrŭm *m.* ein Adelsgeschlecht zu Ancona, dem der hl. Benvenutus entstammte.
Scōtŭs, ī *m.* Schotte; irische Glaubensboten werden oft „Schotten" genannt, da Irland auch als Großschottland bezeichnet wurde.
Scōtŭs, ī *m.* Johannes Duns Skotus, berühmter Franziskaner u. theologischer Schriftsteller; er prägte den Ausdruck „praeredemptio" (= Vorerlösung), wodurch die Hauptschwierigkeit zur theologischen Erklärung der unbefleckten Empfängnis Mariä behoben war; er erhielt den Ehrentitel „Doctor subtīlĭs", † 1308.
Scōtŭs Eriugĕnă *m.* Skotus Eriugena, geistvoller Schriftsteller des 9. Jhdts., der in seiner Hauptschrift „Dē dīvīsĭōnĕ nātūrae" Irrtümer lehrte.
Scrantŏnĭă, ae *f.* Scranton, St., Nordamerika (Pennsylvania), *ca.* 100000 Einw.; Bischofssitz (seit 1868), Suffr. v. Philadelphia; *dav.*: **Scrantoniēnsĭs,** ĕ.
Scrantonĭēn. (*C. R.*) *s.* Scrantonia.
scrībă, ae *m.* 1. Schreiber. 2. Schriftgelehrter (bei den Juden). 3. *als Beamter*: Sekretär.
scrībō, scrīpsī, scrīptŭm 3 1. schreiben, beschreiben; s. ălĭquĕm Antiochēnŭm: jemandem das Bürgerrecht von Antiochia verleihen. 2. verfassen, ausarbeiten.
scrīnĭŭm, ī *n.* Kapsel, Schrein (*bes.*: für Heiligenreliquien); Urkundenschrank (*C. j. c.* 376 § 1).
scrīptĭō, ōnĭs *f.* das Schreiben; Beschreibung, Darstellung.
scrīptĭtō 1 1. zu schreiben pflegen. 2. abfassen.
scrīptō *adv.* schriftlich.

scrīptŏr, ōrĭs *m.* 1. Abschreiber. 2. Schriftsteller, Verfasser.
scrīptōrĭŭm, ī *n.* Schreibstube.
scrīptŭlŭm, ī *n.* kleine Linie.
scrīptŭm, ī *n.* alles Geschriebene; Schrift, Buch; in scriptīs schriftlich, in scriptīs rĕdĭgĕrĕ: schriftlich eintragen, niederlegen, aufschreiben.
scrīptūră, ae *f.* 1. das Schreiben. 2. die schriftliche Darstellung, Schrift, *bes.*: die Heilige Schrift, Bibel (*mit u. ohne* sacra). 3. Urkunde (*Tob.* 8, 24 u. *C. j. c.* 1017). 4. scriptūrae, ārŭm Verzeichnisse: pŏpŭlōrŭm (*Ps.* 86, 6).
scrīptŭs, ūs *m.* Schreiberdienst.
scrīpŭlŭm, ī *n. s.* scrupulum.
scrītĭnĭŭm, ī *n. s.* scrutinium.
scrŏbĭs, ĭs *m.* u. *f.* Grube.
scrūpĕŭs 3 1. felsig, steinig. 2. steil, schroff.
scrūpŭlōsĭtās, ātĭs *f.* Ängstlichkeit.
scrūpŭlōsŭs 3 1. voll spitzer Steinchen. 2. ängstlich genau, bedenklich, grübelnd.
scrūpŭlŭm, ī *n.* (scripulum) Gramm (die geringste Gewichtsmenge, $^1/_{24}$ einer Unze).
scrūpŭlŭs, ī *m.* 1. spitzes Steinchen. 2. Ängstlichkeit, Zweifel, Unruhe, Skrupel, Grübelei.
scrūtă, ōrŭm *n.* altes Gerümpel, Plunder.
scrūtābĭlĭs, ĕ erforschlich.
scrūtārĭŭs, ī *m.* Trödler.
scrūtātĭō, ōnĭs *f.* Durchsuchung, Untersuchung.
scrūtātŏr, ōrĭs *m.* Durchsucher, Prüfer; Ordner, Stimmenzähler (bei Wahlen, *C. j. c.* 171).
scrūtātrīx, īcĭs *f.* Nachforscherin.
scrūtĭnĭŭm, ī *n.* (scritinium) 1. Durchsuchung. 2. Aussinnen von Plänen. 3. Abstimmung, Wahlgang (*bes.*: im Konklave bei Neuwahl eines Papstes).
scrūtŏr 1 durchsuchen, ausforschen, genau prüfen.
Scudingĭŭs, ī *m. s.* Scodinga.
sculpō, psī, ptŭm 3 schnitzen; meißeln.
sculptĭlĕ, ĭs *n.* geschnitztes Bild, Schnitzwerk, Statue; Götzenbild (*Ps.* 96, 7).
sculptĭlĭs, ĕ geschnitzt, gemeißelt.
sculptŏr, ōrĭs *m.* Steinhauer, Bildhauer.
sculptōrĭŭs 3 zum Bildhauer gehörig, Bildhauer-.
sculptūră, ae *f.* Skulptur, künstlerisches Gebilde aus Holz, Stein *oder* Metall; Götzenbild.
scultētŭs, ī *m.* Schultheiß, Schulze, Gemeindevorsteher, Ortsvorsteher.
scurră, ae *m.* Laffe, Stutzer; Witzbold, Possenreißer.
scurrīlĭs, ĕ possenhaft; lustig.
scurrīlĭtās, ātĭs *f.* Possenreißerei.
scurrŏr 1 den Possenreißer spielen.
scūtālĕ, ĭs *n.* das schildförmige Schleuderleder.
1. **scūtārĭŭs** 3 den Schild führend.
2. **scūtārĭŭs,** ī *m.* Schildträger, Trabant (3. *Kön.* 14, 27).
scūtātŭm, ī *n.* Scudo, eine frühere italienische Silbermünze im Werte von 3½—5 Mark.
scūtātŭs 3 mit einem (langen) Schilde versehen (*Ez.* 38, 5).
scūtellă, ae *f.* kleine Schale, Trinkschale.
scūtĭă, ae *f. s.* scutra.
scūtĭcă, ae *f.* Riemenpeitsche.
scūtĭfĕr, ĕrī *m.* 1. Waffenträger, Schildträger, Knappe. 2. (ein kirchliches Amt) Wappenträger, Schildknappe (bei Bischofsweihen, *Pont. Rom.*; bei Pontifikalverrichtungen: *Caerem. Episc. cap. XI*, 12).
scūtră, ae *f.* (scūtĭă) 1. flache Schüssel, Schale, Platte. 2. Wärmepfanne (ein Becken mit Kohlen, das neben dem Altare stand, damit sich der Priester während der Winterszeit die Hände wärmen konnte).
1. **scūtŭlă,** ae *f.* (σκυτάλη) 1. Walze, Rolle. 2. Raute.
2. **scūtŭlă,** ae *f.* 1. flache, viereckige Schüssel. 2. Raute, Rhombus. 3. Schildchen (1. *Mach.* 4, 57).
scūtŭlātŭs 3 mit einem kleinen Schilde versehen (*Ez.* 27, 16).
scūtŭlŭm, ī *n.* Schildchen.
scūtŭm, ī *n.* (σκῦτος = Leder) 1. Schild, Langschild. 2. *übtr.*: Schutz, Schirm.
Scÿlăcēŭm, ī *n.* (Scylacium, Aquae Sullanae, Σκυλάκιον und Σκυλακεῖον) Squillace, St. an der Ostküste Bruttiums, r. an der Gattarella, It. (Cantazaro), *ca.* 3500 Einw.; Bischofssitz (seit 5. Jhdt.), Suffr. v. Reggio; *dav.*: **Scÿlăcēŭs** 3 u. **Scyllăcĭŭs** 3, **Squillăcēnsĭs,** ĕ.
scÿnips, ĭs *m. s.* cinips.
scÿphŭs, ī *m.* (σκύφος) Pokal, Becher; Kelch.
Scÿthae, ārŭm *m.* die Skythen (gemeinsamer Name für die Völker im östlichen Europa und in dem angrenzenden Asien); *dav.*: **Scÿthĭa,** ae *f.* Skythien, das Land der Skythen, u. **Scÿthĭcŭs** 3 skythisch.
Scÿthĭă, ae *f. s.* Scythae.
Scÿthĭcŭs 3 *s.* Scythae.
Scÿthŏpŏlĭs, ĭs *f.* Scythopolis, Stadt in Palästina westlich vom Jordan in der Nähe des Sees Genesareth (das alttestamentliche Bethsan im Stamme Manasse); *dav.*: **Scÿthŏpŏlītae,** ārŭm *m.* Einw. (2. *Mach.* 12, 30).
Scÿthŏpŏlītae, ārŭm *m. s.* Scythopolis.
S. D. = sălūtĕm dīcĭt (es grüßt).

S. D. S. = Sŏcĭĕtās Dīvīnī Salvātōrĭs, Salvatorianer, seit 1881.

Sea *indecl.* Sea, hebräisches Trockenhohlmaß = 1/3 Epha = 6,7 l.

Seba *indecl. m.* (*hebr.*: Scheba') Seba, ein Aufrührer gegen David aus dem Stamme Benjamin, Sohn Bochris.

S. Sĕbaldŭs, ī *m.* hl. Sebald, Bek. († um 800).

Er soll von der unteren Donau aus Dazien gekommen sein; andere nehmen an, er sei im Frankenreiche geboren. In Paris soll er studiert haben. In der Hochzeitsnacht verließ er auf göttlichen Antrieb hin die unberührte Gattin, lebte als Einsiedler und pilgerte schließlich nach Rom. Er bekämpfte durch Predigten den Arianismus. In Regensburg (Bayern) bekehrte er viele. Schließlich kam er in die Gegend von Nürnberg, wo er starb. — 19. August (Eichstätt).

Sĕbastē *indecl.* (Dĭospŏlĭs) Siwas, St. r. am Oberlauf des Kisil-Jrmak (Halys), Armenien, *ca.* 45000 Einw.; armenisch-kath. Erzbischofssitz (seit 1892, Bistum seit 1858), vereinigt mit Tokat; *dav.*: **Sĕbastēnsĭs,** ĕ.

Sĕbastēn. (*C. R.*) *s.* Sebaste.

S. Sĕbastĭānī Flūmĭnĭs Jānŭārĭī (*C. R.*) *s.* 2. S. Sebastianus.

1. **S. Sĕbastĭānŭs,** ī *m.* hl. Sebastian, Mart., † 288, 20. Januar.

2. **S. Sĕbastĭānŭs Flūmĭnĭs Jānŭārĭī** *f.* Rio de Janeiro, Hauptst. v. Brasilien in Südamerika, *ca.* 1200000 Einw.; Erzbischofssitz (seit 1893, Bistum seit 1676, Prälatur seit 1577).

B. Sĕbastĭānŭs Kimura *s.* B. Franciscus Pacheco.

Sĕbastŭs, ī *m.* Sebastus, Statthalter in Aquileia (1. Jhdt. n. Chr.).

Sĕbātŭm, ī *n.* (Sevacĭŭm) Schwaz, St., Nordtirol, *ca.* 6500 Einwohner.

S. Sĕbaudŭs, ī *m.* hl. Sebaud, Bischof von Trier im 7. Jahrhundert.

Sebe *indecl. m.* (*hebr.*: Scheba) Sebe, ein Israelit aus dem Stamme Gad z. Z. Sauls.

Sebenia *indecl. m.* (*hebr.*: Schebanja) Sebenia, 1. ein Priester z. Z. Davids. 2. (Sebanias) ein jüdischer Priester, der mit Zorobabel aus dem Exil zurückkehrte. 3. ein jüdischer Priester u. Levit, die den nachexilischen Bund besiegelten. 4. eine jüdische Priesterfamilie (2. *Esdr.* 12, 14).

Sebeniās, ae *m.* (*hebr.*: Schebenja) *s.* Sebenia 2.

Sebenicēn. (*C. R.*) *s.* Sebenicum.

Sebenicŭm, ī *n.* Sebenico, St., Dalmatien, *ca.* 10000 Einw.; Bischofssitz (seit 1298), Suffr. v. Zara; *dav.*: **Sebenicēnsĭs,** ĕ.

Sebeon *indecl. m.* (*hebr.*: Sib'on) Sebeon, 1. ein Horiterfürst, im Gebirge Seïr (Höhlenbewohner). 2. ein Heviter, Großvater der Oolibama, einer Gattin Esaus.

Sebethai *indecl. m.* (*hebr.*: Schabbetaj) Sebethai, ein jüdischer Levit, der mit der Untersuchung der ungesetzlichen Ehen nach dem Exil betraut war.

Sebia *indecl. m.* (*hebr.*: Sibja) Israelit, Haupt einer Familie im Stamme Benjamin.

Sebiă, ae *f.* (*hebr.*: Sibja) Sebia, Gemahlin des Ochozias u. Mutter des Königs Joas von Juda.

Seboim *indecl.* (*hebr.*: Sebojim) Sebojim, 1. St. westlich vom Toten Meere, ging im Schwefelregen unter. 2. St. im Natterntal, in welcher Benjaminiten nach dem Exil wohnten, *j.*: Wady Abu Duba, ein Seitental des Wady Farah, im Unterlaufe Wady el Kelt genannt (gegen die Wüste im Jordangau).

Sebulon *indecl. s.* Zabulon.

sēbŭm, ī (sēvŭm) *n.* Talg.

sĕcābĭlĭs, ĕ zerschneidbar, trennbar.

sĕcālĕ, ĭs *n.* 1. Roggen. 2. schwarzer Spelt.

sēcēdō, cēssī, cēssŭm 3 weggehen.

sēcernō, crēvī, crētŭm 3 absondern, trennen; ausschneiden, ausmerzen.

sēcēssĭō, ōnĭs *f.* 1. Abzug, Weggang. 2. Absonderung, Trennung, Spaltung.

sēcēssŭs, ūs *m.* 1. Abgeschiedenheit, Einsamkeit, 2. das einsame Leben, die Exerzitien. 3. Fortgang, Entlassung aus einem Amte. 4. Abgang, Stuhlgang.

Sechem *indecl. m.* (*hebr.*: Schechem) Sechem, 1. der vierte Sohn Machirs im Stamme Manasse, dessen Nachkommen Sechemiten hießen (*Jos.* 17, 2). 2. Israelit aus dem Stamme Manasse, Sohn Semidas (1. *Par.* 7,19).

Sechenia *indecl. m.* (*hebr.*: Schekanja *u.* Schekanjahu = Jahwe ist Nachbar ?) Sechenia, 1. (Sechenias) Israelit aus dem Geschlechte Davids, Sohn des Obdia. 2. (Sebenias) Haupt der zehnten Priesterklasse. 3. Jude, der freiwillige Opfergaben sammelte. 4. Jude, der mit Esdras aus dem Exil zurückkehrte. 5. Jude, der die Sünden des Volkes bekannte und um Verzeihung flehte; Sohn Jehiels. 6. Jude, Vater des Semeia, Miterbauer der Stadtmauer des nachexilischen Jerusalems. 7. Jude, Sohn des Area.

Sechenias, ae *m.* (*hebr.*: Schekanja) *s.* Sechenia 1.

Sechia *indecl. m.* (*hebr.*: Schakja *oder* Sakja) Sechia, Haupt einer Benjaminitenfamilie (1. *Par.* 8, 10).

Sechrona *indecl.* (*hebr.*: *alter Akkusativ von* Schikkaron = Trunkenheit) Sechron, St., Pal. (Juda).
sēcĭŭs *adv. s.* secus.
Seckingă, ae *f. s.* Saeckingia.
Séckingen *indecl. s.* Saeckingia.
Seckingŭm, ī *n. s.* Saeckingia.
sēclūdō, clūsī, clūsŭm 3 1. abschließen, absperren. 2. absondern, trennen.
sēclŭm, ī *n. s.* saeculum.
sĕcō, sĕcŭī, sectŭm 1 1. abschneiden. 2. zerfleischen, zerreißen. 3. zerteilen, zersägen.
Secōnĭŭm, ī *n. s.* Secovia.
Secovĭă, ae *f.* (Seconium, Segovium) Seckau, Marktflecken, Österreich (Steiermark), *ca.* 500 Einw.; Fürstbistum (seit 1281), seit 1786 Sitz in Graz, Suffr. v. Salzburg; *dav.*: **Secoviēnsĭs,** ĕ *u.* **Sekowiēnsĭs,** ĕ.
Secoviēnsĭs, ĕ *s.* Secovia.
1. **sēcrētă,** ae *f.* (sēcrēta, ōrŭm *n.*) das Stillgebet bei der hl. Messe, die Sekret, d. i. ein Gebet nach der Opferung.
2. **sēcrētă,** ōrŭm *n. s.* 1. secreta. 2. secretum.
sēcrētālĭs, ĕ geheimnisvoll, tiefgründig.
sēcrētārĭă, ae *f.* (sēcrētārĭātŭs) Sekretariat, Schreiberamt; Schreibstube.
sēcrētārĭātŭs, ūs *m. s.* secretaria.
sēcrētārĭŭm, ī *n.* geheiligter oder abgesonderter Ort, Geheimzimmer, Geheimgang; Schatzkammer; Sakristei (in der St. Peterskirche, wo Papst Gregor I. begraben liegt).
sēcrētārĭŭs, ī *m.* 1. Sekretär, Geheimschreiber. 2. (in Klöstern auch Bezeichnung für) Küster, Mesner. 3. Sēcrētārĭŭs stătūs: Kardinalstaatssekretär.
sēcrētĭō, ōnĭs *f.* Absonderung, Trennung.
sēcrētō *adv.* 1. beiseite, abseits. 2. leise, mit gedämpfter Stimme. 3. heimlich, insgeheim, ohne Zeugen.
sēcrētŭm, ī *n.* 1. Abgeschiedenheit, Einsamkeit; entlegene Gegend. 2. Heimlichkeit, Geheimnis; sēcrētŭm offĭcĭī: Amtsgeheimnis (*C. j. c.* 1623); sēcrētŭm S. Offĭcĭī: das strenge, unter Eid übernommene Amtsgeheimnis der Beamten des hl. Offiziums, dessen Verletzer einer besonderen, dem Papste zur Lossprechung vorbehaltenen Strafe verfällt (*C. j. c.* 239 § 1, 1^{0}). 3. *pl.*: sēcrētă, ōrŭm *n.*: geheime Gedanken, geheimes Treiben, Mysterien, geheime Staatsleitung, Geheimpolitik; ā sēcrētīs stătūs: Staatssekretär.
sēcrētŭs 3 1. abgesondert, entlegen. 2. geheimnisvoll, verborgen.

sectă, ae *f.* Partei; Sekte, Religionsgemeinschaft; viis quibus ... secta dirigitur (*Dom. IV. p. Pascha, lect.IV.* = auf denen, die Genossenschaft unserer Hoffnung ... hingeleitet wird); secta massonica: Freimaurergesellschaft (*C. j. c.* 2335).
1. **sectārĭŭs** 3 1. verschnitten. 2. sektiererisch.
2. **sectārĭŭs,** ī *m.* Teilnehmer an einer Sekte, Sektierer.
sectātĭō, ōnĭs *f.* Leidenschaft; Nacheiferung.
sectātŏr, ōrĭs *m.* Anhänger, Schüler, Nacheiferer; Eiferer, Streber.
sectātrīx, īcĭs *f.* Nacheiferin, Anhängerin, Schülerin.
sectĭlĭs, ĕ 1. geschnitten, gespalten. 2. schneidbar, spaltbar.
sectĭō, ōnĭs *f.* 1. das Zerschneiden; das Operieren. 2. Abteilung, Abschnitt. 3. sectĭō aurĕă: der goldene Schnitt, sectĭō caesārĕă: der Kaiserschnitt.
1. **sectŏr** 1 1. überall folgen, als Diener *oder* Schüler begleiten. 2. eifrig streben, trachten nach, ausgehen auf, nacheifern.
2. **sectŏr,** ōrĭs *m.* Schneider; Zerschneider.
sectūră, ae *f.* das Schneiden; Schnitt.
sēcŭbō, bŭī 1 1. allein liegen, allein schlafen. 2. zurückgezogen *oder* einsam leben.
sēcŭlārĭs, ĕ *s.* saecularis.
sēcŭlŭm, ī *n. s.* saeculum.
sēcŭm = cum se mit sich.
sēcumfĕrō, tŭlī, lātŭm, ferrĕ mit sich tragen, mit sich bringen, im Gefolge haben (*C. j. c.* 66, 3).
S. Sĕcundă, ae *f.* hl. Sekunda, Jgfr. u. Mart., † zu Rom 250, 10. Juli.
sĕcundae, ārŭm *f.* Nachgeburt (5. *Mos.* 28, 57).
sĕcundānŭs, ī *m.* Sekundaner, Soldat der zweiten Legion; Schüler der zweiten Klasse.
sĕcundārĭŭs 3 von der zweiten Art, zweiter Klasse, zweiter Ordnung: festă.
Sĕcundĭānŭs, ī *m.* Sekundian, arianischer Bischof auf dem Konzil von Aquileja (im 4. Jhdt.).
sĕcundĭcērĭŭs, ī *m.* (der als zweiter auf der Wachstafel stand) der zweite nach dem primicerius, *s. das Wort.*
sĕcundīnă, ae *f.* Nachgeburt (*vgl.*: secundae).
S. Sĕcundīnă, ae *f.* hl. Sekundina, Jgfr. u. Mart. († um 250).

Sie war in der Stadt Anagni (Italien) unter Kaiser Dezius eine Schülerin des hl. Bischofs und Martyrers Magnus, dessen Peiniger in der folgenden Nacht von Wölfen zerrissen wurden. Da dieses Ereignis auf die Zauberkünste Sekundinas zurückgeführt wurde, hieß sie Torquinus, den Göttern, opfern. Als die Jungfrau es nicht tat, wurde sie auf Befehl des Präfekten Valerian eingekerkert und ins Angesicht geschlagen. Als Sekundina für sich und ihre Verfolger betete, strahlte ein Licht vom Himmel auf sie nieder, und eine Stimme erscholl, die erklärte, auf das Gebet der Jungfrau hin würden die Henker nicht mit dem sofortigen Tode bestraft werden. Es bekehrten sich jetzt 18 Schergen, während die übrigen diese Tatsache den Zauberkünsten Sekundinas zuschrieben. Sie wurde entkleidet und grausam zu Tode gepeitscht. Aus den Wunden floß schließlich wohlriechende Milch. — 15. Januar (auch: 3. Februar).

1. **sĕcundō** *adv.* zweitens, zum zweiten Male.

2. **sĕcundō** 1 1. begünstigen, beglücken. 2. beistehen.

S. Sĕcundŭlŭs, ī *m.* hl. Sekundulus, Martergenosse der hl. Perpetua (†203).

sĕcundŭm *praep. c. acc.* 1. dicht hinter; essĕ sĕcundŭm ălĭquĕm: jemandem nahekommen *oder* gleichen; nōn est sĕcundŭm ŏpĕrā tŭā = nichts gleicht deinen Werken. 2. sogleich nach; unmittelbar nach. 3. in Übereinstimmung mit, gemäß, zufolge; sĕcundŭm possĕ: nach Möglichkeit.

S. Sĕcundŭs, ī *m.* hl. Sekundus, Martergenosse von S. Thyrsus († 291), *s. denselben.*

sĕcundŭs 3 1. der folgende, nächste, zweite; sĕcundā (*scil.* die) sabbătī am zweiten Tage der Woche (Montag). 2. begünstigend, günstig. 3. glücklich, nach Wunsch gehend.

Sĕcundŭs, ī *m.* Sekundus, ein Vertrauter des hl. Apostels Paulus aus Thessalonich (*Act.* 20, 4).

sēcūrē *adv.* 1. sorglos, unbekümmert. 2. sicher, gefahrlos.

sĕcūrĭfĕr, fĕrā, fĕrŭm (securiger) Axt führend, Beil tragend.

sĕcūrĭs, ĭs (*acc.* -ĭm, *abl.* -ī, *gen. pl.* -ĭŭm) *f.* Beil, Axt.

sēcūrĭtās, ātĭs *f.* Sicherheit, Sorglosigkeit, Gemütsruhe.

sēcūrŭs 3 1. sorglos, furchtlos, heiter. 2. sicher, gefahrlos.

Sēcūrŭs 1 *Par.* 4, 21. 22. 23 *ist eine gänzlich mißlungene Übersetzung, zum Teil ist auch der hebr. Text unklar. Die Übertragung hebr. Eigennamen erschwert das Verständnis. Schlögl versucht (ähnlich auch Hummelauer) Klarheit u. Verständnis in die Worte zu bringen: Vers* 21 *ist* „Domus juramenti" *Übertragung des Eigennamens* Aschbea. *Vers* 22 „Qui stare fecit solem ist Übertragung eines vermeintlichen hebr. Eigennamens „Sonnenstand". Durch kleine Korrektur ergibt sich die hebr. Verbalform mit verständlicher Übersetzung: „und es machten sich auf die Männer von Kozeba [*oder* Kezib];" der Eigenname Kozeba wurde übertragen mit mendacium, „Virique mendacii" „Männer des Lügens"; Joas (Joasch) wurde übertragen durch Securus „Sorglos"; Saraph durch „Incendens" „Brenner"; unter Lahem dürfte Bethlehem gemeint sein (oder Lechi ?); „dies aber sind alte Geschichten", dürfte aus einem älteren Geschichtsbuche der Könige hineingeraten sein. Vers 23: plantationes = Pflanzungen ist die Übersetzung des Ortsnamens Neta'im, u. sepes = Zaun ist die Übertragung des Ortsnamens Gedera. Soweit die Verse richtig gestellt werden können, dürften sie ab Vers 21: „et cognationes" lauten:

Und die Geschlechter des Hauses der Byssusarbeiter vom Hause (aus der „Genossenschaft" ?) Aschbea. 22. Und es machten sich auf die Männer von Kozeba [Virique mandacii] und Jaas [Securus] u. Saraph [Incendens], welche Herren in Moab waren und kehrten zurück nach Bethlehem (Lechi ?) — dies sind alte Geschichten. — 23. Diese [oben genannten Männer] waren Töpfer und wohnten in Netaim [in plantationibus] und Gedera [in sepibus], bei dem Könige in seinen Gewerken wohnten sie dortselbst.

1. **sĕcŭs** *indecl. n.* = sexus Geschlecht; vĭrīlĕ et mŭlĭĕbrĕ sĕcŭs.

2. **sĕcŭs** *adv.* 1. *positiv*: anders, auf andere Weise, umgekehrt, nicht so, sonst. 2. *comp.*: sĕcĭŭs, **sĕquĭŭs** u. **sētĭŭs** anders, nicht so; weniger; nĭhĭlō sētĭŭs: nichtsdestoweniger, dessenungeachtet; quō sētĭŭs = quō mĭnŭs.

3. **sĕcŭs** *praep. c. acc.* 1. neben, dicht bei, entlang; sĕcŭs dēcursūs ăquārŭm: entlang den Wasserläufen, Wasserbächen (*Ps.* 1, 3); sĕcŭs infernŭm: am Rande der Unterwelt (*Ps.* 140, 7); vorbei: sĕcŭs mărĕ. 2. an; zu: vĕnĭt sĕcŭs ĕŭm.

sĕcūtĭō, ōnĭs *f.* das Nachfolgen, das Streben nach etwas.

sĕcūtŏr, ōrĭs *m.* Begleiter.

sĕd *conjct.* 1. sondern, aber, jedoch, indessen. 2. aber freilich, aber auch, aber doch.

Sedada *indecl.* (*hebr.*: *alter Accusativ von* Sedad) Sedad, ein visionärer Grenzort des Reiches Israel (*Ez.* 47, 16).

sēdātĭō, ōnĭs *f.* Beruhigung.

sēdātīvŭs 3 beruhigend.

sēdātŭs 3 ruhig, still, gelassen; leidenschaftslos.

Sedecĭās, ae *m.* (*hebr.*: Sidekija, Sidekijahu = Jahwe ist Heiland) Sedekias: 1. ein falscher Prophet z. Z. des

Königs Achab, Gegner des Propheten Michäas. 2. Bruder des Jechonias, Sohn Joakims. 3. der letzte König von Juda (597—587), Oheim des Königs Joakim, zuerst Matthanja genannt. 4. ein Ahnherr des Propheten Baruch. 5. Fürst am Hofe des Königs Joakim zu Jerusalem. 6. falscher Prophet z. Z. des Jeremias. 7. Jude, Mitbesiegler des nachexilischen Bundes.

sēdĕcim *indecl.* (sexdecim) sechzehn.

sēdēcŭlă, ae *f.* kleiner Sessel.

Sedei *indecl. m.* (*hebr.*: Hasadja = Jahwe ist gnädig) Sedei, Ahnherr des Propheten Baruch.

sĕdĕō, sēdī, sessŭm 2 1. sitzen, ruhen (*Ps.* 126, 2), verweilen; sĕdērĕ sēdēs (*acc.*!) = auf Stühlen sitzen (*Ps.* 121, 5); *bes.*: auf dem päpstlichen Throne sitzen, Papst sein, als Papst regieren. 2. festsitzen, haften; feststehen: abĭtrĭō ălĭcŭiŭs sĕdērĕ: durch den Urteilsspruch jemandes feststehen, beschlossen sein (*Sab. Quatt. temp. Quadr. lect. II*). 3. ĕquŭm sĕdērĕ = reiten (*Dom. Palmarum lect. IX*).

sēdēs, ĭs *f.* 1. Sitz, Stuhl, Thron (z. B. *Ps.* 10, 5), namentlich der päpstliche (Sēdēs Apostŏlĭcā: Apostolischer Stuhl, Sēdēs Sanctă: heiliger Stuhl, *C. j. c.* 7), und bischöfliche Thron; sēdĕ plēnā: bei ordnungsgemäßer, sēdĕ văcantĕ: bei erledigter, sēdĕ impĕdītā: bei gewaltsam verhinderter päpstlicher (bischöflicher) Verwaltung. 2. Wohnsitz, Wohnung, Aufenthalt. 3. Platz, Stätte, Stelle. 4. sēdēs ad săcrămentŭm paenĭtentĭae = Beichtstuhl (*C. j. c.* 512 § 3).

Sedeur *indecl. m.* (*hebr.*: Schede'ur) Sedeur, Vater des Helisur, des Führers des Stammes Ruben durch die Wüste.

sĕdīlĕ, ĭs *n.* Sitz, Stuhl; *bes.*: Zollbank.

sĕdĭmentŭm, ī *n.* Satz, Bodensatz.

Sedīnŭm, ī *n.* (Stetina) Stettin, St. an der Oder, Preußen (Pommern), *ca.* 250000 Einw.

sēdisvăcantĭă, ae *f.* Sedisvakanz, Erledigung eines bischöflichen *oder* des päpstlichen Stuhles.

sēdĭtĭō, ōnĭs *f.* 1. Zerwürfnis, Spaltung, Trennung. 2. Empörung, Aufruhr, Aufstand.

sēdĭtĭōsŭs 3 aufrührerisch, unruhig.

Sedlecĭŭm, ī *n.* Sedlec, ehem. Cistercienserkloster Böhmen, Diöz. Prag.

S. Edm. = săcerdōtēs dē S. Edmundō, Priester vom hl. Edmund, seit 1843.

sēdō 1 zur Ruhe bringen, beruhigen, dämpfen; stillen, löschen.

sēdūcō, dūxī, ductŭm 3 1. wegführen; trennen. 2. verführen, betrügen.

sēductĭbĭlĭs, ĕ (seductĭlis) verführbar.

sēductĭlĭs, ĕ *s.* seductibilis.

sēductĭō, ōnĭs *f.* Beiseiteführung; Verführung.

sēductŏr, ōrĭs *m.* Verführer.

sēductōrĭŭs 3 verführerisch.

sēductrīx, īcĭs *f.* Verführerin.

sēdŭlē *adv. s.* sedulo.

sēdŭlĭtās, ātĭs *f.* 1. Geschäftigkeit, Emsigkeit, Eifer; Dienstfertigkeit. 2. Aufdringlichkeit.

sēdŭlō *adv.* (sēdŭlē) emsig, sorgfältig.

sēdŭlŭs 3 emsig, geschäftig, betriebsam.

Sĕdūnēn. (*C. R.*) *s.* Sedunum.

Sĕdūnī, ōrŭm *m.* Völkerschaft in der Gegend des heutigen Sitten im Schweizer Kantone Wallis.

Sĕdūnŭm (Valesiorum), ī *n.* (Sidonum) (Sion), Sitten, St. Schweiz (Wallis), *ca.* 5000 Einw.; Bischofssitz (bis Ende des 6. Jhdts. in Martigny), exempt; *dav.*: **Sĕdūnēnsĭs,** ĕ.

Sĕdŭsĭī, ōrŭm *m.* Sedusier, germanische Völkerschaft südlich vom Unterlauf des Mains.

Segă, ae *f.* (Siga) Sieg, r. Nebenfluß des Rheins, Rheinprovinz.

Segalannĭă, ae *f.* Sologne, Landschaft, Fkr. (Loir-et-Cher u. Cher-et-Loiret).

sĕgĕs, ĕtĭs *f.* 1. die Saat. 2. Saatfeld.

Sĕgestă, ae *f.* (Ἀκέστα, Σεγέστα, Ἔγεστα) Castelammare del Golfo, Hafenst. an der Nordwestküste Siziliens, *ca.* 22000 Einwohner.

sĕgestrĭă, ae *f.* Überwurf von Tierhäuten (Fellen).

segmentŭm, ī *n.* 1. ein abgeschnittenes Stück, Holzscheit, Holzspan. 2. *meist pl.*: Goldbesatz, Borte.

Segna Franciscŭs, *m.* Franziskus Segna, Kardinal, Mitglied der ersten Kodifikationskommission.

Sēgnīn. (*C. R.*) *s.* Signia.

sēgnĭs, ĕ langsam, lässig, träge, phlegmatisch.

sēgnĭtās, ātĭs *f.* Trägheit.

sēgnĭtĭă, ae *f.* (**sēgnĭtĭēs**) Langsamkeit, Trägheit.

sēgnĭtĭēs, ēī *f. s.* segnitia.

Segobrică, ae *f.* (Castalia, Segorvia) Segorbe *oder* Castellón de la Plana, St., r. am Küstenflusse Palancia, Spanien (Valencia), *ca.* 32000 Einw.; Bischofssitz (seit 6. Jhdt.), Suffr. v. Valencia; *dav.*: **Segobricēnsĭs,** ĕ.

Segobricēn. (*C. R.*) *s.* Segobrica.

Sĕgŏdīnŭm, ī *n. s.* Ruthenae.

Sĕgŏdūnŭm, ī *n. s.* Ruthenae.

S. Sĕgŏlēnă, ae *f.* (Sigolena) hl. Segolena, Witwe († um 750).

Sie wurde zu Albi, (Fkr., Tarn) von edlen Eltern geboren und im Alter von 12 Jahren mit dem Jüngling Gisluf vermählt. Sie schlug ihm vor, in vollkommener Keuschheit zu leben; ihr Gatte ging darauf ein. Sie benutzte ihre ganze freie Zeit, um Fremde zu bewirten, Arme zu unterstützen, Kirchen auszuschmücken und zu beten. Im Alter von 20 Jahren verlor sie ihren Gatten. Jetzt widmete sie sich noch eifriger den Werken der Frömmigkeit und erhielt vom Bischofe von Albi das Ordenskleid und wurde zur Diakonin laut der Überlieferung geweiht. In einem von ihrem Vater errichteten Kloster befiel sie infolge ihrer Sehnsucht nach dem Himmel eine tödliche Krankheit, in der ihr von ihrem Bruder, dem Bischofe Sigisbald von Metz, die hl. Wegzehrung gereicht wurde. Sie sah den Heiland mit ihren körperlichen Augen vor ihrem Tode. Ihre Gebeine wurden nach Albi gebracht. In Metz gibt es eine Kirche mit ihrem Namen. — 21. *oder* 24. Juli

Segonă, ae *f.* (Sigona) Seine, Fluß, Fkr.

Segor *indecl.* (*hebr.*: Soar, die Kleine) Segor, alte Kanaaniterstadt am Toten Meere (Palästina).

Sĕgorvĭă, ae *f. s.* Segobrica.

Sĕgŏvĭă, ae *f.* (Segubia) Segovia, St. Spanien (Altkastilien), *ca.* 15000 Einw.; Bischofssitz (seit 6. Jhdt.), Suffr. v. Valladolid; *dav.*: **Sĕgŏvĭēnsĭs,** ĕ.

Sĕgŏvĭēn. (*C. R.*) *s.* Segovia.

Sĕgŏvĭŭm, ī *n. s.* Secovia.

sēgrĕgātĭō, ōnĭs *f.* Absonderung, Trennung.

sēgrĕgō 1 1. absondern, ausscheiden, auserwählen zu. 2. *übtr.*: spenden, sprengen: reichlichen Regen (*Ps.* 67, 10).

sēgrex, ĕgĭs abgesondert, getrennt.

Segub *indecl. m.* (*hebr.*) Segub, 1. Israelit aus dem Stamme Juda, Sohn Hesrons. 2. der jüngste Sohn Hiels von Bethel, der wegen des Wiederaufbaues von Jericho zugrunde ging.

Sĕguntĭă, ae *f.* Siguenza, St. l. am Henares in Neukastilien, Spanien (Guadalajara), *ca.* 5000 Einw.; Bischofssitz (seit 589), Suffr. v. Toledo; *dav.*: **Sĕguntīnŭs** 3.

Sĕguntīn. (*C. R.*) *s.* Seguntia.

Sĕguntĭŭm, ī *n.* (Sĕgontĭŭm) Carnavon, St. England (Wales), *ca.* 9800 Einw.

Segusĭēn. (*C. R.*) *s.* Segusium.

Segusĭŭm, ī *n.* Susa, St., It. (Turin), *ca.* 4000 Einw.; Bischofssitz (seit 1772), Suffr. v. Turin; *dav.*: **Segusiēnsĭs,** ĕ.

Sehanēn. (*C. R.*) *s.* Sehanum.

Sehanŭm, ī *n.* Ispahan, Hauptst. v. Persien, l. am Sendenrud, *ca.* 80000 Einw.; lateinisches Bistum Ispahan (errichtet 1629; 1840 Apostol. Präfektur; 1848 Suffr. v. Bagdad), 1874 wiederhergestellt, Sitz in Urmia; exempt; *dav.*: **Sehanēnsĭs,** ĕ.

Sehesima *indecl.* (*hebr.*: *alter Acc. von* Schahassim = Hoheiten ?) Sehesima, St., Pal. (Issachar).

Sehon *indecl. m.* (*hebr.*: Sihon) Sehon, Amoriterkönig in Hesebon; er wurde von den Israeliten unter Moses geschlagen (*Num.* 21, 21—35 u. *Ps.* 134, 11).

Seiflĭcēnsĭs, ĕ *s.* Zephlicensis.

Sejna, ae *f.* (Seyna) Sejny, St., östlich von Sulwaki, Polen, *ca.* 3800 Einw.; Bischofssitz vom Bistum Sejny „Augustow" (Augustorien.) *oder* Sulwaki (seit 1798), Suffr. von Warschau.

Seinardă, ae *f.* Seinarda, Mutter des hl. Kölner Erzbischofs Engelbert († 7. Nov. 1225).

Seïr *indecl. m.* (*hebr.*: Se'ir) Seïr, Stammvater (?) der Horiter (Choräer *oder* Höhlenbewohner) im Gebirge Seïr, südlich vom Toten Meere, zwischen Judäa und dem steinigen Arabien; nach den Horitern bewohnten die Nachkommen Esaus diese Gebirgsgegend, die dann (in weiterer Ausdehnung) Edom *oder* Idumäa hieß.

Seïrath *indecl.* (*hebr.*: Sche'iratha nach Se'ira) Seira, St. im Gebirge Ephraim, an der Grenze von Benjamin, Pal.

sēĭūnctĭm *adv.* abgesondert.

sēĭūnctĭō, ōnĭs *f.* Trennung, Absonderung.

sēiungō, iūnxī, iūnctŭm 3 trennen, absondern.

Sekowēnsĭs, ĕ *s.* Secovia.

1. **Sela** *indecl. m.* (*hebr.*: Schela) Sela, der dritte Sohn des Juda u. der Kanaaniterin Sue; seine Nachkommen die Selaiten.

2. **Sela** *indecl.* (*hebr.*: Sela') Sela, St., Pal. (Benjamin).

3. **Sela** *indecl.* (*hebr.*: Sela') sanftes Spiel, piano (nach manchen Psalmenstrophen).

Selahi *indecl. m.* (*hebr.*: Schilhi = Schößling Jahwes ?) Selachi, der Vater der Azuba, der Mutter des Königs Josaphat von Juda.

Selaītae, ārŭm *m. s.* 1. Sela.

Selcha *indecl.* (*hebr.*: Salka) *vielleicht* identisch mit dem jetzigen Salchad im Süden des Dschebel Hauran, 20 km östlich von Bosra.

Selebin *indecl.* (*hebr.*: Scha'albbîn) *s.* Saalbim.

Selec, *indecl. m.* (*hebr.*: Seleq) Selek, ein Offizier Davids.

sēlēctĭō, ōnĭs *f.* Auswahl.

sēlēctŏr, ōrĭs *m.* Ausleser.

selēctŭs, ūs *m.* Auswahl.

sēlĕgō, lēgī, lēctŭm 3 *s.* seligo.

Selemia *indecl. m.* (*hebr.*: Schelemja = Jahwe ist vollkommen ?) Selemia, 1. ein Levit u. Torhüter des Heiligtums z. Z. Davids. 2. zwei Israeliten, Vater des Hananias und Sohn des Hananias. 3. Israelit, Sohn des Chusi. 4. (Selemias) Israelit, Sohn Abdeels, beauftragt mit der Ergreifung der Propheten Jeremias u.

Baruch. 6. Vater des jüdischen Priesters Juchal. 7. jüdischer Priester und Aufseher über die Tempelvorratskammern.

Selemiau *indecl. m.* (*hebr.*: Schelemjahu = Jahwe ist vollkommen?) Selemiau, ein jüdischer Levit, der sein gesetzwidriges Weib entließ.

Selemith *indecl.* (*hebr.*: Schelemith = Friederike, *richtig* Schalmon) Selemith, Vorsteher über die Schätze des Heiligtums z. Z. Davids (1. *Par.* 26, 26).

Seleph *indecl. m.* (*hebr.*: Salaph) Seleph, Jude, Vater des Hanun, eines Miterbauers des nachexilischen Jerusalems.

Sĕlestădĭūm, ī *n.* Schlettstadt, St. an der Ill (Elsaß), *ca.* 10 000 Einw.

Selethai *indecl. m.* (*hebr.*: Silletaj) Selethai, Israelit aus dem Stamme Benjamin, Sohn des Semei.

Sĕleucēă, ae *f. s.* Seleucia.

Sĕleucīă, ae *f.* (Seleucea, *Σελεύκεια*) Seleucia, 1. (Seleucia Babylonia), St. am Tigris in Babylonien gegenüber Ktesiphon, zerstört 116 u. 162 n. Chr., *in der Nähe jetzt*: El-Madaien (unweit Bagdad). 2. (Seleucia Pieria), Hafenst. an der Mündung des Orontes, Syrien, *j.*: Ruinen beim Dorfe Kepse. 3. (Seleucia Tracheia *oder* Seleucia Isauriae), St. am Kalykadnos, Kleinasien (Kilikien), *j.*: Selefkieh; hier fand Kaiser Friedrich Barbarossa (1190) den Tod.

Sĕleucŭs, ī *m.* (*Σέλευκος*) Seleukus, Name mehrerer syrischer Könige; 1. **Seleucus I. Nicator,** Gründer des Seleukidenreiches, vorher Feldherr Alexanders des Großen, König v. Syrien (312—281). 2. **Seleucus IV. Philopator** (187—176), Sohn Antiochus' III. u. Bruder Antiochus' IV. Epiphanes; ermordet von seinem Finanzbeamten Heliodor.

sēlībră, ae *f.* ein halbes Pfund.

sēlĭgō, lēgī lēctŭm 3 (selego) besonders auslesen, auswählen.

Selim *indecl.* (*hebr.*: Schilhilm) Selim, St., Pal. (Juda).

Sēlĭmŭs, ī *m.* Selim, Name mehrerer Türkensultane.

sellă, ae *f.* 1. Stuhl, Sessel. 2. Tragsessel: s. gestātōrĭă. 3. Sattel; ĕquus, quī dē sellā rēgĭs est: ein Pferd, auf dem der König zu reiten pflegt.

Sellă, ae *f.* (*hebr.*: Silla) Sella, 1. die zweite Gattin Lamechs aus dem Geschlechte Sems. 2. Sella, *angeblich* ein Abhang bei Jerusalem; doch sind die hebr. Worte für „in domo Mello, in descensu Sella" unverständlicher Einschub (4. *Kön.* 12, 20), möglicherweise kann Sella auch eine veränderte Lesart zu Mello sein.

Sellai *indecl. m.* (*hebr.*: Sallaj) Sellaj, 1. Jude aus dem Stamme Benjamin, der nach dem Exil in Jersualem wohnte. 2. eine jüdische Priesterfamilie.

Sellem *indecl. m.* (*hebr.*: Schillem = Er [Gott] hat vergolten) Sellem, der vierte Sohn des Nephthali, dessen Nachkommen die Sellemiten.

Sellemītae, ārŭm *m.* Sellemiten, *s.* Sellem.

Selles *indecl. m.* (*hebr.*: Schelesch) Selles, Israelit aus dem Stamme Aser, Sohn des Hotham *oder* Helem.

Sellum *indecl. m.* (*hebr.*: Schallum = Vergeltung?) Sellum, 1. Israelit aus dem Stamme Juda, Sohn Sisamois. 2. Sohn des Nephthali. 3. Sohn des Saul u. Enkel des Simeon. 4. ein Hoherpriester, Sohn Sadoks. 5. zwei Leviten u. Türhüter. 6. ein Oberaufseher im Tempel. 7. ein Levit, Sohn des Kore. 8. der 15. König von Israel (*ca.* 743 v. Chr.). 9. der Mann der Prophetin Holda. 10. Sohn des Königs Josias von Juda. 11. Vater des Ezechias, eines Fürsten im Stamme Ephraim. 12. der Oheim des Propheten Jeremias. 13. Tempelwächter z. Z. des Jeremias. 14. zwei Juden, die nach dem Exil ihre ungesetzlichen Weiber entließen. 15. ein Miterbauer des nachexilischen Jerusalems, Sohn des Alohe. 16. Jude aus dem Stamme Benjamin, der nach dem Exil in Jerusalem wohnte. 17. jüdischer Priester, der mit Zorobabel aus dem Exil zurückkehrte. 18. (Schallun) Bezirksvorsteher von Maspha, erbaute das Brunnentor.

Selmai *indecl. m.* (*hebr.*: Salmaj) Selmai, ein Nathinäer, dessen Nachkommen mit Zorobabel aus dem babyl. Exil zurückkehrten.

1. **Selmon** *indecl. m.* (*hebr.*: Salmon) Selmon, ein Ahohiter, Offizier Davids.

2. **Selmon** (Salmon) *indecl.* (*hebr.*: Salmon, schattig, dunkel; „Schwarzwald") ein Berg bei Sichem (*Judic.* 9, 48; *Ps.* 67, 15) in Samaria, der nicht genauer bestimmt werden kann.

Selomith *indecl. f.* (*hebr.*: Schelomit = Friederike) Selomith, Tochter des Zorobabel, Enkelin des Königs Jechonias.

Selsă, ae *f.* (Selz) Selz, St., l. am Rheine, Unterelsaß (Kreis Weißenburg), *ca.* 1650 Einw.; ehem. Benediktinerabtei, gestiftet vor 991, aufgehoben 1691, *dav.*: **Selsēnsĭs,** ĕ.

Selz *indecl. s.* Selsa.

Sem *indecl. m.* (*hebr.*: Schem) Sem, der erstgeborene Sohn Noes, Stammvater der Semiten.

Semaath *indecl. f.* (*hebr.*: Schim'at) (Semmaath) Semaath, Mutter Josachars, eines Dieners u. Mörders des Königs Joas von Juda (*ca.* 797 v. Chr.).

Semaja *indecl. m.* (*hebr.*: Schema'ja = Jahwe hat gehört) Semaja, 1. Israelit aus dem Stamme Simeon (= Semei). 2. jüdischer Priester, nach welchem eine Priesterklasse genannt war.

Semarith *indecl. f.* (*hebr.*: Schimrit) Semarith, Mutter des Jozabad, eines Dieners (?) u. Mörders des Königs Joas von Juda († 797 v. Chr.) (2. *Par.* 24, 26; Somer genannt 4. *Kön.* 12, 21).

Semathei *indecl. m.* (*hebr.*: Schummati) Schummatiter, Nachkommen des Israeliten Sobal u. seines Nebenweibes Ephrata (1. *Par.* 2, 53).

Semeber *indecl.* (*hebr.* Schem'eber) dies ist nicht der richtige Name des Königs von Seboim, sondern eine in den Text eingefügte verderbte Randbemerkung, die lautete schem'abad „der Name ging zugrunde" (Schlögl) (*Gen.* 14, 2).

Semegarnabu *indecl.* (*babyl.*: Samgar-Nebu = Schwert des Nebu) *s. bei* Sarsachim (*Jer.* 39, 3).

Semei *indecl. m.* (*hebr.*: Schim'y = Schemaja = Jahwe hat gehört) Semei, 1. der zweite Sohn Gersons, Enkel Levis. 2. Israelit aus dem Stamme Benjamin, Sohn des Gera. 3. Israelit aus dem Stamme Juda, Sohn Onams. 4. Israelit aus dem Geschlechte Davids, Sohn des Phadaja. 5. Israelit aus dem Stamme Simeon, Sohn Zachurs. 6. Israelit aus dem Stamme Ruben, Sohn des Gog. 7. Israelit aus dem Stamme Levi, Linie Meraris, Sohn des Lobni. 8. Israelit aus dem Stamme Levi, Linie Kaaths, Sohn Jeths. 9. Israelit, Sohn des Leviten Obededom. 10. Amtmann des Königs Salomon, für den Stamm Benjamin, Sohn des Ela. 11. ein Levit, Sohn Hemans, tätig zur Wiederherstellung des Gottesdienstes z. Z. des Königs Ezechias. 12. ein Levit u. Vorsteher der Tempelvorratskammern z. Z. des Königs Ezechias. 13. Vater des Propheten Urias (*Jer.* 26, 20). 14. Großvater des Mardochäus, Sohn des Kis aus dem Stamme Benjamin. 15. zwei Juden, die ihre ungesetzlichen Frauen nach dem Exil entließen, ein Levit u. ein Nachkomme Hasams. 16. Familie Semei, die vorzüglichste aus dem Geschlechte Levis. 17. Israelit, Sohn des Joseph, Ahnherr Christi.

Semeia *indecl. m.* (*hebr.*: Schema'ja = Gott hat gehört) Semeja, 1. Israelit aus dem Stamme Juda, Sohn des Sechenias. 2. zwei Leviten z. Z. Davids, ein Sohn Galals u. ein Vater des Obdia. 3. ein Levitenfürst, der die Bundeslade mit nach Jerusalem überbrachte. 4. Levit u. Schreiber z. Z. Davids. 5. Vorsteher der zehnten Sängerklasse z. Z. Davids. 6. Aufseher über die Winzer Davids aus Rama. 7. ein Beamter Davids. 8. Wächter des Heiligtums z. Z. Davids, Erstgeborner des Obededom. 9. ein Levit z. Z. des Königs Josaphat von Juda. 10. ein Levit z. Z. des Königs Ezechias von Juda, ein Nachkomme Idithuns. 11. ein Levit und Verteiler der freiwilligen Opfer z. Z. des Königs Ezechias. 12. Oberhaupt der Leviten z. Z. des Königs Josias von Juda. 13. ein Nehelamiter und falscher Prophet in Babylon, dem der Prophet Jeremias die Strafe ankündigen mußte. 14. Vater des Delaia, eines Fürsten z. Z. des Königs Joakim von Juda. 15. jüdischer Fürst, den Esdras an Eddo sandte (1. *Esdr.* 8, 16). 16. ein Jude, Sohn Herems u. ein jüdischer Priester z. Z. des Esdras, die fremde Weiber geheiratet. 17. Leviten, die z. Z. des Esdras bei der Gesetzeslesung anwesend waren, Jerusalem miterbauten, das östliche Tor bewachten, die Sachen für den Tempeldienst besorgten. 18. jüdischer Priester, Mitbesiegler des nachexilischen Bundes. 19. falscher Prophet z. Z. des Nehemias, welcher den Tempelbau zu Jerusalem hintertreiben wollte.

Semeitĭcŭs 3 fămĭlĭă Semeitĭcă = die vom Semei, dem Sohn des Gerson, stammende Levitenfamilie, wie die vom älteren Sohne Lebni stammende „familia Lebnitica" hieß.

sĕmĕl *adv.* 1. einmal, nicht mehr als einmal. 2. *übtr.*: ein für allemal (*Ps.* 88, 36).

sēmĕn, ĭnĭs *n.* 1. Same. 2. Stamm, Geschlecht, Nachkommenschaft; in sēmĭnĕ aestĭmārī: als Sohn gelten. 3. Keim, Ursache, Urheber.

Semendrĭă, ae *f.* Semendria (*serb.*: Smederévo) St. r. an der Donau, Serbien, *ca.* 7000 Einw.; Bistum (seit 1544), seit 1729 vereinigt mit Belgrad; *dav.*: **Semendriēnsĭs,** ĕ.

Semendrĭĕn. (*C. R.*) *s.* Semendria.

sēmentĭs, ĭs *f.* 1. Aussaat, 2. Saat, junges Getreide.

sēmentīvŭs 3 zur Saat gehörig: dĭēs.

Semeria *indecl. m.* (*hebr.*: Schemarja = Wächter ist Jahwe; Jahwe hat behütet) Semeria, ein Levit, der seine ungesetzliche Frau nach dem Exil entließ.
1. **Semeron** *indecl.* (*hebr.*: Schimeron, *richtig* Schimeon) eingeschoben *Jos.* 19, 15, Stadt in Zabulon?
2. **Semeron** *indecl.* (*hebr.*: Semarajim) Semeron, Ort bei Bethel, Pal. (Ephraim), *j.*: Schemurija.
sēmermĭs, ĕ *s.* semiermis.
sēmēstrĕ, ĭs *n.* Semester, ein Zeitraum von sechs Monaten (*C. j. c.* 1922).
sēmēstrĭs, ĕ sechsmonatig, halbjährig.
sēmēsŭs 3 (semiesus) halb verzehrt.
sēmĕt, se „sich" mit der Verstärkungpartikel met.
sēmĕtipsŭm, -ipsō, -ipsŏs, -ipsăs sich selbst; in sēmĕtipsă: allzumal (*Ps.* 18, 10); in sēmĕtipsō: bei sich selbst (*Ps.* 35, 2).
sēmĭădăpertŭs 3 halb offen.
sēmĭăgrestĭs, ĕ halbbäuerlich.
sēmĭămictŭs 3 halb bekleidet, halb nackt.
sēmĭănĭmĭs, ĕ (semiănĭmŭs) halb lebendig, halbtot.
sēmĭănĭmŭs 3 *s.* semianimis.
sēmĭăpertŭs 3 halboffen.
sēmĭbarbărŭs 3 halb barbarisch.
sēmĭchrĭstĭănŭs, ī *m.* Halbchrist.
sēmĭcinctĭŭm, ī *n.* schmaler Gürtel, Halbgurt: S. Paulī Apostŏlī.
sēmĭcircŭlŭs, ī *m.* Halbkreis.
sēmĭclausŭs 3 halbgeschlossen.
sēmĭcombŭstŭs 3 halb verbrannt.
sēmĭconsĕcrātŭs 3 halb geweiht.
sēmĭconversŭs 3 halbhingewendet, halbzusammengewendet, halbeinander zugewendet.
sēmĭcrĕmātŭs 3 (semicremus) halb verbrannt.
sēmĭcrĕmŭs 3 *s.* semicrematus.
sēmĭcrūdŭs 3 halbroh.
sēmĭcŭbĭtālĭs, ĕ eine halbe Elle lang.
Semida *indecl. m.* (*hebr.*: Schemida') Semida, ein Familienhaupt im Stamme Manasse, dessen Nachkommen die Semidaiten waren.
Semidaītae, ārŭm *m.* Semidaiten, *s.* Semida.
sēmĭdēlībĕrātŭs 3 halb überlegt, halb entschlossen.
sēmĭdŭplex, plĭcĭs halbfestlich, halbfeierlich; festŭm sēmĭduplex: ein Fest niedrigeren Ranges (die Antiphonen der Brevierpsalmen werden zu Anfang nur teilweise rezitiert bzw. gesungen).
1. **sēmĭdoctŭs** 3 halbgelehrt.
2. **sēmĭdoctŭs,** ī *m.* Halbwisser.
sēmĭermĭs, ĕ (semermis) halbbewaffnet.
sēmĭēsŭs 3 *s.* semesus.
sēmĭfactŭs 3 halbfertig, halbgemacht.
sēmĭfătŭŭs, ī *m.* Halbnarr, Blödsinniger.
sēmĭfĕr, fĕră, fĕrŭm 1. halbtierisch. 2. halbwild.
sēmĭgrăvĭs, ĕ halbtrunken.
sēmĭhōră, ae *f.* die halbe Stunde.
sēmĭlăcĕr, cĕră, cĕrŭm halbzerfleischt.
sēmĭlautŭs 3 halbgewaschen.
sēmĭlībĕr, ĕră, ĕrŭm halbfrei.
sēmĭlībră, ae *f.* ein halbes Pfund.
sēmĭmās, mărĭs *m.* Halbmannsperson, Zwitter, Hermaphrodit.
sēmĭmātūrŭs 3 halbreif.
sēmĭmortŭŭs 3 halb tot.
sēmĭnālĭs, ĕ zum Samen gehörig.
sēmĭnārĭstă, ae *m.* Seminarschüler, Seminarzögling; Alumnus.
sēmĭnārĭŭm, ī *n.* 1. Pflanzschule. 2. Fortpflanzung. 3. Ursache. 4. Lehranstalt, *bes.*: für Priester; s. Missĭōnŭm externārŭm Seminar für die auswärtigen Missionen (in Paris).
sēmĭnātĭō, ōnĭs *f.* Besamung, Befruchtung.
sēmĭnātŏr, ōrĭs *m.* 1. Sämann. 2. *übtr.*: Urheber, Erzeuger.
sēmĭnex, nĕcĭs halbtot.
sēmĭnĭverbĭŭs, ī *m.* Wortmacher.
sēmĭnō 1 1. säen, erzeugen. 2. bestreuen.
sēmĭnōsŭs 3 voll von Samen.
sēmĭnūdŭs 3 halb nackt.
sēmĭorbĭs, ĭs *m.* Halbkreis.
Sēmĭpĕlăgĭānī, ōrŭm *m.* Semipelagianer, Irrlehrer (in Südfr.) im 5. Jhdt., welche annahmen, daß der Mensch aus sich ohne die göttliche Gnade Verdienste erwerben könne.
sēmĭperfectŭs 3 halb vollendet.
sēmĭplēnŭs 3 1. halbvoll. 2. halbvollständig.
sēmĭprōlātŭs 3 halb ausgesprochen, halb vorgetragen.
sēmĭpūblĭcŭs 3 halböffentlich; *bes.* von Kapellen u. Oratorien, welche den Gläubigen zugänglich sind.
sēmĭpūnctŭm, ī *n.* Strichpunkt.
sēmĭpŭtātŭs 3 halb beschnitten, nicht richtig beschnitten.
Semiramoth *indecl. m.* (*hebr.*: Schemiramoth) Semiramoth, 1. Levit z. Z. König Davids. 2. Levit z. Z. König Josaphats von Juda.
sēmĭrāsŭs 3 halbgeschoren.
sēmĭrĕductŭs 3 halb zurückgekrümmt, etwas zurückgebogen.
sēmĭrĕfectŭs 3 halb ausgebessert.
sēmĭrŭtŭs 3 halbeingestürzt, halbgerissen.
sēmĭs, issĭs *m.*; *auch* **semis** *indecl.* die Hälfte eines zwölfteiligen Ganzen, z. B. ½ Morgen Land, ½ Fuß usw. (2. *Mos.* 37, 1).
sēmĭsaecŭlārĭs, ĕ fünfzigjährig.

sēmĭsaucĭŭs 3 halbverwundet.
sēmĭsĕpultŭs 3 halb begraben.
sēmĭsomnŭs 3 schlaftrunken.
sēmĭsōpītŭs 3 verschlafen, schlaftrunken.
sēmĭtă, ae *f.* schmaler Fußweg, Pfad. 2. Bahn, Weg. 3. Plan, claudĭcāvērunt ā sēmĭtīs sŭīs = sie zogen hinkend ab von ihren Plänen, sie mußten ihre Pläne beschämt aufgeben (*Ps.* 17, 46; *hebr.*: sie krochen aus ihren Schlupfwinkeln).
Semītă, ae *m.* Semit.
sēmĭtālĭs, ĕ zu einem Fußpfade gehörig.
sēmĭtārĭŭs 3 auf Seitenwegen befindlich.
semītĭcŭs 3 semitisch.
sēmĭūstŭs 3 (sēmustŭs, sēmustŭlātŭs) halbverbrannt.
sēmĭversŭs 3 halbzugewandt.
sēmĭvĭr, ī *m.* 1. Halbmann, Zwitter, Hermaphrodit. 2. weibischer Mensch; Buhlknabe.
sēmĭvīvŭs 3 halb lebendig, halb tot.
sēmĭvŏcālĭs, ĕ den Vokalen (Selbstlauten) nahekommend.
sēmĭvŏcālēs, ĭŭm *f.* (*scil.*: lĭtĕrae) Halbvokale, nämlich die Buchstaben: f, l, m, n, r, s, x.
Semla *indecl. m.* (*hebr.*: Samla) Samla, der fünfte König der Edomiter in Masreka.
Semlai *indecl. m.* (*hebr.*: Schalmaj = Salmaj [Selmai]) Semlai, Jude, der mit Zorobabel aus dem babyl. Exil zurückkehrte.
Semma *indecl. m.* (*hebr.*: Schamma = Er [Gott] hat gehört) Semma, einer der drei ersten Offiziere Davids, Sohn des Age, aus einem unbekannten Orte Harar.
Semmaa *indecl. m.* (*hebr.*: Schima = Er [Gott] hat gehört) Semmaa (Samma), der dritte Sohn des Isai, ein Bruder Davids, der Vater des verschlagenen Jonadab.
Semmath *indecl. f. s.* Semaath.
sēmŏdĭŭs, ī *m.* halber Scheffel.
sēmōtŭs 3 entfernt, entlegen.
sēmŏvĕō, mōvī, mōtŭm 2 entfernen.
sempectae, ārŭm *m.* nach der Benediktinerregel: Mönche, die schon 50 Jahre im Kloster weilten und die deshalb von verschiedenen körperlichen Obliegenheiten befreit waren.
sempĕr *adv.* (*von* sem = semel *u.* per) ein für allemal, immerfort, immer, stets.
sempĭternŭm, ī *n.* Ewigkeit (*Ps.* 105, 31).
sempĭternŭs 3 immerwährend, beständig, unvergänglich.
Semran *indecl. m.* (*hebr.*: Schimron; Semron) Semran (Semron), der vierte Sohn des Issachar, dessen Nachkommen Semraniten hießen.
Semranītae, ārŭm *m.* Semraniten, *s.* Semran.
Semri *indecl. m.* (*hebr.*: Schimri) Semri, 1. Israelit, aus dem Stamme Simeon. 2. Levitenfürst z. Z. Davids.
Semron *indecl. m. s.* Semran.
Sen *indecl.* (*hebr.*: Schen, *verschrieben für*: Jeschana = die Neue, Neustadt) (1. *Reg.* 7, 12); *vielleicht jetzt*: Dêr Iâsîn, 5 km südlich von Nebi Samwîl.
Sēnă, ae *f.* 1. Siena, *s.* Senae. 2. Sinigaglia *s.* Senogallia.
Sēnă gallĭcă, ae *f. s.* Senogallia.
Senaa *indecl. m.* (*hebr.*: Senaa), Senaa, Jude, aus dem Stamme Ephraim, dessen Nachkommen mit Zorobabel aus dem Exil zurückkehrten.
Sēnae, ārŭm *f.* (Sena) Siena, St. in der Landschaft Toskana, südlich von Florenz, *ca.* 25000 Einw.; Erzbischofssitz (seit 1459, Bistum seit 4. Jhdt.); *dav.*: **Sēnēnsĭs,** ĕ.
Sĕnārĭī collēs, ĭŭm *m. s.* Senarus.
sēnārĭŭs 3 aus sechs bestehend, sechs enthaltend.
Sĕnārĭŭs mōns, tĭs *m. s.* Senarus.
Sĕnārŭs, ī *m.* (Sĕnārĭŭs mons, Sĕnārĭī collēs) Monte Senario, ein Berg, 20 km südlich von Florenz (Italien).
sĕnātŏr, ōrĭs *m.* Senator, Ratsherr, Ältester einer Gemeinde.
sĕnātōrĭŭs 3 senatorisch, Ratsherren-.
sĕnātŭs, ūs *m.* Senat, Rat einer Stadt *oder* eines Landes; erste Kammer, Reichsrat, Oberhaus *u. dgl.* (*C. j. c.* 230).
Sendomirĭă, ae *f.* Sendomir, ehem. Herzogtum im Westen des Königreichs Polen.
Sene *indecl.* (*hebr.*: Seneh = Zahn, Klippe, Zacken) spitze Felszacken beim Paß von Michma u. Geba in Pal. (1. *Reg.* 14, 4).
sĕnectă, ae *f. s.* senectus.
sĕnectŭs, ūtĭs *f.* (sĕnectă) Greisenalter.
Sēnēn. (*C. R.*) *s.* Senae.
Sēnēnsĭs, ĕ *s.* 1. Senae. 2. Senogallia.
Sēnēnsĭs cŏmĭtātŭs, ūs *m.* Sayn, ehem. Grafschaft, Preußen (Westfalen).
sĕnĕō 2 alt sein.
sĕnēscō, sĕnŭī 3 1. alt *oder* grau werden. 2. matt *oder* schwach werden.
sĕnex, sĕnĭs 1. *adj.*: alt, bejahrt, *comp.*: sĕnĭŏr, ōrĭs älter; se praebere seniorem sich als reifen Menschen zeigen. 2. *subst.* a) der Ältere, der Älteste (*Ps.* 104, 22). b) Greis, Greisin. c) Priester; *dav.*: **sĕnĭōrēs,** ŭm *m.* die Ältesten, der Rat der Alten; die Vorfahren; d) Beamter (*Ps.* 103, 22).
sēnī 3 je sechs.
Senĭă, ae *f.* Zengg (*kroat.*: Senj, *ital.*: Segnia), St. am Canale della Morlacca

unweit des adriatischen Meeres, *ca.* 3200 Einw.; Bischofssitz (seit 1150); von 1570 ab vereinigt mit Modrus, Suffr. v. Agram; *dav.*: **Seniēnsĭs,** ĕ.

Seniĕn. (*C. R.*) *s.* Senia.

sĕnīlĭs, ĕ greisenhaft.

sēniō, ōnĭs *m.* die Sechszahl (als Würfelauge).

sĕniŏr, ōrĭs *s.* senex.

sĕnium, ī *n.* das hohe Alter, Greisenalter, Altersschwäche.

sĕniŭs, ī *m.* Greis.

Senna *alter hebr. Acc. von*: Sin = die Wüste Sin (*Deut.* 32, 51).

Sennaab, *nicht Königsname, hebr.*: Schine'ab, *verstümmelt aus*: schemabad (*Gen.* 14, 2), *s.* Semeber.

Sennaar *indecl.* (*hebr.*: Schimar = Schingir, Sumir) Gegend am Mittellaufe des Euphrat u. Tigris, ältester Name für Babylonien.

Sennacherib *indecl. m.* (*hebr.*: Sancherib, *assyr.*: Sin-ache-erib = Sin hat die Brüder vermehrt) Sennacherib, König von Assyrien (705—681).

S. Sennen *indecl. m.* hl. Sennen, ein persischer Mart., † zu Rom um 250, 30. Juli.

Senneser *indecl. m.* (*hebr.*: Schen'assar) *richtig*: Sinbassar, *verkürzt aus*: Sinpal-ussur (= o Sin, schütze den Sohn).

Sennim *indecl.* (*hebr.*: Saanajim) ein Eichen- *oder* Terebinthenwald im Stamme Nephthali (*Judic.* 4, 11).

Sēnŏgallĭă, ae *f.* (Sena, Senogallica, Sena Gallica) Sinigaglia (Senigallia), Hafenst. am Adriatischen Meere, It. (Ancona), *ca.* 5700 Einw.; Bischofssitz (seit 6. Jhdt.), Suffr. v. Urbino; *dav.*: **Sēnŏgalliēnsĭs,** ĕ.

Sēnŏgallĭcă, ae *f. s.* Senogallia.

Sēnŏgalliēn. (*C. R.*) *s.* Senogallia.

Senonagŭs pāgŭs, ī *m.* eine ehem. Landschaft bei Soignies, Belgien (Hennegau).

Sĕnŏnēn. (*C. R.*) *s.* Senones.

1. **Sĕnŏnēs,** ŭm *m.* (Σένονες u. Σήνωνες) Sens, St. r. an der Yonne, Fkr. (Yonne), *ca.* 15 000 Einw., Erzbischofssitz; *dav.*: **Sĕnŏnēnsĭs,** ĕ.

2. **Sĕnŏnēs,** ŭm *m.* (Sĕnŏnĭcŭs pāgŭs) Le Senonais, ehem. Landschaft, Fkr. (Champagne).

Sĕnŏnĭcŭs pāgŭs, ī *m. s.* 2. Senones.

sēnsă, ōrŭm *n.* Meinungen, Ansichten, Vorstellungen.

sēnātŭs 3 verständig.

Sensenna *indecl.* (*hebr.*: Sansanna) Sensenna, St., Pal. (Juda).

sēnsĭbĭlĭs, ĕ sichtbar, empfindbar, wahrnehmbar.

sēnsĭbĭlĭtās, ātĭs *f.* Sichtbarkeit.

sēnsĭlĭs, ĕ empfindbar, sinnlich.

sēnsim *adv.* allmählich, nach und nach.

sēnsĭtīvŭs 3 1. empfindungsfähig. 2. starkempfindend.

sēnsŭālĭs, ĕ 1. empfindsam. 2. sinnlich.

sēnsŭālĭtās, ātĭs *f.* 1. Empfindsamkeit. 2. Sinnlichkeit.

sēnsŭs, ūs *m.* 1. Empfindung, Gefühl. 2. Takt, Sinnesart, Gesinnung. 3. Ansicht, Gedanke, Verstand. 4. Sinn, Begriff, Begriffsvermögen.

sententĭă, ae *f.* 1. Meinung, Gesinnung, Gedanke. 2. Wortbedeutung. 3. Denkspruch, Sentenz. 4. Stimme, Votum, Antrag. 5. gerichtliches Urteil, Urteilsspruch, Richterspruch (*bes. im Cod. juris can.*); sententĭă condemnātōrĭă: Verhängungsurteilsspruch (wenn durch den Richter die wirkliche Verurteilung erfolgt und die Strafe verhängt wird) (*C. j. c.* 1654); sententĭă declārātōrĭă: Erklärungsspruch (wenn die Strafe schon auf Grund des Rechtes zugezogen ist und durch den Richter nur erklärt wird, daß dies in dem bestimmten Falle zutrifft *C. j. c.* 2223); sententĭă dēcissōrĭă: entscheidendes Urteil (*C. j. c.* 2232); poenae lātae sententĭae: Strafen, die bereits im Rechtsbuche verhängt sind und die durch des Vergehen ohne weiteres eintreten; poenae fĕrendae sententĭae: Strafen, die erst durch ein vom Richter zu fällendes Urteil verhängt werden; sententĭă interlŏcūtōrĭă: Zwischenurteilsspruch (*C. j. c.* 1868); sententĭă dēfīnītīvă: Endurteil (*C. j. c.* 1868).

sēntentĭŏlă, ae *f.* Sprüchlein, Redensart.

sententĭōsŭs 3 gedankenreich, sinnreich.

sentĭcētŭm, ī *n.* Dorngestrüpp.

sentīnă, ae *f.* 1. Kielwasser. 2. Auswurf, Hefe.

sentĭō, sēnsī, sēnsŭm 4 1. fühlen, empfinden, wahrnehmen; sentīrĕ praeceptă: auf die Befehle merken, den Vorschriften gehorchen. 2. spüren, erleiden. 3. denken, urteilen, gesinnt sein; sē dēmissē s.: von sich selbst demütig denken; si non humiliter sentiebam, sed exaltavi animam meam: fürwahr (si non!), demütig ist mein Sinn, und ich erhebe mich nicht (*Ps.* 130, 2).

sentĭs, ĭs *m.* 1. Dornstrauch. 2. *übtr.*: quälende Sorge.

sentōsŭs 3 dornenvoll.

sentŭs 3 dornig, rauh.

Senua *indecl. m.* (*hebr.*: verhaßt) Senua: 1. Vater des Judas. 2. nachexilisches Stadtoberhaupt in Jerusalem aus dem Stamme Benjamin.

Seon *indecl.* (*hebr.*: Schion = Zerstörung?) Seon, St., unweit des Tabor, Pal. (Issachar).

Sĕōnēnsĕ mŏnastērĭŭm, ī *n.* Kloster Seeon, Dorf nördlich vom Chiemsee, Bayern (Oberbayern), ehem. Benediktinerkloster, *gestiftet* 10. Jhdt., *aufgehoben* 1803.

Seor *indecl. m.* (*hebr.*: Sohar) Seor, Vater des Hethiters Ephron.

Seorim *indecl. m.* (*hebr.*, *verschrieben für*: Schea'rja = Tor Jahwes) Seorim, Haupt der vierten Priesterklasse z. Z. Davids.

sĕorsĭm *adv. s.* seorsum.

sĕorsŭm *adv.* (seorsus, seorsim) beiseite, abgesondert, besonders.

sĕorsŭs *adv. s.* seorsum.

sēpărābĭlĭs, ĕ trennbar.

sēpărātĭm *adv.* abgesondert, für sich, getrennt.

sēpărātĭō, ōnĭs *f.* Trennung, Aussonderung; sep. menstruă: monatliche Reinigung der Frauen, Monatsregel, Periode.

sēpărātŏr, ōrĭs *m.* Absonderer, Trenner.

sēpărātŭs 3 abgesondert, getrennt, verschieden.

sēpărō 1 1. absondern, trennen. 2. Gott *oder* einem Heiligtume weihen.

sĕpĕlĭō, pĕlīvī, pultŭm 4 begraben, bestatten, beisetzen.

1. **sēpēs,** ĭs *f. s.* saepes.

2. **sēpēs,** pĕdĭs sechsfüßig.

Sephaath *indecl.* (*hebr.*: Sephat = Warte, Ausblick?) (Horma) Sephaat *oder* Horma, kanaanitische St. am Nordrande der Wüste Sin, Pal. (Simeon).

Sepham *indecl. m.* (*hebr.*) Sepham, Fürst im Stamme Benjamin.

Sephama, *alter hebr. Acc. von*: Sepham, einem Orte im östlichen Teile des Stammes Juda (*Num.* 34, 10).

Sephamoth *indecl.* (*hebr.*: Schiphamoth) Sephamoth, Ort, Pal. (Juda).

Sephar *indecl.* (*hebr.*: Sephara, *alter hebr. Acc.*) Sephar, St. im südöstlichen Gebirge Arabiens.

Sepharvaim *indecl.* (*hebr. wohl richtig*: Sebaraim) Sepharvaim, die südlichste Stadt von Mesopotamien *oder gleich* Sebaraim, einer St. in Syrien zwischen Damaskus u. Hamath [Emath], zerstört i. J. 727 v. Chr.; *j.*: Schomerâje.

Sephata *angeblich* ein Tal, *doch kein Eigenname*, verschrieben für *hebr.*: saphonah = gegen Norden (2. *Par.* 14, 16).

Sephatia *indecl. m.* (*hebr.*: Schephatja = Jahwe hat gerichtet) Sephatia, Jude, dessen Nachkommen aus dem babyl. Exil zurückkehrten.

Sephei *indecl. m.* (*hebr.*: Schiph'i) Sephei, Israelit aus dem Stamme Simeon.

Sephela *indecl.* (*hebr.*: Schephela = Niederung, Σέφηλα) Sephela, eine Ebene, südlich von Joppe in Palästina.

Sepher *indecl.* (*hebr.*: Schepher) Sepher, ein Berg, Lagerplatz der Israeliten in der Wüste.

Sephet *indecl.* eine Örtlichkeit, *richtig lautet* die Stadt Kadesch (Qedesch, *griech.* Κύδιος) Pal. (Nephthali) (*Tob.* 1, 1), *s.* Cades-Nephthali.

Sephi *indecl. m.* (Sepho) (*hebr.*: Schephi) Sephi *oder* Sepho, Stammfürst der Edomiter, Sohn des Eliphaz, Enkel Esaus.

Sephim *indecl. m.* (*hebr.*: Schuppim) Sephim, angeblich ein Tempeltürwächter, *wohl verderbte oder eingeschobene Stelle* (1. *Par.* 26, 16).

Sephion *indecl. m.* (*hebr.*: Siphjon) (Sephon) Sephion *oder* Sephon, ältester Sohn des Gad, dessen Nachkommen die Sephoniten.

Sepho *indecl. m.* (*hebr.*: Schepho) Sepho, 1. *s.* Sephi. 2. Horiter (Höhlenbewohner im Gebirge Seïr), Sohn Sobals.

Sephon *indecl. m.* (*hebr.*: Siphjon), *s.* Sephion.

Sephonītae, ārŭm *m.* Sephoniten, *s.* Sephion.

Sephor *indecl. m.* (*hebr.*: Siphor [Sippor] = Vogel) Sephor, Vater Balaks, des Königs von Moab; „Balak, Sohn Sippors": wohl Einschub für „Moab".

Sephora *indecl. f.* (*hebr.*: Sippora = Vogel) (Siphra) Sephora, 1. eine Hebamme der Hebräerinnen in Ägypten. 2. Frau des Moses, Tochter Jethros, des Priesters von Madian.

Sephthan *indecl. m.* (*hebr.*: Schiphtan = Richter?) Sephthan, Vater des Kamuel, eines Fürsten im Stamme Ephraim.

Sephuphan *indecl. m.* (*hebr.*: Schephuphan) Sephuphan, Israelit, Enkel des Benjamin, Sohn des Bale.

sēpĭă, ae *f.* (σηπία) Tintenfisch.

sēpĭmentŭm, ī *n.* Umzäunung, Schranke: altārĭs.

sēpĭō, psī, ptŭm 4 *s.* saepio.

sēpōnō, pŏsŭī, pŏsĭtŭm 3 1. beiseite legen, absondern, ausscheiden. 2. entfernen, ausweisen.

sēpŏsĭtĭō, ōnĭs *f.* Absonderung.

Septă, ae *f.* Ceuta, Hafenst. an der Nordküste Afrikas (Marokko; zu Spanien [Cadix] gehörig), *ca.* 13000 Einw.; Bistum (seit 1421), seit 1570 mit dem Bistum Tanger, seit 1851 mit Cadix vereinigt; *dav.*: **Septēnsĭs,** ĕ.

septĕm sieben.

Septĕm Dŏlōrēs B. M. V. Fest der sieben Schmerzen Mariens (am Freitage nach Passionssonntag *u.* am 15. September).
Ss. Septĕm Frātrēs die sieben heiligen Brüder, Söhne der hl. Felizitas, Mart., † 150, 10. Juli.
Septembĕr, brĭs, brĕ September-; *subst. m.* (*scil.*: mensĭs) Monat September (ehemals der 7. Monat).
septemdĕcĭm *s.* septendĕcĭm.
Septempĕdă, ae *f.* (S. Severini ecclesia) San Severino, St., r. am Küstenflusse Potenza, It.(Macerata), *ca.*3300 Einw., Bischofssitz (seit 1586), Suffr. v. Fermo; *dav.*: **Septempĕdānŭs** 3.
septemplex, ĭcĭs siebenfach.
Septēn. (*C. R.*) *s.* Septa.
septēnārĭŭs 3 aus sieben bestehend; săcrŭm septēnārĭŭm: die sieben Gaben des hl. Geistes; quĭēs septēnārĭă: Sabbatruhe.
septendĕcĭm (septemdecim) siebzehn.
septēnī 3 je sieben; siebenfach.
septennĭs, ĕ siebenjährig.
septennĭŭm, ī *n.* ein Zeitraum von sieben Jahren.
septentrĭō, ōnĭs *u.* **septentrĭōnēs,** ŭm *m.* 1. Siebengestirn, großer Bär, Wagen (Arctos). 2. Norden.
septentrĭōnālĭs, ĕ nördlich, Nord-.
septentrĭōnēs, ŭm *m.* *s.* septentrio.
septēnŭs 3 je sieben, siebenfach.
Sephtai *indecl. m.* (*hebr.*: Schabtai) Sephtai, Levit, der bei der ersten nachexilischen Gesetzlesung beteiligt war.
septĭdŭŭm, ī *n.* ein Zeitraum von sieben Tagen, ein Woche.
septĭēs *adv.* siebenmal.
septĭformĭs, ĕ siebengestaltig.
septĭmae mănūs testēs, Zeugen der siebten Hand, *s.* testis.
septĭmānă, ae *f.* die Woche.
1. **septĭmānārĭŭs** 3 wöchentlich.
2. **septĭmānārĭŭs,** ī *m.* Wöchner.
Septĭmĭŭs Sĕvērŭs, ī *m.* Septimius Severus, römischer Kaiser (193—211), Christenverfolger.
septĭmŭs 3 der siebente; Septimus (*scil.*: lăpĭs) der siebte Meilenstein: prŏpĕ Septĭmŭm = beim siebten Meilensteine.
S. Septĭmŭs, ī *m.* hl. Septimus, *s.* Ss. Liberatus, Bonifacius et socii.
Septĭmŭs mōns Mont Septimer (im Schweizer Kantone Graubünden).
septingentēsĭmŭs 3 siebenhundertster.
septingēntī 3 siebenhundert.
septŭāgēnārĭŭs 3 aus siebzig bestehend, siebzigjährig.
septŭāgēsĭmŭs 3 der siebzigste; *dav.*: **Septuāgēsĭmă,** ae *f.* der dritte Sonntag vor Beginn der Fastenzeit (mit ihm begann ehedem die Bußzeit als Vorfeier des Osterfestes).
Septŭāgēsĭmă, ae *f.* *s.* septuagesimus.
septŭāgĭēs *adv.* siebzigmal.
septŭāgintā siebzig; *dav.*: **Septŭāgintā** *indecl. u.* ae *f.* die Septuaginta, d. h. der älteste griechische (alexandrinische) Text des Alten Testamentes, der angeblich von 70 (bzw. 72) gelehrten Juden im dritten vorchristlichen Jahrhundert hergestellt wurde.
sēptŭm, ī *n.* *s.* saeptum.
septŭplŭm *adv.* siebenfach.
septŭplŭm, ī *n.* das Siebenfache.
sēptŭs 3 *s.* saeptus.
septŭplŭs 3 siebenfach; *subst. n.*: das Siebenfache; *n. als adv.*: siebenfach.
sĕpulchrālĭs, ĕ *s.* sepulcralis.
sĕpulchrŭm, ī *n.* *s.* sepulcrum.
sĕpulcrālĭs, ĕ (sepulchralis) zum Grabe gehörig.
sĕpulcrŭm, ī *n.* (sepulchrum) 1. Grab, Grabmal, Grabhügel. 2. in sĕpulchrĭs *ist unrichtige Übersetzung für das Hebr.*: „in siccitatibus" = die in dürren Gegenden wohnen (*Ps.* 67, 7). 3. sepulcra *in Ps.* 48, 11 *ist falsche Übersetzung, statt*: desideria, *also*: „ihr Verlangen ist, ihre Häuser möchten ihnen ewig bleiben," d. h. sie möchten ewig leben.
sĕpultōrĭŭm, ī *n.* Begräbnis, Beisetzung.
sĕpultūră, ae *f.* Bestattung eines Toten, Begräbnis, Beisetzung.
sĕquācĭtās, ātĭs *f.* Folgsamkeit.
Sēquănă, ae *m.* Seine, Fluß, Fkr.
Sēquănī, ōrŭm *m.* Sequaner, eine keltische Völkerschaft zwischen Vogesen, Rhein, Jura u. dem Oberlauf der Rhône, die Gegend der Franche-Comté u. Burgunds; Gallĭă Sēquănōrŭm = Burgund.
Sēquănĭă, ae *f.* die Franche-Comté, Landschaft, Fkr. (Doubs, Haute-Saône u. Jura).
S. Sēquănŭs, ī *m.* hl. Sequanus, Priester u. Abt, † um 580, 19. Sept.
sĕquāx, ācĭs 1. leicht *oder* schnell folgend. 2. nachgiebig, geschmeidig.
sĕquāx, ācĭs *m.* Begleiter; Anhänger, Schüler; *pl.*: Gefolge.
sĕquēlă, ae *f.* Nachfolge, Gefolgschaft.
sĕquentĭă, ae *f.* die Sequenz (das [auf das Alleluja *oder* den Traktus] Folgende); das römische Meßbuch enthält fünf Sequenzen (Hymnen).
1. **sĕquestĕr,** trĭs, trĕ *u.* **sĕquestĕr,** tră, trŭm vermittelnd.
2. **sĕquestĕr,** trĭs *u.* sĕquestĕr, trī *m.* 1. Vermittler: pācĭs; Mittelsperson, Unterhändler; Fürsprecher. 2. Verwahrer von strittigen Sachen, Ver-

walter beschlagnahmter (fremder) Güter (*C. j. c.* 1672).

sĕquestrātĭō, ōnĭs *f.* 1. die Beschlagnahme von strittigem Gute *oder* von einer Sache zur Kreditsicherung. 2. die Verwahrung einer beschlagnahmten Sache (*C. j. c.* 1672).

sĕquestrātŏr, ōrĭs *m.* Verwalter fremden Gutes.

sĕquestrō 1 1. eine (strittige) Sache in Beschlag nehmen und in besondere Verwaltung geben. 2. absondern, trennen, scheiden (*Dies irae*), entfernen, entziehen. 3. zurückweisen, verwerfen.

sĕquĭŏr, ĭŭs (*comp.*: zu sĕquŭs *oder* sĕcŭs) nachfolgend, schlechter, schwächer; sexŭs sĕquĭŏr: das schwächere (weibliche) Geschlecht (*S. Vincent. a Paulo, lect. VI.*); nĭhĭlō sĕquĭŭs: nichtsdestoweniger.

sĕquŏr, cūtŭs sŭm 3 1. folgen, nachfolgen, begleiten. 2. verfolgen. 3. anhängen, sich anschließen. 4. streben, verlangen nach. 5. vōcĭbŭs sĕquī Christō (*dat. commod.*): Christus durch Gesang verherrlichen (*Hymn. Mat. plur. Mart. temp. pasch.*).

sĕquūtŭs *part. perf. v.* sequor = secutus.

Ser *indecl.* (*hebr.*: Ser) Ser, St. Pal. (Nephthali).

sĕră, ae *f.* Latte, Riegel; Querbalken (zum Verriegeln des Tores).

Seraiĕn. (*C. R.*) *s.* Seraium.

Seraiŭm, ī *n.* Serajewo, St., Bosnien, *ca.* 60 000 Einw.; Erzbischofssitz; *dav.*: **Seraiĕnsĭs,** ĕ.

Seraph *indecl. m.* (*hebr.*: Saraph = Brenner) 1. eine Schlange mit brennendem, beißendem Gifte in der Wüste. 2. *s. pl.* Seraphim.

sĕrăphĭcŭs 3 glühend, von heißer Liebe erfüllt; **Pătrĭarchă sĕrăphĭcŭs**: Beiname des hl. Franz von Assisi.

Séraphīm *indecl. m.* (in den Meßpräfationen: *n.*; *hebr. plur.* zu Seraph) Seraphe, die höchste Klasse der Engel, die als Träger reinster, glühender Gottesliebe angesehen werden.

Da „Seraphim" später nicht als hebr. Pluralform erkannt wurde, wurde dieser Plural mit dem Singular verbunden: species unius Seraphim (Fest. Impr. ss. Stigmatum S. Franc. 17. Sept. L. IV.) u. Seraphim crucifixi effigies (S. Franc. 4. Oct. L. VI.); andererseits wurde vom hebr. Plural nochmals der lateinische Plural gebildet: Seraphīnī, ōrŭm *m.* Quid enim propinquius Cherubinis et Seraphinis? (*Propr. v. Krakau, Fer. II. infra Octav. Ss. Trinitatis, lect. IV.*).

Seraphīnī, ōrŭm *m. s.* Seraphim.

S. Sĕrăphīnŭs ā Montĕgrănārĭō, hl. Seraphin von Montegranaro († 1604).

Der Heilige stammt aus Montegranaro bei Fermo (Italien); seine Eltern waren arm, aber fromm. Sein Entschluß von Jugend auf lautete: „Ich will unschuldig bleiben und heilig werden." Auf einer Wallfahrt nach Loreto überschritt er zweimal trokkenen Fußes den Fluß Potenza. Sechzehn Jahre alt, trat er als Laienbruder in den Kapuzinerorden. In allem treu und eifrig, liebte er es besonders, anderen zu helfen und ihnen ihre Lasten zu erleichtern. Einen großen Teil der Nacht widmete er dem Gebete und betrachtete mit hl. Inbrunst das Leiden des Herrn. Er hatte einen großen Abscheu gegen jede, auch die kleinste Sünde. Gott verlieh ihm die Wundergabe; mit dem Kreuzzeichen heilte er viele Kranke. Im 64. Lebensjahre starb er zu Ascoli. Klemens XIII. sprach ihn heilig. — 12. Oktober (Kap. O.).

S. Sĕrāpĭă, ae *f.* hl. Serapia, Jgfr. u. Mart. im 2. Jahrhundert zu Rom, 29. Juli (*am* 3. *Sept.*: *Fest der Reliquienübertragung*).

S. Sĕrāpĭōn, ōnĭs *m.* hl. Serapion, Mart. u. Bisch. v. Thmuis (Ägypten) († 4. Jhdt.), 21. März.

Sĕrāpĭs, pĭs *u.* pĭdĭs *m.* (Σάραπις) Serapis, ein Gott der Ägypter, später auch bei den Griechen und Römern verehrt; er galt als Gott der Unterwelt u. der abgeschiedenen Seelen.

Serbinŭm, ī *n.* (Serbium, Sopiana, Quinque ecclesiae, Quinque basilicae) Fünfkirchen (*ungar.*: Pécs), St., Ungarn (Baranya), *ca.* 45 000 Einw.; Bischofssitz (seit 1009), Suffr. v. Gran; *dav.*: **Serbinĕnsĭs,** ĕ.

Serbĭŭm, ī *n. s.* Serbinum.

Serebia *indecl. m.* (*hebr.*: Scherbja) Serebia, 1. Levitenfürst, der mit Zorobabel aus dem babyl. Exil zurückkehrte. 2. Levit, der bei der ersten nachexilischen Gesetzesverlesung u. bei der Besiegelung des nachexilischen Bundes beteiligt war.

S. Sĕrēnă, ae *f.* hl. Serena, Mart., Gemahlin des Kaisers Diokletian. — 16. Aug.

Serēnă, ae *f.* dē Serēnā (*C. R.*) *s.* Serenopolis.

Serēnŏpŏlĭs, ĭs *f.* La Serena, St., l. am Küstenflusse Coquimbo, Chile (Coquimbo), *ca.* 20 000 Einw.; Bischofssitz (seit 1840), Suffr. v. Santiago; *dav.*: **Serēnŏpŏlĭtānŭs** 3.

sĕrēnĭtās, ātĭs *f.* Heiterkeit; heiteres Wetter; *als Titel*: Durchlaucht.

sĕrēnō 1 heiter machen, aufheitern.

sĕrēnŭm, ī *n.* heiteres Wetter; sĕrēnō: bei heiterem Himmel.

sĕrēnŭs 3 1. heiter, wolkenlos, fröhlich. 2. huldreich, gnadenvoll. 3. sĕrēnissĭmŭs 3 durchlauchtest.

Sĕrēnŭs, ī *m.* Serenus, 1. ein Richter in Rom z. Zt. Diokletians. 2. ein

Herzog von Aquitanien, Vater des hl. Amandus.

Sereser *indecl. m. s.* Neregel-Sereser.

Sereth *indecl. m.* (*hebr.*: Sereth), Sereth, Israelit aus dem Stamme Juda (1. *Par.* 4, 7).

Sergĭŏpŏlĭs, ĭs *f.* Sergiopolis, St. in der römischen Provinz Euphratesia *oder* Syria Euphratensis, westlich vom Euphrat; Begräbnisort des hl. Martyrers Sergius.

S. Sergĭŭs, ī *m.* hl. Sergius, Mart. † um 303.

Sergius entstammte einem edlen Geschlechte, trat in den Militärstand, wurde zu Triest Kriegstribun und verbreitete in dieser Stadt durch viele Wunder hellen Glanz. Vom Kaiser Maximinian zu den öffentlichen feierlichen Opfern gerufen, erschien er nicht nur, sondern verfluchte die Götzenbilder und bekannte sich offen zum christlichen Glauben. Deshalb ward er der militärischen Ehren beraubt, mit eisernen Ketten gefesselt mitten durch die Stadt geführt und dann in einen schmutzigen Kerker geworfen. Hierauf wurde er zu Antiochus, dem Feldherrn im Orient, nach Tyrus geschickt. Dort wurde er wiederum in einen dunklen Kerker geworfen, doch empfing er durch den Martyrer Bachus, der kurz vorher gemartert worden war, Tröstung und Stärkung. Als seine Standhaftigkeit unerschütterlich blieb, wurden ihm eiserne Schuhe, die innen mit spitzen Nägeln ausgeschlagen waren, an den Füßen befestigt und die Hände auf den Rücken gebunden. So wurde er gezwungen, vor den Wagen des Antiochus herzulaufen. Durch einen Engel gestärkt, hielt er auch diese grausame Marter aus. Bald darauf wurde er enthauptet. — Die Lanze, deren er sich bediente, genießt in Triest, wo sie aufbewahrt wird, große Verehrung; auch ins Stadtwappen wurde sie übernommen. — 11. Oktober (Triest).

2. **S. Sergĭŭs,** ī *m.* hl. Papst Sergius I. (687—701).

Sergĭŭs, ī *m.* Sergius, I. Päpste: 1. hl. Sergius, *s.* 2. S. Sergius. 2. Papst Sergius III. (904—911). 3. Papst Sergius IV. (1009—1012). II. Andere Personen: 1. Sergius: Paulus, Prokonsul von Cypern in apostolischer Zeit. 2. Patriarch Sergius von Konstantinopel (610—638), Stifter der Monotheletensekte. 3. Vater des hl. Romuald. 4. ein Offizier des Grafen Roger von Kalabrien.

sērĭă, ae *f.* großes irdenes Gefäß, Tonne, Kufe, Topf.

sĕrĭātĭm *adv.* reihenweise.

sērĭcātŭs 3 in Seidenstoff gekleidet.

sērĭcĕŭs 3 *s.* sericus.

sērĭcŭm, ī *n.* Seidenstoff, Seidenkleid.

sērĭcŭs 3 (sērĭcĕŭs) seiden, aus Seide.

sērĭē *adv. s.* serio.

sĕrĭēs, ēī *f.* 1. Reihe, Reihenfolge, Ordnung; sĕrĭēs mundī: Weltenlauf. 2. Zusammenhang.

sērĭō *adv.* (sērĭē) im Ernst, ernstlich.

sērĭōsŭs 3 ernst, bedächtig.

sērĭŭm, ī *n.* Ernst; *pl.*: sērĭă, ōrŭm *n.* ernsthafte Dinge.

1. **sērĭŭs** *adv. compar. von* sero, *s.* serus.

2. **sērĭŭs** 3 ernsthaft, ernstlich.

sermō, ōnĭs *m.* 1. Unterredung, Gespräch. 2. Vortrag, Predigt. 3. Gerede, Gerücht. 4. Sprache, Sprachfähigkeit. 5. *übtr.*: Erfüllung des Wortes, Verheißung; in Deo laudabo sermones meos: *richtig* sermonem eius: mit Gott werde ich rühmen sein Wort, seine Verheißung, Hilfe (*Ps.* 55, 5 *u.* 11). 6. Urteil, Versprechen (*Ps.* 50, 6). 7. Plan (*Ps.* 63, 6). 8. *Hebraismen*: Sache, Angelegenheit; disponet sermones suos in iudicio = er ordnet seine Angelegenheiten, seine Sache nach Recht und Gerechtigkeit (*Ps.* 111, 5); Tat, Vorfall: Quis est sermo, quem fecisti? Welche Tat vollbringst du? Was tust du? (2. *Reg.* 12, 21); sermo nequam (*Ps.* 63, 6) = nichtsnutzige Beratung. 9. Sermo im Sinne von Verbum, *Λόγος*: omnipotens Sermo a regalibus sedibus venit = das allmächtige Wort (= der Sohn Gottes) stieg von dem königlichen Throne herab.

sermōcĭnātĭō, ōnĭs *f.* das Reden, Gespräch; Zwiegespräch, Unterredung (*Prov.* 3, 32).

sermōcĭnātŏr, ōrĭs *m.* Prediger, Redner.

sermōcĭnŏr 1 1. sich unterreden. 2. predigen.

sermuncŭlŭs, ī *m.* das böswillige Gerede, Geschwätz.

1. **sĕrō,** sĕrŭī, sertŭm 3 fügen, reihen, knüpfen, zusammenfügen, verknüpfen.

2. **sĕrō,** sēvī, sătŭm 3 1. säen, pflanzen. 2. erzeugen, hervorbringen. 3. veranlassen, erregen.

3. **sērō** *adv.* spät, *compar.*: sērĭŭs später, zu spät.

Seron *indecl. m.* Seron, Feldherr des syrischen Königs Antiochus Epiphanes.

Seror *indecl. m.* Ahnherr des Königs Saul (1. *Sam.* 9, 1 wird als Einschub betrachtet).

sērōtĭnŭs 3 1. spät eintreffend; sērōtĭnus imbĕr: Spätregen; terră sērōtĭnă: ein Land, das späte Früchte hervorbringt. 2. abendlich; prĕcēs sērōtĭnae = Abendgebet.

serpēns, tĭs *m.* u. *f.* Schlange, Drache; Kriechtier (*Ps.* 148, 10).

serpentĭnŭs 3 1. schlangenartig. 2. neidisch.

serpō, psī, ptŭm 3 1. kriechen, schleichen. 2. sich ausbreiten, fortwuchern.

serră, ae *f.* Säge.

serrātŭs 3 sägenförmig, gezackt.

Serrātŭs mōns tĭs *m.* Montserrat, Berg in Spanien mit berühmtem Muttergottesheiligtume.

serrō 1 zersägen.

serrŭlă, ae *f.* kleine Säge.

Sertă, ae *f.* Sert, St., r. am Bohtan-su (zum Tigris), asiatische Türkei (Bitlis), *ca.* 15000 Einw.; chaldäischer Bischofssitz (seit 1858), *dav.*: **Sertēnsĭs,** ĕ.

Sertēn. (*C. R.*) *s.* Serta.

sertŭm, ī *n.* (*meist pl.*: sertă, ōrŭm *n.*) Blumengewinde, Kranz (*Ps.* 28, 5).

Serubabel *indecl. m. s.* Zorobabel.

Serug *indecl. m.* (*hebr.*: Serug) Serug, Sohn des Reu (1. *Par.* 1, 26).

1. **sĕrŭm,** ī *n.* der wässerige Teil der geronnenen Milch, Käsewasser, Molke.

2. **sērŭm,** ī *n.* späte Zeit.

sērŭs 3 spät, verspätet, zu spät; *adv.*: **sērō,** *comp.* sērĭŭs, *superl.* sērissĭmē.

servă, ae *f.* Sklavin; Magd, Dienerin.

servābĭlĭs, ĕ 1. aufbewahrbar. 2. errettbar.

servātĭō, ōnĭs *f.* Beobachtung.

S. **Servātĭŭs,** ī *m.* hl. Servaz, Bek. u. Bisch. von Tongern (Belgien) († 384).

Er hielt sich vom Arianismus frei und nahm am Konzile zu Sardica teil. Vom Thronräuber Magnentius ward er mit Bischof Maximin von Trier zu Konstantius gesandt. Beide wurden in Alexandrien (Ägypten) vom heiligen Athanasius beherbergt. Alsdann nahm Servatius am Konzile von Rimini teil, wo er mit Bischof Faebadius von Agen (Fkr.) die Arianer bekämpfte; doch ließen beide sich anfangs durch eine anscheinend rechtgläubige aber im Grunde arianisch gehaltene Formel täuschen. Als die Barbaren in Frankreich einfielen, fürchtete Servatius auch für seine Bischofsstadt und flehte deshalb Gott an, die Prüfung abzuwenden. Er erhielt die himmlische Antwort, jenes Leid müsse zur Strafe über das Volk kommen, er selbst aber werde es nicht mehr schauen. Er starb in Maastricht (Holland). Der hl. Bischof Hubert setzte ihn später feierlich bei. — 13. Mai (Köln. Osnabrück).

servātŏr, ōrĭs *m.* 1. Beobachter, 2. Erhalter, Erretter; Heiland.

servātrīx, īcĭs *f.* Retterin, Erhalterin.

Servĭă, ae *f.* Serfidsche, Stadt in Makedonien.

servīlĭs, ĕ sklavisch, knechtisch; **ŏpĕră servīlĭă** knechtliche Arbeiten (die an Sonn- und Festtagen nicht verrichtet werden sollen).

servīlĭtĕr *adv.* sklavisch, nach Sklavenart; knechtisch.

servĭō 4 1. Sklave sein, dienen. 2. Dienst erweisen, willfahren. 3. widmen, sich befleißigen, trachten nach, bedacht sein auf.

servĭtĭālĭs, ĕ dienend; clērĭcŭs servĭtĭālĭs: Laienbruder in einer religiösen Genossenschaft.

servĭtĭŭm, ī *n.* 1. Sklaverei, Dienst, Dienstbarkeit. 2. Gottesdienst.

servĭtŏr, ōrĭs *m.* Diener.

servĭtūdō, ĭnĭs *f.* Knechtschaft.

servĭtūs, ūtĭs *f.* 1. Sklaverei, Knechtschaft. 2. Unterwürfigkeit, Gehorsam.

servō 1 1. beobachten, behüten, Wache halten. 2. nicht verletzen, nicht übertreten. 3. aufbewahren, aufsparen. 4. erhalten, erretten.

servŭlă, ae *f.* (junge) Sklavin.

servŭlŭs, ī *m.* (junger) Sklave, Diener.

S. **Servŭlŭs,** ī *m.* hl. Servulus, Mart. († 284).

Er wurde von seinen Eltern Eulogius und Klementia von Kindheit an in der christlichen Religion erzogen. Zwölf Jahre alt, begab er sich in eine Höhle, die heute noch nach ihm benannt wird und zu seiner Ehre einen Altar enthält, und führte dort $1^3/_4$ Jahre lang ein rauhes Bußleben unter Betrachtung himmlischer Dinge. Auf höhere Mahnung kehrte er ins väterliche Haus zurück. Auf dem Wege dahin tötete er durch das Zeichen des hl. Kreuzes und durch Anblasen eine gewaltige Schlange. Einen Besessenen befreite er vom Teufel, und niemand war in Triest, der nicht auf seine Fürbitte hin von teuflischen Anfeindungen befreit worden wäre, kein Haus, das nicht durch Schutt aus der Höhle des hl. Servulus Schutz gefunden hätte. Nach dem Tode seines Vaters predigte er das Evangelium, heilte den Sohn der Fulgentia vom tödlichen Fieber, ebenso den Maurer Didymus, der von der Höhe eines Baues herabgestürzt und schwer verletzt worden war. Auf diese Wunder hin wurde er vom Statthalter ergriffen, grausam zerfleischt und mit brennendem Öl übergossen, worauf er freudig den Todesstreich durchs Schwert empfing. Sein Leib wurde von seiner frommen Mutter begraben, dann aber in einem Marmorsarge in der Kathedrale des hl. Justus beigesetzt. — 24. Mai (Triest).

1. **servŭs** 3 1. dienstbar, knechtisch. 2. mit einem Servitut belastet.

2. **servŭs,** ī *m.* 1. Sklave, Knecht, Diener; Servŭs servōrŭm Dĕī: Diener der Diener Gottes, päpstlicher Titel, den sich zuerst Gregor der Große gegenüber dem anmaßenden Titel des Patriarchen von Konstantinopel („Ökumenischer Patriarch") beilegte. 2. *übtr.*: Volk (*Ps.* 77, 71; 79, 5).

S. **Servŭs,** ī *m. s.* S. Liberatus, Bonifatius et socii.

1. **Sesac** *indecl. m.* (*hebr.*: Schaschaq) Sesak, Familienhaupt im Stamme Benjamin, Sohn des Benjamin.

2. **Sesac** *indecl. m.* libyscher Name, (Σουσακείμ) Schoschenk, König von Ägypten z. Zt. Salomos (10. Jhdt. vor Chr.).

Sesach *geheimer Name für*: Babel (*Jer.* 25, 26). Die Geheimbezeichnungen wurden auf folgende Weise gebildet: die 22 Buchstaben des hebr. Alphabets wurden in zwei Reihen nebeneinander geschrieben und zwar die ersten 11 Buchstaben links von oben nach unten, die weiteren 11 Buchstaben von unten nach oben. Sollte ein Wort in Geheimschrift geschrieben werden, dann vertauschte man einfach die Buchstaben und setzte für den richtigen Buchstaben des richtigen Wortes den nebenstehenden Buchstaben der anderen Reihe. In der angegebenen Doppelreihe kommt Beth neben Sin (Sin u. Schin als ein Buchstabe gerechnet) und Lamed neben Kaph zu stehen.

Sesai *indecl. m.* (*hebr.*: Scheschaj) Sesai, Sohn des Enak in Hebron (*Judic.* 1,10).

sēsămŭm, ī *n.* (σήσαμον) Sesam (ölhaltige Pflanze).

sēscēnārĭŭs 3 sechshundert Mann stark.

sēscēnī 3 je sechshundert.

sēscentēsĭmŭs 3 der sechshundertste.

sēscentī 3 1. sechshundert. 2. sehr viele, Tausende, unzählige.

sēscentĭē(n)s 1. sechshundertmal. 2. tausendmal, unzähligemal.

sēscŭplŭs 3 (v. sesqui) anderthalbfach.

sēsē *Verstärkung von*: sē (sich).

sĕsĕlĭs, ĭs *f.* (σέσελις) Steinkümmel, Sesel (eine Pflanze).

sēsquĭ *adv. num.* (von ses = semis *und* que und einhalb, d. h. der Einheit noch ein Bruchteil beigefügt) eineinhalb, anderthalb.

sēsquĭhōră, ae *f.* anderthalb Stunden.

sēsquĭmillēsĭmŭs 3 der anderthalbtausendste; annō sēsquĭmillēsĭmō: im Jahre 1500.

sēsquĭmŏdĭŭs, ī *m.* anderthalb Scheffel.

sēsquĭoctāvŭs 3 ein Ganzes und ein Achtel ($1^1/_8$), neun Achtel enthaltend.

sēsquĭpĕdālĭs, ĕ anderthalb Fuß lang; *übtr.*: ellenlang, sehr lang.

sēsquĭtertĭŭs 3 vier Drittel enthaltend ($1^1/_3$).

sessĭbŭlŭm, ī *n.* Sitz, Sessel, Stuhl.

sessĭlĭs, ĕ zum Sitzen geeignet.

sessĭō, ōnĭs *f.* 1. das Sitzen, das Ruhen. 2. Sitzung, Beratung; sessĭō sēcrētă: geheime Sitzung.

sessĭtō 1 immer sitzen.

sessĭuncŭlă, ae *f.* kleine Sitzung (zur Unterhaltung), Kränzchen, Klübchen.

sessŏr, ōrĭs *m.* 1. Sitzer; Zuschauer. 2. Aufsitzer, Reiter. 3. Insasse, Einwohner.

Sessōrĭānae aedēs (pălātĭŭm Sessōrĭānŭm) Sessorianischer Palast, in dem zu Rom die hl. Helena, die Mutter Konstantins d. Gr., gewohnt hatte. Letzterer errichtete in jenem Palaste eine Kapelle mit der großen Kreuzpartikel unter dem Titel: Basilica Hierusalem; *j.*: S. Croce in Gerusalemme.

sessōrĭŭm, ī *n.* Sessel, Stuhl.

sēstertĭŭs, ī *m.* Sesterz (kleine Silbermünze im Werte von ungefähr 15 Pfennigen).

sĕt *altlat.* = sed.

sētă, ae *f.* (saeta) Borste, Haar; sētae ĕquōrŭm: Pferdehaar.

Seth *indecl. m.* (*hebr.*: Scheth) Seth, Sohn Adams und Evas (den sie für den ermordeten Abel erhielten).

Sethar *indecl. m.* (*erdichteter pers. Name*) Sethar, *angebl.*: höchster Beamter (oberster Geheimrat) des Perserkönigs Xerxes I. (485—464) (*Esth.* 1, 14).

Sethri *indecl. m.* (*hebr.*: Sethri = Jahwe ist Schutz) Sethri, Nachkomme des Levi, Sohn des Oziel, Enkel der Kaath.

Sētĭă, ae *f.* Sezze, St. im Südwesten der Volskerberge, It. (Rom), *ca.* 6500 Einw.; Bistum (seit 1036), seit 1217 mit Terracina vereinigt; *dav.*: **Sētīnŭs** 3.

setim (settim) *hebr. pl., indecl. in Verbindung mit* lignă: Akazienhölzer.

Setim (Settim) *indecl.* Bezeichnung für eine Gegend in der moabitischen Ebene, nicht weit vom Jordan entfernt, *wohl gleich*: Abelsattim.

Sētīn. (*C. R.*) *s.* Setia.

sētōsŭs 3 borstig, haarig.

Setrai *indecl. m.* (*hebr.*: Schitrai = Schrift Jahwes) Setrai, Rinderhirt Davids aus dem Stamme Ephraim.

settim *s.* setim.

Settim *s.* Setim.

sētŭlă, ae *f.* (saetula) kleine Borste.

seu *s.* sive.

Seulēnsĭs, ĕ *s.* Silvanectum.

Sevacĭŭm, ī *n. s.* Sebatum.

S. Sĕvēră, ae *f.* hl. Severa, Jgfr. u. Äbtissin († 656).

Sie stammte aus dem Geschlechte der Herzöge von Austrasien und war eine Schwester des hl. Erzbischofs Modoald von Trier. Sie wurde von ihm im Kloster des hl. Symphorian, das er am Moselufer erbaut hatte, als Benediktinerin eingekleidet. Dort starb sie als Äbtissin im Jahre 656; ihre Gebeine kamen zur Zeit des Erzbischofs Ludolf von Trier zur St. Matthiaskirche. — 13. August (Trier).

S. Sĕvērī (*C. R.*) *s.* 6. S. Severus.

S. Sĕvērĭānŭs, ī *m.* hl. Severian, einer der vier gekrönten hl. Mart. z. Zt. Diokletians, 8. November.

Sĕvērĭānŭs, ī *m.* Severian, 1. Bischof von Gabala in Syrien, Kirchenschriftsteller um 400. 2. Vater des hl. Isidor.

S. Sĕvērīnă, ae *f.* Santa Severina, St., r. am Küstenflusse Neto, It. (Cantazaro), *ca.* 1500 Einw., Erzbischofssitz (seit 17. Jhdt., Bistum seit 11. Jhdt.).

S. Sĕvērīnae (*C. R.*) *s.* S. Severina.

S. Sĕvērīnī (*C. R.*) *s.* Septempeda.

1. **S. Sĕvērīnŭs,** ī *m.* hl. Severin, Bek. (nach anderen: Mart.) u. Bisch. von Köln († im 4. Jhdt.).

Er war als Bekämpfer der Arianer Bischof von Köln geworden. Als er eines Tages an hl. Stätte betete, hörte er Engelgesang und erfuhr, daß der hl. Bischof Martin von Tours (Fkr.) soeben verschieden sei. Auf sein Gebet zu Gott hin wurde auch seinem Archidiakon diese Erleuchtung zuteil. Ein sofort nach Tours entsandter Bote bestätigte später die Wahrheit des Ereignisses. Severins Gebeine kamen in die von ihm zu Ehren der hl. Martyrer Cornelius und Cyprian erbaute Kirche, die dann nach dem Heiligen selbst benannt wurde. Papst Leo III. besuchte auf der Reise zu Karl dem Großen das Grabmal des Bischofs. Der hl. Anno von Köln ließ die Gebeine in die Kathedrale bringen. — 23. Oktober (Köln).

2. **S. Sĕvērīnŭs,** ī *m.* hl. Severin, Bek. u. Abt († 482).

Nach dem Tode Attilas kam Severin aus dem Osten und ließ sich in der Gegend des heutigen Wien (Österreich) nieder, wo er ein Kloster errichtete. Auch die Einwohner von Passau (Bayern) wurden von ihm und mehreren Mönchen aufgesucht. Er galt vielen als Friedensapostel, dessen Gegenwart schon feindliche Horden zurückhielt. Zukünftige Ereignisse sagte er voraus und heilte viele Kranke; er selbst lebte sehr abgetötet und liebte die Einsamkeit. Auf keine Weise konnte er zur Übernahme der Bischofswürde bewogen werden. Er sagte seinen Tod voraus und starb nach Empfang der hl. Sakramente bei dem Psalmenverse: „Jeder Geist möge den Herrn loben!" zu Anfang Januar. Sein unversehrt bleibender Körper kam später nach Neapel. — 19. Januar (Linz, München-Freising, Passau, St. Pölten, Salzburg, Seckau).

sĕvērĭtās, ātĭs *f.* Strenge, ernstes Wesen.

sĕvērĭtūdō, ĭnĭs *f.* Ernst, Strenge.

sĕvērŭs 3 1. ernsthaft, streng. 2. grausam, schrecklich.

1. **S. Sĕvērŭs,** ī *n.* hl. Severus, einer der vier gekrönten Mart. zur Zeit Diokletians (um 300), 8. November.

2. **S. Sĕvērŭs,** ī *m.* hl. Severus, Bek. u. Bisch. von Ravenna († ?).

Er stammte aus Ravenna (Italien) und betrieb mit seiner Gattin Vinzentia und seiner Tochter Innozentia das Weberhandwerk. Als der Bischof der Stadt gestorben war, ging auch Severus in die Kirche, wo das Volk um eine gute Neuwahl betete. Plötzlich ließ sich eine weiße Taube auf dem Haupte des Mannes nieder. Die einen hielten dies für ein Zeichen, daß er des Priestertums würdig sei, die anderen trieben ihn aus dem Gotteshause hinaus. Als sich jedoch ein Gleiches an den zwei nächsten Tagen wiederholte, wurde er zum Bischofe erwählt, während seine Gattin und Tochter in ein Kloster eintraten. Gott gab ihm die nötige Einsicht und Wissenschaft durch besondere Gnade. Von ihm wird das Wunder der Bilokation erzählt; auch hat er Tote erweckt und den Leichnam seiner Gattin veranlaßt, der toten Tochter Platz im Sarge zu machen. Seine hl. Gebeine kamen durch den Mainzer Erzbischof Otgar von Pavia, wo sie beigesetzt waren, in die St. Albanuskirche zu Mainz; später gelangten sie nach Erfurt. — 22. Oktober.

3. **S. Sĕvērŭs,** ī *m.* hl. Severus, Bek. u. Bisch. von Trier († im 5. Jhdt.).

Er gehörte zu den Schülern des hl. Lupus, Bischofs von Troyes (Fkr.), und wurde Bischof von Trier. Als solcher zog er predigend in Belgien, Burgund und den anliegenden Landesteilen zwölf Jahre hindurch umher. Der Bischof Germanus von Auxerre rief ihn zum Kampfe gegen die pelagianische Irrlehre zu Hilfe. Nach 36jähriger Regierungszeit starb er um die Mitte des 5. Jhdts. — 15. Oktober (Trier).

4. **S. Sĕvērŭs,** ī *m.* hl. Severus, ein Priester, † um 530.

5. **S. Sĕvērŭs,** ī *m.* hl. Severus, Bek. († im 4. oder 5. Jhdt.).

Er war Italiener und lebte als Priester an einer Marienkirche der Provinz Valeria. Als er eines Tages beim Beschneiden der Weinstöcke zu einem Sterbenden gerufen wurde, zögerte er und kam zu spät. Er warf sich am Bette des Toten nieder und flehte die göttliche Barmherzigkeit an, dem Verstorbenen das Leben wieder zu geben. Das Wunder geschah, und nachdem jener Mann gebeichtet hatte, starb er aufs neue. Die Gebeine des Heiligen wurden vom Trierer Erzbischofe Rutbert nach Münstermaifeld bei Koblenz gebracht, wo sie manche Wallfahrt veranlaßten. — 13. Februar (Trier).

6. **S. Sĕvērŭs,** ī *f.* San Severo, St., nordwestl. von Foggia, It. (San Severo), *ca.* 30 000 Einw.; Bischofssitz (seit 11. Jhdt.), Suffr. v. Benevent.

1. **Sĕvērŭs,** ī *m.* Severus, Vater der hl. Genoveva.

2. **Sĕvērŭs,** ī *m.* Severus, Bisch. v. Prag (11. Jhdt.).

Sĕvērŭs Septĭmĭŭs, ī *m.* *s.* Septimius Severus.

Sĕvērŭs Sulpĭcĭŭs, ī *m.* *s.* Sulpicius Severus.

Sēvīsĭŭm, ī *n.* Seewis (Sevis), Dorf am Eingange ins Prättigau, r. von der Landquart, Schweiz (Graubünden), *ca.* 450 Einw.

sēvŏcō 1 abrufen, beiseite rufen; abwenden: ănĭmăm.

sēvŭm, ī *n.* *s.* sebum.

sex sechs.

sexāgēnārĭŭs 3 sechzig Jahre alt.

sexāgēnī 3 je sechzig.

Sexāgēsĭmă, ae *f.* (*scil.*: Dŏmĭnĭcă) Sonntag Sexagesima, der vorletzte Sonntag vor dem Aschermittwoch u. der zweite in der Vorfastenzeit.

sexāgēsĭmŭs 3 der sechzigste.

sexāgĭē(n)s *adv.* sechzigmal.

sexāgĭntā sechzig.

sexangŭlŭs 3 sechseckig.

sexcentēsĭmŭs (sescentesimus) 3 der sechshundertste.

sexcēnī 3 (sesceni) je sechshundert.

sexcenti (sescenti) 3 sechshundert.

sexdĕcĭm (sedecim) sechszehn.

sexennĭs, ĕ sechsjährig.

sexennĭŭm, ī *n.* Zeitraum von sechs Jahren (*C. j. c.* 1359 § 3).

sexĭē(n)s *adv.* sechsmal.

Sextă, ae *f.* (*scil.*: hōră) die Sext, ein Teil des Breviergebetes.

sextānī, ōrŭm *m.* 1. Soldaten der sechsten Legion. 2. Schüler der sechsten Klasse.

sextāns, tĭs *m.* 1. Sechstel (eines Aß), der sechste Teil einer Erbschaft. 2. Sextant (astronomisches Winkelmeßinstrument).

sextārĭŭs, ī *m.* 1. der sechste Teil eines Flüssigkeitsmaßes (congius: zu $3\,^1/_4$ l) = 0,55 l, ein Schoppen. 2. der vierte Teil eines Trockenmaßes (des modius = Scheffels), ein Metzen (*Lev.* 19, 36).

Sextīlĭs, ĭs *m.* sechster Monat, *j.*: August; Kălendīs sextīlĭbŭs: am ersten August.

sextŭs 3 der sechste.

sexŭālĭs, ĕ geschlechtlich, Geschlechts-.
sexŭs, ūs *m.* das (männliche oder weibliche) Geschlecht; urgentĕ sexū: im Drange der ihrem Geschlechte eigenen Neugierde.
Seynă, ae *f.* *s.* Sejna.
Sherbrookēn. (*C. R.*) *s.* Sherbrookum.
Sherbrookŭm, ī *n.* Sherbrooke, St., Kanada (Quebec), *ca.* 12000 Einw.; Bischofssitz (seit 1874), Suffr. v. Montreal; *dav.*: **Sherbrookēnsĭs,** ĕ.
Sfortia *indecl.* u. ae *f.* das italienische Geschlecht der Sforza, aus dem im 15. u. 16. Jhdt. sechs Herzöge über Mailand regierten.
S. J. = sŏcĭĕtās Jesu, Gesellschaft Jesu, Jesuiten, gestiftet vom hl. Ignatius von Loyola im Jahre 1534 u. bestätigt von Paul III. i. J. 1540.
sī *conjct.* 1. wenn. 2. wenn doch, wenn nur. 3. ob, ob etwa: sī (num) vērē haec ĭtă esset (2. *Mach.* 3, 9). 4. *als Fragepartikel meist unübersetzt.* 5. *als Schwurpartikel mit* wahrlich nicht *zu übersetzen, wobei der Nachsatz als selbstverständlich verschwiegen wird* (*Ps.* 88, 36; 94, 11; 131, 3 u. 4). sī nōn: wenn nicht ... (so strafe mich Gott!) = fürwahr, vielmehr; sī nōn hŭmĭlĭtĕr sentĭēbăm, sed exaltāvī: fürwahr, demütig ist mein Sinn, und ich erhebe mich nicht (*Ps.* 130, 2). 6. sī ŭtĭquĕ = sī fortĕ. 7. sīcŭbĭ, sī ălĭcŭbĭ wenn irgendwo, wo immer.
Siaa *indecl. m.* (*hebr.*: Sia, Siaha) Siaa, ein Nathinäer, dessen Nachkommen mit Zorobabel aus dem babyl. Exil zurückkehrten.
Siaha *indecl. m.* (*hebr.*: Sicha) Siaha, ein Nathinäeroberhaupt in der Festung Ophel bei Jerusalem nach dem Exil.
Siba *indecl. m.* (*hebr.*: Scheba) Siba, ein Beamter der Familie König Sauls, Verwalter der von David an Miphiboseth, den Enkel Sauls, zurückgegebenen Güter.
Siban *indecl. m.* (*hebr.*: Sivan) Siwan, der dritte Monat des jüdischen Jahres.
Sibapŏlĭs, ĭs *f.* Sibapolis, St. im östlichen Syrien.
Sibbichai *indecl. m.* (*hebr.*: Sibbekaj) Sibbichai, Offizier Davids.
Sibboleth *indecl.* *s.* Scibboleth.
sībĭlātĭō, ōnĭs *f.* das Gezisch.
sībĭlātrīx, īcĭs zischend: vox.
Sibīlĭă, ae *f.* *s.* Hispălis.
sībĭlō 1 zischen.
1. **sībĭlŭs** 3 zischend, pfeifend.
2. **sībĭlŭs,** ī *m.* das Zischen, das Sausen; das Auszischen.

Sĭbyllă, ae *f.* (aus Διός βουλή = Gottes Ratschluß) Weissagerin; *dav.*: Sĭbyllīnŭs 3 sibyllinisch.
sīc *adv.* 1. so, auf solche Weise. 2. unter solchen Verhältnissen, demgemäß. 3. **sīcŭt** insofern als; dadurch, daß.
sīcă, ae *f.* Dolch; *übtr.*: Meuchelmord.
Sĭcānĭă, ae *f.* Sizilien; nach dem Volke der Sikanier benannt, das von Spanien nach Sizilien auswanderte.
Sicardŭs, ī *m.* Sikardo, ein Gewaltherrscher in Italien am Monte Cassino, unweit Neapel.
sīcārĭŭs, ī *m.* Meuchelmörder, Bandit.
siccă, ae *f.* (*scil.*: terră) das trockene Land.
siccātĭō, ōnĭs *f.* 1. das Trocknen. 2. Trockenplatz (*Ez.* 26, 5).
siccēscō 3 trocken werden.
sīccĭnĕ *adv.* (sicine, sicce) *demonstrative* (*hinweisende*) *Fragepartikel* also? (1. *Reg.* 15, 32).
siccĭtās, ātĭs *f.* Trockenheit, Dürre.
siccō 1 1. trocknen, trocken legen; dörren, einlegen: carnĕm. 2. *pass.*: austrocknen, verdörren.
siccŭm, ī *n.* Dürre, Wüste.
siccŭs 3 1. trocken. 2. noch nüchtern, durstig.
Siceleg *indecl.* (*hebr.*: Suqlag) Sikeleg, St., südwestlich von Lachis, Pal. (Simeon), *j.*: Umm Lakis, nördlich vom Besorflusse im Wady es-Seria.
Sicelĭs, ĭdĭs *f.* *s.* Sicilia.
sīcĕră, ae *f.* (*hebr.*: schekar, τὸ σίκερα) berauschendes Getränk, Scherbet, Met.
Sichar *indecl.* (*hebr.*: Schekar = Rauschtrank, Met) (Sychar) Sichar, St., Pal. (Ephraim), *wohl nicht identisch mit Sichem, sondern das heutige*: Ain Askar.
Sichem *indecl.* (*hebr.*: Schekem = Rücken [des Gebirges], Sichimă, ae *f.*) Sichem, St. im Gebirge Ephraim an der von Süden nach Norden dem Gebirgskamm entlang führenden Straße, am Fuße des Garizim, an der Stelle des heutigen Dorfes Balata, Hauptstadt des Stammes Ephraim in der Landschaft Samaria; sie war der Begräbnisort des Patriarchen Joseph. Die Stadt hieß niemals Salem; in der Septuaginta u. dann auch in der Vulgata blieb das hebräische Schalem = Σαλήμ u. Salem als vermeintlicher früherer Stadtname stehen, doch heißt die Stelle richtig übertragen: „dann kam Jakob friedlich gesinnt zur Stadt Sichem" (*Gen.* 34, 18). Ebensowenig ist Sichem (*Gen.* 33, 19; 34, 2. 6. 8. 11. 13. 18) Personenname; Hemor,

pater Sichem: heißt einzig u. allein Hemor, der Gründer der Stadt Sichem; der Name des Sohnes Hemors, des Schänders der Dina, ist uns nicht überliefert, nur das Mißverständnis des Ausdruckes „Ab Schekem" = pater Sichem machte die Stadt Sichem zu einem leiblichen Sohn Hemors; — in Sichimīs: in der Gegend von Sichem.

Sichemītae, ārŭm *m.* Sichemiten, die Einw. v. Sichem.

Sichemĭŭm, ī *n.* Sittichenbach, ehem. Cistercienserkloster in der ehemaligen Diözese Halberstadt.

Sichĭmă, ae *f. s.* Sichem.

Sichĭmī, ōrŭm *m.* Sichemiter, Einw. v. Sichem.

Sichingă, ae *f.* Sichingen, Ort bei Basel (Schweiz).

Sĭcĭlĭă, ae *f.* (Σικελία) die Insel Sizilien; *dav.*: **Sĭcĭlĭēnsĭs,** ĕ, **Sĭcŭlŭs** 3 *und* **Sĭcĕlĭs,** ĭdĭs *f.* Sizilierin.

sĭcĭnĕ *s.* siccine.

siclŭs, ī *m.* (*hebr.*: schĕkel) ein Sekel, Gewichtseinheit von etwa 15 Gramm, später auch Münzeinheit.

Sĭcŏrĭs, ĭs (*acc.* -im, *abl.* -i) *m.* (Sicuris) Segre, linker Nebenfluß des Ebro in Spanien.

sīcŭbĭ *conj.* wenn irgendwo, wo immer.

sīcŭlă, ae *f.* kleiner Dolch.

Sĭcŭlŭs 3 *s.* Sicilia.

sīcundĕ *conj.* wenn irgend woher.

sīcŭt *adv.* (sīcŭtī) sowie, gleichwie, wie wenn, gleichsam, zum Beispiel.

Sĭcy̆ōn, ōnĭs *f.* (Σικυών) Sikyon, St. westlich von Korinth, Griechenland (Peloponnes), berühmt durch die früheste Pflege von Kunst u. Wissenschaft (1 *Mach.* 15, 23).

Sīdă, ae *u.* Sīdē, ēs *f.* (Σίδη, Side) Sida, Hafenst., Kleinasien (Pamphylien), *j.*: Eski Adalia; *dav.*: **Sīdētae,** ārŭm *m.* Einw.

Siddim *indecl.* (*hebr.*: Ebene) Siddim, das Tal südlich vom Toten Meere in Palästina, wo die fünf Städte (Sodoma, Gomorrha usw.) lagen.

Sīdē, ēs *f. s.* Sida.

Siden (= Sidon) 1. *Mach.* 15, 15—29 *dürfte nach Flav. Jos., jüdische Altertümer* (14, 145—148) *erst im Jahre* 55 *v. Chr. eingeschoben worden sein.*

sīdĕrālĭs, ĕ zu den Sternen gehörig.

sīdĕrĕŭs 3 gestirnt, Sternen-; sīdĕrĕă dŏmŭs: Sternenzelt.

sīdō, sēdī, sessŭm 3 1. sich setzen. 2. sinken, schwinden.

Sīdōn, ōnĭs (*acc.* -ōnĕm u. -ōnă) (*hebr.*: Sidon = Burg; *assyr.*: Sidunu; Σιδών), Sidon, Hafenst. am Mittelmeere in Phönikien (nordwestlich von Palästina), die erste Kolonie der Nachkommen Chams u. Kanaans (*Gen.* 10, 15), *j.*: Saida (*arab.*) in Syrien (Beirut), *ca.* 12000 Einw.; Bistum im christlichen Altertume und von 1131—1307 (griechisch-melchitischer Bischofssitz u. maronitisches Bistum [1856—1906 mit Tyrus vereinigt], Sitz in Bet ed-Din); *dav.*: **Sīdōnĭă,** ae *f.* Gegend um Sidon; **Sīdōnĭcŭs,** 3 u. **Sīdōnĭēnsĭs,** ĕ; **Sīdōnĭŭs,** ī *m.* Sidonier, *auch* = Phönikier u. Tyrer.

Sīdōnĭă, ae *f. s.* Sidon.

Sīdōnĭcŭs 3 *s.* Sidon.

Sīdōnĭēn. (*C. R.*) *s.* Sidon.

Sīdōnĭŭs, ī *m. s.* Sidon.

Sidrach *indecl. m.* (*hebr.*: Schidrak; *babyl.*: šidir-Aku = Befehl des Aku [= Marduk], eines babylon. Götzen) babylonischer Name für Ananias, den Gefährten Daniels.

Sidunēnsĭs, ĕ *s.* Sidunum.

Sidunŭm, ī *n.* Sitten (Sion), St. an der Sitte (r. zur Rhône), Schweiz (Wallis), *ca.* 6000 Einw.; Bischofssitz (Bistum bis Ende des 6. Jhdts. in Martigny), exempt; *dav.*: **Sedunēnsĭs,** ĕ u. **Sidunēnsĭs,** ĕ.

sīdŭs, ĕrĭs *n.* (sy̆dŭs) 1. Sternbild, Gestirn, Stern. 2. Himmelsgegend; Jahreszeit, Klima, Witterung. 3. Zierde, Schmuck.

Siegburgŭm, ī *n. s.* Sigesburgum.

sīfō, ōnĭs *m. s.* sipho.

Sigă, ae *f. s.* Sega.

Sĭgambĕr, brī *m.* der Sĭgamber; *pl.*: Sĭgambrī (Sŭgambrī) die Sigamber, germanisches Volk zwischen Sieg, Lippe u. Rhein.

Sĭgĕbergēnsĕ mŏnastērĭŭm, ī *n. s.* Sigesburgum.

S. Sĭgĕbertŭs, ī *m. s* 1. S. Sigisbertus.

Sĭgĕbertŭs, ī *m.* Siegbert, lasterhafter Fürst (12. Jhdt.).

Sĭgĕfrīdŭs, ī *m.* Siegfried, Erzbischof von Köln (13. Jhdt.).

Sĭgĕfrīdŭs Pălātīnŭs, ī *m.* Graf Siegfried v. Luxemburg, Vater der hl. Kaiserin Kunigunde.

Sĭgĕrīcŭs, ī *m.* Siegreich: 1. Sohn des Burgunderkönigs Gunibald. 2. Sohn des hl. Burgunderkönigs Sigismund.

Sīgesburgŭm, ī *n.* (Siegburgŭm, Sīgisburgŭm) Siegburg, St., r. an der Sieg, Preußen (Rheinprov. Reg.Bez. Köln), *ca.* 20000 Einw.; z. Z. Karls des Großen Festung gegen die Sachsen; auf dem Michaelsberge bei Siegburg liegt die alte Benediktinerabtei (Sigebergense monasterium), von Erzbischof Anno II. von Köln 1064 gegründet, 1803 aufgehoben und seit

1920 wieder als Benediktinerkloster eingerichtet.

Sigĕwīnŭs, ī *m.* Erzbischof Siegwein, von Köln.

S. Sīgfrīdŭs, ī *m.* hl. Siegfried, Bek. u. Bisch. aus England († 1002).

Als nach dem Tode des hl. Ansgar Schweden wieder heidnisch wurde, faßte König Olaus, mit dem Beinamen Skothkoning, den Entschluß, vom Könige der Engländer christliche Sendboten zu erbitten. Da meldete sich der englische Bischof Siegfried, der aus königlichem Geschlechte stammte. Mit vier Verwandten, darunter der sel. Äschilus, kam er um das Jahr 1000 in Gotland (Schweden) an. Als er dort das hl. Opfer darbrachte, erblickte der anwesende Statthalter bei der Erhebung der hl. Hostie ein Kind. Seinen drei geistlichen Neffen vertraute er die Leitung der Kirche zu Wexiö an; doch wurden sie bald darauf ermordet. Siegfried bat für die Mörder um Gnade und erhielt sie. Als er eines Abends am Ufer eines Sees bei Wexiö wanderte, sah er drei Lichter auf sich zukommen, die über den Urnen mit den Häuptern seiner ermordeten Verwandten schwebten. Sobald er sie erblickte, rief er aus: „Gott möge die Freveltat rächen!" Sofort antwortete ein Haupt: „Er wird sie rächen!" Das zweite fragte nun: „Wann?" und das dritte erwiderte: „An den Söhnen der Söhne!" Nach langen Mühen starb er und wurde in der Kirche zu Wexiö beigesetzt und als Heiliger verehrt. — 15., 25 oder 26. Februar.

sĭgillātĭm *adv. s.* singillatim.

sĭgillātīvŭs 3 Siegel *oder* Bildnis schaffend.

sĭgillātŭs 3 mit Figuren verziert.

sĭgillŭm, ī *n.* 1. kleines Bild, kleine Figur. 2. Siegel; sĭgillŭm săcrāmentālĕ: Beichtsiegel, Beichtgeheimnis (*C. j. c.* 2369).

S. Sĭgisbaldŭs, ī *m. f.* Sigisbald, Bek. u. Bisch. v. Metz († 742 oder 744).

Er hatte die besondere Gabe, Irrende auf den Pfad des Guten und der Wahrheit zurückzuführen. Auch verstand er es, die Geheimnisse der hl. Bücher zu erklären. Pipin, der Hausmeier von Austrasien, schätzte ihn sehr hoch. Er stiftete die Klöster St. Avold und Neuvillers. Mit dem hl. Bonifatius stand er in regstem Briefwechsel. Er starb in einem Kloster im 25. Jahre seines Bischofsamtes. Seine Gebeine kamen später in die Abtei St. Symphorian bei Trier. — 26. Oktober (Trier).

1. **S. Sīgisbertŭs,** ī *m.* (Sigebertus) hl. Sigisbert, Bek. u. König v. Austrasien († 656).

Sigisbert III. wurde mit drei Jahren von seinem Vater Dagobert zum Könige gekrönt. Von edlen Männern erzogen, zeichnete er sich durch seine hl. Reinheit aus. Als der Krieg gegen den Thüringer Herzog Radulf beendet war, widmete sich Sigisbert mehr als je den Übungen der Frömmigkeit. Er erbaute viele Gotteshäuser, speiste zahlreiche Arme und machte dem Aberglauben möglichst ein Ende. Er starb erst 26 Jahre alt und wurde in der St. Martinskirche bei Metz beigesetzt, wo an seinem Grabe viele Wunder geschahen. Im 16. Jahrhundert kamen seine Reliquien unter Kardinal Karl von Lothringen nach Nancy. — 21. Januar (Metz).

2. **S. Sīgisbertŭs,** ī *m.* hl. Sigisbert, Bek. u. Abt (im 7. Jhdt.).

Er stammte aus Irland, zog mit dem hl. Kolumban durch Frankreich, Burgund und die Schweiz und ließ sich am Fuße des St. Gotthard nieder. Dann pilgerte er nach dem heutigen Dissentis (Schweiz) und erbaute dort mit anderen ein Benediktinerkloster, nachdem er den Amtmann Plazidus bekehrt hatte. In jener Zeit waltete dort im Namen des Frankenkönigs als Statthalter Viktor. Dieser suchte das neue Kloster in seine Gewalt zu bringen; den ihm von Sigisbert als Verteidiger zugesandten Plazidus ließ Viktor ermorden. Der Tyrann selbst aber starb durch Ertrinken im Rheine. Sigisbert fand an der Seite des als Martyrer verehrten Plazidus seine Ruhestätte. — 11. Juli (Chur).

S. Sīgismundī mŏnastērĭŭm, ī *n.* St. Sigismundkloster im Oberelsaß, vom hl. König Dagobert II. gegründet.

S. Sīgismundŭs, ī *m.* Sigismund, König u. Mart. († 524).

Er war der Sohn des Burgunderkönigs Gunibald und wurde selbst Herrscher. Er stiftete das Kloster von St. Moritz im Schweizer Kantone Wallis. Als seine Gattin, die ihm den Sohn Siegereich geschenkt hatte, gestorben war und er eine zweite Gattin heimführte, mißhandelte diese das Kind. Als der erbitterte Jüngling ihr später vorwarf, die Gewänder seiner verstorbenen Mutter getragen zu haben, sann die Stiefmutter auf Rache, und sie brachte ihren Gemahl dahin, daß er den Sohn, der angeblich nach der Krone strebte, in der Trunkenheit erdrosselte. Sobald Sigismund seiner Sinne wieder mächtig geworden war, stürzte er in das obengenannte Kloster und bat Gott unter heißen Reuetränen um Verzeihung, indem er sagte, er wolle lieber hier auf Erden als im Jenseits für den furchtbaren Fehltritt leiden. Gott erhörte seine Bitten und ließ es zu, daß der Frankenkönig Chlodomir ihn überfiel und mit seiner Familie einkerkerte. Bald darauf wurde er enthauptet und sein Leichnam in einen Brunnen geworfen. Doch setzte man später die Gebeine in St. Moritz bei. Wunder geschahen an seinem Grabe; besonders fanden die Fieberkranken rasche Genesung. Seine Reliquien brachte Kaiser Karl IV. später nach Prag. — 2. Mai (Plock [Polen], Prag) und 11. Mai (München-Freising).

Sīgismundŭs, ī *n.* Sigismund, deutscher König (1410—1437).

Sigistericŭs pāgŭs, ī *m.* Gegend von Sisteron, St. an der Durance, Fkr. (Basses-Alpes).

Sĭgmaringă, ae *f.* Stadt an der Donau, Hauptstadt von Sigmaringen, Hohenzollern, *ca.* 4600 Einw.

sīgmentŭm, ī *n.* das Erinnerungszeichen; sīgmentŭm sălĭs: Salzsäule.

sīgnăcŭlŭm, ī *n.* 1. Abzeichen, *bes.*: das Lesezeichen im Meßbuche. 2. Siegel.

sīgnantĕr *adv.* 1. bezeichnend, passend. 2. im besonderen, besonders genannt.

sīgnātē *adv.* bestimmt, deutlich.

sīgnātĭō, ōnĭs *f.* Kennzeichnung; *bes.*: das Kreuzzeichenmachen, Segnung.

sīgnātŏr, ōrĭs *m.* der etwas bezeugt oder mit seinem Siegel bekundet; Testamentszeuge; Ehezeuge.

Sīgnātūră Apostŏlĭcă, ae *f.* die Apostolische Signatur (Segnatura Apostolica), der höchste päpstliche Gerichtshof, gleichsam kirchliches Verwaltungs- u. Kassationsgericht, bestehend aus einigen Kardinälen, deren einer als Präfekt tätig ist (*C. j. c.* 1602).

Sīgnĭă, ae *f.* Segni, St. am Nordostabhange der Volskerberge, It. (Rom), *ca.* 7000 Einw.; Bischofssitz (seit 5. Jhdt.), exempt; *dav.*: **Sīgnīnŭs** 3.

Sīgnĭăcŭm, ī *n.* Signy, ehem. Cistercienserkloster, Fkr., Diöz. Reims.
sīgnĭfĕr, fĕră, fĕrŭm Zeichen tragend.
sīgnĭfĕr, ĕrī *m.* Fahnenträger, Bannerträger.
sīgnĭfĭcantĕr *adv.* deutlich, vernehmlich, klar.
sīgnĭfĭcantĭă, ae *f.* 1. Anschaulichkeit eines Wortes. 2. Bedeutung.
sīgnĭfĭcātĭō, ōnĭs *f.* 1. Bezeichnung, Anzeige, Zeichen. 2. Nachdruck, Kundgebung. 3. *concr.*: Signal Panier (*Ps.* 59, 6).
sīgnĭfĭcātīvŭs 3 bedeutungsvoll.
sīgnĭfĭcātŭs, ūs *m.* Bedeutung; Vorzeichen.
sīgnĭfĭcō 1 1. anzeigen, kenntlich machen andeuten. 2. erklären, beweisen. 3. verkünden.
sīgnō 1 1. mit einem Zeichen versehen, bezeichnen; mit dem Kreuze bezeichnen; das Kreuzzeichen machen. 2. besiegeln, versiegeln. 3. auszeichnen, schmücken. 4. als Panier erheben (*Ps.* 4, 7). 5. sīgnātŭm est sŭpĕr nōs lūmĕn vultūs tŭī = es leuchtet über uns deine segenspendende Huld (*Ps.* 4, 7).
sīgnŭm, ī *n.* 1. Zeichen, Kennzeichen, Merkmal. 2. Wahrzeichen, Wunderzeichen: făc mēcŭm sīgnŭm in bŏnŭm (*statt*: in bŏnō!) = wirke an mir ein Wunder in Güte (*Ps.* 85, 7). 3. Feldzeichen, Banner (*Ps.* 64, 9). 4. Bild, Bildnis, Götzenbild (*Ps.* 73, 5 *u.* 9). 5. Sternbild, Gestirn.
S. Sīgŏlēnă, ae *f.* *s.* S. Segolena.
Sigolshēmĭŭm, ī *n.* Sigolsheim, D., Elsaß (Rappoltsweiler), *ca.* 800 Einw.
Sigonă, ae *f.* *s.* Segona.
S. Sigrandă, ae *f.* hl. Sigranda, Mutter des hl. Leodegar (7. Jhdt.).
Siguntĭŭm, ī *n.* *s.* Seguntia.
Siha *indecl.* *m.* (*hebr.*: Sicha') (Soha) Siha, ein Nathinäer, dessen Nachkommen mit Zorobabel aus dem babyl. Exil zurückkehrten.
Sihor *indecl.* (*hebr.*: Schichor Libnath = schwarzer Fluß) Fluß an der Grenze des Stammes Aser, wahrscheinlich der Nahr Zerka (blauer Fluß), südlich vom Karmel (*Jos.* 19, 26); sonst bezeichnet das hebr. Wort Sichor den Nil *oder* einen anderen schwarzen Fluß (*z. B.* *Jos.* 13, 3).
Sikórnik mons *m.* Sikornik, ein Berg bei Krakau, Polen; in nächster Nähe liegt das Prämonstratenserinnenkloster Zwierzynie.
sīlānŭs, ī *m.* Springbrunnen.
Sīlărŭs, ī *m.* (Silerus) Sele, Fluß in Unteritalien, mündet ins Tyrrhenische Meer, Grenzfluß zwischen Kampanien u. Lukanien.
S. Sīlās, ae *m.* (Silvanus) hl. Silas, hervorragende Persönlichkeit der Urkirche, Mitarbeiter des hl. Paulus, 13. Juli.
sĭlentĕr *adv.* schweigend, still.
sĭlentĭōsŭs 3 voller Stille, still.
sĭlentĭŭm, ī *n.* 1. Lautlosigkeit, Stille, Schweigen; sĭlentĭŭm săcrāmentālĕ: das Beichtgeheimnis. 2. Ruhe, Muße.
sĭlĕō, ŭī 2 1. lautlos sein, schweigen. 2. untätig sein, aufhören, Ruhe haben.
sĭlĕr, ĕrĭs *n.* gemeiner Spindelbaum, Pfaffenhütchen.
Sĭlĕrŭs, ī *m.* *s.* Silarus.
sĭlēscō 3 still werden.
Sĭlēsĭă, ae *f.* Schlesien, Landschaft (Provinz) in Preußen.
sĭlex, ĭcĭs *m.* u. *f.* 1. Kiesel, Feuerstein. 2. Fels.
sĭlĭcĕŭs 3 aus Kiesel, Kiesel-.
sĭlīgĭnĕŭs 3 aus feinstem Weizenmehle.
sĭlīgō, ĭnĭs *f.* eine feine Art Winterweizen, der sehr weißes Mehl lieferte.
sĭlĭquă, ae *f.* Schote der Hülsenfrüchte, *pl.*: Hülsenfrüchte; die Schoten des Johannisbrotbaumes (Ceratonia siliqua) (*Luc.* 15, 16).
sillăbă, ae *f.* *s.* syllaba.
sillŭs 3 *s.* silus.
sillÿbŭs, ī *m.* *s.* sittybus.
Silo *indecl.* (*hebr.*: Schilo = Ruhe, Ruheort) Silo, Stadt im Gebirge Ephraim, nördlich von Bethel, wo ungefähr 300 Jahre lang von Josua bis Heli die Stiftshütte war (*Jos.* 18, 1), *j.*: Seilûn; *dav.*: **Silonītēs,** ae *m.* Einw.
Siloë *indecl.* (*hebr.* Schiloach) ein Teich zu Jerusalem, zwischen Sion u. Moria; eigentlich eine Quellfassung, aus der das Wasser in tiefer liegende Gräben floß. Die Wasserleitung zum Teiche führte durch den Ophelhügel.
Siloni *indecl.* (*hebr.*: Schiloni) 1. der Silonite, Einwohner aus Silo, 1. *Par.* 9, 5 *wohl richtiger*: Selaniter, d. i. Nachkomme des Sela (1. *Par.* 2, 3). 2. Ahnherr des Maasia, der nach dem Exil in Jerusalem wohnte.
Siluēnsĕ mŏnastĕrĭŭm, ī *n.* (Silva) Selan, Kloster, Böhmen (Pardubitz).
Silurnŭm, ī *n.* Schliersee, Dorf am Schliersee, Bayern (Oberbayern), *ca.* 1200 Einw.; ehem. Chorherrenstift, von Otto v. Freising gegr., 1495 mit Ilmmünster vereinigt, *j.*: als Kollegiatstift an die Frauenkirche in München verlegt.
sīlŭs 3 stülpnäsig.

silvă, ae *f.* (sylvă) Wald, Forst, Waldgebirge. — Man suche auch die Beinamen.
Silvă, ae *f. s.* Siluense monasterium.
Silvă Dŭcĭs *f.* (Buscoduca, Buscoducum, Buscoducensis ecclesia) 's Hertogenbosch (Herzogenbusch, Bois-le-Duc), St. an der Dommel u. Aa, Holland (Nordbrabant), *ca.* 35000 Einw.; Bischofssitz (seit 1559), Suffr. v. Utrecht; (*vgl.* Boscoducum).
S. Silvānŭs, ī *m.* hl. Silvan: 1. Mart. unter Mark Aurel, Sohn der hl. Felizitas. 2. = **S. Silas,** *s. dens.*
silvātĭcŭs 3 1. zum Wald gehörig. 2. *übtr.* wildwachsend, wild lebend.
S. Silvĕrĭŭs, ī *m.* hl. Silverius, Papst u. Mart., † 539, 20. Juni.
silvestĕr, strĭs, strĕ (silvestris) 1. zum Wald gehörig. 2. bewaldet.
S. Silvestĕr, rī *m.* Papst Silvester I., (314—336), 31. Dezember.
S. Silvestĕr Guzzolīnŭs *m.* hl. Silvester Gozzolini, Stifter der Silvestriner, † 1267, 26. November.
silvestrĭă, ĭŭm *n.* Waldgegenden.
Silvestrīnī, ōrŭm *m.* (Silvestrini Benedictini) die Silvestriner, die vom hl. Silvester Gozzolini i. J. 1231 gegründete Reformkongregation des Benediktinerordens.
silvestrĭs, ĕ *s.* silvester.
silvĭcŏlă, ae *m.* Waldbewohner.
Silvĭnĭăcŭm, ī *n.* Sauvigny St., Fkr. (Yonne).
Silvīnŭs, ī *m.* Silvin, Freund des Prätors Quintianus von Sizilien in Catania, z. Z. des Kaisers Dezius (3. Jhdt.).
silvōsŭs 3 waldig, waldreich.
S. Simbertŭs, ī *m. s.* S. Symbertus.
S. Simĕōn, ōnĭs *m.* (*hebr.*: Erhörung ?) der hl. Simeon: 1. Bischof **Simeon** von Jerusalem, Mart., † 105, 18. Februar. 2. **Simeon Stylītēs** (=der Säulensteher), ein Büßer zu Telnesche (Syrien), † 459, 5. Januar.
3. **S. Simĕōn,** ōnĭs *m.* hl. Simeon, Bek. u. Einsiedler († 1035).

Er war in Syrakus (Sizilien) geboren, kam früh nach Konstantinopel, begab sich als Jüngling nach Jerusalem, um die Leidensstätten des Heilandes zu besuchen. Sieben Jahre nahm er mit Hilarius, seinem Gefährten, die Pilger auf und kam dann zu einem Einsiedler an den Berg Sinai, wo er schwere Kämpfe mit den Dämonen zu bestehen hatte. Im Gehorsam begab er sich nach der Normandie, um dort Gottes Wort zu verkünden. Er kam auch nach Trier und wurde vom Bischofe dieser Stadt auf eine dreijährige Reise nach Palästina mitgenommen. Sieben Jahre weilte er nach seiner Rückkehr verborgen in Trier und starb dort, als Wundertäter berühmt. — 1. Juni (Trier).

Simeon *indecl. m.* (*hebr.*: Erhörung ?) Simeon, 1. Sohn des Patriarchen Jakob sowie der von ihm hergeleitete Stamm der Juden und sein Land, seine Nachkommen hießen Simeoniten. 2. Ahnherr Judiths. 3. israelitischer Priester, Ahnherr des Judas Makkabäus. 4. frommer Israelit, der das Jesukind im Tempel trug und von dem das Lied: „Nunc dimittis servum tuum" herrührt; er wurde bisher in der Diözese Trient am 9. Februar als Heiliger verehrt. 5. ein Ahnherr Christi (*Luc.* 3, 30).
Simĕōnītae, ārŭm *m.* die Simeoniten, *s.* Simeon 1.
Simeron *indecl. m.* (*hebr.*: Schimron = Schutz ?) Simeron, Sohn des Issachar.
sīmĭă, ae *f.* Affe.
sĭmĭlă, ae *f.* feinstes Weizenmehl, Semmelmehl.
sĭmĭlāgĭnĕŭs 3 aus Weizenmehl gemacht: pānĭs.
sĭmĭlāgō, ĭnĭs *f.* (simila) feinstes Weizenmehl, Semmelmehl, Weizenauszugsmehl; similago conspersa: Weizenmehl mit Öl besprengt (*Lev.* 2, 12 seq.).
sĭmĭlĕ, ĭs *n.* Gleichnis, ähnliches Beispiel.
sĭmĭlĭs, ĕ ähnlich; *adv.*: **sĭmĭlĭtĕr** ähnlich, ebenso, gleichfalls.
sĭmĭlĭtūdō, ĭnĭs *f.* 1. Ähnlichkeit. 2. Gleichnis, Sprichwort (*Ps.* 43, 15). 3. Gespött (*Sap.* 5, 3). 4. sĭmĭlĭtūdō templī (*Ps.* 143, 12) *steht für*: columnā templī.
sĭmĭlō 1 *s.* simulo.
Simmaa *indecl. m.* (*hebr.*: Schimm'a) Simmaa (Samma), 1. Bruder Davids. 2. Sohn Davids u. der Bethsabee.
S. Simōn, ōnĭs *m.* (*hebr.*: Schimon) hl. Simon der Kananäer, ein Apostel, mit dem Beinamen der Eiferer (Zēlōtēs, *Matth.* 10, 4); † 71, 28. Oktober.
Simōn, ōnĭs *m.* (*hebr.*: Schimon) Simon, 1. Israelit aus dem Stamme Juda. 2. ein Tempelvorsteher aus dem Stamme Benjamin in makkabäischer Zeit unter dem Hohenpriester Onias, Verräter des Vaterlandes u. der Tempelschätze. 3. ein Makkabäer, Sohn des Matthathias, mit dem Beinamen Thasi. 4. ein jüdischer Hoherpriester, Sohn des Onias, von Jesus Sirach besonders gelobt. 5. ursprünglicher Name des Apostels Petrus, *s.* S. Petrus. 6. ein Apostel mit dem Beinamen der Eiferer (Zēlōtēs), *s.* S. Simon. 7. ein Pharisäer z. Zt. Jesu in Galiläa. 8. ein Jude in Bethanien, der Aussätzige (lĕprōsŭs) genannt, weil er früher den Aussatz hatte. 9. ein Gerber, Bürger der Stadt Joppe, in apostolischer Zeit. 10. Beiname des hl. Bischofs Gosbert von Osnabrück. 11. ein

Graf von Tecklenburg, Vater des hl. Adolf.

2. **S. Simōn Anglĭcŭs** hl. Simon Stock, Bek., in England geboren, Generalprior der Karmeliter, Begründer der Skapulierbruderschaft, † 100 Jahre alt, 1265, 16. Mai.

B. Simōn ā Cassĭā, sel. Simon v. Cascia, Bek. († 1348).

Er stammte aus vornehmer Familie zu Cascia in Umbrien. Kaum zwanzigjährig, trat er in den Augustinerorden ein. Er wirkte als Prediger und Schriftsteller und ist Gründer von Frauenklöstern. Durch seine Wunder und Weissagungen berühmt, starb er am Feste Mariä Lichtmeß 1348. — 16. Februar (Aug. O.).

Simōn Cȳrēnaeŭs Simon aus Kyrene (Nordafrika), der dem Herrn das Kreuz tragen half.

B. Simōn Jempo *m. s.* B. Hieronymus de Angelis.

Simōn Ischărĭōtēs, ĭs *m.* Simon aus Kariot, Vater des Verräters Judas.

B. Simōn Kyota *m. s.* B. Joannes Machado et soc.

Simōn Lĕprōsŭs *m. s.* Simon 8.

B. Simōn de Lipnica *m.* sel. Simon von Lipnik, Bek., Observant der Minderen Brüder († 1482).

Er wurde in der polnischen Stadt Lipnik geboren und studierte in Krakau (Galizien). Dann schloß er sich den Observanten an, die infolge der Tätigkeit des hl. Johannes von Capistrano damals viele Niederlassungen gegründet hatten. Seinen Leib kasteite er im Orden teils zur Abbüßung eigener Sündenschuld, teils um anderen die Gnade der Bekehrung zu erflehen. Alle Anfeindungen ertrug er geduldig. Aus Begierde nach dem Martyrium begab er sich nach Palästina, erreichte aber sein Ziel nicht, sondern kehrte nach Krakau zurück, wo er den Pestkranken zur Seite war, bis er selbst der Seuche erlag. Sein Leib wurde in der Krakauer Kirche vom hl. Bernardin beigesetzt. Der Apostolische Stuhl genehmigte die Verehrung des Entschlafenen. — 18. Juli (Gnesen und Posen, Krakau, Lemberg, Przemysl, Tarnow).

Simōn Măgŭs *m.* Simon der Magier *oder* Zauberer z. Z. der Apostel, der sich von Petrus für Geld Gnadengewalt erkaufen wollte (*s.* **simonia, simoniacus**).

Simōn Nĭgĕr, rī *m.* Simon der Schwarze, einer der Lehrer der Kirche zu Alexandrien in apostolischer Zeit.

S. Simōn Trĭdentīnŭs, *m.* hl. Simon von Trient, Mart. († 1475).

Er wurde zu Trient (Tirol) geboren und im Alter von fast 29 Monaten von dem Juden Tobias, der von anderen Juden bestochen war, heimlich geraubt. Sie hatten nämlich beschlossen, vor ihrem Passahfeste einen Christen zu töten, um dessen Blut ihren Matzen beizumengen. Der Geraubte wird in das Haus des Juden Samuel geschafft und nachts in die Synagoge gebracht, der Kleider beraubt, mit einem Mundknebel versehen, in Kreuzesform ausgestreckt und mit Nadeln zerstochen. Das aus zahlreichen Wunden sickernde Blut wird von den Wüterichen in einer Schale aufgefangen; der eine schneidet ihm ein Stück aus der Kinnlade, der andere verstümmelt ihn auf andere Weise. Eines der Mordmesser wird noch heutigentags vorgezeigt. Endlich ist das Kind verblutet; es war am 22. März 1475. Da aber Gerüchte über das Verbrechen entstanden, warfen die Juden den wieder bekleideten Leichnam in einen Bach, wo er an einem Wehr hängen blieb. Der Stadtrichter läßt die verdächtigen Juden ergreifen; erreicht von jedem einzelnen Geständnisse, die ganz übereinstimmen, und bestraft sie nach Gebühr. Alle Juden wurden aus dem Gebiete von Trient verwiesen; der Körper des Knaben wurde in der St. Peterskirche beigesetzt, wo an seinem Grabe manche Wunder geschahen. — 24. März (Trient).

B. Simōn ā Tudertō, sel. Simon von Todi, Bek. († 1322).

Augustinermönch aus dem Hause Rinalducci zu Todi bei Spoleto, besaß reiche theologische Kenntnisse und war ein vielbegehrter Prediger. Als Provinzial leitete er die umbrische Ordensprovinz. Einen Beweis seiner Geduld gab er auf dem Generalkapitel, auf dem er sich gegen falsche Anschuldigungen verteidigen sollte. Er verzichtete auf eine Rechtfertigung im Gedanken an das Wort Christi: In patientia vestra possidebitis animas vestras. Er starb zu Bologna am 20. April 1322. — 20. April (Aug. O.).

S. Simōn Zēlōtēs *m. s.* S. Simon 1.

simōnĭă, ae *f.* Simonie, Verkauf geistlicher Würden für Geld (*s.* Simon Magus).

simōnĭăcŭs 3 simonistisch.

S. Simpertŭs, ī *m. s.* S. Symbertus.

simplex, ĭcĭs 1. einfach; festŭm s. ein minderfeierliches Fest. 2. schlicht, gerade. 3. arglos, ehrlich; *adv.*: **simplĭcĭtĕr** schlechthin, an sich.

S. Simplĭcĭānŭs, ī *m.* hl. Simplizian, Bek. u. Bischof v. Mailand († 400).

Er wurde zu Mailand geboren und war unter Kaiser Konstantius als Priester eine der schönsten Zierden der römischen Kirche. In Rom bekehrte er den angesehenen Redner Markus Viktorinus zum christlichen Glauben. Im Auftrage des Papstes Damasus I. verließ er Rom und wurde von jetzt an ein eifriger Berater und Amtsgehilfe des hl. Ambrosius. Dem hl. Augustinus stand er in seinen Zweifeln und entscheidenden Seelenkämpfen mit klugem Rate zur Seite. Dieser widmete ihm das Buch „de diversis quaestionibus“. Der sterbende Ambrosius empfahl ihn als seinen Nachfolger. Drei Jahre führte er den Hirtenstab. — 13. August (Aug. O.).

simplĭcĭtās, ātĭs *f.* Einfalt, Offenheit, Unbefangenheit.

simplĭcĭtĕr *adv.* schlechthin, an sich.

S. Simplĭcĭŭs, ī *m.* hl. Simplizius, 1. Mart. † 304, 29. Juli. 2. Papst u. Bek. (468 bis 483), 2. März.

simplĭfĭcō 1 vereinfachen.

simplŭm, ī *n.* das Einfache.

simplŭs 3 einfach.

simpŭlŭm, ī *n.* Schöpflöffel, Schöpfgefäß mit Stiel (womit man bei Libationsopfern den Wein aus dem Mischkessel schöpfte, um ihn in die Opferschale [simpuvium] zu gießen).

simpŭvĭŭm, ī *n.* Opferschale (beim Libationsopfer).

1. **sĭmŭl** *adv.* 1. zugleich, auf einmal, allesamt. 2. simul-simul teils-teils, sowohl- als auch.

2. **sĭmŭl** *conjunct.* (sĭmul ac, simul atque) sobald als (*c. ind. perf.*).

sĭmŭl ac *conj. s.* 2. simul.

sĭmŭlācrŭm, ī *n.* 1. Ebenbild, Abbild. 2. Trugbild, Gespenst, Schatten. 3. Götzenbild.
sĭmŭlāmĕn, ĭnĭs *n.* Nachahmung.
sĭmŭlāmentŭm, ī *n.* Verstellung, Heuchelei, Täuschung.
1. **sĭmŭlāns**, tĭs 1. nachahmend. 2. sich verstellend.
2. **sĭmŭlāns**, tĭs *m.* Heuchler, Simulant.
sĭmŭlātē *adv.* erheuchelt, scheinbar, zum Schein.
sĭmŭlātĭō, ōnĭs *f.* Verstellung, Vorwand, Vorspiegelung, Täuschung, Heuchelei.
sĭmŭlātŏr, ōrĭs *m.* Heuchler.
sĭmulatque *conjct. s.* simul 2.
sĭmŭlātŭs 3 erheuchelt, verstellt, mit Verstellung, zum Scheine.
sĭmŭlō 1 (sĭmĭlo) 1. ähnlich machen, *pass.* ähnlich werden; darstellen, abbilden, nachahmen. 2. vorgeben, sich verstellen, heucheln.
sĭmultānĕĭtās, ātĭs *f.* Gleichzeitigkeit.
sĭmultānĕŭm, ī *n.* das Simultaneum, d. i. ein von zwei Konfessionen gemeinsam zum Gottesdienste benutzter Raum, z. B. Kirche, Friedhof.
sĭmultānĕŭs 3 gleichzeitig.
sĭmultās, ātĭs *f.* gespanntes Verhältnis, Eifersucht, Groll, Feindschaft, Nebenbuhlerschaft (Neid).
sīmŭs 3 (σιμός) 1. nach aufwärts gebogen. 2. stumpf-, plattnasig.
sīn *conjct.* wenn aber; sīn mĭnŭs: wenn aber nicht.
1. **Sin** *indecl.* (*hebr.*: Lehm, Kot) Sin, ein Wüstenstrich zwischen dem Sinai und Elim, ein Teil der arabischen Wüste (*Ex.* 16, 1; 17, 1; *Num.* 33, 11).
2. **Sin** *indecl.* (*hebr.* Sin = Schild ?) Sin, eine Wüste südlich von Judäa und westlich von Idumäa, an die Wüste Pharan grenzend mit dem Hauptorte Kades.
Sina *indecl. m. s.* Sinai.
Sīna mōns, tĭs *m. s.* Sinai (*Judith*, 5, 14).
Sīnae, ārŭm *f.* China, überhaupt Ostasien; ad Sīnās mittĕrĕ: nach China schicken; *dav.*: **Sīnĭcŭs** 3.
Sinaeŭs, ī *m.* (*hebr.*: Sini) Siniter, ein Volksstamm im nördlichen Phönikien u. Syrien, in der Gegend des Libanon in der Zeit vor Abraham (*Gen.* 10, 17).
Sinăi *indecl. m.* (Sīna) das Sinaigebirge (Dschebel et-Tor), ein gewaltiger Gebirgsstock im Süden der gleichnamigen Halbinsel am Golfe von Suez; er verzweigt sich in drei Teile: in den nordwestlichen Teil mit dem majestätischen Serbal (2052 m), in den langgestreckten östlichen Teil mit den Dschebel Sora u. Dschebel Samchi, und schließlich in den mittleren, zwischen den beiden erstgenannten, aber etwas südlicher gelegenen Teil; dies ist das Sinaigebirge im engeren Sinne. Die hl. Schrift hat dafür noch den Namen Horeb. Dieser Teil ist der Grundstock des ganzen Gebirges und enthält die höchsten Berge: den Dschebel Kâterîn *oder* Katharinenberg (2602 m), den Dschebel Umm Schomar (2575 m) und den Dschebel Mûsa *oder* Mosesberg (2244 m), dem im Norden der Ras-es Safsâf (1994 m) vorgelagert ist. Als Berg der Gesetzgebung dürfte der Ras-es-Safsâf in Betracht kommen, welcher aus der Ebene er-Raha in der Wüste Sinai, dem geeignetsten Platze für die Versammlung des Volkes Israel, 500 m hoch steil emporsteigt; dagegen dürfte die Südspitze des gleichen Stockes der Dschebel Mûsa der Berg der Unterredung Gottes mit Moses sein, da er vom Fuße in 1 ½ Stunden zu ersteigen ist.
Sinăĭtĭcŭs 3 zum Sinai gehörig; vom Sinai stammend; sinaitisch.
Sinaolă, ae *f.* Sinaola, Staat von Mexiko am Golfe von Kalifornien; Bistum (seit 1884), Residenz Culiacan, Suffr. v. Durango; *dav.*: **Sinaolēnsĭs**, ĕ.
Sinaolēn. (*C. R.*) *s.* Sinaola.
sĭnāpi, ĭs *n. u. indecl. s.* sinapis.
sĭnāpĭs, ĭs *f.* (sinapi, σίναπι) Senf, Senfkorn.
sincērĭtās, ātĭs *f.* Ehrlichkeit, Aufrichtigkeit.
sincērŭs 3 1. rein, unversehrt, echt. 2. unbefleckt, unverdorben. 3. ehrlich, aufrichtig; *adv.*: **sincērĭtĕr.**
S. Sindbertŭs, ī *m. s.* S. Symbertus.
sindōn, ŏnĭs *f.* (σινδών) Nesseltuch, Leinwand, *bes.*: Grabtuch.
Ss. Sindōn D. N. J. Chr. Gedächtnis des hl. Grabtuches Jesu, am Freitage nach dem 2. Fastensonntage.
sĭnĕ *praep. c. abl.* ohne; sĭnĕ causā: vergebens.
Sīnēnsĭs, ĕ chinesisch.
Singĭdīnŭm, ī *n. s.* Singidunum.
Singĭdōnŭm, ī *n. s.* Singidunum.
Singĭdūnŭm, ī *n.* (Singidinum, Singidonum, Belgrada, Bellogradum, Alba Bulgarica, Alba Graeca) Belgrad, Hauptstadt von Serbien (u. Jugoslawien) an der Donau, *ca.* 70 000 Einw. Bistum (seit 9. Jahrhdt.); seit 1886 dem Bistum Skutari zugeteilt; *dav.*: **Singĭdūnēnsĭs**, ĕ.
singillātĭm *adv.* (singulatim *u.* sigillatim) im einzelnen; singŭlă cordă: jedes einzelne Herz, allesamt; ohne Ausnahme (*Ps.* 32, 15).
singŭlārĭs, ĕ 1 einzeln, einem einzelnen gehörig. 2. abgesondert, allein, ohne

Begleitung. 3. einzigartig, ausgezeichnet, vorzüglich. 4. *subst. m.* (*scil.*: ferus) ein einsam lebendes wildes Tier: Wild, Wildschwein (*Ps.* 79, 14).
sĭngŭlārĭtās, ātĭs *f.* 1. Einzigkeit. 2. Außerordentlichkeit. 3. eheloses Leben.
sĭngŭlārĭtĕr *adv.* abgesondert, in Abgeschiedenheit; singŭlārĭtĕr sŭm ĕgō: ich bleibe für mich (*Ps.* 140, 10).
sĭngŭlātĭm *adv. s.* singillatim.
sĭngŭlī 3 einzeln, je einer.
sĭngultĭō 4 1. schluchzen. 2. glucken.
sĭngultō 1 schluchzen, röcheln.
sĭngultĭm *adv.* schluchzend; stockend.
sĭngultŭs, ūs *m.* das Schluchzen.
Sini *indecl. m.* (*hebr.*) *s.* Sinaeus.
Sĭnĭcŭs 3 *s.* Sinae.
Sĭnĭbaldŭs, ī *m.* Sinibald, Vater der hl. Rosalia von Palermo.
sĭnistĕr, tră, trŭm 1. links. 2. verkehrt, ungeschickt. 3. ungünstig, unglücklich.
sĭnistră, ae *f.* die linke Hand, die linke Seite.
sĭnistrē *adv.* 1. links. 2. ungünstig.
sĭnistrōrsŭm *adv.* (sinistrorsus) nach links gewandt, linker Hand.
sĭnistrōrsŭs *adv. s.* sinistrorsum.
sĭnistrŭm, ī *n.* das Unheilvolle, das Böse.
sĭnō, sīvī, sĭtŭm 3 1. zulassen, gestatten. 2. sein lassen, aufhören.
Sĭnōpă, ae *f.* (Sĭnōpē, Σινώπη) Sinope. 1. St. am Schwarzen Meere, Kleinasien (Paphlagonien), *j.*: Sinup. 2. *s.* Sinuessa.
Sĭnōpē, ēs *f. s.* Sinopa.
sĭnōpĭs, ĭdĭs *f.* (σινωπις) rote Farbe (aus Sinope) (*Jer.* 22, 14).
Sĭnŭessă, ae *f.* (*früher*: Sinopa) Sinuessa, St. in Latium an der Grenze Kampaniens, *j.*: Ruinen bei Rocca di Mandragone.
sīnŭm, ī *n.* bauchiger Krug, Napf, Topf.
sĭnŭō 1 krümmen, beugen.
sĭnŭōsŭs 3 bauschig, faltenreich.
sĭnŭs, ūs *m.* 1. Bausch, Falte, Tasche. 2. Busen, Brust, Schoß; die Arme: cum laxō sinū: mit offenen Armen. 3. Liebe, Obhut, Schutz. 4. Meerbusen, Golf. 5. Vertiefung, Schlucht, tiefer *oder* weiter Raum.
Sĭnŭs Michiganŭs, ī *m. s.* Detroitum.
Sĭnŭs Vĭrĭdĭs *m.* Green Bay, St. am Michigansee, Nordamerika (Wisconsin), *ca.* 20 000 Einw.; Bischofssitz (seit 1868), Suffr. v. Milwaukee.
1. **Sion,** ōnĭs *f.* u. *indecl.* (*hebr.*: Feste) Sion, Name des Hermon, eines Berges jenseits des Jordan im Stamme Manasse, im ehem. Gebiet des Königs von Sehon (*Deut.* 4, 48).
2. **Sion,** ōnĭs *f.* u. *indecl.* (*hebr.*: Feste, Burg) Sion, 1. die Burg der alten Jebusiter auf den Osthügeln von Jerusalem. 2. der Berg, auf dem die Burg und der Tempel standen. 3. die Stadt Jerusalem. 4. das Judenvolk. 5. die Kirche.
Sior *indecl.* (*hebr.*: Si'or = Kleinstadt ?) Sior, St., Pal. (Juda).
Siouxonēn. (*C. R.*) *s.* Siouxonium.
Siouxonĭŭm, ī *n.* Sioux Falls, St., Nordamerika (Dakota), *ca.* 10 000 Einw.; Bischofssitz (seit 1889), Suffr. v. St. Paul; *dav.*: **Siouxonēnsĭs,** ĕ.
sīpărĭŭm, ī *n.* Vorhang.
sīpărŭm, ī *n.* (σίπαρος) Bramsegel, Toppsegel.
sīphō, ōnĭs *m.* (σίφων) 1. Röhre. 2. Heber. 3. Spritze, Feuerspritze.
Sīpontīn. (*C. R.*) *s.* Sipontum.
Sīpontŭm, ī *n.* Manfredonia (Maria di Siponto), Hafenst. am Fuße des Monte Gargano am Adriatischen Meer, It. (Foggia), *ca.* 10 000 Einw.; Erzbischofssitz (seit 1074, Bistum seit 3. Jhdt.) mit ständiger Verwaltung des Bistums Viesti; *dav.*: **Sīpontīnŭs** 3.
sīquandō *conjunct.* wenn einmal.
sīquĭdĕm *conjunct.* 1. wenn nämlich. 2. sofern, weil ja.
Sira *indecl.* (*hebr.*: Sira = Brunnen) eine Zisterne (2. *Reg.* 3, 26).
Sirach *indecl. m.* (*aram.*: Sira' = Panzer) Sirach, Jude in Jerusalem, Vater des Jesus, des Verfassers des Buches Ekklesiastikus (*Ecclus* 50, 29).
Sirbōnĭs lăcŭs, ūs *m.* der Menzalehsee, nördlich vom roten Meere.
Sīrēn, ēnĭs (*acc.* -ēnă) *f.* (Σειρήν) Sirene, *meist pl.*: Sīrēnēs, ŭm (*acc.* -ēnās) *f.* Sirenen, 1. sagenhafte Vögel mit Mädchenköpfen (auch als Jungfrauen dargestellt) an der Südküste Italiens lebend, welche die Schiffer durch zauberhaften Gesang anzulocken suchten, um sie zu töten (*Is.* 13, 22). 2. Verlockerin, Verführerin.
S. Sīrĭcĭŭs, ī *m.* hl. Siricius, Papst (384 bis 399), 31. Oktober.
Sīrĭŭs, ī *m.* (Σείριος) Sirius, Hundsstern, der leuchtendste Stern im Sternbilde des Hundes (*reinlat.*: cănīcŭlă); sein Aufgang um den 25. Juli soll glühende Hitze bringen.
Sirmiēn. (*C. R.*) *s.* Sirmium.
Sīrmĭŭm, ī *n.* (Syrmĭŭm) Sirmium, Hauptst. v. Niederpannonien u. Illyrikum, Sitz mehrerer arianischer Synoden; 442 n. Chr. von den Hunnen zerstört; an der Stelle des erhalten gebliebenen Tempels des hl. Demetrius entstand der Ort Dimitroviac, *j.*: Mitrovicza (*ungar.*: Szent Demeter, *ital.*: San Dimitri); St., l. an der Save, Jugoslawien (Slawonien-Kroatien). *ca.*

12000 Einw.; Bischofssitz; *dav.*: Sĭrmĭēnsĭs, ĕ (Syrmiēnsĭs, ĕ).

sirpĕŭs 3 *s.* scirpeus.

sīrŭs, ī *m.* (σιρός u. σειρός) in die Erde eingegrabener Getreidebehälter.

Sirvēs, vĭs *m.* Siroës, ältester Sohn des neupersischen Königs Chosroas II. Parwiz (590—628).

sīs = si vis = wenn's beliebt.

Sis *indecl.* (*hebr.*: Hassis = die Blume, der Blumenflor?) ein Steig, wahrscheinlich im heutigen Wadi el-Hasasa, nordwestlich von Engaddi.

Sisa *indecl. m.* (*hebr.*: Schauscha) (Siva) Sisa, Schreiber Davids (3. *Reg.* 4, 3).

Sisac *indecl. m. s.* Sesac.

Sisăcŭm, ī *n. s.* Siscia.

Sisai *indecl. m.* (*hebr.*: Scheschai) Sisai, 1. ein Riese, Nachkomme Enaks. 2. ein Jude, der nach dem Exil seine gesetzwidrige Frau entließ.

Sisamoi *indecl. m.* (*hebr.*: Sisemaj) Sisamoi, Israelit aus dem Stamme Juda, Sohn des Elasa.

sīsămŭm, ī *n. s.* sesamum.

Sisară, ae *m.* (Sisĕra) Sisara 1. Heerführer des kanaanitischen Königs Jabin von Hazor (Asor), der am Kison besiegt u. von der Keniterin Jabel getötet wurde (*Judic.* 4, 5. 21). 2. ein Nathinäer, dessen Nachkommen mit Zorobabel aus dem babyl. Exil zurückkehrten.

Sisciă, ae *f.* (Sisacum, Sixivia) Sissek (*ungar.*: Sziszek, *slaw.*: Sisak), St. an der Save, Jugoslawien (Kroatien = Slawonien; Agram) *ca.* 7000 Einw.; *dav.*: **Sisciēnsĭs,** ĕ.

sisĕr, ĕrĭs *n.* (σίσαρον) Rapunzel, Zuckerwurzel (Sium Sisarum L.); die Wurzel liefert Gemüse.

S. Sĭsĭnĭŭs, ī *m.* hl. Sisinius, Mart. zu Alexandria, 19. Juli.

Sĭsĭnĭŭs, ī *m.* Sisinius, Statthalter in Aquileja (3. Jhdt.).

S. Sĭsinnĭŭs, ī *m.* hl. Sisinnius, Mart. († 397).

Er war ein Diakon aus Kappadokien (Kleinasien). Seine Leidensgefährten waren der hl. Lektor Martyrius und der hl. Ostiarier Alexander. Sie wurden die ersten Martyrer des Trienter Gebietes, in das sie vom hl. Bischofe Vigilius als Glaubensboten entsandt waren. Sisinnius erbaute eine Kapelle und litt schweigend unter der Feindseligkeit der Anwohner. Als eines Tages eine heidnische Feierlichkeit stattfand, wurde auch von einem Neuchristen ein Stück Vieh zum Opfer verlangt. Dem sich aus religiösen Gründen Weigernden kamen die drei Glaubensboten zu Hilfe. Doch die erzürnten Heiden schlugen auf den bejahrten Sisinnius mit einem ehernen Horne und Beilhieben ein. Am anderen Morgen zertrümmerten die Unholde das Heiligtum. Der todkranke Sisinnius wurde aus dem Bette gerissen; Martyrius wurde durch eine Magd verraten und mit Beilschlägen schwer verwundet. Beide hauchten nach neuen Qualen ihren Geist aus. Mit den Leichnamen trieb man Gespötte, während Alexander gemartert und auf einem aus dem Kapellenholze errichteten Scheiterhaufen langsam verbrannt wurde. Auf diesen wurden alsdann auch die Körper der anderen beiden Martyrer geworfen. Sogleich nach der Ermordung der Glaubensboten brach ein ungeheures Gewitter aus, das die Heiden sehr erschreckte. Ein Blinder erhielt bei der Berührung des Grabmals der Blutzeugen das Augenlicht wieder. — 29. Mai (Trient).

sistō, stĭtī *u.* stĕtī, stătŭm 3 1. stellen, aufrichten, errichten. 2. darstellen, vorstellen, weihen, opfern. 3. bestimmen, festsetzen; stătīs hōrīs: zu bestimmten Stunden. 4. sich stellen, stehen bleiben. 5. bestehen, erhalten bleiben. 6. sich einstellen, sich einfinden, auftreten (*Ps.* 106, 25).

sīstrŭm, ī *n.* (σεῖστρον) 1. die Isisklapper, ein in Ägypten beim Gottesdienste der Isis gebrauchtes Rasselinstrument; es bestand aus einigen, durch ein Bronzestück gesteckten Stäbchen. 2. Klapper (1. *Reg.* 18, 6).

sĭsymbrĭŭm, ī *n.* (σισύμβριον) Brunnenkresse.

Sitanstēnsĕ coenŏbĭŭm S. Mariae, Seitenstetten, Marktflecken u. Kloster, Niederösterreich.

sītarchĭă, ae *f. s.* sitarcium.

sītarcĭă, ae *f. s.* sitarcium.

sītarcĭŭm, ī *n.* (sitarcia, sitarchia, σιταρχία) 1. Reiseproviant. 2. Reisefuttersack, Brotsack. 3. kleine Kiste.

sĭtellă, ae *f.* Topf zum Loseinwerfen bei Abstimmungen; Stimmurne.

Sithiēnse mŏnastērĭŭm, ī *n.* Saint-Omer, Kloster bei Thérouanne, Fkr. (Pas-de-Calais).

sĭtīcŭlōsŭs 3 1. dürstend. 2. lechzend, sehr trocken.

sĭtĭēns, tĭs begierig nach (*gen.*).

sĭtĭō 4 1. durstig sein, dürsten. 2. lechzen, schmachten, heiß verlangen nach.

sĭtĭs, ĭs *f.* 1. Durst; explērĕ sĭtĭm: den Durst löschen. 2. Dürre, Trockenheit (*Ps.* 106, 33) = wasserlose Gegend. 3. cŭcurrī in sĭtī (*Ps.* 61, 5) *schiefe Übersetzung des Urtextes, der lautet*: placuerunt sibi in mendacio (Hieronymus): sie gefallen sich in der Lüge, sie liebten das Lügen.

sittÿbŭs, ī *m.* (sillybus, σίττυβος) Titelblatt, Büchertitel; ein Streifen Pergament an den Bücherrollen mit dem Titel u. Verfasser des Buches.

sĭtŭlă, ae *f.* Krug (*Is.* 40, 15).

sĭtŭō 1 anbringen: campānăm.

1. **sĭtŭs** 3 1. hingestellt, gelegen, befindlich. 2. begraben. 3. *ptc. pf. zu*: sino.

2. **sĭtŭs,** ūs *m.* 1. Lage, Stellung, Beschaffenheit. 2. das Ruhen.

Siva *indecl. m. s.* Sisa.

Sivan *indecl.*(*hebr.*: sivan) Sivan (Siban), der dritte Monat im jüdischen Jahre, Mitte Mai bis Mitte Juni.
sīvĕ *oder* **seu** *conjct.* 1. oder wenn. 2. **sive-sive** entweder — oder. 3. sive-neque und nicht (*IV. Reg.* 22, 3).
sīvī *perf.*, *s.* sino.
Sĭxĭvĭă, ae *f. s.* Siscia.
Sixtŭs, ī *m.* (Xystŭs) Sixt, Papstname: 1. **S. I.,** hl. Mart. (116—125), 6. April. 2. **S. II.,** hl. Mart. (257—258), 11. Aug. 3. **S. III.,** hl. Bek. (432—440), 28. März. 4. **S. IV.** (1471—1484). 5. **S. V.** (1585 bis 1590).
1. **Siza** *indecl. m.* (*hebr.*: Schiza) Siza, Vater des Adina, eines Offiziers Davids, aus dem Stamme Ruben.
2. **Siza,** ae *f.* (Ziza, Ciza, Cicensis urbs) Zeitz, St., Preußen (Sachsen), *ca.* 30000 Einw.
Skirbaldŭs, ī *m.* Schirbald, Diakon, Gefährte des hl. Bonifatius.
Skoczovĭă, ae *f.* Skoczow, Ort bei Teschen (Oberschlesien).
Slāvī, ōrŭm *m.* (Sclavi, Schlavi) die Slawen; *dav.*: **Slāvĭcŭs** 3.
Slavibor, Graf (Landgraf) Slawibor, Skodoranerfürst auf Schloß Bßow bei Melnik in Böhmen; Vater der hl. Martyrerin Ludmilla (9. Jhdt.); *j.* Graf Stuttenheim.
Slāvĭcŭs 3 slawisch.
Slāvnĭcŭs, ī *m. s.* Slaunicus.
Slāvōnĭă, ae *f.* 1. das von Slawen (Nordslawen) bewohnte Gebiet; *bes.* Böhmen u. Mähren (die heutige Tschechoslowakei). 2. Slawonien, das Gebiet der Südslawen, im heutigen Staate Jugoslawien.
Slesvicēnsĭs dŭcātŭs, ūs *m.* das ehem. Herzogtum Schleswig.
Sleswicŭm, ī *n.* Schleswig, St., Preußen (Schleswig-Holstein), *ca.* 20000 Einw.
Sleswigĭs, ĭs *f. s.* Sleswigis-Holsatia.
Sleswigĭs-Holsatĭă *f.* Schleswig-Holstein, preußische Provinz zwischen Nord- u. Ostsee.
1. **S. M.** = sŏcĭĕtās Mariae, Maristen, seit 1816.
2. **S. M.** = sēmĭnārĭŭm Mĕdĭōlānēnsĕ prō Missĭōnĭbŭs, Mailänder Seminar für (ausländische) Missionen, gegründet 1850.
smărağdĭnŭs 3 *s.* smaragdus.
smărağdŭs, ī *m.* Smaragd, ein grüner Edelstein; *dav.*: **smărağdĭnŭs** 3 aus Smaragd, smaragden.
S. Smărağdŭs, ī *m.* hl. Smaragdus, Mart., zu Rom († 303). — 16. März.
smēgmă, ătĭs *n.* (smigma, σμῆγμα) ein Reinigungsmittel; Seife.
S. M. H. = sēmĭnārĭŭm dē Mill-Hill prō Missĭōnĭbŭs, Seminar von Mill-Hill für (ausländische) Missionen, gegründet 1866.
smīgmă, ătĭs *n. s.* smegma.
smīlax, ăcĭs *f.* (σμῖλαξ) Stechwinde, Pflanze mit kletternden, stacheligen Zweigen.
Smirnă, ae *f. s.* Smyrna.
S. M. M. = sŏcĭĕtās (Compagnia) Mariae dē Montfort, Gesellschaft Mariens von Montfort, gegründet 1705.
Smyrnă, ae *f.* (Σμύρνα) Smyrna (*türk.*: Ismir), Hafenst., Kleinasien (Ionien), *ca.* 250000 Einw.; Erzbischofssitz (seit 1818), mit ihm vereinigt das Apost. Viakariat Kleinasien; *dav.*: **Smyrnēnsĭs,** ĕ u. **Smyrnaeŭs** 3.
Smyrnēn. (*C. R.*) *s.* Smyrna.
Soam *indecl. m.* (*hebr.*: Schoham, ein Edelstein) Soam, Israelit, Sohn des Merari.
Soanēn. (*C. R.*) *s.* Suanum.
Soba *indecl.* (*hebr.*: Soba) (Sobal) Soba, ein aramäisches Reich mit gleichnamiger Hauptstadt, südlich von Damaskus; die genaue Lage ist noch nicht nachgewiesen.
Sobab *indecl. m.* (*hebr.*: Schobab = Abtrünniger? Wiederhergestellter?) (Sobad) Sobab, 1. Israelit, Sohn des Kaleb u. der Azuba. 2. Sohn Davids u. der Bethsabee.
Sobach *indecl. m.* (*hebr.*: Schobach) Sobach, Kriegsoberster des Königs Adarezer, den David schlug (2. *Reg.* 10, 16 *u.* 18).
Sobad *indecl. m.* (*hebr.*: Schobab; 1. *Par.* 14, 4) *s.* Sobab.
Sobai *indecl. m.* (*hebr.*: Schobaj = Jahwe führt in Gefangenschaft) Sobai, Israelit, Tempeltürhüter, dessen Nachkommen mit Zorobabel aus dem babyl. Exil zurückkehrten.
1. **Sobal** *indecl. m.* (*hebr.*: Schobal) Sobal, 1. Horiter (Höhlenbewohner), im Gebirge Seïr. 2. zwei Israeliten aus dem Stamme Juda.
2. **Sobal** *indecl.* das Reich *oder* die Stadt Sobal; *es ist wohl Soba gemeint* (*Ps.* 59, 2; *Judith* 3, 1).
Sobbochai *indecl. m.* (*hebr.*: Sibbekaj) *s.* Sibbichai.
Sobec *indecl. m.* (*hebr.*: Schobeq) Sobek, jüdisches Volkshaupt u. Mitbesiegler des nachexilischen Bundes.
Sobi *indecl. m.* (*hebr.*: Schobi) Sobi, Anhänger Davids, Sohn des Naas.
Sobna *indecl. m.* (*hebr.*: Schebna) Sobna, Geheimsekretär des Königs Ezechias.
Soboba *indecl. m.* (*hebr.*: hassōbebā, *wohl richtig*: ʻOṣeb = der Betrübte? der Bildner?) Soboba, Israelit, der zweite Sohn des Kos (1. *Par.* 4, 8).

Sobochai *indecl. m.* (*hebr.*: Sibbekaj) *s.* Sibbichai.
sŏbŏlēs, ĭs *f. s.* suboles.
sōbrĭĕtās, ātĭs *f.* 1. Enthaltsamkeit, Mäßigkeit. 2. Besonnenheit, Bescheidenheit; săpĕrĕ ad sōbrĭĕtātĕm: bescheiden von sich denken.
sŏbrīnă, ae *f.* Base, Kusine.
sŏbrīnŭs, ī *m.* Vetter.
sōbrĭŭs 3 1. nüchtern, mäßig, enthaltsam. 2. vernünftig, besonnen.
Soccoth *indecl.* (Socoth, Sochoth, *hebr.*: Succoth = Zelte, Hütten) Sokkoth, 1. der zweite Lagerplatz der Israeliten nach ihrem Auszuge aus Ägypten. 2. eine Stadt jenseits des Jordan im Stamme Gad. 3. eine Stadt im Stamme Juda.
soccŭs, ī *m.* (συγχίς) niedriger Schuh, Sandale.
sŏcĕr, ĕrī *m.* Schwiegervater.
Socho *indecl.* (*hebr.*: Socho) Socho, Grenzstadt gegen die Philister, Pal. (Juda), 2½ Stunden nordöstlich von Eleutheropolis (*j.*: Beit Dschibrîn) u. 3½ Stunden südwestlich von Jerusalem, auf der linken Seite des Elatales (Eichen- oder Terebinthentales), des jetzigen Wady es-Sunt; die Ruinen Sochos heißen: esch-Schuweike.
Sochoth *indecl. s.* Soccoth.
Sochoth-Benoth *indecl. f.* (*hebr.*: Sukkothbenith = Hütten der Benoth) Sochoth-Benith, *vielleicht verderbt statt*: Sarpanit, die eine weibliche Gottheit der in Samaria angesiedelten Babylonier war (4. *Reg.* 17, 30).
sŏcĭă, ae *f.* Gefährtin, Genossin.
sŏcĭābĭlĭs, ĕ vereinbar; verträglich, gesellig.
sŏcĭālĭs, ĕ gesellschaftlich, gemeinschaftlich; *übtr.*: ehelich.
sŏcĭĕtās, ātĭs *f.* 1. Genossenschaft, Gesellschaft, Gemeinschaft, Verbindung. 2. Bündnis. 3. die menschliche Gesellschaft überhaupt. 4. religiöse Genossenschaft *oder* Gesellschaft; *abgekürzt*: S.
sŏcĭō 1 vereinigen, gemeinschaftlich machen.
1. **sŏcĭŭs** 3 gemeinsam, gemeinschaftlich.
2. **sŏcĭŭs,** ī *m.* 1. Genosse, Gefährte, Teilnehmer. 2. Bundesgenosse. 3. sŏcĭŭs măgistrī nŏvītĭōrŭm Gehilfe des Novizenmeisters.
sŏcordĭă, ae *f.* Geistesschwäche, Sorglosigkeit, Schlaffheit.
sŏcors, ordĭs sorglos, fahrlässig, schlaff.
Sŏcŏs, Maria dē *spanisch für*: Maria dē Subsĭdĭō = Maria von der Hilfe. †
Socoth *indecl. s.* 1. Socho (*Jos.* 15, 48). 2. *s.* Soccoth.
sŏcrŭs, ūs *f.* Schwiegermutter.

sŏdālĭcĭŭm, ī *n.* (sŏdālĭtĭŭm) Genossenschaft, Verbrüderung, Bruderschaft.
sŏdālĭcĭŭs 3 gemeinschaftlich, kameradschaftlich.
1. **sŏdālĭs,** ĕ gesellschaftlich, kameradschaftlich.
2. **sŏdālĭs,** ĭs *m.* Gefährte, Kamerad; Sodale (Mitglied einer Bruderschaft).
sŏdālĭtās, ātĭs *f.* Genossenschaft, religiöse Bruderschaft.
sŏdālĭtĭŭm, ī *n. s.* sodalicium.
1. **Sodi** *indecl. m.* (*hebr.*: Sodi = Geheimnis *oder* Vertrauter Jahwes?) Sodi, Vater des Kundschafters Geddiel aus dem Stamme Zabulon.
2. **Sodi** *indecl. verschrieben für*: Sura, ein Kanal des Euphrat in Babylonien, an dem die Juden in der Gefangenschaft wohnten (*Bar.* 1, 4).
Sodomă, ae *f. s.* Sodomă, ōrŭm.
Sodomă, ōrŭm *n.* (Sodoma, ae *f.*) (*hebr.*: Sedoma, *alter Akkusativ für*: Sedom) Sodom, St. an der Südspitze des Toten Meeres, an der Stelle des jetzigen Salzsees; *dav.*: Sodomītae, ārŭm *m.* Einw. u. Sodomītĭcŭs 3 sodomitisch.
sodomĭă, ae *f.* Sodomie, Unzucht unter Personen desselben Geschlechts, Homosexualität (*C. j. c.* 2357).
Sodomītae, ārŭm *m. s.* Sodoma.
Sodomītĭcŭs 3 *s.* Sodoma.
Soha *indecl. m.* (*hebr.*: Sicha) Soha, ein Nathinäer, dessen Söhne mit Zorobabel aus dem babyl. Exil zurückkehrten.
Sohar *indecl. m.* (*südarab.*: Name *oder* Fels? = *hebr.*: Zara *oder* Zerach) Sohar, Sohn Simeons.
Sohoba *indecl. m.* (*hebr.*: Soboba) Sohoba, Israelit aus dem Stamme Juda, der zweite Sohn des Kos, *vgl.* Soboba.
Sohoria *indecl. m.* (*hebr.*: Schecharja) Sohoria, Israelit aus dem Stamme Benjamin Sohn des Jeroham.
sol *indecl. n. in der Musik* der fünfte Ton des Hexachords; die Note g in der C-dur-Tonleiter.
sōl, sōlĭs *m.* 1. Sonne; *übtr.*: sōlĭs ortŭs = Osten. 2. Sonnenschein, Sonnenstrahl, Sonnenwärme; cum sōlĕ *oder* antĕ sōlĕm permănēbĭt: solange die Sonne scheint, wird er ausharren. 3. Öffentlichkeit.
S. Sōlă, ae *m.* hl. Sola, Bek. († 790).

Er folgte seinem Lehrer Bonifatius, von dem er zum Priester geweiht wurde. Dann errichtete er sich in der Einsamkeit beim heutigen Solnhofen (Cella Solae) an der Altmühl (Bayern) eine Hütte. Die Heiligen Willibald und Wunnibald waren ihm zur Seite. Er heilte Blinde und Lahme und vertrieb Teufel; bei allen Wunderwerken war es seine höchste Sorge, unbekannt zu bleiben. Er starb als Siebzigjähriger. Auf Bitten des Eichstätter Bischofs Altim nahm ihn Papst Gregor IV. in die Schar der Heiligen auf. — 5. Dezember (Eichstätt).

sōlāciŏlŭm, ī *n.* ein kleiner Trost.
sōlāciŭm, ī *n.* (sōlātĭŭm) 1. Trost, Trostmittel; Zuflucht. 2. Schadloshaltung, Entschädigung, Ersatz. 3. Tröster(in). 4. Gehilfe in einem Amte.
sōlāmĕn, ĭnĭs *n.* Trost, Zuflucht, Linderung.
sōlārĭs, ĕ zur Sonne gehörig; annŭs sōārĭs: Sonnenjahr.
sōlārĭŭm, ī *n.* 1. Sonnenuhr. 2. Erker; flaches Dach, Söller.
sōlātĭŭm, ī *n. s.* solacium.
sōlātŏr, ōrĭs *m.* Tröster.
Solcĭăcŭm, ī *n.* Joissy, St. in ehem. Burgund, Fkr.
Soldānŭs, ī *m.* Sultan, Türkenkaiser.
sŏlĕă, ae *f.* Schnürsohle, Sandale.
Sōlemnĭăcŭm, ī *n.* Solignac-sur-Loire, St., Fkr. (Haute-Loire), *ca.* 1200 Einw.
ōlemnĭs, ĕ *s.* sollemnis.
sōlemnĭtās, ātĭs *f. s.* sollemnitas.
Solemnĭŭm, ī *n.* (*auch*: Solemio villa) Solesmes, 1. St., östlich von Cambrai, Fkr. (Nord), *ca.* 6000 Einw.; Ruinen eines 750 gegründeten Benediktinerklosters. 2. Dorf östl. v. Sablé-sur-Sarthe, Fkr. (Sarthe), *ca.* 780 Einw.; das 1010 gegründete Benediktinerkloster ging in der französischen Revolution unter; die wiedererrichtete hochberühmte Solesmenser Benediktinerkongregation siedelte in der Klosterverfolgung 1901 nach Appuldurcombe auf der Insel Wight über.
sōlemnĭzātĭō, ōnĭs *f.* feierliche Begehung, Feier.
sōlennĭs, ĕ *s.* sollemnis.
sŏlĕō, sŏlĭtŭs sŭm 2 pflegen, gewohnt sein.
sōlers, tĭs *s.* sollers.
sōlertĭă, ae *f. s.* sollertia.
Sŏlī, ōrŭm *m.* (Σόλοι; Pompeiopolis) 1. Soli *oder* Soloi, St. in Kleinasien (Kilikien), *j.*: Nezetla. 2. Soli, St. auf Cypern, *j.*: Solia.
sōlĭcŏlŭs 3 einsam, öde.
Sōlĭcŭlŭs mōns *m.* Solicolo, Berg in Apulien, It.
sŏlĭdă, ōrŭm *n.* Goldstücke.
sŏlĭdāmentŭm, ī *n.* Befestigungsmittel, Befestigung.
sŏlĭdātŏr, ōrĭs *m.* Befestiger.
sŏlĭdĭtās, ātĭs *f.* Dichtheit, Festigkeit.
sŏlĭdō 1 befestigen, stärken.
sŏlĭdŭm, ī *n.* 1. dichter Körper, fester Boden; Festigkeit; *vgl.*: solidus 1. 2. das Ganze, die ganze Summe, Gesamtsumme; *vgl.* solidus 3; in sŏlĭdŭm tĕnērī ad expensās, d. h. jeder einzelne muß fürs Ganze, für die Gesamtsumme der Auslagen haften (*C. j. c.* 1851, 2).
sŏlĭdŭs 3 1. fest, gediegen. 2. unerschütterlich. 3. ganz, vollständig. 4. gehörig, tüchtig.
sōlĭlŏquĭŭm, ī *n.* Selbstgespräch, Monolog.
sōlĭtārĭŭs 3 abgesondert, einsiedlerisch, einsam.
sŏlĭtō *adv.* gewohnt, gewöhnlich, gebräuchlicherweise (*Gen.* 40, 7).
sōlĭtūdō, ĭnĭs *f.* 1. Einsamkeit. 2. Einöde, Wüste.
sŏlĭtŭm, ī *n.* Gewohnheit; sŏlĭtō măgĭs: mehr als gewöhnlich, mehr als sonst.
sŏlĭtŭs 3 gewohnt.
sŏlĭŭm, ī *n.* 1. Sitz, Thron. 2. Badewanne (*mit u. ohne*: balnei): in ardentĕ balnĕī sŏlĭō (*S. Rufinae et Secundae,* 10. *Juli, lect. V.*).
sollemnĕ, ĭs *n.* Feierlichkeit; Formalität; sollemnĭă actŭŭm Rechtsformen, Rechtsförmlichkeiten (*C. j. c.* 14 § 1, 2°).
sollemnĭs, ĕ (sōlemnĭs, sollennis) feierlich, festlich; missă s.: Hochamt; mos est sollemnĭs: es ist eine altehrwürdige Sitte.
sollemnĭtās, ātĭs *f.* (sōlemnĭtās) 1. Feierlichkeit, festliche Feier. 2. Festort (Tempel; *Ps.* 73, 4). 3. das Übliche, das Gebräuchliche, das durch den Brauch und die Sitte Geheiligte; Vorschrift, Bestimmung; Formalitäten zur Gültigkeit eines Rechtsaktes (*C. j. c.* 1533).
sollers, tĭs (sōlers) kunstfertig, geschickt.
sollertĭă, ae *f.* (sōlertĭă) 1. Geschicklichkeit. 2. Schlauheit, Geriebenheit.
sollĭcĭtātĭō, ōnĭs *f.* Beunruhigung, Aufhetzung, Verführung; Anreizung zu einer Sünde (*C. j. c.* 2368).
sollĭcĭtātŏr, ōrĭs *m.* Verführer.
sollĭcĭtō 1 1. erregen, erschüttern. 2. aufreizen, aufwiegeln. 3. beunruhigen; verführen.
sollĭcĭtūdō, ĭnĭs *f.* 1. Besorgnis, Kummer. 2. Sorgfalt, Eifer.
sollĭcĭtŭm *adv.* sorgfältig: ambŭlārĕ.
sollĭcĭtŭs 3 1. stark erregt. 2. ängstlich, bekümmert. 3. voller Sorgfalt, sorgfältig.
Sōlŏdŏrēnsĭs, ĕ *s.* Solodurum.
Sōlŏdŏrŭm, ī *n. s.* Solodurum.
Sōlŏdūrŭm, ī *n.* (Sōlŏdŏrŭm, Salodurum) Solothurn, St. an der Aare, Schweiz (Solothurn), *ca.* 10000 Einw.; *dav.*: **Sōlŏdŏrēnsĭs,** ĕ *u.* **Sōlŏdūrēnsĭs,** ĕ.
sŏloecŭm, ī *n.* (σόλοικον) Sprachfehler.
sōlŏr 1 trösten, lindern, erleichtern.
sōlstĭtĭālĭs, ĕ zur Sommersonnenwende gehörig, zum Hochsommer gehörig.
sōlstĭtĭŭm, ī *n.* Sonnenwende.
sŏlūbĭlĭs, ĕ auflösbar, löslich.
sŏlŭm, ī *n.* 1. Boden, Grund, Erdboden. 2. Fußsohle.

sōlŭm *adv.* allein, nur, ausschließlich.
sōlummŏdō *adv.* nur ganz allein.
sōlŭs 3 1. allein, einzig. 2. einsam, alleinstehend, verlassen. 3. oft durch: „nur" *oder* „bloß" zu übersetzen.
sŏlūtĭō, ōnĭs *f.* 1. das Auflösen, das Ledigsein, Scheidung. 2. Freilassung, Haftentlassung. 3. Lösung, Beantwortung. 4. Ablösung, Abzahlung; Bezahlung (v. Zins *oder* Pachtgeld) (*C. j. c.* 1441, 1479).
sŏlūtŭs 3 1. frei, ungebunden, ungehindert, ōrātĭō sŏlūtă: Prosa. 2. zügellos, ausgelassen. 3. lässig, schlaff. 4. leicht, ohne Schwierigkeit.
solvō, solvī, sŏlūtŭm 3 1. lösen, losbinden, öffnen, trennen. 2. befreien. 3. auflösen, aufheben; verletzen: lēgĕm.
1. **Sŏlўmă,** ae *f. s.* Hierosolyma.
2. **Sŏlўmă,** ōrŭm *n. s.* Hierosolyma.
Sŏlўmae, ārŭm *f. s.* Hierosolyma.
Somănă, ae *f. s.* Somena.
Sŏmaschă, ae *f.* Somasca, Dörfchen zwischen Mailand u. Bergamo (Italien).
Sŏmăscī, ōrŭm *m.* die Somasker, regulierte Chorherren, deren Gesellschaft i. J. 1531 vom hl. Hieronymus Ämiliani gestiftet wurde.
Somĕnă, ae *f.* (Somana, Somona) Somme, Fluß der in den Kanal mündet, Frankreich.
1. **Somer** *indecl. m.* (*hebr.*: Schomer = Wächter) Somer, Israelit aus dem Stamme Aser, Sohn des Heber.
2. **Somer** *indecl. m.* (*hebr.*: Schemer) Somer 1. ein Levit, aus der Linie des Merari, Sohn des Moholi. 2. ein Israelit aus dem Stamme Ephraim. 3. Vater des Jozabad, des Dieners u. Mörders des Königs Joas von Juda.
somnambŭlismŭs, ī *m.* das Nachtwandeln, das Schlafwandeln.
somnĭātŏr, ōrĭs *m.* der Träumer; *auch mit dem Nebenbegriffe*: Wahrsager.
somnĭcŭlōsŭs 3 schläfrig, träge.
somnĭfĕr, fĕră, fĕrŭm schlafbringend.
somnĭō 1 träumen, sich einbilden.
somnĭōsŭs 3 schlaftrunken.
somnĭŭm, ī *n.* Traum, Traumgesicht; somnĭŭm somnĭārĕ: ein Traumgesicht schauen.
somnŏlentĭă, ae *f.* Schlafsucht, Schlaftrunkenheit.
somnŏlentŭs 3 schlafmüde, schlaftrunken.
somnŭs, ī *m.* 1. Schlaf. 2. Beischlaf (*Sap.* 7, 2). 3. Arbeitsruhe (*Ps.* 126, 4).
Somŏnă, ae *f. s.* Somena.
Somoria *indecl. m.* (*hebr.*: Schemarja Jahwe hat bewacht) Somoria, zweiter Sohn des Königs Roboam von Juda.
sŏnābĭlĭs, ĕ leicht ertönend, klangreich.
sŏnāns, tĭs tönend, schallend.
Sonegĭă, ae *f.* (Senonāgŭs pāgŭs) Landschaft in der Umgebung von Soignies, St., Belgien (Hennegau).
Sonegĭī, ōrŭm *m.* Sonegier, Volksstamm in Belgien (Hennegau), *s.* Sonegia.
sŏnĭgĕr, ĕră ĕrŭm weithinschallend.
sŏnĭtŭs, ūs *m.* 1. Schall, Getöse, Tosen: ăquārŭm. 2. Windhauch (*Ps.* 9, 7).
B. Sonnatĭŭs. ī *m.* sel. Sonnatius, Erzbischof, Vorsitzender des ersten Konzils von Reims, † um 633. — 21. Oktober.
sŏnō, ŭī, ĭtŭm 1 1. ertönen, erschallen, erbrausen, toben. 2. ertönen lassen, singen, besingen; bĕnĕ sŏnans: hellklingend (*Ps.* 150, 5). 3. sŏnārĕ ălĭquĕm: jemanden preisen.
sŏnŏr, ōrĭs *m.* Ton, Klang, Getöse.
Sonoră, ae *f.* Sonora, Staat im Nordwesten Mexikos; Bistum (seit 1779), Sitz in Hermosillo, Suffr. v. Durango; *dav.*: **Sonorēnsĭs,** ĕ.
sŏnōrŭs 3 schallend, tönend; klangvoll.
1. **sōns,** sontĭs schuldig, sträflich, straffällig.
2. **sōns,** sontĭs *m.* der Schuldige, Missetäter.
sontĭcŭs 3 gefährlich, bedenklich.
sŏnŭs, ī *m.* Laut, Schall: ĕpŭlantĭs (des Tafelnden = Musik beim Gastmahle, *Ps.* 41, 6), Ton, Klang, Getöse.
Sōpătĕr, trī *m.* (Σώπατρος) Sopater, Sohn des Pyrrhus aus Beröa, ein Gefährte des hl. Apostels Paulus (*Act.* 20, 4; *Rom.* 16, 21).
Sophach *indecl. m.* (*hebr.*) Sophach, Feldherr des Königs Adarezer von Soba (1. *Par.* 19, 16).
Sophai *indecl. m.* (*hebr.*: Sophai = Jahwe ist Späher) Sophai, Levit aus der Linie Kaath, Sohn des Elkana.
Sophan *indecl.* (*hebr.*: Schophan) Sophan St., Pal. (Gad).
Sophar *indecl. m.* (*hebr.*: Sophar) Sophar, ein Freund Jobs.
Sophenē, ēs *f.* Sophene, der südwestliche Teil von Großarmenien.
Sopher *indecl.* (*hebr.*: Schreiber) 4 *Reg.* 25, 19 *kein Eigenname, sondern zu lesen*: Schreiber des Heeresobersten.
Sopheret(h) *indecl.* (*hebr.*: Schreiberin) Sophereth, Knechte Salomons, deren Nachkommen mit Zorobabel aus dem babyl. Exil zurückkehrten.
sŏphĭă, ae *f.* (σοφία) die Weisheit.
Sŏphĭă, ae *f.* Sophie, Mutter des hl. Otto.
Sŏphĭă, (Sancta) die dem hl. Geist, der ewigen Weisheit (Sophia), geweihte Hauptkirche von Konstantinopel (Sophienkirche), seit 1453 türkisches Bethaus.

sŏphismă, ătĭs *n.* (σόφισμα) Trugschluß.
sŏphistă, ae *m. s.* sophistes.
sŏphistēs, ae *m.* (sophista, σοφιστής) 1. Sophist, *d. i.* berufsmäßiger Lehrer der Philosophie und Beredsamkeit. 2. spitzfindiger Philosoph, Scheinphilosoph.
sŏphistĭcŭs 3 sophistisch, spitzfindig (*Ecclus.* 37, 23).
Sŏphŏnĭăs, ae *m.* (*hebr.*: Sephanja = Jahwe hat geborgen) Sophonias, 1. Levit aus der Linie Kaath, Sohn des Thahath. 2. einer der sog. kleinen Propheten, z. Zt. des Königs Josias (um 650 v. Chr.); von den Protestanten wird er Zephanja genannt. 3. Vater des Josias eines vornehmen Juden in Jerusalem z. Z. des Propheten Zacharias. 4. ein Jude, Vater des Hem. 5. ein jüdischer Priester, der von Nabuzardan, dem Feldherrn Nabuchodonosors, getötet wurde.
S. Sōphrōnĭŭs, ī *m.* hl. Sophronius, Kirchenschriftsteller und Patriarch von Jerusalem, † 639; — 11. März.
sōpĭō 4 einschläfern, beschwichtigen, betäuben.
sŏpŏr, ōrĭs *m.* 1. tiefer Schlaf, Todesschlaf, Tod. 2. Trägheit.
sŏpōrātŭs 3 1. eingeschläfert, eingeschlafen. 2. einschläfernd.
sŏpōrĭfĕr, fĕră, fĕrŭm einschläfernd, schlafbringend.
sŏpōrō 1 1. einschläfern; *pass.* einschlafen (*Ps.* 3, 6). 2. betäuben.
sŏpōrŭs 3 voll Schlaf, schlafsüchtig.
Sōră, ae *f.* Sora, St. r. am Liri, It. (Caserta), *ca.* 6000 Einw.; Bischofssitz, exempt; seit 1881 mit Aquino u. Pontecorvo vereint; *dav.*: **Sōrānŭs** 3.
Sōrăbī, ōrŭm *m.* (Surabi) Sorben, slawischer Volksstamm an der Saale u. mittleren Elbe (Deutschland).
Sōractĕ, ĭs (*abl.* -ĕ u. -ī) *n.* (Sauracte) Monte di San Silvestro (Monte di San Oreste), ein einzelner Bergrücken (Kalksteinkegel) im südlichen Etrurien am Tiber, nördlich von Rom, 692 m hoch.
Sōrān. (*C. R.*) *s.* Sora.
sorbĕō, ŭī 2 1. in sich ziehen, schlürfen, einschlürfen. 2. hinunterschlucken, verschlucken, verschlingen.
sorbĭtĭō, ōnĭs *f.* Suppe.
sorbĭtĭuncŭlă, ae *f.* Suppe, Brühe (2. *Reg.* 13, 6).
Sorbŏnĭcă, ae *f.* (*scil.*: universitas) die Sorbonne, Universität in Paris, um 1250 von Robert von Sorbon als Lehranstalt begründet.
sordĕō, ŭī 2 1. schmutzig sein. 2. verachtet werden.
sordēs, ĭs *f.* (*abl.* -ī *u. auch* -ĕ) *f. meist pl.* sordēs, ĭŭm 1. Schmutz, Unreinlichkeit. 2. Sündenschmutz; Sünde, *bes.*: Habsucht.
sordēscō 3 schmutzig *oder* wertlos werden.
sordĭdŭs 3 1. schmutzig, unsauber. 2. gering, niedrig, gemein. 3. niederträchtig, schmachvoll. 4. schmutzig, geizig, habgierig.
sordĭtūdō, ĭnĭs *f.* Schmutz.
sordŭlentŭs 3 schmutzig gekleidet.
Sorec *indecl.* (*hebr.*: Soreq, eine edle Traubenart) Sorek, Name eine Tales zwischen Askalon u. Gaza in Palästina (Philisterland).
Sorēnsĕ coenŏbĭŭm, ī *n. s.* Soret(h)um.
Soret(h)ŭm, ī *n.* (Sorēnsĕ coenŏbĭŭm) Schussenried, Marktflecken, Württemberg (Donaukreis), *ca.* 3300 Einw.
sŏrex, ĭcĭs *m.* (ὕραξ) Spitzmaus.
Sori *indecl. m.* (*hebr.*: Salbe) Sori, Sänger im Heiligtume Gottes, Sohn des Idithun.
sōrītēs, ae *m.* (*dat. auch*: sōrītī) (σωρείτης) Sorites, Haufen- *oder* Kettenschluß.
sŏrŏr, ōrĭs *f.* 1. Schwester. 2. (*im weiteren Sinne auch*:) Muhme, Base, Geschwisterkind.
sŏrōrĭŭs 3 schwesterlich.
sors, tĭs *f.* 1. Los; sortĕm mittĕre: das Los werfen (*Ps.* 21, 19). 2. Anteil, Schicksal, Schickung (*Ps.* 30, 16); Besitz, Erbteil. 3. Stand, Beruf. 4. Orakel, Weissagung.
sortĭcŭlă, ae *f.* Lostäfelchen.
sortĭlĕgĭŭm, ī *n.* Weissagekunst; Zauberei.
1. **sortĭlĕgŭs** 3 weissagerisch, prophetisch.
2. **sortĭlĕgŭs,** ī *m.* Weissager.
sortĭŏr 4 1. losen, durchs Los bestimmen. 2. erlosen, erhalten, gewinnen.
sortītĭō, ōnĭs *f.* das Losen, Verteilung, Verlosung.
sortītŏr, ōrĭs *m.* Verloser.
1. **sortītŭs** 3 (*pass.*) durch das Los gezogen, gelost; *abl.*: sortītō: durch das Los (1 *Par.* 26, 14).
2. **sortītŭs,** ūs *m.* das Losen.
Sosatĭŭm, ī *n.* (Susat[tĭ]ŭm) Soest, St., Preußen (Westfalen), *ca.* 18000 Einw.
Sōsĭpătĕr, trī *m.* (Σωσίπατρος) Sosipater, 1. Anführer im Heere Judas des Makkabäers. 2. (*auch Sopater*) Christ, Verwandter u. Gehilfe des hl. Apostels Paulus.
S. Sŏsĭŭs, ī *m.* hl. Sosius, Diakon der Kirche von Misenum (Monte Miseno), Genosse des hl. Januarius, † 305, — 19. September.
sōspĕs, ĭtĭs wohlbehalten, glücklich.

sōspĭtālĭs, ĕ heilsam.
sōspĭtās, ātĭs *f.* Gesundheit, Heil, Wohl, Sicherheit.
sōspĭtātŏr, ōrĭs *m.* Erretter.
sōspĭtātrīx, īcĭs *f.* Erretterin.
sōspĭtō 1 wohl erhalten, erretten, behüten, bewahren.
Sōstĕnĕŭs dē Sōstĕnĕīs Gherardino di Sostegno, vornehmer Florentiner im 13. Jhdt., einer der sieben Gründer des Servitenordens.
Sōsthĕnēs, ĭs *m.* (Σωσθένης) Sosthenes, Synagogenvorsteher zu Korinth und später Gefährte des hl. Paulus.
Sōstrătŭs, ĭ *m.* (Σώστρατος) Sostratus, Feldherr des Königs Antiochus IV. Epiphanes von Syrien und Befehlshaber der Burg zu Jerusalem.
Sotai *indecl. m.* (*hebr.*: Sotai) Sotai, Knecht Salomons, dessen Nachkommen mit Zorobabel aus dem babyl. Exil zurückkehrten.
sōtēr, ērĭs (*acc.* -ēră) *m.* (σωτήρ) Retter, Erretter; Heiland.
S. Sōtēr, ērĭs *m.* hl. Soter, 1. Papst und Mart. (165—174), 22. April. 2. einer der Trierischen Martyrer; *s.* S. Palmatius.
S. Sotērēs, ĭs *f.* hl. Soteres, Jgfr. u. Mart., Verwandte des hl. Ambrosius, † um 303 in Rom. — 10. Februar.
sōtērĭŏlŏgĭă, ae *f.* (σωτηριολογία) Lehre von der Erlösung, Soteriologie.
Southwarcēn. (*C. R.*) *s.* Southwarcum.
Southwarcŭm, ī *n.* Southwark, St., r. an der Themse, südlicher Stadtteil von London, *ca.* 215000 Einw.; Bischofssitz (seit 1850), Suffr. v. Westminster; *dav.*: **Southwarcēnsis,** ĕ.
Sōzŏpŏlĭs, ĭs *f.* (Apollonia Thraciae) Sozopol, Hafenstadt am Golfe von Burgas in Bulgarien, an der Küste des Schwarzen Meeres; *ca.* 3500 Einw.
1. **spādīx,** īcĭs *m.* (σπάδιξ) Dattelpalmzweig.
2. **spādīx,** īcĭs (σπάδιξ) dattelfarbig, kastanienbraun.
spădō, ōnĭs *m.* (σπάδων) Entmannter, Verschnittener, Eunuch.
Spalătēn. (*C. R.*) *s.* Spalatum.
Spalătŭm, ī *n.* Spalato (*slaw.*: Split), Hafenst. auf einer Halbinsel des Adriatischen Meeres, Dalmatien, *ca.* 20000 Einw.; Bischofssitz (zuerst seit dem 3. Jhdt. in Salona, von 605 bis 1807 Erzbistum), 1882 vereinigt mit Makarska [532] und mit Traù [11. Jhdt.]; Suffr. v. Zara; *dav.*: **Spalatēnsĭs,** ĕ.
Spānĭă, ae *f. s.* Hispania.
Spānŭs, ī *m. s.* Hispanus.
spargō, sī, sŭm 3 1. streuen, ausstreuen. 2. besprengen, benetzen. 3. verbreiten.
sparsĭm *adv.* zerstreut, hier und da.
sparsĭō, ōnĭs *f.* das Sprengen, das Aussprengen.
sparsŭs 3 1. zerstreut. 2. bunt, gefleckt.
Spartă, ae *f.* Stadt Sparta in Südgriechenland; *dav.*: **Spartĭăcŭs** 3 *u.* **Spartānī,** ōrŭm *m.* (Spartiani, Spartiatae).
Spartānŭs, ī *m. s.* Sparta.
Spartĭānŭs, ī *m. s.* Sparta.
Spartĭātae, ārŭm *m. s.* Sparta.
spartŭm, ī *n.* Pfriemgras, Esparto.
spărŭs, ī *m.* kurzer Jagdspeer des Landvolkes.
spasmă, ae *f.* (*auch*: spasmă, ătĭs) *n.* (σπάσμα, ατος) 1. Ohnmacht. 2. Verzückung; Spasmă Virgĭnĭs *oder* Sanctă Maria dē Spasmā: Kirche von der Verzückung Mariens.
spasmŭs, ī *m.* (σπασμός) Krampf; Verzückung.
spastĭcŭs 3 (σπαστικός) mit Krämpfen behaftet.
spăthă, ae *f.* (σπάθη) 1. Rührlöffel. 2. *übtr.*: zweischneidiges Schwert, Pallasch, Flamberg.
spăthārĭŭs, ī *m.* Kriegsoberster, Feldherr.
spătĭŏr 1 langsam auf und abgehen, spazierengehen.
spătĭōsĭtās, ātĭs *f.* Geräumigkeit.
spătĭōsŭs 3 geräumig, groß; mărĕ spătĭōsŭm mănĭbŭs (*Ps.* 103, 25): das in seinen Buchten weitumfassende Meer.
spătĭŭm, ī *n.* 1. Raum. 2. Umfang, Ausdehnung. 3. Zwischenraum, Entfernung. 4. Zeitraum, Frist.
spătŭlă, ae *f.* Zweig.
spēbŭs *dat. u. abl. pl. zu*: spes.
spĕcĭālĭs, ĕ besonder; *adv.*: im besonderen.
spĕcĭātĭm *adv.* eigens, besonders, insbesondere.
spĕcĭēs, ēī *f.* 1. Anblick, Aussehen, Erscheinung. 2. das Sehen, das Schauen (*Gegensatz zu*: fĭdēs). 3. Anmut, Schönheit. 4. Begriff, Vorstellung. 5. Gestalt als bloße Außenseite, *so die Gestalten von Brot und Wein.* 6. Schein, Anschein. 7. Art, Gattung. 8. Vollkommenheit (*Ps.* 49, 2); spĕcĭēs dŏmūs = die Schöne des Hauses = Hausfrau (*Ps.* 67, 13).
spĕcĭfĭcātĭō, ōnĭs *f.* Angabe der Einzelheiten; Einzelaufführung.
spĕcĭfĭcō 1 besonders *oder* einzeln erwähnen, aufzählen.
spĕcĭfĭcŭs 3 von besonderer Art.
spĕcillŭm, ī *n.* die Sonde, *ein chirurgisches Instrument zum Untersuchen von Wunden u. dgl.*

spĕcimĕn, ĭnĭs *n.* 1. Probe, Gewähr, Beweis. 2. Beispiel, Muster.
spĕcĭōsĭtās, ātĭs *f.* schöne Gestalt, Schönheit.
spĕcĭōsŭm, ī *n.* herrliche Au, Trift, Weide.
spĕcĭōsŭs 3 schön, wohlgestaltet, glänzend, blendend.
spectābĭlĭs, ĕ 1. sichtbar. 2. sehenswert, ansehnlich, vornehm.
spectābĭlĭtās, ātĭs *f.* die hohe Würde; früher: Spectabilitas tua = Ew. Hochwürden; *j.*: Titel der Dekane an den Universitäten.
spectācŭlŭm, ī *n.* 1. Anblick, Schauspiel. 2. Schauspiel im Theater *oder* im Zirkus.
spectātĭō, ōnĭs *f.* das Ansehen, die Prüfung.
spectātŏr, ōrĭs *m.* 1. Betrachter, Beobachter. 2. Untersucher, Prüfer.
spectātrīx, īcĭs *f.* Zuschauerin, Beobachterin.
spectātŭs 3 bewährt, vortrefflich; ansehnlich, sehenswert.
spectō 1 1. schauen, beschauen, betrachten. 2. prüfen, beurteilen, erproben. 3. sich beziehen, gerichtet sein, gelegen sein; spectārĕ ad: sich nach etwas richten.
spectrŭm, ī *n.* ein Bild *oder* eine Erscheinung in der Seele, Vorstellung, Gesicht, Schemen; spectrŭm daemŏnĭs: Teufelserscheinung.
1. **spēcŭlă,** ae *f.* die kleine Hoffnung, ein Schimmer von Hoffnung.
2. **spĕcŭlă,** ae *f.* Warte, Wartturm.
spĕcŭlābundŭs 3 immer spähend, immer lauernd.
spĕcŭlārĭă, ĭŭm (*u.* ĭōrŭm) *n.* Fensterscheiben, Fenster.
spĕcŭlārĭs, ĕ zum Spiegel gehörig, spiegelartig (durchsichtig).
spĕcŭlātĭō, ōnĭs *f.* 1. Ausspähung; Warte. 2. Erforschung, Betrachtung. 3. Wächter.
spĕcŭlātīvŭs 3 nachsinnend, zum Spekulieren geneigt, spekulativ.
spĕcŭlātŏr, ōrĭs *m.* 1. Kundschafter, Spion. 2. Augenzeuge; Forscher.
spĕcŭlātōrĭŭs 3 zum Auskundschaften dienend; zum Späh- oder Wachtdienst gehörig, Späh-, Wacht-.
spĕcŭlātrīx, īcĭs *f.* Späherin.
spĕcŭlŏr 1 umherspähen, auskundschaften, beobachten.
spĕcŭlŭm, ī *n.* Spiegel, Abbild.
spĕcŭs, ūs *m.* Höhle, Grotte.
spēlaeŭm, ī *n.* (σπήλαιον) Höhle, Gruft, Grotte.
spēluncă, ae *f.* (σπήλυγξ) Höhle, Grotte.
spērābĭlĭs, ĕ erhoffbar.
spermă, ătĭs *n.* (σπέρμα) Same.
spernō, sprēvī, sprētŭm 3 1. verschmähen, verwerfen; *übtr.*: zerstampfen (*Ps.* 43, 6). 2. geringschätzen. 3. außer sich geraten, sich entrüsten (*Ps.* 77, 59 *u.* 62).
spērō 1 hoffen, erwarten (*mit* in *c. abl. oder acc.*).
spēs, spēī *f.* Hoffnung, Erwartung, Aussicht; *concr.*: einer, auf den man Hoffnung setzt.
S. **Speusippŭs,** ī *m.* hl. Speusippus, Mart. in Langres, Fkr., † um 170. — 17. Jan.
sphaeră, ae *f.* (σφαῖρα) Kugel; Himmelskugel.
sphaerŭlă, ae *f.* (sphērŭlă) 1. kleine Kugel, Kügelchen. 2. Knöpfchen an gegossenen Gegenständen, Knauf (2. *Mos.* 37, 17).
sphaeristērĭŭm, ī *n.* (σφαιριστήριον) Ballspielort.
sphaerŏmăchĭă, ae *f.* (σφαιρομαχία) Faustkampf mit Kugeln.
sphērŭlă, ae *f.* *s.* sphaerula.
Sphīnx, īngĭs *f.* (Σφίγξ) Sphinx, ein sagenhaftes weibliches Ungeheuer.
sphrāgĭs, īdĭs *f.* 1. Siegel. 2. *übtr.*: Siegeledelstein.
spīcă, ae *f.* (spīcŭm, spīcŭs) Ähre, Kornähre; spīcŭs crīnālĭs: Haarnadel.
spīcātŭs 3 in die Ähren geschossen.
spīcĕŭs 3 aus Ähren bestehend, Ähren-.
spīcĭlĕgĭŭm, ī *n.* Ährenlese.
spīcŭlātŏr, ōrĭs *m.* Lanzenträger, Trabant (Diener eines Fürsten).
spīcŭlŭm, ī *n.* 1. Spitze, Stachel. 2. Lanze, Spieß.
Spīcŭlŭs, ī *m.* Spiculus, Schüler des hl. Hidulph.
spīcŭm, ī *n.* *s.* spica.
spīcŭs, ī *m.* *s.* spica.
spīnă, ae *f.* 1. Dorn, Stachel. 2. Gräte. 3. Rückgrat. 4. *übtr.*: Sorge; *pl.*: Spitzfindigkeiten.
Spīnae, ārŭm *f.* (Spīnālēnsĕ mŏnastērĭŭm, Spīnāl(i)ŭm) Épinal, St. an der Mosel, Fkr. (Vosges), *ca.* 29000 Einw.
Spīnae Lambertī *f.* Spilamberto, It. (Modena).
Spīnālēnsĕ mŏnastērĭŭm, ī *n.* *s.* Spinae.
Spīnāl(ĭ)ŭm, ī *n.* *s.* Spinae.
spīnālĭs, ĕ zum Rückgrat gehörig, Rücken-.
spīnētŭm, ī *n.* Dorngebüsch, Dornhecke.
spīnĕŭs 3 aus Dornen; sp. cŏrōnă: Dornenkrone; **festŭm Ss. Spīnĕae Cŏrōnae D. N. J. C.**: Gedächtnis der hl. Dornenkrone U. H. J. Chr., *früher*: am Freitage nach Aschermittwoch.
Spinolă, ae *m.* Ambrosius Spinola, (kath.) Feldherr um 1600.

spīnōsŭs 3 dornenreich.
spīnŭlă, ae *f.* kleiner Dorn; Nadel.
B. Spinulă, ae *m. s.* B. Carolus Spinula.
Spīnŭlŭs, ī *m.* Spinulus, ein Mönch, Gefährte des hl. Hidulphus, *s. denselben.*
spīnŭs, ī *f.* Schwarzdorn, Schlehdorn.
spīră, ae *f.* (σπεῖρα) kreisförmige Wendung, Windung.
Spīră, ae *f.* (Nemetĭs, Nemetae, Nemetes, Augusta Nemetum. Civitas Nemetum) Speyer, St. am Rhein, Bayern (Pfalz), *ca.* 20000 Einw.; Bischofssitz, Suffr. v. Bamberg; *dav.*: **Spīrēnsĭs,** ĕ.
spīrābĭlĭs, ĕ atembar; luftig.
spīrācŭlŭm, ī *n.* 1. Luftloch. 2. Odem.
spīrāmĕn, ĭnĭs *n.* Hauch.
spīrāmentŭm, ī *n.* 1. Luftloch, Luftröhre, Öffnung, durch die gehaucht *oder* geblasen wird. 2. Pause, Atempause (*Job* 26, 4).
spīrātĭō, ōnĭs *f.* das Hauchen; Atem.
Spīrēn. (*C. R.*) *s.* Spira.
Spīrēnsĭs pāgŭs Gau um Speyer in Bayern (Pfalz).
spīrĭtālĭs, ĕ geistig, nicht körperlich.
spīrĭtŭālĭă, ĭŭm *n.* die übernatürlichen Kräfte u. Mächte.
spīrĭtŭālĭs, ĕ geistlich, zum inneren Leben gehörig (*Gegensatz zu*: carnālĭs); *adv.* **spīrĭtŭālĭtĕr**: im höheren Sinne.
spīrĭtŭālĭtās, ātĭs *f.* die geistige Natur.
spīrĭtŭālĭtĕr *adv. s.* spiritualis.
spīrĭtŭs, ūs *m.* (*von* spīro hauchen, atmen, wehen) I. *eigentl. Bedeutung nach der Ableitung*: 1. das Hauchen, der Hauch: spiritu labiorum suorum: mit dem Hauche seiner Lippen (*Js.* 11, 14; 26, 8); spiritu oris sui mit dem Hauche seines Mundes (2. *Thess.* 2, 8); das Ein- und Ausatmen, der Atemzug: spiritum attrahere nach Luft schnappen, nach Atem ringen *oder* lechzen; in supremo (ultimo) spiritu constitutus in den letzten Zügen liegend (2. *Mach.* 3, 31; 7, 9); Atem, Odem, Lebensodem: spiritus vitae (*Gen.* 6, 17); auferes spiritum eorum et deficient ... emittes spiritum tuum et creabuntur nimmst du ihnen den Lebensodem, so sterben sie ... sendest du deinen Lebensodem aus, dann werden sie geschaffen (*Ps.* 103, 29. 30; *der letzte Vers ist von der hl. Kirche in den Pfingstgebeten in höherem Sinne auf den hl. Geist und seine übernatürliche Gnadenschöpfung angewendet*); spiritus oris nostri der Lebensodem unseres Mundes (*Thren.* 4, 20, *gemeint ist König Sedekias, der als das Leben seiner Untertanen beschützendes Staatsoberhaupt gleichsam ihr Lebensprinzip sein sollte*); spiritus iumentorum Lebensprinzip der Tiere, Tierseele (*Eccles* 3, 21). 2. Das Wehen der Luft, Luftzug, Lufthauch: spiritus sibilans der säuselnde Lufthauch (*Sap.* 17, 17); Wind (*Gen.* 8,1; 15,10), spiritus, ubi vult, spirat: der Wind weht, wo er will (*Joh.* 3, 18); spiritus in alis der Wind mit seinen Flügeln (*Zach.* 5, 9; *Os.* 4, 19); continere spiritum den Wind einschließen (*Prov.* 30, 4); Sturmwind: spiritus grandis (3. *Reg.* 19, 11), spiritus procellarum (*Ps.* 106, 25). 3. Leben, lebendes Wesen: omnis spiritus laudet Dominum (*Ps.* 150, 6). II. das Stofflose, Körperlose, Immaterielle, Geistige: 1. Geist; a) guter Geist, Engel. b) unreiner, böser Geist: Teufel; spiritus tuus bonus (*Ps.* 142, 10; *Matth.* 12, 43; *Marc.* 1, 26; *Act.* 5, 16; 23, 8. 9); Geisterscheinung (*Luc.* 24, 29; *Job* 4,15). 2. Seele: angustia spiritus Seelenangst (*Sap.* 5, 3; *Bar.* 3, 1); tribulatio spiritus mei (*Job* 7, 11); (Virgo) sancta corpore et spiritu heilig an Leib und Seele (1. *Cor.* 7, 34); mortificatus carne, vivificatus spiritu dem Leibe nach tot, der Seele nach lebend (1. *Petr.* 3, 18. 19). 3. das Innere des Menschen; *in Anlehnung an die hebräische Ausdrucksweise zur Umschreibung des persönlichen Fürworts wie* anima mea = ich; infremuit in spiritu er seufzte im Inneren, bei sich (*Joh.* 11, 33); reversus est spiritus eius sein Geist kam wieder zurück, er kam wieder zu sich (1. *Reg.* 30, 12); cum spiritu vestro mit Euch (*Philem.* 25; *Phil.* 4, 23); cum spiritu tuo mit Dir (2. *Tim.* 4, 22). *Nach dem Sinne der Kirche scheint das Responsorium*: et cum spiritu tuo *auf* Dominus vobiscum *oder* Pax vobis, *weil nur vom Diakon aufwärts zugelassen, nicht als einfache Umschreibung zu nehmen zu sein* (= der Herr sei mit Euch und mit Dir), *sondern zugleich die sakramentale Würde auszudrücken*; *vgl.* V, 5. III. Geistesrichtung, innere Gesinnung, Denkart, Sinn: nonne eodem (*scil.* Titi) spiritu ambulemus? Sind wir nicht in der gleichen Gesinnung gewandelt? (2. *Cor.* 12, 18); nescitis cuius spiritus estis: ihr wißt nicht, von welcher Gesinnungsart ihr seid (*Luc.* 9, 55); spiritum regis in mansuetudinem convertere den Sinn des Königs in Sanftmut umwandeln (*Esth.* 15, 11); spiritus principalis hoher, fürstlicher Sinn, *nach*

dem Hebr. richtiger: williger Geist, willige Gesinnung (*Ps.* 50, 14); spiritus fidei: gläubige, vertrauensvolle Gesinnung (2. *Cor.* 4, 13); spiritus humilitatis: demütige Gesinnung. IV. hochgemuter, hochstrebender Geist; hochfahrender Geist. 1. Mut: nec remansit in nobis spiritus ad introitum; non remansit eis spiritus = nicht ein Fünkchen Mut blieb in uns (in ihnen) zurück (*Jos.* 2, 11; 5, 1); spiritus viri sustentat imbecillitatem suam des Mannes Mut richtet seine Schwäche wieder auf (*Prov.* 18, 14). 2. Unternehmungsgeist, kriegerischer Geist: suscitavit Deus spiritum Phul, spiritum Theglathphalnasar (1. *Par.* 5, 26); spiritum Philistinorum et Arabum (2. *Par.* 21, 16); spiritum Medorum (*Jer.* 51, 11). 3. Hochmut, Trotz, Zorn, Zornesausbruch: requievit spiritus eorum = es legte sich ihr Zorn (*Judic.* 8, 3); cohibere spiritum suum: seinen Zorn beherrschen (*Prov.* 25, 28); spiritus furoris (*Ex.* 15, 7. 8); spiritus irae (*Job* 4, 9). V. Geist, geistige Kraft und Wirkung als Gegensatz zum Irdischen, Natürlichen: 1. geistiges, übernatürliches Wesen: Spiritus est Deus = ein geistiges, übernatürliches Wesen ist Gott (*Joh.* 4, 24); quo ibo a Spiritu tuo = wohin soll ich fliehen vor deinem geistigen, überirdischen Wesen (*Ps.* 138, 7). 2. übernatürliche göttliche Kraft und Wirksamkeit: Spiritus Dei ferebatur super aquas (*Gen.* 1, 2); Spiritus Dei ornavit coelos . . . fecit me (*Job* 26, 13; 33, 4); Spiritus Domini rapuit Philippum (*Act.* 8, 39); Spiritus Sanctus = Virtus Altissimi (*Luc.* 1, 35, *beide Ausdrücke besagen hier wohl das Gleiche*); Spiritus sanctus in *Joh.* 20, 22 scheint nach Conc. Trid. sessio XXIII den „hl. Geist" zu bedeuten. 3. übernatürliche Einwirkung, übernatürlicher Antrieb, höherer Einfluß, Gnadenkraft: vir habens spiritum = ein Mann, der unter übernatürlichem Einflusse steht (*Mich.* 2, 11). 4. übernatürliche Weise: natus secundum carnem, natus secundum spiritum = der auf natürliche Weise Geborene, der auf übernatürliche Weise (durch göttlichen Einfluß) Geborene (*Gal.* 4, 29); coaedificari in Spiritu = eingebaut werden auf übernatürliche Weise (*Eph.* 2, 22); si spiritu vivimus, spiritu et ambulemus = wenn wir ein übernatürliches Leben haben, wollen wir auch einen übernatürlichen Lebenswandel führen (*Gal.* 5, 25). 5. übernatürliche Würde, hohe Würde: die durch den Empfang der Priesterweihe erhaltene Würde: et cum spiritu tuo: und mit Dir (Euch), „Hochwürden"; *vgl.* II. 3 und die Anrede der Christen beim hl. Augustinus u. a. „Caritas vestra" „Euer Lieb!"

1. **Spīrĭtŭs Sanctŭs,** ī *m.* der hl. Geist als dritte Person in der Gottheit; Spīrĭtūs Sanctī Congrĕgātĭō et Immăcŭlātae Cordĭs Mariae: Väter vom hl. Geist.

2. **Spīrĭtŭs Sanctŭs,** ī *m.* Espirito Santo, Staat in Brasilien mit der Hauptstadt Nossa Senhora *oder* Victoria; Bistum: Spiritūs Sanctī (seit 1896), Suffr. v. Rio de Janeiro.

spīrō 1 1. hauchen, blasen, wehen. 2. atmen, Atem holen, leben. 3. ausatmen, ausduften; voll sein von: spīrans mĭnārŭm et caedĭs mit Drohungen und Mordschnauben.

spissāmentŭm, ī *n.* Pfropf (zum Verstopfen).

spissātĭō, ōnĭs *f.* Verdichtung.

spissēscō 3 dicht werden.

spissĭtūdō, ĭnĭs *f.* Dichte.

spissō 1 verdichten, dichtmachen.

spissŭs 3 1. dicht, fest. 2. langsam *oder* nur mühsam vorwärtskommend; schwierig; verwickelt.

Spitignēŭs, ī *m.* Spitigneus, ältester Sohn der hl. Martyrerin Ludmilla, Fürst von Böhmen (10. Jhdt.).

splēn, ēnĭs *m.* (σπλήν) Milz.

splendĕō, ŭī 2 glänzen, strahlen; *übtr.*: ausgezeichnet sein.

splendēscō, splendŭī 3 glänzend werden, erglänzen.

splendĭdŭs 3 glänzend, prächtig, herrlich.

splendŏr, ōrĭs *m.* 1. Glanz, Abglanz; Schmuck (*Ps.* 109, 3). 2. Pracht, Herrlichkeit, Ehre. 3. Huld, Gnade (*Ps.* 89, 17).

S. P. M. = sŏcĭĕtās Presbўtĕrōrŭm dē Mĭsĕrĭcordĭā, Priester von der Barmherzigkeit, seit 1808.

S. P. O. = sŏcĭĕtās pĭōrŭm Opĕrārĭōrŭm, Kalasantiner, seit 1889.

Spōlētān. (*C. R.*) *s.* Spoletum.

Spōlētĭŭm, ī *n. s.* Spoletum.

Spōlētŭm, ī *n.* (Spōlētĭŭm) Spoleto, St. r. am Maroggia (zum Tiber), It. (Perugia), *ca.* 8000 Einw.; Erzbischofssitz (seit 1820, Bistum seit dem 1. Jhdt.), *dav.*: **Spōlētānŭs** 3 *u.* **Spōlētīnŭs** 3.

spŏlĭārĭŭm, ī *n.* Raubnest, Mördergrube.

spŏlĭātĭō, ōnĭs *f.* Beraubung, Plünderung.

spŏlĭātŏr, ōrĭs *m.* Berauber, Plünderer.

spŏlĭātrīx, īcĭs *f.* Plünderin, Berauberin.

1. **spŏlĭātŭs** 3 ausgeplündert, armselig.
2. **spŏlĭātŭs,** ī *m.* der von seinem Besitze vertriebene Geistliche.
spŏlĭō 1 der Kleider berauben, ausplündern, rauben.
spŏlĭŭm, ī *n.* 1. Siegesbeute, Siegespreis, Gewinn, Raub. 2. Beraubung von Hinterlassenschaften der Geistlichen aus kirchlichen Gütern (*C. j. c.* 1670).
spondă, ae *f.* Ruhebett; Bahre.
spondĕō, spŏpondī, spōnsŭm 2 1. feierlich versprechen, geloben. 2. Bürgschaft leisten (*Prov.* 6, 1).
spongĭă, ae *f.* (σπογγιά) Schwamm.
Sponhēmĭŭm, ī *n. u.* **Sponheim** *indecl.* Sponheim, ehemalige i. J. 1044 gegründete Benediktinerabtei und frühere Grafschaft zwischen Rhein, Nahe u. Mosel; *dav.*: **Sponhemiēnsĭs,** ĕ u. **Sponheimēnsĭs,** ĕ.
spōnsă, ae *f.* Verlobte, Braut.
spōnsālĭă, ōrŭm *u.* ĭŭm *n.* Verlobung.
spōnsālĭs, ĕ zur Verlobung gehörig: dōnă.
spōnsālĭtĭŭm, ī *n.* Verlobung, Vermählung.
spōnsĭō, ōnĭs *f.* (spōnsŭm) 1. feierliches Versprechen, Angelobung. 2. Bürgschaft, Vertrag, Verpflichtung.
spōnsō 1 1. *intr.*: sich verloben. 2. *trans.* zur Braut machen, jemanden verloben.
spōnsŏr, ōrĭs *m.* 1. Bürge. 2. Pate.
spōnsŭm, ī *n. s.* sponsio.
spōnsŭs, ī *m.* Verlobter, Bräutigam; missa pro Sponso et Sponsa: Brautmesse mit eigenem Formular und mit dem „Brautsegen" im Missale Romanum.
spontānĕĭtās, ātĭs *f.* eigener Antrieb, Selbstbestimmung.
spontānĕŭs 3 1. freiwillig (*Num.* 29, 39 u. 1. *Petr.* 5, 2). 2. frei.
spontĕ aus eigenem Antriebe, ohne Hilfe, selbständig, an und für sich.
sportă, ae *f.* Korb.
sportŭlă, ae *f.* 1. Körbchen. 2. Spende, Geldsumme, Sportel.
S. P. Q. R. = sĕnātŭs pŏpŭlusquĕ Rōmānŭs, der Senat und das römische Volk.
sprētĭō, ōnĭs *f.* Verachtung.
sprētŏr, ōrĭs *m.* Verächter.
Springirsbacēnsĭs, ĕ aus Springiersbach, einer alten Augustinerabtei in der Südeifel.
spūmă, ae *f.* Schaum, Gischt.
spūmēscō 3 aufschäumen.
spūmĕŭs 3 schäumend, schaumbedeckt.
spūmō 1 schäumen.
spūmōsŭs 3 voller Schaum, überschäumend.
spŭō, spŭī, spūtŭm 3 speien.
spurcĭtĭă, ae *f.* (spurcĭtĭēs) Unflat, Unflätigkeit.
spurcĭtĭēs, ēī *f. s.* spurcitia.
spurcō 1 verunreinigen, besudeln.
spurcŭs 3 schmutzig, unflätig.
spŭrĭă, ae *f.* uneheliches Mädchen.
1. **spŭrĭŭs** 3 unehelich, unecht, unterschoben.
2. **spŭrĭŭs,** ī *m.* uneheliches Kind, Hurenkind, Bastard.
spūtātĭlĭcŭs 3 anspeienswert, verabscheuungswürdig.
spūtō 1 speien.
spūtŭm, ī *n.* Speichel, Auswurf.
squālentĭă, ae *f.* Unflat, Schmutz.
squālĕō 2 schmutzig *oder* ungepflegt sein.
squālēscō 3 schmutzig werden.
squālĭdŭs 3 schmutzig, unsauber.
squālŏr, ōrĭs *m.* Schmutz, Unreinigkeit; Rost.
squāmă, ae *f.* 1. Schuppe der Fische *oder* der Schlangen. 2. *übtr.*: Schuppen am Panzer; *pl.*: Schuppenpanzer.
squāmātŭs 3 mit Schuppen versehen: lōrīcă.
squāmĕŭs 3 schuppig.
squāmōsŭs 3 voll Schuppen, schuppig.
squillă, ae *f.* (scilla) kleiner Seekrebs, Krabbe.
Squillācēn. (*C. R.*) *s.* Scylaceum.
Squillācŭm, ī *n. s.* Scylaceum.
S. R. E. = sanctă Rōmānă Ecclēsĭă, die heilige römische Kirche.
S. S. = sēmĭnārĭŭm Sulpĭcĭānŭm (S. Sulpicii), gegründet 1642 in Paris (Fkr.).
1. **S. Ss. C.** = săcerdōtēs sacrātissĭmī Cordĭs Jesu (dē Betharram), Priester vom hlst. Herzen Jesu, seit 1841.
2. **S. Ss. C.** = săcerdōtēs ā sacrātissĭmō Cordĕ Jesu (dē St. Quentin), Priester vom hlst. Herzen Jesu, seit 1877.
S. Ss. S. = săcerdōtēs dē sanctissĭmō Sacrāmentō, Priester vom hlst. Sakramente, seit 1856.
Stabĕlācō, ōnĭs *f. s.* Stabuletum.
Stabĕlācŭm, ī *n. s.* Stabuletum.
Stăbĭae, ārŭm *f.* (Ecclēsĭă Castrī Mărĭs) Castellamare di Stabia, St. im Golfe von Neapel (Kampanien), It. (Neapel), auf den Trümmern von Stabiae erbaut, *ca.* 2500 Einw.; Bischofssitz (seit dem 5. Jhdt.), Suffr. v. Sorrento.
stăbĭlĭmĕn, ĭnĭs *n.* Befestigung, Stütze.
stăbĭlĭmentŭm, ī *n.* Befestigungsmittel, Stütze (*Sap.* 6, 2).
stăbĭlĭō 4 1. befestigen, festsetzen, bestärken. 2. Pläne ausführen.
stăbĭlĭs, ĕ feststehend, dauerhaft.
stăbĭlĭtās, ātĭs *f.* Festigkeit, Standhaftigkeit, Dauerhaftigkeit; *concr.*: Grundfeste.

stăbŭlārĭŭs, ī *m.* Gastwirt, Herbergsvater.
Stăbŭlācŭm, ī *n. s.* Stabuletum.
stăbŭlātĭō, ōnĭs *f.* Viehstand, Aufenthaltsort fürs Vieh.
Stăbŭlēnsĭs, ĕ *s.* Stabuletum.
Stabŭlēnsĭs, ĕ *s.* Stabuletum.
Stabŭlētŭm, ī *n.* (Stabelacum, Stabulacum, Stabelaco, Stabulum) Stavelot *oder* Stablo, St., r. an der Amblève (zur Ourthe), Belgien (Lüttich), *ca.* 5000 Einw., ehem. Benediktinerabtei, gegr. um 648 durch den hl. Remaclus, aufgehoben von Fkr. 1795; *dav.*: **Stabŭlēnsĭs,** ĕ.
stăbŭlō 1 *s.* stabulor.
stăbŭlŏr 1 (stabulo) 1. im Stalle stehen, im Stalle bleiben. 2. seinen Standort haben, sich aufhalten, hausen, lagern.
stăbŭlŭm, ī *n.* 1. Standort. 2. Stall. 3. Ausspann; Wirtshaus, Herberge.
Stăbŭlŭm, ī *n. s.* Stabuletum.
Stăbŭlŭm Rhŏdĭs *n.* Malavalle *oder* Maleval, einsamer Ort bei Siena, It. (Toskana).
Stăchys, ўŏs (*acc.* -yn) *m.* (Στάχυς) Stachys, ein Schüler u. Freund des hl. Paulus; er soll einer der siebzig Jünger Jesu gewesen u. später erster Bischof von Byzanz geworden sein.
stactă, ae *f. s.* stacte.
stactē, ēs *f.* (stactă, στακτή) Myrrhensaft, Myrrhenharz.
Stactēŭs, ī *n.* Stacteus, einer der sieben Söhne der hl. Martyrerin Symphorosa († um 120).
stădĭŭm, ī *n.* (στάδιον) 1. Rennbahn, Laufbahn. 2. Lebenslauf, Lebenskampf.
Stăgīră, ōrŭm *n.* (Στάγειρος) Stagira, *j.*: Libanora, Stadt auf Chalkidike in Makedonien beim Berge Athos, Geburtsort des Philosophen Aristoteles; *dav.*: **Stăgīrītēs,** ae *m.* Stagirite.
Stăgīrītēs, ae *m. s.* Stagira.
stăgnō 1 1. *intr.*: unter Wasser stehen, versumpfen. 2. *trans.*: überschwemmen.
stăgnŭm, ī *n.* stehendes Gewässer, Teich, See: ăquārŭm.
stallă, ae *f.* Kaufbank.
stallŭm, ī *n.* (stallus) Stand, Chorsitz, Platz im Chorgestühle der Dom-, Stifts- u. Ordenskirchen für die Domherren, Stiftsherren u. Mönche.
stăllŭs, ī *m. s.* stallum.
Stamedĭŭm, ī *n.* (Stannedium) 1. Tamie, ehem. Cistercienserkloster, Fkr., Diöz. Tarentaise (Savoyen), gegr. 1134; *später*: Trappistenkloster. 2. *s.* Stannedium.
stāmĕn, ĭnĭs *n.* (στήμων) 1. Grundfaden beim Weben, Aufzug, Werft. 2. Faden. 3. Schicksalsfaden, Schicksal. 4. Gewebe (*Lev.* 13, 59).
stāmĭnĕŭs 3 voll Fäden, mit Fäden umwickelt.
stamnĕŭs 3 *s.* stanneus.
Stampēnsĭs păgŭs, ī *m.* Étampois, ehem. Grafschaft, später Étampes, ehem. Herzogtum, Fkr. (Seine-et-Oise).
Stānislāŏpŏlĭs, ĭs *f.* Stanislawów, St., Ostgalizien, *ca.* 30 000 Einw.; griechisch-katholischer Bischofssitz; *dav.*: **Stānislāŏpŏlītānŭs** 3.
Stānislāŏpŏlītān. (*C. R.*) *s.* Stanislaopolis.
S. Stānislāŭs, ī *m.* hl. Stanislaus, Mart. u. Bischof von Krakau, † 1079, 7. *oder* 8. Mai.
S. Stānislāŭs Kostkă, *m.* hl. Stanislaus Kostka, Bek., Kleriker der Ges. Jesu, zweiter Patron des Polenreiches, († 1568).

Stanislaus war der Sprosse des Senatorengeschlechtes der Kostka in Polen. Die jungfräuliche Reinheit bewahrte er so tadellos, daß er schon bei einem minder unanständigen Worte, das an der väterlichen Tafel gesprochen wurde, wie entseelt zusammenbrach. Seine Studien machte er in einem Seminar zu Wien, wo er seinen Mitzöglingen ein musterhaftes Vorbild war. Man zwang ihn, in einem protestantischen Hause Wohnung zu nehmen, wo ihn sein Bruder Paul zu einem freieren Leben anhalten wollte. Während Paul dabei nicht vor Roheiten zurückschreckte, hielt Stanislaus zwei Jahre lang diesen häuslichen Krieg mit größter Standhaftigkeit aus in der Gewißheit, daß er nicht fürs Vergängliche, sondern fürs Ewige geboren sei. Deshalb kannte er einzig und allein die Sehnsucht nach himmlischen Dingen. Die täglichen Quälereien vonseiten seines Bruders waren ihm noch nicht genug; er fügte noch häufiges Fasten, Geißelungen und andere Bußwerke für den schwächlichen Körper hinzu, so daß er in eine tödliche Krankheit fiel. Während derselben verscheuchte er dreimal durch das hl. Kreuzzeichen den Satan, der ihn in Gestalt eines schrecklichen Hundes anfiel. Da er in dem genannten Hause vergeblich die hl. Wegzehrung erbat, wurde sie ihm von Engeln gereicht. Kaum war er von der seligsten Gottesmutter freundlich zur Umarmung des Jesukindes zugelassen und ihm befohlen worden, in die Gesellschaft Jesu einzutreten, als er auch schon plötzlich gesund wurde. Da ihm die Furcht vor dem Vater in Deutschland den Eintritt verschloß, floh er allein zu Fuß als Pilger gekleidet nach Rom und wurde vom Ordensgeneral, dem hl. Franz Borgias, in die Gesellschaft Jesu aufgenommen. Die Tugenden des verdienten Novizen leuchteten in der Schule des religiösen Lebens noch herrlicher; besonders war es die Liebe zu Gott, zu dem er häufig, der Sinne beraubt, im Geiste entrückt wurde. Sein Antlitz war strahlend; fortwährend vergoß er Tränen; die Glut in seiner Brust war so groß, daß sie selbst mitten im Winter durch kalte Wasserumschläge gedämpft werden mußte. Mehr durch Liebe als durch das Fieber verzehrt, wurde er am Tage Mariä Himmelfahrt, im 18. Lebensjahre, in den Himmel aufgenommen. Bald nach seinem Tode glänzte er durch viele Wunder besonders in Polen. Benedikt XIII. nahm ihn in die Zahl der Heiligen auf — 13. November (Augsburg, Gnesen und Posen, Krakau, Kulm, Lemberg, Przemysl, Tarnow, Wien; Ges. Jesu).

Stānislāŭs Wacenza *m.* Stanislaus Wacenza, Vater des hl. Johannes Cantius.

Stannedĭŭm, ī *n.* (Stenaeum) 1. Stenay, St. bei Montmédy, Fkr. (Maas), *ca.* 3400 *Einw.* 2. *s.* Stamedium.

stannĕŭs 3 (stamnĕŭs) aus Zinn bestehend; zinnern.

stannŭm, ī *n.* Mischung aus Silber u. Blei, Werkblei; Zinn.

Staphēnsĕ mŏnastĕrĭŭm, ī *n.* Staffelsee, Kloster, Bayern (Oberbayern).

Stargardĭă antīquă, ae *f.* Oldenburg, St., (Holstein).

stătārĭŭs 3 1. feststehend. 2. ruhig, leidenschaftslos.

stătēr, ērĭs *m.* (στατήρ) Stater, eine Silbermünze, vier Drachmen an Wert (etwa 3.— M.); als jüdische Münze: ein Sekel.

stătēră, ae *f.* (στατήρ) die Wage.

Stătiellae Aquae, ārŭm *f.* *s.* Aquae Statiellae.

Stătĭellī, ōrŭm *m.* vornehme Familie zu Allessandria (Norditalien).

stătĭm *adv.* 1. feststehend. 2. sogleich, sofort.

stătĭō, ōnĭs *f.* 1. Standort, Aufenthaltsort. 2. Wachtposten. 3. Stationsfeier (d. h. der Besuch bestimmter Kirchen Roms, mit dem an bestimmten Tagen ein besonderer Ablaß verbunden ist). 4. Aufstellung der Mönche zum feierlichen Einzuge in den Chor *oder* in die Kirche. 5. stătĭōnēs prīmārĭae: die Hauptniederlassungen der einzelnen Orden.

statĭōnālĭs, ĕ Stations-.

stătĭōnārĭŭs, ī *m.* Posthalter, Postmeister.

stătistĭcă, ae *f.* Zusammenstellung, Statistik.

stătīvă, ōrŭm *n.* Standlager.

stătīvŭs 3 stehend, feststehend.

stătŏr, ōrĭs *m.* Amtsdiener.

stătŭă, ae *f.* Standbild, Bildsäule.

1. **stătŭārĭŭs** 3 zur Bildsäule gehörig.

2. **stătŭārĭŭs,** ī *m.* Bildgießer.

stătŭō, ŭī, ūtŭm 3 1. hinstellen, aufstellen. 2. als bestimmt annehmen, dafür halten; st. alicui aliquid peccatum: jemandem etwas zur Sünde anrechnen. 3. festsetzen, bestimmen: poenăm, verordnen, bestätigen; festmachen = einprägen (*Ps.* 118, 38). 4. zum Stehen bringen, stillen: procellam (*Ps.* 106, 29).

stătūră, ae *f.* Leibesgröße, Gestalt.

1. **stătŭs** 3 *ptc. pf. zu:* sisto.

2. **stătŭs,** ūs *m.* 1. Stand, Stellung. 2. Bestand, Geltung. 3. Lage, Zustand, Beschaffenheit. 4. Staat; **Status Ecclesiasticus**: Kirchenstaat; **Stătŭs foedĕrātī Amerĭcae**: die Vereinigten Staaten Nordamerikas.

stătūtŭm, ī *n.* 1. Beschluß, Entscheidung, Verordnung. 2. *pl.*: Satzungen (*C. j. c.* 410, 689 § 1).

Steinfeldēnsĭs, ĕ aus *oder* von Steinfeld (Erzbistum Köln) mit ehemaligem Prämonstratenserkloster.

Steinhuber, Andreas *m.* Andreas, Kardinal Steinhuber S. J., Mitglied der ersten Kodifikationskommission († 1918).

stēlă, ae *f.* (στήλη) Pfeiler, Säule.

stēlĭō, ōnĭs *m.* *s.* stellio.

stēllă, ae *f.* Stern, Gestirn.

stēllātŭs 3 gestirnt.

stēllĭō, ōnĭs *m.* (stelio) Steineidechse (*Prov.* 30, 28).

stemmă, ătĭs *n.* (στέμμα) 1. Stammbaum, Stamm, Ahnentafel, Verwandtenreihe. 2. Wappen (*C. j. c.* 1455 Nr. 3).

Stenācŭm, ī *n.* *s.* Satanacum.

Stenaeŭm, ī *n.* *s.* Stannadium.

B. Stephana Quinzani, sel. Stephana Quinzani, Jgfr. Dominikanerin († 1530).

Sie wurde im Jahre 1457 in einem kleinen Dorfe in der Nähe der Stadt Brescia in der Lombardei (It.) geboren. Im Alter von fünfzehn Jahren erhielt sie das Gewand des dritten Ordens vom hl. Dominikus und widmete sich nun gänzlich der Pflege der Armen und Kranken. Man sagte von ihr, sie wende nur zwei Dingen ihre Liebe zu, der hl. Kommunion und dem Leiden. Sie starb am 2. Januar 1530. Benedict XIV. sprach sie im Jahre 1740 selig. — 16. Januar (Dom. O.).

Stephănās, ae *m.* (Στεφανᾶς) Stephanas, einer der ersten Christen zu Korinth.

Stephănŏpŏlĭs, ĭs *f.* *s.* Brassovia.

S. Stephănŭs, ī *m.* (Στέφανος) hl. Stephan, 1. hl. Erzmart., † um 33, 26. Dezember. 2. hl. Papst **St. I.** (254—257). Mart., 2. Aug. 3. hl. Subdiakon u. Mart. **St.**, † 258, Gefährte des hl. Papstes Sixtus II., 11. August. 4. hl. König v. Ungarn, † 1038, 2. September.

5. **S. Stephănŭs,** ī *m.* hl. Stephan, Cist. Abt († 1134).

Stephan Harting, der große Organisator des Cistercienserordens, stammte aus einer angesehenen englischen Familie. Als Jüngling begab er sich nach Paris, um sich in den weltlichen und theologischen Wissenschaften zu vervollkommnen. Zum Manne herangereift, trat er in das Benediktinerkloster Molesme (Fkr.) ein und gründete dann i. J. 1098 mit dem hl. Robert Citeaux, das Mutterkloster des Cistercienserordens. Hier wurde er als Abt Nachfolger des hl. Alberich. Nachdem kurz nacheinander vier Klöster von Citeaux gegründet worden waren, ging der Heilige daran, dem Orden eine entsprechende Verfassung zu geben. Er tat dies durch die sog. Charta caritatis, die auf Grundlage der Regel des hl. Benedikt Bestimmungen über Organisation und Leitung des Gesamtordens und der einzelnen Klöster enthält. Er stellte den ganzen Orden unter den besonderen Schutz der allerseligsten Jungfrau Maria. Reif für den Himmel, verließ Stephan nach einem segensreichen Wirken diese Welt. — 16. Juli (Cist. O.).

S. Stephănŭs Obazinēnsĭs *m.* hl. Stephan von Obazine, Bek., Cistercienserabt, † 1159. — 11. März (Cist.O.).

B. Stephănŭs Bellesĭnŭs, ī *m.* sel. Stephan Bellesini, Bek. aus dem Augustinerorden († 1840).

Er wurde gegen Ende des 18. Jahrhunderts aus dem Geschlechte der Bellesini zu Trient (Tirol) geboren; früh schon schloß er sich den Augustinern an und wurde in Bologna (Italien) aufgenommen. Als die feindlichen Franzosen die Stadt bedrängten, eilte Stephan, der Subdiakon geworden war, nach Trient zurück. Er erhielt die Erlaubnis zu predigen und hatte großen Erfolg. Nachdem er wider Erwarten von einer schweren Krankheit genesen war, ließ er sich zum Priester weihen. Als auch Trient von den Franzosen besetzt wurde und seine Ordensmitglieder zersprengt worden waren, nahm er sich nach seiner Rückkehr in das väterliche Haus der Kinder besonders an. Infolgedessen ernannte ihn der Kaiser von Österreich zum Vorsteher aller Schulen Tirols. Nach einiger Zeit erlangte er die Erlaubnis, nach Rom zu reisen, wo er die Leitung der jungen Leute, die sich den Augustinern anschlossen, übernahm. Fünf Jahre später erhielt er eine Pfarrei; er wurde darin allen ein Vorbild. Als die Pest in seiner Gemeinde wütete, eilte er an die Krankenbetten. Er wurde selbst angesteckt und starb an der Seuche. Pius X. nahm ihn unter die Seligen auf. — 3. Februar (Trient).

B. Stephănŭs Pongracziŭs, ī *m.* sel. Stephan Pongratz († 1619), *s.* B. Marcus Crisinus.

Stephănŭs, ī *m.* Stephan; **Päpste**: 1. **hl. Stephan I.** (254—257), Mart., 2. August; *s.* auch S. Stephanus. 2. **Stephan III.** (768—772). 3. **Stephan IV.** (816—817). 4. **Stephan V.** (885—891). 5. **Stephan IX.** (1057—1058).

stercŏrō 1 düngen.

sterculĭnĭŭm, ī *n. s.* sterquilinium.

stercŭs, ŏrĭs *n.* Kot, Dünger, Mist.

stĕrĕŏtȳpŭs 3 (στερεότυπος) Stereotyp-.

stĕrĭlĭs, ĕ unfruchtbar, ertraglos; kinderlos.

stĕrĭlĭtās, ātĭs *f.* Unfruchtbarkeit; völlige Vereinsamung: ănĭmae (= Schmerz [Schlögl]; *Ps.* 34, 12).

sternāx, ācĭs abwerfend, sich bäumend; störrisch.

sternō, strāvī, strātŭm 3 1. hinstrecken, niederlegen, hinwerfen; jemand ein Lager bereiten; gürten, satteln: ăsĭnŭm, ĕquŭm. 2. zu Boden strecken, niedermachen, niederhauen. 3. bedecken, bestreuen, besäen.

sternūmentŭm, ī *n.* das Niesen.

sternŭō, ŭī 3 niesen; knistern, knastern.

sternūtātĭō, ōnĭs *f.* das Niesen (*Job* 41, 9).

sterquĭlīnĭŭm, ī *n.* (sterculinium) Mistgrube, Düngerhaufen.

stertō, ŭī 3 schnarchen, fest schlafen.

Stetină, ae *f. s.* Sedinum.

Stharbuzanai *indecl. m.* (*hebr.*: Schetarbuzani; *vgl. altiranisch*: Setraburana; *andere lesen* Mitrabbuzani, Μιϑραβουζάνης) Sthabuzanai, ein anfänglicher Gegner des nachexilischen Tempelbaues zu Jerusalem.

stĭbădĭŭm, ī *n.* (στιβάδιον) (das halbkreisförmige) Ruhebett.

stĭbĭnŭs 3 spießglanzartig, antimonartig [alabastern ?] (1. *Par.* 29, 2).

stĭbĭŭm, ī *n.* (στίβι) Spießglanz, Antimon; Bleierzglanz (antimonium) (zur Schwarzfärbung der Augenbrauen verwendet); *das hebr. Wort bezeichnet* 1. *Par.* 29, 2 *einen hellglänzenden Edelstein, der zum Einfassen anderer Edelsteine diente.*

stigmă, ătĭs *n.* (στίγμα) 1. Brandmal. 2. Beschimpfung. 3. Wundmal; festŭm **Ss. Stigmătŭm S. Francisci,** Fest der Einprägung der Wundmale des hl. Franz von Assisi, 17. September.

stigmătĭās, ae *m.* (στιγματίας) der Gebrandmarkte.

stigmătĭzātĭō, ōnĭs *f.* Stigmatisation, die Einprägung von Wundmalen.

stigmō 1 1. brandmarken. 2. mit Wundmalen versehen.

stigmōsŭs 3 voller Brandmale.

Stĭlĭchō, ōnĭs *m.* (Stilico) Stilicho, ein Vandale, Regent des weströmischen Reiches für Kaiser Honorius v. 395 bis 408, ermordet zu Ravenna am 23. Aug. 408.

Stĭlĭcō, ōnĭs *m. s.* Stilicho.

stillă, ae *f.* Tropfen.

stillārĭŭm, ī *n.* die kleine Zugabe, Trinkgeld.

stillĭcĭdĭŭm, ī *n.* Tropfenfall, Regenguß, Träufeln; *concr. pl.*: Geträufel, Regenschauer.

stillō 1 träufeln, tröpfeln; ergießen: verbă, regnen (*Ps.* 71, 7).

stĭlŭs, ī *m.* (στῦλος) 1. Schreibstift. 2. Schreibart, Schreibweise, Stil, Ausdrucksweise.

stĭmŭlātĭō, ōnĭs *f.* Anreizung, Sporn.

stĭmŭlātŏr, ōrĭs *m.* Aufreizer, Hetzer.

stĭmŭlātrīx, īcĭs *f.* Anreizerin.

stĭmŭlō 1 1. quälen, martern. 2. anspornen, reizen.

stĭmŭlŭs, ī *m.* 1. Stachel; die untere Spitze des Bischofsstabes. 2. Sporn, Antrieb. 3. Unruhe, Qual.

stīpātĭō, ōnĭs *f.* 1. das Stopfen. 2. die drängende Menge, das Gefolge.

stīpātŏr, ōrĭs *m.* Leibwächter.

stīpātŭs 3 umringt, umgeben.

1. **stīpendĭārĭŭs** 3 1. um Sold dienend, Sold empfangend. 2. steuerpflichtig, tributpflichtig.

2. **stīpendĭārĭŭs,** ī *m.* 1. Söldner. 2. der Tributpflichtige.

stīpendĭō 1 besolden.

stīpendĭŭm, ī *n.* 1. Sold, Löhnung; Lohn: stīpendĭă vĭdŭĭtātĭs. 2. Steuer, Abgabe. 3. Gebühr, Meßstipendium; stīpendĭŭm mănŭālĕ: ein von den

Gläubigen den Priestern gereichte, vom Bischofe festgesetzte (oder freiwillige höhere) Taxe *oder* Gabe, auf Grund von deren Annahme die Priester die hl. Messe nach der Meinung des Spenders aufopfern; stīpendĭŭm ad instăr mănŭālĭŭm: die Stiftungsgebühr einer gestifteten Messe, die nicht am Stiftungsorte gelesen wird, sondern zum Lesen einem fremden Priester übergeben wird. 4. Gabe, Wohltat, Gnade; *pl.* stīpendĭă spīrĭtŭālĭă: Ablässe.

stīpĕs, ĭtĭs *m.* (στῦπος) 1. Baumstamm, Pfahl; Baum. 2. Kreuzesstamm; stīpĕs ātĕr: der grausige Kreuzesstamm. 3. Stamm, Stammbaum; Ursprung; stīpĭtĕ demptō: den ersten Stamm, den Urstamm abgerechnet (bei Feststellung der Verwandtschaft *C. j. c.* 96). 4. der untere, als Stütze für den Altartisch dienende Teil des festgefügten Altares, d. h. die Säulchen, die Pfosten *oder* Pfeilerchen des Altares, welcher den Altartisch tragen; dieser Altarunterbau muß aus Naturstein bestehen; auch bei einem Unterbau aus Ziegelsteinen müssen entweder die beiden Schmalseiten aufrechtstehende Steinplatten enthalten oder die vier Ecken aus Steinpfeilerchen oder Steinsäulchen bestehen (*C. j. c.* 1198).

stīpō 1 zusammendrängen, bedrängen; dicht umgeben, umdrängen: stīpantĕ chŏrō Angĕlōrŭm.

stips, stĭpĭs *f.* Gabe, Abgabe, Spende; Lohn, Almosen; stĭpĕm pĕtĕrĕ, quaerĕrĕ, quaesĭtārĕ: sammeln, kollektieren (*C. j. c.* 622); Meßstipendium (*C. j. c.* 825 Nr. 4; 831 § 1; 832).

stĭpŭlă, ae *f.* Halm, Strohhalm, Stoppel; Stengel (*Jos.* 2, 6).

stĭpŭlātĭō, ōnĭs *f.* Vertrag; Handgelöbnis.

stĭpŭlŏr 1 abmachen, ausbedingen.

Stīră, ae *f.* Steyr, St., Oberösterreich, *ca.* 17600 *Einw.*

stīrĭă, ae *f.* gefrorner Tropfen, Eiszapfen.

stirpātŏr, ōrĭs *m.* Ausrotter.

stirpēs, ĭs *f. s.* stirps.

stirpĭtŭs *adv.* mit Stamm und Wurzel, mit Stumpf u. Stiel, ganz, völlig.

stirps, pĭs *f.* (stirpēs) 1. der Stamm mit der Wurzel, die Pflanze. 2. Familienstamm, Geschlecht. 3. Sprößling, Nachkomme.

stīvă, ae *f.* Pflugsterz; torquērĕ stivăm: den Pflug führen.

Stivagĭēnsĕ mŏnastērĭŭm, ī *n. s.* Stivagium.

Stivagĭŭm, ī *n.* (Stivagĭēnsĕ mŏnastērĭŭm) Étival, St., Fkr. (Vosges).

Stīvērī, ōrŭm *m. die Übertragung vom italienischen* dello Stiviere (delle Stiviere), ein Beiname *oder* Zusatz zu Castiglione, der es von anderen Orten dieses Namens unterschied; dieses Castiglione soll sich in alter Zeit durch Anfertigung von seidenen u. wollenen Stiefelchen ausgezeichnet haben, wodurch möglicherweise der Beinamen entstanden ist; denn stiviere heißt Stiefelchen; die Markgrafschaft Castiglione dello Stiviere lag zwischen Venedig, Mantua u. Brescia südlich vom Gardasee (Italien).

stō, stĕtī, stātŭrŭs 1 1. stehen, sich aufhalten (*Ps.* 1, 1), verweilen. 2. erscheinen, auftreten (*Ps.* 105, 30), zugegen sein. 3. jemand anhängen, beistehen. 4. zu stehen kommen, kosten. 5. stillstehen, sich nicht rühren; wortlos stehen bleiben (*Ps.* 37, 12). 6. stārĕ sŭpĕr: über jem. stehen, beaufsichtigen, leiten. 7. stārĕ mandātīs: die Auflagen erfüllen (*C. j. c.* 2254 § 1).

1. **Stōĭcŭs** 3 (Στωϊκός) stoisch.

2. **Stōĭcŭs,** ī *m.* der Stoiker, stoischer Philosoph (Anhänger des Zeno), dessen Ziel es ist, sich stille Ergebung und seelische Ruhe in allen Lebenslagen zu erwerben.

stŏlă, ae *f.* (στολή) 1. langes Frauengewand, Oberkleid. 2. die Stola, ein dem Diakon, Priester u. Bischofe zustehendes liturgisches Gewandstück in Gestalt einer langen Seidenbinde als Zeichen der Amtsbefugnis. 3. Festkleid; Taufkleid (stŏlă prīmă). 4. die für kirchliche Verrichtungen (Taufen, Trauungen, Beerdigungen) geleisteten und rechtlich zu beanspruchenden Gebühren an Geistliche und Kirchendiener: iūs stŏlae (stŏlārĭŭm): Stolgebührenrecht (*C. j. c.* 1410).

stŏlārĭŭm, ī *n.* Stolgebührenrecht (*vgl.*: stola 4).

stŏlĭdĭtās, ātĭs *f.* Tölpelhaftigkeit, Dummheit.

stŏlĭdŭs 3 albern, dumm.

stŏmăchĭcŭs 3 (στομαχικός) magenkrank.

stŏmăchŏr 1 sich ärgern, unwillig sein.

stŏmăchōsŭs 3 unwillig, unmutig.

stŏmăchŭs, ī *m.* (στόμαχος) 1. Schlund, Speiseröhre; Magen. 2. Reizbarkeit, Empfindlichkeit, Ärger, Verdruß.

stŏrax, ăcĭs *m.* (στύραξ) Storax, *ein Strauch, von dem ein gleichnamiges, wohlriechendes Gummiharz gewonnen wird, das auch Judenweihrauch genannt wird.*

stŏrĕă, ae *f.* (stŏrĭă) Matte.

stŏrĭă, ae *f. s.* storea.

străbō, ōnĭs *m.* (στραβών) Schielender, Schieler.

Strachiquasŭs, ī *m.* Strachiquas, ein Mönch, dem der hl. Bischof Adalbert die Sorge für sein Bistum anvertraute (*Propr. Culm.* 27. *April*).

Strāelēnsĭs, ĕ aus *oder* von Straelen Marktflecken, Preußen, Rheinprov., (Geldern), *ca.* 2200 Einw.

strāgēs, ĭs *f.* 1. das Niedergeworfenwerden, das Hingestrecktwerden, das Hinsinken, das Niederstürzen; Einsturz, Zusammensturz, Verwüstung, Verheerung. 2. Niedermetzelung, das Hinmorden, Blutbad, Niederlage. 3. Haufe *oder* Masse zu Boden gestürzter Dinge.

strāgŭlă, ae *f.* 1. Totendecke. 2. Reitdecke.

strāgŭlātŭs 3 teppichmäßig, nach Art eines Teppichs: vestĭs.

strāgŭlŭm, ī *n.* Decke, Teppich.

strāmĕn, ĭnĭs *n.* untergestreutes Stroh, Streu.

strāmentĭcĭŭs 3 von Stroh, strohern, strohig.

strāmentŭm, ī *n.* Stroh, Streu.

strāmĭnĕŭs 3 aus Stroh, strohern, strohig.

strangŭlātĭō, ōnĭs *f.* Erdrosselung, Erstickung.

strangŭlātŏr, ōrĭs *m.* Erdrosseler (Henker).

strangŭlō 1 (στραγγαλόω) erdrosseln, erwürgen; quälen.

strangŭrĭă, ae *f.* (στραγγουρία) der Harnzwang.

strātă, ae *f.* die gepflasterte Heerstraße.

Strātă Flōrĭdă, ae *f.* Stratfleur, ehem. Cistercienserkloster, England, Diöz. St. Davids.

strătēgēmă, ătĭs *n.* (στρατήγημα) Kriegslist.

strătēgĭă, ae *f.* (στρατηγία) Verwaltungsbezirk, Gouvernement.

strātŏr, ōrĭs *m.* 1. Stallknecht. 2. Ablagerer.

strātōrĭŭm, ī *n.* Bettwerk.

strātūră, ae *f.* das Pflastern.

strātŭm, ī *n.* 1. Decke. 2. Lager, Bett; strātŭm cĭlĭcĭnŭm: härenes Lager.

strātŭs 3 1. am Boden liegend, hingestreckt. 2. mit einer Decke, mit Polstern versehen.

strāvī *pf. zu* sterno.

Strēgōnĭă, ae *f. s.* Stregonum.

Strēgōnŭm, ī *n.* (Stregonia) Striegau, St., Preußen (Schlesien), *ca.* 14000 *Einw.*, ehem. Benediktinerinnenkloster.

Strēmōtĭŭm, ī *n.* Estremoz, St. (Spanien), an der Grenze von Kastilien und Portugal.

strēnă, ae *f. s.* strenae.

strēnae, ārŭm *f.* (strena) das Neujahrsgeschenk (*frz.* étrenne).

strēnŭĭtās, ātĭs *f.* Betriebsamkeit, Munterkeit.

strēnŭŭs 3 rüstig, eifrig, tätig, hurtig.

strĕpă, ae *f.* Steigbügel; offĭcĭŭm strĕpae: das Ehrenamt des Kaisers, dem Papste beim Aufsteigen aufs Pferd den Steigbügel zu halten.

strĕpĭtō 1 stark rauschen; rasseln, klirren.

strĕpĭtŭs, ūs *m.* Geräusch, Getöse, Lärm, Rasseln.

strĕpō, ŭī, ĭtŭm 3 1. lärmen, rauschen. 2. ertönen, erschallen.

Strezuslāvă, ae *f. s.* Strzezyslavia.

1\. **strĭă,** ae *f.* Streifen, Furche.

2\. **strĭă,** ae *f. s.* striga.

strĭātŭs 3 mit Streifen versehen, kanneliert (3. *Reg.* 7, 24).

strictĭm *adv. s.* strictus.

strictūră, ae *f.* 1. das Zusammenziehen, 2. die (glühende) Eisenmasse, die bearbeitet wird; Stabeisen.

strictŭs 3 1. straff, stramm. 2. kurz, bündig; genau. 3. *adv.*: **strictē** *u.* **strictĭm** kurz, nur obenhin, flüchtig, summarisch; strictē interprĕtārī: nach dem Buchstaben erklären (*C. j. c.* 2246 § 2).

strīdĕō, dī 2 (strido) zischen, knirschen; pfeifen, sausen; lispeln, flüstern.

strīdō, dī 3 *s.* strideo.

Strīdōn, ōnĭs *f.* (Stridonia, Stridonium) Strido, Stadt in Dalmatien, Vaterstadt des hl. Hieronymus; *j.*: Marktflecken, Ungarn (Zala).

Strīdōnĭă, ae *f. s.* Stridon.

Strīdōnĭŭm, ī *n. s.* Stridon.

strīdŏr, ōrĭs *m.* das Knarren, Rauschen, Zischen, Sausen, Knirschen; Brüllen, Geschrei; strīdŏr dentĭŭm: Zähneknirschen.

strīdŭlŭs 3 zischend, sausend; knarrend, rauschend.

1\. **strĭgă,** ae *f.* Strich, Streifen.

2\. **strĭgă,** ae *f.* (strĭă) die Nachtfahrende, Hexe; Zauberin.

strĭgĭlĭs, ĭs (*acc.* -ĕm, *abl.* ī, *gen. pl.* -ĭŭm) *f.* Schabeisen, Striegel.

strigmentŭm, ī *n.* das Abgeschabte; Unrat, Schmutz.

strĭgō 1 (*beim Pflügen*) rasten.

Strigōnĭă, ae *f. s.* Strigonium.

Strigōnĭēn. (*C. R.*) *s.* Strigonium.

Strigōnĭŭm, ī *n.* (Strigonia) Gran (*ung.*: Garam), St., r. a. d. Donau, Ungarn (Gran), *ca.* 18000 Einw., Erzbischofssitz (von 1543—1820 in Tyrnau); *dav.*: **Strigōnĭēnsĭs,** ĕ.

strĭgōsŭs 3 mager, dürr.

stringō, strinxī, strictŭm 3 1. zusammenziehen, zusammenbinden. 2. aus der Scheide ziehen. 3. streifen, verwunden.

stringŏr, ōrĭs *m.* das Zusammenziehen: aquae.

strix, strĭgĭs *f.* (στρίγξ, στριγγός) 1. Ohreule. 2. märchenhafter blutsaugender Vampyr; Unholdin.

strōmătĕŭs 3 (στρωματικός) teppichartig, bunt.

Stromberg-Heisterbach *indecl. s.* Vallis S. Petri.

Stromingēnsĭs, ĕ aus Stromingen, einem Dorfe bei Schöningen in Braunschweig.

strŏphă, ae *f. u.* **strŏphē,** ēs *f.* (στροφή) 1. Wendung, List, Kunstgriff. 2. Strophe.

strŏphĭŭm, ī *n.* (στρόφιον) 1. Busenbinde, Mieder. 2. Lendengurt.

structŏr, ōrĭs *m.* Maurer; Erbauer, Baumeister.

structūră, ae *f.* Mauerwerk, Gemäuer, Bau.

strŭēs, ĭs *f.* Haufen, Menge.

strūmă, ae *f.* Drüsengeschwulst.

strŭō, strūxī, strūctŭm 3 1. aufbauen, errichten, bilden. 2. ordnen, bereiten, anstiften.

strūthĭō, ōnĭs *m.* (στρουθίων) der Vogel Strauß.

Strȳmō(n), ŏnĭs *m.* (Στρυμών) Struma *oder* Karasu, Fluß zwischen Thrakien und Makedonien.

Strzezyslavĭă, ae *f.* (Strezuslava, Strzezislava) Strzezyslavia, Mutter des hl. Adalbert (Vojtech), Bischofs u. Martyrers v. Prag (10. Jhdt.).

stŭdēns, tĭs *m.* u. *f.* Student(in), Studierende(r) (*C. j. c.* 587, 2).

stŭdĕō, ŭī 2 1. sich bemühen, sich befleißigen. 2. streben, trachten. 3. begünstigen, sich annehmen.

1. **stŭdĭōsŭs** 3 1. eifrig strebend, bedacht auf. 2. gewogen, geneigt.

2. **stŭdĭōsŭs,** ī *m.* Studierender.

stŭdĭŭm, ī *n.* 1. das eifrige Streben, ardens pŏpŭlī stŭdĭŭm: das brennende Verlangen des Volkes; Eifer, Fleiß. 2. Lust, Leidenschaft. 3. Neigung, Vorliebe. 4. wissenschaftliches Streben, wissenschaftliche Beschäftigung; stŭdĭōrŭm sēdēs: Studienhaus, Unterrichtsanstalt. 5. Huldplan (*Ps.* 9, 12).

Stŭdĭŭm, ī *n.* Studium, Kloster der Akoineten in Konstantinopel (5. Jhdt.).

stultĭlŏquentĭă, ae *f.* (stultĭlŏquĭŭm) einfältiges Gerede, Gewäsch.

stultĭlŏquĭŭm, ī *n. s.* stultiloquentia.

stultĭtĭă, ae *f.* Torheit, törichte Handlung.

stultŭs 3 töricht, einfältig.

stultŭs, ī *m.* Tor, Narr.

stūpă, ae *f. s.* stuppa.

stŭpĕfăcĭō, fēcī, factŭm 3 betäuben, in großes Erstaunen setzen, außer sich bringen.

stŭpendŭs 3 erstaunlich.

stŭpĕō, ŭī 2 1. betäubt *oder* außer sich sein. 2. stutzen, staunen.

stŭpēscō 3 in Staunen geraten.

stŭpĭdĭtās, ātĭs *f.* Sinnlosigkeit, Dummheit; Verstandesschwäche.

stŭpĭdŭs 3 1. betäubt, verblüfft. 2. geistig schwach, dumm.

stŭpŏr, ōrĭs *m.* 1. Gefühllosigkeit. 2. das Staunen.

stŭpōrātŭs 3 angestaunt.

stuppă, ae *f.* (stūpa) (στύππη) Werg, Watte, Baumwolle.

stuppĕŭs 3 aus Werg; aus Baumwolle.

stŭprātŏr, ōrĭs *m.* Schänder.

stŭprō 1 schänden, entehren.

stŭprŭm, ī *n.* gewaltsame Schändung, Notzucht (*C. j. c.* 2357 § 1); Entehrung; Ehebruch.

S. **Sturmĭŭs,** ī *m.* hl. Sturmi, erster Abt von Fulda u. Apostel der Sachsen († 779).

Er wurde in Bayern von edlen Eltern geboren und dem hl. Bonifatius zur Erziehung übergeben. Dieser überwies ihn an den hl. Abt Wigbert von Fritzlar. Nach seiner Priesterweihe bekehrte er viele Heiden und zog sich schließlich mit Genehmigung des hl. Bonifatius in die Buchenwälder Hessens zurück, wo er i. J. 744 die Benediktinerabtei Fulda mit Hilfe des Königs Karlmann gründete. Nachdem er in Italien zu Montecassino die Lebensweise der Mönche aufs genaueste kennen gelernt hatte, machte er aus seinem Kloster eine Musteranstalt. — Bei König Pipin wurde der fromme Abt verleumdet, so daß ihn der König in ein Kloster der Normandie verbannte. Nachdem er aber die Uuschuld des Abtes eingesehen hatte, berief er ihn nach Fulda zurück. Er war der Apostel des Sachsenvolkes und starb betrauert inmitten der Seinen. — 17. Dezember (Paderborn).

Stȳgĭŭs 3 *s.* Styx.

stȳlītēs, ae *u.* ĭs *m.* (στυλίτης) der Säulensteher (*jemand, der aus Abtötung lange auf einer Säule stehend betet und predigt*).

Stȳlŭm, ī *n.* Stilo, Ort in Kalabrien, It. (Reggio-Calabria).

stȳlŭs, ī *m.* (στύλος u. στῦλος, stĭlŭs) 1. verdeckter spitzer Pfahl. 2. Griffel (*Jer.* 8, 8). 3. Art u. Weise, Ausdrucksweise; stȳlŭs Curĭae: der formelle *oder* herkömmliche Gang der Prozesse bei der Kurie.

stȳrăx, ăcĭs *m. s.* storax.

Stȳrĭă, ae *f.* Steiermark (Österreich).

Styx, Stȳgĭs u. Stȳgŏs (*acc.* -Stȳgĕm u. Stȳgă) *f.* (Στύξ) der Styx, 1. ein Quellflüßchen in Arkadien, das durch sein eiskaltes u. giftiges Wasser verrufen war. 2. ein sagenhafter Fluß *oder* Sumpf der Unterwelt, bei dem die Götter ihre Eide schwuren. 3. die Unterwelt, Hölle; *dav.*: **Stȳgĭŭs** 3 unterirdisch, unterweltlich; höllisch: tentātŏr (*vgl. auch*: S. Venantius, 18. *Mai, ad Laud.*), unheilvoll, greulich, tödlich.

1. **Sua** *indecl. m.* (*hebr.*: Schucha) Sua, Israelit aus dem Stamme Juda, Bruder des Kaleb.

2. **Sua** *indecl. m.* (*richtig*: Sewe, *assyr.*: Sibe') Sebak (Schabala), König von Äthiopien *oder* Nubien 725—705, König von Ägypten 717—705; sein Nachfolger war Tirhaka.
Suaa *indecl. f.* (*hebr.*: Schua) Suaa, Israelitin aus dem Stamme Aser, Tochter des Heber.
suādĕō, sī, sŭm 2 1. raten, Rat geben, zureden. 2. anraten, empfehlen; *das Objekt findet sich auch im acc.*: suade Hebraeam illam (Judith 12, 10).
suādĭbĭlĭs, ĕ nachgiebig.
1. **Sual** *indecl. m.* (*hebr.*: Schual = Fuchs) Sual, Israelit aus dem Stamme Aser, Sohn des Supha.
2. **Sual** *indecl.* (*hebr.* Fuchs) Sual, ein Landstrich im Nordosten von Michma in Palästina.
Sŭānă, ae *f. s.* Suanum.
Sŭānŭm, ī *n.* (Suana) Sovana, Ort mit etruskischer Totenstätte, 7 km südw. von Sorano, It. (Grosseto); Bistum Sovana-Pitigliano (seit 7. Jhdt.), Sitz in Pitigliano, St., It. (Grosseto), *ca.* 5200 Einw., Suffr. v. Siena; *dav.*: **Sŭānēnsĭs,** ĕ.
Suar *indecl. m.* (*hebr.*) Suar, Vater des Nathanael, des Führers des Stammes Issachar durch die Wüste.
suāsĭō, ōnĭs *f.* Empfehlung, Ratschlag.
suāsŏr, ōrĭs *m.* 1. Ratgeber, Empfehler. 2. Verführer.
suāsōrĭŭs 3 zum Ratgeben gehörig.
suāvĕ *adv.* lieblich, angenehm, reizend (*Ex.* 30, 7, *Jer.* 6, 20).
suāvĕŏlēns, tĭs lieblich duftend.
suāvĕŏlentĭă, ae *f.* Wohlgeruch.
suāvĭdĭcŭs 3 süß *oder* lieblich klingend.
suāvĭlŏquēns, entĭs (suāvĭlŏquŭs) lieblich redend.
suāvĭlŏquentĭă, ae *f.* liebliche Rede.
suāvĭlŏquŭs 3 *s.* suaviloquens.
suāvĭō 1 küssen.
suāvĭŏlŭm, ī *n.* Küßchen.
suāvĭŏr 1 küssen.
suāvĭs, ĕ 1. angenehm, lieblich, süß. 2. gütig, gnädig (*Ps.* 33, 9; 85, 5).
suāvĭtās, ātĭs *f.* (suāvĭtūdō) 1. Annehmlichkeit, Lieblichkeit. 2. Freundlichkeit, Süßigkeit.
suāvĭtĕr *adv. von* suavis.
suāvĭtūdō, ĭnĭs *f. s.* suavitas.
suāvĭŭm, ī *n.* der Kuß.
sŭb *praep. c. abl. u. acc.* I. *c. abl.*: unter, unterhalb, unmittelbar nach, innerhalb, im Verlauf von, bei: sŭb poenā; *auch auf die Frage wohin? mit dem abl.*: sŭb nullīŭs rĕdĭgĕrĕ pŏtestātĕ. II. *c. acc.*: unter-hin, unterhalb, gleich vor, gegen, um, unter.
Suba *indecl. f. s.* Soba (2. *Par.* 8, 3).
Subael *indecl. m.* (*hebr.*: Gott hat fortgeführt?) Subael, 1. Levit u. Sänger z. Z. Davids. 2. Schatzmeister z. Z. Davids, Sohn des Gerson.
sŭbactĭō, ōnĭs *f.* 1. Bearbeitung. 2. Durchbildung.
sŭbaemŭlātĭō, ōnĭs *f.* heimliche Nacheiferung.
sŭbalbŭs 3 weißlich.
Sŭbalpīnă, ōrŭm *n.* Norditalien, *bes.*: Piemont.
sŭbalternō 1 abhängig sein, geringer sein.
sŭbămārŭs 3 etwas bitter.
sŭbarr(h)ātĭō, ōnĭs *f.* 1. die Übergabe eines Pfandes (arrha) als Zeichen des Abschlusses eines Verlöbnisses *oder* der Ehe. 2. Verlöbnis.
sŭbarr(h)ō 1 durch ein Aufgeld verbindlich machen, sich jemanden verpflichten, sich mit jemandem verloben.
sŭbaudĭō 1 1. ein wenig hören, zuhören. 2. darunter verstehen; ergänzen.
sŭbaudītĭō, ōnĭs *f.* das Dabeiverstehen, das Ergänzen.
sŭbauscultō 1 heimlich zuhören, lauschen, horchen.
subcaelestĭs, ĕ unter dem Himmel befindlich.
subcīnctōrĭŭm, ī *n.* (subcingulum) ein manipelförmiges, am Zingulum angebrachtes Zierstück, das im Mittelalter von den Bischöfen, jetzt nur noch vom Papste getragen wird.
subcīncĕrĭcĭŭs 3 unter der Asche gebacken: panis.
subcingŭlŭm, ī *n. s.* subcintorium.
subcĭcīvŭs 3 *s.* subsicivus.
subconscĭentĭă, ae *f.* Unterbewußtsein (*im Antimodernisteneid*).
subcustōs, ōdĭs *m.* Stellvertreter des Custos in Dom- *oder* Stiftskapiteln.
Subdĕcānŭs, ī *m.* Subdekan, *Stellvertreter des Kardinaldekans im hl. Kollegium* (*C. j. c.* 237).
subdēlēgātĭō, ōnĭs *f.* Weiterübertragung einer erhaltenen Vollmacht (*C. j. c.* 199 § 2).
subdēlēgō 1 weiterübertragen; nochmals überweisen; eine empfangene Vollmacht einem anderen übertragen (*C. j. c.* 199, § 2).
subdēfĭcĭēns, tĭs nach und nach ermattend.
subdēns, ntĭs hinzufügend.
subdĭăcōn, ŏnĭs *m. s.* subdiaconus.
subdĭăcŏnālĭs, ĕ dem Subdiakon zukommend: mōs.
subdĭăcŏnātŭs, ūs *m.* Amt des Subdiakons, Subdiakonat.
subdĭăcŏnŭs, ī *m.* (subdĭăcōn; ὑποδιάκονος, ὑπηρέτης = submĭnistĕr = Unterdiener) Subdiakon, der Ge-

hilfe des Diakons beim feierlichen liturgischen Gottesdienste.

subdiffīdō 3 nicht recht trauen.

subdĭtīcĭŭm, ī *n.* Unterschobenes, Unechtes.

subdĭtīvŭs 3 untergeschoben, unecht; verkappt.

subdĭtŭs 3 untertan, gehorsam.

subdĭū *adv.* bei Tage.

subdīvĭdō, vīsī, vīsŭm 3 in Unterabteilungen zerlegen.

subdō, dĭdī, dĭtŭm 3 1. unterwerfen; *pass.*: sich unterwerfen. 2. fälschlich unterschieben. 3. hinzufügen; quŏd subdĭtŭr: was folgt.

subdŏlŭs, 3 listig, schlau; heimtückisch.

subdūcō, dūxī, ductŭm 3 1. wegschaffen; heimlich entfernen, entwenden. 2. sē subdūcĕrĕ sich entziehen, flüchten. 3. subductā līnĕā nŏtārĕ unterstreichen. 4. rătĭōnĕm subdūcĕrĕ: zusammenrechnen, berechnen; erwägen: subductā rătĭōnĕ: ohne Überlegung.

subductĭō, ōnĭs *f.* 1. das Anslandziehen, die Bergung. 2. Entziehung: pānĭs. 3. Berechnung, Nachrechnung.

subductŭs 3 entfernt, versteckt.

subdūrŭs 3 etwas hart.

sŭbĕdō, ēdī, ēsŭm 3 unten anfressen, aushöhlen.

sŭbĕō, ĭī, ĭtŭm, īrĕ 1. daruntergehen, sich unterziehen. 2. übernehmen, erdulden. 3. sich nähern, heranrücken.

sŭbĕr, ĕrĭs *n.* 1. Korkeiche. 2. Kork.

subf. . . . *s.* suff. . .

subg . . . *s.* sugg . . .

subiăcĕō 2 1. unten liegen, unterliegen, erliegen. 2. unterworfen *oder* untertänig sein.

subĭcĭō, iēcī, iectŭm 3 1. unter etwas werfen, stellen, setzen, legen. 2. *übtr.*: unterlegen (dem Worte einen anderen Sinn geben). 3. unterwerfen, unterwürfig machen; unterordnen. 4. preisgeben. 5. unterschieben, vorschieben. 6. nachsetzen, folgen lassen, anschließen, hinzufügen. 7. von unten in die Höhe werfen, emporrichten. 8. nahe heranbringen; überreichen, darreichen; eingeben, einflößen.

sŭbiectĭbĭlĭs, ĕ (*mit aktiver Bedeutung*) unterwürfig.

subiectĭō, ōnĭs *f.* 1. das Unterstellen; Veranschaulichung; Unterscheidung. 2. Unterschiebung. 3. Unterwerfung, Unterwürfigkeit; subiectĭō servīlĭs: sklavische, knechtische, Unterwürfigkeit; subiectĭō oecŏnŏmĭcă (cīvīlĭs) 3. bürgerliche Unterwürfigkeit.

subiectīvŭs 3 zum Subjekt gehörig; subjektiv, der eigenen Ansicht entsprechend.

subiectō 1 1. darunterwerfen. 2. in die Höhe werfen, emporschleudern.

subiectŏr, ōrĭs *m.* Unterschieber.

subiectŭm, ī *n.* 1. das unten Liegende, die Niederung; subiectă vallĭŭm: Talgründe. 2. die Unterlage für etwas Seiendes, der Träger, der Inhaber einer Seinsbestimmung, das Subjekt; *in Bezug auf die hl. Sakramente*: der für die Aufnahme der Gnadenwirkungen fähige Mensch, der fähige (capax) Empfänger (*C. j. c.* 745 § 1 et passim). 3. *grammatikalisch*: der Träger einer Aussage, der Satzgegenstand; **subiectă,** ōrŭm *n.* untergeordnete Begriffe.

1. **subiectŭs** 3 1. untenliegend, unter etwas liegend. 2. angrenzend, benachbart. 3. unterworfen, untertan, untergeben; subiectī, ōrŭm *m.* die Untertanen. 4. unterwürfig, demütig. 5. preisgegeben, ausgesetzt. 6. vorliegend: praeceptŭm.

2. **subiectŭs,** ī *m.* der Untertan.

sŭbĭgō, ēgī, āctŭm 3 1. hinauftreiben. 2. zu etwas nötigen, drängen, bewegen. 3. niederbeugen, unterjochen, überwältigen, bezähmen.

sŭbĭn *adv. s.* subinde.

sŭbindĕ *adv.* (sŭbĭn) 1. gleich darauf, 2. wiederholentlich, von Zeit zu Zeit.

sŭbindĭcō 1 andeuten.

sŭbindō 3 noch hinzufügen.

sŭbinfēnsŭs 3 1. etwas feindlich. 2. im geheimen feindlich gesinnt.

sŭbinfĕrō, intŭlī, illātŭm 3 1. noch hinzufügen. 2. aufbieten, anwenden (2 *Petr.* 1, 5).

sŭbinsulsŭs 3 etwas abgeschmackt.

sŭbintellĭgō, lēxī, lectŭm 3 ein wenig merken; verstehen unter. sich vorstellen unter.

sŭbintrō 1 1. dazwischen treten, an die Stelle treten (*Rom.* 5, 20). 2. dafür eintreten. 3. sich einschleichen.

subintrōdūcō, dūxī, ductŭm 3 einschmuggeln, insgeheim einführen.

sŭbintrŏĕō, ĭī ĭtŭm, īrĕ 4 sich einschleichen (*Judas, Vers* 4).

sŭbīrāscŏr, īrātŭs sŭm 3 ein wenig zürnen.

sŭbĭtānĕŭs 3 plötzlich entstehend.

sŭbĭtārĭŭs 3 in Eile getan.

sŭbĭtātĭō, ōnĭs *f.* das plötzliche *oder* schnelle Eintreten eines Ereignisses (*Sap.* 5, 2).

sŭbĭtō *adv.* plötzlich, unvermutet.

sŭbĭtŭm, ī *n.* das Plötzliche, das Unvermutete.

sŭbĭtŭs 3 plötzlich, unvermutet.

subiŭgālĕ, ĭs *n.* Lasttier.

subiŭgālĭs, ĕ ans Joch gewöhnt.
subiŭgātĭō, ōnĭs *f.* Unterjochung.
subiŭgātŏr, ōrĭs *m.* Bezwinger.
subiŭgō 1 unters Joch bringen, unterwerfen, unterordnen.
subiungō, iūnxī, iūnctŭm 3 1. hinzufügen, beifügen, fortfahren, antworten. 2. anspannen. 3. unterjochen, unterwerfen.
sublābŏr, lāpsŭs sŭm 3 1. unvermerkt heranschleichen, sich einschleichen. 2. nach unten gleiten, niedersinken, verfallen.
Sublăcŭs, ī *f. s.* Sublaquĕum, ī *n.*
Sublăquĕŭm, ī *n.* (Sablăcŭs) Subiaco, St. am Anio, südöstlich von Tibur, It. (Rom), *dav.*: **Sublăcēnsĭs,** ĕ.
sublātĭō, ōnĭs *f.* Erhebung.
1. **sublātŭs** 3 1. erhoben; erhaben. 2. stolz, hochmütig.
2. **sublātŭs** *ptc. pf. zu*: suffĕro u. tollo.
sublĕgō, lēgī, lēctŭm 3 1. unten auflesen. 2. heimlich wegnehmen, stehlen. 3. belauschen, ablauschen. 4. an die Stelle jemandes wählen, nachwählen.
sublĕvātĭō, ōnĭs *f.* Erleichterung, Linderung.
sublĕvō 1 1. emporheben. 2. ermutigen, trösten. 3. erleichtern.
sublĭgācŭlŭm, ī *n.* Schurz, Schürze; Hülle.
sublĭgō 1 anbinden.
1. **sublīmātŭs** 3 erhöht, erhoben; erhaben.
2. **sublīmātŭs,** ī *m.* der Erhöhte, Erhabene (*Hym. Laud. Patronae Bav.*).
sublīmĕ *adv. zu* sublimis.
sublīmĭs, ĕ 1. hoch, erhaben. 2. hehr, großartig; *adv.*: sublīmĕ *u.* sublīmĭtĕr. 3. sublīmĭă lŏquī: prahlerisch (*und daher*: verächtlich) reden.
sublīmĭtās, ātĭs *f.* Erhabenheit.
sublīmō 1 emporheben, erhöhen.
sublīvĭdŭs 3 bläulich.
sublūcĕō 2 durchschimmern.
sublŭō, lŭī, lūtŭm 3 (unten) bespülen.
sublūstrĭs, ĕ dämmerig.
submergō, mersī, mersŭm 3 (summergo) 1. *trans.*: untertauchen, ertränken, eintauchen, versenken. 2. *intrans.*: untersinken.
submersĭō, ōnĭs *f.* das Untertauchen, das Ertränken.
submĭnistĕr, trī *m.* der niedere Kirchendiener.
submĭnistrātĭō, ōnĭs *f.* Hilfeleistung, Dienstleistung; Mitwirkung (*Eph.* 4, 16).
submĭnistrātŏr, ōrĭs *m.* Helfershelfer; Handlanger.
submĭnistrō 1 (sumministro) darreichen, bedienen, zu Hilfe kommen.
submissĭm *adv.* leise, gelassen, sanft.
submissĭō, ōnĭs *f.* (submissio) 1. Herablassung. 2. Unterwürfigkeit, Gehorsam.
submissŭs 3 1. gesenkt, leise: vox. 2. ruhig, gelassen. 3. demütig
submittō, mīsī, missŭm 3 1. unterwerfen, unterordnen. 2. sinken lassen, nachlassen, versenken, niederlassen, herablassen; gĕnŭă submittĕrĕ; sich auf die Kniee niederlassen, niederknieen. vermindern. 3. zu Hilfe senden.
submŏlestŭs 3 ziemlich unangenehm, etwas unbehaglich.
submŏnĕō, mŏnŭī 2 unter der Hand erinnern.
submōrōsŭs 3 etwas mürrisch.
submŏvĕō, mōvī, mōtŭm 2 (summoveo) wegschaffen, entfernen, vertreiben.
submurmurātĭō, ōnĭs *f.* das geheime Murren.
submurmŭrō 1 insgeheim murren.
submūtō 1 (summuto) hin- u. wiedervertauschen.
subnāscŏr, nātŭs sŭm 3 nachwachsen.
subnāvĭgō 1 unter etwas hersegeln, an der Küste entlang segeln.
subnectō, nexŭī, nexŭm 3 1. unten anbinden, anknüpfen. 2. zusammenhalten, gürten. 3. hinzufügen.
subnĕgō 1 einigermaßen abschlagen, halb u. halb verweigern.
subnervō 1 die Sehnen durchschneiden; lähmen.
subnīsŭs 3 *s.* subnixus.
subnīxŭs 3 (subnīsŭs) 1. sich auf etwas stützend, gestützt. 2. sich verlassend, vertrauend auf etwas. 3. trotzend. 4. zuversichtlich.
subnŏtō 1 1. unten anmerken. 2. unterzeichnen.
subnŭbă, ae *f.* Kebsweib, Nebenfrau; Konkubine.
subnūbĭlŭs 3 etwas wolkig, trübe.
sŭbō 1 brünstig sein.
sŭbobscēnŭs 3 ins Schmutzige *oder* Unsittliche fallend, zweideutig.
sŭbobscūrŭs 3 nicht recht verständlich.
sŭbŏdĭōsŭs 3 etwas verdrießlich.
sŭboffendō 3 ein wenig verstoßen; abstoßen.
sŭboffēnsŭs 3 etwas beleidigt, ein wenig gekränkt.
sŭbŏlēs, ĭs *f.* Sprößling, Nachkommenschaft.
sŭbŏlēscō 3 nachwachsen.
sŭbōrdĭnō 1 unterordnen.
sŭbŏrĭŏr, ortŭs sŭm 4 allmählich *oder* nach u. nach entstehen, hervorwachsen, nachwachsen, hervorkommen, auftauchen (*C. j. c.* 1632).

sŭbōrnātĭō, ōnĭs *f.* 1. Ausschmückung, Ausrüstung. 2. Anstiftung zu einer bösen Tat (*C. j. c.* 1786).
sŭbōrnātŭs, ī *m.* ein falscher Bruder.
sŭbōrnō 1 1. ausrüsten, mit etwas versehen, heimlich mit Geld versehen. 2. im geheimen zu einer schlechten Tat anstiften (*C. j. c.* 1951).
sŭbortŭs, ūs *m.* die allmähliche Entstehung.
subp . . . *s.* supp.
subprĭŏr, ōrĭs *m.* Unterprior, Subprior (in Klöstern).
subprĭŏrissă, ae *f.* Subpriorin, Oberin.
Subprŏmōtŏr, gĕnĕrālĭs fĭdĕī der Beisitzer (Assessor *oder* Assistent) des Generalpromotors beim Seligsprechungsprozesse (*C. j. c.* 2010).
subraucŭs 3 etwas heißer.
subrĕfectŭs 3 einigermaßen wieder erquickt.
subrēmĭgō 1 nachrudern.
subrēpō, rēpsī, rēptŭm 3 (surrepo) 1. unten hinschleichen, herankriechen, sich einschleichen. 2. erschleichen (*Deut.* 15, 19).
subrēptīcĭŭs 3 (surreptīcĭŭs) 1. gestohlen, erschlichen. 2. verstohlen, heimlich; *adv.*: subreptīcĭē.
subrēptĭō, ōnĭs *f.* (surreptĭō) 1. das Eindringen. 2. Diebstahl. 3. Erschleichung *durch Verschweigen von Wahrem bei Bitten und Gnadengesuchen an Kirchenbehörden* (*C. j. c.* 42, § 1).
subrīdĕō, rīsī, rīsŭm 2 lächeln.
subrīdĭcŭlŭs 3 etwas lächerlich.
subrĭgō, rēxī, rēctŭm 3 (surrigo, surgo) 1. in die Höhe richten. 2. *pass.*: emporstehen.
subringŏr 3 die Nase etwas rümpfen.
subrĭpĭō 3 *s.* surripio.
subrŏgātĭō, ōnĭs *f. s.* surrogatio.
subrŏgō 1 *s.* surrogo.
subrŭbĕō 2 rötlich sein; rötlich durchschimmern.
subrŭbĭcundŭs 3 rötlich.
subrūfŭs 3 rötlich, rothaarig.
subrŭō, ŭī, ŭtŭm 3 1. untergraben, zerstören, verderben. 2. hinschleichen, überfallen.
subrustĭcŭs 3 etwas bäuerlich; etwas roh.
subrŭtĭlŭs 3 etwas rötlich, rötlich schimmernd.
subsannātĭō, ōnĭs *f.* Hohn, Spott, Verspottung, Verhöhnung.
subsannātŏr, ōrĭs *m.* Spötter, Verspötter (*Ps.* 34, 16 u. 2, 4).
subsannō 1 1. verhöhnen, 2. wertlos machen: ămŏr Christī cunctă terrēnă subsannat.
subscrībō, scrīpsī, scrīptŭm 3 1. unterschreiben. 2. beipflichten, billigen.
subscrīptĭō, ōnĭs *f.* Unterschrift.
subscrīptŏr, ōrĭs *m.* 1. Unterschreiber. 2. Mitankläger.
subsĕcīvŭs 3 *s.* subsicivus.
subsĕcō, cŭī, ctŭm 1 unten abschneiden.
subsellĭŭm, ī *n.* Sitz, Bank; *pl.*: Gerichtsverhandlung.
subsĕquēns, tĭs nachfolgend.
subsĕquentĕr *adv.* nacheinander.
subsĕquŏr, sĕcūtŭs sŭm 3 1. nachfolgen, auf dem Fuße folgen, begleiten. 2. erreichen. 3. nachahmen, nachstreben.
subsĕquŭs 3 nachfolgend.
subsērĭcŭs halbseiden.
subservĭō 4 1. zuhilfe kommen. 2. untertänig sein.
subsessŏr, ōrĭs *m.* der heimliche Aufpasser, der versteckte Auflauerer.
subsĭcīvŭm, ī *n.* das über das Pflichtmaß hinaus Übrigbleibende; die erübrigte Zeit, Nebenstunden; das übrigbleibende Stück Land; Freiland.
subsĭcīvŭs 3 (subsĕcīvŭs *von* sub-seco) unten abgeschnitten, abfallend; über das Maß hinaus übrig bleibend.
subsĭdĭārĭī, ōrŭm *m.* Ersatztruppen.
1. **subsĭdĭārĭŭs** 3 (subsĭdŭārĭŭs) 1. zur Hilfe dienend. 2. zum Ersatze gehörig.
2. **subsĭdĭārĭŭs,** ī *m.* Helfer, Mitarbeiter.
subsĭdĭŏr 1 1. zur Hilfe bereit stehen. 2. in Reserve stehen.
subsĭdĭŭm, ī *n.* 1. Hilfstruppe, Reserve. 2. Hilfsmittel, Heilmittel. 3. Schutz, Zuflucht.
subsīdō, sēdī, sessŭm 3 1. sich niedersetzen, sich niederlassen. 2. zurückbleiben.
subsĭdŭārĭŭs 3 *s.* subsidiarius.
subsīgnānŭs 3 unter den Fahnen befindlich.
subsīgnātĭō, ōnĭs *f.* Unterzeichnung.
subsīgnō 1 1. untersiegeln, unterzeichnen, unterschreiben. 2. verbürgen.
Subsilvānĭă, ae *f.* (Subsylvānĭă) Unterwalden (Schweiz).
subsistentĭă, ae *f.* 1. Bestand, Wirklichkeit. 2. die in sich selbst u. für sich allein (nicht in etwas anderem) existierende Wesenheit *oder* Substanz.
subsistō, stĭtī 3 1. stehen, bleiben, halt machen. 2. standhalten, Widerstand leisten, gewachsen sein. 3. bestehen, existieren; nōn subsistĕrĕ: umkommen (*Ps.* 102, 16 u. 139, 11).
substantĭă, ae *f.* 1. Vermögen, Besitz; substantia huius mundi: die Güter dieser Welt. 2. Bestand, Wesen, Wesenheit, Natur, Dasein (*Ps.* 36, 6; Lebensdauer: *Ps.* 88, 48). 3. feste Masse, fester Grund und Boden Halt (*Ps.* 38, 3); Festigkeit, Hoff-

nung (*Ps.* 38, 8). 4. Zuversicht, Gewißheit (*z. B.* 2. *Kor.* 9, 4).
substantĭālĭs, ĕ wesentlich, wesenhaft.
substantĭālĭtās, ātĭs *f.* Wesenhaftigkeit.
substantĭālĭtĕr *adv.* wesenhaft; nach Art der Wesenheit, im Sinne der Wesenheit.
substernō, strāvī, strātŭm 3 1. darunterbreiten, darunterlegen. 2. darbieten.
substĭtŭō, ŭī, ūtŭm 3 an die Stelle jemandes setzen, als Mitarbeiter beigeben.
substĭtūtĭō, ōnĭs *f.* Einsetzung an die Stelle eines anderen; Ersatz.
substĭtūtŭs, ī *m.* Mitarbeiter, Helfer; Amtsvertreter; *Beamtentitel bei den kirchlichen Kongregationen in Rom:* der Substitut.
substō 1 standhalten, aushalten.
substrātōrĭŭm, ī *n.* Altartuch.
substrictŭs 3 schmal, schmächtig, dünn, mager.
substringō, strinxī, strictŭm 3 unterbinden, emporbinden.
substrūctĭō, ōnĭs *f.* Unterbau, Grundbau, Mauerwerk.
substrŭō, strūxī, strūctŭm 3 den Grundbau *oder* Unterbau legen zu.
subsultĭm *adv.* emporhüpfend.
subsultō 1 in die Höhe springen.
subsŭm, fŭī, essĕ 1. darunter sein, dahinter sein; versteckt *oder* verborgen sein. 2. nahe sein, dabeisein, zugrunde liegen, vorliegen, zur Verfügung stehen. 3. unterworfen sein.
subsŭō, sūtŭm 3 unten besetzen.
Subsylvānĭă, ae *f. s.* Subsilvania.
subtēgmĕn, ĭnĭs *n.* (subtēmĕn) 1. Eintrag, Einschlag ins Gewebe. 2. Gewebe. 3. Faden, Garn (*Gen.* 14, 23; *Ex.* 23, 3).
subtēmĕn, ĭnĭs *n. s.* subtegmen.
subtendō, dī, tŭm 3 unten spannen.
subtĕnŭĭs, ĕ etwas dünn.
subtĕr 1. *adv.* unterhalb, unter. 2. *praep. c. acc. u. abl.*: unter, unterhalb.
subtercŭtānĕŭs 3 unter der Haut befindlich.
subterflŭō 3 unter etwas wegfließen.
subterfŭgĭō, fūgī 3 1. *intr.*: insgeheim entfliehen, entweichen. 2. *trans.*: vermeiden.
subterlābŏr, lāpsŭs sŭm 3 1. unten hinweggleiten. 2. entschlüpfen.
subtĕrō, trīvī, trītŭm 3 1. unten abreiben, abtreten, sich wund laufen, aufgehen (*mit u. ohne*: pedes: *Deut.* 8, 4). 2. zerreiben, zerstampfen, zerstoßen.
subterrānĕŭs 3 unterirdisch.
subtexō, texŭī, textŭm 3 einweben, anschließen, beifügen.
subtīlĕ, ĭs *n.* Tunicella.
subtīlĭs, ĕ 1. genau, gründlich. 2. feinsinnig, scharfsinnig. 3. schlicht, einfach.
subtīlĭtās, ātĭs *f.* 1. Gründlichkeit, Genauigkeit. 2. Scharfsinn. 3. Schlichtheit, Einfachheit.
subtĭmĕō 2 insgeheim fürchten.
subtractĭō, ōnĭs *f.* 1. das Abziehen, das Entziehen, Entziehung (*C. j. c.* 2384). 2. das Ausweichen (*Hebr.* 10, 39).
subtrăhō, trāxī, tractŭm 3 1. heimlich entziehen, entfernen, vorenthalten. 2. **se s.**: heimlich verlassen, entweichen.
subtristĭs, ĕ etwas betrübt.
subtrītŭs *pt. pf. pass. von*: subtero.
subturpĭs, ĕ etwas schändlich.
subtŭs 1 *adv.* unten, unterhalb, unterwärts. 2. *praep. c. acc.* unter.
subtūsŭs 3 etwas zerschlagen.
sŭbŭcŭlă, ae *f.* Hemd, Untergewand unter der Tunika (*von Frauen u. schwächlichen Männern getragen*).
Subuel *indecl. m.* (*hebr.*: Schebuel = Gott hat fortgeführt) Subuel, 1. Enkel des Moses. 2. Sänger z. Z. Davids.
sūbŭlă, ae *f.* Pfrieme, Ahle.
sŭbulcŭs, ī *m.* Schweinehirt.
Sŭbūră, ae *f.* (Suburra) belebter Stadtteil im alten Rom, eine zwischen dem Coelius (Kapitol) und Esquilin gelegene Niederung, durch die eine Straße mit zahlreichen Kneipen und Bordellen führte; *dav.*: **Sŭbūrānŭs** 3 *u.* **Sŭbūrānēnsēs,** ĭŭm die Anwohner der Subura.
sŭburbānĭtās, ātĭs *f.* die Nähe der Stadt Rom.
sŭburbānŭm, ī *n. s.* suburbanus.
sŭburbānŭs 3 in der Nähe der Stadt, *bes.*: nahe bei Rom gelegen; *subst.*: 1. **suburbānŭm,** ī *n.* Landgut in der Nähe der Stadt; in suburbānō Romae: im Borgo zu Rom (zwischen Engelsburg und Vatikan). 2. **suburbānă,** ōrŭm *n.* Umgebung einer Stadt, **suburbānă Hésebon**: die Gefilde von Hesebon; suburbānă Gomorrhae: Vorstadt (= Winkel!) von Gomorrha.
sŭburbĭcārĭŭs 3 nahe bei der Stadt Rom gelegen, suburbikarisch; *bes.*: die sechs suburbikarischen Bistümer der Kardinalbischöfe (*C. j. c.* 231).
sŭburbĭŭm, ī *n.* Vorstadt.
sŭburgĕō 2 nahe herandrängen.
sŭbūrō, ūssī, ūstŭm 3 einwenig anbrennen, versengen.
Sŭburră, ae *f. s.* Subura.
subvectĭō, ōnĭs *f.* Zufuhr.
subvectō 1 herbeischaffen, herzuführen.
subvectŭs, ūs *m.* Zufuhr.

subvĕhō, vēxī, vectŭm 3 hinaufführen, stromaufwärts führen *oder* bringen.
subvĕnĭō, vēnī, ventŭm 4 zu Hilfe kommen, beistehen.
subventĭō, ōnĭs *f.* Hilfeleistung, Beistand.
subversĭō, ōnĭs *f.* Umwälzung, Zerstörung, Untergang; **s. Gallĭcānă**: französische Revolution (1789).
subversīvŭs 3 den Umsturz bezweckend *oder* bewirkend.
subversŏr, ōrĭs *m.* Umwälzer (*Ez.* 2, 6).
subvertō, tī, sŭm 3 1. umkehren, umstürzen. 2. aufwiegeln. 3. vernichten.
subvexŭs 3 schräg aufwärts.
subvŏlō 1 emporfliegen.
succēdānĕŭs 3 (succidaneus) stellvertretend.
succēdō, cēssī, cēssŭm 3 1. herangehen, sich nähern. 2. an die Stelle treten, nachfolgen; sich ablösen: sibi.
succendō, dī, sŭm 3 1. anzünden, entzünden, entflammen; *pass.*: in Brand geraten. 2. *übtr.*: verheeren.
succēnsĭō, ōnĭs *f.* Brand.
succēnsŭs 3 erzürnt.
succentŏr, ōrĭs *m.* Unterkantor; Vorsänger (im Chor).
succentrīx, īcĭs *f.* Vorsängerin.
succēssĭō, ōnĭs *f.* Nachfolge, Erbfolge.
succēssīvē *adv.* nacheinander.
succēssīvŭs 3 aufeinander folgend, nacheinanderverlaufend.
succēssŏr, ōrĭs *m.* Nachfolger.
succēssŭs, ūs *m.* guter Fortgang, glücklicher Erfolg, Glück.
succĭdō, cĭdī 3 unter sich zusammensinken, niedersinken.
succīdō, cīdī, cīsŭm 3 abschneiden, abhauen, niederhauen.
succĭdŭŭs 3 niedersinkend, wankend.
succīnctē *adv.* kurz.
succĭnĕŭs 3 aus Bernstein.
succingō, cīnxī, cīnctŭm 3 1. gürten, aufschürzen. 2. umgürten, umgeben.
succĭnō 3 1. dazusingen, die zweite Stimme singen. 2. zustimmen, einstimmen.
succĭnŭm, ī *n.* (sūcĭnŭm) Bernstein.
succīsĭō, ōnĭs *f.* das Abhauen, das Abschneiden.
succlāmātĭō, ōnĭs *f.* Zuruf.
succlāmō 1 auf etwas zurufen, zuschreien (*Gen.* 39, 4).
succollō 1 (succolo) auf die Schultern nehmen, sich aufhalsen.
succŏlō 1 *s.* succollo.
succrēscō, crēvī, crētŭm 3 nachwachsen.
succumbō, cŭbŭī, cŭbĭtŭm 3 niederfallen, unterliegen, erliegen, nachgeben.
succurrō, currī, cursŭm 3 1. einfallen, in den Sinn kommen. 2. zu Hilfe eilen, helfen.
Succursŭs, ūs *f.* (dē Succursū [*C. R.*]) Soccorro, St., Colombien (Santander), *ca.* 20 000 Einw.; Bischofssitz (seit 1895), Suffr. v. Bogotá.
succursŭs, ūs *m.* Hilfe, Hilfeleistung.
succŭs, ī *m. s.* sucus.
succussĭō, ōnĭs *f.* (succussŭs) das Aufrütteln, Erschütterung.
succussŭs, ūs *m. s.* succussio.
succŭtĭō, cussī, cussŭm 3 aufrütteln, erschüttern.
Suchtĕlēnsĭs, ĕ aus *oder* von Süchteln, St., l. v. d. Niers (Rheinpreußen), *ca.* 9400 Einw.
sūcĭnŭm, ī *n. s.* succinum.
sŭcŭlă, ae *f.* Schweinchen; *pl.*: sŭcŭlae: die Hyaden (Sternbild).
sūcŭs, ī *m.* (succŭs) 1. Saft, Flüssigkeit. 2. Kraft, Lebenskraft.
sūdārĭŭm, ī *n.* 1. Schweißtuch; Schnupftuch. 2. Manipel. 3. Hülle, Korporale (*vgl. Benedictio Corporalium im Rit. Rom.*).
sūdātĭō, ōnĭs *f.* das Schwitzen.
sūdātōrĭŭm, ī *n.* Schwitzbad.
Sūdergă, ae *f. u.* **Sūdergē** *indecl.* germanischer Gau, das heutige Münsterland.
Sūderman(n)ĭă, ae *f.* Södermanland, Landschaft in Schweden.
sŭdĭs, ĭs *f.* Pfahl, Latte, Brett.
sūdō 1 1. schwitzen. 2. sich anstrengen, abmühen.
sūdŏr, ōrĭs *m.* 1. Schweiß. 2. Anstrengung, Mühe.
sūdŭm, ī *n.* heiteres Wetter.
sūdŭs 3 wolkenlos, heiter.
1. **Sue** *indecl.* (Suhe; *hebr.*: Schuach) Sue, der sechste Sohn des Abraham und der Ketura, Stammvater der Suhiter, eines edomitisch-arabischen Volksstammes im östlichen Batanäa (*Gen.* 25, 2); auch Name dieser Landschaft.
2. **Sue** *indecl. m.* (*hebr.*: Suach) Sue, 1. Schwiegervater des Juda. 2. Israelit aus dem Stamme Aser, Sohn des Supha. 3. Israelit aus dem Stamme Juda, Sohn des Saaph.
Suēbī, ōrŭm *m. s.* Suebia.
Suēbĭă, ae *f.* das Land der Sueben, Gesamtname zahlreicher germanischer Völkerschaften, die das östliche Germanien (nördlich der Donau, östlich des Rheins bis zur Ostsee) bewohnten; *dav.*: **Suēbī,** ōrŭm *m.* die Sueben, Suēbă, ae *f.* Suebin, Suēbŭs, ī *m.* der Suebe; Suēbĭcŭs 3 *oder* Suēbŭs 3 suebisch, *z. B.*: mărĕ Suēbĭcŭm = die Ostsee; *vgl.*: Suēvĭă.
Suēbĭcŭs 3 *s.* Suebia.

Suēbŭs 3 *s.* Suebia.
Suēcī, ōrŭm *m. s.* Suecia.
Suēcĭă, ae *f.* Schweden; *dav.*: **Suēcī,** ōrŭm *m.* die Schweden *und* **Suēcĭcŭs** 3 schwedisch.
Suēcĭcŭs 3 *s.* Suecia.
Suēnōn Esthrĭtĭŭs Sven Esthritson, König von Dänemark (im 10. Jhdt.).
Suēō, ōnĭs *m.* Sven, Dänenkönig (12. Jhdt.) (*vgl.*: *Propr. der Nord. Missionen,* 17. *Mai, VI. lect.*).
Suērīnŭm, ī *n.* Schwerin, Hauptst. von Mecklenburg-Schwerin, *ca.* 46000 Einw.
suēscō, suēvī, suētŭm 3 sich gewöhnen, gewohnt werden; *pf.*: ich bin gewohnt.
Suessă, ae *f.* Sessa, St., It. (Caserta), *ca.* 5400 Einw.; Bischofssitz (seit 5. Jhdt.), Suffr. v. Capua; *dav.*: **Suessānŭs** 3.
Suessān. (*C. R.*) *s.* Suessa.
Suessĭōnae, ārŭm *f. s.* Augusta Suessionum.
Suessĭōnēn. (*C. R.*) *s.* Augusta Suessionum.
Suessĭōnēs, ŭm *m.* Völkerschaft in der Gegend des heutigen Soissons (Fkr.), auch diese Stadt selbst; *s.* Augusta Suessionum.
suētŭs 3 gewöhnt an, gewohnt.
Suēvĭă, ae *f.* (Alĕmannĭă) Schwaben, Landschaft in Württemberg und Bayern; auch Bezeichnung für den deutschen Völkerbund; *vgl.* Suebia.
sufēs, ĕtĭs *m.* (suffēs; *phönikisch, punisch*: Richter) Suffet, Staatsoberhaupt in Karthago.
suffectĭō, ōnĭs *f.* 1. Hinzufügung. 2. Ergänzung.
suffectūră, ae *f.* Ergänzung.
1. **suffectŭs** 3 an jemandes Stelle gesetzt, nachgewählt.
2. **suffectŭs,** ī *m.* Statthalter (2. *Mach.* 4, 31).
suffĕrentĭă, ae *f.* das geduldige Ausharren, das Abwarten.
suffĕrō, sustŭlī, sufferrĕ 1. ertragen, erdulden. 2. siegreich bestehen; überwinden: tentātĭōnēs.
suffēs, ĕtĭs *m. s.* sufes.
suffĭcĭēns, entĭs hinreichend, genügend.
suffĭcĭentĕr *adv.* hinlänglich, ausreichend.
suffĭcĭentĭă, ae *f.* 1. Genügsamkeit, Hinlänglichkeit. 2. Brauchbarkeit, Tüchtigkeit.
suffĭcĭō, fēcī, fectŭm 3 1. ersetzen, ergänzen. 2. zum Nachfolger ernennen, erwählen. 3. ausreichen, genügen, gewachsen sein.
suffīgō, fīxī, fīxŭm 3 auf etwas fügen *oder* heften: crŭcī.
suffīmĕn, ĭnĭs *n. s.* suffimentum.
suffīmentŭm, ī *n.* (suffimen) Räucherwerk.
suffĭō, īvī *u.* ĭī 4 1. räuchern. 2. beräuchern.
sufflāmĕn, ĭnĭs *n.* Hemmschuh, Sperrkette.
sufflāmĭnō 1 durch eine Sperrkette hemmen, einen Hemmschuh anlegen.
sufflātōrĭŭm, ī *n.* Blasebalg (*Jer.* 6, 29).
sufflātŭs 3 1. aufgeblasen. 2. stolz.
sufflāvŭs 3 hellblond.
sufflō 1 1. *intr.*: gegen etwas blasen. 2. *trans.*: anblasen. 3. sē sufflārĕ: sich aufblasen.
suffōcātĭō, ōnĭs *f.* Erstickung.
suffōcō 1 ersticken, erwürgen.
suffŏdĭō, fōdī, fossŭm 3 ausgraben; untergraben, unterwühlen (*Ps.* 79, 17).
suffossĭō, ōnĭs *f.* Unterwühlung.
suffossŭm, ī *n.* Loch (*Ps.* 79, 19).
suffrāgānĕŭs 3 stimmberechtigt (*in einem bestimmten Kreise*); ĕpiscŏpŭs suffrāgānĕŭs: Suffraganbischof, d. i. ein dem Erzbischofe unterstehender stimmberechtigter Bischof derselben Kirchenprovinz; dĭoecēsĭs suffrāgānĕă: Suffragandiözese (*im Gegensatze zur Erzdiözese*).
suffrāgānŭs, ī *m.* Suffragan, Suffraganbischof, d. i. ein unter einem Erzbischofe stehender Diözesanbischof.
suffrāgātĭō, ōnĭs *f.* Empfehlung, Begünstigung, Fürbitte.
suffrāgātŏr, ōrĭs *m.* Begünstiger, Beförderer, Fürbitter.
suffrāgātōrĭŭs 3 die Wahl betreffend, auf Wahlen bezüglich.
suffrāgĭŭm, ī *n.* 1. Stimme Abstimmung, Wahlrecht, Stimmrecht; Stimmzettel; suffrāgĭŭm a b s ŏ l ū t ŭ m: die bedingungslose Abstimmung (ohne daß der abgegebene Stimmzettel eine Bedingung enthält); suffrāgĭă a e q u ā l ĭ ă: Stimmengleichheit; suffrāgĭŭm c o n s u l t ī v ŭ m: die beratende, aufklärende Stimme, die konsultive Abstimmung (*die der Vorgesetzte vom Rate oder Kapitel wohl einholen muß, aber an die er nicht gebunden ist, C. j. c.* 575, § 2); suffragium d ē l ī b ĕ r ā t ī v ŭ m: die bestimmende, bindende Abstimmung (*die Zustimmung oder Nichtzustimmung des Rates oder Kapitels, an die der Obere gehalten ist, C. j. c.* 575 § 2); d e m p t ī s suffrāgĭīs n u l l ī s: nach Abzug der ungültigen Stimmen; suffrāgĭŭm f e r r e: die Stimme abgeben, abstimmen; das aktive Wahlrecht ausüben (*C. j. c.* 167 § 1); suffrāgĭŭm l ī b ĕ r ŭ m: Wahl *oder* Stimmabgabe ohne Zwang (*C. j. c.* 169); suffrā-

gĭŭm sēcrētŭm: geheime Abstimmung, geheime Wahl (*C. j. c.* 169). 2. Beistimmung, günstiges Urteil, Begünstigung, Unterstützung. 3. Fürsprache, Fürbitte, Bittgebet; suffrāgĭŭm dē omnĭbŭs Sanctīs: Bittgebet zu allen Heiligen (in den Laudes *u.* der Vesper); pĕr mŏdŭm suffrāgĭī: fürbittweise. 4. Gnade, Gnadenerweisung; suffrāgĭă vītae aeternae: Gnade des ewigen Lebens; suffrāgĭă spīrĭtŭālĭă: geistliche Gnadenerweise, *z. B.*: öffentliche Fürbittgebete für verstorbene Kirchenpatrone mit Nennung des Namens unter Darbringung des hl. Meßopfers an bestimmten Tagen dafür *u. dgl.* (*C. j. c.* 1451). 5. suffrāgĭă: gute Werke mit Sühnewert, *z. B.*: Gebete, Totenoffizium, Darbringung und Aufopferung der hl. Messe (*C. j. c.* 567 § 1); Fürbitte *C. j. c.* 1450 § 2).

suffrāgŏr 1 1. für jem. stimmen, empfehlen, befördern, begünstigen. 2. fürbitten, durch Gebet zu Hilfe kommen.

suffringō 3 unten zerbrechen.

suffŭgĭō, fūgī, fŭgĭtŭm 3 entfliehen, entgehen.

suffŭgĭŭm, ī *n.* Zuflucht, Zufluchtsort; Zufluchtsmittel.

suffŭlcĭō, fulsī, fultŭm 4 von unten stützen, unterstützen.

suffultūră, ae *f.* Stütze, Unterstützung.

suffundō, fūdī, fūsŭm 3 übergießen, benetzen; **suffūsŭs** 3 bedeckt, übergossen mit; beschämt, schamhaft.

suffūrŏr 1 unter der Hand stehlen, wegstehlen: tempŭs.

suffūsĭō, ōnĭs *f.* 1. das Untergießen; das Aufgießen. 2. Schamröte: vultŭs.

suffūsōrĭŭm, ī *n.* Gefäß zum Eingießen, Kanne; *auch*: Röhrchen.

suffūsŭs 3 1. bedeckt, übergossen mit. 2. beschämt, schamhaft.

Suffsien *indecl.* Suffsien, Ort am Kaiserkanale, China (Kiangsu).

suggĕrō, gessī, gestŭm 3 1. beifügen, folgen lassen. 2. darreichen, liefern, gewähren. 3. eingeben, in Erinnerung bringen, anraten.

suggestĭō, ōnĭs *f.* 1. Überredung. 2. Eingebung. 3. Versuchung.

suggestīvŭs 3 einflüsternd.

suggestŏr, ōrĭs *m.* Versucher, Einflüsterer: peccātī.

suggestŭm, ī *n.* 1. Erhöhung, Tribüne, Rednerbühne. 2. Thron: prō rēgĕ. 3. Kanzel.

suggestŭs, ūs *m.* 1. Anhöhe. 2. Erhöhung, Tribüne. 3. Kanzel (*C. j. c.* 1184 Nr. 4).

sūgillātĭō, ōnĭs *f.* 1. der blaue Fleck vom Schlagen. 2. Verhöhnung, Beschimpfung.

sūgillō 1 1. blau schlagen, quetschen. 2. *übtr.*: verhöhnen, beschimpfen.

sūgō, sūxī, sūctŭm 3 saugen, einsaugen.

Suham *indecl. m.* (*hebr.*: Schuham) Suham, Enkel des Dan, Stammvater der Suhamiten.

Suhamītae, ārŭm *m.* Suhamiten, *s.* Suham.

Suhītēs, ĭs *m.* Einwohner des Ortes Suha im Ostjordanlande.

sŭī, *gen. vom Reflexivpronomen,* seiner, gegen sich; *dat.*: **sĭbī**; *acc.*: **sē** *u.* **sēsē**; *abl.*: sē.

sŭīcīdă, ae *m.* Selbstmörder.

sŭīcīdĭŭm, ī *n.* Selbstmord.

sŭīlĕ, ĭs *n.* Schweinestall.

sŭīllă, ae *f.* (*scil.*: cărō) Schweinefleisch.

sŭīllŭs 3 u. **sŭīnŭs** 3 vom Schwein, Schweine-.

sŭīnŭs 3 vom Schwein, Schweins-.

Suīŏnēs, ŭm *m.* Skandinavier.

S. Suitbertī īnsŭlă, ae *f. s.* Caesaris insula.

1. **S. Suitbertŭs,** ī *m.* hl. Suitbert (Swibert), Bek., Bischof von Friesland († 713).

Er war Abt des englischen Klosters Dacor und wurde durch einen heiligmäßigen Prediger namens Egbert veranlaßt, mit dem hl. Willibrord und anderen den deutschen Stämmen das Evangelium zu verkünden. Papst Sergius bevollmächtigte alle hierzu im Jahre 690. Der Frankenherzog Pipin nahm die Sendboten freudig auf und ließ sie in Friesland predigen. Suitbert wurde bald darauf in England von Wilfried zum Bischofe geweiht. Er zog, Gottes Wort verkündend, durch die Gegend zwischen Ems und Lippe. Vor den Verfolgungen der alten Sachsen fliehend, begab er sich auf eine Rheininsel bei Düsseldorf (jetzt Kaiserswerth), wo er starb. — 1. März (Köln, Münster).

2. **S. Suitbertŭs,** ī *m.*, hl. Suitbert, Bek., Bischof von Verden († 807).

Er stammte aus England, war Mönch und hörte, daß Karl der Große die Sachsen unterworfen habe und diese zur Annahme des Christentums bereit seien. Er eilte deshalb nach Deutschland und wurde von Papst Hadrian mit Zustimmung Karls zum ersten Bischofe von Verden ernannt. Seine Gebeine wurden unter dem Osnabrücker und Verdener Bischofe Kardinal Franz Wilhelm von Wartenberg i. J. 1630 wieder aufgefunden und aufs neue feierlich beigesetzt. — 30. April.

S. Suirardŭs, ī *m. s.* S. Andreas Svirardus.

Sulamītĭs, ĭs *f.* (*hebr.*: Schulamith, *richtig*: Salomith = Friederike, Friedreiche) sinnbildlicher Name der Braut im Hohen Liede.

sulcābĭlĭs, ĕ durchfurchbar, ackerbar, bebaubar.

Sulchen *indecl.* Sülchen, D. bei Rottenburg, Württemberg.

Sulcī, ōrŭm *m.* (Ecclesiensis ecclesia) Sulci, Hafenst. im Südwesten Sardiniens; Bischofssitz von 484—1503 (von 1505—1763 unbesetzt, seitdem

Sitz in Iglesias, St., Sardinien, Cagliari, *ca.* 11000 *Einw.*, Suffr. v. Cagliari; *dav.*: **Sulcĭtānī**, ōrŭm *m. Einw.*

sulcō 1 1. mit Furchen durchziehen, pflügen, durchschneiden. 2. durchfahren, durchschiffen.

sulcŭs, ī *m.* 1. die Furche. 2. das Pflügen: terră sulcīs inviă: ein Land, unbrauchbar zur Bestellung (*Vesp. Spineae Coronae*).

sulfŭr, ŭrĭs *n. s.* sulphur.

sulfŭrārĭă, ae *f. s.* sulphuraria.

sulfŭrĕŭs 3 *s.* sulphureus.

Sulgōvĭă, ae *f.* (Sulgovium) Saulgau, St. r. an der Schwarzach zur Donau, Württemberg (Donaukreis), *ca.* 5000 *Einw.*; eine ehemalige Grafschaft.

Sulgōvĭŭm, ī *n. s.* Sulgovia.

Sulmō, ōnĭs *m.* Sulmona (Solmona), Stadt in Mittelitalien (Aquila degli Abruzzi) *ca.* 15000 Einw.; Bischofssitz (seit 1818 vereinigt mit dem Bistumstitel von Valva); *dav.*: **Sulmonēnsĭs**, ĕ.

Sulmōnēn. (*C. R.*) *s.* Sulmo.

sulphŭr, ŭrĭs *n.* (sulfŭr, sulpŭr) Schwefel.

sulphŭrārĭă, ae *f.* (sulfŭrārĭă) Schwefelgrube.

sulphŭrātĭō, ōnĭs *f.* (sulfŭrātĭō, sulpŭrātĭō) 1. Schwefelung. 2. Schwefellager.

sulphŭrātŭs 3 (sulfŭrātŭs) mit Schwefel versetzt, schwefelhaltig.

sulphŭrĕŭs 3 (sulfŭrĕŭs, sulpŭrĕŭs) schwefelig, mit Schwefel durchsetzt.

S. Sulpĭcĭŭs Pĭŭs, ī *m.* Sulpizius Pius, Erzbischof von Bourges (Fkr.); † 644, 17. Januar.

Sulpĭcĭŭs Sĕvērŭs, ī *m.* Sulpizius Severus, Priester u. Kirchenschriftsteller, † um 410 in Marseille (Fkr.).

Sulpĭtĭānŭm sēmĭnārĭŭm, ī *n.* Seminar St. Sulpice in Paris.

sulpŭr, ŭrĭs *n. etc. s.* sulphur *etc.*

Sulsōnă, ae *f.* (Celsōnēnsĭs ecclēsĭă) Solsona, St. am Rio Negro, Spanien (Lérida), *ca.* 2400 Einw.; Bistum (seit 1593, seit 1851 von einem apost. Administrator verwaltet), Suffr. v. Tarragona.

sultă, ae *f.* (soltă = sŏlūtĭō) Zahlung (als Ausgleich bei Gnadenerweisen).

sultĭs = sī vultĭs: wenn ihr wollt, nach Belieben.

sŭm, fŭī, essĕ I. *als selbständiges Zeitwort*: 1. dasein, vorhanden sein, bestehen, existieren, leben, fortbestehen (*deutsch*: „es gibt": est Dĕŭs). 2. stattfinden, der Fall sein, sich ereignen, vorfallen. 3. *mit Ortsangaben*: sich befinden, sich aufhalten, wohnen, leben, liegen, beruhen auf. 4. *mit Adverbien der Art u. Weise*: sich verhalten, stehen, gehen, verlaufen. 5. Geltung haben, gelten; wirklich, wahr sein; bedeuten, heißen; hŏc est: das heißt. 6. *mit Dativ*: haben, besitzen; *bei Bezeichnung des Zweckes*: zu etw. dienen, gereichen; dienen, förderlich sein, sich eignen, für etw. passen, zu etw. fähig sein. 7. est *cum inf.* (*wie* ἔστιν) es ist möglich, es ist erlaubt, es ist gestattet, es kann sein, es darf sein. 8. esse in *cum acc.*: zu etw. werden. 9. esse ex: sich berufen auf, sich stützen auf. 10. sunt quī: es gibt Leute, die. II. *als Kopula oder Satzband*: sein, 1. *mit dem Genetiv des Besitzes* (*gen. poss.*) jemandes Eigentum sein, eigen sein, gehören, angehören; jemandes Sache, Art, Gewohnheit, Pflicht, Aufgabe sein; es gebührt jemandem, es kommt jem. zu, es ist ein Zeichen, ein Beweis von etwas, es verrät etw.; es ist geeignet, dienlich, förderlich, es eignet sich. 2. *mit dem Genetiv oder Ablativ der Beschaffenheit* (*gen. oder abl. qualitativus*): von etwas sein, etwas haben, an sich haben, besitzen, zeigen, mit etw. versehen sein; aus etwas bestehen, etwas betragen, auf etw. sich belaufen. 3. *mit dem Genetiv oder Ablativ des Wortes* (*gen. oder abl. pretii*): wert sein, zu stehen kommen, kosten, gelten.

summă, ae *f.* 1. höchste Stelle, erster Rang. 2. Gesamtzahl, Summe, Endergebnis. 3. Gesamtheit, Hauptsache, Hauptinhalt.

summālĭs, ĕ ein Endergebnis enthaltend; ganz.

summārĭē *adv* im allgemeinen.

summārĭŭm, ī *n.* Inbegriff, kurzer Inhalt, Inhaltsangabe, Inhaltsverzeichnis; Zusammenfassung, Auszug.

1. **summārĭŭs** 3 hauptsächlich, der Hauptsache nach; kurz zusammengefaßt, summarisch (*C. j. c.* 1122 § 1).

2. **summārĭŭs**, ī *m.* Lasttier, Packesel.

summātĭm *adv.* 1. der Hauptsache nach, kurz zusammengefaßt; summarisch, im allgemeinen. 2. nur oberflächlich.

summē *adv.* aufs höchste.

summergō, mersī, mersŭm 3 *s.* submergo.

summĭnistrō 1 *s.* subministro.

summissĭō, ōnĭs *f. s.* submissio.

summittō, mīsī, missŭm 3 *s.* submitto.

summĭtās, ātĭs *f.* 1. Höhe, Gipfel, Scheitel, höchster Punkt, Spitze. 2. der obere Rand, der äußerste Rand, Saum: vestĭŭm.

summō 1 auf den Höhepunkt bringen, vollenden.

summŏpĕrē *adv.* 1. gar sehr, äußerst. 2. im höchsten Maße, nach Kräften.

summŏtĕnŭs *adv.* bis oben.

summŏvĕō, mōvī, mōtŭm 2 *s.* submoveo.
summŭlă, ae *f.* Sümmchen.
summŭm, ī *n. u.* **summŭs** 3 *s.* superus.
summūtō 1 *s.* submuto.
sūmō, sūmpsī, sūmptum 3 1. nehmen, zu sich nehmen, Gebrauch machen von, genießen. 2. verwenden, ausgeben, verzehren, aufreiben. 3. anfangen, beginnen. 4. sich anmaßen. 5. sūmĕrĕ făcĭĕm ălĭcŭiŭs: jemanden vorziehen, parteiisch sein, Rücksicht nehmen auf (*Ps.* 81, 2). 6. sūmĕrĕ verbă: die Worte vernehmen (*Judic.* 11. 4). 7. sūmĕrĕ poenăm ab alquō jem. bestrafen (*Laud.Lanceae et Clav.*).
sūmptĭō, ōnĭs *f.* 1. das Zusichnehmen; Genuß: sanguĭnĭs (Chrīstī). 2. Annahme, Voraussetzung.
sūmptŭārĭŭs 3 den Aufwand betreffend, Aufwands-.
sūmptŭōsĭtās, ātĭs *f.* großer Aufwand.
sūmptŭōsŭs 3 kostbar, teuer, verschwenderisch.
sūmptŭs, ūs *m.* Aufwand, Kosten.
Sunam *indecl.* (Sunem, Sulem) Sunam, St. im Stamme Issachar; *j.* das kleine Dorf Sûlem (*oder* Sôlem), hoch oben am Südwestabhange des Dschebel el-Dachi *oder* kleinen Hermon; *dav.*: **Sunamītĭs,** ĭdĭs *f.* Sunamitin.
Sunamītĭs, ĭdĭs *f. s.* Sunam.
Sundersdorf *indecl.* Sundersdorf, Ort in der Diözese Basel.
Sungōvĭă, ae *f.* der Sundgau, ehem. Landschaft im Oberelsaß.
Suni *indecl. m.* (*hebr.*: Schuni) 1. Suni, der dritte Sohn des Gad; Stammvater der Suniten. 2. der Sunite; *richtiger*: Sunītēs.
Sunitae, ārŭm *m.* Suniten, *s.* Suni.
sŭō, sŭī, sūtŭm 3 nähen, zusammennähen, zusammenfügen.
sŭpellex, lectĭlĭs *f.* 1. Gerät, Hausgerät. 2. Kirchengerät, hl. Geräte. 3. Kleinod.
sŭpĕr I. *adv.* 1. *räumlich*: darüber, obendrauf, oben. 2. *übtr.*: außerdem, überdies, auch noch; vor allem. II. *praep.* 1. *c. abl.* a) *räumlich*: über, oberhalb, oben auf, auf: sŭpĕr mātrĕ sŭā: auf dem Schoße seiner Mutter (*Ps.* 130, 2). b) *zeitlich*: während, bei. c) über, inbetreff, wegen: dēlectābĭtŭr sŭpĕr sălūtārī (*Ps.* 34, 9); sŭpĕr vīnō: wegen des Weines (*der mangelt*: *Js.* 24, 11); sŭpĕr mĭsĕrĭcordĭā tŭā: wegen deiner Barmherzigkeit. d) sĕcundŭm innŏcentĭăm sŭpĕr mē (= quae in me est): gemäß meiner Unschuld (*Ps.* 7, 9). e) sī dēceptŭm est cŏr mĕŭm sŭpĕr mŭlĭĕrĕ von einem Weibe, durch ein Weib (*Job* 31, 9). f) sŭpĕr quō = ŭbĭ (super quid) *Is.* 1, 5. g) nōmĕn tŭŭm invŏcātŭm est sŭpĕr nōs = ā nōbĭs (*Jer.* 14, 9). h) magnĭfĭcāvĭt sŭpĕr mē supplantātĭōnĕm: er gebraucht große Hinterlist wider mich, er erhebt treulos gegen mich die Ferse (effert contrā mē perfĭdē calcĕm) (*Ps.* 40, 10); dŏlātāvĕrunt sŭpĕr (= contrā) mē ōs sŭŭm (*Ps.* 34, 21). 2. *c. acc.* a) (*räumlich*): über, über . . . hin; zu . . . hinauf. b) (*zeitlich*) über, während. c) (*übtr.*) über — hinaus, mehr als; dēsīdĕrābĭlĭă sŭpĕr aurŭm (*Ps.* 18, 11); multĭplĭcārī sŭpĕr: zahlreicher sein als (*Ps.* 39, 6. 13); confortārī sŭpĕr: stärker sein als (*Ps.*17, 18); noch dazu darüber hinaus: sŭpĕr dŏlōrĕm vulnĕrŭm mĕōrŭm (*Ps.* 68, 27); außer, sŭpĕr haec: außerdem. d) sŭpĕr (= iuxta) flūmĭnă Babylōnĭs: an den Flüssen Babylons (*Ps.* 136, 1). e) sŭpĕr mănŭm dextĕrăm tŭăm: an deiner rechten Seite, zu deiner Rechten (*Ps.* 120, 5). f) sŭpĕr ĭnĭmīcōs mĕōs factŭs sŭm opprobrĭŭm: bei allen Feinden (*Ps.* 30, 12). g) dēprĕcābĭlĭs estō sŭpĕr servōs tŭōs: sei erbittlich, laß dich erbitten von deinen Dienern (*Ps.* 89, 13). h) Dĕŭs ostendĕt mĭhī sŭpĕr ĭnĭmīcōs mĕōs: Gott läßt mich meine Lust an meinen Feinden sehen (*Ps.* 58, 12). i) et nōn cognōvērunt sīcŭt in exĭtū sŭpĕr summŭm: *unverständliche Übersetzung*; *die Zerstörung des Tempels ist mit dem Fällen der Waldbäume verglichen, die Stelle lautet im Urtext*: „Es sah sich an, als höbe man empor im Waldesdickicht die Äxte; sie hieben ab sein Schnitzwerk zumal, mit Axt und Beil hieben sie es ab" (*Ps.* 73, 5).
sŭpĕrābĭlĭs, ĕ besiegbar, überwindlich.
sŭpĕrăbundantĭă, ae *f.* 1. Überfluß. 2. Naturalzins (*d. h.* Mehrleistung bei Zurückerstattung geliehener Naturalien).
sŭpĕrăbundantĕr *adv.* überschwenglich.
sŭpĕrăbundō 1 überfließen von, reichlich versehen sein.
sŭpĕraddō 3 noch hinzufügen.
sŭpĕrădornātŭs 3 außen, obenhin verziert.
sŭpĕrădultŭs 3 ziemlich herangewachsen, reichlich alt: virgō.
sŭpĕra(d)stō 1 oben darüberstehen.
sŭpĕraedĭfĭcō 1 noch darüber erbauen, errichten.
sŭpĕrātĭō, ōnĭs *f.* Überwindung.
sŭpĕrātŏr, ōrĭs *m.* Überwinder, Besieger.
sŭpĕrātrīx, īcĭs *f.* Überwinderin.
sŭperbĭă, ae *f.* 1. Übermut, Stolz. 2. edler Stolz, Selbstgefühl. 3. Würde, Erhabenheit. 4. lĕvā mănūs tŭās in sŭperbĭās ĕōrŭm in fīnĕm erhebe deine Hände gegen ihren Hochmut ohne Maß, *ist schiefe Übersetzung fürs*

Hebräische: „erhebe deine Schritte zu den ewigen Trümmern (*Ps.* 73, 3); sŭperbĭă ĕōrŭm ascendĭt sempĕr: ihr Übermut (*richtig*: Toben) steigt immer empor (*Ps.* 73, 23), *hier ist* superbia eine *schiefe Übersetzung für*: Lärm, Toben; das Wüten (*Ps.* 58, 12).
sŭperbĭlŏquentĭă, ae *f.* hochmütiges Reden.
sŭperbĭō 4 1. übermütig *oder* stolz sein; sich brüsten. 2. in Pracht stehen, prangen.
1. **sŭperbŭs** 3 1. übermütig, stolz, hochmütig. 2. despotisch, streng. 3. (*im guten Sinn*:) erhaben, ausgezeichnet, hochherzig, ruhmwürdig; prächtig, prachtvoll.
2. **sŭperbŭs**, ī *m.* 1. Stolzer, Hochmütiger. 2. Gottloser.
sŭpercădō (sŭpercĭdō), cĕcĭdī 3 darüber fallen, auf etwas fallen.
sŭpercalcō 1 darauftreten.
sŭpercertŏr 1 für etwas kämpfen: alicui.
sŭpercĭlĭōsŭs 3 sehr ernst, sehr finster.
sŭpercĭlĭŭm, ī *n.* 1. die Augenbrauen. 2. finsteres Wesen, Hochmut, Stolz (*L. II. fer. V. I. Quadr.*). 3. Vorsprung, Anhöhe.
sŭpercoelestĭs, ĕ überhimmlisch, mehr als himmlisch; über dem Himmel befindlich.
sŭpercrēscō, crēvī 3 überwachsen; sehr zunehmen.
sŭpercurrō 3 übersteigen.
sŭperdūcō, dūxī, ductŭm 3 herbeiführen.
sŭpĕrefflŭō, flūxī 3 überfließen, überströmen; überflüssig sein.
sŭpĕrēmĭnentĭă, ae *f.* hohe Stellung, Hoheit.
sŭpĕrēmĭnĕō 2 über etwas hervorragen, überragen.
sŭpĕrĕō, īre über etwas gehen.
sŭpĕrērŏgō 1 darüber auszahlen; darüber hinaus aufwenden.
sŭpĕrērŏgātōrĭŭs 3 überpflichtig; verdienstlich.
sŭpĕrexaltātŭs 3 1. sehr hoch gestellt, erhaben. 2. *übtr.*: trotzend (*Ps.* 36,35).
sŭpĕrexaltō 1 1. hoch erheben. 2. preisen.
sŭpĕrexstō 1 noch vorhanden sein.
sŭpĕrextendō 3 1. darüber ausbreiten. 2. sich übermäßig ausdehnen, anstrengen.
sŭpĕrextollō 3 darüber hinausheben.
sŭpĕrfĕrō, tŭlī, lātŭm, ferrĕ 1. darübertragen, darüberbringen. 2. *pass.*: darüberschwimmen; leichter sein als: ălĭīs lĭquōrĭbŭs.
sŭperfĭcĭārĭŭs 3 in Erbpacht besessen.
sŭperfĭcĭēs, ēī *f.* Oberfläche; in sŭperfĭcĭē histŏrĭcā: in geschichtlicher Hinsicht.
sŭperfīō, fĭĕrī übrigbleiben.
sŭperfīxŭs 3 oben aufgesteckt.
1. **sŭperflŭō** *adv.* überflüssig.
2. **sŭperflŭō**, flūxī, flūxŭm 3 überströmen, im Überfluß vorhanden sein.
sŭperflŭŭs 3 überflüssig.
sŭperfundō, fūdī, fūsŭm 3 1. darüber gießen. 2. *pass.*: überströmen, sich ergießen, sich ausbreiten.
sŭpergaudĕō 2 sich freuen über (*dat.*), frohlocken.
sŭperglōrĭōsŭs 3 überaus herrlich.
sŭpergrĕdĭŏr, gressŭs sŭm 3 1. überschreiten. 2. überbieten, übervorteilen.
sŭperhŭmĕrālĕ, ĭs *n.* Obergewand des jüdischen Priesters; Schulterkleid.
sŭperĭăcĭō, iēcī, iectŭm 3 1. oben darauf werfen, über etw. hinüberwerfen. 2. überschreiten, übertreffen.
sŭperiactō 1 in die Höhe werfen.
sŭperiectĭō, ōnĭs *f.* Übertreibung, Hyperbel.
sŭpĕrimmĭnĕō 2 darüber emporragen.
sŭpĕrimpendĕō 2 oben darüberhangen.
sŭpĕrimpendō 3 für etwas aufwenden.
sŭpĕrimplĕō 2 bis oben auf anfüllen, im Übermaße *oder* überreichlich erfüllen (*L. VII. Oct. Assumpt. B. M. V.*).
sŭpĕrimpōnō, pŏsŭī, pŏsĭtŭm 3 oben darauf legen.
sŭpĕrincĭdō 3 von oben hereinfallen.
sŭpĕrincumbō, cŭbŭī 3 sich darauflegen.
sŭpĕrincŭbō 1 oben drauf liegen.
sŭpĕrindūcō, dūxī, ductŭm 3 1. darüberziehen. 2. hereinbrechen lassen über.
sŭpĕrindŭō 3 darüber ziehen, überkleiden.
sŭpĕrintendō 3 Aufsicht haben über.
sŭpĕrĭŏr, ōrĭs *m. s.* superus.
sŭpĕrĭōră, ŭm *n.* 1. Söller, Obergemächer. 2. der als mit Regenwasser gefüllt gedachte Raum über dem Lufthimmel.
sŭpĕrĭōrissă, ae *f.* die Oberin, Vorsteherin, Priorin: mōnĭălĭŭm.
sŭpĕrĭōrĭtās, ātĭs *f.* Überlegenheit.
sŭperlābŏr, lāpsŭs sŭm 3 darüberhingleiten.
sŭperlātĭō, ōnĭs *f.* Übertreibung, Vergrößerung.
sŭperlātŭs 3 übertrieben.
sŭperlaudābĭlĭs, ĕ unendlich preiswürdig.
sŭperlīmĭnārĕ, ĭs *n.* Oberschwelle, Balken über der Tür.
sŭperlŭcrŏr 1 dazu gewinnen.
sŭpermētĭŏr, mēnsŭs sŭm 4 reichlicher zuteilen.
sŭpermittō 3 draufschütten, darüberschütten.
sŭpernătō 1 oben darauf schwimmen.
sŭpernātūrālĭs, ĕ übernatürlich.
sŭpernē *adv.* 1. von oben her, vom Himmel her. 2. oberhalb, oben.

sŭpernōmĭnō 1 mit einem Zunamen versehen.
sŭpernŭmĕrārĭŭs 3 überzählig.
sŭpernŭs 3 oben befindlich, himmlisch; *adv.*: **sŭpernē** von oben her; vom Himmel her.
sŭpĕrō 1 1. den Vorzug haben, überlegen sein, übertreffen. 2. überwinden, obsiegen. 3. vorhanden sein, übrigbleiben. 4. überschreiten, umsegeln.
sŭperōrdĭnō 1 Anordnungen hinzufügen.
sŭperpendēns, entĭs überhangend.
sŭperpellĭcĕŭm, ī *n.* (ein weitärmeliges, über dem Pelzmantel getragenes Chorhemd) Chorrock, *mehrfach auch* Roschett *genannt.*
sŭperplēnŭs 3 übervoll.
sŭperpōnō, pŏsŭī, pŏsĭtŭm 3 darauflegen, darübersetzen, aufsetzen.
sŭperpŏsĭtĭō, ōnĭs *f.* freiwilliges, mehrtägiges völliges Fasten.
sŭperrĭmŭs 3 *s.* superus.
sŭpĕrsăpĭēns, ntĭs überweise.
sŭperscandō 3 übersteigen, überschreiten.
sŭperscrībō, īpsī, īptŭm 3 darüberschreiben, überschreiben (*Num.* 7, 2; *Hebr.* 8, 10).
sŭperscrīptĭō, ōnĭs *f.* Überschrift, Aufschrift.
supersĕdĕo, sēdi, sessŭm 2 1. auf etwas sitzen. 2. unterlassen, einer Sache überhoben sein (*lect. I. fer. III. hebd. I. Quad.*).
sŭpersēmĭnō 1 darüber *oder* dazwischen säen.
sŭperspergō, sī, sŭm 3 überstreuen, bestreuen.
sŭperspērō 1 auf etwas über alles hoffen; seine ganze Hoffnung auf jemanden setzen (*Ps.* 118, 114 *u. öfter*).
sŭperstăgnō 1 austreten.
sŭpersternō, strāvī, strātŭm 3 darüberbreiten, daraufdecken, daraufhäufen.
sŭperstĕs, stĭtĭs übrigbleibend, überlebend.
sŭperstĭtĭō, ōnĭs *f.* 1. Aberglaube, abergläubische Bräuche. 2. heilige Scheu, Heiligkeit.
sŭperstĭtĭōsŭs 3 1. abergläubisch, weissagerisch, heidnisch. 2. gläubig; *compar.*: mehr als gläubig, abergläubig; überaus gottesfürchtig: pĕr omnĭă quăsĭ sŭperstĭtĭōsĭōrēs: in jeder Hinsicht überaus gottesfürchtig (*Act.* 17, 22).
sŭperstō 1 oben drauf stehen.
sŭperstrātŭs 3 *s.* supersterno.
sŭperstrŭō, strūxī, structŭm 3 oben drauf bauen, darüber bauen.
sŭpĕrsubstantĭālĭs, ĕ 1. überwesentlich, über das Wesen (eines Dinges) hinausgehend. 2. *schiefe Übersetzung von* ἐπ-ιούσιος (*von* ἔπειμι, ἐπιέναι = herankommen, anbrechen) für den soeben anbrechenden Tag notwendig *oder* genügend, daher täglich nötig, täglich; während die Vulgata bei *Luc.* 11, 3 den griechischen Ausdruck ἄρτος ἐπιούσιος sinngemäß und richtig mit panis quotidianus wiedergibt, verdolmetscht sie den ganz gleichen Ausdruck *bei Matth.* 6, 11 sonderbarerweise mit pānĭs sŭpersubstantĭālĭs das den Sinn des Urtextes vollständig entstellt. (*Der Übersetzer [wohl kaum der hl. Hieronymus?] scheint* ἐπ-ιούσιος *an dieser Stelle von* ἐπὶ *und* οὐσία *Wesenheit abgeleitet zu haben und* ἐπὶ = *auf über im Sinne von* ὑπὲρ *aufgefaßt zu haben*).
sŭpersŭm, fŭī, essĕ 1. übrigbleiben, noch vorhanden sein. 2. noch leben, überleben. 3. überlegen sein.
sŭpertĕgō, tēxī, tēctŭm 3 überdecken.
sŭpĕrŭm = *gen. pl.* sŭpĕrōrŭm.
sŭpĕrurgĕō 2 oben eindringen.
sŭpĕrŭs 3 *I. positiv*: oben befindlich, ober; sŭpĕrī hŏnōrēs: Ehren im Himmel; *subst.* **sŭpĕrī,** ōrŭm *m.* die Himmlischen = die Heiligen *oder* die Engel. *II. compar.*: **sŭpĕrĭŏr,** sŭpĕrĭŭs: a) weiter oben befindlich, der obere. b) früher: aetas; vergangen. c) über anderen stehend, vorzüglicher; *subst.* **sŭpĕrĭŏr,** ōrĭs *m.* der Obere, Vorgesetzte, *bes.*: in einer Klostergemeinde. d) *s.* sŭpĕrĭōră. *III. superl.* 1. **sŭprēmŭs** 3 der äußerste, höchste, erhabenste, letzte; *adv.*: **sŭprēmŭm** zum letzten Male. 2. **summŭs** 3 a) der oberste, der höchste; *subst.*: **summŭm,** ī *n.* das Oberste eines Dinges, Höhe, Gipfel, äußerstes Ende, Himmelshöhe, der Rand eines Gefäßes; sŭpĕr summŭm: *s.* super. b) der höchste, der größte, der vorzüglichste, der wichtigste. 3. **sŭperrĭmŭs** 3 der oberste.
sŭpervăcānĕŭs 3 1. überzählig. 2. unnütz, unnötig.
sŭpervăcŭĭtās, ātĭs *f.* Ruhmsucht.
sŭpervăcŭŭs 3 überflüssig; *adv.*: grundlos, eitel, vergeblich, unnütz, ohne Ursache (*Ps.* 24, 4); in nichtswürdiger Weise (*Ps.* 30, 7 *u.* 34, 7).
sŭpervādō 3 übersteigen.
sŭpervălĕō 2 mehr gelten, mehr vermögen als; die Vormacht erhalten.
sŭpervălēscō 3 noch mächtiger werden.
sŭpervĕhŏr, vectŭs sŭm 3 über etwas hinausfahren.
sŭpervĕnĭō, vēnī, ventŭm 4 1. über etwas kommen, überfließen über: summŭm călĭcĭs. 2. übervorteilen, betrügen.
sŭperventŭs, ūs *m.* das Dazukommen.

sŭpervestĭō 4 überkleiden, bekleiden.
sŭpervīvō, vīxī, vīctŭm 3 am Leben bleiben, überleben.
1. **Suph** *indecl. m.* (*hebr.*: Honigwabe) Suph, 1. Ahnherr des Propheten Samuel. 2. Levit, Nachkomme des Kaath.
2. **Suph** *indecl.* (*hebr.*: Honigwabe) Suph, eine Landschaft im Stamme Ephraim, wahrscheinlich die Gegend des jetzigen Sapha, südwestlich von Bethlehem (1. *Reg.* 9, 5).
Supha *indecl. m.* (*hebr.*: Sophach) Supha, ein Fürst im Stamme Aser, Sohn des Hotham *oder* Helem.
Supham *indecl. m.* (*hebr.*: Schupham) Supham, der vierte Sohn des Benjamin, Stammvater der Suphamiten.
Suphamītae, ārŭm *m.* die Suphamiten, *s.* Supham.
sŭpīnō 1 rückwärts beugen, rückwärts legen.
sŭpīnŭs 3 1. rückwärts liegend, rückwärts gebogen, zurückgelehnt. 2. *übtr.*: müßig, lässig; ignorantĭă sŭpīnă: eine Unkenntnis, die aus Lässigkeit und Pflichtvergessenheit entstanden (also im allgemeinen schwer sündhaft) ist.
suppalpŏr 1 etwas streicheln *oder* schmeicheln.
suppār, ărĭs 1. fast gleich; ziemlich angemessen. 2. suppār aetātĭs: Zeitgenosse.
suppĕdānĕŭm, ī *n.* 1. Fußschemel; Fußbrett. 2. die oberste Altarstufe.
suppĕdĭtātĭō, ōnĭs *f.* Überfluß.
suppĕdĭtō 1 1. *trans.*: darreichen, geben, in Fülle darbieten: rătĭōnēs; verschaffen. 2. *intr.*: reichlich vorhanden *oder* vorrätig sein, Überfluß an etwas haben.
Suppentōnĭă, ae *f.* Castell Sant' Elia, St. am Berge Sorakte, nördlich von Rom, It.
suppĕtĭae, ārŭm *f.* Hilfe, Beistand: afferrĕ.
suppĕtĭŏr 1 zu Hilfe kommen.
suppĕtō, pĕtīvī, pĕtītŭm 3 1. vorhanden sein, hinreichen, genügen, ausreichen: tempŭs. 2. gewachsen sein, entsprechen.
supplantātĭō, ōnĭs *f.* Hinterlist, Täuschung; magnĭfĭcārĕ supplantātĭōnĕm: große List anwenden.
supplantātŏr, ōrĭs *m.* Betrüger.
supplantō 1 1. ein Bein stellen, jemanden niederwerfen (*Ps.* 16, 13); suppl. gressŭs (*Ps.* 36, 31): umwerfen. 2. betrügen, hintergehen. 3. *pass.*: wanken.
supplēmentŭm, ī *n.* Ergänzung, Verstärkung.
supplĕō, plēvī, plētŭm 2 1. wieder anfüllen, erfüllen, ausfüllen. 2. vollständig, vollzählig machen, ergänzen; vĭcēs supplērĕ: die Stelle ausfüllen, die Stelle vertreten; lŏcŭm supplērĕ: den Platz ausfüllen, an die Stelle jemandes treten.
supplētīvŭs 3 ergänzend.
supplētōrĭŭs 3 ergänzend, iūsiūrandŭm supplētōrĭŭm: Ergänzungseid (*C. j. c.* 1829).
supplex, plĭcĭs demütig bittend, flehend.
supplĭcāmentŭm, ī *n.* 1. Ehrfurchtsbezeigung. 2. Gottesdienst.
supplĭcātĭō, ōnĭs *f.* 1. demütige Bitte, das Flehen. 2. Bettag, Betgang, Bußfest; supplĭcātĭōnĕm indīcĕrĕ einen Bittgang halten lassen; supplĭcātĭō quădrāgintā hōrārŭm: das vierzigstündige Gebet.
supplĭcĭtĕr *adv.* flehentlich, demütig.
supplĭcĭŭm, ī *n.* 1. Gebet, Bittopfer. 2. Todesstrafe, Hinrichtung, Qual, Not, Pein, Marter.
supplĭcō 1 demütig anflehen, flehentlich bitten.
supplōdō, plōsī, plōsŭm 3 Beifall geben, klatschen; aufstampfen.
supplōsĭō, ōnĭs *f.* das Aufstampfen (mit dem Fuße).
suppōnō, pŏsŭī, pŏsĭtŭm 3 1. daruntersetzen, darunterhalten, stützen, danebensetzen. 2. an die Stelle setzen von, unterschieben.
supportō 1 1. herbeitragen, herbeiführen, herbeibringen. 2. ertragen (2. *Cor.* 11, 1).
suppŏsĭtīcĭŭs 3 unterschoben, unecht.
suppŏsĭtĭō, ōnĭs *f.* 1. das Unterlegen, Unterschieben, Unterschiebung, Unterstellung. 2. Bedeutung.
suppŏsĭtŭm, ī *n.* 1. Unterstellung, Unterschiebung; Unterlage, Voraussetzung, Grundlage. 2. Einzelsubstanz (= sŭbiectŭm; hўpŏstăsĭs).
suppressĭō, ōnĭs *f.* 1. Unterdrückung, Aufhebung. 2. Unterschlagung.
suppressŭs 3 1. unterdrückt. 2. gedämpft, leise.
supprĭmō, pressī, pressŭm 3 1. unterdrücken, aufhalten, hemmen. 2. verbergen, verhehlen. 3. unterschlagen.
suppūrātĭō, ōnĭs *f.* Geschwür, Eiterung.
suppūrō 1 forteitern.
suppŭtātĭō, ōnĭs *f.* Ausrechnung; Berechnung (*C. j. c.* 33).
suppŭtō 1. 1. ausrechnen, berechnen, rechnen; zurechnen (*Is.* 47, 13). 2. zählen (3. *Reg.* 3, 8).
suprā (*aus*: sŭpĕrā, *scil.*: partĕ, *d. i. auf der oberen Seite*) *I. adv.* 1. *räumlich*: oben, oberhalb, oben drauf, darüber, darüber hinaus. 2. *zeitlich*: oben, d. i. vorher, früher, schon früher; sŭpĕrĭŭs: weiter oben. 3. *übtr.*: darüber hinaus, mehr. *II. praep. cum*

acc. 1. oben, oben auf, oben über, oberhalb. 2. über ... hin, über ... hinaus, über ... hinweg. 3. jenseits.
suprăcĭtātŭs 3 oben angegeben, oben zitiert.
suprăcĭtō 1 oben *oder* vorher angeben.
suprădescrībō, scrīpsī, scrīptŭm 3 vorher beschreiben, an einer früheren Stelle erklären.
suprădescrīptŭs 3 oben *oder* an einer früheren Stelle beschrieben.
suprădictŭs 3 oben gesagt; oben genannt (2. *Mach.* 4, 23).
suprăgrăvō 1 sehr beschweren.
suprămundānŭs 3 überirdisch.
suprănātūrālĭs, ĕ übernatürlich.
suprăphaenŏmĕnālĭs, ĕ übersinnlich, überwirklich.
suprăscandō 3 übersteigen, überschreiten.
suprăsĕdĕō, sēdī, sessŭm 2 darauf sitzen.
suprăsēnsĭbĭlĭs, ĕ überempfindlich, überempfindsam.
Suprassĭlĭă, ae *f.* Suprasl, Marktflecken, l. am Suprasl (zum Narew), Rußland (Grodno), *ca.* 2500 Einw.; Bistum bis 1807 exempt, 1809 aufgehoben; *dav.*: **Suprassĭlĭēnsĭs,** ĕ.
Suprassĭlĭēn. (*C. R.*) *s.* Suprassilia.
suprēmĭtās, ātĭs *f.* 1. höchste Spitze, Ehre. 2. Ende, Tod.
suprēmŭs 3 *s.* superus.
suptĕr = subter.
1. **Sur** *indecl. m.* (*hebr.* ?) Sur, 1. Madianiterfürst, Vater der Kozbi, die wegen Unzucht mit einem Israeliten getötet wurde; er ist wohl identisch mit dem im Kampfe gegen Israel gefallenen Madianiterfürsten Sur (*Num.* 25, 15 *u.* 31, 8). 2. ein Israelit, Sohn des Jehiel, des Gründers von Gabaon.
2. **Sur** *indecl.* (*hebr.*: Mauer) Sur, eine Wüste östlich vom Roten Meere (*auch* Etham *genannt*), im Steinigen Arabien, *j.* Dschifar.
3. **Sur** *verschrieben für hebr.*: sus = Pferd, Roß, *deshalb nicht zu lesen* das Tor „Sur", sondern das „Roßtor" (4. *Reg.* 11, 6).
sūră, ae *f.* Wade, Wadenbein.
Surabī, ōrŭm *m. s.* Sorabi.
Surburgēnsĭs, ĕ aus Surburg, einem Orte bei Hagenau im Elsaß.
surcŭlŭs, ī *m.* 1. kleiner Zweig, Reis, Schößling. 2. Span, Splitter.
surdastĕr, stră, strŭm halbtaub, schwerhörig, harthörig.
surdĭtās, ātĭs *f.* Taubheit.
surdŭs 3 1. taub. 2. unempfindlich, verstockt.
Suregĭă, ae *f.* Surrey, Grafschaft in England, die einen Teil Londons umfaßt (*ca.* 2 Millionen Einw.).
surēnă, ae *m.* Großwesier, Kronfeldherr, höchster Beamter bei den Parthern.
surgō, surrēxī, surrēctŭm 3 1. emporrichten, erheben. 2. sich erheben, auferstehen. 3. heranwachsen.
Suriel *indecl. m.* (*hebr.*: Hort [Fels] ist Gott) Suriel, Oberhaupt einer Levitenabteilung beim hl. Zelt.
Surisaddai *indecl. m.* (Surrisaddai) (*hebr.*: mächtig ist der Hort [Fels, d. i. Gott]) Surisaddai, Israelit, Vater des Salamiel, eines Führers im Stamme Simeon.
Surĭŭm, ī *n.* Inislounagh, ehem. Cistercienserkloster in Irland, Diöz. Limerick.
surrēctĭō, ōnĭs *f.* Auferstehung.
Surrentīn. (*C. R.*) *s.* Surrentum.
Surrentŭm, ī *n.* Sorrento, Hafenst. in Kampanien, It. (Neapel), *ca.* 7000 Einw.; Erzbischofssitz (seit 11. Jhdt., Bistum seit 5. Jhdt.); *dav.*: **Surrentīnŭs** 3.
Surrisaddai *indecl. m. s.* Surisaddai.
surrēpō, rēpsī, rēptŭm 3 *s.* subrepo.
surrēptīcĭŭs 3 *s.* subrepticĭŭs.
surrēptĭō, ōnĭs *f. s.* subreptio.
surrĭpĭō, rĭpŭī, reptŭm 3 (subrĭpĭŏ) heimlich wegnehmen, heimlich entreißen.
surrŏgātĭō, ōnĭs *f.* (subrŏgātĭō) Nachwahl, Wahl an die Stelle eines anderen; Ersatz.
surrŏgō 1 (subrŏgō) 1. an Stelle eines anderen wählen. 2. wählen lassen, verschaffen: auxĭlĭŭm; sorgen für, verleihen: sōlātĭŭm.
sūrsŭm *adv.* 1. aufwärts, in die Höhe, empor. 2. oben, oberhalb.
sūs, sŭĭs *m. u. f.* Schwein.
1. **Susa** *indecl. m.* (*hebr.*: Schauscha) Susa, ein Sekretär Davids.
2. **Sūsă,** ōrŭm *n.* (Sūsan, Sūsĭānē) Susa, Hauptstadt der vorderasiatischen Provinz Susiane, Winterresidenz der persischen Könige, unweit des heutigen Toster; *dav.*: **Sūsĭānī,** ōrŭm *m.* Einw.
Susagazĭŭs, ī *m.* Susagaz, *wohl erdichteter Name, angeblich der Aufseher über die Nebenfrauen des Großkönigs Xerxes von Persien* (*Esth.* 2, 14).
Sūsan *indecl.* (*hebr.*: Schuschan) Susan, 1. *s.* 2. Susa. 2. *s.* Susiane.
Susanechaeī, ōrŭm *m.* (*aram.*) die Bewohner von Susa, Leute aus Susa *oder* Susiane; *vgl.* Dinaei (1. *Esdr.* 4, 9).
S. Susannă, ae *f.* hl. Susanna, Mart. † 295, — 11. August, *s. S. Hilaria.*
Susannă, ae *f.* (*hebr.*: Schoschan = Lilie) Susanna, 1. eine Jüdin in Babylon, Tochter des Helkias u. Gattin des vornehmen und reichen Juden Joakim, ein Vorbild der ehelichen Treue

und Keuschheit (*Dan.* 13, 1ff.) (6. Jhdt. v. Chr.). 2. eine der frommen Frauen, welche Jesum begleiteten und für seinen Unterhalt sorgten (*Luc.* 8, 3)

Susātēnsĭs, ĕ *s.* Sosatium.

Susātĭŭm, ī *n. s.* Sosatium.

Susātŭm, ī *n. s.* Sosatium.

suscēnsĕō, ŭī 2 zornig sein, grollen.

susceptĭbĭlĭs, ĕ empfänglich.

susceptĭbĭlĭtās, ātĭs *f.* Empfänglichkeit.

susceptĭō, ōnĭs *f.* 1. Übernahme; Empfang, Aufnahme, susceptĭō Dŏmĭnĭcā: Bewirtung des Herrn. 2. Hilfe, Schutz, Wehr, Helm: căpĭtĭs (*Ps.* 107, 9).

susceptŏr, ōrĭs *m.* 1. der, welcher empfängt *oder* aufnimmt; Helfer, Hort, Schützer, Retter, Anwalt, Stützer (*Ps.* 53, 6,; 41, 10), Patron, Schild (*Ps.* 3, 4). 2. *übtr.*: Pate. 3. Unternehmer,

suscĭpĭō, cēpī, ceptŭm 3 1. aufnehmen, in Schutz nehmen, tragen, helfen, unterstützen, schützen (*Ps.* 47, 4 *u.* 138, 13). 2. übernehmen, sich unterziehen, sich entschließen zu. 3. erdulden, erleiden. 4. suscĭpĕrĕ ordĭnĕm: in einen Orden eintreten. 5. ein Kind von der Gattin erhalten. 6. gedenken, preisen (*Ps.*47, 10). 7. bringen pācĕm (*Ps.* 71, 3). 8. warten (*Ps.* 16, 12). 9. suscĭpĕrĕ făcĭĕm: den Mut aufrichten (*Job* 42, 8). 10. fassen, fangen, packen: illă (*scil.*: peccātă) suscĭpĭent tē: die Sünden werden dich erfassen. (*Ecclus.* 21, 2). 11. umlauern (*Ps.* 16, 12).

suscĭtātĭō, ōnĭs *f.* Erweckung.

suscĭtō 1 1. aufrichten, erwecken. 2. erregen, antreiben. 3. suscĭtārĕ testĭmōnĭŭm: ein Zeugnis abgeben, ein Gesetz wiederholen (*Ps.* 77, 5); suscĭtāns suscĭtābĭs arcŭm: du machst den Bogen straff; *in Ps.* 87, 11 *ist* suscĭtārĕ (*nach dem Hebr.*) *intransitiv.*

Susi *indecl. m.* (*hebr.*) Susi, Israelit, Vater des Kundschafters Gaddi.

Sūsĭānē, ēs *f.* Landschaft, Provinz, *s.* 2. Susa.

Susingă, ae *f.* Susingen, Ort in der Schweiz, Diözese Lausanne.

Sūsō, ōnĭs *m.* Beiname des hl. Heinrich Suso *oder* Seuse nach seiner Mutter, die Seuß hieß.

suspectō 1 beargwöhnen, für verdächtig halten.

1. **suspectŭs** 3 1. verdächtig. 2. befangen: iudex (*C. j. c.* 1614).

2 **suspectŭs,** ūs *m.* 1. das Hinaufblicken, Aufblick. 2. Höhe. 3. Bewunderung.

suspendĭŭm, ī *n.* 1. das Aufhängen. 2. das Erhängen; suspendĭō nĕcārĕ: erdrosseln.

suspendō, pendī, pēnsŭm 3 1. aufhängen; *pass.*: sich aufhängen. 2. unterbrechen, hemmen, unentschieden lassen. 3. etwas in seinen Wirkungen (zeitlich) aufheben, suspendieren (*C. j. c.* 22, 2).

suspēnsĭō, ōnĭs *f.* Hemmung, das Aufheben, Verbot, *bes.*: die Suspension, d. h. einen kirchliche Strafe (Zensur *oder* Sühnestrafe), wodurch einem Kleriker die Ausübung der mit einem Kirchenamte oder mit einer Pfründe verbundenen Gewalten oder Rechte zeitweilig verboten wird. Die suspēnsĭō ā bĕnĕfĭcĭō bedeutet das Verbot der Verwaltung und der Nutznießung der eigenen Benefiziumsgüter; die suspēnsĭō ab offĭcĭō schließt die Entziehung aller mit dem Amte (z. B. Pfarramte) verbundenen kirchlichen Weihe-, Jurisdiktions- und Verwaltungshandlungen in sich; die suspēnsĭō ā dīvīnīs untersagt die Ausübung der Weihegewalt und verbietet es, gottesdienstliche Handlungen vorzunehmen, die suspensĭō ā iūrisdictĭōnĕ verbietet jegliche Ausübung der kirchlichen Richtergewalt sowohl im Beichtstuhle (prō fŏrō internō) als auch im äußeren Rechtsbereiche.

suspēnsīvŭs 3 schwebend, aufschiebend; in suspensīvō: in Schwebe, mit aufschiebender Wirkung (*C. j. c.* 1889 *u.* 2287); rĕmōtā omnī appellātĭōnĕ in suspēnsīvō: wobei jede Berufung mit aufschiebender Wirkung wegfällt (*C. j. c.* 106, 6°).

suspēnsŭs 3 1. schwebend, ungewiß, zweifelhaft, schwankend. 2. des (kirchlichen) Amtes zeitweilig entsetzt. 3. beschäftigt mit; saecŭlārĭbŭs rēbŭs suspēnsŭs: in weltlichen Beschäftigungen aufgehend.

sūspĭcāx, ācĭs 1. argwöhnisch. 2. Argwohn erregend, verdächtig.

1. **sūspĭcĭō,** ēxī, ectŭm 3 1. seinen Blick erheben, verehren, hochachten; bewundern. 2. beargwöhnen.

2. **sūspīcĭō,** ōnĭs *f.* 1. Argwohn, Verdacht. 2. Vermutung, Ahnung.

sūspĭcĭōsŭs 3 1. argwöhnisch. 2. verdächtig.

sūspĭcŏr 1 scheel ansehen; argwöhnen, neidisch sein (*Ps.* 67, 17); vermuten, ahnen; „nimm meine Schmach von mir, vor der mir graut" (*Ps.* 118, 39).

sūspīrātĭō, ōnĭs *f.* das Seufzen.

sūspīrĭŭm, ī *n.* Seufzer, das Ächzen.

sūspīrō 1 1. aufatmen, ächzen, seufzen. 2. seufzen, sich sehnen nach.

sustentābĭlĭs, ĕ erträglich.

sustentācŭlŭm, ī *n.* Stütze, Stab.

sustentātĭō, ōnĭs *f.* 1. Aufschub, Verzögerung. 2. Ernährung, Unterhalt, Lebensunterhalt, Alimentation: infantis. 3. Prüfung (*Ecclus.* 2, 3).

sustentātŏr, ōrĭs *m.* Stützer: imbēcillĭtātĭs hūmānae.

sustentō 1 1. emporhalten, in die Höhe halten. 2. ernähren, unterhalten. 3. aushalten, ertragen. 4. verschieben, verzögern.

Susteren *indecl.* Frauenkloster, südlich von Roermond (Holland).

sustĭnentĭă, ae *f.* Ausdauer; in etwas: ălĭcūiŭs rĕī.

sustĭnĕō, tĭnŭī, tentŭm 2 1. emporhalten, in die Höhe halten, tragen, stützen. 2. ertragen, aushalten, bestehen (*Ps.* 129, 3), auf sich nehmen. 3. warten auf, harren auf: pācĕm; vertrauen auf (*Ps.* 105, 13); erwarten; lauern auf (*Ps.* 55, 7). 4. nōn sustĭnērē: nicht bestehen, keine Geltung haben (*C. j. c.* 46).

sustollō 3 1. emporheben, aufrichten. 2. wegnehmen.

sŭsūrrātĭō, ōnĭs *f.* das Zischeln, Geflüster; Ohrenbläserei.

sŭsūrrātŏr, ōrĭs *m.* Flüsterer; Ohrenbläser (*Ecclus.* 5, 17).

1. **sŭsūrrō** 1 zischeln, flüstern, summen; Ohrenbläserei treiben.

2. **sŭsūrrō,** ōnĭs *m.* Flüsterer; Ohrenbläser (*Lev.* 19, 16 *u. Ecclus.* 5, 16).

1. **sŭsūrrŭs** 3 zischelnd, flüsternd.

2. **sŭsūrrŭs,** ī *m.* 1. das Zischeln, Geflüster, das Flüstern; das Summen, das Säuseln (*Job* 4, 12). 2. die Ohrenbläserei.

Suthala *indecl. m.* (*hebr.*: Schutelach) Suthala, 1. der erstgeborene Sohn Ephraims, Stammvater der Suthalaiten. 2. Israelit aus dem Stamme Ephraim, Sohn des Zabad.

Suthalaītae, ārŭm *m.* Suthalaiten, *s.* Suthala 1.

sūtĭlĭs, ĕ zusammengenäht; geflochten.

sūtŏr, ōrĭs *m.* Schuster, Flickschuster.

1. **sūtōrĭŭs** 3 zum (Flick-)Schuster gehörig; ars sūtōrĭă: Schusterhandwerk.

2. **sūtōrĭŭs,** ī *m.* gewesener Flickschuster.

Sūtrīn. (*C. R.*) *s.* Sutrium.

sūtrīnă, ae *f.* Schusterwerkstätte, Schusterladen.

Sūtrīnī, ōrŭm *m. s.* Sutrium.

sūtrīnŭm, ī *n.* (*scil.*: artĭfĭcĭŭm) Schusterhandwerk.

sūtrīnŭs 3 zum Flickschuster gehörig.

Sūtrĭŭm, ī *n.* Sutri, Stadt (Toskana), nördlich von Rom, *ca.* 2800 Einw.; Bischofssitz (seit 5. Jhdt.); *dav.*: **Sūtrīnŭs** 3 *u.* **Sūtrīnī,** ōrŭm *m.* Einw.

Sutschou *indecl. n.* Sutschou, 1. St., am Kaiserkanal. östl. vom Taisee, China (Kiangsu), 2. St., China(Kansu).

sūtūră, ae *f.* das Zusammennähen, Naht.

sŭī, ōrŭm *m.* die Seinigen, die Ihrigen (Verwandte, Freunde).

sŭŭm, ī *n.* das Seinige, das Ihrige, seine (ihre) Sache, sein (ihr) Eigentum, Vermögen.

sŭŭs, 3 1. sein, ihr, eigen. 2. jemandem zukommend *oder* eigentümlich, jemandem zugehörig.

Suzanī, ōrŭm *m.* Suzani, Adelsgeschlecht zu Piacenza in Oberitalien im 14. Jhdt.

S. V. D. = sŏcĭĕtās Verbī Dīvīnī, (Steyler) Gesellschaft des göttlichen Wortes, gegründet 1875.

S. Svirardŭs, ī *m. s.* S. Andreas Svirardus.

Swelmēnsĭs, ĕ aus Schwelm bei Barmen (Westfalen).

Sweynŭs, ī *m.* Sven, König von Dänemark (im 11. Jhdt.).

Swollĭs, ĭs *f.* (Zwollă) Zwolle, St., Holland, *ca.* 35 000 Einw.; *dav.*: **Swollēnsĭs,** ĕ.

Sȳăgrĭŭs, ī *m.* Syagrius, Bischof von Autun in Frankreich (6. Jhdt.).

sȳcōmŏrŭs, ī *f.* (συκόμορος) der wilde Feigenbaum, Maulbeerfeige.

sȳcŏphantă, ae *m.* (sycophantes) (συκοφάντης) Ränkeschmied, Betrüger, Verleumder.

sȳcŏphantēs, ae *m. s.* sycophanta.

Sydneiŭm, ī *n.* Sydney, St. an der Jacksonbucht, Australien (Neusüdwales), *ca.* 800 000 Einw.; Erzbischofssitz (seit 1843, Bistum seit 1842 u. apost. Vikariat seit 1834); *dav.*: **Sydneĭēnsĭs,** ĕ *u.* **Sydneyēnsĭs,** ĕ.

Sydneyēn. (*C. R.*) *s.* Sydneium.

sȳdŭs, ĕrĭs *n. s.* sidus.

Sȳēnē, ēs *f.* (Συήνη) Syene, (Sun; *kopt.*: Souan) die südlichste Grenzstadt des alten ägyptischen Reiches gegen Äthiopien an den Wasserfällen des Nil, berühmt wegen des roten Granits (Syenit); *j.*: Assuan.

Sȳgambĕr, brī *s.* Sigamber.

syllăbă, ae *f.* (συλλαβή) Silbe.

syllăbātĭm *adv.* silbenweise, Silbe für Silbe.

syllŏgē, ēs (*acc.* -ēn) *f.* (συλλογή) 1. das Sammeln, das Einsammeln. 2. Zusammenkunft, Versammlung. 3. Sammlung, Gesetzessammlung.

syllŏgismŭs, ī *m.* (συλλογισμός) logischer Schluß, Vernunftschluß, Syllogismus.

syllŏgistĭcŭs 3 (συλλογιστικός) zum Syllogismus gehörig, syllogistisch.

sylvă, ae *f. s.* silva.

Sylvă, ae *f. s.* Silvense monasterium.

Sylvă Dŭcĭs *f. s.* Silva Ducis.
Sylvanectēn. (*C. R.*) *s.* Sylvanectes.
Sylvanectēs, ĭs *f.* Senlis, St., Fkr. (Oise), *ca.* 6000 Einw.; ehem. Bistum (bis 1801).
Sylvestĕr, rī *m. s.* Silvester.
symbŏlă, ae *f.* (συμβολή) Geldbeitrag (zu einem gemeinsamen Schmause).
symbŏlĭcŭs 3 (συμβολικός) sinnbildlich.
symbŏlŭm, ī *n.* (σύμβολον) 1. Marke, Kennzeichen, Abzeichen. 2. Sinnbild. 3. Glaubensbekenntnis, Kredo; man unterscheidet: a) symbŏlŭm Apostŏlĭcŭm (aus dem 1. Jhdt.). b) s. Nicaenŭm (vom Konzil von Nizäa, 325). c) s. Constantīnŏpŏlītānŭm (vom 1. Konzil von Konstantinopel, 381). d) s. Athănāsĭānŭm (aus dem 4. Jhdt., angeblich vom hl. Athanasius). e) s. Trĭdentīnŭm (v. Konzil von Trient, 1564, dem noch vom vatikanischen Konzil [1870] ein Zusatz über das unfehlbare Lehramt des Papstes beigefügt wurde).
symbŏlŭs, ī *m.* (σύμβολος) Marke, Kennzeichen, Wahrzeichen.
S. Symmăchŭs, ī *m.* (Σύμμαχος) hl. Symmachus, Papst (498—514), 19. Juli.
Symmăchŭs, ī *m.* Symmachus, Vater der hl. Galla († um 546, *Fest*: 5. Oktober), römischer Konsular u. Patrizier.
sympăthīă, ae (*acc.* -an) *f.* (συμπάθεια) 1. das Mitempfinden, Mitgefühl, Mitleid. 2. Übereinstimmung, Zusammenstimmung, Einhelligkeit.
sympectae, ārŭm *m. s.* sempectae.
S. Sympertŭs, ī *m.* (Simbertus, Sindbertus) hl. Simbert, Bek. u. Bischof von Augsburg († um 807).

Er war der Sohn des Herzogs Ambert und der Symphoriana, einer Tochter König Pipins. Er kam zur Erziehung in das Kloster Murbach und wurde später Abt desselben. Karl der Große ernannte ihn mit Zustimmung des Papstes zum Bischofe von Augsburg. Die St. Afrakirche daselbst sowie das St. Magnuskloster in den Alpenschluchten errichtete er aufs neue. 30 Jahre war er unermüdlich tätig. Auf sein Gebet hin brachte ein Wolf das der Mutter entrissene Kind unversehrt zurück. An seinem Grabe geschahen viele Wunder, so daß Papst Nikolaus V. ihn im Jahre 1450 als Heiligen zu verehren gebot. — 13. Oktober (Augsburg).

symphōnĭă, ae *f.* (συμφωνία) Musik, Konzert, *bes.*: Saitenspiel.
Symphŏrĭānă, ae *f.* Symphoriana, Tochter des Frankenkönigs Pipin, Mutter des hl. Simbert (8. Jhdt.).
S. Symphŏrĭānŭs, ī *m.* hl. Symphorian, Mart., † 178, 22. August.
S. Symphŏrōsă, ae *f.* hl. Symphorosa, Mart. in Rom, † im 2. Jhdt., 18. Juli.
sympŏsĭŭm, ī *n.* (συμπόσιον) Gastmahl.
sȳnăgōgă, ae *f.* (συναγωγή) 1. Versammlung; Versammlungsort. 2. Synagoge, Judentempel; Judengemeinde. 3. Schar, Rotte, Bande (*Ps.* 7, 8; 81, 1; 85, 14).
sȳnallagmă, ătĭs *n.* (συνάλλαγμα) 1. Verkehr. 2. das Übereinkommen, Vertrag.
sȳnallagmătĭcŭs 3 nach Übereinkommen, vertraglich; gegenseitig verpflichtend (nach der Norm: dō ŭt făcĭās! *oder* dō ŭt dēs!) (*C. j. c.* 1544).
sȳnăxĭs, ĕōs *f.* (σύναξις) Versammlung; săcră sȳnaxĭs 1. Feier des hl. Meßopfers. 2. hl. Kommunion, Eucharistie (*C. j. c.* 98, § 5; 854 § 5; 1956).
syncătēgŏrēmătĭcŭs 3 (κατηγόρημα) synkategorematisch, d. h. mit (in Verbindung durch etwas anderes) zu einer (Aristotelischen) Kategorie *oder* allgemeinen Daseinsweise gehörig.
synchrŏnŭs, ī *m.* (σύγχρονος) Zeitgenosse.
syncrētismŭs, ī *m.* der Synkretismus, Zusammenmischung, Vereinigung, d. i. jenes Verfahren, wodurch die Unterscheidungslehren in Religion und Philosophie so erklärt werden, daß jede Partei in den Erklärungen ihre eigenen Meinung zu finden glaubt.
sȳnecdŏchē, ēs *f.* (συνεκδοχή) das Mitverstehen, pĕr sȳnecdŏchēn reden: d. h. wenn der eigentliche u. volle Begriff nur angedeutet, aber nicht tatsächlich ausgedrückt wird, z. B. wenn nur ein Teil für das Ganze gesetzt wird (der Kiel für das Schiff, das Dach für das Haus *usw.*).
sȳnĕdrĭŭm, ī *n.* (συνέδριον) 1. Sitzungssaal des Rates, Rathaus. 2. höchster Gerichtshof der Juden, der Hohe Rat.
sȳnĕdrŭs, ī *m.* (σύνεδρος) Ratsherr, Mitglied, Beisitzer eines Kollegiums.
sȳnĕphēbŭs, ī *m.* (συνέφηβος) Jugendfreund.
sȳnergismŭs, ī *m.* (συνεργισμός) das Zusammenwirken.
sȳnĕsĭs, ĭs *f.* (σύνεσις) Verstand, Einsicht; *d. i. die Fähigkeit, über praktische Dinge nach den gewöhnlichen Regeln des Lebens richtig zu urteilen.*
syngrăphă, ae *f.* (συγγραφή) 1. Handschrift. 2. Schuldverschreibung, Schuldschein, Obligation, Wechsel. 3. Bestätigung (*C. j. c.* 378 § 2); syngrăphă rĕceptĭōnĭs: Empfangsbestätigung (durch Postzustellungsurkunde, *C. j. c.* 1719).
Sȳnĭcă, ae *f.* Synika, Bischofsstadt bei Hippo in Nordafrika; *dav.*: **Sȳnĭcēnsĭs,** ĕ.
Synnădă, ōrŭm *n.* (τὰ Σύνναδα; Synnas) Synnada, St., Kleinasien (Großphrygien), mit berühmten Marmorbrüchen; *j.*: Ruinen Afjun Eski-Karahissar; *dav.*: **Synnădēnsĭs,** ĕ.
Synnās, ădĭs *f. s.* Synnada.

sўnŏdālĭs, ĕ zur Synode gehörig; von der Synode, d. h. Diözesenkirchenversammlung, ernannt, Synodal- (*C. j. c.* 1572).
sўnŏdĭcŭs 3 (συνοδικός) 1. zusammengehend. 2. mit einer Synode *oder* einem Konzile zusammenhängend.
sўnŏdŭs, ī *f.* (σύνοδος) Versammlung in kirchlichen Angelegenheiten, Synode; Konzil.
sўnōnўmŏs 3 (συνώνυμος) gleichnamig, gleichartig; nōmĭnă sўnōnўmă: gleichbedeutende Wörter (*z. B. reden, sprechen, sagen*).
Sўnōpē, ēs *f.* (Συνώπη) Synope, St. am Schwarzen Meere, Kleinasien.
sўnopsĭs, ĭs *u.* ĕōs *f.* (σύνοψις) 1. Übersicht, Überblick, Zusammenstellung (*C. j. c.* 375; 2079 § 1). 2. Synopse, Zusammenfassung, übersichtliche Zusammenstellung der denselben Gegenstand behandelnden Schriften; *bes.*: die zu einer Übersicht gebrachten Evangelien nach Matthäus, Markus und Lukas durch Nebeneinanderstellung (wegen ihrer vielfachen Übereinstimmung und Ähnlichkeit), weshalb die genannten Evangelisten Synoptiker (*von* συνοράω = zusammenüberschauen) heißen.
sўnoptĭcŭs, ī *m.* Synoptiker (*vgl.*: synopsis).
syntērēsĭs, ĭs *u.* ĕōs *f.* (συντήρησις) Bewachung, Bewahrung, Erhaltung: sānĭtūdĭnĭs; das im Gedächtnis Behalten.
synthĕsĭnă, ae *f.* (σύνθεσις) 1. Hauskleid. 2. Nachtkleid.
Syntўchē, ēs *f.* Syntyche, eine christliche Frau und Diakonisse in Philippi (Makedonien) zur Apostelzeit.
Sўră, ae *f.* Syrerin.
Sўrācūsae, ārŭm *f.* Syrakus, *ehemals Hauptstadt von Sizilien, j.*: Siracusa, *ca.* 500 000 *Einw.*; Erzbischofssitz (seit 1844, Bistum seit 4. Jhdt.); *dav.*: **Sўrācūsānŭs** 3 u. **Sўrācūsĭŭs** 3.
Sўrācūsān. (*C. R.*) *s.* Syracusae.
Sўrēn. (*C. R.*) *s.* Syros.
Sўrĭī, ōrŭm *m. s.* Syria.
Sўrĭă, ae *f.* Syrien, Landschaft in Vorderasien zwischen Euphrat, Arabien, Mittelmeer u. Taurus (*auch mit Palästina u. Phönikien u. Mesopotamien*; *gekürzt aus Assyrien*); *dav.*: **Sўrĭŭs,** ī *m.* der Syrer.
Sўră, ae *f.* die Syrerin; **Sўrĭī,** ōrŭm *m.* die Syrier; **Sўrĭăcŭs, Sўrĭŭs** *u.* **Sўrŭs** 3 syrisch.
Sўrĭăcē *adv.* auf syrisch (4 *Reg.* 18, 26).
Sўrĭăcŭs 3 *s.* Syria.
Sўrĭŭs 3 *s.* Syria.
Syrmĭŭm, ī *n. s.* Sirmium.
Sўrŏphoenissă. ae *f.* eine Frau aus Syrophönizien (d. h. der schmale Landstrich von Phönizien an Syriens Grenze von Tyrus bis zum Flusse Eleutherus).
Sўrŏs, ī *f.* Syros, Kykladeninsel im Ägäischen Meere zwischen Andros u. Paros; *j.*: Syra (Griechenland), *ca.* 3300 Einw.; Bischofssitz (seit 1525), Suffr. von Naxos; *dav.*: **Sўrēnsĭs,** ĕ.
Syrtĭs, ĭs *u.* -tĭdŏs (*acc.*-tĭm) *f.* (σύρτις = Sandbank) Syrte, eine Sandbank im Meere; *bes.*: zwei Sandbänke an der Nordküste Afrikas; **S. māiŏr,** *j.*: der Busen von Sidra, *u.* **S. mĭnŏr,** *j.*: der Busen von Kabes.
S. Sўrŭs, ī *m.* hl. Syrus, Bek. u. Bischof von Pavia (Italien) († im 2. Jhdt.).
Er war der Schüler des hl. Bischofs Hermagoras von Aquileja (Italien) und wurde von diesem nach Pavia zur Predigt des Evangeliums gesandt. In Verona erweckte er einen Jüngling vom Tode. Er verschaffte sich eine Reliquie der kurz vorher in Mailand gemarterten hl. Blutzeugen Gervasius und Protasius und erbaute ihnen zu Ehren eine Kirche, in der er selbst später beigesetzt wurde. — 12. September.
systēmă, ătĭs *n.* (σύστημα) Zusammenstellung, wissenschaftlicher Aufbau, Lehrgebäude, System.
systēmătĭcŭs 3 systematisch, zusammengestellt, wohl geordnet.
Syxtīnŭs 3 Syxtinisch (vom Papste Sixtus stammend); Sacella Syxtina die Sixtinische Kapelle im Vatikan, *berühmt durch ihre reiche Barockkunst von Michelangelo Buonarotti.*
Szamos Uiavarēn. (*C. R.*) *s.* Armenopolis.
Szathmarĭēn. (*C. R.*) *s.* Szathmarium.
Szathmarĭŭm, ī *n.* (Szatmar-Nemetum) Szathmar, St. in Nordostungarn, *ca.* 27 000 *Einw.*; Bischofssitz (seit 1804); Suffr. v. Erlau; *dav.*: **Szathmarĭēnsĭs,** ĕ.
Szatmar-Nemetum, ī *n. s.* Szathmarium.
Szeplacēnsĭs, ĕ *s.* Szeplas.
Szeplas *indecl.* Szeplas, Abtei bei Kaschau in Ungarn; *dav.*: **Szeplacēnsĭs,** ĕ.

T.

T. = Titus.
Taba *indecl. m. s.* Tabee.
Tăbae, ārŭm *f.* (Τάβαι) Tabä, St. am Harpassus (l. zum Mäander), südlich von Kolossä u. Laodicea, Kleinasien (Karien); Titularbistum, Suffr. v. Staur(e)opolis.
tăbānŭs, ī *m.* Bremse, Viehbremse.

Tabaoth *indecl. m.* (Tabbaoth, Tebbaoth) (*hebr.*: Ringe) Tabaoth, Nathinäer, dessen Nachkommen aus dem babyl. Exil zurückkehrten.

Tabascŭm, ī *n.* Tabasco, St. an der Südküste des Golfes von Campeche, im Südosten von Mexiko; Bistum Tabasco (seit 1880), Residenz in San Juan Bautista, Suffr. v. Oaxaca; *dav.*: **Tabasquēnsĭs,** ĕ.

Tabasquēn. (*C. R.*) *s.* Tabascum.

Tabathă, ae *f.* Tabatha, eine kleine Stadt unweit Gaza (Palästina).

Tabbaoth *indecl. m. s.* Tabaoth.

Tabeal *indecl. m. s.* Tabeel.

Tabee *indecl. m.* (Taba) (*hebr.*: Tebach) Tabee, der erstgeborene Sohn des Nachor.

Tabeel *indecl. m.* (Tabeal) (*aram.*: Gott ist gut) Tabeel, 1. der Vater eines Ungenannten, welchen die Könige Rasin von Syrien u. Phakee von Israel auf den Thron von Juda erheben wollten (*Is.* 7, 6). 2. ein Feind der Juden, der den nachexilischen Tempelbau in Jerusalem verhindern wollte.

tābĕfăcĭō, fēcī, factŭm 3 1. schmelzen, schwinden machen. 2. schwächen, vernichten. 3. *pass.* tābĕfīō: in Verwesung übergehen.

Tabelias, ae *m.* (*hebr.*: Tebaljahu = Jahwe hat eingetaucht) Tabelias, Oberbeamter im Heiligtum zu Jerusalem z. Z. Davids.

tăbellă, ae *f.* 1. Brettchen, Täfelchen *aus Stein oder Holz,* Schreibtafel. 2. Brief, Urkunde, Vertrag. 3. Übersicht, Tabelle, Verzeichnis; tăbellă Sēcrētārŭm: eine Tafel, auf der gewisse Meßgebete stehen, die mittlere, *bzw.* die drei Kanonentafeln; tăbellă pācĭs: Paxtäfelchen (das beim feierlichen Hochamte zum Kusse den Frauen gereicht wurde).

1. **tăbellārĭŭs** 3 zu den Stimmtäfelchen gehörig; tabellarisch.

2. **tăbellārĭŭs,** ī *m.* 1. Briefbote; tăbellārĭŭs pūblĭcŭs: Postbote, Briefbote (*C. j. c.* 1719); offĭcĭŭm tăbellārĭōrŭm: Post, Postbehörde, Postamt. 2. Beurkundungsbeamter, Notar (*C. j. c.* 1877).

tăbellĭō, ōnĭs *m.* Urkundenschreiber, Geheimschreiber, Notar.

Tabēnă, ae *f.* Taben, St. an der Saar, Preußen (Rheinland).

tābĕō 2 zerschmelzen, verwesen, zugrunde gehen.

tăbernă, ae *f.* 1. Bude, Hütte. 2. Laden, Werkstätte. 3. Gasthaus, Kneipe.

tăbernācŭlŭm, ī *n.* 1. Hütte, Zelt; Laubhütte; t. foedĕrĭs: Bundeslade; convallĭs tăbernācŭlōrŭm: *richtig* das Tal Soccoth im Ostjordanlande (*Ps.* 59, 8). 2. Tabernakel (*auf dem Altare*), *auch*: Sakramentshäuschen, Monstranz; tăbernācŭlŭm pēnsĭlĕ: Hängetabernakel. 3. Wohnung; Tempel: Dĕī (*Ps.* 82, 2; 77, 67). 4. Schlund: linguae (*Ps.* 51, 7).

Tăbernae Alsatĭae *f.* Zabern, St. am Rhein-Marne-Kanal, Elsaß, *ca.* 10 000 Einw.

Tăbernae Montānae, ārŭm *f.* Bergzabern, St. in der Pfalz, *ca.* 2800 Einw.

Tăbernae Rhēnānae, ārŭm *f.* Rheinzabern, Dorf in der Pfalz, *ca.* 2000 Einw.

Tăbernae Trēs *f. s.* Tres Tabernae.

tābēs, ĭs *f.* 1. Verwesung, Fäulnis. 2. Abzehrung, Seuche, Pest.

tābēscō, bŭī 3 verwesen, vergehen, hinschwinden; tābescĕrĕ făcĕrĕ verzehren (*Ps.* 118, 139).

tābĭdōsŭs 3 verwesend, hinschwindend.

tābĭdŭs 3 1. allmählich schmelzend, schwindend, verwesend. 2. nach und nach aufzehrend, auszehrend.

Tabīră, ae *f.* Tabira, ein Ort in Japan.

Tabithă, ae *f.* (*aram.*: Tebita; tabea = Reh, Gazelle) Tabitha, der syrische *oder* aramäische Name der wohltätigen Christin Dorkas in Joppe, die durch Petrus von den Toten erweckt wurde.

tābĭtūdō, ĭnĭs *f.* Auszehrung, Schwindsucht; Verwesung.

Tabor *indecl.* (Thabor) Tabor, *j.*: Dschebel et-Tur, isolierter Kalksteinberg im Nordosten der Ebene Esdrelon, östl. von Nazareth in Galiläa auf der Grenze von Zabulon u. Nephthali (*vgl. Jos.* 19, 22, wo eine Stadt gemeint ist).

Tābōrītae, ārŭm *m.* (Thaboritae) *u.* **Tābōrītī,** ōrŭm *m.* (Thaboriti) Zweig der Hussiten, genannt nach der festen Stadt Tabor in Böhmen.

Tābōrītī, ōrŭm *m. s.* Taboritae.

Tabra *indecl. m. s.* Theonestus.

Tăbrăcă, ae *f.* 1. Tabarka, Hafenst. am Mittelmeere gegenüber der Insel Tabarka, Tunis (an der Grenze von Algier), *ca.* 1000 Einw.; *dav.*: **Tăbrăcēnsĭs,** ĕ. 2. Täbris, St. am Urmiasee, Persien, *ca.* 200 000 Einw.; armenisch-georgischer Erzbischofssitz; *dav.*: **Tăbrăcēnsĭs,** ĕ.

Tabrata *indecl. m. s.* S. Theonestus.

Tabremon *indecl. m.* (*hebr.*: Tabrimmon; Rimmon, d. i. Hadad [syrische Gottheit] ist gütig) Tabremon, König von Syrien (Damaskus) (*ca.* 925—900), Vater Benedads I. von Syrien.

tăbŭlă, ae *f.* 1. Brett, Tafel; *pl.*: die in der Karwoche gebrauchte Klapper. 2. Schreibtafel; Schrift, Tabelle, Verzeichnis; t. paschālĭs: Verzeichnis der beweglichen Feste nach den Epakten und den Sonntagsbuchstaben; t. tempŏrārĭă: Verzeichnis dieser Feste mit Monatsdatum für eine Reihe von Jahren; *pl.*: Schreiben, Brief; Vertrag, Urkunde; Akten; tăbŭlă fundātĭōnĭs: Stiftungsbrief (*C. j. c.* 1362); tăbŭlae pūblĭcae: Staatsurkunden, Staatsdokumente. 3. Tisch; Wechseltisch, Wechslerbank. 4. Altartisch. 5. Gemälde: tăbŭlă pictă. 6. Landkarte.

tăbŭlārĭă, ae *f.* Archiv, Urkundensammlung.

tăbŭlārĭŭm, ī *n.* Urkunden-, Dokumentensammlung, Archiv (*C. j. c.* 375 § 1).

1. **tăbŭlārĭŭs** 3 zu den Urkunden gehörig.

2. **tăbŭlārĭŭs,** ī *m.* 1. Archivar; Registrator. 2. Kassenrendant. 3. Protonotar.

tăbŭlātĭō, ōnĭs *f.* Stockwerk.

tăbŭlātŭm, ī *n.* 1. Bretterwerk, Bretterboden. 2. Stockwerk, Oberbau. 3. Gerüst, Gestell: carnĭfĭcĭs = Henkergerüst.

tăbŭlātŭs 3 getäfelt.

tābŭm, ī *n.* 1. Eiter. 2. *übtr.*: Pest, Seuche.

tăcĕō, ŭī, ĭtŭm 2 1. schweigen, still oder lautlos sein vor (ā; *Ps.* 27, 1). 2. verschweigen.

tăcĭturnĭtās, ātĭs *f.* 1. Stillschweigen, Stille. 2. Verschwiegenheit.

tăcĭturnŭs 3 schweigsam.

tăcĭtŭs 3 1. schweigend, in Gedanken versunken, stumm, still. 2. geheim, unbemerkt. 3. verschwiegen.

Tăcĭtŭs, ī *m.* Publius Cornelius Tacitus, der größte römische Geschichtsschreiber, geb. um 54 n. Chr. zu Interamna, † um 120.

tāctĭlĭs, ĕ berührbar.

tāctĭō, ōnĭs *f.* Tastsinn, Gefühlssinn, Gefühl.

tāctŭs 3 berührt; tāctō pectŏrĕ: mit der Hand auf der Brust (*C. j. c.* 1632).

tāctŭs, ūs *m.* 1. Berührung. 2. Verletzung. 3. Tastsinn, Gefühl.

Taebādĭŭs, ī *m.* Täbadius, Bischof von Agne (Südfrk.), 4. Jhdt.

taedă, ae *f.* (teda) 1. Kienbaum, der (harz- *oder* kienreiche) Föhrenbaum, Kiefer, (*auch*: Fichtenbaum). 2. Kienholz, Kien. 3. Kienholzfackel, Fackel (*Job* 41, 10); Hochzeitsfackel.

taedĕt, taedŭĭt 2 *unpers.*: Ekel empfinden, überdrüssig sein.

taedĭfĕr, fĕră, fĕrŭm fackeltragend.

taedĭŭm, ī *n.* Ekel, Überdruß, Widerwille, Verdruß; Kummer (*Ps.* 118, 28).

taenĭă, ae *f.* (ταινία) 1. Band, Binde; Kopfbinde. 2. Bandwurm.

taetĕr, tră, trŭm (teter) häßlich, abscheulich.

Tăgastĕ *indecl.* Tagaste, Stadt in Nordafrika, südlich von Hippo, Geburtsort des hl. Augustinus; *dav.*: Tagastēnsĭs, ĕ.

Tăgastēnsĭs, ĕ *s.* Tagaste.

tăgāx, ācĭs (von tango) zugreifend, erfassend; diebisch (Langfinger!)

Tagmō, ōnĭs *m. s.* Tangio.

Tăgŭs, ī *m.* Tajo *oder* Tejo, Fluß in Spanien und Portugal.

Tahas *indecl. m.* (*hebr.*) Tahas, Sohn des Nachor (*Gen.* 22, 24).

Taicosāmă, ae *m.* Taikosama, ein Kaiser von Japan, (16. Jhdt.).

tālārĕ, ĭs *n.* Talar, langes, bis an die Knöchel reichendes (priesterliches) Kleidungsstück.

tālārĭă, ĭŭm *n.* 1. Knöchelteile. 2. Flügelschuhe. 3. ein bis an die Knöchel reichendes Gewand. 4. Marterwerkzeuge, in welche die Füße (Knöchel) geschraubt wurden (oder mit Knöcheln versehene Geißeln ?).

tālārĭs, ĕ bis an die Knöchel reichend: vestĭs.

tālārĭŭs 3 zu den Würfeln gehörig, Würfel-; lūdŭs tālārĭŭs: Würfelspiel.

tālĕă, ae *f.* Stab, Stäbchen.

tălentŭm, ī *n.* (τάλαντον) 1. Talent, eine größere Geldsumme von schwankendem Werte (das attische Talent betrug 4715 M.). 2. Preis, Lösegeld.

tālĭō, ōnĭs *f.* Wiedervergeltung.

tālĭs, ĕ 1. so beschaffen, ein solcher. 2. so vortrefflich, so ausgezeichnet.

tālĭtĕr *adv.* auf solche Art.

talitha cumi (*aram.*) Mägdlein, steh' auf! (*Marc.* 5, 41).

talpă, ae *f.* (*auch*: *m.*) Maulwurf (2 *Reg.* 22, 37 dürfte ein anderes Tier gemeint sein, da der Maulwurf in Palästina nicht vorkommt).

tālŭs, ī *m.* 1. Knöchel. 2. Würfel.

tăm *adv.* so sehr, in dem Grade; **tam — quam** sowohl — als auch.

tămărīscŭs, ī *f.* (tămărix) Tamariskenstaude; diese Sträucher oder Bäumchen mit heidekrautähnlichen Blättern und Kapselfrüchten haben ihre Heimat in den Mittelmeerländern und in Zentralasien; tămārix mannifĕră: Mannatamariske (sie scheidet ein weißliches genießbares, dem Manna ähnliches Harz aus und kommt in den Ländern von Ägypten bis Afghanistan vor).

tămărix, ĭcĭs *f. s.* tamariscus.
Tămăsŭs, ī *f. s.* Tamassus.
Tămassŭs, ī *f.* (Tamasus, *Ταμασοῦς*) Tamasus, St. in der Mitte der Insel Cypern; Titularbistum, Suffr. v. Salamina; *dav.*: **Tămăsēnŭs, Tămăsēŭs,** u. **Tămăsīŭs** 3; Tămăsītēs, ae *m.* Einw.
Tamaulipān. (*C. R.*) *s.* Civitas Victoriae.
Tamaulipas *indecl.* Tamaulipas, Staat in Mexiko u. Name eines Bistums, *s.* Civitas Victoriae.
tamdĭū *adv.* 1. so lange. 2. seit so langer Zeit.
tămĕn *adv.* 1. gleichwohl, dennoch, jedoch. 2. doch wenigstens.
tămĕnetsī *conjct. s.* tametsi.
Tămĕsă, ae *m. s.* Tamesis.
Tămĕsĭs, ĭs (*acc.*-ĭm, *abl.*:-ī) *m.* (Tamesa) die Themse, Fluß in England.
tămetsī *conjct.* (tamenetsi) 1. obgleich, obschon. 2. (*in Hauptsätzen*) wiewohl, indessen, jedoch.
Tamnath Saraa *indecl.* (*hebr.*: Timnat-Serach) Tamnath-Saraa, St. im Gebirge Ephraim, Pal.; Wohn- u. Sterbeort des Josue.
tamquăm (tanquam) 1. *adv.* gleichwie, gleichsam, so zu sagen. 2. *conjct.* (= tamquam si) gleich als wenn, (gleich) wie wenn, gleich als ob.
Tanchĕlīnŭs, ī *m.* Tanchelm, Irrlehrer zu Antwerpen († 1115).
Tancō, ōnĭs *m.* Tanko, Bischof von Verden, Nachfolger des hl. Suitbert (9. Jhdt.).
Tancredŭs, ī *m.* Tankred, Kirchenrechtslehrer und Erzdiakon an der Universität Bologna, an welchen Papst Honorius III. seine Bulle richtete, mit der er die fünfte Gesetzessammlung (compilatio quinta) veröffentlichte.
tandĕm *adv.* 1. endlich, zuletzt doch. 2. denn eigentlich, um des Himmels willen.
Tangĕrĭĕn. (*C. R.*) *s.* Tingis.
tangĭbĭlĭs, ĕ berührbar.
tangō, tĕtĭgī, tāctŭm 3 1. berühren, anrühren, anfassen; treffen, schlagen; fulmĭnĕ (dē caelō) tāctŭs: vom Blitze getroffen. 2. angrenzen. 3. in der Rede berühren, kurz erwähnen. 4. ein Leid zufügen.
Tānĭs, ĕōs (*acc.*-ĭn, *abl.*-ī) *f.* (Taphne, Taphnis, *hebr.*: Soan) Tanis, sehr alte Stadt in Unterägypten am zweitöstlichsten Nilarm; hier soll die Hyksos- (18. u. 19.) Dynastie und auch der Pharao residiert haben, welcher Joseph zum Vizekönig von Ägypten erhob; die Ruinen der Stadt liegen beim jetzigen Dorfe San, östlich vom Suezkanal.
tanquăm *adv. s.* tamquam.
tantillŭs 3 so klein.
tantispĕr *adv.* so lange, unterdessen, einstweilen.
tantŏpĕrĕ *adv.* so sehr.
tantŭlŭm, ī *n.* ein so Weniges, eine solche Kleinigkeit.
tantŭlŭs 3 so klein, so gering, so unbedeutend.
tantŭm *s.* tantus.
tantumdĕm *s.* tantusdem.
tantummŏdŏ *s.* tantus.
tantundĕm *s.* tantusdem.
tantŭs 3 1. so groß, so bedeutend, so stark, von solcher Größe. 2. *subst.*: **tantŭm,** ī *n.* so viel, so vieles. 3. tantī essĕ: so viel gelten, wert sein; tantī vendĕrĕ: um soviel verkaufen; tantō măgĭs (mĭnŭs): um soviel mehr (weniger). 4. ĭn tantŭm: so sehr, dermaßen. 5. *adv.*: **tantŭm** a) so sehr. b) nur, bloß; **tantummŏdŏ** nur, bloß, nur insofern, wenigstens.
tantusdĕm, tantădĕm, tantumdĕm ebenso groß; **tantumdĕm** (tantundem) *adv.*: ebensoweit; so sehr, so viel.
tăpēs, ētĭs *m.* (*τάπης*) *s.* tapete.
tăpētĕ, ĭs (*abl.*:-tī *u.* -tĕ; *pl. nom.*:-tĭă; *acc.*-tēs *u.* -tăs; *abl.*:-tĭbŭs *u.* -tīs) *n.* (tapes, tapetum; *τάπης*) 1. Teppich. 2. Bahrtuch.
tăpētŭm, ī *n. s.* tapete.
Tapheth *indecl. f.* (*hebr.*: Taphath) Tochter des Königs Salomon, Gemahlin des Landvogts vom Hügellande Dor.
Taphne, *indecl.* u. *gen.*: Taphnis, Stadt, *s.* Tanis.
Taphnes *indecl. f.* (*hebr.*: Tachpenes) Gemahlin eines Königs von Ägypten u. Schwägerin des Königs Hadad von Edom z. Z. Davids (3 *Reg.* 11, 19 *u.* 20).
Taphnis *indecl.* (*hebr.*: Thachpanches) *s.* Tanis.
Taphsar *indecl. m.* (*assyr.* tupšarru = Tafelschreiber [*akkad.*: sar schreiben]) *nicht Eigenname*, ein Heerführer (*Jer.* 51, 27).
Taphua *indecl.* (*hebr.*: Tappuach = Apfel) Taphua, 1. St. in der Ebene Sephela, an der Grenze von Ägypten, Pal. (Juda), eine ehemalige kanaanitische Königsstadt = Thopo? (1. *Mach.* 9, 50). 2. St. in Pal. (Ephraim, Manasse = Thopo?).
Tāprŏbănē, ēs *f.* (*Ταπροβάνη*) Ceylon, Insel im Indischen Ozean.
Tărantăsĭă, ae *f.* (Tarentasium) Tarantaise, ehem. Stadt u. Landschaft in Savoyen, Bistum (seit 5. Jhdt.),

Sitz in Moûtiers, Suffr. v. Chambéry; *ca,* 2500 Einw.; *dav.*: **Tărantăsĭēnsĭs,** ĕ.
Tărantăsĭēn. (*C. R.*) *s.* Tarantasia.
Tărascūm, ī *n.* 1. Tarascon-sur-Rhône, St. l. an der Rhône, Fkr. (Bouches-du-Rhône) *ca.* 9000 Einw. 2. Tarascon sur Ariège-le-Vieux, Fkr. (Ariège), *ca.* 1500 Einw.
Tărāsĭō, ōnĭs *f.* (Turiaso) Tarazona, St., l. am Queiles (zum Ebro), Spanien (Saragossa), *ca.* 9000 Einw.; Bischofssitz (seit 5. Jhdt.), Suffr. v. Saragossa; *dav.*: **Tĭrāsĭōnēnsĭs,** ĕ *u.* **Tărāsĭōnēnsĭs,** ĕ.
Tarbă, ae *f. s.* Tarbae.
Tarbae, ārūm *f.* (Tarba, Bigorrense castrum) Tarbes, St. l. am Adour, Fkr. (Hautes-Pyrénées), *ca.* 20 000 Einw., Bischofssitz (seit 4. Jhdt.), Suffr. v. Auch; *dav.*: **Tarbĭēnsĭs,** ĕ.
Tarbĭēn. (*C. R.*) *s.* Tarbae.
tardĭlŏquŭs 3 langsam redend.
tardĭtās, ātĭs *f.* Langsamkeit, Trägheit.
tardō 1 1. verzögern, aufhalten, hemmen. 2. zögern, säumen, zaudern.
tardŭs 3 langsam, säumig, träge, spät kommend.
Tărentāsĭŭm, ī *s.* Tarantasia.
Tărentīn. (*C. R.*) *s.* Tarentum.
Tărentŭm, ī *n.* Tarent (Taranto), Hafenst., It. (Lecce), *ca.* 50 000 Einw., Erzbischofssitz (seit 10. Jhdt., Bistum seit 6. Jhdt.); *dav.*: **Tărentīnŭs** 3.
tarincă, ae *f. s.* tarincha.
tarinchă, ae *f.* (tarinca; taringa *ist ein gallisches Wort*) spitzer eiserner Stachel, eiserner Nagel; Stecknadel.
taringă, ae *f. s.* tarincha.
Tarnĭs, ĭs *m.* der Tarn, r. Nebenfluß der Garonne (Südfkr.).
Tarnovĭă, ae *f.* Tarnow, St. am Dunajec, Westgalizien *ca.* 42 000 Einw.; Bischofssitz (seit 1785), Suffr. v. Lemberg; *dav.*: **Tarnovĭēnsĭs,** ĕ.
Tarnovĭēn. (*C. R.*) *s.* Tarnovia.
Taroucă, ae *f.* São Ivão de Tarouca, ehem. Cistercienserkloster in Portugal, Diöz. Lamego.
Tarquĭnĭŭs, ī *m.* Tarquinius, ein Stadtpräfekt von Rom (1. Jhdt.).
Tarrăcīnă, ae *f.* (Anxur, Terracina) Terracina, Stadt an der appischen Straße südlich von Rom, It. (Rom), *ca.* 8000 Einw., Bischofssitz des Bistums Terracina-Sezze-Piperno (seit 1. Jhdt.), exempt; *dav.*: **Tarrăcīnēnsĭs,** ĕ.
Tarrăcīnēn. (*C. R.*) *s.* Tarracina.
Tarrăcō, ōnĭs *f.* (Tarracona) Tarragona, Hafenst. in Katalonien, am Mittelmeere, Spanien, *ca.* 25 000 Einw.; Erzbischofssitz (seit 8. Jhdt., Bistum seit 4. Jhdt.; wiedererrichtet nach der Vertreibung der Mauren seit 1119); *dav.*: **Tarrăcōnēnsĭs,** ĕ.
Tarrăcōnă, ae *f. s.* Tarraco.
Tarrăcōnēn. (*C. R.*) *s.* Tarraco.
Tarsēnsĭs, ĕ *s.* Tarsus.
Tarsŏs, ī *f.* (Ταρσός) *s.* Tarsus.
Tarsŭs, ī *f.* (Tarsos, Ταρσός = die Beflügelte) Tarsus, Hauptstadt der kleinasiatischen Landschaft Kilikien; Vaterstadt des Apostels Paulus, *j.*: Tarsouh; *dav.*: **Tarsēnsĭs,** ĕ.
Tartan *indecl.* (Tharthan) (*assyr.*: turtânu *oder* tartânu; dies ist der Titel des obersten Befehlshabers im assyrischen Heere) Generalissimus der assyrischen Heeresmacht, *kein Eigenname* (4 *Reg.* 18, 17 *wohl fälschlich eingefügt*).
Tartără, ōrūm *n. s.* tartarus.
tartărĕŭs 3 1. höllisch, unterirdisch. 2. schrecklich, furchtbar.
Tartărī, ōrūm *m.* die Tataren *oder* Mongolen, ein innerasiatischer Stamm, der besonders im 12. Jhdt. Einfälle in Europa machte.
Tartărĭcă, ae *f.* (*scil.*: insula) *s.* Chersonesus Taurica.
tartărŭs, ī *m.* (*pl.*: tartără, ōrūm *n.*) (ὁ Τάρταρος) Strafort in der Unterwelt, Hölle.
Tartēs(s)ŭs, ī *f.* (Ταρτησ(σ)ός) Tartessus, uralte von den Phönikiern erbaute Hafenstadt an der Mündung des Bätis (Guadalquivir), Spanien.
Tarvanēnsĭs pāgŭs, ī *m.* die Gegend von Thérouanne, Fkr. (Pas-de-Calais).
Tarvēsĭŭm, ī *n. s.* 1. Tarvisium.
Tarvīsīn. (*C. R.*) *s.* 1. Tarvisium.
1. **Tarvīsĭŭm,** ī *n.* (Tarvesium) Treviso, St. am Sile, It. (Venezien), *ca.* 20 000 Einw., Bischofssitz (seit 4. Jhdt.), Suffr. v. Venedig; *dav.*: **Tarvīsīnŭs** 3.
2. **Tarvisĭŭm,** ī *n.* Tarvis, Marktflecken im Kanaltal, Kärnten (Villach), *ca.* 1700 Einw.; Marienwallfahrtsort am Luschariberge.
Tasŭs, ī *f.* Tasus, St. Griechenland; Titularbistum, Suffr. v. Thessalonike.
Tassarōli *indecl.* Familienname des sel. Carolus Spinula aus Genua.
Tassĭlō, ōnĭs *m.* Tassilo, Herzog von Bayern (749—788), der letzte aus dem Hause der Agilolfinger.
Tassŏvĭtĭŭm, ī *n.* Taßwitz, St. bei Znaim (Mähren).
taurĕă, ae *f.* Riemen aus Stierhäuten, Peitsche, Geißel, Ochsenziemer (2. *Mach.* 7, 1).
taurĕŭs 3 vom Stier, von Rindern, Stier-, Rinds-.
Taurī fŏrŭm, ī *n.* der Stiermarkt, ein Platz in Rom.

Taurĭcă Chersŏnēsŭs, ī *f.* Halbinsel Krim, *s.* Chersonesus Taurica.
Taurīnae Aquae, ārŭm *f,* eine sumpfige Niederung im florentinischen Gebiete, von den Römern als Verbannungsort benutzt.
Taurīnēn. (*C. R.*) *s.* Augusta Taurinorum.
Taurīnī, ōrŭm *m.* Völkerschaft im heutigen Piemont (Italien) mit der Hauptstadt **Augustă Taurīnōrŭm,** *j.*: Turin.
Taurīnŭm, ī *n. s.* Augusta Taurinorum.
taurīnŭs 3 von Stieren, Stier-.
taurŏbŏlĭŭm, ī *n.* Stieropfer.
Taurŏmĕnĭŭm, ī *n.* Taormina, St., nordöstl. vom Ätna, an der Ostküste Siziliens; *ca.* 4500 Einw.
Taurŏnēnsĭs victōrĭă *s.* Taurunum.
Taurunŭm, ī *n.* (Taururum) Belgrad, Hauptstadt v. Serbien an der Donau; *dav.*: **Taurunēnsĭs, Taurumēnsĭs, Tauronēnsĭs,** ĕ; **Tauronēnsĭs victōrĭă** = Sieg des christlichen Heeres über die Türken bei Belgrad im Jahre 1456; *nach anderen soll* Taurunum = Semlin, St. in Kroatien *sein.*
taurŭs, ī *m.* (ταῦρος) Stier; *übtr.*: taurŭs pinguĭs = Machthaber (*Ps.* 21, 13); congrĕgātĭō taurōrŭm (*Ps.* 67, 31) = die Schar der Starken, d. h. der Ägypter.
Taurŭs, ī *m.* das Taurusgebirge, hoher Gebirgszug in Kleinasien, *j.*: Ala-Dagh *oder* Al-Kurun.
Tavĭă, ae *f.* (Tavium, Ταούιον) Tavia, St. r. am Halys, Kleinasien (Galatien), Titularbistum, Suffr. v. Ancyra; *j.*: Goukourthoy.
Tavonī castrŭm, ī *n. s.* Castrum Tavoni.
Tavoră, ae *f.* Tavora, St. auf der Azoreninsel Tertia.
tăxă, ae *f.* der durch Schätzung festgestellte Wert; der festgesetzte Geldbetrag, Gebühr, Taxe, Abgabe (*C. j. c.* 59; 1355); tăxă stŏlae: Stolgebühren.
1. **Taxandrĭă,** ae *f.* Taxandrien, eine Landschaft zwischen Utrecht und dem Rhein.
2. **Taxandrĭă,** ae *f.* Turnhout, St., Belgien (Antwerpen); *ca.* 21000 Einw.
tăxātĭō, ōnĭs *f.* 1. Schätzung, Wertbestimmung. 2. Taxe. 3. Wert.
tăxātīvŭs 3 1. genau bestimmt, genau festgesetzt (*C. j. c.* 2217 § 1). 2. aufzählend.
tăxō 1 (*von*: tango) 1. scharf anrühren; sticheln, tadeln, durchhecheln. 2. abschätzen, taxieren.
taxŭs, ī *f.* Taxusbaum, Eibenbaum, Eibe.
1. **tĕ** dich; **ā** tē von dir, *s.* tu.
2. **-tĕ** Suffix zur Hervorhebung von tu: tūtĕ.
Tĕānēn. (*C. R.*) *s.* Teanum.
Tĕānŭm, ī *n.* (Teanum Sidicinum) Teano, St. It. (Caserta), *ca.* 5000 Einw., Bistum (seit 5. Jhdt.) in Calvi Risorta, *s.* Calvum; *dav.*: **Tĕānēnsĭs,** ĕ.
Tĕātĕ, ĭs *n.* Chieti, St., It. (Chieti), *ca.* 15000 Einw.; Erzbischofssitz (seit 1526, Bistum seit 6. Jhdt.) mit ständiger Verwaltung des Bistums Vasto; *dav.*: **Tĕātīnŭs** 3.
Tĕātīn. (*C. R.*) *s.* Teate.
Tebbaoth *indecl. s.* Tabbaoth.
Tebbath *indecl.* (*hebr.*: Tabbat) Tibbath, Ort, Pal. (Ephraim).
tēbĕō, ŭī 2. *s.* tabeo.
tēbēscō, tēbŭī 3 *s.* tabesco.
Tebeth *indecl.* (*hebr.*: tebet) Tebeth, der Name des zehnten Monats im jüdischen Jahre, von Mitte Dezember bis Mitte Januar.
technă, ae *f.* (τέχνη) hinterlistiger Streich; Kunstgriff, Tücke; *pl.*: Ränke.
technē, ēs (*acc. pl.*: as) *s.* techna.
1. **technĭcŭs** 3 (τεχνικός) technisch.
2. **technĭcŭs,** ī *m.* 1. der Lehrer der Kunst. 2. Techniker.
Tecĭă, ae *f.* (Thecia) Tecia, St. in Pannonien, Geburtsort des hl. Florian.
Tecklenburgēnsĭs, ĕ *s.* Tecklenburgum.
Tecklenburgŭm, ī *n.* Tecklenburg, St. (u. ehem. alte Reichsgrafschaft), Westfalen (Regierungsbezirk Münster); *dav.*: **Tecklenburgēnsĭs,** ĕ.
Tēctă vĭă, ae *f.* Straße in Rom, die nach der Porta Capena führte.
tēctŏr, ōrĭs *m.* Stuckarbeiter; Wandmaler, Freskomaler.
tēctōrĭŏlŭm, ī *n.* zierliche Stuckarbeit, Wandmalerei.
tēctōrĭŭm, ī *n.* 1. Tünche. 2. Wandmalerei, Stuckarbeit.
tēctōrĭŭs 3 1. zum Dachdecken dienlich. 2. zum Übertünchen *oder* zur Wandmalerei *und* Stuckarbeit gehörig.
Tectŏsăgĭŭm, ī *n. s.* Tolona.
Tectŏsăgŭm, ī *n. s.* Tolona.
tēdă, ae *f. s.* taeda.
tēctŭm, ī *n.* 1. Dach. 2. Haus, Wohnung.
tēctŭs 3 1. bedeckt. 2. verdeckt, geheim.
tĕgĭmĕn, ĭnĭs *n.* (tĕgŭmĕn, tegmĕn, tegĭmentŭm, tĕgŭmentŭm) 1. Bedeckung, Decke. 2. Schirm, Schutz.
tĕgĭmentŭm, ī *n.* 1. der Einband (eines Buches). 2. *s.* tĕgimen.
Teglathphalasar *indecl. m. s.* Theglathphalasar.
tēgmĕn, ĭnĭs *n. s.* tegimen.
tĕgō, tēxī, tēctŭm 3 1. decken, bedecken. 2. verhüllen, verbergen. 3. schirmen, schützen.
tĕgŭlă, ae *f.* 1. Dachziegel; *pl.*: Ziegeldach. 2. Dachplatten: fūsōrĭă, mĕtallĭcă.

tĕgŭmĕn, ĭnĭs *n. s.* tegimen.
Tehen *indecl. m.* (*hebr.*) Tehen, Israelit aus dem Stamme Ephraim; seine Nachkommen waren die Teheniten.
Tehenītēs, ae *m.* Tehenite, *s.* Tehen.
Tehinna *indecl. m.* (*hebr.*: Gnade, Gebet) Tehinna, ein Israelit aus dem Stamme Juda, Erbauer der Stadt Naas (1 *Par.* 4, 12).
tēlă, ae *f.* 1. das Gewebe, der Faden. 2. *übtr.*: das Ersonnene. 3. Webstuhl.
tēlārĭŭm, ī *n.* Zelt.
tēlĕgrammă, ătĭs *n.* Fernnachricht, Telegramm.
tēlĕgrăphŭs, ī *m.* Fernschreiber, Telegraph (*Rit. Rom.*).
1. **Telem** *indecl. m.* (*hebr.*) Telem, Jude, der sein ungesetzliches Weib entließ (1 *Esdr.* 10, 24).
2. **Telem** *indecl.* (*hebr.*) Telem, St. an der Grenze Idumäas, Pal. (Juda).
tĕlĕŏlŏgĭă, ae *f.* (τέλος) Teleologie, Lehre von der Zweckmäßigkeit der Welt.
Teleptĕ *indecl.* Telepte, St. u. ehem. Kirchenprovinz in Nordafrika.
Tĕlĕsĭă, ae *f.* Telese, Badeort, r. am Calore, nordwestl. von Benevent, It. (Benevent), *ca.* 700 Einw.; Bistum, *s.* Sannita Cereto; *dav.*: **Tĕlĕsīnŭs** 3 *u.* **Thĕlĕsīnŭs** 3.
Tĕlĕsīnŭs 3 *s.* Telesia.
S. Tĕlesphŏrŭs, ī *m.* (Τελεσφόρος) hl. Telesphorus, Papst u.Mart.(125—136), 5. Januar.
Tellaŭs pāgŭs, ī *m.* (Telogiensis pagus) Talon, ehem. Landschaft, Fkr. (Seine-inférieure).
Tellō, ōnĭs *m.* Tello, ein Bischof der Rätier, Nachfolger des hl. Ursicinus, *s.* S. Ursicinus.
tellūs, ūrĭs *f.* 1. Erde, Erdball. 2. Erdboden; Erdreich, Sand. 3. Landschaft Gebiet, Gegend.
Telmēssŭs, ī *f.* (Τελμησσός) Telmessus, Hafenst. am Mittelmeere unweit Halikarnaß, nördlich von Xanthos, Kleinasien (Lykien od. Karien?), in der Nähe vom *j.*: Marki, Titularbistum; Suffr. von Mira.
Telmon *indecl. m.* (*hebr.*: Talmon) Telmon, 1. Tempeltürhüter am Königstore im Osten. 2. nachexilischer Tempeltürhüter.
Telo Martĭŭs *s.* Tolona.
Tĕlŏgĭēnsĭs pāgŭs, ī *m. s.* Tellaus pagus.
tĕlōnēārĭŭs, ī *m.* (tolonarius) Zöllner.
tĕlōnēŭm, ī *n. s.* telonium.
tĕlōnĭŭm, ī *n.* (teloneum, tolonium, τελωνεῖον *u.* τελώνιον) Zollhaus.
Telscēn. (*C. R.*) *s.* Telschium.
Telschĭŭm, ī *n.* Telschi, (*poln.*: Telsz), St. am Mastissee, Polen (Kowno), *ca.* 6000 Einw.; Bistum Telschi *oder* Telsche, *s.* Samogitia.
tēlŭm, ī *n.* Wurfwaffe, Geschoß, Pfeil.
tĕmĕrābĭlĭs, ĕ befleckt, entweiht.
tĕmĕrārĭŭs 3 1. unbedachtsam, unbesonnen, unüberlegt; leichtfertig. 2. verwegen, waghalsig.
tĕmĕrātĭō, ōnĭs *f.* Unüberlegtheit, Leichtsinn.
tĕmĕrē *adv.* 1. aufs Geratewohl, ohne Überlegung, voreilig, leichtsinnig. 2. verwegen: litigare (*C. j. c.* 1910 § 2).
tĕmĕrĭtās, ātĭs *f.* 1. Unbesonnenheit, Leichtsinn. 2. Wagemut, Verwegenheit, Frevelmut.
tĕmĕrō 1 entweihen, schänden, beflecken.
Temesvarĭēn. (*C. R.*) *s.* Temesvarium.
Temesvarĭŭm, ī *n.* Temesvar, St. am Begakanal, Rumänien; *ca.* 55000 Einw., Bischofssitz vom Bistum Csanád.
tēmētŭm, ī *n.* Wein; Met (*überhaupt berauschendes Getränk von der Wurzel* tem = *dunkel sein, betäubt werden*).
Temiscīră, ae *f. s* Themisyra.
Temisonĭă, ae *f.* Temisonia, St., Titularbistum, Suffr. von Laodikea.
temnō 3 verachten.
Tēmnŭs, ī *f.* (Τῆμνος) Temnus, St. nordöstl. v. Smyrna, Kleinasien, *j.*: Menimen, Suffr. von Ephesus.
tempĕrāmentŭm, ī *n.* 1. das richtige Verhältnis gemischter Dinge, die richtige Mischung, Beimischung (*Ez.* 13, 14). 2. das rechte Maß, Mäßigung, Zurückhaltung
tempĕrāns, ntĭs mäßig, enthaltsam.
tempĕrantĭă, ae *f.* Mäßigung, Selbstbeherrschung.
tempĕrātĭō ōnĭs *f.* das rechte Maß; zweckmäßige Einrichtung, zweckmäßige Einteilung.
tempĕrātŏr, ōrĭs *m.* Ordner, Gestalter; der mit Maß genießt.
tempĕrātūră, ae *f.* die gehörige Vermischung, Mischung, Beimischung; die richtige Zubereitung, Beschaffenheit (*Ez.* 13, 11).
tempĕrātŭs 3 1. gemäßigt, gemildert. 2. ruhig, besonnen.
tempĕrĭēs, ēī *f.* die rechte Mischung, Kühlung, Labsal.
tempĕrō 1 1. ins richtige Verhältnis bringen; mischen. 2. einrichten verwalten, regeln, ordnen. 3. lenken, regieren. 4. mäßigen, das richtige Maß beobachten; mildern, beruhigen. 5. sich mäßigen. 6. zubereiten (*lect. VII. Cord. Jesu*).
tempestās, ātĭs *f.* 1. Zeitabschnitt, Zeit. 2. Wetter, Ungewitter, Sturm; Sturmflut (*Ps.* 68, 3 *u.* 16); in abscon-

dĭtō tempestātĭs: in der Wolkenhülle (*Ps.* 80, 8). 3. Drangsal, Verfolgung. 4. innerer Sturm, Pochen des Herzens (*Ps.* 54, 9).
tempestīvĭtās, ātĭs *f.* die rechte Zeit, Zeitigkeit; die rechte Beschaffenheit.
tempestīvŭs 3 zeitig, rechtzeitig, günstig, geeignet, passend.
Templēn. (*C. R.*) *s.* Templum.
templŭm, ī *n.* 1. geweihter Ort, Heiligtum, Tempel, Kirche, Kapelle. 2. *übtr.*: Himmel (*Ps.* 10, 5; 28, 9); Palast (*Ps.* 44, 16).
Templŭm, ī *n.* Tempio, St., Sardinien (Sassari), *ca.* 6000 Einw.; das Bistum Tempio (seit dem 4. Jhdt.) ist seit 1506 vereinigt mit Ampurias (*oder* Castelsardo), Suffr. v. Sassari; *dav.*: **Templēnsĭs,** ĕ.
tempŏră, ŭm *n. s.* 2. tempus.
tempŏrālĭă, ĭŭm *n.* zeitliche Güter, irdischer Besitz; Pfründeeinkommen (*Gegensatz*: spiritualia).
tempŏrālĭs, ĕ 1. eine Zeit während; zeitlich. 2. irdisch, vergänglich.
tempŏrālĭtās, ātĭs *f.* Zeitlichkeit, Welt.
tempŏrānĕŭm, ī *n.* frühreifes Obst (*Js.* 28, 4).
1. **tempŏrānĕŭs** 3 zur richtigen Zeit; zeitlich; erwünscht.
2. **tempŏrānĕŭs,** ī *m.* (*scil.*: imber) Frühregen (im ersten Monate des jüdischen Jahres, Tischri = Oktober) (*Jac.* 5, 7).
tempŏrārĭŭs 3 eine Zeit dauernd, veränderlich; vorübergehend, zeitweilig, zeitlich: vōtă.
Tempsĕcă, ae *f.* Tempseka, ein Dorf an der Schelde (Belgien).
temptāmĕn, ĭnĭs *n.* (tentamen) 1. Versuch, Prüfung, Examen. 2. Versuchung.
temptāmentŭm, ī *n.* (tentamentum) Versuch.
temptātĭō, ōnĭs *f.* (tentatio) 1. Versuch, Probe. 2. Versuchung; Verführung. 3. Angriff.
temptātŏr, ōrĭs *m.* (tentator) Versucher; Teufel.
temptātrīx, īcĭs *f.* (tentatrix) Versucherin.
temptō 1 (tento) 1. betasten, untersuchen, auf die Probe stellen, prüfen. 2. versuchen, anfechten, quälen, beunruhigen. 3. zu gewinnen suchen (*Ps.* 34, 16).
1. **tempŭs,** ŏrĭs *n.* 1. Zeit, Zeitabschnitt, Jahreszeit; quătŭŏr tempŏră: die Quatembertage. 2. richtige Zeit, Zeitpunkt (*Ps.* 74, 3), ĭn tempŏră fēcĭt lūnăm: er machte den Mond zum Zeitmesser (*Ps.* 103, 19); günstige Zeit, ĭn tempŏrĕ sŭō: zu seiner Zeit; 3. Zeitumstände, Lage; geeignete Zeit (*Ps.* 74, 3). 4. Schickung (*Ps.* 80, 16). 5. tempŭs ūtĭlĕ: vorteilhafte Zeit, d. h. jene Zeit, welche demjenigen, der aus Unkenntnis *oder* Unvermögen die vom Gesetze bestimmte Frist nicht einhalten kann, nicht läuft (nicht als abgelaufen angerechnet wird) (*C. j. c.* 35), *Gegensatz*: tempus continuum (*C. j. c.* 35). 6. tempus feriatum *oder* clausum: geschlossene Zeit, während der keine feierliche Hochzeit sein soll und kein Brautsegen gegeben wird (*C. j. c.* 1108). 7. tempus regionale: Ortszeit (*C. j. c.* 33).
2. **tempŭs,** ŏrĭs *n.* die Schläfe (*Judic.* 4, 21); *gewöhnlich pl.*: tempŏră, ŭm *n.* die Schläfen; *auch*: das ganze Gesicht; der ganze Kopf.
tēmŭlentĭă, ae *f.* Trunkenheit.
tēmŭlentŭs 3 betrunken.
tĕnācĭtās, ātĭs *f.* Ausdauer, Hartnäckigkeit.
tĕnāx, ācĭs beharrlich, hartnäckig.
tendentĭă, ae *f.* Zweck, Streben; Tendenz.
tendĭcŭlae, ārŭm *f.* Fallstrick, Schlinge; tendĭcŭlae littĕrārŭm = buchstäbliche Auslegung.
tendō, tĕtendī, tentum 3 1. spannen, dehnen, ausstrecken. 2. darreichen, verleihen. 3. nach etwas streben, sich abmühen.
tendō, ĭnĭs *f.* Sehne.
tendŏr, ōrĭs *m.* Anspannung, Anstrengung.
tĕnĕbrae, ārŭm *f.* 1. Dunkelheit, Finsternis. 2. Verborgenheit, Niedrigkeit. 3. Unklarheit, Undeutlichkeit. 4. trübe Lage, unglücklicher Zustand (*Ps.* 111, 4).
tĕnĕbrēscō 3 dunkel werden.
tĕnĕbrĭcōsŭs 3 voll Finsternis, in Dunkelheit gehüllt.
tĕnĕbrĭcŭs 3 finster, dunkel.
tĕnĕbrōsă, ōrŭm *n.* finstere Orte (vom Totenreiche, *Ps.* 87, 7).
Tĕnĕbrōsă, ae *f. s.* Nigra.
tĕnĕbrōsĭtās, ātĭs *f.* Dunkelheit.
tĕnĕbrōsŭs 3 dunkel, finster.
Tĕnĕdŏs, ī *f. s.* Tenedus,
Tĕnĕdŭs, ī *f.* (Tenedos, Τένεδος) Tenedus, (*i.*: Tenedo), Insel im Ägäischen Meere gegenüber Troas an der Küste von Kleinasien; Titularbistum.
tĕnellŭs 3 sehr zart, zärtlich.
Tenēn. (*C. R.*) *s.* Tenos.
tĕnēns, ntĭs *m.* u. *f.* Firmpate, Patin (*Rit. Rom.*).
tĕnĕō, tĕnŭī, tentŭm 2 1. halten, fassen, packen (*Ps.* 136, 9), haben. 2. begreifen. 3. innehaben, besitzen, beherrschen, befehligen. 4. ertappen.

überführen. 5. ergreifen, gefangen nehmen, fesseln. 6. binden, verpflichten. 7. festhalten, bewahren, behaupten. 8. zurückhalten, bezähmen. 9. standhalten, vorhalten, gelten. 10. anhalten, verpflichten. 11. für etwas halten, verstehen.

tĕnĕr, ĕră, ĕrŭm 1. zart, fein; jugendlich. 2. weich, empfindsam, verweichlicht.

tĕnĕrĭtās, ātĭs *f.* (teneritudo) Zartheit, Zärtlichkeit.

tĕnĕrĭtūdō, ĭnĭs *f. s.* teneritas.

tĕnŏr, ōrĭs *m.* 1. der ununterbrochene Lauf *oder* Verlauf, Fortdauer, Zug; Zusammenhang; ūnō tĕnōrĕ; in einem Zuge, in einem fort; tĕnōrĕ praesentĭŭm (*scil.*: litterarum) auf Grund des vorliegenden Schreibens. 2. Ton, Wortlaut (*C. j. c.* 67). 3. Zustand, Beschaffenheit; Art u. Weise. 4. das Anhalten. 5. Absicht.

Tēnŏs, ī *f.* (Tenus, *Τῆνος*) Tenos (*j.*: Tinos), eine der nördlichen Kykladeninseln im Ägäischen Meere; *Hauptst.*: Tinos, *ca.* 2500 Einw.; Bischofssitz (seit 9. Jhdt.) in Vereinigung mit Mykonos *u.* Andros, Suffr. v. Naxos; *dav.*: **Tēnēnsĭs,** ĕ; Tēnĭŭs, ī *m.* Einw. v. Tenus.

tēnsă, ae *f.* Götterwagen (*mit Götterbildern*).

tēnsĭō, ōnĭs *f.* Spannung; Ausdehnung.

tēnsŭs 3 gespannt; hart, fest; tensă viscĕră: harte Herzen (dūră cordă; *Hymnus*: *Lustra sex* . . .).

tenta . . . *s.* tempta . . .

tento 1 *s.* tempto.

tentōrĭŭm, ī *n.* Zelt.

Tentȳră, ōrŭm *n.* (Tentyris: *Τέντυρα*, *Τεντυρίς*) Tentyra, *j.*: Denderah, St., Oberägypten, Titularbistum.

tĕnŭātĭm *adv.* verdünnt, dünn.

tĕnŭĭs, ĕ 1. dünn, fein, schmal, eng. 2. dürftig, ärmlich, gering.

tĕnŭĭtās, ātĭs *f.* 1. Magerkeit. 2. Armut, Dürftigkeit. 3. Dünnheit, Feinheit.

tĕnŭĭtĕr *adv.* dünn, spärlich, ärmlich.

tĕnŭō 1 vermindern, schwächen, herabsetzen.

1. **tēnŭs,** ŏrĭs *n.* Fallstrick, Schlinge.

2. **tĕnŭs** *praep. c. abl. oder gen.* (*wird immer dem abhängigen Worte nachgestellt*) bis an, bis zu, bis nach, bis hin; verbō tĕnŭs dem (bloßen) Worte nach, wörtlich.

Tēnŭs, ī *f. s.* Tenos.

Tĕŏs, ī *f.* (Teus; *Τέως*) Teos, St. an der Küste v. Jonien, nordwestlich von Ephesus, Kleinasien (Lydien), Titularbistum.

tĕpĕfăcĭō, fēcī, factŭm 3 lauwarm machen, wärmen; *pass.*: **tĕpĕfīō,** factŭs sŭm, fĭĕrī.

tĕpĕō, ŭī 2 lau *oder* warm sein.

tĕpēscō, tĕpŭī 3 lau werden.

tĕpĭdĭtās, ātĭs *f.* Lauheit; Kälte, Empfindungslosigkeit.

tĕpĭdŭs 3 lauwarm; flau, matt.

Teplă, ae *f.* Tepl, St. am Tepl (r. zur Eger), Böhmen, *ca.* 2800 Einw.; mit Prämonstratenserabtei (gegr. 1193); *dav.*: **Teplēnsĭs,** ĕ.

Tēplĭcă, ae *f.* Teplitz („Schönau"), St. an de Biela, Böhmen, *ca.* 25000 Einw.

tĕpŏr, ōrĭs *m.* Lauheit; Kühle.

tĕr *adv.* dreimal.

tercentēnŭs 3 der dreihundertste.

tercentī 3 *s.* trecenti.

terdĕcĭē(n)s *adv.* dreizehnmal.

Terdōnă, ae *f, s.* Dertona.

tĕrĕbinthŭs, ī *f.* (*τερέβινθος*) die Terebinthe, Terpentinbaum (*Pistazienart mit schwärzlichem Holze, im Wuchse u. im kräftigen Bau der Eiche ähnlich*).

tĕrĕbră, ae *f.* Bohrer, Mauerbohrer.

tĕrĕbrō 1 bohren, anbohren, durchbohren.

tĕrēdō, ĭnĭs *f.* (*τερηδών*) Bohrwurm, Holzwurm.

Tĕrentĭānŭs, ī *m.* Terentian, Oberst der prätorianischen Kohorte in Rom unter Kaiser Julian, dem Abtrünnigen, später Christ; er soll die Lebensbeschreibung der Martyrerbrüder Johannes u. Paulus verfaßt haben.

Tĕrenūtŏs, ī *f.* Terenutos, St., Titularbistum, Suffr. von Antinoë.

tĕrēs, ĕtĭs gedrechselt, abgerundet, glatt, fein.

Tērēsă, ae *f. s.* Teresia.

S. Tērēsĭă, ae *f.* (Teresa, Theresia) hl. Theresia, Jgfr. u. Reformatorin des Karmeliterordens, †1582, 15. Oktober

tergĕmĭnŭs 3 *s.* trigeminus.

tergĕō, tersī, tersŭm 2 (tergo) abwischen, abtrocknen, reinigen, putzen, blank machen.

Tergestĕ, ĭs *n.* (Tergestum) Triest, St. in Istrien am Adriatischen Meere, *ca.* 180000 Einw.; Bischofssitz (seit 6. Jhdt.), Suffr. v. Görz; *dav.*: **Tergestīnŭs** 3.

Tergestīn. (*C. R.*) *s.* Tergeste.

Tergestŭm, ī *n. s.* Tergeste.

tergīnŭm, ī *n.* Lederpeitsche, Karbatsche, Knute.

tergĭversantĕr *adv.* zögernd, ungern.

tergĭversātĭō, ōnĭs *f.* Zögerung, Weigerung; Rückzug; Ausflucht; Abstandnahme (von einer gerichtlichen Klage).

tergĭversātŏr, ōrĭs *m.* Zauderer, Verweigerer.

tergĭversŏr 1 Ausflüchte suchen, zögern.

tergō, tersī, tersŭm 3 *s.* tergeo.
tergŭm, ī *n.* der Rücken, die Rückseite; tergă vertĕrĕ *oder* dărĕ: fliehen.
tergŭs, ŏrĭs *n.* 1. Rücken. 2. Haut, Fell.
Terlĭtĭēn. (*C. R.*) *s.* Terlitium.
Terlĭtĭŭm, ī *n.* Terlizzi, St., It. (Bari), *ca.* 25000 Einw., Bistum (seit dem 11. Jhdt.), *s.* Melfictum (Molfetta); *dav.*: **Terlĭtĭēnsĭs,** ĕ.
Termē, ēs *f.* Terme, St., Kleinasien (Pontus), Titularbistum, Suffr. von Caesarea in Pontus.
termĕs, ĭtĭs *m.* der abgeschnittene Zweig, Fruchtreis.
Termessŭs, ī *f.* (Τερμησσός) Termessus, St. auf dem Taurus, Kleinasien (Pisidien); Titularbistum, *j.*: Ruinen bei Schenet *oder* Schenit.
Termĭnālĭă, ĭŭm *f.* römische Feste zu Ehren des Grenzgottes (23. Febr.).
termĭnātĭō, ōnĭs *f.* Bestimmung, Begrenzung.
termĭnātīvē *adv.* in begrenztem Maße.
termĭnātīvŭs 3 begrenzt, beschränkt.
termĭnō 1 1. begrenzen, einschränken. 2. bestimmen. 3. beschließen, beendigen. 4. Gaben sammeln (bei den Bettelorden).
termĭnŏlŏgĭă, ae *f.* Terminologie, Inbegriff der Kunstausdrücke einer Wissenschaft, Kunstsprache, Fachsprache.
termĭnŭs, ī *m.* 1. Grenzstein; Grenze, Ziel; Schranke; Schluß, Ende. 2. Zeittermin, Zeitpunkt, Zeitabschnitt. 3. Begriff, sprachlicher Ausdruck für einen Begriff; Bezeichnung eines Begriffes.
Termuthēs, ĭs *f.* (*ägypt.*: T-mer-en-mut = geliebt von der Göttin Mut) Termuthes, Schwester König Ramses' II. von Ägypten (um 1350 vor Chr.).
ternārĭŭs, 3 aus drei bestehend, drei enthaltend.
ternī, ae, ă (ternus) je drei.
ternŭs 3 *s.* terni.
tĕrō, trīvī, trītŭm 3 1. reiben, abreiben, abnutzen. 2. austreten, dreschen. 3. die Zeit unnütz zubringen *oder* vergeuden.
Terphalaei *angeblicher Volksstamm, sollte vielleicht* tabellarii *heißen* (1. *Esdr.* 4,9) *vgl.*: Dinaei.
Terpsĭchŏrē, ēs *f.* (Τερψιχόρη) Terpsichore, die Muse der Tanzkunst.
terră, ae *f.* 1. Erde, Erdkörper, Erdreich, Erdboden. 2. Land, Gegend. 3. Grab (*Ps.* 21, 30). 4. Staub: terrăm lingĕrĕ = Staub lecken (*Ps.* 71 9); Schutt: terrae ēiŭs mĭsĕrērī = über seinen Schutt jammern (*Ps.* 101, 15). 5. das Land Kanaan (*Ps.* 36, 3 *u.* 9). 6. Schlacke (*Ps.* 11, 7, *wo* prŏbātŭm terrae = *hebr.* purgātŭm ā terrā *ist*!).
terraemōtŭs, ūs *m.* Erdbeben.
Terralbă, ae *f.* Terralba, Marktflecken, Sardinien (Cagliari), *ca.* 4000 Einw.; Bistum vom 12.—16. Jhdt., jetzt mit Ales vereinigt, Suffr. v. Oristano; *dav.*: **Terralbēnsĭs,** ĕ.
Terralbēn. (*C. R.*) *s.* Terralba.
terrānĕŏlă, ae *f.* Haubenlerche.
terrēnŭm, ī *n.* Erdreich, Acker, Land.
terrēnŭs 3 1. aus Erde bestehend, erdig, irden. 2. zur Erde gehörig, auf der Erde befindllch, irdisch, Erd-. 3. weltlich.
terrĕō, ŭī, ĭtŭm 2 schrecken, erschrecken.
terrestĕr, strĭs, strĕ *s.* terrestris.
terrestrĭă, ĭŭm *n.* alle irdischen Geschöpfe.
terrestrĭs, ĕ (terrester), Erd-, Land-, irdisch
terrĕŭs 3 1. aus Erde, erdig. 2. erdfarben, fahl: cŏlŏr.
terrĭbĭlĭs, ĕ 1. schrecklich. 2. Ehrfurcht gebietend, staunenswert, erhaben (*Ps.* 65, 3; 118, 10 usw.).
terrĭcŏlă, ae *m.* Erdbewohner, Einwohner.
terrĭcŭlă, ae *f. s.* terriculum.
terrĭcŭlŭm, ī *n.* (terricula) Schreckmittel, Schreckbild; Schrecknis.
terrĭfĭcātĭō, ōnĭs *f.* Schrecknis.
terrĭfĭcō 1 schrecken, erschrecken.
terrĭfĭcŭs 3 Schrecken erregend.
terrĭgĕnă, ae *m. u. f.* 1. aus der Erde geboren, Erdenkind, Mensch. 2. Mensch niederen Standes (*Ps.* 48, 3).
terrĭgĕnŭs 3 erdgeboren.
terrĭtō 1 stark erschrecken, in Angst setzen.
terrĭtōrĭālĭs, ĕ zum Gebiete gehörig, territorial, Gebiet-; partēs terrĭtōrĭālēs: Gebietsteile (*C. j. c.* 216).
terrĭtōrĭŭm, ī *n.* 1. (das zu einer Stadt gehörige) Ackerland = Gebiet. 2. Rechtsgebiet, Rechtsbereich, Bereich der Gerichtsbarkeit eines (kirchlichen) Oberen.
terrŏr, ōrĭs *m.* Schrecken, Schrecknis.
tersŭs 3 1. rein, sauber. 2. fein, nett.
1. **Tertĭă,** ae *f.* die Terz, ein Teil des priesterlichen Stundengebetes.
2. **Tertĭă,** ae *f.* Terceira, eine (vulkanische) Azoreninsel im Atlantischen Ozean, zu Portugal gehörig; *Hauptst.*: Angra do Heroismo.
tertĭārĭă, ae *f. u.* **tertĭārĭŭs,** ī *m.* Terziarin, Terziarier (d. h. *Mitglied des sog. dritten Ordens*): saecŭlārĭs.
tertĭō *u.* tertĭŭm *adv.* drittens, zum drittenmal.
tertĭŭs 3 der dritte.

Tertĭŭs, ī *m.* (*Τέρτιος*) Tertius, Christ u. treuer Reisebegleiter des hl. Apostels Paulus (*identisch mit Silas? Act.* 15, 40 *u. Rom.* 16, 32).
tertĭŭs dĕcĭmŭs 3 der dreizehnte.
Tertullĭānŭs, ī *m.* Tertullian, der bedeutendste lateinische Kirchenschriftsteller vor Augustinus († um 240).
Tertullŭs, ī *m.* Tertull, 1. römischer Rechtsanwalt für die Hohenpriester u. Behörden der Juden in der Anklagesache gegen den hl. Apostel Paulus vor dem Statthalter Felix (*Act.* 24, 1). 2. Vater des hl. Plazidus.
Tertyllŭs, ī *m.* Tertyll, römischer Statthalter in Sizilien (4. Jhdt.).
Terŭlēn. (*C. R.*) *s.* Terulium.
Terŭlĭŭm, ī *n.* Teruel, St. am Guadalaviar, Spanien (Aragonien), *ca.* 10 000 Einw.; Bischofssitz (seit 1577), Suffr. v. Saragossa; *dav.*: **Terŭlēnsĭs,** ĕ.
tĕruncĭŭs, ī *m.* 1. drei Unzen, ein Dreier, Pfennig. 2. der vierte Teil der Erbschaft.
tescă, ōrŭm *n. s.* tesqua.
Teschīnŭm, ī *n.* Teschen, St. in Oberschlesien, *ca.* 20 000 Einw.; Sitz des Generalvikars des Fürstbischofs von Breslau, ehem. Herzogtum; *dav.*: **Teschīnēnsĭs,** ĕ.
tesquă, ōrŭm *n.* (tesca) unfruchtbare, rauhe Orte, Heiden, Steppen.
tessellă, ae *f.* 1. Mosaiksteinchen. 2. viereckiges Täfelchen mit Aufschrift; Plättchen.
tessĕră, ae *f.* (*τέσσαρες*) 1. Würfel. 2. Kennzeichen, Parole, Losung, Befehl.
tēstă, ae *f.* 1. Ziegelstein, Backstein. 2. (irdener) Topf, Geschirr, Krug, Urne, Lampe. 3. Scherbe.
tēstācĕŭs 3 (tēstĕŭs) irden, *d. h. aus gebrannter Erde oder aus Ziegelstein bestehend*; aus Scherben: mōns.
tēstāmĕn, ĭnĭs *n.* Zeugnis, Beweis.
testāmentārĭŭs 3 testamentlich.
tēstāmentŭm, ī *n.* 1. Testament, letztwillige Verfügung; tēstāmentŭm condĕrĕ: ein Testament machen (*C. j. c.* 569, 5). 2. Anordnung, Gebot. 3. Vertrag, Verheißung, Bund; t. ordĭnārĕ *oder* dispōnĕrĕ: einen Bund schließen.
tēstātĭō, ōnĭs *f.* 1. Anrufung von Zeugen. 2. Zeugenaussage, Bezeugung.
tēstātŏr, ōrĭs *m.* Erblasser.
tēstātŭs 3 bezeugt; offenkundig, unleugbar.
tēstĕŭs 3 *s.* testaceus.
tēstĭcŭlŭs, ī *m.* (*Deminut. von* 2. testis) der Hode (*Job* 40, 12).
tēstĭfĭcātĭō, ōnĭs *f.* Bezeugung; Kundgebung.
tēstĭfĭcŏr 1 1. als Zeugen anrufen, beschwören. 2. warnen (*dat. u. acc.*); streng (vor Zeugen) vornehmen (*Ps.* 49, 7), einschärfen, mahnen, dringend ersuchen. 3. Zeugnis ablegen, bezeugen, kundgeben (*auch mit passivischer Bedeutung*).
tēstĭmōnĭālĭs, ĕ zum Zeugnis dienend; littĕrae tēstĭmōnĭālēs: Sittenzeugnis, Leumundszeugnis, *bes.*: Erlaubnisschreiben zum Zwecke des Weiheempfangs (*C. j. c.* 544).
tēstĭmōnĭŭm, ī *n.* 1. Zeugnis, Beweis; t. perhĭbērĕ Zeugnis ablegen; t. Asaph: ein Zeugnis von Asaph. 2. Bekenntnis. 3. Einrichtung, Gebot, Vorschrift; t. Israël: Satzung für Israel (*Ps.* 121, 4). 4. Urkunde, Unterpfand.
1. **tēstĭs,** ĭs *m. u. f.* 1. Zeuge, Zeugin; tēstĭs ex audītū: Ohrenzeuge; tēstĭs ex vīsū *oder* tēstĭs ŏcŭlātŭs (*C. j. c.* 2020 § 6): Augenzeuge; testēs septĭmae mănūs: Zeugen der siebenten Hand, Eideshelfer, *d. h.* Zeugen, welche die gerichtlichen Aussagen anderer Personen in deren Eheangelegenheiten durch das eidliche Zeugnis bekräftigen sollen, daß sie die Wahrheit sagen können und sagen wollen. Diese testes septimae manus werden bei Nichtigkeitserklärungen von Ehen verlangt und zwar von den Ordinariaten, wenn es sich um impotentia handelt, in Rom wenn der Nichtvollzug der Ehe erwiesen werden soll. Je sieben Zeugen sollen die eidlichen Aussagen von Mann und Frau durch Eid als wahr bestätigen; doch genügen auch weniger; tēstĭs quālĭfĭcātŭs: besonders geeigneter *oder* amtlicher Zeuge (*C. j. c.* 1791). 2. testēs ĭnīquī (*Ps.* 26, 12; 34, 11): gedungene Feinde. 3. tēstĭs in coelō fĭdēlĭs (*Ps.* 88, 38): Mond als Zeuge für Gott.
2. **tēstĭs,** ĭs *m.* Hode, *meist pl.*: tēstēs, ĭŭm *m.* Hoden.
tēstŏr 1 1. als Zeugen anrufen. 2. bezeugen, versichern, beweisen. 3. ein Testament errichten.
tēstūdō, ĭnĭs *f.* 1. Schildkröte. 2. Schilddach, Schutzdach.
tēstŭlă, ae *f.* kleine Scherbe.
tētĕr, ētra, ētrŭm, *s.* taeter.
teth *indecl.* der 9. Buchstabe des hebräischen Alphabets; neun, neuntens.
Tetīnŭm, ī *n.* Thein, D. bei Leipnik, Mähren (Mährisch-Weißkirchen), *ca.* 800 Einw.; Ruine vom Schloß Helfenstein.
tĕtrachmŭm, ī *n.* (tetrachmum, *τέτραχμον*) Vierdrachmenstück (eine griech. Silbermünze im Werte von *ca.* 3 *M*).

tĕtrăcōlŏn, ī *n.* (τετράκωλον) die viergliederige Periode.
tĕtrădĭŭm, ī *n.* (τετράδιον) die Vierzahl, Quaterne.
tĕtrăgrammătŏs 3 aus vier Buchstaben bestehend; nōmĕn tĕtrăgrammătŏn: der hebräische heiligste Gottesname: Jahwe.
tetrăō, ōnĭs *m.* (τετράων) Auerhahn.
tĕtrarchă, ae *m.* (*Matth.* 14, 1) *s.* tetrarches.
tĕtrarchēs, ae *m.* (tĕtrarchă; τετράρχης) ein Fürst, der den vierten Teil eines Landes beherrscht, Vierfürst, Vasallenfürst (Titel kleiner Herrscher).
tĕtrarchĭă, ae *f.* (τετραρχία) Gebiet eines Vierfürsten, Vierfürstentum.
tētrē *adv. s.* taeter.
tetrĭcŭs 3 1. finster, streng, unfreundlich. 2. schmutzig, abscheulich.
Tettă, ae *f.* Tetta, Äbtissin vom Kloster Winburne in England, Erzieherin der hl. Lioba (8. Jhdt.).
Teuchīră, ae *f.* (Τεύχῦρα) Teuchira, St. Nordafrika, Titularbistum, Suffr. v. Cyrene.
Teutŏnēs, ŭm *m. s.* Teutoni.
Teutŏnī, ōrŭm *m.* (Alamanni, Alemanni, Teutones, Teutonici, Theotisci) die Teutonen, uralter Sammelname aller germanischen Stämme; die Deutschen.
Teutŏnĭă, ae *f.* (Theutŏnĭa, Alamannia, Alemannia) Deutschland.
Teutŏnĭcī, ōrŭm *m. s.* Teutoni.
Teutŏnĭcŭs (Theutonicus) 3 deutsch.
texō, xŭī, xtŭm 3 1. weben, flechten. 2. verfertigen.
textĭlĕ, ĭs *n.* das Gewebe, Zeug, Leinwand, Tuch; Gewand.
textĭlĭs, ĕ gewebt.
textŏr, ōrĭs *m.* Weber.
textrīnŭm, ī *n.* 1. Webekunst. 2. Webestube, Weberei.
textrīnŭs 3 zum Weben gehörig; ŏpŭs textrīnŭm: Weberarbeit (*Tob.* 2, 19).
textrīx, īcĭs *f.* Weberin; *übtr.*: Ersinnerin: fraudŭm.
textŭālĭs, ĕ den Zusammenhang *oder* den Text betreffend.
textŭm, ī *n.* 1. Gewebe; Geflecht. 2. *übtr.*: Gefüge, Zusammenfügung; Wortlaut, Text.
textūră, ae *f.* Gewebe.
textŭs, ūs *m.* der genaue Zusammenhang, Wortlaut.
Thaan *indecl. m.* (*hebr.*: Tahan) Thaan, Israelit aus dem Stamme Ephraim, Sohn des Thale.
Thabeel *indecl. m.* (*aram.*: Gott ist gut) Thabeel, ein Feind der Juden, welcher den Wiederaufbau von Jerusalem nach dem Exil hindern wollte.
Thăbēnă, ae *f.* Thabena, Küstenst. in Numidien, Nordafrika.
Thabor *indecl. s.* Tabor.
Thaborītae, ārŭm *m. s.* Taboritae.
Thacasin *indecl.* (*hebr.*: *richtig* = Gatt-Qassin) Thacasin, St., Pal. (Zabulon).
Thadal *indecl. m.* (*babyl.*: Tudchul) Thadal, sonst unbekannter orientalischer König z. Zt. Abrahams.
Thaddaeŭs, ī *m.* (*hebr.*: Taddaj = der Beherzte) Thaddäus, Beiname des Apostels Judas, *s.* S. Judas Thaddaeus.
Thăgūră, ae *f.* Thagura, St. in Tunis, Nordafrika.
1. **Thahath** *indecl. m.* (*hebr.*) Thahath, Levit aus der Linie Kaath, Sohn des Asir.
2. **Thahath** *indecl.* (*hebr.*: Tahat) Thahath, Lagerplatz der Israeliten in der Wüste.
Thălă, ae *f.* Thala, St. südlich von Sicca in Numidien, Nordafrika, *j.*: Terreanah.
thălămŭs, ī *m.* (θάλαμος) 1. Brautgemach; Brautbett. 2. Ehelager, Ehe; thălămī fĭdēs: eheliche Treue.
Thălassă (θάλασσα = Meer ?); Thalassa, *im Urtexte gewöhnlich* Ἄλασσα; *Act.* 27, 13 *ist falsche Lesart*; *der richtige Name der betreffenden Stadt ist griechisch*: Λασαία *und lateinisch*: Lasaeă, ae *f.* Lasaia *oder* Lasäa, St. an der Südküste von Kreta.
Thalassar *indecl. s.* Thelassar.
thălassĭnŭs 3 (θαλάσσινος) meerfarbig, meergrün.
Thale *indecl. m.* (*hebr.*: Telach) Thale, Israelit, Sohn des Reseph.
thallŭs, ī *m.* (θάλλος) Stengel; Ölzweig.
Thamar *indecl. f.* (*hebr.*: Palme) Thamar, 1. Schwiegertochter von Jakobs Sohn Juda, welche die Mutter von dessen Söhnen Phares und Para wurde. 2. Tochter Davids u. Schwester Absaloms, die von ihrem Halbbruder Ammon geschändet wurde. 3. Tochter Absaloms (2 *Reg.* 14, 27).
Thamar *indecl. f.* (Thadmor) Palmyra, St., von König Salomon erbaut (visionärer Grenzort: *Ez.* 47, 19 *u.* 48, 28; *vgl.* 3 *Reg.* 9, 18), *s.* Palmyra.
1. **Thamna** *indecl. f. u. m.* (*hebr.*: Timna) Thamna, 1. Nebenfrau des Eliphaz, eines Sohnes des Esau. 2. Tochter (*oder* Schwester ?) Lotans, Enkelin des Höhlenbewohners Seïr (?). 3. Stammesfürst der Edomiter.
2. **Thamna** *indecl.* (*hebr.*: Timna; Tibna) Themna) Thamna, St., 12 km westlich von Bethlehem, Pal. (Juda); *dav.*: **Thamnathaeŭs** 3.
Thamnata *alter hebr. Akkusativ von* 2. Thamna.

Thamnath Saraa *indecl.* (Thamnathsare, Thmanata-Pharathoni) Thamnathsare, St. im Gebirge Ephraim, Pal.

Thamuz *indecl.* (*hebr.*: Tammuz) (Tamus) Thamuz, 1. der vierte Monat im jüdischen Jahre, von Mitte Juni bis Mitte Juli. 2. der syrische Name des phönikischen Götzen Adonis.

Thanac *indecl. s.* Thenac.

Thanach *indecl. s.* Thenac.

Tanathselo *indecl.* (*hebr.*: Taanat-Schilo) Thanathselo, Ort, *ca.* 10 km östlich von Sichem, Pal. (Ephraim).

Thanehumeth *indecl. m.* (*hebr.*: Tanhumet) Thanehumet, Vater des Sareas, eines jüdischen Volkshauptes z. Z. des Beginnes des babyl. Exils.

Thannă, ae *f.* Thann, St. an der Thur am Südostrande der Vogesen, Ober-Elsaß, *ca.* 8000 Einw.; ehem. Franziskanerkloster.

Thapheth *indecl. f.* (*hebr.*: Taphat) Thapheth, Tochter des Königs Salomon.

Thaphsa *indecl.* (*hebr.*: Tiphsach) *s.* Thapsacus.

Thapsa *indecl. s.* Thapsacus.

Thapsăcŭs, ī *f.* (Thaphsa, Thapsa) Thapsakus, eine im Altertume berühmte Handelsstadt am westlichen Ufer des oberen Euphrat; sie bildete die nordöstliche Grenze des salomonischen Reiches.

Thara *indecl. m. s.* Thares.

Tharaa *indecl. m.* (*hebr.*: Terach) Tharaa, Israelit aus dem Stamme Benjamin, der dritte Sohn des Micha.

Tharaca *indecl. m.* (*hebr.*: Thirhaqa; *ägypt.*: Thaharqa; *assyr.*: Tarqu) Tharaka, König von Nubien (705 bis 691), Pharao von Ägypten (691—664).

Tharana *indecl. m.* (*hebr.*: Tirhana) Tharana, Sohn des Kaleb u. der Maacha.

S. Thărăsĭŭs ī *m.* hl. Tharasius, Patriarch von Konstantinopel († 806), 25. Februar.

1. **Thare** *indecl. m.* (*hebr.*: Terach) Thare, der Vater Abrahams.

2. **Thare** *indecl.* (*hebr.*: Terach) Thare, Lagerplatz der Israeliten in der Wüste.

Tharela *indecl.* (*hebr.*: Tar'ala) Tharela, St., Pal. (Benjamin).

Thares *indecl. m.* (*aram.*: Teresch) Thares, ein Eunuch am Hofe des Perserkönigs Xerxes I. (485—464) (*Name wohl erdichtet*).

Tharsaeās, ae *m.* (*richtig*: Thraseus, Θρασεός) Thraseus, Vater des Apollonius, eines Statthalters des syrischen Königs Seleukus IV. Philopater (187 bis 176), in Kölesyrien u. Phönikien.

Tharsēnī, ōrŭm *m.* Tarser, Bewohner der Stadt Tarsus in Kilikien.

S. Tharsĭcĭŭs, ī *m.* hl. Tharsizius, († im 3. Jhdt.).

Er lebte als Akoluth zu Rom während der Verfolgung Valerians. Als er gerade das hl. Sakrament zu den eingekerkerten Christen bringen wollte, wurde er von den heidnischen Häschern überrascht. Diese befahlen ihm zu zeigen, was er bei sich trage; er weigerte sich und wurde nun grausam geschlagen und schließlich durch Steinwürfe getötet. Als sich die Feinde nun an dem Allerheiligsten vergreifen wollten, wurden sie daran durch Gottes Fügung gehindert; sie fanden nichts mehr vor, sei es, daß Christus in das Innere des Martyrers eingegangen war, sei es, daß er die hl. Gestalten unsichtbar gemacht hatte. Der Leib des Martyrers ward in der St. Kallistusgruft beigesetzt. Papst Damasus verherrlichte ihn später in einem Gedichte und stellte ihn dem Erzmartyrer Stephanus gleich. — 15. August.

1. **Tharsis** *indecl. m.* (*hebr.*: Tarschisch) Tharsis 1. Sohn Javans, Enkel Japhets. 2. Israelit aus dem Stamme Benjamin, Sohn Balans. 3. ein Perserfürst (oberster Geheimrat) am Hofe des Perserkönigs Xerxes I. (485—464) (*Name wohl erdichtet*).

2. **Tharsĭs,** ĭs *f. u. indecl.* (*hebr.*: Tarschisch) Tharsis, berühmte phönikische Kolonie in Spanien, sehr reiche Handelsstadt, die von den Griechen Tartessos genannt wurde; ihre Lage wird z.Z. an der Mündung des Guadalaviar festzustellen gesucht; nāvēs Tharsĭs = große Handelsschiffe (*Ps.* 47, 8).

Tharsŭs, ī *f. s.* Tarsus.

Thartac *indecl. f.* (*hebr.*: Atargata, Atargatis; *assyr.*: nibschazu) Atargatis, syrische Göttin, die weibliche Ergänzung zum Gotte Hadad *oder* Rimmon (*wie in Babylon Zarpanit zu Marduk*); sie wurde besonders in Hierapolis und Damaskus verehrt.

Tharthan *indecl. s.* Tartan (tartan).

Thasi *indecl. m.* (*aram.*: *richtig* = nasi der Fürst) (Thadsi) Thasi, Beiname des Makkabäers Simon.

Thăsŭs u. **Thăsŏs,** ī *f.* eine Insel des Ägäischen Meeres an der Thrakischen Küste), *dav.*: **Thăsĭŭs** 3.

Thathanai *indecl. m.* (Thatnai) Thathanai, persischer Statthalter unter dem Großkönige Darius, Gegner der Juden beim nachexilischen Tempelbau.

thau *indecl.* hebräischer Buchstabe: „t" = Zeichen.

thaumă, ătŏs *n.* (θαῦμα) Wunder.

Thaumătūrgŏs, ī *m.* (θαυματοῦργος) der Wundertäter, ein griechischer Beiname, *bes.*: des hl. Gregor.

Thaur *indecl.* Thaur, Ort am linken Ufer des oberen Inn, Tirol.

Thĕaldŭs, ī *m.* (Theobaldus) Thealdus *oder* Theobaldus Visconti aus Piacenza, der nachmalige hl. Papst Gregor X. (1271—1276).

Thĕānēn. (*C. R.*) *s.* Teanum Apulum.
Thĕānŭm, ī *n. s.* Teanum Apulum.
Thĕātīnă dĭoecēsĭs Bistum Theate, *s.* Teate.
Thĕātīnī, ōrŭm *m.* die Theatiner, regulierte Geistliche, deren Genossenschaft i. J. 1542 vom hl. Kajetan von Thiene gestiftet wurde.
thĕātrālĭs, ĕ theatralisch, schauspielerisch.
thĕātrŭm, ī *n.* (θέατρον) Schauspielhaus, Theater, Schauplatz.
Thēbae, ārŭm *f.* (Thebe; Θῆβαι; Θήβη) Theben 1. Hauptstadt der griechischen Landschaft Böotien, *j.*: Thiva. 2. Hauptstadt von Oberägypten, *s.* Thēbăĭs.
Thēbaeī, ōrŭm *m. s.* Thebais.
Thēbaeŭs 3 *s.* Thebais.
Thēbăĭcŭs 3 *s.* Thebais.
Thēbăĭs, ĭdĭs *u.* ĭdŏs *f.* Thebais, Landschaft in Oberägypten; *sie zerfiel in* Th. superior *u.* Th. inferior; *dav.*: **Thēbaeī,** ōrŭm *m.* Bew.; **Thēbăĭcŭs** 3 *u.* **Thēbaeŭs** 3; **Thēbaeōrŭm lĕgĭō** *u.* **Thēbaĭca (Thēbaeă) lĕgĭō** eine wahrscheinlich aus der Thebais rekrutierte römische Heeresabteilung, die ganz aus Christen bestanden und unter Kaiser Maximian den Martertod um 285 erlitten haben soll.
1. **Thēbānŭs** 3 thebanisch.
2. **Thēbānŭs,** ī *m.* Thebaner, Einw. von Theben in Griechenland.
Thēbastē, ēs *f.* Thebaste, St. in Algerien (Nordafrika).
Thebath *indecl.* (*hebr.*: Tibhath) Tebath, eine Stadt im Reiche Soba, nördlich von Damaskus, mit reichen Erzgruben.
Thēbē, ēs *f.* (Θήβη) *s.* Thebae.
Thebes *indecl.* (*hebr.*: Tebes) Thebes, St., nordöstlich von Sichem, Pal. (Manasse).
Thebni *indecl. m.* (*hebr.*: Thibni) Thebni, Thronbewerber für den Königsthron in Juda, Gegner des Königs Amri.
thēcă, ae *f.* (θήκη) 1. Kapsel, Büchse (*C. j. c.* 1287 § 1). 2. Grabmal, Gruft.
thecel (tecel) (*aram.*: teqel, *partic. pass.*) gewogen.
Thēcĭă, ae *f. s.* Tecia.
1. **S. Theclă,** ae *f.* (Θέκλα) hl. Thekla, Jgfr. u. Mart., Schülerin des hl. Paulus, 23. September.
2. **S. Theclă,** ae *f.* hl. Thekla, Jgfr. u. Mart. in Triest, 17. Nov.; *s.* S. Euphemia.
3. **S. Theclă,** ae *f.* hl. Thekla, Jgfr., Äbtissin († um 790).
Sie kam mit der hl. Lioba nach Deutschland, um den hl. Bonifatius in seinem Missionswerke zu unterstützen. Dieser machte sie zur Äbtissin von Ochsenfurt und dann von Kitzingen. — 15. Oktober (Würzburg, Ben.-O.).

1. **Thecua** *indecl. m.* (*hebr.*: Hoffnung) Thekua, Schwiegervater der Prophetin Holda (Thecuat).
2. **Thecua** *indecl. m.* (*hebr.*) (Thecue) Thekua, Jude, Vater des Jasias.
3. **Thecua,** ae *f.* (*hebr.*: Teqo'a) Thekua: 1. eine Wüste im Süden Bethlehems, die sich bis zum Toten Meere hin erstreckte. 2. eine Stadt am Rande dieser Wüste, die 6 römische Meilen von Bethlehem entfernt war und welche Assur aus dem Stamme Juda erbaut hatte, *j.*: Chirbet Tekua (*oder* Takua ?), südlich von Bethlehem, *dav.*: **Thĕcŭēnī,** ōrŭm *m. u.* **Thĕcŭītēs,** ae *m.* Einwohner von Thekua, Thekuiter; **Thecŭītĭs,** ĭdĭs *f.* eine Frau aus Thekua.
Thecuat *indecl. m.* (*hebr.*: Thema = Hoffnung) *s.* 1. Thecua.
1. **Thecue** *s.* 2. Thecua.
2. **Thecue** *s.* 3. Thecua 1.
Thĕcŭēnī, ōrŭm *m. s.* 3. Thecua 2.
Thĕcŭītēs, ae *m. s.* 3. Thecua 2.
Thĕcŭītĭs, ĭdĭs *f. s.* 3. Thecua 2.
Theglathphalassar *indecl. m.* (Thelgat-Phalnassar; *assyr.*: Tuklatpileschar) Tiglath-Pileser III., König von Assyrien (745—727).
Thehen *indecl. m.* (*hebr.*: Tahan) Thehen, der dritte Sohn des Ephraim; *dessen Nachkommen*: Thehenitae.
Thehenītae, ārŭm *m.* die Theheniter, *s.* Thehen.
thĕīstă, ae *m.* (θεΐστης) Gottesgläubiger.
Thelassar *indecl.* (Thalassar) (*hebr.*: Telassar) Thelassar, St. östlich vom Tigris, *wahrscheinlich das keilschriftliche*: Til-Aschnurri im Hettiterlande (*das heutige*: Till Aschurri ?).
Thelgath-Phalnasar *indecl. m. s.* Theglathphalasar.
Thĕlĕsīn. (*C. R.*) *s.* Telesia.
Thelharsa *indecl.* (*hebr.*: Tell-harscha = Waldhügel ?) Thelharsa, St., Pal.
Thelma *indecl.* (*hebr.*: Telmelach) *s.* Thelmala.
Thelmala *indecl.* (*hebr.*: Telmelach = Salzhügel) (Thelma, Thelmela) Thelmala, St., Pal.
Thelmela *indecl. s.* Thelmala.
thĕmă, ătĭs *n.* (θέμα) Thema; Gegenstand eines Liedes *oder* einer Lobrede.
1. **Thema** *indecl. m.* (*hebr.*: Tema) Thema, der neunte Sohn Ismaels und Enkel Abrahams.
2. **Thema** *indecl.* (*hebr.*: Temach) Thema, Gebiet im Norden v. Arabien (*Job* 6, 19 *u. Jer.* 25. 23).
3. **Thema** *indecl. m.* (*hebr.*: Temach) Thema, Vater von Nathinäern, die aus dem babyl. Exil zurückkehrten.

1. **Theman** *indecl. m.* (*hebr.*) Theman, Stammfürst der Edomiter, Sohn des Eliphaz u. Enkel Esaus.

2. **Theman** *indecl.* Name einer Stadt *oder* Landschaft im Norden von Edom; *dav.*: Themanītēs, ĭūm *m.* Bew.

Themani *indecl. m.* (*hebr.* = *lat.* Themanītēs, ae *m.*) der Themaniter, Bew. von Theman; *s.* 2. Theman.

Thĕmiscȳră, ae *f.* (Θεμίσκυρα) Themiskyra, St. am Thermodon in Pontus; Titularbistum von Amasea.

Themna *indecl.* (*hebr.*: Timna) (Tibne) Themna, St. in der Mitte zwischen Mittelmeer u. Bethlehem, Pal. (Dan).

Thenac *indecl.* (*hebr.*: Taanac) (Thanac, Thanach) Thenak, ehem. kanaanitische Königsstadt, dann Levitenstadt, Pal. (Manasse); *j.*: das Dorf Taannek (Ausgrabungen durch Prof. Sellin 1902/03).

Thenarŭs, ī *f.* Thenaros, St., Griechenland; Titularbistum.

thensaurŭs, ī *m. s.* thesaurus.

1. **S. Thĕŏbaldŭs,** ī *m.* hl. Theobald, Einsiedler († 11. Jhdt.).

Er stammte aus der Gegend von Lyon (Fkr.) und war Soldat. Mit einem Gefährten namens Walter kam er nach Reims, wo beide die Kleider von Bettlern anzogen. Sie wanderten hierauf in das Luxemburger Gebiet. In Petingen erbauten sie sich eine Hütte und lebten von ihrer Hände Arbeit Nach drei Jahren unternahmen sie eine Pilgerfahrt zum Grabe des hl. Jakob in Compostela (Spanien), kehrten dann nach Trier zurück und eilten von dort nach Rom. Auf der Rückreise hielten sie sich bei Vicenza in der Lombardei (Italien) auf. Walter starb, und Theobald wurde von dem Bischofe der Stadt zum Priester geweiht. Doch weder der Bischof noch die Eltern, die den lange vermißten Sohn wiederfanden, konnten ihn bewegen, das Einsiedlerleben aufzugeben. Die Reliquien der Heiligen kamen nach Frankreich, die Häupter der beiden aber ruhen in der Kirche zu Petingen. — 1. Juli.

2. **S. Thĕŏbaldŭs,** ī *m.* hl. Theobald, Cistercienserabt von Vaux de Cernay (Erzdiözese Paris), † 1247; — 8. *Juli* (*Cist. O.*).

Thĕŏbaldŭs, ī *m.* Theobald: 1. Erzbischof von Canterbury (1139—1161) z. Z. König Heinrichs II. von England. 2. ein Herzog von Schwaben (8. Jhdt.). 3. ein Graf von Xamphana und Blois (Fkr., Loir-et-Cher).

thĕŏcrătĭă, ae *f.* (θεοκράτεια) Theokratie (Gottesherrschaft), eine Staatsverfassung, in der Gott als wirklicher König und Gesetzgeber angesehen wird und durch seine bevollmächtigten Priester das Volk leitet.

S. Thĕŏdardŭs, ī *m.* hl. Theodard, Mart., Bischof von Maastricht u. Abt von Stablo u. Malmedy († 668); 10. September.

Thĕŏdās, ae *m.* (Θευδᾶς) Theudas, Urheber eines Aufstandes in Jerusalem gelegentlich der zweiten Schätzung des Quirinus i. J. 6 nach Chr. (*d. h.* im Jahre 760 nach Gründung Roms).

1. **Thĕŏdĕbertŭs,** ī *m.* (Theodobertus) Theodebert (Theudebert), König von Austrasien (reg. 534—548).

2. **Thĕŏdĕbertŭs,** ī *m. s.* Theodo.

Thĕŏdĕlindă, ae *f.* Theodelinde, Königin der Langobarden im 6. Jhdt.

thĕŏdĭcēă, ae *f.* (θεοδίκεια) Theodicee: 1. Rechtfertigung Gottes (wegen des vorhandenen physischen Übels und des moralischen Bösen). 2. Gotteslehre (Theologie) auf natürlicher Grundlage.

Thĕŏdō, ōnĭs *m.* (Theodus, Theodebertus) Theodo II., Herzog der Bayern zu Anfang des 8. Jhdts. († 718).

Thĕŏdŏbertŭs, ī *m. s.* 1. Theodebertus.

Thĕŏdŏmirēnsĭs pāgŭs, ī *m.* Le Thimerais, ehem. Landschaft, Fkr. (Eure-et-Loir).

Thĕŏdōnĭs villă, ae *f.* Diedenhofen (Thionville), St., Lothringen; *ca.* 10 000 Einw.

Thĕŏdōră, ae *f.* (Θεόδωρα) Theodora, 1. die Milchschwester der hl. Domitilla (1. Jhdt.). 2. eine Schwester des hl. Martyrers Hermes, von Papst Alexander I. (105—116) getauft. 3. oströmische Kaiserin im 6. Jhdt. 4. eine Gräfin von Aquin, Mutter des hl. Thomas (13. Jhdt.).

Thĕŏdōrētŭs, ī *m.* (Θεοδώρητος) Theodoret, Bischof von Cyrus in Syrien, bedeutender Schriftsteller († 458).

Thĕŏdŏsĭānŭs 3 von Theodosius, theodosianisch.

1. **Thĕŏdōrĭcŭs,** ī *m.* Theoderich *oder* Dietrich, König der Ostgoten mit dem Beinamen: der Große, † 526.

2. **Thĕŏdōrĭcŭs,** ī *m.* Theodorich *oder* Theuderich, mehrere Frankenkönige: 1. **Th. I.** (511—533). 2. **Th. II.** (596 bis 613), Sohn Childeberts, Bruder Theoberts von Austrasien; er führte ein ausschweifendes Leben und hinderte die Verbreitung des Christentums unter den Franken. 3. **Th. III.** (673—691), Sohn Chlodwigs II. und der hl. Bathildis. 4. **Th. IV.,** der letzte Merowingerkönig (721—731).

3. **Thĕŏdōrĭcŭs,** ī *m.* Theoderich: 1. Name mehrerer Grafen von Holland. 2. ein Bischof von Verdun. 3. ein Erzbischof von Köln.

1. **S. Thĕŏdōrŭs,** ī *m.* (Θεόδωρος) hl. Theodor, Mart., *mit dem Beinamen*: Tyro, Soldat im 4. Jhdt., 9. November.

2. **S. Thĕŏdōrŭs,** ī *m.* hl. Theodor, Bek. u. Bischof von Sitten († um 516).

Er hieß auch Theodul und war erst Bischof von Martinach (Schweiz). Dieser Sitz wurde später nach

Sitten im Kanton Wallis verlegt. Er nahm an den Kämpfen gegen den Arianismus lebhaften Anteil. In Sankt Moritz (Schweiz) setzte er die Leiber der Martyrer aus der thebaischen Legion bei, die er durch Gottes Fügung aufgefunden hatte. Er sandte verschiedene Reliquien an französische Bischöfe. — 27 August.

3. **S. Thĕŏdōrŭs,** ī *m.* hl. Theodor, Bek. († 5. Jhdt. ?).
Nach der Erzählung Papst Gregors des Großen war Theodor Küster an der Sankt Peterskirche zu Rom; als er eines Morgens sehr früh die Lampen zurecht machte, erschien ihm der Apostel Petrus und sprach mit ihm huldvoll. — 21. Februar.

1. **Thĕŏdōrŭs,** ī *m.* Päpste: **Theodor I.** (642—649); **Th. II.** († 879); **Th. III.** (898—901).

2. **Thĕŏdōrŭs,** ī *m.* Theodor, Mönch, Begleiter des hl. Gallus (7. Jhdt.).

Thĕŏdōrŭs Callĭŏpās (ae, *m.*) Gesandter des Griechenkaisers Konstans II.

Thĕŏdŏsĭŏpŏlĭs, is *f.* (Θεοδοσιόπολις) Theodosiopolis, St. in Pontus; Titularbistum, Suffr. v. Cäsarea in Pontus.

Thĕŏdŏsĭŭs, ī *m.* (Θεοδόσιος) Theodosius, Name mehrerer oströmischen Kaiser: 1. **Th. I.,** der Große (379—395). 2. **Th. II.** (408—450), Bruder der hl. Pulcheria.

Thĕŏdŏtĭŭs, ī *m.* (Θεοδότιος) Theodotius, Gesandter u. Parlamentär des syrischen Feldherrn Nikanor, durch den er dem Makkabäer Frieden antragen ließ (II. *Mach.* 14, 19).

Thĕŏdŏtŭs, ī *m.* (Θεόδοτος) Theodot, ein Irrlehrer in Byzanz (gegen Ende des 2. Jhdts.).

1. **S. Thĕŏdulphŭs,** ī *m.* hl. Theodulf, Bek. u. Priester († im 4. Jhdt. ?).
Er stammte angeblich aus dem römischen Kaisergeschlechte und wäre als Knabe schon mit einer englischen Prinzessin verlobt worden. Da er aber als Jüngling sich weigerte zu heiraten, wurde er vertrieben und kam nach Trier, wo er das Mönchsgewand anlegte und als Einsiedler unweit des Amphitheaters heiligmäßig lebte. Im Jahre 1240 fand man den unversehrten Leib des Bekenners und brachte ihn in ein Dominikanerkloster. Als dieses in den kirchlichen Wirren des 16. Jahrhunderts zerstört wurde, kamen die Reliquien in die Liebfrauenkirche — 15. März (Trier).

2. **S. Thĕŏdulphŭs,** ī *m.* hl. Theodulf, ein Abt von Mont-d'Or bei Reims (Fkr.), † um 590, 1. Mai.

1. **S. Thĕŏdūlŭs,** ī *m.* (Θεόδουλος) hl. Theodul, Mart., † um 116.
Er war Priester in Rom und mit dem hl. Papste und Mart. Alexander (Brev. Rom. 3. Mai; 9. Lect.) sowie mit dem. Priester Eventius in den Kerker geworfen worden. Nach der Bekehrung des wachehaltenden Tribunen Quirinus hätte er frei fortgehen dürfen, doch wollte er nicht des Martyriums verlustig gehen. Nun mußte er zusehen, wie Papst Alexander mit Eventius Rücken an Rücken gebunden ins Feuer geworfen wurde, um durch den Schrecken darüber zum Götzenopfer bereit zu werden. Theodul jedoch sprang selbst freiwillig in die Flammen und sang mit den beiden andern Martyrern Gott Lobeshymnen. So fand er in den Flammen den Martertod. Sein Leib wurde in der Kirche der hl. Sabina beigesetzt. — 3. Mai (Brev. Rom.) *u.* 11. Mai (Justinopolis-Triest).

2. **S. Thĕŏdūlŭs,** ī *m.* hl. Theodul, Bek. u. erster Bischof von Vallesia, † um 390, 6. Aug.

Thĕŏdūlŭs, ī *m.* Theodul, Sohn des kaiserlichen Tribunen Olympius (im 3. Jhdt.).

Thĕŏdŭs ī *m. s.* Theodo.

Thĕŏlĕgĭŭm, ī *n. s.* Tholoja.

thĕŏlŏgālĭs, ĕ 1. theologisch. 2. göttlich: virtūs.

thĕŏlŏgĭă, ae *f.* (ϑεολογία) Theologie, Gottesgelehrtheit, Gotteskunde; Lehre von Gott und den göttlichen Dingen.

Thĕŏlŏgĭă, ae *f. s.* Tholoja.

Thĕŏlŏgĭŭm, ī *n. s.* Tholoja.

thĕŏlŏgūmĕnŏn, ī *n.* (ϑεολογούμενον) theologische Meinung.

thĕŏlŏgŭs, ī *m.* (ϑεόλογος) Theolog, Gottesgelehrter.

Thĕŏlŏgŭs, ī *m.* der Theologe, Beiname des hl. Gregor von Nazianz.

Thĕōnās, ae *m.* (Θεώνας) Theonas, ein Bischof von Alexandrien (um 300).

S. Thĕŏnĕstŭs, ī *m.* hl. Theonest, Mart. u. Bischof von Philippi (Makedonien) († im 4. Jhdt.)
Er wurde aus seiner Bischofsstadt durch den arianisch gesinnten Vandalenkönig Hunerich vertrieben und pilgerte mit dem Priester Albanus, ferner mit Ursus, Tabra und Tabrata nach Rom. Vom Papste Damasus wurde er nach Frankreich zur Verkündigung des Evangeliums gesandt; er durchzog predigend die italienische Landschaft Toscana und das Gebiet von Genua. Von dort gelangte er vorerst nach Aosta (It.), wo sein Gefährte Ursus als Martyrer starb. Weiterziehend verlor er den Begleiter Albanus in Mainz, auch dieser wurde ein Opfer der Arianer. Theonest aber kehrte mit den übrigen Gefährten mitten durch Frankreich zurück und machte zu Altino (unweit Padua) halt, wo sie von den Arianern ergriffen und enthauptet wurden. Ihre Leiber werden zu Treviso in der Kathedrale noch heute sehr verehrt. Bei Mainz stand einst eine bekannte Kapelle des hl. Theonest, die von den Mainzern viel besucht wurde. — 30. Oktober (Mainz).

Thĕŏpaschītae, ārŭm *m.* Theopaschiten, Irrlehrer im 6. Jhdt., welche Anhänger der Formel waren: „Einer aus der Trinität ist gekreuzigt worden."

Thĕŏphănā, ae *f.* (Θεοφάνη) Theophana, Gattin des Kaisers Otto III.

thĕŏphănĭā, ae *f. u.* ōrŭm *n.* (ϑεοφάνεια, ϑεοφάνια) Gotteserscheinung, Fest der Erscheinung Gottes bei den Griechen, *j.*: Weihnachtsfest.

Thĕŏphĭlŭs, ī *m.* (Θεόφιλος) Theophilus, 1. jener Christ, dem der hl. Lukas sein Evangelium und die Apostelgeschichte widmete; er lebte wahrscheinlich in Rom. 2. ein durch den Tod der hl. Dorothea bekehrter junger Heide. 3. ein Erzbischof von Alexandrien, Onkel des hl. Cyrillus, † 412.

thĕŏphŏrĭcŭs 3 (ϑεοφορικός) gotttragend, theophorisch; processĭō thĕophŏrĭcă: eine Prozession, bei welcher das Allerheiligste in der Monstranz mitgetragen wird.

Thĕŏphŏrŭs, ī *m.* (θεόφορος) Gottesträger, Beiname des hl. Ignatius von Antiochien.

S. Thĕŏpistă, ae *f.* hl. Theopista, Mart., Gattin des hl. Eustachius, 21. Sept.

S. Thĕŏpistŭs, ī *m.* hl. Theopistus, Mart., Sohn des hl. Eustachius, 21. Sept.

Thĕŏpŏlĭs, ĭs *f.* Theopolis (Gottesstadt), St. bei Antiochien in Syrien.

thĕopneustĭă, ae *f.* (θεοπνεύστεια; dīvīnĭtŭs inspīrātĭō) göttliche Eingebung, Erleuchtung.

thĕōrēmă, ătĭs *n.* (θεώρημα) Grundsatz.

thĕōrĭă, ae *f.* (θεωρία) Theorie, Lehre, wissenschaftliche Betrachtung.

Thĕŏs (θεός) = Deus (Gott).

Thĕotmārŭs, ī *m.* Dietmar, ein Abt von Monte Cassino gegen Ende des 8. Jhdts.

Thĕŏtiscī, ōrŭm *m. s.* Teutoni.

Thĕŏtŏcŏs *adj. f.* (θεοτόκος: Gott gebärend) *als Substantiv gebraucht*: Gottesgebärerin, Gottesmutter, erhabenster Titel der Jungfrau Maria.

Thēră, ae *f.* (Θήρα) Santorin, die südlichste Kykladeninsel, Bischofssitz (seit 344), Suffr. von Naxos seit dem 13. Jhdt.; *dazu*: **Sanctorĭēnsĭs,** ĕ.

Thĕramnēn. (*C. R.*) *s.* Interamnia.

theraphim *indecl.* (*hebr.*) Hausgötzen; Bilder, die Götter darstellen, welche als Schutz- *und* Orakelgottheiten verehrt wurden (*Judic.* 17, 5).

Thērăsĭă, ae *f.* Therasia, Gattin des hl. Bischofs Paulinus von Nola vor seiner Priesterweihe (4. Jhdt.).

thĕrĕbintŭs, ī *f. s.* terebintus.

Thērēsĭă, ae *f. s.* Teresia.

thĕristrŭm, ī *n.* (θέριστρον) Schleier; Florkleid (*Gen.* 38, 14; *Is.* 3, 23).

thermae, ārŭm *f.* (θερμός warm) 1. warme Quellen. 2. warme Bäder; *bes.*: öffentl. Badeanstalt für warme Bäder in Rom.

Thermŏpȳlae, ārŭm *f.* (Θερμοπύλαι) Thermopylä, St., Griechenland, Titularbistum, Suffr. von Athen.

Thermŭlae, ārŭm *f.* Termoli, St. am Adriatischen Meere, It. (Campobasso), *ca.* 5000 Einw.; Bischofssitz (seit 10. Jhdt.), Suffr. von Benevent.

1. **Thersa** *indecl. f.* (*hebr.*: Tirssa = die Liebenswürdige, die Anmut) Thersa, Tochter Salphaads aus dem Stamme Manasse, welche als Erbtochter nebst ihren Schwestern einen Landanteil von Moses erhielt.

2. **Thersa** *indecl.* (*hebr.*: Tirssa = die Liebenswürdige, die Anmut) Thersa, ehem. kanaanitische Königsstadt, Pal. (Manasse), Residenz der Könige von Israel (vor Samaria). (Das ehem. Thersa lag vielleicht 3 Stunden östlich von Samaria, *oder* ist es Taluza, 7 km nordöstlich von Nablus ?).

thēsaurārĭŭs, ī *m.* Schatzwalter.

thēsaurĭāzō *u.* **thēsaurīzō** 1 Schätze sammeln *oder* anhäufen.

thēsaurŭs, ī *m.* (θησαυρός) (thensaurus) 1. Schatz, Geld, Kostbarkeiten. 2. Vorratskammer, „Wasserbecken" (*Ps.* 32, 7), Schatzkammer, Schatzhaus; Archiv. 3. thēsaurŭs mĕrĭtōrŭm: Gnadenschatz, thēsaurŭs Ecclēsĭae: Kirchenschatz, *d. h.* die Verdienste Christi und der Heiligen (welche der Papst den Gläubigen in der Form von Ablässen zuwendet).

Thesbe *indecl.* (*auch gen.* -ēs) *f.* (*hebr.*: Thisbe) Thesbe, St. im Ostjordanlande (Nephthali), Geburtsort des Propheten Elias; vielleicht ist die Ruine el-Istib südlich vom Wady Iabis neben dem Bergkegel Mar Eljas der Rest der Stadt; *dav.*: **Thesbītēs,** ĭs *m.* u. *f.* Einw.

Thesbītēs, ĭs *m.* u. *f. s.* Thesbe.

thĕsĭs, ĭs (*acc.* -ĭn) *f.* (θέσις) Satz, Beweissatz, Streitsatz, These; Annahme, Aufgabe.

Thessălĭă, ae *f.* (Θεσσαλία) Thessalien, eine Landschaft in Nordgriechenland; *dav.*: **Thessălĭcŭs** 3 *u.* **Thessălŭs,** ī *m.* der Thessalier.

Thessălŏnīcă, ae *f.* (Thessălŏnīcē, Θεσσαλονίκη) Thessalonich, Stadt in Makedonien, *j.*: Saloniki, Hafenst. am Thermäischen Busen (*daher früher*: Therme, Θέρμη *genannt*), *ca.* 100 000 Einw.; Titularerzbistum; *dav.*: **Thessălŏnīcēnsĭs,** ĕ.

Thessălŏnīcē, ēs *f. s.* Thessalonica.

Thessălŭs, ī *m.* Thessalier, *s.* Thessalia.

Theudas *s.* Theodas.

Theutŏnĭă, ae *f. s.* Teutonia.

Theutŏnĭcŭs 3 *s.* Teutonicus.

Theuzō, ōnĭs *m.* Theuzo, ein Bischof von Urbino (Italien) im 12. Jahrhundert, der dem hl. Petrus Damiani als Berater zur Seite stand.

Thevestĕ *indecl.* Tebessa, St., Algerien (Constantine), *ca.* 5000 Einw.; Titularbistum.

Thiemō, ōnĭs *m.* Thiemo, ein Erzbischof von Salzburg.

Thiĕnaeă gens edle Familie der Thiene zu Vicenza (Norditalien).

Thiĕnaeŭs 3 von Thiene, It. (Neapel).

Thietburgă, ae *f.* Dietburga, Mutter des hl. Gebhard.

Thilon *indecl. m.* (*hebr.*) Thilon, Israelit aus dem Stamme Juda, Sohn Simons.

Thinissă, ae *f.* Thinissa, St. u. Titularbistum im Gebiete von Tunis, Nordafrika.

Thiras *indecl. m.* Thiras, Sohn Japhets, Enkel Noes (Stammvater der Thrakier ?).

Thiria *indecl. m.* (*hebr.*: Tireja) Thiria, Israelit aus dem Stamme Juda, Sohn des Jalaleel.

Thirmĭdă, ae *f.* Thirmida, befestigter Ort, Nordafrika (Numidien).

Thiuvillă, ae *f. s.* Theodonisvilla.

Thmuis, ĕōs *f. u. indecl.* Thmuis, St. in Unterägypten.

Thob-Adonias (Thobias) angeblich Levit z. Z. des Königs Josaphat (2. *Par.* 17, 8).

Thochen *indecl.* (*hebr.*: Token) Thochen, St. Pal. (Simeon).

Thogorma *indecl. m.* (*hebr.*: Togarma) Thogorma, Sohn Gomers, Enkel Japhets (Stammvater der Armenier ?).

Thohu *indecl. m.* (*hebr.*: Tohu) Tohu 1. ein Israelit, Ahnherr Samuels (1. *Reg.* 1, 1). 2. (*hebr.*: Toach, *Vulgata* Tohu) Toach, ein Levit aus der Linie Kaaths, Vater des Eliel.

Thola *indecl. m.* (*hebr.*: Tola) Thola, 1. Sohn des Issachar; seine Nachkommen sind die Tholaiten. 2. der siebente Richter in Israel aus dem Stamme Issachar, Sohn des Phua.

Tholad *indecl.* (*hebr.*) Tholad, St., Pal. (Simeon).

Tholaītae, ārŭm *m.* die Tholaiten, *s.* Thola 1.

Tholmai *indecl. m.* (*hebr.*: Talmaj, *aram.*: der Finstere ?) (Tolomai) Tholmai 1. Sohn des Riesen Enak zu Hebron. 2. König von Gessur.

Tholojă, ae *f.* (Doleja, Theolegium, Theologia, Theologium, St. Mauritius in Vosago) Tholey, Marktflecken, westl. von Sankt Wendel, Preußen (Rheinprovinz, Kreis Ottweiler), *ca.* 1200 Einw. mit ehem. Benediktinerabtei, gegr. im 7. Jhdt., aufgehoben 1793; *dav.*: **Tholojēnsĭs,** ĕ, **Tholejēnsĭs,** ĕ (Theologĭēnsĭs, ĕ *u.* Theolegĭēnsĭs, ĕ).

Tholojēnsĕ coenŏbĭŭm, ī *n. s.* Tholoja.

thŏlŭs, ī *m.* (θόλος) Kuppel, Kuppeldach.

Thōmānŭs 3 von Thomas, thomistisch.

S. Thōmās, ae *m.* (*hebr.*: Te'om = Zwilling; *aram.*: Toma; Θωμᾶς) hl. Thomas, Apostel u. Mart. mit dem Beinamen Didymus (Δίδυμος = Zwilling), begraben in Edessa. — 21. Dez.

S. Thōmās de Aquīno, hl. Thomas von Aquin, Dominikaner, Kirchenlehrer, Schutzheiliger derHochschulen, †1274, 7. März.

S. Thōmās Cantuarĭēnsĭs, hl. Thomas Becket, Erzbischof von Canterbury, Benediktiner, Mart., †1170. — 29.Dez.

S. Thōmās ĭn Insŭlā, 1. San Tomás, Bistum, *auch*: Guayana *genannt*, südamerikanische Landschaft zwischen Orinoco, Amazonas u. Atlantischem Ozean (seit 1790), Residenz in Bolivar, Suffr. v. Caracas. 2. São Thome (*engl.*: Saint Thomas), zweitgrößte der Guineainseln, (portugiesisch-westafrikanisch); Bistum seit 1534, Suffr. v. Lissabon, ist aber seit 1847 unbesetzt.

S. Thōmās dē Meliapor, St. Thomas von Meliapor (Mailapur), einem Stadtteile von Madras (Vorderindien), Bischofssitz (seit 1606), Suffr. v. Goa.

B. Thōmās Tzugi, Michaël Nacaxíma et soc. sel. Thomas Tzugi, Michael Nakaxima u. ihre Gefährten, Jesuiten, Mart. († im 17. Jhdt.).

Thomas Tzugi war Japaner von Geburt und stammte aus einem edlen Geschlechte in Omura. Zum Jüngling herangereift, trat er in die Gesellschaft Jesu ein. Lange Zeit übernahm er die religiöse Unterweisung im Bezirke Omura. Während jenes schrecklichen Sturmes, der sämtliche Ordensleute aller Orden aus Japan vertrieb, zog sich Thomas nach Macao zurück; doch konnte er nicht lange abgehalten werden, nach Japan zurückzukehren. Bald darauf gefangen genommen, blieb er in Nagasaki ein volles Jahr im Kerker. Unterdessen hatte er einen langen und äußerst lästigen Kampf mit seinen heidnischen Verwandten zu bestehen. Der tapfere Mann wies das Drängen zum Abfalle standhaft zurück; er wurde zum Tode verurteilt. Mit Aloisius und Johannes Maquin, zwei Ausländern, ging er freudig den Weg zum Scheiterhaufen; niemals hatte er gewaltiger, niemals eindringlicher für Christus gepredigt als in dieser letzten Rede, die er in den Flammen des Scheiterhaufens hielt. Als der Leib den ringsumlodernden Flammen zum Fraße gefallen war, sei plötzlich, so erzählt man, die Brust des Thomas in zwei Teile geborsten und aus dem Spalte habe eine gewaltige überausglänzende Flamme herausgeleuchtet, welche aller Augen auf sich gezogen habe und für die Christen das Zeichen der in den Himmel auffliegenden Seele gewesen sei.

Zu gleicher Zeit lag Michael Nakaxíma im Kerker, als er schon der Gesellschaft Jesu angehörte. Aus dem Gefängnisse geführt, wurde er zuerst mit Knütteln geschlagen, dann den brennenden Strahlen der heißesten Sonne ausgesetzt, schließlich wurde er rücklings auf einen Tisch gelegt; es wurde ihm Wasser in den Schlund gegossen, das dann gewaltsam mit Blut durch Schläge auf den Bauch herausgetrieben wurde. Dieser harte Kampf wurde oft erneuert. Schließlich wurde er auf dem Berge Ungeno in ein siedendes Schwefelbad solange getaucht bis sein Körper an allen Teilen aufgerissen war und in Fäulnis überzugehen anfing, worauf er seine unbesiegte Seele am 25. Dez. Gott zurückgab. — 6. September (Ges. Jes.).

S. Thōmās dē Villanova *m.* hl. Thomas von Villanova, Bischof, † 1553, 22. September.

B. Thōmās Woodhouse *m.* sel. Thomas Woodhouse, Priester (Aspirant der Gesellschaft Jesu), Mart., † 20. Juli 1573; *s.* B. Edmundus Campion.

Thōmāsīnă Spinula, ae *f.* Mutter des hl. Alexander Sauli.

thōmistă, ae *m.* Thomist, Anhänger des hl. Thomas von Aquin.

Thopheth (*hebr.*: Brandstätte) Ort im Hinnomtale, im Süden von Jerusalem,

wo dem Moloch Menschenopfer dargebracht wurden.
Thopo *indecl. s.* Taphua.
Thoră, ae *f.* Tora, St. am See Velino, It. (Abruzzen).
thōrāx, ācĭs *m.* (θώραξ) 1. Brustkorb. 2. Brustharnisch.
thŏrŭs, ī *m. s.* torus.
Thosaītēs, ĭs *m.* (*hebr.*: Tissi, *verderbt aus*: Thirsi) Thirsiter, Mann aus Thersa (Tirssa), *s.* Thersa.
Thou *indecl. m.* Thou, König von Emath in Syrien z. Z. Davids.
Thrachină, ae *f. s.* Dreini.
Thrācĭă, ae *f.* (Θρᾴκη) 1. Thrakien, Landschaft nördlich und westlich von Makedonien. 2. *übtr.*: fernes, wildes Land; *dav.*: **Thrācĭus** 3.
Thraex, aecĭs *m. s.* Thrax 2.
Thrāx, ācĭs *m.* (Θρᾷξ, Thraex) 1. Thrakier, *s.* Thracia. 2. Gladiator mit thrakischer Rüstung.
thrēnŭs, ī *m.* (θρῆνος) Klagelied, Trauerlied.
Thrĭantă, ae *f.* der Gau Drenthe im alten Sachsenlande an der Grenze Ostfrieslands.
Thrŏnī, ōrŭm *m. s.* thronus.
Thronĭă, ae *f.* ein ehem. Gau in Ostfriesland.
thrŏnŭs, ī *m.* (θρόνος) erhabener Sitz, Thron; *pl.*: **Thrŏnī,** ōrŭm *m.* die Thronen, eine besondere Klasse der Engel.
1. **Thubal** *indecl. m.* Sohn Japhets, Enkel Noes (Stammvater der Tibarener, eines kaukasischen Stammes?).
2. **Thubal** *indecl.* Thubal, ein Land (im Reiche Magog, *Ez.* 27, 12).
Thubalcain *indecl. m. s.* Tubalcain.
Thumim *s.* Urim.
Thumstauf *indecl.* Donaustauf, Marktflecken an der Donau, 10 km östlich von Regensburg, *ca.* 1300 Einw. mit ehem. Sommerschlosse der Bischöfe von Regensburg.
Thūrĕgŭm, ĭ *n. s.* Turicum.
Thurgaugĭă, ae *f. s.* Thurgovia.
Thurgōvĭă, ae *f.* (Thurgaugia) der Thurgau, Landschaft in der Schweiz.
thūrĭbŭlŭm, ī *n.* (turibulum) Weihrauchfaß.
thūrĭfĕrārĭŭs, ī *m.* (turiferarius) Thuriferar, Träger des Weihrauchfasses.
thūrĭfĭcātĭō, ōnĭs *f.* (turificatio) Anräucherung, Beräucherung.
thūrĭfĭcātŭs, ī *m.* (turificatus) Weihrauchspender, d. h. ein abgefallener Christ, der den Götzen während der Verfolgung ein Weihrauchopfer dargebracht hatte.
thūrĭfĭcō 1 (turifico) inzensieren, mit Weihrauch beräuchern.
Thūringĭă, ae *f.* (Tōringă) Thüringen; Landschaft zwischen Harz u. Thüringerwald (Deutschland); *dav.*: **Thūringēnsĭs,** ĕ; **Thūringī,** ōrŭm *m.* Bew.
thūs, thūrĭs *n.* (tus) Weihrauch.
thўă, ae *f.* (thyon; θύα, θυία, θύον) ein Baum mit starkriechendem Holz, *vielleicht*: Sandelbaum (Thuia articulata); *dav.*: **thўĭŭs** 3 *u.* **thўīnŭs** 3.
Thўătīră, ōrŭm *n. u.* **Thўătīră,** ae *f.* (Θυάτειρα) Thyatira, St., südöstlich von Pergamus, Kleinasien (Lydien), *j.*: Akhissar, Titularbistum; *dav.*: **Thўătīrēnī,** ōrŭm *m.* Einw.
thўīnŭs 3 (θύινος, *Septuaginta*: εὔκινος, 3. *Reg.* 10, 12) vom Sandelbaume stammend, der ein wohlriechendes Holz hatte und bei den Römern „citrus" hieß, *s.* thya.
thўĭŭs 3 *s.* thya.
thўmĭāmă, ătĭs *n.* (θυμίαμα) Räucherwerk: offerrĕ.
thўmĭāmătērĭŭm, ī *n.* (thymiaterium: θυμιαματήριον) Rauchfaß.
thўmĭātērĭŭm, ī *n. s.* thymiamaterium.
thўmĭātĭzō 1 räuchern.
thўmŭm, ī *n.* (θύμον) Thymian, Quendel (eine Pflanze).
thўŏn, ī *n. s.* thya.
thyrsŭs, ī *m.* (θύρσος) 1. Stengel, Stamm, Strunk (eines Gewächses). 2. Stab, *bes.*: Bacchusstab.
S. Thyrsŭs, ī *m.* hl. Thyrsus, Mart. († um 291).

Er gehörte der thebaischen Legion an und wurde unter Kaiser Maximian Herkuleus zu Trier mit den Gefährten Sekundus und Bonifatius sowie vielen anderen nicht dem Namen nach Bekannten gemartert. — 3. Oktober (Kulm [St. Thyrsus, Palmatius et soc.]); 6. Oktober (Köln); 11. Oktober (Trier); *s.* S. Palmatius.

tĭāră, ae *f.* (τιάρα) 1. ein morgenländischer Kopfschmuck, Turban, Krone. 2. die päpstliche dreifache Krone, Tiara.
Tībĕrĭās, ădĭs *f.* Tiberias, St. am See Genesareth in Galiläa (Palästina); Titularbistum, Suffr. v. Scythopolis.
Tībĕrĭŏpŏlĭs, ĕōs *f.* Tiberiopolis, St., Kleinasien; Titularbistum, Suffr. v. Laodikea.
Tībĕrĭs, ĭs *m.* Tiber, Fluß in Italien, *j.*: Tevere; *dav.*: **Tībĕrīnŭs** 3.
Tībĕrĭŭs Caesăr Kaiser Tiberius (14—31).
tībĭă, ae *f.* 1. Schienbein, Unterschenkel. 2. Flöte.
tībĭālĭă, ĭŭm *n.* Binden um das Schienbein, Strümpfe.
tībĭālĭs, ĕ 1. zum Schienbein gehörig. 2. zur Flöte gehörig.
tībīcĕn, ĭnĭs *m.* Flötenspieler.
tībīcĭnă, ae *f.* Flötenspielerin.
tībīcĭnĭŭm, ī *n.* Flötenspiel.
tībīcĭnō 1 die Flöte spielen.

Tibĭlĭs, ĭs *f.* Tibilis, St. bei Hippo, Nordafrika; *dav.*: **Tibĭlĭtānŭs** 3.

Tībŭr, ŭrĭs *n.* Tivoli, St., It. (Rom), *ca.* 12 000 Einw.; Bischofssitz (seit 2. Jhdt.) exempt; *dav.*: **Tīburtīnŭs** 3.

Tibŭrā, ae *f.* die Tauber, l. Zufluß des Mains, Baden.

Tiburtin. (*C. R.*) *s.* Tibur.

S. Tiburtĭŭs, ī *m.* hl. Tiburtius, 1. Mart., † 229, 14. April. 2. Mart., † 286, 11. August.

Ticĕlĭă, ae *f.* (Ticena: Τικέλα) Ticelia, St., südlich von Karthago, Nordafrika; Titularbistum, Suffr. v. Cyrene.

Tichon (*hebr.*: haser, [domus] tichon) *adj.*: „der mittlere Vorhof" (*Ez.* 47, 16).

Tīcīnēnsĭs, ĕ *s.* Ticinum.

Tīcīnŭm, ī *n.* (Papiensis ecclesia) Pavia, St. am Ticino *oder* Tessin, It.; *ca.* 30 000 Einw.; *dav.*: **Tīcīnēnsĭs,** ĕ.

Tīcīnŭs, ī *m.* Tessin *oder* Ticino, l. Nebenfluß des Po in Oberitalien.

Tietburgă, ae *f.* (Thietburga) Tietburga 1. Mutter des hl. Gebhard, Bisch. u. Bek. (10. Jhdt.). 2. Mutter des hl. Ulrich, Bisch. v. Augsburg (10. Jhdt.).

Tietwidĭs, ĭs *f.* Tietwid, Mutter des hl. Erzbischofs Heribert von Köln (10. Jhdt.).

Tĭfernātēn. (*C. R.*) *s.* Tifernum Tiberinum.

Tĭfernŭm Mĕtaurēnsĕ *n.* Santo Angelo in Vado, St. am Metauro, It. (Pesaro-Urbino), *ca.* 4000 Einw.; Bistum: S. Angelo in Vado u. Urbania vereinigt (seit 1635), Suffr. v. Urbino.

Tĭfernŭm Tĭbĕrīnŭm, ī *n.* (Tiphernum, Castellum Felicitatis; Civitatis Castelli ecclesia) Citta di Castello, St. am Tiber in Umbrien, It. (Perugia), *ca.* 6000 Einw.; Bischofssitz (seit 7. Jhdt.), exempt; *dav.*: **Tĭfernātēnsĭs,** ĕ.

tĭgillŭm, ī *n.* kleiner Balken.

Tiglath-Phalnassar *s.* Theglath-Phalnassar.

1. **tĭgnārĭŭs** 3 zu den Balken gehörig.

2. **tĭgnārĭŭs,** ī *m.* Zimmermann (4. *Reg.* 22, 6).

tĭgnŭm, ī *n.* Balken.

tĭgrĭs, ĭdĭs u. ĭs *m. u. f.* Tiger, Tigerin.

Tĭgrĭs, ĭdĭs *m.* (*acc.* -ĭn) der Fluß Tigris in Mesopotamien (Asien).

tĭlĭă, ae *f.* Linde.

tĭlĭācĕŭs 3 aus Lindenholz, Linden-.

Tilighemĭŭm, ī *n.* Dilighem, Kloster, Belgien (Südbrabant).

Timaeŭs, ī *m.* Timäus, der Vater des Blindgebornen (Bar-Timaeus = Sohn des Timäus), den Jesus in Jericho heilte.

Timbrĭă, ae *f.* Timbria, Ort, Kleinasien (Karien); Titularbistum, Suffr. v. Antiochia in Pisidien.

tĭmĕfactŭs 3 in Furcht gesetzt, erschreckt.

tĭmendŭs 3 furchtbar, fürchterlich, schrecklich.

tĭmēns, ntĭs fürchtend, furchtsam, schüchtern.

tĭmĕō, ŭī 2 fürchten, besorgt sein, sich scheuen. 2. tĭmentēs Dĕŭm (*Ps.* 113, 21): Proselyten.

tĭmĭdĭtās, ātĭs *f.* Furchtsamkeit, Scheu.

tĭmĭdŭs 3 furchtsam, zaghaft, schüchtern.

Tīmōn, ōnĭs *m.* Timon, einer der von den Aposteln zur Besorgung der Armenpflege gewählten sieben Diakone.

tĭmŏr, ōrĭs *m.* 1. Furcht, Besorgnis: Nachtgespenst (*Ps.* 90, 5). 2. heilige Scheu. 3. tĭmŏr nōtĭs mĕĭs (*Ps.* 30, 12): Gegenstand der Furcht für meine Freunde (die Angst haben, mit mir zu verkehren).

tĭmŏrātŭs 3 voll heiliger Furcht, gottesfürchtig.

tĭmōsŭs 3 furchtbar.

S. Tĭmŏthĕŭs, ī *m.* (Τιμόθεος) hl. Timotheus, 1. Apostelschüler, Mitarbeiter des hl. Paulus, Bischof von Ephesus, † 97, 24. Januar. 2. Mart., † 311, 22. August.

Tĭmŏthĕŭs, ī *m.* Timotheus, 1. ein syrischer Statthalter z. Z. des Judas Makkabäus, Heerführer der Ammoniter, von den Makkabäern besiegt (2. *Mach.* 12, 2). 2. ein römischer Statthalter von Kampanien zur Zeit Diokletians. 3. ein Begleiter des hl. Athanasius (4. Jhdt.).

tĭnctŏr, ōrĭs *m.* Färber.

tĭnctūră, ae *f.* 1. das Färben. 2. das Gefärbte, Purpur.

tĭnĕă, ae *f.* (tĭnĭa) Motte.

tĭnĕō 1 (tĭnĭō) von den Motten zerfressen werden, verkommen, modern.

tĭnĕōsŭs 3 voll von Würmern.

Tingĕ, ĭs (*acc.* -ĭn) *f. s.* Tingis.

Tingĭ (*acc.* -ĭn) *f. s.* Tingĭs.

Tingĭs, ĭs (*acc.* -ĭn) *f.* (Tinge, Tingi) Tanger (*arab.*: Tandscha), Hafenst. an der Straße von Gibraltar, Marokko, Nordafrika, *ca.* 40 000 Einw.; Apostolische Präfektur von Marokko; *dav.*: **Tingĭtānŭs** 3 (**Tangerĭēnsĭs,** ĕ).

tingō, tīnxī, tīnctŭm 3 1. benetzen, anfeuchten; tingĕrĕ săcrō baptismătĕ: taufen. 2. färben, röten.

tĭnĭă, ae *f. s.* tinea.

Tinĭăs, ădĭs *f. s.* Thynias.

Tinīnĭēn. (*C. R.*) *s.* Tinninium.

Tininĭŭm, ī *n. s.* Tinninium.

tĭnĭō 1 *s.* tineo.

Tinnīnĭŭm, ī *n.* (Tininium) Knin *oder* Tinnin (Tinav), Marktflecken an der Kerka, Dalmatien, *ca.* 1300 Einw.

Bistum (seit 1050), ehem. Suffr. v. Spalato; *jetzt* ist das Gebiet mit dem Bistum Sebenico vereinigt; Knin (Tinnin) nur Titularbistum, der Titularbischof ohne Diözese ist Hilfsbischof von Kalocsa.

tinnĭō 4 klingeln, schellen.

tinnītŭs, ūs *m.* das Klingeln, das Schellen.

tinnŭlŭs 3 klingend, schallend, klingelnd.

Tinolfī, ōrŭm *m.* Tinolfi, Bürgerfamilie in Florenz im 14. Jhdt., *vgl.*: Julia a Certaldo.

tintin(n)ābŭlŭm, ĭ *n.* Schelle, Klingel.

tīnŭs, ī *f.* Schneeballstrauch.

Tĭphernŭm, ī *n. s.* Tifernum.

Tĭrāsōnēn. (*C. R.*) *s.* Tarasio.

Tiraspŏlēn. (*C. R.*) *s.* Tiraspolis.

Tiraspŏlĭs, ĭs *f.* Tiraspol, St. l. am Dnjestr, Rußland (Cherson), *ca.* 30 000 Einw.; Bistum Tiraspol (*errichtet*: 1848 *u. eröffnet*: 1850 an Stelle von Cherson), Sitz in Saratow, Suffr. v. Mohilew; *dav.*: **Tiraspŏlēnsĭs,** ĕ.

Tirlĕmōns, ontĭs (Tirlemontium) Tirlemont (Thienen), St., l. an der großen Geete (zum Demer), Belgien (Brabant), *ca.* 18 000 Einw.

Tirlĕmontĭŭm, ī *n. s.* Tirlemons.

Tirnă, ae *f. s.* Tyrnavia.

tīrō, ōnĭs *m.* (tyro) 1. junger Soldat, Rekrut. 2. Anfänger, Neuling, Lehrling. 3. Novize. 4. (allgemein) jeder, der zum ersten Male öffentlich auftritt *oder* in die Welt eingeführt wird.

tīrōcĭnĭŭm, ī *n.* 1. militärischer Rekrutendienst. 2. Lehrzeit, Lehrdienst. 3. Novizenzeit, Noviziat. 4. Übungsschule. 5. Probe, Probestück, das erste Auftreten in der Welt; Einführung (*in den Beruf*) (*C. j. c.* 2018).

Tĭrōl, ĭs *f. s.* Tirolis.

Tĭrōlēnsĭs cellă, ae *f.* Zell am Ziller, Dorf in Tirol.

Tĭrōlĭs, ĭs *f.* (Tirol, Tirula) Tirol.

tīrōnātŭs, ūs *m.* Anfängerschaft.

Tĭrūlă, ae *f. s.* Tirolis.

tīruncŭlă, ae *f.* 1. junge Anfängerin. 2. Novizin.

tīruncŭlŭs, ī *m.* junger Anfänger, kleiner Schüler; Neuling.

tĭsănārĭŭm, ī *n. s.* ptisanarium.

tisri *indecl.* (*hebr.*) Tischri, siebenter Monat der Juden.

Tissă, ae *f.* (Tisse; *Τίσσα, Τίσση*) Tissa, St. am Ätna in Sizilien, *j.*: Randazzo.

Tissē, ēs *f. s.* Tissa.

Tītān, ānĭs (*acc.*-tānĕm *u.* -tānă) *m.* (*Τιτάν*; *latinisiert*: Titanus) der Titane 1. *nach der griech. Sage* einer aus dem vorolympischen Göttergeschlechte, ein Sohn oder eine Tochter des Uranos (Himmels) und der Gäa (Erde), z. B. der Sonnengott Helios. 2. Riese, Kriegsheld (*Judith* 16, 8).

S. Tĭtĭānŭs, ī *m.* hl. Tizian, Bek. u. Bischof von Oderzo (Oberitalien) († im 6. Jhdt.).

Er wurde zu Heraklea (Oberitalien) aus edlem Stamme geboren und eilte zum Bischofe Florian von Oderzo, der ihn zu seinem Sachwalter machte und bald zum Priester weihte. Nach dem Tode Florians wurde Tizian selbst Bischof der Stadt. Seine Gebeine kamen später nach Ceneda, wohin auch der Bischofssitz von Oderzo verlegt wurde. — 16. Januar.

tĭtillātĭō, ōnĭs *f.* (titillatus) 1. das Kitzeln, der Kitzel. 2. Reiz.

tĭtillātŭs, ūs *m. s.* titillatio.

tĭtillō 1 1. kitzeln. 2. reizen.

tītĭō, ōnĭs *f.* Feuerbrand, Brandscheit.

Tītŏpŏlĭs, ĭs *f.* Titopolis, St., Kleinasien (Kilikien); Titularbistum, Suffr. von Seleukia Trachea (Selefke).

tĭtŭbantĕr *adv.* schwankend, unsicher, stockend.

tĭtŭbantĭă, ae *f.* (titubatio) 1. das Wanken, der wankende Gang; tĭtŭbantĭă linguae: das Stammeln. 2. das Schwanken, Unsicherheit; Verlegenheit.

tĭtŭbātĭō, ōnĭs *f. s.* titubantia.

tĭtŭbō 1 1. wanken, straucheln, stolpern, taumeln. 2. ratlos *oder* unsicher sein. 3. etwas verfehlen, übersehen.

tĭtŭlō 1 betiteln, benennen.

1. **tĭtŭlārĭs,** ĕ 1. einen Namen *oder* Titel gebend; ĕpiscŏpŭs tĭtŭlārĭs: Titularbischof (*d. h. ein Bischof, der nach einer Diözese benannt ist, die in nichtchristlich gebliebener Gegend liegt*). 2. tatsächlich dem Amte entsprechend, wirklich: canonicus (*C. j. c.* 408).

2. **tĭtŭlārĭs,** ĭs *m.* (*scil.* pătrōnŭs) Schutzheiliger einer Kirche (nach dem sie benannt wird).

tĭtŭlŭs, ī *m.* 1. Aufschrift, Überschrift, Titel (von Büchern); Inschrift, Grabinschrift. 2. Denkstein, Denksäule; ĕrĭgĕrĕ ĭn tĭtŭlŭm: als Denkstein aufstellen; tĭtŭlōs confringĕrĕ: die Denksäulen zertrümmern; ĭn tĭtŭlŭm pōnĕrĕ: zum Zeichen oder zur Erinnerung setzen. 3. ehrenvoller Name, Ehrentitel, Ruhm. 4. Ursache, Vorwand, Anspruch, Rechtsanspruch; eine Pfarrei in titulum übertragen = mit Rechtsanspruch (*C. j. c.* 451 § 1); tĭtŭlŭs lūcrātīvŭs (grātŭītŭs) gewinnbringender (unentgeltlicher) Rechtstitel (z. B. Schenkung); tĭtŭlŭs ŏnĕrōsŭs: belastender (entgeltlicher) Rechtstitel, z. B. Kauf; tĭtŭlŭs cŏlōrātŭs: Scheintitel (ohne daß tatsächlich ein Rechtsanspruch besteht), vermeintlicher Titel auf Grund unwissentlich falscher Annahme. 5. tĭtŭlŭs ecclēsĭae: Name oder Bezeichnung einer Kirche nach ihrem Schutzheiligen (*C. j. c.* 1168); tĭtŭlŭs paroeccĭae: einer Pfarrei, Pfarrkirche; tĭtŭlŭs māiŏr: Hauptkirche; tĭtŭlŭs mĭnŏr: Nebenkirche; tĭtŭlŭs altārĭs: der Heilige *oder* das hl. Geheimnis, dem der Altar geweiht ist (*C. j. c.* 1201), ferner Titel einer kirchlichen Vereinigung (*C. j. c.* 688), einer Bruderschaft (*C. j. c.* 710). 6. tĭtŭlŭs ordĭnātĭōnĭs: Weihetitel (*d. h.* rechtliche u. gehaltliche Sicherstellung eines Klerikers *oder* Ordensmannes *C. j. c.* 979 sq.). 7. tĭtŭlī, ōrŭm *m.*: Wertpapiere, Pfandbriefe, Obligationen, Schuldverschreibungen *u. dgl.* (*C. j. c.* 594 § 2); tĭtŭlī ăd lātōrĕm: Inhaberpapiere (deren Wert jedem Überbringer [lator] *oder* Inhaber ausbezahlt wird), Wertpapiere, die nicht eigens auf einen Namen umgeschrieben *oder* vinkuliert sind (*C. j. c.* 1539 § 2).

S. Tĭtŭs, ī *m.* hl. Titus, Apostelschüler, Bek. u. Bischof der Insel Kreta (Kandia), † 98, 6. Februar.

1. Tĭtŭs, ī *m.* Titus, römischer Kaiser (79—81), aus dem Hause der Flavier, Sohn des Kaisers Vespasian, Zerstörer Jerusalems.

2. Tĭtŭs, ī *m.* Titus, ein Korinther mit dem Beinamen Justus (*Act.* 18, 7).

Tĭtŭs Mānlĭŭs, ī *m.* Titus Manlius Torquatus, Konsul in Rom i. J. 165 vor Chr., der als Gesandter an die Juden i. J. 163 ging (2. *Mach.* 11, 34).

Tiŭm, ī *n.* Tium, St. am Schwarzen Meere, Kleinasien (Bithynien); Titularbistum, Suffr. von Klaudiopolis in Bithynien.

Tlascalēn. (*C. R.*) *s.* Angelopolis.

Tlōs, oĭs *f.* (Τλῶς) Tlos, St., Kleinasien (Lykien); Titularbistum, Suffr. von Myra.

Tob *indecl.* (*hebr.* ?) (Tubin) Tob, eine Landschaft im steinigen Arabien, an der Grenze von Galaad im Ostjordanlande.

tŏbālĕă, ae *f.* Tuch, Decke.

Tobia *indecl. m.* (*hebr.*: Jahwe ist gut) Tobia, ein Jude, der bei der Heimkehr aus dem Exil seine jüdische Abstammung nicht nachweisen konnte.

Tobiās, ae *m.* (*hebr.*: Jahwe ist gut) Tobias: 1. ein Israelit in der Gefangenschaft zu Ninive sowie dessen Sohn; in der Septuaginta heißt der ältere Tobias: Τωβίτ. 2. lĭbĕr Tobiae: das nach ihm benannte Buch des Alten Testamentes. 3. ein Ammoniter(?), Gegner des Wiederaufbaues des nachexilischen Jerusalems. 4. Gesandter der Juden aus Babylon mit Weihegeschenken z. Z. des Propheten Zacharias. 5. Jude, Vater des Hyrkanus (2. *Mach.* 3, 11). 6. ein Jude, *s.* S. Simon v. Trient.

tōfīnŭs 3 aus Tuffstein.

tōfŭs, ī *m.* (tophus) Tuffstein.

tŏgă, ae *f.* die Toga, das Obergewand des Römers.

tŏgātŭs 3 1. mit der Toga bekleidet. 2. *übtr.*: mit der Sutane (dem Talar) versehen.

Toggenburgēnsĭs, ĕ zur ehemaligen Grafschaft Toggenburg (Schweiz) gehörig.

Tokatēn. (*C. R.*) *s.* Tomaca Pontica.

Tokĭēn. (*C. R.*) *s.* Tokienum.

Tokĭēnŭm, ī *n.* (*früher* Meacum) Tokio, Hauptst. von Japan, *ca.* 2 Mill. Einw.; Erzbischofssitz (seit 1891, Apost. Vikariat seit 1876); *dav.*: **Tokĭēnsĭs,** ĕ.

Tolbĭăcŭm, ī *n.* (Tolpĭăcŭm, Zulpĭăcŭm) Zülpich, St. südwestlich von Köln, Preußen (Rheinprovinz); *dav.*: **Tolbĭăcēnsĭs,** ĕ (Tolpiacensis).

Toleiēnsĭs vīcŭs, ī *m. s.* Tholoja.

Tŏlentīn. (*C. R.*) *s.* Tolentinum.

Tŏlentīnŭm, ī *n.* (Tolentinum Picenum) Tolentino, St. l. am Küstenflusse Chienti, südlich von Ancona, It., *ca.* 5000 Einw.; Bistum (seit 5. Jhdt.) mit Macerata vereinigt; *dav.*: **Tŏlentīnās,** ātĭs *m.* Einw. *u.* **Tŏlentīnŭs** 3.

Tŏlēnŭs, ī *m.* Turano, Fluß (Mittelitalien).

tŏlĕrābĭlĭs, ĕ 1. erträglich, leidlich. 2. ergeben, gefaßt.

tŏlerāns, ntĭs ausdauernd, geduldig.

tŏlĕrandŭs 3 erträglich; duldbar.

tŏlĕrantĭă, ae *f.* Erduldung, Geduld; Toleranz.

tŏlĕrŏ 1 ertragen, aushalten.

Tŏlētān. (*C. R.*) *s.* Toletum.

Tŏlētŭm, ī *n.* Toledo, St. am Tajo in Neukastilien, Spanien, *ca.* 25 000 Einw.; Erzbischofssitz (seit 4. Jhdt.); *dav.*: **Tŏlētānŭs** 3.

tollō, sustŭlī, sublātŭm 3 1. emporheben, aufheben. 2. erheben, erhöhen. 3. aufnehmen, mit sich nehmen. 4. wegnehmen, entfernen, entführen. 5. vernichten, beseitigen. 6. ănĭmăm ălĭcūĭŭs tollĕrĕ: jemand hinhalten. 7. *pass.*: sich erheben, aufstehen.

Tolmai *indecl. m. s.* Tholmai.

Toloiēnsĭs, ĕ *s.* Toloja.

Tolomaĭs, ĭdĭs *f.* Tolomais, St. Titularerzbistum.

Tŏlōnă, ae *f.* (Telo Martius, Tullonum, Tectosag(i)um) Toulon, Hafenst. am Mittelmeere, Fkr. (Var), *ca.* 107 000 Einw.; Bistumstitel seit 1853 mit Fréjus (Foroiūlĭēn.) vereinigt; *dav.*: **Tŏlōnēnsĭs,** ĕ.

tŏlōnārĭŭs, ī *m. s.* telonarius.

Tŏlōnēn. (*C. R.*) *s.* Tolona.
tŏlōnĭŭm, ī *n. s.* telonium.
Tŏlōsă, ae *f.* (Tolosanum, Tolosatium, Tulusa) Toulouse, St. an der Garonne, Fkr. (Haute-Garonne), *ca.* 176 000 Einw.; Erzbischofssitz (seit 1317, Bistum seit 3. Jhdt.); *dav.*: **Tŏlōsānŭs** 3; **Tŏlōsātēs,** ĭŭm *m.* Einw.
Tŏlōsān. (*C. R.*) *s.* Tolosa.
Tŏlōsānŭm, ī *n. s.* Tolosa.
Tŏlōsātĭŭm, ī *n. s.* Tolosa.
Tolpĭăcŭm, ī *n. s.* Tolbiacum.
Tomaca Ponticā, ae *f.* (Tokatensis ecclesia) Tokat, St. Kleinasien (Siwas), *ca.* 30 000 Einw.; armenisches Bistum, vereinigt mit dem armenisch-kath. Erzbistum Siwas (Sebaste).
tōmentŭm, ī *n.* Stopfwerk, Polsterung.
Tŏmī, ōrŭm *m.* (Tomis, Τόμοι, Τόμις) Tomi, St. am Schwarzen Meere in Untermösien, beim heutigen Anadolkiöj unweit Konstanza in der Dobrudscha gelegen, Titularbistum.
Tŏmĭlĭēnsĭs, ĕ *s.* Tomilium.
Tŏmĭs, ĭdĭs *f. s.* Tomi.
Tŏmĭlĭŭm, ī *n.* (Tomilium villa) Tomils, Ort, Schweiz (Graubünden, Bezirk Heinzenberg).
Tŏmĭlĭŭm villă ae *f. s.* Tomilium.
tŏmŭs, ī *m.* (τόμος) 1. Abschnitt. 2. der Band (eines Buches), das Buch.
tŏnāns, ntĭs *m.* der Donnerer; Summī Tŏnantĭs ūnĭcŭs: Sohn des Allerhöchsten (*Fer.* VI., *Hymn. ad Laud*).
tondĕō, tŏtondī, tōnsŭm 2 1. scheren, abscheren, glattmachen. 2. abweiden, beschneiden. 3. grex tōnsārŭm: eine Herde geschorener Schafe (*Cant.* 4, 1).
Tongrēnsĭs, ĕ aus der Stadt Tongern, nördlich von Lüttich (Belgien) (*s.* Tungri).
tŏnĭtrŭs, ūs *m.* Donner.
tŏnĭtrŭŭm, ī *n.* Donner.
tŏnō, ŭī 1 donnern, erdröhnen; krachen.
tŏnŏr, ōrĭs *m.* Ton, Betonung (einer Silbe).
Tonquīnŭm, ī *n.* Tongking, französisches Schutzgebiet in Hinterindien.
tōnsă, ae *f.* Ruder.
tōnsĭlĭs, ĕ geschoren; beschnitten.
tōnsillae, ārŭm *f.* Speicheldrüsen (im Halse), die Mandeln.
tōnsĭō, ōnĭs *f.* das Scheren, die Schur.
tōnsŏr, ōrĭs *m.* Abscherer; Barbier.
tōnsōrĭŭs 3 zum Scheren gehörig; cultĕr tōnsōrĭŭs: Schermesser, Rasiermesser.
tōnstrīx, īcĭs *f.* Haarschneiderin.
tōnstrīnă, ae *f.* Barbierstube.
tōnsūră, ae *f.* 1. das Scheren, das Haarschneiden, die Schur. 2. Tonsur; *auch* Korone *genannt,* als Abzeichen der Geistlichen, welches auf die Trennung vom Weltleben hindeutet; tōnsūrăm accĭpĕrĕ, *auch von Nonnen gesagt*: die Haare abgeschnitten erhalten, d. h. in die religiöse Genossenschaft aufgenommen werden.
tŏnŭs, ī *m.* (τόνος) 1. der Ton, Klang. 2. die Gesangsweise, in der die Orationen der Messe u. des Offiziums gesungen werden: tŏnŭs fērĭālĭs: Ferialton, tŏnŭs festīvŭs: Festton; *pl.*: tŏnī, ōrŭm *m.* die Kirchentonarten.
tŏparchēs, ae *m.* (τοπάρχης) Herr über eine Landschaft, Statthalter; Amtmann.
tŏpāzĭŏn, ī *n.* (topazius; τοπάζιον: in der Septuaginta [*Ps.* 118, 127] wahrscheinlich entstanden aus dem hebr. Wort paz [das geläuterte Gold, das Feingold, *im Gegensatze zu*: sahib = gewöhnliches Gold] mit griech. Artikel τὸ und Endung ιον) 1. das Feingold (*Ps.* 118, 127). 2. der Chrysolith *oder* Topas, ein Edelstein, *bes.* der orientalische Topas *oder* gelbe Korund (wegen seiner goldgelben Farbe nach dem hebr. Wort für Feingold benannt).
tŏpāzĭŭs, ī *m.* (*scil.*: lapis) *s.* topazion.
tŏphīnŭs 3 *s.* tofinus.
tŏphŭs, ī *m. s.* tofus.
tŏpĭārĭă, ae *f.* Kunstgärtnerei.
tŏpĭārĭŭs, ī *m.* Kunstgärtner, Ziergärtner.
tŏpŏgrăphĭă, ae *f.* (τοπογραφία) Ortsbeschreibung.
tŏrăl, ālĭs *n.* Bettdecke, Polsterdecke.
torcŭlăr, ārĭs *n.* (torcŭlŭm) Kelter, Presse, Weinpresse.
torcŭlŭm, ī *n. s.* torcular.
S. (*auch*: **B.**) **Tŏrellŭs,** ī *m.* hl. (sel.) Torell, Benediktinermönch u. Einsiedler zu Poppi (Toskana), † 1283: ăquă S. Torelli (*Rit. Rom.*).
tŏreumă, ătĭs *n.* (τόρευμα) erhabene (getriebene) Arbeit, Reliefarbeit; Relief.
Tŏringă, ae *f. s.* Thuringia.
tormentŭm, ī *n.* 1. Winde, Presse. 2. Folter, Marterwerkzeug. 3. Marter, Schmerz, Plage. 4. tormentŭm bellĭcŭm: Geschütz; Pistole.
tormĭnă, ŭm *n.* (*sg.* tormĕn) das Leibschneiden, Leibschmerzen; Ruhr (δυσεντερία).
tormĭnōsŭs 3 mit Leibschmerzen behaftet; ruhrkrank.
Tornācēn. (*C. R.*) *s.* Tornacum.
Tornācŭm, ī *n.* (Tornacum Nerviorum, Dornacum, Turnacum) Tournai (Doornick), St. an der Schelde, Belgien (Hennegau), *ca.* 40 000 Einw.,

Bischofssitz (seit 12. Jhdt.), Suffr. v. Mecheln; *dav.*: **Tornăcēnsĭs,** ĕ.
tornātĭlĭs, ĕ gedrechselt.
tornātŏr, ōrĭs *m.* Drechsler.
tornātūră, ae *f.* Drechslerei; *pl.*: Drechslerarbeiten.
tornō 1 drechseln.
tornŭs, ī *m.* (τόρνος) Grabstichel; Meißel; Dreheisen, Drechseleisen.
Tŏrōnă, ae *f.* (Torone, Τορώνη) Torone, Hafenst. am Ägäischen Meere an der Westseite der Halbinsel Sithonia, Makedonien (Chalkidike), *j.*: Torou; Titularbistum, Suffr. v. Thessalonike.
Tŏrōnē, ēs *f.* *s.* Torona.
Torontīn. (*C. R.*) *s.* Torontum.
Torontŭm, ī *n.* Toronto, St. am Ontariosee, Kanadien in Nordamerika, *ca.* 210 000 Einw.; Erzbischofssitz (seit 1870, Bistum seit 1841); *dav.*: **Torontīnŭs** 3.
tŏrōsŭs 3 1. muskulös, fleischig. 2. knochig, dick.
torpēdō, ĭnĭs *f.* 1. Betäubung, Erstarrung. 2. Zitterroche, Zitteraal.
torpĕō, ŭī 2 1. starr *oder* unbeweglich sein; regungslos *oder* untätig sein. 2. erstarren, betäubt sein.
torpēscō, pŭī 3 starr werden, erschlaffen.
torpĭdŭs 3 betäubt, erstarrt; gefühllos.
torpŏr, ōrĭs *m.* Betäubung, Entsetzen; Stumpfsinn.
torpōrō 1 etwas starr machen.
torquātŭs 3 mit einer Halskette geschmückt.
torquĕō, torsī, tortŭm 2 1. winden, drehen. 2. verdrehen, verrenken, foltern. 3. martern, quälen; *pass.*: leiden, sich abängstigen.
Torquīnŭs, ī *m.* ein Christenfeind, der unter Kaiser Dezius die hl. Jungfrau Sekundina anzeigte (*s. dieselbe*).
torquēs, ĭs *m.* (*u. f.*) *s.* torquis.
torquĭs, ĭs *m. u. f.* (torquēs) Schmuckkettchen; Schmuckkette (z. B. der Bischöfe *und* mancher hohen Beamten). 2. Blumengewinde.
torrēns, ntĭs *m.* Gießbach: in austrō (*Ps.* 125, 5) = ausgetrockneter Bach; Bergstrom.
torrĕō, ŭī, tōstŭm 2 trocknen, dörren, rösten, sengen.
torrĭdŭs 3 1. ausgetrocknet, gebrannt. 2. sengend, brennend, heiß.
torrĭs, ĭs *m.* Brandscheit.
T. O. R. S. Fr. = tertĭŭs Ordō rēgŭlārĭs Sanctī Francisci: der dritte Regularorden des hl. Franz von Assisi.
torsĭō, ōnĭs *f.* 1. Krampf. 2. Marter, Plage.
tortă, ae *f.* Kuchen.
tortĭlĭs, ĕ gedreht, gewunden.
tortō 1 martern, quälen.
tortŏr, ōrĭs *m.* Folterer, Folterknecht.
tortŭlă, ae *f.* kleiner Kuchen.
tortŭm, ī *n.* Seil, Strick.
tortŭōsŭs 3 1. voll Windungen u. Krümmungen, gewunden. 2. verworren, verwickelt (*Job* 26, 13).
tortūră, ae *f.* Pein, Schmerz.
1. **tortŭs** 3 gedreht, krumm.
2. **tortŭs,** ūs *m.* das Drehen; Krümmung.
tŏrŭs, ī *m.* 1. Wulst, Pfühl, Polster. 2. Lager, Bett, Ehebett; sēpărātĭō tŏrī: Ehetrennung (*C. j. c.* 1128).
Torvacovĭŭm, ī *n.* (Torvacovĭī arx) Trebitsch (*tschech.*: Trebíč) St. an der Iglawa, Mähren, *ca.* 12 000 Einw.; ehem. Benediktinerabtei.
torvĭtās, ātĭs *f.* das Wilde (im Äußeren), Wildheit.
torvŭs 3 finster, grimmig; wild; durchbohrend; spīrĭtŭs torvŭs: der böse Geist.
Tossō, ōnĭs *m.* (Tossus, *auch*: Pazzo) Tosso, Priester u. Begleiter des hl. Magnus (*s. dens.*), später Bischof von Augsburg (Bayern).
Tossŭs, ī *m.* *s.* Tosso.
tŏt *adj. pl. indecl.* so viele, so viel.
tŏtālĭs, ĕ gänzlich, völlig.
tŏtālĭtās, ātĭs *f.* Ganzheit.
tŏtālĭtĕr *adv.* ganz u. gar, durchaus.
tŏtĭdĕm *adj. pl. indecl.* ebenso viele.
tŏtĭēns *u.* **tŏtĭēs** *adv.* so oft.
Tōtĭlās, ae *m.* Totilas, König der Ostgoten († 552).
tōtŭs 3 ganz, gänzlich, völlig; tōtā dĭē: immerfort; *subst.*: **tōtŭm,** ī *n.* das Ganze.
Totmānŭs, ī *m.* (Totnanus, Totnōcŭs) Totnan, Diakon, Gefährte des hl. Kilian (*s. dens.*), († 689), · 8. Juli.
Totnānŭs, ī *m.* *s.* Totmanus.
Totnōcŭs, ī *m.* *s.* Totmanus.
Tōvăcovĭŭm, ī *n.* Tovac, ein Schloß in Polen.
toxĭcŏn, ī *n.* (toxicum, τοξικόν) 1. Pfeilgift (zum Vergiften der Pfeilspitze). 2. Gift.
toxĭcŭm, ī *n.* *s.* toxicon.
Trăbăcă, ae *f.* *s.* Tăbrăca.
trăbālĭs, ĕ zu den Balken gehörig, balkenartig.
trăbĕă, ae *f.* die Trabea, ein mit Purpur besetztes Staatskleid; Prunkgewand.
trabs, trăbĭs *f.* 1. Balken. 2. Knüppel. 3. Galgen.
Trăchōnītĭs, tĭdĭs *f.* (Τραχωνῖτις) Trachonitis, Landschaft im Nordosten Palästinas.
tractābĭlĭs, ĕ 1. fühlbar, berührbar, körperlich. 2. *übtr.*: zugänglich, lenksam, nachgiebig.
tractābĭlĭtĕr *adv.*: nachgiebig.

tractātĭō, ōnĭs *f.* 1. das Anfassen; Handhabung, Gebrauch. 2. Behandlung; Untersuchung; Bearbeitung, Beschäftigung. 3. Abhandlung, Abschnitt.

tractātŏr, ōrĭs *m.* 1. ein Sklave bei den Römern, der die Glieder beim Salben rieb und renkte. 2. einer, der sich mit gelehrten Dingen beschäftigt.

tractātŭs, ūs *m.* 1. Behandlung, Beschäftigung mit etw. 2. Überlegung, Überdenken; Besorgnis (*Jos.* 22, 24). 3. Ausarbeitung, Abhandlung, Traktat; Predigt, Homilie.

tractīcĭŭs 3 geschleppt.

tractĭm *adv.* 1. zugweise, Zug für Zug. 2. ziehend, gezogen, gedehnt. 3. ununterbrochen.

tractō 1 1. berühren, handhaben, besorgen. 2. bearbeiten, betreiben. 3. leiten, verwalten, verrichten; feiern: mystērĭŭm fĭdĕī. 4. behandeln, abhandeln, verfassen.

tractŭs 3 1. herkommend, abstammend. 2. ununterbrochen, fließend.

tractŭs, ūs *m.* 1. das Fortschleppen, das lange Hinziehen, das Verschleppen. 2. Ausdehnung, Zug, Verlauf; tractū tempŏrĭs im Verlaufe der Zeit, tractŭs successīvŭs fortgesetzter Verlauf (*C. j. c.* 1705 § 2). 3. eine Erweiterung des Graduale der hl. Messe durch eine Reihe von Psalmenversen. 4. Gegend, Landstrich. 5. die Seite (bei Verwandtschaftsgradberechnungen) (*C. j. c.* 96).

Tractŭs occĭdentālĭs, *m.* ehem. Landschaft, Niederlande, Groningen.

trādĭtĭō, ōnĭs *f.* 1. Übergabe, Verrat. 2. Bericht, Überlieferung; trādĭtĭō annŭlātă ringförmige (*d. i.* ununterbrochene) Überlieferung (*C. j. c.* 2020 § 6).

trādĭtĭōnālistae, ārŭm *m.* Traditionalisten, die Anhänger des Traditionalismus im 19. Jhdt., jenes philosophischen Systems, nach welchem der einzelne Mensch unfähig sei, durch seine Vernunft eine sichere (religiöse) Kenntnis anders zu erlangen als durch die Überlieferung, die ihm entweder durch den Glauben der Kirche *oder* durch die Übereinstimmung der Völker zuverlässig übermittelt wird.

trādĭtŏr, ōrĭs *m.* 1. Auslieferer, Verräter. 2. Überlieferer, Lehrer.

trādĭtŭs 3 überliefert; eingeschlossen, gefangen (*Ps.* 87, 9).

trādŏ, dĭdī, dĭtŭm 3 1. übergeben, überliefern. 2. anvertrauen; ut trādās ĕōs ĭn mănūs tŭās (*Ps.* 9, 35): daß du sie in deine Hände nimmst; d. h. dich darum kümmerst. 3. verraten, preisgeben. 4. überlassen, hinterlassen. 5. vortragen, lehren.

trādŭcĭānismŭs, ī *m.* die Lehre, wonach die menschliche Seele (ebenso wie der Körper) auf dem Zeugungswege entstanden sei; Traduzianismus.

trādūcō, dūxī, ductŭm 3 1. hinüberführen, hinübersetzen. 2. zur Schau vorüberführen, dem Spotte preisgeben. 3. in üblen Ruf *oder* ins Gerede bringen. 4. beschämen, bestrafen.

trāductĭō, ōnĭs *f.* 1. Beschämung, Ahndung, Strafe. 2. Preisgebung.

trādux, ŭcĭs *m.* Ableger; Weinranke.

trāfĕrō *s.* transfero.

trăgĕlăphŭs, ī *m.* (τραγέλαφος) Bockhirsch, ein Hirsch mit einem Bocksbart, wohl der Brandhirsch.

trăgĭcŭs 3 (τραγικός) tragisch, leidvoll, traurig, ergreifend.

trăgoedĭă, ae *f.* (τραγῳδία) Trauerspiel, Tragödie; tragoedĭăm excĭtārĕ: ein Trauerspiel aufführen.

trăgŭlă, ae *f.* Wurfspieß mit einem Schwungriemen zum Zurückziehen.

Trăgūrĭă, ae *f.* (Tragyrium) Trau, Ort in Dalmatien.

Trăgȳrĭŭm, ī *n. s.* Traguria.

trăhă, ae *f. s.* trahea.

trăhĕă, ae *f.* (traha) Schleife, Bohlenwalze, Dreschwalze, Dreschschlitten.

trăhō, trāxī, tractŭm 3 1. ziehen. 2. bestimmen, verleiten. 3. fortziehen, schleppen, zerren. 4. wegnehmen, entfernen. 5. zu sich ziehen, annehmen, sich zueignen. 6. empfangen, erlangen. 7. hinziehen, verzögern, hinschleppen, zubringen. 8. hinwegwerfen (*Ps.* 27, 3).

Trāiānă cŏlōnĭă, ae *f.* Xanten, St. am Rheine, Preußen (Rheinprovinz), *ca.* 4000 Einw.

Trāiānŏpŏlĭs, ĭs *f.* Trajanopolis, 1. St. in Thrakien, *j.*: Orikhora in Rumelien. 2. St., Kleinasien (Karien), Titularbistum, ehem. Suffr. von Laodikea.

Trāiānŭs, ī *m.* Trajan, römischer Kaiser (98—117).

trāĭcĭō, iēcī, iectŭm 3 1. hinüberwerfen. 2. über etwas setzen lassen; *intr.*: hinüberfahren.

trāiectĭō, ōnĭs *f.* Überfahrt, Übergang.

Trāiectŭm ăd Mŏsăm *n.* (Urbs Traiectensis) Maastricht, St. an der Maas, Niederlande (Limburg), *ca.* 40 000 Einw.

Trāiectŭm ăd Rhēnŭm *n. s.* Ultraiectum.

trālātīcĭŭs 3 *s.* translaticius.

Trallēs, ĭŭm (*acc.* -īs) *f.* (Τράλλεις) Tralles, ehemalige Stadt in Kleinasien (Karien); Titularbistum, Suffr. v.

Ephesus; *dav.*: **Trallēnsĭs,** ĕ *u.* **Trallĭānŭs** 3.

trāmĕs, ĭtĭs *m.* (*u. f.*) 1. schmaler Pfad, Seitenweg. 2. Lauf, Gang, Verlauf; trāmĕs iūrĭs: der Rechtsweg (*C. j. c.* 1866 § 4); ăd trāmĭtĕm: bis zur äußersten Grenze.

trāmŏsērĭcă, ae *f.* halbseidenes Tuch.

trānătō 1 (transnato) hinüber-, hindurchschwimmen

Trānēn. (*C. R.*) *s.* Tranium.

Trānĭŭm, ī *n.* Trani, St. It. (Bari), *ca.* 32000 Einw.; Erzbischofssitz (seit 11. Jhdt., Bistum seit 6. Jhdt.); *dav.*: **Trānēnsĭs,** ĕ.

trānō (transno) 1 hindurchschwimmen.

tranquillĭtās, ātĭs *f.* Ruhe, Stille, Windstille; Herzensruhe.

tranquillō 1 beruhigen.

tranquillŭm, ī *n.* Ruhe, Stille.

tranquillŭs 3 ruhig, still, friedlich; *adv.*: **tranquillo.**

trāns *praep. c. acc.* 1. über — hin, über. 2. jenseits.

trānsăbĕō 4 1. über etw. hinausgehen. 2. durchbohren.

trānsactĭō, ōnĭs *f.* Ausgleich, gerichtlicher Vergleich (*C. j. c.* 1925); Vermittlung.

trānsactŏr, ōrĭs *m.* Vermittler.

trānsăgō *s.* transigo.

trānsalpīnŭs 3 jenseits der Alpen befindlich (von Rom aus).

Trānsăquae, ārŭm *f.* (in Narsis) Trasacco, St. am See Celano, It. (Aquila).

trānscendēns, ntĭs 1. übersteigend. 2. übersinnlich.

trānscendō, cendī, cēnsŭm 3 übersteigen, überschreiten.

trānscēnsŭs, ūs *m.* Übergang, Furt.

trānscrībō, scrīpsī, scrīptŭm 3 abschreiben; umschreiben.

trānscrīptĭō, ōnĭs *f.* Abschrift (*C. j. c.* 1909 § 1); schriftliche Übertragung, Übersetzung (*C. j. c.* 1909).

trānscurrō, currī (transcucurri), cursŭm 3 1. hinüberlaufen. 2. vorbeilaufen, vorübereilen. 3. *trans.*: etw. schnell durchlaufen, rasch abmachen.

trānscursŭs, ūs *m.* das Vorbeilaufen, das Vorbeieilen; Flug.

trānsdō 3 *s.* trado.

trānsdūcō 3 *s.* traduco.

transēlĕmentō 1 verwandeln.

trānsennă, ae *f.* 1. Netz (*bes.*: zum Vogelfange). 2. Gitter, Gitterfenster.

trānsĕō, ĭī *u.* īvī, ĭtŭm, īrĕ I. *intr.*: 1. hinübergehen, übergehen, übertreten. 2. entkommen (*Ps.* 140, 10). 3. vorübergehen, sich ergehen (*Ps.* 72, 9); transĭērunt ĭn affectŭm cordĭs: sie wandeln nach des Herzens Lust (*Ps.* 72, 7), verlaufen, vergehen, verschwinden, untergehen, transĕat: *unklare Stelle Ps.* 89, 6, *verständlicher*: Sie (die Menschen) sind wie das Gras, das vergeht (transit, = interit), des Morgens blüht es, um dann zu vergehen (mane floret, dein transit = interit), des Abends wird es gemäht (decidit) und verdorrt es (indurescit et arescit). 4. übergehen in: in rem iudicatam = in Rechtskraft (*C. j. c.* 1903); sich verwandeln, werden zu: ĭn hŏlŏcaustŭm. II. *trans.*: 1. durch-, überschreiten. 2. überstehen, fertig werden mit.

trānsĕuntĕr *adv.* vorübergehend; im Vorübergehen, leichthin.

trānsfĕrō, tŭlī, lātŭm, ferrĕ (trafero, tralatum) 1. hinübertragen, hinüberführen; trānstŭlĭt austrŭm (*Ps.* 77,26): er versetzte den Südwind vom Himmel auf die Erde, hinüberschaffen; transferrĕ peccātŭm: die Sünde nachlassen (2 *Reg.* 12, 13); *pass.*: umherziehen. 2. übertragen, versetzen in. 3. verschieben. 4. **sē transferrĕ**: a) sich hinüberschwingen. b) abfallen von, abtrünnig werden (*auch*: transferrī).

trānsfīgō, fīxī, fīxŭm 3 durchbohren, durchstechen.

trānsfīxĭō, ōnĭs *f.* Durchbohrung.

trānsfīgūrābĭlĭs, ĕ verwandelbar.

trānsfīgūrātĭō, ōnĭs *f.* Umformung, Verklärung; **Transfiguratio D. N. J. Chr.** Fest der Verklärung U. H. J. Chr. auf dem Berge Tabor, 6. August.

trānsfīgūrō 1 umbilden, umformen, umgestalten; verklären (*Marc.* 9, 1), verwandeln (1. *Cor.* 4, 6).

trānsfŏdĭō, fōdī, fossŭm 3 durchstechen, durchbohren.

trānsfŏrātĭō, ōnĭs *f.* Durchbohrung.

trānsfōrmātĭō, ōnĭs *f.* Umwandlung, Umgestaltung.

trānsfōrmō 1 verwandeln, umwandeln.

trānsfŏrō 1 durchbohren.

trānsfrĕtātĭō, ōnĭs *f.* Durchschiffung.

trānsfrĕtō 1 durchschiffen, überschiffen.

trānsfŭgă, ae *m.* Überläufer, Abtrünniger.

trānsfŭgĭō, fūgī, fŭgĭtŭm 3 zum Feinde überlaufen.

trānsfundō, fūdī, fūsŭm 3 hinübergießen; ergießen (*auf*: in), abschütten (*in ein anderes Gefäß*): ăquăm.

trānsglūtĭō 4 verschlucken, hinunterschlucken.

trānsgrĕdĭŏr, gressŭs sŭm 3 1. überschreiten, übertreten; überspringen (*Ps.* 17, 30). 2. *übtr.*: verletzen: lēgĕm.

trānsgressĭō, ōnĭs *f.* Übertretung eines Gesetzes, Sünde; Sündenfall der Stammeltern.

trānsgressŏr, ōrĭs *m.* Übertreter, Sünder.
trānsĭgō, ēgī, āctŭm 3 (transăgo) 1. zubringen, verleben. 2. vollführen, vollbringen, erledigen. 3. fertig werden, abschließen; aufgeben, verstreichen lassen, zu Ende gehen.
trānsĭlĭō, lŭī *u.* lĭvī *u.* lĭī 4 1. hinüberspringen. 2. überspringen. 3. übergehen.
Trānsilvānĭă, ae *f.* (Transsilvania) Siebenbürgen, römisch-kath. Bistum (seit 11. Jhdt.), Sitz in Karlsburg, Suffr. v. Kalocsa; *dav.*: **Trānsilvāniēnsĭs,** ĕ.
Trānsilvānĭēn. (*C. R.*) *s.* Transilvania.
trānsĭtĭō, ōnĭs *f.* Übergang, Hindurchgang.
trānsĭtōrĭŭs 3 vorübergehend, vergänglich, irdisch.
trānsĭtŭs, ūs *m.* 1. Durchgang, Durchreise; Auszug. 2. Übertritt (*in einen anderen Orden*). 3. Bresche (in der Mauer) (*Ps.* 143, 14).
Trānsiūrānŭs 3 auf der anderen Seite des Jura gelegen: Burgundĭă Trānsiūrānă.
trānslātĭō, ōnĭs *f.* 1. Übertragung (*eines Benefiziums*). 2. Versetzung (*C. j. c.* 193). 3. Verschiebung eines Festes; festŭm trānslātĭōnĭs: das Fest der Übertragung der Reliquien eines Heiligen; *s. bei den betreffenden Heiligen.* 4. Übersetzung (*in eine andere Sprache*).
Translātĭō almae dŏmūs B. M. V.: Fest der Übertragung des Hauses der allersel. Jgfr. nach Loreto, 10. Dezember [die Annahme einer Übertragung des hl. Hauses von Nazareth nach Loreto durch Engelshand wird auf Grund der genauen Untersuchungen von P. Prosper Viaud und Professor Dr. Georg Hüffer bestritten. Das frühere Fest ist bei der Neuausgabe des Breviers unter Pius X. gestrichen worden. Immerhin bleibt auch ohne Tatsache der Übertragung die Gnadenstätte in Loreto verehrungswürdig, da dort viele Gebetserhörungen stattgefunden haben].
trānslātŏr, ōrĭs *m.* Übersetzer.
trānslātŭs 3 *s.* transfĕro.
trānslūcĭdŭs 3 durchsichtig.
trānsmărīnŭs 3 überseeisch.
trānsmĕābĭlĭs, ĕ durchschreitbar.
trānsmĕō 1 durchschreiten, passieren.
trānsmĭgrātĭō, ōnĭs *f.* 1. Übersiedelung, Auswanderung, Wegführung in die Gefangenschaft; t. Băbȳlōnĭs: Wegführung nach Babylon. 2. *concr.*: die Gefangenen, die Verbannten.
trānsmĭgrō 1 1. hinübersiedeln; sterben. 2. gefangen wegführen.
trānsmissĭō, ōnĭs *f.* Übersendung; Überfahrt.
trānsmittō, mīsī, mĭssŭm 3 1. hinüberschicken, hinübergehen lassen. 2. übergehen, nicht beachten. 3. übergeben, abtreten.
Trānsmŏsānă prōvincĭă, ae *f.* die Provinz Limburg in Holland.
trānsmundānŭs 3 überweltlich.
trānsmūtātĭō, ōnis *f.* Veränderung.
trānsmūtō 1 vertauschen, verändern.
trānsnătō 1 *s.* tranato.
trānsnāvĭgō 1 hinübersegeln.
trānsnō 1 *s.* trano.
trānsnōmĭnō 1 umnennen, umtaufen.
Transodĕrānŭs 3 jenseits der Oder befindlich.
trānspārēns, ntĭs durchsichtig.
trānspārentĭă, ae *f.* Durchsichtigkeit.
trānspectŭs, ūs *m.* Durchsicht.
trānspĭcĭō 3 durchsehen.
trānsplantō 1 verpflanzen.
trānspōnō, pŏsŭī, pŏsĭtŭm 3 hinübersetzen.
trānsportātĭō, ōnĭs *f.* Hinüberschaffung; Übersiedelung.
trānsportō 1 überfahren, übersetzen; hinüberschaffen.
trānsrhēnānŭs 3 jenseits (*d. h. rechts*) des Rheines befindlich.
trānssubstantĭālĭs, ĕ wesensverwandelnd.
trānssubstantĭātĭō, ōnĭs *f.* Wesensverwandlung (*von der hl. Hildegard auf das heiligste Altarsakrament angewendet*).
trānssubstantĭō 1 verwandeln.
trānssŭm *s.* transum . . .
trānstĭbĕrīnŭs 3 jenseits des Tiber befindlich.
trānstrŭm, ī *n.* 1. Querbalken (1. *Mach.* 9, 4 *u.* 8). 2. Querbank, Ruderbank.
trānsūmō, sūmpsī, sūmptŭm (transsumo) 1. übernehmen. 2. abschreiben.
trānsūmptĭō, ōnĭs *f.* (transsumptio) 1. die Übernahme. 2. Übertragung.
trānsūmptŭm, ī *n.* (transsumptum, transumptus) 1. Übertragung, Abschrift (*C. j. c.* 2016 *u.* 2054). 2. Vervielfältigung.
trānsūmptŭs, ūs *m.* *s.* transumptum.
trānsvādō 1 durchwaten, durchschreiten; vorübersegeln.
trānsvectĭō, ōnĭs *f.* Überfahrt.
trānsvĕhō, vexī, vectŭm 3 hinüberfahren, vorüberschiffen.
trānsverbĕrātĭō, ōnĭs *f.* Durchbohrung, Verwundung; **Transverberatio Cordis S. Teresiae**: Fest der Verwundung des Herzens der hl. Theresia, 27. August.
trānsverbĕrō 1 durchstechen, durchbohren.
trānsversārĭŭs 3 quer liegend.
trānsversĭm *adv.* querhinüber.

trānsversō 1 querlegen, kreuzweise falten.
trānsversŭm, ī *n.* 1. die Quere, die schräge Lage. 2. Querholz, Querbalken.
trānsversŭs 3 quer, schief, schräg.
trānsvertō, vertī, versŭm 3 umkehren, schwenken, sich abwenden.
trānsvŏlō 1 hinüberfliegen, vorüberfliegen, im Fluge überholen.
Tranŭm, ī *n. s.* Tranium.
trăpĕzītă, ae *m.* (τραπεζίτης) Geldwechsler.
Trăpĕzŏpŏlĭs, ĕōs *f.* (Τραπεζόπολις) Trapezopolis, St., Kleinasien (Karien), Titularbistum, ehem. Suffr. v. Laodikea.
Trăpĕzūntīn. (*C. R.*) *s.* Trapezus.
Trăpĕzūs, ūntĭs *f.* (Τραπεζοῦς) Trapezunt, Stadt in Pontus (Kleinasien), *j.*: Trebisonde (Tarabosan) am Schwarzen Meere, *ca.* 35000 Einw.; kath.-armenischer Bischofssitz (seit 1850).
Trappă, ae *f.* Notre-Dame de la Trappe, ehem. Cistercienserkloster, Fkr., Diöz. Siez.
Trappēnsēs, ĭŭm *m.* die Trappisten (Ordensgenossenschaft, die von Armand de Rancé i. J. 1664 gestiftet wurde), jetzt: Reformierter Cistercienserorden (Cist. Ref.).
Trasamundŭs, ī *m.* Trasamund, König der Vandalen (496—523).
Trĕbă, ae *f.* Treve (in Latium), St., östl. von Rom, It. (Rom).
Trĕb(b)ĭă, ae *m.* (*selten*: *f.*) Trebbia, r. Nebenfluß des Po, It.
Trebnicēnsĕ mŏnastērĭŭm, ī *n.* ehem. Cistercienserinnenkloster Trebnitz, nördlich von Breslau (Schlesien).
Trĕcae, ārŭm *f.* (Trecas) Troyes, St. an der Seine, Fkr. (Aube), *ca.* 55000 Einw.; Bischofssitz (seit 4. Jhdt.), Suffr. v. Sens; *dav.*: **Trēcassĭānŭs, Trēcassīnŭs** 3 *u.* **Trēcēnsĭs,** ĕ.
Trēcăs *indecl. n. s.* Trecae.
Trēcassĭ(ā)nŭs 3 *s.* Trecae.
Trēcēn. (*C. R.*) *s.* Trecae.
trĕcēnī, ae, ă je dreihundert.
trĕcentēsĭmŭs 3 der dreihundertste.
trĕcentī 3 dreihundert.
trĕcentĭē(n)s *adv.* dreihundertmal.
Trecorēn. (*C. R.*) *s.* Trecorium.
Trecorĭŭm, ī *n.* Tréguier, St., Fkr. (Côtes-du-Nord) *ca.* 3300 Einw.; ehem. Bistum (von 850 bis 1801); *dav.*: **Trecorēnsĭs,** ĕ.
trēdĕcĭm dreizehn.
Treiă, ae *f.* Treja, St. l. vom Küstenflusse Potenza, It. (Macerata), *ca.* 2000 Einw.; Bistum, *s.* Camerinum; *dav.*: **Treiēnsĭs,** ĕ.
Treiēn. (*C. R.*) *s.* Treia.
trĕmĕbundŭs 3 zitterig.
trĕmĕfăcĭō, fēcī, factŭm 3 erzittern machen.
trĕmendŭs 3 furchtbar, schrecklich.
trĕmēns, ntĭs zitternd.
trĕmēscō 3 (tremisco) erzittern, erbeben.
Tremesnēnsĭs, ĕ aus Tremessen, St., 16 km nordöstlich von Gnesen, Posen (Mogilno), *ca.* 5000 Einw., mit ehem. Augustinerchorherrenstifte.
trĕmīscō 3 *s.* tremesco.
Trĕmĭtŭs, untŏs *f.* Tremitus, St. auf Cypern; Titularbistum, ehem. Suffr. v. Salamis (Cypern).
trĕmō, ŭī 3 1. zittern, beben. 2. aufs höchste sich verwundern (*Hymn. Mat. Ascensio Dom.*).
Trēmŏnĭă, ae *f. s.* Tremonium.
Trēmŏnĭŭm, ī *n.* (Tremonia) Dortmund, St., Preußen (Westfalen), *ca.* 300000 Einw. *dav.*: **Trēmŏnĭēnsĭs,** ĕ.
Trĕmontĭŭm, ī *n. s.* Trimontium.
trĕmŏr, ōrĭs *m.* das Zittern, das Beben; Schrecken.
trĕmŭlŭs 3 zitternd.
Trentonēn. (*C. R.*) *s.* Trentonum.
Trentonŭm, ī *n.* Trenton, St., Nordamerika (Jersey), *ca.* 75000 Einw.; Bischofssitz (seit 1881), Suffr. v. New-York), *dav.*: **Trentonēnsĭs,** ĕ.
trĕpĭdantĕr *adv.* ängstlich.
trĕpĭdātĭō, ōnĭs *f.* Angst, Unruhe.
trĕpĭdō 1 (*eigentl.*: trippeln) unruhig sein, zagen.
trĕpĭdŭs 3 trippelnd; unruhig, ängstlich.
trēs, triă (*gen.*: trĭŭm; *dat.*: trĭbŭs) drei.
Trēs Fontēs, ĭŭm *m.* Trois-Fontaines, ehem. Cistercienserkloster, Fkr., Diöz. Châlons.
Trēs Fontēs ăd Aquās Salvĭās, Santi Vincenzo ed Anastaggio alle tre fontane, ehem. Cistercienserkloster in Rom.
Trēs Fontēs de Bél, Bél-Harom-Kúti, ehem. Cistercienserkloster in Ungarn, Diöz. Erlau.
Trēs Tăbernae, ārŭm *f.* Cisterna, Ort (*ca.* 75 km) südlich von Rom an der ehem. Via Appia (*Act.* 21, 15).
treugă, ae *f.* Waffenstillstand, Friede; treugă Dĕī: Gottesfriede.
Trēvĕrī, ōrŭm *m.* (Trēvĭrī) 1. germanische Völkerschaft an der Mosel, in deren Gebiet **Augusta Treverorum** (das heutige Trier) gegründet wurde. 2. Name für Trier selbst; *dav.*: **Trēvĭrēnsĭs,** ĕ *u.* **Trēvĕrĭcŭs** 3, *vgl.*: Augusta Treverorum.
Trēvĕrĭcŭs 3 *s.* Treveri.
Trēvĕrĭs, ĭs (*acc.* -ĭm) *f. s.* Augusta Treverorum.
Trēvĭr, ī *m.* Einw. von Trier, *s. pl.*: Treveri.
Trēvĭrēn. (*C. R.*) *s.* Augusta Treverorum.

Trēvĭrī, ōrŭm *m. s.* Treveri.
trĭangŭlārĭs, ĕ dreieckig: fōrmă; candelābrŭm trĭangŭlārĕ: der dreieckige Leuchter, Kerzenständer.
trĭangŭlŭm, ī *n.* Dreieck.
trĭangŭlŭs 3 dreieckig.
trĭārĭī, ōrŭm *m.* die Triarier, die ältesten und tüchtigsten Soldaten der römischen Legionen, welche die dritte Schlachtreihe bildeten.
Trĭăs, ădĭs *f.* (τριάς) *s.* Trinitas.
Triberg *indecl.* Triberg, Ort im Schwarzwalde mit ehemaligem Redemptoristenkloster, eine Wallfahrtsstätte.
trībŭlă, ae *f. s.* trībŭlŭm.
trībŭlātĭō, ōnĭs *f.* 1. Druck, Bedrückung, Not (*Ps.* 19, 2). 2. Trübsal, Verfolgung. 3. Beschwerde.
trĭbūlĭs, ĕ zum selben Stamme gehörig.
trĭbūlĭs, ĭs *m.* Gaugenosse.
Trĭbūlĭŭm, ī *n.* Trebinje, St. in der Herzegowina, *ca.* 2000 Einw.; Bischofssitz (seit 870), Suffr. v. Serajewo; *dav.*: **Trĭbŭnēnsĭs,** ĕ.
trībŭlō 1 1. drücken; dreschen. 2. bedrängen, verfolgen, quälen; *pass.*: leiden.
trībŭlŭm, ī *n.* (trībŭlă) Dreschschlitten, Dreschwagen, Dreschwalze.
trĭbŭlŭs, ī *m.* 1. Fußangel. 2. Burzeldorn (*ein stacheliges Unkraut*).
trĭbūnă, ae *f.* 1. Tribüne, Rednerbühne. 2. Galerie, Chor.
trĭbūnăl, ālĭs *n.* 1. Tribüne, Hochsitz. 2. Richterstuhl, Gericht, Gerichtshof.
trĭbūnātŭs, ūs *m.* Tribunenamt; Oberstenrang: mīlĭtŭm.
Trĭbūnēn. (*C. R.*) *s.* Tribulium.
trĭbūnŭs, ī *m.* Tribun, Titel für bürgerliche und militärische Vorgesetzte; *bes.*: der Befehlshaber der ersten Kohorte jeder Legion; Oberst.
trĭbŭō, ŭī, ūtŭm 3 1. zuerteilen, austeilen, viel spenden (*Ps.* 36, 31), gewähren, erweisen. bŏnă t.: wohltun; intellectŭm t.: belehren. 2. zugestehen, einräumen. 3. zuschreiben, beimessen, anrechnen.
Triburĭă, ae *f.* Trebur, Marktflecken, Hessen (Starkenburg); *ca.* 3000 Einw.
trĭbŭs, ūs *f.* 1. Gau, Bezirk, Stadtviertel. 2. Stämme Israels (*Ps.* 121, 4).
trĭbūtārĭŭs 3 zum Tribut, zu den Abgaben gehörig.
trĭbūtĭm *adv.* tribusweise, gauweise, bezirksweise.
trĭbūtĭō, ōnĭs *f.* Verteilung, Zuteilung, Erweisung.
trĭbūtŭm, ī *n.* Abgabe, Steuer: pro Seminario (*C. j. c.* 1505).
trīcae, ārŭm *f.* 1. Possen, dummes Zeug. 2. Widerwärtigkeiten, Ränke.
Trĭcălă, ae *f.* (Tricca, Τρίκκη) Trikkala, Stadt in Griechenland im Erzbistum Larissa; *dav.*: **Trĭcălēnsĭs,** ĕ.
Tricaricēn. (*C. R.*) *s.* Tricaricum.
Tricaricŭm, ī *n.* Tricarico, St. l. vom Busento, It. (Potenza), *ca.* 8000 Einw.; Bischofssitz (seit 11. Jhdt.), Suffr. v. Acerenza; *dav.*: Tricaricēnsĭs, ĕ.
trīcēnārĭŭs 3 dreißig enthaltend.
trīcēsĭmŭs 3 (trigesimus) der dreißigste.
trĭchĭlă, ae *f.* Laube, Laubhütte (*aus Zweigen oder Rohr gefertigte Hütte*).
trĭchīnăs, ae *m.* (τριχίνας) der Haarige.
Trichinopŏlĭs, ĭs *f.* Trichinopoly (Tritschinopoli), St. r. am Kaweri, Britisch-Indien, *ca.* 110 000 Einw.; Bischofssitz vom Bistume Trichinopoly *oder* Madura (seit 1886, apost. Vik. seit 1846); Suffr. v. Bombay; *dav.*: Trichinopŏlĭtānŭs 3.
Trichinopŏlĭtān. (*C. R.*) *s.* Trichinopolis.
trichŏtŏmĭă, ae *f.* Teilung in drei Teile; *bes.*: Teilung des Menschen in Leib, Seele u. Geist (Trialismus).
trĭcĭē(n)s *adv.* dreißigmal.
trīcīnārĭŭm, ī *n.* eine Totenfeier von dreißig Tagen.
triclīnĭarchă, ae *m. s.* tricliniarches.
triclīnĭarchēs, ae *m.* (tricliniarcha, τρικλινιάρχης) Tafelwart, Speisemeister.
triclīnĭŭm, ī *n.* (τρίκλινον) 1. Speiselager, Speisesofa. 2. Speisezimmer, Speisesaal, Refektorium (Remter).
trīcō 1 dehnen; sē trīcārĕ: Ausflüchte machen, zögern, nicht gerne an etwas gehen (*Ecclus* 32, 15); *vgl.*: tricor.
trĭcŏlŏr, ōrĭs dreifarbig.
trīcŏr 1 Ausflüchte machen, zögern.
trĭdēns, ntĭs dreizackig.
trĭdēns, ntĭs *m.* der Dreizack: ligneus.
Trĭdentīn. (*C. R.*) *s.* Tridentinum.
Trĭdentīnă Cīvĭtās, ātĭs *f. s.* Tridentinum.
Trĭdentīnŭm, ī *n.* (Tridentina Civitas) Trient (Trento), St. l. an der Etsch, It. (Tirol), *ca.* 31000 Einw.; Fürstbischofssitz (seit 1904; Bistum seit 1825), Suffr. v. Salzburg; *dav.*: **Trĭdentīnŭs** 3 tridentinisch, von Trient; Concĭlĭŭm Trĭdentīnŭm *oder* sȳnŏdŭs Trĭdentīnă: das Konzil von Trient (1545—1563).
trĭdŭānŭs 3 dreitägig.
trĭdŭŭm, ī *n.* 1. ein Zeitraum von drei Tagen, drei Tage. 2. dreitägige Feier *oder* Andacht.
trĭennālĭs, ĕ *u.* **trĭennĭs,** ĕ dreijährig.
trĭennĭŭm, ī *n.* ein Zeitraum von drei Jahren, drei Jahre.
trĭērĭs, ĭs *f.* (τριήρης) Dreiruderer, Kriegsschiff.
trĭfārĭăm *adv.* dreifach.
trĭfĭdŭs 3 dreifach gespalten.
Trĭflŭvĭānēn. (*C. R.*) *s.* Trifluvium.
Trĭflŭvĭŭm, ī *n.* Trois-Rivières, St., Kanada (Quebec), *ca.* 10000 Einw.,

Bischofssitz (seit 1852), Suffr. v. Quebec; *dav.*: **Trĭflŭvĭānēnsĭs,** ĕ.
trĭfŏlĭŭm, ī *n.* Dreiblatt, Klee.
trĭfōrmĭs, ĕ dreigestaltig.
trĭgĕmĭnī, ōrŭm *m.* (tergemini) Drillinge.
trĭgĕmĭnŭs 3 (tergeminus) dreifach.
trĭgēsĭmŭs 3 *s.* tricesimus.
trĭgintā dreißig.
trĭmēnsĭs, ĕ *s.* trimestris.
trĭmestrĕ, ĭs *n.* das Trimester, eine Frist von drei Monaten, Vierteljahr.
trĭmestrĭs, ĕ (trimensis) dreimonatlich.
Trĭmontĭŭm, ī *n.* (Tremontium) Trimmis, Ort, Schweiz, (Graubünden); *dav.*: **Trĭmontĭŭs** 3.
trīmŭs 3 von drei Jahren, drei Jahre alt, dreijährig.
Trincomalĭcŭm, ī *n.* Trincomali (Trikonamalia), St. im Osten der Insel Ceylon, *ca.* 12000 Einw.; Bistum (seit 1893), Residenz Batticaloa, Suffr. v. Colombo; *dav.*: **Trincomalĭēnsĭs,** ĕ.
Trincomalĭēn. (*C. R.*) *s.* Trincomalicum.
trĭnĕpōs, pōtĭs *m.* Enkel im fünften Gliede.
trīnī 3 je drei, dreifach.
Trīnĭtārĭī excalcĕātī, ōrŭm *m.* die unbeschuhten Trinitarier.
Ss. Trīnĭtās, ātĭs *f.* (Trias, ădĭs *f.* Τρίας) die allerheiligste Dreifaltigkeit, Dreieinigkeit; **Ordo SS. Trinitatis de Redemptione captivorum,** Trinitarier, *d. h.* Orden zu Ehren der heiligsten Dreifaltigkeit zwecks Loskaufs der Gefangenen, der vom hl. Felix von Valois und dem hl. Johannes von Matha i. J. 1198 gestiftet wurde.
trĭnōdĭs, ĕ dreiknotig.
trĭnōmĭnĭs, ĕ dreinamig.
trīnŭs 3 dreifach.
trĭō, ōnĭs *m.* Dreschochse; *pl.*: trĭōnēs, ŭm (septentrĭōnĭs): der Große Bär *oder* Große Wagen *als Himmelsgestirn.*
trĭpartĭtĭō, ōnĭs *f.* Dreiteilung.
trĭpartītŭs 3 dreifach.
trĭpĕdālĭs, ĕ drei Fuß lang.
trĭpertītŭs 3 *s.* tripartitus.
trĭpēs, pĕdĭs dreifüßig.
trĭplex, plĭcĭs dreifaltig; *adv.*: **trĭplĭcĭtĕr** auf dreifache Weise.
trĭplĭcō 1 verdreifachen.
trĭplŭs 3 dreifach.
1. **Trĭpŏlĭs,** ĭs (*acc.* -ĭm, *abl.* -ī) *f.* (Τρίπολις = Dreistadt) Tripoli, Landschaft an der kleinen Syrte in Nordafrika mit den ehem. drei Städten Oea, Sabrata, Leptis Magna; Bistum, *s.* Oea; *dav.*: **Trĭpŏlĭtānŭs** 3.
2. **Trĭpŏlĭs,** ĭs (*acc.* -ĭm, *abl.* -ī) *f.* Tireboli (Groß-Tripoli), Hafenst. am Schwarzen Meere, Kleinasien (Trapezunt), *ca.* 8000 Einw.
3. **Trĭpŏlĭs,** ĭs (*acc.* -ĭm, *abl.* -ī) *f.* 1. Berggegend und Stadt in Thessalien (Griechenland). 2. Gegend in Arkadien (Griechenland).
4. **Trĭpŏlĭs,** ĭs (*acc.* -ĭm, *abl.* -ī *f.*) (Tripolis in Phoenicia) Tripoli (*arab.*: Tarabulus *oder* Trablus), Hafenst. am Mittelmeere, Syrien (Phönikien) an den Vorbergen des Libanon, *ca.* 30000 Einw.; maronitischer Erzbischofssitz (seit 1826) und melchitischer Bischofssitz (seit 1897), (in altchristl. Zeit u. kurze Zeit im Mittelalter: Bistum); *dav.*: **Trĭpŏlĭtānŭs** 3.
Trĭpŏlĭtān. (*C. R.*) *s.* 1. Oea. 2. *s.* 1. u. 4. Tripolis.
trĭpŭdĭō 1 1. im Dreischritt tanzen; einen Waffentanz aufführen. 2. frohlocken.
trĭpŭdĭŭm, ī *n.* 1. der Dreischritt, der dreischrittige Waffentanz, Siegestanz. 2. die Wonne, das Frohlocken (*Esther* 8, 16).
trĭrēgnŭm, ī *n.* die dreifache Krone des Papstes, Tiara (seit Urban V. 1362 bis 1370).
1. **trĭrēmĭs,** ĕ dreiruderig.
2. **trĭrēmĭs,** ĭs *f.* der Dreiruderer (Schiff; 2. *Mach.* 4, 20).
trĭsăgĭŭm, ī *n.* (τρισάγιον) das Dreimalheilig (zu Ehren der heiligsten Dreifaltigkeit, *vgl. Is.* 6, 1ff.).
tristĕgă, ōrŭm *n.* (τρίστεγα) (tristegum) das dritte Stockwerk, Obergeschoß.
tristĕgŭm, ī *n.* (τρίστεγον) (1. *Mach.* 6, 16), *s.* tristega.
trīstĭcŭlŭs 3 etwas traurig.
trīstĭfĭcŭs 3 Trauer verursachend.
trīstĭmōnĭă, ae *f. s.* tristitia.
trīstĭs, ĕ 1. traurig, betrübt. 2. schmerzlich, unerfreulich. 3. unglücklich, unselig. 4. verdrießlich, streng. 5. schädlich, verderblich: tristĕ vĕnēnŭm.
trīstĭtās, ātĭs *f. s.* tristitia.
trīstĭtĭă, ae *f.* (tristimonia, tristitas) Traurigkeit, Betrübnis, Reue.
trīstŏr 1 betrübt sein, trauern.
Trĭthēmĭŭs Joannēs *m.* Johannes aus Trittenheim an der Mosel, Abt von Sponheim, Humanist, † 1516.
trĭtĭcĕŭs 3 aus Weizen, Weizen-.
trĭtĭcŭm, ī *n.* Weizen.
trītūră, ae *u.* **trītūrātĭō,** ōnĭs *f.* das Dreschen.
trītūrō 1 niedertreten, dreschen.
trītŭs 3 1. abgenutzt, abgetragen. 2. aufgerieben: corpŭs. 3. geschickt, geübt.
Ss. Trĭŭm Rēgŭm translātĭō, Übertragung der hl. drei Könige.

Nach dem Kölner Proprium: Die hl. Leiber wurden zunächst nach Konstantinopel, dann nach Mailand übertragen. Im 12. Jhdt. wurden sie vom Kölner Erzbischof Reinald nach Köln überführt, nachdem Mailand von Kaiser Friedrich Barbarossa mit Waffengewalt erobert worden war. — 24. Juli (Köln).

trĭumphālĭs, ĕ 1. zu einem Triumph gehörig. 2. siegreich: glōrĭă.

trĭumphātŏr, ōrĭs *m.* Sieger, Überwinder.

trĭumphātrīx, īcĭs *f.* Siegerin.

trĭumphō 1 1. triumphieren, den Sieg davontragen, völlig besiegen. 2. triumphieren lassen, den Sieg verleihen (2. *Cor.* 2, 14).

trĭumphŭs, ī *m.* Triumph, feierlicher Siegereinzug, Siegesfeier, Sieg; **fēstŭm Trĭumphī S. Crŭcĭs:** Fest des siegreichen hl. Kreuzes, 16. Juli.

Trĭventīn. (*C. R.*) *s.* Triventum.

Trĭventŭm, ī *n.* Trivento, St. r. am Küstenflusse Trigno, It. (Campobasso), *ca.* 5000 Einw.; Bischofssitz (seit 4. Jhdt.), exempt; *dav.*: **Trĭventīnŭs** 3.

trīvī *pf. zu:* tero.

trĭvĭālĭs, ĕ gewöhnlich, gemein.

trĭvĭŭm, ī *n.* 1. Scheideweg, Kreuzweg. 2. dreijähriger Lehrgang (in der Scholastik).

Trĭvĭŭm, ī *n.* Trévoux, St. l. an der Saône, Fkr. (Ain), *ca.* 2800 Einw.

Trōăs, ădĭs *f.* (Τρῳάς) 1. Landschaft Troas in Kleinasien. 2. die Stadt Troja in dieser Landschaft (2. *Tim.* 4, 13).

trŏchaeŭs, ī (τροχαῖος) *m.* der Trochäus, *ein Versglied aus langer u. kurzer Silbe bestehend.*

trŏchăĭcŭs 3 (τροχαικός) trochäisch.

trochlaeă, ae *f. s.* trochlea.

trochlĕă, ae *f.* (trochlaea, τροχαλία) Aufzug, Winde, Drehwinde.

trŏchŭs, ī *m.* (τροχός) Spielreif.

Trocmădae, ārum *f.* Trokmadä, St., Kleinasien, Titularbistum; *dav.*: **Trocmădēnsĭs,** ĕ; Suffr. v. Pessinus (Kleinasien).

trōglŏdўtae, ārŭm *m.* (Τρωγλοδύται) Höhlenbewohner, *bes.*: 1. Bezeichnung eines wilden in Erdhöhlen wohnenden äthiopischen Volksstammes an der Westküste des Arabischen Meerbusens. 2. die Ureinwohner des Gebirges Seïr in Idumäa in Palästina, Horiter.

Troiān. (*C. R.*) *s.* Accana.

trŏpaeŭm, ī *n. s.* trophaeum.

trŏphaeŭm, ī *n.* (tropaeum; τρόπαιον) 1. Siegeszeichen, Siegesdenkmal. 2. Sieg.

Trŏpĕă, ae *f. s.* Tropium.

Trŏphĭmŭs, ī *m.* (Τρόφιμος) Trophimus, Schüler u. Begleiter des hl. Apostels Paulus, der in Milet erkrankte (2. *Tim.* 4, 20).

trŏpĭcŭs 3 (τροπικός) bildlich, uneigentlich.

Trŏpĭēn. (*C. R.*) *s.* Tropium.

Trŏpĭŭm, ī *n.* (Tropea) Tropea, Hafenst. im Golfe von Eufemia an der Westküste von Kalabrien, It. (Cantazaro), *ca.* 3500 E.nw.; Bistum, *s.* Nicotera; *dav.*: **Trŏpĭēnsĭs,** ĕ.

trŏpŏlŏgĭă, ae *f.* (τροπολογία) bildliche Redeweise.

trŏpŏs, ī *m. s.* tropus.

trŏpŭs, ī *m.* (trŏpŏs; τρόπος) 1. der uneigentliche *oder* bildliche Gebrauch eines Wortes. 2. (*liturg.*) die melodische und textliche Erweiterung eines Gesangtextes.

trossŭlī, ōrŭm *m.* 1. die römischen Reiter im aktiven Militärdienste (in der späteren Zeit). 2. vornehme Stutzer.

trŭcīdātĭō, ōnĭs *f.* Abschlachtung, Niedermetzelung.

trŭcīdō 1 niedermetzeln, abschlachten.

trŭcŭlentĕr *adv.* unfreundlich, finster.

trŭcŭlentĭă, ae *f.* 1. Unfreundlichkeit, Rauheit, *z. B.* des Klimas. 2. Roheit, Grausamkeit.

trŭcŭlentŭs 3 finster, unfreundlich, rauh; grimmig: rĕsistĕrĕ.

S. Trūdbertŭs, ī *m. s.* S. Trudpertus.

trŭdĭs, ĭs *f.* Stange (*zum Stoßen*).

trūdō, sī, sŭm 3 stoßen, drängen, treiben, antreiben.

S. Trūdō, ōnĭs *m.* hl. Trudo, Bek. († 698).

Er war im Haspengau unweit Lüttich (Belgien) geboren und wurde von Bischof Chlodulf von Metz zur Erziehung dem strengen Schatzmeister der Sankt Stephanskirche übergeben. Später wurde Trudo zum Priester geweiht und predigte in seiner Heimat das Evangelium. Er gründete mehrere Klöster, so eines, das später zu einer Stadt wurde und jetzt Saint-Trond (in Belgisch-Limburg) heißt. Der Heilige wurde im Kloster zu Sarzingen beigesetzt. — 26. November.

S. Trūdōnĭs coenŏbĭŭm *oder* **fānŭm,** ī *n.* Saint-Trond, St. Belgien (Limburg).

S. Trūdpertŭs, ī *m.* (Trudbertus) hl. Trudbert, Mart. *u.* Apostel Süddeutschlands († *um* 643).

Er stammte aus königlichem Geschlechte Schottlands und begab sich zu Papst Theodor I., (642—649) nach Rom Aus Liebe zur Einsamkeit zog er sich in eine Einöde des Breisgaues (in Baden) zurück, die er vom Grafen Otbert, dem Sprossen eines altadeligen Stammes, erhalten hatte. Er errichtete ein Kloster und erbaute eine Kirche, die Bischof Martin von Konstanz einweihte. Trudbert hatte viele Anfechtungen des bösen Feindes zu bestehen; als dieser erkannte, er würde den hl. Mann nicht überwinden, reizte er einige lasterhafte Männer an, ihn zu ermorden. — 27. April (Freiburg).

Truentŭm, ī *n.* Tronto, Küstenfluß in der Mark Ancona, der zum Adriatischen Meere fließt (Italien).

trullă, ae *f.* 1. Kelle, Schöpfkelle, Schöpflöffel. 2. kellenförmige Feuerpfanne, Pechpfanne, Pfanne (*Amos* 7, 7 *u.* 8).

truncō 1 verstümmeln.

1. **truncŭs,** ī *m.* Stamm, Rumpf.

2. **truncŭs** 3 verstümmelt.

trūsō 1 tüchtig stoßen.

trŭtĭnă, ae *f.* (τρυτάνη) Wage.

trŭtĭnō u. **trŭtĭnŏr** 1 abwägen.
trux, trŭcĭs wild, trotzig: vultŭs; toll: dŏlōrēs.
Truxil(ĭ)ŭm, ī *n.* Trujillo [*spr.*: truchiljo], St., Peru (Libertad), Südamerika, *ca.* 8000 Einw.; Bischofssitz (seit 1577), Suffr. v. Lima.
Truxillo (de *C. R.*) *s.* Truxilium.
Trȳphaenă, ae *f.* (Τρύφαινα) Tryphäna, eifrige Christin in Rom, aus Iconium (Kleinasien), die Paulus grüßen läßt.
S. Trȳphōn, ōnĭs *m.* hl. Tryphon, Mart. († 250), 10. November.
Trȳphōn, ōnĭs *m.* (Τρύφων) Tryphon, Beiname des Diodotus, eines syrischen Kronbewerbers unter Antiochus VI., der unter Alexander Balas Heerführer war (1. *Mach.* 13, 20).
S. Trȳphōnĭă, ae *f.* hl. Tryphonia, Mart. zu Rom († um 250), 18. Oktober.
Trȳphōsă, ae *f.* (Τρυφῶσα) Tryphosa, eifrige Christin in Rom aus Iconium (Kleinasien), die Paulus grüßen läßt.
tū *pronom. personale der* 2. *Person* (tŭī, tĭbī, tē, ā tē; *pl.*: vōs, vestrŭm [vostrŭm] u. vestrī, vōbīs, vōs, ā vōbīs) du (*pl.*: ihr).
Tuamēn. (*C. R.*) *s.* Tuamum.
Tuamŭm, ī *n.* Tuam, St. l. vom Clare, Irland (Galway), *ca.* 3000 Einw.; Erzbischofssitz (seit 1150, Bistum seit 550); *dav.*: **Tuamēnsĭs,** ĕ.
tŭbă, ae *f.* 1. Röhre. 2. Trompete, Posaune; ĭn tŭbā nŏvissĭmā: beim Schalle der Posaunen des jüngsten Gerichtes; ĭn vōcĕ tŭbae cornĕae: unter dem Klange der Horntrompeten (*Ps.* 97, 6).
Tubalcáin *indecl. m. hebr.*: *wohl richtig nur* Tubal *oder* Thubal, der Sohn Lamechs aus dem Geschlechte Kains. (Eine unterscheidende Randbemerkung, die ihn als Kainiter bezeichnet, geriet wohl in den Text.)
tūbĕr, ĕrĭs *n.* 1. Geschwulst, Beule. 2. Auswuchs, Höcker, Buckel.
Tūbĕră, ae *f.* Tauber, l. Nebenfluß des Mains in Baden und Bayern.
Tubianaeī, ōrŭm *m. s.* Tubinaei.
tŭbĭcĕn, ĭnĭs *m.* Posaunenbläser.
Tubin *indecl. s.* Tob.
Tubinaeī, ōrŭm *m.* (Tubianaei) Tubinäer *oder* Tobiter, Bewohner der Landschaft Tubin *oder* Tob, *s.* Tob.
Tubingă, ae *f.* Tübingen, St. am Neckar, Württemberg (Schwarzwaldkreis), *ca.* 22000 Einw.
tŭbŭlă, ae *f.* kleine Trompete.
tŭbŭlātŭs 3 mit Röhren versehen, röhrenartig, hohl.
tŭbŭlŭs, ī *m.* kleine Röhre, Röhrchen.
Tuburbō, ōnĭs *m.* (Thurbubo, Θουβούρβω) Tuburbo, St., südl. von Karthago in Nordafrika (Byzacium), in der Nähe des heutigen Saghuan in Tunis.
tŭbŭs, ī *m.* 1. Röhre. 2. Trompete.
Tucsonēn. (*C. R.*) *s.* Tucsonium.
Tucsonĭŭm, ī *n.* Tucson, St. am Santa Cruz, Nordamerika (Territorium Arizona), *ca.* 7600 Einw.; Bischofssitz (seit 1897; apost. Vikariat seit 1868), Suffr. v. Santa Fé; *dav.*: **Tucsonēnsĭs,** ĕ.
Tucumanēn. (*C. R.*) *s.* Tucumanium.
Tucumanĭŭm, ī *n.* Tucuman, St. am Fuße der Sierra de Aconquija in den Anden, Argentinien, Südamerika, *ca.* 55000 Einw.; Bischofssitz (seit 1897), Suffr. v. Buenos Aires, *dav.*: **Tucumanēnsĭs,** ĕ.
Tudae (ārŭm) **ăd Fīnēs** *f.* Túy, St. r. am Miño, Spanien (Pontevedra), *ca.* 11000 Einw.; Bischofssitz (seit 6. Jhdt.), Suffr. v. Compostela; *dav.*: **Tudēnsĭs,** ĕ.
Tudelă, ae *f.* Tudela, St. r. am Ebro, Spanien (Navarra), *ca.* 10000 Einw.; Bistum, *s.* Pampelo; *dav.*: **Tudelēnsĭs,** ĕ.
Tudelēn. (*C. R.*) *s.* Tudela.
Tudēn. (*C. R.*) *s.* Tudae ad Fines.
Tūdĕr, (ĕrĭs) *n.* (Θοῦδερ, Tudertum) Todi, St. l. am Tiber in Umbrien, It. (Perugia), *ca.* 3000 Einw.; Bischofssitz (seit 2. Jhdt.), exempt; *dav.*: **Tūders,** tĭs *m.* Einw., **Tūdertīnŭs** 3.
Tūdertīn. (*C. R.*) *s.* Tuder.
Tūdertŭm, ī *n. s.* Tuder.
tŭdĭtō 1 stark stoßen.
tŭĕŏr, tŭĭtŭs *oder* tūtātŭs sŭm 2 1. ansehen, anschauen, betrachten; nach etwas schauen. 2. beschützen, bewahren, erhalten.
Tugĭēnsĭs, ĕ aus Zug (Schweiz).
tŭgŭrĭŏlŭm, ī *n* Hüttchen.
tŭgŭrĭŭm, ī *n.* Hütte, Scheune.
tŭĭtĭō, ōnĭs *f.* 1. Beschirmung, Schutz. 2. Bewahrung, Erhaltung.
tŭĭtŏr, ōrĭs *m.* Beschützer.
Tŭĭtĭēnsĭs, ĕ *s.* Diutia.
Tŭĭtĭŭm, ī *n. s.* Diutia.
Tulancingō (dē; *C. R.*) *s.* Tulancingum.
Tulancingŭm, ī *n.* Tulancingo, St., 40 km östlich von Pachuca, Mexiko (Hidalgo), *ca.* 10000 Einw.; Bischofssitz (seit 1683), Suffr. v. Mexiko.
Tŭllēn. (*C. R.*) *s.* Tullum.
Tŭllōnŭm, ī *n. s.* Tolona.
Tŭllŭm, ī *n.* (Tullum Luscorum, Tullum Leucorum) Toul, St. an der Maas, Fkr. (Meurthe-et-Moselle), *ca.* 8000 Einw.; ehem. Bistum (seit 4. Jhdt., bei der französischen Revolution aufgehoben); *dav.*: **Tullēnsĭs,** ĕ.
Tŭllŭm Leucōrŭm *n. s.* Tullum.
Tŭllŭm Luscōrŭm *n. s.* Tullum.
Tŭlūsă, ae *f. s.* Tolosa.

tŭm *adv.* 1. dann, alsdann, damals. 2. darauf, hierauf, ferner. 3. **tŭm — tŭm** bald — bald.

tumbă, ae *f.* 1. Grab. 2. Totenbahre, Sarggestell, Tumba, Katafalk, Trauergerüst (*bei feierlichen Seelenämtern*).

tŭmĕō, ŭī 2 1. schwellen, strotzen. 2. vor Stolz aufgeblasen sein.

tŭmēscō, tŭmŭī 3 1. zu schwellen beginnen. 2. aufbrausen, in Zorn geraten.

tŭmĭdŭs 3 1. anschwellend, schwellend. 2. aufgeblasen, stolz, übermütig. 3. schwanger.

tŭmŏr, ōrĭs *m.* 1. Anschwellung, Geschwulst. 2. Aufgeblasenheit. 3. Zorn, Unwille.

tŭmŭlō 1 begraben, bestatten.

tŭmŭlōsŭs 3 hügelig.

tŭmultŭārĭŭs 3 in aller Hast geschehen *oder* gemacht; ungeordnet.

tŭmultŭātĭm *adv.* in Eile, in Hast.

tŭmultŭātĭō, ōnĭs *f.* das Lärmen.

tŭmultŭō *u.* **tŭmultŭŏr** 1 lärmen, toben.

tŭmultŭōsŭs 3 voll Lärm, unruhig.

tŭmultŭs, ūs *m.* 1. Lärm, Getöse. 2. Aufruhr, Aufstand. 3. Kriegslärm, Streifzug.

tŭmŭlŭs, ī *m.* 1. Erdhügel, Grabhügel. 2. Grabmal.

tunc *adv.* dann, damals; ex tunc von da ab (*Ps.* 92, 2); ex tunc = in quo tempore = quando = wann (*Ps.* 75, 8); quae non rapui, tunc exsolvebam: wo ich nicht geraubt habe, da soll ich erstatten (*Ps.* 68, 5).

tundō, tŭtŭdī, tūnsŭm u. tūsŭm 3 stoßen, zerstoßen, zerstampfen.

Tunēs, ētĭs *m.* (Tunesium, ὁ Τύνης) Tunis, Hafenst. am Mittelmeere, südwestl. von Karthago, Nordafrika (Tunesien), *ca.* 175 000 Einw.

Tunēsĭŭm, ī *n.* *s.* Tunes.

Tungrēnsĭs, ĕ *s.* 2. Tungri.

1. **Tungrī,** ōrŭm *m.* die Tongern, eine Völkerschaft in Belgien im Gebiete von Lüttich.

2. **Tungrī,** ōrŭm *m.* (Aduatuca *oder* Civitas Tungrorum) Tongern, St. i. am Geer (zur Maas), Belgien (Limburg), *ca.* 10 000 Einw.; *dav.*: **Tungrēnsĭs,** ĕ (Tongrēnsĭs, ĕ).

tŭnĭcă, ae *f.* 1. Leibrock, Unterkleid, das gewöhnlich mit nur kurzen Ärmeln versehene unmittelbar auf dem Leib getragene Untergewand der römischen Männer und Frauen, das bis an die Knie reichte; die römischen Bürger trugen darüber die Toga, die Römerinnen die Stola *oder* Palla. 2. das gewöhnliche Hauptkleid der Mönche, die talarähnliche Kutte, über welcher Skapulier und Chormantel getragen werden.

Ss. Tŭnĭcă D. N. I. Chr., Fest des hl. Leibrockes des Herrn.

Als Papst Silvester auf Bitten der Kaiserin Helena Agritius als Bischof nach Trier sandte, brachte letzterer unter anderen Schätzen auch den Leibrock oder die Tunica des Herrn mit dorthin und verwahrte sie in einem geheimen Gelasse der Hauptkirche, wo sie viele Jahrhunderte hindurch unbekannt verblieb. Erst Erzbischof Johannes fand sie wieder im Jahre 1196 und verschloß sie im Altare des hl. Petrus. Sie ist Handarbeit von nahezu purpurroter Farbe. Das Gewebe ist gleichmäßig, ohne Falten, ohne Naht, die Fäden dicht, einer über dem anderen liegend. Eine geheime Macht geht von dem Kleide aus, so daß es vor Augen gehalten seelische Bewegungen auslöst, ja Seufzer und Tränen gegen den Willen auspreßt. Nach der Auffindung i. J. 1196 ruhte das Kleid wieder in Verborgenheit, bis der Erzbischof Richard auf Bitten des Kaisers Maximilian i. J. 1512 den kostbaren Schatz mit den übrigen hl. Unterpfändern zur Verehrung ausstellte und vom Papst Leo X. erbat, daß die Verehrung alle sieben Jahre geschehen dürfe. Die feierlichste Ausstellung war 1844. — Fest: Mittwoch in der dritten Woche nach der Osteroktav (Trier).

tŭnĭcellă, ae *f.* Tunicella 1. das liturgische Gewand des Subdiakons. 2. ein vom Bischofe beim Pontifikalamte unter dem Meßgewande getragenes Gewand.

Tunquēn. (*C. R.*) *s.* 2. Tunquinum.

1. **Tunquīnŭm,** ī *n.* *s.* Tonquinum.

2. **Tunquīnŭm,** ī *n.* Tunja (*spr.*: tuncha; früher Hunsa), St. im Quellgebiete des Sogamoso, Colombien (Boyacá), *ca.* 15 000 Einw.; Bischofssitz (seit 1880), Suffr. v. Bogotá; *dav.*: **Tunquēnsĭs,** ĕ.

tūnsĭō, ōnĭs *f.* das Stoßen, das Schlagen, Stoß, Schlag.

turbă, ae *f.* (τύρβη) 1. Verwirrung, Lärm, Gedränge. 2. Volksmenge, Haufe, Masse.

turbāmentŭm, ī *n.* 1. Mittel zum Aufwiegeln. 2. Verwirrung, Unordnung.

turbātĭō, ōnĭs *f.* Verwirrung, Unordnung.

turbātŏr, ōrĭs *m.* Aufwiegler.

turbātrīx, īcĭs *f.* Aufwieglerin.

turbātŭs 3 aufgeregt, bestürzt.

turbĕn, ĭnĭs *n.* (*Nebenform von* 1. turbo) 1. Wirbelwind, Windsbraut. 2. Kreisel.

turbĭdō 1 trübe machen, trüben.

turbĭdŭs 3 1. stürmisch, unruhig. 2. heftig, zornig. 3. aufrührerisch; in turbĭdō piscārī: im Trüben fischen.

turbĭnĕŭs 3 wirbelnd.

1. **turbō,** ĭnĭs *m.* 1. Wirbel, Sturmwind. 2. Sturm, Unwetter; t. saxōrŭm: Steinhagel. 3. nĭgrī turbĭnēs: Höllenfeuer.

2. **turbō** 1 1. in Unruhe bringen, aufregen, verwirren, stören. 2. betrüben; *pass.*: sich beunruhigen.

turbŭlentĭă, ae *f.* Verwirrung.

turbŭlentŭs 3 aufgeregt, stürmisch.

Tūrcae, ārŭm *m.* die Türken.

Tūrcĭcŭs 3 türkisch.
turdŭs, ī *m.* 1. Drossel. 2. Krammetsvogel.
Turĕgŭm, ī *n.* *s.* Turicum.
Turenă, ae *f.* Turenne, Marktflecken, Fkr. (Corrèze).
tūrĕŭs 3 *s.* thureus.
turgĕō, tursī 2 geschwollen *oder* aufgelaufen sein; strotzen von; schwülstig sein.
turgēscō 3 aufschwellen; ergrimmen.
turgĭdŭs 3 angeschwollen, strotzend.
Turgoiă, ae *f.* *s.* Turgovia.
Turgoviă, ae *f.* (Turgoia) der Thurgau, Kanton in der Schweiz.
Tūrī, ōrŭm *m.* *s.* Taurinum.
Turiă, ae *m.* Guadalaviar, Fluß in Spanien.
Tŭrĭăsō, ōnĭs *m.* *s.* Tarasio.
tūrĭbŭlŭm, ī *n.* *s.* thuribulum.
Turĭcīn(ĭ)ŭs 3 *s.* Turicum.
Turĭcīnŭm, ī *n.* *s.* Turicum.
Turĭcŭm, ī *n.* (Turegum, Thuregum, Turicinum, Turicum Helvetiorum) Zürich, St., Schweiz, *ca.* 200000 Einw.; *dav.*: **Turĭcīnŭs** 3 *u.* **Turĭcīnĭŭs** 3; Turicin(i)ŭs lăcŭs = Züricher See.
Tŭrnăcŭm, *n.* *s.* Tornacum.
tūrĭfĕrārĭŭs, ī *m.* *s.* thuriferarius.
tūrĭfĭcātŭs, ī *m.* *s.* thurificatus.
turmă, ae *f.* Schar, Schwarm; Reiterschar, Schwadron, Trupp, Gruppe.
turmālĭs, ĕ zu einer (Reiter-) Schar gehörig.
turmātĭm *adv.* schwadronweise, scharenweise.
Tŭrŏnae, ārŭm *f.* *s.* Caesarodunum.
Tŭrŏnēn. (*C. R.*) *s.* Caesarodunum.
Tŭrŏnēs, ŭm *m.* Einw. von Tours, *s.* Caesarodunum.
Tŭrŏnī, ōrŭm *m.* *s.* Caesarodunum.
Tŭrŏnĭcŭs 3 aus Tours; *s.* Caesarodunum.
Tŭrŏnĭŭm, ī *n.* *s.* Caesarodunum.
turnŭs, ī *m.* (τόρνος) Reihenfolge, regelmäßiger Wechsel; pĕr turnŭm: der Reihe nach, in regelmäßigem Wechsel (*C. j. c.* 1576 § 3).
turpĭfactŭs 3 entsittlicht.
turpĭlŏquĭŭm, ī *n.* Schmutzgerede.
turpĭs, ĕ häßlich, schändlich, schimpflich, schmachvoll; schamlos.
turpĭtūdō, ĭnĭs *f.* Häßlichkeit, Schimpflichkeit; Schamlosigkeit.
turpō 1 entstellen, besudeln.
Turrēs, ĭŭm *f.* Porto Torres, St. im Golfe dell' Asinara, an der Nordküste Sardiniens; *ca.* 4000 Einwohner.
Turrĭs Fōrmōsă Torre-Hermosa, Marktflecken in Aragonien (Spanien).
turrĭs, ĭs *f.* (τύῤῥις) 1. Turm. 2. Schloß, Palast, Hochburg (*Ps.* 121, 7).
Turrĭtān. (*C. R.*) *s.* Sacceris.
turrītŭs 3 1. mit Türmen versehen 2. turmhoch.
Tursĭēn. (*C. R.*) *s.* Tursium.
tursĭt *pf.* zu torqueo (*statt*: torsit).
Tursĭŭm, ī *n.* Tursi, St., It. (Potenza), *ca.* 3000 Einw.; Bischofssitz, vereinigt mit Anglona, Suffr. v. Acerenza; *dav.*: **Tursĭēnsĭs,** ĕ.
turtŭr, turtŭrĭs *m.* Turteltaube.
turtŭrillă, ae *f.* Turteltäubchen (*zur Bezeichnung weichlicher Menschen*).
tūs, tūrĭs *n.* *s.* thus.
Tūscāniă, ae *f.* Toscanella, St., It. (Rom), *ca.* 5000 Einw.; Bistum vereinigt mit Viterbo; *dav.*: **Tūscānēnsĭs,** ĕ.
Tūscānēn. (*C. R.*) *s.* Tuscania.
Tūscĭă, ae *f.* Landschaft Tuszien, *j.*: Toskana (Mittelitalien).
Tūscŭlān. (*C. R.*) *s.* Tusculum.
Tūscŭlānŭs ăgĕr das Gebiet von Frascati bei Rom (Italien).
Tūscŭlŭm, ī *n.* Frascati, St. im Albaner Gebirge, It. (Rom), *ca.* 10000 Einw.; suburbikarisches Bistum; *dav.*: **Tuscŭlānŭs** 3.
tussĭō 4 husten, den Husten haben.
tussĭs, ĭs (acc. -ĭm *abl.* -ī) *f.* Husten.
Tustă, ae *f.* Taus, St., Böhmen, *ca.* 4000 Einw.
tūtāmĕn, ĭnĭs *n.* *u.* **tūtāmentŭm,** ī *n.* Schutzmittel, Schutz.
tūtātĭō, ōnĭs *f.* Beschützung.
tūtātŏr, ōrĭs *m.* Beschützer.
1. **tūtĕ** du sogar (*verstärktes*: tū).
2. **tūtē** *adv.* *von*: tutus.
tūtēlă, ae *f.* 1. Schutz, Obhut; lēgĭtĭmă tūtēlă: gerechte Selbstverteidigung (*C. j. c.* 2205; *s. auch*: moderamen). 2. a) *act.*: Beschützer, Hort. b) *pass.*: Schützling. 3. Vormundschaft.
Tutelă, ae *f.* (Tyle castrum) Tulle, St. an der Corrèze, Fkr. (Corrèze), *ca.* 12000 Einw.; Bischofssitz (seit 1317), Suffr. v. Bourges; *dav.*: **Tutelēnsĭs,** ĕ.
tūtēlārĭs, ĕ schützend, Schutz-; **angĕlŭs tūtēlārĭs**: Schutzengel.
tūtēlārĭs, ĭs *m.* Schutzpatron.
tūtēlārĭŭs 3 behütend, vormundschaftlich.
Tutĭcŭm, ī *n.* (Fodiana ecclesia) Foggia, St. in Apulien, It. (Foggia), *ca.* 50000 Einw.; Bischofssitz (seit 1855), exempt.
tūtĭŏrismŭs, ī *m.* Sicherheitslehre, *wonach nur sichere Beweise gelten* (*in der Moral*).
1. **tūtō** *adv.* (*von* tutus) mit Sicherheit, sicher.
2. **tūtō** 1 *s.* 1. tutor.
1. **tūtŏr** 1 (tuto) sichern, sicherstellen, beschützen, bewahren; abwehren.

2. **tūtŏr,** ōrĭs *m.* 1. Beschützer. 2. Vormund, Kurator.
tūtōrĭŭs 3 vormundschaftlich.
tūtŭm, ī *n.* Sicherheit.
tūtŭs 3 1. sicher, gefahrlos; *adv.*: tūtē *u.* tūtō. 2. vorsichtig, behutsam.
tŭŭm, ī *n.* das Deinige; deine Pflicht, Angelegenheit; *pl.*: tŭă, ōrŭm *n.* deine Angelegenheiten, dein Vermögen.
1. **tŭŭs** 3 dein; *subst.*: der Deinige; *pl.*: die Deinigen, deine Angehörigen.
2. **tŭŭs,** ī *m. s.* 1. tuus.
Tȳănă, ōrŭm *n.* (*Τύανα, Τυανίς*), Tyana, Stadt am Taurusgebirge in Kleinasien (Kappadokien), *j.*: Kiz *oder* Kilis Hissar; *dav.*: **Tȳănaeŭs** 3.
Tȳchĭcŭs, ī *m.* (*Τυχικός*) Tychikus, Schüler u. Begleiter des hl. Apostels Paulus (*Act.* 20, 4).
Tȳlē castrŭm, ī *n. s.* Tutela.
tympănistrĭă, ae *f.* (*τυμπανίστρια*) Paukenschlägerin; *übtr.*: Maria als Vorsängerin (*des Magnificat*).
tympănistrĭŭs 3 paukenschlagend.
tympănīzō 1 (*τυμπανίζω*) die Handpauke schlagen.
tympănŭm, ī *n.* (*τύμπανον*) Handpauke, Tamburin.
tȳpă, ae *f. s.* typus 3.
tȳphōn, ōnĭs *m.* (*τυφών*) Wirbelwind, *der plötzlich entsteht und äußerst stürmisch ist*; *dav.*: **tȳphōnĭcŭs** 3.
tȳphōnĭcŭs ventŭs, ī *m.* (*τυφωνικός*) *s.* typhon (*Act.* 27, 14).
tȳphŭs, ī *m.* (*τῦφος*) Stolz.
tȳpĭcŭs 3 1. bildlich, vorbildlich; Muster-; ēdĭtĭō tȳpĭcă: Musterausgabe. 2. zum Drucke gehörig; gedruckt.
tȳpŏgrăphĭă, ae *f.* (*τυπογραφία*) Druckerei, Buchdruckerei.
tȳpŏgrăphĭcus 3 (*τυπογραφικός*) den Buchdruck betreffend, buchdruckerisch, zur Buchdruckerkunst gehörig; Druck-.
tȳpŏgrăphŭs, ī *m.* (*τυπόγραφος*) Buchdrucker.
tȳpŭs, ī *m.* (*τύπος*) 1. Bild, Figur. 2. Abbild, Schattenbild; Vorbild sein: tȳpŭm gĕrĕrĕ. 3. (*auch*: tȳpă) Druckbuchstabe, Drucktype; tȳpīs ēdĕrĕ, tȳpīs imprĭmĕrĕ: im Drucke herausgebend, drucken (lassen) (*C. j. c.* 1388).
tȳrannĭcē *adv.* tyrannisch, despotisch, nach Art der Gewaltherrscher.
tȳrannĭcīdă, ae *m.* Tyrannenmörder.
tyrannĭcīdĭŭm, ī *n.* Tyrannenmord.
tȳrannĭcŭs 3 (*τυραννικός*) tyrannisch, despotisch.
tȳrannĭs, ĭdĭs *f.* (*τυραννίς*) Gewaltherrschaft, Zwangsherrschaft, Tyrannei, Despotie.
tȳrannŭs, ī *m.* (*τύραννος*) 1. Herr, Gebieter, unumschränkter Alleinherrscher. 2. Gewaltherrscher, Zwingherr, Despot, Tyrann, Wüterich.
Tȳrannŭs, ī *m.* (*Τύραννος*) Tyrannus, wahrscheinlich ein angesehener Gelehrter (Philosoph) in Ephesus zur Apostelzeit (*Act.* 19, 9).
Tȳrās, ae *m.* (*Τύρας*) Dniestr, Fluß in Südrußland, mündet ins Schwarze Meer.
Tȳrēn. (*C. R.*) *s.* Tyrus.
Tȳrĭŭs 3 1. aus Tyrus. 2. aus tyrischem Purpur, purpurn.
Tyrĭŭs, ī *m.* Tyrier, ein Einwohner von Tyrus. 2. die in Judäa u. Jerusalem ansässigen H a n d e l s l e u t e, *die mit den Seestaaten verkehrten* (2 *Esdr.* 13, 16).
Tyrnă, ae *f. s.* Tyrnavia.
Tyrnavĭă, ae *f.* (Tyrna, Tirna) Tyrnau (Tirnau, *ungar.*: Nagy-Szombat), St. an der Tyrnava, Ungarn (Preßburg), *ca.* 12000 Einw., Sitz eines Generalvikars des Erzbischofs von Gran.
tȳrō, ōnĭs *m. s.* tiro.
tȳrōcĭnĭŭm, ī *n. s.* tirocinium.
Tȳrŏs, ī *f. s.* Tyrus.
Tyrrhēnŭs 3 tyrrhenisch, etruskisch.
Tȳrŭs, ī *f.* (*Τύρος*) Sur, Hafenst. auf einer Halbinsel im Mittelmeere, Palästina (Beirut), *ca.* 6000 Einw.; melchitischer u. maronitischer Erzbischofssitz (seit 1856); Titularbistum des lateinischen Ritus; *dav.*: **Tȳrĭŭs** *u.* **Tȳrēnŭs** 3.
Tȳrŭs, ī *f.* (in Tuscia) Tiro, St. in Toscana, It.

U.

S. Ubaldŭs, ī *m.* hl. Ubald, Bek. u. Bischof von Gubbio (Mittelitalien), † 1160, 16. Mai.
Ubēdă, ae *f.* Ubeda, St., Spanien (Jaén), *ca.* 20000 Einw.
1. **ūbĕr,** ĕrĭs *n.* (*οὖθαρ*) 1. Euter, Zitze an Tieren. 2. säugende Mutterbrust. 3. Fruchtbarkeit.
2. **ūbĕr,** ĕrĭs 1. fruchtbar. 2. reichlich, ergiebig, saftig; ganz gesund: sĕnectă (*Ps.* 91, 15). 3. ausführlich.
ūbertās, ātĭs *f.* Fruchtbarkeit, reicher Ertrag, Reichtum.
ūbertim *adv.* reichlich.
ŭbī (ŭbī) *adv.* 1. *vom Orte*: wo *und* wohin. 2. *von der Zeit*: als, sobald als.
ŭbĭcumquĕ (ubicunque) *adv.* wo nur immer, überall.
ŭbĭcunquĕ *adv. s.* ubicumque.

Ubĭi, ōrŭm *m.* die Ubier, germanisches Volk am rechten Rheinufer von der Lahn bis unterhalb Kölns; später am linken Ufer.

Ubil *indecl. m.* (*hebr.*: Obil) Ubil, Israelit, Oberaufseher über die Kamelherden Davids.

ŭbĭlĭbĕt *adv.* wo es beliebt, überall.

ŭbĭnăm *adv.* (*fragend*) wo denn? wo denn nur? (*Deut.* 32, 26).

Ubĭŏpŏlĭs, ĭs *f.* (Ubierstadt) *s.* Colonia Agrippina.

Ubĭōrŭm arx, arcĭs *f. s.* Bonna.

ŭbĭquāquĕ *adv.* wo nur immer, überall wo; wo nur irgend.

ŭbīquĕ *adv.* wo es nur immer sei, überall.

ŭbīquĭtās, ātĭs *f.* Allgegenwart (*bes. des Leibes Christi, wie sie von den Neuerern des* 16. *Jhdts. mehrfach gelehrt wurde*).

ŭbĭŭbī *adv.* wo nur immer, überall.

ŭbĭvīs *adv.* wo du willst, wo es immer sei; sei es, wo es wolle; allenthalben, an jedem beliebigen Orte, überall.

Ucētĭă, ae *f.* Uzès, St., r. am Alzon, Fkr. (Gard), *ca.* 4000 Einw.

Uchal (*kein Name Prov.* 30, 1) *Prof. Ehrlich-Berlin liest hebräisch*: waa'kallen: „und dabei lasse ich es bewenden", (*Septuag.*: καὶ παύομαι).

1. **S. Udalrĭcus,** ī *m.* hl. Ulrich, Bek. u. Bischof von Augesburg († 973).

Er wurde in Schwaben als Sohn Hupolds und der Dietberga geboren und den Benediktinern von Sankt Gallen (Schweiz) zur Erziehung übergeben. Die gottselige Jungfrau Wiborada sagte ihm voraus, er werde Bischof werden. Er erhielt in der Tat i. J. 955 das Bistum Augsburg (Bayern). Jeden Tag sang er in seiner Domkirche mit seinen Geistlichen das göttliche Offizium; auch betete er täglich den ganzen Psalter. Gegen die Notleidenden war er sehr wohltätig. Er versöhnte Kaiser Otto I. mit seinem aufrührerischen Sohne Ludolf. Als die Ungarn seine Bischofsstadt bedrohten, erreichte er es durch inbrünstiges Gebet, daß sie, ohne Schaden anzurichten, wieder abzogen. Er ließ sich gern aus den Lebensbeschreibungen der Kirchenväter und aus den Schriften Papst Gregors des Großen vorlesen. Von Papst Johannes XV wurde er im Jahre 993 feierlich unter die Schar der Heiligen aufgenommen. — 4. Juli. (Augsburg, Bamberg, Chur, Eichstätt, Sankt Gallen, München-Freising, Münster, Paderborn, Regensburg, Rottenburg, Salzburg, Triest). —

Fest der Übertragung: Im Jahre 1083 wurde Kirche und Kloster Sankt Ulrich und Afra durch Brand zerstört. Erst fünf Jahre später wurde in einer Nische der hl. Leib wieder gefunden und in Anwesenheit des Kaisers Friedrich I., vieler Erzbischöfe und Bischöfe in die neue Kirche übertragen. Im Jahre 1762 ließ Bischof Joseph aus dem Geschlechte der Landgrafen von Hessen den hl. Leib (auf Grund der amtlichen Aufzeichnungen nach der ersten Übertragung) wieder aufsuchen. Das Meßgewand war gut erhalten. Drei Ärzte und drei Chirurgen untersuchten den hl. Leib. Dann wurde er wieder verschlossen, die frühere Gruft in eine Kapelle umgewandelt und der Leib wieder beigesetzt. — 13. Mai. (Augsburg).

2. **S. Udalrĭcŭs,** ī *m.* (Ulrīcŭs) hl. Ulrich, Priester, Bek. u. Mönch, († 1093).

Er stammte aus Regensburg und war dort 1029 geboren; sein Vater hieß Bernold und war Freund Kaiser Heinrichs III. Ulrich kam schon früh an den Hof des Kaisers, doch nahm ihn sein Oheim, der Bischof von Freising, bald unter die Schar der Zöglinge auf und weihte ihn zum Diakon. Ulrich wurde in der Folge Propst der Domkirche zu Freising. Er machte eine Pilgerfahrt ins heilige Land und besuchte den Abt Hugo von Cluny (Fkr.) in Begleitung des Domherrn Gerald, der später Bischof von Ostia (Italien) wurde. Im Kloster zu Cluny nahm er das Ordensgewand und empfing die hl. Priesterweihe. Er sollte nun das Benediktinerinnenkloster Marcigny-les-Nonnains (Saône-et-Loire), das ums Jahr 1000 gegründet war, leiten; doch zwang ihn ein Augenübel, nach Cluny zurückzukehren. Später errichtete er im Schwarzwald ein Kloster, das nach ihm alsbald Ulrichszell genannt wurde. Er begab sich dann zu dem Abte Wilhelm im Kloster Hirsau (im heutigen Württemberg), auf dessen Bitten er die Consuetudines Cluniacenses schrieb. Er starb dort erblindet am 14. Juli. — 11. Juli (Freiburg) und 14. Juli (Lausanne-Genf).

Udalrĭcŭs, ī *m.* Ulrich: 1. er wurde als Klosterschaffner in Altkirch vom hl. Meinrad geheilt. 2. Ulrich III., Abt v. Sankt Gallen (um 1806); er brachte den Leib der Martyrin Fides nach Sankt Gallen. 3. ein König von Böhmen (11. Jhdt.). 4. ein Bischof v. Passau (15. Jhdt.).

Udō, ōnĭs *m.* Udo, Bischof v. Trier (11. Jhdt.).

ūdōnēs, ŭm *m.* Strümpfe.

ūdŭs 3 feucht, naß (*vgl.*: uvidus).

Uel *indecl. m.* (*hebr. wohl richtig*: Ioel) Uel, ein Jude, der nach dem babyl. Exil sein fremdes Weib entließ.

Ugō, ōnĭs *m.* Ugo, Bruder des hl. Johannes Gualbertus (11. Jhdt.).

B. Ugōlīnŭs Zĕphȳrīnŭs, sel. Ugolin Zephyrin, Bek. († 1370).

Er wurde zu Cortona in Etrurien geboren und hegte eine innige Andacht zur Mutter Gottes. Während eines Bürgerzwistes ging er nach Mantua. Dort wurde er von Ludwig Gonzaga freundlichst aufgenommen. Er trat hier in den Augustinerorden ein und entfaltete als Priester eine segensreiche Tätigkeit. Auf Befehl seiner Oberen mußte er sich nach Cortona begeben. Um sich der allgemeinen Verehrung der Bewohner dieser Stadt zu entziehen, flüchtete er in die Einöde zum hl. Onyphrius und widmete sich ganz dem Gebete und der Betrachtung. Er starb im Alter von fünfzig Jahren. Aus seiner Seite wuchsen Lilien zum Zeichen seiner unbefleckten Reinheit. Auf seine Anrufung hin geschahen zahlreiche Wunder an Halsleidenden, Fieberkranken und Blutflüssigen. — 22. März (Aug.-O.).

Uguccio Uguccĭōnŭm Ricovero di Uguccione, vornehmer Florentiner aus dem 13. Jahrhundert, einer der sieben Gründer des Servitenordens.

Ulai *indecl.* Euläus, Fluß, der in Medien entspringt, an Susa vorbeifließt und die Grenze zwischen den Landschaften Susiana und Elymäus bildet (*Dan.* 8, 2. 16).

Ulam *indecl. m* (*hebr.*) Ulam, 1. ein Israelit aus dem Stamme Manasse (Urenkel des Manasse?). 2. ein

Israelit aus dem Stamme Benjamin, Erstgeborener des Esek.
ulcĕrātĭō, ōnĭs *f.* 1. das Schwären, das Eitern. 2. Geschwür.
ulcĕrō 1 schwären lassen, wund machen.
ulcĕrōsŭs 3 voller Geschwüre.
ulcīscŏr, ultŭs sŭm 3 1. sich an jemand rächen; etwas strafen, rügen; oft auch **se** ulscisci; *außer mit doppeltem acc. verbunden mit:* a) *de aliquo*: ulti sunt de inimicis suis. b) *contra*: ulciscimini contra me. c) *in aliquem*: ulciscens in hostes suos die Feinde ganz überwindend. d) *in aliquo*: in gente tali non ulciscetur anima mea. 2. für jemand Rache nehmen.
ulcŭs, ĕrĭs *n.* Geschwür; Wunde.
ulcuscŭlŭm, ī *n.* das kleine Geschwür.
Ulfō, ōnĭs *m. s.* Ulpho.
ūlīgō, gĭnĭs *f.* 1. Nässe, Feuchtigkeit des Bodens. 2. Morast.
Ulissīpō, ōnĭs *f.* (Ulyssipo, Olysippo) Lissabon, Hauptstadt v. Portugal; *ca.* 489000 Einw.; *vgl.* Olysippo.
ullŭs 3 irgendein, irgend jemand.
Ulmēnsĭs, ĕ zur Stadt Ulm (Württemberg) gehörig.
ulmŭs, ī *f.* Ulme.
ulnă, ae *f.* 1. Ellbogen, die Elle. 2. Arm.
Ulphō, ōnĭs *m.* Ulpho *oder* Wulf, Fürst von Nerike in Schweden, Gemahl der hl. Brigitta, Vater der hl. Katharina von Schweden; er wurde später Cistercienser in Alvastra und starb im Jahre 1344.
S. Ulrīcī fānŭm, ī *n.* Sankt Ulrich, Dorf, Tirol.
Ultānŭs, ī *m.* Ultan, Mönch im Kloster Vasne an der Sambre, Fkr., Bruder des hl. Martyrers Fursacus (7. Jhdt.).
ultĕr, tră trŭm *ungebräuchlicher Positiv zum*: I. *compar.*: **ultĕrĭŏr, -ĭŭs** jenseits befindlich, darüber hinaus, entfernter. II. *superl.*: **ultĭmŭs** 3 1. der äußerste, entfernteste, letzte; *subst.* ultĭmŭm, ī *n.* äußerste Grenze; Ende, Schluß; letzter Augenblick. 2. der ärgste, schlimmste; *subst.* ultimum, ī das Ärgste, der höchste Grad. 3. der niedrigste, geringste.
ultĕrĭŏr, ōrĭs *s.* ulter.
1. **ultĕrĭŭs,** ōrĭs *n. s.* ulter.
2. **ultĕrĭŭs** *adv.* (*zu* ultra) weiter.
ultĭmātĭm *adv.* zuletzt.
ultĭmē *adv.* zuletzt.
ultĭmō *adv.* (*scil.*: lŏcō), zuletzt, zum letzten Male; endlich.
1. **ultĭmŭm** *adv.* zum letzten Male.
2. **ultĭmŭm,** ī *n.* die äußerste Grenze.
ultĭmŭs, ī *m.* der letzte (*vgl.* ulter *superl.*); ultimae voluntates: letztwillige Verfügungen (*C. j. c.* 1513 § 2).
ultĭō, ōnĭs *f.* Rache, rächende Strafe.
Ultōnĭă, ae *f.* Ulster, Provinz in Irland.
ultŏr, ōrĭs *m.* 1. Rächer. 2. Feind (*Ps.* 8, 3).
ultrā I. *adv.* darüber hinaus, jenseits, weiterhin; non ultra nicht mehr. II. *praep. c. acc.* 1. jenseits: ultra montes = außerhalb Italiens (von Rom aus). 2. über, mehr als, länger als.
Ultrāiectēn. (*C. R.*) s. Ultraiectum.
Ultrāiectīnŭs 3 s. Ultraiectum.
Ultrāiectŭm, ī *n.* (Trāiectŭm ad Rhenum) Utrecht, St. zwischen Niederrhein u. Zuidersee, Niederlande (Holland), *ca.* 140000 Einw.; Erzbischofssitz (seit 1853; 7. Jhdt. bis 1561 Bistum; 1602—1853 Apostol. Vik.); *dav.*: **Ultrāiectēnsĭs,** ĕ *u.* **Ultrāiectīnŭs** 3.
ultrīx, īcĭs *f.* Rächerin; *auch adj.*: rächend: manus.
ultrō *adv.* 1. jenseits, drüben. 2. noch dazu, obendrein. 3. von selbst, unaufgefordert.
ultrōnĕŭs 3 freiwillig, eigenmächtig: pulsus campanarum.
ŭlŭlă, ae *f.* Kauz, Käuzchen (eine Eulenart) (*Js.* 13, 22).
Ulyssīpō, ōnĭs *f. s.* Olysippo *u.* Ulissipo.
Ulyssīpōns, ontĭs *f. s.* Ulissipo.
umbellă, ae *f.* 1. Schirm. 2. Baldachin.
umbĭlīcŭs, ī *m.* 1. Nabel. 2. Leib (*Prov.* 3, 8).
umbō, ōnĭs *m.* 1. Buckel. 2. Vorgebirge.
umbră, ae *f.* 1. Schatten, Dunkelheit, Finsternis, Nacht. 2. Ruhe, Schutz (*Ps.* 16, 8).
umbrācŭlŭm, ī *n.* 1. schattiger Ort, Laube, Laubhütte, Schattendach (*Js.* 1, 8). 2. Studierzimmer, Lehrzimmer. 3. Sonnenschirm.
umbrātĭlĭs, ĕ (umbraticus) 1. im Schatten befindlich; schattenhaft. 2. häuslich; friedlich, ruhig; beschaulich. 3. schulmäßig.
Umbrī, ōrŭm *m.* die Umbrer in Mittelitalien.
Umbrĭă, ae *f.* Umbrien, Landschaft, Italien.
umbrĭfĕr, fĕră, fĕrŭm schattenspendend, schattig.
umbrō 1 1. *intr.*: Schatten geben. 2. *trans.*: beschatten.
Umbrōsă vallĭs *f.* Vallombrosa in Toskana (Italien), Stammkloster der Vallombrosaner (eines Zweiges des Benediktinerordens) an der Nordwestseite des Berges Pratomagno bei Camaldoli.
umbrōsŭs 3 beschattet, schattenreich. dicht umschattet.
umectō 1 *s.* humecto.
umĕō 2 *s.* humeo.
ŭmĕrŭs, ī *m. s.* humerus.
ūmĭdŭs 3 *s.* humidus.

ūmŏr, ōrĭs *m. s.* humor.
umquăm *adv. s.* unquam.
ūnā *adv. s.* unus.
ūnăcūm *adv. s.* unus.
ūnănĭmĭs, ĕ *s.* unanimus.
ūnănĭmĭtās, ātĭs *f.* Einmütigkeit, Eintracht.
ūnănĭmŭs 3 (ūnănĭmĭs, ĕ) 1. einmütig, einträchtig; *adv.*: **ūnănĭmĭtĕr.** 2. gleichwertig (*Ps.* 54, 14).
uncātŭs 3 einwärts gebogen, gekrümmt.
uncĭă, ae *f.* ein Zwölftel, $^1/_{12}$ Aß; Unze.
uncĭālĭs, ĕ 1. zollgroß. 2. mit großem Anfangsbuchstaben.
uncĭātĭm *adv.* hellerweise; nach und nach.
uncĭnŭs, ī *m.* Haken, Widerhaken.
ūnctĭō, ōnĭs *f.* Salbung; Extrēmă Unctĭō: Sakrament der letzten Ölung.
ūnctŏr, ōrĭs *m.* Salber.
ūnctōrĭŭm, ī *n.* Salbenzimmer.
ūnctūră, ae *f.* das Salben; das Einbalsamieren.
ūnctŭs 3 gesalbt.
1. **uncŭs,** ī *m.* Haken, Widerhaken.
2. **uncŭs** 3 hakig, gekrümmt.
undă, ae *f.* Welle, Woge, Wasser.
undĕ *adv.* 1. woher, wovon, von wem, woraus. 2. deshalb, daher.
ūndĕcĭēs *adv.* elfmal.
ūndĕcĭm elf.
ūndĕcĭmŭs 3 der elfte.
undĕcumquĕ (undĕcunquĕ) *adv.* woher auch immer.
ūndēnārĭŭs 3 elf enthaltend.
ūndēnī 3 je elf.
ūndēnōnāgēsĭmŭs 3 der neunundachtzigste.
ūndēnōnāgintā neunundachzig.
ūndēoctōgintā neunundsiebzig.
ūndēquadrāgēsĭmŭs 3 der neununddreißigste.
ūndēquadrāgintā neununddreißig.
undĕquāquĕ *adv.* von jeder Seite her.
ūndēquīnquāgintā neunundvierzig.
ūndēsēxāgintā neunundfünfzig.
ūndētrīcēsĭmŭs 3 der neunundzwanzigste.
ūndēvīcēnī 3 je neunzehn.
ūndēvīcēsĭmŭs 3 der neunzehnte.
ūndēvīgintī neunzehn.
undĭquĕ *adv.* von überall her, von allen Seiten.
undō 1 wallen, wogen, Wellen schlagen.
undōsŭs 3 wellenreich, stürmisch, heftig.
Ungershēmĭŭm, ī *n.* Ungersheim bei Gebweiler (Oberelsaß).
Unghavarīnŭm ī *n.* (Munkacsiensis ecclesia) Munkács, St., l. am Latorcza (r. zur Theiß), Ungarn (Bereg), *ca.* 15000 Einw.; griech.-kath. Bistum (seit 1771), Sitz in Ungvár, Suffr. v. Gran.

ungō, ūnxī, ūnctŭm 3 (unguo) salben; ungĕrĕ ĭn rēgĕm: zum Könige salben.
unguĕn, ĭnĭs *n. s.* unguentum.
unguentārĭă, ae *f.* Salbenmacherin (1. *Reg.* 8, 13).
unguentārĭŭm, ī *n.* Salbengefäß.
unguentārĭŭs, ī *m.* Salbenhändler.
unguentŭm, ī *n.* (unguen) Fett; Salbe, Salböl.
unguĭs, ĭs *m.* 1. Nagel, Kralle; Huf, Klaue, Tatze. 2. *pl.*: unguēs, ĭŭm: eiserne Krallen (*ein Marterwerkzeug, womit die Haut u. das Fleisch aufgerissen wurden; vgl.* ungula *pl.*). 3. ăd unguĕm: bis aufs Haar, auf genaueste.
unguō, ūnxī, ūnctŭm 3 *s.* ungo.
ungŭlă, ae *f.* 1. Huf, Pferdehuf. 2. Kralle, Klaue; plăcēbĭt Dĕō sŭpĕr vĭtŭlŭm novellŭm cornŭă prōdūcentĕm ĕt ungŭlās: es wird Gott besser gefallen als ein junger Stier, dem Hörner und Klauen (Zweihufe, Doppelhufe) wachsen (*Ps.* 68, 32); *der Ausdruck bezeichnet ein einjähriges Rind, bei welchem sich schon die Hörner und die gespaltenen Hufe zeigen und das deshalb* (*nach Lev.* 9,3) *das Gott wohlgefälligste Opfertier ist.* 3. ungula (ὄνυξ) der Seenagel (?) (*Ecclus* 24, 21), ein Bestandteil der vier Mischungen des hl. Rauchwerkes (*Ex.* 30, 34), auch in der Vulgata onyx genannt. *Manche verstehen darunter die Decke der roten Meeresmuschel, die beim Verbrennen einen angenehmen Geruch verbreitet und auch Seenagel, Teufelsklaue, Räucherklaue* (*unguis odoratus*) *genannt wird. Ob darunter die Fingerschnecke* (*Pteroceras lambis L.*)*, deren Muschelfinger- oder nagelförmige Fortsätze hat, oder eine Art Strombus, d. h. Flügelschnecke mit eiförmiger Muschel, gemeint ist, bleibt dahingestellt. Andere halten ὄνυξ, ungula für eine schiefe Übersetzung des hebräischen Wortes „Schecheleth" und verstehen darunter ein Pflanzenharz, etwa das Gen.* 2, 12 *erwähnte Bdellium* (*Weinpalme*)*; auch die Wurzel für Schecheleth: „schälen, schneiden" schließt nicht aus, daß dieses Räucherwerk durch Schälen oder Schneiden der Rinde eines Strauches* (*einer Pflanze*) *gewonnen wurde. Zudem ist die Verwendung eines tierischen Produktes beim hl. Räucherwerk unwahrscheinlich.* 4. *pl.*: ein Marterwerkzeug: die Kralle (*vgl.*: unguis 2).
ūnĭcē *adv.* einzig, ausschließlich; außerordentlich.
ūnĭcĭtās, ātĭs, *f.* die Einzigkeit; Unteilbarkeit.

ūnĭcŏlŏr, ōrĭs einfarbig.
ūnĭcornĭs, ĭs *m.* das Einhorn; ūnĭcornĭŭm sanctĭfĭcĭŭm Einhornsheiligtum (*d. h. so fest und dauerhaft wie ein Horn*).
ūnĭcŭs 3 1. einzig, alleinig. 2. einzigartig, vorzüglich. 3. einsam, verlassen (*z. B. Ps.* 21, 10 *u.* 34, 7).
ūnĭfōrmĭs, ĕ einförmig, eintönig; gleichmäßig.
ūnĭfōrmĭtās, ātĭs *f.* Einförmigkeit, Gleichmäßigkeit.
1. **ūnĭgĕnă,** ae *m. u. f.* Bruder, Schwester (*d. i. von einerlei Geburt*).
2. **ūnĭgĕnă,** ae *adj.* 1. allein geschaffen, einzig. 2. allein gezeugt, eingeboren: Fīlĭŭs (*Hymn, Vesp. Pretioss. Sanguinis*).
ūnĭgĕnĭtŭs 3 eingeboren, einzig.
ūnĭlătĕrālĭs, ĕ einseitig, *z. B.*: Vertrag.
ūnĭmănŭs 3 einhändig.
1. **ūnĭō** 4 vereinigen.
2. **ūnĭō,** ōnĭs *f.* 1. die Eins, Einheit. 2. Einigkeit. 3. Einigung; Vereinigung, Verein: ūnĭōnēs pĭae: fromme Vereine.
3. **ūnĭō,** ōnĭs *m.* die einzelne *oder* große Perle; Zahlperle.
ūnĭtās, ātĭs *f.* 1. Einheit, Einigkeit. 2. Einzigkeit, Einzahl, der Einer. 3. Nichtgeteiltheit.
ūnĭtĕr *adv.* in eins verbunden.
ūnĭtīvŭs 3 einigend; auf Vereinigung (*mit Gott*) bezüglich.
ūnĭŭs mŏdī *adv.* von einerlei Art.
ūnĭversālĭs, ĕ allgemein.
ūnĭversālĭtās, ātĭs *f.* 1. Allgemeinheit. 2. Gesamtheit.
ūnĭversālĭtĕr *adv.* im allgemeinen, im ganzen, überhaupt.
ūnĭversē *adv.* im allgemeinen, im ganzen, überhaupt.
ūnĭversī 3 (*pl. v.* universus) alle insgesamt, alle zusammen, alle Welt.
ūnĭversĭm *adv.* im allgemeinen.
ūnĭversĭtās, ātĭs *f.* 1. Gesamtheit, Ganzes; Allgemeinheit; ūnĭversĭtās causārŭm (nĕgōtĭātĭōnŭm): Gesamtheit der Angelegenheiten (der Amtsgeschäfte). 2. *als Gesamtheit der Wissenschaften*: Universität, Hochschule. 3. Weltall, Welt, Schöpfung.
ūnĭversŭm, ī *n.* 1. Gesamtheit. 2. Weltall.
ūnĭversŭs 3 1. sämtlich, ganz. 2. allgemein; grundsätzlich. 3. ĭn ūnĭversŭm: im ganzen, im allgemeinen, überhaupt. 4. universa vanitas omnis homo = voll und ganz ist ja der Mensch ein Nichts (*Ps.* 38, 6).
ūnĭvŏcātĭō, ōnĭs *f.* einheitliche *oder* gleiche Benennung mehrerer Dinge, *die auch dem Wesen nach gleich sind.*
ūnĭvŏcē *adv.* nach Art (im Sinne) der Gleichnamigkeit und Gleichartigkeit.
ūnĭvŏcŭs 3 (συνώνυμος) gleichnamig und (dabei) gleichartig.
unquăm (umquam) *adv.* irgend einmal, je, jemals.
ūnŭs 3 (*gen.*: ūnĭŭs *u.* ūnī; *dat.*: ūnī u. ūnō) 1. ein; einer, eine, eines; *beim Datum*: der erste; ūnă dĭēs: der erste Tag im Monat; annō ūnō regnī ēiŭs: im ersten Jahre seiner Regierung; ūnā sabbatī: der erste Tag der Woche, Sonntag (*Joh.* 20, 1). 2. ein einziger, alleinig, bloß, nur. 3. ein und derselbe, der nämliche; ūnĭŭs mōrĭs: gleichgesittet. 4. einer, irgendeiner; ūnŭs ĕt altĕr (*oder* alter — alter *bzw.* alterve) der und jener, etliche; ūnŭs dē princĭpĭbŭs: irgendein Fürst (*Ps.* 81, 7). 5. *abl. sing.*: unā *adv.*; ūnācŭm *und* ĭn ūnŭm: zusammen, gemeinschaftlich; zugleich; ĭn ūnŭm hăbĭtārĕ: zusammenwohnen (*Ps.* 132, 1). 6. *Hebraismus*: ūnăm pĕtĭī ... hanc rĕquīrăm = ūnŭm ... hŏc: um eines bitte ich, daß ich ruhe (*Ps.* 26, 4).
ūnusquisquĕ, ūnăquaequĕ, ūnŭmquidquĕ (*subst.*) *u.* ūnumquodquĕ (*adj.*), *gen.*: ūnĭuscŭiusquĕ, *dat.*: ūnīcuīquĕ jeder einzelne, ein jeder (*Lev.* 19, 11).
ūpĭlĭō, ōnĭs *m. s.* opilio.
Upsālēnsĭs, ĕ *s.* Upsalia.
Upsālĭă, ae *f.* (Upsalum) Upsála, St. an der Fyris, Schweden, *ca.* 30000 Einw.; *dav.*: Upsālēnsĭs, ĕ.
Upsālŭm, ī *n. s.* Upsalia.
ŭpŭpă, ae *f.* (ἔποψ) Wiedehopf.
1. **Ur** *indecl. m.* (*hebr.*: Licht, Feuer) Ur, Vater des Eliphat, eines Offiziers Davids.
2. **Ur** *indecl.* (*babyl.*: Uru; *hebr.* Ur Kasdim, *d. i.* Ur in Chaldaea) Ur: 1. Landschaft, westlich vom unteren Euphrat bis hinab zum persischen Golfe. 2. die Stadt Ur, Heimat Abrahams, deren Ruinen vielleicht die Reste von El-Mukajjar (el-Mogheir *oder* Moghair), *d. h.* die Stadt des Asphalts, südwestlich vom Euphrat, gegenüber den Mündungen des Schatt el-Hai, sind (*Gen.* 11, 38).
Urai *indecl. m.* (*hebr.*: Licht) Urai, Israelit aus dem Stamme Benjamin, Sohn des Bela (1. *Par.* 7, 7).
Urănĭŭs, ī *m.* (Oranius) Uran, Lehrer des hl. Pelagius (3. Jhdt.).
Uranŏpŏlĭs, ĭs *f.* (Οὐρανόπολις) Uranopolis, St., Kleinasien (Pisidien); Titularbistum, Suffr. von Ancyra.
Urbă, ae *f.* Orbach, Dorf, Schweiz (Waadt).
Urbānĭă, ae *f.* Urbania, St. am Metauro, südwestl. von Urbino, It. (Urbino),

ca. 2700 Einw.; Bistum *s.* Tifernum Metaurense (Sant' Angelo in Vado); *dav.*: **Urbāniēnsis,** ĕ.

Urbāniānŭs 3 von Urban; Constitutio Urbaniana: die Bestimmungen Urbans VIII. über Heilig- *u.* Seligsprechung.

Urbāniēn. (*C. R.*) *s.* Urbania.

urbānitās, ātis *f.* 1. das Stadtleben. 2. feine Bildung, Erziehung; feines Benehmen, Höflichkeit.

urbānitĕr *adv.* (*richtiger*: urbānē) 1. städtisch. 2. fein, höflich.

urbānŭs 3 1. fein gebildet. 2. witzig, launig, geistreich.

S. Urbānŭs, ī *m.* hl. Urban I. *u.* II. *s.* 2. Urbanus.

B. Urbānŭs, ī *m.* sel. Urban V. *s.* 2. Urbanus 5.

1. **Urbānŭs,** ī *m.* (Οὐρβανός) Urban, ein eifriger Christ u. Mitarbeiter des hl. Apostels Paulus.

2. **Urbānŭs,** ī *m.* Urban, *häufiger Papstname*: 1. hl. Urban I. (222—230), Mart., 25. Mai. 2. hl. Urban (1088 bis 1099), Bek., 19. August. 3. Urban III. (1185—1187). 4. Urban IV. (1261 bis 1264). 5. sel. Urban V. (1362 bis 1370), Bek., 19. Dez. 6. Urban VI. (1378—1389). 7. Urban VIII. (1623 bis 1644).

Urbĕventān. (*C. R.*) *s.* Urbeventum.

Urbĕventŭm, ī *n.* (Urbevetum, Orivetum, Urbsvetus) Orvieto, St. in Umbrien, It. (Perugia), *ca.* 7000 Einwohner; Bischofssitz (seit 6. Jhdt.), exempt; *dav.* **Urbĕventānŭs** 3 *u.* **Urbĕvētānŭs** 3.

Urbīciŭs, ī *m.* Urbicius, Stadtpräfekt von Rom (2. Jhdt.).

ūrbĭcŭs 3 zur Stadt (Rom) gehörig, städtisch, Stadt-.

Urbigĕnŭs pāgŭs, ī *m.* *s.* Verbigenus pagus.

Urbīnās, ātis *m.* *s.* Urbinum.

Urbīnātēn. (*C. R.*) *s.* Urbinum.

Urbīnŭm, ī *n.* (Urvinum Metaurense) Urbino, St. in Umbrien, l. am Metauro, It. (Pesaro), *ca.* 5000 Einw.; Erzbischofssitz (seit 1563; Bistum seit 6. Jhdt.); *dav.*: **Urbīnās,** ātis, *m.* Einw. *u.* **Urbīnātēnsis,** ĕ.

S. Urbĭtiŭs, ī *m.* hl. Urbitz, Bek. u. Bischof von Metz († um 420).

Er leitete 29 Jahre das Bistum. Seine hl. Gebeine gingen während der französischen Revolution verloren. — 20. März (Metz).

urbs, urbis *f.* Stadt, *bes.* die Stadt Rom.

Urbs Trāiectēnsis *f.* *s.* Trajectum ad Mosam.

Urbs vĕtŭs, urbis vĕtĕris *f.* *s.* Urbeventum.

ūrcĕŏlŭs, ī *m.* Kännchen.

ūrcĕŭs, ī *m*, Krug, Wasserkrug, Flasche.

Urci, ōrŭm *m.* *s.* Murcia, St. l. am Segura, Spanien (Murcia), *ca.* 115000 Einw.; Bischofssitz vom Bistum Cartagena.

Urcīniŭm, ī *n.* (Adiacensis ecclesia) Ajaccio, Hauptst. v. Korsika, Fkr., *ca.* 18000 Einw.; Bischofssitz (seit 7. Jhdt.), Suffr. v. Aix; *dazu*: **Adiacēnsis,** ĕ.

ūrēdō, inis *f.* 1. Brand an Pflanzen, Getreidebrand (*Gen.* 41, 6. 23). 2. brennendes Jucken.

Urgelitānă sēdēs *s.* Orgelium.

Urgellă, ae *f.* *s.* Orgelium.

Urgellēn. (*C. R.*) *s.* Orgelium.

Urgellŭm, ī *n.* *s.* Orgelium.

urgēns, entis dringend, dringlich; verpflichtend.

urgĕō, ursī 2 1. drängen, stoßen. 2. bedrängen, einengen, verschließen (*Ps.* 68, 16); hart zusetzen, belästigen, verfolgen. 3. mit Eifer betreiben, nicht ablassen von. 4. verpflichten, *bes. von Gesetzen.* (*C. j. c.* 21; 24; 33, 2).

Uri *indecl. m.* (*hebr.*: Licht ist Jahwe) Uri: 1. Israelit aus dem Stamme Juda, Adoptivvater des Künstlers Besleel. 2. Israelit, Vater des Gaber, eines Amtmanns Salomons in Galaad. 3. ein jüdischer Tempeltürhüter, der nach dem Exil sein ungesetzliches Weib entließ.

1. **Uria** *indecl. m.* (*hebr.*: Licht ist Jahwe) Uria, jüdischer Levit, der bei der ersten nachexilischen Gesetzesverlesung beteiligt war.

2. **Uriă,** ae *f.* Oria, St., It. (Lecce), *ca.* 9000 Einw.; Bischofssitz (seit 1591), Suffr. v. Tarent; *dav.* **Uritānŭs** 3.

3. **Uriă,** ae *f.* *s.* Urium.

Uriās, ae *m.* (*hebr.*: Jahwe ist Licht) Urias 1. ein Hettiter u. naturalisierter Israelit, Soldat Davids, der seiner Gattin, der späteren Königin Bethsabee, wegen, von David in den Tod geschickt wurde. 2. ein gottloser Hoherpriester z. Z. des Königs Achaz, der einen neuen Altar erbaute und darauf opferte. 3. ein Jude, Vater des Marimuth (Meremoth), der das nachexilische Jerusalem miterbaute. 4. ein Prophet zur Zeit König Joakims von Juda, der gegen Jerusalem weissagte (*Jer.* 26, 20).

Uriel *indecl. m.* (*hebr.*: Gott ist Licht) Uriel: 1. Levit aus der Linie Kaath, Sohn des Thahath. 2. ein anderer Levit. 3. Vater der Michaia (*richtig*: Maacha), der Mutter des Königs Abias von Juda; er hieß auch Abessalon. 4. Name eines Engels (4. *Esdr.* 4, 56).

Urim et Thumim *indecl.* (*hebr.*: urim, *pl. von* ur = Licht; thumim *von* thamim = vollständig, vollkommen) die vollkommene Erleuchtung; die göttliche Erleuchtung u. göttliche Leitung; *vgl.*: rătĭōnālĕ.

ūrīnă, ae *f.* (οὖρον) Urin, Harn (4 *Reg.* 18, 27).

ūrīnātŏr, ōrĭs *m.* Taucher.

ūrīnŏr 1 untertauchen, tauchen.

Urĭtān. (*C. R.*) *s.* 2. Uria.

Urĭtānŭs prĭncĭpātŭs Fürstentum Oria (Norditalien); Eigentum des hl. Karl Borromäus.

Urĭūm, ī *n.* (Uria) Euren, Marktflecken, Preußen (Rheinprovinz).

urnă, ae *f.* Topf, Krug, Urne, Geschirr.

urnŭlă, ae *f.* kleiner Topf, kleine Urne.

ūrō, ūssī, ūstŭm 3 1. brennen, verbrennen. 2. dörren, versengen, wundbrennen. 3. entzünden, entflammen; *pass.*: vor Leidenschaft glühen, unter dem Geschlechtstriebe leiden; von Neid gequält werden. 4. schaden: sol (*Ps.* 120, 6).

ursă, ae *f.* Bärin.

Ursăcĭŭs, ī *m.* ein arianischer Bischof von Belgrad (Serbien).

Ursărĭă, ae *f.* 1. Ursern, Tal Orsera am Sankt Gotthard (Schweiz). 2. Orsera, Ort bei Pola (Istrien). 3. Orsero, Ort in der Bretagne (Fkr.); *dav.*: **Ursarĭēnsēs,** ĭŭm *m.* Einw.

Ursĭānă aedēs *f.* Kirche des hl. Ursus in Ravenna.

Ursĭcampŭs, ī *m.* Ourscamp, ehem. Cistercienserkloster, Fkr., Diöz. Beauvais.

Ursĭcīnī mŏnastērĭŭm, ī *n,* Sankt Ursitz, Schweiz (Bern).

1. **S. Ursĭcīnŭs,** ī *m.* hl. Ursizin, Mart., Arzt in Ravenna, Ende des 1. Jhdts.

2. **S. Ursĭcīnŭs,** ī *m.* hl. Ursizin, Bek. († um 620).

Er war Schüler des hl. Kolumban und lebte im Kloster zu Luxeuil (Fkr.). Als der hl. Kolumban infolge der Ränke der Brunhilde durch Theodorich aus Frankreich vertrieben wurde, begab sich auch Ursizin in die Fremde und ließ sich am Bieler See in der Schweiz als Glaubensbote nieder. Nach längerer Zeit eilte er an die Ufer des Doubs und lebte dort als Einsiedler. Alsbald fanden sich mehrere Gesinnungsgenossen ein, und so kam es zur Gründung einer Ortschaft, die noch jetzt nach dem Heiligen Sankt Ursitz (im Schweizer Kantone Bern) genannt wird. Dort starb er und wurde in der Kirche vom hl. Petrus, die er erbaut hatte, beigesetzt. — 20. Dezember (Basel).

3. **S. Ursĭcīnŭs,** ī *m.* hl. Ursizin, Bek. u. Bischof von Chur († um 760).

Er war der Vorgänger des Bischof Tello und zugleich Abt von Dissentis (Schweiz). Im hohen Alter verzichtete er auf beide Würden. — 3. Oktober (Chur).

Ursĭcīnŭs, ī *m.* (Ursinus) Ursi(zi)n, Gegenpapst nach dem Tode des Liberius († 366); er wurde unter Papst Damasus (366—384) im Jahre 367 nach Köln verbannt.

ursīnă ae *f.* (*scil.*: cărō) Bärenfleisch.

ursīnŭs 3 von Bären, Bären-.

Ursīnŭs, ī *m. s.* Ursicinus.

Ursonĭānŭs fundŭs, ī *m.* das Ursonianische Feld bei Cadix in Spanien.

S. Ursŭlă ĕt sŏcĭae *f.* (hl. Ursula u. ihre Gefährtinnen, Jgfr. u. Mart. († im 5. Jhdt.).

Unter Kaiser Gratian (375—85) hatte sich Flavius Clemens Maximus, der Feldherr des römischen Heeres in Britannien, zum Alleinherrscher aufgeworfen. Um seine Macht zu stärken, wollte er seine getreuen Soldaten in der heutigen Bretagne ansiedeln. Auf den Rat des britischen Kleinkönigs Connanus, der Führer im Heere der Briten war, sollten ebensoviele Jungfrauen aus England herbeigeholt werden, als neue Ansiedler vorhanden waren. Tatsächlich fanden die Fürsten Englands diesen Plan für gut und wählten die entsprechende Zahl von Jungfrauen aus, deren vornehmste Ursula, die Tochter Dionäus', des Königs von Kornubien, war; zugleich war sie die Braut des Connanus, der auch Ätherius hieß. In London wurden sie wider Willen auf Schiffe geladen und sollten die Küste von der Bretagne erreichen. Doch ein Sturm verschlug sie an Deutschlands Küste. Dort weilte eben eine Kriegsschar Hunnen, die vom Kaiser Gratian gegen den Aufrührer Maximus herbeigerufen sein sollte. Als die rohen Menschen die Scharen der Jungfrauen erblickten, entbrannten sie voll unreiner Begierde und drangen mit Gewalt auf sie ein. Diese aber, von Ursula aufgemuntert, wollten lieber den Tod auf sich nehmen, als den Verlust der Jungfräulichkeit erleiden. So hieben denn die wütenden Hunnen alle miteinander in grausamster Weise nieder. Kölner Bürger bestatteten die jungfräulichen Leiber auf dem Platze auf dem sie ihr Blut vergossen hatten. Im 7. Jahrh. wurde über ihren Gräbern eine Kirche, im 10. Jahrh. ein Kloster errichtet, welches die Nonnen von Gerrisheim, die vor den Ungarn fliehen mußten, bezogen. Noch heute sind zahlreiche Reliquien von hl. Häuptern zu sehen, die in der Klosterkirche aufbewahrt werden. — 21. Oktober (Köln, Chur, Gnesen-Posen, Osnabrück, Przemysl, Sachsen und Meißen, Salzburg).

Ursŭlă, se *f.* Ursula, Taufname der hl. Veronika Giuliani († 1727).

ursŭs, ī *m.* Bär.

1. **S. Ursŭs,** ī *m.* hl. Ursus, Mart. († um 285).

Als Kaiser Maximian bei Sankt Moritz unter den Soldaten der Thebaischen Legion grausam wütete, verließen die Krieger Viktor und Ursus mit sechzig Gefährten das Lager und gelangten nach Solothurn an der Aar (Schweiz). Von ihrer Flucht in Kenntnis gesetzt, befahl der Kaiser dem Lagerkommandanten Hirtakus, sie zu verfolgen. Nach ihrer Ergreifung zeigten sie sich als heldenmütige Soldaten Christi Sie wurden zum Scheiterhaufen geführt, auf dem sie lebendig verbrannt werden sollten; aber in demselben Augenblicke entstand ein heftiger Sturm, der den Scheiterhaufen auseinanderwarf und die Feuerflammen löschte. An dieser Tatsache erkannten viele Zuschauer die Kraft Gottes und nahmen den christlichen Glauben an. Voll Zorn ließ deshalb der Richter alle enthaupten und in die vorüberfließende Aar stürzen. Dieses Martyrium fand am 30. September statt, acht Tage nach dem Leiden des hl. Mauritius und seiner Gefährten. Durch zahlreiche Wunder, die Gott auf die Fürbitte der Martyrer hin wirkte, ließ er ihren Martertod weithin bekannt werden. — 30. September (Basel).

Auffindung der Reliquien des hl. Ursus und seiner Gefährten (apparitio). Die hl. Leiber, welche bei Solothurn an jener Stelle begraben worden waren, wo sich später die Petruskapelle innerhalb der Kathedrale befand, blieben sechs Jahrhunderte verborgen Die Königin Berta, Gemahlin Rudolfs II. von Burgund und Tochter des Herzogs Burkhard von Schwaben, fand im Jahre 930 diesen kostbaren Schatz heiliger Reliquien. Nach heißen Gebeten und vielem Fasten erkannte sie infolge eines glänzenden Lichtes und lieblichen Wohlgeruches den Ort, wo die hl. Leiber begraben lagen. Dort wurden zuerst siebzehn Leiber dieser Schutzheiligen unter der unermeßlichen Freude aller ausgegraben. Im Jahre 1473, als die Kapelle des hl. Petrus vergrößert werden sollte, wurden nochmals siebenunddreißig Leiber an der gleichen Stelle aufgefunden, an welcher Königin Berta die ersten gefunden hatte. Einige von ihnen, so sagt die Bulle Papst Sixtus' IV., hatten das Haupt nahe bei der Brust, andere bei der Mitte des Leibes, wieder andere im rechten Arm und in der Nähe der Achsel. Alle lagen in gerader Reihe mit den Füßen nach christlicher Sitte gegen Osten. Die Übertragung der hl. Leiber geschah sehr feierlich durch Gesandte Papst Sixtus' IV. im Jahre 1474. — Dann wurden unter dem Hochaltare der Solothurner Kollegiatkirche die Häupter und Gebeine zweier Leiber aufgefunden als dort im Jahre 1519 Wiederherstellungsarbeiten vorgenommen wurden. Der eine Tote lag nach Osten, der andere nach Westen gewendet; ersterer wurde aus einem beiliegenden Silberplättchen als der Leib des hl. Ursus erkannt. Der Leib des hl. Viktor wurde im Jahre 602 nach Genf gebracht, wo er auch gefunden wurde. — 5. März (Basel).

2. **S. Ursŭs,** ī *m.* hl. Ursus, Begleiter des hl. Theonestus, Mart. zu Aosta (It.), (4. Jhdt.), *s.* S. Theonestus.

ūrtīcă, ae *f.* Brennessel.

ūrŭs, ī *m.* Auerochs, Ur.

Us *indecl. m.* (*hebr.*: 'Us; *Αὐσῖτις*) die Ausitis, das Land Hus im nördlichen Teile Arabiens gegen Galaad (*Gen.* 10, 23; das Land Hus wurde von Nachkommen Sems und Arams besiedelt; *Job* 1, 1).

ūsĭtātĭō, ōnĭs *f.* Gebrauch.

ūsĭtātŭs 3 gebräuchlich, üblich.

ūspĭăm *adv.* irgendwo.

ūsquăm *adv.* irgendwo, irgendwohin.

usquĕ *adv.* 1. überall, auf jedem Punkte, durch und durch. 2. bis auf, bis zu, in einem fort (*mit* in *oder* ad).

usquĕdŭm *adv.* so lange als, so lange bis (*Num.* 32, 18).

usquequāquĕ *adv.* 1. überall. 2. jederzeit, ununterbrochen. 3. ganz und gar.

usquĕquō *adv.* bis wann, bis wohin.

ūstĭō, ōnĭs *f.* das Brennen; Hitze.

ūstŏr, ōrĭs *m.* Leichenverbrenner.

ūstŭlō 1 versengen, anbrennen; verbrennen.

ūsŭālĭs, ĕ 1. zum Gebrauche dienend. 2. gewöhnlich.

Usŭārdŭs, ī *m.* Usuard, Verfasser eines Heiligenverzeichnisses mit Angaben ihrer Lebensschicksale, eine Art Martyrologium; er lebte zu St. Germain bei Paris († 860 *oder* 870 ?).

1. **ūsūcăpĭō,** cēpī, captŭm 3 durch längeren Gebrauch (*d. i.* Verjährung, in gutem Glauben und aus gerechter Ursache) das Eigentumsrecht an einer Sache erwerben, eine Sache ersitzen.

2. **ūsūcăpĭō,** ōnĭs *f.* (usus capio) die Ersitzung, Eigentumsrecht durch Verjährung.

ūsūfructŭārĭŭs, ī *m.* Nutznießer: sŭīipsīŭs.

ūsūră, ae *f.* 1. Gebrauch, Nutzung, Genuß. 2. das Ausleihen auf Zinsen; Wucher; Bedrückung (*Ps.* 76, 14); Aufruhr (*Ps.* 54, 12). 3. die Zinsen.

1. **ūsūrārĭŭs** 3 1. zum Gebrauche dienend. 2. zu den Zinsen gehörig.

2. **ūsūrārĭŭs,** ī *m.* Wucherer.

ūsūrpātĭō, ōnĭs *f.* 1. Gebrauch, Benutzung. 2. widerrechtliche Aneignung, Anmaßung.

ūsūrpātŏr, ōrĭs *m.* Thronräuber.

ūsūrpātōrĭŭs 3 widerrechtlich, unrechtmäßig.

ūsūrpō 1 1. in Gebrauch nehmen, in Besitz nehmen, in Anspruch nehmen. 2. sich anmaßen, an sich reißen (*C. j c.* 2345).

ūsŭs, ūs *m.* 1. Gebrauch, Anwendung, Benutzung. 2. Übung, Gewohnheit. 3. Verkehr, Bekanntschaft. 4. Brauchbarkeit, Nutzen. 5. Notwendigkeit, Bedürfnis; ūsū vĕnīrĕ: notwendig eintreten, ūsŭvĕnĭt: es tritt notwendig ein, es begegnet wirklich, es geschieht notwendig.

ūsŭs căpĭō, ōnĭs *f. s.* 2. usucapio.

ūsusfrūctŭs, ūs *m.* (usus fructus, usus fructusque), Nießbrauch, Nutznießung eines fremden Eigentums.

ŭt (*verstärkt* ŭtĭ [ŭtī]) I. *adv.* wie. 1. in *Fragesätzen*: wie, auf welche Weise. 2. *in Modalsätzen und bei Vergleichungen*: wie; **ita-ut** so — wie; je nachdem, zum Beispiel. 3. *bei Gegensätzen*: ut-ita wenn auch — so doch, zwar — aber. 4. ut qui (*c. conj.*) weil ja, wie nämlich, soweit nämlich. 5. ut si (*c. conj.*) wie wenn, als ob. II. *conjunct.*: 1. *zeitlich, temporal* (*c. indic.*) sobald als, eben als, gerade als; seitdem, seit. 2. *final* (*in Absichtssätzen c. conj.*): daß, damit, auf daß, um zu (*verneint*: ne; [*bei den verbis timendi*: daß = ne; daß nicht = ne non]). 3. *konsekutiv* (*in Folgesätzen c. conj.*) daß, so daß (*verneint*: ut non). 4. *konzessiv* (*einräumend c. conj.*) gesetzt daß, zugegeben daß, wenn auch, selbst wenn, gesetzt auch daß. 5. *in der Opposition* (*gegensätzlich*): demgemäß, wie ja, wie denn, nach Maßgabe. 6. ut quid = *ἵνα τί*: warum? wozu? ut quid dereliquisti me (*Matth.* 27, 46) *oder* = *εἰς τί* wozu? ut quid avertis manum meam (*Ps.* 73, 11).

utcumquĕ *adv.* (ut-ut) wie nur immer.

ūtēnsĭlĭă, ĭŭm *n.* Gerätschaften.

1. **ŭtĕr,** ŭtră, ŭtrŭm (*gen.*: ŭtrīŭs; *dat.*: ŭtrī) 1. welcher von beiden? 2. wer immer von beiden.

2. **ūtĕr,** ūtrĭs *m.* Schlauch.

ŭtercumquĕ 3 1. wer immer von beiden. 2. jeder von beiden.

uterīnŭs 3 vom Muterleibe her; frater uterinus: leiblicher Bruder.

ŭterlĭbĕt 3 ein beliebiger von beiden.

ŭterquĕ, ŭtrăquĕ, ŭtrumquĕ (*gen.*: ŭtrīŭsquĕ; *dat.*: ŭtrīquĕ) jeder von beiden, beide; *das Wort wird oft im Plural zur Bezeichnung von zwei einzelnen Gegenständen gebraucht, z. B.*: utrisque manibus = mit beiden Händen; uterque clerus = der Welt- und der Ordensklerus; uterque sexus = das männliche und das weibliche Geschlecht.

ŭtĕrŭm, ī *n. s.* uterus.

ŭtĕrŭs, ī *m.* (uterum) 1. Leib, Unterleib; *bes.* Gebärmutter, Mutterschoß, Mutterleib. 2. Leibesfrucht.

ŭtervīs, ŭtrăvīs, ŭtrumvīs 3 jeder beliebige von beiden, beide.

Uthai *indecl. m.* (*hebr.*) Uthai, ein Jude, der mit Esdras aus dem babyl. Exil zurückkehrte.

1. **ŭtī** *s.* ut.

2. **ūtī** *s.* utor.

ūtĭbĭlĭs, ĕ brauchbar, nützlich.

Utĭcă, ae *f.* (Ἰτύκη, Οὐτίκη) Utika, Hafenst. nordwestlich von Karthago am Mittelmeere, Nordafrika; Bistumstitel; *j.*: Biserta in Tunis; *dav.*: **Utĭcēnsĭs,** ĕ.

ūtĭlĭs, ĕ brauchbar, dienlich, tauglich, nützlich; tempus utile *s.* tempus.

ūtĭlĭtās, ātĭs *f.* 1. Brauchbarkeit, Nützlichkeit. 2. Nutzen, Vorteil. 3. Gewinn (*Ps.* 29, 10).

Utĭlō, ōnĭs *m.* Utilo, Vater des letzten Agilolfingers, des Herzogs Tassilo III. von Bayern (8. Jhdt.).

Utĭnă, ae *f.* (Uthina, Οὔθινα) Utina, St. zwischen Tabraca u. dem Flusse Bagradas, Nordafrika (Zeugitana); Bistumstitel; *j.*: Udine.

ŭtĭnăm *conjunct.* o daß doch! wenn doch! wollte Gott, daß!

Utĭnēn. (*C. R.*) *s.* Utinum.

Utĭnŭm, ī *n.* Udine, St., It. (Venezien; früher Hauptst. v. Friaul), *ca.* 25000 Einw.; Erzbistum (seit 1751); *dav.*: **Utĭnēnsĭs,** ĕ.

ŭtĭquĕ *adv.* 1. jedenfalls, ja freilich, durchaus, ganz gewiß, allerdings, fürwahr. 2. besonders, zumal.

ūtŏr, ūsŭs sŭm 3 1. gebrauchen, benutzen, verwenden. 2. ausüben, üben. 3. verkehren, umgehen mit.

utpŏtĕ *adv.* nämlich, da.

utpŭtă *adv.* wie zum Beispiel, wie nämlich (1. *Cor.* 14, 10).

ŭt quĭd warum? weshalb? *vgl.*: ut 6.

Utrĭcŏlă, ae *f.* Otricoli, St., It. (Perugia), *ca.* 1000 Einw.

ŭtrĭcŭlŭs, ī *m.* kleiner Schlauch.

ŭtrimquĕ *adv.* (utrinque) von *oder* auf beiden Seiten.

ŭtrinquĕ *adv. s.* utrimque.

ŭtrō *adv.* nach welcher (auf welche) von beiden Seiten.

ŭtrŏbīquĕ *adv.* (utrubique) auf beiden Seiten, an beiden Stellen.

ŭtrōquĕ *adv.* nach beiden Seiten.

ŭtrŭbīquĕ *adv. s.* utrobique.

ŭtrŭm *adv.* (*Fragepartikel*) ob wohl; *auch in einfachen Fragen, verstärkt*: utrumnam *oder* utrumne; utrum ... an *in direkten Fragen unübersetzt und durch das Fragezeichen ausgedrückt*; *in indirekten Doppelfragen* = ob ... oder.

B. Uttō, ōnĭs *m.* sel. Utto, Abt (†9. Jhdt.).

Utto wurde vom sel. Gamelbertus bei dessen Romreise auf Bitten der Eltern, bei denen er einkehrte, aus der Taufe gehoben. Wahrscheinlich wurde er in der Klosterschule Reichenau erzogen. Als er herangewachsen war, suchte er seinen Taufpaten auf, der ihm auf dem Sterbebette sein Besitztum nebst der Kirche zu Michaelsbuch übergab. Priester geworden, gründete er an der Donau das Kloster Metten zu Ehren des hl. Michael; er wurde dort Abt. Karl der Große stellte die Klosterstiftung unter seinen Schutz. Sein Todesjahr ist unbekannt. Utto wurde im Chore der Abteikirche beigesetzt. Die auf unvordenkliche Zeit zurückgehende Verehrung wurde (1909) von Papst Pius X. genehmigt. — 3. Oktober (Regensburg, Ben. O.).

Uttō, ōnĭs *m.* Utzo, Vater des hl. Gebhard (10. Jhdt.).

ŭt-ŭt *adv. s.* utcumque.

ūvă, ae *f.* 1. Traube, Weintraube. 2. Weinstock, Wein.

Uvădă, ae, *f.* Uvada, Ort in Ligurien (Norditalien).

ūvēscō 3 feucht werden; sich begießen.

ūvĭdŭs 3 feucht, naß (*vgl.*: udus).

Uxămă, ae *f.* Osma, St., Spanien (Soria), *ca.* 1700 Einw.; Bischofssitz (seit 12. Jhdt.), Suffr. v. Burgos; *dazu*: **Oxomēnsĭs,** ĕ.

Uxellĕn. (*C. R.*) *s.* Alesium.

Uxēntĭn. (*C. R.*) *s.* Uxentum.

Uxentŭm, ī *n.* Ugento, St., It. (Lecce), *ca.* 3000 Einw.; Bischofssitz (seit 13. Jhdt.); Suffr. v. Otranto; *dav.*: **Uxentīnŭs** 3.

uxŏr, ōrĭs *f.* Ehefrau, Gattin.

uxōrātŭs 3 beweibt, verheiratet.

uxōrĭŭs 3 die Gattin betreffend, der Ehefrau gehörig.

Uzal *indecl. m.* (*hebr.*?) Uzal, sechster Sohn Jektans; Nachkommen Sems, Araberstamm im glücklichen Arabien (Yemen).

Uzălŭm, ī *n.* Uzalum, St. in Nordafrika.

V.

v. = vĭdē! siehe!
Vābrae, ārŭm *f.* (Vābrēnsĕ castrŭm) La Vaivre *oder* Vabres, Ort zwischen Maas u. Mosel, Fkr. (Haute-Saône).
Vābrēnsĕ castrŭm, ī *n, s.* Vabrae.
Vābrēnsĭs pāgŭs (Vābrĭcēnsĭs, Vāvrēnsĭs pāgŭs) eine Landschaft zwischen Maas und Mosel, Fkr. (Meuse) u. Belgien (Luxemburg).
Vābrĭcēnsĭs pāgŭs, ī *m. s.* Vabrensis pagus.
Văcălŭs, ī *m. s.* Vahalis
văcātĭō, ōnĭs *f.* 1. das Freisein, das Befreitsein, Befreiung. 2. (*meist pl.*) Urlaub, Ferien; tempŭs văcātĭōnŭm: Vakanzzeit, Ferienzeit (*C. j. c.* 34 §2; 354). 3. Zwischenfrist (*C. j. c.* 9). 4. Erledigung einer Stelle, eines Amtes.
văcātūră, ae *f.* (kanonische) Erledigung (von Pfründen).
vaccă, ae *f.* 1. Kuh. 2. Jungvieh (*Ps.* 67, 31 = „als schnellstes der Völker").
vaccillō 1 *s.* vacillo.
vaccīnĭŭm, ī *m.* Heidelbeere.
vaccīnŭs 3 von Kühen, Kuh-.
Vāchălĭs, ĭs *m. s.* Vahalis.
Vācĭă, ae *f. s.* Vacium.
Vācĭēn. (*C. R.*) *s.* Vacium.
văcillātĭō, ōnĭs *f.* das Wanken.
văcillō 1 (vaccillo) wanken, schwanken, zweifeln.
Vācĭŭm, ī *n.* (Vacia) Waitzen (Weizen, *ungar.* Vácz), St. l. a. d. Donau, Ungarn (Pest), *ca.* 16000 Einw.; Bischofssitz (seit 11. Jhdt.), Suffr. v. Gran; *dav.*: **Vācĭēnsĭs,** ĕ.
văcīvē *adv.* bei Muße, in Muße.
văcīvŭs 3 leer, frei.
văcō 1 1. leer *oder* frei *oder* unbesetzt sein; dominica vacat das Sonntagsoffizium fällt aus. 2. nicht haben, entbehren. 3. Muße haben, Zeit haben für. 4. obliegen, sich widmen. 5. von sich fern halten, ablassen (*Ps.* 45, 11).
văcŭēfăcĭō, fēcī, factŭm 3 leer *oder* frei machen (*Job* 14, 11); *pass.* văcŭēfīō, factŭs sŭm, fĭĕrī leer werden.
văcŭēfactŭs 3 herrenlos, verlassen.
văcŭĭtās, ātĭs *f.* 1. das Befreitsein, das Freisein; Muße. 2. Erledigung, Vakanz (*eines Amtes*).
văcŭō 1 leeren.
văcŭŭm, ī *n.* 1. erledigte Stelle. 2. freie Zeit, Muße.
văcŭŭs 3 1. leer, frei. 2. unerfüllt; fruchtlos, nichtig, erfolglos: ĭn văcŭŭm. 3. unbesetzt, erledigt, herrenlos. 4. ledig, unverheiratet. 5. nichtssagend, eitel. 6. mĭhī văcŭŭm est: ich habe Zeit zu.
vădēs, ŭm *m. pl. s.* 1. vas.
vădĭmōnĭŭm, ī *n.* Bürgschaftsleistung.
vādō, vāsī 3 wandern, gehen, schreiten.
vădŏr 1 vor Gericht fordern, gerichtlich belangen (*eig*: zur Bürgschaftsleistung verpflichten).
vădōsus 3 seicht.
vădŭm, ī *n.* 1. Furt, Untiefe. 2. Gewässer; Fluß.
vae *interject.* wehe! ach! *auch subst. n. indecl.*: vae secundum: das zweite Wehe.
vaecordĭă, ae *f. s.* vecordia.
văfĕr, văfră, văfrŭm pfiffig, schlau, gerieben.
văfrē *adv. v.* vafer.
văfrĭtĭă, ae *f.* Pfiffigkeit, Verschmitztheit.
văgābundŭs 3 umherschweifend, unstet.
Vagao *indecl. m. kein Eigenname, sondern entspricht dem* Βαγώας *der Septuaginta, welches hier persisches Lehnwort für* „Eunuche" *ist, sonst allerdings den Eigennamen* Bagoj *oder* Bagohi *bedeutet; mehrere griechische Geschichtsschreiber, z. B. Diodor, Plutarch, Strabo haben* βαγῶος = εὐνοῦχος (*Judith* 12, 10 *seq.*).
văgātĭō, ōnĭs *f.* das Umherschweifen.
vāgīnă, ae *f.* die Scheide.
vāgĭō 4 1. schreien, wimmern, stammeln. 2. ganz klein *oder* unmündig sein.
Văgĭōnēs, ŭm *m. s.* Vangiones, Wormatia.
vāgītŭs, ūs *m.* Kindergeschrei, das Wimmern.
văgō *u.* **văgŏr** 1 1. umherstreifen, umherziehen. 2. sich ausbreiten, sich verbreiten. 3. umherirren.
1. **văgŭs** 3 1. umherschweifend, unstet, heimatlos, wohnsitzlos. 2. regellos, ungebunden, ausschweifend.
2. **văgŭs,** ī *m.* Vagant, Vagabund; Heimatloser, Wohnsitzloser (*C. j. c.* 91).
Vāgŭs, ī *m.* die Waag, ein Nebenfluß der Donau (Ungarn).
vāh ei! (*ein Ausruf der Freude, des Unwillens oder des Hohnes*).
Văhălĭs, ĭs (*acc.*: ĭm, *abl.*: ī) *m.* (Wālă, Văcălŭs, Valis) die Waal, westlicher Hauptarm des Unterrheins (Holland).
Vălăchĭă, ae *f.* Walachei, Landschaft an der unteren Donau.
valdē (vălĭdē) *adv.* sehr; heftig, stark, besonders (*Ps.* 30, 12, *oder* = nimis ?).
Valdēnsĭs pāgŭs, ī *m.* Unterwalden, Kanton, Schweiz.
vălĕdīcō, dīxī, dictŭm 3 Lebewohl sagen, Abschied nehmen.
vălĕfăcĭō, fēcī, factŭm 3 sich verabschieden.
Vălencēnae, ārŭm *f. s.* Valentiana.

vălēns, entĭs kräftig, stark, mächtig, wirksam.

Vălēns, entĭs *m.* Valens: 1. ein streng arianisch gesinnter oströmischer Kaiser (364—378). 2. ein arianischer Bischof von Mursa (*j.*: Esseg an der Drau) in Slawonien.

1 **Vălentĭă,** ae *f.* Valencia, St. r. am Guadalaviar, Spanien, *ca.* 220000 Einw.; Erzbischofssitz (seit 1492; Bistum seit 531 u. nach der Maurenherrschaft seit 1238); *dav.*: **Vălentīnŭs** 3.

2. **Vălentĭă,** ae *f.* (Julia Valentia, Valentina, Civitas Valentinorum) Valence, St. l. an der Rhône, Fkr. (Drôme), *ca.* 30000 Einw.; Bischofssitz (seit 4. Jhdt.), Suffr. v. Lyon; *dav.* : **Vălentīnēnsĭs,** ĕ.

Vălentĭānă, ae *f.* (Valentiniana, Valencenae) Valenciennes, St. an der Schelde, in der Pikardie, Fkr. (Nord), *ca.* 38000 Einw.

S. Vălentĭānŭs, ī *m.* (Vălentīnĭānŭs) hl. Valentian, Bek. u. Bisch. v. Chur (Schweiz) († im 6. Jhdt.).

Er hieß auch „Valentinian". Neben seiner Bischofswohnung erbaute er ein Kloster zu Ehren des hl. Luzius, das später von den Prämonstratensern bewohnt wurde. In diesem Kloster, welches jetzt als Priesterseminar dient, wurde er beigesetzt. — 9. September (Chur).

Vălentīn. (*C. R.*) *s.* 1. Valentia.

Vălentīnă, ae *f. s.* 2. Valentia.

Vălentīnēn. (*C. R.*) *s.* 2. Valentia.

Vălentīnĭānă, ae *f. s.* Valentiana.

S. Vălentīnĭānŭs, ī *m. s.* S. Valentianus.

Vălentīnĭānŭs, ī *m.* Valentinian, Name mehrerer oströmischer Kaiser 1. Val. I. (364—375). 2. Val. II. (375—392). 3. Val. III. (425—455).

1. **S. Vălentīnŭs,** ī *m.* hl. Valentin, Mart. zu Rom, † 270, 14. Februar.

2. **S. Vălentīnŭs,** ī *m.* hl. Valentin, Bek. u. Bischof von Rätien († um 470).

Er kam wahrscheinlich von der holländischen Küste um das Jahr 440 nach Passau und predigte dort Gottes Wort, nachdem er sich von Papst Leo dem Großen hatte bevollmächtigen lassen; dieser weihte ihn auch zum Bischofe. Die Einwohner Passaus hatten sich indessen dem Arianertum ergeben und vertrieben ihn. Er wanderte nach Rätien, d. h.: Graubünden und Südtirol. Später erbaute er ein Kloster in Mais, wo er am 7. Januar 470 starb. – 7. Januar (Passau), 19. Januar (Chur), 28. Januar (München-Freising), 29. Oktober (Linz) oder 28. November (Sankt Pölten).

Fest der Übertragung: Der Leib des hl. Valentin war in Mais bei Meran, bis er i. J. 723 von Luitprand, dem Könige der Langobarden, nach Trient überführt wurde; von dort wurde er um das Jahr 777 vom Bayernherzoge Tassilo, dem Sohne des Utilo, nach Passau in die Kirche des hl. Stephan gebracht. Nach Übertragung der Reliquien des hl. Maximilian, Bischofs von Lorch, z. Z. des Kaisers Rudolf v. Habsburg u. unter Bischof Gottfried v. Passau, wurde mit dem hl. Maximilian auch der Leib des hl. Valentin ehrenvoll in der Basilika zu Passau im Jahre 1285 bestattet. — 11. August (Passau).

Vălentīnŭs, ī *m.* Valentin, Gatte der hl. Sabina.

vălĕō, ŭī, vălĭtūrŭs 2 1. stark sein, kräftig *oder* gesund sein; vălē (vălētĕ) lebe(t) wohl! 2. Kraft, Geltung, Gültigkeit, Wert haben; gelten, wert sein. 3. imstande sein, geeignet sein; können, vermögen.

S. Vălĕrĭă, ae *f.* hl. Valeria, Mart. zu Ravenna, † 62, 28. April.

Vălĕrĭă, ae *f.* Valeria: 1. Mutter der hl. Gervasius *u.* Protasius. 2. Mutter des hl. Goar. 3. fromme Frau, welche den Leib des hl. Mart. Florian begrub.

1. **Vălĕrĭă,** ae *f.* (Valeriae provincia) Landschaft zwischen Donau *u.* Drau.

2. **Vălĕrĭă,** ae *f.* ital. Provinz zwischen Picenum, Umbrien u. Kampanien.

3. **Vălĕrĭă,** ae *f.* ursprünglicher Name für Constantia = Konstanz am Bodensee.

1. **S. Vălĕrĭānŭs,** ī *m.* hl. Valerian, Apostelschüler (?), Bischof von Trier. Er soll mit dem hl. Maternus *u.* hl. Eucharius nach Frankreich u. Deutschland zur Bekehrung der Heiden gesandt worden sein.

2. **S. Vălĕrĭānŭs,** ī *m.* hl. Valerian, Mart. u. Bruder des hl. Mart. Tiburtius, † 229 zu Rom, 14. April.

3. **S. Vălĕrĭānŭs,** ī *m.* hl. Valerian, Mart. († um 250).

Mit seinem Gefährten Makrin und Gordian fiel er der Dezianischen Verfolgung zum Opfer; alle drei sollen in Nyon (Schweiz) gemartert worden sein. – 26. September.

4. **S. Vălĕrĭānŭs,** ī *m.* hl. Valerian, Bek. u. Bischof von Aquileja (Italien) († im 4. Jhdt.).

Er bekämpfte mit Erfolg den Arianismus und nahm an einer Kirchenversammlung zu Rom teil, wo Auxentius, Bischof von Mailand, abgesetzt wurde. Er war ein so leuchtendes Vorbild seiner Geistlichkeit, daß diese selbst nach dem Zeugnisse des hl. Hieronymus als eine Schar von Heiligen bezeichnet werden durfte. — 29. November *oder* 1. Dezember.

Vălĕrĭānŭs, ī *m.* Valerian, 1. röm. Kaiser und Christenverfolger (253 bis 260). 2. ein Richter in Sizilien zur Zeit Diokletians. 3. ein Stadtpräfekt, der die heilige Sekundina martern ließ (*s.* S. Secundina).

1. **S. Valĕrĭŭs,** ī *m.* hl. Valerius Bek. u. Bischof v. Trier († im 2. Jhdt.) (*vgl.* 1. S. Valerianus).

Valerius wurde mit Eucharius und Maternus vom hl. Petrus nach Frankreich gesandt. Er wurde der Nachfolger des hl. Eucharius und waltete 15 Jahre lang seines Amtes. Auf seinem Sterbebette empfahl er dem hl. Maternus sein Bistum. Seine Gebeine kamen später, größtenteils auf Bitten Kaiser Heinrichs III., in die Marienkirche zu Goslar. — 29. Januar (Limburg, Straßburg, Trier).

2. **S. Vălĕrĭŭs,** ī *m.* hl. Valerius, Herzog von Aquitanien (*oder ein englischer Herzog* ?).

Vălĕrĭŭs, ī *m*. 1. ein Bischof von Saragossa (Spanien), um 300. 2. ein Bischof von Hippo (Nordafrika) und Vorgänger des hl. Augustinus (4. Jahrhundert).

vălēscō, vălŭī 3 gesund *oder* kräftig werden.

1. **Vălĕsĭă**, ae *f*. Le Valois, Landschaft, Fkr.

2. **Vălĕsĭă**, ae *f*. (Vallesia, Vallia) Wales, Landschaft, England.

3. **Vălĕsĭă**, ae *f*. *s*. 1. Vallesia.

Vălĕsĭă dĭoecēsĭs *f*. Bistum Wallis in der Schweiz, das den Kanton Wallis umfaßte, *j*.: Bistum Sitten, *s*. Sidunum.

Vălĕsĭŭs 3 1. aus dem französischen Königsgeschlechte der Valois. 2. aus der Landschaft Le Valois (Fkr.). 3. zum Kanton Wallis (Schweiz) gehörig.

vălētūdĭnārĭŭm, ī *n*. Krankenzimmer; Krankenhaus, Hospital.

1. **vălētūdĭnārĭŭs** 3 kränklich, krank.

2. **vălētūdĭnārĭŭs**, ī *m*. der Kränkelnde, der Kranke, Patient.

vălētūdō, ĭnĭs *f*. (valitudo) *das körperliche Befinden*: 1. Krankheit, das Leiden. 2. Gesundheit, Wohlbefinden.

vălĭdē *adv*. *s*. valde.

vălĭdĭtās, ātĭs *f*. Gültigkeit (*C*. *j*. *c*. 249).

vălĭdŭs 3 1. stark, kräftig, wirksam. 2. mächtig, einflußreich. 3. herangewachsen, mannbar; vălĭdĭŏr: älter.

vălĭtūdō, ĭnĭs *f*. *s*. valetudo.

Vallēn. (*C*. *R*.) *s*. Vallum.

Vallēnsĭs pāgŭs *m*. *s*. Vallesia.

vallēs, ĭs *f*. *s*. vallis.

Vallēs Cernay (Vallĭŭm Cernay) *f*. Les Vaux-de-Cernay, ehem. Cistercienserkloster, Fkr., Diöz. Versailles.

1 **Vallĕsĭă**, ae *f*. (Vallesium, Valesia, Vallensis pagus, Pennina vallis, Poenina vallis) der Kanton Wallis, Schweiz; *dav*.: **Vallēnsĭs**, ĕ *u*. **Vălĕsĭŭs** 3.

2. **Vallĕsĭă**, ae *f*. *s*. 2. Valesia.

Vallĕsĭŭm, ī *n*. *s*. 1. Vallesia.

Vallĭă, ae *f*. *s*. 2. Valesia.

vāllĭcŭlă, ae *f*. 1. kleines Tal. 2. Höhlung, Vertiefung (*Ex*. 14, 37).

Vallĭdŏlētŭm, ī *n*. *s*. Vallisoletum.

vallĭs, ĭs *f*. (valles) Tal.

Vallĭs Bŏnă *f*. 1. Valbonne, ehem. Cistercienserkloster in Fkr., Diöz. Perpignan. 2. Valbuena, ehem. Cistercienserkloster, Spanien, Diöz. Palencia.

Vallĭs Clāră *f*. Vauclair, ehem. Cistercienserkloster, Fkr., Diöz. Soissons.

Vallĭs Ecclēsĭārŭm *f*. Valdeiglesias, ehem. Cistercienserkloster, Spanien, Diöz. Toledo.

Vallĭs Gălĭlaeă ein Tal in den Vogesen (bei Jonchéry).

Vallĭs Sanctī Gĕorgĭī *f*. Georgental, ehem. Cistercienserkloster, Deutschland, Diöz. Mainz.

Vallĭs Nĕmŏrōsă ein Tal bei Wien mit dem Kloster Heiligenkreuz.

Vallĭs Părădīsī *f*. Valparaiso, ehem. Cistercienserkloster, Spanien, Diöz. Zamora.

Vallĭs Sanctī Pĕtrī *f*. Heisterbach, ehem. Cistercienserkloster, Preußen (Rheinprovinz), Diöz. Köln.

Vallĭsŏlētŭm, ī *n*. (Vallidoletum) Valladolid, St. 1. am Pisuerga in Altkastilien, Spanien, *ca*. 70000 Einw.; Erzbischofssitz (seit 1857, Bistum seit 1595); *dav*. **Vallĭsŏlĭtānŭs** 3.

Vallĭsŏlĭtān. (*C*. *R*.) *s*. Vallisoletum.

Vallisprātēn. (*C*. *R*.) *s*. Sacramentum.

Vallisprātŭm, ī *n*. Grass-Valley, *s*. Sacramentum.

Vallĭs Tellīnă, das Veltlin, Tal des oberen Addaflusses (Norditalien).

Vallĭs Vĕnustă 1. der Vintschgau (Tirol). 2. das Münstertal im Schweizer Kanton Graubünden.

Vallĭs Vĭdōnĭs *f*. Laval, St., Frkr. (Mayenne), *ca*. 28000 Einw.; Bischofssitz (seit 1855), Suffr. v. Tours.

vāllō 1 1. umwallen, mit einem Wall umgeben. 2. schützen; sichern: praesĭdĭō.

vāllŭm, ī *n*, Wall, Verschanzung, Schutzwehr.

Vallŭm, ī *n*. Vallo della Lucania, St., It. (Salerno), *ca*. 2600 Einw.; Bischofssitz (seit 12. Jhdt.), vereinigt mit Capaccio, Suffr. v. Salerno; *dav*.: **Vallēnsĭs**, ĕ.

Vallumbrōsă, ae *f*. *s*. Umbrosa vallis.

Vallumbrōsānī, ōrŭm *m*. Vallumbrosaner, ein vom hl. Johannes Gualbertus i. J. 1038 gegründeter Zweig des Benediktinerordens.

vāllŭs, ī *m*. 1. Pfahl, Schanzpfahl, Palisade. 2. Wall, Umzäunung.

Vălois *indecl*. 1. franz. Königsgeschlecht, reg. 1328—1498. 2. Ländchen in der franz. Provinz Isle-de-France.

Valonă, ae *f*. Valona, Hafenst. am adriatischen Meer, Albanien, *ca*. 6000 Einw.; ehem. (5.—6. Jhdt.) Bischofssitz, *j*. Titularbistum, Suffr. v. Durazzo.

vălŏr, ōrĭs *m*. Wert, Gültigkeit; vălŏr lŏcātĭōnĭs: Pachtzins (*C*. *j*. *c*. 1541); ăd vălōrĕm: nach Wert.

Valvă, ae *f*. Valva, ehem. Dorf, *j*.: *zu* Pentima *gehörig*, Dorf, nordwestl. von Sulmona, It. (Aquila), *ca*. 2800 Einw.; Bistumstitel (seit 5. Jhdt.);

seit 1818 mit Sulmona vereinigt, das seit dem 6. Jhdt. Bischofssitz ist; *dav.*: **Valvēnsĭs,** ĕ.
valvae, ārŭm *f.* Türflügel, Doppeltür.
Valvēn. (*C. R.*) *s.* Valva.
Vancuverĭă, ae *f.* Vancouver, eine Insel von Britisch Kolumbien; Erzbistum (seit 1903, Bistum seit 1847), Sitz in Viktoria, *s.* Victoria; *dav.*: **Vancuverĭēnŭs,** ĕ.
Vancuverĭēn. (*C. R.*) *s.* Vancuveria.
Vandălī, ōrŭm *m.* die Vandalen, eine germanische Völkerschaft, die seit dem 5. Jhdt. in Spanien und Nordafrika lebte.
vānēscō 3 verschwinden, vergehen.
vangă, ae *f.* Hacke, Karst.
Vangĭŏnēnsĭs, ĕ *s.* Wormatia.
Vangĭŏnēs, ŭm *m.* (Vagiones) die Vangionen, eine germanische Völkerschaft am linken Ufer des Mittelrheins in der Gegend von Worms und Speyer; *vgl.*: Wormatia.
Vania *indecl. m.* (*hebr. richtig*: Jedenja = Jahwe richtet) Vania, ein Jude, der nach dem babyl. Exil seine gesetzwidrige Ehe trennte.
vānĭdĭcŭs 3 (vaniloquax) lügenhaft, lügnerisch, trügerisch.
vānĭlŏquāx ācĭs *s.* vanidicus.
vānĭlŏquentĭă, ae *f.* Prahlerei, leeres Gerede.
vānĭlŏquĭŭm, ī *n.* eitles Geschwätz.
vānĭlŏquŭs 3 1. lügenhaft. 2. prahlerisch.
vānĭtās, ātĭs *f.* 1. Nichtigkeit, (leerer) Schein, *concr.*: Eiteles, Nichtiges. 2. Nichtigkeit, Hauch, Windhauch, dēfēcērunt ĭn vānĭtātĕ: sie schwanden dahin wie ein Hauch (*Ps.* 77, 33); vānĭtātī sĭmĭlĭs: einem Windhauche gleich (*Ps.* 143, 4). 3. leeres Geschwätz, Lügenhaftigkeit, Unwahrheit; Prahlerei, Eitelkeit; Lug u. Trug; sittliche Gemeinheit u. Schlechtigkeit; ŭt quĭd dīlĭgĭtĭs vānĭtātĕm: warum liebt ihr eitlen Trug, warum hängt ihr an eurer Gemeinheit u. Schlechtigkeit? (*Ps.* 4, 3); concĭlĭŭm vānĭtātĭs: falsche Beute, eine Schar, die Schlimmes beabsichtigt (*Ps.* 25, 4). 4. *pl.*: vānĭtātēs = īdōlă Götzen; ōdistī observantēs vānĭtātēs sŭpervăcŭē [= supervacuas]: du hassest, die auf eitle Götzen halten (*Ps.* 30, 7).
Vannutelli Seraphīnŭs, ī *m.* Seraphin Vannutelli, Kardinal, † 1915, Mitglied der ersten Kodifikationskommission des Kirchenrechtes.
Vannutelli, Vincentĭŭs, ī *m.* Vinzenz Vannutelli, geb. 1835, Kardinal 1890, Mitglied der ersten u. später der engeren Kodifikationskommission des Kirchenrechts.
vānŭm, ī *n.* 1. das Eitle, das Vergebliche; Schein, Wahn, Einbildung. 2. Unwahrheit, Lug u. Trug; vānă lŏquī lăbĭīs dŏlōsĭs (*abl.*) ĭn cordĕ ĕt cordĕ: mit trügerischen Lippen aus zweierlei Herzen Eitles (Lug u. Trug) reden (*Ps.* 11, 3). 3. sittliches Böse; quī nōn accēpĭt ĭn vānō ănĭmăm sŭăm = quī [cuius anima] nōn dēsīdĕrăt vānŭm: der sein Begehren nicht auf sittlich Böses richtet (*Ps.* 23, 4).
vānŭs 3 1. leer, nichtig, eitel, trügerisch, erfolglos; ĭn vānŭm: vergeblich (*Ps.* 62, 10); nōn ĭn vānŭm: nicht zwecklos. 2. eitel, prahlerisch; lügenhaft: cŏr (*Ps.* 5, 10).
Vapincēn. (*C. R.*) *s.* Vapincum.
Vapincŭm, ī *n.* (Vapingum) Gap, St. an der Luye (zur Durance) in der Dauphiné, Fkr. (Hautes-Alpes), *ca.* 10 000 Einw.; Bischofssitz (seit 1. Jhdt.?), Suffr. v. Aix; *dav.*: **Vapincēnsĭs,** ĕ.
Vapingŭm, ī *n. s.* Vapincum.
văpŏr, ōrĭs *m.* 1. Dampf, Dunst. 2. Hitze, Glut, Lohe.
văpōrārĭŭm, ī *n.* Dampfleitungsrohr; Dampfheizung.
văpōrātĭō, ōnĭs *f.* das Dunsten, das Dampfen; Dunst, Dampf.
văpōrātŭs 3 1. mit Dampf erfüllt. 2. durch Dampf bewegt: māchĭnă văpōrātă = Dampfmaschine.
văpōrō 1 1. dampfen, mit Dampf erfüllen; in Dunst hüllen, umdunsten. 2. durchduften, durchräuchern. 3. wärmen.
văpōrōsŭs 3 dunstig, voll Dampf.
vappă, ae *f.* 1. verdorbener Wein. 2. *übtr.*: verdorbener Mensch, Taugenichts.
Vapsi *indecl. m.* (*hebr.*: Vophsi? [*zweifelhafter Name*]) Vapsi, der Vater des Kundschafters Nahabi vom Stamme Nephthali.
vāpŭlō 1 geschlagen werden, Prügel bekommen.
Vărădīnŭm, ī *n.* (Baradinum, Magnovaradīnum) Großwardein, St. am Körös, Rumänien, *ca.* 50 000 Einw.; röm.-kath. Bischofssitz, Suffr. v. Kalocsa; griech.-kath. Bischofssitz, Suffr. v. Fogaras.
Vărallŭs mōns ein Berg bei dem heutigen Varollo-Sesia in Piemont (Oberitalien).
Vărenae, ārŭm *f.* (Varennae) 1. Varennes-sur-Allier, St. Fkr. (Allier), *ca.* 3000 Einw. 2. Varennes-en-Argonne, St. am Aire im Argonnenwald, Fkr. (Meuse), *ca.* 1200 Einw.
Vărennae, ārŭm *f. s.* Varenae.
vărĭābĭlĭs, ĕ veränderlich.

vărĭātĭō, ōnĭs *f.* Verschiedenheit, Abwechselung, Änderung.
vārĭcātŏr, ōrĭs *m.* Übertreter.
vārĭcō 1 1. die Beine auseinanderspreizen, grätschen. 2. überschreiten.
vārĭcŭs 3 sperrbeinig.
vărĭĕgātŭs 3 verschiedenartig gefertigt; bunt.
vărĭĕtās, ātĭs *f.* 1. Mannigfaltigkeit, Verschiedenheit, Abwechselung; Abart. 2. Unbeständigkeit, Wankelmut. 3. Buntheit der Kleidung, bunter Stoff; Schönheit (*Ps.* 44, 14); vărĭĕtātĭbŭs circumămictŭs: buntgekleidet. 4. *pl.*: Wechselfälle.
vărĭō 1 1. *trans.*: wechseln, verändern, verschieden gestalten. 2. *intr.*: bunt sein, verschieden sein.
Varisĭŭs mōns, ontĭs *m.* Berg bei der Stadt Varese, südöstlich vom Lago Maggiore, Italien.
vărĭŭs 3 1. verschieden, bunt, mannigfaltig, abwechselnd. 2. wankelmütig, launenhaft.
vārix, ĭcĭs *f. u. m.* Krampfader.
Varlarĭēnsĭs vīcŭs Ort Varl (Westfalen).
Varmĭă, ae *f.* (Warmia, Warmiensis pagus) Erm(e)land, Landschaft in Ostpreußen; Bistum, Sitz in Frauenburg.
Varmĭēn. (*C. R.*) *s.* Varmia.
Varsavĭă, ae *s.* (Varsovia) Warschau, Hauptstadt Polens an der Weichsel, *ca.* 950 000 Einw.; Erzbischofssitz (seit 1818, Bistum seit 1789); *dav.*: **Varsavĭēnsĭs,** ĕ.
Varsavĭēn. (*C. R.*) *f.* Varsavia.
Varsovĭă, ae *f. s.* Varsavia.
vārŭs 3 1. auseinandergebogen, auswärtsgekrümmt. 2. entgegengesetzt.
Vārŭs, ī *m.* Var, Flüßchen bei Nizza (Fkr.), in das Mittelmeer mündend.
1. **văs,** vădĭs, *gen. pl.* vădŭm *m.* Bürge, (*Prov.* 22, 26).
2. **vās,** vāsĭs (*pl.*: vāsă, vāsōrŭm, vāsĭs) *n.* (vāsŭm) 1. Gefäß, Geschirr; Gerät (*Marc.* 11, 16; *Jo.* 19, 29); Gefäß, Scheffel (*Luc.* 8, 16); Ding, Leinentuch (*Act.* 10, 11. 16); vās fĭgŭlī Töpfergeschirr (*Apoc.* 2, 27); vās ĭn hŏnōrĕm, ĭn contŭmēlĭăm: Schmuckgegenstand, gewöhnlicher Gebrauchsgegenstand (*Rom.* 9, 21; 2. *Tim.* 2, 20); *pl.*: Hausgeräte, Hauseinrichtung. 2. Werkzeug, Instrument (*Gen.* 31, 37; *Jer.* 50, 25) vāsă psalmī: Psalmeninstrument, Harfe (*Ps.*); Schiffswerkzeug, Mastbaum (*Act.* 27, 17). 3. Kriegsgerät, Waffenrüstung; Geschosse, Pfeile: mortĭs (*Ps.* 7, 14); Kriegsgepäck. 4. *übertr.* a) *vom menschlichen Leib als Gefäß der Seele*: vāsă frāgĭlĭă: gebrechliche Gefäße (= Leiber) (2. *Cor.* 4, 9); vās sŭŭm = membrŭm gĕnĭtālĕ (1. *Thess.* 4, 4). b) *vom Menschen selbst*: vāsă īrae, vāsă mĭsĕrĭcordiae: Gefäße des Zornes u. des Erbarmens (*Rom.* 9, 22); vās ēlectĭōnĭs: ein auserwähltes Werkzeug (*Act.* 9, 15).
Văsăgō, ōnĭs *m. s.* Vosegus.
vasallŭs, ī *m.* Vasall, Untergebener.
Vascŏnēs, ŭm *m.* die Basken, Völkerschaft in den Pyrenäen, in Navarra und in der Gascogne.
Vascŏnĭă, ae *f.* Gascogne, Landschaft in Südfrankreich.
Vascŏnĭŭs 3 baskisch.
vāscŭlārĭŭs, ī *m.* der Metallarbeiter (der aus Metall kleine Gefäße fertigte); der Goldschmied.
vāscŭlŭm, ī *n.* 1. kleines Gefäß. 2. *übtr.*: schwächlicher Leib, membrum gĕnĭtālĕ mŭlĭebrĕ (1. *Petr.* 3, 7).
Vāsĭō, ōnĭs *f.* Vaison, St. am Ouvèze, Fkr. (Vaucluse), *ca.* 2000 Einw. (bis 1790 mit einer Kathedrale).
Vasnēnsĕ mŏnastērĭŭm ein Kloster an der Sambre (Fkr.).
Vasseni *indecl.* (*hebr. richtig*: vescheni = und der zweite) *ist kein Eigenname*; der Name von Samuels erstgebornem Sohne war Joel und der Name des zweiten Abia, *so lautet* 1. *Reg.* 8, 2; 1. *Par.* 6, 28 (*hebr.* 6, 13) *ist der Name des Erstgebornen* Joel *ausgefallen*; *richtig heißt es*: des Samuel Söhne: der Erstgeborne Joel und der zweite Abia (1. *Par.* 6, 28).
Vassobrunēnsĭs abbātĭă *f.* Wessobrunn, Pfarrdorf, 11,3 km nordwestl. v. Weilheim, Bayern (Oberbayern), *ca.* 580 Einw., ehem. Benediktinerabtei.
Vastallă, ae *f.* (Wardistalla) Guastalla, St. an der Mündung des Crostolo in den Po, It. (Reggio nell' Emilia), *ca.* 2800 Einw.; Bischofssitz (seit 1828), Suffr. v. Modena; *dav.*: **Guastallēnsĭs,** ĕ.
Vastānă, ae *f.* Vadstena, St. am Wettersee, Schweden (Län Östergötland), ehem. Diözese Linköpping, *ca.* 2400 Einw.; Kloster der hl. Birgitta (Vastanēnsĕ mŏnastērĭŭm) mit Kirche, *j.*: protestantisch.
Vastānēnsĕ mŏnastērĭŭm, ī *n. s.* Vastana.
vastātĭō, ōnĭs *f.* Verwüstung.
vastātŏr, ōrĭs *m.* Verwüster.
vastātrīx, īcĭs *f.* Verwüsterin, Verheererin.
vastē *adv.* 1. sehr weit, weithin, ungeheuer. 2. unförmlich, plump.
Vastēn. (*C. R.*) *s.* Vastum.
Vasthi *indecl. f.* (*persisch*: Vahista die Beste *oder* die Trinkende ?) Vasthi, Gemahlin des Persergroßkönigs Xer-

xes I. (485—464), der sie verstieß und die Jüdin Esther zur Königin machte.
vāstĭfĭcŭs 3 unförmig, mißgestaltet.
Vastinēnsĭs pāgŭs die ehemalige Landschaft Le Gâtinais, Fkr. (Seine-et-Marne, Seine-et-Oise *u.* Loiret).
vastĭtās, ātĭs *f.* 1. Verödung. 2. Verwüstung, Verheerung.
vastō 1 verwüsten, verheeren, zerstören.
Vastrādĭs, ĭs *f.* Vastradis, Mutter des hl. Gregor von Thüringen (11. Jhdt.).
Vāstŭm, ī *n.* Vasto (Vasto d'Aimone), St. am Adriatischen Meere, It. (Chieti), *ca.* 10000 Einw.; Bistum, *s.* Teate (Chieti).
vastŭs 3 1. öde, wüst, verwüstet. 2. ungeheuer, gewaltig, entsetzlich.
vāsŭm, ī *n. s.* vas.
Vaterfordĭēn. (*C. R.*) *s.* Vaterfordium.
Vaterfordĭŭm, ī *n.* Waterford, St. r. am Suir, Irland (Munster), *ca.* 27000 Einw.; Bischofssitz (seit 1096) vereinigt mit Lismore, Suffr. v. Cashel; *dav.*: **Vaterfordĭēnsĭs,** ĕ.
vātēs, ĭs *m.* u. *f.* (vātĭs) 1. Weissager(in), Prophet(in), Seher(in). 2. Sänger(in), Dichter(in).
Vātĭcānă bāsĭlĭcă, ae *f.* der St. Petersdom in Rom.
Vātĭcānŭs 3 vatikanisch; mōns Vātĭcānŭs: der Vatikanische Hügel, einer der sieben Hügel Roms auf dem westlichen Tiberufer.
Vātĭcānŭs, ī *m.* der Vatikan: 1. als Hügel. 2. als Palast des Papstes.
vātĭcĭnātĭō, ōnĭs *f.* Weissagung.
vātĭcĭnātŏr, ōrĭs *m.* Prophet.
vātĭcĭnātrīx, īcĭs *f.* Prophetin.
vātĭcĭnĭŭm, ī *n.* Weissagung.
vātĭcĭnĭŭs 3 weissagend.
vātĭcĭnŏr 1 weissagen, prophezeien.
vātĭcĭnŭs 3 prophetisch, weissagend.
vātĭdĭcŭm, ī *n.* Weissagung.
vātĭdĭcŭs 3 prophetisch.
vătillŭm, ī *n.* Räucherpfanne, *vgl.* batillum.
vātĭs, ĭs *m.* u. *f. s.* vates.
vau *oder* **vaw** *indecl.* 1. der sechste Buchstabe des hebr. Alphabets; sechs, sechstens.
Vāvērēnsĭs pāgŭs, ī *m. s.* Vabrensis.
vaw *indecl. s.* vau.
vĕ (*lehnt sich an das Wort an, wozu es gehört*) oder, oder auch.
vēcordĭă, ae *f.* 1. Wahnsinn; Tobsucht. 2. Unverstand. 3. Wahnsinn gegen Gott, Sünde (*Hymn. ad Prim.*).
vēcors, cordĭs wahnwitzig.
vectātĭō, ōnĭs *f.* 1. das Reiten, das Fahren. 2. das Tragen.
vectīgăl, ālĭs *n.* Abgabe, Steuer, Zoll.
vectīgālĭs, ĕ steuerpflichtig.
vectĭō, ōnĭs *f.* das Fahren, das Ziehen, das Reiten.
vectĭs, ĭs *m.* 1. Hebel. 2. Türriegel. 3. Tragstange (*Num.* 15, 24); vectĭs rēmōrŭm: Ruderstange.
vectō 1 führen, tragen, bringen.
vectŏr, ōrĭs *m.* 1. Schiffer, Seefahrer. 2. Wagenlenker, Fuhrknecht.
vectōrĭŭs 3 zum Fortschaffen dienend.
vectūră, ae *f.* 1. das Fahren. 2. Fuhrlohn. 3. Versandkosten, Postgeld, Porto.
1. **S. Vĕdastŭs,** ī *m.* hl. Vedast, Bek. u. Bischof von Arras (Fkr.) († um 540).
Er lebte zur Zeit Chlodwigs in Toul (Fkr.) und unterrichtete den König auf der Reise nach Reims, wo er sich vom hl. Remigius taufen ließ. Letzterer weihte den hl. Vedastus zum Bischofe; als solcher wirkte er 40 Jahre. — 6. Februar.
2. **S. Vĕdastŭs,** ī *m.* Saint-Waast, ehem. Kloster in Arras, St., Fkr. (Pas-de-Calais).
Vĕdulphŭs, ī *m.* Wedulf, Bisch. von Cambrai (6. Jhdt.).
vĕgĕtābĭlĭs, ĕ pflanzlich; ŏlĕŭm vĕgĕtābĭlĕ: Pflanzenöl (*C. j. c.* 1271).
vĕgĕtātĭō, ōnĭs *f.* 1. Belebung. 2. das Gesundsein, das Gedeihen.
vĕgĕtātīvŭs 3 belebend, das organische Leben bedingend; zum organischen Leben gehörend; erregend.
vĕgĕtō 1 beleben, kräftig *oder* gesund erhalten.
vĕgĕtŭs 3 lebenskräftig, frisch, rüstig.
Veglēn. (*C. R.*) *s.* Veglia.
Veglĭă, ae *f.* Veglia (Krk), St. auf der dalmatischen Insel Veglia, Istrien, *ca.* 1700 Einw.; Bischofssitz (seit 900) mit Arbe vereinigt, Suffr. v. Görz; *dav.*: **Veglēnsĭs,** ĕ.
vēgrandĭs, ĕ übelgroß, klein, winzig.
vĕhĕmēns, entĭs (vemens) 1. heftig, stürmisch; leidenschaftlich. 2. stark, gewaltig, unwiderstehlich: ĭn dīcendō.
vĕhĕmentĭă, ae *f.* Heftigkeit, Hitze; Stärke.
vĕhĭcŭlŭm, ī *n.* Fahrzeug, Wagen, Schiff.
vĕhō, vexī, vectŭm 3 tragen, fahren; ziehen; *pass.*: fahren, reiten, segeln.
Vĕitŭrĭŭm, ī *n.* Voltaggio, Städtchen bei Genua (Italien).
vĕl 1. *disjct.* oder; **vĕl-vĕl** entweder — oder, teils — teils. 2. *adv.*: sogar, zumal, besonders.
1. **vēlābrŭm,** ī *n.* 1. Schleier (*der über das Theater gespannt wurde*). 2. Decke.
2. **Vēlābrŭm,** ī *n.* Verkaufsplatz von Lebensmitteln u. feinsten Tafelgenüssen in Rom; der größere lag zwischen Aventin u. Kapitolin, der kleinere am Fuße des Esquilin.

vēlāmĕn, ĭnĭs *n.* 1. Hülle, Decke, Kleidung. 2. Schleier der Nonnen.
vēlāmentŭm, ī *n.* 1. Hülle, Decke. 2. Schutz, Schirm.
vēlātĭō, ōnĭs *f.* Erteilung des Ordensschleiers, Einkleidung; Profeßablegung.
Vĕlaunōrŭm montēs, ĭŭm *m.* Berge bei Pont de Veyle, St., Fkr. (Ain).
Veldkirchĭŭm, ĭ *n.* *s.* Feldkirchia.
vēlĕs, ĭtĭs *m.* (*meist pl.*: vēlĭtēs, ŭm *m.*) junger leichtbewaffneter Soldat, Plänkler.
vēlĭfĕr, fĕră, fĕrŭm segeltragend.
vēlĭfĭcātĭō, ōnĭs *f.* das Segeln.
vēlĭfĭcō 1 *s.* velificor.
vēlĭfĭcŏr 1 (velifico) 1. die Segel aufspannen; segeln. 2. eifrig für etwas wirken, sich bemühen, etw. eifrig fördern.
Vĕlīnŭs lăcŭs *m.* Lago delle Marmore *oder* Pie di Lugo, See (im Sabinerland), It. (Abruzzen).
Velislāŭs, ī *m.*(Scepanovius) Welislaus, Vater des hl. Bisch. u. Mart. Stanislaus (11. Jhdt.)
Vĕlĭternēn. (*C. R.*) *s.* Velitrae.
Vĕlĭtrae, ārŭm *f.* Velletri, St. im Albanergebirge, It. (Rom), *ca.* 15000 Einw.; Bistum, *s.* Ostia; *dav.*: **Vĕlĭternŭs** 3 *u.* **Vĕlĭternēnsĭs,** ĕ.
Vellāvŭm, ī *n.* Le Velay, ehem. Landschaft, Fkr. (Haute-Loire).
vellĕĭtās, ātĭs *f.* das unfruchtbare Wollen; ein kraftloses Wollen, das nicht zum Handeln führt (*Gegensatz*: voluntas = fester Willensentschluß).
vellĭcātĭō, ōnĭs *f.* das Necken, das Spotten; das Raufen.
vellĭcō 1 1. rupfen, raufen; kneifen. 2. sticheln, höhnen, kränken (*Amos* 7, 14).
vellō, vellī, vulsŭm 3 rupfen, zupfen, ausreißen.
vellŭs, ĕrĭs, *n.* 1. die abgeschorene Wolle, Schur. 2. Fell, Tierhaut, Vließ. 3. Wiesenschur (*Ps.* 71, 6).
vēlō 1 1. verhüllen, einhüllen, bedecken. 2. verdecken, verheimlichen.
vēlōcĭtās, ātĭs *f.* Schnelligkeit.
vēlōx, ōcĭs schnell, geschwind; valde velociter = auf der Stelle (*Ps.* 6, 11).
vēlŭm, ī *n.* 1. Segel. 2. Tuch, Hülle, Schleier; Vorhang; Kelchhülle; Sakramentsvelum; Schultervelum.
vĕlŭt *u.* **vĕlŭtī** wie, gleichwie, wie zum Beispiel.
vēmēns, entĭs *s.* vehemens.
vēnă, ae *f.* 1. Ader, Pulsader. 2. Wasser, Quellader. 3. das Innere, die innere Beschaffenheit, Inhalt.
vēnābŭlŭm, ī *n.* Jagdspieß; Fangeisen.
Vĕnāfrān. (*C. R.*) *s.* Venafrum.
Vĕnāfrŭm, ī *n.* Venafro, St., r. vom Volturno, It. (Campobasso), *ca.* 4000 Einw.; Bistum, *s.* Aesernia (Isernia); *dav.*: **Vĕnāfrānŭs** 3.
vēnālĭcĭă, ōrŭm (*u.* -um) *n.* (verkäufliche) Waren.
1. **vēnālĭcĭŭs** 3 verkäuflich.
2. **vēnālĭcĭŭs,** ī *m.* Sklavenhändler.
vēnālĭs, ĕ 1. käuflich, feil. 2. zum Verkaufe ausgestellt.
vēnālĭtās, ātĭs *f.* Käuflichkeit.
vēnāns, antĭs *m.* Jäger, Vogelsteller.
S. Vēnantĭī fānŭm, ī *n.* Saint-Venant, St., Fkr. (Pas-de-Calais).
S. Vēnantĭŭs, ī *m.* hl. Venantius, ein jugendlicher Martyrer unter Dezius, 18. Mai.
Vēnantĭŭs Fortūnātŭs Venantius Fortunatus, Bischof v. Poitiers (Fkr.), berühmter Schriftsteller; er lebte 530—605.
Venascīnŭs cŏmĭtātŭs, ūs *m.* (Venassinus com.) Le Venaissin, ehem. Grafschaft, Fkr. (Vaucluse).
Venassīnŭs cŏmĭtātŭs, ūs *m.* *s.* Venascinus comitatus.
vēnātĭcŭs 3 (venatorius) zur Jagd gehörig, Jagd-.
vēnātĭō, ōnĭs *f.* 1. Jagd. 2. das Erjagte, Wild, Wildpret.
vēnātŏr, ōrĭs *m.* Jäger.
vēnātōrĭŭs 3 *s.* venaticus.
vēnātrīx, īcĭs *f.* Jägerin.
vēnātŭs, ūs *m.* 1. das Jagen. 2. Jagdbeute.
Vĕnceslāŭs, ī *m.* *s.* Wenceslaus.
vendĭbĭlĭs, ĕ 1. verkäuflich, leicht zu verkaufen. 2. bekannt, beliebt, gesucht; angenehm.
vendĭcō 1 *s.* vindico.
vendĭtātĭō, ōnĭs *f.* 1. das Feilbieten. 2. Prahlerei. 3. Aufdringlichkeit.
vendĭtātŏr, ōrĭs *m.* Großtuer, Prahler.
vendĭtĭō, ōnĭs *f.* 1. Verkauf. 2. Versteigerung.
vendĭtō 1 feilbieten, verkaufen, verhandeln.
vendĭtŏr, ōrĭs *m.* 1. Verkäufer. 2. Verräter.
vendĭtrīx, īcĭs *f.* Verkäuferin.
vendō, dĭdī, dĭtŭm 3 1. verkaufen, verhandeln. 2. anpreisen, empfehlen.
Vĕnĕcŏpŏlēnsĭs, ĕ aus Venekopolis in Armenien (Erzbistum Sergiopolis).
Vĕnĕdī, ōrŭm *m.* die Wenden, *ein slawisches Volk, das früher hauptsächlich an der Weichselmündung und an der Ostsee bis zum Rigaer Meerbusen lebte*; *dav.*: **Vĕnĕdĭcŭs** 3.
Vĕnĕdĭcŭs 3 wendisch; Vĕnĕdĭcŭs lăcŭs *oder* sĭnŭs = Wendischer Meerbusen, Wendisches Haff bei Königsberg.

Vĕnĕdōrŭm dŭcātŭs, ūs *m.* Wenden, ehem. Herzogtum in Livland.
vĕnēfĭcă, ae *f.* Giftmischerin.
vĕnēfĭcĭŭm, ī *n.* 1. Giftmischerei; Gifttrank: serpentŭm. 2. Zauberei; Zaubertrank, *bes. im pl. gebräuchlich.*
1. **vĕnēfĭcŭs** 3 1. giftmischerisch, vergiftend. 2. bezaubernd.
2. **vĕnēfĭcŭs,** ī *m.* 1. Giftmischer. 2. Zauberer; Schlangenbeschwörer (*Ps.* 57, 6).
vĕnēnārĭŭs 3 zum Gift gehörig; Gift-.
vĕnēnātŏr, ōrĭs *m.* Vergifter (*als Name des Teufels*).
vĕnēnātŭs 3 vergiftet, giftig, schädlich.
vĕnēnō 1 vergiften.
vĕnēnōsŭs 3 voll Gift, giftig.
vĕnēnŭm, ī *n.* 1. Gift, Gifttrank, Zaubertrank. 2. Unheil, Verderben.
vēnĕō, ĭī, īrĕ verkauft werden.
vĕnĕrābĭlĕ, ĭs *n.* das hochwürdigste Gut.
vĕnĕrābĭlĭs, ĕ 1. verehrungswürdig, hochverehrt. 2. *als Titel für den Klerus:* ehrwürdig, hochwürdig.
vĕnĕrābundŭs 3 ehrfurchtsvoll, ehrerbietig.
vĕnĕrandŭs 3 ehrwürdig.
vĕnĕrārĭŭs 3 sinnlicher Liebe ergeben, unzüchtig.
vĕnĕrātĭō, ōnĭs *f.* 1.Verehrung. 2. Würde, Ehrwürdigkeit, Hoheit. 3. Anbetung.
vĕnĕrātŏr, ōrĭs *m.* Verehrer.
vĕnĕrĕŭs 3 (venerius) zur Venus (Liebesgöttin) gehörig; sinnlich.
vĕnĕrĭŭs 3 *s.* venereus.
Vĕnĕrĭŭs, ī *m.* Venerius, Bisch. von Mailand (5. Jhdt.).
vĕnĕrŏr 1 1. verehren; anbeten. 2. demütig anflehen, inständig bitten. 3. *auch passivisch gebraucht vom seltenen:* **vĕnĕrō.**
Venessuelă, ae *f.* (Venezuela) Venezuela, Vereinigte Staaten im Norden von Südamerika; Kirchenprovinz, Erzbischofssitz in Caracas.
Vĕnĕtēn. (*C. R.*) *s.* Doriorigum.
Vĕnĕtī, ōrŭm *m.* Venetier, Bew. der Landschaft Venetien (Norditalien).
1. **Vĕnĕtĭă,** ae *f.* Venetien, Landschaft, das Gebiet um Venedig (Italien).
2. **Vĕnĕtĭă,** ae *f. s.* Doriorigum.
Vĕnĕtĭae, ārŭm *f.* Venedig, Hafenst. im Adriatischen Meere, Italien, *ca.* 170000 Einw.; Patriarchat (Bistum von 1170—1451).
Vĕnĕtŭs lăcŭs, ūs *m.* Bodensee; *bes.:* der Obersee *von Bregenz bis Konstanz.*
vĕnĭă, ae *f.* 1. Gnade, Gefallen, Nachsicht, Willfährigkeit. 2. Verzeihung, Vergebung. 3. Erlaubnis (*C. j. c.* 120 § 2).
vĕnĭābĭlĭs, ĕ verzeihbar.
vĕnĭālĭs, ĕ 1. gnädig, huldvoll. 2. verzeihlich; peccātŭm vĕnĭālĕ: die läßliche Sünde.
vĕnĭō, vēnī, ventŭm 4 1. kommen, gehen, wandern. 2. zurückkommen, zurückkehren. 3. herannahen, eintreffen: donec veniret verbum eius: bis sein Wort eintraf (*Ps.* 104, 19). 4. hervorkommen, abstammen. 5. zukommen, zuteil werden. 6. venire ad aliquem: flehend zu jemand kommen (*Ps.* 64, 3). 7. erscheinen, auftreten. 8. usu venire: wirklich vorkommen. 9. nomine venire: unter dem Namen vorkommen, unter dem Ausdrucke verstanden werden (*C. j. c.* 7).
Vennessă, ae *f.* Vendôme, St. am Loir, Fkr. (Loir-et-Cher), *ca.* 7000 Einw.
Vennĕtŭm, ī *n. s.* Doriorigum.
vēnŏr 1 jagen, auf die Jagd gehen.
ventĕr, trĭs *m.* 1. Unterleib, Bauch. 2. Mutterleib. 3. Körper (*Ps.* 43, 25). 4. das Innere (*Ps.* 21, 10; 30, 10). 5. Höhlung, Abgrund, Schlund.
ventĭlābrŭm, ī *n.* Wurfschaufel, womit das Getreide durch Werfen gegen den Wind von der Spreu gereinigt wurde (*Jer.* 15, 7 u. *Luc.* 3, 17).
ventĭlātĭō, ōnĭs *f.* das Worfeln des Getreides, Scheidung, Sonderung; **ultĭmă ventĭlātĭō:** das Weltgericht.
ventĭlātŏr, ōrĭs *m.* (*eigentlich:* Worfler) Taschenspieler, Gaukler (*Jer.* 51, 2).
ventĭlō 1 1. in die Luft schwingen *oder* werfen, schwenken; Lufthiebe tun; cornu ventilare: mit dem Horne emporschleudern (*Ps.* 43, 6). 2. worfeln. 3. hin- und herwerfen, verwehren. 4. se ventilare in omnem ventum: jeder Neigung nachgeben.
ventĭtō 1 oft kommen, zu kommen pflegen.
ventōsŭs 3 1. windig. 2. wetterwendisch, unbeständig.
ventrĭcŭlŭs, ī *m.* 1. kleiner Bauch, Bäuchlein. 2. Magen. 3. ventrĭcŭlŭs cordĭs: Herzkammer (*Deut.* 18, 3).
ventrĭlŏquŭs, ī *m.* Bauchredner.
ventŭs, ī *m.* 1. Wind, Windhauch. 2. Sturm.
vēnumdō *u.* **vēnundō,** dĕdī, dătŭm, dărĕ verkaufen.
1. **vēnŭs,** ī *m.* Verkauf; *nur acc.* venum *und dat.* veno *gebräuchlich, s.* venumdo.
2. **vĕnŭs,** ĕrĭs *f.* Liebeslust, Geschlechtsliebe.
3. **Vĕnŭs,** ĕrĭs *f.* 1. Venus, Göttin der Liebe. 2. Planet Venus.
Vĕnŭsĭă, ae *f. s.* Venusium.
Vĕnŭsīn. (*C. R.*) *s.* Venusium.

Vĕnŭsĭŭm, ī *n.* (Venusia) Venosa, St. am Aufidus, It. (Potenza); *ca.* 9000 Einw.; Bischofssitz (seit 5. Jhdt.), Suffr. v. Averenza; *dav.*: **Vĕnŭsīnŭs** 3.

1. **Vĕnustă vallĭs** *f.* das Münstertal (Val Müstair), Schweiz (Graubünden).

2. **Vĕnustă vallĭs** *f.* (Venustis) der Vintschgau, Tal des Oberlaufes der Etsch in Tirol.

vĕnustās, ātĭs *f.* Schönheit, Anmut.

vĕnustŭs 3 lieblich, anmutig, schön.

vĕprēs, ĭs *m.* (*meist pl.*: vĕprēs, ĭŭm) Dornenstrauch; Distel.

vĕprētŭm, ī *n.* Dornhecke.

vēr, vērĭs *n.* Frühling.

Vĕră Crux, cĭs *f.* (Vērae Crŭcĭs *C. R.*) *s.* Jalapa.

vērācĭtĕr *adv. zu* verax.

vērācĭtās, ātĭs *f.* 1. Wahrhaftigkeit (*C. j. c.* 1975). 2. Glaubwürdigkeit.

Vĕrānŭs ăgĕr, ī *m.* Campo Verano (Veranisches Feld), Rom.

Vĕrăpŏlĭs, ĭs *f.* Werapoli (Verapoly), St. an der Malabarküste, südwestl. von Palghat und nördl. von Aleppi, im Südwesten von Britisch-Vorderindien (Trawankur); Erzbistum (seit 1886), Residenz in Ernakolam; *dav.* **Vērăpŏlītānŭs** 3.

Vĕrăpŏlītān. (*C. R.*) *s.* Verapolis.

vērāx, ācĭs 1. wahrredend, wahrhaftig, wahr. 2. getreu.

verbālĭs, ĕ aus Worten bestehend; mündlich, wörtlich.

Verbanŭs lăcŭs *m.* Lago Maggiore, ein See in Oberitalien.

verbĕr, ĕrĭs *n.* (*meist pl.*: verbĕră, ŭm) 1. Schlag, Streich, Peitschenhieb, Geißelhieb; Geißelung. 2. Peitsche, Geißel.

verbĕrātĭō, ōnĭs *f.* Züchtigung.

verbĕrō 1 schlagen, geißeln, züchtigen.

Verbī Dīvīnī Sŏcĭētās, ātĭs *f.* Gesellschaft des göttlichen Wortes, Steyler Patres, gegr. 1875.

Verbigenŭs păgŭs, ī *m.* (Urbigenus pagus, Virbigenus pagus) der Aargau, Kanton in der Schweiz.

verbōsŭs 3 wortreich, weitläufig.

verbŭm, ī *n.* 1. Wort, Befehl, Gebot, Versprechen: Dei (*Ps.* 32, 6 u. 118, 49), *pl.*: Rede. 2. Ausspruch, Spruch, Sinnspruch. 3. ăd verbŭm: wörtlich, buchstäblich. 4. verbī causā *oder* verbī grātĭā: zum Beispiel. 5. „Verbum" ist beim hl. Apostel Johannes das persönliche Wort, *d. h. der Sohn Gottes.* 6. Hebraismus: Sache, Angelegenheit, Ding, Werk, Tat: nōn ĕrĭt impossĭbĭlĕ omnĕ verbŭm ăpŭd Dĕŭm: nicht ist unmöglich irgendein Ding bei Gott, bei Gott ist nichts unmöglich (*Luc.* 1, 37): verbŭm aspĕrŭm: böser Zufall, Ungemach *Ps.* 90, 3); verbă ĭnīquōrŭm = verbă ĭnīquĭtātŭm, factă ĭnīquă = unsere Schuld, unsere Freveltaten (*Ps.* 64, 4); verbă signōrŭm sŭōrŭm = signă sŭă seine Zeichen (*Ps.* 104, 27).

Vercellae, ārŭm *f.* Vercelli, St. r. an der Sesia, It. (Novara), *ca.* 20000 Einw.; Erzbischofssitz (seit 1817, Bistum seit 3. Jhdt.); *dav.*: **Vercellēnsĭs,** ĕ.

Vercellēn. (*C. R.*) *s.* Vercellae.

Verdă, ae *f. s.* Fardium.

Verdeă, *ae* f. Werd, ehem. Kloster in Bayern (Oberbayern).

Verdēnsĭs, ĕ zum (ehemaligen) Bistum Verden an der Aller gehörig.

Verdēnsĭs cīvĭtās, ātĭs *f. s.* Fardium.

1. **Verdūnŭm,** ī *n.* Verduño, Geburtsort des sel. Petrus Claver in Katalonien (Spanien).

2. **Verdūnŭm,** ī *n. s.* Verodunum.

vĕrēcundĭă, ae *f.* 1. Scheu, Zurückhaltung, Furchtsamkeit, Schüchternheit. 2. Zartgefühl, Ehrfurcht, Ehrbarkeit, Sittsamkeit, Schamhaftigkeit. 3. Scham, Schande, Elend (*Ps.* 43, 16).

vĕrēcundŏr 1 sich scheuen.

vĕrēcundŭs 3 bescheiden, schüchtern; sittsam, schamhaft.

vĕrēdārĭŭs 3 zu den Kurierpferden gehörig; nuntĭŭs vĕrēdārĭŭs: Kurier, Eilbote (*Esth.* 8, 10).

S. **Vērēnă,** ae *f.* hl. Verena, Jgfr. u. Mart. († um 300).

Sie stammte aus der Thebais (Ägypten) und war von Bischof Cheremon getauft worden. Sie kam nach Italien und hielt sich einige Zeit in Mailand auf und besuchte dort fleißig die eingekerkerten Christen. Sie durchwanderte dann die Schweiz, überschritt die Aar und lebte, im Gebete Gott dienend, in einer Höhle unweit Solothurn. Sie wurde als Christin gefangen genommen; heilte aber durch ihr Gebet den erkrankten Statthalter, der sie freigab. Sie ging nach Zurzach im Kanton Aargau, wo sie starb Über ihrem Grabe wurde später ein Benediktinerkloster mit Kirche erbaut. — 1. September (Basel, Wien).

vĕrendă, ōrŭm *n.* Schamteile.

vĕrendŭs 3 1. ehrwürdig. 2. schämenswert.

vĕrēns, entĭs fürchtend, aus Furcht.

vĕrĕŏr, vĕrĭtŭs sŭm 2 1. sich scheuen, Bedenken tragen. 2. befürchten, besorgt sein. 3. Ehrfurcht *oder* Hochachtung hegen.

vĕrētrŭm, ī *n.* Schamglied (*Deut.* 23, 1).

Vergĭŭm, ī *n.* Vera, St. r. am Küstenflusse Almanzora, Spanien (Almeria), *ca.* 8500 Einw.

vergō, sī 3 1. *intr.*: sich neigen, senken; gerichtet sein, sich erstrecken. 2. *trans.*: wohin neigen; einschütten, eingießen.

vērĭdĭcŭs 3 wahrhaft.

vērĭfĭcō 1 bewahrheiten.

vērĭlŏquĭŭm, ī *n.* (ἐτυμολογία) Grundbedeutung, Etymologie.
Vērīnŭs, ī *m.* Verinus, ein Jüngling, der zum Bräutigam der hl. Sekunda bestimmt war.
vērīsĭmĭlĭs, ĕ wahrscheinlich.
vērīsĭmĭlĭtūdō, ĭnĭs f. Wahrscheinlichkeit.
vērĭtās, ātĭs *f.* 1. Wahrheit, Wirklichkeit. 2. Wahrhaftigkeit, Aufrichtigkeit, Offenheit. 3. Treue, Güte (*in vielen Psalmen*). 4. Glaubwürdigkeit; **vērĭtātĕm** făcĕrĕ: nach der Wahrheit leben.
Vermand(ŭ)ēnsĭs ăgĕr, rī *m.* (Veromanduensis ager) Le Vermandois, ehem. Grafschaft, Fkr. (Aisne-et-Somme).
Vermandŭī, ōrŭm *m.* die Vermanduer, Bew. der Landschaft Vermandois (Fkr.).
Vermandŭm, ī *n.* (Veromandum Veromandus, Veromandum) Vermand, Marktflecken bei Saint-Quentin, Fkr. (Aisne).
vermĭcŭlātŭs 3 (verniculatus) (*eig.*: wurmförmig) 1. gewürfelt. 2. bunt, buntbesetzt. 3. filigraniert (*Cant.* 1, 10).
vermĭcŭlŭs, ī *m.* 1. Würmchen; Kugellaus (der Koschenille) (*Ex.* 35, 25). 2. Purpurschnecke, Purpur; *übtr.*: Scharlachgewand.
vermĭs, ĭs *m.* Wurm.
vernă, ae *m. u. f.* Haussklave; Dienerin.
1. **vernācŭlŭs** 3 1. zu den Haussklaven gehörig; eigen: vernācŭlă substantĭă = eigenes Vermögen. 2. inländisch, einheimisch: linguă.
2. **vernācŭlŭs,** ī *m.* Haussklave, Knecht.
vernĭcŭlātŭs 3 *s.* vermiculatus.
vērnō 1 Frühling haben, grünen, blühen.
vērnŭs 3 zum Frühling gehörig; Frühlings-.
vērō *adv. zu* verus.
Vĕrŏdūnŭm, ī *n. s.* Virodunum.
Vērŏmandŭēnsĭs ăgĕr, rī *m. s.* Vermanduensis ager.
Vĕrŏmandŭm, ī *n. s.* Vermandum.
Vĕrŏmandŭs, ī *f. s.* Vermandum.
1. **Vērōnă,** ae *f.* Verona, St. an der Etsch, It. (Venezien), *ca.* 86000 Einw.; Bischofssitz (seit 3. Jhdt.), Suffr. v. Venedig; *dav.*: **Veronēnsis,** ĕ.
2. **Vērōnă,** ae *f.* (Bernum) Bern, Hauptstadt der Schweiz, *ca.* 34000 Einw.
Vērōnēn. (*C. R.*) *s.* 1. Verona.
B. Vērōnĭcă ā Binascō, sel. Veronika von Binasco, Jgfr., Augustinerin († 1497).
Sie wurde zu Binasco, einer Ortschaft bei Mailand, von frommen Eltern geboren. Im Augustinerinnenkloster Sankt Martha zu Mailand bat sie um Aufnahme. Sie sollte aber erst lesen und schreiben lernen. Fortan arbeitete sie am Tage, und in der Nacht verlegte sie sich auf das Erlernen dieser Kunst. Von der Mutter Gottes zur Betrachtung des Leidens Christi aufgefordert, ließ sie von ihren Bemühungen ab und trat mit 20 Jahren als dienende Schwester in den Orden. Sie führte ein Gebetsleben unter ständiger Andacht und Beschaulichkeit. In zahlreichen Verzückungen schaute sie das Leben des Heilandes nebst vielen anderen Geheimnissen. In einer solchen vergoß sie soviele Tränen, daß diese ein von ihren Mitschwestern hingestelltes Gefäß anfüllten. Sie starb am 13. Januar 1497 im Alter von 52 Jahren. — 19. Januar (Aug.-O.).
S. Vērōnĭcă dē Jūlĭānīs hl. Veronika v. Giuliani, Jungfr., Klarissin († 1727).
Sie wurde zu Mercatello in Italien geboren. Schon ganz früh waren an dem Kinde Zeichen der künftigen Heiligkeit offenbar. Veronika pflegte einen ganz vertraulichen Umgang mit dem Jesukinde und der Mutter Gottes, die ihr auch das Jesukind manchmal darreichte. Sie sollte einen harten Kampf mit Menschen und dem bösen Feinde bestehen. Mit siebzehn Jahren trat sie in das Klarissenkloster zu Tiferno. Sie erhielt die hl. Wundmale und war häufig in Verzückung. Die kirchliche Behörde glaubte, Veronika prüfen zu müssen; die Prüfung war sehr hart; aber sie unterwarf sich ihr in allem mit vollkommenstem Gehorsam. Ihre Tugend und Heiligkeit wurde als echt befunden. Veronika wurde einstimmig zur Äbtissin des Klosters gewählt. Sie selbst jedoch hielt sich nur für eine große Sünderin. Durch viele Leiden und strenge Abtötungen immer mehr geläutert, ging sie nach 50 Jahren ihres Ordenslebens in den Himmel ein. Gregor XVI. sprach sie 1839 heilig. — 9. Juli (Kapuzinerorden) *u.* 10. Juli (Klarissen, Franziskaner).
verrēs, ĭs *m.* zahmer Eber, männliches Schwein.
verrĭcŭlŭm, ī *n.* 1. Besen. 2. Fischernetz.
verrō, versŭm 3 1. fegen, wegfegen, zusammenscharren. 2. fortschleifen.
verrūcă, ae *f.* 1. Warze. 2. *übtr.*: kleines Übel.
versābĭlĭs, ĕ unbeständig, beweglich.
Versālĭae, ārŭm *f.* Versailles, St., Fkr. (Seine-et-Oise), *ca.* 45000 Einw.; Bischofssitz (seit 1802), Suffr. v. Paris, *dav.*: **Versalĭēnsĭs,** ĕ.
versātĭlĭs, ĕ 1. beweglich. 2. gewandt, vielseitig.
versātĭō, ōnĭs *f.* Veränderung, Abwechslung.
versātŭs 3 beschäftigt mit, gewandt in.
Versĭăcŭm, ī *n.* Vergy, Ort bei Chevry Chambertin, Fkr. (Côte-d'Or).
versĭcŏlŏr, ōrĭs bunt, buntfarbig.
versĭcŭlŭs, ī *m.* 1. Zeile. 2. Verschen; **Versĭcŭlŭs** (*abgekürzt*: V.) = Worte des Vorbeters beim liturgischen Wechselgebet.
versĭō, ōnĭs *f.* Übersetzung (*C. j. c.* 1391).
versĭpellĭs, ĕ 1. das Fell ändernd, die Gestalt verändernd; *übtr.*: schlau, verschmitzt: artĭfex. 2. heuchlerisch, unzuverlässig.
versō 1 1. hin und her drehen, wenden, wälzen. 2. umwenden, umkehren. 3. Deutung geben, auslegen. 4. lange überlegen; versārĕ ingĕnĭŭm ĭn omnēs

partēs: nach allen Seiten hin überlegen. 5. beunruhigen, quälen.

versŏr 1 1. sich aufhalten, sich befinden, weilen. 2. sich mit etwas beschäftigen, etwas betreiben.

versŭm *adv. s.* 1. versus.

versūră, ae *f.* 1. das Umwenden. 2. das Wechseln. 3. Anleihe.

1. **versŭs** (versum) 1. *adv.* gegen — hin, nach — hin, nach — zu, -wärts. 2. *praep. c. acc.*: gegen.

2. **versŭs** 3 *part.* 1. *von* verto. 2. *von* verro.

3. **versŭs**, ūs *m.* Reihe, Linie; Vers (als *Teil des Breviergebetes*).

versūtiă, ae *f.* Schlauheit, Hinterlist.

versūtŭs 3 gewandt, schlau.

Vertānŭm mŏnastērĭŭm, ī *n.* Vertou, ein Kloster bei Nantes, Fkr.

vertĕbră, ae *f.* Gelenk.

vertex, ĭcĭs *m.* („was gedreht wird") 1. Wirbel, Strudel. 2. Wirbelwind, Flammenwirbel. 3. Scheitel des Hauptes, Haupt, Kopf. 4. Himmelspol. 5. Gipfel, Spitze, Berg, höchster Grat.

vertĭbĭlĭs, ĕ veränderlich.

vertĭcōsŭs 3 voller Strudel.

vertīgĭnōsŭs 3 schwindelig.

vertīgō, ĭnĭs *f.* 1. Umdrehung. 2. *übtr.*: Schwindel.

vertō, vertī, versŭm 3 1. wenden, drehen, kehren; (se) **vertĕrĕ** *u. pass.* **vertī** sich kehren, sich wenden. 2. **vertī**: sich wo begegnen, sich befinden, wozu gehören. 3. wohin wenden, richten, zuwenden. 4. etwas so oder so wenden, auslegen, ansehen als. 5. umwenden, umkehren, jemanden in die Flucht treiben. 6. wechseln, ändern, verändern. 7. Schriften übersetzen *oder* übertragen.

Verucŭlŭm, ī *n.* Verucchio, St. bei Rimini, It., *ca.* 5000 Einwohner.

Vērŭlae, ārŭm *f.* (V. in Hernicis) Veroli, St. in der römischen Campagna, It. (Rom), *ca.* 2800 Einw.; Bischofssitz (seit 8. Jhdt.), exempt; *dav.*: **Vērŭlānŭs** 3.

Vĕrŭlamĭŭm, ĭ *n.* Stadt Verulam, *j.* Saint Albans, St., England.

vērŭm-ĕnĭm-vērō *adv.* aber wirklich, und in der Tat, aber wahrhaftig.

vērumtămĕn *adv.* wahrlich, doch, indessen, gleichwohl.

vērŭs 3 1. wahr, wirklich; *subst.*: **vērŭm**, ī *n.* das Wahre, die Wahrheit. 2. die Wahrheit redend, wahrhaftig. 3. richtig, vernünftig, vernunftgemäß; *subst. n*:. das Rechte. — **vērē** *adv.* aufrichtig, ernstlich. — **vērō** *adv.* 1. in der Tat, wirklich, ja wahrhaftig, ja wohl, ja freilich. 2. aber, in der Tat aber.

vērūtŭm, ī *n.* (vĕrū) Wurfspieß.

vervēx, ēcĭs *m.* Hammel, Schöps.

Vēsālĭă, ae *f.* Wesel, St. r. am Rheine, Preußen (Rheinprov.), *ca.* 23000 Einw.

vēsānĭă, ae *f.* Wahnsinn, Wut, Raserei.

vēsānŭs 3 1. wahsinnig. 2. gewaltig.

vescŏr 3 1. sich durch etwas nähren. 2. speisen. 3. *übtr.*: genießen.

vescŭs 3 1. zehrend, aussaugend. 2. abgezehrt, mager.

vēsīcă, ae *f.* 1. Blase, Harnblase. 2. Blatter.

vēsīcŭlă, ae *f.* 1. Bläschen. 2. Säckchen (Hodensäckchen). 3. vēsīcŭlă guttŭrĭs: Kropf (*Lev.* 1, 16).

Vĕscontĭō, ōnĭs *m.* (Vesuntio, Visontio, Bisuntina ecclesia) Besançon, St. am Doubs, Fkr. (Doubs), *ca.* 55000 Einw.; Erzbischofssitz (seit 4. Jhdt., Bistum seit 2. Jhdt.); *dazu*: **Bĭsuntīnŭs** 3.

vespă, ae *f.* Wespe.

Vespăsiānŭs, ī *m. s.* Flavius Vespasianus.

1. **vespĕr**, ĕră, ĕrŭm abendlich, spät (*Marc.* 11, 11).

2. **vespĕr**, ĕrī (*u.* ĕrĭs) *m.* (vesperus, ἕσπερος) 1. (hesperus) Abendstern. 2. Abend, Abendzeit; vesperī *u.* vesperĕ (*Locativ*) abends, am Abend; spät. 3. Abendgegend, Westen.

vespĕră, ae *f.* (ἑσπέρα) Abend, Abendzeit; *pl.*: Vesper (*ein Teil des Breviergebetes*).

vespĕrālĕ, ĭs *n.* Vesperbuch.

vespĕrāscō, rāvī 3 Abend werden.

vespĕrĕ *s.* 2. vesper.

vespĕrī *s.* 2. vesper.

vespertīlĭō, ōnĭs *m.* Fledermaus (*Js.* 2, 20).

vespertīnŭs 3 zum Abend gehörig, Abend-.

vespillō, ōnĭs *m.* Leichenträger (für Arme).

Vespremiă, ae *f.* (Vesprima, Veszprimium, Bespremiensis urbs) Veszprim (*ungar.*: Veszprém), St. am Sedflusse, nördlich vom Plattensee am Bakonywald, Ungarn, *ca.* 15000 Einw., Bischofssitz (seit 1009), Suffr. von Gran; *dav.*: **Veszprimiĕnsĭs**, ĕ *u.* **Vesprimiĕnsĭs**, ĕ.

Vestă, ae *f.* Vesta (römische Herdgöttin); *dav.*: **Vestālĭs**, ĕ.

Vestānŭs commissārĭātŭs, ūs *m.* Veste Recklinghausen, Westfalen, Preußen.

vestĕr, tră, trŭm, euer.

vestĭārĭŭm, ī *n.* Kleiderschrank, Kleiderkammer.

1. **vestĭārĭŭs** 3 zu den Kleidern gehörig.

2. **vestĭārĭŭs**, ī *m.* Kleiderhändler, -bewahrer.

vestībŭlŭm, ī *n.* 1. Vorplatz, Vorhof. 2. Eingang; Vorhalle,

vestĭcŭlă, ae *f.* Kleidchen.
vēstīgābĭlĭs, ĕ ergründlich, erforschbar.
vēstīgātŏr, ōrĭs *m.* Aufspürer; Erforscher.
vēstīgĭŭm, ī *n.* 1. Fußstapfe, Fußspur, Fußtritt, Spur, Fährte; vestīgĭō inhaerērĕ: der Spur folgen. 2. Fußsohle. 3. Kennzeichen. 4. Stelle, Standort. 5. Zeitpunkt, Augenblick; ē (in) vestīgĭō: auf der Stelle, augenblicklich, ohne weiteres.
vēstīgō 1 nachspüren, aufsuchen.
vestīmentŭm, ī *n.* Kleidungsstück, Mantel (*Ps.* 103, 2); *pl.*: Kleidung, *d. h.* Rock, Mantel, Gürtel u. Sandalen (*Joh.* 19, 23).
Vēstīnī, ōrŭm *m.* Vestiner, ehem. Völkerschaft in den Abruzzen (Mittelitalien), im Osten ans Adriatische Meer grenzend; *dav.*: **Vēstīnŭs** 3.
vestĭō 4 kleiden, bekleiden.
vestĭs, ĭs *f.* Kleid; Unterkleid, Leibrock (*Ps.* 21, 19), *pl.*: Bekleidung, Gewänder.
vestītŏr, ōrĭs *m.* 1. Schneider. 2. Bekleider.
vestītŭs, ūs *m.* Kleidung, Anzug, Gewand.
Vĕsuntĭō, ōnĭs *m. s.* Vesontio.
Vĕtĕră Castră, ōrŭm *n.* altes Römerlager bei Xanten.
1. **vĕtĕrānŭs** 3 1. alt gedient, im Kampfe erprobt; *dav.*: vĕtĕrānī, ōrŭm *m.* alte gediente Soldaten. 2. alt, von vielen Jahren.
2. **vĕtĕrānŭs,** ī *m.* altgedienter Soldat, Veteran.
vĕtĕrāscō (veteresco), rāvī, rātŭm 3 alt werden, veralten, vergehen.
vĕtĕrātŏr, ōrĭs *m.* ein durchtriebener Mensch, alter Fuchs, Schlaukopf.
vĕtĕrātōrĭŭs 3 durchtrieben, schlau.
vĕtĕrēscō, tĕrrŭī 3 *s.* veterasco.
vĕtĕrīnārĭŭs, ī *m.* Tierarzt.
vĕtĕrnōsĭtās, ātĭs *f.* Schlafsucht
vĕtĕrnōsŭs 3 1. schlafsüchtig; schläfrig. 2. kraftlos.
vĕternŭm, ī *n.* Schläfrigkeit, Starrheit: affundĕrĕ (= hinzufügen).
1. **vĕternŭs** 3 alt.
2. **vĕternŭs,** ī *m.* 1. Schlafsucht. 2. Schläfrigkeit, Trägheit.
vĕtĕrō 1 alt machen; als veraltet abschaffen (*Hebr.* 8, 13).
vĕtĭtŭm, ī *n.* Verbot; vĕtĭtŭm ecclēsĭastĭcŭm: das Verbot der Kirche, eine Ehe einzugehen.
vetō, ŭī, ĭtŭm 1. nicht geschehen lassen, verbieten; verhindern (*Act.* 16, 6: vĕtătī sunt).
vetō cīvīlĕ *n.* das Veto, *d. h.*: *der Einspruch weltlicher Mächte bei der Papstwahl.*
vĕtŭlă, ae *f.* altes Weib, die Alte; Vettel.
1. **vĕtŭlŭs** 3 ältlich.
2. **vĕtŭlŭs,** ī *m.* der Alte, Greis.
vĕtŭs, ĕrĭs (*compar.*: vestustĭŏr, *doch auch* vĕtĕrĭŏr; *superl.*: vĕterrĭmŭs) 1. alt; *subst. pl.*: **vĕtĕrēs,** ŭm *m.* die Alten, die Altvordern. 2. ehemalig, früher, vorig.
Vĕtŭs Campŭs, ī *m.* Kamp, ehem. Cistersienserkloster, Preußen (Rheinprov., Diöz. Köln).
Vĕtŭs Căpellă Rătisbŏnēnsĭs *f.* Alte Kapelle, Kollegiatstiftskirche in Regensburg.
Vĕtŭs cellă *f.* (Cellensis) Altzella, ehem. Cisterciensersloster, Sachsen(Dresden).
Vĕtŭs Mōns *m.* (Colonia Bergensis) Altenberg, ehem. Cistercienserkloster, Preußen (Rheinprov., Diöz. Köln).
Vĕtŭs terră *f.* (Antiqua terra) das Alte Land, Landschaft an der unteren Elbe, Preußen (Hannover).
vĕtustās, ātĭs *f.* 1. Alter, hohes Alter, der alte *oder* frühere Zustand. 2. das Altertum.
vĕtustātŭs 3 veraltet, alt.
vĕtustēscō 3 alt werden.
vĕtustŭs 3 1. alt (*mit dem Nebenbegriffe der Vorzüglichkeit oder Ehrwürdigkeit*). 2. altertümlich.
vexābĭlĭs, ĕ 1. beschwerlich. 2. belästigt.
vexātĭō, ōnĭs *f.* 1. Erschütterung. 2. Strapaze, Plage, Mißhandlung.
vexātŏr, ōrĭs *m.* Plager, Peiniger.
vexātrīx, īcĭs *f.* Mißhandlerin.
Vexfordĭă, ae *f.* Wexford, 1. Grafschaft im Südosten Irlands (Leinster). 2. St. am Slancy, *ca.* 12000 Einw.; Bischofssitz von Ferns, *vgl. auch*: Manapia.
Vexĭă, ae *f.* (Vexsĭa) Wexiö, St. in Schweden (Gotland); *dav.*: **Vexĭōnēnsĭs,** ĕ.
vexillārĭŭs, ī *m.* Fahnenträger.
vexillĭfĕr, fĕră, fĕrŭm die Fahne tragend.
vexillŭm, ī *n.* Fahne, Prozessionsfahne; vexillum accĭpĕrĕ: das Kreuz nehmen (zum Kreuzzuge).
vexō 1 1. stoßen, schütteln, erschüttern. 2. heimsuchen, verheeren, plündern, mißhandeln, beschädigen, quälen; vexare hereditatem: das Erbe (= *das Volk Israel*) verheeren, mißhandeln (*Ps.* 93, 5); jemanden bemühen; *pass.*: sich bemühen, sich zu schaffen machen. 3. schelten. 4. in große Verlegenheit bringen (*Ps.* 105, 32).
Vexsĭă, ae *f. s.* Vexia.
vĭă, ae *f.* 1. Weg, Straße, Bahn; vĭă ferrĕă: Eisenbahn; ūnĭŭs vĭae essĕ: zu einer (*religiösen oder politischen*) Richtung (Partei) gehören. 2. Lebenswandel, Wandel, Handlungsweise (*Ps.*

118, 1). 3. Pfad; vĭăm făcĕrĕ: den Weg bahnen. 4. das Verfahren, Art und Weise; Methode. 5. vĭă sabbătī: Sabbatweg, *d. h. eine Entfernung von 2000 Ellen (= 1000 großen Schritten) von der Stadtmauer aus, die nach rabbinischer Deutung von Ex.* 16, 29 *am Sabbate nicht übertroffen werden durfte.*

vĭārĭŭs 3 den Weg betreffend, Wege-: sarcĭna vĭārĭă: Reisebündel, Wegeslast.

vĭātĭcŭm, ī *n.* 1. Reisezehrung, Reisegeld, Zehrgeld, Reisekasse (*Deut.* 15, 14; *Jos.* 9, 5). 2. das heiligste Altarsakrament als Wegzehrung, *d. h. als Vorbereitung auf die Reise in die Ewigkeit für Schwerkranke.*

vĭātĭcŭs 3 zur Reise gehörig.

vĭātŏr, ōrĭs *m.* 1. Wanderer, Wandersmann, Reisender. 2. Amtsbote, Bote. 3. Pilger auf Erden, Mensch (hŏmō) (*C. j. c.* 745, 1).

vĭātōrĭŭs 3 zur Reise gehörig; auf der Wanderung *oder* Pilgerschaft befindlich.

Vibiscŭm, ī *n.* (Viviacum) Vevey (Vivis), St. am Genfersee, Schweiz (Waadt), *ca.* 12700 Einw.

vĭbrō 1 1. *trans.*: schwenken, schwingen, schütteln, zucken, wetzen: glădĭŭm vĭbrārĕ: das Schwert zücken (*Ps.* 7, 13). 2. *intr.*: zittern, beben.

1. **vĭcānŭs** 3 in einem Dorfe wohnend, Dorf-.

2. **vĭcānŭs,** ī *m.* Dorfbewohner.

vĭcārĭă, ae *f.* Kaplanei, Kooperatur; Expositur (*C. j. c.* 1427).

vĭcārĭātŭs, ūs *m.* Vikariat, Stellvertretung; vĭcārĭātŭs Apostŏlĭcŭs *m.* Apostolisches Vikariat, ein abgegrenztes Missionsgebiet mit einem Apostolischen Vikar, der die Bischofsweihe hat, an der Spitze (*C. j. c.* 92, 215).

1. **vĭcārĭŭs** 3 1. stellvertretend (*Lev.* 24, 18). 2. gegenseitig: se vicaria relatione satiare: sich gegenseitig in Gesprächen sättigen.

2. **vĭcārĭŭs,** ī *m.* Stellvertreter, Gehilfe, Vikar (*Amtstitel*).

vĭcārĭŭs Apostŏlĭcŭs, ī *m.* Apostolischer Vikar, *d. h.*: Bevollmächtigter des Papstes in Gegenden ohne Bischofssitz; *vgl.*: vicariatus Apostolicus.

vĭcārĭŭs căpĭtŭlārĭs *m.* Kapitularvikar, der bei Erledigung des bischöflichen Stuhles die Diözese leitet.

vĭcārĭŭs gĕnĕrālĭs (episcopalis) *m.* (bischöflicher) Generalvikar, Stellvertreter des Bischofs in der Regierung der Diözese.

vīcātĭm *adv.* 1. in allen Dörfern, dorfweise. 2. straßenweise.

vĭcĕ *s.* vicis.

Vĭcĕcancellārĭŭs, ī *m.* Vizekanzler, *d. h.*: Stellvertreter des Leiters der päpstlichen Kanzlei, dessen Amt nach dem Tode des jeweiligen Papstes erlischt.

vĭcĕlēgātŭs, ī *m.* stellvertretender Gesandter: Apostŏlĭcŭs.

S. **Vĭcĕlīnŭs,** ī *m.* hl. Vizelin, Bisch. u. Bek. — 12. Dezember (nordische Missionen Deutschlands [ohne Angaben]).

vĭcĕm *s.* vicis.

Vīcēn. (*C. R.*) *s.* Vicus.

vīcēnārĭŭs 3 zwanzig enthaltend.

vīcēnī 3 je zwanzig (*Judith* 1, 3).

vīcennĭŭm, ī *n.* ein Zeitraum von zwanzig Jahren.

Vĭcentĭă, ae *f.* (Vincentĭa, Vicetĭa) Vicenza, St. in Venetien, It. (Vicenza), *ca.* 25000 Einw.; Bischofssitz (seit 2. Jhdt.), Suffr. v. Venedig; *dav.*: **Vĭ(n)centīnŭs** 3.

Vĭcentīn. (*C. R.*) *s.* Vicentia.

vĭcĕ-offĭcĭālĭs, ĭs *m.* Vizeoffizial, Stellvertreter *oder* Beihelfer des Offizials (*d. h.*: des kirchlichen Verwalters *oder* Richters) (*C. j. c.* 1573 § 3).

vĭcĕ-postŭlātŏr, ōrĭs *m.* Vizepostulator, *d. h.*: Stellvertreter des Betreibers eines Seligsprechungsprozesses (*C. j. c.* 2004).

Vĭcĕprĕvānŭm, ī *n.*: *s.* Vicosupranum.

vĭcĕprōvincĭālĭs, ĭs *m.* Vizeprovinzial, stellvertretender Provinzial.

vĭcēs *s.* vicis.

vĭcēs gĕrēns, ntĭs *m.* Stellvertreter.

vīcēsĭmă, ae *f. s.* vicesimus.

vīcēsĭmŭs 3 (vigesimus) der zwanzigste; *dav.*: **vicesima,** ae *f.* (*scil.*: pars) der zwanzigste Teil *d. i.* fünf Prozent.

Vĭcētĭă, ae *f. s.* Vicentia.

vĭcĕversā *s.* vicis.

vĭcĭă, ae *f.* Wicke (Hülsenfrucht) (*Js.* 28, 25; *Ez.* 4, 9).

vĭcĭēs *adv.* zwanzigmal.

vīcīnă, ae *f.* Nachbarin.

vīcīnă, ōrŭm *n.* benachbarte Gegend.

vīcīnālĭs, ĕ nachbarlich.

vīcīnĭă, ae *f.* Nachbarschaft, Nähe.

vīcīnĭtās, ātĭs *f.* 1. Nachbarschaft. 2. *concr.* Nachbarn.

vīcīnŭm, ī *n.* Nachbarschaft, Nähe; *pl.*: benachbarte Gegend.

1. **vīcīnŭs** 3 1. benachbart, in der Nachbarschaft befindlich *oder* wohnend. 2. *übtr.*: nahe bevorstehend. 3. nahekommend, ähnlich; verwandt mit etw.

2. **vīcīnŭs,** ī *m.* Nachbar.

vĭcĭs (*gen. sg.*; *nom. u. dat. sg. fehlen*; *acc.*: vĭcĕm; *abl.*: vĭcĕ; *pl.*: vĭcēs;

abl.: vĭcĭbŭs; *gen.* u. *dat. pl. fehlen*) 1. Abwechselung, Wechsel, trībŭs vĭcĭbŭs: dreimal; prō hāc vĭcĕ: für dieses Mal; Wechselseitigkeit, versā vĭcĕ *oder* vĭcĕversā: umgekehrt; *pl.*: Reihenfolgen, Phasen. 2. Wechsel des Schicksals, Schicksal, Geschick, Los; *pl.*: vĭcēs Wechselfälle, Gefahren. 3. Platz, Seite, Stelle, Rolle; Aufgabe, Geschäft, Dienst; vicem *oder* vices alicuius supplērĕ, gĕrĕrĕ, rĕpendĕrĕ: eine Stelle jemands vertreten *oder* Stellvertretung für jem. übernehmen (*C. j. c.* 427; 466 § 5; 475); vĭcēsgĕrēns, entĭs *m. u. f.* Stellvertreter(in); vĭcēs tĕnērĕ: eine Stelle inne haben, vĭcēs tĕnēns: der Stelleninhaber. 4. Erwiderung, Gegenleistung, Vergeltung; vĭcĕm reddĕrĕ: vergelten. 5. *adv.* vĭcĕm *u.* vĭcĕ: wegen, mit Rücksicht auf, um, für *oder* statt, gleichwie *c. gen.*

vĭcissĭm *adv.* anderseits, dagegen.

vĭcissĭtūdō, ĭnĭs *f.* Wechsel, Veränderung; Veränderlichkeit; vĭcissĭtūdĭnĕm reddĕrĕ: Vergeltung üben.

Vĭcŏsŭprānŭm, ī *n.* (Viceprevanum) Vespran, St., Schweiz (Graubünden).

victĭmă, ae *f.* Opfertier, Schlachtopfer, Schlachtbank.

victĭmārĭŭs, ī *m.* Opferdiener.

Victimilĭŭm, ī *n.* = Albintimelium.

victĭmō 1 schlachten, opfern.

vīctĭtō 1 leben; sich nähren.

victŏr, ōrĭs m. Sieger, Besieger, Siegreicher.

1. **S. Victŏr,** ōrĭs *m.* hl. Viktor, Mart. (um 150).

Er stammte aus Kilikien (Kleinasien) und wurde als Zwanzigjähriger vor den Statthalter Sebastian zu Alexandrien (Syrien) geführt und als Christ angeklagt. Als Viktor seinen Glauben nicht verleugnen wollte, ließ ihm der grausame Statthalter die Finger abhacken und ihn dann in einen Ofen werfen. Doch die Flammen konnten ihm nichts anhaben. Hierauf mußte er vergiftetes Fleisch essen; als ihm dies nicht schadete, wurde sogar der Giftmischer Christ. Der ergrimmte Statthalter befahl, dem Glaubenszeugen alle Muskeln zu zerschneiden, ihn mit Fackeln zu brennen, ihm die Augen auszustechen und Kalk in die Wunden zu streuen. Dann ließ er den Glaubenszeugen drei Tage lang an einem Pfahle mit dem Kopfe nach unten aufhängen. Als die ausgeschickten Soldaten ihn noch lebend fanden, befahl der Tyrann, ihm die Haut vom Leibe zu ziehen. Endlich wurde er enthauptet, nachdem noch die sechzehnjährige Zuschauerin Corona, die Gattin eines Soldaten, sich bekehrt hatte und von dem Tyrannen zum Tode des Zerreißens verurteilt worden war. — 14. Mai.

2. **S. Victŏr I.** hl. Viktor I., Papst u. Mart. (189—198), 28. Juli.

3. **S. Victŏr,** ōrĭs *m.* hl. Viktor, Mart. aus der thebaischen Legion († um 285).

Er wurde mit seinem Gefährten, dem hl. Ursus, zu Solothurn (Schweiz) ermordet. — 30. Sept. (9. Okt.).

4. **S. Victŏr,** ōrĭs *m.* hl. Viktor, Mart. († um 286).

Er gehörte als Soldat der thebaischen Legion an und fiel mit über 300 Gefährten als Opfer der Christenverfolgung zu Xanten am Niederrhein. — 10. Oktober (Münster).

B. Victŏr, ōrĭs *m.* sel. Viktor III., Papst u. Bek. (reg. von März bis Sept. 1087), 16. Oktober.

Victŏr, ōrĭs *m.* Viktor, Name mehrerer Päpste: a) **S. V. I.,** Mart., (189—198), 28. Juli. b) **V. II.** (1055—1057). c) **B. V. III.,** sel. Bek. (reg. von März bis Sept. 1087), 16. Oktober.

S. Victŏr (ōrĭs) **Tomilĭēnsĭs** (ĭs) *m.* hl. Viktor von Tomils (Schweiz, Graubünden), Mart. († ?).

Viktor wurde von seinen frommen Eltern Gott geweiht. Nachdem er Priester geworden, wurde ihm die Seelsorge an der Marienkirche im Dorfe Tomils übertragen. Dort besaß er ein väterliches Gut, das aus einer Wiese und einem Weinberge bestand. Beide waren fruchtbar und schön gelegen. Ein Betrüger wollte dem Priester das Besitztum streitig machen, und als Viktor sich dem entgegensetzte, hieb ihm der Rasende den Kopf ab. Doch, o Wunder! Der Rumpf nahm das soeben vom Leibe getrennte Haupt mit seinen Händen auf, und während dieses Hymnen sang, trug er es zu einer fünfzehn Schritte entfernten Anhöhe. Die Seele Viktors aber sahen zwei leibliche Schwestern, Aurora und Evalia, die im Kloster lebten, zum Himmel eingehen. Nachdem der Getötete lange Zeit in dem Kloster der Schwestern unbekannt begraben gelegen hatte, wurde er im Laufe der Zeit zweimal aufgefunden, das erstemal unter dem Bischofe Heinrich VI. am 28. Mai 1496; das zweitemal unter dem Bischofe Johann VI. am 24. November 1609. — 28. Mai (Chur).

victōrĭă, ae *f.* Sieg, Siegesruhm.

1. **S. Victōrĭă,** ae *f.* hl. Viktoria, Jgfr. u. Mart., † zu Rom 250, 23. Dezember.

2. **S. Victōrĭă,** ae *f.* hl. Viktoria, Jgfr. u. Mart., Gefährtin der hl. Ursula (4. Jhdt.), 21. Oktober.

1. **Victōrĭă,** ae *f.* Vitoria, St., l. am Zadorra (z. Ebro), Spanien (Alava), *ca.* 30000 Einw.; Bischofssitz (seit 1862), Suffr. v. Burgos; *dav.*: **Victōrĭēnsĭs,** ĕ.

2. **Victōrĭă,** ae *f.* Viktoria, Hauptst. von Britisch Kolumbien, in der Südostecke der Insel Vancouver, *ca.* 20000 Einw.; Erzbischofssitz (seit 1903; von 1846—1903 Bistum Vancuveria = Vancouver).

victōrĭālĭs, ĕ zum Siege gehörig, Sieges-; arbŏr victōrĭālĭs: Siegesbaum, *d. i.* Palme.

1. **Victōrĭēn.** (*C. R.*) *s.* 1. Victoria.

2. **Victōrĭēn.** (*C. R.*) *s.* Victoriopolis.

1. **S. Victōrīnŭs,** ī *m.* hl. Viktorin, Bisch. u. Mart. († um 90).

Er wurde mit Nereus, Achilleus und der jüngeren Flavia Domitilla in der Domitianischen (nicht, wie im Original steht, Diokletianischen) Christenverfolgung wegen standhaften Bekenntnisses des Glaubens auf die Insel Pontia verbannt. Dort stärkte er alle Mitgefangenen im Glauben, die edle römische Jungfrau Domitilla insbesondere auch in dem Vorsatz, die Jungfräulichkeit zu bewahren. Letztere begehrte Aurelian, ein Sohn des Konsuls zur Ehe, während er sich von den Kaisern Nerva u. Trajan den Viktorin zum Geschenk erbat, falls er sich weigern sollte, den Göttern zu opfern. Da Viktorin durch nichts zum Abfall vom Glauben zu bewegen war, wurde er zum Sklavendienste verurteilt und mußte auf dem Landgute des Aurelian nahe bei Rom unter grausamen Qualen von Hunger und Durst und anderen Verfolgungen schwere Erdarbeiten verrichten. Durch viele Wunder der göttlichen Gnadengabe hervorleuchtend, heilte er dort den Ortspräfekten, der schon seit drei Jahren an einer Gliederlähmung darniederlag. Durch seine Predigt vor dem Volk bekehrte er sehr viele zum christlichen Glauben und wurde auf Bitten des ganzen Volkes zum Bischofe von Amiternum (j. wahrscheinlich Sankt Vittorino in den Abruzzen) erhoben. Voll Zorn ließ Aurelian Viktorin durch Soldaten alle möglichen Qualen zufügen und ihn schließlich bei Contigliano, wo sich stinkende Schwefelquellen befanden, mit dem Haupte nach unten drei Stunden lang aufhängen. Nach drei Tagen weiterer Leiden für Christi Namen ging Viktorin siegreich mit der Martyrkrone in den Himmel ein. Trotz des Verbotes begruben ihn die Christen zu Amiternum ehrenvoll und bauten über dem Grabe eine Kirche. Im Jahre 965 brachte Kaiser Otto I. die hl. Gebeine nach Magdeburg in Deutschland, i. J. 1373 aber übertrug die Hälfte der Gebeine Albert von Sternberg, Bischof von Magdeburg und Leitomischl, nach Leitomischl in Böhmen. — 5 September (Leitmeritz).

2. **S. Victōrīnŭs,** ī *m.* hl. Viktorin, einer der hl. vier gekrönten Martyrer, † um 300.

3. **S. Victōrīnŭs,** ī *m.* hl. Viktorin, Mart. u. Bischof von Pettau (Steiermark), († um 300).

Er stammte aus Pettau selbst und soll Redner in der Stadt gewesen sein. Er schrieb mehrere exegetische Werke und verfaßte ein Buch über die Irrlehren. Der hl. Hieronymus berichtet, Viktorin sei unter Diokletian als Martyrer gestorben. — 3. November (Seckau).

Victōrīnŭs, ī *m.* Viktorin, Bruder des hl. Plazidus.

Victōrĭŏpŏlĭs, ĭs *f.* Victoria, *amtlich*: Ciudad Victoria, *früher*: Nuevo Santander *genannt*, Hauptst. des Staates Tamaulipas in Mexiko, *ca.* 10000 Einw.; Bischofssitz v. Tamaulipas; *dav.*: **Victorĭēnsĭs,** ĕ.

Victōrĭs mōns, ontĭs *m.* Viktorberg beim alten Dorfe Rautinium in der Schweiz (*St. Gallen*, 31. Januar).

S. Victīcĭŭs, ī *m.* hl. Viktizius, ein Bischof von Rodez (Fkr.) im 4. Jhdt.

Victrīcĭŭs, ī *m.* Viktricius, Bisch. v. Reims (401—417).

1. **victrīx,** īcĭs *f.* 1. Siegerin, Besiegerin. 2. Überwinderin.

2. **victrīx,** īcĭs 1. siegend, siegreich. 2. siegverkündend.

vīctŭālĭă, ĭŭm *n.* Lebensmittel.

vīctŭālĭs, ĕ zum Lebensunterhalte gehörig.

vīctŭs, ūs *m.* 1. Unterhalt, Nahrung, Kost. 2. Lebensart, Lebensweise.

vīcŭlŭs, ī *m.* das kleine Dorf, Flecken.

Vīcŭm, ī *n.* Vigo, Hafenst., Spanien (Pontevedra), *ca.* 54000 Einw.

vīcŭs, ī *m.* 1. Dorf; Flecken, Weiler. 2. Gehöft, Landgut. 3. Gau. 4. (*in der Stadt*:) Stadtviertel, Stadtteil; Straße, Gasse.

Vīcŭs, ī *f.* Vich, St., r. vom Tor, Spanien (Barcelona), *ca.* 12000 Einw.; Bischofssitz (seit 5. Jhdt.), Suffr. v. Tarragona; *dav.*: **Vicēnsĭs,** ĕ.

vĭdēlĭcĕt *adv.* 1. es ist offenbar. 2. *als eingeschobene Partikel*: offenbar, sicherlich; es versteht sich, freilich, natürlich; nämlich.

vĭdĕn ? (= videsne) siehst du nicht ?

vĭdēns, entĭs *m.* Seher, Prophet.

vĭdĕō, vīdī, vīsŭm *I. im Aktiv*: 1. sehen, Sehkraft haben, gewahren, wahrnehmen, erblicken. 2. ansehen, beschauen. 3. ins Auge fassen, erwägen, überlegen, bedenken, betrachten. 4. sich um etwas *oder* jemand bekümmern, für etwas *oder* jemand sorgen. 5. etwas beabsichtigen, erstreben. *II. im Passiv*: **vĭdĕŏr,** vīsŭs sŭm, vĭdērī 1. gesehen werden. 2. offenbar sein *oder* werden. 3. scheinen, als etwas erscheinen, für etwas gehalten werden, gelten; *dav.*: a) videor mihi: es scheint mir, als ob ich, ich meine, ich denke. b) videtur: es scheint richtig, annehmbar, gut; es beliebt; jem. beschließt.

vĭdŭă, ae *f.* Witwe.

vĭdŭālĭs, ĕ zur Witwe gehörig.

1. **vĭdŭātŭs** 3 verwitwet.

2. **vĭdŭātŭs,** ūs *m.* Witwenschaft, Witwenstand.

vĭdŭĭtās, ātĭs *f.* 1. Witwenstand. 2. *übtr.*: Mangel.

vĭdŭō 1 1. zur Witwe machen; viduata: des Mannes beraubt, verwitwet. 2. *übtr.*: berauben, leer *oder* frei machen.

vĭdŭŭs 3 1. des Gatten beraubt, verwitwet. 2. *übtr.*: einer Sache beraubt, leer.

1. **Vĭennă,** ae *f.* Vienne, St., l. an der Rhône, Fkr. (Isère), *ca.* 25000 Einw.; ehem. Erzbistum bis 1790 (1801); *dav.*: **Viennēnsĭs,** ĕ *u.* **Viennēnsēs,** ĭŭm *m.* Einw.

2. **Vĭennă,** ae *f. s.* Vindobona.

1. **Vĭennēn.** (*C. R.*) *s.* 1. Vienna.

2. **Vĭennēn.** (*C. R.*) *s.* 2. Vienna *u.* Vindobona.

vĭgĕō, ŭī 2 1. lebenskräftig sein, frisch und kräftig sein, leben; vĭgērĕ mentĕ: bei Bewußtsein *oder* bei Besinnung sein. 2. in Macht, in Ansehen, in Blüte *oder* Geltung stehen.

vīgēsĭmŭs 3 *s.* vicesimus.

1. **vĭgĭl,** ĭlĭs *m.* Wächter.

2. **vĭgĭl,** ĭlĭs wachend, wach; munter.

vĭgĭlāns, antĭs 1. wach. 2. *übtr.*: aufmerksam, regsam, unermüdlich, strebsam; vĭgĭlāns verbŭm: sorgfältig ausgewählter Ausdruck.

vĭgĭlantĭă, ae *f.* 1. Wachsamkeit. 2. *übtr.*: unermüdliche Fürsorge, rastlose Sorgfalt. 3. Überwachung, Aufsicht (*C. j. c.* 2311).
vĭgĭlātŏr, ōrĭs *m.* Wächter.
vĭgĭlāx, ācĭs wachsam.
vĭgĭlĭă, ae *f.* 1. das Wachen, das Nachtwachen. 2. die Zeit der Nachtwache; der Wächterruf zur Ablösung der Nachtwachen, Wächterruf; anticipare vigilias: dem Wächterrufe zuvorkommen, nicht geweckt zu werden brauchen (*Ps.* 76, 5). 3. nächtliche religiöse Feier, Vorfeier, Tag vor einem höheren Feste, Vigil.
vĭgĭlĭārĭŭm, ī *n.* Wachthaus.
S. Vĭgĭlĭŭs, ī *m.* hl. Vigilius, Mart. u. Bischof von Trient († um 400).
Er war gebürtiger Römer und wurde Nachfolger des Bischofs Asterius. Als solcher bekehrte er viele Heiden im Gebiete von Brixen und Verona. Er sandte die hl. Märtyrer Sisinnius, Martyrius und Alexander in das Tal von Anagna oder Egna in der Alpengegend aus. Als er selbst ein Götzenbild an einem heidnischen Orte niederwarf, wurde er von der erzürnten Menge gesteinigt. Sein hl. Leib kam nach Trient. — 26. Juni.
vĭgĭlō 1 1. *intr.*: wachen, wach sein (*Ps.* 101, 8); wachsam, vorsichtig sein; sich sehnen (*ad*: *Ps.* 62, 1). 2. *trans.*: durchwachen: noctĕm.
vīgintī *indecl.* zwanzig.
Viglebānŭm, ī *n.* Vigevano, St. r. vom Tessin, It. (Pavia), *ca.* 16 000 Einw.; Bischofssitz (seit 1529), Suffr. v. Vercelli; *dav.*: **Viglevānēnsĭs**, ĕ.
Viglevānēn. (*C. R.*) *s.* Viglebanum.
vĭgŏr, ōrĭs *m.* Lebenskraft, Leben, Frische, Regsamkeit.
vĭgōrĕ *c. gen.* infolge.
Vilackŭm, ī *n. s.* 1. Villacum.
Vilcassinŭs pāgŭs, ī *m.* Le Vexin, Landschaft in der Normandie (Fkr.)
vīlēscō, lŭī 3 wertlos werden, gering werden; als gering *oder* wertlos erscheinen.
vīlĭcă, ae *f. s.* villica.
vīlĭcŭs, ī *m. s.* villicus.
vīlĭfĭcō 1 gering schätzen.
vīlĭpendō 3 verachten.
vīlĭpēnsĭō, ōnĭs *f.* Geringschätzung, Herabwürdigung.
vīlĭs, ĕ 1. wohlfeil, billig. 2. von geringem Werte, wertlos, gemein, gleichgültig, verächtlich.
vīlĭtās, ātĭs *f.* 1. Wohlfeilheit. 2. Niedrigkeit, Wertlosigkeit, Sündhaftigkeit. 3. Geringschätzung.
villă, ae *f.* Landhaus, Landgut, Meierei, Meierhof.
Villă Mediānă, ae *f.* Villa Mediana, St., Spanien, Bistum Palentia.
1. **Villacŭm**, ī *n.* (Vilackum) Villach, St. an der Drau, Kärnten, *ca.* 10 000 Einw.
2. **Villacŭm**, ī *n.* Ujlak *oder* Illok, St., Ungarn (Syrmien).
B. Villană dē Bottis, sel. Villana von Botti, Büßerin († 1360).
Zu Florenz in Italien geboren, gab sie sich anfangs einem ausschweifenden Lebenswandel hin, bereute später ihre Vergehen und trat in den dritten Orden des hl. Dominikus ein. — 28. Februar (Dominikaner).
Villanŏvă, ae *f.* Villanueva, St. Villa de la Serena, Spanien (Badajoz), *ca.* 15 000 Einwohner.
Villanŏvă trāns Rhŏdănŭm *f.* Villeneuve-lès-Avignon, St. an der Rhône gegenüber Avignon, Fkr. (Gard), *ca.* 3000 Einw.
Villa Rēgālĭs *f.* Villareal, St. in der Landschaft Valencia, r. vom Küstenflusse Mijares, Spanien (Castellón de la Plana), *ca.* 16 000 Einw.
Villarētŭm, ī *n.* Villaret, St., Fkr. (Haute-Savoie; früher zur Diözese Genf).
Villārĭēnsĕ mŏnastērĭŭm *n. s.* 2. Villarium.
Villārĭēnsĭs, ĕ *s.* 1. u. 2. Villarium.
1. **Villārĭŭm**, ī *n.* Villers, St. bei Lüttich, Belgien (Lüttich), mit ehem. Cistercienserkloster (Diöz. Namur); *dav.*: **Villārĭēnsĭs**, ĕ.
2. **Villārĭŭm**, ī *n.* (Villariense monasterium) Montivilliers, St. an der Lézarde, Fkr. (Seine-Inférieure), *ca.* 5500 Einw.; ehem. Frauenabtei, gegr. 682.
villĭcă, ae *f.* (vīlĭcă) Verwalterin; Schaffnerin, Meierin (eines Landgutes).
villĭcātĭō, ōnĭs *f.* Verwaltung eines Landgutes.
villĭcō 1 Verwalter sein.
villĭcŭs, ī *m.* (vilicus) 1. Verwalter, Meier. 2. Gärtner.
villōsŭs 3 voll Zotten, zottig; haarig, rauh.
villŭlă, ae *f.* Landgütchen.
villŭs, ī *m.* 1. das zottige Haar der Tiere. 2. *pl.* villī intestīnālēs: Darmzotten.
Vilnă, ae *f. s.* Wilna.
vīmĕn, ĭnĭs *n.* 1. Flechtwerk. 2. Rute; Weide.
vīmentŭm, ī *n.* Flechtwerk.
Vīmĭnācĭŭm, ī *n.* (Vīmĭnĭācŭm) Kostolatz, Ort in Serbien.
Vīmĭnālĭs collĭs, ĭs *m.* Viminalhügel, einer von den sieben Hügeln Roms (*der so nach dem Weidengebüsche hieß*), in der Nähe des Quirinals.
vīmĭnētŭm, ī *n.* Weidengebüsch.
Vīmĭnĭācŭm, ī *n. s.* Viminacium.
vīmĭnĕŭs 3 geflochten, aus Flechtwerk; crātēs vīmĭnĕă: geflochtenes Gitter.
vīnācĕă, ōrŭm *n.* Weinkannen.
vīnācĕŭm, ī *n. s.* 2. vinaceus.
1. **vīnācĕŭs** 3 von Wein.

2. **vīnācĕŭs,** ī *m.* (vinaceum) 1. Weinbeerkern. 2. Weinbeerhülse, Trester.

vīnārĭŭm, ī *n.* Weinkrug, Weinflasche.

1. **vīnārĭŭs** 3 zum Wein gehörig, Wein-; cellă vīnārĭă: Weinkeller.

2. **vīnārĭŭs,** ī *m.* Weinhändler; Weinschenk, Weinwirt.

Vīncentĭa, ae *f. s.* Vicentia.

Vincentĭānŭs 3 vinzenzianisch, vom hl. Vinzenz von Paul stammend (congregatio Missionis).

1. **S. Vincentĭŭs,** ī *m.* hl. Vinzenz, Subdiakon u. Mart., Gefährte des hl. Papstes Sixtus II., † 258, 6. Aug.

2. **S. Vincentĭŭs,** ī *m.* hl. Vinzenz, Mart., † 304, 22. Jan.

B. Vincentĭŭs ā S. Antōnĭō, *m* sel. Vinzenz vom hl. Antonius, Augustiner, Mart. († 1632).

Er wurde geboren zu Lissabon. Als Missionar ging er nach Mexiko, von da nach Manila auf den Philippinen. Hier trat er bei den unbeschuhten Augustinern ein. Zu Nagasaki in Japan erlitt er mit den sel. Bartholomäus Gutiérrez und Franziskus v. Jesu den Martertod. — 3. September (Aug. O.).

B. Vincentĭŭs Caum *m.* sel. Vinzenz Caum aus Korea, Jesuit, Mart., *s.* B. Franciscus Pacheco.

S. Vincentĭŭs Ferrērĭŭs, ī *m.* hl. Vinzenz Ferrer, Bek., † 1419, 5. April.

B. Vincentius Kadlubek de Rosis sel. Vinzenz Kadlubek v. Rosa, Bek. u. Bischof von Krakau († 1223).

Er war Pole und stammte aus dem Orte Karwow im Bistum Krakau aus der Famile Rosa. Bischof Fulco von Krakau nahm ihn unter die Seinen auf. Er wurde alsbald Kollegiatpropst in Sandomir (Polen), später Fulcos Nachfolger; Papst Innozenz III. bestätigte ihn. Er war allen ein Tugendvorbild. Nach zehnjähriger Regierung zog er sich aus Liebe zu einem abgetöteten Leben mit Genehmigung Papst Honorius' III. in das Cisterzienserkloster Jedrzejow bei Krakau zurück, in dem er im Rufe der Heiligkeit starb. Klemens XIII. billigte seine Verehrung — 8. März (Gnesen-Posen, Krakau, Lemberg, Przemysl, Cist. O.).

Vincentĭŭs Lerinēnsĭs *m.* Vinzenz von Lerin (Südfrankreich), Mönch und Schriftsteller, † 450.

S. Vincentĭŭs ā Paulō *m.* hl. Vinzenz von Paul, Bek., Stifter des Lazaristenordens, † 1660, 19. Juli.

Vincentĭŭs, cardĭnālĭs Ursīnŭs, *m.* Kardinal V., aus dem Hause der Ursini, vordem Dominikanermönch, später Papst Benedikt XIII. (1724—30).

vincĭbĭlĭs, ĕ 1. siegreich. 2. (leicht) überwindbar: ignōrantĭă.

vincĭō, vīnxī, vinctŭm 4 1. binden, fesseln; umbinden, winden. 2. befestigen, verbinden. 3. einschränken, hemmen. 4. verpflichten. 5. bezaubern.

vinclŭm, ī *n. s.* vinculum.

vincō, vīcī, victŭm 3 1. siegen, Sieger sein. 2. besiegen, bewältigen, überwinden, über etwas Herr werden. 3. übertreffen, übersteigen, den Vorrang behaupten über (*acc.*). 4. überzeugend dartun, siegreich erweisen; zur Einsicht bringen, umstimmen.

vinctŭs, ī *m.* der Gefangene.

vincŭlātŭs 3 gefesselt.

vincŭlŭm, ī *n.* (vinclum) 1. Band, Fessel. 2. *pl.*: Gefängnis, Kerker. 3. Hemmnis, Schranke. 3. Bindemittel, Verknüpfung; Eheband. 4. festŭm S. Pĕtrī ăd vincŭla: Fest Petri Kettenfeier, 2. August.

Vindecinŭm castrŭm, ī *n.* Vendôme, St. am Loir, Fkr. (Loir-et-Cher), *ca.* 7000 Einw.

vīndēmĭă, ae *f.* Weinlese.

vīndēmĭātŏr, ōrĭs *m.* (vīndēmĭtŏr) Winzer, Weinleser.

vīndēmĭō 1 1. Weinlese halten; Trauben pflücken, sammeln, ernten. 2. rupfen, beschädigen (*Ps.* 79, 13).

vīndēmĭŏlae, ārŭm *f.* 1. kleine Weinlese. 2. kleine Einkünfte.

vīndēmĭtŏr, ōrĭs *m. s.* vindemiator.

1. **vindex,** ĭcĭs *m. u. f.* 1. Bürge (Bürgin), Beschützer(in). 2. Rächer(in), Bestrafer(in).

2. **vindex,** ĭcĭs *adj.* strafend, rächend: īră.

vindĭcātĭō, ōnĭs *f.* 1. Inanspruchnahme. 2. Notwehr, Schutz *gegen Gewalt.*

vindĭcātīvŭs 3 1. ahndend, rächend, strafend. 2. sühnend, Sühnungs-.

vindĭcĭae, ārŭm *f.* Rechtsanspruch; Forderung seines Eigentums.

vindĭcō 1 1. Rechtsanspruch erheben, gerichtlich beanspruchen; in Anspruch nehmen. 2. sich zueignen, sich zuschreiben; lŏcŭm sĭbī vindĭcārĕ: Geltung haben, gelten; sich etwas herausnehmen, wagen. 3. befreien, retten. 4. sicherstellen, sichern, in Schutz nehmen, beschützen, bewahren (*C. j. c.* 1552). 5. strafend einschreiten; bestrafen, ahnden, rächen.

vindictă, ae *f.* 1. Befreiung, Rettung, Erlösung; Schutz, Beschützung. 2. Rache, Strafe: vindictăm făcĕrĕ (*c. abl.*) an jemandem Rache nehmen; *übtr.*: einen Rechtshandel führen (*Ps.* 139, 13); vindictās dărĕ: Genugtuung verschaffen. 3. Strafgewalt (*Ps.* 47, 48).

Vindŏbŏnă, ae *f.* (Fabiana, Fabiana civitas, Faviana [*f. u. n. pl.*], Faviana civitas, Faviana castra, Vienna, Viennensis ecclesia) Wien, Hauptst. v. Österreich (Niederösterreich) an der Donau, *ca.* 2 Mill. Einw.; Fürsterzbischofssitz (seit 1722, Fürstbistum seit 1631, Bistum seit 1469); *dav.*: **Vindŏbŏnēnsĭs,** ĕ.

Vindonissă, ae *f.* Windisch, D. an der Aar, Schweiz (Aargau).
Vindŭs, ī *m.* Wertach, l. Nebenfluß des Lech in Bayern (Schwaben).
vīnĕă, ae *f.* 1. Weinstock. 2. Weinberg, Weingarten. 3. weinrebenartiges Schutzdach.
vīnētŭm, ī *n.* Weinberg, Weingarten.
vīnĭfĕr, fĕră, fĕrŭm weintragend.
vīnĭtŏr, ōrĭs *m.* Winzer.
vīnŏlentĭă, ae *f.* 1. Trunkenheit. 2. Trunksucht.
1. **vīnŏlentŭs,** 3 1. betrunken. 2. zum Trunke geneigt, trunksüchtig. 3. weinduftig, mit Wein zubereitet.
2. **vīnŏlentŭs,** ī *m.* Trunkenbold.
vīnōsŭs 3 trunken, dem Trunke ergeben.
vīnŭm, ī *m.* Wein; vīnŭm dē vītĕ Wein vom Weinstocke (*d. h. naturreiner u. ungemischter Wein*); vinum compunctĭōnĭs (Einstich, Schmerz): *schiefe Übersetzung fürs hebräische*: vinŭm consōpĭēns = Taumelwein: „du hast uns getränkt mit Taumelwein" (*Ps.* 59, 5).
vĭō 1 wandern, umherreisen.
vĭŏlă, ae *f.* Viola, Veilchen; Levkoie.
vĭŏlābĭlĭs, ĕ verletzbar.
vĭŏlācĕŭs 3 veilchenfarbig, violett.
vĭŏlārĭŭm, ī *n.* Veilchenbeet.
vĭŏlātĭō, ōnĭs *f.* Verletzung, Schändung, Entehrung, Entweihung: ecclesiae (*C. j. c.* 1172 *u.* 1173).
vĭŏlātŏr, ōrĭs *m.* Verletzer, Schänder, Entehrer.
1. **vĭŏlātrīx,** īcĭs *f.* Verletzerin, Schänderin.
2. **vĭŏlātrīx,** īcĭs *adj.* verletzend: mănŭs.
vĭŏlēns, entĭs gewaltsam, ungestüm; *adv.* violentĕr: heftig; auf gewaltsame Weise.
vĭŏlentĭă, ae *f.* Gewaltsamkeit, Heftigkeit; Gewalt, Zwang.
vĭŏlentŭs 3 gewaltsam, ungestüm, heftig.
vĭŏlō 1 1. Gewalt antun, verletzen, mißhandeln, entehren, schänden. 2. beflecken, entweihen: coemeterĭŭm. 3. verheeren. 4. beleidigen, kränken.
vīpĕră, ae *f.* 1. giftige Viper. 2. Schlange, Natter.
vīpĕrĕŭs 3 1. Schlangen-. 2. giftig.
vĭr, vĭrī *m.* 1. Mann; der erwachsene Mann. 2. Ehemann. 3. Held. 4. jeder einzelne, jedermann (*z. B. Is.* 14, 18).
vĭrāgō, ĭnĭs *f.* Männin, Mannweib; starkes Weib, Heldin.
vĭrātŭs 3 männlich gesinnt; wacker, tüchtig.
Virdūnŭm, ī *n. u.* **Virdūnēnsĭs,** ĕ *s.* Virodunum.
vĭrectŭm, ī *n.* (viretum) eine grüne, mit Gras bewachsene Stelle, grüner Platz; das Grüne (*Gen.* 41, 18).
vĭrēns, entĭs 1. grünend. 2. blühend. 3. jugendlich, frisch, lebhaft.
vĭrĕō, ŭī 2 1. grün sein, grünen. 2. frisch *oder* lebhaft *oder* kräftig sein; leben.
vīrēs, ĭŭm *f. s.* vis.
vĭrēscō, vĭrŭī 3 grün werden; erstarken.
vĭrētŭm, ī *n s.* virectum.
virgă, ae *f.* 1. dünner Zweig, Reis. 2. Rute, Zuchtrute; virgă poenĭtentĭae: die Bußrute, *welche früher tatsächlich u. später noch sinnbildlich bei Erteilung der Strafe und Buße zur Anwendung kam.* 3. Stab, Stock; Meßstab: virgă haerēdĭtātĭs: das zugemessene Erbteil (*Ps.* 73, 2). 4. Zepter; virgă virtūtĭs: mächtiges Zepter (*Ps.* 109, 2); virgă directĭōnĭs: gerechtes Zepter (*Ps.* 44, 7). 5. = poena (*C. j. c.* 2214 § 2).
vĭrgātŭs 3 1. aus Ruten geflochten. 2. gestreift.
vĭrgētŭm, ī *n.* Weidengebüsch.
Virgĭlĭānŭs mōns, tĭs *m.* (Virginum mons) Montevergine, Kloster, It. (Avellino).
S. **Virgĭlĭŭs,** ī *m.* hl. Virgil, Bek. u. Bischof von Salzburg (Österreich) († um 800).

Er stammte aus vornehmem irischen Geschlechte und ging zur Bekehrung der Heiden nach Frankreich, wo er vom König Pipin herzlich bewillkommnet wurde. Nach längerer Wirksamkeit erhob ihn Papst Stephan II. auf den Bischofssitz von Salzburg. Er erbaute aufs neue die Domkirche der Stadt und setzte darin die Gebeine des hl. Rupert bei. Den Bischof Modestus sandte er als Glaubensboten nach Kärnten. Er selbst starb unter Kaiser Karl dem Großen. — 27. November (Linz, St. Pölten, Salzburg, Seckau; Gurk (*nur commemoratio*). — (Fest der Uebertragung 26. September (Seckau).

virgĭnālĭs, ĕ jungfräulich.
Ss. **Virgĭnēs et Martўrēs Afrĭcānae** *f.* die hl. afrikanischen Jungfrauen u. Martyrinnen († 5. Jhdt.).

Am 16. Dezember feiert der Augustinerorden ihr Gedächtnis. Sie stammten aus den zahlreichen Klöstern Afrikas, deren Gründung der hl. Augustin durch seine klösterliche Gemeinschaft veranlaßt hatte. Unter dem Vandalenkönige Hunnerich, dem Sohne Geiserichs, der von dem arianischen Bischof Cyrilla beraten wurde, vertrieb man diese hl. Jungfrauen aus ihren Klöstern und marterte sie grausam. Ein Teil von ihnen erlag infolge des Martyriums, andere lebten mit den Zeichen des Martyriums. — 16. Dezember (Aug. O.)

virgĭnĕŭs 3 (virginius) zu einer Jungfrau gehörig, jungfräulich.
virgĭnĭtās, ātĭs *f.* 1. Jungfrauschaft, Jungfernstand, Stand der Ehelosigkeit. 2. Jungfräulichkeit.
virgĭnŏr 1 sich als Jungfrau betragen.
virgĭnĭŭs 3 *s.* virgineus.
1. **virgō,** ĭnĭs *f.* Jungfrau, Mädchen.
2. **virgō,** ĭnĭs *adj.* jungfräulich, unverheiratet; Joannēs virgō: der jungfräuliche Johannes (Evangelist), sŏrŏr virgō, unverheiratete Schwester.
virgŭlă, ae *f.* 1. kleiner Zweig. 2. Stäbchen. 3. Note (Choral). 4. virgŭlă

fūmī: kleine Rauchsäule (*I. Resp. Fest. Assumpt. B. V. M.*).
virgŭltŭm, ī *n.* 1. Gebüsch, Gesträuch. 2. Setzling, Reis.
virguncŭlă, ae *f.* Jungferchen, Mägdelein.
vĭrī mendācīī (Lügenleute) Leute von Kozeba, einem Orte in Pal.; *der Eigenname Kozeba* (= *Lüge*) *wurde ungeschickterweise übersetzt* (1. *Par.* 4, 22).
vĭrĭdārĭŭm, ī *n.* Rasenplatz; Erholungsgarten, Lustgarten, Park (*C. j. c.* 597 § 2).
vĭrĭdĭs, ĕ 1. grün, grünlich. 2. jugendlich, frisch, kräftig; munter.
vĭrĭdĭtās, ātĭs *f.* 1. grüne Farbe. 2. Munterkeit.
vĭrĭdō 1 grün sein.
Vĭrĭdūnŭm, ī *n. s.* Virodunum.
vĭrīlĭs, ĕ 1. zum Manne gehörig, männlich; *subst.*: **vĭrīlĭă,** ĭŭm *n.* männliche Schamteile. 2. mannhaft, kräftig, mutig; *subst.*: **vĭrīlĭă,** ĭŭm *n.*: männliche Taten.
vĭrīlĭtās, ātĭs *f.* 1. männliches Alter. 2. Mannheit.
vĭrĭōsŭs 3 kräftig, mächtig, heftig.
vĭrītĭm *adv.* 1. Mann für Mann. 2. besonders, im einzelnen.
Vĭrŏdūnēn. (*C. R.*) *s.* Virodunum.
Vĭrŏdūnŭm, ī *n.* (Verodunum, Virdunum, Viridunum, Wirdunum) Verdun, St. an der Maas, Fkr. (Meuse), *ca.* 13000 Einw.; Bischofssitz (seit 4. Jhdt.), Suffr. v. Besançon; *dav.*: **Vĭrŏdūnēnsĭs,** ĕ.
Vĭrŏmandŭm, ī *n. s.* Vermandum.
Vĭrōnēnsĭs, ĕ *s.* Vironia.
Vĭrōnĭă, ae *f.* (Wironia) Wierland, eine Ldsch. in Estland (Rußland); *dav.*: **Vĭrōnēnsĭs,** ĕ.
vĭrŏr, ōrĭs *m.* 1. das Grün: călămī. 2. *übtr.*: Kraft: grātĭae (*Hym. Vesp. fer. III.*).
vīrōsŭs 3 widerlich riechend, stinkend.
virtŭālĭs, ĕ 1. zur Tugend, zur Vollkommenheit gehörig. 2. die Kraft (das Vermögen) habend; wirkensfähig.
virtŭālĭtĕr *adv.* 1. der Kraft nach, der Macht nach, dem Vermögen nach (*Gegensatz*: actualiter = der Tat *oder* der Wirklichkeit nach). 2. in vollkommener Weise. 3. fähig zu wirken.
virtŭōsŭs 3 tugendhaft, tugendsam, brav.
virtūs, ūtĭs *f.* 1. Mannhaftigkeit, Mut, Tapferkeit, Standhaftigkeit. 2. Tüchtigkeit; Tauglichkeit; Gediegenheit, Vorzüglichkeit. 3. Tugend, Tugendhaftigkeit, sittliche Vollkommenheit. 4. Kraft, Macht; Wirksamkeit; virtūs sanguĭnĭs Chrīstī: Kraft des Blutes Christi; virtūs contrărĭă: feindliche Macht, Teufel; virtūs Săcrāmentī: Kraft, Wirksamkeit des Sakramentes (*L. VIII. fer. IV. infr. Oct. Corp. J. Chr.*). 5. Dauer, Festigkeit: praestĭtistī dĕcōrī mĕō virtūtĕm: du hast meiner Herrlichkeit Dauer verliehen (*Ps.* 29, 8). 6. (*meist pl.*:) Streitmacht, Heer (*Ps.* 32, 16; 43, 10; 59, 12; 67, 12; 107, 12): dŏmĭnŭs virtūtŭm: der Heerführer (der Israeliten); der Herr der Heerscharen (der Sternenheere *oder* der Engel?); ĭn dĭē virtūtĭs tŭae: am Tage deines Heerbannes, deines Heereszuges (*Ps.* 109, 3). 7. Wunderkraft; *pl.*: Wunderwerke: laudāte ĕŭm ĭn virtūtĭbŭs ĕiŭs: lobet ihn in seinen Wundertaten (*Ps.* 150, 2). 8. Vormauer, Stadtmauer, Wall (*als kraftvoller Schutz gegen Feinde*), ībunt dē virtūtĕ ĭn virtūtĕm: man zieht von Burg zu Burg (von Stadt zu Stadt) (*Ps.* 83, 8); fĭăt pax ĭn virtūtĕ tŭā: Friede sei in deinen Mauern (Burgen) (*Ps.* 121, 7); pōnĭte cordă vestră ĭn virtūtĕ ĕiŭs: achtet auf seine Befestigungen (Wälle) (*Ps.* 48, 14). 9. das Vermögen, die Kraft *oder* Fähigkeit zu einer Tätigkeit. 10. Ertrag, Frucht: fīcŭs ĕt vīnĕă dĕdērunt virtūtĕm sŭăm (*Joël* 2, 22).
vīrŭlentŭs 3 voll Gift, giftig (*lect. VI. Ascens. Dom.*).
Vĭrŭmdĕcōrŭm *acc.* = den „Schönmann" (1. *Par.* 7, 18), *s.* 1. Regina.
Vĭrurĭŭm, ī *n.* (Visēnsĭs ecclēsĭă) Viseu, St., Portugal (Beira Alta), *ca.* 8500 Einw.; Bischofssitz (seit 572), Suffr. v. Braga.
vīrŭs, ī *n.* 1. Schleim, Saft. 2. giftige Feuchtigkeit, Gift. 3. Geifer.
vīs (*acc.*: vĭm, *abl.*: vī; *pl.*: vīrēs, ĭŭm) *f.* I. *im sg.*: 1. Gewalt, Kraft, Stärke; vīs māiŏr: höhere Gewalt. 2. Gewalttat, Angriff, Stoß; vĭm făcĕrĕ: Gewalt anwenden, große Anstrengungen machen. 3. Einfluß, Wirksamkeit. 4. Begriff, Bedeutung, Gehalt, Inhalt; vīs verbī: Tragweite *oder* Sinn eines Wortes. 5. Wert: vīs pĕcūnĭae = Geldwert (*C. j. c.* 1542 § 1). II. *im pl.*: 1. Körperkräfte. 2. Streitkräfte. 3. Macht, Vermögen.
viscōsŭs 3 1. leimig, leimartig. 2. schleimig; hūmŏr viscōsŭs: schleimige Flüssigkeit.
viscŭm, ī *n.* 1. Mistel. 2. Vogelleim.
vīscŭs, ĕrĭs *n.* (*meist im pl.*: **vīscĕră,** rŭm) 1. die inneren Teile, Eingeweide (das Herz, Gedärme, Sehnen); das Innere. 2. Mutterleib, Mutterschoß: vīscĕră maternă; *übtr.*: Zärtlichkeit,

Liebe. 3. das eigene Kind. 4. das Innerste, Tiefe: pietatis; vīscĕră mīsĕrĭcordĭae: herzliche Barmherzigkeit.

Visēn. (*C. R.*) *s.* Virurium.

vīsendŭs 3 sehenswert.

Visētŭm, ī *n.* Visé, St., Belgien (Lüttich).

vīsĭbĭlĭs, ĕ sichtbar.

vīsĭbĭlĭtās, ātĭs *f.* Sichtbarkeit.

Visigōthī, ōrŭm *m.* Westgoten.

vīsĭō, ōnĭs *f.* 1. das Sehen, das Aussehen; das Ansehen, Anblick. 2. Vorstellung, Idee. 3. Phantasiebild, Traumbild. 4. Gesicht, (überirdische) Erscheinung, Offenbarung, Vision.

vīsĭtātĭō, ōnĭs *f.* 1. Heimsuchung, Besuch; festŭm vīsĭtātĭōnĭs B. M. V.: Fest der Heimsuchung Mariens, 2. Juli; vīsĭtātĭō līmĭnŭm Apostŏlōrŭm: Besuch der Gräber der Apostelfürsten Petrus u. Paulus seitens der Bischöfe bei amtlicher Berichterstattung über Diözesen vor dem hl. Vater. 2. Strafe (Heimsuchung), Züchtigung. 3. Besichtigung, Visitationsreise des Bischofs.

vīsĭtātŏr, ōrĭs *m.* Besucher, Prüfer.

vīsĭtō 1 1. besuchen; jemandem Gnade erweisen, jem. beschenken. 2. heimsuchen, strafen.

vīsō, sī, sŭm 3 genau ansehen, besichtigen.

Vīsŏgrădŭm, ī *n.* (Vissegradum, Vissogradum, Altum castrum [Hochburg]) Wischegrad (Višegrad), St. r. an der Drina, Bosnien (Serajewo), *ca.* 2000 Einw.

Vīsontĭō, ōnĭs *f.* *s.* Vesontio.

Vissĕgrădŭm, ī *n.* *s.* Visogradum.

Vissŏgrădŭm, ī *n.* *s.* Visogradum.

Vistŭlă, ae *m.* Weichsel, Fluß in Ostdeutschland u. Polen, mündet in die Ostsee.

vīsŭm, ī *n.* 1. das Gesehene; Erscheinung. 2. Traumgesicht; pĕr vīsŭm: im Traume.

Vīsurgĭs, ĭs (*acc.* -ĭm, *abl.* -ī) *m.* (Wesera) Weser, Fluß in Nordwestdeutschland, mündet in die Nordsee.

vīsūrŭs 3 einer, der sehen wird = *ptc. fut. von*: video.

1. **vīsŭs** 3 *ptc. pf. von* video u. videor.

2. **vīsŭs,** ūs *m.* 1. das Sehen, das Sehvermögen, Anblick. 2. Erscheinung, Gestalt.

vītă, ae *f.* 1. das Leben, Dasein; Lebensdauer. 2. Lebensweise, Lebensart; Lebenslauf, Lebenswandel. 3. Lebensbeschreibung. 4. glückseliges Leben, Freude (*Ps.* 7, 6; 15, 11; 29, 6); höchstes Glück (*Ps.* 62, 4). 5. Leid (*Ps.* 55, 9).

vītābĭlĭs, ĕ meidenswert.

vītābundŭs 3 vermeidend, ausweichend.

S. Vītālĭānŭs, ī *m.* hl. Vitalian, Papst u. Bek. (657—672), 27. Jan.

vītālĭs, ĕ 1. zum Leben gehörig, Lebenskraft habend. 2. lebenspendend; ălĭmentŭm vītālĕ: Lebensspeise; lignŭm vītālĕ: Lebensbaum (*d. h. das hl. Kreuz*).

1. **S. Vītālĭs,** ĭs *m.* hl. Vitalis (*deutsch*: ‚Eitel‘), Mart. zu Ravenna, Vater des hl. Gervasius u. des hl. Protasius, † 62, 28. April.

2. **S. Vītālĭs,** ĭs *m.* hl. Vitalis, Mart., Sohn der hl. Felizitas, † um 160, 10. Juli.

3. **S. Vītālĭs,** ĭs *m.* hl. Vitalis, Mart., Gefährte des hl. Mart. Agricola, † 304, 4. Nov.

4. **S. Vītālĭs,** ĭs *m.* hl. Vitalis, Bek. u. Bisch. v. Salzburg († um 720).

Vitalis gehörte zu den ersten Schülern des hl. Rupert, des Gründers des Bistums Salzburg. Er war Priester und Mönch. Er wurde später Abt des Klosters Sankt Peter und dann Leiter der Salzburger Diözese. Eine alte Überlieferung berichtet, Vitalis habe an einem Orte namens Bisontio (Bischofshofen?) ein Kloster erbaut, dessen Mönche den unwissenden Bewohnern der angrenzenden Gegenden die Wahrheit des Evangeliums predigten. Darum wird Bischof Vitalis bis auf den heutigen Tag der Apostel des Pinzgaus genannt. Er wurde in einem Felsengrabe in der Kirche des Sankt Petersklosters zu Salzburg beigesetzt. Seine Heiligsprechung wurde schon unter Papst Leo X. begonnen, konnte aber wegen der Ungunst der Zeiten nicht zu Ende geführt werden. — 20. Oktober (Salzburg).

1. **Vītālĭs,** ĭs *m.* Vitalis, Dolmetsch des hl. Emmeram, als dieser in Deutschland das Evangelium predigte.

2. **Vītālĭs,** ĭs *m.* Vitalis, Franziskaner, *s.* S. Berardus.

vītālĭtās, ātĭs *f.* 1. Lebensfähigkeit, durchschnittliche Lebensdauer. 2. Lebenskraft, Leben.

vītālĭtĭŭm, ī *n.* Leibgeding, Austrag, Altersteil.

vītātĭō, ōnĭs *f.* Vermeidung.

vītātŏr, ōrĭs *m.* Vermeider.

vitellŭm, ī *n.* *s.* vitellus.

vitellŭs, ī *m.* (vitellum) 1. kleines Kalb, Kälbchen. 2. Hühnchen im Ei; Eidotter.

Vitepscŭm, *n.* (Vitepsum) Witebsk *oder* Witepsk, St. an der Düna, Polen, *ca.* 65000 Einw.

Vitepsŭm, ī *n.* *s.* Vitepscum.

Viterbiēn. (*C. R.*) *s.* Viterbium.

Viterbĭŭm, ī *n.* Viterbo, St., It. (Rom), *ca.* 15000 Einw.; Bischofssitz (seit 6. Jhdt.), exempt, vereinigt mit Toscanella; *dav.*: **Viterbĭēnsĭs,** ĕ.

vītĕŭs 3 vom Weinstocke.

S. Vitī cīvitās, ātĭs *f.* (S. Viti fanum *oder* monasterium) Sankt Veit, St., Österreich (Kärnten).

vĭtĭātĭō, ōnĭs *f.* Verletzung; Schändung.

vĭtĭātŏr, ōrĭs *m.* Verführer, Verderber.

vĭtĭātŭs 3 gebrechlich.
vītĭcŏlă, ae *m. u. f.* Weinbauer, Weinbäuerin.
vītĭcŭlă, ae *f.* Weinstöckchen.
vĭtĭlīgō, ĭnĭs *f.* Hautflechte (Hautkrankheit).
vĭtĭō 1 1. fehlerhaft machen, verderben, verletzen. 2. schänden. 3. verfälschen.
vĭtĭōsĭtās, ātĭs *f.* Lasterhaftigkeit.
vĭtĭōsŭs 3 1. mangelhaft, verkehrt, schadhaft. 2. sittlich fehlerhaft, lasterhaft.
vītĭs, ĭs *f.* 1. Weinrebe, Ranke. 2. Weinstock; *übtr.*: Wein.
vĭtĭŭm, ī *n.* 1. Fehler, Mangel, Gebrechen. 2. Mißgriff, Verstoß. 3. Schuld; Laster.
Vitmārŭs, ī *m.* Witmar, Mönch, Begleiter des hl. Ansgar (9. Jhdt.).
vītō 1 1. meiden, ausweichen. 2. vermeiden, entgehen.
vĭtŏr, ōrĭs *m.* Korbflechter.
vĭtrĕārĭŭs, ī *m.* Glasmacher, Glasbläser.
vĭtrĕŭm, ī *n.* das gläserne Geschirr.
vĭtrĕŭs 3 1. gläsern; *übtr.*: zerbrechlich. 2. glänzend, strahlend.
vĭtrĭcŭs, ī *m.* Stiefvater.
vĭtrŭm, ī *n.* Glas, Kristall.
vittă, ae *f.* 1. Binde, Band; vitta linĕă: Leinenbinde; *pl.*: vittae die beiden Bänder, welche von der Rückseite der Mitra niederhängen. 2. Kopfbund, Turban (*Is.* 3. 23).
Vittă, ae *f.* Vitta, St., Nordafrika (Byzacena).
vittātŭs 3 mit einer Binde versehen.
vĭtŭlă, ae *f.* 1. Kalb. 2. Kuh.
vĭtŭlāmĕn, ĭnĭs *n.* Wurzelsprößling.
vĭtŭlīnă, ae *f.* (*scil.*: cărō) Kalbfleisch.
vĭtŭlīnŭs 3 vom Kalbe, Kalbs-.
vĭtŭlŭs, ī *m.* 1. Kalb, Farre, junger Stier. 2. *übtr.*: Opfer: labĭōrŭm.
vĭtŭpĕrābĭlĭs, ĕ tadelnswert.
vĭtŭpĕrātĭō, ōnĭs *f.* 1. Tadel, Lästerung; üble Nachrede. 2. tadelnswertes Benehmen. 3. Zank, Aufruhr (*Ps.* 36, 14).
vĭtŭpĕrātŏr, ōrĭs *m.* Tadler, Nörgler.
vĭtŭpĕrĭŭm, ī *n.* Tadel.
vĭtŭpĕrō 1 tadeln, schelten.
S. Vītŭs, ī *m.* hl. Vitus (Veit), Mart., † 303, 15. Juni.
vīvācĭtās, ātĭs *f.* 1. das zähe, lange Leben, die lange Lebensdauer, die Lebenskraft. 2. Lebhaftigkeit.
Vīvārĭēn. (*C. R.*) *s.* Vivarium.
Vīvārĭēnsĕ mŏnastĕrĭŭm, ī *n.* Bourg-Saint-Andéol, St. mit ehem. Kloster, Fkr. (Ardèche).
Vīvārĭēnsēs montēs, ĭŭm *m.* die Gebirgsgegend um Viviers in Fkr. (Ardèche), in der ehem. Landschaft Le Vivarais.
Vīvārĭēnsĭs prōvincĭă, ae *f.* Le Vivarais, ehem. Landschaft in Frankreich (Ardèche).
vīvārĭŭm, ī *n.* Behältnis für lebende Tiere; Tiergarten, Menagerie, Fischteich *u. dgl.*
Vīvārĭŭm, ī *n.* Viviers, St., r. an der Rhône, Frk. (Ardèche), *ca.* 1700 Einw.; Bischofssitz (seit 3. Jhdt.), Suffr. v. Avignon; *dav.*: **Vīvārĭēnsĭs,** ĕ.
vīvātŭs 3 belebt.
vīvāx, ācĭs 1. lebenskräftig. 2. lebhaft, kräftig.
vīvēscō, vīxī 3 1. lebendig werden. 2. lebhaft werden.
Vīvĭăcŭm, ī *n. s.* Vibiscum.
vīvĭdŭs 3 1. lebend, belebt. 2. kräftig, regsam, feurig, energisch.
vīvĭfĭcātĭō, ōnĭs *f.* Belebung.
vīvĭfĭcātŏr, ōrĭs *m.* Lebendigmacher.
vīvĭfĭcātrīx, īcĭs *f.* Neubeleberin.
vīvĭfĭcō, 1 1. beleben, lebendig erhalten; wieder beleben. 2. schützen. 3. glücklich machen, trösten (*Ps.* 118, 17); gesund machen (*Ps.* 40, 3).
vīvĭfĭcŭs 3 lebenspendend.
vīvĭrādīx, īcĭs *f.* Ableger, Fechser.
vīvĭsectĭō, ōnĭs *f.* Vivisektion, medizinische Versuche an lebenden (betäubten) Tieren.
vīvō, vīxī, vīctūrŭs (vīctŭm) 3 1. leben, am Leben sein, Leben haben. 2. dauern, fortdauern. 3. von etwas leben, sich nähren. 4. sein Leben zubringen, sich aufhalten. 5. mit jemandem umgehen *oder* Umgang haben. 6. wohl leben; glücklich leben (*Ps.* 71, 15).
vīvŭs 3 1. lebendig, am Leben befindlich; *subst. pl. m.*: vīvī, ōrŭm die Lebenden, die Menschen; *übtr.*: vīvă vox: lebendiges Wort, lebendige Sprache (*im Gegensatz zur Schrift*), vīvā vōcĕ: mündlich. 2. frisch, in seinem natürlichen Zustande befindlich. 3. lebhaft, leicht erregbar.
vix *adv.* kaum, mit genauer Not.
Vizagapatamēn. (*C. R.*) *s.* Vizagapatamium.
Vizagapatamĭŭm, ī *n.* Visagapatam, St. an der Bai von Bengalen, Britisch-Indien (Madras), *ca.* 40 000 Einw.; Bischofssitz (seit 1886; Vikariat seit 1850), Suffr. v. Madras; *dav.*: **Vizagapatamĭēnsĭs,** ĕ.
Vladimirĭă, ae *f.* 1. Wladimir, St. in Zentralrußland (Wladimir), *ca.* 30 000 Einw. 2. Wladimir-Wolynskij, St. an der Luga (zum Bug), Polen (Wolhynien), *ca.* 10 000 Einw.
vŏcābŭlŭm, ī *n.* 1. das einzelne Wort einer Sprache. 2. Benennung, Bezeichnung, Name: *z. B.* vŏcābŭlō Locustă: mit Namen Lokusta.

1. **vōcālĭs,** ĕ tonreich, klangvoll; deutlich ausgesprochen: ōrātĭō.
2. **vōcālĭs,** ĭs *f.* (*scil.*: littĕră) Selbstlauter, Vokal.
vŏcāmĕn, ĭnĭs *n.* Benennung, Namen.
vŏcātĭō, ōnĭs *f.* 1. Einladung zu Tische. 2. Vorladung. 3. Berufung; Zweck. 4. Beruf: vŏcātĭō ecclēsĭastĭcă: Beruf zum Kirchendienste, Priesterberuf.
1. **vŏcātīvŭs** 3 zum Rufen dienlich.
2. **vŏcātīvŭs,** ī *m.* Vokativ, Ruffall.
vŏcātŏr, ōrĭs *m.* Rufer; Einlader zu Tische, Gastgeber.
vŏcātōrĭŭs 3 zum Rufen gehörig; Einladungs-.
vŏcātŭs, ūs *m.* Ruf, Aufforderung; Einladung.
vōcĭfĕrātĭō, ōnĭs *f.* lautes Rufen: 1. Schall, Jubelschrei, hostĭă vōcĭfĕrātĭōnĭs: Jubelopfer (*d. h. Dankopfer mit Posaunenschall*). 2. Notschrei.
vōcĭfĕrŏr 1 1. laut rufen, schreien. 2. kreischen, schimpfen.
vŏcĭtō 1 1. oft nennen. 2. laut rufen.
vŏcō 1 1. rufen, herbeirufen. 2. nennen, benennen; *pass.*: heißen. 3. berufen zu, laden, einladen. 4. herausfordern, reizen, locken. 5. preisen (*Ps.* 48, 12).
vōcŭlă, ae *f.* 1. schwache Stimme, schwacher Ton. 2. *pl.*: Gerede, Gespött, Witzelei, Klatsch.
Vŏgĕsŭs, ī *m. s.* Vosegus.
Voitechŭs, ī *m.* (Voitecus, Vojtjéchus) Woitjech, *früherer Name des hl. Adalbert, Bischofs von Prag* (983—997).
Voitecŭs, ī *m. s.* Voitechus.
Vojtjechŭs, ī *m. s.* Voitechus.
vŏlă, ae *f.* hohle Hand; vŏlă mănūs: innere Handfläche.
Vŏlāterrae, ārŭm *f.* Volterra, St. in Etrurien, It. (Pisa), *ca.* 5000 Einw.; Bischofssitz (seit 5. Jhdt.), Suffr. von Pisa; *dav.*: **Vŏlāterrānŭs** 3.
vŏlātĭcŭs 3 1. fliegend, herumstürmend. 2. flüchtig, unbeständig.
vŏlātĭlĕ, ĭs *n.* Geflügel; Vogel.
vŏlātĭlĭs, ĕ 1. geflügelt, fliegend. 2. flüchtig, schnell. 3. vergänglich.
vŏlātŭs, ūs *m.* das Fliegen, Flug.
Volcmarŭs, ī *m.* Volkmar, Erzbischof von Köln (10. Jhdt.).
vŏlēmŭs 3 die hohle Hand füllend.
vŏlēns, entĭs 1. willig, freiwillig, gern. 2. geneigt, günstig, gnädig, willkommen.
volgārĭs, ĕ *s.* vulgaris.
volgō *s.* vulgo.
volgŭs, ī *n. s.* vulgus.
Volhiniă, ae *f.* Wolhynien, Landschaft an der Grenze von Polen und der Ukraine.
vŏlĭtātĭō, ōnĭs *f.* das Umherfliegen.
vŏlĭtĭō, ōnĭs *f.* Wunsch; das Wollen.
vŏlĭtō 1 1. umherfliegen, flattern, sich tummeln, schwärmen. 2. (immer) höher hinauswollen, sich dünkelhaft überheben.
vŏlĭtŭm, ī *n.* das Gewollte, das Beabsichtigte; Willensakt.
vŏlĭtŭs 3 gewollt.
1. **vŏlō** 1 1. fliegen. 2. eilen.
2. **vŏlō,** vŏlŭī, vellĕ 1. wollen, begehren, verlangen, wünschen; Lust haben an etwas (*acc.*), liebhaben (*Ps.* 17, 20; 21, 9; 33, 13 *usw.*). 2. verordnen, festsetzen, beschließen. 3. bedeuten, heißen.
3. **vŏlō,** ōnĭs *m.* Freiwilliger.
volpēs, ĭs *f. s.* vulpes.
volsellă, ae *f.* (vulsella) 1. kleine Zange. 2. Wundzange.
Volsĭnī, ōrŭm *m.* Bolsena, St. in Etrurien (Italien); *dav.*: **Volsĭnĭēnsĭs,** ĕ (*z. B.* lăcŭs Lago di Bolsena).
voltŭr, ŭrĭs *m. s.* vultur.
vŏlūbĭlĭs, ĕ 1. sich drehend. 2. unbeständig, wandelbar.
vŏlūbĭlĭtās, ātĭs *f.* 1. Beweglichkeit. 2. Unbeständigkeit, Wandelbarkeit. 3. Geläufigkeit.
vŏlūbĭlĭtĕr *adv.* schnell dahinrollend, geläufig.
vŏlŭcĕr, vŏlŭcrĭs, vŏlŭcrĕ 1. geflügelt. 2. fliegend, eilend, schnell. 3. flüchtig, unbeständig, vergänglich.
vŏlŭcrĭs, ĭs *f.* (*u. m.*) geflügeltes Tier, Vogel.
vŏlūmĕn, ĭnĭs *n.* 1. Windung, Krümmung. 2. Schriftrolle, Bücherrolle, Schrift, Buch, Band.
vŏlūmĭnōsŭs 3 1. voll Krümmungen, voll Windungen. 2. von großem Umfange, umfangreich.
vŏluntārĭŭm, ī *n.* freiwillige Gabe, freiwilliges Opfer (*Ps.* 118, 108).
vŏluntārĭŭs 3 freiwillig; *übtr.*: reichlich: plŭvĭă (*Ps.* 67, 10).
vŏluntās, ātĭs *f.* 1. Wille, Wunsch, Begehr, Verlangen, das Ersehnte; Willensäußerung, Ratschluß (*Ps.* 72, 24). 2. Vorhaben, Absicht, Entschluß. 3. freier Wille, Bereitwilligkeit, Eifer; vŏluntātĕ: gern, aus Herzenslust (*Ps.* 27, 7). 4. der letzte Wille, Testament; vŏluntās pĭă: Verfügung zugunsten frommer Zwecke, eine fromme Stiftung; vŏluntātēs ultĭmae: letztwillige Verfügungen (*C. j. c.* 1513 § 2; 1514). 5. Gesinnung, Huld (*Ps.* 29, 6. 8), Zuneigung, hăbērĕ vŏluntātĕm: Wohlgefallen haben (*Ps.* 146, 10); Lust, Freude, Wohlgefallen an etwas (in *c. abl.*): ĭn lēgĕ Dŏmĭnī vŏluntās ĕiŭs: an den Geboten des Herrn hat er seine Freude,

sein Wohlgefallen (*Ps.* 1, 2); exquīsītă ĭn omnēs vŏluntātēs ēiŭs: (erforscht =) der Erforschung wert für alle, die daran ihre Lust haben (*Ps.* 110, 2).

vŏlŭpĭs, ĕ (volup) erfreulich, ergötzlich.

vŏlŭp, ĕ *s.* volupis.

vŏluptābĭlĭs, ĕ angenehm.

vŏluptārĭŭs 3 wollüstig, weichlich.

vŏluptās, ātĭs *f.* 1. Lust, Genuß, Vergnügen. 2. Freude, Wonne, Huld (*Ps.* 26, 4). 3. *Hang zum sinnlichen Vergnügen*: Sinnlichkeit.

voluptātŭlă, ae *f.* kleines Vergnügen; Spaß.

vŏluptŭōsŭs 3 ergötzlich; *adv.*: 1. vergnügt. 2. üppig, wollüstig.

Vŏlūsĭānŭs, ī *m.* Volusian, Sohn und Mitregent des römischen Kaisers Gallus (251—253).

vŏlūtābrŭm, ī *n.* Schweinepfuhl, Schweinesiel, Schweineschwemme.

vŏlūtābundŭs 3 sich herumwälzend.

vŏlūtātĭō, ōnĭs *f.* 1. das Herumwälzen. 2. Unruhe: ănĭmī.

vŏlūtō 1 1. wälzen, rollen, winden, drehen. 2. überlegen, bedenken, sich beschäftigen.

volvă, ae *f. s.* vulva.

volvō, volvī, vŏlūtŭm 3 1. wälzen, rollen, umwälzen; *im pass. mit medialer Bedeutung*: sich wälzen, sich winden, sich drehen. 2. Gedanken hin und herbewegen, erwägen.

vōmĕr, ĕrĭs *m.* (vomis). 1. Pflugschar. 2. Pflug.

vŏmĭcă, ae *f.* 1. Eiterbeule, Geschwür. 2. *übtr.*: Unheil.

vōmĭs, mĕrĭs *m. s.* vomer.

vŏmĭtĭō, ōnĭs *f.* das Erbrechen, das Speien.

vŏmĭtīvŭs 3 brechenerregend.

vŏmĭtō 1 sich erbrechen.

vŏmĭtŏr, ōrĭs *m.* Erbrecher, Speier.

vŏmĭtŭs, ūs *m.* das Erbrechen; das Erbrochene.

vŏmō, ŭī, ĭtŭm 3 ausspeien.

Vongēnsis pāgŭs, ī *m.* ehem. Gau, Fkr. (Ardennes).

vŏrācĭtās, ātĭs *f.* Gefräßigkeit.

vŏrāgĭnōsŭs 3 voller Schlünde.

vŏrāgō, ĭnĭs *f.* Schlund, Abgrund, Wasserschlund, Strudel.

vŏrāx, ācĭs gefräßig.

Vorburg *indecl.* Vorburg, Ort bei Delsberg im Elsaß.

Vormatĭă, ae *f. s.* Wormatia.

Vormatĭēnsĭs, ĕ *s.* Wormatia.

vŏrō 1 verschlingen, verschlucken; gierig fressen.

vorsō, vorsŭm, vorsŭs *s.* verso *usw.*

vortex, vortĭcōsŭs, vortō, *s.* vertex *usw.*

vōs *s.* tu.

Vŏsăgŭs mōns *s.* Vosegus.

Vŏsĕgŭs, ī *m.* (Vosagus, Vasago, Vogesus) die Vogesen, Wasgenwald, der Wasgau, Gebirge im Elsaß.

vōtīvă, ōrŭm *n.* die Bitten, Gebete.

vōtīvŭs 3 1. durch ein Gelübde versprochen, angelobt; geweiht; geheiligt, zur hl. Handlung bestimmt: vestēs. 2. missă vōtīvă: eine Messe, bei der es sich um ein besonderes Anliegen *oder* eine besondere Feierlichkeit handelt (missă vōtīvă prīvātă: wenn dieses Anliegen ein privates, missă vō īvă sōlemnĭs: wenn es ein öffentliches ist). 3. erwünscht, willkommen.

vōtŭm, ī *n.* Gelübde, Gelöbnis; vōtŭm vovēre, ēmittĕrĕ, făcĕrĕ: ein Gelübde machen; vōtŭm solvĕrĕ, dissolvĕrĕ, persolvĕrĕ, exsolvĕrĕ, reddĕre: ein Gelübde erfüllen. 2. Opfer, Geschenk. 3. Verwünschung, Fluch. 4. Wunsch, Verlangen, Bitte, Gebet; ĭn vōtĭs essĕ: gewünscht werden. 5. Stimme, Wahlstimme; Abstimmung, Stimmabgabe.

vŏvĕō, vōvī, vōtŭm 2 1. feierlich versprechen, geloben, weihen. 2. wünschen, anwünschen.

vōx, vōcĭs *f.* 1. Stimme, Laut, Ton; vox flētŭs: lautes Weinen; vōcĕm dărĕ: donnern (*z. B. Ps.* 17, 7; 45, 7); vox Dŏmĭnī = Donner (*Ps.* 28, 3 *seq.*). 2. das Rufen, Ruf, Zuruf. 3. Wort, Ausspruch, Äußerung. 4. Gebot, Befehl (*z. B. Ps.* 80, 12). 5. Rede, Sprache, Sprachvermögen. 6. vox actīvă: Stimmrecht, Wahlrecht; vox passīvă: Wählbarkeit (*C. j. c.* 405 § 1; 411 § 3 *etc.*).

Voxŭānŭm rēgnŭm, ī *n.* das Reich Voxua in Japan, das ehemals den nördlichen Teil der Insel Nippon oder Honschin umfaßte mit der größten Stadt Sendai.

Voyzlavă, ae *f.* Woyzlawa, Schwester des sel. Martyrers Hroznata, *s. denselben.*

Vratislāŭs, ī *m.* Wratislaus, Fürst von Böhmen, Sohn der hl. Ludmilla (9./10. Jhdt.).

Vratislavĭă, ae *f.* (Wratislavia) Breslau, St. an der Oder, Preußen (Schlesien), *ca.* 530 000 Einw.; Fürsterzbischofssitz (Bistum seit ungef. 1000); *dav.*: **Vratislavĭēnsĭs,** ĕ.

Vratislavĭēn. (*C. R.*) *s.* Vratislavia.

Vrhbosnă, ae *f.* Vrhbosna, Name des Erzbistums Serajewo (Sarajévo), Hauptst. von Bosnien an der Miljacka, *ca.* 45 000 Einw.

vulgārĭs, ĕ allgemein, alltäglich, gewöhnlich, allbekannt; nŭmĕrŭs vulgārĭs:

arabische Ziffer; sermō vulgārĭs: Landessprache.

Vulgātă, ae *f. s.* vulgatus.

vulgātŭs 3 allgemein bekannt, verbreitet; ēdĭtĭō vulgātă: Vulgatatext der Bibel, *d. h. die in der kath. Kirche als maßgebend geltende lateinische Bibelübersetzung, die größtenteils vom hl. Hieronymus stammt.*

1. **vulgō** (volgo) *adv. s.* vulgus 3 b.

2. **vulgō** (volgo) 1 1. unter die Menge bringen, allen mitteilen, allenthalben verbreiten. 2. allen preisgeben. 3. bekannt machen, veröffentlichen.

vulgŭs, ī *n.* (*auch acc.*: vulgŭm *m.*) (volgus) 1. die Leute, der große Haufe, Pöbel; ĭn vulgŭs: für die große Masse, für jedermann. 2. Menge, Masse. 3. *abl. sing. als adv.*: **vulgō** a) vor aller Welt, allgemein. b) in Menge, in Masse.

Vulnĕră Christī: festum Săcrōrŭm Quinquĕ **Vulnĕrŭm D. N. J. Chr.**: Gedenktag der hl. fünf Wundmale U. H. J. Chr., früher am Freitage nach dem dritten Sonntage in der Fastenzeit.

vulnĕrābĭlĭs, ĕ 1. verletzend. 2. verwundbar.

vulnĕrātĭō, ōnĭs *f.* Verwundung, Verletzung.

vulnĕrātŭs 3 verwundet; getötet, erschlagen (*Ps.* 87, 6).

vulnĕrō 1 verwunden, verletzen, kränken.

vulnĕrātŏr, ōrĭs *m.* Verwunder.

vulnŭs, ĕrĭs *n.* 1. Wunde, Verwundung; Verletzung. 2. Schlag, Hieb; Stoß, Stich; Schnitt; Biß; Schuß. 3. *die eine Wunde verursachende Waffe*: Schwert, Lanze, Pfeil. 4. wunde Stelle, fauler Punkt. 5. Kränkung; Seelenwunde, Schmerz, Kummer. 6. Verlust, Nachteil, Unglück.

vulpēcŭlă, ae *f.* Füchslein, schlauer Fuchs.

vulpēs, ĭs *f.* (volpes) Fuchs; *vielleicht*: Schakal (*Ps.* 62, 11).

vulpīnŭs 3 vom Fuchse, Fuchs-.

Vulsīnŭs lăcŭs, ūs *m.* See von Bolsena.

vultŭōsŭs 3 grimassenreißend, grimassenhaft.

vultŭr, ŭrĭs *m.* (voltur) Geier; Raubvogel.

vultŭrīnŭs 3 vom Geier, Geier-.

vultŭrĭŭs, ī *m.* 1. Geier, Raubvogel. 2. raubgieriger Mensch, Nimmersatt.

Vulturnēnsĕ mŏnastērĭŭm, ī *n.* San Vincenzo a Vulturno, Dorf, It. (Campobasso).

Vulturnŭm, ī *n.* Castellammare di Volturno, St. am Volturno in Kampanien.

vulturnŭs, ī *m.* der Südsüdostwind *der (vom Berge Voltore [Vultur] in Apulien bei Venusia herwehte).*

Vulturnŭs, ī *m.* Volturno, Fluß in It., Kampanien; mündet ins Tyrrhenische Meer.

vultŭs, ūs *m.* (*sg. u. pl.*) 1. Gesichtszüge, Miene, Gesichtsausdruck; Gesicht, Antlitz. 2. finsteres, strenges Gesicht, zornige Miene, Zornblick (*Ps.* 20, 10; 33, 17). 3. Aussehen, äußere Gestalt; immūtārĕ vultŭm: das Aussehen ändern, sich ändern; sich wahnsinnig stellen (*Ps.* 33, 1, *Überschrift*). 4. Huld (*Ps.* 16, 2).

vulvă, ae *f.* (volva) Gebärmutter, Mutterschoß.

V. V. F. F. = Vĕnĕrābĭlēs Frātrēs: Ehrwürdige Brüder!

W

Waine Castrēnsĭs (*C. R.*) *s.* Castrum Waine.

S. Wālăfrīdŭs, ī *m.* hl. Walafried, Stifter und Abt des Klosters Pallazuolo auf Monteverdo in Toskana (Italien), † 764, 15. Februar.

Walarĭŭs lăcŭs, ūs *m.* Wallersee, nordöstlich von Salzburg, Oberösterreich, dessen Abfluß sich in die Salzach ergießt.

Walbertŭs, ī *m.* Walbert, dritter Abt im Kloster Luxeuil in Fkr. (7. Jhdt.).

S. Walburgă, ae *f.* (Walburgis u. Walpurgis) hl. Walburg, Jgfr. u. Äbtissin († 779).

Sie war die Tochter des hl. Königs Richard v. England und die Schwester der hl. Glaubensboten Willibald und Wunnibald. Im englischen Kloster Winburne wurde sie Nonne und gelangte mit der hl. Lioba und andereren Ordensschwestern 748 nach Deutschland. Im Kloster Heidenheim ward sie Äbtissin; selbst über das Männerkloster in dem gleichen Orte durfte sie nach dem Tode ihres Bruders Wunnibald die Oberaufsicht führen. Ihre Gebeine kamen i. J. 870 nach Eichstätt. Aus dem Grabstein quillt zu Zeiten ein heilkräftiges Öl hervor —25. Februar (Bamberg, Eichstätt, München-Freising, Münster [Walburgis]) *u.* 1. Mai (Martyrologium Romanum, Köln und Mainz) *u.* 11. Mai (Sachsen u Meißen).

S. Walburgĭs, ĭs *f. s.* S. Walburga.

S. Walpurgĭs, ĭs *f. s.* S. Walburga.

Waldĕkīsŭs, ī *m.* Waldegis, Vater des hl. Korbinian (7. Jhdt.).

Waldēnsĭs pāgŭs, ī *m.* Waadt, Kanton Schweiz.

Waldēnsēs, ĭŭm *m.* Waldenser, eine von Petrus Waldes um 1170 gestiftete Sekte, deren Reste noch in der französischen u. italienischen Landschaft Piemont leben.

S. Waldetrūdĭs, ĭs *f.* hl. Waltrud (Waltraud), Schwester der hl. Adelgunde.

S. Waldrādă, ae f. hl. Waldrada, Jgfr. u. Äbtissin († um 620).

Sie war mit den fränkischen Königen Theodorich und Theodebert verwandt. Der Frankenherzog Eleutherius erbaute ihr in Metz ein Kloster, worin Waldrada Vorsteherin wurde und in reichem Maße für alle Armen und Notleidenden sorgte. Ihre Gebeine gingen bis auf das Haupt bei der französischen Revolution verloren. Letzteres wurde von Bischof Dupont-des-Loges in der Domkirche beigesetzt. — 5. Mai (Metz).

Waldsacĭă, ae *f.* Waldsassen, ehem. Gau in der Lüneburger Heide (Hannover).

Waldsassŭm, ī *n.* Waldsassen, St. an der Wondreb, Bayern (Oberpfalz), Diöz. Regensburg, *ca.* 4000 Einw. mit ehem. Cistercienserkloster, *jetzt:* Cistercienserinnenkloster.

Waldsee *indecl.* Waldsee, St., Württemberg, *ca.* 3000 Einw.

Walehradŭm, ī *n.* Velehrad, ehem. Cistercienserkloster, Mähren, Diöz. Olmütz.

Walhūsĭŭm, ī *n.* Walhausen, Ort in Thüringen.

Walkenredă, ae *f.* Walkenried, ehem. Cistercienserkloster, Hessen, Diöz. Mainz.

Walramŭs, ī *m.* Walram, Erzbischof von Köln um 1340.

Waltramŭs, ī *m.* Waltram, ein Graf vom Thurgau.

Wammerath, *indecl.* Womrath, Dorf bei Kirchberg, Diöz. Trier.

Wandălī, ōrŭm *m.* (Vandali) die Vandalen, ein germanischer Völkerstamm z. Z. der Völkerwanderung.

S. Wandregisĭlŭs, ī *m.* hl. Wandregisel, Bek. u. Abt († 667).

Er war mit dem Majordomus Pipin von Landen verwandt und wurde schon als Jüngling an den Hof Dagoberts I. berufen. Später erhielt er die Würde eines Pfalzgrafen; doch verließ er plötzlich die Welt und trat bei den Benediktinern zu Montfaucon (Fkr.) ein. Infolge eines Traumgesichtes suchte er das Kloster Bobbio (Italien) auf, wo er fünf Jahre weilte. Dann lebte er ein Jahrzehnt hindurch im Jurakloster Sankt Roman und erhielt vom hl. Erzbischofe Audoenus von Rouen die hl. Weihen. Im Jahre 648 stiftete er in der Landschaft Caux die Abtei Fontanelle, wo sich alsbald 300 Mönche unter seiner Leitung einfanden. Dort starb er. — 22 Juli (Basel, Lausanne-Genf).

Warīnŭs, *i m.* Warin: 1. ein Erzbischof von Köln. 2. ein Gaugraf von Thurgau. — *Vgl.*: Walramus *u.* Waltramus.

Warmelandĭă, ae *f. s.* Warmia.

Warmĭă, ae *f.* (Warmelandia, Warmiensis pagus) Ermeland, Landschaft in Ostpreußen; Bistum, *s.* Varmia.

Warmĭēnsĭs păgŭs, ī *m. s.* Warmia.

Wastinēnsĭs, ĕ *s.* Vastinensis.

Weissenburgēnsĕ mŏnastērĭŭm (Wissemburgense) ehemalige Benediktinerabtei in der Nähe der heutigen Stadt Weißenburg (Unterelsaß), 1789 aufgehoben.

Welingēn. (*C. R.*) *s.* Whelingenium.

Wellingtonēn. (*C. R.*) *s.* Wellingtonium.

Wellingtonĭŭm, ī *n.* Wellington, St., Neuseeland, *ca.* 108000 Einw.; Erzbischofssitz (seit 1887, Bistum seit 1848); *dav.*: **Wellingtonēnsĭs,** ĕ.

Wemding *indecl.* Wemding, St., Bayern (Schwaben), *ca.* 2400 Einw. mit Marienwallfahrtskirche u. Kapuzinerkloster; *dav.*: **Wemdingānŭs** 3.

S. Wenceslāŭs, ī *m.* (Vencelaus) hl. Wenzeslaus, König [Herzog] von Böhmen und Mart., † 935, 28. September.

Fest der Übertragung: Der Leib des hl. Herzogs und Martyrers Wenzeslaus ruhte zuerst drei Jahre lang zu Bunzlau in der Kirche der hl. Kosmas und Damian, wo er durch Wunder verherrlicht wurde. Auf Befehl seines Bruders Boleslaus wurde er nach Prag überführt. Wie Boleslaus an den Lebenden Hand anlegte, so war er auch gegen den Toten gefühllos. Er ließ den Leib auf einen Lastwagen legen und ihn heimlich, um eine Volksversammlung zu vermeiden, während einer einzigen Nacht ruhmlos und ehrlos nach Prag bringen. Sollte der Fuhrmann nicht vor Tageslicht Prag erreichen, dann war ihm die Todesstrafe bestimmt. Aber Gott vereitelte wunderbar diesen Plan. Mit höchster Eile strebten die Leute, den Befehl auszuführen. Zwei Flüsse, die weit übers gewöhnliche Maß über die Ufer getreten waren, überschritten sie, so daß nur die Füße der Pferde feucht wurden. Als sie aber an den Kerker, der unter der Prager Burg Hradschin liegt, gekommen waren, blieben die Pferde so fest stehen, daß sie nicht vom Platze bewegt werden konnten, bis beim hellen Tageslicht eine ungeheuere Menge Menschen zusammenströmte. Was Boleslaus so sehr vermeiden und seine Knechte so hartnäckig verbergen wollten, wurde allen offenbar, daß man nämlich den hl. Leib des sel. Wenzlaus ihnen wegnehmen wollte. Dazu kam noch ein anderes offenkundigeres Wunder. Auf göttliches Eingreifen hin erhielten alle im Kerker Befindlichen die Freiheit. Zum Andenken an dieses Ereignis wurde dort eine Kirche errichtet und dem hl. Wenzeslaus geweiht. Erschüttert durch diese Wunder überführte man den Leib des sel. Herzogs in die Kirche des hl. Vitus, die er selbst einst gegründet hatte. Als die Decken entfernt waren, fand man voll höchster Bewunderung die Glieder bei vernarbten Wunden ganz unversehrt mit Ausnahme eines Ohres, welches an den Kopf gehalten, augenblicklich anwuchs. So wurde der Leib unter Gesängen und dem Leuchten der Fackeln mit gebührender Verehrung von den Priestern und dem gesamten Klerus bestattet. — 4. März (Prag) *u.* 5. März (Brünn, Krakau).

Wenceslāŭs, ī *m.* Wenzel, deutscher König (1378—1400) und König von Böhmen (Wenzel IV.) † 1419.

Wendălīnŭm, ī *n.* Sankt Wendel, St., Preußen (Rheinprovinz); *ca.* 6300 Einw.

S. Wendălīnŭs, ī *m.* (Wendelīnus) hl. Wendelin, Bek. u. Abt († zwischen 617 u. 650).

Er war Schotte von Geburt und angeblich königlichen Ursprunges. Er pilgerte in die Gegend, wo jetzt das Städtchen St. Wendel (Bezirk Trier) liegt. Dort tat er Taglöhnerarbeit und benutzte die Ruhepausen, um Gott zu verherrlichen. Die Sehnsucht, ungestörter Gott dienen zu können, führte ihn in das Kloster Tholey, wo er später zum Abte gewählt wurde. Er nahm den hl. Einsiedler Paul ins Kloster auf; dieser wurde später Bischof von Verdun (Fkr.). Wendelins Gebeine kamen in die nach ihm benannte Stadt. — 20. Oktober (Freiburg [S Wendelinus] u. 23. Oktober (Trier [S. Wendalinus]).

Wĕnĕdī, ōrŭm *m.* die Wenden, ein slawisches Volk zwischen Elbe und Oder.

S. Weomādŭs, ī *m.* hl. Weomad, Bek. u. Erzbischof von Trier († 791).

Er war Benediktiner im Kloster Mettlach (Rheinprovinz) und wurde i. J. 753 Erzbischof von Trier. In Karden setzte er die Gebeine des hl. Kastor feierlich zur Verehrung des Volkes aus. Mit gleicher Sorgfalt ließ er die Gebeine des hl. Goar in ein Gotteshaus, das der Abt Assuerus von Prüm erbaut hatte, überführen. Er selbst ruht in der Trierer Kirche vom hl. Maximin. — 7. November (Trier).

Werăhă, ae *f.* Werra, Quellfluß der Weser in Thüringen.

Werdă (Caesărĭs), ae *f.* Kaiserswerth, bei Düsseldorf, *ca.* 2600 Einw.

Werdĕnă, ae *f. s.* Werthina.

Werdĭnă, ae *f. s.* Caesaris insula.

Werdūnŭm, ī *n. s.* Fardium.

S. Wernerŭs, ī *m.* hl. Werner, Mart. († 1287).

Er war in dem Orte Wammerath, der ehemals in der Trierer Diözese lag, geboren. Seine Eltern waren Landleute. Werner lebte sehr fromm und Gott verherrlichte den unschuldigen Knaben durch manche Wunder. Als er vor dem boshaften Stiefvater fliehen mußte, quälte ihn der Durst; er stieß seinen Stab in den Boden, und alsbald sprudelte eine Quelle hervor, die noch jetzt nach dem Heiligen benannt wird. — Auf seiner Pilgerschaft gelangte er nach Oberwesel am Rhein, wo er sich als Knecht bei Juden vermietete. Als Werner am Gründonnerstage des Jahres 1287 die hl. Kommunion empfangen hatte, wollten die Juden das hl. Sakrament von ihm erhalten. Sie hingen ihn mit dem Kopfe nach unten an eine Säule auf und begannen, ihn unmenschlich zu quälen, indem sie mit Messern und Zangen die Adern des 14jährigen Knaben öffneten. Drei Tage dauerte dieses Martyrium an; der Körper wurde völlig blutleer in der Nähe von Bacharach inmitten eines Gestrüppes aufgefunden, da ein wunderbares Licht den Fundort erhellte. Bis zum 17. Jahrhundert ruhten die Gebeine des Blutzeugen in der St. Kunibertskirche zu Bacharach. Von dort nahm sie der katholische Feldherr Ambrosius Spinola im Jahre 1601 mit sich, um sie vor einer Entweihung seitens der Irrgläubigen zu schützen. — 18. April (Trier).

Werthīna, ae *f.* (Werdĕna) Werden, St., l. a. d. Ruhr, Preußen (Rheinprovinz), *ca.* 12000 Einw.; die i. J. 799 vom hl. Ludger gegr. Abtei wurde 1802 aufgehoben.

Wēsălĭă (ae *f.*) **sŭpĕrĭŏr** Oberwesel, St. am Rhein, *ca.* 2700 Einw.

Wesimanĭă, ae *f.* Westmanland (Schweden).

Wessofontānŭm coenŏbĭŭm, ī *n.* Wessobrunn, Pfarrdorf, Bayern (Oberbayern), nordwestl. von Weilheim, *ca.* 580 Einw.; die um 750 gegr. Benediktinerabtei wurde 1803 aufgehoben.

Westfālī, ōrŭm *m.* 1. die Westfalen, deutscher Volksstamm zwischen Weser u. Rhein. 2. Westfalen, Landschaft; *dav.*: **Westfālĭcus** 3.

Westfālĭă, ae *f.* (Guestfalia) Westfalen, Landschaft zwischen Weser u. Rhein, Preußen.

Westgōthī, ōrŭm *m.* Westgoten, germanischer Volksstamm.

Westgōthĭă, ae *f.* Westgotland (Vester Götland in Schweden).

Westmŏnastērĭŭm. (*C. R.*) *s.* Westmonasterium.

Westmŏnastērĭŭm, ī *n.* Westminster, Stadtteil von Inner-London, *ca.* 180000 Einw.; Erzbischofssitz (seit 1850); *dav.*: **Westmŏnastērĭēnsĭs,** ĕ.

Wet(t)igă, ae *f.* (Wettigo) Waldeck, ehem. Fürstentum.

Wetteravĭă fămĭlĭă, ae *f.* das Geschlecht der Edlen von Wetterau.

Wettigō, ĭnĭs *f. s.* Wetiga.

Whelingenĭŭm, ī *n.* Wheeling, St. l. am Ohio, Nordamerika (West-Virginia), *ca.* 40000 Einw.; Bischofssitz (seit 1850), Suffr. Baltimore; *dav.*: **W(h)elingēnsĭs,** ĕ.

S. Wībŏrādă, ae *f. s.* S. Wyborada.

Wicbertŭs, ī *m.* (Wicterpus) Wigbert, Bisch. von Augsburg (7. Jhdt.).

Wichfrīdŭs, ī *m.* Wichfried, ein Erzbischof von Köln (10. Jhdt.).

Wichtrūdĭs, ĭs *f.* Wichtrud, Mutter des hl. Bek. Meinolf (8. Jhdt.).

Wicterpŭs, ī *m. s.* Wicbertus.

Widegernŭs, ī *m.* Widgern, ein Bischof von Straßburg (7. Jhdt.).

Widekindŭs *u.* **Widukindŭs,** ī *m.* Wittekind, ein Sachsenherzog (8. Jhdt.).

S. Wigbertŭs, ī *m.* hl. Wigbert, Bek. u. Abt († 747).

Er stammte aus England; der hl. Bonifatius rief ihn nach Deutschland, wo er im Jahre 736 Abt des Klosters zu Fritzlar (Hessen) wurde; auch die Leitung des Klosters Ordruf (Thüringen) wurde ihm übertragen. Die von ihm errichtete Kirche zu Fritzlar schützte er durch sein Gebet vor einer Feuersbrunst und sagte voraus, sie werde nie durch einen Brand zerstört werden. — Als ihm einst der Wein für das hl. Opfer fehlte, preßte er den Saft der Trauben in den Kelch. — Die Gebeine des Heiligen kamen später zum Kloster Hersfeld, wo ihm Karl der Große ein prächtiges Grabmal errichtete. — 13. August (Mainz).

Wiggērŭs, ī *m.* Wigger, ein Abt des Benediktinerklosters St. Michael in Hildesheim (11. Jhdt.).

Wigmodĭă, ae *f.* ein Gau im alten Sachsenlande an der Wesermündung.

Wigornŭm, ī *n.* Worcester, St. l. am Severn, England (Worcester), *ca.* 48000 Einw.

B. Wihō, ōnĭs *m.* sel. Wiho, Bek. u. Bischof von Osnabrück († um 810).

Er war Friese und soll in Leeuwarden (Holland) geboren sein. Er machte im Utrechter Seminare seine theologischen Studien und zog als Glaubensbote ins alte Sachsenland, wo Karl der Große mehrere Bistümer gestiftet hatte. Dieser ernannte ihn mit Zustimmung Papst Hadrians zum ersten Bischofe von Osnabrück; er wurde in Paderborn geweiht. Als Bischof war er unermüdlich tätig, das Christentum in den Neubekehrten zu festigen und die Heiden zu bekehren. — 20. April (Osnabrück).

Wilcanniă, ae *f.* Wilcannia, St. r. am Darling, Neusüdwales in Australien, *ca.* 1000 Einw.; Bistum (seit 1887), Residenz in Broken Hill, Suffr. v. Sydney; *dav.*: **Wilcanniĕnsĭs,** ĕ.

Wilcanniĕn. (*C. R.*) *s.* Wilcannia.

Wildĕrŭs, ī *m.* Wilder, Mönch u. Gefährte des hl. Bonifatius (8. Jhdt.).

S. Wilgefortĭs, ĭs *f.* hl. Wilgefortis, Jgfr. u. Mart. († ?).

Sie heißt auch Liberata und wurde im Mittelalter in Deutschland als die hl. Kümmernis (= Ontkommera: Entkommene) verehrt. Ihr Name entstand aus Virgo fortis. Sie soll des Glaubens wegen gekreuzigt worden sein, und zwar wird sie in reichen Gewändern am Kreuze hängend abgebildet; ihr Antlitz ist dabei durch einen Bart entstellt, den sie angeblich auf ihren Wunsch erhielt, um leichter den Nachstellungen der Freier entgehen zu können. — Daß ihr heidnischer Vater ein König von Portugal gewesen sei und sie selbst gekreuzigt habe, ist eine Fabel. — Früher fand sich die Kommemoration ihres Festes unterm 20. Juli in der Erzdiözese München. — 20. Juli.

Wilgĭsŭs, ī *m.* Wilgis, Vater des hl. Willibrord, später Mönch (7. Jhdt.).

B. Wilhelmŭs, ī *m.* sel. Wilhelm, Abt des Benediktinerklosters Hirsau (Württemberg), † 5. Juli 1091.

Wilhelmŭs, ī *m.* 1. Wilhelm, zweiter Bisch. von Straßburg (11. Jhdt.). 2. Wilhelm, Sohn der sel. Hemma. 3. *s.* Guilelmus (Gulielmus).

Wilhelmŭs Normannōrŭm dux, Anglĭae rex, Wilhelm, Herzog der Normandie und Eroberer Englands, † 1087.

S. Willehādŭs, ī *m.* hl. Willehad, Bek. u. Bischof von Bremen († 789).

Er stammte aus Northumberland (England). Nach Empfang der hl. Priesterweihe eilte er 772 nach Friesland und landete zu Dokkum, wo ehedem der hl. Bonifatius als Martyrer gestorben war. Von da zog er nach Oberyssel und Drente, schließlich nach Bremen. Als der Sachsenaufstand ihn vertrieb, ging er nach Rom und verlebte dann zwei Jahre im Kloster Echternach am Grabe des hl. Willibrord. Er starb, nachdem er erst zwei Jahre als Bischof der Sachsen zu Bremen geweilt hatte, im friesischen Dorfe Blexem und wurde in seiner Bischofsstadt beigesetzt. — 16. November (Osnabrück u. nordische Missionen) *u.* 27. November (Münster)

Willgottheim *indecl.* Willgottheim, ein Ort nordwestlich von Straßburg (Elsaß).

S. Willibaldŭs, ī *m.* hl. Willibald, Bek. u. Bischof von Eichstätt († 787).

Sein Vater war der hl. König Richard von England; seine Mutter Bona war eine Schwester des hl. Bonifatius; sein Bruder war der hl. Wunnibald, seine Schwester die hl. Walburga. Mit sechs Jahren wurde Willibald den Mönchen in Waltham (England) zur Erziehung übergeben. Mit seinen Verwandten unternahm er eine Pilgerfahrt nach dem Gelobten Lande; doch starb sein Vater in Lucca (Italien). Erst nach sieben Jahren kehrte der Heilige zurück und lebte nun als Mönch in Montecassino (Italien). Bonifatius hatte ihn inzwischen zum Gehilfen gewünscht, und so mußte er auf Geheiß Papst Gregors III. nach Thüringen eilen. Er erhielt die Bischofsweihe und begründete das Bistum Eichstätt (745). Als Leiter desselben starb er etwa 36 Jahre später. Er wurde i. J. 938 unter Leo VII. heilig gesprochen. — 7. Juli (Bamberg, Eichstätt) *u.* 9. Juli (Mainz, München-Freising).

S. Willibrordŭs, ī *m.* hl. Willibrord, Bek. u. Bischof von Utrecht (Holland) († 738 *oder* 739).

Er stammte aus Northumberland (England) und wurde im Kloster Ripon vom hl. Winfried erzogen. In Holland erhielt er weitere Ausbildung und zog dann als Priester mit zehn Gefährten nach Friesland. Da die Zahl der Christen rasch wuchs, wurde das Bistum Utrecht geschaffen und Willibrord dessen erster Inhaber. Zwei Jahre später stiftete er die Abtei Echternach bei Trier. Nach 42jähriger Regierung bereitete er sich in der Einsamkeit auf den Tod vor. Sein Leib wurde in Echternach beigesetzt. — 7. November (Münster, Trier)

S. Willigĭsŭs, ī *m.* hl. Willigis, Bek. u. Erzbischof von Mainz († 1011).

Vor der Geburt sah seine Mutter, wie aus ihrem Schoße ein helles Licht strahlte, das weithin das Land erleuchtete. Willigis wurde Hofkaplan Ottos II. und später Erzbischof von Mainz. Als solcher leitete er die Erziehung Ottos III. Er machte den hl. Burkhard zum Bischofe von Regensburg, den hl. Godehard zum Bischofe von Hildesheim und den hl. Adalbert zum Bischofe von Prag. Er begann am Tage seiner Bischofsweihe den Neubau des Mainzer Domes, den sein Nachfolger Bardo vollendete. Nach 36jähriger Tätigkeit starb er und wurde in der St. Stephanskirche zu Mainz beigesetzt, die er selbst erbaut hatte. — 23. Februar (Mainz) *u.* 25. *oder* 26. Februar (Trier).

Wilmingtoniă, ae *f.* Wilmington, St. r. vom Delaware, Nordamerika (Delaware), *ca.* 80000 Einw.; Bischofssitz (seit 1868), Suffr. v. Baltimore; *dav.*: **Wilmingtoniĕnsĭs,** ĕ.

Wilmingtoniĕn. (*C. R.*) *s.* Wilmingtonia.

Wilnă, ae *f.* Wilna, (*poln.*: Wilno, *litauisch*: Vilnius), Hauptst. von Litauen, *ca.* 215000 Einw.; Bischofssitz (seit 1387; früher Suffr. v. Mohilew); *dav.*: **Wilnēnsĭs,** ĕ.

Wilnēn. (*C. R.*) *s.* Wilna.

Wilparting *indecl.* Wilparting, Ort in der Pfarrei Irschenberg, Bayern (Oberbayern).

Winbrūnŭm, ī *n.* *s.* Winburnum.

Winburnēnsĭs, ĕ *s.* Winburnum.

Winburnŭm, ī *n.* (Winbrunum) Winburne, Benediktinerkloster, England; *dav.*: **Winburnēnsĭs,** ĕ *u.* **Winbrunēnsĭs,** ĕ.

Windesheim *indecl.* Windesheim, ehem. Augustiner-Chorherrenstift bei Zwolle in Holland (Oberyssel); gegr. 1386, ging 1581 in der kirchlichen Umwälzung unter.

Winfrīdŭs, ī *m.* Winfried, ursprünglicher Name des hl. Bonifatius, des Apostels von Deutschland († 755).

Winonă, ae *f.* Winona, St. r. am Mississippi, Nordamerika (Minnesota), *ca.* 20000 Einw.; Bischofssitz (seit 1889), Suffr. v. St. Paul, *dav.*: **Winonēnsĭs,** ĕ.

Winonēn. (*C. R.*) *s.* Winona.

Wintōniă, ae *f.* Winchester, St. r. am Itchen, England (Hants), *ca.* 24000 Einw.; ehem. Kolleg, gegr. 1387.

Wintrō, ōnĭs *m.* Wintro, ein Graf am Hofe Childeberts II. (6. Jhdt.).

Wintrūgĭŭs, ī *m.* Wintrug, Priester und Gefährte des hl. Bonifatius (8. Jhdt.).

Wippĕră, ae *f.* die Wipper: 1. Nebenfluß der Saale (zur Elbe) in Thüringen. 2. Küstenfluß in Hinterpommern, mündet in die Ostsee. 3. l. Nebenfluß der Unstrut. 4. Oberlauf der Wupper, die bei Rheindorf in den Rhein mündet (Westfalen u. Rheinprovinz).

Wirceburgŭm, ī *n* *s.* Herbipolis.

Wirdūnŭm, ī *n. s.* Verodunum.

Wiremūthĕnsĭs, ĕ aus (der Abtei) Weremouth (Nordengland).

Wirēnsĭs pāgŭs, ī *m.* ehem. Gau um Wierun, Holland (Friesland).

Wirō, ōnĭs *m.* Wiro, Bischof aus Schottland, Beschützer des hl. Leviten Otger, *s.* S. Otgerus.

Wirōnĭă, ae *s.* Vironia.

Wirz(e)burgŭm, ī *n. s.* Herbipolis.

Wisibadă, ae *f. s.* Aquae Mattiacae.

Wismarĭă, ae *f.* Wismar, St. an der Ostsee, Mecklenburg-Schwerin, *ca.* 25 000 Einw.

Wissemburgēnsĭs, ĕ *s.* Weissenburgense monasterium.

Witgerŭs, ī *m.* Witger, Vater der hl. Jgfr. Gudula (7. Jhdt.).

Wittekindŭs, ī *m. s.* Widekindus.

Wittelsbacēnsĭs, ĕ *s.* Wittelsbach.

Wittelsbach *indecl.* Wittelsbach (Ober- u. Unterwittelsbach) Dorf in Bayern (Oberbayern); in Oberwittelsbach, *ca.* 170 Einw., Stammschloß der Wittelsbacher, des früheren bayrischen Herrscherhauses; *dav.*: **Wittelsbacēnsĭs,** ĕ.

Witte(n)bergă, ae *f. s.* Albiorium.

Wittichindŭs, ī *m. s.* Widekindus.

Wladimirĭă, ae *f.* 1. Wladimir, St. l. an der Kljasma, Zentralrußland, *ca.* 28 000 Einw.; 2. Wladimir-Wolynskij, St. r. an der Luga (zum Bug), Polen (Wolhynien), *ca.* 10 000 Einw., Bischofssitz; *dav.*: **Wladimirĭēnsĭs,** ĕ.

Wladimirĭēn. (*C. R.*) *s.* 2. Wladimiria.

Wladislāŭs, ī *m.* Wladislaus (III. Laskonogi), Fürst von Oppeln und Vizekönig von Polen z. Z. der Tatareneinfälle, † 1231.

Wladislavĭă, ae *f.* Wlozlawsk (*auch*: Wladislawow, *poln.*: Wloctawek), St., l. an der Weichsel, Polen (Warschau), *ca.* 30 000 Einw. Bischofssitz des Bistums Wladislawow-Kalisch (seit 1148), Suffr. von Warschau; *dav.*: **Wladislaviēnsĭs,** ĕ.

Wladislaviēn. (*C. R.*) *s.* Wladislavia.

Wocharŭs (rīvŭs), ī *m.* der Grünbach, welcher bei St. Goar in den Rhein mündet.

Woffenhemĭēnsĭs, ĕ, aus Woffenheim, ehem. Kloster bei Kolmar im Elsaß.

Woitechus, ī *m. s.* Vojtjechus.

S. Wolfgangŭs, ī *m.* hl. Wolfgang, Bischof von Regensburg († 994).

In Schwaben (Pfullingen?) um 924 geboren, besuchte er die Schule auf der Reichenau, wo er fromm lebte. Die ihm vom Trierer Erzbischof Heinrich angebotenen Ehrenstellen schlug er aus und wurde Mönch in Einsiedeln in der Schweiz. Nachdem er vom hl. Bischof Ulrich von Augsburg die Priesterweihe empfangen, wollte er nach Ungarn zur Ausbreitung des hl. Evangeliums ziehen. Wegen seiner Frömmigkeit und Klugheit wurde er aber von Kaiser Otto III. unter Zustimmung des Klerus und Volkes i. J. 972 zum Bischofe von Regensburg ernannt. Dem Kloster St. Emmeram gab er wieder einen eigenen Abt, gründete das Frauenkloster Niedermünster und stellte in anderen Klöstern die Ordenszucht wieder her. Gerne ließ er die Abtrennung Böhmens aus seinem Sprengel und die Errichtung eines eigenen Bistums in Prag trotz Schmälerung seines Einkommens zu. Heinrich II., dessen Erzieher er war, sagte er die Kaiserwürde, dessen Bruder Bruno die Bischofswürde voraus; der einen von dessen Schwestern prophezeite er, daß sie Königin, der anderen, daß sie Äbtissin würde. Schon zu Lebzeiten heilte er Kranke und Besessene. Über 20 Jahre leitete er die Diözese Regensburg. Sein Leib ruht dort in der Wolfgangsgruft der St. Emmeramskirche. — 31. Oktober (Augsburg, Bamberg, Breslau, Linz, München-Freising, Prag, Regensburg, Rottenburg, Salzburg, Seckau, Trier, Ungarn, Wien). — *Übertragung der Gebeine des hl. Wolfgang*: Als der hl. Wolfgang am 31. Oktober 994, wie er vorausgesagt hatte, zu Pupping in Österreich gestorben war, ließ der Erzbischof Hartwig von Salzburg die Eingeweide in dem Heiligtum des hl. Othmar zu Pupping beisetzen, den Leib aber nach Regensburg überführen, wo er in der St. Emmeramskirche seine Ruhestätte fand. Erst nach 58 Jahren wurde er in einer eigenen Gruft in Gegenwart des Kaisers Heinrich, zahlreicher Fürsten und Bischöfe von Papst Leo IX., der eben Deutschland besuchte, in einer eigenen unterirdischen Kapelle (St. Wolfgangskrypta) beigesetzt. Im J. 1612 wurde der Sarg wieder aufgefunden, als in der Krypta ein neuer Hochaltar gebaut wurde. Im Sarge fand sich ein Metallplättchen mit dem Namen S. Wolfgang, eine große Münze Papst Leos IX. und ein vergoldetes Kreuz. Der hl. Leib wurde acht Tage in der Kathedrale zur Verehrung ausgesetzt und am 12. Mai wieder in die Krypta übertragen und hinter dem neuen Hochaltare in die Mauer eingeschlossen. — 11. Oktober (Regensburg).

Wollō, ōnĭs *m.* Wollo, Graf von Kyburg, Neffe des hl. Notker.

Wolphardŭs, ī *m.* Wolfhardt, Abt des Klosters zu Exeter (England) u. Lehrer d. hl. Bonifatius (8. Jhdt.).

Wormacĭă, ae *f. s.* Wormatia.

Wormatĭă, ae *f.* (Borbetomagus, Borgetomagus, Vangio, Vangiona, Va(n)gionum Augusta *oder* civitas, Vormatia, Wormatia, Wormatia civitas, Wormatiacum) Worms, St. am Rhein, Rheinhessen, *ca.* 45 000 Einw.; ehem. Bistum (seit 10. Jhdt.; *aufgehoben*: 1802); *dav.*: **Wormatĭēnsĭs,** ĕ (*auch*: Vangionēnsĭs, ĕ).

Wormătĭăcŭm, ī *n. s.* Wormatia.

Wormatĭēnsĭs, ĕ *s.* Wormatia.

Wratislāŭs, ī *m.* Wratislaus, Herzog von Böhmen, Vater des hl. Wenzeslaus (9. Jhdt.).
Wratislavĭă, ae *f. s.* Vratislavia.
S. Wulfĕtrūdĭs, ĭs *f.* hl. Wilfetrud, Jgfr. u. Äbtissin von Nivelles in Brabant (Belgien), † 670, 23. Nov.
Wulmārŭs, ī *m.* Wulmar, Schüler des hl. Jodok (7. Jhdt.).
S. Wulstanŭs, ī *m.* hl. Wulstan, Bek. u. Bisch. von Worcester in England, † 1095, heilig gesprochen 1203; 19. Januar.
S. Wunibaldŭs, ī *m.* hl. Wunnibald, Bek. u. Abt des Benediktinerklosters Heidenheim († 760).
Er war der Sohn des hl. englischen Königs Richard und Bruder des hl. Willibald und der hl. Walburga und wurde i. J. 701 geboren. Er machte eine Pilgerfahrt nach Rom. Von Papst Gregor III. wurde er mit anderen als Glaubensbote nach Deutschland gesandt, wo er als Priester unter dem hl. Bonifatius eifrig in Bayern und Thüringen wirkte. Es gelang Wunnibald, in der Einöde zu Heidenheim (Diözese Eichstätt) ein Männer- und ein Frauenkloster zu begründen, welch letzteres der hl. Walburga unterstellt wurde. — 18. Dezember (Eichstätt).
Wurmbăcēnsĭs dĕcănātŭs Dekanat Wormbach (Erzbistum Köln).
Wurtziburgŭm, ī *n. s.* Herbipolis.
Wurziburgŭm, ī *n. s.* Herbipolis.
S. Wyborādă, ae *f.* (Wiborada), hl. Wiborada, Jgfr. u. Mart. († 926).
Sie stammte aus vornehmem schwäbischen Geschlechte. Von früher Jugend an besuchte sie aus Abtötung mit bloßen Füßen die fernliegende Kirche und nahm sich aller armen Kranken an. Anstelle eines Kopfkissens benutzte sie einen Stein. Sie lernte die Psalmen auswendig und betete sie ohne Unterlaß. Ihren Bruder Hitto bestimmte sie dazu, Mönch zu werden. Sie begab sich nach Konstanz, wo ihr der Bischof Salomon eine Klause in der Nähe des Domes anwies; doch vertauschte sie dieselbe später mit einer anderen, die unweit des Klosters St. Gallen lag. Dort fiel sie den einbrechenden heidnischen Ungarn, die sie ermordeten, zum Opfer. — 11. Mai (St. Gallen).

X.

X als Zahlenzeichen = 10.
Xantēnsĭs, ĕ *s.* Xantum.
Xanthĭcŭs 3 (ξανθικός) Name eines Monats bei den Griechen, entspricht dem Nisan der Juden und dem April des jetzigen Kalenders (2. *Mach.* 11, 30).
Xanthŭm, ī *n. s.* Xantum.
Xantŭm, ī *n.* (Xanthum, *früher*: Colonia Trajana, Castra Trajana, Castra Vetera) Xanten, St. am Niederrheine, Preußen (Rheinprovinz), *ca.* 4200 Einw.; *dav.*: **Xantēnsĭs,** ĕ.
Xaver *indecl.* Xaver, Ort und Schloß in Nordspanien, südöstlich von Pampelona; *dav.*: **Xaverĭŭs** 3 aus Xaver.
B. Xeki Petrŭs, ī *m.* sel. Petrus Xeki, *s.* B. Camillus Costanzo.
Xendajŭm, ī *n.* Sendai, St. an der Ostküste der Insel Nippon in Japan.
Xĕnĭŭm, ī *n.* (ξένιον) Gastgeschenk, Weihgabe.
Xĕnĭŭs, ī *m.* (ξένιος) der Gastliche, Beiname des Jupiter als Beschützers der Fremdlinge (2. *Mach.* 6, 2).
xĕnŏdŏchēŭm, ī *n. s.* xenodochium.
xĕnŏdŏchĭŭm, ī *n.* (xenodocheum) (ξενοδοχεῖον) Pilgerhaus, Hospital; Herberge.
xĕnŏdŏchŭs, ī *m.* (ξενοδόχος) Hospitaloberer.
Xerxēs, ĭs *m.* (Ξέρξης) Xerxes I., Großkönig von Persien (485—465), Sohn und Nachfolger Darius' I. Hystaspis.
Ximabăra, ae *f.* Ximabara, Ort in Japan, Geburtsort des sel. Antonius Ixida.
Ximēnēs, ĭs *m.* Franz Ximenes, Kardinal und Minister Ferdinands des Katholischen von Spanien († 1517).
xȳlĭnŭm, ī *n.* (ξύλινον) Baumwolle.
Xȳlŏpŏlĭs, ĭs *f.* (Ξυλόπολις) Boise-City, St. r. am Boise River, Nordamerika (Idaho), *ca.* 6000 Einw.; Bischofssitz (seit 1893, seit 1868 Apost. Vikariat), Suffr. v. Oregon; *dav.*: **Xȳlŏpŏlītānŭs** 3.
Xȳlŏpŏlĭtān. (*C. R.*) *s.* Xylopolis.
xystŭs, ī *m.* (ξυστός) Säulengang, Korridor.
S. Xystŭs, ī *m. s.* S. Sixtus.

Y.

Yrānŭs collĭs *m.* ein Hügel in der Schweiz.
Ysōpŭs, ī *f.* (*hebr.*: esop) *s* hyssopus.
Yucatanĭŭm, ī *n.* Yucatan, Halbinsel u. Staat in Mittelamerika; Bistum Yucatan (seit 1519 [1561]), Residenz in Merida, Suffr. v. Oaxaca; *dav.*: **Yucatēnsĭs,** ĕ.
Yucatēn. (*C. R.*) *s.* Yucatanium.
Yvōdĭŭm, ī *n. s.* 1. Ivodium. 2. Ivosium

Z.

Zabad *indecl. m.* (*hebr.*: er [Gott] hat beschenkt) Zabad, 1 Israelit aus dem Stamme Juda, Sohn des Nathan. 2. Israelit aus dem Stamme Ephraim, Sohn des Thabath. 3. ein Offizier Davids, Sohn des Oholi. 4. *wahr-*

scheinlich identisch mit: Iosachar, Diener und Mörder des Königs Ioas von Juda (2 *Par.* 24, 26; *vgl.*: 4. *Reg.* 12, 21). 5. drei Juden, welche z. Z. des Esdras ihre ungesetzlichen Weiber entlassen mußten.

Zabadaeī, ōrŭm *m.* Zabadäer, *nach Josephus Flavius verschrieben für den arabischen Stamm der Nabathaei* (1. *Mach.* 12, 31); *vgl.*: 1. *Mach.* 5, 25); möglicherweise aber sind es die Bewohner von der Umgebung eines Ortes, der heute noch Ezzebedani heißt und an der Eisenbahn liegt, die von Damaskus nach Norden führt. Ein Gebirgszug westlich des Ortes wird Dschebel ez Zebedani genannt.

Zabadia *indecl. m.* (*hebr.*: Sebadja = Jahwe hat geschenkt) Zabadja, 1. drei Israeliten aus dem Stamme Benjamin, Sohn des Barja, des Elphaal u. des Jeroham; der Sohn des letzteren war ein Anhänger Davids. 2. Levit und Türhüter z. Z. Davids aus dem Geschlechte der Koriter, Sohn des Mesolemia. 3. ein Heerführer Davids, Sohn des Asahal. 4. Levit z. Z. Josaphats, des Königs von Juda. 5. ein Richter unter König Josaphat von Juda, Sohn des Ismahel.

Zabadias, ae *m. s.* Zabadia.

Zabbai *indecl. m.* (*hebr.*?) Zabbai, ein Jude, der sein gesetzwidriges Weib entließ.

Zabdi *indecl. m.* (*hebr.*: *Kürzung für* Zabadja = Jahwe hat geschenkt) Zabdi, 1. Israelit aus dem Stamme Juda, Sohn des Zara. 2. Israelit aus dem Stamme Benjamin, Sohn des Semei.

Zabdias, ae *m.* (*hebr.*: Jahwe hat geschenkt) Zabdias, der Aphonite, ein Kellermeister Davids. (*Hebräischer Text*: Zabdi, der Schiphmite, ein Israelit aus Schephem [Schiphmoth *oder* Siphmoth], einer Stadt in Juda).

Zabdiel *indecl. m.* (*hebr.*: Gottesgeschenk) Zabdiel, 1. Israelit, Vater des Jesboam, eines Heerführers Davids. 2. Vorsteher der jüdischen Priester in Jerusalem nach dem Exil; er dürfte nach richtiger Lesart ein Sohn des Gedalja(hu) gewesen sein (2. *Esd.* 11, 13). 3. ein Araberfürst, welcher den syrischen König Alexander tötete (1. *Mach.* 11, 17).

Zabina *indecl. m.* (*aram.*: Zebina ?) Zabina, ein Jude, der eine ungesetzliche Frau genommen hatte.

Zabor *indecl.* Zabor, ein Kloster bei Neutra in Ungarn.

Zabud *indecl. m.* (*hebr.*: der [von Gott] Geschenkte) Zabud, Geheimrat des Königs Salomon, Sohn des Nathan u. Enkel Davids.

Zabulon *indecl.* (*hebr.*: Anwohner, Wohnung ?) Zabulon (Sebulon): 1. sechster Sohn des Patriarchen Jakob von der Lia (*Gen.* 30, 19 *seq.*); dessen Nachkommen sind die Zabuloniten. 2. Stamm der Israeliten in Niedergaliläa, zwischen dem Karmelgebirge und dem See Genesareth.

Zabulonītēs, ae *m.* der Zabulonit, *s.* Zabulon.

zābŭlŭs, ī *m.* (*Nebenform zu*: diabolus, *διάβολος*) Teufel.

Zacathecae, ārŭm *f.* Zacatecas, St., Mexiko in Mittelamerika, *ca.* 35000 Einw.; Bischofssitz (seit 1863), Suffr. v. Guadalajara.

Zacathecas, de Z. (*C. R.*) *s.* Zacathecae.

Za(c)chur *indecl. m.* (*hebr.*: Erinnerung ?) Zachur: 1. Israelit aus dem Stamme Simeon, Vater des Semei. 2. ein Levit aus der Linie Merari z. Z. Davids.

Zachaeŭs, ī *m.* (*hebr.*: Sakkaj = Jahwe hat gereinigt) Zachäus: 1. ein Unterbefehlshaber des Judas Makkabäus. 2. der reiche Oberzöllner zu Jericho, der Jesus ins Haus aufnahm. 3. ein Bischof von Jerusalem z. Z. des Kaisers Heraklius (7. Jhdt.).

Zachai *indecl. m.* (*hebr.*: Jahwe hat gereinigt) Zachai: 1. Jude, dessen Nachkommen aus dem babyl. Exil zurückkehrten. 2. Jude, Vater des Baruch, der das nachexilische Jerusalem miterbaute.

Zacharia *indecl. m.* (*hebr.*: Jahwe hat sich erinnert) Zacharias: 1. ein Levit bei der ersten nachexilischen Gesetzesverlesung. 2. jüdischer Priester als Trompetenbläser bei der Stadtmauereinweihung des nachexilischen Jerusalems. 3. Vorsteher der jüdischen Priesterklasse Adaja z. Z. Joakims um 420 v. Chr.

Zachariās, ae *m.* (*hebr.*: Jahwe hat sich erinnert) Zacharias: 1. ein Fürst im Stamme Ruben. 2. ein Torwart, Sohn Mosollamias. 3. ein Israelit aus dem Stamme Benjamin zu Gabaon. 4. sechs Leviten z. Z. Davids. 5. ein Priester z. Z. Davids. 6. Vater des Fürsten Jaddo vom Stamme Manasse. 7. Fürst z. Z. des Königs Josaphat von Juda. 8. Vater des Leviten Jahaziel. 9. der vierte König von Israel, Sohn des Jeroboam, von Sellum getötet. 10. ein Sohn Josaphats, Königs von Juda, von seinem Bruder Joram getötet. 11. ein Hoherpriester, Sohn und Nachfolger des Jojada, wurde z. Z. Königs Joas von Juda im Tempel zu Jerusalem getötet. 12. ein Weiser und Seher Gottes, z. Z. des Königs Ozias von Juda. 13. der Großvater des Königs Ezechias von Juda. 14. ein Levit z. Z. des Königs Ezechias v. Juda. 15. ein Levit und ein Tempelvorsteher z. Z. des Königs Josias von Juda. 16. ein Israelit, Sohn des Barachias, den Isaias zum Zeugen nahm. 17. zwei Juden, die mit Esdras aus dem babylonischen Exil zurückkehrten. 18. ein jüdischer Fürst z. Z. des Esdras. 19. ein Levit z. Z. des Esdras. 20. eine Jude z. Z. der Rückkehr aus dem babyl. Exil, der eine ungesetzliche Ehe eingegangen war. 21. ein Jude aus dem Stamme Juda, Sohn des Amarias. 22. ein Jude, Sohn des Phasur und Vater des Amsi. 23. der elfte der zwölf kleinen Propheten, Sohn des Barachias, Verfasser des gleichnamigen prophetischen Buches z. Z. des Königs Darius Hystaspes. 24. Vater des jüdischen Heerführers Joseph. 25. hl. Zacharias, jüdischer Priester, Gatte der Elisabeth, Vater des hl. Johannes des Täufers, des Vorläufers Jesu; Fest am 5. Nov.

Zacher *indecl. m.* (*hebr.*: Gedächtnis) Zacher, Sohn des Jehiel, des Gründers von Gabaon (1. *Par.* 8, 31); Zacher *ist Kürzung für* Zacharias (1. *Par.* 9, 37).

Zachuă, ae *f.* Zakko, Bistum (seit 1859), Residenz Zakko; *dav.*: **Zachuēnsĭs,** ĕ.

Zachuēn. (*C. R.*) Chaldaeorum, *s.* Zachua.

Zachur *indecl. m.* (*hebr.*: Erinnerung ?) Zachur, 1. Levit z. Z. Davids. 2. ein Jude, welcher mit Esdras aus dem babyl. Exil zurückkehrte. 3. ein Jude, Sohn des Amri, Miterbauer des nachexilischen Jerusalems. 4. Levit und Mitbesiegler des unter Nehemias erneuerten Bundes. 5. Vater des Leviten Hanan.

Zăcynthĭēn. (*C. R.*) *s.* Zacynthus.

Zăcynthŭs, ī *f.* (*Ζάκυνθος*) Zante, griechische Insel im Jonischen Meere, westlich vom Peloponnes; Bistum (seit 13. Jhdt.), vereinigt mit Kephallenia, unter Verwaltung von Korfu; *dav.*: **Zacynthĭŭs** 3 *u.* **Zacynthĭēnsĭs,** ĕ.

Zăgrābĭă, ae *f.* (Agranum, Zagrabia civitas, *kroat.*: Zagreb, *ungar.*: Zágráb) Agram, St. an der Save, Hauptst. von Kroatien und Slawonien, *ca.* 60000 Einw., Erzbischofssitz (seit 1852, als Bistum um 1090 vom hl. König Ladislaus errichtet) *dav.*: **Zăgrābĭēnsĭs,** ĕ.

Zăgrābĭēn. (*C. R.*) *s.* Zagrabia.

zain *indecl. n.* siebenter Buchstabe des hebr. Alphabets, sieben, siebtens.

1. **Zambri** *indecl. m.* (*hebr.*: der Singende) Zambri: 1. ein Führer im Stamme Simeon, Sohn des Salu, den Phinees wegen Unzucht mit einer Madianiterin tötete (*Num.* 25, 14); *auch* Zamri *genannt* (1. *Mach.* 2, 26). 2. ein Diener des Königssohnes Ela von Israel, der den berauschten Ela ermordete und sieben Tage lang in Thersa herrschte (3. *Kön.* 16).

2. **Zambri** *indecl.* (*hebr.*: Zimri ?) Zambri, ein unbekanntes Land (*Jer.* 25, 25).

Zamira *indecl. m.* (*hebr.*: Zemira ?) Zamira, Israelit, Enkel des Benjamin.

Zamma *indecl. m.* (*hebr.*: Zimma ?) Zamma, 1. ein Levit, Sohn des Jahath. 2. ein Levit, Sohn des Semei.

Zămōră, ae *f.* Zamora, 1. St. r. am Duero, Spanien (Duero), *ca.* 18000 Einw.; Bischofssitz (seit 10. Jhdt.), Suffr. v. Valladolid; *dav.*: **Zamorēnsĭs,** ĕ. 2. St., Mexiko (Michoacán), *ca.* 11000 Einw.; Bischofssitz (seit 1863), Suffr. v. Michoacán, *dav.*: **Zamorēnsĭs,** ĕ.

Zămōrēn. (*C. R.*) *s.* Zamora.

Zamran *indecl. m.* (*hebr.*: Zimram ?), Zamram, ein Sohn Abrahams und seiner Nebenfrau Ketura.

Zamri *indecl. m.* (*hebr.*: Zimri ?) Zamri: 1. ein Israelit, der erstgeborene Sohn des Zare, Enkel des Juda. 2. ein Israelit aus dem Stamme Benjamin, Sohn des Joada. 3. *s.* 1. Zambri 1.

Zanaan *indecl.* (*hebr. richtiger*: Elon-Bissanin) Zanaan, St., Pal. (Juda) (*Jos.* 19, 33).

Zanee *indecl. s.* Zanoa.

Zanoa *indecl.* (Zanoe, Zanee, Zanon) (*hebr.*: Zanoach ?) Zanoa, St., *ca.* 20 km westlich von Bethlehem, Pal. (Juda), *j. wahrscheinlich*: Chirbet Zanua.

Zanoe *indecl. s.* Zanoa.

Zanon *indecl. s.* Zanoa.

1. **Zara,** ae *m.* (Zare) (*hebr.*: Zerach) Zara: 1. ein Stammfürst der Edomiter, Sohn Rahuels und Enkel Esaus. 2. Vater des zweiten Edomiterkönigs Jobab von Bosra. 3. zweiter Sohn Judas von seiner Schwiegertochter Thamar. 4. Sohn des Simeon und Stammvater der Zareiten. 5. Israelit aus dem Stamme Levi, Sohn des Addo. 6. König der Äthiopier, der den König Asa von Juda besiegte; *wahrscheinlich iden-*

tisch mit: Osorkon I., dem zweiten Könige der zwanzigsten (bubastischen) Dynastie (*ca.* 911—896).

2. **Ză**ră, ae *f.* Zara (*serbokroat.*: Zadar), Hauptst. von Dalmatien, *ca.* 15 000 Einw.; Erzbischofssitz (seit 1154, Bistum seit 4. Jhdt.).

Zarahi *indecl.* (*hebr.*) *richtig lateinisch*

Zarachītēs, ae *m.* der Zarahite *oder* Zareite, *s.* 1. Zara 4.

Zarahia *indecl. m.* (*hebr.*: Jahwe strahlt) Zaraja, Nachkomme Aarons.

Zare *indecl. m.* (*hebr.*: Zerach ?) *s.* 1. Zara (2., 3. *u.* 4).

Zared *indecl.* (*hebr.* ?) Zared, ein Wildbach in der moabitischen Wüste, welcher zwischen den Städten Petra deserti und Dibongad vorbeifließt und sich ins Tote Meer ergießt.

Zarehe *indecl. m.* (*hebr.*: Zerach) Zarehe, Jude, Vater des Elivenai, der mit Esdras aus der babyl. Gefangenschaft zurückkehrte.

Zareītae, ārŭm *m.* Zareiten, Familie im Stamme Simon, *s.* 1. Zara 4.

Zares *indecl. f.* (*pers.*; *hebr.*: Zeresch) Zares, wahrscheinlich erdichteter pers. Name der Gattin des Persers Aman (*Esth.* 5 *u.* 6).

Zaringĭă, ae *f.* ehem. Dorf, *j.*: nördlicher Stadtteil von Freiburg i. Breisgau, Baden.

Zātĕcĭŭm, ī *n.* Saaz, St. an der Eger (Böhmen), *ca.* 16 000 Einw.; *dav.*: **Zātĕcĭēnsĭs,** ĕ.

Zathan *indecl. m.* (*hebr.*: Zethan ?) Zathan, ein Vorsteher des Schatzhauses Davids.

Zavan *indecl. m.* (*hebr.* ?) der zweite Sohn des Eser, im Gebirge Seïr.

Zawichostă, ae *f.* Zawichost, St. an der Weichsel, Polen, *ca.* 2500 Einw.; ehem. Klarissinnenkloster, *dav.*: **Zawichostēnsĭs,** ĕ.

B. Zdislava Berkiana, ae *f.* sel. Zdislawa Berkiana, Witwe aus dem dritten Orden des hl. Dominikus († 1252).

In Mähren von adligen Eltern geboren, weihte sich Zdislawa schon im zarten Alter ganz Gott. Nach dem Willen ihres Vaters heiratete sie als Jungfrau den Fürsten von Lemberg bei Jablona in Böhmen, namens Gallus Castri, der zwar sehr angesehen, aber von heftigem Charakter war. Mit größter Geduld ertrug sie seine Launen und erzog ihre Kinder in jeglicher Tugend. Sie half nach Kräften allen Notleidenden, war selbst streng gegen sich, hielt Nachtwachen und fastete sehr viel. Auf ihre Bitten errichtete ihr Gemahl ein Kloster für die Dominikaner, die unter Führung des sel. Ceslaus kamen. Zdislawa hatte sogar persönlich an dem Bau der Kirche teilgenommen, indem sie nachts die Bausachen herbeischaffte, die am andern Tage benötigt wurden. Sie hatte die Freude, ihren Gatten ein bußfertiges Leben erwählen zu sehen, und starb am 1. Januar 1252. — Pius X. billigte ihre Verehrung. — 2. Januar (Brünn) und 30. Mai (Prag).

Zeb *indecl. m.* (*hebr.*: Zeeb = Wolf) Zeb (Seeb), einer der vier Madianiterfürsten, die Gedeon besiegte (*Judic.* 7, 25; 8, 3).

Zebaoth *indecl.* (*hebr.* = Heerscharen), Dominus Deus Zebaoth = der Herr, Gott der Heerscharen (Engel ?).

1. **Zebedaeŭs,** ī *m.* (Zebedeus) (*hebr.*: Zabdi = Gabe Jahwes *oder* Jahwe hat geschenkt) Zebedäus (Zebedeus), Jude, Sohn des Asaph, Ahnherr des Leviten Mathania.

2. **Zebedaeŭs,** ī *m.* (*hebr.*: Zabdi = Gabe Jahwes *oder* Jahwe hat geschenkt) Zebedäus, ein Fischer aus Galiläa u. Vater der Apostel Jakobus des Älteren und Johannes; Gatte der Salome.

Zebedēŭs, ī *m. s.* 1. Zebedaeus.

Zebedia *indecl. m.* (*hebr.*: Jahwe hat geschenkt) Zebedja, 1. Jude, der mit achtzig Mann aus dem babyl. Exil zurückkehrte, Sohn Michels. 2. Jude, der sein fremdes Weib entlassen mußte, Sohn Emmers.

Zebée *indecl. m.* (*hebr.*: Zebach = Opfer) Zebee (Sebah), einer der von Gedeon besiegten Madianiterfürsten (*Judic.* 8, 5ff.).

Zébidă, ae *f.* (*hebr.* ?) Tochter Phadaias *u.* Mutter des Königs Joakim von Juda.

Zebul *indecl. m.* (*hebr.*) Zebul, Stadtoberhaupt von Sichem z. Z. des Richters Abimelech und Oberhaupt der dem Abimelech zugeneigten Partei (*Judic.* 9, 28).

Zechri *indecl. m.* (*hebr.*: Jahwes Erinnerung). Zechri, 1. drei Israeliten aus dem Stamme Levi, Sohn Jorams, Sohn Michas u. dritter Sohn Isaars. 2. drei Israeliten aus dem Stamme Benjamin, Sohn des Sesak, Sohn des Jeroham; Vater des Joel, eines Oberhauptes der nachexilischen Benjaminiten in Jerusalem. 3. Vater des Fürsten Eliezer im Stamme Ruben. 4. Vater des Heerführers Amasias. 5. Vater des Elisaphat, eines Hauptmanns der Tempelwache z. Z. Athalias. 5. Israelit aus dem Stamme Ephraim. 6. Vorsteher der achten jüdischen Priesterklasse um 420 v. Chr.

Zechur *indecl. m.* (*hebr.*: Erinnerung ?) Zechur, 1. Vater des Kundschafters Sammua aus dem Stamme Ruben. 2. Jude, Sohn Michaias.

Zedletz *indecl.* Sedleč, ehem. Cistercienserkloster in Böhmen, Diözese Prag.

Zephȳrĭŭm, ī *n.* Zephyrium, Titularbistum, Suffr. v. Tarsus, Kleinasien.

Zeiselmauer *indecl. s.* Cetius murus.

Zēlă, ae *f.* (*Ζῆλα*) Zela, Stadt am Hellespont (Erzbistum Amasea).
Zēlandĭă, ae *f.* (Zelandum) Seeland, holländische Landschaft.
Zēlandŭs, ī *m.* der Seeländer (Holland).
zēlātŏr, ōrĭs *m.* (*ζηλωτής*) Eiferer.
zēlō u. **zēlŏr** 1 für etwas eifern (*acc.*), mit Eifersucht lieben: lēgĕm; zēlŭm zēlārĕ: sich über jemand ereifern; neidisch sein (*acc.*: *Ps.* 36, 1; *super*: *Ps.* 72, 3); brennenden Eifer zeigen.
zēlōsŭs 3 eifrig.
zēlōtēs, ae *m.* (*ζηλωτής*) der Eiferer (Beiname des Apostels Simon).
zēlōtўpĭă, ae *f.* (*ζηλοτυπία*) Eifersucht.
zēlōtўpŭs 3 (*ζηλότυπος*) eifersüchtig.
Zelpha, ae *f.* (*hebr.* Zilpa = Speichel ?) Zelpha, Nebenfrau des Patriarchen Jakob, Magd der Lia.
Zeltschachēnsĭs, ĕ von Zeltschach, ehem. Grafschaft in Kärnten.
zēlŭs, ī *m.* (*ζῆλος*) Nacheiferung, Eifer, Begeisterung, Eifersucht, Zorn.
Zemma *indecl. m.* (*hebr.*: Zimma ?) Zemma, Levit aus der Linie Gersom z. Z. des Königs Ezechias von Juda.
Zēnās, ae *m.* (*Ζηνᾶς*) Zenas, ein Bibelkundiger, welcher vom hl. Paulus dem Titus empfohlen wird (*Tit.* 3, 13).
1. **S. Zēnō,** ōnĭs *m.* (*Ζήνων*) Zeno, Mart. u. Bischof von Verona (Italien) († 380).

Er stammte aus Afrika und wurde als Nachfolger des hl. Cricinus i. J. 362 Bischof von Verona, wo er harte Kämpfe mit den Arianern und Pelagianern zu bestehen hatte. Von ihm sind einige treffliche Predigten über die hl. Schrift erhalten. Er hatte große Gewalt über die bösen Geister, sodaß man von weither seine Gebetshilfe erbat. Wegen der Verfolgung seitens der Irrlehrer legte ihm Papst Gregor der Große den Ehrentitel „Martyrer" bei. — 12. April (München-Freising, Triest).

2. **S. Zēnō,** ōnĭs *m.* (Ss. Zeno et Justina, Virg. et M.) 14. Juli, Triest, *s.* S. Justina v. Triest.
Zēnō, ōnĭs *m.* (*Ζήνων*) Zeno, oströmischer Kaiser (474—491).
Zēnŏpŏlĭs, ĕōs *f.* (*Ζηνόπολις*) Zenopolis, St., Kleinasien (Kilikien); Titularbistum, Suffr. von Seleucia Tracheia (*j.*: Selefke).
Zephania *indecl.* (*hebr.*) *s.* Sophonias.
Zephrona *hebr. acc.* von Ziphron, Ort in Pal. (Nephthali) (*Num.* 34, 9).
S. Zephўrīnŭs, ī *m.* (*Ζεφυρῖνος*) hl. Zephyrin, Papst u. Mart. (202—218), 26. Aug.
Zĕphўrĭŭm, ī *n.* (*Ζεφύριον*) Zephyrium, Vorgebirge mit Kastell, östlich von Soli, südwestlich von Tarsus, Kleinasien (Kilikien).
zĕphўrŭs, ī *m.* (*ζέφυρος*; *rein lat.*: favonius) 1. Westwind, lauer Frühlingswind. 2. Wind.

Zerach *indecl.* (*hebr.*) *s.* Zara.
Zeringĭă, ae *f.* Zähringen, ehem. Dorf, *j.* nördlicher Stadtteil von Freiburg im Breisgau, Baden.
zētārĭŭs, ī *m.* (diaetarius) Zimmerbesorger, Aufwärter: pălātĭī.
Zethan *indecl. m.* (*hebr.*) Zethan: 1. Israelit aus dem Stamme Benjamin, Sohn Balans. 2. Levit z. Z. Davids, Sohn Leedans aus der Linie Gersom.
Zethar *indecl. m.* (*pers.*) Zethar, *erdichteter Name, angebl.*: Kämmerer des persischen Großkönigs Xerxes I. (485—464) (*Esth.* 1, 10).
Zethu *indecl. m.* (*hebr.*: Zattu) Zethu, Judenvorsteher und Mitbesiegler des erneuerten Bundes.
Zethua *indecl. m.* (*hebr.*: Zattu) Zethua, Jude, dessen Nachkommen aus dem babylonischen Exil zurückkehrten.
Zeugmă, ătĭs *n.* (*Ζεῦγμα*) Zeugma, St. am Euphrat, Syrien; Titularbistum, Suffr. v. Gerapolis.
Zezemanŭs, ī *m.* Zezeman aus der fürstlichen Familie von Guttenstein (Böhmen), Vater des sel. **Hroznata** (12. Jhdt.).
Zie *indecl. m.* (*hebr.*: Zi'a) Zie, Israelit aus dem Stamme Gad z. Z. Sauls.
zingĭbĕr, bĕrĭs *n.* (*ζιγγίβερις*) der Ingwer.
Zio, *indecl.* (*hebr.*: ziv = „Glanz", Blüte) Zio, der zweite Monat im jüdischen Jahre.
Zion *indecl. s.* Sion.
1. **Ziph** *indecl. m.* (*hebr.*) Ziph: 1. Israelit aus dem Stamme Juda, Sohn Mesas, Enkel Kalebs. 2. (Zipha) Israelit aus dem Stamme Juda, Sohn Jalaleels.
2. **Ziph** *indecl.* Ziph: 1. St. Pal. (Juda) an der Grenze gegen Idumäa. 2. Wüste u. Gebirge in der Nähe dieser Stadt.
Zipha *indecl. m.* (*hebr.*) *s.* 1. Ziph 2.
Ziphaei, ōrŭm *m.* die Ziphiter, Bewohner der Stadt u. Wüste Ziph, südlich von Hebron (Juda). David versteckte sich in dieser Einöde, *vgl.* 1. *Reg.* 23, 14 *seqq.*
Zirīcĭŭm, ī *n.* Zircz, Ort, (Großgemeinde) im Bakonywalde, Ungarn (Veszprim), *ca.* 2500 Einw.; große Cistercienserabtei.
1. **Ziza** *indecl. m.* (*hebr.*) Ziza: 1. Israelit aus dem Stamme Juda, Sohn Jonathans, der letzte des Geschlechtes Jerameels. 2. Israelit aus dem Stamme Simeon, Sohn Sepheis. 3. Levit z. Z. Davids aus der Linie Gersom, Sohn Semeis. 4. Sohn des Königs Roboam von Juda und der Maacha.
2. **Zīză,** ae *f. s.* Siza.
zīzānĭă, ōrŭm *n. s.* zizanium.

zīzānĭŭm, ī *n.* (*bes. im pl.*) (ζιζάνια) 1. Unkraut, Lolch, Trespe. 2. Zwietracht.
Zoan *indecl. s.* Tanis.
Zoară, ae *f.* Zoara, Titularbistum, Suffr. von Petra (Arabien).
Zobor *indecl.* (Zabor ?) Zobor, Kloster bei Neutra in Ungarn.
Zōdĭăcŭs, ī *m.* (ζωδιακός) Tierkreis; Ekliptik, der größte Kreis der Himmelskugel, den die Sonne scheinbar im Laufe eines Jahres in der Richtung von Westen nach Osten durchläuft.
Zōē, ēs *f.* (Ζωή = Leben) Zoe, Gattin des römischen Stadtpräfekten Nikostratus.
Zoerardŭs, ī *m.* Zoerard, Beiname des hl. Andreas von Polen, *s.* Svirardus.
Zoheleth *indecl.* (*hebr.*: Schlange, „Schlangenstein") *vielleicht gleich*: Zahwelch, gegenüber der Marienquelle (Quelle Rogel) im Dorfe Silwan beim Sionsberg (Rückert).
Zoheth *indecl. m.* (*hebr.*) Zoheth, Israelit aus dem Stamme Juda, Sohn des Jesi.
Zōĭlŭs, ī *m.* (Ζώϊλος) Zoilus, 1. griechischer Grammatiker und kleinlicher Kritiker Homers, zu Alexandria um 250 v. Chr.; *daher*: böswilliger Tadler, kleinlicher Kritiker. 2. ein Priester in Grado z. Z. Diokletians, der den Leib des hl. Martyrers Chrysogonus begrub.
Zomzommim *indecl. m.* (*hebr.*: Zamzummim) die Zomzommiter, ein Volk von Riesen in Palästina, das von den Ammonitern ausgerottet wurde; es dürfte mit dem Volke Zuzim identisch sein.
zōnă, ae *f.* (ζώνη) 1. Gürtel, Frauengürtel. 2. Geldgürtel. 3. Erdgürtel, Erdstrich, Zone.
zōnārĭŭs, ī *m.* Gürtelmacher.
zōnŭlă, ae *f.* Gürtelchen.
Zoom *indecl. m.* (*hebr.*) Zoom, Sohn des Königs Roboam von Juda und der Abihail.
Zopnath-Paenah *indecl. m.* (*altägypt.*: Sopt-ent-eu-onech = dēr Trefflichste der Lebenden) Ehrenname des ägyptischen Joseph (*Gen.* 41, 45).
Zor *indecl. s.* Tyrus.
Zorobabel *indecl. m.* (*hebr.*: Seru'a-(be)-Babel = in Babel geboren [gezeugt]; *babyl.*: Sin-pal-usur = oMond, schütze den Sohn) Zorobabel, Nachkomme (Enkel ?) des Königs Jechonias von Juda, (gesetzlicher) Sohn des Salathiel [natürlicher Sohn des Phadaja], Fürst aus dem Stamme Juda, der auf Geheiß des Kyrus mit 42360 Juden nach Jerusalem zurückzog, dort als Statthalter der persischen Großkönige Kyrus und Darius den Grund zum (zorobabelischen) Tempel legte und den Bau trotz der vielen Hindernisse durch besondere Gunst des Großkönigs Darius vollendete.
S. Zōsĭmŭs, ī *m.* (Ζώσιμος) hl. Zosimus, Bek. u. Papst (417—418), 9. Februar.
zōthēcă, ae *f.* (ζωθήκη) Ruhekabinett, in dem man bei Tag ausruht.
S. Zōtĭcŭs, ī *m.* (Ζωτικός) hl. Zotikus, 1. Mart. zu Caesarea in Kappadokien (Kleinasien), 8. Juni. 2. Mart. in der Gegend des heutigen Lausanne (Schweiz), 8. Juni, *s.* S. Eutychius.
Zulĭă, ae *f.* Zulia, Staat in Venezuela, Bistum (seit 1897), Residenz in Maracaibo, Suffr. v. Caracas; *dav.*: **Zulĭēnsĭs,** ĕ.
Zulĭēn. (*C. R.*) *s.* Zulia.
Zulpĭăcŭm, ī *n. s.* Tolbiacum.
Zurcă, ae *f. s.* Zurzachium.
Zurzachĭŭm, ī *n.* (Zurca) Zurzach, St. am Rheine, Schweiz (Aargau), *ca.* 1300 Einw.; ehem. Benediktinerkloster (9. Jhdt.), später Chorherrenstift (1279), dann 1813 Emeritenanstalt, *j.* aufgehoben.
Zuzim *indecl.* (*hebr.* ?) ein Volk von Riesen, *vielleicht in der Gegend von Hom*; *vgl.*: Zomzommim.
Zwettl *indecl.* Zwettl, St., Niederösterreich (St. Pölten), *ca.* 3300 Einw. mit Cistercienserabtei.
Zwierzyniecēnsĕ ascētērĭŭm (mŏnastērĭŭm) *n.* Zwierzyn, ein Prämonstratenserinnenkloster in Krakau (Polen).
Zwiefeltŭm, ī *n.* (Zwifeldense coenobium, Zivifeltum, Zwiveldense coenobium) Zwiefalten, Marktflecken an der Zwiefalter Ach (zur Donau), Württemberg (Donaukreis), *ca.* 1100 Einw.; ehem. Benediktinerabtei (Reichsstift), 1803 aufgehoben.
Zwifeldēnsĕ coenŏbĭŭm ī *n. s.* Zwiefeltum.
Zwiveldēnsĕ coenŏbĭŭm, ī *n. s.* Zwiefeltum.
Zwifeltŭm, ī *n. s.* Zwiefeltum.
Zwinglĭānŭs 3 zwinglisch.
Zwinglĭŭs, ī *m.* Ulrich Zwingli, Schweizer Religionsneuerer, † 1531; *dav.*: **Zwinglĭānŭs** 3.
zythŭm, ī *n.* (ζῦθος) Bier (*bes.*: bei den Ägyptern).
Zytomerĭēn. (*C. R.*) *s.* Zytomiria.
Zytomerĭă, ae *f.* Zytomeritz, *s.* Luceorium; *dav.*: **Zytomerĭēnsĭs,** ĕ.

Berichtigungen

S. 63, Sp. 1, Z. 10 und 9 von unten muß es heißen: nihil fui ab iis(2. Cor. 12, 11) statt: non minus fui ab iis (Luc.).
S 66, Sp. 1, Z. 2 v. u. lies: aus der Stadt Karmel (Juda).
S. 66, Sp 2, Z. 7 v. u. lies: **Abissīnĭă.**
S. 69, Sp. 1, Z. 8 v. u. lies: 2. abgeschmackt, ungereimt. 3. ungeschickt.
S. 75, Sp. 1, Z. 26 v. u. lies: **ăcūpictrix.**
S. 75, Sp. 1, Z. 25 v. u. lies: **ăcūpictūră.**
S. 78, Sp. 2, Z. 16 v. o. lies: iectum.
S. 78, Sp. 2, Z. 5 v. u. lies: **ădinvĭcĕm.**
S. 79, Sp. 2, Z. 12 v. u. lies: **admīscĕō.**
S. 81, Sp. 1, Z. 30 v. u. lies: **ădōrātĭō.**
S. 98, Sp. 1, als Z. 33 von oben ist einzufügen: **Allīfae,** ārŭm *f.* (Al(l)iphae) Alife, It. (Caserta), *ca.* 3000 Einw.; Bischofssitz (seit 6. Jhdt.); Suffr. von Benevent; *dav.*: **Al(l)īphānŭs** 3.
S. 118, Sp. 1, als Z. 22 von oben ist einzufügen: **Apostŏlă,** ae *f.* die Apostolin, Sendbotin: Maria Magdalena (*Dom. Ord.*).
S. 128, Sp. 2, Z. 17 v. u. muß es heißen: *ἀρτέμων* Bramsegel.
S. 132, Sp. 2, Z. 12 v. u. lies: **assĕvērantĕr.**
S. 133, Sp. 2, Z. 6ff. v o. lies: **assuēfăcĭō,** *desgleichen ebenda*: **assuēscō, assuētūdō, assuētŭs.**
S. 139, Sp. 2, Z 13 v. u. ergänze: **Orānēnsĭs,** ĕ.
S. 151, Sp. 1. Z. 30 v. o. ergänze: (vatillum).
S. 165, Sp. 1, Z. 32 v. u. lies: **bīnātĭō.**
S. 165, Sp. 1, Z. 33 v u. lies: **bīnārĭŭs.**
S. 165, Sp. 2, Z 5 v. o. lies: gehörige Enklave.
S. 168, Sp. 1, Z. 32 v. o. ergänze: 2. Meteor; Lot.
S. 181, Sp. 2, Z. 2 v o. ergänze: *dazu*: **Dunkeldēnsĭs,** ĕ.
S. 217, Sp. 1, Z. 28 v. o. lies: **cŏadjūtōrĭă.**
S. 219, Sp. 2, Z. 30 v. u. lies: **cŏlăphīzō.**
S. 231, Sp. 1, als Z. 7 v. o. ergänze: **Condivincŭm,** ī *m. s,* Namnetae.
S. 319, Sp. 1, Z. 28 v. u. lies: **exorcīzō.**
S. 351, Sp. 1, Z. 36 v. o. lies: **Galvestonĭēn.**
S. 352, Sp. 1, Z. 36 v. o. lies: Samarias.
S. 360, Sp. 2, Z. 3ff. v. o. lies: **Girvŭm,** ī *n.* (Girvium) Jarrow, ehem. Abtei, . St. am Tyne, England (Durham), *ca.* 35000 Einwohner; *dav.*: **Girvēnsĭs,** ĕ.
S. 387, Sp. 2, Z. 10 v. u. lies: Samnium.
S. 391, Sp. 1, Z. 8 v. o. lies: **hospĕs.**
S. 392, Sp. 2, Z. 19 v. u. lies: **hūmĕfăcĭō.**
S. 393, Sp. 1, Z. 4 v. u. lies: **Hūnĕrĭcŭs.**
S. 393, Sp. 2, Z. 7 v. o. lies: Hūnĕrĭcŭs.
S. 427, Sp. 2, Z. 29 v. u. lies: -ētĭs.
S. 423, Sp. 2, Z. 27 v. u. tilge 4.

S. 477, Sp. 2, Z. 30 v. u. lies: **lītĕrātŭs.**
S. 533, Sp. 2, Z. 29 v. u. lies: **mūsēŭm.**
S. 542, Sp. 1, Z. 13ff., lies: **Nĕmētĕnsĭs cīvĭtās, Nĕmētēs,** ŭm *m.* (*Νέμητες*) usw
S. 547, Sp. 1, Z. 23 v. o lies: Cantazaro.
S. 547, Sp. 2, Z. 26 v. u. lies: **Nīlŏpŏlĭs.**
S. 555, Sp. 2, Z. 11f. v. o. lies: an den Monti . . .
S. 591, Sp. 2, Z. 9 v. u. lies: **percŏlō.**
S. 624, Sp. 2, Z. 2 v. u. lies: săcrāmentŭm.
S. 642, Sp. 2, Z. 29 v. o. lies: prōtōnōtārĭī.
S. 678, Sp. 1, Z. 30 v. o lies: lĭtănīae.
S. 708, Sp. 1, Z. 23 v. o. lies: arbĭtrĭō.
S. 717, Sp. 2, Z. 6 v. u. füge ein: **Serēnŏpŏlĭs** usw.
S. 741, Sp. 1, Z. 8 v. u. lies: **stallus.**
S. 750, Sp. 1, Z. 4 v. o. lies: **sŭbōrnātŭs.**
S. 750, Sp. 1, Z. 5 v. o. lies: **sŭbōrnō.**
S. 754, Sp. 1, Z. 2 v. u. lies: 4°.
S. 765, Sp. 2, Z. 11 v. o. lies: **Montānae.**
S. 800, Sp. 1, Z 7 v. o. lies: **ulcīscŏr.**
S. 807, Sp. 2, Z. 13 v. u. lies: **Văcălŭs.**
S. 817, Sp. 2, Z. 20 v. o. lies: Vescontĭō.
S. 824, Sp. 1, Z. 23 v. o lies: consōpīēns.
S. 832, Sp. 2, Z. 5 v. o. lies: **Westmonastērĭēn.**